DICTIONNAIRE INTERNATIONAL

DES

ÉCRIVAINS DU JOUR

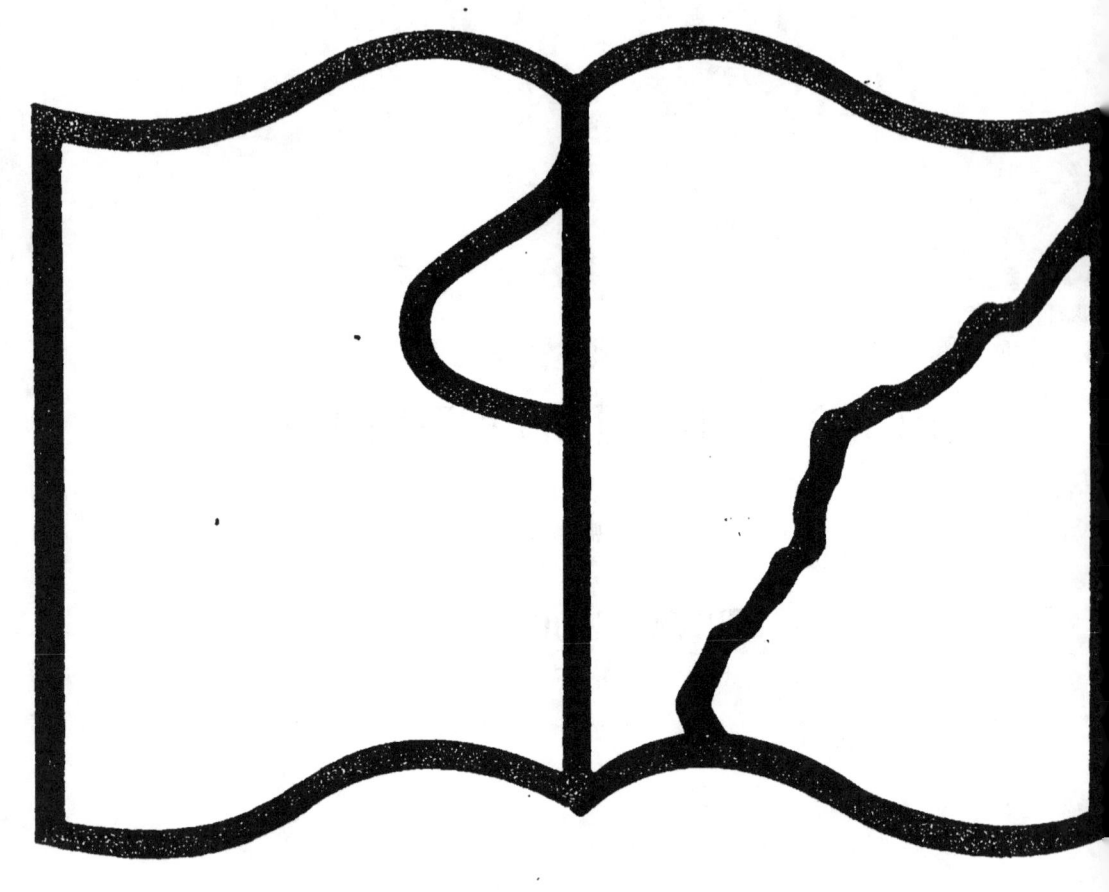

Texte détérioré — reliure défectueuse

NF Z 43-120-11

et fut licencié à Saumur. Ancien membre de la Société industrielle d'Elbeuf, il a collaboré à la création du Musée de cette Société, et a été nommé délégué-rapporteur à l'Exposition universelle de 1878. Entré dans le journalisme en 1880, il a collaboré à différents journaux et revues, et publie, depuis plusieurs années, dans la *Patrie*, sous le signature : *Marie-Paul*, des gazettes de Paris très remarquées.

Lemaire (Jules), poète français, membre et lauréat de nombreuses académies poétiques de France, né, à Corbeil, en 1825, en dehors de nombreuses poésies éparses dans différents recueils et journaux, a publié : « Le gros péché de l'abbé Millet », roman, Paris, 1888; « Les veillées de Corbeil », id., id.

Lemaître (Jules), écrivain et critique français, né, le 27 avril 1853, au village de Vennecy, sur la lisière de la forêt d'Orléans. Dès l'âge de cinq mois, il fut transporté à Tavers, près de Beaugency, et il y passa toute son enfance. Il fit ses premières études au petit Séminaire d'Orléans, et il n'en a point conservé un bon souvenir. Il devait être alors, comme M. Anatole France, « un enfant précoce, nerveux, chétif, caressant, *déjà surpris de vivre et de regarder vivre* ». Il fut peu compris et peu aimé de ses professeurs. Des singularités, des curiosités au-dessus de son âge, qui eussent intéressé et attaché à lui des maîtres plus intelligents, choquèrent au contraire l'esprit étroit des ecclésiastiques d'Orléans. Il alla terminer ses classes à Paris, au petit Séminaire de la rue Notre-Dame-des-Champs, passa son baccalauréat en juillet 1871, et fut reçu à l'École Normale en 1872; agrégé des classes supérieures, il fut nommé professeur de rhétorique au Havre, où il demeura cinq ans. En avril 1880, il fut nommé maître de conférences à l'École Supérieure des lettres d'Alger; puis, en 1882, chargé du cours de littérature française à la Faculté de Besançon. Docteur ès-lettres en 1883, il fut nommé professeur à la Faculté de Grenoble. Mais depuis longtemps, il songeait à quitter l'Université. En 1884, il demanda un congé et vint à Paris. Rédacteur à la *Revue Bleue*, il est en même temps critique dramatique au *Journal des Débats*. M. J. L. a publié : « Les Médaillons », poésies, Lemerre; « Petites orientales », poésies, id.; « Sérénus, histoire d'un martyr », id. ; « Le Théâtre de Dancourt », chez Hachette; « Les Contemporains », 3 vol., Lecène et Oudin; « Impressions de Théâtre », 2ᵐᵉ série, id.; il a écrit lui-même pour la scène avec succès.

Lemas (Théodore), publiciste et administrateur français, né, à Miramont (Lot-et-Garonne), le 5 septembre 1858. Il a été attaché à la présidence du Conseil des ministres, il est actuellement conseiller de préfecture du Cher. Membre de la Société des gens de lettres, M. T. L.

a publié : « Souvenirs de 1870 »; « Un département pendant l'invasion », Paris, Fischbacher, 1884; « Études sur le Cher pendant la Révolution », 1887.

Lemcke (Charles), esthéticien allemand, professeur d'histoire de l'art au Polytechnique de Stuttgard, né en 1831, a publié: « Lieder und Gedichte », Hambourg, sous le pseudonyme de *Carlo Manno*; « Populäre Æsthetik », Leipzig, 1865, 6ᵐᵉ éd., 1887 (traduit en suédois et en polonais); « Geschichte der deutschen Dichtung neuerer Zeit », 1 vol., id., 1871; « Beowulf », roman, trois vol., Berlin, 1881; « Ein süsser Knabe », id., 1884, trois vol., traduction anglaise; il a collaboré aux biographies des peintres hollandais de Dohme.

Lemer (Jean-Baptiste-Julien-Raymond), publiciste et littérateur français, né, à Rochefort (Charente-Inférieure), le 7 juin 1815. Il a fait une partie de ses études au Collège Charlemagne et sous la direction de M. Adolphe Blanqui aîné, de l'Institut. Il a débuté, en 1840, dans les journaux littéraires et satiriques de cette époque: *Sylphide*, *Silhouette*, *Coulisses*, *Corsaire*, *Entr'acte*, etc.; en 1848, il a été secrétaire de la rédaction du *Courrier français*; fondateur du journal *L'Égalité*; en 1850, il a été rédacteur en chef de la revue: *Le Progrès*, collaborateur de *La Presse* et correspondant du *National de l'Ouest;* en 1854, 1855 et 1856, il a fondé et rédigé le *Bulletin financier, industriel et bibliographique* de la *Revue des Deux Mondes*; de 1852 à 1870, il a fait beaucoup de travaux de librairie; de 1871 à 1876, il a été correspondant du *Golos*, de la *Bourse*, de la *Gazette de l'Académie* à Pétersbourg; enfin il a été un des collaborateurs de la *Nouvelle Revue*. Jean Lox est un des pseudonymes de Julien Lemer. Il a beaucoup usé de ce pseudonyme, ainsi que de celui de J.-B. Raymont pendant la lutte contre le second Empire. Il a signé alternativement de ces trois noms la plupart des biographies publiées en 1870 dans le *Plutarque populaire contemporain*, où il eut pour collaborateurs Jules Claretie, Henry Maret, Gabriel Guillemot, Vapereau, etc. Comme nuance, il a signé de son nom un placard pamphlet contre le plébiscite intitulé: « Non », et du nom de *Jean Lux*, un autre placard intitulé: « Zut au plébiscite ». Outre une grande quantité d'articles dans divers journaux: *La Semaine*, la *Gazette de l'industrie*, l'*Époque* de 1866, le *Moniteur de l'Exposition* (1855), dans son journal *La République* (1870), dans son *Almanach de la République* qu'il publie depuis 1877, il a signé du pseudonyme de *Jean Lux* un volume en 1871: « Le Crime du 18 mars »; « Sarah, la mangeuse de cœurs »; « L'homme qui tue la femme », romans. Enfin, M. J. L. a donné un volume intitulé: « Balzac, sa vie, son œuvre ».

Lemercier de Neuville (Louis), littérateur français, né, à Laval (Mayenne), le 2 juillet 1830. On lui doit une série d'ouvrages curieux et intéressants : « I Pupazzi », 1866; « Paris-Pantin », 1868; « Le théâtre des Pupazzi », 1875; « Les Pupazzi de l'enfance », 1881; « Le nouveau théâtre des Pupazzi », 1882; « Les Comédies de Château »; « Les Contes Abracadabrants »; « Les Contes de Saint-Nicholas »; « Les Coulisses de l'amour »; « Six Comédies pour jeunes filles »; « Les Enfants au Salon »; « Les Femmes de Mürger », avec Léon Beauvallet; « Arrivé par les femmes », roman; « Les Courtisanes célèbres »; « Les Tourniquets », revues; « La Foire du XIXe siècle », id.; « Les Trente-six mètres de Becdanlo », album de dessins; « Le Guide des Fumeurs », avec Victor Cochinat; « Recette pour marier les filles », vaudeville. Il a fondé les journaux: *La Muselière*, les *Nouvelles de Paris*, le *Parisien*; il a écrit dans le *Figaro*, le *Nain Jaune*, le *Gaulois*, la *Patrie*, *Le Livre*, *Le Diogène*, *La Causerie*, *Le Boulevard*, etc.

Lemke (Elisabeth), femme de lettres, feuilletoniste et conférencière à Berlin, né, le 5 juin 1849, à Rombitten, près de Saalfeld dans la Prusse Orientale, a débuté par des poésies éparses; suivirent: « Die Waldkönigin », cantate, mise en musique par Franz Fötzc; « Löse Körner », aphorismes en vers; « Volkstümliches in Ostpreussen ».

Lemling (Joseph), chimiste et photographe allemand, né, le 17 janvier 1825, à Marmagen, dans les provinces Rhénanes, où il demeure. Il a publié : « Der praktische Photograph », 1860; « Der Forscher auf dem Gesammtgebiete der praktischen Photographie », 1869; « Die photogr. Fortschritte der neuesten Zeit », 1870; « Der Freund des Photographen », 1875 ; « Die Photographie im Dienste der Industrie », 1885-86; « Der Photo- Chemiker und die Hausindustrie », 1887.

Lemme (Louis), théologien allemand, professeur de théologie systématique à l'Université de Bonn depuis 1884, ancien professeur à Breslau, né, le 8 août 1847, à Salzwedel dans l'Altmark. On lui doit: « Das Verhältnis der Dogmatik zur Kritik und Auslegung der heiligen Schrift nach Schleiermacher », Goettingue, 1874; « Die drei grossen Reformationsschriften Luthers vom Jahre 1520 », Gotha, 1875, 2e éd.; 1884; « Das Evangelium in Böhmen », 1877; « Die religionsgeschichtliche Bedeutung des Dekalogs », Breslau, 1880; « Die Nächstenliebe », id., 1881; « Das echte Ermahnungsschreiben des Apostels Paulus an Timotheus », id., 1882; « Die Sünde wider den heiligen Geist », id., 1883; « Ueber die Pflege der Einbildungskraft », id., 1884; « Die Macht des Gebets mit besonderer Beziehung auf Krankenheilung », Barmen, 1887; « Der Erfolg der Predigt », Leipzig, 1888.

Lemmermayer (Frédéric), romancier et feuilletoniste autrichien, né, à Vienne, le 6 mars 1857, fils de peintre, est l'auteur d'un roman du moyen-âge, intitulé : « Der Alchymist », lequel publié en 1883, a été réédité. Avec M. F. Bamberg à Gênes, il a préparé l'édition de la correspondance de Frédéric Hebbel.

Lemonnier (Camille), illustre écrivain belge, né, à Ixelles, près de Bruxelles, le 24 mars 1835. Voici, par ordre chronologique, la liste de ses publications en librairie: « Salon de Bruxelles », Bruxelles, 1863 ; « Salon de Bruxelles », id., 1866 ; « Nos Flamands », id., 1869 ; « Croquis d'automne », id., id. ; « Salon de Paris », Paris, 1870 ; « Paris-Berlin », Bruxelles, 1871 (pastiche anonyme de la prose de Victor Hugo) ; « Sédan », id., id., 2e éd., 1875 ; « Contes flamands et wallons », id., 1873, 2e éd., Paris, 1874 : « Histoires de gras et de maigre », Paris, 1874 ; « Derrière le rideau », id., 1875 ; « Gustave Courbet et son œuvre », id., 1878 ; « Mes médailles », id., id. ; « Un coin de village », id., 1879 ; « En Brabant », Verviers, id., 2e éd., 1884 ; « Les bons amis », id., 1880, 2e éd., 1884 : « Trois contes », id., id. ; « Bébés et joujoux », Paris, id. ; « Les Charniers », id., 1881 ; « Le mort », Bruxelles, 1881, 2e éd., Paris, 1887 ; « Un mâle », Bruxelles, 1881 (il a été tiré de ce roman un drame joué avec quelque succès à Bruxelles en 1888) ; « Les petits contes », id., 1882 (réimprimés chacun à part et avec des modifications de style, id., 1888) ; « Thérèse Monique », Paris, 1882 ; « Ni chair, ni poisson », Bruxelles, 1884 ; « Histoire de huit bêtes et d'une poupée », Paris, 1885 (couronné en manuscrit par l'Académie Royale de Belgique en 1881) ; « L'hystérique », id., id. ; « Les concubins », id., id. ; « Happe-chair », Bruxelles, 1886 ; « La Belgique », Paris, 1887 (ouvrage qui a obtenu, pour la période 1883-87, le grand prix quinquennal de littérature française institué par le gouvernement belge) ; « La comédie des jouets », id., id. ; « Noëls flamands », id., id. ; « Histoire des beaux-arts en Belgique, de 1830 à 1887 », Bruxelles, 1887; « En Allemagne, sensations d'un passant », Paris, 1888 ; « Les peintres de la vie », id., id. ; « Madame Lupar », id., id. ; « Ceux de la glèbe », id., 1883. M. L. a apporté son concours à la publication de quelques grands ouvrages collectifs: son « Histoire des beaux-arts » a formé d'abord, en 1881, l'un des volumes de « Cinquante ans de liberté »; il a donné à « La Belgique illustrée » le chapitre « Mons et le Borinage »; il a été l'un des directeurs de l'« Anthologie des écrivains belges », éditée sous le patronage du gouvernement, mais dont il n'a paru qu'un volume, accueilli par des critiques très méritées. Parmi les revues et les journaux belges et français auxquels il a collaboré, il faut citer d'abord *L'Art universel* et *L'Actualité*, fondés par lui respectivement en 1874 et en

1876 et qui cessèrent de paraître en 1877, puis la *Revue de Belgique*, *L'Artiste*, *L'Europe*, la *Gazette des Beaux-Arts*, *Le Bien public*, *Le Magasin Pittoresque*, *Le Tour du Monde*, *Le Musée des Deux-Mondes*, le *Bulletin de la Société des gens de lettres*, *Le Livre*, *Le Figaro*, *Le Voltaire*, *La Vie Moderne*, etc. Actuellement, M. L. réside à Paris et fait partie de la rédaction du *Gil-Blas*. On se rappelle le retentissant procès qui lui fut intenté en 1889 lorsque, de la Belgique, où il habitait encore, il eut envoyé à ce journal une nouvelle, extrêmement colorée d'ailleurs, intitulée : « L'enfant du Crapaud ». En dépit des efforts de son ami (l'éminent jurisconsulte et maître écrivain belge Edmond Picard qui vint plaider pour lui à Paris), ce procès se termina par une condamnation pour outrage aux mœurs. La place nous manque pour apprécier ici d'une façon complète le talent de M. L. D'excellents juges lui ont reproché avec raison des recherches de forme parfois fatigantes et surtout l'abus du néologisme. Mais abstraction faite de ces critiques, on peut se rallier, semble-t-il, à cette appréciation du correspondant belge de la *Rivista Contemporanea* de Florence (liv. du 1er mai 1888) : « M. Camille Lemonnier est, sans contredit, à l'heure actuelle, l'écrivain le plus remarquable de notre pays, et je ne connais guère que M. Edmond Picard qui puisse, comme dans le groupe de Goethe et Schiller à Weimar, lui disputer la palme. Doué d'un tempérament essentiellement artiste, d'une faculté d'observation étonnante, d'un style magnifique et souple, il a abordé les genres les plus divers en marquant chacun d'eux de son empreinte puissante. Tour-à-tour nous l'avons vu, depuis un quart de siècle, critique sagace dans ses *Salons*, dans son étude sur *Courbet*, dans son *Histoire des Beaux-Arts en Belgique*; conteur charmant dans ses *Contes flamands et wallons*, dans ses *Petits contes* écrits pour les enfants; romancier vigoureux et psychologue profond dans ses beaux livres : *Le mort*, *Un mâle*, *L'hystérique*. Mais son œuvre capitale est bien cette *Belgique* que le jury chargé de décerner le prix quinquennal de littérature française a couronnée »

Lemonnier (Charles), philosophe et publiciste français, directeur des *États-Unis d'Europe*, organe de la Ligue internationale de la Paix et de la Liberté, est né, à Beauvais (Oise), le 27 novembre 1806. Élève du Collège de Beauvais, il termina ses études aux Lycées Charlemagne et Louis-le-Grand. Il fut lauréat du concours général, où il obtint le prix de discours français. Il fut ensuite professeur de philosophie à l'École de Sorèze, puis membre actif de l'École Saint-Simonienne. Docteur en droit, il fut inscrit au barreau de Bordeaux. En 1867, il fut à Genève l'un des fondateurs de la *Ligue internationale de la Paix et de la Liberté*, dont il est aujourd'hui le président. Il a publié en 1843, en deux volumes, un « Commentaire sur les polices d'assurance maritime ». En 1858, il a donné une édition en trois volumes des « Œuvres choisies de Saint-Simon », Librairie Socialiste. En 1872, il a publié dans la *Bibliothèque Démocratique* un volume in-32º, intitulé : « Les États-Unis d'Europe ». En 1881, il a fait paraître une nouvelle édition de la première traduction faite en français de l'« Essai philosophique de Kant sur la paix perpétuelle ». De 1853 à 1857, en collaboration avec M. Charles Fauvety, il a publié la *Revue religieuse et philosophique*. Depuis 1871, il est le directeur et le rédacteur en chef du journal : *Les États-Unis d'Europe*, organe de la Ligue internationale de la paix et de la liberté. Il y a plus de trente ans qu'il écrit dans le *Phare de la Loire*. A diverses époques, il a publié un grand nombre de brochures, notamment en 1878, une « Forme de traité d'arbitrage entre peuples »; « De l'arbitrage international et de sa procédure »; « Bases d'une organisation fédérale de l'Europe », 1869.

Lemoyne (André), poète paysagiste français des plus exquis, né, le 22 novembre 1822, à Saint-Jean-d'Angély (Charente-Inférieure). Reçu avocat à Paris en 1847, il dut, l'année suivante, à la suite d'un revers de fortune, quitter le barreau, et pour vivre, il entra comme compositeur d'imprimerie dans la maison Didot. M. A. L., à qui l'Académie française a donné quatre fois ses couronnes, a été nommé en 1876 archiviste de l'École nationale des Arts décoratifs. Ses premiers vers parurent à la *Revue de Paris* (1856-57). Depuis lors, ses œuvres diverses ont été tour-à-tour publiées à la *Revue Française*, à la Revue Nouvelle, à la Vie Littéraire, à la *Nouvelle Revue* de madame Adam, à la *Revue des Deux-Mondes*. Elles forment actuellement, chez A. Lemerre, trois volumes. Deux volumes de poésies renferment : 1º (de 1855 à 1870) « Les Charmeuses »; « Les Roses d'Antan » — 2º (de 1871 à 1883) « Les Légendes des Bois » et « Chansons marines »; « Les Paysages de mer » et « Fleurs des Prés »; « Les Soirs d'Hiver et de Printemps ». Un volume de Nouvelles en prose comprend une « Idylle Normande »; « Alise d'Évran »; « Les Pensées d'un Paysagiste » et « Le Moulin des Prés ».

Lemström (Charles-Selim), physicien finlandais, professeur à Helsingfors, né en 1838; en dehors de ce qu'il a publié dans les recueils scientifiques et dans les revues de la Finlande, il a publié: « Om Volta-induktions-strömmars intensitets-förlopp », 1869; « Om Orsakerma till jordens magnetism », 1877.

Lenartowicz (Théophile), illustre poète polonais, résidant à Florence, est né le 27 février 1824. Ancien employé au Ministère de la Justice, il émigra en 1848; il s'établit d'abord à Paris, où il épousa une parente de Mickiewicz, Mlle Sophie Szymanowski, femme peintre distinguée, qui lui donna le goût des beaux-arts et l'encouragea à s'essayer lui-même dans la sculpture. Mais il doit sa grande renommée à ses premiers recueils lyriques, où ses chants patriotiques ont surtout fait vibrer les sentiments du peuple polonais, qui a appris par cœur plusieurs de ses poésies. Le peuple en a senti la chaleur, les lettrés et les artistes en ont goûté la grâce exquise. Ayant passé de Paris à Rome, de Rome à Florence, l'Italie l'a charmé et retenu. Son enthousiasme pour l'Italie perce dans un grand nombre de ses poésies, dont plusieurs ont été traduites en italien par M. Ettore Mascucci et forment un beau volume publié à Florence chez Barbèra. Ses premiers Chants qui ont paru sous le titre: « Lirenka », avaient établi sa réputation et lui avaient donné rang parmi les premiers poètes de la Pologne contemporaine. Depuis, il a beaucoup écrit, et son œuvre en prose et en vers est contenue en plusieurs volumes. Parmi ses poésies, on cite surtout: « L'Extase »; « La Béate »; « Le Paysage polonais en petits tableaux »; « La bataille de Raclawicz »; « Le Gladiateur »; le poème « Vanda ». En 1878, on a commencé l'édition de ses œuvres choisies. Citons encore les poèmes: « Jean Sobieski »; « Kosciuszko »; « Dasia »; sa « Comédie infernale »; ses « Lettres sur Mickiewicz »; une foule de discours littéraires, d'essais, d'articles, de poésies éparses. Ses compatriotes qui arrivent en Italie visitent leur poète qu'ils vénèrent, et auquel ils ont fait une pension, pour le mettre à l'abri des soucis matériels.

Lenel (Othon), jurisconsulto allemand, professeur de droit romain à l'Université de Strasbourg depuis 1885, né, à Mannheim, le 13 décembre 1849, a fait ses études aux Universités de Heidelberg, Leipzig et Berlin; il a été d'abord professeur libre à Leipzig, puis professeur à Kiel et à Marbourg; on lui doit: « Ueber Ursprunge und Wirkung der Exceptionen », 1876; « Beiträge zur Kunde des praetorischen Edicts », 1878; « Das Edictum perpetuum », 1883; « Palingenesia juris civilis », 1887; différents essais dans les revues de jurisprudence.

Lenient (Charles-Felix), professeur et littérateur français, né, à Provins, le 4 novembre 1826, fit de brillantes études au collège de sa ville natale et à Paris. Nommé professeur de seconde au Lycée de Montpellier, il fut deux ans après rappelé à Paris comme suppléant de la classe de troisième au Lycée Napoléon, où il devint, en 1854, professeur adjoint de rhétorique. Reçu docteur ès-lettres l'année suivante, il fut nommé professeur titulaire au même lycée. En 1863, M. L. a pris une part brillante aux conférences de la Sorbonne. Il a été nommé maître de conférences à l'École normale en 1865 et professeur de poésie française à la Faculté des lettres de Paris. On doit à M. C. L.: « Étude sur Bayle »; et « De Ciceroniano bello », thèse de doctorat, 1885; « La Satire en France au moyen-âge », 1859, ouvrage couronné par l'Académie Française (1860); « La Satire en France, ou la littérature militante au XVIe siècle », 1868; « La Comédie en France au XVIIIe siècle », 1888.

Lenstroem (Charles-Jules), écrivain suédois, né, le 7 mai 1811, à Gefle, a fait ses études théologiques à l'Université d'Upsala; ancien professeur à Gefle, il débuta comme écrivain dans le journal *Eos* d'Upsala, en 1839-40; ses articles sur les défauts de l'enseignement universitaire suédois furent surtout remarqués. Ses ouvrages sont nombreux. Citons: « Lärobok i allmänna och svenska kyrkohistorien »; « Lärobok i dogmhistorien »; « Söderhafvets apostel Joh Williams och Christendomens utbredande på söderhafsöarne », 1847; « Ostindiens apostlar 1848 »; « En liten biblisk historia », 1855, 4me éd., 1874; « Förslag till cateches », 1854, 3me éd., 1870; « Evangeliernas bok, eller de fyra evangelistiernas berättelser efter tiden ordinade till en enda », 1857; « Biblisk theologi eller bibelns tros-och sedelära i system », 1859-62; « Populär framställning af Hegels lära om staten och verldshistorien », 1836; « Försök till lärobok i ästhetiken », 1836; « Thorildsästhetiska åsigter till elt helt sammanställda », 1837; « Lars Fornelius, Sveriges förste ästhetiker », 1838; « Bidrag till den svenska ästhetikens historia », 1840; « Handbok i romerska litteraturens historia », 1838; « Stjernhjelm, elt litterärt skaldeporträtt »; « Svenska poesiens historia », 1839-40; « Handbok i poésiens historia », 1840-41; « Sveriger literatur- och Konsthistoria », 1841; « Om Finlands folkpoesi », 1843; « Om Wikingatågens inflylande på medeltidens poesi », 1841; « Brage », 1874; « Svensk litteratur historia i sammandrag », 1857; « Konstheoriernas historia », 1839; « Handbok i de sköna Konsternas historia », 1848; « Ordbok öfver helsingdialecten », 1841; « Sigurd och Brynhilde », 1836; « Lyriska förstlingar », 1837; « Gullbröllopet », idylle; « Fahlujuvelen », 1838; « Nero », tragédie; « Pastoral, taflor ur prestlifvet i Sverige », 1854; « Cromwell, historisk dikt », 1860; « Gustaf II Adolf, historiska sånger »; « Den helige Augustinus, historisk dikt »; « Di fyra stånden, taflor ur Svenskt sedelif », 1865; « Svensk antologi », 1840-41; « Psalmbok för enskild andakt », 1853.

Leutner (Ferdinand), jurisconsulte autrichien, professeur libre de droit pénal à l'Université de Vienne, né en 1841, a publié, entr'autres: « Das Ehrendelict der Verläumdung nach österreichischem Strafrechte », Vienne, 1870; « Das Complott », id., id.; « Die Grundlagen des

Presstrafrechtes », id., 1873 ; « Das Recht in Kriege, Compendium des Völkerrechtes im Kriegsfalle », id., 1880 ; « Der Kampf um Baum », id., 1882 ; « Grundriss des Staatsrechtes der öst. ung. Monarchie », Vienne, 1885 ; « Grundriss des Völkerrechtes der Gegenwart », id., 2ᵐᵉ éd., 1885 ; « Das Recht der Photografie », id., 1886 ; « Das internationale Colonialrecht », id., id. ; « Œsterr. ungar. Verfassungslehre, Lehrbuch für d. k. k. Cadettenschulen », id., 1887.

Lenz (Maximilien), historien allemand, professeur d'histoire à l'Université de Marbourg, né en 1850. On lui doit : « König Sigismund und Heinrich V von England », Berlin, 1874 ; « Drei Tractate aus dem Schriftencyclus des Constanzer Concils », Marbourg, 1876 ; « Die Schlacht bei Mühlberg », Gotha, 1879 ; « Briefwechsel Landgraf Philipps d. Grossmüthigen von Hessen mit Bucer », deux parties, Leipzig, 1880-87 ; « Martin Luther », Berlin, 1883, deux éd. ; « Der Rechenschaftsbericht Philipp des Grossmüthigen über den Donaufeldzug 1546 und seine Quellen », Marbourg, 1886.

Lenz (Michel), poète allemand, né, le 21 mai 1820, à Luxembourg, conseiller de la Chambre des Comptes du Grand-Duché de Saxe-Weimar. On lui doit : « Der Feierwon », 1850, devenu le chant national du Luxembourg ; « Spass an Jerscht », 1873 ; « Hierschtblumen », 1887.

Lenz (Oscar), illustre géographe et voyageur allemand, professeur de géographie à l'Université de Prague depuis 1885, né, le 13 avril 1848, à Leipzig, depuis 1870 membre de l'Institut géologique de Vienne ; il a exploré le Gabon et l'Ogowé, dans la Côte Occidentale de l'Afrique, de 1874 à 1877 ; Tibouctou et le Soudan occidental par la Marve, de 1879 à 1881 ; l'Afrique centrale par le Congo, les lacs Tanganyika et Nyassa, et le Zambesi jusqu'à Zanzibar, de 1885 à 1887. Rédacteur du journal géographique : « Aus allen Welttheilen », de 1882 à 1887 ; de 1883 à 1885, il a été secrétaire général de la Société géographique de Vienne ; membre honoraire de plusieurs sociétés géographiques, décoré d'ordres et de médailles nombreuses, il a publié : « Skizzen aus Westafrika », Berlin, 1878 ; « Timbuktu, Reise durch Marokko, Sahara und Sudan », deux vol., Leipzig, 1884 (traduction française), Paris, 1885 ; plus d'une centaine d'essais différents dans les journaux, dans les revues et dans des recueils différents.

Lenz (Robert), savant et voyageur russe, professeur à l'Institut technologique de Saint-Pétersbourg, conseiller d'État, né, en 1833, à Saint-Pétersbourg, a fait ses études d'abord en Livonie et puis à l'Université de Saint-Pétersbourg ; il a fait un voyage scientifique en Perse, dans l'Afganistan, au Béloutchistan, de 1857 à 1859, et deux voyages scientifiques en Finlande, le premier pour des observations magnétiques, l'autre pour la mesure de la gravité ; on lui doit en russe ou en allemand, ou dans les deux langues : « Recherches sur une anomalie magnétique en Finlande », 1862 ; « Observations magnétiques en Finlande », 1865 ; « Observations magnétiques et astronomiques en Perse et à Hérat en 1868 » ; « Influence de la température sur la conductibilité thermique de quelques métaux », 1869 ; « Sur quelques propriétés du fer », id. ; « Recherches historiques sur le fleuve Amou-Daria », 1870 ; « Densité et salure de l'eau de mer », 1868 ; « Loi de Kirchhoff appliquée aux conducteurs de seconde classe », 1876 ; « Influence de la température sur le fil de cuivre », 1877 ; « Conductibilité des solutions en eau des sels », 1878 ; « De la figure de la terre », 1879 ; « Inverseur en mercure », 1878 ; « Dilatation de l'eau de mer », 1882 ; « Résistance du mercure épuré de différentes manières », 1883 ; « Voltamètre à mercure », 1876 ; « Résistance galvanique des solutions de quelques sels dans l'alcohol », 1883 ; « Résistances galvaniques des solutions de sels des halloïdes » ; « Influence exercée sur la résistance galvanique de mercure par la pression », 1882 ; « Sur les périodes des aurores boréales », 1883 ; « De l'influence de la température sur la résistance du mercure », 1884.

Léon XIII (Sa Sainteté), 259ᵉ Pontife Romain, successeur de Pie IX dans la Chaire de Saint-Pierre. Son nom, dans le monde, était VINCENT-JOACHIM PECCI ; il est le fils du comte Ludovic Pecci et de Mᵐᵉ la comtesse Anna Prosperi, né, à Carpineto, diocèse d'Anagni, le 2 mars 1810. Dans son enfance, on l'appelait Vincent ; à l'école il adopta le nom de Joachim. Il fit ses humanités au Collège des Jésuites de Viterbe, où le savant père Léonard Giribaldi lui donna une instruction philologique très-solide. A l'âge de quatorze ans, ayant perdu sa mère, il fut envoyé à Rome chez un oncle, et il fréquenta le Collegio Romano, où les pères Ferdinando Minini et Giuseppe Bonvicini, enseignaient les belles-lettres et où le père J.-B. Pianciani, neveu de Léon XII, et le père André Carafa enseignaient les mathématiques. Il y fut distingué par un prix de physique et chimie, et par un accessit de mathématiques. Il fréquenta ensuite les cours de philosophie des pères Jean Perrone, François Manera, Michel Zecchinelli, Cornelius Van Everbroek et François-Xavier Patrizi, frère du Cardinal du même nom. En même temps qu'il poursuivait ses études philosophiques, il était répétiteur de philosophie au Collège Allemand. En 1830, pour une dissertation publique sur une thèse de philosophie, il remporta un premier prix ; à l'âge de 21 ans il fut reçu docteur ; il écrivait en vers latins dès l'âge de 13 ans avec la plus grande aisance ; depuis, il est devenu un maître dans l'art d'écrire le latin en prose ainsi qu'en vers. Ses poésies et ses allocutions latines sont très-appréciées par leur élégance et par leur clarté. Son premier recueil de vers a été publié à Udine depuis son élévation à la Chaire de Saint-Pierre. A l'Université il avait appris le Droit civil et le Droit canonique; il s'y était distingué et il fut reçu docteur en jurisprudence. Le Pape Grégoire XVI le nomma son prélat domestique et référendaire de la Signature en 1837. Nous le trouvons successivement protonotaire apostolique, délégué apostolique à Benevento, Perugia, Spoleto, où il se fit remarquer par de l'énergie et de la prudence, et où il parvint à étouffer le brigandage. Nonce du Pape en Belgique et archevêque, *in partibus infidelium*, de Damiette (en 1843), il passa trois ans à Bruxelles; quatre mois avant la mort du Pape Grégoire XVI, il fut nommé Évêque de Pérouse, et il gouverna d'une manière admirable son diocèse jusqu'en 1878. Il avait été créé cardinal en 1853, et élevé aux fonctions de Cardinal Camerlengo en 1877. Nous n'avons point à juger ici la conduite politique du Pape Léon XIII. Nous remarquerons seulement, comme nuance de ses goûts et de sa haute culture, que dans le choix des nouveaux cardinaux, il a eu soin de s'entourer des prélats les plus vertueux et les plus instruits. Signalons parmi ses œuvres: « L'Église et la Civilisation, lettres pastorales adressées au Clergé et au peuple de Pérouse, pour le carême de 1877 et celui de 1878 », Paris, 1878; « Discours du Souverain Pontife Léon XIII aux fidèles de Rome et du monde catholique depuis son élection au Vatican, recueillis et publiés pour la première fois par le R. P. don Paschal de Franciscis, traduction française authentique », Paris, Plon, 1884; « Lettre encyclique de Sa Sainteté le Pape Léon XIII adressée aux patriarches, primats, archevêques et évêques du monde catholique », 1881; « La Franc-maçonnerie, lettre encyclique de S. S. Léon XIII », 1884; « De la constitution chrétienne des États », 1885. En dehors de ces ouvrages, nous avons de lui une foule d'encycliques, lettres pastorales, etc., qui sont des documents précieux pour l'histoire contemporaine. Une pièce de vers de M. Cavallotti en langue grecque a été traduite par S. S. et M. Cavallotti a traduit en italien une pièce de vers latins de S. S.

Leonhard (Charles-Georges-Rodolphe), jurisconsulte allemand, professeur de droit romain et prussien et de procédure civile à l'Université de Marbourg, né, le 12 décembre 1851, à Breslau, a fait ses études dans sa ville natale, à Brieg, à Heidelberg, à Berlin, à Giessen, reçu docteur à Berlin en 1874, professeur libre à Berlin, extraordinaire à Goettingue, ordinaire à Halle, depuis 1885 à l'Université de Marbourg, qui l'a délégué en 1888 aux fêtes universitaires de Bologne. On lui doit: « De natura actionis quæ præjudicialis vocatur », Berlin, 1874; « Versuch einer Entscheidung der Streitfrage über don Vorzug der successio graduum vor dem Accrescenzrechte nach röm. Rechte », 1874; « Giebt es nach der Reichscivilprocessordnung noch Fictionen ? », 1879; « Der Irrthum bei nichtigen Verträgen », deux parties, 1882-83; « Noch ein Wort über den jurist. Universitäts-Unterricht », Marbourg, 1877; « Rechtsfälle zum vergleichenden Studium des röm. Rechts und des preuss. Landrechts », Leipzig, 1887; « Die Universität *Bologna* im Mittelalter », id., 1888; des essais nombreux.

Leoni (Joseph), jurisconsulte italien, professeur libre de droit romain à l'Université de Padoue et avocat à la Cour de Cassation de Rome, né, à Vérone, le 21 janvier 1854, reçu docteur en philosophie en 1873, en jurisprudence en 1874; il acheva ses études juridiques à l'Université de Vienne, et il défendit avec les avocats Crispi et Giuriati, par un brillant plaidoyer, une cause célèbre, celle du directeur de la Banque Vénitienne devant les Assises de Padoue. On lui doit: « L'azione Pauliana nel diritto romano », 2me éd., Padoue, 1877; « La teoria dei diritti divisibili ed indivisibili nel diritto romano », id., 1887; « Gli articoli 536 591 del codice civile italiano », 2me éd., id., 1879; « Cenni sulla pollicitatio e sulla promissio venditionis », id., 1885; « Le arre nel diritto romano », dans le *Digesto italiano*.

Leoni (Mario), nom de plume d'un négociant piémontais (le chev. Jacques Albertini) qui a eu de beaux succès comme romancier et comme auteur dramatique, né, le 2 août 1847, à Turin. Il débuta à l'âge de 16 ans dans un journal humoristique; après quatre ans, l'éditeur Treves de Milan publiait son premier roman : « Le favorite del Re ». Suivirent : « Il quinto cielo » ; « Il processo di un morto » ; « Le goccie di sangue » ; « Torino sotterranea » ; « Madamigella Diogene » ; « Giorgino Dal Pozzo » ; « Foglia di fico » ; « L'ultimo bandito » ; « Nozze assassine » ; « Storie » ; « La Città dei morti » ; « Senza terra » ; « Storia d'una bella ragazza » ; « La venditrice di fumo » ; « L'incendiaria » ; « La moglie negra ». A côté de ces romans à sensation qui lui ont créé à Turin surtout un grand cercle de lecteurs, surtout parmi le peuple, il a donné au théâtre des drames, dont ceux qu'il a écrit en patois sont devenus très populaires. Citons : « Coriolano II », drame ; « Amore di Regina », en collaboration ; « I bancarotié » ; « Luisa » ; « Oh Spaciafornò ! » ; « I mal marià » ; « 'L Bibi » ; « I Baraba » ; « La fia del bornio » ; « Lo scarpino di Lidia », couronné ; « Sconde nosse » ; « Forza irresistibile » ; « Fomne brute » ; « Un subriquet » ; « I mal nutri », pièce d'une remarquable portée sociale, représentée une centaine de fois ; « Le fiette » ; « L'America ».

Léontias (Sapho), femme-poète héllène, collaboratrice du *Journal des Dames*, directrice d'un pensionnat à Smyrne, où elle est née en 1833, fit de bonnes études à Constantinople. Elle connaît à fond le grec classique, l'allemand et le français. Elle a publié diverses études sur les anciens auteurs grecs, une étude très érudite sur la Femme dans l'ancienne tragédie, l'« Histoire de l'empereur Constantin-Le-Grand », dédiée au prince royal de Grèce ; « L'Économie domestique », ouvrage fort estimé et divers articles sur la littérature grecque.

Léontovic' (Théodore), jurisconsulte russe, professeur de droit à l'Université d'Odessa, a publié, entr'autres : « Le Code de la *Ruskaïa Pravda* et les statuts de la Lithuanie » ; « Sur les droits des Israélites » ; « Les paysans de la Russie méridionale et occidentale au XVe siècle » ; « Histoire du droit russe ».

Leon y Castillo (Fernando DE), homme politique espagnol, actuellement ambassadeur d'Espagne à Paris. C'est un ancien journaliste qui entra dans la politique en 1868. Il fut d'abord directeur du journal *La Razon Española*; ensuite chef de division au Ministère des colonies, puis plus tard préfet de Grenade, où il fit preuve d'une grande énergie. Nommé directeur au Ministère de l'Intérieur, il en sortit pour être député aux Cortès en 1870. Depuis ce temps, il a toujours été réélu par ses compatriotes des Canaries. Orateur très éloquent, il représente à la Chambre le groupe le plus conservateur. En 1873, il fut nommé Ministre des colonies et l tomba avec le Ministère Sagasta au moment le la Restauration monarchique. Ministre de l'Intérieur dans le cabinet actuel, il a rendu de grands services au pays.

Leopardi (Alphonse), écrivain italien, né, le mars 1830, à San Ginesio ; il fit ses études lassiques à Osimo, les universitaires à Camerino. De 1850 à 1860, il conspira pour la délivrance des Marches du joug pontifical ; il est secrétaire de la Municipalité de San Ginesio, président du Collège réuni des Notaires de Macerata et de Camerino, secrétaire du Congrès des Notaires en 1875 à Rome ; il a contribué avec le prof. Sbarbaro à la propagande en faveur d'un monument au grand penseur de San Ginesio, Alberigo Gentile ; mais son titre principal qui le fait apprécier par les lettrés est un charmant volume de poésies en dialecte, publié en 1887, chez Lapi à Città di Castello, sous le titre : « Sub tegmine fagi », ouvrage couronné à l'Exposition provinciale de Camerino en 1888, et qui lui fait une place à côté de Porta, de Brofferio, de Fucini, de Belli, c'est-à-dire parmi les meilleurs écrivains en dialecte. Le volume est précédé par une notice sur la morphologie et la phonétique de San Ginesio, et suivi par quelques écrits en italien.

Le Paige (Constantin-Marie-Michel-Hubert-Jérôme), savant mathématicien belge, né, à Liège, le 9 mars 1852 ; il est professeur à l'Université de sa ville natale et membre de l'Académie Royale de Belgique. Ses travaux, trop spéciaux pour que nous puissions les analyser ici, sont dispersés dans les *Mémoires* et le *Bulletin* de cette Compagnie ; dans les publications de l'Académie des Sciences de Paris, de l'Académie des Sciences de Vienne, de l'Académie des *Nuovi Lincei*, de l'Académie de Turin, de l'Académie de Lisbonne, de la Société Royale des Sciences de Liège, de la Société Scientifique de Bruxelles, de la Société Mathématique de France, de la Société Royale des Sciences de Bohême, de la Société Mathématique de Prague ; dans la *Nouvelle Correspondance Mathématique*, le *Journal de Mathématique* de Coïmbre, les *Acta Mathematica*, le *Bulletino di bibliografia e di Storia delle scienze matematiche e fisiche*. Le grand prix quinquennal des Sciences physiques et mathématiques institué par le Gouvernement belge, a été décerné, pour la période 1879-1883, à M. L. P.

Lepar (François), philologue tchèque, directeur du Gymnase de Ficin en Bohême, né, en 1831, à Lipnau, a fait ses études à Olmutz et à Prague, et publié, entr'autres, un « Dictionnaire gréco-bohême », et un Livre d'école gréco-bohême.

Lepar (Jean), écrivain et pédagogiste tchèque, né, en 1831, à Lipnau, professeur à Prague, ancien directeur du journal *Le Musée* et d'un journal pédagogique, a publié, entr'autres, une « Histoire Universelle pour les Gymnases » ; une « Pédagogie Universelle » ; « La méthode de l'enseignement » ; « La connaissance de la patrie » ; « Matériaux pour l'Histoire du Duché de Troppau ».

Lepelletier (Edmond-Adolphe DE BOUTHELIER), né, à Paris, le 26 juin 1846, fit de bonnes études au Lycée Bonaparte et fut reçu avocat en 1868. Il débuta dans la presse au *Nain Jaune*. Il fut condamné à un mois de prison sous l'Empire pour attaques au baron Haussmann, préfet de la Seine. En 1870, il s'engagea comme volontaire et fit la campagne au 13me corps (gén. Vinoy). Il prit part à plusieurs combats qui eurent lieu sous Paris (Bayeux, Buzenval), au 110e de ligne. Faiblement compromis dans la Commune, il fut condamné à un mois de prison en août 1870 pour usurpation de fonctions par le tribunal correctionnel de la Seine. Il a collaboré successivement au *Peuple Souverain*, à *La Réforme*, au *Rappel*, aux *Droits de l'Homme*, au *Bien public*, à la *Marseillaise*, au *Mot d'Ordre*. Il a donné des chroniques au *Réveil*, à l'*Écho de Paris*, à la *Vie Littéraire*, au *Radical*, à l'*Estafette* et des articles à la *Revue de Paris*. Il a publié : « L'Amant de cœur » ; « Les morts heureux » ; « Le supplice d'une mère » ; « Claire Éverard » (Tresse et Stock,

Kistemackers, Dentu, Charpentier éd.). Candidat à Paris aux dernières élections, sur la liste de l'Alliance républicaine, il a obtenu 77,000 voix. Il est syndic de l'Association des journalistes républicains, membre de la Société des gens de lettres, etc.

Lepidi-Chioti (Jules), médecin italien, ancien professeur de pathologie médicale à l'Université de Naples, professeur à l'Université de Palerme, né le 1er mai 1840, collaborateur du *Morgagni* et de l'*Enciclopedia Medica* de Vallardi, a publié une « Casuistica medica » ; « Lezioni di clinica medica » ; « Sul moderno indirizzo degli studii clinici », leçon d'ouverture, Palerme, 1884 ; « Sulle acque potabili di Palermo, ricerche batteriologiche », Palerme, 1885 ; « La febbre miliare di Palermo e le opinioni del prof. Federici », id., 1885-86.

Lepsius (Richard), naturaliste allemand, professeur de minéralogie et de géologie à l'École Supérieure Technique de Darmstadt, né en 1851, a publié : « Die Jura-Formation im Unter-Elsass », Leipzig, 1875 ; « Das Westliche Süd-Tirol, geologisch dargestellt », Berlin, 1878 ; « Halitherium Schinzi, die fossile Sirene des Mainzer Beckens », Darmstadt, 1881-82 ; « Das Mainzer Becken, geologisch beschrieben », id., 1883.

Lereboullet (Léon), médecin français, ancien médecin militaire, ancien professeur au Val-de-Grâce, rédacteur en chef de la *Gazette hebdomadaire de médecine et de chirurgie*, directeur du *Dictionnaire Encyclopédique des Sciences médicales*, membre de la Société Médicale des Hôpitaux, né, le 14 décembre 1842, à Strasbourg, où il fit ses études. On lui doit, en dehors de sa collaboration essentielle au *Dictionnaire*, de nombreux mémoires de médecine pratique, de physiologie et de thérapeutique, et un « Manuel du Microscope ».

Leriche (Simon-Henri), professeur et littérateur français, né, à Larmes dans la Nièvre, en 1837, fut de bonne heure destiné par sa famille à l'état ecclésiastique, mais il renonça à cette carrière après sa première année de théologie. Il fit un stage très court dans l'Université, puis il s'adonna tout entier à l'enseignement libre des humanités et de la philosophie. Les succès qu'il y obtint, notamment à Paris et à Bordeaux, furent nombreux. Outre une collaboration active donnée à différents journaux en qualité de critique littéraire et dramatique, collaboration souvent anonyme ou pseudonyme, M. L. a écrit sous son nom : « La Soutane aux orties » ; « La belle Mathilde », en feuilletons au journal l'*Évènement*, puis en deux vol., Dentu éd. ; « L'honneur de Suzanne », en feuilleton dans la *Patrie*, puis en vol., Dentu éd. ; « La Petite Marthe », en feuilleton dans le *Temps* sous le titre de « Marthe Martel », en volume chez Ollendorf.

Lermina (Jules), polygraphe, publiciste et romancier français, secrétaire perpétuel de l'Association littéraire et artistique internationale, est né, à Paris, le 27 mars 1839. Il a fait de brillantes études au Lycée Saint-Louis. Bachelier, sans fortune et marié à dix-huit ans, M. J. L. fut successivement secrétaire d'un Commissaire de police, employé dans une maison de banque, inspecteur dans la Compagnie d'assurances *Le Nord*. Dès l'âge de vingt ans, il collaborait au *Diogène*. Il avait même publié une brochure intitulée : « Plus de loyers ! à bas les propriétaires ! ». Il avait essayé de fonder les *Tablettes de Pierrot*. Le banquier Millaud, fondateur du *Petit Journal*, le fit entrer au *Petit Journal*, au *Journal Littéraire* et au *Soleil*, dont il devint bientôt rédacteur en chef. Hostile à l'Empire, M. J. L. eut à la suite d'une polémique avec M. de Cassagnac, un duel dans lequel il fut blessé. En 1867, M. J. L. continua dans le *Corsaire* la guerre d'escarmouches qu'il faisait à l'Empire ; il fut arrêté, lors de la manifestation Baudin, et condamné à la prison. Il a publié : « Soixante-douze heures à Mazas » ; « Propos de Thomas Vériloque » ; « Histoire de la Misère ». En 1868, il entra au *Gaulois*, où il fit du grand reportage dont il fut l'un des inventeurs. Lors du plébiscite de 1870, il lut au club des Folies-Bergères, un acte d'accusation contre l'Empereur, tendant à le faire condamner « aux galères, comme assassin, voleur et faux-« monnayeur ». Il fut lui-même condamné à deux ans de prison, qu'il était en train de faire, quand la révolution du 4 septembre le remit en liberté. Il s'engagea pendant la guerre et fit son devoir de soldat à Buzenval et au Bourget. Depuis lors, il s'est adonné, tout entier, au travail littéraire. Il a publié : « Les troupes de Paris » ; « La succession Tricoche et Cacolet » ; « Les Mystères de New-York » ; « La Haute Canaille » ; « La Criminelle » ; « La Comtesse Mercadet » ; « Le Fils de Monte-Cristo » ; « Le Fantôme » ; « Les Histoires incroyables », lesquelles, dit J. Claretie « donnent la chair de poule » ; « Nouvelles Histoires incroyables » ; « La France Martyre », documents pour servir à l'histoire de l'invasion de 1870 ; « Abel », roman publié au *Figaro ;* « Le Centenaire et la Sacoche », publiés au *Temps*, et prochainement un roman reçu au *Journal des Débats*, sous le titre : « A. V. ». Avec une incroyable force de travail, M. J. L. a entrepris et achevé, sous le titre de « Dictionnaire de la Vie française contemporaine », un répertoire de biographies et d'analyses littéraires des œuvres parues depuis trente ans. Le Dictionnaire de la France contemporaine sert de complément à son « Histoire de cent ans ». Collaborateur du *Mot d'ordre*, sous la signature : *Un Parisien*, M. J. L. est un des fondateurs et secrétaire perpétuel de l'Association littéraire et artistique internationale.

Leroux (Auguste-Alfred), érudit français, archiviste-bibliothécaire du département de la Haute-Vienne depuis 1878, ancien élève de l'École des Chartes et de l'Ecole des Hautes-Études, né, à Elbeuf-sur-Seine, le 17 février 1855. Il fit ses premières études au Lycée de Rouen et les compléta en 1873-74 dans un gymnase de Ludwigsbourg près Stuttgart. En 1885, il a été chargé par l'École des Hautes-Études d'une mission en Autriche et en Allemagne pour rechercher les documents relatifs aux relations politiques de ces États avec la France pendant le XVe siècle. Il a collaboré à un grand nombre de journaux et revues historiques et a publié, entre autres ouvrages: « Recherches critiques sur les relations politiques de la France avec l'Allemagne de 1292 à 1378 », Vieweg, 1882; « Documents historiques bas-latins, provençaux et français concernant principalement la Marche et le Limousin », avec le concours de MM. Émile Molinier et Antoine Thomas, 2 vol., Limoges, v^e Ducourtieux, 1883-1885; « Essai sur les antécédents historiques de la question allemande de 843 à 1493 », Picard, 1886; « Chartes, chroniques et mémoriaux pour servir à l'histoire de la Marche et du Limousin », Tulle, Crauffon, 1886; « Nouveaux documents historiques sur la Marche et le Limousin », Limoges, Gély, 1887; « Histoire de la Réforme dans la Marche et le Limousin », Limoges, Gély, 1888; « Inventaires d'archives départementales, hospitalières et communales de la Haute-Vienne », 3 vol. in-4°, Limoges, Gély, 1882-1887 et 1888.

Leroux (Ernest), éditeur français, né, à St.-Quentin, le 13 février 1845, fonda en 1871 une librairie savante qui acquit en peu de temps une grande importance. Parmi les collections qu'il créa ou édita, citons la « Bibliothèque Orientale elzévirienne », la « Bibliothèque grecque », la « Bibliothèque slave », la « Collection de contes et chansons populaires », les « Annales du Musée Guimet », les « Publications de l'école des langues Orientales vivantes », qui font si grand honneur à l'érudition française, le « Recueil de voyages », et de « Documents pour servir à l'histoire de la Géographie depuis le XIIIe jusqu'à la fin du XVIe siècle », sous la direction de MM. Schefer, membre de l'Institut et Cordier, recueil qui valut à son éditeur un prix de la Société de Géographie, la « Bibliothèque de la Faculté des Lettres de Lyon », la suite des volumes sur l'« Histoire Grecque », par Curtius, Droysen et Hertzberg, traduite par M. Bouché-Leclercq. Les « Mémoires publiés par les membres de la Mission archéologique française au Caire », sous la direction de M. Maspero, les « Bulletins d'archéologie, de géographie, de philologie, etc. », du Ministère de l'Instruction publique, les grandes publications archéologiques de MM. de Longpérier, Letronne, A. Bertrand Miller, Schlumberger, Engel, Reinach, etc., et plus de quinze cents volumes d'érudition. Il faut encore ajouter à cette liste les nombreuses Revues créées ou éditées par M. L. parmi lesquelles la *Revue archéologique*, la *Revue critique*, le *Journal Asiatique*, la *Revue de l'histoire des religions*, la *Revue de l'extrême Orient*, la *Revue égyptologue*, la *Revue d'assyriologie*, la *Revue d'ethnographie*, la *Revue d'histoire diplomatique*, la *Revue des études grecques*, etc.

Le Roux (Robert-Charles-Henri, dit HUGUES), chroniqueur et romancier français, est né, au Hâvre, le 23 novembre 1860. Ses études commencées au Lycée du Hâvre, furent achevées au Lycée Louis-le-Grand à Paris. L'amitié de M. Alphonse Daudet facilita ses débuts littéraires. Après avoir passé successivement par le *XIXe Siècle*, l'*Echo de Paris* et la *République Française*, M. H. Le R. fut chargé, en 1887, de la chronique du *Temps* (*La Vie à Paris*). Depuis 1886, il rédige le feuilleton dramatique à la *Revue Bleue*. Voici, par ordre chronologique, ses publications : « L'Attentat Sloughine », roman de mœurs terroristes », 1885 ; « La Russie souterraine », traduit de Slepniak, id. ; « Un de nous », roman de mœurs contemporaines, 1886 ; « L'Enfer parisien », mœurs contemporaines, 1888 ; « Le Frère lai », contes et nouvelles, id. ; « Les Batailles du Théâtre » (feuilletons de la *Revue Bleue*), id. A l'Odéon, M. H. Le R. a fait représenter, en collaboration avec Paul Ginisty : « Crime et Chatiment », drame en sept tableaux, tiré du roman de Dostoiewsky.

Le Roy (Albert), publiciste français, né, à Paris, le 19 décembre 1856; licencié ès-lettres en Sorbonne à dix-neuf ans, il termina ses études de Droit en 1879 et s'inscrivit au barreau de Paris. Mais sa curiosité se tourna de préférence vers les travaux littéraires et historiques. Il a publié, d'abord dans des journaux ou des périodiques, puis en librairie, divers romans dont on a discuté des tendances et loué la force d'analyse psychologique et descriptive : « Fabien », Charpentier, 1879 ; « Le Mariage de Laure », Dentu, 1882, épuisé ; « Part à Trois », Ollendorff, 4me éd., 1883, épuisé ; « L'argent de la Femme », Ollendorff, 1884 ; « Le Comédien », Lemerre, 1888. En même temps, il signait un grand nombre de Variétés ou d'Essais dans le *Bien Public*, *Le Parlement*, *La Vie Littéraire*, *La République Française*, le *Globe*, la *Revue Politique*, la *Révolution Française*, la *Nouvelle Revue*, la *Revue Libérale*. M. A. L. R. a souvent pris la parole comme conférencier à la Salle des Capucines et en province, sur des matières littéraires ou sociales. Il a également touché à la vie politique et administrative. Candidat de l'Union républicaine au Conseil Municipal de Paris dans le quartier de la Sorbonne, en mai 1884, il n'a vu proclamer qu'à la majorité absolue d'une voix son concurrent autonomiste, M. Deschamps, qui a été successivement sous-préfet des Sables d'Olonne et conseiller de préfecture de Seine-et-Oise. Il prépare sous le titre : « La Politique religieuse en France au XVIIIe siècle », une série de volumes, qui continueront le *Port-Royal* de Sainte-Beuve et retraceront l'histoire du jansénisme épiscopal, convulsionniste et parlementaire de 1700 à 1789. Le premier de ces volumes est une thèse de doctorat ès-lettres. En 1882, M. A. L. R. est devenu membre de la Société des gens de lettres.

Leroy (Charles), littérateur et journaliste français, né, à Paris, le 30 mars 1844. Né de parents sans fortune, M. Ch. L. ne reçut qu'une instruction sommaire. A quinze ans, il fut placé chez un horloger, mais près de terminer l'apprentissage d'un métier qui ne lui plaisait pas, il entra dans les bureaux de la Compagnie du chemin de fer du Nord. Peu après, il entrait au *Tintamarre*, et, sans quitter son administration, il collabora à toute une série de journaux comiques et politiques qu'il abandonna plus tard pour se consacrer entièrement à la rédaction de volumes joyeux. « Le Colonel Ramollot », le lança définitivement dans le genre comique qu'il continue encore sous la forme de romans, tels que « La Boîte à Musique », et « Le Garde à l'essai ». C'est Paul de Kock et Henri Monnier qu'il cherche à ressusciter et il est certain que, comme eux, il réussit à faire rire. En novembre 1888, M. Ch. L. a été nommé officier du Nichan Iftikhar, sur la proposition du résident général de France à Tunis. M. Ch. L. a publié plusieurs séries de nouvelles antérieurement publiées au *Tintamarre*, au *Beaumarchais*, au *Grelot* et à la *Chronique parisienne* et des chroniques signées : *Charles Lecoq*, *Sulpice*, *René Lebrun* et *Frédéric Didier* ; « Nouveaux exploits du Colonel Ramollot », Marpon ; « La Boîte à Musique », roman comique, Frinzine ; « Guibollard et Ramollot », Marpon et Flammarion ; « Les s'crongnieugnieu du Colonel Ramollot », Librairie illustrée ; « La Foire aux Conseils », Marpon ; « Le Guide du duelliste indélicat », Tresse et Hoch ; « Les Malheurs du capitaine Lorgnegrue » ; « Faits et gestes du sergents Roupoil » ; « Les farces du lieutenant Bernard » ; « Petite Poucette », monologue, Ollendorff ; « Un gendre à l'essai », roman comique, Dentu ; « Le Colonel Ramollot », édition complète et définitive, 1 vol. illustré, librairie Marpon et Flammarion.

Leroy (Mathieu-François-Alphonse), éminent publiciste belge, né, à Liège, le 28 juillet 1822. Après avoir conquis le diplôme de docteur en philosophie et lettres, il entra dans l'enseignement public : on le vit professeur de rhétorique, puis directeur du Collège de Tirlemont, où fut fondée par ses soins en 1849 la première école d'agriculture qu'ait eue la Belgique ; on le vit ensuite, et jusque dans ces tout derniers temps, professeur à l'Université de Liège et à l'école Normale des humanités de cette ville. En 1889, il a été élevé à l'éméritat. — Depuis longtemps membre de l'Académie Royale de Belgique, notre auteur a énormément produit, et pour le dire en passant, il s'est toujours beaucoup occupé, à l'Académie et dans la presse, des livres et des écrivains italiens : les philosophes siciliens, notamment, lui ont fourni le sujet d'intéressantes études publiées en 1875, et son appréciation des œuvres philosophiques de M. V. di Giovanni a été reproduite dans le *Giornale di Sicilia* et dans les *Relazioni di filosofia* de M. di Giovanni (Palerme, 1877). M. L. a fait paraître en librairie, outre quelques brochures que nous devons nous borner à citer pour mémoire : « Questions psychologiques », Bruxelles, 1846 ; « L'ami des enfants », Liège, 1857, livre de lecture souvent réimprimé et traduit en flamand par M. Van Driessche ; « La philosophie au pays de Liège (XVIIe et XVIIIe siècle) », id., 1860 ; « Étude historique et critique sur l'enseignement élémentaire de la grammaire latine », Bruges, 1864 ; « *Liber memorialis*. L'Université de Liège depuis sa fondation », Liège, 1869. Il a traduit les « Contes villageois de la Forêt-Noire », d'Auerbach, Liège, 1853 ; l'ouvrage de Pugin et Brisson ; « Les antiquités architecturales de la Normandie », Paris et Liège, 1855 ; et celui de Pugin et Wilson : « Motifs et détails choisis d'architecture gothique empruntés aux anciens édifices de l'Angleterre », id., 1858-1867. Il a collaboré à plusieurs grands ouvrages collectifs : à « l'Encyclopædie » du Dr Schmid, de Gotha, à la « Biographie nationale », éditée sous le patronage de l'Académie de Belgique, à la « Patria Belgica », à « La Belgique illustrée », à « Liège », au « Dictionnaire des *spots* ou proverbes Wallons » ; et il a publié des « Poésies Wallones », avec M. A. Picard, sous le pseudonyme de Alcide Pryor. Enfin, depuis près d'un demi-siècle, il a prodigué des communications, des études, des articles dans les publications de l'Académie Royale de Belgique, de l'Académie d'archéologie d'Anvers, de la Société d'émulation de Liège, de la Société Wallone de Liège, de l'Institut des Sourds-muets de la même ville, de la Société du *folk-lore* Wallon ; dans la *Revue de l'instruction publique en Belgique*, la *Revue de l'instruction publique de France*, et une foule de journaux pédagogiques : dans la *Revue belge*, la *Revue de Liège*, la *Revue trimestrelle*, la *Revue de Belgique*, l'*Athénœum belge*, la *Meuse*, le *Journal de Liège*, etc. ; dans le *Bullettino biografico delle scienze matematiche* de Rome, le *Jahrbuch für romanische Literatur* de Berlin, etc.

Leroy-Beaulieu (Anatole), éminent publiciste français, frère du suivant, né, à Lisieux, en 1842 ; il collabore comme son frère à la *Revue des*

Deux-Mondes, et il a publié une série d'ouvrages remarquables: « Une troupe de Comédiens », 1866 ; « La Restauration de nos monuments historiques devant l'art et devant le budget » ; « Un empereur, un roi, un pape, une restauration », 1879 ; « L'Empire des tsars et les Russes », trois vol., 1881-82-88, Hachette ; « Un Homme d'État russe (Nicolas Milutine), d'après sa correspondance inédite » ; « Étude sur la Russie et la Pologne pendant le règne d'Alexandre II (1855-72) », 1884 ; « Les Catholiques libéraux, l'église et le libéralisme de 1830 à nos jours », Plon, 1885 ; une série d'articles dans la *Revue des Deux-Mondes* sur la Papauté et l'Italie, intitulé : « Le Vatican et le Quirinal ».

Leroy-Beaulieu (Pierre-Paul), illustre économiste français, né, à Saumur, le 9 décembre 1843, fit de brillantes études au Lycée Bonaparte, en Angleterre, à l'École de Droit et à l'Université de Bonn (Allemagne), et voyagea ensuite en Allemagne, en Italie, en Algérie, etc. M. L. B. s'est livré de bonne heure à l'étude de l'économie politique : il débuta en obtenant, en trois ans (1867-1870), cinq prix pour des sujets mis au concours par l'Académie des Sciences morales et politiques. Il publia dans le *Temps* quelques lettres en 1869, puis il entra la même année à la *Revue des Deux-Mondes*, dont il fut alors l'un des collaborateurs assidus et où il n'a pas cessé d'écrire. En 1870, il devint le collaborateur du *Journal des Débats*. En 1872, il fut chargé à l'*École libre des Sciences politiques* de la chaire des finances. L'année suivante, il fonda le journal hebdomadaire l'*Économiste français* qui acquit bientôt en Europe et en Amérique une grande autorité. En 1878, M. P. L. B. fut élu membre de l'Académie des Sciences morales et politiques. Il n'était âgé que de trente-quatre ans et il fut, pendant plusieurs années, le plus jeune membre de l'Institut de France. En 1880, il fut nommé professeur d'économie politique au Collège de France en remplacement de M. Michel Chevalier. L'activité littéraire et scientifique de M. P. L. B. a été très-considérable et s'est portée sur des sujets très-variés. La plupart de ses ouvrages sont devenus en quelque sorte classiques. En voici les titres: « De l'état moral et intellectuel des populations ouvrières et de leur influence sur le taux des salaires », 1868 ; « Recherches économiques, historiques et statistiques sur les guerres contemporaines », 1869 ; « La question ouvrière au XIXe siècle », 2e édition, 1882 ; « Le travail des femmes au XIXe siècle », 1873 ; « La Colonisation chez les peuples modernes », 3me éd., 1885 ; « L'administration locale en France et en Angleterre », 1873 ; « Traité de la science des finances », 4me édition, 1888 ; « Essai sur la répartition des richesses et sur la tendance à une moindre inégalité des conditions », 3me édition, 1887 ; « Le collectivisme, examen critique du nouveau socialisme », 4mo éd., 1886 ; « L'Algérie et la Tunisie » ; « Précis d'économie politique », 1888. Beaucoup de ces ouvrages ont été traduits en allemand, en italien, en espagnol, en hollandais, en hongrois, en grec et même en japonais. L'Italie possède en M. P. L. B. l'un de ses plus nobles amis, de ses juges les plus impartiaux et les plus clairvoyants.

Lersch (Bernard-Maximilien), médecin et chimiste allemand, né, le 12 octobre 1817, à Aix-la-Chapelle, où il a exercé jusqu'en 1875 la médecine ; il s'est surtout dédié à la balnéologie, et il a publié : « Geschichte der Balneologie und Pegologie », 1863 ; « Hydro- Physik oder Lehre vom physikalischen Verhalten der natürlichen Wässer, namentlich von der Bildung der kalten und warmen Quellen », 2me éd., 1870 ; « Hydro- Chemie der natürlichen Wässer nach den neuesten Resultaten der Wissenschaft », 2me éd., 1870 ; « Die physiologischen und therapeutischen Fundamente der praktischen Balneologie und Hydropisie », 1868 ; « Monographien der Mineralwässer von Burtscheid, Spa, Malmedy, Die Ruinen des Römerbades zu Aachen », 1878 ; « Ueber die Ursachen der Erdbeben », 1879 ; « Kalender des Naturbeobachters », 1880 ; « Ewiges Kalendarium », 1877 ; « Ueber die symmetrischen Verhältnisse des Planeten- Systems », 1885, etc.

Lesclide (Richard), publiciste français, employé au Musée du Louvre, section des moulages, est né, à Bordeaux, en 1825. Il a fait ses études au Lycée de Bordeaux et à la pension Benoît. Il a publié une centaine de volumes ; romans, études ou pièces. Il a aussi fondé plusieurs journaux, notamment: *Paris à l'Eau-forte*, dont on possède onze volumes illustrés. M. R. L. a été secrétaire de Victor Hugo, jusqu'à la mort du grand poète.

Lescœur (le Rév. P. Louis), religieux français, prêtre de l'Oratoire, ancien avocat, né, à Bagé-le-Châtel (départ. de l'Ain), le 15 septembre 1825. Élève du Collège Stanislas, sous la direction de l'abbé Gratry, il fit ensuite son Droit à Paris, et en 1852 fut, avec MM. Peraud et Combier, tous deux anciens élèves de l'école Normale Supérieure (le premier aujourd'hui évêque d'Autun, le second mort missionnaire en Chine), un des trois premiers disciples de M. l'abbé Pétetot lorsqu'il rétablit la Congrégation de l'Oratoire, de concert avec MM. Gratry et de Valroger. Il a été deux ans 1866-1868 professeur de théologie à la Sorbonne. Citons ses principales publications: « Les Béatitudes », huit homélies sur l'Évangile, Féchot, 1885, « L'Église catholique en Pologne sous le Gouvernement russe, depuis le premier partage jusqu'à nos jours (1772-1875) », 2e éd., entièrement refondue, 2 vol. in-8°, Plon ; « L'État maître de pension, étude sur les internats universitaires », 3ᵉ éd., revue, augmentée et précédée de « l'État père de famille, examen de la loi Ferry », Santon, 1879 ; « La Vie Future », conférences de l'Oratoire, Albanel, 1872 ; « L'Esprit révolutionnaire », conférences de l'Oratoire, 1873 ; « La Foi Catholique et la réforme sociale », conférences de l'Oratoire, précédées d'une lettre de M. F. Le Play, Sauton, 1878 ; nouvelle éd., Féchot, 1888 ; « Jésus-Christ », conférences de l'Oratoire, 1880 ; 2ᵉ éd., Poussielgue, 1888 ; « La Science du bonheur », Didier, 1873 ; « Histoire d'une vocation. M. Nicanova », Sauton, 1878 ; « La Théodicée chrétienne d'après les Pères de l'Église », Douniol, 1851 ; « Le Règne temporel de Jésus-Christ », 1867 ; « Histoire d'une convertie », 2ᵉ éd., Douniol, 1875 ; « Monsieur de Bismarck et la persécution religieuse en Allemagne », 1879 ; « Une retraite au Carmel ; exercices de dix jours pour les religieuses », Oudin, 1883.

Lescure (Mathurin-François-Adolphe DE), littérateur français, né en 1833, chef du compte-rendu analytique du Sénat. Il a publié un grand nombre d'ouvrages (histoire, roman, critique, érudition), dont quelques uns ont eu un vrai succès. Cinq d'entre eux ont été couronnés par l'Académie Française. Ce sont : « Henri IV » (second prix Gobert, en 1872-73) ; « L'Éloge de Marivaux » (prix d'éloquence en 1880) ; « Les femmes philosophes » (prix Marcellin Guérin en 1881) ; « Rivarol et la société français pendant la Révolution et l'émigration (prix Guizot en 1884) ; « Etude sur Beaumarchais » (prix d'éloquence en 1886). On peut encore citer de cet écrivain : Histoire : « Les maîtresses du Régent », 1857 ; « La vraie Marie-Antoinette », 1858 ; « La princesse de Lamballe », 1864 ; « Les amours d'Henri IV », 1865 ; « Les amours de François I », 1866 ; « Marie-Antoinette et sa famille », 1866 ; « Jeanne d'Arc », 1867 ; « Marie Stuart », 1868 ; « Mémoires du Marquis de Boissy », sous le pseudonyme de *Paul Breton*, 1869 ; « Les nouveaux mémoires du maréchal duc de Richelieu », 1870-1875 ; « L'amour sous le Terreur », 1881 ; « Les mères illustres », 1882 ; « Les grandes épouses », 1884 ; « Les deux France, 1789-1889 » ; « Récits d'une aïeule centenaire à ses petits enfants » ; Romans : « Les confessions de l'Abbesse de Chelles, fille du Régent », 1858 ; « Les chevaliers de la mouche à miel », 1870 ; « La dragonne », 1871 ; « Le cadet de Gascogne, le château de Barbe-bleue », 1873 ; « Mademoiselle de Cagliostro », 1878 ; « Le démon des Montchevreuil », 1880 ; « Où est la femme ? », 1884 ; Critique et érudition : « Les Philippiques de la Grange-Chancel », 1857 ; « Eux et elles, histoire d'un scandale », 1858 ; « Les autographes en France et à l'étranger », 1859 ; « Mémoires de Mathieu Marais sur la régence et le règne de Louis XV », 1863-1868 ; « Correspondance de la marquise du Deffand », 1865 ; « Correspondance secrète inédite sur la cour et la ville sous le règne de Louis XVI », 1866 ; « Lord Byron, histoire d'un homme », 1867 ; « Collection de Mémoires sur le XVIIIᵉ siècle et la Révolution », 9 vol., 1871-1880 ; « Le monde enchanté, histoire des fées et de la féerie », 1881 ; « Bernardin de Saint-Pierre, sa vie et ses œuvres » ; « François Coppée, l'homme, la vie et l'œuvre », 1888 ; « Joseph de Maistre et sa famille ». Le même auteur a publié chez Didot, Picard, Quantin, Jouaust, des éditions nouvelles du « Théâtre de Marivaux », de « Manon Lescaut », du « Comte de Comminges », des « Mémoires et contes d'Hamilton », des œuvres choisies de Saint-Évremond, de Chamfort, de Rivarol, du Prince de Ligne, de la « Marianne » de Marivaux, des « Contes de Mᵐᵉ d'Aulnay », de la « Princesse de Clèves », des « Mémoires » de Mᵐᵉ de Staël, de l'abbé de Choisy, des lettres d'Henri IV, etc.

Le Senne (Camille), romancier français, né à Paris, le 12 décembre 1851 ; après de brillantes études au Lycée Saint-Louis et de nombreux succès au concours général, où il remporta notamment en 1869 le premier prix de discours français, il débuta dans les lettres par une suite de romans en collaboration avec Edmond Texier, auxquels devait bientôt succéder de nombreuses publications personnelles. En 1879, il entrait au journal *Le Télégraphe* de Paris, où il était tour-à-tour chroniqueur, critique d'art, critique dramatique et où il fonctionne comme rédacteur en chef. M. C. L. S. a publié, en collaboration avec Edmond Texier, chez Calmann-Lévy, de 1879 à 1888 : « La dame du lac » ; « Delbourg et Cⁱᵉ » ; « La fin d'une race » ; « Les idées du docteur Simpson » ; « L'inconnue » ; « Lady Caroline » ; « Mᵐᵉ Ferraris » ; « Mᵐᵉ Frusquin » ; « Mˡˡᵉ de Bagnols » ; « Le mariage de Rosette » ; « Les mémoires de Cendrillon » (couronnés par l'Académie Française) ; « Monsieur Candaule » ; « Prégalas » ; « Le Testament de Lucy » ; « Train Rapide » ; « Les portraits de Kel-Kun », etc. Seul : « Louise Mengal » ; « En Commandite » ; « Le Vertige », Calmann Lévy, 1884-1887 ; « Le Théâtre à Paris », 1ʳᵉ série, 1883-1884, 2ᵉ série, 1885, 2 vol., Le Soudier, 1888.

Leser (Emmanuel), économiste allemand, professeur d'économie politique à l'Université de Heidelberg, né, en 1849, à Mayence, a fait ses études à Heidelberg et Goettingue, et enseigne depuis 1874 à l'Université de Heidelberg. On lui doit : « Necker's zweites Ministerium », Mayence, 1871 ; « Der Begriff des Reichthums bei Adam Smith », Heidelberg, 1874 ; « Die Hypothekenbanken und ihre Jahresabschlüsse », id., 1879 ; « Ein Accisestreit in England », 1879 ; « Untersuchungen zur Geschichte der Nationalökonomie », Jena, 1881.

Lesètre (l'Abbé Henri), ecclésiastique et écri-

vain français, né, à Bourges (Cher), le 11 février 1848. Il a fait ses études au Séminaire de Saint-Sulpice. Il est actuellement vicaire à Notre-Dame de Plaisance à Paris, depuis le 1er janvier 1874. Il a publié: « Commentaire de l'Ecclésiastique »; « Commentaire du livre des Proverbes »; « Commentaire du livre des Psaumes »; « Commentaire du livre de la Sagesse »; « Commentaire du livre de Job ».

Leskien (Auguste), éminent philologue allemand, professeur de langues slaves à l'Université de Leipzig, né en 1840, rédacteur de l'*Allgemeine Encyklopädie* d'Essch et Gruber, co-rédacteur de l'*Archiv für slavische Philologie*; on lui doit: « Die Declination im Slavisch-Litthanischen und Germanischen », ouvrage couronné, Leipzig, 1876; « Litthanische Volkslieder und Märchen aus dem preussischen und russischen Litthanen gesammelt », en collab. avec Brugmann, Strasbourg, 1882; « Handbuch der altbulgarischen (altkirchenslavischen) Sprache », 2e éd., Weimar, 1886; « Altkroatische geistliche Schauspiele », Progr., Leipzig, 1884; « Der Ablaut der Wurzelsilben im Litthanischen », 1884; « Untersuchungen über Quantität und Betonung in den slavischen Sprachen », 1885; « Die Pilgerfahrt des russischen Abtes Daniel ins heilige Land », 1884. Il a traduit en allemand le livre classique de Whitney: « Leben und Wachsthum der Sprache ».

Leskoff (Basile), jurisconsulte russe, professeur de droit à l'Université de Moscou, né en 1819, a fait ses études à Berlin, Leipzig, Prague et Vienne. On lui doit, entr'autres: « Sur la neutralité du commerce maritime »; « Histoire du droit social russe jusqu'au XVIIIe siècle, le Peuple et l'Etat russe »; « L'ancienne diplomatie russe »; « L'ancienne police moscovite »; « Esquisse historique de la législation russe sur les voies de communications »; « Esquisse historique sur les anciennes lois russes concernant le commerce »; « Anciennes lois russes sur la conservation de la richesse nationale »; « Sur l'ancienne médecine russe »; « Sur l'approvisionnement du peuple dans l'ancienne Russie ».

Lesser (Edmond), médecin allemand, professeur libre de syphiliographie à l'Université de Leipzig, né, en 1852, à Neisse, a fait ses études à Berlin, Bonn et Strasbourg. On lui doit: « Lehrbuch der Haut- und Geschlechtskrankheiten », quatrième éd., Leipzig, 1889; « Anomalien der Epidermis und der Hautfärbung », dans le *Handbuch der Hautkrankheiten* de Ziemssen, id., 1883; « Ueber Syphilis Maligna », dans la *Vierteljahresschrift für Dermatologie* de 1882; des essais et des mémoires dans l'*Archiv de Wirchow*, et dans d'autres revues.

Lesser (Baron Ladislas von), médecin allemand, professeur de chirurgie à l'Université de Leipzig, depuis 1877 membre correspondant de l'Académie Royale de médecine de Turin, membre correspondant de la Société médicale de Varsovie, ancien professeur et chef de clinique à l'Université de Greifswald (1871-73), fondateur et rédacteur du *Centralblatt für Chirurgie* de Leipzig (1874-1880), né, à Varsovie, le 28 juillet 1846, a fait ses études médicales à l'Université de Berlin de 1865-69, et servi comme médecin militaire dans la guerre de 1870-71. On lui doit: « Peritonites diffusa et peritonites circumscripta », thèse; « Sur la mécanique des fractures articulaires »; « Ligature de l'artère linguale »; « Transformations des morceaux de la peau »; « Études sur quelques difformités congénitales de la tête »; « La méthode antiseptique de Lister »; « Études expérimentales sur la pléthore sanguine »; « Transfusion et autotransfusion »; « Études expérimentales sur la repartition du sang dans l'organisme »; « Opération du pied paralytique »; « Études expérimentales sur les causes de mort causées par des brûlures »; « Sur les opérations d'urgence », douze leçons, 1880, ouvrage traduit en russe; « Opérations des retrécissements de la voûte palatine »; « Echinococcus peripleuriticus »; « De l'anesthésie locale »; « Les hospices aux bords de la mer »; « Premier pansement au champ de bataille »; « Bains publiques pour les ouvriers »; « Traitement du rachitisme »; « Traitement opératif des fractures de l'éphiphyse inférieure du radius »; « La Skolisse: études expérimentale et clinique », deux parties; « Infection tuberculeuse par la peau ».

Lessing (Jules), historien de l'art allemand, professeur de l'histoire de l'art industriel à l'école Supérieure Technique de Berlin, né en 1843; on lui doit: « Muster altdeutscher Leinenstickerei », Berlin, 1re série, 7me éd., 1883, 2e série, 5me éd. 1883; « Das Kunstgewerbe auf der Wiener Weltausstellung », 1873, Berlin, 1874; « Die Renaissance im heutigen Kunstgewerbe », Berlin, 1877; « Altorientalische Teppichmuster », Berlin, 1877; « Berichte von der Pariser Weltausstellung 1878 », Berlin, 1878; « Die Silberarbeiten des Anton Eisenhoit aus Wartburg », Berlin, 2e éd., 1881; « Holzschnitzereien des XV-XVI », Berlin, 1881-82; « Der Modeteufel », Berlin, 1884; « Was ist ein altes Kunstwerk werth », Berlin, 1885.

Lessmann (Othon), musicien et publiciste allemand, rédacteur en chef et directeur de l'*Allgemeine Munichzeitung*, est né, le 30 janvier 1844, à Rüdersdorf près de Berlin, a fait ses études musicales à Magdebourg et à Berlin; nous le trouvons en 1864 professeur de musique chez le comte Bruhl; en 1866 professeur de l'harmonie et piano au Conservatoire de Berlin, en 1867 à l'école de piano de Charles Tausig; en 1872 premier professeur de piano et chant à Charlottenbourg; en 1881 il devint propriétaire et rédacteur en chef de l'*Allgemeine (Deutsche) Mu-*

nichzeitung. On lui doit une « Étude sur François Liszt », suite de l'Histoire de l'art de toucher du piano et de la littérature de piano.

Lessona (Charles), jurisconsulte italien, docteur en Droit depuis 1885, ancien professeur de jurisprudence, actuellement réviseur-adjoint au Sénat, collaborateur du *Digesto Italiano*, de l'*Enciclopedia giuridica*, de la *Giurisprudenza Italiana* de l'*Enciclopedia commerciale*, de l'*Archivio Giuridico*, né, à Lugo Torinese, le 17 décembre 1863, a publié : « La *Germania* di Tacito, saggio storico-giuridico », Turin, 1884 ; « Una questione sulla revoca del testamento », id., 1885 ; « La Sylvia Nuptialis di San Nevizzano, contributo alla Storia del Diritto », Turin, 1886 ; « La revocabilità del Testamento nella sua evoluzione storica », id., 1886 ; « Elemento di morale sociale », id., 1885 ; « Il matrimonio degli ufficiali », Savone, 1887 ; « Chi è commerciante », Crémone, 1888 ; « I libri di commercio nel diritto positivo italiano », Crémone, 1888 ; « Dante penalista », Turin, 1886 ; « Diritti e doveri per le scuole tecniche », 1884 ; « Diritti e doveri per le scuole normali », 1884 ; « Diritti e doveri per le scuole elementari », 1889 ; « Elementi di Diritto per gli Istituti tecnici », 1888 ; « Indice esegetico analitico del Mattirolo », Turin, 1888.

Lessona (Michel), illustre naturaliste et brillant écrivain italien, conférencier spirituel, sympathique vulgarisateur, professeur de zoologie et d'anatomie comparée à l'Université de Turin, dont il a aussi été le recteur, membre de l'Académie des Sciences de Turin, né, le 20 septembre 1823, à la Veneria Reale près de Turin, a été reçu docteur en médecine en 1846, mais il renonça bientôt à la médecine pour l'histoire naturelle. Dans sa jeunesse, il a entrepris plusieurs voyages en Europe, en Égypte, et plus tard en Turquie et en Perse. Ses publications sont nombreuses. En dehors des notes, mémoires et articles dans les *Actes de l'Académie des Sciences* de Turin et dans les journaux auxquel il collabore, des traductions des ouvrages de Darwin, de Pokorny, Brehm, van der Hoeven, Vogt et autres naturalistes, on lui doit, entr'autres : « Nozioni elementari di scienze naturali per le scuole normali e magistrali », Turin, 1862 ; « Ore perdute : Varietà scientifiche », en collaboration avec le professeur De Filippi, Gênes, 1861 ; « Dopo il tramonto : Varietà scientifiche » ; « Gli acquarii », Turin, 1864 ; « Il mare », id., id. ; « Sopra due nuove specie di animali invertebrati raccolti nel golfo di Genova », id., 1886 ; « Nozioni elementari di Zoologica », id., 1867 ; « Filippo De Filippi », Florence, id. ; « La Pieuvre », id., id. ; « Cenni biografici intorno a Giovanni van der Hoeven », 1868 ; « Nota intorno alle Ostriche del Porto di Genova », 1868 ; « Relazione intorno ad una Memoria del prof. Ciaccio », id. ; « Sulla riproduzione delle parti in molti animali », id. ;

« Volere è potere », Florence, 1869, volume qui a eu le plus grand succès et a qui fait beaucoup de bien en Italie, id., Barbèra, id. ; « Sulla resistenza vitale delle mosche nel vino », Turin, 1869 ; « Commemorazione di Eugenio Sismonda », 1870. Depuis 20 ans, il n'a plus écrit de livres, mais donné des conférences, fourni des articles aux journaux et achevé des traductions nombreuses.

Lesueur (Daniel), poète et romancière française. Mlle JEANNE LOISEAU, née, en 1860, à Paris, débuta en 1882 sous le pseudonyme de *Daniel Lesueur*, par un volume de vers: « Fleurs d'Avril », Lemerre éd., que l'Académie couronna. Sous le même pseudonyme, Mlle Jeanne Loiseau a depuis fait paraître : « Un Mystérieux amour », 1886, Lemerre. En 1885, Mlle Loiseau avait remporté le prix de poésie de l'Académie Française pour sa pièce de vers: « Sursum Corda! ». Les romans de Mlle Loiseau signés tous du pseudonyme de *Daniel Lesueur*, sont : « Le Mariage de Gabrielle », chez Calmann Lévy, 1883 (couronné par l'Académie Française) ; « L'Amant de Geneviève », 1884, Calmann Lévy; « Marcelle », chez Lemerre, 1885 ; « Amour d'aujourd'hui », chez Lemerre, 1888. Ces ouvrages, les deux derniers surtout, sont des études de mœurs contemporaines, passionnées et d'une intensité de vie presque cruelle.

Leture (Ernest), jurisconsulte français, docteur en droit, substitut du Procureur Général à Bourges (Cher), né, le 13 septembre 1854, à Saint-Évrémond-de-Bonfossé (Manche), a publié : « Étude sur le privilège du bailleur d'immeubles » et « Aperçu de quelques Réformes au Grand Criminel ».

Leuckart (Rodolphe), zoologiste allemand, professeur de zoologie et de zootomie à l'Université de Leipzig, né en 1823. On lui doit: « De monstris eorumque causis et ortu », Goettingue, 1846 ; « Beiträge zur Kenntniss Wirbelloser Thiere », en collab. avec Frey, Brunswick, 1848 ; « Ueber die Morphologie und die Verwandschaftsverhältnisse der Wirbellosen Thiere », Brunswick, 1848 ; « Ueber den Polymorphismus der Individuen », Giessen, 1851 ; « Vergleichende Anatomie und Physiologie », en collab. avec Bergmann, Stuttgart, 1852 ; « Zoologische Untersuchungen », Giessen, 1853-54 ; « Zur näheren Kenntniss der Siphonophoren von Nizza », Berlin, 1854 ; « Die Blasenbandwürmer und ihre Entwicklung », Giessen, 1856 ; « Die Fortpflanzung und Entwicklung der Pupiparen », Halle, 1858 ; « Zur Kenntniss des Generationswechsels und der Parthenogenesis bei den Insekten », Francfort, 1858 ; « Bau und Entwicklungsgeschichte der Pentastomen », Leipzig, 1860 ; « Untersuchungen über die Trichina spiralis », id., 1860 ; 2e éd., 1866 ; « Die Parasiten des Menschen und die von ihnen herrührenden Krankeiten », deux vol., Leipzig, 1863,

1876; 2e éd., 1879-1881-1886; « Allgemeine Naturgeschichte der Parasiten », Leipzig, 1879; « Zool. Wandtafeln », Cassel, 1877-87; « Ueber Bastardfischer », 1882; « Die Anatomie der Biene, Wandtafel », Cassel, 1885.

Leumann (Ernest), orientaliste allemand, professeur de philologie indienne à l'Université de Strasbourg, a pris une part active aux travaux de la section indienne au Congrès International des Orientalistes à Stockolm; il s'est approfondi surtout dans la connaissance de la langue et de la littérature des Jarnas; il est l'éditeur de l'*Aupapâtika Sûtra*.

Leu-Steding (Gunther), écrivain allemand, né, le 10 octobre 1860, à Zelle, depuis 1886 résidant à Berlin, a donné au théâtre : « Liebe in der Küche », farse mise en musique par Gustave Steffens, 1885 ; « Sie will es nicht », id.; « Die Andere », comédie ; « Höher und höher », comédie, 1887.

Levakovski (Jean), savant russe, professeur de minéralogie et de géographie à l'Université de Charkoff; on lui doit, entr'autres, un « Cours de Géologie » ; un « Recueil de matériaux sur la Géologie en Russie » ; « Sur les ouvrages de Lomonosoff qui concernent la Géologie », et plusieurs autres essais sur la minéralogie, insérés dans différents recueils.

Levallois (Jules), littérateur français, né, à Rouen, le 10 mai 1829, fit ses études au Collège de sa ville natale et vint à Paris en 1850 ; il fut peu après attaché à la rédaction du *Moniteur Universel*, et devint secrétaire de Sainte-Beuve en 1855. En 1859, il entrait à la rédaction de l'*Opinion Nationale*, dont il dirigea longtemps le feuilleton littéraire ; il quitta ce journal en 1872. M. J. L. a collaboré à la *Revue Européenne*, au *Correspondant*, à l'*Avenir National* (de Peyrat), au *Télégraphe*, au *XIXe Siècle*, à l'*Instruction publique*, à la *Vie Littéraire*, à l'*Athenaeum* (de Londres), etc. Il a publié : « Critique militante, études de philosophie littéraire », 1862 ; « La piété au XIXe siècle », 1864 ; « J.-J. Rousseau, ses amis et ses ennemis » (Papiers de Neuchâtel), avec le concours de G. Streckeisen-Moulton, 1865 ; « Déisme et Christianisme », 1866 ; « Les Contemporains chantés par eux-mêmes », 1868 ; « La Politique du bon sens », 1869 ; la deuxième édition a pour titre : « La petite bourgeoisie » ; « L'année d'un hermite », 1870 ; « Sainte-Beuve », 1872 ; « Mémoires d'une forêt (Fontainebleau) », 1875 ; « Corneille inconnu », 1876, a mérité à son auteur le prix Bordin de l'Académie Française ; « La Vieille France », 1882, a obtenu le prix Lambert ; « Autour de Paris », 1883 ; « Les Maîtres italiens en Italie », 1887. On lui doit aussi, avec M. Milliet, le livret d'un opéra-comique en un acte : « Mathias Corvin », musique de M. de Bertha, représenté à l'Opéra-Comique en 1883.

Levasseur (Henri-Victor), écrivain militaire, conférencier et magnétiseur français, officier de cavalerie en retraite, grièvement blessé sur le champ de bataille de Blois (1870), né, à Compiègne, le 2 septembre 1823. Il est l'auteur d'un catéchisme à l'usage des bataillons scolaires ; d'un projet d'application de la fortification à la stratégie et à la tactique militaire, et d'un ouvrage couronné intitulé : « Les Beautés du Magnétisme » (Marpon et Flammarion).

Levasseur (Pierre-Émile), historien, géographe et économiste français, né, à Paris, le 8 décembre 1828, fit ses études au Collège Bourbon et entra à l'École Normale Supérieure en 1849. Professeur de seconde au lycée d'Alençon, de 1852 à 1854, il fut reçu dans cette dernière année, docteur ès-lettres en juin et agrégé en octobre, et nommé professeur de rhétorique au lycée de Besançon. Professeur-adjoint de seconde au lycée Saint-Louis de 1856 à 1861, il fut nommé, en février 1861, professeur d'histoire au lycée Napoléon. Il fut chargé en 1868 du nouveau cours d'*Histoire des faits et doctrines économiques* au Collège de France. Il venait d'être élu la même année membre de l'Académie des Sciences morales et politiques (section d'économie politique, statistique et finances) en remplacement du comte Duchâtel. Il avait été plusieurs fois lauréat de cette Académie. M. L. a été nommé professeur d'économie politique et de législation industrielle au Conservatoire des Arts et Métiers, en remplacement de Wolowski, le 6 septembre 1876. Membre de la commission supérieure des Expositions Internationales, il a fait partie de la section française du jury international à l'Exposition de Vienne en 1873, à celle de Philadelphie en 1876, au Congrès International de statistique, sections de Saint-Pétersbourg en 1872 et de Budapest en 1873, etc.; il a été délégué par le Ministère du commerce. Il est membre de la Commission centrale de la Société de géographie, vice-président de la Société de géographie commerciale de Paris, dont il est l'un des fondateurs, président de la Commission de statistique de l'enseignement primaire au Ministère de l'instruction publique, président de la section des Sciences économiques et sociales du Comité des travaux historiques, vice-président du Conseil supérieur de statistique, vice-président de l'Institut international de statistique ; il est membre de l'Académie des Lincei et d'un grand nombre de sociétés savantes. — On doit à M. L.: 1º Des ouvrages d'économie politique, d'histoire et de statistique : « Recherches historiques sur le système de Law », 1 vol. in-8º, et « De pecuniis publicis apud Romanos », 1854, thèses de doctorat; la « Question de l'or », 1 vol. in-8º, 1855 ; « Histoire des classes ouvrières en France depuis la conquête de Jules-César jusqu'à la Révolution », 2 vol., 1859 ; « La France in-

dustrielle en 1789 », 1865; « La Prévoyance et l'épargne » ; « Le Rôle de l'intelligence dans la production » ; « L'Assurance », brochures, 1866-67; « Histoire des classes ouvrières en France depuis 1789 », 2 vol. in-8°, 1867; « Cours d'économie rurale, industrielle et commerciale », 1re éd., 1868 ; « Précis d'économie politique », 4° éd., 1886 ; « La vie et les travaux de Wolowski », 1877 ; « Rapport sur l'instruction primaire et secondaire à l'Exposition universelle de Vienne », 1875 ; « Statistique comparée de l'enseignement primaire, de 1829 à 1877 », 1879 ; « Rapport sur la statistique de l'enseignement primaire », 1881-82; « Rôle de l'état dans l'ordre économique », 1882 ; « Esquisse de l'ethnographie de la France », id.; « De la valeur des monnaies romaines », 1879 ; « Résumé historique de l'enseignement de l'économie politique et de la statistique en France », 1883 ; « La statistique graphique », 1886 ; « Rapport sur le commerce et le tonnage relatifs au Canal interocéanique », 1879 ; « La théorie du salaire », 1885 ; « Statistique de la superficie et de la population des contrées de la terre » ; « Les populations urbaines en France, comparées à celles de l'étranger », 1887 ; « La statistique officielle en France », brochure, etc.; « Précis d'histoire », 2 vol. — 2° Des ouvrages de géographie: « La France avec les colonies, l'Europe moins la France, la France moins l'Europe », 3 vol. in-12°, accompagnés chacun d'un petit atlas, 1re éd., 1868 ; « La France et ses possessions d'outre-mer ; géographie et statistique », 2 vol., 1888 ; « L'étude et l'enseignement de la géographie », 1872 ; « L'enseignement de la géographie dans l'enseignement primaire », 1878 ; « Vademecum du statisticien », 1870 ; « Précis de géographie générale: terre: Europe et France », 1 gros vol., 1887 ; « Petit atlas de géographie générale » (cartes) ; collection de cours de géographie pour l'enseignement secondaire et pour l'enseignement primaire: « Grand atlas de géographie physique, politique et économique », Globes terrestres; cartes murales et cartes en relief; « Six semaines à Rome », 1888 ; « Les Alpes et les grandes ascensions », 1 vol., 1888, etc.

Levavasseur (Gustave), poète français, né, à Argentan (Orne), ancien avocat, d'une instruction rare et d'une inspiration fraîche; le maître rimeur vit tranquille au pays d'Olivier Basselin. Il a publié en 1850 : « Forces et Moralité », et en 1846 : « Poésies Fugitives ».

Lévay (Joseph), illustre poète et critique hongrois, membre de la Société Kisfaludy et de l'Académie des Sciences, né, le 18 novembre 1825, à Sajo Szent-Peter; il a fait ses études à Kezmark; pendant la révolution hongroise il a été rédacteur en chef du *Journal Officiel*. En 1852, nous le trouvons professeur au Lycée de Miskolcz; en 1865, secrétaire du Conseil Municipal de Borsove, ayant reçu son diplôme d'avocat; il excelle comme poète lyrique, comme orateur et conférencier, comme traducteur et comme critique. Citons, entr'autres, ses traductions de Shakespeare (*Livius Andronicus*, *Henri I* et *Henri II*), de Molière, de Byron ; des discours sur Kazinczky, Tompa, comte Szetchenyi, Szemere, Deák, plusieurs recueils lyriques ; « Les Consolations de Senèque à Marcia », etc.

Levenhaupt (Comte Charles-Harald-Eugène), écrivain suédois, employé à la Bibliothèque de l'Université d'Upsal, né en 1849, a publié : « Anteckningar, om Uplands nation i Upsala före 1830 », 1877 ; « Johan Gabriel Werwing », 1880 ; « En literär strid i Sverige är 1738 »; 1881.

Lévêque (Jean-Charles), philosophe français, né, à Bordeaux, le 9 août 1818, entra au Lycée de sa ville natale et entra à l'École Normale supérieure en 1838. Il fut reçu agrégé de philosophie en 1842 et professa cette science au Lycée de Besançon en 1847. Nommé membre de l'École française d'Athènes, qui venait d'être créée, il était de retour l'année suivante, et nommé à la chaire du Lycée de Toulouse. Reçu docteur ès-lettres en 1852, il fut rappelé à Paris et délégué à la Sorbonne en 1854, puis chargé, l'année suivante, du cours de philosophie grecque et latine au Collège de France, et nommé titulaire de cette chaire en 1861 en remplacement de M. Barthélemy Saint-Hilaire démissionnaire. M. C. L. a été élu membre de l'Académie des Sciences morales et politiques en remplacement de Saisset en 1865. M. L. a collaboré à la *Revue des Deux-Mondes*, à la *Revue des cours publics*, au *Journal de l'instruction publique*, au *Journal des savants*, dont il a été le premier rédacteur en 1873. On a de lui : « Le Premier moteur et la nature dans le système d'Aristote », et « Quid Phidiæ Plato debuerit ». 1852 (ses thèses de doctorat), leçons ; « Sur Albert-le-Grand et Saint-Thomas », 1855 ; « Notice sur la vie et les œuvres de Simart », 1856 ; « La Science du beau étudiée dans ses principes, etc. », 2 vol., 1860, ouvrage auquel l'Académie des Sciences morales décernait le prix Bordin en 1859, l'Académie Française le prix Montyon de 3000 francs en 1860, et que l'Académie des Beaux-Arts couronnait également la même année ; « Études de philosophie grecque et latine », 1863 ; « Du spiritualisme dans l'art », 1864 ; « La Science de l'invisible », 1865 ; « Les harmonies providentielles », 1873, 4me éd. M. L. est collaborateur de la *Revue philosophique* depuis sa fondation. Il y a publié récemment une série de travaux sur l'*Esthétique et la psychologie musicales*, qui ont été reproduits et traduits dans des *Revues étrangères*.

Leverdier (Henri), littérateur français, né, à Caen (Calvados), le 21 décembre 1840. Il a fait ses études au Collège de Saint-Servan, puis vint à Paris, où il fut employé d'abord dans l'admi-

nistration des postes. C'est à près de quarante ans, qu'il a commencé sérieusement à faire de la littérature; auparavant il avait écrit des nouvelles, dit des vers dans les salons et dans les soupers d'artistes, collaboré à plusieurs journaux, notamment à *La Vie littéraire*. Cependant, il faisait partie de la Société de gens de lettres depuis 1876 et de la Société des auteurs, compositeurs et éditeurs de musique depuis 1873. Il a publié, en collaboration avec Sirven: « Le Jésuite rouge »; « La dette de sang »; « Le Drame au couvent »; « La Fille de Nana »; « Madame la Vertu »; « Le Démon de la chair »; et seul: « L'Enfer à deux », qui a reparu en édition populaire, sous le titre: « Le drame du Train-Porto »; « Madame D. K. L., 17, Poste restante »; « La Joie de Mourir »; « Le Roman d'Aimée »; « Le Voyage autour du Demi-monde en 40 nuits »; « Jouir »; « Cage à bonheur »; « L'amour à l'Épée »; « La guillottine ». En collaboration avec Maubryan: « Khi-Koâ », étude de mœurs annamites.

Levertin (Oskar-Ivar), romancier et littérateur suédois, résidant à Stockholm, né en 1862, a publié: « Fråu Rivieran », 1883; « Småmynt », 1884 et « Konflikter », 1885, et des essais critiques.

Levi (César-Auguste), archéologue, poète et écrivain italien, inspecteur des fouilles et des monuments dans l'arrondissement de Venise, directeur du Musée provincial de Torcello, membre de plusieurs académies, conférencier érudit, né, à Venise, en 1856, issu d'une ancienne famille de marchands et banquiers israélites, a étudié à Venise, parcouru presque toute l'Europe et deux fois voyagé en Orient, fait, à ses frais, des fouilles et des recherches dans les localités, où jadis existaient Jesolo, Eraclea, Altimo et Torcello. En dehors de plusieurs recueils de vers, parmi lesquels nous citons: « Miraggi »; « Miele e Fiele » (50 sonnets); « Cera e Pietra »; « Vetri e Mosaici »; « Versi sacri » (traduction libre de la Bible, de l'Évangile et du Coran), il a publié deux livres importants: « Rapporto generale di una missione in Oriente per incarico del Ministero della pubblica istruzione », 1883; « Iberia », un volume intéressant sur l'Espagne; « Studii archeologici su Altino », Venise, 1888, ouvrage couronné par l'Istituto Veneto.

Levi (Clément), journaliste italien, ancien directeur d'une revue littéraire: *Don Chisciotte*, rédacteur de l'*Epoca* à Florence, et de la *Libertà* à Rome, a été très actif en faveur de la Ligue pour l'enseignement à Rome, et pour l'*Associazione della stampa periodica in Italia*, dont il a écrit en 1887 le rapport. On lui doit un livre spirituel de « Racconti e Bozzetti » qui a eu du succès.

Levi (David), poète, écrivain, patriote et homme politique italien, ancien député au Par-

lement, né, en 1821, à Chieri. Il a de longue date travaillé et écrit pour la liberté constitutionnelle dans les comités, dans les associations, dans les journaux; il possède, comme poète, le souffle de l'inspiration, qui s'est révélé surtout dans son grand drame épique: « Il profeta e la passione di un popolo » dont les parties bibliques surtout sont d'une grande beauté, 1864. Parmi ses publications, on doit signaler: « Notti veneziane », recueil lyrique, 1842; « Patria e affeti », 1848; « Emma Liona o la Rivoluzione di Napoli nel 1799 », 1852; « Vita di Giordano Bruno », 1854; « L'Unità cattolica e l'Unità moderna », 1862; « Martirio e Redenzione », chants patriotiques de l'année 1860; « Vita di pensiero » (espèce d'autobiographie), Milan, 1874; nouvelle éd., en 1885; « Lo Stato in Italia », 1878; « Demeter, Cuor di Madre », récit en vers; « Il femminile eterno: cantico dei cantici », Turin, 1880; « Ausonia, Vita d'azione », 1881; « La mente di Michelangelo », Milan, 1883; « Il semitismo nella civiltà dei popoli », Turin, 1884; « Giordano Bruno e la religione del pensiero », id., 1887; « L'Italia che speravamo e l'Italia che abbiamo »; « La Mente di Michelangelo », etc. Cfr. pour de plus amples détails sur cet écrivain distingué: « Giulio Vindice: La vita e le opere di David Levi », Florence, Barbèra, 1889.

Levi (Elise), femme-auteur allemande, née, le 10 août 1832, à Munich, où elle est mariée avec l'industriel Levi d'Esslingen; elle a donné au théâtre: « Ein Duell », 1871; « Der 18 Oktober », id.; « Durch die Intendanz », ouvrage couronné, 1878; « Die Wiener in Stuttgard », 1879; « Der Erbonkel », 1880; « Das Testament des Grafen », 1881; et en outre: « Monrichard in Wiener Heimat », roman, 1883; « Entehrt », 1883; « Liebesqualen », id.; « Guat is's », en dialecte.

Levi (le Baron Georges-Henri), avocat et jurisconsulte italien, né, le 10 juillet 1849, à Alexandrie d'Égypte, résidant à Florence, a publié: « Della separazione del patrimonio del defunto da quello dell'erede », thèse de doctorat, couronné, 2me éd., avec des additions et des notes, Prato, 1875; « Esposizione e breve esame critico del nuovo progetto di legge per modificazioni all'ordinamento dei giurati ed alla procedura davanti la Corte d'assise, approvato dalla Camera dei Deputati il 23 marzo 1874 », Florence, 1874; « Di un caso speciale di rivendicabilità di titoli al portatore », extrait de l'*Archivio Giuridico* de Pise, 1873.

Levinek (Madame Anne), née Suzanne Lambert, publiciste, membre de la Société des gens de lettres, née à Lyon le 1er avril 1857. Elle a publié: « Eva », roman publié sous le nom de Suzanne Lambert, 1 vol. en-18°, Dentu, 1880; « Les femmes qui ne tuent ni ne votent », Marpon et Flammarion, 1882; « Après la ruine »,

Dentu, 1884. Mme A. L. a fait paraître dans un journal de Turin: « Daniello », nouvelle dramatique écrite en italien; plus, divers articles dans des revues et journaux littéraires, et enfin, dans la *Revue de géographie*, dirigée par M. Ludovic Drapeyron, un intéressant mémoire intitulé : « L'Oasis de Figuig » que l'auteur termine par ces mots: « Si tu veux la paix au Sahara, détruis Figuig », décembre 1884-janvier 1885.

Levi-Vita (Marc), jurisconsulte italien, né à Alexandrie, reçu docteur à l'Université de Turin, a publié: « Sulla comproprietà », thèse de doctorat; « Della locazione delle opere e degli appalti, della comunione di beni ed interessi fra parenti *De restitutione in integrum* », dissertation couronnée en 1878, par le prix Dionisio à Turin ; « Studio e difesa dell'*Assommoir* di Zola », 1883 ; « Della comunione dei beni, trattato », Turin, 1888.

Lewal, écrivain militaire français, né, à Paris, le 13 décembre 1823, sortit de Saint-Cyr avec le numéro 2, et ensuite de l'École d'état-major avec le numéro 1. En 1854, il fit la campagne de Kabylie, fut blessé et reçut la croix. On lui confia, en 1856, le commandement des cercles de Dellys et de Soukharas. Il fit la campagne d'Italie comme chef d'escadron d'état-major, et resta chef du corps d'occupation, où il utilisa ses loisirs à des œuvres littéraires qui parurent dans la *Revue Contemporaine*, sous ces titres: « Mantoue et Virgile » ; « Le Lac de Côme » ; « Pline le jeune » ; « Annibal et Magenta », etc. Attaché à l'état major-général du corps expéditionnaire du Mexique, il y fut nommé lieutenant-colonel ; en 1867, il était sous-chef-d'état-major du corps d'occupation de Rome, puis chef du 2e bureau au ministère de la guerre. Attaché en 1870 à l'état-major général de l'armée du Rhin, il passa pour avoir collaboré au célèbre ouvrage du colonel d'Audlau intitulé : « Metz, Campagne et Négociations ». Après la guerre, il devint chef-d'état-major du 15e corps à Marseille. En septembre 1877, il fut appelé à la direction de l'École de guerre, qu'on venait de créer. Il fut ensuite, en 1880, commandant de la 33e division à Montauban; en 1883, à la tête du 17e corps. Un an après, il entrait au Conseil Supérieur de la guerre. Enfin, en 1885, on lui confiait le ministère de la guerre. Son passage y fut court. Après le renversement du cabinet Ferry, causé par la retraite du lieutenant-colonel Herbinger à Langson, le général L. fut nommé au commandement du 10e corps à Rennes, qu'il échangea bientôt pour celui du 2e à Amiens. Au moment de passer dans le cadre de réserve le 13 décembre 1888, le général L. était chargé d'une inspection générale, c'est-à-dire, du commandement éventuel d'une armée en cas de guerre. Parmi ses publications, signalons : « Introduction à la tactique positive », 1878 ; « Etudes de guerre : Tactique de marche », Paris, Dumaine, 1877 ; « Études de guerre : Tactique de stationnement », 1879 ; « Études de guerre : Tactique des renseignements », 2 vol., 1881-83.

Lewicki (Anatole), historien polonais, ancien professeur à Przysl et à Lemberg depuis 1883, professeur d'histoire autrichienne à l'Université de Cracovie, né, à Prysowce (Galicie), en 1841, a fait ses études à Lemberg, et publié, entr'autres : « Mieszko II », Cracovie, 1875 ; « Wratyslaw II », Przemysl, 1876 ; « O Mieszku III », Lemberg, 1881 ; « O Kasimiezzu Mnichu », id., 1882 ; « Historya Polski i Rusi », deux éd., Cracovie, 1884-1888 ; « Ein Blick in die Politik König Sigmunds gegen Polen in Bezug auf die Hussiten Kriege », Vienne, Actes de l'Académie des Sciences, 1886 ; « Index Actorum sæculi XV ad res publicas Poloniæ spectantium », Cracovie, 1888.

Lewin (Louis), médecin allemand, professeur libre à l'Université de Berlin, membre correspondant de la Société Médico-legale de New-York, né, le 9 novembre 1850, à Tuchel (Prusse), a fait ses études à Berlin et à Munich et en 1887 entrepris un voyage aux États-Unis ; il a publié une trentaine d'essais et mémoires scientifiques dans la *Deutsche Zeitschrift für Medicin* (1874), dans le *Centralblatt für med. Wissenschaft*, dans l'*Archiv für Klin. Medicin* (1876), dans la *Deutsche med. Wochenschrift*, dans la *Zeitschrift für Biologie*, dans le *Virchow's Archiv*, dans l'*Archiv für Anatomie und Physiologie*, dans le *Monatsbericht* de l'Académie des Sciences de Berlin, dans les *Verhandlungen* de la Société de Physiologie de Berlin, dans la *Berliner Klinische Wochenscrift*, dans la *Therapeutic Gazette*, dans l'*Archiv der Pharmacie*, dans l'*Archiv für experimentelle Pathologie und Pharmacologie*, et, en outre, publié séparément : « Experimentelle Untersuchungen über die Wirkung des Aconitin auf das Herz », ouvrage couronné, Berlin, 1875 ; « Lehrbuch der Toxikologie », Vienne, 1885 ; « Ueber Areca Catechu, Chavica Betle und das Betelhauen », Stuttgard, 1889.

Lewis (J.-Willy), jurisconsulte anglo-allemand, professeur de l'histoire du droit national allemand et du droit commercial à l'Université de Greifswald, né en 1836, collaborateur du *Handbuch d. deutsch. Handels- See- und Wechselrechts*, a publié : « Die Succession des Erben in die Obligationen des Erblassers nach deutschem Recht », Berlin, 1864 ; « Das Recht des Familienfideicommisses », Berlin, 1868 ; « Das deutsche Seerecht », deux vol., Leipzig, 1877-78, 2me éd., 1883-84 ; « Die neuen Connossementsklausen und die Stellung der Gesetzgebung denselben gegenüber », Leipzig, 1885.

Lewis (Thomas-Hayter), architecte anglais, ancien professeur d'architecture à Londres, où il est né le 9 juillet 1818, est l'auteur des ar-

ticles sur l'architecture ancienne et moderne dans la nouvelle édition de l'*Encyclopædia Britannica*, de l'« Annual Review of Architecture », et de nombreux essais. Avec le colonel Wilson, il a écrit les notes de la traduction anglaise de Procopius : « Justinian's Buildings ».

Lewis (W.-J.), naturaliste anglais, professeur de minéralogie à l'Université de Cambridge, né, en 1847, au Pays de Galles ; on lui doit des Mémoires dans le *Phil. Magazine*, dans les *Proceedings of the Cambridge Philosophical Society*, et dans la *Zeitschrift für Krystallographie und Mineralogie* de Groth.

Lewy (Édouard), médecin autrichien, professeur d'hygiène et des maladies des ouvriers gagnés par le travail, à l'École Supérieure Technique de Vienne, né en 1838, a publié : « Berufskrankheiten der Bleiarbeiter », Vienne, 1873 ; « Berufskrankheiten der Quecksilberarbeiter », Vienne, id. ; « Die Hadernvergiftungen in den Papierfabriken », id., id. ; « Die erste Hilfe bei Verunglückten », id., 1874 ; « Die Krankheiten der Phosphorarbeiter », id., 1875 ; « Die Arbeitszeit in den Fabriken vom sanitären Standpunkte », id., id. ; « Die Minenkrankheit », id., 1877 ; « Feuchte Wohnräume », id., 1875 ; « Die Minenkrankheit », id., 1877 ; « Feuchte Wohnräume », 1878 ; « Die Hygiene des Lehrstandes », Vienne, id. ; « Die Fortschritte der Industrie und ihr Einfluss auf die Berufskrankheiten der Arbeiter », Berlin, id. ; et des essais nombreux dans les revues et dans les journaux.

Lex (Léonce), érudit français, archiviste du département de Saône-et-Loire et bibliothécaire de la ville de Mâcon, né, à Remiremont, dans les Vosges, le 11 mai 1859. Ancien élève de l'École Nationale des Chartes et de l'École pratique des Hautes-Études (de 1879 à 1882), il a publié : « Émaux limousins de l'Eglise de Bagneux », 1880 ; « Le *Modus visitandi* dans le diocèse de Troyes au moyen-âge », 1881 ; « Sépultures gallo-romaines et franques de Bagneux », 1882 ; « Sièges de Sézanne, Barbome, Pleurs et Anglure (Marne) au XVe siècle », 1883 ; « Denier inédit de Château-Landon, attribuable à Louis VII », 1884 ; « Vésoul au XVIIe siècle », 1885 ; « L'ancien Collège de Vésoul », id. ; « Martyrologe et chartes de Notre-Dame du Jardin-lez-Pleurs (Marne) », id. ; « La Bibliothèque de Mâcon », de 1789 à 1886 ; « Notes et documents pour servir à l'histoire du département de Saône-et-Loire », 1887 ; « Documents originaux des archives de Saône-et-Loire antérieurs à l'an 1000 », 1888 ; « Guillaume Perrier, peintre et graveur mâconnais du XVIIe siècle », en collaboration avec M. P. Martin, 1888 ; des écrits nombreux dans les revues, mémoires et recueils divers.

Lexer (Mathieu), philologue allemand, professeur de philologie allemande à l'Université de Vurzbourg, né en 1830, continuateur, depuis 1880, du célèbre *Deutsches Wörterbuch* de Grimm ; on lui doit : « Kärntisches Wörterbuch », Leipzig, 1862 ; « Tücher's Baumeisterbuch der Stadt Nürnberg », Stuttgard, 1862 ; « Mittelhochdeutsches Handwörterbuch », trois vol., Leipzig, 1869-78 ; « Mittelhochdeutsches Taschenwörterbuch », id., 1879 ; « Rectoratsrede zur Feier d. 295 Stiftungstages der Univ. Würzbourg », 1877, 3me éd., 1885 ; « Aventin's Bayer. Chronik her. », deux vol., Munich, 1883-86.

Lexis (Guillaume), économiste allemand, professeur de la science de la finance et d'économie politique à l'Université de Goettingue, né en 1837, a publié : « Die französ. Ausfuhrprämien », Bonn, 1870 ; « Einleitung in die Theorie der Bevölkerungsstatistik », Strasbourg, 1870 ; « Zur Theorie der Massenerscheinungen in der menschlichen Gesellschaft », Fribourg, 1877 ; « Gewerkvereine und Unternehmerverbände in Frankreich », 1880 ; « Erörterungen über die Währungsfrage », Leipzig, 1881.

Leyden (Ernest), médecin allemand, professeur de médecine interne à l'Université de Berlin, né en 1832. On lui doit, entr'autres : « Die graue Degeneration der hinteren Rückenmarksstränge », Berlin, 1863 ; « Die acute Phosphorvergiftung », Berlin, 1865, en collaboration avec Munk ; « Beiträge zur Pathologie des Icterus », Berlin, 1866 ; « Ueber die Sinneswahrnehmungen », 1868 ; « Ueber Reflexlähmungen », 1870 ; « Ueber Lungenbrand », 1871 ; « Klinik der Rückenmarks- Krankheiten », deux vol., Berlin, 1874-76 ; « Ueber Lungenabscesses », 1877 ; « Ueber die Entwicklung des medic. Stadiums, Rede », Berlin, 1878.

Leydig (Franz), naturaliste allemand, professeur de zoologie comparée et de zootomie à l'Université de Bonn, né en 1821 ; on lui doit : « Beiträge zur mikroskop. Anatomie und Entwicklungsgeschichte der Rochen und Haie », Leipzig, 1852 ; « Anat- histol. Untersuchungen über Fische und Reptilien », Berlin, 1853 ; « Lehrbuch der Histologie des Menschen und der Thiere », Francfort, 1857 ; « Naturgeschichte der Daphniden », Tübingue, 1860 ; « Das Auge der Gliederthiere », id., 1864 ; « Vom Bau des thierischen Körpers » 1er vol., id., id. ; « Tafeln zur vergleichenden Anatomie », 1er vol., id., id. ; « Der Eierstock und die Samentasche der Insecten », Dresde, 1866 ; « Ueber die Molche (Salamandrina) der Württemberg. Fauna », Berlin, 1868 ; « Die in Deutschland lebenden Arten der Saurier », Tübingue, 1872 ; « Die anuren Batekchier der deutschen Fauna », Bonn, 1877 ; « Die augenähnlichen Organe der Fische », id., 1881 ; « Untersuchungen zur Anatomie und Histologie der Thiere », id., 1883 ; « Zelle und Gewebe », id., 1885.

Leygues (Georges), avocat, publiciste, poète et homme politique français, élu député de Lot-et-Garonne en 1885, né, à Villeneuve-sur-Lot

(Lot-et-Garonne), en 1857. Il s'occupa de bonne heure de lettres, et publia, chez A. Lemerre, « La Lyre d'airain », 1883, ouvrage couronné par l'Académie Française ; puis : « Rhapsodies » ; « Rondels » ; « Marines et Paysages » ; « Fusains d'automne ». Lauréat de l'Académie Française en 1884, il a été élu, comme député républicain libéral et représente à la Chambre le département de Lot-et-Garonne. Rédacteur politique au *Voltaire*, il y a publié une série d'articles sur la politique étrangère, et spécialement sur les affaires d'Orient et les alliances de la France et des grandes puissances. Il est partisan de l'alliance russe. Rédacteur littéraire à *L'Artiste* d'Arsène Houssaye, M. G. L. figure dans l'*Anthologie des poètes contemporains*, éditée par Lemerre.

Leyssenne (Pierre), mathématicien français, inspecteur général de l'instruction publique, ancien professeur de mathématiques au Collège Sainte-Barbe, né, le 25 septembre 1827, à Saint-Germain-les-Belles (Haute-Vienne), a publié divers traités d'arithmétique pour l'enseignement, édités par Armand Colin, et des recueils d'exercices de mathématiques et de physique, pour le Baccalauréat-ès-sciences, édités par Delagrave. Les écrits de M. L. ne s'adressent point au grand public ; toutefois ses arithmétiques ont eu l'honneur de plusieurs traductions et accomodations en italien.

Lheureux (Paul), littérateur français, né, à Paris, le 27 mai 1853. Fils d'un libraire, il débuta de bonne heure dans la carrière littéraire ; il fit partie de la Société des *Hydropathes* et de l'*Obole* ; il a fondé aussi le cercle littéraire et artistique des *Grillons*. Collaborateur de divers journaux littéraires, il a fait représenter à Paris : « Divorce et Dynamite », 1 acte ; « Elle est sourde », 1 acte, et il a publié en 1879 : « De Paris à Tombouctou. Histoire d'une ligne de chemin de fer à travers le désert » ; « La Clé », poésie, 1880 ; « La Source », conte, 1881 ; « L'Hôtel de ville », 1882 ; « Au Jardin des Plantes », 1883 ; « Les Passionnés : I « Petit Chéri », roman ; II « La Toquée », roman, 1884 ; « Disons des monologues », poésies, 1885 ; « Le Mari de Mlle Gendrin », roman (ce roman a été traduit en italien (Oblieght) ; « Paroles dans l'épreuve », Ollendorff ; « L'Hôtel Pegeon », roman, 1 vol., 1887 ; « Latapie », 1888.

Lhotte (Gustave), publiciste français, né, à Lille, le 26 avril 1848, fit ses études au Lycée de Lille et commença à écrire en 1867. De 1867 à 1872, il fit un grand nombre de chroniques et de causeries littéraires dans la petite presse parisienne ; de 1872 à 1877, il publia dans l'*Écho du Nord* des causeries et chroniques d'art remarquées ; de 1877 à 1879, il fut rédacteur en chef de l'*Ami du Peuple*, journal républicain de Douai ; en 1880, il devint rédacteur en chef du *Républicain de Saint-Omer* ; de 1880 à 1882, il dirigea le *Bonhomme Flamand*, journal littéraire ; de 1881 à 1888, il a été rédacteur en chef du *Petit Nord*, journal républicain de Lille. Il est actuellement sous-préfet d'Hasebrauck. En dehors du journalisme, il a publié divers travaux sur la statistique lilloise : « Les rues de Lille, etc. » ; « L'Histoire du théâtre de Douai », 1 vol. ; « L'Histoire du théâtre de Lille jusqu'en 1789 ».

Liagre (Jean-Baptiste-Joseph), savant belge, né, à Tournai, le 18 février 1815. Ancien officier du génie, professeur, examinateur permanent, directeur des études et enfin commandant de l'École Militaire, quelque temps ministre de la guerre dans le Cabinet libéral Frère-Orban, arrivé au pouvoir en 1878, il est aujourd'hui lieutenant-général en retraite, président de la Commission centrale de Statistique, et secrétaire perpétuel de l'Académie Royale de Belgique, dont ses beaux travaux lui avaient depuis longtemps ouvert les portes. M. L. a publié : « Éléments de géométrie et de topographie », Bruxelles, 1850, 2e éd., 1852 ; « Calcul des probabilités et théorie des erreurs », id., 1852, 2e éd., 1879 ; « Cosmographie stellaire », id., 1883, 2e éd., 1884 (ouvrage couronné par l'Académie). Il a collaboré au *Trésor historique*, à l'*Encyclopédie du XIXe siècle*, au *Bulletin* de la Société Royale belge de géographie, etc. Enfin, les publications de l'Académie renferment de lui d'admirables études ; nous citerons : dans les *Mémoires*, « Méthode particulière pour déterminer la collimation » ; « La détermination de l'heure, de la latitude et de l'azimut » ; « Des institutions de prévoyance en général et des assurances sur la vie en particulier » ; dans le *Bulletin*, les « Études expérimentales sur la stadia nivelante », et deux discours prononcés en séance publique, l'un en 1859, sur « La pluralité des mondes », l'autre, en 1861, sur « La structure de l'Univers » ; dans l'*Annuaire*, d'excellentes biographies et surtout celle de « Houzeau », dont l'auteur a d'ailleurs fait faire un tirage à part, Bruxelles, 1890.

Liard (Louis), philosophe français, directeur de l'enseignement supérieur, ancien recteur de l'Académie de Caen, ancien professeur de philosophie à la Faculté des lettres de Bordeaux, né, à Falaise (Calvados), le 22 août 1846. Collaborateur de la *Revue Philosophique* et de la *Revue Internationale de l'enseignement*, il a publié : « Cours de philosophie » (logique) ; « Descartes », 1881 ; « Lectures morales et littéraires », 5me éd., 1887 ; « Les logiciens anglais contemporains », 2me éd., id. ; « Morale et enseignement civique », 6me éd., 1888 ; « La science positive et la Métaphysique », 9me éd., 1885, ouvrage couronné par l'Académie des Sciences morales et politiques ; « L'enseignement supérieur en France (1789-1889). Les Universités. La Révolution », 1888 ; « Des définitions géométriques et des définitions empiriques », 1887.

Liber (Dom), l'un des pseudonymes de M. Charles Potvin, dont nous publierons plus loin la notice. Dans le tome V de la *Revue de Belgique*, on trouve, signée de ce pseudonyme, une étude historique qui eut un retentissement considérable : « Le jubilé d'un faux miracle », et à laquelle l'auteur donna ensuite assez de développement pour en faire un beau livre : « Le faux miracle du Saint-Sacrement à Bruxelles », Bruxelles, 1874.

Liblin (Joseph), écrivain français, ancien employé des finances, puis de l'administration départementale, né, le 21 décembre 1811, à Grosne (Haut-Rhin) a fait ses études secondaires dans divers collèges, a passé aux Assises du Doubs en 1849 pour fait politique concernant l'expédition française contre la République Romaine ; il fut acquitté. Arrêté à la fin de 1869 par l'autorité prussienne pour résistance à l'invasion, transféré de Colmar dans les prisons de Strasbourg, déféré au conseil de guerre le 8 février 1870 et condamné à deux ans de forteresse dans la citadelle de Wesel, aux frontières de la Hollande, réclamé par l'ambassadeur français comme prisonnier de guerre, il fut mis en liberté à la fin de juillet 1871. Revenu à Colmar, il opta pour la nationalité française et transféra son domicile à Belfort, où il est resté jusqu'au 1er juillet 1886 ; fixé aujourd'hui à Neuilly-sur-Seine, il a publié, entr'autres, en dehors de sa collaboration au *Courrier d'Alsace* (1847), à la *Revue d'Alsace*, fondé par lui en 1849, au *Courrier du Bas-Rhin*, au *Glaneur*, à l'*Industriel Alsacien* de Mulhouse : « Annuaire du Haut-Rhin », 1846 ; « Les Annales de la Chronique des Dominicains de Colmar », 1854 ; « Les vignobles du Haut-Rhin », 1862 ; « Histoire de l'Église et des Princes-Évêques de Strasbourg », 6 vol., 1865-67 ; « Chronique de Colmar de l'an 58 à l'an 1400 » ; « Chronique de Godfroy d'Ensmingen de Strasbourg », 1868 ; « Les sept martyrs de Lutzelbourg et les précurseurs de Schinderhans (Jean l'écorcheur) » ; « Chronique du serrurier Dominique Schmutz », 1874 ; « Belfort et son territoire », 1877 ; « Histoire des Églises de Belfort », 1882.

Libloy (Frédéric von Schuler), éminent jurisconsulte autrichien, professeur de l'histoire du droit allemand à l'Université de Czernowitz (Autriche) depuis 1875, né, le 13 janvier 1827, à Hermannstadt (Transylvanie), où il a enseigné le droit, de 1851 à 1875 ; on lui doit : « Statuta jurium municipalium Saxonum in Transilvania », Ermannstadt, 1852-53 ; « Grundzüge der theoret. Diplomatik », id., 1852 ; « Siebenbürgische Rechtsgeschichte », id., deux vol., 1854-56, 2me éd., trois vol., 1867-68 ; « Wichtigste Verfassungsgrundgesetze », id., 1861 ; « Materialien zur siebenbürg. Rechtsgeschichte », 1862 ; « Deutsche Rechtsgeschichte », Vienne, 1863, 2me éd., 1868 ; « Offener Brief über Gewerbe- und Genossenschaftswesen », 1869 ; « Das ungar. Staatsrecht », Vienne, 1870 : « Protestantisches Kirchenrecht, vornehmlich das der Evangelischen », id., 1871 ; « Politische Œconomie », 1871 ; « Altgermanische Bilder und die Zeit Carl des Grossen », Berlin, 1873 ; « Abriss d. europäischen Staats- und Rechts-Geschichte », id., 1874 ; « Der Socialismus und die Internationale nach ihren hervoragendsten Erscheinungen in Literatu und Leben », Leipzig, 1875 ; « Aus der Türken- und Jesuitenzeit vor und nach dem Jahre 1600 », Berlin, 1877, 2me éd., 1879 ; « Discours d'ouverture de l'Université de Czernowitz », 1875, discours prononcé comme recteur ; « Ueber die Entwicklung der staatsbürgerlichen Freiheit in Œsterreich » ; « Geschichtl. Nachrichten ueber Lehnstalten Schriftsteller, Gelehrte, Bibliotheken and Archive in Siebenbürgen seit dem 16 Jahrhundert », dans les *Oesterr. Blätter für Literatur und Kunst* de Vienne, de 1856, et des essais et articles nombreux dans les revues et dans les journaux.

Librairie Fischbacher. Succédant aux librairies Joël Cherbuliez et Charles Meyrueis, cette maison a été fondée à Paris le 15 novembre 1871 par M. Jules Sandoz, libraire à Neuchâtel (Suisse) et par M. Guillaume Fischbacher de Strasbourg, sous la raison sociale de Sandoz et Fischbacher. En 1878, M. Fischbacher acquit la part de son associé et continua dès lors les affaires pour son compte. Le 1er janvier 1882, la librairie Fischbacher fut constituée en Société anonyme par actions au capital de 420,000 francs. Cette maison a eu en peu de temps un remarquable développement, grâce à ses grandes publications historiques, philosophiques, théologiques et littéraires, parmi lesquelles nous citons : « La Bible », nouvellement traduite, avec commentaires et notes par Édouard Reuss, 19 vol. gr. in-8° ; « L'Encyclopédie des Sciences religieuses », publiée sous la direction de Fr. Lichtenberger, 13 vol. gr. in-8° ; « L'Histoire du Christianisme depuis ses origines jusqu'à nos jours », par E. Chastel, 5 vol. gr. in-8° ; « Les Grandes Scènes historiques du XVIe siècle », publiées avec les gravures de Tortorel et Perrissin, par Alfred Franklin, 1 vol. in-folio ; « L'Histoire ecclésiastique des Églises au Royaume de France » (attribué à Th. de Bèze), avec notes, par Baum, Cunitz et Reuss, 3 vol. in-4° ; « L'Histoire des Religions, par Albert Réville (en cours de publication), 5 vol. parus ; « Les Bibles et les Initiateurs religieux de l'humanité », par Louis Leblois, 7 vol. gr. in-8° ; « Les Origines Indo-Européennes », par Ad. Pictet, 3 vol. gr. in-8° ; « L'Histoire des trois premiers siècles de l'Église chrétienne », par E. de Pressensé, etc., etc. Elle a acquis la propriété des œuvres complètes d'Alexandre Vinet, et a édité les ouvrages théologiques de MM. Astié

Eug. Bersier, Coquerel, de Pressensé, Fr. Godet, Adolphe Monod, A. Sabatier, Edmond Stapfer; « L'Histoire de la Philosophie européenne » d'Alfred Weber; les « Essais de critique générale » de Renouvier; les poésies de Jean Aicard, Amiel, Marc Monnier, Eugène Rambert, Alice de Chambrier, Henriette Hollard, M.me de Pressensé, etc.; les ouvrages de littérature et d'art de Bonnefon, Emilio Castelar, J. Levallois, Alfred Marchand, Gabriel Monod, Paul Stapfer, etc.; des ouvrages de littérature musicale; les ouvrages historiques d'Eug. Bonnemère, du comte J. Delaborde et du baron Fernand de Schickler; les volumes d'histoires pour la jeunesse, de M.mes de Pressensé et Eugénie Bersier, etc., etc. Mais là ne se borne pas le rôle de cette maison jeune et active, remarquable surtout par le choix des ouvrages qu'elle offre aux lecteurs sérieux. A côté de ses propres publications, elle met en vente les livres français d'éditeurs de la Suisse, de la Belgique, d'Italie et d'Allemagne. Sa librairie d'assortiment débite les ouvrages en langues étrangères qu'elle importe de tous les pays de l'ancien et du nouveau continent et constitue un établissement littéraire de premier ordre qui provoque et entretient des relations dans tous les domaines littéraires, scientifiques et universitaires des deux mondes.

Librairie Georg (H.). La première maison de librairie de la Suisse. MM. H. Georg et W. Kunding sont les libraires de l'Université et des principales sociétés scientifiques de la Suisse. Ils possèdent trois maisons, une à Bâle, dirigée par M. Henri Georg, une succursale à Lyon et celle de Genève, la plus importante, que M. W. Kundig dirige depuis vingt-huit ans. La maison de Genève a publié, entr'autres, la *Flora Orientalis* par Edm. Boissier, trois ouvrages d'Alphonse de Candolle, la Paléontologie Suisse de F. J. Pictet, les ouvrages de Droit de Charles Brocher, des ouvrages des orientalistes génevois Edmond Claparède, Hermann Fol, P. de Loriol, Henri de Saussure, Carl Vogt, etc., la Correspondance des Réformateurs par Herminjard, des ouvrages des historiens Henri Fazy, J. B. G. Galiffe, Charles du Bois-Melly, de l'égyptologue Ed. Naville, etc.

Licata–Lopez (Jacques), écrivain italien, employé au bureau de poste de Messine, né, le 18 septembre 1856, a Girgenti, a débuté comme maître d'école; on lui doit: « Per la morte di Giuseppe Garibaldi », ode, Messine, 1882; « Versi », 1883; « Compendio della Storia postale universale », 1887; « Adèle Hugo », id.

Licer (Marie), femme-poète italienne, né à Vittorio (province de Trévise); son père est de Trieste, sa mère de Belluno. Son maître a été l'abbé Laurent Casolari qui lui donna le goût de la poésie par la lecture de la Bible et de la *Divina Commedia*. Elle débuta à Modène en 1876 par une « Visione ». La plupart de ses poésies ont été insérées dans les *Opuscoli religiosi, letterarii e morali* de M. Veratti, et dans l'*Iside*, étrenne publiée à Casal depuis 1887. Quelques poésies de cette dame ont été traduites en catalan par M. Hyacinthe Verdaguer dans le *Museo Balear;* d'autres font partie de l'élégante *Antologia de Poetas Liricos Italianos traducidos en verso castellano*, par Juan Luis Estelrich, Madrid, 1889.

Lichtenberger (Frédéric-Auguste), historien et théologien alsacien, doyen de la Faculté de théologie protestante à Paris depuis 1877, né, à Strasbourg, en 1832. Professeur à la Faculté de théologie de cette ville de 1864 à 1870, il protesta contre l'annexion de l'Alsace à l'Empire d'Allemagne dans un sermon: « L'Alsace en deuil », 1871, qui eut, en quelques mois, dix éditions. De 1877 à 1882, il a dirigé et en partie rédigé les treize volumes de l'« Encyclopédie des sciences religieuses ». Son ouvrage essentiel est une « Histoire des idées religieuses en Allemagne depuis le milieu du 18e siècle jusqu'à nos jours », en trois vol.

Lichtenberger (Ernest), littérateur alsacien, chargé du cours de littérature étrangère à la Faculté des Lettres de Paris, né, le 22 septembre 1847, à Strasbourg, a professé successivement à Sens et à Nancy. On lui doit: « Étude sur les poésies lyriques de Goethe », et une nouvelle édition critique du *Goetz de Berlichingen* de Goethe, dans la collection des éditions savantes de la maison Hachette.

Liddell (le très rév. Henry-George), historien anglais, diacre de la Christ-Church à Oxford, ancien recteur d'Easington (Durham), né en 1811. Il a été successivement examinateur des langues classiques, prédicateur, pro-recteur et vice-chancelier de l'Université d'Oxford, chapelain du prince Albert, chapelain extraordinaire de la Reine, etc. On lui doit: une « History of Rome », 1855, plusieurs fois réimprimée et publié en collaboration avec Scott; un « Greek Lexikon », 7me éd. en 1883.

Liddon (le Rév. Henry-Parry), théologien et prédicateur anglais, chanoine de la Cathédrale de Saint-Paul, né en 1829, a fait ses études à Oxford, où il a souvent prêché avec un très grand succès de 1863 à 1879, et enseigné l'exégèse de l'Histoire-Sainte de 1870 à 1882. On lui doit: « The Divinity of Jesus Christ », huit lectures faites à Oxford, 1867, plusieurs éditions; « Walter Kerr Hamilton, Bishop of Salisbury », 1869; « Some Elements of Religion, Lent Lectures », 1870-72; « Sermons preached before the University of Oxford », 5me éd. en 1863; « Report of the proceedings at the Reunion Conference held at Bonn, between the 10th and 16th of August 1875 », traduit de l'allemand, avec une préface, 1876; il a publié le « Manual for the Sick » de l'évêque Andrews, et en collaboration avec le docteur Will. Bright: « English Church Defence Tracts ».

Lidforss (Volter-Edvard), philologue suédois, né en 1833, depuis 1878 professeur de linguistique européenne moderne à l'Université de Lund. On lui doit: « Tysk grammatik », 1860, 2mo éd., 1868 ; « Tyska läs och skriföfningar », 1863 ; « Fransk Språklära », 1867 ; « Fransk språklära i sammandrag », 1871.

Liebe (Théodore), botaniste allemand, professeur de botanique à l'École Supérieure Technique de Berlin; on lui doit: « Grundriss der spec. Botanik », Berlin, 1866, 2mo éd., 1879 ; « Die Elemente der Morphologie », id., 1868, 3me éd., 1881 ; « Grundzüge der Pflanzen- Anatomie und Physiologie », Berlin, 1878.

Liebenau (Mlle Anna DE), née, à Lucerne, d'une famille patricienne, le 15 septembre 1847, s'est fait connaître par un certain nombre d'ouvrages édifiants : « Allocution aux jeunes femmes et aux jeunes filles chrétiennes », 1869 ; « La femme forte », 1871 ; « La femme chrétienne », 1881 ; « La couronne de marié », 1882 ; « Le cœur féminin », 1886.

Liebenau (Theodore DE), historien suisse, né à Lucerne, le 8 décembre 1840, est préposé, depuis plusieurs années, aux riches archives de son canton d'origine. Sa connaissance approfondie des sources, sa critique sagace et pénétrante, la lucidité de son exposition, la sûreté de sa méthode lui assignent une place des plus élevées parmi les investigateurs des vieilles annales helvétiques. Nous sommes redevables à cet infatigable travailleur des ouvrages et mémoires suivants : « Histoire des barons d'Altinghausen et de Schweinberg », 1865 ; « Histoire du château et des chevaliers de Baldegs », 1866 ; « La réformation et la contre-réformation à Hitzkneh », 1867 ; « Documents relatifs à la biographie de la reine Agnès de Hongrie », en collaboration avec son père, le médecin Hermann de Liebenau, 1867 ; « Les monuments de la maison de Habsbourg en Suisse. Le cloître de Koenigsfelden étudié au point de vue de l'histoire et à celui de l'art », en collaboration avec W. Lübke, 1867-71 ; « Le litige survenu entre Gaspard Koller et l'empereur Sigismond d'Autriche », 1865 ; « Le chevalier Melchior Russ », 1870 ; « Nicolas Ring de Lucerne », id.; « Recueil d'actes relatifs à la guerre de Sempach » (*Archives pour l'histoire suisse*, t. XVII), 1871 ; « Frischhaus Teilling et le serment lucernois du 24 juin 1489 », 1872 ; « L'évêque Jean de Gurk, Bustlen et Coire et la famille Schultheiss de Lengbourg », 1874 ; « Lettres de Suisses illustres », 1875 ; « La guerre des Boucs à Zurich », id.; « Coup d'œil sur l'histoire de la vallée d'Engelberg », 1876 ; « Les rapports de la Confédération avec l'étranger 1448-1458 », 1877 ; « Frédéric-Guillaume I roi de Prusse et ses relations avec Lucerne », id.; « La position prise par Lucerne vis-à-vis des tribunaux de la Vehme », 1878 ; « Thomas Murner à Bâle », 1875 ; « La Battaglia di Giornico », 1879 ; « Les Vemères de l'Hôtel de Ville de Lucerne », 1879-85 ; « I primordi della riforma religiosa nel Ticino », 1880 ; « Les baillis de Lucerne », id.; « Le plus ancien poème héraldique de l'Allemagne », id.; « Le Clipearum de Conrad de Muri », id.; « Ascanio Marso », 1881 ; « L'ancienne Lucerne », id.

Liebenberg (Adolphe VON), agronome autrichien, professeur à l'École Supérieure d'agriculture de Vienne ; on lui doit: « Untersuchungen über die Bordenwärme », Halle, 1880 ; « Unsere Samenkatalogue », Vienne, 1880 ; « Die Samencontrolstation der Landwirthschafts- Gesellschaft in Wien », id., 1881 ; « Ueber das Blühen der Gräser », id.; « Wie kann die Samenzucht in Œsterreich gehoben werden ? », id., 1882 ; « Bericht an das hohe k. k. Ackerbauministerium über die allg. nordische Samenausstellung und den Samencongress in Sundswall im nordl. Schweden im J. 1882 », id., 1883, etc.

Liebenwein (Joseph-Richard DE CASALANZA, qui signe aussi *Paul-Alexandre*, *Akbar Rao* et *Felice d'Agaro*), écrivain autrichien, né, à Vienne, le 22 août 1864 ; il a fait son Droit et il fut reçu docteur en 1887 à l'Université de Vienne. Il débuta, en 1885, par un récit: « D'Rieglerin ». Suivirent: « Fiorl » ; « Beo » ; « Lelia » ; la petite pièce : « Zwischen zwei Stuhlen », la comédie : « Die Söhne des Conte » ; le drame: « Lady Rhoda Boughton », et la généalogie de la maison ducale d'Angleterre pour l'*Almanach de Gotha*, 1886-88.

Liebermann (Charles), chimiste allemand, qui a découvert avec Grabe l'alizarin artificiel, professeur de chimie à l'École Supérieure technique de Charlottenbourg et à l'Université de Berlin, où il est né le 23 février 1842, a publié des mémoires nombreux dans les *Annales* de Liebig, et dans les *Berichte der deutschen chemischen Gesellschaft*.

Liebermeister (Charles), médecin allemand, professeur de pathologie et de thérapie, directeur de la clinique médicale à Tubingue, né, le 2 février 1833, à Ronsdorf, a fait ses études à Bonn, Wurzbourg, Greifswald, Berlin, et publié: « Beitrage zur pathologischen Anatomie und Klinik der Leberkrankheiten », Tubingue, 1864 ; « Aus der medicinischen Klinik in Basel », Leipzig, 1868 ; « Handbuch der Pathologie und Therapie des Fiebers », id., 1875 ; « Vorlesungen über specielle Pathologie und Therapie », id., 1885-86-87, trois vol., et de nombreux essais dans les revues scientifiques.

Liebig (Baron Georges DE), médecin allemand, professeur libre de Climatologie et de Balnéologie à l'Université de Munich, né en 1827, a publié, entr'autres : « Ueber die Temperaturunterschiede des venösen und arteriellen Blutes », Giessen, 1853; « Reichenhall, sein Klima und seine Heilmittel », Munich, 1861, 5ᵐᵉ éd. en 1883; « Die Curmittel von Reichenhall, ihre Wirkung und Anwendung », Munich, 1865; « Untersuchungen über die Ventilation und Erwärmung der pneumatischen Kammern », Munich, 1869; « Reden und Abhandlungen von Justus von Liebig », Leipzig, 1874.

Liebisch (Théodore), naturaliste allemand, professeur de minéralogie à l'Université de Gottingue, né en 1852, a publié, entr'autres: « Die in Form von Diluvialgeschieben in Schlesien vorkommenden massigen nordischen Gesteine », Breslau, 1874; « Gold und Silber », id., 1878; « Geometrische Krystallographie », Leipzig, 1881.

Lieblein (Jens-Daniel-Charles), illustre égyptologue norvégien, professeur à l'Université de Christiania, vice-président du Congrès International des Orientalistes à Christiania (1889), né, le 23 décembre 1827, à Christiania, a fait des voyages nombreux, assisté à plusieurs Congrès d'Orientalistes, et publié: « Ægyptische Chronologie », Christiania, 1863; « Nutidens Opdagelser om de gamle Ægyptere », 1865; « Katalog öfver egyptiska fornlemningar i National Museum », Stockholm, 1868; « Dictionnaire de noms hiéroglyphiques en ordre généalogique et alphabétique », Christiania et Leipzig, 1871; « Recherches sur la chronologie égyptienne d'après les listes généalogiques », Christiania, 1873; « Ueber die ägyptischen Denkmäler in St. Petersburg, Helsingfors, Upsala und Copenhagen », 1873; « Om de Herodotiske Kongenavne Moeris og Pheros », 1862; « Bemerkningner om de ægyptike Oldsager », 1865; « Deux Papyrus hiératiques du Musée de Turin, publiés en fac-simile, avec la traduction et l'analyse de l'un de ces deux Papyrus par M. F. Chabas », 1868; « Om et Indfald i Ægypten af Middelhavsfolk ved Trojanerkrigens Tider », 1869; « Ægyptologiske Studier: Om dem gamle Suez-Kanal; Om Zigeunerne », 1870; « Bridag til ægyptisk Kronologi », 1873; plusieurs essais dans les revues, et, en outre: « Ægyptisk Religion », trois vol., Christiania, 1883-85; « Handel und Schiffahrt auf dem Rothen Meere in alten Zeiten », Christiania, 1887.

Liebmann (Othon), illustre philosophe allemand, conseiller de la cour, ancien professeur de philosophie à l'Université de Strasbourg (1872-82), professeur à l'Université de Jena depuis 1882, né, le 25 février 1840, à Löwenberg en Silésie, a fait ses études à Jena, Halle, Leipzig, enseigné d'abord comme professeur libre à Tubingue, pris part à la guerre de 1870, et publié une série d'ouvrages fort appréciés: « Kant und die Epigonen », Stuttgart, 1865; « Ueber die Freiheit des Willens », id., 1866; « Ueber den objectiven Anblick », 1869; « Vier Monate vor Paris », anonyme, id., 1871; « Analysis der Wirklichkeit », Strasbourg, 1876, 2ᵐᵉ éd. augmentée, 1880; « Gedanken und Thatsachen », Strasbourg, 1882; « Ueber Philosophische Tradition », id., 1884; des essais nombreux et des articles dans les revues.

Lieboldt (Jean-Christian-Auguste), écrivain allemand, pasteur à Altona, né, le 1ᵉʳ mai 1836, à Travemünde, a publié, entr'autres: « Die St. Pauli-Kirche sonst und jetzt », 1882; « Das neue Reventiow-Stift in Altona », 1885; « Der Streit über die Jurisdiktion im Schauenburgischen Hofe zu Hamburg », 1881; « Der Autenthalt des Christianus Demokritus in Hamburg und Altona », 1884; « Urkunden aus den preussischen geheimen Archiv in Betreff der Belagerung Hamburgs durch die Dänen im Jahre 1686 », 1887.

Liebrecht (Félix), illustre érudit et folk-loriste allemand, ancien professeur de littérature allemande à l'Université de Liège, pensionné en 1868, enlevé, par une attaque d'apoplexie, depuis trois ans, au travail, est né, en 1812, à Breslau. Il est membre de nombreuses sociétés littéraires étrangères, entr'autres, de l'*Academia Scientiarum Bonarumque Artium* et de la *Società Siciliana per la Storia Patria* de Palerme, de l'*Accademia degli Zelanti* d'Aci-Reale, de la *Sociedad del Folk-lore Castellano* de Madrid, de l'*Associaçao dos Jornalistas e Escriptores* de Lisbonne. On lui doit: la traduction allemande du *Pentamerone* (contes populaires napolitains) avec préface de Jacob Grimm, 1846; « Des heiligen Johannes von Damascus Barlaam und Josaphat », traduit du grec, avec préface de Ludolff von Beckedorff, 1847; « John Dunlops Geschichte der Prosadichtungen oder Geschichte der Romane, Novellen, Märchen und so weiter », traduit de l'anglais avec additions, corrections, préface et notes, 1851; « Des Gervasius vol Tilburg *Otia Imperalia* », extraits, avec notes, 1856; « Zur Volkskunde, alte und neue Aufsätze », 1879.

Liégeard (Stephen), écrivain élégant, brillant orateur, jurisconsulte et homme politique français, né, à Dijon, le 29 mars 1830. Ancien avocat, ancien sous-préfet, ancien député, membre de plusieurs sociétés et académies littéraires, officier de Saint-Charles, et chevalier de Saint-Grégoire-le-Grand, chevalier de Venezuela, etc., plusieurs fois couronné dans les concours littéraires, vice-président du Conseil Supérieur de la Société Nationale d'Encouragement au Bien, a publié une série de livres remarquables: « De l'Origine, de l'Esprit et des cas d'application de la Maxime: le partage est déclaratif de propriété », brochure médaillée, Paris, Durand; « Le Verger d'Isaure, recueil de poésies couronnées », Paris, Hachette, 1870; « Trois ans à la Chambre », recueil de discours et travaux parlementaires, Paris, Dentu, 1873; « Vingt journées d'un touriste au Pays de Luchon », un vol., Paris, Hachette, 1874 ; « A travers l'Engadine, la Valteline, le Tyrol et les lacs de l'Italie Supérieure », id., Hachette, 1877 ; « Les Grands Cœurs », volume de poésies couronné par l'Académie Française avec le prix Montyon, Hachette, 1883 ; « La Côte d'Azur », grand in-4°, illustré de 250 gravures, couronné par l'Académie Française avec le prix Bordin, Quantin, 1888.

Liégeois (Jules), économiste et publiciste français, professeur à la Faculté de Droit de Nancy, correspondant du Ministère de l'Instruction Publique (section des sciences économiques et sociales), né, à Damviller (Meuse), le 30 novembre 1833. Successivement chef de Cabinet de Préfet et sous-chef au Cabinet du Ministre de l'Intérieur, M. L. a été nommé en 1865 professeur de Droit administratif à la Faculté de Nancy, où il a, en outre, professé l'économie politique de 1867 à 1877. Nous donnons ici la liste de ses principales publications : « Histoire et législation de l'usure », Nancy, 1863 ; « Répétitions écrites sur le Droit administratif », 5me et 6me éd. de l'ouvrage de feu M. Cabantous, mis au courant de la législation et de la jurisprudence depuis 1866, 2 vol., 1873-82, Paris, Chevalier-Marescq, éd. ; « La Monnaie ou le billet de banque », Nancy, 1877 ; « Le Code civil et les Droits des époux », Nancy, br. in-8°, 1878 ; « Le tarif des douanes et le prix du blé », Nancy, 1881 ; « La question monétaire, ses origines, son état actuel », Nancy, br. in-8°, 1881 ; « De la suggestion hypnotique, dans ses rapports avec le Droit civil et le Droit criminel », mémoire lu à l'Académie des Sciences morales et politiques ; « De la suggestion et du sonnambulisme dans leurs rapports avec la jurisprudence et la médecine légale », 1 vol. gr. in-8° de VII-758 pag., Paris, O. Doin éd., 1889.

Lier (Hermann-Arthur), littérateur allemand, né, le 1er février 1857, à Herrnhut, est attaché en qualité de custos à la Bibliothèque de Dresde. On lui doit, entr'autres : « Ueber den Augsburgischen Humanistenkreis mit besonderer Berücksichtigung Bernhard Adelmann's von Adelmanns felac sales mire festivi » ; « Die Briefe des Dichters J. J. Ewald an den Stallmeister von Brandt ».

Lierow (Gustave-Adolphe-Guillaume), poète et théologien allemand, pasteur à Lohmen, né, le 30 janvier 1813, à Spendin, a publié plusieurs recueils lyriques ; citons : « Lyrische Gedichte », 1842 ; « Meckl. Album », en collaboration avec John Brinkmann ; « Christliche Zeitlieder », 1844 ; « Vier Lieder », 1848 ; « Am Reformationsfest, ein Zeitlied », 1882.

Liès-Bodart, chimiste et professeur français, inspecteur général de l'enseignement primaire, né, à Uckange (Moselle), le 27 février 1811. Après avoir été préparateur de chimie à l'école Polytechnique, il a occupé la chaire de chimie à la Faculté des Sciences de Strasbourg depuis 1856 jusqu'en 1870. Pendant la guerre, M. L.-B. commanda un corps de francs-tireurs strasbourgeois. Inspecteur d'Académie à Bordeaux en 1871, il fut nommé en 1877 inspecteur général de l'enseignement primaire. Il est depuis 1884 examinateur de la Seine. M. L.-B. a publié les travaux suivants : « Note sur la phorone » ; « Note sur la conservation des viandes fraîches à l'aide du sulfite de soude » ; « Mémoire sur l'action du perchlorure de phosphore sur les acides bibériques et notamment sur l'acide mucique et l'acide malique » ; « Mémoire sur la saponification des corps gras en les transformant en éther, de l'alcool amylique à l'aide de l'acide sulfurique » ; « Mémoire sur l'extraction du calcium en traitant l'iodure de calcium par le sodium » (en collaboration avec Gobin) ; « Traité des manipulations chimiques à l'usage des Écoles Normales primaires ».

Liess (Émile), né, à Weimar, le 31 octobre 1864, est occupé aujourd'hui à Zurich dans la rédaction de *Deutsche Nachrichten*, et a publié quelques nouvelles : « Fleurs de la Forêt de Thuringe », 1886 ; « Une émancipée », 1887.

Lieutier (Nelly), femme de lettres française, née, à La Tremblade (Charente-Inférieure), en 1829, fut élevée entièrement par son père, le docteur Besson, médecin très-distingué, d'une haute intelligence et d'un grand savoir. Elle commença ses publications littéraires par « Chemin faisant », poésies publiées chez Lemerre. Elle a collaboré à la *Semaine des enfants*, à l'*Illustration*, à la *Vie domestique*, au *Journal des jeunes mères*, au *Saint-Nicholas*, au *Musée des familles*, au *Journal des enfants*, etc. Elle est aujourd'hui rédactrice-en-chef à la *Mode pour tous* et à l'*Écho* sous le pseudonyme de *Jeanne de Bargy*. Elle a publié en librairie : « La bague d'argent » ; « Les hommes de demain », nouvelles ; « La fille de l'Aveugle, le livre rouge » ; « Un jour de pluie » ; « La journée de Catherine » ; « Juliette et Marie » ; « Le code de la femme du monde », sous le pseudonyme de *Jeanne de Bargy* ; « Les visites à Grand-Mère » ; « En famille » ; « Un oiseau de proie parisien » ; « Le testament de maître Michel » ; « L'avarice de tante Ursule » ; « Jean le boiteux ». Elle doit faire paraître sous peu : « Isolée » ; « La femme du renégat », et un volume de nouvelles déjà publiées. Mme N. L. est tante de Pierre Loti. Elle est officer d'Académie et membre de la Société des gens de lettres.

Lightfoot (le très rév. Joseph-Barber), théologien anglais, évêque de Durham, né, en 1828, à Liverpool, a fait ses études à Cambridge, où il a prêché et enseigné ; on lui doit : « St Paul's Epistle to the Galatians, a revised Text, with Introduction, Notes, and Dissertations », 1865, 2e éd., 1866, 8e éd., 1884 ; « St. Paul's Epistles to the Philippians, a revised Text, with Introdution, Notes and Dissertations », 1868, 8e éd.,

1884; « St. Clement of Rome. The two Epistles to the Corinthians, a revised Text with Introduction and Notes », 1869; « Appendix to St. Clement of Rome », 1877; « On a Fresh Revision of the English New Testament », 1871; « St. Paul's Epistles to the Colossians and to Philemon, a revised Text with Introd., Notes and Dissert. », 1875, 8ᵉ éd. 1886; « The Apostolic fathers, part II, Ignatius and Polycarp », 1885. Collaborateur de la *Contemporary Review*, des *Dictionaries of the Bible and of Christian Antiquities* de Smith, et du *Journal of Philology*, il a édité le traité posthume du diacre Mansel : « The Gnostic Heresies of the First and Second Centuries ».

Ligier (Hermann), administrateur et écrivain français, actuellement préfet de la Somme, né à Poligny (Jura), en 1849. Docteur ès-lettres, il a collaboré aux revues et journaux, notamment à la *Vie Littéraire*; puis, entré dans l'administration, il a été sous-préfet de Mirecourt, de Dôle, de Meaux, Préfet du Jura et Préfet de la Somme. Il a publié un ouvrage très-intéressant sur « La Politique de Rabelais », gr. in-4°, Fischbacher, 1880, et une thèse curieuse : « De Hypathiæ philosophia et Eclectismi Alexandrini fine ». Cette étude concerne la *philosophe* Hypathia qui illustra, à Alexandrie, la chaire de philosophie platonicienne et fut mise à mort par des chrétiens fanatiques.

Lignana (Jacques), philologue et orientaliste italien, professeur de philologie comparée à l'Université de Rome (depuis 1881), ancien professeur de sanscrit à l'Université de Naples (1860-70), né, en Piémont, vers l'année 1830, a fait ses études à Turin et à Bonn, où il a suivi les cours de sanscrit du célèbre professeur Lassen; patriote ardent et orateur éloquent, il pérora en 1848 avec chaleur la cause de l'indépendance italienne dans les cercles populaires de Francfort à l'époque de la réunion de la Diète. Il débuta à l'école du professeur Paravia à l'Université de Turin par des poésies qui furent admirées; journaliste brillant, il a collaboré tour-à-tour, à plusieurs journaux politiques de Turin, de Naples et de Rome; ses articles dans le *Popolo Romano*, et ses correspondances à l'*Indépendance Belge* ont souvent été remarqués et discutés. Conférencier spirituel, il a débuté, comme indianiste, par une conférence brillante à l'Association des étudiants de Turin sur le *Râmâyana* et le *Schahnameh* comparés avec les Niebelungen. A l'occasion de la première mission italienne politique et scientifique en Perse, présidée par le Sénateur De Filippi, M. L. suivit l'expédition en qualité d'interprète. Il prit une part très-active à la transformation de l'ancien Collège des Chinois ou Collège Asiatique de Naples en Institut Oriental. Il assista aux Congrès des Orientalistes de Leyde et de Vienne; dans ce dernier il donnait lecture d'un essai : « Sur les Navagvas védiques ». En dehors de quelques leçons d'ouverture, et poésies éparses, il a publié : « Rime inedite di ogni secolo », Milan, 1870; « Letter on Rome and the Stars, translated by Rev. Somerset B. Burtchal », Rome, 1876; « Relazione a S. E. il Ministro della Istruzione Pubblica della Commissione per l'esame del regolamento speciale della Facoltà di filosofia e lettere », Rome, 1876; « Relazione a S. E. il Ministro della Pubblica Istruzione sul R. Collegio Asiatico di Napoli e documenti relativi », Rome, 1882.

Liliencron (Baron Detlev VON), écrivain allemand, né, le 3 juin 1844, à Kiel; ancien capitaine dans l'armée prussienne, deux fois blessé devant l'ennemi, il a connu assez tard sa vocation poétique, mais ses débuts tardifs ont été des succès. Citons : « Adiutantenritter und andere Gedichte »; « Eine Sommerschlacht », nouvelles; « Breide Hummelsbüttel », roman; « Knut der Herre », drame; « Die Rantzow und die Pogwisch », drame; « Der Teufel und Palermo »; « Arbeit adelt », tragédie; « Die Merowinges », tragédie; « Unter flatternden Fahnen », nouvelles.

Liliencron (Baron Roch DE), écrivain allemand, né, le 8 décembre 1820, à Plön (Holstein), a fait ses études à Kiel et à Berlin; reçu docteur en 1846, il entreprit un voyage au Danemark, pour y étudier les langues du nord. Nommé professeur de philologie allemande à l'Université de Jena, il y enseigna pendant trois ans; il passa ensuite au service du Grand-Duc de Saxe Meiningen, et il fut nommé bibliothécaire grand-ducal. En 1869, il fut nommé membre de l'Académie des Sciences de Munich, et il fut chargé de la direction de l'*Allgemeine deutsche Biographie* à Munich, où il fixa sa demeure jusqu'en 1876; en 1876, il fut mis à la tête du Couvent des Chevaliers de Saint-Jean à Schleswig, et il s'y trouve encore. Parmi ses publications, signalons : « Lieder und Sprüche aus der letzten Zeit des Minnesangs », en collaboration avec W. Stade, 1855; « Ueber die Nibelungenhandschrift C », 1856; « Düringische Chronik von Johann Rothe », 1859; « Die historischen Volkslieder der Deutschen von 13-16 Jahrhund. », 1865-69; « Deutsches Leben im Volkslied um 1539 », 1885.

Lilienfeld (Paul VON), philosophe et écrivain livonien, né, le 29 janvier 1829, à Bialystock, a fait ses études à Saint-Pétersbourg; entré au service de l'Administration de la justice, il fonctionna, pendant quelques années, comme juge de paix jusqu'en 1867, et puis comme vice-gouverneur de Saint-Pétersbourg, et comme gouverneur de la Courlande jusqu'en 1885, année en laquelle, rappelé à Saint-Pétersbourg, il fut nommé Sénateur. Décoré de plusieurs ordres, il a publié : « Land und Freiheit », 1868 (en russe et en allemand) ; « Éléments de l'économie politique » ; « Pensées sur la science sociale de l'avenir », 5 vol., 1873-81, ouvrage monumental qui a posé sa réputation de grand penseur. Cfr. la sixième livraison des *Deutsche Denker*, qui lui a été consacrée par le prof. Otto Henne.

Lilienthal (Charles DE), jurisconsulte suisse-allemand, né, le 31 août 1853, à Elberfeld, étudia, de 1868 à 1872, le droit à l'Université de Berlin, prit en 1873 son doctorat à Heidelberg, subit en 1877 l'examen d'état et se décida, après quelques années consacrées à la pratique auprès du tribunal présidiel d'Elberfeld à embrasser la carrière académique. D'abord *privat Docent* à l'Université de Halle (1879), il a été nommé en 1882 professeur à Zurich pour la chaire de droit pénal. Outre plusieurs articles insérés soit dans le *Dictionnaire juridique de Holtzendorff*, soit dans les *Annales d'Économie nationale et de statistique* (*La législation allemande sur l'usure*, t. XXXV), nous possédons de lui : « Matériaux pour la doctrine des délits collectifs », Leipzig, 1875 ; « L'Hypnotisme et le droit pénal », Berlin, 1877. M. de L. édite depuis 1882 une *Revue de droit pénal*, consacrée surtout au compte-rendu des ouvrages nouveaux qui paraissent sur la matière.

Liljeborg (Wilhelm), zoologiste suédois, né en 1816, professeur à Upsala. On lui doit: « Observationes zoologicæ », 1844-45 : « Om de i Skåne förekommande Crustacier », 1853 ; « Sveriges och Norges vyggraddsrdjur », 1874; « Fauna, Sveriges och Norges fiskar », 1881; « Zoologisk resa i norra Ryssland och Finmarken ».

Liljenstrand (Axl-Vilhelm), jurisconsulte finlandais, professeur et conseiller à Helsingfors, né en 1821. On lui doit: « Om kanoniska rättens inflytande på Sveriges lagstifning », 1851 ; « Historisk teckning af den i Finland tillämpade lagstifthingens grundsatser för näringarnes och det allmänna välståndets befrämjande », 1853 ; « Ekonomisk- jurisdisk afhandling om Finlands stromrensningsverk », 1856 ; « Om skifte af jord », 1857 ; « System af samfundsekonomins läror », ; « Finlands jordnaturer och äldre skattevasende », 1879 ; « De nordiska byggninggabalkarne », 1881-82.

Lilla (Vincent), écrivain italien, né, à Francavilla-Fontana, en 1837; il se rendit à Naples en 1861, pour y enseigner d'abord la philosophie, ensuite la philosophie du droit. Nommé en 1886 professeur de philosophie à l'Université de Messine, et en 1888 chargé aussi de l'enseignement de l'introduction encyclopédique aux sciences juridiques et aux institutions de droit civil, il a publié : « La provvidenza e libertà nella civiltà », Naples, 1868 ; « Dio è e non è il mondo », id., 1869 ; « La personalità originaria e la personalità derivata », id., id. ; « Kant e Rosmini », Turin, 1870; « La scienza e la vita », id., 1871; « La mente dell'Aquinate e la filosofia moderna », id., 1873 ; « Saggio di pedagogia filosofica », Florence, 1877 ; « Teorie fondamentali della filosofia del diritto », Naples, id. ; « Flosofia del diritto », id.; 1880; « San Tommaso filosofo in relazione con Platone ed Aristotile », id., id. ; « Il diritto di proprietà », id., 1886 ; « Saggi di sacra eloquenza », id., id. ; « Niccolò Spedalieri e i diritti dell'uomo », id., id. ; « Critica della dottrina etica-giuridica di Stuart Mill », id., 1889.

Lilly (William-Samuel), écrivain anglais, juge de paix pour le Middlesex, secrétaire de la *Catholic Union of Great Britain* depuis 1874, né en 1848; après avoir fait ses études à Cambridge, il a été pendant quelques années au service aux Indes et rempli en 1869 les fonctions de sous-secrétaire au Gouvernement de Madras. Collaborateur de plusieurs revues: *Quarterly Dublin, Contemporary, Fortnightly, Nineteenth Century*, il a publié: « Ancient Religion and Modern Thought », 1884 ; « Chapters in European History », deux vol., 1886.

Liman (Charles), médecin allemand, professeur de médecine légale à l'Université de Berlin, né le 16 février 1818, a publié: « Zweifelhafte Geisterzustände vor Gericht », Berlin, 1869 ; « Handbuch der gerichtlichen Medicin », Berlin, 1881, 7me édition.

Limanowski (Boleslas), sociologue et historien polonais, né, en 1835, en Livonie, demeure à présent comme émigré politique à Zürich en Suisse. Ses principaux ouvrages sont: « La question ouvrière », 1871 ; « Les deux communistes célèbres, Thomas Morus et Thomas Campanella, et leurs systèmes sociaux, l'Utopie et la Cité du Soleil », 1873 ; « Le destin de la nationalité polonaise en Silésie », 1874 ; « La sociologie d'Auguste Comte », 1875; « Le socialisme comme la nécessité du développement historique », 1879 ; « Histoire de la révolution polonaise en 1863 », 1882 ; « Histoire du mouvement social dans la seconde moitié du XVIIIe siècle », 1888, etc.

Limbourg (Henri), avocat, publiciste et administrateur français, né, à Nancy, le 7 mai 1834. Il a fait ses études à Metz, où son père était Président de Chambre et son droit à Paris. Inscrit au barreau de Metz (1854), M. H. L. devint rapidement un des premiers avocats du barreau messin. En 1863, il plaida pour le duc d'Aumale, dont il devint l'ami. Après l'annexion, il fut nommé (avril 1871) préfet de l'Hérault, puis préfet des Bouches-du-Rhône, de Seine-et-Oise (1874) et de la Seine-Inférieure (mars 1876). Il donna sa démission en octobre 1880, et se fit inscrire au barreau de Paris. Il publia la « Défense du lieutenant-colonel Chatel », recueillie par sa famille et ses amis, Rouen, 1881 ; « La Restitution des Biens d'Orléans », Plon, Paris, Nourrit et Cie, 3me éd.,

1888 (les deux premières ont été tirées à 25,000 exemplaires).

Limbourg (Maximilien), philosophe allemand, professeur de propédeutique philosophique et théologique à l'Université d'Innsbruck, né en 1841; on lui doit, entr'autres: « Begriff und Eintheilung der Philosophie », Innsbruck, 1881; « De distinctione essentiæ de existentia », Ratisbonne, 1883; « Questionum metaphysicarum libri quinque », 1884-86; « Questionum dialecticarum libri tres », 1886.

Limel (Benjamin-Alphonse), publiciste français, né, à Bordeaux, le 13 septembre 1827, s'occupa d'abord d'opérations de banque. Il a publié divers opuscules financiers. Il est rédacteur de la *Revue Financière* et de la *Science pour tous*, sous le pseudonyme de *Ben-jamin*.

Limousin (Charles-Mathieu), économiste et publiciste français, fondateur et directeur de revue *Le Mouvement Social*, organe de l'école Phalanstérienne, né, le 23 octobre 1840, à Saint-Étienne (Loire) ; il est un autodidacte. Ouvrier tisserand, puis imprimeur, puis commis dans une fabrique de chapeaux, il est entré en 1867 à la rédaction du *Siècle*. Collaborateur du *National*, du *Journal des Économistes* et de la *Gironde* pour les questions sociales, il a rendu compte, pendant plusieurs années, dans le *Journal des Débats* et plusieurs autres journaux parisiens des congrès coopératifs et socialistes. Membre de nombreuses sociétés, il a pris une part active à plusieurs congrès, et publié plusieurs essais et mémoires sur les sociétés coopératives, les *trades'unions*, les sectes socialistes américaines, le régime des chemins de fer et celui de la navigation, la question de l'enseignement professionnel, etc.

Limpricht (Henry), chimiste allemand, conseiller intime, professeur de chimie à l'Université de Greifswald et directeur de l'Institut de Chimie, né, le 21 avril 1827, à Eutin (Holstein), a étudié à Brunswick, Ratzebourg, Goetting ; on lui doit: « Grundriss der organischen Chemie », Brunswick, 1855; « Lehrbuch der organischen Chemie », id., 1882; les résultats de ses recherches dans son propre laboratoire, ont été communiqués aux *Annales* de Liebig depuis 1850, et aux *Berichte* de la Société des chimistes allemands.

Linaker (Arthur), pédagogiste italien, professeur de philosophie au Lycée Dante de Florence, né, à Florence, le 3 septembre 1856, issu d'une famille originaire de la Suisse. Il a fait ses études à l'Institut des Études Supérieures, et il y prépara une monographie intitulée: « La vita, i tempi e l'opera educativa di Raffaello Lambruschini », dont il a publié des fragments. On lui doit une conférence : « La Moderna Pedagogia in Toscana », 1878; « Frammenti educativi di Catone e di Varrone », id.; « L'Odierno realismo nella poesia », 1879; « I congressi degli scienziati e i congressi pedagogici italiani », 1880 ; « Gli scritti filologici di G. Leopardi sopra M. Cornelio Frontone con l'aggiunta di una lettera inedita esistente nei manoscritti palatini », 1881 ; « Dell'istruzione secondaria classica », discours, id.; « Scritti pedagogici », 1882; « Giovanni Ruffini », id.; « Le nostre scuole », Pistoia, 1883 ; « Marco Cornelio Frontone e l'educazione di M. Aurelio Antonino », Florence, 1883 ; « Tre discorsi », Pistoia, 1886 ; « Il processo politico di E. Mayer a Roma nel 1840 », 1887.

Linati (Comte Philippe), écrivain, poète, philosophe, patriote italien, Sénateur du Royaume, commandeur de l'Ordre de Malte, né, le 9 janvier 1816, à Barcelone, d'une noble et ancienne famille de Parme, où il demeura, et où il a pris une part active aux évènements des années 1848 et 1859. Envoyé, comme *Podestà* de Parme, en mission à la Cour de Napoléon III, il en obtint la promesse de la non intervention ; nommé député au Parlement trois fois, il fut nommé Sénateur en 1860. Président de la *Deputazione Parmense di Storia Patria*, membre correspondant de l'Académie des Sciences de Turin, il a publié un volume savant intitulé: « Studii sul Planisfero », des sonnets délicieux, écrits avec une verve satirique incomparable, un poème épique : « Valsugana », des romans en vers : « Adelina di Rubbiano » ; « Elena di Belforte » ; « Maria »; « Il sogno del pellegrino » ; « Gli spedalieri », plusieurs recueils lyriques, et, en outre: « Razionalismo e Religione », Gênes, 1867; « La Religione e la Scienza », id., 1868; « Introduzione allo studio della Fisiologia Trascendentale », Parme, 1874; différentes brochures, etc.

Lindau (Paul), illustre publiciste, auteur dramatique et romancier allemand, né, le 3 juin 1839, à Magdebourg, a fait ses études à Halle et à Leipzig, et demeura longtemps à Paris comme correspondant de journaux allemands. Revenu en 1863 en Allemagne, il a été d'abord rédacteur à la *Gazette de Düsseldorf*, ensuite à celle d'Elberfeld. Il fonda le *Neue Blatt* à Leipzig, et en 1871 à Berlin. Rédacteur successivement du *Bazar* et de la *Gegenwart* fondée par lui, il est depuis 1877 directeur de l'excellente revue: *Nord und Süd*. Traducteur de plusieurs ouvrages d'Augier, Dumas et Sardou, il a écrit un grand nombre d'ouvrages dont plusieurs ont eu un grand succès. Citons parmi ses œuvres dramatiques: « Marion » ; « In diplomatischer Sendung » ; « Maria und Magdalena » ; « Diana » ; « Ein Erfolg » ; « Der Zankapfel » ; « Gräfin Lea » ; « Verschämte Arbeit » ; « Jungbrunnen », 1882 ; « Frau Susanne », 1884, en collab. avec Hugo Lubliner; « Mariannens Mutter » ; « Galeotto », 1886 (d'après Echegaray); parmi ses nouvelles: « Kleine Geschichten », 1872 ; « Herr und

Frau Bewer », 1882; « Toggenburg und andere Geschichten », 1883; « Maio », 1884; « Helene Jung », 1885; « Der Zug nach dem Westen », 1886, roman en deux vol.; « Arme Mädchen », 1887, roman en deux vol.; « Spitzen », 1888, id.; parmi ses ouvrages de critique littéraire: « Literarische Rücksichtslosigsketten », 1872, trois éd.; « Molière », 1872; « Alfred de Musset », 1877, deux éd.; « Dramaturgische Blätter », 1879; « Aus dem literarischen Frankreich », 1882; « Briefe aus Bayreuth Parsifal », 1882; comme descriptions de voyage, citons: « Aus Venetien », 1864; « Aus Paris », 1865; « Vergnügungsreisen », 1875; « Aus der Neuen Welt », 1883; « Im Fluge », 1885; comme variétés: « Harmlose Briefe eines deutschen Kleinstadtes », 1870-71, 2e éd., 1879; « Moderne Märchen », 1871; « Nüchterne Briefe aus Bayreuth », 1876, 11o éd., 1887; « Ueberflüssige Briefe », 1878; « Aus der Hauptstadt », 1883; « Interessante Falle », 1887.

Lindau (Rodolphe), écrivain allemand, ancien attaché de légation et puis d'ambassade au Japon et à Paris, fonctionnaire au ministère des affaires étrangères à Berlin, conseiller secret depuis 1884, né, le 10 octobre 1830, à Gardelegen, a publié: « Voyage autour du Japon », 1863; « Peines perdues », nouvelles, 1871; « Die preussische Garde in Feldzuge », 1872; « Erzählungen und Novellen », 1873; « Robert Ashton », roman, 1876; « Schiffbruch », roman, 1877; « Liquidiert », nouvelles, id.; « Vier Novellen », 1878; « Gornon Baldwin », nouvelle, id.; « Die kleine Welt », nouvelle, 1879; « Gute Gesellschaft », roman, 1880; « Wintertage », 1882; « Der Gast », nouvelle, 1883; « Auf der Fahrt », nouvelle, 1886.

Linde (Antonius VON DER), écrivain hollandais, né, le 14 novembre 1833, à Haarlem en Hollande, établi depuis 1871 en Allemagne, naturalisé prussien en 1876, ancien prédicateur à Amsterdam, maintenant bibliothécaire en chef à Wiesbaden. On lui doit, entr'autres: « Haarlem », 1868; « Balth. Bekker », 1869; « Bened. Spinoza », 1871; « Die Handschriften der K. Landesbibliothek zu Wiesbaden », 1877; « Die Nassauer Drucke zu Wiesbaden », id.; « Die Nassauer Brunnenliteratur zu Wiesbaden », 1883; « Das Breviarium Moguntinum », 1884; « Ecclesia Reformata militans », 1859; « Das Konzil von Dordrecht », 1863; « Das Leben Jesu », 1865; « Gesammelte Abhandlungen », 1866-68; « Spinoza », 1862; « Schellings Philosophie der Offenbarung », id.; « Ideen », 1867; « Geschichte und Literatur des Schachspiels », 1874; « Quellenstudien », 1884; « Histoire de la guerre de Moscovie », 1866; « Die Haarlemer Costerlegende », 1870; « Gutenberg », 1878; « Geschichte der Erfindung der Buchdruckkunst », 1886; « Kaspar Hauser », id.

Lindelöf (Laurent-Léonard), mathématicien finlandais, professeur à l'Université d'Helsingfors, né en 1827, a publié, avec l'abbé Moigno: « Leçons de calcul des variations », 1861; « Lärobok i analytisk geometri », 1864.

Lindenberg (Paul), écrivain allemand, né, le 11 novembre 1859, à Berlin, pendant quelques années rédacteur du feuilleton des *Görlitz-Nachrichten*; il visita l'Allemagne du Sud, la Suisse et l'Italie, et, à son retour, il devint l'un des rédacteurs de la *Deutsche Rundschau*, consacrant surtout ses études à l'histoire de la ville de Berlin. Parmi ses publications, citons: « Dem Kaiser, deutsche Dichtergaben », 1878; « Berlin, Schutzlos und Schuldlos », deux éd., 1884; « Berliner Blut », deux éd., 1885; « Berlin », 1886; « Potsdam », id.; « Berlins geflügelte Worte », 2me éd., 1887; « Im Weichbilde des Bären », id.; « Otto Schütt's Reisen im südwestlichen Becken des Kongo », id.

Lindgren (Adolphe-L.), critique musical, rédacteur de *l'Aftonbladet*, co-rédacteur de la *Ny svensk Tidskrift* », 1880-81, rédacteur en-chef de la *Svensk musiktidning* (1881-83), né en 1848, a publié séparément: « Satse; svenskverslära », 1880; « Om vagnerismen », 1881; « Svenka hofkapellmästere », 1882, et une traduction suédoise de Shakespeare, 1876.

Lindley (le très-hon. Sir Nathaniel), jurisconsulte anglais, né, en 1828, dans le Middlesex, juge à la Cour d'appel de Londres depuis 1881, membre du Conseil Privé, a publié: « Introduction to the Study of Jurisprudence »; « Treatise on the Law of Partnership and Companies ».

Lindner (Bruno), indianiste allemand, professeur de sanscrit à l'Université de Leipzig; on lui doit: « Die Dîkshâ oder Weihe für das Somaopfer », Leipzig, 1878; « Altindische Nominalbildung », Jena, 1878; « Das Kaustîtaki-Brâhmana », 1re partie, Jena, 1887.

Lindner (Christian-Albert), écrivain allemand, né, le 24 avril 1831, à Sulza, enfermé depuis quelques années dans une maison de santé, a eu de brillants succès comme auteur dramatique et comme nouvelliste; parmi ses pièces de théâtre, citons: « Brutus und Collatinus », tragédie, 1866; « Dante Alighieri », poème dramatique; « William Shakespeare », drame; « Stauf und Welf », tragédie; « Katharina II », tragédie; « Die Bluthochzeit oder Die Bartholomäusnacht », tragédie; « Marino Falieri », tragédie; « Don Juan d'Austria », tragédie; « Der Reformator », drame, 1883; et, en outre: « Geschichten und Gestalten », 1877; « Das Ewig-Weibliche », 1878; « Das Rätsel der Frauenseele », nouvelles, 1882; « Völkerfrühling », nouvelles, id.; « Der Schwan von Avon », 1881.

Lindner (Félix), philologue allemand, professeur libre de langues modernes à l'Université de Rostok, né, à Oels en Silésie, le 4 mai 1849, a fait ses études à Bunglau et à Berlin. On lui doit: « Ueber die Beziehungen des Ortuit zu Huon de Bordeaux », Rostock, 1872; « Ueber das Præfix *a* im Englischen », Jena, 1873; « Grundriss der Laut- und Flexionsanalyse der neufranz. Schriftsprache », Oppeln, 1881; « The Tale of Gamelyn », 1879; « The alliteration »; la traduction anglaise du roman de la Rose; « Zu den Strassburger Eiden »; « Ein französisches Breviarum des XV Jahrhunderts ».

Lindner (Gustave), philologue allemand, né, le 23 janvier 1833, à Breslau, directeur depuis 1870 du Gymnase de Hirschberg, a publié: « Griechische Syntax », 5ᵐᵉ éd., en 1881, et, en outre, « Griechische Formenlehre », 1863; « De M. Porcio Latrone comment. », 1855; « De Lucio Cestio Pio com. », 1858; « De Arellio Fusco com. », 1862; « De C. Albucio Silo com. », 1861; « De Junio Gallione com. », 1868 ; « Eine handschriftliche Chronik von Hirschberg », 1874.

Lindner (Théodore), historien allemand, professeur d'histoire à l'Université de Halle, né, le 29 mai 1843, à Breslau, a publié: « Anno II. Erzbischof von Köln », Leipzig, 1869; « Geschichte des deutschen Reiches unter Kœnig Wenzel », Brunswick, 2 vol., 1875-80; « Kaiser Heinrich IV », Berlin, 1881; « Urkundenwesen Karls IV und seiner Nachfolger », Stuttgard, 1882; « Die Verne », Paderbon, 1888 ; « Deutsche Geschichte unter den Habsburgen und Luxemburgern », Stuttgard, 1889, et suiv., des essais et articles nombreux dans les revues et les journaux.

Lingg (Hermann), illustre poète allemand, ancien médecin militaire, résidant à Munich, né, le 22 janvier 1820, à Lindau sur le Lac de Constance, a eu de grands succès par ses recueils lyriques et par ses drames. Citons: « Catilina », tragédie, 1864; « Die Valküren », poème, 1864; « Die Völkerwanderung », poème, 1868 ; « Gedichte », id. ; « Gedichte », 1870 ; « Zeitgedichte », id.; « Violante », drame, « Dunkle Gewalten », poème, 1872; « Der Doge », drame, 1873; « Berthold Schwarz », drame, 1874; « Macalda », tragédie, 1871; « Schlussteine », poésies, 1878; « Byzantinische Novellen », 1871; « Von Wald und See », nouvelles, 1883 ; « Clytia », drame, id.; « Lyrisches, Neue Gedichte », 1885; « Die Frauen Salones », drame, 1886.

Link (G.-Adolf-H.), théologien allemand, professeur libre de théologie à l'Université de Marbourg, né, le 20 avril 1860, à Coblenz, a fait ses études à Bonn, à Goettingue et Marbourg et publié: « Christi Person und Werk im Hirten des Hermas », Marbourg, 1886; « Die Einheit des Pastor Hermæ », Marbourg, 1888; des biographies dans l'*Allgemeine Deutsche Biographie* de Leipzig.

Linke (Oscar), poète et nouvelliste allemand, né le 15 juillet 1854, reçu docteur en 1877, s'est inspiré surtout des études philosophiques, et, en particulier, de la philosophie de Hartmann. On lui doit: « Milesische Märchen, Das Bild Eros » ; « Präludien », nouvelle; « Leukothea », roman; « Eros und Psyche », poème; « Abs dem Paradiese », poésie » ; « Liebeszauber », roman; « Ergo bibamus », poésies; « Die Bienen », épigrammes; « Die Fürstin dieser Welt », nouvelle; « Satan », nouvelle; « Die Versuchung des heiligen Antonius », poème; « Antinous », epos; « Das Leben Jesu », roman.

Linnström (Hjalmar), bibliographe suédois, libraire-éditeur à Stockholm, né en 1836. On lui doit, entr'autres: « Svenskt boklexikon for ären 1830-65 », 1867-84; « Sveriges historia från äldsta till väro dagar », six vol., 1875-81.

Linsenman (François-Xavier), théologien allemand, professeur de théologie morale et pastorale à l'Université de Tubingue, né en 1835; on lui doit, entr'autres: « Michael und die Baius Grundlegung des Jansenismus », Tubingue, 1867; « Der ethische Charakter der Lehre Meister Eckharts », 1873; « Conrad Summenhart, ein Culturbild aus den Anfängen der Univers. Tüb. », Tubingue, 1877; « Lehrbuch der Moraltheologie », Fribourg, 1878.

Linton (Mᵐᵉ Élise), femme-auteur anglaise, fille du rév. J. Lynn, née, à Keswick, en 1822, a débuté en 1846 par: « Azeth the Egyptian »; suivirent: « Amymomone ; a Romance of the Days of Pericles », 1848; « Realities », 1851; mariée en 1858 avec le graveur et écrivain William-James Linton, elle a publié depuis: « Witch Stories », 1861 ; « The Lake Country », avec des illustrations de son mari; « Grasp your Nettle », 1865; « Lizzie Lorton of Greyrigg »; « Sowing the Wind », 1866 ; « The True History of Joshua Davidson, Christian and Communist », 1872; « Patricia Kemball », 1874; « The Mad Willoughbys and other Tales », 1876; « The Atonement of Leam Dundas »; « The World Well Lost », 1877; « The Rebel of the Family », 1880; « My Love », 1881; « Ione », 1881; « The Autobiography of Cristopher Kirkland », 1885. On lui attribue aussi: « Girl of the Period », et autres essais, en deux vol., 1883, et un vol. d'essais: « Ourselves », qui a paru en 1867.

Linton (William-James), poète, écrivain d'art, publiciste et homme politique anglais, né, à Londres, en 1812, établi depuis 1867 à New-Haven (Connecticut), débuta dans l'*Illustrated London News*, et dans le *Leader;* il a dirigé en 1855 le *Pen and Pencil*, et collaboré à la *Nation*, à la *Westminster Review*, à l'*Examiner* et au *Spectator*. On lui doit: « A History of Wood Engraving »; « The Works of Deceased British Artists », 1860; « Claribel and other Poems », 1865; « Life of Thomas Paine »; « Some Practical Hints on Wood Engraving », 1879; « A Manual of Wood Engraving », 1884; plusieurs volumes de l'« English Republic »; « Rare Poems of the 16th and 17th Centuries »; « English Verse », 5 vol., 1883, en collab. avec R.-H. Stoddard.

Lion (C. Théodore), philologue allemand, né, le 23 mai 1838, à Goettingue, ancien professeur de gymnase, retraité à Thal dans le Grand-Duché de Gotha. On lui doit: « Œdipus Rex quo tempore a Sophocle docta sit quæritur », 1861; « De parabasi in Aristophanis Acharnensibus commentatio », 1862; des éditions pour les écoles de classiques français, anglais et italiens; une Grammaire élémentaire italienne; une monographie: « Bad-Thal in Thüringen », etc.

Lionnet (Ernest), littérateur français, né, à Paris, le 5 juillet 1847, fit ses études classiques à Nantes et son Droit à Paris. Licencié en Droit, il entra dans les bureaux de la Préfecture de la Seine en 1870; marié, père de famille, il est devenu aveugle; depuis que sa cécité est devenu complète, il s'est livré à la littérature, en se servant de l'écriture Braille. Il a publié: « Le docteur Chabots », roman couronné par l'Académie française, en 1885, in-12°, Blériot éd.; « Paul Barbet », Paris, Gautier éd.; « Le commandant Kerloue », nouvelle; « L'homme de la Tour », Blériot éd.; « Le Pré aux biques », roman, 1 vol., Henri Gautier éd.; « De l'utilité de l'écriture Braille pour les aveugles lettrés »; « Député sortant », roman, dans l'*Ouvrier* (22 mai à août 1888); ce roman sera incessamment publié en volume à la librairie Henri Gautier; « Le dernier des troubadours », nouvelle, dans le *Correspondant*, 10 et 25 juillet 1888.

Lionti (Ferdinand), archiviste italien, employé aux Archives de Palerme, où il est né en 1860. Reçu docteur en Droit en 1883, il a publié: « Piccolo trattato teorico-pratico sulla vendita dei beni dei minori », 1883; « Gli Ebrei e la festa di Santo Stefano », 1884; « L'Archivio di Stato di Palermo nel biennio 1883-84 »; « Antiche maestranze della città di Palermo », 1886; plusieurs mémoires dans l'*Archivio storico siciliano*.

Llorat (Armand), homme de lettres, auteur dramatique français, né, à Sceaux (Seine), le 10 janvier 1837; on lui doit un volume de « Chansons », Paris, 1862, de nombreuses pièces représentées sur les divers théâtres de genre, à Paris, notamment; « La Rosière d'ici », opérette en trois actes, musique de Léon Roques, donnée aux Bouffes-Parisiens, 1873; « La liqueur d'or », opérette en trois actes, en collaboration avec Will. Busnach, musique de Laurent de Rillé, aux Menus Plaisirs, 1874; « De Bric et de Broc », et « Boum! voilà! », en collaboration avec Clairville, à l'Athénée comique, 1875-76; « Kosiki », opérette en trois actes, en collaboration avec William Busnach, musique de Ch. Lecoq, à la Renaissance, 1876; « Le Pont d'Avignon », opérette en trois actes, musique de Ch. Grisart, aux Bouffes-Parisiens, 1878; « Le Petit Abbé », opérette en un acte, en collaboration avec Henri Bocage, musique de Ch. Grisart, au Vaudeville, 1879; « Les Poupées de l'Infante », opérette en trois actes, en collaboration avec H. Bocage, musique de Ch. Grisart, aux Folies-Dramatiques, 1881; « La Belle aux cheveux d'or », drame en cinq actes, en collaboration avec A. Matthey, au Théâtre des Nations, 1882; « Les Noces improvisées », opérette en trois actes, en collaboration avec A. Fonteny, musique de T. Chassaigne, aux Bouffes-Parisiens », 1886; « L'Amour mouillé », opérette en trois actes, en collaboration avec Jules Prével, musique de L. Varney, aux Nouveautés, 1887; « Le Bossu », opéra-comique en quatre actes, tiré du roman de Paul Féval, en collaboration avec H. Bocage, musique de Ch. Grisart, à la Gaîté, 1888.

Lioy (Diodato), publiciste et jurisconsulte italien, né, en 1830, à Venosa (Basilicata), a fait ses études à Molfetta et à Naples, où il fut reçu docteur en Droit en 1860. Il fonda la même année le journal *L'Indipendenza Italiana* et il collabora au *Nomade;* puis il fonda le journal politique *Roma*, devenu très-populaire dans l'Italie Méridionale. Il a réuni ses premiers articles politiques et littéraires en un volume intitulé: « Due anni di vita politica e letteraria », Naples, 1861. Suivirent sa thèse: « L'Italia e la Chiesa », et un essai historique et politique: « Del principio di Nazionalità », Naples, 1862; « Arte ed Industria, studii comparativi », à la suite des différentes visites aux expositions de beaux-arts et industrielles, italiennes et étrangères; « Della Filosofia del Diritto », ouvrage en deux vol. fort apprécié, et qui a eu l'honneur d'être traduit en français, en allemand, en anglais et en espagnol. Chargé en 1879 d'un cours de la science des finances, il a enseigné jusqu'en 1887; le résultat de ce cours sera donné dans un volume qui va paraître à Florence, chez Pellas, sous le titre: « Principii di Scienza delle Finanze e della contabilità dello Stato ».

Lioy (Paul), illustre naturaliste et polygraphe italien, député au Parlement, né, en 1836, à Vicence d'une famille originaire de la Sicile, a fait son droit à l'Université de Padoue, mais il cultiva de préférence les sciences naturelles; il a pris une part considérable à la vie politique italienne, en conspirant d'abord pour la délivrance de la Vénétie, et en travaillant activement au Parlement italien, à la rédaction de plusieurs lois. Écrivain brillant, vulgarisateur aux connaissances solides et à la forme attrayante, il a publié, entr'autres: « Lo studio della storia naturale », deux éditions; « La Vita nell'universo », 1859, ouvrage traduit en français;

« I Ditteri », Venise, 1865; « Escursione nel cielo », plusieurs éditions; « Escursione sotterra », id.; « Conferenze scientifiche », id.; « Sovra alcuni vertebrati fossili del Vicentino »; « La legge della produzione dei sessi », deux éd.; « Le abitazioni lacustri di Fimon », trois éditions, ouvrage traduit en anglais et en allemand; « Fra le Alpi », nouvelle; « Racconti »; « Chi la dura la vince »; « Giuseppe Perzile »; « In montagna », deux éditions; « Perchè no anche gli illetterati? » (au sujet de la réforme électorale), Rome, 1881; « Notte », Bologne, 1882; « Altri tempi », nouvelles, Rome, 1883; « Il primo passo, note autobiografiche », Florence, 1882; « Ninna Nanna — Come divenni sindaco », 1881; « La luce negli animali », 1884; « Assassini invisibili », id.; « Un nuovo scrittore », id.; « Sui laghi », Bologne, id.; « Volontari infermieri », 1885; « Dall'alto », Turin, id.; « Petrarca e Goethe alpinisti », id.; « Il dott. Beggiato », Vicence, id.; « Il naturalista Agassiz secondo le memorie scritte da sua moglie », 1887; « In alto », 1888; « Vicini al cielo », id.; « Ipogei e fantasmi », id.; « Piccole miserie di uomini grandi », id.; « Carlo Darwin nella sua vita intima », id.; « Fiori di Sicilia », id., etc.

Lipkowitz (Paul-Othon-Diedrich-Maurice), météorologiste et journaliste allemand, né, à Beverungen en Westphalie, le 1er août 1850, a fréquenté l'Université de Berlin, où il a fondé en 1884 le *Berliner Wetterbureau*, duquel il lance jour par jour dans la presse locale ses bulletins météorologiques. On lui doit aussi un grand nombre d'articles politiques.

Lippert (Joséphine-Wagner), femme-poète autrichienne, mariée avec l'illustre architecte hongrois Joseph-Ervin Lippert d'Arad, architecte du Cardinal Primat de Gran, a voyagé en Italie, en Grèce, en Orient, cultivé la musique, la peinture, la poésie; son recueil lyrique « Minne Sinnen », Vienne, 1875, a reçu un accueil flatteur de la part de la critique, ainsi que son dernier noble chant: « Den Gefallenen von Dogali », Vienne, Gerold, 1887, qui a eu l'honneur de plusieurs traductions italiennes.

Lippincott (Sara-Jeanne-Clarke), femme-auteur américaine, plus connue sous le pseudonyme de *Grace Greenwood*, née, à Pompey (dans l'État de New-York), le 23 septembre 1823. Mariée en 1853 à M. Leander K. Lippincott de Philadelphia, elle fonda en 1854 *The little Pilgrim*, journal pour les enfants, lequel, pendant quelques années, a obtenu le plus grand succès. Elle se distingua aussi comme lectrice et conférencière. En dehors de ses contributions aux journaux, on lui doit: « Greenwood Leaves », 1850-52; « History of my Pets », 1850; « Poems », 1851; « Recollections of my Childhood », 1851; « Haps and Mishaps of a Tour in England », 1854; « Merrie England », 1855; « Forest Tragedy and other Tales », 1856; « Stories and Legends of Travel », 1858; « History for Children », 1858; « Stories from Famous Ballads », 1860; « Stories of Many Lands »; « Stories and Sights in France and Italy »; « Records of Five Years », 1867; « New Life in New Lands », 1873; « Queen Victoria », 1883; « Stories for Home-Folks », 1885.

Lippmann (Gabriel), physicien français, professeur de physique à la Sorbonne, né, à Luxembourg, en 1845. Élève de l'École Normale Supérieure, on lui doit, en dehors de sa thèse de doctorat: « Relation entre les phénomènes électriques et capillaires », des mémoires nombreux quelques uns sur la physique, principalement sur l'électricité, et un « Traité de thermodynamique ».

Lipschitz (Rodolphe), mathématicien allemand, professeur de mathématiques à l'Université de Bonn depuis 1864, né, à Kœnigsberg, le 14 mai 1832, a fait ses études dans sa ville natale; on lui doit, entr'autres: « Determinatio status magnetici viribus inducentibus commoti in ellipsoide », 1853, thèse doctorale; « Bedeutung der theoretischen Mechanik », 1876; « Lehrbuch der Analysis », deux vol., Bonn, 1877-1880; « Untersuchungen über die Summen von Quadraten », Bonn, 1886; « Wissenschaft und Staat », discours prononcé comme recteur en 1874, et de nombreuses contributions aux revues et aux journaux de mathématiques.

Lipsius (Richard-Adalbert), théologien et philosophe allemand, professeur à Vienne et à Keil, professeur à l'Université de Jena depuis 1871, ancien professeur à Kiel, conseiller intime pour les affaires de l'Église, décoré de plusieurs ordres, né, à Gera, le 14 février 1830, a fait ses études à Leipzig. On lui doit: « Die Paulinische Rechtfertigungslehre », Leipzig, 1853; « De Clementis Romani epistola ad Corinthios priore », id., 1855; « Der gnosticismus », id., 1860; « Zur Quellenkritik des Epiphanios », Vienne, 1865; « Chronologie der römischen Bischöfe », Kiel, 1869; « Die Pilatusacten », id., 1871; « Die Quellen der römischen Petrussage », id., 1871; « Die Quellen der ältesten Ketzengeschichte », id., 1875; « Die edessenische Abgarsage », Brunswick, 1880; « Die apokryphen Apostelgeschichten », trois vol., id., 1883-87; « Theologische Streitschriften », id., 1871; « Lehrbuch der evangelisch-protestantischen Dogmatik », id., 1876, 2e éd. 1879; « Philosophie und Religion », id., 1885.

Liske (Xavier), historien polonais, professeur d'histoire à l'Université de Léopol (Pologne-Autrichienne), directeur de l'Archive et du Séminaire historique, membre de l'Académie des Sciences de Cracovie, président perpétuel de l'Association historique de Léopol, rédacteur-en-chef de la revue historique: *Kwartalnik historyczny*, né, le 18 octobre 1838, à Szlonskawo, en Posna nie, a fait ses études à Leszno, Breslau, Berlin, et Leipzig. Il a publié toute une série d'ouvrages historiques en ces différentes langues: polonais, allemand, suédois, danois, espagnol; en polonais : « Études pour l'histoire du XVIe siècle », Posen, 1867; « Akta grodzkie i ziemskie », Léopol, 1868-69; « Partie de chasse de Posen », Cracovie, 1875; « Étrangers en Pologne », id., 1876; « Contributions à l'Histoire de la guerre moscovite en 1633 », Léopol, 1868; en allemand: « Graf Bismark's Rede gehalten am 18 mars 1867 im norddeutschen Reichstage vom Standpunkte der Geschichte beleuchtet », Berlin, 1867; « Polonische Diplomatie im Jahre 1526 », Leipzig, 1867; « Des polnischen Hofes Verhältniss zur Wahl Kaiser Karls V », Bonn, 1866; « Uebersicht der geschichtlichen polnischen Literatur der letzten Jahre », Bonn, 1867; « Der Wiener Congress vom J. 1513 », 1868; « Der türkisch- polnische Feldzug vom Jahre 1620 », Vienne, 1869; « Kaiser Maximilian I gegenüber Preussen und Polen », Munich, 1876; « Der angebliche Niedergang der Universität Lemberg », Léopol, 1876; en suédois: « Ofversigt af den polska historien med surskitafseende på den svenska historien », Stockholm, 1879; en danois: « Af fyrst Albrecht Stanislau Mémoires », Copenhague, 1878; « Af Ulrich y. Werdums Reisebeskrivelse », id., 1878; en espagnol: « Viajes de extranjeros por España y Portugal en los siglos XV, XVI, XVII », Madrid, 1879.

List (Guido), écrivain autrichien, né, le 6 octobre 1848, à Vienne. De 1868 à 1870, il dirigea le théâtre privé fondé par lui, intitulé: *Walhalla;* en 1870, il devint secrétaire du Club Alpin autrichien, et il en rédigea le septième Annuaire. Il entreprit ensuite plusieurs voyages en Europe. On lui doit, entr'autres: « Die Burg der Markgrafen der Ostmark auf dem Leopoldberge bei Wien », et le roman : « Ellida und seine Novellen: Aus dem Ostrarlande ».

List (Joseph-Henri), zoologiste-anatomiste autrichien, professeur agrégé d'anatomie comparée, d'embryologie et d'histologie à l'Université de Gratz, préparateur de l'Institut zoologique de l'Université, né, le 12 juillet 1862, à Leoben en Stirie, a fait ses études à Vienne et à Gratz. En dehors de nombreuses contributions aux revues scientifiques, il a publié dans les *Actes de l'Académie des Sciences de Vienne:* « Ueber eine Wirbelsynostose bei Salmandra Mac. »; « Ueber Becherzellen im Blasenepithel des Frosches »; « Das Cloakenepithel von Siyllium Canicula »; « Untersuchungen über das Cloakepithel der Plagiostomen »; « Das Cloakenepithel der Rocken »; « Das Cloakenepithel der Haie »; « Die Rudimentzellentheorie und die Frage der Regeneration geschichter Pflasterepitheliern ».

Lister (Sir Joseph), illustre médecin et chirurgien anglais, né en 1827, décoré d'une médaille de la *Royal Society*, et couronné par l'Académie des Sciences de Paris pour ses observations et découvertes sur l'application du traitement antiseptique, connu sous son nom. Nommé Baronet par Gladstone, il a publié: « On the Early Stages of Inflammation »; « On the Minute Structure of Involuntary Muscular Fibre »; « On the Muscular Tissue of the Skin. ».

Liszt (Franz von), éminent jurisconsulte autrichien, professeur de droit pénal et de procédure civile et pénale à l'Université de Marbourg, né, le 2 mars 1851, à Vienne, a fait ses études dans cette ville, à Goettingue et à Heidelberg; ancien professeur libre à Gratz, puis professeur ordinaire à Gessen, depuis 1882 à Marbourg; il refusa les offres des Universités de Jena, de Vienne et de Bonn qui lui avaient offert une chaire. On lui doit: « Meineid und falsches Zeugniss », 1876; « Die falsche Aussage », 1877 ; « Lehrbuch des österr. Pressrechts », 1878 ; « Das deutsche Reichspressrecht », 1880; « Lehrbuch des deutschen Strafrechts », 1881, 3me éd., 1888; « Der Zweckgedanke im Strafrecht », Marbourg, 1882; « Die Reform des jurist. Studiums in Preussen, Rektoratsrede », 1886 ; de nombreux essais dans les revues; il a fondé et il dirige depuis 1881 la *Zeitschrift für die gesammte Strafrechtswissenschaft* depuis 1888 ; il édite depuis 1888 les « Abhandlungen des Kriminalistischen Seminars zu Marbourg ».

Littledale (le rév. Richard-Frédéric), théologien irlandais, né, le 17 septembre 1833, à Dublin, où il a fait ses études. Il a été curé de plusieurs églises; mais depuis 1860 il s'est entièrement consacré à ses études littéraires et théologiques. On lui doit: « Philosophy of Revivals », 1880; « Religious Communities of Women in the Early Church », 1862; « Offices of the Holy Eastern Church », 1863; « The Mixed Chalice », 1863; « Catholic Ritual in the Church of England »; 1865; « The Elevation of the Host », 1865; « Incense, a Liturgical Essay », 1866; « Innovations, a Lecture on the Reformers », 1868; le second, le troisième et le quatrième vol. du « Commentary on the Psalms », de Neale, 1868, 1871, 1874; « The Children's Bread, a Communion Office for the Young », 1868; « Commentary on the Song of Songs », 1869 ; « Early Christian Ritual », 1869; « Church Reform », 1870; « The Two Religions », lecture d'Oxford, 1870; « Church and Dissent », 1871; « Children at Calvary », 1872; « Religious Education of Women »; « Rational of Prayer »; « High Light below Stairs »; « Relation of the Clergy to Politics »; « Church Parties »; « Ecclesiastical Vestments »; « The Progressional Studies of the English Clergy »;

« The ornament Rubric, Strictures on Dean Howson's Letter », 1875 ; « Plain Reasons against joining the Church of Rome », 1879 ; les articles : « Jesuits » et « Liguori », dans l'*Encyclopædia Britannica*, 1880-81.

Littrow (Henri VON), marin, savant et littérateur autrichien, né, à Vienne, le 26 janvier 1820, fils du célèbre astronome J.-J. von Littrow. Il a fait ses études à l'Académie de marine de Venise, où il devenait lui-même, à l'âge de 26 ans, professeur suppléant de mathématiques et de science navale. Nous le trouvons en 1857 capitaine de frégate et directeur de l'Académie navale de Trieste, en 1864 capitaine du port central de Raguse, en 1867 inspecteur à Fiume où il réside, recherché pour son savoir, son esprit, ses talents et son amabilité. On lui doit, entr'autres : « Die Marine », 1882 ; « Fiume in maritimer Beziehung », 1882 ; « Fiume, seine Umgebung and seine Geschiche », 1884 ; « Novellen und Romane aus dem Seeleben », 1885. On lui doit encore : « Von Wien an die Adria nach Triest und Fiume » récit de voyage, en vers, 1877 ; « Aus der See », poésies, 1877, quatre édit. ; « Nautische Dialogue » ; « Ueber Plastische Darstellung des Meeresgrundes », 1882 ; des pièces de théâtre : « Der Kuss », comédie, 1882 ; « Eine gute Lehre » ; « Xantippe », comédie, 1882 ; « Die dramatische Kunst in Italien » ; des romans et des nouvelles : « Nos non nobis » ; « Die beiden Onkel » ; « Das letzte Türkenloos » ; « Stockfisch » ; « Steuerbord frei » ; « Nacht und Nebel » ; « Minerva ». Il est décoré de plusieurs ordres autrichiens et étrangers.

Litzmann (Berthold), littérateur allemand, professeur de l'histoire de la littérature allemande à l'Université de Jena depuis 1885, né, le 18 avril 1857, à Kiel, a publié : « Gedichte von Johann Christian Günther », Leipzig, 1880 ; « Zur Textkritik und Biographie Johann Christian Gunthers », Francfort, id. ; « Christian Ludwig Liscow in seiner literarischen Laufbahn », Hambourg et Leipzig, 1883 ; « Briefe von Anna Maria von Hagedorn an ihren jüngern Sohn », id., 1885 ; « Schröder und Gotter, ein Episode aus der deutschen Theatergeschichte », id., 1887 ; « Schiller in Jena », Jena, 1889 ; « Friedrich Ludwig Schröder », 1er vol., Hambourg et Leipzig, 1889.

Litzmann (Charles-Conrad-Théodore), médecin allemand, professeur de science des accouchements et de gynécologie à l'Université de Berlin, né en 1815 ; on lui doit, entr'autres : « De arteritide », Halle, 1838 ; « De causa partum efficiente », id., 1840 ; « Das Kindbettfieber », id., 1844 ; « Die Reform der Medicinalverfassung Preussens », Greifswald, 1847 ; « Das schräg- ovale Becken », Kiel, 1853 ; « Die Formen des Beckens », Berlin, 1861 ; « Ueber die Erkenntniss des engen Beckens an den Lebenden », 1871 ; « Ueber den Einfluss des engen Beckens auf die Geburt im Allgemeinen », 1871 ; « Ueber den Einfluss der eingelnen Formen des engen Beckens auf die Geburt », 1874 ; « Ueber die Behandlung der Geburt bei engem Becken », 1875 ; « Die Geburt bei engem Becken », Leipzig, 1884 ; « Erkenntniss und Behandlung der Frauenkrankheiten im Allgemeinon », quatre conférences, Berlin, 1886.

Livaditi (Démétrius), élégant écrivain gréco-italien, professeur d'histoire et de géographie au Lycée et à l'Institut Technique de Reggio-Emilia, né, en 1833, à Trieste, d'une famille grecque. Il débuta en 1857 à Trieste dans le journal humoristique *La Ciarla;* le journal ayant été supprimé en 1859 par le gouvernement autrichien, M. L. émigra à Ravenne, où il dirigea, pendant deux ans, le journal *L'Adriatico*. Entré dans l'enseignement, en 1861, il y resta. On lui doit une série de proses exquises, modelées sur le style Leopardi ; citons : « Dell'amore della patria », 1860 ; « Introduzione alla filosofia della storia » ; « Operette morali » ; « Il Galateo letterario del secolo XIX », plusieurs éditions, la dernière de Rome, 1888 ; « La gara », nouvelle édition, Parme, 1888 ; et, en outre, une « Crestomazia italiana per uso degli Istituti tecnici », 1864 ; et des traductions du grec (*Assioco e Dialoghi di Eschine, Tavola di Cebete*).

Liveb (Guillaume-Antoine-François-Marie), homme de lettres et auteur dramatique, né, à Paris, le 24 janvier 1856, fit ses études au Lycée Henri IV, et se prépara d'abord à entrer à l'École Normale Supérieure pour la section de philosophie. Mais il fut amené, par les circonstances, à étudier la médecine qu'il commença avec succès dans tous les cours et qu'il dut interrompre au moment de l'obtention du diplôme de docteur par suite de revers de fortune. Il entra dans le journalisme et il écrivit au *Petit Parisien;* au *Voltaire*, sous le pseudonyme de *Paul Fresnay;* à la *Réforme*, comme critique dramatique ; au *Figaro*, où il fut le collaborateur de *Parisis*, et enfin sous le pseudonyme de *Mirliton*, à l'*Évènement* et au *Gil-Blas*. Il a publié : « La maîtresse de Mazarin », roman ; « Les récits de Jean Féru », nouvelles. Il a fait représenter au théâtre : « A travers la porte » ; « Les petits pois » ; « Chez les Martin » ; « Le choix d'une veuve » ; « Nos marins » ; « La vie du marin », ballet ; « Pierrot valet de Cassandre », pantomime ; « L'ivresse galante », pantomime ; « Théodora à Montluçon », parodie ; « Le mariage de Racine » (Odéon) ; « Le sang-brûlé », drame en cinq actes. Plusieurs revues de fin d'année ; tout dernièrement: « L'Abbaye de Thélème », opérette en trois actes ; « Lolo », drame en 5 actes ; « Les deux magots », féerie en 5 actes et 20 tableaux, au Châtelet. M. L. a été décoré de la médaille de sauvetage, pour actes de courage, en 1888.

Liveing (George Downing), chimiste et physicien anglais, *fellow* du collège Saint-Jean et professeur de chimie à l'Université de Cambridge depuis 1861, fils de médecin, né, en 1827, à Nayland dans le comité de Suffolk, reçu docteur à Cambridge en 1850, est auteur de plusieurs mémoires sur la chimie et la physique, publiés dans les *Proceedings* et les *Transactions* de la Société Royale de Londres, de la Société Philosophique de Cambridge, du *Philosophical Magazine* et autres journaux scientifiques, tantôt seul, tantôt en collaboration avec le professeur Dewar, avec lequel il a surtout fait des études sur les spectres ultra-violettes des métaux, sur le spectre de l'eau, et sur le renversement des raies spectrales métalliques. Citons, en outre : « Chemical equilibrium the result of the dissipation of energy », 1883.

Livi (Jean), archiviste italien, attaché aux Archives de Bologne, à présent directeur des Archives d'État à Brescia, né, en 1875, à Prato. Il débuta en 1875 par une brochure : « Il Guicciardini e Domenico D'Amorotto », avec 25 lettres inédites de Guicciardini, deux éditions. Suivirent : « L'Archivio municipale di Reggio d'Emilia » ; « L'Archivio delle Opere pie in Reggio d'Emilia » ; « Nuovi documenti relativi a Francesco Petrarca » ; « I mercanti di seta lucchesi in Bologna nei secoli 13º e 14º, notizie e documenti », Florence, 1881 ; « La Corsica e Cosimo I dei Medici, studio storico », Florence-Rome, 1885 ; « Madonna Letizia a Siena, da documenti inediti », 1888 ; « Napoleone all'isola d'Elba », Milan, Treves, id. ; « Otto lettere inedite di Federigo il Grande al Cardinal Querini », id. ; « Parigi, la corte e l'esercito francese a tempo di Luigi XIV », 1889 ; « Due visite misteriose a Napoleone », 1888.

Liverato (Panagine), médecin grec, assistant de la clinique médicale de Gênes, né, à Argostoli (Céphalonie, Iles Ioniennes), en 1860. On lui doit : « Contribuzione allo studio dell'azione biologica e terapeutica della Cocaina », Gênes, 1885 ; « Contribuzione allo studio dell'influenza dei bagni caldi sul ricambio materiale », id. ; « Modo di comportarsi del ricambio materiale sotto l'azione di diverse sostanze antipiretiche », Milan, 1885 ; « Sull'azione biologica e terapeutica della Tallina », Naples, id., en collaboration ; « Sui fenomeni fisici del torace nella Pleurite essudativa, dopo la scomparsa dell'essudato », id., id. ; « Sulla capacità assorbente della pleura nei diversi stadii della pleurite essudativa », Rome, 1887 ; « Azione dell'Acetanilide sul ricambio materiale nell'uomo sano », id., id. ; « Sull'albuminuria nei suoi rapporti coi turbamenti meccanici del circolo », id. ; « Sopra un caso di paraplegia in seguito a polmonite fibrinosa », id., id. ; « Sull'azione biologica e terapeutica dell'acetanilide », id., id. ; « Contribuzione all'azione terapeutica del solfato di Sparteina », id., id. ; « Sulle oscillazioni del Co^{-2} eliminato dai diabetici in rapporto al trattamento dietetico-curativo », id., id. ; « Azione della fenacetina sul ricambio materiale dell'uomo sano », Gênes, 1888 ; « Azione del salasso generale sui pneumonitici », id., 1888-89 ; « Sull'azione terapeutica dello strofaceto », Milan, 1888 ; « Effetti terapeutici del lavoro muscolare nei cardiopatici », id., id. ; « Sull'importanza dei rientramenti sistolici della punta del cuore », id., id. ; « La plessimetria dello sterno in rapporto alla semeiotica dell'aorta », id., 1889 ; « Quantità di Co^{-2} eliminato dai pneumonitici prima e dopo il salasso generale ».

Lix (Antoinette), née, à Colmar, le 31 mai 1839, fille d'un ancien grenadier à cheval, fut élevée par son père comme un garçon, portant le costume masculin, montant à cheval et faisant de l'escrime comme un maître d'armes. Pendant la guerre avec l'Allemagne, sous un habit d'homme et comme lieutenant d'une compagnie franche, Mlle L. prit part aux combats de l'armée de la Loire, le 6 octobre 1870. La paix signée, Mlle L. quitta l'uniforme, et reçut du gouvernement, en janvier 1872, une médaille d'or et un bureau de poste qu'elle échangea ensuite contre un bureau de tabac. Ses occupations actuelles consistent principalement en traductions dont elle emploie les bénéfices à des œuvres de charité. Elle est l'auteur d'une traduction française de *Johnny Ludlow*, parue chez Maurice Dreyfous en 1879. Elle a également publié sous le titre : « Tout pour la patrie », un volume rempli de souvenirs alsaciens qui lui a valu une médaille de la Société nationale d'encouragement au bien.

Lizio-Bruno (Letterio), poète et littérateur sicilien, ancien professeur de lycée, ensuite proviseur provincial des études à Catane, à Caltanisetta et à Catanzaro, où il se trouve actuellement, né, à Messine, le 22 avril 1837, a eu une éducation littéraire très soignée, et débuta de bonne heure par des écrits dont l'élégance a été remarquée et qui ne s'est depuis jamais démentie ; tous ses écrits se distinguent par une élévation de sentiments de plus en plus rare parmi les écrivains contemporains. Citons, dans la longue série : « Annalena » ; « Vita di Stesicoro », essai de sa dix-septième année ; « Rimembranze », recueil de poésies, 1855 ; « Liriche », 1857 ; « Carmi », 1861 ; « Scritti varii », 1865 ; « Canti scelti del popolo siciliano, posti in versi italiani », 1867 ; « Canti popolari delle isole eolie, recati in prosa italiana ed illustrati », 1871 ; « L'educatore, racconti », plusieurs éditions ; « Tocchi d'arpa », Catane, 1878 (poésies traduites, en partie, en allemand, par L. Foglar) ; « Istoria di dolore, carmi », 1878 ; « I Salmi di David tradotti », Caltanisetta, 1882 ; autres traductions de la Bible ; « Inaugurazione e conclusione delle conferenze pedagogiche », id., 1883; « Cose che fan ridere, o l'impostura svelata », id., 1884; « La famiglia dell'orafo, letture morali per fanciulli », id., id.; « Nel 5º anniversario della morte del Gran Re Galantuomo, Commemorazione », id., 1883; « Premiazione nelle scuole di Caltanisetta », discours, id., 1886; « La scuola e la vita », discours, Piazza Armerina, 1887; « Marco Minghetti », discours, id., id., etc.

Liznar (Joseph), physicien autrichien, professeur libre de météorologie et de magnétisme terrestre à l'École Supérieure technique de Vienne, né en 1852, a publié, depuis 1878, une série de mémoires, essais et articles intéressants dans les *Actes de l'Académie des Sciences* de Vienne, dans la *Zeitschrift* de la Société météorologique de Vienne, dans les *Verhandlungen* de la Société des Naturalistes de Vienne, et dans la *Zeitschrift für Instrumentenkunde* de l'année 1887.

Ljunggren (Gustave), illustre écrivain suédois, professeur d'esthétique et d'histoire de l'art et de la littérature à l'Université de Lund, dont il a été nommé Recteur, né, à Lund, le 6 mars 1823. Reçu docteur en philosophie en 1844, il obtint en 1856 le grand prix de l'Académie suédoise pour Étude comparative entre Winckelmann et Threnswärd comme philosophes de l'art; il a fait des voyages en Allemagne et en France, dans les années 1859-60, et en Italie dans les années 1869-70. Dans la longue série de ses ouvrages remarquables, citons : « Les principaux systèmes de l'esthétique », en deux volumes, I, 1856, II, 1860; « Les châteaux de la province de Scanie », 1852-63; « L'art dramatique de la Suède jusqu'à la fin du siècle XVIIe », 1864; « Bellmann et les Épîtres de Fredman », 1867; « Voyage en Italie », 1871; « Écrits divers », trois vol., 1872, 1879, 1881; « Histoire de la littérature suédoise après la mort de Gustave III », trois vol., 1873, 1877, 1881; « Histoire de l'Académie suédoise », en deux vol., 1886.

Ljungstedt (Aurore-Louise, née HJORT), femme-auteur suédoise, née en 1821, a aussi écrit sous le pseudonyme de *Claude Gérard*. On lui doit, entr'autres : « Dagdrifverier och drömmerier », 1857; « En jägares historier », 1861; « Skymningsprat », 1864; « Psykologiska gåtor », 1869; « Onkel Benjamins album », 1870; « Jeruringen », 1871; « Moderna tvper », 1872; « Den svarta kappan » et « Inom natt och år », 1875.

Llorente (Théodore), écrivain, journaliste et poète, résidant à Valence, où il est directeur du journal conservateur *Las Provincias*; ses succès littéraires sont les traductions en vers espagnols des œuvres poétiques d'Henri Heine.

Lobstein (Paul), historien et professeur alsacien, né, le 28 juillet 1853, à Épinal dans le département des Vosges, fils d'un pasteur connu par de nombreux opuscules piétistes, étudia la théologie aux Universités de Strasbourg, de Tubingue et de Goettingue. La carrière de l'enseignement académique s'ouvrit devant lui aussitôt qu'il eut pris ses licences ès-lettres en 1869, et en théologie (1876). L'Université de Strasbourg le compta tour-à-tour parmi ses *privat-docent* (1876) et ses professeurs extraordinaires (1877); depuis 1855, il occupe en qualité de professeur ordinaire la chaire de dogmatique. Nous sommes redevables à cet érudit distingué des ouvrages suivants: « La morale de Calvin exposée dans ses lignes fondamentales » (en allemand), 1877; « Pierre Ramus étudié comme théologien » (id.), 1878; « La notion de la préexistence du fils de Dieu, fragment de christologie expérimentale » (en français), 1883. M. L. collabore depuis 1881 avec MM. Reuss et Cunitz à l'édition monumentale des œuvres de Calvin dite de Brunswick ou d'Argentoracum; il a également fourni plusieurs articles remarqués à l'*Encyclopédie des Sciences Religieuses*.

Locker (Arthur), écrivain anglais, né, le 2 juillet 1828, à Greenwich Hospital; il a fait un assez long séjour en Australie et aux Indes; retourné en 1861 en Angleterre, il s'est depuis lors voué entièrement à la littérature, et a écrit : « Sir Goodwin's Folly », 1864; « Sweet Seventeen », 1866; « Stephen Scudamore », 1868; « On a Coral Reef », 1869; « The Village Surgeon », 1874; des articles au *Times* et au *Graphic*, dont il est le directeur depuis 1870.

Lockyer (Joseph-Norman), astronome anglais, né, à Rugby, le 7 mai 1836, membre de plusieurs académies scientifiques étrangères, chef de l'expédition scientifique anglaise en Sicile pour observer l'éclipse de l'année 1870, plusieurs fois couronné pour ses découvertes. On lui doit: « The planet Mars »; « Elementary Lessons in Astronomy »; « Contributions to Solar Physics », 1873; « The Spectroscope and its applications », id.; « Primer of Astronomy », 1874; « Studies in Spectrum Analysis », 1878; « Star Gazing, Past and Present », id.

Lodi (Jean), médecin italien, professeur à l'Université de Bologne, a publié: « Leucoemia e Linfoma maligno », Bologna, 1877; « Ditale percussore », id., 1877; « Sopra il midollo delle ossa in due casi di anemia essenziale e nella Leucocitemia splenica », Bologna, 1878; « Due casi di paralisi spinale dell'adulto », id., 1880, en collab. avec le docteur Jean Berti; « La società artigiana femminile nel 1882-86, relazione », id., 1887.

Lodi (Louis), écrivain naturaliste et publiciste italien, né, le 20 septembre 1856, à Crevalcuore (près Bologne). Il a rédigé d'abord le *Preludio* où il a entrepris une campagne en faveur du naturalisme; il a collaboré à la *Farfalla* de Milan, et il est le rédacteur principal du

Don Chisciotte de Rome; sa femme Mme Olga Ossani-Lodi y écrit sous le nom de *Febea*. En librairie, on lui doit : « Paolo Ferrari », Bologne, 1877; « Codice di Dante Estense », 1880; « Studii Letterari »; « Lorenzo Stecchetti, ricordi, prose e poesie », Bologne, 1881 »; « Di un nuovo Codice della Commedia di Dante col commento di Matteo Chirimonio », 1882; « Catalogo dei manoscritti posseduti dal marchese G. Campori », en collab. avec M. R. Vandino, Modène, 1884.

Lods de Wegmann (Paul-Armand), avocat et publiciste français, né, à Héricourt (Haute-Saône), le 17 septembre 1854, fit à Dijon de fortes études de droit, remportant chaque année un des prix de la Faculté. Reçu docteur, il s'occupa de droit pratique et se fit inscrire au barreau de Lure, qu'il quitta bientôt après pour venir se fixer à Paris. S'occupant d'études historiques et de droit ecclésiastique, il a fait paraître successivement : « De la vente à Réméré, précédée d'une étude sur la Lex Commissoria », 1879; « Des causes de rescission de l'acceptation des successions », 1879; « Du partage provisionnel », 1880; « Des Soutiers de famille », 1882; « Étude juridique sur la réorganisation administrative de l'Église de la Confession d'Augsbourg », 1884, épuisé; « Des Rapports des Fabriques et des Conseils presbytéraux avec les Communes d'après la loi du 5 avril 1884 », 1885; « Des Dons et legs en faveur des Conseils presbytéraux et des Consistoires », id.; « De la Consécration au ministère évangélique », étude critique de la circulaire du 28 mai 1885, id.; « Étude sur l'organisation de l'Église réformée », 1886; « Les Presbytères et l'indemnité de logement due aux pasteurs », 1887; « Les partisans et les adversaires de l'Édit de Tolérance (1750-1789) », 1887; « La législation des cultes protestants (1787-1887) », avec une préface par E. de Pressensé, sénateur », id.; « Le mariage des prêtres devant la loi civile », 1888; « Un chapitre de l'Histoire de la caricature politique en France. André Gill, sa vie, son œuvre », 1887; « Un conventionnel en mission. — Bernard de Saintes et la Réunion de la Principauté de Montbéliard à la France, avec un portrait de Bernard, par Louis David », 1888; « Du droit électoral dans les Églises protestantes (1852-1888) ». M. A. L. prépare une étude sur « Rabaut de Saint-Étienne » qui sera une véritable histoire des églises protestantes pendant la Révolution, et une « Histoire des églises protestantes de Paris, de 1787 à 1804 ». En politique, M. L. est un partisan de la monarchie *traditionnelle dans son principe, moderne dans ses institutions*; il s'est, en Franche-Comté, jeté dans toutes les luttes soutenues par le parti conservateur; on a de lui plusieurs brochures politiques.

Loening (Edgar), jurisconsulte, professeur de Droit à l'Université de Halle, né, en 1843, à Paris, a été tour-à-tour, depuis 1872, professeur à Strasbourg, à Dorpat, à Rostock, et on lui doit : « Erbverbrüderung zwischen Sachsen und Hessen », Francfort, 1867; « Staatswörterbuch von Bluntschli und Brater », édition abrégée, en trois vol., Leipzig, 1868-70; « Verwaltung Elsass-Lothringens unter dem General Gouvernement », Strasbourg, 1874; « Geschichte des Kirchenrechts », 1878; « Verantwortlichkeit des Staats für Handlungen der Beamten », Francfort, 1879; « Lehrbuch des Deutschen Verwaltungs- Rechts », 1884; « Gemeinde Verfassung des Urchristenthums », Halle, 1888.

Loeper (Gustav von), critique et homme d'État allemand, conseiller intime à Berlin, né, le 27 septembre 1822, à Wedderwill en Poméranie, a fait ses études de philosophie et de Droit à Heidelberg et à Berlin. Il s'est fait connaître spécialement par ses études sur Goethe. Citons son édition critique du *Faust*, la meilleure que l'on possède, et ses essais sur l'histoire de Faust et sur la poésie de Goethe.

Loersch (Conrad-Hubert), jurisconsulte allemand, professeur de Droit à l'Université de Bonn, conseiller intime de justice, né, à Aix-la-Chapelle, le 20 juillet 1840, a fréquenté les collèges de Bruxelles et de Bonn, fait ses études juridiques et historiques aux Universités de Bonn, Heidelberg, Goettingue et Berlin; reçu docteur en Droit à l'Université de Bonn en 1862, il fut attaché aux tribunaux de Berlin et de Bonn jusqu'en 1870, et depuis 1872 il enseigne à l'Université de Bonn. On lui doit : « Achener Rechtsdenkmäler aus dem 13, 14 und 15 Jahrhundert », Bonn, 1871; « Urkunden zur Geschichte des deutschen Rechtes », en collab. avec Rich. Schröder, id., 1874, 2e éd., 1881; « Der Ingelheimer Oberhof », Bonn, 1885; « Rheinische Weistümer », 1er vol., Leipzig, 1889; des contributions nombreuses aux revues de Droit allemandes; et l'édition du code civil français avec traduction allemande, Leipzig 1879, 3e éd., 1887.

Loeschcke (Georges), philologue et archéologue allemand, professeur de philologie classique et d'archéologie à l'Université de Dorpat, né en 1852. On lui doit : « Mykenische Thongefässe », en collaboration avec Furtwängler, Berlin, 1879; « Mykenische Vasen », id., 1886; « Die Reliefs der spartanischen Basis », 1879; « Archaeologische Miscellen », 1880; « Die Enekrungsepisode bei Pausanias », 1883; « Vermüthungen zur griech. Kunstgeschichte und zur Topographie Athens », 1884; « Die östliche Giebelgruppe am Zeustempel von Olympia »; 1885; « Boreas und Oreithyia am Kypseloskasten », 1886; « Ueber Darstellungen der Athenageburt », 1865; « Altattische Grabstelen », 1879; « Dreifussvase aus Tanagra », 1881.

Loesche (Georges), théologien allemand, pro-

fesseur de théologie évangélique à Vienne, né, à Berlin, le 22 août 1855, a fait ses études à Bonn, à Tubingue et à Berlin; en 1880, il a été prédicateur de la Congrégation allemande évangélique à Florence. En 1885, il devenait professeur de l'Université de Berlin, d'où il passait en 1889 à l'Université de Vienne. On lui doit: « De Augustino Platonizante », Halle, 1880; « Florenzer Predigten », 1884; « Ernst Moritz Arndt », Gotha, 1884; « Ian Amos-Komensky », Vienne, et des essais dans les revues scientifiques, entr'autres: « Die neuplatonischen Polemiker und Celsus », 1884; « Bellarmin's Lehre vom Papst », 1885.

Loescher (Hermann), libraire-éditeur allemand, résidant à Turin, né, à Lindenau près de Leipzig, le 15 juillet 1831; il est le neveu du célèbre éditeur G.-B. Teubner de Leipzig. Après avoir achevé ses études en Allemagne et fait son apprentissage en librairie dans quelques importantes maisons de l'Allemagne et de l'Autriche, il acheta en 1860 à Turin la petite librairie des héritiers de Gustave Hamann, et par sa remarquable activité il en fit une des premières librairies italiennes. En 1867, il fonda la *Bibliografia Italiana*, et en 1869 il contribua essentiellement à la fondation de l'*Associazione tipografico-libraria italiana;* en 1865, il fonda une succursale de sa maison à Florence, et ne tarda guère (1870) à fonder celle de Rome; en 1878, il ajouta à sa maison une *Libreria antiquaria;* en 1887, voulant se dédier exclusivement à ses affaires comme éditeur, il céda ses librairies à son collaborateur M. Clausen. Les éditions de M. L. sont élégantes et très soignées; elles concernent la philologie classique et la littérature italienne, l'histoire et la géographie, la technologie, les sciences physiques, naturelles et mathématiques, la médecine, etc. Il édite le *Giornale storico della letteratura italiana*, depuis 1883; la *Rivista di filologia e d'istruzione classica*, depuis 1872; l'*Archivio Glottologico italiano;* le *Museo italiano di antichità classica;* les *Archives italiennes de biologie*, depuis 1882. Sa *Collezione di classici greci e latini con note italiane* a eu le plus grand succès, et ses publications ont été couronnées aux principales expositions italiennes et étrangères.

Loevenstein (Rodolphe), publiciste allemand, fondateur en 1848, avec Kalisch et Dohm, du fameux *Kladderatasch*, né, le 20 février 1819, à Breslau. Parmi ses écrits, citons un poème remarquable: « Ehret die Frauen », 1876; « Chassepot-Lied », 1870; il a fondé trois journaux pour les enfants: *Puck, Kindergarten, Kindergedanken.*

Loew (Oscar), botaniste allemand, professeur de physiologie des plantes à l'Université de Munich; on lui doit: « Die chemische Ursache des Lebens », Munich, 1881, 2ᵐᵉ éd., 1882, sous le titre: « Die Kraftquelle im lebenden Protoplasma », en collaboration avec Bokorny, 1882; « Kann fuchsinschweflige Säure als mikrochem. Reagens auf Aldehyd benützt werden? », id., 1882; « Ueber den chem. Charakter des lebenden Protoplasmas », deux éd., 1882, 1884; « Ueber den mikrochem. Nachweis von Eiweisstoffen », 1884.

Loewe (Hans-George), journaliste allemand, feuilletoniste, résidant à Berlin, où il collabore à plusieurs journaux, né, le 1ᵉʳ mars 1855, à Ober-Glogau; citons parmi les journaux où il a le plus souvent écrit: « Neueste Nachrichten »; « Freie Zeitung »; « Kleiner Journal ».

Loewenthal (Édouard), publiciste allemand, né, en 1836, à Ernsbach dans le Wurtemberg. Il fit ses études classiques à Stuttgart, les universitaires à Tubingue, où il fut reçu docteur en philosophie, pour une dissertation sur Spinosa et Leibnitz. Il débuta dans le *Jahrhundert* de Hambourg par un écrit sur la doctrine de Büchner, dont il était le disciple; il fonda ensuite la « Revue générale des Universités allemandes » (*Die Allgemeine deutsche Universitäts-Zeitschrift*) et collabora à l'*Arbeitgeber* de Max Wirth. En 1860, il passa à Wiesbaden prendre la rédaction du journal de cette ville, où il fut mis en prison pour un article contre la religion d'état. Nous le trouvons ensuite à Leipzig comme collaborateur de la *Cloche* de Payne; invité à venir à Berlin par Lassalle, il y demeura, en écrivant pour la presse quotidienne, de 1863 à 1866; mais à cette époque de sa vie sa pensée fit une évolution, abandonnant le matérialisme pour une sorte d'idéalisme gnostique, et il fonda à Weimar et à Berlin l'association humanitaire et religieuse des *Cogitants*, qui eut bientôt son organe en Allemagne: « *Der Cogitants* », fondé en 1866 à Dresde par M. L. lui-même. En décembre 1869, il provoqua à Leipzig, en opposition au concile œcuménique de Rome, un contre-concile animé de l'esprit des *Cogitants*. En octobre 1870, M. L. fut contraint de se réfugier en Suisse, à la suite de plusieurs procès de presse. Il y publia la *Freiheitswacht*, que le gouvernement prussien empêcha de circuler dans l'Alsace-Lorraine. Nous le revoyons en 1871 à Berlin, collaborateur de la *Staatsbürgerzeitung*, en 1873 rédacteur en chef de la *Neue Freie Zeitung;* mais un article sur les « Misères de la victoire » lui valut encore une fois la prison et l'exil. Il reparaît bientôt en Allemagne pour y fonder une Ligue de la Paix et de la Liberté, et y publier un nouveau « Principe du droit des gens », puis à Londres (1876) et l'année suivante à Paris, où, trois ans après, il créa la *Weltbühne*, journal politico-littéraire. C'est à Paris qu'il a écrit les drames: « Napoléon III et la Commune de Paris »; « John Tomwell » et « Empereur et Sibylle ». Les ouvrages du docteur M. Ed. L.: « Le Système et l'Histoire du Naturalisme »,

5me éd., Leipzig; « La Loi des Mouvements moléculaires sphériques », 2me éd., Leipzig, ainsi que le drame: « Napoléon III e la Commune de Paris », ont été traduits et publiés en Anglais à Chicago. Les travaux suivants : « La prochaine Étape de la science »; « Le Militarisme et le Paupérisme »; « Des Bases de Réforme et de la codification du droit des gens », ont été également publiés en français et la dernière étude aussi en anglais. Nous devons signaler de plus : « Herr Schleiden und der Darwin'sche Artenentstehungs- Humbug », 2mo éd., Berlin, R. Schlingmann; et « Eine Religion ohne Bekenntniss », 2me éd., Berlin, Th. Grieben, 1865. On consultera encore avec fruit, relativement aux publications savantes ou philosophiques de M. L.: « Uberweg: l'Histoire de la philosophie », 3me vol.; « L. Büchner: Esprit et Nature »; « Six Conférences sur les hypothèses de Darwin »; Paul Janet : « Le Matérialisme contemporain »; F. A. Lange : « Histoire du Matérialisme », 2e vol.; Zimmermann: « Philosophische Schriften », vol. IV et V; Manz : « Real- Encyclopädie »; articles: « Materialismus » et « Cogitanten ». — En 1886, M. L. a créé la revue *Le Monde de l'esprit*, et en 1887 il a fondé l'*Université libre de Paris*, qui a pour but de faciliter les études universitaires et de ressusciter en même temps le principe de l'unité de la science.

Loffler (Ernest), géographe danois, né, à Copenhague, le 28 février 1835, depuis 1866 professeur agrégé et depuis 1883 professeur ordinaire de géographie à l'Université; il a publié en danois : « Traité de géographie physique », 1864; en 1876, un « Manuel de géographie » qui a eu trois éditions danoises et une traduction suédoise; en allemand : « Ueber geographische Studien der Gegenwart », 1876; « Die Geographie und ihre Hilfswissenschaften », 1881; « Ueber den Zustand der Geographie in Dänemark als Schulfach », 1886; en français: « Quelques réflexions sur les études géographiques », 1879; et en anglais : « Vineland, excursions of the ancient Scandinavians », 1883.

Löffler (Frédéric), hygiéniste allemand, professeur libre d'hygiène à l'Université de Berlin, né en 1852, a publié : « Die geschichtliche Entwicklung der Bacteriologie », 1887; « Zur Immunitätsfrage », Berlin, 1881; « Versuche über die Verwethbarkeit heisser Wasserdämpfe zu Desinfectionszwecken », avec Koch et Geffky, id., 1881; « Experimentelle Studien über die künstliche Abschwächung der Milzbrandbacillen und Milzbrandbacillen und Milzbrandinfection durch Fütterung », id., 1884; « Untersuchungen über die Bedeutung der Mikroorganismen für die Entstehung der Dipterie beim Menschen, bei der Taube und beim Kalbe », 1884; « Experimentelle Untersuchungen über Schweine- Rothlauf », 1886.

Lo Forte-Randi (André), critique italien, professeur de littérature italienne à l'Ecole Supérieure féminine à Palerme, et au Lycée privé *Francesco Perez*, né, à Palerme, le 21 janvier 1845. On lui doit une série remarquable d'essais critiques publiés en italien et en français. Citons, en italien: « Gionata Swift », dans la *Rivista Contemporanea* de 1889; « Giacomo Leopardi e i suoi canti d'Amore »; trois discours: « L'operaio nella civiltà moderna »; « Excelsior »; « Della donna e dell'arte »; quelques centaines d'articles biographiques, artistiques, critiques et bibliographiques, et en français: « Rabelais et Folengo »; « Ralph Waldo Emerson »; « L'inédit dans Montaigne »; « Laurence Sterne »; « Xavier de Maistre »; « Rodolphe Töpfer »; « Une gloire posthume : Henri Frédéric Amiel ».

Löfstedt (Einar), philologue suédois, professeur de grec à l'Université d'Upsal, né en 1831, a publié: « Om grekernas likbegängelser och grafoffer », 1869; « Ordförteckning till de första sångerna af Homeri Odyssée och Iliad », 1868; « Greekisch grammatik », 2e éd., 1873; « Grundlinier till föreläsningar öfver filologisk kritik », 1871.

Loftie (le rév. William-John), écrivain anglais, né, à Tandragee dans le comté d'Armagh, en 1839, a fait ses études au Trinity College de Dublin, où il fut reçu docteur en 1864. En 1872, il prenait la direction du *People's Magazine*. Il a publié : « Century of Bibles »; « The Latin Year », recueil d'hymnes, 1873; « Memorials of the Savoy », 1879; « A Ride in Egypt »; « An Essay of Scarabs »; le catalogue des œuvres de Hans Sebald Beham. De 1870 à 1876, il a collaboré à la *Saturday Review*, au *Portfolio*, au *Magazine of Art*, au recueil: *Art at Home Series*. On lui doit aussi un guide: « Through London »; « City »; « Guide to the Tower ». Il a été l'un des fondateurs de la Société pour la protection des Anciennes Constructions, et dè l'*Incorporated Society of Authors*.

Logan (Algernon-Sidney), poète américain, né, en 1859, à Philadelphia. On lui doit, entr'autres, un poème lyrique intitulé : « The Mirror of a Mind », New-York, 1876; un second recueil de vers, 1878 un poème métaphysique intitulé: « The image of Air ».

Loghem (Martinus-Gesinus-Lambert), écrivain hollandais, docteur en droit, né, le 3 avril 1849, à Leyde, suivit le cours du gymnase et de l'Université de Leyde, fut attaché en 1873 à l'école moyenne de la ville de Goes, comme professeur de littérature française, se fit recevoir avocat à Amsterdam en 1880, et se voua exclusivement au journalisme et à la littérature depuis 1883; rédacteur en chef de la revue *Nederland* depuis 1887, il a publié en hollandais: « Un amour au midi », recueil de poésies, 1881, 5me éd. en 1886, sous le pseudonyme de *Fiore* *della Neve*; « Liana », recueil de poésies, 1882, avec le même pseudonyme ; « Une Sultane », recueil de poésies, 1884, id.; « Mijne Rust », traduction de *Meine Ruh* de Carmen Sylva, 1886 ; des études littéraires sur Victor Hugo, Sarah Bernhardt, Marino Falieri et ses poètes, des nouvelles, des contes, des essais, des articles, etc.

Löher (Franz von), écrivain allemand, né, le 15 octobre 1818, à Paderborn. Après avoir fait son droit à Halle, Munich et Berlin, il fonda en 1848 la *Westfälische Zeitung* de Paderborn; ancien professeur à l'Université de Munich, il fut nommé en 1864 directeur des archives à Munich et en 1875 conseiller intime ; on lui doit, entr'autres : « Genera Spork » ; « Das system des preuss. Landrechts » ; « Land und Leute in der Alten und Neuen Welt (Sur des matériaux réunis dans l'Amérique du Nord) » ; « Sicilien und Neapel » ; « Geschichte der Jakobäa von Bayern » ; « Griechische Küstenfahrten » ; « Kanarische Reisetage » ; « Cypern » ; « Russlands Werden und Wollen » ; « Beiträge zur Geschichte und Völkerkunde » ; « Kampf um Teneriffa » et l'*Archivalische Zeitschrift*.

Lohmann (Pierre), écrivain allemand, né, le 24 avril 1833, à Schwelm près de Elberfeld ; il a débuté comme libraire, pour se consacrer ensuite au théâtre et au journalisme. Parmi ses drames, citons : « Essex », tragédie, 1856 ; « Savonarola », id., 1856 ; « Der Schmied in Ruhla », trag., 1858 ; « Strafford », id., 1858 ; « Olivier Cromwell », id., 1858 ; « Masaniello », id., 1864 ; « Karl Stuarts Ende », id., 1870 ; « Appius Claudius », id., 1870 ; « Gegen den Strom », drame, 1872 ; citons en outre : « Ueber die dramatische Dichtung mit Musik » ; « Pantheon deutscher Dichter », douzième vol., en 1886.

Lohmeyer (Charles-Henri), historien et paléographe allemand, professeur de l'histoire du moyen-âge à l'Université de Königsberg, né, à Gumbinnen dans la Prusse Orientale, le 24 septembre 1832. On lui doit : « De Richardo I Angliae rege cum in Sicilia commorante, tum in Sicilia detento », Königsberg, 1857 ; « Geschichte von Ost- und Westpreussens », 1re partie, qui arrive jusqu'à l'année 1407, Gotha, 1880, 2e éd., 1881 ; en collab. avec Thomas : « Hilfsbuch für den Unterricht in der deutschen Geschichte bis zum Westfälischen Frieden », Halle, 1886, et « Hilfsbuch für den Unterricht in der brandenburgisch-preussischen Geschichte », Halle, 1886 ; la traduction allemande de deux ouvrages italiens de paléographie du professeur César Paoli de Florence : « Grundriss der lateinischen Paläographie und der Urkundenlehre », Innsbruck, 1885 ; « Grundriss zu Vorlesungen über lateinische Paläographie und Urkundenlehre » ; « Lateinische Paläographie », 2e éd., id., 1889 ; des essais nombreux dans les Revues.

Lohmeyer (Jules), écrivain allemand, né, le 6 octobre 1835, à Neisse, résidant à Berlin, a beaucoup écrit pour les enfants et pour la jeunesse, fondé la revue *Die Deutsche Jugend*, et publié : « Sonnenscheinen » ; « Im Märchenwalde » ; « Puppeninsel » ; « Unser Hausglück » ; « Lachende Kinder » ; « Kinderhumor » ; « Fragemäulchen » ; « König Nobel » ; « Koboldgeschichten » ; « Der Stammhalter », comédie ; « Die Freunde aus der Provinz », id.; « Junges Blut », nouvelle.

Lohmeyer (Théodore), philologue allemand, professeur à Altena an der Lenne, né, le 6 décembre 1843, à Schildesche près de Bielefeld ; il a publié : « Zur orthographischen Frage » ; « Zur Etymologie » ; « Beiträge zur Etymologie deutscher Flussnamen », 1881 ; « Neue Beiträge zur Etymologie deutscher Flussnamen » ; « Kleine deutsche Schatzlehre », 1886.

Löhn-Siegel (Maria-Anna: WILLIBERT VON HERIGAU), femme-auteur allemande, né, le 30 novembre 1840, à Naudorf près de Freiberg en Saxe. A l'âge de 15 ans, elle avait écrit un drame : « Odysseus auf Ogygia », dans le même mètre de l'*Agamemnon* d'Eschyle. Devenue actrice, elle joua sur les théâtres de Leipzig, Magdebourg, Oldenbourg et Dresde. En 1872, elle se maria avec M. A. Siegel, fondateur et rédacteur en chef de la *Konstitut Zeitung* de Dresde, dont elle rédigea, pendant onze ans, le feuilleton. En 1870, elle fonda à Dresde le *Frauenbildungs-Verein*, dont elle fut nommée présidente. On lui doit des pièces de théâtre : « Der Philosoph », comédie ; « Iduna », drame ; « Rechter und linker Flügel », comédie ; « Pindars Werke », comédie ; « Gefahr über Gefahr », comédie ; « Luisa Strozzi », tragédie ; « Bei 40 Grod Reaumur », comédie ; « Im Finstern », comédie ; « Liebes tändelei und Liebe », comédie ; « Das falsche Gretchen », pièce bouffonne ; « Hermann von Siebeneichen », drame ; des romans, des nouvelles, des mémoires, des souvenirs de voyage. Parmi ses romans, citons : « Zwei alte Apotheken » ; « Die Kinder der Clarice Strozzi » ; « Die Frau von Värninghausen ».

Loise (Ferdinand), écrivain belge, né, à Samson, le 28 juillet 1825. Docteur en philosophie et lettres, professeur honoraire de littérature française dans les Athénées, il est membre des Académies Royales de Belgique et d'Espagne. Outre une collaboration très étendue à la « Biographie nationale » publiée par l'Académie de Belgique, aux journaux d'enseignement, aux journaux littéraires et à quelques journaux politiques belges, il faut citer de lui : « Histoire de la poésie dans ses rapports avec la civilition », Bruxelles, 1859 et années suivantes (la première partie de cette œuvre considérable fut couronnée par l'Académie, et cette œuvre se continua longtemps dans les *Mémoires* de la savante Compagnie ; l'auteur est occupé à la refondre entièrement, et il a publié déjà de son édition définitive, l'« Histoire de la poésie dans l'antiquité », Bruxelles, 1886 ; « L'Allemagne dans sa littérature nationale », id., 1873 ; « Études sur l'Allemagne moderne », id., 1877 ; « Traité de l'analyse et de la synthèse dans la composition littéraire », id., 1881, 2e éd., 1885 ; « Crestomathie », id., 1885 ; « Moyens de se former à l'art d'écrire », id., id.; « Recueil d'analyses littéraires », id., 1886-87 ; « Les lois du style », id., 1887 ; « Anthologie d'auteurs français et d'auteurs belges », id., id.

Loiseleur (Jean-Auguste-Julien), littérateur français, secrétaire général de la Société d'agriculture, sciences, belles-lettres et arts d'Orléans, bibliothécaire de la ville, est né, à Orléans, le 4 octobre 1816. Collaborateur à la *Revue Contemporaine*, au *Journal de Loiret*, au journal *Le Temps*, et à l'*Art*, M. L. a publié: « Résidences royales de la Loire » ; « Les Crimes et les peines dans l'antiquité et dans les temps modernes », 1862 ; « Les anciennes institutions de la France », 1866 ; « Problèmes historiques », 1867 ; « La Doctrine secrète des Templiers », 1871 ; « Les Archives de l'Académie d'Orléans », 1872 ; « Ravaillac et ses complices », 1873 ; « Les points obscurs de la vie de Molière », 1877 ; « Trois énigmes historiques », 1883 ; « Molière ; nouvelles controverses sur sa vie et sa famille », 1886 ; « Compte des dépenses faites par Charles VII pour secourir Orléans pendant le siège de 1428 » ; « La Révolution de Naples de 1647 ». M. L. a publié de plus des études historiques nombreuses sur « L'ancienne Université d'Orléans » ; « La préméditation de la Saint-Barthélemy » ; « Le Masque de fer » ; « La légende du chevalier d'Assas » ; « La mort de Mme Henriette d'Angleterre » ; « Louis XVII », etc., et des monographies telles que celles des *Châteaux de Gien*, de *Sully*, du *Hallier*, etc. Il a fait représenter, sur la scène du Gymnase, une petite comédie intitulée: « Lénore ».

Loliée (Frédéric), publiciste, essayiste et littérateur français, né, à Paris, le 14 octobre 1856. Il débuta par collaborer à une grande et méritoire compilation, honorée d'une récompense de l'Académie Française, et publia sous le nom de F. Godefroy une « Histoire de la littérature française », en 10 vol. Puis il collabora successivement à une quinzaine de revues françaises et étrangères: la *Nouvelle Revue*, la *Revue politique et littéraire*, le *Correspondant*, le *Contemporain*, la *Revue illustrée*, le *Polybiblion*, etc., l'*Auf der Höhe*, la *Deutsche Revue*, *The Times* de Londres, *The Century* de New-York et la *Revue Internationale* de Rome, dont il devint en 1887 le principal rédacteur. Il a publié, en 1887: « Nos Gens de lettres, leur vie intérieure, leurs rivalités, leur condition » (in-18o, Paris, Calmann-Lévy), étude sociale plutôt que littéraire — comme l'a très bien remarqué l'éminent critique Edmond Scherer — qui provoqua dans la presse une multitude d'articles, d'études et de commentaires, fut distinguée par l'Académie Française et par l'Académie des Sciences morales, et qui nous montre les auteurs, de toutes catégories, dans l'exercice de leur état et dans la réalité de leur vie de chaque jour. Les études dont cet ouvrage se compose et que précède une remarquable préface de P. Bourget, ont eu les honneurs d'une traduction allemande. Au commencement de 1885, M. F. L. a fait paraître une monographie du « Paradoxe », dont le journal *Le Temps* avait d'abord donné des fragments considérables : « Le Paradoxe, Essai sur les excentricités de l'esprit humain dans tous les siècles ». M. F. L. a donné depuis : « Les Immoraux », série de tableaux et de situations dans le genre libre de romans du jour, dont l'étude donne ainsi, par contre-coup, l'ingénieuse critique. Il a collaboré enfin très activement au *Dictionnaire des Dictionnaires* pour la partie lexicographique de cette entreprise.

Lolli (Eudes), écrivain et orientaliste italien, rabbin à Padoue, chargé du cours d'hébreu et de chaldéen à l'Université, né à Gorizia, en 1826, a fait ses études dans sa ville natale et à Padoue où il se fit recevoir docteur en 1854. Il a enseigné jusqu'en 1871 au Collège rabbinique de Gorizia, d'où il passa comme rabbin à Padoue. On lui doit : « Discorso funebre in morte di Isaac Reggio », Gorizia, 1855 ; « Elegia ebraica in morte di S. D. Luzzatto », Padoue, 1865 ; « Dizionario del linguaggio ebraico-rabbinico », Padoue, 1869, prem. livr. ; la traduction d'une partie de la « Bibbia volgarizzata da S. D. Luzzatto e suoi continuatori », Rovigo, 1872 ; « Prelezione ad un corso di lingua ebraica e caldaica », Padoue, 1877 ; « Sermone, celebrandosi nel tempio maggiore degli Israeliti di Padova le solenni esequie del magnanimo Re Vittorio Emanuele II » ; « Preghiera di requie per la stessa occasione » ; « Corso di grammatica della lingua ebraica », Padoue, 1886 ; des articles et essais nombreux dans les journaux.

Lombard (Fr.), économiste suisse, ancien banquier, né, en 1837, à Genève. On lui doit: « Finances de la Confédération Suisse, Constitution de 1874 » ; « Le Tarif des Péages et l'avenir économique de la Suisse » ; « Des moyens de développement du commerce de la Suisse » ; « Projet de Régie cointéressée des Eaux de Vie et spiritueux en Suisse », 1883.

Lombard (Jean), publiciste et socialiste français, résidant à Marseille, né, à Toulon, le 26 septembre 1854 ; il a été tour-à-tour graveur en métaux, peintre, fabricant bijoutier ; il débuta par deux discours dans un Congrès d'ouvriers tenu en 1878 à Lyon ; ces deux discours ont été insérés dans la *Jeune République*, journal quotidien de Marseille. Il créa ensuite ou dirigea diverses feuilles socialistes: *La Fédération, Le Pilori, Le Peuple Libre, Le Petit Peuple, L'Idée Nouvelle*, et collabora à la *Commune Libre*, à l'*Autonomie Communale*, au *Midi Républicain* de Montpellier, à la *Revue Socialiste*, au *Radical de l'Aude*, à *Marseille Républicaine*, à l'*Homme Libre*, à la *Révolution* de Marseille; il rédigea en chef la *Vérité* et le *Nouveau Park* également de Marseille. Les recueils et journaux littéraires dirigés ou rédigés par M. J. L. sont nombreux; citons: *Le Midi Libre, La Ligue du Midi, L'Écho du Midi, La Revue Provinciale, La Revue Moderne, Les Heures du Salon et de l'Atelier, La Célébrité Contemporaine.* Il collabora au *Bavard*, au *Masque*, au *Polichinelle.* En littérature, il a publié: « La Révolte future », poème; « L'Agonie », roman; « Loïs Majourés », roman; « Byzance », roman; « Le Général Mireur et la Marseillaise », étude historique. Il prépare une « Histoire sociale de la Troisième République ».

Lombardi (Héliodore), poète et littérateur italien, professeur de lycée, né à Marsala; il débuta par un hymne à Garibaldi débarqué en 1860, et par une Ode à Pie IX. Il est un inspiré, et sa poésie a toujours du souffle. On lui doit: « Melodie, Canti Italici, Visioni », Milan, 1862; « La Spedizione di Sapri », poème polimètre, Florence, Barbèra, 1867, nouv. éd., Milan, 1885; « Nuovi Canti », 1878; des discours sur Azeglio, sur Pétrarque, sur le drame en Italie, sur Léonard de Vinci, un ouvrage « Sulle attinenze storiche fra Scienza ed Arte in Italia »; « Il bombardamento di Alessandria », vers, Palerme, 1882; « Il fuoco di Prometeo », vers, Palerme, 1882; « Canti », Rome, 1884; « Tenebra e luce », vers, Palerme, 1884; « Per la commemorazione del 12 gennaio 1848 », discours, id., 1887; « Sulla tomba di Caterina Valenti », discours, id., 1888; « Del processo evolutivo nella letteratura », id., 1888.

Lombardos (Constantin), écrivain héllène, orateur éloquent, ancien ministre du culte et de la justice, député au Parlement, né, à l'Ile de Zante, en 1840, a fait ses études à Athènes et à Munich, où il fut reçu docteur en médecine. Il pérora dans ses discours pour l'union des Iles Ioniennes à la Grèce. Il fonda le journal: *La Voix de la Mer Ionienne*, et publia une « Histoire des Iles Ioniennes depuis la domination Vénitienne jusqu'à son union avec la Grèce ».

Lombroso (César), illustre médecin et anthropologiste italien, professeur de médecine légale et de clinique psychiatrique à l'Université de Turin, né, en novembre 1836, d'une famille israélite; son père était de Vérone, sa mère de Chieri. Dès l'adolescence, il composa des romans, des poésies et des tragédies, des études de philologie, d'archéologie et de sociologie. Reçu docteur en médecine, il entreprit des recherches sur le Crétinisme en Lombardie et dans la Ligurie, fort appréciées par le professeur Virchow. Il a fait comme médecin militaire la campagne de l'indépendance italienne en 1859; nommé en 1862 professeur pour les maladies mentales à l'Université de Pavie, il y fonda un Musée de Psychiatrie; ses études sur la pellagre et sur la maladie du maïs datent de cette époque et ont fait grand bruit. Il passa ensuite à la direction de la maison des fous à Pesaro, et de là à l'Université de Turin, où il entreprit des études originales sur les criminels, qui lui ont fait une très grande renommée non seulement en Italie, mais à l'étranger, dont les premiers résultats ont été admirés à Rome lors du Congrès et lors de l'Exposition d'Anthropologie criminelle, et qu'il a continuées dans son *Archivio di Psichiatria e Scienze penali*, publié en collaboration avec les professeurs Ferri e Garofalo. Ses recherches sur les races, sur le génie, sur le crime politique, sur les demi-fous sont remarquables à tous les égards; parmi ses dernières publications, signalons: « Dei preparati medici nella cura di alcune malattie della pelle », Milan, 1880; « Il vino », conférence, Turin, id.; « Come s'impedisce e si cura la pellagra », Macerata, 1881; « L'amore nel suicidio e nel delitto », Turin, id.; « Sulla pellagra nella provincia di Torino », id., 1882; « Due tribuni studiati da un alienista », Rome, 1883; « Misdea e la nuova scienza penale », en collaboration avec le Dr Bianchi, Turin, 1884; « Lettere politiche e polemiche sulla pellagra in Italia », id., 1885; « Sul mancinismo notorio e sensorio nel nano, nel pazzo sordo-muto, nel cieco-nato e nel criminale », id., 1884; « L'uomo delinquente in rapporto all'antropologia », 3me éd., Turin, id., traduit en français, 1887; « Delitti di libidine », id., 1886; « Lezioni di medicina legale raccolte da V. Rossi », id., 1886; « Studii sull'ipnotismo », id., id.; « Polemica in difesa della scuola criminale positiva », Bologne, Zanichelli, id.; « L'uomo di genio in rapporto alla psichiatria », Turin, 1888, traduit en français en 1889 ; « Appunti al codice penale », 2me éd., Turin, 1889; « L'uomo delinquente in rapporto all'antropologia, alla giurisprudenza ed alle discipline carcerarie », 1er vol., id., id.; « Sulla medicina legale del cadavere secondo gli ultimi studii di Germania e d'Italia », traités, 2me éd., Pignerol, 1890; des essais et articles nombreux.

Lommel (Eugène), physicien allemand, professeur de physique à l'Université de Munich depuis 1886 et membre de l'Académie des Sciences bavaroise, né, le 19 mars 1837, à Edenloben, a enseigné d'abord à Zurich, à Hohenheim et à Erlangen. On lui doit: « Wind und Wetter », Munich, 1873, 2e éd., 1883; « Das Wesen des Lichts », Leipzig, Brockhaus, 1874 (traduit en anglais sous le titre: « The Nature of Light », Londres, 1875, New-York, 1876), quatre éd.; « Lexikon der Physik und Meteorologie », Leipzig, 1882; de nombreux mémoires et essais dans les *Actes de l'Académie* et dans les Revues.

Lomon (Charles), littérateur et auteur dramatique français, né, à Blagnac (Haute-Garonne), le 1er août 1852. Il débuta dans les lettres à seize ans par un succès aux Jeux Floraux, où il obtint une violette d'argent, au moment où il achevait ses études classiques au Lycée de Toulouse. En 1874, âgé seulement de 21 ans, il présentait et faisait recevoir au Théâtre Français son premier drame: « Jean Dacier », qui fut joué par Coquelin aîné. Cependant l'auteur achevait son Droit et se lançait avec ardeur dans la politique républicaine. Le succès de « Jean Dacier » fut suivi, à deux ans de distance, de la représentation du « Marquis de Kénilis », à l'Odéon, et d'une série de romans et de nouvelles très-remarqués. Nous citerons: « L'Affaire du Malpel », Plon éd., paru d'abord dans le *Rappel*; « Un voyage de noces », qui parut dans le *Revue politique et littéraire*; « A la Nage; Nuptial Room », nouvelles; « La Regina », roman paru dans la *Nouvelle Revue*; « L'Amirale », roman, id., puis en volume chez Plon; « Amour sans nom », roman dans la *Nouvelle Revue*, 1889.

Longo (Antoine), jurisconsulte italien, né, à Palerme, le 13 novembre 1862; reçu docteur en 1885 à l'Université de Palerme, il acheva ses études pour la spécialité du Droit Romain à l'Université de Modène, où il obtint le titre de professeur agrégé. Parmi ses publications, citons: « Sulle res Municipii nei Municipii », Bologne, 1885; « La Mancipatio e il sistema del Diritto Romano primitivo », Florence, 1887; « Sull'onere della prova nella Conditio indebiti », Bologne, 1887; « Titius Aristo », Catane, 1887.

Longo (Bartolo), écrivain italien, né, à Latiano, le 10 février 1841, reçu docteur en Droit à Naples en 1864, a eu l'idée de créer une nouvelle ville de Pompéi auprès de l'ancienne. On lui doit des publications ascétiques: « Il Rosario e la Nuova Pompei », revue mensuelle; « I quindici sabati del SS. Rosario », sept. éd., deux vol.; « San Domenico e l'Inquisizione al Tribunale della ragione e della storia », deux éd.; « Novena ed onoranze di S. Domenico »; « Il terz'ordine della penitenza di S. Domenico »; « La Vergine Romana S. Cecilia »; « Fiori di virtù colti dagli atti del suo martirio », deux éd.; « Fede e civiltà », discours, trois éd.; « Valle di Pompei e la sua Stazione, Memoria a S. E. il Ministro dei Lavori Pubblici »; « Novena alla SS. Vergine del Rosario di Pompei per impetrare le grazie nei casi più disperati », 79e éd., tirage d'un million cinq-cent-mille exemplaires.

Longuet (Eugène), littérateur français, né, à Champosoult (Orne), le 30 juillet 1866. Il a fait ses études au Collège d'Argentan, puis il a publié, très-jeune: « Les Pavillons noirs »; « Sourires et Larmes »; « A l'aurore », plaquette, vers. Il a collaboré à l'*Écho de l'Ouest*, à l'*Indépendant de l'Ouest*, au *Trouvère*, au *Passe-Temps*, etc. En mars 1888, il a fondé les *Guêpes normandes*, revue satirique et rustique. On a encore de lui: « A cœur ouvert », poésies; « Les pages vécues », prose.

Loofs (Frédéric), théologien et historien allemand, professeur à Halle, né, à Hildesheim, en 1858, a fait ses études à Leipzig, Tubingue et Goettingue; on lui doit: « Zur Chronologie der auf die fränkischen Synoden der hl. Bonifatius bezüglichen Briefsammlung », Leipzig, 1881; « Antiquæ Britonum Scotorumque ecclesiæ quales fuerint mores », id., 1882; « Leontius von Byzanz I, Texte und Untersuchungen », id., 1887; « Kirchengeschichtliche Studien », en collab., 1888.

Loomans (Charles-Walthère-Hubert), philosophe belge, né, à Lanaeken, le 12 novembre 1816; il est professeur émérite de droit naturel à l'Université de Liège et fait partie de l'Académie Royale de Belgique. M. L. a donné au *Bulletin* de cette Académie diverses études, parmi lesquelles il faut mettre hors de pair celle sur « La question sociale chez Platon et Aristote », 1884; il a collaboré aussi à la *Revue de Bruxelles*, aux *Mémoires de la Société littéraire de l'Université de Louvain*, aux *Annales des Universités de Belgique*, etc. Il est principalement connu pour deux livres, dont le second surtout a été fort discuté : « Principes de philosophie morale », 1856; « De la connaissance de soi-même, essais de psychologie analytique », Bruxelles, 1880, 2me éd., Paris, 1883.

Lopes-Netto (le Baron F.), illustre jurisconsulte et diplomate brésilien, ancien ministre du Brésil à Rome, actuellement résidant à Florence, où il exerce la plus aimable des hospitalités dans un appartement splendide de la maison de M. Crispi. Il est né, le 6 juin 1814, au Recife, capitale de la province de Pernambouc; il étudia les humanités au Lycée de cette ville, et entra au mois de mars 1831 à l'Académie des sciences sociales et juridiques d'Olinda. Obligé à émigrer à la fin de sa cinquième année académique, il vint en Europe et fut reçu docteur en Droit à l'Université de Pise, le 21 décembre 1836; il y a trois ans l'Université de Pise a célébré le jubilé de son doctorat. De retour dans sa ville natale, il s'y établit en 1837 comme avocat; en 1844 il fut nommé par la province de Pernambouc député à l'Assemblée Législative de l'Empire. Réélu en 1847, il se trouva compromis dans la Révolution de 1848 et fut arrêté et condamné par le Jury du Recife à la prison perpétuelle, malgré ses immunités parlementaires. En 1852, il fut amnistié par Sa Majesté l'Empereur, et continua à exercer sa profession d'avocat. En 1864, il fut élu au Parlement de l'Empire par la province de Sergipe. Au mois de novembre de 1866 il fut envoyé en mission spéciale en Bolivie, et y conclut, au mois de mars de l'année suivante, un traité qui mit fin à la question séculaire des limites entre le Brésil et la Bolivie. En 1878, il alla en qualité d'Envoyé Extraordinaire et Ministre Plénipotentiaire à Montevideo, où il résida jusqu'en 1881, époque de sa promotion de ministre à Washington transféré à la Légation à Washington. En 1883, il fut nommé par le Gouvernement du Brésil membre des Tribunaux arbitraux de Santiago du Chili chargés de juger les réclamations italiennes, anglaises et françaises provenant des dommages causés aux neutres par l'armée et l'escadre du Chili pendant la dernière guerre au Pacifique. Dans cette mission il prononça des jugements qui ont fait époque et établi de nouveaux principes de Droit international. En 1885, il fut transféré de la Légation de Washington à celle de Rome près Sa Majesté le Roi d'Italie. M. L.-N. est membre du Conseil de Sa Majesté l'Empereur du Brésil, dignitaire de l'Ordre Impérial de la Croix du Sud, Commandeur de l'Ordre de la Rose du Brésil, Grand-croix de l'Ordre d'Isabelle la Catholique d'Espagne, Grand Officier des Ordres de l'Étoile Polaire de Suède, de la Couronne d'Italie et du Nisham de Tunis, et Officier de l'Ordre de Léopold de Belgique. Ses discours au Parlement, ses sentences comme juge sont des modèles du genre.

Lopez (Vincent-F.), homme politique et écrivain de la République Argentine, auteur de l'hymne national argentin, né, à Buenos-Ayres, vers l'année 1822, ancien professeur de littérature et de Droit, ancien ministre et président de la Banque, a publié, entr'autres, un livre sur l'origine de la langue *quichua*, de nombreux essais dans les Revues, un roman historique fort apprécié : « La novia del herese », une « Historia del año 20 », des traités de jurisprudence; « Acuerdos del extinguido Cabildo de Buenos-Ayres », trois vol.; le 3e a paru en 1887; et son chef d'œuvre: « Historia de la Republica Argentina », dont le sixième volume a paru en 1887 à Buenos-Ayres.

Lorand (Louis-Georges-Auguste), avocat et publiciste belge, né, à Namur, en 1860. Il fit ses études de Droit à l'Université de Bologne, en Italie; et quelques années après son retour en Belgique, il devint le rédacteur en chef du journal bruxellois *La Réforme*, organe du libéralisme démocratique, excellente feuille quotidienne dans laquelle il suit de plus près qu'aucun autre journaliste belge la politique, les hommes et les choses de l'Italie. M. L. a fait paraître récemment deux brochures dont le retentissement a été énorme: d'abord, une étude, avec préface de M. Paul Janson, sur la réorganisation du système militaire de la Belgique: « La Nation armée », Bruxelles, 1889, étude dont 30,000 exemplaires furent enlevés en quelques jours et 80,000 en six mois; puis, après un grand procès politique jugé à Mons, une plaquette intitulée: « Démission! Dissolution! », id., id., et où il réclamait la démission des ministres et la dissolution des Chambres. M. L. est le correspondant belge du *Secolo* de Milan.

Lorenz (Ottokar), historien allemand, professeur à l'Université de Jena depuis 1885, né, le 17 mars 1832, à Iglau, a publié: « Deutsche Geschichte des 13 und 14 Jahrhundertes »; « Geschichte König Ottokars II von Böhmen », 1866; « Geschichte des Elsassess », en collab. avec Wilh. Scherer », 3e éd., 1885; « Papstwahl und Kaiserthum », 1874; « Drei Bücher Geschichte und Politik », 1876; « Deutschlands Geschichtspunkte im Mittelalter », 3me éd. remaniée, 1887; « Die Geschichtswissenschaft in Hauptrichtungen und Aufgaben kritisch erörtert », 1887.

Lorenzoni (Joseph), astronome italien, né, à Rolle, prov. de Treviso, le 10 juillet 1843; il a fait ses études à Padoue, où il enseigne l'astronomie à l'Université et dirige l'Observatoire. Depuis 1869, il a inséré des mémoires nombreux dans les *Atti del R. Istituto Veneto*, dans la *Rivista* et dans les *Atti dell'Accademia di Padova* et dans les publications de la *Società degli spettroscopisti italiani*; enfin, dans les *Memorie dell'Accademia dei Lincei* de 1888, un mémoire intitulé: « Relazione sulle esperienze istituite nel R. Osservatorio astronomico di Padova in agosto 1885 e febbraio 1886 per determinare la lunghezza del pendolo semplice a secondi, premessa la esposizione del metodo e la descrizione dello strumento di Repsold ».

Loret (Victor), égyptologue et professeur français, né, à Paris, le 1er septembre 1859, fit ses études au Lycée Condorcet, alors Lycée Bonaparte. Son père, qui est compositeur et organiste à Paris, l'avait destiné à la même carrière et vers quinze ans il quitta le lycée pour entrer au Conservatoire de musique. Mais au lycée le goût des lettres lui était venu, et même une passion très-spéciale pour l'Égypte ancienne dont l'alphabet hiéroglyphique, publié dans le *Manuel d'Histoire d'Orient* de Duruy, l'avait séduit et enthousiasmé de bonne heure. Tout en faisant ses études musicales, M. L. termina ses études classiques sous un professeur particulier et se fit inscrire à l'école des Hautes-Études au Cours d'Égyptologie de M. Maspéro. En 1881, il fut envoyé en Égypte et fut un des premiers membres de l'école française du Caire. Sa route était choisie, il était désormais égyptologue. Il avait renoncé à la carrière musicale au moment de concourir pour le prix de Rome. Il resta trois ans au Caire et rapporta de son séjour en Égypte un grand nombre de documents dont la plupart sont publiés. Ses études musicales lui permirent en outre de publier un mémoire sur la musique populaire de la Haute-Égypte, dans lequel se trouve tout un ballet d'almées transcrit avec l'instrumentation arabe originale. A son retour d'Égypte, M. L. fut nommé maître de conférences à la Faculté des lettres de Lyon, où ses cours publics sont fort suivis. Il a publié : « Le Kypkhi », Leroux éd., 1887 ; « Flore pharaonique », J.-A. Baillière, 1887 ; « La tombe d'un égyptien », Leroux, 1886 ; « L'Égypte au temps des Pharaons », J.-B. Baillière, 1887 ; « Manuel de langue égyptienne », grammaire, tableau des hiéroglyphes, texte et glossaire, Leroux, 1889 ; « La musique chez les anciens Égyptiens » (Bibliothèque de la Faculté des lettres de Lyon, tome VIII), Leroux ; « Manuel d'arabe vulgaire d'Égypte », Maisonneuve, 1887. En égyptologie M. V. L. s'est renfermé assez complètement dans l'étude de la flore antique et a publié sur ce sujet une vingtaine de mémoires. Outre les publications indiquées, M. V. L. a publié de nombreux articles dans les journaux ou périodiques suivants : *Recueil de travaux relatifs à l'archéologie et à la philologie égyptienne, Journal asiatique, Bulletin de l'Institut du Caire, Mémoires publiés par les membres de la mission française au Caire, Annales du Musée Guimet,* etc. M. V. L. a collaboré à la *Grande Encyclopédie,* où ses principaux articles sont : « Amenophis » ; « Amenencha » ; « Architecture égyptienne » ; « Champollion » ; « Cléopatre », etc.

Loria (César), écrivain italien, né, à Mantoue, en 1819 ; il fit son Droit à Padoue où il fut reçu docteur. On lui doit, entr'autres : « I giardini antichi e moderni » ; « La letteratura di alcuni popoli in relazione ai loro costumi ed alle loro condizioni » ; « L'*Italia nella Divina Commedia* » ; « Relazione sull'andamento delle scuole comunali di Mantova dal 1874 al 1880 », Mantoue, 1881 ; « Este nella Divina Commedia », Este, 1881 ; « Progetto statuto enciclopedico e scienza filosofica », Palmi-Calabre, 1882 ; « Ricordi e voti intorno alle industrie mantovane », 1883-84.

Lorimer (James), illustre jurisconsulte anglais, professeur de droit civil et de droit naturel et international à l'Université d'Édimbourg depuis 1862, né, à Aberdalgie, près Perth, en novembre 1818. Il a fait ses études à Édimbourg, Genève, Berlin et Bonn. Il est membre de l'Académie de Jurisprudence de Madrid et des Universités de Saint-Pétersbourg et de Moscou. On lui doit : « The Universities in Scotland », 1854 ; « Political Progress », 1857 ; « Handbook of the Law of Scotland », 1862, plusieurs éditions ; « Constitutionalism of the Future », 1865 ; « Institutes of Law », 1872, traduction française ; « Institutes of the Law of Nations », deux vol., 1883, 1884, traduction française par M. Ernest Nys, professeur à l'Université de Bruxelles, qui a paru sous le titre de « Principes de droit international », 1885 ; des essais et articles nombreux pour les revues et pour les encyclopédies.

Lorin (Georges), littérateur français, né, à Auxerre (Yonne), le 7 avril 1850, a publié : « Paris Rose », vers, 1884 ; « Têtes et chapeaux », 1880 ; « Rimes humoristiques », 1888 ; « Les sens », fantaisie rimée, Ollendorff, 1882 ; « Elle m'attend », monologue, 1882.

Lorne (John-George-Edward-Henry-Douglas-Sutherland-Campbell, marquis DE), homme politique et écrivain anglais, fils aîné du Duc d'Argyle, gendre de S. M. la Reine d'Angleterre, né, à Stafford-House à Londres, en 1845 ; il appartient au parti libéral, et il a remplacé en 1878 Lord Dufferin au Gouvernement du Canada ; son nom est aussi très populaire aux Indes. Parmi ses écrits, citons : « A Trip to the Tropics, and Home through America », 1867 ; « Guido and Lita, a Tale of the Riviera », poème, 1875 ; « The Psalms litterally rendered in verse », 1877.

Lortsch (Franziska-Emma-Friederika, née Runzler ; pseudonyme *F. Leoni*), femme-auteur des provinces allemandes de la Russie, née, le 6 octobre 1844, à Durben en Courlande. Son mari Alfred Lortsch de Libau a fait des voyages en Australie, et publié un roman australien et des descriptions de voyage. On lui doit un livre de contes : « Unter dem Tannenbaum » ; « Christliches Geburttagsbuch », des traductions de l'anglais : « Ein Andachtbauch », et du russe : « Die realisten der grossen Welt » ; « Olga Nikolajevna's Tagebuch » ; « Der Regenbogen in den Wolken oder Worte des Trostes für Stunden der Trübsal » ; « Die Curfürstin », du prince Metstcherski, et un drame populaire du comte L.-N. Tolstoï.

Lort-Serignan (DE), écrivain militaire français, capitaine au 74ᵉ régiment d'infanterie, ancien professeur militaire à Saint-Cyr, ancien attaché à l'État-Major général, membre correspondant de l'Académie Royale de Madrid, a publié : « Guillaume III, étude historique sur les campagnes du règne de Louis XIV » ; « Le blocus de Montmédy en 1870 », épuisé ; « La Phalange, étude philologique et tactique, épuisé ; « L'armée espagnole », traduit de l'italien ; « Le manuel du sapeur d'infanterie » ; « Exercices tactiques de combat » ; « La défense de la frontière franco-italienne », traduit de l'italien, des articles nombreux au *Spectateur* et autres revues.

Löschhorn (Charles), théologien allemand, professeur à Dresde, né, le 16 septembre 1851, à Magdebourg. On lui doit, entr'autres : « Quæstiones lyricæ et tragicæ », 1869 ; « Quæstiones metricæ », 1873; « Quæstiones Sophocleæ, commentatio de Æschyli anno natalicio », 1874; « De notione Dei Æschylæ et patrum ecclesiasticorum », 1879 ; « Kritische Studien », 1880; « Kritische Studien zu Schillers Briefen über die ästhetische Erziehung des Menschen », 1880; « Kurzer Abriss der Geschichte Magdeburgs », 1880; « Kurzer Abriss der Geschichte Magdeburgs », 1880; « Religions philosophische Schriften », 1881; « Musikalische Studien », 1882; « Theologische Studien und Kritiken », 1882; « Die nothwendigsten Regeln der griechischen Syntax », 1887.

Loserth (Jean), historien autrichien, professeur à l'Université de Czernowitz, né, le 1er septembre 1846, à Fulnek, a fait ses études à Vienne, et publié: « Die Kremsmünster Geschitsquellen im XIII und XIV Jahrh. herausgegeben », Vienne, 1872; « Die Königsaaler Geschichtsquellen » (*Chronicon Aulæ Regiæ*) Vienne 1875; « Beiträge zur Geschichte der husitischen Bewegung », 1876-1889; « Hus und Wiclif, Zur Genesis der Hus-Lehre », Prague, 1884, traduction anglaise, Londres, 1885; « Johannis Wiclif, Tractatus de Ecclesia », id., 1886; « Johannis Wiclif, Sermones », Londres, 1887-90; des essais, des critiques, etc.

Lossing (Benson-John), écrivain américain, né, à Beekman, New-York, le 12 février 1813. En 1835, il devint co-propriétaire et directeur du *Poughkeepsie Telegraph*, suivi par le *Poughkeepsie Casket* et par le *Family Magazine*. Suivirent: « An Outline History of the Fine Arts », 1841; « Seventeen Hundred and Seventy-six »,1847 ; « Lives of the Signers of the Declaration of Independence »; « Pictorial Field Book of the Revolution »; « The Two Spies, Nathan Hale and John André », 1886; « Cyclopaedia of Universal History ». Il réside à Dover Plains, près de New-York.

Lostarru (Victorien), écrivain et diplomate chilien, ancien chargé d'affaires de la République du Chili à Buenos-Aires, est auteur d'un ouvrage intitulé : « America ».

Lotheissen (Ferdinand), écrivain allemand, né, le 20 mai 1833, à Darmstadt, a fait ses études à Goettingue, Berlin, Giessen ; il est professeur de la langue et de la littérature française à Vienne. On lui doit une série d'études remarquables sur la littérature française ; citons : « Literatur und Gesellschaft in Frankreich zur Zeit der Revolution », 1872; « Geschichte der französichen Literatur des 17 Jahrhunderts », 1877-83; « Molière », 1880; « Zur Sittengeschichte Frankreichs », 1885; « Margarethe von Navarra, ein Kultur und Literaturbild aus der Zeit der französischen Reformation », 1885.

Lotz (Guillaume), archéologue allemand, professeur à l'Université de Vienne, né en 1853; on lui doit: « Die Inschriften Tiglathpileser's I », Leipzig, 1880; « Quæstiones de historia sabbati », id., 1883.

Loudier (Sophronyme), écrivain français, professeur et romancier, né, à Orber (Calvados), le 10 janvier 1835. Après ses études faites au Collège de Lisien, il fit, à vingt ans, ses débuts dans le *Furet* et dans *Les Échos Normands*, puis il vint à Paris, comme secrétaire de M. Louis Énault. On lui doit : « Le Tocsin »; « La Cloche d'argent »; « Le Château de la Lune »; « Edmée »; « La Jeune veuve »; « L'oublieuse »; « Le Tourbillon humain »; « Un drame sous la neige »; « La Musique au village »; « Le droit d'aînesse »; « Qui s'y frotte s'y pique »; « Un Réveillon à bord »; « Jean Bomer »; « L'Enfant sans nom » : « Un singulier procès »; « L'abandonné du Clos St.-Marc »; « Le Père Mondoz »; « Une boucle de cheveux blonds »; « La première pièce d'or »; « Alphonse XII »; « L'assaut d'un bureau de tabac »; « Un amour de locataire »; « La nuit aux émotions »; « Un nid de fripons »; « L'envers d'une infamie »; « Jersey à vol d'oiseau »; « Le serment d'un étudiant »; « Le Donjon de Satan »; « Un Noël d'écolier »; « Le garçon de recettes »; « Une Idylle au moulin »; « Un espion chez Jeanne d'Arc »; « Une charmante conspiration »; « Le grain »; « La chapelle Blanche »; « L'Abbé nu-tête »; « Le Rebouteur de Sa Majesté »; « Un baptême orageux »; « Sœur Marie »; Une nuit de Noël chez Madame de Sévigné »: « Un ballot de dentelles »; « La Lune de fiel »; « Le sac de voyage »; de nombreuses « Variétés » dans les journaux de Paris et des départements. Il a reçu plusieurs médailles d'honneur pour ses ouvrages instructifs et moraux.

Louis (Antonin), homme de lettres et chansonnier français, né, à Lyon, en 1845; il dirige le journal illustré hebdomadaire: *La Diane ;* et il est l'auteur des chansons populaires: « Les Pompiers de Nanterre »; « Le Sire de Fischton-Kan »; « Les Pioupious d'Auvergne ».

Loukyanovsky (Alexandre-Grégorïévitch), traducteur (en vers), reconnu en Russie des langues slaves (monténégrine, etc.), né, à Koursk (Petite-Russie), le 24 avril (vieux style) 1838. Il a terminé ses études au gymnase classique de Koursk et à l'Université de Kharkoff, section des mathématiques ; plus tard à l'Université de Saint-Pétersbourg, il a reçu le diplôme de maître (magister), et a été nommé professeur au gymnase classique de Pskof (1877). Après une masse de traductions, publiées de 1877 à 1883, il a écrit et publié en 1884 à Saint-Pétersbourg un travail des plus intéressants : « Les Contes et ballades historiques populaires russes », en vers, Saint-Pétersbourg, 1884, deux vol. Une analyse très favorable par le célèbre prof. Oreste Miller en a été publiée dans le journal *Nove* (La Terre vierge), 1886, livr. 3 (mars), vol. VII, pag. 462-466.

Louran (Herminie, née Frick; pseudonyme *H. von Waldemar*), femme-auteur allemande, née, le 26 mars 1855, à Frankenthal, mariée, en 1873, avec l'ingénieur Louran, après avoir été institutrice, pendant trois ans, dans une institution de Bruxelles. On lui doit des nouvelles, des romans et des écrits pour la jeunesse; citons: « Foersters Trude », qui a eu le plus de succès.

Loutchitzky (Ivan), historien russe, professeur d'histoire universelle à l'Université de Kiev, est né, à Kamenctz-Podolsk (gouvernement de Podolie), en 1845, et a reçu sa première éducation au Lycée-Gymnase de sa ville natale, puis dans celui de Kiev, où il termina ses études en 1862. La même année, il passa à l'Université de Kiev, suivit pendant 4 ans les cours d'histoire à la faculté des sciences historiques et en 1866 obtint le titre de candidat des sciences historiques et une bourse de l'Université pour se préparer au professorat. En 1870, après avoir défendu sa thèse *pro venia legendi*: « La bourgeoise et la féodalité dans la France méridionale en 1572 », on lui décerna le titre de *privat-docent*, et en 1871, après avoir défendu à l'Université de Kazan sa thèse: « Les calvinistes et la féodalité en France (1572-76) », il obtint le titre de maître (magister) ès-sciences historiques. L'année suivante, le Ministère de l'Instruction Publique l'envoya en mission à l'étranger, où pendant deux années et demie il fit des recherches dans les archives de Paris, de la France méridionale (à Nîmes, Lyon, Grenoble, Montpellier, Toulouse, Montauban, etc.), de Florence et en Allemagne, dans le but de recueillir des documents pour servir à l'histoire de Rome au XVIme siècle. Pendant son séjour à Nîmes (en 1872), il a réussi à découvrir une série des procès-verbaux des assemblées politiques en France au XVIme siècle, jusque-là ignorés. En 1874, élu *docent* à l'Université de Kiev, puis, après avoir défendu sa thèse de doctorat à St.-Pétersbourg, professeur en 1875, il a tenu une série de cours sur l'histoire moderne de l'Europe en général et de différents pays, et a fait paraître des travaux nombreux sur l'histoire et les institutions de l'Europe et de la Petite-Russie, ainsi que des publications des documents inédits tirés des archives. En 1879, élu Conseiller Général du gouvernement de Poltava, il a pris une part active aux travaux du Conseil concernant l'organisation du crédit agricole pour les laboureurs. Sa participation à ces travaux, ainsi que l'assistance aux séances des juges de paix du district de Tolotonoscha (même Gouvernement), en qualité de juge de paix honoraire (à partir de 1879), l'ont amené aux études des institutions économiques du pays depuis le XVIIme siècle jusqu'à nos jours, et il a publié des études sur la commune agricole petite-russienne, dont l'existence n'avait pas même été soupçonnée. Dans le but d'étudier les institutions de la Petite-Russie au point de vue de la méthode comparative, il a entrepris des travaux sur les institutions économiques en Europe et ailleurs et a entrepris en 1882 des recherches dans les archives d'Espagne et de France, sur l'organisation des communautés agricoles aux Pyrénées, dont les résultats ont été publiés dans la revue: *Annales de la Patrie*, en 1883. Comme professeur, il a initié les étudiants aux travaux scientifiques et sous sa direction ont paru des ouvrages de M. Lubovitch (actuellement professeur d'histoire à l'Université de Varsovie) sur Marnix de Sainte-Aldegonde (Kiev, 1876), et sur la réformation en Pologne (Varsovie, 1878), de M. Moltchanovsky sur les corporations des métiers en Russie, de M. Kliatschine sur les assemblées politiques des réformés de France au XVIme siècle (d'après les manuscrits) (Kiev, 1887), de M. Petruschevsky sur la législation ouvrière en Angleterre aux XIVme siècle (Kiev, 1889).

Lovatelli-Caetani (Comtesse Ersilie), illustre femme de lettres et femme savante italienne, fille du regretté Michelangelo Caetani Duc de Sermoneta, sœur du Duc de Sermoneta, veuve depuis 1879 du comte Jacques Lovatelli de Ravenne, résidante à Rome, où elle est née en 1840. Elle connaît à fond le grec et le latin, qu'elle écrit avec élégance et elle a abordé le sanscrit avec le prof. Ignace Guidi; douée d'une mémoire admirable en fait de philologie et d'archéologie classique, elle est la seule femme qui ait l'honneur de faire partie de l'Académie des Lincei, à laquelle elle a déjà communiqué plusieurs mémoires importants. Au nombre de ses écrits, où l'érudition, l'élégance et la poésie se donnent la main, citons : « La iscrizione di Crescente, auriga cistercense, commento », Rome, 1878; « Un vaso cinerario di marmo, con rappresentanze relative ai misteri di Eleusi », Rome, 1879; « Di un antico mosaico rappresentante una scena circense, memoria »; « Le nozze di Elena e Paride in un cratere dell'Esquilino », Rome, 1880; « Di un antico mosaico rappresentante una scena circense »; « Di un antico mosaico a colori rappresentante gli aurighi delle quattro fazioni del Circo », 1881; « Intorno ad un balsamario vitreo con figure in rilievo rappresentanti una scena relativa al culto dionisiaco », 1883-84 »; « Un'antica stela votiva con Minerva di bassorilievo avente sul capo la Gorgone », 1881; « Su di una statua marmorea rappresentante un fanciullo che giuoca alle noci », 1882; « Amore e Psiche », 1883; « Thanatos », Rome, 1888; « Parvula », 1888; « Tramonto romano », 1888; « I lumi e le luminarie nell'antichità », 1889; « La festa delle rose », 1888; « Antichi monumenti illustrati », 1889.

Loveling (Virginie), femme-auteur, l'un des meilleurs écrivains belges de langue néerlandaise et certainement celui dont les œuvres se lisent avec le plus de charme. Mᵐᵉ V. L. est née, au village de Nevele dans la Flandre orientale, le 17 mai 1836. Avec sa sœur aînée Rosalie (1834-1875) elle fit paraître un grand nombre de poésies, de nouvelles, d'esquisses, de traductions, de critiques littéraires, dans diverses revues belges et hollandaises, et ensemble elles publièrent en librairie un recueil de poésies: « Gedichten », Groningue, 1870, 2ᵉ éd. 1877, et deux recueils de nouvelles: « Novellen », Gand, 1874; « Nieuwe novellen », id., 1875. Dans la prose comme dans les vers, chacune faisait son œuvre à part, mais sans la signature il serait difficile de distinguer ce qui appartient à l'une ou à l'autre; il serait difficile aussi de décider si elles excellent plutôt dans les vers ou dans la prose: « Comme poètes, a dit M. Paul Fredericq, elles font songer à Uhland et à Longfellow; comme romanciers, au prince de la littérature en *platt-deutsch*, Klaus Groth ». Après la mort de Rosalie, dont elle réunit avec un soin pieux les derniers écrits dans « Polydoor en Theodoor, en andere novellen en schetsen », Gand, 1882, Mᵐᵉ L. publia d'abord, en le signant du pseudonyme *W. G. E. Walter*, un roman aux tendances profondément libérales et démocratiques, qui témoignait d'une grande finesse d'observation: « In onze vlaamsche gewesten », Gand, 1877, 2ᵉ éd., 1882; « Un dictionnaire néerlandais qui s'achevait alors, raconte M. Charles Potvin, donna, sous le nom de *Willebrordus-Gerulfus-Edmundus Walter*, une notice fantaisiste qui faisait de l'auteur un élève échappé à vingt-cinq ans du petit séminaire de Roulers, et devenu fabricant de produits chimiques à Gand. Le monde littéraire flamand prit l'émoi, car si le pseudonyme intriguait, le livre excitait les passions en mettant en pièces les toiles d'araignée politiques où tant de campagnards flamands se laissent prendre: petites intrigues, luttes fanatiques, pèlerinages monstres, excommunications de francs-maçons, etc. L'émotion passée, la mystification réussie, on annonça sans bruit que le roman avait pour auteur la survivante des sœurs Loveling ». A ce livre, elle a fait succéder: « Drie novellen », Harlem, 1879; « Het hoofd van 't huis, en allerlei schetsen », Gand, 1883; « Fideel en Fidelineken », id., id.; « Sophie », id., 1885, deux éd. la même année — le chef-d'œuvre de l'auteur, pour le fond et pour la forme — puis, toute une série de contes enfantins: « Verhalen voor kinderen », id., 1884 et années suivantes, auxquelles l'Académie Royale de Belgique s'est empressée de décerner un de ses prix les plus enviés. « Depuis plus de vingt ans, disait M. J. Stecher, rapporteur du jury académique, les Pays-Bas et la Belgique — le savant académicien eût pu ajouter l'Allemagne — admirent dans les poésies, les contes et les nouvelles de Mᵐᵉ V. L. l'art de montrer, dans les choses les plus humbles, le sentiment qui console et la morale qui s'impose. Dans ses *Verhalen voor Kinderen*, elle révèle un talent véritablement féminin pour traduire dans toute leur justesse les impressions de l'enfance, ses goûts, ses rêves et la véritable vie que mène son esprit; pour le guider, sans effort, sans ennui, jusqu'aux leçons les plus graves et les plus sévères ». Mˡˡᵉˢ Rosalie et Virginie L. ont parfois écrit en français: les tomes VIIᵉ et VIIIᵉ de la *Revue de Belgique* (1871), renferment d'elles la traduction abrégée d'une étude suédoise de M. Hugo Hamilton sur: « L'enseignement populaire dans les trois pays scandinaves ». D'autre part, MM. Elseni et Gueury-Dambois ont traduit quelques-uns de leurs nouvelles sous le titre général: « Scènes familières », Verviers, 1883; le volume renferme trois œuvrelles de Mˡˡᵉ V. L. intitulées par les traducteurs: « La Commune ne paye plus »; « Visites de nouvel an au village » et « Cadeau d'un bouquet de fleurs ». Deux ans auparavant déjà M. Heuvelmans avait traduit en français le célèbre roman signé W.-G.-E.-Walter: « Nos Campagnes flamandes, esquisses politiques », Gand, 1881....... Il vient de paraître, en décembre 1889, une édition illustrée des meilleures nouvelles des sœurs Loveling, dans leur langue originale, et un livre de Mˡˡᵉ V. L. « Een winter in het Zuiderland ».

Lovenjoul (Charles, Vicomte de Spœlberch DE), écrivain belge, né, à Bruxelles, le 30 avril 1836. Il s'est toujours occupé de littérature et de recherches bibliographiques sur les écrivains du XIXᵉ siècle. On lui doit, entr'autres: « Histoire des œuvres de H. de Balzac », 1879, ouvrage couronné en 1888 par l'Académie française, trois éd.; « Le Rocher de Sisyphe », vers, 1878; « Histoire des œuvres de Th. Gautier », 1887, ouvrage couronné par l'Académie française; des préfaces ou des lettres en tête de différents ouvrages; des contributions au *Livre* et à différents ouvrages publiés par d'autres. M. de L. est le dernier représentant de la branche des Vicomtes de Spœlberch de Lovenjoul. Élevé dans un milieu plutôt brabançon et flamand que français, le goût de la littérature française l'a cependant saisi très-jeune pour ne plus le quitter. Ce goût l'a porté à rassembler les œuvres non recueillies en volumes des grands écrivains du siècle, et sa situation de fortune lui ayant permis d'acquérir beaucoup d'autographes et de documents, il a fini par avoir une collection, unique au monde, de manuscrits et de documents *de* et *sur* Balzac, Théophile Gautier et George Sand. Il prépare actuellement les éléments de l'« Histoire des Œuvres de George Sand ».

Lovisato (Dominique), patriote et naturaliste italien, professeur de minéralogie et de géologie à l'Université de Cagliari, depuis 1885, né, le 11 août 1842, à Isola d'Istria. Il a fait ses études à Capodistria, à Udine, à Padoue. Poursuivi à cause de ses sentiments italiens par l'Autriche, plusieurs fois emprisonné, enfin exilé pour toujours, il a pris part à la campagne garibaldienne de 1866. Après la guerre, il entra dans l'enseignement d'abord comme professeur de mathématiques aux Lycées de Sondrio, Girgenti, Catanzaro, enfin comme professeur de minéralogie aux Universités de Sassari et Cagliari. Parmi ses publications, citons : « Trattato di Algebra elementare ad uso dei licei, delle scuole tecniche e degli studii professionali », Turin, 1875 ; des correspondances scientifiques dans la *Rivista scientifico-industriale* de Florence, 1872-78 ; « Di alcune azze, scarpelli, martelli e ciottoli dell'epoca della pietra, trovati nella provincia di Catanzaro », Trieste, 1878 ; « Strumenti litici e brevi cenni geologici sulla provincia di Catanzaro », 1868 ; « Memoria sulle Chinzigiti della Calabria », Rome, id.; « Memoria di altri strumenti litici della Calabria », id., 1879 ; « Cenni geognostici e geologici sulla Calabria settentrionale » ; « Cenni geognostico-geologici sulle terre estranee della Venezia Giulia », Rome, 1879 ; « Gita inaugurale del Club Alpino di Sassari al Castello d'Osilo », Sassari, id. ; « Sopra gli strumenti in selce di Fischer », traduction, Sassari, 1881 ; « Cenni critici sulla preistoria calabrese », 1881 ; « Di alcune armi ed utensili di Fueghini e degli antichi Patagoni », 1882-83 ; « Cenni sull'Istria », 1883 ; « Sopra alcuni oggetti del Museo di Torcello », 1882-83 ; « Articoli sopra i teatri », Sassari, 1884 ; « Sulla collezione etnografica della Terra del Fuoco, illustrata dal dottor Colini » ; « Sopra i fossili delle Pampas », Cagliari, 1886 ; « Nota sopra le piccole industrie della Sardegna », 1884 ; « Spedizione antartica italiana », Rome, 1882 ; « Una escursione geologica nella Patagonia e nella Terra del Fuoco », 1883.

Lowe (Edward-Joseph), savant anglais, juge de paix à Shirenewton-Hall, près de Chepstow, né, à Highfield, le 11 novembre 1825, membre de plusieurs sociétés savantes, a publié: « A Treatise on Atmospheric Phenomena », 1846 ; « Pronostications of the Weather », 1849 ; « The Climate of Nottinghamshire », 1853 ; « The Conchology of Nottinghamshire » ; « British Grasses », 1858 ; « Beautiful-leaved Plants » ; « New and Rare Fern », 1861 et 1862 ; « Our Native Ferns », 1865 ; « Chronology of the Seasons » ; des essais nombreux dans les revues, dans les mémoires, dans les Actes de différentes Sociétés scientifiques ; des contributions aux *British Mollusca* de Forbes, et à la « Natural History of British and Exotic Ferns ». Il a découvert une nouvelle espèce de vers anglais, le *Megascolex Rigida* (Baird), et il a produit de nouvelles espèces mélangées de fougères : *Polystichum aculeatum* et *Polystichum angulare*.

Lowell (James-Russell), poète américain, né, à Cambridge (Massachusetts), le 22 février 1819. Il débuta par un recueil de poésies: « A Year's Life », 1841 ; suivirent: « Legend of Brittany » ; « Prometheus », 1844 ; « Conversations on some of the Old Poets » ; « The Vision of Sir Launfal », 1848 ; « A Fable for Critics » ; « The Biglow Papers », 1848 ; « Fire-side Travels » ; « Under the Willows and other Poems » ; « The Cathedral », poème épique ; « Among my Books », recueil d'essais, 1870 ; « My Study Windows », 1871 ; « Three Memorial Poems », 1876 ; en 1881 a paru l'édition complète de ses œuvres choisies en 5 vol. Il a été successivement professeur de langues modernes à l'Harward College, directeur de l'*Atlantic Monthly* de 1857 à 1862, et de la *North American Review* de 1863 à 1872, ministre en Russie, en Espagne, à Londres de 1874 à 1885 ; retourné aux États-Unis, il a publié en 1887 ses discours: « Democracy and other Addresses ».

Lowell (John), publiciste anglais, ancien directeur du *Cassell's Magazine* depuis 1886, directeur du *Liverpool Magazine*, traducteur du *Nouveau Robinson Suisse* de Stahl, est né, le 20 novembre 1835, à Farnham dans le Surrey.

Löwenfeld (Samuel), historien, professeur d'histoire à l'Université de Berlin, né en 1854, a écrit: « Leo von Vercelli », Goettingue, 1877 ; « Die Wahrheit über der Juden Antheil an Verbrechen », Berlin, 1881 ; « Epistolæ pontificum Romanorum ineditæ », Leipzig, 1885 ; « Deus dedit und das Reg. Gregor's VII », 1884 ; « Die Reliquien des heil. Benedict », id. (traduit en italien) ; « Die Unmittelbaren Folgen des Friedens von Venedig 1177 » ; « Geschichte des päpstlichen Archivs ».

Loyson (l'abbé Jules-Théodore), théologien français, est né, à Metz, en 1829. Il est le frère du père Hyacinthe. Il embrassa l'état ecclésiastique et se fit recevoir docteur en 1863. Chargé du cours de morale évangélique à la Sorbonne en 1868, il devint professeur titulaire d'éloquence sacrée en 1870. Chanoine honoraire de plusieurs diocèses, il a le titre de missionnaire apostolique. A part sa thèse sur « Le Sacrement de Mariage », l'abbé L. a publié : « Une prétendue vie de Jésus », 1863, critique de l'ouvrage de M. Renan ; « La Vierge Mère de Dieu », 1868 ; « L'Avent d'après les évangiles », 1869 ; « L'Assemblée du clergé de France en 1682 », 1870. Après la rupture de son frère avec le Saint-Siège, l'abbé L. se sépara ouvertement de lui dans une leçon faite à la Sorbonne, et intitulée: « Le Schisme de Munich ». L'abbé L. est membre de l'Académie Stanislas de Nancy depuis 1860.

Lozzi (Charles), jurisconsulte et littérateur italien, fondateur, et pendant quelques années directeur du *Bibliofilo*, dont la direction est passé maintenant à son fils, avocat, conseiller de Cour de cassation, président de la Cour d'appel de Cagliari, maintenant procureur du Roi à Brescia, né à Colle del Tronto (province d'Ascoli), au mois de janvier 1829. Il doit tout ce qu'il est à une volonté puissante et à une force de travail remarquable; érudit, collectionneur intelligent et passionné de trésors artistiques, d'estampes, de livres rares et d'autographes, il a publié deux livres importants : « L'ozio in Italia » et « Le Vocazioni », dans un style facile et dans un esprit élevé. Citons en outre un recueil de « Canti popolari pei nostri figli », et une foule d'articles, essais, discours ; signalons, entr'autres: « Edizioni e codici della Storia d'Italia del Guicciardini »; « Della scoperta e proprietà dei tesori, segnatamente spettanti all'archeologia e all'arte antica monumentale »; « Bibliografia delle maschere del teatro italiano »; « Catechismo paleografico di un bibliognosta francese »; « Di Aldo Manuzio, dei caratteri aldini e delle figure del Poliphilo del 1499 »; « Di un preteso nuovo sistema d'incisione calcografica »; « Della proprietà letteraria e delle edizioni privilegiate »; « Canzoni e balli, laudi e laudes », 1880; « Dei segni distintivi delle antiche edizioni e stampe »; « Della introduzione della stampa in Genova e della guerra che le mossero gli amanuensi favoriti della Repubblica »; « Il centenario di Camoens e la bibliografia camoensiana »; « Lo stato materiale dei libri, segnatamente di Diritto Romano nel medio evo »; « Delle profezie del beato Tomassuccio da Foligno, terziario francescano del XV secolo »; « Ancora di Francesco da Bologna e dei caratteri aldini »; « Dei primi inventori delle lettere a stampa per servire alle arti dello scolpire, del miniare e dello scrivere, e dei libri e degli esemplari di caratteri intagliati e impressi sino alla metà del secolo XVI e degli autori di essi »; « Criterii direttivi nella stima di codici manoscritti e autografi »; « Il caffè di Petronio e Giacomo Leopardi »; « Le tappezzerie e i marmi, con accenni bibliografici »; « Della imitazione di Gesù Cristo a proposito dell'edizione Turriciana di un volgarizamento in lingua del trecento »; « Scrittura per cessione di proprietà letteraria dei rogiti del notaio Tommaso Grossi »; « Baldassarre Olimpo degli Alessandri di Sassoferrato »; « Il perito calligrafo per la verificazione degli autografi »; « Dell'inventore della stampa secondo i più recenti studi storici e critici su antichi e nuovi documenti »; « Ordinamento delle biblioteche speciali e universali »; « Origini della lingua e della poesia italiana »; « Unico rimedio per antivenire i furti in pubblici archivi, biblioteche e musei »; « Paleografia e critica storica »; « L'opera di Cassiodoro a Ravenna »; « Illustrazione stupenda di una preziosa collezione di autografi testè dispersa »; « Gaspare Gozzi, revisore di stampe a Venezia »; « Alessandro Manzoni e Federigo Confalonieri »; « Gregorio XVI papa, bibliofilo »; « Orazioni scritte da portare addosso come amuleti in tempo di guerra o d'altri pericoli, e libri di profezia »; « Benemerenze dei collettori, ricercatori e studiosi d'autografi »; « Bibliografia del Gran Sasso d'Italia »; « Bibliografia d'Irnerio, della scuola bolognese e pre-bolognese, con un accenno a quella di Cecco d'Ascoli »; « Avvertenze storiche e bibliografiche per una monografia definitiva sul potere temporale dei papi »; « Il codice penale con indice alfabetico ed analitico », Imola, 1889; « Biblioteca storica dell'antica e nuova Italia », vol. I et II, id., 1886–87; « Relazione dei lavori compiuti nella Corte d'appello di Cagliari », Cagliari, 1889; « Dell'origine della stampa, saggio storico-critico », Gênes, 1881; « L'Introduzione al codice e al diritto internazionale privato, saggio », Venise, 1882; « La magistratura dinanzi al nuovo Parlamento », Bologne, 1883; « Della proprietà del casato, a proposito del processo contro E. Zola », 1884.

Luard (le rév. Henry-Richards), historien anglais, de 1860 à 1886 vicaire de St.-Mary the Great à Cambridge, né en 1825, a publié : « The Life of Porson », 1857; « Catalogue of the Mss. in the Cambridge University Library; Remarks on the Cambridge University Commissioners'New Statutes for Trinity College », 1858; il a édité: « Life of Edward the Confessor », 1858; « Bartholomæi de Cotton Historia Anglicana », 1859; « Roberti Grossetestæ Epistolæ », 1861; « Annales Monastici », 1864-69; « Matthew Paris », 1872–83; « Diary of Edward Reed », 1860; « Correspondence of Porson », 1867; « Graduati Contabrigienses », 1873-84. Il a aussi écrit : « On the Relations between England and Rome during the earlier portion of the Reign of Henry III », 1877.

Lubbock (Sir John), célèbre savant anglais, président de la Linnean Society et de plusieurs autres sociétés scientifiques, né le 30 avril 1834, résidant dans sa terre de High Elms (Dacon, Kent), ancien député, s'est distingué comme banquier, administrateur, voyageur, homme politique, géologue, zoologue, biologue, botaniste, antropologue; parmi ses ouvrages, qui lui ont fait une réputation universelle, signalons : « Prehistoric Times, as illustrated by ancient Remains and the Manners and Customs of Modern Savages », 1865, quinzième éd. en 1880; « The Origin of Civilisation and the Primitive Condition of Man », 1870, nombreuses éditions; « The origin and Metamorphoses of Insects », 1874; « On British Wild Flowers considered in relation to Insects », 1875; « Monograph of the Thysanura and Collembola »; deux volumes de Lectures et Allocutions; des essais sur les fourmis, les abeilles et les guêpes; « On the Anatomy of Ants », 1880-81-82; « Notes on a Stone Implement found in Algeria »; « Address to the Institute of Bankers », 1881; « On Fruits and Seeds », 1881; « Chapters in Popular Natural History », 1882; « On the sense of Color among some of the lower Animals », 1883; « On Australian Marriage Customs and Systems of Relationship », 1855; « On Leaves », 1885; « Recent observations on the Habits of Ants, Bees and Wasps », 1855; « Phitobiological Observations », 1886-87; « Ants, Bees and Wasps », 1886, nombreuses éditions; « Flowers, Fruits and Seeds », 1886; « The Pleasures of Life », 1887; une foule d'essais épars.

Lubbock Bensly (Robert), orientaliste anglais, professeur d'arabe à l'Université d'Eton près de Norwich, né le 24 août 1831, a fait ses études à Cambridge et à Halle (avec le prof. Rödiger). Ancien examinateur pour l'Ancien et le Nouveau Testament à l'Université de Londres, et membre de la Commission pour la révision de l'Ancien Testament, il a publié: « The Missing fragment of the Latin translation of the 4th book of Ezra discovered and edited with an Introduction and Notes », Cambridge, 1875.

Lübke (Guillaume), éminent esthéticien allemand, professeur d'histoire de l'art à l'École Supérieure Technique de Karlsruhe, né en 1826, a publié: « Vorschule zum Studium der Kirchlichen Kunst des deutschen Mittelalters », Leipzig, 1852, 6me éd. en 1873; « Die mittelalterliche Kunst in Westphalen », id., 1853; « Geschichte der Architektur », deux volumes, Leipzig, 1855, 6me éd., 1884-85; « Grundriss der Kunstgeschichte », deux vol., Stuttgart, 1861, 9e éd., 1882; « Abriss der Geschichte der Baukunst », Leipzig, 1861, 4me éd., en 1878; « Der Todtentanz in der Marienkirche zu Berlin », Leipzig, 1861; « Die Frauen in der Kunstgeschichte », Stuttgart, 1862; « Geschichte der Plastik », Leipzig, 1863, 3me éd., 1881; « Ueber alte Œfen in der Schweiz », Zurich, 1866; « Studien zur Kunstgeschichte », Stuttgard, 1867; « Ueber die alten Glasgemälde der Schweiz », 1866; « Bericht über die künstlerische Abtheilung der allgemeine Ausstellung on Paris », Stuttgard, 1867; « Denkmäler des Hauses Habsbourg in der Schweiz », id., 1867-71, en collab. avec Liebenau; « Ueber Richard Wagner », Berlin, 1869, en collab. avec Hanslik; « Grundriss der Culturgeschichte », Stuttgart, 7mo éd., 1876; « Die moderne französische Kunst », id., 1872; « Würtemberg und die Renaissance », id., 1878; « Die Kunsthandwerk in Vergangenheit und Gegenwart », id., 1878; « Carl Schnaasse », id., 1879; « Geschichte der italien. Malerei vom 4 bis in's 16 Jahrh. », deux vol., id., 1879; « Raphael's Leben und Werke », Dresde, 1882; des essais et des articles dans différents journaux et recueils.

Lubliner (Hugo; pseudonyme *H. Bürger*), auteur dramatique et écrivain allemand, né, le 22 avril 1846, à Breslau; il a beaucoup voyagé; il débuta vers sa vingtième année par une comédie qui le fit connaître et apprécier: « Nur nicht romantisch ». Parmi ses pièces, on distingue: « Der Frauenadvocat », comédie; « Gabriele », drame; « Die Frau ohne Geist », comédie; « Auf der Brautfahrt »; « Der Jourfix », comédie; « Die Mitbürger », comédie; « Frau Susanna », drame, en collaboration avec Paul Lindau; « Die armen Reichen », comédie; « Gräfin Lambach », comédie; on a aussi de lui un roman qui a eu du succès; « Die Gläubiger des Glücks », 1865.

Lubojatzky (François-Antoine), auteur allemand, d'origine slave, né, le 16 décembre 1807, à Dresde. Parmi ses nombreux ouvrage, on doit citer: « Der Rebell von Man »; « Der Proselyt »; « Die Jüdin »; « Bunte Reihe »; « Novellen »; « Russische Intriguen »; « Die Neukatholischen »; « Eine Preussische Familie »; « Die Sieben Todsünden » (d'après Sue); « Oswald Ehrenhaupt »; « König Friedrich August von Sachsen und seine Zeit »; « Licht- und Schattenbilder »; « Die Mosaiten »; « Schloss Stolpen »; « Erzählungen »; « Neue Erzählungen »; « Katharina II »; « Maria Theresa und ihre Zeit »; « Ein geteiltes Herz »; « Deutsche Feierabende »; « Johann Georg I von Sachsen »; « Der alte Dessauer »; « Ein Deutscher Furst »; « Der Kaplan von Königgrätz »; « König August und sein Goldschmied »; « Der Jesuitenzögling »; « Die Klöppel- Lady »; « Die Wittwe von Metz »; « Jakob Pemnik ».

Lubovitsch (Nicolas), historien russe-polonais, professeur d'histoire universelle à l'Université de Varsovie, né, le 16 mars 1855, dans le Gouvernement de Podolie, d'une famille noble de la Russie, a fait des études brillantes à l'Université de Kiev, où il a aussi enseigné pendant quelques temps, avant de passer à l'Université de Varsovie; on lui doit: « Marnix de Sainte-Aldegonde considéré comme écrivain politique », Kiev, 1877; « Le rôle social des mouvements religieux », Varsovie, 1881; « Histoire de la Réforme en Pologne. Calvinistes et Antitrinitaires, d'après des documents inédits », Varsovie, 1883; « Albert duc de Prusse et la Réforme en Pologne », 1885; « Collection des documents de Zimler », 1886; « Notes pour servir à l'histoire des Jésuites établis dans les terres lithuaniennes-russes au XVIe siècle », 1888; « Les origines de la réaction catholique et décadence de la réforme en Pologne, d'après des documents inédits », 1880.

Lucae (Charles), philologue allemand, professeur de langue et de littérature allemande à l'Université de Marbourg, né en 1833; on lui doit: « De Parzivalis poematis Wolframi Eschenbacensis locis aliquot difficilioribus », Halle,

1859; « De nonnullis locis Wolframianis », id.,
1862; « Ueber Schiller's Wilhelm Tell », id.,
1862; « Leben und Dichten Walther's von der
Vogelweide in seinen Grundzügen geschildert »,
id., 1867; « Zur Gœtheforschung der Gegenwart », Marbourg, 1878: « Der Weinschwelg.
Ein altdeutsches Gedicht aus der zweiten Hälfte
des 13 Jahrh. herausgegeben und übersetzt »,
Halle, 1886; et plusieurs essais dans les revues. Citons encore: « Ueber Bedeutung und
Gebrauch der mittelhochdeutschen Verba auxiliaria », dans le *Prorectoratsprogramm*, Marbourg, 1868.

Lucae (Joh.-Constant.-Aug.), médecin allemand, professeur pour les maladies des oreilles
à l'Université de Berlin, né en 1835, inventeur
de méthodes nouvelles pour le perfectionnement
de la diagnostique de la médecine des oreilles,
collaborateur de la *Real-Encyclopädie* d'Eulenburg et du *Biographisches Lexikon d. hervorrag. Ærzte* pour la spécialité qui le concerne;
en dehors d'une foule d'essais et articles dans
les journaux et dans les revues scientifiques, il
a publié séparément: « Die Schaltleitung durch
die Kopfknochen und ihre Bedeutung für die
Diagnostik der Ohrenkrankheiten », Wurzbourg,
1870; « Zur Entstehung und Behandlung der
subjectiven Gehörsempfindungen », Berlin, 1884.

Lucas (Charles-Jean-Marie), illustre jurisconsulte et administrateur français, né, à Saint-Brieuc, le 9 mai 1803, retraité depuis 1865, à
la suite de la cécité, retiré au Château de la
Rongère près Bourges, ancien avocat, ancien
président du Conseil des inspecteurs généraux
des services administratifs au Ministère de l'Intérieur; ses publications très nombreuses peuvent se partager en trois séries; la première
concerne l'abolition de la peine de mort; la seconde, la réforme pénitentiaire; la troisième, la
civilisation de la guerre. Son ouvrage « Du
système pénal et répressif en général et de la
peine de mort en particulier », deux fois couronné, date de l'année 1827; dans cette première série, nous signalons encore: « L'école pénale italienne », 1876; dans la seconde série
son chef-d'œuvre reste encore son ouvrage en
trois vol. couronné à l'Académie Française par
le grand prix Montyon: « Du système pénitentiaire en Europe et aux États-Unis », trois
vol., 1828-30; à la suite de la guerre affreuse
de 1870-71, M. L. commença son troisième
apostolat et entra en campagne par son livre
bienfaisant: « Nécessité d'un Congrès scientifique-international pour la civilisation de la
guerre et la codification du droit des gens »,
1882. Ses brochures, ses rapports, ses discours,
ses lettres sur les trois grandes questions qui
ont passionné sa noble existence sont innombrables.

Lucchini (Louis), jurisconsulte italien, fondateur et directeur de la *Rivista penale*, attaché
au Ministère de Grâce et Justice, où il a pris
une part essentielle à la rédaction du nouveau
Code pénal italien, né, à Pieve di Sacco (province de Padoue), en 1847, ancien professeur
à l'École Supérieure de commerce à Venise et
à l'Université de Sienne, a publié, en dehors
d'une foule d'articles et essais dans les revues,
les ouvrages suivants: « La filosofia del diritto
e della politica sulle basi della evoluzione cosmica », Vérone, 1874; « Della limitazione del
carcere preventivo e delle garanzie della libertà
individuale nel processo penale », id., 1873;
« Il carcere preventivo ed il meccanismo istruttorio che vi si riferisce nel processo penale.
Studio », Venise, 1872; 2e éd., 1873; « Della
dignità politica del diritto penale », leçon d'ouverture à l'Université de Sienne (traduite en
espagnol dans la *Revista de los Tribunales*),
Sienne, 1878; « Corso di diritto penale », deux
éd., id., 1878-81; « Corso di procedura penale »,
id., 1880; « Corso di procedura penale », id.,
1881; « Gli istituti di polizia preventiva in Italia », Turin, 1881; « Sull'ammonizione e sul
domicilio coatto secondo la vigente legislazione
italiana », Rome, id.; « La giustizia penale
nella democrazia » leçon d'ouverture à l'Université de Bologne, Bologne, 1883; « La criminalità in Italia (1875-82) » (extrait de l'*Ateneo
Veneto*, janvier-février 1884, et traduit dans le
Bulletin de la Société générale des Prisons de
Paris, novembre 1884), Venise, 1884; « Soldati
delinquenti, giudici e carnefici », Bologne, id.;
« I Semplicisti del diritto penale », Turin, 1886.

Luchaire (Achille), historien, écrivain, géographe et philologue français, ancien professeur
à la Faculté des lettres de Bordeaux, chargé
depuis 1885 de l'enseignement des sciences auxiliaires de l'histoire à la Faculté des lettres
de Paris, où il est né le 24 octobre 1846. On
lui doit: « Les Origines de la Maison d'Albret », Pau, 1873; « Un épisode de l'Histoire
du Béarn », id., 1874; « Du mot basque *Iri* et
de son emploi dans la composition des noms
des lieux de l'Espagne et de l'Aquitaine antiques », id., 1875; « Remarques sur les noms
de lieux du pays basque », 1873; « De Lingua
Aquitanica », Paris, 1877; « Les Origines linguistiques de l'Aquitaine », id., id.; « Alain le
Grand, sire d'Albret; l'Administration royale
et la Féodalité du Midi (1440-1522) », id.,
ouvrage couronné par l'Académie Française;
« Études sur les Idiomes pyrénéens de la région française », id., 1879; « Histoire des institutions monarchiques de la France sous les premiers capétiens (987-1180) », id., 2 vol., ouvrage couronné par l'Institut; « Études sur les
Actes de Louis VII », id., 1885, couronné par
le grand prix Colbert à l'Académie des Inscriptions.

Luchini (Édouard), écrivain et jurisconsulte
italien, avocat, député de Sienne au Parlement,

professeur à l'École des Sciences Sociales de Florence depuis sa fondation, président de la section toscane de la Société Africaine, collaborateur de la *Nazione* et des *Annali della Giurisprudenza*, de l'*Italia* de Charles Hildebrand, de la *Rassegna Nazionale*, orateur élégant, esprit libéral et élevé, est né, le 11 décembre 1844, à Radicofani, près de Montepulciano. Il a fait ses études à Pise, où il fut reçu docteur en 1864. En dehors d'une foule d'articles et de rapports comme avocat, il a publié séparément plusieurs monographies sur le Droit public, administratif et judiciaire, deux discours: « Dei diritti della donna, specialmente in Inghilterra e in America »; « Della vita, dell'animo e dell'ingegno di Luigi Sanminiatelli », Florence, 1880; « Della scuola di giurisprudenza in Firenze e di una formazione di una classe dirigente in Italia », Asti, 1881; « Le nuove forme di credito in favore dell'agricoltura », mémoire, Florence, 1886; « La legislazione italiana sulle strade ferrate di 4ª categoria », Rome, 1887; « Sulle istituzioni pubbliche di beneficenza », Rome, 1889.

Luchs (Auguste), philologue allemand, professeur de philologie classique à l'Université d'Erlangen, né en 1849; on lui doit: « Quæstiones metricæ », 1872; « Zur Lehre von der Genitivbildung der lateinischen Pronomina », 1873; « T. Livi ab urbe condita libri XXVI-XXX », Berlin, 1879; « Emendationes Livionæ », Erlangen, 1881-82; « Commentationes prosodiacæ Plautinæ », id., 1883-84; « Zu Plautus », dans l'*Hermes*, 1872-1878; « Beiträge zur Texteritik d. Plautus », id., 1874.

Luciani (Louis), éminent physiologue italien, né, à Ascoli, le 23 novembre 1842, ancien professeur aux Universités de Parme et de Sienne, professeur de physiologie depuis 1881 à l'Institut des Études Supérieures de Florence, membre étranger de l'Académie impériale allemande dite Leopoldina-Carolina, et de l'Académie de médecine de Bruxelles, il a fait ses études à Bologne et à Leipzig, où il a travaillé au laboratoire de Ludwig. Parmi ses élèves, on doit signaler: Jules Fano, professeur de physiologie à Gênes; Jean Bufalini, professeur de pharmacologie à Sienne; Gaetano Giglio, professeur de pharmacologie à Bologne; et les jeunes physiologues Darius Baldi, Evo Novi, Joseph Fasola, Roger Oddi. Dans la série de ses écrits remarquables, on cite: « Analisi fisiopatologica del tetano », 1868; « Dell'uso del curaro nel blefarospasmo e nella fotofobia », id.; « Embolia dell'arteria centrale della retina », 1869; « Della cura successiva alla strabotomia », id.; « Dei tessuti e degli organi erettili », id.; « Dell'attività della diastola cardica », 1871; « Dei fenomeni cardiaco-vascolari della febbre e della infiammazione », 1872; « Eine periodische Function des isolirten Froschherzens », 1873 (*Berichte der Kön. Sachs. Gesellschaft der Wissenschaften*); « Sulla fisiologia degli organi centrali del cuore », Bologne, 1873; « Morbi simpliciores », Bologne; « Sulla dottrina dell'attività diastolica », 1874; « Nuovo metodo per la trasfusione diretta del sangue », id.; « Sulla natura funzionale del centro respiratorio », id.; « Nutrizione », Turin, id.; « Osmosi », id.; « Le prime questioni patologiche », Naples, 1875; « Sulla evoluzione storica dei principii », Parme, 1876; « Risposta alla critica sperimentale dell'attività diastolica », Bologne, id.; « Delle oscillazioni della pressione intratoracica e intraddominale », 1877; « Sulle funzioni del cervello »; « Sui centri psico-motori corticali », 1878; « Sui centri psico-sensorii corticali », 1879; « Sulla patogenesi dell'epilessia », id.; « Studii clinici sui centri psico-sensorii corticali », id., avec le professeur Tamburini; « Sul fenomeno di Cheyne e Stokes in ordine alla dottrina del ritmo respiratorio », 1879; « Le prime questioni fisiologiche », Naples, 1880; « Linee generali della Fisiologia del cervelletto », 1883; « On the sensorial localisations in the Cortex Cerebri », Londres, 1884; « Le localizzazioni funzionali del cervello », Naples, 1885, ouvrage couronné par l'Institut Lombard, traduit en allemand par Frankel, 1886; « Sui fenomeni respiratorii delle uova del Bombice del Gelso »; « Fisiologia del digiuno, studii sull'uomo », Florence, 1889, traduction allemande, publiée à Hambourg.

Luciani (Thomas), publiciste et patriote italien, né, à Albona (Istria), le 7 mars 1818; poursuivi par le Gouvernement autrichien à cause de ses sentiments italiens, il quitta Albona en 1861 pour s'établir d'abord à Milan, ensuite à Florence, et en dernier lieu à Venise où il réside, et où il continue à travailler vaillamment pour l'indépendance de son pays natal. Ses écrits sont nombreux quoique très courts et tous remplis de faits et de sentiments. Il a collaboré à l'*Istria* (Trieste, 1846-52), au *Popolano dell'Istria* (1850-51), à l'*Istriano* (Rovigno, 1860-61), à l'*Eco* et à l'*Almanacco* de Fiume, au *Monumento di Carità*, à l'*Album Scientifico-Letterario*, Trieste, 1857, à l'*Aurora, Ricordo di Primavera* (Rovigno, 1862), à l'*Alleanza* de Milan, où il insèra en 1862 sa « Memoria storica su Rovigno », 1862; à la *Nazione*, au *Dizionario Corografico dell'Italia* de Amato Amati, etc.; on lui doit, en outre: « Studio storico etnografico sull'Istria in generale e sul Quarnero ed Albona in particolare », 1864, nouvelle éd., à Venise, en 1879, sous le titre: « Albona »; « Notizie e documenti intorno a Mattia Flacio », Pola, 1869; nécrologie sur Pierre Kandler dans l'*Archivio Veneto* de l'année 1871; « Studii e Memorie sui Dialetti dell'Istria », id., 1876; « Fonti per la Storia dell'Istria negli archivii di Venezia », 1874, dans le vol.: « Il Regio

Archivio Generale di Venezia », plusieurs contributions à l'*Archeografo Triestino*, à la *Provincia dell'Istria*, au *Corpus Inscriptionum Latinarum* de Mommsen, et une excellente monographie sur son ami le regretté et vaillant littérateur et patriote istrien Carlo Colombi. Il est inspecteur des fouilles à Venise, membre de plusieurs académies, etc.

Lucifero (Alphonse), poète italien, né, à Cotrone (Calabre), le 12 août 1853. On lui doit un poème en cinq chants : « Ulrico », 1872 ; « Armonie e dissonanze », 1875 ; « Stonature », 1880.

Lucius (Ernest-Lic.), historien allemand, professeur d'histoire ecclésiastique à l'Université de Strasbourg, a publié : « Die Therapeuten und ihre Stellung in der Geschichte der Askese », Strasbourg, 1879 ; « Der Essenismus in seinem Verhältniss zum Judenthum », Strasbourg, 1881 ; « Die Kräftigung des Missionsinnes der Gemeinde », id., 1885.

Lücke (Albert), chirurgien allemand, professeur de chirurgie à l'Université de Strasbourg, l'un des fondateurs de la *Deutsche Zeitschrift für Chirurgie und die Deutsche Chirurgie*, né en 1829, en dehors de plusieurs essais et articles insérés dans les revues, a publié : « Kriegschirurg. Aphorismen », Berne, 1871.

Lucy (Henry-W.), écrivain anglais, né, à Crosby près Liverpool, le 5 décembre 1845 ; il débuta en 1864 dans la *Shrewsbury Chronicle;* il passa, en 1870, à la *Pall-Mall Gazette;* en 1873 aux *Daily News*. Il a publié un « Handbook of Parliamentary Procedure » ; « Men and Manners in Parliament » ; « Gideon Fleyce », roman, 1882 ; en 1883, il fit le tour du monde, qu'il a décrit dans une série de lettres au *Daily News* et dans la *New-York Tribune*, qu'il a réuni dans un volume intitulé : « East by West ». Citons encore de lui : « Diary of Two Parliaments », 1885 ; « The Diary of Tom Taylor ». Depuis 1886, il dirige les *Daily News*.

Lüdemann (Hermann), historien et professeur allemand suisse, fils du théologien et professeur Charles Lüdermann, né, le 15 septembre 1842, à Kiel dans le Schleswig-Holstein, étudia la théologie à l'Université de cette ville ainsi qu'à celles de Heidelberg et de Berlin, y prit en 1870 son doctorat en philosophie, en 1871 sa licence en théologie et s'y établit comme *privat Docent;* en 1878, il fut promu au rang de professeur extraordinaire, en 1883 nommé par l'Université de Heidelberg D^r théol. honoris causa. L'Université de Berne l'a appelé en 1884 aux fonctions de professeur ordinaire pour l'histoire ecclésiastique en remplacement de Nippold. Nous mentionnerons parmi les écrits les plus importants de M. L. : « L'anthropologie de l'apôtre Paul et ses rapports avec la doctrine du salut », Kiel, 1872 ; « L'explication du fragment de Papras », 1879 ; « Le parjure des théologiens néo-ecclésiastiques (Ultra-Luthériens) », Kiel, 1881, 3mo éd., 1884 ; « La récente évolution de la théologie protestante », Berne, 1885. M. L. est chargé depuis 1881 dans le *Compte-rendu théologique* dirigé par le prof. Lipsius des ouvrages d'histoire ecclésiastique antérieure à la période de Nicée et a inséré de nombreux articles dans les *Annales Théologiques*, la *Feuille centrale pour l'Allemagne*, la *Revue libraire de Jena*, etc.

Lüder (Charles-Jean-Frédéric-Ludw.), jurisconsulte allemand, professeur de Droit pénal, de procédure pénale et d'Encyclopédie et Méthodologie de la Science du Droit à l'Université d'Erlangen, né en 1834 ; on lui doit : « Das Souveränitätsrecht der Begnadigung », Leipzig, 1860 ; « Gustav Geib, Sein Leben und Wirken », id., 1864 ; « Das Verbrechen gegen das Vermögen », 1er vol., Leipzig, 1867 ; « Grundriss zu Vorlesungen über deutsches Strafrecht », Leipzig, 1872, 2° éd., Erlangen, 1877 ; « Der neueste Codifications-Versuch auf dem Gebiete des Völkerrechts », Erlangen, 1874 ; « Ueber die criminelle Bestrafung des Arbeitscontractbruches », id., 1875 ; « Die Genfer Convention », ouvrage couronné, Erlangen, 1876, traduction française, id., 1876 ; « Das Strafgesetzbuch für das deutsche Reich vom 15 Mai 1871 nach der Novelle vom 26 Febr. 1876 », id., 1876 ; « Grundriss zu Vorlesungen über deutsches Strafprocessrecht », id., 1881 ; « Rech tund Grenzen der Humanität im Kriege », 1880 ; « Das Strafgesetzbuch für das deutsche Reich. vom 15 Mai 1871 nach den bis zum J. 1886 erschienen Novellen », Erlangen, 1886.

Ludovisi (Ercole), chimiste et artiste italien, né, en 1843, à Quartesana (province de Ferrare), professeur de chimie à l'Université de Palerme, a publié, en dehors de nombreux articles : « Studii sulle acque di Ferrara e dintorni » ; « Lezioni di chimica minerale ed organica, con applicazioni alle arti ed alle industrie », 2 vol. ; « Introduzione allo studio della materia medica » ; « Nuovo metodo di analisi per scoprire le materie coloranti aggiunte al vino ». Comme artiste, sa spécialité est la papyrographie.

Ludre-Frolois (Comte Gaston DE), publiciste français, né, à Paris, le 15 août 1830, d'une ancienne et très-noble famille lorraine, membre de l'Académie de Stanislas de Nancy, a publié : « Dix années à la Cour de George II », 1860. Depuis 1868, jusqu'en 1886, M. le C. de L. a publié de nombreux articles dans la revue *Le Correspondant*, articles dont les principaux sont : « Charles X et ses nouveaux historiens ».

Ludwich (Arthur), philologue allemand professeur de philologie classique à l'Université de Königsberg, né en 1840. On lui doit : « De hexametris poetarum græcorum spondiacis », Halle, 1866 ; « De Didymi περὶ τῆς Ἀριστάρχείου διορθώσεως

fragmentis », Königsberg, 2 parties, 1866-68; « Varietas lectionis et scholia ad Batrachomyomachiam », 1871; « Scholia ad Odysseæ », 1871; « Beiträge zur Kritik des Nonnos von Panopolis », 1873; « Aristarch's homer. Textkritik nach den Fragmenten des Didymos dargestellt und beurtheilt », deux parties, Leipzig, 1884-85; « Ein neues metr. Gesetz des Nonnos », 1873, et autres essais dans les revues.

Ludwig (Alfred), éminent indianiste, professeur de philologie comparée à l'Université de Prague, disciple des célèbres professeurs Weber et Roth, né en 1832, a fait ses études aux Universités de Berlin et de Tubingue. Il est surtout connu pour une nouvelle traduction allemande du *Rigveda*, avec des commentaires, ouvrage indépendant dont la partie critique témoigne une profonde érudition. Citons en outre: « Der Infinitiv im Veda », Prague, 1871; « Agglutination oder Adaptation? », id., 1873; « Die philosophischen and religiösen Anschauungen des Veda in ihrer Entwickelung », id., 1875; « Die Mantraliteratur und das alte Indien », id., 1878; « Zur Kritik des Æschylos », dans les *Actes de l'Académie de Vienne* où il a aussi inséré un autre essai: « Die Entstehung der A-Declination », 1867; « Ueber das Verhältniss des mythischen Elements zu der histor. Grundlage das Mahâbhârata », dans les *Abhandlungen der Kön. böhm. Gesellschaft d. Wissensch.*, 1884. Il a pris part aux Congrès des Orientalistes de Berlin, de Vienne et de Stockolm.

Ludwig (Charles), illustre physiologue allemand, professeur à l'Université de Leipzig, né, à Wissenhaufen dans la Hesse, le 29 octobre 1816, reçu docteur à l'Université de Marbourg en 1840, a enseigné tour-à-tour à Marbourg, Zurich, Vienne et depuis 1861 à Leipzig; en dehors de nombreux mémoires et essais dans les revues, on lui doit un célèbre « Lehrbuch der Physiologie », et depuis 1866 un annuaire intitulé: « Gesammelte Arbeit des Leipziger physiologischen Instituts ».

Ludwig (Hubert), zoologue allemand, professeur de zoologie et d'anatomie comparée à l'Université de Bonn, né en 1852, a publié: « Ueber die Eibildung im Thierreiche », Wurzbourg, 1874; « Morphologische Studien an Echinodermen », deux vol., Leipzig, 1877-82; « Verzeichniss der von Prof. van Beneden an der Küste von Brasilien gesammelten Echinodermen », Bruxelles, 1882; « Die Wirbelthiere Deutschlands », Hannover, 1884.

Ludwig (S. A. R. I. l'Archiduc Salvator d'Autriche) ancien lieutenant maréchal à l'armée austro-hongroise et qui vient de renoncer à son grade et à son rang par esprit d'indépendance; fils du Grand-Duc Léopold de Toscane, il est né le 4 août 1847. Il a entrepris plusieurs voyages, qu'il a décrits dans différents ouvrages: « Die Balearen », 1880-84, ouvrage couronné avec une médaille d'or à l'Exposition de Paris; « Tunis », 1870; « Der Golf von Buccari-Porto-Re », 1871; « Yachtreise in die Syrten », 1874; « Eine Zpazierfahrt im Golf von Corinth », 1876; « Eine Blume aus dem goldenen Lande oder Los Angeles », 1878; « Die Serben an der Adria, ihre Typen und Trachten », 1879; « Die Karavanenstrasse von Ægypten nach Syrien », id.; « Bizerta und seine Zukunft », 1881; « Um die Welt ohne zu wollen », 1883; « Lose Blätter aus Abazia », 1886; « Paxos und Antipaxos », 1886.

Luebbert (Édouard), philologue allemand, professeur d'éloquence à l'Université de Bonn, né en 1830; on lui doit: « De elocutione Pindari », Halle, 1853; « Commentationes pontificales », Berlin, 1859; « Der Conjunctio Perfecti und das Futurum exactum im älteren Latein », 1867; « Die Syntax von Quom und die Entwickelung der relativen Tempora im älteren Latein », 1870; « Commentationes syntacticæ », Giessen, 1871; « Pindar's Leben und Dichtungen », Bonn, 1882; « Syrakus zur Zeit des Gelon und Hieron », Kiel, 1875; « Alexandria unter Ptolemaeus Philadelphus und Euergetes », Kiel, 1880; « De Pindari carmine Olympico decimo », id., 1881.

Luginbühl (Rodolphe), historien suisse, né, le 22 octobre 1854, à Bieglen dans la Haute-Argovie. Il suivit les cours du Séminaire de Munchenbuchsee et fut appelé à la direction de diverses écoles soit rurales soit urbaines. Un séjour prolongé à Berne lui permit de profiter des leçons de l'Université, celles, entr'autres, sur l'histoire données par le prof. Alfred Stern. M. L. s'est transporté en 1883 à Bâle où il enseigne l'histoire dans plusieurs établissements d'instruction secondaire. Nous possédons de lui un ouvrage biographique des plus remarquables: « Philippe-Albert Stapfer », 1886 (traduction française de 1888), sans parler de mémoires moins considérables: « L'Université de Bâle pendant la période de l'Helvétique », 1887; « Préface et notes pour la correspondance de Ph. A. Stapfer »; « Publications de la Société d'Histoire Suisse », t. XI; « Traité conclu entre Napoléon et l'État de Bâle pour la rectification de la frontière »; « Annuaire Bâlois », 1885. M. L. prépare en ce moment une biographie de Bonstetten.

Lugol (Julien), écrivain français, poète et traducteur, né, à Montauban (où il demeure), le 5 janvier 1837. Homme d'une rare énergie, sans aucune fortune et sans éducation première, il s'est formé lui-même; il a appris, seul, plusieurs langues. Il a traduit de l'italien: « Une visite aux Ossuaires de San Martino et de Solferino », de Mme Cesira Pozzolini Siciliani, Paris, 1882, Alphonse Lemerre éditeur; « Pierre Siciliani », souvenirs intimes, Turin, 1887;

« Odes Barbares », traduites de Giosuè Carducci, Paris, 1888, Alphonse Lemerre éditeur. Il a traduit de l'espagnol: « L'Ami Manso », roman de B. Perez Goldos, 1 vol. de la *Bibliothèque des meilleurs romans étrangers*, Hachette; « Marianela », roman de B. Perez Goldos, 2 vol. dans la *Petite Bibliothèque universelle*. M. J. L. vient d'achever une traduction de « Keramos », poème américain de H. W. Longfellow; et de « Savitri », idylle dramatique indienne d'Angelo De Gubernatis, avec préface, Paris, Lemerre, 1889. Sous le titre: « En Wagon », M. J. L., qui a beaucoup voyagé, a résumé ses impressions, souvenirs et notes de voyage. Sous le titre: « Les Élans de l'âme », il va faire paraître, en volume, un choix des vers publiés par lui dans la *Revue internationale* de Rome, la *Vie Littéraire* de Paris, la *Renaissance*, les *Olympiades*, le *Bulletin de l'Académie des Musées Santones*, le *Concours des Musées*, la *Rivista Europea*, la *Revue des Poètes*, le *Tournoi poétique*, l'*Almanach du Sonnet*, la *Libre Conscience*, la *Muse Républicaine*, le *Livre d'or du Parnasse*, *La Chanson*, l'*Almanach de la Lauseto*, la *Marseillaise*, le *Recueil des Jeux Floraux*, le *Nouveau Parnasse français*, les *Poètes contemporains*, la *Semeur*, la *Revue littéraire et artistique*. « Julien Lugol, (a écrit M. Garcia Ramon dans la revue *Europa y America* du 1er juin 1886), est un poète « moral et délicat; il appartient au groupe des « poètes philosophes, rares aujourd'hui. Sa phi-« losophie n'est point le pessimisme à la mode. « Comme les bardes primitifs, M. L. chante « l'activité et les nobles actions ». L'Italie et l'Espagne le comptent au nombre de leurs plus nobles et fidèles amis.

Lukács (Béla DE), publiciste et économiste hongrois, membre du Parlement et de l'Académie des Sciences; on lui doit: « Le chemin de fer d'Orient hongrois », 1870; « Les finances et les impôts de l'Autriche et de la Hongrie », 1876; « Les finances et les impôts d'Angleterre », 1884; « Les finances et les impôts de la France », 1885, etc.

Lukis (le rév. William-Collings), archéologue et écrivain anglais, recteur de Wath-juxta-Ripon dans le Yorkshire, membre de la Société Royale des Antiquaires du Nord de Copenhague, a publié: « Specimens of Ancient Church Plate », 1845; « An Account of Church Bells and Bell Foundries », 1857; « Danish Cromlechs and Burial Customs compared with those of Brittany »; « On Flint Implements and Tumuli in the neighbourhood of Wath »; « Notes on Barrow Digging in Wilts »; « Sur la Dénomination des Dolmens ou Cromlechs »; « Rapport sur un Tumulus de l'Age de Bronze au Rocher Plougoumelen »; « The Stone Avenues of Carnac »; « Brittany Sepulchral Chambers »; « Rude Stone Monuments and the errors commonly entertained respecting their construction », 1875, etc.

Lullier (Charles-Ernest), officier de marine et écrivain français, l'un des chefs du mouvement du 18 mars, né, à Mirecourt (Vosges), le 27 avril 1838, entra à l'École navale en 1854, devint aspirant en 1856 et enseigne en 1860. A deux reprises différentes, il fut mis en retrait d'emploi: pour avoir refusé de mettre sa signature au bas d'une protestation contre la tentative d'Orsini, et pour avoir refusé de pousser le cri de *Vive l'Empereur*, le 15 août 1865. Toutefois, le 6 juillet 1867, il obtint d'être rappelé en activité, et fut envoyé en Cochinchine, à bord du *Fleurus*. Nommé lieutenant de vaisseau le 7 mars 1868, il fut mis en réforme le 16 août de la même année. Il déféra le décret de réforme au Conseil d'État, mais son pourvoi fut rejeté. Pendant qu'il suivait cette affaire à Paris, diverses querelles lui amenèrent des duels, dont il sortit avec une grande réputation d'habileté comme homme d'épée. C'est alors qu'il provoqua, avec éclat et voies de fait, dans les bureaux du journal *Le Pays*, M. Paul Granier de Cassagnac qui refusa son cartel, « sous prétexte, dit M. Lullier, que j'avais été accusé d'immoralité sur la flotte » (septembre 1868). Après la révolution du 4 septembre, M. L. devint chef de deux bataillons de Belleville, colonel et délégué du Comité de la défense de Paris (9 septembre). Après le 18 mars, il fut nommé, par le Comité central, général en chef de la Garde nationale. Il s'empara de tous les forts, excepté le Mont-Valérien. — Destitué le 25 mars, il fut mis en prison par ordre du Comité central qui craignait, avec raison, ses allures dictatoriales. En effet, croyant voir apparaître, sous la Commune, le règne de la terreur, M. C. L. s'apprêtait à marcher contre elle. Il voulait alors renverser la Commune, prendre la dictature, traiter avec le gouvernement de Versailles, et — par une amnistie générale — épargner à Paris la Semaine sanglante. Condamné à mort par le 3e Conseil de guerre, la Commission des grâces commua sa peine en celle des travaux forcés à perpétuité. Dirigé sur la Nouvelle-Calédonie, il y demeura jusqu'au moment, où l'amnistie de 1881 lui rouvrit les portes de la France. M. C. L. a publié: « Mes Cachots », 1881; « Mission politique et maritime de la France au XIXe siècle », 1865; « Histoire de la tactique navale et des évolutions en mer », 1867; « La Vérité sur la campagne de la Bohême en 1866 », 1867; plusieurs brochures ou articles dans les revues contemporaines sur des sujets militaires ou maritimes. Annoncé, comme devant paraître un ouvrage considérable intitulé: « Bases et objectifs de la nouvelle stratégie navale ».

Lullies (Frédéric-Hans), géographe allemand, professeur depuis 1880 au Wilhelms-Gymnasium de Königsberg, né le 18 octobre 1858, secrétaire de la Société Géographique de Königsberg, a publié, entr'autres : « Das Chinesisch-tibetunischegrenzgebiet », 1880; « Die neuesten Reise in Asien », 1883-85 ; « Die Kenntniss der Griechen und Römer von Pamic- Hochlande », 1887 ; des cartes historiques pour la *Welt- Geschichte* de Oncken.

Lumby (le rév. Joseph-Rawson), écrivain anglais, né à Stanningley dans le Yorkshire, l'un des éditeurs des documents historiques publiés par le Gouvernement; le 9º vol., qui contient le Polychronicon d'Higden, a été publié par lui. On lui doit, en outre: « King Horn » ; « Ratis Raving » ; « Floriz and Blanchefleur » ; « Bacon's Life of Henry VII » ; « More's Utopia » ; « More's Life of Richard III » ; « History of the Creeds »; « Greek Learning in the western Church during the Seventh and Eighth Century », des essais, des articles pour des revues, encyclopédies, etc.

Lumini (Apollo), écrivain et *folk—loriste* italien, ancien professeur de lycée à Monteleone, Syracuse, Prato, Arezzo, Urbin, Messine, depuis 1887 professeur au Séminaire de Nicastro, né, à Prato, en 1853, a fait ses études à l'Institut des études supérieures de Florence. Il a collaboré à la *Gazzetta d'Italia*, au *Diritto*, au journal d'étudiants *Il Parini*, à l'*Imparziale;* il s'est beaucoup occupé du *folk-lore* calabrais. On lui doit: « Il Dramma nelle Sacre Rappresentazioni », Prato, 1875; « L'Ideale nella Poesia popolare italiana », Monteleone, 1873 ; « Canti calabresi di carcere », Rome, 1878 ; « La donna Italiana nella Storia », Viterbe, 1879 ; « Canti popolari calabresi » ; « Il sentimento della natura in Dante », Syracuse, 1882 ; « Scritti letterarii », Arezzo, 1884 (entr'autres: « Dante e gli Aretini » et « Tommaso Sgricci ») ; « La Divina Commedia accomodata per le scuole secondarie », Messine, 1886 ; « La Vita e gli scritti di Ermolao Rubieri », Florence, 1883 ; « La Madonna nell'arte italiana da Dante al Tasso », Città di Castello, Lapi, 1888; « Il Passo di Acheronte », id., 1888.

Lundin (Klas), publiciste suédois, né en 1825, a fait ses études à Upsal, résidé pendant quelque temps à Copenhague et à Paris, et publié: « Stockolmarne », 1860, sous l'anonyme; « Paris i våra dagar, skiss i 16 bref », sous le pseudonyme de *Thora B.*; « I Hamburg, en gammal bokällares minnen », 1871 ; « Ströftåg hår och der i Sverige », 1875 ; « Valda berättelser », 1876 ; « I Tyskland, minen från en resa 1876-77 », 1877 ; « Oxygen och Aromasia, bilder från år 2378 », 1878 ; « Gamla kort, bilder ur verkligheten », 1870 ; « Från Stockholms synkrets », 1880 ; « Gamla Stockholm », 1880-82.

Lundquist (Ernest-Gustave), auteur dramatique et nouvelliste suédois, né en 1851, a fait ses études à Upsal. On lui doit des proverbes: « Cornelius Nepos », 1875 ; « Mellan barken och trädet », 1876 ; « Ogräs », 1877 ; des drames: « De oförsonlige » ; « Vingåkersbruden » ; « Skådespelarens hustru », 1879, et, en outre: « Agnes », 1881 ; « Sannsagor och fantasier » ; de petites nouvelles: « En lifsgåta » ; « Profiler », 1884 ; « April », 1885.

Lundström (George-L.; pseudonymes *Jörgen* et *Ture Gran*), publiciste suédois, né en 1838, a publié un recueil de descriptions de voyage sous le titre: « Från polcirkel till våndkrets ».

Lundström (Matilda-L.), femme auteur suédoise, sœur du précédent, né en 1846, résidant à Christiania. On lui doit: « Dagsländor, poetiska utkas och noveller », 1867 ; « Baronerna Delvi », 1869 ; « Skat och Kärna », recueil de nouvelles, 1868-76 ; des drames: « Kristina Gyllenstjerna », 1871 ; « Grim Viking », 1879 ; « Konung och prelat », 1874.

Lünemann (George-Conrad-Gottlieb), théologien allemand, professeur de théologie à l'Université de Goettingue, né en 1819, a publié : « De epistolæ quam Paulus ad Ephesïos dedisse perhibetur authentia », ouvrage couronné, Goettingue, 1842 ; « Pauli ad Philippenses epistola », id., 1847 ; « Kritisch exegetischer Commentar über die Briefe an die Thessalonicher », id., 1850, 4me éd., 1878 ; « Kritisch exegetischer Commentar über den Hebräerbrief », id., 1855, 4me éd., 1878 ; « De literarum quæ ad Hebræos inscribuntur primis lectoribus », id., 1853.

Lunge (George), chimiste allemand, professeur de chimie technique au Polytechnique de Zurich, né en 1839, a publié ; « Die Destillation des Steinkohlentheers », Brunswick, 1867 ; « Zur Frage der Ventilation », Zurich, 1877, 2e éd., 1879 ; « Handbuch der Schwefelsäure- und Sodafabrikation », deux vol., Brunswick, 1879-80 ; « La grande industrie chimique », en collaboration avec Naville, trois vol., Paris, 1879-81 ; « The Manufacture of Sulphuric Acid and Alkali », trois vol., Londres, 1879-81 ; « Coal- Tar and Ammonia », id., 1882 ; « Die Industrie der Steinkohlenteerverarbeitung und Ammoniakwasser- Destillation », Zurich, 1882, 2e éd., 1887 ; « Taschenbuch für die deutsche Sodaindustrie », Berlin, 1883, traduction anglaise de Hurten, Londres, 1884 ; « Das Verbot der Phosphorzündhölzchen in der Schweiz und seine Wiederbeseitigung », Zurich, 1883 ; « Amtlicher Bericht über die Schweizer Landesausstellung », Berne, 1885.

Lupi (Clément), paléographe, archéologue et historien italien, né, à Vitolini près Vinci (Toscane), le 6 juillet 1840. Employé aux archives d'État à Pise, il a publié: « Delle relazioni tra la Repubblica di Firenze e i Conti e i Duchi di Savoia », Florence, 1863 ; « Manuale di Paleografia delle carte », id., 1875 ; « Nuovi documenti intorno a Fra Girolamo Savonarola », id., 1863 ; « Documenti pisani intorno a Fra Girolamo Savonarola », 1871 ; « Notizie inedite di Brandalisio Venerosi poeta pisano », 1873 ;

« Gli archivi e le scuole paleografiche in Francia e in Italia », Pise, 1874; « Le antiche iscrizioni del Duomo di Pisa », 1877; « Decreti della Colonia Pisana ridotti a miglior lezione », 1879; « Sull'origine e significato della voce *Parlascio* », 1880; « Le Terme Pisane », Pise, 1884; « L'insegnamento dell'archeologia nelle nostre Università », id., 1884; « Sulla voce *Laconico*, applicata agli antichi Sudatorii », 1884; « Nuovi studii sulle antiche Terme pisane », Pise, 1885; « Donatello in Pisa », 1887; « Del modo di trascrivere il nesso *ti* », 1887; « Della voce *mammula* nelle iscrizioni antiche », 1888.

Lupo-Maggiorelli (Adele), femme de lettres italienne, née, à Casarano (Terra d'Otranto), au mois de mai de l'année 1851, résidant à Bari. Elle débuta par un recueil de vers, inspirés par la mort de sa mère, et intitulés : « Viole e cipressi ». Suivirent : « Fiori d'aprile », en prose et en vers, 1873 ; « Amelia, o la perla del contado », nouvelle, Florence, 1879, approuvé par les Conseils provinciaux des Écoles de Caserta et de Lecce ; « Un ideale », roman, 1883 ; « Voci dell'anima », poésies, des nouvelles, des esquisses, des vers, des articles dispersés dans les journaux. Toute l'œuvre littéraire de Mme L.-M., distinguée par des louanges très flatteuses d'éminents écrivains, est relevée par la noblesse et la délicatesse des sentiments, par un souffle poétique et par une forme limpide et transparente qui rend bien toute sa pensée.

Luschin (Arnold VON EBENGREUTH), jurisconsulte autrichien, professeur de l'histoire du droit allemand et autrichien à l'Université de Gratz, né en 1841 ; on lui doit : « Vorschläge und Erfordernisse für eine Geschichte der Preisse in Oesterreich », Vienne, 1874 ; « Geschichte des ältern Gerichtswesens in Oesterreich ob und unter der Enns », Weimar, 1879 ; « Die Entstehungszeit des Oesterreichischen Landesrechts », Gratz, 1872, et quelques essais dans les journaux, entr'autres : « Oesterreicher an italianischen Universitäten zur Zeit der Redeption des römischen Rechts », dans les *Blätter des Verein für Landesk. von Nilderösterreich*, 1880-85.

Lussana (Philippe), illustre physiologue italien, professeur de physiologie à l'Université de Padoue, né, en 1820, à Cenate San Leone (Bergame). Il a fait ses études à l'Université de Pavie, où il fut reçu docteur en médecine. Il débuta, en 1842, par un article inséré aux *Annali Universali di Medicina*, intitulé : « Il Creosoto come causa degli avvelenamenti da carni affumicate ». Suivirent : « L'aumento di calore nelle paralisi spinali », 1849 ; « Statistica del salasso nelle flogosi bronco-polmonali », id. ; « Ferita al cranio ; abolizione del linguaggio », 1850 ; « Storia di Pancreatide », 1851 ; « Osservazioni fisio-patologiche sul sistema nervoso », deux parties, 1851, 1856 ; « Il Pancreas, osservazioni fisio-patologiche », 1852 ; « Atropina e Belladonna », deux mémoires, 1851, 1857 ; « Il collodion nel vaiuolo », 1852 ; « La tintura di iodio come cicatrizzante sulle piaghe », id. ; « Poesie scientifiche », id. ; « L'acetato di ferro negli aneurismi », 1854 ; « Nocumento del salasso in alcune apoplessie », 1855 ; « Patologia del cervelletto », 1856 ; « Choléra-morbus ; la paralisi progressiva acuta dei cholerosi », id. ; « La Pellagra », deux mémoires, ouvrage couronné, 1856-59 ; « La contrattura reumatica », 1857 ; « Sperienze sul gran-simpatico », id. ; « Monografia delle vertigini », 1858 ; « Monografia delle nevralgie brachiali », ouvrage couronné, 1859 ; « Monografia dell'*angina pectoris* », couronnée, id. ; « Fisiologia del dolore », id. ; « Osservazione di strangolamenti intestinali interni », 1860 ; « Fonctions du cervelet », 1863 ; « Fio-patologia del cervelletto », id. ; « Usi medico-chirurgici dell'acetato di ferro », id. ; « Lettere di Fisiologia morale », 1865 ; « Compendio anatomico delle circonvoluzioni cerebrali », 1866 ; « Sur la fibrine du sang », mémoire couronné, id. ; « Fisiologia della donna », 1867 ; « Accordo delle risultanze fisiologiche colla sintomatologia delle malattie cerebro-cerebellari », 1868 ; « Dare ed avere nell'economia animale », id. ; « Azione del succo pancreatico sugli albuminoidi », id. ; « Innervazione motrice dell'iride e trofica dell'occhio », id. ; « Sui processi digestivi », 1868-69 ; « Manuale pratico di Fisiologia », 1868-75, quatre vol. ; « Nervi del gusto », 1869 ; « Traitement du cancer à l'aide du suc gastrique », id. ; « Igiene dell'alimentazione », 1870 ; « L'atassia locomotrice cerebellare », id. ; « La colesterina nella miliare », id. ; « Fisiologia degli istinti », id. ; « Azione sterilizzante dei mercuriali », id. ; « Uso del curaro nel tetano », id. ; « Fisiologia dei centri nervosi encefalici », deux vol., ouvrage couronné, 1871 ; « La fermentazione amigdalica », id. ; « Il caffè », 1872 ; « Origine della fibrina del sangue », id. ; « Sui canali semicircolari. Ricerche fisio-patologiche », 1872 ; « La piccola circolazione entero-epatica », id. ; « Le cause della pellagra », id. ; « La pena di morte per decapitazione », 1873 ; « Educazione degli istinti », id. ; « La glicosuria e la glicogenesi epatica », 1874 ; « Il criterio fisiologico nelle ricerche medico-legali », id. ; « La vertigine auditiva », 1875 ; « Officii dei corpi striati », id. ; « Sull'azione del mais guasto », 1876 ; « Il cretinismo in Lombardia », 1860 ; « Sul principio acidificante del succo gastrico », 1861 ; « Nervi del gusto », 1862 ; « Influenza dei nervi vaghi sulle funzioni dello stomaco », id. ; « L'ulcera perforante dello stomaco », id. ; « Intorno alla saliva, al suo solfocianuro, al virus idrofobico ed al curaro », 1864 ; « Sui centri encefalici della visione e dei moti volontarii », id. ; « Anatomia e fisiologia del mesencefalo », id. ; « Lezioni di frenologia », id.; « Lezioni sperimentali sulle funzioni dei centri nervosi cerebrali », id.; « Des centres moteurs encéphaliques », 1877; « L'acido salivifico nel succo gastrico », id.; « La velenosità degli estratti cadaverici », id.; « Funzioni dei lobi frontali », mémoire couronné, 1878; « Sull'origine dell'umana specie », id.; « Fisiologia umana applicata alla medicina », 1878-79, quatre vol.; « Sulle funzioni del cervelletto », 1878; « Sulla generazione. Una lezione di Dante », id.; « I movimenti del dolore », id.; « Azione depuratrice del fegato », 1879; « Se il freddo o il caldo nelle emorragie », id.; « Nervi del gusto », id.; « Trasfusione di sangue di persona idrofoba nelle vene dei cani, ricerche sperimentali », Padoue, 1880; « Peptone per alimentazione artificiale », id., 1881; « Ricordi fibiologici e letterari sul singulto e sullo starnuto », id., 1883; « La questione delle carni infette davanti alla legge e alla scienza », id., 1884; « Fisiologia sperimentale del cervelletto », id., id.; « Fisiologia grafica dei numeri », Venise, id.; « La fisiologia nell'arte », Padoue, 1885; « Fisiologia e patologia del cervelletto », id.; « La circolazione del sangue e i papi », id., 1886; « Circumvolutionum cerebralium anatomes », id., 1888; « Due autografi contemporanei alla peste del 1530 ed alla prima coltivazione del mais », Venise, 1881; « Fisiologia umana applicata alla medicina », Padoue, 1881; « Il cervello del boa, e considerazioni di nevro-fisiologia comparata », 1883; « Accordo delle leggi fisiologiche colle leggi sociali », 1883-84; « Sulla trasmissione e sulle modificazioni del *virus idrofobico*, note sperimentali », Padoue, 1884; « Commemorazione del prof. Francesco Cortesi », 1885; « La storia antica del caffè », id.; « Bozzetti medici », Naples, 1888; « L'indice cerebrale », Milan, 1885; « Sensibilità delle parti private della pelle »; « Una mistificazione intorno alla trasmissibilità dell'idrofobia da uomo a uomo »; « De la contagion de la fièvre aphteuse à l'espèce humaine », nel *Journal d'Hygiène*, etc.

Lustgarten (Sigismond), médecin autrichien, professeur libre de dermatologie et de syphilis à l'Université de Vienne, né le 19 décembre 1857, a fait ses études à l'Université de sa ville natale; il a été, de 1881 à 1887, le chef du Laboratoire de chimie médicale du professeur Ludwig. En dehors de ses mémoires, essais et articles dans les recueils et journaux scientifiques, il a publié : « Die Syphilisbacillen », Vienne, 1885.

Lustig (Auguste), auteur dramatique et écrivain en dialecte alsacien, né, le 4 novembre 1840, à Hartmannsweiler dans la Haute-Alsace. On lui doit, entr'autres : « Lustige Gedichte », 1879; « Drei schwarze Liebschafte », comédie, id.; « Hans dich hat's », comédie, id.; « Herbst blättle », poésies, 1880; « Im Gretele sine Künstler », comédie, id.; « Milhüser Bilder », drame, id.; « Dr Milhüser in Paris », comédie, id.; « Dr Astronom », comédie, 1881; « D'Tante Domino », comédie, id.; « Ne Hirot dur d'Extrapost », comédie, 1882; « Bilder us em Elsass », poésies, 1883; « Der Hochzitsdag », comédie, id.; « Zwei Erfindunge », comédie, 1884; « Neskandal », 1885; « Im Julie si Gheimniss », comédie, id.; « Vor un no dr Hochzeit », comédie, id.; « Bi de Bilde », comédie, 1886; « D'Gsellschaftere », comédie, 1887, etc.

Lustkand (Winzel), jurisconsulte autrichien, professeur de droit civil autrichien à l'Université de Vienne, né en 1882. On lui doit : « Föderation oder Realunion », Vienne, 2e éd., 1870; « Das ung- österr. Reichsverfassung », Vienne, 1863; « Abhandlungen aus dem österr. Staatsrecht », id., 1866; « Das Wesen der österr. Reichsverfassung », id., 1864; « Die Jesephinischen Ideen und ihr Erfolg », id., 1881.

Lutaud (le docteur Auguste), médecin français, médecin de l'hospice Saint-Lazare, médecin-expert près les Tribunaux de la Seine, fondateur et rédacteur en chef du *Journal de Médecine de Paris*, né, à Mâcon (Saône-et-Loire), en 1847, a publié : « Manuel de médecine légale et de jurisprudence médicale », 4e éd., Paris, Steinheil, 1886; « Traité pratique de l'art des accouchements », en collab. avec le prof. Delore, de Lyon, Paris, 1882; « Étude sur les hôpitaux d'isolement en Angleterre », en collaboration avec le docteur W. D. Hogg, Paris, 1886; « La profession médicale en Angleterre ». M. le docteur L. a collaboré, en outre, à la *Gazette hebdomadaire*, aux *Archives générales de médecine*, au *Courrier Médical*, au *Dictionnaire encyclopédique des sciences médicales*.

Lutaud (Cristophe-Ernest), théologien allemand, ancien professeur de théologie à Erlangen et à Marbourg, depuis 1856 à l'Université de Leipzig, chanoine depuis 1875, conseiller intime ecclésiastique depuis 1887, doyen de Faculté théologique, né, le 22 mars 1823, à Maroldsweifach en Bavière, a publié, en dehors de l'*Allgemeine evangelische- lutherische Kirchenzeitung* qu'il dirige et édite depuis plusieurs années : « Apologie des Christentums », dixième éd., 1882; « Die Lehre von den letzten Dingen », 1861, 2me éd., 1870; « Die Lehre von freien Willen », 1863; « Kompendium der Dogmatik », 1865, septième éd., 1886; « Die Ethik Luthers », 1867, 2me éd., 1875; « Die Ethik des Aristoteles », 1869-76; « Der Johanneische Ursprung des vierten Evangeliums », 1874; « Die modernen Weltanschaungen », 1880; « Die Kirche in ihrer Bedeutung für das öffentliche Leben »; « Die antike Ethik », 1887; « Geschichte der Christlichen Ethik », id., 1888, dix volumes de sermons, etc.

Luton (le docteur Alfred), médecin français, de la Faculté de Paris, professeur de clinique médical et directeur de l'École de médicine de Reims, né, à Reims en 1830, a publié: « Études de thérapeutique générale et spéciale avec applications aux maladies les plus usuelles », Paris, 1881; « Traité des injections sous-cutanées à effet local », id., 1875, épuisé. Collaborateur du *Dictionnaire* de S. Jaccoud, il y a inséré une trentaine d'articles. Parmi ses travaux récents, citons: « Injections intramusculaires de mercure métallique », 1886; « Transfusion hypodermique », 1883; « Le phosphate de chaux dans la tuberculose », 1885; « Le traitement de la maladie de Bright par la sudation continue », 1888.

Lützow (Charles von), éminent esthéticien allemand, professeur d'histoire de l'architecture à l'École Supérieure Technique de Vienne, né en 1832. Il a fondé et il dirige depuis 1866 la *Zeitschrift für bildende Kunst;* et on lui doit: « Das choragische Denkmal des Lysikrates in Athen », Leipzig, 1858; « Zur Geschichte des Ornamentes an den bemalten griech. Thongefässen », Munich, id.; « Münchener Antiken », sept livraisons, de 1861 à 1869; « Die Meisterwerke der Kirchenbaukunst », Leipzig, 1862, 2e éd., 1871; « Kunst und Kunstgewerbe auf der Wiener Weltausstellung 1873 », 16 liv., id., 1873-75; « Geschichte der k. k. Akademie der bildenden Künste », id., 1877; « Die Kunstschätze Italiens in geograph. hist. Uebersicht geschildert », Stuttgard, 1882-84; « Dürer Holzschnitt-Werk », Nürnberg, 1883.

Luxardo (Fedele-Bartolomeo), écrivain italien, né, à Santa Margherita Ligure, le 28 décembre 1808. Devenu prêtre et reçu docteur ès-lettres à l'Université de Gênes en 1833, il se voua à la religion, à l'enseignement et à la littérature. Parmi ses nombreuses publications, signalons: « Orazioni accademiche », 1842; « Trattatello di sacra eloquenza », 1850; « Storia del Borgo e Comune di Santa Margherita Ligure », Gênes, 1857; « Cantici sacri e morali »; « Memorie storiche di Luni », 1860; « Memorie storiche del Santuario di Nostra Signora di Roverano nella Liguria », 1857, 2me éd., 1875; « Gli uomini illustri di Vezzano nella Liguria »; de nombreuses monographies sur différents Sanctuaires, des biographies de Saints et personnages illustres; « Memorie antiche della città di Brugnato e sua celebre Badia », Gênes, 1879; « Storia ecclesiastica genovese », quatre vol., 1874-84; « L'arpa angelica », Gênes, 1886; « Il dott. Domenico Del Re e il medico cattolico », id., 1887.

Luys (le docteur Jules), médecin français, membre de l'Académie de médecine, médecin de l'hôpital de la Charité (Seine), l'un des directeurs du journal *L'Encéphale*, né, à Paris, le 17 août 1828. Le docteur L. a publié: « Contribution à l'étude de la localisation anatomo-pathologique de la paralysie générale sans aliénation », 1885; « Documents statistiques sur les conditions pathogéniques de la paralysie générale », 1884; « La folie doit-elle être considérée comme une cause de divorce? »; « De la locomobilité ou des changements de position du cerveau suivant les différentes attitudes de la tête », 1884; « Nouvelles recherches sur la structure du cerveau » (*Bibliothèque internationale*, 6e éd.); « Des obsessions pathologiques dans leurs rapports avec l'activité automatique des éléments nerveux », 1883; « Les projets de réforme relatifs à la législation des aliénés », discours prononcé à l'Académie de médecine, in-8°, Baillière, 1884; « Traité clinique et pratique des maladies mentales », 1885; « Recherches anatomiques, physiologiques et pathologiques sur la structure du système nerveux », Paris, 1865; « Iconographie photographique des centres nerveux », 1874; « Petit atlas photographique du centre nerveux », Paris, 1888; « De la sollicitation expérimentale des émotions chez les sujets hypnotisés », id., 1888; « Leçons faites à la Charité sur les phénomènes physiologiques de l'hypnotisme dans leurs rapports avec la pathologie mentale ».

Luzel (François-Marie), écrivain français, archiviste du département du Finistère à Quimper depuis 1881, ancien professeur aux collèges de Dinan, Pontoise, Quimper et Lorient, ancien directeur d'un journal politique à Morlaix, ancien juge de paix, né, le 22 juin 1821, à Plouaret; on lui doit: « Sainte-Triphine et le Roi Arthur », mystère breton en deux journées et huit actes, avec prologues et épilogues, texte breton et traduction française en regard, Quimperlé, 1863; « Bepred Breizad » (toujours breton), poésies personnelles, texte breton et traduction française, Morlaix, 1865; « Chants populaires de la Basse-Bretagne », textes bretons et traduction française, 2 vol., Lorient, 1868-74, 2me éd. en trois vol. 1889; « Mémoire sur l'authenticité des Chants du Barzaz-Breiz, de M. De Villemarqué », Saint-Brieuc, 1872; « Veillées Bretonnes », Morlaix, 1879; « Légendes Chrétiennes de la Basse-Bretagne », 2 vol., Paris, 1881; « Contes populaires de la Basse-Bretagne », trois vol., Paris, 1877; des rapports, des articles, etc.

Luzzatti (Israël-Hippolyte), jurisconsulte italien, né, à Moncalvo (Monferrat), le 29 mars 1847, reçu docteur en droit à Turin en 1868, a publié: « Della trascrizione », deux vol., 1874-75, 2me éd., 1878; « Dei privilegi e delle ipoteche, commento teorico-pratico », 1er vol., Turin, 1884; « Il progetto per la perequazione fondiaria », id., 1886; « Sugli effetti giuridici del catasto, considerazioni e proposte », 1889.

Luzzatti (Louis), illustre économiste italien, professeur à l'Université de Padoue, député au Parlement, ancien sous-secrétaire d'État au Ministère d'agriculture, industrie et commerce, collaborateur de la *Nuova Antologia*, né en 1842, a publié, entr'autres: « Lo Stato e la Chiesa nel Belgio », deux leçons d'ouverture à son Cours de Droit constitutionnel à l'Université de Padoue (1867-1877); « Nella discussione del trattato di commercio colla Francia, discorsi », Roma, 1882; « Cronaca della previdenza e della cooperazione », 1888; « Cronaca della cooperazione », 1888; « Le diverse tendenze sociali degli operai italiani », 1888; « I martiri ebrei nel medio-evo e S. Bernardo di Chiaravalle », 1888; « L'abuso del credito e la finanza italiana », 1889; « La finanza italiana alla Camera e al Senato », 1889; « La cassa nazionale d'assicurazione per gl'infortuni degli operai sul lavoro », 1889; « La finanza italiana giudicata all'estero », 1889; « Il risorgimento dell'internazionale », 1888; « Il nuovo progetto di legge sulle associazioni cooperative », Milan, 1888; « Assestamento del bilancio di previsione per l'esercizio finanziario dal 1º luglio 1888 al 30 giugno 1889 », Rome, 1889; « Relazione e proposte sul modo di eseguire il lascito Alberghetti, lettera al Sindaco d'Imola », Imola, 1880; « La pace sociale all'Esposizione di Parigi », 1890; « In memoria di Q. Sella: 23 aprile 1884 », Bielle, 1884; « I doveri del Governo e della Nazione dopo l'abolizione del corso forzoso », 1883; « Le delusioni dei valichi alpini », 1882; « I nuovi trattati di commercio della Francia e il trattato di commercio italo-francese », 1882; « Le controversie monetarie e l'Italia », 1881; « Delle attinenze dei biglietti di banca col bimetallismo. Investigazioni negli Stati d'Europa », 1883; « Il socialismo e le questioni sociali dinanzi ai Parlamenti d'Europa », 1883; « Convertire ed ammortizzare. A proposito di un progetto di conversione del 5 in 3 per 100 », 1885; « L'inchiesta agraria Badese », 1885; « Commemorazione di Marco Minghetti », 1887; « Un precursore della libertà di coscienza dimenticato (Themistio) », Venise, 1885; « Le proposte del sig. Gladstone e il dazio del vino italiano in Inghilterra », 1880; « Schultze-Delitzsch », 1883; « Emulazione e progressi delle Banche di emissione in Italia », 1886; « I recenti scioperi del Belgio », 1886.

Lyden (Émile-Ferdinand-Mugnot Vicomte DE), écrivain français, issu d'une famille hollandaise qui s'éteint avec lui, ancien professeur de mathématiques, ancien rédacteur en chef de plusieurs journaux de province, rédacteur politique au *Pays* et à la *Patrie*, critique d'art, directeur de la *Correspondance Politique*, chevalier de l'ordre de Charles III, né, à Paris, en 1815, a souvent écrit sous le pseudonyme *Paul Max*. En dehors des articles, variétés, nouvelles insérées dans plusieurs journaux et recueils de Paris et de la province; citons: *Ruche Parisienne, Bulletin de la Société des gens de lettres, Journal du Cher, Monde Littéraire, Figaro, Illustra-teur des Dames, Nouvelles, L'Yonne, Journal d'Yvetot, La Mode, Figaro, Mousquetaire, Revue Bourguignonne, Revue Picarde, Revue Parisienne, Monde illustré, Derby, Constitutionnel, Le Pays, La Liberté, La Patrie, Le Ménestrel, L'Univers Illustré, La Petite Presse, Journal pour tous, La Garde Nationale, Public, Étincelle, Le Senonais, Nouvelliste de Rouen, Paris le Soir, Orphéon, Paris-Caprice, L'Art et la Mode*, il a publié séparément: « Études administratives », Auxerre; « La famille maudite », roman en deux vol., Marseille; « Le Frotteur de Louis XV », roman; « La Grande et la petite propriété », Rouen; « Un cœur pour deux amours, étude de femme », Bourges, 1867; « Les Amoureuses de Paris », en collab. avec Émile Richebourg, deux vol., chez Dentu; « Hier, aujourd'hui, demain », roman en trois vol., Auxerre; « Histoire de cinq étages », roman en trois vol.; « Histoire de trois épingles », roman, un vol.; « J'arriverai », roman, Abbeville; « Justine la dormeuse », roman en deux vol.; « Madame Parchemin », roman; « Marie Pillard », roman; « Le Marquis de l'Arrogance », roman; « Le Portefaix », roman; « Questions théâtrales », brochure, Rouen; « Récits épisodiques »; « L'article 378 », roman de mœurs contemporaines; « Le roman d'une borgne »; « Le Roman d'Octavien »; « Le théâtre d'autrefois et d'aujourd'hui »; « Le Trésor de la Gloire-Dieu »; « Nos 144 régiments de ligne »; « Le secret professionnel », etc.

Lyne (le rév. Joseph-Leycester, dit *Father Ignatius*, ou *Ignatius of Jesus*), écrivain anglais, prieur d'un monastère à cinq milles de l'ancienne Prieurie ruinée de Llanthony, né, à Londres, le 23 novembre 1837. On lui doit: « Tales of Llanthony »; « Brother Placidus »; « Leonard Morris »; « Tales of the Monastery ».

Lyon (Clément), publiciste belge, né, à Charleroi, le 18 mars 1841. Ancien officier à l'armée belge, il est aujourd'hui secrétaire de la Chambre de Commerce de Charleroi. Il a publié un travail en faveur de « L'instruction obligatoire dans l'armée », des poésies intitulées: « Humbles fleurs », et des études très-nombreuses et très-variées sur l'histoire des industries du pays de Charleroi (métallurgie, verrerie, poterie, etc.), sur les personnages célèbres de cette contrée, etc. etc. Avant d'être publiées en brochures, la plupart de ces études ont paru soit dans l'*Éducation populaire*, un bon petit journal que dirige depuis longtemps M. L., soit dans d'autres journaux tels que le *Journal Franklin, La Meuse*, le *Journal de Charleroi*, la *Revue industrielle*, le *Moniteur industriel de Charleroi*. Notre auteur a collaboré encore à un grand ouvrage collectif: « La Belgique illustrée », pour lequel il a écrit le chapitre: « Charleroi et la Sambre ». Enfin, nous connaissons de lui deux volumes populaires arrivés chacun à une seconde édition: « L'homme de verre », Verviers, 1879, et « La houille », id., 1880. M. L. a dû à ses recherches sur l'histoire de sa ville natale et des environs le titre de membre de la Société archéologique et paléontologique de Charleroi. C'est aussi un conférencier estimé.

Lyon Caen (Charles), jurisconsulte français, professeur à l'École des sciences politiques de Paris depuis 1874, et à la Faculté de Droit de Paris depuis 1881. On lui doit, entr'autres: « Précis de Droit commercial », 2 vol., 1883-85, en collab. avec M. Louis Renault; « De la condition légale des sociétés étrangères en France », 1870; « Tableau des lois commerciales des principaux États de l'Europe et de l'Amérique », 1877, 2e éd. 1881, traductions anglaise et espagnole; « Études de Droit international privé maritime », 1882; « Étude sur la loi allemande du 25 mai 1877 sur les brevets d'invention », 1878; « Les Facultés de Droit et des sciences politiques dans les Universités autrichiennes », 1879; « La propriété artistique d'après les nouveaux projets de loi français, belge et suisse », 1881; « De l'unification des lois relatives aux lettres de change »; « Compte-rendu du Congrès international de Droit commercial tenu à Anvers en 1855 »; « Des différents systèmes législatifs concernant la condition des sociétés étrangères par actions et des modifications apportées en cette matière, à la législation française »; « Étude sur le divorce en Autriche », 1887; « Étude sur le projet de loi autrichien relatif aux sociétés par actions »; « La convention littéraire et artistique de 1885 entre la France et l'Allemagne », 1884; « De la jurisdiction commerciale en France et dans les principaux États », 1886; « Du mouvement législatif concernant les Sociétés par actions en France et dans les principaux États », 1887; « De l'agrégation des Facultés de Droit », 1887; « Code d'instruction criminelle autrichien de 1873, traduit et annoté avec M. Edmond Bertrand », 1874; « Code de commerce allemand et loi allemande sur le change, traduit et annoté, avec MM. Gide, Flach et Diez », 1880. M. L. C. est membre de l'Institut de Droit international depuis 1881.

Lyonnais (André), publiciste et homme politique français, actuellement député de la Seine-Inférieure, est né, au Creuzot (Saône-et-Loire), le 30 avril 1842. Depuis son entrée à la Chambre, il a pris part à tous les travaux et à toutes les discussions concernant les questions sociales. De plus, il a entrepris une campagne de conférences ouvrières sur tous les points de la France, notamment à Bourges, Châlons, Lyon, Nantes, Saint-Dié, etc. Partout il a préconisé l'association légale des ouvriers comme moyen d'émancipation sociale. Ses principales brochures sont: « De l'assistance publique », 1877; « Organisation ouvrière et conférence internationale », 1883.

Lysander (Albert-Théodore), philologue et historien de la littérature suédoise, né en 1822, a fait ses études à l'Université de Lund, où il est professeur. On lui doit: « Tre föredrag », 1855; « Romerska litteraturens historia, med särskildt afscende på stilens utveckling », 1858; « Afventy », 1872; « Faust », 1875; « Sören Kierkegaard », 1851; « Om sagospelet Lycksalghetens », 1857; « Album för svensk lyrik », 1852; « Lunds studenkalender », 1863. Il a traduit l'*Evangelina* de Longfellow, et publié une *Schwedische Grammatik*, 1850, 2me éd., 1862.

Lytton (Robert-Édouard-Bulwer-Lytton comte DE), poète et homme d'état anglais, fils du célèbre romancier du même nom, est né le 18 novembre 1831. Il a fait son éducation à Harrow et ensuite à Bonn; il entra à 19 ans au service diplomatique anglais, et après avoir occupé plusieurs places importantes, fut nommé Vice-Roi des Indes (1876) et ambassadeur à Paris (1887). Il a écrit plusieurs pièces de vers sous le pseudonyme d'*Owen Meredith*: « Clytemnestra and others poems », 1855; « Lucile », 1860; « Tannhäuser, or the Battle of the Bards », 1861; « The Ring of Amasis », 1863; « Speeches of Edward Lord Lytton, with some of his Political Writings, hitherto unpublished, and a Prefatory memoir by his son », 1874; « The Life, Letters, and Literary Remains of Edward Bulwer, Lord Lytton », 1883; « Grenaveril », 1885.

M

Maas (Ernest), philologue allemand, professeur de philologie classique à l'Université de Greifswald, né en 1856, a publié: « De Sibillarum indicibus », Berlin, 1879; « Anacleta Eratosthenica », 1883.

Maassen (Frédéric), jurisconsulte allemand, professeur de droit romain et canonique à l'Université de Vienne, né en 1823, a publié, eu-tr'autres: « Die alten Stände und die neue Versammlung der Abgeordneten », Schwerein, 1849; « Der Primat des Bischofs von Rom und die alten Patriarchalkirchen », Bonn, 1853; « Civilistische Erörterungen », id., 1854; « Zwei Synoden unter König Childerich II », Gratz, 1867; « Geschichte der Quellen und der Literatur des canonischen Rechts in Aberlande bis zum Ausgange des Mittelalters », Gratz, 1870-71; « Die Stellung der Staaten gegenüber dem vatikan. Dogma », Leipzig, 1873 ; « Neun Capitel über freie Kirche und Gewissenfreiheit », Gratz, 1876 ; « Unser Eherecht und das Staatsgrundgesetz », id., 1878 ; « Die röm. Staatsstrasse von Trier über Belgica bis Wesselinga », Bonn, 1881 ; « Ueber die Gründe des Kampfes zwischen dem heidnisch- röm. Staat und dem Christenthum, Inaugurationsrede », Vienne, 1882.

Mabille (Alfred-Léon-Aimable), fonctionnaire et publiciste belge, né, à Bruxelles, en 1851. Chef de la division de l'instruction publique et des beaux-arts à l'administration communale de sa ville natale, il dirige un important organe spécial, la *Revue pédagogique belge*. Nous citerons surtout de lui deux beaux volumes luxueusement illustrés : « Bruxelles communal et pittoresque », Bruxelles, 1887 ; et « Les environs de Bruxelles », id., 1888.

Macari (François), médecin-accoucheur italien, né, à San Biagio près de San Remo, le 12 avril 1826, reçu docteur ès-sciences médicales le 10 juillet 1852 à l'Université de Turin ; collaborateur en 1854 de la *Gazzetta dell' Associazione medica*; professeur libre de gynécologie au mois de décembre 1869 ; professeur ordinaire à l'Université de Gênes depuis 1879. Nous avons de lui, en dehors de plusieurs mémoires dans les revues spéciales, un « Compendio di ostetricia, ginecologia e pediatria », réimprimé trois fois en dix ans et traduit en allemand et en français.

Maccanti (Égiste), romancier toscan, employé aux Chemins de fer, né, à Livourne, le 27 octobre 1848. Cet écrivain très populaire a donné à la scène les ouvrages suivants, drames et comédies : « Lioniero Malatesta » ; « Una vedova a camere mobiliate » ; « Quanto strepito per una croce » ; « L'abbadessa di Santa Chiara » ; « Sforza Almeni » ; « Michele di Lando » ; « Nella di Lapo » ; « Spensieratezza e disinganno » ; « Valentina » ; « Amor senza interesse » ; « Pietro Leopoldo » ; « Uno scherzo di Pietro Leopoldo alla nobiltà di Pietrasanta » ; « Il poeta G. B. Fagiuoli » ; « Le Schiave del Madagascar » ; « Il Viaggio in China » ; « Un banchetto elettorale » ; « Il vecchio innamorato vien sovente burlato ». Il a publié les romans suivants chez l'éditeur Salani de Florence: « Luisa Strozzi » ; « Annalena » ; « Il bravo di Firenze » ; « Maria de' Medici » ; « I Misteri di Firenze » ; « Lucrezia Borgia » ; « Michele di Lando » ; « La legge del cuore » ; « Un amore sui tetti » ; « Album di virtuosi » ; « La donna » ; « Giulia di Monvillard (Ducci) » ; « Patria e famiglia » ; « Povero e Ricco » ; « Il furto ».

Mac Carty (Justin), écrivain britannique, membre du Parlement, né, à Cork, en novembre 1830. Après avoir reçu une brillante éducation dans son pays natal, il entra en 1853 à la rédaction d'un journal de Liverpool ; reporter parlementaire au *Morning Star* en 1860, rédacteur pour l'étranger en 1861, rédacteur en chef en 1864, il quitta la presse en 1868 pour voyager pendant trois ans aux États-Unis, en envoyant des articles aux Revues suivantes : *London Review*, *Westminster Review*, *Fortnightly Review*, *Nineteenth Century*, *Contemporary Review* et à plusieurs *Magazines* d'Angleterre et des États-Unis. Élu député de Longford en Irlande en 1879, réélu en 1880, en 1885, en 1886, il appartient au parti du Home-Rule. Nous avons de lui en librairie : « The Waterdale Neighbours », 1867 ; « My Enemy's Daughter », 1869 ; « Lady Judith », 1871 ; « A Fair Saxon », 1873 ; « Linley Rochford », 1874 ; « Dear Lady », « Disdain », 1875 ; « Miss Misanthrope », 1877 ; « Donna Quixote », 1879 ; « The Comet of a Season », 1881 ; « Maid of Athens », 1883 ; « Camiola », 1885 ; « Con Amore » ; « Prohibitory Legislation in the United States », cet ouvrage est une étude sur les lois américaines contre l'abus de la vente des boissons alcooliques ; « A History of Our Own Times (1878-80) ; « History of the Four Georges » ; « The Epoch of Reform », 1882.

Mac Clintock (Sir François-Léopold), amiral anglais, connu pour ses navigations au Pôle Nord et pour la découverte du passage Nord-Ouest, né, en 1819, à Dundalk. Entré dans la marine en 1831, lieutenant en 1845, second de Sir James Clarke Ross à bord de l'*Enterprise* dans l'expédition polaire de 1848 ; lieutenant du capitaine Erasmus Ommanney à bord de l'*Assistance* en 1850 ; promu capitaine de frégate en 1851, il reçut le commandement de l'*Intrepid*, et après une série d'incidents fort dramatiques et d'importantes découvertes, revint en Angleterre en octobre 1854 sur des navires envoyés à son assistance et commandés par l'amiral Inglefield. Promu capitaine à son retour, il commanda le yacht *Fox*, frété par Lady Franklin pour une dernière tentative à la recherche des traces de son mari ; parti d'Aberdeen le 1er juillet 1857, il parcourut la mer polaire dans tous les sens, et acquit la preuve en mai 1859 de la fin tragique de Franklin et de ses compagnons au Cap Victoria. De retour en Angleterre en 1860, il reçut le titre de docteur des Universités d'Oxford, de Cambridge et de Dublin. Présentement Sir F. L. M.-C. est amiral. Nous avons de lui en librairie : « The Voyage of the *Fox* in the Arctic Seas », cinq éd.

Mac Coll (le Rév. Malcolm), littérateur anglais, né, le 27 mars 1838, à Glenfinan en Écosse ; après ses études à l'Université de Trinity College et à celle de Naples, il entra dans les ordres. Curé de Saint-Paul (Knightsbridge) en 1864-67. Il voyagea dans l'Italie méridionale de 1867 à 1869. Nous avons de lui : « M. Gladstone and Oxford by Scrutator », 2me éd., 1865 ; « Science and Prayer », 1866 ; « Is there not a Cause? a Letter to Col. Greville Nugent M.

P. (now Lord Greville) on the Disestablishment of the Irish Church », 1868 ; « The Reformation in England », 1869 ; « The Ober-Ammergau Passion Play », 1870 ; « Is Liberal Policy a Failure? by Expertus », 1870 ; « Who is Responsible for the (Franco-German) War? by Scrutator », 1871 ; « The Damnatory Clauses of the Athanasian Creed rationally explained », 1872 ; « Lawlessness, Sacerdotalism and Ritualism », 1875 ; « The Easter Question; its Facts and Fallacies », 1877 ; « Three Years of the Eastern Question », 1878. Il est l'auteur d'un pamphlet sur la Question Irlandaise (1886).

Mac Cormac (Sir Guillaume), écrivain médical anglais, né, le 17 janvier 1836, à Belfast en Irlande ; il étudia à Dublin et à Paris ; docteur *honoris causa* de l'Université de la Reine, ensuite examinateur en chirurgie de la même Université ; chirurgien en chef de l'ambulance anglo-américaine à Metz et à Sédan en 1870 ; nommé chevalier par la Reine en 1881. En dehors de plusieurs contributions aux Revues de Chirurgie, nous avons de lui : « Work under the Red Cross » et « On Antiseptic Surgery » « Surgical Operations ».

Mac Donald (Georges) poète et romancier anglais, né, en 1824, à Huntly, comté d'Aberdeen, entra dans la vie littéraire après un passage très court au ministère ecclésiastique. Nous avons de lui : « Within and Without, a dramatic Poem », 1856 ; « Poems », 1857 ; « Phantastes a faërie Romance », 1858 ; « David Elginbrod », 1862 ; « Adela Cathcart », 1864 ; « The Portent, a story of second Sight », 1864 ; « Alec Forbes of Howglen », 1865 ; « Annals of a Quiet Neighbourhood », 1866 ; « Guild Court », 1867 ; « The Disciple, and other Poems », 1868 ; « The Seaboard Parish », id. ; « Robert Falconer », id. ; « Wilfrid Cumbermede », 1871 ; « The Vicar's Daughter » ; « Malcolm », 1874 ; « St. George and St. Michael », 1875 ; « Thomas Wingfield, Curate », 1876 ; « The marquis of Lossie » ; 1877 ; « Dealings with the Fairies », 1867 ; « Ronald Bannermann's Boyhood », 1869 ; « The Princess and the Goblin », 1871 ; « At the Back of the North Wind », 1870 ; « Unspoken Sermons », 1866 ; « Miracles of our Lord », 1870 ; « The chifts of the Child Christ and other poems », 1882 ; « Castle Warlock », 1882 ; « The Princess and Curdie », a fairy romance, 1882 ; « Weighed and Wanting », 1882 ; « The Wise Woman, a parable », 1883.

Macé (Gustave), publiciste français, ancien chef de la Sûreté, né, à Paris, en 1835 ; entra à 17 ans à la préfecture de police. A 26 ans, il était officier de paix ; à 32, commissaire de police au quartier des Écoles ; à 38 ans, il était nommé aux délégations judiciaires, et enfin, à 44 ans, chef de la Sûreté. Après trente années de service, il demanda sa mise à la retraite pour se retirer à la campagne, à Champigny (Seine). Il a publié : « Service de Sûreté », 1885, volume dans lequel il réclame des réformes et signale des abus ; « Mon premier crime », 1886, volume dans lequel il fait voir la lutte fâcheuse qui existe entre les deux services politique et judiciaire ; « Un joli monde », 1887, qui présente un tableau des bas-fonds du Paris actuel, les malfaiteurs en liberté ; « Gibier de Saint-Lazare », 1888, montre la prostitution sous toutes les formes qu'elle revêt dans une grande capitale. Blessé grièvement dans plusieurs incendies, M. G. M. a obtenu pour actes de sauvetage des médailles ; il a aussi reçu beaucoup de décorations étrangères.

Macé (Jean), illustre écrivain, pédagogiste et homme politique français, sénateur de la République, né, le 22 avril 1815, à Paris. Élevé au collège Stanislas, de 1825 à 1835, et chargé l'année suivante d'un cours d'histoire à ce Collège. Après avoir été peu de temps répétiteur à Louis-le-Grand et maître de conférences à Henri IV, il fut soldat, servit dans le 1er léger, de 1842 à 1845, et fut caporal pendant trois ans. Il fut racheté du service militaire par Théodore Barette, son ancien professeur d'histoire, dont il resta secrétaire jusqu'à la mort de cet homme distingué en 1847. Rédacteur du Journal la *République* en 1848, il quitta Paris après le coup d'État du 2 décembre, et se retira au pensionnat du petit Château à Beblenheim (Alsace), et resta dix ans sans donner signe de vie. Il organisa en 1863 la Société des Bibliothèques Communales du Haut-Rhin. En 1866, il prit l'initiative de la Ligue de l'Enseignement. On lui doit : « Histoire d'une Bouchée de pain », lettres à une petite fille sur nos organes et leurs fonctions, Paris, Hetzel, nombreuses éditions, 1861 ; « Contes du Petit-Château », 1862 ; « Théâtre du Petit-Château », id. ; « Arithmétique du grand-papa », 1863 ; « Les serviteurs de l'Estomac », 1866 ; « Morale en action », 1865 ; « Lettres d'un Paysan d'Alsace sur l'instruction obligatoire » ; « Le génie et la petite ville » ; « Anniversaire de Waterloo » ; « Une carte de France — Le Gulf Stream » ; « La Ligue de l'Enseignement ». Il a fondé, avec Stahl et J. Verne, le *Magazin d'éducation et de récréation*, dont il est toujours un des trois directeurs.

Macedo (Joachim-Manuel DE), poète brésilien, né, à Saint-Jean d'Itaborahi, dans la province de Rio-Janeiro, le 24 juin 1820, étudia la médecine à Rio et y prit le diplôme de docteur. Plus tard il y devint professeur d'histoire nationale. En 1854, il entra dans la carrière politique et fut élu à Rio député à la Chambre. M. M. s'est fait un nom distingué dans la littérature contemporaine de son pays, en abordant des genres différents. Il a réussi également comme romancier, comme poète lyrique et comme auteur dramatique. Dans le roman il a donné deux études de mœurs qui eurent grand succès: « Moreninha », 1844, et « O Moçolauro », 1845; sans compter un essai de jeunesse: « O Forasteiro », 1855. Outre un grand nombre de poésies lyriques détachées qui parurent dans les journaux, on cite de lui un poème épique et lyrique en six chants et un épilogue: « A Nebulosa », 1877, que les brésiliens estiment comme une de leurs meilleures œuvres originales, tant pour la richesse des descriptions de leur pays que pour le sentiment patriotique. Au théâtre, M. M. a donné plusieurs comédies; il a surtout fait jouer un drame national, « Cobé », qui a été applaudi comme une heureuse tentative dramatique; les comédies: « Fantasma branco », 1856, et « Luxo Vaitade », 1859, obtinrent également un succès durable. Dans un autre ordre de travaux, on a de lui: « Notions de Chorographie du Brésil », 1873, in-8º, traduit en français par M. Halbout.

Mac Gregor (Jean), écrivain et voyageur anglais, né, à Gravesend, le 24 janvier 1825. Élevé d'abord à Canterbury, il passa à l'Université de Cambridge; après de nombreux voyages, il commença en 1865 un tour en canot sur les fleuves et les lacs d'Europe. Nous avons de lui: « A Thousand Miles in the Rob Roy Canoe on Rivers and Lakes of Europe », treize éditions.

Mach (Ernest), physicien allemand, professeur de physique à l'Université de Prague, membre de l'Académie des Sciences de Vienne, né en 1838; en dehors d'une foule de mémoires insérés aux *Actes de l'Académie* de Vienne et d'essais insérés aux Revues, il a publié séparément: « Compendium der Physik für Mediciner », Vienne, 1863; « Zwei populäre Vorlesungen über musikal. Akustik », Gratz, 1865; « Einleitung in die Helmholtz'sche Musiktheorie », id., 1866; « Zwei populäre Vorträge über Optik », id., 1867; « Die Geschichte und die Wurzel des Satzes von der Erhaltung der Arbeit », Prague, 1872; « Die Gestalten der Flüssigkeit. Die Symmetrie », deux conférences, Prague, id.; « Optisch- akustische Versuche », id., 1873; « Beiträge zur Doppler'schen Theorie der Ton- und Farbenänderung durch Bewegung », id., 1874; « Grundlinien der Lehre von den Bewegungsempfindungen », Leipzig, 1875; « Die ökonom. Natur der physikalischen Forschung », Vienne, 1882; « Die Mechanik in ihrer Entwicklung », Leipzig, 1883; 2me éd. en 1889; « Analyse der Empfindungen », Jena, 1885; et des articles et essais épars.

Machado de Assis, poète brésilien, né, en 1839, à Rio de Janeiro, a publié un roman « Memorias Posthumas de Brar Cubas », Rio de Janeiro, 1881, éditeur B. L. Garnier; une comédie « Tu sò, tu, puro amar.... », id., édition de 100 ex. numérotés; « Papeis avulsos », recueil de nouvelles, id., 1882; « Historias sem data », id., id., 1884. « Phalenas americanas », est le titre du volume de vers qui fit connaître M. M. au public brésilien et portugais.

Mackay (Charles), littérateur écossais, né, à Perth, en 1814, fit ses études en Angleterre et en Belgique; en 1834 il publia des pièces de vers qui appelèrent sur lui l'attention du directeur du *Morning Chronicle* et lui firent une place à la direction de ce journal. Après neuf ans il devint directeur de *Glasgow Argus* et en 1846 entra à la rédaction du *Daily News*. Nous avons de lui en librairie les œuvres suivantes en vers: « The Hope of the World »; « Voices from the Crowd »; « The Salamandrine, or Love and Immortality », 1842; « Legends of the Isles, and other poems », 1845; « Voices from the Mountains », 1846; « Town Lyrics », 1847; « Egerina », 1850; « The Lump of Gold », 1855; « Under Green Leaves », 1857; « A Man's Heart », 1860; « Studies from the Antique and Sketches from Nature », 1864. Ses œuvres en prose sont: « Life and Liberty in America »; « Memoirs of Extraordinary Popular Delusions », 1841; « Unter the Blue Sky », 1871; « Lost Beauties of the English Language, an appeal to Authors, Poets, Clergymen and Public Speakers », 1874; « The Poetry and Humour of the Scottish Language »; « Baron Grimbosh Governor of Barataria »; « Gaelic and celtic Etymology of the Languages of Western Europe »; « The Founders of the American Republic », 1885. En dehors de ses ouvrages, M. M. a écrit plusieurs articles à l'*Illustrated London News*, à l'*All the Year Round*, au *Robin Goodfellow*, au *Blackwood's Magazine*, au *Nineteenth Century*; il a été correspondant du *Times* pendant la guerre de Sécession en Amérique et il a fondé la *London Review*.

Mackenzie (Sir Morrell), célèbre chirurgien anglais, né, à Leytonstone dans la Comtée d'Essex, en 1837; étudiant tour-à-tour au Collège Médical de Londres et aux Universités de Paris et de Vienne, il s'adonna spécialement aux maladies du larynx. Il y acquit bientôt une célébrité méritée; en dehors de plusieurs opuscules, il publia son œuvre essentielle en deux volumes intitulée: « Diseases of the Throat and Nose », qui lui fit une célébrité universelle. Suivirent des monographies sur la diphtérie et sur les fièvres qui l'accompagnent et l'article du mois de juin 1885 de la *Fortwightl Review* qui fut un événement et qui porte pour titre: « Specialism in medicine ». La maladie à laquelle l'Empereur Frédéric III succomba malgré les soins apportés à l'illustre malade par Sir M. M. attira sur ce dernier les foudres de ses rivaux d'Allemagne. Le chirurgien anglais se défendit par une série de pamphlets et d'articles publiés dans les Revues spéciales et dans les Revues politiques, qui resteront à l'histoire contemporaine comme des documents d'un haut intérêt.

Macou (Louis), publiciste suisse, né, à Lancy,

canton de Genève (Suisse), le 4 décembre 1836. Il fit ses premières études classiques au Collège de Carouge, et il les continua au collège et au gymnase de Genève. En 1854, il se rendit en Allemagne, où il fréquenta successivement les Universités de Heidelberg, de Leipzig et de Munich. Il était parti pour ce pays en compagnie d'un poète genevois, M. Benjamin Dufernex, l'auteur des *Voix de ma jeunesse*, avec lequel il était intimement lié depuis son enfance et qui faisait alors ses études de droit. Pendant les vacances, tous deux parcouraient tantôt l'Allemagne, tantôt le Danemark, l'Autriche, ou la Hongrie, d'où ils envoyaient leurs impressions de voyage à divers journaux suisses, l'un en prose et l'autre en vers. M. Macon acheva ses études à Paris. Là, il se lia avec un grand nombre de journalistes, d'hommes de lettres et de peintres. Rentré dans sa patrie, il y fonda, avec Benjamin Dufernex, la *Suisse*, revue illustrée qui avait une édition française et une édition allemande, et qui, sous l'habile administration de M. R. F. Haller de Berne, parvint rapidement à un grand succès. En même temps, il collaborait à divers journaux politiques de Genève, de Lausanne ou de Neuchâtel, et devint le correspondant suisse du *Temps* de Paris et du *Progrès* de Lyon. Doué d'une très grande activité, il a fourni une foule de nouvelles: « Les deux Mansardes, Noëmi, Voyage autour de mes poches », etc.; d'articles littéraires et de chroniques artistiques à la *Revue internationale*, à la *Revue Savoisienne*, dirigée par son ami Louis Revon, et à l'*Europe*. Une de ses chroniques faillit faire supprimer la *Revue Savoisienne* par le Gouvernement impérial. En 1865, il quitta Genève et se rendit à Paris, où il fit la connaissance de Vermorel, et, deux ans plus tard, il fonda avec lui le *Courrier français*, qui fit une guerre si acharnée au second empire. Quand ce journal eut succombé sous le poids de procès incessants et de fortes amendes, M. Macon entreprit la publication du *Courrier de Paris*, hebdomadaire, qu'il abandonna pour fonder le *Citoyen* avec Pascal Duprat. En 1878, il fit paraître la *Question*, journal illustré dont Adrien Tournachon, Paul Maurou et G. Fraipont étaient les dessinateurs habituels et où écrivaient Hippolyte Babou et Fernand Xau, sous les pseudonymes de *Verax* et de *Pourquoi*. Dès 1871, alors que l'Assemblée Nationale siégeait à Bordeaux, M. Macon avait lancé les premiers numéros de sa *Correspondance helvétique*, correspondance quotidienne, politique, littéraire et artistique, qui existe encore actuellement et qui est plus spécialement destinée aux journaux de la Suisse. C'est à Bordeaux également qu'il avait jeté, avec M. Crawford, le correspondant parisien du *Daily News* de Londres, les bases de l'*Association de la Presse étrangère* de Paris, dont il fut l'actif secrétaire pendant quinze ans.

Quand M. Macon quitta ses fonctions de secrétaire, cette Association se divisa en trois Associations rivales ayant chacune son président et son bureau. M. L. Macon est officier d'Académie de France, commandeur de l'Ordre royal de Portugal, secrétaire de la *Ligue internationale de l'Enseignement*, membre de l'Institut genevois et de plusieurs autres Sociétés littéraires ou scientifiques de la Suisse, de la Savoie et du Dauphiné.

Macry (Jacques), jurisconsulte sicilien, avocat, professeur de droit administratif et constitutionnel à l'Université de Messine, ancien député, né, en septembre 1831, à Messine. Après des études classiques sous Bisazza, Mitchell, Saccano e Catarra-Lettieri, il obtint son doctorat à Messine en 1853. Nous avons de lui: « Principii metafisici della morale »; « Stato e Religione »; « Della sovranità e dei rivolgimenti politici nella loro indole morale »; « Corso di diritto pubblico amministrativo ». Récemment (1883) il a publié: « La teorica del diritto internazionale », deux vol. M. M. est membre de la Société parisienne de législation comparée, et la Faculté de droit de l'Université de Lima (Pérou) l'a nommé professeur honoraire, honneur très rarement conféré.

Macry-Correale (Dominique), poète et publiciste italien, né, le 5 janvier 1859, à Siderno près de Reggio (Calabre), fit ses études dans cette dernière ville. En 1882, il publia: « Echi dell'anima », choix de poésies lyriques, Rome, Befani. En 1886, la traduction en octaves italiennes du poème latin du commandeur Vitrioli, intitulé: « Xiphia », Sienne, Mucci. La même année: « Fiori e lacrime », Rome, Befani; en 1876, le père Mauro Ricci l'appela au Collège des Scolopi d'Empoli pour y enseigner les littératures italienne, latine et grecque. Nous avons encore de lui une préface (1887) aux « Carmi del prof. Augusto Conti »; puis « Su l'Arno », recueil de vers, inséré d'abord à la *Firenze letteraria*, revue fondée par lui et qui s'appelle maintenant *Rivista Contemporanea;* « Crisantemi », Sienne, Mucci, 1887; dans ce volume, une des pièces de M. M. est imprimée dans ses différentes traductions, c'est-à-dire: en grec moderne, latin, français, provençal, espagnol, portugais, catalan, hongrois, allemand, serbe, hollandais, norvégien, suédois, polonais, albanais, et en plusieurs dialectes. Ce volume est orné des noms de Paul Heyse, Frédéric Mistral, Auguste Dorchain, Théophile Lenartowicz, Guy Gezelle, Jérôme De Rada, Vriliscky et des femmes-auteurs: Marie Chitin, Josephine Arntzen, Bu Swift, Berthe Nordez et autres. Il travaille maintenant à la traduction pour la maison Sonzogno des « Chants » de Louis Uhland, et la maison Mucci de Sienne va publier bientôt: « Studii critici psicologici » et « Poesie civili », deux vol.

Madan (Falconer), érudit anglais, sous-bibliothécaire de la Bodléïenne à Oxford, *fellow* du Brasenose College, né, en 1851, à Cam (Gloucestershire), a fait ses études à Oxford, et publié : « The Fight at Dame Europa's School and the literature connected with it », Londres, 1881 ; « A Bibliography of Dr Henry Sacheverell », id., 1884 ; « Manuscript materials relating to the history of Oxford », Oxford, 1887 ; « What to aim at in Local Bibliography », Londres, id.; « Oxford. A Subject and alphabetical index », Oxford, id.; « A century of the Phœnix common Room, Brasenose College, Oxford, 1786-86 », Oxford, 1888 ; « Bodleian Lending to special persons in University Institutions », id., id.; « Oxford City Records », id., 1887.

Madeleine (Jacques), poète français, né, le 16 mai 1859 à Paris, a publié : « La Richesse de la Muse », poème, Léon Vanier, 1882 ; « Idylle éternelle », poésies, avec une préface de Catulle Mendès, Paul Ollendorff, 1884 ; « Livret de vers anciens », MDCXXXVIII, A. Quantin, 1885 ; « Pierrot divin », comédie en un acte en vers, P. Ollendorff, 1887 ; « Brunettes, ou Petits airs tendres » ; « Deux Chérubins », dans le *Grande Revue* du 15 août 1888 ; « Un Couple », roman, dans l'*Écho de Paris*, à partir du 30 octobre 1888. M. J. M. a collaboré au *Gil Blas* : « Cause célèbre » ; « La Conque » ; « La Maison qui pousse » ; « Le Marchand de table » ; « La Charité impossible », etc., nouvelles ; au supplément du *Figaro* « Le Fidèle Caleb » ; « Bain de mer » ; « Sur le terrain » ; à *La Vie pour rire* : « Fraises au Champagne » ; « Le déjeuner » ; « Conjugal, ou l'exigeant quiproquo », nouvelles ; à la *Nouvelle Revue* : « L'Académie française au XVIe siècle », étude ; au *Monde poétique* : « Les Poètes de la messe », étude, etc.; pour paraître en 1889 : « Un Couple », roman ; « Lune de Miel », nouvelles.

Maeder (Daniel), écrivain suisse, né, à Baden en Argovie, le 29 juin 1838, est aujourd'hui fixé à Zurich, où il enseigne la chimie et la géographie dans divers établissements d'instruction. Nous possédons de lui : « Dictionnaire sur les noms de lieux argoviens », 1867 ; « Witznau et le Righi », 1871 ; « Le principe du mouvement », 1876 ; « La forêt et son rôle dans la nature, l'histoire, la civilisation », 1886.

Maeterlevick (Maurice), poète belge, collaborateur de la *Jeune Belgique*, résidant à Gand. Il débuta à Paris dans la *Pléïade*. Il est l'auteur d'un volume de vers : « Serres chaudes », très remarqué dans le monde artiste, et un drame puissant : « La Princesse Mélanie ».

Magarinos Cervantes (Alexandre), poète et homme de lettres de l'Uruguay, né, à Montevideo, le 3 octobre 1825. Il fut successivement juge, avocat fiscal, sénateur, agent diplomatique à l'étranger, ministre des affaires étrangères, recteur de l'Université et professeur de droit ; dans ses nombreuses publications nous choisissons les suivantes : « Las brisas del Plata » ; « Las Horas de melancolia » ; « Album de Poesias uruguayas » ; « Amor y patria » ; « Percances matrimoniales » ; « Suicidios y desafios » ; « El rey de los Azotes » ; « Caramurú » ; « Estrella del Sud » ; « No hay mal que por bien no venga, farsa y contrafarsa » ; « Velladas de Invierno », nouvelles ; « La Iglesia y el Estado », traité politique ; collaboration à plusieurs journaux d'Espagne et d'Amérique.

Magenta (Charles), historien lombard, professeur d'histoire moderne à l'Université de Pavie, né en cette ville le 1er mars 1834. Après de très fortes études classiques, il fut nommé, à peine âgé de 21 ans, professeur au Lycée de Monteleone, et plus tard à celui de Massa. Il publia alors l'« Industria dei marmi apuani », Florence, 1871. Nommé par concours professeur à Pavie, il y publia : « Discorso su Cesare Balbo », Florence, 1873 ; « Monsignore Luigi Tosi e Alessandro Manzoni », Pavie, 1876. Mais son ouvrage essentiel et qui l'éleva bien haut parmi les historiens de l'Italie, est : « I Visconti e gli Sforza nel Castello di Pavia e loro attinenze con la Certosa e la storia cittadina », Milan, Hoepli, 1883. Il refondit, en y ajoutant des documents, son ouvrage sur monseigneur Tosi : « Monsignor Luigi Tosi e Alessandro Manzoni, notizie e documenti inediti », Milan, Vallardi ; et publia plus tard : « L'Insurrezione di Pavia (1786) », Turin, Bocca, 1884. Nous avons de lui plusieurs discours d'inauguration et des insertions nombreuses à la *Perseveranza*, journal politique milanais.

Mager (Henri), géographe français, né, à Paris, le 17 mai 1859, de père Alsacien-Lorrain, fit ses études au Lycée de Vanves, puis au Lycée Henri IV et à la Faculté de droit de Paris. Très actif, il a été tout à la fois avocat, négociant et géographe. Il a collaboré aux journaux géographiques (entr'autres l'*Exploration*, la *Géographie*) et aux revues coloniales ; il a été rédacteur en chef de l'*Avenir du Tonkin* (revue coloniale illustrée) ; et rédigé la partie coloniale dans différents journaux politiques, entr'autres dans le *National* (1887), dans le *Soir* et le *Télégraphe* (1888-89), dans le *Siècle* (1888-89). Son *Atlas Colonial* — dont la première édition a paru en décembre 1885 et dont chaque carte est accompagnée de notices signées par des hommes de la plus haute valeur — a eu un grand retentissement ; publié au moment même où la question du Tonkin et la politique coloniale du Gouvernement étaient si âprement attaquées, l'*Atlas Colonial* fut une manifestation puissante de la part d'hommes qui comme M. H. M., M. le général Faidherbe, M. le docteur Harmand, M. Levasseur, M. de Lesseps pensent que les colonies sont une nécessité inéluctable pour une grande nation. L'*Atlas Colonial* de M. H. M. a déjà eu plusieurs éditions : il en a été tiré une édition populaire et classique qui n'en contient que les cartes. Outre ses cartes de l'*Atlas Colonial*, M. H. M. a publié un grand nombre de cartes, qu'il a non seulement dressées, mais lui-même dessinées. Citons, entr'autres : la « Carte des Antilles et de la Trinité » ; la « Carte de l'île Maurice », etc.

Maggetti (Mathieu), économiste italien, professeur d'économie politique à l'Institut Technique de Ravenne, né le 13 mai 1853, a publié : « La questione ferroviaria in Italia », Ravenne, 1883.

Maggi (Léopold), médecin, physiologiste et naturaliste italien, de famille milanaise, professeur d'anatomie et de physiologie comparée à l'Université de Pavie, né, en 1840, à Rancio, arrondissement de Varese ; fit ses études à Milan et à Pavie, et entra en 1861 dans l'enseignement en qualité d'aide du célèbre Pancieri qui occupait la chaire d'anatomie comparée à l'Université de Pavie ; fut ensuite assistant de l'illustre prof. Joseph Balsamo-Crivelli. En 1863, il commença à enseigner la minéralogie et la géologie, puis la zoologie, l'anatomie et la physiologie comparée à l'Université de Pavie. M. M. qui s'occupe d'histoire naturelle générale, de géologie et préhistoire, de morphologie, de tératologie, de zoologie, d'anatomie, de physiologie comparée et de protistologie appliquée à la médecine, a écrit plusieurs opuscules. C'est un de nos savants le plus modernes, et il a eu l'honneur de voir plusieurs de ses élèves occuper avec distinction des chaires universitaires. Ses ouvrages, dont nous ne pouvons donner la liste complète, se trouvent dans les *Memorie e Rendiconti del regio Istituto Lombardo*, dans les *Memorie o Atti della Società italiana di Scienze naturali* de Milan, dans la *Gazzetta medica lombarda*, dans le *Bollettino Scientifico* et dans les Catalogues des éditeurs Albicini de Varese, Lombardi et Bernardoni, Hoepli, Dumolard de Milan, Grossi e Bizzoni de Pavie. Ils intéressent sous tous les égards les naturalistes contemporains. Citons les principaux : « Geologia della Valcuvia e territorio Varesino » ; « Plasmogenia dei microbi » ; « Influenza d'alte temperature sullo sviluppo dei microbi » ; « Storia naturale degli esseri inferiori (infusorii), con tavole » ; « Protozoi dell'Italia, con tavole » ; « Protistologia, con figure nel testo » ; « Protozoi viventi sui muschi delle piante » ; « Protisti nello stomaco del cane durante la digestione di speciali alimenti » ; « Analisi microscopica dell'acqua potabile » ; « La priorità della bacterioterapia » ; « I piccoli benefattori dell'umanità » ; « Intorno al genere *Aelosoma* » ; « Rotiferi della Valcuvia » ; « Sui nidi delle formiche » ; « Organi della riproduzione delle anguille, particolarità anatomiche del loro apparecchio secretore ge-

nito-urinario e forme delle loro intestina » ; « Corpi frangiati della rana » ; « Sbocco delle vene polmonari della rana » ; « Apparecchio biliare dell'*Alictus Albicilla* » ; « Foro del Botallo pervio nel cuore di uccelli adulti » ; « Due fatti craniologici trovati in alcuni mammiferi » ; « Teschi umani preistorici ed antichi » ; « Mostruosità di un gambero di acqua dolce » ; « Anomalie in un pappagallo » ; « Emiterie aritmetiche » ; « Antichità delle sinostosi » ; « Distinzione morfologica degli organi negli animali » ; « Di alcune funzioni degli esseri inferiori a contribuzione della morfologia dei Metozoi » ; « Alcune condizioni patologiche negli organismi superiori, analoghe a condizioni fisiologiche negli organismi inferiori ».

Maggio (Joseph), poète et historien toscan, né, à Florence, en 1822. Il fit les études classiques et mathématiques sous les Pères Scolopii. Nous avons de lui : « Tommaso Moro », tragédie, Florence, 1852 ; « I Maccabei », drame lyrique ; « Il Marchese d'Argyle », tragédie, 1857 ; « Il Conte di Sarno », id., 1860. Son œuvre historique se compose de « San Vincenzo de'Paoli e il suo tempo », 3 vol., 1863 ; « I prolegomeni alla vita di Gregorio il Grande », 1879, ouvrages très favorablement accueillis ; le « Tommaso Moro » et le « Vincenzo de Paoli », ont été réimprimés en 1887-88. Son drame : « I Maccabei » a été mis en musique par le *maestro* Alexandre Biagi.

Maggiolo (Jean-Louis-Adrien, vicomte), publiciste français, ancien rédacteur de l'*Union*, ancien directeur de la *France Nouvelle*, ancien élève de l'École normale supérieure, né, à Lunéville, le 1er septembre 1843. Il a fait ses études au collège Henri IV. Après avoir été longtemps rédacteur au journal *L'Union*, il a été directeur de la *France Nouvelle*. Il a publié : « A Goritz, le 3 septembre 1883 », Oudin, 1883 ; « Rose-Agathe », Calmann-Lévy, 1877 ; « Voltaire », Palmé, 1878 ; et plusieurs brochures politiques et diplomatiques non signées. M. le Vicomte A. M. fait partie de la Société d'Histoire diplomatique et du Conseil héraldique de France ; il est capitaine de cavalerie territoriale au service d'État-major.

Maggiolo (Louis), universitaire français, recteur honoraire de l'Académie de Nancy, membre de l'Académie de Stanislas, né, à Nancy, le 21 mars 1811. Il a publié : « Télémaque », italien-français (1er livre) ; « Instructions morales, lectures pour les écoles primaires » ; « Récréations morales à l'usage des écoles primaires », 2 vol. ; « Livret des écoles ou abécédaire moral » ; « Fablier moral » ; « Leçons de littérature et de morale, à l'usage des écoles primaires supérieures » ; « Anthologie poétique italienne » ; « Dante, trois livres de la *Divine Comédie* » ; « Don Calmet abbé de Senones, sa vie et ses œuvres », couronné par l'Académie de Stanislas ; « François

Pétrarque »; « De Senatu romano » (thèse latine); « Dante, De Vulgari eloquio ». De 1846 à 1870 : « Recueil d'allocutions et discours prononcés aux distributions de prix, des écoles primaires, des collèges, des lycées, à la rentrée des facultés de l'Académie de Nancy », 2 vol.; de 1856 à 1870, direction d'un bulletin mensuel dans la Meuse et dans la Meurthe, conférences, réglements, instructions, statistique scolaire, circulaires aux instituteurs et aux délégués; de 1861 à 1869, rapports et tableaux récapitulatifs et comparatifs sur la situation de l'instruction primaire dans le département de la Meurthe; « Pétrarque, étude sur le traité De contemptu mundi »; « Don Calmet, sa correspondance inédite »; « L'Université de Pont-à-Mousson, pièces d'archives et documents inédits », quatre vol.; « Conférences pédagogiques faites aux instituteurs réunis en Sorbonne », quatre vol.; « De la condition du maître d'école en Lorraine avant 1789 »; « La vie et les œuvres de l'abbé Grégoire, évêque constitutionnel de Blois »; « Pièces d'archives pour servir à l'histoire de l'instruction publique en Lorraine »; « L'Instruction publique dans le district de Lunéville (1789-1802) »; « Les archives scolaires de la Beauce et du Gatinais »; « Du droit public et de la législation des petites écoles de 1789 à 1808 »; « Statistique rétrospective. État comparatif indiquant, par département, le nombre des conjoints qui ont signé l'acte de leur mariage au XVIIe, XVIIIe et XIXe siècles »; « De l'enseignement primaire dans les Hautes-Cévennes, avant et après 1789 »; « Pouillé scolaire ou inventaire des écoles dans les paroisses et annexes du diocèse de Toul avant 1789, et de 1789 à 1833 »; « La vie et les œuvres de l'abbé Grégoire, de 1789 à 1831 », deux vol.; « Pouillé scolaire de l'ancien diocèse de Verdun »; « Pouillé scolaire de l'ancien diocèse de Metz »; « Les monastères des Chanoines réguliers en Lorraine »; « Les monastères de l'ordre de Saint-Benoît en Lorraine ». Sous presse, à l'occasion du centenaire: « l'Instruction publique avant et après 1789 dans les départements qui formaient en 1870 l'Académie de Nancy, cruellement mutilée par la guerre »; « Les fêtes révolutionnaires (surtout en Lorraine) »; « Histoire de la cartographie en Lorraine du XVIe au XIXe siècle.

Maggiore-Perni (François), économiste, né à Palerme, le 11 novembre 1836, étudia les éléments au Collège des Jésuites de Palerme, le Droit à l'Université et reçut son doctorat en 1859. Après quelques années de barreau, il fut (1866) nommé professeur de statistique à l'Université de Palerme. Nous avons de lui : « Applicazione delle leggi economiche alla siciliana Esposizione delle opere d'industria nel 1857 », Palerme; « Sul Credito territoriale ed agrario », 1858; « Della compilazione e della materia statistica », id.; « Materie prime e prodotti », 1859; « Progetto di un nuovo ordinamento della statistica », 1860; « Le strade ferrate in Sicilia », 1861; « Lo stato italiano e i beni di manomorta siciliani »; « Sui censimenti della popolazione e su quello della città di Palermo », 1865. Plusieurs publications en 1866-67-68, parmi lesquelles: « Mac-Culloch, la sua vita e le sue opere »; « Sull'ordinamento finanziario ed amministrativo d'Italia »; « L'accentramento e i lavori pubblici in Sicilia »; « Notizie statistiche della città di Palermo », 1867-68; « Di Emerico Amari e delle sue opere », 1871; « L'imposta fondiaria e il progetto della perequazione », 1875; « L'economia politica in Sicilia nel secolo XIX »; « La statistica nel concetto, nell'ufficio e nella dignità di scienza », 1868; « Sulla necessità che l'ospedale civico di Palermo ritorni sotto l'amministrazione del comune », histoire et critique, Palerme, 1880; « Movimenti complessivi della città di Palermo nell'anno 1879 in raffronto degli anni 1872 al 1878 », id., id.; « La statistica nel concetto, nell'ufficio e nella dignità di scienza », id., 1883; « Importanza della statistica », id., 1888; « Del grado di certezza della statistica dei numeri e nella induzione e degli errori che ne alterano il risultato », 1887-88; « Sul caro prezzo del pane in Palermo », id., 1880; « Il libero cambio e la protezione », id., 1885; « Dell'unità ed indipendenza della scienza statistica nei suoi indirizzi e nel suo metodo », id., 1885; « La salute pubblica e la fognatura », 1882; « Tentativo di una definizione della scienza statistica », etc., 1884, et autres publications.

Maggiullo (Louis), historien italien, né, à Muro Leccese, le 9 octobre 1828, fit ses études sous les Pères Jésuites, et dès sa jeunesse s'occupa avec une louable assiduité de l'histoire et de l'archéologie de sa province natale. Nous avons de lui : « Necrologia di Giuseppe Ferramosca da Muro Leccese », 1867; « Monografia numismatica della provincia di Terra d'Otranto », 1871; « Le iscrizioni Messapiche », id.; « Monografia di Muro Leccese », id.; « Documenti storico-municipali che riguardano Maglie », 1876; « Sulle antichità della provincia Leccese », inséré dans le *Cittadino Leccese*, 1867; « Le Caverne del Capo di Leuca », insertion au *Cittadino Leccese*, 1870; « Pompea delli monti », mémoire inséré dans la *Cultura Basentina*, 1877; « Bonafede Girunda o la provincia di Lecce nel 1799 », 1888. M. M. a beaucoup d'œuvres inédites dont nous souhaitons la publication.

Magliani (le baron Augustin), économiste et homme d'État italien, ex-ministre des finances du Royaume d'Italie, sénateur, né, en septembre 1824, à Lanzino (Principato Citeriore), fit ses études à Naples, d'où il passa comme conseiller de la Cour des comptes à Turin, à Florence et à Rome. Son activité littéraire commença à Naples en 1848 par divers pamphlets politiques, ainsi que par un essai sur l'Histoire de la Philosophie du droit. Il appartint toujours à l'école libre-échangiste, et fut un des fondateurs de la Société florentine Adam Smith. En 1874, à son retour de la conférence monétaire de Paris, il publia: « La questione monetaria », Florence, Le Monnier; à la *Nuova Antologia*, il inséra plusieurs monographies; voici les principales: « La sistemazione delle imposte dirette »; « L'azione economica dello Stato »; « La finanza e la libertà politica »; « Il deprezzamento dell'argento »; « Le imposte locali e i comuni ». M. le baron M. se distingue entre les financiers italiens par une clarté de vues tout-à-fait remarquable qui fait de lui un orateur de la bonne école. Ses discours, dont nous donnons les détails de librairie, sont un modèle du genre; « Abolizione graduale della tassa di macinazione del grano », discours prononcés au Sénat du Royaume, Rome, Eredi Botta, 1880; « Provvedimenti finanziarii », discours prononcés à la Chambre des Députés, id., 1882; « Esposizione finanziaria fatta alla Camera dei Deputati il 25 marzo 1882 », id., 1882; « Esposizione finanziaria fatta alla Camera dei Deputati nell'aprile 1883 », id., 1883; « Esposizione finanziaria ecc., nell'anno 1888 », id., 1888; « Discorso fatto in Senato in risposta all'onorevole senatore Saracco », id., 1882.

Magliani (Édouard), écrivain italien, professeur de littérature italienne à l'Institut Technique de Caserte, collaborateur de plusieurs journaux littéraires, né, en 1863, à Laurino; il est neveu du précédent. Il débuta à 19 ans par le drame: « Maddalena ». Suivirent: « Introduzione alla studio della letteratura », Naples; « Prosa », essais critique, Rome; « Storia letteraria delle donne italiane », deux vol., deux éd., Naples, Morano; « Letteratura femminile nel mezzogiorno d'Italia », Naples.

Magnaghi (Jean-Baptiste), contre-amiral et cartographe italien, né, à Tromello (province de Pavie), fit ses études à l'École Royale de Marine à Gênes, de 1852 à 1857; prit part comme officier de marine aux guerres de 1860-61 et gagna au feu la croix de l'Ordre de Savoie ainsi que la médaille militaire; fut nommé en 1874 directeur du bureau d'hydrographie à Gênes auquel on doit les cartes et plans de la côte italienne, publiés par le Ministère de la Marine. Nous avons de lui: « L'istrumento a riflessione per misurare angoli », Milan, Hoepli, ouvrage couronné au Congrès géographique de Paris en 1875; « Tavole e formule nautiche », id., id.; « Elenco dei fari e fanali sulle coste del Mar Mediterraneo, del Mar Nero e del Mar d'Azof », Gênes, 1881. Le contre-amiral M. a presque achevé la Cartographie côtière italienne, et le monde scientifique lui doit aussi les rélevés sous-marins du bassin de la mer Thyrrénnienne ainsi que des sondages très importants sur la côte d'Espagne.

Magnard (Francis), journaliste français, rédacteur en chef du *Figaro*, né, à Bruxelles, le 11 février 1837, de parents français. Après de fortes études il fut obligé pour vivre d'entrer dans l'administration des contributions directes, débutant, en même temps, dans les petits journaux qui florissaient vers 1859-60: le *Gaulois*, le *Diogène*, la *Causerie*. En 1863, il entra au *Figaro*. Lors de la création du *Grand Journal*, en 1864, il y inaugura la rubrique: « Revue des Journaux », qu'il a continuée depuis à l'*Évènement* et au *Figaro* quotidien, imitée depuis par tous les autres journaux. Sous divers pseudonymes il a collaboré au *Paris Magazine*, à la *Vogue Parisienne*, au *Journal de Paris*, à l'*Opinion Nationale*, au *Temps*. A partir de 1874, il prit la direction politique du *Figaro;* en 1879, à la mort de M. De Villemessant, M. M. continua les fonctions de rédacteur en chef qu'il exerçait depuis quatre ans. Nous avons de lui: « L'Abbé Jerôme », 1869; « Vie et aventures d'un positiviste », 1877.

Magne (Lucien), architecte français, né, à Paris, le 7 décembre 1849. Il fit ses études à l'École des Beaux-Arts, et nommé inspecteur des travaux de la ville de Paris, il dirigea les constructions publiques et privées à Paris et en province. En 1878, il commença ses études sur le vitrail, et en 1884 organisa dans la 8e exposition des arts décoratifs une galerie très admirée de vitraux anciens. En 1889, il était membre de la Commission des Beaux-Arts du jury d'admission et du jury des récompenses à l'Exposition universelle, où il exposa des aquarelles d'après des anciens vitraux. Les travaux de M. M. sont d'importantes reconstructions et restaurations d'anciens monuments. Son œuvre littéraire est importante; outre de nombreux articles de critique artistique publiés dans la *Revue d'architecture*, *d'Encyclopédie*, *d'Architecture*, la *Gazette des Beaux-Arts*, la *Revue des Arts décoratifs*, les *Mémoires du Comité des Arts et Antiquités de Seine-et-Oise*, la *Construction moderne*, le *Journal Officiel* et les *Mémoires de l'Académie des Sciences*, nous avons de lui en librairie: « Projet de restauration et d'achèvement de l'église de Montmorency », 1876; « L'Œuvre des peintres verriers français », 1885; « L'Art dans l'habitation moderne », 1887; « Exposition publique des œuvres de A. J. Magne », 1886; « Les Vitraux de Montmorency et d'Écouen », 1888; « L'Architecture française du siècle », 1889.

Magnier (Edmond), publiciste et homme politique français, né, à Boulogne-sur-Mer, en 1841. Il avait publié une étude sur « Dante et le moyen-âge », 1860, collaboré aux journaux de sa ville natale, notamment à *La France du Nord*, et dirigé à Amiens le journal *La Somme*, lorsqu'il vint à Paris en 1870. Il entra à la rédaction du *Figaro* qu'il dirigea quelque temps à l'époque du siège de Paris. Il le quitta, peu après le 4 septembre, devint sous le Gouvernement de la Défense Nationale l'un des collaborateurs les plus actifs de Gambetta, et fut chargé de la création et de la rédaction du *Bulletin officiel de la République*. Plus tard, le 6 avril 1872, il fondait en compagnie d'Auguste Dumont l'*Évènement*, concurrence au *Figaro*, avec la nuance républicaine pour caractère distinctif. Quelque temps après, Auguste Dumont quitta l'*Évènement* pour fonder le *Gil Blas*. Candidat dans la deuxième circonscription de Nice, le 14 octobre 1877, M. Ed. M. obtint près de 6000 voix contre le candidat officiel du Gouvernement du Seize Mai, le baron Roissard de Bellet, que la Chambre ne valida qu'à une majorité de 12 voix. En 1880, il fut élu conseiller-général du Var, pour le Canton de Saint-Tropez, et réélu au même titre en 1866 contre Emile Ollivier. Le Conseil général du Var l'a nommé vice-président. Outre l'ouvrage cité plus haut, on doit à M. Ed. M. un travail historique sur sa ville natale, intitulé: « Histoire d'une Commune de France au XVIIIᵉ Siècle », 1875, et de nombreux articles sur des sujets très variés dans son journal.

Magni-Griffi (François), naturaliste italien, professeur de lycée, né, à Sarzana, en 1833. En librairie: « Una visita alle rovine dell'antica Luni e ai principali Studii di Carrara assieme ai Principi Umberto, Amedeo e Oddone di Savoia nell'agosto 1853 », Gênes, 1853; « Delle ligniti di Val di Magra », id., 1854; « Monografia di alcuni uccelli più rari della riviera Ligure orientale », 1860; « Di una specie di Hippolais nuova per l'Italia », Milan, 1865; « Memorie sull'antica fortezza di Lucera », 1866; « Minerali del Gargano », id.; « Redi e i suoi tempi », 1872; « Notizie intorno al Berberi comune, *Berberis Vulgaris*, dell'agro Pistoiese », 1876.

Magnus (Hugo), oculiste allemand, professeur d'ophtalmologie à l'Université de Breslau, né en 1842. On lui doit: « Ophtalmoscopischer Atlas », Leipzig, 1872; « Die makroskopischen Gefässe der menschlichen Netzhaut », id., 1873; « Die Albuminurie », id., 1874; « Die Sehnerven-Blutungen », id.; « Die Bedeutung des farbigen Lichtes für das gesunde und krange Auge », 1875; « Das Auge in seinen ästhetischen und culturgesch. Beziehungen », Breslau, 1876; « Geschichte des grauen Staares », id.; « Die Entwicklung des Farbensinnes », 1880 (traduction française, 1878); « Die geschichtliche Entwickelung des Farbensinnes », 1877; « Die Anatomie des Auges bei den Griechen und Römern », 1878; « Die Farbenblindheit, ihr Wesen und ihre Bedeutung », Breslau, id.; « Die methodische Erziehung des Farbensinnes », id.,

1879; « Untersuchungen über den Farbensinn der Naturvölker », 1880; « Farben und Schöpfung », huit leçons, 1881; « Die Blindheit, ihre Verhütung », Breslau, 1883; « Ueber ethnologische Untersuchungen des Farbensinns », 1883; « Die Blindheit und ihre Verhütung », 1885; « Die Jugend-Blindheit », Wiesbaden, 1886.

Magnus (Paul-Guillaume), botaniste allemand, professeur de botanique à l'Université de Berlin, né en 1844, a publié une foule d'essais dans la *Botanische Zeitung* depuis 1869, dans les Actes de la *Gesellschaft naturforsch. Freunde* de Berlin et de la Société de la Province de Brandeburg, et, en outre: « Botanische Untersuchungen der Pommerania-Expedition vom 3 bis 24 August », Kiel, 1874, etc.

Maguier (Edmond), né à Rions (Charente-Inférieure), eut de bonne heure un goût très vif pour la littérature et collabora soit pour la prose, soit pour la poésie à un grand nombre de journaux, notamment à l'*Indépendance de la Charente-Inférieure*, à l'*Union républicaine* de Saintes, à la *Chronique Charentaise*, au *Phare littéraire*, à la *Gazette des Bains de mer*, etc. Il collabore actuellement au *Rappel Charentois*, à la *Constitution* de Cognac et au *Républicain des Charentes*. M. M. a écrit longtemps sous le pseudonyme féminin d'*Edmée*, des articles qui ont eu beaucoup de succès. Ses œuvres poétiques lui ont valu de nombreuses félicitations, notamment de Victor Hugo. Plusieurs de ses poésies figurent dans des ouvrages collectifs tels que: les *Chants de guerre de France*, l'*Almanach du Sonnet*, le *Bulletin de l'Académie des muses santones*, les *Olympiades de l'Académie des poètes*, etc. M. M. a obtenu dans divers concours littéraires un grand nombre de médailles et diplômes pour des premiers prix. Il est officier d'Académie.

Mahaffy (le rév. Jean-Pentland), né, le 26 février 1839, à Chaponnère près de Vevey en Suisse; entra au Trinity Collège de Dublin en 1856, et après une série de triomphes scolaires fut nommé en 1871 professeur d'histoire ancienne. Nous avons de lui en librairie une traduction du « Commentaire sur Kant », de Kuno Fischer, 1866; « Twelve Lectures on Primitive Civilisation », 1868; « Prolegomena to Ancient History », 1871; « Kant's Critical Philosophy for English Readers », 1871; « Greek Social Life from Homer to Menander », 1874; « Rambles and Studies in Greece », 1876; « Euripides in M. J. R. Green's Series of Classical Authors »; « History of Greek Classical Literature », 1880; « Descartes, an Essay », 1880; « The Hippolytus of Euripides », 1881; « A report on the Grammar Schools of Ireland », 1881; « Greek Education », Kegan Paul, 1881; « The Decay of Modern Preaching », 1882; « History of the Romans », (traduction de l'ouvrage de M. Duruy), 1883-1886; « Alexander's

Empire », 1886; « Greek life and Thought, from Alexander's to the Roman Conquest », 1887; « The Principles of the Art of Conversation », 1887. M. M. a publié des articles au *Macmillan Magazine*, à la *Fortnightly Review* et à la *Princeton Review*. C'est un des hellénistes les plus appréciés du monde littéraire britannique.

Mähly (Jacques), érudit et poète suisse, né, à Bâle, le 24 décembre 1828, entreprit des études littéraires, se rendit à Göttingue pour y suivre les cours de Ch. Fred. Hermann, choisit la carrière académique et n'a pas cessé depuis son retour en Suisse d'être attaché à l'université de sa ville d'origine en qualité d'abord de *privat Docent* (1852), puis de professeur extraordinaire (1863) et enfin de professeur ordinaire (1875) pour la philologie classique. Parmi les productions, tantôt gaies, tantôt sérieuses, mais toujours goûtées de sa muse, nous indiquerons : « L'École centrale », comédie, 1854; « Mathilde », poème épique, 1855, 2ᵐᵉ éd., 1862; « Le tremblement de terre bâlois », id., 1856; « La course des chanteurs », nouvelle, id.; « Rhigmurmel » (une série de croquis satiriques des mieux réussis empruntés à la vie bourgeoise, en dialecte bâlois), 1857; « La paix », idylle, 1862; « Chants de deuil », 1863; « Chant et souffrance » (Leid und Lied), poésies lyriques, 1865; « Entre la vallée et le glacier », poésies humoristiques, 1869; « Mosaïque en prose et en vers », discours adressé à la jeunesse, 1875; « Poésies de l'époque actuelle », 1874; « Byrsopolis », poème humoristique, 1875; « Le siège à Bâle », drame. La virtuosité déployée par M. M. dans la sphère de l'imagination n'a aucunement nui à l'exactitude et à la saine méthode de ses travaux dans le domaine philologique et historique. En voici la liste d'après l'ordre des dates : « Les femmes dans l'antiquité grecque », Bâle, 1853; « Beatus Rhenanus de Schlettstadt », Mulhouse, 1857; « Sebastien Castalion », Bâle, 1862; « La comédie, ses caractères distinctifs et son histoire », Leipzig, id.; « Ange Politien, un savant de la Renaissance », id., 1864; « Varzoniana », Bâle, 1865; « Le serpent dans les mythes et le culte des peuples classiques », Leipzig, 1867; « Richard Bentley », étude biographique », id., 1868; « Le roman au XIXᵉ siècle », id., 1872; « La 30ᵐᵉ idylle de Théocrite », id., id.; « Observationes de Drusi atque Mæcenatis Epicediis deque Taciteo dialogo crit. », id., 1874; « Histoire de la littérature ancienne », 2 vol., Leipzig, 1880; « De la mythologie comparée », Bâle, 1885; « La critique des textes latins », id., 1886. M. M. jouit enfin d'une réputation méritée dans les cercles philosophiques pour ses excellentes traductions d'*Euripide*, 2 vol., 1882; « Des lyriques grecs, des lyriques romains, d'Eschyle (2 vol.), de Plutarque » (œuvres morales choisies). La rédaction de la *Revue suisse illustrée* lui fut confiée en 1860 et pendant les années qui suivirent, il n'a pas cessé jusqu'à présent sa collaboration assidue à la *Bibliothèque pour le jeunesse suisse* de Klettiger, dans laquelle il a inséré entr'autres : « Pendragon », un recueil historique de l'époque d'Alexandre le Grand, traduit du français d'Alfred Assolant.

Mahn (Anna, née ANNY WOTHE), femme de lettres allemande, mariée avec l'éditeur Adolf Mahn de Leipzig, née, à Berlin, le 30 janvier 1858. Elle a fondé et dirigé jusqu'en 1885 la *Deutsche Frauenzeitung*, et publié entr'autres : « Frauenliebe und Leben, Sommerträume », nouvelles et esquisses; « Ein Rosenstrauss », nouvelles; « Der Hausschatz; Versunkene Sterne », nouvelle et esquisses; « Das Gift unserer Zeit », « Wie lebt man glücklich »; « Lenzesblüten », nouvelles et esquisses; « Herzenstimmen »; « Anthologie »; « Des Weibes Glück ».

Mahutte (Franz), écrivain belge, d'un talent très distingué et très sympathique, mais au sujet duquel nous manquons de renseignements précis, l'auteur ayant mis jusqu'ici une sorte de coquetterie à dérober ces renseignements au public. M. M., qui ne doit pas avoir beaucoup plus d'une trentaine d'années, débuta dans les journaux bruxellois, passant sans effort d'un simple reportage à la critique musicale la plus savante et la plus consciencieuse. Il voulut ensuite aborder la carrière de l'enseignement public, et il devint professeur à l'Athénée Royal de Dinant, ville où il fut élu conseiller communal. Mais ce ne devait être là qu'un intermède dans sa vie d'écrivain : il abandonna bientôt le professorat et revint à Bruxelles, où il entra définitivement à *L'Indépendance belge*. Parmi les articles qu'il a donnés au supplément littéraire du dimanche de ce journal, il faut mettre hors de pair ceux que réunit le titre général : « Bruxelles vivant », fort belle série d'études qu'il serait désirable de voir publier en librairie. M. M. a écrit en outre un charmant volume intitulé: « Contes microscopiques », Verviers, 1886.

Maier (Adalbert), théologien allemand, professeur de la littérature du Nouveau Testament à l'Université de Fribourg, né en 1871; on lui doit : « Commentar zur Evangelium des Johannes », deux parties, Fribourg, 1843–45; « Commentar zum Briefe an die Römer », id., 1847; « Einleitung in die Schriften des neuen Testaments », id., 1852; « Commentar zu den Briefen an die Korinther », 1857, 2ᵉ éd., 1865; « Commentar zu d. Briefe an die Hebräer », 1861; « Die Glossalie des apostolischen Zeitalters », id., 1855; « Exegetisch- kritische Untersuchungen über die Christologie », id., 1871, et différents essais dans les Revues.

Maier (le père Gabriel), ecclésiastique et historien suisse, né, le 27 novembre 1845, à

Baden en Argovie, reçut son éducation scientifique à l'abbaye d'Einsiedeln, y fut consacré en 1870 à la prêtrise et demeura comme maître à l'école dont il avait été quelques années auparavant l'élève, y enseignant depuis 1870 les mathématiques et les sciences naturelles, depuis 1886 l'histoire, se chargeant en 1880 des fonctions de bibliothécaire. Parmi les ouvrages dus à la plume diligente du père M., nous mentionnerons les suivants: « Saint-Vincent de Paul, sa vie et son œuvre », 1879; « Saint-Antoine de Padoue », 1881; « Description du cloître et du pélerinage de Notre-Dame des Ermites », 1881; « Saint-Meinrad et le pélerinage d'Einsiedeln », 1885; « Histoire de l'école de Saint-Gall au moyen-âge », 1884 (*Annuaire pour l'histoire Suisse*, t. X); « Les sept arts libéraux du moyen-âge », 1887.

Maierotti (Jean-Baptiste), pédagogiste italien, proviseur aux études de la province d'Arezzo, né, à Trévise, le 15 avril 1844, étudia au Lycée de Venise; interrompit ses études pour s'enrôler volontaire de Garibaldi; blessé au Volturno, fut par la suite employé à la Bibliothèque Nationale de Naples qu'il quitta pour achever ses études de mathématiques à l'Université de Padoue; fonda un journal de pédagogie *Il Maestro educatore* (1872-77). Patriote en littérature et sur les champs de bataille, nous donnons la liste complète des œuvres de M. M. et nous n'oublions pas qu'il suivit le général Garibaldi dans la Campagne du Tyrol et dans celle de Mentana: « Soldato e cittadino », drame, 1864; « Chi espia la colpa », comédie, 1868; « Dopo la guerra », id., id.; « Il nove gennaio », chanson, 1878; « Le scuole italiane d'istruzione primaria all'Esposizione Universale di Parigi », rapport, id.; « Il fanciullo dabbene », livre de lecture pour les écoles populaires, Foligno, 1880, et Turin, Paravia, 1881; « Della educazione del bambino dal 1º al 3º anno di età », dans le journal *La scienza dell'educazione;* « In alto », 1883; « Le conferenze pedagogiche di Lanciano e la mostra didattica provinciale di Chieti »; « Della istruzione professionale negli Abruzzi »; « Il lavoro manuale nella provincia di Chieti », rapports, 1884; « In cerca della scuola popolare », conférences pédagogiques, 1887; « L'Albo dei miei figli », Turin, Paravia, id.; « Il lavoro manuale nelle scuole », conférences, 1888.

Maignen (Edmond-Auguste), homme de lettres français, né, à Lyon, le 5 novembre 1847, bibliothécaire de la ville de Grenoble depuis 1880, correspondant du Ministère de l'Instruction publique. Nous avons de lui une foule de notices historiques et biographiques intéressantes l'histoire du Dauphiné, et une « Bibliographie pour historique du Dauphiné pendant la Révolution française », deux forts volumes dont le tirage est fixé à 200 exemplaires numérotés.

Maïkoff (Apollon-Nicolaévitch), illustre poète russe, auteur de « Les trois mortalités »; « Les deux mondes »; « Savonarola »; « La Pêche des poissons »; « Les derniers païens »; « Le cloître anéanti »; « Le jugement », etc. Né, le 23 mai 1821, à Moscou, il termina son éducation à l'Université de Saint-Pétersbourg. Comme étudiant, il s'est beaucoup occupé de peinture, pour laquelle il avait dès son enfance un goût prononcé. Encouragé par le succès d'un de ses tableaux représentant *Le Crucifix*, qu'on acheta pour la chapelle catholique de St.-Pétersbourg, M. M. voulait consacrer sa vie à la peinture; mais sa vue basse et une faiblesse des yeux l'en empêcha. Ayant eu du succès dans ses premières œuvres, il se livra entièrement à la littérature. En 1842, il entreprit un voyage à l'étranger. Dans son séjour d'une année en Italie, il s'occupa de l'art classique et étudia les antiquités grecques et romaines. Il suivit à Paris les cours publics de la Sorbonne et du Collège de France. Revenu à Saint-Pétersbourg, il s'adonna à la philosophie. Ses œuvres ont été publiées dans les années 1840, 1842, 1845, 1847 et 1854. Il a servi au département du trésor de l'Empire à St.-Pétersbourg, puis comme bibliothécaire du musée Roumianzow. A présent, il occupe une place au comité de la censure étrangère. Le 30 avril 1888, on a célébré en Russie, avec éclat, le jubilé de 50 ans de son activité littéraire.

Maïkof (Léonildas-Nicolaevitch), écrivain russe, frère puîné du précédent, vice-directeur de la Bibliothèque publique Impériale de Saint-Pétersbourg, conseiller d'État actuel, membre correspondant de l'Académie Impériale des Sciences, membre de la Commission archéographique et de différentes sociétés savantes, appartient à une ancienne famille russe, dont plusieurs représentants se sont distingués dans la littérature et les beaux-arts. Son père Nicolas Maïkof (1796-1873), a été un peintre de grand talent. M. L. M. naquit, en 1839, à Saint-Pétersbourg, où il a fait ses humanités au second gymnase et suivi les cours de philologie et d'histoire à l'Université de Saint-Pétersbourg. Ayant terminé ses études en 1860, il est entré, l'année suivante, au service civil. Pendant 18 ans il a été employé au Comité central de Statistique, qu'il n'a quitté qu'en 1882 pour être nommé vice-directeur de la Bibliothèque Impériale. Il a été, en outre, pendant 13 ans (1873-1886), président de la section d'ethnographie à la Société Impériale russe de Géographie, et depuis 1867, il a pris une part active à la rédaction du journal de l'Instruction publique; depuis 1883 il est rédacteur en chef de cette revue scientifique. Les travaux littéraires de M. M. se rapportent à l'histoire littéraire et au *folk-lore* russe. En 1863, il a présenté à l'Université de Saint-Pétersbourg comme thèse ses recherches sur les anciennes épopées Russes, et cet ouvrage lui valut le grade de licencié ès-lettres. Depuis il a continué ses travaux sur la poésie nationale, en publiant, dans les *Mémoires de la Société de Géographie*, et le *Journal de l'Instruction publique*, des recueils, des chants populaires et des études sur différents sujets de ce genre. A ces essais dans le domaine du *folklore* se rattachent encore un mémoire sur la géographie de l'ancienne Russie (1873), et un autre sur la civilisation primitive des Finnois occidentaux (1877); cette dernière étude présente une analyse détaillée d'un ouvrage publié sur le même sujet par M. Ahlquist; M. M. s'est attaché à mettre en comparaison les inductions philologiques du savant professeur de l'Université de Helsingfors avec les notions communiquées par les écrivains russes sur les mœurs et usages des peuplades finnoises qui habitent encore quelques provinces orientales de la Russie et qui sont restées à peu près dans l'état sauvage des anciens Finnois occidentaux. Dans le domaine de l'histoire littéraire on doit à M. M. plusieurs études sur la littérature russe du XVIIe et XVIIIe siècles, notamment sur le commencement du roman russe, sur l'histoire de la presse périodique en Russie, sur Siméon Polotyki, Lomonosof, Von-Vizine, Basile Maïcof, etc.; tous ces articles ont été publiés dans des périodiques russes. Sa dernière publication est une grande édition des œuvres complètes de Const. Batuschkof, en trois volumes (1885–1887), avec des notes explicatives et une étude approfondie sur la vie et les écrits de ce célèbre poète, qui est considéré comme prédécesseur de Pouschkine; cette étude qui présente à elle seule un ouvrage considérable, a été aussi tirée à part. La dernière publication de M. M. lui valut les éloges unanimes de la critique russe.

Mailly (Nicolas-Édouard), savant belge, né, à Bruxelles, le 17 juin 1810. Docteur ès-sciences physiques et mathématiques, ancien aide à l'Observatoire de Bruxelles, professeur honoraire à l'école militaire, il fait partie de l'Académie Royale de Belgique. Ses livres principaux sont: « Principes de la science du calcul », Bruxelles, 1850; « Essai sur les institutions scientifiques de la Grande-Bretagne et de l'Irlande », id., 1867; « Les origines du Conservatoire Royal de musique de Bruxelles », id., 1878; « Histoire de l'Académie Impériale et Royale des sciences et belles-lettres de Bruxelles », id., 1882. Il a fourni un grand nombre de communications et de notices, souvent traduites à l'étranger, aux *Annales*, à l'*Annuaire* et à l'*Almanach séculaire* de l'Observatoire (de 1833 à 1870), à la *Correspondance mathématique et physique* publié par Quételet, aux *Mémoires*, au *Bulletin* et aux autres publications de l'Académie; l'*Annuaire* de la Compagnie pour 1875 renferme notamment une excellente notice de lui sur Adolphe Quételet.

Maindron (Charles-Ernest), collectionneur, homme de lettres, secrétaire-archiviste de l'Académie des Sciences, né, à Paris, le 9 décembre 1838. M. M. est attaché au Secrétariat de l'Institut depuis plus de vingt ans. L'Académie des Sciences lui doit la reconstitution de ses archives et la publication de nombreux documents se rapportant à ses réglements et à son histoire. M. M. est un collectionneur émérite. Fanatique de Daumier, il en possède l'œuvre au complet et en prépare le Catalogue. Passionné pour tous les documents de l'art moderne, M. M. a fait des collections des charges du siège et de la Commune, des portraits et charges de Gambetta. Il a publié en 1874 chez Le Chevalier, les « Murailles politiques », excellent recueil des affiches françaises et allemandes, apposées à Paris ou en province depuis le 4 septembre 1870 jusqu'à la fin du mois de mai 1871. En 1886, il a donné: « Les Affiches illustrées », H. Launette, éd.; la *Revue Scientifique* a publié de M. M. des études sérieuses et pleine d'intérêt sur « L'Académie des Sciences, ses réglements, ses installations successives et la biographie »; sur la « Fondation de l'Institut national »; sur « Bonaparte membre de l'Institut ». Ces études forment aujourd'hui un ouvrage in-8º publié par Félix Alcan, sous le titre: « L'Académie des Sciences. Histoire de l'Académie, fondation de l'Institut National. Bonaparte membre de l'Institut National », avec 8 planches hors texte et 53 gravures, portraits, planc. et autographes, 1888. L'éditeur Gauthier-Villars a aussi publié un beau vol. in-4º, du même auteur, intitulé: « Les Fondations de prix à l'Académie des Sciences »; « Les Lauréats de l'Académie (1714-1880) ». Le *Bulletin de la Société Chimique* a inséré sous le titre: « Jean-Baptiste Dumas et son œuvre », l'indication biographique des travaux scientifiques et littéraires de l'illustre chimiste, 1 vol. in-8º, chez Georges Masson. M. M. a commencé l'impression d'un ouvrage intitulé: « Le Champ de Mars (1751-1889) ». Cet ouvrage va paraître en mars prochain en 1 vol. in-8º jésus avec un nombre considérable (150 environ) de planches reproduites d'après les estampes originales. Dans ce livre l'auteur retrace tous les évènements qui se sont accomplis un Champ de Mars depuis sa fondation en 1751.

Maine (Sir Henri-Jacques-Sumner), publiciste, jurisconsulte, homme d'État anglais, né en 1822; suivit le cours universitaire à Cambridge; en 1847 professeur de droit jusqu'en 1854; entra dans la Magistrature en 1862 et après 7 ans de séjour aux Indes en qualité de membre du Conseil Suprême revint en Angleterre pour être nommé (1870) professeur de jurisprudence à l'Université d'Oxford. Il refusa (1885) d'être sous-

secrétaire d'État à l'Intérieur. Nous avons de lui: « Modern Theories of succession to property after death, and the corrections of them suggested by recent researches »; « Roman Law and Legal Education »; « Ancient Law, its connection with the Early History of Society, and its relation to Modern Ideas »; « Village Communities in the East and West »; « Lectures in the Early History of Institutions »; « Dissertations on Early Law and Custom », 1883; « Popular Government », 1885. Sir H.-J. M. est membre de l'Institut de France.

Maineri (Baccio-Emmanuel), romancier et journaliste italien, né, le 21 août 1831, à Toirano (Lygurie-Occidentale), fit ses premières études sous les pères Barnabites de Finale. Il les acheva à l'institution Oddi d'Albenga. C'était en 1848; M. M. s'enrôla volontaire au 8º de ligne, mais il dut bientôt quitter le service militaire pour cause de santé. Tout-à-tour maître d'école, élève télégraphiste et journaliste, cet écrivain, doué d'un talent fécond et bizarre, a touché à une foule de sujets; roman fantastique, roman intime, légendes, contes moraux, essais critiques, essais historiques, il a tout tenté. A son début l'œuvre de M. M. est une dérivation de Guerrazzi: « Ubaldo »; « Lionello »; « Evangelina Guerri » et « La solitudine » sont des nouvelles calquées sur le genre que l'écrivain livournais avait mis à la mode. Mais bientôt M. M. tourne à l'imitation d'Edgard Poë, et nous donne: « L'Ultimo Boia »; « L'Abbazia di San Lao »; « In una valle, o Ermanno Lysch »; « Ser Lampo »: « Nero e Azzurro »; « Abbondio Sangiorgio »; « Soresina »; « Fra Galdino »; « Santa Filomena »; « L'ultimo veglione »; « Mamma ce n'è una sola »; « Voci del cuore »; « Sereno, o famiglia Onorati »; « Arundello »; « Il viaggio della vita »; « Est! Est! Est! ». Ses ouvrages scientifiques consistent en « Storia militare di Prussia avanti il 1756 », version de Duparcq; « L'Europa e la Polonia »; « Storia dell'insurrezione di Roma nel 1867 »; « Storia della Comune e del Comunismo in Francia »; « Il Piemonte nel 1850, 1851, 1852 »; « Epistolario Manin e Pallavicino »; « Epistolario Gioberti-Pallavicino »; « La spedizione dei Monti Parioli di G. Cairoli »; « Il Giardino d'Italia »; « L'Astronomo Giuseppe Piazzi »; « Ai giovani del Circolo Alessandro Manzoni », discours, 1883; « A proposito di Stefano il Grande e di Michele il Bravo », id.; « Il sacro drappello di villa Glori, con documenti e appendici », 1881; « L'associazione letteraria internazionale », 1882; « Ingaunia », 1884; « Fior di racconti e Novelle », 1880; « Giorgio Pallavicino »; « La Polonia e l'Europa dinanzi alla coscienza e alla storia »; « Il Giobbe di M. Rapisardi »; « Giuseppe Rovani »; « Charitas »; « Fra Pantaleo »; et plusieurs autres écrits et pamphlets.

Mair (Francois) écrivain pédagogiste allemand, fils d'un maître d'école de village, né, le 15 mars 1831, à Weisendorf, rédacteur principal de la revue *Volkschule*, a composé pour les écoles populaires un « Liederstrauss »; pour les écoles techniques un « Liederbuch » et des « Schulfestlieder ». Ses brochures et ses livres populaires dépassent la centaine; quelques uns ont eu l'honneur d'une traduction américaine.

Mair (George), littérateur autrichien, né, le 9 mars 1850, à Meran (Tyrol), depuis 1886 professeur de Gymnase à Arnau. On lui doit: « Das Land der Skythen », 1885; « Der Feldzug des Dareios gegen die Skythen », 1886.

Majer (Joseph), savant polonais, ancien professeur de physiologie et anthropologie à l'Université de Cracovie (1835-1877), président de l'Académie des Sciences de Cracovie, député à la Dyète Galicienne, conseiller municipal de la ville de Cracovie, où il est né le 12 mars 1808. Ses ouvrages datent de 1840 et sont surtout des monographies sur la physiologie et l'anthropologie. Nous signalons les derniers ouvrages de M. M.: « Égalité d'oscillation du nombre des personnes contenues dans les diverses catégories d'une population quelconque classée d'après la taille des individus »; « Seconde série des recherches, concernant la caractéristique physique de la population en Galicie, particulièrement les personnes des deux sexes depuis l'âge de 25 jusqu'à 50 ans.

Majlath (Béla DE SZÉKHELY), polygraphe hongrois, directeur de la Bibliothèque nationale de Budapest, né, à Andrásfalu, en 1831, membre de l'Académie des Sciences et de nombreuses Sociétés scientifiques nationales et étrangères, a prit part comme *honved* à la guerre d'insurrection nationale dans les années 1848-49, voyagé en Allemagne, Pologne, Lithuanie, Turquie, Roumanie, Italie, et publié des poèmes, des nouvelles, des mémoires archéologiques, historiques, bibliographiques, des études d'histoire littéraire hongroise (surtout sur Pétöfy et sur Arany János), d'économie politique, d'héraldique et sphragistique, et des notes dans le domaine des sciences naturelles.

Major (Edmond), écrivain international, né à Genève, sujet italien, chef de service au Ministère des Affaires Étrangères à Rome, collaborateur pendant longtemps sous différents pseudonymes de la *Revue internationale* de Rome. Son activité littéraire a cessé en 1887 lorsqu'il fut nommé secrétaire particulier de S. E. le chevalier François Crispi premier Ministre du Royaume d'Italie.

Major (Richard-Henri), géographe anglais, né, à Londres, en 1818, nommé gardien des cartes et plans du British-Museum en janvier 1844; cette collection devint en 1867 un département, dont M. M. fut nommé chef; secrétaire honoraire (1849-58) de la Société Hakluyt, il en pu-

blia les mémoires suivantes: « Select Letters of Christopher Columbus », 1847; « The history of travaile into Virginia Britannia, by W. Strachey, first Secretary of the Colony », 1849; « Notes upon Russia », traduction de Heberstein, 1851-52; « Mendosa's China », 1853; « Tartar Conquerors in China », 1854; « India in the Fifteenth Century », 1857; « Early Voyages to Terra Australis », id. Dans cet ouvrage il démontre que l'Australie avait été découverte par les Portugais au XVI° siècle. En 1865, il composa un « Mémoire sur une Mappamonde tracée par Leonardo da Vinci », et qui appartient à la Collection du Château de Windsor. Nous avons encore de lui un ouvrage vraiment essentiel: « Life of Prince Henry of Portugal, surnamed the Navigator, and its results »; « Voyages of the Venetian Brothers Nicolò and Antonio Zeno to the Northern seas in the Fourteenth Century; comprising the latest known accounts of the lost Colony of Greenland and of the Northmen in America before Columbus », 1873. M. M. a été un des vice-présidents de la Société Royale de Géographie de Londres (1881-84), et à cause de l'état précaire de sa santé, a quitté dernièrement le British-Museum et les autres places qu'il occupait; il est considéré à bon droit comme le chef des érudits en fait de géographie.

Majorana-Calatabiano (Salvator), économiste, avocat et homme d'État italien, sénateur du Royaume, professeur d'économie politique à l'Université de Catane, avocat près de la Cour de Cassation à Rome, né, le 25 décembre 1826, à Militello près de Catane; docteur ès-sciences légales en 1850; professeur d'Économie politique d'abord à l'Université de Catane, puis à celle de Messine, de 1854 à 1860, il prit une part très active au mouvement insurrectionnel de l'Italie Méridionale et de la Sicile; député au Parlement pendant cinq législatures, ministre de l'agriculture et du commerce lors de l'avénement de la gauche au pouvoir (1876-77); encore une fois ministre (1878-79); nommé sénateur, il prit part à tous les débats qui intéressaient le principe de la liberté économique. M. M. est un libre-échangiste convaincu; l'Italie lui doit: La loi forestale et la loi sur la pêche, les traités de commerce de 1877 avec la France et avec la Grèce, ainsi que celui de 1878 avec l'Autriche-Hongrie. En librairie: « Ricchezza e miseria, ossia nuovo trattato di economia politica », 1847; « Teoria giuridica delle scienze sociali »; « Cenno delle lezioni sulla teoria giuridica, etc. », 1856-58; « Trattato di economia politica, teorie fondamentali », 1865-66; « Lezioni di finanza », 1887-88.

Majorana-Calatabiano (Joseph), fils aîné du précédent, avocat, professeur à l'Université de Catane, né, dans cette ville, le 23 septembre 1863, a achevé ses études juridiques en juillet 1872; il occupe la chaire de statistique à l'Université de Catane. Œuvres: « Il reato di tentativo », 1883; « Teoria della statistica », 1885; « Teoria del valore », 1887; « Controversie sulla teoria del valore », id.

Majorana-Calatabiano (Ange), frère du précédent, avocat, professeur de droit constitutionnel à l'Université de Catane, né, le 4 décembre 1865, à Catane, docteur en droit en juillet 1882, professeur depuis 1886 de droit constitutionnel et de science de la finance. Nous avons de lui en librairie: « Del Parlamentarismo », 1885; « Del principio sovrano nella costituzione degli Stati », 1886; « Teoria costituzionale delle entrate e delle spese dello Stato », 1886.

Majorescu (Titus), écrivain et homme politique roumain, ancien professeur de philosophie à l'Université de Bukarest, ancien ministre de l'Instruction publique (1874-76), membre du Parlement, né, en 1840, à Cayora, étudia à Vienne, Berlin et Paris; professeur de philosophie à l'Université de Jassy (1862-74). Nous avons de lui un ouvrage en allemand: « Un peu de philosophie sous forme vulgaire », Berlin, 1861; en roumain les ouvrages suivants: « Poesia Rumana », 1877; « Contras colei barnutiu », 1868; « Betie decuvinte », 1873; « Respunsuri le Revistei Contemporane », id.; « Critice », 1874; « Logica », 1876; une seconde édition de ce dernier ouvrage, 1877; « Patru novele », 1882; « Precedente constitutionale », 1886. Cet auteur a couvert aussi un poste diplomatique près de la Cour de Berlin.

Makowiczka (François), économiste allemand, professeur d'économie et de finance à l'Université d'Erlangen, né en 1811; en dehors des essais insérés aux revues, il a publié: « Die Arbeiterfrage », Erlangen, 1869; « Zur Statistik der Erfindungsprivilegien in Oesterreich », 1844.

Malagola (Charles), érudit et archiviste italien, né, à Ravenne, le 5 août 1855, fit son droit à Bologne. Dès l'âge de 17 ans, il publia des articles intéressants sur le *Petroniano*, journal historique qui s'imprimait à Bologne; plus tard (1875), il publia: « Lettere inedite d'uomini illustri Bolognesi », deux vol.; puis la « Vita di Antonio Orceo », ouvrage qui eut du retentissement en Allemagne. Nous donnons une liste des ouvrages de M. M. qui intéresse beaucoup l'histoire bolognaise des siècles passés: « Di Virgilio Malvezzi e della sua missione al Duca di Milano nel 1462 », Bologne, Fava e Gar., 1880; « Memorie storiche sulle maioliche di Faenza », Bologne, Romagnoli, 1880; « Le belle arti in Ravenna dopo il mille », Ravenne, Calderini, 1880; « Der Aufenthalt des Coppernicus in Bologna » (trad. allem. de M. Cortze), Thorn, Lambeck, 1880; « Cristina di Svezia in Bologna », Pise, 1881; « Galileo Galilei e l'Università di Bologna », Florence, Cellini, 1881; « Memorie dell'antica Pieve di S. Faustino e

Giovita presso Rubiera », Modène, Vincenzi, 1881; « I Polacchi in Bologna », Bologne, Monti, id.; « La fabbrica delle maioliche della famiglia Corona in Faenza », Milan, Dumolard, 1882; « L'Archivio di Stato di Bologna dalla sua istituzione a tutto il 1882 », Modène, Vincenzi, 1883; « Di Sperindio e delle cartiere, dei carrozzieri, armaioli, librai, fabbricatori e pittori di vetri in Faenza sotto Carlo e Galeotto Manfredi », id., id., id.; « L'Archivio di Stato di Bologna nella Relazione sugli Archivi di Stato Italiani », id., id., id.; « I libri della *Nazione Tedesca* presso lo Studio di Bologna », id., id., 1884; « Il Cardinale Alberoni e la Repubblica di S. Marino », Bologne, Zanichelli, 1886; « Una nota inedita di B. Borghesi intorno alle monete di S. Martino », id., Fava e Gar., 1886; « I rettori nell'antico Studio e nella moderna Università di Bologna. Notizie storiche e Catalogo », id., 1888; « I Rettori delle Università dello Studio Bolognese. Memorie storiche », id., Fava e Gar., 1887; « *Acta Nationis Germanicæ Universitatis Bononiensis* » (en collab. avec E. Friedlaender), Berlin, Reimer, 1887; « Note storiche sul Feudo di Valdoppio dei Coperniani di Faenza », Bologne, Monti, 1888; « Statuti delle Università e dei Collegi dello Studio Bolognese », id., Zanichelli, id.; « Monografie storiche sullo Studio Bolognese », id., id., id.

Malaise (Constantin-Henri-Gérard-Louis), savant belge, membre de l'Académie Royale de Belgique et de plusieurs autres sociétés savantes, né, à Liège, le 11 novembre 1834. Docteur ès-sciences naturelles, il fut de 1858 à 1860 répétiteur à l'école des mines, des arts et des manufactures de sa ville natale; depuis 1860, il est professeur d'histoire naturelle à l'Institut agricole de l'État à Gembloux. Nous citerons surtout de lui: « Les découvertes paléontologiques faites en Belgique », Liège, 1860, mémoire couronné par la Société d'émulation de Liège; « Description du terrain silurien du centre de la Belgique », Bruxelles, 1873 (mémoire couronné par l'Académie Royale de Belgique); « Manuel de minéralogie pratique », Mons, id., (couronné par la Société des sciences, des arts et des lettres du Hainaut); 2ᵉ éd., 1881; « Carte agricole de la Belgique », Bruxelles, 1873 (souvent récompensée aux Expositions); « La paléontologie végétale de la Belgique », id., 1877; « Simples causeries sur la botanique », Verviers, 1882. M. M. a collaboré au *Bulletin* et à l'*Annuaire* de l'Académie, aux *Bulletins* de la Société de botanique, de la Société Géologique, de la Société malacologique, de l'Institut agricole de l'État, à la *Revue populaire des sciences*, à la Statistique de la Belgique, à la *Patria Belgica*, pour laquelle il a écrit un chapitre étendu sur la géographie agricole de la Belgique, etc., etc. — Un arrêté du Roi des Belges, en date du 31 décembre 1889, l'a nommé membre du Conseil chargé de diriger l'exécution de la nouvelle carte géologique du Royaume.

Malamani (Victor), jeune historien italien, né, à Padoue, le 24 nov. 1860; après de fortes études littéraires, il fit ses premières armes à Turin dans une revue mort-née et à Milan dans la *Rivista minima*. Il publia ensuite: « Isabella Teotochi Albrizzi, i suoi amici, il suo tempo », Turin, 1882; « Cento lettere inedite di Melchior Cesarotti a Giuseppina Renier Michiel », Ancone, Morelli, 1884; « La satira del costume a Venezia nel secolo XVIII », Turin, Roux e Favale, 1886; « I Francesi a Venezia e la satira », Venise, Merlo, 1887; « Il principe dei satirici veneziani (Pietro Buratti) », id., id., 1887; « Nuovi appunti e curiosità goldoniane », id., id., id.; « Le memorie del Conte Leopoldo Cicognara ».

Malan (César), écrivain suisse, né, à Genève, le 11 mars 1821, reçut sa première éducation au foyer domestique, passa plusieurs années de sa jeunesse (depuis 1835) à Stuttgart et se familiarisa avec la culture germanique auprès du pasteur poète Albert Knapp, étudia les langues orientales à Tubingue sous la direction d'Ewald, la morale et l'apologétique réformées à Lausanne et reçut en 1846 de la Faculté évangélique de Genève le grade de licencié en théologie. Entré en 1847 dans la carrière active, M. M. desservit successivement l'église française de Hanau (1847-1850) et l'église suisse de Gênes (1851-1854). Le nom de Sillem, qu'il a joint au sien propre, pour se distinguer d'autres membres de sa famille, est celui de sa deuxième femme. Depuis son retour à Genève en 1855, M. M. a renoncé à toute fonction officielle et s'est borné à faire pendant quelques années, sous les auspices de l'Union évangélique, des services pour l'explication de la Bible destinés à la jeunesse. Ses travaux de cabinet, malgré une phraséologie quelque peu obscure, qui n'a jamais complètement réussi à s'affranchir des entraves d'Outre-Rhin, témoignent d'une réelle largeur de conception et de remarquables aptitudes métaphysiques. Son système de philosophie religieuse repose sur la conscience regardée comme le fondement inébranlable de toute certitude religieuse. Nous sommes redevables à ce penseur intéressant et original des ouvrages suivants: « Les miracles sont-ils réellement des faits surnaturels? », 1863; « Le dogmatisme », 1866; « Genève religieuse au XIXᵉ siècle » (trad. de l'allemand de Hermann de Goltz), 1862; « La vie et les travaux de César Malan », 1869; « Les grands traits de l'histoire religieuse de l'humanité », 1883, 2ᵐᵉ éd., 1885; « La conscience morale », trois études lues devant quelques amis avec une appréciation philosophique par M. E. Naville, 1886; « Le Dieu de la conscience révélé dans la Sainte-Écriture », manuel d'instruction religieuse, 1888. M. M. a collaboré au *Bulletin théologique*, à la *Revue Chrétienne*, aux *Revues théologiques de Lausanne et de Montauban*, etc.

Malatesta (Baccio), écrivain italien, né, à Modène, le 1er janv. 1862, demeurant à Settignano près de Fiesole. Éclectique en fait de littérature et de croyances, il a dirigé quelque temps le *Gazzettino artistico letterario*, où il a écrit en faveur de Pietro Sbarbaro. Nous avons de lui des essais biographiques sur « Claudio Achillini », poète du XVIIIe siècle; sur le naturaliste « Lazzaro Spallanzani », sur « Luigi Giovannozzi », et sur Monseigneur L. Corsini, évêque de Fiesole.

Malerba (Pascal), médecin italien, né, à Pizzo de Calabre, le 12 mai 1849. Il fit ses études à l'Université de Naples; prêta service à l'armée comme chirurgien, reprit ses études et fut appelé par le célèbre Dr. prof. Albini à l'aider dans l'enseignement de la physiologie. Il est depuis 1883 professeur de Chimie physiologique. Ses nombreux mémoires sont inserés aux revues spéciales. Citons les principaux : « Osservazioni sulla Fisiologia del Parvago fatte sull'uomo vivente », 1874; « Ricerche sugli albuminoidi dei fichi », 1881; « Sul potere saccarificante dei denti », id.; « Sulla presenza di una specie di peptone e della ptialina nell'urina umana », id.; « Sulle sostanze grasse delle castagne comuni », 1882; « Studio chimico-fisiologico sull'albumina cristallizzata », id.; « Sulla natura e costituzione chimica dei grassi delle castagne comuni e su di una sostanza nuova (la Castanosterina), in essi scoperti », 1883; « Contribuzione allo studio della composizione chimica dell'uovo di gallina », 1885; « Comportamento dell'allauterina nella determinazione dell'urea nell'urina col metodo dell'ipobromuto di sodio », id.; « Analyse chimique de quelques calculs intestinaux », id.; « Analisi chimica delle produzioni epidermiche in un caso di ittrosi istrice », 1885; « Analisi chimica di Calcoli vescicali migrati in vagina per fistola vescicovaginale », 1887; « La vera difesa contro le epidemie, proposta di una lega internazionale; lettera aperta all'onorev. De Zerbi », 1884. Plusieurs mémoires sont en collab. avec le prof. Albini et les docteurs Boccardi e Zappelli.

Maletich (Georges), dramaturge serbe, né, dans le Banat de Hongrie, en 1816; étudia les éléments à Carlovatz et la philosophie à Ségédin; émigra en Serbie en 1838 et fut nommé secrétaire au Ministère de l'Intérieur. En 1841, secrétaire de Légation à Bukarest. Partisan du Prince Michel, il émigra avec lui en Hongrie et ne rentra dans sa patrie qu'en 1848 pour y enseigner la littérature au Gymnase. Poète lyrique et épique distingué, orateur disert, il a écrit les drames suivants : « L'Apothéose de Kara-Georges »; « Les Haïduques serbes »; « Michel Roi de Bulgarie »; « L'Apothéose du Prince Michel »; « L'Apothéose de Vuk Karagich, et le drame d'Uson le Fort ». Son ouvrage essentiel est: « Le matériel pour l'histoire du théâtre de Belgrade », œuvre volumineuse où la critique est abondante et fine.

Malfatti (Barthélemy), éminent polygraphe italien, né à Masi, grosse bourgade près de Rovereto (Trentin); acheva à Trente ses études lycéales, entreprit celles de Droit à l'Université de Prague et se perfectionna en Italie; c'est à Pise qu'il obtint son doctorat; il fut un des collaborateurs du *Crepuscolo* de Charles Tenca. Il traduisit en italien la belle dissertation de Jean-Georges Müller (l'éminent architecte) sur « Le Dôme de Florence et sa façade »; travailla à l'édition Le Monnier de l'œuvre de George Vasari; il demeurait alors à Florence. En 1854, il rentra en Autriche, et en 1859 quitta son pays une seconde fois pour s'occuper entièrement de ses chères études; professeur d'histoire (1860) à l'Académie Milanaise de Beaux-Arts et à celle scientifique-littéraire (1863), il fit connaître aux Italiens le système critique de l'école de Tubingue. Il abandonna l'histoire pour la géographie, et publia: « Scritti geografici et etnografici », 1869; « Imperatori e Papi ai tempi della signoria dei Franchi in Italia », dont deux seuls volumes ont paru: « Compendio di Etnografia », Milan, Hoepli. En 1878, professeur de géographie à l'Institut d'études supérieures de Florence, il publia: « Atlante di disegno geografico elementare », ainsi qu'un mémoire intitulé: « Disegno geografico nelle scuole secondarie ». Collaborateur très actif à l'*Archivio Storico per Trieste, l'Istria ed il Trentino*, il y inséra des mémoires très intéressants, sous les titres suivants: « Il libro della cittadinanza di Trento »; « I Confini del principato di Trento »; « I Castelli trentini distrutti dai Franchi ». Il publia aussi dans le journal littéraire *Il Preludio* un article de haute valeur « Sulle memorie di Giacomo Casanova » et sur le *Bullettino della Società Africana* (sezione fiorentina) les « Questioni coloniali ed un antico periplo del Mar Rosso ». Récemment, il a travaillé à un essai d'*Itonopomastica trentina* fruit de cinq années de recherche, et enfin il a composé le texte de l'« Atlantino tascabile de Kiepert », Milan, Hoepli, 1880.

Malherbe (B.-Joseph D'ARÇAY), écrivain français, né, à Loudun (Vienne), le 29 novembre 1809. Après de brillantes études faites au Collège de Poitiers, il étudia la médecine et commença par la médecine militaire; après avoir été attaché pendant deux ans aux hôpitaux militaires de l'armée d'Afrique, il a été, à la suite d'un concours, envoyé au Val de Grâce, où il a occupé les fonctions de chef de clinique jusqu'à la fin de 1837. Nommé médecin inspecteur des eaux minérales de Bagnères de Bigorre, il y est resté pendant quarante ans; après il passa pendant quinze ans à Cauteretz, et en dernier lieu, à Néris, où il fut nommé médecin inspecteur en 1870. Dans ces différentes situations, il a fait quelques publications sur les eaux de Cauteretz et de Néris, et il a collaboré à l'*Union Médicale;* on lui doit, en outre, des œuvres littéraires: « Indiscrétions contemporaines »; une étude sur la « Salle à manger du docteur Véron », 1868; « Duels parlementaires »; « Les journalistes d'autrefois »; « Les Présidents de la Chambre », 1883; « Semaines littéraires », 1887; « Monsieur Thiers », 1888.

Mallander (Gustave-Richard, pseudonyme *Malle*), humoriste, auteur et artiste dramatique suédois, né en 1840, a donné quelques pièces au théâtre; citons: « I gladastunder », 1881; « Visos, sänger och skizzer », 1884.

Mallarmé (Stéphane), poète symboliste français, né, à Paris, le 18 mars 1842; il a donné une traduction en prose des *Poèmes* d'Edgar Poë, et publié dans de nombreux recueils périodiques des poésies qui n'ont été réunies qu'en un très rare volume photogravé sur le manuscrit de l'auteur. M. S. M. est un « auteur difficile » et mystérieux; il entend, dans ses vers, faire de la musique. « Les initiés, dit M. « Coppée, qui déchiffrent à partition ouverte, « des morceaux symphoniques tels que l'*Après-« midi d'un Faune* savent distinguer, à travers « le voile des lointaines correspondances et des « vagues analogies, la pensée de M. Mallarmé.... « ou son rêve. Ce qui est indéniable, c'est l'in-« fluence exercée par lui sur tout un groupe « de jeunes artistes en vers — *décadents, sym-« bolistes,* etc., qui l'honorent comme un pré-« curseur et comme un *maître* ». M. S. M., qui collabore depuis vingt ans à toutes les Revues de curiosité et de littérature, prépare en ce moment une œuvre d'art personnel dont la première publicité « par des moyens qui lui sont particuliers », s'est faite en 1889.

Mallat (A.), médecin et écrivain français, né, à Vichy, le 1er janvier 1857, pharmacien, ancien interne des hôpitaux de Paris, propriétaire des Eaux, fondateur et administrateur de la *Médecine Thermale,* fondateur de la Société d'hygiène de Vichy, a publié: « Recherches et dosages de la lithine dans les Eaux de Vichy », 1887; « La question agricole en 1885 »; « Les Eaux douces de Vichy », 1883, etc.

Mallat de Bassilau (Marcel-Jacques), homme de lettres français, né, à Paris, le 17 mai 1852, fit ses premières études au Lycée d'Angoulême, puis deux années de médecine à l'Ecole de Reims, où il puisa le goût de la physiologie. Ensuite, maître suppléant aux Lycées Henri IV, Vanves, Saint-Louis (1873-78) et bibliothécaire à la Bibliothèque nationale. Depuis 1880, il a collaboré comme chroniqueur au *Courrier du soir,* à l'*Opinion Nationale,* à la *Vie Moderne,* au *Journal de la Santé* et à l'*Expansion coloniale.* Nous avons de lui en librairie: « La Comtesse Morphine », 1884; « Le roman d'un Rayon de Soleil »; « Tunis et la Tunisie », 1880; « La Patrie en danger », 1885.

Malmgren (Anders-Johan), zoologiste finlandais, né en 1834, professeur à Helsingfors, inspecteur de la pêche en Finlande, né en 1834, a publié: « Kritisk af Finlands fiskfauna », 1863; « Handlingar och förordningar angående Finlands fiskesier », 1869-70.

Malmosi (Charles), philologue hongrois, directeur du Gymnase Royal de Presbourg, né, à Alsó-Lövö, en 1848, a enseigné d'abord à Arad et à Budapest (de 1873 à 1884). On lui doit en hongrois une Grammaire latine, dont la sixième édition a paru en 1885; « Cours de thèmes Latins », sixième éd., en 1885; « Syntaxe Latine », troisième éd. en 1885; « Cours de thèmes de la syntaxe latine », troisième éd., en 1883; « Morceaux choisis de Live, Ovide et Phèdre », 3e éd., ed 1883; « Notes à Tite-Live », 1881; préface à une nouvelle édition de Salluste; « Horace », nouvelle édition avec notes; plusieurs essais dans les Revues philologiques et pédagogiques.

Malmström (Bernhard-Elis M.), illustre publiciste, historien de la littérature et poète suédois, né en 1816. On lui doit: « Ariadne », 1838; « Fiskarflickan vid Tinneisö », 1839; « Blick på svenska vitterhetens närvarande tillstånd », 1839-40; « Angelika ». 1840; « Julianus »; « Dikter », 1847; « Litterature historiska studier », 1860-61; « Tal och esthetiska afhandlingar »; des études sur Shakespeare, Swift et Cervantes; des essais: « Om den romantiska skolan »; « Samlade skrifter », 1866-69; « Grunedragen af svenska väterhetens historia ».

Malon (Benoît), publiciste et homme politique français, né, aux environs de Saint-Étienne (Loire), en 1841, d'une famille de cultivateurs. Il reçut une instruction primaire moyenne par les soins de son frère aîné, instituteur dans ce département. Tour-à-tour homme de peine et ouvrier teinturier dans la banlieue de Paris, il devint l'un des fondateurs de l'*Internationale* dans la Seine, en 1868, et, comme tel, fut condamné à trois mois de prison. Depuis lors, toute sa vie a été très accidentée. En Italie, il fait de la typographie, habitant successivement Como, Palerme, Lugano, Milan. Il a publié plusieurs fascicules à grands succès; au reste, il écrit l'italien couramment, s'étant instruit en cette langue, seul, à la Bibliothèque de Milan. Son action, dans ce pays étranger, fut considérable: elle s'exerçait contre les anarchistes en faveur des collectivistes. M. B. M. retourna en France après 1880 lors de l'amnistie générale. Il fonda le *Parti Ouvrier,* où il est resté deux ans. Enfin, de propagateur militant, il est devenu philosophe. Comme tel, ses productions sont nombreuses et importantes. A citer: « Manuel d'Économie sociale »; « Revue socialiste »; « Morale sociale »; « Les Collectivistes français »; « Le socialisme intégral »; en préparation: « Mélanges de philosophie, de politique et de socialisme »; « Le Socialisme chrétien »; « Réfection de l'histoire du socialisme »; « Dictionnaire du socialisme ». Léon Cladel a consacré à cet apôtre de la justice et du droit une fort belle étude biographique publiée dans la *Revue moderne*.

Malon (Paul-Jacques), publiciste français, né, à Montpellier, le 10 juin 1844, s'est consacré d'abord à l'étude des langues vivantes et orientales. Attiré de bonne heure par les questions coloniales et de politique internationale, il a fait, à cet effet, de longs séjours et de fréquents voyages en Allemagne, en Russie et dans le bassin de la Méditerranée. Il s'est préoccupé surtout du rôle des écoles françaises dans le nord de l'Afrique et en Orient, et a été le promoteur de l'Alliance française. Il a publié: « Le Tonking. Les évènements de 1873 et 1874 », 1881; « Les évènements de Tunis. Du rôle de l'Italie et de l'action du gouvernement français », id.; « Une série de lettres de voyage sur l'Algérie et la Tunisie », *Journal de Parlement*, 1882; « Rapport sur les écoles de Tunisie », *Journal des bibliothèques populaires de la société Franklin*, 1883; « Étude sur la Tunisie », *Progrès français, revue populaire des couférences et cours scientifiques*, id.; « Rapport sur la Tunisie et la Tripolitaine », 1884; « Rapport sur les écoles de Tripoli », 1885; « Rapport sur les écoles de Tunisie », id.; « La Nécropole Phénicienne de Medhia », 1884, en collaboration avec Philippe Berger; « L'Alliance française et l'enseignement français en Tunisie en Tripolitain », 1885; « De Palerme à Tunis », ouvrage orné de gravures, Plon, Nourritz et Cie, id.; « Les Allemands en Alsace-Lorrain », 1887; « L'Allemagne chez elle et au dehors », 1888. Il a publié en outre de nombreux articles dans le *Parlement*, le *Bulletin de la Société Franklin* et dans la *Nouvelle Revue*, la *Revue Bleue* et le *Bulletin de l'Association républicaine*, des études sur des questions de politique extérieure.

Malot (Hector), romancier français, né, le 20 mai 1830, à la Bouille (Seine-Inférieure), fit ses premières études à Rouen et son droit à Paris. Son activité littéraire commença en 1859 par un roman en trois volumes, intitulé: « Les victimes d'amour ». Vinrent ensuite: « Les amours de Jacques »; « Romain Kalbris »; « Un beau-frère »; « Madame Obernin »; « Une bonne affaire »; « Un curé de province »; « Un miracle »; « Souvenirs d'un blessé »; « La belle Madame Donis »; « Clotilde Martory »; « Le mariage de Juliette »; « Une belle-mère »; « Le mari de Charlotte »; « L'héritage d'Arthur »; « L'Auberge du monde »; « Les batailles du mariage »; « Clara »; « Sans famille »; « Le docteur Claude »; « La Bohême tapageuse »; « Une femme d'argent »; « Pompon »; « Séduction »; « Les millions honteux »; « La petite sœur »; « Paulette »; « Les besoigneux »; « Marichette »; « Micheline »; « Le sang bleu »; « Le lieutenant Bonnet »; « Baccara »; « Lyte »; « Vices français »; « Ghislaine »; « Conscience »; « Mondaine ». M. M. est un des auteurs français qui sont le plus lus et presque tous ses romans ont été traduits et publiés en feuilleton dans les journaux italiens.

Maltese (Félix), médecin et philosophe, né, à Victoria en Sicile, le 1er janvier 1839, s'est proposé dans ses ouvrages de démontrer que l'univers doit être nécessairement et non librement le résultat de l'association de trois causes substantielles irréductibles et non le résultat d'une cause moniste. Nous avons de lui: « Cielo », 1883; « Il vero e il nuovo nel libro Cielo », 1886; « Monismo o nichilismo », 1887; « La filosofia di E. Caporali e il pensiero scientifico di F. Maltese », 1888.

Maltzan (Comtesse Malvine VON), femme de lettres allemande, née le 10 août 1817. Elle a collaboré à l'édition allemande des œuvres de Molière par Schröder, et elle a traduit en allemand le *Cid* de Corneille, la *Zaïre* de Voltaire, l'*Athalie* de Racine, le *Bajazet* de Racine, la *Lucrèce* de Ponsard. Elle a aussi collaboré à l'ouvrage de Schröder: « Friedrich der Grosse in seinen Schriften ».

Malvasia-Tortorelli (Comte Hercule), écrivain italien, né, d'une noble, ancienne et illustre famille de Bologne. Il connaît plusieurs langues étrangères, et à la perfection le français et l'anglais. On a de lui, entr'autres: « Versi nelle nozze della contessa Ginevra Malvasia col conte Raff. Manzoni », Bologne, 1845; « Delle scoperte di Ninive, descrizione di A.-H. Layard », traduction italienne, Bologne, 1855 (avec dédicace à la Comtesse M. T. S. A. Gozzadini); « Trattenimenti morali », traduits de l'anglais, Bologne, 1858; « San Petronio », description, Bologne, 1858; « La gemma nascosta », drame du cardinal Wiseman, traduit de l'anglais, Milan, 1860, avec préface; « Del vero fine del civile Governo », traduit de l'anglais, Bologne, 1865; « Il Lavoro », du Père Félix, traduit du français, Milan et Turin, 1862; « Istruzione di agricoltura dettata da Monsignore Innocenzo Malvasia pel fattore delle sue terre a Panzano », écrit inédit, avec une notice biographique et généalogique sur Monseigneur Malvasia (1542-1612); « Frammenti tratti dal libro di Samuele Smiles *Il Carattere* », traduits de l'anglais, avec une intéressante introduction; Longfellow, « Festa per la nozze di Hiawatha », traduction en prose de l'anglais, publiée à l'occasion des noces Ricasoli-Corsini, Florence, 1882; « L'Étudiant de Cambridge » par M. E. W. Robertson, traduit de l'anglais en français, Florence, 1883; « La Duchessa della Vallière », drame de Bulwer, traduit de l'anglais, avec préface, Florence, 1883; « La Morte », chant de Beiby Portens, traduit de l'anglais, Bologne, 1884.

Malvezzi (le comte Nerio), homme de lettres et publiciste italien, né, en 1856, à Bologne, suivit les cours universitaires de sa ville natale, et en 1878 publia « Lorenzo-Maria Riario, erudito Bolognese del XVII secolo ». Suivirent les « Lettere di principi di Casa Savoia », Bologne, 1879; « Memorie della Compagnia dei Lombardi di Bologna », Bologne, 1880; « Prefazione al Diario meteorologico per l'anno 1824, di Andrea Pietramellara », Modena, 1885. Le Comte M. est un collaborateur distingué de la *Rassegna Nazionale* de Florence, où il publie des articles politiques dans un sens conservateur.

Mambelli (Ariodante), journaliste et polygraphe italien, né, à Atri (Abruzzes), en 1819, étudia pour entrer dans les ordres, mais quitta le Séminaire pour se consacrer aux études scientifiques. Ses idées politiques le forcèrent à quitter son pays en 1852; en 1860, il y retourna pour aider la révolution. Très lié avec Joseph Mazzini, il collabora aux journaux républicains le *Dovere* de Gênes, le *Popolo d'Italia* de Naples et la *Nuova Europa* de Florence. Ses ouvrages remarquables sont: « Studio di riforma della legge elettorale del 1848 »; « Il Papato rimpetto all'Italia e all'Europa », Naples, 1860; « Spirito Cristiano e il Papismo », id., 1862; « Rassegna critica dell'opera di Edgar Quinet: Il Genio delle Religioni », id., 1878; « Lezioni di filosofia del diritto ».

Mame (Alfred), imprimeur-éditeur français, né, à Tours, le 17 août 1811, dirige, dans cette ville, une maison considérable d'imprimerie et de librairie fondée par son frère au commencement de ce siècle, et qui, depuis 1845, a eu des agrandissements successifs; des livres de liturgie, des ouvrages illustrés pour étrennes et pour distributions de prix, les paroissiens, les livres pour l'enseignement secondaire et primaire en composent le fonds. Parmi les ouvrages illustrés importants qu'a publiés la maison Mame, nous citerons « La Touraine », proclamé un chef-d'œuvre par le jury de 1855, et la « Sainte Bible », illustrée par G. Doré (1867). L'imprimerie Mame est pourvue de trente mécaniques à imprimer, à glacer, couper ou à monter le papier, toutes mues par la vapeur et produisant jusqu'à 20,000 volumes par jour. Les ateliers de reliure fabriquent des milliers de cartonnages et confectionnent depuis la plus modeste couverture jusqu'aux plus riches reliures de luxe. Chaque jour ouvrable, il sort de la maison 3 à 4,000 kilogrammes de livres brochés ou reliés formant un total de 12,000,000 kilogramme par an. Des galeries pouvant contenir quatre millions de volumes sont ouvertes à l'emmagasinement. L'établissement occupe environ 1000 ouvriers ou employés. Les plus hautes récompenses ont été décernées à la maison Mame. Elle obtint, en 1867, l'un des prix de 10,000 francs destinés aux *établissements modèles*, où régnaient au plus haut degré l'harmonie sociale et le bien-être des ouvriers ». M. A. M. est commandeur de la Légion d'honneur depuis 1873. Il a associé à ses affaires, en 1859, son fils M. Paul M., et en 1887 un de ses petits fils, M. Edmond M.

Managetta (Gunther-Beck von), naturaliste autrichien, directeur et conservateur de la partie botanique du Musée des Sciences naturelles de Vienne, né, à Presbourg, le 25 août 1856. En dehors des monographies publiées, de 1884 à 1889, comme programme de ses cours à l'Université, dans les *Actes de l'Académie des Sciences* de Vienne et de la *Société Impériale zoologique et botanique*, dans les *Annalen des k. k. naturhistorischen Hofmuseums*, dans le *Botan. Central Blatt*, dans les *Bericht. der deutschen botanischen Gesellschaft*, dans les *Actes du Verein für Landeskunde in Nieder-Osterreich*, il a publié séparément: « Flora von Hernstein und der weiteren Umgebung », deux vol., 1884; « Fauna von Hernstein », trois vol., 1886; « Itinera Principum S. Coburgi », la partie botanique, deux vol., Gotha, 1888.

Manassei (Paolano, comte DE COLLESTALTE), avocat italien, né, à Terni, le 20 mai 1837, fit son droit à l'Université de Rome et étudia à l'École d'économie politique du prof. Perfetti. Il donna ses soins à la fondation des Salles d'asile et du Comice agraire de la ville et à l'administration de Terni. Il est conseiller de la province de l'Ombrie, et de 1870 à 1888 fut président du Comice agraire de l'arrondissement de Terni. En 1886, il a été commissaire pour l'organisation des congrès des caisses d'épargne italiennes et vice-président desdits Congrès à Bologne et à Florence. Voici la liste de ses ouvrages : « La campagna e il pensiero della patria »; « Saggi letterarii romani », 1859; « Bernardo il cieco », 1863; « Concorsi agrari a premi nel circondario di Terni », discours, Florence, 1865 ; « Annuari del Comizio agrario di Terni », 1868-72; plusieurs relations; « Risposte ad alcuni quesiti sulla istruzione secondaria », 1873 ; « Intorno alle rappresentazioni agrarie », id.; « Alcuni documenti per la Storia di Terni e Spoleto », 1875 ; « Tancredi Ferrero d'Ormea », 1877 ; « Intorno al Credito agricolo », 1881 ; « Poesie di Paolo-Emilio Castagnola », bibliographie, 1882; « Consorzio delle valli umbre per il perfezionamento degli olii d'oliva », 1884; « Sul credito agricolo in Italia », id. ; « Sul limite della sovrimposta fondiaria », 1885 ; « Le Casse di risparmio e il Consiglio di Stato », 1886 ; « Terni agricola », id. ; « La consociazione delle Casse di risparmio italiane », id. ;

« Sull'attuazione della legge per l'ordinamento del Credito agrario », lettre, 1887 ; « Delle Casse di risparmio e dei loro crediti ipotecarii in reciproca garanzia », 1888 ; « Studii amministrativi, relazioni e pareri al Consiglio e alla Deputazione provinciale dell'Umbria ».

Manceaux (Hector), éditeur et géographe belge, né, à Mons, vers 1830. La maison d'imprimerie et de librairie Manceaux existe à Mons depuis 1772 ; elle est sans contredit l'une des plus considérables de la Belgique, et elle a obtenu les plus hautes récompenses dans toutes les Expositions. Son dernier catalogue, qui a paru en juillet 1889, comprend 104 pages petit in-folio, et accuse 417 ouvrages de fond publiés aux frais de l'éditeur, ouvrages pour la plupart destinés aux établissements d'instruction de tous les degrés. M. H. M., qui la dirige depuis de longues années, est une personalité extrêmement sympathique. Ancien échevin de la ville de Mons et ancien président du tribunal de commerce, président de l'Association typographique de Belgique, il est membre effectif de la Société des sciences, des arts et des lettres du Hainaut, du Cercle archéologique de Mons, de la Société Royale belge de géographie, et membre correspondant de la Société de géographie d'Anvers. Ses ouvrages classiques de géographie, signés M***, sont très estimés ; approuvés par le gouvernement et par les autorités pédagogiques, ils sont adoptés dans une foule d'écoles et leurs éditions ne se comptent plus ; citons : « Géographie populaire de la Belgique », nouvelle édition, Mons, 1883 ; « Éléments de géographie générale », 30e éd., id., 1884 ; « La Belgique physique, politique, industrielle et commerciale », id., id. ; « Petite géographie universelle », 30e éd., id., 1885. Ces manuels, enrichis de cartes, de plans et de gravures, sont d'une exécution typographique remarquable ; M. John Bartholomew a gravé, pour leur servir d'annexes et d'après les instructions minutieuses de M. M., deux excellents recueils de cartes : « Atlas populaire de la Belgique » et « Atlas de géographie moderne ». Nous signalerons encore de M. H. M. une luxueuse « Géographie de la Belgique », Mons, 1878, tirée à douze exemplaires, dont aucun n'a été mis dans le commerce, et un fort volume illustré, intitulé : « A fond de train dans toutes les parties du monde », id., 1888. — En ces derniers temps, M. M. a annoncé l'intention de céder sa maison pour jouir d'un repos bien mérité par toute une vie de travail et d'études.

Mancini (Dioclétien), poète italien, né, à Terni, en 1857. Licencié ès-lettres de l'Université de Rome, actuellement professeur de belles-lettres au Gymnase de Terni. Il étudia les langues modernes. Nous avons de lui : « Scelta di poesie », Terni, Borri, 1881 ; « Saggio di liriche inglesi tradotte », id., typ. de l'*Unione liberale*, 1886. Il travaille maintenant à un volume de traductions de l'espagnol, de l'allemand et du serbe, qui contiendra des vers anglais et français de sa façon.

Mancini (Jérôme), littérateur italien, ancien volontaire à l'armée de Garibaldi en 1860 et 1866, deux fois député au Parlement italien, né, à Cortone, le 30 novembre 1882 ; nous avons de lui en librairie : « Commentarii sulla vita e sugli scritti d'Antonio Guadagnoli », 1858 ; « Discorso sulla parte avuta dall'Alberti nel rimettere in onore la lingua italiana nel secolo XV », qui précède « De Leonis Baptistæ Albertis elementa picturæ », 1864 ; « Notizie sulla Chiesa del Calcinaio e sui diritti che vi ha il Comune di Cortona », 1867 ; « Vittoria Mancini », 1870 ; « Vita di Leon Battista Alberti », 1882 ; « I manoscritti della libreria del Comune e dell'Accademia etrusca di Cortona », 1884. A l'*Archivio Storico Italiano* de Florence, M. M. a inséré les articles suivants : « Di un codice artistico e scientifico del 400, con note di Leonardo da Vinci » ; « De Libertate, dialogo sconosciuto d'Alamanno Rinuccini contro il Governo di Lorenzo il Magnifico » ; « Nuovi documenti e notizie sulla vita di Leon Battista Alberti ».

Mancini-Pierantoni (Grace), femme-auteur italienne, fille du célèbre jurisconsulte et homme d'État italien Pascal Mancini, mariée au prof. Pierantoni, Sénateur du Royaume et professeur de Droit International à l'Université de Rome, née, à Naples, en 1843, acquit de bonne heure les goûts littéraires dans la maison paternelle et près de sa mère qui était une femme-poète très-distinguée. Son mariage avec un homme aussi distingué que M. P. fut favorable au développement de ses goûts artistiques. Depuis 1872, elle commença à publier dans la *Nuova Antologia* des contes charmants qui furent par la suite réunis en volumes. Citons : « Dora ; Treccia bionda ; La casa nasconde ma non ruba », Milan, Brigola, 1876 (épuisé) ; « Valentina ; Fiori appassiti », id., Ottino, 1878 ; « Lidia », id., 1879-80, traduit en allemand et en suédois ; « Le commedie educative », dont une « Il sistema di Licurgo » a été traduite en français ; « Il manoscritto della nonna », traduit en français, Lemerre éd. Les poésies de Mme M.-P. ont été réunies en volume, Bologne, Zanichelli, 1879. Nous avons encore deux romans qui ont été traduits : « Dalla finestra », Milan, Vallardi, 1884-85 ; « Sul Tevere », Rome, Sommaruga, cinq éditions ; deux comedies en vers « L'ultima recita » et « Marito ed avvocato » ; « Costanza », le dernier roman de Mme M.-P., a paru à Rome, Loescher, 1888. Cette femme supérieure appartient à plusieurs académies d'Italie et de l'étranger. Elle a fondé des écoles et des asiles. Elle est collaboratrice assidue de la *Nuova Antologia*.

Mandalari (Marius), polygraphe *folk-loriste*,

professeur et employé italien, né, à Melito Portosalvo (Calabre), le 8 mars 1851; il fit ses premières études au Séminaire et au Lycée de Reggio et les poursuivit à Naples où il obtint son doctorat ès-lois. Il tenta le barreau, s'en dégoûta et se voua entièrement aux études littéraires. Il dirigea en 1884 la revue *Napoli letteraria* et enseigna la littérature italienne au Lycée de Caserte et à l'école normale de la même ville. Il est maintenant Directeur central des écoles italiennes de l'Afrique du Nord avec résidence à Tunis. Nous donnons la liste de ses ouvrages: « Elementi di procedura penale », Naples, 1876; « Bozzetti napoletani », id., Morano éd., 1877; « Canti del popolo reggino », id., 1881; « Altri canti del popolo reggino », id., Prete, 1883; « Note e documenti di storia reggina », id., id., id.; « In memoria di Francesco DeSanctis », id., Morano, 1884; « Tre lettere inedite di Bernardo Tanucci », Rome, Loescher, 1884; « Due uomini politici, studio », Naples, Morano, 1885; « Minuterie », Rome, Forzani, 1885; « Osservazioni e proposte intorno allo insegnamento pubblico », id., Naples, Morano, 1886; « Lo Stato ed i Maestri », Caserte, 1885; « Rimatori napoletani del quattrocento » (sur le Cod. 1035 de la Bibliothèque Nationale de Paris), Caserte, Iaselli éd., 1886; « Saggi di Storia e critica », Rome, fratelli Bocca, 1887; « Pietro Vitali ed un documento inedito riguardante la Storia di Roma, secolo XV », id., id., id.; « La Reggia di Caserta e la sua recente trasformazione », Caserte, Turi, 1888; « La lirica italiana e Giosuè Carducci », id., id., id. M. M. vient de publier récemment en langue roumaine un « Commentaire sur la Matelda di Dante », inséré au beau livre de Mme Maria Chitin de Crajova, traductrice du grand poète.

Mandelgren (Nils-Månsson), historien de l'art suédois, né en 1813, a étudié à Stockholm et à Copenhague, et publié: « Monuments scandinaves du moyen-âge », 1855-62; « Samlingar till svenska odlingshistorien », 1866-68.

Mander (Anne), femme-auteur italien, née, à Solimbergo (Frioul), en 1836. Elle épousa en 1861 Barthélemy Cecchetti, Conservateur des magnifiques Archives des Frari à Venise. Poète très délicat M. M. a disséminé ses pièces de vers dans différents journaux littéraires de la péninsule; l'excellent journal génois *La donna e la famiglia* en contient plusieurs. Nous souhaitons que bientôt elle réunisse ses poésies éparses en volume. Les titres de quelques unes de ses poésies donnent la physionomie toute moderne de son œuvre littéraire: « Un pensiero ai palazzi — Nell'Esposizione artistica dell'87 in Venezia »; « Pel Monumento del Re »; « Pel varamento della corazzata *Francesco Morosini* »; « Alessandro Manzoni »; « Garibaldi »; « Il Colera a Napoli »; « Casamicciola »; « La Cometa del 1882 e i tramonti del 1883 », etc.

Mandry (Gustave), jurisconsulte allemand, professeur de droit romain à l'Université de Tubingue, chevalier de l'aigle rouge de Prusse, né, en 1832, à Waldsee (Wurtemberg), a fait ses études à Tubingue et Heidelberg. On lui doit, entr'autres: « Das Urheberecht an literarischen Erzeugnissen und Werken der Kunst », Erlangen, 1867, deux éd.; « Ueber Begriff und Wesen des Peculium », Tubingue, 1869; « Das gemeine Familiengüterrecht », deux vol., 1871-74; « Der civilrechtliche Inhalt der Reichsgesetze », trois éditions, Tubingue, 1876; Fribourg et Tubingue, 1882; Fribourg, 1885; des essais nombreux dans les revues et dans des recueils différents.

Manfrin (Comte Pierre), homme de lettres et homme politique italien, Sénateur du Royaume, ancien député, né, en 1830, à Castelfranco Veneto, fit son droit à Pise, prit part aux guerres de l'Indépendance, fut employé aux Ministères de l'Instruction publique et de l'Intérieur; nommé trois fois député, il siégea à gauche. Nous avons de lui: « Il sistema municipale inglese e la Legge comunale italiana »; « L'ordinamento delle Società in Italia »; « L'avvenire di Venezia »; « L'insegnamento religioso nelle scuole »; « Neo-Guelfismo »; « Il Comune e l'individuo in Italia »; et dans la *Nuova Antologia* (1879), l'article: « Chi dev'essere Ministro per la Marineria »; « Gli Ebrei a Roma »; « I Veneti salvatori di Roma »; « L'opera sociale d'Oliviero Cromwell »; « Memorie intorno al nuovo disegno comunale e provinciale », Padoue, 1888.

Manfroni (François), pédagogiste italien, professeur, né, à Domodossola, en décembre 1837, docteur ès-lettres à l'Université de Turin, parcourut la carrière de l'enseignement. Nous avons de lui: « Il dottor Vincenzo », Mondovì, 1871; « Onestà e civile decoro », Milan, 1872; « Una prova per gli esami », id., 1873; « Le tribolazioni di un buon proto », comédie, id., id.; « Commediole per gli Istituti di educazione », id., id.; « L'operaio esemplare », id., id., traduit en français et en flamand; « Il buon operaio », Coni, 1876; « Nobiltà e popolarità delle lettere », id., id.; « Dizionario delle voci impure ed improprie », Turin, Paravia, 1883; et plusieurs écrits et articles d'occasion.

Mangin (Ferdinand), administrateur et publiciste français, actuellement inspecteur général des forêts à Versailles, né, à Poitiers (Vienne), le 23 août 1823. Conservateur des forêts de l'Algérie du 27 février 1873 au 24 juin 1882. On lui doit: « Notice sur les forêts de l'Algérie », Alger, 1878.

Mangold (Guillaume), théologien allemand, professeur de l'exégèse du Nouveau Testament à l'Université de Bonn, né en 1825, a publié: « De monachatus originibus et causis », Marbourg, 1852; « Die Irrlehrer der Pastoralbriefe », id., 1856; « Katechei. Auslegung der

Gleichnisse Jesu Christi », Cassel, 1858; « Jean Calas und Voltaire », id., 1861; « Populäre Auslegung sämmtlicher Gleichnisse Jesu Christi », id., 1861; 2º éd., 1870; « Julian der Abtrünnige », Marbourg, 1862; « Drei Predigten über Johanneische Texte », id., 1864; « Der Römerbrief und die Anfänge der röm. Gemeinde », id., 1866; « Bilder aus Frankreich », Cassel, 1869; « Die Bibel und ihre Autorität für den Glauben der Christ. Gemeinde », Berlin, 1878; « Ernst Ludwig Th. Henke », Marbourg, 1879; « De Ecclesia primæva pro Cæsaribus ac magistratibus romains præces fondente », Bonn, 1881; « Der Römerbrief und seine geschichtliche Voraussetzungen », Marbourg, 1884.

Manin (Basile), jurisconsulte roumain, membre du Parlement à Bukarest, né, en Transylvanie, en 1824, débuta en 1847 par un drame national: « Amélie ou la victime de l'amour ». Suivirent les ouvrages dont nous donnons les titres en français: « Dissertation historique-critique sur l'origine des Romains de la Dacie Trajane », 1867; « L'unité latine », Bukarest, 1867-72; « Mission de l'Occident latin dans l'Orient roumain », 1871; « Monumentul de la Calugaremi », 1869; « Études sur les écrits du prof. Yung sur les Roumains », 1878; « Les Roumains dans la littérature étrangère », 1883; « Rapport à la Section historique de l'Académie sur le mouvement littéraire des Roumains », 1884; « La Convention Consulaire de la Roumanie et de l'Allemagne », 1886.

Mankell (Charles-Abraham-M.), historien militaire suédois, politicien et publiciste, ancien capitaine, né en 1828, a publié: « Studier öfver svenska skärgårdsflottens historia », 1855; « Berättelser om svenska krigshistoriens merkwürdigste fältslag », 1857-59; « Uppgifter rörande svenska krigsmaltens styrka, sammansätning och fördelning sedan slutet at fontonhundrattalet », 1865; « Anteckningar rörande finska arméens och Finlands Krigshistoria », 1870; « Erik XIV's fall », 1876; « Om arsokerna till Gustaf II Adolf's deltagande i trettioåriga kriget », 1879; « An Gustaf II Adolf's politik », 1881; « Statistikae uppgifter rörande svenska folkets skatter och deras fördelning », 1885.

Mann (Charles-Henri), écrivain suisse, né, à Zurich, le 4 janvier 1839, perdit de bonne heure son père et reçut son éducation d'abord à l'École technique, puis au Gymnase de Shaffhouse, ville dont sa mère était originaire. Un apprentissage de librairie fortifia en lui le goût des travaux intellectuels et lui permit de débuter tout jeune encore, en 1863, dans la carrière des lettres par un « Mémorial Chrétien », composé pendant un séjour à Dresde et qui est aujourd'hui parvenu à sa 12ᵐᵉ édition. La création d'un journal populaire: Le Pélerin, édité à partir de 1866 d'abord à Berne, ensuite à Schaffhouse et qui finit au bout de douze ans son existence à Bâle sous le nom de Feuille pour la Ville et la Campagne, lui attira maint désagrément financier et autre: loin de se sentir découragé par cet insuccès, M. M. accepta deux ans après la direction successive de deux nouveaux organes politiques: Le Messager Bernois (1880-81) qu'il dut bientôt abandonner à cause de divergences avec ses actionnaires, et la Liberté (1881-82) qu'il ne faut point confondre avec la feuille du même nom, publié par le socialiste Most. La riche et pénible expérience acquise pendant vingt années de journalisme lui permet de se livrer dans son âge mûr à des travaux économiques plus substantiels et d'une plus haute portée, tels que: « La législation suisse sur les alcools », 1887; « La législation ouvrière », id.; « Commentaires sur la constitution fédérale », id.; « La législation militaire de la Suisse », 1888. Nous citerons encore d'après l'ordre des dates parmi les produits de sa plume infatigable: « Madame de Krüdener », 1866; « Dans une modeste position de fortune » (sous le pseudonyme de P. de Ladenbourg), 1870; « Le livre des veufs et des veuves: Alsace et Lorraine », 1871; « Berne et ses environs », 1884; 2ᵐᵉ éd., 1887; « Albert de Haller », biographie populaire, 1882; « Souvenirs d'un journaliste (1882-85) », 1885.

Mannhardt (Guillaume), écrivain allemand, né le 25 mars 1831, à Friederichstadt (Schleswig), étudia à Berlin et à Tubingue et s'occupa spécialement de mythologie. Nous avons de lui: « Mythes germains », recherches, Berlin, 1858; « Les Dieux des peuples Teutons », id., 1860; « Fleurs de noël dans la coutume et la tradition », id., 1864; « Les deux mondes du blé », id., 1868; « De Diis Samogitorum », Mittau, 1868; « Cultes des forêts et des champs », Berlin, 1875; « Clitia », 1876, etc.

Mannhardt (Jules), éminent oculiste allemand, né, en 1834, à Hanerau (Holstein), il a fait ses études en Allemagne, à Berlin avec Graefe, et en Hollande, à Utrecht, avec Donders; il a été, pendant dix ans, directeur d'une clinique ophtalmique à Hambourg; il a beaucoup voyagé en Europe, en Asie, en Afrique, en Amérique, séjourné, pendant des années, à Florence et à Constantinople, et publié plusieurs mémoires, essais, articles dans les revues médicales, et, sous l'anonyme, un grand nombre d'écrits littéraires et philosophiques dans les revues littéraires.

Mannheim (Amédée), géomètre français, colonel d'artillerie, professeur de géométrie descriptive à l'École polytechnique, lauréat de l'Académie des Sciences (prix Poncelet), est né, à Paris, le 17 juillet 1831. Il a publié: « Mémoire d'optique géométrique », Atti della R. Accademia dei Lincei (1885-86) et Journal de Mathématiques pures et appliquées (1886); « Liaison géométrique entre les sphères osculatrices de deux Courbes qui ont les mêmes normales principales » (*Proceedings of the London mathematical Society*, juin, 1885); « Théorie géométrique de l'hyperboloïde articulé »; « Transformation des propriétés métriques des figures à l'aide de la théorie des polaires réciproques », Paris, 1857; « Étude sur le déplacement d'une figure de forme invariable »; « Sur la surface de l'onde ». La plupart des travaux de M. A. M. se rapportent à la géométrie pure et ont paru dans le *Journal de l'École Polytechnique;* dans le *Bulletin des Sciences mathématiques*, dans le *Journal de mathématiques*, dans le *Bulletin de la Société mathématique* de France. En 1886, M. M. a fait paraître la 2me éd. de son « Cours de géométrie descriptive de l'École Polytechnique, y comprenant les Éléments de la géométrie cinématique qui est son principal ouvrage (la 1re éd., avait paru en 1880). M. A. M. est l'un des douze membres étrangers de la Société de mathématique de Londres.

Manni (le rév. père Joseph), poète italien, né, à Florence, le 20 août 1844, entra en 1859 dans l'Ordre des *Scolopi* et devint bientôt professeur de littérature italienne aux écoles que cet ordre dirigeait à Florence; depuis 1886, le rév. P. M. dirige une Institution à la Badia Fiesolana. Nous avons de lui: « Poesie varie »; « Rime », 1884; « Epigrafi varie »; « In Vaticano », 1888. Sous presse: « Nuove Rime ».

Manning (S. E. le Cardinal Henri-Édouard), archevêque de Westminster, né, à Rotterigge, le 15 juillet 1808, fit ses études d'abord à Harrow, puis à Oxford au Collège Balliol, d'où il sortit bachelier en 1830. Il fut, pendant quelque temps, un des meilleurs orateurs de l'église anglicane, et nous le trouvons archidiacre de Chichester en 1840; mais il quitta les bénéfices dont il jouissait pour rentrer en 1851 dans le sein de l'église romaine; il ne tarda pas longtemps à s'y faire ordonner prêtre; en 1857, il fonda à Bayswater les Oblats de St.-Charles Borromée. Les honneurs suivirent et S. S. Pie IX le nomma Protonotaire Apostolique, Prélat domestique et Archevêque de Westminster (8 juin 1865), Cardinal prêtre (15 mars 1875). L'œuvre littéraire protestante de S. E. le Cardinal M. se compose de quatre volumes de Sermons publiés avant 1850; l'œuvre catholique est la suivante: « The Grounds of Faith », 1852; « Temporal Sovereignty of the Popes », 1860; « The Last Glories of the Holy See Greater than the First », 1861; « The Present Crisis of the Holy See tested by Prophecy », id.; « The Temporal Power of the Vicar of Jesus Christ », 1862; « Sermons on Ecclesiastical subjects; with an Introduction on the Relations of England to Christianity », 1863; « The Crown in Council on the Essays and Reviews », 1864; « The Convocation and the Crown in Council », id.; « The Temporal Mission of the Holy Ghost; or Reason and Revelation », 1865; « The Reunion of Christendom », 1866; « The Temporal Power of the Pope in its Political Aspect », id.; « The Centenary of St.-Peter and the General Council », 1867; « England and Christendom », id.; « Ireland », 1868; « The œcumenical Council and the Infallibility of the Roman Pontiff », 1869; « The Vatican Council and its Definitions », 1870; « Petri Privilegium », 1871; « The Four Great Evils of the Day », id.; « The Fourfold Sovereignty of God », id.; « The Dæmon of Socrates », 1872; « Cæsarism and ultramontanism », 1874; « The Internal Mission of the Holy Ghost », 1875; « The True Story of the Vatican Council », 1877; « The Catholic Church and modern Society », 1880; « The Eternal Priesthood », 1883.

Manno (Baron Antoine), historien italien, fils de l'illustre baron Joseph Manno, auteur du livre célèbre et subtil « Della fortuna delle parole », et d'une « Histoire de l'île de Sardaigne »; est né, à Turin, en 1834. Entré au service comme officier d'artillerie après de brillantes études à l'Académie de Turin, il quitta de bonne heure l'épée pour la plume. Nous avons de lui les ouvrages très remarquables suivants: « Relazione del Piemonte del Saint-Croix », 1876; « Relazione e documenti sull'Assedio di Torino e pel fatto di Pietro Micca, memorie » 1878, 1880, 1883; « Informazioni nel 1821 in Piemonte », 1879; « Carattere e religiosità a proposito di alcune memorie del conte Federico Sclopis », 1880; « Repertorio bibliografico delle pubblicazioni della regia Accademia di Torino », 1883; « Brevi notizie di Giuseppe Manno », 1884; « L'Opera cinquantenaria della R. Deputazione di Storia patria di Torino », id.; « Bibliografia Storica degli Stati della Monarchia di Savoia », en cours de publication; « Relazioni diplomatiche della Monarchia di Savoia nella prima e nella seconda restaurazione (1519-1814) »; « Indici cronologici muratoriani ». Le baron M. est membre de l'Académie Royale de Sciences de Turin, docteur *honoris causa* de l'Université de Tubingue et Commissaire Royal de la *Consulta Araldica* italienne; dernièrement il a été le promoteur de la ligue de défense agraire, association très prospère et qui compte dans l'Italie du Nord beaucoup de souscripteurs. Les ouvrages du Baron M. se signalent surtout par une recherche minutieuse du détail des faits historiques; leur valeur est généralement reconnue.

Mannstaedt (Guillaume), compositeur, poète et publiciste allemand, né, le 20 mai 1837, à Bielsfeld, a débuté par l'opéra: « Der Taucher »; suivirent la farse en un acte: « Alles Mobil », représentée en 1866 (150 représentations); « Krieg und Frieden », drame patriotique; « Die Berliner Feuerwehr »; « Das Milchmädchen von Schöneberg ». Il a dirigé l'orchestre du Viktoriatheater, fondé la revue d'art intitulée: *Der Kunstfreund*, collaboré à plusieurs journaux politiques pour la partie littéraire, donné plusieurs pièces au Centraltheater de Berlin et écrit une cinquantaine de petites pièces, entr'autres: « Der Stabstrompeter ». Plusieurs pièces de M. M. ont été traduites en anglais, en suédois, en norvégien, en danois, en russe, en hongrois et en italien.

Mannucci-Benincasa Capponi (Louis), écrivain italien, né, à Florence, le 29 mars 1853, fit ses études particulièrement et les acheva, comme auditeur au Royal *Istituto di Studi Superiori* de Florence. Rédacteur de la *Gazzetta d'Italia* en 1870, il publia en 1877: « Vince chi soffre e dura », scènes populaires en un acte représentées en 1876 au théâtre des *Logge*. Dans la même année: « Balia », fragment autobiographique. M. M. est depuis 1884 sous-bibliothécaire dans les Bibliothèques du Royaume; il réside à Parme.

Mansion (Paul), mathématicien belge, né, à Marchin-lez-Huy, le 3 juin 1844. D'abord répétiteur à l'École du génie civil de Gand et maintenant professeur d'analyse infinitésimale, d'algèbre et d'histoire des mathématiques à l'Université de cette ville, M. M. est docteur en sciences physiques et mathématiques, membre de l'Académie Royale de Belgique et d'autres sociétés savantes. Nous devons citer de lui, outre quelques opuscules: « Théorie de la multiplication et de la transformation des fonctions elliptiques », Paris, 1870; « Éléments de la théorie des déterminants » (nombreuses éditions et traductions: la meilleure édition est celle de Paris, 1883); « Mélanges mathématiques », Gand, 1882; « Cours d'analyse infinitésimale », id., id. (autographié); « Cours de calcul intégral », id., 1883 (également autographié); « Précis de la théorie des fonctions hyperboliques », Paris, 1884. M. M. a été couronné en 1873 par l'Académie de Belgique pour un mémoire sur la « Théorie de l'intégration des équations aux différences partielles des deux premiers ordres »; il a fait paraître, avec M. Namur, sous les auspices de cette Société: « Tables de logarithmes à 12 décimales jusqu'à 434 milliards, avec preuves par A. Namur, précédées d'une introduction théorique et d'une notice à l'usage des tables, par P. Mansion », Bruxelles et Paris, 1877; il a donné des notes importantes aux publications de l'Académie de Belgique, aux *Comptes-rendus de l'Académie des Sciences* de Paris, aux *Annales de la Société Scientifique* de Bruxelles, aux *Mémoires de la Société Royale des Sciences* de Liège, aux *Reports* de l'*Association britannique pour l'avancement des Sciences*, à la *Revue de l'instruction publique en Belgique*, à la *Revue des questions scientifiques*, à la *Nouvelle Correspondance mathématique*, à *Mathesis*, à *Messenger of Mathematics*, aux *Archives de Grunert*, au *Bullettino di Bibliografia e di Storia delle Scienze matematiche e fisiche*, etc.

Mantegazza (Paul), médecin, anthropologiste, vulgarisateur de la science, homme de lettres, professeur, homme politique italien, ancien député, Sénateur du Royaume, né, à Monza, en octobre 1831. Sa mère Mme Laura Solera-Mantegazza était ce modèle des femmes que le professeur M. M. a décrit dans un de ses meilleurs livres intitulé: « La mia Mamma ». Il étudia à Pise, à Milan et à Pavie, et dès l'âge de 19 ans présenta à l'Institut Lombard un mémoire sur la génération spontanée qui le fit connaître dans le monde savant: des chagrins domestiques le poussèrent aux voyages et il visita la Suisse, la France, l'Allemagne, la Hollande et l'Angleterre. C'est pendant un séjour à Paris qu'il composa « La Fisiologia del Piacere », ouvrage qui est encore populaire aujourd'hui. Bientôt il subit l'attraction du Nouveau-Monde et le voilà en 1856 médecin à Salta (République Argentine), où il se maria. Revenu en Europe en 1858, les évènements politiques l'empêchèrent de retourner au delà des mers; la même année, il fut nommé professeur de pathologie générale à l'Université de Pavie. Il fonda le premier laboratoire de Pathologie expérimentale. Bientôt il quitta Paris pour Florence comme professeur d'Anthropologie à l'*Istituto di Studi Superiori*. L'œuvre de M. M. est imposante, car il est en même temps conférencier de premier ordre, artiste littéraire et très-fin causeur dans les salons. C'est un fait avéré que l'Italie doit à M. M., à ses pamphlets, à ses conférences, voire même à ses Almanachs le progrès en hygiène que tous les voyageurs constatent. Écrivain infatigable, la liste de ses ouvrages est énorme. Chaque année il publie un Almanach hygiénique et chaque année il traite un sujet différent à propos d'hygiène. Sa collaboration au *Fanfulla della Domenica*, à l'*Archivio d'Antropologia*, alla *Nuova Antologia*, etc. est très-active. Malgré ce travail incessant, ses leçons, sa participation à différentes Commissions d'État dont il est membre, M. le Sénateur M. a donné en librairie les ouvrages suivants: « Fisiologia dell'Amore »; « Dio ignoto », roman; « Rio della Plata e Teneriffa »; « Profili e paesaggi della Sardegna »; « Viaggio in Lapponia »; « Fisiologia del Dolore »; « Un giorno a Madera »; « Upilio Faimali domatore di belve »; « Gli amori degli uomini »; « Mente »; « Le Estasi umane », etc., etc. Quant à son œuvre purement scientifique en voici une liste presque complète: « Scrittori medici »; « Della dipsomania », 1858; « La Scienza e l'arte della salute », 1859; « Sulle virtù mediche e medicinali della coca e sugli alimenti nervosi in generale », id.; « Ricerche sopra una concrezione intestinale », 1858; « La generazione spontanea », 1860; « La Fisiologia dell'uomo ammalato », 1861; « Della temperatura delle orine in diverse ore del giorno e in diversi climi », 1862; « Dell'ordine nella scienza », id.; « La società Sud Americana », 1864; « Sulla Congestione », id.; « Sulla generazione spontanea », id.; « Degli innesti animali e della produzione artificiale delle cellule », 1865; « De la classification des aliénations mentales, de leur traitement par la coca et de leur début », 1865; « Del Guaraná, nuovo alimento nervoso », id.; « Dell'anatomia patologica dei testicoli », id.; « Dell'azione del dolore sulla calorificazione e sui moti del cuore », 1866; « Dell'innesto e della galvanizzazione del ventricolo », 1867; « Sulla genesi della fibrina nell'organismo vivente », id.; « Dell'azione del dolore sulla respirazione », id.; « Fisiologia e patologia del polso », 1868; « Dell'azione delle essenze e dei fiori sulla produzione dell'ozono atmosferico », 1870; « Ricerche sperimentali sull'origine della fibrina e sulla causa della coagulazione del sangue », 1871; « Tracce dell'osso intermascellare in tre crani neozelandesi e nuovo caso di dente sopranumerario »; « India », Milan, Treves, 1884; « *La Natura* », Revue des Sciences, 1884; « *Enciclopedia igienica* »; 1880 « Fisionomia e Mimica », Milan, 1881; « Le tre grazie », id., 1883; « Un viaggio in Lapponia con l'amico Stefano Sommier », id., 1881; « L'arte di esser felici », Florence, Barbèra, 1886; « Il secolo nevrosico », id., id., 1887; « Il secolo Tartufo », Milan, 1886; « Testa »; « Fisiologia dell'Odio »; « Le leggende dei fiori »; « La gioia delle nozze fra i popoli selvaggi », etc.

Mantovani (Dino), journaliste italien, professeur de belles-lettres aux Lycées du Royaume, né, à Venise, le 4 décembre 1862, a été élevé au Lycée Marco Foscarini à Venise, a suivi les cours de Paléographie à l'Archive d'État de la même ville, a étudié ensuite aux Universités de Padoue et de Bologne. Il s'adonna tout jeune à la publicité et fut bientôt collaborateur des principales feuilles littéraires d'Italie, tout en cultivant les études historiques de littérature et d'art. Appelé à l'enseignement public, il y met une vraie passion et lui consacre toute son activité. Nous avons de lui: « Lagune », Rome, 1883; « Carlo Goldoni e il Teatro di S. Luca a Venezia », 1885; « Novelle », 1887. M. M. a écrit plusieurs essais de critique et d'art dans la *Cronaca Bizantina*, la *Domenica letteraria*, le *Fanfulla della Domenica*, la *Domenica del Fracassa* et le *Capitan Fracassa* de Rome.

Mantovani (Gaétan), homme de lettres et archéologue italien, né, à Mantoue, le 11 novembre 1845, fit ses premières études au Gymnase de sa ville natale, ensuite au Lycée de Crémone, son Droit à Pavie, et entra dans l'enseignement. Il fit la guerre de 1866 comme volontaire et enfin occupa la chaire d'histoire et de géographie à l'Institut Technique de Bergame et à l'École Normale des jeunes femmes. Il s'est beaucoup occupé d'archéologie. Nous avons de lui: « Sulle vicende della morale nell'epoca contemporanea », Oderzo, 1872; « Il Museo Pitergino », Bergame, 1874; « Due avanzi Romani di Terno », id., 1877; « Il Sepolcreto romano di Mologno in Val Cavallina », id., 1878; « Il territorio del *Vicus Serminus* e limitrofi »; « Recherche archéologique sur le territoire de Sermide », id., 1876-78; « Notizie archeologiche Bergamensi », 1881; « L'età preistorica del basso Bergamasco », 1883; « Le ultime scoperte archeologiche di Fornuovo », id.; « Annuario idrografico padano », 1886; « I Sermidesi nel 1848 », id.

Mantovani-Orsetti (Dominique), jurisconsulte italien, avocat, professeur de droit à l'Université de Bologne, fondateur et directeur de l'École libre des Sciences politiques à Bologne, né, le 19 juillet 1831, à Trévise. Il fit ses études dans sa ville natale et à Padoue, entra au barreau et dans l'enseignement en 1855, émigra en 1859 et depuis 1860 enseigna les sciences politiques à l'Université de Pavie; il passa ensuite à Bologne où il fonda en 1883 l'École libre des Sciences politiques. On lui doit: « Poesie », Trévise, 1848-1855; « Sulle origini e sui progressi del Diritto romano », mémoire; « Le leggi sull'usura e l'Economia politica », dans la *Rivista Euganea* de Padoue; « Del Diritto internazionale e del suo insegnamento », mémoire; « Prelezione al corso di Diritto internazionale »; « Introduzione allo studio del Diritto internazionale moderno », Pavie, 1860; « Prolusione al corso di Diritto amministrativo », Bologne, 1862; « La centralizzazione », Turin, 1862; « Sull' obbligatorietà dell'istruzione elementare », conférence; « Sul riconoscimento giuridico delle Società di mutuo soccorso », discours; « Sul riconoscimento giuridico delle Società di mutuo soccorso e sulla istituzione di una Cassa generale per le pensioni alla vecchiaia », id.; « Sul suffragio universale », discours; « Sul suffragio universale », id.; « Il regolamento e la tariffa per le vetture pubbliche di Bologna e il Diritto pubblico italiano », Bologne, 1880; « Cause civili e criminali », dans l'*Eco dei Tribunali, Giornale di Giurisprudenza pratica di Venezia, Monitore dei Tribunali* de Milan; « Sulla memoria *Le prede marittime* di Isidoro Perez y Oliva », relation, dans l'*Annuario della R. Università di Bologna;* « Programmi delle lezioni di Diritto amministrativo »; « Programmi e notizia della Scuola libera di Scienze politiche nell'Università di Bologna ».

Mantz (Paul), littérateur et critique d'art français, né, à Bordeaux, le 28 avril 1821, fit son Droit à Paris et aborda dès 1844 la carrière littéraire. Il collabora d'abord à l'*Artiste*, puis débuta comme écrivain d'art à l'*Évènement* en 1848. Il écrivit ensuite à la *Revue de Paris*, à la *Revue Française* et collabore encore aujourd'hui d'une manière assidue à la *Gazette des Beaux-Arts* et au journal *Le Temps*. M. P. M., qui s'est acquis une grande autorité et qui parle une langue excellente, a fourni à l'*Histoire des peintres* de nombreuses notices. Il a rédigé plusieurs catalogues et publié avec M. F. Kellerhoven les *Chefs-d'œuvre de la peinture italienne*, splendide album in-folio dont il a écrit le texte (1860); il est l'auteur d'autres grandes publications telles que *Hans Holbein* (1879), *François Boucher, Lemoine et Natoire* (1880). Il a publié : « Histoire et description de l'église Sainte-Marguerite », gr. in-8°, Plon, 1884; « La Vie et l'œuvre de J.-F. Millet. Manuscrit d'Alfred Sentier, publié par P. M. », in-4°, avec 12 héliogravures hors texte et 48 gravures, Quantin, 1880; « Le Musée de l'Ermitage », in-folio, Ad. Braun, 1888. M. P. M. a fait partie du jury d'admission des ouvrages d'art (4e section, gravure et lithographie), à l'Exposition Universelle de 1878. Il a fait également partie de plusieurs Salons annuels. Il est directeur général honoraire des Beaux-Arts, membre du Conseil Supérieur, etc.

Manuel (Eugène), poète et littérateur français, ancien professeur de rhétorique, actuellement inspecteur général de l'Instruction publique, né, à Paris, le 13 juillet 1823, fit ses études au Lycée Charlemagne, entra à l'École normale et fut reçu agrégé des classes supérieures des lettres en 1847. Il professa successivement la seconde et la rhétorique à Dijon, à Grenoble et à Tours, d'où il fut rappelé à Paris en 1849. Après avoir enseigné aux Lycées Charlemagne et Saint-Louis, il passa en 1855 au Lycée Bonaparte. Professeur de rhétorique en 1868 au Collège Rollin, il fut nommé deux ans après professeur de la même classe au Lycée Henri IV. Au mois de sept. 1870, M. J. Simon, Ministre de l'Instruction publique l'appela auprès de lui comme chef de son Cabinet et de son Secrétariat. Nommé inspecteur de l'Académie de Paris en 1872, il fut promu inspecteur général de l'instruction publique en 1878. Nous avons de lui : « Pages intimes », poésies, 1866; « Poèmes populaires », 1872; « Pendant la guerre », 1872; « En voyage », 1884; « La France », 1868; deux drames: « Les ouvriers », 1870, et « L'Absent », 1873. M. M. a collaboré à quelques revues d'enseignement et a publié avec introduction et notes une nouvelle édition des « Œuvres poétiques », d'André Chénier.

Manz (Guillaume), oculiste allemand, professeur d'ophtalmologie à l'Université de Fribourg (Bade), né le 29 mai 1833, reçu docteur en 1858; on lui doit des travaux histologiques sur l'œil et autres organes ; sur la tuberculose de l'œil, sur la névrite optique symptomatique ; sur la tératologie de l'œil ; sur la myopie des écoliers, 1883.

Maquet (Adrien-Ernest), archiviste français, né, à Montfort L'Amaury, le 3 mai 1834. Son père était domestique chez la duchesse de Béthune-Charost et sa mère couturière. Il avait 4 ans lorsque ses parents vinrent habiter Paris et lui firent apprendre l'état de serrurier. En 1852, le jeune M. vint travailler et se fixer à Marly-le-Roi. A l'école, l'histoire, l'architecture, le dessin, la géographie l'attiraient tout particulièrement et il consacrait ses soirées, les dimanches et jours de fête à faire, avec passion, des recherches historiques et archéologiques. Avec l'aide des sociétés savantes du département, il est arrivé à publier ses premiers travaux. Il est maintenant commis-archiviste aux archives départementales de Seine-et-Oise. M. M. a publié : « Notice historique sur les seigneurs de Noisy-le-Roi », *Mémoires de la Société archéologique de Rambouillet*, in-8°, Raynal, imprimeur à Rambouillet, 1871, t. 1er; « Le Château et le couvent des Cordeliers de Noisy-le-Roi », *Mémoires de la Société des sciences morales, lettres et arts* de Seine-et-Oise, in-8°, t. 11e, Versailles, Aubert imprimeur, 1878; « Notice sur Rocquencourt », *Mémoires de la Société des sciences morales, lettres et arts*, Versailles, 1880; « Les seigneurs de Marly-le-Roy », préface de Victorien Sardou (de l'Académie française), Paris, librairie universelle, 1882, souscription du Ministère de l'instruction publique; « Nobiliaire et armorial du Comté de Montfort-l'Amaury », *Mémoires de la Société archéologique de Rambouillet*, t. 5e, 1881, Rambouillet, Raynal imprimeur, souscription du Ministère de l'Instruction publique; « Bougival et la Celle Saint-Cloud », préface de Jules Claretie (de l'Académie française), in-18°, Champion libraire, 1884; « Bailly ou Cruye et ses anciens seigneurs, recherches historiques », *Mémoires de la Société des sciences morales, lettres et arts* de Seine-et-Oise, t. 14e, 1884, in-8°; « Histoire de l'Étang-la-Ville », *Mémoires de la Société de Paris et de l'Ile de France*, t. 11e, in-8°, 1885. Pour paraître : « Versailles aux temps féodaux », les histoires des communes de Villepreux, Rueil et Louveciennes faisant partie du Canton de Marly-le-Roi, une étude sur les seigneurs du nom de Poissy. M. M. est officier de l'Instruction publique, membre de la Société des gens de lettres et de plusieurs sociétés savantes.

Maratuech (Pierre-Théodore-François, dit FRANCIS MARATUECH), littérateur français, est, par sa mère, petit-neveu du maréchal Bessières. Il est né, à Ferrières (Lot), le 29 janvier 1853. Il a fondé en 1880 une revue mensuelle: *Le Feu Follet* qui, actuellement, forme neuf ou dix volumes de fantaisies, voyages, chroniques, nouvelles, critique et bibliographie. En 1882, le fondateur du *Feu-Follet* a publié chez Lemerre un volume de nouvelles intitulé: « Rocailles, chose de mon pays », dont Edmond About a parlé. Les « Rocailles », lui rappelaient « le « style vif, précis, peut-être un peu sec de Méri-

« mée ». Ce volume obtint une médaille de la Société d'Encouragement au bien. En mars 1883, M. M. fut admis au nombre des membres de la Société des gens de lettres, sur un rapport flatteur d'Edmond About. Depuis son admission, M. M. a offert trois nouvelles au *Bulletin de la Société*. M. Maratuech fait partie, depuis le 22 décembre 1887, de la Société Philotechnique; il appartient en outre à plusieurs sociétés savantes.

Marazzi (le Comte Antoine), écrivain et voyageur italien, né, à Crema, en 1845, docteur en droit en 1866; après la campagne de l'Indépendance il entra dans les Consulats; fit une exploration remarquable du grand Chaco (Paraguay), dont il publia le compte-rendu dans l'*Esploratore*, journal de géographie édité par le capitaine Camperio. En dehors de plusieurs mémoires intéressants publiés au *Bollettino Consolare italiano* (1877-78), nous avons de lui : « Emigrati », en trois vol.

Marbeau (Édouard), écrivain français, né, à Paris, le 27 juillet 1847, fit ses études à l'école de la Rue des Postes, ancien élève de l'école des Beaux-Arts et membre de la Société Centrale des Architectes, ancien auditeur du Conseil d'État. Il est officier d'Académie, Commandeur de l'Ordre de St.-Grégoire le Grand et Officier de l'Étoile de Roumanie. Nous avons de lui en librairie : « Études de la Hongrie », 1880-81; « Roumanie, nouveau Royaume », 1881; « Slaves et Teutons », 1882. Il a fondé et dirigé à Paris la *Revue française de l'étranger et des colonies*.

Marc (Gabriel), poète français, né, en Auvergne, en 1840, donna ses premiers vers au *Moniteur du Puy-de-Dôme* en 1857. Licencié en Droit de la Faculté de Paris, il vint s'établir dans cette ville en 1864. A partir de cette époque, il a pris une part active au mouvement poétique qui s'est développé peu à peu autour de la librairie Lemerre. Il a figuré dans les publications collectives de cet éditeur : *Sonnets d'Eaux-Fortes, Parnasses Contemporains, Tombeau de Théophile Gautier, Anthologie des poètes du XIXe siècle*. Il a publié de la prose et des vers dans un grand nombre de journaux et revues: *Le Nain Jaune, l'Éclair, la Revue moderne, L'Artiste, L'Évènement, La vie Littéraire, Le Gaulois, La Vie Moderne, La Nouvelle Revue, la Jeune France, La Jeune Revue, Paris Moderne*, le *Figaro*, le *Moniteur Universel*, etc. Mais tout en se mêlant à la vie parisienne, il n'a jamais oublié sa province et a fait paraître, pendant plus de vingt ans, dans le *Moniteur du Puy-de-Dôme* et la *Revue d'Auvergne*, des articles sur la littérature et les beaux-arts. Il est le fondateur de l'association littéraire et artistique : « La Soupe aux choux », 1880. Les principaux ouvrages de M. G. M. sont: « Soleils d'octobre », 1868; « La gloire de Lamartine », 1869, chez Lemerre; « La Poésie Provinciale », 1875; « Sonnets Parisiens », 1875; « Le Puy-de-Dôme », 1876, Lemerre, éd.; « Poèmes d'Auvergne », 1882, chez Charpentier. Ce dernier volume a obtenu une mention honorable de l'Académie Française; « Liaudette, contes du Pays natal », 1887, 1 vol., prose. M. G. M. a fait représenter au Gymnase une comédie en un acte: « Quand on attend.......! », jouée par l'excellent Saint-Germain, et a publié dans les revues une série d'articles sur les poètes qui ont célébré leur province, sous le titre: « Les Poètes du pays natal ». Il est correspondant de l'Académie de Clermont et a été membre du Comité de la Société des gens de lettres dont il fait partie depuis 1868. Ce qui constitue l'originalité du poète, c'est qu'il vit à Paris, les regards fixés sur l'Auvergne, comme, avant lui, Brizeux sur la Bretagne. M. G. M., nommé officier d'Académie en 1878, a été promu officier de l'instruction publique le 1er janvier 1884. Il est aussi officier du Nicham Iftikhar.

Marcel (Étienne), pseudonyme de Mme *Anna Henriette Caroline Thuez Malimuska*, née dans la Loire-Inférieure, appartenant par sa mère à une ancienne famille nantaise de républicains convaincus dont le représentant actuel siège avec distinction à la Chambre des Députés. Cette dame a publié: « Le Roman d'un Crime »; « L'argent et l'honneur »; « Elle et moi »; « Grand'Mère »; « L'argentier du Roi »; « Armelle »; « Un isolé ».

March (François-André), homme de lettres américain, né, le 25 octobre 1825, à Millburne (Massachussetts), fit ses études d'abord à Worchester, puis au Collège d'Amherst, enfin à New-York. Il a été professeur au Collège La Fayette (1858), maître des conférences au département de jurisprudence (1875), Président de l'Association philologique américaine (1873-74); Président de l'Association pour la réforme de l'ortographe (1876), surintendant de la partie américaine du « Nouveau Dictionnaire Anglais », publié par les soins de l'Université d'Oxford, 1879; Président de la Commission de l'État de Pennsylvanie pour la réforme de l'ortographe. Nous avons de lui: « The Pacification of the United States », 1861; « Philological Study of English », 1865; « English, a new Speech », 1869; « Parser and Analyser », 1869; « Comparative Grammar of Anglo-Saxon », 1870; « Anglo-Saxon Reader », id.; « The Study of Anglo-Saxon in America », 1876; « The Spelling Reform », 1876-77; « Anglo-Saxon and Early English Pronunciation », 1871; « Recent Discussions of Grimnis Law », 1873; « Immaturity of Shakespeare in Hamlet », 1875; « The Faculty of Speech », 1876; « Dissimulated Gemination », 1877; « Lear », 1880; « Othello », 1881; « Beowulf », 1882; « Harmonica of Verse », 1883; « The Personal Element in Dactylie

Hexameters », id.; « Quantity in English Verse », 1885; « Influence of Books and Authorities upon Phonetic changes in English », 1884; « Neo Grammarian », 1885; « Once-Used Words in Shakespeare », 1886; « Consonant Notation », id.; « Phonetic Law », id.; « Classics of Christian Greek and Latin », 1874; « Athenagoras », 1875; « Latin Hymns », 1874.

Marchal (Eugène-Charles), né le 25 août 1855, après avoir satisfait aux exigences du service militaire, entra à la Compagnie du chemin de fer du Nord où son intelligence et ses aptitudes furent bientôt appréciées. En 1886, il fonda l'*Annuaire des chemins de fer*, publication dont le besoin se faisait vivement sentir et qui prit place au premier rang des publications utiles. M. M. quitta l'administration du chemin de fer du Nord pour s'attacher à l'une des premières maisons d'édition de Paris. M. M. est aussi membre du Conseil d'administration de l'Association maternelle des employés des chemins de fer français.

Marchal (Joseph-Auguste), avocat et littérateur français, docteur en Droit, avocat attaché au barreau de Toulouse et plaidant, membre de l'Académie des Jeux Floraux, est né, à Alger (Algérie), le 19 mai 1840. Dès sa jeunesse, il a publié des articles de critique littéraire et d'économie politique dans divers journaux quotidiens et dans des revues; il a été couronné en 1873 et en 1874 par l'Académie des Jeux Floraux pour son « Éloge de Villemain », et pour une « Étude sur le théâtre contemporain ». Il a fait paraître en 1886 une monographie de droit sur « L'assurance sur la Vie », Privat éd., Toulouse.

Marchand (Alfred), publiciste français, né, à Setz (Bas-Rhin), en 1842. M. A. M. se nomme en réalité KAUFMANN (Marchand est la traduction française de son nom alsacien). Il étudia la théologie protestante à Strasbourg, lauréat des prix Schmutz et Spener, et prédicateur à l'église française de Saint-Nicolas à Strasbourg, il déposa ses fonctions pastorales en 1869 et se fixa à Paris en qualité de rédacteur au journal *Le Temps*. M. M. a contribué, après la guerre de 1870, à fonder une des deux Sociétés de protection d'Alsaciens-Lorrains établies à Paris. Il a publié: « Valeur apologétique attribuée par Jésus à ses miracles », 1872; « La Médisance », sermon; « Pilate et la vérité », id.; « Lettres sur l'Exposition industrielle de Mulhouse »; « Lettres sur le Salon de Mulhouse »; « Les poètes lyriques de l'Autriche », 1881; « Moines et nonnes, ou histoire, constitution, règle, costume et statistique des ordres religieux », 1881-82, 2 vol.; « Nouvelles études sur les poètes lyriques de l'Autriche », 1886. M. M. a traduit de l'allemand les « Lettres politiques contre l'annexion de l'Alsace et de la Lorraine », de Karl Vogt, 1871; « Les Jésuites », de Johannes Huber, 1874, 2 vol.; 5º édition, 1880, 1 vol.; « La Légende de Saint-Pierre, premier évêque de Rome », de M. Édouard Zeller; « Les Lettres du maréchal de Moltke sur l'Orient », 1872; 2ᵉ éd., 1877; « Les Lettres du maréchal de Moltke sur la Russie », 1877; les « Récits d'un Nomade », de Maurice Hartmann, 1888. M. M. a fondé le *Progrès Religieux*; il a collaboré au *Protestant libéral*, au *Disciple de Jésus-Christ*, à la *Revue de philosophie et de théologie* de Strasbourg, au *Courrier littéraire*, à la *Nouvelle Revue*, à l'*Illustration*, à la *Revue Alsacienne*.

Marchand (Claude-Frédéric), prêtre et archéologue français, actuellement curé à Varambon (Ain), né, le 29 juillet 1847, à Ambérieu en Bugey (Aix), a fait ses études au Séminaire de Mesciancieux où il eut pour professeur le P. Ollivier, prêtre de l'Oratoire. Il suivit ensuite le cours de philosophie du Collège de Belley et les cours de théologie du Grand Séminaire de Brou à Bourg-en-Bresse. Ordonné prêtre en juillet 1871, il fut envoyé vicaire à Feillens près de Mâcon, où il exerça le Saint-ministère jusqu'au mois d'octobre 1879. L'autorité diocésaine lui confia à cette date la paroisse de Varambon (Ain), où il est curé depuis neuf ans. C'est là qu'il eut la bonne fortune de rencontrer un grand dépôt d'archives au château de Saint-Maurice de Remens. Autorisé par M. Léopold de Tricaud à les consulter à loisir, il en retira des matériaux qui lui ont permis d'écrire: 1º « L'histoire de l'Abbaye de Chassagne »; et 2º « L'histoire de Varambon. Recherches historiques sur Varambon et ses seigneurs », qui ont paru d'abord dans la *Revue de la Société littéraire de l'Ain* et dans la *Semaine Religieuse du Diocèse de Belley*, sans parler de sa collaboration aux journaux littéraires de la région.

Marchand (Félix-Gabriel), publiciste et homme politique canadien, né, à Saint-Jean d'Herville, le 9 janvier 1832; député à l'Assemblée législative de Québec, il a été élu président de cette Assemblée le 27 juin 1884, place qu'il occupe encore. Il a fait partie du Ministère Joly en 1878-79. Fondateur et rédacteur en chef du *Franco-canadien* de 1860 à 1878; rédacteur en chef du *Temps*, organe du parti libéral à Montréal en 1883; collaborateur de plusieurs revues littéraires; membre de la Société Royale du Canada; officier de l'instruction publique de France. Il a publié: « Un bonheur en attire un autre », comédie, Montréal (Canada), Beauchemin éd., 1883; « Les faux brillants », comédie en 5 actes et en vers, Montréal, Beauchemin, 1885; « Fatenville », comédie en 1 acte et en prose, Montréal, *Revue canadienne* de septembre 1869; « Erreur n'est pas compte », vaudeville en deux actes et en prose, impr. de la Minerve, Montréal, 1872.

Marchant (Louis), littérateur français, conservateur du Musée d'histoire naturelle à Dijon de 1859 à 1887, né, à Dijon, le 22 juin 1828. Nous avons de lui en librairie: « Recherches les faïenceries de Dijon »; « Inventaire de la Sainte-Chapelle de Dijon »; « Cinq notices sur divers objets des temps préhistoriques »; les traductions de l'allemand des « Lettres de Georges Cuvier à Pfaff »; de « La Bourgogne pendant la guerre »; de la « Flore mythologique », etc. M. M. a aussi collaboré au « Dictionnaire des Antiquités grecques et romaines », publié sous la direction de M. M. Daremberg et Saglio, et au *Magasin pittoresque*.

Marchese (Jean), agronome italien, né, à Casalmonferrato, le 21 juin 1853. Après avoir achevé le cours d'agronomie à l'Institut Leardi, il continua ses études sous la direction de l'illustre agronome prof. Ottavi. Collaborateur ordinaire des journaux *Coltivatore Vinicolo italiano*, *Bacologo*, *Corriere del Villaggio*, *Corriere della sera*, *Villa e fattoria*, *Orto e frutteto*, il publia plusieurs articles: nous donnons la liste de ses ouvrages: « La trasformazione agraria »; « La coltivazione del frumento secondo la trasformazione agraria »; « La coltivazione di piante nuove o poco note »; « Principali malattie dei vini e mezzi pratici per curarle »; « Passeggiate agrarie nell'Umbria, Lodigiano, Emilia, ecc. »; « Vinum nostrum quotidianum »; « Infossamento dei foraggi secondarii »; « La peronospera e mezzi pratici per combatterla »; « Conversazioni agrarie », deux volumes; « Le brine e i geli primaverili »; « L'agricoltura all'Esposizione Nazionale di Torino »; « La pratica della conservazione delle frutta allo stato fresco e secco »; « Diversi usi del granturco »; « Fuscelli »; « Missione della donna in campagna ».

Marchesetti (Charles DE), écrivain et voyageur italien, né, à Trieste, le 17 janvier 1850. Docteur ès-sciences naturelles à l'Université de Vienne en 1874, il voyagea aux Indes-Orientales pour y étudier les maladies endémiques. A son retour, il fut nommé directeur du Musée Municipal à Trieste. Nous avons de lui: « Un'escursione alle Alpi Giulie », 1875; « Flora dell'Isola di Santa Caterina », id.; « Una gita al Gran Sasso d'Italia », 1876; « Botanische Wanderungen in Italien », id.; « Ricordi d'un viaggio alle Indie Orientali », id.; « On a prehistoric Monument of the W. Coast of India », id.; « Descrizione dell'Isola Pelagosa », 1877; « Note intorno a una fanciulla della tribù degli Acca », id.; « Del sito dell'antico Castello Pucino », 1878; « Sugli oggetti preistorici di San Daniele », id.; « Sulla Flora d'Isola », 1879; « Una passeggiata alle Alpi Carniche », id.; « Cenni geologici sull'isola di Sansego », 1881; « Trieste e il commercio orientale », 1882; « Sulla natura della pelagosite », id.; « Florula del Campo Marzio », id.; « La Necropoli di Vermo in Istria », 1884; « Su un nuovo caso di Sinchiosi », id.; « La Necropoli di Santa Lucia presso Telmino », 1886. De prochaine publication: « Flora di Parenzo »; « La Caverna di Gobrorizza »; « Sull'antico Corso dell'Isonzo »; « Oggetti preistorici di San Canziano ».

Marchini (Isidore), pédagogiste italien, directeur et fondateur de l'Asile d'enfance Umberto I de Quarto près de Gênes, né, à Gênes, le 10 mars 1855, a achevé ses études lycéales et s'est voué à l'enseignement privé. Nous avons de lui: « La religione è delle anime grandi »; « Le Conferenze del Cardinale Alimonda »; « Rimembranze giovanili »; « Contro l'Internazionale »; « Contro il duello »; « Carlo Alberto e lo Statuto »; « I miei casi »; « Bozzetti storici, critici e biografici di letteratura greca, latina e italiana ». Plusieurs discours, articles biographiques et bibliographiques.

Marcks (Eric), historien allemand, professeur libre à l'Université de Berlin, né, à Magdebourg, en 1861, a fait ses études à Bonn, à Berlin et à Strasbourg, a voyagé en France et en Angleterre. On lui doit: « Die Ueberlieferung des Bundesgenossenkrieges 91-89 vor Chr. », Marbourg, 1884; « De aliis, quales in exercitu romano tempore liberæ rei publicæ fuerint », Leipzig, 1886; « Die Zusammenkunft von Bayonne, Das französische Stattleben und Spanien in den Jahren 1563-67 », Strasbourg, 1889.

Marco (José), auteur dramatique, né à Valence, établi à Madrid depuis 1856, épousa par procuration, après avoir lu ses œuvres, Mlle Pilar Sinnes, écrivain distingué. Ils divorcèrent après une douzaine d'années de vie en commun. M. M. est depuis vingt ans chef de bureau au ministère des colonies. Ses œuvres les plus remarquables sont: « El sol de invierno »; « La feria de las mujeres », etc.

Marconi (Adolphe), écrivain italien, né à Venise, en 1845. Il fit son Droit à l'Université de Padoue, où il étudia aussi la philosophie à laquelle il se dédia ensuite entièrement. Professeur à Rimini et Novare, il remporta par concours la chaire de philosophie au Lycée Cesare Beccaria de Milan, d'où il passa à Venise. Nous avons de lui une série d'articles parus dans le journal *Pubblica istruzione* (Venise, 1867-68), sous le titre: « Riflessioni sopra la politica »; « Discorso su Antonio Rosmini-Serbati »; le rapport pour le Concours Ravizza de 1876; « Come si vengono svolgendo nello spirito umano il sentimento del bello e quello del buono »; « Oggetto e ufficio della Psicologia »; « La critica nella questione della spiritualità dell'anima umana », 1881; « La filosofia dei viaggi », 1880; « Pro e contro la filosofia », 1882; « Prolegomeni e prove », 1881; « Il teatro considerato come istituzione morale », traduction de F. Schiller, 1881; M. M. a aussi en préparation un ouvrage très important intitulé: « Esorbitanze ».

Marcoran (Hyéronime), poète héllène, né, à Corfou, en 1826, en dehors de plusieurs poésies, a publié un poème: « Il giuramento », 1875, dans lequel il peint le retour des exilés d'Athènes.

Marcotti (Joseph), romancier, journaliste et avocat italien, né, à Campolongo (Cercle de Gorizia), de famille originaire d'Udine, en 1850. Il fit son Droit aux Universités de Padoue et de Bologne; préférant le journalisme au barreau, il collabora à la *Gazzetta d'Italia* de Florence, dirigea le *Risorgimento* de Pise, et la *Gazzetta di Bergamo*, tout en étant correspondant très-actif de plusieurs journaux libéraux. Pendant la guerre Turco-Russe de 1877 il suivit le Quartier Général du Czar pour le compte du *Fanfulla*, où ses correspondances étaient signées *Aristo*; très-épris d'histoire contemporaine, M. M. s'est voué tout particulièrement à l'étude des peuples Slaves de la péninsule Balcanique; il a condensé ses observations très-fines dans deux volumes publiés par la maison Treves intitulés: « Tre mesi in Oriente », et « Nuova Austria ». Ses études historiques du temps passé sont rassemblées dans les volumes suivants: « Donne e Monache », recueil de curiosités de l'histoire du Frioul; « Il Castello di Vincigliata », illustration du superbe château appartenant à M. Temple-Leader; « Un mercante fiorentino », illustration de la vie de Jean Rucellai, patricien et banquier de la vieille Florence républicaine. M. M. a mis le sceau à sa réputation de chercheur par sa monographie de « Giovanni Acuto », en collaboration avec M. Temple-Leader et dont il y a aussi une édition en anglais due à Mme Lucy Baxter, plus connue sous le nom de Leader-Scott. Les deux éditions sont de Barbèra, Florence, 1889. Enfin, nous avons de cet auteur deux romans historiques: le « Conte Lucio », et les « Dragoni di Savoia »; ce dernier vient d'être traduit en allemand; et deux romans de mœurs contemporaines: « Il tramonto di Gardenia », et « Rosignola ». M. M. a été aussi en quelques occasions correspondant du *Figaro*.

Marcou (Jacques-Hilaire-Théophile), avocat, journaliste et homme politique français, né à Carcassonne, le 18 mai 1813. En 1838, il fonda et dirigea *l'Aude*, et en 1848 fit paraître la *Fraternité de l'Aude*. Proscrit de décembre 1851, il se réfugia en Espagne et ne rentra en France qu'en 1867; il reprit sa place au barreau, fut nommé pour la deuxième fois bâtonnier de l'Ordre, fit reparaître la *Fraternité* combattant l'Empire. Élu député en 1873, 1876, 1877 et 1881, il se présenta le 25 janvier aux élections pour le renouvellement de la représentation sénatoriale de l'Aude, et fut élu au second tour. Il a pris place à l'extrême gauche et voté l'expulsion des princes.

Marcucci (Hector), chanteur et homme de lettres italien, né, à San Severino des Marches, en 1830. Il fit ses études ecclésiastiques à Rome, mais ne sentant pas la vocation, il abandonna l'idée du saint-ministère, et doué d'une jolie voix de ténor, il étudia le chant et débuta dans la *Muette de Portici* à Naples. A Bologne, il se lia d'amitié avec Rossini. Atteint d'une maladie nerveuse, il quitta la scène et après avoir gaspillé tout son argent fit de la littérature. Nous avons de lui: « Vita di S. Pacifico Divini », 1849; « La Martire di Mugnano »; « Iconografia poetica d'illustri Settempedani » (traduction); « Lettere edite ed inedite di Filippo Sassetti », Florence, Le Monnier, 1855; « Lettere scelte di Annibal Caro », id., Barbèra, 1868; « Poesie polacche di Teofilo Lenartovicz », id., id., 1871; « La donna pia di monsignor Landriot » (traduction), id., id., id.; « Pel IV Centenario di Niccolò Copernico », 1873; « Versi polacchi del conte Ladislao Kulczycki », 1874; « Versi », Florence, Barbèra, 1880; « Prose moderne ad uso delle scuole », id., id., 1883; « Crestomazia di prose ad uso del trecento », id., id., 1887.

Marcusen (Waldemar), né, à Saint-Pétersbourg, le 27 juillet 1855, d'une famille d'origine finlandaise, fils d'un professeur aux Universités de Saint-Pétersbourg et d'Odessa, quitta fort jeune la Russie pour l'Allemagne et reçut son éducation classique aux Gymnases de Gotha et de Dresde. L'Université de Heidelberg lui conféra en 1877 le grade de docteur en Droit après l'avoir compté pendant plusieurs semestres (1874-1877) au nombre de ses plus brillants élèves. Celle de Berne se l'attacha en 1880 en qualité de *privat-docent* pour le Droit romain et de suppléant du professeur Émile Vogt (1883). M. M. qui s'est déjà fait connaître par des mémoires: « La retraite des donations contraires au devoir », 1881, et « La doctrine de l'héréditas jacens d'un des rapports avec l'ancien usage capio pro herede », 1883, prépare une série de mémoires sur les constitutions des empereurs romains, lesquelles doivent paraître à très bref délai.

Marchal (Charles-Ferdinand-Nicolas DE MONDELANGE), médecin et écrivain français, né, à Mondelange, le 11 mai 1826, commença ses études au Collège de Thionville (1839-1842), et les acheva au Lycée de Metz (1842-1845), puis vint étudier la médecine à Paris, où il se fit recevoir docteur en 1850. M. M. de retour dans son pays fut nommé médecin cantonal et médecin de la Compagnie du chemin de fer de l'Est (1855-1870). En 1866, il accepta les fonctions de médecin en chef des eaux minérales de Mondorf (Grand-Duché de Luxembourg), position qu'il conserva jusqu'en 1876. M. M. reçut deux médailles d'argent pour services rendus dans les épidémies cholériques en 1855 et 1857, et la croix de la Légion d'honneur pour services rendus dans les ambulances de Metz pendant le blocus de cette ville en 1870. Il est aussi décoré de l'Ordre royal de la Couronne de Chêne des Pays-Bas (1876), et le Gouvernement luxembourgeois s'étant rendu aquéreur des Bains de Mondorf a nommé M. M. membre de la Commission de la haute surveillance de cet établissement. Il appartient, en outre, à la Société des sciences médicales de la Moselle, à la Société royale des sciences médicales et naturelles de Bruxelles; à la Société d'hydrologie médicale de Paris; à l'Institut Royal Grand-ducal de Luxembourg; à l'Académie de Metz. On lui doit: « Études sur les eaux minérales de Mondorf », Paris, V. Masson, in-8°, 1878; « Observations cliniques sur l'action thérapeutique des eaux de Mondorf, employées isolément ou associées à l'hydrothérapie rationnelle », Paris, 1870, 18-8°; « Étude sur l'action des eaux de Mondorf dans les paralysies cérébrales ou hémiplégies », Luxembourg, Eh. Sehröll impr., in-8°. Il a en outre publié un certain nombre d'articles dans l'*Union médicale* de Paris, le *Bulletin de thérapeutique*, et dans la *Revue médicale* de Strasbourg, dont il a été un des principaux rédacteurs.

Marenco (Léopold), écrivain dramatique italien, fils du célèbre poète tragique Charles M., né, à Ceva, en 1836. Il débuta comme officier à l'armée; donna au théâtre Carignan de Turin une tragédie intitulée: « Piccarda »; plus tard « Saffo » e « Speronella ». Mais il quitta bientôt la tragédie pour le drame en vers. Citons: « Celeste »; « Tempeste alpine »; « Marcellina »; « Il Falconiere di Pietra Ardena »; « Adelasia »; « Speroni d'oro »; « Giorgio Gandi »; « L'eredità dello zio »; « Tecla »; « Un malo esempio in famiglia »; « Piccarda Donati »; « Lo spiritismo »; « Letture ed esempi »; « Il Ghiacciaio di Monte Bianco »; « Perchè al cavallo gli si guarda in bocca? »; « La famiglia »; « Nozze »; « Carmela »; « Raffaello Sanzio »; « Arimanna »; « Corrado »; « Deserto »; « I figli d'Aleramo »; « Supplizio di Tantalo »; « Gelosie »; « Trappole d'oro »; « Gli amori del nonno »; « Il conte Glauco »; « Quel che nostro non è »; « Valentina »; « La scommessa di Riccardo »; « Capricci del caso »; Tramonti »; « Silvana »; « Masti Antonio »; « L'hanno tutte, mamma, il suo babbo? »; « Guai dell'assenza »; « Giorgio Nano, marchese di Cera »; « Don Ambrogio »; « A Casamicciola »; « Bice »; « Gemma ha dei segreti »; « Matassa arruffata »; « Rosalinda »; « Valeria »; « Mio marito »; « Sotto la pergola »; « Maritana »; « La dote di mia sorella »; « Lorenza »; etc. et enfin: « Carcere preventivo ». Il tenta ensuite le théâtre en prose avec moins de succès. Il appartient à l'école lyrique et nous avons de lui plusieurs pièces de vers remarquables insérées aux revues.

Marenin (Wassili-Ivanowitch), écrivain russe, prêtre de l'église de la Maison des pauvres Timenkowo-Frolowo, professeur de religion à l'École Supérieure de Saint-Pierre à Saint-Pétersbourg; né dans le gouvernement de Tver, élevé dans le Séminaire ecclésiastique et dans l'Académie ecclésiastique de Saint-Pétersbourg, il a publié un discours pour le centenaire de la naissance de l'Empereur Alexandre 1er et un mémoire sur les écoles ecclésiastiques sous l'Empereur Alexandre 1er et sur le zèle de Speranski en faveur de ces écoles.

Marescotti (Ange), économiste, philosophe, patriote italien, Sénateur du Royaume, né, à Lugo, en 1815; docteur en médecine en 1833, en chirurgie en 1834 à l'Université de Bologne, il se perfectionna à Paris en 1842, où il se lia d'amitié avec Pellegrino Rossi. En 1848 il accourut soldat volontaire sous le général Durando à Vicence, ensuite sous le général Garibaldi à la défense de Rome. Il prit part en 1859 aux évènements révolutionnaires, fut chef de Division à la dette publique sous la Dictature Farini, Conseiller d'Etat et enfin professeur d'Économie politique à l'Université de Bologne. Nous avons de lui: « Memoriale politico e militare della storia universale », 2 vol., 1854; « Discorsi sull'Economia sociale », 4 vol., 1856; « Le finanze e gli organismi finanziari », 1867; « Conferenze sull'Economia studiata col metodo positivo », 1878; « I fenomeni economici e le loro cause », 1882; « L'economia sociale e l'esperienza », Bologne, Zanichelli, 1884; « La legislazione sociale e la questione economica », Milan, 1886; « Conosci te stesso e l'ambiente della tua attività », Bologne, Zanichelli, 1888; « I bolognesi alle urne », id., id., 1889. Nous avons aussi de lui plusieurs mémoires épars dans les revues scientifiques.

Marescotti (Hercule-Arthur), musicien, écrivain, éditeur musical d'Italie, né, à Cuccaro, dans le Montferrat, le 16 mai 1866. Après avoir acquis une bonne réputation comme pianiste, il collabora au *Teatro Illustrato* de Milan, à l'*Italia artistica* de Turin, et à l'*Eco delle belle arti*. Il fonda la maison éditoriale de l'*Italia artistica* qui a publié l'*Italia artistica* et la *Farfalla*. M. M. est l'auteur de quelques ouvrages dramatiques, entr'autres: « Il Duca Terenzi »; « Ester e le vie della Vita ».

Margaine (Henri-Camille), homme politique français, capitaine d'infanterie, démissionnaire en 1863, après avoir servi en Afrique et avoir fait la campagne de Crimée, campagne pendant laquelle il a été fait chevalier de la Légion d'honneur le 8 septembre 1855. Maire de Saint-Ménehould, révoqué après le 24 mai 1873, malgré les services rendus pendant l'occupation prussienne, il est né, à Saint-Ménehould, le 4 décembre 1829. M. M. a été élu représentant de la Marne le 8 février 1871, et député de

Saint-Ménehould, le 20 février 1876; il siégea à gauche dans les deux Chambres, et a été questeur de la seconde. Il a publié dans *Le XIX⁰ Siècle* des lettres très-remarquées sur la politique du jour. Réélu le 14 octobre 1877 et le 21 août 1881, ainsi qu'aux élections d'octobre 1885, il a été maintenu invariablement dans ses fonctions de questeur à chaque nouvelle session. En 1888, lors des élections pour le renouvellement partiel du Sénat, M. M. a été désigné par un Congrès des électeurs sénatoriaux républicains pour remplacer M. Dauphinot, sénateur sortant qui ne se représentait pas. M. M. se présentait avec M. Diaucourt contre deux candidats monarchistes. MM. M. et Diancourt ont été élus; M. M. est donc actuellement Sénateur de la Marne.

Margheritina di Cento, premier nom de plume de Mme la marquise Marie Plattis, née Majocchi de Cento; elle débuta avec ce nom, étant jeune fille, dans le journal *La Cordelia;* elle adopta ensuite le pseudonyme de *Yolanda*. Malheureusement tous ses écrits, nouvelles, bluettes, esquisses ont été éparpillés dans différents journaux. Une grâce, une légèreté entraînante, une observation fine, profonde et délicate de la nature et des sentiments humains, un parfum d'élégance exquise leur donne un relief et une distinction toute particulière.

Marghieri (Albert), jurisconsulte napolitain, professeur de droit commercial à l'Université de Naples, né, en cette ville, le 12 juin 1852; docteur en droit en 1872. Il a traduit le « Cours de droit naturel », d'Henri Harens; le « Traité de droit commercial », d'Henri Thol. Ses ouvrages originaux sont: « Sviluppo dell'istituto cambiario nelle scienze e nelle leggi, lineamenti d'una storia », 1876; « Studii di diritto commerciale », 1878; « Lo Stato può fare atti di commercio? », 1877; « L'abate Galiani », 1878, conférence; « Quel che si scrive di Napoli », 1879, id.; « Sommarii delle lezioni di diritto commerciale ad uso esclusivo della scuola »; « La cambiale, saggio intorno al titolo X del Codice di commercio del Regno d'Italia », Naples, 1883; « Motivi del Codice di commercio », id., 1886; « Le donne avvocate », conférence, id., 1884; « Napoli nel suo avvenire economico ed intellettuale », id., 1886.

Margò (Théodore), savant hongrois, directeur du Musée, professeur de Zoologie et d'Anatomie comparée à l'Université de Budapest, né, en cette ville, en 1816, entreprit des voyages scientifiques en Europe après avoir achevées ses études à Bude et à Vienne. Plusieurs de ses doctes mémoires sont écrits en allemand, les autres en hongrois. Nous allons en donner les titres en français : « Recherches anatomiques et physiologiques sur les decadavres deux pendus », 1851; « Lettres histologiques », 1853-57; « Résultat des nouvelles recherches sur les fibres musculaires », 1859; « Fibres musculaires des mollusques céphalopodes, gastéropodes et acéphales », 1860; « Études physiologiques et pathologiques sur les tissus musculaires »; « Manuel de Zoologie scientifique », 1868; en hongrois: « Darwin et le règne animal », 1869, id.; « Description zoologique des environs de Budapest et revue systématique de la faune de Budapest », 1878, id.; « Sur la vocation et grande importance de l'Université des sciences dans l'histoire de la Nation », 1879, id; « Le passé et le présent de l'Université de Budapest », 1880, id.; « Sur quelques nouvelles espèces de Chauve-Souris de la faune hongroise et aux environs de Budapest », id., id.; « Sur la classification du règne animal », 1883, id.; en allemand, 1884; en anglais, 1884; « Manuel de la Zoologie systématique, fondée sur l'évolution et l'anatomie comparée des animaux », 1883, id.; « Mémoire sur Ch. R. Darwin, sa vie et ses œuvres », 1884, id. M. M. est membre de plusieurs Académies et de plusieurs ordres étrangers.

Margon (Gabriel-Marie-Joseph-René, Comte LE MOINE, baron DE), écrivain militaire français, est né, à Toulon, le 23 avril 1843. Entré à l'École de Saint-Cyr, le 5 novembre 1862, après avoir fait de bonnes études au collège de l'Assomption à Nîmes, il en est sorti sous-lieutenant au 4ᵉ régiment de chasseurs le 1ᵉʳ octobre 1864; il a été nommé lieutenant au même régiment le 13 mars 1870, capitaine le 8 mars 1873, chef d'escadrons en mai 1884, chevalier du Saint-Sépulchre. M. de M. a fait campagne en Afrique de 1864 à 1868, et de 1877 à 1880. Dans la guerre franco-allemande, il a pris part aux combats de Sarrebruck, de Forbach, aux batailles de Gravelotte et de Saint-Privat. Écrivain militaire, M. de M. a publié: « La Défense et la fortification de la frontière allemande-française », Baudoin éditeur, 1883; « Les insurrections dans la province de Constantine de 1870 à 1880 », Berger-Levrault éd., 1883; « Le Général Abdelal », Calmann-Lévy, 1887. — Son oncle le Vicomte de Margon a publié deux livres de poésie: « Mes moments perdus »; « Las festos del Felibrige », poème en vers languedociens avec traduction française.

Margutti (Alfred), directeur du Gymnase de Borgotaro, né, à Senigallia, le 14 mai 1850, fit ses études à l'École normale et à l'Université de Pise, et en 1876 entra dans l'enseignement au Gymnase de Senigallia, d'où successivement il passa à ceux de Camerino, Foggia, Sessa Aurunca, et enfin fut nommé directeur du Gymnase de Borgotaro. A Sessa Aurunca, il réorganisa la Bibliothèque; en 1878-81, il fonda et dirigea à Senigallia *La Rivista Misena*, et en 1882-83, à Camerino, *La Rivista Picena*. En dehors de plusieurs articles de bibliographie dans la *Rivista Europea, Gazzetta Livornese, Eco del Tronto*,

Arte e Storia, Corriere delle Marche, etc., nous avons de lui en librairie: « Sinigaglia e i suoi dintorni », 1876; « Saggio di bibliografia Sammarinese », 1878; « L'insegnamento del Greco nelle scuole italiane », 1879; « Saggio di bibliografia Sinigagliese », 1883; « Francesco De-Sanctis », discours, 1884; « Escursione artistica per Sinigaglia », 1886; « Pietro Farri, tipografo veneto, e le origini della tipografia Sinigagliese », 1887. M. M. publiera sous peu: « Le fonti della storia marchigiana additate agli studiosi ».

Mariani (Louis), littérateur italien, né à Arpino, en 1834, y fit ses premières études. Ayant accompli son éducation en France, Angleterre et Allemagne, il peut écrire dans les langues de ces pays. En 1860, il fut élu professeur au Collège Tullien; en 1871, à l'Université de Sassari et depuis 1874 est professeur de littérature italienne et de philosophie à l'Institut J.-B. della Porta à Naples. Nous avons de lui en librairie: « Studii storici », 1871; « Arpinum and its antiquities in the days of Cicero », Londres, 1871; « Healthy recreation », id., 1873; « Ideen zur Philosophie der Geschichte », Vienne, 1873; « Traduzioni di alcune odi di Anacreonte », Naples, 1876; « Traduzioni di alcune ballate di Schiller », 1876; « Versione delle Commedie di Terenzio », 1873; « Horatii Flacci carmina et epodicon, con testo latino a fronte e con note », 1883; « Grammatica della lingua latina », 1884; « M. Tulli Ciceronis orationes pro T. A. Milone et pro M. Marcello, additis Commentariis », 1884; « Il Trinummo e i Captivi di Plauto », 1887; « Le Olimpiache di Pindaro », traductions, 1887; « La letteratura italiana nei Secoli XVIII e XIX », 1887. M. M. fut aussi un des collaborateurs de la *Revue Européenne*.

Mariano (Raphaël), littérateur et philosophe napolitain, né à Capoue, le 7 sept. 1840, fit son Droit à l'Université de Naples et fut un des meilleurs élèves du philosophe hégélien Auguste Vera entre 1861-71. M. M. connaît à fond le français, l'anglais et l'allemand. Nous avons de lui: « La pena di morte », 1864; « Lasalle e il suo Eraclito », 1865; « Il Risorgimento Italiano secondo i principii della filosofia della Storia », 1866; « La philosophie contemporaine en Italie », 1868; « Introduzione alla filosofia della Storia, lezioni di A. Vera », 1869; « Il problema religioso in Italia », 1872; « Roma nel Medio-Evo », 1873; « La Razza Nera », 1869; « Strauss e Vera », 1874; « Lucrezia Borgia di L. Gregorovius », traduction, 1874; « La lotta pel Diritto di Rodolfo von Jhering »; « La libertà di coscienza id., », 1875; « L'individuo e lo Stato nel rapporto economico-sociale », 1876; « Il nuovo Parlamento », 1877; « Contro il libero scambio », 1879; « Cristianesimo, Cattolicismo e Libertà », 1879; « Giordano Bruno, la Vita e l'uomo », 1881; « Das Jetzige und Papstthum und der Socialismus », 1882; « Atenaide de F. Gregorovius, traduction », 1882; « Nelle Puglie » traduction de F. Gregorovius, 1882; « Lo Stato e l'insegnamento della religione », 1886; « Il Monachismo nel passato e nel presente », 1886; « Biografi e critici del Machiavelli », 1886; « Augusto Vera » et « Cavour e libera Chiesa in libero Stato », 1887; « La storia della Chiesa, sua natura, suoi rapporti, suo metodo », 1887; « Il ritorno a Kant e i Neokantiani », 1887; « Sonetti in dialetto », Lanciano, 1881; « Le apologie nei primi tre secoli della chiesa », Naples, 1888; « La persona del Cristo », id., 1889; « Sulla libertà d'iscrizione ai corsi universitari », id., id.; « Cristianesimo e Buddismo », 1890. Depuis 1885, M. M. est professeur d'histoire ecclésiastique à l'Université de Naples et depuis 1886 membre de l'Académie Royale des Sciences morales et politiques. Nous avons de lui quelque rare collaboration très appréciée aux journaux politiques.

Maricourt (Georges-René-Dumesnil Comte DE), romancier français, né à Verdelot (Seine-et-Marne), en 1829. Il commença ses études à Naples et en Sicile, où son père était attaché d'ambassade, puis Consul, et les termina en France, à Versailles; il suivit aussi les cours de Droit de la Faculté de Paris et les cours de Sciences au Jardin des Plantes. Franc-tireur en 1870, il fut quelque temps employé d'une Compagnie agricole et industrielle dans les Landes. Aimant par dessus tout l'indépendance, il n'a jamais voulu accepter de fonction sous aucun Gouvernement. Il est membre de la Société d'anthropologie de Paris et correspondant de celle de Washington. Il a publié: « L'habit de mon oncle Cléobule », nouvelle; « Le crime de Virieu sur Orques »; « Le combat des Treize »; « Le couteau du bandit »; « Le procès des Borgia »; « Souvenirs d'un magnétiseur »; « L'ancêtre voilé »; « Bible et préhistoriens »; « Lucie, épisode de l'histoire de Syracuse »; « Vivia »; « Une vie orageuse »; « Plus vrai que vraisemblable »; « Le Sire Evrard »; « Storia maravigliosa di don Jacopo », publié à Florence; « Une femme à bord »; « Donatien », paru sous le titre de *Veuve* dans la *Revue Contemporaine;* « Les deux chemins », sous le titre de *Chicchi reduzzo*, dans la *Revue Contemporaine;* « La Commune en l'an 2073 », brochure; « Entre Charybde et Scylla »; « La Zingara calabraise »; « Un purgatoire en sol dièze »; « Pendant l'orage », récits fantastiques; « La Créatrice », nouvelle parue dans le *Monde Illustré;* « Stachys sylvestris et œil vairon », id.; « L'homme singe », articles scientifiques dans la *Revue du Monde Catholique*, et divers autres dans les revues et annales des sociétés savantes.

Mariéton (Paul), littérateur français, né à

Lyon, le 14 octobre 1862. Après avoir terminé ses études de Droit, il dirigea la *Revue lyonnaise*, publication félibréenne mensuelle (1882-1884). Il a fait de nombreuses monographies provençales (Lyon, Georg éd.) : « Bonaparte Wyse », 1882; « Auguste Fourès » (l'albigisme), 1883; « Un félibre limousin : l'Abbé Joseph Roual », 1883; « L'Idée latine, Ch. de Tourtoulon », 1883; « Théodore Aubanel », Montpellier, Hamelin éd., 1883; « Le mouvement flamand », Georg, éd., 1884; « Discours sur la jeunesse provençale », aux fêtes du 4ᵐᵉ Centenaire de la réunion de la Provence à la France, présidées par Mistral, 1884; « Souvenance », poème, préfaces de Mistral et Soulary, Paris, Lemerre, 1884; « Joséphin Soulary et la pléiade lyonnaise », études biographiques et critiques (avec portraits), Paris, Marpon et Flammarion, 1884. Ce livre a préparé la candidature de Soulary à l'Académie. En janvier 1883, il fonda à Paris la *Revue félibréenne* avec le concours de Mistral et qui est désormais le *Moniteur officiel et mensuel du félibrige*. « Introduction aux pensées de l'Abbé Roux », qu'il publia chez Lemerre, en mai 1886; « La viole d'amour, fragment d'un journal intime », poésies, Lemerre éd. Pour paraître prochainement : « Hellas », journal en vers d'un voyage en Grèce, avec Paul Bourget, 1887-1888.

Marinelli (Jean), professeur ordinaire de géographie à l'Université de Padoue, membre de l'Institut Royal des sciences, lettres et arts de Venise, de l'Académie Royale de Padoue et de plusieurs Académies italiennes et étrangères, né, à Udine, le 28 février 1846; après des études lycéales brillantes, il suivit le cours de la Faculté mathématique à l'Université de Padoue, Faculté qu'il quitta pour celle de jurisprudence. Ses tendances le poussaient à l'enseignement et en 1868 il revint à Udine comme professeur sans solde de littérature italienne, d'histoire et de géographie à l'Institut Technique de la ville ; professeur titulaire en 1869, il concourut dix ans après à la chaire de géographie à l'Université de Padoue; en 1886, il fut élu président de sa Faculté. L'activité de M. M. est remarquable; en vingt ans il a publié 120 ouvrages. Nous donnons la liste des principaux: « Nomi propri orografici, Alpi Giulie e Carniche », Udine, 1872; « I vari materiali per l'Altimetria italiana », 1874-88; « Saggio di Cartografia della regione Veneta », Venezia, 1881; « La Geografia e i padri della Chiesa », Roma, 1882; « La Carta del Friuli fra il Livenza e l'Isonzo »; « Della geografia scientifica ec. », Rome, 1879; « La Terra », Milan, Vallardi; « Le Alpi Carniche », Turin, 1888. « La Terra » de M. M. est un ouvrage essentiel qui tient sa place à côté de celui de M. Élysée Reclus.

Marion (Henri), littérateur français, professeur de la Faculté des Lettres de Paris, né à Saint-Parize-en-Viry (Nièvre), le 9 septembre 1846, fit ses études au Collège de Rennes, puis à Paris au Lycée Louis-le-Grand. En 1865, élève de l'École normale supérieure; en 1868, agrégé de philosophie, il fut nommé en 1873 professeur de philosophie aux Lycées de Pau, de Bordeaux et Henri IV; en 1883, il fut chargé d'un cours complémentaire sur la science de l'éducation à la Sorbonne; et enfin en 1887 titulaire de la chaire magistrale à la Faculté des Lettres. Nous avons de lui : « Édition critique de la Théodicée de Leibnitz », 1874; « John Locke d'après des documents nouveaux », 1878; « Franciscus Glissonius et de la solidarité morale », 1880; « Leçons de psycologie appliquée à l'éducation », 1881; « Leçons de morale », 1882. Il a publié plusieurs articles importants dans la *Revue philosophique*, la *Revue politique*, la *Revue pédagogique* et la *Revue internationale de l'enseignement supérieur*, et dans la *Grande Encyclopédie*, M. M. dirige la partie philosophique.

Marion (Joseph-Édouard DE FAVERGES), homme politique français, fils d'un ancien magistrat, membre de la Chambre des Députés sous la monarchie de Juillet et de la Constituante en 1848, né, à Grenoble, le 27 décembre 1829, fit son droit à Paris, où il fut reçu avocat; il exerça les fonctions d'agent de change à Marseille, puis à Paris, et se retira au château de Faverges en 1861 pour se livrer à l'agriculture. Élu en 1869 dans la 4ᵉ circonscription de l'Isère, son élection fut annulée par des considérations étrangères à la politique, mais en 1870 il fut réélu. Après le 4 septembre, M. M. fut nommé commissaire du gouvernement de l'Isère et prit le commandement des mobilisés avec le grade de général. Il est membre du Conseil général de l'Isère pour le Canton de Morestel et maire des Avemères. Député en 1886, 1877 et 1881, en 1885 élu sénateur de l'Isère, et réélu en 1888.

Mariotte (Émile), homme de lettres français, né, à Esnouveaux (Haute-Marne), le 11 janvier 1849, fit ses études à Chaumont et voyagea quelques années en Orient, y recueillant les matériaux pour des poèmes sur la Perse, l'Arabie et l'Égypte qu'il a en préparation. Il a publié : « Les Déchirements », poésies, Paris, 1886.

Mariotti (Philippe), homme de lettres et sous-secrétaire d'État italien, né, à Apiro (Marches), en 1833. Il étudia l'éloquence à Rome au *Collegio Romano* (1849); le droit à Camerino et se perfectionna à l'Institut d'études supérieures de Florence; il débuta au barreau, mais en 1860 prit part à la révolution et fut secrétaire du Gouvernement provisoire à Camerino. Député en 1877, secrétaire général à l'Instruction publique en 1887. Nous avons de lui un pamphlet « Della libertà d'insegnamento », 1864; « Ricordi sulla vita e sulle opere di Maurizio Bufalini »; la traduction et le commentaire aux « Plaidoyers de

Demostene »; « Dante e la statistica delle lingue », Florence, Barbèra, 1880; « Il suffragio universale », discours, Rome, Botta, 1881. M. M. travaille maintenant à un grand Dictionnaire grec-italien. Il est membre de l'Académie des Lincei et a eu une part très-importante à la translation des Cendres de Rossini de Paris à l'église de Santa-Croce de Florence.

Markby (Guillaume), jurisconsulte anglais, professeur de loi Hindoue à l'Université d'Oxford, né, à Duxford dans la Comté de Cambridge, en 1829. Il a fait son éducation au Merton College d'Oxford; est entré au barreau en 1856; *recorder* de Buckingham, id.; juge de la Haute-Cour du Bengale, de 1866 à 1878; vice-chancelier de l'Université de Calcutta, en 1877-78. Il est *fellow* du Collège de Balliol et de All Souls. Il est l'auteur de « Elements of Law »; « Clarendon press, Oxford ».

Markham (Clements-Robert), né, le 20 juillet 1830, à Stillingfloet près de York, entra dans la Marine anglaise en 1844, la quitta en 1851; occupa des places au Bureau des Indes, fut nommé secrétaire de la Société Hakluyt en 1858 et de la Société Royale de Géographie en 1863. Il prit part à l'Expédition arctique à la recherche de Sir John Franklin (1850-1851), explora les forêts du versant oriental des Andes Péruviennes (1852-54), introduisit la cultivation du Quinquina aux Indes Orientales (1860-61), prit part comme géographe à l'expédition d'Abyssinie et se trouva à la prise de Magdala (1868). Il suivit Sir Georges Nares dans l'expédition polaire de 1875-76. Nous avons de lui en librairie : « Franklin's Footsteps », 1852; « Cuzco and Lima », 1856; « Travels in Peru and India », 1862; « A Quichua Grammar and Dictionary », 1863; « Spanish Irrigation », 1867; « A History of the Abyssinian Expedition », 1869; « A Life of the Great Lord Fairfax », 1870; « Ollanta, a Quichua Drama », 1871; « Memoir on the Indian Surveys », 1871; « General Sketch of the history of Persia », 1873; « The Threshold of the unknown Region », 1874; « A memoir of the Countess of Chinchon », 1875; « Missions to Thibet », 1877; « Peruvian Bark », 1880; « Peru », id.; « The War between Chili and Peru », 1879-81.

Markus (Jordan-Kajetan), écrivain allemand, né, le 22 janvier 1831, à Friedberg en Bohême. En dehors de plusieurs livres pour les écoles, et surtout de sa « Geschichte Oesterreich-Ungarns für Schule und Haus », il a publié: « Beiträge zur Schlägler Chronik »; « Pazmandsdorf im B. U. M. B. »; « Markt Friedeberg, dessen Umgebung und seine berühmten Männer »; « Ein Denkmal », etc. Il a fondé plusieurs sociétés, et il représente, depuis 1887, dans le *Deutscher Böhmerwaldbund* de Berlin, le groupe viennois.

Marletta (Frédéric), philosophe et économiste sicilien, professeur d'économie politique et statistique, de morale et de droit à Catane, où il est né le 13 décembre 1837. Professeur aux Lycées de Noto et Syracuse, et en 1876 à l'Institut Technique de Catane, il fut chargé en 1876 de l'enseignement de l'Économie politique à l'Université de cette ville. En dehors de plusieurs articles dans le *Conregno* de Milan e l'*Arrisatore Siracusano* qu'il dirige, nous avons de lui : « Teoria del primo economico », Catane, 1865; « Sistema della filosofia sperimentale », 1868; « Vico e la sapienza antichissima degli Italiani », 1869; « Filosofia e nazionalità », 1873; « Sulla scienza del diritto », 1885; « Scienza del diritto », id.; « Socialismo e Filosofia scientifica sperimentale ».

Marmier (Xavier), littérateur français, né, à Pontarlier, le 24 juin 1809, fit ses études à Besançon, collabora à la presse locale, puis visita la Suisse, l'Allemagne et la Hollande, et vint à Paris en 1830. De 1836 à 1838, il visita les contrées septentrionales de l'Europe, chargé d'une mission archéologique, à l'issue de laquelle il fut décoré de la Légion d'honneur. De 1832 à 1835, il fut rédacteur en chef de la *Revue germanique ;* chargé en 1839 du cours de littérature étrangère à Rennes, il était nommé l'année suivante bibliothécaire au Ministère de l'Instruction publique, d'où il passait à la fin de 1846 à la bibliothèque Saint-Geneviève en qualité de conservateur jusqu'à 1885. De 1842 à 1849 il fut presque toujours en voyage et visita la Russie, l'Orient, l'Algérie, l'Espagne et l'Amérique. Il fut élu membre de l'Académie française en 1873. Nous avons de lui en librairie : « Esquisses poétiques », 1830; « Choix de paraboles de Krummacher », 1833; « Pierre, ou les suites de l'ignorance, l'arbre de Noël », 1833-35; « Études sur Goethe », 1835; « Nouveau choix de paraboles de Krummacher », 1837; « Langue et littérature islandaise et histoire de l'Islande depuis sa découverte jusqu'à nos jours », 1838; « Histoire de la littérature en Danemark et en Suède »; « Lettres sur le Nord : Danemark, Suède, Laponie et Spitzberg », 1840; « Souvenirs de voyages et traditions populaires et le Théâtre de Schiller », traduction, 1841; « Chants populaires du Nord », traduits en français, et « Lettres sur la Hollande », 1842; « Contes fantastiques d'Hoffmann », traduction, 1843; « Poésies d'un voyageur », relation de voyage de la commission scientifique du Nord, 1844; « Nouveaux souvenirs de voyage en Franche-Comté », 1845; « Lettres sur la Russie, la Finlande et la Pologne », 1842; « Lettres sur l'Amérique », 1852; « Du Rhin au Nil »; « Lettres sur l'Algérie », 1848; « Lettres sur l'Adriatique et le Monténégro », 1854; « Un été au bord de la Baltique et de la mer du Nord »; « Les Fiancés du Spitzberg », 1858; « Voyage pittoresque en Allemagne », 1858-59; « En Amérique et en Europe », 1859 ; « Gazida » ; « Histoires allemandes et scandinaves », 1860 ; « Voyage en Suisse » ; « Mémoires d'un orphelin », 1861 ; « Hélène et Susanne » ; « Voyage et littérature », 1862 ; « En Alsace » ; « L'Avare et son trésor », 1863 ; « En chemin de fer » ; « Le roman d'un héritier » ; « Histoire d'un pauvre musicien », 1866 ; « De l'Est à l'Ouest » ; « Souvenirs d'un voyageur » ; « Hasards de la vie » ; « Drames d'un cœur », 1868 ; « Les voyages de Nils », 1869 ; « Robert Bruce », 1871 ; « En Franche-Comté », 1884 ; « Le succès par la persévérance », 1885 ; « Contes populaires de différents pays », 1887 ; « La maison », 1888 ; « Passé et présent, récits de voyage », 1886. M. M. a collaboré à plusieurs publications périodiques, entr'autres, la *Revue des Deux-Mondes*, la *Revue de Paris*, la *Revue germanique*, la *Revue Britannique*, le *Journal des jeunes personnes*, etc. On a de lui de nombreuses traductions de l'allemand, du danois et du russe et entre autres : *Les Aventures d'une colonie d'émigrants en Amérique* de Gerstaeker, *Les Nouvelles danoises* de Heilberg, et *Les Scènes de la vie russe* en collaboration avec L. Viardot.

Marmonier (Henri), homme politique français, avocat, docteur en droit, né, à Saint-Maurice de Sathonay (Saône-et-Loire), le 16 septembre 1855. En faisant son droit à Paris, il se mêla activement à l'agitation républicaine du Quartier Latin, pendant la période qui suivit le 16 mai 1877 ; il collabora à la *Semaine républicaine* en 1878 et fit des cours du soir aux ouvriers, étant un des professeurs de l'*Union française de la Jeunesse*. Secrétaire de M. Henri Brisson en octobre 1878, il le suivit à la présidence de la chambre en novembre 1881 comme chef-adjoint du Cabinet ; il devint, en avril 1885, son chef du Cabinet au Ministère de la justice, et fut ensuite nommé chef du personnel du ministère. Président de la Société d'Horticulture de Villefranche et secrétaire général du comice du Beauplais, M. M., qui résidait à Belleville-sur-Saône, fut porté sur la liste de Concentration républicaine du département du Rhône en 1885 ; il réunit au premier tour de scrutin 57,705 voix sur 129,411 votants, et il fut élu au scrutin de ballotage le 3ᵐᵉ sur onze. Il a collaboré à la *Grande Encyclopédie* ; il est l'auteur d'un projet de loi sur les associations. Il n'est inscrit à aucun des groupes de la Chambre ; on peut le classer parmi les républicains progressistes et indépendants.

Maronski (Stanislas), écrivain polonais, né, le 30 avril 1825, à Gnessen dans le Grand-Duché de Posen, professeur pensionné résidant à Pelplin ; on lui doit : « De auguribus Romanis », 1859 ; « Die Stammerwantschaftlichen und politischen Beziehungen Pommerns zu Polen bis zum J. 1227 », 1876, contributions à l'histoire de la Poméranie, 1874 (en polonais) ; « Einige linguistisch-historische Bemerkungen und Excurse anlässlich der Schrift Philippis » ; « Die von der Marwitz », 1840 ; « Les Slaves du Mecklembourg », en 1831 ; « Les Gélones d'Hérodote ne sont pas une population prusso-lithuanienne », 1883, en polonais, et différents essais qui se rapportent à l'histoire de la Poméranie.

Marpon (Charles), libraire, ancien conducteur de machines typographiques, né, à Nancy, le 25 septembre 1838. Il s'établit libraire sous la galerie de l'Odéon, où il vendit les nouveautés avec rabais et acheta en solde des restants d'éditions. Il s'associa en 1873 avec Ernest Flammarion. La nouvelle société fonda des succursales dans Paris et se rendit acquéreur de plusieurs fonds d'éditeurs, particulièrement de celui de la librairie internationale A. Lacroix et Cⁱᵉ. Depuis cette époque la librairie Marpon et Flammarion a pris un des premiers rangs parmi les éditeurs français. Ses grandes publications populaires, le choix de ses auteurs, et la modicité des prix de son catalogue, lui ont assuré un grand succès.

Marquiset (Jean-Gaston), homme politique français, né, à Saint-Loup (Haute-Saône), le 4 novembre 1826. Élu député en 1878, il prit place sur les bancs de la gauche républicaine. Réélu en 1881, il le fut de nouveau en 1885 pour la Haute-Saône. Il a voté contre les projets d'expulsion des princes. M. M. est membre du Conseil général de la Haute-Saône pour le Canton de Saint-Loup.

Marradi (Jean), poète italien, né à Livourne, professeur au gymnase de Sienne. Il a fait ses études à l'*Istituto di Studi Superiori* de Florence, et encore tout jeune, publia dans la revue *I Goliardi* des vers remarquables signés *Labronio*. Il adopta ce pseudonyme pour un volume de vers, sous le titre : « Canzoni moderne di G. M. Labronio » ; il publia ensuite : « Poesie », Turin, 1887 ; « Ricordi lirici », Rome, Sommaruga, 1884 ; « Epicedio », poésies, 1880 ; « Fantasie marine », 1881.

Marre (Eugène-Aristide), éminent orientaliste français, chargé du cours de malais et de javanais à l'École spéciale des langues orientales vivantes, associé étranger de l'Institut Royal des Indes-Néerlandaises, membre correspondant de la Société des Arts et des Sciences de Batavia, de l'Académie Royale des Sciences de Turin et de celle de Lisbonne, des Académies de Messine et d'Acireale (Sicile), membre ordinaire de la Société asiatique de Paris et de la Société asiatique italienne, officier de l'instruction publique depuis 1862, chevalier de la Couronne d'Italie, etc., etc., est né, à Mamers, le 7 mars 1823. Après avoir brillamment terminé ses études classiques au Collège Royal militaire de la Flèche, en qualité d'externe et sous la direction de M. Debette, son parent, professeur dans ce célèbre établissement, il vint à Paris en 1840. Là, le jeune bachelier se voua tout entier à la culture des langues orientales et des sciences mathématiques. Dès l'année 1846, il était professeur-adjoint de langue française, d'histoire et de géographie à l'École militaire égyptienne de Paris, et répétiteur libre de mathématique au Collège Royal Henri IV. En cette même année, il donnait au public une traduction du *Kholaçat al hisáb* (Essence du calcul), de *Behá Eddin al Aamouli*. Doué d'une aptitude remarquable pour les langues, il est l'auteur d'un grand nombre de traductions de l'anglais, de l'allemand, du hollandais, de l'italien, de l'espagnol, du portugais, de l'arabe, du malgache et du malais. L'un des plus anciens et plus fidèles collaborateurs du prince Balthasar Boncompagni, il n'a pas cessé, depuis la fondation (1868) du *Bullettino di Bibliografia e di storia delle scienze matematiche e fisiche*, d'insérer dans cette Revue, bien connue de l'Europe savante, des travaux importants. Le *Journal asiatique* de Paris, l'*Athénée Oriental*, la *Revue Orientale*, les *Annales de l'Extrême Orient*, le *Muséon* de Louvain, les *Annali di matematica pura ed applicata* et les *Atti dei Nuovi Lincei* de Rome, le *Journal de mathématiques* de M. Liouville, les *Nouvelles Annales de mathématiques* de MM. Terquem et Geromo, le *Le Bulletin des Sciences mathématiques et astronomiques* de M. Darboux, de l'Institut, la *Cronica scientifica* de Barcelone, le *Monde poétique* de Roger Milès et la *Grande Encyclopédie* renferment également de nombreux articles de M. A. M. C'est à lui qu'on doit la découverte et la publication du *Triparty en la science des nombres*, traité d'arithmétique et d'algèbre, fort remarquable, écrit en français en l'année 1484 par *Nicolas Chuquet*, parisien. Le nom du père des algébristes français fut aussitôt donné à l'une des rues de Paris, grâce à la bienveillance éclairée de M. Floquet, alors Préfet de la Seine. Disons en passant que si les noms glorieux de *François Viète*, l'inventeur de l'algèbre moderne, de *Christian Huygens*, et de la mathématicienne *Sophie Germain*, décorent aujourd'hui trois autres rues de la capitale de la France, le mérite de ce juste et tardif hommage doit être attribué à M. Marre. Peu de temps après, il avait la bonne fortune de trouver, surtout dans le fonds latin de la Bibliothèque Nationale de Paris, dix-sept lettres écrites en français par Sluse à Pascal, dont quinze restées inconnues jusqu'alors, ont trouvé leur place naturelle dans la *Correspondance de Sluse*, publiée dans le *Bullettino* du prince Boncompagni par l'un des jeunes savants dont la Belgique s'honore, M. Le Paige, professeur à l'Université Royale de Liège. Voici les titres des travaux de M. A. M., tels que nous les trouvons indiqués dans le *Catalogue of scientific Papers*, publié par la Société Royale de Londres, et dans le *Catalogue général de la librairie française*, rédigé par Otto Lorenz: « Théorème sur le triangle inscrit dans un cercle » (*Nouv. Ann. Math.*), 1843; « Trouver la somme de toutes les permutations différentes d'un nombre donné » (id.), 1846; « Le Khelaçat al hisáb, ou Essence du calcul, de Behá Eddin Mohammed ben Al Hosain al Aamouli » (id.), 1846; « Du Binôme de Newton, antérieurement à Newton » (id.), 1846; « Partie géométrique de l'algèbre de Abou Abdallah Mohammed ben Moussa » (id.), 1846; « Note sur les deux expressions $\frac{a}{b}$ et $\frac{a}{a+b}$ »; « Notice sur les systèmes de numération naturelle quinaire, dénaire, vigénaire » (*Journ. Math.*), Liouville, 1848: « Manière de compter des anciens avec les doigts des mains et autres parties du corps » (*Annali di Matemat.*), Rome, 1864; « Le Talkhys al hisùb d'Ibn Albannâ, traité d'analyse des opérations du calcul », traduit de l'arabe sur la copie d'un manuscrit inédit de la Bibliothèque Bodléyenne d'Oxford, faite par M. Woepcke pour le prince Boncompagni (*Atti Nuovi Lincei*), id., id.; « Résumé du Talkhys d'Ibn Albannâ » (*Journ. Math.*), Liouville, Paris, 1865; « Le Messâhat de Mohammed ben Moussa al Kharôzmi », extrait de son algèbre, traduit et annoté (*Annali di Matemat.*), Rome, 1865; « Biographie d'Ibn Albannâ », extrait du *Tekmilet ed. dibâdj*, de *Ahmed Bâbâ*, de Timbouktou (*Atti Nuovi Lincei*), id., 1866; « Notice sur un manuscrit arabe possédé par M. Charles, en contenant plusieurs traités d'astronomie et un traité d'arithmétique » (*Atti Nuovi Lincei*), 1866; « Petit vocabulaire des mots malais que l'usage a introduits dans les langues d'Europe », Rome, id.; « Manière de compter des anciens avec les doigts des mains, d'après un Kassidéh inédit de Chems Eddin al Mossouli, et le Tratado de Mathematicas de Juan Perez de Moya », id., 1868; « Mémoires autobiographiques d'une famille malaise, écrits par Nakhoda Mouda de Samangka et ses fils », Paris, 1867; « De l'Arithmétique dans l'Archipel indien », Rome, 1874; « Problèmes tirés du Kitáb al mobarek d'Abou'l Wafa al Djoueini », id., id.; « Histoire des rois malais de Malaka, de 1252 à 1511 de J.-C. résumé historique », extrait du *Sadiâvah malayou*, suivi du Cérimonial de la Cour établi par le Sultan Mohammed Châh, Paris, id.; « Une Révolution à Malaka en l'an 1334 de J.-C. », extrait du *Sadjâvah malayou*, traduit et annoté; « Histoire des rois de Pasey, en Sumatra, traduit du malais par le texte publié par M. Dulaurier, avec corrections géographiques et addition de deux appendices », Paris, 1874; « Le Code des successions et du mariage en usage à Java », transcrit en caractères latins et traduit en français sur le manuscrit de la Bibliothèque Nationale, avec une préface et des notes, Paris, 1874; « La généalogie des Sultans de Chéribon », traduite sur le manuscrit de la Bibliothèque Nationale de Paris, publiée dans le *Journal Asiatique;* « Une lettre du Sultan d'Atcheh au roi Jacques 1er d'Angleterre » (*Revue Orientale*), id., id.; « La langue malaise », notice dans la *Mosaïque*, id., id.; « Essai sur le malgache, ou étude comparée des langues javanaise, malgache et malaise ». Cet essai valut à l'auteur une médaille d'or de l'Institut, au concours pour le prix Volney, en 1875; « *Kata-Kâta malayau* », recueil des mots malais, francisés par l'usage, nouv. éd., id., 1875; « Index des manuscrits malais », possédé par la Bibliothèque Nationale de Paris; « Grammaire malgache, fondée sur les principes de la grammaire javanaise », suivie d'exercices et de proverbes, Paris, 1876; « Bouralia », légende malgache, texte publié, traduit et annoté. Extrait du *Journal Asiatique*, id., 1877; « Ny rahalahy roa (les deux frères) », conte traduit du malgache. Extrait de la *Revue Orientale*, id., id.; « Makota radja râdja (La Couronne des Rois) », par Bokhâri de Djohore, l'un des chefs-d'œuvre de la littérature malaise, traduit du malais et annoté, id., 1878; « Bibliothèque d'un érudit malais au commencement du XVIIe siècle de notre ère », extrait de la *Revue Orientale*, Maisonneuve, id., id.; « Deux mathématiciens de l'Oratoire », Rome, id.; « Deux lettres mathématiques inédites du P. Jaquemet de Vienne (Dauphiné) », Rome, id.; « Notice sur la langue portugaise dans l'Inde française et en Malaisie », extrait des *Annales de l'Extrême Orient*, Paris, 1881; « L'instruction primaire chez les Chinois, dans l'île de Java », traduit du hollandais, id., id.; « Bibliographie malaise: Les ouvrages du Cap. Badings d'Amsterdam », extrait du *Journal Asiatique*, id., id.; « Catalogue des étoiles circumpolaires australes observées en 1600 dans l'île de Sumatra, par Frédéric Houtman », extrait du *Bull. des Sciences math. et astron.* id., id.; « Le Triparty ou la science des nombres, de Nicolas Chuquet, parisien », le plus ancien traité d'algèbre écrit en français (1484), publié sur le manuscrit unique de la Bibliothèque Nationale, et précédé d'une notice sur l'œuvre de Nicolas Chuquet. Extrait du *Bull.*, Rome, 1882; « Problèmes numériques faisant suite et servant d'application au Triparty en la science des nombres », id., id.; « Comptes-rendus du *Jornal de Sciencias matematicas e astronomicas publicado pelo Dr. F. Gomes Teixeira* », extraits du *Bulletin des Sciences mathématiques* de M. Darboux, publié sous les auspices du Ministère de l'Instruction publique; « Les pronoms personnels dans le dialecte de Menangkabau (en Sumatra) », traduit du hollandais et annoté, Paris, 1882; « Appréciation nouvelle et singulière du caractère du grand Fermat par M. Ch. Henry, bibliothécaire à la Sorbonne », simple note par M. A. M., id., 1883; « Coup d'œil sur le district montagneux de l'Arakan et sur les tribus sauvages qui l'habitent », id., id.; « Notes de philologie malaise: Examen critique d'un article de M. Devic », publié dans le *Journal Asiatique*. Extrait du Muséon, Louvain, id.; « Compte-rendu du Congrès international des Orientalistes, tenu à Leyde en septembre 1883 par M. Aristide Marre, 1er secrétaire élu de la Section de Malaisie et Polynésie audit Congrès »; « Un poète portugais contemporain, Francisco Gomes de Amorims. Notice biographique »; « Huit lettres inédites du P. Claude Jaquemet de l'Oratoire », Rome 1883; « Vocabulaire systématique, comparatif, des principales vacines communes au malgache et aux langues malayo-polynésiennes, précédé d'un aperçu philologique sur les affinités du malgache avec le javais, le malais et les autres idiomes de l'Archipel indien », extrait des *Actes du Congrès*, Leyde, 1884; « Du Lorens et Rotrou », extrait du *Monde poétique*, Paris, id.; « De la poésie malaise », extrait du *Monde poétique*, id., id.; « Lettre à M. le Président de l'Académie Royale de Lisbonne sur René-François de Sluse et sa correspondance inédite avec Pascal », Lisbonne, id.; « L'imagination malaise dans Madagascar a-t-elle précédé ou suivi l'introduction de l'hindouïsme dans Java? Solution lexicologique de cette question », Louvain, 1885; « Biografia di Abdallah ben Abdel Kader de Malaka », lue à l'Académie des Sciences, Turin, id.; « Quelques remarques sur les noms des mois en langue malgache », Leyde, id.; « De la poésie malgache », extrait du *Monde poétique*, Paris, 1886; « Théorème du carré de l'ypoténuse, démonstrations des Hindous », Rome, 1887; « Une idylle à Java, fragment d'un ancien poème malais, intitulé: Kén Tambouhan, traduit en français », extrait du *Mode poétique*, Paris, id.; « Deri hal orang monangkap ikan paous. La pêche de la baleine racontée par un professeur malais à ses élèves », extrait du *Kitùb tekateki terbang*, Louvain, 1888. M. A. M. se propose de publier, en 1889, une traduction pour la première fois complète du livre national des Malais, communément désigné sous le titre de « Sadjàrah malayou ».

Marroquin (Joseph-Emmanuel), poète colombien, né à Bogota, où il a toujours résidé, le 7 août 1827. Après avoir terminé ses études de jurisprudence à l'Université, il fonda un collège à la campagne dans les environs de Bogota. Œuvres principales: « Tratado Compledo de ortographia castelana; Dicionario Ortographico »; « Catalogue des mots castillans dont l'Ortographe prête à la discussion »; « Lecciones de metrica »; « Lecciones sobra retorica »; « Tratado de Urbanidad acomodado a las costumbres colombianas »; enfin: « Tratado di ortologia ». M. M., dont les ouvrages ont eu l'honneur de plusieurs éditions passe, pour le seul auteur colombien à qui la plume a fait gagner de l'argent. Ses ouvrages en vers se trouvent insérés dans deux collections, l'une est le second volume du « Parnaso Colombiano », l'autre appartient à la série intitulée : « Autores Colombianos ». M. M. est membre correspondant de l'Académie Royale Espagnole.

Marrot (Paul), poète français, né, à Poitiers, en 1851. Après avoir pris ses grades à la Faculté de droit de Poitiers, il quitta le barreau pour les lettres et la presse. En 1880, il fit paraître « Le Chemin du Rire »; puis, en 1883, « Le Paradis moderne », qui repose sur cette idée qu'il n'est point d'autre paradis que la terre, où chacun se fait de ses rêves et de ses désirs son paradis et ses dieux. Enfin, il a publié, en 1887, « Mystères physiques », première partie d'un cercle philosophique »; « Le Livre des Chaînes ». Les œuvres poétiques de M. P. M. ont été éditées par Lemerre.

Marryat (Florence), éminente femme-auteur anglaise, fille du célèbre romancier maritime, le capitaine Marryat, née, à Brighton, le 9 juillet 1837, épousa d'abord M. Ross Church, ensuite M. Lean, et dirige la revue *London Society* depuis 1872. Nous avons d'elle en librairie : « Love's Conflict, Woman against Woman »; « Too good for him », 1865; « For ever and ever »; « The confessions of Gerald Estcourt », 1867; « Gup, Nelly Brooke », 1868; « Veronique, the girls of Feversham », 1869; « Petronel », 1870; « The prey of the Gods, Her lord and master », 1851; « Life and letters of Captain Marryat », 1872; « Mad Dumaresque », 1873; « Sibyl's friend and how she found him. No intentions », 1874; « Open-Sesame »; « Fighting the air », 1875; « My own child, Hidden chains, Her father's name », 1876; « A harvest of wild oats »; « Christmas leaves, our villas », 1877; « Written in fire »; « A little stepson », 1878; « The world against a life »; « A broken house », 1879; « The root of all evil »; « The fair-haired Alda », 1880; « With Cupid eyes », « My sister the actress », 1881; « Phyllida »; « How they losed him », 1882; « Facing the footlights »; « A moment of madness »; « A peeress and player », 1883; « The heir presumptive »; « The heart of Jane Warner »; « Gentleman and courtier »; « Spider of society »; « Driven to bay »; et plusieurs autres.

Marsden (Alexandre), chirurgien anglais, né le 22 septembre 1832, entra à l'armée en 1854 comme chirurgien militaire et prit part à la guerre de Crimée. Sa spécialité est la cure du cancer. Nous avons de lui les livres suivants, résultat de ses observations sur plus de 15,000 cas de cancers ou de cancéroïdes : « A new and Successful mode of treating certain forms of cancer »; « Cancer Quacks and Cancer curers »; « The Treatment of Cancer by Chian Turpentine and all other methods »; « Treatise on the Nature and Treatment of Cholera ».

Marselli (Nicolas), écrivain militaire et philosophique italien, général de division, membre du Parlement, ancien secrétaire général au Ministère de la guerre, né, à Naples, le 6 novembre 1832, fit ses études au Collège de la Nunziatella (1842-1850), et fut nommé officier du génie. De 1855 à 1860, nous avons de lui : « L'architettura in relazione della Storia del mondo »; « La ragione nella musica moderna »; « Saggi di critica storica ». Libéral depuis sa plus tendre jeunesse, M. M. applaudit de grand cœur l'œuvre de Garibaldi, et fit adhésion au nouvel état politique. Depuis lors (1861), M. M. publia plusieurs ouvrages remarquables, dont nous donnons la liste complète, la partageant en deux sections, la première contenant les écrits purement militaires, la seconde les écrits littéraires et politiques : « La guerra e la sua storia »; « La guerra reale »; « Gli avvenimenti del 1870-71 »; « La scienza della storia ». Plusieurs publications aux revues spéciales et un dialogue sur la stratégie. En 1881, M. Treves de Milan publia deux éditions en trois volumes de « La guerra e la sua storia ». L'œuvre politique-littéraire du général M. se compose de « La Critica e l'arte moderna »; « La rivoluzione parlamentare del marzo 1876 »; « Raccogliamoci »; « La situazione parlamentare »; « La natura e l'incivilimento », 1879; « Le origini dell'Umanità », id.; « Le grandi razze dell'umanità », 1880. Les trois ouvrages forment le second volume de la « Scienza della storia », éditée par la Maison Loescher. Nous avons encore : « La politica dello Stato italiano », Naples, Morano, 1882; « Gli Italiani del mezzogiorno », Rome, Sommaruga, 1884. Des contributions remarquées à la *Nuova Antologia*.

Marsh (Otniel-Charles), né, à Lockport, le 29 octobre 1821. Gradué de Yale College en 1860, il se perfectionna de 1862 à 1865 aux Universités de Berlin, Heidelberg et Breslau. Il fut choisi en 1866 comme professeur de Paléontologie à Yale et se consacra spécialement à l'investigation des Fossiles des montagnes Rocheuses. Cette œuvre intéressante se décompose en une série de mémoires qui dépasse les 150 insérés à l'*American Journal of Science*, et sont réunies en volume par les soins du Gouvernement des États-Unis. M. M. est Vice-Président de l'Académie Nationale Scientifique.

Marshall (François-Albert), auteur dramatique anglais, né, à Londres, le 18 novembre 1840, suivit les cours à Harrow et Oxford et écrivit pour les journaux et les revues de 1862 à 1870. Il donna à la scène les pièces suivantes : « Mad as a Hatter »; « Corrupt Practices »; « G. E. D. »; « False Shame »; « Brighton »; « Saratoga »; « Cora »; « Biorn »; « Lola »; « Family Honour ». Il a aussi écrit des librettos d'opéra.

Marshall (Guillaume), naturaliste allemand, professeur de zoologie à l'Université de Leipzig, consul de Hollande, né, le 6 septembre 1845, étudia à Goettingue et Jena avec Heule, Keferstein, Gegenbaur et Haeckel; de 1872 à 1878, il a été Consul de Hollande et secrétaire de la Grande-Duchesse de Saxe-Weimar; on lui doit, entr'autres : « Der Floh von litterarischer und naturhistorischer Seite beleuchtet », Weimar, 1879; « Verbreitung der Thiere », Gotha, 1887-88; « Spaziergänge eines Naturforschers », Leipzig, 1888; « Die Tiefsee und ihr Leben », id., id.; « Zoologische Vorträge », id., 1889.

Marsili (Louis), physicien et philosophe italien, né, à Riccó, le 9 août 1807, étudia à Florence les mathématiques sous les pères *Scolopi* et dès 1827 enseigna la philosophie et la physique au Séminaire de Pontremoli. Nous avons de lui la traduction du « Traité de Physique de Marcet », 1839; la « Sinopsi delle sue lezioni d'Ideologia », 1865; en préparation: « Compendio della metafisica e dell'etica ».

Marston (Westland), poète et auteur dramatique anglais, né, à Boston (Comté de Lincoln), le 30 janvier 1819. Voilà les titres de ses meilleures pièces et œuvres d'art : « The Patrician's Daughter », 1841; « The Heart and the World », 1847; « Strathmore », 1849; « Ann Blake », 1852; « Philip of France »; « A Life's Ransom »: « Borough Politics »; « A Hard Struggle »; « Trevanion, or the False Position »; « Pure Gold »; « The Wife's Portrait »; « Donna Diana »; « The Favourite of Fortune »; des pièces lyriques: « A Hero of Romance »; « Life for Life »; « Under Fire »; « Death Ride at Balaclava »; « Gerald »; des contes et nouvelles: « A Lady in her own Right »; « Family Credit, and other Tales ».

Marston (Philippe-Burke), poète, romancier, essayiste anglais, fils du précedent, né, à Londres, le 13 août 1850, devint aveugle dès sa plus tendre enfance. Il collabora au *Cornhill Magazine*, et publia des volumes de vers: « Song Tide », en 1870; « All in All », 1875; « Wind voices », 1883. M. M. a inséré beaucoup de ses pièces dans les revues anglaises et américaines, principalement dans ces dernières. Il est plus apprécié aux États-Unis qu'en Angleterre.

Martel (Tancrède), littérateur français, est né, à Marseille, le 16 mars 1858. Fils d'un maître-portefaix des ports, il fit ses études classiques dans sa ville natale, se destinant alors à l'École Normale. Après avoir débuté, fort jeune, dans la presse de province, par des fantaisies en prose et en vers, M. T. M. vint à Paris et publia, en 1879, un volume de vers qui attira l'attention de MM. Théodore de Banville et Jean Richepin. Il a collaboré au *Globe*, à l'*Estafette*, à la *Jeune France*, et fourni des contes et fantaisies au *Temps*, au supplément littéraire du *Figaro*, au *Soir* et à la *République Française*. En 1885, M. T. M. fut au nombre des poètes français qui remplirent, à la suite de M. Catulle Mendès, les fonctions de commissaire aux obsèques de Victor Hugo. M. T. M. a publié des poésies, des romans, des contes et fantaisies et de la critique : « Les Folles Ballades », Laveirarie éditeur, 1879; « Les Poèmes à tous crins », Lemerre, 1887; « L'homme à l'hermine », roman de mœurs provinciales », A. Savine, 1887; « La main aux dames », id, 1885; « Paris Païen », id., 1888; « Œuvres littéraires de Napoléon Bonaparte », avec introduction et notes, id., 1887-88 (l'ouvrage formera quatre volumes; deux ont paru); « Comédies du XVIII° siècle », avec une introduction et des notes, id., 1888. A consulter sur M. T. M. une curieuse étude de M. Jean Richepin, dans le *Gil Blas* (1882) et l'*Anthologie des poètes français* de A. Lemerre.

Martelli (Diego), essayiste et critique d'art italien, né, près de Pise, le 20 octobre 1839, fit de très fortes études à Florence et son droit à Pise, prit part comme volontaire aux Campagnes de l'Indépendance Italienne de 1849 et de 1866; esprit bizarre, fin, et quelque peu paradoxal, il s'est surtout occupé de peinture; il a été un des premiers coryphées de l'école impressioniste; en 1865, il fonda avec le peintre Télémaque Signorini le *Gazzettino delle arti del disegno*. Nous avons de lui en librairie : « Primi passi », contes et nouvelles, 1878; « Una brutta istoria », 1873; « Nerone, baloccaggine », 1874; « Dell'ordinamento degli studi artistici in Italia, pensieri e proposte », 1877; « Gli impressionisti », Pise, 1880; « P. Giordani e V. Monti », Florence, 1883; « Lettera politica », Pise, id., « Di S. Maria del Fiore, etc. », id., 1887; « I partiti dello straniero », 1889.

Martens (Édouard von), naturaliste allemand, professeur des zoologie à l'Université de Berlin, sous-directeur de la partie zoologique de la section des sciences naturelles de Berlin, né, le 18 avril 1831, à Stuttgard, a fait ses études à Tubingue, Munich, Berlin; il a voyagé et séjourné pour ses recherches zoologiques en Norvège, à Venise, à Madère, à Rio Janeiro, à Singapore, en Chine, à Yeddo, en Australie, et publié: « Ueber die Verbreitung der europäischen Gasteropoden », Tubingue, 1855; « Ueber einige Fische und Crustaceen der süssen Gewässer Italiens », 1857; « Ueber einige Brockwasserbewohner aus den Umgebungen Venedigs », 1858; « Albers, die Heliceen », Leipzig, 1860; « Die Preussische Expedition nach Ost-Asien », Zool. Theil, I, 1876; « Ueber Verschiedene Verwendungen von Conchylien in Zeitschrift für Ethnologie », Berlin, 1872; « Mollusca und crustacea », 1864-84; « Conchologische Mittheilungen », Cassel, 1880-85.

Martens (Frédéric DE), littérateur et homme politique russe, professeur de droit international à l'Université de Saint-Pétersbourg, au Lycée impérial et à l'École de droit, depuis 1868 employé au Ministère des Affaires étrangères de Russie, et depuis 1862 membre permanent du Conseil de ce Ministère. Depuis 1879, il a publié neuf volumes du « Recueil des Traités et Conventions, conclus par la Russie et les Puissances étrangères ». Nous avons de lui : « Droit international des nations civilisées », 1882, traduit en allemand et en français ; « La Conférence africaine de Berlin et l'État du Congo », Bruxelles, 1886. M. M. a été nommé par son Gouvernement délégué officiel à plusieurs Congrès, et l'Empereur d'Autriche lui à décerné la médaille d'or *Litteris et artibus*.

Martha (Benjamin-Constant), professeur et moraliste français, membre de l'Académie des Sciences morales et politiques, est né, à Strasbourg, le 4 juin 1820. Ancien élève de l'École normale supérieure, de 1840 à 1842, il professa la seconde et la rhétorique au Lycée de Strasbourg. Reçu docteur ès-lettres à la Faculté de Paris en 1854, il fut nommé professeur de littérature ancienne à la Faculté de Douai, puis suppléant de Sainte-Beuve au Collège de France en 1857 ; en 1868, il passa comme professeur suppléant de M. Patin à la Sorbonne, et en 1869 il fut appelé comme titulaire à la chaire d'éloquence latine en remplacement de M. Berger. Il a été élu membre de l'Académie des Sciences morales et politiques (section de morale), le 1er juin 1872, en remplacement d'A. Cochin. Il a publié quatre ouvrages remarquables : « Les Moralités sous l'empire romain », 1865 ; « Le Poème de Lucrèce », 1869, 2me éd., 1873 ; « Études morales sur l'antiquité », id. ; « La délicatesse dans l'art », 1884 ; « Les Études morales sur l'antiquité », comprenant : « L'Éloge funèbre chez les Romains » ; « Le Philosophe Carnéade à Rome » ; « Les Consolations dans l'antiquité » ; « L'Examen de conscience chez les anciens » ; « Un Chrétien (Julien) devenu païen » ; « Un Païen (Synésius) devenu chrétien ». M. M. témoigne pour l'antiquité la plus délicate, la plus légitime sympathie.

Martha (Jules), professeur et archéologue français, est né, à Strasbourg, le 8 janvier 1853. Ancien élève de l'École Normale Supérieure, ancien membre de l'École Française d'Athènes et de Rome, ancien maître de conférences aux Facultés des lettres de Montpellier, Dijon, Lyon, M. J. M. est actuellement maître de conférences à la Faculté des lettres de Paris (langue et littérature latine). Agrégé des lettres, docteur ès-lettres avec une thèse sur « Les Sacerdoces Athéniens », publiée en 1881, et une thèse latine : « Quid significaverint sepulcrales nereidum figuræ ». Outre ces thèses, M. J. M. a publié : « Catalogue des figurines en terre cuite du Musée archéologique d'Athènes », 1880 ; « L'Archéologie étrusque et romaine », 1883. M. J. M. est le fils de M. C. M. de l'Institut.

Marthold (Jules DE), auteur dramatique et romancier français, né, à Paris, le 25 décembre 1847. Il a publié « Un soir d'orage », 1874, musique de Métra ; « Contes sur la branche », 1881 ; « Pascal Fargeau », id. ; « Un duel », 1882 ; « Théâtre des Drames », 1884 ; « Memorandum du siège de Paris », id. ; « L'œuvre de Moisselles », 1885 ; « Casse-noisettes », id.; « Histoire de Malborough », id. ; « Caïn », id.; « Histoire d'un bonnet à poil », 1888.

Marti (Charles), théologien suisse, né, le 25 avril 1855, au village de Rubendorf dans le canton de Bâle (campagne), étudia la théologie aux Universités de Bâle, de Goettingue, de Leipzig. Les recherches de philologie sémitique vers lesquelles il se tourna de préférence, ne l'ont point empêché d'exercer le ministère pastoral dans deux villages de son canton d'origine : Buus (1878) et Muttenz (1885). L'Université de Bâle le compte depuis 1881 au nombre de ses *privat-Docents* pour l'exégèse de l'Ancien Testament. Son travail scientifique le plus considérable consiste dans une dissertation qu'il présenta en 1877 pour obtenir la licence et qui a paru en 1880 dans les « Jahrbucher sur protestantische Theologie » ; « Les traces du document dit l'Hexateuque chez les prophètes antérieurs à l'exil ». On peut encore citer à l'actif de M. M. de nombreux articles dans les *Zeitschrift des deutschen Palestinavereins*, *Theologische Zeitschrift aus der Schweiz*, *Kirchenblatt für die reformirte Schweiz*, etc.

Martin (Alfred-Henri), jurisconsulte suisse, né, à Genève, le 16 mars 1847, fils de l'ancien professeur de droit commercial et député au Grand Conseil, M. Alexandre-Jules M., il commença à l'Académie de sa ville d'origine des études poursuivies à la Faculté de droit de Paris, aux Universités de Heidelberg et de Berlin. Là carrière professorale est exercée par lui parallèlement à celle d'avocat. D'abord maître de droit civil et commercial à l'École Supérieure des jeunes filles (1879-88) et au gymnase (1880-86), M. M. enseigne, depuis 1884, le droit civil à l'Université de Genève. Ses principales publications sont les suivantes : « L'État est-il compétent en matière religieuse ? », 1870 ; « Étude du projet de loi fédérale sur les rapports de droit civil entre les personnes établies en Suisse » (mémoire couronné par la Société suisse des juristes), 1878 ; « De l'audition des parties comme témoins dans les procès civils », 1880 ; « Étude de la loi fédérale sur la capacité civile du 22 juin 1881 », 1882 ; « La séparation de corps et le divorce des étrangers en Suisse », id. ; « De la solution donnée par la Constitution fédérale aux questions confessionnelles », 1883 ; « Étude sommaire du projet de loi sur les poursuites pour dettes », 1888 ; « De la prescription libératoire en droit international privé », 1889 ; « Rapport fait à la Société suisse des juristes sur l'organisation judiciaire fédérale », 1889,

M. A. M. a inséré en outre de nombreux articles dans la *Revue de droit international et de législation comparée de Bruxelles*, la *Revue pour le droit suisse*, la *Semaine judiciaire de Genève*.

Martin (Auguste), médecin allemand, professeur de gynécologie à l'Université de Berlin, né en 1847, a publié : « Leitfaden der operativen Geburtshilfe », Berlin, 1877 ; « Ueber den Scheiden und Gebärmuttervorfall », 1880 ; « Die Drainage bei peritonealen Operationen », 1882: « Das extraperitoneale periuterine Hämatom. », Stuttgard, id. ; « Pathologie und Therapie der Frauenkrankheiten », Vienne, 1887 ; « Ueber das Verhalten von Harn und Nieren der Neugeboren », en collaboration avec Ruge.

Martin (Ernest), philologue allemand, professeur de langue et de littérature allemande à l'Université de Strasbourg, né en 1841, a publié: « Alphart, Dietrich's Flucht und Rabenschlacht », Berlin, 1866 ; « Kudrun », Halle, 1871 ; « Reinaert », 1874 ; « Roman de Renart », trois vol., Strasbourg, 1881-87. Il est le directeur de l'*Elsäss. Literaturdenkmäler*, depuis 1879 ; des *Studien*, depuis 1881, des *Jahrb. d. Vogesenclubs*, depuis 1885.

Martin (Georges), médecin et homme politique français, est né, à Paris, le 19 mai 1844. Il suivit les cours de la Faculté de médecine et en 1866 interrompit ses études pour s'engager dans les troupes de Garibaldi en Vénétie. Revenu à Paris, il achéva ses études et en 1870 fut reçu docteur et quatre ans plus tard entra au Conseil Municipal pour le quartier de la Gare. En 1885, il fut élu Sénateur de la Seine contre M. Spuller. M. M. a publié sa thèse sur la « Circoncision », qui fut remarquée et lui valut une médaille de bronze de la Faculté de médecine de Paris. Nous avons de lui plusieurs rapports imprimés au Conseil Municipal sur l'« Assistance publique » ; les « Cimetières parisiens » ; la « Crémation » ; les « Médecins de l'état civil » ; « Le personnel administratif » ; « Les logements insalubres » ; « La création des dépôts mortuaires », etc.

Martin (le rév. J.-C.), né, le 28 décembre 1817, vicaire-général de Jérusalem, membre de plusieurs sociétés savantes ; nous avons de lui : « Le Cabaret », 1846 ; « Chemin de la Croix » ; « Manuel de la Confrérie du Cœur de Jésus », 1885, en collaboration de M. Béatrix ; « Histoire du pays de Gex », 1854.

Martin (le Rév. Jean-Pierre-Paulin), ecclésiastique et écrivain français, chanoine honoraire de Châlons et de Paris, professeur à l'Institut catholique, né, à Lacam de Loubrissac, le 13 juillet 1840. Il étudia à Lacam, à Montfaucon, à Paris et à Rome de 1856 à 1868, année dans laquelle il fut employé dans le clergé de Paris. De 1872 li à 1876, il a été chapelain de Sainte-Geneviève, et en 1876 aumônier. Il a publié : « Introduction à la critique textuelle du Nouveau-Testament » ; « Description technique des manuscrits grecs relatifs au Nouveau-Testament », 1884 ; « Origène et la critique textuelle du Nouveau-Testament », 1855 ; « Quatre manuscrits importants du Nouveau-Testament » ; « Le verset des trois témoins célestes » ; « La vulgate latine au XIIIe siècle d'après Roger Bacon », 1888 ; « L'Héxaméron de Jacques d'Édesse, id. ; « Œuvres grammaticales d'Abou'lfaradj » ; « Grammatica, Chrestomathia Syriaca » ; « Tradition Karkapienne, ou la Massore chez les Syriens » ; « Syriens orientaux et occidentaux » ; « Chronique de Josué le Stylite, écrite en l'an 515 » ; « Le Pseudo-Synode connu dans l'histoire » ; « Actes du brigandage d'Éphèse, traduction faite sur le texte syriaque » ; « Histoire de la ponctuation, ou de la Massore chez les Syriens » ; « Saint-Pierre, Saint-Paul dans l'Église Nestorienne ». Nombreux articles dans le *Correspondant*, le *Polybiblion*, le *Journal Asiatique*, la *Revue des questions historiques*, la *Revue des Sciences ecclésiastiques*, la *Nineteenth Century*, la *Contemporary*, etc., etc.

Martin (Sir Théodore), homme de lettres, homme politique et historien anglais, né, à Édimbourg, en 1816, fut élevé à l'Université de sa ville natale ; fut procureur à Edimbourg ; en 1846 vint s'établir à Londres comme agent parlementaire. Il contribua aux *Fraser's Magazine* et au *Tait's Magazine*, sous le pseudonyme de *Bon Gaultier*; et en collaboration avec M. Aytoun composa le « Book of Ballads ». Ses ouvrages postérieurs se partagent en traductions et en œuvres personnelles. Appartiennent à la première section : « Poems and ballads of Goethe », 1858 ; « Correggio », 1854 ; et « Aladdin or the Wonderful Lamp », 1857 ; des pièces de théâtre du danois de Œhlenschlägen ; « Odes of Horace », 1860 ; « Horace's Works », 1882 ; « Catullus's works », 1875 ; « La Vita nuova », de Dante, 1863 ; « Faust », la première partie en 1863 ; la deuxième, 1886 ; « Heine's Poems and ballads », 1878 ; à la deuxième section appartiennent les cinq volumes du grand ouvrage : « Life of His Royal Highness the Prince Consort », dont le dernier a paru en 1880 ; enfin : « Life of Lord Lyndhurst », 1883. S. M. la Reine d'Angleterre qui avait chargé M. M. d'écrire la vie du Prince Consort éleva l'auteur au rang de commandeur de l'Ordre du Bain (1881). Sir T. M. est depuis longtemps membre du Parlement britannique.

Martinazzi (Jean), écrivain lombard, né, à Milan, en 1826. Ses études philosophiques achevées, il s'adonna à celles de l'administration, ce que ne lui empêcha point de s'exercer dans la déclamation à l'Académie philodramatique de Milan, dirigée par M. Alamanno Morelli. En 1847, le journal *La Fama* publia son premier travail « L'esule ghibellino di Siena », drame en trois actes. Ensuite il collabora avec V. Prina au drame « Ippolito Buondelmonte », donné en 1849 au théâtre Carcano de Milan et interprété par E. Rossi et Amélie Ferrari. Nous avons de lui : « Il tipografo e gli autori », en collaboration avec A. Amati ; « La Camera numero tredici » ; « L'invito al ballo » ; « Il Castello dei tigli » ; « La mia stella » ; « Il Conte di Königsmark » ; « Corneille e Rotrou » ; « Il Matrimonio d'Olimpia » ; « Le lettere pietose » ; « La tentazione ». En 1879, il publia : « Cenni storici sul teatro dell'Accademia dei Filodrammatici di Milano » ; et en 1883, dans le journal *Penombre* : « La caccia allo Sparviero » ; « Un contributo alla storia dei Bravi », curiosités historiques. Actuellement, M. M. est employé à l'Archive d'État de Milan.

Martineau (M. A. Russell), littérateur anglais, né, à Dublin, le 18 janvier 1831, fit ses études à l'University-College de Londres et aux Universités de Berlin et de Gœttingue. Professeur d'hébreu et de l'Ancien-Testament dans le Manchester New College à Londres, il fut aussi nommé Bibliothécaire assistant du Musée Britannique. Plusieurs années collaborateur de la *National Review*, *Christian Reformer*, la *Saturday-Review*, le *Spectator*, l'*Athenæum*, il y inséra des articles surtout sur la mythologie, la critique de l'Ancien-Testament, la philologie orientale et des langues européennes et la bibliographie. Il a publié : « Sur la langue romande dans les Grisons », 1880-81 ; et les traductions de « Corsica », de Gregorovius, 1855 ; de l'« Histoire d'Israël », d'Ewald, 1867-69, et de la « Mythologie chez les Hébreux », de Goldzicher, 1887. Musicien très apprécié, il a fait trois hymnes et la partie musicale de « Dr James Martineau's hymns of praise and prayer ».

Martinelli (Georges), poète grec, né, à Corfou, en 1835, professeur privé à Athènes. Nous avons de lui en librairie : « Érotiques », 1879 ; « Images nationales », 1887, dans lesquelles en 38 sonnets en langue grecque, il peint hommes et choses de la Révolution de la Grèce.

Martinengo (l'abbé François), pédagogiste italien, né, à Savone, en 1827, se consacra de bonne heure à la Congrégation des Missions et aussitôt ordonné prêtre s'appliqua à l'enseignement et à la littérature. Nous avons de lui : « Madre e Matrigna », confutation des erreurs protestantes sous forme de nouvelles ; « Il Maggio in campagna », c'est la vie de la Sainte-Vierge exposée en discours populaires ; « Il fabbro di Nazaret » ; « Ginetta » ; « Vita della R. Madre Suor Giuseppa-Maria Rossello » ; « Il gran passo » ; « Fior di letture » ; « La coda della gran bestia » ; « Stravaganze del secolo castigato col riso o colla ragione » ; « Morale e storia », contes ; « Lezioni di una madre ai suoi figli » ; « I convitti in festa » ; « Lo bestemmie di Renan schoggiate a Roma » ; « La gran bestia svelata ai giovani » ; « L'igiene dell'anima ».

Martinengo-Cesaresco (Evelyn), femme-auteur anglo-italienne, fille cadette de Henry Carrington, doyen de Bocking, traducteur des poèmes de Victor Hugo, et de Juanita Lyall, auteur des romans : « My Cousin Maurice » et « Prince Fortune ». Du côté de sa grand'mère, Lady Carrington, née Paulina Belli (dont le beau portrait par Lawrence est conservé au Musée de South-Kensington), descend d'une famille noble de Viterbe. Elle naquit à Bocking le 22 avril 1852. Ses premières tentatives littéraires consistèrent en contes d'enfants et en vers inspirés par les évènements qui se développaient alors en Italie. En 1875, elle publia dans le *New Quarterly Magazine* un article sur le général Bixio qui fut le premier d'une série de biographies des patriotes italiens. Une de ces esquisses : « La famille Cairoli », qui parut dans le *Westminster Review* au commencement de 1879, fut traduite par le professeur F. Torraca et trouva un accueil très favorable en Italie. En 1882, Mme E. C. épousa le comte Eugène Martinengo-Cesaresco de Rovato, auteur d'un traité intitulé : « The Functions of the Hand in Riding ». En 1866, elle publia un volume d'essais sur la poésie populaire : « Essays in the Study of Folk-Songs », chaudement apprécié non seulement par ceux qui s'intéressent aux recherches traditionnelles, mais aussi par les critiques de belles-lettres tant en Angleterre qu'en Amérique. Le docteur Pitré disait de cet ouvrage qu'il était « veramente importante pel *Folklore* italiano ». Depuis son mariage, Mme la Csse M. habite l'historique palais Martinengo aux bords du lac de Garde, dont elle a donné une description à la revue artistique *The Portefolio*. Dans ses derniers écrits, elle s'est occupée de l'état agricole de la Haute-Italie et de la condition des paysans. En dehors de ses écrits pour les revues anglaises, elle a quelquefois contribué à la *Revue Internationale* et à l'*Archivio per lo studio delle tradizioni popolari*.

Martin-Feuillée (Félix), avocat et homme politique français, né, à Rennes, le 25 novembre 1830, y fit toutes ses études et s'y inscrivit au barreau en 1854. Élu député en 1876, il fut réélu en 1877, et en mars 1879 nommé sous-secrétaire d'État au Ministère de l'intérieur, puis en décembre suivant au Ministère de la justice. Après la mort de M. Gambetta, il fut élu à sa place président de la commission de l'armée, et en 1883, il fut appelé à faire partie du cabinet Ferry comme Garde des Sceaux et Ministre de la justice, et présenta aussitôt un projet de loi sur la réforme de l'organisation judiciaire et ensuite un projet sur les incompatibilités parlementaires et le cumul.

Martini (Ferdinand), homme de lettres, homme politique, auteur dramatique, critique d'art italien, ancien professeur, ancien sous-secrétaire d'État à l'Instruction publique, député au Parlement, un des plus élégants écrivains de l'école littéraire moderne en Italie, né, le 30 juillet 1841, à Monsummano près de Pescia en Toscane, fils de Vincent Martini, auteur dramatique dont quelques comédies sont encore au repertoire. Doué d'une facilité surprenante d'assimilation, M. M. a plus appris de ses lectures que de ses maîtres. Son premier ouvrage fut une comédie en deux actes : « L'uomo propone e la donna dispone », 1862; suivirent : « I nuovi ricchi », applaudis et couronnés, 1863; « Fede », 1864; « L'elezione d'un deputato », 1867. Professeur de littérature et d'histoire à l'École normale des jeunes filles de Verceil (1869), puis à celle de Pise (1872), il quitta l'enseignement pour se consacrer entièrement à la littérature. Il avait déjà, en 1871, donné à la scène le joli proverbe : « Chi sa il giuoco non lo insegni » et qui lui valut le surnom flatteur d'Alfred de Musset italien; l'année d'après il publia : « Peccato e penitenza », nouvelle d'une élégance suprême; en 1873, un nouveau proverbe : « Il peggior passo è quello dell'uscio », encore plus charmant que celui qui l'avait précédé. Dans l'entretemps, M. M. avait pris part à la fondation du journal politique *Fanfulla*, où il dépensa une verte intarissable que doublait un grand bon sens politique : ses articles étaient signés tour-à-tour *Fantasio* et *Fox*. Ensuite une choix de ces articles fut publié en volume (1877), sous le titre : « Fra un sigaro e l'altro ». M. M. s'y montre un vrai ciseleur de la pensée; un jour viendra, où ce volume ira de pair avec les œuvres de P.-L. Courier. Il fonda ensuite le *Fanfulla della Domenica*, journal hebdomadaire et littéraire, imitation du *Figaro littéraire* qui lui ouvrit l'accès au Ministère de l'Instruction publique comme le *Fanfulla* lui avait ouvert les portes du Parlement. La chute du Ministère détermina M. M. à se retirer de l'administration, mais non de la vie politique, et il prend souvent la parole à Montecitorio, où il prononce des discours très écoutés, très applaudis, mais qui ont peu de portée politique. M. M. est aussi un conférencier hors ligne; le public choisi qui accourt en foule à ses discours d'inauguration de monuments ou d'ouverture de Cours en témoignent. Nous avons de lui un roman réaliste qui a été fort discuté : « La Marchesa », 1876; l'édition des « Comédies » de son père, et enfin: « La fisima del teatro nazionale » (*Nuova Antologia*), 1888; « Nel varo della Lepanto », 1883; « L'uomo propone e la donna dispone », comédie en deux actes, 1884; « Dell'ordinamento delle scuole secondarie », Turin, 1889; « Racconti », Milan, 1889; « La facciata di S. Maria del Fiore » (*Nuova Antologia*), 1884; « Francillon », id., 1889; « Memorie di Giuseppe Giusti », Milan, Treves, 1890. Nous avons encore de lui les traductions suivantes : « Il paradiso delle signore », de E. Zola; « Una perla », comédie de Crisafulli et Bocage; « Il padre di Marziale », de A. Delpit.

Martinius (Gustave-Émile), jurisconsulte allemand, notaire à Erfurt de 1882 à 1885, député au Parlement prussien, né, le 23 janvier 1851, à Halle; on lui doit des essais insérés aux *Gruchofs Beiträgen zur Erläuterung des preussischen und gemeinen Recht*; « Der mehrfache Verkauf derselben Sache », Halle, 1873; « Gutachten über den Entwurf des deutschen Civilgesetzbuchs ».

Martino (Mathias DE), homme de lettres et folkloriste sicilien, né, à Noto, le 18 juillet 1845; il étudia les langues étrangères et les dialectes néo-latins du moyen-âge. Suivant les traces du folkloriste Pitré son compatriote, il a donné à la branche intéressante de littérature qui consiste à rechercher les traditions populaires une attention spéciale. Nous avons de lui : « L'Italia e Machiavelli », chanson, 1866; « Giuseppe Pitré », 1868; « Ferdinando Bosio », 1869; « Su gli studii sulla lingua umana del dottor Ghirardini », 1870; « Canti popolari siciliani, illustrati dal Pitré », id.; « Le lettere, le arti e le scienze in Sicilia nel 1870 e 1871 », 1872; « Una gita autunnale », lettre, 1870; « Giovanni Villani e la leggenda di Gian da Procida del dottore Hartwig », traduction de l'allemand, 1873; « Usi e credenze popolari siciliane », 1874; « La festa del Natale in Danimarca, di Reinsberg-Düringsfeld », traduction de l'allemand, 1876; « Felicità! », id., id.; « Énigmes populaires siciliennes », Paris, 1879; « Tradizioni popolari catalane, raccolta e traduzioni dall'originale catalano ».

Martinozzi (Joseph), professeur et écrivain italien, né, à Figline de Val d'Arno, le 17 janvier 1850, fit ses études à l'École Normale et à l'Université de Pise. En 1872, nommé professeur au Gymnase de Todi, il fut peu après nommé professeur d'histoire et de géographie aux Lycées de Lodi, Messine, Saint-Remo. Nous avons de lui : « Nel primo anniversario della morte di Paolo Gorini », Lodi, 1882; « Del Pantagruele di Francesco Rabelais », 1885; « Scuola e Coscienza », Pise, 1886; « Momenti », poésies, Livourne, 1888; « Vita nuova », poésies, id., id.; ainsi que plusieurs publications d'occasion et articles dans les journaux.

Martonne (Louis-Georges-Alfred DE), archiviste et littérateur français, né, au Hâvre, le 30 août 1820. Élève pensionnaire de l'École Nationale des Chartres, il a été professeur d'histoire au Collège de Draguignan; puis archiviste du Loir-et-Cher; il est actuellement archiviste de la Mayenne. M. A. de M. a collaboré à un grand nombre de revues; il a fait trois voyages en Italie; il a obtenu vingt médailles et palmes académiques en argent, vermeil et or. Il est membre de la Société des gens de lettres, de la Société philotechnique, de l'Académie Montréal, du

Conseil héraldique de France. Il est chevalier de l'Ordre Hospitalier de Saint-Jean de Jérusalem, de l'Ordre Royal de Chypre, officier de l'Union Valdotaine, etc. Ci-joint le catalogue de ses ouvrages, auquel il faut ajouter l'« Histoire du Sonnet en Europe »; « Les Origines »; « Le Sonnet chez les nations de race latine »; « Le Sonnet chez les nations de race non latine », Paris, Léon Vanier éditeur; « Des étoiles », 1844-46; « Les Offrandes », 1858; « Jeopet », 1858; « Ludibria Ventis », 1868; « Les Amours de Ludwigg », 1874; « Ludwigg et Néra », 1881; « Le Voyage, Trahison », 1884; « Palmire Trompette », 1847; « Nouvelles du cœur et de l'esprit », 1872; « Examen de l'histoire de la littérature française », 1848; « Fagots et fagots », 1865; « Bagnoles de l'Orne », 1872; « L'Oeil du Cyclope », 1875; « Deux mots sur le Crédit Foncier », 1850; « Du rôle de l'armée en Europe », 1852; « Isabelle d'Autriche », 1848; « Léonard Chodko », 1872; « Les Fêtes du Moyen-âge », 1853; « La Piété du Moyen-âge », 1855; « Les grandes écoles et le collège de Blois », 1855; « Notice sur les archives de l'église de Saint-Martin de Vendôme », 1856; « Notice historique sur l'église de Saint-Martin de Vendôme », 1862; « Notice historique sur l'Abbaye de la Guiche près de Blois et sa chapelle », 1863; « Un mot sur l'histoire de France en général et sur celle du comté de Blois en particulier », 1864; « Le Dolmen de la Chapelle Vendômoise », 1865; « Légende de Saint-Dié sur Loire », 1870; « Rapports sur les Archives dép., comm. et hospit. du Loire-et-Cher », 1855, 1856, 1857, 1858, 1861, 1862; « Les Seigneurs de Mayenne et le Cartulaire de Savigny », 1883; « Généalogie des Seigneurs de Château-Gonthier », 1885; « Rapports sur les Archives dép., comm., et hospit. de la Mayenne, dès 1880 à 1887 »; « Deux nouveaux évêques du Mans », 1886.

Marty (Antoine), philosophe suisse, né, en 1847, à Schwytz, professeur de philosophie à l'Université de Prague, a fait ses études à l'Université de Wurzbourg, et publié: « Kritik der Theorien über den Ursprung der Sprache », Wurzbourg, 1875; « Ueber den Ursprung der Sprache », id., id.; « Die Frage nach der geschichtlichen Entwicklung des Farbensinnens », Vienne, 1879; « Ueber subjectlose Sätze und das Verhältniss der Gymnastik zu Logik und Psychologie »; « Ueber Sprachreflex. Nativismus und absichtliche Sprachbildung », 1886.

Marx (Adrien), publiciste, auteur dramatique et romancier français, né à Nancy en 1837. Primitivement destiné à la carrière médicale, il a été élève des hôpitaux de Paris pendant six ans, et a débuté dans la presse sur le point d'être reçu docteur en médecine. M. A. M. a été attaché au Cabinet de l'Empereur Napoléon III comme reporter officiel, il a été inspecteur des Beaux-Arts de la ville de Paris, il est décoré de plusieurs ordres. Il a publié 12 volumes de romans, d'études psychologiques parisiennes, de voyages et de sport (chasse et pêche), 6 pièces de théâtre jouées au Gymnase, aux Bouffes et au Vaudeville. Il est collaborateur du *Figaro* depuis vingt-cinq ans.

Marx (Roger), publiciste et critique français, né, à Nancy, le 28 avril 1859. Après de solides études littéraires, il débuta en 1877 par des articles publiés dans la *Revue des Études*, et par des conférences. Venu à Paris l'année suivante, il collabora à plusieurs revues d'art ou de théâtre, puis rappelé à Nancy, il a traité dans les principaux journaux de l'art les questions d'art et de littérature. Ces travaux d'une allure personnelle et d'une grande indépendance de vues furent remarqués par M. Duvaux qui, alors Ministre de l'instruction publique, attacha M. R. M. à la Direction des Beaux-Arts. Les occupations administratives n'empêchèrent pas M. M. de devenir le rédacteur des différents journaux dont il avait été jusqu'alors le correspondant. En 1889, il était chargé de diriger la partie artistique du *Voltaire*, dont il est resté le critique attitré et où la critique littéraire lui a été confiée. En même temps, il fait la chronique théâtrale au *Progrès artistique*. Bien qu'il ait paru de lui à diverses reprises des travaux d'imagination: « Les Sonnets »; « Les dimanches de Paris », c'est surtout comme critique d'art qu'il s'est fait connaître. Les études qu'il a publiées dans le *Nouvelle Revue*, dans l'*Art*, dans l'*Indépendant littéraire*, et sa collaboration régulière au *Voltaire*, l'ont classé parmi les lettrés les plus soucieux de la forme, parmi les écrivains résolument décidés à combattre les conventions, à favoriser la libre expansion de l'originalité de l'individualisme. On lui doit deux livres: « Études d'art lorrain », 1883; « Henri Regnault », 1886, ouvrage qui donne le mesure exacte du talent inégal, jusqu'alors mal connu, du peintre-soldat et deux préfaces pour un recueil de vingt-cinq eaux-fortes (1884) et pour l'*Estampe Originale* (1888). Quand M. Castagnaux fut appelé aux Beaux-Arts, M. Marx fut choisi par lui comme secrétaire de la Direction et chargé des fonctions d'inspecteur. Durant les huit mois de cette direction, l'état de santé de M. Castagnaux fit de M. R. M. un véritable coadjuteur et l'agent des principales réformes. A la mort de M. Castagnaux, M. R. M. donna sa démission de secrétaire des Beaux-Art; il a conservé ses fonctions d'inspecteur auprès du même Ministère qui lui a confié l'organisation de la partie artistique rétrospective de l'Exposition Universelle de 1889. M. R. M., qui a fait partie de nombreuses commissions artistiques, a été chargé en 1886 par le Gouvernement français d'une mission en Espagne à l'effet d'étudier l'enseignement des Beaux-Arts dans ce pays.

Mary (Jules), romancier français, membre du Comité de la Société des gens de lettres, né, le 20 mars 1851, à Launois (Ardennes), a fait ses études au Collège de Charleville (Ardennes). Il a publié: « Nouvelles », 1 vol.; « La Fiancée de Jean Claude », 2e éd., Dentu; « La Faute du Docteur Modelor », 16e éd., Rouff; « Les Nuits Rouges », 6e éd., id.; « L'Aventure d'une fille », 2e éd., Dentu; « Un coup de Revolver », 3e éd., Plon; « Le Roman d'une Figurante », 3e éd., id.; « Le Boucher de Meudon », 4e éd., Rouff; « La Nuit Maudite », 4e éd., Dentu; « L'Endormeuse », id., Rouff; « L'Outragée », id., id.; « La Jolie Boiteuse », 3e éd., id.; « Les Deux Amours de Thérèse », 2e éd., Dentu; « Les Faux Mariages », 3e éd., Boulanger; « La Bien-aimée », 2e éd., Dentu; « Roger-la-Honte », 4e éd., Decaux; « La Marquise Gabrielle », id., id.; « Le Wagon 303 », id., Dentu; « L'Ami du Mari », 24 éd., Decaux; « Les Pigeonnes », 28e éd., id.; « La Sœur aînée », 2e éd., id.; « Je t'aime », 42e éd., id.; « La Belle Ténébreuse », 1 vol.; « La Gouvernante », id.; « Le Docteur Rouge », id.; « Guet-Apens », id.; au théâtre : « Roger-la-Honte », drame en 5 actes, à l'Ambigu.

Mary (Mme DE RIVIÈRES), femme de lettres française, membre de la Société des gens de lettres, née, à Caen, en 1826, a publié, entre autres: « Une noce bretonne », roman; « Les legs d'un père », id.; « Le vieux garçon », id.; « Le Crime de Geneviève », id.; « Un trésor », id.; « La fontaine d'Isis », id.; « Conte Arabe », id.; « La rivale de Chiffonnette ».

Mary-Lafon (Mme Nancy), femme de lettres française, veuve de M. Mary-Lafon historien, poète, romancier, auteur dramatique, est née à Montauban. Elle a publié six nouvelles Américaines traduites du *Harper's Magazine* de New-York: « Une carte de Paques »; « La Vieille fille et son sac »; « Trouvé dans une grenouille »; « Un Revenant au dix-neuvième siècle »; « Karin, roman de mœurs suédoises »; « Obstination »; « Une Histoire en deux heures trente-cinq minutes »; « Papa Toller ou la Fin d'un roman », nouvelles allemandes; « Fables de Phèdre », traduction en vers, Calmann-Lévy, 1880; « Poésies de Longfellow », traduites en vers français, dont Edmond About a écrit qu'elles auraient du être reproduites par toute la presse patriotique; « Ébauches de pensées »; ainsi qu'une suite de « Pensées morales », dans le journal *L'Art et la Mode*. Mme N. M.-L. vit à Paris, où elle consacre son existence à la publication des œuvres posthumes de son mari.

Märzroth M. nom de plume de l'écrivain autrichien M. BARACH, né, le 21 mars 1818, à Vienne. Après avoir reçu son doctorat en philosophie, il se livra au journalisme et surtout à la critique théatrale et à l'humorisme. Il a fondé tour-à-tour la *Komet*, le journal *Komische Welt* et le *Wiener Feuilleton*. En 1869, après la mort de sa fille, il se retira à Salisbourg. On lui doit, entr'autres: « Bilder, Lieder und Geschichten »; « Satans Leier »; « Liederbuch ohne Goldschnitt »; « Spottvögel »; « Geiser- und Geistergestalten aus unseren Tagen »; « Schattenriffe aus dem alten und neuen Wien »; « Umrisse »; « Kleine Wahrheiten »; « Lachende Geschichten »; « Weltlust », poésies; « Fünfzig Jahre eines Poeten »; « Ernst und Scherz »; « Altwien »; « Neu-Decamerone ».

Mascart (Éleuthère-Élie-Nicolas), physicien français, membre de l'Institut, né, le 20 février 1837, à Quarouble (Nord). Élève de l'école Normale Supérieure (section des Sciences), il fut reçu agrégé en 1861 et docteur ès-sciences en 1864. Nommé conservateur des collections scientifiques de l'école, il devint professeur de physique au Collège-Chaptal, puis suppléant de Regnault à la chaire de physique générale et expérimentale au Collège de France, dont il devint titulaire en mai 1873. Il a été élu membre de l'Académie des sciences le 13 décembre 1884. On lui doit: « Éléments de mécanique », 1866; « Traité d'électricité statique », 1876; « Leçons sur l'électricité et le magnétisme », avec M. J. Joubert, 1882-84, tom. 1 et 2. M. M. est chevalier de la Légion d'honneur depuis 1871; officier depuis le 20 février 1881.

Maschio (Antoine), gondolier vénitien, connu pour ses études sur Dante Alighieri; né, le 24 octobre 1825, à Murano, il apprit les éléments de la grammaire aux écoles publiques; gondolier en 1846, garde national pendant la défense de Venise en 1848-49. Il devint amoureux de Dante pour en avoir lu quelques pages trouvées chez un marchand de tabac, et acheta un exemplaire de la *Divina Commedia* qu'il apprit par cœur en deux ans. En 1865, il passa la frontière italienne pour se rendre à Florence au Centenaire du grand poète; en traversant le Po à la nage, il faillit se noyer. Les Autrichiens l'arrêtèrent et le ramenèrent à Venise sous escorte. Depuis 1868, il étudia les commentateurs de Dante. Nous avons de lui : « Nuovi pensieri sull'*Inferno* di Dante », 1869; « Pensieri sull'*Inferno* di Dante e il trionfo di Francesca da Rimini », 1872; « Pensieri e chiose sulla *Divina Commedia* », beau volume en 8o de 200 pages, 1879; « Itinerario dantesco », 1884, qu'il a remanié ensuite et publié sous le titre de: « Il vero itinerario dantesco », 1886. M. M. a donné pendant longtemps des conférences sur Dante dans différentes villes d'Italie. Aujourd'hui, il a un petit emploi au Lycée Marco Foscarini de Venise.

Maschka (Joseph VON), médecin allemand, professeur de médecine légale à l'Université de Prague, né en 1820, a publié : « Gerichtsärztliche Gutachte der Prag. med. Facultät », quatre vol., Prague, 1853, 1858, 1867, 1873; et une foule d'essais et notes dans les journaux.

Masi (Ernest), homme de lettres italien, né, à Bologne, en 1837. Après de fortes études dans sa ville natale, il se mêla au mouvement révolutionnaire, entra dans l'administration comme Proviseur aux études, place qu'il occupe actuellement à Florence. M. M. est un conférencier brillant et apprécié. Nous donnons la liste de ses ouvrages historiques: « I tempi e la satira di Giuseppe Giusti »; « Fra Girolamo Savonarola »; « Camillo Casarini »; « Renata d'Este e i Burlamacchi »; « La vita, i tempi e gli amici di Francesco Albergati, commediografo bolognese del secolo XVIII »; « Lettere inedite di Carlo Goldoni »; « Lettere di Goldoni »; « Le fiabe di C. Gozzi »; « Vortheina Lod, viaggio in Oriente. »; « Le due mogli di Napoleone »; « Parrucche e Sanculotti »; « Carlo Gozzi e la commedia dell'arto »; « Giovanni de Gamerra e i drammi lacrimosi »; et plusieurs articles et monographies historiques dans les revues *Nuova Antologia* et *Rassegna Settimanale*.

Masing (Émile), pharmacien et chimiste allemand, professeur de pharmacie à l'Université de Dorpat, né en 1839. On lui doit, entr'autres: « Die Verbindungen des Cantharidins mit anorganischen Basen », Bâle, 1866; « Elemente der pharmaceutischen Chemie », Dorpat, 1885.

Masoin (Ernest), médecin belge, né, à Virton, le 23 juillet 1844. Professeur de physiologie et de médecine mentale à l'Université de Louvain, médecin principal des établissements d'aliénés de cette ville, membre de l'Académie de médecine, de la Société de médecine mentale de Belgique — dont il a été le président — et d'autres Compagnies savantes, M. M. a publié, outre quelques brochures, la première partie d'un « Traité de physiologie », Louvain, 1875; il a collaboré aux *Bulletins de l'Académie de médecine et de la Société de médecine mentale*, à l'*Annuaire de l'Université* de Louvain, au *Journal des Sciences médicales*, à la *Revue des Questions scientifiques*, à la *Revue Catholique*, à la *Revue générale*, etc. En 1888, il a pris une part extrêmement importante aux discussions qui ont eu lieu à propos de l'hypnotisme au sein de l'Académie de médecine de Belgique: on possède en brochures son rapport et ses discours, qui concluent à l'interdiction des séances publiques d'hypnotisme.

Maspero (Gaston-Camille-Charles), égyptologue français, d'origine milanaise, né, à Paris, le 24 juin 1846, fit de brillantes études au Lycée Louis-le-Grand, et entra à l'École Normale dans la section des lettres en 1865. Voué de bonne heure aux recherches spéciales de l'érudition, il fut appelé comme répétiteur d'archéologie égyptienne à l'École des Hautes Études, devint suppléant de la chaire d'archéologie et de philosophie égyptiennes au Collège de France, puis remplaça M. de Rougé comme professeur titulaire en 1874. M. M. a publié: « Essai sur l'inscription dédicatoire du temple d'Abydos et la jeunesse de Sésostris », 1869; « Hymne au Nil, publié et traduit d'après les deux textes du Musée britannique », id.; « Une enquête judiciaire à Thèbes au temps de la XXe dynastie », 1872; « Mémoires sur quelques papyrus du Louvre », 1865; « De Carchemis oppidi situ et historia antiquissima », 1873; « L'Égypte ancienne de M. Ebers », 1880, traduction; « Histoire ancienne des peuples de l'Orient », 1875; « La stèle du Songe », 1868; « La littérature religieuse de l'ancien Égypte », 1871; « Des formes de la conjugaison en égyptien antique, en démotique et en copte », 1871; « La stèle de l'excommunication »; « La stèle de l'intronisation », id.; « Notes sur quelques points de grammaire et d'histoire », 1872-78; « Les pronoms personnels en égyptien et dans les langues sémitiques », 1872; « Du genre épistolaire chez les ancien Égyptiens », 1873. M. M. a publié dans les *Records of the Past*: « Les instructions du Roi Amenemhât I dans les *Etiopic Annals*: I. La stèle de l'incouronnaison; La stèle de l'excommunication; II. La stèle de l'intronisation; III. La stèle d'intronisation; IV. La stèle du Roi Horsatiew; V. La stèle du Roi Nastosenen; La stèle C 11 du Louvre »; « Une stèle égyptienne du Musée de Rennes », 1873; « Un gouverneur de Thèbes au temps de la XII Dynastie », id.; « Lettre à M. G. d'Eichthal », 1872; « Le Papyrus de Berlin n. 1 », 1877-78; « Le Papyrus Mallet », 1878; « Le Conte du Prince prédestiné », 1877-78; « Comment Thoutu prit la ville de Joppé », 1878; « Sur deux monuments nouveaux du régime de Ramsès II », 1877; « Le conte des deux frères » (nouvelle traduction), 1878; « Fragments d'un commentaire sur le livre II d'Hérodote », 1875-78; Dans la *Zeitschrift für Ægyptische Sprache;* « Sur la flexion en *i* de l'Égyptien »; « Sur les auxiliaires *te, ne* du Copte », 1876-78; « Une page du roman Satni transcrit en hiéroglyphes », 1878; « Sur les altérations phonétiques subies par l'Espagnol à Montevideo et Buenos-Ayres », 1871; plusieurs articles dans la *Revue Critique* et l'*Academy*. M. M. a pris part à tous les Congrès des Orientalistes.

Maspero (Paul), écrivain lombard, né, à Milan, très apprécié comme médecin pour ses études sur l'épilepsie et comme homme de lettres pour ses écrits scientifiques et ses traductions. Sa traduction de l'*Odyssée* est estimée classique et a été louée par Bellotti, Gherardini et A. Maffei; dans les éditions de Florence, Le Monnier, à partir de 1871, Milan, Ricordi, 1879 (avec illustrations de Zanoli e Cenni), Hoepli, 1886, M. M. a apporté de notables corrections et améliorations à cette dernière. Nous devons encore signaler les traductions du poème attribué à Musée: « Gli amori di Ero e Leandro »; « Edipo Re » de Sophocles, 1884; « Teatro scelto di Racine », qui comprend la traduction des tragédies: « Mithridate »; « Iphigénie »; « Phèdre »; « Athalie ».

Masquard (Eugène DE), agriculteur français, né, à Nîmes, le 9 août 1819, fit ses études au Collège de Nîmes et s'adonna immédiatement après à l'agriculture. Il est membre des sociétés d'agriculture du Gard, de Vaucluse, de la Haute-Garonne, de l'Ardèche, des Agriculteurs de France, des Comices agricoles d'Alais, de Poligny, etc. Il a obtenu un grand nombre de médailles aux concours. Il a publié sous le pseudonyme de *Docteur Marron* plusieurs brochures : « La Microbiculture » (traduite en plusieurs langues); « Le faux et le vrai libre-échange », 1881; « Les Fumisteries capitales ». Travailleur infatigable encore aujourd'hui sous les pseudonymes du *Docteur Marron*, de *Jacques* et de *Jérémie Bonhomme*, d'*Anarchiste rural*, il collabore à plusieurs journaux du Midi, l'*Indépendant*, le *Gard socialiste*, etc.

Massarani (Tullo), poète, peintre, critique d'art, homme politique italien, sénateur du Royaume, né, à Mantoue, en 1826, de famille israëlite et très riche. Il prit part aux mouvements révolutionnaires italiens depuis 1848 jusqu'à 1870. Il débuta de bonne heure dans les lettres en écrivant au *XXII marzo*, journal politique qui se publiait à Milan en 1848 le lendemain des glorieuses « Cinque Giornate ». A la rentrée des Autrichiens, il partit pour la France, où il écrivit un *Mémoire*, sous le titre : « Quelques mots sur la défense de Venise », Amyot, mars, 1849. Après le désastre de Novare, il se réfugia en Suisse, où, sous la direction de Charles Cattaneo, il se perfectionna dans les sciences économiques. Il fut un des collaborateurs du *Crepuscolo* de Charles Tenca et du *Nipote del Vestaverde*, de César Correnti. Nous avons de lui : « Studii di politica e di storia », Florence, Le Monnier; « I prodromi della libertà moderna »; « Allemagne et Italie », ouvrage écrit en allemand, et publié à Breslau en 1859; « Sermoni », Florence, Le Monnier, 1880; « L'arte a Parigi », en deux éditions, l'une italienne, l'autre française; « Sermoni e rime », 1884; « Sui provvedimenti per l'Africa », 1887; « A mes amis de France », 1888; « Carlo Tenca e il pensiero civile », Milan, 1888. Le sénateur M. est un artiste doublé de philantrope; ses bienfaisances sont remarquables et sont faites selon les maximes de l'Évangile. Nous avons aussi de lui une traduction du chinois : « Il libro di Giada ».

Massebieau (Louis), professeur adjoint à la Faculté de théologie protestante de Paris et maître de conférences à l'école des Hautes-Études (section des sciences religieuses), est né, à Nîmes, en 1840. Il fit ses études classiques à Ganges (Hérault), à l'institution Olivier, où s'est formée assez longtemps, sous une influence d'une moralité remarquable, une partie de la jeunesse protestante des Cévennes, et où M. Ad. Cazalet enseignait les lettres avec distinction, en les faisant aimer. Il passa ensuite deux ans à Paris, au lycée Charlemagne; il y eut pour maître M. Gaston Boissier. De 1860 à 1865, il fut professeur au collège de Castelnaudary, puis aux lycées d'Angoulême et de Bourges, mais après cinq ans de services, il dut renoncer au professorat à cause de l'affaiblissement de sa vue. Pendant les cinq années suivantes, de 1865 à 1870, il fut précepteur à Vierzon, près de Bourges, et put employer tranquillement à des études conformes à ses goûts les loisirs assez grands que lui laissaient ses fonctions. En 1870, à la veille de la guerre, il alla s'établir comme professeur libre à Paris, où il a depuis lors son domicile. Après le temps du siège, pendant lequel il servit dans la garde nationale et après la Commune, de 1871 à 1877, il donna des leçons particulières tout en étant professeur de littérature française et de philosophie à l'école préparatoire de théologie des Batignolles, où il est encore. C'est pendant cette période, en 1875, à l'âge de trente-cinq ans, qu'il débuta comme écrivain par des études de critique littéraire contemporaine, publiées dans la *Revue Chrétienne*. En 1878, il obtint le grade de docteur ès-lettres avec les deux thèses suivantes : « Les colloques scolaires du XVIe siècle et leurs auteurs »; « De ravisii tentores comediis ». A peu près en même temps, il était nommé maître de conférences à la Faculté de théologie protestante de Paris pour la littérature chrétienne, grecque et latine des six premiers siècles. En 1886, il a été aussi nommé pour le même objet à l'école des Hautes-Études et professeur adjoint à la faculté. Comme la plus grande partie de son temps est prise par les devoirs de l'enseignement, il n'a publié, jusqu'à présent, que des travaux de médiocre étendue, dispersés dans divers recueils (pour quelques uns il y a eu tirage à part). Parmi les études contemporaines on peut citer : « Les poésies de Jacques Richard », contribution à la biographie d'un ancien ami (*Revue Chrétienne*), 1885. Pour l'histoire du protestantisme : « Les deux conversions de Perrot d'Ablancourt » et le « Protestantisme à Paris sous Louis XIII »; pour le XVIe siècle, l'article : « Érasme » dans l'*Encyclopédie des Sciences religieuses* (*Revue Chrétienne*), 1879; « Une acquisition du musée pédagogique », 1885; « Programme d'étude du Collège de Guyenne », 1886. Mais il s'est surtout occupé de ce qui concerne l'ancienne littérature chrétienne. C'est ainsi qu'il a publié de l'« Authenticité du fragment d'Aristide » (*Revue de théologie* de Lausanne), 1879, « Des sacrifices ordonnés à Carthage au commencement de la persécution de Décius » (*Revue des Reli-*

gions), 1884 ; « L'enseignement des douze apôtres. Sur la Didaché découverte par Bryennus » (même *Revue*), 1884 ; « De l'étude des Pères de l'église en France depuis le moyen-âge jusqu'à nos jours » (leçon d'ouverture à la Faculté), 1884 ; « L'apologétique de Tertullien » et l'« Octavius de Minucius Felix » (*Revue des Religions*), 1887 ; « Le traité de la vie contemplative et la question des thérapeutes » (même *Revue*), 1887. Il faut encore mentionner l'article: « Pères de l'Église », dans le *Dictionnaire de Pédagogie* de M. Buisson. Enfin, M. M. est un des directeurs des *Annales de Bibliographie théologique* qui ont commencé à paraître en 1888. Il a promis au public une « Histoire de l'éducation en France au XVIe siècle » et un ouvrage sur « Philon d'Alexandrie » qui ne peuvent avancer que lentement à cause du temps que réclament ses occupations multiples.

Massebieau (Adolphe), fils du précédent, né, à Nîmes, en 1861, ancien élève de l'École Normale supérieure, agrégé d'histoire, professeur au lycée de Rennes. Il a publié des articles sur l'Extrême Orient dans la *Grande Encyclopédie*.

Massebieau (Eugène), frère du précédent, est né, à Angoulême, en 1863, ancien élève de la Faculté de théologie protestante de Paris et de l'École des Hautes-Études, pasteur suffragant à Nîmes. Il a publié: « Examen des citations de l'Ancien-Testament dans l'Évangile selon Saint-Mathieu », mémoire couronné par la Faculté, Paris, Fischbacher, 1885 ; « Du principe de la morale d'après la philosophie de l'évolution », thèse pour le baccalauréat en théologie, 1886 ; « Poètes anglais contemporains : Shelley, Tennyson » (*Revue Chrétienne* de 1887 et 1888).

Massei (Ferdinand), médecin italien, né, en 1847, à Naples, où il a fait ses premières études qu'il acheva à l'étranger. En 1882, il a été chargé du cours de laryngologie à l'Université de Naples. Nous avons de lui en librairie: « Lezioni di chiusura al corso di laringoiatria » ; « I punti sugli I » ; « Sopra un caso di papilloma laringeo » ; « Ancora del laringoscopio e della medicina militare » ; « Le primarie scuole di laringoiatria in Europa » ; « Comparaison entre le courant faradique et le continu dans les paralysies vocales ».

Massey (Gérard), poète anglais, né le 29 mai 1828 de parents très pauvres. Après une jeunesse difficile, il débuta en 1845 comme directeur du journal *Spirit of Freedom* ; plus tard il collabora à l'*Atheneum* : ses ouvrages principaux sont : « Voices of Freedom and lyrics of love », 1850 ; « The Ballad of Babe Christabel », 1854 ; « War Waits », 1855 ; « Craibrook Castle », 1856 ; « Havelock's March », 1860 ; « The secret drama of Shakespeare's Sonnets », 1864-72 ; « A tale of Eternity and Other Poems », 1869 ; « Concerning Spiritualism », 1872 ; « A Book of the Beginnings », 1882 ; « The Natural Genesis », 1884.

Massicault (Justin-Théophile-Athanase), écrivain français, né, à Ouroner-les-Beurdelins (Charente), le 14 septembre 1838. Successivement rédacteur et directeur de plusieurs journaux, nommé directeur du service de la presse au Ministère de l'intérieur, et Préfet de la Haute-Seine, de la Somme et du Rhône, il est à présent Ministre plénipotentiaire, résident général de la République française à Tunis. Il est commandeur de la Légion d'honneur et officier des Saints-Maurice et Lazare et de la Couronne d'Italie. Nous avons de lui plusieurs articles de journaux, brochures politiques et un roman: « Thibaud », écrit en collaboration avec M. Jamet.

Masson (David), homme de lettres anglais, professeur de littérature à l'Université d'Édimbourg, né, à Aberdeen, le 2 décembre 1822, élevé au collège Mareschal de sa ville natale; il acheva ses études à l'Université d'Édimbourg. Après avoir contribué largement au *Quarterly*, *National*, au *British Quarterly*, au *North British Review*, à l'*Encyclopedia Britannica* et à l'*English Encyclopædia*, il publia plusieurs essais dans le *Macmillan's Magazine* dont voici les titres : « Carlyle's Letters and Pamphlets » ; « Dickens and Thackeray » ; « Rabelais » ; « Literature and the Labour Question » ; « Pre-Raphaelism in Art and Literature » ; « Theorics of Poetry » ; « Shakespeare and Goethe » ; « Hugh Miller » ; « De Quincey and Prose-Writing » ; Trois volumes de : « Essays Biographical and Critical, chiefly on English Poets », parus en 1874 ; « Life of John Milton, narrated in connection with the Political, Ecclesiastical and Literary History of his Time », œuvre essentielle de l'auteur dont la publication commencée en 1858, fut terminée en 1878. Nous avons aussi de lui une édition très soignée en trois volumes avec notes et préface de l'œuvre de Milton (1874), et enfin une « Biographie du Poète Drummond », 1873 ; et « The Three Devils: Luther's, Milton's, and Goethe's », 1874.

Mastriani (François), romancier populaire napolitain, né, à Naples, le 23 novembre 1819, étudia la médecine en même temps que les langues étrangères; à 17 ans, il débuta dans les journaux littéraires *La Galleria del Secolo*, *Il Sibilo*, *L'interprete* et le *Salvator Rosa*; trois ans après, il donna à la scène des Fiorentini le drame: « Vito Bergamaschi », qui obtint un grand succès. Vers 1848, il publia son premier roman: « Sotto altro cielo »; en 1849 « La cieca di Sorrento » et « Il mio cadavere », qui donnèrent à M. M. la popularité dont a joui en France M. Ponson du Terrail. La fécondité de M. M. est étonnante. De 1850 à 1879, il a publié 60 romans. Nous donnons les titres de ceux qu'il a publiés depuis 1879: « Il bettoliere di Borgo Loreto » ; « La Spia » ; « Il Fantasma » ;

« Il largo delle baracche »; « L'Ebreo di Porta Nolana »; « La Sonnambula di Monte Corvino »; « La Medea di Porta Medina »; « Il signor Bruno »; « Giovanni Blondini »; « Il Barcaiuolo d'Amalfi »; « Maddalena »; « Il dramma della Montagna »; « L'assassinio in via Porta Carrese »; « Kari-Tismé, memorie d'una schiava »; « La Pazza di Piedigrotta »; « Caterina la pettinatrice »; « Compar Leonardo da Pontescuro »; « Le due gemelle »; « Carmela »; « La gente per bene »; « La chioma di sangue »; « Il suicida »; « Il cocchiere della Carità »; « L'Orfana del Colèra »; « Lucia la Muzzonara »; « Il campanello de'Luizzi »; « Povero cuore! »; « Pasquale il calzolaio del Borgo Sant'Antonio Abate »; « Bernardina »; « La jena delle Fontanelle »; « Cosimo Giordano »; « La Carolina della Pignasecca »; « Il figlio del Mare »; « Il parricida o il Capraio di Mocalli »; « La figlia del birro »; « L'occhio del morto »; « Fior d'arancio, la Cantatrice di Mergellina »; « Tobia il gobbetto ».

Mastrigli (Léopold), musicien et critique musical italien, né, à Albano Laziale, le 8 février 1856. Il fit ses études classiques au Collège Cicognini de Prato; membre du Conseil international de musique d'Anvers en 1885, son œuvre est appréciée à l'étranger plus encore qu'en Italie. Nous avons de lui: « Gli uomini illustri nella musica da Guido d'Arezzo fino ai Contemporanei », 2me éd., Paravia, Rome, 1883; « Beethoven, la sua vita e le sue opere », Città di Castello, 1886; « Il coro nel dramma musicale moderno », Rome, 1887; « Giorgio Bizet, la sua vita e le sue opere », Paravia, Rome, 1887. En préparation: « La storia della musica compendiata ad uso dei licei musicali »; « Consigli, precetti e pensieri sulla musica »; « La musica nel XX Secolo ». M. M. a composé aussi de la musique de salon, ainsi que plusieurs articles de critique musicale inserés dans les Revues italiennes et étrangères.

Matabon (Hippolyte), poète français, né, à Marseille, le 2 février 1823. Fils d'un maître serrurier, il eut des commencements très-humbles. A peine sorti de l'école populaire, il devint apprenti compositeur d'imprimerie. C'est en composant les vers ou la prose d'autrui qu'il sentit se développer en lui la vocation poétique. Il publia ses premiers essais dans la *Revue de Marseille et de Provence*, dont il est encore le secrétaire de rédaction. Il a publié: « Le Vieux Fauteuil », pièce couronnée aux jeux Floraux de Toulouse; « Les Champs et l'usine »; « Ma petite maison »; « Un Beau Dimanche »; « Les Lunettes de ma Grand'mère ». La plupart de ses pièces ont été réunies en un volume qui a pour titre: « Après la Journée », 1886, et qui a été couronné par l'Académie française.

Mataja (Victor), économiste autrichien, professeur libre à l'Université de Vienne, né, le 20 juillet 1857, à Vienne, a publié: « Der Unternehmergewinn », Vienne, 1884; « Das Recht des Schadenerlatzes vom Standpunkt der National Okönomie », Leipzig, 1888; plusieurs essais.

Mataranga (Panagiotti), poète hellène, né, à Nauplie, le 23 août 1834, consul de Grèce à Scio. M. M. a publié deux volumes de poésies et traduit l' « Enfer » de Dante et les « Idylles » de Virgile en langue grecque.

Mathers (Hélène BUCKINGHAM), femme-auteur anglaise mariée à M. Henri Reeves, née, en 1852, près de Somerset, débuta dans le roman en 1875 et devint immédiatement très populaire. Nous avons en librairie: « Comin'thro'the Rye »; « The Token of the Silver Lily »; « Cherry Ripe »; « The Land o'the Leal »; « As He Comes up the Stair »; « My Lady Green Sleeves »; « The Story of a Sin »; « Sam's Sweetheart »; « Eyre's Acquittal »; « Found out ».

Mathieu (l'abbé Désiré), littérateur français, ancien professeur d'histoire au petit Séminaire de Pont-à-Mousson, membre de l'Académie de Stanislas à Nancy, né, à Einville (Meurthe-et-Moselle), en 1839, a publié: « L'Ancien régime dans la province de Lorraine et Barrois d'après des documents inédits (1698-1789) », Hachette, 1879, ouvrage couronné par l'Académie française; « De Joannis abbatis Gorzienis. Vita », 1878; « Un Prédicateur contemporain », 1882; « Un Romancier lorrain du XIIe siècle », 1883; « L'Abbé Rohrbacher », discours de réception à l'Académie de Stanislas, id.

Mathot (Louis), écrivain belge, de langue néerlandaise, né à Anvers, le 26 août 1830. Après une jeunesse assez difficile, il finit par faire sa trouée; et de 1863 à 1872, déjà connu par de nombreux travaux, il siégea au Conseil communal de sa ville natale. Il est aujourd'hui membre de l'Académie Royale flamande. M. M., qui a adopté le pseudonyme *L. Van Ruckelingen*, s'est montré nouvelliste aimable dans « Een koning in de Kemp », Anvers, 1854, 2e éd., 1864, et dans ses « Verhalen », id., id., 2e éd., Gand, 1856; défenseur du mouvement flamand dans plusieurs brochures dont la plus importante est: « Vlaemsche beweging », Gand, 1856; historien enfin dans d'autres publications, malheureusement empreintes souvent d'un esprit un peu étroit, parmi lesquelles nous citerons: « België onder Maria-Theresia », Anvers, 1858, 2e éd., 1866; « De patriottentyd: Jozel II en de Brabantsche omwenteling », id., 1860; « De Jacobynen in België », id., 1862; « België onder Karel VI », id., 1864. En outre, il a collaboré au *Nederduitsch overzigt*, à *Noord en Zuid*, etc.

Matini (Hugues), écrivain, instituteur et conférencier italien, né, le 26 décembre 1856, à Cortone, fit ses études à Florence et à Pérouse.

Il dirige dans la première de ces villes une Institution qui porte le nom de Michel-Ange. En 1887, il édita un album artistique intitulé: « Santa Maria del Fiore » ; et donna (1888-89) aux écoles populaires une série de Conférences pour les ouvriers italiens qui allaient à Paris visiter l'Exposition et qui sont réunies en volume sous le titre de « Da Firenze a Parigi ». Nous avons aussi: « Da Natale all' Epifania », série de conférences *folk-loristes;* « Nel regno della tavolozza ». En collaboration avec le Comte De Gubernatis, le « Dizionario degli Artisti viventi », qui est déjà arrivé à sa 5me livraison, Florence, Gonnelli. M. M. collabore à plusieurs petits journaux littéraires.

Matkovic (Pierre), écrivain jugo-slave, secrétaire de l'Académie des Sciences d'Agram, où il est aussi professeur de Géographie à l'Université, né, le 18 juin 1830, à Segna (Croatie Maritime); il étudia à Vienne et à Prague, acheva ensuite ses études de géographie à Berlin sous le célèbre Ritter, ensuite à Gottingue; tour-à-tour professeur aux Gymnases de Gratz et de Varasdin et à l'école Supérieure Technique d'Agram (1871). Nous avons de lui beaucoup d'ouvrages en allemand et en croate, dont nous donnons les titres en français. Ouvrages en allemand: « Carte topographique de St.-Michel de Leume par Fra Mauro », 1859; « Du Royaume du Prêtre Jean », id., id.; « Vieilles cartes de navigation manuscrites de la Bibliothèque Impériale de Vienne », 1861; « Vieilles cartes de navigations manuscrites de la Bibliothèque de Venise », 1863. Ouvrages en croate: « Un traité de commerce des années 1408-1455 entre la République de Venise et les Comtes de Segna en Croatie », 1863; « Essai statistique du royaume de Croatie, Esclavonie, Dalmatie », 1864; « Fragments statistiques sur la Croatie et l'Esclavonie », id.; « Marc Polo originaire de la Dalmatie », 1866; « Sur la Statistique de la mortalité en Croatie et Esclavonie », id.; « La Croatie et l'Esclavonie dans ses relations physiques et morales », 1873; « L'Exposition etnographique à Moscou », 1867; « Sur la nécessité d'un bureau statistique pour l'état actuel de la statistique en Croatie », 1868; « Matériaux pour l'histoire mercantile de la République de Raguse », 1869; « La Statistique officielle en Serbie », 1870; « Relation du voyage à Raguse en 1869 », id.; « Les publications récentes géographiques sur la Turquie Européenne », 1871; « Relations commerciales entre Raguse et l'Italie moyenne », id.; « Anciens itinéraires dans les mms. des Bibl. de Venise », id.; « La nationalité comme base du cens », id.; « Division biographique du haut plateau croate et ses relations ipsométriques », 1872; « Les délibérations du 8me Congrès Statistique international de St.-Pétersbourg », 1873; « Les graduations des monts de la Bosnie », id.; « Les publications géographiques récentes sur la presqu'île des Balkhans », 1874; « La répartition et ipsométrie des montagnes de l'Esclavonie », 1875; « Les voyages à travers la presqu'île balkhanique dans le moyen-âge », 1878; « Documents pour l'histoire de Raguse à l'époque de la protection hongro-croate », 1869; « Deux itinéraires italiens pour la presqu'île balkhanique dans le XVIe siècle », 1878; « George Hus », 1881; « Le texte latin de l'itinéraire de G. Hus », 1881.

Matosze (Manuel), écrivain satirique valencien, auteur de plusieurs pièces comiques à grand succès. Journaliste républicain très répandu, rédacteur aux principaux journaux démocratiques, secrétaire de l'Exploitation à la Compagnie du chemin de fer Madrid-Saragosse-Alicante.

Matscheg (Antoine), historien vénitien, né, à Bellune, en 1825, fit ses premières études dans sa ville natale et fréquenta ensuite les Universités de Padoue et de Vienne; nommé en 1855 professeur d'Histoire et de Géographie au Lycée de Venise qui depuis 1870 s'appelle Lycée Marco Foscarini. Nous avons de lui: « Discorso sull'origine e progresso della costituzione inglese », Venise, 1867; « Religione ed arte », id., 1869; « Paolo Paruta », id., id.; « Lezioni di Storia Universale », en trois vol., 1870-71; « Cesare e il suo tempo, Storia critica », Florence, 1874; « Monografia storico-politica intorno al Petrarca », Venise, 1874; « Storia politica d'Europa dal chiudersi del Regno di Carlo VI al Trattato di Acquisgrana », 1re partie, Venise, 1874; « La Repubblica Veneta », discours historique, Trévise, 1884; « La storia », discours, Venise, 1886; « La Storia politica », etc., a été achevée et républiée en nouvelle éd., en 1888.

Mattei (Xavier, baron DI SANTA LUCIA E FILITTOPIANO), homme de lettres italien, petit-fils de l'illustre Xavier M. traducteur des Psaumes de David. Il est né, à Naples, en 1814. Il a écrit pour le théâtre plusieurs comédies, entre autres: « Il cuore tira la mente » ; « Le due musiche » ; « Piccini a Parigi »; plus les brochures suivantes: « Alcuni proverbi e modi proverbiali dichiarati », 1873; « Galiani e i suoi tempi », 1869; « Critica e controcritica intorno al Galiani e i suoi tempi », 1869. Le baron M. a aussi un petit volume de sonnets intitulé: « La Stecchettiade », dans lequel il combat les tendences de l'école poétique réaliste dont M. Stecchetti est le chef en Italie.

Matter (Albert-Jules-Timothée), théologien français, né, en 1828, à Strasbourg, fils de M. Jacques M., le célèbre historien du Gnosticisme, le savant biographe de Saint-Martin, de Schelling et de Swedenborg, poursuivit simultanément l'étude des lettres, de la théologie et de la jurisprudence et obtint coup sur coup les diplômes de bachelier en théologie à Strasbourg, Licencié en droit à Paris, docteur en philosophie à Berlin. Pendant dix-ans, de 1856 à 1866, le pastorat luthérien le compta au nombre de ses membres les plus distingués, à Neuviller en Alsace, au Ban de la Roche, le village illustré par le dévouement d'Obelins, à Paris, dans l'église de la Rédemption; de 1866 à 1873, lui incombèrent les fonctions d'inspecteur ecclésiastique. En 1877, lors du transfert à Paris de la Faculté de théologie de Strasbourg, M. M. fut appelé à la chaire de dogme luthérien qu'il occupa pendant 4 ans, mais dont le mauvais état de sa santé l'obligea de se retirer prématurément en 1881, il a également siégé à mainte reprise dans les corps officiels de l'église luthérienne et fait partie de plusieurs sociétés religieuses. Parmi les publications sorties de sa plume, nous mentionnerons: « De l'authenticité du fragment de Sanchoniaton cité par Eusèbe », 1848; « Lettre sur la Divinité de Notre-Seigneur Jésus-Christ », 1855; « La sacrification Chrétienne », 1859; sans parler de nombreux articles insérés dans les journaux: *La Croix*, la *Revue de théologie de Strasbourg et de Montauban*, la *Real-Encyclopédie de Herzog*, l'*Encyclopédie des Sciences religieuses*.

Matthiessen (Henri-Frédéric-Louis), physicien allemand, professeur de physique à l'Université de Rostock, né en 1830, a publié, entr'autres: « Ueber die Gleichgewichtsfiguren homogener freirotirender Flüssigkeiten », Kiel, 1857; « Die algebraischen Methoden der Auflösung der litteralen, quadratischen, kubischen und biquadratischen Gleichungen », Leipzig, 1866; « Commentar zur Aufgabensammlung von Heis für Schüler », Cologne, 1870; 3e éd., 1881; « Schlüssel zur Aufgabensammlung von Heis für Lehrer und Studirende », deux vol., Cologne, 1873; 3e éd., 1886; « Grundriss der Dioptrik geschichteter Linsensysteme », Leipzig, 1877; « Grundzüge der antiken und modernen Algebra der litteralen Gleichungen », Leipzig, 1878; « Uebungsbuch für den Unterricht in der Arithmetik und Algebra für höhere Bürgerschulen », Cologne, 1882.

Matthieu (Ernest-Antoine-Joseph-Ghislain), historien belge, né, à Mons, le 2 juin 1851. Avocat, docteur en sciences politiques et administratives, conseiller communal et archiviste de la ville d'Enghien, M. M. est le secrétaire du Cercle archéologique de cette ville; il fait en outre partie du Cercle archéologique de Mons, de la Société des sciences, des arts et des lettres du Hainaut, etc. On a de lui un très grand nombre de notices éparses dans les *Annales et Bulletins* du Cercle archéologique de Mons et de l'Académie d'archéologie de Belgique; dans les *Mémoires* de la Société des sciences, des arts et des lettres du Hainaut, de la Société littéraire de Louvain, de la Société des antiquaires de Picardie; dans les *Annales* du Cercle archéologique d'Enghien, de la Société archéologique de Belgique; dans les *Bulletins* de la Commission royale d'histoire et des Commissions royales d'art et d'archéologie; dans les *Souvenirs de la Flandre Wallonne* de Douai, l'*Annuaire* de l'Université catholique de Louvain, la *Revue Belge de numismatique*, les *Précis historiques* de Bruxelles, les *Analectes pour servir à l'histoire ecclésiastique de la Belgique*, *Le Hainaut* de Mons (un des meilleurs organes de la presse catholique belge). Parmi celles de ces notices qui ont été tirées à part, nous citerons: « Chartes concernant le chapître noble de Sainte-Aldegonde de Maubeuge », Louvain, 1880; « Le *besoigné* ou description de la ville de Beaumont publié, pour la première fois, avec une introduction », Mons, id.; « Histoire de l'instruction publique en Hainaut », 1re série; « L'enseignement à Braine-le-Comte. », Louvain, 1885; 2e éd., Braine-le-Comte, 1890; « Un procès de sorcellerie à Ronquières », Louvain, 1886; « Les deniers en plomb du chapître de Sainte-Aldegonde de Maubeuge », Bruxelles, id.; « Statistique des manufactures et fabriques de la ville de Mons et de ses environs en 1764 », Mons, id.; « L'avouerie de Mons, étude historique », Anvers, id.; « Histoire de l'instruction publique du Hainaut », 2e série; « La Congrégation des sœurs de Saint-François-de-Sales de Leuze », Bruxelles, 1887; « Les écoles de Jodoigne au XIIe siècle », Nivelles, id.; « Maximilien de La Haize, grammairien montois et l'enseignement de la grammaire française, spécialement à Mons, avant le XVIIIe siècle », Mons, id., (travail très curieux); « Le Métier des tapissiers de haute lice à Binche », Bruxelles, 1888. Avec M. G. Decamps, notre auteur a publié des « Notes sur des œuvres d'art du Hainaut », Mons, 1877; et nous connaissons de lui une brochure politique anonyme: « De la nécessité d'une opposition à l'hôtel de ville, par un électeur montois », id., 1878. Mais son œuvre capitale est une excellente « Histoire de la ville d'Enghien », Mons, 1876-1878, couronnée par la Société des sciences, des arts et des lettres du Hainaut.

Mattirolo (Louis), avocat italien, né, à Turin, le 26 juillet 1838, docteur agrégé à la Faculté de droit judiciaire à l'Université de Turin. Nous avons de lui: « Cenni sulla prova in genere e più particolarmente sulla prova testimoniale », Turin, 1862; « Programmi di diritto civile e di procedura civile », id., 1865; « Prolusione al corso di diritto e legislazione militare alla scuola di guerra », id., 1869; « Uno sguardo al diritto giudiziario », id., 1870; « Elementi di diritto giudiziario civile italiano », id., 1875-81; « Principii di filosofia del diritto », id., 1871; « Trattato di diritto giudiziario civile », id., 1882-87; « Mattia Filiberto Pateri »,

toliche », 1887; « La Conciliazione », id.; « Chi non vuole la Conciliazione », id., et plusieurs bibliographies. Nous avons de lui en librairie : « La Chiesa e lo Stato, brevi considerazioni », Florence, 1882.

Mazzei (Eugène), frère du précédent, né, à Florence, en 1855, fit ses études à l'école des Sciences sociales de Florence. Sa thèse: « La Camera Alta negli Stati Liberi », Florence, 1881, fut couronnée. M. M. est rédacteur actif de la *Rassegna Nazionale* et de la *Rassegna di Scienze sociali e politiche*.

Mazzi (Ange), historien italien, né, à Bergame, le 21 avril 1841. Il fit ses études à l'Université de Padoue sous les professeurs Gloria et De Leva. Nous avons de lui d'intéressantes monographies sur la ville de Bergame, dont nous donnons les titres: « L'antico Palazzo del Comune »; « Alcune indicazioni per servire alla topografia di Bergamo nei secoli IX e X »; « Le vie romane militari nel territorio di Bergamo »; « Peretassi »; « Sextarius Pergami »; « Coreografia bergamense nei secoli VIII, IX e X; « La Convenzione monetaria del 1254 e il denaro imperiale di Bergamo nel secolo XIII »; « I martiri della chiesa di Bergamo »; « Le vicinie di Bergamo »; « Il piede Liprando e le misure di Garlenda »; « Pergamene Mantovani »; « Appunti topografici sulle due guerre Bedriacensi »; « Studii Bergamensi ».

Mazzola (Hugues), économiste italien, né, en 1863, à Naples, où il fit ses premières études qu'il acheva à Berlin. Chargé en 1884 d'une mission officielle pour l'étude de la législation sociale allemande, il revint en Italie pour occuper à l'Université de Camerino la chaire d'économie politique (1886), d'où il passa en 1888 à l'Université de Pavie comme professeur de la science des finances. Nous donnons la liste de ses ouvrages: « Il progetto di legge sulla responsabilità civile dei padroni », Naples, 1885; « L'assicurazione degli operai nella scienza e nella legislazione germanica », Rome, 1886; « Il monopolio dell'alcool », Turin, 1887; « La teoria delle regalie finanziarie », Naples, 1887.

Mazzoni (Guy), jeune littérateur italien, né, à Florence, le 12 juin 1859, fit ses premières études à Volterra au Collège de Saint-Michel, et les acheva à Livourne sous la direction du poète Joseph Chiarini, dont ensuite il devint le gendre. En 1876, il obtint par concours une bourse à l'École Normale de Pise; en 1880, il reçut le diplôme nécessaire pour l'enseignement supérieur; de Pise, il alla se perfectionner à Bologne sous Carducci et Gandino; en octobre 1881, il entra dans l'enseignement et fut tour-à-tour professeur de littérature italienne au Gymnase de Rome et aux Lycées de Lodi, Brescia et Pise. En 1884, il fut appelé au Ministère de l'Instruction Publique comme secrétaire particulier du sous-secrétaire d'État Ferdinand Martini. Au remaniement ministériel de novembre 1887, il quitta le bureau pour reprendre l'enseignement, cette fois-ci universitaire, à Padoue, où ses leçons brillantes sont très appréciées par l'élite des étudiants. En dehors d'une collaboration suivie à la *Nuova Antologia* (« Studio su C. A. Sainte-Beuve »; « Ozi Camerti, ballate »; « La vita di Molière secondo gli ultimi studi »), nous avons de lui en librairie: « Poesie », avec préface de Josué Carducci, Rome, Sommaruga, 1883; « Nuove poesie », Rome, Molino, 1886; « In Biblioteca », id., Sommaruga, 1882, Bologne, Zanichelli, 1886; « Rassegne letterarie », Rome, 1887; « Fra libri e carte », id., Pasqualucci, 1877; « Epigrammi di Meleagro da Cadora », Firenze, Sansoni, 1880; « Esperimenti metrici », Bologne, Zanichelli, 1882; « Prose edite ed inedite di Melchior Cesarotti », id., id., id.; « La Gerusalemme Liberata, di T. Tasso », Florence, Sansoni, 1883; « Il Rinaldo e l'Aminta di T. Tasso », id., id., id.; « Rime di M. Domenico da Monticchiello », Rome, typ. Metastasio, 1887; « Le opere di Giovanni Rucellai », Bologne, Zanichelli, 1887; « Sonetti inediti di V. Monti », 1888; « Le idee politiche di M. Cesarotti », 1880; « Saggio sulla filosofia delle lingue di M. Cesarotti », id.; « Un ritratto di Gesù », Rome, 1887. Va paraître une traduction de Catulle, dont quelques morceaux ont été par l'auteur imprimés dans les journaux littéraires.

Mazzotti (Louis), médecin primaire de l'hôpital de Bologne, né, le 5 juin 1854, à Bagnocavallo, province de Ravenne, fit ses études au Gymnase et au Lycée de Ravenne et acheva son instruction à l'Université de Bologne; docteur en médecine et chirurgie en 1873, assistant à l'hôpital en 1874-75, dissecteur au laboratoire d'anatomie pathologique de 1876 à 1881, médecin en chef de l'hôpital de Bologne depuis janvier 1882, membre de l'Académie des Sciences de la même ville et secrétaire-général de la Société medico-chirurgicale, il appartient aussi à plusieurs institutions de bienfaisance de Bologne et de la province. Son œuvre se décompose en une quantité remarquable de monographies insérées à la *Rivista Clinica* de Bologne, au *Bollettino delle Scienze mediche*, au *Giornale italiano delle malattie veneree e della pelle*. Nous en donnons les sujets principaux: « Storia d'un caso d'ipertrofia delle fibre muscolari dello stomaco con degenerazione colloidea »; « Di un vomito infrenabile dipendente da strangolamento rotatorio dello stomaco »; « Due casi di peritonite da perforazione di un'ulcera tipica con sintomi di occlusione intestinale »; « Sulla tubercolosi della miliare acuta »; « Un caso di numerosi cisticerchi del cervello e delle meningi »; « Storia di un triplice vizio di cuore e cirrosi di fegato con polso epatico e venoso »; « Suppurazione della vena cava ascendente senza ascessi metastatici »; « Studio statistico sulle cagioni della tisi polmonare e sulla importanza che in essa hanno le pneumorragie »; « Delle nuove formazioni epiteliali dei condotti biliferi »; « Cistoma colloide del paraovario sinistro »; « Sopra un caso di esofagite ulcerativa »; « Un caso di trasposizione completa dei tronchi arteriosi del cuore »; « Delle alterazioni dell'apparecchio dirigente nella tisi polmonare »; « Un caso di terza dentizione »; « Relazione sanitaria per l'anno 1880 dell'opera pia degli Ospizii Marini pei fanciulli scrofolosi poveri della città e provincia di Bologna »; « Emorragie sottomucose in casi di alterazioni del cervello e delle meningi »; « Un caso di ulcera semplice perforante della vescica orinaria »; « Il nuovo ospedale da costruirsi a Lugo in Romagna ed il progetto premiato Piana-Ballotta »; « Un caso di pneumonite acuta fibrinosa senza febbre »; « Particolari manifestazioni gastriche in un caso di tabe dorsale »; « Contribuzione allo studio dell'epatite interstiziale flaccida »; « Un caso di tisi primitiva dell'intestino e secondaria dei polmoni in un adulto »; « Cancro del cardias, diagnosi mediante l'esame microscopico di frammenti estratti colla sonda esofagea, cura coll'alimentazione artificiale »; « Tetano ed infezione da malaria »; « Bronchite fibrinosa ed altre rare alterazioni in un caso di tifo addominale »; « Delle alterazioni dell'esofago nella tubercolosi »; « Storia clinica e necroscopica di un uomo che presentò il fenomeno di andare all'indietro »; « Doppia arteria renale destra con trombosi di uno dei due tronchi »; « Dell'importanza delle infiammazioni essudative e suppurative nella genesi della tubercolosi miliare acuta »; « Relazione sanitaria dell'opera pia degli Ospizi Marini pei fanciulli scrofolosi poveri della città e provincia di Bologna per l'anno 1886 »; « Utilità delle docciature a pioggia nella cura della corea minore »; « Sull'adonis æstivalis »; « Rammollimento dei peduncoli cerebrali in un caso di paralisi agitante »; « Della pleurite purulenta secondaria alla pneumonite acuta fibrinosa, con evacuazione della marcia per le vie bronchiali ed esito in guarigione »; « Infiammazione fugace delle sierose nel reumatismo articolare acuto »; « Esantema antipirinico per iniezioni sottocutanee d'antipirina ed eruzione di herpes zoster sopra di esso »; « Un caso raro di eritema polimorfo grave »; « Luigi Medini. Discorso commemorativo »; « Dell'idroterapia nello scorbuto »; « Statua humana circulatoria Salomonis Reiselii »; « Contributo allo studio dell'idrope anasarca essenziale », en collaboration avec le prof. Ercole Galvagni; « Osservazioni cliniche ed anatomiche intorno all'itterizia infettiva, conosciuta sotto il nome di malattia del Weil ».

Medin (le comte Antoine), homme de lettres italien, né, à Padoue, le 5 avril 1857, où il fit toutes ses études. En 1879 docteur en droit, en 1882 docteur ès-lettres et histoire, en 1886, après avoir fréquenté l'Institut d'Études Supérieures de Florence, il fut nommé par concours professeur de lettres italiennes à l'Institut Technique de Padoue. En dehors de plusieurs articles et publications de pièces historiques italiennes des XIVe, XVe, XVIe Siècles, publiés dans le *Giornale Storico della letteratura italiana, Propugnatore, Anchivio Lombardo, Rivista critica*, M. M. a publié les œuvres suivantes: « Il Valentino nella mente di Niccoló Machiavelli », Florence, Ademollo, 1883; « Lamenti dei secoli XIV, XV e XVI », id., librairie *Dante*, id.; « Lamenti storici dei secoli XIV, XV e XVI », œuvre encore inachevée et dont trois volumes étaient publiés en 1887, 1888, 1889, en collaboration avec le docteur Ludovic Frati; « La resa di Treviso e la morte di Cangrande I della Scala » (*Archivio Veneto*), 1887; « La morte di Giovanni Acuto » (*Archivio Storico Italiano*), 1886.

Meding (Oscar), homme politique et littérateur allemand, né, à Koenigsberg, le 11 avril 1829, suivit les cours de droit et de Sciences politiques dans plusieurs universités allemandes, fut employé quelque temps dans la magistrature et l'administration et entra au service du Hanovre en 1859. Chargé de plusieurs missions confidentielles par le roi Georges V, et associé comme conseiller d'État à diverses mesures religieuses et politiques, il accompagna en 1863 le Roi à Francfort, lors du Congrès des princes régnants de l'Allemagne. En 1865, la constitution d'un ministère réactionnaire le rejeta dans l'opposition. Envoyé en mission auprès de l'Électeur de Hesse, en 1866 il revint rejoindre le Roi à l'armée, et après la catastrophe de Laugensalza, le suivit à Vienne. Il vint à Paris l'année suivante comme représentant des intérêts du Roi dépossédé. En 1870, il se rallia au gouvernement prussien, et après un séjour de deux ans en Suisse et à Stuttgard, il alla à Berlin, où sans se mêler à la politique, il s'occupa de mettre en ordre ses souvenirs personnels, sous forme de romans, sous le pseudonyme de Gregor Samarow. On cite de lui: « Um Scepter und Kronen », Stuttgart, 1872; « Nimen und Gegenminen », id.; « Zwei Kaiserkronen », 1874-75; « Held und Kaiser », 1876; « Die Roemerfahrt der Epigonen », 1874; « Der Todesgrup der Legionen », id.; « Ritter oder Dame », 1875; « Haeden und Tiefen », id.

Medini (Louis), médecin, chirurgien, professeur italien, né, à San Pietro Capofiume, le 21 février 1848; docteur en médecine et chirurgie (1871); assistant du célèbre professeur Rizzoli à l'Hôpital Central de Bologne (1872-73); il remplaça Rizzoli comme chirurgien en chef (1877); professeur d'Université (1878). Les mémoires de ce savant sont nombreux; nous en

Turin, Paravia, 1884; « Istituzioni di diritto giudiziario civile », id., 1888.

Matyas Vallady, écrivain français, pseudonyme d'un professeur d'Université, résidant à Paris, né, à Mulhouse, en 1853, ancien élève de l'École Normale Supérieure, ancien professeur en province, a séjourné en Allemagne et dans l'Autriche-Hongrie, et publié divers articles politiques et littéraires dans la *Nouvelle Revue*, dans la *Revue Bleue*, et dans la *Deutsche Revue*, et deux volumes : « Filles d'Allemagne », nouvelles humoristiques ; « France et Allemagne : Les deux Races », étude de psychologie comparée.

Maudsley (Henri), célèbre docteur anglais, dont la spécialité est l'étude des maladies mentales, né, à Giggleswik près de York, le 5 février 1835 ; docteur en médecine à l'Université de Londres en 1857 ; médecin en chef de l'Hôpital des fous de Manchester (1859-62). Membre du Collège Royal des médecins (1870), professeur de jurisprudence médicale à l'Université de Londres, membre de plusieurs Académies étrangères, président de l'Association médico-psychologique de la Grande-Bretagne et de l'Irlande, directeur du *Journal of mental science*. M. M. est l'auteur de : « The Physiology of Mind » ; « Body and Mind » ; « Responsibility in Mental Diseases » ; mais son ouvrage essentiel est un traité des maladies mentales traduit en toutes les langues. La traduction en italien est due au prof. Arrigo Tamassia de l'Université de Padoue.

Maugras (Charles-Gaston), né, à Soisson, le 16 novembre 1851, ancien chef du Cabinet du Président du Sénat, a écrit en collaboration avec M. Lucien Peray : « Correspondance de Galiani » ; « La jeunesse de Mme d'Épinay » ; « Les dernières années de Mme d'Épinay » ; « La vie intime de Voltaire aux délices de Ferney », et « Voltaire et J.-J. Rousseau » ; « Les Comédiens hors la loi » ; « Trois mois à la Cour de Frédéric ». Les ouvrages de M. M. et de son collaborateur sont des illustrations hors-ligne des personnages marquants du XVIIIe siècle.

Maulde de la Clavière (René DE), né en 1848, ancien élève de l'école des Chartes, embrassa d'abord la carrière administrative qu'il suivit pendant un certain nombre d'années, comme sous-préfet de Bonneville, de Sable d'Olonne, de Tournon, de Bernay. Démissionnaire à la fin de l'année 1878, il s'est depuis lors entièrement consacré à la science historique, et plus spécialement à l'étude de tout ce qui constitue le développement historique et expérimental du droit naturel. L'Institut de France a souvent couronné ses travaux. Il a fondé en 1886 la Société d'Histoire Diplomatique, répandue aujourd'hui dans toute l'Europe et dans toute l'Amérique, et dont font partie les principaux hommes d'État et diplomates de divers pays. Il a conservé le titre de secrétaire général de cette Société, et il est directeur de la *Revue d'Histoire Diplomatique*. Parmi ses publications personnelles, nous citerons : « La condition forestière de l'Orléanais au moyen-âge », ouvrage classique de l'histoire du droit forestier ; « Jeanne de France, duchesse d'Orléans et de Berry » ; « Procédure politique du Règne de Louis XII », publié aux frais de l'État ; « Gille de Raiz, dit Barbe-bleue », en collaboration avec M. Bossard ; « Caudebec en Caux » ; « Le prieuré de Pilotin » ; une collection d'anciens textes du droit français contenant notamment : « Les Coûtumes et Réglements de la République d'Avignon : les Chartes Municipales d'Orléans et de Montargis : les hommes libres du XIIe siècle : Concordat passé par le duc Amédée VIII de Savoie avec le clergé de ses États », etc. ; une édition du poète Jean de la Caille, etc. M. de M. de La C. est membre de la R. Deputazione di Storia Patria de Turin.

Maulvault (Pierre-Marie-Achille), pasteur et théologien français, né, le 30 décembre 1834, de parents catholiques, à Berchères-sur-Vigre dans le département d'Eure-et-Loir, se rendit à Paris pour des études littéraires, fut amené à la suite de douloureuses circonstances de famille à se convertir au protestantisme et travailla pour différentes sociétés d'évangélisation dans la Suisse romande, le Dauphiné, le Poitou et la Normandie. En 1861, après sa consécration au Saint-Ministère, l'église indépendante française de Guernesey le choisit pour pasteur et demeura pendant onze années sous sa direction spirituelle. Le mouvement anti-infaillibiliste qui se manifesta dans toute l'Europe après le Concile du Vatican éveilla en M. M. des espérances que le cours des événements ne tarda pas à démentir : aussi n'hésita-t-il pas à se dégager de toute participation à une soi-disant réforme, selon lui frappée d'une stérilité irrémédiable, par plusieurs lettres rendues publiques. De 1872 à 1874, M. Vernes l'eut pour suffragant dans l'administration de la vaste paroisse de Batignolles et M. Mac-All posséda en lui pour ses réunions d'évangélisation populaire un de ses plus dévoués adeptes ; depuis 1875 il exerce les fonctions pastorales à Cambray. Le passé catholique de M. M. et sa connaissance approfondie du Jansénisme lui ont permis de donner à l'*Encyclopédie des sciences religieuses* plusieurs articles remarquables sur Le Maître, Lenfant, Nicole, Quesnel, Rancé, Saint-Cyran, Tillemont. Parmi les autres productions sorties de sa plume, nous indiquerons : « Méditations familières sur quelques passages des Saintes-Écritures », 1861 ; « Discours évangéliques », 1863 ; « L'homme paisible », 1866 ; « Confession de foi de l'église évangélique indépendante de Saint-Pierre-Port », 1866 ; « Israël, étude sur le peuple juif ; passé ; présent ;

avenir », 1869 ; « Retour dans l'église de la Bible, lettre à M. l'abbé xxx, ancien professeur de théologie », 1874.

Maupassant (Fleuri-René-Albert-Guy DE), romancier français de l'école naturaliste dont il est maintenant un des chefs, né, le 5 août 1850, au Château de Miromesnil (Seine-Inférieure), commença ses études à l'Institution ecclésiastique d'Yvetôt qu'il termina au Lycée de Rouen. Voilà la liste des romans de M. M. : « Boule le Suif » ; « La maison Tellier » ; « Une vie » ; « Miss Harriet » ; « Mlle Fifi » ; « Ivette » ; « Au Soleil » ; « La petite Roque » ; « Bel Ami » ; « Mont Oriol » ; « Contes de la Beauce » ; « Clair de Lune » ; « Toine » ; « Contes du jour et de la nuit » ; « Les sœurs Rondoli » ; « M. Parent » ; « Le Horla » ; « Pierre et Jean » ; « Sur l'eau ». Nous avons de lui un volume de vers. M. E. Zola a consacré à M. de M. une étude fort flatteuse insérée au *Figaro*.

Maurenbrecher (Guillaume), historien allemand, professeur d'histoire à l'Université de Leipzig, né en 1838, a publié : « De historicis X sæculi scriptoribus, qui res ab Ottone Magno gestas memoriæ tradiderunt », Bonn, 1861 ; « Carl V und die deutschen Protestanten 1545-1555 », Dusseldorf, 1865 ; « England im Reformationszeitalter », id., 1866 ; « Ueber Methode und Aufgabe der histor. Forschung », Bonn, 1868 ; « Neuer Jesuitenspiegel », Mannheim, id. ; « Don Carlos », 1869 ; « Studien und Skizzen zur Geschichte der Reformationszeit », 1874 ; « Königthum und Verfassung in Preussen », Bonn, 1878 ; « Geschichte der kathol. Reformation », un vol., Nördling, 1880 ; « Die preuss. Kirchenpolitik und der Kölner Kirchenstreit », Stuttgart, 1881 ; « Staat und Kirche im protestantischen Deutschland », Leipzig, 1876.

Maurer (Conrad), archéologue allemand, né, le 29 avril 1823, à Frankenthal, étudia à Munich, Leipzig et Berlin. Il s'occupa principalement d'antiquités scandinaves : « La Conversion de la Norvège au Christianisme », Munich, 1855-56, deux volumes ; « L'Islande depuis la première découverte jusqu'à la chute de l'État libre », id., 1874. En 1876, il fut invité à donner un cours d'histoire de l'ancien droit norvégien à l'Université de Christiania.

Maury (Louis-Ferdinand-Alfred), érudit français, membre de l'Institut, né, à Meaux (Seine-et-Marne), le 23 mars 1817, fut destiné par son père, ingénieur des ponts et chaussées, à l'étude des mathématiques, et se prépara pour l'École Polytechnique ; mais en 1836, cédant à son goût pour l'érudition, il se fit attacher à la Bibliothèque Royale qu'il quitta, au bout de deux années, pour se livrer plus librement aux études les plus diverses. Tout en s'occupant de préférence d'archéologie et de langues tant anciennes que modernes, il étudia la médecine et se fit recevoir avocat. Rappelé en 1840 à la Bibliothèque Royale, il y resta employé jusqu'en janvier 1844. A cette époque, il fut élu lui-même membre de l'Académie des inscriptions et belles-lettres en remplacement de Dureau de La Malle. Il fut nommé par l'Empereur, en octobre 1860, bibliothécaire des Tuileries. En 1862, il fut appelé à succéder à M. Guigniaut, démissionnaire, comme professeur d'histoire et de morale au Collège de France, et en 1868 il devint directeur-général des Archives. M. M. a publié : « Essai sur les légendes pieuses du moyen-âge », Paris, 1843 ; « Les Fées du Moyen-âge », 1855 ; « Histoire des grandes forêts de la Gaule et de l'ancienne France », 1850, à laquelle se rattache son mémoire sur la « Topographie des anciennes forêts de la France », inséré dans le *Recueil des Savants étrangers* de l'Académie des inscriptions (1856) et qui valut à l'auteur une médaille d'or au concours des antiquités nationales en 1854 : ce travail a été refondu et complété dans l'ouvrage intitulé : « Les forêts de la Gaule et de l'ancienne France, suivi d'un tableau de toutes les forêts de la France », 1867 ; « La terre et l'homme », 1856, 4me éd., 1878, sorte de résumé pour servir d'introduction à la collection de l' « Histoire universelle », de M. Duruy ; « La Magie et l'astrologie dans l'antiquité et au moyen-âge », 3me éd., 1863 ; « Histoire des religions de le Grèce antique », 1857-60 ; « Le Sommeil et les Rêves » ; « Études psychologiques », etc. ; « Les Académies d'autrefois », 1864-65 ; « Croyances et légendes de l'antiquité », 1863 ; « Rapport sur les progrès de l'archéologie en France », 1867, à l'occasion de l'Exposition Universelle. Continuateur du *Musée de sculpture ancienne et moderne*, M. M. a été le collaborateur de Guigniaut pour les deux derniers volumes des « Religions de l'antiquité ». Il a donné un grand nombre de mémoires et d'articles dans une foule de recueils, tels que les *Mémoires de la Société impériale des antiquaires* de France, la *Revue archéologique*, l'*Encyclopédie moderne*, l'*Athenæum français*, le *Moniteur Universel*, la *Revue des Deux Mondes*, les *Annales Médico-psychologiques*, le *Journal des Savants*, etc. Secrétaire-général de la Société de géographie de Paris, il en a dirigé le *Bulletin* dans lequel il a inséré, outre ses *Rapports Officiels*, divers travaux de géographie et d'ethnographie. Il a collaboré à la nouvelle *Carte des Gaules*, dressée en 1858 par une commission impériale dont il était secrétaire. Comme directeur-général des Archives nationales, M. M. a adressé, en 1876 et en 1878, au Ministère de l'Instruction publique deux importants rapports sur les accroissements de cet immense dépôt.

Maus (Michel-Henri-Joseph), célèbre ingénieur belge, né, à Namur, le 22 octobre 1808. Directeur-général honoraire des ponts et chaussées, membre de l'Académie Royale de Belgique et de la Société des Sciences, des Arts et des Lettres du Hainaut, il a autrefois dirigé d'immenses travaux en Belgique, en Italie, dans d'autres pays encore, et il a publié d'importants mémoires techniques; nous nous bornerons à citer ici son « Rapport sur les études du chemin de fer de Chambéry à Turin, et de la machine proposée pour exécuter le tunnel des Alpes entre Modane et Bardonnèche », Turin, 1849-1850. Les honneurs n'ont point manqué à M. M.: dès le 21 avril, 1846 un arrêté du Roi de Sardaigne le nommait inspecteur honoraire du Corps royal du Génie civil de l'État Sarde; et il y a quelques années, l'une des voies publiques de Bruxelles a reçu le nom de *rue Henri Maus*.

Maus (Octave), écrivain belge et critique d'art, né, à Bruxelles, le 12 juin 1856. Avocat près la Cour d'appel de Bruxelles; fondateur, avec M. Edmond Picard, de l'*Art Moderne* et du *Journal des Tribunaux*. Collaborateur de plusieurs revues littéraires et juridiques, telles que la *Revue Indépendante* (Paris), les *Pandectes belges* (Bruxelles), la *Société nouvelle* (Bruxelles), *The Universal Review* (Londres), etc. Les principaux ouvrages de M. O. M. sont: « Malte et Constantinople », Bruxelles, Ghio, 1881; « Aux ambassadeurs », imprimerie Ad. Mertens, 1883; « Sur les cimes », 1887; « L'Espagne des artistes », 1888; « Souvenirs d'un Wagnériste », id.; M. O. M. figure dans l'*Anthologie* des prosateurs belges, publiée, avec l'appui du gouvernement, en 1888. Il a toujours, dans ses articles de critique, soutenu en littérature, en peinture, en musique, les principes d'avant-garde.

Mauthner (Louis), oculiste allemand, professeur libre d'ophtalmologie à l'Université de Vienne, né en 1840, a publié: « Die Bestimmung der Refractionsanomalien mit Hilfe des Augenspiegels », Vienne, 1867; « Lehrbuch der Ophtalmoscopie », deux parties, Vienne, 1868; « Vorlesungen über die optischen Fehler des Auges », deux parties, Vienne, 1872-76; « Vorträge aus dem Gesammtgebiete der Augenheilkunde », Wiesbaden, 1879-86; « Untersuchungen über den Bau des Rückenmarks der Fische », dans les *Actes de l'Académie* de Vienne, etc.

Maximoff (Serge), voyageur et homme de lettres russe; né, en 1832, à Saint-Pétersbourg, il débuta par une série d'essais littéraires tirées des livres populaires réunis en deux volumes, sous le titre de « Au fond des forêts ». Chargé d'une mission au fleuve Amour (Sibérie-Orientale), il publia un ouvrage en trois volumes intitulé: « La Sibérie et les travaux forcés », ainsi qu'un autre ouvrage ayant pour titre: « A l'Orient ». Une autre mission, cette fois-ci au Caucase, donna occasion à M. M. de publier en diverses revues des articles qui vont être publiés en volume sous le titre: « Une année dans le Midi ». Citons encore: « La Russie errante », trois vol., collection d'études psychologiques et ethnographiques consacrée à l'espèce variée de ces individus qui parcourent en grand nombre la Russie en quêtant des dons volontaires pour l'amour du Christ; « Un sac de blé et ses aventures », petit livre pour les enfants. De prochaine publication un fort volume sur « Le sobriquet en usage dans les différentes régions de la Russie ». Ce travail a déjà vu le jour sous la forme d'articles détachés insérés au *Nowoie Wremia*. Un autre volume, qui comprendra un « Glossaire des proverbes, dictons et façons de s'exprimer employés incorrectement ». Enfin M. M. travaille à rassembler ses souvenirs du passé et des types originaux rencontrés sur le chemin de sa vie, des personalités littéraires remarquables qu'il a connues. M. M. a aussi écrit plusieurs articles ethnographiques dans le grand ouvrage de luxe: « La Russie pittoresque », publié par l'éditeur Wolff.

Max-Müller (Frédéric), voyez MÜLLER Frédéric-Maximilien.

May (Gustave-Adolphe), écrivain électricien anglo-allemand, né, le 4 janvier 1856, à Blankenheim (Allemagne), fit ses études à Nordhausen. Nous avons de lui: « Die Wall literatur der Electricität und des Magnetismus », 1880, 1883, 1884; « A Bibliography of Electricity and Magnetism », 1860-84; « A bibliographical List of Papers and Works on Electricity and Magnetism », 1872-85; « Ballooning »; « German Conversational Dictionary ».

Mayer (Adolphe), mathématicien allemand, professeur honoraire de l'Université de Leipzig, né en 1839. On lui doit, entr'autres: « Beiträge zur Theorie der Maxima und Minima der einfachen Integrale », Leipzig, 1866; « Geschichte des Princips der kleinsten Action », id., 1877; « Centrale Fixation », Vienne, 1885.

Mayer (Ernest), jurisconsulte allemand, professeur de droit allemand à l'Université de Wurzbourg, né le 22 janvier 1862, a publié: « Kirchenhoheitsrechte des Königs von Baiern », 1884; « Zur Entstehung der Lex Ripuariorum », 1886, différents essais et articles sur le droit allemand et sur l'histoire du droit.

Mayer (François-Martin), historien allemand, professeur à l'Université de Gratz, né en 1844, a publié, entr'autres: « Die Anfänge des Handels und der Industrie in Oesterreich und die orientalische Compagnie », Innsbruck, 1882; « Die östlichen Alpenländer im Investiturstreite », id., 1883; « Ueber die Abdankung des Erzbischofs Bernhard von Salzburg », Salisbourg, 1878-82.

Mayer (Othon), jurisconsulte allemand, professeur du droit civil français à l'Université de Strasbourg, a publié: « De justa causa bei Tradition und Usukapion », Erlangen, 1871; « Die dingliche Wirkung der Obligation », 1879; « Theorie des franzōs. Verwaltungsrechts »; Strasbourg, 1886.

Mayer (Sigismond), physiologiste allemand, professeur de l'Université de Prague, né en 1842, a publié une série de mémoires importants dans les *Mémoires de l'Académie des Sciences* de Vienne, de 1867 à 1885; dans l'*Archiv für mikrospische Anatomie* et dans l'*Archiv für experim. Pathologie und Pharmakologie*.

Mayolez (Augustin-Jean-Joseph), éditeur belge, né, à Fontaine-l'Évêque, en 1833. La maison Mayolez, située à Bruxelles, à côté de l'Université, est une des principales librairies de la Belgique, et elle a édité un nombre considérable d'ouvrages, spécialement pour l'enseignement supérieur.

Mayr (George VON), économiste et statisticien allemand, ancien sous-secrétaire d'état pour les finances en Alsace et Lorraine, ancien chef du bureau Royal de statistique de Bavière, conseiller au ministère de l'intérieur à Munich, né, à Wurzbourg, le 12 février 1841, a été reçu docteur en économie politique en 1865; il a assisté aux congrès de statistique en Italie, en Hollande, en Suède, en Russie, en Hongrie et dans l'Amérique du Nord, et pris part aux travaux de la commission chargée par le prince de Bismarck d'étudier le système d'impôt sur les tabacs aux États-Unis. Il réside à Munich. En dehors de nombreux rapports et discours, signalons parmi ses publications essentielles : « Die Gesetzmässigkeit im Gesellschaftsleben », Munich, 1877, traduit en italien par G. B. Salvion, Turin, 1886; « Bewegung der Bevölkerung im Königreiche Bayern–Jahresbericht für 1877 », Munich, 1879; « Bayerische Gewerberstatistik », avec introduction, première partie, Munich, 1879. Citons encore ses derniers articles dans l'*Allgemeine Zeitung* sur les fermages en Italie, 1888; et dans la *Münchener Medizinische Wochenschrift* sur la statistique des causes de mort en Italie, 1888.

Maystre (Henry), pasteur à Genève, membre du Consistoire, président de la section de littérature de l'Institut national de Genève. Né, en 1841, à Gajan, département du Gard (France), il fit ses études secondaires au Lycée de Nîmes, ses études universitaires à Genève et à Montauban. Après avoir occupé pendant quelques années un poste de pasteur dans les Cévennes, il se fixa à Genève, où l'appelait l'élection qui le mettait au nombre des pasteurs titulaires de la ville. Ses idées libérales le firent collaborateur de plusieurs journaux républicains des dernières années de l'Empire. Il écrivit aussi dans des périodiques religieux libéraux et dans quelques revues littéraires: *Renaissance, Jeune France*, etc. Dans ces dernières années, il a donné des récits d'excursions et de voyages à l'*Echo des Alpes*, à la *Bibliothèque Universelle*, et des romans à la *Nouvelle Revue* et à la *Tribune de Genève*. Des nombreux travaux qu'il a écrits, seuls les suivants ont été, jusqu'à présent, publiés en volumes : « Poésies », 1880; « L'Adversaire », roman, chez Ollendorff, Paris, 1886; « La Fille de l'Aveugle », acte en vers, Genève.

Mayzel (Bronislaw), écrivain polonais, résidant à Varsovie, a publié, de 1872 à 1886, une série d'ouvrages sur l'assurance.

Mazade (Charles), illustre écrivain politique et historien français, qui a succédé à Forcade dans la compilation de la *Revue politique* à la *Revue des Deux Mondes*, est né, en 1821, à Castel-Sarrazin (Tarn-et-Garonne), et a fait son droit à Toulouse. Il débuta en 1841 par des « Odes »; ensuite il inséra aux revues et aux journaux des articles littéraires et politiques. Nous avons en librairie : « L'Espagne moderne », 1855; « L'Italie moderne, récits des guerres et des révolutions italiennes », 1860; « La Pologne contemporaine, récits et portraits de la Révolution polonaise », 1863; « L'Italie et les Italiens, nouveaux récits de guerre », 1864; « Les femmes de la Révolution », 1866; « Les Révolutions de l'Espagne contemporaine », 1868; « La guerre de France », deux volumes, 1871; « Portraits d'histoire morale et politique du temps »; « Le Comte de Cavour », 1877; « M. Thiers, cinquante années d'histoire contemporaine », 1879; « Un Chancelier d'ancien régime »; « M. De Metternich et son règne diplomatique en Europe ». M. M. est depuis 1882 membre de l'Académie Française. Son travail périodique bimensuel à la *Revue des Deux Mondes* a une importance capitale.

Mazeau (Charles-Jean-Jacques), homme politique français, né, à Dijon, le 1er septembre 1825, y fit son droit et fut reçu docteur en 1848. Venu à Paris, il prenait en 1856 une charge d'avocat au Conseil d'État de la Cour de Cassation. Conseiller-général de la Côte-d'Or depuis 1869, M. M. fut élu représentant de ce département à l'Assemblée nationale en 1871. En 1876, il se présenta avec succès aux élections sénatoriales de la Côte-d'Or, et en 1885 fut réélu porté sur la liste républicaine. Il a collaboré à la *Revue de législation*, au *Dictionnaire politique* et aux journaux de son département avec des articles très appréciés.

Mazzei (Raphaël), publiciste italien, né, à Florence, en 1852, issu d'une famille patricienne de la Toscane, a inséré à la *Rassegna Nazionale* de Florence, organe du parti conservateur, les articles suivants: « Questione operaia », 1883; « Questione operaia, schiarimenti », id.; « Le Società di Patrocinio pei liberati dai Penitenziari », id.; « Le Play d'après la correspondance avec Charles de Ribbe » (brochure), 1884; « Le nostre campagne », id.; « La relazione finale di Stefano Jacini sui risultati dell'inchiesta agraria », 1885; « Lega di difesa agraria », id.; « In proposito delle lettere meridionali ed altri scritti sulla questione sociale di P. Villari », 1886; « Due intolleranze », id.; « Missioni cat-

donnons les principaux : « Mancanza in una giovane della matrice e del canale vaginale » ; « Frattura intracapsulare del collo del femore destro con allungamento dell'arto corrispondente » ; « Grossa cisti aderente all'interno del collo della matrice costituita da una glandola del Sappey » ; « Storia di una completa estirpazione della glandola parotide per cancro » ; « Due storie di chimica chirurgica, con considerazioni relative alla blefaroplastica » ; « Rottura d'un callo deforme coll'osteoclaste dinamometro del Rizzoli » ; « Di un aneurisma traumatico artero-venoso della carotide sinistra, guarito colla compressione meccanica » ; « Due casi d'incurvamento delle gambe da rachitismo, curati coll'osteoclastia strumentale » ; « Su di un caso di disarticolazione del 1º cuneiforme del piede sinistro, seguita da completo successo » ; « Cistoma dell'ovaia destra » ; « Un caso di varici ad ambedue le gambe, curato colla legatura con *Catgut* da una parte e dell'altra con isolamento » ; « Laparotomia per occlusione intestinale » ; « Placca metallica in sostituzione della comune fionda nelle amputazioni » ; « Ancora dell'osteologia strumentale nelle curve rachitiche delle gambe e nel callo deforme ».

Meilhac (Henri), auteur dramatique français, né, à Paris, en 1832, a fait ses études au Lycée Louis-Le-Grand. Après s'être essayé au commerce comme employé de librairie, il s'occupa de dessin, et sous le pseudonyme de *Thalin* collabora du crayon et de la plume au *Journal pour rire*, de 1852 à 1855. A cette dernière date il aborda le théâtre et fit jouer au Palais-Royal deux premières pièces, « Satania » et « Garde-toi, je me garde », chacune en deux actes, qui n'eurent pas de succès ; elles furent cependant remarquées par plusieurs critiques, comme annonçant de la facilité d'invention et l'entente délicate de la scène dont l'auteur devait donner tant de preuves. M. M. a fait représenter depuis : « La sarabande du Cardinal », 1856 ; « Le Copiste », 1857 ; « L'Autographe », 1858 ; « Peché caché, ou À quelque chose malheur est bon », id. ; « Le petit-fils de Mascarille » ; « Le retour d'Italie », 1859 ; « Ce qui plaît aux hommes », 1860, avec M. Ludovic Halévy, premier fruit d'une collaboration plus tard si féconde ; « L'Étincelle » ; « Une heure avant l'ouverture », prologue en un acte avec M. A. Delavigne, 1861 ; « La Vertu de Célimène » ; « L'Attaché d'ambassade » ; « Les Bourguignonnes » ; « Le Café du roi » ; « Le Menuet de Danaé », avec M. Halévy, 1862 ; « Les Moulins à vent », avec le même ; « L'Échéance », avec M. Delavigne ; « Les Brebis de Panurge » ; « La Clef de Métella » ; « Le Brésilien », 1863 ; « Le train de minuit », avec MM. Halévy et Saint-Léon ; « La Belle Hélène », la première de ces grandes bouffonneries mises en musique par M. Offenbach, avec un si grand succès. En outre, avec M. Halévy, il a composé : « Le Photographe » ; « Fabienne » ; « Les Méprises de Lambinet » ; « Le Singe de Nicolet » ; « Barbe-Bleue » ; « La Vie parisienne » ; « La Grande-Duchesse de Gerolstein » (qui fit ensuite le tour du monde) ; « Tout pour les Dames » ; « Le Château à Toto » ; « Fanny Lear » ; « La Périchole » ; « Le Bouquet » ; « Suzanne et les deux vieillards » ; « La Diva » ; « Frou-Frou » ; « Les Brigands » ; « Tricoche et Cacolet » ; « Les sonnettes » ; « Toto chez Tata » ; « La petite marquise » ; « La Boulangère a des écus » ; « La Boule » ; « Le Prince » ; « La Cigale » ; « Le petit Hôtel » ; « Le Mari de la débutante », etc. En 1866, avec M. Cormon : « José-Maria », et en 1869, avec M. Nuitter : « Vert-Vert ». Une des dernières pièces de M. M., « Décoré », n'est pas une des moins heureuses fantaisies de ce spirituel auteur. M. M. a publié, en outre, dans la *Revue de Paris*, une fantaisie dramatique en vers : « Les Païens », et dans *La Vie parisienne* des articles signés de simples initiales ou du pseudonyme d'*Ivan Baskoff*.

Meili (Frédéric), né, à Zurich, le 2 avril 1848, étudia la jurisprudence aux Universités de sa ville d'origine (1866-68), de Leipzig (1869) et de Berlin (1869-70), fut nommé en 1870 docteur *utriusque juris* par l'Université de Jena, suivit à Paris, pendant l'hiver 1875-76, les cours de la faculté de droit, et revint s'établir en qualité d'avocat sur les bords de la Limmat. Sa branche de prédilection est le droit industriel et commercial qu'il enseigne à l'Université de Zurich en qualité de professeur extraordinaire, au Polytechnicum en qualité de *privat Docent*. Voici la liste de ses publications les plus importantes : « Le droit en matière de télégraphes », 1871, 2ᵐᵉ éd. 1873 ; « Examen du projet de loi relatif aux tribunaux zurichois », 1873 ; « La doctrine des actions de priorité », 1874 ; « Le devoir du cautionnement pour les établissements postaux », 1877 ; « La question de la protection des inventions, brevets et modèles en Suisse », 1878 ; « Le droit d'hypothèque et de faillite en matière de chemin de fer », 1879 ; « L'exécution pour dettes et la faillite contre les communes », 1880 ; « Mémoire sur le payement de dividendes aux actionnaires du Nord-Est », 1881 ; « La procédure civile et pénale dans le canton de Zurich et dans la Confédération », tome I, 1881 ; « L'imitation frauduleuse des noms et marques de fabrique », 1882 ; « Mémoire sur les sociétés d'assurance mobilaire suisses », 1884 ; « Le droit en matière de téléphones », 1885 ; « Mémoire présenté au département de justice fédéral sur le projet de loi relatif à la poursuite pour dettes et à la faillite en matière communale », id. ; « Mémoire sur les conventions internationales en matière de chemins de fer, et tout spécialement sur celle de Berne pour le droit de traction », 1887 ; « Le droit pénal sur les marques de fabrique », 1888 ; « Esquisse d'un cours universitaire sur la procédure civile et pénale dans le Canton de Zurich et la Confédération », 1888. En dehors des ouvrages et mémoires tirés à part, M. M. a fourni de nombreux articles aux Revues pour le droit suisse, le droit commercial, la législation suisse, des juristes suisses, etc.

Meinadier (E.), homme politique français, né à Saint-André de Valboigne (Gard) vers 1815, fit ses études au Collège de Sorrèze, fut admis à l'École Polytechnique, et prit part avec ses camarades à la Révolution de 1830. A sa sortie de l'école, M. M. entra dans l'artillerie, fit les campagnes de Crimée et d'Italie, et prit sa retraite deux ans avant la dernière guerre avec le grade de lieutenant-colonel. Nommé conseiller-général en 1871 pour le Canton de Saint-André, il s'occupa beaucoup des intérêts de son département. M. M. est sénateur du Gard et appartient à la gauche républicaine. Ses œuvres littéraires se limitent à des études agricoles sur le phylloxéra, la péréquation, etc.

Meissner (Alfred), poète allemand, né, à Replitz, le 5 octobre 1822, étudia la médecine, reçut en 1846 le grade de docteur et passa une année à Paris. Nous avons de lui : « Gedichte », Leipzig, 1845 ; « Revolutionäre Studien aus Paris », 1839 ; « Im Jahre des Heils 1848 », Leipzig, 1848 ; « Der Sohn des Atta Trole », id., 1850 ; « Das Weib des Urias », id., 1851 ; « Reginald Armstrong », id., 1853 ; « Der Praetendent von York », 1854 ; « Der Pfarrer von Grafenried », 1855 ; « Heinrich Heine, Erinnerungen », 1856 ; « Durch Sard », 1859 ; « Novellen », 1864 ; « Zwischen Fürst und Volk », 1860 ; « Sausaro », id. ; « Neuer Adel », 1861 ; « Zur Ehre Gottes », id. ; « Die Bildhauer von Worms », 1874 ; « Oriola », id. En 1871-73, on a publié à Leipzig une édition complète de ses œuvres, en 18 vol. : « Gesammelten Schriften ».

Melani (Alfred), ingénieur italien, né, à Pistoie, le 23 janvier 1859, fit ses premières études au Gymnase Forteguerri, puis aux Écoles Techniques de sa patrie ; ensuite ses études artistiques dans l'Académie des Beaux-Arts de Florence, et la Municipalité de Pistoie lui conféra la bourse Del Gallo pour les études d'architecture, laquelle lui servit aussi pour voyager à l'étranger. Il commença alors à écrire des articles d'histoire et de critique d'art dans les journaux, et publia le pamphlet : « Il Palazzo Comunale e Jules Gailhabam ». A Milan il enseigna à l'Institut Vanzo, mais ses articles dans le *Pungolo* et le *Pungolo della Domenica* lui ouvrirent les portes de l'École Supérieure de l'art appliqué à l'industrie, où il est toujours professeur. Parmi ses travaux d'architecte, citons le dessein pour la façade de la Cathédrale de Milan. Nous avons de lui en librairie : « Architettura italiana antica e moderna », Milan, Hoepli ; « Scultura italiana antica e moderna », id., id. ; « Pittura italiana antica e moderna », id., id. ; « Decorazioni e industrie artistiche », id., id. Il ordonna l'ouvrage : « L'Ordinamento policromo nelle arti e nelle industrie artistiche » ; « L'Arte italiana », recueil de modèles ; « I pizzi antichi di C. Vecellio » ; « Palladio, sa vie et ses œuvres », en cours de publication à Paris ; « L'Architecture italienne », dans l'*Encyclopédie de l'Arch. et de la Construct.* de Paris. M. M. est aussi collaborateur des revues étrangères : *Art et Industrie*, *L'Art*, *The Builder*, *La Construction moderne*, *Blätter für Architektur und Kunst* et *Cronik für vervielfäl. Kunst*.

Méline (Félix-Jules), homme politique français, député des Vosges, actuellement président de la Chambre des députés, est né, à Remiremont (Vosges), le 20 mai 1838. Il étudia le droit à la Faculté de Paris, et se fit inscrire au barreau de la Cour d'appel. Étant étudiant, il avait collaboré avec M. Clémenceau, son rival à la présidence de la Chambre, aux petits journaux littéraires du quartier latin, qui attaquaient l'Empire : *La Jeune France*, *La Jeunesse*, *Le Travail*. Inscrit au barreau de Paris, M. M. a été secrétaire de la conférence des avocats ; il a été aussi secrétaire de M. Plocque, en même temps que feu Léon Chapron. Pendant le siège de Paris, il fut adjoint au maire du 1er arrondissement. En mars 1871, il fut élu membre de la Commune, mais n'accepta pas le mandat. Il entra à l'Assemblée nationale le 20 octobre 1872, élu par 32,160 voix contre 25,868 obtenues par M. Mongeol, président du Conseil général et candidat conservateur. M. M. s'inscrivit au groupe de la gauche et de l'Union républicaine. Il a voté l'amendement Wallon et l'ensemble des lois constitutionnelles. Réélu le 20 février 1876 dans l'arrondissement de Remiremont, il l'emporta, après l'acte du 16 mai 1877, au 14 octobre, sur M. Krantz, candidat conservateur, frère du sénateur républicain. Il continua à siéger à gauche et, lors de la constitution du premier cabinet, sous la présidence de M. J. Grévy, fut appelé par M. de Marcère, ministre de l'intérieur au poste de sous-secrétaire de ce département. Il n'y resta qu'un mois et quitta ces fonctions à la retraite de son chef (4 février-4 mars 1879). Membre de la Commission du tarif général des douanes, il fut un des rapporteurs du projet et, dans la discussion générale, il défendit les tendances protectionnistes contre les principes libre-échangistes du ministère (1880). M. M. représente le Canton de Corneux au Conseil général des Vosges. Il a fondé l'ordre du mérite agricole. C'est au bénéfice de l'âge qu'il doit d'avoir été nommé président de la Chambre, de préférence à M.

Clémenceau, qui avait obtenu le même nombre de voix.

Mellsurgo (Ida), femme-auteur italienne, fille de l'illustre Giovenale Vegezzi-Ruscalla, née, à Turin, le 15 août 1840, cultive avec honneur la littérature, et collabore à plusieurs journaux. Elle débuta par un petit volume de contes : « Primizie », 1858. Vinrent ensuite : « Biondina », 1869 ; « Racconti » ; « Baba-Dokia » ; « Florica Etaina », nouvelles, Turin 1870 ; « I primi anni di celebri personaggi », etc., etc.

Mellado (André), écrivain espagnol, journaliste, député aux Cortes, directeur du journal madrilène *El Imparcial*.

Meller (Sophie), femme-auteur polonaise, née, à Varsovie, en 1842, consacra ses années de jeunesse à l'étude de la littérature dramatique, et après un séjour en Italie, traduisit en polonais : « Il bugiardo » et « La serva amorosa », de Goldoni ; « La medicina d'una ragazza ammalata » et les « Due Dame », de Ferrari ; « Oro ed Orpello », de Gherardi Del Testa. En dehors de ces pièces, on a d'elle des pièces très prisées sur la scène de son pays : « Toison d'or » ; « Wanda » ; « Fausses Splendeurs » ; « Résolution » ; « Deux mesures » ; « J'écraserai » ; « Matinée musicale » ; « A qui la faute ? » ; un drame qui a pour sujet l'Indépendance italienne et dont le titre est : « Dans les Alpes ». Mme M. a aussi écrit des contes et des nouvelles insérées aux journaux de Varsovie.

Mellier (François-Émile), littérateur et professeur français, membre de l'Académie de Stanislas et de la Société d'archéologie lorraine, membre du Comité du Musée lorrain à Nancy, inspecteur d'académie, né, à Carleville (Ardennes), le 25 février 1837. Élève de l'École Normale Supérieure (1856-59), professeur aux Lycées de Bastia et de Nevers (1859-74), inspecteur d'académie à Montauban, à Châlons-sur-Marne et à Nancy (1874 à 1888), il a publié : « Deux discours sur les beaux-arts », Nevers, 1868 et 1874 ; « Souvenir de l'Exposition des beaux-arts », id., 1873 et 1874 ; « Un graveur liégeois à Nancy », J. Valdor, Nancy, 1884 ; « Rapports sur l'enseignement primaire en Meurthe et Moselle », 1878-87, des brochures, etc., etc.

Meltzl (Hugue DE), écrivain hongrois directeur du *Magyar* journal de littérature comparée, né, le 31 juillet 1846, dans la province de Siebenburghen, fit ses études à Aidemburg (1866-68), les poursuivit à Leipzig, et se donna ensuite la tâche de faire connaître aux allemands la littérature magyare et aux hongrois la littérature allemande. En 1871, il publia en allemand un « Choix de poésies lyriques de Petöfi », Leipzig, 1871. Nous avons encore de lui : « The Black wodas », ballade tzigane inédite, publiée dans le texte original ainsi que dans ceux des traductions anglaises et allemandes, Kolosvar, 1879 ; « Edward », ballade écossaise, confrontée avec une ballade similaire hongroise, id., 1880 ; enfin : « Sanders als Begründer der neuhochdeutschen Philologie », 1880.

Melvil (Francis), homme de lettres français, romancier, né, à Saint-Malo, en 1845. Il a publié successivement : « Les voyageurs », poème légendaire, Lemerre, 1880 ; « Les rimes nocturnes, confession d'un poète », Ghio, 1881 ; « A Calderon », poème couronné par la Société des gens de lettres, Ghio, 1881 ; « Les Dieux Inconnus », poèmes, id., 1884 ; « Marcel Campagnac », roman, Plon, Nourrit, 1886. Ce roman a d'abord paru en feuilleton dans le *Temps ;* « Dina Savelli », scènes de la vie romaine, roman publié dans la *République française*, 1887. Dans plusieurs revues françaises et étrangères une douzaine de nouvelles : « Mademoiselle de Comminges » ; « Jean Frégovern » ; « Le dernier roi », etc. De nombreux articles de critique particulièrement dans le *Semeur*, Paris, 1887-1888. Un drame romantique : le « Capitaine Xaintrailles », joué au théâtre du Château-d'Eau, en 1882. M. M. est membre de la Société des gens de lettres et de la Société des études historiques.

Menabrea (le Comte Frédéric, marquis DE VALDORA), ambassadeur d'Italie à Paris, Sénateur du Royaume italien, général de division, savant mathématicien et homme d'État de premier ordre. Dans cette notice, l'œuvre politique du général M. ne peut trouver sa place. Aussi ne parlerons-nous que du mathématicien. Il est né, à Chambéry, le 4 septembre 1809, il étudia les mathématiques à l'Université de Turin et entra à l'armée comme lieutenant du génie. Élève du célèbre Plana, sur les instances de ce dernier il fut nommé professeur de mécanique à l'Académie militaire de Turin et en 1839 membre de l'Académie des Sciences de Turin. Plusieurs de ses mémoires sont en effet publiés dans les Comptes-rendus de la savante Compagnie; nous en donnons les titres : « Calcul de la densité de la terre » ; « Nouvelle méthode pour calculer les expériences Cavendish » ; « Mouvement d'un pendule composé lorsqu'on tient compte du cylindre qui lui sert d'axe » ; « Études sur les quadratures » ; « Études sur la théorie des vibrations » ; « Lois générales de divers ordres de phénomènes » ; « Notions sur la machine analytique de Charles Babbage » ; « Discours sur la vie et les ouvrages du chev. Georges Bidone » ; « Discorso sulla vita e sulle opere di Luigi Lagrange » ; « Principes généraux pour déterminer les pressions et dans un système élastique ». M. le général M. est membre de presque toutes les Sociétés savantes de l'Europe.

Menant (Joachim), magistrat et orientaliste français, né, à Cherbourg, le 16 avril 1820, entra dans la magistrature comme juge suppléant à Cherbourg en 1846, et fut substitut à Vire

(1851), et à Alençon (1855). Nommé juge à Lisieux en 1856, il passa au Tribunal civil d'Évreux en 1864, à celui du Hâvre en 1867 et enfin à Rouen en 1872, où il devint vice-président en 1873. M. M. s'est fait un nom parmi les assyriologues de nos jours, par ses travaux sur les caractères cunéiformes. Nous avons de lui: « Notice sur les inscriptions cunéiformes de la collection épigraphique de M. Lottin de Laval », 1859; « Recueil d'alphabets des écritures cunéiformes », 1860; « Éléments d'épigraphie assyrienne », id.; « Inscriptions assyriennes des briques de Babylone », id.; « Inscriptions de Hœmmourabi roi de Babylone au XVIe siècle avant notre ère », 1863; « Exposé des éléments de la grammaire assyrienne », 1868; « Zoroastre », 1844; « Description des sculptures solaires de l'église de Cherbourg », 1850; « Les Achéménides et les inscriptions de la Perse », 1872; « Le syllabaire assyrien », 1873; « Annales des Rois d'Assyrie », 1874; « Babylone et la Chaldée », 1875; « Documents juridiques de l'Assyrie et de la Chaldée », 1877; « Notices sur quelques empreintes de cylindres au dernier empire de Chaldée », 1879; « Les Cylindres orientaux », 1879; « Manuel de la langue Assyrienne », 1880, etc.

Menasci (Salomon), littérateur italien et négociant, établi à Livourne, né, à Sienne, en 1838. Il ne put suivre que le cours des écoles primaires et étudia sans aide aucune dans ses rares heures de loisir les auteurs classiques, les langues et les littératures modernes. Longfellow et Karl Hillebrand l'encouragèrent par des lettres et des articles très flatteurs insérés au *Literary World* et au *Magazine für die Literatur des auslandes*. En dehors d'une collaboration très active en vers et en prose éparse dans les meilleures revues d'Italie à partir de 1854, nous avons de lui en librairie des ouvrages en vers: « Gli esuli di Siena »; « Alcuni versi », 1874; « Il canto della gioia », Livourne, 1878; « L'intermezzo di Heine »; « Germania di Heine »; « Canti di Heine »; et plusieurs opuscules en prose sur les Sociétés de sauvetage et sur diverses questions d'intérêt tout-à-fait livournais. M. M. appartient à la nouvelle école poétique italienne.

Menasci (Guy), fils du précédent, avocat, écrivain italien, né, à Livourne (Toscane), en 1867, fit ses premières études au Lycée Niccolini de sa patrie et son droit à Pise. Il publia plusieurs articles dans la *Rassegna Emiliana*, la *Vita Nuova* de Florence, le journal *Lettere ed Arti* de Bologne, la *Cronaca minima*; citons, entre autres: « I poeti Bohèmes del secolo XVI »; « Ruggero di Collerye », dans les *Lettere ed Arti*, 1889; « Il Corvo de E. Allan Poe », dans la *Cronaca minima*, 1887; « Goethe en Italie », étude traduite dans les revues anglaises et allemandes. Nous avons en librairie:

« L'année amoureuse », sonnets, en français, Livourne, 1889; « Il silenzio », conférence, Bologne, 1889.

Menchoutkine (Nicolas), chimiste russe, né le 12 octobre 1842, suivit les cours universitaires, compléta son instruction scientifique à Paris, Tubingue et Marbourg, et fut nommé ensuite (1866) agrégé à la Faculté physico-mathématique de l'Université Péterbourgeoise. Actuellement il y occupe la chaire de chimie. Il est secrétaire depuis 1868 de la Société chimique de Saint-Pétersbourg et rédacteur du journal de cette société. Nous avons de lui des publications en français, en russe et en allemand, dont nous donnons la liste en marquant de différentes lettres initiales les idiomes dont M. M. s'est servi: « Sur l'éthérification des alcools secondaires (f) »; « Les phénomènes de l'isomérie et leurs applications (r) »; « Influence de l'isomérie des acides sur la formation des éthers composés (f) », 1879; « Sur la formation des éthers des acides monobasiques non saturés (f) »; « Sur la structure de l'acide sorbique et de l'acide hidrosorbique (r) »; « Sur l'éthérification des alcools polyatomiques (f) »; « Chimie analytique (r) », 4me éd., 1880; « Sur une méthode pour déterminer la valeur chimique des composants des combinaisons organiques (a) »; « Sur les éthers des acides polybasiques (f) »; « Manuel pour déterminer l'isomérie des alcools et des acides en partant de leur éthérification (a) », 1881; « Sur l'influence des poids moléculaires des homologues dans les réactions reversibles (a) »; « Les éthers des alcools et des acides à fonction double (f) »; « Essai pour déterminer la valeur chimique des composants des acides organiques (a) »; « Sur la formation et la décomposition de l'acétate anilide (a) »; « Sur la décomposition d'acétate d'anyle tertiaire par la haute température (a) », 1882; « Sur les déplacements mutuels des bases dans les solutions de leurs sels neutres (f) »; « Chimie analytique (r) », 1883; « Recherches sur la formation des amides (f) »; « Influence de la température sur la vitesse de quelques réactions chimiques (a) »; « Sur les densités de vapeur de l'acétate et du chlorure d'amyle tertiaire (a) » (en collaboration avec M. D. Konoraloff); « Leçons de chimie organique (r) », 1384; « Sur l'isomérie des hydrocarbures d'après la théorie des substitutions (a) »; « Sur l'isomérie des dérivés du bençol (r) », 1885; « Sur la formation des éthers composés par l'action de l'anydride acétique sur les alcools », 1886; « Sur les vitesses de la formation des éthers composés (f), (a) »; « Action de l'eau sur l'anydride acétique »; « Aperçu de l'évolution des théories chimiques (r) », 1887; « Chimie analytique (r) », 6me éd., 1888.

Mendel (Emmanuel), docteur allemand, professeur de psychiatrie et des maladies nerveuses à l'Université de Berlin, né, le 28 octobre 1839, à Bunzlau en Silésie. Il fit ses études à Breslau, Berlin et Vienne; de 1877 à 1881, il fut député au Parlement national allemand; prit ses grades en 1871 à l'Université de Berlin et en 1884 il fut nommé professeur. On a de lui une monographie portant le titre: « Die progressive Paralyse der Irren », publié en 1880 à Berlin, par Hischwald; et une autre monographie intitulée: « Die Manie », publiée par Schwarzenberg, à Vienne, en 1881. Il y a huit ans, M. M. fonda *Das Neurologische Centralblatt* qu'il continue à rédiger; cette publication paraît à Leipzig. Il est aussi auteur de plusieurs autres travaux de Névropathologie et psychiatrie parus dans l'*Eulenburg's Realencyclopädie*, ainsi que dans d'autres revues médicales allemandes, et principalement dans les *Arch. f. Psychiatrie, Zeitschrift f. Psych., Virchow's Arch., Zeitschr. f. gerichtl. Medic., Klin Monatschr, D. med. Wochenschrift*.

Mendeléef (Dmitri-Iwanowitch), professeur de chimie à l'Université de Saint-Pétersbourg, né, à Tobolsk (Sibérie), en 1834, fit ses études au Gymnase de Tobolsk et à l'Institut pédagogique de Saint-Pétersbourg. Il fit plusieurs voyages scientifiques pour étudier le pétrole au Caucase et en Pennsylvanie et en 1887 une ascension aérostatique à Xlin pendant l'éclypse totale du soleil. Nous avons de lui en librairie: « Sur l'isomorphisme »; « Sur le limite des couches organiques », 1861; « Sur les densités des mélanges d'alcool avec l'eau », 1867; « La Chimie », en langue russe, 1868-70; « Recherches sur la compression des gaz », 1871; « Recherches sur le pétrole », 1876-86; « Recherches sur les dissolutions aqueuses », 1886-87; « Études sur les déplacements des naloïdes, et sur les principes de Termochimie », etc., etc.

Mendès (Catulle), littérateur français, d'origine israélite, né, à Bordeaux, en 1840; il fonda à vingt ans, en 1860, la *Revue fantaisiste* et y inséra le « Roman d'une nuit », qui le fit condamner à six mois de prison. Il collabore à la *Revue nouvelle*, 1er num., 1863; dirige la *République des lettres*, 1876, et la *Vie populaire*, 1881; il a publié: « Philomela », livre lyrique, 1866; « Histoire d'amour », roman, 1868; « Æsperus », poème swedenborgien, 1869; « La colère d'un franc-tireur », ode guerrière, 1871; « Les soixante-treize journées de la Commune », 1871; « Contes épiques », 1872; « Les folies amoureuses », 1877; « La vie et la mort d'un clown », 1879; « Le rose et le noir »; « Jupe courte »; « Monstres parisiens »; « Lili et Cocotte », 1885; « Zo'har », roman contemporain, 1886; « La première maîtresse », 1888. Il a donné au théâtre: « La part du Roi », 1870, et « Les mères ennemies », 1882.

Mendoza (Thémistocle-Avella), homme de lettres sud-américain, né, à Sogamoço, le 2 juillet 1841, fut élevé au Collège de la Trinité et de Boyaca sous la direction du rév. Louis Nino et de M. Antoine-Marie Amesquita. Il a visité la France et l'Italie en 1868-69; a été président d'une Société de bienfaisance à Sogamoço, il a dirigé la Banque de la même ville (1883), où il réside comme notaire. Il est l'auteur des œuvres suivantes: « Mis Versos »; « Los tres padros »; « Anacoana »; « Daniel Sickles »; « Contes »: « Cartas de un viajero »; « La citolesia reformada »; « Estudios biograficos de la historia de America »; « La Ciencia que contiene un Almanach ». M. M. fonda le journal *El Estudio* et rédigea *El Impulsor*.

Ménégoz (Paul-Eugène), théologien français, né, le 25 septembre 1838, dans le village d'Algolsheim (dép. du Haut-Rhin), fit ses études à l'école secondaire de Neuf-Brisach, au Gymnase et à la Faculté de théologie de Strasbourg, aux Universités d'Erlangen, de Berlin, de Marbourg, de Halle. La thèse qu'il présenta en 1862 pour l'obtention du baccalauréat en théologie avait pour titre: « Étude dogmatique sur l'idée de l'Église ». Après avoir rempli pendant deux années (1864-1866) les fonctions de précepteur dans une famille protestante de Lyon, M. M. entra à Paris au service de l'Église luthérienne et fut nommé simultanément sous-directeur de l'école préparatoire de théologie présidée par M. Felix Kuhn, pasteur anglican chargé du service allemand de l'église de Billettes. Pendant cette même période, il collabora activement au journal religieux *Le Témoignage*. Le Gouvernement français, pendant le siège de Paris, chargea M. M. de distribuer les secours religieux aux prisonniers allemands internés dans les prisons de la Santé et de la Roquette; jusqu'en 1881 le Comité de la mission intérieure le compta au nombre de ses membres les plus dévoués et les plus actifs. Le Ministre de l'Instruction Publique, lors du transfert à Paris de l'ancienne Faculté de théologie de Strasbourg, le nomma en 1877 maître de conférences pour la langue allemande et directeur du Séminaire, en 1881 professeur pour la chaire de dogmatique luthérienne. Parmi les publications les plus importantes de M. M., nous mentionnerons: « Réflexions sur l'Évangile du salut », 1879; « La notion du catéchisme », 1882; « Le péché et la rédemption d'après Saint-Paul », 1882, deux thèses pour la licence en théologie.

Menezes (Jean-Cardoso DE), poète brésilien, député au Parlement, employé au Ministère des Finances, né, à Saint-Paul, en 1828, traduisit en portugais le « Jocelyn », de Lamartine.

Menger (Antoine), docteur en droit, professeur de droit à l'Université de Vienne, né, à Manioro (Galicie), le 12 septembre 1841, élève des Lycées de Teschen et de Troppau (Silésie), il acheva ses études universitaires à Vienne et y prit ses grades. En 1865, il commença son stage; en 1872, il devint professeur agrégé et jusqu'à 1875 il exerça contemporainement la profession d'avocat à Vienne. En 1874, il fut nommé professeur extraordinaire et trois ans plus tard professeur ordinaire. On lui doit les publications juridiques et sociologiques suivantes: « Beiträge zur Lehre von der Execution », 1872; « Ueber die Zulässigkeit neuen thatsächlichen Vorbringens im den höheren Instanzen », 1874; « System des œsterreichischen Civilprocessrechtes in rechtsvergleichender Darstellung » 1876; « Ueber die Abschaffung des Beweisinterloctus und eine neue Anordnung des Civilfahrens », 1874; « Ueber die Parteien im Civilprocesse », 1880; « Das Recht auf den vollen Arbeitsertrag in geschichtlicher Darstellung », 1886; « Das bürgerliche Recht und die besitzlosen Volksklassen », 1889.

Menger (Charles), économiste, professeur d'économie politique à l'Université de Vienne, né, à Neu-Sandoz en Galicie, le 23 février 1840. Il fit ses études à l'Université de Vienne et les acheva à celle de Prague. On le trouve en 1872 secrétaire ministériel et en 1873 professeur à l'Université de Vienne. En 1876, on le choisit comme professeur de sciences politiques de S. A. R. I. le prince Rodolphe d'Autriche et de 1876 à 1878 il accompagne ce prince dans son voyage en Angleterre, en France, en Allemagne et en Suisse. Parmi ses ouvrages, qui se font remarquer par un talent spécial d'exposition, il nous faut citer: « Grundsätze der Volkswirtschaftslehre », Vienne, Braumüller, 1871; « Untersuchungen über die Methode der Socialwissenschaften, Leipzig, Dunker, 1883; « Die Irrtümer des Historismus in der deutschen Nationalökonomie », Vienne, Hölaer, 1884; « Zur Kritik der Politischen Œkonomie », Vienne, Hölder, 1887; « Zur Theorie des Capitæs », Jena, Fischer, 1888; voir « Conrad's Jahrbüchern », XVII, V, et « Grünhict's Leitscher », 1887.

Menier (Eugène), journaliste français, né, en 1827, dans le département de la Gironde, dirige la *France Coloniale* et la *France populaire*.

Menzel (Conrad), poète germano-suisse, né, à Stuttgart, le 9 avril 1834, fils du célèbre publiciste Wolfgang Menzel, embrassa la carrière du Saint-Ministère et se prépara par de solides études théologiques faites aux Universités de Bâle (1852-1854) et de Tubingue (1854-1856). Après avoir rempli pendant quelques années diverses suffragances dans des villages wurtembergeois, il se tourna vers la pédagogie et dirigea de 1861 à 1863 à Bâle le pensionnat de jeunes filles connu sous le nom d'institut Gerbach; depuis 1863, il exerce les fonctions pastorales à Schœnenberg dans le Canton de Zurich. Nous possédons de lui: « Questions rimées pour des répétitions géographiques »; « Consolations adressées sur des tombes d'enfants ». M. M. a inséré, en outre, de nombreux morceaux détachés dans la revue de famille le *Daheim;* des conférences pastorales, divers recueils de chants suisses et arrangé plusieurs morceaux pour l'harmonium.

Mercadier (Auguste), professeur d'harmonie à Paris, critique musical au *Progrès artistique*, au *Ménestrel* et à l'*Indépendant littéraire*. Né, à Foix (Ariége), le 12 février 1835, M. M. est fils de Ferdinand M. bibliothécaire de la ville, conservateur du Musée de l'Ariége, professeur de mathématiques et de dessin, et fils lui-même du célèbre ingénieur Jean-Baptiste Mereadier, auteur du « Nouveau système de musique », très favorablement apprécié par d'Alembert. Après s'être distingué dans l'enseignement universitaire, il quitta la province pour Paris, où le poussaient ses instincts d'artiste et où l'appelait son oncle, Philippe Mereadier peintre d'histoire, ami de Cabanel, auteur de l'« Essai d'instruction musicale », et de l'« Harmonie vulgarisée », ouvrages adoptés par le Conservatoire. M. M. ne fit que changer l'axe de son professorat et s'adonna exclusivement à la Musique distribuant sa science à de nombreux élèves, ou la répandant dans des articles et des œuvres qui lui ont valu une place en vue parmi les critiques et les auteurs les plus autorisés. Traité en ami par l'éminent directeur du Conservatoire national de musique et de déclamation, le vénérable Ambroise Thomas, M. M. est à Paris l'un des plus érudits et des plus fervents apôtres du grand art. Il a publié: « Méthode rapide pour apprendre à moduler d'après trois principes »; « L'art du Prélude ». Ces deux ouvrages ont été couronnés à l'Exposition de Milan de 1881, Henri Lemoine éd.; « Chant », 2 vol., pour l'enseignement primaire, édités par Paul Dupont et adoptés pour les écoles de la ville de Paris; « Causeries instructives sur l'Harmonie », 2 vol., éditées par Durdilly. M. M. est officier d'Académie.

Merchan (Raphaël), poète colombien, né à Bogota, auteur des deux volumes: « Estudios Criticos »; « Carta a Valera », et d'une traduction en espagnol du poème « Evangeline » de Longfellow.

Meredith (Georges), romancier et poète anglais, né, dans le Hampshire, en 1830, fut élevé en Allemagne, mais quitta bientôt les Pandectes pour la plume. Nous avons de lui: « Poems », 1851; « The Shaving of Shagpat, an Arabian Entertainment », 1855; « Farina, a Legend of Cologne », 1857; « The Ordeal of Richard Peveril », 1861; « Evan Harrington », 1861; « Modern Love », poèmes et ballades, 1862; « Emilia in England », 1864; « Rhoda Fleming », 1865; « Vittoria », 1866; « The aventures of Harry Richmond », 1871; « The Egotist », 1879;

« The Tragic Comedians », 1881 ; « Poems and Lyrics of the Joy of Earth », 1883 ; « Diana of the Crossways », 1885.

Merguet (Hugo), savant et écrivain allemand, docteur en philologie, agrégé à l'Université de Königsberg (Prusse), né, en 1841, à Pillau (Prusse orientale). Il fréquenta l'École Royale d'Insterburg et le Gymnase de Gumbinnen ; en 1859, il entra à l'Université de Königsberg et y étudia la philologie jusqu'à 1863. Reçu professeur à l'École Municipale Supérieure de Gumbinnen, il y resta jusqu'à 1874. Dans cette année, il fit passage au Gymnase Royal Guillaume de Königsberg (Prusse) en qualité de maître supérieur, et renonça spontanément à cette place en 1883. Son habilitation au libre enseignement à l'Université de Königsberg date de 1874. On a de lui plusieurs volumes, dont suivent les titres : « Die Entwickelung der Cateinischen Formenbildung », 1870, Berlin, Bornträger frères ; « Die Ableitung der Verbalendungen aus Hilfsverben », 1871, mêmes éditeurs ; « Assimilation und Differenzierung », 1876, Programm, Königsberg ; « Lexicon zu den Reden des Cicero », 4 vol., 1873-1884, Jena, Fischer ; « Lexicon zu den Schriften Cæsar's und seiner Fortsetzer », 1884-86, même éditeur ; « Lexicon zu den philosophischen Schriften Cicero's », vol. I (A, E), 1887-1889, même éditeur ; outre à ces ouvrages, il est auteur de plusieurs mémoires philologiques épars dans les divers périodiques allemands.

Merian (Jean-Jacques), philologue et historien suisse, né, le 18 novembre 1826, à Bâle, d'une famille patricienne qui depuis le XVIe siècle a fourni à sa ville d'origine une liste remarquable de peintres, de graveurs, de philologues, de philosophes, de naturalistes, d'hommes d'État, de jurisconsultes, fréquenta les Universités de Goettingue, de Berlin, de Heidelberg, prit dans cette dernière en 1850 son grade de Dr phil., embrassa la carrière académique, débuta en 1852 à Bâle comme *privat Docent* et fut nommé en 1874 professeur extraordinaire pour la philologie classique. Nous possédons de M. J.-J. M. une dissertation sur le « Temple de Delphes », 1852, et une « Histoire des évêque de Bâle », 2 vol., 1860-1862.

Méric (Élie), professeur et écrivain catholique français. L'abbé Joseph-Élie M. est né, à Hesdin (Pas-de-Calais), le 4 octobre 1838. Il a fait ses études au Collège et au Grand Séminaire de Toulouse. Ordonné prêtre en 1863, il vint à Paris, fut secrétaire du P. Gratry, de l'Académie française. Reçu docteur en théologie à la Sorbonne et à l'Université de Wurtzbourg, en Bavière, il suppléa le père Gratry dans son cours de morale évangélique (1868), et lui succéda comme titulaire en 1872. On cite de M. l'abbé M. deux séries d'« Études contemporaines », 1872-1876, traitant, l'une « De la vie dans l'esprit et dans la matière », l'autre « De la morale et de l'athéisme contemporains ». Il a publié depuis : « Du droit et du devoir », 1877 ; « La chûte originelle et la responsabilité humaine », où sont abordées avec un talent qui ne manque pas de netteté ni de vigueur, les problèmes les plus ardus de la doctrine chrétienne, 1878 ; « L'autre vie », 1882, 2 vol. ; « Les erreurs sociales du temps présent », 1882 ; « L'Histoire de M. Emery et de l'église de France pendant la révolution », 2 vol., couronnés par l'Académie française, 1885 ; « Le Merveilleux et la Science », étude sur l'hypnotisme, ouvrage qui a eu 7 éditions en quelques mois, 1888. Presque tous ces ouvrages ont été traduits en allemand, en anglais, en italien et en espagnol. M. M. a fait paraître, en outre, des articles dans divers recueils scientifiques, dans la *Revue littéraire*, le *Correspondant*, la *Revue du Monde Catholique*, etc. La biographie de M. M. a été publiée chez l'éditeur Palmé, dans l'*Ami des Livres* par Godefroy, dans les *Prosateurs du XIXe siècle*, par l'auteur de la *Biographie des savants contemporains*. Prochainement, en Italie, M. Biginelli va publier une nouvelle biographie dans l'*Ateneo di Torino* dont il est directeur. Cette biographie, avec portrait, contiendra l'indication détaillée des ouvrages de M. l'abbé Élie Méric.

Mérimée (Charles-Amedée-Ernest), homme de lettres français, professeur de langues et de littérature espagnole à la Faculté de lettres de Toulouse, né, à Lyon, le 27 mars 1846. Nous avons de lui : « Essai sur la vie et les œuvres de D. Francisco de Quevedo (1585-1635) », Paris, 1886 ; « De antiquis aquarum religionibus in Gallia meridionali », id., 1886, et diverses brochures relatives à la littérature espagnole.

Merivale (Charles), historien et écrivain ecclésiastique anglais, doyen d'Ely, fils du célèbre théologien Jean-Hermann M. né, à Londres, en 1808, étudia à Harrow et Cambridge, fut chapelain de la Chambre des Communes (1863-69) ; il a publié une traduction en vers anglais de l'« Iliade », 1869, et les ouvrages suivants : « History of the Romans under the Empire », Longmans, 1850-62 ; « Boyle lectures », id., 1865-66 ; « General history of Rome from the fondation of the city to the fall of Augustulus », id., 1875 ; « Early Church History », id., 1879.

Merli (Frédéric), journaliste suisse, né, le 27 février 1852, à Zurich dans une famille d'artisans, reçut pour l'enseignement religieux les leçons du célèbre pasteur libéral Henri Hirzel, et fut amené par lui à l'étude de la théologie. Après quatre années passées soit à l'Université de sa ville d'origine (1871), soit à celle de Jena (1875), il fut choisi en 1876 par la grande paroisse suburbaine de Wiedikon comme pasteur. Le Conseil d'état zuricois lui confia la même année l'enseignement religieux au gymnase; depuis 1885, il est attaché à l'Université en qualité de *privat Docent* pour la théologie pratique. L'activité scientifique de M. F. M. s'est surtout déployée dans les journaux, dont il a été le principal rédacteur, voire même le fondateur, de 1881 à 1883 dans les *Zeit-Stimmen*, depuis 1884 dans la *Revue Théologique suisse*, depuis 1887 dans la *Feuille suisse illustré pour le dimanche*. Nous ne possédons de lui comme brochure tirée à part qu'une dissertation académique sur la « Forme concrète dela prédication », 1886.

Merlo (Pierre), pédagogiste italien, professeur de grec et de latin, né, à Turin, en novembre 1850, après d'excellentes études littéraires à l'Université de Turin, entra dans l'enseignement et occupa des chaires de lycée à Chieri, Cesena et Naples. En 1876, professeur de langue grecque et latine à l'École de magistère à l'Université de Naples. En 1881, professeur extraordinaire d'histoire comparée à l'Université de Pavie, professeur ordinaire en 1884. « Armonie nelle dottrine antropologiche e morali nell'India e nella Grecia », Naples, 1875; « Sulle necessarie dipendenze della sintassi dalla dottrina delle forme », Turin, 1879; « In difesa della teoria dell'agglutinazione », id., 1883; « Sull'autore del Donato Provenzale » (*Giornale storico della letteratura italiana*), 1885; « Sull'età di Galmens Faidit », id.; « Problemi fonologici sull'articolazione e sull'accento », Florence, Le Monnier, id.; « E se Dante avesse collocato Brunetto Latini fra gli uomini irreligiosi e non tra i sodomisti? », 1885; « Rispondenza in *ca* nel sanscrito a *ka* del greco e del latino », 1886; « Le radici e le prime forme grammaticali della lingua ariana », 1888, etc. Il a collaboré à la *Rivista di Filologia, Rassegna Settimanale, Giornale Napoletano di filosofia e lettere, Cultura, Rassegna critica*, etc.

Mérouvel (Charles), romancier français, né, en 1843, à Mormandin, dans le département de l'Orne. Depuis 10 ans, il a publié presque 40 volumes dont le succès a toujours été croissant et presque tous sont traduits à l'étranger, et particulièrement en Italie et en Espagne. Donnons la liste des œuvres de M. M.: « Les Caprices de Laure »; « La vertu de l'abbé Mirande »; « Le Péché de la Générale »; « La Filleule de la Duchesse »; « La Maîtresse de monsieur le Ministre »; « Jenny Fayelle »; « Les deux Maîtresses »; « Le Mari de la Florentine »; « Le Krach »; « Les derniers Kérandal (I. Mademoiselle de Fonterose; II. Juana Trélan) »; « Caprice de Dames »; « Angèle Méraud »; « Mademoiselle Jeanne »; « La Veuve aux cent millions »; « Fleur de Corse »; « Le Roi Crésus (I. Les Rosendaël; II. Cœur de créole) »; « Le Divorce de la comtesse »; « Thérèse Valignat »; « Dos-à-dos »; « Le Train auxiliaire »; « Les Trémor (I. Le Gué aux biches; II. Solange Fargeas) »; « La Rose des Halles »; « Madame la Marquise »; « Une nuit de noces »; « Le Marquis Gaëtan »; « Abandonnée »; « Diane de Briolles ».

Merx (Adalbert), orientaliste allemand, né vers 1840, professeur d'Université à Heidelberg; il est une des célébrités contemporaines en ce qui regarde la langue syrienne. Nous avons de lui: « Critica de epistolarum Ignatianarum versione syriaca commentatio », Halle, 1861; « Bardesanes von Edessa nebst einer Untersuchung über das Verhältniss des Clementinischen Recognitionen zu dem Buche der Gesetze der Länder », id., 1863; « Cur in libro Danielis juxta hebræam aramæam adhibita sit dialectus », id., 1865; « Vocabulary of the tigré language written down by Moritz von Beurmann », id., 1868; « Grammatica syriaca », 1867; « Archiv für wissenschaftliche Erforschung des alten Testamentes », id.; « Das Gedicht von Hiob », 1871; « Neusyrisches Lesebuch », 1874; « Türkische Sprichwörter ins Deutsche übersetzt », 1877; « Die Prophetie des Joel », id.; « Die Prophetie des Joel und ihre Ausleger von den ältesten Zeiten bis zu den Reformatoren », Halle, 1879; « Eine Rede vom Auslegen insbesondre des alten Testamentes », id., id.; « Bemerkungen über die Vocalisation der Targume mit Anhang über die Tsihufutkalêsihen Fragmente, Arten der Berliner Orientalisten Cöngresses », 1882; « Die Saaisanische Uebersetzung des Hohen Liedes ins Arabische », Heidelberg, id.; « De artis Dionysianæ interpretatione armeniaca disputatio in Uhligs Edition des Dionysius Thrax », Leipzig, 1889; « Proben der syrischen Ubersetzung von Gälenus Schrift über die einfachen Heilmittel Zeitschrift der distmorgl. Gesell. », 1885; « Chrestomathia Targnonica quam.... ad codices *vocalibus babylonicis* instructos edidit, adnotatione critica et glossario instruxit Berolini », 1888; « Carmina Samaritana e codice Gothano » dans les *Rendiconti* della R. Accademia dei Lincei, classe di scienze morali, 1887; « Historia artis grammaticæ apud Syros, accedit interpretatio Dionysii Thracis syriaca et Severi bar Sakku Grammatica syriaca in Abhandlungen der deutschen morgenl. Gesellschaft », 1888.

Mescherski (Wladimir, PRINCE), romancier russe, né vers 1840, dirigea, pendant quelque temps, le journal conservateur *Grashanine* (le Citoyen), écrivit des romans de mœurs ultravéristes, dont le meilleur a pour titre: « Femme du Grand Monde ». La critique a été fort sévère envers le prince M. Le prince Alexandre M. son parent est un économiste distingué.

Mesnil (le Vicomte Clément-Edmond Révérend DU), historien et archéologue français, né, le 26 janvier 1832, à Falaise; après de bonnes études, il entra d'abord dans l'administration de l'Enregistrement et des Domaines, puis fut appelé aux fonctions de Juge de Paix, et resta dans cette charge jusqu'en 1879. Membre de plusieurs académies et instituts scientifiques. Nous avons de lui un grand nombre de volumes, dont nous citons les principaux : « Lamartine et sa famille », 1869; « Le président Fauze Vaugelas et sa famille », 1870; « Armorial historique de Bresse, Dombes, Bugey et pays de Gex », 1872; « Lalbonne », 1876; « La famille de Molière », 1879; « Notice historique sur la seigneurie de la Curée », 1886; « L'Ancien Forez », recueil mensuel historique et archéologique, 1882-89; « François de Molière et sa famille », 1888. M. M. a en préparation un « Dictionnaire topographique, historique et archéologique du Charolais, Brionnais et Pays de Bourlon-Zancy ».

Messedaglia (Ange), économiste et helléniste italien, sénateur du Royaume, né, à Vérone, le 2 novembre 1820, fit son droit à Pavie, et bientôt il fut nommé professeur; il occupe maintenant la chaire de statistique à l'Université de Rome. M. M. a été membre du Conseil Supérieur de l'Instruction publique et défendit toujours à la Chambre, où il fut longtemps député, au Sénat et dans ses ouvrages, la doctrine libre-échangiste. Poète à ses heures, il a traduit plusieurs pièces de Longfellow et de Moore. Nous avons de lui aussi de bonnes études helléniques, mais il se recommande surtout aux économistes par les ouvrages suivants : « Il calcolo dei colori medi e le sue applicazioni statistiche », Rome, Loescher; « La moneta e il sistema monetario in generale », 1883; « La storia e la statistica dei metalli preziosi, quale preliminare allo studio delle presenti quistioni monetarie », Rome, 1881.

Messerer (Otto), docteur en médecine, professeur agrégé à l'Université de Munich (Bavière), suppléant des *Medicinal Comités* de cette ville, né, à Passau en Bavière, le 31 janvier 1853. Il fit ses études à Munich, Vienne, Berlin, Londres et Paris. De 1878 à 1884, il fut, attaché au prof. Nussbaum en qualité d'assistant et depuis cette année il occupe la place de medecin municipal à Munich. On a de lui les ouvrages suivants : « Gelisterte Schädelwunden, Zwei Gehirnquetsch-Wunden, rasche Heilung », dans les *Annalen des Münchner Krankenhauses*, I, V; « Allgemeine Urticaria auf Anwendung des Lister'schen Verbandes », publié dans le *Arztl. Intelligenzblatt*, 1879; « Elasticität und Festigkeit der Knochen », inséré dans le même périodique, 1880; « Ueber Elasticität und Festigkeit der menschlichen Knochen », Cotta, Stuttgart, 1880, 14 feuilles et 16 tables; « Bericht der chirurg. Abth. über die Jahre, 1876-1877 », parus dans les *Krankenhaus Annalen*, V, II; « Ein Fall von indirecter Schussfractur des Schädels », voir: *Central Blatt für Chirurgie*, 1884; « Bericht der chirurg. Abtheilung über Jahre 1878 et 1874 », voir: *Krankenhaus Annalen*, III, V; « Experimentelle Untersuchungen über Schädelbrüche », München, Rieger, 1884; « Ueber die gerichtlich-medicinische Bedeutung verschiedener Knochenbruchformen », voir: *Friedreichs Blätter für ger. med.*, 1885; « Beiträge zur gerichtlichmedicinischen Casuistik », voir: *Friedreichs Blätter*, 1888.

Messikommer (Jacques), archéologue suisse, né, le 18 août 1828, à Bezikon, près de Hinweil (Canton de Zurich), prit au sortir de l'école la gestion des biens paternels, fut vivement intéressé par les premières découvertes lacustres, et dirige depuis trente années (1858) les fouilles entreprises dans ce but aux stations de Niederweil près de Frauenfeld et de Robenhausen près de Greiffensee. Plusieurs mémoires et communications relatifs à ses trouvailles ont été insérés par lui dans la *Nouvelle Gazette de Zurich* et à l'*Ausland*. M. M. a été l'un des collaborateurs du prof. Escher de la Linth pour la carte géologique de la Suisse.

Mestica (Jean), homme de lettres italien, professeur d'Université, éminent critique, né, à Apiro, le 29 décembre 1838; de 1843 à 1849, il étudia au Gymnase de Pesaro; c'est à son frère François, professeur d'éloquence, que M. M. doit la finesse de son goût littéraire. Il débuta dans l'enseignement en novembre 1849, d'abord comme professeur de grammaire et de rhétorique à Apiro, puis à Tolentino, à Cingoli et à Jesi, où il enseigna les belles-lettres aux Instituts Techniques. En 1881, il gagna simultanément par concours la chaire de littérature latine à l'Université de Pavie et de littérature italienne à celle de Palerme. Il préféra Palerme; il occupe maintenant temporanément la place de directeur de l'instruction secondaire classique aux bureaux du Ministère. L'œuvre de M. M. est très sérieuse et se partage en pièces de vers et de prose. Citons : « Scritti latini giovanili », Barbèra, 1879. Cet ouvrage démontre la familiarité que dès l'adolescence, M. M. avait avec les grands maîtres latins. Une version latine en vers saphiques d'une « Ode » de Carducci, Bologne, Zanichelli, 1880; « Ai Superstiti dei Mille raccolti in Palermo nel 25mo anniversario del 27 marzo 1860 », pièce de vers, Palerme, 1885. Ses ouvrages en prose italienne sont les suivants : « Elogio del Balì Pier Alessandro Ghislieri », Jesi, 1863; « Elogio del prof. Vincenzo Cotini », id., 1868; « Federigo II in relazione con la civiltà italiana », id., 1870; « Vittorio Emanuele e la letteratura politica », id., 1878; « Ricordo di Gaspero Barbèra », Bologne, 1880; « Sopra Giuseppe Garibaldi », discours, 1882; « Tre discorsi sull'istruzione tecnica », Jesi, 1863-74; « Sull'ordinamento degli studi mezzani », id., 1868; « Relazioni varie e programmi d'insegnamento », 1863-75; « Favo le, novelle e lettere »; « Ragionamenti e dialoghi di morale e di critica letteraria e sermoni », écrits choisis des œuvres de Gaspard Gozzi, avec une « Notizia su la vita e le opere dell'autore », Florence, Barbèra, 1876-77; « Istituzioni di letteratura », id., id., 1874-75; « Trajano Boccalini e la letteratura critica e politica del seicento », id., id., 1878; « Gli amori di Giacomo Leopardi »; « Il verismo nella poesia di Giacomo Leopardi »; « La conversione letteraria di Giacomo Leopardi e la sua cantica giovanile »; « San Francesco, Dante e Giotto »; « La Biblioteca Leopardiana in Recanati »; « Su la vita e le poesie di Luigi Mercantini »; « Manuale della letteratura italiana nel secolo decimonono », Florence, Barbèra, 1882-87; « Lettere amorose inedite di Antonietta Fagnani », id., id., 1884; « Le poesie di Giacomo Leopardi », id., id., 1883; « Le poesie di Alessandro Manzoni », id., id., 1888, avec notes et commentaires. Une traduction « Le 14 filippiche di Cicerone », Florence, Sansoni, 1877-80, avec notes et commentaires.

Mesturini (Erasio), marin italien, né, en 1847, près de Casale en Piémont, quitta le service actif en 1886. Il est auteur de deux brochures très intéressantes sur la question navale italienne; la plus importante est « Salvate la marina », Livourne, Giusti, 1888.

Mettetal (Auguste), pasteur et publiciste français, né, le 9 mai 1825, à Glay, dans le département de la Haute-Saône, d'une famille originaire du pays de Montbéliard et qui a fourni plusieurs serviteurs dévoués à l'église luthérienne, fut élevé à l'institut évangélique de son village par le vénérable pasteur Jaquet qui détermina sa vocation religieuse, poursuivit ses études à l'école modèle de Montbéliard et au gymnase de Strasbourg. Le retard apporté à sa connaissance du latin et du grec qu'il ne commença qu'en 1844, à l'âge de 19 ans, ne l'empêcha pas d'obtenir trois ans après, en 1846, son diplôme de bachelier ès-lettres. La thèse qu'il présenta en 1849 comme candidat au saint-ministère portait pour titre: « De la religion dans les circonstances actuelles ». Plusieurs semestres passés en Allemagne, aux Universités de Bonn, de Tubingue et de Halle, complétèrent son développement scientifique. Sa carrière pratique, qui s'est accomplie tout entière à Paris, s'ouvrit sous les auspices de M. Louis Meyer. D'abord suffragant de l'illustre Verny, puis pasteur à plusieurs paroisses de la banlieue, M. M. est attaché aujourd'hui à l'église des Billettes; nommé en 1865 inspecteur ecclésiastique, il préside depuis 1878 les délibérations du Consistoire luthérien. Parmi les brochures sorties de sa plume, nous mentionnerons: « Lettre au Consistoire supérieur », 1861; « Discussion du Consistoire supérieur sur les droits des fidèles », 1863; « Le radicalisme protestant de Strasbourg », 1865.

Metzger (Jean-Jacques), historien suisse, né, le 10 novembre 1817, à Viblingen, village du Canton de Schaffouse, où son père remplissait les fonctions pastorales, se rendit en 1839 à l'Université de Tubingue pour y suivre les cours de F.-C. Baur sur l'histoire de l'église, en 1840 à Bonn où il se livra de préférence aux recherches philologiques et eut pour professeurs Nitzsch, Brandis, A.-G. Schlegel. Un court séjour à Berlin lui fournit l'occasion d'entendre Neander et Karl Ritter. Ses études terminées, M. M. revint en Suisse, entra au service de l'église évangélique et occupa successivement les postes de Herblingen (1842) et de Neuhausen près de la chute du Rhin (1860), où il réside encore aujourd'hui. Les questions pédagogiques absorbèrent de bonne heure une part considérable de son activité ; en 1843, il fut nommé inspecteur des écoles ; en 1851, membre de la commission scolaire cantonale et professeur au gymnase pour l'enseignement religieux (il se démit de ses dernières fonctions en 1885); en 1861, antistès ou président de l'église réformée de Schaffouse et membre de la commission chargée d'examiner les candidats au saint ministère; en 1856, il fonda avec quelques amis la Société d'histoire et d'archéologie de Schaffouse et en présida les séances jusqu'en 1886. Parmi les nombreux travaux historiques de M. M. nous indiquerons : « Jean-Jacques Ruegg, le chroniqueur de Schaffouse », 1859; « La première alliance conclue en 1454 entre Schaffouse et la Confédération Suisse », 1863; « Les relations ecclésiastiques de Zurich avec les cantons avoisinants et en particulier avec Schaffouse », 1865; « Histoire de la paroisse de Burg près de Stein », 1867; « Comparaison entre l'idée chrétienne du mariage et la législation matrimoniale suisse », 1867; « Histoire de la Bibliothèque municipale de Schaffouse », 1871; « Histoire de la Société musicale de Schaffouse », 1876; « Histoire des traductions allemandes de la Bible en Suisse depuis la Réformation jusqu'à nos jours », id.; « Histoire du Canton de Schaffouse pendant la guerre de Trente Ans », 1884. M. M., en récompense de ses beaux travaux sur l'« Histoire ecclésiastique pour l'Université », Zurich, fut créé en 1888 théologien *honoris causa*. Il collabore à la *Faculté ecclésiastique* de Hasenbach, à la *Gazette d'Augsbourg* et à la *Revue historique* de Sybel.

Meulemans (Auguste), publiciste belge, né à Bruxelles, en 1832. Après des études solides, tournées particulièrement vers l'histoire, la géographie commerciale et l'économie politique, M. A. M. fit paraître en 1864 un ouvrage intitulé : « La Belgique, ses ressources agricoles, industrielles et commerciales », puis une série de monographies sur les républiques ispano-américaines peu connues en Belgique; à la suite de ces publications, il fut nommé vice-consul et puis consul de l'Équateur, de Costa-Rica et des États-Unis de Venezuela; consul, puis consul-général de Nicaragua, du Paraguay, secrétaire de la légation de Nicaragua à Paris, de celle des États-Unis de Colombie à Madrid; délégué, à plusieurs reprises, par la plupart de ces États, ainsi que par la Belgique, à la conférence diplomatique de Berne pour la protection de la propriété artistique et littéraire; délégué aux Congrès internationaux de géographie commerciale, hygiène et sauvetage; au congrès des américanistes de Nancy, Luxembourg, Bruxelles, Madrid, Venise, etc. Pendant la guerre de 1870-71, M. M. fut un des premiers qui répondit à l'appel de la Société internationale de la Croix rouge pour secours aux blessés de terre et de mer, dont le comte de Flavigny était président. Nommé correspondant du journal de la Société: *La Charité sur les champs de bataille*, il visita les ambulances les plus éprouvées, Metz, Sédan, etc. En récompense, le Gouvernement français lui décerna la Croix de bronze, et toutes les sociétés humanitaires de France eurent à cœur de l'admettre comme président d'honneur. La *Société des Volontaires* de 1870-71 lui décerna également le brevet de membre d'honneur. En septembre 1878, M. M. remplit les fonctions de délégué du Gouvernement belge au Congrès de géographie qui eut lieu à Paris à l'occasion de l'Exposition universelle. Son rapport eut les honneurs de l'*Officiel* de Bruxelles. Ce fut à cette époque qu'il fonda, à Paris, avec le concours d'un certain nombre de notabilités diplomatiques et consulaires, le journal *Le Moniteur des Consulats*. Aujourd'hui, M. M. est agent commercial de la République de l'Équateur, consul-général du Paraguay à Paris, directeur de la *Revue diplomatique*. Il fait partie de la Société des gens de lettres; il est membre correspondant des sociétés de géographie de Paris, Bordeaux, Marseille, Genève, Amsterdam, Vienne, Madrid, Porto, Tokio, etc. Il est grand officier, commandeur et chevalier de plusieurs ordres, membre correspondant de l'Académie Royale des sciences et lettres de Portugal.

Meyer (Charles), né le 19 juin 1842, professeur à l'Université de Bâle pour la langue et la littérature allemandes, est l'auteur des ouvrages et articles qui suivent: « Recherches sur la vie de Reinmar Zwetez et de père Werner », Bâle, 1866; « La légende de Dietrich dans son évolution historique », id., 1868; « La langue et les monuments philologiques des Lombards », Paderborn, 1877; « La superstition au moyen-âge et dans les siècles qui suivirent », Bâle, 1884; « La légende de Wielard », Germania, 1869; « Le chant de Hildebrand », id., 1870; « Les chants de l'empereur Henri VI », id., 1871; « Essais de mythologie germanique », id., 1872; « Fragments de poèmes en moyen haut-allemand, extraits de la collection de Bâle », id., 1873; « Matériaux pour la connaissance de la langue lombarde », id., 1874; « La légende de Tell »; « Études germaniques », 1872; « Le drame religieux et l'art ecclésiastique », *Revue trimestrelle de Serger pour la littérature et la civilisation de la renaissance*, 1885; « Jeux et plaisanteries de carnaval aux XVe et XVIe siècles »; *Revue pour l'Histoire Universelle*, 1886; « Les illustrations de la Bible pendant la 2me moitié de XVIe siècle », id., 1887.

Meyer (Conrad), poète suisse, né, le 3 septembre 1824, au village zuricois de Winkeln près Bulach, ne reçut d'autre instruction que celle donnée à l'école primaire et fut obligé par les circonstances d'entrer tout jeune encore dans la burocratie cantonale. D'un poste modeste à la chancellerie de son arrondissement, par lequel il débuta en 1839, il réussit par sa capacité et son zèle à s'élever à ceux beaucoup plus importants de président et greffier communal (1851), puis de juge à un tribunal de district (1859). La compagnie d'assurance mobilière suisse l'a choisi en 1862 pour son principal agent dans le canton de Zurich. M. M. a fait paraître: en 1848 un « Recueil de poésies écrites en dialecte suisse », 2me éd., 1860; en 1849 des « Hymnes religieux »; en 1848 des « Chantes de jubilé »; en 1854 un poème héroïque « La Vierge d'Orléans »; en 1856 les « Chants de la pauvreté », 2me éd., 1872; en 1857 « Le voyage scolaire », 3me éd., 1880; en 1872 le « Dialogue de Bantli avec Hans le tisserand »; de 1876 à 1880 les « Dialogues polémiques ». Deux feuilles littéraires ont été publiées avec sa collaboration et sous ses auspices; de 1858 à 1862 le « Calendrier républicain »; de 1859 à 1862 le « Calendrier domestique zugois ».

Meyer (Conrad-Ferdinand), poète et romancier suisse, né, le 12 octobre 1825, à Zurich, d'une vieille famille du patriciat, fils d'un conseiller, reçut une éducation littéraire des plus complètes par les soins de sa mère, femme de haute intelligence et d'un grand cœur. Ses parents le destinaient à la jurisprudence, mais le mauvais état de sa santé l'empêcha de mener à fin les études commencées dans ce but. L'histoire et la philologie ne tardèrent pas à l'occuper entièrement. De longs et fréquents séjours à Paris et dans la Suisse française (soit à Genève, soit à Lausanne), plus tard en Italie (Rome, Florence, etc. etc.), lui permirent de s'initier profondément à la culture romane et d'en apprécier les bienfaits. Dans sa patrie même M. M. menait une existence retirée, exclusivement consacrée aux recherches historiques, d'abord au Seehof Merlen, puis à partir de 1877 au château de Kilchberg près de Zurich. L'Université de cette ville lui a conféré en 1880 le diplôme de D^r phil. *honoris* *causa*. Après son mariage avec la fille du colonel Ziegler (1875), M. M., pour se distinguer de nombreux homonymes, a joint le nom de sa femme au sien propre. Ses débuts littéraires se firent en 1867 par un volume comprenant une vingtaine de « Ballades », qui fut favorablement accueilli du public et obtint l'approbation de Gustave Pfizer. Se succédèrent dans ce domaine, selon l'ordre chronologique : « Romances et tableaux », 1870 ; « Les derniers jours de Hutten », poème épique, 1871, 6me éd., 1887 ; « Engelberg », idylle, 1872, 2me éd., 1886 ; « Poésies », 1882, 3me éd., 1887. Avec plus d'éclat encore que dans la sphère lyrique, M. M. s'est affirmé sur le terrain du roman historique grâce à une patiente étude des vieilles chroniques, à une vive imagination qui lui permet de ressusciter les personnages et les événements du passé, à un tact exquis qui écarte de ses peintures toute fausse nuance comme tout alliage moderne. Nous indiquerons en terminant les titres de ses ouvrages les plus connus et les plus estimés : « L'Amullette », 1873, 3me éd., 1882 ; « Georges Jenatsch, une histoire des Grisons », 2 vol., 1876, 10e éd., 1887 ; « Le coup de feu tiré du haut de la chaire », 1880, 8me éd., 1882 ; « Le Saint », 1880, 7me éd., 1887 ; « Plaute dans un couvent de nonnes », 1882 ; « Le page de Gustave-Adolphe », 1883 ; « Les souffrances d'un adolescent », 1883, 2me éd., 1883 ; « Les noces du moine », 1884, 8me éd., 1886 ; « La dame qui rend la justice » (Die Richterin), 1885, 2me éd., 1885 ; « La tentation de Pescara », 1887, 2me éd., 1887.

Meyer (Elard-Hugo), écrivain allemand, né, à Brême, le 6 octobre 1837. Il est directeur du Royalgimnasium et prof. à l'Université de Fribourg (Baden). Après avoir étudié l'antiquité allemande à Bonn et Tubingue, il se rendit à Berlin, où il eut pour maître le célèbre Müllendorff. Ayant achevé ses études, il revint à Brême et y resta 20 ans comme maître et directeur d'une des écoles de cette ville. Devenu malade, il se retira à Fribourg, où, après un long repos forcé de quelques années, il occupe depuis 1888 la place de prof. de Mythologie Indogermanique. Outre plusieurs articles publiés dans les principales revues allemandes, on a de lui : « Anzeiger für deutsche Alterthum » ; « Johann Martin Lappenberg », biographie, Hamburg, 1867 ; « Simplicius Simplicissimus », un épisode de la guerre de 30 ans, Brême, 1874 ; « Dritter Band zur 4 Ausgabe von I. Grimms Deutscher Mythologie », Berlin, 1878 ; « Indo-germanische Mythen. », I, Gandharren Kentauren, 1883, Berlin, II, Achilleis, Berlin, 1887 ; « Homer und die Ilias », Berlin, 1887.

Meyer (Ernest VON), docteur en philologie et professeur allemand, né, à Cassel (Hesse), en 1847 ; il étudia au Gymnase de Cassel ; en 1874 il devint *privat Docent* et en 1878 professeur de chimie à l'Université de Leipzig, où il conserve toujours cette chaire. On lui doit plusieurs travaux très importants parmi lesquels il nous faut citer ceux qui suivent : « Ausführliches Lehrbuch der organischen Chemie », Manusch, 1880-84 ; « Die Explosivkörper und die Feuerwerkerei », Vieweg und Sohn, 1873, Braunschweig ; « Geschichte der Chemie von den ältesten Zeiten bis zur Gegenwart », Veit und Co, Leipzig, 1889. En dehors de cela, le monde scientifique lui doit aussi un grande nombre de monographies parues dans le *Stohmann-Kerl's Handbuch der technischen Chemie*, publié par Vieweg und Sohn-Braunschn, et dans le *Journal für praktische Chemie*, 1872-1889, dont il est un des plus savants rédacteurs. Ce journal paraît à Leipzig, éd. Barth.

Meyer (George), professeur ordinaire de droit public et allemand à l'université de Heidelberg, né, le 21 février 1841, à Ditmald (Principauté de Lippe). Il fit ses études aux universités de Jena, Heidelberg, Goettingue et Berlin (1860-64). En 1867, il fut admis comme professeur agrégé à l'université de Marburg et en 1872 il y fut nommé professeur ordinaire. Passé en 1875 à l'université de Jena et en 1889 à celle de Heidelberg, toujours en qualité de professeur ordinaire, en 1881, il fut élu membre du Reichstag. On a de lui : « Recht der Expropriation », Leipzig, 1868 ; « Grundzüge der norddeutschen Kundesrechtes », id., id. ; « Staatrechtl. Erörtungen über die deutsche Reichsverfassung », id., 1872 ; « Das Studium des öffentlichen Rechtes und der Staatswissenschaften », 1875 ; « Lehrbuch des deutschen Staatsrechts », Leipzig, 1875, réimprimé, 1887 ; « Die Verleihung der Königsbannes Huld », Jena, 1881 ; « Lehrbuch des deutschen Verwaltungsrechtes », 2 vol., Leipzig, 1883 ; « Die Staatenrechtliche Stellung der deutschen Schutzgebiete », 1888 ; « Der Antheil der Reichsorgane an der Reichsgesetzgebung », 1889.

Meyer (Gustave), professeur de linguistique comparée à l'université de Gratz, né le 25 novembre 1850 à Gross-Strehlitz (Silésie), fit ses études au gymnase de Oppeln et de 1867 à 70 à l'université de Breslau. De 1871 à 1874, M. M. fut professeur au gymnase de Gotha et de 1875 à 1877 prof. agrégé à Prague. Depuis cette année il réside à Gratz où il occupe la place de prof. de linguistique comparée à l'université de cette ville. On lui doit plusieurs ouvrages de linguistique, parmi lesquels nous nous bornerons à citer les suivants : « Die mit Nasalen gebildeten Präsensstamme des Griechischen mit vergleichender Berücksichtigung der anderen Indogermanischen Sprachen », Jena, 1873 ; « Zur Geschichte der indo-germanischen Stammbildung und Declination », Leipzig, 1875 ; « Griechische Grammatik », id., 1880, 2e édit., 1886 ; « Albanesische Studien », 2 brochures, Vienne, 1883-84 ; « Essays und Studien zur Sprachgeschichte und Volkskunde », Berlin, Oppenheim, 1885; « Reiseskizzen aus Griechenland und Italien », 1886; « Finnische Märchen », Weimar, 1887; « Albanesische Grammatick », Leipzig, 1888. On peut en outre citer une foule d'articles, épars dans un grand nombre de revues et de recueils, comme dans les *Kuhn's Zeitschrift, Bezzemberger's Beitr. Zeitsch. für osterr. Gymn., Archiv für Literaturgesch. Zeitschr. für Roman Philolog., Archiv für Slav. Philol., Rivista di filolog., Miscell. di filol. e linguistica* (Firenze, 1886), *Archivio per lo studio delle tradizioni popolari, Deutsche Rundschau, Nord und Süd, Nuova Antologia*, etc.

Meyer (Hugo), docteur et professeur en droit à l'Université de Tubingue, né, le 11 février 1837, à Stettin (Prusse). En 1860, il fut professeur agrégé à l'Université de Gœttingue; en 1865, il fut nommé professeur extraordinaire à Halle et en 1866 il y fut confirmé comme professeur ordinaire. En 1870, il passa dans la même qualité à Erlangen, et depuis 1874 il occupe la place qu'il a actuellement. Ses ouvrages juridiques les plus remarquables sont: « That und Rechtsfrage im Geschwornengericht », Berlin, 1860; « Strafverfahren gegen Abwesende », Berlin, 1869; « Gründzüge des Strafrechts », Intern. Wissenschaf. Bibl., Leipzig, 1873; « Lehbuch des deutschen Strafrechts », Erl., 1875-4-à-1886; « Die Parteien im Strafprocess. », id., 1889, Leipzig. M. M. est aussi un des plus actifs collaborateurs du *Holtzendorff's Handbuch des deutschen Strafprocesses*, voir: *Die Hauptverhandlung vor den Schwurgerichten; das Verfahren gegen Abwesende*, 1879.

Meyer (Jean), historien et littérateur suisse, né, le 11 décembre 1835, dans une vieille famille de paysans à Ruedlingen, village de Klettgau (canton de Schaffouse), étudia à l'Université de Bâle la philologie et les antiquités germaniques sous la direction de W. Wackernagel, accepta en 1858 une place de professeur à l'institut Schmidt dans la petite ville de Fellin en Livonie, et profita de la riche bibliothèque Samson pour continuer ses études sur la littérature française, visita en 1862 à Berlin Jacob Grimm et passa la même année quelques mois à Paris. De malheureuses circonstances de famille l'obligèrent en 1863 à revenir à Schaffouse et à y accepter une place d'abord de rédacteur d'une feuille locale, puis de maître à l'école secondaire (*Realschule*). M. M. a transporté à partir de 1869 sa résidence à Frauenfeld en Thurgovie; professeur d'histoire et de littérature au Gymnase, il est, en outre, chargé depuis 1880 de la direction de la bibliothèque et des archives cantonales. L'Université de Zurich lui a octroyé en 1883 le grade de D^r phil. honoris causa. Les ouvrages les plus importants de M. M. sont d'après l'ordre chronologique: « Les coutumes juridiques de la ville de Schaffouse au XIIIe siècle », 1857; « Souvenirs du jubilé de Schiller tel qu'il fut célébré à Fellin en Livonie », 1861; « Henri Schwartz, bourgmestre de Schaffouse », 1868; « Grammaire allemande destinée aux classes supérieures », deux cours gradués, 1866; « Klettenberg dans le Klettgau badois », 1866; « La jeunesse de Racine, revue pour l'éducation féminine », Leipzig, 1874; « Histoire du droit fédéral suisse », 2 vol., 1875-1878; « Les origines et l'importance du nom en Allemanie », (*Allemania* de Berlinger), Bonn, 1879; « Les trois tentes », essai historique sur l'ancienne agriculture, 1880; « Le cartulaire thurgovien », 1882. M. M. a rédigé en 1871-1872 la *Revue pédagogique suisse*.

Meyer (Oscar), savant allemand, docteur en philologie et professeur de physique à l'Université de Breslau, né à Varel sur la Iahde. Il fut reçu docteur en philosophie à Königsberg en 1860, et en 1862 professeur agrégé à l'Université de Gottingue. Plus tard, il passa à l'Université de Breslau en qualité de professeur de physique. Parmi ses ouvrages scientifiques, nous devons noter: « De mutua duorum fluidorum frictione », Regimonts, 1860; « Die Kinetische Theorie der Gase », Breslau, 1877; « Vorlesung über die Theorie der Elasticität von Franz Neumann », Meyer, Leipzig, 1885. A ses ouvrages, il faut ajouter une foule d'articles épars dans les *Annalen der Physik von Poggendorff*, et de *Wiedmann*, ainsi que dans le *Crellis journal für Mathematik*, dans le *Centralblatt für Elektrotechnik*, et dans les actes de la *Münchner Akademie*.

Meyer (Rodolphe-Delangle-Henri), exégète français, né, à la Rochelle, le 16 septembre 1841, fit ses études à Montauban où il soutint pour le baccalauréat et la licence en théologie la thèse suivante: « La régénération d'après Saint-Paul », 1866; « Les discours du quatrième Évangile sont-ils des discours historiques de Jésus? », 1870. Nous possédons de lui: « Le Christ des Évangiles », 1880; « La nouvelle loi sur l'instruction primaire et les cultes non catholiques », 1881. M. M. exerce actuellement le ministère évangélique à la Roche-sur-Yon et préside le consistoire de Ponzanges. Son frère cadet, M. Gustave M., licencié en théologie de Montauban, agent à Paris de la mission intérieure, s'est fait connaître par les deux mémoires critiques: « Sources de l'Évangile de Luc », 1868; « La question synoptique », essai sur l'origine et les rapports des trois premiers évangiles canoniques, 1878.

Meyer (Robert), écrivain autrichien, docteur en droit, vice-secrétaire au Ministère des Finances, professeur d'économie politique à l'Académie commerciale viennoise et *privat Docent* à l'Université de Vienne. Né, à Vienne, le 8 janvier 1855, M. M. fit ses études au Gymnase et à l'Université de cette métropole et y prit ses grades en 1877. Il appartient à l'administration depuis 1876. On a de lui: « Die Principien der gerechten Besteuerung in der neueren Finanzwissenschaft », Berlin, 1884; « Zur Geschichte der Hausversteuern im Deutschen Reiche bei Schanz », voir: *Finanzarchiv*, II, 1885; « Das Wesen des Einkommens », Berlin, 1887.

Meyer de Knonau (Gerold), historien suisse, né, le 5 août 1843, à Zurich, d'une ancienne famille patricienne, autrefois chargée par l'abbesse de Schænnis de l'administration de la métairie de Knonau sur la frontière de Zug et fixée à Zurich depuis le XIVe siècle, petit-fils de l'historien Louis M. de K., mort le 21 septembre 1841, fils de l'archiviste et géographe Gerold M. de K. mort le 1er nov. 1858, entreprit à l'Université de sa ville d'origine ainsi qu'à celles de Bonn, de Berlin et de Gœttingue de fortes études historiques et littéraires sous la direction de Budinger, Georges de Wyss, Henri de Sybel, Springer, Jaffe, Waitz. La carrière académique s'ouvrit de bonne heure devant lui: *privat Docent* en 1867 à l'Université de sa ville natale, il fut nommé en 1870 professeur extraordinaire, en 1872 professeur ordinaire pour l'histoire générale et directeur du Séminaire historique. La Société d'archéologie le choisit pour son président en 1871 lors de la retraite de Ferdinand Keller, la Société générale d'histoire suisse l'appela en 1874 aux fonctions de secrétaire et le chargea de la rédaction de son annuaire. M. M. de K., siège depuis 1882 au Conseil d'éducation cantonal. Parmi les très nombreux et très importants ouvrages de ce savant distingué, nous nous bornerons à indiquer: « L'historien Nithard », dissertation pour le doctorat, Zurich, 1865; « La guerre fratricide à laquelle se livrèrent les fils de Louis-le-Débonnaire et les quatre livres d'histoire de Nithard », Leipzig, 1866; « L'importance de Charlemagne pour le développement de l'histoire au IXe siècle », Zurich, 1867; « Atlas historico-géographique de la Suisse », commencé par J.-Ch. Vogelin, continué par son père Gerold M. de K., 1868; « Annuaire pour la littérature de l'histoire suisse », 1867-1868; « Les plus anciens inventaires des abbés de Saint-Gall », 1869; « Les chants historiques populaires de la Suisse au XVe siècle avec cinq chants historiques de l'époque carlovingienne traduits en allemand: appendix », Zurich, 1870; « Les sources de l'histoire de Saint-Gall », Saint-Gall, 1870-1879; « Le château de Mammertshofen et deux autres tours mégalitiques », avec 3 pl., Zurich, 1871; « Les monuments allemanniques en Suisse », 2 vol., 1873-1876; « La légende de la délivrance des Waldstetten », Bâle, 1873; « Le père Idelfonse d'Arx, historien et chanoine de Saint-Gall », Saint-Gall, 1874; « La vie de Saint-Notker abbé de Saint-Gall », Zurich, 1876; « Les Ekkeharts de Saint-Gall », Bâle, 1877; « Essais sur le moyen-âge et l'époque moderne », Zurich, 1877; « Ekhehart's IV casus Sancti-Galli », fragments de la chronique latine du cloître de Saint-Gall, dans la collection des historiens du passé germanique », Leipzig, 1878; « Souvenirs biographiques de Louis Meyer de Knonau 1765-841 », édités par son petit-fils S. M. de K., Frauenfeld, 1883; « Discours prononcé lors du 4me jubilé de Zwingli », Zurich, 1884; « Chronique d'une famille zuricoise », Frauenfeld, 1884, dans l'*Almanach Zuricois* ; « Livre généalogique d'un jeune zuricois au XVIIe siècle », 1880; « Salomon Vogelin, l'un des fondateurs de l'Almanach en 1858 », notice nécrologique, 1881; « Album in Schola Figurina Studentium », 1883; « Le journal d'un bourgeois de Zurich à l'époque de la révolution française », 1887; « Les jours critiques du combat des montagnes pendant la guerre de 1799 », 1887. M. M. de K. travaille en ce moment à une réédition des « Annales de l'Empire germanique sous Henri V », pour la commission historique de Munich. Son abondante et fidèle collaboration est depuis longtemps assurée aux « Recherches sur l'histoire d'Allemagne publiées à Gœttingue », aux *Göttinger Gelehrte Anzeigen*, à la *Revue historique* de Sybel, aux *Feuilles trimestrelles du Wurtemberg*, à la *Revue de la Société historique du Bodensec*, à l'*Éducateur pour l'histoire suisse*, à la *Biographie allemande* publiée à Leipzig, à l'*Encyclopédie de Herzog*, à l'*Encyclopédie pour l'histoire moderne*, à laquelle il a fourni tous les articles relatifs à la Suisse.

Meylan (Auguste), pasteur et publiciste de la Suisse française, né, au Brassus (canton de Vaud), le 17 septembre 1818. Il se voua dès l'âge de 22 ans à l'enseignement, d'abord comme instituteur dans un asile fondé par Mme Mallet d'Hauteville, près de Nyon; puis à Paris dans l'école Normale de M. Vulliet, où il passa deux ans de 1845 à 1847, tout en suivant divers cours à la Sorbonne. Employé tour-à-tour dans l'évangélisation de 1844-1845 dans le Var sous le patronage de M. Henri Tronchin et dans l'enseignement à Saint-Etienne de 1847-1848, l'état de sa santé le ramena en Suisse. Après avoir passé 18 mois à la Vallée au service de la Commission d'évangélisation de l'Église libre en 1849, il entreprit, à 31 ans, des études de théologie à la Faculté libre de Lausanne. Consacré en 1852, il fut deux ans évangéliste à Savigny, près Lausanne, puis devint pasteur de l'église libre de Bottens, près Echallens, où il exerce ses fonctions depuis 34 ans. Ses principales publications sont: « La vie de Philippe Melanchton par Ledderhose », librement traduite de l'allemand, 1855; « Vie de Gaspard de Coligny, amiral de France », 1862; « Dictionnaire biblique populaire », 1869; « Canonicité et inspiration des Saintes-Écritures », 1877. Depuis lors il n'a publié que quelques articles, dont le plus étendu a paru dans le *Chrétien évangélique*, num. de février 1887, sous le titre: « De la mission des magistrats et du respect qui leur est dû ».

Meylan (Auguste), dessinateur et publiciste suisse, né, à Genève, en 1841, est l'auteur des ouvrages suivants: « Souvenirs comiques de l'armée de 1584 en Suisse », 1871; « A travers les Espagnes », 1876; « A travers l'Herzégovine », 1877; « J.-J. Rousseau, sa vie et ses œuvres, étude biographique, critique et historique », 1878; « A travers les Russies », 1880; « A travers l'Albanie », 1885.

Meyrac (A.), homme de lettres français, né, à Ville-France (Rhône), le 7 septembre 1848, fut licencié en droit en 1871 à la Faculté de Toulouse et en 1887 fut nommé officier d'Académie. Rédacteur au *Patriote de l'Est* (1849-81), directeur du *Journal des instituteurs laïques* (1881-83), rédacteur en chef du *Petit académicien* en 1883, il collabora à la *Revue des traditions*. Nous avons de lui en librairie: « Géographie de la France »; « Histoire de France »; « Cours d'instruction civique »; « Recueil de lectures choisies »; « Histoire de la guerre des cent ans »; « Histoire populaire, anecdotique et populaire de Napoléon III ». M. M. a en preparation un ouvrage de « Mœurs et coutumes des Ardennes ».

Meyret (Louis-Alfred), écrivain français, lieutenant-colonel de l'armée territoriale, né, à Metz (Moselle), le 1er décembre 1826, fit ses études au Lycée de Metz et en 1847 entra à l'école de Saint-Cyr. M. M. a pris part à la bataille de Solferino; en 1870 blessé à Metz au combat de Ladonchamps, il fut prisonnier de guerre après la capitulation. M. M. est décoré de la médaille italienne à la valeur militaire. Il a publié: « Le carnet d'un prisonnier de guerre », et pendant dix ans, sous le pseudonyme de *Verbanute*, il a écrit dans le journal *La Charente*.

Meyrick (le rév. Frédéric), écrivain ecclésiastique anglais, né en 1826, gradué d'Oxford, un des Chapelains de S. M. la Reine d'Angleterre (1856), inspecteur des écoles (1859). Il a beaucoup travaillé pour la diffusion sur le continent de l'anglicanisme et publié à cet effet les ouvrages suivants: « Pratical Working of the Church in Spain », 1851; « The moral Theology of the Church of Rome », 1857; « The Outcast and Poor of London », 1858; « The Wisdom of Piety », 1859; « But isn't Kingsley right after all? »; « On Dr Newman's Rejection of Liguori's Doctrine of Equivocation », 1864; « Baptism, Conversion, Regeneration », 1882; « The Doctrine of the Church of England on the Holy Communion restored », 1885.

Mézières (Alfred), littérateur et homme politique français, né, à Rehon, près de Metz, le 19 novembre 1826, fit d'abord ses études au Lycée de cette ville, puis au Collège Sainte-Barbe à Paris, et en 1845 entra à l'École Supérieure. Professeur de rhétorique à Metz en 1848, puis en 1849 à l'École française d'Athènes et en 1853 au Lycée de Toulouse. En 1856, il devint titulaire de la chaire de littérature à la Faculté des lettres de Nancy et en 1863 titulaire du même cours à la Sorbonne. M. M. a été choisi pour représenter l'Université de France au jubilé de Shakespeare en 1864 et à celui de Dante en 1865, et l'Académie française, dont il avait été élu membre en 1874, au cinquième centenaire de la mort de Pétrarque à Avignon en juillet 1874. Il a été élu député à la Chambre des députés en 1881 et en 1885, et a pris place à gauche. Nous avons de lui en librairie: « De fluminibus infernorum », 1853; « Études sur les œuvres politiques de Paul Paruta », id.; deux mémoires sur le « Pélion et l'Ossa », et sur la « Laconie »; « Shakespeare, ses œuvres et ses critiques », 1861; « Prédécesseurs et contemporains de Shakespeare », 1863; « Contemporains et successeurs de Shakespeare », 1864; « Dante et l'Italie nouvelle », 1865; « Pétrarque, études d'après de nouveaux documents », 1867; « La Société française », 1869; « Récits de l'invasion, Alsace et Lorraine », 1871; « Goethe, ses œuvres expliquées par sa vie », 1872-73; « Hors de France », Paris, Hachette, 1882; « En France », id., id., 1883; « L'éducation morale et civique », Paris, Delagrave, 1883. M. M. collabore à la *Revue des deux mondes* et au *Temps*.

Mezuccelli (Bérard), homme de lettres italien, né, à Teramo, en 1839, professeur au Gymnase de sa ville natale en 1861, aux écoles techniques (1876). On a de lui: « Gli studii tecnici della civiltà moderna », Teramo, 1866; « Del fine istorico delle solennità commemorative nei grandi scrittori e pensatori italiani », id., id.; « Delle dottrine filosofiche di Berardo Quartapelle », Naples, 1869; « Discorso inaugurale di alcune lapidi commemorative », 1872; « Gli studi secondari e la critica moderna », 1876.

Mezzanotte (Joseph), journaliste littéraire italien, né, à Chieti (Abruce), en 1855, auteur de fort jolis contes, de chroniques littéraires, etc. au *Corriere di Napoli*, à la *Gazzetta letteraria* de Turin et à plusieurs revues.

Mezzini (Auguste), médecin et écrivain médical italien, né, en 1835, à Bologne, où il fit ses études; il a eu l'honneur d'être nommé aide du célèbre Louis Concato et a publié les ouvrages suivants: « Contagiosità della sifilide costituzionale »; « Sullo stillicidio sieroso in seguito di percosse al capo »; « Sulla emorragia cerebrale », id.; « Infiltrazione carcinomotrosa del fegato », 1863; « Morte improvvisa per emorragia della vena diafragmatica inferiore », id.; « Caso di epatite cronica interstiziale », 1864; « Esofagite fibrinosa primitiva », id.; « Caso di singolare stitichezza », 1868. Sa santé précaire l'empêche de continuer son œuvre scientifique si bien commencée.

Michaelis (Adolphe), professeur d'archéologie à l'Université de Strasbourg, membre de la direction centrale de l'Institut archéologique à Strasbourg, né, le 21 juin 1835, à Kiel, étudia à Leipzig et Berlin, demeura en Italie (1857-61) et obtint la chaire de philologie classique et d'archéologie à Tubingue (1865) ; il est professeur à Strasbourg depuis 1872 ; en dehors de son œuvre magistrale le « Parthénon », Leipzig, 1871, nous avons de lui : « Geschichte des deutschen archeologischen Instituts (1829-79) », Berlin, A. Asher et Cie, 1879 (aussi en italien: « Storia dell'Instituto Archeologico germanico, Roma, 1879 ») ; « Pausaniæ descriptio arcis Athenarum ed. O. Jahn. Editio altera recogn. ab Ad. Michaelis », Bonn, A. Marcus, 1880 (édition entièrement refondue) ; « Ancient Marbles in Great Britain described by A. M., Cambridge, University Press », 1882 ; « Sophoclis Electra ed. O. Jahn. E. III curata ab Ad. Michaelis », Bonn, A. Marcus, 1882 (beaucoup de changements) ; « Apuleii Psyche et Cupido rec. O. Jahn. Ed. III », Leipzig, Breitkopf et Härtel, 1883 (quelques corrections) ; « Verzeichnis der Abgüsse griechischer und römischer Bildeverke im kunstarchäolog. Institut der Kaiser- Wilhelms- Universität Strasbourg », Strasbourg, K. J. Frübner, 1887. Beaucoup de mémoires et de petits articles en différents journaux archéologiques, etc.

Michaelis (Othon), économiste allemand, né, le 12 septembre 1826, à Lubbeck en Westphalie, fit son droit à Bonn et à Berlin. Après une courte période, passée au service de l'État, il se consacra aux études économiques; il collabora à la *National Zeitung*, fonda avec M. Faucher à Berlin le *Vierteljahrschrift für Volkswirthschaft und Kulturgeschichte*, a été au *Reichstag* un des chefs du parti libéral; depuis 1877, il dirige le département de finance à la Chancellerie impériale. Nous avons de lui en librairie : « Écrits économiques », 1873; depuis lors, il n'a rien publié.

Michaïloff (Michel), jurisconsulte russe, né en 1827, étudia à l'Université de Saint-Pétersbourg, où il occupe depuis longtemps la chaire d'histoire de la législation nationale. Nous avons de lui : « Le développement historique de la législation civile russe » ; « Droit commercial » ; « Droit criminel en Russie » ; « Cours de droit ».

Michaïlowski (Nicolas), homme de lettres russe, né en 1842, étudia à l'École des Mines, et débuta en 1868 comme collaborateur au journal *Annales de la Patrie*. Ses meilleurs articles de philosophie et de critique ont été par la suite réunis en volume. Intelligence tant soit peu exclusive, il a des tendances par trop accentuées vers l'utile ; ce qui n'empêche pas que son mérite ne soit reconnu.

Michaud (Eugène), historien et controversiste français, né, en 1839, à Pouilly-sur-Saône dans le département de la Côte-d'Or, fut consacré à la prêtrise après de brillantes études au séminaire, franchit promptement les degrés inférieurs de la hiérarchie, et fut nommé tout jeune encore vicaire de la paroisse de la Madeleine à Paris. Ses aptitudes scientifiques se révélèrent sous le jour le plus avantageux dans la monographie: « Guillaume de Campeaux et les Écoles de Paris au XIIe siècle », 1867, 2me éd., 1862; son libéralisme s'affirma dans les deux brochures; « L'esprit et la lettre dans la morale religieuse : « a) La piété », 1869; « b) La foi », 1870. Les intrigues auxquelles donna lieu le concile du Vatican et la proclamation de l'infaillibilité pontificale indignèrent son âme vaillante et sincère. Uni par les liens d'une étroite amitié avec quelques-uns des plus illustres champions du Gallicanisme, confident de l'abbé Deguerry et de Mgr. Darboy, il résolut de ne pas se courber sous le joug, mais plus conséquent que ses anciens maîtres, il ne craignit pas d'aller jusqu'au bout de ses décisions et se retira de l'Église Romaine plutôt que de se prêter à ce qu'il regardait comme un parjure. Le Conseil d'État bernois qui cherchait pour sa nouvelle Faculté de théologie catholique des savants de langue française, le nomma en 1875 à la chaire d'histoire et de dogmatique tandis que le Synode de l'Église nationale l'appelait à la même époque aux fonctions de vicaire-général pour la Suisse Romande. M. M. s'est acquitté jusqu'en 1885 de cette tâche délicate avec une élévation et une largeur de vues remarquables. Sa parole facile et spirituelle, la souplesse de son argumentation, son savoir de bon aloi lui ont valu de nombreux succès comme conférencier devant des auditoires académiques tandis que son évêque, Mgr. Herzog, s'appuie de préférence dans ses tentatives d'union œcuménique sur l'Église épiscopale anglaise et américaine. M. M. cherche à nouer des liens aussi étroits que possible avec l'Église grecque, et a fait dans ce but de nombreux voyages à Saint-Pétersbourg. Aujourd'hui il a renoncé à toute part dans l'administration ecclésiastique pour se consacrer entièrement à ses fonctions universitaires. Ses écrits, depuis qu'il a rompu avec le papauté, sont les suivants: « Comment l'Église romaine n'est plus l'Église catholique », 1872; « De la falsification des catéchismes français et des manuels théologiques par le parti romaniste de 1670 à 1868 », 1872; « Les faux libéraux dans l'Église romaine. Réponse au père Perraud et à ses adhérents », id.; « Programme de réforme des églises d'Occident, proposé aux anciens catholiques et aux autres communautés chrétiennes », id. ; « Plutôt la mort que le déshonneur, appel aux anciens catholiques de France contre les révolutionnaires romanistes », id. ; « Guignol et la révolution de l'Église romaine » ; « M. Veuillot et son parti condamnés par les évêques et archevêques de Tours, Paris, Orléans », id. ; « La papauté anti-chrétienne », 1873 ; « Le mouvement contemporain des églises, étude religieuse et politique », 1874 ; « De l'état présent de l'Église catholique-romaine en France », 1875 ; « Étude stratégique contre Rome », 1876 ; « Discussion sur les sept conciles œcuméniques au point de vue traditionnel et libéral », 1878 ; « Louis XIV et Innocent XI d'après la correspondance diplomatique inédite du ministère des affaires étrangères de France », 4 vol., 1882-83. M. M. a édité en 1888 les œuvres littéraires d'une femme-poète bernoise, Madame Steck : « Le jésuitisme politique et le Comte de Montlosier en 1826 », Paris, 1882. M. M. a écrit de nombreux articles de critique littéraire, historique et philosophique dans les journaux de la Suisse romande (*National suisse*, *Génevois*, *Confédéré*, *Journal du Jura*, etc.). Il est un des rédacteurs de l'*Union chrétienne* (Paris, Fischbacher). Il fait partie de l'Institut national génevois, et est correspondant du Ministère de l'Instruction publique de Russie.

Micheels (Jean-Joseph-Mathieu), professeur et critique belge, né, à Maestricht, le 25 janvier 1831. M. M., qui est entré de bonne heure dans la carrière de l'enseignement public, occupe actuellement une chaire à l'Athénée de Gand ; il a presque constamment écrit en langue néerlandaise, et il fait partie de l'Académie Royale flamande. Outre des articles dans le *Toekomst*, le *Nederduitsch tijdschriet*, la *Revue trimestrielle*, la *Revue de l'Instruction publique en Belgique*, etc., on cite de lui des traductions néerlandaises de l'« Othello » de Shakespeare, et du « Discours pour la couronne » de Démosthène, ainsi qu'une étude sur un belge célèbre du XVIe siècle : « Marnix Van Sinte-Aldegonde », Bruxelles, 1865.

Michel (Adolphe), littérateur français, né, à Lourmarin, le 15 octobre 1839, a collaboré à l'*Avenir National*, à la *Cloche* d'Ulbach, et fait partie de la rédaction du *Siècle*. On lui doit : « Louvois et les protestants » ; « Le Siège de Paris » ; « Histoire de la troisième République » ; « Les Jésuites » ; « Les Rayonnements » ; « Le Missionnaire botté », roman historique ; « Le Roman d'un vieux garçon ».

Michel (Alfred), homme politique français, né, à Saint-Hippolyte (Vaucluse), le 7 mars 1848. Conseiller municipal depuis 1873, adjoint au maire, secrétaire du comité républicain depuis 1869, il fut inscrit sur la liste républicaine radicale du département de Vaucluse aux élections du 4 octobre 1885, et fut élu au scrutin de ballottage. M. M. s'est beaucoup occupé de l'instruction populaire, il a propagé l'enseignement laïque dans son département ; il a contribué à fonder à Carpentras un lycée de jeunes filles ; il a collaboré à plusieurs journaux républicains : *Le Radical de Vaucluse*, *Le Réveil du Midi*, *Le Mont-Ventoux*. Il a été élu maire de Carpentras, aux élections de mai 1888, sans opposition. A la Chambre il fait partie de plusieurs commissions, et s'occupe surtout des questions d'administration et de commerce.

Michel (François-Émile), peintre et critique d'art français, est né, à Metz, le 19 juillet 1828. Bachelier en 1845, il se livra immédiatement à la peinture, et débuta au Salon de 1853 par des tableaux d'une exécution personnelle et moderne exprimant des idées poétiques et élevées. Durant le blocus de Metz, il était membre de la Commission municipale d'administration des ambulances, et fut chargé, plus tard, de la rédaction de la notice consacrée aux ambulances dans la publication entreprise par le Conseil Municipal : « Le Blocus de Metz en 1870 », Metz, 1871. L'adresse du maire de Metz, remise par ce magistrat, durant le siège, au maréchal Bazaine, et qui est insérée dans le « Blocus de Metz », a été rédigée par M. M. Après l'annexion, M. M. fixa d'abord son domicile à Nancy, où il devint membre titulaire de l'Académie de Stanislas, délégué de la Commission Cantonale pour l'inspection des écoles et secrétaire de la Commission du Musée. Dans ces dernières années, M. M. habite Paris et compte parmi les collaborateurs remarqués de la *Revue des Deux Mondes*. Membre de l'Académie de Metz, il avait donné à cette société littéraire de nombreux rapports, notices, comptes-rendus et mémoires. Le 9 mai 1869, il prononça comme président de cette Académie un discours sur l'« Enseignement et l'utilité du dessin », Metz, Blanc, 1869. Son discours de réception à l'Académie de Stanislas : « Du Paysage et du sentiment de la nature à notre époque », a été aussi tiré à part, Nancy, Berger-Levrault. M. M. qui a également collaboré au *Courrier de la Moselle*, à l'*Art*, etc., a donné à la *Revue des Deux Mondes* : « Les musées et le mouvement des arts à Munich », 1877 ; « La musique en Allemagne », 1879 ; « Rembrandt aux musées de Cassel, de Brunswick et de Dresde », id. ; « Le Salon de 1880 », 1880 ; « Les Musées de Berlin », 1882 ; « Frédéric II et les arts à la Cour de Prusse », 1883 ; « Claude Lorrain, sa vie et son œuvre », 1884 ; « Jacob Ruysdael », 1888 ; dans la collection des artistes célèbres : « Rembrandt, sa vie et son œuvre », et « Gérard Terburg et sa famille ». M. M. travaille maintenant à un grand ouvrage sur Rembrandt pour la maison Hachette.

Michel (Ernest), avocat, voyageur et explorateur français, est né, à Nice (Alpes-maritimes), le 6 septembre 1837. Il a fait ses premières études à Nice, et a été reçu docteur en droit civil et en droit canon de l'Université de

Turin. Voyageur et explorateur, il a reçu une médaille d'argent de la Société de géographie de Lyon comme explorateur des deux hémisphères. Il a publié, dans le *Contemporain*, un voyage dans le nord de l'Europe, comprenant l'Allemagne, le Danemark, la Suède, la Norvège, la Russie, la Pologne, puis un premier « Tour du Monde » en 2 vol., édité par l'imprimerie du patronage Saint-Pierre à Nice avec carte et 50 gravures, comprenant son voyage aux États-Unis de l'Amérique du Nord, Canada, Japon, Chine, Indoustan. Ce premier « Tour du Monde » a été traduit en italien par Matteucci et a eu deux éditions en Italie. La partie qui concerne le Japon a été traduite en japonais par ordre du gouverneur de Tokio. Un second « Tour du Monde » ou « A travers l'hémisphère sud », en 3 gr. vol. in 8º avec 150 gravures, a été édité par Palmé à Paris, comprenant son voyage en Portugal, Sénégal, Brésil, Paraguay, République Argentine, Chili, Pérou, Équateur, Panama, Antille, Mexique, États-Unis, Iles Sandwich, Nouvelle-Zélande, Tasmanie, Australie, Nouvelle-Calédonie, Maurice, la Réunion, Iles Seychelles, Aden, l'Égypte et la Palestine. Les 2 premiers volumes ont paru, le 3me va paraître. Après ce deuxième « Tour du Monde », il s'est marié à Nice, où il partage son temps entre l'étude et la fondation, ou la direction d'œuvres humanitaires, ou de charité. Il entretient une active correspondance avec des amis ou connaissances dans le monde entier. M. M., qui fait partie de plusieurs sociétés de géographie et sociétés savantes, a été décoré de plusieurs ordres. Chevalier de Saint-Sylvestre, etc., il est camérier de cape et d'épée de Léon XIII.

Michel (Henry), né, à Metz, le 13 janvier 1857, professeur et publiciste français. Élève de l'École Normale supérieure en 1877; agrégé de philosophie en 1880; et successivement secrétaire de l'École normale, professeur de philosophie au lycée de Bourges, maître de conférences à l'École normale de Sèvres, professeur de philosophie au Lycée Henri IV. Depuis 1882, rédacteur politique du *Temps*, où il traite les questions de politique intérieure et auquel il donne également des articles de variétés. Il a collaboré aussi à la *Revue Bleue*, à la *Revue Internationale de l'enseignement*, etc., etc.

Michel (Jules), docteur en médecine, professeur public ordinaire d'ophtalmie et surintendant de la clinique ophtalmique à l'Université de Würzburg, né, le 5 juillet 1843, à Frankenthal dans le palatinat bavarois du Rhin. Il fit ses études de médecine (1861-66) à Würzburg et à Zurich, et en 1867 il prit le grade de docteur. Pendant les années 1868-70, il fut attaché au professeur Orner comme assistant à la clinique d'ophtalmie à Zurich. Habilité en août 1872, il enseigna comme professeur agrégé à Leipzig, et quelques mois plus tard — novembre de la même année — il fut appelé, en qualité de professeur extraordinaire, a Erlangen, où en 1874 il fut confirmé comme professeur ordinaire. Il occupa cette place jusqu'à 1879, époque dans laquelle il dut se rendre à Würzburg, où il avait été nommé professeur ordinaire. Il prit part aux deux campagnes de 1866 et de 1877. On a de lui plusieurs articles très intéressants et particulièrement on peut citer ceux qui ont paru dans les *Optisch. Zeitschriften*, dans les *Annales* de Gräf et dans les « *Monatliche Schriften für Augenheilkunde*, ainsi que dans les *Annales ophtalmiques*. M. M. est rédacteur des *Jahresberichte über die Fortschritte und Leistungen der Augenheilkunde*, remplaçant, dans la rédaction de cette importante publication scientifique, M. Nagel. On lui doit aussi un « Lehrbuch der Augenheilkunde », un des meilleurs traités du genre, publié en 1884 par Bergmann.

Michelangeli (Louis-Alexandre), homme de lettres italien, né, à Jesi, en 1845, fit ses études à l'Université de Bologne et à l'*Istituto di Studi Superiori* de Florence. Dès 1865, il enseigna en passant successivement aux Gymnases de Jesi et Lugo, au Lycée de Rieti, à l'Institut technique de Bologne ; en 1885 professeur de lettres grecques à l'Université de la même ville. Nous avons de lui en librairie : « Epigrammi greci » ; « Considerazioni sull'Ahasvero di Hamerling » ; « Morbo sociale » ; « A messer G. Boccacci, Le Anacreontee » ; « In Sabina (Sonnets) » ; « Ad Anacreontis quæ feruntur, etc., emendationes » ; « Sul disegno dell'*Inferno* dantesco » ; « Josué Carducci Sirmio, latine reddita » ; « I mille », sonnets ; « Giuochi di nervi », poésies ; « Gli inni di Proclo » ; « L'Antigone di Sofocle » ; « L'Elettra di Sofocle », traductions ; et plusieurs articles dans la revue : *Il Propugnatore*.

Michel de Boislisle (Arthur), historien français, né, à Beauvais, le 24 mai 1835, a fait partie de l'Administration du Ministère des finances pendant trente ans, et a commencé pour cette administration la publication de la « Correspondance des contrôleurs généraux ». Membre de l'Institut, du Comité des travaux historiques, secrétaire de la *Société de l'Histoire de France*, M. de B. a collaboré aux travaux de la *Société de l'Histoire de France*, de la *Société de l'Histoire de Paris* et de la *Société des antiquaires de France*. En dehors de plusieurs mémoires historiques, ses ouvrages principaux sont les « Mémoires de Saint-Simon » (Notices sur Étienne de Vex); « Les Conseils du Roi sous Louis XIV ».

Michelet (Émile), homme de lettres français, poète et prosateur, né, à Nantes (Loire-Inférieure), le 1er décembre 1861, a fait ses premières études au lycée de sa ville natale, fut un peu étudiant en droit, mais s'adonna aux lettres dès son adolescence ; il se fixa à Paris à sa vingtième année. Il a publié des vers, des nouvelles, des études critiques et des chroniques qui n'ont pas encore été réunies en volume. Il a collaboré à un grand nombre de périodiques et de journaux, parmi lesquels la *Jeune France*, la *Revue Bleue*, la *Revue contemporaine*, la *Revue de Paris*, le *Gaulois*, le *Paris illustré*, etc.

Michelozzi (Cino), notaire et jurisconsulte italien, né, à Pistoia, en 1839, après les études classiques nécessaires au notariat, occupa plusieurs charges municipales, et publia trois ouvrages d'une haute valeur pratique : « Il notariato secondo la nuova legge italiana », Florence, 1876 ; « Formulario e prontuario per la pratica degli atti notarili », 1877 ; « Appendice al formulario e prontuario », 1879.

Michelson (Paul), savant allemand, professeur de dermathologie, laryngologie et rhinologie à l'Université de Königsberg, né, le 1er septembre 1846, à Königsberg (Prusse). Il fit ses études à Königsberg et à Tubingue (1864-68) ; il prit part à la campagne patriotique contre la France, et, en 1871, il fut reçu en qualité de 1er médecin assistant dans la clinique de l'Université. Ayant terminé son engagement (1874), il exerça la médecine dans son pays natal. En 1888, s'étant décidé pour l'habilitation, il fonda un ambulatoire pour les maladies du nez, de la gorge et de la peau. Cet établissement qui commença à fonctionner le 1er mai 1888 eut le plus grand succès. Il suffit de dire que dans la première année il fut fréquenté par huit cents patients. M. M. a publié plusieurs monographies d'une valeur scientifique incontestée, parmi lesquelles on cite les suivantes : « Ueber Herpes tonsurans und Area Celsi », Volkmann's Sammlung, Klin. Vorträge num. 120, Leipzig (Breitkoff und Härtel), 1876 ; « Ueber Nasen-Syphilis », parue dans le num. 326, année 1888, de la même publication ; « Anomalien des Haarnachsthums und der Haarfärbung, Ziemssens Handbuch der Hautkrankheiten », Leipzig, F. C. W. Vogel, 1883-84. De lui on a aussi de nombreuses publications scientifiques insérées dans les revues médicales allemandes. Voir : « Virchows Archiv, Berlinklinik, Wochenschrift », etc., etc. Il appartient au nombre des collaborateurs ordinaires des *Archiv für Dehmathologie et Syphilis*, et depuis peu de temps il prend une part très active à la collaboration de la *Revue bactériologique* de Baumgarten, où l'on peut lire ses importants travaux du genre.

Michiels (Alfred), littérateur francais, né, à Rome, le 25 décembre 1813, vint en France en 1817, et fit ses études au Collège Saint-Louis. En 1834, il commença son droit à Strasbourg, d'où il visita à pied l'Allemagne. Au retour de ce voyage, il se jeta dans la littérature et se fixa à Paris. De 1834 à 1846, il passa trois années à Bruxelles, aux frais du gouvernement belge. Nous avons de lui en librairie : « Histoire de la peinture flamande », comprenant l'histoire de la « Peinture hollandaise » jusqu'à la séparation des deux écoles ; « L'art flamand dans l'est et le midi de la France », rapport au Gouvernement français, complément de l'histoire de la peinture flamande ; « Rubens et l'École d'Anvers », 4me éd. ; « Van Dyck et ses élèves », 2me éd., illustrée ; « L'Architecture et la Peinture en Europe du IVe au XVIe siècle », 3me éd. ; « Voyage d'un amateur en Angleterre » ; « Les Chefs-d'œuvre des grands maîtres », six livraisons in-folio, avec des planches en litho-chrôme par Kellerhoven ; « Restauration de la salle des Échevins à Ypres » ; « Histoire des idées littéraires en France », 4me éd., très augmentée et continuée jusqu'en 1861 ; « Le Réalisme et son histoire » ; « Œuvres de Philippe Desportes », avec une ample étude sur la vie et sur la littérature française au XVIe siècle ; « Œuvres de Regnard », avec une théorie du comique et des combinaisons théâtrales, orné de gravures d'après Desenne ; « Histoire secrète du gouvernement autrichien » ; « Histoire de la politique autrichienne depuis Marie-Thérèse » ; « L'Autriche dans la question polonaise », 1863 ; « Les droits de la France sur l'Alsace et la Lorraine » ; « Le comte de Bismark, sa biographie et sa politique » ; « Histoire de la guerre franco-prussienne et de ses origines » ; « Chûte de l'Empire », orné de gravures hors texte ; « L'Invasion prussienne en 1792 et ses conséquences » ; « Drames politiques » ; « La Cabane de l'Oncle Tom », traduction complète, avec une biographie de l'auteur ; « Le capitaine Firmin, ou la Vie des nègres en Afrique », 2me éd., illustrée par Janet Lange, dans la collection Barba ; « Contes de montagne » ; « Contes d'une nuit d'hiver », édition in 4o dans le *Musée littéraire du Siècle* ; « Les Chasseurs de chamois », id. ; « Les Anabaptistes des Vosges », id. ; « Névillac » ; « Voyage dans la Forêt-Noire », illustré par F. Stroobant (*Tour du Monde*) ; « Les Bûcherons et les Schletters des Vosges » ; « Le Lundi de la Pentecôte », tableaux de mœurs strasbourgeoises avant 1789, d'après Arnold, vol. in-4, orné de 41 planches par Théophile Schuler.

Mickiewicz (Ladislas), écrivain polonais, fils du grand poète Adam M., né, à Paris, le 28 juin 1838, dirigea en 1859 le journal l'*Espérance de Genève* ; en 1863, il fut chargé d'une mission politique à Stockholm par le comité insurrectionnel de la Pologne ; il dirigea l'édition de la *Biblioteka Polska*, et publia : « Notes sur l'État des choses en Pologne », 1862 ; « La Question polonaise » ; « La Pologne et ses provinces méridionales » ; « Lettre au comte de Montalambert sur l'insurrection polonaise » ; « Czartoryski, Wiepoloski et Mierolawski », 1863 ; « Congrès de Moscou » ; « Congrès de Genève », lettres, 1867 ; « Mémorial de la Légion polonaise », id. ; « Honoration de la Mémoire d'Adam Mickiewicz en Italie », 1881 ; « Adam Mickiewicz, sa vie et son œuvre », 1888. M. M. traduisit les œuvres suivantes de son père : « Chefs-d'œuvres poétiques », 1882 ; « Les origines slaves », id. ; « Jeske Choinski, le franc-tireur », 1888 ; « Contes Cosaques » et les « Souvenirs d'une vieux gentilhomme polonais », d'Henri Kzewuski.

Miclé (Véronique), femme-auteur roumaine, née, en 1850, à Nasaud (Transilvanie), fit ses études à l'École Centrale de Jassy. Elle collabore au journal littéraire *Convorbiri Literare* et a publié un volume de « Poésies », Bucharest, 1887.

Miers (Henri-Alexandre), minéralogiste sud-américain, né, à Rio-Janeiro, le 25 mai 1858, fit ses études à Eton College, à Trinity College d'Oxford et à l'Université de Strasbourg. Assistant dans le département de minéralogie au Musée Britannique, instructeur de cristallographie au *City and Guilds Institute* de Londres, actuellement *Examiner in Mineralogy* à l'Université de Cambridge. Il a publié plusieurs mémoires dans le *Mineralogical Magazine* et dans le *Zeitschrift für Krystallographie und Mineralogie*, depuis 1882.

Miklosich (François DE), docte slaviste, né, le 20 novembre 1813, à Luttemberg en Styrie, après de bonnes études universitaires à Gratz et à Vienne, se consacra entièrement aux études philosophiques. Il publia : « Radices linguæ palæoslovenicæ », 1865 ; « Grammaire comparée des langues slaves », 1852-74 ; « Chrestomatia Palæoslovenica », 1861 ; « La langue des Bulgares en Transylvanie », 1856 ; « La formation des noms personnels slaves », 1860 ; « Les éléments slaves dans la langue roumaine », 1861 ; « Les éléments slaves dans la langue magyare », 1870 ; « L'élément slave dans la langue néo-grecque », id. ; « La légende de Saint-Cyrille », id. ; « L'épopée populaire des Croates », id. ; « Recherches Albanaises », 1871 ; « Des dialectes et pérégrinations des Tziganes en Europe », 1874-77 ; « Monumenta Serbica », 1858 ; « Chronique de Nestor », 1860 ; « Acta et diplomata græca medii aevi », 1860-70 ; « Geutrichle dor Lautbengenzning in Bulgarischen », 1883 ; « Die turkischen Elemente in den Sud-est und Osteuropaischen Sprachen », 1884 ; « Ueber Goethes Plaggessang von des edlen Frauen des Azan Aga », 1883 ; « Die Serbischen Dynasten Cronojevic », 1886 ; « Der Blutrascherei im Slaven », 1887 ; « Etymologisches Wörterbuch der Slavischen Sprachen », 1886.

Milanesi (Gaétan), historien, archiviste et commentateur italien, né, à Sienne, le 9 septembre 1813, fit son droit à l'Université de sa ville natale ; élève bibliothécaire à la Communale de Sienne (1838), bibliothécaire (1849), académicien résident de la *Crusca* et compilateur du Dictionnaire (1856), sous-directeur aux archives d'État (1856), surintendant des mêmes archives (1867). On peut dire de M. M. que l'Italie lui doit la rénovation de la critique historico-artistique. Ses publications très nombreuses et ses commentaires aux auteurs classiques sont des ouvrages précieux. Nous en donnons la liste complète : « Documenti per la storia dell'arte senese », Sienne, 1854-56 ; « Discorsi sulla storia civile e artistica di Siena », 1862 ; « Scritti varii sull'arte toscana », id., 1873 ; « Storia fiorentina del Varchi », Florence, Le Monnier, 1858 ; « Lettere di Giambattista Busini al Varchi », id., 1861 ; « Commento del Boccaccio alla Commedia di Dante », id., 1863 ; « Trattato della pittura di Cennino Cennini » ; « Lettere di Michelangelo Buonarruoti, con i ricordi e documenti artistici », id., 1875. Son œuvre principale est « Commentarii alle vite del Vasari », éditée par Le Monnier de Florence.

Milani (Louis-Adrien), archéologue italien, né, à Vérone, le 25 janvier 1854, fit ses études philologiques à Florence à l'*Istituto di Studii Superiori ;* il se perfectionna à Rome en ce qui regarde l'archéologie. Il visita les Musées principaux de l'Europe. Il voyagea en Grèce et en Orient (1879-80) ; professeur d'archéologie à l'Université de Rome (1887) ; vice-directeur des Musées et de Fouilles de Royaume, préposé au Musée Étrusque de Florence. Plusieurs de ses mémoires sont insérés aux revues spéciales. Voilà les titres des principaux : « Sei tavolette cerate scoperte in un'antica torre di casa Majorfi in Firenze », 1876 ; « Necropoli di Suessole », 1878 ; « Il mito di Filottete nelle lettere e nell'arte figurata », 1879 ; « Nuovi monumenti di Filottete e osservazioni in proposito », 1881 ; « Sopra una statuetta di bronzo scoperta all'isola di Fano », 1884 ; « I Frontoni di un tempio Euscanico scoperti in Luni », 1884 ; « Necropoli di Succosa », 1885 ; « Di alcuni ripostigli di monete romane », 1886 ; « Sarcofago di terracotta policromo di Poggio Centocelle », 1887.

Milcowski (Sigismond), romancier polonais qui signe *T. J. Jez*, né, en 1824, à Seracea en Podolie. Il fit ses études universitaires à Kief, prit part dans les rangs hongrois à la guerre de 1849 contre les Russes, se réfugia en Turquie, où il prit du service pendant la guerre de Crimée. Refugié d'abord en Suisse, ensuite en Belgique, il a publié les romans suivants : « Anna Labornicka » ; « Sandor Kowacz » ; « Histoire de l'arrière grand-père et du petit-fils » ; « Hélène » ; « Messer » ; « Le premier et le second précepte du décalogue » ; « Le Nichiliste » ; « Les brigands » ; « Dans l'orage » ; « Les temps durs » ; « La part des Polonais dans la guerre d'Orient » ; « Histoire Serbe » ; « Souvenirs de l'insurrection de 1863 ».

Milelli (Dominique), poète italien de la jeune école, né, à Catanzaro, en février 1841, d'une famille noble ; il débuta en 1864 par une « Ode a Foscolo », qui fut traduite en anglais; en 1873, il publia « In giovinezza », son premier volume de vers. Vinrent ensuite : « Gioconda »; « Hyemalia »; « Odi Pagane »; « Povertà »; « Discerpta »; « Il rapimento di Elena »; « Canzoniere », 1885 ; « Rime », sous le pseudonyme de *Conte di Lara*, id. ; « Fiabe », 1886; « Verde antico », traductions, 1886; « Nuovo canzoniere »; « Diporti letterarii ».

Milicevic (Gjacow-Milan), célèbre écrivain serbe, né, à Ripnia, village près de Belgrade, le 4 juin 1831; après avoir étudié à Belgrade, il entra au service administratif et occupa des places importantes à différents ministères ; il est maintenant Bibliothécaire à la Bibliothèque Nationale, appartient aux Académies d'Agram, de Moscou et de Saint-Pétersbourg. En 1871, il publia une « Histoire de la Pédagogie »; dirigea pendant 8 ans le journal l'*École*, et ensuite publia les ouvrages suivants : « La principauté de Serbie », 1876 ; « La Vie du paysan serbe », 3 vol., 1867-77 ; « La Fête slave des serbes », 1877 ; « La Vie et les œuvres des hommes illustres », 1877-79 ; « Physiologie et hygiène », 1878 ; « Les soirées d'hiver », 1879 ; « Le Village Zloselica »; « Les soirées d'été », 1880 ; « Contes »; « De Belgrade à Cetinje », voyage, id.; « Dieci pará », conte, 1881 ; « Le Danube a Peinja », 1882 ; « Souvenirs de Daniéic' », 1883 ; « Le Royaume de Serbie », 1884 ; « L'Exposition ethnographique de Moscou et le Congrès Slave », 1884 ; « L'Equivoco », lettres, 1885 ; « Georges Kratorac, martyre serbe », id. ; « Omer Celebia », conte, 1886 ; « Dictionnaire des serbes illustres », en cours de publication.

Milla (J.), romancier et historien du Guatemala, auteur d'une dizaine de romans de mœurs américains, né en 1827, ancien député, secrétaire-général au ministère des affaires étrangères, a écrit une « Histoire ancienne du Guatemala ».

Miller (Joachim), humoriste et poète américain, dont le vrai nom est Cincinnatus Heine Miller, né dans la Comté de Wabash (État d'Indiana), le 10 novembre 1841. Il se transporta d'abord dans l'État d'Oregon, puis en Californie pour y chercher fortune; il fut employé aux mines ; journaliste et avocat à Cañon City (Oregon). De 1866 à 1870, il fonctionna comme juge, et commença à écrire des pièces de vers. Nous avons de lui depuis 1870 les ouvrages suivants : « Song of the Sierras »; « Pacific Poems »; « Song of the Sun Lands »; « Life among the Madocs »; « Unwritten History »; « The Ship in the Desert »; « First Families in the Sierras »; « The One Fair Woman »; « Baroness of N. Y »; « Songs of Far Away Lands »; « Songs of Italy »; « Shadows of Shasta »; « Memory and Rime »; « Forty-Nine, the Gold-Seeker of the Sierras ».

Miller (Oreste), historien russe, professeur pendant longtemps à l'Université de Saint-Pétersbourg, en démission depuis novembre 1887 à cause de son discours sur la mort de Katkoff, né, à Réval en Elshonie, en 1833, étudia à Varsovie et à Saint-Pétersbourg. Après avoir publié quelques dissertations qui eurent du retentissement, il fut nommé professeur en 1862. En dehors de son cours universitaire, il publia l'« Essai sur la littérature russe » qui eut deux éditions ; « Cours public sur la littérature russe contemporaine », 3ᵐᵉ éd., 1886 ; « Le Monde slave et l'Europe ». Il avait commencé : « Lord Byron et sa destinée », dans le *Wiestnik Européen*, lorsque, en 1878, il lui fut défendu de l'achever à cause des tendances anti-anglaises qui caractérisaient cet essai. Les derniers chapitres en effet furent publiés en 1883 dans le journal *Le Siècle*. Les discours de M. le professeur M. en l'honneur de Giukowsky, Pushkin, Gogol et Gribojedoff sont célèbres en Russie. Il publia ensuite en volume les « Apôtres des Slaves », 1855 ; « Catherine II et les encyclopédistes », id.; la nouvelle édition du « Cours sur les auteurs russes après Gogol », 3 vol., 1886-87; divers « Discours sur la mort du Czar Alexandre II », sur celle d'Aksakoff (1886), de Katkoff (1887) et d'une série d'articles en défense des réformes du Czar Alexandre II.

Millerand (Alexandre), publiciste et homme politique français, député de la Seine, est né, à Paris, le 10 février 1859. Il fit son droit et s'inscrivit au barreau de Paris en 1881. L'année suivante, il défendit, avec M. Laguerre, les accusés de Montreau-les-Mines, et après l'élection de M. Laguerre, comme député de Vaucluse, il lui succéda comme rédacteur au journal de M. Clémenceau *La Justice*. Aux élections du 4 mai 1884 pour le Conseil municipal de Paris, il se porta, comme candidat radical et autonomiste, dans le quartier de la Muette, et se prononça, dans sa circulaire, pour la révision intégrale de la Constitution. Il fut élu au scrutin de ballotage. Porté sur les listes radicales et socialistes de la Seine aux élections législatives du 4 octobre 1885, il réussit au premier tour de scrutin, il ne fut point maintenu sur la liste républicaine unique pour le scrutin de ballotage. La candidature de M. M. fut reprise par l'alliance des journaux radicaux et socialistes, élections complémentaires de la Seine, en décembre 1885, et fut élu au scrutin de ballotage. Nous avons de lui des rapports, des discours, etc. etc.

Millet (Georges-B.), médecin et homme de lettres anglais, membre de plusieurs sociétés scientifiques, né, le 27 juin 1842, à Penzance, où il fit ses premières il études ; il étudia la médecine à Londres, et publia : « The official Guide to Penzance », 1876 ; « Penzance Past and Present », lectures, 1876-80 ; « The first

Book of the Parish Registers of Madron in the County of Cornwall », 1877; « Vox Lapidis », 1882. M. M. compose aussi de la musique.

Milliet (René), publiciste et diplomate français, né, le 14 septembre 1849, s'est fait recevoir licencié ès-lettres (1868); licencié en droit (1870); employé au Ministère du commerce, direction du commerce extérieur (1871); rédacteur (1873); attaché à la section française de l'Exposition de Philadelphie (1876); sous-préfet de première classe (1878); secrétaire-général du département de Seine-et-Oise (1879); chef du cabinet et secrétariat du Ministère des affaires étrangères (30 septembre 1880); sous-directeur (15 juillet 1881); à la direction politique (15 octobre 1881); au contentieux (15 février 1882); à la disposition du directeur des affaires politiques (13 janvier 1883); sous-directeur à la direction politique (Amérique) (15 juin 1883); chevalier de la Légion d'honneur (11 juillet 1883); envoyé extraordinaire et ministre plénipotentiaire à Belgrade (12 octobre 1885), où il réside actuellement. M. M. a publié dans la *Revue des Deux Mondes*, en 1872: « Les idées de Stuart Mill sur la propriété du sol »; en 1874: « La marine marchande française »; en 1875: « Le Commerce extérieur français »; en 1876: « Les idées de l'historien américain Bancroft sur la civilisation européenne »; en 1885: « Un département français. Études sociales » (trois articles sous le pseudonyme de René Belloc); en 1886: « Les institutions locales en France »; en 1888: « De Salonique à Belgrade ». Dans la *Revue Bleue*; en 1874: « Sur l'autobiographie de Stuart Mill »; en 1887: « La tutelle administrative en France ». Dans *Le Temps*; en 1873: « Betiri », tableau de mœurs du pays basque, 4 feuilletons. Dans l'*Annuaire de Législation étrangère* (Cotillon éditeur): « Notices sur les travaux du Congrès des États-Unis, 1874, 75, 76, 77, 78, 79, 81, 82 ». Dans le *Bulletin de la législation comparée* (Cotillon éditeur), 1874: « Étude sur l'hypothèque maritime »; 1875: « Progrès de la centralisation administrative en Angleterre » Hachette, 1888: « La France Provinciale, Vie sociale, Mœurs administratives », id., id.

Millien (Jean-Étienne-Achille), écrivain et particulièrement poète français, né, à Beaumont-la-Ferrière (Nièvre), en 1838, fit de brillantes études au Lycée de Nevers. Dès 1860, il publia un recueil de vers: « La Moisson », très bien accueilli du public et de la critique qui classa l'auteur parmi les poètes les plus *personnels* de ce temps. Il fit ensuite paraître successivement les ouvrages poétiques suivants, pour lesquels il fut couronné deux fois par l'Académie française: « Chants agrestes », 1862; « Les poèmes de la nuit, Humouristiques, Paulo Majora », 1863; « Musettes et Clairon », 1865; « Légendes d'aujourd'hui, lieds et sonnets », 1870; « Voix des Ruines, légendes évangéliques, Paysages d'hiver », 1873. Ces diverses poésies furent refondues (1875-76) en une édition de luxe, illustrée de gravures par les meilleurs artistes. Depuis lors, M. M. a publié: « Poèmes et sonnets », 1879; « Le Flûteux », poème, 1881; « La fille du flûteux », poème, 1883. En dehors de ce recueil, il a donné beaucoup de pièces de vers détachés et des nouvelles en prose, soit en librairie, soit dans les journaux, revues et mémoires des sociétés savantes. Citons: « La Pierre des Élus », 1860; « La Masure du vieux chemin », 1861; « Saint-Honoré et le Pont Beuvray », 1869, etc. Il est ou a été collaborateur de nombreuses revues, entr'autres: la *Revue française*, la *Revue de Paris*, la *Revue des Provinces*, la *Revue Indépendante*, la *Revue Britannique*, le *Correspondant*, le *Monde poétique*, etc. On annonce pour cette année la publication d'un ouvrage auquel M. A. M. travaille depuis longtemps et qui ne comprendra pas moins de huit volumes gr. in-8, sous ce titre: « Littérature populaire, traditions et mythologie du Nivernais », contes, chants, légendes, coutumes, croyances, etc. de cette province du centre de la France.

Milliès-Lacroix (Jules), poète, pharmacien, membre de l'Académie de Tarn-et-Garonne, du Conseil municipal de Montauban, officier d'Académie, membre du Conseil d'Hygiène et inspecteur des pharmacies, né, à Montauban, le 8 mai 1825. Après avoir terminé ses études au collège de sa ville natale, il passa cinq années à Paris comme étudiant en pharmacie et revint dans son pays où il exerça sa profession pendant 35 ans, partageant son temps entre les recherches si intéressantes de la chimie et les travaux littéraires qui avaient été la préoccupation constante de son adolescence. Républicain dès les bancs du collège, il prit part à la révolution de 1848, resta constamment fidèle aux opinions politiques de sa jeunesse et manifesta son activité militante, sous l'Empire, par de nombreux articles de polémique insérés dans divers journaux ou revues. Conseiller municipal de Montauban depuis l'année terrible, il fut un des trois délégués qui furent envoyés à Versailles auprès de M. Thiers pendant les troubles de la Commune. Aujourd'hui retiré des affaires, il passe le meilleur de son temps à la campagne, où il n'a garde d'oublier la muse qui est la consolation de sa vieillesse comme elle fut l'Égérie de ses jeunes années. Indifférent à toute gloire littéraire, mais ayant toujours généreusement prodigué ses conseils à de jeunes littérateurs avec une patience et une bonté que ceux-ci ne sauraient oublier, M. M.-L. n'a jamais voulu réunir en volumes les nombreux poèmes, odes, contes, sonnets qu'il a livrés au vent de la publicité. Il n'existe de ce poète aussi modeste que charmant qu'un grand nombre de plaquettes qui n'ont jamais été dans le commerce de la librairie. Les principales sont: « La poésie », poème couronné par l'Académie de Montauban; « Les progrès de l'industrie au XIXe siècle », poème couronné, qui le fit recevoir à 26 ans membre de ce corps littéraire; « Une scène du moyen-âge »; « Ingres », poème; « Le voyage à la Mecque », conte; « Clémence », poème; « Le luxe et le bien-être », satire; « Les vieux chemins et les nouveaux »; « La guerre d'Italie »; « L'Esclavage dans l'antiquité et dans les temps modernes »; « Verba et Facta »; « Ut pictura poësis »; « Les Deux Printemps »; « La poésie romane »; « Le 14 juillet »; « Renaissance »; « L'instruction »; « Jeanne, épisode de 1870 »; « Le Merveilleux »; plusieurs Odes traduites d'Horace, etc., etc.

Millosevich (Élie), astronome italien, né, à Venise, le 5 septembre 1848, obtint la chaire de professeur d'astronomie à l'Institut Royal de la marine marchande, et après sept ans fut nommé vice-directeur du département central de météorologie de l'Observatoire astronomique du Collegio Romano. Il a publié plusieurs études et mémoires dans les *Astronomische Nachrichten*, dans les *Annali di Meteorologia* et dans les comptes-rendus de l'Académie des *Lincei*.

Millot (Ernest), explorateur français, membre de la Société Académique Indo-Chinoise de France, né, à Aix-en-Othe (Aube), le 26 juillet 1836, négociant à Shanghaï (Chine), pendant 23 années, ancien Président du Conseil d'administration municipale de la concession française de Shanghaï, seconda Jean Depuis, le chef de l'expédition du Fleuve Rouge, dans la première exploration au Tonkin et au Yûnnan en 1872, chevalier de la Légion d'honneur, a publié, outre un grand nombre de conférences parues dans les recueils géographiques français et étrangers: « La Concession Française de Shang-haï », Paris, 1881; « De Bahmo à Han-Kow », id., 1881; « La France dans l'Extrême-Orient », id., 1882; « Le Tonkin, son commerce et sa mise en exploitation », id., 1881.

Milutine (le Comte Démétrius), homme politique et écrivain russe, né, à Moscou, en 1806, fit ses premières études au Pensionnat de l'Université de Moscou. De 1833 à 1845, il servit à l'armée comme officier et de 1845 à 1855 fut nommé professeur de statistique militaire à l'Académie militaire. Chef de l'état-major de l'armée du Caucase (1856-1860), Ministre de la Guerre (1860-1881), il est depuis cette époque membre du Conseil d'État. M. le général M. a publié: « Premiers essais de statistique militaire », 1847-48; « Relations des opérations militaires de l'année 1839 au Daghestan », 1850; « Histoire de la guerre entre la Russie et la France en 1799, sous le règne de l'Empereur Paul I », 1852-53, traduit en allemand en 1857.

Minaeff (Démétrius), poète russe, né, en 1835, à Simbirsk, fut élevé à l'école militaire, passa ensuite au service civil comme secrétaire au Ministère de l'Intérieur; il donna sa démission en 1857 et contribua à plusieurs revues des traductions des grands poètes français et anglais. Nous avons aussi de lui quelques versions en russe de morceaux épisodiques de l'Enfer de Dante. En librairie: « Chants et pensées »; « Crépuscule »; « Nouvelles poésies »; « Deux essais de poésie satyrique »; « Les échos et les souhaits de bonne santé »; enfin une comédie « Le libéral », couronnée par l'Académie des sciences de Saint-Pétersbourg.

Minaeff (Jean), insigne orientaliste russe, professeur de langues comparées à l'Université de Saint-Pétersbourg, a étudié en Allemagne et en Angleterre et s'est voué spécialement à l'étude des livres sacrés Bouddhistes. Son ouvrage essentiel est la traduction du: « Pratimokshasutra », livre rituel des Bouddhistes; « La phonétique et la morphologie de la langue Pali ». M. M. a beaucoup voyagé à l'étranger, notamment à Ceylan.

Minervini (Jules), archéologue italien, né, le 9 août 1819, à Naples; il se consacra de bonne heure à l'étude de la philologie tout en faisant son droit; de 1845 à 1850, il exerça avec beaucoup d'honneur au barreau de Naples; en 1860, M. M. fut nommé inspecteur du Musée national, place qu'il quitta volontairement quatre ans après; en 1867, il fut nommé bibliothécaire de l'Université. Nous avons de lui en librairie: « Il mito di Jole e di Ercole », 1840; « Guida illustrativa dell'Esposizione archeologica di Caserta »; « Meditazioni filosofiche con note », Naples, 1837; « De Methodo latinae grammaticae in aliquibus reformanda », id., 1838; « Graecum diploma ανεκδοτον nunc primum ex archivio Castrovillari prolatum notisque illustratum », id., id.; « In quatuor graeca diplomata nunc primum edita adnotationes », id., 1840; « L'antica lapida di Zettia Casta a miglior lezione ridotta e illustrata », id., 1845; « Descrizione di alcuni vasi fittili antichi della collezione Jatta », id., 1846; « Monumenti antichi inediti posseduti da Raffaele Barone », 1852; « Saggio di osservazioni numismatiche », 1856. Il collabora de 1843 à 1848, en 1853, 1854 et 1864 dans le *Bullettino archeologico napoletano*, puis dans les *Atti della Commissione archeologica di Caserta*, et dans la *Raccolta del Regio Museo Borbonico*. Il publia plusieurs mémoires, dont nous citons les titres: « Novelle dilucidazioni sopra un chiodo magico »; « Le brevi osservazioni sul cercine veduto sugli antichi monumenti »; « Illustrazioni riferite in lingua russa dall'Aschick »; « Il mito d'Ercole che succhia il latte di Giunone »; « Ercole presso la famiglia di Eurito »; « Nuove osservazioni intorno alla voce *Decatreuses* »; « Intorno le medaglie dell'antica Dalyori »;

« Illustrazione di un vaso etrusco del Museo Napolitano »; « Intorno al vaso di Polyetes »; « Sopra un decreto municipale di Cales », et autres; « Pier delle Vigne »; « Le origini della lingua italiana », comptes-rendus des concours au prix Tenore; « Pompei a volo d'uccello », dans la *Guida Bronner*, 1880; « Interpretazione d'un'epigrafe osca scavata a Pompei », 1851; « Storia di Giulio Cesare », traduction, Florence, Le Monnier, 1865-66; « Il piccolo canzoniere sentimentale », poésies, 1838; « Cristo che libera l'umanità », sonnet; « Psiche svenuta », chanson, 1854; « Gioia e dolore », id.; « La fanciulla catanese »; « Lile » polymètres; « Il riposo dell'anima »; « Un triste anniversario a Maria »; « Da Roma »; « L'Amore », sont ses meilleures poésies. Il écrivit encore des « Epigrammi greci e latini », et des « Iscrizioni latine e italiane ». Parmi ses traductions, il faut citer les « Eumenidi di Eschilo »; des poésies de Longfellow, de Tennyson, de Coppée, de V. Hugo. Ses proses littéraires remarquables sont: « Una spiegazione del Pape Satan, Pape Satan Aleppe »; « Sul Canto XIII dell'Inferno di Dante in confronto della selva incantata di Virgilio e del Tasso »; « Sul monumento di Paolina Ranieri in Santa Chiara », etc. Il a cultivé le dialecte napolitain écrivant en prose et en vers, et nous avons de lui, éditée à Londres, une traduction de l'Évangile de Saint-Marc.

Minervini (Gabriel), écrivain médical italien, né, à Naples, le 1er avril 1821, fit d'excellentes études universitaires et inséra une quantité énorme de mémoires très remarqués aux revues spéciales. Citons les principaux : « Trattato delle eclampsie dei fanciulli extra cerebrali, ossia dei morbi posti fuori i centri nervosi e della loro frequenza nell'epoca della dentizione », 1857; « Osservazione di un uovo dentro un altro uovo e di tre torli in un guscio », 1862; « Memorie fisiologiche riguardanti la mestruazione », 1854; « Monografia della clorosi », 1853; « Trattato della sifilide dei neonati e dei bambini poppanti », traduction de Diday, 1853; « Sulla cura del cholera », 1856; « Monografia della scrofola », 1855; « Sull'uso del solfato di chinino nelle dolorose affezioni locali », 1856.

Minghelli-Vaini (Jean), écrivain et homme politique italien, ancien membre du Gouvernement provisoire de Modène en 1848, ancien directeur des prisons, ancien député, ancien préfet, Sénateur du Royaume, né, à Modène, le 8 mai 1817. Nous avons de lui un ouvrage essentiel publié en 1868 sous le titre: « L'individuo, lo Stato e la società », ainsi que plusieurs brochures tendant à la réforme du régime des prisons.

Minier (Hippolyte), homme de lettres français, ancien président de l'Académie nationale des Sciences de Bordeaux, né, à Bordeaux, le 21 juin 1813, en dehors de plusieurs comédies, drames en vers et en prose et de nombreuses études littéraires, a publié: « Mœurs et travers », poésies satiriques, 1856-1860; « Poètes bordelais », 1861; « Théâtre à Bordeaux », 1883.

Minnich (Jean-Alois), né, le 1er janvier 1801, à Lenzbourg dans le canton d'Argovie, reçut son éducation classique aux Gymnases de Soleure et de Lucerne, choisit la carrière médicale et s'y prépara aux Universités de Fribourg en Brisgau et de Wurtzbourg. Ses capacités attirèrent sur lui la bienveillante attention de l'illustre prof. de pathologie Schönlein. En 1825, Minnich revint en Suisse et a dès lors exercé son art dans son Canton d'origine d'abord à Mellingen, puis, à partir de 1832, à Baden, où il acquit rapidement une nombreuse clientèle et a célébré en 1876 le jubilé de son doctorat dans la plénitude de ses forces physiques et intellectuelles. La peinture et la poésie ont occupé les rares loisirs que lui laissait la pratique de sa profession. Ses paysages sont estimés des connaisseurs. En 1836, parut sous le titre de « Fleurs des Alpes », une anthologie de morceaux d'origine d'allemannique. En 1845, M. M. publia les « Tableaux de la Suisse »; en 1862, les « Souvenirs d'un voyage en Espagne », où les vers s'alternent avec la prose.

Minor (Jakob), professeur ordinaire de langue et littérature allemande à l'Université de Vienne (Autriche). Né, le 15 avril 1855, à Vienne, il fit ses études dans cette métropole et à Berlin. Passé docteur en 1878 et habilité en 1880, M. M. fut reçu deux ans plus tard (1882) à l'Académie *Scientifico-letteraria* de Milan (Italie), en qualité de professeur *incaricato*. En 1884, il enseigna à Prague, et depuis 1885, étant rentré à Vienne, il occupe la place actuelle à l'Université de cette capitale. Il est auteur de plusieurs ouvrages littéraires parmi lesquels nous citerons: « Chr., H. Weisse », Insbruck, 1880; « Studien zur Goethe Philologie », Vienne, 1881; « J. G. Hamann », Francfort, 1883; « Die Schicksalstragödien », id., 1885; « Fr. Schlegels Jugendschriften », Vienne, 1882; « W. Schlegels Vorlesung », Heilbronn, 1888; « Schiller, sein Leben und seine Werke », Berlin, Weidmann, 1889. On lui doit aussi une série très importante d'ouvrages philologiques tel que: « Studien zur Philologie », Vienne, 1885, que l'on considère comme l'un de ses plus beaux travaux littéraires.

Minotto (Antoine-Étienne), polygraphe, né, à Feltre, en 1839, docteur à l'Université de Padoue (1859), professeur tour-à-tour aux Lycées d'Udine, de Venise, de Mondovi et de Rovigo. Nous avons de lui: « Venezia nella storia universale », 1865; « Nel sesto centenario di Dante Alighieri », 1865; « Preliminare e Storia della guerra Italo-Prussiana »; « I monumenti a Vittorino dei Rambaldoni e a Panfilo Castaldi in Feltre »; « Trattato della prosodia, dell'accento e della pronuncia nella lingua latina »; « Cenni sull'antico archivio di Mestre »; « Acta et diplomata e R. Tabulario Veneto a recessiore tempore, usque ad medium seculum XV summatim regesta », 1870-74.

Minto (Guillaume), homme de lettres anglais, né, le 10 octobre 1845, à Auchintoul dans la Comté d'Aberdeen, fit ses études dans cette dernière ville avec beaucoup d'honneur; fut appelé à Aberdeen comme assistant du prof. Bain et publia deux livres très importants: « English Prose Writers », 1872, 3me éd. 1885. Il contribua à l'*Examiner*, ensuite au *Daily News* et à la *Pall-Mall Gazette*. Nommé professeur de logique à Aberdeen (1880), il écrivit un roman: « The Crack of Doom », 1885; un essai sur « De Foë », dans la série biographique des hommes de lettres anglais éditée par M. Morley. En dehors d'une collaboration suivie aux principales revues anglaises, M. M. a écrit les notices biographiques et historiques des hommes de lettres britanniques pour l'*Encyclopédie Britannique*.

Minucci-Del Rosso (Paul), homme de lettres et notaire italien, né, le 3 janvier 1831, à Florence, étudia sous les Pères *Scolopi* à Florence et publia les ouvrages suivants: « Saggi comici », 1868; « Le merende del Burchiello », 1869; « Spesso bellezza vince saviezza », 1873, dans la *Nuova Antologia;* « Bernardo Cennini », comédie historique, 1877; « La tomba di Totila », dans la *Rivista Europea;* « L'orto della zia Geltrude »; « Buffalmacco a Vincigliata », nouvelles; « Di alcuni personaggi ricordati dal Vasari nella vita di Giovan Francesco Rustici », dans l'*Archivio Storico Italiano;* « La disputa dell'uovo »; « Il Can che si possiede o si sprezza o non si vede », comédies en un acte; « La badessa di San Pier Maggiore »; « Il cieco da Gambassi »; « Il medaglione del conte Orazio »; « L'osteria del lupo nero », contes; « Tomaso Gherardi Del Testa »; « L'onestà d'una canterina sotto il Granduca Cosimo III »; « Le nozze di Margherita de' Medici con Odoardo Farnese »; « Il tragico e il meraviglioso nel Boccaccio », publiés dans la revue *Pietro Thouar*.

Miraband (Paul-Barthélemy), écrivain français, né, à Versailles, le 29 juin 1848, administrateur de la Cie du Chemin de fer de Paris à Orléans, vice-président du Conseil d'administration de la Cie des Chargeurs Réunis, a publié: « Rodolphe Töpffer, l'écrivain, l'artiste, l'homme », avec Auguste Blondel »; « Bibliographie des œuvres de Rodolphe Töpffer », 1887; « Rapport du Comité Protestant français de secours aux blessés et aux victimes de la guerre d'Orient 1877-78 », Chaix, 1878.

Mirabeau (Mme la Comtesse DE), née le Harivel de Gonneville, femme-auteur française, née, au Château de Cosseville, le 21 juin 1829; elle débuta par un roman inséré dans le journal *La Mode*, intitulé: « Marguerite d'Éviguy ». Suivirent: « Les jeunes filles pauvres », 1863; « Histoire de deux Héritières », 1864. En collaboration avec le Vicomte de Grenville, elle publia: « Les Veillées normandes »; « Hélène de Gardannes »; « Le Baron d'Aché »; « L'été de la St.-Martin »; « Le Maréchal Bazaine »; « Jane et Germaine ».

Miraglia (Louis), jurisconsulte italien, professeur de philosophie du droit à l'Université de Naples, et d'économie politique à l'école Supérieure d'agriculture de Portici, né, à Reggio (Calabre), en 1846, a été tour-à-tour professeur aux Lycées de Santa Maria Capua Vetere et de Naples; nous avons de lui: « I principii fondamentali dei diversi sistemi di filosofia del diritto e la dottrina etico-giuridica di Hegel », 1873; « La moderna filosofia del diritto e i suoi rapporti con il diritto industriale », 1874; « La famiglia primitiva e il diritto naturale », 1877; « Delle condizioni storiche e scientifiche del diritto di preda esercitato dalle navi da guerra », 1871; « Le due fasi di scienza economica », 1875; « Il vincolo forestale e le sue ragioni », 1877; « Cenni sulla proprietà mineraria », id.; « Uno studio di A. Scialoja sui principii della imposta », 1878; « Dell'insegnamento industriale », 1872; « La laurea di giurisprudenza e gli alunnati », 1872; « Lo Stato e l'educazione in Grecia », 1876; « Studii intorno alla scienza dell'educazione », 1877.

Mirbt (Charles), écrivain allemand, professeur extraordinaire de théologie à l'Université de Marburg, né, le 21 juillet 1860, à Gnadenfrei en Silésie. Il est auteur de « Die Absetzung Heinrichs IV durch Gregor VII, *Kirchengeschichtliche Studien* H. Reuter gewidmet », Leipzig, 1888; et de lui on a aussi: « Die Stellung Augustins in der Publicistik des gregorianischen Kirchenstreits », id., 1888.

Mirce de Barâtos (Jean), homme de lettres hongrois, né, à Barâtos en Transylvanie, en 1834; après des études à l'École Militaire, il se dédia aux recherches historiques, trouva aux Archives d'État de Milan, de Modène, de Florence, de Gênes et de Padoue des documents précieux pour l'histoire hongroise, qu'il inséra au *Monumenta Historica Hungariae;* à l'*Annuaire littéraire* de Vienne, il inséra les « Dioscures », 1875. Nous avons de lui en allemand des ouvrages très importants: « Erinnerungen aus dem vorletzen Lebensjahre des hugarn Koenigs Mathias Corvinus »; « Venedig und Ungarn, Kückblicke aus Dalmatien und Croateen in den Zeiten der Arpaden bis Zum Tode des Koenigs Ludwig von Anjou », 1878. M. M., dans ses nombreux écrits aux journaux, se montre partisan très convaincu de l'alliance austro-italienne.

Mischler (Ernest), docteur en droit et professeur de statistique à l'Université de Czernowitz, né, à Prague, le 23 décembre 1857, où il fit toutes ses études. Professeur agrégé à l'Université de Prague (1881-86) et à l'Université de Vienne (1887-88), il fut enfin nommé professeur à Czernowitz. En 1887, il fut secrétaire du IV Congrès international de démographie à Vienne. Outre plusieurs articles dans les revues: *Statistiche, Finanz Archiv, Conrad's Faberleicher, Braün's Archiv*, nous avons de lui: « Odevreichischer Städlebuch », Vienne, 1888; « Der Ohentliche Hausbalt », id., id.

Mistell (François), né, à Soleure, le 11 mars 1841, choisit pour sphère d'études la philologie, et fréquenta les Universités de Zurich et de Bonn, où il compta pour maîtres Brandis, Köchly, Jahn, Ritschl, Gildemeister. Un séjour d'une année soit à Genève, soit à Paris, lui permit de s'initier à la langue et aux méthodes pédagogiques françaises. Le Gouvernement Saint-Gallois l'appela lors de son retour en Suisse à l'enseignement du latin dans les classes inférieures du gymnase (1865-70); les mêmes fonctions lui furent confiées, de 1870 à 1874, au Lycée de Soleure. M. M. occupe depuis 1874 la chaire de philologie comparée à l'Université de Bâle. Nous mentionnerons comme ses publications les plus importantes : « De l'accentuation en grec », Paderborn, 1875 ; « Explications sur la théorie générale de l'accentuation grecque », Paderborn, 1877, sans parler de nombreux essais sur la philosophie comparée, les langues indo-européennes, les dialectes de l'Oural et de l'Altaï, insérés soit dans la *Revue de Kuhn*, soit dans la *Revue de Lazarus et de Steinthal pour la Psycologie des nationalités*, un entr'autres fort remarqué dans le monde érudit sur les *Lois et les Analogies de l'accent* (tome XI). M. M. prépare, pour le faire paraître sous peu, un ouvrage considérable, conçu dans l'esprit de son maître Steinthal: « Caractéristique des principaux types de construction philologique ».

Mistral (Frédéric), poète provençal, né, à Naillane (Bouches-du-Rhône), le 8 septembre 1830, fit ses premières études au Lycée d'Avignon et son droit à la Faculté d'Aix-en-Provence. Il fonda en 1854 l'association des *Félibres* dans le but de restaurer la langue provençale. Nous avons de lui: « Mirèio », poème, Avignon, 1858; « Cálendau », id., id., 1876; « Nerto », nouvelle, Paris, 1884; « La rèino Sano », id., 1889; « Lou Tresor dòu Felibrige », dictionnaire provençal-français. L'œuvre de M. M. a une importance littéraire reconnue pour la manifestation vigoureuse à laquelle elle a donné naissance. Le *félibrige* compte aujourd'hui 5000 adeptes et des poètes tels que Roumanille, Mariéton, etc. sont à la tête de ce mouvement littéraire qui ressemble beaucoup à celui auquel nous assistons en Flandre pour la reconstruction d'une littérature flamande et wallonne.

Mistriotis (Georges), né, en 1838, à Tripolitza en Arcadie; docteur ès-lettres des Universités de Leipzig et de Berlin, professeur de l'Université d'Athènes. Œuvres principales : « Histoire des poèmes homériques », Leipzig, 1857 ; « Commentaires sur l'Iliade », 3 vol.; « Commentaires sur les dialogues de Platon » ; « Commentaires sur l'Antigone, l'Œdipe et l'Electre de Sophocle » ; « Commentaires sur la Médée d'Euripide ». Son ouvrage sur les poèmes d'Homère est une œuvre de beaucoup d'érudition et de connaissances approfondies. « Histoire d'Alexandre », 1885; « Vie d'Olympias, mère d'Alexandre » ; « Carte de la péninsule Hellénique », 1887 ; « Corrections critiques dans Strabon », 1882; « Révision de l'ancienne Géographie de Heiper », et plusieurs ouvrages classiques sur la géographie, l'histoire, la littérature, l'archéologie, etc., insérés dans les revues périodiques d'Athènes, dans les *Mittheilungen*, dans la *Correspondance Hellénique* et dans les journaux.

Mistschenco (Théodore), philologue russe, né, en février de 1848, à Prilonques. Il commença ses études à l'Université de Kiew et les acheva à Leipzig et à Paris. Nommé professeur de langue et d'histoire de la littérature grecque à l'Université de Kiew, il fut destiné en 1889 à Kazan comme professeur ordinaire de l'Université. M. M. est membre de plusieurs Académies. Nous avons de lui: « La trilogie Thébaine de Sophocles », 1870 ; « Les tragédies de Sophocles et leur rapport avec la vie actuelle », 1874 ; « Essai de l'histoire du rationalisme en Grèce », 1881 ; « Hérodote », traduction; 1888 ; « Thucydide », id., id.; « Polybe », id., id.; « Strabon géographe », id., id., 1881 ; « Hérodote et sa place dans l'histoire de la civilisation grecque », 1888 ; « Un juge trop sévère d'Hérodote », id.; « Thucydide et son œuvre », 1887-88; « La Grece fédérative et Polybe », 1890. Dans les revues spéciales russes ont paru plusieurs articles de M. M.

Mitchell (S.-Weir), écrivain médical Nord-Américain, président du Collège des médecins à Philadelphie, médecin à l'hôpital des aliénés de la même ville, membre de l'Académie des Sciences des États-Unis, né, le 15 février 1831, à Philadelphie, physiologiste très estimé. Nous avons de lui: « Diseases and Injuries of nerves » ; « Lectures of nervous maladies of women » ; « On treatment of histeria and Neurisheria » ; « Smithsonian memoirs on poison of Serpents ». Nous avons encore de lui une centaine de mémoires sur les maladies nerveuses, des nouvelles et quelques poèmes.

Mitcheson (le rév. J.), professeur de mathématique aux Écoles de la Ville de Londres, auditeur du Collège des précepteurs, desservant l'Église Emmanuel à Wimbledon, né, à Londres, en 1843, bachelier à l'Université de la même ville (1871). Nous avons de lui: « Arithmetical Class-Book », 1386; « Hand-Books of Central Europe and Pacific Ocean », 1888. Le M. le rév. M. est en même temps sous-directeur du *Ladie's Treasury* et collaborateur de l'*Educational Times*.

Mivart (Saint-Georges), savant anglais, né, à Londres, le 30 novembre 1827. Il prit ses degrés à Harrow, au Queen's College de Londres et au Saint-Mary; il lui fut empêché de poursuivre ses études à Oxford, à cause de sa conversion au Catholicisme en 1844. Vice-Président de la Société Zoologique en 1869, réélu en 1882; secrétaire de la Société Linnéenne en 1874; professeur de biologie à Kensington (1874). M. M. est auteur d'une quantité énorme de brochures et de mémoires, ainsi que d'une masse d'articles dans les revues britanniques et américaines. Il est un adversaire puissant du darwinisme, un collaborateur de l'*Encyclopaedia britannica*. Nous avons de lui en librairie: « Genesis of Species »; « Lessons in Elementary Anatomy »; « Man and Apes »; « Lessons from nature »; « Contemporary Evolution »; « Address to the Biological section of the British Association »; « The Cat ».

Mizzi (M.-A.-M.), économiste, financier, géographe et journaliste maltais, né, le 11 mars 1849, à La Valetta, fit ses premières études sous les pères jésuites, fonda en 1868 *Il Cattolico*, dirigea plus tard *Il Trionfo*, et (1876) l'*Economista di Malta*, travailla à la délivrance des esclaves nègres en Afrique, fut secrétaire de la Société internationale d'exploration africaine. En 1871-72, nous le retrouvons secrétaire particulier du général italien Nino Bixio. Il a travaillé beaucoup à la fondation des Compagnies maritimes entre l'Italie et l'étranger, et à cet effet a collaboré à presque tous les journaux italiens. M. M. a publié en 1873 « Sul presente ed avvenire di Malta » et une quantité de brochures d'actualité et sur des sujets de politique et de finance.

Möbius (Charles), professeur de zoologie à l'Université de Berlin et directeur des Collections Zoologiques du Musée des Sciences naturelles, né, en 1825, à Eilenburg (prov. de Saxe) en Prusse. De 1853 à 1868, il fut maître d'histoire naturelle et membre de l'administration du Musée d'histoire naturelle à Hambourg. En 1868, ayant été nommé professeur de zoologie à Kiel, il y enseigna jusqu'à 1887. A cette époque, M. M. fit passage à l'Université de Berlin pour y occuper la place qu'il conserve toujours. Le monde scientifique doit à sa plume les ouvrages suivants: « Die Nester der geselligen Wespen », Hambourg, 1856; « Die echten Perlen », id., 1857; « Bau, Mechanismus und Entwickelung der Nesselkapseln », id., 1866; « Fauna der Kieler Bucht », en collab. avec H. A. Meyer, Leipzig, 1865 et 1872; « Die Thiere der Ostsee », Berlin, 1873; « Die Austernwirthschaft », Berlin, 1877; « Die Bewegungen der fliegenden Fische durch die Luft », Leipzig, 1878; « Beiträge zur Meeresfauna der Insel Mauritius », Berlin, 1880; « Die Fische der Ostsee », en collaboration avec M. Heincke, Berlin, 1884; « Bruchstücke einer Infusorien- und Rhizopodenfauna der Kieler Bucht », id., 1888.

Möbius (Martin), docteur en philologie et célèbre botaniste allemand, né, en 1859, à Leipzig. Après avoir achevé ses études au Gymnase de Gotha, et successivement à Leipzig, Heidelberg et Berlin, il prit ses grades à Heidelberg en 1883 et quatre ans plus tard on le reçut à l'Université de Heidelberg comme prof. agrégé de Botanique. Plusieurs articles de M. M. se trouvent dans les journaux spéciaux; nous nous bornerons à citer les suivants: « Anatomische Untersuchungen über die Monokotylen, ähnlichen Eryngien », paru dans le *Pringshum, Jahrb. für. Wiss. Bot.*, et dans les *Bericht der Deutschen Bot. Ges.*, 1884; « Anatomische Untersuch. über Secretbehälter », voir *Jahrb. f. Wiss. Bot.*; « Ueber Blüthenblätter von Ranunculus », voir *Bot. Centralblatt.*; « Ueber Sphärokrystalle von Kalkoxalat », voir *Bericht d. Deutsch. Bot. Ges.*, 1885; enfin: « Ueber Stengelbau der Orchideen », et « Ueber concentrische Gefässbuendel », publiés dans les *Berich. d. Deutsch. Bot. G. respect.*, 1886 et 1887. Il faut en outre citer sa thèse: « Ueber den anatomischen Bau d. Orchidenbl. und dessen Bedeutung für d. System dieser Familie », qui lui valut son habilitation à l'enseignement de la botanique, voir *Tringsheim's Jahrb.*, XVIII. On ne saurait passer sous silence ses articles et ses recherches algologiques sur l'*Episporrum Centroceratis*, sur l'*Askenarya polymorpha*, sur le *Chætspeltis* et sur les *Algen aus Puerto-Rico*, publiés dans les *Bericht d. Deutsch. Bot, Ges.*, voir années 1885-1888.

Möbius (Paul-Julius), docteur en philosophie et professeur des maladies du système nerveux, né, à Leipzig, le 24 janvier 1853, fit ses études aux Universités de Jena, Leipzig et Marbourg. Après avoir fait de longues études philosophiques, il s'adonna aux sciences médicales, et plus particulièrement il s'occupa des maladies des nerfs. On lui doit: « Grundriss des deutschen Militär-Sanitatswesens », Leipzig, 1878; « Das Nervensystem des Menschen », id., 1880; « Die Nervosität », id., 1882, 2e éd. 1885; « Allgemeine Diagnostik der Nervenkrankheiten », id., 1886; « Ueber die primören Erkrankungen d. willkürlichen Bewegungsapparates », id., 1882; « Ueber die Pathologie des Halssympathicus », Berlin, 1884. Outre cela, M. M. a publié une foule d'articles dans la *Centralblatt für Nervenheilkunde*, dans le *Berlin. Klin. Wochenschr.* et dans plusieurs autres journaux spéciaux et revues médicales. Depuis 1886, il est aussi un des plus actifs et savants rédacteurs du *Schmidt's Jahrb. d. Ges. Med.*

Modestoff (Basile), professeur retraité de littérature latine à Saint-Pétersbourg, né, en 1839, à Novgorod, a fait ses premières études à l'École ecclésiastique de Staraja Russa et dans le Séminaire de Novgorod ; après avoir fréquenté l'Institut pédagogique Supérieur de Saint-Pétersbourg, il suivit le cours universitaire de cette ville. De 1862 à 1865, il a fréquenté le cours de philologie classique à Bonn, résidé quelque temps à Rome, d'où le gouvernement l'a rappelé pour lui confier une chaire à l'Université d'Odessa. Tour-à-tour professeur à Odessa (1865), à Kazan (1868), à Kiew (1869-78), à Saint-Pétersbourg (1879), M. le prof. M. a donné sa démission à cette époque à cause de ses dissentiments avec l'État à propos de la question scolaire. Toutefois en 1886 il ouvrit un cours privé de philologie classique à l'Université de la capitale. En dehors d'une foule d'articles aux revues et aux journaux, le prof. M. a publié les ouvrages suivants : « Tacite et ses œuvres », Saint-Pétersbourg, 1864 ; « Écriture à Rome pendant la période des Rois », Kasan, 1868, traduit en allemand en 1871 ; « Leçons sur l'histoire de la littérature romaine », Kiew, 1873-75 ; « Le scepticisme dans l'histoire romaine », Kasan, 1869 ; « Sénèque le philosophe et ses lettres à Lucile », Kiew, 1871 ; « Satires choisies d'Horace », Saint-Pétersbourg, 1877 ; « Un nom slave dans les inscriptions de Pompéi », Kiew, 1875 ; « Trois inscriptions grecques appartenant au Musée de l'Université de Saint-Vladimir », id., id. ; « Nouvelles de l'érudition et de la polémique », id., 1876 ; « Plaute et son importance dans l'enseignement universitaire », Saint-Pétersbourg, 1878 ; « La question scolaire », id., 1879 ; « Les articles pour le public sur les questions historiques, politiques, etc. », id., 1886-87 ; « Les œuvres de Tacite, traduites et annotées », id., id. ; « Dictionnaire de l'antiquité classique de Lüskers, complété et corrigé », id., id. ; « Leçons de l'histoire de la littérature romaine », édition complète, id., 1888 ; « De l'Allemagne », id., id. ; « Sur la prononciation et la transcription des notes grecques dans la langue russe », Odessa, id. ; « Littérature romaine sous Caligula, Claude et Néron », dans le *Journal du Ministère de l'Instruction publique*, 1889 ; « Odes choisies d'Horace, avec commentaire russe », Saint-Pétersbourg, id.

Modigliani (Ælius), voyageur, écrivain et naturaliste italien, né, à Florence, le 13 juin 1861, fit son droit à Pavie, où il fut reçu docteur en décembre 1883. En ce qui regarde les sciences naturelles, M. M. est un autodidacte. Le 25 décembre 1885, il partit pour la Malaisie avec l'intention de visiter particulièrement l'île Nias (Côte occidentale de Sumatra) ; il en revint après un très long séjour et rapporta en Italie des collections fort remarquables qu'il partagea entre les Musées de Gênes, de Florence et de Rome : les spécimens de zoologie (1500) appartiennent maintenant au Museo Civico de Gênes, ceux d'Ethnographie (156) au Musée Ethnographique de Florence ainsi que la collection anthropologique qui contient 27 crânes humains : les doubles appartiennent au Musée Ethnographique de Rome. M. M. a inséré à l'*Archivio d'Antropologia e d'Etnografia* de Mantegazza : « Ricerche sulla grotta di Bergeggi » ; « Catalogo descrittivo delle Collezioni Etnografiche ed Antropologiche fatte all'Isola Nias » ; « Lettera da Sumatra al prof. Arturo Issel » (*Giornale della Società di letture scientifiche* de Gênes). Dans le *Bullettino della Società Geografica Italiana* de Rome : « Trois lettres de l'île Nias au professeur Issel » et « L'Isola di Nias », notes géographiques. Mais l'ouvrage magistral de M. M., où il a condensé son expérience de la vie Nias, est « Un Viaggio a Nias », gros volume illustré, Milan, Treves, 1890.

Modona (Lionel), orientaliste italien, membre de la Société Asiatique italienne et de la Société des Études Juives de Paris, sous-bibliothécaire, né, à Cento, province de Ferrare en 1841, fit ses études à Florence à l'*Istituto di Studii Superiori e di Perfezionamento*. En 1865, il prit part aux fêtes centenaires de Dante Alighieri. Publications principales : « Ventiquattro epigrafi, un sonetto e un coro, scritti per il VI Centenario di Dante », Florence, 1865 ; « L'Uomo e la Natura », chanson, 1873 ; « La Saffo storica e il mito di Saffo e Faone », 1878 ; « La leggenda cristiana della ribellione e caduta degli angeli in rapporto a due tavolette assire del Museo Britannico », Bologne, id. ; « Relazione sulla scoperta d'un prezioso incunabulo (ebraico) nella Biblioteca della R. Università di Bologna », id., 1883 ; « Una poesia inedita di Manoello Giudeo (Da un codice della Biblioteca Universale di Bologna) », 1885 ; « Di una edizione del Siddur Tefillôt, etc. », 1887 ; « Sara Copio Sullam », avec biographie, Bologne, id. ; « Les exilés d'Espagne à Ferrare en 1493 », dans la *Revue des Études Juives*, id. ; « Catalogo illustrato e descrittivo dei manoscritti ebraici che si conservano nella Biblioteca della R. Università di Bologna » (*Bollettino dell'Istruzione pubblica*), 1886 ; « Cataloghi dei codici orientali di alcune biblioteche d'Italia », en cours de publication.

Modoni (Antoine), homme de lettres italien, consul de Turquie et de Venezuela à Bologne, né, à Medicina (Romagne), le 18 mai 1851, étudia les éléments au Collège Cicognini de Prato, acheva ses études classiques au Collège de Fano, et enfin se perfectionna à l'Université de Bologne. Il fit ses premières armes au *Monitore di Bologna*, à la *Patria*, au *Veronese*, à l'*Adige*, à la *Rivista Minima*, au *Preludio*, à la

Rivista Illustrata Italiana, à l'*Albo dei Giovani* et à l'*Eco Illustrata* de New-York. Il fit surtout de la critique littéraire. En librairie: « Il Faucigny »; « Sul Titano », deux éd., 1879; « Da Bologna a Firenze »; « Lungo il Reno da Magonza a Colonia »; « Per la Germania », impressions de voyage; « Gioie e dolori »; « L'Antico Egitto »; « Su per l'Etna », Milan, Treves, 1881. M. M. est un conférencier distingué sur des sujets qui se rapportent à l'Alpinisme et à l'Association hospitalière de la Croix Rouge.

Moeller (Joseph), savant hongrois, docteur en médecine, professeur de pharmacologie et de pharmacognosie à l'Université d'Innsbruck, né, à Pápa (Hongrie), en 1848. M. M. est un des plus éminents naturalistes hongrois et nous lui devons un grand nombre d'ouvrages publiés en langue allemande. Il suffit de rappeler: « Iflanzen-Rohstoffe », Vienne, 1879; « Vergl. Anatomie des Holzes », voir *Denkschr. d. K. Akad. d. W.*, Vienne, 1876; « Anatomie der Baumrinden », Berlin, 1882, Springer; « Rohstoffe des Tischler-Drechslergewerbes », 2 vol., Cassel, 1883-84; « Mikroskopie d. Nahrungs- und Genussmittel », Berlin, 1882, Springer; « Lehrbuch der Pharmacognosie », Vienne, Holder, 1888. Il est aussi éditeur de la *Real-Encyklopädie d. ges. Pharmacie*, Vienne, 1886, et rédacteur de la *Naturwiss. Rundschau*, de la *Wien. Zeit.* et de la *N. Freie Presse.*

Mohini Mohana Chatterji, savant indien, né, dans le district de Burdhvan, le 6 décembre 1858, d'une noble famille de brahmes; il fit ses études dans le Saint-Saviour's College et dans le Presidency College de Calcutta, où il obtint ses degrés de M. A. et de bachelier en droit; il y a quatre ans, il entreprit un long voyage en Occident pour y étudier les religions comparées; il passa trois ans à Londres et dix mois aux États-Unis; c'est à Boston qu'il prépara son livre, publié en 1887 à Londres chez Trübner, sous le titre: « The Bhagavad Gîta or the Lord's Lay », avec des commentaires, des notes et des comparaisons avec les Saintes-Écritures. Au mois de novembre 1887, il visita l'Italie, d'où il fit retour aux Indes.

Moissan (Henri), chimiste français, né, le 28 septembre 1852, à Paris, fit ses études de chimie au Muséum d'Histoire Naturelle de Paris, successivement licencié ès-sciences physiques, pharmacien de 1re classe, puis docteur ès-sciences. Maître de conférences et chef des travaux pratiques de chimie de l'École de pharmacie de Paris (1879), agrégé auprès de la même École (1882) et professeur en 1887, en remplacement de M. Bouis dans la chaire de toxicologie. La même année, l'Académie des Sciences récompensait ses recherches sur le Fluor en lui accordant le prix Lacaze, et en 1888 l'Académie de médecine le choisissait pour remplacer Méhu dans la section de pharmacie. M. M. a publié des mémoires très appréciés dans les *Comptes-rendus de l'Académie des Sciences*, dans les *Annales de chimie et de physique* et dans les *Annales des Sciences naturelles*, dont nous donnons les titres: « Recherche sur la respiration », 1872-78; « Études des oxides de fer », 1877; « Recherches sur le chrôme et ses composés », 1882; « Études des composés de fluor et des métalloïdes »; « Trid fluorure, pentafluorure et oxifluorure de phosphore »; « Fluorure d'arsenic », 1884; « Recherches sur l'isolement du fluor », 1886; « Nouvelles recherches sur le fluor », 1889; « Fluorures de carbone », 1890. En outre, il a publié: « Série du cyanogène »; « Le Chrôme et ses composés »; « Le Manganèse et ses composés ». Nous avons encore deux conférences faites à la Société Chimique de Paris, et différents articles insérés dans la *Revue Scientifique.*

Mojsisovics (August-Edler von Mojsvár), docteur en médecine, prof. de zoologie et d'anatomie comparée à l'Université de Gratz, né en 1857. On a de lui plusieurs ouvrages et de nombreux articles dont on fait suivre la liste: « Leitfaden bei Zoolog-Zootom. Preparirübungen », Leipzig, Engelmann Wish., 1879, 2e éd. 1885; « Systemat. Uebersicht des Thierreichs », Gratz, 1882; « Ueber die Nervendigung in der Epidemis der Säuget », voir: *Sitzungsber. d. Wien. Ak.*, 1875-76; « Kleine Beiträge zur Kenntniss der Anneliden », id.; « Zur Kenntniss des Afrikanischen Elephanten » (*Arch. f. Naturg.*), 1879; « Weitere Bemerkungen zur Anatomie des Afrikanischen Elephanten » (*Actes de la Naturwess. Verein für Steiermark*), Gratz, 1880-81. En collaboration avec M. et Marktanner: « Bericht über die Untersuchung der Seegrundproben in physikalische Untersuchungen im Adriatischen und Sicilisch-jonischen Meere », Vienne, 1881; « Ueber anatomie Säugethiere, Reptilien und Protozoen im Handwörterbuche der Zoologie, Antropologie n. Ethnologie », Breslau, E. Frewendt, 1879-1888; « Manuel de Zootomie, Guide pratique pour la Dissection des animaux vertébrés et invertébrés etc. », traduction par I. L. de Lanessan, Paris, O. Doin, 1881; « Nachträge zur Anatomie von Loxodon afrikanus Falc. (mas. adult.) », voir *Mitth. des nat. Ver. f. Steiermark*, 1883; « Zur Fauna von Bellye und Dárda », id., 1882; « Erster Nachtrag zur Ornis, von Bellye und Dárda », id., 1883; » Excursion in Bárs-Bodroger und Baranyáer Comitate im Sommer », id., 1883; « zur Fauna von Bellye und Dárda » (*Säugethiere, Beptholien, Amphibier, Fische*, id., 1883; « Bericht über eine Reise nach Südungarn und Slavonien im Frühjahre 84 », id., 1885-86; « Ueber das Vorkommen des Archibuteo lagossus Brunn. als Brutogel in Oesterr.- Ungarn etc. », voir *Zeitsch. f. die ges. Ornithologie*, Budapest, 1884; « Zoologische Uebersicht der Oesterr-Ungar. Monarchie », Vienne,

Höf. und Statsdruckersi, 1886; « Ornithologische Beobachtungen », voir *Jahresber. des Comités f. ornith. Beobachtungs-Stationen*, 1885-1888; « Ueber die geographische Verbreitung westpalacarktischer Schlangen », id., 1887.

Moleschott (Jacob), illustre physiologue hollandais, professeur tour-à-tour en Hollande, en Suisse et en Italie, Sénateur du Royaume italien, un des chef de l'école médicale moderne, né, le 9 août 1822, à Bois-le-Duc, étudia en même temps la physiologie et la philosophie à Heidelberg. Il était encore étudiant à l'Université lorsqu'il attira l'attention du monde scientifique par son ouvrage intitulé : « Observations critiques de la théorie de Liebig sur la nutrition des plantes », Haarlem, 1845. La même année il pratiqua la médecine. *Privat Docent* de Heidelberg (1847-1854), il écrivit en allemand les ouvrages suivants : « Physiologie der Nahrungsmittel », Darmstadt, 1850; « Lehre der Nahrungsmittel für das Volk », Erlangen, 1850; « Der Kreislauf des Lebens », Mayence, 1852; « Physiologie des Stoffwechsels in Pflanzen und Thieren », Erlangen, 1851. Ses doctrines absolument matérialistes lui procurèrent des désagréments de la part du Sénat universitaire et du Ministre de l'Instruction publique. Il donna alors sa démission et s'occupa seulement de diriger le laboratoire de physiologie qu'il avait fondé en 1853. Mais en 1856 l'Université de Zurich l'appela dans son sein et il ouvrit son cours par : « Lumière et vie » qui fut imprimé à Frankfort. François De Sanctis, ministre de l'Instruction publique en Italie, appela M. M., dont il avait été collègue à Zurich, à l'Université de Turin en 1861 et en 1879 à celle de Rome. Dans l'entretemps, M. le prof. M. avait obtenu la grande naturalisation italienne et en 1876 avait été nommé sénateur du Royaume. A cette seconde période de sa vie, correspondent les ouvrages en italien du prof. M. qui sut bientôt manier la langue de sa patrie d'adoption avec une aisance et une élégance absolument extraordinaire. Citons de lui : « Sull'accrescimento delle formazioni cornee del corpo umano e sulla perdita d'azoto che ne resulta », 1879, en collaboration avec le prof. Fubini : « Dell'influenza della luce mista e cromatica nell'esalazione di acido carbonico per l'organismo animale », 1879, avec le prof. Battistini : « Sulla relazione chimica dei muscoli striati e di diverse parti del sistema nervoso in istato di riposo e dopo il lavoro », 1884. Puis : « L'uso dell'jodoformio nel diabete melleto », 1882; « Sulla razione del soldato italiano », 1883; « La Fisiologia e le scienze sorelle », 1879; « Sugli attributi generali dei nervi », 1881; « Carlo Roberto Darwin », 1882; « Francesco De Sanctis », 1884; « Filippo Pacini », 1885; « Per una festa della Scienza », 1887. En allemand : « Untersuchungen zur Naturlehre des Menschen und der Thiere », 13 vol.; « Hermann Hettner's Mongeroih », 1883; « Pys skizzenbuok », Giessen, 1861; « Essai de chimie physiologique de Mulder », traduction du hollandais, Heidelberg, 1844-46.

Molicki (Antoine), écrivain polonais, né, aux environs de Plock (Pologne septentrionale), en 1847. Il fit ses études à Varsovie et depuis à l'Université de Jagellon à Cracovie où il reçut le grade de docteur en philosophie et s'établit dans cette ancienne capitale de la Pologne. Polygraphe distingué, ses travaux embrassent l'histoire, l'ethnographie, l'économie politique, la comptabilité et la philosophie. Il publia plusieurs articles pour propager la doctrine du savant historiographe et ethnographe polonais François Duchinski, dont la doctrine a été adoptée par les célèbres historiens français H. Martin e Viquesnel et introduite dans toutes les écoles de France. Il attira l'attention de son Gouvernement par ses travaux pratiques dans le domaine des finances. Son système philosophique est expliqué dans les ouvrages : « Introduction », paru en 1875, et « Méthodique », en 1879.

Molina (Ange), écrivain médical italien et professeur d'Université, né, à Castellazzo Bormida, le 13 novembre 1830, fit ses études dans sa ville natale, puis à Alexandrie et ensuite à l'Université de Turin; docteur (1852), agrégé à la Faculté de médecine de Turin (1858), professeur ordinaire de médecine légale (1861) à l'Université de Parme, de matière médicale à la même Université (1863). Collaborateur assidu de la *Gazzetta dell'Associazione medica* de Turin, il y a inséré une quantité de mémoires dont une partie fut condensée dans son « Trattato di materia medica », deux vol., Parme, 1869-71.

Molineri (Joseph-César), journaliste et homme de lettres italien, né, à Pinerol, le 24 août 1847, étudia à l'Académie scientifico-littéraire de Milan, prit part à la campagne de 1866, collabora au *Velocipede*, feuille littéraire, à la *Rivista Minima* de Milan et à la *Gazzetta letteraria* de Turin, dont il est un des principaux rédacteurs; il avait fondé en 1874 *Le serate italiane*, qui cessèrent de paraître quatre ans après. Les écrits de cet auteur ont été réunis en volume : « Il canto della Campagna », Turin, 1870; « All'aperto », id., 1876; « Torino al Re », ode, Turin, 1879; « Il viaggio d'un annoiato », id., 1878, trois éd.; « I drammi delle Alpi », deux éd., 1879. Nous avons de cet auteur plusieurs articles de critique littéraire contemporaine : « Le Sivitole », comédie en dialecte piémontais, et « Guttemberg », drame en italien.

Molinier (l'abbé Jean-Baptiste BAURENS DE), ecclésiastique français, né, à Toulouse, en 1835, entra à 17 ans dans la cléricature, et à 24 ans était directeur de la maîtrise de la cathédrale dé Toulouse. Il exerça 12 ans le ministère de la prédication dans les villes et les campagnes. Il a publié: « Monographie de Pibrac »; « Histoire de Sainte-Hespérie vierge et martyre »; sous le pseudonyme de *Comte Reinilons de Sneruab*: « Le Diable révolutionnaire, ou histoire d'une possédée encore vivante, traduite de l'espagnol, avec introduction et conclusion sur les œuvres diaboliques anciennes et modernes », Toulouse, 1873; « Manuel pour le jubilé universel », anonyme, 1875; « La libre-penseuse convertie, ou leçons de la foi au XIXe Siècle », Toulouse, 1888. Il est bibliothécaire-adjoint de l'importante Bibliothèque des bons livres.

Molli (Georges), écrivain maritime italien, né, en Lombardie, fit ses études aux instituts techniques, se consacra aux études maritimes et à tout ce qui regardait la marine militaire et marchande (1888). Il a été rédacteur à la *Riforma* et a publié un ouvrage fort intéressant sous sa signature habituelle, *L'ex-marinaio*, sous le titre: « L'Italia in Mare », Rome, Verdesi, 1888. Cet ouvrage où l'auteur faisait de l'opposition aux vues du Ministère l'obligea de quitter la presse officieuse, et l'année d'après il publia: « La nostra Marina », Rome, Loescher, qui eut le même retentissement. Dans l'entretemps, M. M. a été directeur de l'*Epoca* de Gênes.

Mollière (Daniel), chirurgien en chef de l'Hôtel-Dieu de Lyon, né, à Lyon, le 24 février 1848. Élève de l'école de Lyon, il a publié: « A propos de la résection du maxillaire inférieur », lettre à M. Verneuil, 1873; « Nouveaux méfaits du taxis forcé », 1875; « Note sur un cas de rectocèle vaginale », 1875; « Note sur deux cas de périnéorrhaphie », 1876; « De l'énucléation du globe oculaire pendant la période aiguë du phlegmon de cet organe », id.; « Note sur un cas de régénération osseuse », avec figures, id.; « Procédé opératoire destiné à faciliter la réunion après l'excision partielle du nez », id.; « Traité des maladies du rectum et de l'anus », 1877; « Indications de l'occlusion du péritoine par la ligature élastique après la kélotomie », id.; « De la hernie de la ligne demi-circulaire », id.; « Absence congénital du vagin. Création d'un vagin artificiel », 1879; « Épithélioma colloïde intra-acineux de la glande lacrymale », en collaboration avec le docteur Chandelux, 1880; « Observation de tumeurs rares de la langue », 1875; « Observation de luxation sous-épineuse complète de l'épaule droite », 1875; « Article Fibrome », 1878; « Tumeur volumineuse du sein; ligature préventive des veines; extirpation; guérison », 1877; « Nouveau traitement de la luxation du long péronier latéral », 1879; « Influence des grands traumatismes sur les affections cardiaques latentes », 1880; « Étude sur quelques symptômes des fractures de l'astragale », id.; « Du drainage capillaire dans les kystes synoviaux du poignet », leçon publiée par M. Bouzol, interne des hôpitaux, 1879; « Folie traumatique; trépanation; guérison », 1881; « De l'esprit médical de la chirurgie contemporaine », discours prononcé lors de l'installation de M. Daniel Mollière comme chirurgien en chef de l'Hôtel-Dieu de Lyon, 1881; « De la gangrène gazeuse, définition clinique », 1881; « De quelques anomalies dans les symptômes de l'étranglement herniaire », 1883; « Le cours de clinique chirurgicale professée à l'Hôtel-Dieu de Lyon », 1888.

Molloy (Gerald), théologien anglais, né, le 10 septembre, à Dublin, fit ses études au Collège de Saint-Vincent de Paul à Castleduck près de Dublin et au Collège de Maynooth. Professeur de théologie au Collège de Maynooth (1857), vice-recteur de l'Université catholique de l'Irlande (1873), ensuite Recteur (1870). Nous avons de lui: « Geology and Revelation, or the ancient History of the Earth considered in the light of Geological facts and Revealed Religion », Londres, 1870; cet ouvrage, reproduit en Amérique, a été traduit en français par M. l'abbé Hamard, de l'ordre de Rennes; « Gleanings in Science, a Series of popular Lectures on Scientific Subjects », Londres, 1888.

Molmenti (Pompée-Gérard), illustre critique d'art et historien italien qui s'est surtout occupé de Venise, est professeur de belles-lettres italiennes au Lycée Marco Foscarini de cette ville, où il est né en 1852. En dehors d'une collaboration remarquable aux revues et aux journaux d'Italie, nous avons de M. M. en librairie des volumes précieux. Citons: « Storia di Venezia nella vita privata », Turin, Bocca, 1885, 4me éd.; « Il Carpaccio ed il Tiepolo, Studi d'arte veneziana », id., id., 1886; « Vecchie storie », Venise, Ongania, 1885; « La Dogaressa di Venezia », Turin, Bocca, 1872, 2e éd.; « San Marco », Venise, Ongania, 1888. En dehors de ces ouvrages d'une importance essentielle, M. M. a écrit dans sa jeunesse trois contes: « Dolor », 1872; « Maria », 1873; « Clara », 1875, ainsi que deux petits volumes de critique littéraire contemporaine; « Impressioni letterarie », 1873; « Nuove impressioni letterarie », 1879; son ouvrage essentiel: « La storia di Venezia, etc. », a été couronné par l'Institut Royal de Venise.

Moltchanovsky (Nicandre), secrétaire à la Cour d'appel des juges de paix à Kiev, est né, en 1858, dans le Gouvernement de Podolie, au village Lozovata. Il fit ses premières études au Lycée de Kiev, puis en 1877 à l'Université de Kiev, à la Faculté des sciences historiques. Accusé d'avoir participé dans les désordres qui ont eu lieu à l'Université en mars 1878, il a été exclus de l'Université pour trois ans et déporté par voie administrative au gouvernement de Viatka dans un petit hameau, où il resta jusqu'à 1880. Le Ministre de l'Intérieur

Loris Mélikov n'ayant pas trouvé des causes suffisantes pour le retenir comme déporté, le relâcha en lui donnant plein droit et liberté de s'inscrire de nouveau à l'Université de Kiev, où en 1885 il a terminé ses études avec le titre de candidat ès-sciences historiques. Pendant sa déportation, ainsi que pendant les années suivantes, il a publié une série de travaux sur diverses questions historiques et autres. Nous avons de lui: « Essai d'une histoire de Podolie jusqu'à 1434 », Kiev, 1885, typ. de l'Université; « Les corporations de métiers en Prusse au XVIII° Siècle et les réformes de l'industrie sous Stein et Hardenberg », id., 1887, id. Outre ces deux travaux il a publié dans la revue *Le Mot* (*Slovo*) un article sur « La crise financière et agricole dans le Gouvernement de Viatka », 1879; puis: « Sorénius », étude psychologique, 1881; dans la revue *La Pensée Russe* (*Rousskaja Myssl*) une étude critique sur un almanach pan-slave de Vienne (1880), et dans la revue *Les antiquités de Kiev* (*Kievskaia Starina*) une étude sur « L'organisation municipale de Kiev en 1786, d'après les procès-verbaux de l'Hôtel de Ville », 1889.

Moltke (le Comte HEILMUT Charles-Bernard DE), illustre feld-maréchal allemand, né, de parents danois, à Hambourg, le 26 octobre 1800. Nous ne parlerons pas de sa carrière militaire que tout le monde connaît; nous nous contenterons de citer les ouvrages littéraires du Maréchal, dignes sous tous les égards par leurs hautes qualités littéraires de figurer à côté des livres classiques de Montecuccoli, du maréchal Marmont et du Duc d'Aumale: « La Campagne Russo-Turque dans la Turquie d'Europe », (Der Russisch-Türk. Feldzeug etc.), Berlin, 1835; « Lettres sur les événements de Turquie de 1835 à 1839 » (Briefe über Zustænde und Begebenheiten in der Turkei, etc.), id., 1841, traduites en français sous le titres de « Lettres sur l'Orient », en 1872; « Histoire de la Campagne de 1866 », traduite par M. Zurcy-Reynaud, 1866; « Rapport de l'état-major allemand sur la Campagne de 1870-71 », 1872-75.

Mommsen (Théodore), illustre historien et prince des épigraphistes, né, le 30 novembre 1817, à Garding, d'une famille danoise, étudia la philologie, le droit et l'histoire aux Universités d'Altona et de Kiel. Après avoir donné des leçons particulières à Altona, il voyagea de 1884 à 1887 aux frais de l'Académie de Berlin en France et en Italie, s'occupa avec ardeur des inscriptions romaines et lut plusieurs mémoires à l'Institut Archéologique de Rome et à l'Académie d'Herculanum à Naples. De retour dans sa patrie en 1848, il donna de nombreux articles au *Journal du Schleswig-Holstein* dont il prit bientôt la direction. Appelé la même année comme professeur de droit à Leipzig, il perdit sa place pour s'être mêlé aux événements politiques, mais il fut appelé comme professeur titulaire de droit à l'Université de Zurich en 1852 et à celle de Breslau en 1854; en 1858, il passa à celle de Berlin. Nommé professeur de droit à Leipzig en 1874, il revint aussitôt à Berlin pour occuper la place de secrétaire perpétuel à l'Académie des Sciences de cette ville. Membre de la Chambre des députés de Prusse depuis 1873, il appartient à la fraction des nationaux-libéraux. Pendant la guerre Franco-Prussienne, M. M. qui avait, à plusieurs reprises, reçu l'hospitalité des savants français et de la Cour de l'Empereur, se signala dans plusieurs pamphlets parmi les plus acharnés ennemis de la France. Correspondant de l'Académie des inscriptions et belles-lettres depuis 1860, et de la Société des antiquaires de France, il a été rayé de cette dernière en février 1872. M. M. a publié de nombreux ouvrages presque tous sur l'épigraphie romaine. Citons: « De collegiis et sodalitiis Romanorum », 1843; « Les Tribus Romaines au point de vue administratif » (Die rœm. Tribus in administrativer Beziehung), 1844; « Études osques » (Oskische Studien), 1845; « Les dialectes de la basse Italie », 1860; « Corpus inscriptionum neapolitanarum », 1851; « Sur le système monétaire des Romains », 1850; « Polemii Silvii laterculus », 1853; « Voluscii Mœciani distributio partium », id.; « Inscriptiones confœderationis helveticæ latinæ », 1854; « Les droits des municipes latins Salpensa et Malaga dans la province de Betica », 1855; « Corpus inscriptionum latinarum », 1863 et suiv.; « Édit de Dioclétien de pretiis rerum venalium de l'an 301 », 1851; « Chronique du Sénateur Cassiodore », 1861; « Fragment de droit antijustinien », 1863; « Res gestæ divi Augusti et monumentis Ancyrano et Apolloniensi », 1865; « Corpus Juris Civilis »; « Digesta », 1868-72; « Histoire Romaine », Berlin, 1853-56, 6me éd., 1874-75; « Études romaines », 1865; « Histoire de la monnaie chez les Romains », 1860. Plusieurs ouvrages de M. M., notamment son « Histoire Romaine », ont été traduits en français et en italien.

Monaci (Ernest), philologue et paléographe italien, professeur de littérature néo-latine à l'Université de Rome, né, en 1844, à Soriano, docteur en droit en 1865, fonda en 1872 la *Rivista di filologia romanza*, avec M. Stengel, professeur à Marbourg. Cette importante revue cessa de paraître en 1876; en 1878, il fonda le *Giornale di filologia romanza*. Nous avons de lui: « Sugli ufizi drammatici dei disciplinati dell'Umbria »; cfr. Storia della letteratura italiana, de l'illustre Bartoli; « Il Canzoniere portoghese della Biblioteca Vaticana », Halle, 1875; « Il Canzoniere Chigiano », Bologne, 1878.

Mond (Louis), ou Mme veuve Reymond, émule de Desbarolles, dirige à Lyon un journal intitulé: *Le Magicien*. Elle fait des Cours de magnétisme, des causeries d'outre-tombe, de graphologie comparée, etc. Elle a publié: « J. Soulary, son portrait graphologique », ainsi que le « Portrait graphologique du baron du Potet ».

Moneta (Théodore), journaliste milanais, né en 1835, rédacteur en chef du journal le *Secolo*, qui a le plus fort tirage de toute la presse italienne et qui représente la pensée du parti démocratique national. Il a été officier à l'armée garibaldienne et dirigea, avant le *Secolo*, la *Libera Parola* de Turin (1860-61). Le caractère entier de M. M. lui assure le respect de tous ses adversaires politiques qui sont d'ailleurs nombreux.

Monier-Williams (Sir Monier), éminent indianiste anglais, né, à Bombay, en 1819, élevé en Angleterre au *Queen's College* de Londres et à Balliol College d'Oxford (1838). Après avoir occupé une place dans l'administration aux Indes, il revint en Angleterre pour y continuer ses études et fut nommé professeur de sanscrit à Haileybury (1844-58) et à Oxford (1860). La liste des ouvrages de Sir M.-W. est très longue. Citons: « A Practical Grammar of the Sanscrit Language, Arranged with reference to the Classical Languages of Europe, for the use of English Students », 1re éd. 1846, 4me 1877; « English Sanscrit Dictionary », 1851; une édition du drame « Sakuntala », avec notes et traduction littérale, 1853; revue et corrigée, 1876; version anglaise du même drame, 1855 et 1856; « Rudiments of Hindustani with an Explanation of the Persi-Arabic Alphabet for the use of Cheltenham College », 1858; « Hindustani Primer »; « An Easy Introduction to the Study of Hindustani », 1859; « Story of Nala », 1863; « Indian Wisdom or Examples of the Religious, Philosophical, and Ethical Doctrines of the Hindus », 3me éd., 1876; « Hinduism », 1877. Cet ouvrage a eu ensuite plusieurs éd.; « Modern India and the Indians », 1878; récemment: « Religious Thought and Life in India », 1883; « Brahmanism and Hinduism ». M. M.-W. a été créé chev. par S. M. la Reine en 1886. Il appartient à toutes les Sociétés Asiatiques d'Angleterre, des Indes et d'Amérique, est docteur *honoris causa* de l'Université de Gœttingue et s'occupe maintenant de la réédition de ses nombreux ouvrages.

Monnier de la Motte, poète et romancier français, né, à Vannes (Morbihan), en 1833, exerça d'abord comme avocat, puis s'adonna aux lettres et publia les œuvres suivantes: « Aimer et souffrir »; « Femmes et maîtresses »; « Les maris entretenus »; « Une justice de femme »; « Loin du bonheur », romans; « Du printemps à l'automne », poésies; « Molière au berceau »; « Tout ce qui bouille », comédies en vers. En outre plusieurs articles dans les journaux et revues et des opuscules de genres divers.

Monod (Jean-Paul-Frédéric), théologien français, fils et petit-fils des deux pasteurs réformés de Paris, Frédéric et Jean M., né, à Paris, le 23 novembre 1822, exerça lui-même les fonctions pastorales à Marseille (1848-56) et à Nîmes. Ses aptitudes spéculatives et la modération dont il avait fait preuve dans les luttes qui divisaient l'Église réformée de France, le firent choisir en 1864, lors de la vacance de la chaire de dogmatique à Montauban, comme candidat commun par les deux partis. De 1865 à 1868, M. J. M. fut également chargé de la direction du séminaire protestant. Nous possédons de lui, outre sa thèse de baccalauréat: « Introduction à l'épître de Saint-Jacques », qu'il présenta en 1847 à la Faculté de Montauban, la traduction de deux des commentaires exégétiques de Néander, dont il avait été l'auditeur à Berlin, ceux sur l'« Épître de Jacques » (1851) et la « Première Épître de Jean ». De nombreux articles ont été insérés par M. J. M. dans la *Revue Chrétienne*, la *Revue Théologique*, l'*Encyclopédie des Sciences religieuses*.

Monod (Théodore), prédicateur français, frère cadet du précédent, né, à Paris, le 6 novembre 1836, se destina dans sa jeunesse à la carrière du barreau et prit en 1857 sa licence ès-lettres. Un voyage qu'il eut l'occasion de faire en 1857-58 aux États-Unis avec son vénéré père afin de recueillir les fonds nécessaires à l'érection de la chapelle du Nord, le rendit témoin à New-York d'un grand réveil religieux, et détermina sa vocation pastorale. Au lieu de revenir en France pour l'achèvement de ses études juridiques, il se décida à rester en Amérique, à suivre les cours de la Faculté de théologie presbytérienne d'Alleghany en Pennsylvanie (1858-60) et de donner après sa consécration au Saint-Ministère trois autres années de sa vie à l'évangélisation des Canadiens de langue française immigrés dans l'Illinois. L'Union des Églises libres de France, après le retour de M. T. M. en Europe, l'admit au nombre de ses conducteurs spirituels, et l'appela à desservir en remplacement de son père la chapelle du Nord (1864-75). En 1875, la Mission Intérieure le choisit pour son principal agent; en 1878, le Consistoire de Paris le désigna pour remplir la place de pasteur, devenue vacante par le décès de M. Montaudon. Nous possédons de M. M. plusieurs discours remarquables par l'ardeur des croyances et le feu de l'inspiration.

Monod (madame William, née Vallette), femme-auteur française, née, à Paris, en 1839, fille de l'excellent pasteur luthérien Louis Vallette, belle-fille d'Adolphe M., épouse de M. W. M., pasteur à Marsauceux (Eure-et-Loire), s'est fait connaître par d'intéressantes publications, la plupart destinées à la jeunesse, telles que: « Souvenirs d'un jeune pasteur allemand » (Franz Beyschlag, 1826-56), d'après l'ouvrage original, 1868; « La mission des femmes en temps de guerre », 1870 ; « Les héroïnes de la charité, sœur Marthe de Besançon et miss Florence Nightingale », 1873 ; « Les îles Sandwich transformées par le christianisme, ou cinquante années de la vie d'un peuple », 1876 ; « Ouzmiah, récits de la mission américaine en Perse », 1874 ; « Histoires et légendes pour la jeunesse », 1879 ; « La Wartbourg », scènes historiques, id.

Monrad (Marc-Jacob), philosophe norvégien, professeur à l'Université de Christiania, né, près de Tonsberg, en 1816, étudia la théologie à Christiania, visita (1842-44) l'Allemagne, l'Italie et la France. Nous avons de lui : « Cours élémentaire de philosophie propédeutique et psycologie », Christiania, 1851 ; « De vi logicæ rationis in describenda philosophiæ historia », 1860 ; « Du beau », douze conférences ; « Épisode de dispute entre la croyance et le savoir », 1869 ; « Panorama critique des tendances de la pensée dans les temps modernes » ; « Kunstreitninger » (tendances d'art), 1883 ; « Æsthectik: der Shjonne ag dets Forckamet i Nabur ag Kunst » (Esthétique : le beau et son apparition dans la nature et dans l'art), 1889 ; « Religion, Religioner ag Christendom » (la religion, les religions et le Christianisme), 1885.

Monrose (Eugène), ancien artiste dramatique, lecteur de S. M. le Roi des Pays-Bas, professeur de déclamation au Conservatoire royal de Bruxelles. Né, à Paris, en 1817, il a publié : « Conférences et entretiens sur l'art de la parole », Bruxelles, 1882 ; « Études sur l'art de la diction », id., 1883 ; « Recueil de lectures choisies appropriées aux cours de lecture et de diction », id., 1884 ; « Mémoires spleenitiques : souvenirs d'un comédien de province, d'un directeur et d'un professeur de déclamation », id., 1885.

Monsabré (le rév. P. Jacques-Marie-Louis), prédicateur catholique français, né, à Blois, le 10 décembre 1827, étudia la théologie au séminaire de sa ville natale, exerça, pendant deux ans, le ministère dans son diocèse, puis les fonctions de précepteur chez le comte de Brigode, au château de Luchin, près de Lille. Il entra dans l'ordre des frères prêcheurs en 1855. Deux ans après, il commença au couvent de Saint-Thomas d'Aquin, à Paris, des conférences publiées depuis sous le titre de « Introduction au dogme catholique », 4 vol. Son éloquence s'y révéla. Il fut appelé à prêcher le carême et l'avent dans les principales Églises de Paris et de province : Saint-Thomas d'Aquin, Saint-Roch, Saint-Sulpice, La Madeleine, Lyon, Bordeaux, Nîmes, Aix, Metz, Rouen. En 1865, il prêcha le carême à Londres dans la chapelle française. Mgr Darboy lui demanda de prêcher l'avent à Notre-Dame en 1869. Il choisit pour sujet : « Le concile et le jubilé ». Il devait prendre en 1871 la Station des Conférences du carême, mais empêché de se rendre à Paris, il retourna pour la seconde fois à Metz, où ses discours ardents et patriotiques produisaient une vive impression sur la population et faillirent le faire emprisonner. Rentré dans son couvent de Paris, il fut invité par Mgr. Guibert à prendre la chaire de Notre-Dame qu'il n'a pas quittée depuis 1872. Sous l'empire des préoccupations du moment, il exposa les grands principes chrétiens de l'ordre intellectuel, moral et social, sous le titre de « Radicalisme contre Radicalisme ». L'année suivante, il commença sa belle « Exposition raisonnée du dogme catholique », dans ses rapports avec les besoins du temps présent. Cette exposition en est à son 16e volume. Cinq volumes de *Retraites pascales* qui suivent chaque année les conférences ont été publiés. Parmi les autres écrits de l'éloquent dominicain, nous citerons : « Or et alliage dans la vie dévote » ; « Petites méditations pour la récitation du Rosaire (7 séries) » ; « Panégyriques de Sainte-Monique » ; de « Jeanne d'Arc » ; du « P. de la Salle » ; de « La défense de Châteaudun », etc. Monseigneur Jérémie Bonomelli, évêque de Crémone, vient de publier la traduction en italien des sermons du R. P. Monsabré en 21 vol.

Mouselise (Jules), ingénieur italien, professeur de chimie, membre de plusieurs académies italiennes et allemandes, né, à Mantoue, en 1846, étudia au gymnase et au lycée de sa ville natale et se perfectionna dans les mathématiques à l'université de Padoue ; de 1869 à 1876, professeur aux Instituts Techniques de Pignerol et d'Alexandrie, d'où il passa à l'École Supérieure d'agriculture de Milan. Couronné plusieurs fois pour ses mémoires scientifiques, nous avons de lui : « L'humus nei suoi rapporti col terreno e colla vegetazione » ; « Le proprietà fisiche del terreno e l'analisi chimica » ; « Di una pila a percloruro di ferro, etc. » ; « L'ipoclorito di calce negli elettromotori » ; « Di due nuovi reattivi » ; « Ricerche fisico-chimiche intorno alle torbe del Mantovano » ; « Intorno alle argille e ai mattoni della provincia di Mantova » ; « Intorno a due acidi benzobisolforici » ; « La Chimica interna » ; « L'ambra primaticcia » ; « Nuovi studii sul sorgo-ambra » ; « Il sorgo-ambra ».

Montagne (Victor-Alexandre DE LA), poète et publiciste belge, de langue néerlandaise, né, à Anvers, le 8 octobre 1854. On a de lui : « Onze strijd, vaderlandsche poëzie », Anvers, 1875 ; « Jets vergeten » (pièce en un acte, musique de J. Blockx), id., 1876, 2me éd., Bruxelles, 1879 ; « Gedichten », Roulers, 1883 ; « Vlaamsche pseudoniemen », id., 1884. Avec M. E. Van Bergen, il a publié : « Anonien! », et avec M. Th. Coopman, l'excellent recueil de morceaux choisis des poètes flamands : « Onze dichters », Anvers, 1880 et éditions postérieures. Dès 1878, il avait prêté son concours à ce dernier écrivain pour la fondation d'un important périodique : *Nederlandsche dicht-en kunsthalle* auquel il continua de collaborer ; nous devons nous borner à cette mention et ne pouvons énumérer ici les autres revues et journaux, belges et étrangers, qui renferment de lui des poésies ou des articles. L'Académie Royale flamande, dans sa séance du 19 décembre 1889, a élu M. D. M. membre correspondant.

Montaldo (Joseph), xilologiste italien, né, à Turin, en 1854, étudia les Sciences Naturelles au Musée zoologique de Turin, voyagea à l'étranger, se perfectionna à Paris et commença dès lors une collection unique et spéciale des différentes essences forestières. L'étude scientifique du bois devint alors sa seule occupation. Nous avons de lui, en dehors de plusieurs mémoires insérés aux revues spéciales, les ouvrages suivants : « L'Histologie appliquée à la Xilologie », Turin, Negro, 1885 ; « L'Histologie appliquée à l'étude des bois employés dans les industries en Europe », id., 1889 ; « Il Rimboscamento dei nostri monti », en cours de publication.

Montanari (Auguste), économiste italien, président du Lycée de Bergame, ancien professeur aux Instituts Techniques et aux Lycées du Royaume, né, à Parme, le 1er septembre 1843, docteur en droit en 1863, fonda deux ans après l'*Amico dell'Operaio*, feuille où il enseignait aux ouvriers les éléments de l'économie politique ; prit part en 1866 à la campagne contre l'Autriche. Il entra peu après dans l'enseignement. Nous avons de lui : « Elementi d'economia politica », 1re éd., 1866, 3me éd., 1872 ; « La questione forestale in Italia » ; « Lo stato attuale del credito in Italia » (en collaboration avec Tullo Martello) ; « Il Credito popolare » ; « La Legislazione mineraria » ; plusieurs conférences publiées ensuite en brochure ; enfin, la 3me éd. des « Elementi d'economia politica », Padoue, Sacchetto, 1881. En dehors d'une collaboration suivie au *Corriere della Sera* de Milan, à l'*Opinione* de Rome, à l'*Economista d'Italia* de Florence, à l'*Osservatore Veneto*, etc., il a composé aussi des sonnets (Reggio-Emilia, 1887) qui eurent l'honneur d'une traduction allemande.

Montecorboli (Henri), auteur dramatique, né, à Livourne (Toscane), en 1839, fut conduit tout enfant à Marseille et de là à Paris au Collège Henri IV (ou Lycée Napoléon). Il passa ses examens de baccalauréat, puis il entra à l'École Centrale, où il ne resta qu'une année. Appelé en Égypte par son père qui habitait le pays depuis nombre d'années, il en revenait en 1860, à l'époque de l'expédition de Garibaldi qu'il rejoignit à Naples. Mais aussitôt après la campagne, il retourna à Alexandrie s'occupant d'affaires de banque et de commerce jusqu'en 1866. A cette époque, il vint se fixer en Italie, à Livourne d'abord, puis à Florence, où il se jeta dans le journalisme militant, et pendant deux ans, il fut un des collaborateurs les plus actifs de la *Gazzetta di Firenze*. Il écrivait en même temps en français, sous le pseudonyme de *René de Lanty*, dans quelques journaux français, des nouvelles, des critiques d'art, et il excellait comme critique dramatique. Mais bientôt quittant le journalisme, il s'adonna au théâtre poussé par une irrésistible vocation. Il débuta en 1870 par une pièce en 5 actes, en prose, « L'École du mariage » qui le mit aussitôt en évidence et qui excita des discussions violentes. L'auteur avait abordé des situations d'une hardiesse extrême pour l'époque, et avait réussi à passionner la foule et à se tirer à son honneur des plus scabreuses situations. La pièce portait pour épigraphe ces mots : « Le pire des maris vaut toujours mieux que le meilleur des amants ». Cette pièce d'un débutant eut l'honneur d'avoir pour interprètes Mmes Tessero, Marini, Marchi qui lui donnèrent un grand éclat, grâce à leur merveilleux talent. En 1872, cette pièce traduite en français par l'auteur lui-même était jouée par la troupe Meynadier avec Mlle Desclée d'abord, puis avec Mlle Broctat, et à Milan, à Florence, à Venise, à Trieste elle fut accueillie avec enthousiasme. Mais une deuxième pièce, « Riabilitazione » vint en 1872 donner une consacration définitive d'auteur en vedette à M. M. Cette pièce toute vibrante de passion, de souffrance humaine, de finesse et de douceurs obtint dès le premier jour un retentissant succès auprès du public, et elle a été jouée des milliers de fois sur tous les théâtres sans jamais trouver sur aucune des scènes de la péninsule, un public récalcitrant, M. César Rossi, et surtout M. Alamanno Morelli, deux acteurs de premier ordre ont été et sont encore, dans cette pièce, cités comme admirables de puissance et de vérité. M. Morelli surtout a traversé l'Espagne et l'Amérique jouant toujours cette pièce avec un bonheur sans égal, et elle est encore aujourd'hui, à 20 ans de son apparition, aussi demandée que par le passé. L'auteur a cherché dans cette pièce la seule réhabilitation possible pour un homme frappé d'une peine infamante, et l'a trouvée dans l'amour d'une femme. Les qualités de force et de grâce mariées à plaisir dans le drame, l'esprit philosophique, les caractères coulés en bronze, assurent à cette pièce une place distingué dans le théâtre moderne. Cette pièce a été réduite en trois actes pour l'Allemagne par M. J. Bohrmann, du consentement de l'auteur, mais elle se joue sous un titre différent : « Verlorne Ehre » (Honneur perdu), et l'on oublie souvent de mentionner le nom de l'auteur sur les affiches allemandes. En 1874, M. M. écrivit pour la troupe de M. Bellotti-Bon une pièce en 5 actes intitulée : « Gli Oziosi » (Les Oisifs) qui resta inédite pour des raisons particulières, mais qu'on retrouvera dans les œuvres complètes de l'auteur.

Quelque temps après, en 1876, on joua à Milan « A tempo », une pièce en un acte qui a plus fait pour la réputation de son auteur qu'on ne saurait le croire. C'est que la pièce est exquise d'un bout à l'autre, les caractères sont la cause bien évidente des événements, la passion y pleure de vraies larmes et le rire est de bon aloi. Quatorze ans de succès ne lui ont rien enlevé de sa fraîcheur et de sa grâce. Elle a été traduite en anglais par Mme Danyell, en espagnol (et en vers) par Ermenegildo de los Rios et Juan Contreras, et, dans ces derniers jours, on l'a donnée, traduite en allemand par M. Nathanson, au *Berliner Theater* de Berlin, avec un immense succès. Deux grandes pièces suivirent: « Sorriso » (Sourire), en trois actes, qui eut un bon succès, mais qui ne put égaler le succès de « A tempo », puis en 1886 une puissante pièce dramatique intitulée: « Donna Lavinia » qui fut, non seulement un grand succès pour l'auteur, mais aussi un véritable triomphe pour Mme Duse qui en créa le rôle principal à Florence avec un étourdissant entrain et une force, une vérité irrésistibles. Dans cette pièce qui contient dans son premier acte un aperçu très fin de la Rome nouvelle, un drame passionnel très violent tient les spectateurs sous le charme, et un caractère de femme noble et élevé, touchant dans son héroïque sacrifice, prend un relief extraordinaire. Mme Marchi a aussi joué ce rôle avec bonheur. Depuis cette pièce, deux autres: « Regina » et « Sulla via di Damasco » ont été écrites par l'auteur et sont connues d'un public fort restreint d'amis seulement, parce que l'auteur s'est tenu loin du théâtre pour des raisons de famille et surtout à la suite d'une affection nerveuse assez grave. Toutefois son activité littéraire n'a pas cessé et d'autres pièces dont nous devons nous abstenir de parler, sont sur le point de voir le jour. Mais M. M. a donné aux journaux italiens, sous le pseudonyme de *Fortunio*, une série d'articles (au *Capitan Fracassa* surtout) d'une finesse d'observation et d'un esprit charmant. Puis il a donné à la *Revue illustré* et à la *Nouvelle Revue* de Paris des articles fort remarquables, dont un des derniers surtout, celui sur Paul Ferrari dans la *Nouvelle Revue*, lui assigne une place parmi les critiques sérieux de son temps.

Montégut (Émile), éminent critique français, né, à Limoges (Haute-Vienne), le 24 juin 1825, fit ses premières études au Lycée de la même ville et son droit à Paris. Encore étudiant, il débuta dans la *Revue des Deux Mondes* par un article sur le philosophe américain Emerson, alors fort inconnu en France et même en Europe, sauf l'Angleterre (1847). Depuis lors, il collabora à cette revue, et, pendant dix ans, rendit compte du mouvement littéraire d'Angleterre et d'Amérique. Après la mort de G. Planche, M. Buloz le chargea de rendre compte du mouvement littéraire en France, tâche qu'il abandonna quelques années après pour se partager entre la *Revue des Deux Mondes* et le *Moniteur Universel*, dont il fut rédacteur de 1862 à 1865. De cette époque à 1871, il s'occupa presque exclusivement de la traduction de Shakespeare pour la Maison Hachette. M. M. est chevalier de l'Ordre des SS. Maurice et Lazare d'Italie depuis 1860. Nous avons de lui en librairie : « Libres opinions morales et historiques », 1858, nouv. éd., 1885 ; « Les Pays-Bas, impressions de voyage et d'art », 1re éd., 1868, 2me éd., 1884 ; « Souvenirs de Bourgogne », 1873 ; « L'Angleterre et les colonies Australes » ; « Poètes et artistes de l'Italie » ; « Types littéraires et fantaisies esthétiques » ; « Essais sur la littérature anglaise » ; « Nos morts contemporains » ; « Écrivains modernes de l'Angleterre » ; « Chants du Nord et du Midi » ; « Mélanges critiques ». Ses traductions sont: « Essais d'Emerson » ; « Histoire de la Révolution de 1688 par Macaulay » ; « Œuvres complètes de Shakespeare » ; « Les Viking de la Baltique », roman anglais.

Montégut (Maurice), poète et romancier français, né, le 16 juillet 1855, à Paris, fit ses études au Lycée Charlemagne et débuta très-jeune dans la littérature. Il aborda successivement tous les genres: poésie, théâtre, romans, nouvelles. Né d'une famille aisée, il fut libre de se vouer uniquement à sa vocation qui se révéla dès son enfance. Jusqu'à ce jour, il a collaboré tour-à-tour aux principaux journaux parisiens, surtout au *Figaro* (supplément littéraire), au *Gil Blas*, à la *Revue illustrée*. Les journaux étrangers ont fréquemment reproduit ses œuvres, entr'autres, la *Tribuna* de Rome et l'*Indépendance Belge*. M. M. a publié jusqu'ici les ouvrages suivants: en 1874, la « Bohême sentimentale » ; en 1875, le « Roman Tragique » ; en 1876, les « Contes d'amour et de Paradis » ; en 1879, « Lady Tempest » ; en 1880, « Les Noces Noires », drame en deux actes, en vers, joué au théâtre Cluny ; en 1883, « Poésies complètes » ; en 1883, « Drames » ; en 1884, « Entre les lignes » ; en 1886, « La faute des autres » ; en 1886, « L'Arétin », drame en vers, en 1887, « La Peau d'un homme » ; en 1887, « L'île muette » ; en 1888, « L'Œuvre du mal » ; en 1888, « Carabas ». Tous ces ouvrages en prose ou en vers, ont chaque fois soulevé des critiques, et parfois des polémiques retentissantes. Ces ouvrages se trouvent chez les éd. G. Charpentier, Dentu et Ollendorff.

Montesperelli (le comte Avérard), poète italien, né, à Pérouse, en 1810, lié d'une amitié vivace avec l'illustre César Cantù et avec feu Alexandre Manzoni, a conservé la verve de la jeunesse jusqu'à un âge très avancé. Nous avons de lui : « Poesie diverse », Florence, 1837 ; « 77 sonetti », sous le pseudonyme de *Selvaggio Bruno*, Cortone, Colonnesi, 1856 ; « Prospetto dell'Universo », poème, Pérouse, 1862 ; « L'Uomo », poème, id., 1868 ; « Il Genio », id., id., 1864 ; « La Vita », id., id., 1865 ; « Engaldo ed Olga », nouvelle en octaves, id., 1867 ; « I due Mazzetti », id., id., 1868 ; « Ghirlande », sonnets, id., 1871 ; « Scene ed affetti », odes, id., 1872 ; « Verità e Sentimento », id., id., 1879 ; « Pochi momenti », sonnets, id., 1881 ; « Ottavio in Perugia », poème, id., 1882 ; « Dodici anni », id., id., id. ; « Totila in Perugia », id., id., 1883 ; « Sospiri poetici », poésies, id., 1884 ; « Una notte nel Campo Santo di Perugia », chansons élégiaques, id., 1885 ; « Fleurs cueillies dans un bois des Gaules », sonnets et poésies en langue française.

Montesperelli (le comte Zopyre), fils du précédent, a dirigé avec honneur pendant trois ans le journal la *Provincia dell'Umbria* ; il a quitté le journalisme pour l'enseignement des langues étrangères au gymnase de Pérouse, sa ville natale, et a fait paraître une traduction de la « Storia politica dei Papi » de P. Lanfrey.

Montessus de Ballore (Ferdinand DE), médecin français, né, à Châlons, le 15 mai 1827, ancien interne des Hôpitaux de Paris, fut reçu docteur en médecine en 1845 et vint prendre résidence dans sa ville natale. En 1870, tandis que l'armée allemande occupait la Côte d'Or, il créa une ambulance volante, la seule qui fût attachée à l'armée du général Cremer, rendant des services importants. En 1875, fondateur et depuis président de la Société des Sciences naturelles de Saône-et-Loire. M. M. s'est acquis une réputation dans les sciences naturelles, et principalement en ornithologie. Il a fondé et ouvert au public un splendide musée qu'il a déjà offert à sa ville natale. Sa collection des Oiseaux d'Europe passe pour la plus riche de France. Il est membre de plusieurs sociétés savantes, médecin honoraire de l'hôpital de la prison de Châlons, et correspondant du Ministère de l'Instruction publique. Nous avons de lui les œuvres suivantes : « Passage du Syrrapte paradoxal en France en 1863 » ; « Découverte du pigment ou matière colorante des plumes » ; « Utilité des oiseaux, leur diminution, causes et moyens d'y remédier » ; « Études ornithologiques » ; « Cataclysmes ornithologiques et migration des oiseaux » ; « Constitution ornithologique de Saône-et-Loire » ; « Topographie ornithologique de Saône-et-Loire » ; « Classification des oiseaux de Saône-et-Loire » ; « Description et structure du casse-guttural, du casse-noix » ; « Le Perdortyx-Montessus et les Perdicula ovigondata et asiatica » ; « Notions générales sur l'origine et le développement des plumes » ; « Étude des migrations des oiseaux de la France » ; « Ornithologie générale et catalogue des oiseaux de Saône-et-Loire » ; « Biographie et Martyrologie de Commerso le naturaliste » ; « Pratique journalière des maladies des femmes » ;

Montet (Édouard-Louis), né, à Lyon, en 1856, se voua à l'étude de la théologie et fréquenta successivement les Universités de Genève, Berlin, Heidelberg. La Faculté de Paris lui conféra en 1883 le doctorat. D'abord *privat Docent* pour l'arabe à l'Université de Genève, M. M. a été nommé en 1885, en remplacement de M. Segond, professeur ordinaire pour les langues sémitiques ; auparavant il avait assisté, en qualité de secrétaire, M. Chastel pour la rédaction de son « Histoire du Christianisme ». En dehors de très nombreux articles sur la littérature et les religions de l'Orient, insérés de préférence dans la *Revue pour l'histoire des religions*, M. M. s'est fait connaître et apprécier du public scientifique par les ouvrages suivants : « Étude littéraire et critique sur le livre du prophète Joël », 1877 ; « Essai sur les origines des partis sadducéen et pharisien », 1883 ; « Histoire littéraire des Vaudois du Piémont », 1885 ; « La Noble Leçon d'après le manuscrit de Cambridge », 1888.

Montet (Emmanuel-Charles-Albert DE), historien suisse, né, à Vevey, le 15 avril 1845, fut élève au Collège de Morgen, à l'institut agricole de Hoswyl et suivit des cours des lettres à Paris. Son goût prononcé pour la carrière militaire l'engagea en 1864 à prendre du service en Autriche et à y demeurer jusqu'en 1874 ; il fit, entr'autres, la campagne de 1866 en qualité de lieutenant des hulans, et prit part à la bataille de Sadowa. Les études historiques ont ressaisi M. de M. depuis son retour en Suisse. Outre différentes brochures, nous avons de lui : « Catalogue de la Bibliothèque de Vevey », 1875 ; « De la tâche présente de l'histoire naturelle », Genève, 1879 (*Archives des Sciences physiques et naturelles*, traduction de l'allemand) ; « Des tombeaux d'évêques de la cathédrale de Lausanne », 1881 ; « Mme de Warens et son mari » (*Bibliothèque universelle*, mai 1884, en collaboration avec M. E. Ritter) ; « Extraits des documents relatifs à l'histoire de Vevey », Turin, 1884 (extrait de *Miscellanea di Storia italiana*). Nous lui sommes redevables d'un ouvrage de longue haleine qui rend aux chercheurs de précieux services : « Dictionnaire biographique des Génevois et des Vaudois », Lausanne, 1877-78. M. M. a été agrégé pour ses travaux historiques comme membre correspondant ou honoraire à nombre de sociétés savantes d'Italie, de France, de Suisse et d'Autriche. Nous citerons, entr'autres, les députations royales pour l'histoire nationale à Turin et à Bologne, la Société française des Études historiques à Paris, les académies de Besançon, de Savoie et du Chablais, etc., etc.

Montgomery (Mme G. DE, née LUCY DITTE), femme de lettres française, née, le 12 août 1861, au Château de Saint-Paul à Saint-Remy (Seine-et-Oise). Elle a publié de « Nouvelles », dans le Supplément littéraire du *Petit Journal*, sous le nom de *Thamysis* ; « Etude de Schopenauer », dans la *Revue de la France moderne* », 1888; « Poésies », Paris, Lemerre; « Premiers vers », id.

Monti (Jules), professeur de littérature italienne, né, en 1867, à Ponte a Buggiano, fit ses premières études aux Séminaires de Pescia et de Prato, ensuite acheva son éducation classique aux Collèges de la *Querce e Cepparello* près de Florence. En 1887, il publia : « Studi critici », Florence, H. F. Münster. Nous avons aussi de lui : « Storia della letteratura italiana dall'origine della lingua ai nostri giorni », 1888.

Montini (Mgr. Vincent), homme de lettres italien, né, à Montepulciano, le 9 septembre 1850, étudia la philosophie et la théologie au Séminaire de sa ville natale, et se perfectionna à Florence; il entra dans les Ordres et dans l'enseignement, et enseigna la philosophie morale au Gymnase de Montepulciano (1879-84); nommé curé de la Cathédrale à cette époque, il ne tarda guère à entrer au Chapitre comme chanoine, et reçut en 1889 de S. S. le Pape la prélature avec le rang de Protonotaire Apostolique. Nous avons de lui: « Cenno storico di Montepulciano », 1879; « A mia madre », id.; « Elogio funebre del P. Adamo Rubbioli », id.; « Poesie italiane », 1885; « La leggenda di Raimondo da Capua sopra S. Agnese da Montepulciano », traduction du latin avec notes, 1887; « Fiori e lacrime sulla tomba di Angelo Zeinali », 1888; « Fra Marino da Castiglion Fiorentino », 1889. Mgr. M. collabore au journal *Poliziano* de Montepulciano.

Montorgueil (Georges), chroniqueur et romancier français, professeur libre de littérature française. Son nom de famille est Octave Lebesgue, mais il n'est jamais désigné que sous le nom de Georges Montorgueil qui est son nom définitif en littérature. M. G. M. n'a fait aucune étude classique; il est sorti de l'école primaire à douze ans; il est demeuré ouvrier jusqu'à vingt ans; il est né, à Paris, rue Montorgueil, le 5 novembre 1857. Après avoir fait ses débuts dans la presse provinciale, il est devenu rédacteur en chef du *Réveil Lyonnais*. Entré dans la presse parisienne en 1883, il employa à la *Bataille* la signature de *Jean Valjean* dans une chronique quotidienne. Actuellement chroniqueur au *Paris* sous son pseudonyme littéraire de *Georges Montorgueil* et sous le pseudonyme quotidien de *Caribert*, il est, en outre, collaborateur au *Mot d'Ordre*, à la *Paix*, à l'*Écho d'Oran*. Il a publié en feuilleton cinq romans et un acte au théâtre; mais c'est surtout comme chroniqueur qu'il est connu.

Monval (Georges-Mondain), archiviste et littérateur français, né, au Monceau (Commune d'Avon-les-Fontainebleau), le 1er avril 1845, fils d'H. F. Mondain, colonel du génie. M. M. fut reçu avocat au barreau de Paris en 1868, mais sa vocation pour le théâtre était telle, qu'il abandonna le barreau pour suivre les cours du Conservatoire, et fit partie de la classe de Régnier (1871-73). A cette époque, il organisa pour M. Ballande le jubilé du second centenaire du théâtre italien; puis après avoir fait avec Mlle Agar une tournée théâtrale dans toute la France, la Belgique, la Hollande et Londres, il entra à l'Odéon, où il joua exclusivement pendant quatre ans, de 1874 à 1878, le répertoire classique. En 1878, il passa au Théâtre Français en qualité d'archiviste. Léon Guillard venait de mourir: ses triples fonctions de bibliothécaire, d'archiviste, d'examinateur furent partagées entre MM. François Coppée, Monval et Adrien Decourcelle. A la mort de M. Verteuil, secrétaire général de la Comédie Française, M. M. fut nommé secrétaire du Comité, et lorsque M. Coppée entra à l'Académie Française, il réunit ses fonctions de bibliothécaire à celles d'archiviste. M. M. a fondé une revue mensuelle, *Le Moliériste*, 1879. Il a fait paraître : « Histoire de l'Odéon », 2 vol. in-8°, 1870; « Le Théâtre français de Chappuzeau », 1876; « Nouvelle collection moliéresque »; « Recueil sur la mort de Molière »; « Lettres au Mercure »; « Promenade de Saint-Cloud », 1887. Il a en préparation ses plus importants ouvrages : « Lettres d'Adrienne Lecouvreur », précédées d'une étude biographique; « Les registres de la Thorillière et d'Hubert »; « Le journal du souffleur »; « Les comédiens de campagne au XVIIe siècle »; « Abrégé de l'histoire du Théâtre français ». M. M. est officier de l'Instruction publique. Il est membre du comité des Inscriptions parisiennes et de la Société historique du Gatinais.

Moos (S.), docteur et professeur d'otologie, directeur de la clinique pour les maladies de l'oreille à l'Université de Heidelberg, né, le 15 juillet 1831, à Randegg (Grand-Duché de Bade), fit ses premières études (1851-56) à Heidelberg, Prague et Vienne. De 1854 à 1856, il fut assistant à la Clinique médicale à Heidelberg; en 1855-56, ayant présenté au concours pour le prix assigné par le Grand-Duc de Bade Charles-Frédéric, un mémoire intitulé: « Ueber den Harnstoff und Ruchsalz-Gehalt des Urins in verschiedenen Krankheiten insbesondere in Typhus und Intestinalcatarrh », la Faculté de médecine de Heidelberg lui décerna la grande médaille d'or. M. M. exerce la médecine depuis 1856 et depuis 1859 il est agrégé de la Faculté de médecine à Heidelberg. En 1866, il devint professeur d'otologie et en 1875 chef de la Clinique à l'Université de cette ville. Il a publié: « Klinik der Ohrenkrankheiten », Vienne, 1866; « Normale und pathologische Anatomie der eustachischen Röhre », Wiesbaden, 1875; « Meningitis cerebro-spinalis epidemica », Heidelberg, 1881; « Ueber Pilzinvasion des Labyrinths nach Diphtherie », Wiesbaden, 1887. Il est aussi rédacteur du *Zeitschrift für Ohrenheilkunde*, qui se publie en allemand et en anglais.

Il a pour collaborateur M. le prof. Knapp à New-York. L'édition allemande paraît à Wiesbaden chez J.-F. Bergman. La plupart des articles d'otologie écrits par M. M. ont été insérés dans cette publication: on en trouve cependant épars dans d'autres journaux spéciaux tels que *Virchow Archiv. d. Bal. Klin. Wochenschr.*, et *Archiv. f. Augen und Ohrenheilkunde*, etc., etc.

Morandi (Félicité), femme-poète et pédagogiste italienne, née, à Varese, en 1830. Élevée à l'Institution Bianconi de Monza, douée d'un talent précoce, elle débuta de bonne heure par de forts jolis vers que (sous le pseudonyme de *Una Lombarda*) elle publia à Milan en 1857, avec le titre de « Ghirlande di Fiori per l'infanzia e per l'adolescenza ». Suivirent: « Componimenti poetici », 1859. En 1861, elle dirigea l'École Technique des jeunes filles à Parme. Elle passa ensuite à l'Orphelinat des jeunes filles de Milan. En 1874 à celui de la capitale. Actuellement Mme M. est inspectrice des écoles des femmes pour l'Italie septentrionale. Nous avons d'elle: « Nuovi versi », Parme, 1862; « Commedie per le case di educazione », Milan, 1864; « Teatro educativo », 30 comédies, 1868; « L'Epistolario », couronné, 2e éd.; « Poesie educative », 1873; un drame: « La tratta dei fanciulli »; les romans: « I due opposti »; « Ida e Clotilde ». De 1879 à 1888, elle a publié: « Passeggiata mitologica »; « Da Torino a Napoli. Descrizione aneddotica »; « Studii ameni di Emilio e Gemma »; « In famiglia »; « Le jardin du cœur », recueil de poésies pour l'enfance et l'adolescence; « Il giornale d'Adele »; « Teatro educativo »; « Età felice »; « Gioie dell'intelletto e del cuore ».

Morandi (Louis), homme de lettres et pédagogiste italien, professeur aux Instituts techniques, né, à Todi (Ombrie), le 18 décembre 1844, où il reçut sa première éducation. Il suivit Garibaldi en 1867, prit part à l'affaire de Monterotondo et l'année suivante publia ses souvenirs sous le titre de « Da Corese a Tivoli ». Il se consacra dès lors à l'enseignement et à la littérature. En librairie: « Perugia e Assisi »; « Le biblioteche circolanti », discours, 1868; « Saggi critici », id.; « Corti e sentenze d'amore », traduit du français de Jules Barbier, id.; « Saggio di proverbi Umbri con illustrazioni », 1869; « La Guerra », discours, id.; « Profili di scrittori italiani viventi », 1870; « Mazzini educatore », 1872, nouvelle éd., corr., revue, aug., 1879; « Poesie », 1875; « Sonetti in dialetto romanesco del Belli »; « Le correzioni ai Promessi Sposi e l'unità della lingua », 1879; « La maestrina », comédie. En septembre 1880, nous trouvons M. M. professeur libre de littérature italienne à l'Université de Rome. De novembre 1881 à 1886, professeur des Belles-Lettres de S. A. R. le Prince Royal d'Italie. Citons encore: « Due commedie e un discorso sull'unità della lingua rispetto alla commedia », 2e éd., Rome, 1883; « Voltaire contro Shakespeare, Baretti contro Voltaire, con un'appendice alla *Frusta letteraria* », Città di Castello, 1884; « In quanti modi si possa morire in Italia », Turin, 1883; « La Francesca di Dante », Città di Castello », 1884; préface aux « Lettere critiche », de Bonghi, id., id.; préface au « Gustavo Modena », de Bonazzi, id., id.; « Origine della lingua italiana », id., 1887; « Antologia della nostra critica letteraria moderna », id., id.; « Poesie », id., 1888; préface et notes aux « Sonetti romaneschi del Belli », id., 1886-88; plusieurs articles de critique littéraire dans les journaux et principales revues d'Italie.

Morano (Antoine), éditeur napolitain, chef de la plus forte maison de librairie de l'Italie méridionale, dont les éditions ont été couronnées aux Expositions nationales italiennes.

Mordovzeff (Daniel-Lukit), historien et publiciste russe, conseiller d'État, né, le 6 décembre 1830, dans le village Danilovka, dans la Russie méridionale. Il fit ses premières études dans son district et dans la ville de Saratof; en 1854, il fut licencié en philologie à l'Université de Saint-Pétersbourg. Il rédigea pendant plusieurs années (depuis 1856) la *Gazette provinciale de Saratoff*, depuis le *Journal du Ministère des voies de communication*, dont il a quitté la rédaction en 1884. Parmi ses publications, on nous signale: « Le Samozvaniez Jean »; « Un morceau d'histoire de la Pologne »; « La Chute de la Pologne »; « Les livres scolaires du XVIe siècle »; « Les Samosvanzi »; « Recueil littéraire de la Petite Russie »; « La Haidamacina »; « L'année 1812 ».

Moreau (Jean-Marie-Célestin), publiciste et romancier français, né, à Paris, le 2 avril 1857, fit ses études au Collège des Jésuites de Poitiers, puis à la Faculté de droit de la même ville. Nous avons de lui: « L'âge de fer », poésies; « Ar Berniou Pez », roman; « Au Delà, contes étranges »; « Au Delà, nouveaux contes étranges ».

Morel (Charles), philologue et journaliste suisse, né, le 20 mars 1837, à Lignerolles dans le Canton de Vaud, étudia les langues anciennes à l'Université de Bonn et y prit en 1858 son doctorat en présentant pour thèse: « De Xenophontis Republica Atheniensium ». Après son retour en Suisse, l'Académie de Lausanne se l'adjoignit de 1860 à 1862 en qualité de professeur suppléant pour la littérature latine. En 1862, M. C. M. s'établit à Paris, remplit auprès de Léon Rénier les fonctions de secrétaire, collabora à la publication des œuvres de Bartolomeo Borghesi et fut avec MM. Paul Meyer, Gaston Paris et Hermann Zotenberg, l'un des fondateurs de la *Revue critique d'histoire et de littérature*. L'école des Hautes-Études le compta dès sa création au nombre de ses répétiteurs pour les antiquités romaines et la philologie latine. En 1874, M. M. se fixa de nouveau et définitivement en Suisse : attaché depuis cette époque d'une manière permanente à la rédaction du *Journal du Genève*, il a été de 1875 en 1881 chargé, en qualité de professeur extraordinaire, du cours d'archéologie à l'Université de cette ville. Nous mentionnerons parmi les plus importants travaux de M. M.: « Recherches sur un poème latin du IVe siècle », dans la *Revue Archéologique*, 1868; « Castell und Vicus Tacætium in Rätien » (*Commentationes Mommsenianæ*), Berlin, 1877; « Genève et la Colonie de Vienne sous les Romains, étude sur l'organisation municipale », dans les *Mémoires de la Société d'Histoire et d'Archéologie de Genève*, tome XX, tiré à part, 1888. Nous lui sommes également redevables de la traduction des « Recherches sur Pline le Jeune », par Mommsen, Paris, 1872, et de l'« État Romain », par Madwig, Paris, 1883-1888.

Morel (Joseph-François-Marie), homme politique français, maire de Lallaing, conseiller d'arrondissement, président du syndicat de dessèchement de la Vallée de la Scarpe, député du Nord, est né, le 26 août 1844, à Arras (Nord). Reçu licencié en droit après de brillantes études, il fut incorporé au moment de la guerre dans la première légion des mobilisés du Nord, comme simple soldat. Il ne tarda pas à être nommé lieutenant et prit part en cette qualité à toute la Campagne de l'armée du Nord, où il fit vaillamment son devoir. En 1874, il fut nommé lieutenant en premier au 1er régiment territorial d'artillerie et en 1881 il fut promu au grade de capitaine au même régiment. Fixé par ses affaires et ses relations de famille dans l'importante commune de Lallaing, M. M. en fut élu maire le 11 avril 1874; conseiller d'arrondissement de Douai, il fut porté sur la liste monarchiste du Nord, aux élections du 4 octobre 1885, et fut élu le onzième sur vingt. Les loisirs que lui laisse la politique, il les consacre à des travaux scientifiques et littéraires pour les Sociétés des arts de Douai (Nord), et de Poligny (Jura), dont il fait partie.

Morel (Joseph-Pancrace), homme politique et jurisconsulte suisse, né, à Saint-Gall, le 8 février 1825, fit ses études de droit aux Universités de Heidelberg et passa l'hiver 1848-1849 à Paris pour y suivre les audiences des tribunaux. Lorsqu'il se fut fixé en Suisse, la carrière de la magistrature s'ouvrit devant lui après un stage relativement court au barreau; de 1859 à 1866, il remplit les fonctions de président du tribunal de première instance, de 1866 à 1869 celles de président de la Cour de Cassation. De 1861 à 1874, le Grand Conseil Saint-Gallois le compta également au nombre de ses membres. La carrière fédérale de M. M. à été tout aussi honorable et tout aussi fructueusement remplie. Député depuis 1869 au Conseil des États, il fut désigné en 1874 par l'Assemblée fédérale pour occuper un des sièges du Tribunal fédéral. De 1879 à 1881, ses collègues l'appelèrent à la présidence de ce corps. Le Conseil d'État vaudois a chargé en 1887 M. M. d'enseigner à l'Académie de Lausanne le droit public suisse; l'Université de Berne l'avait déjà en 1877 nommé D^r jur. *honoris causa*. Le principal titre scientifique de M. M. est l'achèvement du « Manuel de droit public suisse », qu'avait entrepris le Dr Blumer et que laissait interrompu la mort prématurée de cet éminent magistrat (1877).

Moreno de la Tejera (Vincent), médecin de la marine et romancier espagnol, né, à Madrid, le 2 février 1878, docteur en chirurgie à l'Université de Madrid, entra au service de la flotte, le quitta pour se consacrer à la littérature, collabora au journal *El Globo*, dirige maintenant la *Izquierda Dinastica*. En librairie : « Diario de un viaje à Oriente », 1879; « Tratamiento del Coléra », 1884; « Campaña sanitaria », 1885; « El nudo Gordiano »; « A bordo de un bote »; « La espada de Lucifer »; « Monarca, bandido y fraile »; « Crimen y gastigo »; « La gran mujer »; « Las burascas de la vida »; « El muerto resucitado »; « Las Catacumbes de Napoles »; « Los petardistas »; « La joya maldita »; « Los hijos del misterio »; « Huérfana y mártir »; « La sangre d'un héroe »; « Los mártires del presidio »; « El juramento de muerte »; « La mina de fuego »; « El canto de sangre », nouvelles, 1882-1889.

Moret (Eugène), romancier français, né, à Paris, en 1835, membre du Comité de la Société des gens de lettres, chevalier de Charles III, officier de l'instruction publique, a publié un grand nombre de romans, parmi lesquels nous citerons : « Les nuits de l'Opéra »; « Le médecin des femmes »; « Histoires amoureuses »; « Les femmes au cœur d'or »; « Les amours d'un Garde-Française »; « Les femmes sous la Terreur »; « Les miettes de la Science »; « Le médecin confesseur »; « Les millionnaires de Paris »; « Le Roi des Sauveteurs »; « La Juive du Marché-Neuf »; « L'ingénue de province »; « Les drames du Palais de Justice »; « Confessions de Mlle de La Vallière »; « La grande dévote »; « Les Cloches de Noël »; « Les messagères de l'amour »; « La Révoltée »; « Le Danse des milliards »; « Son Éminence Noire »; « La petite Kate »; « Jeunesse brisée »; « Confession d'une jolie femme »; « Le pendu de Liverpool »; « Les mystères de la Saint-Barthélemy »; « Confessions de Ninon de Lenclos »; « Mémoires de Gabrielle d'Estrées »; « Confessions de Mme de Pompadour »; « Confessions de la Comtesse Dubarry »; « Les fils de Tartuffe »; « Les femmes célèbres »; « Les femmes de 93 »; « Les brûleurs du Poitou »; « Le bourreau à travers les siècles ».

Moriani (Louis), jurisconsulte toscan, professeur de Pandectes à Pavie, né, à Castelnuovo près de Sienne, le 2 janvier 1845; docteur en droit à l'Université de Sienne en 1864; sa thèse: « Sulla proprietà civile », fut considérée par le Conseil supérieur de l'Instruction publique comme la meilleure composée en Italie de 1855-65 et valut au jeune auteur une bourse universitaire. Nous avons de lui: « Programma per le lezioni delle istituzioni di diritto romano », Sienne, 1871; « Notizie sull'Università di Siena », id., 1873; « Della Filosofia del diritto nel pensiero dei giureconsulti romani », Florence, 1876; « Istituzioni di diritto romano », Sienne, 1879, ouvrage essentiel malheureusement resté incomplet. En outre, une foule de discours, rapports, mémoires, etc.

Morin (André-Saturnin), écrivain libre-penseur français, né, à Chartres, en 1807, un des vétérans de la démocratie, débuta dans le journalisme en janvier 1830. Il fut tour-à-tour notaire, avocat et (en 1848) sous-préfet. Pendant l'Empire, il collabora à plusieurs journaux d'opposition comme le *Glaneur d'Eure-et-Loire*, l'*Union agricole d'Eure-et-Loire*, le *Progrès du Nord*, le *Progrès de Lyon*, le *Rationaliste* de Genève, le *Libre Examen* de Bruxelles, la *Libre Pensée*, la *Pensée nouvelle*, le *Libero pensiero* de Milan, l'*Excommunié* de Lyon, les *États-Unis d'Europe*, la *Science politique*, le *Journal des géomètres*, la *Finance nouvelle*. Nous avons de lui en librairie: « Traité de magnétisme et sciences occultes »; « Examen du Christianisme »; « Jésus réduit à sa juste valeur »; « Séparation du spirituel et du temporel »; « L'Esprit de l'Église »; « Virgini pariturae »; « Le prêtre et le sorcier »; « Fantaisies théologiques »; « Gabriel ou vœu ecclésiastique »; « Tribulations d'un anobli »; « Hébertistes modernes »; « La Confession »; « Le mariage des prêtres »; « La Providence et la politique »; « La superstition »; « Séparation ou concordat »; « Les miracles »; « Les principes de 89 »; « Les funérailles civiles et le mariage civil »; « Essais de critique religieuse ».

Morin (Henri-Constantin), contre-amiral italien, député au Parlement, secrétaire général au Ministère de la Marine, né, à Gênes, en 1839, a collaboré à la *Rivista Marittima* de Roma en y publiant de très beaux rapports de Campagne, notamment ceux qu'il a envoyés lorsqu'il commandait la corvette *Garibaldi* dans les mers du Sud (1879-80).

Morley (Henry), littérateur anglais, né, à Londres, le 15 septembre 1822, étudia la médecine au King's College de Londres et la pratiqua jusqu'en 1848. Ensuite il fut pendant deux ans à Liscard dans le voisinage de Liverpool, où il s'occupa de littérature et d'enseignement. En 1850, appelé par Charles Dickens à Londres, il collabora pendant 17 ans aux deux journaux *Household words* et *The Examiner* (1858-1865). Depuis 1865, M. M. est professeur de littérature anglaise au *University College*. Nous avons de lui: « How to Make home unhealthy », 1850; « A defence of ignorance », 1851; « Life of Bernard Palissy », 1852; « Jerome Cardan », 1854; « Cornelius Agrippa », 1856; « Memoirs of Bartholomew Fair », 1857; « Fairy Tales », 1859-60; « English writers before Chaucer », 1864; « Journal of a London Playgoer », 1866; « English writers », 1867; « Steele and Addison's spectator », avec notes, 1868; « Life of Clement Marot », 1870; « Tables of English Literature », id.; « A First Sketch of English Literature », 1873; « A Library of English Literature », 1874; « English Literature in the Reign of Victoria », 1881; « Florio's Montaigne », 1886; « Boswell's Life of Johnson, etc. », id.; « Morley universal Library », commencée en 1886; « English Writers », recommencés en 1889.

Morosi (Antoine), journaliste et littérateur italien, né, à Livourne, le 5 mai 1864, acheva ses études lycéales et débuta dans le journalisme par des contes et des articles insérés dans le *Telefono* de Livourne, collabora ensuite à la *Cultura* de Rome, à l'*Elettrico*, le *Sigaro* et à la *Cordelia* de Florence. M. M. a publié plusieurs nouvelles pleines de verve et articles d'art dramatique dans le journal théâtrale *Lo Staffile* de Florence, dont il est rédacteur depuis six ans. Nous avons de lui, sous le pseudonyme de *Lionello*, avec lequel il signe toujours ses écrits, « Aberrazioni mentali », nouvelles, Florence, Coppini e Bocconi, 1887. M. M. appartient à la rédaction du « Dictionnaire des Écrivains du jour ».

Morosi (Joseph), historien et philologue italien, né, à Milan, en février 1844, fit ses études à l'Académie scientifique et littéraire de cette ville, où il est actuellement professeur d'histoire ancienne depuis 1877, après avoir été professeur aux Lycées de Lecce et de Naples. Nous avons de lui des recherches fort intéressantes, sous les titres suivants : « Studii sui dialetti greci della Terra d'Otranto », Lecce, 1870; « Ricerche intorno alla origine delle colonie greche nella Terra d'Otranto », Florence, 1871; « Cose italo-greche », Naples, id. ; « I dialetti romaici del mandamento di Bove in Calabria », Turin, Loescher, 1874; « Vocalismo leccese », id., id., id. ; « Intorno al motivo dell'abdicazione dell'imperatore Diocleziano », Florence, 1880 ; « La Società Palatina », id., 1881; « Se i Greci odierni sieno schietta discendenza degli antichi », Turin, 1882; « L'invito di Eudossia a Genserico », Florence, Le Monnier, id. ; « Il significato della leggenda nella guerra troiana », Turin, 1883 ; « I dialetti gallo-italici di Sicilia », id., 1885; « L'odierno dialetto catalano di Alghero in Sardegna », Florence, 1886; « I Tedeschi sul versante meridionale delle Alpi », id., 1887.

Morosini (Jean), ingénieur italien, professeur de mécanique agraire à l'École Supérieure d'agriculture de Milan, né, à Pavie, où il fit ses études, le 15 avril 1842. Il se perfectionna à l'École d'application des Ingénieurs de Milan; servit à l'armée de Garibaldi en 1866. Nous avons de lui: « Calcolo delle tavole meteoriche », 1867; « Le forze idrauliche », 1877; « Sull'aratura a vapore », 1882; « Dinamometro differenziale », id.; « Teoria meccanica delle screamatrici », 1885, et plusieurs études sur les « Essicatoi per cereali », insérés dans le journal *La Natura* de Milan.

Morosof (Pierre), docteur ès-lettres, professeur de littérature russe à l'Université de Saint-Pétersbourg, né, le 25 janvier 1850, à Nijni-Novgorod, suivit les cours au Collège de la même ville, puis entra (1871) à la faculté historique et philologique de Saint-Pétersbourg. Ses études achevées, en 1885 il fut admis comme professeur à l'Université de Saint-Pétersbourg. En 1875, il commença ses travaux littéraires par des études sur les écrivains russes du XVIII⁰ siècle, et dès 1877 collabora à plusieurs revues, telles que les *Annales philosophiques*, le *Journal du Ministère de l'Instruction publique*, le *Messager d'Europe*, *La Semaine*, *Messager Étranger*, *Messager du Nord*, *La Vérité russe*, *Le Pays*, etc., en y insérant des articles bibliographiques, critiques et politiques. En 1880, il publia un livre sur « Théophane Procopowicz », un des écrivains de l'époque de Pierre-le-Grand, puis « Précis de l'histoire des littératures slaves », dans l'*Histoire universelle de littérature*, éditée par M. Korch; « Études sur l'histoire de la caricature »; « Études sur les écrivains italiens (G. Giusti, G. Carducci) et espagnols (Quevedo) »; « L'histoire de la littérature dramatique et du théâtre en Russie », 1888. En 1887, M. M. a rédigé la nouvelle édition critique des « Œuvres de Pouchkine », avec des notes bio-bibliographiques.

Morpurgo (Émile), économiste, député au Parlement, professeur de statistique à l'Université de Padoue, ancien secrétaire général au Ministère de l'Instruction publique, né, en cette ville, en 1840. Nous avons de lui, en dehors de ses remarquables discours parlementaires et d'inauguration de cours, les ouvrages suivants: « La statistica e le scienze sociali », 1872; « L'istruzione tecnica in Italia », 1874; « La Finanza », 1876; « Marco Foscarini e la republica di Venezia nel secolo XVIII », 1880.

Mors (Henri), historien et pédagogiste suisse, né, le 6 septembre 1818, à Brutter près de Winterthur, fit ses études au séminaire de Kussnacht sous la direction de Thomas Scherr, embrassa la carrière d'instituteur et fût successivement régent secondaire dans les bourgs et villages de Schwarzenbach, Bubikon, Richterschwyl, professeur au séminaire thurgovien de Kreuzlingen (1849-52), directeur du séminaire bernois de Münchenbuchsee (1852-60), directeur de l'orphelinat de Winterthur, poste qu'il occupe encore aujourd'hui, malgré vingt-neuf années d'une activité incessante. Son principal titre littéraire est une « Biographie de Pestalozzi », Winterthur, 2 vol., 1865-84.

Mors (Guillaume-Henri), philologue suisse, fils du précédent, né, le 23 octobre 1854, à Münchenbruchsee, reçut l'instruction secondaire au gymnase de Winterthur, fut immatriculé en 1873 à l'Université de Zurich, prit en 1877 son doctorat à celle de Strasbourg, et continua ses recherches pendant quelques années encore dans les bibliothèques de Madrid, Paris et Florence. L'Université de Berne l'a nommé en 1879 professeur ordinaire pour les langues romanes. Nous citerons parmi ses travaux les plus importants: « Les idées et les images dans l'ancienne chanson française de Roland » (thèse pour le doctorat), Strasbourg, 1877; « Le poème de José » (d'après le manuscrit de la Bibliothèque Nationale de Madrid), Leipzig, 1883; « Trois chants populaires de la vallée de Bergell », Gœttingue, 1886, « Table chronologique pour des leçons sur Molière », Bonn, 1886; « Essais sur l'histoire du drame en France », Hambourg, 1888; « Les tendances à l'unité philologique dans la Suisse chrétienne », Berne, id. M. M. est un collaborateur assidu de la *Romania*, de la *Revue pour la philologie romane*, du *Recueil pour les études romanes*, de toutes les revues françaises et allemandes de cet ordre.

Morsbach (Laurent), savant allemand, professeur de philologie anglaise à l'Université de Bonn, né, dans cette ville, en 1850. Il y étudia (1868-74) les langues classiques et la grammaire comparée des langues indo-européennes et ensuite il se voua presque exclusivement à l'étude des langues romanes et teutoniques. De 1878 à 1881, M. M. a été professeur des langues anciennes et modernes au Collège Royal de Trarbach-sur-Moselle, et depuis 1884 il enseigne la langue et la littérature anglaise à l'Université de Bonn. On lui doit: « De dialecto Theocriteo », par. I, Bonn, 1874; « Gregor von Corinth über den dorischen Dialect », Rhin, Mus, 1876; « Ueber den Dialect Theokrit's »; « Curtius und Brugman's Studien Z. Quech. v. lat. Gram. », 1877; « Ueber den Ursprung der neuenglischen Schriftsprache », Heilbronn, 1888. Outre cela, il a publié un grand nombre d'articles de philologie dans diverses revues scientifiques.

Morselli (Henri-Augustin), éminent anthropologue et philosophe italien, médecin pour les maladies mentales, né, à Modène, en 1852. Sa précocité a été remarquable; docteur en médedecine à l'Université de sa ville natale, il fut bientôt assistant volontaire au fameux Hôpital des aliénés de Reggio; puis au Cabinet d'anthropologie de Florence dirigé par M. Mantegazza. A peine âgé de 23 ans, il supplée le célèbre Ghinozzi à la chaire de clinique de Florence; l'année après il est médecin en chef à l'Hôpital des aliénés de Macerata; à 28 ans, il cumule l'emploi de médecin en chef à l'Asile des aliénés de Turin et celui de professeur de psychiatrie à l'Université de la même ville. M. M. trouve encore le temps d'être un des plus féconds publicistes de son pays, de diriger plusieurs journaux de médecine et d'anthropologie, et de fonder (1881) la *Rivista di filosofia scientifica*. L'illustre professeur est un lettré distingué. Son discours du 26 février 1888, à Rome, sur Giordano Bruno devant un public choisi en témoigne. En même temps, il exerce avec succès la médecine, fonde et dirige des maisons de santé et sa clinique est un centre d'irradiation scientifique pour tout ce qui concerne la pathologie mentale et la névropathologie. Dans la longue liste des ouvrages de M. M., nous citons les plus remarquables. En psychiatrie: « Gli idioti », 1875; « Osteomalacia degli alienati », 1876; « Suicidio dei delinquenti », traduit en allemand, 1875 et 1877; « L'uccisore dei bambini, Carlino Grandi », 1879; « Il professor Carlo Livi », id.; « Diagnosi della pazzia », 1882; « Peso specifico del cervello degli alienati », id.; « Introduzione alle lezioni di psicologia patologica e di psichiatria », traduit en allemand, Loescher, 1881; « Statistica e geografia della pazzia », divers mémoires, 1880-85; « Classificazione delle malattie mentali », 1883; « Pazzia sistematizzata primitiva », id.; « Paranoia impulsiva », 1886; « Peso del cervello e craniometria degli alienati », 1887-88; « Manuale di semejottica delle malattie mentali », en deux vol., Vallardi, 1885-90; « Il magnetismo animale », Roux, 1886. — En médecine et névropathologie: « La trasfusione del sangue », Loescher, 1876; « Fisiopatologia del simpatico », traduit en anglais; « Patogenesi dell'epilessia », 1877; plusieurs articles, entr'autres: « Miliare » et « Colica » de l'*Enciclopedia medica*; « Azione fisiologica e terapeutica della cocaina », 1881, qu'il introduisit lui-même le premier dans la pratique; « Azione fisiologica e terapeutica della paraldeide », 1882, id.; « Dinamografia delle malattie nervose », 1884; « Inversione del reflesso pupillare », 1886; « Idroterapia nell'isterismo », 1888; « Azione fisiologica terapeutica dei bagni idro-elettrici », id. — En biologie: « Il suicidio, saggio di statistica morale comparata », Dumolard, 1879, traduit dans les séries allemande, anglaise et américaine de la *Bibliot. scientif. internaz.*; « Rappresentazione mentale dello spazio », 1886; « Fisopsicologia dell'ipnotismo », 1887; « Cangiamenti della circolazione cerebrale sotto le diverse percezioni », 1884-89; « Ricerche sperimentali sugli stati allucinatorii ed emotivi dell'ipnotismo », 1837-89. — En anthropologie: « Sullo scafocefalismo », 1874-76, plusieurs mémoires; « Anomalia dell'osso malare », 1872; « Etnologia della Sicilia », 1873; « Peso del cranio e della mandipola », 1875; « Critica e riforma del metodo in antropologia », Rome, un vol., 1880; « Lezioni di antropologia generale: L'uomo secondo la teoria dell'evoluzione », *Unione Tip.-Editrice*, un gr. vol. in-4°, 1887-90. — En philosophie scientifique: « La Neogenesi », 1873; « Carlo Darwin », 1882; « La filosofia monistica in Italia », 1887; « Il dèmone di Socrate », 1883; « Scienza e religione secondo E. Spencer », 1884; « L'anima, funzione biologica del corpo », 1886; « Ordinamento degli studii filosofici in Italia », 1887; « Giordano Bruno, commemorazione », Roux, un vol., 1888; « Saggio di bibliografia bruniana », 1889; « Su G. Cesare Vanini », 1879 et 1889; « Le ultime fasi dell'evoluzionismo », 1889; « Carlo Darwin e il darwinismo nelle scienze biologiche e sociali ».

Morsolin (Bernard), historiographe italien, né, à Gambugliano près de Vicence, en 1834. Il étudia au Séminaire de Vicence et à l'Université de Padoue, et en 1864 entra dans l'enseignement aux Lycées du royaume. C'est un érudit comme en témoigne la longue liste de ses ouvrages: « Grangiorgio Trissino », Vicence, 1878; « Francesco Chiericati, vescovo e diplomatico del secolo XVI », id., 1873; « Gerolamo da Schio, vescovo e diplomatico del secolo XVI », 1877; « Brendola »; « L'Accademia dei Sociniani in Venezia »; « Alferisio conte di Vicenza »; « Elogi »; « Memorie storiche pel setificio di Vicenza », 1863-66; « Necrologie »; « Memorie storiche su Bernardino Trinagio », 1867; « Storia della letteratura italiana dal 1595 al 1748 »; « Il Seicento »; « Storia della letteratura italiana », Milan, Vallardi, 1881; « Una leggenda araldica vicentina », id.; « Matricola della Congregazione de'Battuti in Marano Vicentino », id.; « Viaggio inedito di Vincenzo Scamozzi », Venise, Antonelli, id.; « Trissino, ricordi storici », id.; « Le Collezioni di cose d'arte nel secolo XVI in Vicenza », id.; « Le fonti della storia di Vicenza », id.; « La Cappella di Santa Caterina nella Cattedrale di Vicenza », 1882; « La Chiesa di Sorbara, spigolature », 1882; « Le Case presso il Ponte degli Angeli in Vicenza », Vicenza, 1880; « Il Guerriero Prudente di Galeazzo Gualdo e gli Aforismi di Raimondo Montecuccoli », 1882; « Solenne Commemorazione dei confratelli defunti », id.; « Maddalena Campiglia, poetessa vicentina », id.; « Luigi XII e la moglie di Battro Spiuola », id.; « Un poeta ipocrita del secolo XVI » (*Nuova Antologia*), Rome, id.; « Le scoperte archeologiche di Tizze d'Anzignano », 1883 ; « Esame di uno scritto recente sull'Italia liberata dai Goti, di Giangiorgio Trissino », id. ; « L'Epitalamio di Bernardino Baldi », Lonigo, id. ; « Commemorazione di Pietro Mugna », id. ; « Commemorazione di Andrea Cappanzio », 1884 ; « La Magistratura di Giuseppe Parini », id. ; « L'Acquedotto Romano e il teatro Berga in Vicenza », id. ; « Un Episodio della vita di Carlo V », id. ; « L'ortodossia di Pietro Bembo », 1885 ; « Commemorazione di Rinaldo Fulvi », id. ; « Pietro Bembo e Lucrezia Borgia » (*Nuova Antologia*), Rome, id. ; « Elogio di Marco dal Ponte », 1885 ; « Valerio Vicentino nelle *Vite* di Giorgio Vasari », 1886 ; « Il Congresso di Verona (1822) » (da un carteggio privato), 1887 ; « Il Sarca, poemetto latino di Pietro Bembo », id. ; « Antichità romane nel Vicentino », id. ; « Relazione sui manoscritti per il concorso a una Vita di Sant'Antonio da Padova », id. ; « I Tedeschi nei Sette Comuni del Vicentino », id. ; « Tito Perlotto e Ugo Foscolo », id. ; « Un umanista pressochè sconosciuto del secolo XIV », 1888.

Mortillet (Louis-Laurent-Gabriel DE), naturaliste, archéologue et homme politique français, né, à Meylan (Isère), le 29 août 1821. Ses études faites au Collège des Jésuites de Chambéry, il vint à Paris pour y suivre le cours du Muséum d'histoire naturelle. En même temps il collaborait à la *Revue Indépendante*, dont il devint propriétaire en 1847. Condamné à deux ans de prison pour la publication d'un pamphlet socialiste, il se réfugia en Savoie d'abord, puis en Suisse, où il fut chargé du classement des collections du Musée d'histoire naturelle de Genève. En 1856, il fut attaché à la construction des chemins de fer Lombard-Vénitiens et de l'Italie Centrale. Rentré en France en 1864, il fonda un recueil périodique intitulé : « Matériaux pour l'histoire primitive et naturelle de l'homme ». Il s'occupa aussi, dès lors, de l'organisation de Congrès internationaux d'anthropologie et d'archéologie préhistoriques, dont le premier eut lieu à la Spezia, et qui lui valurent la croix de commandeur de Stanislas de Russie et de Saint-Jacques de Portugal. Il devint ensuite membre, puis président de la Société d'anthropologie de Paris. Chargé de l'organisation de la section préhistorique de la galerie de l'histoire du travail de l'Exposition universelle de 1867, M. de M. fut attaché en 1868 au Musée des antiquités nationales installé au Château de Saint-Germain, et dont il est devenu conservateur-adjoint. En 1875, il concourut, avec Broca, à la fondation de l'école d'anthropologie de Paris, dont il devint par la suite professeur. Conseiller municipal, puis maire de Saint-Germain-en-Laye, il fut élu député de Seine-et-Oise aux élections d'octobre 1885. Sincèrement matérialiste, il poursuit franchement le cléricalisme qui le lui rend bien et qui a réussi dans ces derniers temps à lui enlever la mairie de Saint-Germain. M. de M. a collaboré activement à la *Revue Archéologique*, au *Bulletin de la Société d'anthropologie*, à la *Revue scientifique*. Il a publié : « Histoire des mollusques terrestres et d'eau douce de la Savoie et du bassin du Léman », 1854 ; « Guide de l'étranger en Savoie », 1856 ; « Géologie et minéralogie de la Savoie », 1858, qui lui valut la croix des Saints-Maurice et Lazare ; « Revue scientifique italienne », 1862 ; « Étude sur le Signe de la Croix avant le christianisme », 1866 ; « Promenade au Musée de Saint-Germain », 1869 ; « Les Potiers allobroges, ou les sigles figulins étudiés par les méthodes de l'histoire naturelle », 1879 ; « Musée historique », 1881, avec 1269 figures dessinées par son fils Adrien de M. ; « Le préhistorique », 1883 ; « L'Homme », journal illustré, 1884 à 1887, etc., etc.

Mory (Richard-Eugène), né, le 29 avril 1846, dans la colonie allemande de Sarepta (Russie Méridionale) dont son père était le directeur, reçut sa première éducation auprès de ses parents qui en 1847 s'étaient fixés à Pétersbourg, mais fut envoyé dans sa onzième année aux instituts moraves de Grandenberg et de Niesky en Silésie. Ses précoces facultés poétiques y furent combattues par ses maîtres qui auraient voulu l'amener à l'étude de la théologie et le dirigèrent dans ce but au séminaire de Gradenfrei. Le jeune homme obtint, après de longues luttes, de secouer un régime intellectuel qui lui était antipathique, passa en Angleterre, et vécut pendant quelques années, en donnant des leçons, à Oldham près de Manchester. Une traduction en vers qu'il donna de la « Harpe de Tara » par Thomas Moore attira sur lui l'attention des lettrés. En 1884, parut son drame original : « Arnold de Winkelried ». M. M., qui dans l'intervalle s'était établi à Bâle en qualité de professeur d'anglais, a inséré à diverses reprises dans les journaux des nouvelles-feuilletons.

Moschen (Lambert), professeur des sciences naturelles au Lycée Humbert I à Rome, né, à Levico (Trentin), en 1853, étudia les sciences naturelles à Innspruk et Vienne, prit son doctorat à Padoue en 1876 ; libre-Docent à l'Université de Padoue en 1881 ; assistant à la chaire de zoologie comparée (1878-82), professeur de physique et de chimie au Lycée de Girgenti, puis d'histoire naturelle au Lycée Marco Foscarini de Venise, enfin au Lycée Humbert I de Rome. Nous avons de lui : « Aggiunte alla fauna aracnologica del Trentino », Padoue, 1879 ; « Intorno all'indice nasale del cranio Trentino », Venise, id. ; « Studii sull'indice nasale », Padoue, 1880 ; « Sopra un ibrido naturale di fringilla coelebs e di fringilla montifringilla », id. ; « Sull'indice nasale dei crani veneti », id. ; « I colori degli animali », id., 1882 ; « Sull'anomala divisione dell'apofisi mastoidea in crani umani adulti », id. ; « Osservazioni morfologiche dei crani umani del Veneto e del Trentino », id. ; « Della diffusione del Bothrio cephalus latus in Italia », id. ; « I principii della classificazione zoologica », Venise, 1884; « Elementi di botanica descrittiva ad uso delle scuole secondarie », Milan, 1886; « Nozioni di fisica e storia naturale per le scuole elementari », id., 1889. En collaboration avec le prof. Jean Canestrini, nous avons de lui : « Sopra un cranio dell'ossario di S. Martino », Padoue, 1879 ; « Sopra due crani Botocudi », id. ; « Sopra un cranio deformato scavato in piazza Capitaniato a Padova », id. ; « Anomalie nei crani trentini », id., 1880 ; « Di alcuni crani scoperti nelle necropoli atestine », Venise, 1882 ; « I diversi apparecchi, col mezzo dei quali le orchidee vengono fecondate per gli insetti », traduction de C. Darwin, Turin, 1883 ; « Le diverse forme dei fiori in piante della stessa specie », id., id., 1884. En collaboration avec le prof. J. Sergi : « Crani peruviani del Museo antropologico di Roma », Florence, 1887 ; « Crani della Papuasia », id., 1888.

Moscu (Scarlat C.), jurisconsulte roumain, né, à Moscoulesti, le 18 octobre 1858; il fit ses études littéraires à la Sorbonne, commença son droit à Bukarest, et acheva ses études à la Faculté de droit de l'Université de Gand en Belgique. Il insera dans Le Petit et le Grand Monde, un ouvrage remarquable intitulé: « La Roumanie et la Belgique », et travaille maintenant à un grand ouvrage de droit pénal, dont la publication est déjà commencée dans la *Rivista Letterara* de Boukarest. A l'égard de ce travail, la presse roumaine toute entière s'est exprimée d'une façon élogieuse.

Mossmann (Xavier), érudit alsacien, archiviste de la ville de Colmar, est né, à Colmar, le 5 avril 1821. D'abord expéditionnaire à la préfecture du Haut-Rhin, il fut ensuite attaché, comme adjoint, à M. Louis Hugot, archiviste et bibliothécaire de Colmar. Destitué en 1849 pour ses opinions politiques, M. M. se vit obligé d'avoir recours à sa plume pour vivre. C'est alors qu'il songea à publier une « Histoire de Colmar », et prit copie aux archives de sa ville natale d'une série de documents qu'il utilisa plus tard. Bientôt l'emploi de secrétaire de la mairie de Bitschwiller vint lui donner une situation plus assurée, puis il entra comme comptable dans la fabrique Kestner à Thann, où il resta douze ans. M. J. Liblin ayant fondé en 1850 la *Revue d'Alsace*, M. M. y inséra (1851-1854) une série d'articles relatifs au passé de Colmar, dont le plus important est une étude approfondie sur l'histoire de la réforme dans cette ville. Il rédigea les chapitres sur Colmar, Rouffach, Soulty et Guebwiller dans le *Musée historique et pittoresque de l'Alsace*. La Société des monuments historiques le reçut parmi ses membres, et M. M. lui paya son tribut en publiant dans son *Bulletin* ses « Recherches sur l'ancienne constitution de la Commune de Colmar ». Archiviste de Colmar, depuis 1864, M. M. a fait paraître un grand nombre de travaux alsatiques : « Murbach et Guebwiller », histoire d'une abbaye et d'une commune rurale d'Alsace, 1866 ; « Étude sur l'histoire des juifs à Colmar », 1867 ; « La Guerre des six deniers à Mulhouse », 1868; « Les Anabaptistes à Colmar (1534-35) » et un mémoire sur les « Contestations de Colmar avec la Cour de France (1641-45) ». M. publia en outre des travaux moins étendus dans le *Bulletin de la Société des monuments historiques*, dans la *Revue de l'Est* de Metz ; il devint correspondant de la *Société des Antiquaires* de France, de la *Société industrielle* de Mulhouse, correspondant du Ministère de l'instruction publique, etc. Déjà aussi il commença à réunir les premiers éléments de son « Cartulaire de Mulhouse », son œuvre capitale. Citons encore : « Notes et documents tirés des archives de Colmar », Colmar, 1872 ; « Mulhouse pendant la guerre des paysans » ; « Scènes de mœurs colmariennes du temps de la guerre de Trente ans » ; « Un chef de bandes des guerres de Bourgogne », dans le *Bulletin de la Société industrielle* de Mulhouse, 1873 ; « Les Origines de Thann » ; « Matériaux pour l'invasion des Armagnacs » ; « Matériaux pour servir à l'histoire de la guerre de Trente-ans », dont les différentes parties se suivirent depuis treize ans, 1876-1888. Dans le *Bulletin de la Société historique* de Mulhouse, M. M. a publié : « Tablettes synoptiques et synchronitiques de l'histoire de la république de Mulhouse », un « Échec militaire de Henri IV en Alsace » et les « Notices biographiques » sur Charles Gérard, George Stoffel, Frédéric Engel-Dollfus ; « Les Grands industriels de Mulhouse », Paris, Ducroq, 1879 ; « Le Cartulaire de Mulhouse », forme aujourd'hui trois volumes de 5000 pages in-4°, réunissant tout ce que M. M. a pu rencontrer de documents sur le passé de Mulhouse, dans les Archives de l'Alsace, de la Suisse, de la France et jusque dans celles du Vatican. Grâce à cet ouvrage, on pourra désormais suivre l'histoire de la modeste *villa* carolingienne à travers les siècles, assister au développement de la petite République helvétique, et renouveler la trame usée du récit des vieux chroniqueurs locaux. Le cinquième volume s'arrête à la date de 1586. La « vie de Engel Dollfus », réimprimée à part en 1886 a été traduite en allemand, sous les auspices de la *Société industrielle de Vienne* et a valu à M. M. un prix Montyon, comme ouvrage utile aux mœurs.

Mosso (Ange), illustre physiologiste italien, professeur à l'Université de Turin, où il est né en 1846; il étudia au Gymnase de Chieri, et après avoir obtenu son doctorat à l'Université de Turin, il servit à l'armée comme chirurgien, fréquenta à Florence le laboratoire de Maurice Schiff; fut ensuite envoyé en Allemagne s'y perfectionner et étudia à Leipzig sous la diretion du célèbre Ludwig; de là il se rendit à Paris. Rentré en Italie en 1876, il ne tarda guère à être chargé de l'enseignement universitaire, et lorsque le sénateur Moleschott fut transféré à Rome, M. M. en occupa la chaire. Travailleur infatigable, talent vivace, plume brillante et précise, M. M. est en même temps un savant de premier ordre, doublé d'un lettré de la bonne école. Voilà les titres de ses premiers ouvrages: « Sui movimenti dell'esofago », 1872; « Sopra alcune nuove proprietà delle pareti dei vasi sanguigni », 1873; « Sull'azione dell'emetico », 1874; « Sui movimenti dell'iride », id.; « Critica sperimentale della diastole attiva del cuore », id.; « Sopra un nuovo metodo per iscrivere i movimenti dei vasi sanguigni nell'uomo », 1875; « Sull'azione fisiologica dell'aria compressa »; « Sopra l'alternarsi del campo nella visione », id.; « Sull'azione del cloralio », id.; « Tre memorie intorno alla circolazione del sangue nel cervello dell'uomo », en collaboration avec MM. les professeurs Giacomini et Albertolli; « Sopra un nuovo istrumento per misurare la temperatura dell'orina », 1877; « Sulle variazioni locali del polso », 1878; « Cul polso negativo »; « Sui rapporti della respirazione addominale e toracica nell'uomo », id. En 1879, le prof. M. gagna le prix Royal (10,000 francs) de l'*Académie des Lincei* pour le mémoire « Su la circolazione del sangue nel cervello dell'uomo ». Il publia ensuite: « Sulle funzioni della vescica » et « Sui movimenti dell'intestino » (tous deux en collaboration avec le docteur Pellacani) 1882; « Il sonno sotto il rispetto fisiologico ed igienico », 1882; « Ricerche sulle sostanze estratte da organi animali freschi e putrefatti », 1882 (en collaboration avec le docteur Guareschi); « Les ptomaînes », 1883 (en collaboration avec le même); « La respirazione dell'uomo sulle alte montagne », 1884, « La respirazione periodica e la respirazione superflua o di lusso », 1885; « La paura », Milan, Treves, 1886, livre d'une haute portée scientifique autant que littéraire qui a été traduit en français et en allemand. Suivirent: « Nuovi studii di fisiologia sperimentale »; « Le Università italiane e lo Stato »; « Le precauzioni contro il colèra e le quarantene », 1884; « Fisiologia e patologia dell'ipnotismo »; « Il veleno dei pesci e delle vipere », 1888; « L'espressione del dolore », 1889. M. le prof. M. publie un journal français, *Les Archives italiennes de byologie*, destiné à populariser en France les ouvrages des savants italiens de la jeune école. M. M. a épousé Mlle Marie Treves, fille unique du grand éditeur milanais.

Motta (Émile), homme de lettres de la Suisse italienne, né, à Locarno, le 24 octobre 1855. Il est rédacteur du *Bollettino Storico della Svizzera italiana*, président de la Société historique de Come, vice-secrétaire de la *Società storica lombarda*, membre correspondant de la *Deputazione di Storia patria* de Turin. D'une fécondité remarquable, il a inséré une foule de mémoires dans les journaux et les revues de Suisse et d'Italie. Nous en donnons la liste: « Effemeridi ticinesi, raccolte e pubblicate », 1876; « Su e giù per l'antica Locarno. Note storiche », 1878; « Bibliografia storica ticinese », id.; « Degli studii storici nel Cantone Ticino », id.; « Degli statuti della Svizzera italiana », 1880; « La Storia degli Almanacchi ticinesi dal 1757 al 1880 », 1881; « Della peste di Como nell'anno 1453 », id.; « Francesco Sforza ed i bagni di Bormio », id.; « Dei diversi scrittori ticinesi appartenenti alla prima metà del nostro secolo », 1880 et 1881; « I Sanseverino, fondatori di Lugano e Balerna (1434-1484) », 1881 et 1882; « Bartolommeo Platina e Papa Paolo II », 1882; « Stefano Franseini (1796-1857) », id.; « Un suicidio in Lodi nel 1468 », id.; « Versuch eines Gotthardbahn Literatur (1844-1882) », id.; « Documenti e regesti svizzeri del 1478 tratti dagli Archivi milanesi », id.; « La tipografia Agnelli in Lugano (1746-1799) », 1883; « Della storia del tiro al bersaglio », id.; « Materiali per una bibliografia scolastica antica e moderna del Cantone Ticino (1883 et 1884) »; « Dei personaggi celebri che varcarono il Gottardo nei tempi antichi e moderni », 1884; « Il giornalismo del Cantone Ticino dal 1745 al 1883 », id.; « Pamfilo Castaldi, Antonio Planella, Pietro Ugleimer ed il vescovo d'Aleria. Nuovi documenti per la storia della filosofia in Italia », id.; « Nuovi documenti ad illustrazione della zecca di Milano nel secolo XV », id.; « Eine Mailänder Handschrift von C. Türst's *Descriptio Helvetiœ* », id.; « Dalla Storia del Sacro Monte sopra Varese. Documenti milanesi inediti del secolo XV », id.; « Elisabetta Sforza marchesa di Monferrato (1469-1472) », 1885; « Di Stefano Franseini e della pubblicazione del suo Epistolario e dei suoi manoscritti dialettologici nell'Ambrosiana », id.; « Guelfi e Ghibellini nel Luganese. Seguito alla memoria: *I Sanseverino feudatari di Lugano*, ecc. », id.; « Ebrei in Como ed in altre città del Ducato milanese », id.; « Curiosità di storia lodigiana della 2ª metà del secolo XV, tratte dall'Archivio di Stato milanese », 1885, 1886 et 1887; « Lodovico il Moro alla Madonna del Monte sopra Varese »; « Il carnefice Grigione in Valtellina e Cesare Beccaria », 1886; « Il tipografo Filippo di Lavagna omicida?.... (1465-1469) », id.; « Le origini della zecca di Bellinzona (1503) », id.; « Ancora di Elisabetta e di Elisa e delle altre figlie di Francesco Sforza. Nuove rettifiche genealogiche », id.; « La tipografia elvetica in Capolago (1830-1853) », id.; « Rappresentazioni sceniche in Venezia nel 1493, in occasione della serata di Beatrice d'Este », id.; « Un documento per il Lampugnano uccisore di Galeazzo-Maria Sforza », id.; « Documenti per la libreria Sforzesca di Pavia », id.; « Francesco Sforza non fu ai bagni di Bormio nel 1462 », id.; « Gian Giacomo Trivulzio in Terra Santa », id.; « Ippolita Sforza alla Madonna del Monte sopra Varese », id.; « Il beato Michele da Carcano », id.; « Il tesoro ducale di Pavia e tentativo di furto a quello di Venezia. (1476) », id.; « I terremoti di Napoli negli anni 1456 e 1466 », id.; « Curiosità di storia genovese tratte dall'Archivio di Stato di Milano », id.; « Francesco Sforza, S. Giovanni Capistrano e fra Roberto da Lecce », id.; « Tre lettere inedite del beato Amedeo di Spagna », 1887; « Bibliografia medica della Svizzera italiana », Bellinzona, Bertolotti, 1887; « Musici alla Corte degli Sforza. Ricerche e documenti milanesi », Milan, Bortolotti, id.; « Dei cartai milanesi nella seconda metà del secolo XV e del loro statuto », id.; « Il privilegio del Duca di Milano per la stampa delle *Prose* del Bembo », id.; « Oculisti, dentisti e medici ebrei nella 2ª metà del secolo XV alla Corte milanese », id.; « Documenti numismatici », id.; « Saggio di una bibliografia agricolo-forestale del Cantone Ticino », Lugano, Veladini, id.; « Un medico distinto di Porlezza del secolo XV », 1887; « Nove lettere di Vescovi di Como dirette in Svizzera », id.; « Gli zecchini di Milano nel 1479 », 1888; « Suicidi nel quattrocento e nel cinquecento », id.; « Come rimanesse svizzero il Ticino nel 1798 », id.; « Il tipografo Dionigi da Parravicino a Cremona », id.; « Data della morte di Gaudenzio Ferrari e di Pellegrino Pellegrini », id.

Motti (Pierre), philologue italien, né, à Plaisance, en 1854, fit ses études au Gymnase de Berne et à la Faculté des lettres de Grenoble (1869-1875). En 1875, il fit un voyage en Europe, avec un long séjour à Paris, Londres et Bonn. Professeur diplomé de français, allemand et anglais (1875). Professeur d'allemand par concours à l'Institut technique de sa ville natale. Professeur diplomé d'espagnol (1885) et de Volapük (1886). M. M. enseigne en outre le grec ancien et moderne, le latin, le russe et connaît les langues turque, portugaise et le sanscrit. Nous avons de lui: « Corso elementare di lingua inglese », Milan, 1887; « Grammatichetta francese », Heidelberg, 1886; « Grammatica francese della lingua parlata », id., 1887; « Elementary Russian Grammar », id., 1888; « Russian Conversation Grammar », id., dern. éd., 1890; « Kleine russische Sprachlehre mit Aussprache Bezeichnung », id., 1889; « Penserosa », roman, Plaisance, 1878, épuisé.

Moubareck (Ali-Pacha), né, en 1830, dans un village du Delta. Ses parents n'étaient que des pauvres fellahs, mais le jeune M. se fit remarquer par son intelligence dans les écoles du Gouvernement, qui l'envoya à la Mission de Paris. Entré dans l'administration, il fit une carrière très rapide et fut nommé plusieurs fois Ministre de l'Instruction Publique, des Travaux Publics et de l'Intérieur. Il est l'auteur d'une « Géographie Générale pour les écoles », un vol. en arabe, et d'une « Grande Description de l'Égypte », sous presse, en 12 vol., dans laquelle il donne la liste de tous les terrains Wafs (main-morte), leur origine et titres. Cet ouvrage d'un intérêt tout spécial pour l'Égypte est imprimé à l'imprimerie de Boulacq près du Caire.

Mouchez (Amédée-Erverd-Barthélemy), amiral français, directeur de l'Observatoire de Paris, est né, le 24 août 1821. Élève de l'école Navale, aspirant en 1839; enseigne en 1843; lieutenant de vaisseau en 1848; capitaine de vaisseau 1868; contre-amiral le 29 juin 1878. Chargé par le Gouvernement de travaux d'hydrographie sur les côtes d'Algérie et sur celles de l'Amérique du Sud, M. M. fut envoyé à l'île Saint-Paul par l'Académie des Sciences pour observer le passage de Vénus sur le soleil en décembre 1874. Peu après son retour, le 19 juillet 1875, il fut élu membre de l'Académie des Sciences en remplacement de Mathieu dans la section d'astronomie. Il avait été nommé membre du Bureau des longitudes en juin 1873. Enfin, M. M. a été nommé directeur de l'Observatoire de Paris le 26 juin 1878. On lui doit: « Recherches sur la longitude de la côte orientale de l'Amérique du Sud », 1861; « Les côtes du Brésil, description ed instructions nautiques », 1869-1876); « Rio de la Plata, description et instructions nautiques », 1873, publiés par le bureau du Dépôts des cartes et plans de la marine. M. M. est depuis juillet 1875 commandeur de la Légion d'honneur.

Mouchon (Hippolyte), pasteur et publiciste français, né, à Lyon, le 2 février 1835. M. M. a fait ses études à Genève. Il fut appelé à Saint-Étienne (Loire) en 1859 et y resta avec le titre et les fonctions de président du consistoire jusqu'en octobre 1862. Il a exercé ensuite, pendant quatre années (1862-1866), le ministère à Sainte-Hippolyte-du-Fort (Gard). Puis il fut nommé directeur du Collège protestant de Sainte-Foy-la-Grande (Gironde). Il occupa ce poste deux ans. En 1868, il fut nommé pasteur à Lyon où il est encore. M. M. a publié: « Scènes et tableaux de l'histoire évangélique », 1862; « Le problème protestant et la solution », 1864; « L'Électorat dans l'Église réformée de France », 1870; « Qu'est-ce que le protestantisme? », 1878; « Un Collège en plein soleil ou l'éducation au vingtième siècle », 1880; « Le Règne de Dieu », études bibliques, 1882; « La nouvelle loi militaire examinée et jugée par un patriote », 1886.

Mongeot (Joseph-Antoine), médecin et savant français, né, le 8 mai 1815, à Bruyères (Vosges). Ses études faites, M. M. se fit recevoir docteur en médecine le 27 juin 1837 et vint exercer sa profession à Bruyères. A la mort de son père en 1858, il fut nommé à sa place médecin titulaire de l'hôpital de Bruyères. Maire de la ville depuis 1854, membre du Conseil général des Vosges, en remplacement de son père (1858), président de cette Assemblée de 1871 à 1873, membre du Conseil départemental de l'instruction publique depuis 1859; délégué cantonal depuis l'origine jusqu'à ce jour; membre de la Commission de surveillance du Musée Vosgien, depuis 1881; M. M. est secrétaire de la Société mycologique de France, fondée à Épinal en 1882. Il a publié, conjointement avec le professeur Schimper, un ouvrage sur « Les plantes fossiles du grès bigarré de la chaîne des Vosges », ouvrage qui fut récompensé par une médaille d'argent de la Société industrielle de Mulhouse. Officier d'Académie et membre de plusieurs académies et sociétés scientifiques, M. M. a publié les ouvrages suivants: « Monographie des plantes fossiles du grès bigarré des Vosges », avec 40 planches imprimées en couleur, en collaboration avec le prof. Schimper, Leipzig, 1844; « Note sur les végétaux fossiles du grès rouge, suivie de leur comparaison avec ceux du grès bigarré » (en réponse à la question du congrès des sciences naturelles et publié dans son *Compte-rendu*); « Essai d'une flore du grès rouge des Vosges et description des végétaux qui s'y rencontrent », Épinal, 1852 (Extrait des *Annales de la Société d'Émulation des Vosges*, tiré à part avec 6 planches lithographiées); « Les Champignons et les algues des Vosges », ouvrage faisant partie et extrait de l'ouvrage publié par M. Louis intitulé: « Le Département des Vosges ».

Moulart (Ferdinand-J.), savant canoniste belge, né, à Saint-Sauveur, le 4 août 1832; il est professeur à l'Université de Louvain et chanoine honoraire de la cathédrale de Tournay. Outre des travaux moins importants et d'assez nombreux articles dans la *Revue Catholique de Louvain*, on lui doit: « De sepultura et cœmeteriis », Louvain, 1862; « Examen des principales difficultés de la législation civile sur les sépultures », id., id.; « La question des cimetières en Belgique », Tournai, 1874; « L'Église et l'État, ou les deux puissances; leur origine, leurs rapports, leurs droits et leurs limites », Louvain, 1877, ouvrage considérable et plusieurs fois réédité; « Des fabriques d'églises et de l'administration de leurs biens », nombreuses éditions autographiées.

Mourlon (Michel-Félix), géologiste belge, né, à Molenbeek-Saint-Jean, près de Bruxelles, le 11 mai 1845. Docteur agrégé de la Faculté des Sciences de l'Université de Bruxelles, conservateur du Musée d'histoire naturelle de l'État en cette ville, il est membre de l'Académie Royale de Belgique. Nous devons d'abord citer de lui deux excellentes publications: « Recherches sur l'origine des phénomènes volcaniques et des tremblements de terre », Bruxelles, 1867; « Géologie de la Belgique », id., 1880-1881. Mais là ne s'est point bornée son activité: il a traduit l'ouvrage de J. Prestwich sur « La structure des couches du crag de Norfolk et de Suffolk », édité les « Mémoires sur les terrains crétacé et tertiaire de la Belgique », préparés par feu le professeur André Dumont, donné le chapitre: « Géologie » à la *Patria Belgica*, et collaboré au *Bulletin* de l'Académie, aux *Annales* de la Société malacologique de Belgique, etc. En outre, depuis 1877, M. M. a pris part aux travaux exécutés aux frais de l'État pour l'établissement de la carte géologique de son pays, et quand, tout récemment, le service de la carte a été réorganisé, un arrêté du Roi des Belges, en date du 31 décembre 1889, l'a nommé secrétaire du Conseil chargé de diriger ces travaux.

Mouron (Henri), prédicateur français, né, à Morges (Canton de Vaud), le 29 juin 1845, fit ses études classiques à l'Athénée Royal de Bruxelles, étudia la philosophie à l'Université d'Édimbourg et à l'Académie de Lausanne, puis après un semestre passé à l'Université de Berlin, il devint pasteur de l'Église libre à Aigle (Vaud), 1869. Nommé en 1872 prédicateur français à l'Oratoire de Strasbourg, il est depuis le mois de juin 1882 secrétaire-directeur de la Société évangélique de France. Nous avons de lui: « L'Expiation d'après Saint-Paul », 1868; « John Milton », conférence faite à Strasbourg, 1874; « De l'éducation des femmes », 1882. M. M. a collaboré au *Chrétien évangélique*, un *Journal de Genève*, à la *Revue chrétienne*, à l'*Évangile et Liberté*, etc.

Moussy (Victor), graphologiste français, né, à Lyon, le 21 juillet 1832, disciple de S.-H. Michon, collabora au *Monde Parisien* et au *Midi-Artiste* de Toulouse, puis rédigea le *Journal de la graphologie*. Nous avons de lui des « Portraits graphologiques », c'est-à-dire des études psychologiques, avec indication des signes graphiques sur lesquels s'appuie la graphologie pour deviner d'après son écriture, le caractère de la personne qui a écrit.

Molly (Charles-Louis-Stanislas, Comte DE), ambassadeur et écrivain français, né, à Paris, le 11 septembre 1835, d'une ancienne famille de Picardie. Après de brillantes études au Lycée Bonaparte, il collabora à de nombreuses revues et fut chargé de la critique littéraire à la *Presse* depuis 1862 jusqu'en 1865. Il écrivit ensuite au *Moniteur*, au *Journal officiel*, au *Constitutionnel* jusqu'en 1875. Attaché au Ministère des affaires étrangères en 1865, il fut nommé premier secrétaire d'ambassade à Constantinople le 5 août 1875; il fut secrétaire de la conférence des ambassadeurs, puis chargé d'affaires du 11 décembre 1876 au 22 janvier 1877, pendant toute la guerre Turco-Russe. Il passa à Berlin le 16 avril 1878, y remplit les fonctions de secrétaire et rédacteur des protocoles au Congrès de 1878, puis il fut envoyé à Vienne le 11 février 1879, comme chargé d'affaires, puis nommé sous-directeur au Ministère. Élevé en octobre 1880 au grade de Ministre plénipotentiaire à Athènes, il en exerça les fonctions jusqu'en juillet 1886, et fut nommé alors ambassadeur près le Roi d'Italie, où il a été remplacé, au mois de novembre 1888, par M. Mariani mort récemment. M. de M. a publié: « Raymond », étude, 1861; « Grands seigneurs et grandes dames du temps passé », portraits historiques, 1862; « Don Carlos et Philippe II », 1863, ouvrage couronné par l'Académie française; « Le Roman d'un homme sérieux », 1864; « Les jeunes ombres », récits de la vie littéraire, 1868. Il a édité la « Correspondance de Stanislas-Auguste Poniatowski et de Mme Geoffrin », 1875, précédée d'une étude sur ce roi de Pologne et accompagnées de notes.

Moynier (Gustave), économiste et jurisconsulte suisse, né, à Genève, le 21 septembre 1826, fils d'un ancien Conseiller d'État, commença au Collège et à l'Académie de sa ville d'origine des études achevées à Paris, où il prit en 1850 sa licence en droit. En 1885, l'Université de Berne l'a nommé *Doct. utriusque juris honoris causa*. Les questions économiques et philanthropiques attirèrent de bonne heure l'attention de M. M. qui fut appelé à dix reprises différentes de 1858 à 1885 à présider la Société genevoise d'utilité publique et qui de 1858 à 1869 en rédigea le *Bulletin trimestriel*. Ses recherches les plus importantes dans ce domaine ont été résumées dans les *Institutions ouvrières de la Suisse*, 1867, ouvrage entrepris sur la demande du Conseil fédéral. La statistique fut cultivée avec un égal succès par cet économiste qui de 1863 à 1864 présida le Comité suisse et le représenta aux Congrès de Florence (1867), et de la Haye (1869). La création qui a rendu le nom de M. G. M. célèbre et populaire dans les cercles les plus étendus est celle de la Croix Rouge dont il prit l'initiative en 1863 et dont depuis cette époque, il a constamment présidé le Comité, et depuis 1869 rédigé le *Bulletin*. An développement de cette œuvre excellente et à la propagation de ses principes se rattachent les ouvrages suivants: « La guerre et la charité », en collaboration avec le Dr Appia, couronné par le Comité de la Croix Rouge de Berlin, 1866; « La Croix Rouge, son passé et son avenir », 1882; « Les causes du succès de la Croix Rouge », 1888. M. M. a officiellement représenté la Suisse lors des Conférences diplomatiques tenues à Genève en 1864 et en 1869 pour l'amélioration du sort des blessés dans les armées en campagne. L'Institut de droit international l'a compté en 1873 parmi ses fondateurs et a provoqué quelques unes de ses plus intéressantes publications: « Le Manuel des lois de la guerre », 1880; « La question du Congo », 1883; « La fondation de l'État indépendant du Congo au point de vue juridique », 1887. M. M. qui siège depuis 1877 dans la Commission internationale de Bruxelles pour l'exploration et la civilisation de l'Afrique et qui défend la même cause dans le journal mensuel l'*Afrique*, créé par lui à Genève en 1879, a été nommé en 1886 et en remplacement de M. Ernest Naville, membre correspondant de l'Université de France (Académie des sciences morales et politiques), en 1889 vice-président de la Société anti-esclavagiste suisse.

Mozzoni (Anna-Maria), conférencière italienne, née, à Milan, en 1840, a collaboré à plusieurs journaux du parti démocratique, mais son œuvre principale est une série de Conférences données dans les villes principales de l'Italie pour obtenir une révision de la loi sur les mœurs qui existait en Italie avant 1889. Grâce aux conférences de M. M. fortement appuyée par le regretté Bertani et par le président du Conseil François Crispi, la loi actuelle qui régit le bureau des mœurs, est bien plus libérale que celle qui l'a précédée.

Muguier (François), jurisconsulte et écrivain français, né, le 26 avril 1831, à Rumilly (Haute Savoie), fit ses premières études aux Collèges de Rumilly et de Chambéry fut reçu docteur en droit à l'Université de Turin en 1854. Magistrat en Savoie (1856), procureur de la République à Annecy (1870), conseiller de la Cour d'appel d'Aix en Provence (1875) et de Chambéry (1878), enfin Président des Assises. Nous avons de lui: « Chronologies pour les études historiques en Savoie »; « Une année de la vie municipale de Rumilly, 1689-1690 »; « Trousseau de mariée en Savoie »; « Petites Annales d'Annecy »; « Saint-François de Sales »; « Une charte inédite d'Amédée IV »; « Un capitaine recruteur au XVIIe siècle »; « Le mariage d'Alphonse de Lamartine à Chambéry »; « Histoire documentaire des Abbayes de Sainte-Catherine et de Boulien en Savoie »; « Un théâtre en Savoie »; « Relation des voyages à Fez en 1825, au Brésil et à la Plata en 1834 du lieutenant de vaisseau sarde Joseph de Rochette »; « Les Évêques de Genève et Annecy depuis 1535 ».

Mühlau (Ferdinand), docteur en théologie et en philosophie, conseiller effectif d'État de l'Empire russe, professeur ord. de théologie à l'Université de Dorpat, né, à Dresde, le 20 juin 1839. Il étudia la théologie et les langues orientales aux Universités de Leipzig et d'Erlangen sous Fleischer, Delitzsch et Spiegel. En 1868 il reçut l'habilitation à l'enseignement et depuis 1870 il occupe à l'Université de Dorpat la place de professeur de théol. exég. Outre plusieurs articles parus dans les revues de philologie et de théol. nous lui devons les ouvrages suivants: « De proverbiorum quæ dicuntur aguri et Lemuelis origine atque indole », Leipzig, 1864; « Die hebräische Theokratie », Prop., Dorp., 1879; « Geschichte der hebräischen Synonimik », dans la *Zeitschr. d. d. Morgenl. Ges.*, 1863; « Albert Schultens und seine Bedeutung für die hebräische Sprachwissenschaft », dans la *Delitzsch-Quericke*, Zeitoch., 1870. On lui doit aussi la publication de « Friedrich Böttcher's neuer exegetisckritischer Æhrenlese zum alten Testament », Leipzig, 1862-65, et « Friedrich Böttcher, ausfürhliches Lehrbuch der hebr. Sprache »; « Liber Genescof sine punctis excriptum », Leipzig, 1868, 2ᵉ éd. en 1885. Voir aussi: « Gesenius' Hebr. Handwörterbuch über das alte Testament », id., 1878-1883-1886, auquel il travaille avec M. le prof. Volck.

Mulazzi (Virginie), romancière italienne, née, à Milan, en 1851, débuta en 1872 par la « Pergamena distrutta »; suivirent: « Olimpia Morato »; « Sostituzione di madre »; « Un segreto »; « Le memorie di Livia »; « Croce e lettera »; « La schiava russa »; « Valeria »; « Leda ».

Mulé (Antonin), administrateur et romancier français, actuellement inspecteur des enfants assistés du département de la Seine. M. M. est né, à Toulouse, le 9 juillet 1836. Il a fait ses études classiques au Lycée et obtenu son grade de licencié en droit à la Faculté de sa ville natale. Son père, ancien négociant, ancien membre de l'Assemblée costituante en 1848, victime du Coup d'État en 1851 et de la loi de Sureté générale, a marqué honorablement sa place dans les rangs du parti républicain en province. Venu à Paris en 1858, M. M. a fait son stage d'avocat au barreau de Paris, menant de front les travaux littéraires et les études juridiques. Collaborateur de plusieurs journaux administratifs et de plusieurs recueils littéraires, il prit sa part à la politique d'opposition qui signala, dès 1863, le réveil de l'opinion publique, et publia plusieurs articles dans le *Revue nouvelle* d'Albert Collignon. L'année d'avant il avait publié un roman à tendances philosophiques, dont le succès avait été vif: « L'histoire de ma Mort ». Suivirent plusieurs romans et nouvelles dans l'*Avenir national*, la *Revue contemporaine*, *La nouvelle Revue de Paris*, la *Revue moderne*, etc. Rentré à Toulouse en 1868, il devint un des collaborateurs du journal *L'Émancipation*, un des principaux organes du parti républicain dans le Sud-Ouest de la France. La Révolution du 4 septembre l'ayant trouvé Conseiller municipal, le Gouvernement de la Défense Nationale fit de lui le secrétaire général de la Préfecture de la Haute-Garonne; démissionnaire au mois de mars 1871, il rentra en 1873 dans l'administration en qualité de Conseiller de Préfecture; mais le Gouvernement du 24 mai l'ayant révoqué, il reprit son poste de combat dans les rangs de l'opposition. Entré au Ministère de l'Intérieur, direction de la presse, en mars 1878, il fut nommé, deux ans plus tard, Inspecteur du service des Enfants assistés du Département de la Seine, fonctions qu'il exerce actuellement. Toutefois, M. M. n'a pas entièrement déserté la carrière des lettres, l'année dernière (1887), au mois d'avril, il a publié un volume contenant deux nouvelles: « La Peste » et la « Bonne Demoiselle »; cette dernière a donné son titre au volume.

Müller (Charles), littérateur allemand, né, à Stuttgart, le 8 février 1819, étudia au Gymnase de Stuttgart et à Tubingue. Gérant de la revue *Das Ausland*. Il a écrit sous plusieurs pseudonymes et nous avons de lui: « Des Lebens Wandlungen »; « Graveneck »; « Neue Pariser Mysterien »; « Neue Londoner Mysterien »; « Mysterien der Bastille »; « Die Weisse Frau »; « Das Testament von St.-Helena »; « Die Sere von Eschenau »; « Verkaufte Seelen »; « Der Mensch denkt Gott lenkt »; « Iphygenie »; « Am Kofe der Nordischen Semiramis »; « Der Onkel von Amsterdam »; « Humbug »; « Biewemanns Erben »; « Die Frau Oekonomierath »; « Grafenkrone und Dornenkrone »; « Amor im Walde »; « Ein Vertonner Sohn »; « Frau schau wem », romans. Plusieurs nouvelles et plus de cent contes pour la jeunesse.

Müller (Charles-Joseph), écrivain allemand, ecclésiastique de la diocèse de Breslau, professeur de théologie à l'Université Royale, directeur et maître de catéchisme au Gymnase Catholique de Saint-Mathias à Breslau. Né, le 19 décembre 1840, à Ritterfwalde, arrondissement de Neisse en Silésie (Prusse); il fit ses études dans le Gymnase de Neisse (1853-1861) dans l'Université de Breslau (1861-64). Le 1ᵉʳ juillet 1865 il prit ses grades ecclésiastiques; il résida à Haylem jusqu'en 1870 et ayant fait passage dans l'île de Rügen, il y demeura comme curé jusqu'en 1873. Transféré peu de temps après à Stralsund, dans la même qualité, il y resta jusqu'à la moitié à peu près du mois de septembre 1873, époque à laquelle il se rendit au Gymnase de Breslau pour y occuper la place qu'il a actuellement. On a de lui plusieurs ouvrages dont voici les titres: « Göttliches Wissen und göttlicher Macht des Johanneischen Christus », mémoire pour la solution de la question de St.-Jean, Fribourg en Brisgovie (Baden), Herder, 1882; « Das vierte Evangelium in Christologisches Hinsicht », deux extraits des relations annuelles sur le Gymnase Catholique Royal de St.-Mathias à Breslau, pour les années scolastiques 1882-83 et 1883-84; « De nonnullis doctrinæ gnosticæ vestigiis quæ in quarto evangelio inesse feruntur dissertatio », Friburgi Brisgoviæ, Sumptibus Herder, 1883.

Müller (Édouard), prédicateur et professeur à l'Université de Berne pour la théologie pratique, né, à Berne, le 29 juin 1820, n'a publié que quelques brochures de circonstance: « L'Université de Berne, 1834-1884 », discours de jubilé 1884; « L'importance nationale des universités », Berne, 1876; « Parallèles des prophéties messianiques et des types de l'Ancien Testament tirés de l'antiquité hellénique » (*Archives pour la philologie classique*), 1875. L'activité de M. M. s'est surtout exercée dans le domaine ecclésiastique où il représente avec talent l'école du juste milieu.

Müller (Eugène), littérateur français, né, le 31 juillet 1826, à Vernaison, commença par être dessinateur, puis après avoir fait seul son éducation littéraire, il composa des vers, des comédies, des drames restés inédits. En 1858, il publia: « La Mionette », récit villageois qui attira sur lui l'attention et fut suivi de plusieurs autres romans fort bien accueillis. Après avoir été, pendant plusieurs années, chroniqueur scientifique du *Monde illustré*, il devint rédacteur en chef de *La Mosaïque*, puis du *Musée des familles*. Collaborateur assidu du *Journal de la jeunesse*, il y a écrit souvent sous le pseudonyme de *Oncle Anselme*. Il a également collaboré au *Magasin d'éducation et de récréation*, et au *Journal des Demoiselles*. Il a fait jouer en 1860 au théâtre du Vaudeville, une comédie rustique: « Le Trésor de Blaise ». En 1873, il a obtenu un des prix Montyon de l'Académie Française, pour un recueil de nouvelles, les « Récits champêtres ». Élu membre du Comité de la Société des gens de lettres en 1860, il a été vice-président de cette Société en 1870 et président en 1873. Il est devenu en décembre 1884 conservateur à la bibliothèque de l'Arsenal, délégué cantonal pour l'instruction primaire et secrétaire de la caisse des écoles du XIIIe arrondissement. Il a été nommé officier d'Académie en janvier 1876, chevalier de la Légion d'honneur le 15 janvier 1879 et officier de l'instruction publique en 1888. Les principaux ouvrages de M. M. sont: « La Mionette », 1858; « Véronique »; « Mme Claude », 1860; « Récits enfantins », 1861; « Contes rustiques », 1862; « Jeunesse des hommes célèbres », 1863; « Pierre et Mariette »; « La Driette », 1865; « Les filles du tourneur »; « Jacques Moutier », 1866; « L'Héritage de Jean Remy »; « La Boutique du marchand de nouveautés »; « Le chef-d'œuvre du père Victor », 1867; « Les Mémoires d'un franc-tireur », 1871; « Robinsonette », 1873; « Jacques Brunon », 1875; « Les Femmes d'après les auteurs français »; « Morale en action par l'histoire », 1876; « La Forêt », 1877; « Un Français en Sibérie », 1878; « Le Géant et l'Oiseau », 1880; « Entretiens de science familière »; « Histoire de la machine à vapeur », 1881; « Le jour de l'an et les étrennes chez tous les peuples », 1881; « Les grandes découvertes modernes »; « Les apôtres de l'agriculture »; « Ambroise Paré », 1882; « Nizelle, souvenir d'une orpheline », 1886; « Lettres sur la Botanique »; « Lettres sur l'origine des professions industrielles »; traductions du « Robinson suisse », de l'« Histoire de Christophe Colomb », etc.

Müller (François), né, à Herschetitz en Bohême, le 13 juin 1817, fit ses études de médecine et de chirurgie à l'Université de Prague et y prit ses grades. En 1849, il fut nommé prof. vétérinaire à l'Institut Impérial à Vienne et à l'Université de cette métropole. En 1888, M. M. renonça à la chaire après avoir été nommé Conseiller de la Cour Impériale. On a de lui: « Lehrbuch der Physiologie der Haussäugethiere », Vienne, 1862; « Lehre vom Exterieur des Pferdes », id., 4e éd., 1884; « Lehrbuch der Anatomie der Haussäugethiere », id., 3e éd., 1885. Outre cela, il est auteur de nombreux articles parus dans les journaux spéciaux allemands et fondateur de la revue intitulée: *Vierteljährschr. f. wiss. Veterinark.*, qui paraît à Vienne, Librairie Braumüller, depuis 1851, et qu'il redigea jusqu'à 1885.

Müller (Frédéric-Auguste), docteur en philosophie, professeur ordinaire des langues sémitiques à l'Université de Königsberg, né, le 3 décembre 1848, à Stettin; il fit ses premières études au gymnase de cette ville, et puis après à l'Université de Leipzig, où il étudia particulièrement la philologie et les langues orientales. En 1868, il fut nommé docteur en philosophie à l'Université de Halle, et jusqu'à 1869 il occupa la place de maître-adjoint au Gymnase de Neu-Ruppis (Brandeburg). De 1869 à 1875, il enseigna la langue latine à l'École Supérieure de Halle et dans cette période (1870) il y fut reçu comme professeur agrégé. En 1874, il fut nommé professeur extraordinaire à l'Université et en 1882, il passa à Königsberg comme professeur ordinaire, où il se trouve toujours. Il est auteur des ouvrages suivants; « Imrunlkaisi Mu allaka, commentario critico illustrat. », Halle, 1868; « Hebräische Schulgramatik », id., 1878, traduite en anglais et publiée sous le titre: « Outlines of Hebrew Syntax », par J. Robertson, Glasgow, 1882, réimprimée, 1885; « Ibn Abi Useibia », 2 vol., Cairo, 1299, Königsberg, 1884; « Der Islam im Morgen- und Abendland », 2 vol., Berlin, 1885-87; « Arabische Quellen zur Geschichte der indischen Medecin (*Zeitschr. d. deutsch. Morgenl. Ges.*), 1880; « Ueber Text u.

Sprachgebrauch von Ibn Ubi Useibia's Geschichte der Aertze », voir: *Sitzungsber. d. Münchn. Ak.*, 1884; dans les dernières années de son activité scientifique, il concentra toute son attention et son opérosité sur ses « Grundriss der Sprachwissenschaft », et par la 2e édition de son « Allgemeine Ethnographie ». M. M. est aussi collaborateur aux *Meyers' Conversations-Lexikon* et à l'*Encyklopödie* d'Ersch et Gruber. Il a travaillé à la « Caspari's Araq. Gramatik », Halle, 1876-87, et ses écrits philologiques se trouvent épars dans les publications spéciales allemandes et autrichiennes parmi lesquelles nous citerons les « Mittheilungen der antropologischen Gesellschaft in Wien. » et les « Wiener Zeitschr. f. die Kunde des Morgenlandes ».

Müller (Frédéric MAX), éminent orientaliste allemand, fils du poète Guillaume M., né, à Dessau, le 6 décembre 1823, acheva ses études à l'Université de Leipzig, et, sur les conseils de M. Hermann Brockhaus, se livra exclusivement à l'étude du sanscrit. De 1844 à 1845, il suivit à Berlin les cours de M. Bopp et de Schelling. En 1845, il vint à Paris, où il réunit, d'après les indications de Bournouf, les matériaux d'une édition du « Rigveda » et du commentaire du « Sâyanâcâryâ ». Pour compléter son travail, il se rendit, en 1846, en Angleterre, recommandé à la Compagnie des Indes-Orientales par Wilson. Pendant qu'il surveillait à Oxford, l'impression de cet ouvrage, publié aux frais de la Compagnie, il y fut nommé, en 1850, professeur d'histoire littéraire et de grammaire comparée, conserva sa chaire jusqu'à 1875, puis rentra en Allemagne. Membre de l'Académie de Munich depuis 1852, membre correspondant de l'Institut de France depuis 1858. Nous avons de lui les traductions de l'« Hidopadesa », 1844; du « Meghâduta de Kalidasa », 1848; du « Rig-Veda-Sanhitâ », l'Hymne sacré de Brahmas, 1869. Ses ouvrages sont: « De la philologie comparée des langues indo-européennes par rapport à leur influence sur la civilisation primitive de l'humanité »; « Copeaux d'un atelier allemand », 1869-75; « La Correspondance de Schiller avec le prince Frédéric-Chrétien de Schlesvig », 1875; « Basedow par son arrière petit-fils F. Max-Muller », Leipzig, 1877; « Nouvelles leçons sur la science du langage », 1867-68. Les ouvrages principaux de M. M. ont été traduits en plusieurs langues.

Müller (George-Elias), professeur ordinaire de philosophie à l'Université de Goettingue, né, à Grimma (Saxe), en 1850, élève de l'école Royale de Grimma et du Nicolai-Gymnasium de Leipzig, fréquenta les Universités de Leipzig, Berlin et Goettingue. En 1870-71, il s'engagea comme volontaire dans l'armée allemande et prit part à la Campagne contre la France. De 1876 à 1880, on le trouve professeur agrégé de philosophie à l'Université de Goettingue et de 1880 à 1881 professeur ordinaire de philosophie à Czernowitz. Depuis le 1er avril 1881, M. M. est devenu prof. ordinaire de philosophie à Goettingue. On a de lui: « Zur Theorie der sinnlichen Aufmerksamkeit », dissertation parue à Leipzig en 1873; « Zur Grundlegung der Psychophysik », Berlin, 1878; « Ueber die Maassbestimmungen des Ortissinnes der Haut mittels der Methode der richtigen und falschen Fälle », voir *Pflüger's Arch. f. die ges. Phisiologie*, vol. 19; « Ueber die psychologischen Grundlagen der Vergleichung gehobener Gewichte »; à laquelle collabora aussi M. le prof. Fr. Schumann, et qui parut dans le *Pflüger Arch.*, vol. 45, et enfin on doit citer la « Theorie der Muskelcontractionen », publiée dans les *Nachrichten v. der K. Gesellschaft der Wissensch.*, n. 7, 1889, Gœttingue.

Müller (Guillaume-Frédéric-Édouard), philologue allemand-suisse, né, à Berlin, le 14 avril 1853, reçut son éducation première à Bâle, fréquenta pour l'instruction secondaire le gymnase de sa ville d'origine et commença à l'Université les études de grammaire comparée et surtout de sanscrit poursuivies à Leipzig, à Heidelberg, à Tubingue et plus tard à Londres au *British Museum* (1874) et à la Bibliothèque Bodleïenne d'Oxford. Le gouvernement anglais lui offrit en 1878 d'accompagner à Ceylan le Dr Paul Goldschmidt pour y recueillir des inscriptions. Le séjour de M. M. aux Indes embrassa deux années (avril 1878-octobre 1880). A son retour en Europe, il se fixa à Berne et fut attaché à l'Université, d'abord en qualité de *privat-Docent*, ensuite de professeur extraordinaire (1886) pour le sanscrit, l'anglais et la grammaire comparée. Les principaux ouvrages de M. M. sont d'après l'ordre des dates: « Le dialecte Lalita vistara » (thèse pour le doctorat), Weimar, 1874; « Matériaux pour la grammaire du jaina prakrit », Berlin, 1876; « Les anciennes inscriptions de Ceylan », Londres, 1881; « Une grammaire simplifiée de la langue Pali », Londres, 1884; « Le Dhammasangani », édité pour la société des textes palis, id., 1880; ces trois derniers en anglais.

Müller (Henri-David), savant et philologue très distingué galicien, docteur en philosophie, prof. ord. de la langue hébraïque à l'Université de Vienne, président de l'Institut oriental, rédacteur de la *Wiener Zeitschrift für die Kunde des Morgenlandes*, né, en 1846, à Buczacz (Galicie), fils du libraire Albert Müller, très connu pour son savoir et pour ses talents. Le jeune M. M. fut initié par son père à l'étude des langues classiques et sémitiques. Ayant achevé ses premières études au Gymnase (1869), il commença d'abord par se dédier aux études historiques, mais bientôt il y renonça pour se consacrer à celles des langues orientales. Il fréquenta les Universités de Leipzig, Strasbourg et Berlin, et en 1878, à l'Université de Vienne, il prit son habilitation à l'enseignement des langues sémitiques. La même année, M. M. se rendit à Londres et travailla longtemps au *British Museum*, en 1877 il visita Constantinople pour recopier et corriger dans les bibliothèques et mosquées de cette capitale quelques manuscrits très intéressants. En 1880, on le nomma professeur extraord. des langues sémitiques à l'Université de Vienne et en 1885 il y fut reçu comme prof. ordinaire. On lui doit les ouvrages suivants : « Der Kitâb al-Farq von al-Asma'î », Vienne, 1876; « Südarabische Studien », id., 1877; « Die Burgen und Schlösser Südarabiens », id., 1879-81; « Sabäische Denkmäler » (en collaboration avec Mordtmann), id., 1883; « Siegfried Langer's Reiseberichte aus Syrien und Arabien und die von ihm gesammelten Inschriften », Leipzig, 1883; « Hamdânî's Geographie der arab. Halbinsel », Leid., 1884; « Zur vergleichenden Semitischen Sprachforschungen », id., id.; « Die Keilinschrift von Aschrut-Darga », Vienne, 1881; « Die Sabäischen Alterthümer der Berliner Museen », Berlin, 1886. Outre ces ouvrages, M. M. a publié un grand nombre d'articles dans les *Zeitschr. d. deutsch. Morgenländ. Ges.*; *Litt. Krit. Beil. d. Œsterr. Monatschr. f. d. Orient*, et a été un des plus actifs collaborateurs du dictionnaire hébraïque publié par Gesenius à Leipzig en 1886, et des *Annalen des Tabari*.

Müller (Jean), historien et publiciste suisse, né, le 31 mars 1824, à Hirschthal près d'Aarau, suivit des cours de philologie et de théologie aux Universités de Zurich et de Tubingue (1843-46), occupa immédiatement après deux postes de suffragant dans le village argovien de Gontenschwyl et à Baden sur la Limmat, fut nommé aumônier d'un bataillon pendant le Sonderbund et assista en cette qualité aux combats de Geltwyl et de Gislikon. Deux fois encore il fut donné à M. M. de remplir des fonctions analogues : en 1849, pendant la révolution badoise ; en 1857, lors du conflit de Neuchâtel. La guerre civile terminée, le synode évangélique d'Argovie l'envoya au village de Reinach, où il fut simultanément chargé de la direction scolaire et de la cure d'âmes ; en 1854, il fut choisi comme pasteur par la paroisse de Rüpperswyl près de Lenzbourg, où il réside encore aujourd'hui et a pris une part active aux réformes philanthropiques et pédagogiques. Nous sommes redevables à M. M. des ouvrages suivants : « Biographies populaires de Félix Haemmerlin et d'Ulrich de Hutten », publiées dans le *Calendrier suisse*; « Histoire de la ville de Lenzbourg d'après les documents conservés aux archives », 1867; « Le chapitre de Brugg-Lenzbourg, une monographie d'après les pièces originales », 1867; « Les religions extrabibliques, manuel destiné aux établissements de l'instruction supérieure et aux lecteurs cultivés », 1875 ; « Un second Gury », examen critique du manuel de théologie pastorale, rédigé par le père Keuriek et remplaçant celui de Gury au Séminaire de Soleure ; enfin le plus important de tous, l'« Argovie, son histoire politique et juridique, artistique et littéraire », 2 vol., 1869 ; « La statistique des vergers dans le Canton d'Argovie », 1888. Écrivain fécond et très abondamment renseigné, M. M. est encore l'auteur de récits empruntés à la vie populaire et publiés depuis 1850 en feuilletons dans divers journaux, de lettres sur la Mer Rouge et l'Abissinie, rédigées d'après un manuscrit de son fils, chef d'une maison de commerce à Massouah et parues dans la *Nouvelle Gazette* de Zurich, d'articles littéraires et théologiques insérés dans le *Bund*, la *Nouvelle Gazette* de Zurich, la *Faculté hebdomadaire* d'Argovie, les *Basler Nachrichten*, la *Feuille religieuse populaire* de Saint-Gall, la *Feuille protestante* de Bâle, les *Feuilles réformistes* de Berne.

Müller (Jean), botaniste suisse, docteur en philosophie, né, en 1828, à Teufenthal (Canton d'Argovie), fit ses études générales au Conservatoriat de l'Herbier de Candolle, de 1851 à 1873. Professeur de classification botanique et de Botanique médicale à l'Université, directeur du jardin botanique, conservateur de l'Herbier Delessert de la ville de Genève. M. M., qui collabore au *Prodromes* des De Candolle et à la *Flora Brasiliensis*, depuis 1854 à 1859, a écrit beaucoup d'ouvrages, dont nous citons les titres des principaux « Monographie des Résédacées » ; « Apocynies du Brésil » ; « Euphorbiacées des Prodromes » ; « Ensemble de toutes les publications sur les lichens de tous les pays ».

Müller (Karl), professeur de théologie évangélique à l'Université de Giessen, né, le 3 septembre 1852, à Langenburg (Würtemberg), fit ses études à Tübingue de 1870 à 1874. En 1876, il devint docteur en philosophie et peu de temps après en théologie aussi. En 1880, il fut nommé prof. agrégé à l'Université de Berlin et en 1882 il y fut attaché comme prof. extraord. Passé à Halle en 1884 dans la même qualité, il y resta jusqu'à 1886, époque à laquelle il se rendit à Giessen pour y occuper la place de prof. de théologie évangélique. On a de lui : « Der Kampf Ludwigs d. B. mit der Röm. Curie », Tubingue, 1879-80; « Die Anfänge des Minoritenordens und der Bussbruduschaften », Fribourg, 1885; « Die Waldenser und ihre einzelnen Gruppen bis zum Anfang des 14 Jahrh », Perthes, Gotha, 1886. Parmi les journaux qui ont publié ses travaux, nous citerons: *Zeitschr. f. Kirchengesch.*, 1877; *Forsch. f. deutsch. Gesch.*, 1879; *Zeitsch. f. Kirchenr.*, 1884, et nous dirons enfin que la *Real-Encyclopädie f. protest. Theol. und Kirche* », a en lui un de ses plus diligents collaborateurs.

Müller (Otto), écrivain allemand, né, le 1er juin 1816, à Schotten (Oberhessen), fréquenta les gymnases de Büdingen et de Darmstadt; à 20 ans, il accepta la charge de bibliothécaire à la Bibliothèque Royale de Darmstadt, mais en 1843 il donna sa dimission pour se dédier exclusivement à la rédaction des *Frankfurter Konversationsblätter*. Cinq ans plus tard, il rédigea aussi le *Mannheimer Journal*. Sa carrière de publiciste fut interrompue par de la perte de sa femme qui le plongea dans la plus profonde douleur. Il se retira à Brême et seulement en 1854 il put rentrer à la rédaction du *Frankfurter Museum*, dont il avait été un des fondateurs. Ayant renoncé à cette occupation, il s'est établi à Stuttgart d'où il nous transmet les plus charmants romans. Les ouvrages que nous allons citer de lui sont de vrais chef-d'œuvre: « Marlow », 1848; « Petrus von Vinea », 1846; « Georg Volker », 1851; « Der Tannenschütz », 1852; « Charlotte Ackermann », 1854; « Dei Stadtschultheiss von Frankfurt », 1875; « Der Klosterhof », 1854; « Roderich », 1860; « Aus Petrarkas alten Tagen », 1862; « Eckhoff und Seine Schüler », 1863; « Die Liebe im Grabe », 1865; « Der Wilpfaner », 1866; « Erzählungen », 1868; « Der prof. v. Heidelberg », 1870; « Der Fall v. Konstanz », 1872; « Der Maioratshew », 1875; « Diadem und Maske », 1875; « Der Photograf », 1876; « Mürs chelnausen in Volgelsberg », 1876; « Monika », 1877; « Schatten auf Höhen », 1881; « Altar und Kerker », 1884. Ce dernier n'est que l'histoire du curé Weidig, le Silvio Pellico allemand.

Müller (Pierre), prof. de Gynécologie à l'Université de Berne, né, en 1886. On a de lui : « Untersuchungen über die Verkürzung der Vaginalportion in den letzten Monaten der Gravidität », Hab., Schr. Wünzb, 1868 ; « Ueber die Wendung auf den Kopf und deren Werth für die geburtshilfliche Praxis », Samml., Klin., Vortr., 1874 ; « Der moderne Kaiserschnitt, seine Berechtsgung und Stellung unter den geburtshilflichen Operationen », Festschr., Berlin, 1882 ; « Die Unfruchtbarkeit der Ehe », Stutgard, 1885 ; « Die Krankheiten des weiblichen Körpers in ihren Wechselbeziehungen zu den Geschlechssorganen », Stuttgard, 1888 ; « Die Herausgabe des Handbuch der Geburtshilfe », trois volumes, id., 1888-89. M. M. a publié aussi plusieurs articles dans les journaux et revues médicales allemandes, parmi lesquelles nous citerons les *Arch. für Gynökologie*, le *Handb. der Frauenkrankh.*, et *Handb. der deutsch. Chirurgie*. Les deux sujets « Die Sterilität der Ehe », et « Die Entwicklungsfehler des Uterus », y sont traités avec une compétence extraordinaire.

Mulock (Dina-Marie), romancière anglaise très populaire qui a signé de son nom de demoiselle même après son mariage avec M. Georges Craik, née, à Stoke-Upon-Trent, en 1826. Elle débuta en 1849 par « The Ogilvies », roman qui fut suivi par une quantité d'autres, dont le plus remarquable est sans aucun doute: « John Halifax, gentleman ». Nous donnons la liste entière de l'œuvre importante de Mme Craik: « Cola Monti », 1849 ; « Olive » ; « Alice Learmont » ; « The Head of the Family » ; « Avillion and other Tales » ; « Agatha's Husband » ; « A Hero » ; « Little Lychetts » ; « Nothing New » ; « A Woman Toughts about Women » ; « A Life for a Life » ; « Poems » ; « Romantic Tales » ; « Bread upon the Waters » ; « Domestic Stories » ; « Studies from Life » ; « The Fairy Book » ; « Mistress and Maid » ; « Christian's Mistake » ; « Home Thoughts and Home Scenes, poems » ; « A New Year's Gift to Sick Children » ; « How to win Love » ; « A Noble Life » ; « Two Marriages » ; « The Woman's Kingdom » ; « A Brave Lady » ; « Twenty Years Ago » ; « The Adventures of a Brownie » ; « Hannah » ; « Is it True? » ; « My mother and I » ; « The Little Lame Prince » ; « Sermons out of Church » ; « The Laurel Bush » ; « Will Denbigh, nobleman », 1877 ; « A Legacy », 1878 ; « Young Mrs Jardine », 1879 ; « Thirty Years » ; « His Little Mother » ; « Children's Poetry », 1881 ; « Plain Speaking », 1882. Nous avons d'elle plusieurs traductions du français.

Mumm (Rodolphe), docteur en droit, né, à Duren (Cologne), le 5 octobre 1850. Il étudia la philosophie et la philologie à Bonn et après la campagne de 1870-71 la jurisprudence et les sciences sociales à Berlin. Le 24 septembre 1876, ayant été promu docteur à l'université de Jena, il entra aussitôt dans la magistrature de l'Alsace-Lorraine. En 1878, il fut nommé avocat et un an plus tard procureur. Depuis lors, il réside à Strasbourg. On lui doit: « Die Bürgerliche und die Canonische Ehe. Von einem deutschen Iuristen », Cöln u. Leip., Eduard-Heinrich Mayer, 1875 ; « Ueber den Grundsatz des Code civil: En fait de meubles la possession vaut droit », voir *Zeitschr. f. franz. civil. Recht.*, 1876 ; « Der Strassburger Vergiftungsprozess », voir vol. 23 *Des neuen Pitavol*, publié par le Dr Vollert à Zara en 1889 ; « Das Nationalitätsprincip der Gegenwart » ; « Das Glaubensbekenntniss eines Altkatholiken » ; « Der passive Wiederstand gegen die Mai-Gesetze », voir vol. 4e de la *Deutschen Warthe* par le Dr Brunn Mayer ; « Unser Interesse an der papstlichen Throncandidatur », voir *Im neuen Reich*. On lit aussi: « Ein Asyl für Obdachlose », dans l'*Illustrirten Volkzeitung* ; « Das Unterirdischen Berlin », dans les *Grenzboten*, et enfin ses « Reilsebirder », dans la *Strasburger Post*, 1886-1888.

Mun (Adrien-Albert-Marie, comte DE), homme politique français, né, à Lumigny (Seine-et-Marne), le 28 février 1841. Ancien capitaine de cavalerie, il donna sa démission pour se consa-

crêr plus librement à l'œuvre des *Cercles catholiques d'ouvriers*, qu'il avait fondée en 1872. Catholique éloquent et intrépide, M. le comte de Mun s'était révélé dans ses conférences comme un orateur de premier ordre. Le 20 février 1876, il fut élu député par 10,725 voix. Mais la majorité républicaine de la Chambre des députés se prononça d'abord pour une enquête sur l'élection de M. le comte de M., puis pour l'invalidation. Le jeune orateur catholique fut réélu et siégea à l'extrême droite. Aux élections du 14 octobre 1877, M. le comte de M. fut réélu par 12,292 voix contre 9,817 obtenues par le candidat républicain, M. Le Maguet. Soumise à une nouvelle enquête, son élection ne fut rapportée qu'en décembre 1878. Il prononça à cette occasion un remarquable discours, dans lequel il se déclara l'ennemi de la souveraineté du nombre et affirma ses convictions catholiques et royalistes. Invalidé le 16 décembre, il échoua le 2 février 1879 contre le candidat républicain. Rentré dans la vie privée, il continua avec activité la propagande de l'œuvre des Cercles Catholiques, en même temps qu'il s'associait énergiquement à la campagne entreprise pour la défense des libertés religieuses. Le 8 mars 1881, il prononça, à Vannes, un discours : « Dieu et le Roi », qui fut le point de départ d'un grand mouvement de conférences royalistes et qui lui valut une lettre publique de félicitation de M. le comte de Chambord. Réélu à une très forte majorité le 21 août 1881 aux élections générales, et cette fois, validé sans contestation, il n'a pas, depuis lors, cessé d'appartenir au Parlement où le Morbihan l'a encore envoyé aux élections de 1885 par 60,341 voix. Sans cesser sa propagande à l'extérieur, il a pris une part importante aux travaux de la Chambre, notamment dans les discussions relatives aux questions sociales. Combattant tout ensemble le libéralisme économique et le socialisme, il s'inspire des enseignements de l'Église et des traditions du passé; les principes corporatifs dont il s'est montré toujours le défenseur ont fait un chemin considérable dans les esprit et ont rencontré des adhésions sans nombre dans la classe ouvrière. M. de M. en a maintes fois recueilli les témoignages venus des points les plus divers. Il est intervenu dans la discussion des lois militaires, et le 11 juin 1887 il prononçait un discours qui soulevait l'enthousiasme de la Chambre entière, sans distinction de partis. Au mois d'octobre de la même année, il conduisait à Rome deux mille ouvriers catholiques et recevait du Souverain Pontife l'accueil le plus bienveillant et les encouragements les plus précieux. Chevalier de la légion d'honneur pour actions d'éclat en 1870 pendant le siège de Metz, M. de M. a été fait par Pie IX commandeur de St.-Grégoire et créé par Léon XIII grand croix du même ordre et commandeur de l'ordre de Pie IX. Ses discours, réunis en trois volumes et accompagnés de notices ont été publiés à Paris au mois de mars 1888.

Münch (Arnold), historien et numismate suisse, né, le 5 octobre 1825, à Fribourg en Brisgau, où son père, le docteur et conseiller Ernest M. occupait une chaire d'histoire à l'Université, embrassa en 1843 la carrière commerciale, vécut, pendant plusieurs années, en Italie, revint en 1849 en Suisse, se fixa en 1859 à Rheinfelden, petite ville d'Argovie, d'où sa famille était originaire et y remplit diverses fonctions administratives, celles entr'autres de directeur des salines. Les électeurs du 38ᵐᵉ arrondissement fédéral l'ont choisi depuis 1869 pour un de leurs représentants au Conseil national. M. M. siège à Berne sur les bancs de la droite ultramontaine, et préside, depuis 1886, le synode catholique romain du Canton d'Argovie. Nous indiquerons comme ses ouvrages les plus importants : « La collection monétaire du Canton d'Argovie », 1871 ; « La monnaie de Lausenbourg, un fragment de l'histoire monétaire en Suisse et sur le Haut-Rhin du XIVe au XVIIe siècle », 1874 ; « Les regestes des comtes de Habsbourg-Lausenbourg » (1ere partie, 1879 ; 2me partie 1888).

Munir y Terrones (Joseph), lieutenant-colonel d'infanterie espagnole, jurisconsulte militaire, né, à Cabra (province de Cordoue), le 2 février 1839, fit ses premières études pour la prêtrise, et reçut en 1854 la tonsure et l'ordonnation de diacre; mais la même année il s'engagea simple soldat, et prit part ensuite à la campagne d'Afrique. Nous avons de lui, en dehors de plusieurs mémoires sur sujets militaires, un « Diccionario de la legislacion militar », 1877 ; suivirent: « Ordenancias del ejercito, anotadas y illustradas », 4 vol., 1882 ; en 1886, il publia la seconde édition du « Diccionario », revue et corrigée. Il a été rédacteur en chef de la *Correspondencia militar*, et prépare maintenant un livre intitulé : « Concepto del mando y deber de la obediencia ».

Munk (Emmanuel), médecin prussien, né, à Posen, en 1852, étudia à Berlin, Breslau, Strasbourg, et fut reçu docteur en 1873. Professeur agrégé de physiologie et de chimie depuis 1883, membre correspondant de l'*Accademia Fisico-medica* de Florence en 1889, il a publié une série de mémoires concernant la nutrition et la secrétion dans les *Archives biologiques* de Pflüger, Hoppe, Seyler, Du Bois-Reymond et Virchow (1873-88), et en collaboration avec F. Uffelmann: « La Nutrition de l'homme sain et malade », Vienne, 1887.

Munro (Joseph-Edwin CRAWFORD), économiste et jurisconsulte anglais, professeur de législation et d'économie politique à l'Université Victoria de Manchester, né, près de Belfast, en Irlande en 1858, étudia à Belfast au Collège de la Reine et à Cambridge. Nous avons de lui : « Pa-

tents, Designs, and Trade Marks Act of 1888 », Stevens and Sons, Londres, 1884; « The Law of Rents », Clowes, id., 1886; « The Constitution of Canada », Cambridge University Press, 1889; « Regulation of wages by Sliding Scales in the Coal Industry », Heywood, Manchester, 1886; « Regulation of Wages by Sliding Scales in the Iron Industry », Heywood, id., id.; « Reports on the regulation of wages by means of lists in the Cotton Industry drawn up for the British Association for the advancement of science », id., id., 1888.

Münster (Georges-Hébert, baron DE GROTTHAUS comte DE), diplomate allemand, né, à Londres, le 22 décembre 1820, fit son droit à Bonn, Heidelberg et Goettingue, et entra par droit héréditaire dans la Chambre Haute du Hanovre. Envoyé extraordinaire à Saint-Pétersbourg de 1856 à 1864, membre de la Chambre des Seigneurs de Prusse après l'annexion du Royaume du Hanovre à la Couronne de Prusse, membre du Parlement de l'Allemagne du Nord, puis du Reichstag jusqu'à sa nomination au poste d'ambassadeur à Londres (1873). Nous avons de lui: « Esquisses politiques sur la situation de l'Europe depuis le Congrès de Vienne jusqu'aujourd'hui (1815-1867) », Leipzig, 1867; « Ma participation aux événements de 1866 dans le Hanovre », 1868; « La Confédération de l'Allemagne du Nord et sa transition en Empire allemand », 1868; « Avenir de l'Allemagne », 1870.

Münsterber (Hugo), savant et écrivain allemand, docteur en philosophie et médecine, professeur aux Universités de Fribourg et de Baden, né, le 1er juin 1863, à Dantzig; il fit ses études à Genève, Leipzig et Heidelberg. On a de lui: « Die Willenshandlung », Fribourg, Mohr, 1888; « Ursprung der Sittlichkeit », id., id., 1889; « Beiträge zur experimentellen Psychologie », id., id., 1889.

Müntz (Eugène), homme de lettres alsacien, éminent critique et historien de l'art, né, à Soultz-sous-Forêts, en 1845, fit ses études au Lycée Bonaparte à Paris, puis suivit les cours de l'école de droit et prit le grade de licencié, mais préféra les beautés de l'art aux sécheresses du Code. Il voyagea en Allemagne et en Angleterre, et en 1870 servit en qualité de sergent dans un des bataillons des Mobiles de la Seine. En 1873, Albert Dumont l'emmena à Rome, et M. M. passa trois années à l'École française du Palais Farnèse, et de retour à Paris, fut nommé successivement sous-bibliothécaire de l'École des Beaux-Arts, bibliothécaire archiviste, conservateur de la bibliothèque et du musée, et enfin, en 1884, suppléant de M. Taine pour le cours d'esthétique et d'histoire de l'art. Ses premiers travaux ont trait à l'Alsace: il a publié: « Holbein d'après ses derniers historiens », 1869; « Monuments d'art détruits à Strasbourg pendant le siège », 1872; « Le chroniqueur Bernard Hertzog et son gendre le poète Jean Fischart », 1873; « Monuments d'art alsaciens, conservés à la bibliothèque impériale, au Belvedere et à l'Albertina de Vienne ». En même temps, il signalait le manuscrit et les miniatures du « Christ » d'Otfrid de Wissembourg; le « Christ en croix » de Nicolas Wurmser; le « Künst-Büchlein » des Voglherr (1537), rare et précieux *livre artificier* à peu près introuvable, et plusieurs tableaux, dessins et gravures rares et précieuses. M. M., qui a voué un culte profond à l'Italie, a fouillé avec ardeur et, disons-le, avec un rare bonheur le passé de cette terre classique des arts; nous donnons la liste de ses ouvrages: « Les monuments antiques de Rome au XVe siècle », 1876; « Les anciennes Églises et Basiliques de Rome », 1877; « Notes sur les Mosaïques chrétiennes de l'Italie », 1874-78; « Inventaire des bronzes antiques de la collection du pape Paul II », 1876; « Inventaire des camées antiques de la collection du pape Paul II », 1878; « Essai sur l'histoire des collections italiennes d'antiquité », 1879; « Raphaël archéologue et historien d'art », 1880; « Giovannino de' Dolci, l'architetto della cappella Sistina e delle fortezze di Ronciglione e di Civitavecchia », id.; « Ricerche intorno ai lavori archeologici di Giacomo Grimaldi.... fatte sui manoscritti che si conservano a Roma, a Firenze, a Milano, a Torino e a Parigi », 1881; « Études sur l'histoire des arts à Rome pendant le moyen-âge: Boniface VIII et Giotto », id.; « Raphaël, sa vie, son œuvre et son temps », id. Ce magnifique ouvrage (à propos duquel un auteur autorisé a dit: *Nous avons aujourd'hui sur Raphaël un livre définitif*) a été couronné par l'Académie française. Il a été réédité en 1886; il avait déjà été traduit en anglais (Londres, 1882), sous le titre: « Raphael, his life, works and times »; « Les Précurseurs de la Renaissance », 1882; « Le Musée du Capitole et les autres collections romaines d'antiquités à la fin du XVe et commencement du XVIe siècle », avec un choix de documents inédits, 1882; nouvelle éd., 1885; « Les Arts à la cour des Papes aux quinzième et seizième siècles », 3 vol., 1878-82, ouvrage auquel l'Académie des Beaux-Arts a décerné un prix de 3000 fr.; « La Tapisserie », 1882, 2me éd., 1884 (traduit en anglais); « Histoire générale de la Tapisserie en Italie, en Allemagne, en Angleterre, en Danemark, en Hongrie, en Pologne, en Russie et en Turquie », 1878-84; « La Renaissance en Italie et en France au temps de Charles VIII », 1884; « Le Palais de Venise à Rome », id.; « Donatello », 1885; les « Monuments antiques de Rome à l'époque de la Renaissance », nouvelles recherches, id.; « La Bibliothèque du Vatican sous les papes Nicolas V et Calixte VII »; « La Bibliothèque du Vatican au XVIe siècle »,

1886. Il ne faudrait pas conclure, d'après cette longue nomenclature de travaux relatifs à l'Italie, que M. M. ait négligé la France. Il a donné une étude intitulée : « Giuliano da San Gallo et les Monuments antiques du Midi de la France au XVe siècle », 1885 ; « Les Peintures de Simone Martini à Avignon », id. ; « Note sur quelques artistes avignonnais du Pontificat de Benoît XIII », 1886 ; « Le Château de Fontainebleau au XVIIe siècle », id. La *Revue critique*, la *Gazette des Beaux-Arts*, la *Revue archéologique*, les *Nouvelles Archives de l'Art français*, le *Bulletin de la Société des Antiquaires de France*, l'*Art*, la *Revue des Deux-Mondes*, etc., le comptent parmi leurs collaborateurs ; il dirige la *Bibliothèque internationale de l'Art*.

Muoni (Damien), historien, archiviste et généalogiste lombard, né, le 14 août 1820, à Antignate (province de Bergame), est un des cinquante-trois survivants des insurgés milanais des *Cinque giornate* de 1848 ; il voyagea longtemps à l'étranger, et il collectionna une quantité de spécimens historiques qui forment de sa maison à Milan un véritable Musée. L'œuvre de M. M. est remarquable et consiste dans une série de mémoires et de monographies de 1850 à 1882. C'est lui qui dernièrement reçut de Mme Jessie White Mario les pièces d'archives du Gouvernement provisoire milanais de 1848 qui étaient restées à l'illustre Agostino Bertani et qui appartiennent maintenant à la Commune de Milan ; M. M. est actuellement archiviste d'État à Milan. Nous donnons la liste de ses œuvres complètes : « L'Operaio, almanacco d'Italia », Milan, 1850-51 ; « Elementi di Magnetismo animale », id., 1850 ; « Lettere inedite di Eugenio di Savoja a don Uberto Stampa di Montecastello, annotate e precedute da alcuni cenni biografici » ; « Elenco delle Zecche d'Italia dal medio evo infino a noi, e famiglia Sforza », Milan, Colombo, 1858 ; « Governatori, luogotenenti e capitani generali dello Stato di Milano dall'anno 1499 all'anno 1848 », id., id., 1859 ; « Memorie storiche di Antignate, con un cenno sulle varie raccolte dell'autore », id., 1861 ; « Considerazioni storico-filosofiche sulla pena capitale », id., Garelli, 1862 ; « Nozioni sulla Rezia dalle origini alle Tre Leghe », id., id., 1863 ; « Lettre de Charles IX, roi de France, au pape Pie IV (1565) », Paris, L. Toinon et C., 1863 ; « Binasco ed altri comuni dell'Agro Milanese, studii storici con note e documenti », Milan, G. Gareffi, 1864 ; « Sulle monete di Sardegna, prolusione storica e commento alle analoghe Memorie del cav. Agostino Toxiri », id., Bozza, 1865 ; « Il Duello, appunti storici e morali », id. Gareffi, id. ; « La Zecca di Milano nel secolo XV, documenti e note », Asti, id. ; « Cenno genealogico sulla famiglia Torriani da Mendrisio », Milan, Gareffi, 1866 ; « Melzo e Gorgonzola e loro dintorni, studii storici con documenti e note », id., id., id. ; « Inaugurazione a Gorgonzola della lapide monumentale per la battaglia vinta dai Milanesi contro re Eno, figlio di Federigo II imperatore », id., id., 1868 ; « Archi di Porta Nuova in Milano », id., 1869 ; « Un dipinto del Romanino in Antignate », id., id. ; « Inaugurazione a Binasco della lapide monumentale a Beatrice di Tenda », id., id. ; « Officine monetarie di Giovanni II Bentivoglio nei castelli di Antignate e Covo (ducato di Milano) », Florence, M. Ricci e C., 1870 ; « L'antico Stato Romano di Lombardia ed altri Comuni dell'odierno suo Mandamento. Cenni storici, note, documenti e regesti », Milan, 1871 ; « Acque di Antignate, documenti e regesti », id., id. ; « Indulti concessi alla famiglia Muoni d'Antignate » ; « Inaugurazione ad Antignate del monumento a Luciano Manara, 11 maggio 1873 », Milan, Bernardoni, 1873 ; « Cenni genealogici sulla famiglia Lossetti-Blardoni-Mandelli », id., id., id. ; « Cenni genealogici sulle famiglie Mantegazza e Meraviglia-Mantegazza », dans le *Giornale Araldico-Genealogico-Diplomatico*, 1873 ; « Enrico Richard, o l'Apostolo della Pace », Milan, Bernardoni, 1874 ; « Archivi di Stato in Milano — Prefetti o Direttori (1468-1874) — Note sull'origine, formazione e concentramento di questi ed altri simili Istituti, con un nuovo cenno sulle collezioni dell'Autore », id., Molinari, id. ; « Antichità romane scoperte a Calcio e ad Antignate », id., Bernardoni, 1875 ; « Memorie storiche di Antignate, rifuse ed accresciute », id., id., id. ; « Calcio, sunto storico », id., id., id. ; « Famiglia Labus », id., id., id. ; « Famiglia degli Isei, ora Oldofredi », id., id., 1876 ; « Tunisi, Spedizione di Carlo V imperatore, 30 maggio-17 agosto 1535 », id., id., id. ; « Cenno necrologico sul cav. prof. Leone Tettoni », id., id., 1877 ; « Famiglia Mandelli, conti di Maccagno, di Caorso, feudatarii di Montorfano », id., id., id. ; « Le Cinque Giornate di Milano, Saggio bibliografico », id., id., 1878 ; « Famiglia De Cristoforis », id., id., id. ; « Ristauro d'un Palio d'altare, lavorato a tarsia da Giambattista Caniana in Romano di Lombardia », id., id., 1879 ; « L'Archivio di Stato di Milano », id., Pirola, 1880 ; « Prenomi, nomi e cognomi, etc. », id., Rebeschini, id. ; « Libretti di melodrammi e balli — Autografi di musicisti e di altri artisti teatrali, presentati all'Esposizione musicale di Milano », id., Bortolotti, id. ; « Famiglia Cotta, Linee di Milano e di Romano di Lombardia », id, Rebeschini, id. ; « Antichità Romane a Fornovo e Martinengo nel basso Bergamasco », id., Bortolotti, 1883 ; « Notizie sparse sulla famiglia Muoni d'Antignate », id., id., id. ; « Gli Antignati organari insigni e serie dei maestri di cappella del Duomo di Milano », id., id., id. ; « Preziosità artistiche nella chiesa dell'Incoronata presso Martinengo », id., id., 1884 ; « Versi giovanili di un antiquario », id., id., id.; « Cenno genealogico sulla famiglia Torriani di Mendrisio », Bellinzona, Colombi, id.; « Elenco delle Zecche d'Italia dal medioevo insino a noi », Como, Franchi, 1885-86; « Iscrizioni storiche, onorarie, funerarie e notizie sul beato Amedeo, fondatore degli Amadeisti », id., 1886; « Dissertazioni e discorsi varii pronunciati in varie occasioni, articoli di storia, archeologia e numismatica, ecc. ».

Muratori (Ludovic), auteur dramatique italien, né, à Rome, le 11 septembre 1834. Il débuta à 20 ans par une comédie en deux actes: « Il viaggio per cercar moglie », qui est encore au répertoire. Suivirent: « La vedova e lo studente »; « Amore ingenuo »; « Il Trovatore »; « L'antimusicomane »; « Il disinganno »; « Fidarsi è male e non fidarsi è peggio »; « Onore e disonore », 1860; « Il duello », 1861; « Un signore bene educato », 1862; « Il compagno d'arte »; « I figli dell'arricchito », 1863; « La seconda metà della vita », 1864; « I fortunati »; « I satelliti »; « Guerra a vita »; « Anna Maria Orsini », 1865; « Il pericolo »; « Fare entrare e fare uscire »; « Virginia », 1866; « Uscita dal ritiro »; « Elena »; « La catena di ferro », 1867; « Il matrimonio di un vedovo »; « Promesse d'amore », 1869; « Sogni d'ambizione », 1870; « Tentazioni », 1871; « I nemici del matrimonio »; « Il podere del nonno », 1872; « Antonio Canova », 1873; « Un segreto », 1874; « La vita del cuore », 1875; « Alessandra », 1876; « Il nuovo Pigmalione », 1877; « Matrimoni in rovina », 1879; « I sospetti », id.; « Il passato d'un marito », 1880; « Nella luna di miele », 1881; « Cattiva riputazione », 1883; « Gabriella », 1886. Nous avons enfin un roman: « Sulla via degli amori », inséré récemment dans le feuilleton du grand journal romain *La Tribuna*.

Murfree (Mlle Marie NOAILLES), femme-auteur américaine, née à Murfreesboro dans l'État de Tennessee, élevée dans sa ville natale, résidant à St.-Louis dans l'État de Missouri. Elle a écrit sous le pseudonyme de *Charles Egbert Craddock* les ouvrages suivants: « On the Tennessee Mountains », 1884; « Where the Battle was fought », id.; « Down the Ravine », 1885; « The Prophet of the Great Smoky Mountains », id.; « In the Clouds », 1886; « The story of Keedon Bluffs », 1887; « The Despot of Broomsedge Cove », 1888.

Muromtzeff (Serge), docteur en droit romain, ancien professeur à l'Université de Moscou, né, le 5 octobre 1850, à St.-Pétersbourg, fit ses études au Gymnase et aux Universités de Moscou et Gœttingue, fut nommé en 1875 magister en droit romain et *Docent* à l'Université de Moscou, y fut nommé professeur en 1877. Président de la Société juridique (1879), prorecteur de l'Université (1881), en 1884 il fut destitué par ordre du Ministère à cause de ses idées libérales. En dehors de plusieurs articles dans le *Messager juridique* et des « Essais sociologiques », à la *Pensée russe*, M. M. a publié: « Le conservatisme du droit romain », Moscou, 1875; « Essais sur la théorie générale du droit civil », id., 1877-86; « Définition du droit », id., 1879; « Le droit civil de Rome », 1883; « Qu'est-ce que le dogme du droit? », 1884, traduit en allemand par Karl Esmarck; « La réception du droit romain en Occident », 1886.

Murphy (Jacques), médecin et littérateur anglais, né le 27 juillet 1853, étudia à Durham, à Edimbourg et à Dublin, se perfectionna à Leyde et à Paris. Il est chirurgien en chef de l'Hôpital de Sunderland, président de plusieurs sociétés médicales anglaises et étrangères. Nous avons de lui plusieurs notes et mémoires sur sujets médicaux. Citons entre autres: « Pilocarpine in the treatment of puerperal eclampsie »; « Treatment of placenta prævia with table of 23 cases without a death »; « Treatment of labour complicated with malignant disease of the cervix uteri »; « Gastrostomy, ovariotomy », etc.

Musatti (César), hygiéniste italien, né, à Venise, en 1845, collaborateur du *Giornale Veneto di Scienze mediche*. En librairie, il a les ouvrages suivants: « Contributo alla quistione alimentare », 1874; « Dell'insegnamento dell'igiene », 1875; « Occhio ai bambini », id., id.; « Cremazione e medicina forense », 1878; « Intorno alla vita di Michelangelo Asson », id., id.; « I Presepi in Italia », 1877; « L'imposta sul sale nei riguardi della pubblica salute », 1881; « Isabella Teotochi Albrizzi e la prima vaccinazione in Venezia », 1886; « Amor materno nel dialetto veneziano », 1887.

Musatti (Eugène), économiste italien, né, à Venise, en 1844. Nous avons de lui: « Cenni storici sul commercio in generale ed in ispecie di Venezia », Venise, 1870; « Studi sull'industria nazionale », id., 1872; « Il patto colonico nei suoi rapporti col progresso agricolo », Padoue, 1874; « Contratto agrario dal punto di vista dell'economia politica », id., 1875; « La statistica della Repubblica di Venezia », 1878; « La proprietà », *vademecum* all'usage des agriculteurs (en collaboration avec M. Vianne); « Padova ed i Padovani », Padoue, 1880; « Piaghe sociali », id., id.; « Storia di un lembo di terra, ossia Venezia e i Veneziani »; « Cenni storici sul commercio di Venezia »; « Venezia e le sue conquiste nel medio-evo »; « Da San Marco ai Giardini »; « Storia della Promissione Ducale », Padoue, 1888.

Muscogiuri (François), homme de lettres italien, né, à Mesagne, en 1851, étudia à Brindisi, Lecce et Naples; il débuta par des contributions à la *Rivista Europea* (1873) dirigée par le comte Angelo De Gubernatis, inséra des articles au *Pungolo* de Naples. En 1880, il fut appelé par le

Ministre De Sanctis aux bureaux de l'Instruction publique d'où il passa plus tard à l'enseignement. Nous avons de lui des essais critiques réunis en volume sous le titre de « Note letterarie », 1877; « Il Cenacolo ». Suivirent: « L'elezione e l'incoronazione d'un re dei Romani », inséré dans la *Nuova Antologia*, 1881; « Wolfango Goethe e Fausto », Rome, Forzani, 1887; « Di alcuni caratteri meno popolari della Divina Commedia », Florence, Niccolai, 1889, et enfin « Luigi Uhland », étude publiée dans la *Nuova Antologia*.

Mussafia (Adolphe), philologue autrichien, né, à Spalato, le 15 février 1834. Il entra en 1852 à la Faculté de médecine de l'Université de Vienne qu'il quitta pour suivre les cours de lettres et enseigna en même temps la langue italienne à l'école des instituteurs comme professeur libre. Professeur extraordinaire des littératures et langues romanes à l'Université de Vienne (1860), professeur ordinaire (1867), aide bibliothécaire à la Bibliothèque de la Cour impériale en 1858. En 1866, élu correspondant de l'Académie de Vienne et en 1876 de celle des inscriptions et belles-lettres. Il fait partie de la Commission bolonaise pour la publication des monuments historiques italiens. Nous avons de lui des mémoires sur l'« Histoire de la langue romane »; sur « La traduction métrique en vieux français du psautier »; sur « Les anciennes poésies françaises de la bibliothèque de Venise »; sur « Les deux manuscrits viennois: Breviari d'amor »; sur « Les sources du Dolophatos en vieux français »; « Für Priesesbildung im Romanischen », 1883; « Mittheilungen aus Romanischen Handschriften », 1884-85; « Studien zu den mittelalterlichen Marienlegenden », 1887-88, insérées dans les comptes-rendus de l'Académie de Vienne. En librairie: « Anciennes poésies françaises d'après les manuscrits de Venise », 1864. M. M. est collaborateur de nombreuses revues italiennes et allemandes, entre autres à la *Rivista Italiana* et aux *Annuaires de littérature romane* de Leipzig.

Mussat (Mlle Louise), femme de lettres française, membre de la Société des gens de lettres, fille de feu François Mussat, ancien professeur de philosophie, née, à Vitry-le-François, en 1850, a publié: « Autrefois et aujourd'hui », Hachette, 1883; « En Maître », roman suivi de « Trop tard », nouvelle, Gautier, 1885; « Souris », roman, Mame, 1884; « Le Grenier de la vieille dame », Tours, 1878; « Ponsardin frères », roman, Mame et fils, Tours, 1887; « Le Château de la Grand'tante », Hachette, 1887; « Charmant », Firmin-Didot, 1888; « Mon Roman », dans le *Musée des Familles*, 1888; « Les Fanfares de la Vie », nouvelle, dans la *Semaine des Familles*, 1888; « La Feuillouse »; « Le Père Fortuné »; « La femme de la terre et l'homme de la pensée », nouvelles, dans le *Magasin des Demoiselles*, 1886-1887-1888.

Musset (Paul-Louis-Georges), archiviste, poligraphe et avocat français, né, à Thaire (Charente-Inférieure), le 27 novembre 1844, conservateur de la Bibliothèque publique et des Musées d'archéologie et d'art de la Rochelle, correspondant du Ministère de l'Instruction publique pour les travaux historiques. Il a publié: « L'art en Saintonge et en Aunis »; « Les faïenceries Rochelaises »; « Chartier de Pons »; « Mémoire sur la Généralité de la Rochelle par Bégon », 1875; « La Charente-Inférieure avant l'histoire et dans la légende »; « Le cavalier au portail des Églises »; « Richard le Poitevins »; « Chartes en langue vulgaire »; « Vocabulaire géographique de la Charente-Inférieure ».

Myers (Frédéric W. H.), poète anglais, né, à Keswick (Cumberland), le 6 février 1843, fit ses études au *Trinity College* de Cambridge. Nous avons de lui en librairie: « St.-Paul », poème, 1867; « The Renewal of Youth », id., 1880; « Essays Classical and Modern », 1881, Macmillan, Londres; en collaboration avec MM. Gurney et Podmore: « Phantasms of the Living », 1886, Trübner, Londres. Il a aussi beaucoup écrit dans les « Proceedings of the Society for Psychical Research », Trübner, Londres.

N

Nabuco de Araujo (Joseph), homme de lettres brésilien, né, le 4 janvier 1836, à Rio de Janeiro; publia des « Poésies lyriques »; « Une biographie de Lamartine »; un recueil de « Maximes et pensées », et un drame intitulé: « O filho delha ventura ».

Naccari (André), physicien, professeur d'université, homme de lettres italien, né, en août 1841, à Padoue, où il obtint son doctorat; de 1867 à 1874, assistant à la chaire de physique expérimentale à l'Université de Padoue, puis professeur extraordinaire de physique technique à l'école d'application des ingénieurs, passa en 1878 à l'Université de Turin, où il est encore. Voilà la liste de ses ouvrages: « Delle coppie elettriche e delle loro principali applicazioni »; « Intorno ad alcuni perfezionamenti delle coppie di Grove e di Bunsen »; « Nuovo modo di misurare la forza elettromotrice e la resistenza d'una coppia elettrica »; « Modo facile e spedito di graduare un galvanometro »; « Delle misure e delle unità elettriche assolute »; « Intorno alla determinazione della forza elettromotrice di una coppia attiva »; « Introduzione alle lezioni di fisica sperimentale ». En collaboration avec le prof. Bellati: « Manuale di fisica pratica »; « Della forza elettromotrice dei metalli immersi nell'acido cromico »; « Delle proprietà termoelettriche del sodio e del potassio »; « Intorno alla influenza della magnetizzazione sulla conducibilità termica del ferro »; « Sul rapporto fra l'accorciamento delle dimensioni trasversali di un'asta di cauociù stirata e l'allungamento unitario in senso longitudinale »; « Intorno alla influenza della temperatura e delle proporzioni di metalli componenti sulle proprietà termoelettriche di alcune leghe »; « Sulla intensità del fenomeno Peltier a varie temperature »; « Sui fenomeni termici prodotti dal passaggio della elettricità attraverso i gas rarefatti »; « Sull'assorbimento dei gas nei liquidi e in particolare sulla legge di Henry », en collaboration avec M. S. Pagliani; « Intorno all'influenza della pressione sulla resistenza elettrica dei carboni », en collab. avec le même, 1880; « Sulla tensione massima dei vapori di alcuni liquidi e sulla dilatazione termica di questi », id., id.; « Sul riscaldamento degli elettroidi prodotti dalle scintille del rocchetto d'induzione », dans les Atti dell'Istituto Veneto, 1887; « Intorno alla forza elettromotrice delle coppie incostanti », en collab. avec G. Guglielmo; « Sui fenomeni termici prodotti dalla scintilla d'induzione »; « Sul riscaldamento dei corpi isolanti solidi e liquidi in conseguenza di successive polarizzazioni elettrostatiche », en collab. avec M. Bellati; « Sul riscaldamento degli elettroidi prodotto dalla scintilla d'induzione. Due note », en collab. avec G. Guglielmo; « Sul fenomeno Peltier nei liquidi. Due note », en collab. avec A. Battelli; « Intorno ad una recente determinazione della dilatazione dell'acqua da 0 a 4° »; « Francesco Rossetti », commémoration; « Sui calori specifici di alcuni metalli dalla temperatura ordinaria fino a 320° »; « Sulla dispersione dell'elettricità per effetto del fosforo e delle scintille elettriche »; « Sulla variazione del calore specifico del mercurio col crescere della temperatura ». Le mémoires scientifiques cités sont insérés aux Actes de l'Académie des Sciences de Turin du XV° vol. au XXIII°.

Nacinovich (Hermann), homme de lettres de l'Istrie, né, à Santa Domenica di Albona, en 1846, étudia au Gymnase-Lycée de Zara, fréquenta les Universités de Padoue et de Gratz. Docteur en Droit en 1869, il entra dans la magistrature autrichienne. Depuis 1863, il réside à Fiume, où il est assesseur pour l'Instruction publique. Il est auteur d'un drame et d'une comédie, des « Mémoires historiques sur Mathias Francovich », et d'une masse d'articles dans les journaux littéraires de langue italienne, d'Istrie, de Trieste et de Dalmatie.

Nagel (Albrecht), célèbre oculiste allemand, professeur d'ophtalmologie à l'Université de Tubingue et directeur de la Clinique ophtalmique, né, à Danzick, en 1883. En dehors d'un grand nombre d'articles très remarquables parus dans les revues médicales allemandes, il a publié : « Das Sehen mit zwei Augen », Leipzig, 1861 ; « Die Refractions- und Accomodations-Anomalieen des Auges », Tubingue, 1866 ; « Die Behandlung der Amaurosen und Amblyopien mit Strychnin », id., 1871. Jusqu'à 1876 il fut rédacteur des *Jahresbericht über die Leisungen und Fortschritte im Gebiete der Opthalmologie*, et depuis 1880 il est rédacteur des *Mittheilungen aus der ophthalmiatrischen Klinik*, à Tubingue.

Nagouewski (Darius DE), philologue russe, né, le 7 novembre 1846, à Orlowa (Gouvernement de Podolie), fit ses premières études au Gymnase de Kiew (1861-66), et à l'Université d'Odessa, où il étudia la philologie classique (1866-70). Maître de langue latine au Gymnase d'Alexandre à Riga (1870-83), docteur de philologie classique à l'Université de Dorpat (1883) ; la même année il fut nommé professeur de littérature latine à l'Université de Kazan. M. de N. est Conseiller d'État et directeur du Musée numismatique et de la Bibliothèque de l'Université de Kazan. Nous avons de lui : « Première satyre de Juvénal », 1875 ; « La satyre romaine et Juvénal », 1879 ; les commentaires des « Satyres », d'Horace ; de l'« Ænæis », de Virgile ; du « Catilina » et du « Jugurta », de Salluste, en six volumes, 1879-90 ; « De Juvenalis vita », 1883 ; « Sur les principales époques de la philologie classique », 1884 ; « Sur la popularité des études classiques », 1885 ; « Juvenalis satyræ », avec commentaire, 1888 ; « Les traits de bibliographie sur la littérature latine », 1889 ; « Bibliographie de la littérature latine en Russie depuis 1709 à 1889 », Kazan, 1889 ; et plusieurs articles scientifiques dans le *Journal du Ministère de l'Instruction publique*.

Nahuys (Comte Maurin-Théodore-Corneille-Florent-Napoléon), archéologue, hollandais de naissance, aujourd'hui fixé en Belgique, où il habite Saint-Gilles, près de Bruxelles. Il est né, à Utrecht, le 4 novembre 1832 ; il fait partie de nombreuses sociétés savantes, notamment de la Société d'histoire d'Utrecht, de l'Académie d'archéologie de Belgique, de la Société Royale belge de numismatique, de la Société des bibliophiles belges, et il est le président de la Société d'archéologie de Bruxelles, récemment fondée. Il a beaucoup écrit en français et en néerlandais, dans les publications scientifiques, les revues et les journaux, ou en brochures. Mais ses travaux les plus importants sont l'« Histoire numismatique du royaume de Hollande sous le règne de Louis-Napoléon », Amsterdam, 1858, et l'« Histoire numismatique de la Hollande pendant la réunion à l'empire français », Utrecht, 1863.

Najac (Raoul DE), écrivain français, né, à

Paris, le 4 février 1856, secrétaire de la rédaction de la *Revue Britannique*, ancien attaché aux consulats de Leipzig et de Newcastle on Tyne (1882-83), ancien rédacteur en chef du journal *La Décade* (1885-86). En dehors de plusieurs chroniques dans la *Revue Britannique*, signées *Feu Diogène*, nous avons de lui en librairie : « Contes à mon Perroquet », Paris, 1878 ; « Le nid de Pinson », id., 1880 ; « Les exploits d'un arlequin », 1887 ; « Mes Beaux-Pères », comédie en 1 acte, 1880 ; « Le Lion à sa mairie », nouvelle insérée dans le *Figaro* ; « Le retour d'arlequin », 1887 ; « Petit traité de pantomime à l'usage des gens du monde », id.

Namèche (Alexandre-J.), professeur et historien belge, né, à Perwez, le 26 juillet 1811. Docteur en théologie, prélat domestique de Sa Sainteté, chanoine honoraire de l'église métropolitaine de Malines, Monseigneur N. a été directeur de l'école normale de Nivelles, puis recteur magnifique de l'Université de Louvain ; il est depuis quelques années élevé à l'éméritat. Au cours de sa carrière professorale, il a beaucoup écrit ; outre un « Livre de lecture », Namur, 1847 ; une révision des « Éléments de littérature », de M. de Barrau, Bruxelles, 1850, une traduction des « Preuves de la religion » de Balmès, Louvain, 1869 ; et un grand nombre de discours, oraisons funèbres, notices, etc., insérés dans l'*Annuaire* de l'Université de Louvain, on a de lui un bon mémoire couronné par l'Académie Royale de Belgique, sur « La vie et les écrits de Louis Vivès », Bruxelles, 1841, et un grand « Cours d'histoire nationale », Louvain, 1853 et années suivantes, que l'auteur ne se lasse point de compléter et dont il a publié, d'abord des abrégés, puis des parties séparées et remaniées portant un titre spécial, comme : « Le règne de Philippe II et la lutte religieuse dans les Pays-Bas au XVIe siècle » ; « Les Van Artevelde et leur époque » ; « Pierre de Coninck et Jean Breydel » ; « Jean IV et la fondation de l'Université de Louvain » ; « L'empereur Charles-Quint et son règne ».

Namur (Parfait-Joseph), jurisconsulte belge, né, à, Thuin, le 22 février 1815. Après avoir suivi les cours de l'Université de Bruxelles, il fut reçu docteur en droit avec la plus grande distinction et obtint une bourse de voyage qui lui permit d'aller compléter ses études en France et en Allemagne. Il a professé à Bruxelles, à Gand et à Liège, et il enseigne aujourd'hui encore à l'Université de cette dernière ville. Ses œuvres les plus importantes sont : « Cours d'Institutes et d'histoire du droit romain », Bruxelles, 1864, 3e éd. ; « Cours de droit commercial », id., 1865-1866 ; « Cours d'encyclopédie du droit ou introduction générale à l'étude du droit », id., 1875 ; « Commentaire de la loi du 19 janvier 1883 sur la pêche fluviale », id., 1883 ; « Le guide du chasseur ou commentaire précis de la loi du 28 février 1882 sur la chasse », id., 1884 ; « Le code de commerce belge revisé », excellent commentaire dont la meilleure édition est celle de Bruxelles, 1884.

Nani (César), jurisconsulte piémontais, professeur d'histoire du droit à l'Université de Turin, né à Saluzzola, en Piémont, le 28 août 1848 ; docteur en droit en 1870, il a collaboré activement au *Giornale delle Leggi* de Gênes à l'*Archivio Giuridico*, à la *Nuova Antologia* ; nous avons de lui en librairie : « Responsabilità delle Amministrazioni ferroviarie », Turin, 1874 ; « Studii di diritto Longobardo », 2 vol., 1877-78 ; « Gli Statuti di Pietro II Conte di Savoia », 1880 ; « I primi Statuti sopra la Camera dei Conti nella Monarchia di Savoia », 1883 ; « Del Brachyloghus juris civilis » ; « Di un libro di Matteo Gribaldi Moffa giureconsulto chierese del sec. XVI », 1882 ; « Di una nuova copia degli Statuti di Amedeo VI dell'anno 1379 », 1884 ; « Considerazioni sopra la legge di gurtyna », 1886 ; « Lo studio bolognese nelle sue origini di L. Chiappelli », Torino, 1888 ; « Vecchi e nuovi problemi del diritto », discours, 1886 ; « La legge romana-udinese del prof. Schupfer », 1882 ; « I titoli al portatore nel diritto longobardo di G. Salvioli », 1882 ; recensions des « Studien in der romanisch-Kanonistichen Wirtschafts und Rechtlesha », de Eudemann ; de « Die Commenda », de Silber Schmidt, 1884 ; « Cenni su Nicomede Bianchi », 1886 ; « Le traccie di diritto romano nelle leggi longobarde di Del Giudice », 1888 ; « Projet d'une loi russe sur les lettres de change » ; et plusieurs mémoires dans les *Atti dell'Accademia delle Scienze* de Turin.

Nannarelli (Fabius), poète italien, professeur de littérature à l'Université de Rome, né, dans cette ville, en octobre 1825 ; il fut précepteur (1850) des enfants du Prince Ruspoli ; en 1860, le Comte Mamiani, Ministre de l'Instruction publique le nomma professeur d'esthétique à l'Académie Scientifico-littéraire de Milan. Depuis 1870, il demeure à Rome, où il est professeur d'Université. Nous avons de lui : « Poesie », Florence, Le Monnier, 1853 ; « Nuove Poesie », id., 1856 ; « Guglielmo » ; « Giulia » ; « Lucie », nouvelles ; « Giovanni Torlonia », étude biographique ; « Dante e Beatrice », Milan, 1865 ; « Studio comparativo sui canti popolari di Arlena », 1871 ; « Nuovi Canti », 1875 ; « Nuove liriche », 1881 ; « Usca la Settimia », nouvelles, 1886 ; « Estetica del Diavolo », 1884 ; « Don Giovanni e Fausto », tragédie de Christian D. Grabbe, traduction, 1884. M. N. prit part en 1849 à la défense de Rome assiégée par les Français.

Napoléon (le Prince Napoléon-Joseph-Charles-Paul BONAPARTE), homme politique, ancien Prince français, ancien représentant du peuple, ancien député, membre de l'Institut, né, le 9 septembre 1822, à Trieste, est le second fils de Jérôme Bonaparte, ex-Roi de Westphalie, et de la Princesse Catherine de Wurtemberg; il étudia les éléments à Florence, passa (1835) en Suisse et en 1839 entra à l'école militaire de Louisbourg, d'où il sortit officier trois ans après; mais ne voulant pas servir sous un drapeau qui ne fût pas français, il démissionna et parcourut l'Allemagne, l'Angleterre, l'Espagne et l'Italie; il obtint en 1845 de visiter Paris; mais ses relations avec le parti démocratique et ses opinions avancées ne tardèrent pas à le rendre suspect au Gouvernement qui au bout de quatre mois lui donna l'ordre de quitter sur le champ le territoire; quelque temps après, la Chambre des députés, ayant accueilli favorablement une pétition de l'ex-Roi Jérôme, il lui fut permis de rentrer provisoirement en France avec son père (1847). A la Révolution de février 1848, il se rallia aux principes républicains dans la profession de foi aux électeurs de la Corse comme candidat à la Constituante. Élu par 39,229 suffrages, il siégea à droite et vota avec la minorité contre le bannissement de la famille d'Orléans. Nommé en février 1849 Ministre plénipotentiaire à Madrid, il fut révoqué peu de temps après pour avoir quitté son poste sans y avoir été autorisé, et, revenu à Paris, il siégea à gauche. A la restauration de l'Empire, le Prince Napoléon, appelé éventuellement à l'hérédité, porta le titre de Prince français et eut de droit sa place au Sénat et au Conseil d'État et fut nommé général de division. Pendant la guerre de Crimée, il commanda une division de réserve aux batailles de l'Alma et d'Inckermann. Peu temps après, une forte attaque de dissenterie et peut-être aussi la publication d'une brochure anonyme à lui attribuée, imprimée à Bruxelles et contenant une appréciation très libre du plan de campagne adopté en Crimée furent cause de son rappel en France. C'est de cette époque que date la calomnie dont le prince N. a été victime toute sa vie; car on fit alors circuler le bruit que le Prince manquait absolument de bravoure. L'entourage de S. M. l'Impératrice ressuscita pour lui en cette occasion le sobriquet de *Plon-Plon* qui n'était, après tout, que le petit nom du Prince que son père lui avait donné tout enfant. Nous devons à M. Guido Biagi de Florence d'avoir retrouvé dans une lettre de famille écrite par le Roi Jérôme et conservée à la Bibliothèque Nationale de Florence, reproduite en fac-similé au *Livre* (juillet 1883) le petit nom du Prince. Mais la légende fut établie et le *Général Plon-Plon* resta un sobriquet injurieux pour le général de division qui n'avait pas marché à l'ennemi à l'Alma et à Inckermann; il est parfaitement démontré maintenant que la Division du Prince Napoléon avait en ces deux circonstances reçu l'ordre de ne pas donner. Le Prince fut nommé président de la Commission impériale de l'Exposition universelle de Londres (1854). Le résultat de ses travaux personnels est consigné dans le livre: « Visite du Prince Napoléon à l'Exposition universelle », 1856, que suivit une publication de luxe: « Voyage dans les Mers du Nord à bord de la corvette la *Reine Hortense* ». Notre tâche n'est pas de retracer la vie du Prince Napoléon dans ses détails politiques; aussi nous contenterons nous de considérer son œuvre littéraire en disant que le Prince a pris une part très importante à la publication de la correspondance de Napoléon I (32 vol.), qu'il a prononcé plusieurs discours au Sénat d'une valeur oratoire reconnue, qu'il a mis aux journaux une quantité de lettres, d'appels aux électeurs et enfin un essai intitulé: « Les alliances de l'Empire en 1869-70 », inséré à la *Revue des deux Mondes* le 1er avril 1878. Lors de la publication de M. Taine sur Napoléon I, le Prince défendit par une brochure la mémoire de son oncle. Le trait dominant dans les discours, pamphlets et brochures du Prince est le libéralisme au dedans, la révolution au dehors, mais son libéralisme Césarien et les idées par trop anticléricales du Prince lui ont fait en France beaucoup d'ennemis. Le Prince est exilé de France par suite du décret d'expulsion. Lors du voyage de M. Carnot en Corse (avril 1890), il a écrit une lettre violente au Président de la République qui avait visité à Ajaccio la maison des Bonaparte.

Naquet (Alfred), médecin et homme politique français, né, à Carpentras, le 6 octobre 1834, fit ses études supérieures à Paris et fut nommé professeur agrégé à la faculté de médecine à Paris. Il s'était fait connaître par ses savants travaux de chimie médicale et par ses études philosophiques inspirées par la doctrine positiviste. Il prit une part active à la lutte engagée par le parti républicain contre l'Empire. En 1869, il fut condamné à quatre mois de prison et 500 francs d'amende pour son livre intitulé: *Religion, Propriété, Famille*, et se réfugia en Espagne. Il profita d'une amnistie, rentra en France et écrivit des articles scientifiques dans les journaux radicaux; notamment dans la *Marseillaise*. Nommé par le Gouvernement de la Défense nationale secrétaire de la Commission scientifique d'étude des moyens de défense, il suivit la Délégation à Tours et à Bordeaux. M. N. fut élu député de Vaucluse le 8 février 1871; il donna sa démission, ainsi que tous les représentants de ce département, à la suite de l'enquête réclamée par l'Assemblée sur l'élection de Vaucluse, et fut réélu en 1871. M. N. siégea à l'extrême gauche. Il a été: 1°, le promoteur de la loi de 1881 sur la liberté de la presse; 2°, le promoteur et le rapporteur à la Chambre de la loi de 1881 sur le droit de réunion; 3°, le promoteur et le rapporteur à la Chambre et le rapporteur au Sénat de la loi qui a moralisé les opérations de la bourse et du commerce par la reconnaissance des opérations à terme, et a publié : « Cri d'un honnête homme qui se croit fondé en droit naturel et divin à répudier sa femme, suivi d'un projet de loi sur le divorce, par un magistrat français du XVIII siècle (1769) », avec une préface de M. A. N., in-12º, Marescq aîné, 1879 ; « Le Divorce », in-12º, Dentu, 1877 ; « Principes de chimie fondée sur les théories modernes », 4ᵐᵉ éd., revue et considérablement augmentée, 2 vol., Savy, 1882, la 1ʳᵉ éd. est de 1865 ; « Chimie légale », Savy, 1873 ; « Questions constitutionnelles », in-12º, Dentu, 1863 ; « Religion, propriété, famille », nouv. éd. in-18º, Bruxelles, Kestemaekers ; « La République radicale », Paris, librairie J. Baillière, 1873 ; « Traduction d'un cours de chimie d'Odling », Savy, 1869 ; une collaboration suivie au *Réveil*, au *Rappel*, à la *Tribune* de Pelletan, au *Peuple souverain*, au *Voltaire*, *Estafette*, *Revue bleue*, à la *Presse* et aux revues *Laboratory*, *Philosophie positive*, *Réforme*. De nombreuses communications de lui sont insérées dans le *Bulletin de la Société Chimique* et dans les *Comptes-rendus de l'Académie des sciences* de Paris.

Nardini-Despotti-Mospignotti (Aristide), architecte, écrivain d'art et esthéticien italien, né à Livourne, le 17 avril 1826, docteur ès-sciences mathématiques de l'Université de Pise en 1849. En librairie : « Della razionalità architettonica », un volume in-4º, avec 17 planches gravées sur cuivre, Florence, 1853 ; « Della facciata del Duomo di Firenze », id., 1871 ; « I faueromeni d'Omèro di Aristarco Scannaciuco », id., Vigo, 1880 ; « Il monumento nazionale al Re Vittorio Emanuele II », id., id., 1881 ; « Le ombre di Vitruvio, di Michelangelo e del Selvatico all'esposizione dei progetti pel monumento nazionale a Vittorio Emanuele », Rome, Forzani, 1882 ; « Filippo di ser Brunellesco e la Cupola del Duomo di Firenze », id., Meucci, 1885, tirage à 60 exemplaires ; « Il Campanile di Santa Maria del Fiore », Florence, Rome, Turin, Loescher, 1885. M. N. est en train de préparer un ouvrage intitulé : « Il Duomo di Milano e la sua nuova facciata ».

Narducci (Henri), paléographe, archiviste, bibliothécaire, historien italien, né à Rome, le 23 novembre 1832, fit ses études au *Collegio Romano*, combattit pendant la défense de Rome à côté de Garibaldi, de Bixio et de Medici. Pendant la période 1853-70, il étudia la paléographie sous la protection et avec l'appui du prince Balthasar Boncompagni. Après l'annexion de Rome au Royaume d'Italie, il fut nommé bibliothécaire à l'*Alessandrina*, qu'il quitta après quelques années ; il est maintenant chargé de cataloguer les manuscrits de la Bibliothèque *Angelica*. Nous avons de lui une foule de mémoires insérés au *Buonarroti*, journal de bibliographie, dont il a été longtemps le directeur, et de nombreuses insertions aux journaux politiques et aux revues scientifiques. La liste des mémoires de M. N. est publiée sous le titre : « Catalogo delle pubblicazioni di Enrico Narducci », Rome, typographie des Sciences mathématiques et physiques, 1887 ; en librairie : « Baldassarre Castiglione », 1879 ; « Dell'uso e della utilità d'un catalogo generale delle biblioteche d'Italia », 1883 ; « Indici alfabetici per autori e per soggetti, e classificazioni per secoli dei codici e manoscritti della collezione Libri-Ashburnham », 1886 ; « Bibliografia Romana », Rome, 1880 ; « Sui presenti obelischi dei circhi di Alessandro Severo e di Adriano », Rome, 1882 ; « Intorno all'autenticità di un codice vaticano contenente il trattato di Boezio: *De consolatione philosophiae*, scritto di mano di G. Boccacci », Académie des *Lincei*, 1882-83 ; « Lettere di Federico Cesi », 1884-85 ; « Corrispondenza diplomatica della Corte di Roma per la morte di Enrico IV di Francia », 1887 ; « Corrispondenza autografa dei Lincei con Federico Cesi », 1890 ; « Notizie di libri relativi alle matematiche posseduti dalla Biblioteca Alessandrina e non citati dal Mazzuchelli », 1881 ; « Tre ballate inedite del trecento », 1882.

Nares (Sir Georges), marin anglais, né en 1831, prit part en 1852-54 à la campagne polaire du *Resolute* ; et, à bord du *Salamander*, à la Cartographie du détroit de Torres (1866-67) ; commanda le *Challenger* (1872-74), et fit de remarquables sondages sur les côtes de la Chine et dans les mers du Sud. Il fut rappelé pour diriger la campagne polaire des navires *Alert* et *Discovery* qui en mai 1875 quittèrent l'Angleterre avec l'espérance de toucher au Pôle-Nord. Après une série de difficultés inouïes, le 12 mai 1876, MM. Markham et Parr officiers de l'*Alert* plantèrent le drapeau anglais à 83º, 10', 26'' de latitude. M. le cap. N. désespérant d'obtenir d'autres résultats rebroussa chemin et arriva avec ses deux navires à Valentia en octobre 1876. Nous avons de lui : « The Naval Cadet's Guide, or Seaman's Companion », 1860, 4ᵐᵉ éd., 1868 ; « Reports on Ocean Soundings and temperature », 1874-75 ; « The Official Report of the Arctic Expedition 1876, in H. M. ships *Alert* and *Discovery* », 2 vol. 1878. Sir Georges N. est maintenant amiral.

Nasse (Otto), médecin allemand, professeur et directeur de l'Institut de pharmacologie et de chimie physiologique à Rostock depuis 1850, né, le 2 octobre 1839, à Marburg. En dehors de plusieurs articles publiés dans les revues médicales allemandes, on lui doit : « Beiträge zur Physiologie der Darmbewegungen », Leipzig, 1866 ; « Zur Anatomie und Physiologie der quergestreiften Muskelsubstanz », id., 1882. L'*Archiv für Anatomie und Physiologie*, l'*Archiv f. die ges. Physiologie*, le *Medicinisches Cen-*

tralblatt, les *Annalen der Chemie und Pharmacie*, etc., etc., contiennent plusieurs articles de haute importance scientifique.

Nathusius-Ludom (Philippe DE), homme politique et journaliste prussien, né, le 4 mai 1842, dirigea, de 1872 à 1876, la *Kreuzzeitung*, organe du parti conservateur; il la quitta pour celle du *Reichsboten*. Nous avons de lui plusieurs pamphlets politiques. M. de N. a été membre du *Reichstag*.

Naumann (Charles), jurisconsulte suédois, né, à Malmöe, le 1er février 1810, d'une famille saxonne, admis à l'Université de Lund en 1826, y devint docteur en philosophie en 1832; dès 1834, il entra dans l'administration. Substitut-juge territorial en 1839, il fut attaché aux bureaux de la Diète de 1840-41, d'abord comme premier commis expéditionnaire, puis comme second secrétaire et procureur de l'Université de Lund, et fut, en 1842, appelé aux fonctions de secrétaire de la commission nommée par le roi pour le remaniement des règlements administratifs de cette université. En 1847-48, M. N. fut secrétaire du chancelier de l'Université, lequel à cette époque, n'était autre que S. A. R. le prince Charles (depuis le roi Charles XV). En 1851, il devint, à la même Université, professeur de droit constitutionnel et de droit de procédure. En 1854, l'Université de Kiel décerna à M. N. le grade de docteur en droit. De 1856 à 1860, il fut inspecteur du Lycée de Malmöe. Enfin, en décembre 1860, il fut nommé par le Roi membre de la cour suprême du royaume, et il exerça cette haute fonction jusqu'à ce que, en juillet dernier, il en fut déchargé sur sa demande. Telle est sa carrière judiciaire et administrative. Voici ses principaux écrits. Le premier qui fut, non pas composé, mais publié, est une thèse académique: « Om landstoep enlight Sverigeslag » (Du commerce rural d'après la loi suédoise). Cette dissertation eut le mérite de traiter la solution, dans un sens conforme aux idées modernes, de la question de la liberté du commerce dans les campagnes. Une autre dissertation, écrite en 1836, pour l'examen de candidat en droit, ne fut publiée qu'en 1843 sous le titre: « Om edsôret entigt landeteapslagarne » (Du serment royal d'après les codes provinciaux). Citons encore: « Delictis publicis præcipue juris patriæ publici et criminalis ratione habita, 1845; « Om straffratto theorien och penitentiar. systemet » (De la théorie du droit pénal et du système pénitentiaire), mémoire paru en 1849 et traduit en allemand par le professeur C. N. David. En 1854, parut, à Lund, un recueil des lois fondamentales et des statuts constitutionnels, etc., de la Suède, avec les concordances, les exposés des motifs, les amendements, etc., et la constitution (Grundlov) de la Norvège; 3me éd., 1866, Supplément 1873; « Hoilker ar Svenska statsreligionen? » (Quelle est la religion d'État de la Suède?); et « Hoad forstodo 1809 ars logotiftare medden i 16e § regeringsformen statgade religionsfrihet? » (Qu'entendaient les législateurs de 1809 par la liberté des cultes telle qu'elle est inscrite au § 16 de la loi organique sur la forme du gouvernement?), les deux brocures, publiées en 1857, se distinguent par leurs vues libérales; « Handvok fôr ritesdagsmân » (Manuel des députés à la Diète), Malmoë, 1860. C'est une condensation systématique du contenu des lois fondamentales avec les divers projets de modification de la représentation émanés du comité de la constitution, depuis et y compris le comité de 1809-10; « Populâra anteckninger i allmân statsrätt » (Notes populaires de droit constitutionnel général), deux fascicules, 1868-70). Mais les œuvres capitales de M. N., celles qui doivent lui assurer une place honorable entre toutes dans la littérature juridique contemporaine, sont le « Traité de droit constitutionnel suédois » et la revue, dont il est le principal rédacteur. Il a réellement ouvert dans sa patrie une voie nouvelle, il a été le chef des pionniers. Avant lui, celui qui voulait étudier le droit public suédois manquait absolument de guides. Personne n'avait encore embrassé scientifiquement, et réuni dans un même exposé, à la fois historique et actuel, l'ensemble de cette matière. L'histoire du développement de la constitution suédoise, qui sert d'introduction au « Traité de droit public » est encore aujourd'hui, au dire des compatriotes de M. N., le seul ouvrage de l'espèce. Aussi a-t-elle été imprimée et réimprimée séparément en 1854, 1862, 1864 et 1866, sous le titre: « Svenstea stateförfattningens historiska utoeckling ». A chaque édition nouvelle, l'auteur s'est tenu au courant des recherches historiques les plus récentes. Le professeur St. Maures, de Munich, disait, il y a quelque temps déjà, dans la *Kritische Vierteljahrsschrift*: « une traduction de cet excellent ouvrage en allemand serait à la fois désirable pour le public et rémunératrice pour l'éditeur ». Nous croyons qu'une traduction française aurait le même succès.

Nauroy (Charles), littérateur français, est né, à Metz, le 6 décembre 1846. M. Humbert, sénateur, ancien ministre de la justice, est son oncle à la mode de Bretagne. M. C. N. a fait ses études à Bordeaux, à Paris (Collège Sainte-Barbe) et au Lycée de Metz; il est bachelier ès-sciences. M. C. N. a publié: « Bibliographie des impressions microscopiques », 1881; « Bibliographie des plaquettes romantiques », 1882; « Les secrets des Bourbons », id.; « Les derniers Bourbons »; « Le duc de Berry et Louvel »; « Les favorites de Louis XVIII »; « La dernière maîtresse du comte d'Artois »; « La femme du duc d'Enghien », 1883; « La mort du prince de Condé (1830) » (*Revue Libérale*), 1883; « La Duchesse de Berry » (*Nouvelle*

Revue), id.; « Le premier mariage du duc de Berry, prouvé par documents authentiques », 1880; « Le Curieux », 1888. M. C. N. publiera prochainement: « La Duchesse de Berry ». M. Nérée Quépat a consacré un article à M. C. N. dans son *Dictionnaire biographique de l'ancien département de la Moselle*, et Santhonax (M. Aulard) a écrit dans la *Justice* (juillet 1886) un article intitulé: *M. Nauroy et son journal le Curieux*. M. C. N. a été candidat à l'Académie française en 1888.

Nautet (Francis), écrivain et critique belge, né en 1855. M. N. appartient au parti catholique. Il est le critique littéraire du *Journal de Bruxelles*, où ses feuilletons sagaces et raffinés sont toujours fort remarqués. M. N. avait débuté à Verviers dans un vaillant petit périodique le *Do-Mi-Sol*. De là il prit sa volée vers Paris, où il collabora notamment au *Figaro*. Revenu en Belgique, il devint l'un des écrivains les plus en vue de la *Revue Générale* et de la *Jeune Belgique*. M. N. a publié en 1885 un volume intitulé: « Notes sur la littérature moderne ». L'année précédente (1884), il avait fait représenter une comédie « Le Saxe ». Les journaux du monde entier ont raconté l'humoristique voyage de M. N. qui, au moment de l'Exposition de 1889, se rendit de Bruxelles à Paris dans une charrette attelée de deux chiens, véhicule traditionnel des laitières flamandes.

Navarrete (José), poète andalous, né, à Rota, province de Cadix, en 1840. Il est commandant d'artillerie, auteur de plusieurs romans étudiant spécialement les mœurs andalouses, qui y sont décrites avec le plus grand soin. Il a écrit de plus un remarquable ouvrage militaire sur la reprise de Gibraltar qui produisit beaucoup d'effet à Madrid. Nommé par le ministre de la guerre, général Lopez Dominguez, membre d'une commission scientifique en 1883, il réside depuis lors à Nice.

Navarrete (Ramon), né en 1830, plus connu sous le pseudonyme de *Asmodeo*. Il est le doyen des chroniqueurs mondains; on le voit dans toutes les fêtes et il y a quarante ans qu'il écrit sur la haute société de Madrid. Fin lettré, auteur dramatique, il a fait représenter plus de cinquante adaptations de pièces françaises. Il est le seul auteur espagnol qui, en collaboration avec le général carliste Algarra, exilé, soit parvenu à faire représenter à Paris, au théâtre de la Porte Saint-Martin, un drame original intitulé: « Inès, ou la chute d'un ministre ». Romancier très goûté, il fut, pendant de longues années, directeur de la *Gazette Officielle* de Madrid. M. N. est conservateur, toujours attaché à la dynastie des Bourbons.

Navarro-Viola (Michel), publiciste argentin, né, à Buenos-Ayres, en 1830, dirigea le *Plata Cientifico y Literario*, la *Revista* de Buenos-Ayres et la *Biblioteca popular* de Buenos-Ayres. Il a été président du Sénat de Buenos-Ayres et fondateur de plusieurs sociétés savantes. Son fils Albert, né en 1857, docteur en droit en 1879, a traduit du français les « Mémoires de Judas », de Petruccelli della Gattina. Il a chanté en vers le « Martyre de Giordano Bruno » et le « Centenaire de M. de Voltaire »; il appartient au parti ultra-libéral.

Navez (Louis-Auguste-Victor), publiciste belge, né, à Liège, en 1853. Outre une ou deux brochures politiques et des articles dans les *Bulletins* de la Société royale belge de géographie et du Club alpin belge, dans la *Revue de Belgique*, l'*Office de Publicité*, etc., on a de lui: « En Suisse: Davoz-Montreux », Bruxelles, 1882; « Instruction et alpinisme », id., 1883; « Dans les Alpes: Grindelwald-Chamounix », id., 1884; « Dans les Alpes: Zermatt-Montreux », id., id.; « La Belgique et les Belges. I. La Flandre occidentale », id., 1885 (n'a point été continué); « Promenades dans les Alpes de la Suisse et de la Savoie », id., 1886; « Bruges monumental et pittoresque », id., id.; « La Belgique physique », id., 1888; « Histoire populaire de l'État indépendant du Congo », id., 1889. Avec un autre rédacteur de l'*Office de Publicité*, M. Albert Dubois, dont on trouvera la notice au supplément, il a publié dans ce journal des « Promenades aux environs de Bruxelles », qui forment maintenant un charmant petit volume édité sous le patronage du Club alpin belge, la « Guide pratique du promeneur aux environs de Bruxelles », id., 1889.

Naville (H.-Adrien), philosophe suisse, né, à Genève, le 6 février 1845, a fait ses études à l'Académie de Genève de laquelle il a obtenu les diplômes de bachelier ès-lettres, bachelier ès-sciences, et licencié en théologie. Il a suivi ensuite, pendant une année, les cours des Universités de Berlin et de Tubingue. Il a rempli, pendant quelques mois, les fonctions de suffragant de l'Église réformée de Dresde; après quoi, il passa un hiver à Rome, occupé de recherches sur l'histoire intellectuelle et morale des premiers siècles chrétiens. A partir de 1874, il a fait, comme *privat Docent* à l'Université de Genève, des cours sur l'histoire de la philosophie. En 1876, il a été nommé professeur de philosophie au gymnase et à l'Académie de Neuchâtel. M. A. N. a publié: « Saint-Augustin, étude sur le développement de sa pensée », 1872; « Julien l'apostat et sa philosophie du polythéisme », 1877; « De la classification des sciences », 1888; ainsi que des articles dans diverses revues.

Naville (Édouard-Henri), égyptologue suisse, né, à Genève, le 14 juin 1844, fils d'un ancien conseiller d'État et président de l'Alliance évangélique, petit-fils par sa mère du syndic Rigaud, commença dans sa ville d'origine des études universitaires poursuivies au *King's College* de

Londres (1862), à l'Université de Bonn (1866), à la Faculté des lettres de Paris (1867), devant laquelle il prit sa licence. Les cours de Lepsius qu'il suivit en 1868 à Berlin déterminèrent sa vocation scientifique. En 1869, M. N. partit pour l'Égypte et publia les résultats de ses investigations dans un vol. in-fol. : « Textes relatifs au mythe d'Horus », 1870. Parurent successivement : « La litanie du soleil », 1875 ; « L'Inscription historique du grand prêtre Priaodjem III », 1883 ; enfin, en 1882, son ouvrage le plus considérable : « Le livre des morts égyptiens de la XVIIIe jusqu'à la XXe dynastie », dont la publication avec introduction historique, notes et commentaires avait été décidée en 1874 à Londres par le Congrès des Orientalistes. Depuis 1882, M. É. N., qui passe la plupart de ses hivers sur les bords du Nil, a entrepris une série de fouilles qui s'est montrée des plus fructueuses pour le compte d'une société anglaise : *Egypt Exploration Fund*. Les résultats en ont été consignés dans les deux mémoires : « The store city of Pithom and the Exodus », 1887, 3me éd., 1889 ; « Goshen and the Shrine of Saft et Henneh », 1888. Deux autres travaux du même ordre : « Tell el Yahoudieh » et « Bubastis » sont annoncés comme devant paraître prochainement. M. É. N. a été en 1878 à Florence le secrétaire, en 1886 à Vienne le président de la section africaine du Congrès des Orientalistes.

Naville (Jules-Ernest), philosophe et conférencier suisse, né, au village de Chancy près de Genève, le 13 décembre 1816, reçut sa première éducation à l'Institut pédagogique alors célèbre de Vernier que venait de fonder en 1819, après avoir longtemps exercé les fonctions pastorales, son père M. F.-M.-L. N. Ses études s'achevèrent à l'Académie de Genève qui lui conféra en 1839 le diplôme de licencié en théologie après la soutenance d'une thèse sur le « Sacerdoce dans l'Église chrétienne ». Un séjour de dix mois à Florence, où il fut appelé, après sa consécration au Saint-Ministère, à remplacer un professeur de l'Institut, lui permit de visiter Rome ainsi que d'autres villes de l'Italie et de nouer de précieuses relations avec toute la péninsule. En 1840, après son retour à Genève, M. N. se donna tout entier à la carrière de l'enseignement ; le Conseil d'État l'appela à siéger dans la direction des écoles de la ville, aujourd'hui écoles primaires ; en 1844, il fut nommé professeur de philosophie en remplacement de M. J.-D. Choisy et ne tarda pas à grouper autour de sa chaire de nombreux auditoires, grâce à la précision et à l'éclat de sa parole. L'activité pédagogique de M. E. N. fut brusquement interrompue par la révolution de 1846. Après l'arrivée au pouvoir de M. James Fazy, il se refusa à reconnaître le nouvel ordre de choses et à figurer plus longtemps sur la liste du clergé national, se retira de la direction des écoles et fut destitué de sa chaire universitaire par le Conseil d'État radical. Quatorze ans plus tard, en 1860, Genève se flatta de l'espérance de voir rentrer dans son corps enseignant l'illustre philosophe. La Vénérable Compagnie l'appela en effet à la chaire d'apologétique, devenue vacante par la mort de M. Diodati, mais un différend avec le Conseil d'État au sujet du suppléant qui serait désigné pour la théologie pratique l'amena au bout d'une année à prendre sa retraite une deuxième et dernière fois. M. N., malgré ses remarquables capacités pédagogiques, n'a pu, bien contre son gré, fournir qu'une brève carrière officielle, il n'en a pas moins exercé dans la Suisse française et même dans toute l'Europe cultivée une influence aussi étendue que légitime, soit par son enseignement au gymnase après la révolution de 1846, soit par les cours de philosophie qu'il donna fréquemment à la Faculté des lettres et pour lesquels, par un raffinement de coquetterie, il ne revendiqua que le titre de *privat Docent*, soit par les discours sur des sujets religieux qu'il prononça devant de vastes et compactes auditoires masculins à Genève, à Lausanne, à Neuchâtel et qui par la clarté de l'exposition, la vigueur de la dialectique, l'élégance de la forme, le placèrent au premier rang des orateurs contemporains. Depuis 1864, la question électorale a tenu une large part dans ses travaux : l'association qui s'est créée à Genève pour la représentation proportionnelle de tous les partis politiques au sein des assemblées législatives s'honore de l'avoir eu pour fondateur et premier président. L'Institut de France (Académie des Sciences morales et politiques) a élu M. N. en 1863 membre correspondant, en 1887 associé étranger, en remplacement du comte Mamiani. Les très nombreuses publications de M. N. peuvent se ranger sous les cinq chefs suivants : 1° Philosophie : « Mémoire sur le livre du chancelier Bacon, De dignitate et augmentis scientiarum », 1844 ; « Notice historique et bibliographique sur les travaux de Maine de Biran », 1851 ; « Préface aux œuvres d'Ad. Lebre », 1856 ; « Maine de Biran, sa vie et ses pensées », 3me éd., 1857 ; « Œuvres inédites de Maine de Biran » (avec introduction, en collaboration avec M. Marc Debrit) 3 vol., 1859 ; « Le Camposanto de Pise, ou le scepticisme », 1863 ; « La philosophie italienne contemporaine » (deux traductions d'A. Conti), 1865 ; « Préface au Christianisme de Fénelon », 1870 ; « La logique de l'hypothèse », 1880 ; « La physique moderne, études historiques et philosophiques », 1883 ; 2° Discours de philosophie religieuse : « La Vie éternelle », 5me éd., 1861 (traduit en allemand, anglais, italien, hollandais, suédois, danois, russe et grec) ; « Le Père Céleste », 1865 (3me éd. et nombreuses traductions) ; « Le

Problème du Mal », 2ᵐᵉ éd., 1868; « Le Christ », 1878, 2ᵐᵉ éd., 1882; « La philosophie et la religion », 1887, dans la *Petite Bibliothèque du Chercheur*; 3° Biographies: « Le Père Girard »; 1850; « Le professeur Diodati », 1861; « Henri Sarazin », 1862; « Madame Swetchine », 1863, 2ᵐᵉ éd., 1864; « J. L. Micheli », 1877, etc. 4° Questions sociales, pédagogiques et confessionnelles: « De l'ivrognerie dans le canton de Genève », 1841; « Des moyens à employer pour développer chez les enfants le sentiment du respect », 1845; « L'École Chrétienne », 1870; « L'École Chrétienne et l'École laïque », 1873; « La loi du dimanche au point de vue social et au point de vue religieux », 1876; « L'Église Romaine et la liberté des cultes », étude, suivie de remarques sur l'infaillibilité pontificale et sur les Églises d'État, 1878. 5° Question électorale: « Les élections de Genève », 1864; « La patrie et les partis », 1865; « Le fond du sac », 1870; « La Question électorale en Europe et en Amérique », 1868, 2ᵐᵉ éd., 1871; « La réforme électorale en France », 1871; « La démocratie représentative, mémoire présenté à l'Académie des Sciences morales et politiques », 1881; « Réforme électorale, travaux de l'association réformiste de Genève » (plusieurs fascicules), 1865-1889; « Les progrès de la réforme électorale » (plusieurs fascicules), 1873-1889. Il convient enfin d'indiquer les nombreux articles insérés par M. E. N. dans la *Revue des Deux Mondes*, la *Revue Philosophique*, la *Revue Scientifique*, la *Revue Chrétienne*, le *Chrétien Évangélique*, la *Bibliothèque Universelle*, le *Journal de Genève*.

Navo y Colson (José DE), marin et écrivain de valeur. Il débuta dans la littérature par un roman et il fut attaché alors au Ministère de la Marine. Une fois à Madrid, il aborda le théâtre par un drame intitulé: « La Manta del Caballo », qui se joua avec beaucoup de succès; il en a fait d'autres depuis. Il est éditeur et directeur d'une collection très luxueuse dont il n'a paru encore qu'un volume: « Les auteurs dramatiques contemporains », qui contient un prologue de M. Canovas Del Castillo.

Nazzani (Émile), économiste italien, président de l'Institut technique de Forli, né, à Pavie, en 1832, docteur en droit en 1854, professeur d'économie politique à Forli en 1872; nous avons de lui: « Sulla rendita fondiaria », Forli, 1872; « Sunto d'economia politica », id., 1873, 2ᵉ éd., Milan, 1875; « Sul profitto », Milan, 1877; « Alcuni quesiti sulla domanda di lavoro », Forli, 1880; « Saggio d'economia politica », 1881.

Neera (voyez Mᵐᵉ Anna RADIUS).

Negri (Gaétan), homme de lettres italien, né, le 11 juillet 1838, à Milan, servit à l'armée fort brillamment, démissionna en 1862. Conseiller communal en 1873, il a été nommé plus tard maire de sa ville natale. Nous avons de lui: « La decadenza e il risorgimento della Francia », id.; « Il Cristianesimo nella Storia », 1872; « Gesù a Cesarea di Philippi », id.; « La crisi religiosa », 1878; « La morale e la religione nell'istruzione », 1879; « Giuseppe Garibaldi », 1883; « Vittorio Emanuele », id.; « Le Memorie di Ernesto Renan », 1884; « Bismarck », id.; « Un nuovo libro su Bismarck », id.; « Quintino Sella », id.; « Il Vangelo dell'Apostolo Paolo », 1882; « Giorgio Eliot nella sua vita e nelle sue opere », 1888.

Negri (Jean-Baptiste), écrivain de l'Istrie, né, à Albona, le 24 décembre 1858, parcourut les études universitaires à Vienne, mai ne voulant pas servir contre les Bosniaques se réfugia en Italie (1882), où il poursuivit ses études à l'Université de Padoue. Très jeune encore, il publia des mémoires intéressants sur l'histoire naturelle. Nous avons de lui: « De acido nitrocuminico », 1885; « Apofillite di Montecchio Maggiore », 1886; puis: « Sulla Celestina di Montecchio Maggiore »; « Sullo Zircone di Ledo »; « La dutolite di Casarza »; « Gmelinite della regione veneta »; « La Dimetilpirrocolla »; « L'Allossanossimo », 1887. En préparation: « Le Zeoliti della regione veneta », et « Le roccie nere dei colli euganei ». Après une année comme assistant de minéralogie dans l'*Istituto di Studi Superiori* de Florence, il passa avec la même charge à l'Université de Padoue.

Negro (Auguste-Frédéric), chef de la maison turinoise de librairie qui porte son nom, né, à Castello Alfero près d'Asti, en 1840; il entra de bonne heure, après avoir terminé ses études de rhétorique, à la maison Pomba pour y faire son apprentissage. Citons les ouvrages de haute importance édités par M. N.: « L'arte di fabbricare », de l'ingénieur Jean Curioni, 11 vol. gr. in-8° avec 11 atlas in-8° et un atlas in-folio; ouvrage remarquable tiré à 7 éd. de 1000, prix 236 fr.; « Corso teorico-pratico sulla costruzione dei ponti metallici », 800 pages, gr. in-8°, accompagnées de deux atlas; « Principii di geometria proiettiva »; « Dizionario tecnico d'ingegneria e d'architettura nelle lingue italiana, française, inglese e tedesca »; « I capolavori della R. Pinacoteca in Torino », éd. italienne et française, 2 vol. in-folio avec 165 gravures sur cuivre; « La sapienza del mondo », dictionnaire des proverbes par G. Strafforello, etc. etc. La maison N. est sans contredit la première en Italie pour tout ce qui concerne les sciences appliquées à l'industrie.

Negruzzi (Jacques), homme de lettres roumain, né, à Iassy, le 11 janvier 1843, professeur à l'Université de Bucarest, membre de l'Académie roumaine, député à la Chambre des représentants, directeur de la revue scientifique et littéraire *Conversivi literarie*, qu'il a fondé en 1867 et dirigée pendant 18 ans à Iassy même, et qu'il continue à diriger depuis 1885 à Bucarest où elle se publie actuellement. Il fit son droit à Berlin et fut nommé à son retour professeur de droit commercial et international à l'Université de sa ville natale, d'où il fut transféré à celle de Bucarest en 1880. Il est membre de l'Académie roumaine et représente sa ville natale au Parlement depuis 17 ans. Nous avons de lui un volume de « Poésies », poésies lyriques, ballades, etc. Plusieurs de ces poésies ont été traduites en allemand par Carmen Sylva (Elisabeth reine de Roumanie), Mite Kremnitz, Alexis, Fischer, etc.; une « Idylle », en 5 chants traduite en allemand; « Mihail Vereanu », roman; un volume de « Nouvelles satiriques », en prose et en vers, copiées d'après nature et qui obtinrent un très grand succès. Plusieurs descriptions de voyage en forme de nouvelles et romans; un volume de « Satires et épîtres », en vers; une traduction de la plupart des tragédies de Schiller : en prose les tragédies que l'auteur même a écrites en prose, en vers celles qui ont été composées en vers par Schiller. Bientôt la traduction des tragédies de Schiller sera complète. Un grand nombre de comédies originales en prose et en vers.

Némirowitch-Dautchenko (Wassily-Ivanovitch), romancier et feuilletoniste russe né en 1848. En 1872, il a écrit ses célèbres esquisses: « Ssolowetzki »; « Au bord de l'Océan »; « L'espace vaste »; « La Laponie et les Lapons »; « La région du froid »; « La nouvelle Ophélie villageoise ». En 1878, il fut correspondant de journaux russes en Turquie (pendant la guerre turco-russe). Très remarquable par la fécondité de ses productions, il a publié une masse d'esquisses, feuilletons, nouvelles et romans. Le public russe lit ses œuvres généralement avec entraînement. Il faut remarquer son roman: « Sous l'orage », et son livre: « Une année de guerre ».

Nencioni (Henri), homme de lettres italien, né, à Florence, en 1840, fit ses premières études à l'Institut Rellini. Il appartint de bonne heure au cénacle des jeunes littérateurs qu'on appelait *gli amici pedanti* (les amis pédants), MM. Joseph Chiarini, Ottaviano Targioni-Tozzetti et Cavaciocchi en faisaient partie. M. N., s'éprit d'une belle passion pour les littératures française et anglaise, et inséra des articles remarqués à l'*Italia Nuova* de M. Bargoni (1869) tout en s'occupant d'enseignement privé. Il inséra aussi aux « Ricordi di Gian Battista Niccolini » de Vannucci des vers sur Mme Ristori, la célèbre actrice. En librairie: « Poesie », Bologne, Zanichelli, 1878; « Medaglioni », Rome, Sommaruga, 1885. Ses succès littéraires le signalèrent au ministère qui l'envoya à Florence comme professeur à l'Institut normal des jeunes femmes. Très compétent en tout ce qui regarde la littérature anglaise contemporaine, M. N. est lié d'amitié avec les poètes anglais du jour.

Nepveu (Gustave), médecin français, professeur d'anatomie pathologique à l'École de médecine de Marseille, né, à Sédan, en 1841. Après de brillants succès dans ses études, il vint à Paris en 1861. Nommé interne des hôpitaux, il fut successivement attaché aux services de Maisonneuve, d'Hérard, de Broca, de Verneuil. S'étant voué à la chirurgie, M. N., fit dans ce but un voyage en Allemagne (1867-68), en se familiarisant dans le laboratoire de Virchow avec l'anatomie. De retour en France après un an de séjour à Berlin, M. N. publiait ses « Recherches sur les bactériens dans la gangrène foudroyante », 1870, trois mois avant celles de Bottini, et les mémoires sur la « Présence des bactériens dans l'Érysipèle », et était nommé peu de temps après membre de la Société de biologie; en 1873, chef du laboratoire d'anatomie pathologique de la Pitié, et en 1881, membre titulaire de la Société de chirurgie de Paris, et après professeur d'anatomie pathologique à l'École de médecine de Marseille. Travailleur opiniâtre, M. N. est un vulgarisateur émérite des travaux allemands et anglais. Nous avons encore de lui: « Recherches sur les humeurs du testicule »; « Sur les tumeurs mélaniques »; « Sur la présence des bactériens dans la sérosité des hernies étranglées »; « Sur le rôle pathologique des bactériens en général », 1878, « dans les tumeurs », 1884-88; et enfin: « Sur quelques formes cellulaires rares (Cellules Conjuguées) dans l'épithéliome et le cancer » (*Assoc. franc. pour l'avancement des sciences*), Oran, 1888; « Études sur le paludisme en général : parasites, hémoglobinhémie et étiologie », id., id., Congrès de Paris, 1889.

Neri (Achille), historien italien auquel nous sommes redevables d'une quantité extraordinaire de curiosités historiques qu'il recherche avec un soin minutieux, né, à Sarzana, le 26 septembre 1842; il interrompit de bonne heure ses études; l'amitié de Guerrazzi le poussa à les refaire de fond en comble; en 1872, assistant à la Bibliothèque universitaire de Gênes, professeur de belles-lettres à l'école normale des jeunes-filles de la même ville (1880), il dirige depuis 1874, avec M. Belgrano le *Giornale Ligustico di storia, archeologia e letteratura*, où beaucoup de ses mémoires sont insérés. Nous donnons une liste complète de ses œuvres: « Sopra Aulo Persio Flacco in risposta ad alcune parole sui celebri di Spezia. Ragionamento critico »; « La guerra di Serrezzana », poème, Sarzana, 1867; « Due Sermoni e la laudazione di Josef di Santo Effem. Volgarizzamento del buon secolo », Bologne, 1867; « Notizie della vita e delle opere di Antonio Ivani », Spezia, 1868; « Due lettere inedite di Gaspare Massa »; « Documenti dell'ex-Monastero di N. S. delle

Grazie »; « Sonetto del secolo XVII per gli Italiani Grandi di Spagna del Tosone »; « Lettere inedite del padre Agostino Oldoini »; « Topographia lunensis oræ. Carmen Balthasaris Taravasii »; « Stanze pastorali nuovamente composte per Lexandro di Bernardino da San Miniato »; « Due novelle di Giovanni Sercambi tratte dalla sua cronaca »; « Relazione di Sarzana, della Spezia e dei Marchesi Malaspina del can. Ippolito Landinelli »; « Memorie di Giambattista e Francesco Antonio Casoni »; « Del governo della famiglia civile. Lettera di Antonio Ivani »; « Lettere inedite di Francesco Redi »; « Poesie inedite di Ant. Malatesti »; « Una poesia inedita del Proposto Lionardo Giraldi »; « Intorno alla Novella di Jacopo Poggio Bracciolini e all'originale testo latino di Bart.º Fazio. Lettera »; « Poesie inedite di Averano Seminetti »; « Note su Pier Giovanni Capriata storico genovese del sec. XVII »; « Curiose avventure di Luca Assarino genovese, storico, romanziere e giornalista del sec. XVII »; « Saggi storici intorno a Pier Giovanni Capriata e Luca Assarino scrittori genovesi del sec. XVII »; « Lettera di Laudivio da Vezzano sulla caduta di Caffa. Nota bibliografica delle sue opere e correzione intorno al suo cognome »; « Notizie di Agostino Oldoini, storico e biografo ligure del sec. XVII »; « Sigillo del Comune di Sarzana »; « Del palazzo del Comune di Sarzana, e di un'opera di Matteo Civitali »; « Di Papa Nicolò V e dei più chiari uomini della famiglia Parentucelli di Sarzana »; « Notizia di due Codici di Gio. Agostino Abate savonese »; « Delle prepotenze di Luigi XIV; a proposito di un recente scritto dell'avv. D. Perrero »; « Di Gottardo Stella e specialmente della sua legazione al Concilio di Mantova nel 1459 »; « Scritti di storia patria »; « Notizie e documenti intorno a Oberto Foglietta e Pietro Bizaro »; « La gran magnificenza del Prete Janni, poemetto di Giuliano Dati e quattro lettere inedite di Carlo Roberto Dati »; « Un opuscolo ignoto di Giorgio Sommariva, poeta veronese del secolo XV »; « Due canzoni inedite di Lorenzo Costa »; « Un quadro affatto ignoto di Domenico Fiasella »; « Genova e il P. Vincenzo Coronelli »; « Intorno alla morte del marchese Spinetta Malaspina di Fivizzano. Notizie e documenti »; « Pietro Gazzotti e le sue relazioni colla Corte di Torino e la Repubblica di Genova »; « La vita e gli scritti di Filippo Casoni »; « Notizie sulla vita e sugli scritti di monsignor Agostino Favoriti »; « Noterelle artistiche »; « Casoni Filippo. Storia del bombardamento di Genova »; « Due lettere inedite di Antonio Cesari »; « Saggio della corrispondenza di Ferdinando Raggi agente della Repubblica genovese a Roma »; « Alcuni scritti inediti di Tomaso Gelli »; « Epistola di Frate Leonardo da Fivizzano »; « Ricordi aneddotici intorno a Domenico Viviani »; « Osservazioni critiche intorno all'aneddoto di Tommasina Spinola e Luigi XII »; « Aneddoti sarzanesi nel tempo della Repubblica Ligure »; « Uno scritto inedito di Antonio Bertolini »; « Il giuoco del *Redoglio* »; « La vita privata d'un letterato in Firenze nel secolo XV »; « Gino Capponi — Vincenzo Monti »; « Spigolature nella corrispondenza di Ippolito Pindemonte »; « Due lettere di Gian Maria Ortes e Francesco Algarotti »; « Un Lazzarotti del secolo XVII »; « L'origine infernale della *Cicisbeatura* »; « Ugo Bassi a Genova »; « La guerra di successione Austriaca e le poesie Genovesi del tempo »; « I Cicisbei a Genova »; « La prima edizione del *Malmantile* »; « Ugo Foscolo a Genova. Aneddoti del blocco (1799-1800) »; « Affetto paterno. Episodio della vita di Pietro Bembo »; « Aneddoti genovesi intorno a Gio. Batt. Niccolini »; « Vittorio Amedeo II e la Repubblica di Genova »; « L'iscrizione dell'antica porta dell'Acquasola »; « Un antico ricordo genovese nel *Novellino* »; « Una famiglia di architetti genovesi »; « Due corrispondenti genovesi di Scipione Maffei »; « Una lettera di Antonio Ivani a Donato Acciaioli »; « Torquato Tasso e i Genovesi »; « Alcune lettere di Domen. Sauli »; « Saverio Bettinelli a Genova »; « La Cronaca degli Stella nella Raccolta del Muratori »; « Oderico Gasparo Luigi. Osservazioni sopra alcuni Codici della Libreria di G. Filippo Durazzo »; « Un uomo di spirito »; « La cucina del Vescovo di Luni »; « La nascita di Leon Battista Alberti »; « Luigi Maineri »; « Una poesia satirica contro Genova »; « Libertà di scrivere »; « Spigolature intorno al bombardamento del 1684 »; « Due lettere di uomini illustri »; « Divertimenti »; « Una Compagnia comica nel 1614 (a Genova) »; « Un matrimonio e un ballo a Cipro nel sec. XVII »; « Passatempi letterari »; « Un missionario al Chili nel secolo XVII »; « Come i Gualdo scrivevano la storia »; « Il pittore Domenico Ubaldini detto *Puligo* a Genova »; « Una commedia dell'arte »; « Una lettera del P. Lazzaro Cattaneo missionario della China »; « Alcune librerie in Firenze nel 600 »; « Il Cardinale Rivarola e Paolina Borghese »; « Un po' di critica a Goldoni »; « Costumanze e sollazzi »; « Aneddoti Goldoniani »; « Il *Gran Pescatore di Chiaravalle* »; « Lorenzo Costa. Aneddoti, lettere, poesie »; « Curiosità bibliografiche Foscoliane »; « Un Coriolano da strapazzo »; « La venuta di Luigi XII a Genova nel MDII descritta da Benedetto da Porto »; « Il Processo di Jacopo Bonfadio »; « Il Casti a Genova ».

Nerucci (Gérard), écrivain et pédagogiste italien, né, à Pistoia, le 18 mai 1828, tenu aux fonts baptismaux par le grand poète Jean-Baptiste Niccolini, dont il épousa ensuite la nièce Élisabeth. Il étudia les éléments au Lycée Forteguerri sous la direction du célèbre instituteur Joseph Tigri, fit son droit à Pise, servit comme volontaire au Bataillon universitaire pisan en 1848; docteur en droit le 22 mai 1849, avocat au barreau en 1857, il débuta l'année d'après au journal *Carlo Goldoni*, institua (1861) à Montale près de Pistoia une école du soir rurale qu'il soutint 15 ans de son argent; fut tour-à-tour professeur au Lycée Forteguerri de Pistoia, au Collège Cicognini de Prato et délégué scolastique de son arrondissement. Nous avons de lui des œuvres originales et des traductions. Citons: « La critica e il teatro comico italiano moderno », 1859; « La Cometa nel sogno di Bronte Ciclope », 1862; « La pronunzia della lingua greca », id.; « Esopo Frigio », les fables choisies, 1863, 2ᵐᵉ éd., 1872; « Tavole sinottiche dell'arte oratoria », 1863; « Max Müller », lectures, 1864; « L'uomo alla moda », id.; « Saggio di uno studio sopra i parlari vernacoli della Toscana », 1865; « Anacreonte Teio, le Odi tradotte », 1867; « Della lingua Italiana », 1868; « Isocrate, consigli a Demonico », 1874; « Sessanta novelle popolari montalesi », 1880; « Canti, Ninne-nanne e. Indovinelli popolari montalesi », 1881; « Gli sciali de'contadini Pianigiani », 1881; « Cincelle da bambini in nella stretta parlatura rustica d'i Montale pistolese sentute arraccontare e po'distendute 'n sù la carta e con da'utimo la listria delle palore ispiegate », id.; « Il merlo bianco », nouvelle, 1883; « La retorica di Riccardo Whitely », traduction de l'anglais, 1888.

Nettleship (Henri), latiniste anglais, professeur de langue et littérature latine à l'Université d'Oxford, né, à Kettering, Comté de Nothampton, en 1839; étudia au Collège *Lancing*, à l'*École de la Cathédrale* de Durham et à la *Charterhouse* (1849-57), puis à l'Université d'Oxford (1861) et à celle de Berlin (1865). Il enseigna à l'école de Harrow (1868-73), puis à *Corpus Cristi* d'Oxford (1873-78). Nous avons de lui des éditions de « Persius » et de « Virgile », 1871-84; un pamphlet « The Roman Satyra », 1878; « Ancient Lives of Virgil », 1879; « Essays on subjects connected with Latin Litterature and Scholarship », 1885; enfin plusieurs contributions aux revues suivantes: *Journal of Philology, American Journal of Philology, Academy Review* et *Classical Review*. M. N. est actuellement occupé à publier un ouvrage essentiel sur la lexicographie latine.

Neubauer (Adolphe), orientaliste hongrois, né, en 1832, à Nagi-Bittse, de parents israélites, sous-bibliothécaire de la Bodléïenne d'Oxford, lecteur d'hébreu rabbinique depuis 1874, fit ses études à Presbourg, Prague, Munich et Paris. En dehors d'une collaboration très active aux revues spéciales, nous avons de lui en librairie: « Histoire de la lexicographie hébraïque », Paris, 1861-62; « Sur la littérature Karactique », Leipzig, 1861; « Traité sur la prosodie hébraïque », 1865; « La Géographie du Talmud », 1864; « Chaîne de commentaires hébraïques sur le III chapitre d'Isaïe », Oxford, 1876; « Le Texte Chaldéen du Livre de Tobie », id., 1878; « Jedaiah hap-Peninis Oheb Nashim edited from a unique ms. in the Bodleian Library », Berlin, 1884; « On some recently-discovered Temanite and Nabatean inscriptions » (*Studia Biblica*), Oxford, 1885; « On the dialects spoken in Palestine in the time of Christ » (*Studia Biblica*), 1888; « Notes on the race-types of the Jews » (*Journal of the anthropological Institute*), London, 1885; « Catalogue of the Hebrew ms. in the Jews'College London », Oxford (private circulation), 1886; « Catalogue of the Hebrew mss. in the Bodleian Library and in the College Libraries of Oxford with an atlas of 40 Facsimiles », Oxford, 1886; « Mediaeval jewish chronicles and chronological notes » (*Anecdots Oxoniensis*, Sen. Series, vol. 2, 4), Oxford, 1887; « Jewish Controversy and the Pugio Fidei *the Expositor* », Febr. and march 1888, London; des Documents inédits dans plusieurs volumes de la *Revue des études privées*; « Zur Frauenliteratur », des poèmes hébreux pour et contre le beau sexe, pour la plupart par des auteurs juifs italiens dans les volumes de la *Israelitische Letterbode Amsterdam*. En préparation: « Dictionnaire sur la Mischnah en Arabe par Tanhum de Jérusalem », d'après les mss. de la Bodléïenne; « La Géographie des Rabbins du moyen-âge », mémoire couronné par l'académie des Inscriptions et Belles-lettres, Paris; « Histoire des rabbins français du XIVᵉ et XVᵉ siècle » (en collaboration avec M. Renan, pour l'Histoire littéraire de la France).

Neuburg (Clamor), écrivain allemand, professeur libre d'économie nationale et financier distingué, né, en 1851, à Goslar, fit ses études aux Universités de Marbourg, Heidelberg, Strasbourg et Berlin de 1871 à 76; volontaire au bureau de statistique de la ville de Dresde, de 1878 à 81, secrétaire de la Chambre de commerce de Munich de 1881 à 82, professeur libre à l'Université de Munich depuis 1882. Il a publié: « Das Französische Lehrlingsgesetz von 1851 und die Debatten bei seiner Berathung », paru dans les *Schriften des Vereins für Socialpolitick*, 1875, Leipzig; « Die älteren deutschen Stradtrechte, insbesondere das Augsburger von 1276, in Bezug auf die Entstehung und Entwicklung der Junung », dans la *Zeitsch. f. die gesammte Staats- Wiss.* Tubingue, 1876; « Ueber die Ausdehnung der Zunftgerichtsbarkeit in der Zeit vom 13 bis 16 Jahrhundert », Jena, 1880, G. Fischer; « Der Streit zwischen den Wald- und Bergleuten und den Innung zu Goslar am Ende des 13 Jahrhundert », voir les *Zeitschr. f. die ges. Staatswiss.*, 1884, vol. XXXX. Au moment où nous écrivons, M. Neuburg vient d'achever un autre ouvrage important intitulé : « Die Hausindustrien im Bezirksamt Garmisch », qui va paraître dans les *Schriftendes Verein für Socialpolitik*, volume XXXI.

Neumann (Frédéric), philologue allemand, né, le 23 avril 1854, à Warmemünde (Mecklenburg), étudia à Berlin (1873-74) sous Tobler et Müllenhoff et après à Heidelberg. Promu en 1876 et employé à la Bibliothèque de l'Université de Heidelberg, il devint professeur libre et ensuite professeur extraordinaire. En 1882, il fut appelé à Fribourg pour y occuper la place de professeur de philologie romane. On lui doit, entr'autres : « Die germ. Elemente in der provençal. und französ. Sprache ihren lautlichen Verhältnissen nach behandelt. », Diss., Heidelberg, 1876; « Zur Laut und Flexionslehre des Altfranzösischen », Heilbr., 1878; « Die Romanische Philologie », Leipzig, 1886; « Ueber einige Doppelformen der französ. Sprache » Heidelberg, 1884. M. M. est aussi collaborateur de la *Schmid'Encyklopädie*.

Nève (Félix-Jean-Baptiste-Joseph), éminent orientaliste belge, né, à Ath, le 13 juin 1816. Docteur en philosophie et belles-lettres, professeur de littérature ancienne et de langues orientales à l'Université de Louvain de 1841 à 1876, aujourd'hui élevé à l'éméritat et membre de l'Académie Royale de Belgique, de l'Académie Impériale de Saint-Pétersbourg, de l'Académie Catholique de Rome, de l'Académie de Saint-Lazare à Venise, de l'Académie de Stanislas à Nancy, des Sociétés asiatiques de Paris et de Londres, etc. M. N. a publié de nombreux ouvrages et donné de nombreuses études au *Bulletin*, aux *Mémoires*, à l'*Annuaire* et à la *Biographie nationale* de l'Académie de Belgique; à l'*Annuaire* de l'Université de Louvain et aux *Mémoires* de la Société littéraire de la même Université; à la *Revue de l'instruction publique en Belgique*, au *Messager des sciences historiques*, à la *Revue catholique*, à la *Belgique*, à la *Revue belge et étrangère*, à la *Revue de Flandre*, au *Muséon*, au *Journal asiatique* de Paris, à la *Revue de l'Orient*, au *Correspondant*, aux *Annales de philosophie chrétienne*, à l'*Université catholique*, etc. Sans nous arrêter à son livre : « Les quatre Facultés de Nancy et le mouvement intellectuel en Lorraine », Louvain, 1873, ni à ses recherches sur Érasme et sur d'autres humanistes, nous citerons ici les travaux qui ont surtout établi sa haute réputation d'orientaliste : « Mohamudgara, ou le maillet de la folie, poème sanscrit traduit en français », Paris, 1841; « Etudes sur les hymnes du Rig-Véda, avec un choix d'hymnes traduits pour la première fois en français », Louvain, 1842; « Introduction à l'histoire générale des littératures orientales », id., 1844; « Essai sur le mythe des Ribhavas, premier vestige de l'apothéose dans le Véda, avec le teste sanscrit et la traduction française des hymnes adressées à ces divinités », Paris, 1847; « Les Pourânas, études sur les derniers monuments de la littérature sanscrite », id., 1852; « Revue des sources nouvelles pour l'étude de l'antiquité chrétienne en Orient », Louvain, id.; « Le bouddhisme, son fondateur et ses écritures », Paris, 1854; « Étude sur Thomas de Medzoph et sur son histoire de l'Arménie au XVᵉ siècle », id., 1855; « Les hymnes funèbres de l'église arménienne, traduites sur le texte arménien du Charagan », Louvain, id.; « Eugène Jacquet de Bruxelles, et ses travaux relatifs à l'histoire et aux langues de l'Orient », Bruxelles, 1856; « Le Collège des Trois-Langues à l'Université de Louvain », mémoire couronné par l'Académie de Belgique, en 1856; « Constantin et Théodose devant les églises orientales, étude tirée des sources grecques et arméniennes », Louvain, 1857; « Des portraits de femme dans la poésie épique de l'Inde, fragments d'études morales et littéraires sur le Mahâbhârata », Bruxelles, 1858; « L'Église d'Orient et son histoire d'après les monuments syriaques », Paris, 1860; « Exposé des guerres de Tamerlan et de Schahrokh dans l'Asie occidentale, d'après la chronique arménienne inédite de Thomas de Medzoph », Bruxelles, id.; « Guy le Fèvre de la Boderie, orientaliste et poète, l'un des collaborateurs de la Polyglotte d'Anvers », id., 1862; « De l'invocation du Saint-Esprit dans la liturgie arménienne; hymnes traduites et commentées pour servir à l'histoire du dogme en Orient », Louvain, id.; « Frédéric Windischmann et la haute philologie en Allemagne », Paris, 1863; « Calidasa, ou la poésie sanscrite dans les raffinements de sa culture », id., 1864; « Du beau littéraire dans les œuvres du génie indien », Bruxelles, id.; « Atmabodha, ou de la connaissance de l'esprit, version commentée du poème Védantique de Çankara Achârya », Paris, 1866; « Les poètes classiques du règne d'Auguste, historiens des expéditions romaines en Orient et chantres de conquêtes en projet », Bruges, 1867; « Les peuples de l'Orient avant la civilisation grecque », Louvain, 1868; « Le bouddhisme dans son rapport avec l'histoire des religions », id., 1870; « Des éléments étrangers du culte et de la légende de Krichna », Paris, 1876; « Les dénouement de l'histoire de Râma (*Oullara-Râma-Charita*), drame de Bhavabhoûti, traduit du sanscrit, avec une introduction sur la vie et les ouvrages de ce poète », Bruxelles 1880; « Le poète Sâdi, moraliste oriental du XIIIᵉ siècle », Louvain, 1881; « Les époques littéraires de l'Inde », Bruxelles, 1883; « L'Arménie chrétienne et sa littérature », Louvain, 1886.

Newcomb (Simon), astronome américain, né, dans la Nouvelle-Écosse, en 1835, servit d'abord comme professeur de mathématiques dans la Marine des États-Unis; passa ensuite en Angleterre pour y diriger le *Nautical Almanac* et observa le passage de Vénus (décembre 1882), de l'Observatoire du Cap de Bonne-Espérance. Nous avons de lui: « In the secular variations etc., of the Asteroids », 1860; « Our Financial Policy during the Southern Rebellion », 1865; « Investigation of the solar Parallax », 1867; « On the Action of the Planets on the Moon », 1871; « Tables of the Planet Neptune », 1865; « Tables of Uranus », 1873; « Planetary Motion », 1874; « The A. B. C. of Finance », 1877; « Popular Astronomy », 1878; « Algebra », 1881; « Geometry », id.; « Trigonometry », 1882; « School Algebra », id.; « Analitic Geometry », 1884; « Essentials of Trigonometry », id.; « Astronomy », 1879, en collaboration avec E. S. Holden.

Nicholson (Édouard-Williams-Byron), philosophe et bibliothécaire anglais, né, le 15 mars 1849, à St.-Hélier dans l'île de Jersey, élevé aux écoles de Tunbridge, de Liverpool et licencié au *Trinity College* d'Oxford (1871). Il gagna plusieurs prix universitaires, et fut nommé bibliothécaire de la *London Institution* en 1873, place qu'il conserva jusqu'à 1882. A cette époque, il passa à Oxford comme bibliothécaire de la *Bodley*, place qu'il occupe encore. En 1877, il organisa la Conférence des bibliothécaires à Londres, l'association libraire du Royaume Uni et le Comité métropolitain des bibliothèques qui ensuite devint le *Metropolitan Free Libraries Association*. En dehors d'une étude sur le voyageur Mandeville et sur la meilleure édition de ses voyages, nous avons de lui les ouvrages suivants: « The Christ-Child, and other poems », 1877; « The rights of an animal: a new essay in ethics », 1879; « The Gospel according to the Hebrews — its fragments translated and annotated with a critical analysis of the external and internal evidence relating to it », id.; « A new commentary on the Gospel according to Matthew », 1881; « Our new New Testament: an explanation of the need and a criticism of the fulfilment », id.; « Tim Lord — a poem », 1883; « New Homeric researches — On supposed metrical mimicry in the Homeric poems », id.

Nicholson (Henri-Alleyne), naturaliste anglais, professeur d'histoire naturelle à l'Université d'Aberdeen, né, en 1844, à Penrith (Cumberland), étudia aux Universités de Gœttingue et d'Édimbourg; professeur d'histoire naturelle à l'Université de Toronto (Canada), en 1871, de biologie à Durham (1874), d'histoire naturelle à St.-Andrew's (1875). En librairie: « Manual of Zoology », 7e éd.; « Manual of palæontology », 3e éd.; « Ancient Life History of the Earth »; « On the Structure and affinities of the Tabulate Corals' of the Palæozoic Period »; « On the Structure and Affinities of the Genus Monticulipora and its Subgenera »; « Monograph of the British Graptolitidae », part I, General Introduction; « A Monograph of the Silurian Fossils of the Giwars District in Ayrshire »; « Rise and Progress of Natural History in Britain »; « Monograph of the British Stromatoporoids », (*Palæontographical Society*), etc.

Nicholson (Joseph-Shield), économiste anglais, professeur d'économie politique à l'Université d'Édimbourg, né, le 9 novembre 1850, dans la Comté de Lincoln, étudia les mathématiques et la littérature classique et se perfectionna ensuite dans les sciences morales. Il est maintenant examinateur près de l'Université de Londres et docteur ès-sciences du *Trinity College* de Cambridge; publications: « The Effects of Machinery upon Wages », Cambridge, Deighton and Bell, 1877; « Tenant's gain, not Landlord's loss », Édimbourg, Douglas, 1882; « Money and monetary problems », Londres, Blackwood, 1888; il édita aussi la « Wealth of Nations », d'Adam Smith avec notes et préface, Édimbourg, Helson, 1883. Enfin plusieurs pamphlets sur le bimétallisme, les impôts, etc., ainsi que quelques articles sur les mêmes sujets insérés à l'*Encyclopædia Britannica*.

Nicolas (Auguste), archiviste et bibliothécaire français, né, à Metz, le 14 avril 1832. Son aïeul maternel, François Toussaint, compte parmi les fondateurs de la Société de prévoyance et de secours mutuels de cette ville. M. N. fit ses études au Lycée de Metz, fut reçu bachelier ès-lettres en 1855, puis commença son droit. Rappelé à Metz à la fin de 1852 pour des raisons privées, il s'adonna à la viticulture dans sa propriété de Chazelles, et obtint, pour ses produits, une médaille d'argent au concours de 1868. En mars 1866, M. N. devint archiviste municipal de la ville de Metz, fonctions qu'il conserva jusqu'en septembre 1872. A cette date, ayant quitté son pays natal, il se rendit à Bar-le-Duc où il fut nommé bibliothécaire de la ville. Il donna sa démission en août 1878 et est actuellement secrétaire adjoint et bibliothécaire de la Société de géographie de l'Est. On lui doit: « Inventaire Sommaire des Archives communales de la ville de Metz antérieures à 1790 », Paris, Dupont, 1869. Cette publication, interrompue en 1870, a été achevée sur les soins de l'administration municipale de Metz qui y a ajouté 4 feuilles et 1 table, imp. Verronnais; « Catalogue de la Bibliothèque de la ville de Bar-le-Duc », Laguerre, 1878.

Nicolucci (Justinien), professeur d'anthropologie à l'Université de Naples, membre de la Société des XL, né, à Isola del Liri, le 12 mars 1819, étudia à Naples sous Puoti et Galluppi, puis obtint son doctorat en médecine et sciences naturelles; il prit part au Congrès des savants (septembre 1845), au mouvement libéral de 1848 souffrit des persécutions et en 1852 partit pour l'étranger. Député au Parlement italien en 1870, il préféra le mandat de député à la chaire qu'il ne réoccupa que plus tard. Nous avons de lui une quarantaine de mémoires insérés dans les *Rendiconti della R. Accademia delle scienze di Napoli*. Nous avons de lui : « Delle razze umane », 2 vol., 1857-58 ; « La storia e l'etnologia », 1859 ; « Sulla deformazione dei teschi degli antichi Britanni », 1862 ; « Di un antico cranio fenicio rinvenuto nella necropoli di Tharros, nell'Isola di Sardegna », 1863 ; « Il cranio di Dante Alighieri », 1866 ; « Antropologia dell'Etruria », id. ; « L'Homme préhistorique en Italie », 1871 ; « Antichità dell'uomo nell'Italia Centrale » ; « L'età della pietra nelle provincie napoletane » ; « Le selci romboidali » ; « Armi ed utensili di ossidiana » ; « Un sepolcro dell'età della pietra in Terra di Lavoro » ; « Sulla vita e sulle opere di Stefano delle Chiaie » ; « Sulla vita e sulle opere di G. Saverio Poli », 1881 ; « Sul peso del cervello dell'uomo », 1881 ; « Antropologia arcaica del Bolognese », dans la *Guida dell'Appennino Bolognese;* « Crania Pompeiana, ovvero descrizione dei cranî umani rinvenuti fra le rovine dell'antica Pompei », Naples, 1882 ; « I primi uomini, studio antropologico », id., 1882 ; « I cranî de' Marsi » ; « Il cervello dell'uomo considerato sotto l'aspetto antropologico », 1883 ; « Sui cranî della collezione Chierchia conservati nel Gabinetto di Antropologia dell'Università di Napoli », 1884 ; « Il Darwinismo secondo i più recenti studi », 1886 ; « Sulla collezione di armi ed utensili in pietra delle vallate del Potomac e dello Shenandoah inferiore (America del Nord) », 1886 ; « Antropologia dell'Italia nell'Evo antico e nel moderno » ; « Su d'una Necropoli volsca », 1887 ; « Gli Scavi di Szeged Othalom, in Ungheria », 1887, etc., etc.

Nicotera (le baron Jean), patriote, homme d'état, député italien, l'un des chefs de la gauche parlementaire, né à San Biase, dans les Calabres, le 9 septembre 1828, fut destiné au barreau ; mais ses études furent interrompues par les événements de 1848 et l'exil. Il prit part à la tentative de Charles Pisacane (1857). Blessé et fait prisonnier à Sapri, il fut conduit à Salerne, jugé, condamné à mort, et sa peine fut commutée en celle des galères à perpétuité. Les événements de 1860 lui rendirent la liberté, et il fut un des officiers supérieurs à l'armée de Garibaldi en 1860-66-67. Député d'opposition de 1860 à 1876, puis ministre de l'Intérieur, puis encore une fois à l'opposition, le baron N. est une des figures remarquables de la Chambre italienne des Députés. Son éloquence passionnée lui vient du cœur ; et ses discours ont toujours une portée remarquable. Nous avons une édition d'une partie de ses discours dans le volume : « La vita ed i discorsi di Giovanni Nicotera », Salerne, 1878.

Nicoullaud (Charles), écrivain français, né, à Paris, le 3 mars 1854, ancien directeur du journal politique illustré le *Monde Parisien*, a publié : « Le Droit monarchique » ; « Discours et Toasts ».

Nielsen (Yngvar), historien et géographe norvégien, fils aîné de Carsten Jank N. (depuis 1852 directeur général des télégraphes de la Norvège), né, à Arendal, le 29 juillet 1843, candidat en philologie à l'Université de Christiania (1869-78), assistant aux archives du royaume (1877-78), bibliothécaire de la Bibliothèque Deidmann à Christiania, depuis 1878 directeur du Musée ethnographique et *stipendiat* (professeur agrégé) à l'Université (1880), où il reçut le titre de docteur en philosophie. Pour ses études il a fait de voyages nombreux en Norvège, Suède, Danemark, les Pays-Bas, Allemagne, Suisse, Italie et Autriche. Dans une foule de ses œuvres, il a illustré l'histoire scandinave du XIXe siècle : « Les lettres du comte Essen à Charles-Jean », 1867 ; « Documents à l'histoire de Norvège et de Suède (1812-1816) », 1869 ; « Le gouvernement du comte Sandels », 1873 ; « Le gouvernement du comte Platen », 1875 ; « L'histoire de Norvège depuis 1814 », I, 1885 ; II, 1887 ; II, 1-2 ; sera finie en 1891 ; « Documents pour servir à l'histoire de Norvège (1814) », I-II, 1882-86 ; « Les relations des grandes puissances avec la Norvège et la Suède (1815-19) », 1886 ; « Documents pour servir à l'histoire de la Suède (1812-13) », 1877 ; « Documents pour servir à l'histoire du Nord (1813-14) », 1878 ; « Rapport des ambassadeurs d'Autriche à Copenhague », 1882 ; « La paix de Kiel », 1886 ; « Documents pour servir à l'histoire de l'arrangement financier entre la Norvège et le Danemark (1818-19) », 1889 ; « La vie et les temps du comte J.-C.-H. Wedel Jarlsberg », I, 1888 ; II, sous presse. En 1882 et suivants, il a publié plusieurs brochures historiques contenant une critique des œuvres du professeur J.-E. Sars sur l'histoire moderne de la Norvège. Dans plusieurs livres il a éclairé l'histoire des institutions publiques de son pays natal, entr'autres dans « Le Conseil royal du royaume de Norvège jusqu'à 1536 », 1880. Une suite de ces œuvres concerne l'histoire des Hanséates dans leurs relations avec le Nord, et spécialement avec leur comptoir de Bergen : « Bergen depuis les temps les plus reculés », 1877 ; « De dudesche kopman unde de Norman », 1876 ; « Les plaintes des Hanséates (1447) », 1887 ; « Les coutumes du comptoir de Bergen », 1878 ; « La communauté de Sainte-Catherine et de Sainte-Dorothée à Bergen », id., etc. Dans d'autres ouvrages, il a traité l'histoire de la Norvège au XVIIe siècle, comme « Jens Bjelke, seigneur de Ostraat », 1872, auquel se lie une foule de traités, pour la plupart imprimés dans la revue *Norsk historisk Pidsskrift*. Dans cette dernière, il a aussi publié un « Traité sur la politique de Gustave III envers la Norvège ». En 1885, il publia les « Journaux de voyage de l'évêque Jens Nilsson (1574-97) », contenant des éclaircissements nombreux sur la géographie et l'histoire de Norvège. Les « Lettres de voyage », 1881, et le « Traité de la culture des paysans dans trois siècles », 1882, illustrent la vie populaire de ses concitoyens. Il a fait des collections d'objets illustrant la vie norvégienne, qui maintenant appartiennent à l'Université. En 1874, il publia à Hambourg un « Guide de voyage allemand pour la Norvège », qui depuis 1879 appartient à la collection Meyer; maintenant, il en existe 5 éditions, 4 norvégiennes et une anglaise. Il a de même publié dans les journaux de nombreuses lettres sur ses voyages, et en 1882 un livre illustré: « A travers la Norvège ». En 1880, un traité sur la population de la Norvège. Depuis 1887, il est, avec le professeur L. Daae, rédacteur de la revue politique et littéraire *Vidar*. M. N. appartient au parti conservateur et a eu à subir des désagréments de la part du gouvernement radical, entre autre la suspension de la publication aux frais de l'État d'une grande description de la Norvège. Deux volumes seuls ont paru. Cette année, le Storthing (Assemblée nationale) va lui rendre justice en autorisant le ministère à lui créer une chaire spéciale à l'Université.

Nietzsche (Frédéric-Guillaume), professeur émérite de l'Université de Bâle, né, le 15 octobre 1844, à Rocken près de Lutter en Saxe; il a publié: « Considérations inopportunes », 4 vol., 1873-76; « Les origines de la tragédie d'après l'esprit de la musique », 1878; « Idylles de Messine », 2 vol., 1882; « La joyeuse science », 2 vol., 1882; « Humain trop humain », 1878-79; « Le voyageur et son ombre », 1880; « Rougeur matinale », 1881; « Ainsi par la Zaratusha », 4 vol., 1883-85; « Au de là du bien et du mal », 1886.

Nievelt (Charles von), écrivain hollandais, né, à Rotterdam, le 20 juin 1843, il fit ses études au *Gimnasium Erasmianum* et à l'Université de Delft. Jusqu'à 1867 il fut au service du Gouvernement hollandais et depuis 1868 rédacteur du journal *Nieuwe Rotterdamsche Courant*. Nous avons de lui en librairie: « Phantasieën »; « Fragmenten »; « In bonte rij »; « Chiaroscuro »; « Ahasverus »; « Een Alpenbock »; « Bergstudiën »; contes, nouvelles et fantaisies.

Niggli (Arnold), né le 20 décembre 1843, à Aarbourg dans le Canton d'Argovie, étudia la jurisprudence aux Universités de Heidelberg, de Zurich et de Berlin, s'établit en 1875 comme avocat à Aarau et remplit actuellement les fonctions de secrétaire du Conseil municipal. Dilettante érudit et passionné, il consacre ses loisirs à la préparation de conférences et à la rédaction de biographies musicales très favorablement accueillies par les juges compétents. En voici la série d'après l'ordre des dates: « La vie et les œuvres de Robert Schumann », 1879; « Frédéric Chopin », id.; « Franz Schubert », id.; « Les deux cantatrices Gertrude Elisabeth Maza et Faustine Bordoni-Hasse », 1880-81; « Nicolò Paganini », 1882; « Joseph Haydn », id.; « Giacomo Meyerbeer », 1884; « La société de musique suisse », 1886; « Félix Draesecke », 1887; « Théodore Kirchner », id.

Nightingale (Mlle Florence), célèbre infermière anglaise, née, en 1821, à Florence. Elle fut l'organisatrice pendant la guerre de Crimée des hopitaux militaires anglais de Scutari et de Balaclava. Nous avons d'elle deux volumes: « Notes on Hospitals », 1850; « Notes on Nursing », 1860, tirés à 100,000 exemplaires. Plus tard elle publia: « Observations on the Sanitary State of the Army in India »; « Notes on Lying-in Institutions », 1871; enfin « Une conférence sur les hôpitaux ».

Nigra (le comte Constantin), diplomate et philologue italien, né, en 1830, à Villa Castelnuovo, arrondissement d'Ivrée, interrompit ses études lycéales pour servir comme volontaire à l'armée en 1849, les reprit après le désastre de Novare, devint par la suite secrétaire particulier du Comte de Cavour. A la mort du grand homme d'État, après avoir été à Naples chef des départements administratifs sous le Prince de Carignan qui était Lieutenant-Général de S. M. le Roi dans l'Italie méridionale, il fut envoyé ambassadeur à Paris, place qu'il quitta à la chûte de l'empire. Il fut dès lors tour-à-tour ambassadeur du Roi d'Italie à Londres et à Vienne. Poète distingué et philologue à ses heures de loisir, nous avons de lui la version italienne: « I lavacri di Pallade », 1854, d'une « Ode » de Callimaque, « I canti popolari del Piemonte », et des articles remarqués sur la poésie populaire italienne insérés à la *Romania*, ainsi que des commentaires sur la poésie celtique: « Glossae hibernicae veteres », Paris, 1869.

Nimal (H. DE) est né, à Monceau-sur-Sambre (province du Hainaut, Belgique), le 20 décembre 1853. Il a commencé ses études au Collège Saint-Stanislas à Mons et les a terminées à l'Université de Louvain, où il a pris le grade de docteur en droit. Il est maintenant avocat au barreau de Charleroi, où il occupe déjà une place distinguée. Bien qu'il soit le filleul du comte de Chambord, et qu'il se montre très fier de l'antiquité de sa famille, laquelle a eu, dit-on, des représentants aux Croisades, M. de N. n'est ni un homme du passé, ni un clérical à idées étroites. C'est, au contraire, un ami du progrès et de la liberté, dont l'âme est ouverte à toutes les généreuses pensées. M. de N. n'a pas encore tout à fait trente ans, il a cependant déjà beaucoup publié. Il est l'un des plus actifs collaborateurs de la *Revue Générale* (Bruxelles), du *Semeur* (Paris), du *Recueil Périodique et critique de la jurisprudence française et belge en matière de divorce et de séparation du corps* (Paris) et de plusieurs autres recueils et revues. Dans la *Revue Générale*, nous citerons, entr'autres articles : « Les Bollandistes et les Acta Sanctorum », février, 1885 ; « Histoire des Chemins de fer », septembre, 1885 ; « L'Espagne d'aujourd'hui », octobre, 1885 ; « Nos anciens souverains » ; « L'Industrie et les ouvriers », novembre, 1886. M. de N. a publié en librairie : « L'Espagne d'aujourd'hui », Bruxelles, 1886 ; « Les Tribunaux de commerce », id., id. ; « La Bulgarie », id., 1887. La presse parisienne tout entière a fait le plus vif éloge de ces divers ouvrages. Nous nous bornerons à rappeler ici le grand article de M. Auguste Marcade, dans le *Supplément littéraire du Figaro*, du 17 octobre 1885, et le *Journal des Débats* du 9 août 1886. Parlant de l'« Espagne d'aujourd'hui », le *Journal de Débats*, dont l'autorité est si grande, proclame que « ce livre est un des meilleurs essais sur l'Espagne contemporaine ». Nous croyons savoir que M. de N. fera paraître très prochainement à Paris un nouveau volume : « Légendes de la Meuse », où il a recueilli, avec un soin pieux, les si poétiques traditions populaires de son pays, car, chez M. de N., l'écrivain se double d'un archéologue passionné. Depuis 1889, M. H. de N. collabore à la *Revue pratique des sociétés commerciales et civiles* qui se publie à Bruxelles : nous signalons aussi deux essais remarqués ; l'un, « Les étrangers devant les tribunaux », inséré à la *Nouvelle Revue* de Paris (15 mars 1890) ; l'autre « A propos de l'Empereur d'Allemagne. Les lois contre le luxe » à la *Revue Générale* de Bruxelles.

Nion (Antoine-Marie-Jean-Népomucène-François-Doré comte DE), littérateur français, est né, à Pierrefonds (Oise), en 1854. Entré en 1874 dans la carrière diplomatique comme attaché d'ambassade, secrétaire à La Haye (Pays-Bas), de 1877 à 1880, M. de N. a quitté la carrière à cette époque, et depuis a collaboré à plusieurs publications, entr'autres, à la *Nouvelle Revue*. M. de N. a publié, en juin 1888, le « Journal inédit de Stendhal », 1 vol. Charpentier éditeur, dont il a écrit la préface. A la même époque, il a publié, chez l'éditeur Albert Savine, un roman de mœurs contemporaines : « L'Usure ».

Niox (Gustave), colonel d'infanterie, professeur à l'École supérieure de guerre, est né, à Provins, en 1840. Il a publié : « Expédition du Mexique », 1861-67 ; « Récits politiques et militaires », in-8°, avec atlas et carte du Mexique au $1/_{3,}000,000$, chez Dumaine, en 1874. Un ouvrage en huit volumes parus, de 1877 à 1887, sous le titre général : « Géographie militaire » ; « Carte de la France et des pays voisins » ; « Carte de l'Allemagne, Autriche-Hongrie, etc. » ; « Atlas de Géographie générale », 32 cartes avec notices statistiques, historiques et géographiques, 1888. Ce travail est très important. L'Atlas de M. le colonel N., publié à la librairie Delagrave, forme la suite et le complément naturel de ses travaux de géographie, travaux qui, en dehors du public spécial, en vue duquel ils ont été préparés, sont très généralement estimés.

Nisard (Jean-Marie-Auguste), professeur et littérateur français, frère de Charles N. de l'Académie des Inscriptions et de feu Désiré N., de l'Académie française, né, à Châtillon-sur-Seine, en 1809, fit ses études à Paris, au Collège Sainte-Barbe, puis entra à l'École normale supérieure. Professeur de rhétorique au Collège Bourbon, il prit, en 1847, le grade de docteur ès-lettres. Après avoir occupé diverses chaires dans les Facultés, M. A. N. est devenu recteur de l'Académie de Grenoble, puis inspecteur de l'Académie de la Seine en 1857. Admis à la retraite en 1872, M. A. N. a été nommé doyen de la Faculté des lettres de l'Université catholique de Paris le 13 décembre 1875. Il a publié : « Les Franchises de la chaire chrétienne. Un sermon de Bossuet », 1883 ; « La Maison de l'Église, souvenirs d'un enfant catholique », Bray et Retaux, 1884. Il avait publié, comme thèse de doctorat : « Examen des poétiques d'Aristote, d'Horace et de Boileau ». On lui doit une traduction de l'*Art poétique* d'Horace, ainsi qu'une traduction des *Œuvres de Virgile* dans la collection des Classiques latins de son frère Désiré N. Collaborateur de la revue *Le Correspondant*, il est encore auteur du « Libre retour à la foi » ; et de : « Les deux Imitations de Jésus-Christ ».

Nisard (Marie-Léonard-Charles), de l'Académie des Inscriptions et Belles-Lettres, littérateur français, frère d'Auguste N. et de feu Désiré N. de l'Académie française, est né, à Châtillon-sur-Seine, le 10 janvier 1808 ; il a fait ses études au Collège de cette ville, et, après trois ans, passé dans la carrière commerciale, débuta dans les lettres en 1829. Attaché en 1831 à la maison du roi, M. C. N. a conservé ces fonctions jusqu'à la révolution de février ; il a collaboré aux journaux officieux de l'époque. Sous l'Empire, il a fait partie de la Commission du colportage au ministère de l'intérieur. M. C. N. a été élu membre libre de l'Académie des Inscriptions et Belles-Lettres, en avril 1876, en remplacement d'Ambroise Firmin-Didot. Il a publié la traduction des « Œuvres de Martial et de Valérius Flaccus » ; la traduction des « Poèmes érotiques d'Ovide » dans la collection des classiques latins de son frère Désiré N. ; « Camera lucida », collection de portraits allégoriques contemporains, 1845 ; « Le Triumvirat littéraire au XVI° siècle,

J. Scaliger, J. Lipse et Casaubon », 1852; « Les Ennemis de Voltaire », 1853; « Mémoires de Huet, évêque d'Avranches », traduit du latin, id.; « Histoire des livres populaires depuis le XVe siècle jusqu'en 1852 », 2 vol., 1854; « Les Gladiateurs de la république des lettres aux XVe, XVIe et XVIIe siècles », 2 vol., 1860; une édition annotée des « Mémoires du père Garasse », 1861; « Curiosités de l'étymologie française », 1863; « Des chansons populaires chez les anciens et chez les français », 2 vol., 1866; « Étude sur le langage populaire ou patois de Paris et de la banlieue », 1873; « Correspondance inédite du comte de Caylus avec le P. Paciaudi, l'abbé Barthélemy et P. Mariette, d'après les originaux de la bibliothèque de Parme », 2 vol., 1877; « Guillaume du Tillot », 1879, extrait de la *Revue de France*, publié depuis en volume, sous le titre de « Un Valet ministre et secrétaire d'Etat, de 1749 à 1771 », 1887. Sans compter plusieurs Mémoires lus à l'Académie des Inscriptions et quantité de travaux divers publiés dans le *Journal des Savants* et dans des Revues.

Nissel (François), auteur dramatique autrichien, né, à Vienne, le 15 mars 1831, a écrit surtout des tragédies: « Persée Roi de Macédoine »; « Henri le Lion »; « Les Jacobites »; « Ulrich de Hutten »; « Didon »; « Agnès de Méranie ». Depuis 1877 il a cessé d'écrire.

Nitzsch (Frédéric-Auguste-Berthold), théologien allemand, professeur de théologie évangélique à Kiel, né, à Bonn, le 19 février 1832, fit ses études à Berlin, Halle et Bonn; en 1866, il devint docteur en théologie *honoris causa*. On lui doit: « Das System des Boethius », Berlin, 1860; « Augustinus Lehre vom Wunder », id.; « Grundriss der christlichen Dogmengeschichte », id., 1870; « Luther und Aristoteles », Kiel, 1883; « Lehrbuch der evangelischen Dogmatik », Fribourg, 1889. Il a publié plusieurs articles de théologie évangélique dans la *Zeitschrift für die hist. Theol.*, en 1859; dans le *Jahrb. für prot. Theolog.*, en 1875; et dans les: *Deutsch- Evangel. Blätter*, en 1882. M. N. est aussi collaborateur de la *Herzog's Real-Encyklopädie für Prot. Theol. und Kirch.*, Leipzig, 1876.

Nizet (François), érudit belge, né, en 1829, au hameau de Joubiéval, dans la province de Liège; il est attaché à la Bibliothèque royale de Bruxelles, et consacre aussi une grande partie de son temps à l'enseignement privé. M. N. a souvent écrit, des poésies surtout, mais il suffira de citer ici sa meilleure œuvre: « Belgica », Bruxelles, 1879. En revanche, il faut appeler l'attention d'une façon toute spéciale sur le catalogue idéographique dressé par lui pour la Bibliothèque royale, travail de bénédictin qui a coûté à l'auteur quinze années de recherches. Ce catalogue donne l'énumération complète des ouvrages, des articles de revues, non point d'après le nom de leurs auteurs, mais d'après le sujet qui y est traité: on peut ainsi rapidement faire un choix, et l'on gagne un temps précieux que l'on perdait autrefois à recueillir péniblement les titres des ouvrages dont on avait besoin.

Nizet (Henri), écrivain belge, fils du précédent et frère de Mlle M. N. dont nous allons donner la notice, né, à Bruxelles, en 1863. A dix-huit ans, il était reçu docteur en philosophie avec la plus grande distinction; à vingt ans, il était docteur en droit. Mais la littérature avait pour lui plus d'attrait que le barreau. Déjà il avait publié: « L'épopée du Canon », Bruxelles, 1879; il envoyait des articles aux journaux et aux revues. Coup sur coup, il fit paraître deux romans qui le classèrent d'emblée parmi les maîtres écrivains: « Bruxelles rigole », Bruxelles, 1883, et « Les béotiens », id., 1884. On s'explique mal comment, après un pareil début, M. N. a pu abandonner le livre pour le journal: il semble aujourd'hui, en effet, n'avoir plus d'autre ambition que celle de ciseler avec un art exquis les articles qu'il donne au *Soir*, de Bruxelles, dont il est, sans contredit, l'un des rédacteurs les plus aimés du public.

Nizet (Marie), poète belge, sœur du précédent, née, en 1859, à Bruxelles. Elle débuta dans les lettres en 1878, par deux poésies publiées dans un journal de Versailles et qui attirèrent immédiatement l'attention des critiques. Presque aussitôt, d'ailleurs, parut tout un volume: « Roumânia, chants de la Roumanie », Bruxelles, 1878, et le succès fut complet. « L'instrument
« était sonore et juste — dit M. Charles Polvin
« — le vers avait de l'éclat et du trait, la pas-
« sion y produisait des élans de lyrisme sou-
« tenu et l'indignation des railleries fortes. On
« eût dit la virtuosité de *La Légende des Siècles*,
« résultat d'une longue pratique de l'art, maniée
« avec la sûreté naïve de la jeunesse. L'auteur
« avait vécu de la vie de la Roumanie, en par-
« tageant avec des Roumains les impressions
« et les souvenirs, les haines et les enthousias-
« mes qui prennent plus de vivacité lorsqu'ils
« rappellent la patrie absente. Elle amassait
« ainsi les éléments d'une poésie qu'on devait,
« bien à tort, lui reprocher de ne pas être na-
« turelle. Dans une époque où le lyrisme est
« devenu suspect, ces noms roumains, ces échos
« d'un pays lointain prêtaient à l'illusion et ont
« permis à l'auteur des élans superbes ». Malheureusement, ce volume ne fut plus suivi que de quelques rares poésies. Mlle M. N. se maria, devint Mme Mercier, et cessa d'écrire.

Noack (Frédéric), écrivain allemand, rédacteur en chef de la *Crefelder Zeitung*, où ses articles paraissent sous le pseudonyme de Dr *F. Idus*; né, le 20 avril 1851, à Giessen, il fit ses études dans son pays natal et voyagea en Italie visitant Rome, Naples et Salerne. Promu docteur en philosophie et philologie, il enseigna dans les gymnases et dans les écoles techniques de Giessen, Offenbach, Darmstadt et Crefeld. En dehors d'une foule de travaux épars dans les journaux, revues et recueils, on lui doit : « Hardenberg und das Geheime Kabinet Friedrich Wilhelms III », Giessen, I. Ricker, 1881 ; « Die Wahl Ferdinands I und die Sächsische Kurstimme », voir : *Forschungen zur deutsch. Gesch.*, vol. XXII, 1882 ; « Die Exception Sachsens von der Wahl Ferdinands I und ihre reichrechtliche Begründung », parue dans le *Jahresb. der Realschule, Crefeld*, 1886 ; « Alte und neue Ansichten über den Geschichtsunterricht, voir : *Pedag. Arch.*, vol. XXV, 1883 ; « Die Behandlung des Geschicht-Unterrichts auf Gymnasien nach neueren Gründsatzen », voir : *Zeitschr. f. das Gymnasienwesen*, vol. XXVII, 1883 ; « Geschichtskenntniss und Allgemeine Bildung », voir : *Jahresb. der Realsch., Æsfeld;* « Die Quitten », *G. Roth. Giessen*, 1883 ; « Nazis erste Liebe », publié en 1886 dans la *Cref. Zeitung;* « Rosalie Siwilinsky » id., 1886 ; « Strachwitz », scènes de la vie universitaires, sous le pseudonyme du Dr F. Idus, publiées d'abord dans le *Crefelder Zeitung*, id., 1857 ; « Carlo Giovannoni », souvenirs de 1870-71, id. 1887 ; « Des alten Sebastian Brant Neues Narrenschiff », Felix Bagel, Düsseldorf, 1886.

Noailles (Emmanuel-Henri-Victurnier, marquis DE), diplomate et historien français, second fils du duc de Noailles, membre de l'Académie française (mort en 1883), est né, en 1830, au château de Maintenon. Il a été nommé ministre plénipotentiaire de France à Washington le 12 mars 1872, il a passé, en la même qualité, à Rome, le 6 novembre 1873 ; il a été élevé au rang d'ambassadeur de France près le roi d'Italie le 18 juillet 1876 ; depuis, il a été transféré à Constantinople en la même qualité. M. le marquis de N. s'est occupé de bonne heure de travaux historiques ; il a publié : « La Pologne et ses frontières », 1863 ; « La poésie polonaise », 1867 ; « Henri de Valois et la Pologne en 1572 », 3 vol., 1867, ouvrage couronné par l'Académie française.

Nobile (Arminius), astronome italien, né, à Naples, en 1837 ; en 1860 élève à l'École des Ponts-et-Chaussées, l'année d'après officier d'artillerie et en 1862 au génie maritime qu'il quitta pour l'Observatoire. Il est maintenant professeur titulaire de mathématiques supérieures à l'Institut technique de Naples et premier astronome adjoint à l'observatoire de Capodimonte. Il a inséré des mémoires scientifiques aux *Actes de l'Académie Royale* de Naples, à l'*Astronomische Nachrichten* et à l'Institut d'encouragement de Naples. Nous en donnons les titres: « Nota dell'ecclisse del 22 dicembre 1870 » ; « Longitudine Napoli-Palermo » ; « Memorie sulle stelle doppie e triple » ; « Sul passaggio di Venere » ; « Sulle determinazioni di tempo locale » ; « Sulla declinazione della 74 del Cigno » ; « Sopra l'Orione e stelle circostanti » ; « Ricerche numeriche sulle latitudini » ; « Sulla longitudine Napoli-Milano », etc.

Nobili (Nicolas), avocat, publiciste, homme politique italien. Il naquit à Florence d'une très ancienne famille en 1831, et fit le cours de droit à Pise, où il fut reçu docteur. Il s'engagea volontaire au bataillon universitaire en 1848, fit toute la campagne, se battit très-bravement à Curtatone et Montanara. Il est conseiller de la Municipalité à Florence depuis 1859, conseiller de la Province depuis plus de vingt-cinq ans, et il a été député au Parlement italien depuis la dixième jusqu'à la quinzième législature. Orateur dans plusieurs discussions importantes, il fut le rapporteur de beaucoup de commissions parlementaires, et par son talent, son esprit cultivé et son patriotisme a su conquérir l'estime de tous ses collègues. Il a été commissaire du Gouvernement italien près des chemins de fer romains et président de la commission des impôts directs. Rude travailleur, il emploie toute sa journée à l'étude des plus importantes questions de politique et d'administration, et il dirige, avec beaucoup de succès, la *Nazione* dont il est propriétaire et qui est le journal le plus autorisé de la Toscane et un de plus estimés d'Italie. Il est aussi le propriétaire de la *Vedetta*, un des plus anciens périodiques florentins. M. N. mérite donc de plein droit la réputation de maître-écrivain politique dont il jouit près de ses concitoyens.

Nocentini (Ludovic), synologue et diplomate italien, né, le 10 octobre 1849, à Florence, où il étudia les langues de l'Extrême-Orient sous le prof. Antelmo Severini. Professeur libre à l'*Istituto di Studi Superiori* de Florence (1883), élève interprète près de la légation italienne à Pékin, Consul italien par *interim* à Shangai (1884). Nous avons de lui des lectures au Cercle philologique de Florence, des contributions au *Journal of the China Branch of the Royal Asiatic Society.* Nous donnons les titres de ses ouvrages: « I-Ma-Na » (au Congrès des Orientalistes de Saint-Pétersbourg, 1866) ; « La ribellione di Massacad e di Sumitomo », traduction du japonais ; « Il santo editto di Kang-hi e l'amplificazione di Jun-ceû », traduction du chinois ; « Il primo sinologo » ; « La scrittura cinese » ; « L'Oriente romano » (*Revue internationale*) ; « Lista dei sovrani e re di Corea » (*Journal of the China, etc.*) ; « Sinology in Italy », id. ; « Il primo sinologo », Florence, 1882 ; « Della lingua cinese come esempio di scrittura universale » (*Rassegna Nazionale*), 1883 ; « La morale in Cina », id., 1880 ; « Names of the sovereigns of the corean states and chronological table of the present dynasty » (*Journal of the China, etc.*), 1888.

Noclto (Pierre), avocat, jurisconsulte, professeur de droit pénal à l'Université de Rome, député au Parlement italien, né, à Calatafimi, province de Trapani, le 24 novembre 1841, fit son droit à l'Université de Palerme, et entra en 1864 dans l'enseignement technique; en 1868, il fut nommé professeur de droit et de procédure pénale à l'Université de Sienne. Nous avons de lui, en dehors de ses discours parlementaires qui sont fort écoutés et de sa collaboration aux revues spéciales: « Filosofia del dovere », Palerme, 1865 ; « La filosofia del diritto giudiziario civile », Sienne, 1867 ; « Il diritto penale e le Colonie agricole », id., Mucci, 1868 ; « Il diritto penale internazionale », brochure, Palerme, 1866 ; « La Corte d'assise », Rome, 1874 ; « Della liberazione condizionale dei condannati », id., Artero et Cie ; « Del Sequestro civile in materia penale », Turin, 1885 ; « Alto tradimento e reati di Stato », id., 1888 ; « La vincita dei due milioni », discours, Rome, 1881 ; « Davide Lazzaretti », en collaboration avec M. le prof. Lombroso, id., id. ; « Degli abusi di autorità », et « Dell'abuso di firma in bianco » (Digesto penale), 1881 ; « La colonia penale delle Tre Fontane » (Nuova Antologia), 1882 ; « Sul progetto del codice penale », relation, Rome, 1888 ; « Sull'amministrazione preventiva », discours parlementaires, id., id. M. le député N. siège au Parlément au côté gauche depuis douze ans.

Noë (G. DE LA), lieutenant-colonel du génie à l'armée française, a collaboré avec M. Emmanuel de Margerie à l'ouvrage: « Les formes du terrain », 2 vol. in-4°, 500 pages de texte et 49 planches.

Noël (Édouard-Marie-Émile), avocat, homme de lettres français, né, à Arras, le 24 octobre 1848, fit son droit à Paris. Il fit la campagne de 1870-71 en qualité de lieutenant, puis de capitaine au 93me rég. mobiles. Pendant 7 ans il fut secrétaire général de l'Opéra-comique sous la direction de M. Carvalho. Nous avons de lui: « Les fiancés de Thermidor » et « Une mélodie de Schubert », romans; « Les Annales du théâtre et de la musique »; plusieurs pièces représentées à l'Odéon, au Gymnase, aux Variétés et aux Bouffes-Parisiens. Après avoir collaboré à l'Ordre, la Nation, l'Illustration, M. N. entra rédacteur au Gaulois et à la Cocarde.

Noël (Eugène), littérateur français, né, à Rouen, le 4 septembre 1816, fit ses études au Collège de sa ville natale, dirigea, pendant plusieurs années, l'exploitation d'une usine de bois de teinture, et s'occupa de pisciculture avec son compatriote F.-A. Pouchet. M. N. a collaboré à La vie littéraire, au Journal de Rouen, sous le pseudonyme de Jean Labiche. Depuis 1885, il n'a publié aucun ouvrage important, mais force articles de journaux et réimpressions d'anciens travaux. Nous avons de lui en librairie: « Rabelais », 1850; « Molière », 1852; « Voltaire », 1855; « Pisciculture, pisciculteurs et poissons », 1856; « Souvenirs de Béranger », 1857; « La vie des fleurs », 1859; « Le Rabelais de poche », 1860; « Les générations spontanées », 1864; « La Campagne », 1866; « Voltaire à Ferney », 1867; « Rouen », 1872; « Les mémoires d'un imbécile écrits par lui-même », 1875; « J. Michelet et ses enfants », 1878; « Petites et grosses bêtes », 1880, etc.

Noël (Octave), économiste français, né, à Poissy, le 9 février 1846, professeur à l'école des Hautes-études commerciales, suivit les cours universitaires à Versailles, entra à la Banque de France et fut chargé de la direction d'un service spécial, devint ensuite administrateur de la Compagnie des Messageries-Maritimes. En 1877 une association s'étant formée à Paris pour étudier les bases du renouvellement des traités de commerce, il en fut nommé secrétaire général et chargé d'organiser avec MM. Léon Say, Adolphe D'Eichthal et autres les travaux des Chambres de Commerce dans ce but. M. N. de 1870 à 1888 a collaboré au Paris-journal, à la Patrie, à l'Ordre, dont il a été rédacteur en chef, à la Nation ayant pour collègues MM. Béhic, Raoul Duval, Jules de la Fosse et Albert Duruy. Il a inséré des articles à la Revue de France, à la Revue Britannique, au Journal des Économistes et à l'Économiste français. Nous avons de lui: « Autour du foyer, causeries économiques et morales », 1877, ouvrage couronné par l'Académie française en 1878; « Histoire du commerce extérieur de la France depuis la Révolution », 1879; « Étude historique et économique sur l'organisation financière de la France », 1881; « Étude sur la gestion financière de la France depuis 1871 », Guillaumin et Cie, 1884; « La Question de l'argent et les Instruments de crédit dans la seconde moitié du XIXe siècle », 1882; « Le Billet de banque », 1872; « L'Industrie et les Traités de commerce »; « La Question des Chemins de fer; septième réseau », Chaix, 1877; « Le Socialisme d'État et la Question économique en France (Le rachat des Chemins de fer) », Guillaumin et Cie, 1882; « Le Réseau de l'État et le Budget », id., 1883; « Conséquences financières et économiques des Conventions de 1859 avec les grandes Compagnies », 1883; « L'achèvement du réseau et les Conventions avec les grandes Compagnies », 1883; « Les nouvelles Conventions entre l'État et les grandes Compagnies », id., id.; « Les Chemins de fer d'intérêt local », id., id.; « Le Réseau de l'État et le déficit », id., 1884; « La Question des tarifs des Chemins de fer, étude de législation comparée », id., id.; « Emprunt ou cession du réseau de l'État », id., id.; « Le Rapport de M. Cavaignac et la Cession du réseau de l'État », id., id.; « La Question monétaire et l'Union latine », id., id.; « La Bourse et le Marché financier », cours professé à la Société des Cours commerciaux; « Les Chemins de fer en France et à l'étranger », 1887; « Les banques d'émission en Europe », 2 vol. in-8°, avec tables, 1888-89; sous presse: « Histoire du commerce du monde depuis les origines jusqu'à nos jours », 4 vol. gr. in-8°, avec cartes et gravures; « Les finances françaises en 1889 », in-8°; et les articles suivants publiés dans le Dictionnaire des Finances, rédigé sous la direction de M. Léon Say: « Balance du Commerce »; « Billet de Banque »; « Chemin de fer » (en cours de publication).

Noether (Max), mathématicien allemand, professeur ordinaire de mathématiques à l'Université d'Erlangen, membre correspondant de l'Académie royale bavaroise des sciences, né, en 1844, à Mannhein, fit ses études à Heidelberg, Giessen et Gœttingue, il a été professeur extraordinaire à Heidelberg en 1874 et à Erlangen en 1875. Depuis 1888, M. N. est professeur ordinaire à l'Université d'Erlangen. On lui doit de nombreux ouvrages très importants épars dans les revues spéciales allemandes et étrangères. Nous devons citer: « Elemente der Bahn des Kometen, 1861, III, », dans les Astronom. Nacht., 1867; « Zur Theorie des Eindeutigen Entsprechens algebraischen Gebilde von beliebig vielen Dimensionen », dans les Ann. f. math., 1870-75; « Ueber flachen, welche Schaaren rationaler Curven besitzen », id., 1871; « Ueber einen Satz aus d. Theorie der Algebraischen Functionen », id., 1873; « Ueber die algebr. Functionen und ihre Anwendung in der Geometrie » (en collaboration avec M. A. Brill), id., 1874; et enfin, une foule d'autres travaux de mathématique publiés dans le Creelle' Journal, dans les Annali di Matematica, Zeitschr. f. Math. und Phys., Gött. Nachrichten et dans les Compt. rend. de l'Académie des sciences.

Noguès (le rév. Jules-Louis-Moïse), né, à Rochefort-sur-mer, le 19 février 1845, étudia au Séminaire de Montlieu et à l'institution diocésaine de Pons. Ordonné prêtre en 1870, vicaire à St.-Vivien de Saintes (1874), curé à Dampierre (1878), il est secrétaire de la Commission des arts et monuments historiques de la Charente-Inférieure. On a de lui: « La Voix de l'amitié », Paris, J. Gervais, 1878; « Le Châtelier de St.-Séverin sur Boutonne », mémoire lu à la Sorbonne en 1880; « Monographie de Dampierre église et Château »; « A propos des voûtes plantagenets de Vandré. Étude sur les voûtes plantagenets », recueil de la Commission des Arts et Mon. Hist. de la Charente-Inférieure, 1837; « Le petit cours d'harmonie pratique des jeunes virtuoses », 1884; « Recherches historiques et archéologiques sur l'Abbaye de St.-Séverin sur Boutonne », 1888; « Les mœurs d'autrefois en Saintonge et en Aunis: 1. Les noces; 2. Naissance, baptême et 1er âge de l'enfant; 3. Décès, obsèques, inhumations »; « Coutumes festivales » (paraîtront prochainement). Ces derniers travaux sont extraits de la Revue Poitevine et Saintongeaise. Il y aura 8 chapitres. Le tout formera un ouvrage d'ensemble. Nombreux articles, de diff. sortes, dans la Revue Poitevine et Saintongeaise, le Recueil de la Commission des Arts et Mon. Hist. de la Charente-Inférieure, le Bulletin religieux de la Rochelle, etc., anonymes ou signés des 4 initiales J. L. M. N.

Noirot (Alphonse-Xavier), homme politique français, fils d'un représentant à l'Assemblée Constituante de 1848, né, à Vésoul, le 2 février 1833. Avocat au barreau de Vésoul, il a été maire de cette ville pendant la guerre et a fait preuve de beaucoup de dévouement; deux fois il a été pris comme ôtage. Au bout de huit mois, épuisé de fatigue, il a donné sa démission. En 1871, il a fondé un journal républicain: L'avenir de la Haute-Saône; il a été nommé député en 1876 et réélu successivement en 1877, 1881 et 1885. Il a été pendant deux ans sous-secrétaire d'État au Ministère de la Justice. Le 15 décembre 1887, las de la politique, il a donné sa démission de député et il a été nommé Conseiller maître à la Cour des comptes. Depuis 1882, il préside le Conseil général de la Haute-Saône.

Nöldéke (Théodore), éminent philologue allemand, né en 1836, fit ses études à Gœttingue, séjourna quelque temps à Vienne, Leyde et Berlin, enseigna les langues orientales aux Universités de Gœttingue, Kiel et Strasbourg, où à présent il est professeur de langues sémitiques. On lui doit: « De origine et compositione surarum Qoranicarum ipsiusque Qorani », Gœttingue, 1856; « Geschichte des Qorâns », Preisschr., Gœttingue, 1860; « Das Leben Muhammeds », Hanovre, 1863; « Ueber Amalekiter und einige Andere Nachbarvölker der Israeliten », Gœttingue, 1864; « Beiträge zur Kenntniss der Poesie der alten Araber », Hanovre, 1864; « Grammatik des neusyrischen Sprache am Urmia- See in Kurdistan », Leipzig, 1868; « Die alttestamentl. Literatur », id., id.; « Untersuchung zur Kritik des alten Testaments », Kiel, 1869-86; « Die Inschrift des Königs Mesa von Moab. » (9 Jahr. v. Ch.), id., 1870; « Sieben Nestorian Kirchenlieder » (Version allemande), Kiel, 1872; « Mandäische Grammatik », Halle, 1875; « Tabari, Geschichte der Perser und Araber zur Zeit der Sessaniden », version allemande publiée à Leyde en 1879; « Kurzgefasste Syrische Grammatik », Leipzig, 1880; « Die Semitischen Sprachen », id., 1887, outre une foule d'articles et versions qu'on trouve dispersés dans les revues philologiques et dans les journaux spéciaux allemands.

Nolhac (Pierre DE), érudit et professeur français, né, à Ambert (Puy-de-Dôme), le 15 décembre 1859, a passé en Italie trois années comme membre de l'École Française de Rome de 1882 à 1885. Il a été attaché quelque temps à la Bibliothèque Nationale de Paris (manuscrits), puis nommé en 1886 professeur à l'école des Hautes-études et conservateur-adjoint au Musée de Versailles. M. de N. s'est occupé particulièrement de l'histoire littéraire de la Renaissance. L'Italie lui doit six ou sept mémoires sur des questions pétrarquesques, d'après des documents nouveaux. Ses publications principales sont: « Le dernier amour de Ronsard », Paris, 1882; « Lettres de Joachim du Bellay », id., 1883; « La bibliothèque d'un humaniste », Rome, id.; « Lettres inédites de Paul Manuce », id., id.; « Les collections d'antiquités de Fulvio Orsini », id., 1884; « Les peintures des manuscrits de Virgile », id., id.; « Lettere inedite del Cardinale de Granvella », id., id.; « Jacques Amyot et le Décret de Gratien », id., 1885; « Recherche sur un compagnon de Pomponius Lætus », id., 1886; « Inventaire des manuscrits grecs de Jean Lascaris », id., id.; « Notes sur Pirro Ligorio », Paris, id.; « Le Canzoniere autographe de Pétrarque », étude sur un manuscrit célèbre retrouvé par l'auteur à la Vaticane; elle porte cette dédicace: *Italiæ omnium ingeniorum communi patriæ hospes gratus et memor*, id., id.; « Fac-similés de l'écriture de Pétrarque, et notes sur sa bibliothèque », Rome, 1887; « Petites notes sur l'art italien, Raphaël, etc. », Paris, id.; « La bibliothèque de Fulvio Orsini, contributions à l'histoire des collections d'Italie », id., id., gros vol. fort loué par la critique italienne; « Érasme en Italie, étude accompagnée de douze lettres inédites d'Érasme à des Italiens », id., 1888; « Giovanni Lorenzi, bibliothécaire d'Innocent VIII », Rome, id.; « Les études grecques de Pétrarque, d'après ses scholies inédites », Paris, id.; « Manuscrits à miniatures de la bibliothèque de Pétrarque », id., id.; « Pietro Vettori et Carlo Sigonio, correspondance inédite avec F. Orsini », Rome, 1889; « Les correspondants d'Alde Manuce, matériaux nouveaux d'histoire littéraire, 1483-1514 », id., id., etc. M. de N. a publié, en outre, un recueil de vers: « Paysages d'Auvergne », Paris, 1888, et collaboré à de nombreuses revues de littérature, d'art et d'érudition: *Nouvelle Revue, Revue critique, Gazette des Beaux-Arts, Revue et Gazette archéologique et d'histoire, Studi e documenti, Giornale storico della letteratura italiana*, etc.

Nollée de Noduwez (Jules-Gabriel-Jean), écrivain belge, né, à Louvain, le 16 mars 1830. On a de lui de nombreux articles de journaux et de revues, un « Éloge d'Octave Pirmez », 1883; des romans dont le meilleur est « Une petite-fille du marquis de la Seiglière », 1884, et surtout des poésies fort appréciées que l'auteur a rassemblées en plusieurs recueils: « Champs et rues », 1876; « Excelsior! », 1883; « Contes macabres et autres », 1884; « Chevauchées poétiques sur Pégase », 1887.

Noorden (Charles), docteur allemand, professeur libre de médecine à Giessen, de 1885 à 1889, et puis après à l'Université de Berlin, né, à Bonn, en 1858. On a de lui: « Beiträge zur quantitativen Spectralanalyse, ins besondere zu derjenigen des Bluts », paru dans le *Zeitschr. f. Physiol. Chem.*, 1880; « Die Entwickelung des Labyrinthes bei Knochenfischen », voir: *Arch. f. Anat. u. Phys.*, 1883; « Ueber Albuminierie bei gesunden Menschen », publié dans le *Deutsch. Arch. f. Klin. Med.*, vol. 38, 1886; « Ueber das Vorkommen von Streptococcen im Blut bei Erysipelas », voir: *Münch med. Wochenschr.*, 1887; « Magensaftsecretion und Blutalkalescenz », dans l'*Archiv. f. exper. Path. und Pharmak*, 1887; « Klinische Untersuchungen über die Magenverdauung bei Geisteskranken », dans l'*Arch. f.Psichiat.*, vol. XVIII, 1887; « Ueber das Verhalten der Salzsäure in Carcinom. Magen » (id., vol. XIII, id.); « Ueber die Beeinflüssung der Harnreaktion zu therapeutischen Zwecken », dans le *Münch. med. Wochensch.*, 1888.

Norberg (Léon-Schwarz DE), écrivain et philologue allemand, né, en 1848, à Cologne. Il étudia l'histoire et les langues modernes à Paris, Zurich et Rome, et publia: « Süss Oppenheimer », comédie en 5 actes; « Frauenliebling », roman en trois volumes; « Gefährliche Verbindungen », roman publié à Leipzig; « Durch eigene Schuld »; « Bürgermeister von Wien »; « Moderne Glücksritter »; « Jesuit und Anarchist »; « Dämon des Wucher's »; « Romantiker auf dem Throne »; « Urbild der Angot »; « Aus dem Bagno »; « Millionenbraut »; « Geschichte einer Vergessenen ».

Nordenskjöld (Nils-Adolphe-Henri), naturaliste et voyageur suédois, né, à Helsingfors, le 18 novembre 1832, est fils d'un minéralogiste, professeur à l'Université de sa ville natale. Il accompagna son père dans son voyage d'explorations aux Monts Oural, puis étudia à l'Université d'Helsingfors qu'il quitta en 1857 pour se fixer à Stockholm, où il devint, l'année suivante, professeur de minéralogie et directeur du cabinet géologique. Membre de la seconde Chambre suédoise, il vota toujours avec le parti libéral. M. N. s'est fait connaître par ses nombreux voyages dans les mers polaires. Les trois premiers exécutés en 1859, 61 e 64 sur un petit navire norvégien produisirent des résultats assez satisfaisants, pour qu'une souscription destinée à couvrir les frais d'un nouveau voyage fut ouverte par les habitants de la ville de Gotembourg: le gouvernement mit à la disposition de M. N. le vapeur *Sophia*. Le 19 septembre 1868 l'expédition dépassait le 42º lat. Nord et visitait le Spitzberg. La stricte détermination de la position géographique de ce groupe d'îles, des recherches géologiques et botaniques, de nombreux sondages de la mer glaciale, qui amenèrent la découverte de plusieurs nouvelles espèces d'animaux marins et contribuèrent à étendre les connaissances de la géographie botanique et zoologique, tels furent les résultats de cette expédition. Un nouveau voyage aux frais de la ville de Gotembourg fut entrepris par M. N. en 1870 au Grœnland; il s'avança plus au Nord que ceux qui l'avaient précédé dans ces contrées et découvrit dans l'île Disko des masses de fer météorique pesant 10000, 20000 et 50000 livres: des échantillons en furent envoyés au Muséum d'histoire naturelle de Paris. L'étude dont ils furent l'objet confirmèrent leur provenance météorique. La précieuse collection géologique qu'il rapporta permit de déterminer le climat de cette contrée à travers les âges géologiques. Il communiqua les résultats de ses recherches à l'Académie des Sciences de Paris, dans des notes et mémoires d'un grand intérêt. Après un nouveau voyage dans les mers polaires (1872), M. N. organisa une sixième exploration plus importante que les précédentes à laquelle prit part comme officier de route M. Jacques Bove, enseigne de vaisseau de la Marine italienne. Parti le 9 juillet 1878 de Tromsoë, à bord du vapeur *La Vega*, il arriva le 19 août au Cap Tchéliouskine, longea la côte orientale et se dirigea le 27 août vers le Nord-Est. A partir du 3 septembre, les glaces entravèrent constamment la *Vega*, et l'expédition parvint à gagner la baie de Kolioutchine, où il lui fallut hiverner pendant 9 mois employés à des constatations scientifiques de toute nature. Enfin la *Vega*, le 9 juillet 1879 au matin, vit la pointe orientale de l'Asie: le passage Nord-Est était découvert. La *Vega* parcourut ensuite les deux rives du détroit de Behring, fit halte à l'île du même nom, et après une longue relâche à Yokohama, regagna l'Europe par le Canal de Suez. A Rome et à Naples M. N. et M. le capitaine Palander eurent de brillantes réceptions. Après ils se rendirent à Paris, accueillis de la manière la plus flatteuse par l'Institut, le Congrès des Sociétés savantes, le Conseil municipal et la colonie suédoise. M. N. fut élu membre correspondant de l'Académie des sciences, et à son retour à Stockholm fut élevé au rang de baron. Parmi les diverses publications auxquelles cet important voyage a donné lieu, il faut citer la traduction des « Lettres », écrites par l'illustre professeur au cours de ses explorations, in-8°, 1880, et les deux volumes traduits dans toutes les langues *Voyages de la Vega* (illustrés).

Nordhoff (Joseph-Bernhard), professeur allemand de l'histoire de l'art à l'Académie de Münster, né en 1838, a publié, en dehors des nombreux articles épars dans les revues allemandes, les ouvrages suivants: « Ueber den Gebrauch und die Bedeutung des Löwen in der Kunst », Münster, 1864; « Der Holz- und Steinbau Westphalen », id., 1867-73; « Denkwürdigkeiten aus dem Münster. Humanismus », id., 1874; « Der vormalige Weinbau in Norddeutschland », id., 1877-83; « Die Kunst- und Geschichtsdenkmäler der Prov. Westph. » (2 livraisons), id., 1880-86.

Normand (Charles), architecte français, né, à Paris, le 9 septembre 1858, fit ses études au Collège de Dieppe et à l'Athénée Royal de Gand. Il est directeur de la revue l'*Ami des Monuments* et du *Bulletin* de la Société des amis des monuments de Paris. Nous avons de lui en librairie: « Revues géographiques sémestrielles », rapports publiés tous les six mois sur les progrès de la géographie pendant les années 1877, 1878, 1879 (épuisés); « Carte de Jersey », en trois couleurs, basée sur l'étude critique des documents existants et sur les observations personnelles de l'auteur (épuisée); « Description de l'île de Jersey », avec notice sur l'histoire de la carte de l'île (épuisée); « Tracé nouveau proposé pour obtenir l'ombre de la sphère »; « L'architecture métallique antique », 1883; « Rapports », publiés chaque année sur le Congrès des architectes français (extraits de l'*Encyclopédie d'architecture*), librairie Morel, 1882, 1883, 1884, 1885, 1886, 1887; « Les Fouilles d'Olympie » (id.), avec nombreuses gravures (épuisées); « Les Fouilles de Pergame » (id.), avec nombreuses gravures et une héliogravure; « Traductions et notes de voyages », relatives aux monuments anciens et modernes de l'Allemagne, publiées dans la *Gazette des architectes*, l'*Encyclopédie d'architecture* et *La semaine des Constructeurs*; « Bulletin de la Société des Amis des Monuments Parisiens »; « L'Amis des Monuments français », revue illustrée; « L'Hôtel Cluny », etc.

Normand (Jacques), poète français, né, à Paris, en 1848, se fit recevoir avocat à vingt-et-un ans. Soldat pendant l'année terrible, il rapporta de la Campagne: « Les Tablettes d'un Mobile », 1871, journal en vers, puis il entra à l'École des Chartes. En 1875, il a publié: « Paravents et Tréteaux », où, à côté de morceaux joyeux et populaires comme « Les Écrevisses et le chapeau », on trouve la restitution très intelligente d'une farce du XVIe siècle: « La Cornette ». Ce premier succès engagea M. N. à faire jouer de délicates comédies « Le troisième larron »; « L'auréole »; « L'Amiral ». Dans un recueil *A tire d'ailes*, il aborda la poésie de sentiment. Ensuite vinrent: « Les Moineaux francs », 1887, moineaux charmants et ironiques des Tuileries et du Parc Monceau, bravant les embarras de Paris, et les foules du dimanche. La familiarité de ton et la grâce du style assignent à M. N. une place originale parmi les jeunes poètes français. Les œuvres de M. N. ont été éditées par Calmann-Lévy.

Nota (Ange), poète et littérateur italien, professeur d'histoire civile au Lycée Perticari de Senigaglia, né, à San Remo, le 26 juillet 1851, docteur en belles-lettres de l'Université de Turin le 3 août 1876. Nous avons de lui: « Pia d'Odelisa », légende du moyen-âge, en 4 actes, en vers; « Agrippina »; « Costantino o la Chiesa e l'Impero »; « Enrico VI o la Chiesa e l'Impero », tragédies; « Aurore », comédie; « Fronde sparse », vol. de vers.

Noufflard (Georges), écrivain français, né, à Louviers (Eure), en mai 1846. Son père, propriétaire d'une des plus importantes usines de Normandie, eût désiré le voir entrer dans l'industrie, mais un goût irrésistible l'attirait vers les beaux-arts. Après avoir fait, pour complaire à sa famille, un court séjour dans l'Amérique du Nord, il entra dans l'atelier du peintre Hébert, puis il se rendit à Vienne où il étudia la musique avec M. C.-F. Pohl. Ensuite il visita l'Égypte, la Grèce et l'Italie, où il s'est fixé. On a de lui: « La symphonie fantastique d'Hector Berlioz, essai sur l'expression de la musique instrumentale », brochure, 1880; « Berlioz et le mouvement de l'art contemporain », deux éd., 1883-1885; « Wagner d'après lui-même », un vol., 1855; « *Otello* de Verdi et le Drame lyrique », plaquette, 1887; « Lohengrin à Florence », brochure, 1888. Tous ces ouvrages ont paru à Paris, chez Fischbacher, et à Florence, chez Loescher. M. N. a publié, en outre, quelques articles dans la *Renaissance Musicale* et l'*Indépendance Musicale*.

Nourrisson (Jean-Félix), philosophe français, membre de l'Institut (académie des sciences morales et politiques), actuellement professeur de philosophie moderne au Collège de France, est né, à Thiers (Puy-de-Dôme), le 18 juillet 1825. Il étudia le droit et se fit inscrire au barreau de Paris en 1850. Reçu, la même année, premier agrégé de philosophie et docteur ès-lettres en 1852, il devint professeur de philosophie au Collège Stanislas (1853), au Lycée de Rennes (1854), à la Faculté de Clermont (1855) et au Lycée Napoléon (1858). Il a été élu membre de l'Académie des Sciences morales et politiques le 14 mai 1870, en remplacement du duc de Broglie. Il remplit de 1871 à 1873, par délégation, les fonctions d'inspecteur général. Depuis 1874, il professe au Collège de France l'histoire de la philosophie moderne. Trois fois lauréat de l'Institut, il a été décoré de la Légion d'honneur en 1862. Nous citerons de lui: « Essai sur la philosophie de Bossuet », avec des fragments inédits, nouvelle éd., 1862; « Le Cardinal de Bérulle, sa vie, ses écrits, son temps », 1856; « Tableau des progrès de la pensée humaine depuis Thalès jusqu'à Hegel », 1886, 6e éd.; « Les Pères de l'église latine, leur vie, leurs écrits, leur temps », 1858; « Portraits et études, avec des fragments inédits », 1863; « La Théologie de Leibnitz », 1860; « Philosophie de Saint-Augustin », 1866; « La nature humaine, essai de psychologie expliquée », 1865; ces trois ouvrages couronnés par l'Académie des sciences morales; « Spinoza et le naturalisme contemporain », 1866; « La Politique de Bossuet », 1867; « De la liberté et du hasard, traduction d'Alexandre d'Aphrodisias avec un essai sur cet auteur », 1870; « L'ancienne France et la Révolution », avec une « Introduction sur la Souveraineté nationale », 1873; « Trois révolutionnaires, Turgot, Necker, Bailly », 1885; « Pascal physicien et philosophe », 1885; « Philosophie de la nature, Bacon, Toland, Bayle, Buffon », 1887; « Machiavel », 1875; « Défense de Pascal », 1888; « Tableaux des progrès de la pensée humaine », 1885.

Novati (François), paléographe, philologue et historien italien, né, à Crémone, le 10 janvier 1859, professeur surnuméraire d'histoire comparée des littératures néo-latines à l'Université de Palerme, un des meilleurs élèves de l'illustre Alexandre d'Ancona à l'Université et à l'École Normale de Pise, fut dès 1883 chargé du cours d'histoire des littératures néo-latines à l'Académie scientifico-littéraire de Milan; il quitta en 1886 cette place pour la chaire universitaire de Palerme. Nous avons de lui les ouvrages suivants de philologie classique: « Le Nubi d'Aristofane secondo un Codice cremonese », 1878; « Catalogus Comediarum Aristophanis », 1880; « Glosse Aristofanesche del Lessico d'Esichio », 1881; d'histoire: « La Cronaca di Domenico Bordigallo », 1880; « L'Obituario della Cattedrale di Cremona », 1880; « La Cronaca di Salimbeni », 1883; d'histoire littéraire et de philologie néo-latine: « Studî sul Ritmo Cassinese », 1886; « Dante da Maiano », 1882; « Carmina Medii Ævi », 1883; « Studii su Albertino Mussato », 1885; « Coluccio Salutati e la vita letteraria italiana del secolo XIV », 1887; « Frammento del Tristano anglo-normanno di Tommaso di Brettagna », 1887; « Le Commedie del l'Alfieri », 1881, etc., etc.

Novelli (Hector), littérateur italien, bibliothécaire de l'*Angelica*, né, à Velletri, en 1822, fit ses études universitaires à Rome, prit part au mouvement libéral de 1848 et le gouvernement national lui confia l'organisation des Bibliothèques des anciens États de l'Église. Nous avons de lui des pièces de vers intitulées: « Marsala »; « Le tre Margherite »; « Ode pel trasporto delle ceneri del Foscolo »; « Ode al Cavour »; la traduction en vers italiens de l'« Ero e Leandro », 1880, 3e éd. Enfin: « Marsylus », 1888; « Due vite », vers, 1882; « Cromi », id., 1881; « Canti », 1883; « Ai caduti presso Velletri nel 1849 », Rome, id.; « Sul Gianicolo nell'anniversario della morte di Torquato Tasso », id., 1890.

Novikoff (Olga), femme-auteur russe, plus connue sous son pseudonyme *K. O.*, initiales d'Olga, son nom de baptême, et de KIRÉEF son nom de demoiselle. Elle est née, à Moscou, en 1842. Ses contributions aux revues anglaises sont très appréciées. Nous avons d'elle une série de « Lettres » sur la question politique russo-anglaise, à laquelle l'illustre historien Froude a bien voulu mettre une préface; le titre de l'ouvrage est le suivant: « Is Russia Wrong? ». Plusieurs autres articles ont été réunis en volume sous le titre de « Russia and England », 1880. Mme N. a écrit aussi dans les journaux de son pays en souhaitant à la Russie un Gouvernement plus libéral.

Nunes de Arce (Gaspard), illustre poète surnommé le *Tennyson espagnol*, né, à Valladolid, le 4 août 1834, obtint son doctorat en philosophie à l'Université de Tolède. Son œuvre se compose de poésies lyriques et de pièces de théâtre: « Como se empeñe un marido », comédie, 1860 ; « Ni tanto ni tanpoco », id., 1865; « Discursos leidos dans la Real Academia Española », 1876 : « El Laz de Leña », drame, 1882; « Las Mujeres del Evangelio », 1884. Ses pièces lyriques sont réunies en volume; une d'entr'elles, « Canto ad Herculano », l'immortalité assure à son auteur.

Nunes-Franco (Albert), publiciste italien et auteur dramatique, né, à Livourne, en 1829, se voua de bonne heure à l'enseignement privé, fut ensuite à Venise représentant d'une maison commerciale anglaise. Nous avons de lui: « Del duello e dei mezzi per bandirlo dalla società », Turin, 1845 ; « Per amor suo », comédie, Venise, 1868 ; « Scritti drammatici », 1877; « Beniamino Ewigston », comédie, Livourne, 1881 ; « Del tornaconto in materia civile ed economica », Florence, 1880 ; « Giurla e Giurati », Livourne, 1884 ; « Noterelle sul poema di Dante », id., 1889.

Nunziante (Ferdinand), poète italien, né, à Naples, en 1863, docteur en droit en 1885, a publié : « Il filugello », petit poème traduit du latin de Girolamo Vida, Ferrare, Taddei ; « Il Conte Alessandro Tassoni », essai historique avec préface du Duc de Maddaloni, Milan, Quadrio, 1885; il a envoyé aussi à la *Cordelia*, dirigée alors par le Comte de Gubernatis, une série de conversations scientifiques, sous le titre de « Cicalate tra i fiori », et à la *Nuova Antologia* (1887) une étude historique : « Il Cavalier Marino alla Corte di Luigi XIII ».

Nurisio (Xavier), poète italien, employé au secrétariat de S. M. le Roi d'Italie, né, en janvier 1840, à Mondovi, étudia au Collège de Carrare sous les Pères *Scolopii*. Nous avons de lui: « Religione, patria, amore », poésies, 1868 ; « Sorrisi e lacrime », 1874 ; « Poesie ed. epigrafi », 1880; « Rispetti e stornelli », avec préface de César Correnti, 1887.

Nus (Eugène), philosophe, poète et auteur dramatique français, né, à Châlons-sur-Saône, en 1816. Venu à Paris à vingt ans, il débuta dans la carrière des lettres par une collaboration au journal l'*Entr'acte* et par de courts vaudevilles aux petits Théâtres Saint-Marcel, de la Porte Saint-Antoine et du Panthéon. Plus tard il a collaboré à la *Démocratie pacifique*, organe phalanstérien. En 1889, il a écrit, en collaboration avec F. Fertiault, des satires morales intitulées : « Le Dix-Neuvième siècle ». Il a publié : « Mademoiselle Didier », pièce, 1877 ; « Les Petits concours », comédie, 1878 ; « Madame de Navarret », pièce, 1881 ; « Le Mari », drame, 1884 ; « Les dogmes nouveaux », poésies philosophiques, 1878 ; « Les grands Mystères » ; « Choses de l'autre monde » ; « Nos Bêtises », œuvres de philosophie spiritualiste. Avec Edouard Rusebarre, il avait publié, en 1866, les « Drames de la Vie », choix de pièces de théâtre, alors inédites et qui ont été représentées depuis. D'autres pièces de théâtre, au nombre d'une centaine, ont été presque toutes écrites en collaboration et jouées sur divers théâtres de Paris.

Nussbaum (Moritz), médecin allemand, professeur d'anatomie à l'Université de Bonn, né, à Hoerde (Westphalie), en 1850. Ses premiers travaux scientifiques parurent sous la direction de M. Ifluger. On lui doit: « Untersuchungen über die Athmung der Dunge », voir : *Pfluger's Arch.*, 1873 ; « Ueber die Lage des Gefässcentrums », id., 1875 ; « Ueber die Secretion der Niere », 1878. Outre de nombreux articles parus dans les *Berichten der niederrheinischen Gesellschaft f. Natur- und Heilkunde* de Bonn, et dans l'*Arch. f. Mikrosk. Anat.*, il est aussi auteur d'une monographie intitulée : « Californischer Cirripedien ».

Nyblom (Charles-Rupert), poète, philosophe, esthéticien suédois, professeur à l'Université d'Upsala, né, dans cette ville, le 21 mars 1832. Nous avons de lui: « Arion », poème, 1854 ; « Rimes », 1860 ; « Nouvelles rimes », 1865 ; « Proses et vers », 1870 ; « Georges Stjernitizelm », 1872 ; « Rimes choisies », 1876 ; « Lettres d'Italie », 1864 ; « Histoire de la poésie et de l'art au moyen-âge et pendant la renaissance », 1877 ; « I. L. Runeberg », 1878 ; « Vie de J. O. Wallin », 1870 ; de « J. W. Scholonder », 1882 ; de « A. F. Lindblad », id. ; « Études esthétiques », 1884 ; « Essai sur l'histoire de l'Académie des Beaux-Arts à Stokholm », 1885. M. N. est collaborateur des revues: *Nordisk Familjebok* et *Postidingen*. Nous avons de lui plusieurs traductions des classiques anglais: Shakespeare, Moore, Swift, et des traductions de quelques sonnets italiens de Michelange et de pièces de Joseph Giusti.

Nyblom (Hélène-Augusta), femme du précédent, femme-poète et romancière dano-suédoise, née, à Copenhague, en 1843. Nous avons d'elle quatre volumes de « Nouvelles », en suédois, 1871-81; édition danoise, 1881-85; édition allemande, 1885-88; de plus, des « Poésies », 1881; des « Nouvelles poésies », 1886, et des essais critiques aux revues littéraires de son pays sur Tourguénieff, Edmond De Amicis, Echegaray, Ibsen, etc.

Nyrop (Christophe), romaniste danois, professeur de langue romane à l'Université de Copenhague, né, à Copenhague, le 11 janvier 1858. Il a fait ses premières études de philologie dans sa ville natale sous l'illustre linguiste Wilhelm Thomsen; il a été plus tard l'élève de MM. G. Paris, P. Meyer, Gautier, Picot, etc., à Paris. Il a fait plusieurs voyages dans les pays romans; un de ces voyages s'étendit jusqu'en Roumanie (1884) pour y étudier la langue et la littérature populaire. Il a publié, dans des revues scientifiques scandinaves et étrangères, des articles concernant les langues et les littératures romanes. Parmi ses grandes publications, il faut surtout citer : « Den oldfranske helledigtning » (L'épopée française au moyen-âge), Copenhague, 1885; traduit en italien par M. E. Garra, Florence, 1886; une vaste « Étude sur les adjectifs des langues romanes » (Adjetetivernes Könsböjning), Copenhague, 1886, et un « Recueil d'études historiques et littéraires sur la Roumanie et la Provence modernes (Romaniske Mosaiker), 1885. Il faut remarquer en outre ses publications sur l'« Étymologie populaire » (Sprogets velde skend), 1881, et différentes études de folk-lore : « Sur la légende de Polyphème », 1881; « La puissance du nom », 1886, etc., etc.

Nys (Ernest), publiciste belge, juge au tribunal de première instance de Bruxelles et professeur à l'Université de cette ville. Il a publié de nombreuses études où se révèle un esprit très élevé et très généreux : « Le droit international et la papauté », Bruxelles, 1878 (traduit en anglais l'année suivante); « La guerre maritime, étude de droit international », id., 1881; « Le droit de la guerre et les précurseurs de Grotius », id., 1882; « L'arbre des batailles d'Honoré Bonet », id., 1883; « Les origines de la diplomatie et le droit d'ambassade jusqu'à Grotius », id., 1884; « Les publicistes espagnols du XVIe siècle et les droits des Indiens », id., 1890. Des articles ont encore paru sous sa signature dans la *Revue de droit international*, dans *The Law*, etc., et on lui doit une traduction française des « Principes de droit international », de M. J. Lorimer, le célèbre professeur d'Édimbourg (Bruxelles, 1884). Nous avons à peine besoin d'ajouter que M. N. est membre de l'Institut de droit international.

O

Oberbeck (Antoine), physicien allemand, professeur à l'Université de Greifswald (Poméranie), directeur de l'Institut de physique, né, à Berlin, en 1846, a fait ses études aux Universités de Berlin et de Heidelberg. Il a publié : « Ueber die Magnetisirungsconstante », dans les *Annales* de Poggendorff en 1868; « Leitung der Luft », id., 1875; « Ueber unpolarisirbare Electroden », id., id.; « Ueber stationäre Flüssigkeitsbewegungen », dans le *Brochardts Journal f. Math.*, id.; « Ueber das Potential des Ellipsoid », dans le *Grunert's Arch.*, 1876; « Ueber elektrische Schwingungen », dans les *Wiedmann's Ann.*, 1882-83-84; « Ueber einer der Resonanzähnlichen Erscheinungen bei elektrischen Schwingungen », id., 1885; « Ueber die Bewegungen der Luft an der Erdoberfläche », id.; 1882. M. O. est un des collaborateurs des *Fortschritte der Physik*.

Oberhummer (Eugène), philologue et géographe allemand, né, à Munich, le 29 mars 1859, fit ses études aux Universités de Munich et Berlin (1878-83), voyagea en Allemagne, Autriche, France, Italie, Grèce, Syrie, Turquie. Nous avons de lui : « Phoenizier in Akarnanien. Untersuchungen zur phoenizischen Colonial- u. Handelsgeschichte », Munich, 1882; « Akarnanien, Ambrakir, Amphilochien Leukas in Altertum », id., 1887, avec deux cartes; « Griechische Inschriften aus Cypern » (*Sitzungsberichte der Bayer. Akademie*), 1888; divers articles dans les journaux. Depuis 1885, M. O. est secrétaire de la Société de Géographie et rédacteur du *Jahresbericht* (Annuaire).

Oberst (Max), chirurgien allemand, professeur à l'Université de Halle, né en 1849, fit ses études à Munich et à Erlangen. De 1877 à 1887, il fut attaché au prof. H. v. Voltkmann en qualité d'assistant à la clinique de chirurgie, et depuis 1884 il est professeur ordinaire à Halle. Il a publié plusieurs ouvrages, parmi lesquels nous citerons : « Die Zerreissung der männlichen Harnröhre und ihre Behandlung », voir : *Samml. Klin. Vorträge*, 1881; « Die Amputationen unter dem Einfluss. der antiseptischen Behandlung », Halle, 1881; « Ein Fall von centralem metastasirenden Riesenzellensarcom des Oberschenkels », voir : *Zeitschr. f. chir.*, 1881. Un grand nombre d'articles très importants ont paru dans le *Artzl. Intelligenz- Blatt*, en 1876 ; dans le *Berl. Klin. Wochenschr.*, en 1878; dans le *Centralblatt f. Chir.*, en 1880-83-85, ainsi que dans la *Deutsche Zeitschrift f. Chir.* et dans la *Volkmann's Sammlung Klin. Vortr.*

Obersteiner (Henri), médecin autrichien, professeur à l'Université de Vienne, né, le 13 novembre 1847, à Vienne, où il fit ses premières études scientifiques. Il prit son doctorat en 1870, et en 1873 fut reçu comme professeur libre à l'Université de Vienne jusqu'à ce que, en 1880, il y devint professeur ordinaire. En dehors de très nombreux articles en matière médicale publiés dans les journaux spéciaux allemands, français et anglais, nous lui devons : « Anleitung beim Studium des Baues der nervösen Centralorgane », Vienne, 1888; « Der chronische Morphinismus », id., 1883; « Die Intoxicationspsychosen », id., 1886; « Der Hypnotismus », id., 1887.

Oberziner (Ludovic), archiviste autrichien, docteur en philosophie, employé aux Archives Impériales et Royales de la Cour et de l'État à Vienne, est né en 1856 à Trente, fit ses humanités au Lycée de sa ville natale; après quoi il se rendit en 1876 à Vienne pour étudier à l'Université de cette ville la philosophie et l'histoire. Après avoir pris le grade de docteur à cette même Université, il alla à Paris, où, pendant les années 1882 et 1883, il s'adonna à l'étude de l'archéologie et des langues orientales, l'hébreu, l'assyrien et l'égyptien au Collège de France (sous MM. Renan et J. Oppert), à l'École des hautes études (sous MM. Carrière et Grebaut) et à l'École du Louvre (sous MM. Ledrain et E. Revillont). En 1884, il passa en Angleterre, où il continua au Musée Britannique ses études archéologiques, et où il fut élu membre de la *Society of Biblical Archeology*. Après une courte tournée en Italie, il retourna à Vienne, pendant deux années fut employé à la Bibliothèque de l'Université, d'où il passa aux Archives I. et R. de la Cour et de l'État. Nous avons de lui : « Divisione politica e militare dell'antica Assiria, note storiche », Trente, 1884; « Il culto del Sole presso gli antichi Orientali », id., 1886.

Oberzinner (Jean), homme de lettres trentin, professeur d'histoire au Lycée Royal d'Alba en Piémont, né, à Trente, le 24 novembre 1857, où il fit ses études secondaires; en 1882, docteur ès-lettres à l'*Istituto Superiore* de Florence, il compléta son *curriculum* à l'Université de Rome. Il est dans l'enseignement depuis 1884. On a de lui : « I Reti in relazione cogli antichi abitatori d'Italia. Studii storici e archeologici », Rome, Artero, 1873; « Un deposito mortuario dell'età del ferro », Trente, Marietti, 1883; « I Cimbri e i Teutoni contro i Galli e i Romani. Ricerche storiche », Trente, Manetti, 1886; « L'istruzione e l'educazione della gioventù in rapporto col progresso della società », Fossano, Saccone, id.; « Amore e studio. Discorso storico », Alba, Sansoldi, 1888.

O'Brien (Guillaume), homme politique et journaliste irlandais, né, à Mellow, en 1852, fut élevé à Cloyne au Collège diocésain et au *Queen's College* de Cork. Membre du Parlement aux élections de 1883-85, et aux dernières élections générales. Il est un des chef du Parnellisme, et, comme tel, éditeur du journal *United Ireland*. Ses discours parlementaires sont violents et l'ont fait plusieurs fois suspendre de ses fonctions de député. Tout le monde connaît la condamnation qui a frappé M. O'B. pour cause politique l'année 1888.

Occella (Pie), instituteur et pédagogiste italien, né, à Boscomarengo, en 1841, étudia à l'Université de Turin, débuta au journalisme politique dans l'*Indipendente* de P. C. Boggio, dans la *Letteratura Civile* du comte De Gubernatis et dans le *Mondo letterario* de M. Stefani. Il publia des monographies historiques : « Le poesie spagnuole di Carlo Emanuele I, duca di Savoia », 1878; « Pietro Giannone negli ultimi anni della sua vita », id.; « Maria Clotilde principessa del Piemonte », un recueil d'« Epigrafi ». M. O. a servi à l'armée et est aussi docteur en droit; il a collaboré au « Dizionario della lingua italiana » de Tommasèo, et a fait plusieurs traductions d'ouvrages étrangers.

Occioni (Honoré), latiniste et poète italien, professeur à l'Université de Rome, né, à Venise, en 1830, obtint son doctorat à l'Université de Padoue, fut professeur de latin à Trieste, à Innspruck, à Padoue, et ensuite à Rome. L'ouvrage magistral du professeur O. est sa traduction des « Puniques » de Silvius Italicus, terminée en 1878. Plusieurs pièces de vers de ce savant latiniste ont été traduites en allemand et en anglais. En dehors de fort beaux articles à la *Nuova Antologia*, nous avons de lui une « Storia compendiata della letteratura latina », déjà arrivée à la 5me édition, et que le prof. Dahl de Christiania a traduit en langue danoise.

Occioni–Bonaffons (Joseph), écrivain et bibliographe vénitien, professeur d'histoire au Lycée *Marco Polo* de Venise, né, dans cette ville, le 12 octobre 1838, étudia à l'Université de Padoue, et débuta en 1860 par un « Saggio sulla Filosofia Cattolica », et traduisit en 1863 les « Bucoliques » de Virgile. Il fut nommé professeur d'histoire aux Lycées de Venise, Salerne, Trieste, Udine et une seconde fois à Venise. Nous avons de lui : « Intorno alla storia di Carlo V », 1865-76; « Intorno alle origini della lega di Cambrai », 1866; « Della unità storica, politica e nazionale d'Italia », 1867; « Il Friuli orientale e i suoi confini », 1869-74; « Degli ambasciatori veneti in Germania dal secolo XV al XVIII », 1871; « Mitologia e poesia come fonti storiche », 1877; « Da Trieste a Spalato »; « Commemorazione di Vittorio Emanuele II »; « Bibliografia Storico–Friulana dal 1861 al 1885, con cinque indici e due prefazioni, deux volumes de 728 pag. in-8°, Udine, 1883-87; « Degli studi storici relativi al Friuli », Venise,

1884-86 »; « Francesco Maria Milesi, note biografiche », Udine, 1884; « La Scuola d'*Instituta iuris*, fondata in Udine nel secolo XV », id., id.; « I Diarii degli Amasei », Florence, 1886; « Della storia di Udine e di alcune sue istituzioni religiose e letterarie », Udine, 1877; « Sull'abolizione dei premi scolastici », Venise, 1888; « Di un epistolario femminile inedito », id., id.

Ochner (Ferdinand), homme de lettres du Trentin, curé à Serso dans le Diocèse de Trente, né, à Pergine, le 3 novembre 1837. Nous avons de lui une comédie intitulée : « Eroismo d'una figlia di Maria »; une « Dissertation » sur Saint-Evenzio; et enfin « Ermete », roman religieux composé sur un épisode du règne de Trajan, trois éd., la première à Trente, la seconde à Parme, la troisième à Ala.

Ochsenbein (Théophile-Frédéric), pasteur et historien suisse, né, le 14 novembre 1828, à Morat dans le Canton de Fribourg, reçut son éducation classique au Gymnase d'Aarau, où il fut témoin et conserva une vive impression de quelques uns des épisodes du Sonderbund, se rendit en 1848 à Berne pour y commencer ses études théologiques, mais se sentit bientôt attiré par le courant d'idées plus libéral qui régnait à Zurich, entr'autres dans l'enseignement des professeurs Hitzig et Schweitzer. En 1850, il eut l'occasion de suivre à Tubingue les leçons de Ferd. Christ. Baur. Le ministère évangélique lui fut conféré en 1852 ; en 1855, après diverses suffragances remplies dans la campagne bernoise, la paroisse réformée de Fribourg le choisit pour conducteur spirituel, et eut, vingt-cinq ans après, la joie de célébrer son jubilé. Dans l'intervalle, s'étaient construits un temple, une école, une maison paroissiale. Depuis 1877, M. N., dont la santé sérieusement atteinte réclamait un poste moins pénible, exerce les fonctions pastorales dans le village de Schlosswyl entre Berne et Thun. Les rares loisirs que lui laissait son ministère ont été employés par lui à la composition des ouvrages suivants : « L'émigration protestante dans le Canton de Fribourg », 1861; « Les Bourbakis » (idylle imitée de Hermann et Dorothée, sous le pseudonyme de *Théophile-Frédéric*), 1871 ; « Comment Fribourg s'affranchit de la domination autrichienne », mémoire historique, 1874; « Les motifs qui présidèrent aux guerres de Bourgogne », 1876 ; « L'Église évangélique de Fribourg. La pose de la première pierre et la dédicace », id. ; « La bataille de Morat racontée au peuple pour le quatrième anniversaire de 1476 », id.; « Les documents relatifs au siège et à la bataille de Morat, 679, p. 4 », œuvre considérable et d'un caractère strictement scientifique, id., « La question de Winkelried », mémoire présenté à la société générale d'histoire suisse, 1878; « La Saint-Barthélemy et le séjour que les enfants de l'amiral de Coligny firent à Berne », avec un appendice racontant, sous le titre de « Un Fugitif de la Saint-Barthélemy », les aventures d'un huguenot de Sancerre, Jean de Léry, qui après avoir colonisé au Brésil, mourut pasteur bernois dans le Canton de Vaud, 1880; « Le général Dufour », « L'avoyer Manuel de Berne », deux biographies populaires, 1880; « Le procès intenté par l'inquisition aux Vandois de Fribourg dans l'Uechtland en 1430 », 1881. Sous presse un volume sur l'activité déployée en Suisse par le catholicisme à l'époque de la contre-réformation. M. O. a souvent inséré dans le feuilleton du Bund des nouvelles tantôt empruntées aux mœurs populaires et imitées de Jérémias Gottelf, tantôt revêtues d'un caractère semi-historique.

O'Connor (Thomas-Power), homme politique anglais du parti Parnelliste, né, à Athlone dans la Comté de Roscommon, en 1848, élevé au Collège de l'Immaculée Conception d'Athlone, se perfectionna au Collège de la Reine. Il entra au journalisme et publia en 1876 une biographie intitulée: « Benjamin Disraeli, Earl of Beaconsfield ». Membre du Parlement, il est le président de la *Irish National League of Great Britain* (1883). Il a publié: « A Cabinet of Irish Literature »; « The Parnell movement », 1885, et une quantité extraordinaire d'articles aux revues et aux journaux.

O'Donovan (Denis), écrivain anglo-australien, bibliothécaire du Parlement de Queensland, né, le 23 août 1836, dans le Comté de Cork (Irlande) étudia dans sa patrie, et se perfectionna à Paris, où il devint professeur de langues modernes à l'école des Hautes-études. Il fut un des collaborateurs de l'*Ami de la Religion;* passa en Australie en 1864 pour y occuper la place de bibliothécaire. Nous avons de lui, en dehors d'articles littéraires et artistiques : « Memoirs of Rome », 1859, ouvrage qui fut reconnu favorable à la cause du Souverain Pontife et apprécié comme tel par plusieurs critiques éminents. M. O'D. a compilé le Catalogue de la bibliothèque du Parlement. Il est membre de plusieurs Sociétés savantes anglaises et françaises.

Oechsli (Guillaume), né, le 6 octobre 1851, à Riesbach, faubourg de Zurich, fit ses études classiques au Gymnase et fut d'abord destiné par sa famille au pastorat, mais ne tarda pas sous l'impulsion de Max Büdinger à délaisser la théologie pour l'histoire et visita successivement les Universités de Heidelberg et de Berlin. Le titre de D^r phil. lui fut décerné en 1873 par la dernière d'entre elles à la suite de la dissertation: « Historia Miscella. Libri XII-XVIII et Anonymus Valesianus II ». Un assez long séjour à Paris lui permit de s'initier aux claires méthodes de l'école française et de profiter des abondantes ressources offertes par les bibliothèques. M. O. a été nommé en 1876 professeur au Gymnase de Winterthur, et en 1887 professeur d'histoire suisse au Polytechnicum de Zurich. Parmi ses ouvrages déjà nombreux, les uns poursuivent un but de vulgarisation et sont destinés à l'enseignement secondaire, les autres relèvent de l'érudition pure et se proposent d'élucider des problèmes difficiles de l'histoire nationale : « Tableaux de l'Histoire universelle », 1878-1879, 2ᵐᵉ éd. 1887; « Manuel d'Histoire universelle et d'histoire nationale », 1883-1885 (adopté pour l'enseignement secondaire dans le Canton de Zurich); « Les origines du conflit religieux entre Zurich et ses Confédérés, 1521-1524 », 1883; « La lutte pour la succession de Toggenbourg », 1885; « Recueil de documents pour l'histoire suisse », 1886; « L'anniversaire de la bataille de Sempach », 1886.

Oehninger (Frédéric), né, le 17 mai 1837, à Elgg, dans le Canton de Zurich, se destina au ministère évangélique malgré un penchant très vif pour les mathématiques et fréquenta tour-à-tour les Universités de Bâle, où il subit l'influence du philosophe Steffensen et du théologien apocalyptique Auberlen, de Zurich et de Tubingue. Un long séjour à la campagne, en particulier à Schwarzenbach dans le Canton de St.-Gall, où il fut pasteur pendant douze ans, lui permit de satisfaire son goût pour la méditation et imprima à sa vie religieuse une direction des plus mystiques. Ses tendances orthodoxes se fortifièrent sous l'influence de l'Angleterre, où il résida pendant plusieurs années. M. O. est depuis 1882 pasteur de la paroisse de Lansen dans le Canton de Schaffhouse. Nous citerons parmi ses ouvrages : « L'ancien et le nouveau dans le trésor de la connaissance chrétienne », le discours d'Étienne (une série de 40 méditations sur l'état et la tâche de le Chrétienté actuelle). « Le principe, la mission et la dégénérescence du Protestantisme: esquisse de la doctrine chrétienne en 100 paragraphes »; « Tertullien et la doctrine de la résurrection », 1878; « Le spiritisme moderne », 1880; « Le mariage et les obstacles qui s'y opposent d'après le commandement divin ».

Oettli (Samuel), professeur pour l'exégèse de l'Ancien Testament à l'Université de Berne est tenu pour l'un des représentants les plus distingués de la théologie évangélique, mais ne s'est jusqu'à présent fait connaître dans le monde littéraire que par quelques essais apologétiques insérés pour la plupart dans le *Kirchenfreund*, « Tolérance et progrès », Saint-Gall, 1874; « La douleur de l'Univers et le Christianisme », Bâle, 1878.

Ogonowski (Émile), éminent philologue galicien, professeur ordinaire de langue et littérature ruthène à l'Université Impériale et Royale de Lemberg (Galicie-Autriche), président de l'association litéraire *Pros'wita*, membre correspondant de l'Académie des Sciences à Cracovie, né, à Hrehorów (Galicie), le 8 août 1833. Il fit ses études de théologie et de philologie classique à l'Université de Lemberg, et après avoir été maître de langue grecque, latine, ruthène et polonaise, il devint en 1867 professeur de philologie classique au Gymnase académique de Lemberg. Nommé en 1870 professeur ordinaire de langue et littérature ruthène à l'Université de Lemberg, il fut un an après choisi comme membre correspondant de l'Académie des sciences de Cracovie. En 1885, lorsque les Jésuites commençaient la Réforme de l'ordre des Basiliens, les ruthènes peu satisfaits de cette réforme, assemblés à Lemberg, décidèrent de nommer une députation de quatre membres chargée de se rendre à Vienne et de se présenter à l'Empereur pour le prier de révoquer la mesure prise contre l'ordre des Basiliens. M. O. fut choisi pour représenter dans cette députation le clergé ruthène mécontent de la réforme qu'on allait initier. Cette députation fut reçue à la Cour Impériale de Vienne le 30 avril 1885. M. O. est auteur d'une version du poème épique : « Slovo o polku Thoresi », publiée à Lemberg en 1876, et a publié: « Studien auf dem Gebiete der rutenischen Sprache », Lemberg, 1880; « Staroruska Chrestomatia », Lemberg, 1881; « Istorija literatury ruskoji », 2 vol., Lemberg, 1887-1888; « Halszka Ostrozska », tragédie publiée en 1887. Outre cela on lui doit plusieurs autres articles parus dans les recueils et journaux spéciaux. Nous citerons: « O przyimkach w jgzykn Starostowian'skim, ruskim i polskim », paru dans les *Zitzungsberichte der Krakauer Academie der Wissenschaften*, vol. V; « Einige Bemerkungen über die Sprache der altpolnischen Sophienbibel », inséré dans l'*Archiv. f. Slavische Philologie*, vol. IV; « O waznicjszych wtasciwosciach jgzyka ruskiego », paru dans les *Sitzungsberichte der Krakauer Acad. der Wiss.*, vol. X; « Kleinrussen Ethnographische geschichtliche und litterarhistorische Abhandlung », dans l'*Ersch-Gruber-'Sche A. Encyclopädie*, 2ᵉ Section, vol. XXXVII.

Ohnet (Georges), romancier et auteur dramatique français, né, à Paris, en 1848. Sous le titre général de « Batailles de la Vie », nous avons de lui les romans : « Serge Panine », Ollendorf, 1882; éd. ill., 1885; « La comtesse Sarah », id., id., 1883; « Lise Fleuron », id., id., 1884; « La grande marnière », id., id., 1885; « Le maître des forges »; « Blanc et noir », contes, 1887; « Marthe », comédie en 4 actes, 1877; « Regina Sarpi », drame en 5 actes; « Le maître des forges », pièce en 4 actes; « La Comtesse Sarah », drame en 5 actes; « La grande marnière », pièce en 5 actes. Tous ses romans et ses comédies ont été traduites en italien. L'œuvre de M. O. est une réaction contre le naturalisme dominant dans la littérature contemporaine.

O'Kelly (Jacques), homme politique et jurisconsulte irlandais, né, à Dublin, en 1845, élevé à l'Université de cette dernière ville et à la Sorbonne; servit dans les rangs de l'armée française comme officier en 1870-71; passa ensuite en Amérique où il devint reporter du *New-York Herald*, et fut envoyé à Cuba par la rédaction du journal; là il prit du service dans les rangs des révoltés; fut fait prisonnier, plongé dans un cachot d'où il réussit à s'évader. Après une série d'aventures extraordinaires nous retrouvons M. O'K. officier à l'armée du Mahdi au Soudan et en même temps correspondant du *Daily News*. En 1885 et en 1886, il fut élu membre du Parlement. Il partage avec M. O'Brien, cité plus haut, l'honneur d'avoir subi la prison pour causes politiques et d'avoir été suspendu de ses fonctions de député.

Oldfield (Thomas), écrivain et savant anglais, assistant au département de zoologie au British South Kensington Museum à Londres, né, en 1858, à Millbrook, comté de Bedford en Angleterre. En dehors de nombreux articles insérés dans les journaux de la *Royal Zoological Society*, de la *Linnean Society*, de l'*Anthropological Society* de Londres, ainsi que dans les organes de la Société Asiatique de Calcutta et du Museo Civico de Gênes, il a publié le « Catalogue of the Marsupialia and Monotremata in the British Museum », Londres, 1888.

Oldrini (Gaspard), écrivain musical italien, né, le 18 avril 1844, à Lodi, publia un ouvrage intitulé: « L'arte musicale », Milan, 1881; un « Dizionario musicale ». M. O. a collaboré souvent à la presse musicale par des articles de critique et a en même temps dirigé dans sa ville natale le journal politique *Fanfulla da Lodi*.

Ollari (Alcide), helléniste italien, ancien professeur de latin et de grec aux lycées et de littérature latine à l'Université de Cagliari, proviseur aux études pour la province de Crémone, né, le 2 mars 1831, à Crema; il prit part à la campagne contre l'Autriche (1848-49), donna des leçons au cachet de 1850 à 1860; entra à l'enseignement d'État après 1859. Nous avons de lui un drame: « Emma di Corsica », écrit à l'âge de 16 ans; un roman: « Beatrice Cenci »; une nouvelle: « Zita di Narni ». Après 1859 M. O. publia: « Dei volghi pelasgici, armonie nella Storia », Milan, 1870; « La prima tetralogia platonica », Turin, 1877, ouvrage singulièrement prisé par les hellénistes; « L'Άγγελος nelle tradizioni del Vecchio Testamento, nelle greco-italiche e nei Sinottici », dont il a publié la première partie, c'est-à-dire l'"Άγγελος dans le Vieux Testament; « Disposizioni sui rapporti tra le amministrazioni comunali e le militari », Milan, 1886.

Ollu (Xavier), jurisconsulte belge, né, à Bruxelles, le 14 décembre 1836. Avocat à la Cour d'appel de Bruxelles, ancien membre de la Chambre des représentants, ministre des travaux publics de 1832 à 1884. M. O. est professeur à l'Université de Bruxelles. Nous citerons surtout de lui: « Du droit répressif dans ses rapports avec le territoire », Bruxelles, 1864; « Cours de droit commercial », id., 1880 (autographié). Avec M. Edmond Picard, il a publié un « Traité des brevets d'invention et de la contrefaçon industrielle sous l'empire de la loi belge de 1854 », Bruxelles, 1866; et un « Traité usuel de l'indemnité due à l'exproprié pour cause d'utilité publique », id., 1867. Enfin, il a collaboré à la *Belgique judiciaire*, à la *Liberté*, à la *Revue de Belgique*, au *Moniteur des intérêts matériels*, à la *Revue pratique du notariat*, aux *Pandectes belges*, etc., et il a écrit le chapitre consacré à Nivelles dans un grand ouvrage collectif publié naguère sous la direction du regretté Eugène Van Bemmel: « La Belgique illustrée ».

Olioli (Antoine), écrivain médical italien, né, à Maggiora, le 14 janvier 1821; docteur à l'Université de Turin en 1847, il alla se perfectionner à Paris (1848-49). Il a inséré des contributions remarquables dans les revues spéciales suivantes: *Annales de thérapeutique chirurgicale et médicale*, *Gazette médicale de Paris*, *Gazette des Hôpitaux*, *Giornale della R. Accademia medico-chirurgica di Torino*, *Gazzetta dell'Associazione medica*, *Annali universali di medicina*. Nous donnons de cet auteur les mémoires publiés dans les dernières dix années: « Uncini articolati e forbice decollatrice », 1881; « Una corda da violoncello rende inutili molti uncini ostetrici, nello stesso modo che un cantino da violino pone fuori d'uso la sonda del Belloc », id.; « Conferma dell'utilità della tintura d'iodio nelle risipole », id.; « Difterite. Modo d'impedirne la diffusione », id.; « Intorno all'uso dell'idrato di cloralio nel delirio alcoolico, e dell'estratto di cicuta nell'esaltamento mentale con insonnia », id.; « Sulle iniezioni endo-uterine », 1883; « Strappo del cordone ombellicale anomalo nel parto », id.; « Ancora del latte e dell'acqua zuccherata introdotta per le nari nei casi di convulsioni dei bambini prodotte dai vermi ascesi nello stomaco »; « Nuovo apparecchio per la frattura della mandibola, che permette al paziente di masticare », 1884; « Frattura dell'astragalo nel suo collo », id.; « Frattura della rotula. Anello elastico per tenerne avvicinati i frammenti », id.

Oliphant (Lawrence), voyageur et écrivain anglais, né, en 1829, à Ceylan, où son père était premier juge, voyagea tout jeune encore dans l'Inde, visita la Cour de Nepaul avec Jung Bahadoor, et publia le récit de cette excursion: « A journey to Katmandù ». Il vint en Angleterre, puis en 1852 passa en Russie, parcourut le Caucase jusqu'aux Steppes de la Crimée et publia ce voyage, sous le titre: « The Russian

Shores of the Black Sea ». Secrétaire de lord Elgin au Canada, il écrivit ses explorations sous le titre de « Minnesota », et ensuite: « The Coming Campaign », et « The Caucasian Campaign of Omer Pasha ». En 1860, il publia le récit de la mission de 1857 de Lord Elgin en Chine: « A Narrative of the Earl of Elgin's mission to China and Japan, in the years 1857-58-59 ». Revenu en Angleterre en 1865, il fut envoyé au Parlement par le district écossais de Stirling et y siégea jusqu'en 1868. Il se rendit alors à Portland (États-Unis), pour y fonder une communauté socialiste et religieuse et devint en 1873 représentant d'une Société de câbles de télégraphie électrique. Nous avons encore de lui: « Patriots and Filibustiers (Piccadilly). The Land of Gilead », 1881; « Traits and Travesties, social and Political », 1882; « The Land of Khemi », id.; « Altiora Peto », nouvelle, 1883; « Sympneumata », 1885.

Oliphant (Mme Marguerite, née WILSON), romancière anglaise, né, à Liverpool, vers 1818. Elle publia en 1849 un ouvrage d'imagination: « Passages in the Life of Mrs. Margaret Maitland of Sunnyside »; ensuite: « Merkland, a tale of Scottish Life »; « Caleb Field, a tale of the Puritans », 1851; « Memoirs and Resolutions of A. Græme », 1852; « Harry Muir »; « Katie Stewart », 1853; « Magdalen Hepburn », 1854; « Lilliesleaf »; « Zaidee »; « The Days of my Life »; « The Athelings »; « Sundays »; « The Laird of Norlaw »; « Orphans: a Chapter in life »; « Agnes Hopettoun's Schools and Holidays »; « Lucy Crofton »; « The house on the moor »; « The last of the Mortimers »; « The Life of Edward Irving »; « The Chronicles of Carlingford »; « Salem Chapel »; « Miss Marjoribanks »; « The Rector and doctor's Family »; « Perpetual Curate »; « Heart and Cross »; « Agnes »; « Madonna Mary »; « Brownlows »; « Historical Sketches of the Reign of George the Second »; « The minister's Wife »; « John, a love story »; « The three Brothers »; « Squire Arden »; « Francis of Assisi »; « At his Gates »; « Ombra »; « Innocent »; « May »; « Rose in June »; « For Love and Life »; « The Story of Valentine and his brother »; « Whiteladies »; « The Curate in Charge »; « The Makers of Florence: Dante, Giotto, Savonarola and their City »; « Phœbe Junior »; « Son of the Soil »; « Young Musgrave »; « Carità »; « Mrs. Arthur »; « Dress »; « The Primrose Path »; « Within the Precincts »; « He that Will Not when He May »; « A Beleaguered City »; « Cervantes »; « The Greatest Heiress in England », 1880; « Harry Joscelin », 1881; « In Trust »; « The Literary history of England in the End of the Eighteenth and Beginning of the Nineteenth Century »; « A little Pilgrim in the Unseen », 1882; « Sheridan »; « Mrs. Hester »; « It was a Lover and his Lass »; « The Ladies Lindores », 1883; « Sir Tom », 1884; « Madam », 1885; « Oliver's Bride », 1885, etc.

Oliveira Martins (J.-P), membre de l'*Academia Real das Sciencias de Lisboa* et de la *Real Academia Española*, député aux Cortes, etc., né, à Lisbonne, en 1845, a publié: « Historia da civilisação iberica », 1885; « Historia de Portugal », 1886; « O Brazil e as colonias portuguezas », 1887; « Portugal contemporaneo », 1883; « Elementos de Anthropologia », 1885; « As raças humanas e a civilisação primitiva »; « Systema dos mythos religiosos », 1882; « Quadro das instituições primitivas », 1883; « O regime das riquezas », id.; « Taboas de chronologia e geographia historica », 1884; « Historia da republica romana », 1885; « Os Lusiadas, ensaio sobre Camões », 1872; « O Hellenismo e a civilisação christan », 1878; « Theoria do socialismo », 1872; « Portugal e o socialismo », 1870; « A circulação fiduciaria », 1873; « Politica e economia nacional ». Opuscules: « Th. Braga e o Cancioneiro »; « A reorganisação do Banco de Portugal »; « As Eleições », 1878; « Projects de lei de foments rural, apresentado às Cortes no sessão de 1887 »; Depuis 1885, M. O. M. dirige un journal de Porto: *A Provincia*.

Oliveira-Pires (A. DE), écrivain portugais, né, à Lisbonne, en 1839, est l'auteur des ouvrages suivants: « Le fonctionalisme »; « La question du travail dans les possessions portugaises d'Afrique »; « Les Jésuites »; et d'un nombre considérable d'articles historiques, littéraires et critiques dans plusieurs journaux, et de correspondances et revues hebdomadaires de politique européenne dans le *Journal de Commercio* et *O Seculo*, sous le nom de Arnaldo de Oliveira.

Olivier (Urbain), écrivain suisse, né, le 3 juin 1810, à Eysmis, au pied du Jura non loin de Nyon. Destiné par ses parents à être cultivateur comme eux, ce n'est qu'à quarante-six ans, en 1856, qu'il commença à écrire. Depuis cette époque, il a publié chaque année un volume de nouvelles ou de récits populaires. La collection entière se composait, en 1888, de près de quarante ouvrages, dont plusieurs sont recommandés par le Ministère de l'Instruction Publique de France pour les bibliothèques scolaires et populaires. Tous ont un but moral et même un caractère religieux. Mentionnons: « Récits du Village », 3e éd., 1870; « Les amis de noce », 1882; « Récits de chasse et d'histoire naturelle », 1857, 2e éd. 1862, 3e éd. 1875; « Les deux neveux », 1857, 2e éd. 1868; « Matinées d'automne », 1859, 2e éd. 1866; « L'Hiver », 1860, 2e éd. 1862, 3e éd. 1876; « Les jours de soleil », 1862, 2e éd. 1866; « L'orphelin », 1863, 2e éd. 1863, 3e éd. 1865; « Adolphe Mory », 1864, 2e éd. 1864; « Le manoir du

Vieux Clos », 1864, 2ᵉ éd. 1865; « La fille du forestier », 1865, 2ᵉ éd. 1865, 3ᵉ éd. 1876; « L'ouvrier », 1866, 2ᵉ éd. 1867; « Raymond, le pensionnaire », 1867, 2ᵉ éd. 1867; « L'oncle Matthias », 1868, 2ᵉ éd. 1868; « La petite côte », 1869; « La maison du ravin », 1869; « Jean Laroche », 1870, 2ᵉ éd. 1871; « Une voix des champs », 1872; « Rosette ou la danse au village », 1873; « L'interné », 1873; « Le Tailleur de Pierre », 1874; « Les bons paysans », 1875; « Un fils unique », 1876; « La paroisse des Avaux », 1877; « Betsy l'héritière », 1878; « Monsieur Sylvius », 1879; « Récits vaudois », 1880; « Ferdine ou la pension Collet », 1881; « Le voisin Horace », 1883; « La famille Boccart », 1884; « La servante du docteur », 1885; « Un jeune homme à marier », 1886; « Le retour au pays », 1887; « Au pied des bois », 1888; « Un Français en Suisse », 1889.

Olivieri (Joseph), pédagogiste et journaliste italien, né, à Montecorvino, en 1839, fit son droit à l'Université de Naples, passa à l'enseignement à l'Institut technique de Salerne (1864), fonda en 1869 *Il nuovo istitutore*, et publia plusieurs brochures, dont voici les titres : « Della lingua in attinenza alla civiltà e nazionalità dei popoli »; « Delle industrie e degli studii tecnici in Italia »; « Per la solenne distribuzione dei premii »; « In morte di Vittorio Emanuele »; « In morte di Pietro Fanfani »; « Una lite di lingua fra amici di cuore »; « In morte di Alfonso Linguiti »; « L'arte di conoscere gli uomini »; enfin : « La sapienza antica », qui a été louée par la presse italienne et par quelques journaux d'Allemagne.

Olivieri (Thomas), frère du précédent, né en 1849, docteur en médecine et chirurgie de l'Université de Naples, médecin adjoint à l'Hôpital Syphilitique de Naples, puis à celui de Castellammare. Il visita plus tard les Universités de Vienne, Prague, Leipzig, Halle et Berlin. Rentré dans sa patrie, il dirigea l'Hôpital interprovincial des Abruzzes, et en 1885, fut diplômé professeur de syphiliatrie et dermatologie à l'Université de Naples. Nous avons de lui un docte opuscule : « Sul bubbone venereo », Salerne, 1875.

Oller (Narcis), romancier espagnol, dont la carrière compte peu d'années, mais peut-être aucun écrivain espagnol n'est arrrivé à acquérir en si peu temps un tel renom, à l'étranger surtout. La Catalogne exceptée, il était encore peu connu en Espagne que déjà la France, l'Italie, et la Russie appréciaient ses travaux. A ses premiers volumes d'études détachées : « Croquis del natural » et « Notas de Color », se joignit bientôt son premier roman « La Papalana », qui avant d'avoir été traduit en espagnol sous le titre de « La Mariposa », l'avait déjà été en français par M. Savine, l'éminent critique de la littérature espagnole. « Escanza-Pobres », remarquable étude sur l'usurier vampire des populations rurales, et « Vilanin », sa dernière œuvre et la plus importante, ont solidement établi sa réputation de romancier qu'aucun critique n'a contesté. Les autres nouvelles qui complètent le volume de « La Mariposa », sont : « El chico del panadero »; « El Transplantado »; « Recuerdos de niño »; « Angustia »; « Una vizita »; « El Cafetan »; « Mi jardin »; « La peor pobreza ».

Ollivier (Olivier-Émile), avocat et homme politique français, ancien ministre, membre de l'Institut, né, à Marseille, le 2 juillet 1825, fit ses études à Sainte-Barbe et son droit à Paris; inscrit au barreau en 1847, il venait de débuter lorsque M. Ledru-Rollin le nomma en 1848 commissaire général de la République dans les Bouches-du-Rhône, et en cette qualité il réprima les émeutes de juin à Marseille. En 1849, il entra au barreau, et en 1857 fut porté candidat de l'opposition dans la 3ᵐᵉ circonscription de la Seine; soutenu par le *Siècle*, il passa au second tour de scrutin, et fut, pendant toute cette législature, l'un des membres les plus brillants de ce petit groupe de l'opposition que l'on appelait *les cinq*. En 1853, M. O. fut réélu à Paris. A l'approche des élections générales de 1869, un redoublement de bruit se fit autour du nom de M. O. qui crut le moment venu d'appeler l'attention sur l'origine et l'histoire de ses relations avec l'Empereur en publiant son livre : « Le 19 janvier » et le manifeste au pays (mars 1869). Candidat à la fois dans le Var et dans la 3ᵐᵉ circonscription de la Seine, il fut élu dans le Var et dans la courte session de juillet et pendant la prorogation qui suivit les bruits de son avènement au ministère prirent de plus en plus consistence. Le 27 décembre, M. O. fut enfin chargé par une lettre de l'Empereur, dans les formes les plus constitutionnelles, de composer le premier cabinet parlementaire. L'enfantement en fut assez difficile, car M. O. s'était tellement rapproché de la droite que les chefs du centre gauche hésitaient à entrer au pouvoir avec lui: mais le 2 janvier 1870 fut arrêtée la combinaison ministérielle qui en admettant MM. Talhouët, Louvet, Daru, Buffet, Segris, Chevaudier de Valdrôme à coté de M. O. chef du Cabinet, donnaient pleine satisfaction au centre gauche. Ce n'est pas à nous de rappeler dans cet ouvrage les événements de 1870, ni de déterminer la somme de responsabilité qui échut au Président du Conseil dans les événements politiques, dont la conséquence fut la chûte de l'Empire. Nous devons plutôt rappeler que le 7 avril 1870, M. O. fut élu membre de l'Académie française en remplacement de Lamartine. Exilé volontaire après 1870, M. O. revint en France dans le courant de 1873, et lut devant une commission académique le discours qu'il devait prononcer en séance publique; un débat s'éleva pendant cette lecture entre M. Guizot et l'auteur, qui appelait la révolution de 1830 *Un Coup d'État fait par les 221*. Cette discussion qui dégénéra en personnalités fâcheuses pour les deux adversaires, se termina par le refus absolu de M. O de se prêter à aucune modification de son discours et par un vote de la Compagnie décidant à la majorité de 20 voix contre 6 que la réception de l'ancien ministre serait indéfiniment ajournée (5 mars 1874), mais qu'elle le considérait néanmoins comme reçu (13 mars). M. O. publia aussitôt son projet de discours sous ce titre : « Lamartine, précédé d'une préface sur les incidents qui ont empêché son éloge en séance publique » : en même temps, une indiscrétion livrait à la presse la réponse de M. Émile Augier chargé de le recevoir. Un nouvel incident académique venait d'ailleurs de rappeler l'attention sur lui; il était directeur trimestriel au moment de la mort subite de M. Thiers (3 septembre 1877), mais l'Académie s'autorisant de ce que M. O. se trouvait alors à sa résidence de la Morette près de Saint-Tropez, désigna M. de Sacy pour porter la parole à ces solennelles funérailles. M. O. écrivit une lettre rendue publique pour maintenir, dans cette circonstance, l'intégrité de son droit. A quelques mois de là, une nouvelle occasion s'offrait pour lui d'exprimer ses opinions sur le rôle et la conduite de M. Thiers; c'était la réception de M. H. Martin appelé au fauteuil de l'illustre homme d'État. M. O. dut donner connaissance à la Commission, nommée à cet effet, de la réponse qu'il avait à adresser au récipiendaire. Ce discours contenait divers passages que la Commission jugea outrageants pour le mémoire de M. Thiers et elle décida d'en référer à l'Académie. Celle-ci se prononça, après de longs et vifs débats, pour la suppression des passages que M. O. refusa encore une fois d'effacer ou d'atténuer, et M. Marmier fut chargé de recevoir M. H. Martin. Les journaux annoncèrent alors que M. O. avait pris la résolution de ne plus paraître désormais aux séances ni de prendre part, en conséquence, aux travaux de la Compagnie (mai-juin, 1879). La lettre du Prince Napoléon sur les décrets du 29 mars 1880 touchant les congrégations religieuses ramena encore une fois le nom et la personnalité de M. O. dans la polémique courante. Depuis quelque temps collaborateur de l'*Estafette*, l'un des journaux dévoués à la politique du Prince, il invita dans un article signé de son nom les *prêtres éclairés* à se conformer à l'esprit de ces décrets, tout en reprochant au gouvernement de la République l'esprit qui les avait dictés. Cet article provoqua entre son auteur et M. Paul de Cassagnac une des plus ardentes passes-d'armes dont la presse bonapartiste ait donné le spectacle. M. O. avait été nommé en 1865 commissaire de surveillance du gouvernement égyptien près la Compagnie de l'Isthme de Suez à Paris. Cette fonction le fit rayer du barreau de Paris pour cause d'incompatibilité. C'était encore lui que l'Empereur, choisi pour arbitre dans les difficultés relatives à l'Isthme de Suez, avait chargé de rédiger un rapport sur le litige, et ce fut sur les conclusions de ce rapport que la sentence arbitraire fut rendue. Outre de nombreux travaux juridiques dans la *Revue pratique de droit français*, il est auteur d'un « Commentaire sur les saisies immobilières et ordres », 1859; « Commentaire de la loi du 25 mai 1864 sur les coalitions », 1864; « Démocratie et liberté », 1867; « Une visite à la chapelle des Médicis », 1872; « Le Ministère du 2 janvier, mes discours », 1875; « Principes et conduite », id.; « L'Église et l'État au Concile du Vatican », 1879; « M. Thiers à l'Académie et dans l'Histoire », 1880.

Oltramare (Marc-Jean-Hugues), théologien suisse, né à Genève, le 27 décembre 1813, fit ses études à Genève, où il fut ordonné en 1838, après avoir présenté à la Compagnie des Pasteurs un « Essai exégétique sur Romain IV ». En 1845, il fut nommé un des pasteurs de la paroisse de la Ville de Genève, ensuite professeur d'exégèse du Nouveau Testament à la Faculté de théologie (1854). En 1847, M. O. prit part à la campagne de Sonderbund en qualité d'aumônier du bataillon genevois. En 1882, il a été nommé docteur en théologie *honoris causa* à la Faculté de théologie de Strasbourg. Nous avons de lui: Commentaire sur l'Épître aux Romains », 2re partie, I, 1-V, 12 1843; 2me éd., 1881-82; « Instruction évangélique sur trois questions : Qui est Jésus-Christ? Qu'est-il venu faire? Que faire pour être sauvé? », 1845; « Catéchisme à l'usage des chrétiens réformés », 1859; 4me éd., 1877; « Le Nouveau Testament », version nouvelle, 1872, et plusieurs autres éditions; « Les Appels de la Sainte-Cène », sermon, 1857; « Exhortation adressée aux jeunes gens », sermon, id.; « La Religion, ou pourquoi sommes-nous religieux? », sermon, 1869; « La Religion, ou pourquoi sommes-nous chrétiens ? », sermon, 1870; « Jésus le prodige », 1872; « Le Salut; les Sacrements », dans les « Conférences sur les principes de la foi réformée », 2 vol., 1853 et 1854; « Calvin », discours dans « Calvin », cinq discours, 1864; « Réponse à M. l'abbé Mermillod », 1851; « Lettre à M. J.-A. Naville, président du comité de l'Alliance évangélique », 1861; « Liberté et exclusivisme », id.; « La Séparation de l'Église et de l'État », réponse à M. de Gasparin, 1869.

Omboni (Jean), naturaliste italien, professeur de minéralogie et de géologie à l'Université de Padoue depuis 1869, né à Abbiategrasso, le 29 juin 1829; il interrompit ses études de mathématiques à l'Université de Pavie pour prendre part en 1848 aux campagnes de l'indépendance italienne; il les reprit en 1851, et entra dans l'enseignement privé en 1853. Nous avons de lui les livres suivants et une quantité d'opuscules scientifiques insérés aux *Atti della Società Italiana di Scienze naturali* de Milan, de 1855 à 1886: « Sunto delle lezioni di geologia », du prof. G. Balsamo-Crivelli à l'*Istituto d'Istruzione superiore scientifica* de Milan, Milan, 1851; « Elementi di Storia naturale », id., 1852-57; « Cenni sullo stato geologico dell'Italia », id., Vallardi, 1856; « Museo di Scienza ed Arte », id., id., 1858, 1859, 1860; « Primi elementi di Scienze Naturali e d'Igiene », id., Maisner e C., 1863; « Manuale di Storia Naturale », id. id.; « Guida elementare per lo studio pratico della Mineralogia », id., id., 1868; « Geologia dell'Italia », id., id., 1869; « Compendio di Mineralogia e Geologia », id., id., 1871; « Come s'è fatta l'Italia. Saggio di Geologia popolare »; « Mineralogia », 1877; « Le nostre Alpi e la pianura del Po », 1879; « Primi elementi di Fisica, Chimica e Mineralogia », 1887; « Primi elementi di Storia Naturale ed Igiene », id.; « Manuale di Storia Naturale », id.; « Manuale di Storia naturale per Ginnasi e Licei », en 5 vol., id.; « Principii di Fisica, Chimica e Igiene », id.; « Principii di Storia Naturale », 1877; « Rocce e fossili », Padoue, 1889.

Omboni (Titus), voyageur italien, né, à Canonica Gerra d'Adda, en 1811; médecin et chirurgien en 1836, professeur de géographie à Casale Monferrato, capitaine de cavalerie à l'armée italienne (1848-49), chef d'État-Major à la colonne mobile commandée par le brave Lucien Manara. En dehors d'une collaboration à diverses revues de géographie, nous avons de lui: « Viaggi nell'Africa occidentale », Milan, Civelli.

Ominus (Ernest-Nicolas-Joseph), médecin français, né, aux environs de Mulhouse, le 6 décembre 1840, commença ses études médicales à la Faculté de Strasbourg, les termina à Paris en 1866, et fit, sous la direction de M. C. Robin, des études approfondies de physiologie. Membre du jury à l'Exposition Universelle de Vienne (1873), il gagna le grand prix de médecine et de chirurgie pour ses applications de l'électricité à la médecine (1876). La santé de sa femme et aussi un peu la sienne ont engagé M. le docteur O. à s'établir dans le Midi. Désirant faire quelque chose d'utile pour son nouveau pays d'adoption, il a pris l'initiative d'une société qui a créé à la Turbie-sur-Mer, près Monaco, un établissement médical, sous le nom d'*Hôtel Sanitas*. M. le docteur O. a fondé en 1886, sous le titre de *Midi Médical*, un journal semi-mensuel d'hygiène et de climatologie, et, plus récemment, *La Santé au Soleil*, ancien *Midi Médical*, qui ne s'occupe pas seulement de médecine et d'hygiène, mais aussi de science, de littérature et beaux-arts. Nous avons de lui: « Théorie dynamique de la chaleur dans les sciences biologiques », 1866; des « Mémoires sur les mouvements de l'intestin »; « La contraction des fibres lisses »; « Les mouvements choréiques etc. »; « Du langage considéré comme phénomène automatique », 1873; « Les déformations de la plante des pieds, spécialement dans les enfants », 1876; « Des déformations du pied et des troubles généraux déterminés par les chaussures à talon haut et étroit », 1877; « Étude physiologique et clinique des surfaces en contact avec le sol », 1881; « Des déformations du pied et de la jambe », 1882; une nouvelle édition de son « Traité d'électricité médicale », 1887; une troisième édition du « Guide pratique d'électrothérapie » est actuellement sous presse. M. le docteur O. a publié, en librairie, une étude qui avait paru dans la *Revue des Deux-Mondes*, sous le titre: « De la Psychologie dans les drames de Shakespeare ».

Omont (Henri), né, à Évreux, le 15 septembre 1857; archiviste-paléographe, bibliothécaire au département des manuscrits de la Bibliothèque Nationale. Collaborateur du Catalogue général des manuscrits des Bibliothèques de France, de la Bibliothèque de l'École des Chartes, de la *Revue des Études grecques*, etc. Publications: « Inventaire des manuscrits du Supplément grec de la Bibliothèque Nationale », 1884; « Inventaire des manuscrits grecs de la Bibliothèque Nationale », 4 vol., 1886-89; « Fac-similés des manuscrits grecs des XVᵉ et XVIᵉ siècles de la Bibliothèque Nationale », 50 pl., 1887; « Catalogue général des manuscrits grecs des départements », 1886; « Catalogue général des manuscrits des départements: Rouen, Évreux, Alençon, Avranches, Dijon, Bourges, Moulins, Vendôme, Chartres, etc. », 1886-89; « Notes sur les manuscrits grecs du *British Museum* », 1884; « Catalogue des manuscrits grecs de la Bibliothèque de Belgique », 1885; « Catalogue des manuscrits grecs des Bibliothèques de la Suisse », 1886; « Catalogue des manuscrits grecs des Bibliothèques des Pays-Bas » 1887; « Georges Hermonyme, maître de grec à Paris, suivi d'une notice sur les collections des manuscrits de Jean et Guillaume Budé », 1885; « Catalogue des manuscrits grecs de G. Pélicier, évêque de Montpellier », 1886; « P.-L. Courrier et la tache d'encre du manuscrit de Longus de Florence », 1885; « Notice sur un très ancien manuscrit grec en onciales des Épîtres de Saint-Paul », 1889; « Les débuts de la typographie grecque à Paris (1507-1516) », 1889; « Grégoire de Tours, histoire des Francs, manuscrits de Corbie et de Bruxelles », 1886-89.

Oncken (Auguste), économiste suisse-allemand, frère de l'historien Wilhelm O., né, à Heidelberg, le 10 avril 1844, étudia les sciences politiques à l'Université de cette ville ainsi qu'à celles de Munich et de Berlin, et administra, de 1865 à 1871, un grand domaine dans l'Oldembourg. Le goût de l'enseignement académique finit par l'emporter chez lui sur la pratique agricole. Il débuta en 1872 comme *privat Docent* à l'école impériale d'agriculture de Vienne, où il fut nommé en 1877 professeur extraordinaire, fut appelé la même année en qualité de professeur ordinaire au Polytechnicum d'Aix-la-Chapelle, occupe, depuis 1878, la chaire d'économie politique à l'Université de Berne, et a été chargé, en 1886, de l'organisation et de la direction du séminaire pour l'émigration et les consulats. Les principaux ouvrages de M. O. sont d'après l'ordre de leurs dates : « Considérations sur l'idée de la statistique », Leipzig, 1870 ; « L'Exposition universelle de Vienne », Berlin, 1873 ; « Adam Smith et son rôle dans l'histoire de la civilisation », Vienne, 1874 ; « Adam Smith et Emmanuel Kant », id., 1877 ; « L'agrarisme en Autriche », id., id. M. A. O. a fondé en 1886 la revue : *Contributions Bernoises pour l'histoire de l'économie politique*, et en est demeuré le principal rédacteur. Il y a inséré, entr'autres articles : « Mirabeau l'ancien et la Société économique de Berne », 1886 ; « La maxime du laissez faire, laissez passer, son origine et ses phases diverses », id.

Ongania (Ferdinand), chef de la maison de librairie qui porte son nom, la plus importante en Italie pour tout ce qui regarde les éditions de grand luxe, est né, à Venise, le 18 juillet 1842. Il succéda à la maison Munster et Cie et appelant au secours de la typographie l'héliotypie, il commença dès lors à publier une série d'ouvrages de la plus haute valeur. Citons, entre autres : « La Basilica di San Marco », ouvrage de première classe, publié sous les auspices de S. M. la Reine d'Italie. Au catalogue de M. O. on rencontre aussi la traduction en français de la « Vita dei Veneziani » de Molmenti.

Onguella (Charles-Reynier-Coutinho, baron DE BARSELINHOS vicomte d') avocat, homme de lettres portugais, député aux Cortes, sociologue, né, à Lisbonne, le 30 juillet 1830 ; il fréquenta les écoles de la capitale et fut reçu docteur *in utroque* à l'Université de Coïmbre. Son éloquence au barreau et aux assemblées politiques lui ouvrit la carrière politique. Il a été procureur général aux finances et appartient comme journaliste et comme député au parti démocratique. En dehors d'une quantité d'articles aux journaux politiques et littéraires, nous avons de lui six volumes d'études de sociologie, sous le titre : « Os Saloes », et un ouvrage espagnol : « El Ultimo verdugo ».

Oort (Henri), théologien hollandais, né, le 27 décembre 1836, à Eemnes, province d'Utrecht ; docteur en théologie en 1860, pasteur de 1860-73, depuis professeur, d'abord à Amsterdam, puis à Leide. Nous avons de lui : « Dissertatio de pericope Num. XII, XXIV historiam Bileami continente », traduite en anglais par Colenso évêque de Natal ; « Les sacrifices humains en Israël », 1865 ; « Douze paradoxes de Jésus » ; « La Bible pour la jeunesse » ; « Les derniers siècles du Royaume d'Israël », 1877-78 ; enfin : « Evangelie en Talmud, uit het vogpunt der Ledelykheid vergeleken », 1881 ; « Atlas von Bybelsche ei Kerkelijke geschie denis », 1884.

Oppepin (Louis), littérateur français, fils d'un pauvre menuisier chargé de famille, Louis-Gabriel O., est né, à Varzy (Nièvre), le 7 février 1831. D'abord instituteur à Saint-Martin d'Heuille, il fut en 1866 appelé à Nevers, pour y diriger l'école du Château, la première du département. M. O. a publié des vers dans la *Revue de la Poésie*, la *Revue de la Jeunesse*, l'*Union littéraire*, l'*Arc-en-ciel*, la *Tribune lyrique* la *Revue des Poètes*. Il a publié en volumes : « L'Hospitalité suisse envers l'armée française » ; « Un cri du cœur », et « Brises du Soir ». Il est membre de la Société des Arts et des Sciences de Poligny, de l'Académie des Poètes, de l'Académie des Muses Santones, de l'Académie Mondino de Goudouli, de celle d'Apt et de Saintes, de l'Académie des Lettres, Sciences et Arts de la Provence. M. O. est officier d'Académie.

Oppert (Jules), orientaliste français, né, à Hambourg, le 9 juillet 1825, fit ses études classiques dans sa ville natale, et s'appliqua d'abord aux mathématiques. Il alla ensuite étudier le droit à Heidelberg, mais le goût pour la philologie le fit passer à l'Université de Bonn, où il suivit le cours de sanscrit de Lassen et celui d'arabe de Freytag. En 1847, après deux années d'études à Berlin, il alla prendre le grade de docteur en philosophie à l'Université de Kiel, avec une thèse sur le droit criminel des Hindous : « De Jure Indorum criminali ». Il étudia ensuite le zend et l'ancien persan et publia à Berlin un ouvrage : « Lautsystem des altpersischen », 1874, sur le système vocal de cette dernière langue. Il vint à Paris en 1847 et fut nommé professeur d'allemand aux lycées de Laval et de Rheims, et publia dans la *Revue archéologique* et le *Journal asiatique* divers mémoires qu'il a recueillis sous le titre : « Les inscriptions des Achéménides », 1852. Ces travaux attirèrent sur lui l'attention de l'Institut et il obtint de faire partie sous Fulgence Fresnel de l'expédition scientifique envoyée par le Gouvernement français en Mésopotamie. De retour (1854), M. O. se livra avec ardeur au déchiffrement des inscriptions cunéiformes. Ses services lui valurent la grande naturalisation. De 1855 à 1856, il reçut du Ministre de l'Instruction Publique la mission d'explorer l'Angleterre et l'Allemagne en étudiant les monuments renfermés dans les musées, et une chaire de sanscrit à la bibliothèque impériale ; en 1873, il fut nommé professeur de philologie et d'archéologie assyriennes au Collège de France. En dehors de plusieurs importantes mémoires dans l'*Athænum français*, aux *Annales de philosophie chrétienne*, etc., M. O., a publié : « Les études assyriennes et l'Expédition scientifique de France en Mésopotamie », 1858 ; « Les inscriptions cunéiformes déchiffrées une seconde fois », 1859 ; « Grammaire sanscrite », id. ; « Éléments de la grammaire assyrienne », 1860 ; « État actuel du déchiffrement des inscriptions cunéiformes », 1861 ; « Les inscriptions assyriennes des Sargonides et les fastes de Ninive », 1863 ; « L'Honover, le verbe créateur de Zoroastre », 1868 ; « Les fastes de Sargon », 1863 ; « Grande inscription de Khorsabad », 1864 ; « Histoire des empires de Chaldée et d'Assyrie », 1866 ; « Mémoire sur les rapports de l'Égypte et de l'Assyrie dans l'Antiquité », 1869 ; « Babylone et les Babyloniens », 1869 ; « La chronologie biblique », 1870 ; « Les Inscriptions de Dour-Sarkayan », id. ; « Mélanges perses », 1872 ; « L'immortalité de l'âme chez les Chaldéens », 1875 ; « Salomon et ses successeurs », 1877 ; « Documents juridiques de l'Assyrie et de la Chaldée », id. ; « Le peuple et la langue des Mèdes », 1879, etc.

Opzoomer (Adèle-Sophie-Cordélie), femme-auteur hollandaise, née, à Utrecht (Hollande), le 21 juillet 1856, on lui doit : « Der Sturz des Hauses Alba », tragédie en cinq actes, en langue allemande ; « Johan de Witt », tragédie en deux actes, idem ; « Prins Willem III en Johan de Witt » ; « Noordsche Schetsen » ; « Igweedsche poëzie » ; « In dagen van Stryd » ; « Vorstenqunst » ; « Gerda », légende du Nord.

Orano (Joseph), avocat et homme politique italien, né, à Cagliari, en 1841 ; docteur en droit à l'Université de sa ville natale, il se perfectionna à Turin et composa un livre : « La libertà economica e la civiltà », qui lui valut en 1868 la chaire d'économie à l'*Istituto di Studi Superiori* de Florence. En 1872, il fut appelé à Rome, où il publia « La criminalità nelle sue relazioni col clima », Rome, 1882 ; « Recidiva nel reato », id., 1883. Aux élections générales de 1882, il fut un des députés de sa ville natale. M. O. est un avocat distingué et un économiste très moderne.

Ordinaire (Dionys), publiciste, poète et homme politique français, est né, à Jongue (Doubs), en 1826. Ancien élève de l'école normale, il a exercé près de trente ans le professorat. Il a écrit une « Mythologie », une « Rhétorique nouvelle », 1866 ; il a collaboré à la *Revue des Deux Mondes*, à la *Revue politique et littéraire* (Revue Bleue) ; il fonda en 1871 la *Petite République française*. Élu membre de l'Assemblée nationale en 1871, il représente encore le département du Doubs à la Chambre des députés. Comme poète, il a publié chez Lemerre un petit volume rabelaisien, critique et jouailleur, intitulé : « Mes Rimes ».

Orgels (Léopold-Marie-Émile-Léon-Louis), ingénieur belge, né, à Bruxelles, le 19 juin 1859. Après avoir acquis à l'Université de sa ville natale des connaissances très étendues en sciences physiques et naturelles, en médecine et en pharmacie, et avoir fait comme interne un stage dans les hôpitaux, il créa un laboratoire d'analyses chimiques et microscopiques, puis s'associa avec M. Jules Jassin, de la Société Royale belge de médecine publique, pour fonder à Bruxelles la maison Orgels et Jassin, qui s'occupe des applications industrielles de la chimie et de l'électricité. Rédacteur aux journaux *L'Économiste*, *Le Commerce et l'Industrie*, etc., M. O. a signé avec son associé M. Jassin et avec un ingénieur de Rome, membre de l'Association de la presse italienne, M. Ernest Todros, un « Rapport sur les gisements pétrolifères de S. Giovanni Incarico (Terra di Lavoro, Italie) », Bruxelles, 1870. Le voyage qu'il fit dans la péninsule pour recueillir les éléments de ce rapport, et qu'il prolongea avec intention, lui a fourni en outre le sujet d'un très intéressant et très enthousiaste opuscule : « Une exploration en Italie (Italia farà da sè ; Le commerce ; L'agriculture ; L'industrie ; Le pétrole en Italie ; Questions ouvrières », Bruxelles, 1890.

Ormós (Sigismond), écrivain et homme politique hongrois, préfet du Comitat de Temesvar, né, dans le département d'Arad, le 13 février 1813. Après des études sérieuses, il entra en 1835 dans l'administration du Comitat de Temesvar et le 4 juin 1849 fut nommé député. La révolution vaincue, il fut condamné à 4 ans de prison pour crime d'État, mais amnistié le 17 juin 1870. M. O. est membre de l'Académie des sciences de la Hongrie, possède une collection de deux-cent tableaux des écoles italiennes et une collection de médailles qui contient plus de 8000 pièces. Il est président de la Société historique et archéologique de la Hongrie méridionale, société fondée par lui. Nous donnons la liste complète de ses ouvrages : « Vengeance sanglante » (Véres boszu), roman, 2 vol. (indépendant), 1839 ; « Le polonais fugitif » (A bujdosó lengyel), conte, publié dans l'*Almanach Rémeny*, 1840 ; « La roche de la sorcière » (A banya sziléja), croquis historique, 2 vol., 1858 ; « Essais sur l'histoire des arts » (Adatoka nuovészet történetébez), 1 vol., 1859 ; « Souvenirs de voyage » (Utazávi emlékek), 6 vol., contenant la description des voyages de l'auteur dans l'Allemagne, surtout au point de vue de l'art, 1860-63 ; « Cornelius Peter », biographie parue dans la *Publication de l'Académie des Sciences*, 1862. Cet ouvrage a paru aussi en allemand dans la traduction de M. Kentbeny à Berlin en 1866 ; « L'église de Fóth au point de vue de l'art » (Fóth müvérzeti szempontból), brochure, 1862 ; « La statue du Comte Étienne Széchényi et le réalisme dans la sculpture » (A Széchényi szobocés a szobocés a szobrâszat realismusa), 1863; « La galerie Eszterhazy au point de vue de l'histoire des arts » (A herczeg Eszterházy képtar mütorténelmi leirása), 1 vol.; « La vie de Kupeczky » peintre hongrois du XVIIe siècle; « Santi Rafael d'Urbino », biographie, 1 vol., 1867; « Les ruines de Pompéi », publiées dans la revue de la Société historique et archéologique de la Hongrie méridionale et la même année aussi en brochure séparée, 1867; « Mémoire du préfet Ignace Murányi », 1869; « Giorgione Barbarelli di Castelfranco », croquis historique, 1 vol., 1875; « Le sculpteur Joseph Engel », biographie publiée dans le feuilleton du journal *Pesti Napló*, 1877; « Excursion en Roumanie » (Kirándulás Romániába), études, 1880; « L'histoire de la civilisation hongroise sous la dynastie des Arpàd, jusqu'au XIVe siècle » (Arpádkori müvelödésünk Aörténete), 1 vol., 1881; « Réminiscences » (Viffzaemlêkeresek), description de voyages en Italie, 1 vol., 1885.

Orsi (le Comte Alexandre), électricien italien, né, à Villanova (Mondovì), en 1818. Nous avons de lui: « Nuove teorie sull'elettricità e sulla luce », Turin, Roux-Favale, 1879.

Orsi (Pierre), fils du précédent, né en 1863; docteur ès-lettres de l'Université de Turin 1884; professeur d'histoire de 1884 à 1887 au Lycée de Potenza; par concours, il gagna une bourse de perfectionnement et alla étudier à Paris et à Londres; à son retour, professeur au Lycée de Catane. Il collabore à la *Rivista Storica italiana* et à la *Revue Historique*. Ouvrages: « Cenni storici su Villanova Mondovì », Mondovì, 1881; « Saggio bio-bibliografico su Giovanni Bottero », id., 1882; « Un libellista del secolo XI (Bensone Vescovo d'Alba) », Turin, Bocca, 1884; « L'anno 1000 », id., id., 1887; « La Basilicata », Potenza, 1887; « La storia d'Italia narrata da scrittori contemporanei agli avvenimenti », Turin, Bocca, 1888.

Orsi (Delfino), frère du précédent, né en 1868, fit ses études à Turin, où il fut reçu docteur ès-lettres en 1888. Il est professeur au Lycée d'Asti. Il dirige la Société philarmonique de Villanova Mondovì, et s'occupe surtout de théâtre. Nous avons de lui une étude critique intitulée: « Il teatro in dialetto piemontese », Milan, Civelli, 1889.

Orsi (François), médecin, professeur et savant italien, né, à Sant'Angelo Lodigiano, en 1828, reçu docteur à l'Université de Pavie en 1855; professeur de clinique médicale à l'Université de Gênes en 1864, à Pavie depuis 1866. Nous avons de lui beaucoup de mémoires insérés aux *Annali universali delle scienze*, à la *Liguria medica*, au *Giornale d'anatomia e fisiologia patologica*, à la *Gazzetta medica Lombarda*, au *Giornale delle malattie cutanee e sifilitiche*, au *Morgagni*. Citons les titres: « Sulle affezioni cutanee parassitarie »; « Analisi critica sulla dottrina dell'erpetismo »; « Dell'anemia, della clorosi e della melanemia »; « Fonti della medicina clinica »; « Nota intorno a certi corpuscoli trovati sul reticolo malpighiano in un individuo morto per perufico cronico »; « Sulle malattie del sangue »; « Asporazioni ed attualità della medicina pratica »; « Caso di tumore intracranico diagnosticato nella sua precisa sede »; « Caso gravissimo e complicato di empiema sinistro, felicemente trattato colla paracentesi »; « Frammenti di patologia e terapia generale »; « Un caso di peraplegia isterica trattata e rapidamente guarita coll'elettricità »; « Caso di tricoclorosi »; « La clinica medica e il Consiglio Ospitaliero di Pavia »; « Alcune osservazioni cliniche ed anatomiche sui tumori cerebrali »; « Caso di trasposizione totale dei visceri toracici addominali »; « Lezioni di patologia e terapia speciale medica », deux vol., 1878-79; « Caso di Ematuria renale amorfa con doppia intermittenza »; « Curiosità cliniche: I. Episodio nella storia del *bacillus malariæ*; II. Di un caso di diabete mellito, curato al suo esordire e per mesi colla carne; III. Bizzarrie geografiche del *bacillus malariæ*; IV. La portata scientifica del mio primo articolo delle *Curiosità Cliniche*; V. Due fratelli affetti da ipermegalia muscolare, paralitica progressiva; VI. Sei individui d'una stessa famiglia colpiti da idruria; VII. Esoftalmia doppia da meningite basilare essudativa-suppurativa; VIII. Esoftalmia sinistra nel corso della tubercolosi miliare acuta; IX. Carcinosi epatica acuta e gigantesca; X. Ofteosarcoma sternale e costale, simulante l'aneurisma toracico multiplo; XI. Aneurisma multiplo del torace e semplice delle succlavie; XII. Tre individui d'una stessa famiglia colpiti di Pirocatechinuria; XIII. Di alcune forme latenti di diabete zuccherino; XIV. Caso di tumor tubercolare della midolla allungata; XV. I disinganni delle localizzazioni cerebrali »; « Lezioni di Patologia e Terapia speciale medica », 2e éd., Milan, Rechiedei, 1882; « Carcinosi epatica, acuta gigantesca »; « Osteosarcoma sternale e costale simulante l'aneurisma toracico multiplo »; « Aneurisma multiplo del torace e semplice ».

Orsi (Paul), archéologue italien, né, en 1859, à Rovereto. Il fit ses études à Vienne, à Padoue et à Rome, où il fut reçu docteur en philologie. On a de lui: « Topografia del Trentino all'epoca Romana », Rovereto, 1880; « Viaggio archeologico nelle vallate occidentali del Trentino »; « Le antichità preromane e cristiane di Vezzano », dans l'*Archivio Storico* de Rome, 1881; « Un gruppo di æs gravi, trovati a Trento », id., 1882; « Scoperte archeologiche-epigrafiche del Trentino », dans l'*Archeol. Epigr. Mittheilungen* de Vienne, 1882; « Un ripostiglio di bronzi dell'età del ferro, trovato presso Caldaro, ed illustrato », dans les *Annali degli Alpinisti Tridentini*, 1882; « La stazione litica del Colombo di Mori, e l'età della pietra nel Trentino », dans le *Bull. Palent.* de Reggio-Emilia, 1882.

Ortega Munilla (José), romancier distingué, auteur de « La Bigarra », qui fut son œuvre de début, et de plusieurs autres romans. Directeur du supplément littéraire de *El Imparcial*, où il fait toujours la première chronique. Marié avec la fille du propriétaire de *El Imparcial*, qui était très riche, il hérita le journal à la mort de son beau-père.

Orth (Jean), médecin allemand, né, le 14 janvier 1847, à Wallmerod (jadis Granduché de Nassau), étudia la médecine à Heidelberg, Wurzburg et Bonn et en 1870 fut nommé assistant à l'Institut pathologique de Bonn, et attaché au prof. Biudfleisch. En 1872, devenu prof. libre, il enseigna l'anatomie pathologique dans cette ville, et en 1873 il fit passage à l'Institut pathologique de Berlin en qualité d'assistant à la chaire tenue par le célèbre professeur Virchow. Depuis 1878, nommé prof. ordinaire d'anatomie pathol. générale à l'Université de Gottingue, il est en même temps directeur de l'Institut pathol. de cette ville. Nous citons ici les ouvrages : « Compendium der pathologisch anatomischen Diagnostik », A. Hirschwald, Berlin, 1876, réimprimé en 1884 et dernièrement en 1888; « Cursus der normalen Histologie », A. Hirschwald, Berlin, 1878, ouvrage qui a bien mérité l'honneur de cinq éditions; « Lehrbuch der speciellen pathol. Anatomie », 1 vol., A. Hirschwald, Berlin, 1887-1889. Il a publié aussi un grand nombre d'articles dans le *Virchow's Archiv.*, dans la *Berl. Klin. Wochenschr.* dans l'*Arch. f. exp. Pathol. und Pharm.* et dans plusieurs autres revues scientifiques et journaux spéciaux allemands.

Ortolan (Eugène), musicien, publiciste, ancien ministre plénipotentiaire, né, à Paris, le 1er avril 1824, est le fils du célèbre jurisconsulte professeur à la Faculté de droit de Paris, le neveu du capitaine de vaisseau Théodore Ortolan. Docteur en droit, M. E. O. entra dans le service des relations extérieures, comme attaché à la direction des archives le 15 mars 1849, et le 26 avril suivant à la direction des Consulats. Élève-consul le 15 janvier 1854, commis principal le 31 décembre 1860, rédacteur le 21 décembre 1866, il fut nommé, le 1er février 1880, Consul général. En cette qualité, il fut appelé le 26 avril suivant à faire partie du Comité consultatif du contentieux près le Ministère des affaires étrangères, et au mois de novembre (même année), chargé des fonctions de secrétaire de la conférence internationale pour la protection de la propriété industrielle. Envoyé à Melbourne comme Consul général le 24 décembre 1881, il fut promu Ministre plénipotentiaire le 1er mai 1884, puis sur sa demande admis à la retraite. Il est auteur d'un ouvrage intitulé : « Des Moyens d'acquérir le Domaine international et de l'équilibre politique ». Très épris de la musique, élève de Berton et d'Halévy, M. E. O. est l'auteur d'un opéra-comique en 2 actes, intitulé : « Lisette », paroles de C. Lauvaye, représenté au théâtre Lyrique en 1855; un autre opéra comique en un acte; « La momie », paroles d'Émile de Najac, a été représenté en 1857; un oratorio : « Tobie », paroles de Léon Halévy, a été exécuté avec succès. M. E. O. pouvait continuer cette carrière fort bien commencée, mais entré au Ministère des affaires étrangères, il a consacré son temps et sa plume aux travaux de cette administration, travaux qui ne se publient pas ou qui du moins restent impersonnels; il n'a donc signé que son ouvrage sur l'« Équilibre politique » et quelques articles séparés.

Oscar II (Frédéric), Roi de Suède et de Norvège, né, à Stockholm, le 21 janvier 1829, succéda à son frère Charles XV le 18 septembre 1872. Destiné à la Marine, il prit part de bonne heure à plusieurs expéditions, soit comme cadet ou officier, soit comme commandant d'escadre. Il suivit les cours de l'Université d'Upsal sous la direction de l'historien Carlson et voyagea sur le continent. Il fut couronné solennellement à Stockholm le 12 mai 1873 et à Drontheim, comme Roi de Norvège, le 18 juillet. Il réorganisa l'armée, les chemins de fer et l'instruction secondaire spéciale. En 1872 une convention monétaire fut conclue avec le Danemark ; une nouvelle législation sur la navigation commerciale entra en vigueur en mai 1874; en 1876 fut introduit le système métrique, etc.; il fit un voyage dans la Laponie norvégienne jusqu'au Cap-Nord en 1873. Il visita les cours de Russie et de Berlin (mai-juillet 1875). S. M. le Roi O. II a occupé ses loisirs non sans succès à des travaux littéraires. Nous avons de lui une monographie de « Charles XII », traduite en allemand, Berlin, 1875; « Ur svenska flottans minnen », poésies, 1877; les traductions du « Cid » de Herder, et du « Tasso » et « Faust » de Goethe. Cette dernière traduction lui valut le titre de membre de l'Académie des sciences de Berlin (1878).

Oser (Frédéric-Henri), poète suisse, né, à Bâle, le 29 février 1820, fit ses études littéraires et théologiques dans les établissements d'instruction secondaire, puis à l'Université de sa ville d'origine, fut consacré en 1842 au Saint-Ministère et voyagea pendant une année à travers l'Allemagne, autant pour en visiter les musées et s'y livrer à des recherches artistiques que pour se préparer à sa future vocation. Le clergé Bâle-campagne bâlois compte peu de membres aussi actifs et aussi dévoués. D'abord suffragant dans deux paroisses, de celles de

Diegten (1843) et de Waldenbourg (1845), il passa ensuite plusieurs années dans sa ville natale (1867-1885), en qualité d'aumônier des prisons; depuis 1885, il exerce de nouveau les fonctions pastorales à Benken près d'Arlesheim dans la vallée de la Birse. Les poésies lyriques de M. O. sont aussi remarquables par la fraîcheur et la délicatesse des sentiments que par l'harmonie du rhythme. Voici l'énumération chronologique des différents recueils livrés par lui à la publicité: « Les cantiques dits de la Croix et de la Consolation », composés à l'occasion d'un double deuil personnel, 1856, 2ᵉ éd. augmentée, 1865; « Anthologie lyrique », 1858; « Recueil de Lieder 1842-1874 », 1875; « Vivre et agir. Sentences rimées », 1878; « Tercets spirituels », 1882; « Cantate de Noël en 3 parties », musique de M. Haller, 1883; « L'art suisse, album », 1884; « Nouveaux chants, 1874-1884 », 1885; « Frère Adolphe », idylle monacale, 1886, édition populaire, 1887; « Histoires pour la jeunesse », 1888.

O'Shea (Jean-Auguste), journaliste irlandais, né, à Dublin, en 1840, élevé à l'Université catholique de sa ville natale; correspondant militaire du *New-York Herald* pendant la guerre Austro-Prussienne (1866); en 1869, correspondant du *Standard* qu'il servit pendant la campagne de France (1870-71). C'est dans cette circonstance que soupçonné d'espionnage il fut condamné à mort par une cour martiale allemande, siégeant à Rheims. S. M. l'Empereur Guillaume, sur les instances d'un collègue de la presse militaire, suspendit l'exécution de la sentence. M. O'S. prit part à la campagne carliste comme correspondant de journaux anglais et américains et fut par eux envoyé aux Indes y faire du reportage sur la terrible famine qui sévissait au Bengale; il est aussi auteur de contes et nouvelles insérées aux principaux *Magazines*.

Osma (Antigio DE), pédagogiste italien, né, le 21 juin 1828, à Casaloldo di Asola (province de Mantoue), issu d'une famille originaire d'Espagne, fit ses études gymnasiales à Mantoue, lycéales à Desenzano et obtint le diplôme (1862) de professeur de littérature à l'Académie scientifico-littéraire de Milan. Volontaire en 1866, il rentra après la guerre dans la vie civile, s'adonna à l'enseignement privé et après avoir fondé plusieurs institutions en Lombardie (Revere, Cividale, Feltre), passa en 1880 au service de l'État comme professeur de littérature à l'Institut Technique de Sassari en Sardaigne. Nous avons de lui: « Manuale del comporre italiano »; « Corso di storia della letteratura italiana ».

Ossochine (Nicolas), né, à Saint-Pétersbourg, en 1833, étudia à l'Université de la capitale et à celle de Kazan, où depuis 1868 il occupe la chaire d'histoire universelle, après un séjour assez long en Italie. Nous avons de lui plusieurs ouvrages dont nous donnons les titres en français: « Savonarola et Florence », 1865; « Attendolo Sforza et la Reine Jeanne II », couronné, 1866; « Discours économiques sur l'histoire italienne », 1867; « Olivier Cromwell », id.; « Histoire des Albigeois jusqu'à la mort d'Innocent III », 1869; « La Monarchie napolitaine », 1873; « La première Inquisition ou la conquête du Languedoc par les Français », Kazan, 1872; c'est la suite à l'« Histoire des Albigeois »; « L'Europe occidentale dans la première moitié de notre siècle », id., 1885; « Histoire du moyen-âge », 2 vol., 1888-89; « Historiographie du Moyen-âge », 1888; « Tables généalogiques des Carlovingiens et de toutes les autres dynasties jusqu'à 1888 », Kazan, 1888.

Osten-Sacken (Charles-Robert baron D'), naturaliste russe, né, à Saint-Pétersbourg, en 1828, où il fit ses études. Il parcourut la carrière diplomatique, fut consul-général à New-York (1862), quitta le service en 1873, revint en Europe en 1877. Nous avons de lui (en anglais): « Catalogue descriptif des diptères de l'Amérique Septentrionale », 1ʳᵉ éd., 1858; 2ᵐᵉ éd. en 1878; « Monographie des diptères de l'Amérique Septentrionale », en collaboration avec le Dʳ H. Loew, 4 vol., 1862-73; « Prodrome d'une monographie des Labanides de l'Amérique du Nord », 1875-77; « Diptères occidentaux », 1877. Il a collaboré aux *Actes des Sociétés d'histoire naturelle* de Boston, de Philadelphie et aux journaux *Entomology monthly magazine* et *Steltiner entom. Zeitung*.

Ostrozyński (Ladislas), jurisconsulte polonais, rédacteur du *Prawnick*, né, en 1857, à Stanisławów en Gallicie. Après avoir terminé ses études au Gymnase de Stanisławów, il se fit inscrire d'abord à la Faculté de philosophie, et ensuite à la Faculté de droit de Léopol, à laquelle il fut reçu docteur en droit en 1882. Admis au barreau en 1887 en qualité de conseil judiciaire pour affaires criminelles, il fut nommé en même temps agrégé du droit à l'école Supérieure d'agriculture de Dablany, après quoi ayant écrit une dissertation sur la « Nécessité actuelle », il obtint en 1887 la *venia legendi*, comme agrégé de droit pénal et d'instruction criminelle à la Faculté de Léopol. Nous avons de lui: « De la responsabilité de l'État pour les actes illégaux de ses agents », Léopol, 1884; « Du délit d'adultère », id., 1885; « De la nécessité actuelle », id., 1886; « Perduellio et crimen majestatis », Varsovie, 1886; « Le procès de Zółkiowiki-Stwiertma » (en allemand), Léopol, 1886; « Le procès de l'attentat sur la personne de Stanislas-Auguste Roi de Pologne, (3 nov. 1771) », Cracovie, 1889 (en polonais).

Ostwald (Guillaume), chimiste russe, professeur de chimie à l'Université de Leipzig, membre de la Société des Sciences de Saxe, né, le

2 septembre 1853, à Riga (Russie), a fait ses études aux écoles de son pays natal et à l'Université de Dorpat. De 1875 à 1879, il fut assistant de physique et de chimie à Dorpat, en 1878 il devint professeur libre et en 1880 il fut nommé professeur de chimie au Polytechnique de Riga, où il resta jusqu'à 1886, époque à laquelle il fut appelé à l'Université de Leipzig pour y occuper la place de prof. de chimie. Il est auteur d'un traité de chimie intitulé: « Lehrbuch der allgemeinen Chemie », deux vol., Engelman, Leipzig, 1884–1887; ainsi que de nombreux articles de chimie parus dans la *Zeitschrift für physikalische Chemie*, dans le *Classiker der exacten Wissenschaften* et dans le *Journal für practische Chemie*.

Oswald (Jean-Henri), philologue allemand, professeur de dogmatique, exégèse et linguistique au Lycée de Braunsburg, né, le juin 1817, à Dorsten (Westphalie), a fait ses études à Forsten, Münster et Bonn. En dehors de nombreux articles épars dans le *Katol. Magaz.* de Münster, on lui doit plusieurs ouvrages très importants, parmi lesquels il nous faut citer: « Dogmatische Mariologie », Paderb., 1850; « Dogmatische Lehre von den Leil. Sacramenten », deux vol., Münster, 1856–1857, 4me éd. 1877; « Eschatologie, Lehre von den letzten Dingen », Paderb., 1868, 4me éd. 1879; « Lehre von der Heiligung », Paderb., 1872, 3me éd. 1885; « Die Erlösung in Christo Jesu », deux vol., Paderb., 1877, 2me éd. 1877; « Religiöse Urgeschichte der Menschenheit », id., 1881, 2e éd. 1887; « Angelologie, Lehre von den Engeln », id., 1883; « Schöpfungslehre », id., 1885; « Dogmat. Theologie », 2 vol., id., 1887–1888; « De institutionis theologicæ via ac ratione », id., 1850; « Orationes Academicæ tres de S. Eucharistia », id., 1855.

Ott (Émile), écrivain et jurisconsulte de Bohême, professeur de droit à l'Université de Prague, né, dans cette ville, en 1846. Parmi ses ouvrages d'une valeur incontestée, nous citerons: « Receptionsgeschichte des röm. canon. Processes in den böhm. Ländern », Prague, 1879. Il a publié plusieurs écrits en tchèque et on le regarde comme un des plus éminents jurisconsultes de sa patrie.

Ottenfels (Mme la baronne DE), fille du Comte Louis d'Affry et de la Comtesse Lucie, née marquise de Maillardoz et, tenant par eux à deux des plus anciennes familles de la Suisse, est l'arrière petite-fille du landamann d'Affry, avec qui Napoléon conclut l'acte de médiation de 1803. Née à Fribourg en Suisse en 1842, elle épousa à 20 ans le baron d'Ottenfels, alors conseiller d'ambassade d'Autriche à Rome et plus tard ministre d'Autriche-Hongrie à Berne. C'est à la représentation de deux pièces aussi fines qu'humoristiques: « Chez le Dentiste » et un « Decret d'exil », que l'auteur dut ses premiers succès littéraires, confirmés plus tard sur un autre terrain par la publication de plusieurs petits poèmes très remarqués à la *Revue des Deux Mondes*, à la *Revue internationale* de Rome, et à la *Nouvelle Revue*. Elle a publié depuis quelques traductions en vers de Heine qui comptent parmi les meilleures du genre; et le recueil de poésies récemment paru (1888) chez Lemerre, sous le titre de « Bouquet de pensées », a valu à l'auteur les suffrages les plus flatteurs de nos grands poètes contemporains: « J'y trouve — a dit Sully-Prudhomme « — une élégance toute féminine par la grâce, « unie à une fermeté toute virile dans la facture. « La forme en est aussi pure que l'inspiration « est élevée, et l'auteur aborde et dompte avec « un égal succès toutes les difficultés intimes « de notre art ». Cette appréciation s'appliquait tout particulièrement à la pièce capitale du volume: « L'ouverture d'un Musée », où dans des strophes aussi puissantes d'allure que d'émotion, l'auteur nous retrace tour-à-tour les œuvres sculpturales, les succès et la mort prématurée de sa sœur, la duchesse Colonna, si célèbre dans le monde des arts sous le pseudonyme de *Marcello*. Ces œuvres sont réunies aujourd'hui au « Musée Marcello », à Fribourg en Suisse.

Ottenthal (Émile), historien autrichien, docteur en philosophie, professeur d'histoire universelle à l'Université d'Innsbruck (Tyrol), conservateur de la commission Impériale et Royale pour les monuments historiques et de l'art à Vienne, né, à Taufers (Tyrol), le 15 juin 1855, commença ses études au Gymnase de Brixen, et les acheva aux universités d'Innsbruck, Vienne et Berlin. On lui doit: « Die Aeltesten Rechnungsbücher der Herren von Schlandersberg », paru dans les *Mittheilungen d'öst. Institutes*, deux vol., Innsbruck, Wagner, 1881; « Excurse zu Ottonischen Diplomen », dans le même périodique; « Die Bullenregister Martin V », dans les *Mittheilungen d. Inst. II. Ergänzungsband*, Innsbruck, Wagner, 1885; « Regulæ cancellariæ apostolicæ », id., id., 1888; « Archiv bericht aus Tirol », en collaboration avec M. O. Redlich, dans les *Mittheilungen der III sect. der K. K. Central-commission*, un vol., Vienne, 1888–89. Au moment où nous écrivons M. O. prépare une nouvelle édition de: « Böhmer Regeste imperii », pour les années 919–1024.

Ottino (Joseph), bibliographe italien, né, à Turin, le 4 mars 1841; ses études lycéales achevés, il entra dans les affaires de librairie, et débuta comme commis de la maison Loescher à Florence; MM. Bocca et Munster, libraires, confièrent à M. O. la rédaction de la « Bibliografia italiana ». Il écrivit alors les mémoires suivants: « Brevi cenni di bigliografia »; « Biblioteca tipografica italiana »; « Appunti sulla storia della tipografia in Italia »; « Di Bernardo Cennini e dell'arte della stampa in Firenze »; « La stampa periodica, la tipografia e la libreria in Italia ». M. O. est actuellement éditeur à Milan, il a succédé à la maison Brigola.

Oudemans (Corneille-Antoine-Jean-Abraham) médecin hollandais, professeur de Botanique à l'Université d'Amsterdam, secrétaire universel de l'Académie Royale des Sciences à Amsterdam, chev. de l'étoile du Nord de Suède, officier de la Couronne d'Italie, membre de plusieurs institutions savantes des Pays-Bas et de l'étranger, né, à Amsterdam, le 7 décembre 1825. Il fit ses premières études sous la direction de son père, fréquenta le Gymnase d'Amsterdam et étudia la médecine à l'Université de Leyde, qui lors de son 300me anniversaire décerna à son élève distingué le titre de docteur en philosophie *honoris causa*. En 1841 il devint docteur en médecine, en 1847 conférencier de Botanique à l'école de clinique de Rotterdam, et en 1859 il fut choisi comme successeur du célèbre professeur F.-A.-W. Miquel à l'Université d'Utrecht. Actuellement, M. O. occupe la chaire de Botanique à l'Université d'Amsterdam. En dehors de plusieurs articles publiés dans presque toutes les revues et journaux spéciaux hollandais, et particulièrement dans les *Hedwigia, Nederlandich, Archives Néerlandaises*, publiés par la Société Hollandaise de Sciences d'Harlem, on lui doit bon nombre d'ouvrages de botanique, parmi lesquels nous nous bornerons à citer les plus importants: « Leerboek der Plantenkunde », 4 vol., 1886-1870; « Flora van Nederland », 1re éd. parue en 1859, et la 2e en 1872; « Ueber den Sitz der Oberhaut bei den Luftwurzeln der Orchideen », 1861; « Annotationes criticæ a capuliferas nonnullas Javanicas », 1865; « Handleiding tot de Pharmacognosic van het planten en dierenrijk », 1re éd. 1865, 2me éd. 1880; « Leerboek der Plantenkunde », 1 vol., 1883, etc.

Oudemans (Jean-Abraham-Chrétien), astronome hollandais, directeur de l'Observatoire à Utrecht, né, le 16 décembre 1827, à Amsterdam, étudia à Leyde, où il prit ses grades en 1843. Précepteur de mathématiques au Gymnase de Leyde (1847), observateur à l'Observatoire astronomique, il fut nommé en 1856 professeur d'astronomie à l'Université d'Utrecht, mais l'année d'après il quitta cette chaire ayant été nommé ingénieur en chef du service géographique aux Indes Orientales Néerlandaises, et en 1876 reprit ses cours d'astronomie à l'Université d'Utrecht. M. O. a publié : « Dissertatio astronomica, exhibens observationes, ope instrumenti transitorii portabilis institutas », Lugd. Bat., 1852; « Divers rapports sur ses observations à l'Observatoire de Leyde, et sur ses calculs d'orbites de planètes et de comètes », publiés dans les *Astronomische Nachrichten;* « Description d'un instrument universel de Repsold », dans le programme du *Gymnasium* de Leyde, 1852; « Détermination de l'orbite de la comète d'Arresto », dans les *Mémoires de l'Académie des Sciences* d'Amsterdam, ainsi que: « Observations faites pendant deux ans de la plupart des étoiles variables connues », 1854 et 1856. Dans les *Comptes-Rendus* de cette Académie: « Recherche sur le diamètre, l'aplatissement et la direction de l'axe de rotation de Mars », 1852; « Calcul de l'orbite de Proserpine », 1850 (après son départ aux Indes, son successeur Hoch calculait les tables de Proserpine, qui furent ensuite pour le calcul, adoptées par Neugebauer à Breslau); « Sur la détermination de la longitude géographique par l'observation d'égale hauteur d'une étoile et de la lune », 1857; « Détermination du diamètre de la lune », 1859; « Méthode de déterminer le rayon de courbure des surfaces sphériques réfléchissantes », 1860; « Sur une meilleure méthode pour faire les mesures héliométriques à l'occasion d'un passage de Vénus sur le Soleil », 1871; « Rapport sur les observations faites aux Indes Orientales, pour les officiers de la marine et les ingénieurs du service géographique, Metzger, Woldingh et Teunisp, sur le passage de Vénus en 1874 », 1876; « Biographie de F. Karier », 1876; « Théorie de la lunette pancratique de M. Donders », 1878; « Sur la détermination des distances focales de lentille à court foyer », 1878; « Sur l'orbite annuelle que les étoiles décrivent par l'aberration annuelle », 1870; « Sur les constellations, consultées par les Javanais pour régler l'agriculture », 1881; « Le problème de Snellino (vulgo de Pothenot), résolu par Ptolémée », 1884; « Sur le pouvoir du téléscope de 10 pieds de Huygens », id. ; « Sur la vérification de quelques kilogrammes, suivi d'un coup d'œil sur les travaux des commissions néerlandaises pour les poids et les mesures, de 1799, 1838 et 1856 », 1887. Puis dans le *Naturkundis Füdschrift*, publié par la Société physique à Batavia: « Rapports sur le calcul des tables pour la Société d'Assurance de la vie et de rentes viagères de Batavia », 1863; dans le *Indische Gids :* « Est-il possible de prédire dans les régions tropicales la sècheresse et la famine? », 1880; « Ilmoe Alam, c'est-à-dire, Cosmographie pour les écoles des indigènes aux Indes Orientales », 5 vol., 1875 à 1895 (pour le gouvernement colonial); « De Sterrenhesnel », par F. Kaiser, 4me éd. 1888; « La Triangulation de Java », 1875 et 1878; elle sera continuée.

Ouïda, voyez *Ramée* (Louise DE LA).

Oursel (Noémi-Noire), femme-auteur française, né, à Rouen, le 15 octobre 1847. Elle a publié : « Nouvelle biographie normande », Paris, Picard, 1886 : « Supplément », 1888 ; « Un Philanthrope qu'il faut connaître », inséré dans le *Voleur illustré*, 1887 ; « René Normand et ses lettres sur le Tonkin », id., id., id. ; « L'âge de la Normandie », apologue, id., id., 1888. Plusieurs articles biographiques et autres dans *La Normandie littéraire*, etc., etc.

Oursel (Paul), consul de France, sous-chef de Bureau au Ministère des affaires étrangères, né, à Paris, le 22 février 1848. Licencié ès-lettres et licencié en droit, entré au Ministère des affaires étrangères en 1875, il a collaboré à la *Revue Libérale*, au *Monde poétique*, etc. Il a publié : « Les essais de lord Macaulay », étude critique in-8º, Hachette, 1882 ; cet ouvrage a obtenu une mention de l'Académie Française aux concours littéraires de 1883.

Ouspensky (Théodore), professeur ordinaire à l'Université d'Odessa, né, au gouvernement de Kostroma, en 1845; après avoir fait ses premières études à Kostroma, il fut en 1867 enregistré au nombre des étudiants de l'Université de Saint-Pétersbourg à la Faculté d'histoire et de philologie. Il termina le cours de ses études en 1871, et fut attaché à l'Université en qualité de candidat à la chaire d'histoire universelle. En 1872, il publia son ouvrage sur l'histoire des Slaves occidentaux, couronné par la Société des SS. Cyrille et Méthode. En 1874, il subit à l'Université de Saint-Pétersbourg les examens de professorat, et après avoir présenté à la faculté de la même Université sa thèse sur l'écrivain byzantin Nicète Acominate, il fut reconnu *magister* d'histoire et nommé professeur-adjoint à l'Université d'Odessa. En 1879, il publia son travail sur la formation du second royaume bulgare, couronné par l'Académie des sciences, pour lequel il reçut le titre de docteur d'histoire et fut promu au grade de professeur ordinaire. Une série de ses recherches a pour objet : 1º « La question de propriété foncière à Byzance » ; 2º « Les cadastres byzantins ». Plusieurs articles concernant ces questions sont imprimés dans le *Journal du ministère de l'instruction publique* (1882-87), d'autres dans divers recueils : « Les agrimenseurs byzantins », dans le second volume des *Bulletins du VI Congrès archéologique*, tenu à Odessa ; sur « La pronie », dans le recueil publié à l'occasion du jubilé du professeur Lamansky. Outre cela, il a publié : « Sur la question d'Orient », Saint-Pétersbourg, 1887 ; « Russie et Byzance au Xe siècle », Odessa, 1888 ; « Une page d'histoire roumaine », dans la *Revue historique ;* « Problèmes des études d'histoire byzantine », dans le journal héllénique *Deltion*, 1887. En ce moment il est en train de publier un livre sur l'« Histoire de la civilisation byzantine » (évolution religieuse et scientifique).

Ouverleaux (Jules-Émile), érudit belge, né, à Ath, en 1846. Conservateur-adjoint à la Bibliothèque Royale de Bruxelles, section des Manuscrits, il a publié des études fort intéressantes de bibliographie, de géographie et d'histoire, collaborant tour-à-tour aux journaux de critique, au *Bulletin de la Société Royale belge de géographie*, à la *Revue des études juives* de Paris surtout. Il faut citer de lui : « Notice sur une inscription hébraïque découverte à Béjar », Bruxelles, 1882 ; « Notes et documents sur les juifs de Belgique sous l'ancien régime », id., 1885 (contribution extrêmement remarquable à l'histoire religieuse de la Belgique) ; « Notice historique et topographique sur Leuze », id., 1886. M. O. est un des savants qui dirigent en ce moment à Bruxelles la reproduction, sous le titre : « Atlas des villes de la Belgique au XVIe siècle », des cent plans dressés par le géographe Jacques de Deventer à la demande de Charles V et de Philippe II, et il a fourni déjà à cette belle publication le texte qui accompagne le plan de Lessines.

Ováry (Léopold), écrivain hongrois, membre fondateur de la Société d'histoire nationale de Naples, membre correspondant de l'Académie *Pontaniana* de Naples, chevalier de l'ordre de la couronne d'Italie, décoré de la médaille d'argent à la valeur militaire italienne, ex capitaine de la légion auxiliaire hongroise en Italie, correspondant de Budapest du journal florentin *La Nazione*, naquit en 1834 à Veszprém en Hongrie. Il acheva ses études à Pest et à Vienne. En 1859 il fut directeur du journal *Aradi Hiradó*, et dans la même année, il publia un volume de contes sous le titre « Emlény ». Émigré en Italie, où il prit part à nos campagnes de 1860, il épousa à Naples la sœur de M. Henri Pessina et dès lors il se dédia presque entièrement aux études historiques et diplomatiques. Avec M. De Sanctis, de 1864 à 1866, il dirigea *L'Italia* de Naples, et plus tard, tout seul, *Il progresso nazionale*. En 1866, il publia la version italienne des « Constitutions représentatives » de Biedermann. L'Académie Royale hongroise publia ses recherches sur l'histoire hongroise en Italie, ses dissertations sur les Archives de Naples (1874), sur le traité d'alliance entre Louis I roi de Hongrie et Charles VI roi de France (1877). La société historique hongroise publia aussi ses dissertations sur les Archives Farnésiens de Naples et sur les origines historiques angévines (1877) de même que ses notices sur la campagne napolitaine de Louis I roi de Hongrie et sur le règne de Charles et de Ladislas de Durazzo. En outre, on doit à cet écrivain distingué « Correspondances diplomatiques du Pape Paul III et du cardinal Alexandre Farnése, relatives à la Hongrie », Budapest, 1879, édition de l'Académie hongroise des sciences ; « Diplomatarium Relationum Gabrielis Dethlen cum venetorum republica 1619-1630 », Budapest 1886 (édition publiée par l'Académie Hongroise), et plusieurs dissertations historiques publiées dans le *Szdzadok*, organe de la Société hist. hongr.

Overbeck (François), exégète et historien suisse-allemand, né, le 16 novembre 1887, à

Saint-Pétersbourg, passa ses premières années en Russie et en France, reçut son éducation secondaire dans un gymnase d'Allemagne, et fréquenta pour l'étude de la théologie les Universités de Goettingue, de Leipzig, de Berlin, de Jena. Ce fut dans cette dernière qu'il débuta en 1864 comme *privat Docent* pour l'histoire ecclésiastique et l'exégèse du Nouveau-Testament. L'Université de Bâle se l'adjoignit en 1870 comme professeur extraordinaire, en 1872 comme professeur ordinaire; celle de Jena, pour lui témoigner sa sympathique gratitude, le nomma, lors de son départ pour la Suisse, docteur en théologie *honoris causa*. M. O. qui a fait preuve, en des matières délicates, d'une remarquable indépendance de pensée et d'une rare pénétration scientifique, a fait successivement paraître: « Deux opinions sur le témoignage de Papias relatif aux Actes des Apôtres et au IV⁰ Évangile », 1867; « Commentaire sur les Actes des Apôtres », Leipzig, 1370 (4ᵐᵉ édition remaniée de l'ouvrage de De Welte); « Les origines et le droit théologique d'une conception purement historique des écrits du Nouveau-Testament », Bâle, 1871; « La lettre pseudo-justinienne à Diognète », id., 1872; « Les rapports de l'apologie de Justin Martyr avec les Actes des Apôtres », id., id.; « Du caractère chrétien de la théologie actuelle », 1873; « Études historiques sur l'Église primitive », Chemnitz, 1878; « Du Conflit entre Pierre et Paul à Antioche chez les Pères de l'Église », Bâle, 1877; « La correspondance d'Augustin et de Jérome », 1879; « L'Histoire du Canon », Chemnitz, 1880; « Les commencements de la littérature patristique », 1882. Plusieurs des mémoires publiés par M. O. ont d'abord paru dans la *Revue pour la Théologie scientifique* de Hilgenfeld et la *Revue historique* de Sybel.

Overbeck (Jean-Adolphe), archéologue allemand, né, à Anvers, le 27 mars 1826, et neveu du célèbre peintre Frédéric O., étudia à Hambourg et à Bonn, où il eut pour maîtres Welker et Ritschl, et où prit ses grades pour l'enseignement de l'archéologie. Professeur extraordinaire à Leipzig (1853), professeur ordinaire et directeur du Musée archéologique (1856) qui lui dut une réorganisation complète. Ses principaux ouvrages sont: « Galerie heroischer Bildwerke der alten Kunst », 1851-53; « Geschichte der griech. Plastick », 1857; 4ᵐᵉ éd., 1880-82; « Pompeij in seinen Gabäuden », 1856; 4ᵐᵉ éd., en collaboration avec A. Man, 1884; « Griech. Kunstmythologie », 1871-90; « Archæologische Miscellen », 1887. M. O. a en outre écrit de nombreux mémoires publiés séparément ou dans le *Musée du Rhin*, le *Journal d'archéologie*, les *Rapports* de la Société des Sciences de Saxe, etc.

Owen (Sidney-Georges), latiniste anglais, *lecturer* des littératures classiques à l'Université Victoria de Manchester, né, à Twyford dans la Comté de Hants, le 2 novembre 1858, étudia à Bristol et au Collège Balliol d'Oxford, où il sut remporter plusieurs honneurs universitaires. Nous avons de lui: « Ovid Tristia Book I. The text revised with an introduction and notes », Oxford, Clarendon Press, 1885; « I. Ovidi Nasonis Tristium Libri V. Editio critica cum apparatu critico prolegomenis, etc. », id., id., 1889; « Ovid Tristia Book III, with introduction und notes », id., id., 1889.

Ozelli (Aloys D'), jurisconsulte et professeur suisse, né, le 18 janvier 1827, à Zurich d'une illustre famille originaire de Locarno, mais émigrée au XVIᵐᵉ siècle sur les bords de la Limmat pour cause de religion, commença à l'Université de cette ville des études de droit continuées à Berlin, où il prit en 1849 son doctorat. Des séjours de quelque durée à Paris et à Londres le familiarisèrent avec les procédés usuels et les méthodes scientifiques adoptées en France et en Angleterre. Immédiatement après le retour de M. d'O. en Suisse, l'Université de Zurich se l'attacha en qualité d'abord de *privat Docent* (1853), puis de professeur extraordinaire (1858-64-71-72), et enfin de professeur ordinaire (1873) pour l'histoire du droit et le droit germanique. L'activité de M. d'O. s'est également exercée avec succès dans le domaine philanthropique, politique, administratif. Dès 1855, il provoqua dans son Canton la formation d'une société pour la protection des détenus libérés et la réforme pénitentiaire. De 1862 à 1869, la Cour d'appel de Zurich le compta au nombre de ses membres. L'un des chefs les plus autorisés du parti conservateur libéral, il siégea, de 1869 à 1878, au Grand Conseil et prit part à toutes les discussions importantes, surtout à l'ordre juridique. Le Conseil fédéral le choisit, de 1884 à 1886, pour l'un de ses délégués aux conférences internationales tenues à Berne et qui aboutirent à la création d'un office pour les droits d'auteur. M. d'O. est depuis 1885 membre de l'Institut pour le droit international; il fait aussi partie de l'association internationale littéraire et artistique. Nous mentionnerons, parmi ses publications, les plus importantes: « Le jury en France et en Angleterre », Zurich, 1852; « Études sur le serment juridique », id., 1858; « Le droit matrimonial pour les biens d'après les sources juridiques de la Suisse Orientale » (*Revue pour le droit suisse*), 1854-56; « L'organisation générale en Suisse pour le droit de change » (id.), 1862; « La protection du droit d'auteur en Suisse » (id.), 1866; « L'Équité » (Dictionnaire politique de Bluntschli, 1856-70); « La famille d'après le droit suisse et le droit germanique » (*Revue mensuelle de l'association scientifique zuricoise*), 1859; « Statistique des prisons et de la législation en Suisse et les tendances unificatrices » (*Revue de droit international et de législation* *comparée*), 1872-73; « La peine de mort en Suisse » (id.), 1879; « Du développement de la législation en Suisse depuis 1872 » (id.), 1880-81; « Le droit des étrangers en Suisse et le congrès socialiste » (id.), 1882; « La conférence internationale pour la protection des droits d'auteur » (id.), 1884-86; « L'unification du droit pénal en Suisse est-elle opportune et peut-elle s'exécuter ? » (*Mémoires de la Société des juristes suisses*), rapport lu à Saint-Gall, 1869; « Les écoles de droit et la littérature juridique en Suisse » (brochure écrite à l'occasion du jubilé de Bluntschli), Zurich, 1879; « Le droit public de la Confédération suisse », fait partie du « Droit public actuel », par Marquardsen, 1885; « La loi fédérale suisse sur les droits d'auteur », dans le *Domaine littéraire artistique*, Zurich, 1884; « La protection internationale des droits d'auteur » (*Zeit-und Streitfragen* d'Holtzendorff), Hambourg, 1887. L'un des fondateurs de la *Revue pour le droit suisse*, M. d'O. a inséré de nombreux articles dans ce recueil, ainsi que dans la *Feuille centrale pour la jurisprudence*, la *Bibliographie suisse*, la *Revue critique trimestrelle*, etc.

Ozelli (Jean-Conrad d'), orientaliste et professeur suisse, fils du précédent, né à Zurich, le 25 janvier 1846, entreprit de solides études théologiques et philosophiques dans sa ville d'origine, à Lausanne, à Erlangen, à Tubingue, se tourna plus spécialement vers la philologie sémitique et suivit à Leipzig les cours de Fleischer. En 1869, à son retour en Suisse, la Maison des orphelins de Zurich le choisit pour aumônier, en 1871 il débuta à l'Université en qualité de *privat Docent*; l'Université de Bâle se l'attacha en 1876 comme professeur extraordinaire, en 1881 comme professeur ordinaire. M. C. d'O, dans lequel le parti évangélique salue un de ses représentants les plus capables, est docteur en philosophie de l'Université de Leipzig depuis 1871, docteur et théologie depuis 1885. Nous signalerons comme ses principaux écrits : « Les synonymes hébraïques de temps et d'éternité, expliqués philologiquement et génétiquement », Leipzig, 1871; « A travers la Terre-Sainte » (*Journal de voyage*), Bâle, 1878; 3me éd., 1884; « L'immutabilité de l'Évangile des Apôtres », id., 1879; « Les prophéties de l'Ancien-Testament relatives à l'accomplissement du Royaume de Dieu », Vienne, 1882 (traduction anglaise, Édimbourg, 1885; « Les Prophètes Isaïe et Jérémie » (dans le *Commentaire* de Strack et Jöckler), Nordlingen, 1887; « Les 12 petits prophètes », id., 1888. M. C. d'O. a également fourni de nombreux articles pour la 2me édition de la *Real-Encyclopédie* de Herzog.

P

Pacchiotti (Hyacinthe), insigne médecin italien, professeur de pathologie et de clinique chirurgicale à l'Université de Turin, conseiller communal, assesseur pour l'hygiène, né à San Cipriano près de Voghera, le 15 octobre 1820, fit ses études classiques à Oneille, universitaires à Turin. Il fonda en 1850 l'*Associazione medica degli Stati Sardi* qui 10 ans après devint l'*Associazione medica italiana*, dont les *Actes* contiennent une quantité de mémoires très intéressants et souvent mentionnés dans ce *Dictionnaire*. — M. P. a écrit une foule de monographies, beaucoup d'articles dans les journaux et revues spéciales. Citons d'abord : « Sur la syphilis transmise par le Vaccin », traduit en toutes les langues européennes; « Sulla fognatura di Torino », 1884; « Contro la politica sanitaria inaugurata in Italia contro il Cholera nel 1884 », discours prononcé au Congrès des médecins italiens à Pérouse en 1886; « La vaccinazione antirabbica scoperta da Pasteur », Turin, 1886; « Sulla tutela dell'igiene e della sanità pubblica », Rome, 1888; « Contro la doppia canalizzazione », Turin, 1889; « Note sur les avantages du système de tout à l'égout »; en français, Paris, 1889.

Padelletti (Dino), géomètre italien, professeur universitaire de mathématiques, tour-à-tour à l'*Istituto Superiore tecnico* de Milan (1875-77), à Palerme (1877-79), à Naples (79-90), né à Florence, le 18 janvier 1852, étudia les sciences mathématiques à l'Université de Pise et aux écoles Politechniques de Zurich et de Dresde. Il a publié plusieurs mémoires insérés au *Civilingenieur* de Leipzig, au *Giornale di Matematiche*, aux *Comptes-rendus* du *Regio Istituto Lombardo*, de l'Académie des *Lincei*, de la Société des sciences naturelles et économiques de Palerme et de l'Académie Royale des *Scienze fisiche e matematiche* de Naples; voici les titres des principaux : « Regolatori a forza centrifuga », Florence, 1874; cet ouvrage a été tiré en volume à part: « Sulla teoria dei poligoni e curve funicolari »; « Principii della teoria dei quaternioni elementarmente esposti »; « Osservazioni sulla teoria delle Dinami »; « Sulle analogie fra la teoria della statica e quella dei momenti d'inerzia ».

Padiglione (Charles), généalogiste italien, né à Palerme, le 10 octobre 1827, apprit les belles-lettres au *Collegio dei Nobili* de sa ville natale; prit part aux guerres de l'Indépendance de 1848-49 et à la défense de Venise. De retour à Naples, il fut arrêté et ensuite surveillé par la police ; mis en prison une seconde fois (1853), et exilé dans ses terres jusqu'à 1859. Sous le Gouvernement national, il fut nommé bibliothécaire de la *Brancacciana* de Naples. Nous avons de lui : « Il Blasone di Baviera », 1859 ; « Dei segni che indicavano sulle tombe degli antichi cavalieri il genere della loro morte », 1860 ; « Cenni sull'ordine del Santo Sepolcro di Gerusalemme », id. ; « Cenno sulla Casa Filangieri », id. ; « Le divise dei più illustri personaggi di Casa Gonzaga », 1864 ; « L'arme di Dante Alighieri », 1865 ; « Del significato della voce *Genealogia* », id. ; « Dello stemma veneto nel reale di Savoia » ; « Etimologia del nome di Savoia » ; « Gli ordini cavallereschi di Alessandro Gonzaga » ; « Il F. E. R. T. di Casa Savoia » ; « Genealogia della famiglia Quaranta » ; « Genealogia della famiglia Gagliardi » ; « Intorno alle osservazioni sulla nuova arma del Regno d'Italia » ; « Tavole storico-genealogiche della Casa Candida già Filangieri » ; « La nobiltà napoletana », 1880 ; « Della Casa Rocco », id. ; « Come il titolo di Duca del Sasso sia devoluto alla Corona », 1881 ; « La Casa De Portis », 1883 ; « Famiglia Manzoni », 1887 ; « Delle livree », 1889 ; « La Città di Santa Maria Capua Vetere », id. ; « I Concorsi in Italia ! » Naples, 1887 ; « Norme pratiche per la formazione dei cataloghi alfabetici o per materie e degli indici per specialità bibliografiche », id., id.

Paganelli (Spiridion), littérateur grec, né, à Corinthe, en 1832, fit ses études à Athènes et débuta par un ouvrage sur l'« Occupation militaire en Thessalie et en Épire ». Dans la revue grecque *La Semaine* il a publié deux études dignes de remarque : « Sur les cimetières d'Athènes » et « Les nuits d'Automne » ; ensuite : « La philanthrophie à Athènes » ; « Au de là de l'Isthme » ; « La Crète et les Crétois » ; « Sœur Marthe », dans laquelle se trouvent des renseignements sur l'île de Delos et les fouilles faites par l'école française. M. P. est un auteur sentimental et religieux et chérit les traditions populaires. Il a été longtemps directeur d'un journal de l'opposition.

Pagani (Gentile), paléographe et archiviste italien, né, à Milan, le 3 juin 1833, fondateur et propriétaire de la revue illustrée : *Raccolta milanese di storia geografica ed arte*, bibliothécaire de la Commune de Milan. Après une jeunesse difficile, il réussit à se faire connaître en 1859 et entra bientôt à l'*Avanguardia*, journal fondé par Garibaldi. Nous avons de lui : « La questione del Papa », 1863, 2ᵉ éd. 1882 ; « Le principali vicende della nostra patria », 1866 ; « La nostra dimora. Manualetto di Geografia », 1870 ; « Storia del servizio municipale degli incendi in Milano », 1873, 2ᵉ éd. 1887 ; « Famiglia Labus di Coslino, Cattaro, Brescia e Milano », sous le pseudonyme de *D. M.* ; « Le antiche commemorazioni della battaglia di Legnano », 1876 ; « L'archivio civico di Milano », 1874, 2ᵉ éd. 1880 ; « Saggio di carnevalografia ambrosiana », 1884 ; « Del teatro in Milano avanti il 1598 », 1884 ; « Progetto di derivazione d'acqua potabile e diluente per Milano », 1884 ; « Ricordo di Casale Brianza », 1886.

Pagano (l'abbé Vincent), philosophe italien, né, à Diamante (Calabre), en 1832, entra dans les ordres et dès 1856 inséra des articles littéraires au *Poliorama Pittoresco*, au *Giuseppe Parini* et à l'*Epoca*, journaux napolitains. En 1861, il publia un ouvrage intitulée : « Diritto della nazionalità italiana », suivi deux ans après par « Il diritto universale », 2 vol., qui devait servir pour ainsi dire de préface à l'*Enciclopedia universale*. M. l'abbé P. n'est pas seulement un philosophe ; c'est aussi un lettré. Nous avons de lui dans le champ des belles-lettres les ouvrages suivants : « Studii filologici » ; « Il Mediterraneo » ; « Dei poemi epici » ; « Studii Danteschi », et de 1882 à 1887, il a inséré dans la revue *Il Propugnatore*, de Rome : « Della lingua e dei dialetti d'Italia » ; « L'Eneide e i poemi epici ad uso delle Scuole di Liceo » ; « Studi sopra Dante Alighieri » ; « Pier delle Vigne in relazione col suo secolo » ; « Critica letteraria intorno alla censura di Ugo Foscolo sopra il sonetto di Onofrio Minzoni » ; « Notizie storiche e letterarie del barone e poeta Galeazzo di Tarsia ». Enfin, nous devons ajouter que l'abbé P. a fondé à Naples un Athénée de sciences morales qui porte le nom de *Mario Pagano*. Appartiennent à la même famille MM. Pasquale Pagano, président du Tribunal, auteur de l'« Introduzione allo studio della giurisprudenza », et Bernard Pagano, receveur des contributions, collaborateur à plusieurs journaux et revues de jurisprudence, enfin le chanoine Alexandre P. théologien, auteur de « Gli Studii Biblici », de « Gli Studii ecclesiastici », des « Discorsi sacri ».

Pagès (Alphonse), littérateur français, né, à Paris, en 1838, a collaboré à l'*Homme libre*, aux *Nouvelles de Paris*, au *Globe*, à l'*Avenir national*, etc. Il avait rédigé pendant le siège de Paris *La France nouvelle*. Alphonse Pagès a donné au théâtre : « Misanthropie et repentir », traduit de Kotzebue, 1863 ; « Molière à Pezenas », 1867 ; « La citerne des Feuillants », drame en cinq actes, en prose, 1868 ; « L'honneur du nom », drame, 1869 ; « Colombine avocat pour et contre ». M. P. a fondé l'*Écho de la Sorbonne*. Il a publié : « Balzac moraliste » ; « Amadis de Gaule » ; « Les grands poètes français » ; « Les victoires de l'amour », roman ; « Un arrêt d'outre-tombe », id. ; « Hélène Roland », id. ; « Un miracle en commandite », id. ; « Le Mystère de Mantes », id. ; « Le Billet sanglant », id. ; « L'Homme au six-cent-mille francs », ces trois derniers romans, chez Henry Havart. M. P. a précédemment publié une « Histoire illustrée de la littérature française ».

Paget (Mlle Violette), plus connue sous le pseudonyme de *Vernon Lee*, femme de lettres anglaise établie à Florence, née en 1856. Nous avons d'elle: « Studies of the XVIIIth century in Italy », 1880; « Belcaro », 1881; « The prince of the 100 soups », 1883; « Ottilie », id.; « Euphorion », 1884; « Miss Brown », 1885; « Baldwin », 1885; « Juvenilia », 1887.

Paggi (Félix), chef pendant longtemps de la maison de librairie de Florence qui portait son nom et qui maintenant porte celui de ses neveux Roberto Bemporad e figli, né, à Sienne, en 1822? Cette maison très importante partage avec la maison Paravia une belle notoriété à cause des ouvrages d'éducation et d'instruction primaire et secondaire qu'elle lance sur le marché. Elle se distingue sur toutes les autres par la pureté du style. M. P. a su découvrir plusieurs écrivains pédagogistes de première force. Citons entre autres MM. Alfani, Dazzi, Lorenzini, Vecchj, et mesdames Ida Baccini, Conti-Carotti, Emma Perodi, etc. MM. Bemporad, successeurs de M. Paggi, suivent parfaitement la route que leur oncle a tracée.

Pagliara (Roch), critique musical et compositeur italien, bibliothécaire du Conservatoire de musique de Naples (San Pietro a Maiella), né, à Baronissi (prov. de Salerne), le 26 mars 1856. Il étudia à Naples, débuta dans l'enseignement, collabora à la *Gazzetta di Napoli*, et après un séjour en Hollande et en Allemagne, obtint par concours la place de Bibliothécaire. En dehors de plusieurs traductions du français et d'un petit poème lyrique intitulé: « La Canzone dei ricordi », mis en musique par M. Martucci, nous avons de lui: « Intermezzi musicali », études sur Florimo, Rossini, Wagner, Martucci, Donizetti, etc.; « Romanze e fantasie », poésies lyriques, Milan, Ricordi; « Riflessi Nordici », traduction de l'allemand, Naples, Santojanni et Bideri.

Pagnini (César), pédagogiste italien, né à Pistoia, en 1836, fils d'un instituteur, suivit la profession paternelle et enseigna les mathématiques au Gymnase Forteguerri de sa ville natale (1857-71). Ensuite directeur de l'Orphelinat Puccini (1871-90), il publia: « Trattato di aritmetica teorico-pratico per le scuole ginnasiali e tecniche », Florence, Paggi éd.; « Trattato di Geometria per le scuole secondarie », Milan, Maisner; « Geometria pratica per le scuole normali », id.; « Prime nozioni di Geometria », id.; « Compendio di aritmetica », id.; « Primi elementi di aritmetica », id.; « Problemi di matematica pura ed applicata », id.; « Raccolta di problemi sopra ogni regola dell'aritmetica », Pistoia, Rossetti; « Primi elementi di disegno lineare e di geometria pratica », Turin, Paravia; « Corso di disegno lineare », id., id.; « Compendio di grammatica italiana », id., id.; « Abbaco per la prima classe elementare », Florence, Paggi.

Paige (Marie-Joseph-Gustave), conservateur des archives et de la Bibliothèque de la principauté de Monaco, né, à Paris, en 1838, d'une famille bordelaise. Il fit son droit (1856); et en 1862 fut diplomé archiviste paléographe à l'École des Chartes. Sa thèse: « Les seigneuries du Languedoc et en particulier les seigneuries des Juifs », fut couronnée en 1863. Il entra ensuite aux archives nationales qu'il quitta en 1881, organisa le Musée historique et paléographique (1867), puis contribua à mettre en ordre les archives de la Couronne et du Clergé français. Après 1881, il passa au service de S. A. I. le Prince de Monaco qui lui confia plusieurs missions scientifiques. Nous avons de lui: « Les Juifs de Languedoc », Paris, 1881; « Journal des guerres civiles de Dubuisson. », 2 vol., 1883-85; « Honoré II et le Palais de Monaco », 1883; « Les Beaux-Arts aux Palais de Monaco », 1884; « Le protectorat espagnol à Monaco », 1885; « Raccolta di documenti storici riguardanti il Principato di Monaco », en cours de publication.

Pajol (général-comte Charles-Pierre-Victor), fils aîné du général de cavalerie du premier Empire qui commanda plusieurs années la 1ere division militaire, et fut Gouverneur de Paris sous le Gouvernement de juillet, est né le 7 août 1812. Sa mère était une des filles du maréchal Oudinot duc de Reggio. Sa vie n'est pas seulement militaire, bien qu'il ait atteint le plus haut échelon de la hiérarchie, elle est aussi littéraire et artistique. Ayant le goût des études historiques, et le goût des arts, il a su occuper les loisirs de son existence militaire en écrivant: « Les guerres sous Louis XV », et en modelant plusieurs belles statues au nombre desquelles il convient de citer la statue du général, son père, à Besançon, promenade de Chamars, et la statue équestre de Napoléon I, qui décore aujourd'hui le pont de Montereau. Le général-comte P. travaille en ce moment à une « Vie de Kléber »; aux « Guerres sous Louis X »; à un « Historique de la cavalerie légère en France »; enfin, à des « Mémoires » personnels, qui ne manqueront pas d'intérêt par les particularités qui s'y trouvent sur ses camarades et sur les hommes distingués de son temps. — M. le général Pajol a un fils, le Vicomte P., né, à Paris, le 7 février 1848 qui, après de brillantes études au Lycée Bonaparte, entra comme son père aux écoles de Saint-Cyr et d'état-major et en sortit avec distinction. Il fut cité à plusieurs reprises pendant le siège de Paris. Actuellement il est major au 37e régiment de ligne. Avant son entrée à l'école d'application, il a fait un intéressant « Voyage en Égypte, en Italie et en Allemagne », et a publié en outre, recemment, un petit opuscule militaire remarqué.

Pakscher (Arthur), écrivain allemand, né en

1856, professeur libre à l'Université de Breslau, a publié: « Zur Kritik und Geschichte des französischen Rolandsliedes », Berlin, 1885; « Die Chronologie der Gedichte Petrarcas », id., 1887; ainsi que des études très importantes sur les autographes de Pétrarque.

Palacio (Édouard), journaliste, rédacteur de l'*Imparcial*, où il fait tous les jours un article humoristique très goûté. Sous le pseudonyme de *Sentimentos*, il est le chroniqueur attitré des courses de taureaux; ses comptes-rendus fourmillent d'esprit.

Palacio (Emanuel DEL), poète humoristique espagnol qui a publié des comédies et des romans, soit seul, soit en collaboration, après avoir été bibliothécaire en chef au Ministère d'État de Madrid et Ministre d'Espagne près de la République de l'Uruguay. Voilà les titres des ouvrages de M. del P.: « Doce reales de prosa »; « De Tetuan à Valencia »; « Cien sonetos »; « Un liberal passado por agua »; « Letra menuda »; « Fruta verde »; « Melodias intimas »; « Veladas de Otoño »; « Huelgas diplomaticas ». Il a aussi des *librettos* d'opéra adaptés d'après l'italien pour la scène espagnole; « La vuelta de Columela »; « Don Bucefalo »; « Marta »; « La Reina Topacio »; « Stradella »; « Dinorah »; « El Sapatero y la maga ». Aussi de petites pièces originales: « Antes del Baile, y nel Baile, y des pues del Baile »; « El motin de las Estrellas »; « Por una bellota »; « Kan, parodia del Kin ». Les ouvrages en collaboration sont les suivants: « Museo comico », 2 vol.; « Cabezas y Calabazas », 1 vol.; « L'amor, las mugeres y el matrimonio ».

Palagi (Ferdinand), pédagogiste italien, né, à Florence, le 29 mai 1853, étudia les sciences naturelles à l'*Istituto di Studi Superiori*, d'où il passa en 1875 en qualité de professeur au Lycée d'État de la République de San Marino. Il a collaboré à l'*Illustrazione popolare* de Milan et publié les ouvrages suivants: « Elementi di chimica inorganica per le scuole secondarie », Milan, Maisner, 1877; « Sulla costituzione della nebbia e delle nubi. Nota I. », dans la *Rivista scientifico-industriale* de Florence, 1879; « Della Meteorologia e del clima di S. Marino », S. Marino, 1886; « Dodici lezioni di chimica inorganica ed organica per i Licei », Turin, Loescher, 1887; « Sulla costituzione della nebbia e delle nubi. Nota II. », dans la *Rivista scientifico-letteraria* de Florence, 1888.

Palamas (Constantin), poète et nouvelliste grec, né, en 1859, à Missolungi. Il a publié plusieurs poésies; les plus remarquables sont réunies dans le volume intitulé: « Chants de ma patrie ».

Palau (Melchior DE), poète lyrique espagnol, qui est en même temps ingénieur des chemins de fer et avocat distingué, membre de l'Académie espagnole, de celle de *San Fernando* et membre honoraire de l'Académie des Beaux-Arts de Barcelone, il est maintenant ingénieur en chef de la ligne des Pyrénées-Centrales. Né, le 15 octobre 1843, à Matars, il étudia à Barcelone, à Madrid et à Valladolid. Ses œuvres poétiques consistent en « Cantares », vol. qui de 1876 à 1889 a eu trois éd. à Madrid et deux à Barcelone; « Verdades poeticas », 1881, deux éd. à Barcelone; il a traduit en castillan le poème catalan de Verdaguer: « Atlantida », et la « Batalha de Reina », de Pitarra; enfin, nous avons de lui un poème: « Desde Belem al Calvario », Barcelone, 1879. Sous le titre d'« Accontecimientos litterarios », M. de P. publie à Madrid des études critiques. Deux volumes en ont déjà paru en 1888 et 1889. Enfin, ajoutons que lors de l'Exposition de Barcelone, M. de P. composa les vers de l'hymne chanté devant la Reine Régente, le 20 mai 1888.

Palizzolo-Gravina de Ramione (le baron Vincent), héraldiste et généalogiste italien, né, à Trapani, le 29 juin 1831, obtint le premier prix aux Expositions héraldiques de Vienne et de Berlin et publia les ouvrages suivants: « Il blasone di Sicilia, ossia Raccolta araldica », 1871-75; « La famiglia Palizzi, notizie e documenti », 1872; « Un diploma di Re Martino e la famiglia Gravina », id.; « Genealogia della famiglia Termini e sue relazioni », 1875; « La nobiltà siciliana nelle armi, nelle scienze, nelle lettere e nelle arti », id.; « Genealogia della famiglia Colonna-Romano di Sicilia », 1876; « Gli Ugo di Sicilia », 1878; « Le iscrizioni delle antiche lapidi sepolcrali delle chiese di Monte San Giuliano, raccolte ed annotate », Pise, 1886; « La Casa Gravina, cenno e tavole genealogiche con tavola cromolitografica », Palerme, 1887.

Pallaveri (Daniel), historien et philosophe italien, ancien professeur au lycée de Trévise, maintenant à la retraite, professeur honoraire à l'Université d'Athènes, né, à Brescia, en 1836, prit part à la défense de sa ville natale presqu'enfant. Il y fit ses premières études, et plus tard émigra en Grèce. D'abord à Venise, puis à Padoue, puis à Vérone, M. P. se perfectionna dans l'étude des belles-lettres. Voilà la liste de ses ouvrages très remarquables dont quelques uns lui ont causé des désagréments et une retraite imméritée: « Campoformio »; « L'idea greca »; « Creta »; « Il Ministero della pubblica istruzione »; « Pericle »; « La quistione del Laurium »; « Luigi Carrer »; « Syngrammata peri tes Ellados »; « Al Ministero della pubblica istruzione »; « Andrea Zambellis »; « L'odierna Grecia »; « Un viaggio a Roma »; « Il Critone, o del miglior modo di tradurre Platone »; « De Hectore et Apolline in Iliade »; « XIV Olimpica di Pindaro: le Grazie »; « La Vittoria nel Museo di Brescia »; « Ugo Foscolo ».

Pallu de la Barrière (Léopold-Augustin-

Charles), officier de marine, littérateur et historien militaire français, actuellement contre-amiral, major-général de la marine française, est né, le 18 août 1828, à Saintes. Aide-de-camp de l'amiral Charner, il sauva dans des conditions dramatiques le cuirassé *La Reine Blanche* abordé par le cuirassé *La Thétys*; il est l'inventeur d'un procédé de protection légère qui a eu pour effet de supprimer les blindages cuirassés. Pendant la guerre franco-allemande, il fit partie de l'armée de l'Est et commanda la réserve avec le grade de général de brigade; il livra le dernier combat contre la Prusse, et contribua, par son initiative, à sauver trois cents canons qui, sans lui, seraient tombés entre les mains de l'ennemi. L'amiral M. P. de la B. a été gouverneur de la Nouvelle-Calédonie (1882-83-84): nommé délégué au suffrage universel par les colons de la Nouvelle-Calédonie, il a dû décliner ce poste pour cause d'incompatibilité électorale (1886). L'amiral M. P. de la B. a publié : « Six mois à Eupatoria », Cadot, 1857, publié d'abord sous forme d'articles dans la *Revue Contemporaine*; « Les gens de mer », Hachette, 1858, publié d'abord sous forme d'articles dans la *Revue Contemporaine*; « Histoire de l'expédition de Cochinchine en 1861 », id., 1864, publié en partie dans la *Revue des Deux-Mondes*; « Relation de la guerre de Chine en 1860 », 1 vol. gr. in-4º avec un atlas, Imprimerie Nationale, 1864, ouvrage publié sous les auspices et aux frais du Gouvernement; « Bélisaire », 1864, nouvelle publiée par le journal *L'Opinion Nationale*, a été reproduite par la revue : *Les lettres et les arts*, décembre, 1887; « La Modiste de Kersch », 1858, nouvelle publiée dans la *Revue Contemporaine*; « Déposition devant l'Assemblée nationale », sur les actes de son commandement de la réserve générale de l'armée de l'Est; et « Le Combat de la Cluse », brochure, 1873; « Mémoire sur la valeur du golfe Juan au point de vue de la défense de la frontière des Alpes contre les entreprises de l'Italie », brochure autographiée par l'arsenal de Toulon à 100 exemplaires numérotés, 1880; « Le bâtiment de combat. La protection légère », étude publiée dans la *Revue des Deux-Mondes*, du 1er août, 1886. Telles sont les œuvres scientifiques et historiques de l'amiral P. de la B.; quant à la littérature d'imagination, elle est représentée par les deux nouvelles: « Bélisaire » et la « Modiste de Kersch ». Récemment, les journaux littéraires ont annoncé la candidature du contre-amiral M. P. de la B. à l'Académie française, pour le fauteuil laissé vacant par la mort de D. Nisard. Pour être moins répandues dans le grand public que celles de certains romanciers en vogue, les œuvres de M. l'amiral P. de la B. n'en constituent pas moins un bagage littéraire considérable, digne d'attirer l'attention de la docte Compagnie.

Palma (Louis), jurisconsulte et publiciste calabrais, ancien professeur de droit constitutionnel à l'Université de Rome, conseiller d'État depuis 1887, né, à Corigliano-Calabro, le 19 juillet 1837. Il fit son droit à Naples; professeur d'économie politique à l'Institut technique de Bergame en 1872, de droit constitutionnel à l'Université de Rome en 1874; nous avons de lui: « Del principio di nazionalità nella moderna società europea », Milan, 1867; « Del potere elettorale negli Stati liberi », id., 1869; « Organamento dell'azione dello Stato in ordine alla pubblica istruzione », Florence, 1875; « Corso di diritto costituzionale », trois éd., la dernière en 1884-85; « Trattato e convenzioni internazionali vigenti tra il Governo d'Italia e i Governi esteri », Turin, 1879-80; « La competenza del Senato nelle leggi d'imposta », Milan, 1881; « La riforma del Consiglio superiore d'istruzione pubblica », id., 1882; « Il diritto costituzionale negli ultimi cento anni », discours, Rome, 1882; « La riforma elettorale italiana », Milan, 1883; « L'Istituzione d'un nuovo ministero », Florence, id.; « La prima prova dello scrutinio di lista e del voto limitato in Italia », Rome, id.; « Terenzio Mamiani », Florence, 1885; « La nuova riforma scolastica e la lotta dei partiti nel Belgio », id., 1884; « Cinque anni d'istruzione obbligatoria », id., id.; « L'espansione degli italiani all'Estero », id., 1885; « Il progresso e lo spirito rivoluzionario », id., id.; « La legge Pendleton sugli impiegati negli Stati Uniti d'America », id., id.; « La teoria e la pratica nella politica », id., 1886; « Condizione giuridica di Massaua e di Assab nel regno d'Italia », id., 1887; « I beneficii del tempo nella politica », id., 1888; « L'odierna riforma comunale e provinciale », id., 1888. M. le professeur P., collaborateur assidu à la *Nuova Antologia* et à la *Rassegna di Scienze politiche e sociali* de Florence, a été chargé par S. M. le Roi d'enseigner le droit constitutionnel et international à S. A. R. le Prince de Naples.

Palma (Louis), professeur italien, né, à Atri, en 1844; diplômé professeur à l'Université de Bologne, il enseigne la philosophie au Gymnase de Bari. On lui doit un « Dizionario ideologico generale », dont une partie seulement (« Dizionario del corpo umano »), a été publié: autres écrits: « Degli uffici della parola »; « La istruzione nazionale prima e dopo il 1860 ». M. P. est maintenant directeur de l'École Normale supérieure.

Palma de Cesnola (Louis), archéologue italo-américain, directeur du Musée Métropolitain des Beaux-Arts de New-York, ancien élève de l'Académie militaire de Turin, ancien officier dans l'armée italienne (1848-49), ancien officier général à l'armée fédérale aux États-Unis, ancien consul-général des États-Unis à Chypre, né, à Rivarolo Canavese, en 1832, dirigea des fouilles importantes dans l'île de Chypre. Nous avons de lui : « Scoperta del tempio di Venere a Golgos » ; « Le ultime scoperte dell'isola di Cipro », 1876 ; « Cyprus, its ancient cities, tombs and temples, etc. », Londres, 1877, 2ᵐᵉ éd., New-York, 1878. Le général P. de C. est membre d'honneur de l'Académie de médecine de Turin et de plusieurs autres Académies nationales et étrangères.

Palma de Cesnola (Alexandre), frère du précédent, né en 1839, s'enrôla volontaire à l'armée piémontaise, prit part à la guerre de Crimée (1855-56) comme simple soldat, aux campagnes d'Italie (1859-60-66), d'abord comme officier aux chasseurs, ensuite comme capitaine d'infanterie marine, démissionna en 1869, émigra dans l'Amérique du Sud, servit comme chef de bataillon à l'armée de Montevideo (1871-74), se rendit à New-York, où il fut nommé vice-consul honoraire à Paphos (Chypre) et y fit des fouilles pour le compte du Gouvernement anglais. Nous avons de lui l'*Album* « Chyprus Antiquities », 1880 ; « Salaminia », 1881, trois éd.; « Salamina » (édition italienne du même ouvrage); enfin les ouvrages suivants « Mercedes de Rios » ; « Ori e vetri antichi di Cipro ». Culto di Venere » ; « Viaggio nelle Foreste Vergini dell'America Meridionale » ; « Ave Maria », roman ; « I Gemelli di Sant'Elia », roman.

Palmeri (Pâris), professeur de Chimie générale à l'École Supérieure d'agriculture de Portici, né, à Livourne, le 6 décembre 1838, étudia les sciences naturelles (1856-61) à l'Université de Pise, se perfectionna à Paris à l'École de Chevreuil, Pélouse, Fremy, Berthélot, Boussingault, etc. Il combattit sous Garibaldi en 1866. En dehors d'une masse de mémoires insérés aux revues spéciales, nous avons de lui : « Sul valore nutritivo di una razione militar » ; « Saggio storico sulla spettroscopia » ; et enfin : « La industria della distillazione », en cours de publication.

Palmieri (Grégoire), moine bénédictin de l'abbaye de Saint-Paul hors les murs de Rome, né, le 3 avril 1828, à Plaisance, entré, le 23 juillet 1836, au Collège *Maria Luigia* de Parme, sorti le 2 août 1845. Docteur *in utroque jure* le 4 septembre 1849 ; prêtre le 21 septembre 1851, moine bénédictin de l'abbaye de Saint-Paul de Rome le 4 février 1855. Bibliothécaire et archiviste de son abbaye, il fut très heureux de pouvoir donner un nouvel ordre à la bibliothèque et aux archives, dont il dressa un catalogue en trois volumes en 1859. D'anciennes inscriptions païennes et chrétiennes qui autrefois couvraient le pavé de la Basilique de Saint-Paul, après l'incendie du 15 juillet 1823, avaient été transportées dans plusieurs magasins. On doit à Dom P. de les avoir soignées et fait finalement placer dans les murs des corridors du monastère en 1859. Après avoir été envoyé dans l'ancien monastère de Farfa en Sabine comme administrateur et après avoir visité les monastères de l'Autriche, de la Bavière, de la France et de l'Angleterre, et avoir contribué aux fêtes de Michelange par la transcription de ses lettres qui se conservent dans le *British Museum*, il fut nommé archiviste du Vatican en mars 1877, où, avec Dom Pierre Wenzel, il travailla beaucoup pour donner ordre aux papiers que Theiner avait laissés. Pendant ce temps, il composa un petit livre : « Ad Romanorum Pontificum regesta manuductio » ; une histoire en latin des Archives Vaticans, tirée en grande partie de celle de Gaetano Marini, insérée dans la préface du Regeste de Clément V, publiée en 1884 par les Pères Bénédictins ; et tout récemment : « Introiti ed esiti di Papa Nicola III », un des plus anciens documents de la langue italienne. Bientôt va paraître le « Diario del viaggio scientifico, storico, artistico e letterario del cardinal Garampi in Italia, Svizzera, Germania, Belgio e Francia nel 1761-1763 » ; et « La Storia documentata dell'Archivio Vaticano ».

Panà (Panagiotti), journaliste et poète hellène, né, à Céfalonie, le 22 août 1832, a traduit l'épisode de « Françoise de Rimini » de Dante ; la « Francesca da Rimini » de Pellico ; l'« Hyphigénie » de Racine ; les « Odes » d'Horace ; les « Poèmes » d'Ossian ; les « Poésie » de Giusti » ; le « Décameron » de Boccace ; les « Scene elleniche » de Brofferio ; l'« Assedio di Firenze » de Guerrazzi ; et a écrit plusieurs monographies historiques, entr'autres : « Joseph de Monferrat » ; « Les ïoniens radicaux » ; « Les Romains et les Grecs ».

Panerai (Napoléon), journaliste et auteur dramatique italien, né, à Florence, en 1840. Il fit ses études classiques et s'engagea volontaire dans l'armée toscane pour la campagne de 1859. Auteur dramatique très estimé, il a le tort de s'être retiré de trop bonne heure de la lutte qui n'a eu pour lui que des lauriers. Il a dirigé la *Domenica fiorentina*, journal hebdomadaire des plus répandus et des mieux écrits. Maintenant, il travaille à l'*Elettrico*, journal politique, et il est très favorablement connu pour l'esprit et l'humour de ses articles. Pièces de théâtre : « Un marito vale un re » ; « Fuoco di vesta » ; « Non giurare » ; « L'Innamorata antica », qui obtint le prix dans le concours de la *Società d'Incoraggiamento dei giovani autori* de Brescia. Sur 72 ouvrages, celui de M. P. et une comédie de Giovagnoli furent jugés les meilleurs. « L'eredità di un geloso », autre comédie de M. P., obtint, avec l'« Alcibiade » de Cavallotti, le prix dans le concours dramatique du gouvernement l'année 1874. Toutes les comédies de M. P. ont été représentées et se donnent toujours avec le plus grand succès.

Paneth (Joseph), professeur libre de physiologie à l'Université de Vienne, né en 1857, a fait ses études aux Universités de Vienne, Breslau et Heidelberg. Il a publié : « Ueber das Epithel der Harnblase », dans les *Sitzungsber. d. Wien. Alt.*, en 1876 ; « Ueber einen Fall von melanotischem Sarcom des Rectums », dans l'*Arch. für. Klin. Chir.*, 1883 ; « Die Entwicklung von quergestreiften Muskelfasern aus Sarkoplasten », dans les *Sitzungsber. d. W. Alk.*, 1885 ; « Ueber die Erregbarkeit der Hirnrinde neugeborener Hunde » (*Pflüger's Arch*)., 1885 ; « Ueber Lage aus Dehnung und Bedeutung der absoluten Motorischen Felder auf der Hinoberfläche des Hundes » (id.), id.

Panhard (N.), avocat à la Cour de Cassation et au Conseil d'État, né, à Paris, en 1844, avocat à la Cour d'appel de Paris en 1866, directeur du *Recueil des arrêts* du Conseil d'État.

Panizza (Auguste), avocat et homme de lettres trentin, né, à Trente, en 1838. Collaborateur de l'*Archivio di Trento* et directeur du *Patriotta*, il a publié plusieurs articles et études. Nous donnons les titres de ses principaux ouvrages : « Alcune lettere di Ottaviano Roveretti, precedute da cenni sulla di lui vita », Trente, 1867 ; « Sullo stato della pubblica istruzione primaria nel Trentino », id., 1868 ; « Lettere inedite di Bernardo Tasso a Ferrante Sanseverino principe di Salerno, precedute da un discorso sulla vita e le opere di lui », id., 1869 ; la traduction italienne de l'« Aritmetica del nonno », de Jean Macé, Milan, 1871 ; « Senza moglie allato l'uom non è beato », drame, Trente, 1872 ; « Alcune lettere di Mons. Annibale Della Genga arcivescovo di Tiro e Nunzio Apostolico in Germania, poi Papa Leone XII, all'abate Simone Poli di Trento », id., 1881 ; « Sui primi abitatori del Trentino ». (*Archivio Trentino*), 1882 ; « Epitalamio », dans la *Strenna Charitas*, Rome, 1882-83.

Pantanelli (Dante), professeur universitaire de géologie et de minéralogie à Modène, né, le 4 janvier 1844, à Sienne, docteur ès-sciences mathématiques à Pise (1865), professeur aux lycées de 1865 à 1881 ; époque où il passa à l'Université. Nous avons de lui une quantité de mémoires spéciaux, mais le titre principal du mérite de M. P. est la publication du *Bullettino della Società malacologica italiana*, dont depuis 14 ans il est le secrétaire de rédaction.

Pautazidés (Jean), docteur ès-lettres grec, né, en 1827, en Macédoine. Après avoir terminé ses études à l'Université d'Athènes en 1848, il se rendit en Allemagne, où il obtint le diplôme de docteur en philologie à l'Université de Goettingue. De retour en Grèce en 1862, il fut nommé professeur au Collège de Varvakion, et en 1875 il fut nommé professeur de philologie à l'Université d'Athènes, et en même temps professeur des Princes Royaux de Grèce. Nous avons de lui : « Corrections sur le texte de Xénophon » ; « Dictionnaire homérique ».

Panzacchi (Henri), le plus apprécié des poètes lyriques italiens contemporains, qu'on a bien souvent et à raison comparé à François Coppée, né, à Bologne, en 1841 ; docteur en droit à l'Université de Bologne, docteur ès-lettres à l'École normale de Pise (1865). Nommé professeur d'histoire au Lycée de Sassari en 1866, il fut appelé l'année suivante à la chaire de philosophie au Lycée de Bologne, chaire qu'il échangea en 1871 pour celle d'histoire des Beaux-Arts à l'Académie de Bologne, dont il est en même temps président. M. P. a dirigé quelque temps des journaux politiques, mais son titre à l'admiration des italiens doit être cherché dans ses poésies et dans ses romans. Nous avons de lui : « Lyrica », Bologne, Zanichelli ; « Vecchio ideale », Ravenne ; « Teste quadre », Bologne, Zanichelli ; « Racconti e liriche », id., id. ; « Riccardo Wagner », id., id. ; « Al rezzo », Rome, Sommaruga ; « Infedeltà », id., id. ; « Racconti verosimili ed inverosimili », Rome, Perino ; « Critica Spicciola », id., Verdesi ; « Nuove liriche », Milan, Treves ; « I miei racconti », id., id. ; « Prosatori e poeti », id., id. Il a essayé le théâtre, mais avec un succès d'estime, par « Villa Giulia », comédie.

Paoli (César), historien et paléographe italien, né, à Florence, le 10 novembre 1840, étudia sous le Pères *Scolopi*. Élève aux Archives d'État de Florence en 1859, diplomé archiviste paléographe en 1861, archiviste à Sienne (1865), rappelé à Florence en 1871 et professeur (1887) au *Regio Istituto Superiore*, secrétaire de la députation d'histoire et directeur de l'*Archivio Storico Italiano* depuis 1888. Nous avons de cet insigne auteur des mémoires précieux insérés aux revues italiennes et étrangères. Nous en donnons la liste complète : « Della Signoria di Gualtieri duca d'Atene in Firenze » ; « Le Cavallate fiorentine nei secoli XIII e XIV », 1865 ; « Dei Cinque Caleffi del R. Archivio di Siena », 1866 ; « La Battaglia di Montaperti », 1869 ; « Lettere volgari del secolo XIII scritte da Senesi », 1871 ; « Studii sulle fonti della storia fiorentina », 1872-75 ; « La più antica pergamena del R. Archivio di Firenze », 1873 ; « Del papiro, specialmente considerato come materia che ha servito alla scrittura » ; « Del Magistrato della Balìa nella Repubblica di Siena » ; « Tolomeo de'Fiadoni da Lucca e le sue opere storiche » ; « Tavolette dipinte nei libri d'entrata e d'uscita della Repubblica di Siena » ; « Scrittura delle Bolle Pontificie » ; « Miscellanea di paleografia e diplomazia », 1880-85 ; « Sulla Storia antichissima di Firenze » (*Archivio Storico Italiano*), 1882 ; « Il privilegio purpureo di Ottone I per la Chiesa Romana » (id.), 1884 ; « Documenti di ser Ciappelletto », 1885 ; « Urkunden zur Geschichte der deutschen Schusternirung in Florenz » ; « Relazione sopra gli Statuti di Volterra del secolo XIII », 1866 ; « Programma di Paleografia e Diplomazia », 1883; « Siena », article inséré dans l'*Encyclopedia Britannica;* « La storia della Carta secondo gli ultimi studii », 1888 ; « La storia della scultura nella storia della civiltà », 1888-89; « Catalogo dei Codici Laurenziani-Ashburnhamiani », en cours de publication. M. P. collabore à la *Revue Critique*, à la *Rassegna Nazionale*, de Florence, à la *Revue historique*, au *Giornale di Filologia romanza*, etc.

Paolucci (Mme la marquise Marianne), née marquise PANCIATICHI-XIMENES D'ARAGONA, le 3 février 1835, à Florence, fut élevée au Couvent des *Montalve* à Ripoli. Sortie de là pour cause de santé, elle demeura à San Mezzano, villa princière de son père, où elle s'éprit d'une belle passion pour la botanique et l'horticulture. Mariée en 1853 au marquis Anafeste PAOLUCCI, elle eut l'occasion de voyager en Russie, et y commença une collection de coquillages qui est devenue par la suite une des premières de l'Italie. Mme la marquise P. s'occupa dès lors de classer et d'augmenter ses richesses malacologiques. Nous lui devons les ouvrages suivants fort appréciés dans le monde scientifique: « Contribuzione alla fauna malacologica italiana », Sienne, Bargellini, 1881 ; « Matériaux pour servir à l'étude de la faune malacologique », Paris, Savy, 1878 ; « Note malacologiche », 1882; « Fauna malacologica », Turin, Bocca, 1880 ; « Fauna italiana », Modène, Toschi, 1886. A l'Exposition Béatrix de Florence, due à l'initiative du comte Ange De Gubernatis, les ouvrages de la marquise P. ont remporté la plus haute distinction honorifique, c'est-à-dire le grand diplôme d'honneur.

Papa (Darius), journaliste italien, né, à Desenzano, en 1846, étudia à Milan, Paris et Turin, collabora au *Sole* et au *Pungolo* de Milan, à l'*Arena* de Vérone, dont il fut directeur, qu'il quitta pour diriger à Milan l'*Italia*. Nous avons de lui: « New-York », impressions de voyage, en collaboration avec M. Fontana.

Papa (Jean-Antoine), publiciste et économiste italien, né, à Gênes, en 1827, docteur en droit en 1848. Il n'avait pas encore 20 ans lorsque, en 1847, il transforma le vieux *Corriere Mercantile* de Gênes en un journal de politique et de commerce qui sous sa direction (1847-70) occupa une place très importante. M. le Comte de Cavour qui avait pour M. P. une estime particulière lui faisait lancer ces meilleurs ballons d'essai en fait de finance. M. P. réside maintenant à Florence, où il est membre du Conseil d'administration de plusieurs sociétés de banque et de chemins de fer. En dehors de ses articles à son journal, nous avons de lui : « Unità di emissione e libero credito », 1867.

Papadopoulus (Nicolas), publiciste grec, né, en 1858, à Idra, rédacteur en chef et ensuite directeur du *Journal illustré pour les enfants*, qui est à la hauteur de ceux que l'on publie en Occident, qui rend de grands services à la jeunesse grecque, et qui fut approuvé par le Ministre de l'Instruction publique de Grèce.

Papanti (Jean), lettré et bibliophile italien, en même temps commerçant, né, à Livourne, en 1830, étudia dans sa ville natale. Collectionneur de livres, il est un bibliophile de première force en tout ce qui concerne Boccace et les conteurs italiens de son école. Sa bibliothèque contient les meilleures et plus rares éditions du « Décameron ». Il a publié les ouvrages suivants: « Catalogo dei novellieri in prosa », 1871 ; « Dante secondo la tradizione e i novellatori », 1873 ; « Facezie e motti dei secoli XV e XVI », 1874, dans le recueil *Curiosità italiane;* « I parlari italiani a Certaldo, alla festa del 5° centenario di messer Giovanni Boccaccio », Livourne, 1875.

Paparigopoulus (Constantin), historien grec, professeur d'histoire à l'Université d'Athènes, né, en 1815, à Constantinople, où son père, riche banquier, fut une des premières victimes de la vengeance ottomane (1821). Le jeune P. fut élevé à Odessa au Lycée Richelieu aux frais du Czar Alexandre. En 1854, il fut nommé professeur d'histoire à l'Université d'Athènes, et après avoir, de 1860 à 1864, écrit un grand nombre de monographies historiques, il publia son ouvrage essentiel: « L'Histoire du peuple grec », 5 vol., dont il fit même un abrégé en un seul volume, publié en 1878 à Paris dans sa traduction française, sous le titre de « Histoire de la civilisation Hellénique ». La seconde édition revue, augmentée et corrigée de l'« Histoire », vient de paraître à Athènes, 1890.

Paparigopoulus (Pierre), frère du précédent, né, à Constantinople, en 1817, vint en Grèce à l'âge de 12 ans et après avoir achevé ses études, se rendit en Allemagne et étudia le droit à Munich et Heidelberg ; en 1839, il revint en Grèce pour y exercer la profession d'avocat; en 1841 il fut nommé professeur agrégé à l'Université d'Athènes et juge au tribunal de première instance. En 1845, il eut la chaire de droit romain et fut nommé juge à la Cour de Cassation. Depuis 1860, il exerce de nouveau la profession d'avocat. Nous avons de lui: « Histoire de la décadence de l'Empire Romain », traduit de Gibbon, 1854 ; « Traité civil des Romains et des Byzantins », 1886.

Papée (Frédéric DE), historien polonais, docteur ès-lettres, employé à la bibliothèque de l'Université à Lemberg, né, en 1856, à Ztoczoiv en Galicie (Autriche). Il a fait ses études à Lemberg et à Vienne dans l'institut de M. Sickel, et il a publié quelques ouvrages sur l'histoire polonaise du XVe siècle (en polonais): « L'élection de la dynastie Jagellon en Bohème » (publ. par l'Acad. à Cracovie, 1878) ; « La candidature de Frédéric Jagellon au diocèse de Varmie »;

« La bourgeoisie polonaise au XV⁰ siècle », 1888. Il collabore à diverses publications polonaises, comme: *Monumenta Poloniœ*, etc. et allemandes: *Mittheilungen für österr. Gesch. et Sybels Hist. Zeitschrift*.

Pappafava (Vladimir), avocat et juriste dalmate, né, à Zara, le 30 avril 1850, fit son droit à l'Université de Gratz et à Vienne, occupa une place administrative de 1875 à 1883, exerce au barreau depuis 1885. Il collabore aux revues suivantes: *Journal du droit international privé, Revue des Institutions et du Droit, Bulletin de la Société de législation comparée, Bulletin de la Société générale des prisons, Pràvo, Pràvnik, Mjezecnik pravničkoga druztva u Zagrebu, Gaceta del Notariado, Notariato Italiano, Gazzetta dei Tribunali di Trieste*. M. P. a publié: « Delle opere che illustrano il notariato », 1880; « Nacelo o nonatraznoj djelatnseti Zakona », id.; « Sulla condizione civile degli stranieri », 1882; « Notice historique sur le notariat », 1884; « Études sur l'exécution des actes notariés d'après la législation autrichienne », id.; « Letteratura notarile d'ogni secolo e paese », 1883; « Formulario notarile », id.; « Il diritto internazionale privato », 1885, etc.

Paquet (René), littérateur et naturaliste français, né, à Charleville (Ardennes), le 29 septembre 1845, fit ses études à Metz et son droit à Paris. Avocat à la Cour d'appel pendant quelque temps, il se consacra ensuite exclusivement à des travaux philosophiques, littéraires et scientifiques qu'il a tous signés de l'anagramme Nérée Quépat. Nous avons de lui en librairie: « Simples notes prises pendant le siège de Paris », 1871; « La Lorgnette philosophique, dictionnaire des philosophes contemporains », 1872; « Essai sur la Mettrie », 1873; « Histoire du village de Woippy », 1878; « Chants populaires messins », 1878; « Recherches historiques sur la grande Thury », 1880; « Le chasseur d'alouettes au miroir et au fusil », 1871; « Monographie du Chardonneret », 1873; « Ornithologie parisienne ou Catalogue des oiseaux, etc. », 1874; « Ornithologie au Salon de 1876 », 1876; « Ornithologie parisienne »; « Dictionnaire biographique de la Moselle ». M. P. a collaboré à la *Revue de zoologie*, à l'*Acclimatation*, à *Mélusine* et au *Mémorial* de la Loire.

Paquié (A.), écrivain militaire français, est né, en 1839, à Cordes (Tarn). Entré à Saint-Cyr à l'âge de 17 ans, en 1856, il en sortit sous-lieutenant d'infanterie en 1858; il a commandé, pendant 4 ans, le 7⁰ bataillon de chasseurs alpins; a été promu lieutenant-colonel au 140⁰ en 1885. Il a publié: « Connaissance et emploi du terrain. Tir incliné de l'infanterie », Paris, Dumaine, 1878; « Feux de guerre », id., id., 1879; « Influence des distances et du terrain sur la valeur des formations tactiques », id., id., 1881;

« Marches en pays de montagnes », id., Baudoin, 1887.

Parascos (Achille), poète grec, né, en 1839, à Athènes, commença très jeune à composer des poésies patriotiques, et quitta même ses études pour se mettre dans le parti révolutionnaire. Il fut mis plusieurs fois en prison pour ses vers séditieux contre le Roi Othon, mais après sa chute le poète reconnut ses torts et écrivit une élégie sur l'ex-roi. Il a publié un « Recueil de poésies » en trois volumes, et c'est avec justice qu'on lui a conféré le titre de poète national.

Paraskevaïdis (Philopœmen), orateur grec et traducteur de Dante, né, à Athènes, en 1838. Il a prononcé plusieurs discours et inséré des articles dans les journaux pour défendre la liberté de la presse. En dehors de plusieurs pamphlets sur les prisons et sur l'amélioration de l'état des prisonniers, il a publié la traduction en vers de l'*Enfer* de Dante et de l'ouvrage sur la *Liberté* de J. Stuart-Mill.

Pardo (Henri), oculiste italien, né, à Florence, en décembre 1835. En dehors d'articles dans les revues spéciales, il a dirigé quelque temps le *Giornale d'igiene*, et fait gratuitement aux écoles populaires un cours d'hygiène. Il est membre de plusieurs sociétés scientifiques.

Pardo (Arthur), publiciste italien, fils du précédent, né le 9 septembre 1861, suivit les cours technique et classique, et fut le seul élève pour la langue italienne du célèbre Fanfani. Il entra de bonne heure dans le journalisme, et fut en même temps collaborateur au *Fieramosca*, rédacteur en chef à l'*Elettrico*, puis à la *Vedetta*, correspondant du *Corriere di Roma* et du *Corriere di Napoli*. Il est propriétaire de la *Battaglia* de Florence. Conférencier et poète, il a donné en 1889 des conférences remarquées sur l'histoire de France. Ses pseudonymes les plus connus sont: *Brancaleone, Leopardo, A. P.* et *Leida*. Nous avons de lui: « Povero Guido! », nouvelle, 1880; « Il dott. Marchetti », nouvelle, 1881; « Milioni truffati », roman, 1883; « La Corona dello Czar », deux éditions (épuisées) id.; « Letteratura Cristophle », critiques dans le journal *La Civetta*, 1885-86; « Amici e avversarii », id.; un grand nombre de nouvelles, articles littéraires et critiques, et poésies qu'il n'a pas encore réunies en volume. M. P. est un polémiste distingué et cela lui a procuré quelques duels.

Pardo-Bazan (Émilie), romancière et critique espagnole, née, à la Corogne, vers 1852, a étudié toute seule; la variété de ses ouvrages est remarquable; jeune fille, elle a été très ardente propagandiste du carlisme. Aujourd'hui elle s'est consacrée entièrement à la littérature; elle passe pour le premier romancier coloriste d'Espagne. « Estudio critico de las obras del P. Feyóo », 1876; « Pascual Lopez », roman; « Los poetas epicos cristianos », critique; « Estudios sobre el darwinismo », critique ; « Un viaje de novios », roman, 1881 ; « San Francisco de Asis », histoire, 1882 ; « La Tribuna », roman, id. ; « La Cuestion Palpitante », critique, 1883 ; « La Dama Joven », nouvelles, 1885 ; « El Cisne de Vilamorta », roman, id. ; « Los Pazos de Ulloa », roman, 1886 ; « La Madre Naturaleza », roman, 1887 ; « La Revolucion y la Novela en Rusia », critique, id. ; « Mi Romeria », impressions, 1888 ; « De Mi Tierra », impressions, 1889 ; « Morrina », nouvelle, id. ; « Insolacion », id. ; une plaquette en vers : « Jáime ». Une traduction des « Frères Zemganno ». De nombreux articles dans les revues espagnoles. Elle prépare un monument superbe : l'« Histoire de la littérature espagnole ». Mme P.-M. est présidente du *folklore* galicien, elle est liée de vive amitié avec Castelar, Canovas, etc. Elle se maria en 1868 à M. Quirogariche, propriétaire. Son nom a été prononcé pour siéger à l'Académie des sciences espagnole, à laquelle jusqu'ici aucune femme n'a appartenu.

Parien (Esquiron DE), publiciste, économiste et homme politique français, ancien ministre, membre de l'Institut et de la Société nationale d'agriculture de France, a publié : « Études historiques et critiques sur les actions possessoires », 1848 ; « Essai sur la statistique agricole du département du Cantal », 1856 ; « Histoire des impôts généraux sur la propriété et sur le revenu », 1856 ; « Traité des impôts, considérés sous le rapport historique, économique et politique, tant en France qu'à l'étranger », 1862 ; « Principes de la science politique », 1870 ; deux éditions, dont la 2me augmentée d'un opuscule important, et publiée ensuite séparément sous le titre de « Considérations sur l'histoire du deuxième Empire » ; « La Politique monétaire en France et en Allemagne », 1872 ; « Gustave-Adolphe », 1875 ; « Brisach en 1639, ou les derniers jours du duc Bernard de Saxe-Weimar », 1877. M. E. de P. a collaboré activement à beaucoup de recueils spéciaux, ainsi qu'au *Journal des Économistes*, à la *Revue européenne*, à la *Revue contemporaine*, à la *Revue de France*, etc.

Paris (Felix), économiste français, né, à Paris, le 30 novembre 1843. Après avoir terminé ses études et occupé divers emplois dans de grandes maisons de commerce de Paris, il fonda à Lille (1875), sous le titre de l'*Épargne du travail*, une *Caisse de Prévoyance*, à l'aide de laquelle des ouvriers, des employés peuvent se procurer toutes sortes de marchandises chez des commerçants de leur choix aux mêmes prix qu'au comptant, avec un crédit de 60 pour % environ. Par cette ingénieuse combinaison, M. P. a beaucoup contribué à l'amélioration du sort des travailleurs dans le département du Nord, où son institution répondait à un besoin réel, puisque le nombre de ses clients qui n'était en 1875 que de 4618, s'élève aujourd'hui à près de 100,000. Aussi a-t-il dû établir successivement des succursales à Roubaix, Turcoing, Armentières et Douai. Dans le *Moniteur de l'Épargne du Travail*, journal qu'il dirige et qu'il donne gratuitement à ses clients, M. P. a publié bon nombre d'articles d'économie sociale ainsi que des biographies de personnes célèbres, telles que Alain de Lille, surnommé le docteur universel (XIIe siècle) ; Antoinette Bourignon, qui, au XVIIe siècle, a écrit de nombreux ouvrages en latin ; Jacquemars Giélée, qui a publié, au XIIIe siècle, une branche importante du roman du Renart ; Desrousseaux, le chansonnier mélodiste et traditionniste, etc., etc. M. P., admis comme exposant dans la Xe section de l'Exposition Universelle de 1889 (Économie sociale), a publié à cette occasion un numéro spécial de l'*Épargne du travail* avec de nombreuses gravures.

Paris (Gaston), illustre philologue et écrivain français, membre de l'Institut, né le 9 août 1839, étudia à Paris, Bonne et Goettingue ; il a dirigé quelque temps la *Revue critique*. Depuis 1855, il est président de la section des sciences historiques et philologiques à l'école pratique des Hautes-études. Voici ses œuvres principales : « L'Histoire poétique de Charlemagne », couronnée par l'Académie des Inscriptions ; « Vie de St.-Alexis » ; « Chansons populaires du XVe siècle », 1875 ; « Deux rédactions des Sept Sages de Rome », 1876 ; « Miracles de Notre-Dame par personnages », 7 vol., 1876-1883 ; « La vie de Saint-Gilles par Guillaume de Berneville » ; « Trois rédactions de l'Évangile de Nicodème » ; « Le roman de Merlin » ; « La loi de l'oiselet » ; « Les poésies au moyen-âge », leçons et lectures, 1885, 2e éd. 1887.

Paris (Monseigneur Louis-Albert-Philippe d'ORLÉANS, Comte DE), prince et chef de la Maison d'Orléans, homme politique et écrivain français, né, à Paris, le 24 août 1838, partagea l'exil de sa famille en Angleterre de 1848 à 1858. Il servit à l'armée italienne avec son frère le Duc de Chartres dans la campagne de 1859. En 1861, les deux frères prirent service aux États-Unis à l'état-major du général Mac Clellan commandant en chef de l'armée du Potomac. Le côté politique de la vie du Comte de P. est trop connue pour qu'il soit nécessaire d'en faire ici le résumé. Nous dirons plutôt que M. le Comte de P. est un historien militaire de large envergure ainsi qu'un publiciste remarquable. Nous avons de lui en librairie : « Les associations ouvrières en Angleterre », Paris, 1869 ; « Histoire de la guerre civile en Amérique », 6 vol., 1883 ; on a attribué au C. de P. un article de la *Revue des Deux Mondes* en 1867 intitulé : « L'Allemagne et ses tendances nouvelles ». Il a encore à son actif des lettres aux journaux et des protestations lors du décret d'exil qui le frappa en 1886,

Parodi (Dominique-Alexandre), littérateur italien, né, en 1840, à La Canée (île de Candie), passa son enfance à Smyrne et vint en 1860 à Milan. Il débuta par un roman politique : « L'ultimo dei Papi », inséré dans l'*Illustrazione Italiana* et se rendit à Paris, où tout en donnant des leçons de langue et de littérature italiennes, il publia en français deux volumes de vers : « Passions et idées », 1865; « Nouvelles Messéniennes », 1867. En 1870, il fit jouer aux matinées littéraires de M. Ballande, le drame : « Ulm le Parricide », et en 1876 au théâtre français une tragédie en vers : « Rome vaincue », qui obtint un brillant succès et fut interprétée par Mlles Sarah Bernhart, Dudley et MM. Mounet-Sully, Laroche, etc. Il a publié depuis : « Séphora », poème biblique, 1877, et « La jeunesse de François I », drame en vers.

Paroz (Jules), directeur de l'école normale de Peseux près de Neuchâtel, s'est fait connaître par de nombreux ouvrages de morale et de pédagogie, dont voici les principaux : « Instruction relative au septième commandement, ou avertissement contre les péchés secrets adressé aux jeunes gens », 1857; « Quelques idées sur la fondation et l'organisation d'établissements pour les jeunes filles pauvres, mémoire envoyé au concours sur la fondation Schnell », travail couronné par le Conseil d'État du Canton de Berne, 1859; « Histoire universelle de la pédagogie renfermant les systèmes d'éducation et les méthodes d'enseignement des temps anciens et modernes, les biographies de tous les pédagogues célèbres, le développement progressif de l'école depuis la scolastique jusqu'à nos jours », 1869; « L'enseignement élémentaire, plan d'études et de leçons de choses », 1872; « L'école primaire, cahiers de pédagogie d'après les principes de Pestalozzi », 1879. Nous lui sommes également redevables de quelques traductions de l'allemand : « Vie et voyages de W. Dampier », par W. Koerber, 1856; « Voix d'avertissement et d'instruction à propos des péchés secrets », par Kapff, 1868.

Parren (Callirhoé), femme-auteur héllène, née, à Crète, en 1859, directrice du *Journal des Dames*, ancienne directrice de l'École Supérieure des jeunes filles à Odessa. Cette dame qui connaît très bien le français, l'italien, l'allemand et le russe, travaille maintenant à un grand ouvrage : « L'Histoire de la femme depuis 6000 ans ». Elle est aussi auteur d'une tragédie patriotique : « La Crète libre », traduite en russe. Citons encore : « Analyse critique des drames de Sophocle »; « Études sur l'histoire des femmes de la révolution grecque ».

Partsch (Joseph), écrivain allemand, professeur de géographie à l'Université de Breslau, né, à Schreiberhau (Silésie), a publié : « Africæ veteris itineraria explicantur et emendantur », Berlin, 1874; « Die Darstellung Europas in dem Geographischen Werke des Agrippa », Breslau, 1875; « Die Gletscher der Vorzeit in den Kerpathen und den Mittelgebirgen Deutschlands », id., 1882; « Physikalische Geographie von Griechenland mit besonderer Rücksicht auf das Alterthum », id., 1885, en collaboration avec M. Neumann; « Bericht über die wissensch. Ergebnisse meiner Reisen auf den Inseln des Jonischen Meers », paru dans les *Sitzungsberichte d. Brl. Ak.*, 1886. M. P. a publié aussi les monographies suivantes : « Die Insel Korfu », Gotha, 1887; « Die Insel Leukat », id., 1889; aussi qu'une « Uebersichtskarte von Elis », avec notes explicatives et est collaborateur de *Monumenta Germaniæ histor.* (auc. antiq. tom. III. ps. Posti Cresconii Corippi africani grammatici quæ supersunt, rec. Berol. 1879).

Parville (François-Henri-Peudefer DE), écrivain scientifique français, né, à Évreux, le 27 janvier 1838. Après avoir terminé ses études au Lycée Bonaparte, il entra à l'école des Mines; il prit part à un voyage d'exploration scientifique dans l'Amérique centrale (1859-60), au retour duquel il débuta dans *Le Pays*, comme rédacteur scientifique. Il fut chargé en même temps du feuilleton scientifique du *Costitutionnel* et de *La Patrie*; puis il entra au *Moniteur Universel* et fut appelé au *Journal Officiel*, dont il rédigea la partie scientifique depuis sa fondation, et notamment les comptes-rendus de l'Académie des sciences. C'est à M. de P. que l'on doit depuis 1861 les comptes-rendus analytiques des Académies qui paraissent le lendemain même de la séance. En 1871, la direction du *Journal des Débats* lui donna la succession de Foucault et lui confia la critique scientifique. Il fut à la même époque chargé au même titre de la revue des sciences du *Correspondant* qu'il rédige depuis dix-neuf ans. En outre, M. de P. publie chaque année depuis 1861 sous le titre de « Causeries scientifiques, Découvertes et Inventions », un annuaire illustré du progrès scientifique et industriel très estimé. Il a publié à part : « Un habitant de la planète Mars », 1865; « L'Exposition universelle de 1867, guide de l'exposant et du visiteur », 1867; « L'électricité et ses applications »; « La Clef de la science », etc. Il a été rédacteur en chef du *Cosmos* en 1862, et du *Journal des Mines* en 1864, du journal *La Science pour tous* de 1868 à 1870. Il a été membre des jurys des diverses expositions; il est lauréat de l'Institut (prix Montyon), ingénieur expert près le Tribunal civil de Paris.

Pusch (Moritz), docteur en philosophie, mathématicien allemand, professeur ordinaire à l'Université de Giessen, né, à Breslau, le 8 novembre 1843, où il fit ses études. Nous lui devons : « De duarum Sectionum conicarum in circulos projectione », dissertation publiée en 1865 à Breslau; « Vorlesungen über neuere

Geometrie », Leipzig, 1882; « Einleitung in die Differential- und Integralrechnung », id., 1882; « Zur Theorie der Complexe und Congruenten von Gerarden », Giessen, 1870. En collaboration avec le prof. Rozanes, il a traité, dans le *Journal für die reine und angewandte Mathematik*, plusieurs problèmes de géométrie et d'algèbre et publié des travaux très importants dans les *Matematische Annalen*, et dans la *Zeitschrift für Math. und Physik*.

Pasdera (Arthur), historien et latiniste italien, né en 1858, à Trieste, commença ses études classiques à Capodistria et les acheva à l'Université de Vienne en 1882. Ses sentiments patriotiques le firent tomber en disgrâce et il dut s'expatrier. Il collabora d'abord dans les journaux de l'Istrie, puis dans les revues italiennes et publia les ouvrages suivants: « Maria Giuseppina Guacci, note biografiche », Rome, 1884; « Sull'attentato alla vita del console Cicerone, dissertazione cronologica », Turin, Loescher, 1884; « Le Catilinarie di Cicerone, illustrate con introduzione e commenti », 1884; « De *interest* verbi impersonalis structura et origine, quæstio grammatica. — Sutrii, exc. Æm. Quadrins », 1885; « L'orazione di M. Tullio in difesa di P. Sulla, testo riveduto ed illustrato con introd. e commenti », Turin, Loescher, 1885; sous presse: « L'orazione di M. Tullio in difesa di L. Murena, illustr. con introd. e commenti ». En préparation: « La nuova lirica latina del medio-evo, nelle sue origini e sviluppo storico ».

Pasolini (le comte Didier), érudit italien, d'une famille qui a fourni des hommes de mérite pendant la période révolutionnaire italienne, né à Ravenne, en 1844, a écrit: « Relazioni fra la Repubblica di Venezia e Ravenna »; « Famiglie Rasponi »; « Famiglie Pasolini »; « Famiglie Ponti ».

Pasqualigo (Christophe), homme de lettres italien, professeur de littérature au Lycée de Parme, né, à Lonigo (prov. de Vicence) en 1833, étudia à Vicence, Padoue et Venise; servit comme volontaire à l'armée italienne en 1859-60; quitta le service militaire pour entrer dans l'enseignement et fut tour-à-tour professeur aux Lycées de Savone, Spolète, Ferrare, Vérone et Venise. Nous avons de lui: « Raccolta di proverbi », la 1re éd. avec 3000 (Venise, 1857); la 2e avec 5000 (1879); et la 3e avec 7500 proverbes (Trévise, 1882); « I trionfi di F. Petrarca, corretti nel testo e riordinati con le varie lezioni degli autografi e di 30 manoscritti e delle stampe del secolo XV e XVI », Venise, 1874; « La Tempesta »; « Il Mercante di Venezia »; « Gran chiasso per nulla »; « Le gaie donne di Windsor »; « L'Otello »; « I due Veronesi di G. Shakespeare », traductions en prose; « Il volgarizzamento delle Vite dei SS. Padri non è di Domenico Cavalca », Florence, 1887; « I canti popolari vicentini »; « Proverbi di Primiero »; « Fiabe »; « Proverbi erotici e scatologici, ad uso esclusivo dei *folk-loristi* ».

Passerini (Joseph-Lando), érudit italien, sous-bibliothécaire à la *Casanatense* de Rome, né, à Florence, issu d'une ancienne noblesse, le 31 janvier 1858, étudia au Collège Tolomei de Sienne, inséra aux journaux littéraires plusieurs monographies dont voici les titres: « La Raffaella e l'*Ecatomphila d'Amore* di Alessandro Piccolomini », au *Fantasio* de Naples; « Sulle Assise de'Re di Sicilia », au *Giornale Napoletano della Domenica;* « Di Giovanni Duprè e di G. B. Giuliani », au *Preludio* d'Ancone; « Di un poeta bernesco del secolo XVI », id.; « Il forte di Villena », au *Fracassa della Domenica;* « Di Vincenzo Bellini », à la *Cronaca bizantina* de Rome; « Delle Università », au *Fanfulla della Domenica;* « Dell'Opera buffa napoletana », au *Pungolo della Domenica* de Milan. Nous avons de lui en librairie: « Memorie sulla vita e sugli scritti di Luigi Passerini-Orsini dei Conti Rilli, ecc. », Florence, 1878; « Cenno storico sulla famiglia Passerini », id., id.; « La famiglia Alighieri: note storiche », Ancone, Sarzani, 1882; « Boccaccio. La Vita di Dante Alighieri, con prefazione ed a cura di G. L. Passerini », Rome, Perino, 1884; « Il Castello di Artimino e la Villa Ferdinanda », Parme, Battei, 1888; « Memorie sulla vita e gli scritti di Luigi Passerini-Orsini dei Conti Rilli, ecc. », Florence, 1878; « Cenno storico e genealogico della famiglia Passerini di Cortona », id., 1879; « La famiglia Alighieri: note storiche », Ancone, 1882; « Artiminius », Parme, Battei, 188 ; « Storia del Sonetto italiano, con prefazione del prof. Adolfo Borgognoni »; « Origini e vicende della città di Cortona ». En préparation: « La Vita Nova di Dante Alighieri », édition critique définitive, en collaboration avec le prof. Pasquale Papa.

Passy (Frédéric), économiste et homme politique français, député de la Seine, est né, à Paris, le 20 mai 1822. Il est fils de M. F. P., conseiller-maître à la Cour des Comptes; neveu d'Antoine Passy, sous-secrétaire d'État à l'Intérieur et membre de l'Académie des sciences, et d'Hippolyte Passy, Ministre des Travaux publics, des Finances et membre de l'Académie des sciences morales et politiques. Élève très distingué du Collège Louis-le-Grand et du Collège Bourbon (aujourd'hui Lycée Condorcet); licencié ès-lettres et auditeur au Conseil d'État en 1846; il quitta la carrière en 1849 pour vivre dans la retraite, le plus souvent à la campagne, s'occupant d'études scientifiques, littéraires et économiques. Il avait dès 1846 publié une brochure remarquable sur « L'instruction secondaire en France, ses défauts, leurs causes et les moyens d'y remédier », dans laquelle se trouvent indiquées la plupart des réformes essayées ou réclamées depuis par MM. Jules Simon et Bréal. A partir de 1854, il devint un des rédacteurs principaux du *Journal des économistes*, dans lequel il publia des travaux très remarqués sur « La Contrainte et la Liberté »; « La Famille et la Société »; « Robert Peel »; « L'ancien régime », etc.; études qui ont été recueillies en un volume de « Mélanges ». En 1860, il ouvrit à Montpellier un cours libre d'économie politique qu'il reprit à Paris, à l'école de Médecine en 1866. En même temps, il faisait de nombreuses conférences dans toute la France. En 1867, il fonda, avec Arlès Dufour, Michel Chevalier et Martin Paschoud, la *Ligue internationale et permanente de la Paix*, devenue, après les événements de 1870, la *Société française des amis de la Paix*, dont il est actuellement le président. Dévoué à la cause de l'instruction sous toutes ses formes, il a été, avec MM. Laboulaye, Henri Martin, l'un des fondateurs de la Société pour la propagation de l'instruction parmi les femmes : il en est le président. Conseiller général de Seine-et-Oise, président de la délégation cantonale de Saint-Germain et membre du Conseil départemental de l'instruction publique, M. P., qui avait refusé plusieurs fois sous l'Empire de présenter sa candidature au Parlement, se porta en 1873 candidat à la députation comme républicain conservateur dans les Bouches-du-Rhône; il échoua; mais en 1881 il a été élu député du VIIIe arrondissement de Paris, comme républicain indépendant. Membre de l'Institut (Académie des sciences morales et politiques), il est, en outre, président de la Société d'économie politique, et de la Société d'économie populaire; président d'honneur de la Société du Travail, et membre ou président d'un grand nombre d'autres Sociétés d'études. Outre les « Leçons » et « Mélanges », mentionnés plus haut, il a publié : « Les machines et leur influence sur le progrès social »; « Le Petit Poucet du XIXe siècle »; « L'industrie humaine »; « La population »; « La liberté commerciale, la monnaie et le papier-monnaie, la propriété et l'hérédité, etc., etc. »; « Leçons d'économie politique »; « Mélanges économiques »; « La propriété intellectuelle »; « L'économie politique en une séance »; « L'enseignement obligatoire »; « La question des octrois »; « La part de la France dans l'économie politique »; « L'enseignement obligatoire en France »; « Édouard Laboulaye »; « Frédéric Bastiat »; « Le rétablissement des tours »; « La barbarie moderne »; « La liberté individuelle en 1881 »; « La véritable égalité »; « La liberté du travail et les traités de commerce »; « Discours parlementaires sur les syndicats professionnels »; « Le programme économique du Gouvernement »; « Les expéditions lointaines et les crédits pour le Tonkin et Madagascar »; « Les modifications aux tarifs des douanes (Céréales et bétail) »; « La réglementation des heures de travail et la responsabilité des accidents industriels »; « Discours, rapports et brochures diverses sur la paix et la guerre »; « L'arbitrage international, etc. ». M. F. P. professe actuellement l'économie politique au Collège Chaptal et à l'École des Hautes-études.

Passy (Paul-Édouard), professeur et publiciste français, né, à Versaille (S.-et-O.), le 13 janvier 1859; liçansié ès-lettres, bachelier ès-scènes; s'ocupe de linguistique et de pédagogie, spécialement de l'ensègnement des langues vivantes. A surtout étudié les langues germaniques, parle couramant l'anglais, l'alemand et l'italien; moins corectement le hollandais, l'islandais, le dano-norvégien, le suédois et l'espagnol. A comansé en 1877 à ensègner l'anglais à l'école normale protestante de Courbevoie, bientôt après à l'école normale d'Auteuil, où il ensègne encor; a aussi ensègné l'anglais et l'alemand à l'Associacion filotecnique, à l'École des Hautes-études comerciales, au Colège Sévigné, au Cour complémentaire de l'école comunale de la rue des Marters Paris. A été trois fois envoyé en mission par le Ministère de l'Instrucsion publique, en 1883 aux États-Unis, en 1885 en Islande, en 1886 en Suède. Depuis 1882, s'est ocupé de plus en plus de la réforme de l'ensègnement des langues d'après les principes de la jeune école fonétique. A fondé en janvier 1886 l'Associacion fonétique des professeurs de langues vivantes, et dirige depuis ce temps le *Maître fonétique*, organe de l'Associacion. En décembre 1886, a contribué à fonder la Société de réforme ortografique. A publié les ouvrages suivants : « Premiers éléments d'anglais », Hachette, 1882; « Premier livre de lecture, méthode fonétique », Firmin Didot, 1883; « L'instruction primaire aux États-Unis, rapport présenté au Ministre de l'Instruction publique », Delagrave, 1885; « Kleines Lesebuch für Kinder », Firmin Didot, 1884; « Le phonétisme au Congrès de Stockholm »; 26e fascicule des « Mémoires et documents scolaires », publiés par le *Musée pédagogique*, Delagrave, Hachette, 1887; « Le français parlé », Henneger à Heibronn, 1886; « Élémans d'anglais parlé », métode fonétique, Firmin-Didot, 1re éd. 1886; 2e éd. 1887; « Les Sons du français, leur formacion, leur combinaizon, leur reprézantacion », id., id. En outre, M. P. a publié un grand nombre d'articles dans des journaux et revues de Franse, d'Angletere et d'Alemagne; il a aussi fait un certain nombre de conféranses pour la Société de géografie, l'Associacion filotecnique, la Société de réforme ortografique, et tous les dimanches pour la mission populaire évanjélique. Il fait partie, entre autres, des sociétés suivantes : Associacion fonétique des professeurs de langues vivantes, Société de réforme ortografique, Société française de sténografie, Associacion française pour l'avansement des scianses, Société de la pais par l'éducacion, Ligue nacionale contre l'atéisme, Société évanjélique de Franse, Société des écoles du Dimanche, Phonetic Society (Angletere), Neuphilologenverein (Alemagne), Rœllstavningenlshap (Suède), Quousque Tandem (Suède), American Spelling Reform Association, etc. — Dans cette notice l'ortographe est celle de la nouvelle école phonétique dont M. P. est l'apôtre convaincu.

Pasteur (Louis), illustre savant français, né à Dôle (Jura), le 27 décembre 1822. — La vie et les œuvres de ce grand chercheur qui a découvert tout un monde, celui des infiniment petits, ont été exposées au public français par son gendre, M. René Vallery-Radot, sous ce titre trop modeste : « Histoire d'un savant par un ignorant ». — Écrivain élégant et clair, l'auteur de cette biographie raconte, de la façon la plus intéressante, l'histoire des découvertes du grand savant français; il les expose toutes, depuis ses premières études sur la dissymétrie moléculaire, jusqu'à ses récents travaux sur la rage, sur les maladies virulentes et les cultures artificielles de virus devenus de véritables vaccins, en passant par les célèbres expériences sur la génération spontanée, sur les fermentations, les maladies des vins, la fabrication de la bière, du vinaigre, les maladies des vers à soie. Dans une exposition ordonnée et lucide, on voit se développer la suite de ces admirables conquêtes scientifiques qui sont nées les unes des autres, et qui sont toutes reliées entr'elles par le lien d'une rigoureuse méthode. C'est ce beau livre : « L'Histoire d'un savant par un ignorant » que nous allons résumer pour les lecteurs du *Dictionnaire international*. — A son retour en France, le père de M. P., vieux soldat décoré sur le champ de bataille, choisit pour vivre le métier de tanneur. Aujourd'hui, à Dôle, sur une petite maison de la rue des Tanneurs, une plaque de marbre porte ces mots écrits en lettres d'or:

*Ici est né Louis Pasteur
le 27 décembre 1822.*

En 1825, la famille P. quitta Dôle pour s'installer à Arbois. Le père de M. P. venait d'acheter, sur les bords de la Cuisance, une petite tannerie. C'est dans cette tannerie et dans la ville d'Arbois que M. L. P. passa son enfance. Ce fut à partir de la classe de troisième que le jeune homme, se rendant compte des sacrifices que son père s'imposait, sentit s'éveiller en lui cette passion du travail qui devait faire le fonds de sa vie. Le Collège d'Arbois n'ayant pas de professeur de philosophie, M. L. P. partit pour Besançon. Il y resta l'année scolaire, fut reçu bachelier ès-lettres et nommé immédiatement répétiteur au même Collège. Dans l'intervalle de ses fonctions, il suivait les cours de mathématiques spéciales, qui préparaient aux examens des sciences de l'École normale. Reçu admissible, le quatorzième, ce rang ne lui plut pas, et il vint à Paris où, après une année de travail préparatoire dans l'institution Barbet, il fut reçu, de nouveau, le quatrième (octobre 1843). — A l'École, le goût de M. Pasteur pour la chimie devint une passion. Il put la satisfaire à son gré. La chimie était alors enseignée : à la Sorbonne, par M. Dumas, et, à l'École normale, par M. Balard. — Le dimanche, M. P. passait ses journées chez M. Barruel, le préparateur de M. Dumas. Il ne songeait qu'aux manipulations. Laboratoire ou bibliothèque, il ne pensait qu'à s'enfermer là, curieux de tous les secrets de la science, cherchant toujours à apprendre. — Nommé professeur suppléant de chimie à Strasbourg, M. P. s'y maria avec Mlle Marie Laurent, la fille du recteur de l'Académie. En 1852, il devint professeur titulaire. Deux ans après, en 1854, il fut nommé, à trente-deux ans, doyen de la Faculté des sciences de Lille. — Une des principales industries du département du Nord est la fabrication de l'alcool provenant de la betterave et des grains. Après des découvertes cristallographiques qui sont importantes pour la science, mais d'une nature un peu trop spéciale pour être expliquées dans une biographie sommaire, comme celle-ci, M. P. aborda l'étude des fermentations. — Dans un premier travail sur la fermentation lactique, M. P. reconnut la présence et l'action, dans cette fermentation, d'un être organisé, vivant, qui en était le ferment, comme la levûre de bière était le ferment de la fermentation alcoolique. M. P. démontra ainsi que la fameuse théorie de Liebig, qui invoquait une force de contact ou un mouvement communiqué, était absolument fausse. — La fermentation butyrique prouva que ses vibrions vivent sans air, que l'air les fait périr et arrête la fermentation que ces vibrions déterminent. M. P. désigna cette nouvelle classe d'êtres du nom d'êtres *anaérobies*, c'est-à-dire d'êtres pouvant vivre sans air. Que le progrès de la science, ajoutait-il, fasse de ce vibrion une plante ou un animal, peu importe: c'est un être vivant, doué de mouvement, qui vit sans air et qui est ferment. — « Dans ces infiniment petits de la vie – dit M. Dumas à M. P., devant l'Académie des Sciences – vous avez découvert un troisième règne, celui auquel appartiennent ces êtres qui, avec toutes les prérogatives de la vie animale, n'ont pas besoin d'air pour vivre et trouvent la chaleur qui leur est nécessaire dans les décompositions chimiques qu'ils provoquent autour d'eux ». — On se rappelle l'ardente polémique soulevée dans le monde savant entre les partisans de la génération spontanée et leurs adversaires. En 1858, M. Pouchet, directeur du *Museum d'Histoire naturelle* de Rouen, correspondant de l'Académie des Sciences, déclara à cette Académie qu'il avait réussi à démontrer l'existence d'êtres microscopiques venus au monde sans germes. M. P. établit, au contraire, qu'il y a des germes partout, que les poussières qui flottent dans l'air renferment des germes d'organismes inférieurs et que la génération spontanée n'est pas. En 1860, l'Académie des Sciences ayant fondé un prix pour essayer, par des expériences bien faites, de jeter un jour nouveau sur cette question, M. P. remporta le prix. Il n'y a, concluait-il, aucune circonstance aujourd'hui connue, qui permette d'affirmer que des êtres microscopiques sont venus au monde sans germes, sans parents semblables à eux. « Ceux qui le prétendent ont été le jouet d'illusions, d'expériences mal faites, entachées d'erreurs qu'ils n'ont pas su apercevoir, ou qu'ils n'ont pas su éviter. La génération spontanée est une chimère ». — M. Flourens, secrétaire perpétuel de l'Académie des Sciences, déclara les expériences de M. P. décisives. « Pour avoir des animalcules, que faut-il, si la génération spontanée est réelle? De l'air et des liquides putrescibles. Or, M. P. met ensemble de l'air et des liquides putrescibles et il ne se fait rien. La génération spontanée n'est donc pas. C'est ne pas comprendre la question que de douter encore ». — Après avoir ainsi résolu le problème de la génération spontanée, problème qui n'était qu'une parenthèse imposée à son esprit, M. P. revint aux fermentations. — Dans une leçon célèbre qu'il alla faire à Orléans, à la demande des fabricants de vinaigre de cette ville, M. P. examina la différence de nature entre le vin et le vinaigre. Il démontra que le ferment du vinaigre est le petit champignon microscopique, *mycoderma aceti*. — Guidé par ces études sur le vinaigre, M. P. entreprit ensuite de rechercher les causes qui pouvaient provoquer les maladies des vins. Ces maladies proviennent aussi de ferments organisés, de petits végétaux microscopiques. Comme ces végétations trouvent dans le vin des conditions favorables à leur développement, elles l'altèrent. Pour empêcher le développement de ces parasites, M. P. eut l'idée de recourir à l'influence de la chaleur. Il reconnut qu'il suffisait de porter le vin, pendant quelques instants, à une température de 55 à 60 degrés pour qu'il fut mis à l'abri de toute altération ultérieure. Tous les vins peuvent subir l'action de la chaleur sans l'altérer, et une minute de chauffage, au degré voulu, suffit pour assurer la conservation d'un vin quel qu'il soit. — Ainsi, M. P., après avoir expliqué les causes qui déterminent les altérations des vins, a trouvé le moyen de les combattre pratiquement, avec certitude et succès. — Grâce à lui, les vins peuvent à présent être gardés ou transportés en tout pays, sans que leur goût ou leur parfum en soient altérés. — En 1863, la maladie des vers à soie désolant les départements séricicoles, M. Dumas engagea M. Pasteur à se livrer à des recherches pour conjurer une épidémie ruineuse dont personne ne pouvait alors triompher. M. P. savait que des naturalistes italiens, notamment Filippi et Cornalia, avaient rencontré chez les vers et les papillons des vers à soie de petits corpuscules visibles seulement au microscope, tous identiques de figures et de proportions. Le naturaliste Lebert assurait qu'on les constatait toujours dans les vers malades. Le docteur Osimo de Padoue avait même aperçu ces corpuscules dans certaines graines de vers à soie, et le docteur Vittadini avait proposé l'examen des graines au microscope pour avoir des œufs sains. Tel fut le point de départ des observations de M. P. qui, au bout de cinq années d'expériences et de patients travaux, réussit à ramener la richesse dans des pays désolés. Mais il avait subi de telles fatigues, il avait tellement abusé du microscope dans ces expériences quotidiennes, qu'il fut, au mois d'octobre 1868, frappé d'hémiplégie. « Au moment où il vit la mort s'approcher, il dicta à sa femme une dernière note sur les études qui lui tenaient tant au cœur ». — Paralysé du côté gauche, M. P. ne retrouva jamais l'usage complet de ses membres. Aujourd'hui encore, vingt-deux ans après cette atteinte, il a la démarche d'un blessé. — Frappé ainsi, en pleine force, à quarante-cinq ans, M. P. regrettait de n'avoir pas eu le temps de rendre plus de services à son pays. Heureusement, au plus fort de la paralysie, sa lucidité d'esprit lui était restée. — Au mois d'octobre 1857, M. P. avait été appelé à Paris et chargé de la direction des études scientifiques à l'École normale supérieure. Il avait alors trente-cinq ans. — En décembre 1863, M. P. fut nommé professeur de géologie, physique et chimie à l'École des Beaux-Arts réorganisée; il ne conserva que peu de temps cette chaire, et fut nommé professeur de chimie à la Sorbonne en 1867. — Membre de l'Académie des Sciences (section de minéralogie), où il avait remplacé M. de Sénarmont en 1862, M. P. fut élu membre étranger de la Société royale de Londres en 1869. Cette même Société royale lui avait déjà décerné le prix Rumford en 1861. — En 1866, M. P. reçut un prix de 10,000 florins du Ministère de l'agriculture de l'empire austro-hongrois, pour ses travaux sur les vers à soie. — Au mois de juillet 1870, M. P. fut nommé sénateur. Cette nomination n'eut pas le temps de paraître au *Journal Officiel*. — Revenu de Trieste en France à la veille de la déclaration de guerre, M. P. adressa, le 18 janvier 1871, un doyen de l'Académie de médecine de l'Université de Bonn, une lettre pour lui demander de reprendre le diplôme de docteur allemand que la Faculté de médecine de cette Université lui avait conféré en 1868. — La guerre terminée, après deux ans de paralysie, M. P.

consacra sa convalescence à de nouvelles études sur la bière, laquelle est beaucoup plus sujette que le vin à contracter des maladies. Toutes ces maladies ont pour cause exclusive le développement de petits champignons microscopiques, ferments organisés dont les germes rendent la bière: aigre, sûre, tournée, filante et putride. Les causes de l'altération de la bière étant les mêmes que celles du vin, l'action de la chaleur est aussi le meilleur moyen de préservation. En chauffant la bière, immédiatement après sa mise en bouteilles, à une température de 50 à 55 degrés, le chauffage détruit les ferments. Ce chauffage de la bière est aujourd'hui appliqué partout en Europe et en Amérique. Par hommage pour ses travaux, on appelle *pasteurisation* l'opération de chauffage enseignée par M. P. L'action de *pasteuriser* consiste à chauffer la bière selon les procédés qu'il a indiqués, pour tuer les germes des ferments. L'heureuse influence des « Études sur la bière » est si universellement reconnue qu'à Copenhague, M. Jacobsen a fait ériger dans la salle d'honneur de son célèbre laboratoire le buste de M. P., par Paul Dubois. M. P. a démontré que la fermentation alcaline, comme la fermentation alcoolique ou acétique, est produite par des êtres vivants dont la préexistence dans la liqueur est la condition nécessaire. En 1865, le docteur Lister commençant l'application de sa méthode antiseptique s'appuyait sur les découvertes de M. P. Au mois de février 1874, le grand chirurgien anglais adressait au savant français ses « remerciements les plus cordiaux » pour lui avoir « démontré la vérité de la théorie des germes de putréfaction et lui avoir ainsi donné le seul principe qui pût mener à bonne fin le système antiseptique ». — A mesure qu'il avançait dans la découverte des ferments vivants, M. P. espérait arriver à la connaissance des causes des maladies virulentes et contagieuses. Il aborda l'étude des virus en cherchant à pénétrer dans toutes ses causes la terrible maladie que l'on appelle la maladie charbonneuse. Le 30 avril 1877, M. P. lut à l'Académie des Sciences une note faite en collaboration avec MM. Chamberland et Roux, où il fut démontré que le bacille découvert en 1850 par MM. Davaine et Royer était réellement l'agent unique de la maladie, et que c'était bien la bactéridie qui cause le charbon. — Pour ces deux maladies si virulentes: le charbon et la septicémie, les recherches de M. P. ont nettement établi la doctrine du parasitisme. Quant au remède, M. P. reconnut que le microbe du charbon ne se cultive pas quand il est soumis à une température de 44 degrés centigrades. Une poule inoculée avec du sang charbonneux meurt au bout de deux jours, si, en l'obligeant à rester les pattes dans l'eau froide, on fait descendre la température de son sang à 37 degrés et guérit si on la réchauffe,

après l'inoculation, en la plaçant dans une étuve à 35 degrés. Mais si les poules sont naturellement réfractaires au charbon, il est une maladie désastreuse qui s'abat sur elles et que l'on désigne vulgairement sous le nom de *Choléra des poules*. Cette maladie est aussi produite par un organisme microscopique. — Ayant trouvé le vaccin du Choléra des poules, M. P. fut conduit, en 1880, à la merveilleuse découverte de l'atténuation des virus, dans laquelle c'est le virus mortel lui-même qui sert de point de départ au vaccin. Ayant préalablement constaté que la maladie charbonneuse ne récidive pas, ou du moins que l'immunité acquise a une longue durée, M. P. rechercha et trouva le vaccin de charbon. L'industrie et l'agriculture lui doivent ainsi de si grandes sources de richesses que le savant professeur Huxley a pu dire : « Les découvertes de M. Pasteur suffiraient, à elles seules, pour couvrir la rançon de guerre de cinq milliards payés à l'Allemagne par la France ». — La doctrine microbienne appliquée à l'étiologie des maladies transmissibles fut, au début, vivement attaquée. Des esprits réfractaires continuèrent à soutenir que « la maladie est en nous, de nous, par nous ». Mais, dit M. P., les esprits clairvoyants avaient dès lors pressenti que, le jour où la génération spontanée des êtres microscopiques aurait pu légitimement être taxée d'hypothèse chimérique et que la vie de ces êtres avait apparu comme le cause principale de la décomposition organique et des fermentations, la théorie de la spontanéité en médecine avait vécu. C'est du congrès de Londres que date la constatation d'un autre progrès de grand avenir, celui de l'atténuation possible des virus, de la variabilité de leurs virulences et de la conservation de celle-ci par des cultures appropriées, de l'application, enfin, de ces découvertes à la médecine des animaux. Aux microbes vaccins du choléra des poules et du charbon, M. P. en a ajouté d'autres. C'est maintenant par centaine de mille que se comptent les animaux préservés contre l'atteinte de maladies contagieuses mortelles. Ces études sur les maladies contagieuses ont ouvert à la médecine une immense espérance de prophylaxie. — Le 28 octobre 1885, M. P. fit à l'Académie de médecine une communication sur une « Méthode pour prévenir la rage après morsure », découverte par lui et dont l'expérience lui avait démontré l'efficacité. Cette communication fut accueillie avec enthousiasme. Après cinq années d'expériences incessantes, M. P. avait réussi à découvrir une méthode capable de prévenir, après morsure, l'affreuse maladie. — C'est le 14 novembre 1888 qu'a eu lieu l'inauguration solennelle de l'Institut Pasteur. C'est à la fois un dispensaire pour le traitement de la rage, un centre de recherches pour les maladies infectieuses et un centre d'enseignement pour les études qui relèvent de la microbie. Dans ce magnifique Institut qui porte son nom, M. P. continue ses recherches. Les résultats qu'il obtient sont publiés sous son patronage, par M. Duclaux, dans les *Annales de l'Institut Pasteur*, revue paraissant tous les mois depuis 1887, avec la collaboration de MM. Roux, Chamberland, Grancher, Strauss et Nocard. — Ainsi le grand savant français, après avoir trouvé le lien qui unit les fermentations aux maladies, a, par la merveilleuse découverte de l'atténuation des virus, transformé la science médicale et créé en médecine et en chirurgie un art nouveau. Les méthodes employées pour guérir les maladies charbonneuses, le choléra des poules, la septicémie et la rage, sont à citer parmi les plus belles applications de ces idées fécondes. — Par suite de ces découvertes pastoriennes la physiologie pathologique est actuellement en pleine transformation. — En 1887, M. P. succéda à M. Vulpian comme secrétaire perpétuel de l'Académie des Sciences. En 1889, ayant renoncé à une charge que sa santé ne lui permettait pas de mener de front avec ses travaux scientifiques, il fut nommé secrétaire perpétuel honoraire et remplacé par M. Berthelot. — (M. P. est grand'croix de l'ordre français de la Légion d'honneur). — Les travaux de M. P. et de son école sont disséminés dans des notes et communications lues à l'Académie des Sciences, à l'Académie de médecine, à la Société de médecine vétérinaire, aux Congrès de Londres, Genève et Copenhague, et consignés dans les bulletins et comptes-rendus de ces sociétés savantes. — M. P. a publié à part : « Nouvel exemple de fermentation déterminée par des animalcules infusoires pouvant vivre sans oxygène libre », 1863 ; « Études sur le vin, ses maladies, causes qui les provoquent etc. », 1866 ; « Études sur le vinaigre, sa fabrication, ses maladies, moyen de les prévenir » ; « Nouvelles observations sur la conservation des vins par la chaleur », 1868 ; « Études sur la maladie des vers à soie, moyen pratique assuré de la combattre et d'en prévenir le retour », 2 vol., 1870 ; « Études sur la bière ». Il faut citer, en outre, ses récents mémoires sur le « Traitement de la rage ». — Associé libre de l'Académie de médecine, M. P. a été nommé membre de l'Académie française, en 1881, en remplacement de Littré. Il a été reçu le 27 avril 1882. La même année, le Conseil de la Société des arts de Londres lui décernait la médaille Albert pour ses recherches sur la fermentation, etc. ; en juin 1883, M. P. a reçu le diplôme de docteur ès-sciences de l'Université d'Oxford. — Parmi les nombreux portraits de M. P. on peut citer le buste exposé par M. Paul Dubois au Salon de 1880 et qui montre M. P. tête nue, les cheveux et la barbe coupés court. — Au Salon de 1886, on a remarqué deux portraits, l'un peint par Bonnat montre M. P. debout, la main appuyée sur l'épaule de sa petite-fille ; dans l'autre, peint par M. Edelfelt, le savant français paraît dans son laboratoire, préoccupé des problèmes dont il aime à approfondir les mystères.

Pastor (Louis), professeur d'histoire universelle à l'Université d'Innspruck (Tyrol), né, à Aix-la-Chapelle, en 1864, professeur d'Université depuis 1881. Il a étudié aux universités de Bonn, Berlin et Vienne et fait de nombreux voyages en Italie. Nous avons de lui : « Les tentatives de Réunion entre les catholiques et les protestants sous le règne de Charles-Quint », Fribourg, Herder, 1879 ; « La correspondance du cardinal Contarini pendant sa légation en Allemagne en 1541 », Münster, Teissing, 1880 ; « Histoire des Papes depuis la fin du moyen age. Ouvrage écrit d'après un grand nombre de documents inédits extraits des Archives secrètes du Vatican et autres » ; Tom. I. « Histoire des Papes pendant le temps de la Renaissance jusqu'à l'élection de Pie II », Fribourg en Bade, Herder, 1886 (Traduction française publiée par la librairie Plon à Paris, 1888 ; traduction anglaise, Londres, 1889 ; traduction italienne en préparation). Tom. II. « Histoire des Papes pendant le temps de la Renaissance : Pie II, Paul II et Sixte IV », Fribourg en Bade, Herder, 1889.

Paté (Lucien), poète et littérateur français, né, à Châlon-sur-Saône, le 6 mars 1845, licencié en droit et ès-lettres à Paris, entra dans l'administration de beaux-arts en 1873. Il fit les comptes-rendus des salons de 1876 à 1869 dans l'*Illustration*, et écrit, encore, dans ce journal les comptes-rendus bibliographiques. Il a publié : « Lacryma rerum », 1871 ; « Mélodies intimes », 1874 ; « Poésies complètes », 1879 ; « A Molière » et « A Corneille », à-propos recités à la Comédie française ; l'ode « A Lamartine », dite en 1878 par Mlle Favart ; « La statue de Nicéphore Niepce à Chalons-sur-Saône », poésie dite à l'occasion de l'inauguration, le 21 juin 1885 ; « A François Rude », poésie dite à l'occasion de l'inauguration de la statue de Rude à Dijon, le 17 octobre 1886 ; « A Adam Mickiewicz », ode, 1886 ; « David Téniers », comédie en un acte en vers, en collaboration avec M. Ed. Noël.

Pater (Walter), littérateur anglais, né le 4 août 1839, étudia à Oxford (1858-62), voyagea en Italie, en France et en Allemagne. Il débuta en 1866 à la *Westminster Review* par un essai sur « Coleridge », publia en librairie : « The Renaissance », 1873 ; « Marius the Epicurean », 1885 ; contributions à la *Fortnightly Review*: « On measure for measure » ; « The School of Giorgione » ; « The Myth of Demeter » ; « Dyonisus » ; « Charles Lamb » ; « The Beginnings of Greek Sculture » ; « The Marbles of Aegina », 1874-80 ; contributions au *Macmillan's*

Magazine: « On Love's Labour's Lost »; « The Child in the House »; « A Prince of Court Painters »; « Sebastian Van Storck », 1885-86.

Patiri (Joseph), homme de lettres italien, né, en 1840, à Termini-Imerese (prov. de Palerme). Nous avons de lui: « Le tasse italiane », satires, Termini, 1868; « Saggio di poesie satiriche », id., 1871; « Poche satire », Palerme, 1876; deux romans: « Pieruccio Gioeni », L. Pedone Lauriel, Palerme, 1873; « Maione », Palerme, 1880.

Patkanoff (Kéropé DE), conseiller d'État russe et professeur émérite de langue arménienne à l'Université de St.-Pétersbourg, membre de l'Académie des sciences de la même ville et de plusieurs sociétés savantes russes et étrangères, né à Nakhitchévan, a fait ses études à l'Institut Lazareff de Moscou, à l'Université impériale de Dorpat et à l'Institut pédagogique, où il les a achevées en 1857. L'œuvre de M. de P. se classe en trois catégories: (A) La publication en langue arménienne des anciens textes historiques: « Mekhithar Aïrivanetsi, du XIIIe siècle », St.-Pétersbourg, 1867; « Maghakhia Abégha, histoire des Mongols, XIIIe siècle », id., 1870; « Quelques œuvres d'Anania Chirakatsi, VIIe siècle », id., 1877; « Sébéos, l'Histoire de l'Empereur Héraclius, VIIe siècle et le Commencement de l'histoire de Merhithar Anétsi, récemment découverte, du XIIe siècle », id., 1879; « Faustus de Byzance, du IVe siècle », id., 1883; « Fragments des Historiens arméniens inédits », id., 1884; « Thomas Arzerouni, du Xe siècle », 1887; « Les poésies de Harouthiun Alamdarsânts », id., 1884; (B) Traductions russes des Historiens arméniens, avec introductions, notes, commentaires: « Histoire des Albaniens du Caucase, par Moïse Kaghankatuatsi, du Xe siècle », St.-Pétersbourg, 1861; « Histoire de l'Empereur Héraclius par Sébéos, du VIIe siècle », id., 1862; « Histoire des Califs par Phévont, VIIIe siècle », id., 1862; « Journal du Siège d'Isphahan par les Afghans, par Pétros Guislanenz, XVIIIe siècle », id., 1870; « Histoire Chranographique de Mekhithar d'Aïrivankho, XIIIe siècle », 1869; « Histoire des Mongols par le moine Maghakhia, XIIIe siècle », id., 1871; « Histoire des Mongols, tirée des Historiens arméniens de XIIIe siècle », 1ere partie, St.-Pétersbourg, 1873; 2e partie 1874; « La Géographie arménienne, attribuée à Moïse de Khoren: texte, traduction, notes et introduction », St.-Pétersbourg, 1877; (C) Ouvrages, articles, etc.: « Catalogue de la littérature arménienne depuis le commencement de IVe siècle, jusque vers le milieu du XVIIe siècle », en français, id., 1860; « Essai d'une Histoire de la dynastie des Sassanides d'après les renseignements fournis par les historiens arméniens », 1863, traduction française par E. Prudhomme, *Journ. asiat.*, 1866; « Recherches sur la formation de la langue arménienne », 1864, traduction française par E. Prudhomme, *Journ. asiat.*, 1870; « Recherches sur les dialectes arméniens », St.-Pétersbourg, 1869; « Quelques mots sur les anciens noms des mois arméniens », id., 1871; « Quelques remarques sur l'article de M. Emin: Vahaguen Vichapazhagh », id., 1873; « Les pierres précieuses, leurs noms et qualités médicales et mystiques d'après les Arméniens du XVIIe siècle », id., 1873; « Matériaux pour l'étude des dialectes arméniens — 1ere partie: Le dialecte de Nakhitchévan — 2e partie: Le dialecte de Mauche », id., 1875; « Place de la langue arménienne dans le cercle des langues indo-européennes », Tiflis, 1879, traduction allemande par M. N. Seidlitz, dans la *Russische Revue*, 1880; « Aperçu bibliographique de la littérature historique arménienne », St.-Pétersbourg, 1879; « De la prétendue expédition de Taxlad-Palasar aux bords de l'Indus », id., 1879; « Les inscriptions de Van et leur valeur pour l'histoire de l'Asie Intérieure », chapitre I-V, id., 1874-1883; « Matériaux pour la léxicographie arméniennne », livr. 1re 1882, livr. 2e 1884; « Inscriptions cunéiformes du Système de Van, découvertes dans les limites de l'Empire russe », St.-Pétersbourg, 1883; « Fragments d'une rédaction récemment découverte de la Géographie de Moïse de Khoren », 1883; « Les Tsigans. Quelques mots sur les dialectes des Bohémiens du Caucase », Kocha et Karatchis, St.-Pétersbourg, 1887; en outre, articles, récensions, critiques, etc. dans les journaux russes et dans le journal *Muséon* de Louvain.

Patuzzi (Gaétan-L.), professeur aux Instituts techniques, né, en 1842, à Bardolino sur le lac de Garde, émigra en Piémont en 1860. Malgré l'interruption de ses études, il sut gagner une place de professeur d'histoire et de géographie (1871) à l'Institut technique de Vérone; en 1874, il occupa aussi celle des belles-lettres. Nous avons de lui: « Virtù d'amore », recueil de nouvelles, deux éd.; « Il figlio dell'antiquario »; « Perchè »; « Il signor Scannavini », nouvelles; deux romans: « Volo d'Icaro », trois éd.; « Diana Lionard »; deux volumes de vers: « Erbucce » et « Bolle di sapone »; deux ouvrages d'enseignement: « Sunti di lezioni di logica »; « Della lingua e dello stile », deux éd.; enfin, des essais: « A proposito dei pensieri sull'arte e ricordi biografici di G. Dupré »; « C. Betteloni »; « A. Soumet e la Divine Épopée »; « A. Gazzoletti »; « Caterina Bon-Brengoni »; « Ramon de Campoamor ».

Paul (Hermann), écrivain allemand, professeur de langue et de littérature allemande à l'Université de Fribourg, né, en 1846, à Salbke (Magdeburg), professeur libre à Leipzig en 1872, professeur extraordinaire à Fribourg en 1872, et depuis 1877 professeur ordinaire à l'Université de cette ville. Il est auteur de nombre d'ouvrages littéraires; nous donnons ici la liste des plus importants: « Ueber die ursprüngliche Anordnung vom Freidanks Bescheidenheit », Leipzig, 1870; « Gab es eine Mittelhochdeutsche Schriftsprache? », Halle, id.; « Gregorius v. Hartmann v. Aue », id., 1873; « Principien der Sprachgeschichte », id., 1880-86; « Mittelhochdeutsche Gramatik », id., 1881-84-89; « Zur Kritik u. Erklärung v. Gotfrids Tristan », Germania, 1872; « Zur Niebelungenfrage », Halle, 1877; « Untersuchungen über den germanischen Vocalismus », id., id.; les *Beiträge zur Geschichte der deutschen Sprache und Literatur*, publiés, en collaboration avec M. W. Braune, à Halle, en 1877, contiennent plusieurs articles très remarquables, parmi lequels nous aimons à citer: « Niebelungenfrage und philol. Methode »; « Beiträge zur Geschichte der Lautentwicklung und Formenassociation »; « Zu Walther von Vogelweide »; « Zum Parzival »; « Zu Wolframcs Willehalm »; « Kritische Beiträge zu den Minnesingern », etc., etc.

Pauler (Jules DE), archiviste général du Royaume de Hongrie, docteur en droit, membre de l'Académie hongroise, né, à Agram, en 1841; docteur en droit en 1864 de l'Université de Budapest. Premier ouvrage (1858): « Zrinyi a Chöltö »; plus tard: « Vesselény Ferencz nádor, és tàrsainak összeküvésc », 1881, couronné; plusieurs essais sur l'Histoire hongroise dont voici les titres et les dates: « Lebedia, Etelkor, Millenarium », dans la *Revue historique*, *Száradok*; « Martinovics Ignáer » (*Magyar Szemle*), 1881; « Adatok a megyei levèltàzak ismeretèher », Sráradok, 1881; « Még egy szó a Millenariumrál », id., id.; « Megye? Varispánság? », id., 1882; « Falálunk-e egy idöben Külöz « polgári » es « Ratonai » ispánt? », id., id.; « Anonymus Rülföldi vonatkozàsai », id., 1883; « A tortenelem Bánkbánja », Nemzet, 1888; « Vri volt Hartoie püspök? », Száradok, id.; « A Hartoie legenda es pesti codice », id., 1884.

Paulitschke (Philippe), écrivain autrichien, docteur ès-lettres, membre correspondant d'honneur des sociétés géographiques et anthropologiques de Vienne, Budapest, Amsterdam, Kopenhague, Moscou, Saint-Pétersbourg, Milan, Florence, Rome, Naples, etc. Professeur agrégé de géographie à l'Université de Vienne, né, en 1854, à Czermakowitz en Moravie (Autriche), étudia à Gratz, Vienne, Berlin (études universitaires). Il voyagea en France, Pays-Bas, Allemagne, Grèce, Suède et Norvège, Italie, Russie, Égypte et Nubie (1876-80). Il explora l'Afrique Orientale, les pays des Somalis, Gallas et le Harrar (1884). Nous avons de lui: « Die geographische Erforschung Afrikas von den ältesten Zeiten bis auf unsere Tage », Vienne, 1880, 2ᵐᵉ éd.; « Die Adâl- Leindos- und Harar jnoss. Afrika », Leipzig, 1883; « Die Afrika Literatur an 1500-1750, n. Ch. »; « Beiträge zur Anthropologie und Ethnographie des Somal, Galla und Harari », Leipzig, 1885; « Harar-Reise in die Somal und Galla Länder Oss. Afrika », id., 1888.

Paull (Mary-Anna), femme-auteur anglaise, mariée à M. J. Ripley, née, le 30 novembre 1838, à Tavistock dans le Comté de Devon. Nous avons d'elle les romans suivants: « Tim's Troubles », New-York, Nelson & Sons 1869; « True Hearts make Happy Homes », Londres, id., 1877; « Sought & Saved », id., 1880; « Stories of the Mountain & Forest », id., 1882; « Whatsoever », id., 1888; « The Flower of the Grassmarket », Londres, Hodder & Stoughton, 1878; « Friar Hildebrand's Cross », id., 1882; « Vermont Hall », id., 1888; « My Mistress the Queen », Londres, Blackie & Son, 1886; « The Childrens'Tour or every day sights in a sunny Land », Nelson & Sons, 1885.

Paulsen (Frédéric), écrivain allemand, professeur de philosophie et de pédagogie à l'Université de Berlin, né, à Langenhorn (Schleswig), en 1846. On lui doit: « Versuch einer Entwicklungsgeschichte der Kantischen Erkenntnisstheorie », Füss, Leipzig, 1875; « Geschichte des gelehrten Unterrichts auf den deutschen Universitäten und Schulen seit dem Ausgang des Mittelalters », Leipzig, Veit et Cᵢᵉ, 1885; « System der Ethik mit einem Umriss der Staats- und- Gesellschaftslehre », Berlin, W. Hertz, 1889; on peut lire grand nombre de ses articles dans les principaux recueils et journaux spéciaux allemands, parmi lesquels nous devons citer: *Zeitschr. f. Volkerpsychol. Hist. Zeitschr. Deutsche Rundschau, Centralorg. f. d. Inter. d. Realschulwes*.

Paulson (Joseph), pédagogiste russe, né, à Saint-Pétersbourg, le 16 août 1825, reçut son éducation à l'École de Saint-Pierre. Ayant subi ses examens d'instituteur à l'Université en 1851, il devint maître de langues dans plusieurs établissements d'éducation. De 1860 à 1865, il dirigea l'enseignement primaire de la Grande-Duchesse Marie, actuellement Princesse d'Édimbourg; en 1860, il fonda le journal pédagogique *Le Précepteur* qu'il rédigea jusqu'à 1870, époque où ce journal a cessé de paraître. De 1871 à 1876, il fut directeur d'une école normale, fondée par la Grande-Duchesse Catherine, et de 1880 à 1886, inspecteur des écoles primaires, entretenues par la Municipalité de la capitale. Les principaux de ses ouvrages sont: « Livre de lecture et d'exercices pratiques en langue russe. Manuel à l'usage des écoles primaires » (20 feuilles d'impr. in-8°. La 1ʳᵉ édition a paru en 1860, la dernière, qui est la 50ᵐᵉ, en 1888. Les 50 éditions comprennent plus d'un million d'exemplaires); « Le premier livre classique ». Servant de manuel à l'enseignement de la lecture, de l'écriture et des éléments de la langue maternelle » (la 1re édition a paru en 1868, la dernière en 1888; 30 éditions); « Enseignement de la lecture et de la langue maternelle d'après *Le premier livre classique* », ouvrage didactique, destiné aux instituteurs et institutrices des écoles primaires, deux parties, 1886; « Le second livre classique » (la 1re édition a paru en 1880; 8 éditions; 50,000 exempl.); « Exercices pratiques adoptés au *Second livre classique*, guide didactique », 1881; « L'Arithmétique d'après la méthode Grube. Guide méthodique à l'usage des instituteurs et des familles (la 1re édition a paru en 1860; la dernière, 12me, en 1884; « La méthodologie de l'enseignement de la lecture d'après les dates historiques et théorétiques. Partie I: Exposition et critique des méthodes les plus connues de cet art », 1887. La seconde qui contient la théorie va bientôt paraître. Outre cela, il a traduit de l'allemand et de l'anglais plusieurs ouvrages de ses collègues, ouvrages qui ont rapport aux différentes branches des sciences naturelles.

Paumier (Louis-Henri), pasteur et publiciste français, né, à Rouen, le 18 novembre 1820, fils d'un pasteur, fit ses études de théologie à la Faculté de Montauban, et obtint en 1846 le diplôme de bachelier sur la présentation d'un « Essai sur la valeur de l'Église apostolique pour la constitution des Églises actuelles ». Successivement pasteur suffragant à Rouen (1847-50), pasteur auxiliaire à Mantes (1851) et à Paris (1852), il remplit depuis 1860 à Paris les fonctions de pasteur titulaire. Les œuvres de bienfaisance chrétienne possèdent en lui un champion des plus actifs et des plus dévoués. M. P. a largement contribué à l'érection en Normandie des paroisses d'Elbeuf et de Sainte-Opportune, à Paris de la paroisse et de l'orphelinat de Plaisance; la Société des Écoles du Dimanche l'a élu président en 1876 après la mort de son fondateur, l'excellent et regretté pasteur Montaudon. Nous relèverons parmi ses publications: « L'Afrique ouverte, ou esquisse des découvertes du Dr Livingstone », 1858; « Un contraste, ou qui vaut-il mieux servir ? Deux appels aux jeunes gens », 1859; « La Réforme jugée par ses fruits », id.; « Sermons », 1880; « Souvenirs de deux centenaires célèbres par l'Église réformée en 1885 et 1887 », Grassart, 1888.

Paumier (Théophile-Albert), théologien protestant, frère cadet du précédent, né, à Rouen, le 22 octobre 1837, embrassa, lui aussi, la carrière pastorale, et fut reçu bachelier en théologie en 1862 après la soutenance d'une thèse: « Histoire du dogme de la Résurrection dans les premiers siècles » et de solides études faites aux Facultés de Genève et de Strasbourg, poursuivies plus tard en Allemagne. L'Église de Rheims le choisit en 1866 pour pasteur et la direction de l'*Encyclopédie des sciences religieuses* le chargea de plusieurs monographies relatives à l'histoire du Moyen-âge. Nous lui sommes redevables de la traduction de deux ouvrages considérables : « L'Histoire Romaine de Wagner », 5 vol., 1868-72, et l'« Histoire de la théologie protestante », par Dorner, 1870.

Pavan (Antoine), né, à Trévise, le 20 avril 1823, où il est conservateur des hypothèques. M. P. est un autodidacte. Compromis dans les événements politiques de 1848, il émigra en Piémont en 1857, fut secrétaire particulier de plusieurs ministres : Mamiani, Scialoja, Depretis, Sella, Minghetti, Ferrara. Il est maintenant conservateur des hypothèques à Trévise. Nous avons de lui: « Gli illustri Pesaresi. Epigrafi italiane », Pésare, 1881; « Paris Bordone. Ricordanza », Trévise; « Terenzio Mamiani », commémoration, Venise; « La Musa dell'arte. Discorso per la solenne distribuzione dei premi agli alunni dell'Istituto di Belle Arti in Venezia », 1884; « Ghirlanda di semprevivi intrecciata sulla tomba della N. D. Carla Pavan », Trévise, 1887; « Illustrazione della Villa Imperiale dei principi Albani di Castelbarco sopra il colle di S. Bartolo presso Pesaro », Pésare, Federici; « Quintino Sella. Commemorazione », Venise, 1886.

Pavet de Courteille (Abel-Jean-Baptiste-Marie), littérateur français, né, à Paris, le 24 juin 1821, membre de l'Académie des Inscriptions et belles-lettres et de l'Académie de Saint-Pétersbourg, professeur de langue et littérature turque au Collège de France; il a publié : « Dictionnaire turc-oriental », 1870; « Mémoires de Bâbel, traduits sur l'original djagataï », 1871 ; « Mirâdj nâmets texte ouïgour et traduction française », 1882; « Tezkereh-i-Evliâ », texte ouïgour et traduction française », 1889.

Pavia (Louis), polygraphe italien, né, le 3 décembre 1854, à Milan, d'une famille espagnole; étudia au Lycée Beccaria de Milan et suivant son inclination pour la philologie se consacra à l'enseignement des langues étrangères aux instituts du gouvernement. Nous avons de lui: « Pan per focaccia », Milan, 1878 ; « L'ultima lotta », id., 1880 ; « Valentina Visconti », id., 1881 ; « F. K, 32, ferma in posta », id., 1889; « Le Nozze d'Irma », roman, 1879 ; « Sol », nouvelle, 1885 ; « Grido d'Upupa », vers ; « Storia di Crema » ; « Storia di Lodi » ; « Storia di Brescia », Milan, 1879 ; « Introduzione allo studio della lingua inglese », id., 1881 ; « Grammatica elementare della lingua inglese », Heidelberg, 1888 ; « Sull'insegnamento delle lingue straniere negli Istituti tecnici », 1889 ; « Monumenti della poesia Castigliana nel Medio Evo », 1889-90 (en cours de publication); « Libro di lettura per le scuole elementari », 1890; « Serie graduata di libri di lettura », 2 vol., 1889-90.

Payne (Jacques), romancier anglais, imitateur de Charles Dickens, mais qui n'en a point pris la place, né, à Cheltenham, en 1830, élevé à Eton et à Cambridge au *Trinity College*, où il prit ses degrés en 1854. Il contribua à plusieurs revues littéraires, et en 1854 fut nommé directeur du *Chamber's Journal*. La liste des ouvrages de M. P. est très longue et la fécondité de sa plume n'a point nui à sa popularité: « Stories from Boccaccio », 1854; « Poems », id.; « A family Scapegrace »; « Lost Sir Massinberd »; « By Proxy »; « A Perfect Treasure »; « Bentinck's Tutor »; « A County family »; « At Her Mercy »; « A Woman's Vengeance »; « Cecil's Trust »; « The Clyffards of Clyffe »; « The foster Brothers »; « Found Dead »; « The Best of Husbands »; « Walter's Word »; « Halves »; « Carlyon's Year »; « One of the family »; « Fallen Fortunes »; « What He Cost Her »; « Gwendoline's Harvest »; « Like Father, Like son »; « A marine residence »; « Married Beneath Him »; « Mirk Abbey »; « Not Wooed but Won »; « Two Hundred Pounds Reward »; « Less Black than We're Painted »; « Murphy's Master »; « Under one Roof »; « High Spirits »; « A Grape from a Thorn »; « For Cash Only »; « Kit; a Memory »; « Thicker Than Water »; « The Talk of the Town »; « The Luck of the Darrells »; « The Heir of the Ages »; « Some Literary Recollections », etc. etc.

Pecaut (Félix), théologien et pédagogiste français, né, le 3 janvier 1828, à Saliés de Béarn, fit ses études classiques aux collèges de Pau et de Sainte-Foy, ses études théologiques à la Faculté de Montauban, où Adolphe Monod, malgré la divergence de leurs vues, apprécia hautement son amour de la vérité et son sérieux moral. Sa thèse de bachelier, soutenue en 1848, traitait « De l'authenticité et de la canonicité du Nouveau-Testament, étudiées dans les écrits des Pères Apostoliques ». Un séjour d'une année (1849) aux Universités de Berlin et de Bonn lui permit de puiser directement aux sources de l'érudition germanique. Nommé en 1850 suffragant à Saliés de Bearn, sa ville d'origine, M. P. n'exerça que pendant quelques mois les fonctions pastorales en raison des scrupules excessifs que lui inspirait la lecture du Credo et se tourna vers la carrière de l'enseignement. L'institut Duplessis-Mornay, dont le nom seul indique suffisamment le caractère huguenot, un des meilleurs qui existassent à cette époque à Paris, l'eut, de 1852 à 1857, pour directeur. Le mauvais état de sa santé le contraignit en 1859 à retourner dans le Béarn, où il demeura jusqu'en 1880. Cette période de retraite fut excellemment remplie par la composition d'ouvrages qui ont joué un rôle de premier ordre dans le développement de la pensée religieuse contemporaine, et dans lesquels la piété la plus sincère et la plus élevée s'allie avec la plus complète indépendance dogmatique: « Le Christ et la conscience », 1859; « De l'avenir du Théisme Chrétien », 1864; « De l'avenir du protestantisme en France », 1867; « Le Christianisme libéral et le Miracle », 1869, sans parler de nombreux articles insérés dans le *Lien*, le *Disciple de Jésus-Christ*, la *Revue de Strasbourg*, etc. En 1870, M. P. qui suivait avec un vif intérêt le mouvement d'émancipation théologique qui s'opérait dans la Suisse Romande y concourut par un ministère libre de quelques mois à la Chaux de Fonds. En 1872, le Synode réformé qui se réunit à Paris le compta parmi ses membres; le discours qu'il prononça contre le rétablissement d'une confession de son obligation produisit une profonde impression sur ceux mêmes qui ne partageaient pas ses vues. A côté de sa carrière théologique, M. P. dans le domaine de l'école en accomplit une deuxième tout aussi fructueuse. De 1870 à 1880, le *Temps* le compta au nombre des collaborateurs les plus appréciés pour les « Lettres de province » et de nombreux articles scolaires, dont quelques uns ont été réunis en 1879, sous le titre: « Études sur l'éducation nationale ». La troisième République, dans son œuvre de réforme pédagogique, ne pouvait négliger un auxiliaire aussi précieux. Chargé en 1879 par le ministère de l'instruction publique d'une mission en Italie dans le but d'étudier les écoles normales, les écoles primaires supérieures et les collèges de filles (Deux mois de mission en Italie, 1880), nommé en 1880 inspecteur général pour la circonscription de Bordeaux, M. P. a été chargé en 1880 également d'organiser et de diriger l'école supérieure d'institutrices créée à Fontenay-aux-Roses près Paris. Aujourd'hui, en présence des résultats obtenus et après une expérience de dix années, on peut dire hardiment qu'une plus noble tâche ne pouvait être confiée à un chef plus capable et plus sympathique.

Pecaut (Dr Élie), médecin et publiciste français, fils du précédent, né, à Paris, en 1854, s'est fait connaître par les ouvrages suivants: « Cours d'hygiène », 1882; « Petit cours d'hygiène en dix leçons, d'après les nouveaux programmes, à l'usage des écoles primaires », suivi d'un « Abrégé d'hygiène à l'usage des classes élémentaires », 1883; « Résumé du cours d'hygiène à l'usage des classes élémentaires », id.; « Cours d'anatomie et de physiologie humaines » (avec 58 figures), id.; « La première éducation de l'écolier, petit livre de leçons en prose et en vers et de leçons orales à l'usage des classes élémentaires », 1885; « L'Art » (simples entretiens, en collaboration avec C. Baude), 1888.

Péchenard (Mgr Pierre-Louis), protonotaire apostolique, vicaire général à Reims, docteur ès-lettres et en droit canonique, membre de l'Académie nationale de Reims, né, à Gespunsard (Ardennes, France), le 1er décembre 1842, fit ses études littéraires dans les deux Séminaires diocésains de Charleville et de Reims, passa quelques années à Paris, à l'École des Hautes-Études dite des Carmes, où il fut reçu licencié és-lettres. Curé, pendant trois ans, à la Neuville-aux-Tourneurs, il professa ensuite les lettres et l'histoire, puis devint supérieur du Petit Séminaire de Reims, où il créa une Académie toujours florissante. Vicaire général de l'archevêque de Reims depuis 1879, il a été élevé à la prélature comme protonotaire apostolique par Sa Sainteté Léon XIII en 1887. Outre un certain nombre de Discours religieux, tel que « Panégyriques », il a surtout écrit dans le genre historique. Voici les titres de ses principales publications : « Histoire de la Neuville-aux-Tourneurs », in-8°, Reims, 1872 et 1877 ; « De Schola Remensi, decimo seculo », in-8°, Paris, Thorin, 1875 ; « Jean-Juvénal des Ursins », id., id., id. ; « Histoire de Gespunsard », in-8° Charleville-Pouillard, 1877 ; « Triduum du B. Urbain II », in-8°, Reims, imprimerie Coopérative, 1882 ; « Histoire de l'Abbaye d'Igny » (ordre de Cîteaux, id., id., 1883 ; « Histoire de la Congrégation de Notre-Dame à Reims », 2 vol. in-8°, id., id., 1886.

Pecheur (Jules-Michel), magistrat français, né, à Metz, le 2 avril 1826. Ses études faites à Metz, et son droit à Paris, il débuta dans la magistrature en 1851 comme substitut à Rocroi (Ardennes), puis revint à Metz en qualité de substitut du tribunal. Nommé substitut du procureur général en 1863, il remplit ces fonctions avec beaucoup de distinction et fut nommé conseiller à la Cour en 1870. Depuis la guerre, M. P. occupe le même poste à Nancy. Trente fois, depuis 1875, président des Assises dans les Ardennes, à Saint-Michel, dans les Vosges et dans Meurthe-et-Moselle. Il a publié : « De l'indépendance du Magistrat », discours prononcé à l'audience solennelle de rentrée de la Cour de Metz, Metz, imp. de Nouveau, 1867.

Pechmann (Jean baron DE), chimiste allemand, docteur en philosophie, professeur de chimie à l'Université de Munich, né, à Nuremberg, en 1850, étudia aux Universités de Munich, Heidelberg, Greifswald et à Londres. Depuis 1875, il est directeur de la Section analytique du laboratoire de chimie à l'Académie Royale des Sciences à Munich. Ses travaux ont paru dans les *Liebig's Annalen*, en 1874; dans les *Ber. d. d. chem. Ges.*, en 1882, 1883, 1884 et 1885. Nous donnons ici les sujets des plus importants : « Ueber die Parami domet asulfotoluolsäure » ; « Ueber Condensationsproducte zweier basischer Fettsäuren » ; « Synthese der Dihydronaphthoësäure » ; « Neue Bildungsweise des Cumarin » ; « Ueber ein Condensationsproduct der Apfelsäure » ; « Ueber die Cumalinsäure » ; « Ueber Acetondicarbonsäure » ; « Zur Constitution der aus Cumaciusäure entstehenden Pyredinderivate » ; « Ueber Diisonitroso-

aceton », ce dernier en collaboration avec M. Wehsarg.

Pederzolli (Hippolyte), publiciste italien du parti républicain, né, à Riva di Trento, le 13 août 1839, fit ses études lycéales à Rovereto et à Trento, son droit à Pavie, émigra en 1859 et collabora à plusieurs journaux italiens et américains de son parti. Ami intime de Mazzini, de Cattaneo, de Langewicz, de Réclus et de Michel Bakounine, ses œuvres sont l'écho de la pensée révolutionnaire européenne. Tragédies : « Costantino » ; « Elio Seiano » ; essais historiques : « Il Papato » ; « La storia d'Italia ad uso del popolo » ; « Storia sintetica della letteratura italiana » ; « Escursioni storiche e geografiche » ; « Storia del genere umano a volo d'uccello » ; « La poesia nel corso dei secoli ». M. P. qui depuis 1861 avait élu son domicile à Lugano en fut expulsé, à cause de ses opinions politiques, le 2 décembre 1887 et demeure maintenant à Milan.

Pédezert (Jean), professeur et publiciste français, né, le 14 janvier 1814, à Puyoo dans le département des Basses-Pyrénées, fut élevé à Paris, à la maison des Missions dont il devint en 1837 le sous-directeur. Après qu'il eut rempli pendant quelques années les fonctions pastorales à Hargicourt dans le département de l'Aisne (1846-1847), et à Bayonne (1847-1850), il fut appelé en 1850 à occuper la chaire de haute latinité et de littérature grecque à la Faculté de Montauban. Le régime synodal trouva en lui un énergique et persévérant défenseur : les diverses assemblées officielles ou officieuses qui se sont succédées depuis 1848 l'ont toujours compté au nombre de leurs membres. Le journalisme fut la véritable vocation de M. P. Sa plume spirituelle et incisive se mit au service du parti orthodoxe pendant les luttes qui divisèrent l'Église réformée de France et aida puissamment à son triomphe. Chargé en 1845 de la direction de l'*Espérance*, il lui garda jusqu'à la fin sa collaboration et la continua à la feuille qui prit sa succession: *Le Christianisme au XIX° siècle*. De 1837 à 1843, il rédigea de concert avec M. Grandpierre le journal des Missions évangéliques. Plusieurs articles furent envoyés par lui au *Serment*, à la *Revue Chrétienne*, à la *Revue Théologique de Montauban* et dans la presse politique au *Moniteur*, au *Journal de Paris*, au *Soleil*. Quelques uns contiennent entr'autres des essais biographiques sur Guizot, Ad. Monod, etc., etc., réunis par lui en 1888 sous le titre de « Souvenirs et études ».

Peipers (David), écrivain allemand, docteur en philosophie et professeur extraord. de philosophie à l'Université de Goettingen, né, en 1838, à Francfort-sur-le-Mein ; il a étudié à Goettingue et Berlin et depuis 1876 il enseigne la philosophie à l'Université de Goettingue. On lui doit : « Quæstiones criticæ de Platonis legibus »,

Berlin, 1863; « Observationum de Platonis Sermone specimen I », parus dans le *Philologus*, vol. 29, Goettingue, 1870; « Untersuchungen über das System Plato's », 1re partie, B. G. Teubner, Leipzig, 1874; « Ontologia Platonica ad notionum terminorumque historiam Symbola », Leipzig, 1883. Nous lui devons aussi l'édition de l'œuvre posthume de Heinrich Richter: « Ueber das Böse und seine Folgen », Perthes A., Gotha, 1869, et l'édition de « Kleine Schriften von Hermann Lotze », 2 vol. parus à Leipzig en 1885 et 1886, le 3me est sous presse à l'heure où nous écrivons.

Péladan (Josephin), romancier, critique d'art et *Kabbaliste* français, né, à Lyon, en mars 1859, passa son enfance dans le Midi; il vint à Paris en 1881, débuta comme critique d'art à l'*Artiste* et en 1884 comme romancier. Comme critique d'art il a donné « Rembrandt », conférence faite à l'Esthetic-club, Renouard, 1881; « Félicien Rops », Thomas, 1885; tous les *Salons* depuis 1882. Sous le titre général: « La décadence latine », il a donné: « Le Vice Suprême », préface de J. Barbey d'Aurevilly (Librairie des auteurs modernes), 1884; « Curieuse », 1885, frontispice de Rops; « Initiation sentimentale », 1886; « Cœur perdu », 1887; « Femmes honnêtes », avec un frontispice de Rops. M. P. annonce comme devant paraître: « Histoire des idées et des formes »; « L'Amphithéâtre des sciences mortes ».

Pella y Forgas (Joseph), historien espagnol, né, le 11 février 1852, à Bagur en Catalogne. On a de lui: « Historia del Ampurdan »; « Estudio de la Civilisation e las Comarcas del Nord-Est de Cataluña », Barcelone, 1883-87; « Un Català ilustre, lo general dom Joseph de Margarit de 1602 a 1685 », monographie, Gerona, 1875. En collaboration avec le docteur Corolen: « Las Cortes Catalanas », Barcelone, 1876; « Los Fueros de Cataluña », id., 1878; « Lo sometent », histoire de la Catalogne. M. P. a dirigé la *Revista historica latina* de Barcelone, 1874-76.

Pellet (Eugène-Antoine-Marcellin), écrivain et homme politique français, né, à Saint-Hippolyte (Gard), le 4 mars 1849. Venu à Paris pendant les dernières années de l'Empire, il collabora à divers journaux pendant la guerre franco-allemande, à laquelle il prit part, il reprit après la paix ses travaux historiques, et publia divers volumes sur la presse pendant la Révolution: « Élysée Lambollot et la Révolution de Paris », 1882; « Les Actes des Apôtres », 1873. Élu député du Gard en 1876, à vingt-sept ans, réélu en 1877 et en 1881, il fut un des familiers de Gambetta, et collabora longtemps à la *République française*, s'occupant surtout de polémique et de critique historique. Deux volumes de « Variétés révolutionnaires » (1885-87) ont reproduit ses articles de critique. M. M. P. a publié à la même époque deux autres volumes sur le « Général Championnet » et sur « Théroigne de Méricourt ». Non réélu aux élections de 1885, il fut envoyé à Livourne comme consul de France, et adressa d'Italie à la *Revue Bleue* une série d'articles sur Napoléon en Toscane et à l'île d'Elbe, articles parus en volume: « Napoléon à l'île d'Elbe ». M. M. P. est neveu de M. Carles Floquet, du colonel Charras et de M. Jules Ferry.

Pelosini (Narcisse-Félicien), avocat, poète, prosateur italien, dont les plaidoyers sont de vrais chef-d'œuvre, est né, à Calcinaia, hameau près de Pise, d'une famille d'ouvriers. Resté seul au monde, il dut se frayer un chemin à force de courage et d'obstination. Une intelligence vive et une santé de fer dompteront tous les obstacles. Docteur en droit à l'Université de Pise, il sut bientôt devenir l'ornement du barreau toscan, et ne tarda guère à acquérir une haute réputation dans toute la péninsule; tout le monde en Italie rappelle la défense de M. Visconti (1876) lors du procès de presse intenté par M. Nicotera, ministre de l'intérieur, à la *Gazzetta d'Italia*, dont M. Visconti était le gérant responsable. Le barreau lui ouvrit les portes du Parlement. Mais il est à regretter que cet orateur éloquent ait pris bien rarement la parole à la Chambre. Poète et prosateur à la fois et de la bonne école, ses œuvres et ses plaidoyers brillants se distinguent par l'atticisme le plus parfait. Nous avons de lui: « Scritti letterarii », Florence, Barbèra, 1884; « Ricordi, tradizioni e leggende dei monti pisani », Pise, Mariotti, 1890. M. P. est aussi un esthéticien remarquable, et a inséré quelquefois des critiques d'art exquises à la *Rassegna Nazionale*. Il est aussi musicien distingué et a été longtemps chasseur passionné. En politique, M. P. appartient au parti libéral conservateur.

Pellegrini (Astor), helléniste italien, né, à Livourne, en juin 1844, après des études classiques dans sa ville natale, universitaires et normalistes à Pise (1864-67), il entra dans l'enseignement du grec et du latin aux Lycées de Caltanisetta (1868), Girgenti (1869), Reggio de Calabre, Bergame (1871-78), Massa et Livourne. Dialectologue, archéologue et homme de lettres consommé, nous avons de lui d'abord des pièces de vers dont une « L'ultima notte dell'anno », Naples, 1870, fut très remarquée; puis les ouvrages suivants: « Sopra Angelo Mai e sulle sue principali scoperte letterarie », Bergame, 1871, discours; « Canti popolari dei Greci di Cargese (Corse) », id., id.; « Di una abraxa inedita trovata nel lago Pitergino », 1874, discours académique; « Studio critico sul carattere della Commedia di Plauto e sopra due suoi personaggi curiosi Miles gloriosus e Parasitus », 1875, inséré aux actes de l'*Ateneo di Bergamo*; « Nuove illustrazioni sull'affresco del trionfo e danza della morte di Clusone », avec pl., 1878; « Studio sul dialetto greco-calabro di Bove », Turin, Loescher; enfin la traduction de la « Grammaire grecque », de Gustave Meyer. M. P., actuellement président du Lycée de Palerme, s'est aussi occupé avec succès d'antiquités étrusques, et a inséré plusieurs monographies remarquables aux revues archéologiques d'Italie et de l'étranger.

Pellegrini (doct. Nicolas), agronome italien, directeur de l'école Royale Agraire de Padoue, né, le 22 août 1857, à Calci (Toscane), obtint son doctorat en agronomie et l'habilitation d'ingénieur agronome; il a publié: « Della cultura delle fragole », monographie; « Dei metodi di analisi fisico-meccanica del terreno agrario »; « Annuaria della Scuola di Brusegano (Padova) coi resoconti di esperienze agrarie »; « Studii sulla concimazione del frumento », et plusieurs autres études et monographies.

Pena y Goni (Antoine), journaliste espagnol né, en 1846, à Saint-Sébastien. Il est à la fois critique musical et rédacteur sportif pour les courses de taureaux. Les artistes redoutent sa férule. Auteur de plusieurs ouvrages de critique musicale, entre autres d'une « Histoire de la musique », qui est très remarquable. Sa spécialité d'*échotier* de taureaux est très connue. Il vient de publier un livre très curieux: « Lajartijo, Frascuelo et leur époque ». Caractère véhément et passionné, nature inquiète, écrivain agressif, tel est M. P. Il fait la critique musicale à *La Epoca*.

Penco (Émile), professeur italien, né, à Gênes, en 1859, étudia au Séminaire Archiépiscopal de sa ville natale; il a publié: « Uomini illustri d'Italia », biographies, Gênes, Sordo-muti, 1880; « Francesco Petrarca », Milan, Agnelli, 1882; « Bozzetti », id., id., 1883; « Storia della letteratura italiana; vol. I: Le origini », Florence, Barbèra, 1886; vol. II: « Dante Alighieri », id., id., 1887; « Un angelo in terra », pièce dramatique, Milan, 1884; « Mi ama! », nouvelle, insérée à la *Rassegna Nazionale* de Florence, 1882.

Pénicaud (Jacques-René), homme politique français, sénateur, ancien député de la Haute-Vienne, né, à Limoges, le 18 juin 1843. Avocat, maire de Limoges de 1875 à 1881, nommé député en 1880, réélu en 1881. Élu sénateur en 1888. Il a publié, comme thèse de doctorat: « Étude sur la condition légale des femmes en droit romain et en droit français », 1868.

Pennazzi (le comte Louis), voyageur italien, né, à la Havane, le 5 février 1838, fit ses étu-

Governement of the Pope », New-York, 1867; *La Cravache*, journal hebdomadaire en opposition au Kédivé Ismaïl-Pacha, le Caire, 1869; « Garibaldi et ses détracteurs », Lyon, 1870; « De l'état actuel de la France », Constantinople, 1871; « Les Chasseurs égyptiens », le Caire, 1872; « Le Comte d'Insempta »; « L'Elavi », 1875, romans; « Lettera ai miei concittadini », Rome, 1877; « La Grecia moderna », Milan, 1879; « Dal Po ai due Nili », 2 vol., avec cartes, id., 1880; « Sudan e Abissinia », id., id., Bologne, 1882; « Vade-mecum dell'ufficiale in Africa, con dizionarietto », id., 1884; « Intendiamoci nella politica coloniale », Milan, 1885; « Commerci ed industrie dell'Africa Orientale », Naples, 1888; « Fra Arabi e Negri », Milan, 1882; « Popolazione dell'Alta Nubia: i Bogos e il padre Stella » (*Nuova Antologia*), 1881; « Commemorazione di G. Bianchi » (*L'Esploratore*), 1885.

Pennel (Mme Elizabeth), née ROBINS, femme-auteur américaine, née à Philadelphie, où elle fut élevée au Couvent du Sacré-Cœur, a collaboré longtemps et beaucoup à l'*Atlantic Monthly*, à la *Century*, au *Women's series*. Nous avons d'elle: « Life of Mary Wallstonecraft ». Ayant épousé en 1884 M. Joseph Pennel, elle publia en collaboration avec lui: « A Canterbury Pilgrimage »; « Two Pilgrims'Progress; our Sentimental Journey ».

Pennesi (Horace), poète et journaliste italien, né, à Sarnano (Marches), le 25 décembre 1847; études classiques à Ascoli, interrompues par la Campagne de 1866 contre l'Autriche; reprises et quittées définitivement pour la Campagne de Mentana. La muse de M. P. est en même temps tendre et batailleuse. M. P. est un lyrique de la jeune école: « Ave Pia Anima », vers à la mémoire d'Erminie Fuà-Fusinato, Rome, 1877; « Mentana », id., id.; « Poesie », id., 1880; « Per la Patria », discours, Rome, 1885; « Nuove poesie », avec préface de G. Bovio, id., 1884; « La salma di G. Leopardi », id., 1885. M. P. collabore aux journaux et revues de couleur radicale.

Pepere (François), jurisconsulte italien, né, à Avello près d'Avellino, le 13 novembre 1823, professeur d'histoire du droit à l'Université de Naples, chargé de l'enseignement de l'encyclopédie juridique, appartient à plusieurs Académies nationales et étrangères. Aux *Actes* de l'Académie des sciences morales et politiques de Naples, il a donné: « Il Comune Romano e il Longobardico »; « Il diritto statutario delle Corporazioni d'arti e mestieri massime nelle province

dell'assunto di G. B. Vico, il ricorso che fanno le nazioni sopra la natura eterna dei feudi »; « Le consuetudini dei comuni dell'Italia Meridionale ed il loro valore storico », Naples, 1887.

Pera (François), pédagogiste italien, né, en 1832, à Livourne, étudia les classiques et la philosophie au Collège Saint-Sébastien de sa ville natale. Il débuta de bonne heure dans les « Letture di famiglia », éditées par M. Thouar. Ses contributions sont maintenant réunies en volume, sous le titre de : « Affetti e virtù », et ont eu l'honneur de plusieurs éditions chez Agnelli de Milan et F. Paggi de Florence. Citons encore : « Pratica e teorica della lingua italiana », Florence, Paggi, 1872; « Biografie livornesi », 1867; « Appendici alle Biografie livornesi », 1877; « Virtù cristiane », 1873; « Avviamento alle umane lettere », 1883; « Buoni esempi narrati alle famiglie e alle scuole », 1884; « Curiosità livornesi inedite o rare », Livourne, 1888; *Letture educative mensuali*, publication périodique depuis 1880.

Pereira (Gabriel-Victor DO MONTE), historien et géographe portugais, né, à Evora, en mars 1847, s'est surtout occupé d'études archéologiques sur sa ville natale; deux volumes ont paru sous le nom de « Estudos Evorenses et documentos historicos de la Citad de Evora », citons encore: « Contos Singelos », Lisbonne, 1876; « Narrativas para operarios », id., 1879; « Contos de Andersen », traduction, id., 1879; « Dolmens ou antas dos arredores de Evora », Evora, 1875; « Invasôes dos Normandos na peninsula iberica », traduction de l'allemand, id., 1876; « Livro 3º da Geographia de Strabão », id., 1878; « Quinto Sertorio. A romanisação da Peninsula », id., 1879; « Notas d'archeologia. Montes fortifiados da Colla e Castro Verde. Dolmen furado da Candieira. Ruinas da Citania de Briteiros », id., 1879; « A entrar no prelo » — fragments de L. Floro, Salustio, Ptolomeu, Eutropio e Aurelio Victor, relatifs à la peninsule; « Antiguidades romanas em Portugal, pelo Dr C. Bellermann », traduit de l'allemand (en préparation).

Pereira (J.-Manuel DA SILVA), ancien député de l'Empire brésilien, et historien insigne, né, à Rio de Janeiro, le 30 août 1819. Il a collaboré à la *Revue des Deux Mondes* depuis 1857, à la *Revue Contemporaine* depuis 1866, à la *Revue de jurisprudence et d'économie politique* de Paris, et publié les ouvrages suivants : « Histoire de la fondation de l'Empire brésilien jusqu'à 1840 »; « Nationalité, langue et littérature du Portugal et du Brésil »; « Histoire des États Américains »; « Hommes illustres du Brésil pendant l'état colonial »; « Discours parlementaires »; « Mémoires et études littéraires »; « Manuel de Moines, chronique du XVIIe siècle »; « Ayrasie », roman; « Études sur la poésie épique et dramatique »; en français: « Situation sociale, politique et économique du Brésil »; « Littérature portugaise ».

Perels (Émile DE), né, en 1837, à Berlin, de 1867 à 1872, professeur à l'Université de Halle-sur-Saale (Prusse) depuis 1872, professeur du génie rural à l'École Supérieure d'agriculture (K. K. Hochschule für Baden-Culture) à Vienne. Il a publié: « Handbuch des landwirtschaftlichen Wasserbaues », 2e éd., Berlin, 1884; « Handbuch der landwirthschachtichen Maschin » 2º éd., Jena, 1880; « Handbuch des landwirthschaftlichen Transportwesens, », id., 1882.

Peretti della Rocca (DE), littérateur français, né, à Levie (Corse), le 3 janvier 1855, a fondé la *Revue littéraire du Maine*, l'*Écho littéraire de France* et *La Clochette*. Il a publié: « Larmes et sourires, poésies », 1884, Le Mans, Lebrault éditeur; « Paoli », drame en vers, id., id., « Sampiero Corso », poème, id., id.; « Graves et Folles », nouvelles, Léon Vanier éditeur. M. de P. della Rocca fait partie de la Société des gens de lettres depuis 1885.

Perey (Lucien), pseudonyme de Mlle *Herpin* (*Clara-Luce-Adèle*), femme de lettres à Paris. Mlle H., née, à Genève, d'une famille française naturalisée en Suisse, accompagna très jeune, après l'avènement de James Fazy au pouvoir de Genève vers 1850, ses parents à Paris, où son père, médecin très distingué, se fixa pour faire valoir sur un terrain plus vaste quelques découvertes savantes qui ont rendu cher son nom parmi ses collègues, au bénéfice de l'humanité entière. Mlle H. publia, en collaboration avec M. G. Maugras: « L'abbé Galiani, correspondance avec Mme d'Épinay, Diderot, Grimm, etc., et avec une étude sur la vie et les œuvres de Galiani », 2 vol., 1881; « La jeunesse de Mme Épinay », 1 vol., 1882; « Dernières années de Mme d'Épinay, son salon et ses amis », 1883 (ces trois ouvrages ont été couronnés par l'Académie française); « La vie de Voltaire aux Délices et à Ferney », 1885. — Sous le seul nom de Lucien Perey : « Histoire d'une grande dame du XVIIIme siècle », en 2 parties ; « La princesse de Ligne et la comtesse Potocka », 2 vol., 1886, 1887; « Zerbeline et Zerbelin », conte de fées, ouvrage illustré, 1890. Tous ces livres ont été édité par Calmann-Lévy à Paris. Il y a en outre différents articles de sa plume qui ont paru dans des Revues suisses et françaises.

Perez (François), écrivain italien, sénateur du royaume (1869), ancien ministre de l'instruction publique, né, à Palerme, vers 1815, a été un des précurseurs du mouvement politique et littéraire, dont le résultat a été plus tard l'indépendance de la Sicile. Dès 1840, il travailla à cet effet avec Michel Amari, le célèbre orientaliste, et l'historien Joseph La Farina. L'œuvre de M. P. commence en 1832 par un « Carme a Bellini, ristoratore della musica italiana ». De 1835 à 1836, des leçons sur Dante publiées par l'illustre Joseph Borghi offrirent au jeune M. P. l'occasion d'écrire un « Discorso intorno allo scopo ed alla prima allegoria della *Divina Commedia* ». Dans ce discours étaient en germe les idées que M. P. développa plus tard dans son ouvrage essentiel : « La Beatrice svelata ». En 1838, M. P. fit imprimer deux traductions poétiques, l'une de l'« Apocalypse », l'autre de l'« Ecclésiaste ». En janvier 1848, il fut emprisonné par la police napolitaine ; la révolution triomphante lui rendit la liberté le 5 février de la même année. Pendant la période 1849-59, il se refugia en Toscane, publia à la *Rivista di Firenze* des essais critiques et travailla à l'entente cordiale des patriotes siciliens avec ceux de la haute Italie. Professeur d'histoire et de littérature italienne à l'Institut Royal Supérieur de Florence (1859), il quitta la chaire pour se rendre en Sicile et y offrir ses services à Garibaldi. Il couvrit alors des places administratives très importantes. Professeur d'université à Palerme en 1864, il y donna un cours sur Dante Alighieri qui forme le fond de la « Beatrice svelata », ouvrage dont Ernest Renan a donné le jugement suivant : « On n'a jamais pénétré plus profondément dans la philosophie dantesque, on ne peut pas être plus ingénieux, plus pénétré de l'esprit du moyen-âge italien ». Conseiller de la Cour des Comptes à Florence (1867), il traduisit l'ouvrage de Bastiat (« Sofismi economici di Bastiat », Barbèra, 1871) ; la même année, il publia aussi le « Saggio critico sul sacro libro detto *La Sapienza di Salomone* ». Deux fois maire de Palerme (1876 et 1880), ministre des travaux publics (1877-78), ministre de l'instruction publique (1879-80), M. P. s'occupe constamment de questions littéraires et économiques. Au Sénat par ses discours, dans la presse par ses articles, il rend des services signalés à son pays. En 1886, il s'est fait promoteur du monument d'Ugo Foscolo à Santa-Croce de Florence.

Perez (Lazare-Marie), homme de lettres et homme politique Colombien, général de division à l'armée, inspecteur général et chef de l'artillerie, sénateur, membre de plusieurs sociétés savantes, né, à Carthagène en Colombie, le 10 février 1824 ; il étudia à l'Université de Magdalena, s'enrôla simple soldat en 1840 et gagna tous ses grades militaires tout en cultivant la littérature et le journalisme. Il collabora ou rédigea les journaux : *El Dia, El Porvenir, El Albor Literario, El Mosaico, La Situacion, La Republica, El tiempo, El Liceo Granadino, El Zipa, El Papel periodico illustrado, La Luz, El Conservador, La Illustracion, La Pluma, El Vergel Colombiano, La Nacion, El Telegrama, El Ibero Americano*. En librairie : « Dicionario para pensar », 1860 ; « Semana literaria *Del Porvenir* », 2 vol. ; des « Poesias », 1873 ; « Obras poeticas y dramaticas », Paris, 1884 ; il a donné à la scène les drames suivants : « Elvira » ; « El gondolero de Veneiro » ; « El Corsario negro » ; « La Cordelera » ; « Una pagina de oro o el Sitio de Cartagena en 1815 ». Le général P. prépare une édition de « Poetas hispano-americanos », en 77 volumes.

Perez-Ballesteros (Joseph), économiste et jurisconsulte espagnol, né, le 31 juillet 1833, à Sant'Jago de Compostella, où il fit ses premières études avec une série brillante d'examens. Il a enseigné, pendant 25 ans, la logique et la morale, 13 ans comme vice-directeur et 12 ans comme directeur du lycée de la Corogne ; a été suppléant aux chaires universitaires de Sant'Jago pour les cours de littérature romaine, d'économie politique, de droit canon et de commentaire sur le droit civil et pénal espagnol. M. P. s'est beaucoup occupé de *folklore* et de linguistique dialectale. Nous avons de lui : « Études critiques sur le Concile de Trente », Madrid, 1859 ; « Vers en dialecte galicien », id., 1878 ; « Canzonero popular gallego », id., 1886 ; « Fognetes », vers, Corogne, 1888. M. P. a collaboré à différentes revues et à plusieurs volumes de la *Bibliothèque des traditions populaires espagnoles*.

Perez-Escrich (Henri), romancier populaire et auteur dramatique. Son bagage littéraire est très important, car il a fait plus de cent romans qui ont obtenu un grand succès en Espagne et en Amérique. Né à Valence de parents pauvres, M. P. fit l'apprentissage du métier de tailleur ; mais ses premières œuvres littéraires ayant réussi, il vint à Madrid, où il donna au théâtre sa première comédie : « El cura de aldea (le curé du village) » qui obtint un très grand succès, ce qui lui donna l'idée d'en tirer un roman. La faveur avec laquelle on accueillit ce dernier ouvrage le décida à faire toujours du roman, et pendant de longues années, il partagea la vogue avec Manuel Fernandez y Gonzales.

Perez-Gallos (Bénédict), un des plus célèbres romanciers espagnols, né, en 1845, à Las Palmas (îles Canaries) ; il débuta par des romans patriotiques : « La Fontana de oro », Madrid, 1871 ; et « El Audace ». Encouragé par ce beau succès, il publia, en imitant MM. Erckmann-Chatrian, deux séries d'« Episodios nacionales » ; la première contient des romans qui racontent la guerre d'indépendance contre Napoléon I, la deuxième des romans dont le sujet évoque le souvenir de la lutte de l'Espagne libérale contre Ferdinand VII. Nous donnons le titre de ses romans : « Baylèn », 1873-75 ; « Napoléon en Chamartin », 1874 ; « Calice », id. ; « Juan Martin el Empecinado », id. ; « La batalla de los Arapiles », 1875 ; « El terror de 1824 », Madrid, 1877 ; « Doña perfecta », traduit en anglais en 1880 ; « Gloria », aussi traduit en anglais ; « Marienela » ; « La familla de Leone

Roch ». M. P. a été longtemps directeur de la *Revista de España*.

Pernice (Alfred), jurisconsulte allemand, docteur en philosophie, professeur de droit romain à l'Université de Berlin, membre de l'Académie des Sciences, né, le 18 août 1841 à Halle, étudia à Halle, Goettingue et Tübingue ; prit part à la campagne contre l'Autriche (1866) et fut blessé à Küniggratz. Après avoir fait les campagnes de 1870-71 contre la France, il fut nommé professeur ordinaire à Halle et successivement à Greifswald et Berlin. On lui doit: « De M. Vellei Paterculi fide historica », Leipzig, 1862 ; « De Comitibus palatii corum I », Halle, 1863 ; « Zur Lehre von den Sachbeschädigungen », Vienne, 1867 ; « M. Antistius Labeo », 2 livraisons, Halle, 1873-78 ; on a de lui un assez bon nombre d'articles de droit parus dans *Zeitschr. f. Handelsrecht*, en 1880 ; *Preuss. Jahb.*, id. ; *Grünhut's Zeitschr.* ; *Conrad's Jahrb. f. Nat. Oek.*, etc., etc. Ceux qui méritent une mention spéciale sont: « Ulpian als Schriftsteller » et « Zum rom. Sacralrecht », parus dans les *Sitzungsber. d. Berl. Ak.*, en 1885. M. P. est aussi collaborateur des *Jurist. Abhandlung.*, et depuis 1830 rédacteur de la *Zeitschr. f. Rechtsgeschichte*.

Pernter (Joseph-M.), savant autrichien, professeur libre de météorologie à l'Université de Vienne, professeur-adjoint à l'Institut central de météorologie, secrétaire de la Société météorologique autrichienne, né, le 15 mars 1848, à Neumarkt (Tyrol), a publié : « Ueber die Absorption dunkler Wärme-Straslen in Gasen und Dämpfen », en collaboration avec M. Lecher (*Sitzungsber. d. Wien. Akad.*, 1880 ; « Ueber den täglichen und jährlichen Gang des Luftdruckes auf Berggipfeln und in Gebirgsthälern » (id.), 1881 ; « Ozonbeobachtungen » (*Zeitschr. d. öst. ges. f. met.*), 1881 ; « Ueber die Niederschläge bei Mischung feuchter Luftwässer » (id.), 1882 ; « Sonnenschein » (id.), 1882-84 ; « Psychrometerstudie » (*Sitzungsber, d. Wien. Ak.*), 1883 ; « Beitrag zu den Windverhältnissen in höheren Luftschichten » (id.), 1884 ; « Einige neue Resultate der meteorologischen Beobachtungen auf dem Obir » (*Zeitschr. d. öst. Ges. f. met.*), 1884 ; « Stündliche Beobachtungen auf Pikes Peak und Mount Washington » (id.), 1885 ; « Tägliche Periode Windrichtung auf dem Obir und dem Säntis » (id.), id. ; « Zur die Dämmerungserscheinungen » (*Schrif. d. Ver. Z. Verbreit. natur wiss. Kenntnisse*), id. ; « Der Mond und das Wetter » (id.) 1886 ; « Tromben und Tornados » (id.), id. ; « Bemerkungen zur Bestimmung der Sonnentemperatur » (*Exner's Repertorium d. Phys.*), 1886. M. P. est collaborateur du *Wildermann's Jahrbuch der Naturwissenschaft*, pour la météorologie.

Perodi (Emma), femme-auteur italienne, née, à Florence, en 1850, a fait a Pise de bonnes études qu'elle a achevées ensuite à Berlin. Elle a collaboré à une foule de journaux italiens et inséré des revues d'art, de littérature et des nouvelles au *Fanfulla della Domenica*, au *Corriere della Sera* et à la *Nuova Antologia*. Elle a longtemps dirigé le *Giornale dei bambini*. Nous avons d'elle en librairie les romans : « Il Cavalier Puccini », Florence, 1876 ; « Sull'Appennino », Rome, Sommaruga, 1884 ; « Gli spostati », Milan, Treves, 1886 ; « Miserie », Milan, Bartolozzi, 1888 ; « Fra due dame », id., 1889. Ouvrages pour l'enfance : « A veglia », Milan, Trevisini, 1888 ; « I racconti della zia », id., 1884 ; « Cuoricino ben fatto », Florence, Paggi, 1885 ; « L'omino di pasta », Milan, Trevisini, 1887 ; « Le passeggiate al Pincio », Rome, Paravia, 1888. Des traductions : « Astra » et « Idem » (de la Reine de Roumanie), Milan, Bortolotti, 1888 ; « Flick o tre mesi in un circo », Florence, Barbèra, 1883 ; « La perla ripescata » ; « Il fratello del sor Bartolucci », Turin, Paravia, 1878. Vient de paraître un ouvrage pour les enfants : « I bambini delle diverse nazioni a casa loro », Florence, Paggi, 1890. Elle a publié dernièrement deux beaux romans: « Suor Ludovica » à la *Nuova Antologia*, et « Il Principe della Marsiliana » au *Corriere della Sera*, qui seront bientôt mis en vente en volume.

Perotti (Armand), poète italien, né, à Bari, le 31 janvier 1865, docteur en droit à l'Université de Rome en 1886 ; après une collaboration suivie à plusieurs journaux littéraires, il publia : « Sul Trasimeno », sonnets, 1887 ; « Il libro dei Canti », poésies, Trani, Vecchi, 1890. Il est rédacteur à l'*Elettrico*, journal de Florence.

Perraud (Adolphe-Louis-Albert), prélat français, membre de l'Académie française, né, à Lyon, le 7 février 1828, se destina d'abord à la carrière universitaire et entra à l'École normale dans la section des lettres, en 1847. Reçu agrégé d'histoire en 1850, il ne tarda pas à quitter l'enseignement des lycées pour entrer dans les ordres. Il s'attacha à la Congrégation de l'Oratoire, et, pourvu du grade de docteur en théologie en 1865, fut nommé professeur d'histoire ecclésiastique à la Faculté de théologie de Paris, d'où il fut appelé en 1874 à l'évêché d'Autun. Il a publié : « Études sur l'Irlande contemporaine », 1862 ; « L'Oratoire de France au 17e et au 19e siècle », 1864 ; « Les paroles de l'Heure présente », discours, 1872 ; « Eloge du général Ladislas Zamoyski », 1868 ; « Panégyrique de Jeanne d'Arc », id. ; « Lettre à un homme du monde sur les projets de loi de M. Jules Ferry », 1879 ; « Paix et Salut », discours, Gervais, 1880 ; « Le Cardinal de Richelieu, évêque, théologien et protecteur des lettres », 1882 ; « Discours prononcé par Mgr Perraud le 19 avril 1833, où il a été reçu à l'Académie française », 1883 ; « Œuvres pastorales et oratoires », 4 vol., id.

Perreau (l'abbé Pierre), orientaliste italien, bibliothécaire à Parme, né, le 27 octobre 1827, à Plaisance, étudia au Collège *Alberoni* de Plaisance (1844-49), et apprit pour son compte le grec, l'allemand, l'anglais, le hébreu, le russe, le polonais, le tchèque et l'illyrien. Après avoir occupé la chaire de grec et d'histoire aux Collèges *Carlo Alberto* de Moncalieri et *Maria Luisa* de Parme (1854), il devint bibliothécaire à Parme et fut l'un des deux vice-présidents du IVe Congrès des Orientalistes (1878). On doit à l'abbé P. une quantité énorme de monographies insérées au *Bullettino italiano degli studii orientali*, à la *Rivista Contemporanea*, à l'*Hebraische Bibliographie*, à la *Rivista Orientale*, à l'*Annuario della Società italiana per gli studii orientali* de Florence, au *Buonarroti*, à l'*Antologia israelitica* de Corfù, au *Vessillo israelitico*, au *Corriere israelitico*, etc., etc. En librairie: « Catalogo dei codici ebraici nella Biblioteca di Parma non descritti dal De Rossi », Florence, 1880; « Ben Salomo. Commento sopra il libro di Ester trascritto secondo il codice ebreo-rabbinico derossiano », Parme, 1881; « Oceano delle abbreviature e sigle ebraiche, caldaiche, rabbiniche, talmudiche, cabalistiche, geografiche dei titoli dei libri colle loro varie soluzioni », Parme, 1883; « Brevi cenni storici intorno alla Biblioteca Palatina di Parma », id., 1887; « Educazione e cultura degli israeliti in Italia nel medio-evo », Corfù, 1885; « Gli ebrei in Inghilterra nel secolo X e XII », Trieste, 1887.

Perrero (Dominique), érudit piémontais, né, vers 1820, à Cuorgné, étudia les éléments dans sa ville natale, le droit à Turin, mais préférant les recherches historiques au barreau, il publia de bonne heure des mémoires intéressants, dont nous citons les principaux: « Fiori di poesia straniera contemporanea, versioni poetiche di S. Capellina e D. Ferrero », 1841; « Il conte Fulvio Testi alla Corte di Torino negli anni 1628-35 », Milan, 1865; « Degli Archivi di Stato delle provincie subalpine », pensées, 1871; « Le Odi di Orazio » traduction poétique, 1876; « Le satire, le epistole e l'arte poetica di Orazio », traduction avec texte, 1881 ; « Memorie torinesi », 1882 et 1883; « Della famiglia di Giuseppe Baretti, notizie tratte da documenti inediti », 1883; « Correzioni ed aggiunte agli storici piemontesi », 1878-84. M. P. a été collaborateur des revues: *Rassegna settimanale, Rivista europea, Curiosità e ricerche di Storia subalpina, Filotecnico* et *Gazzetta letteraria*.

Perret (Paul), romancier et critique français, né, à Paimbœuf (Loire-Inférieure), en 1833. Il collabora à la *Revue des Deux Mondes, Nouvelle Revue, Paris-Journal, Liberté, Gaulois*. Ses principales publications sont: « L'âme murée »; « L'amie de la femme »; « Les amours sauvages »; « La Bague d'agent »; « La Belle Renée »; « Ce que coûte l'amour »; « Les demi-mariages »; « Les Énervés »; « L'Héritage de l'Usurier »; « Histoire d'un honnête homme et d'une méchante femme »; « Hors la loi »; « L'Idole »; « Madame Valence »; « Le Mariage en poste »; « Les Misères du cœur »; « Après le crime »; « Un demi-siècle d'histoire contemporaine », 1re partie; « Le Règne de Louis-Philippe »; « Les Pyrénées Françaises », 3 vol. in-8o illustrés; « Critique littéraire », dans le *Moniteur Universel*, de 1876 à 1883; « Critique d'analyse », dans la *Liberté* depuis 1883.

Perrier (Jean-Octave-Edmond), littérateur français, professeur et administrateur au Musée National d'histoire naturelle, membre de plusieurs Sociétés savantes, né, à Tulle (Corrèze), le 9 mai 1844. Après des études préliminaires au Collège de Tulle et au Lycée *Bonaparte* à Paris, il fut admis (1864) à l'École polytechnique et à l'École normale supérieure (Section des Sciences). De 1867 à 1881, il a été professeur au Lycée d'Agen, maître de conférences à l'École normale supérieure et professeur au Museum d'histoire naturelle; il a pris part (1881-83) au draguage dans les grandes profondeurs de la Méditerranée et de l'Atlantique à bord du *Travailleur* et du *Talisman*, a contribué aux *Comptes-rendus* de ces deux campagnes scientifiques des mémoires intéressants sur les Ursins et les Étoiles de mer. Il a collaboré aussi, de 1879-80, au *National*, à la *Revue scientifique*, à la *Nature* et à la *Nouvelle Revue*. En librairie : « Les Colonies animales et la formation des organismes »; « La Philosophie Zoologique avant Darwin »; « Les explorations sous-marines »; « Le transformisme »; « Notions de Zoologie »; « Anatomie et physiologie animale ».

Perriquet (Eugène), avocat et publiciste français, actuellement avocat au Conseil d'État et à la Cour de Cassation. M. E. P. est né, à Auxerre (Yonne), le 17 novembre 1833. Il a publié: « Les Contrats de l'État »; « Traité des Offices ministériels »; « État des fonctionnaires et pensions civiles »; « Traité théorique et pratique des travaux publics »; « Traité de la législation des bâtiments et constructions ».

Perrochet (Charles-Alexandre), théologien suisse, né, le 12 octobre 1844, à Yverdun dans le Canton de Vaud, remplit depuis 1866, époque de sa consécration au Saint-Ministère, les fonctions pastorales à Corcelles (1866), Fontaines-Cernier (1867), le Locle (1873). Le Conseil d'État neuchâtelois, lors de la réorganisation de la Faculté de théologie qui suivit l'adoption de la loi constitutionnelle de 1873, lui confia la chaire d'exégèse et de critique pour l'Ancien Testament. Parmi les publications sorties de la plume de M. P. qui est dans son Canton d'adoption l'un des représentants les plus distingués de l'orthodoxie modérée, nous mentionnerons: « Le Christianisme libéral et le Christianisme de l'Évangile », 1869; « Mémoire sur l'établissement d'une union organique entre les églises réformées cantonales de la Suisse », 1876; « Évangile et patriotisme », 1877; « Les Inscriptions assyriennes de l'Ancien Testament » (voir le journal *Église et Patrie*), id.; « La Poésie hébraïque » (id., 1878); « Le Siècle d'Isaïe », 1884; « Exercices hébreux », 1887.

Perrot (Georges), archéologue français, membre de l'Institut, actuellement directeur de l'École Normale Supérieure et professeur d'archéologie à la Faculté des lettres de Paris, est né, à Villeneuve-Saint-Georges (Seine-et-Oise), le 12 novembre 1832. Ancien élève de l'École Normale et de l'École française d'Athènes, puis professeur de rhétorique dans les lycées d'Angoulême, d'Orléans et Louis-le-Grand, maître de conférences à l'École Normale et à l'École des Hautes-Études, M. G. P. a attiré l'attention sur lui par sa mission en Asie-Mineure, où, en 1861, avec le concours de M. Edmond Guillaume, architecte, il a visité le nord et le centre de la péninsule, dessiné de nombreux monuments inédits et copié beaucoup de textes épigraphiques, enfin rapporté un texte meilleur et plus complet de la célèbre inscription connue sous le nom d'« *Index rerum gestarum divi Augusti* ». Les résultats de cette mission sont exposés dans un grand ouvrage en deux volumes in-folio : « Exploration archéologique de la Galatie et de la Bithynie, d'une partie de la Mysie, de la Phrygie, de la Cappadoce et du Pont, exécutée en 1861 et publiée par MM. G. P. Edmond Guillaume et J. Delbet », Didot, 1872. Autres publications principales: « Souvenirs d'un voyage en Asie-Mineure », Paris, Lévy, 1864; « Mémoire sur l'île de Thasos », id., Thorin, 1864; « L'île de Crête, souvenirs de voyage », id., Hachette, 1867; « Essais sur le droit public et privé de la république athénienne. Le droit public », id., Thorin, id.; « De Galatia provincia romana », id., id., id.; « L'éloquence politique et judiciaire à Athènes »; 1re partie; « Les précurseurs de Démosthène », id., Hachette, 1873; « Mémoires d'archéologie, d'épigraphie et d'histoire », id., Didier, 1875; « Histoire de l'art dans l'antiquité », avec la collaboration de M. Chipiez, architecte, 4 vol., Paris, Hachette: tome I: « Égypte », 1882; tome II: « Chaldée et Assyrie », 1884; tome III: « Phénicie », 1885; tome IV: « Sardaigne, Judée, Asie-Mineure », 1887. Le tome V comprenant la Phrygie, la Lydie, la Lycie et la Perse a paru en 1889. Outre ces ouvrages, M. G. P. collabore à la *Revue de l'instruction publique*, à la *Revue archéologique*, au *Journal des savants* et à la *Revue des Deux-Mondes*.

Perroud (Claude), recteur de l'Académie de Toulouse, né, à Villefranche (Rhône), en 1839, ancien élève de l'École Normale supérieure, publia « Essai sur les origines du premier duché d'Aquitaine », Paris, 1881; « De Syrticis emporiis », id., id.

Persichetti (Nicolas, marquis DE COLLEBUCOLO), érudit italien, né, à Aquila, en avril 1849; après des études classiques au Collège des *Scolopii* et au Séminaire de sa ville natale, il fit son droit à l'Université de Naples; docteur *in utroque* en 1870; il collabora à la *Staffetta* de Naples, à la *Scena* de Venise, à l'*Arte e scienza* de Rome; il a publié les opuscules et volumes suivants: « Delle bellezze del teatro di Shakespeare », 1871; « Della nobiltà dell'ingegno, del sangue e della ricchezza », 1872; « Conseguenze economiche e agricole dell'esportazione dei buoi », 1872; « La morale e l'istruzione in rapporto alla civiltà », 1872; « Elogio di Vincenzo Sclocchi », 1877; « Del libro *De Monarchia* di Dante e dell'Arbitrato internazionale », 1873; « Dizionario di pensieri e sentenze di autori antichi e moderni di ogni nazione », très loué par la presse italienne et étrangère et que M. E. Castelar appela: *Dicionario precioso*, Milan, 1876, 4 ed.; « Elogio di Quintino Guanciali », 1883. En préparation: « Vite degli abruzzesi notabili del secolo XIX ». M. P. s'est fait le promoteur de l'érection d'un monument à Salluste en recevant l'adésion des principaux hommes de lettres de l'Europe. Il est même l'auteur d'un « Essai critique sur le théâtre de Shakespeare ».

Perthès (Hermann-Frédéric), né, à Bonn, le 5 février 1840, fils du célèbre historien et jurisconsulte Clément-Théodore P., remplit aujourd'hui les fonctions de directeur du Gymnase Fredericianum à Davolplats dans les Grisons et s'est fait un nom distingué dans la sphère de la pédagogie et de la philologie classiques par ses ouvrages, dont les principaux sont: « Quæstiones Livianæ », 1863; « Recherches philologiques sur le « De Bello Gallico », de César, 1873; « Vocabulaire étymologique relatif à Nepos Plenior », 1873; « La réforme de l'enseignement du latin », 1880.

Pertile (Antoine), jurisconsulte italien, professeur d'histoire du droit à l'Université de Padoue, né, le 10 novembre 1830, à Agordo, fit son droit à Gratz, Vienne et Padoue, docteur en 1855, professeur à Padoue en 1857. Nous avons de lui en dehors de Mémoires aux revues spéciales et aux *Actes* de l'*Istituto Veneto* et de l'Académie de Padoue l'ouvrage essentiel: « Storia del diritto italiano dalla caduta dell'Impero d'Occidente alla codificazione », 6 vol., Padoue, Salmin, 1871-87; « Degli ordini politici ed amministrativi della città di Padova nel secolo XIII », Padoue, 1883; « Il laudo della regola di Vallesella nel Cadore », id., 1888.

Perwolf (Joseph), écrivain tchèque et allemand, né, en 1841, à Cimelice, étudia à Pisek et à l'Université de Prague: depuis 1871 il est professeur d'antiquités et d'histoire ancienne slave à l'Université de Varsovie. Il a été (1861-71) un des collaborateurs du docteur Rieger à l'Encyclopédie tchèque. Plus tard, il a publié: « Les relations réciproques entre slaves depuis l'antiquité jusqu'à Dobronski », en russe, 1864; « La germanisation des slaves de la Baltique », id., 1876; « La question slavo-orientale », en allemand, 1878. M. P. a amassé dernièrement les matériaux pour son grand ouvrage (russe) sur le « Panslavisme », travaillant dans les bibliothèques et les archives de Varsovie, St.-Pétersbourg, Cracovie, Léopol (Lemberg), Prague, Vienne, Zagreb (Agram), etc. En 1886 parut, à Varsovie, le premier volume de son ouvrage: « Les Slaves, leurs relations et leurs rapports réciproques », contenant un abrégé de l'histoire des Slaves depuis les temps les plus anciens jusqu'à la fin du XVIIIe siècle; en 1888 parut le second volume, où il s'agit de « L'idée slave dans la littérature des Slaves jusqu'au XVIIIe siècle »; le troisième vol. contiendra la description des rapports des peuples Slaves dans la vie politique, et le quatrième « L'histoire de ces relations, l'histoire du panslavisme au XIXe siècle ». En outre, M. P., a écrit plusieurs articles concernant la slavistique dans des journaux russes, tchèques et dans l'*Archiv für slavische Philologie*.

Pesci (Hugues), journaliste italien, né, à Florence, en octobre 1846, fit ses études de gymnase et de lycée dans sa ville natale (1856-63). Il entra à l'école militaire de Modène et en sortit (1865) sous-lieutenant aux grenadiers, prit part à la bataille de Custoza et à la prise de Rome, où il s'établit de 1870 à 1881, après avoir quitté le service militaire. Il collabora à la *Gazzetta d'Italia*, au *Fanfulla*, à l'*Illustrazione Italiana*, au *Fanfulla della domenica*, au *Corriere della Sera*, au *Caffè*. Il dirige actuellement la *Gazzetta dell'Emilia*. Il a composé plusieurs nouvelles et va bientôt les réunir en volume.

Pessina (Henri), jurisconsulte et homme politique italien, ancien Député, ancien Ministre, Sénateur du Royaume, né, à Naples, le 7 octobre 1828, prit part au mouvement libéral de 1848. Il publia alors: « Trattato di diritto costituzionale », 1849, entra au barreau et la défense de l'ex-député Barbarisi par devant la Cour spéciale nommée par le Roi Ferdinand II, pour juger les crimes politiques lui valut (1852) un an de prison. En 1853, il publia la version italienne du « Traité de droit pénal » du comte Pellegrino Rossi; en 1858, sous le même titre un ouvrage tout personnel qui lui donna une place éminente parmi les juristes italiens. Exilé de Naples au mois de mars 1860, il fut nommé professeur universitaire à Bologne; puis, à la déchéance des Bourbons, directeur du Ministère de la Justice lors de la lieutenance à Naples et en Sicile du Prince de Carignan. En dehors de ses discours au Parlement, de ses leçons à l'Université de Naples, de ses discours comme Ministre de l'Agriculture d'abord, de la justice ensuite, nous avons de lui en librairie: « Ricerche della Filosofia morale degli antichi », 1860; « Della pena di morte », 1863; « Elementi di diritto penale », 1865; « Filosofia e dritto », 1868; « Dei progressi del dritto penale in Italia al secolo XIX », id.; « Sul naturalismo e le scienze giuridiche », etc., etc.

Pesty (Frédéric), écrivain hongrois, ancien député au Parlement hongrois, membre de l'Académie hongroise des sciences, conseiller royal, membre fondateur et directeur de la Société historique et de la Société géographique de Budapest, etc., etc., membre correspondant de l'*Accademia Araldico-genealogica Italiana* de Fermo, membre honoraire de plusieurs académies et sociétés savantes étrangères, né, le 3 mars 1823, à Temesvar, fit ses études à Temesvar, à Szeged et à Pest. De 1850 à 1864, il fut secrétaire de la Chambre de commerce et de l'industrie de Temesvar et de 1864 à 1876 directeur de la première banque industrielle hongroise fondée à Budapest. Dans sa qualité de secrétaire, il représenta en 1862 la Chambre de commerce de Temesvar et la Société des chemins de fer autrichiens à l'Exposition universelle de Londres, et dans cette occasion il voyagea en Allemagne, en Hollande, en Belgique et en France. Depuis 1876 seulement, M. P. put se dédier exclusivement aux sciences et compléter ses études sur l'histoire hongroise. Il parcourut à cet effet l'Autriche, l'Allemagne et l'Italie s'arrêtant assez longtemps à Rome afin de puiser dans les archives du Vatican les éléments pour ses ouvrages historiques. De 1848 à 1858, il collabora à plusieurs journaux politiques allemands et hongrois à Temesvar, il dirigea et publia, en langue hongroise, une Revue hebdomadaire intitulée: *Deleijlü* (La Boussole), qui commença à paraître en 1858 et dut cesser ses publications vers la fin de 1861. *La Boussole*, professant des idées très libérales, causa à M. P. bien des désagréments. Le 26 septembre 1860, la police s'empara de lui et sans lui faire subir aucun interrogatoire le conduisit dans la forteresse de Josephstadt et ne lui rendit la liberté qu'après un mois environ. Il fut un des patriotes qui contribuèrent le plus efficacement à la création de la Société historique hongroise et publia un grand nombre d'ouvrages, dont on va citer les principaux, sans compter la foule d'articles que cet historien laborieux fit paraître dans plusieurs revues et particulièrement dans les *Secoli*, organe de la Société historique. Voici la liste: « Les jours de l'histoire universelle », 2 vol., Vienne, 1870; « Les Templiers en Hongrie », 1861; « Histoire des duels judiciaires en Hongrie », 1867; « Les possessions du despote serbe Georges Brankewics en Hongrie », 1877; « Die Ortsnamen und die Geschichte », id.; « Histoire du banat

Szöreny », 4 vol., Budapest, 1878; « Die Verschollenen alten Comitate », 2 vol., 1880, ouvrage couronné du grand prix de l'Académie; « Die Enstehung Croatiens », Budapest, 1882; « Die Geschichte der Burggrafschaften in Ungarn », id., 1882; « Monographie des comitats Krassé », id., 1885; « Briefe über Croatien », id., id.

Petavel-Olleff (Emmanuel), pasteur et publiciste suisse, Dr theol. du *Columbian College* à Washington, né, en 1836, à Neuchâtel, appartient à une famille autochtone qui a donné à l'Église plusieurs générations de serviteurs dévoués; il suivit dans sa ville d'origine les cours des professeurs Perret-Gentilet et Frédéric Godet, fréquenta également à Genève pendant quelques semestres ceux de la Faculté de théologie libre, fut consacré en 1858 au Saint-Ministère et obtint immédiatement après une suffragance à la Chaux de Fonds. En 1865 l'église de Londres le choisit pour conducteur spirituel. En 1866, M. P. se transporta à Paris pour rédiger un journal religieux: *La vie chrétienne* et travailler à une nouvelle traduction de la Bible placée sous le patronage de membres de l'Institut et d'hommes éminents appartenant à toutes les confessions, prêtres, pasteurs, rabbins, MM. Grand'Pierre et Isidore, Mgr. Darboy et M. Martin-Paschoud. Le zèle déployé par M. P.-O. en cette occurrence ainsi que ses solides connaissances en hébreu le désignaient pour devenir le secrétaire de la Société nationale pour la traduction des Livres-Saints, mais l'entreprise échoua, malgré l'accueil favorable qu'elle avait rencontré à ses débuts devant le mauvais vouloir des ultramontains et l'hostilité des libres penseurs. Depuis lors, nous trouvons M. P.-O. à Paris, à Londres, à Neuchâtel, à Genève, à Lausanne, où il réside aujourd'hui, toujours occupé de problèmes théologiques, toujours disposé à défendre ses opinions par la parole et dans la presse. Depuis 1872, il s'est fait l'apôtre, dans les pays protestants de langue française, au moyen d'articles de revue, de conférences et de cours libres, de la doctrine de l'*Immortalité Conditionnelle*, remise en honneur par l'anglais White et dont un petit groupe de publicistes s'efforce sans beaucoup de succès, de faire le centre de la pensée chrétienne. Parmi les ouvrages dus à la plume féconde de M. P.-O., nous mentionnerons les suivants: « Secours à porter aux victimes de l'ivrognerie », 1860; « Notice sur Isaac da Costa israélite portugais », 1862; « La Bible en France, ou les traductions françaises des Saintes-Écritures », étude historique et littéraire, 1864; « Bouquet helvétique », recueil de poésies, 1865; « Voix d'alarme », discours prononcé à Versailles, 1868; « L'égalité chrétienne, la loi du progrès », discours apologétiques, 1869; « Lettre d'un ministre protestant à Sa Majesté le roi de Prusse », 1871; « La fin du mal ou l'immortalité des justes et l'anéantissement graduel des impénitents », 1872, trad. anglaise de 1875; « Le péril de l'évangélisme », à propos d'un récent procès de presse, 1883. M. P.-O. a traduit de l'anglais le « Christianisme sans églises — Lettres à un Comte italien », par Henri Dunn, 1878, et activement collaboré au *Chrétien évangélique*, à la *Revue théologique*, à l'*Encyclopédie des Sciences Religieuses*.

Petit de Julleville (Louis), professeur et littérateur français, professeur-adjoint à la Sorbonne, directeur d'études à la Faculté des lettres, maître de conférences à l'École Normale Supérieure, ancien élève de l'École Normale Supérieure, ancien membre de l'École Française d'Athènes, né, à Paris, le 18 juillet 1841, a publié: « Histoire de la Grèce sous la domination romaine », Paris, Thorin, 1875; « La Chanson de Roland », traduction rythmée et assonancée avec une introduction et des notes, Paris, Lemerre, 1878; « Histoire du théâtre en France au moyen-âge », L. Cerf, 1886; « Répertoire du théâtre comique en France au moyen-âge », 1886; « Notions générales sur les origines et sur l'histoire de la langue française », Delalain, 1883; « Leçons de littérature française », 1884.

Petitot (Émile-Fortuné-Stanislas), ancien missionnaire et géographe français, né le 3 décembre 1838, fit ses études à Marseille et fut ordonné prêtre le 15 mars 1862. Il partit trois jours après pour les missions françaises du fleuve Mackenzie, ancienne Nouvelle-Bretagne, actuellement territoire du Nord-Ouest, domaine canadien. Revenu en France en septembre 1874, il retourna au Mackenzie en avril 1876 et le quitta pour aller au Canada en janvier 1882. Il revint en France en mai 1883 et fut nommé curé de Mareuil-lès-Meaux (Seine-et-Marne) en août 1886 et installé le 1er octobre de la même année. Il fut nommé officier d'Académie en 1875. Il est membre des sociétés d'anthropologie (1870), de philologie (1872), de l'Académie de Stanislas de Nancy (1875), de la Société de Géographie de Paris (1875), lauréat (prix de Baek) de la Société de Géographie de Londres (1883). Il a publié: « Coup d'œil sur la Nouvelle-Bretagne », Pitrat éd, Lyon, 1865; « Étude sur la nation montagnaise en Tchippwoyane », id., id.; « Géologie générale de l'Athabasca-Mackenzie », Paris, Hennuyer éd., 1884; « Géographie du Mackenzie et de l'Anderson », Paris, Delagrave, 1875; « Grammaire et dictionnaire Déné Dendjié », gr. in-4°, Leroux, 1876; « Vocabulaire esquimau avec notes grammaticales et monographie »; « Monographie des Déné Dondjié »; « Monographie des Esquimaux Elhiglit »; « Six légendes américaines identifiées à l'histoire de Moïse et du peuple de Dieu », A. Hennuyer éd., Paris, 1877; « Ethnographie des Américains Hyperboréens », avec atlas, Paris,

Challemel, 1878; « On the Athabasca district », Londres, 1883; « Essai sur la légende nationale d'Ayatl », Paris, 1883; « La femme serpent », id., Gaidoz et Rolland, 1884; « De l'avenir de l'œil de l'homme dans les temps futurs », id., 1876; « Étude sur la nation Déné », Nancy, 1875; « Étude sur la nation des femmes », Bruxelles, 1877; « Parallèle entre la famille Caraïbo-esquimaude Alésanéiens phéméiens », Rouen, 1883; « Habitations et fluctuations des Peaux-rouges en Canada », Paris, 1883; « Sur quelques armes de pierre rapportées d'Amérique », Paris, 1875; « De la prétendue origine orientale des Algonquins », id., 1883; « De la formation de certains mots par un procédé bilingue », Rouen, 1883; « Quatre articles sur le cannibalisme dans le N.-E. du Canada », Paris, 1886; « Huit articles illustrés dans le journal des voyages », id., Delaux, 1886-87; « Traditions indiennes du Canada N.-O. », id., Maisonneuve et C. Loelere éd., 1886; « Textes originaux des mêmes légendes et traduction littérale », id., 1888; « Les grands Esquimaux », id., Plon, Nourrit, 1887; « En route pour la Mer Glaciale », id., Letouzey, 1888; « Autour du grand lac des esclaves »; « Quinze ans sous le cercle polaire : le Mackenzie d'après les dessins de l'auteur », id., Dentu, 1889.

Petriccioli (Joseph), poète italien, capitaine aux *bersaglieri* en retraite, ancien professeur à l'École de Guerre, né, à Lerici, le 2 mars 1826, fit son droit à l'Université de Gênes, a fait toutes les campagnes de l'Indépendance italienne, depuis le 5 *giornate* de Milan jusqu'à 1866. Le cap. P. est poète latin et italien. Nous avons de lui : « La redenzione dei popoli », poëme en 8 chants; « Anacreontica per album »; « La bella del mare », idylle; « Sonetti varii »; « Stabat Mater »; « A mia madre morente »; « Epistola in distici latini a Cestaro »; une traduction en héxamètres de l'« Ugolino », de Dante; « Parva in magnis », dédié à l'empereur d'Allemagne; « Stiliani Nuptiæ »; « Hymnus Paci »; « Ode Saffica in morte di Vittorio Emmanuele »; « Ode Saffica all'amico Balsimelli »; « Inno ad Umberto I »; « L'aiuto dei morti »; « D'oggi in domani »; « Dogali »; « Notte »; « Primavera ».

Pétritzi (Adamantios), né à Syra. Il a fait ses études à l'Université d'Athènes, où il reçut le diplôme de docteur en droit; il est juge à la Cour d'appel et professeur agrégé à l'Université. Ses principaux ouvrages sont : « De la garantie solidaire »; « Des Sociétés de commerce ».

Petrocchi (Polycarpe), homme de lettres italien, né, à Pistoia, en 1852, écrivit d'abord des contes pour la jeunesse, réunis en volume sous le titre de « Fiori di campo ». Il collabora à la *Perseveranza*, à la *Nuova Antologia* et au *Fanfulla della Domenica*. Il traduisit d'une façon très fidèle et merveilleuse comme pureté de langage l'« Assommoir » de Zola; c'est un ouvrage remarquable sous tous les égards. Nous avons encore de lui : « Teatri vernacoli e teatro popolare italiano », 1881; « I Vespri », drame, 1882; « Nuovo dizionario italiano », Milan, Treves, en cours de publication de 1883; « Dell'opera di Alessandro Manzoni letterato e patriota », 1886; « Nei boschi incantati », id., nouvelles; « Grammatica della lingua italiana », Milan, Treves, 1887.

Petschenig (Michel), philologue autrichien, professeur libre de philologie classique au Gymnase et à l'Université de Gratz, né, en 1845, à Grossedling (Carinthie). Il est auteur de plusieurs ouvrages philologiques, écrits en langue latine et dont nous allons donner les titres des plus remarquables : « Victoris Vitensis historia persecutionis Africanæ provinciæ », Vienne, C. Gerold, 1881; « Q. Horatii Flacci, carmina selecta », Prague, Tunpsky, Leipzig, Freitag, 1883; « Flavii Cresconii Corippi Africani grammatici opera », Berlin, Calvary, 1886; « Paulini Petricordiæ quæ supersunt », Vienne, Tempsky, 1888; « Johannis Cassiani opera, pars II », Vienne, Gerold, 1886; « Cassiani opera, pars I », id., Tempsky, 1888; « Studien zu den Metamorphosen des Apuleius », id., 1882.

Pettenkofer (Max DE), chimiste allemand, né, près de Neuburg, le 3 décembre 1818, suivit les cours universitaires à Munich. Il fut employé d'abord à la Monnaie, puis comme aide-professeur de chimie médicale à l'Université en 1847, et succèda à son oncle en 1850 dans sa pharmacie. Ses travaux sur l'hygiène lui firent donner la chaire de cette spécialité à l'Université en 1866 et nommer président de la Commission du choléra en 1873. Comme chimiste, il s'est occupé des affinités de l'or, de la chaux hydraulique, d'une essence de bois qu'il arriva à préparer pour la conservation des tableaux à l'huile et qu'il décrivit dans son ouvrage sur « Les couleurs à l'huile », Brunswich, 1872. Comme hygiéniste, il a publié des travaux importants sur la ventilation, l'aération des habitations, sur un nouvel appareil respiratoire trouvé par lui. Voici la liste de ses derniers ouvrages : « Handbuch der Hygiene und der Gewerbekrankheiten », Vogel, éditeur à Leipzig; « Archiv für Hygiene. Gemeinschaftlich mit prof. Dr Franz Hofmann in Leipzig und Dr Josef Forster in Amsterdam », édité par R. Oldenbourg à München; « Vergleichende Untersuchungen über Beschaffenheit der Luft bei Beleuchtung der K. Residenz-theaters in München mit Gas- und mit electrischem Lichte, Archiv für Hygiene, vol. I »; « Ueber Desinfetion der ostindischen Pest als Schutzmittel gegen Einschleppung der Cholera in Europa. Archiv für Hygiene, vol. II »; « Die Cholera », traité populaire, inséré : a) dans la revue *Nord und Süd*,

1884; *b*) dans la *Deutsche Bücherei*, Breslau; *c*) traduit en anglais dans la *Lancet*, Londres, 1884; *d*) en italien par le docteur Ugolino Mosso, Ermanno Loescher, éd. Turin, 1885; *e*) en russe par le Dr Nertz »; « Zum gegenwärtigen Stand der Cholera frage », avec 4 cartes, édité chez R. Oldenbourg, Munich et Leipzig, 1887; « Der hygienische Unterricht an Universitäten und technischen Hochschulen », discours tenu à la séance d'ouverture du VIe congrès pour l'hygiène et la démographie à Vienne en 1887, inséré au *Tagblatt* du Congrès et au *Gesundheitsingenieur*, 10e année, 1887, page 755; « Der epidemiologische Theil des Berichtes über die Thätigkeit der zur Erforschung der Cholera im Jahre 1883 nach Ægypten und Indien entsandten deutschen Commission », avec 3 Diagrammes, Munich et Leipzig, 1885, chez R. Oldenbourg.

Pey (Louis-Alexandre), publiciste et professeur français, actuellement professeur de langue allemande au Lycée Saint-Louis à Paris, est né, à Gonesse (Seine-et-Oise), le 13 décembre 1824. Professeur d'allemand au Lycée Saint-Louis depuis 1853, il est président du jury d'examen pour le certificat d'aptitude à l'enseignement des langues vivantes depuis 1879. Un des principaux collaborateurs politiques de la *Revue Contemporaine* (1861-1866), de la *Presse* (1868), du *Moniteur universel* (1869-1888). Il a publié, outre de nombreux ouvrages classiques, plusieurs travaux sur le moyen-âge: « Essai sur les romans d'Enéas », Didot, 1857; une édition de « Deon de Maïence », Viewig, 1861; « L'Allemagne d'aujourd'hui », 1862-1882; « Etudes sociales et littéraires », Hachette, 1883.

Peyrani (Caïus), professeur de physiologie à l'Université de Parme, né, le 22 avril 1835, à S. Maurizio près de Turin, docteur en médecine et chirurgie de l'Université de Turin en 1856, docteur volontaire pendant la guerre de 1859 à 1866, a parcouru la carrière universitaire à Turin et à Parme, où il enseigne depuis 1872 étant aussi chargé du cours de pathologie générale. Nous avons de lui des publications scientifiques en italien, en espagnol et en portugais, dont voici la liste complète: « La diminuzione dell'acqua alla superficie del globo », Turin, 1858; « L'assorbimento ventricolare nei roditori », id., 1858; « La menstruazione sotto il rapporto fisiologico », id., 1859; « La vaccinacion y la revaccinacion », Madrid, 1860; « Anatomia e fisiologia della milza », Turin, 1861; « La non riproduzione della milza », id., id.; « Die Erregung die vom Vagus ausgeht », Giessen, 1863; « Formaçao da imagem dentro do olho », Coimbra, 1863; « La chirurgia spagnola nelle ferite d'armi da fuoco », Turin, 1864; « La fisiologia ed i varii rami della medicina », id., 1865; « Note biografiche sul fisiologo prof. Poletti », Ferrara, 1869; « Assorbimento dei grassi dopo estirpato il fegato », Bologne, 1867, Turin, 1869;
« Il simpatico e l'orina », Florence, 1870; « La non reproduction de la rate », Paris, 1871; « La materia e le scienze della natura », Ferrare, 1871; « Corredo scientifico del fisiologo », Turin, 1872; « Guida allo studio della fisiologia », Parme, 1876-77; « Termogenesi e sistema nervoso », Turin, 1878; « Le scienze biologiche », id., 1880; « Funktion der Thalami optici », Erlangen, 1881; « Harnstoff und Sympathicus », id., 1882; « Degeneration d. Nervenfasern », id., 1883; « Physostigmins (Eserin) und Blutdruck », 1884; « Fisiologia generale », Naples, 1883; « La biologia nell'epoca Aristotelica », Parme, 1886; « Funzioni del talamo ottico », id., 1887.

Peyrat (Mme Napoléon, née Eugénie Poirée), naquit, à Bourgoin (Isère), en 1833. Mme P. a publié en 1881 à Paris, Grassart éditeur, une biographie de son mari, intitulée: « Napoléon Peyrat, poète, historien, pasteur »; « A travers le moyen-âge », Grassard éd.; « Fantôme et Réalité », id.; « Autour de nous et en nous-mêmes », Paris, Plon. En dernier lieu: « La Terre des Vivants », id., id. Mme P. cite de beaux vers de son mari qui, en plein romantisme, vers 1833, signait *Napoléon Pyrénéen* et qui a plus tard été, pendant 34 ans, pasteur de l'église réformée de Saint-Germain-en-Laye, où il est mort le 4 avril 1881.

Peyrebrune (Georges DE), femme de lettres française, né en 1847, habite Paris. Depuis son premier succès: « Marco », Calmann-Lévy éd., 1882, elle a publié: « Les femmes qui tombent », Calmann-Lévy, 1882; « Galienne », id., id.; « Polichinelle et Cie », Plon, 1883, « Jean Bernard », id., id.; « Victoire la rouge », id., id.; « Une séparation », Charpentier, 1884; « Mademoiselle de Tremor », id., 1885; « Les Roses d'Arlette ».

Peyrefort (Émile), poète français, né, à Nantes (Loire-Inférieure), en 1862, débuta en 1880 à *L'Artiste* d'Arsène Houssaye; donna des vers à différentes revues de l'époque, à *La Jeune France* entr'autres; collabora assidûment à *Lutèce*, journal littéraire dirigé par Léo Trézenik et où parurent la plupart des pièces qui composent « La Vision », Lemerre, 1886. M. P. avait déjà réuni en différentes plaquettes: « Les Intermèdes » et « Pour les Poètes » (1884 et 1885), de courts paysages et des sonnets où sont résumées les aspirations de la poésie moderne. Ces deux recueils, sans nom d'éditeur, n'ont été tirés qu'à vingt-cinq exemplaires. La « Vision » composée presque exclusivement de paysages tantôt vus à travers le rêve, tantôt pris sur le vif, renferme les éléments d'un grand poème symphonique intitulé « Pan » qui sera consacré à la nature. La « Vision » a été couronnée par l'Académie française.

Peyron (Bernardin), orientaliste italien, bibliothécaire honoraire de l'Université de Turin, neveu de l'illustre Amédée Peyron qui lui enseigna le grec, l'hébreu et le copte, né, à Verceil, le 13 juin 1818. Il publia d'abord un ouvrage de son oncle « De nova copticæ linguæ ortographia », Turin, 1875, édition très soignée avec une dissertation posthume de son oncle ; « Psalterii copto-tebani specimen », id., 1875 ; « Codices Hebraici manu escavati Regiæ bibliothecæ, quæ in taurinensi athenæo observatur », Turin, Bocca, 1880 ; « Di due frammenti greci delle Epistole di S. Paolo del V e VI Secolo », Turin, Paravia, 1880, dans les *Atti dell'Accademia ;* « Dell'Ottica di Claudio Tolomeo. Notizie bibliografiche », Turin, Loescher, 1882 ; « Salvator Betti », id. ; « G. B. Barco », id., 1884 ; « Note di storia letteraria del secolo XVI », Turin, Loescher, 1884.

Peyronton (Abel-Toussaint), avocat et publiciste français, né, à Pau (Basses-Pyrénées), le 1er novembre 1841, fit son droit à Paris. Condamné pour participation à l'insurrection de la Commune, le 15 septembre 1871, à 5 ans de détention, et, le 28 février 1873, à 5 ans de prison. Depuis journaliste à Lyon et à Paris, il collabora à la *Réforme*, à l'*Opinion*, au *Voltaire*, à l'*Écho de Paris* et au *Mot d'ordre*. En librairie : « Le Panthéon de Chenavard », reproductions et texte.

Pezzi (Dominique), philologue italien, né, à Turin, le 20 avril 1844. Admis à l'Université en 1862, il consacra son intelligence remarquable à la grammaire comparée. En 1859, il publia : la part indo-italo-grecque du « Compendium », de Schleicher, et du « Lexicon », des racines indo-italo-grecques de la « Grammaire comparée » de L. Meyer. Il y ajouta une « Introduzione allo studio del linguaggio ». Œuvres originales : « Grammatica storico-comparativa della lingua latina, giusta i risultati degli studi più recenti brevemente esposta agli Italiani e specialmente ai professori di lingue classiche », Loescher, Rome-Turin-Florence, 1872 ; « Formazione del futuro attivo negli idiomi italici ed ellenici, dissertazione storico-comparativa », id., id., 1871 ; « Considerazioni sull'istruzione, sopratutto classica, in Italia, ecc. » (*Rivista di filologia e d'istruzione classica*), 1872-73 ; « Introduction à l'étude de la science du langage », trad. de l'italien sur le texte, entièrement refondu par l'auteur, par V. Nourrisson, Paris, 1875 ; « Guglielmo Corssen e la lingua etrusca » (*Rivista europea*), 1876 ; « Glottologia aria recentissima, cenni storico-critici », Turin, Loescher, 1877 (trad. en anglais par E. S. Roberts, Londres, 1879) ; « ΑΝΑΓΚΗ, note filologiche » (*Atti della R. Accademia di Scienze di Torino*), 1879 ; « Del concetto di fatalità nei canti esiodei », (id.), 1880 ; « Il dialetto dell'Elide nelle iscrizioni testè scoperte », (*Memorie dell'Accademia torinese delle Scienze*), 1881 ; « Nuovi studi intorno al dialetto dell'Elide, I », Turin, 1881 ; « La grecità non ionica nelle iscrizioni più antiche », 1883 ; « La lingua greca antica, breve trattazione comparativa e storica », Turin, 1888 (vol. VI de la *Breve enciclopedia sistematica di filologia greca e latina*) ; « La vita scientifica di Giorgio Curtius », mémoire, Turin, Loescher, 1888. M. P. est depuis 1879 membre résident de l'Académie des Sciences de Turin et professeur de grec à l'Université de Turin.

Pfeffer (Guillaume), botaniste allemand, professeur et directeur de l'Institut botanique à Leipzig, conseiller intime, membre de plusieurs académies et sociétés savantes, né, le 9 mars 1845, à Grebenstein (Cassel, Allemagne) ; il a été professeur libre à Marbourg, professeur ordinaire à Bonn, Bâle et Tubingue, et depuis 1887 il réside à Leipzig, où il occupe la place mentionnée. En dehors de nombreux articles publiés dans presque toutes les revues botaniques allemandes et dans les journaux spéciaux, il est auteur de plusieurs ouvrages, dont nous allons citer les plus importants et les plus remarquables : « Physiologische Untersuchungen » Leipzig, 1873 ; « Die periodischen Bewegungen der Blattorgane », id., 1875 ; « Osmotische Untersuchungen. Studien zur Zellmechanik », 1877 ; « Pflanzenphysiologie », 2 vol., id., 1881 ; « Untersuchungen aus d. botan. Institute in Tübingen », vol. 1er, id., 1881-85 ; vol. 2e, 1886 ; « Zur Kentniss der Oxydationsvorgänge », id., 1889. M. P. est un des plus actifs collaborateurs de la *Rabenhorsts Bryotheia Europea*.

Phelps (Mme Elisabeth *Stuart*), femme-auteur anglo-américaine, née, le 31 août 1844, à Boston (Massachussetts), où elle donne des conférences à l'Université. Nous avons d'elle : « The gates Ajar » ; « Beyond the Gates » ; « The gates Between » ; « Friends, a Duet » ; « Songs of the Silent World » ; « Jack », etc.

Philipon (Édouard-Paul-Lucien), homme politique français, ancien magistrat, né, à Lyon, le 8 janvier 1851. Il fit son droit à Paris, suivant en même temps les cours de l'École des Chartes, prit le grade de docteur en droit et s'inscrivit au barreau de Paris en 1880. Peu après, il était nommé substitut à Amiens, d'où il passait à Lyon en 1382. Il a été élu député de l'Ain le 4 octobre 1885. M. P. s'est adonné plus spécialement à l'étude des questions intéressant la propriété intellectuelle. Il est l'auteur d'une proposition de loi organique sur « La propriété littéraire et artistique », et en a été nommé rapporteur par la commission parlementaire chargée de l'examiner. Il est l'auteur d'un « Traité théorique et pratique sur la propriété des dessins et modèles industriels » et a fait paraître une « Étude de droit constitutionnel comparé sur le mandat impératif ». Ancien élève de l'École des Chartes, il a collaboré à la *Romania*, à la *Revue des patois* et à divers autres recueils philologiques, où il a publié d'importants travaux sur les dialectes du Lyonnais, de la Bresse et du Bugey. Il a édité d'après le manuscrit de la Bibliothèque de Grenoble, les « Œuvres mystiques de Marguerite d'Oingt », prieure de la Chartreuserie de Poleleins (Bresse), qui vivait à la fin de XIIIe siècle.

Philippe (Jules-Pierre-Joseph), publiciste, littérateur et homme politique français, né, à Annecy, le 30 octobre 1827, petit-fils d'un membre du Conseil des Cinq-Cents, expulsé au 18 brumaire. Il fit ses études à Genève, Annecy et à l'Université de Chambéry, où il commença son droit, puis se lança dans le journalisme. Il débuta, en 1848, au *National Savoisien*, organe du parti de l'annexion à la France, et fonda, en 1850, le *Moniteur Savoisien*, feuille libérale qu'il dirigea pendant quatre ans. En 1868, il fonda le journal *Les Alpes*, devenu l'organe principal du parti républicain dans la *Haute-Savoie*, et y fit une vive opposition au gouvernement impérial. Après la revolution du 4 septembre, M. J. P. fut nommé préfet de la Haute-Savoie, et conserva ses fonctions jusqu'à la chûte de M. Thiers (24 mai 1873). Il reprit alors la direction du journal *Les Alpes*. Élu député aux élections du 20 février 1876, M. J. P. prit place à gauche ; il a été réélu le 14 octobre 1877 et le 4 octobre 1885. Membre correspondant de l'Institut génevois, de la Société d'histoire de Genève, de l'Académie de Chambéry, de la Société littéraire de Lyon ; l'un des fondateurs, secrétaire, puis vice-président de la Société florimontane d'Annecy. M. J. P. a publié : « Les Gloires de la Savoie » ; « Annecy et ses environs » ; « Notice historique sur l'abbaye de Talloires » ; « Chronologie de l'histoire de la Savoie » ; « Les princes Loups de Savoie », qui le fit décorer des Saints-Maurice et Lazare ; « Profession de foi d'un patriote savoyard » ; « Un moraliste savoyard au XVIe siècle » ; « Histoire populaire de la Savoie depuis les temps les plus reculés », 1874. Son œuvre principale est une histoire de l'« Origine de l'imprimerie à Paris », publiée en 1888 à Paris, chez Charavay frère. Elle a été couronnée par l'Académie des Inscriptions et Belles-Lettres dans le concours des antiquités nationales en 1887. Elle sera prochainement suivie d'une biographie détaillée du savoyard Guillaume Fuchet qui fut, avec J. Lapierre, l'introduction de l'imprimerie à Paris.

Philippi (Adolphe), historien et philologue allemand, professeur de philologie et d'histoire ancienne à l'Université de Giessen, né, en 1843, à Hanovre (Prusse), est auteur de : « Beiträge zu einer Geschichte der attischen Bürgesrechtes », Berlin, 1871 ; « Ueber die römischen Triumphalreliefs und ihre Stellung in der Kunstgeschichte », Leipzig, 1872 ; « Der Areopag und die Epheten », Berlin, 1874 ; « Ueber die Reform der Doctorpromotion », Giessen, 1876 ; « Adnotatiunculæ ad legum formulas quæ in Demosthenis Midiana extant nonnullas », id., 1878. Outre cela, il a publié plusieurs articles dans les *Neue Jahrbücher für Philos.*, dans le *Rhein. Mus*, dans les *Annali dell'Istituto* et dans la *Sybel's hist. Zeitschr.*

Philippovich (Eugène v. Philippsberg), jurisconsulte et économiste autrichien, professeur de la science d'État à l'Université de Fribourg (Baden), né, à Vienne, en 1858, élève de la *Theresianische Akademie*, étudia à Gratz, Vienne et Berlin, voyagea en Angleterre, prit son habilitation à l'enseignement après son voyage, et publia : « Die Bank von England im Dienste der Finanzverwaltung des Staates », Vienne, 1885 ; « Ueber Aufgabe und Methode der politischen Œkonomie » (discours), Fribourg, 1886 ; « Die Staatlich-Geldverwaltung », paru dans le *Finanzarch*, en 1884 ; « Die deutsche Reichsbank im Dienste der Finanzverwaltung des Reichs und der Bunderstaaten » (id.), 1886 ; « Zur gegenwärtigen Lage der britischen Volkswirthschaft », publié dans la *Preuss. Jahrb.* 1887 ; « Der Schlussbericht der Trade depression Commission », inséré dans le *Jahrb. f. Nationalök. und Statistik*, en 1887 ; « Der Badische Staatshaushalt in den Jahren 1868 bis 1889 », Fribourg, 1889.

Philipson (Louis), célèbre érudit allemand, né, en 1811, à Dessau, étudia les sciences classiques et la théologie juive à Halle et à Berlin, rédige, depuis 54 ans, la *Gazette universelle du judaïsme*. Beaucoup de ses ouvrages ont été traduits en français et en anglais ; notons les principaux : « Le développement des idées religieuses dans le judaïsme, le christianisme et l'islamisme », 2me ed., 1874 ; « Sur les résultats de l'histoire du monde » ; « La religion de la société » ; « Questions importantes en poétique et en religion dans ces derniers 30 ans », Leipzig, 1859 ; « La Bible israélite », édition critique, id., 1859-62.

Philipson (Martin), fils du précédent, né, le 26 juin 1846, à Magdebourg, professeur universitaire d'histoire à Bonn, a publié : « Histoire d'Henri le Lion », Leipzig, 1868 ; « Henri IV et Philippe III, ou la prépondérance française en Europe », Berlin, 1871-76 ; « Histoire de Frédéric-Guillaume II, roi de Prusse » et des biographies insérées dans le *Plutarque allemand*.

Phlis (Adalbert), écrivain français et homme politique, né, à Arras, en 1831, resté fidèle au parti bonapartiste et lié de vive amitié avec le prince Jérôme-Napoléon, collabore activement à la *Revue Bleue*, où il insère des articles très sensés sur tout ce qui concerne l'Italie, pays qu'il connaît à fond et qu'il visite souvent.

Phillips (Henri), archéologiste, numismate, et philologue, est né, à Philadelphie (États-Unis), le 6 septembre 1838. Il sortit des Universités muni de plusieurs diplômes (des honoraires aussi) et marchant sur les traces de son père, son aïeul et son bisaïeul, devint membre du barreau de Philadelphie. Mais dès son plus jeune âge, se sentant naturellement porté vers l'étude des langues et des antiquités, il s'aperçut bientôt que le barreau n'était pas sa vocation. En 1862, il publia une étude historique sur *The Paper money issued by the Colony of Pennsylvania* (avant la guerre de l'indépendance), étude qui n'avait pas encore été faite avant lui, et qui fut bientôt suivie d'une autre, en 1865, *The History of the Paper Money issued by the Colonial Congress during the Revolutionary War*. Ce travail remarquable fut la première histoire complète faite sur ce sujet. Il a écrit depuis lors plusieurs travaux sur différents sujets, dont les principaux sont: « History of the Pennsylvania Paper Money », 1862; « Catalogue of New Jersey Bills of Credit », 1863; « History of American Colonial Paper Currency », 1865; « History of American Continental Paper Money », 1866; « Medecine and Astrology », 1867; « The Pleasures of Numismatic Science »; « History of Maryland Currency »; « Considerations upon the Numismatic Society »; « Paper on a hoard of coins exhumed at Paris »; « Cozumel », 1868; « Cowries as a Currency »; « The Coins and Coinage of China », 1869; « Paper on the Remains in the Ribbesdale Caves »; « Discovery of America by the Northmen », 1871; « An account of a black letter almanac for 1620 »; « The Magic of the Middle Ages; Albertus Magnus », 1872; « Danish Architecture of the Middle Ages », 1873; « Late Discoveries at Pompeii », 1874; « Origin and Coinage of Money », 1875; « The First American expedition to the North Pole », 1876; « The falsification of Coins »; « Pre-historic Pompeii »; « Method used by the Aztecs in making Obsidian implements », 1877; « Notes on Coins. — First paper », 1878; « List of Waterloo medals »; « Poems from the Spanish and German »; « Account of the earthquake at Aix-la-Chapelle »; « Worship of the Sun as shown on Coins », 1879; « Account of an old work on Cosmography »; « Notes on a Denarius of Augustus (Standards) », 1880; « Obituary Address on Peter McCall »; « Early Philadelphia Almanacs »; « Stone Age in Asia and Africa »; « Notes on Coins. — Second Paper »; « Certain early maps of America »; « Faust (From the German of Chamisso) », 1881; « Old Time Superstitions. — No. I »; « A Glimpse into the Past »; « Head-dresses exhibited on Coins »; « Remarks on a Coin of Sicyon », 1882; « A Pre-historic Epic »; « Basilisks and Cockatrices »; « Handbook to Coins in Pa. Museum », 1883; « Coinage of the United States »; « American Archeological Museums in the U. S. ». Depuis 1868, il a été secrétaire de la Société des Antiquaires de Philadelphie, et en 1884 secrétaire et bibliothécaire de l'*American Philosophical Society*, la plus ancienne Société savante qui existe sur le continent américain, et qui fut fondée par l'illustre Franklin. En 1867, il fut élevé au poste de *United States Commissioner* de Philadelphie, position ressortant de l'ordre judiciaire des États-Unis, à vie, et qu'il occupe encore aujourd'hui. Il a traversé quatorze fois l'Océan Atlantique, pour aller visiter entièrement l'Europe, tant pour son plaisir que pour son instruction.

Piacentini (Jean), journaliste italien, né, en Piémont, vers 1830, a été directeur, avec J.-A. Cesana, du *Pasquino*, de la *Staffetta* et de la *Gazzetta di Torino*; il a fondé en 1870, avec une douzaine d'amis, le *Fanfulla*, où ses articles étaient signés *Silvius*. Depuis 1877, il est directeur de la *Gazzetta Ufficiale del Regno*.

Piana (Jean-Pierre), professeur ordinaire d'anatomie pathologique et de pathologie générale à l'École Supérieure de médecine à Milan, né, à Bologne, en 1852, docteur en Zooïatrie en 1876, professeur extraordinaire à la section vétérinaire de l'Université de Parme (1880-82), a publié, depuis 1874, plusieurs mémoires sur l'histologie, la bactérologie et l'anatomie pathologique aux revues suivantes : *Rivista clinica* de Bologne, *Gazzetta degli Ospedali*, *Riforma medica*, *Archivio delle scienze mediche*, *Memorie dell'Accademia delle Scienze* de l'Institut de Bologne.

Pic (Ulysse), journaliste français, né, à Lectoure (Gers), en 1824, débuta de bonne heure dans les lettres par la publication d'une « Physiologie du Lectourois et de la Lectouroise », in-18°, Auch, 1842. Collaborateur de la *Nation* (1863) et du *Pays* (1864), il acquit en 1864 le *Nain Jaune*, qu'il transforma en journal politique, avec M. Théophile Silvestre. Il passe à tort pour avoir appartenu ensuite à la rédaction de l'*Étendard*, fondé et soutenu par M. Rouher (1867-1869), et dont la direction avait été remise à un jeune banquier de l'Ariège, M. Jules Pic, avec qui l'opinion publique s'obstina à confondre le publiciste du Gers. Celui-ci prit un pseudonyme pour échapper aux méprises de l'homonymie. C'est ainsi qu'il signa tantôt du nom de *Dugers*, tantôt du nom de *Félix Bernard*, divers petits « Traités de Mnémotechnie », destinés à faciliter par des formules littéraires et classiques l'étude de l'histoire et de la chronologie. Ces traités ont eu de nombreuses contrefaçons. Depuis le 4 septembre, après avoir voyagé et séjourné en Italie, M. U. P. reparut dans la presse parisienne; en 1878, il fournit au *Paris Capitale*, dirigé par M. Cunéo d'Ornano, une collaboration suivie d'une rupture éclatante avec le parti bonapartiste (1878). Depuis lors, M. P. s'est retiré à Nice. En dehors de sa collaboration aux journaux, il a publié : « L'Italie sans Rome », 1862; « Lettres gauloises sur les hommes et les choses de la politique contemporaine », contenant, avec l'autobiographie de l'auteur, les vicissitudes et aventures du « Nain Jaune », 1865.

Picard (Edmond), illustre jurisconsulte et publiciste belge, né, à Bruxelles, en 1836, d'un père wallon et d'une mère flamande. Il achevait ses études à l'Athénée de sa ville natale quand, un beau jour, et sans prévenir ses parents, il se rendit à Anvers et s'engagea sur un vaisseau en partance pour l'Amérique. Après quelque temps de cette rude vie de marin, il revint à Bruxelles, fit son droit et fut reçu avocat. Par son acharnement au travail, son admirable intelligence et l'inébranlable fermeté de ses opinions, il s'est fait au barreau, dans la politique et dans les lettres une position éminente: le Roi l'a nommé avocat près la cour de cassation; la démocratie voit en lui un de ses chefs; et on le reconnaît unanimement comme l'un des meilleurs écrivains de la Belgique. Ses qualités de maître stylist apparaissent surtout dans les œuvres suivantes, dont la plupart ont eu plusieurs éditions : « Histoire d'un clerc de notaire », 1865; « Les rêveries d'un stagiaire », 1879 (ce recueil de poésies est signé du pseudonyme ANTONIN CLAUDE); « Paradoxe sur l'avocat », id.; « La forge Roussel », 1880; « L'amiral », 1884; « Mon oncle le jurisconsulte », id.; « La veillée de l'huissier », 1885; « Le juré », id.; « Pro arte », 1886; « El Moghreb al Aksa: une mission belge au Maroc », 1889. M. P. a été l'un des directeurs de l' « Anthologie des prosateurs belges » publiée sous les auspices du gouvernement; à un autre grand ouvrage collectif, « La Belgique illustrée », il a donné le chapitre intitulé : « Les hauts plateaux de l'Ardenne »; il a écrit dans la *Liberté*, la *Discussion*, la *National belge*, la *Revue moderne*, la *Jeune Belgique*, le *Moniteur industriel*, l'*Industrie moderne*, la *Belgique judiciaire*, la *Revue de droit international*, le *Journal de droit international privé*, la *Revue pratique du notariat*, etc.; il a fondé en 1880 le *Journal des tribunaux* et en 1881 l'*Art moderne*. Comme jurisconsulte, ses travaux les plus importants sont: « Examen de quelques questions relatives à la profession d'avocat », Bruxelles, 1862-1863 (a paru dans la *Belgique judiciaire* sous le pseudonyme de CLAUDIUS); « Essai sur la certitude en droit naturel », id., 1864; « Traité des brevets d'inventions et de la contrefaçon industrielle », id., 1866 (en collaboration avec X. Olin); « Traité usuel de l'indemnité due à l'exproprié pour cause d'utilité publique », id., 1867 (en collaboration avec le même); « Manuel de la profession d'avocat en Belgique », id., 1869 (en collaboration avec G. Duchaine); « Traité général de l'expropriation pour cause d'utilité publique », id., 1875-1876 (les deux premières parties de cette ouvrage ont seules paru jusqu'ici) ; « De la classification des droits », id., 1879 (travail magistral qui a fait définitivement entrer dans la science la notion des *droits intellectuels*); « De la confection vicieuse des lois et des moyens d'y remédier », id., 1881; « Code général des brevets d'invention, contenant le texte de toutes les lois et de tous les règlements actuellement en vigueur dans les divers pays du globe », id., 1882 (en collaboration avec son frère, M. l'ingénieur Emile Picard; une 2ᵉ édition a paru en 1885); « Bibliographie générale et raisonnée du droit belge », id., 1882 et années suivants (en collaboration avec le regretté éditeur F. Larcier); « Histoire du suffrage censitaire en Belgique depuis 1830 », id., 1883; « Tableaux synoptiques et comparatifs de toutes les lois régissant la propriété industrielle dans les différents pays du globe », id., 1885 (en collaboration avec Emile Picard); et surtout les « Pandectes belges », admirable encyclopédie qu'il publie avec le concours de quelques confrères et qui était arrivée en août 1890 à son trente-troisième volume in-quarto. Il faudrait, pour être complet, énumérer encore à l'actif de M. Edmond Picard une foule de brochures, de mémoires juridiques, etc., etc.

Picard (Eugène-Arthur), journaliste et homme politique français, frère d'Ernest P., membre du Gouvernement de la Défense Nationale, ancien ministre des finances et de l'intérieur (mort le 14 mai 1877), est né, à Paris, le 8 juillet 1825. Il compléta au Collège de Juilly ses études commencées au Collège Rollin et fit son droit à Paris; reçu licencié en 1846, étant parent de M. de Persigny qui le présenta au Président de la République Louis-Napoléon, il entra dans l'administration, *après le coup d'État*, comme sous-préfet de Blanc (Indre), le 2 janvier 1852; d'où il passa à Forcalquier (Basses-Alpes) en 1854 et à La Palisse en 1856. En 1859, après avoir refusé d'appliquer, comme le voulait le Gouvernement impérial, la loi de Sûreté générale, il fut brusquement « appelé à d'autres fonctions », et il se lança dans l'opposition à la suite de son frère, *un des cinq*, qui occupaient une situation brillante au Corps législatif depuis 1858. M. A. P. écrivit près d'une année au *Phare de la Loire*, où ses articles qui n'étaient pas signés, furent très remarqués. On commença à s'apercevoir que le rôle qu'il jouait auprès de son frère n'était pas aussi effacé qu'on le croyait. Cela fut bientôt révélé à tous par la création de l'*Électeur*, à laquelle M. A. P. prit une part importante. Il signa beaucoup d'articles de son nom et d'autres du pseudonyme de *Ter*. Après que M. Gaulier cessa d'être secrétaire de la rédaction, M. A. P. devint rédacteur en chef de l'*Électeur libre*, épithète ajoutée au titre de ce journal rapidement classé parmi les organes les plus redoutables contre la politique impériale. Peu de temps avant le 4 septembre, l'*Électeur libre* et le *Cour-*

rier des Deux-Mondes fusionnèrent et *l'Électeur libre* quotidien succéda aux deux publications hebdomadaires qu'il remplaça. Le premier, il inséra la proclamation de la République. M. E. P., qui était directeur politique de *l'Électeur libre* quotidien, aussi bien que de l'ancien *Électeur libre*, retira, quand il devint ministre, son nom à l'en-tête du journal. Cela froissa M. Édouard Portalis qui était propriétaire de 199 parts du journal, dont M. A. P. avait 201 parts, se contentant de cette situation de principal propriétaire et de principal rédacteur dans le journal dont M. Édouard Portalis, de son consentement, prit le titre et les fonctions de rédacteur en chef, dont il s'aquitta fort bien jusqu'au jour, où il eut la mauvaise inspiration de changer, sans en prévenir M. A. P., le titre du journal *l'Électeur libre* pour celui de *La Vérité*, et d'essayer de remplacer une feuille qui avait une vogue légitime par une publication qui paraissait avec un titre excellent, mais n'ayant pas fait ses preuves. Le lendemain même *l'Électeur libre* reparut avec M. A. P. comme rédacteur en chef, et malgré les affiches qui affirmaient sa retraite, il fut démontré par la suite des succès de sa publication que *l'Électeur libre* était plus vivant que jamais. Après le siège, lors de la Commune, ses bureaux furent envahis par les fédérés et *l'Électeur libre*, qui faisait ombrage à M. Thiers, dont M. Ernest P. était un des ministres, ne reparut plus. M. A. P. resta à Versailles jusqu'à la rentrée du gouvernement à Paris. Avec le désintéressement qui le caractérisa toujours, il ne remplit aucune fonction officielle, malgré les offres qui lui furent faites. Il préféra prouver à ses amis et à ses adversaires que l'on peut avoir un frère ministre, disposant de bonnes places, sans émarger au budget. Il importe de rendre justice en passant à cette attitude assez rare. Après que M. Ernest P. eut quitté le ministère de l'intérieur, M. A. P. se présenta aux élections complémentaires dans les Basses-Alpes (2 juillet 1871). Il ne fut nommé qu'aux élections générales, qui eurent lieu au scrutin d'arrondissement, par Castellane (5 mai 1876). Au 14 octobre 1877, il échouait de quelques voix seulement. Il fut renommé le 29 juillet 1878, après le 16 mai, triomphant de son adversaire qui fut invalidé (29 juin 1878). Chacune de ses élections fut très disputée. Il fut deux fois élu conseiller général des Basses-Alpes et maire de Castellane. Aux élections d'octobre 1885, dans les Basses-Alpes, il y eut quatre listes; il obtint un nombre de voix très honorable, conserva sa majorité dans l'arrondissement de Castellane et eut plus de voix dans tout le département qu'il n'en avait eues en 1871. On peut donc présumer qu'il aurait pu triompher encore au scrutin de ballotage, mais il se retira et donna ses voix à la liste Andrieux qui combattait comme lui la liste opportuniste et qui lui dut ainsi tout-à-fait son élection. L'influence de M. A. P. est donc restée debout dans les Basses-Alpes qui n'ont point oublié ses services. M. A. P. occupe ses loisirs dans sa retraite, dans le Gers, à écrire ses souvenirs sur les hommes et les choses; et les graves événements auxquels il a assisté de très près donneront un grand intérêt à la publication de ces souvenirs. La sincérité de sa plume vengera bien des injustices, en répondant aux calomnies qui s'acharnent souvent aux hommes politiques que l'on n'apprécie pas toujours de leur vivant avec impartialité.

Picard (Germain), littérateur français, est né, à Villefranche (Rhône), le 5 décembre 1836. Il a commencé ses études chez le curé d'une commune voisine et les a terminées au Lycée de Besançon. Après avoir été, pendant cinq ans, commerçant à Lyon, il a commencé, à Paris, des études de droit. Il a servi, pendant la guerre, dans la 3me légion des mobilisés du Rhône. Pendant la Commune, il a été saisi à son domicile, le 23 mai 1871, par les *Vengeurs de Flourens*, qui l'enfermèrent dans la prison de la Roquette. L'entrée des troupes régulières le délivra. M. G. P. a été, pendant cinq ans, directeur du *Parnasse*. Il a fait jouer, en 1880, au théâtre Cluny une comédie intitulé : « Qui trop embrasse mal étreint » ; « On n'aime pas sa femme », proverbe en un acte, en vers (traduit en italien par le comte A. Antonelli, ce proverbe a été joué à Rome en 1886). Il a composé aussi de nombreux monologues. Il est membre de la Société des gens de lettres, de la Société philotechnique de Paris, de l'*Accademia Tiberina* (Rome), etc., de plusieurs autres Académies et Sociétés littéraires de France et d'Italie. Il est secrétaire général de l'Académie des Poètes. Nous avons de lui en librairie : « La vérité sur le quartier latin » ; « Par tous pays », nouvelles; « Album des ruines de Paris en 1871 » ; « Boutades morales et politiques » ; « Artistes et bourgeois », nouvelles humoristiques ; « Qui trop embrasse mal étreint », proverbe, déjà cité; la traduction allemande de ce proverbe par Julius vom Stag a été publiée à Leipzig, en 1882; « Vous les connaissez », nouvelles; « Violettes et roses », poèmes; « La Vengeance de l'hymen », poème comique; « Les visions », poésies; « Elroïdes », poème; « Les imprécations », poésies; « L'amour », poème; « Les visions », 3me série; « Iambes et satires » ; « Sœur Marthe », poème; « Antiques et modernes », poésies; « Histoire et légendes », poèmes et poésies.

Piccini (Jules), avocat et homme de lettres italien, né, à Volterra, le 28 octobre 1849, étudia d'abord à Lucques, puis à Pérouse et s'adonna de bonne heure à la littérature classique. Collaborateur (1868-1869) à *La Gioventù*, à la *Gazzetta d'Italia* (1869-79) il en fut le critique d'art le plus autorisé sous le pseudonyme de *Jarro*; il travaillait en même temps à la *Gazzetta del Popolo*, à l'*Illustrazione italiana* de Milan. Nous avons de lui: « Apparenze », roman, Milan, 1885; « Firenze sotterranea » 3me éd., Florence, 1885; « Garibaldi », traduction de E. Castelar, id., 1882; « L'assassinio nel circolo della luna », Milan, 1883; « Il processo Bartelloni », id., id.; « I ladri di cadaveri », id., 1884; « La figlia dell'aria », id., id.; « Attori, cantanti, acrobati: memorie artistiche », Florence, 1887; « Fantasie e capricci », id., id.; « La duchessa di Nola », Milan, 1888; « La vita capricciosa », id., id.; « La polizia del diavolo », id., 1886; « L'istrione », id., 1887; « L'Otello di Shakespeare », Florence, 1888. M. P. publie en ce moment « La donna nuda », roman.

Piccone (Antoine), naturaliste italien, professeur d'histoire naturelle au Lycée Christophe Colomb de Gênes, né, le 11 septembre 1844, à Albissola Marina (Ligurie occidentale), docteur ès-sciences physico-chimiques de l'Université de Gênes en 1864, entra dans l'enseignement et publia plusieurs mémoires dont nous donnons la liste complète: « Elenco dei muschi di Liguria », Gênes, 1863; « Note sul genere *Lemanea* », 1867; « Istruzioni scientifiche pei viaggiatori. Botanica (con fig.) », Rome, 1874; « Notizie e osservazioni sopra l'*Isöetes Duriæi* », Pise, 1876; « Appunti sulla distribuzione geografica del *Polyporus Inzengæ* », id., id.; « Supplemento all'Elenco dei muschi di Liguria »; id., 1876; « La collezione del prof. A. Sassi e l'erbario del R. Liceo di Genova », id., 1877; « Florula algologica della Sardegna », id., 1878; « Sulla malattia del falchetto nei gelsi », 1879; « Primi studi per una monografia delle principali varietà d'ulivo coltivate nella zona ligure (con 9 tav. in fotogr.) », Gênes, 1879; « Catalogo dell'alghe raccolte durante la crociera del cutter *Violante* (con fig.) », Rome, 1875; « Istruzioni per fare le raccolte e le osservazioni botaniche (con fig.) », id., 1881; « Sullo straordinario sviluppo della *Septoria Castaneæ* nella provincia di Genova durante l'anno 1880 », Florence, 1881; « Osservazioni sopra alcune località liguri citate in un recente lavoro lichenologico del dott. A. Jatta », id., id.; « Giuseppe Decrotaris », Gênes, 1882; « Appendice al Saggio di una bibliografia algologica italiana del prof. V. Cesati », Florence, 1883; « Prime linee per una geografia algologica marina », Gênes, 1883; « Risultati algologici delle crociere del *Violante* », id., 1883; « Nuovi materiali per l'algologia sarda », Florence, 1884; « Crociera del *Corsaro* alle isole Madera. Canarie. Alghe (con tav. color.) », id., 1884; « Contribuzioni all'algologia eritrea (con 3 tav.) », Florence, 1884; « I pesci fitofagi e la disseminazione delle alghe », id., 1885; « Notizie preliminari intorno alle raccolte algologiche fatte dal tenente Marcacci durante l'ultimo viaggio di circumnavigazione della *Vettor Pisani* », id., 1885; « Spigolature per la fisiologia ligustica », id., id.; « Nota sulle raccolte algologiche fatte durante il viaggio di circumnavigazione compiuto dalla R. corvetta *Vettor Pisani* », Gênes, 1886; « Pugillo di alghe canariensi », Florence, 1886; « Saggio di studii intorno alla distribuzione geografica delle alghe d'acqua dolce e terrestri », Gênes, 1886; « Di alcune piante liguri disseminate da uccelli carpofagi », Florence, id.; « Alghe del viaggio di circumnavigazione della *Vettor Pisani* (con 2 tav.) », Gênes, id.; « Ulteriori osservazioni intorno agli animali ficofagi ed alla disseminazione delle alghe », Florence, 1887.

Pichler (Frédéric), archéologue et littérateur autrichien, docteur en philosophie, professeur extraordinaire d'épigraphie latine, numismatique, héraldique et sphragistique, membre de la présidence du Musée archéologique de l'Université de Gratz, président du Musée historique, membre correspondant de l'Institut archéologique impérial de Berlin, Rome et Athènes, de la Société numismatique et d'autres Sociétés savantes étrangères, chev. de l'ordre royal de la Couronne de Prusse, né, en 1834, à Klagenfurth (Carinthie), fit ses études à l'Université de Vienne sous les célèbres Aschbach, Bonitz, Hahn et Lynker. En 1856, sous les auspices de l'Archiduc Jean d'Autriche, il fut employé aux Archives du cabinet d'antiquités et de numismatique du *Joanneum* à Gratz et en 1862 il devint professeur libre. Quatre ans plus tard, dans l'intérêt de ses études archéologiques, subventionné par l'État, il voyagea en Allemagne et en Autriche visitant Prague, Dresde, Leipzig, Berlin, Halle, Weimar, Cologne, Mayence, Stuttgart, Marbach, Nuremberg, Regensburg et Munich et depuis 1869 il est directeur des nouvelles collections d'antiquités et des fouilles archéologiques de Leibnitz (Solova), Sulmthole, etc., subventionnées par S. M. l'Empereur d'Autriche, par l'Académie des Sciences, par le Ministère de l'Instruction publique et par d'autres sociétés savantes. M. P. a cultivé aussi les belles-lettres et, en dehors de ses ouvrages archéologiques, il a publié quelques essais de poésie épique et lyrique et un roman d'assez belle facture. On peut citer, ici, les plus importants: « Balladen », Klagenfurt, 1856; « Christian und Else », roman, id., 1856; « Ruosen und Reime », chansons épiques, Hambourg, 1875; « Margaretha von Schweden », poème épique, Schleswig, 1880; « Robinson », comédie, id., 1882; « Jugendweisen », Gratz, 1885; « Brockmann », drame, Prague, 1886; « Ajax », tragédie, Vienne, 1886; « Meine Arria », conte ancien, id., 1888; « Waldgeisterkrieg », Leipzig, 1889; « Ueber Steierische Heroldsfiguren », Gratz, 1862; « Repertorium der Steierischen Münzkunde », id., 1865-75; « Das historische

Museum des Joanneums », id., 1869; « Bericht über die von Sr. Majestät dem Kaiser dotirten archäolog. Grabungen in den Gebieten von Solova und Teuwnia », parue dans les *Sitzungsber. d. W. Ak.*, 1878; « Beiträge zur Geschichte der landesf. Rüst- und Kunstkammer, so wie des landesf. Zeughauses in Gratz », publiés dans les *Arch. f. öst. Gesch.*, 1880; « Das Landes-Zeughaus in Gratz », en collaboration avec M. le comte François von Meran, Leipzig, 1881; « Virunum », avec atlas, Gratz, 1888. Outre ces publications, il est auteur d'une foule d'articles de science héraldique, d'archéologie, de généalogie, d'étruscologie, etc., insérés dans les *Kais. Ak. Sitzungber.*, dans l'*Arch. d. Gesch. Vereins f. Kärnthen*, dans le *Correspondensblatt der deutch. Antropol. Gesellsch.* et autres journaux spéciaux allemands et autrichiens.

Pichon (Stéphen), publiciste et homme politique français, rédacteur à *La Justice*, député de la Seine, est né, à Arnay-le-duc (Côte-d'or), le 10 août 1857. Il fit ses études au Lycée de Besançon, vint à Paris en 1874 pour suivre le cours de médecine qu'il abandonna pour la politique. Organisateur de réunions publiques et de conférences, il entra en 1878 au journal *La Commune affranchie*, et en 1880 à *La Justice*. En septembre 1882, il remplaça au Conseil municipal M. Sigismond Lacroix, nommé député, et fit partie du groupe autonomiste. Il fut à plusieurs reprises secrétaire du Conseil, où il fut réélu le 4 mai 1884. Porté sur plusieurs listes radicales aux élections du 4 octobre 1885 il a été élu député de la Seine. Il a pris place à l'extrême gauche. M. P. prononça en février 1878 un important discours, comme rapporteur de la Commission chargée de discuter le chapitre 17 du Ministère de l'Intérieur. A la Chambre qui cherchait des économies, il proposa l'économie totale du budget des cultes. Aux journaux auxquels M. P. a collaboré d'une manière suivie, il faut ajouter *La révolution française*, fondée en 1879 par Sigismond Lacroix.

Pichot (Pierre-Amédée), publiciste français, né, à Paris, en 1843, fils d'Amédée P., commença, comme son père, par étudier la médecine à la Faculté de Paris et fit son stage dans les services des Professeurs Maisonneuve (Pitié), Denouvilliers (Saint-Louis), Guersant (Enfants); il fut à cette époque un des préparateurs du cours de M. Sappey, le chef des travaux anatomiques de l'école pratique. Adjoint de bonne heure à la direction de la *Revue Britannique*, il se consacra entièrement à la rédaction de ce recueil, lors de la mort de son père en 1876. M. P. a fait de nombreux voyages en Russie, en Amérique, en Égypte, etc.; en 1868 il a pris part avec le 37me régiment d'infanterie des États-Unis à une expédition contre les Sioux. Pendant la guerre de 70-71, il a servi dans le corps-franc du commandant Féry d'Esclands.

Grand amateur de sport et d'histoire naturelle il a été l'un des fondateurs et longtemps un des administrateurs du Jardin d'acclimatation de Paris; il a introduit en France les Expositions canines et donné une impulsion nouvelle au réveil de la fauconnerie que pratique aujourd'hui en France un certain nombre d'amateurs. Membre de plusieurs sociétés savantes, membre du Conseil de la Société d'acclimatation de France, délégué de la Société impériale d'acclimatation de Russie, membre correspondant de la Société Royale Zoologique d'Angleterre, M. P. a collaboré à de nombreuses publications et journaux de France et d'Angleterre; il a été notamment le correspondant spécial du *Field*. Il a publié une traduction du « Traité pratique des maladies des yeux » de Wharton Jones; « L'Acclimatation en Russie »; « La Fauconnerie en France et en Angleterre à notre époque »; « La crise du colon en Angleterre »; « Les Expositions de chiens en Angleterre »; « La première Exposition de chiens en France »; « La Vénerie française à l'Exposition de 1865 »; « Les Colins », histoire naturelle des perdrix d'Amérique; « Rapport sur les races canines à l'Exposition universelle de 1867 » (travaux du jury); « Les invités du Khédive », voyage en Égypte; traduction en anglais du « Traité du Comte Lecoulteux de Canteleu sur les Races canines »; « Chez les Peaux-Rouges », scènes de la vie des mineurs et des Indiens de la Californie d'après Joaquin Miller; « Les Fêtes d'Arles », discours pour l'inauguration du monument à Amédée Pichot à Arles.

Picon (Hyacinthe-Octave), romancier et critique espagnol, né, à Madrid, en 1853, se développa dans l'atmosphère des idées libérales qui amenèrent la Révolution de 1868. Après avoir terminé en 1873 ses études de droit, il se fit connaître par des articles littéraires et des critiques d'art; il fut l'un des premiers en Espagne à se déclarer partisan d'un naturalisme tempéré et soumis aux conditions spéciales de la langue castillane. En 1877, il publia d'abord dans la *Revista de España*, et ensuite en un volume quelques « Notes pour servir à l'histoire de la Caricature ». Simple compilation en ce qui se rapporte à l'antiquité et à l'étranger, ce travail est, pour ce qui concerne l'Espagne, complètement original et le premier qui ait été écrit sur ce sujet dans la péninsule, où il obtint un véritable succès. En 1878, M. P. envoya de Paris au premier des journaux espagnols, *El Imparcial*, des lettres remarquées sur l'Exposition universelle. En 1882, il fit paraître son premier roman « Lazaro », histoire d'un jeune prêtre qui, converti aux idées modernes, abandonne la carrière ecclésiastique. « Lazaro », en général grandement loué, surtout à cause de sa forme littéraire très soignée, fut ardemment combattu par le parti catholique. M. P. publia en 1884:

« La Hijastra del amor », titre intraduisible en français qu'on pourrait peut-être essayer de rendre ainsi: La femme tombée qui devient la victime de l'amour, par la faute des personnes qui l'entourent et des circonstances au milieu desquelles elle vit. En 1885, il publia: « Juan Vulgar », incarnation de toutes les médiocrités. Dans le volume qui porte ce titre se trouvent, avec Juan Vulgar, quelques contes et nouvelles parus dans les principaux périodiques de Madrid; plusieurs ont été traduits en français et publiés dans le *Temps* et la *Revue moderne*. En 1887, et M. P. publia son principal roman, qu'on pourrait appeler son chef-d'œuvre: « El Enemigo », (L'Ennemi), dans lequel il a magistralement personnifié le fanatisme clérical, qui en Espagne commence par détruire la famille et finit par ensanglanter le pays. Cette maîtresse-œuvre, dans laquelle le sujet a été franchement abordé et admirablement développé à travers des scènes pleines de vie, de fraîcheur, d'émotion communicative, d'énergie et de couleur, fut aussi mal accueillie que possible par la presse cléricale espagnole; certains journaux n'en dirent même pas un traître mot, ce qui fut très commenté, cette hostilité du silence n'étant pas dans les mœurs littéraires de l'Espagne. Une traduction française de « El Enemigo » par M. Julien Lugol sera prochainement publiée à Paris. M. P. a été tour-à-tour secrétaire et vice-président de la Section de littérature à l'Athénée de Madrid, la plus célèbre association littéraire et scientifique de l'Espagne. En dehors des qualités de modernisme qu'il recherche, la principale ambition de M. P. est d'être considéré comme un des écrivains qui ont le plus souci de la forme et qui s'efforcent de lui conserver sa beauté comme à la langue sa pureté. C'est un styliste, mais c'est aussi un observateur et un penseur. Ses critiques dramatiques sont très appréciées. En 1884, il écrivit et fit discuter à l'Athénée un mémoire sur l'art dramatique contemporain, dans lequel il cherchait à mettre d'accord la tradition de l'Espagne du siècle d'or avec les nécessités du naturalisme poétique qu'il défend dans ses critiques. Sous le Gouvernement de la République de 1873, M. P. fut attaché au Ministère des Colonies. Lorsque la réaction bourbonnienne fut victorieuse, il se démit de ses fonctions, et depuis lors il n'a jamais joué de rôle politique, bien qu'il soit toujours resté républicain. Peintre de mœurs et véritable artiste, M. P. est l'un des jeunes écrivains qui, avec MM. B. Perez Galdós, José Maria de Pereda, Mme Emilia Pardo Bazán, Armando Palacio Valdés, S. Rueda, etc., font le plus d'honneur et donnent le plus d'éclat à la littérature espagnole contemporaine.

Picqué (Camille), numismate et historien belge, né, à Bruxelles, en 1834. Membre de la Société belge de numismatique, M. P. a surtout prodigué ses savantes études dans la *Revue belge de numismatique*, organe officiel de cette Société; on trouve cependant encore quelques articles de lui dans la *Revue trimestrielle*, la *Revue de Belgique*, l'*Illustration nationale*, etc. Pour la « Patria Belgica », il a écrit l' « Histoire de la monnaie en Belgique depuis l'époque antéromaine jusque dans les temps modernes », Bruxelles, 1875, et pour un autre grand ouvrage collectif, « L'Art ancien à l'Exposition national belge de 1880 »; le chapitre consacré aux « Médaillons et Médailles des anciennes provinces belges », Bruxelles, 1881. On a encore de M. P. des catalogues de collections; une « Vie de Philippe de Commines », couronnée en 1863 par l'Académie royale de Belgique; une curieuse étude intitulée: « Pichegru cherchant femme par la voie des journaux », Bruxelles, 1868; et quelques notices moins importantes. Il est conservateur du Cabinet de numismatique à la Bibliothèque royal de Bruxelles.

Pictet (Paul-Edmond), publiciste suisse, ancien attaché à la Légation de Suisse en France, licencié en droit, licencié ès-sciences sociales, né, le 23 mars 1862, à Genève. Il fit ses études de philosophie à l'Université de Genève, puis celles de droit aux Universités de Heidelberg, Leipzig et Genève. En 1886 et 1887 attaché à la Légation de Suisse à Paris. Depuis 1887 établi comme journaliste à Berne. Correspondant du *Journal de Genève* et de la *Gazette diplomatique*, il a publié: « Le traité franco-suisse d'établissement du 23 février 1882 », Genève, 1889.

Piedagnel (François-Alexandre), né, à Cherbourg (Manche), le 27 décembre 1831. Nommé chevalier de la Légion d'honneur en 1862 « pour « son courageux dévouement pendant la « lente épidémie de fièvre jaune, qui a sévi à « bord du *Tonnerre*, dans le golfe du Mexique ». M. P. était alors l'officier d'administration de ce bâtiment de l'État. Ayant quitté la Marine pour raison de santé, il se fixa à Paris où il devint l'ami et le secrétaire de Jules Janin. Les principaux ouvrages de M. P. sont par ordre de production: « Les ambulances de Paris pendant le Siège », Paris, Librairie générale, 1871, 2e éd. 1872; « J.-F. Millet, souvenirs de Barbizon », id., Cadart, 1876, nouv. éd. 1888; « Avril », poésies, id., Liseux, 1877; « Un Bouquiniste parisien: Le Père Lécureux, précédé des Joies du Bibliophile », id., Rouveyre, 1878; « Hier », poésies, id., Motteroz, 1882; « Jules Janin », (3 éd.), éd. augmentée, Paris, Fischbacher, 1884, (la 1{or} éd. a paru chez Jouaust, en 1874, la 2e, augmentée, chez Fischbacher, 1886) « Jadis, souvenirs et fantaisies », Paris, Liseux, 1886. M. P. a publié, en outre, avec introductions, notices et notes, des éditions de luxe de « Paul et Virginie », Liseux; du « Voyage autour de ma chambre », Quantin; de la « Chaumière indienne »; des « Lettres portugaises »;

du « Diable amoureux »; des « Lettres de Mademoiselle Aïssé »; des « Contes et Poésies diverses d'Hégésippe Moreau »; de la « Chercheuse d'esprit »; des « Œuvres choisies de Dorat », Librairie des bibliophiles; des « Œuvres de Régnard », Lemerre, etc. M. P. collabora au *Parnasse contemporain*, au *Tombeau de* Théophile Gautier, à *Ailes et Fleurs* (illustration de Giacomelli, in-folio), aux *Miscellanées biographiques*, et à plusieurs autres revues et journaux répandus de Paris et des départements. M. P. est membre de la Société des gens de lettres depuis 1874; deux fois lauréat de l'Académie Française.

Piehl (Charles), égyptologue suédois, professeur à l'Université d'Upsala et conservateur du Musée égyptien qui en dépend, né, en 1853, à Stockholm. De 1862 à 1868, élève de l'École de St.-Clara; de 1868-72, élève au Gymnase de Stockholm. En 1872, admis étudiant à l'Université d'Upsala. Il a passé l'examen de candidat en philosophie en 1876, et l'examen de licencié en philosophie en 1881. Docteur en philosophie (1881); professeur agrégé (1881); conservateur du Musée égyptien (1889). Il a fait des voyages en Italie et en France pour étudier les collections égyptiennes de ces pays (1878-79); a trois fois visité l'Égypte (1882-1883, 1883-1884, 1887-1888); a visité la Haute-Égypte toutes les trois fois, la dernière à bord d'un dahabijeh. Tous ces voyages en Égypte ont été entrepris par subvention publique (de l'Université ou de l'État). Il a eu le prix de la Faculté de philosophie, pour sa dissertation (1881), et le stipendium du roi Oscar II pour son ouvrage sur le Papyrus Harris (1886). Membre honoraire de la Société biblique de Londres; d'ailleurs membre de plusieurs sociétés savantes indigènes ou étrangères. Nous avons de lui : « Petites études égyptologues », dissertation académique, Vienne, 1881; « Dictionnaire du Papyrus Harris », n. 1 du *British Museum*, Vienne, édit. Henrichs Leipzig, 1882; « Inscriptions Hiéroglyphiques copiées en Europe et en Egypte », id., id., 1886-87; « Nouvelles série d'inscriptions hiéroglyphiques », 2 vol., dont le 1er est fait et comprend 150 planches, le 2e est sous presse, id., id. Un grand nombre de mémoires égyptologiques (surtout relatives au dictionnaire et à la grammaire) dans la *Zeitschrift für ägyptische Sprache*, Berlin, années 1879-81, 1882-1888; dans le *Recueil de travaux relatifs à la philologie et à l'archéologie égyptienne*, Paris, vol. I-IV, VII, VIII; dans le *Muséon* de Louvain, 1882-84, 1886; dans les *Proceedings of the Society of Biblical Archeology*, Londres, vol. IX, X, et dans beaucoup d'autres journaux étrangers ou suédois. Il a publié en suédois une série d'articles populaires sur l'égyptologie ainsi que des impressions de voyage sur l'Égypte moderne.

Pierantoni (Auguste), jurisconsulte italien, professeur de droit international à l'Université de Rome, ancien Député, Sénateur du Royaume, né, à Chieti (Abruzzes), le 24 juin 1840. Il commença ses études classiques dans sa ville natale sous les pères *Scolopii*; les interrompit en 1854 et les reprit à Naples en 1856; en 1860, il s'enrôla sous les drapeaux de Garibaldi et après la bataille du Volturno fut employé au Ministère de l'Instruction publique à Naples d'où il fut appelé à Turin comme secrétaire aux bureaux ministériels. MM. Matteucci et Mancini le nommèrent leur secrétaire particulier et après avoir publié des ouvrages « Su la pena di morte », et « Il progresso del diritto pubblico e delle genti », il fut envoyé (1865-66) à l'Université de Modène pour y enseigner le droit international. Mais M. P. quitta bientôt la chaire pour l'uniforme et prit part (1866) aux beaux combats donnés par le général Medici dans le Trentin. La paix signée, il reprit l'enseignement, ce qui ne l'empêcha pas de publier plusieurs volumes. Citons: « La storia degli studi del diritto internazionale », 1869, dont il y a aussi une traduction allemande; « La Chiesa cattolica nel diritto comune », 1870; « I fiumi e la Convenzione internazionale di Mannheim »; « La revisione del Trattato di Parigi »; « Gli arbitrati internazionali ed il Trattato di Washington »; « La quistione internazionale dell'Alabama »; « Le incompatibilità del Codice toscano col diritto pubblico nazionale »; « L'elogio di Pellegrino Rossi », trois éd. En 1870, il fut nommé à la chaire de droit international à l'Université de Naples. Il publia ensuite le premier volume du « Trattato di diritto internazionale »; un volume intitulé: « Giuramento, storia, diritto, politica », que M. Laveleye jugea l'ouvrage le plus complet sur ce sujet. Suivirent les mémoires suivants: « Il diritto internazionale civile nel Codice francese e nell'italiano »; « La capacità delle persone morali straniere nel diritto pubblico internazionale »; « La prova delle leggi straniere »; un volume remarquable « La pena di morte negli Stati stranieri »; divers rapports, dont l'un en français « Le prix maritime dans l'école italienne »; « Dell'insegnamento nazionale », Rome 1887; « Il senato e le leggi sociali », id., 1886; « L'ordinamento dei ministeri », id., 1888; « Per la libertà di rappresentazione delle opere (Sonzogno contro Ricordi) », Milan, 1889; « Sul duello », Rome, 1888; « L'incident consulaire de Florence », id., 1888; « Della nullità del testamento », id., 1886. Député pendant quatre législatures, il entra au Sénat en 1883. En 1885, il prit part comme délégué italien à la Conférence internationale de Paris pour un traité sur la navigation libre du Canal de Suez et la même année il fut nommé docteur *honoris causa* de l'Université d'Oxford. Comme Sénateur, M. le prof. P. n'a pas démenti les espérances qu'on avait conçues de lui comme député et ses discours sur des sujets de jurisprudence et d'instruction publique en font foi. M. le prof. P. a plusieurs décorations étrangères et a le grade de colonel dans la Milice territoriale.

Pierfitte (l'abbé Marie-Charles), né, à Belmont-sous-Darney (Vosges), joli petit village de l'ancien Duché de Lorraine, le 15 février 1847. Ses parents, Simon Pierfitte et Catherine Petit, sans être favorisés de grandes richesses, donnèrent à leurs trois fils, mais surtout au jeune Charles, une éducation distinguée. Les goûts de l'enfant l'inclinèrent d'abord vers les arts, et ses essais dans la peinture sont presque des chefs-d'œuvre. Plus tard, l'esprit sérieux du jeune ecclésiastique prit une autre direction. Vicaire de M. Chopiot, curé-doyen de Vittel (Vosges), son compatriote et son ami, l'abbé P. marchant sur les traces de son curé, consacra ses loisirs à l'histoire, réunit une collection de livres rares, de précieux manuscrits et publia successivement: « Vie de l'abbé Clerc, missionnaire »; « Notice sur l'abbé Thévenot »; « L'acte de naissance de l'Instruction primaire en Lorraine », extrait de l'Association française pour l'avancement des sciences, Congrès de Blois, 1884; « L'abbé Chopiot, curé de Vittel »; « M. l'abbé Hadol, curé de Mattaincourt »; « Le Collège de Rambervillers et M. l'abbé Morel ». Entre temps, l'abbé P. a publié dans les organes de l'Est de bons travaux d'art et d'histoire. Ses articles du *Vosgien* (journal d'Épinal) sur « Pierre Fourier et l'Instruction primaire », furent très remarqués. Un bon juge, M. Lamy, député du centre gauche, les trouvait fort importants, et félicitait l'auteur d'être « un journaliste par tempérament ». Les études historiques de l'abbé P. n'étouffèrent pas entièrement son attrait pour les arts. Aujourd'hui encore, il crayonne volontiers, et dans le presbytère de sa coquette paroisse de Portieux (Vosges), gracieusement assise sur les rives de la Moselle, il vit au milieu de meubles antiques et d'une riche galerie de bons tableaux.

Piergili (Joseph), homme de lettres italien, né, en 1843, à Cingoli, dans la Marche d'Ancone, étudia au Gymnase de son pays natal, se perfectionna à l'*Istituto di studi superiori* de Florence. Nommé professeur et directeur du Gymnase de Recanati, il, s'occupa beaucoup de tout ce qui se rapporte au le grand poète Leopardi. Il inséra d'abord au *Bibliofilo* une description de la Bibliothèque Leopardi à Recanati en août 1880 et à la *Nuova Antologia:* « Il tentativo di fuga di G. Leopardi dalla casa paterna »; nous avons encore de lui: « Lettere scritte a Giacomo Leopardi dai suoi parenti »; « Favole di tre autori toscani: Crudeli, Pignotti e Clasio », éd. diamant, Florence, Barbèra, 1886; « Nuovi documenti e scritti intorno alla vita di G. Leopardi », id., Le Monnier, 1889, deux éd.; « Poesie minori di G. Leopardi », éd. diamant, id., id., id.; « Poesie scelte di V. Monti, con commenti », id., Barbèra, id.; sous presse: « Epistolario di Giacomo Leopardi, riordinato, accresciuto e corretto », 3 vol. Enfin, des essais fort remarquables: « Il foglio azzurro ed i primi romantici », dans la *Nuova Antologia*, 1886; « Dell'alta polizia austriaca al Gabinetto di G. P. Viesseux », dans la *Rivista Contemporanea*, 1887.

Pierling (L.-P.), écrivain russe, appartenant à la Compagnie de Jésus, né, en 1840, à Saint-Pétersbourg, où il fit ses premières études; fréquenta l'Université d'Innsbruck et en 1870 obtint son doctorat en philosophie et en philologie au *Collegio Romano*. Ayant été par la suite nommé secrétaire du général de son ordre, il lui fut loisible d'étudier à fond les archives de Rome et de Venise et d'y glaner des documents précieux concernant les relations diplomatiques du Saint-Siège avec l'Empire de Russie et l'ancien Royaume de Pologne. Il condensa les résultats de ses recherches dans les ouvrages suivants: « La Sorbonne et la Russie (1717-1747) », Paris, Leroux, 1882; « Antonii Possevini missio moscovita », id., id., 1882; « Rome et Moscou (1547-1579) », id., 1883; « Un nonce du Pape en Moscovie », id., 1884; « Le Saint-Siège, la Pologne et Moscou (1582-1587) », id., 1885; « Bathory et Popsvim, documents inédits sur les rapports du Saint-Siège avec les Slaves », id., 1885; « Le mariage d'un tsar au Vatican. Ivan III et Zoé Paléologue », id., Victor Palmé, 1887. Le rév. père P. a voyagé longtemps en Orient; il demeure maintenant à Paris, où il collabore à la *Revue des questions historiques* tout en préparant un livre qui portera pour titre: « Les Papes et les Czars au XVe siècle ».

Pieromaldi-Golfarelli (Mme Athénaïs-Zaïre), femme-poète italienne, née, à Rome, en 1854. Nous avons d'elle les contes et nouvelles suivants: « La famiglia del condannato »; « Amore e vendetta »; « Clemenza Isaura o la festa dei fiori in Linguadoca »; « Pochi versi », Florence, 1890.

Pieroni-Levantini (Joseph), écrivain italien, professeur à l'École Normale des Jeunes Filles à Florence, est né, à Livourne, le 8 juin 1837. Il étudia d'abord sous les RR. PP. Barnabites, ensuite (1856-58) à l'École Normale Supérieure de Pise. En 1860, il entra dans l'enseignement aux instituts techniques du Royaume. Nous avons de lui: « Versi », 1857-65; « Di un nuovo ordinamento delle scuole elementari comunali livornesi », 1868; « Della vita e degli scritti di Carlo Bini », 1869; « Le vittime », 1870; « Scene del terremoto d'Orciano », 1874; « Nell'anniversario del 29 maggio 1848 », 1876; « Non è morto », 1878; « L'idea dell'unità nazionale nella storia e nella letteratura italiana »; « Selections », etc., etc.

Pierron (Général), écrivain militaire français, officier-général, né, le 3 octobre 1835, à Moyenvie (Lorraine). Sorti avec le numéro premier de Saint-Cyr et nommé sous-lieutenant au 2ᵉ régiment de zouaves le 1ᵉʳ octobre 1857, il a pris part à la campagne d'Italie en 1859 et à celle du Maroc; puis à l'expédition du Mexique, où il a été blessé le 20 septembre 1864. Il a été nommé capitaine le 19 décembre 1865 et choisi par l'empereur Maximilien pour son secrétaire et chef de son cabinet privé en 1865 et 1866. Il a visité les champs de bataille des États-Unis en 1867. Nommé officier d'ordonnance de l'empereur Napoléon III en 1870, il a pris part à la guerre contre l'Allemagne en 1870. Nommé chef de bataillon en 1871, il a épousé en 1874 la fille de Louis Veuillot, le rédacteur en chef du journal l'*Univers*. Lieutenant-colonel en 1876, et choisi pour professer, à l'École de guerre lors de sa création, la stratégie et la tactique, il fut choisi, en 1878, comme chef de la mission militaire française envoyé en Espagne pour suivre les grandes manœuvres de l'armée espagnole. Il a visité les champs de bataille de l'Espagne en 1870; de la Suisse en 1880; de la Belgique et de la Hollande en 1881; de l'Italie en 1882; de l'Allemagne en 1880 et 1885; de la Russie en 1888. Il a publié en 1878 « Les méthodes de guerre actuelles et vers la fin du XVIIIᵉ siècle » qui a eu une 2ᵉ éd. en 1886. Nommé colonel en 1879 et général de brigade en 1884. Il a publié en 1887 un autre ouvrage militaire sous le titre de « Stratégie et grande tactique d'après les expériences des dernières guerres ».

Pierson (Allard), docteur en théologie, philosophie et belles-lettres, professeur d'esthétique, de l'histoire des Beaux-Arts grecs et romains, et de langues modernes, membre de l'Académie Royale des Sciences à Amsterdam, membre de de la Société d'archéologie chrétienne à Athènes, né, en 1831, à Amsterdam, étudia à l'Université d'Utrecht (1849-54), pasteur évangélique à Louvain en Belgique (1854-57), l'un des pasteurs de l'Église Wallonne à Rotterdam (1857-65), donna sa démission et en rendit compte dans une brochure qui eut un grand retentissement, parce que l'auteur y avait émis des idées très radicales sur l'Église et son utilité dans la société moderne. Il se retira en Allemagne, et en 1869 il fut nommé professeur de théologie à l'Université d'Heidelberg, où il resta jusqu'en 1874. Trois ans plus tard, il fut nommé professeur à l'Université de sa ville natale. Nous avons de lui : « De Nominalismo et Realismo », 1854; « Bespiegeling, Gezagen Ecraring », 1855; « Rigting en Leven », 1863; « Lavensbeschuwing », 1875; « Wysgeerig Onderzoek », 1878. Plusieurs articles dans la *Revue de Gids*, 10 sermons, 1864; « Histoire du catholicisme jusqu'au Concile de Trente », 4 vol., 1865-72; « De Bergrede etc. Critiques des témoignages sur le christianisme primitif, puisés dans les auteurs profanes des deux premiers siècles de notre ère »; « De Profeten »; « Studien over kalvyr I et II »; « Verisimilia », critique du texte du Nouv. Test., publié conjointement avec M. S.-A. Naber; « Seestelyke Vorouders I »; « Pastory in den vreunde », roman; « Adriam de Mérival »; « Intunis »; « Orestin », tradution en vers; « Poésies ».

Pierson (N. G.), économiste hollandais, né, à Amsterdam, le 7 février 1839; depuis 1868 directeur et depuis 1886 président de la Banque Néerlandaise. Professeur d'économie politique à l'Université d'Amsterdam de 1877 à 1884. Docteur en droit *honoris causa* (1875). Nous avons de lui : « Histoire de l'économie politique en Italie, du 16ᵉ au 18ᵉ siècle » (*Économiste*, revue mensuelle); « Étude sur les Physiocrates » (id.); « Politique coloniale », un vol., 2ᵐᵉ éd., 1877; « Traité d'Économie politique », 1ᵉʳ vol., 500 à 600 pages, 1884; « Principes d'économie politique », ouvrage populaire, 2ᵐᵉ éd., 1885. Plusieurs articles sur des matières de finances, sur la question monétaire, sur l'Irlande, la question sociale, etc., dans les revues *De Gids* et *De Economist*.

Pierstoff (Julius), écrivain allemand, professeur de Science d'État à l'Université de Jena, né, le 9 mars 1851, à Lübeck, fit ses premières études au Gymnase de son pays natal, prit part à la campagne contre la France (1870-71), étudia ensuite le droit à l'Université de Leipzig et la Science d'État à celle de Munich, prit son habilitation à l'enseignement en 1875, à Goettingue, et en 1879 fut appelé comme professeur extraordinaire à l'Université de Jena, où en 1883 il fut nommé professeur ordinaire. On lui doit : « Die Lehre vom Unternehmergewinn », Berlin, 1875; « Frauenbewegung und Frauenfrage », Goettingue, 1879. Ainsi que plusieurs articles, parmi lesquels nous citerons : « Entwicklung der Tabaksteuer »; « Gesetzgebung in Deutschland seit Anfang dieses Jahrhundert », parus dans le *Conrad's Jahrb. der Nationalök. und Statistik.*, vol. XXXIII, 1879; « Ueber die Frauenfrage », pièce littéraire, parue dans la nouvelle série de *Conrad*, vol. VII, 1883; « Ueber die Bewegung der Fleisch- und Fettpreise in Deutschland seit dem Jahre 1852 und ihre Ursachen », voir : *Journal f. Landwirtsch.* vol. 28, pag. 501-579, 1880. Ses derniers articles ont paru dans le supplément III du *Meyer's Conversation-Lexikon*, et touchent aux plus vives questions de l'économie nationale.

Pietak (Léonard), jurisconsulte polonais, docteur en droit, professeur de droit à l'Université de Léopol (Lemberg), membre correspondant de l'Académie des Sciences à Cracovie, né, en 1841, à Przemysl (Galicie-Autrichienne). Après avoir terminé ses études au lycée-gymnase de sa ville natale, il fit son droit à la Faculté de Léopol, où en 1867 il a été reçu docteur en droit, et en 1869 admis comme agrégé (*privat-Docent*) de droit commercial. Nommé en 1870 professeur extraordinaire de la même science, et en 1872 professeur extraordinaire du droit romain, il est depuis 1876 professeur ordinaire du droit romain et du droit commercial. Deux fois doyen (Decanus) de la Faculté de droit, il a été aussi deux fois recteur de l'Université. Outre quelques articles dans des publications périodiques spéciales, il a publié (en polonais) : « Qui doit être considéré comme commerçant selon le code général de commerce d'Allemagne, eu égard aux dispositions du code de commerce français », Léopol, 1871 ; « Des sociétés coopératives (à capital variable) selon la loi du 9 avril 1873, eu égard aux dispositions des lois obligatoires en Allemagne », id., 1874 ; « La bourse et les opérations de bourse au point de vue du droit autrichien », id., 1877 ; « Caractères essentiels des opérations de crédit et de leur invalidité selon la loi de juillet 1877 », Léopol, 1878 ; « Du projet de loi sur la lettre de change pour l'empire de Russie », id., 1883 ; « Traité des successions à cause de mort en droit romain », id., jusqu'ici deux volumes, I, 1882 ; II, 1888. — En allemand : « Zur Lehre von der Pupillarstitution » (dans la publ. de Heidelberg, dite : *Archiv für civilistische Praxis*, vol. 58 et 59), 1875 et 1876.

Pietrogrande (Jacques), épigraphiste et historien italien, né à Este. Nous avons de lui une quantité remarquable de brochures, d'opuscules et de discours d'occasion qui illustrent les souvenirs séculaires d'Este et des environs. Nous donnons les titres des principaux : « Saggio di patrie iscrizioni » ; « Istituzioni Atestine » ; « Iniziamento numismatico in Este » ; « Biagio Schiavo, cenni biografici » ; « Brevi cenni sullo stemma della famiglia d'Este e del Comune d'Este » ; « Catalogo dell'Archivio della magnifica Comunità d'Este » ; « Biografie estensi » ; « Notizie archeologiche d'Este » ; « Giuseppe Furlanetto e l'archeologia » ; « Di un Aquilifero della legione IV macedonica » ; « Due pitture in Este » ; « Legioni romane e soldati della V Urbana in Ateste » ; « Il Castello d'Este e i suoi vescovi », etc., etc.

Pietropaolo (François), homme de lettres et philosophe italien, né, le 13 avril 1854, à Tropea, près de Monteleone en Calabre ; exerce au barreau. Nous avons de lui : « Poesie » ; « Realismo nell'arte », 1885 ; « Studii sulla scienza dell'educazione », Rome, 1888 ; trois monographies : « Sugli scritti inediti del Galluppi » (*Rivista di filosofia scientifica*, 1887-88-89) ; « L'Università delle leggi della morale e il concetto di libertà », id., 1887. Sous presse : « L'etica nella filosofia scientifica », et « Compendio della storia della terra ».

Pietsch (Paul), littérateur allemand, docteur en philosophie, professeur de littérature allemande à l'Université de Greifswald, né, le 8 septembre 1849, à Breslau, y fit ses études (1870-75), et y fut nommé docteur en philosophie. De 1876 à 1878, il a été assistant à la bibliothèque universitaire de Breslau, et de 1879 à 1885 professeur libre de littérature allemande à l'Université de Kiel. Professeur ordinaire à Greifswald depuis 1885. Nous lui devons : « Ueber das Verwandtschaftsverhaltnis der oberfrankischen Dialekte des IX Jahrhunderts, I Vokalismus », publié dans la *Zeitschr. f. deutsche Philol.*, VII vol. ; « Entwurf einer systematischen Darstellung der Schlesischen Mundart in Mittelalter von Heinrich Rückert », avec appendice contenant un modèle de langue Silésienne, Paderbonn, 1878 ; « Schlesische Denkmäler der deutschen Schrifttums im Mittelalter », Breslau, 1881 ; « Martin Luther und die hochdeutsche Schriftsprache », id., 1883 ; « Der Kampf gegen die Fremdwörter », Berlin, 1887. On attend de lui la publication imminente de deux autres ouvrages très importants ayant pour titre : « Epistel vnd Ewangely teutsch. » ; « Die hochdeutschen Plenarien des 15 und 16 Jahrhunderts » ; « Ein Beitrag zur Geschichte der deutschen Bibelübersetzung vor Luther » ; ainsi que la révision d'une édition critique de la version de la *Bible* de Luther pour l'édition des œuvres de Martin Luther qu'on publie à Weimar depuis 1883.

Pleyre (Adolphe), né, à Nîmes, le 27 août 1848, vint jeune à Paris pour y faire ses études au Collège Sainte-Barbe. En 1870, il s'engagea dans les francs-tireurs Lipowski qui prirent part à la belle défense de Châteaudun (18 octobre 1870), fut nommé sergent et cité à l'ordre du jour ; fut fait prisonnier à la bataille d'Orléans et fut interné à Thorn, d'où il s'échappa à travers mille dangers en Russie. En 1872, il prit part comme officier au 2me de Navarre à l'insurrection Carliste, et fut décoré à Estella et à Bilbao (affaire de Sommorostro) des croix de Charles III et de Charles VII. Rentré en France, il crée à Nîmes un journal royaliste et combat le *Châtiment* qui le conduit en Cour d'assises pour son enquête sur le 4 septembre dans le Gard. Il est acquitté. Il écrit dans la *Gazette* de Nîmes ; dans la *Gazette* du Bas-Languedoc. Il fait paraître chez Blériot un roman : « Débora la Bohémienne », puis plus tard la « Politique traditionnelle », brochure politique ; « L'Espagne » ; « La Société autrichienne », impressions d'un de ses voyages en Autriche. Nommé en 1875 conseiller municipal de Nîmes, il fit en même temps paraître plusieurs romans : « Le Capitaine de la Fayolle », Nîmes, Dubois ; « Gilberte de Saint-Guilhem », Paris, Blériot, et un grand nombre d'articles dans le *Figaro*, le *Gaulois*, le *Journal* *du Midi* de Nîmes. Il obtint qu'on puisse jouer les « Huguenots » au théâtre de Nîmes, où cette pièce était interdite depuis son apparition à cause des passions religieuses de cette partie du Midi. M. P a publié dans le journal l'*Étoile de Nîmes* un grand nombre de « Nouvelles » charmantes qu'on peut trouver à la bibliothèque de Nîmes, ainsi que dans le *Journal des Communes*, d'Alais, dans le *Journal de Cette* (Hérault), dans le *Journal d'Uzès*, etc. Il a fait de nombreux dons au Musée et à la Bibliothèque de sa ville natale qui, selon lui, doit devenir la Florence française. Député du Gard en 1882, il ne reste pas inactif à la Chambre. Non réélu par suite du scrutin de liste aux élections de 1885, il reprit ses travaux littéraires, et fit paraître le « Poussah », roman de mœurs parisiennes, dans le *Journal de Cette;* le « Bel Achille », id., dans le même journal. Enfin il publie, « L'Histoire de Nîmes de 1830 à 1885 », trois vol.

Pigeon (Amédée), poète et romancier français, né, à Paris, en 1851, est l'auteur d'un volume de vers intitulé : « Les deux amours », édité par A. Lemerre. Comme prosateur, M. A. P. a écrit deux romans : « La Confession de Madame de Weyre », 1886, et « Une Femme jalouse », 1888. Il a, en outre, publié dans la *Gazette des Beaux-Arts* une série d'études sur l'art allemand et l'art anglais.

Pignatelli (le chanoine Carmel), théologien italien, né, à Grottaglie, docteur et professeur en théologie, membre de la Commission conservatrice des Monuments de la Terre d'Otrante; nous avons de lui : « Biografie degli scrittori Grottagliesi »; « Necrologia di Vittorio Emanuele »; « Necrologia di Pio IX »; « Una Vittoria del feudalismo »; « Monografia del Ginnasio di Grottaglie »; « Casa mia ». M. le chanoine P. s'occupe beaucoup d'enseignement secondaire dans sa province.

Pigorini (Louis), archéologue italien, professeur d'archéologie préhistorique, fondateur du superbe Musée préhistorique de Rome, auteur d'une foule de mémoires relatifs à l'archéologie préhistorique, est né, à Parme, en 1842. Il a représenté l'Italie au Congrès archéologique de Stockholm, de Buda-Pest et de Lisbonne. Nous avons de lui : « Sulle tombe e stazioni di famiglie iberiche », Rome, 1882; « Museo e scavi di Corneto Tarquinio », id., id.; « Cuspidi di selce ovoidali dell'Italia »; « Stazioni dell'età della pietra »; « Ornamenti di conchiglie rinvenuti in antiche tombe di Val d'Aosta »; « Abitazioni lacustri di Arquà-Petrarca »; « Ripostiglio di pugnali di bronzo a lama triangolare scoperto nelle vicinanze di Ripatransone »; « La terramare dell'età di bronzo di Castione dei Marchesi » (*Atti dell'Accademia dei Lincei*), 1883; « I più antichi sepolcri dell'Italia secondo le recenti scoperte archeologiche » (id.), 1885; « Sul costume nell'età neolitica di seppellire le sole ossa umane già scarnite » (*Transunti dell'Accademia dei Lincei*), 1884; « Analisi chimiche di alcuni oggetti di rame e di bronzo trovati nelle stazioni lacustri del Benaco » (id., id.; « Gli antichi oggetti messicani incrostati di moscaico, esistenti nel Museo preistorico di Roma » (*Acc. dei Lincei, Mem.*), id.; « I liguri nelle tombe della prima età del ferro di Golasecca » (id.), id.; « Di alcuni oggetti dell'Ecuador, posseduti dal Museo preistorico di Roma » (*Acc. dei Lincei*), 1881; avec P. Strobel : « Gaetano Chierici e la paletnologia italiana », Parme, 1886, id.; « Gaetano Chierici e la paletnologia italiana, memoria preceduta dalla vita, narrata da N. Campanini », Reggio Emilia, 1888; « Bibliographie palethnologique italienne pour l'année 1880 », Toulouse, 1881; « Il museo nazionale preistorico-etnografico di Roma: relazione », Rome, id.; « Le prime città della Frisia » (*Nuova Antologia*), id.; « Pugnali italiani di bronzo a lama triangolare nel Museo di artiglieria di Parigi » (*Bollettino di Paletnografia ital.*), id.; « Paletnografia Corsa » (id.), id.; « Sopra le pubblicazioni paletnologiche di Undset e di Chantre: atlante di paletnologia italiana » (id.), id.; « La necropoli preromana di Monteroberto (Marche) » (id.), id.; « I Terpea della Frisia » (id.), id.; « Terramare e sepolcreto dell'età del bronzo nel Bolognese » (id.), id.; « Scoperte paletnologiche nel territorio di Modica in Sicilia » (id.), 1882; « Antichità laziali di Ardea » (id.), id.; « Il primo anno del corso di paletnologia nell'Università di Roma » (id.), id.; « Delle stazioni barbariche esistenti nelle provincie dell'Emilia » (*Trans. dell'Acc. dei Lincei*), 1883; « Palafitta barbarica in Fontanellato nel Parmigiano » (*Boll. di Paletnografia*), id.; « Le spade e gli scudi delle terramare dell'età del bronzo e delle necropoli laziali della prima età del ferro » (id.), id.; « Terramare detta *La Gatta* nel Comune di Noceto » (id.), id.; « Paletnologia istriana » (id.), id.; « Appunti per lo studio degli antichi vasi di pietra ollare » (id.), id.; « La scuola paletnologica italiana » (*Nuova Antologia*), 1884; « Comparazioni tra i fondi di capanne dell'età della pietra, le terramare dell'età di bronzo e le necropoli del periodo di Villanova », Reggio Emilia, 1884, « Sopra alcuni oggetti della terramare di Montale nel Modenese » (*Bull. Paletnol.*), 1885; « L'Italia preistorica » (*Boll. della Soc. geogr.*), id.; « Oggetti dell'età della pietra del Comune di Breonio Veronese » (*Acc. dei Lincei*), id.; « Le antiche stazioni umane dei contorni di Cracovia e del Comune di Breonio Veronese », Rome, 1887; « Antichità Ibero-Liguri dell'età neolitica scoperte nella provincia di Brescia », id., id.; « Nuove collezioni etnografiche acquistate dal Museo preistorico etnografico di Roma », id., id.; « Cause dello sviluppo della ceramica nella prima età del ferro », id., id.; « Fondi di capanne dell'età neolitica, giudicati dal prof. G. Bellucci » (Boll. di Paletnografia), id.; « Sulla origine del tipo di varie stoviglie fabblicate dagli italici della prima età del ferro » (id.), id.; « L'archeologia italiana al primo Congresso nazionale universitario di Milano » (id.), id.; « Tombe neolitiche del Comune di Monteroduni » (id.), id.; « Di alcune leghe usate nella prima età dei metalli » (Acc. dei Lincei), 1888; « Appunti per lo studio delle stazioni lacustri e delle terremare italiane » (id.), 1888; « Scavi archeologici nel territorio di Sibari » (Notizie degli scavi).

Pigorini-Beri (Catherine), femme-auteur italienne, sœur du précédent, une des meilleures *folk-loristes* de l'Italie. Elle a surtout traité ce sujet à propos des Marches d'Ancone et de Spolète. Elle a publié: « Il libro dell'Operaia »; « Il focolare domestico », 1870; « I ricordi degli Appennini Marchigiani », paru à la *Nuova Antologia;* « Studio critico sulle opere di Ferdinando Bosio », 1870; « Il paese dove si nasce », Camerino, 1881; « In provincia », Milan, 1883; « Un battesimo principesco alla fine del secolo XVIII » (*Nuova Antologia*), 1888; « La permuta di un ducato nel secolo XVI », Camerino, 1886; « Costumi e superstizioni dell'appennino marchigiano », Città di Castello, 1889; « Sull'istruzione femminile », Rome, id.

Pilati (le Rév. Joseph), écrivain du Trentin, curé à Rimagna dans le diocèse de Parme, né, le 24 août 1825, à Tassillo; il fit du bruit par une brochure historique publiée sous le titre de: « Cenni su la vita e su le opere di Carlo Antonio Pilati, stesi per la prima volta coll'aiuto di documenti da un Trentino », Rovereto, 1874. Il avait été moine et prédicateur de l'ordre des Franciscains; mais, après cette publication, il fut obligé de quitter le couvent.

Pilatte (Franck), avocat français, docteur en droit de la Faculté de Paris et de l'Université de Pise, né, à Nice, le 23 mars 1855, fit ses études en France et en Italie (Nice, Florence, Pise, Paris). Il publia: « De l'injure et de la diffamation », Paris, Derenne, 1879; « Strophes et Sonnets », id., Fishbacher, 1878; « Les Maritimes », id., Tresse et Stock, 1888.

Pilo (Marius), naturaliste et poète italien, professeur au lycée Archita de Tarente, né, à Pallanza (Lac-Majeur), issu d'une famille noble de Sardaigne, le 24 janvier 1859, docteur ès-sciences naturelles à l'Université de Bologne le 15 juin 1882. Professeur tour-à-tour aux gymnases de Chieri et de Tarente, il subit quelques persécutions, des procès absurdes et eut plusieurs duels; il publia à 20 ans: « Un pugno di audaci », Rome; « Le mie Camene », vers, Bologne, Azzoguidi, 1886; « Quando s'era studenti » (en collaboration avec F. Rizzatti), Reggio-Emilia, Calderini, 1887; « Io amo, tu ami, colui ama », vers; « Pesci d'aprile », livre de polémique religieuse, sequestré par le Fisc, Parme, Battei; « Motivi classici », id., id., 1889. Il collabora à la *Rivista di filosofia scientifica* de Morselli, et publia les ouvrages scientifiques suivants: « Le salse dell'Emilia. Saggio geologico », Reggio, Artigianelli, 1882; « L'individuo e la vita », id., id., 1883; « La classificazione delle scienze », Milan, Dumolard, 1884; « La massa, il moto e lo spazio », notes critiques sur la théorie atomo-mécanique, id., id., 1885; « La vita dei cristalli », esquisse d'une future biologie minérale », id., id., id.; « La natura organica del carattere umano », faits pathologiques et inductions physiologiques, id., id., 1886; il travaille à un ouvrage essentiel : « La Scienza naturale del bello », dont il a publié deux essais: « Il problema estetico » et « L'Analisi estetica », chez Dumolard à Milan.

Pillon (François-Thomas), polygraphe et philosophe français, docteur en médecine, né, à Fontaine (Yonne), en 1830, fit ses études classiques au petit séminaire d'Auxerre, et ses études médicales à la Faculté de médecine de Paris. De 1850 au 2 décembre 1851, il collabora au *Républicain de l'Yonne*, où il défendit, en divers articles, la constitution républicaine de 1848 contre les partis monarchiques. De 1858 à 1864, il collabora à l'*École Normale*, journal pédagogique de M. Pierre Larousse, où il publia, sur divers sujets scientifiques, notamment sur l'histoire naturelle, des articles de vulgarisation, et par leçons successives, un « Traité de botanique ». De 1865 à 1877, il collabora au « Grand dictionnaire universel du XIXe Siècle », dont la partie philosophique lui avait été confiée par M. Pierre Larousse. Cette collaboration fut importante, surtout dans les six premiers volumes de cette encyclopédie. En 1867, il publia l'*Année philosophique* (en collaboration avec M. Renouvier). Cette collaboration, qui fut interrompue par la guerre de 1870-71, forme deux volumes in-12º (1867-1868). Les études publiées par M. P. dans ces deux volumes sont: « La morale inductive et le principe d'utilité »; « La morale indépendante et le principe de dignité »; « Les doctrines historiques au XIXe siècle »; « Une nouvelle religion en Asie »; « Les religions de l'Inde ». En 1872, M. P. fonda, avec M. Renouvier, la *Critique philosophique, politique, scientifique, littéraire*. Cette revue, qui a été hebdomadaire jusqu'en 1885, est devenue mensuelle à cette époque, depuis laquelle elle forme une nouvelle série qui est en cours de publication. La première partie contient 26 volumes grand in-8º, auxquels se joignent sept volumes de supplément trimestriel, consacrés, depuis 1878 jusqu'en 1885, sous le titre: « Critique religieuse », aux questions de philosophie religieuse. En 1878, M. P. publia, sous le titre de « Psychologie de Hume », la traduction du livre premier du « Traité de la nature humaine » de David Hume, précédée d'une introduction qui contient l'exposition et la critique de la psychologie associationniste de Hume (un vol. in-12º). La traduction a été faite par M. P. en collaboration avec M. Renouvier. L'introduction est de M. P. seul.

Pinart (Louis-Alphonse), né, à Bouquinghem près Marquise (Pas-de-Calais), le 23 février 1852. S'étant vivement intéressé aux langues Orientales, et plus spécialement au chinois et au japonais, il se rendit à la Côte Nord-Ouest d'Amérique, où il visita plus spécialement l'Alaska et les îles Aléoutiennes afin d'y étudier les langues indigènes et d'en faire la comparaison avec les langues asiatiques. A son retour en France, la Société de Géographie de Paris lui décerna une médaille d'or (1873). En 1873-74, il se rendit dans l'Est de la Russie afin d'y étudier sur place les langues tartares. De retour en Amérique, il visita successivement l'Amérique du Nord, du Centre et du Sud, s'attachant surtout à l'étude spéciale et raisonnée de la langue américaine. Chargé de mission du Gouvernement français, il se rendit en 1877 à l'île de Pâques, et visita les principaux groupes de l'Océanie. Commissaire à l'Exposition Internationale de 1878, il retourna peu après en Amérique, où il visita plus spécialement le Mexique, l'Amérique Centrale et les Antilles, toujours à la recherche des populations indiennes. Il prépare en ce moment un ouvrage de linguistique générale américaine, où il s'efforce de prouver un classement rigoureux et scientifique des langues du continent américain et dispose la publication de plusieurs grammaires, dictionnaires, etc. des langues qu'il a recueillies, entr'autres de l'Aléoute, de l'Eskimo Occidental (Ranagmioute), du Koloche (Flinkit). Recueil des langues de la Californie, etc., etc.

Pincherle (Salvator), professeur ordinaire d'algèbre et de géométrie analytique, et chargé des cours de géométrie supérieure à l'Université de Bologne, né, à Trieste, le 11 mars 1853. Il a suivi à Pise le cours de mathématiques de l'Université et de l'école Normale Supérieure, où il a pris le grade de docteur en 1874. Nommé professeur au Lycée de Pavie en 1875, il a obtenu au concours en 1877 une bourse de 3000 frs. pour suivre les cours d'analyse mathématique dans une Université étrangère (Berlin). Professeur extraordinaire d'algèbre à l'Université de Palerme (1880), de Bologne (1881-88), professeur ordinaire à Bologne depuis 1888. Membre correspondant de l'Académie Royale des *Lincei* depuis 1887, et membre honoraire de l'Académie Royale des Sciences de Bologne depuis 1888. M. P. est l'auteur de 46 mémoires et notes sur l'analyse mathématique, en particulier sur les séries de fonctions, les intégrales définies et les équations différentielles linéaires, publiés dans les *Annali di matematica*, *Acta mathematica*, *Compte-rendus* de l'Académie des Sciences de Paris et de Stockholm, *Rendiconti dell'Accademia dei Lincei*, de l'*Istituto Lombardo*, *Memorie dell'Accademia di Bologna*, etc. Il a publié, en outre, trois petits manuels de mathématiques élémentaires dans la collection Hoepli.

Pinches (Théophile-Goldrige), assyriologue anglais, né, à Londres, en 1856. Son éducation première ne fut pas très soignée; mais la passion de la lecture s'empara de M. P. qui arriva bientôt à force de bons livres à s'occuper sérieusement des langues sémitiques et spécialement de l'assyrien. En 1878, il obtint la place d'assistant au *British Museum*, et en 1881 il publia « Les premières inscriptions cappadociennes ». Nous avons de lui beaucoup de mémoires dont voici les principaux: Le cinquième volume de « Cuneiform Inscriptions of Western Asia »; « Guide to the Nimrood Central Saloon »; « Tablets relating to Householding and the Law of inheritance »; « Babylonian Crestomathy ». Enfin, de remarquables insertions aux *Transactions and Proceedings of the Biblical Society*, à la *Royal Asiatic Society*, à la *British Archeological association*, *Zeitschrift für Keilschriftforschung*, *Z. f. Assyriologie*, *The Babylonian and Oriental Record*, *The Records of the Past*, etc., etc.

Pinchetti (Pierre), écrivain italien, qui s'est tout spécialement occupé du tissage de la soie, né, à Come, le 26 décembre 1838. Il a étudié à Lyon; il est maintenant professeur à l'Institut Technique de Come depuis 18 années; il y enseigne le tissage de la soie. Œuvres : « La condizione dell'industria serica in Europa », 1870; « Dizionario-Guida allo studio della tessitura », Come, Ostinelli, 1871; « Industria serica in Como », id., id., id.; « La seta e le stoffe di seta come erano rappresentate alla Mostra universale di Vienna », id., id., 1873; « Corso teorico-pratico per la fabbricazione delle stoffe di seta », id., id., 1874-77; « La libertà commerciale nei suoi rapporti colla tessitura serica », id., id., 1877.

Pinelli (Louis-Pompée), poète italien, professeur de littérature au Lycée d'Udine, né, le 8 mai 1840, à Sant'Antonino, près Trévise; étudia au Séminaire de cette dernière ville; en 1858 au Lycée Sainte-Catherine de Venise; interrompit ses études l'année suivante pour prendre part à la guerre de l'Indépendance comme simple soldat. Il reprit le cours de ses études à Pavie, à Turin, à Milan et à Pise et publia : « Dolori e speranze », vers, 1860; « L'Italia pretesca e ciarlatanesca », Milan, 1867; « Affetti e pensieri », Udine, 1869; « Discorso intorno a Vittorio Alfieri », id., 1870; « Vita intima », Milan, 1876; « Poesie minime », Bologne, 1880.

Pininski (le Comte Léon), jurisconsulte autrichien, professeur de droit romain à l'Université de Lemberg, né, le 8 mars 1857, à Lemberg (Léopol), fréquenta le Gymnase à Jarnopol (Galicie), l'Université à Lemberg, Leipzig, Berlin et Vienne; docteur en droit en 1879, membre du Parlement d'Autriche en 1888; membre de la Commission parlementaire permanente pour la codification du Code pénal, et un des rapporteurs de cette Commission en 1889. Nous avons de lui, en allemand: « Thatbestand des Sachsbesitzerwerbes (acquisition de la possession en droit romain) », I vol. en 1885, II vol. en 1888, ouvrage contenant une nouvelle théorie sur l'acquisition de la possession et sur la volonté du possesseur, Leipzig, Dimcker et Humblot; en polonais: « Études sur l'Opéra moderne et l'influence de Richard Wagner », 1884; « Le Parsifal de Richard Wagner », 1884; « Études sur la peinture moderne à propos des expositions récentes ». Ces essais parurent dans les journaux de Galicie, *Czas* et *Gazeta Lwowska*, en 1883, 1885 et 1887.

Pinner (Adolphe), chimiste allemand, docteur en philosophie, professeur de chimie pharmaceutique à l'Université de Berlin, membre du *Patentamts*, né, le 31 août 1842, à Wronke, province de Posen; il étudia à Berlin et en 1871 devint prof. libre de chimie à l'Université de Berlin. Depuis 1878, il est prof. extraord. de chimie à l'Université de cette métropole. Nous lui devons: « Repertorium der Chemie », 8e éd., Berlin, Robert Oppenheim, 1888-89; « Gesetze der Naturerscheinung », Leipzig, Freytag, 1888; ainsi qu'une foule d'articles très intéressants parus dans les *Berichten der deutschen chemischen Gesellschaft*, et dans les *Liebig's Annalen der Chemie*.

Pinto (Alexandre-Albert DA ROCHA SERPA), explorateur africain de nation portugaise, né, le 20 avril 1846, à Tendais (province de Douro), fut élevé à l'École Royale Militaire de Lisbonne; il en sortit sous-lieutenant en 1864 et après avoir servi avec honneur dans les possessions portugaises d'Afrique, il traversa le Continent Noir de Benguela à Dourban en 1877-79. De retour en Europe, il publia: « How I crossed Africa », Londres, 1881, ouvrage qui fut traduit en plusieurs langues et qui parut en portugais en même temps qu'en anglais. M. le major S. P. dernièrement s'est trouvé le héros de l'incident anglo-portugais du Shire, incident résolu par voie diplomatique en 1890.

Pinto (Jules-Laurent), homme politique portugais, né, en 1842, à Porto, étudia à l'Université de Coïmbre, et depuis 1864, a occupé plusieurs places dans l'administration qu'il quitta pour cause politique en 1871. Il devint alors collaborateur du *Commercio do Porto*, inséra plusieurs essais aux *Matinées espagnoles* de Mme Rattazzi et à la *Rivista de estudos livres*. En librairie: « Margarida », roman de mœurs contemporaines, Porto, 1879; « Vida attribulada », id., 1880; « Senhor deputado », id., 1882; « O homen indispensavel », id., 1884; « Estetica naturalista », id., 1885. En préparation: « O bastardo ».

Pinto (Louis), mathématicien italien, né, à Castellano (prov. de Bari), en 1846; après ses premières études au Séminaire de Conversano il passa à l'École Normale de Pise; habilitation à l'enseignement secondaire en 1869, ensuite professeur de physique tour-à-tour aux Lycées de Syracuse et Ennio Quirino de Rome; en 1874 chargé de l'enseignement de la physique mathématique à l'Université de Naples, où il est actuellement professeur ordinaire de la même matière. On a de lui: « Della vita e delle opere di Macedonio Melloni »; « La morte di Alessandro Volta »; « La matematica e le scienze fisiche », discours; et les ouvrages: « Trattato elementare di fisica », 7e éd.; « Teorica dei principali fenomeni di elettricità e magnetismo ».

Pio (Oscar), historien, romancier et auteur dramatique italien, né, à Cesena, en 1836, docteur en droit à l'Université de Bologne, entra dans la carrière de la magistrature militaire; il est maintenant avocat fiscal. Nous avons de lui des drames, œuvres de sa première jeunesse: « Beatrice Cenci »; « Fra Girolamo Savonarola »; « Pier Capponi »; « La giovinezza di Giulio Cesare »; « Russi e Polacchi », fort applaudis aux théâtres fréquentés par le petit peuple. Deux comédies: « Giuseppe Giusti », et « La stampa malefica »; deux romans: « I conventi di Palermo », et « La regina Carolina di Napoli ». En 1870, il quitta le drame et le roman pour l'histoire et publia: « Storia popolare d'Italia dalle sue origini all'acquisto di Roma nell'anno 1870 », 10 gros volumes, Milan, 1870-77; « La storia segreta dei Conclavi »; « La vita intima e pubblica di Pio IX Papa »; « La vita militare di Vittorio Emanuele Re d'Italia »; « La storia universale popolare »; « Le Imperatrici Romane ».

Piollet (Albert), magistrat français, ancien avocat, actuellement substitut du Procureur Général à Grenoble, né, à Grenoble, le 24 février 1837. Nous avons de lui: « De la législation administrative des hospices »; « Étude historique sur Geoffroy Carles, président du Parlement du Dauphiné et du Sénat de Milan »; « MM. de Bérulle père et fils, derniers présidents du Parlement de Grenoble »; « Discours de rentrée prononcés devant la Cour de Grenoble en 1877, 1882 et 1888 ».

Piot (Guillaume-Joseph-Charles), savant historien belge, né, à Louvain, le 17 octobre 1812. M. P., qui avait modestement débuté dans la vie par la conquête du diplôme de docteur en droit, est aujourd'hui archiviste général de la Belgique (il a succédé dans ce poste à un homme d'une réputation européenne, Gachard), membre de l'Académie Royale de Belgique, de la Commission d'histoire, de la Commission des monuments, de la Commission chargée de la publication des anciennes lois et ordonnances, de la Société des sciences, des arts et des lettres du Hainaut, etc. Outre des études insérées dans les publications de ces corps savants, dans la *Revue belge de numismatique*, la *Revue d'histoire et d'archeologie*, les *Annales de la Société d'Émulation de Bruges*, le *Messager des Sciences historiques*, le *Bibliophile belge* et une foule d'autres publications périodiques, dans de grands ouvrages collectifs comme la « Patria Belgica » et les « Pandectes belges », il a publié: « Histoire de Louvain », Louvain, 1839; « Cartulaire de l'abbaye d'Eenaeme », Bruges, 1840; « Notice historique sur la ville de Léau », Bruxelles, 1861; « Catalogue des coins, poinçons et matrices des monnaies, médailles et jetons de l'Hôtel des Monnaies, à Bruxelles », id., id. (2º éd. revue et augmentée, id., 1880); « Les *Pagi* de la Belgique et leurs subdivisions pendant le moyen âge », excellent mémoire couronné en 1871 par l'Académie royale de Belgique; « Le règne de Marie-Thérèse aux Pays-Bas autrichiens », Louvain, 1874; « Notice historique et génealogique de la maison de Straten », Bruxelles, 1877; « Inventaires de diverses collections du Dépôt des archives du royaume », id., 1879; « Catalogue de la bibliothèque du Dépôt des archives du royaume », id., 1883; « Rapport à M. le ministre de l'intérieur sur les tableaux enlevés à la Belgique en 1794 et restitués en 1815 », id., 1884. En outre, M. P. a complété le grand ouvrage de Schayes, « La Belgique et les Pays-Bas avant et pendant la domination romaine », et il a édité pour la Commission royale d'histoire le « Cartulaire de l'abbaye de Saint-Trond »; les « Chroniques de Brabant et de Flandre »; les tomes III et IV des « Voyages des souverains des Pays-Bas »; les tomes IV et suivants de la « Correspondance de Granvelle »; et l'« Histoire des troubles des Pays-Bas », de Renon de France.

Piperno (Septime), publiciste italien, professeur d'économie politique et de statistique à l'Institut Technique de Rome, est né, à Rome, en 1834. On a de lui en librairie: « Elementi di scienza economica »; « Studio sulla morale indipendente »; « Studio sulla percezione »; plusieurs articles aux journaux.

Pirala (Antoine), écrivain espagnol, né, à Madrid, le 24 mars 1824, a été secrétaire du Roi Amédée, Gouverneur civil de Biscaye et secrétaire au Ministère de l'Intérieur. Nous avons de lui: « Catecismo Fleuri », Madrid, 1857; « Libro de oro de los niños », 32 éd., id.; « Vindicacion del general Maroto »; « Historia de la guerra civil y de los partidos liberal y Carlista », 2ᵐᵉ éd., Madrid, 1868, VI vol. avec portraits, cartes et plans; « El Rey en Madrid y provincias », traduit en italien, Milan, 1873; « Historia contemporanea, anales desde 1848 hasta la conclusion de la ultima guerra civil », Madrid, 1880, 6 vol., avec portraits et cartes.

Pirmez (Mᵐᵉ, née Irénée DRION), née au château de Suarlée, demeurant au château d'Acoz, écrivain belge, mère du grand écrivain Octave Pirmez, qu'elle a eu la douleur de voir mourir prématurément et à la gloire duquel elle veille avec un soin pieux. On doit à Mᵐᵉ la douairière P.: « Les derniers moments de quelques hommes célèbres »; « Deux femmes du XVIIᵉ siècle », 1887; « Observations, pensées et impressions », 1888.

Pisani-Dossi (le baron Charles), écrivain italien, un des secrétaires particuliers de S. E. le Ministre François Crispi, né vers 1850. Il débuta dans la *Farfalla*, journal littéraire fondé par Ange Sommaruga, et où firent leurs premières armes beaucoup d'hommes de lettres de la nouvelle école. Il signait *Carlo Dossi*. Nous avons de lui: « La colonia felice », et « La desinenza in *A* », ouvrages assez remarqués lorsqu'ils parurent.

Pisciscelli (Dom Oderisius), père-prieur de l'abbaye du Mont-Cassin, né, à Naples, le 3 août 1840, issu de la famille noble des comtes de Taeggi. Il fut élevé d'abord à Naples à l'École excellent du baron Basile Puoti; en 1858, il entra à l'abbaye du Mont-Cassin, où il eut pour maître les illustres Bénédictins Dom Tosti et Dom De Vera. Il est maintenant un des paléographes les plus estimés. Dom P. ne se contente pas d'être un successeur d'Oderisi de Gubbio, dont parle Dante dans le *Purgatoire*. Tout étant un artiste et un dessinateur classique, tel qu'il s'est demontré dans le « Canone della messa » et dans le « Libro della benedizione », offert n'a guère à S. S. Léon XIII à l'époque du jubilé sacerdotal, il a perfectionné l'imprimerie du Mont-Cassin, et il y a introduit la photographie, la stéréotypie, la cromolitographie et la galvanotypie. Son ouvrage essentiel est « Paleografia artistica dei Codici Cassinesi, applicata ai lavori industriali ». Cet ouvrage remarquable a été couronné d'une médaille d'or à l'Exposition de Turin de 1884.

Pitré (Louis), *folk-loriste* italien, né, à Palerme, le 23 décembre 1843, étudia la médecine et la chirurgie et en 1867 entra dans l'enseignement qu'il quitta de bonne heure. Nous avons de lui: « Profili biografici », 2 vol., 1864-68; des contributions à la *Civiltà italiana*, à la *Rivista europea*, à la *Revue des questions historiques*, et, enfin, aux *Nuove effemeridi siciliane*, revue fondée par lui avec MM. De Giovanni et Salomone-Marino en 1868. Mais le grand ouvrage de M. P. est la « Biblioteca delle tradizioni popolari siciliane », recueil précieux édité à Palerme par la maison Pedone-Lauriel, arrivé déjà à 19 volumes. En dehors de cet ouvrage magnifique, M. P. a publié: « Sui proverbi siciliani e toscani », dialogues, Palerme, 1862; « Saggio di un vocabolario di marina », Florence, 1868; « Sui canti popolari siciliani. Studio critico », Palerme, 1868; « Proverbi e canti popolari siciliani illustrati », id., 1869; « Saggio di canti popolari siciliani », Bologne, 1870; « Usi popolari siciliani nella festa di S. Gio. Battista. Lettera I », Palerme, 1871; « Lettera II », id., 1873; « Pietro Fullone e le sfide popolari siciliane », Florence, 1871; « Centuria di canti popolari siciliani », Padoue, 1872; « Guglielmo I ed il Vespro siciliano nella tradizione popolare della Sicilia », Palerme, 1873; « Saggio di Fiabe e Novelle popolari siciliane », id., id.; « Nuovo saggio di Fiabe e Novelle popolari siciliane », Imola, id.; « Otto Fiabe e Novelle siciliane », Bologne, 1873; « Novelline popolari raccolte in Palermo », Palerme, id.; « Pietro Fullone, poeta siciliano del secolo XVII », id., 1874; « La scatola di cristallo, novellina popolare senese », id., 1875; « Il venerdì nelle tradizioni popolari italiane », en russe, St.-Pétersbourg, 1876; 3ᵐᵉ éd., Palerme, 1888; « Delle sacre rappresentazioni popolari in Sicilia », Palerme, 1876; « Sui canti popolari italiani di carcere », Florence, 1876; « Appunti di botanica popolare siciliana. Lettera I », id., 1875; « Lettera II », id., 1876; « Gesti ed insegne del popolo siciliano », Rome, 1877; « Cinque novelline popolari siciliane », Palerme, 1878; « Novelline popolari toscane », id., 1878; « Popular Marriage Customs of Sicily », Philadelphie, 1878; « Usi natalizi, nuziali e funebri del popolo siciliano », Palerme, 1879; « Antichi usi nuziali del popolo siciliano », id., 1880; « Saggio d'indovinelli toscani inediti », Sevilla, 1881; « Favolette popolari siciliane », Palerme, 1882; « Il Vespro siciliano nelle tradizioni popolari della Sicilia », id., id.; « La tinchina dell'alto mare. Fiaba toscana », Naples, id.; « La jettatura ed il mal'occhio in Sicilia », Kolozsvár, 1884; « Le tradizioni cavalleresche popolari in Sicilia », Paris, id.; « Novelle popolari toscane illustrate », Florence, Barbèra, id.; « Le feste di S. Rosalia in Palermo », Palerme, 1885; « Il pesce d'aprile », id., 1886; « Ai miei amici ed a quanti amano le tradizioni popolari in Sicilia », id., id.; « Mirabili facoltà di alcune famiglie di guarire certe malattie », id., 1889.

Pitteri (Richard), poète italien, né, à Trieste en 1853, issu d'une famille du Friule, a fait ses études aux Universités de Padoue et de Gratz, et fut ensuite à Trieste l'élève favori du prof. Occioni. Nous avons de lui: « L'Ozio », petit poème, 1878; « Prime incertezze », vers, 1880; « In campagna », 1881; « Versi », Bologne, Zanichelli, 1884; « Sistiliano », 1885; « L'Arte », carme, 1887; « Tibulliana », id.; « L'Assedio d'Aquileia »; « Esopo e Adone » (en préparation).

Piucco (Clodoalde), critique d'art et journaliste italien, né, à Venise, le 2 juillet 1889. Aussitôt licencié en droit à l'Université de Padoue, il substitua son père, Jean Antoine P. (1886), à la rédaction de la *Gazzetta di Venezia*. En dehors d'une masse d'articles politiques, il publia en 1875: « Contro le donne », petit livre plein de verve, et des revues à la *Strenna Veneziana* qui sont de remarquables critiques d'art.

Piuma (le marquis Charles-Marie), professeur ordinaire d'analyse à l'Université de Gênes depuis le 20 juin 1886, est né, à Gênes, le 26 septembre 1837, y a été diplômé ingénieur-architecte en 1860 et chargé de l'enseignement de l'analyse depuis 1881; il a publié: « Sulla determinazione della parte algebrica nell'integrazione in funzione finita esplicita » (*Annali* du prof. Tortorini); « Proprietà di una classe di integrali di irrazionali algebrici possibili con soli logaritmi », id.; « Dimostrazione di alcune formule del sig. Leonville » (*Giornale* du professeur Battaglini); « Soluzione di un problema elementare nel calcolo della probabilità », id.; « Intorno alla $x^2 + y^2 = z^2$ », id.; « Intorno ai triangoli scritti in ellisse che hanno il centro di gravità in un punto dato della sua superficie », id.; « Intorno a due classi di integrali esprimibili con soli logaritmi », id.; « Teoria delle funzioni di variabili complesse del prof. Casarati » (*Bullettino* du prince B. Buoncompagni); « Intorno a una classe d'integrali esprimibili con soli logaritmi » (*Annali di matematiche*, vol. VII); « Intorno a una congruenza di modulo primo ». (id., vol. II); « Solution de la question 568 » (*Nouvelle correspondance mathématique* de M. E. Catalan); « Dimostrazione di un teorema del sig. Cesaro » (*Giornale della Società di letture e conversazioni scientifiche*, volume VII); « Intorno a quelle circonferenze osculatrici intorno ad una ellisse per le quali la corda comune colla stessa passa per un punto dato », id., 1885; « Soluzione del quesito 1427 dei *Nouvelles Annales* », id.; « Soluzione di un quesito di geometria analitica », Gênes, Pellas, 1885.

Piumati (Alexandre), professeur de belles-lettres italien, né, à Brà (prov. de Coni), le 2 novembre 1852, docteur ès-lettres de l'Université de Turin en juillet 1877, professeur de lycée en différentes résidences, a collaboré à plusieurs journaux du Piémont, et publié les ouvrages suivants: « Il lavoro », discours, Carmagnola, Miletto, 1879; « La vita e le opere di Dante Alighieri », Turin, Paravia, 1884; 2ᵉ éd. 1889; « La vita e le opere di F. Petrarca », id., id., 1885; « La vita e le opere di G. Boccaccio », id., id., 1887; « La vita e le opere di L. Ariosto, 1886; « La vita e le opere di T. Tasso », id., id., 1888; « La vita e le opere di A. Manzoni », id., id., 1886; « Dante e la musica », discours, Asti, Paglieri e Raspi, 1888.

Piutti (Arnaud), chimiste italien, né, à Udine,

le 23 janvier 1857; étudia à l'Institut Technique de sa ville natale et alla ensuite se perfectionner à Turin, où il obtint son doctorat ès-sciences naturelles en 1877. Il fut nommé professeur extraordinaire de chimie pharmaceutique à l'Université de Sassari. M. P. a collaboré à beaucoup de revues spéciales. Nous donnons les titres de ses publications principales: « Azione del percloruro di fosforo sull'anidride molibdica »; « Derivati ureici e sioureici dell'acido ftalico »; « Sull'acido ftalispartico »; « Fumaridi e succinidi di alcune nunamine secondarie »; « Una nuova specie di asparagina »; « Sulla p-ossifemilftalinide e sul diftalis diamidochinone »; « Sintesi delle uova del bombice del gelso »; « Dei migliori metodi di disinfezione contro il colera »; « Asparagine sostituite »; « Sopra l'etilfuma riunidide », etc.

Pi y Margall (François), homme politique et écrivain espagnol, né, à Barcelone, en 1820, où il fit son droit. Philosophe positiviste, il traduisit en espagnol les ouvrages de Proudhon et dut émigrer en France en 1866. La chute de la Reine Isabelle lui ouvrit les portes de sa patrie qui l'envoya député au Parlement, où il siégea à l'extrême gauche. Après l'abdication du Roi Amédée, il fut tour-à-tour ministre de l'Intérieur, président de la République et dictateur. Maintenant, il vit retiré des affaires publiques. Il est l'auteur de « La Republica de 1863 », livre apologétique, 1874; « La nacionalidad », 1877, traduit en français en 1879.

Pizzi (Italo), éminent orientaliste italien, né, à Parme, le 30 novembre 1849, étudia au Gymnase et au Lycée de Parme, d'où il passa à l'Université et à l'École normale de Pise. Docteur ès-lettres en juillet 1871, professeur au Gymnase de Parme de 1871 à 1879; vice-bibliothécaire à la *Laurenziana* de Florence de 1879 à 1885 et en même temps professeur libre de langue persane au *Regio Istituto di Studii Superiori*. Il est depuis 1885 professeur de langue et littérature persane à l'Université de Turin. Il a publié: « Ammaestramenti di letteratura per le scuole secondarie », 6me éd., Turin, Loescher, 1889; « Manuale della lingua persiana (Gramm. Ant. Vocab.) », Leipzig, Gerhard, 1883; « Chrestomathie persane », Turin, Loescher, 1889; « Manuale dell'arabo volgare d'Egitto », Florence, Le Monnier, 1886; « Letteratura persiana », Manuali Hoepli, Milan, 1887; « Bizeno, dramma lirico in quattro atti », Ancone, Morelli, 1882; « L'epopea persiana », ouvrage couronné par la *R. Accademia dei Lincei*, Florence, Niccolai, 1888; « Firdusi, il Libro dei Re, recato dal persiano in versi italiani », 8 vol., Turin, Botta, 1886-88; « I Nibelunghi, poema germanico, recato in versi italiani », Milan, Hoepli, 1889.

Planck (Jean-Guillaume), célèbre jurisconsulte allemand, conseiller intime, professeur ordinaire de droit à l'Université de Munich, né à Goettingue, le 22 avril 1817, a fait ses études à Jena et Goettingue, et a été professeur ordinaire de droit à Bâle (1842), à Greifswald (1845), à Kiel (1870) et depuis 1867 à Munich. On lui doit: « Commentat. de legitimat. ad causal. », Goettingue, 1837; « Die Mehrheit der Rechtstreitigkeiten in Processrecht », id., 1844; « Die Lehre von dem Beweisurtheil », id., 1848; « Systematische Darstellung der deutschen Strafverfahrens seit 1848 », id., 1857; « Das deutsche Gerichtsverfahren im Mittelalter, nach dem Saxenspiegel und den verwandten Rechtsquellen », deux vol., Braunschweig, 1878; « Lehrbuch des deutschen Civilprozessrechts », 1 vol., Nordlingen, 1887. Plusieurs de ses travaux ont paru dans la *Zeitschr. f. deutsch. Recht.*, en 1845; dans les *Verhandl. d. Q. deutsch. Juristentag*, en 1861, et dans la *Gött. Gel.-Anz. Jenaisch. Literaturzeit.*

Planta (Pierre-Conradin DE), historien, littérateur et homme politique suisse, né, le 24 septembre 1815, au Château de Wildenberg, près de Jernetz dans l'Engadine, appartient à une illustre famille qui, au XVIe et au XVIIe siècles, joua un rôle considérable dans les troubles religieux de la, Rhétie et soutint avec un dévouement passionné les intérêts de la maison d'Autriche. Sa première éducation fut dirigée par sa mère, née comtesse Christ, femme d'un mérite supérieur, et le pasteur de Silvaplana, M. Wetzel; de là, il se rendit à l'École cantonale de Coire et au Gymnase Saint-Thomas à Leipzig; enfin, de 1835 à 1838, il fréquenta pour des études de philosophie et de jurisprudence les Universités de Leipzig et de Heidelberg. A peine le barreau de son Canton d'origine l'avait-il reçu au nombre de ses membres que le gouvernement l'envoyait à Sondrio (1838-40) pour le représenter dans la question litigieuse des biens provenant de la révolution de la Valteline en 1793, confisqués en 1833 par l'Autriche et revendiqués par les Grisons. M. de P. se sentait attiré vers la politique et dès sa jeunesse le journalisme absorba une large part de son activité. Pendant vingt-deux ans, de 1842 à 1864, il fonda ou rédigea: à Zurich, la *Nouvelle Helvétie* qui s'était assignée pour but la révision du pacte fédéral (1842); à Coire, le *Nouveau Rhétien* qui réclamait dans la sphère cantonale des réformes analogues (1843-48); le *Messager libéral des Alpes* (1851-56); la *Gazette hebdomadaire de Coire* (1860-64). Le parti libéral salua de bonne heure en M. de P. un de ses chefs les plus éloquents et les plus capables. Tour-à-tour chancelier de la ville de Coire (1844-47), président du tribunal civil (1849) et de la cour suprême des Grisons (1855-70), député au Grand Conseil (1849) et membre du pouvoir exécutif (1850), envoyé par ses concitoyens à Berne pendant plusieurs périodes législatives pour les représenter soit au Conseil national (1857), soit au Conseil d'État (1855-57-62-72), il prit, pendant plus d'un quart de siècle, une part des plus importantes à toutes les affaires fédérales et cantonales. Le souvenir de l'enseignement qu'il avait autrefois reçu de Thibaut, de Mittermaier et de Zachariæ l'inspira heureusement lors qu'il fut appelé à rédiger la constitution de 1852, les lois de procédure civile et de procédure pénale, le code civil, en accompagnant ce dernier d'un court mais substantiel commentaire. L'Université de Zurich rendit hommage à ces beaux travaux juridiques en conférant en 1862 à leur auteur le grade de docteur *honoris causa*. En 1861, le Conseil d'État des Grisons envoya M. de P. à Turin pour gagner l'Italie au percement du Lukmanier; en 1864, le Conseil fédéral le choisit pour un de ses délégués lors de la rectification de la frontière suisse-italienne. A côté de cette carrière politique si brillante et si utilement remplie, M. de P. en a poursuivi dans le domaine scientifique une autre tout aussi féconde. En 1869, la Société d'histoire et le Musée Rhétien le comptèrent au premier rang de leurs fondateurs. Historien, romancier, poète, il se meut avec une égale aisance dans le domaine de la réalité et dans celui de la fiction. Voici la liste complète de ses œuvres : « Le petit livre de la forêt », 1848 ; « L'aristocrate rhétien, portrait d'un confédéré » (il s'agit de son aïeul), 1849 ; « La science de l'État, ou la doctrine de l'organisme vital », 1852 ; « Hans Waldmann », 1861 ; « Nicolas de Flue à la diète de Stanz », 1863 ; « Les partisans chrétiens », 1864 ; « Thomas Massner, le conseiller de Coire », 1874, drames patriotiques, représentés avec succès sur plusieurs théâtres ; « Les routes des Alpes grisonnes », essai historique, 1866 ; « L'ancienne Rhétie, étudiée dans ses mœurs et son organisation politique », 1872 (le plus considérable de ses ouvrages, accompagné de 12 planches) ; « La marche de la Suisse vers l'unitarisme », 1877 ; « Pédagogie et routine », 1878 ; « Histoire constitutionnelle de la ville de Coire », 1879 ; « Les seigneuries de la Rhétie curiale pendant l'époque féodale », 1881 ; « Histoires dramatisées » (1er vol., 1885 ; 2me vol., 1886) ; « Une lutte de trente années pour obtenir une voie alpestre à travers la Rhétie », 1885 ; « La reconstitution de la famille et du droit d'héritage », 1886 ; « L'incamération autrichienne de 1803 », 1887 ; « Biographie du prof. Sprecher » (en tête de son ouvrage posthume: *Les Confessions de Walbroth*), id., « Histoire et poésie », 1885 (contient une réédition de l'« Aristocrate rhétien »; un drame patriotique : « Le comte de Werdenberg »; « Un choix de poésies lyriques »).

Planté (Gaston), physicien, lauréat de l'Institut, ancien professeur à l'association polytechnique de Paris, né, à Orthèz (Basses-Pyrénées), le 22 avril 1834. En dehors de plusieurs mémoires sur les travaux et découvertes scientifiques de 1855 à 1888, publiés dans divers recueils français et étrangers, on a de lui les ouvrages suivants : « Recherches sur l'électricité de 1859 à 1879 », Paris, Fourneau, 1879 ; « Phénomènes électriques de l'atmosphère », id., J.-B. Baillière et fils, 1888.

Planteau (François-Édouard), publiciste et homme politique français, né, à Limoges, le 8 janvier 1836. Son père ayant été exilé à la suite du coup d'État de décembre, il dut exercer, pour vivre, le métier de peintre sur porcelaine. En 1859 il vint à Paris, se fit répétiteur au Collège Sainte-Barbe, puis devint secrétaire du ministre de Venezuela à Paris. Il s'adonna à l'étude des langues, et fut nommé traducteur assermenté près la cour de Paris. Il se fit recevoir licencié en droit en 1882, mais sans se faire inscrire au barreau. Porté sur la liste radicale aux élections de la Haute-Vienne, il fut élu député au mois d'octobre 1885. Il a pris place à l'extrême gauche. M. P. a publié : « La Séparation des Églises et de l'État », brochure, 1882 ; « La Révolution pacifique », brochure, « Histoire constitutionnelle des Français », 2 vol., 1885.

Plate (Henri-Louis), né, à Brème, le 16 août 1861, professeur libre de Zoologie à l'Université de Marburg (Hesse) depuis 1888 ; il a fait ses études à Jena, Bonn et Munich (Bavière), et publié plusieurs articles de zoologie dans les revues scientifiques allemandes et dans les journaux spéciaux.

Plessis (Frédéric-Édouard), latiniste et poète français, né, à Brest, le 3 février 1851, vint de bonne heure à Paris, où il fut élève du Lycée Louis-le-Grand ; il fit d'abord ses études de droit qu'il poussa jusqu'au doctorat (Paris, 1876), mais en s'occupant surtout de littérature. Il appartint tout jeune au groupe des poètes parnassiens. Plus tard, il se tourna vers la philologie latine, devint l'élève de M. Eugène Benoist, entra à l'École des Hautes-Études, et fut reçu docteur ès-lettres à la Faculté de Paris en 1886. Il est entré dans l'enseignement supérieur à la fin de 1881 ; il a été successivement maître de conférences des Facultés de Poitiers et de Caen (1881-87) ; il est actuellement chargé d'un cours de langue et littérature latines à la Faculté des Lettres de Bordeaux. Ses travaux de philologie latine comprennent: « Édition savante des *Adelphes* de Térence », Paris, Klincksieck, 1884 ; « Études critiques sur Properce et ses Élégies », Paris, Hachette, 1884 ; « Édition critique (en latin) de l'*Ilias Latina* », id., id., 1885 ; « Essai sur Calvus », Caen, Blanc-Hardel, id. ; « Introduction et notes à la *Traduction de la littérature romaine* de Bender, par Vessereau », Paris, Klincksieck, id.; « Propertiana », Paris, Leroux, 1886 ; « Métrique

grecque et latine », Paris, Klinckieck, 1888. M. P. a publié de nombreux articles dans la *Revue Critique*, dans la *Revue de l'Enseignement secondaire et de l'Enseignement supérieur*, dans l'*Instruction publique*, la *Revue de philologie*, le *Bulletin des Facultés de Poitiers et de Caen*, etc. Poète, M. P. a publié de nombreuses pièces de vers dans les *Parnasses contemporains*, Lemerre, de 1869 à 1876, dans *La Renaissance*, dans la *Vie littéraire*, le *Monde poétique*, le *Semeur*, la *Revue artistique et littéraire*, etc., dans la grande *Anthologie des poètes contemporains* en cours de publication, chez Lemerre. En outre, M. F. P. a fait, au journal *La Presse*, la critique littéraire hebdomadaire pendant l'année 1880. Chez l'éditeur Lemerre, M. F. P. a publié, en 1886, « La Lampe d'argile », poésies.

Pléstchéewe (A. N.), poète, auteur des poèmes : « En avant » ; « L'hésitation » et une masse de nouvelles et contes, né, en 1825, à Kostroma. En 1838, il a commencé son éducation à l'École des gardes des sous-officiers nobles à St.-Pétersbourg, puis étudia à l'Université de cette capitale. Ses premiers poèmes sont de 1846. Arrêté à Moscou en 1849, condamné par le conseil de guerre à être fusillé, il reçut grâce de l'Empereur Nicolas I, mais fut abaissé au rang de simple soldat au bataillon d'Orenbourg et privé de tous ses droits. Bientôt il fut promu sous-officier. Il entra au service civil, et en 1857, on lui rendit les droits de noblesse héréditaire, et en même temps, la permission de revenir à St.-Pétersbourg. Alors, il se consacra à la littérature et devint rédacteur du *Messager du Nord* et collaborateur des *Annales de la Patrie*. Ses poésies sont réunies en volume (« Poésies », Moscou, 1887). Aux *Annales de la Patrie*, il a inséré : « Le femmes françaises au XVIIIᵉ siècle (Mirabeau père) » et quelques portraits du XVIIIᵉ siècle. En volume : « Les hommes de lettres en Angleterre au XVIIIᵉ siècle » ; quelques pièces de théâtre et la traduction russe des « Crime d'amour » et « Mensonges » de Paul Bourget, des « Effrontés » d'Émile Augier, et des meilleures nouvelles de Guy de Maupassant.

Plon (Eugène), imprimeur, éditeur et littérateur français, né, le 11 juin 1836, à Paris. Après avoir pris ses grades universitaires dans les deux Facultés des lettres et des sciences, et avoir prêté le serment d'avocat au barreau de Paris, M. E. P. fit un séjour en Angleterre et parcourut ensuite l'Allemagne pour étudier les procédés des imprimeurs de ces deux pays ; puis il rentra en France pour être, dès lors, associé à la direction de la maison de son père. De 1861 à 1863, M. E. P. prit part aux travaux de la propriété littéraire et artistique, présidée par le comte Walewski, ministre d'État, commission composée des personnalités les plus marquantes des lettres et des arts. M. E. P. a écrit une série d'œuvres d'art éditées avec luxe par sa maison de librairie : « Thorwaldsen, sa vie et son œuvre », in-8°, 1867 ; 2ᵐᵉ éd. in-18°, 1874 ; des traductions en ont été publiées en anglais, en allemand et en italien ; « Le sculpteur danois V. Bissen », in-18°, 1870 ; 2ᵐᵉ éd., 1872 ; « Benvenuto Cellini, orfèvre, médailleur, sculpteur. Recherches sur sa vie, sur son œuvre et sur les pièces qui lui sont attribuées », grand in-4°, 1882 ; « Benvenuto Cellini », nouvel appendice, grand in-4°, 1884 ; « Leone Leoni, sculpteur de Charles V, et Pompeo Leoni, sculpteur de Philippe II », in-4°, 1887. Cet ouvrage a été couronné par l'Académie de Beaux-Arts (Prix Bordin) ; « La civilité puérile et honnête » sous le pseudonyme de l'*Oncle Eugène*, avec illustration de M. B. de Nouvel. Comme imprimeur-éditeur, M. P. a été successivement membre de la Chambre des imprimeurs de France, président du Cercle de la librairie et de l'imprimerie, président du Syndicat de la propriété littéraire et artistique.

Ploug (Parmo-Charles), poète, journaliste et homme politique danois, né, le 29 octobre 1813, à Kolding, se fit connaître de bonne heure dans le journalisme par des pièces satyriques signées *Poul Rytter ;* il fut à trois reprises membre du Parlement, et en 1884 fut élu président du *Landsthing*. Nous avons de lui : « Poul Rytters viser og vers », 1847-61 ; « Nyere Sange og Digte », 1869 ; « Pourquoi nous sommes nous arrêtés dans notre carrière ? », 1882 ; « Notre défense et notre avenir », 1883 ; « Poésies nouvelles », id.

Plummer (Alfred), professeur à l'Université de Durham, né, à Heworth Parsonage, le 17 février 1841, étudia à Oxford et en sortit *Master of arts* en 1866. Très lié avec feu le docteur Dollinger, dont il suivit les conférences à Bonn (1874-75), il traduisit un de ses livres, sous le titre : « Fables respecting the Popes », et publia les ouvrages suivants : « Prophectiest the Prophetic Spirit », Londres, 1873 ; « Hippolytus and Callistus », Édimbourg, 1876 ; « S. John's Gospel », Cambridge, 1880-82 ; « Epistles of S. John », id., 1883-86 ; « Historical Introduction in the Pulpit Commentary », Londres, 1880 ; « The Church of the Early Fathers », id., 1886-87 ; « The pastoral Epistles », id., 1888 ; « S. James and S. Jude », id., 1890.

Plumptre (le Rév. Édouard HAYES), théologien et homme de lettres anglais, né le 16 août 1821, élevé à l'*University College* d'Oxford, occupa des places importantes dans le clergé anglican et dans l'enseignement de la théologie, fut l'éditeur du *Bible Educator*, annota et commenta les « Évangiles » et les « Lettres des Apôtres », traduisit la « Divina Commedia » de Dante et le « Canzoniere » de Petrarca. Nous avons encore de lui les ouvrages suivants : « King's College Sermons », 1859 ; « Lazarus

and other poems », 1864; « Master and Scholar »; « Sermons on Theology and Life »; « Christ and Christendom »; « Translation of Sophocles », 1866; « Aeschylus », 1890; « Biblical studies », id.; « Respice, Aspice, Prospice and the Law of Progress in theology », 1876; « Saint-Paul in Asia Minor and in the Syrian Antioch », 1877; « A popular exposition of the Epistles to the Seven Churches of Asia », id.; « The Spirits in Prison », 1884; « Notes on the Book of Proverbs ».

Plüss (Jean-Théodore), né, le 29 mai 1845, au hameau de Beuggen près de Liestal. Docteur en philosophie et professeur au Gymnase de Bâle, il a publié: « Études sur Horace », 1882; « Virgile et l'art épique », 1884.

Pobedonostzeff (Constantin), écrivain russe, né, en 1827, à Moscou, fils cadet d'un professeur à l'Université de Moscou, fit ses premières études à la maison, sous la direction de son père. En 1841 il fut admis à l'École de droit, fondée et patronée par le prince Pierre d'Oldenbourg. Ayant fini le cours de droit dans cette École à St.-Pétersbourg en 1846, il entra au service de l'État à Moscou dans le Département civil du Sénat, comme référendaire: puis, dans les fonctions de secrétaire, secrétaire en chef, enfin, procureur. Son service au Sénat se prolongea jusqu'à l'année 1865. Pendant ce service de la pratique du droit civil, M. P. était appelé en 1859 à l'activité académique à l'Université de Moscou, où, pendant 6 ans il fit les cours consécutifs du droit civil russe et comparé et de la procédure civile. En 1862, il fut appelé temporairement à St.-Pétersbourg pour faire le cours de droit civil et administratif au Grand-Duc héritier Nicolas-Alexandrovitch (décédé en 1865), et pour prendre part aux travaux de la commission devant élaborer le nouveau code de procédure civile. En 1866, le nouvel héritier du trône, aujourd'hui Empereur Alexandre Alexandrovitch, l'appela auprès de lui pendant deux ans. Depuis, il a été nommé consécutivement sénateur, membre du Conseil de l'Empire et du Comité des Ministres. En 1880, l'Empereur défunt appela M. P. à l'importante fonction de procureur impérial près le Saint-Synode. Son activité littéraire commença en 1857 par les articles critiques insérés dans les journaux russes. Depuis, après avoir fini ses travaux aux académies à l'Université de Moscou, il a publié le « Cours complet du droit civil russe », en trois gros volumes, qui ont déjà passé par 3 éditions. Il a publié en outre le « Manuel de la procédure civile », 1 vol.; « Essais sur l'histoire du servage en Russie »; « Actes juridiques et historiques ». La traduction russe du fameux ouvrage de Thomas a Kempis: « De imitatione Christi »; la traduction de l'ouvrage allemand de Thierset: « Principes chrétiens de la vie de famille », et la traduction des « Mémoires du comte Wratislaw sur sa captivité chez les Turcs » (ouvrage très populaire en Bohême, écrit au XVIIe siècle).

Podlipska (Sophie), femme-auteur tchèque, née, le 15 1833, à Prague, où elle reçut une éducation raffinée. Mariée en 1858 au docteur Joseph P., écrivain distingué, elle ne tarda pas à se consacrer à la littérature. Les publications de cette dame sont 226 et embrassent l'histoire, la critique littéraire, la philosophie et le roman. Voici les titres principaux: « Œuvres complètes chronologiques », 4 vol., le 5me sous presse; romans publiés à part: « Destin et génie », étude d'émancipation des femmes; « Parenté »; « Nalzowsky », étude de suicide.; « Peregrinus », étude de développement intellectuel; « Vivre ou ne pas vivre », « Avezka Premyslowna »; « Jaroslaw Sternberk », romans historiques, deux parties d'une trilogie, en préparation la troisième partie; « Prémysl Otakar »; « Un jour de noce », comédie; « Anna Náprstkorá », biographie. Suite des publications: « Les femmes de ville », et une « Nuit »; « Zuzana Cérmuová » et « Mme de Sevigné », etc.; « Contes populaires », recueil. Œuvres d'éducation: « Lettres d'une vieille gouvernante »; « Esquisses d'éducation »; « Fragments d'éducation de soi-même ». Écrits pour la jeunesse: « Reflets de lumière », contes; « Auprès de la source »; « Sous le Tilleul »; « Paroles vivantes de l'ancêtre »; « Théâtres de marionnettes »; « La guerre des Amazones en Bohême », etc.

Poggi (Ulisse), poète et homme de lettres italien, proviseur provincial aux études, est né le 12 janvier 1829; il étudia à Florence, servit à l'armée toscane en 1848 et fut fait prisonnier par les Autrichiens. Après la guerre, il occupa une petite place chez l'éditeur florentin Le Monnier, et en 1859 entra dans l'enseignement. Nous avons de lui: « Affetti e fantasie », vers, « Scritti per fanciulli e giovinette »; « La grammatica del mio Felicino »; « La vita del dell'Italia »; « Fantasie dal vero », et les drames: « Gustavo Vasa » et « Cola Montano ».

Poggi (Vincent), écrivain italien, né, en 1858, à Caracas (Venezuela), de famille génoise; il étudia en Italie et fit son droit à l'Université de Gênes. Esprit indépendant, il s'occupe activement de recherches historiques aux environs du lac de Come; il réside dans cette dernière ville, où il est conservateur du Musée Communal. Ouvrages: « Alcune notizie intorno alla peste del 1630 in Como »; « Gli introduttori dell'arte della seta in Como »; « Saggio di un'opera inedita di Pantero Pantera, autore della celebrata opera l'*Armata navale* »; « Spinola a Como »; « Forestieri a Como ». M. P. travaille à recueillir les matériaux pour une biographie de l'illustre marin et écrivain maritime du XVIIe siècle, Pantero Pantera.

Pohl (Othon), historien et publiciste allemand, docteur en philosophie, né, le 31 août 1852, à Berlin, fit ses études au Gymnase et à l'Université de cette ville, fréquentant contemporanément les cours de philosophie et de théologie. Devenu docteur en philosophie à Goettingue, en 1880, et chargé, par la direction centrale de l'Institut archéologique allemand de Berlin, des études historiques sur l'Église, et particulièrement sur les anciens monuments du christianisme, il visita à cet effet l'Italie en 1880 et en 1887. Depuis 1887, il est chargé de la rédaction de la *Deutsche Evangelische Kirchenzeitung*. On lui doit : « Das Ichthys- Monument von Autun », Berlin, G. Nanck, 1880 ; « Die altchristliche Tresko- und Mosaik- Malerei », Leipzig, Heinrichs, 1888.

Poincaré (le docteur Léon), médecin français, professeur à la Faculté de médecine de Nancy, né, à Nancy, le 16 août 1828. Il fut nommé professeur de physiologie à l'École de médecine de Nancy en 1858, professeur d'hygiène à la Faculté de médecine de Nancy en 1879, Inspecteur de l'Hygiène publique dans la Région de l'Est en 1888. Principales publications : « Prophylaxie et géographie médicale des principales maladies tributaires de l'hygiène », in-8° avec 24 cartes en couleur, G. Masson, 1884 ; « Le Système nerveux central au point de vue normal et pathologique », leçons de physiologie professées à Nancy, 2me éd., mise au courant des travaux les plus récents, accompagnée de figures intercalées dans le texte, 2 vol., Baillière et fils, 1877 ; « Le système nerveux périphérique au point de vue normal et pathologique », leçons de physiologie professées à Nancy, avec figures intercalées dans le texte, in-8°, Baillière et fils, 1876 ; « Traité d'Hygiène industrielle à l'usage des médecins et des membres des Conseils d'hygiène », in-8° avec 209 figures intercalées dans le texte, Paris, G. Masson, 1886 ; « Recherches sur la nature et l'étiologie de la paralysie générale des aliénés », en collaboration avec M. le Dr Bonnet, in-8° avec planches coloriées. Divers mémoires sur les épidémies de fièvre typhoïde dans la ville de Nancy, sur les parfums artificiels employés dans les falsifications des vins, des liqueurs et des confitures, sur la valeur nutritive des poudres de viande, sur l'action tonique des conserves, sur le charbon, sur les effets physiologiques de l'alcool méthylique, de la nitro-benzine, de la térébenthine, du sulphure de carbone, des couleurs d'aniline, etc.

Poincelot (Achille), publiciste et conférencier français, né, à Cambrai, le 9 mai 1822. Il commença ses études dans sa ville natale et les termina à Paris. Dans le second volume de l'*Histoire d'un crime*, Victor Hugo a parlé avec éloge de la conduite de M. P. pendant les journées de décembre. En sa qualité de collaborateur du journal la *Révolution*, et non comme le dit Victor Hugo, en qualité d'ouvrier typographe, M. A. P. fit imprimer les proclamations qui appelaient le pays à la résistance contre le coup d'État, à la défense de la morale et de la loi. Le manuscrit de ces proclamations lui avait été confié dans la matinée du 3 décembre par Xavier Durrieu, rédacteur en chef de la *Révolution*. Depuis une dixaine d'années, M. P. a entrepris de répandre la philosophie pratique dans des conférences faites à la salle du boulevard des Capucines et toujours très suivies. Il avait débuté dans la carrière littéraire par une « Étude de l'homme », qui fut appréciée par Alphonse Violet, Amédée Pichot, Pascal Duprat, Alexandre Dufaï, Albert Aubert; etc. Peu de temps après, il fit paraître « Le Salut des travailleurs », brochure dans laquelle il émettait l'idée d'un hospice d'invalides civils. Depuis lors, il a collaboré, sous son nom et sous le pseudonyme de *Julien Lavergne* à la *Libre conscience*, à l'*Illustration*, au *Musée des Familles*, au *Nouveau Journal des connaissances utiles*, au *Magasin des demoiselles*, à l'*Écho de la Littérature et des Beaux-Arts*, etc. Il a été le directeur de la *Chronique* et du *Panthéon des femmes*. Il a publié un roman mélancolique et humanitaire, intitulé : « Valério » ; des comédies : « Les Caprices du veuvage » et « Les Girouettes » ; plusieurs nouvelles : « L'Amour aujourd'hui » ; « Entre deux coquettes » ; « Le Chapitre des regrets » ; « Le Bonheur du seigneur malheureux », etc. ; des études historiques sur Mme Roland et Mme de Staël et la « Philosophie nouvelle ».

Poinsignon (Maurice), professeur et littérateur français, né, à Metz, le 6 mars 1814. Ancien élève de l'école Normale Supérieure (1837), il occupa successivement une chaire de grammaire à Rodez, et la chaire d'histoire des collèges de Grenoble (1840) et Douai (1841). Il entra ensuite dans l'administration des lycées et remplit les fonctions de censeur des études à Angers (1849), à Saint-Étienne (1850-1852) et au Mans (1856). Après quoi, il fut appelé comme inspecteur d'Académie, à Montauban (1858), à Douai (1860) et à Châlons-sur-Marne (1861). M. P. a été nommé officier d'Académie en 1862, et officier de l'Instruction publique en 1872. Il est en retraite depuis 1877, et jouit de l'honorariat. Docteur ès-lettres en 1846, il a publié à cette époque les thèses suivantes: « Essai sur le nombre et l'origine des provinces romaines créées depuis Auguste jusqu'à Dioclétien », Paris, Joubart, 1846 ; « Quid, præcipue apud Romanos adusque Diocletiani tempora, Illyricum fuerit breviter disseritur », id., id., 1846. Il a donné depuis: La seconde édition français de « Richeri historiarum quatuor libri », avec traduction, notes, carte géographique et fac-simile du manuscrit de Richer., 1 vol.

Reims, Régnier, 1855; « Les origines de la société moderne ou histoire des quatre premiers siècles du moyen-âge », Reims, Régnier, 1856, Paris, Bray; « Géographie du département de la Marne », 1866, avec atlas en onze feuilles, gravées par Barbar, Châlons-sur-Marne; « Atlas cantonal de la Marne », en 31 cartes gravées par Erhard, Paris, 1874-1878; « Histoire générale de la Champagne et de la Brie depuis les temps les plus reculés jusqu'à la division de la province en départements », 3 vol., grand in-8º, 1885-1886, avec carte héliogravée de Sanson, 1692, Châlons-sur-Marne, Martin frères, Paris, Picard libraire, Rue Bonaparte, 82. Cette histoire est le premier ouvrage d'ensemble qui ait paru sur la province de Champagne.

Polanski (Pierre), écrivain de la Galicie russe, est né, en 1863, à Jablonka-Nizna; son père appartenait au clergé et sa mère, issue des Wenhrynowic, appartenait aussi à une famille de cette caste qui, dans la Galicie russe, forme la partie la plus intelligente de la population et que l'on peut considérer comme l'élite d'une société qui se meut dans un ambient tout à fait particulier. M. P. fit ses études à l'école normale de Drohobyck et au Gymnase de Sambov, passa ensuite au Séminaire *Kaiser-Josef* à Lemberg, où, en 1885, il devint docteur en théologie. Ses premiers ouvrages parurent sous le titre: « Karpatskij honcsar », lorsqu'il était encore au Séminaire, dans l'Almanach publié en 1885 par la *Kleinrussische Academische Verein* de Czernowitz dans la Bukovine, pour fêter la dixième année de sa fondation. Ce sont des contes qu'on lit avec le plus grand plaisir et que la critique a reconnus d'une facture assez belle. Il cultiva passionnément les langues étrangères, et en 1886 s'étant transféré à Vienne pour y séjourner quelque temps, il y publia: « Partizant »; retourné dans son pays natal, il écrivit une série de romans ayant pour sujet les scènes de la vie populaire galicienne dans les Carpathes, parus en 1888 sous le titre: « Karpathische Novellen », dans la *Russische Bibliothek*, éditée par Wolfgang Gerhard à Leipzig. Cette publication comprend aussi: « Neizhladimyj »; « Lisnyj Kobold »; « Strannyj hrobowyj duch » et « Marmariser Brantigam », dont les écrits ont conservé le caractère de l'ambient dans lequel il a passé toute sa jeunesse. M. P. est aussi auteur d'une autre série de contes qui ont pour sujet les scènes de la vie dans les Balkhans et dans les régions comprises entre le Danube et le Maritza. Nous en citons les titres: « Der Greis vorn Balcan »; « Bor Bosancie »; « Praksiteles vorn Frawna »; « Moldavesca »; on lui doit aussi: « Herr Raffinowic », comédie en 5 actes; « Ritter von Pantofob », id.

Polémis (Jean), poète hellène, né, à Athènes, en 1862; jeune poète de beaucoup d'avenir, ses vers sont élégants et pleins de verve. Il a pu-

blié en 1883 un « Recueil de poésies » et en 1888 un autre recueil sous le titre de « Chimonauthe ». M. P. est collaborateur de plusieurs revues littéraires de la Grèce.

Poletti (François), criminaliste italien, né, à Fara, le 1er juillet 1821, étudia d'abord à Vienne, puis à Padoue; en 1848, il prit part à la Campagne de l'Indépendance et en 1849 à la défense de Rome. Il émigra en Piémont où il publia plusieurs brochures politiques ou juridiques : « Chi risolverà la quistione italiana ? »; « La tutela penale »; « Contre la peine capitale »; « Dizionario storico-geografico e statistico d'Italia », 1855; « Storia della guerra d'Oriente », 1857, dont un seul vol. a paru. Il collabora à la *Ragione* de M. Ausonio Franchi (l'ex-abbé Bonavino rentré récemment dans le giron de l'Église); « La giustizia e le leggi universe di natura », 1864; « Criticismo e positivismo », 1866; « Sull'indole e limiti della filosofia positiva », 1870; « Saggio di logica positiva », 1874; « Legge dialettica dell'intelligenza », 1879; « Di una legge empirica della criminalità. Nota critica », 1882; « Il sentimento nella scienza del diritto penale. Primo appunto critico », 1882; « La persona giuridica nella scienza del diritto penale. Secondo appunto critico », 1886; « L'azione normale come fondamento della responsabilità dei delinquenti. Terzo appunto critico », 1888.

Polevoï (Pierre-Nicolaévitch), écrivain russe né à St.-Pétersbourg le 25 fév. 1839, fils du grand écrivain Nicolas P., lui-même ex-professeur à l'Université de Vursovie, auteur de la meilleure « Histoire de la littérature russe »; et de l'ouvrage classique « Histoire russe en monuments d'État du pays »; il est aussi l'auteur de quelques romans historiques.

Poli (le vicomte Oscar DE), littérateur français, président du Conseil héraldique de France, ancien préfet du Cantal, ancien zouave pontifical, d'une très ancienne famille du Comtat-Venaissin, fils cadet du comte de Poli, chef de bataillon au 21e de ligne, tué à Orléans dans une émeute en 1848, est né, à Rochefort, le 12 mai 1838. Il commença ses études au Collège militaire de la Flèche, et les acheva au Séminaire d'Orléans. Peu favorisé par la fortune, il se mêla d'abord à la petite presse et fut secrétaire d'un journal satirique. En 1860, il s'engagea dans le corps des Zouaves pontificaux, et reçut trois graves blessures à Castelfidardo. En 1865, il épousa Mlle de Choiseul-Gouffier, arrière petite-fille de l'ambassadeur de France à Constantinople sous Louis XVI, le célèbre comte de Choiseul-Gouffier. Lieutenant d'un bataillon de marche en 1870, M. de P. fut blessé dans la lutte contre la Commune. Il fut successivement nommé sous-préfet à Romorantin, à Pontivy (1873), à Roanne, enfin, à Abbeville. L'acte du 16 mai 1877 le porta au poste de préfet du

Cantal; sa révocation date du 19 décembre de la même année. En 1879, il fut l'organisateur du banquet vendéen de Challant. Jusqu'à la mort de M. le Comte de Chambord, M. Oscar de Poli fut un des orateurs les plus écoutés du parti royaliste, et il est peu de grandes villes de France où sa parole n'ait été applaudie: Paris, Lyon, Nantes, Rennes, Troyes, Laval, Saint-Quentin, Châteaudun, Arras, etc. Il est depuis longtemps président du Comité royaliste du XIVe arrondissement de Paris. Il a publié: « Lettres à un Campagnard », d'abord publiées par l'*Union;* « Récits d'un vieux chouan »; « Vaudouan », chronique du Bas-Berry; « Fleur de lys », grand roman historique; « Les Régicides », roman historique, 2 vol., Blériot et Gautier, 1884; « Le capitaine Phébus », 2 vol., id., id., 1885; « Histoire du bon vieux temps », id., id., 1885; « Les origines du Royaume d'Ivetot »; « Les Seigneurs de la Rivière Bourdet »; « Les Seigneurs et le château de Bethon », 1885. « L'ordre militaire de Saint-Jean de Jérusalem »; « Recherches sur le nom vulgaire de l'amphithéâtre Flavien », Didier, 1876; « Voyage au Royaume de Naples en 1862, de Naples à Palerme, de Paris à Castelfidardo »; « Ce que nous allons faire en Italie », 1867; « Souvenirs du bataillon des Zouaves pontificaux »; « Les Zouaves pontificaux »; « Les soldats du Pape », etc., etc. M. de P. a été le fondateur et le président du Comité international des Ordres Equestres Pontificaux, qui a eu l'honneur d'offrir à S. S. Léon XIII, à l'occasion de son jubilé sacerdotal, une des œuvres d'orfévrerie et de joaillerie les plus remarquées à l'Exposition Vaticane, et c'est en témoignage de sa satisfaction que le Saint-Pontife a daigné lui donner la plaque de Son Ordre de Saint-Grégoire-le-Grand. M. de P. a fondé le Conseil héraldique de France, auquel il préside et dont les travaux ont pour divise : — LABOR ET PROBITAS.

Polilà (Jacques), député, écrivain et journaliste grec, né, à Corfù, en 1829, publia la première édition des œuvres du poète Dionis Salomon, avec de très beaux prolégomènes. M. P. traduisit la « Tempête » de Shakespeare, et l' « Odyssée » d'Homère, et publia plusieurs mémoires et études dans les mœurs de son pays. Il ne fait pas usage, en écrivant, de la langue des savants, mais de la langue grecque vulgaire.

Politeo (Georges), homme de lettres italien, né, à Spalato (Dalmatie), en 1827. D'abord professeur à l'Université de Padoue lors de la domination autrichienne, puis à Mantoue sous l'administration italienne, nous avons de lui un ouvrage de critique: « Delle opinioni del Gioberti sull'Orlando Furioso », 1853; ensuite « Discorso di Marco Polo », 1868; « L'origine di una idea », et, enfin, deux rapports: « Le riforme dell'Istruzione secondaria »; « Asili e giardini froëbeliani ».

Politis (Nicolas), né, à Calamatta, le 31 (vieux style) mars 1852, étudia les belles-lettres aux universités d'Athènes et de Munich. En 1880, il fut chargé de mettre en ordre la riche bibliothèque du Parlement d'Athènes et d'en faire le catalogue; il y consacra trois ans. Tour-à-tour professeur de mythologie comparée (1882) à l'Université, chef du cabinet du Ministre de l'Instruction publique (1884), directeur de l'instruction secondaire, il publia des dissertations aux revues *Pandora, Estia* et *Parnassos*. En librairie: « Études sur la vie des grecs modernes », Athènes, 1871-74, ouvrage couronné; « Traité Mythologique de Gorgone », id., 1878; « Mythes populaires sur la meteorologie », 1880; « Sur le soleil », 1882; « Sur les maladies », 1883; « Prolusion au cours de mythologie grecque », 1882; « La chanson populaire du frère mort », 1885. M. P. a traduit en grec l'« Esprit nouveau » de Gracchini et refait l'ouvrage de Jacques Falke intitulé : « Ellas », 1886.

Polko (Élise), femme-auteur allemande, sœur du célèbre voyageur africain Édouard Vogel, fille de l'éminent pédagogue Charles Vogel, née, à Leipzig, le 31 janvier 1823, révéla bientôt un talent extraordinaire pour la poésie et pour la musique, demeura quelques années à Berlin et à Paris, chanta au théâtre de Francfort jouant les rôles de Pamina et de Zerlina (Mozart) et après son mariage avec l'ingénieur Polko à Minden, se retira à Wetzlar s'adonnant complètement à la littérature. Ses premiers ouvrages: « Musikalischen Märchen », Leipzig, 1852-72, 3me série, lui ont valu l'admiration du monde féminin allemand. Depuis 1887, ayant perdu son mari et son fils unique, elle vit à Hannover. On lui doit: « Sabbathfeier » Leipzig, 1858, 2e éd. 1874; « Faustina Hasse », id., 1860, 2e éd. 1870; « Neue Novellen », id., 1871-79; « Die Bettler-Oper », Hannover, 1864; « Schöne Frauen », Troppau, 1865-69; « Alte Herren », Hannover, 1866; « Verklungene Akkorde », id., 1866, 3me éd., 1873; « Auf dunkelm Grunde », Leipzig, 1869; « Plaudereien », Berlin, 1872; « Aquarell-Skizzen », Leipzig, 1874; « Im Fluge », 1877; « Kleine Bilder », 1879; « Von Herzen zum Herzen », 1879; « Blumen und Lieder », 1881; « Getrennt », 1882; « Unisonst », 1882; « Herzensfrühling », 1883; « Im Silberkranz », id.; « Neues Märchenbuch », 1884; « Ein Vergissmeinnichtstrauss », 1884. En outre, il nous faut citer: « Am Theetisch einer schönen Frau »; « Niccolò Paganini und die Geigenbauer »; « Dichtergrüsse »; « Am Stillen Heerd »; « Unsere Pilgerfahrt »; « Rosenzeit »; « La Belle France »; « In garden and fields »; « Königin Luise ».

Pollaci (Ægidius), agronome italien, né, à Pistoia, le 22 janvier 1829; il étudia à Florence et après la réforme de l'Université de Sienne (1859) il fut appelé à la chaire de chimie pharmaceutique; en 1871, il fut transféré à Pavie où il est chargé du même enseignement. M. P. qui actuellement dirige la publication des « Manuels sur l'altération des substances alimentaires » (Milan, Dumolard), a publié une foule de mémoires dont voici la liste complète: « Notizie enologiche al popolo », Sienne, Sordo-Muti, 1855; « Del modo di rendere più longeva e più produttrice la vita », Florence, Cellini, 1857; « Dei danni che derivano alla società dal soverchio disboscamento », id., id.; « Sul potere assorbente della terra arabile, e sul modo di agire delle radici delle piante a contatto dei materiali organici del suolo », Rocca S. Casciano, Cappelli, id.; « Sul movimento ascensionale e discensionale delle sostanze solubili nel suolo, e considerazioni relative (con figure) », Pise, Pieraccini, 1861; « Della maniera di agire dello zolfo sulla crittogama delle uve », id., id., 1862; « Analisi chimica dei vini della Provincia senese, seguita da nozioni pratiche sulla fabbricazione dei vini comuni, degli aleatici e dei vini santi (con 24 prospetti) », Sienne, Gati; « Due metodi semplicissimi per riconoscere la purezza dello zolfo da usarsi in agricoltura », id., Moschini, 1865; « Rapporto sugli ingrassi, fatto per commissione del Consiglio Agrario di Siena », id., Porri, 1865; « Sulla traspirazione dell'acido carbonico per le radici delle piante, e sull'applicazione di questo fenomeno alla loro nutrizione », Florence, Cellini, 1865; « Intorno all'uso del calore come mezzo d'invecchiare e conservare il vino », Sienne, Moschini, 1866; « Istruzioni puramente pratiche per preparare il vino rosso delicato e fino », id., id., id.; « Di un nuovo fenomeno osservato nella fermentazione delle uve », id., id., 1867; « Alcuni confronti fra la fermentazione pratica col metodo ordinario e quella eseguita tenendo le vinacce immerse nel liquido », id., id., 1869; « Di un fatto chimico, che rivela gli errori commessi nella ricerca del glucosio ed insegna il modo di ovviarli per l'avvenire », id., Meucci, 1869; « Metodi pratici per determinare la proporzione dello zucchero nei mosti, nei vini e in altre sostanze (scritti principalmente per coloro che non sono addentro nella chimica) », Pistoia, typ. Cino, id.; « Determinazione del glucosio e dell'acidità delle uve coltivate nella Provincia di Pavia » (Bollettino del Comizio Agrario Vogherese); « Della ragione per cui il zolfo uccide l'oidio della vite » (Rendiconti dell'Istituto Lombardo); « Questione d'Enologia » (Giornale Agrario Italiano), Forlì, 1876; « Sulla emissione d'idrogeno nascente dai vegetali » (Gazzetta chimica italiana), Palerme, 1876; « Sulla maturazione delle uve staccate dalla pianta » (id.), 1877; « Analisi chimica di n. 47 vini illustrativi dei vitigni (Bollettino del Comizio agrario di Voghera); « Nuovi fenomeni osservati nell'ingessamento dei vini e dei mosti (Rendiconti del R. Istituto Lombardo), Milan, 1878; « Nuovi fenomeni osservati nell'ingessamento dei vini e dei mosti (Parte II) » (Gazzetta Chimica Italiana, tom. IX, pag. 37), Palerme, 1879; « Sulla maturazione delle uve dopo la loro separazione dalla pianta » (Rivista di Viticultura ed Enologia), Coneglianco, 1879; « La teoria e la pratica della viticultura e della enologia », Milan, Dumolard, 1883; « Ricerca dell'acido solforico libero nei vini e negli aceti » (Gazzetta Chimica Italiana); « Nuove ricerche intorno all'ossidazione del zolfo, con cenni sul potere ossidante del così detto ossigeno atomico e dell'ozono » (Rendiconti del R. Istituto Lombardo); « Intorno ad alcuni ossidi metallici considerati come sorgenti di ossigeno fornito di caratteri chimici anche più energici di quelli dell'ozerco. Relative applicazioni » (Gazzetta Chimica Italiana); « Se basti lasciare il tino scemo e semplicemente coperto per impedire l'acetificazione delle vinacce » (Vinicolo Italiano); « Osservazioni di un articolo dell'avv. Pestellini, intitolato: Il mio modo di fare il vino »; « I vini gessati » (L'amico del contadino); « Intorno al modo di procedere della fermentazione e vinacce galleggianti » (id.); « La peronospora viticola ed i suoi rimedi », Milan, Dumolard frères; « Delle principali malattie della vite e dei mezzi per combatterle (con 39 fig.) », id., id., 1887; « Di un fatto chimico, il quale dimostra che il solfato di rame non può dalle uve passare nel vino che in tenuissima proporzione; con osservazioni, ecc. » (Rendiconti del R. Istituto Lombardo), Milan, 1887; « Aceto di vino », Milan, Dumolard frères, id.; « Sulla peronospora viticola », Turin, Guadagnini.

Pollock (Sir William-Frédéric), baronnet, né, à Londres, en 1815, fut élevé au *Trinity College* de Londres, occupa plusieurs charges dans la magistrature, contribua des articles fort remarqués aux revues: *Quarterly Review, Edinburg Review, Fraser's Magazine, Fortnightly, Nineteenth Century*, et publia en 1854 une traduction de la « Divina Commedia » en vers blancs, remarquable par sa fidélité.

Pollock (Frédéric), avocat et littérateur anglais, fils aîné du précédent, né, à Londres, le 10 décembre 1845, élevé à Eton et au *Trinity College* de Cambridge, professeur de *Common Law* à Londres (1884), de jurisprudence à *Corpus Christi* d'Oxford depuis 1883. Après avoir occupé la même chaire à l'*University College* de Londres (1882-83), il fut l'éditeur du *Law Quarterly Review* fondé en 1885, et bibliothécaire de l'*Alpine Club* de 1880. M. P. a publié les ouvrages suivants: « Principles of Contract », 4me éd., 1885; « Digest of the Law of Partnership », 4me éd., 1887; « Spinoza, his Life and Philosophy », 1880; « Essays in Jurisprudence and Ethics », 1882; « History of the Science of Politics » (au *Fortnighty Review*); « The Land Laws » (à l'*English Citizen series*) 2me éd., 1887;

« The Forms and History of the Sword » (aux *Proceedings of the Royal Institution*).

Pollock (Walter-Herries), poète et avocat anglais, frère du précédent, né, à Londres, en 1850, élevé à Eton et au *Trinity College* de Cambridge, éditeur de la *Saturday Review* (1884) a donné des conférences sur les poètes français réunies en volume sous le titre de « Lectures on French Poets », Londres, 1879. Citons encore: « The Poet and the Muse »; une traduction des « Nuits » d'Alfred de Musset, Londres, 1880; « Songs and Rhymes English and French », id., 1882; « The Picture's Secret », roman, 1883; « Verses of two Tongues », 1884; enfin, une édition de « On ne badine pas avec l'amour » et de « Fantasio », avec notes et introduction, Londres, Clarendon Press, 1884.

Polonsky (Jacques-Petrovitch), poète russe, né, le 18 décembre 1820, à Riazan, où il a passé son enfance et sa jeunesse. Ayant terminé en 1844 ses études à l'Université de Moscou, il a publié un volume de poésies, sous le titre de « Gammes », qui a été reçu avec bienveillance par le public et aussi par le célèbre critique Bélinsky. Plus tard, il a reçu le professorat au Lycée de Richelieu à Odessa. En 1846 ont été publiés 22 poèmes intéressants sous le titre de « Poèmes de l'année 1845 ». Il a été obligé d'abandonner Odessa pour prendre la rédaction de la gazette *Le Messager Trans-Caucasien* à Tiflis. Il y a écrit une masse de beaux poèmes historiques: « Lsazandare », recueil de ses compositions poétiques. Abandonnant Tiflis, et s'établissant à St.-Pétersbourg, il publia en 1855 les « Poèmes de Polonsky ». Il a voyagé en Allemagne et en Suisse. En 1858, il est retourné à St.-Pétersbourg, où il a été nommé secrétaire de la Censure étrangère. Après avoir eu publié en 1871 « Les gerbes », en vers et en prose, il s'établit à St.-Pétersbourg comme membre du Comité de la Censure étrangère. De temps en temps, il insère quelques unes de ses belles pièces de vers dans les meilleures revues russes.

Pomairols (Charles DE), poète français, né, à Villefranche-de-Rouergue (Aveyron), le 23 janvier 1843, a fait dans sa première jeunesse un voyage en Grèce; il a séjourné en Allemagne de 1867 à 1868; ses études faites alors se rapportaient surtout à la philologie et à la linguistique; il a publié trois volumes de poésies chez l'éditeur Lemerre: « La Vie Meilleure », 1879; « Rêves et Pensées », 1880, couronné par l'Académie Française »; « La Nature et l'Ame », 1887.

Pompei (Antoine-Eugène), magistrat français, né, à Calvi (Corse), le 11 mars 1844, fils de Jean-Antoine Pompei sous-préfet. Il commença ses études au Collège de Montreuil-sur-Mer (Pas-de-Calais), et les finit avec succès au Lycée de St.-Omer. Reçu licencié en droit à Aix-en-Provence le 16 août 1866, il prêta le serment d'avocat à Bastia le 24 décembre 1866. Il fut nommé le 8 mars 1868 membre de la Société d'agriculture, industrie, sciences et arts de Bastia. M. P. entra dans la magistrature le 7 février 1871, en qualité de substitut du procureur de la République à Corte (Corse). Il fut nommé procureur de la République à Corte le 18 juillet 1876, puis destitué sous le seize mai par décret du 6 juillet 1877. Il fut réintégré dans la magistrature, par M. Dufaure, comme procureur de la République à Grasse le 16 mars 1878. Il fut élu Conseiller général par le canton de la Porta (Corse), comme candidat d'opposition au seize mai, le 4 novembre 1877, mais ne fut proclamé que le 8 mars 1878 par le Conseil d'État. Nommé le 17 juillet 1880 procureur de la République à Rochefort-sur-Mer (Charente-Inférieure), il donna sa démission de Conseiller général en 1881 et fut réélu le 12 août 1883, puis nommé vice-président du Conseil général de la Corse le 10 septembre 1883. Il fut nommé avocat général à Montpellier le 15 septembre 1883. Le 20 septembre 1886 candidat à la présidence du Conseil général de la Corse contre M. Ceccaldi député, il obtint, comme son concurrent, 28 voix et ce fut le doyen d'âge du Conseil qui fut élu au second tour de scrutin. M. P. a prononcé deux fois le discours de rentrée à la Cour de Montpellier, savoir: le 16 octobre 1885: « Du rôle de la magistrature dans une République »; le 16 octobre 1888: « Observations sur le projet de réforme criminelle; des droits de la société vis-à-vis de l'individu ». M. P. a publié un certain nombre d'articles de politique ou de fantaisie dans les journaux suivants: *L'Observateur de la Corse* (1867); *L'Aigle de Corse* (1867-68-69); *Le Golo* (1869); *L'Observateur* (1870-1876); *Le Progrès* (1876-77); *Le Patriote* (1877). Tous ces journaux se sont publiés à Bastia ou à Ajaccio. Le 15 février 1870 il a fait paraître une brochure intitulée : « Réponse aux insinuations de M. Cecconi contre Pierre-Paul Pompei », pour défendre la mémoire de son oncle, ancien préfet attaqué dans la *Revanche*.

Pompiliu (Miron), homme de lettres roumain, professeur de littérature roumaine à l'école Militaire de Jassy, né en 1847, étudia au Gymnase hongrois de Nagy Varad et aux Universités de Bukarest et de Jassy. Nous avons de lui: « Balade populare », Jassy, 1870; « Antologia romănă pentru usul scoalelor secundare, editia II », id., 1887; « Poesüle Logofětului Konaki, editia II »; « In impreună lucrare cu printul Vogoride Konaki », id., 1888; « Studii si critice », dans la revue *Convorbiri Literare;* « Doine populare si poesii proprii », dans les journaux: *Familia, Albina Pindului, Traian* et *Convorbiri Literare.*

Ponte (Nicolas DA), professeur d'histoire et de géographie à la *R. Scuola Giulio* de Turin, né, à Bari (Pouille), le 26 janvier 1843, étudia les belles-lettres à Bari et à Naples, la philosophie, les mathématiques et les sciences naturelles à Aix-en-Provence et au grand Séminaire de Vals près le Puy (Haute-Loire), parcourut la carrière de l'enseignement lycéal et publia les ouvrages suivants : « Cosmografia », Bari, typ. frères Petruzzelli, 1878; « Corso di Geografia generale », id., Lepore, 1885; « I tempi preistorici », id., typ. Gissi e Avellino, 1885; « La civiltà dei popoli antichi in Oriente », Naples, Iovene, 1886; « Compendio di Geografia », id., id., 1887-88; « Sulla riva del Mediterraneo, arti, industrie e commercio », Turin, typ. frères Pozzo, 1889; « Nozioni di Geografia per le scuole tecniche », id., id., id.; et les brochures: « Ingegno e lavoro », 1884; « Garibaldi e i suoi tempi », 1885; « Il centenario di Gregorio VII », 1885; « Il 20 settembre e i Gesuiti », 1886; « A Giordano Bruno », 1889.

Pont-Jest (Léon-René DELMAS DE), né, à Reims (Marne), le 15 octobre 1835. Après avoir fait ses études au Collège de Reims, M. de P.-J. partit fort jeune pour les Indes et la Chine, où il voyagea jusqu'à son entrée dans la marine impériale comme aspirant auxiliaire. Il fit en cette qualité la campagne de Crimée, puis quitta le service pour se marier, et ce fut seulement en 1864, qu'il débuta dans les lettres à la *Revue Contemporaine* par des études de voyage. L'année suivante, évoquant les souvenirs de son séjour dans l'Extrême-Orient, il écrivit pour le *Petit Journal*: « Le Procès des Thugs », qui obtint un succès immense. Pendant plusieurs mois, ou ne rêva qu'étrangleurs, on se coiffa, on se cravata à la Thug et certains titres de ce fantastique récit, affichés sur les murs: (*Feringhea a parlé* entre autres) ont passé dans la langue politique. Après ce succès, M. de P.-J. entra au *Figaro* pour créer la chronique judiciaire qui aujourd'hui est rédigée dans tous les journaux. En dehors de ses chroniques au *Figaro*, au *Gaulois*, à la *Liberté*, l'œuvre de M. de P.-J. se compose d'une quarantaine de romans, dont nous citons les titres des plus favorablement accueillis par le public: « La Bâtarde »; « Les crimes d'un ange »; « Les mémoires d'un détective »; « Le n. 13 de la rue Marlot »; « La femme de Cire »; « L'araignée rouge »; « Les forçats innocents »; « Sang-Maudit »; « Divorce »; « Grain de Beauté »; « Aveugle »; « Le testament du baron Jean »; « Fieschi »; « Les Martyrs de la Nallo », etc. A l'occasion de la guerre franco-allemande, il s'embarqua sur la *Surveillante* comme historiographe de la campagne, et publia : « Les escadres françaises dans la Baltique en 1870 ». De retour de la Baltique, il publia en Angleterre une brochure hebdomadaire *La Fronde*, que la république ne lui a jamais pardonnée. Ses romans peuvent être mis entre toutes les mains, son réalisme n'est jamais grossier, ses pages les plus passionnées n'éveillent jamais une pensée malsaine. C'est en réalité un des romanciers les plus féconds, les plus traduits et les plus populaires d'aujourd'hui.

Pontois (Jean-Félix-Honoré), magistrat et littérateur français, est né, à Thouars (Deux-Sèvres), le 26 juillet 1837. Après avoir fait ses études à Poitiers et son droit à Paris, il entra en 1859 au ministère de la justice en qualité de rédacteur. Il quitta le ministère de la justice pour la magistrature en 1868. Il a occupé successivement les fonctions de juge au tribunal d'Annecy, de juge d'instruction à Alger. Il a été conseiller à Alger, conseiller à Bourges, président du tribunal de Tunis; il est actuellement président à la cour de Nîmes. Il est officier d'Académie, grand officier du Nicham Iftikar. M. P. a publié : « Les petits-fils de Tartuffe », 1 vol., Librairie nouvelle, 1864; « Projet d'organisation judiciaire et réforme du code d'instruction criminelle et du code pénal », brochure, Cotillon, 1871; « La conspiration du général Berton », étude politique et judiciaire sur la Restauration avec de nombreux documents inédits et un portrait du général, 1 vol. grand in-8°, Dentu, 1877; « Libres pensées », Alger, 1880. Il a publié plusieurs romans, parmi lesquels il faut citer: « Les crimes extraordinaires »; « Le Policier-Violée ». Des pièces de théâtre: « Les Hannetons » au théâtre du Luxembourg; « 10 minutes d'arrêt » au théâtre de Beaumarchais; Un ballet: « La Vision », en collaboration avec Méry; « La robe de chambre de Diderot », à la Comédie française, en collaboration avec Edmond Thiaudière.

Ponzio-Vaglia-Faccanoni (Valérie), femme-auteur italienne, né, à Turin, demeurant à Padoue. On doit à sa plume les meilleures traductions des tous les romans de H. Gréville, et d'autres de l'allemand et de l'espagnol. Elle a aussi écrit un petit livre pour les enfants: « Alcuni animali veduti da vicino », qui a eu un prix d'honneur donné par la *Società Zoologica Lombarda*.

Popelin (Claudius), peintre et poète français, né, à Paris, en 1825, s'est acquis une juste célébrité par des peintures sur émail, représentant, avec une remarquable exactitude historique, des portraits et des allégories. Il est l'auteur d'ouvrages spéciaux fort estimés sur l'art de l'émail et sur l'art du potier. Il a publié, chez Lemerre, en 1875, un volume de vers : « Cinq octaves de sonnets ».

Popescu (Jean), écrivain roumain, professeur de philosophie et de pédagogie au Séminaire oriental de Hermanstadt (Siebenbürgen), membre du *Metropolitan Consistorium* de l'Église orientale hongroise et de Siebenbürgen, membre correspondant de l'*Academia Romana* de Bucarest, membre de la *Verein für wissenschaftliche Pedagogik in Deutschland*, né, en 1831, à Catia (Siebenbürgen), fit ses premières études aux Gymnases et Lycées de Udvarhely, Kronstadt, Hermannstadt et Blasendorf. Passé à Leipzig (1859), il étudia à l'Université sous la direction des éminents professeurs MM. N. Drobsch et F. Ziller, s'adonnant presque exclusivement à la philosophie et à la pédagogie. Rentré dans son pays natal, il fut reçu comme professeur au Séminaire. On lui doit: « Organul pedagogic », publié en 1864, en douze brochures. Cette publication a toujours été considérée comme une des meilleures du genre : « Computul in scola populara », 1875, une nouvelle méthode pour l'enseignement de l'arithmétique; « Compendiu de Pedagogia », à l'usage des maîtres et des élèves; « Anteia carte de lectura si invetiatura pentru Scôlele populare »; « A dona Carte de lectura si invetiatura pentru Scôlele populare ». Ces deux livres de lecture, qui ont eu l'honneur et le mérite de sept éditions sont les meilleurs ouvrages modernes de la bibliothèque scolastique roumaine. La publication la plus importante de M. P. est, sans contredit, sa « Psichologia empirica », publiée en 1881 et réimprimée en 1887. Cet ouvrage est regardé comme un des bijoux de la littérature didactique roumaine et comme un des plus choisis du genre.

Popp (Caroline BROUSSART, veuve), journaliste et romancière belge, née, à Binche, en 1808. Sa famille appartenait à la noblesse d'épée : le lieutenant-général baron Broussart et le colonel chevalier Broussart se distinguèrent au cours des guerres du premier empire. Mlle C. B. épousa M. Popp, un ingénieur-géographe à qui la Belgique doit un excellent « Atlas parcellaire cadastral » et qui fonda le *Journal de Bruges* dont, après la mort de son mari, Mme veuve Popp conserva la direction: elle est depuis cinquante-trois ans le rédacteur en chef de ce journal, l'un des organes estimés de l'opinion libérale. En outre, elle a collaboré ou collabore encore à l'*Office de Publicité* - où ses « Lettres brugeoises » sont signées CHARLES, - à l'*Illustration nationale*, à l'*Illustration européenne*, etc., et elle a écrit pour « La Belgique illustrée » le chapitre intitulé: « Ostende, Blankenberghe, Heyst, Damme ». Enfin, nous avons d'elle en librairie des livres pleins de charme: « Nathalie »; « Récits et légendes des Flandres »; « Contes et nouvelles »; « Paysages flamands et wallons »; « La tête de fer ». Mme veuve Popp a vu ses meilleures pages traduites en flamand, en anglais et en allemand; ses confrères de la presse belge ont fêté, en 1887, par une touchante manifestation, son cinquantenaire de journaliste; le gouvernement français lui a envoyé les palmes académiques; et le Roi des Belges l'a nommée chevalier de l'ordre de Léopold.

Porena (Philippe), homme de lettres italien, professeur de géographie aux Instituts techniques, né, à Rome, en août 1839, docteur en philosophie en 1859, en droit en 1863, professeur d'histoire et géographie en 1860. Nous avons de lui une série d'ouvrages très remarquables, dont une partie insérée au *Bulletin de la Société géographique italienne*, à l'*Archivio Storico Italiano* et autres revues spéciales : « La decadenza dell'agricoltura presso i Romani », Rome, 1869 ; « Le principali scoperte geografiche », Milan, 1871 ; « Sulla storia della città di Roma nel Medio Evo » (*Rivista Europea*), 1872 ; « Del Nilo e delle sue sorgenti », Rome, 1873 ; « Due parole in difesa di Cola di Rienzo », id., id.; « Breve compendio della Storia d'Italia nel Medio Evo », id., 1874, 2me éd., 1879 ; « Itinerario di Roma e suoi dintorni di Antonio Nibby, corretto e ampliato secondo le ultime scoperte e gli studii più recenti », id., 1877 ; « Le esplorazioni di Emilio Holub nell'Africa Meridionale » (*Bollettino della Società Geografica Italiana*), 1881 ; « Di Pasquale Adinolfi e delle sue opere » (*Archivio Storico Italiano*), 1882 ; « L'opera del barone di Richtofen nella Cina » (*Bollettino della Società Geografica Italiana*), id.; « L'Orbis pictus di Agrippa », Rome, 1883 ; « Sulle ragioni geografiche della Storia Romana » (*Bollettino della Società Geografica Italiana*), 1884 ; « Sulle condizioni odierne dell'Abissinia » (id.), id.; « La scienza geografica secondo le più recenti dottrine (*Nuova Antologia*), 1885 ; « Sul deperimento fisico della regione italiana » (*Bollettino della Società Geografica Italiana*), 1886 ; « La Geografia italica del Nissan » (id.), id.; « Manuale di Geografia moderna ad uso degli Istituti tecnici », Milan, id.; « La collezione di carte nautiche di T. Fischer » (*Bollettino della Società Geografica italiana*), 1887 ; « La Geografia in Roma e il Mappamondo Vaticano » (id.), 1888 ; « L'America Anglo-Sassone » dans l'ouvrage *La Terra*, dirigé par le prof. Marinelli, Milan, 1888-89.

Porret (Charles), professeur et publiciste suisse, né, en 1845, à Pesenz dans le Canton de Neuchâtel, embrassa la carrière théologique et fut, après un court séjour à Tubingue, appelé en 1865 à professer la philosophie à Neuchâtel devant les étudiants du gymnase. Admis en 1870 dans le clergé de l'Église nationale vaudoise, il exerça les fonctions pastorales à l'Abaye dans la Vallée du Lac de Zoug jusqu'en 1873, époque à laquelle la Commission synodale de l'Église libre lui confia à Lausanne la chaire d'homilétique et d'exégèse pour le Nouveau Testament. M. C. P. est surtout connu dans le monde théologique de la Suisse romande par sa fidèle collaboration au *Chrétien Évangélique*, dont, en 1877, après la retraite de M. Paul Burnier, il est devenu l'un des directeurs. Parmi ceux de ses articles qui ont été tirés à part, nous indiquerons : « Rapports et différences entre le Christianisme évangélique et le Christianisme libéral », 1872; « La notion du ministère dans le Nouveau Testament », 1875. M. C. P. a également édité le « Sabbat juif et le dimanche Chrétien d'après le manuscrit de Vinet », 1877.

Porret (James-Alfred), prédicateur et publiciste suisse, né, le 4 septembre 1843, à Boudry dans le Canton de Neuchâtel, fit ses études théologiques à l'Académie de Lausanne et à l'Université de Tubingue, entra dans le ministère actif et remplit successivement les fonctions de suffragant à Boudry (1867) et à Morges (1869), de pasteur titulaire à Provence dans le Jura vaudois (1871) et à Lausanne (1878). L'Union évangélique de Genève l'a appelé tout dernièrement, en 1889, à son service en qualité de pasteur auxiliaire. M. A. P. compte dans la Suisse romande parmi les adversaires les plus brillants et les plus passionnés du protestantisme libéral. Outre un volume de « Sermons » (1880), nous possédons de lui: « Le Boudha et le Christ, fatalité ou liberté », 1879; « La Joie de Noël », 1879; « Vie ou Mort, discours à des catéchumènes », id., 2ᵐᵉ éd., 1880; « L'Être infini doit-il être conçu comme personnel ? », 1881; « Un miracle au XIXᵉ siècle », id.; « Les devoirs du fidèle envers son église », 1884; « John Bunyan », id.; « L'insurrection des Cévennes (1702-1704), avec des notes et un appendice », 1886. La collaboration de M. A. P. est, depuis longtemps, acquise à la *Bibliothèque Universelle*, au *Chrétien Évangélique* et surtout au journal *Évangile et Liberté* qui le compte depuis sa fondation parmi ses directeurs.

Port (François-Célestin), archiviste français, né, à Paris, le 23 mai 1828, licencié ès-lettres, archiviste de Maine-et-Loire depuis 1854. Il a débuté par la découverte et la publication dans la *Bibliothèque des Écoles des Chartes*, de « Six lettres inédites de Pierre Corneille ». Sa thèse: « Essai sur l'histoire du commerce maritime de Narbonne », Angers, 1854, obtint une médaille d'or au Concours des Antiquités nationales. Il a publié ensuite: « Inventaire analytique des archives anciennes de la Mairie d'Angers », Paris, 1861; « Inventaire analytique des archives anciennes de l'hôpital St.-Jean d'Angers », Angers, 1870; « Cartulaire de l'hôpital St.-Jean d'Angers », id., id.; « Bibliothèque Angésine », id., 1868; « Le livre de l'évêque Guillaume Le Maire », 1874; « Statuts des quatre facultés de l'Université d'Angers », Angers, 1878; « Notes et notices Angésines », id., 1879; « Souvenirs d'un nonagénaire », 1880; « Les artistes Angésins », Angers, 1881; « Questions angésines », id., 1884; « Dictionnaire historique, biographique et géographique », id., 1869-78, couronné; « Itinéraire de Paris à Angers », Paris, 1867. M. P. a collaboré à diverses publications, citons: l'« Histoire de France » de Bordier et Charton; « Prologues d'ouverture », pour le *Théâtre* d'Angers, etc. Il est membre de plusieurs académies, et a publié récemment: « La Vendée Angésine »; « Les origines »; « L'insurrection », Paris, Hachette, 1888-90, œuvre écrite uniquement d'après les documents originaires, inédits et inconnus et qui renouvelle absolument cette histoire jusqu'à ces jours.

Porta (Vincent), éditeur italien, a fondé, à Plaisance, en 1854, une maison de librairie, couronnée à plusieurs expositions; il est aussi co-propriétaire de l'imprimerie Marchesotti et Cⁱᵉ qui exerce depuis 1868.

Portal (Emmanuel), poète italien, issu de la famille provençale des barons P., né, à Palerme, en 1864, ingénieur diplomé par l'École Royale d'application de Palerme. Il publia en 1889 « Appunti letterari » et « Versi e fantasie », volumes de vers. Une étude sur « La poésie provençale », insérée aux: *Appunti letterari*, mit en relation suivie avec MM. Mistral, Roumanille, De Berluc, Perussis, etc. Il devint alors près des Italiens, l'interprète du *félibrige*, et publia: « Saggi poetici. Mireio », 1890; « Pel centenario di Beatrice », 1890; « Il brindisi dei provenzali », 1890. En préparation « Studio sulla letteratura provenzale moderna »; « Nuovi canti e versi provenzali ».

Portioli (Attilius), historien italien, né, à Scorzarolo, le 5 juin 1830, entra dans les ordres après les études nécessaires, les quitta ensuite et publia les ouvrages suivants : « Quattro documenti d'Inghilterra ed uno di Spagna », Mantoue, 1868; « I Gonzaga ai bagni di Petriolo », id., 1869; « La Chiesa di Sant'Antonio in Mantova », 1870; « Nuovi documenti su Girolamo Savonarola » (*Archivio Storico Lombardo*), 1874; « Monumenti a Virgilio in Mantova », 1877; « La morte di Jacopo Piccinino », 1878; « Un episodio della guerra dei trent'anni », 1879; « La fuga di F. Orsini dal Castello di Mantova », 1870; « La Madonna della Vittoria di Andrea Mantegna », 1873; « Carte e memorie geografiche in Mantova », 1875; « Relazione degli acquisti fatti dal Museo Civico di Mantova negli anni 1864-65-66-67-68-69-70 »; « Catalogo e classificazione dei conii della zecca di Mantova », 1871; « Appunti sulla zecca mantovana », 1868-70; « Le zecche ossidionali di Mantova del 1796 e 1797 », 1869; « I conii di Trivulzio », 1871; « La giornata di Caravaggio ed i sigilli di Lodovico Gonzaga », 1871; « Lo scudo d'oro di Carlo di Solferino », 1873; « La zecca ossidionale di Brescia del 1515 », id.; « La zecca di Federigo II Gonzaga a Casale di Monferrato », 1874; « Il Medagliere dei Marchesi di Bagno », 1875; « Scoperte paleontologiche al Fornasetto presso Mantova », 1876; « Storia della zecca di Mantova », 1880; « La spia d'Italia, 1883; « Le vicende di Mantova nel 1796 », id.; « Le Corporazioni artiere e l'Archivio della Camera di commercio di Mantova », 1884; « Lo statuto dell'Università maggiore dei Mercanti di Mantova », 1887, plusieurs études historiques dans les *Atti dell'Accademia Virgiliana* et dans l'*Archivio Storico lombardo*. Depuis 1882 M. P. soigne l'édition complète des œuvres macaroniques de Merlin Coccai, imprimée par sMondovì de Mantoue

Portis (Alexandre), naturaliste italien, professeur de géologie à l'Université de Rome, est né, à Turin, le 17 janvier 1853, a étudié à l'Université de Turin, où il fut reçu docteur ès-sciences naturelles en 1875, à Goettingue (1875-77), à Munich (1877-78), à Bâle (1878), à Paris (1879), époque où il fut nommé professeur libre de paléontologie à l'Université de Turin. Ce jeune savant a reçu de son gouvernement des missions importantes, et a publié une quantité remarquable de mémoires dont nous donnons la liste complète: « Ueber fossile Schildkröhten aus den kimmeridge von Hannover », *Paleontographica*, Cassel, 1878; « Ueber die Osteologie von Rinoceros Merckii, und über die diluviale säugethier. Fauna von Zanbach », id., id., id.; « Di alcuni fossili terziari del Piemonte e della Liguria appartenenti all'ordine dei chelonii », *Mémoires de la Royale Académie des Sciences* de Turin, 1881; « Intorno ad alcune impronte eoceniche di vertebrati, recentemente scoperti in Piemonte », id., 1879; « Sui terreni stratificati di Argentera », id., 1881; « Nuovi studi sulle tracce attribuite all'uomo pliocenico », 1883; « Nuovi chelonii fossili del Piemonte », id., id.; « Il Cervo della Torbiera di Trana », id., id.; « Il Calcare del monte Tabor, Valle di Susa », id., id.; « Contribuzioni alla ornitologia italiana », id., 1884 et 1887; « Catalogo ragionato di Talassoteri fossili nei terreni terziari del Piemonte e della Liguria », 1885; « Appunti paleontologici », id., id.; « Bibliographie géologique et paléontologique de l'Italie », Bologne, Zanichelli, 1881; « Guide aux collections de l'Institut géologique de Bologne », id., Fava e Garagnani, id.; « Les cheloniens de la molasse Vaudoise conservés dans le Musée géologique de Lausanne » (*Mémoires de la Société paléontologique suisse*), Genève, 1882; « Carta geologica delle Alpi marittime tra il Monteviso e la Contea di Nizza », 1883; « Carta geologica della regione Collina compresa in Provincia di Torino », id.; « Sulle condizioni geologiche della collina di Torino », Turin, 1885; « Sulla vera posizione del calcare di Gassino nella collina di Torino » (*Bollettino del Regio Com. Geol. d'Italia*), Rome, 1886; « I Chelonii quaternari del bacino di Leffe in Lombardia », id., 1887; « Sui terreni attraversati dal confine franco-italiano nelle Alpi Marittime », id., id., 1888; « Sulla scoperta delle piante fossili carbonifere di Viozène nell'Alta Valle del Tanaro », id., id., 1887; « Sul modo di formazione dei conglomerati miocenici della Collina di Torino », id., id., 1888; « Nuove località fossilifere in Val di Susa », id., id., 1889; « Di alcuni gimnodonti fossili italiani », id., id., id.; « Letture di storia naturale per le scuole elementari di Roma », Rome, Loescher, 1889; « Gli ornitoliti del Valdarno Superiore, ecc. », id., 1890.

Posada-Arango (André), médecin, naturaliste et écrivain colombien, né, à Medellin, en février 1839, fut reçu docteur à l'Université de Bogota en novembre 1859, et servit à l'armée nationale comme chirurgien et prit part aux batailles de Segovia, Soubachoque, Ousaquen et à la défense de Bogota. De 1868 à 1871, il voyagea en France, Angleterre, Espagne, Suisse, Italie et Palestine, et à son retour fut nommé professeur de sciences naturelles à l'Université de Medellin; il exerce aussi avec succès la médecine. M. P.-A., qui est membre de plusieurs Sociétés savantes d'Europe et d'Amérique, a publié: « Viaje de America à Jerusalem, tocando en Paris, Londres, Roma y Egipto », 1869; « Lecciones de Astronomia »; « Mémoire sur le poison des rainettes des sauvages du Chaco », 1869; « Essai ethnologique sur les sauvages de l'État d'Antioquia en Colombie », 1871. Nous avons aussi de lui beaucoup d'articles scientifiques épars dans les revues et journaux suivants: *La Caritad*, *La Societad*, *El papel periodico*, *El pabellon medico*, *Les Archives de médecine navale*, *L'abeille médicale*, *La Gazette des Hôpitaux*, *Le Dictionnaire encyclopédique des Sciences médicales*.

Potehin (Alexis), romancier russe, né en 1829. Nous avons de lui plusieurs nouvelles, entr'autres: « Les amusements d'une petite ville »; « La paysanne de Kazan »; « Frère et sœur »; « Le noble pauvre »; « Près de l'argent »; « La malade »; « Les jeunes desertions »; « Les sangsues du peuple dans la campagne »; « Ivan et Marie »; « La gâtée »; « Les enfants du peuple » et le drame « Près de l'argent », tiré du roman du même titre.

Potter (Agathon-Louis DE), publiciste et médecin belge, né, à Bruxelles, le 11 novembre 1827. Il collaboré aux journaux suivants: *Le Crédit à bon marché* (Bruxelles), *La Gazette de Mons* (id.), *L'Observateur belge* (id.), *L'organe de Mons* (id.), *La Revue trimestrielle* (id.), *La Tribune du Peuple* (id.), *Le Peuple* (id.), *La voix de l'Ouvrier* (id.), *La Chronique* (id.), *La Revue de Belgique* (id.), *La Philosophie de l'avenir* (id.), *L'Ordre social* (Paris et Zurich), *La Tribune* (Bordeaux), *La Société nouvelle* (Bruxelles). M. A. de P. a publié les ouvrages suivants: « La Science sociale, d'après Colins et de Potter », brochure (épuisé); « Du Paupérisme », brochure (épuisé); « La Logique », brochure; « La connaissance de la vérité », brochure; « Qu'est-ce que la guerre et la paix? », examen de l'ouvrage de Proudhon sur la guerre et la paix, brochure; « De la propriété intellectuelle et de la distinction entre les choses vénales et non vénales. Examen des Majorats littéraires de P.-J. Proudhon », brochure; « De l'instruction obligatoire comme remède aux maux sociaux. Mémoire soumis à l'examen de l'Académie royale de Belgique », 1 vol., in-12º; « Économie sociale », 2 vol., in-12º; « M. Poulin et le socialisme rationnel », brochure; « Résumé de l'économie sociale d'après les idées de Colins », 1881; « La propriété foncière *individuelle absolue* et la propriété foncière *collective sociale*, réfutation de M. P. Leroy-Beaulieu », 1882; « La peste démocratique », 1884.

Potvin (Charles), l'un des plus vigoureux esprits et des meilleurs prosateurs de la Belgique contemporaine, et le plus grand de ses poètes. Né, à Mons, le 2 décembre 1818, M. P. a consacré toute sa vie à la libre-pensée, à la démocratie et aux lettres; il est aujourd'hui conservateur du Musée Wiertz, à Bruxelles, professeur d'histoire générale des lettres et d'histoire des lettres en Belgique aux cours publics organisés par la municipalité de cette ville; membre de l'Académie royale de Belgique, de la Société des sciences, des arts et des lettres du Hainaut, etc. Ancien directeur de la *Nation* (1850), fondateur de la *Belgique démocratique* (1850) et des *Tablettes de l'ouvrier* (1852), l'un des directeurs-fondateurs de la *Revue de Belgique* (1869), il a écrit, en outre, dans la *Tribune*, le *National*, la *Gazette de Mons*, le *Précurseur*, le *Télégraphe*, le *Bulletin du bibliophile belge*, la *Revue trimestrielle*, la *Revue Britannique*, la *Revue universelle*, la *Revue de France*, la *Revue de Paris*, la *Revue philosophique et religieuse*, la *Libre-Recherche*, la *Religion laïque*, le *Journal des jeunes mères* de Paris, etc.; l'on trouve encore des études et des poésies de lui dans les *Bulletins* de la Libre-Pensée de Bruxelles, de la Ligue belge de l'enseignement, de la Commission d'histoire dans les *Bulletins* et l'*Annuaire* de l'Académie royale de Belgique, dans les Comptes-rendus des Congrès, et il est peu d'auteurs belges dont les œuvres aient été aussi fréquemment récompensées dans les concours, dont les meilleures pages aient été aussi souvent reproduites dans les chrestomathies et traduites à l'étranger. Nous n'avons point la prétention de dresser ici la liste complète des publications de M. P.; bornons-nous aux indications essentielles. Au poète, on doit surtout un début anonyme, « Poésie et amour », Bruxelles, 1838; un pastiche publié en 1848, « Béranger à Manuel », et qui fut attribué en effet au chantre de Lisette; des recueils intitulés: « Poèmes politiques et élégiaques », Bruxelles, 1849, « Le chansonnier belge », id., 1850, « Satires et poésies », id., 1852, « Marbres antiques et crayons modernes », id., 1862, « Patrie », id., id., « En famille », id., 1862-1872, « L'art flamand », id., 1867, « Les contes de Mme Rose », Verviers, 1879 (anonyme), « Essais de poésie populaire », id., id. (en collaboration avec F. Frenay); le « Roman du Renard », mis en vers, id., 1861; et des poèmes remarquables: « La Vapeur », id., 1854, « Le Soleil », id., 1855, « La Belgique », id., 1859, « La patrie de 1830 », id., 1880. L'auteur dramatique nous a donné des drames superbes comme « Jacques d'Artevelde », « Les Gueux », « La mère de Rubens », et des comédies exquises comme « L'homme de génie »: on trouvera ses meilleures pièces dans les « Essais de littérature dramatique », qu'il a fait paraître à Bruxelles en 1880. Le démocrate, le libre-penseur, le philosophe se retrouve dans une suite de brochures pleines de force publiées à partir de 1846 et signées tour-à-tour *Un Béotien*, *Un Belge*, *Dom Jacobus*; dans « L'Église et la morale », Bruxelles, 1858-1859 (publié sous le pseudonyme *Dom Jacobus*); dans « Le livre de la nationalité belge », id., id. (signé du même pseudonyme; une édition augmentée a paru en 1861 sous ce titre: « L'Europe et la nationalité belge »); dans « Le jubilé du faux miracle », id., 1870 (signé *Dom Liber* et réimprimé deux fois; l'édition définitive date de 1874 et porte pour titre: « Le jubilé du faux miracle du Saint-Sacrement à Bruxelles »); dans les « Tablettes d'un libre-penseur », id., 1879 (signé *Dom Jacobus*); et jusque dans un excellent ouvrage populaire, « Du gouvernement de soi-même », Verviers, 1877. L'érudit, l'historien, le critique a édité pour la Société des bibliophiles belges les « Panégyriques des Comtes de Hainaut », Mons, 1862, la « Bibliographie de Chrestien de Troyes », id., 1863, et le grand poème même de celui-ci, « Perceval le Gallois », et pour l'Académie royale de Belgique les « Œuvres de Ghillebert de Lannoy », Bruxelles, 1878; il a publié, « Albert et Isabelle », id., 1861 (un chef-d'œuvre resté malheureusement inachevé), « Nos premiers siècles littéraires », id., 1870, « Le génie de la paix en Belgique », id., 1871, « De la corruption littéraire en France », id., 1873 (livre qui fit grand tapage), « Les Artevelde », Verviers, 1885; et il a tracé un tableau complet de l'histoire des lettres en Belgique dans la « Patria Belgica » et dans un autre grand ouvrage collectif, « Cinquante ans de liberté », Bruxelles, 1880-1882. M. P. a concouru, en outre, par des préfaces, des études très-fouillées, à la publication de l'« Œuvre littéraire » d'Antoine Wiertz, 1869, de « La science de la paix » de Louis Bara, 1872, des « Œuvres choisies » de Max. Veydt, 1873, de « L'isthme américain » de Félix Belly, 1889. Enfin, avec sa seconde femme, née Louise Pfeiffer, il a fait paraître, sous le pseudonyme collectif de *Guillaume*

Chantraine (voyez ce nom): « Le tournesol », Bruxelles, 1883; « Contes modernes pour enfants », id., id.; « Quelques pages des maîtres conteurs allemands », Verviers, 1885. — M. P. a écrit un jour ces fières paroles, que ratifiera certes la postérité et qui seront la meilleure conclusion de cette notice: « J'ose dire que j'ai « mis dans mes œuvres une part de moi-même « et rien autre, cédant au besoin de vivre par « la pensée et le sentiment, dans mon pays et « dans mon époque; de servir, de chanter la « famille moderne, la patrie et la civilisation « démocratique, sans avoir jamais en vue un « succès, un honneur ou un lucre ».

Pouget de Saint-André (Joseph-Henri), avocat français, né, à Paris, le 10 décembre 1858, membre de plusieurs sociétés savantes et avocat à la Cour d'appel à Paris, a publié: « La Colonisation de Madagascar sous Louis XV », Paris, librairie Challamel, 1886.

Pougin-Paroisse (François-Auguste-Arthur, connu sous le nom d'ARTHUR POUGIN), historien et critique musical français, est né, à Châteauroux (Indre), le 6 août 1834, fils de comédiens de province qui voyageaient sans cesse pour l'exercice de leur profession, il commença dès l'âge de sept ans l'étude de la musique avec sa mère, et ne connut jamais d'autre professeur de solfège. En 1846, le jeune musicien entra au Conservatoire, où il suivit le cours de MM. Alard et Guérin. Il trouvait encore le moyen de se livrer sans maître à certaines études littéraires. Il débuta, en 1859, par un travail historique: « De l'origine de la gamme et des noms des sept notes qui la composent ». Ce travail fut suivi par une série d'études biographiques sur divers musiciens français du dix-huitième siècle: André Campra, Duri, Mouret, Mondonville, Martini, Della Maria, Gresnich, Floquet, Dezèdes, Devienne, etc. En 1860, M. P. entra comme rédacteur politique à l'*Opinion Nationale* qui venait de se fonder. Préoccupé surtout, en musique, de l'art français, il écrivit des livres importants sur Rameau, Boïeldieu, Adolphe Adam, Albert Grisar, etc. Devenu successivement le collaborateur de plusieurs journaux de musique: *Le Ménestrel*, *La France musicale*, *L'Art musical*, *Le Théâtre*, il publia dans ces journaux des études sur F. Halévy, sur Meyerbeer, Rossini, Bellini, Léon Kreutzer, Mercadante, Pedrotti, Cagnoni, etc. En dehors de ces travaux historiques, il avait été chargé de la critique musicale courante dans divers feuilles littéraires: *Le Figaro programme*, *Le Camarade*, *Paris illustré*, etc. En même temps, Pierre Larousse lui avait confié tout ce qui concernait la musique dans son « Grand dictionnaire universel du XIXe siècle ». C'est lui qui, à partir du mot: « Chants populaires », a donné tous les articles historiques, techniques, encyclopédiques et didactiques relatifs à la musique. En 1871, M. A. P. prit possession du feuilleton musical du *Soir*. C'est là qu'il mit en lumière la jeune école française: MM. J. Massenet, George Bizet, Léo Délibes, Émile Pessard, Ernest Guéraud, Théodore Dubois, Charles Lenepveu, Édouard Lalo, Carles Lecoq, etc. M. A. P. fit aussi la critique musicale à la *Tribune*, à l'*Événement* et au *Journal Officiel*. Il n'en continuait pas moins dans le *Ménestrel* et la *Chronique musicale*, ses travaux historiques, plus tard réunis en volumes: « Figures d'opéra-comique »; « Les vrais créateurs de l'opéra-français ». Pendant trois ans (1866-67-68), M. A. P. a publié un *Almanach de la Musique*. Il a mis à jour la *Biographie universelle des Musiciens*. En dehors de cette œuvre considérable, M. A. P. a publié: « André Campra », 1860; « Gresnich », 1862; « Dezèdes », id.; « Floquet », 1863; « Martini », 1864; « Devienne », id.; les six brochures ont été réunies sous le titre de « Musiciens français du XVIIIe siècle »; « Meyerbeer, notes biographiques », 1864; « F. Halévy écrivain », Audin, 1865; « William Vincent Wallace, étude biographique et critique », 1866; « Almanach illustré chronologique, historique, critique et anecdotique de la musique, par un musicien », Paris, 1866, 1867 et 1868; « De la littérature musicale en France 1867 »; « De la situation des compositeurs de musique et de l'avenir de l'art musical en France » (mémoire présenté au ministre de la maison de l'Empereur et des Beaux-Arts, par Louis Martinet), id.; « Léon Kreutzer », 1868; « Bellini, sa vie et ses œuvres », Paris, Hachette, id.; une traduction anglaise de cet ouvrage a été faite dans un recueil américain, le *Watson's Art Journal*, et une traduction espagnole, due à M. Louis Navarro, aujourd'hui député, a paru à Madrid sous le titre de « Vida y obras de Vicente Bellini », 1875; « Rossini, notes, impressions, souvenirs, commentaires », Paris, Claudin, 1871; « Auber, ses commencements, les origines de sa carrière », 1873; « Notice su Rode, violiniste français », 1874; « Boïeldieu, sa vie, ses œuvres, son caractère, sa correspondance », Paris, Charpentier, 1875, un vol. in-12º avec portrait et autographe; « Figures d'opéra-comique, Elléviou, Mme Dugazon, la tribu des Gavaudan », Tresse, 1875; « Rameau, essai sur sa vie et ses œuvres », Paris, Decaux », 1876; « Adolphe Adam, sa vie, sa carrière, ses mémoires artistiques », Paris, Charpentier, id.; *Revue de la Musique*, journal rédigé presque en entier par M. A. P. et qui n'a eu que six mois d'existence, Paris, 1876-77, 1 vol. in-4; « Biographie universelle des Musiciens. Supplément et complément », id., Firmin-Didot, 1878-79, 2 vol. in-8º; « Philidor, étude sur la musique dramatique au dix-huitième siècle »; « Les Théâtres à Paris pendant la Révolution, histoire, chroniques, souvenirs, portraits, anecdotes »; « Les vrais créateurs de l'opéra français, Perrin et Cambert », Paris, Caravay, in-12º, 1881; « Molière et l'opéra-comique », Paris, Baur, 1882; « Dictionnaire historique et pittoresque du théâtre et des arts qui s'y rattachent », id., Firmin-Didot, 1885; « Verdi, histoire anecdotique de sa vie et de ses œuvres », id., Calman-Lévy, 1886, in-12º (une édition anglaise, 1887; une édition allemande, id.); « Viotti et l'École moderne de violon », Paris et Bruxelles, Schott, in 8º, 1888; « Méhul, sa vie, son génie, son caractère », Paris, Fischbacher, in-8º, 1888.

Poullin (Marcel), publiciste, poète et historien français, né, le 2 décembre 1855, à Boissy-le-Sec (Eure-et-Loir). Il commença ses études à Chartres et les termina seul. Engagé volontaire, il fit dix années de service dans l'armée qu'il quitta pour le journalisme. M. P. collabora successivement à la *France Militaire*, à l'*Alsacien-Lorrain*, au *Petit-Centre* et au *Courrier du Centre*. M. P. a publié: « L'éducation et le discipline militaire chez les anciens », 1883; « Patrie », poésie, 1885; « Pour la France », poésie, 1886; « Une ville héroïque: Chateaudun », id.; « L'amiral Courbet », 1887; « Le Maréchal Bugeaud », id.; « Le Maréchal Davout », id.; « Histoire de Jeanne d'Arc », 1888; « Les places françaises en 1870 », id.; « Les vengeresses », poésies, id. M. P. a fondé à Limoges: *Le Limousin littéraire* (1886), et la *Revue littéraire et artistique du Centre* (1888) qu'il dirige actuellement.

Poupart (Ludovic-Joseph-Gonzalve-Amédée) ancien imprimeur, littérateur et auteur dramatique français, né, à Ancenis (Loire-Inférieure), le 31 janvier 1835. M. P. a écrit dans les journaux sous le pseudonyme de *Pierre Quiroul* et paraît avoir adopté celui de *Louis Davyl*. Il a publié: « La maîtresse légitime », qui a eu du succès à l'Odéon; « Les abandonnés », drame en 5 actes, 1878; « Monsieur Chéribois », comédie en 3 actes, 1873; « Galante aventure », opéra-comique en 3 actes, avec Armand Silvestre, musique d'Ernest Guiraud, 1882; « L'Amour », drame en 5 actes avec d'Ennery, 1884. Comme journaliste, M. P. a publié de nombreuses chroniques sous le nom de *Pierre Quiroul*; comme romancier, a publié: « 13, rue Magloire », 1881; « La Toile d'Araignée », 1882; « Les Enfants de la Balle », 1883; « Les Idées de Pierre Quiroul », 1883; « Le dernier des Fontbriand », 1884; « Zélie Clairon », 1885, étude de la vie de province; « Honneur me tient », 1re partie; « Abel », 1886.

Poupin (Paul-Victor), publiciste et homme politique français, député du Jura, est né, à Paris, le 30 janvier 1838. Il fit son droit, s'inscrivit au barreau de Paris, et entra, vers la fin de l'Empire, au Ministère des Beaux-Arts. Il fut révoqué par M. de Cumont, ministre de l'Instruction Publique. Aux élections du 21 août 1881, il se porta comme candidat républicain dans l'arrondissement de Saint-Claude, obtint, au premier tour de scrutin, 5121 voix sur 11,610 votants et échoua au scrutin de ballotage, avec 5511 voix, contre 5879 données à un autre candidat républicain, M. Bavoux. Inscrit sur la liste républicaine radicale du Jura, aux élections du 4 octobre 1885, il réunit, au premier tour de scrutin, 22,861 voix sur 65,238 votants et fut élu au scrutin de ballotage, le second sur cinq, par 39,976 voix sur 67,931 votants. Membre du cercle parisien de la Ligue de l'enseignement, M. P. a collaboré à la *Bibliothèque Nationale*, à la *Bibliothèque démocratique*, à la *Bibliothèque des prolétaires* et à la *Bibliothèque des libres penseurs*. Il a publié: « Les Labourdière », roman-étude sur le Jura, 1841; « Un mariage entre mille », 1862; « Dom Pèdre », comédie bouffe, id.; « Théâtre de Luxembourg », 1864; « Un chevalier d'amour », 1865; « Un bal à l'Opéra », 1867; « Les Princes d'Orléans », 1872. Il a traduit pour la *Bibliothèque Nationale* les « Satyres » du Juvénal, 1869, et la « République » de Cicéron, 1869.

Pouvillon (Émile), romancier et conteur français, né, à Montauban, en 1840. Il a débuté en 1868 au journal *La Rue* de Jules Vallès. En 1878, il a publié, chez l'éditeur Lemerre, les « Nouvelles Réalistes ». En 1881: « Césette, histoire d'une paysanne », 1 vol., Lemerre. Ce roman, qui avait paru dans le journal *Le Temps*, a été couronné en 1882 par l'Académie Française; en 1884, dans la *Revue des Deux Mondes*: « L'Innocent »; « Jean de Jeanne », a également paru en feuilleton dans la *Revue des Deux Mondes*. Outre ces romans, M. P. a fait paraître une certaine quantité de nouvelles dans l'*Illustration*, la *Revue Bleue*, la *Revue des Lettres et des Arts*. Il a collaboré à la *Vie Littéraire* en 1876.

Pozzi (Ernest), publiciste italien, né, à Acquate, le 9 juillet 1843, entra de bonne heure au Séminaire, puis au Lycée Beccaria de Milan; s'en sauva en 1860 et s'enrôla sous le drapeau de Garibaldi, reprit ses études après la guerre, fit son droit à Pise et se lia d'amitié avec les hommes politiques italiens du parti radical. C'est alors qu'il publia: « Storia e letteratura ». En 1866, il reprit le service aux volontaires et la campagne terminée publia: « I martiri del 1866 », essais biographiques; « La Contessa ed il banchiere ». Il prit la direction du journal républicain *Il Dovere* de Gênes; en 1871, il courut en France s'enrôler; fut par la suite candidat aux élections politiques; mais il échoua à cause de ses opinions franchement républicaines: « Biografie e paesaggi », 1873; « Una corsa per l'Europa »; « La libertà combattuta »; « Suffragio universale e idee politiche », Bergame, 1880; « Scaramucce », 1884; « Mentana ed il dito di Dio », 1887, 2me éd., avec préface de F.

Giarelli, 1889. M. P. a dirigé aussi le journal républicain l'*Adda*.

Pozzi (Jean), médecin italien, né, à Acquate, le 3 avril 1850, étudia la médecine et la chirurgie à l'Université de Padoue, prit part à la guerre de 1866 et publia les ouvrages suivants: « Memorie mediche di Lecco e territorio »; « Elementi di diagnosi differenziali delle malattie del sistema nervoso, di petto e dell'addome »; « Ricerche eziologiche sulle riforme militari dal 1848 innanzi »; « Guida alle Prealpi di Lecco con illustrazioni »; « Cenni storici delle città di Lecco e Barra con incisioni, piani topografici e ritratti ».

Pradier-Fodéré (Louis-Paul-Ernest), jurisconsulte français, né, à Strasbourg, le 11 juillet 1827, fit son droit à Paris, où il fut reçu avocat (1850). Après avoir enseigné pendant seize ans le droit public au Collège Arménien de Paris, il alla, appelé par le Gouvernement péruvien, professer les Sciences politiques et administratives à l'Université de Lima (1874). De retour en France, M. P.-F. a été nommé Conseiller à la Cour d'appel de Lyon. Nous avons de lui: « Principes généraux de droit, de politique et de législation »; « Cours de droit diplomatique »; « Précis de droit administratif », huit éditions; « Éléments de droit public et d'économie politique », 2e éd. (cet ouvrage a été traduit en espagnol, en allemand et en turc); « Commentaire du Code de commerce », 2e éd.; « Commentaire des lois sur le recrutement »; « Commentaire du Code de justice militaire »; « Leçons de droit administratif »; « Leçons d'économie politique »; « Leçons de droit international privé »; « Cours d'Encyclopédie du droit »; « Le droit des gens », de Vattel, nouvelle éd. annotée et complétée par l'exposition des doctrines des publicistes contemporains, etc.; « Le droit de la guerre et de la paix », de Grotius, nouvelle traduction précédée d'un essai biographique et historique sur Grotius et son temps, annotée et mise au courant des progrès du droit public moderne; « Le nouveau droit international public, suivant les progrès de la civilisation moderne », de Fiore, traduction; « Le droit international privé », de Fiore, traduction annotée; « Traité de droit international public, Européen et Américain, suivant les progrès de la science et de la pratique contemporaines ». M. P.-F. est, de plus, auteur d'un très grand nombre de brochures et de monographies, parmi lesquelles on peut citer: « La Question de l'Alabama et le droit des gens »; « Documents pour l'histoire contemporaine »; « L'Affaire du Luxor »; « Los questions modernes chez les Anciens », étude sur Polybe; « Comment un peuple se relève, ou deux dates de l'histoire de France 1420-1449 »; « Le Chili devant le droit international ». M. P.-F. a enfin écrit un nombre considérable d'articles dans les journaux politiques et dans les revues scientifiques dont il a été le collaborateur. C'est ainsi qu'il a collaboré au journal *La France* (de 1866 à 1874), au *Mémorial diplomatique*, au *Courrier diplomatique*, au *Journal du droit international privé*, à la *Revue de droit international et de législation comparée*, où il écrit la chronique sur les faits internationaux concernant l'Amérique du Sud.

Praloran (François), professeur italien de mathématiques à l'école technique de Bellune, né, dans cette ville, le 23 août 1844. Après avoir achevé ses études lycéales à Bellune, il s'inscrivit en 1862 à l'Université de Padoue; il en fut banni pour causes politiques en 1864. Il émigra alors à Bologne où en 1866 il fut diplomé ingénieur architecte. Volontaire au 7me régiment garibaldien en 1866, il fut reformé à cause de faiblesse physique. Nous avons de lui: « Isolda », roman historique, 1874; « Come la musica ingentilisca il costume », 1879; « Storia della musica bellunese », en cours de publication depuis 1885.

Prantl (Charles), écrivain allemand, professeur de philosophie à l'Université de Munich, né en 1820, a publié: « De Solonis legibus Specimina », Munich, 1841; « Commentatio de Horatii carmine vigesimo octavo libri primi », id., 1842; « Symbolæ criticæ in Aristotelis physicas auscultationes », Berlin, 1843; « De Aristotelis librorum ad historiam animalium pertinentium ordine atque dispositione », Munich, 1843; « Aristoteles über die Farben », Munich, 1849; « Die Bedeutung der Logik für den jetzigen Standpunkt der Philosophie », id., 1849; « Ueber die dianoetischen Tugend in der Nikomatchischen Ethik des Aristoteles », id., 1862; « Uebersicht der griechisch-römischen Philosophie », Stuttgard, 1854; « Aristoteles'acht Bücher der Physik », en grec et en allemand, Leipzig, 1854; « Plato's Phädon », en allemand, Stuttgard, 1854; « Plato's Phädrus », id., id., 1855; « Plato's Gastmahl », id., id., id.; « Aristoteles Physica », 1879; « Die Berechtigung des Optimismus », 1879; « Das Wittelsbacher Regentenhaus und die Ludwig-Maximilians-Universität », 1880; « Aristoteles de Cœlo et de generatione et corruptione », 1881; « Aristoteles de Color. de audib. et physioguom. », 1881; « Zur Causalitätsfrage », 1883; « Geschichte der Logik », deux vol.; « Die mathematizirende Logik », 1887. On lui doit aussi un très grand nombre de travaux publiés dans le *Philologus*, dans la *Zeitsch. für Alterthumswiss.*, *Gelehrt. Anzeig*, *Litterar Centralblatt*, etc., etc.

Pratesi (Marius), professeur de littérature italienne à l'Institut technique de Milan, né, le 11 novembre 1842, à Santa Fiora (Monte Amiata). Il étudia à Florence et quelques ouvrages très-délicats qui sont maintenant réunis en volume attirèrent l'attention du Gouvernement italien qui lui confia la chaire de littérature italienne aux Instituts techniques de Pavie, de Viterbe, de

Terni, de Reggio, et enfin, de Milan. Nous avons de lui: « In provincia », Florence, Barbèra, 1883; « Catuzza », nouvelle, dans la *Nuova Antologia*, mars, 1885; plusieurs collaborations aux journaux, dont voici les meilleures: « Ricordi dell'Elba » (*Domenica del Fracassa*); « Campagna milanese »; « Lido Calabro »; « La Certosa di Garignano »; « La Tarantella » (*Illustrazione Italiana*); « La Saffo della signora Muraini e l'arte di moda », dans le journal *Il Rosmini;* « L'eredità », nouvelle, Florence, 1889.

Pratesi (Pline), philologue italien, professeur de littérature grecque et latine au Lycée Galilei de Florence, né, à Sienne, en 1850, licencié ès-lettres à l'Université de Pise, professeur tour-à-tour aux lycées de Fermo, Senigaglia, Crémone et, enfin, de Florence; il a publié: « Saggio critico sulle Orazioni di Demostene, tradotte ed illustrate da Filippo Mariotti », Rome, Civelli, 1874; « Gli Epigrammi di Angelo Ambrogini Poliziano », Fermo, Bacher, 1876; « L'istruzione secondaria classica », Florence, Cellini; « L'insegnamento secondario classico », id., Sansoni, 1886; « Isocratis Panegyricus recognovit Plinius Pratesi », id., id., 1887; « La milizia territoriale », Rome, 1888; « Cinque sonetti ed una canzonetta d'amore di L. Bellini, tratti da un codice ashburnhamiano », Florence, Carnesecchi, 1888. Plusieurs articles à la *Cultura* de Rome, à la *Rivista Filologica* de Turin, à la *Domenica del Fracassa*. Sous presse chez les éditeurs Loescher et Sansoni: « Isocratis oratio de Pace »; « Tibullo, edizione critica per le scuole, con commento »; « Manuale di Letteratura latina ».

Prato (Stanislas), philologue, *folk-loriste* et polygraphe italien né, à Livourne, le 11 août 1842, de père piémontais; il étudia au Gymnase et au Lycée d'Asti, fréquenta l'Université de Turin, et eut pour maîtres Michel Coppino, Émile Liveriero, Jean Flecchia, Ariodante Fabretti et Louis Schiaparelli. Il débuta de bonne heure dans l'enseignement et dans la littérature, il occupe maintenant la chaire de littérature italienne au Lycée Royal de Lucera. En dehors de ses articles aux journaux littéraires italiens, à la *Romania*, à la *Tradition* et *Revue des traditions* de Paris et au *Félibrige* de Montpellier, nous avons de lui: « Quattro novelline popolari livornesi accompagnata da varianti umbre illustrate con note », Spoleto, Bassoni, 1880; « Caino e le spine secondo Dante e la tradizione popolare », 1881; « La leggenda di Nala in una novellina popolare pitiglianese », 1881; « Una novellina popolare monferrina illustrata con note », 1881; « La leggenda del Tesoro di Rampsinite », 1882; « L'orma del leone », Paris, Wieweg, 1883; « Gli ultimi lavori del *Folk-lore* neo-latino », id., id., 1884; « L'apologo di Menenio Agrippa », Palerme, 1885; « Il concetto apologetico del lavoro nella mitologia vedica e nella tradizione popolare », 1886; « Una novella del Des Periers e dello Straparola », 1885. M. P. a aussi plusieurs brochures écrites en français insérées au *Félibrige* de Montpellier. Citons: « Contes populaires gascons, de J. F. Blade », compte-rendu, 1887; « Les formules initiales des contes populaires gascons avec les références des autres contes populaires néo-latins », 1887. Plusieurs autres opuscules ont été traduits par des *folk-loristes* français: nous en donnons les titres: « La chanson de Marguerite dans le Faust de Goethe et dans la tradition populaire », dans le journal *La Tradition*, 1887; « Un conte turc dans une nouvelle populaire de Come » (*Revue des trad. populaires*), 1887; « Le mythe solaire du Cheval dans une formulette enfantine de Livourne » (id., id.). Enfin, nous avons de lui: « Il mare nel mito, nella scienza, nel linguaggio, nella letteratura »; « La leggenda delle dodici parole della verità »; « Antologia internazionale di novelline popolari straniere inedite ».

Predelli (Richard), paléographe et archiviste italien, né, à Rovereto (Trentin), le 19 mai 1842, suivit le cours de lycée à Trente, d'où il fut éloigné au printemps de 1859 par mesure politique que suivit plus tard un procès. En 1864, il fréquenta l'école de paléographie de Venise et en 1877 succéda au prof. Cecchetti son maître. Nous avons de lui les ouvrages suivants très appréciés en Allemagne et en France: « Il *liber communis* detto anche *Plegiorum* del Regio Archivio generale di Venezia », Venise, 1872-74; « I libri commemoriali della Repubblica di Venezia », 4 vol., id., 1876-89; « Saggio di scritture in cifra usate dalla Repubblica di Venezia »; « Nota sui prestiti pubblici veneziani »; « Un ricatto nel secolo XIV » (*Archivio Veneto*), 1871; « Delle fonti per la storia del Trentino negli Archivi di Venezia », 1873; « Un protesto cambiario nel secolo XIV », dans l'*Archivio Veneto*, 1877; « Sulla storia della Scrittura », discours, Venise, 1881; « Antiche pergamene della Abazia di S. Lorenzo in Trento », 1884; « Documenti relativi alla guerra pel fatto del Castello di Amore » (*Archivio Veneto*), 1885; « Documenti della vita militare di Ottone Saibante », Venise, 1866. M. P. a collaboré aux publications de la R. Surintendance des Archives vénitiens.

Preger (Guillaume), théologien et philosophe allemand, professeur à Munich depuis 1851, membre ordinaire de l'Académie Royale des Sciences de Bavière, est né, le 25 août 1827, à Schweinfurt. Nous avons de lui: « Mathias Flacius Illiricus », Erlangen, 1859-61; « Manuel de l'histoire bavaroise », 5me éd., 1876; « Ævangelium æternum und Joachim von Floris »; « Geschichte der deutschen Mystik im Mittelalter », 2me partie, 1881; « Ueber die Anfänge des Kirchenpolit. Kampfes unter Ludwig dem

Baier. Mit Auszügen aus Urkunden des Vatikan. Archivs von 1315-1324 », abb. XVI, 1882; « Die Verträge Ludwigs des Baiern mit Friedrich dem Schönen 1325 und 1326 — Mit Reinken's Auszügen aus Urkunden des Vatik. Archivs von 1325-1334 », Abh. XVII, 1883; « Die Politik der Papster Johann XXII in Bezug auf Italien und Deutschland », Abh. XVII, 3, 1885; « Ueber das Verhältniss der Taboriten zu den Waldesiern des 14 Jahrunderts », Abh. XVIII, 1887.

Prem (S.-M.), écrivain et littérateur autrichien, né, le 27 octobre 1853, à Niederau (Tyrol), étudia aux universités d'Innsbruck, Gratz et Vienne; en 1880 il voyagea dans l'Allemagne occidentale et en Hollande en qualité d'instituteur du Comte Max Spaur et plus tard il fut professeur à Vienne et Linz. A présent, il est professeur à Innsbruck et a publié une série d'essais, des poésies lyriques, des contes, des tableaux de voyage et des mémoires littéraires sur L. v. Schoell, H. v. Gilm, F. Schellhorn, Adolf Pichler et plus particulièrement sur « Göthes Fahrt durch Tirol im September 1786 », Munich, 1888; sur « Göthes Sprachgebrauch in Götz von Berlichingen », Vienne, 1885, et enfin, sur « Schiller und das Moderne Drama », Linz, 1885.

Prescott-Spofford (Henriette), femme auteur américaine, née, le 3 avril 1835, à Calais (États-Unis), a été élevée à la *Putnam Free School*, s'est perfectionnée à la *Pinkerton Academy* à Derry (État de New-Hampshire). Nous avons d'elle: « The Amber Gods and other Stories »; « The Thief in the Night »; « Poems »; « Ballads about Authors ».

Pressard (A.), professeur français, né, en 1830, à Pontivy (Morbihan), a fait ses études au Collège Royal de cette ville. Après avoir enseigné au Lycée de Rennes (1851-55), il est entré au Lycée Louis-le-Grand en octobre 1855. En dehors de l'Université, il est depuis 24 ans professeur d'histoire à l'Association philotechnique (fonctions gratuites); il a été pendant quatre ans secrétaire de cette association fondée en faveur des adultes qui désirent continuer une instruction incomplète. Il a publié, chez Hachette: « Lectures littéraires et morales »; « Étude sur les écoles primaires de Florence » (extrait de la *Revue pédagogique*), 1885; « Notes de voyage: Étude sur les écoles primaires de Kabylie »; « Récits d'histoire, de géographie, de voyages et d'histoire naturelle », à l'usage de l'enseignement spécial. M. P. termine en ce moment des « Exercices d'après la Grammaire latine », de M. Bréal qui vient de paraître chez Hachette: « Étude sur la situation des élèves indigènes dans les lycées d'Algérie » (*Journal de l'Université*), 1887. M. P. est officier de l'instruction publique depuis 1874. Il est délégué cantonal du Ve arrondissement, président de la Société amicale des professeurs des classes élémentaires; il a été membre du Comité, institué au Ministère pour conseiller les instituteurs ou inspecteurs primaires se préparant au professorat des écoles normales (le Comité n'existe plus). M. P. a fourni une carrière modeste, mais laborieuse et bien remplie.

Pressensé (M. Edmond et Mme Élise), voyez DE PRESSENSÉ).

Previti (le Père Louis), romancier et critique italien, collaborateur de la *Civiltà Cattolica*, né, en 1835, à Palerme; il a publié plusieurs romans et nombre d'ouvrages de littérature et de philosophie.

Prévost (Marcel), ingénieur des tabacs, né, à Paris, en 1862; fils d'un fonctionnaire français, il voyagea beaucoup en France pendant son enfance et sa première jeunesse. Reçu à l'école Polytechnique en 1882, après de brillantes études littéraires et scientifiques, il en sortit l'un les premiers en 1884, et choisit la carrière d'ingénieur des tabacs. De 1882 à 1886, il collabora à divers journaux insérant des chroniques signées du pseudonyme de *Schlem*. En 1887, il publia le « Scorpion », roman sur les jésuites, qui fit connaître l'auteur. En 1888 « Chonchette », roman, dont le succès de librairie a été considérable. En préparation « Mlle Jaufre », roman de mœurs provinciales françaises, et une comédie tirée d'un roman récemment publié par lui sous le titre de « Cousine Laure ».

Preyer (Thierry-William), physiologiste allemand, né, à Manchester, le 4 juillet 1841, reçu docteur en philosophie en 1862, et docteur en médecine en 1866, devint agrégé de physiologie à Jena en 1867, professeur deux ans après et directeur de l'Institut physiologique. Nous avons de lui: « Die Blausäure », Bonn, 1868-70; « Die Blutkaystalle », Jena, 1871; « Reise Nach Island im Sommer », 1860; « Ueber die Aufgabe der Naturwissenschaft », Jena, 1866; « Die Empfindungen », Berlin, 1867; « Die Kampf um das Dasein », Bonn, 1868; « Akustische Untersuchungen », avec deux planches, in-8°, Jena, 1879; « Naturwissenschaftliche Thatsachen und Probleme », Berlin, 1880; « Die Entdeckung des Hypnotismus », Berlin, 1881; « Ueber den Farben- und Temperatursinn mit besonderer Rücksicht auf Farbenblindheit », avec une planche, Bonn, 1881; « Die Seele des Kindes, Beobachtungen über die geistige Entwicklung des Menschen in den ersten Lebensjahren », Leipzig, 2me éd., 1884, traduit en français par Varigny, Paris, 1886, et en anglais par Brown, New-York, 1888; « Akademischer Studienplan für Mediciner », 4me éd., Jena, 1887; « Der Hypnotismus, Ausgewählte Schriften von J. Braid », version allemande, Berlin, 1882; « Elemente der Allgemeinen Physiologie », Leipzig, 1883; « Specielle Physiologie des Embrio », id., 1884, version française par Wieth,

Paris, 1887; « Die Erklärung des Gedankenlesens nebst Beschreibung eines neuen Verfahrens zum Nachweise unwillkürlicher Bewegungen », Leipzig, 1885; « Ueber die Bewegungen der Seesterne », Berlin, 1886; « Naturforschung und Schule », 3me éd., Stuttgart, 1887; « Aus Natur- und Menschenleben », Berlin, 1885; ainsi que plusieurs mémoires et articles publiés dans les journaux scientifiques allemands, anglais et français.

Pribram (François-Alfred), écrivain allemand, professeur libre d'histoire à l'Université de Vienne, membre de la Société d'histoire diplomatique et du Cercle de Saint-Simon à Paris, né, le 1er septembre 1859, à Londres (Angleterre), étudia à Vienne, et a publié: « Oesterreich und Brandenburg 1685-86 », Innsbr., 1884; « Oesterreich und Brandenburg 1688-1700 », Prague, 1885; « Die Berichte des Kaiserlichen Gesandten Frank. v. Lisola 1655-60 », Vienne, 1887. On lui doit aussi: « Der Kampf um eine Braut. », paru dans la *Cotta'sche Zeitschr.*, 1884; « Aus englischen und französischen Archiven und Bibliotheken » et « Urkunden und Acten zur Geschichte des grossen Kurfürsten ».

Pribram (Richard), chimiste, né, en 1847, en Bohême, professeur de Chimie et directeur du laboratoire chimique à l'Université de Czernowitz, conseiller, membre de plusieurs institutions scientifiques et de la commission des examens de pharmaceutique, a fait ses études à Prague et se perfectionna dans le laboratoire de Munich, sous M. Justus von Liebig, et à Leipzig, sous les célèbres Kolbe, Wiedmann et C. Ludwig. Nous avons de lui une foule d'articles sur ses nombreuses recherches et sur le matériel employé dans les grands laboratoires de chimie en relation avec les plus récentes inventions et les plus importants perfectionnements des appareils. La plupart de ses articles ont paru dans les publications suivantes: *Vierteljahrsschr. f. pract. Pharm., Chem. Centralbl. Zeitschr. f. anal. Chem., Dingler's polyt. Journ., Vierteljahrsschs. f. pract. Heilk., Berichte d. k. Sächs. Ges. d. Wiss.*, mais on en trouve aussi en bon nombre dans le *Jahresber. üb. die Fortschritte der Thierchemie u. d. physiol. Chem.*, dont il est collaborateur depuis 1873; on lui doit en outre: « Chemische Untersuchung der Arsenquelle zu Dorna Sara in Roumänien », Czernowitz, 1855.

Prina (Bénoît), poète, historien et critique italien, professeur d'histoire au Lycée *Beccaria* de Milan, né, le 25 novembre 1831, à Milan, obtint la chaire d'histoire et géographie au Lycée de Bergame en 1869, passa à Bologne (1871), en enfin (1872) à Milan. Nous avons de lui en 1862: « Canzoni sull'Ungheria », en vers, suivies bientôt par « Canti sulla Polonia ». Ces deux ouvrages et autres encore forment un volume publié en 1878, sous le titre de « Liriche ». Ouvrages en prose: « Saggi biografici », 1880; « Degli ultimi progressi delle scienze storiche ed archeologiche », Bergame, 1870; « Sull'importanza di un insegnamento popolare di archeologia e belle arti negli istituti classici », Milan, 1875; « La quistione d'Oriente, la Russia e gli Slavi », id., 1878; « Biografia di Angelo Mai », Bergame, 1882; « Manzoni e Duprè, pensieri », Florence, 1883; « Giulio Carcano », id., 1884; « Achille Mauri », Milan, id.; « Antonio Angeloni-Barbiani, poeta e critico », Florence, id.; enfin: « Come detta il cuore », Milan, Cagliati, 1887, petit volume où sont réunies les poésies lyriques composées après 1878 et des impressions de voyage en Alsace, dans la Valle d'Aoste, à Assise et au Mont-Cassin. M. le prof. P. est membre de l'Institut lombard et collaborateur assidu de la *Rassegna Nazionale* de Florence.

Pringsheim (Nathaniel), illustre botaniste allemand, membre de l'Académie des Sciences de Berlin, né, le 30 novembre 1823, à Wriesko (Haute-Silésie), a été professeur libre de botanique aux universités de Jena et de Berlin. Ses recherches promurent la connaissance des rapports sexuels et de la génération des cryptogames, particulièrement des algues et en même temps la morphologie des algues. La plupart de ses travaux ont été publiés dans les rapports mensuels de l'Académie de Berlin ainsi que dans les *Jahrb. für wissenschaft. Botanik* qu'il fonda en 1857. Nous citons parmi ses ouvrages: « Geschichte der Entwicklung der *Achlya prolifera* », Berlin, 1856; « Morfologie der *Salvinia natans* »; « Ueber Lichtwirkung und Chlorophyllfunction in der Pflanze », avec tables XI-XXVI (*Jahrb. f. Wissensch. Bot.*, vol. XII); « Ueber Chlorophyllfunction und Lichtwirkung in der Pflanze » (id., vol. XIII); « Nachträgliche Bemerkungen zu Befruchtungsart von *Achlya* » (id., vol. XIV); « Ueber die Sauerstoffabgabe der Pflanzen im Mikrospectrum », avec tables IX et X (id. vol. XVII); « Ueber die Sauerstoffabgabe der Pflanzen im Mikrospectrum » (*Berichte d. Deutsch. Bot. Ges.*, vol. III), 1885; « Ueber die Sauerstoffabgabe der Pflanzen im Mikrospectrum » (*Pflüger*', *Arch. f. d. ges. Phys.*, vol. XXXVIII), 1886; « Ueber die vermeintliche Zersetzung der Kohlensäure durch den Chlorophyllfarbstoff » (*Sitzungsber. d. Kön. Preuss. Ak. d. Wiss.*, vol. XXXVIII), Berlin, 1886; « Ueber die chemischen Theorien der Chlorophyllenfunction und die neueren Versuche die Kohlensäuere ausserhalb der Pflanze durch den Chlorophyllfarbstoff »; et « Ueber Inanition der grünen Zelle und den Ort ihrer Sauerstoffsabgabe » (*Berichte d. deutsch. Bot. Ges.*, vol. V), 1887; « Ueber die Abhängigkeit der Assimilation grüner Zellen von ihrer Sauerstoffathmung, und den Ort wo der im Assimilationsacte der Pflanzenzelle gebildete Sauerstoff entsteht » (*Sitzungsb. d. Kön. Preuss. Ak. d. Wiss. Ges.*, vol. XXXVIII), Berlin, 1887; « Jean-Baptiste Boussingault als Pflanzenphysiologe » (*Bericht. d. deut. Bot. Ges.*, vol. V), 1887; « Ueber die Entstehung der Kalkencrustationen an Süsswasser Pflanzen » (*Jahrb. für wiss. Bot.*, vol. XIX); « Ueber Lichtwirkung und Chlorophyllfunktion », 3me partie (*Monatsb. d. Kön. Akad. d. Wiss.*), Berlin, juillet, 1879; « Ueber das Hypochlorin und die Bedeugungen seiner Entstehung in der Pflanzen », 4me partie (id.), novembre, 1879; « Zur Kritik der bisherigen Grundlagen der Assimilationstheorie der Pflanzen » (id.); « Zur Beurtheilung der Engelmans'chen Bakterienmethode in ihrer Brauchbarkeit zur quantitativen Bestimmung der Sauerstoffabgabe im Spectrum » (*Ber. d. Deut. Bot. Ges.*, vol. IV), 1886; « Abwehr gegen Abwehr » (*Botanische Zeitung*, n. 13), 1887; « Abwehr gegen Abwehr » (*Biologisches Centralblatt.*, vol. VII, n. 5), 1887; « Ueber die primären Wirkungen des Lichtes auf die Vegetation » (*Sizb. d. k. Preus. ak. d. Wiss.*), Berlin, 16 juin 1881; « Neue Beobachtungen über den Befruchtungsart der Gattungen *Achlya* und *Saprolegnia* » (id.), 1882.

Prins (Adolphe), célèbre publiciste belge, né, à Bruxelles, le 2 novembre 1845. Docteur en droit, professeur à l'Université libre de sa ville natale, inspecteur général des prisons depuis 1884, M. P. avait d'abord sacrifié aux belles-lettres proprement dites : on a de lui des poésies, des nouvelles et un roman de valeur : « La destinée de Paul Harding », Bruxelles, 1872. La série de ses œuvres plus sévères s'ouvrit par un mémoire sur « La réforme de l'instruction préparatoire en matière criminelle », Bruxelles, 1871, rédigé en collaboration avec M. Hermann Pergameni. Depuis lors, il a publié des travaux considérables imprégnés de l'esprit le plus élevé et le plus généreux : « Des droits de souveraineté de l'État sur l'Église en Belgique », Bruxelles, 1874; « De l'appel dans l'organisation judiciaire répressive, étude historique et critique », id., 1875; « Résumé du cours de droit pénal professé à l'Université libre de Bruxelles », id., 1879; « Résumé du cours de droit criminel professé à l'Université libre de Bruxelles », id., id.; « La démocratie et le régime parlementaire », id., 1884; « Criminalité et répression, essai de science pénale », id., 1885. M. P. a, en outre, fourni un chapitre à l'ouvrage collectif « La Belgique illustrée » et des articles à la *Revue de Belgique*, à la *Belgique judiciaire*, à la *Revue de droit international*, au *Moniteur belge*, au *Journaux des tribunaux*, etc.; il a préparé la réimpression d'un « Code civil » et d'un « Code pénal belge », annotés; il a pris aux enquêtes et aux discussions de la Commission du travail instituée récemment en Belgique, une part importante attestée par les publications de cette commission; il a donné des conférences fort applaudies dont plusieurs ont été publiées, comme celle sur « Le paupérisme et le principe des assurances ouvrières obligatoires », Bruxelles, 1889; il a participé à une foule de congrès, et notamment aux Congrès d'anthropologie criminelle qui ont si vivement attiré l'attention publique depuis quelques années.

Privitera (le rév. Seraphin), historien italien, né, le 4 janvier 1822, à Syracuse, entra dans les ordres après avoir étudié les mathématiques, cultiva la poésie et le dessin. Nous avons de lui : « Cenno sulla vita e morte di S. Marciano », 1844; « Illustrazioni su l'antico tempio di Minerva, oggi Duomo di Siracusa », 1863; « Illustrazione di un antico monumento », 1872; « Nuove ricerche sulle virtù del Pontefice Stefano IV, detto III », 1875; « I Papi e la Chiesa Siracusana nella sua ragione di origine, di-fede e di amore », inséré au *Papato*, revue catholique, id.; « Storia di Siracusa antica e moderna », 1879; « Per la solenne apertura del seminario Arcivescovile di Siracusa », discours, 1881.

Proctor (Richard-Antoine), astronome anglais, né, à Chelsea, le 23 mars 1837, fit ses études aux Universités de Londres et de Cambridge, se fit connaître de bonne heure par ses travaux astronomiques, et fut quelque temps chargé de la rédaction des *Proceedings* de la Société astronomique de Londres. A la fin de 1873, il se rendit aux États-Unis, où ses conférences obtinrent un immense succès. M. P. a publié : « Saturn and its System », 1865; « Handbook of Stars », 1866; « Halfhours with the telescope », 1868; « Other Worlds than ours », 1870; « Le Soleil », 1871; « Éléments d'astronomie », 1872; « La Lune », 1873; « Borleand of science », id.; « Universe and coming transits », 1874; « Transit of Venus », 1874; « Treatise on the Cycloid and all forms of cycloïdal curves », 1878.

Proelfs (Robert), auteur dramatique allemand, né, à Dresde, le 18 janvier 1821, débuta en 1847 par une comédie : « Le droit de l'amour ». Suivirent: « Sophonisbe », 2me éd., Leipzig, 1872; « Michele Kolhaas », Dresde, 1863; « Catherine Howard », 2me éd., Leipzig, 1872. M. P. est un critique de plus haut mérite comme en témoignent les huit volumes de son ouvrage : « Commentaires aux drames de Shakespeare », Leipzig, 1874-87. Nous avons encore de lui les ouvrages suivants: « De l'origine de l'intelligence humaine », id., 1879; « Histoire du drame moderne », id., 1880-84; « Henri Heine, sa vie et ses œuvres », Stuttgard, 1886; « Le théâtre et la Cour de Meiningen », Leipzig, 1887, plusieurs traductions de tragédies anglaises forment deux volumes édités à Leipzig.

Prokesch-Osten (Antoine comte. DE), né, le

19 février 1837, à Vienne, major dans les dragons de la Landwehr autrichienne, s'occupa, à la mort de son père, le comte A. de P.-O., de l'édition de ses œuvres littéraires, et publia : « Aus dem Nachlasse Fr. von Gentz », Vienne, 1865 ; « Dépêches inédites du chevalier de Gentz », Paris, 1876-77 ; « Zur Gesch. der Orient. Frage », Vienne, 1877 ; « Nilfahrt bis zu den zweiten Katarakten », Leipzig, 1874.

Promis (Vincent), fils et petit-fils des bibliothécaires de la *Palatina* de Turin, dont il est lui-même bibliothécaire, est né, à Turin, en 1844, et il y fit son droit. Nous avons de lui : « Colombo, memoriale con nota sulla bolla di Alessandro VI », Turin, 1869 ; « Tavole sinottiche delle monete italiane » ; « Cento lettere concernenti la storia del Piemonte 1544-92 » ; « Documenti spettanti a tre monasteri d'Asti » ; « Statuti della Colonia di Pera » ; « Lettere d'Italiani illustri » ; « Custodia della spada di S. Maurizio » ; « Memorie aneddotiche sulla Corte di Sardegna » ; « Monumento di Pietro Reggiano nel Museo Civico di Torino » ; « Federigo Sclopis » ; « Cenni su alcuni bronzi romani inediti » ; « Filippo d'Este marchese di S. Martino e Lanzo » ; « Inventaire fait au XVe siècle de meubles, ornements religieux, tapisseries, etc., empruntés par le pape Félix V », Chambéry, 1875 ; « Memorie di Giovanni Andrea Saluzzo di Castellar » ; « La Cronica di Genova pubblicata in Parigi nei primi del secolo XVI » ; « Il testamento di Mercurino Arborio di Gattinara » ; « Brevi cenni su R. Fulin » ; « Medaglia commemorativa della spedizione sarda contro Tripoli nel 1825 », tous deux aux *Actes de l'Académie des Sciences ;* « Bibliografia storica degli antichi Stati di Savoia », en collaboration avec le baron Manno, 2 vol. ; « Istoria di Gualtieri marchese di Saluzzo e di Griselda sua moglie », reproduction phototypique d'imprimé du commencement du XVIe siècle ; « Dante col comento di Stefano Talice », en collaboration avec M. Negroni, in-4°, 2me éd., 3 vol. in-8°. En collaboration avec M. Brayda : « Una contrada romana in Torino », 1888, aux *Actes de la Soc. d'Arch. et Beaux-Arts.*

Prompt (M.), homme de lettres franco-italien, né, à Carthagène d'Amérique (Colombie), en 1839, ancien élève de l'École politechnique, ancien lieutenant d'artillerie dans l'armée française, actuellement docteur en médecine. M. P. s'est surtout occupé des commentaires aux œuvres de Dante, et a publié les opuscules suivants : « Considerazioni sur un passo della *Divina Commedia* » ; « Études sur le Malebolge » (en français) ; « Commenti sur una ballata di Guido Cavalcanti » ; « Dichiarazione di alcune canzoni di Dante » ; « La Philosophie amoureuse du Dante » (en français) ; « Le Mythe de Phaéton » (id.) ; « Dante a Venezia » ; « Il Marte fiorentino ».

Protonotari (Joseph). Le nom de la famille P. est étroitement lié à une des publications scientifiques et littéraires les plus importantes de l'Europe contemporaine, *La Nuova Antologia.* Cette revue est sans rivales en Italie et peut tenir son rang entre les revues anglaises, françaises et allemandes. Elle fut fondée en 1866 par le prof. François P., mort il y a trois ans. Il en tint la direction et nous pouvons l'appeler le Buloz de l'Italie. Il sut élever la *Nuova Antologia* à un degré remarquable de prospérité. Il eut pour successeur son frère, le docteur Joseph, dont nous esquissons ici la notice biographique. C'est un homme aux vues larges, à l'intelligence vive, à l'instruction solide et surtout un homme d'un tact exquis. Il a accru la valeur de sa revue en appelant aux bureaux de rédaction les intelligences les plus remarquables de l'Italie : sous sa direction un essaim d'esprits d'élite étudient avec un soin assidu et une grande indépendance les questions du jour. M. le docteur P. est né, à Santa Sofia (prov. de Florence), en 1850. Il est donc dans la fleur de l'âge, ce qui lui permet de consacrer à sa revue une activité extraordinaire et des connaissances nombreuses et profondes. La *Nuova Antologia* a une influence remarquable sur le progrès intellectuel de la Péninsule. Comme écrivain, M. le doct. P. a publié une monographie intitulée : « La libertà di stampa », qu'on considère à bon droit comme un petit ouvrage parfait.

Proust (Antonin), littérateur et homme politique français, actuellement député des Deux-Sèvres, est né, à Niort (Deux-Sèvres), le 15 mars 1832. Il appartient à l'une des familles les plus considérées du pays ; son père a été membre de la Chambre des députés en 1831. M. A. P. a publié, dans le premier volume du *Tour de Monde*, plusieurs relations de voyage : « Le Mont Athos » ; « Un Hiver » ; « A Athènes » ; « Le Cydaris ». De 1860 à 1863, il collabora au *Courrier du Dimanche*, sous le pseudonyme de *Antonin Barthèlemy*, et fit paraître en 1864, sous le même pseudonyme, un volume intitulé : « Un Philosophe en voyage ». A la fin de l'année 1864, il fonda *La Semaine universelle*, journal hebdomadaire qui paraissait à Bruxelles. Condamné en 1865, par le tribunal de Niort, pour une série d'articles sur la Révolution qui avaient paru dans le *Mémorial des Deux-Sèvres*, M. A. P. se consacra, pendant les deux années 1866 et 1867, à la rédaction des *Archives de l'Ouest*, recueil qui forme cinq grands volumes, donnant le texte des cahiers rédigés en 1789 dans les provinces du Poitou, de l'Aunis, de la Saintonge, de l'Angoumois, du Maine, de l'Anjou, du Berry, de la Bretagne et de la Guyenne. Dans le même temps, il publia « La Justice révolutionnaire à Niort » ; « Les Chants de la Grèce moderne ». En 1869, M. A. P. combattit vivement la politique du ministère Ollivier, et le plébiscite qui devait précipiter la France dans la guerre (« Lettres sur le plébiscite »). Après le déclaration de guerre, il suivit les opérations de l'armée du Rhin en qualité de correspondant du journal *Le Temps*, il assista à la désastreuse capitulation de Sédan. Revenu à Paris le 5 septembre, il fut choisi par Gambetta, ministre de l'intérieur, comme secrétaire, et, après le départ de Gambetta, demeura auprès de Jules Favre. A titre d'officier attaché à l'état-major du général Clément Thomas, M. A. P. prit une part active à la défense de Paris. Après la guerre, M. A. P. fut l'un des fondateurs du journal *La République française*, où il traita surtout les questions de politique extérieure. M. A. P. a été élu député de la 1re circonscription de Niort le 8 février 1876 contre MM. Mousnier d'Availles et d'Assailly, monarchiste; réélu en octobre 1877, après le 16 mai, contre M. Germain, candidat du maréchal de Mac-Mahon; réélu, sans concurrent, le 21 août 1881 et élu en 1885 au scrutin de liste au premier tour de scrutin. En 1876, il a fait adopter à la Chambre l'affichage des dépêches étrangères et l'échange des documents parlementaires avec les parlements étrangers. Il est l'auteur de la proposition de loi sur les pensions militaires, que Gambetta signa avec lui en 1877 et qui fut vôtée en 1878. En 1880, il a pris l'initiative de la proposition d'amnistie pour les condamnés de 1871, et en 1881 il a proposé l'organisation du crédit agricole. Appelé, le 14 novembre 1881, à faire partie du ministère des Beaux-Arts, il a jeté les bases de l'organisation de l'enseignement technique. Démissionnaire le 26 janvier 1882, il présida au mois d'août 1883, l'Union Républicaine au moment de la révision des lois constitutionnelles. M. A. P. a présidé le Conseil général des Deux-Sèvres pendant six ans. Il s'est retiré de l'assemblée départementale en réclamant contre le cumul des fonctions électives. M. A. P. préside depuis 1882 l'*Union Centrale des Arts décoratifs*. Il a contribué à ce titre à la création du Musée des arts décoratifs et, comme président de la Commission des monuments historiques, il a créé le Musée des Moulages du Trocadéro. M. A. P. a publié en 1881: « La Correspondance du Prince de Bismarck ».

Provélégios (Aristomène), né, en 1850, dans l'île de Siphnos. C'est dans cette île qu'il fit ses premières études; à l'âge de sept ans, il vint à Athènes pour compléter son instruction. En 1870, il écrivit son premier ouvrage poétique: « Thésée », poème épique; quelque temps après il publia: « La Pomme de la discorde »; « Le voyage d'Arion »; « Adam et Ève »; tous ces poèmes furent honorés d'une mention au concours poétique. En 1876, il alla en Allemagne pour y suivre un cours de philosophie; il reçut le diplôme de docteur en philosophie. En 1887, il a publié une traduction du *Faust* de Goethe, œuvre très estimée. On doit publier prochainement un poème épique intitulé: « Le Matelot maudit », ainsi que le recueil de ses poésies inédites.

Prudenzano (François), homme de lettres italien, né, à Manduria (Pouille), en 1823, étudia à Naples, et en 1848 fut persécuté par le gouvernement des Bourbons qui le plongea dans un cachot avec MM. Poerio, Settembrini et Spaventa. Il est maintenant bibliothécaire et professeur d'esthétique et de littérature italienne à l'Université de Naples. Nous avons de lui les ouvrages suivants: « Estetica »; « Istituzioni d'arte poetica »; « Storia della letteratura italiana del secolo XIX »; « Studii filologici »; « Francesco d'Assisi e il suo secolo »; « La Carità educatrice »; « Novelle cavalleresche »; « Viscardo da Manfredonia »; « L'Amico Roberto ». Il commenta Boccace, Fra Bartolommeo da San Concordio, la « Vita nuova » de Dante, et fit des notes aux « Lettere » d'Annibal Caro; au « Scisma d'Inghilterra » de Davanzati; au « Padre di famiglia », de L. B. Alberti; et aux « Prose » de Leopardi, Fornaciari, Paravia et autres; le « Francesco d'Assisi » et la « Carità e la patria », ont été traduits en français et publiés à Namur; « Novelle cavalleresche », Milan, 1888; « La fidanzata di Chamounix », id., 1889.

Prudhomme (Sully), poète français, membre de l'Académie française, né, à Paris, en 1839. Après ses études faites au Lycée Bonaparte, il se préparait à l'École polytechnique, lorsque sa famille, croyant à un bel avenir pour lui dans l'industrie, le fit admettre dans les usines du Creusot; bientôt après, il revint à Paris prendre ses inscriptions de droit, et se fit clerc dans une étude de notaire. Mais cet amant d'une poésie à laquelle rien d'humain n'est étranger, ni les tendresses de l'amour, ni les curiosités de l'intelligence, n'était pas plus fait pour vivre dans le silence des casiers qu'au bruit des marteaux. Parti timidement du « Vase brisé », M. S. P. s'éleva en passant par l'« Idéal » et « L'Art » jusqu'aux sublimités de « La grande Ourse » et du « Zénith ». Ses vers possèdent un charme qui leur est particulier, celui d'exprimer ce que jusqu'ici on avait pu croire inexprimable. La manière dont il comprend l'art implique une foi robuste, bien faite pour nous consoler des rêveries sans but:

> Le beau reste dans l'art ce qu'il est dans la vie:
> A défaut des vieillards, les jeunes le diront.

En 1872, M. S. P. publia « Les solitudes »; « Les Épreuves »; « Croquis italiens ». Son poème: « La Justice » est l'effort, souvent heureux, d'un esprit supérieur. « Le Zénith » atteint la limite de ce que le poète a cherché dans « La Surface ». Ce poème contient des strophes d'un élan superbe.

Prutz (Hans), historien allemand, né, à Jena, le 21 juin 1848, fit ses études dans sa ville natale et à Berlin, et fut répétiteur au gymnase de Danzig, puis aux Arts-et-Métiers de Berlin. Il prit ses grades en 1873, fut envoyé l'année suivante en mission en Syrie et à Tyr, et devint, en 1877, professeur ordinaire d'histoire à l'Université de Koenigsberg. On a de lui : « Henri dit le Lion », Leipzig, 1865 ; « Kaiser Friedrich I », 1871-74 ; « Sources pour l'histoire des croisades », 1871 ; « De la Phénicie », 1876 ; « Les possessions de l'Ordre teutonique dans la Terre-Sainte », 1877.

Prym (Frédéric-Émile), célèbre mathématicien allemand, docteur en philosophie, professeur ordinaire de mathématiques à l'Université de Würzburg (Bavière), né, le 28 septembre 1841, à Düren (Prusse), fit ses études au gymnase de Düren et aux Universités de Berlin, Goettingue et Heidelberg ; fut promu docteur en philosophie à l'Université de Berlin en 1863, et de 1865 à 1869 professeur au Polytechnique fédéral de Zurich. Le 1er avril 1869, il fit passage Würzburg en qualité de professeur ordinaire de mathématiques à l'Université de cette ville, et en 1872 il fut nommé membre correspondant de l'Académie des Sciences à Munich. Nous citons les ouvrages plus importants qu'on lui doit : « Theoria nova functionum ultraellipticarum », Berlin, 1863 ; « Neue Theorie der ultraëlliptischen Functionen » (*Denkschr. d. Wien. Ak.*), 1864 ; « Untersuchungen über die Riemann'sche Thetaformel und die Riemann'sche Charakteristikentheorie » (*Tessbener*), Leipzig, 1882 ; « Zur Theorie der Functionen in einer zweiblättigen Fläche » (*Denkschr. d. Schweizer. Naturf. Gesell.*), Zurich, 1866 ; « Zur Integration der gleichzeitigen Differentialgleichungen $\frac{du}{dx} = \frac{dv}{dy}, \frac{du}{dy} = -\frac{dv}{dx}$ » (*Crelle's Journal*, vol. 70), Berlin, 1869 ; « Beweis zweier Sätze der Functionentheorie » (id., vol. 71) ; « Ueber ein Randintegral » (id., id.) ; « Zur Integration der Differentialgleichung $\frac{d^2 u}{dx} + \frac{d^2 u}{dy^2} = 0$ » (id., vol. 73) ; « Zur Theorie der Gammafunction », (id., vol. 82) ; « Beweis eines Riemann'schen Satzes », (id., vol. 83) ; « Kurze Ableitung der Riemann'schen Thetaformel », (id., vol. 93) ; « Ein neuer Beweis für die Riemann'sche Thetaformel » (*Acta Math.*, vol. 3), Stockholm, 1883 ; « Ueber die Verallgemeinerung der Riemann'schen Thetaformel » (en collaboration avec M. Adolphe Krazen, insigne mathématicien à l'Université de Strassbourg) (id.) ; « Ableitung einer allgemeinen Thetaformel » (id.).

Przewalsky (Nicolas-Mikhaïlovitch), écrivain et voyageur russe, né le 31 mars 1839, a commencé son éducation au Collège de Smolensk. En 1855, il fut sous-officier au régiment de Riazan, et en 1856 officier. Entré à l'Académie de l'État-major (1861), il y a fini les cours en 1863. Puis étant au service de l'État-major, il enseigna la géographie à l'École des sous-officiers à Varsovie, et composa un cours de géographie pour École des sous-officiers. En 1867, il s'est rendu à Irkoutsk en Sibérie. C'est de ce temps qu'il entreprit ses voyages. Après avoir parcouru les déserts de la Sibérie, il écrivit son premier ouvrage : « Le voyage au pays des Ursoren (1867-69) », 1870. Après avoir organisé une expédition à la Chine septentrionale, il traversa l'Asie centrale. Une des meilleures compositions de M. P. est : « La Mongolie et le pays des Tongoutes », 1876. Ce livre est traduit en anglais et en allemand. La Société géographique de Paris lui a décerné la grande médaille d'or.

Puaux (François), historien et controversiste protestant français, né, le 24 décembre 1806, à Vallon dans le département de l'Ardèche d'une famille catholique, fit à Paris ses études de droit, et revint dans son pays d'origine pour exercer la profession d'avocat à Largentière, celle de notaire à Vallon. Un sérieux travail de méditation intérieure l'amena à embrasser la foi réformée et à renoncer à ses occupations juridiques pour se rendre en 1841 à Montauban, et s'y préparer sur les bancs de la Faculté au ministère évangélique. Devenu en 1843 bachelier en théologie après la soutenance d'une thèse sur les « Peines éternelles », M. P. exerca le pastorat successivement à Luneray dans la Seine-Inférieure, à Rochefort, à Mulhouse. L'ardeur de ses convictions et son humeur polémisante l'amenèrent à entreprendre de fréquentes tournées missionnaires, pendant lesquelles il engagea des luttes passionnées, soit avec les défenseurs de l'Église Romaine, Mgr Plantier de Nîmes, l'abbé Combalot, etc. (l'Anatomie du Papisme) : « L'Église romaine est-elle un juge infaillible en matière de foi ? », 1851 ; « Essai sur la religion des gens du monde », 1855, soit avec les Protestants de tendance progressiste (le « *Ver Rongeur* ») et autres brochures plus remarquables par la véhémence de la forme que par la solidité de l'argumentation. Les services rendus par M. P. dans le domaine historique sont beaucoup plus généralement appréciés. L'« Histoire de la Réformation française », 7 vol. in-12°, 1859-64, si elle ne peut prétendre à une valeur scientifique a ranimé l'amour pour les ancêtres huguenots chez les populations du Midi ; la même originalité dans l'exposition et la même verve dans le style se retrouvent dans les « Vie de Calvin » 1864 et « Vie de Cavalier » 1868 ; l'« Histoire populaire des Camisards », 1878 ; ainsi que dans les romans religieux : l'« Abbaye de la Vallée de l'Arc », 1885 ; « Galerie des personnages célèbres qui ont figuré dans l'*Histoire du protestantisme français*, à l'usage des écoles des familles », 3 vol., 1863-64.

Puaux (Frank), historien et publiciste français, pasteur de l'Église réformée de France, est né, à Luneray (Seine-Inférieure), le 26 novembre 1844. Après des études théologiques faites à Genève et à Montauban, M. P. devint pasteur de l'Église française réformée de Stockholm. Aumônier pendant la guerre de 1879, il revint en France et se fixa plus tard à Paris pour y poursuivre ses études sur l'histoire de la réformation en France. M. F. P. a publié : « Des Précurseurs français de la tolérance », 1886 ; une réédition des « Plaintes des protestants de France », de Claude, 1885 ; « La Responsabilité de la révocation de l'Édit de Nantes », 1886. M. P. a aujourd'hui sous sa direction la *Revue Chrétienne*, le plus ancien et le plus autorisé des périodiques du protestantisme français. En 1885, l'Océanie française l'a désigné comme son représentant au Conseil supérieur des Colonies, où il siège comme délégué de Tahiti.

Pucciauti (Joseph), professeur italien de lycée, à Pise, en 1831, fit ses cours universitaires (section de Belles-Lettres) à l'Athénée pisan. Nous avons de lui les ouvrages suivants : « Il romanzo storico nella letteratura moderna », Florence, 1869 ; « Introduzione allo studio della letteratura italiana », id., 1862 ; « Le scuole classiche italiane a proposito di una recente pubblicazione », id., 1870 ; « La poesia psicologica », id., 1871 ; « Alessandro Manzoni, studio morale », id., 1873 ; « Il realismo nella poesia », id., 1874 ; « Della unità di lingua in Italia », Pise, 1868 ; « La Donna nella *Vita nuova* di Dante e nel *Canzoniere* del Petrarca », id., 1874 ; « Antologia della prosa italiana moderna », Florence, Le Monnier, 1871 ; « Antologia della poesia italiana moderna », id., id., 1872 ; « Antologia della prosa italiana dal secolo XIV al secolo XVIII », id., id., 1877 ; « Versi », id., id., 1873, 2me éd., 1878 ; « Sentire e meditare : pensieri e giudizi di moderni scrittori italiani », id., 1883 ; « Nuovo teatrino in versi martelliani », id., 1889.

Puech (Aimé), professeur et littérateur français, né, à Béziers, le 19 décembre 1860 ; entré à l'École normale supérieure dans la promotion de 1878 ; professeur de rhétorique au Lycée de Saint-Quentin de 1881 à 1883 ; depuis 1883, maître de Conférences à la Faculté des lettres de Rennes ; docteur ès-lettres, M. P. a publié deux études d'histoire littéraire et religieuse : « Prudence », étude sur la poésie latine chrétienne au IVe siècle, Hachette, 1888 ; « De Paulini Nolani Ausoniique epistolarum commercio », id., id.

Puecher-Passavalli (Ignace), poète et homme de lettres du Trentin, né, à Levico, en 1818, fit ses premières études à Trente, et son droit aux Universités de Vienne et de Padoue, où il fut licencié avocat. Avocat de la Famille Royale à Monza dès 1859, il vint à Florence en 1880, ensuite à Ancone. En dehors de plusieurs traductions poétiques de l'allemand, entr'autres, l'ode « A l'Italia » d'Owerbeck ; « Alla mia spada », de Körner, il publia : « Sulla trentina letteratura del secolo XIX », dans le journal *Euganeo* de Padoue, 1844 ; « Viaggio da Desenzano a Milano », Milan, id. ; « Sulla necessità della popolare educazione », discours, 1850 ; « Poesie liriche », 1879.

Puecher-Passavalli (Louis), prédicateur et écrivain ecclésiastique italien, né, à Calliano (Trentino), le 28 septembre 1821 ; après douze ans de prédication, il fut nommé archevêque d'Iconium et vicaire de l'Église de Saint-Pierre à Rome ; mais après cinq ans de service, il s'en retira pour s'occuper de la publication de ses discours. On a de lui entr'autres : « Notizie biografiche sul P. Ignazio Signorini da Rovereto, cappuccino, predicatore apostolico », Rome, 1847 ; « Le prediche fatte al Palazzo Apostolico », en 4 vol. ; et un discours latin, à l'occasion du Concile du Vatican.

Puini (Charles), sinologue italien, né, à Livourne, en mai 1839, étudia à Florence les mathématiques et les lettres sous les Pères *Scolopi*, interrompit ses cours pour s'enrôler simple soldat en 1859. Après la guerre, il s'occupa de sciences naturelles, principalement de géologie et de paléontologie. Nous devons à cette période de sa vie : « Sulla geologia dell'Italia centrale », Florence, 1874. L'archéologie préhistorique développa en lui le goût des recherches sur l'histoire primitive et sur l'archéologie de l'Égypte et de l'Orient. L'Égyptologie devint pour un temps son étude favorite. En 1864, le gouvernement italien ayant fondé la chaire des langues de l'Extrême-Orient à Florence, M. P. s'inscrivit au cours du prof. Severini qui lui enseigna le chinois, le japonais et le mantchou ; en même temps, M. P. apprenait pour son compte le thibétain. Ses études lui valurent en 1871 la place de secrétaire de la Société de géographie, en 1876 celle de professeur-adjoint des langues de l'Extrême-Orient, et en 1884 la chaire d'histoire et de géographie de l'Asie Orientale à l'*Istituto di Studi Superiori*. Anarchiste en politique, bouddhiste en religion, M. le prof. P. attend le *Nirvana* tout en travaillant, avec une assiduité remarquable, à la littérature de l'Extrême-Asie. Il a publié plusieurs articles et mémoires sur le bouddhisme, la mythologie japonaise, les institutions primitives des peuples de l'Asie Orientale dans la *Rivista Orientale* (1867), dans l'*Archivio d'Antropologia e d'Etnologia* (1870), dans *Atsumegusa*, journal qui se publiait à Genève en 1873, dans l'*Annuario della Società italiana di studi orientali* (1872-73), dans le *Bollettino degli studi orientali* (1877-78), dans la

Rassegna settimanale (1878-81), dans les *Pubblicazioni dell'Istituto di Studi Superiori* (1877-85); dans le *Museum* (1886), dans le *Giornale della Società Asiatica italiana*. En librairie: « Notizie sul buddhismo estratte dal Wa-Kan-San-gai », Florence, 1877; « Buddha », id., 1878; « Saggi di Storia della religione », id., 1882. En train de publication: « Le origini della civiltà nelle tradizioni cinesi » et « Storia comparata delle religioni nell'Asia Centrale ».

Pujol (Paul), est né, à Pomerols (Hérault), le 21 février 1851. Il a fait ses études au collège de Pézénas, et, à partir de 1869, a collaboré à toutes les revues littéraires du Midi. De 1876 à 1881, il a été le rédacteur principal de *L'Union Républicaine* de Béziers. Depuis 1881, sous le pseudonyme de *Jean-Paul*, il fait le bulletin politique du journal *L'Hérault*. M. P. P. a collaboré à la *Revue des Poètes*, à l'*Union littéraire*, au *Sonnettiste*, à l'*Almanach du Sonnet*, au *Parnasse*, au *Passant*, à la *Revue littéraire et artistique*, à l'*Hydropathie*. Il a publié des vers dans *La Vie littéraire*. En librairie: « Hommage à George Sand », ode, Chérié éd.; « L'année poétique », 1 vol. Au théâtre: « L'œuvre de Molière », à-propos en un acte, en vers, en collaboration avec Jean Bernard, représenté sur les théâtres de Toulouse et de Béziers, 1881. En collaboration avec Paul Paget, directeur de l'*Hérault*: « La Jacquerie », drame en cinq actes, joué, pour la première fois, au théâtre de Béziers le mars 1883. M. P. P. a publié en feuilleton dans l'*Hérault* un roman de mœurs bittéroises: « Le cadavre de Fouceranes » et un drame en quatre actes en prose: « Le Tripot ». Membre fondateur de la Société littéraire de Béziers, il en a été président de 1882 à 1887. Cette société a créé une bibliothèque populaire et organisé des conférences hebdomadaires très suivies. Les principales conférences littéraires de M. P. P. ont eu pour sujets: « Alfred de Vigny, A. de Musset, Camille Desmoulins, Barbier, Les Femmes de la Révolution ». M. P. P. va publier très prochainement: « La Chanson des baisers », poésies; et les « Médaillons révolutionnaires », prose. Il est membre de la Société des auteurs dramatiques depuis 1883 et officier d'Académie depuis 1886.

Pullé (le Comte Jules), auteur dramatique italien, plus connu sous son nom littéraire de *Riccardo Castelvecchio*, est né, à Vérone, vers 1820. Il débuta de très-bonne heure par « Due donne simili e due case diverse ». Suivirent: « Romilda », tragédie; « Marin Faliero », id.; « La notte di San Silvestro »; « La Nostalgia »; ces deux pièces sont de 1849. Suivirent encore: « Un episodio del 1793 », représenté à Trieste en 1853; « Il Duca ed il forzato », 1856; « La cameriera astuta », 1857; « La donna romantica », 1858. Ces deux pièces pleines de verve et pétillantes d'esprit rendirent populaire le nom de Castelvecchio qui donna alors au répertoire: « La donna bigotta »; « Il medico condotto », et une soixantaine d'autres pièces dont le succès fut contesté. Vers 1870, il changea de style et donna au théâtre: « Esopo », que suivirent « Frine »; « Omero », et « Annibale ». M. le Comte P. a traduit du français le « Misanthrope »; « L'école des femmes »; « Le dépit amoureux » de Molière, et le « Mariage de Figaro » de Beaumarchais. Citons encore une comédie de sujet historique et littéraire: « Ugo Foscolo », et enfin: « La donna pallida », Milan, 1888.

Pullé (le Comte Léopold), fils du précédent, né vers 1847, a pris pour pseudonyme le nom de *Leo di Castelnuovo*. Nous avons de lui: « Il guanto della Regina »; « Bere o affogare »; « Pesce d'aprile », et plusieurs autres pièces applaudies à la scène italienne et réunies en volume à Milan, Dumolard éd., 1882-89. Enfin: « Scene e fiabe », Milan, 1889; « Discorsi parlamentari di Marco Minghetti, raccolti e pubblicati per deliberazione della Camera dei Deputati », dont M. P. soigna l'édition, Rome, 1890.

Pulszky (François-Aurèle), littérateur et homme politique hongrois, né, à Eperies dans le comitat de Saros, le 17 septembre 1814, fut élevé par un de ses oncles, voyagea ensuite en Allemagne et en Italie, et fut nommé en 1876 membre de l'Institut archéologique de Rome. A la suite de nouveaux voyages en Russie, en Angleterre et en France, il se lia en Hongrie avec Kossuth et les chefs du parti libéral, et s'associa à leur opposition contre le gouvernement autrichien. A cette époque, il publia en allemand le « Voyage d'un hongrois en Angleterre » (1887), qu'il traduisit plus tard en langue hongroise. En 1840, nommé député à la Diète de Hongrie par le comitat de Saros, il se fit remarquer parmi les orateurs de l'opposition. En 1848, il se rendit à Pest et fut nommé sous-secrétaire d'État au ministère des finances. Ensuite, le prince hongrois Esterhazy, ministre des affaires étrangères à Vienne, lui confia le même poste. Surveillé et menacé par la police de Windischgraetz, il parvint à gagner la Hongrie, puis la Galice, d'où il passa en France. En mars 1849, il se rendit en Angleterre, où M. Kossuth l'avait nommé ambassadeur. Après la catastrophe de Villagos et la délivrance de l'ex-dictateur, il l'accompagna dans son voyage en Amérique. Il a donné, en collaboration avec sa femme, une relation de ce voyage intitulé: « Blanc, Rouge, Noir », Londres, 1852, Cassel, 1853. Lors des mouvements révolutionnaires de 1861, M. P. fut élu membre de la Diète par le comitat de Nergrad. Ayant été autrefois condamné à mort par contumace pour crime de haute trahison, il demanda, pour rentrer dans son pays, un passeport qui lui fut refusé. Retiré en Italie comme émigré hongrois, il prit une part assez active au mouvement garibaldien, fut arrêté à Naples à la suite de l'échauffourée du mois d'août 1862, et relâché quelques semaines après. Il venait d'obtenir l'autorisation de venir voir sa femme et sa fille en 1866, mais il arriva trop tard : toutes deux étaient mortes du choléra. Il fut alors grâcié et élu, l'année suivante, député de la Chambre ; il s'y attacha au parti Deak et fit partie de la délégation hongroise jusqu'en 1875. En 1869, il avait été nommé directeur du Musée national hongrois, et, en 1872, intendant général des musées et bibliothèques publiques. On doit encore à M. P. : « Les Jacobins en Hongrie », Leipzig, 1851 ; « Philosophie de l'histoire de Hongrie » ; « Un drame en Hongrie », publié en français, en 1862, par M. A. Pichot ; « Monuments de la domination celtique en Hongrie » (en hongrois, allemand et français) ; « L'âge de cuivre en Hongrie » (en hongrois et en allemand) ; « Ma vie de mon temps » (en hongrois et en allemand), 4 vol., 2me éd.

Puppo (Antoine), professeur aux Instituts techniques italiens, poète, né, à Gênes, le 2 juin 1840, suivit les cours classiques sous les Pères *Scolopi* dans sa ville natale. Nous avons de lui une quantité de pièces de vers éparses dans les journaux politiques et littéraires, ou dans les tirages à part. Voici les titres des principales : « Il primo canto » ; « In morte d'una bambina » ; « Il mio pensiero » ; « Il Camposanto di Genova » ; « Il 20 settembre » ; « Il di dei morti » ; « In morte del Manzoni » ; « Al pittore Niccolò Barabino » ; « Il Centenario di Legnano » ; « La voce di Colombo » ; « La torre degli Embriaci » ; « In morte d'una giovinetta » ; « I mille » ; « La Saffo di Santo Varni » ; « Leopardi » ; une tragédie : « Pier delle Vigne » ; « Oasi », imprimerie Schenone, 1880 ; « Nozze. Canto », id., 1881 ; « L'Arte. Ode », 1884 ; « Scienza ed arte », 1888 ; « Saati », vers, 1886 ; « Il pensiero nazionale nella letteratura italiana », id. ; et « L'insegnamento delle lettere italiane nelle scuole superiori di commercio », discours, 1887.

Puschmann (Théodore), docteur autrichien, professeur titulaire d'histoire de la médecine à l'Université de Vienne, est né, en 1844, à Lowremberg, exerça la médecine en Égypte et à Munich et fut professeur universitaire à Leipzig avant d'occuper la chaire de Vienne. En librairie : « Alexander von Tralles. Original. Text nach den Handschriften nebst deutscher Uebersetzung, Erklärungen und einleitender Abhandlung », Vienne, 1878-79 ; « Fragmente aus Philagrios und Philumenos nebst einer neu aufgefundenen Handschrift über Augenkrankheiten », Berlin, 1886 ; « Die Medicin in Wien während der letzten 100 Jahre », Vienne, 1884 ; « Geschichte des medicinischen Unterrichts », Leipzig, 1889.

Puton (J.-B.-Auguste), médecin et entomologiste français, né, à Remiremont (Vosges), en 1834, a collaboré à la *Société entomologique* de France et à la *Société française d'entomologie*. Ses principales publications : « Synopsis des Hémiptères-Hétéroptères de France », 2 vol., Remiremont, 1878-82 ; « Catalogue des Hémiptères de la Faune paléarctique », 3me éd., Caen, 1886 ; « Faunule des Hémiptères de Biskra » (en collaboration avec Lethierry), Paris, 1875 ; « Énumération des Hémiptères recueillis en Tunisie par MM. Mayet et Sedillot », id., imp. nationale, 1886 ; plus de nombreux articles dans divers recueils des sociétés entomologiques françaises et étrangères.

Puton (François-Alfred), administrateur et écrivain français, né, à Remiremont (Vosges), le 22 mars 1832, fit ses études au Collège Sainte-Barbe à Paris et à l'École Forestière de Nancy. En 1853, il fut nommé garde-général des forêts à Grandes Vintes (Se-Inférieure), à Compaire (Vosges), à Remiremont (Vosges) ; en 1863, sous-inspecteur des forêts pour les aménagements des Vosges ; en 1868, professeur adjoint du cours de droit à l'École Forestière ; en 1872, professeur titulaire ; en 1880, conservateur des forêts, directeur de l'école ; en 1882, inspecteur général, directeur de l'école ; en 1883, membre du Conseil supérieur de l'agriculture ; en 1870-71, M. P., qui était conseiller municipal de Remiremont, a été incarcéré comme otage de guerre par les allemands. De 1868-80, avocat à la Cour d'appel de Nancy ; en 1878, membre correspondant de l'Académie de législation de Toulouse ; en 1880, membre de l'Académie de Stanislas à Nancy ; il a publié : « L'Aménagement des forêts », 1 vol., 1867, 3me éd. 1882 ; « Service administratif : Les chefs de cantonnement », 1869 ; « La Louveterie et la destruction des animaux nuisibles », 1872 ; « Manuel de législation forestière », 1875 ; « Code de la législation forestière », 1883 ; « Estimations concernant la propriété forestière », 1886, sans compter un assez grand nombre de brochures.

Putsage (J.), philosophe, socialiste et publiciste belge, né, à Mons (Belgique), le 21 avril 1834. Il a fondé à Mons un Cercle d'études de science sociale rationnelle dont le Comité se réunit chez lui toutes les semaines ; des réunions générales ont lieu tous les trois mois. L'étude de la question sociale est le principal objet de leurs travaux ; ils professent tous le socialisme rationnel de Colins. M. P. a écrit de nombreux articles dans la *Société Nouvelle* et la *Philosophie de l'avenir ;* il a publié plusieurs remarquables écrits philosophiques et de science sociale, notamment *Le Déterminisme et la science rationnelle, La Responsabilité*, etc. ; « Études de science réelle », 1 vol. gr. in-8°, 1888.

Puymaigre (Théodore-Joseph-Boudet Comte DE), homme de lettres français, né, le 17 mai 1816, à Metz. Il se rendit en Italie avec son père en 1831 et il s'y prit d'une belle passion pour notre littérature qu'il connaît comme la sienne propre. Après l'annexion de la Lorraine à la France, il opta pour la nationalité française. Outre de nombreux écrits répandus dans plusieurs journaux et dans des revues telles que la *Revue d'Austrasie*, la *Revue de l'Est*, la *Revue de Province*, le *Correspondant*, le *Contemporain*, la *Romania*, la *Revue des questions historiques*, la *Rivista Sicula*, la *Revue critique*, le *Polybiblyon*, la *Revue du monde latin*; outre un certain nombre d'opuscules de genres divers, M. P. a publié: « Jeanne d'Arc », poème dramatique, 1843; « Poètes et romanciers de la Lorraine », 1848; « Les Vieux auteurs castillans », 2 vol., 1861-62; « Les chants populaires du Pays messin », 1865, 2e éd. 1881; « Le Victorial », trad. de l'espagnol avec le Comte Albert de Circourt, 1867; « La cour littéraire de Don Juan II », 2 vol., 1873; « Petit romancero », 1878; « Romanceiro », traduction de vieux chants portugais, 1881. En 1884, M. P. a fait paraître les mémoires de son père « Souvenirs sur l'émigration »; « L'Empire et la Restauration ». En 1885, il a publié un volume d'étude sur la littérature populaire: « *Folk-lore* »; en 1887, un recueil appartenant au genre romanesque: « Vieilles Nouvelles »; en 1888, la première série d'une seconde édition, fort augmentée: « Les vieux auteurs castillans », livre épuisé depuis longtemps.

Pyl (Charles-Théodore), écrivain et savant allemand, né, le 10 novembre 1826, à Greifswald, fit ses études au Gymnase et à l'Université de son pays natal et aux universités de Goettingue et de Berlin, ayant pour maîtres les célèbres Hermann, Lotze, Redepenning, Bocckh, Lachmann, Ranke, Trendelenburg; prit son habilitation à l'enseignement de la philosophie et depuis 1860 à la mort de Rosegartens, il devint président de la *Rügisch-Pommersche Abtheilung der Gesellschaft für Pommersche Geschichte* à Greifswald et y fut nommé professeur. On lui doit: « Ueber die Symbolische Darstellung der Griechen », 1855; « Mythologische Beiträge », 1865; « Kunstwerke alter und neuer Zeit », 1857; « Schillers Bedeutung für unsere Zeit », 1859; « Die griechischen Rundbauten im Zusammenhang mit dem Götter- und Heroen-Kultus », 1861; « Pommersche Geschichtsdenkmäler », 1867-89; « Pommersche Genealogien », 1868; « Geschichte des Cist.-Klosters Eldena », 1880; « Geschichte der Greifswalder Kirchen, Klöster und Hospitäler », 1885. M. P. a publié aussi plusieurs ouvrages en vers parmi lesquels nous citons: « Heinrich Rubenow », drame, 1864; « Albrecht Dürer », comédie, 1865; « Margareta von Ravenna », drame, 1865; « Königin Margareta », id., 1872; « Die Inselkönigin, Die Klöstermühle, Vom Hildagestade », 1876, et une version des « Lieder und Sprüche » du prince Wizlaw von Rügen.

Q

Quandel (Dom Joseph), moine de l'ordre de Saint-Bénoît du Mont-Cassin, né, à Naples, le 21 août 1833. Il fit ses études à l'École militaire de la *Nunziatella* à Naples, et en sortit en 1851 officier du génie. Il servit en Sicile et dans la forteresse de Gaëte assiégée, où il fut blessé. Prisonnier de guerre à la capitulation, il abandonna le service militaire et exerça comme ingénieur civil. En 1864, il prit l'habit de Saint-Bénoît au Mont-Cassin. Il y dirige maintenant les Observatoires méthéorologique et géodynamique, et il y dirige en même temps le collège. Nous avons de lui: « Lavori del genio napoletano nella difesa di Gaeta nel 1860-61 », avec atlas, Naples, 1862, épuisé; « Codex Caietanus », sous presse.

Quantin (Albert-Marie-Jérôme), imprimeur et éditeur français, né, en 1850, à Bréhémont (Indre-et-Loire). Après avoir fait ses études au Lycée de Tours, il entra en 1868 dans l'imprimerie Mame où il fit un apprentissage complet. Il suivit à Bordeaux le Gouvernement de la Défense nationale et fut chargé du service de l'impression des dépêches envoyées par pigeons voyageurs pendant le siège de Paris. Il écrivit à Bordeaux une brochure politique: « Le devoir de l'Assemblée constituante: La paix avec la République ». Venu à Paris après la guerre, il dirigea, à partir de 1873, l'imprimerie Jules Claye à qui il succéda en 1876. Les principales publications éditées par M. Q. sont: « Les monographies des grands maîtres de l'art »; « La bibliothèque de l'art et de la curiosité »; de grands ouvrages d'archéologie artistique comme les « Monuments de l'art antique d'Olivier Rayet » et « La Renaissance en France » de Léon Salustre; la « Bibliothèque de l'enseignement des Beaux-Arts », à qui l'Académie Française décerna un prix Monthyon, et de nombreux ouvrages d'amateur, entre autres une belle collection des « Chefs-d'œuvre du Roman contemporain ». En association avec la maison Hetzel, M. Q. a publié en 48 volumes l'édition *Ne varietur* des « Œuvres complètes de Victor Hugo ». Il a fondé la *Revue des arts décoratifs* et une autre revue: *Le Livre*, dans laquelle il a écrit divers articles de critique. On doit aussi à M. Q. une étude personnelle: « Les origines de l'imprimerie et son introduction en Angleterre », 1877, et un livre pour enfants: « Histoire de Germaine », dans la *Bibliothèque de l'éducation maternelle*, qu'il fonda en 1885. A la suite de l'exposition d'Amsterdam, M. Q. obtint une double médaille d'or.

Quarenghi (César), écrivain italien, né, à Verdello, près de Bergame, le 8 décembre 1838. Simple soldat en 1859, il reçut l'épaulette en 1866 et après avoir quitté le service en 1870, il publia les ouvrages suivants: « Le fonderie bresciane di cannoni ai tempi della Repubblica veneta », 1870; « Storia dell'11° reggimento fanteria raccontata ai soldati », Gênes, 1874; « Storia della guerra per l'indipendenza italiana raccontata ai soldati », id., 1875; « L'Italia da espressione geografica a grande potenza », Naples, 1876; « Racconti militari », Rome, 1878-85; « Le mura di Roma », id., 1880; « Tecnocronografia delle armi da fuoco italiane », Naples, 1880; « La bibliografia del reggimento italiano », Rome, 1884; « Bibliografia relativa al generale Garibaldi », *Rivista militare*, 1882.

Quatrefages de Bréau (Jean-Louis-Armand DE), naturaliste français, né, à Vallerangue (Gard), le 10 février 1810. M. de Q. a fait ses études classiques à Tournon. Il obtint à Strasbourg les grades de docteur en médecine et de docteur ès-sciences mathématiques et fut nommé au concours aide-préparateur de physique et de chimie à la Faculté de médecine. Il quitta cette ville pour aller exercer la médecine à Toulouse; c'est alors qu'il publia ses premières recherches originales. Chargé du cours de zoologie à la Faculté des sciences de cette ville, il prit le grade de docteur ès-sciences naturelles, puis à la suite de quelques tracasseries, il renonça à sa chaire et vint à Paris pour s'occuper exclusivement de sciences. Il fit alors plusieurs voyages sur le bord de la mer et explora les côtes de France depuis Boulogne jusqu'aux Pyrénées. Avec MM. Edwards et Blanchard, il explora les côtes de la Sicile. En 1849, il fut nommé professeur d'histoire naturelle au collège Henri IV. Élu membre de l'Académie des sciences en 1852, il entra au *Muséum* deux ans après comme professeur d'anthropologie; c'est à cette dernière science qu'il s'est entièrement consacré depuis plus de trente ans, mais, loin d'oublier ses études antérieures, il leur a demandé les moyens d'aborder avec sureté les questions que soulève l'histoire de l'homme, c'est dans l'application rigoureuse des méthodes scientifiques, qu'il a cherché la solution de ces problèmes, parfois si violemment controversés. M. de Q. a publié dans les *Annales des sciences naturelles* et autres recueils du même genre, un très grand nombre de mémoires originaux, principalement sur divers groupes d'invertébrés marins et inséré de nombreux articles dans la *Revue des Deux Mondes*, dans divers dictionnaires etc. Il est, en outre, l'auteur des ouvrages suivants que l'on peut classer sous deux titres: Anthropologie: « Crania Ethnica; les crânes des races humaines », en commun; avec M. le Dr Hamy, Germer Baillière, 1873-1879; « Rapport sur les progrès de l'anthropologie », Hachette, 1867; « L'espèce humaine », Germer Baillière, 9me éd., 1877-1888, traduit en anglais, en allemand et en italien; « Unité de l'espèce humaine », traduit en russe, J.-B. Baillière, 1861; « Cinq conférences sur l'histoire naturelle de l'homme », Hachette, 1867-1868, traduit en italien, en hollandais, en suédois et en anglais (Amérique); « Introduction à l'étude des races humaines », dernière partie, 225 figures dans le texte, 3 planches et 12 cartes, Hennuyer, 1887, la seconde partie est sous presse; « Hommes fossiles et hommes sauvages, études d'anthropologie », G. Baillière, 1884; « Les pygmées des anciens devant la science moderne », id.; « Les Polynésiens et leurs migrations », 4 cartes, Bertrand, 1866; « La race prussienne », traduit en allemand, Hachette, 1871; « Charles Darwin et ses précurseurs français », Alcan, 1870; — Zoologie: « Métamorphoses de l'homme et des animaux », traduit en anglais et en russe, 1862; « Recherches anatomiques et zoologiques, faites pendant un voyage en Sicile par MM. H. Milne-Edwards, A. de Quatrefages et E. Blanchard », 30 planches, Masson (chaque auteur a publié un volume distinct); « Histoire naturelle des Annélides et des Géphyriens », 2 vol., atlas de 20 planches, Phoret, 1865; « Etudes sur les maladies actuelles des vers à soie », 6 planches, Masson, 1860; « Nouvelles recherches sur les maladies actuelles des vers à soie », Masson, 1861; « Essai sur l'histoire de la sériciculture », traduit en italien; « Souvenirs d'un naturaliste », traduit en anglais, Charpentier et Masson, 1864. M. de Q. est membre de l'Institut (Académie des sciences, section de Zoologie), membre de l'Académie de médecine, rédacteur du *Journal des savants*, professeur d'histoire naturelle de l'homme au *Museum*.

Quellien (N.), né, à la Roche-Derrien (Côte-du-Nord), le 27 juin 1848. Il a été plusieurs fois chargé de missions en Bretagne par le Ministère de l'Instruction Publique, pour recueillir les chansons et les traditions populaires. Il est le promoteur du mouvement néo-celtique à Paris. Nous avons de lui: « Annaïk », poésies bretonnes, Paris, Fischbacher, 1880; « L'Argot des Nomades de Basse-Bretagne », Paris, Leclerc, 1886; « Loin de Bretagne », id., Lemerre, id.; « Chansons et danses des Bretons », id., Leclerc, 1889.

Queux de Saint-Hilaire (Auguste-Henry-Édouard, marquis DE), savant helléniste, d'une famille originaire de Saintonge, est né, à Hazebrouck (Nord), le 2 mars 1837. Après avoir terminé à Sainte-Barbe ses études commencées au Collège de Dunkerque, il fut reçu licencié en droit en 1859, et la même année se fit inscrire au tableau des avocats de Paris. Avant cette date, il avait déjà débuté comme critique à la

Revue française par une étude intitulée: « Histoire de la première représentation à Vienne des « Noces de Figaro » de Mozart, traduite des « Mémoires italiens » de Lorenzo da Ponte, auteur du livret. Ses autres travaux sont, par ordre chronologique: « De l'influence du christianisme sur le droit pénal des Romains », H. Rochette, 1861; « Essai historique sur le sujet d'Amphytrion », Dunkerque, 1861; « Les Fabulistes flamands et hollandais antérieurs au dix-septième siècle », Lille, Lefebvre-Ducrocq, 1864; « Le livre des cent ballades », contenant des conseils à un chevalier pour aimer loyalement et les réponses aux ballades, publié d'après trois manuscrits de la Bibliothèque impériale et de la Bibliothèque de Bourgogne à Bruxelles, avec une introduction, des notes historiques et un glossaire, imprimé par Perrin de Lyon et édité à Paris, chez E. Maillet, 1868; « Notice sur les Κορακιστικά », comédie grecque de Jacovaky Rizos Néroulos, 1870; « Notice sur la comédie grecque moderne intitulée Γυναικοκρατία » de M. Byzantios, Dunkerque, 1870; « Lettre à M. Adolphe Blanc sur la musique de chambre », Jouaust, 1870; « La presse dans la Grèce moderne depuis l'Indépendance jusqu'en 1871 », 1871; « Le Traité de Geta et d'Amphytrion », poème du XIVe siècle, traduit du latin de Vital de Blois par Eustache Deschamps, publié pour la première fois d'après le manuscrit unique de Paris, avec une introduction et des notes, Jouaust; « Cabinet du bibliophile », 1872; « Un essai de théâtre national dans la Grèce moderne » (les comédies de M. A. Vlachos), 1872; « Des traductions et des imitations en grec moderne », 1873; « Complément du livre des cent ballades », contenant trois nouvelles ballades inédites », E. Maillet, 1874; « Alexandre Soutzo, le poète national de la Grèce moderne », sa vie et ses œuvres, Didot, 1874; « Catalogue des ouvrages de gravure et de sculpture de J. Édouard Gatteaux », Claye, 1874; « Brunet de Presle », sa vie et ses travaux, Didot, 1875; « Notice sur la vie et les ouvrages de M. L.-M. Normand, graveur en taille douce », F. Malteste, 1875; « Poésies grecques inédites de Jacovaky Rizos Néroulos », avec un portrait de l'auteur gravé par F. Hillemacher, Chamerot, 1875; « Rapport sur les principales publications grecques faites en Orient et en France (1874-1875) », Didot, 1875; « Notice sur la comédie intitulée Βαβυλωνία, la Tour de Babel ou la corruption de la langue grecque par M. D. Byzantios », Dunkerque, 1875; « Notice sur les services rendus à la Grèce et aux études grecques par M. A.-F. Didot, membre de l'Institut », Chamerot, 1875; « Mateo Falcone » (de Prosper Mérimée), publié d'après le manuscrit autographe de l'auteur, avec un portrait enluminé inédit, Charpentier, 1876; « Nicolas Machiavel et les écrivains grecs », Chamerot, 1877; « Lettres inédites de Coray à Chardon de la Rochette (1750-1796) », suivies d'un recueil de ses lettres françaises à divers savants, de ses dissertations et de ses thèses de médecine, réimprimées pour la première fois, Firmin Didot, 1877; « Nouvelles lettres françaises inédites de Coray à M. P. Prévost de Genève », accompagnées de notes relatives à Coray, Chamerot, 1877; « Des syllogues en Orient et en Europe », Chamerot, 1878; « La Grèce à l'Exposition de 1878 », Delagrave, 1878; « Œuvres complètes d'Eustache Deschamps », poète du XIVe siècle, publiées avec des notices historiques et littéraires, tom. 1er, Didot, 1878 (publication de la Société des anciens textes français); « Louki Laras », roman historique, Paris, Calman Lévy, 1879; « Lettres de Coray au Protopsalte de Smyrne Dimitrios Lotos (1782-93) », id., Didot, 1880; « Œuvres complètes d'Aristotes Valaoritis », trad. du grec, id., Leroux, 1883; « Nouvelles grecques de Dimitrios Bikilas », id., id., Firmin Didot, 1887; « Notice sur les services rendus à la Grèce et aux études grecques par Gustave d'Erichstral », id., Hachette, id. Enfin, un grand nombre d'articles de biographie et de critique publiés dans la *Revue française*, dans la *Revue de Paris*, dans le *Héraut d'armes*, etc. M. de Q. de St.-H. est actuellement président de la Société académique des Enfants d'Apollon, administrateur de la Société des anciens textes français, et secrétaire pour l'Orient de l'Association des études grecques en France. Il est, en outre, membre de plusieurs sociétés savantes et officier de l'ordre royal du Sauveur de Grèce.

Quinet (Benoît), poète belge, né, à Mons, en 1818. Il débuta à vingt ans par des vers plein de l'enthousiasme de la jeunesse. En 1848, il publia une œuvre satirique: « Dantan chez les contemporains », qu'on relit encore aujourd'hui avec plaisir. Ses poésies – nous laissons de côté quelques brochures, quelques articles de journaux – l'ont fait élire membre de la Société des sciences, des arts et des lettres du Hainaut, l'une des plus importantes compagnies savantes de la Belgique.

R

Raabe (Guillaume), romancier allemand, connu sous le pseudonyme de *Jacob Corvinus*, né, à Eschershausen dans le Brunswick, le 8 septembre 1831. Il étudia la philosophie et l'histoire à Berlin, puis embrassant la carrière littéraire, il produisit un certain nombre de romans et nouvelles parmi lesquels nous citerons: « La chronique de Sperlingsgasse »; « Un printemps »;

« Moitié faux, moitié vrai »; « Vie désordonnée »; « Les hommes des bois »; « Voix libres »; « Abu Telfan ou le retour des montagnes de la lune »; « L'arc-en-ciel », 1879; « Christophe Pechlin », 1875; « Le clair de la lune allemand », id., etc.

Rabany (Charles), littérateur français, est né, à Neuilly (Seine), le 27 août 1847, d'une famille de fonctionnaires. Licencié ès-lettres, M. R. a pris pour sujet français : « La vie et les œuvres de Kotzebue »; pour sujet de la thèse latine: « Goldoni incitateur de Molière ». M. R. parle et écrit l'italien, l'espagnol, l'anglais et l'allemand. Il a surtout collaboré à la *Revue Alsacienne*, où il a fait paraître une série de portraits de généraux alsaciens dans l'ancien régime, la Révolution, l'Empire et les divers gouvernements jusqu'en 1870. Il a écrit, en outre, diverses études, notamment sur « Louis XIV et Strasbourg », sur l'« Histoire des doctrines littéraires et esthétiques en Allemagne ». Dans la *Vie littéraire*, il a écrit les souvenirs de sa captivité en Allemagne et le récit de son audacieuse évasion. M. R. a publié en volume chez Berger-Levrault (1884) un travail intéressant sur une famille d'érudits strasbourgeois: « Les Schwerghenser », qui avait fait l'objet d'une conférence au Cercle Saint-Simon. Il a fait, au même Cercle, une autre conférence sur « Paris en 1790 », d'après les « Souvenirs de voyage », inédits en France, de Kotzebue. M. R. collabore depuis 1879 à la *Revue générale d'administration*, rédigée sous les auspices du Ministère français de l'Intérieur. Il y a publié notamment des articles sur la « Réforme électorale en Italie ». Il y rédige, tous les mois, la chronique administrative italienne. M. R. vient de publier au *Temps* un article remarquable sur « L'Armée française en 1888 », d'après le livre du général Thoumas sur les « Transformations de l'Armée française ».

Rabaud (Édouard), pasteur réformé français, président du Consistoire de Montauban, aumônier du Lycée des Jeunes Filles, membre de la Délégation des églises libérales de France, né, à Labessonnié (Tarn), le 10 mai 1838, a fait ses études classiques au Collège de Castres; après avoir étudié la théologie à Genève, il a pris le grade de bachelier en théologie à la Faculté de Strasbourg en 1862. Il a été successivement secrétaire-suffragant de M. Athanase Coquerel fils, à Paris, pasteur à Roquecourbe (Tarn) jusqu'en 1871, pasteur à Montauban depuis cette époque et président du Consistoire de cette ville depuis 1878. M. R. a publié, entr'autres ouvrages, les suivants: « Protestation faite au IVe siècle contre les infiltrations du culte païen dans le culte chrétien »; « Le Repos Hebdomadaire », couronné par la Société d'utilité publique genévoise, en collaboration avec son frère; « Le Pasteur »; « Chrétiens et Protestants sans confession de foi »; « L'Inspiration »; « Histoire de la doctrine de l'inspiration des Saintes Écritures dans les pays de langue française, de la Réforme à nos jours », couronné par la Vénérable Compagnie des pasteurs de Genève; « Michel Nicolas, professeur de la Faculté de théologie protestante de Montauban: Sa vie, ses œuvres ». M. R. a collaboré au *Lien*, au *Disciple de Jésus-Christ*, au *Protestant Libéral*, à la *Vie Chrétienne* et aux *États-Unis d'Europe*.

Rabaud (Jean-Jacques-Camille-Léonce), pasteur et historien français, né, en 1827, à Montredon dans le département du Tarn, d'une famille qui descendait par une branche collatérale de Paul Rabaud, l'illustre apôtre du Désert, fils d'un vénérable ecclésiastique dont l'activité et le libéralisme ne se démentirent jamais en dépit des années et qui fut pendant sa verte vieillesse le doyen de l'Église réformée dans de Midi, fit de brillantes études théologiques aux Facultés de Genève et de Strasbourg, obtint en 1851 le diplôme de bachelier sur la présentation d'une thèse: « Rapports de la foi et de l'autorité », et remplit les fonctions du ministère évangélique dans son pays d'origine: d'abord à Mazamet (1852), puis à Castres (1869). Le Synode de 1872 le compta parmi les plus éloquents adversaires de la Confession Bois, et les plus sympathiques représentants du libéralisme modéré. Les écrits de M. R. relèvent de deux domaines de la pensée et traitent, tantôt des questions de philosophie religieuse et sociale, tantôt racontent les annales du Protestantisme français. En voici la liste complète d'après l'ordre des dates: « Qui doit communier? », sermon, 1857; « Sirven », étude historique d'après les documents originaux et la correspondance de Voltaire, 1858; « Études populaires sur l'essence du Christianisme », 1859; « Le travail, sa loi et ses fruits », 1864; « La cité ouvrière de Mazamet, appel à l'opinion sur les logements des pauvres », 1867; « Le repos hebdomadaire » (mémoire couronné par la Société genévoise d'utilité publique), 1871; « Le cri d'un patriote chrétien (Les conditions du relèvement; le secret de la victoire; le vrai patriotisme) », trois discours prononcés dans le temple de Castres, 1871; « Les explications d'un membre du Synode général de 1872 », 1873; « Histoire du Protestantisme dans l'Albigeois et le Lauraguais depuis son origine jusqu'à la révocation de l'Édit de Nantes », 1873; « L'homme accompli », deux sermons, 1879; « La Source, député à la Législative et à la Convention d'après ses Mémoires et des documents inédits », 1889. M. R. a collaboré à divers périodiques religieux: *Le Lien*, *Le Disciple de Jésus-Christ* et le *Journal du Protestantisme*.

Rabier (Élie), professeur et philosophe français, né, à Bergerac (Dordogne), en 1846. Élève de l'École Normale Supérieure (1866-69); professeur de philosophie au Lycée de Montauban, au Lycée de Tours, puis au Lycée Charlemagne à Paris (1872) ; maître suppléant de conférences à l'École Normale Supérieure (1880-82) ; inspecteur de l'Académie de Paris (avril 1888). M. R. a été élu, deux fois, membre du Conseil supérieur de l'instruction publique. Il a publié : « Discours de la Méthode et des Méditations » de Descartes, avec des études critiques sur la philosophie de Descartes, Paris, Delagrave, 1 vol., 1875 ; « Leçons de philosophie » ; 1re partie, « Psychologie », 1 vol. ; 2e partie, « Logique », 1 vol. ; une 3me partie, qui aura pour titre : « Principes de morale et de métaphysique », est en préparation. Les « Leçons de philosophie » sont éditées chez Hachette ; la « Psychologie » en est à sa 3e édition ; la « Logique » à sa 2e ; sa « Psychologie » a été couronnée par l'Académie française. M. R. a donné, en outre, des articles étendus sur divers sujets de philosophie dans l'*Encyclopédie des sciences religieuses* de M. Lichtemberger. M. R. est officier d'Académie.

Rabus (Léonard), écrivain allemand, docteur en philosophie, professeur agrégé à la Faculté de philosophie à l'Université d'Erlangen, né, le 10 mai 1835, à Nuremberg, fit ses premières études au Gymnase de sa ville natale, et les acheva aux universités d'Erlangen et de Leipzig, où il fréquenta les cours de théologie, philologie et philosophie. En 1862 il prit son habilitation à l'enseignement de la philosophie à l'Université de Heidelberg, en 1867 il fut nommé professeur au Lycée Royal de Speyer et après le transfèrement de cette Académie il se retira à Erlangen comme professeur agrégé de philosophie à l'Université de cette ville. Outre plusieurs écrits philosophiques parus dans l'*Allgemeine Schulzeitung*, dans les *Heidelberger Jahrbücher*, dans les *Philosophische Monatshefte*, dans la *Rheinische Schulzeitung* et dans les *Zeitschr. f. Speculative Philosophie*, il a publié : « Grundriss der philos. Lehre J. J. Wagner's in ihrer Vollendung », Heidelberg, 1861 ; « J. J. Wagner's Leben, Lehre und Bedeutung », Nürnberg, Recknagel, 1862 ; « Das Monarchische Princip. », id., id., 1862 ; « Lehrbuch der Logik in neuer Darstellung », Erlangen, Deichert, « Logik und Metaphysik », 1re partie, Erlangen, Deichert, 1868 ; « Ueber das Wesen der Philosophie und ihre Stellung zu den anderen Wissenschaften » (*Progr. Speier*), 1871 ; « Philosophie u. Theologie », Erlangen, Deichert, 1876 ; « Die Ursachen der modernen Reformversuche auf dem Gebiete der Logik » (*Progr. Speier*), 1880 ; « Die neuesten Bestrebungen auf dem Gebiete der Logik bei den Deutschen und die logische Frage », Erlangen, Deichert, 1880 ; « Grundriss der Geschichte der Philosophie », id., id., 1887.

Racioppi (François), homme de lettres italien, né, à Moliterno, en octobre 1862, fit son droit à Naples où il fut reçu avocat en 1881. Il a publié : « Sulla rappresentanza proporzionale », Rome, Botta, 1883 ; « Sul voto preferenziale e il metodo di Hondt », Florence, imprimerie de l'*Arte della Stampa*, 1885.

Racioppi (Jacques), économiste napolitain, né, à Moliterno, le 21 mai 1827, étudia à Naples ; en 1849 il fut mis en prison pour causes politiques. Son innocence fut reconnue en mai 1853. Il débuta par un discours : « Del brutto nell'arte, ovvero del deforme, del male e del ridicolo », Naples, 1854. Suivirent : « Della letteratura del popolo di Basilicata, frammenti », inséré au *Bazar di scienze, lettere ed arti;* « Movimento estetico nel Secolo XIX », dans l'*Iride;* « Notizie storiche del Ponte sull'Agri presso Spinoso in Basilicata » (*Poliorama pittoresco*), 1856 ; « Memoria sui terremoti della Basilicata nel dicembre 1857 » ; « Intorno agli studi della Divina Commedia del Conte F. M. Torricelli », dans le journal *Il Paese*, 1859 ; « Del carattere dell'uomo », 1861 ; « Storia de'moti di Basilicata e delle provincie contermini nel 1860 », Naples, 1867 ; « Dello stato d'assedio », 1862 ; « La spedizione di Carlo Pisacane a Sapri », id., 1863 ; « Di una rete stradale della Basilicata », id., 1864 ; « L'idillio e la sua ragion d'essere nella storia », dans le *Progresso;* « Antonio Genovesi », Naples, 1871 ; « Storia della denominazione di Basilicata », Rome, 1874, et « Paralipomeni della storia della denominazione di Basilicata », id., 1875, sous le pseudonyme de *Homunculus;* « Origini storiche basilicatesi investigate nei nomi geografici », Naples, 1876. Dans le journal *Archivio storico per le provincie napoletane*, il a inséré : « La Badia della Cava » ; « Intorno alla Storia di Pietro Colletta » ; « Ordinamenti e consuetudini marittime di Trani » ; « La tabula e le consuetudini marittime di Amalfi » ; « Le consuetudini civili di Amalfi ». Sous le pseudonyme de *Rusticus*, il a publié en 1877 : « Contadini e proprietari di terre nel napoletano ». Enfin : « Gli Statuti della Bagliva delle antiche comunità del Napoletano », Naples, 1881 ; « L'agiografia di S. Saverio del MCLXII illustrata », Rome, 1881 ; « Sigismondo dei Conti di Foligno. Le storie dei suoi tempi dal 1475 al 1510, ora la prima volta pubblicate nel testo latino, con versione italiana a fronte », Rome, 1883, précédé par les « Notizie sulla vita e sulle opere dell'autore, che fu segretario di Giulio II » ; « Storia dei popoli della Lucania e della Basilicata », 1889.

Racki (François), écrivain slave, chanoine de la Métropolitaine d'Agram, abbé de St.-André, prélat domestique de Sa Sainteté et protonotaire Apostolique, président de l'Académie des sciences et des arts des Slaves méridionaux, membre de l'Académie impériale de St.-Pétersbourg, est né, le 27 novembre 1828, à Fusine en Croa-

dont nous donnons les titres français : « Observations critiques sur la légende slave contenant la vie des Saints Cyrille et Méthode », Agram, 1857; « Esquisse de la vie des Slaves méridionaux jusqu'au IX⁰ siècle », id., id. ; « La Vie et les œuvres des Saints Cyrille et Méthode », id., 1859; « Fragment de droit commun sous les rois nationaux jusqu'au siècle XI⁰ », Vienne, 1861; « Documents sur la vie des Slaves méridionaux extraits des archives de Naples », id., 1863; « L'œuvre littéraire des Saints Cyrille et Méthode », id., id.; « Examens des anciennes sources de l'histoire croate et serbe au moyen-âge », id., 1864-65; « Contributions à l'épigraphie jugo-slave », id., 1864; « Sur les relations des despotes serbes », id., 1865; « La défense des confins militaires croates-esclavons au XVI⁰ et XVII⁰ siècle », id., 1866; « Une vraie écriture slave », id., id.; « Fiume vers la Croatie », id., 1867; « Le mouvement du midi slave aux XV⁰ et XVI⁰ siècle », id., 1868; « Les Bogomiles et les Patareni », id., id.; « Chronographie slave au moyen âge », id., id.; « Monnaies dalmates et illyriennes », 1871; « Manuscrits concernant l'histoire des Slaves méridionaux », id.; « Luttes des Slaves Méridionaux pour l'indépendance au XI⁰ siècle », Vienne, 1873-75; « Un monument du temps de Branimir », 1874; « La chancellerie aulique croate », 1876; « Anciennes apographes des cartes croates avant le XII⁰ siècle », id.; « Contributions à l'histoire des Patareni de Bosnie », 1869; « Dépenses de la ville d'Agram en l'an 1362 », 1872; « Liste des paroisses du diocèse d'Agram en 1334 et 1500 », id.; « Monuments de Raguse », 1877; « Un manuscrit sur l'âge du prince Crésimir », 1875; « Une lettre d'Etienne I Roi au Pape Honorius III », id.; « Inscription dans l'Église de Sainte-Lucie à l'île de Veglia », id.; « Matériaux pour l'histoire de la révolution agraire croato-eslavonne de l'an 1573 », id.; « Matériaux pour l'histoire des Uscoques », 1877; « Documenta historiæ chroaticæ periodum antiquam illustrantia », 1878; « Documents croates apocriphes, douteux avant le XI⁰ siècle », id.; « Biographies des écrivains croates du XVI⁰ siècle ». Dissertations et études: « L'historique Jean Lucius de Irau », Agram, 1879; « Scriptores rerum croaticarum, avant le XII Siecle », id., 1880; « Sur le lien de la Croatie et de la Serbie blanche », id., id.; « La Croatie avant le XII⁰ siècle », id., 1881-82; « Les relations intérieures de la Croatie avant le Siècle XII⁰ », id., 1884-86; « Contributions pour l'histoire de l'humanisme et de la renaissance à Raguse, en Dalmatie et Croatie », 1885; « Historiographie croate de 1835 a 1885 », id., id.; « R. G. Bôskovic pour son centenaire », 1887; « Voyage de G. Butrisco et G. Dwnic de la Siberie dans la Bosnie », id.; « Description du pasaluk de la Bosnie au XVII⁰ siècle », id.; « Estrait du Diaire de Marin Sanuto pour l'histoire jugoslave de 1526-1533 », id., 1884-85; « Sur l'édition d'un document contenent les noms des voyageurs croates et bulgares en Italie dans la deuxième moitié du IX⁰ siècle », id., 1879; « De l'ouvrage des historiens russes Grot et Horinski sur Constantin Porphyrogenete », id., 1881; « Mémoires sur la Russie », id., 1886-87; « Biographies des poètes croates : X. Pukarevic Burma, M. Bunio Babulinov, M. et C. Mafilxadic, M. Buresic, pour la préface des ouvrages publiés par l'Académie ». Documents historiques: « Les correspondances entre les jurisdictions de la Croatie et de la Turquie des XVI-XVIII siècles », id., 1879; « Documents decouverts à Londres des siècles IX⁰ et XI⁰ pour l'histoire de Croatie, Moravie et Bulgarie », id.; « La plus ancienne charte croate écrite avec les caractères siciliens », id., 1880; « Notæ Johannis Lucii », id.; « Deux nouveaux documents pour l'histoire des Patarius de la Bosnie », 1881; « Relations et lettres de L. Comules (1593-94) sur la mission en Transylvanie, Turquie, Moldavie et Polonie », id.; « La Correspondance de R. G. Boskovic », id., 1887. L'œuvre complète de M. R. a une importance capitale, car elle embrasse toute l'histoire des Slaves de la Croatie et de l'Herzégovine, et leurs rapports avec les contrées adjacentes. Nous croyons aussi de notre devoir d'ajouter que la domination autrichienne en Bosnie et Herzégovine, qui a ouvert à l'Occident ces deux contrées, donne une importance essentielle à la masse d'ouvrages historiques et ethnographiques sortis de la plume féconde de M. R.

Racovitza (D. D.), homme de lettres roumain, né, à Buzeu, le 18 octobre 1858. Après avoir commencé son droit à Bucharest, il s'adonna complètement aux lettres et débuta en 1880 par une série d'articles insérés au *Binele public*, réunis ensuite en volume sous le titre de « Observari sociale si morale ». De 1882 M. R. fait part de la *Romania libera* en s'occupant spécialement de littérature dramatique et du théâtre en général. Depuis quelque temps, il insère des études à la *Revista Nova* sur le théâtre roumain.

Rada (Léopold DE), journaliste italien, né, en 1859, à Messine, fit ses études à Livourne où il commença tout jeune à s'occuper de lettres et d'art. En dehors d'une dizaine de comédies en un acte, il publia deux essais critiques sur « Enrico Petrella » et « I fratelli Ricci », qui furent loués par la presse. En 1880, il fonda à Florence *Lo Staffile*, journal d'art et de littérature, qu'il dirige toujours et qui occupe une place distinguée parmi les journaux qui s'occupent exclusivement du théâtre.

Radius (Anne), femme-auteur italienne, qui signe ses romans *Neera*, est née à Milan. Elle débuta dans le journalisme par des nouvelles: « Perchè restai celibe » et « Marcello », ensuite elle inséra d' excellents articles au *Fanfulla* et publia les romans suivants: « Un romanzo »; « Vecchie catene »; « Novelle gaie »; « Un nido »; « Addio », Milan, Galli, 1889; « Teresa », id., id., 1888; « Lydia », id., id., 1889.

Radò (Antoine), poète hongrois, né, à Moór, en 1862, fit ses premières études à Szombathely; en 1879, il fréquenta l'Université de Budapest et se consacra avec zèle à l'étude de la littérature italienne. L'année suivante il vint s'établir à Rome, mais ne tarda guère à retourner dans sa patrie, où il traduisit en langue magyare la « Gerusalemme » du Tasso. Sa collaboration aux revues hongroises lui ayant fourni le moyen de se rendre une seconde fois en Italie en 1883, il arriva à Rome où il résida une année. Ferré sur la littérature italienne, il publia en 1889 une « Anthologie » des poètes italiens traduits en hongrois depuis Ciullo d'Alcamo jusqu'à nos poètes contemporains. En même temps il publia une « Traduction » de Pétrarque. Suivirent les ouvrages: « Poètes latins »; « Poètes grecs »; « L'histoire de l'art de la traduction en Hongrie »; « Poésies originales et traduites ». M. R. veille maintenant à une traduction en hongrois de l'« Orlando Furioso ». Il a aussi traduit pour le théâtre: « Una partita a scacchi » de Giacosa, et les livrets d'opéra: « Mefistofele », « Gioconda » et « Otello ».

Rågendralála Mitra Rai Bahadur, écrivain hindoustani, né, le 15 février 1824, à Calcutta. Il débuta à 26 ans par un ouvrage remarquable inséré à une revue littéraire en langue bengali. Nous avons de lui en anglais: « Les antiquités d'Orissa », 1 vol., plusieurs catalogues des musées et bibliothèques indiennes. En sanscrit: « Taittiriya Brahmana del Yagiurveda »; « Aranyaka »; « Pratiçakya »; « Gopalha Brahmana »; « Kamandakiya »; « Viti »; « Ch'aitanya Ch'androdaya »; « Lalita Vistara » ; « Agni Purano »; « Aitareyâranyaka ». En bengali: « Bibidhartha Sangrah »; « Rahasya Sandawa »; « Pakrita Bhagala »; « Patrakaumudi »; « Vyakarana Prabesha »; « Tilpika Darsano »; « Asancha vyavastha ». Enfin: « Vie de Siraji », et « Histoire de Mewar ».

Ragnisco (Pierre), philosophe italien, professeur ordinaire de philosophie morale à l'Université de Padoue, chargé de l'enseignement de l'histoire de la philosophie, est né, à Pouzzoles, le 26 mars 1839. Il a été tour-à-tour professeur de philosophie aux lycées du Royaume et à l'Université de Palerme. Nous avons de lui: « Storia critica delle categorie dai primordi della filosofia greca fino ad Hegel », deux vol., ouvrage couronné en 1870 par l'Académie napolitaine des sciences morales et politiques; « La critica della ragion pura di Kant »; « Il mondo come valore e come argomentazione secondo Schopenauer », 1876; « La teleologia nella filosofia greca e moderna », Rome, 1884; « Il principio di contraddizione », id., 1883; « Un autografo del Cardinale Bessarione », Venise, 1885; « Una polemica di logica nella Università di Padova nelle scuole di Petrella e di G. Zabarella », id., 1886; « La polemica fra F. Piccolomini e G. Zabarella », id., 1886; « Carattere della filosofia patavina », id., 1887; « P. Pomponazzi e G. Zabarella nella questione dell'anima », id., id.

Rahlenbeck (Charles-Alexandre), savant historien belge, né, à Bruxelles, le 4 juin 1823. Il débuta dans les lettres à l'âge de vingt ans en publiant des « Glanes » poétiques, et dans la *Revue belge*, la relation d'un voyage en Allemagne. Dix ans plus tard, sur les conseils d'Altmeyer et d'Edgar Quinet, il se mit à étudier le XVIe siècle, qui est resté l'objet de ses travaux de prédilection. Ses principaux ouvrages sont: « L'Inquisition et la Réforme à Anvers », Bruxelles, 1857; « L'Église de Liège et la Révolution », id., 1862; 2e éd., id., 1864; « Les Protestants de Bruxelles », Gand, 1878; « Metz et Thionville sous Charles-Quint », Bruxelles, 1881; « La Belgique et les garnisons de la Barrière », Verviers, 1882; « Les pays d'Outre-Meuse, études historiques sur Dalhem, Fauquemont et Rolduc », Bruxelles, 1888 (très curieux; cf. *Rivista Contemporanea* de Florence, livr. du 1er août 1888, p. 278); « Les Chanteries de Valenciennes », id., id. En outre, il a publié pour la Société de l'histoire de Belgique les « Mémoires de Jacques de Wesembeke », les « Subtils moyens du Cardinal de Granvelle », et les « Considérations sur la paix de 1609 avec les Archiducs »; et il a collaboré de la façon la plus active au *Bulletin de l'histoire du protestantisme français* de Paris, au *Messager des sciences historiques* de Gand, à la *Revue trimestrielle*, à la *Revue d'histoire et d'archéologie*, à la *Revue de Liège*, à la *Revue de Belgique*, à la « Biographie nationale », publiée par l'Académie royale de Belgique, etc. M. R. est membre honoraire des Académies de Leyde, d'Utrecht et de Zélande et membre élu de la Société historique de Berg et du Marnix-Vereeniging. — Son fils Gustave a fait paraître, sous le pseudonyme de *Georges Rosmel:* « Histoires estudiantines », Bruxelles, 1888; « La bande à Beaucanard », Liège, 1889.

Rahn (Jean-Rodolphe), historien et critique d'art, né, le 24 avril 1842, à Zurich, commença de 1860 à 1866 à l'Université de cette ville ainsi qu'à celle de Bonn et de Berlin de fortes études archéologiques sous la direction de Lübke, de Springer, de Waagen. Une série de remarquables monographies sur « L'origine et le développement de la coupole centrale dans les édifices de l'ancienne Chrétienté », dissertation pour le doctorat, Leipzig, 1866; sur « Ravenne », Leipzig, 1869, attira sur lui l'attention de Schnaase qui lors de la deuxième édition de son « Histoire des arts plastiques », 3 vol., Dusseldorf, 1870, le choisit pour principal collaborateur. Ses connaissances, considérables dès cette époque, se sont sans cesse accrues par des voyages réitérés en France, en Italie et en Allemagne. L'Université de Zurich s'empressa de s'attacher un savant aussi distingué, dès 1868 en qualité de *privat-Docent*, en 1870 comme professeur extraordinaire, en 1877 comme professeur ordinaire. La chaire d'esthétique lui a été également conférée en 1885 par la direction du *Polytechnicum*. Depuis 1879 l'activité de M. R. s'est concentrée de préférence sur l'histoire de l'art en Suisse: en 1879 il a pris la direction de l'*Indicateur Archéologique*; en 1885 il a fondé la *Société pour la conservation des Monuments historiques*. Parmi les nombreux et importants ouvrages sortis de sa plume, nous nous contenterons de mentionner: « L'Histoire des Arts plastiques en Suisse depuis les temps les plus reculés jusqu'à la fin du moyen-âge », 5 vol. avec planches, Zurich, 1874-1877; le « Psalterium Aureum de Saint-Gall, un fragment de l'histoire de la miniature sous les Carlovingiens », Saint-Gall, 1878, avec 17 planches; « Études et voyages d'art à travers la Suisse », Vienne, 1887. Parmi les publications de moindre étendue, mais dans lesquelles la clarté et le charme de l'exposition s'unissent à une méthode rigoureusement scientifique, nous indiquerons: « L'héritage et l'Antiquité », conférence, Bâle, 1873; « Un souvenir de l'histoire du grand moûtier de Zurich; en mémoire de J.-J. Breitinger », lu à la réunion générale de la Société d'histoire suisse à Zurich, le 19 août 1873; « Appel pour la conservation de la Wasserkirche à Zurich » (*Feuilles d'avis de la ville de Zurich*), janv., 1874; « Rapport du jury pour la décoration de la Chapelle de Tell », Winterthur, 1877; « Introduction au catalogue de l'exposition des anciennes peintures sur verre tirées des collections privées au local des artistes à Zurich », 1877; « Rapport du jury du concours pour le monument de Zwingli à Zurich », 1882; « Les sculptures et les peintures sur verre de la Renaissance tessinoise à l'Exposition nationale suisse. Catalogue pour l'art ancien », Zurich, 1883; « Les peintures sur verre de la maison gothique à Woerlitz », Leipzig, 1885. Dans les *Communications de la Société des Antiquaires de Zurich*: « Grandson et deux constructions de l'Ordre de Cluny dans la Suisse Occidentale », avec 6 planches, 1868; « Les peintures bibliques des plafonds de l'église de Zilles dans les Grisons », avec 4 planches, 1872; « Les églises élevées par l'Ordre de Cîteaux en Suisse pendant le moyen-âge », avec planches, 1872; « Les peintures sur verre de la rose de la cathédrale de Lausanne au XIIIᵉ siècle, une image de l'époque », avec 9 planches, 1879, traduit en allemand par W. Cart, Lausanne, 1879; « Les fresques du moyen-âge dans la Suisse italienne », avec 6 planches, 1882; « Les fresques de l'église du Haut-Winterthur », avec 3 pl., 1883; « Histoire du château de Chillon », avec 5 pl., 1887. Dans l'*Indicateur pour l'histoire et l'archéologie suisses*: « La chapelle des environs de Schännis (St.-Gall) », 1861; « Pierre tombale à Grandson », 1862; « Le chœur de l'église d'Œsenbach (Zurich) », 1869; « Les vitraux de Stammheim et de Stein sur-le-Rhin », 1869; « Les vitraux de la collection Vincent à Constance et de Stansberg près Lenzbourg », 1869; « Une pétrissoire en bois avec sculptures », 1869; « Les fresques du séminaire de Kussnach », 1873; « La représentation du Föhn dans les fresques du moyen-âge », 1873; « Documents relatifs à la construction du grand moûtier de Zurich », 1874; « Une église avec un brise-avalanches », 1874; « Études sur le recueil lyrique dit de Manesse », 1877; « Un bijou retrouvé du grand moûtier de Zurich: le livre de prières de Charles le Chauve qui se trouve actuellement au trésor royal de Munich », 1878; « Documents sur le maître-artiste Hans Felder », 1878; « Enseigne d'un verrier au XVIIIᵉ siècle », 1878; « Deux tombeaux au Fraumunster de Zurich », 1878; « La légende de Saint-Ambroise », 1880; « Une vue du Couvent d'Einsiedeln en 1610 », 1881; « Une statuette de la Madone en ivoire du XIIIᵉ siècle », 1881; « Les pierres tombales dans la salle du chapitre du Couvent de Wettingen », 1881; « Un tableau retrouvé du XVᵉ siècle », 1881; « Le Baptistère de Riva San-Vitale », 1881; « Les fresques de la Suisse italienne; nouvelles trouvailles », 1881; « Les vitraux de l'église de Mellingen », 1881; « Un tableau de Hans Fries dans l'église de Cugny », 1881; « Les trouvailles de Beromunster », 1883; « L'enseigne de Seedirf », 1883; « Les vitraux de Christophe Murer au Musée Germanique de Nuremberg », 1883; « Les fresques de l'église du cloître à Cappel », 1883; « Fragments de sculpture à San Vittore Muralto », 1886; « L'église de Kussnach », Zurich, 1886; « Le portrait de Christophe dans l'église de Rossura », 1886; « Les images de la mort à Leuk (Beinhaus) », 1887; « Les fresques de l'église de Hemmenthal », 1887; « Les fresques de la chapelle de Sainte-Catherine à Wiedlisbach », 1887. Dans les *Annales pour l'esthétique*: « Deux cycles picturaux du Moyen-âge dans le canton des Grisons », 1871; « Les fresques de Ponte-Capriasca », 1871; « Statistique des Monuments suisses », 1ʳᵉ partie 1871-1877, 2ᵐᵉ partie 1880. Dans les *Feuilles de Nouvel An, éditées par la Société des Artistes zuricois*: « Aurèle Robert », 1874. Dans l'*Allgemeine Zeitung*: « Les fresques nouvellement découvertes dans l'église du Haut-Winterthur », 1877; « Le tableau récemment découvert au Fraumunster de Zurich »,

1878; « Les fresques des églises de Gebistorf et de Burg près de Stein », 1878; « Les fresques de Wyl (canton de St.-Gall) », 1879; « La chapelle de Tous les Saints à Bâle », 1880; « Le cloître de Weltingen », 1881; « Rheinfelden. Souvenirs historico-artistiques », 1881; « L'Antiquarium de Zurich », 1884. Dans les *Feuilles de Nouvel An, publiées par la Bibliothèque de la ville de Zurich*: « Les vitraux de Masschwanden dans la Wasserkirche de Zurich », 1877-1878. Dans le *Feuilleton dominical du Bund*: « Les fresques de la mort à Coire », 1878; « Les fresques récemment découverts de l'église de Neunkirch (Schaffhouse) », 1878. Dans le *Répertoire pour l'esthétique*: « Nicolas Manuel », 1879; « Les fresques de la chapelle de la Vierge et de la chapelle des Morts à Wyl », 1879; « Matériaux pour l'histoire de la plastique dans la Haute-Italie », 1879; « L'histoire de l'architecture en Suisse pendant la Renaissance et la survivance du gothique », 1881; « La signification des peintures du plafond de l'église de Zillis », 1881. Dans la *Gazette d'Augsburg*: « Les commencements de la peinture sur verre », 1879. Dans le *Taschenbuch de Zurich*: « Un vitrail de 1519 avec le portrait de Charlemagne », 1880; « La famille des artistes Meyer de Zurich, Dietrich Meyer 1572-1658 », avec 5 pl., 1881; « Rodolphe Meyer 1605-1638. Conrad Meyer 1618-1680 », avec illustrations, 1882; « Les vitraux des corporations de Zurich au château du Heiligenberg », avec pl., 1882; « Une maison patricienne du XVIIe siècle à Zurich: le Sauvage », 1883; « Ornements de la chambre du Bailliage », 1884; « Gotthart Bingli, un peintre zurichois du XVIe et du XVIIe siècles », avec illustrations, 1886; « Nouvelles excursions dans le Tessin », 1886. Dans la *Nouvelle Gazette de Zurich*: « Hans Arduser. Les pérégrinations et les œuvres d'un peintre grison aux XVIe et XVIIe siècles », 1880; « Souvenirs de la collection Burcki », 1881; « L'église des Cordeliers à Bâle », 1882; « L'église de Weisslingen », 1882. Dans le *Geschichtsfreund*: « Les fresques de la chapelle de Tell », 1880; « L'histoire de la danse des Morts », 1882; « Les vitraux du cloître de Rathhausen », 1882. Dans les *Communications de la Société suisse pour la conservation des Monuments historiques*: « La Croix d'Engelberg », 1882; « Les vitraux du chœur de l'église de Saint-Saphorin (Vaud) », 1884. Dans le *Vaterland*: « Examen critique des restaurations faites à l'église paroissiale de Lachen », 1884. Dans l'*Antique*: « Les fresques de la chapelle du Seegraben (Zurich) », 1885. Dans la *Gazette suisse d'architecture*: « Le château de Chillon, 1o Un projet de restauration au XVIIIe siècle, 2o Description », 1887. Dans le *Biographie germanique*: « Franz Hegi, Samuel Hofmann, Dietrich, Conrad et Rodolphe Meyer, Jost et Josias Murer ».

Raimes (Gaston DE), poète et auteur dramatique français, est né, à Honfleur (Calvados), le 29 décembre 1860. Il a publié, chez Lemerre, en 1881: « Les Croyances perdues », et en 1884: « L'Ame inquiète », poésies, chez le même éditeur. Une « Ode à Corneille » de M. de R. a été récitée au théâtre de l'Odéon le 6 juin 1885; « L'Asile de Ville-d'Avray », a été édité à Ville-d'Avray, chez M. A. Lemerre, le 27 juin 1886. Sur la demande de M. Poul, directeur de l'Odéon, M. de R. a écrit: « Le Marchand de Venise », d'après Shakespeare. Il a écrit aussi pour le théâtre: « Le Sac », comédie en 1 acte, en vers, représentée au théâtre de Lille, le 29 décembre 1887, Alcan Lévy éd., et « Le Roi Charlot », drame en 5 actes, en vers, en collaboration avec M. Charles Buet. « Les Poèmes Ternaires », nouvelles poésies, vont paraître chez A. Lemerre.

Raimondi (Antoine), naturaliste italien, résidant à Lima au Pérou, né, en 1826, à Milan. Ayant pris une part brillante aux campagnes de l'indépendance italienne dans les années 1848-49, après la guerre il s'expatria et se réfugia au Pérou, où il fut bientôt nommé professeur d'histoire naturelle. Il entreprit de longs voyages, en parcourant le Pérou dans toutes les directions, dans le but d'en relever les richesses naturelles. Bravant tous les dangers, tout seul, pendant dix-huit ans, il collectionna des trésors précieux pour la science, et par une foule de notes, de mémoires et par de grands ouvrages, il fit connaître la nature physique du Pérou dans toute son étendue, et acquit parmi les savants, une réputation mondiale. Membre de nombreuses sociétés scientifiques, plusieurs naturalistes ont désigné par son nom nombre d'espèces, de plantes et d'animaux. Il a fait des dons remarquables à plusieurs musées, n'oubliant point les musées de sa patrie. En 1871, la Société Géographique italienne lui décernait une médaille d'or, en accompagnant cette haute distinction par ces mots superbes: « Nous n'avons retrouvé dans aucune personne un concours aussi complet de toutes les qualités qui distinguent un glorieux voyageur scientifique, dans la plus ample acception du mot ». Aussi modeste que grand, M. R. évita tout le bruit que l'on pouvait faire autour de son nom; le gouvernement italien, pour vrai dire, l'a parfaitement oublié, et a permis que sa seconde patrie, le Pérou, et les gouvernements étrangers le devançassent dans les distinctions qui ont consacré sa grande renommée, ni rien entrepris pour réclamer le retour de cet illustre naturaliste dans son pays natal. Il nous est impossible de prendre note ici de toutes les notes scientifiques dont le nombre nous échappe, nous devons au moins citer ses grands ouvrages, où le fruit de quarante ans de recherches faites avec génie, se trouve amassé et mis en lumière. Nous signalerons donc sa

« Géographie du Pérou », dont trois gros volumes ont déjà été publiés, et sept autres suivront aussitôt que les finances péruviennes pourront lui fournir les moyens de continuer cette immense publication, dont le seul premier volume, fort intéressant, est consacré à l'histoire de la Géographie du Pérou; les « Minerais du Pérou », ouvrage dont notre savant minéralogiste Quintino Sella faisait le plus grand cas; « Le département d'Ancachs », description géologique et minéralogique de ce riche département aurifère, argentifère et charbonifère. Tous ces ouvrage ont paru en langue espagnole. M. R. possède en outre à Lima un riche musée d'histoire naturelle qui est très visité.

Raineri-Biscia (le Comte Camille), bibliographe et écrivain italien, né à Bologne. Il publia d'abord: « Luigi Antonio Raineri-Biscia », mémoire, Bologne, 1872; « Opere della biblioteca nazionale Le Monnier », Livourne, Vigo, 1880, volume bibliographique qui a été loué par la presse italienne et étrangère. M. le comte R. a fondé dans ses propriétés de Santa Viola une école modèle.

Ralston (Guillaume RALSTON SHEDDEN), écrivain anglais, né en 1828, étudia au *Trinity College* de Cambridge (1846-50); fut employé au *British Museum*, section de librairie, de 1853 à 1875. En dehors de beaucoup d'articles épars dans les revues et journaux anglais, nous avons de lui des ouvrages de traduction et des ouvrages originaux dont voici la liste: « Kriloff and his Fables », 1869; « Liza »; « Dvoryauskoe Gnyezdo », 1869; « The Songs of the Russian people », 1872; « Russian Folk Tales », 1873; « Early history of Russia », 1874; « Tibetan Tales derived from Indian sources », traduite de Schiefner avec notes et commentaire, Londres, Trubner, 1882.

Rambaud (Alfred), littérateur français, né à Besançon, le 2 juillet 1842, acheva ses études à l'École Normale Supérieure (1861-64) et fut reçu agrégé d'histoire. En 1870, il prit le grade de docteur ès-lettres et remplit des missions littéraires en Russie. Chargé du cours à la Faculté des Lettres de Caen (1871), professeur suppléant à la Faculté de Nancy (1875), en 1879 il fut appelé par M. Jules Ferry comme chef de son cabinet et du secrétariat. En dehors d'une collaboration suivie à la *Revue des Deux Mondes*, M. R. a publié: « L'Empire grec au Xe siècle — Constantin Porphyrogénète », grand in-8°, ouvrage couronné par l'Académie française; « La Domination française en Allemagne: — 1. Les Français sur le Rhin (La Convention de Mayence, la République cisrhénane, l'organisation des départements du Rhin, 1792-1804) », 3me éd.; 2. L'Allemagne sous Napoléon 1er (La Confédération du Rhin, le Royaume de Westphalie, les grands-duchés français de Berg et de Francfort, etc. (1804-1811) »; « La Russie épique », études sur les chansons héroïques de la Russie traduites ou analysées pour la première fois; « Histoire de la Russie, depuis les origines jusqu'à l'année 1883 », trois éd., ouvrage couronné par l'Académie française; « Français et Russes — Moscou et Sévastopol » (1812-1854) », deux éd.; « Histoire de la Révolution française (1789-1799) »; « La France coloniale », histoire, géographie, commerce, publié sous la direction de M. A. R., par une société de géographes et de voyageurs; « L'expansion de l'Angleterre », par J.-R. Seely, traduite de l'anglais par MM. Baille et Rambaud, avec préface et notes par A. R.; « Histoire de la civilisation française », tome 1er: Depuis les origines jusqu'à la Fronde; tome 2^d: Depuis la Fronde jusqu'à la Révolution, suivi d'un aperçu de la civilisation contemporaine.

Ram Das Sen, écrivain hindoustani, né, à Berhampour (Bengale), en 1846, a écrit des pièces de vers et des essais en prose en anglais et en bengali qu'il a insérés dans les revues des Indes. Son ouvrage essentiel est: « Aitziâsika Rahasya », en trois volumes qui contiennent beaucoup d'études historiques.

Ramée (Louise DE LA), romancière anglaise établie à Florence qui signe ses ouvrages *Ouida* (prononciation enfantine de son nom de Louisa), est née, à Bury Saint-Edmund's, vers 1840. Ses ouvrages ont tous été traduits en italien, plusieurs en français. En voici les titres: « Held in Bondage », 1863; « Strathmore », 1865; « Chandos », 1866; « Cecil Castlemaine's Gage and other novels »; « Idalia »; « Under Two Flags », 1867; « Tricotin », 1868; « Puck », 1870; « Folle Farine », 1871; « A Dog of Flanders »; « A Leaf in the Storm », 1872; « Pascarel », 1873; « Two Little Wooden Shoes », 1874; « Signa », 1875; « In a Winter City », 1876; « Ariadne », 1877; « Friendship », 1878; « Moths »; « Pipistrello », 1880; « A village commune », 1881; « In Maremma »; « Bimbi », 1882; « Wanda »; « Frescoes », 1883; « Princess Napraxine », 1884; « Othmar »; « A. House Party »; « Guilderoy »; « Syrlin »; « A Rainy June »; « Don Gesualdo », 1890.

Rameri (Louis), économiste et statisticien piémontais, né, à Tortone, le 21 décembre 1831; il a été tour-à-tour professeur aux Instituts techniques d'Udine (1866-80), de Livourne (1880-81), de Reggio Emilia (1881-84); il est maintenant professeur de droit à l'Institut technique de Turin. Nous avons de lui plusieurs mémoires insérés aux annales de différents instituts techniques et aux revues spéciales, dont voici les titres: « Il credito agrario e il credito fondiario »; « La libertà di commercio applicata al Regno d'Italia »; « Fondamenti razionali del diritto delle nazioni »; « Le regole dei prezzi »; « Principii elementari di statistica »; « Il progresso delle industrie »; « La giustizia nelle imposte »; « La conciliazione del lavoro col capitale »; « Le funzioni economiche del Governo »; « Riordinamento degli Istituti tecnici in Italia »; « L'economia pubblica »; « Sulla durata della vita umana in Italia »; « La population italienne par sexe et classée par âge »; « Sulle medie normali »; « Sul problema monetario »; « Un problema di giustizia distributiva »; « Sul censimento della popolazione in Italia »; « L'individuo e lo stato di Herbert Spencer »; « Composizione della popolazione italiana per età »; « Il momento finanziario »; « La stima dei valori »; « La Banca unica »; enfin un volume : « La Classificazione per età e le tavole di sopravvivenza nella popolazione italiana, giusta i dati del 1881 », Turin, 1887.

Ramorino (Félix), homme de lettres italien, professeur de littérature grecque à l'Université de Pavie, après avoir été en la même qualité à Palerme, est né, à Mondovì, en 1852; il étudia à Turin, où il remporta trois prix successifs. Nous avons de lui: « Teognide di Megara », étude historique et philologique insérée à la *Rivista di filologia*, juillet, 1885; « Un capitolo di storia greca ed indiana », 1887; « Delle attinenze fra le scienze naturali e la filosofia », Turin, Loescher, 1878; « In Platonis Protagoram explanationibus », id., id., 1879; enfin, les éditions suivantes des classiques latins, annotés et commentés: « Fedro », Loescher, 1883; « De Bello Gallico », id., 1884 et « De Bello civile », id., 1888, de Jules César; « De Conjuratione Catilinæ », id., 1885 et « De Bello Jugurtæ », id., 1887, de Salluste; « De Senectute », id., id., et « De Amicitia », id., 1887, de Cicéron; « Letteratura romana », Milan, Hoepli, id.; études philologiques: « La poesia in Roma nei primi cinque secoli », Loescher, 1884; « Del verso Saturnio » (*Memorie dell'Istituto Lombardo*), 1886; « Contributo alla storia biografica e critica del Panormita », Palerme, 1885 ; discours latins: « De litterarium antiquarum præstantia », Palerme, id.; « De integra latinitate ab Italis studiose tuenda », id., id.; « De optimo latin. litter. studio », Pavie, 1886.

Ramos-Carrion (Miguel), auteur dramatique espagnol très apprécié. Il naquit, à Zamora, en 1845. Il s'est exclusivement adonné au genre comique, et on doit remarquer chez lui une grande connaissance de la scène. Il commença modestement sa carrière comme employé fort peu rétribué à la direction de statistique. Présenté par Eusebio Blasco au théâtre des *Variedades*, il y obtint un grand succès avec sa première œuvre: « Un sarao y una soirée (Une redoute et une soirée) », étude comparative de mœurs. Il a fait depuis beaucoup d'autres pièces qui se jouent constamment: « La mama politica (La belle-mère) »; « Los Señoritos (Les petits Messieurs) »; « El noveno mandamiento (Le 9me commandement) »; « La Marsellesa (La Marsellaise) », opéra-comique très populaire; « El Figle enamarado »; « La Tempestad (La Tempête) »; « El Padron Municipal (Le Recensement) »; « La careta verde (Le loup vert) », et toujours avec succès. Il est du nombre des quelques auteurs dramatiques rangés, et il a de la fortune.

Ramsay (Guillaume), chimiste anglais, né, à Glasgow, en 1852, commença son éducation technique à l'Université de sa ville natale, et après avoir gagné son diplôme à Tubingue (1872), revint dans sa patrie, et occupa la place d'assistant à la chaire de chimie à l'Université de Glasgow (1874-80); depuis 1880, il est professeur de chimie à l'*University College* de Bristol, et depuis 1887 à l'*University College* de Londres. En dehors d'une quantité de mémoires aux revues suivantes: *Chemical Society's transactions; Proceedings of the Physical Society; Philosophical Magazine; Chemical News; Proceedings of transactions of the Royal Society*; il est auteur de « Quantitative analysis », Londres, Collins, 1873; « Chemical Sherry », id., Macmillan, 1885.

Ramsay (Guillaume-Mitchell), archéologue et professeur anglais, né à Glasgow (Écosse), le 15 mars 1851, a été élevé à Alloa, Aberdeen et Oxford. En décembre 1879 il fut nommé à Oxford étudiant voyageur de cette Université (*travelling student in archaeology*). En cette qualité il fit deux explorations en Asie-Mineure (1881-84, 1886-88), et à son retour il fut nommé (1884) professeur d'art classique et d'archéologie à Oxford; en 1886, professeur d'humanité à Aberdeen. Nous avons de lui les ouvrages suivants: « Papers on the Antiquities and History of Asia Minor » insérés aux *Mélanges d'archéologie et d'histoire*, 1882; aux *Mittheilungen des Institutes zu Athen*, 1882, 1883, 1885, 1888, 1889; *Archäologische Zeitung*, 1885; *Bulletin de Correspondance hellénique*, 1882, 1883; *Revue des études grecques*, 1889; *Zeitschrift für vergleichende Sprach-forschung*, 1887; *Philologus*, 1888; *Bezzenberger's Beiträge*, id.; *American Journal of Archaeology*, 1885, 1886, 1887, 1888; *Journal of Hellenic Studies*, 1880, 1881, 1882, 1883, 1884, 1887, 1888, 1889; *Journal of Royal Asiatic Society*, 1883; *Journal of Philology*, 1882; *Proceedings of Royal Geographical Society*, 1888; *Expositor*, 1888, 1889, etc., etc.; en librairie « History of the roads that cross Asia Minor : with an Essay of the Ancient Topography of Asia Minor », publ. par la *Royal Geographical Society*, 1889. M. le professeur R. a été nommé en 1882 membre correspondent de la *Kaiserliche deutsche Archäolog. Gesellschaft*; en 1884, membre de la même Société.

Ranc (Arthur), publiciste et homme politique français, né, à Poitiers, le 20 décembre 1831, fit ses études au Lycée de sa ville natale et son droit à Paris. Impliqué en 1853 dans le complot de l'Opéra-Comique, il fut déporté à Lambessa, d'où il réussit à s'échapper. Rentré en France après l'amnistie de 1859, M. R. se fit d'abord correcteur d'épreuves typographiques, puis il collabora successivement au *Nain-Jaune*, au *Réveil*, à la *Cloche*, au *Diable-à-quatre*, à la *Marseillaise*, etc., et fournit des articles à l'*Encyclopédie générale*. Il eut, pendant cette période, plusieurs condamnations pour délits de presse. Nommé maire du IX⁰ arrondissement de Paris, après le 4 septembre, il quitta Paris en ballon, pour rejoindre Gambetta, et fut nommé par lui directeur de la Sûreté générale au ministère de l'intérieur. Démissionnaire en février, il fut élu, le 8, représentant de la Seine à l'Assemblée nationale. Il prit place à l'extrême-gauche et résigna son mandat après le vote des préliminaires de paix. Le 26 mars, il fut élu membre de la Commune de Paris par le IXᵉ arrondissement. Après avoir tenté, sans succès, d'amener une entente entre les maires de Paris et le Comité central, il répondit par sa démission à la publication du décret relatif aux ôtages (5 avril) et se tint désormais à l'écart. Le 30 juillet suivant, il était élu membre du Conseil municipal de Paris pour le quartier Sainte-Marguerite (XIᵉ arrondissement). Le 11 mai 1873, il fut élu représentant du Rhône ; le 13 juin, une demande en autorisation de poursuites fut déposée contre lui par le capitaine Grimal, alors rapporteur du Conseil de guerre ; le 20, sur les conclusions de M. Numa Baragnon, rapporteur, l'autorisation fut accordée ; et le 13 octobre suivant, M. R., alors réfugié en Belgique, fut condamné à mort par le 3ᵉ conseil de guerre, malgré la lettre publiée dans la *République française* peu auparavant, le justifiant complètement de toute accusation. Rentré en France après l'amnistie de 1879, M. R. rentra à la *République française*, fut élu député, dans le IXᵉ arrondissement, au scrutin du 4 septembre et prit place à l'extrême gauche. En 1880, M. R. devint l'un des principaux rédacteurs du journal *Le Voltaire*. L'un des membres les plus influents du groupe de l'Union républicaine, il fut l'un des plus fermes soutiens du cabinet Jules Ferry. Violemment attaqué par la presse radicale, sa candidature, dans le département de la Seine, paraissait d'avance destinée à un échec. Le scrutin de liste était rétabli, il ne fut inscrit que sur la liste dite de l'Alliance républicaine aux élections du 4 octobre 1885, et il n'obtint, au premier tour, que 103,191 voix sur 433,990 votants. Classé le quarantième sur la liste générale des candidats, il se désista pour le scrutin de ballotage. On a de M. R. le « Bilan de l'année 1868 » avec MM. Francisque Sarcey, Paschal Grousset et Castagnary, 1868 ; « Histoire de la conspiration de Babœuf », par Buonarotte, annotée et précédée d'une préface, 1869 ; « Le Roman d'une conspiration », publié d'abord en feuilletons dans *Le Temps*, 1870 ; « Sous l'Empire », publié dans la *République française*, dont il a été l'un des fondateurs, 1872 ; « De Bordeaux à Versailles », 1877, etc. En quittant le *République française*, M. R. est entré au *Mot d'Ordre* de M. Edmond Lepelletier.

Randa (Antoine), écrivain et jurisconsulte bohème, professeur de droit à l'Université tchèque à Prague, membre de la Chambre des Seigneurs et de la Cour de l'empire à Vienne, membre de l'Académie des Sciences de Breslau, de la Société de législation comparée de Paris, né, en 1834, à Bistric (Bhoême), fit ses études à l'Université de Prague, devint en 1858 docteur en droit, en 1862 professeur extraordinaire, et en 1868 professeur ordinaire à l'Université de Prague. Il a publié : « Der Besitz nach österr. Rechte mit Berücksichtigung des gemeinen Rechtes, des preuss., franz., Sächs. u. Zurch. Gesetzb. », 1ʳ éd., Leipzig, Breitkopf et Härtel, 1879 ; « Der Erwerb der Erbschaft nach österr. Rechte und mit Berüchsichtsgung des preuss., franz., Sächs. und Zurch. Gesetzbuchs », Vienne, 1867 ; « Zur Kritik der Wuchergesetze », id., 1868 ; « Ueber die Haftung der Eisenbahnen », id., 1869 ; « Von den Zinsen und der Conventionalstrafe », id., 1868 ; « Zum Genossenschaftsrechte », 1873 ; « Das Eigenthumsrecht », 1873 ; « Das Eigenthumsrecht nach österr. Rechte mit Berücksichtsgung der neueren Gesetzbücher I », Leipzig, 1884 ; « Zum österr. Wasserrechte », 2ᵐᵉ éd., Prague, 1878 ; « Die Enteignung », 1884 ; « Vlastnictoi », 3ᵐᵉ éd., Prague, 1880 ; « Obchodní právo rak » I-III, id., 1888 ; « Onáhradneskody », 4ᵐᵉ éd., id., 1885 ; « Vyoin Knih vercjných o. Cechách na Moravé », id., 1870.

Randaccio (Charles), écrivain maritime italien, administrateur à la retraite, député au Parlement, est né, à Gênes, en 1827 ; il y fit son droit, et en 1846 entra au Commissariat de la marine. Il fit les campagnes de 1848-49, 1855-56 (Crimée), 1859-60. Appelé, après la guerre, aux bureaux du Ministère, M. le Comte de Cavour le prit pour chef de son Cabinet particulier et les ministres de la marine qui se succédèrent l'un l'autre jusqu'à 1863 le gardèrent dans cette position délicate. De 1872 à 1884, M. R. fut directeur général de la marine marchande. Député de Recco depuis 1876, il a été réélu pendant les législatures qui se suivirent jusqu'à ce jour. En dehors de quelques pamphlets de circonstance sur la marine marchande, M. R. a publié en 1863 « Le Memorie storiche delle marine militari italiane » ; en 1886 « La storia della marina militare italiana dal 1750 al 1870 », 2 vol., Rome, Forzani e C. — Fort récemment (12 juillet 1890), M. R. a remporté un prix dans un concours du Ministère de la marine pour une « Histoire générale de la marine militaire », ouvrage qui sera, nous l'espérons, publié sous peu.

Rangabé (Alexandre), poète, archéologue et homme d'État grec, né, en 1810, à Constantinople, fit ses études à Munich et entra à 19 ans comme sous-lieutenant au service bavarois; il passa l'année suivante en Grèce avec le même grade, mais il quitta l'armée après la formation du nouveau royaume et remplit successivement les fonctions de conseiller aux ministères de l'instruction publique (1833) et de l'intérieur (1841), de directeur de l'imprimerie royale (1841), de professeur d'archéologie à l'Université d'Athènes (1844-67). Durant cet intervalle, il entreprit, avec le docteur Bursian, dans les ruines du temple de Junon près d'Argos, des fouilles qui mirent à découvert tout l'emplacement de cet édifice. En 1856, M. R. devint ministre de la maison du roi et des relations extérieures. En 1867 envoyé extraordinaire à Washington, et en 1869 à Constantinople, il fut chargé à Paris, lors de l'insurrection des Crétois de diverses missions (1868-69), et y fut officiellement accrédité comme ministre plénipotentiaire en 1870. En 1875, il fut envoyé à Berlin et soutint au Congrès tenu dans cette ville en 1878 les réclamations de la Grèce. On a de lui les ouvrages suivants : « Poésies diverses », Athènes, 1837-40; « Les antiquités helléniques », id., 1842-55; « Antiquités troyennes », 1874; « Contes et nouvelles », 1855-57; traductions en grec moderne de « Sophocle et Aristophane », 1860; « Vies de Plutarque », 1864-66; « Histoire littéraire de la Grèce moderne », id., 1877; puis un grand nombre de mémoires d'archéologie: « Nouvelles », 1878-1888; la traduction métrique des « Perses » d'Eschyle; de l'« Enfer » de Dante; de « Jules César » de Shakespeare; de « Nathan » de Lessing; de l'« Iphigénie » et de « Faust » de Goethe; du « Guillaume Tell », de Schiller; « Les constitutions des populations anciennes de la Grèce » (Épigraphie hellénique); « Topographie d'Athènes ». En train de publication: « Dictionnaire archéologique de la Grèce pour la jeunesse ». M. R. est membre de plusieurs Académies savantes.

Rangabé (Cléon), fils du précédent, né, à Athènes, en 1842, fit ses études en Grèce, puis en Allemagne, où il fut reçu docteur en droit à l'Université de Heidelberg. En 1862, il commença sa carrière diplomatique au Ministère des affaires étrangères, il est présentement agent politique en Égypte depuis 1880. Œuvres: « La vie de famille au temps d'Homère »; « Julien l'apostat », drame qui fit beaucoup de bruit et souleva contre l'auteur les indignations de la Chambre des Députés et les foudres des Églises d'Orient et d'Occident; c'est l'ouvrage le mieux écrit de la littérature grecque moderne, 1877; « Théodora », autre drame qui n'est pas inférieur au *Julien*; « Héraclius », drame, jugé supérieur à *Théodora*, 1885; « Le Fou sous la cendre », comédie en deux actes; « Poésies lyriques », pleines de grâce et d'harmonie. M. C. R. est considéré comme un puriste, il a tenté de porter la langue grecque moderne à son ancienne simplicité et pureté.

Rangel de Lima (François), écrivain et journaliste portugais, chef de bureau au Ministère de marine et des colonies, né, à Lisbonne, le 14 avril 1839; il a fait ses études à Lisbonne. Dès sa plus tendre jeunesse, vivant parmi les artistes les plus marquants de son pays, il devint artiste lui-même. Bref, quoique ses tableaux l'aient fait remarquer comme un amateur distingué, la presse l'attira et il se fit journaliste. Ensuite, ayant révélé sa véritable vocation d'auteur dramatique, tous les théâtres de Lisbonne réclament son concours. Il y a fait représenter beaucoup de pièces, toujours applaudies, drames et comédies, tant portugaises que traduites de l'espagnol, du français et de l'italien. Quoique correspondant, depuis bien des années, de *O Commercio do Porto*, un des journaux les plus sérieux du Portugal, M. R. do L. s'adonna toujours à la critique artistique. Chargé, dès son commencement, de la direction du journal *Artes et Letras*, très répandu et fort goûté en Portugal et au Brésil, pendant trois ans et demi, il a eu le plaisir de se voir entouré par les écrivains et les artistes les plus célèbres du pays. Cette publication coopéra à la formation du goût pour les journaux illustrés en Portugal. Commissionné par l'Académie des Beaux-Arts de Lisbonne, ainsi que M. Alfred d'Andrade, artiste à jamais illustre ici, connu et apprécié en Italie, M. R. de L. a visité beaucoup de couvents des ordres religieux supprimés, en faisant la liste des richesses artistiques qui y restent. En 1881, il fut envoyé à Londres, toujours avec M. Alfred d'Andrade, en commission du gouvernement, pour accompagner les magnifiques ouvrages d'art rétrospectif que le Portugal a exposé au *Museum* de Kensington. Et il a profité sagement de cette occasion pour raffermir ses opinions, étudiant en homme de goût tout ce qui lui semblait digne d'être admiré dans plusieurs villes de l'Europe. M. R. de L., comme auteur dramatique, a publié : « A Pedra de escandalo », drame en 5 actes; « Casas creadas e agiotas », comédie en 3 actes; « A condessa do Freixial », drame en 5 actes; « Como se enganam mulheres », comédie en 3 actes; « Visão redemptora », drame en 5 actes; « Legitimas consequencias », drame en 3 actes; « Vingança de Mulher », comédie en 3 actes; « Uma travessura », comédie en un acte; « Antes do baile », comédie en un acte; « A minha viuva », comédie en un acte; « Esperteza de rato », comédie en un acte; « Abençoado progresso! », comédie en un acte; « Nem tanto ao mar.... », comédie en un acte; « Recordaçôis do Mabille », comédie en un acte; « Feias e bonitas », comédie en un acte; « Ao calçar das luvas », comédie en un acte; « Os sustos », comédie en un acte (pour les enfants).

Ranke (Jean), philosophe allemand, professeur d'anthropologie à l'Université de Munich (Bavière), président du Conservatoire Royal des collections préhistoriques des États Bavarois, né, le 28 août 1836, à Thurnau en Bavière. On a de lui: « Tetanus », deux vol., Leipzig, 1865-1871; « Grundzüge der Physiologie des Menschen », Leipzig, 1868, 4me éd. 1881; « Die Lebensbedingungen der Nerven », id., 1868; « Die Ernahrung des Menschen », dans *Die Naturkräfte*, Münch., 1876; « Das Blut », id., 1878; « Ueber das Thymol und Seine Benützung bei der Antiseptischen Behandlung der Wunden » (*Samml. Klin. Votr.*), 1878; « Beiträge zur physichen Anthropologie der Bayern », Munich, 1883; « Der Mensch », vol. 1er e 2e, Leipzig, 1866. M. R. est rédacteur de l'*Arch. f. Anthropologie*, des *Beiträge zur Anthropologie und Urgesch. Bayerns*, et du *Correspondenzbl. d. deutschen Anthropologischen Gesellsch.*

Ranse (le docteur Félix-Henri DE), médecin français, docteur en médecine de la Faculté de Paris, membre correspondant de l'Académie de médecine, rédacteur en chef de la *Gazette médicale de Paris*, né, à Bazimet (Lot-et-Garonne), le 12 juillet 1834. Il a fait ses études classiques au Lycée d'Auch et ses études médicales à la Faculté de Paris. Depuis 1867, il est rédacteur en chef de la *Gazette médicale de Paris*, dans laquelle il a pris une part active et constante au mouvement scientifique; en 1885, il a fondé le *Journal des Sociétés scientifiques* qu'il rédige en chef; à part ces travaux, M. le Dr de R. a écrit de nombreux mémoires communiqués aux sociétés savantes ou publiés dans les recueils scientifiques, et relatifs à des questions de médecine, d'hygiène publique, d'enseignement, d'anthropologie, etc. Parmi ses travaux d'ordre médical, nous citerons: « Du rôle des microzoaires et des microphytes dans la génèse, l'évolution et la propagation des maladies »; « Clinique thermo-minérale de Néris-les-Bains ».

Raoux (Édouard), polygraphe français, ancien professeur à l'Académie de Lausanne, docteur en philosophie, président des Sociétés suisses d'hygiène, de magnétisme et de réforme pédagogique, est né, dans le département de l'Isère près de Grenoble, en 1817. Après avoir fait ses études à Die (Drôme), il obtint à Genève les diplômes de bachelier ès-lettres en 1835, de bachelier en philosophie en 1836, et à Grenoble celui de bachelier ès-sciences physiques et naturelles. En 1840, il fut reçu bachelier en théologie à Strasbourg, docteur en philosophie à Leipzig (1846), professeur de philosophie à l'Académie de Lausanne en 1848. M. R. a publié: « De la destinée de l'homme d'après les lois de la nature », Paris, 1845; « Qu'est-ce que la philosophie et à quoi sert-elle? », cours donnés à l'Académie de Lausanne de 1846 à 1861; « Organisation de la religion naturelle pratique », 1870; « Le théisme philosophique et le théisme chrétien », dans l'*Alliance libérale;* « Des écoles vocationnelles », 1855; « Des études prématurées (dans *La Libre Recherche*), 1857; « De la Réforme pédagogique » (id.), 1857; « L'éducation nouvelle ou la méthode Fræbel et les jardins d'enfants en Allemagne, en Suisse, en Italie et en France »; « L'orthographe rationnelle ou écriture phonétique », 1878; « Aperçu historique sur la fondation et les travaux de la Société d'hygiène de Lausanne »; « Les trois gymnastiques et les jardins d'école », 1877; « Manuel d'hygiène générale et de végétarisme », 1881; « Les pères de l'Église et la tempérance végétarienne (St.-Jean Chrisostome, St.-Jérôme, St.-Basile, St.-Clément d'Alexandrie, St.-Grégoire de Nazianze, St.-Augustin) »; « Des Sociétés mutuelles de consommation », 1858; « Le Palais social ou le Familistère de Guise et ses avantages économiques, sanitaires, moraux et éducatifs », 1872; « La Cité des familles à Lausanne », 1875; « Du suffrage universel et de la réforme électorale en France », 1875. Sans compter des publications moins étendues: « Sur le théisme philosophique et le théisme chrétien »; des études sur « La Révolution », par Quinet, 1873; sur « La Guerre et les armées permanentes », par Patrice Larroque, 1875; sur « L'organisation du Gouvernement républicain », 1874; sur les « Lettres à Lamartine », d'Eugène Pelletan; sur le « Progrès », d'Edmond About; sur l'« Art d'être malheureux », par Alphonse Karr, etc., etc.

Rapisardi (François), mathématicien italien, ancien professeur de mathématiques, ingénieur architecte, né, le 14 octobre 1842, à Catane, où il fit ses études littéraires, scientifiques et artistiques qu'il acheva en 1862. Entré dans l'enseignement en 1867, il le quitta en 1882. Nous avons de lui: « Elementi di geometria », Catane, 1874; « Guida del galantuomo », Milan, 1877, 2me éd., Florence, 1888; « Scarabocchi (versi di occasione) », id., 1881.

Rapisardi (Marius), poète italien, né, à Catane, le 25 février 1844, où il fit ses études. Après avoir composé des vers, qui étaient une promesse pour l'avenir, il débuta par « Palingenesi », Florence, Le Monnier, 1868, ouvrage en 10 chants, inspiré par l'espérance qu'une nouvelle réforme religieuse ramène sur la terre la paix et la prosperité. Suivirent: « Ricordanze », recueil de vers, Pise, Nistri, 1872; « Catullo e Lesbia », Florence, Le Monnier, 1875, volume composé de traductions et d'essais littéraires. En cette année (1875), il fut nommé professeur de littérature italienne à l'Université de Catane.

En 1877, il publia, chez Brigola à Milan, son grand poème de « Lucifero », qu'une critique acrimonieuse tenta en vain de démolir. Nous avons encore de lui : « Nuovo concetto scientifico », Catane, Galatola, 1879, discours d'ouverture. La même année, chez Brigola à Milan, la version de Lucrèce : « La natura, libri VI ». Puis : « Giustizia », Catane, Giannotta, recueil de vers, où l'idée socialiste prédomine. Enfin, en 1884 : « Giobbe », id., Tropea, poème. L'auteur personnifie en Job l'humanité. En 1887, le poète publia encore les « Poesie religiose », id., id., livre qui pour la forme est supérieur à ceux qui l'ont précédé. Le public lettré attend la prochaine publication d'une « Traduction » complète de Catulle, à laquelle M. R. travaille depuis longtemps.

Rapolla (le baron Venanzio), poète italien très distingué et plein d'originalité, né, à Venouse, d'une famille illustre, le 7 août 1834. Nous avons de lui : « Eduardo il martire », tragédie en cinq actes, 1856 ; « La Stella », chant, 1860 ; « I due sogni », Naples, 1861 ; « Aslino », id., 1865 ; « Poesie e drammi », 1866. — Des romans : « La figliuola di un dissoluto, con piccol saggio sui costumi dell'ex-Reame di Napoli », conte, Florence, Le Monnier, 1864 ; « La sconfitta d'Arimane », drame, 1865 ; « Moderna Apocalisse », Florence, 1867 ; « Cuore e spada », conte joyeux, Naples, 1868 ; 2ᵉ éd. 1869 ; « Gli smemorati », Florence, successeurs Le Monnier, 1878, 2ᵉ éd. Naples, 1879 ; « Nuovi Saggi », id., impr. Barbèra, 1881 ; « I Fantasmi del Lemano », Genève, 1882, dédié à Marc Monnier, dont le grand ami d'Italie avait, à plusieurs reprises, fait l'éloge dans ses Chroniques italiennes de la *Bibliothèque Universelle*. En 1882, les œuvres de M. R. ont été réédités à Florence, chez les successeurs Le Monnier, en deux tomes, sous le titre : « Opere complete ». — De cet écrivain élégant, nous avons aussi un petit volume de vers : « Auguri agli amici per l'anno 1888 », Florence, imprimerie de l'*Arte della Stampa*, écrits à Genève pendant ses nombreux voyages à l'étranger. Dans ce petit livre, nous trouvons aussi quelques vers publiés en 14 mille exemplaires par la *Tribune* de Genève à la mort de Marc Monnier. — Et enfin : « Memorie del Globo », Florence, impr. Cooperativa, 1889 ; et autres « Poesie e canti », publiés dans ces derniers temps.

Rasi (Louis), écrivain dramatique italien, né, en 1852, à Lugo, étudia à Florence et après avoir passé quelque temps dans l'administration des finances, s'engagea comme acteur d'abord avec la troupe de Mᵐᵉ Sadowski, depuis dans celle de M. Monti. A la fin de 1873, il fit son service militaire au 77ᵐᵉ de ligne, trouvant moyen de publier : « Le memorie di Valerio Catullo », que suivirent les traductions suivantes commentées ; « Le nozze di Peleo e di Teti » ; « Ad liberum patrem », d'après Horace ; « La miseria », de Pauline Meyer. Ayant fini son service il rentra à la scène, pour laquelle il écrivit : « Clodia » et « Armando ritorna », 1881. En 1881, il fut nommé directeur de la *R. Scuola di Recitazione* de Florence. Nous avons de lui en dehors des ouvrages déjà nommés : « La verità nell'arte rappresentativa », discours, 1882 ; « La lettura ad alta voce dichiarata con nuovi esempi », Turin, Paravia, 1883 ; « Il libro dei monologhi », Milan, Hoepli, dont est prochaine la 2ᵐᵉ éd. ; « L'arte del Comico », Milan, Pagnini, 1890. Va paraître bientôt « Il libro degli aneddoti », Modène, Sarasino.

Rassam (Hormuzd), archéologue assyrien, né à Mossoul (Mésopotamie). En 1845, il fit la connaissance de M. Layard qui l'emmena en Angleterre et le fit entrer d'abord à l'Université d'Oxford puis l'attacha à sa personne, pendant les nombreux voyages archéologiques dont il avait été chargé. En 1851, M. R. reçut une mission du *British Museum* et enrichit cet établissement de nombreux spécimens de l'art assyrien. En 1854, il fut attaché au résident d'Aden et en 1864 il reçut la mission de se rendre auprès du roi d'Abyssinie Théodoros pour obtenir la liberté du consul Cameron et des autres prisonniers, mais après avoir attendu un an l'occasion d'approcher le roi à Massawah, il fut arrêté en 1866 et ne recouvra sa liberté que lors de l'entrée du général Napier dans la capitale de l'Abyssinie. Nommé conservateur du *British Museum* en 1876, il obtint, par l'entremise de M. Layard, un firman du Gouvernement turc pour la continuation des fouilles à Ninive et Kalakli. Il fut en même temps employé par M. Layard pour diverses missions politiques en Arménie et dans le Kourdistan. Il rentra en Angleterre en octobre 1878 pour organiser de nouveaux voyages d'exploration. M. R. a publié le récit de son séjour en Abyssinie sous le titre : « Narrative of the British Mission to Theodore King of Abyssinia », Londres, 1869.

Rastoul (Hippolyte-Alfred), journaliste français, né, à Avignon, le 20 novembre 1832, fils d'Alphonse-Simon Rastoul, ancien professeur au Collège d'Avignon et auteur de divers ouvrages ; engagé volontaire au 91ᵉ de ligne en 1851 ; en Afrique en 1852 et 1859 ; élève à l'école militaire en 1854-1856 ; sous-lieutenant au 60ᵉ de ligne ; lieutenant le 21 mars 1859 ; démissionnaire pour cause politique (il n'avait pas crié vive l'Empereur ! et était tourmenté à cause de ses opinions *cléricales*), en décembre 1862 ; rédacteur en chef de la *Malle*, journal catholique de l'île Bourbon de 1863 à 1869 ; rédacteur à l'*Univers*, qu'il n'a pas quitté depuis, en août 1870 ; a aussi collaboré à diverses revues, notamment à la *Revue du Monde Catholique*, dont il a été pendant plusieurs mois le secrétaire de rédaction; à la *Controverse*, où il a publié, août 1887 à février 1888: « Louis Veuillot, notes et souvenirs d'un collaborateur ». Principales publications: « L'église de Paris sous la Commune », 1871; « Jeanne d'Arc, l'épée de Dieu », 1874; « Histoire populaire de la Révolution française », 1875, 3e éd.; continuation de l'« Histoire du Monde », de Henri de Riancey, tom. X; « Le dix-huitième siècle », tom. XII, 1887; « La Révolution et l'Empire », sous presse, tom. XIII et XIV en préparation; également en préparation: « Le Maréchal Randon, idées militaires et politiques d'après les mémoires du Maréchal et d'après des documents inédits ».

Ratisbonne (Louis-Fortuné-Gustave), littérateur français, actuellement bibliothécaire du Sénat, est né, à Strasbourg, le 29 juillet 1827. Admis comme auditeur au Conseil d'État, il refusa de prêter serment au Gouvernement sorti du Coup d'État et se tourna vers la carrière des lettres. Familier avec la langue italienne, il entreprit de traduire en vers la « Divina Commedia », 1852-1859, 6 vol., œuvre qui fut couronnée par l'Académie française. Un certain nombre d'ouvrages composés pour les enfants ont surtout fait sa réputation. Il a publié de nombreux Albums avec texte en vers, pour les enfants, qu'il a fait paraître sous le pseudonyme de *Trim*. Le premier en date est « La Comédie enfantine », 1860, recueil de fables morales qui a été couronné par l'Académie française en 1861. Candidat député, M. R. a obtenu 20,000 voix sans être élu. Il est aujourd'hui bibliothécaire du Sénat. Il a publié dans la *Revue Contemporaine* des « Impressions littéraires », 1855; « Henri Heine », id.; « Au printemps de la vie », poésies, 1857; « Héro et Léandre », drame en un acte et en vers, 1859; « Morts et vivants », 1860; « Dernières scènes de la Comédie enfantine », 1862; « Les Figures jeunes », poésies, 1865; « Auteurs et livres », 1868; « Les petits hommes », 1868; « Les petites femmes », 1871, recueil de scènes en vers, avec vignettes. Enfin, M. R. a publié les œuvres posthumes de A. de Vigny qui l'avait nommé son exécuteur testamentaire: « Les Destinées », poèmes philosophiques, 1864; « Le journal d'un poète », 1867.

Rattazzi (Marie), voyez SOLMS (Mme Marie DE).

Ratti (Vincent), homme de lettres italien, professeur de littérature latine et grecque au Lycée d'Asti depuis 1867: il y est né en 1841; il fit ses études à Turin; entra d'abord dans l'enseignement privé, dirigea le *Cittadino Astigiano* (1869), le *Corriere Astigiano* (1871-76). Il s'occupa beaucoup de la Société de secours mutuels entre les professeurs des écoles secondaires. Nous avons de lui une foule d'articles et de rapports; ainsi que les opuscules suivants: « I melodrammi di Pietro Metastasio », Asti, 1864; « Della vita e dei meriti di Massimo d'Azeglio »; « Carlo Goldoni »; « Relazione sull'anno scolastico 1878-79 nella Scuola superiore femminile »; « Alessandro Tassoni »; tous ces discours ont été imprimés.

Ravaschieri-Fieschi (Mme la Duchesse Thérèse, née Princesse FILANGIERI DE SATRIANO), femme de lettres italienne, né, à Naples, le 5 janvier 1826, s'occupa de bonne heure de belles-lettres et d'histoire, étudia le latin, le grec, le français et l'anglais. Mariée en 1847 au Duc Vincent Ravaschieri, elle perdit en 1860 sa fille Lina. Depuis lors la Duchesse Ravaschieri a consacré sa vie et sa grande fortune aux œuvres de bienfaisance. La douleur intense de la perte de sa fille avait mis en danger l'intelligence de Mme la Duchesse. Les médecins lui ordonnèrent l'étude et les travaux manuels comme remède. Elle fréquenta d'abord l'Université de Bologne tout en faisant de la sculpture en bois. Rentrée à Naples dans de bonnes conditions de santé, elle y fonda en 1880 l'Hôpital *Lina* pour les enfants qui doivent attendre des opérations chirurgicales difficiles; cet hôpital, fondé entièrement aux frais de la Duchesse, contient 80 lits. Tout malheur public trouve la Duchesse R. prête à l'œuvre. Casamicciola (1882) et le choléra (1884) témoignent en sa faveur. Nous avons d'elle le petit volume: « Lina », dédié aux jeunes filles des écoles napolitaines; puis « La carità nell'isola d'Ischia »; une lettre: « Sulla riforma delle Opere Pie »; « L'Abetone pistoiese », et, enfin, un ouvrage magistral: « La storia della carità napoletana », 4 vol., Naples, Morano, 1879. On peut vraiment dire que Mme la Duchesse est l'ange de la charité. Les gens du peuple racontent d'elle des choses qui tiennent presque de la légende et qui ne sont que la vérité.

Raverat (le Baron), officier d'académie, ancien président de l'Académie littéraire de Lyon, né, à Crémieu (Isère), en 1816. Il s'est occupé d'abord de dessin industriel, et, tout en restant directeur de son cabinet, s'est livré à de longues études sur l'histoire locale et la topographie; il a publié: « La Savoie »; « La Haute-Savoie »; « Vie du Baron Raverat », son père; « Promenades autour de Lyon »; « Lyon sous la Révolution »; des « Notices historiques sur le Dauphiné et le Bugey »; « Itinéraires des chemins de fer de la région Lyonnaise ». Ses descriptions sont entraînantes; tout ce qu'il décrit, il l'a vu et soigneusement étudié. M. R. est un caractère ardent et sympathique.

Ravignani (Jean-Baptiste), poète italien, né, à Vérone, de famille noble, le 26 février 1823, commença ses études au Séminaire de Vérone, les continua au Lycée de la même ville; passa à l'Université de Padoue, mais n'y acheva pas le cours de philosophie et s'occupa tour-à-tour de musique, de poésie et d'agronomie. Nous avons de lui: « L'amore e la virtù », deux poésies en vers blancs, 1854; « I figli scambiati », conte, en prose, 1858; « Raccolta di Favole », en sixains, 1866; « In morte della moglie », poème en vers blancs, 1867; « All'Italia », id., id., 1868; « Ad Aleardo Aleardi », lettre, id., 1871; « Le due vite », poème, id., 1873; « Gioie innocenti », contes des Alpes, 1876; « L'Ideale e la Vita », traduction en vers de Schiller, 1882; « Incursioni ed escursioni », 1885.

Ravold (Jean-Baptiste), publiciste français, officier d'académie, né, à Bliesbrucken (Moselle), le 6 janvier 1825, fit ses études au Collège de Bilche. En 1872, M. R. était attaché à la rédaction du *Progrès de l'Est*; depuis 1879, il remplit, dans le département de Meurthe-et-Moselle, les fonctions de sous-inspecteur des enfants assistés. On lui doit les ouvrages suivants: « Les transports de la Meurthe en 1852 », Nancy, Kleutgen, 1873; « République et monarchie », ouvrage couronné par la Ligue nationale de San-Francisco, Nancy, imp. Nancéienne: « L'ancien régime et la Révolution dans le canton de Gerbéviller », Lunéville, imp. nouvelle, 1881; « Le peuple en Lorraine sous l'ancien régime », id., 1882; une brochure publié à Lunéville, imprimerie nouvelle, 1883, sous le titre de: « Français et Allemands aux États-Unis d'Amérique en 1870 ». M. R. se propose de publier un grand roman politique, entièrement terminé, sous le titre de: « Mémoires d'un istituteur de la Lorraine annexée ». En juillet 1889 parut le premier des quatre forts volumes de l'ouvrage intitulé: « Histoire démocratique du Pays Lorrain (Duchés de Lorraine et de Bar, Trois-Evêchés, Metz, Toul, Verdun), depuis les temps les plus reculés jusqu'à la Révolution française », Nancy, imprimerie Nancéienne.

Rawinsky (Dmitri), sénateur, célèbre collectionneur, né en 1820. Il possède une collection immense de gravures et portraits gravés russes, à Saint-Pétersbourg.

Rayna (Michel), né, à Sondrio, le 28 septembre 1854, docteur ès-sciences mathématiques, troisième astronome à l'Observatoire de Brera (Milan). Nous avons de lui les ouvrages suivants, insérés dans le *Pubblicazioni del R. Osservatorio di Brera in Milano* (Milan, Hoepli): « Determinazione (1880-81) della latitudine dell'Osservatorio di Brera in Milano e dell'Osservatorio della R. Università in Parma »; « Sulle variazioni diurne del magnetismo terrestre a Milano negli anni 1872 e 1877 »; « Azimut assoluto del segnale trigonometrico del Monte Palanzone sull'orizzonte di Milano »; « Istruzioni e tavole numeriche per la compilazione del calendario, con alcuni cenni sul calendario in generale »; « Confronti e verificazioni d'azimut assoluto in Milano, con alcune notizie sulle antiche triangolazioni nei dintorni di questa città ».

Rayna (Pie), homme de lettres italien, né, le 8 juillet 1849, à Sondrio en Valteline, suivit à Pise les cours universitaires (1864-68), ainsi que l'école normale supérieure; fut professeur de lettres latines et grecques aux lycées de Modène (1868-72) et de Milan (1872-74), fut appelé à la chaire de philologie romane à l'Académie Scientifico-littéraire de Milan qu'il occupa de 1874 à 1883. A cette dernière époque, il passa à l'*Istituto di Studi Superiori* de Florence pour le même enseignement. Nous avons de lui: « Ricerche intorno ai Reali di Francia, seguito dal Libro delle Storie di Fioravante e del Cantore di Bovo d'Antona », Bologne, 1872 (*Collez. di opere inedite e rare ecc.*); « I Cantari di Carduino », Bologne, 1873 (*Scelta di Cur. lett.*); « Le fonti dell'Orlando Furioso », Firenze, 1876; « Storia di Stefano figliuolo d'un Imperatore di Roma », Bologne, 1880 (*Sc. di Cur. lett.*); ainsi que des collaborations au *Propugnatore, Rivista, Giornale di Filologia Romanza, Romania, Zeitschrift für romanische Philologie* et au *Giornale Storico della letteratura italiana*.

Razetti (Napoléon), homme de lettres italien, avocat et poète, né, le 26 janvier 1845, à Turin; à l'école il s'éprit de l'antiquité classique. Il apprit par cœur la « Divina Commedia ». Il exerça pendant dix ans au barreau, entra depuis dans la magistrature n'oubliant jamais la muse qui lui inspira les ouvrages suivants loués par Carducci: « Valdieri »; « Per una felce », pièce ravissante éditée à Florence par Barbèra, à Rome par Sommaruga; « Epicedio sulla strage di Dogali », Livourne, 1887; « Esegesi dell'Ode alla Regina d'Italia di Giosuè Carducci ». Il collabora au *Prometeo* de Palerme, à l'*Eco dell'Industria* de Biella, au *Pensiero* de la même ville, au *Monitore dei Pretori* de Florence.

Read (Charles), érudit et littérateur français, né, à Paris, le 22 janvier 1819, fit ses études de droit, entra en 1842 dans la magistrature, fut nommé en 1849 chef de service des cultes non catholiques au ministère des cultes, et passa en 1857 à la préfecture de la Seine comme chef du contentieux de la ville de Paris, poste qu'il échangea en 1867 contre la direction des archives. La Société pour l'Histoire du Protestantisme français le compta en 1852 parmi ses fondateurs, et le chargea de la rédaction de son *Bulletin* jusqu'en 1864, où il eut pour successeur M. Jules Bonnet. Cette même année il créa, sous le pseudonyme de Carl de Rash et à l'imitation des *Notes and Queries* anglais *L'Intermédiaire des Chercheurs*, destiné à servir de moyen de communication aux hommes d'étude. Parmi les nombreuses rééditions annotées qui témoignent de la perspicacité et des connaissances bibliographiques de M. C. R., nous mentionnerons : « Daniel Chamier — Journal de son voyage à la Cour de Henri IV », 1859 ; « Mémoires de Dumont de Bostaquet », 1864 ; « Bossuet dévoilé par un prêtre de son diocèse », id. ; « Les 95 thèses de Luther contre les indulgences », 1870 ; « Les tragiques », 1871 ; « L'Enfer », 1878 ; « Le Printemps », 1874, par Agrippa d'Aubigné ; « Le Tigre de 1560 », par F. Holman, 1875 ; « Les Mémoires de Pierre de l'Estoile », t. I-X, 1875, et ann. suiv. ; « La Satire Ménippée ou la Vertu du Catholicon d'après l'édition princeps de 1594 », 1877 ; « Le Ruvarebohni ou le vrai bonheur (d'après un exemplaire échappé en 1805 au pilon de la haute police impériale), 2 vol., 1881 ; « Courses en Italie - Croquis et sonnets de voyageurs » (sous le pseudonyme de *Carl de Rash*, 1883. M. R., en sa qualité de directeur des archives préfectorales, a pris une large part à la magnifique publication : « Histoire générale de Paris » ; en 1867, parut sous son nom dans le *Bulletin du protestantisme français*, et à l'occasion de l'ouvrage de M. Geffrez, une série d'articles destinés à réhabiliter la mémoire de Mme de Maintenon de l'accusation d'avoir poussé Louis XIV à la révocation de l'Édit de Nantes.

Reclus (Élie), ethnographe et publiciste français, né, le 16 juin 1827, à Sainte-Foy-la-Grande (Gironde), a étudié la théologie aux Facultés de Genève, Montauban et Strasbourg. Il s'est réfugié en Angleterre après le Coup d'État, où il est resté jusqu'en 1855, et où il vécut comme professeur. En 1855, rentré en France, il fut employé au Crédit mobilier. Il dirigea le journal l'*Association*, et devint correspondant d'une revue russe pour laquelle il travailla pendant vingt ans. Sous la Commune, il fut nommé directeur de la Bibliothèque nationale, et fut de ce chef, condamné par un conseil de guerre, à la déportation dans une enceinte fortifiée ; mais il avait pu se réfugier en Suisse, où il resta quelques années. Puis il retourna en Angleterre jusqu'à l'amnistie, en 1879. Il a publié en russe des « Portraits et biographies », et en français, une « Étude sur les Primitifs ».

Reclus (Élysée-Jacques), géographe et naturaliste français, né, le 15 mars 1830, à Sainte-Foy-la-Grande (Gironde) ; en dehors de plusieurs articles à la *Revue des Deux-Mondes* (1857-70), au *Tour du Monde*, au *Bulletin de la Société de géographie de Paris*, M. R. a publié : « La terre », description des phénomènes de la vie du globe, Paris, 1867, 5me éd., 1882 ; « Histoire d'un ruisseau », 1865 ; « Histoire d'une montagne », 1872 ; « Voyage à la Sierra Nevada de Santa Marta », 1861 ; « Évolution et Révolution », 1875 ; « Anarchy », publié dans la *Continental Review*, 1884, et plusieurs « Guides » et « Itinéraires » de la collection Joanne. M. R. est connu tout autant par ses ouvrages de géographie que pour ses idées politiques ultra-radicales. Il a appartenu en 1871 à la Commune et a subi plus tard des persécutions judiciaires pour causes politiques.

Reclus (le docteur Paul), médecin français, professeur agrégé à la Faculté de médecine de Paris, frère de MM. Élie, Élysée et Onésime R. né, à Orthez, en 1847, a publié : « Du tubercule, du testicule et de l'orchite tuberculeuse » (thèse de doctorat), in-8º, Delahaye, 1876 ; « Des Ophtalmies sympathiques » (thèse présentée au concours pour l'agrégation), id., 1878 ; « Des mesures propres à ménager le sang pendant les opérations chirurgicales » (thèse de concours pour agrégation), in-8º, id., 1880 ; « Manuel de pathologie interne », 2me éd., 1888 ; « Clinique et critique chirurgicales », in-8º, G. Masson, 1884 ; « De la syphilis du testicule », gr. in-8º, avec 6 pl., id., 1882 ; « Clinique chirurgicale de l'Hôtel-Dieu », gr. in-8º, id., 1888 ; « Maladie kystique de la mamelle » (Maladie de Reclus), dans la *Revue de Chirurgie*, 1884.

Recolin (Numa), prédicateur français, né, le 9 janvier 1826, d'une vieille famille huguenote au Vigan dans le département du Gard, fit ses études classiques au Lycée de Nîmes, ses études théologiques à la Faculté de Montauban, obtint en 1850 son diplôme de bachelier par la présentation d'une thèse sur l'« Apologétique de Pascal dans le livre des Pensées », et remplit successivement les fonctions de pasteur suffragant à Ganges dans le département de l'Hérault, de pasteur titulaire à Montauban (1852), Montpellier (1860), Paris (1873). Nous possédons de lui plusieurs discours et brochures, entr'autres : « L'Esprit du ministère évangélique », 1857 ; « Le fondement de l'unité spirituelle », 1862 ; « L'amour pour Jésus-Christ », 1864 ; « Les leçons de la mort », 1869 ; « Manuel de religion chrétienne », 1870, 3me éd., 1881 ; « L'Évangélisation de la France », 1871 ; « De la pénurie des pasteurs et des moyens d'y remédier », 1874 ; « Sermons », 1876 ; « La Tour de Constance à Aigues », id. ; « L'Évangile et la jeunesse », 1879 ; « Coup d'œil sur l'état religieux actuel de la France et particulièrement du protestantisme français » (études présentées aux conférences de l'Alliance Évangélique tenues à Copenhague du 30 août au 6 septembre 1884), 1885 ; « La révocation de l'Édit de Nantes », 1888. M. R. a collaboré aux journaux religieux : *Les Archives Évangéliques*, *La Croix*, *L'Espérance*, *le Christianisme au XIXe siècle*, à la *Revue Chrétienne*, à l'*Encyclopédie des Sciences religieuses*.

Redhouse (Sir C.), diplomate anglo-turc, né, en Angleterre, au commencement du siècle, prépara en 1827 le règlement militaire pour l'armée turque, traduisit en turc les « Cartes » de l'Amirauté anglaise pour la Méditerranée et la

Mer Noire (1828). Il traduisit les « Travels » de Ibn Batuta, du professeur Lee (1829), pour le compte du Sultan Mahmoud; travailla au « Dictionnaire franco-anglais-turc » (1830-34). Nous avons encore de lui: « Grammaire raisonnée de la langue ottomane », Paris, 1844; « English and Turkish Lexicon », 1855; « Tesaurus of Arabian, Persian, Ottoman and Eastern Turkish », 10 vol. in-folio. Une quantité d'autres ouvrages de vulgarisation et d'érudition lui procurèrent en 1857 l'emploi de traducteur pour les langues orientales au Ministère des affaires étrangères à Londres (1854). En 1855, S. M. la Reine d'Angleterre le nomma chevalier des SS. Michel et Georges.

Reding (Victor), journaliste belge, officier d'Académie de France, né, à Bruxelles, en 1854, fit ses études humanitaires complètes à Bruxelet ses études universitaires à l'Université libre de Bruxelles. En 1877, une comédie en un acte représentée à Bruxelles sous le titre: « Amour et préjugés ». Il fonda le journal l'*Artiste*. M. R. est rédacteur à la *Nation*, critique théâtral de la *Fédération artistique*, correspondant du *Gaulois*.

Redlich (Oswald), écrivain autrichien, docteur en philosophie, professeur libre à l'Université d'Innsbruck, correspondant de la commission impériale et royale centrale des monuments historiques et de l'art, né, le 17 septembre 1858, à Innsbruck, étudia dans son pays natal et à Vienne à l'Institut historique autrichien. Il a publié: « Die oesterreichische Annalistik bis zum Ausgang d. 13 Jahrh. » (*Mitth. des. Instit. f. öster. Geschichtsforch*), 3me vol., 1882; « Ueber bairische Traditionsbücher und Traditionen » (id.), 3me vol., 1884; « Ueber einige Salzburgische-Kärntnerische Privaturkunden d. 11 und 12 Jahrh. » (id.), 5me vol., 1884; « Zur Belagerung von Kufstein im Jahrh. 1504 » (id.), 9me vol., 1888; « Die Anfänge Konig Kudolfs I » (id.), 1me vol., 1888; « Zur Geschichte der Bischöfe v. Brixen im 10-12 Jahrh. » (*Zeitschr. d. Ferdinandeums*), 1884; « Die Traditionsbücher des Hochsstifts Brixen » (*Acta Tirolensia*), 1er vol., Innsbruck, Magner, 1886; « Archivberichte aus Tirol », en collaboration avec M. Ottenthal, 1 vol., Vienne, Kubasta und Voigt, 1889.

Regalia (Hector), naturaliste et anthropologiste italien, né, à Parme, en 1842, où il étudia au Collège *Marie-Louise*; en 1875, il était greffier au tribunal de Florence; mais dans la même année s'étant rendu au golfe de la Spezia pour y passer l'été, il y fit des découvertes de paléontologie très importantes. En 1875, il fut nommé secrétaire de la Société italienne d'anthropologie, et l'année suivante adjoint du professeur Mantegazza à la chaire d'Anthropologie. Nous avons de lui: « Cenni sopra una Caverna della Palmaria », 1872; « Sopra due femori preistorici creduti d'un *Macacus* », 1873; « La grotta della Palmaria », id.; « Ricerche in grotte dei dintorni della Spezia in Toscana », 1875; « Resti animali ed umani dell'età della pietra nella Palmaria », id.; « Sui depositi antropozoici della Caverna nell'isola Palmaria », id.; « Sulle variazioni della distanza spino-alveolare del cranio », id.; « Il metopismo nelle collezioni del Museo Nazionale », 1878; « Alcune operazioni sull'epoca relativa della saldatura dei frontali nei mammiferi », id.; « Sopra un osso forato raccolto in un Nuraghe », 1879; « Alcune variazioni e particolarità trovate nel *Vesperugo Savi* », 1878; « Sulle *vibrissae* e sugli arti dei *Rinolofi* », id.; « Sulla esistenza di terze falangi nella mano dei chirotteri », id.; « Sulla psicologia dei chirotteri », 1879; « L'extremité carpienne du cubitus existe dans les chéiroptères », 1880; « Casi di anomalie numeriche delle vertebre nell'uomo », id.; « Su la teologia e gli scopi del dolore » et « Sul concetto meccanico della vita », 1888; « Non *origine*, ma una legge neglette dei fenomeni psichici », 1887.

Regnal (Georges), pseudonyme sous lequel M. C. Langer, né, à Florence, le 26 juillet 1848 et de Mme Désirée Langer, sa femme, née, à Paris, le 20 avril 1852, écrivent en collaboration. M. C. L. appartient par sa mère à la famille du docteur Conneau, le célèbre ami de l'empereur Napoléon III. Ses études d'enfance ont été faites en Italie, puis perfectionnées en France, où il vit depuis 1866, et où il s'est marié en 1878. Il s'était d'abord destiné à la carrière consulaire, à laquelle il renonça pour entrer dans les affaires après plusieurs voyages dans les deux Amériques. Parmi les plus importantes publications, on cite: « Maurianne », 1886, roman honoré d'une mention honorable par l'Académie Française; « Mr le Docteur », 1888; « Les Rostang »; « Le Sacrifice de Raymonde », id.; un nombre considérable de nouvelles littéraires, articles de tous genres publiés par les principaux journaux français, ainsi qu'une quantité de correspondances adressées aux feuilles étrangères, etc., etc.

Rehatsek (Édouard), homme de lettres slavomagyare, né, le 3 juillet 1819, à Illach en Esclavonie dans les terres du prince Odescalchi. Il fut envoyé à l'École de Pecs, où il apprit le majar, le latin, le français et l'allemand. Diplomé ingénieur à l'Université de Bouda, il émigra en 1843 à la Nouvelle-Orléans, d'où il se rendit à Bombay qu'il n'a jamais quitté depuis. Voici la liste de ses ouvrages: « Catalogue raisonné des manuscrits arabes, hindoustani, persans et turcs de la librairie Mulla Firouz », Bombay, 1869; « Sur l'influence réciproque de la civilisation européenne et mahométane au temps des Califes et aujourd'hui », id., 1877. Plusieurs traductions de contes et de nouvelles persanes; « The History of the Wahabis in Arabia and

in India »; « The doctrines of Metempsychosis and Incarnation among nine heretic Mahummadan sects »; « Picture and description of Borâg »; « The Alexander-myth of the Persians »; « Specimens of pre-islamitic poetry selected and translated from the Hamara »; « Emporia : chiefly ports of Arab and Indian international commerce before the Christian Era ». A l'*Indian Antiquary :* « Three inscriptions from Raichor », 1883; « Aden Epitaph. Arabic », 1884; « Did the Arabs really burn the Alexandrian library ? », 1885; « Russian icons »; « Sabœan inscription on an incense-burner. Aden », 1886; « The last years of Shâh Shuja'a (jeun., sept., oct.) », 1887; « Letter of the Emperor Akbar asking for the Christian Scriptures »; « Reigu of Ahmed Shâh Durrâni (sept., oct.) »; « A notice of the Zafar-nama-i Runjit Singh (oct. & nov.) », 1888, « A notice of the Zafar-namai etc. (jan., febr., march., april) ». A la *Calcutta Review*, 1880-87 : « Gastronomical anecdotes of the earlier Khalifs. Oriental Folklore I, II, III, IV »; « The Holy Inquisition at Goa »; « The life of Jesus, according to the Mahammedans »; « Historical sketch of Portuguese India with a list of its Viceroys till 1881 »; « How the Portuguese obtained possession of Diu »; « Mandelslo and Thevenot; their travels in India »; « The monastic and secular clergy of Portuguese India »; « Carvalho, Marquis of Pombal »; « Adamoli's notes on a journey to Tashkand, I, II »; « Capello and Svens, their explorations in Africa », 1877-80 ; « The vicissitudes of the city of Baghdad »; « The *La nuova Italia e i vecchi zelanti* of the ex-jesuit Curci »; « Contact of China with foreign nations, from the earliest till the present times »; « The prehistoric men of caves and lake dwellings »; « Missionaries at the Moghul Court, in southern and in Portuguese India, during the reign of Akbar and after it »; « The relations of Islam to Christianity and of Christianity to civilization ». Au *Journal of the National Indian Association*, 1880-82 : « Remarks on native costumes »; « Bombay 115 years ago (I, II, III, IV, V) »; « The Begums of Bhopâl (I, II, III, IV, V) »; « Diamond fields of India (I, II) ». Au *Zeitschr. d. D. M. Gesellschaft*, vol. XXXVI, 1882 : « Orientalische Rüstungstücke », avec une planche. A l'*Archœological Survey of Western India*, 1885 : « Persian and Arabic series of inscriptions from Ahmudabad and other places in Guzarât », publié par le gouvernement.

Rehnisch (Jules-Edmond), écrivain allemand, docteur en philosophie, professeur extraordinaire de philosophie à l'Université de Goettingue, né, le 19 juillet 1840, à Olbersdorf, près Zittau (Saxe), fit ses études dans sa ville natale, et ensuite aux Universités de Jena et de Goettingue, prit ses grades en 1873, devint professeur libre dans la même année, et professeur extraordinaire de philosophie à l'Université de Goettingue, depuis le 28 mars 1879. On lui doit : « Studien zur Metaphysik », Goettingue, 1872 ; « Gedanken über psychische Mechanik », id., 1874 ; « Zur Orienterung über die Untersuchungen und Ergebnisse der Moralstatistik » (*Zeitschrif. f. Philosophie und Philos. Kritik.*), 1876 ; « Zur Kritik herkömmlicher Dogmen und Auschauungsweisen der Logik, insbesondere des Lesestücks vom Schluss » (id.), 1880 ; « Hermann Lotze. Nekrologie » (*National Zeit.*), 1881, réimprimée dans *H. Lotze, Grundzüge der Æstetik*, Leipzig, 1884, et dans la *Revue philosophique de la France et de l'étranger*, dirigé par Th. Ribot, 1881. M. R. a le mérite d'avoir publié les leçons de philosophie de Lotze, dont nous allons citer les plus importantes : « Lotze's Grundzüge der Psychologie », Leipzig, 1882 ; 2me éd., 1884 (version en anglais par George T. Ladd, Boston, 1885) ; « Lotze's Grundzüge der Religionsphilosophie », Leipzig, 1882 ; 2me éd., 1884 (version anglaise par Ladd, Boston, 1885 ; version danoise par Kroman, Copenhague, 1882, 2me éd., 1887) ; « Lotze's Grundzüge der Naturphilosophie », Leipzig, 1882 ; « Lotze's Grundzüge der Logik und Encyclopädie der Philosophie », id., 1883 ; 2me éd., 1885 ; « Lotze's Grundzüge der Metaphysik », id., 1883 (version anglaise par Ladd, Boston, 1884) ; « Lotze's Grundzüge der Æstetik », id., 1884.

Reich (Desiré), jeune écrivain italien, professeur d'histoire au Gymnase de Trente, né à Taio ; on cite de lui deux mémoires historiques : « Primordi della guerra smalcaldica, con riguardo al Tirolo ed al Concilio di Trento », Trente, 1881 ; « Notizie e documenti intorno all'Ordine dei Crociferi in Trento », id., 1882.

Reichenbach (Maurice VON), pseudonyme de *Madame la comtesse Valesca Bethusy Huc*, née BARONNE DE REISWITZ, femme-auteur très distinguée, née, le 15 juin 1849, à Kielbaschine, terre appartenant aux barons de Reiswitz, se maria en 1869 ; commença à faire paraître ses premiers essais littéraires en 1877 dans l'*Ueber Land und Meer*, et plus tard elle livra à la presse ses premiers romans d'une finesse exquise. En dehors d'un grand nombre de contes et petites histoires parus dans les principaux journaux allemands, elle a publié : « Die Schlossfrau von Dromnitz », 2 vol. ; « Zwei Novellen » (Reszo, Sillery, etc.) ; « Durch ! » ; « Cœurdamen » (Loreley, Verlorenes Paradies) ; « Der älteste Sohn » ; « Die Eichhofs » ; « Die Lazinskys ».

Reiff (Richard), mathématicien allemand, professeur de mathématiques au Gymnase de Heilbronn (Wurtemberg), né, à Tubingue, le 26 mai 1865, étudia les mathématiques aux Universités de Tubingue et Berlin. Nous lui devons : « Ueber den Einfluss der Capillarkrafte auf die Form der Oberfläche einer bewegten Flüssigkeit », Tubingue, 1878 ; « Ueber die Principien der neueren Hydrodynamik », Fribourg, Mohr, 1882 ; « Ueber die Probleme der Hydrodynamik » (*Correspondenzbl. f. d. Gel. u. Realsch.*), Wurtt., 1882 ; « Zur Kinematik der Potentialbewegung » (*Math. naturw. Mitth.*), 1886 ; « Die Anfänge der Variationsrechnung » (id.), 1886 ; « Einleitung in die Hydrodynamik », d'après le *Lamb's Treatise on the mathematical theory of the motion of fluids*, Fribourg, Mohr, 1884 ; « Geschichte der unendlichen Reihen », Tubingue, Laupp, 1889.

Rein (Guillaume), pédagogiste allemand, né, le 10 août 1847, à Einsenach (Thuringen), étudia au Gymnase de cette ville et aux Universités de Iéna, Heidelberg et Leipzig, se dédiant à la théologie, à la philosophie et à la pédagogie ; il a été professeur à l'École Royale de Barmen et au Séminaire magistral de Weimar et directeur du Séminaire magistral de Lisenach. Depuis 1886, il est professeur de pédagogie à l'Université de Iéna. On lui doit : « Herbart's Regierung, Unterricht und Zucht », Vienne, 3me éd., 1881 ; « Ueber Methode und Methodik », id., 1876 ; « Das Freihandzeichnen im Seminar », Dresden, 1878 ; « Das Leben Dr. Mart. Luthers, dem deutschen Volke erzählt », Leipzig, 1883 ; « Theorie und Praxis des Volksunterrichts », 8 vol., 4me éd., Krämer, Dresden. Nous lui devons aussi la publication de « Otto's Pädag. Zeichenlehre », 3me éd., Weimar, 1885 ; « Niemeyer's Grundsätze des Unterrichts », 2me éd., 3 vol., Langensalza, 1882-84 ; et « Brzoska, die Nothwendigkeit pägag. Seminaren auf der Universität und ihre Zweckmassige Einrichtung », et enfin : « Stigmogr. Zeichenwerk », Dresden ; « Lesebücher », id., sans compter les nombreux articles parus dans les *Preussische Jahrh. Fricks Lehrgänge, Kehr'sche pädag. Blätter, Jahrh. des Vereins für Wissensch. Pädagogik*, etc., etc.

Reinach (Joseph), né, à Paris, le 30 septembre 1856. Il a fait ses études au Lycée Bonaparte et a été lauréat du concours général (1872-73). Avocat à la Cour d'appel en 1877, il a été secrétaire de la Conférence des avocats. Il débuta dans la *Revue politique et littéraire* en 1876, et publia, la même année, « La Serbie et le Monténégro ». En 1877, sa brochure intitulée : « La République ou le gâchis », fut poursuivie par le ministère du 16 mai. C'est à cette époque, qu'il entra à la *République française* pour y traiter de préférence les questions de politique intérieure. En 1878, il fit, au XIXe Siècle, le compte-rendu du *Salon* ; puis il fut envoyé en Orient, et rapporta de sa mission deux volumes intitulés : « Voyage en Orient ». En 1889, il eut une autre mission en Syrie, qui lui fournit le sujet de nombreux articles dans la *Revue Bleue*, le *XIXe Siècle* et le *Century* anglais. En 1880, M. J. R. fut chargé par Gambetta de la publication de ses « Discours et Plaidoyers politiques » (11 volumes) et des « Dépêches de la Défense Nationale » (le premier volume a paru). En 1881, Gambetta le choisit comme secrétaire particulier ; puis comme chef de cabinet pendant son ministère. Cette même année, M. R. publia dans la *Revue Bleue*, et ensuite en volume : « Les Récidivistes », étude très commentée, qui fut suivie du dépôt du projet de loi de M. Waldeck-Rousseau sur la rélégation des récidivistes. En 1882-83 parut l'« Histoire du Ministère Gambetta » ; « Gambetta orateur » ; « Biographie de Gambetta ». En 1885, M. R. écrivit des brochures publiées pendant la periode électorale : notamment : « Le Ministère Clémenceau » et « Les Lois de la République ». Aux élections législatives d'octobre 1885, M. J. R. obtint, sans être élu, 27,000 voix sur la liste républicaine de Seine-et-Oise. Candidat au Conseil général à Pontoise, en 1887, M. R. fut battu, au second tour, par la coalition des réactionnaires et des intransigeants. M. R. a pris, le 15 mars 1886, la direction politique de la *République française*, en remplacement de M. Scheurer-Kestner. Cette même année, il publia « La Logique parlementaire », dédiée à M. Jules Ferry. En 1887, M. R. eut un duel avec M. Edmond Magnier, à la suite des polémiques Boulanger-Ferry. M. R. fut blessé au sein droit. Il a fait paraître, en 1887, une brochure sur « Le ministère civil de la guerre ». M. R. est officier de cavalerie dans l'armée territoriale.

Reinach (Salomon), littérateur et archéologue français, né, à Saint-Germain-en-Laye (Seine-et-Oise), le 29 août 1858, fit ses études au Lycée *Fontanes* (Condorcet), à Paris, et entra le 1er à l'Ecole Normale Supérieure en 1877. Reçu agrégé de grammaire à sa sortie de l'école, il fut nommé membre de l'école d'Athènes (1880), et y passa trois ans pendant lesquels il dirigea, en collaboration avec M. Edmond Pothier, d'importantes fouilles à Myrina près de Smyrne (Asie-Mineure). Il revint en France en 1883, remplit une mission archéologique en Tunisie, de concert avec MM. E. Babilon et R. Cagot, et fut en 1886 nommé attaché au Musée Gallo-Romain de Saint-Germain-en-Laye. Principales publications : « Manuel de philologie classique », 2e éd. 1884 ; « Traité d'Épigraphie grecque », Leroux, 1885 ; « La Nécropole de Myrina », en collaboration avec M. Pothier-Thorin, 1887 ; « Grammaire latine », Delagrave, 1886 ; « La Colonne Trajane au Musée Saint-Germain », Leroux, 1886 ; « Conseils aux voyageurs archéologiques », Leroux, 1887 ; « Esquisses archéologiques », id., 1888. M. R. prépare un Catalogue complet du Musée de Saint-Germain (dont il a donné en 1866 un catalogue sommaire) et un Recueil général des monuments et figures antiques (Didot). Il a, en outre, édité la « Géographie Comparée de l'Afrique Romaine », imprimerie nationale (1885-1887) de M. Charles Tissot, après la mort de celui-ci, et donné de nombreux articles à divers recueils périodiques : *Bulletin de correspondance hellénique, Revue des Deux Mondes, Revue Critique, Revue archéologique, Revue historique, Archives des Missions, Gazette archéologique, Gazette des Beaux-Arts, The Nation*, etc.

Reinach (Théodore), historien français, est né, à Saint-Germain-en-Laye (Seine-et-Oise), le 3 juillet 1868. Il fit ses études à Paris au Lycée *Fontanes*, et remporta tous les prix au concours général de rhétorique (1876). Après avoir terminé ses études de droit et fait un stage d'avocat à la Cour d'appel (1881-1886), il s'adonna exclusivement aux travaux historiques. Principales publications : « Hamlet », de Shakespeare, traduction en vers, Hachette, 1880 ; « Histoire des Israélites depuis la dispersion jusqu'à nos jours », Hachette, 1884 ; « De l'état de siège, étude historique et juridique », Pichon, 1885 ; « Essai sur la numismatique des rois de Cappadoce », Feuardent, 1886 ; « Les monnaies juives », Leroux, 1887 ; « Essai sur la numismatique des rois de Bitthynie », Feuardent, 1888. En préparation : « Mithridate », étude historique. M. R. a en outre collaboré fréquemment à la *Nouvelle Revue*, la *Revue Bleue*, la *Revue Critique*, la *Revue Philosophique*, la *Revue Historique*, la *Revue Archéologique*, la *Revue Numismatique*, la *Revue des études juives*, pour laquelle il rédige depuis 1882 des rapports annuels sur les études d'histoire juive en France. Il est, depuis le 1er janvier 1888, rédacteur en chef de la *Revue des études grecques*.

Reis-Damaso (Joseph-Antoine), homme de lettres portugais, bibliothécaire de 1re classe aux bibliothèques municipales de Lisbonne, est né, le 11 décembre 1850, à Lagoa (Algarve) de parents obscurs. Son père, homme intelligent, qui fut quelque temps maître d'école, lui enseigna le latin et l'employa plus tard à Faro et à Coimbre. Ses études achevées, le jeune R. D. entra dans l'artillerie, mais comme il n'aimait pas la vie militaire et que ses tendences étaient vers la république, il quitta bientôt le service. Il commença de bonne heure à écrire aux journaux et en 1880 il fut proposé comme député aux *Cortès*, mais sa candidature tomba à l'eau. M. R.-D. appartient en philosophie à l'école positiviste, en littérature au groupe des naturalistes portugais. Il a défendu dans la presse le livre de Mme Rattazzi : « Le Portugal à vol d'oiseau », ce que lui procura beaucoup d'ennemis dans son pays. En dehors d'une collaboration assidue aux journaux portugais et étrangers et au « Diccionario Bibliographico portuguez », de Brito Arangoa, nous avons de lui : « O Anjo da Caridade », Lisbonne, 1887 ; « Scenographias », id., 1882 ; « Tradiçoes populares de Algarve » ; « Encyclopedia republicana » en collaboration avec d'autres auteurs, id., id. ; « João de Deus », essai biographique, Oporto, 1887 ; « Theophilo Braga », id., id., id. ; « Romanceitas naturalistas », Lisbonne, 1888. Il a collaboré au « Diccionario universal da vida pratica » qui se publie à Oporto. Il s'occupe maintenant du *folk-lore* de l'Algarve. Ses ecrits en prose et ses poésies épars dans les journaux et les revues formeraient plusieurs volumes.

Reissenberger (Charles), écrivain autrichien, docteur en philosophie, professeur au Gymnase gouvernemental de Gratz, né, le 21 février 1849, à Hermannstadt en Siebenbürgen ; il étudia au Gymnase évangélique de son pays natal et aux Universités d'Iéna et de Leipzig, où il fréquenta les cours de théologie évangélique et de philologie allemande ; il a été professeur du Gymnase de Cilli (Styrie), et à l'École Supérieure Royale de Gratz et depuis 1883 il est membre de l'Association historique pour la Styrie. On lui doit : « Ueber Hartmanns Rede », Hermannstadt, 1871 ; « Bilder aus der Vergangenheit der Siebenbürger Sachsen », Vienne, 1879 ; « Siebenbürgen in Wort und Bild », id., 1881 ; « Prinzessin Maria Christierna von Innerösterreich », Gratz, 1882 ; « Reinhart Fuchs », Halle, 1885.

Remak (Ernest), médecin allemand, professeur libre à l'Université de Berlin, né, en 1849, à Berlin, fit ses études aux Universités de Breslau, Wurzburg et Berlin, il a été assistant à la clinique des maladies des nerfs et a publié plusieurs articles dans les revues médicales et dans les journaux spéciaux allemands. Nous citerons ici les plus importants : « Ueber die Localisation atrophischer Spinallähmungen und Spinaler Muskelatrophien » (*Klin. Beitrage zur Path. u. Phys. des Rüker. Mark. Berl.*), 1879 ; « Zur Vicariirenden Function peripherer Nerven des Menschen » (*Berl. Klin. Wochenschr.*) 1874 ; « Ueber zeitliche Incongruenz der Berührungs- und Schmerzempfindung bei Tabes dorsalis » (*Arch. f. Psych. und Nervenk.*), 1874 ; « Ueber modificirende Wirkungen galvanischer Ströme auf die Errebarkeit motorischer Nerven der lebenden Menschen » (*Deutsch. Arch. f. Klin. med.*), 1876 ; « Zu den Sensibilitätsstörungen des Tabes dorsalis » (*Arch. f. Klin. Med.*), 1876 ; « Zur Pathogenese der Bleilähmungen » (id.), 1875 ; « Zur Pathologie der Lähmung des Plexus brachialis » (*Berl. Klin. Wochensch.*), 1877 ; « Ein Fall von atrophischer Spinallähmung durch traumatische halbseitige Blutung und die Halsanschwellung des Rückenmarks » (id.), 1877 ; « Zur Pathologie und Elektrotherapie der Drucklähmung des Nervus radialis » (*Deutsch. Zeitschr. f. prak. med.*), 1877-78 ; « Zur Localisation Saturniner Lähmung der Unterextremitäten » (*Neurol. Centralbl.*), 1882 ; « Ueber Saturnine Hemiatrophie der Lunge » (*Berl. Klin.*

Wochensch.), 1886 ; « Eine einfache elektrodiagnostische Methode quantitativer galvanischer Erregbarkeitsbestimmung » (*Neurol. Centralblatt*), 1886. M. R. est aussi un des plus savants collaborateurs de la *Eulenbierg's Real-Encyclopädie.*

Remonchamps (Édouard), auteur dramatique et chansonnier wallon, né, à Liège, le 14 mai 1836, fit ses études à l'Athénée de Liège et s'adonna, dès sa jeunesse, à composer des chansons et des comédies, où il s'attacha à peindre, en idiome wallon, le tableau des mœurs populaires. On cite : « Les Amours da Gérâ », et surtout « Tâti l'Perriquî », comédie en trois actes et en vers, représentée pour la première fois à Liège le 11 octobre 1885 et qui eut plus de cent éditions. Elle a même été jouée à Paris. C'est une peinture naturaliste des mœurs locales de Liège. « L'auteur a donné à Tâti une per-
« sonnalité bien distincte, l'a placé en un milieu
« liégeois, a laissé à sa vanité naïve la bonne
« humeur, l'accent populaire, la verve locale,
« tous ses dictons pittoresques qui sont le tem-
« pérament même et l'esprit wallons ». Ainsi parle M. Victor Chauvin dans son rapport au jury de la Société de Littérature wallonne. Après la centième représentation de cette comédie, le roi nomma l'auteur, chevalier de l'ordre de Léopold. C'était la première décoration qui ait été accordée à un auteur wallon.

Renard (Georges), né, le 21 novembre 1847, à Amillis (Seine-et-Marne). Élève du Collège de Meaux et du Lycée Napoléon à Paris. Il entra à l'École Normale en 1867. Il s'engagea volontaire pendant la guerre et fut mêlé aux événements de la Commune comme secrétaire et ami de Rossel. Il se réfugia en Suisse où il devint après concours professeur de littérature française à l'Académie de Lausanne (1871-1880). Rentré en France après avoir obtenu un prix de poésie à l'Académie Française en 1879, il fut nommé professeur à l'école *Monge.* Il est retourné à Lausanne pour occuper de nouveau la chaire qu'il avait quittée. M. R. a collaboré à la *Nouvelle Revue* de 1880 à 1887. Il a publié successivement : « De l'influence de l'antiquité classique sur la littérature française pendant les dernières années du XVIIIe siècle et les premières années du XIXe », Lausanne, 1875 ; « La poésie de la science », poème couronné par l'Académie française, Lemerre, 1879 ; « L'homme est-il libre ? », 2me éd., Germer-Baillière, Paris, 1881 ; « Paul Albert », Paris, 1881 ; « Zigzags à travers les choses usuelles », 3me éd., Paris, F. Nathan, 1882 ; « Morceaux choisis de Rousseau », avec une introduction, 3me éd., id., Charuvaz frères, 1882 ; « Vie de Voltaire », 2me éd., id., id., 1883 ; « Croquis champêtres », Paris, Plon, Nourrit et Cie, 1887 ; « Études sur la France contemporaine », Paris, Albert Savine, 1888.

Renault (Louis), professeur et jurisconsulte français, né, à Autun, le 21 mai 1843. Reçu agrégé des Facultés de droit en mai 1868, attaché d'abord à la Faculté de Dijon, puis en 1873 à la Faculté de Paris, où il est devenu en décembre 1881 titulaire de la chaire de droit des gens. Il est aussi depuis 1874 professeur de droit international à l'école libre des sciences politiques. De 1884 à 1886, il a été chargé du cours de droit des gens à l'École Supérieure de guerre. Il est directeur du recueil périodique : *Les Archives diplomatiques,* depuis 1883. Membre de l'Institut de droit international ; délégué du Gouvernement français au Congrès juridique italien (1880), aux conférences tenues à Paris de 1882 à 1887 pour la protection des télégraphes sous-marins, aux conférences tenues à Berne en 1885 et 1886 pour la formation d'une union internationale pour la protection des œuvres littéraires et artistiques. Membre du Comité du Contentieux institué près le département des affaires étrangères, il a publié : « Des crimes politiques en matière d'extradition », 1880 ; « De l'extradition en Angleterre », 1879 ; « Introduction à l'étude du droit international », id. ; « De la succession des étrangers en France et des français à l'étranger », 1875 ; « De la poste et du télégraphe dans les rapports internationaux », 1877 ; « Un litige international devant la Cour de cassation de France », 1885. En collaboration avec M. Ch. Lyon-Coen : « Précis de droit commercial », 2 vol., couronné par l'Institut en 1888, prix Wolowski ; « Manuel de droit commercial », 1 vol., 1888.

Rendu (Eugène), publiciste et homme politique français, inspecteur général honoraire de l'Instruction publique, ancien député, né, à Paris, le 10 janvier 1824, après avoir terminé ses études classiques et ses études de droit à Paris, il fit en Italie deux voyages et y noua, sous les auspices de Pellegrino Rossi, des relations amicales avec le Comte Balbo, Massimo d'Azeglio, Gino Capponi, etc. Il en rapporta le sujet d'articles intéressants pour la presse parisienne. En 1848 il collabora à *l'Ère nouvelle,* avec le P. Lacordaire, Ozanam et l'abbé Maret ; en octobre 1849, il fut appelé au Ministère de l'Instruction publique par M. de Parieu, pour travailler à la fameuse loi sur l'instruction primaire à laquelle M. de Parieu a attaché son nom. En janvier 1885, après la retraite de M. Parieu, M. R. fut nommé inspecteur de l'instruction primaire à Paris. Il fut de nouveau attaché au Ministère de l'Instruction publique sous M. Fortoul et chargé, à plusieurs reprises, de missions en Angleterre et en Allemagne. Membre de plusieurs sociétés savantes nationales et étrangères, M. R. a été nommé inspecteur général de l'instruction publique en 1860 et inspecteur général honoraire le 23 janvier 1877. Aux élections législatives de 1869 il posa sa candidature dans la 3e circonscription de Seine-et-Oise où sa famille est établie depuis plus d'un siècle; il y échoua contre M. Antonin Lefèvre-Pontalis, candidat de l'opposition. Aux élections du 20 février 1876, il fut élu à Pontoise contre M. de Pressensé. Il prit place à la droite constitutionnelle, après avoir déclaré qu'il n'appartenait pas au parti de l'appel au peuple. M. R. ne se représenta pas aux élections de 1885, qui suivirent la dissolution, mais, d'accord avec M. Léon Say, il soutint les candidats républicains-libéraux contre la Liste agricole, et contre la liste radicale. M. R. a publié de nombreux ouvrages, parmi lesquels nous citerons deux brochures sur l'« Enseignement obligatoire », 1851 et 1871; « La loi de l'enseignement devant l'Assemblée nationale », 1873; « De l'instruction primaire en Angleterre, et de ses rapports avec l'état social », 1852; « L'éducation populaire dans l'Allemagne du Nord », 1855; « Manuel de l'enseignement primaire », ouvrage devenu classique, 15e vol. du *Journal des Salles d'asile;* « L'enseignement primaire libre à Paris », de 1880 à 1887; « De la création d'un enseignement international », 1862. Ses publications relatives à l'Italie sont: « L'Italie devant la France », 1849; « Conditions de la paix dans les États-Romains », 1849; « L'Italie et l'Empire d'Allemagne », 1858; « L'Empereur Napoléon III et l'Italie », 1859, en collaboration avec M. A. de Laguéronnière; « L'Autriche dans la Confédération italienne », 1859; « Correspondance politique de Massimo d'Azeglio », 1867; « La Question Romaine », brochure publiée à Florence en 1884; « Lettres à R. Bonghi sur la Question Romaine », en réponse à M. Bonghi, 1886; « Correspondance avec Gino Capponi de 1849 a 1871 », vol. III, IV et V des « Lettere di Gino Capponi e di altri a lui » ; « Deux *non possumus*, ou l'Italie et la Royauté », 1887; « La lettre du Pape et l'Italie officielle », 1887; « L'alliance allemande et l'opinion en Italie », 1888; « Le Comte Sclopis », notice lue à l'Académie des sciences morales et politiques, 1888.

Renier (Rodolphe), homme de lettres italien, né, le 11 août 1857, à Trévise, étudia à Bologne sous Carducci et Siciliani, acheva ses études en 1879 à l'Université de Turin. Nous avons de lui une quantité d'articles et de mémoires insérés aux revues speciales historiques et littéraires: « Il realismo nella letteratura italiana », à la *Rivista Europea;* « Ariosto e Cervantes », id.; « La Vita nuova e la Fiammetta », Turin, Loescher. Après deux ans de séjour à Florence, il obtint en 1882 le grade de professeur libre des littératures néo-latines et en 1885 il fut nommé professeur extraordinaire à l'Université de Turin. Avec MM. les professeurs Arthur Graf et François Novati, il fonda *Il giornale storico della letteratura italiana* très apprécié à l'étranger et qui contient les articles suivants: « Un Codice malnato dell'Acerbi »; « Contributo alla storia dell'Ebreo Errante in Italia »; « Contributo alla storia del Mal francese ne'costumi e nella letteratura italiana del secolo XVI », en collaboration avec M. A. Furio; « Commedia classica in Ferrara nel 1499 », id., id.; « Un commento a Dante nel secolo XV inedito e sconosciuto »; « Saggio di rime inedite di Galeotto del Carretto »; « Cinque sonetti di Jacopo da Montepulciano »; « Un Codice di flagellanti nella biblioteca di Cortona »; « Lettere di due dame illustri » (*Preludio*), 1883; « Dell'Antiparnaso di Orazio Vecchi », id., 1884; « Adramiteno », id., id.; « Un poema sconosciuto degli ultimi anni del secolo XIV » (*Propugnatore*), 1882; « Alcuni versi del Dittamondo » (*Giornale di filologia romanza*), 1882; « Del Pistoia » (*Rivista storica mantovana*), 1884; « Lettere inedite di Andrea Doria » (*Giornale ligustico*), 1883; « Giustina Renier Michiel », (id.), 1885; « Un nuovo documento di Uberto Foglietta » (id.), 1888; « Lettere di due fuorusciti fiorentini del secolo XVI » (id.), id.; « Gaspare Visconti » (*Archivio storico lombardo*), 1886; « Un mazzetto di poesie nuziali francesi » (*Miscellanea filologica*), 1886; « Poeti sforzeschi in un Codice di Roma recentemente segnalati » (*Rivista Emiliana*), 1888. En librairie: « Liriche edite ed inedite di Fazio degli Uberti », Florence, Sansoni, 1883; « La discesa di Ugo di Alvernia all'inferno secondo il Codice franco-italico della Nazionale di Torino », Bologne, Romagnoli, 1883; « Della vita e delle opere di Brunetto Latini », Florence, Le Monnier, 1884; « Il Misogallo, la satira e gli epigrammi editi ed inediti di Vittorio Alfieri », id., 1884; « Strambotti e sonetti dell'Altissimo », Turin, 1886; « I sonetti del Pistoia giusta l'apografo trivulziano », Turin, Loescher, 1888; « Il tipo estetico della donna nel medio-evo », Ancone, Morelli, 1885.

Renouvier (Charles), publiciste et philosophe socialiste français, né, à Montpellier, en 1815. Sorti de l'École Polytechnique en 1836, il se livra à l'étude de la philosophie et de l'économie sociale et prit rang parmi les membres les plus distingués de l'opposition libérale. Après la révolution de février, il fut attaché par M. Carnot au Ministère de l'Instruction publique. Il publia alors un « Manuel républicain de l'homme et du citoyen », qui parut sous les auspices du Ministre de l'instruction publique (M. Carnot). Après s'être opposé de toutes ses forces à la politique de l'Élysée et au Coup d'État de décembre, M. R. se consacra à l'étude des questions philosophiques et religieuses. Il a fondé la *Critique philosophique*, revue dont la deuxième série, mensuelle, commencée en 1885, continue de paraître. M. R. a publié: « Manuel de philosophie moderne », 1842; « Manuel de philosophie ancienne », 1844; « Essais de critique générale », 1854-64; « Science de la morale », 1869; la « Psychologie de Hume », traduite en société avec M. Pellon, 1878; « Essais de critique générale », premier essai; « Traité de logique générale et de logique formelle », seconde éd., revue et considérablement augmentée, 3 vol., Fischbacher; « Deuxième Essai: Traité de psychologie rationnelle d'après les principes du criticisme », 2e éd., revue et considérablement augmentée, 3 vol., Fischbacher, 1875; « Uchronie. L'utopie dans l'histoire », 1 vol., dans la *Critique philosophique*, 1876; « Esquisse d'une classification systématique des doctrines philosophiques », 2 vol., 1885.

Renson (Achille), journaliste belge, né, à Waremme, en 1825. « Il a fallu » dit M. Charles Potvin « le succès d'un premier petit journal « et la naissance d'un deuxième: la *Chronique*, « pour que M. Achille Renson pût donner car« rière à son esprit d'observation et de mise « en scène comique de types observés, dans ses « parodies dialoguées des séances de la Cham« bre des représentants, signées *Pétrus*. Ici, « nous trouvons un genre nouveau en français, « qui semblerait n'avoir pu être créé qu'à Pa« ris, et nous le voyons créé de façon à plaire « à Bruxelles. Un cadre habile, spirituellement « rempli, une vérité de croquis, une variété de « traits aussi inépuisable que ses modèles, du « rire toujours, de la verve souvent, et parfois « une profondeur de peinture et une élévation « de ton d'une véritable puissance ». M. R. a réuni dans un petit volume: « La *Chronique* à la Chambre », une de ses années parlementaires (1868-1869). Il est aujourd'hui directeur du journal bruxellois *La Gazette*.

Retes (François-Louis DE), auteur dramatique espagnol, né en 1825 et employé aux Finances. Il est peut-être le seul qu'aient épargné les crises politiques, et qui, après 40 ans de services continus, soit arrivé de simple employé à une direction de Finances et même au grade de Directeur général de la dette. Il a fait applaudir un grand nombre de pièces au théâtre. On doit citer: « El hereu » (l'héritier); « La Reltraneja »; « Don Felipe »; etc. Il a été président de la commission des finances espagnoles à Paris. Il s'est retiré en 1886.

Reuk (Frédéric), hygiéniste et écrivain allemand, professeur d'hygiène à l'Université de Berlin, Conseiller d'État, membre du bureau d'hygiène, né, le 20 octobre 1850, à Munich (Bavière), fit ses études à l'Université de sa ville natale guidé par les célèbres Vogt et Pettenkofer, a été assistant à l'Institut d'hygiène à Munich et prof. libre à cette Université, et à Berlin depuis 1887. On lui doit: « Ueber die Mengen des Auswurfes bei verschiedenen Krankheiten der Respirations-organe » (*Zeitschr. f. Biol.*), vol. 11, Munich, 1874; « Die Kanalgase, deren hygien. Bedeutung und technische Behandlung », id., Universität- Buchhandl., 1882; « Die Luft. öffentliche Bäder » (deux chapitres du *Handbuch der Hygiene* de Pettenkofer et Ziemssen), Leipzig, F. C. W. Vogel. Nous lui devons aussi un grand nombre d'articles parus dans l'*Archiv. f. Hygiene* de MM. Pettenkofer, Hofmann et Forster, qui se publie à Munich, dans le *Gesundheits-Ingenieur* paraissant à Munich aussi et, enfin, dans les *Arbeiten aus dem Kaiserlichen Gesundheitsamte*, Berlin, Springer, 1889.

Reusch (François-Henri), théologien allemand, professeur de théologie catholique (exégèse du Vieux Testament) à l'Université de Bonn, né, à Brilon (Westphalie), en 1825, étudia aux Gymnases de Brilon et Paderborn, aux Universités de Bonn, Tubingue et Munich, devint docteur en théologie en 1859 et professeur ordinaire à Bonn en 1861. En 1871, à cause de son opposition au Concile du Vatican, M. R. fut excommunié par l'archevêque de Cologne. On lui doit: « Erklärung der Buches Baruch », Fribourg, 1853; « Das Buch Tobias, übersetzt und erklärt », id., 1857; « Lehrbuch der Einleitung in das Alte Test. », id., 1859, 4me éd., 1870; « Bibel und Natur », id., 1862, 4me éd., Bonn, 1876; « Das Unfehlbarkeits- Decret vom 18 juli 1870 » (anonyme), Prague, 1871 — J. I, v. Schulte; « Die biblische Schöpfungsgeschichte », Bonn, 1877; « Die deutschen Bischöfe und der Aberglaube », id., 1870; « Der Index der Verbotenen Bücher », 2 vol., id., 1883-85; « Die Indices librorum prohibitorum des 16 Jahrhunderts », Stuttgart, 1887; « Der process Galilei's », Bonn, 1879; « Die Selbstbiographie des Cardinals Bellarmin » (en collaboration avec M. Döllinger), id., 1887; « Geschichte der Moralstreitigkeiten in der römisch-kath. Kirche » (en collaboration avec M. Döllinger), 2 vol., 1889; « Die Falschungen in dem Tractat des Thomas von Aquin gegen die Griechen », 1889; « Ein Galilei- Process in Belgien », 1879; « Neue Documente zur Geschichte Galilei's » (*Magaz. f. d. Litt. d. Ausland*), 1879.

Reuss (Édouard-Guillaume), théologien protestant alsacien, né, le 18 juillet 1804, à Strasbourg, se voua dans sa jeunesse à l'étude de la philologie orientale, et fut à Halle l'élève de Gesenius, à Paris celui de Sylvestre de Sacy. La vocation académique s'empara de lui dès les bancs du gymnase; immédiatement après son retour sur les bords de l'Ill, il débuta au Séminaire luthérien comme *privat Docent* pour l'exégèse, et commença en 1828 la série de ces cours aussi remarquables pour la richesse et l'originalité du fond que pour la lucidité et l'élégance de la forme qui se sont poursuivis sans interruption aucune jusqu'en 1888. Le Séminaire le nomma en 1834 professeur ordinaire pour l'exégèse du Nouveau Testament; la Faculté de théologie lui confia en 1836 la chaire de morale qu'il échangea en 1864 contre celle d'exégèse de l'Ancien Testament. L'Université de Iéna lui conféra en 1843 le diplôme de docteur en théologie, celle de Halle, en 1873, celui de docteur en philosophie; ses collègues et ses anciens amis célébrèrent en 1878 avec un éclat extraordinaire le jubilé de son premier cours académique. M. R., dont la verte vieillesse ne connaît ni affaiblissement, ni lassitude, ne s'est démis de sa chaire qu'en 1888 après avoir initié aux saines méthodes scientifiques de nombreuses générations d'étudiants et contribué plus que tout autre professeur à élever et à maintenir à un niveau intellectuel des plus remarquables le clergé réformé d'Alsace. Parmi les nombreux ouvrages sortis de sa plume, l'« Histoire de la théologie chrétienne au siècle apostolique », a initié les lecteurs français aux questions de haute critique religieuse qui lui étaient demeurées jusqu'alors étrangères et renoué la chaîne de forte culture brisée depuis la révocation de l'Édit de Nantes, tandis que l'Allemagne admire chez le professeur de Strasbourg la finesse, le goût, la mesure, un art accompli des positions littéraires qui ne nuit aucunement à la rigueur scientifique. Par ce rare et magnifique ensemble de qualités comme par sa noble fidélité à ses études premières et son chaleureux intérêt pour ses anciens élèves, M. R. mérite pleinement d'être appelé le premier docteur et par l'âge et par le génie de la moderne école de Strasbourg. Voici d'après l'ordre chonologique la liste complète de ses ouvrages indifféremment rédigés soit en français, qu'il manie avec une brillante facilité, soit en allemand, dont il use en maître classique: « De statu litterarum theologicarum per secula VII et VIII » (thèse de baccalauréat), 1825; « De libris Veteris Testamenti Apocryphorum perperam plebi negatis » (thèse de licence), 1829; « De vocum paulinarum Logon Sophias et Logon Gnoseos sensu rectius definiendo », 1834; « Opinion de la conférence pastorale sur le projet de la création d'une Faculté des hautes études théologiques à Paris », 1837; « Ideen zur Einleitung in's Evangelium Johannis », 1840; « Geschichte der heiligen Schriften Neuen Testament », 1842, 5me éd., 1874; « Die Johannische Theologie », 1847; « Der 68te Psalm », 1851; « Histoire de la théologie chrétienne au siècle apostolique », 1852, 3me éd. 1864; « Fragments littéraires et critiques sur l'histoire de la Bible française », 1867; « Études sur les Évangiles synoptiques », 1854; « Die deutsche Historienbibel vor der Erfindung des Bücherdrucks », 1855; « Chants de pélerinage, Psaumes 120, 134 », 1858; « Flavius Josephe », 1860; « L'Épître aux Hébreux », id.; « Ruth », 1861; « Les Sybilles Chrétiennes », id.; « Histoire du canon des Écritures Saintes dans l'Église Chrétienne », 1862, 5me éd., 1864; « Hiob », 1869; « Bibliotheca Novi Testamenti græci », 1872; « Reden an Theologie-Studirende », 1878; « La Bible », traduction nouvelle avec introductions et commentaires, où sont successivement abordés tous les problèmes relatifs à l'origine et à l'interprétation des différents livres, admirable résumé de la longue et féconde carrière scientifique fournie par M. R., 1874-880, 16 vol.; « Geschichte der heiligen Schriften des alten Testaments », 1881; « Luther », conférence prononcée lors du jubilé du réformateur, 1883. En dehors de ces nombreuses productions individuelles, M. R. s'associa avec ses deux amis, MM. Baum et Cunitz, pour la magistrale édition des « Opera Calvini », XXXV vol., 1863-87; et ne récula pour la mener à bien, même après la mort de ses deux collaborateurs, devant aucun voyage, comme devant aucune recherche dans les bibliothèques. La *Revue de Strasbourg* le compta en 1849, avec MM. Scherer et Colani, au premier rang de ses fondateurs; dès 1840, il avait dirigé, de concert avec M. Cunitz, deux publications plus modestes, spécialement destinées aux pasteurs alsaciens : « Strassburger Beiträge zu den theologischen Wissenschaften », 5 vol., à partir de 1847; « Denkschrift der theol. Gesellschaft », 5 vol., 1840-81.

Reuss (Rodolphe-Ernest), historien et littérateur français, né, à Strasbourg, le 13 octobre 1841. Reçu licencié ès-lettres en 1861, il fréquenta, pendant trois ans, les Universités de Iéna, de Berlin, de Munich et de Goettingue, fut reçu docteur en philosophie dans cette dernière ville en 1864, et alla terminer ses études à Paris (1865-66). Il fut nommé successivement professeur agrégé au gymnase protestant de Strasbourg (1865), *privat Docent* d'histoire au Séminaire protestant (1869-72), professeur de littérature allemande (1870-72), puis professeur d'histoire au gymnase (1872); enfin bibliothécaire de la ville de Strasbourg (1873). Il a publié: « La destruction du protestantisme en Bohême », 1868; 2me éd., 1888; « Les Bibliothèques publiques de Strasbourg, incendiées le 24 août 1870 », 1871; « La sorcellerie au seizième et au dix-septième siècle, particulièrement en Alsace », Cherbuliez, 1871; « La chronique strasbourgeoise de J.-J. Meyer, l'un des continuateurs de Kœnigshoven », 1873; « Chronique strasbourgeoise de 1672 à 1684 », 1873; « Les Statuts de l'ancienne Université de Strasbourg », 1873; « Le grand tir strasbourgeois de 1576 et la venue des Zurichois à Strasbourg », Strasbourg, Treuttel et Wurtz, 1876; « Abraham Lincoln, conférence faite au profit des victimes de la guerre en France », id., id., 1872; « Zwei Lieder über den Diebskrieg oder Durchzug des Navarrischen Kriegsvolkes im Elsass, 1587 », id., id., 1874; « Zur Geschichte des Strassburger Freischiessens und des Zürchen Hirsebreis, 1576 », id., id., 1876; « Le marquis de Pezay, un touriste parisien en Alsace au XVIII° siècle », Mulhouse, Bader, id.; « Strassburger Chronik von 1677-1710. Memorial des Ammeisters Franciscus Reisseissen », Strasbourg, Schmidt (Bull), 1877; « Die Beschreibung des bischœflichen Krieges anno 1592. Eine Strassburger Chronik », id., Treuttel u. Würtz, 1878 ; « Les tribulations d'un maître d'école de la Robertsau pendant la révolution », id., id., 1879; « Pierre Brully, ministre de l'Eglise française de Strasbourg, 1559-1545 », id., id., id.; « Strassburg im dreissigjährigen Krieg. Fragment aus der Chronik des Malers J. J. Walther », id., id., id.; « Strassburger Chronik von 1657-1677. Aufzeichnungen des Ammeisters Franciscus Reisseissen », id., Schmidt (Bull), 1880; « Notes pour servir à l'histoire de l'Église française de Strasbourg (1545-1794) », id., Treuttel et Würtz, id.; « L'Alsace pendant la Révolution française. I. Correspondance des députés de Strasbourg à l'Assemblée nationale (année 1789) », Paris, Fischbacher, id.; « Vieux noms et rues nouvelles de Strasbourg. Causeries biographiques », Strasbourg, Treuttel et Würtz, 1883 ; « La justice criminelle et la police des mœurs au seizième et au dix-septième siècle. Causeries strasbourgeoises », id., id., 1885; « Charles de Butré, un physiocrate tourangeau en Alsace (1724-1805) d'après ses papiers inédits », Paris, Fischbacher, 1887; « Aus der Geschichte des Dorfes Fürdenheim (1662-1689), Aufzeichnungen Reisseissens », Strasbourg, id.; « David Livingstone, missionnaire, voyageur et philanthrope (1813-1873) », Paris, Fischbacher, 1885; « La Cathédrale de Strasbourg pendant la Révolution. Études sur l'histoire politique et religieuse de l'Alsace (1789-1802) ».

Reuter (Hermann-Frédéric), théologien allemand, docteur en théologie et en philosophie, professeur de l'histoire de l'Église à l'Université de Goettingue, conseiller du consistoire et abbé de Bursfelde, né, à Hildesheim, le 30 août 1817; il fit ses études à Goettingue et Berlin et prit ses grades en 1843. M. R. a été professeur libre à Berlin, professeur ordinaire à Breslau et à Greifswald; depuis 1876 professeur à l'Université de Goettingue. On lui doit: « Johannes von Salisbury », Berlin, 1842; « De erroribus qui ætate media doctrinam christianam de S. Eucharistia turpaverunt », id., 1840; « Geschichte Alexanders III und der Kirche einer Zeit », id., 1845; « Geschichte der religiösen Aufklärung im Mittelalter », id., 1875-77; « Augustinische Studien », Goettingue, 1887. M. R. fut le promoteur de la fondation des *Zeitschr. f. Kirchengeschichte*, publiées par Brieger à Goettingue.

Réveillaud (Michel-Ludovic-Eugène), né, à Saint-Coutant-le-Grand (Charente-Inférieure), le 30 janvier 1851, d'une famille d'instituteurs. Il fit de brillantes études au Lycée Charlemagne, et remporta, en rhétorique, le premier prix de discours français au concours général. Il se préparait à passer des examens pour entrer à l'École normale supérieure, quand les événements de 1870-71 vinrent changer ses idées. Réformé pour myopie et ne pouvant faire la campagne des armes, il résolut de faire celle des idées, et entra dans le journalisme. Il écrivit dans la *Concorde*, journal des Charentes, et prit quelque temps après la direction du *Contribuable* de Rochefort. En soutenant les idées républicaines et libérales, il contribua à l'élection, du 2 juillet 1871, du colonel Denfert et du Préfet de la République à La Rochelle, M. Mestreau. Celui-ci en venant à Paris le prit pour son secrétaire, et le jeune journaliste profita de ce séjour pour faire ses études de droit. Mais le journalisme l'attirant plus que le barreau, de 1872 à 1878 il se mit à la tête de plusieurs journaux républicains de province : le *Mémorial des Vosges*, l'*Indépendant Rémois*, l'*Avenir républicain* de Troyes. Il publia en 1878 le « Manuel du Citoyen » et la « Question religieuse et la solution protestante », Paris, Grassart. L'auteur, qui venait de se rattacher au protestantisme, fit en 1878 dans le temple protestant de Troyes une profession publique de sa foi nouvelle et dès lors il se consacra à la propagation évangélique par la parole et parcourut et parcourt encore la France dans tous les sens pour orienter les esprits dans les voies de la réforme religieuse. On a publié de lui divers traités et opuscules : « La Bonne guerre » ; « La Vie éternelle » ; « Le Surnaturel dans le christianisme » ; l'introduction au livre : « Les lois de la nature dans le monde spirituel ». Après un voyage aux États-Unis, il publia un volume : « Histoire du Canada et des Canadiens français », 1884 ; et depuis, une : « Histoire chronologique de la Nouvelle-France au Canada », un vol., Paris, Fischbacher. En 1877, « Une Excursion au Sahara algérien et Tunisien », id., id. M. R. est membre du Consistoire de Versailles et député laïque aux synodes généraux de Nantes et de Saint-Quentin. Son nom a été porté sur la liste républicaine progressiste de la Charente-Inférieure aux élections de 1889, il y eut ballotage et M. R. reporta toutes ses voix au second tour sur les candidats de la liste républicaine opportuniste qui avait rallié le plus de suffrages.

Revel (Albert), théologien vaudois, né, à La-Tour (Vallées du Piémont), en 1837, fit ses études classiques et théologiques au Collège de La-Tour. Il séjourna une année à Édimbourg comme étudiant du Collège de l'Église libre d'Écosse, et, après sa consécration (1861), entra en qualité de professeur de langues latine et grecque au Collège de La-Tour. En 1870, le synode vaudois le nomma professeur de théologie exégétique à l'École de Florence en remplacement du docteur Desanctis. Ses principales publications sont : l' « Epistola di S. Jacopo », avec traduction et commentaire, 1868 ; l'« Epistola di Clemente Romano », traduction et notes, 1869 ; « Antichità bibliche », 1872 ; « Teoria del culto » ; « Origine del Papato », traduction libre de l'anglais, 1875 ; « Cento lezioni sulla vita di N. S. Gesù Cristo », pour les écoles du Dimanche, id. ; « Storia letteraria dell'Antico Testamento », ou introduction aux livres de l'Ancien Testament, 1879 ; « Manuale per lo studio della lingua ebraica », id. ; « I Salmi », version et commentaire des 41 premiers psaumes, 1880 ; une nouvelle traduction italienne du « Nouveau Testament », basée sur le texte des éditions de Lachmann, Tischendorf et Tregelles, 1881 ; une « Encyclopédie (méthodologique) des sciences théologiques à l'usage des étudiants », 1886 ; et en dernier lieu, une « Histoire de la Littérature hébraïque », 1888, dans la série des manuels scientifiques édités à Milan par M. Ulrich Hoepli. — L'Université d'Édimbourg lui a conféré en 1888 le grade de docteur en théologie, *honoris causa*.

Réville (Albert), professeur et écrivain français, docteur en théologie, professeur d'histoire des religions au Collège de France, président de la section des sciences religieuses à l'École pratique des Hautes-Études à la Sorbonne, ancien pasteur de l'École wallonne à Rotterdam, membre de l'Académie royale des Sciences des Pays-Bas et de plusieurs autres sociétés savantes, est né, à Dieppe, en 1826. Élève du Collège de Dieppe et successivement des académies de Genève et de Strasbourg, on a de lui : « Introduction à l'histoire du culte », traduite de l'anglais du docteur Wately et sur sa demande, 1849 ; « Authenticité du Nouveau Testament », traduit de l'allemand d'Olshausen, 1851 ; « De la Rédemption, étude historique et dogmatique », 1860 ; « Manuel d'histoire comparée de la philosophie et de la religion », résumé d'après le hollandais de J.-H. Scholten, 1859 ; « Essais de la critique religieuse », 1860 ; « Études des critiques sur l'Évangile selon Saint-Mathieu », ouvrage couronné par la Société de La Haye ; « Théodore Parker, sa vie et ses œuvres », 1862 ; « Histoire du dogme de la divinité de Jésus-Christ », 1869, 2me éd., 1876, faisant partie de la *Bibliothèque de philosophie contemporaine;* « Prolégomènes de l'histoire des religions », 1881 ; « Les Religions des peuples non civilisés », 2 vol., 1883 ; « Les Religions de Mexique, de l'Amérique centrale et du Pérou », 1885 ; « Leçon d'ouverture du cours d'histoire des religions au Collège de France » ; « La Religion chinoise », 1889. M. A. R. a fourni en outre un nombre considérable d'articles disséminés dans *Le Lien*, la *Revue de théologie* de Strasbourg, le *Disciple de Jésus-Christ*, la *Revue Germanique*, la *Revue des Deux-Mondes*, l'*Encyclopédie des Sciences religieuses*, la *Revue d'Histoire des religions* et plusieurs autres recueils étrangers et français.

Réville (Jean), publiciste et théologien français, fils du précédent, né, le 6 novembre 1854, à Rotterdam, fit ses études soit à Genève, soit à Paris, et fréquenta pendant quelques semestres les Universités de Berlin et de Heidelberg. De 1880 à 1883, il exerça le ministère évangélique dans la paroisse de Sainte-Suzanne près de Montbéliard (département du Doubs) ; depuis 1884, il s'est fixé à Paris, où il remplit au Lycée *Henri IV* les fonctions de pasteur aumônier. La carrière scientifique a été poursuivie par lui parallèlement avec la vocation pratique. Licencié (1880) et docteur en théologie (1885) de l'Université de France. M. R. a été nommé en 1885 à l'École des Hautes-Études, maître de conférences pour l'enseignement de l'histoire de l'Église chrétienne ; depuis 1884, il dirige la *Revue de l'histoire des Religions*, et en rédige toute la partie pédagogique. Plusieurs journaux et revues protestants jouissent de sa collaboration ; la jeune école scientifique progressive réformée le compte au nombre de ses écrivains et de ses conférenciers les plus capables. Nous sommes redevables à M. R. des ouvrages suivants : « Le Logos d'après Philon d'Alexandrie », 1877 ; « De anno dieque quibus Polycarpus Smirnæ martyrium tulit », 1880 ; « La doctrine du Logos dans le quatrième Évangile et dans les œuvres de Philon », 1881 ; « La religion à Rome sous les Sévères », 1885. M. R. a été correspondant de l'*Algemeen Handelsblad* d'Amsterdam (1880-86) et collaborateur du *Protestant*, de la *Vie Chrétienne*, de l'*Encyclopédie des Sciences religieuses*, de la *Revue Bleue*, etc.

Revilliod (Gustave), littérateur suisse, né, le 8 avril 1817, à Genève, dans une des plus vieilles familles aristocratiques par sa mère, née Ariane de la Rive, une femme des plus distinguées et qui exerça une influence des plus heureuses sur son développement intellectuel, il se trouva l'allié de l'illustre physicien Auguste de la Rive. Ses précoces aptitudes littéraires rencontrèrent un terrain propice à la pension *Töppfer*, où il reçut une première éducation ; le spirituel auteur du « Presbytère » introduisit lui-même son élève dans la république des lettres en rendant compte de la manière la plus gracieuse dans la *Bibliothèque Universelle* de sa première publication, les « Contes orientaux » traduction de Hauff, 1836-37, faite sur le bancs mêmes de l'Ecole. La première œuvre de longue haleine, à laquelle se voua M. R., fut le relèvement, entrepris de concert avec l'aimable érudit Édouard Fick, de l'ancienne typographie genevoise, bien déchue de la splendeur à laquelle elle avait atteint avec les De Tournes, autres illustres imprimeurs du XVIe siècle. A partir de 1853, parut, grâce à leur intelligente sollicitude, toute une série de productions originales, réimpressions, traductions également remarquables par la beauté des caractères et l'intérêt des sujets choisis : « Jeanne de Jussié — Le levain du calvinisme, ou commencement de l'hérésie de Genève », 1853 ; « Fromment Anthoine — Les Actes et gestes merveilleux de la cité de Genève », d'après le manuscrit aux Archives de Genève, 1854 ; « Advis et devis de la source de l'idolatrie et tyrannie papale, par laquelle practique et finesse les Papes sont en si haut degré montés », 1856, en collaboration avec J.-J. Chaponnière d'après le manuscrit de Bonivard, déposé à la Bibliothèque de Genève ainsi que les trois autres opuscules suivants : « Advis et devis de l'ancienne et nouvelle police de Genève », 1865 ; « Advis et devis des langues suivis de l'Amartigénée, c'est-à-dire de la Source de péché », id. ; « Chroniques de Genève », publiées d'après le manuscrit de J.-J. Chaponnière, 1867 ; « A la Cuisine papale », d'après l'édition de Conrad Badius, 1855 ; « Comédie du Pape malade et tirant à sa fin », par Thrasibule Phénice, d'après l'édition de 1561, 1859 ; « Le Traité des Reliques », par Calvin d'après l'édition donnée en 1599 par Pierre de la Rouvière, 1863 ; « Le livre du Recteur », catalogue des étudiants de l'Académie de Genève, de 1559 à 1859, d'après le manuscrit conservé à l'Université de Genève, imprimé par les soins de MM. Charles Le Fort, Édouard Fick, Gustave Revilliod, 1860 ; « La Cité de Bale au XIVᵉ siècle », 1863 ; « Bernard Palissy. Discours admirable de l'art de terre », id. ; « Discours véritable de la découverte de l'entreprise de Loys de Comboursin du Terrail exécuté à Genève », Lyon, 1609, réimprimé en 1868 ; « Paradin Guillaume — Chronique de Savoye », Lyon, Jean de Tournes, 1552, réimprimée en 1874 ; « Des cinq Escoliers sortis de Lausanne brûlez à Lyon », martyrologue protestant de Crespin, réimprimé en 1878, avec figures de Gandon ; « Histoire véritable et digne de mémoire des quatre Jacopins de Berne, hérétiques et sorciers qui y furent brulez », traduits de l'allemand en 1549, réimprimé en 1878 ; « La persécution de l'église de Paris en 1559 », martyrologe protestant de Crespin, réimprimé en 1880, avec figures de Gandon. M. R. n'a pas fait preuve d'un zèle moins intelligent pour faire passer dans la langue française quelques unes des meilleures productions littéraires de l'Allemagne contemporaine, voyages, nouvelles ou romans. Nous citerons, entr'autres : « Jean Gutenberg, premier maître imprimer, ses faits et discours les plus dignes d'admiration », par Frédéric Dingelstedt, 1858 ; « Scènes de la vie Californienne », par Gerstaecker, 1859 ; « La prairie du Jacinto », 1861 ; « Georges Howard », 1869 ; « Nathan le Squatter, ou le premier américain au Texas » ; « Le Vice-roi, ou le Mexique en 1812 », 2 vol., par Ch. Sealsfield, 1888 ; « La veillée des amoureux », scènes de la vie suisse, 2 vol., 1870, réimprimées sous le titre de « Veillées du Châlet » ; « Georges Jenatsch, ou les Grisons et la Suisse pendant la guerre de trente ans », par Reber, 1869 ; « Peterli, l'Enfant prodigue », 1875 ; « Le Chancelier Hory, par Alf. Hartmann, 1876 ; » ; « Les Paraboles », de Krummacher, 1875 ; « En Polésine », par Conrad Furrer, 2 vol., 1886. A côté du traducteur habile, nous admirons en M. R. l'écrivain original comme l'attestent le recueil de poésies : « Les Fleurs de mon Printemps » ; « Les Portraits et Croquis », album d'un homme de lettres, 1882 ; les deux contes : « Le Cousin l'Abbé », 1884 et « Le Vieux Troupier », 1886. De 1860 à 1866, il dirigea, de concert avec Edmond Tick, la *Bibliothèque Universelle*. Par ses soins furent édités en 1860 les « Poésies inédites » de Mᵐᵉ Desbordes Valmore, en 1879 ; le poème arabe intitulé la « Vengeance d'Ali » ; la « Flore Saharienne » et le « Voyage au Sahara », de Victor Largeau ; en 1886, les « Mémoires » de M. de Rocca sur « La guerre des Français en Espagne ». La Confédération suisse le choisit pour son représentant lors de l'ouverture de l'isthme de Suez ; il en rendit compte dans un volume publié en 1870 et souvent réédité : « De Genève à Suez ». M. R., qui a conservé le goût des voyages dans sa verte vieillesse, vient d'accomplir le Tour du Monde, 1888-89. Ses magnifiques collections de tableaux, statues, porcelaines, tapisseries, meubles, objets d'art de tout genre ont été réunies dans un musée spécial l'*Ariana*, construit dans son domaine de Varembé près Genève et libéralement ouvert aux étrangers.

Rey (Pierre-Louis), publiciste et pasteur réformé français, né, en 1835, à Saint-Antoine près Sainte-Foy-la-Grande (Gironde), a fait ses études classique au Collège protestant de cette dernière ville. Bachelier ès-lettres et bachelier ès-sciences, il fit ses études théologiques à la Faculté de Montauban. Pasteur de l'église réformée d'Avignon, de 1859 à 1875, aumônier de l'Asile des aliénés, du Pénitencier militaire, du Lycée (1860-75), membre du Conseil départemental de l'Instruction publique et des Commissions d'examen pour les instituteurs, aumônier militaire durant la guerre franco-allemande (1870-71), directeur de la colonie protestante de Sainte-Foy (Gironde) (1876), fondateur de la Société de Patronage des jeunes libérées (1877) et rédacteur du journal l'*Éducation correctionnelle*. Il a publié : « Étude sur la peine de mort », 1870 ; « Rapport sur ma mission auprès des prisonniers français », 1871 ; « Études sur la crise de l'Église réformée », 1872 ; « Étude sur John Stuart-Mill », 1875-76 ; « L'Évasion, étude de psychologie morbide », 1886 enfin des articles divers.

Reye (Théodore), docteur en philosophie allemand, professeur de mathématiques à l'Université de Strasbourg (Alsace), né, en 1838, à Cuxhaven-sur-l'Elbe (Hambourg, Allemagne) étudia (1856-60) aux écoles polytechniques de Hanovre et de Zurich, en 1860-61 à l'Université de Goettingue; professeur agrégé, *privat Docent*, 1863-70, à l'école polytechnique fédérale de Zurich, professeur de géométrie descriptive, 1870-72, à l'école polytechnique rhénane d'Aix-la-Chapelle; il est depuis 1872 professeur de mathématiques à l'Université de Strasbourg. On lui doit: « Die Geometrie der Lage », 2 parties, Hannover, 1866-68; 2me éd. augmentée, id., 1877-80; « La Geometria di Posizione, Lezioni del dott. Teodoro Reye, tradotte da Aureliano Faifofer », 1re part, Venise, 1884; « Leçons sur la Géométrie de Position, par le D^r Th. Reye, traduites de l'Allemand par O. Chemier », 2 parties, 1881-82; « Die Geometrie der Lage », 1re partie, 3me éd. augmentée, Leipzig, 1886; « Die Wirbelsturme, Tornados un Wettersäulen », Hannover, 1872; « Synthetische Geometrie der Kugeln und linearen Kugelsysteme », Leipzig, 1879; « Geometria sintetica delle sfere e dei loro sistemi lineari del D^r Th. Reye, traduzione dal tedesco per Massimo Misani », Milan, 1881; une série de publications dans le *Civil-Ingenieur* (1860), la *Zeitschrift für Mathematik*, 1864-65, 1, 9, 10, 11, le *Journal für die reine und angewandte Mathematik*, 1869-89, L. 69, 72, 74, 77, 78, 79, 82, 86, 93, 94, 95, 97, 98, 99, 100, 104, les *Annali di Matematica pura ed applicata*, 1868, sez. II, t. II, les *Mathematische Annalen*, 1869, t. I et II, les *Comptes-Rendus*, 1873-74, t. 77 et 78, les *Poggendorff's Annalen der Physik*, 1873-74, la *Zeitschrift des Vereins deutscher Ingenieure*, 1875, t. XIX, et les *Acta Mathematica*, 1883, tom. I.

Reymond (Francisque), homme politique français, député de la Loire, est né, à Montbrison, le 15 mai 1829. Ingénieur civil, membre du Conseil général, M. R. se présenta le 12 octobre 1873, avec l'appui des comités républicains, contre M. Faure Belon soutenu par la coalition monarchique. M. R. s'exprimait ainsi dans sa profession de foi: « J'ai toujours pensé et dit « que la République était la meilleure forme de « Gouvernement; aujourd'hui j'y vois l'unique « chance de salut pour la France. C'est dire que « je veux fermement le maintien de la République « que ». Élu par 61,480 voix, M. R. vint siéger dans les rangs de la gauche avec laquelle il a toujours voté. Réélu le 21 août 1871, et le 4 octobre 1885, le premier sur la liste républicaine, M. R. fut élu sénateur aux élections de janvier 1888, le 1er de la liste des 4 sénateurs républicains de la Loire. Élu pour la neuvième fois président du Conseil général de la Loire, le 20 août 1888, M. R. a été élu président de la Société des ingénieurs civils de France pour l'année 1888.

Rhys (Jean), savant anglais, né, le 21 juin 1840, à Abercareo près de Ponterwyd (Comté de Cardigan), a fait ses études au Collège de Bangor pour devenir maître d'école et fut en effet *magister* de 1860 à 1865. Vers cette époque, il commença à étudier en Angleterre et à l'étranger et en 1871, après avoir été diplômé à Goettingue, il fut nommé inspecteur des écoles pour les Comtés de Flint et de Dembigh. En 1887 nous le trouvons professeur de langues celtiques à l'Université d'Oxford. En dehors de ses collaborations à la *Beiträge zur vergleichenden Sprachforschung*, à la *Revue celtique* et à l'*Archæologia Cambrensis*, nous avons de lui: « Lectures on Welsh Philology », Trübner, Londres, 1877; 2me éd. 1879; *Celtic Britain*, publié par la *Soc. for promoting Christian Knowl.*, London, 1882; 2me éd., 1884; « Hibbert Lectures for 1886 on the origin and growth of religion as illustrated by Celtic Heathendom », Londres, Norgate, 1888.

Ribaux (Adolphe), poète et littérateur français, est né, à Bévaix, canton de Neuchâtel (Suisse), le 3 mai 1864. Il y a été élevé; il a fait ses études à Neuchâtel. Depuis 1885, il partage sa vie entre Paris et Bévaix « qui est, dit l'auteur, un petit village charmant et paisible, un vrai paradis pour la poésie ». M. A. R. a publié: « Feuilles de Lierre », poésies, 1 vol., Sandoz et Thuillier, 1882; « Vers l'Idéal », poésies, 1 vol., Paris, Lemerre, 1884; « Contes de printemps et d'automne », 1 vol., Mignots à Lausanne et Monnerat à Paris, 1887; « Rosaire d'amour », poésies, Attinger à Neuchâtel et Lemerre à Paris, id.; « Le Noël du vieux Wolf », Payot à Lausanne et Monnerat à Paris, 1888; « Pierrot sculpteur », fantaisie en un acte, en vers, en collaboration avec Henri Piazza; une plaquette chez A. Lemerre, id. M. A. R. a dirigé, pendant une année, *La Suisse Romande*, revue littéraire et artistique, 1885. Collaborateur de la *Revue générale*, de la *Bibliothèque populaire de la Suisse Romande*, du *Semeur*, du *Feu-Follet*, du *National Suisse*, etc., M. A. R. a fait paraître, en 1888, les « Romans de Jean Saverne », roman, dans la *Revue générale*. En préparation: « L'Amour et la mort », roman; « Le Coin Natal », poésies; « La gloire », roman.

Ribot (A.-F.-J.), publiciste et homme politique français, fondateur et directeur du journal le *Parlement* qui s'est fondu plus tard avec le *Journal des Débats*; l'un des hommes les plus marquants de la gauche modérée. Il a pris la parole dans toutes les discussions intéressant les principes de modération et de progrès. Partisan de la décentralisation administrative, il fut, en 1882, nommé rapporteur du projet de loi tendant à attribuer à tous les conseils municipaux la nomination des maires et des adjoints. Il intervint aussi, comme jurisconsulte, dans la délibération des projets de loi touchant au droit civil, et particulièrement du projet relatif au rétablissement du divorce.

Ribot (Théodule-Armand), homme de lettres et écrivain français, né, à Guingamp (Côtes-du-Nord), le 18 décembre 1839. En sortant du Lycée de Saint-Brieuc (1856), M. T. R. a passé, à contre-cœur, deux longues années dans l'administration de l'enrégistrement. En 1862, élève de l'École normale supérieure; en 1865, professeur de philosophie au Lycée de Vesoul; en 1868, professeur de philosophie au Lycée de Laval; en 1872, en congé pendant treize ans; en 1885, chargé du cours de psychologie expérimentale à la Sorbonne. Ouvrages: « La Psychologie anglaise contemporaine », 1870, 3me éd., 1873; traduite en anglais, 1875; en russe, 1876; en polonais, id.; en espagnol, 1877; « L'Hérédité psychologique », 1873; 2me éd. entièrement refondue, 1881; 3me éd., 1886; traductions en allemand, 1876; en anglais, 1875; en russe, 1880; « La philosophie de Schopenhauer », 1874; 2me éd., 1885; traduite en espagnol, 1879; « La psychologie allemande contemporaine », id.; 2me éd. refondue, 1883; traductions en allemand, 1880; en anglais, 1885; « Les maladies de la mémoire », 1881; 4me éd., 1885; Sous presse la 5me éd.; traduction à Londres, 1881 (incorporée à la *Bibliothèque internationale*, série anglaise); autre traduction anglaise à New-York, 1883; traduction allemande, 1882; espagnole, 1886; russe, 1881; « Les maladies de la volonté », 1883; 4me éd., 1885; sous presse la 5me éd.; traductions en anglais, 1884; en russe, id.; en espagnol, 1886; « Les maladies de la personnalité », 1885; 2me éd., 1887; traduite en russe, 1886; en 1875, il fonda la *Revue philosophique de la France et de l'étranger* qu'il dirige toujours; il a en outre de nombreux articles dans ce recueil, dans la *Revue scientifique*, la *Revue politique et littéraire*, le *Mind, Journal of Psychology*, etc., etc.; enfin la traduction des « Principes de psychologie de Herbert Spencer », en collaboration avec M. Espinas.

Ricard (Antoine), prélat de la maison de Sa Sainteté, chanoine honoraire de Marseille, de Chambéry, de Bordeaux et de Carcassonne, docteur en théologie, professeur honoraire de la Faculté de théologie d'Aix, est né, à la Ciotat (B.-du-Rh.), le 2 décembre 1834. Il a publié: « La religieuse en oraison », 4 vol., 1860-61; « Les douze mois sanctifiés par la prière », 12 vol., 1866-79; « Mois de Marie des paroisses et des familles », 1878 : « Traduction » des *Œuvres* de Jacques Marchand, 13 vol., 1863-76; « L'Ecole menaisienne, Lamennais, Gerbet, Salinis, Lacordaire, Montalembert, Rohrbacher », 1880-86; « Vie de Mgr de la Bouillerie », 1886; « Les orateurs sacrés contemporains »; « Les Premiers jansénistes et Port Royal », 1884; « Rome sous Léon XIII (notes et souvenirs) »,

1885; « Souvenirs du clergé marseillais au XIXe siècle », 1882; « Une victime de Beaumarchais », 1885; « Le grand siècle »; « Bonnet »; « Corneille »; « Boileau », 1888; « La Ciotat sous la Révolution », 1886, etc., etc.

Ricard (Louis-Xavier DE), fils du général marquis de R., a publié deux volumes de poésies: « Les Chants de l'Aube » et « Ciel, Rue et Foyer ». « Ces deux livres, dit Emmanuel des Essarts, pénétrés d'idées humanitaires, expriment, dans une langue mâle et hardie, souvent pleine d'ampleur, les tendances et les aspirations les plus généreuses de notre siècle. Le poète se rattache, à la fois, à Leconte de Lisle et à Lamartine pour la solennité du rythme et l'harmonie continue de la phrase. Il s'est distingué par des élans fréquents d'indignation et de passion virile ». Ses œuvres se trouvent chez Lemerre.

Richald (Louis), publiciste belge, ancien fonctionnaire de la Cour des comptes, ci-devant membre du Conseil provincial du Brabant, maintenant encore conseiller communal de la ville de Bruxelles. On a de lui un volume intitulé : « Des pensions communales », Bruxelles, 1879, et une excellente « Histoire des finances publiques de la Belgique depuis 1830 », id., 1884, couronné par l'Académie royale des sciences, des lettres et des beaux-arts de la Belgique.

Richard (François-Marie-Benjamin), prélat archevêque de Paris, né, à Nantes, le 1er mars 1810, a été nommé évêque de Belley le 16 octobre 1871, préconisé le 22 décembre suivant, sacré le 11 février 1872; préconisé archevêque titulaire de Larisse et coadjuteur avec future succession de S. E. le cardinal Guibert dans le consistoire du 6 juillet 1875, archevêque de Paris le 8 juillet 1886. On lui doit: « Une Vie de la bienheureuse Françoise d'Amboise duchesse de Bretagne, religieuse carmélite » (1865); « Une Vie des Saints de Bretagne »; des Mandements; Lettres pastorales, etc.

Ricault d'Héricault (Charles DE), littérateur, érudit et historien français, né, à Boulogne-sur-Mer, le 18 décembre 1823. M. de R. d'H. a été membre de commissions supérieures au Ministère de l'instruction publique, correspondant politique du grand visir Ali-pacha, correspondant politique de l'empereur Maximilien. Il s'occupe d'œuvres charitables, il est anti-révolutionnaire, monarchique et clérical. Il a collaboré à la *Revue des Deux-Mondes*, au *Correspondant*, à la *Revue européenne*, à la *Mode*, à la *Presse*, au *Moniteur universel*, au *Constitutionnel*, à l'*Univers*, à la *Patrie*, à la *Liberté*, au *Mémorial diplomatique*, il a dirigé la *Revue de la Révolution*, etc. M. de R. a publié un grand nombre de feuilletons et de romans parus en volumes. Les principaux sont: « La fille aux bluets »; « Un gentilhomme catholique »; « Les extravagances du hasard »; « Aventures d'amour d'un diplomate »; « Paris en 1794 »; « Marie-Thérèse et dame Rose »; « Le premier amour de lord Saint-Alban »; « Le dernier amour de lord Saint-Alban »; « Les cousins de Normandie »; « La folle de Notre-Dame »; « Les noces d'un Jacobin »; « Les mémoires de mon oncle »; « Aventures de deux parisiennes pendant la terreur »; « Les secrets des Valsège »; « Roses de Noël »; vient de paraître : « La fiancée de la Fontouche ». M. de R. a fait des travaux d'érudition importants. On peut citer : « Essai sur l'épopée française »; « Romans en prose française du XIIIe siècle »; « Romans en prose française du XIVe siècle »; « Œuvres de Charles d'Orléans »; « Œuvres de Coquillart »; « L'Internelle consolation »; « Œuvres de Saint-Gringola »; « Œuvres de Roger de Callerye »; « Les poètes français »; « Œuvres de Marot ». Comme travaux d'histoire: « La France guerrière »; « Histoire nationale des naufrages »; « La Révolution »; « Histoire de la Révolution », racontée aux petits enfants; « Maximilien et le Mexique »; « Histoire anecdotique de la France »; « La Révolution de Thermidor ». M. de R. publie chaque année l'*Almanach de la Révolution*, et en ce moment, *La France révolutionnaire*, par livraisons.

Riccabona (Victor), jurisconsulte et publiciste italien, avocat, directeur du journal *L'Alto Adige* qui se publie à Trente, né, en 1844, à Cavalese; sans compter un grand nombre d'articles insérés dans différents journaux du Trentin, il a publié : « La questione trentina », Trente, 1873; « Le Valli di Fassa e Fiemme, materiali per una guida del Trentino », Borgo, 1879; « Delle condizioni economiche del Trentino, notizie ed appunti », id., 1880; « Del credito pubblico come mezzo al risorgimento economico del Trentino », Trente, 1881; « L'attività intellettuale del Trentino, confronti fra il presente e il passato », Rovereto, 1882.

Riccardi (Paul), anthropologiste italien, né, à Modène, en août 1854; étudia à l'Université de Modène, à l'*Istituto Superiore* de Florence et à Rome. Nous avons de lui : « Istinto, studii di filosofia naturale », Modène, 1876; « Sutura anomala dell'osso malare in sei crani umani », Florence, 1878; « Studii antropologici intorno ad uno scheletro di Accinese », id., id.; « Saggio di studii intorno ai crani della Toscana », Turin, id.; « Saggio di studii intorno alla professione della pesca nelle razze umane », Florence, 1879; « Studii intorno ad alcuni crani Araucanas e Pampas », Rome, id.; « L'attenzione in rapporto alla pedagogia », Modène, 1880; « Della statura umana in rapporto alla grande apertura delle braccia », Florence, 1882; « Don Antonio de Bergolli, sacerdote, libraio e tipografo modenese del secolo XVI », Bologne, 1884; « Intorno alle oscillazioni giornaliere della statura nell'uomo sano », Modène, 1887; « Nuova contribuzione all'antropologia nel modenese », Turin, 1883; « Cefalometria nei modenesi moderni », id., id.; « Antropologia e pedagogia », Milan, id. M. R. inséra plusieurs mémoires à l'*Annuario della Società dei naturalisti* de Modène, aux *Rendiconti del R. Istituto lombardo*, à l'*Archivio per l'Antropologia*, à la *Rivista Europea*, à la *Rivista Internazionale*, etc. Enfin, en préparation : « Bibliografia italiana d'antropologia generale ».

Riccardi (Pierre), père du précédent, ingénieur et mathématicien italien, professeur de géométrie pratique à l'École Royale d'application des ingénieurs à Bologne, né, à Modène, le 4 mai 1828. Il fit ses études lycéales aux écoles des jésuites et celles des Mathématiques à l'Institut des *Cadetti pionieri*, et servit comme lieutenant du génie dans la première guerre d'Indépendance (1848). En 1859, il entra dans l'enseignement comme professeur de géodésie à l'Université de Modène, d'où il passa à Bologne en 1877. Nous avons de lui : « Indicazione di alcune opere di matematici modenesi non registrate dal Tiraboschi », Modène, 1852; « Sulla riproducibilità delle curve di second'ordine, teoremi due », id., 1860; « Appunti alle considerazioni sull'attuale organamento della pubblica istruzione », id., 1861; « Sinossi per la scuola di geodesia », id., 1861-63; « Cenni storici sull'istituto dei cadetti matematici Pionieri », id., 1864; « Lettera a S. E. il principe Baldassarre Boncompagni », id., 1866; « Elogio di Antonio Araldi », id., 1867; « Prefazione ad una Biblioteca matematica italiana », id., 1868; « Determinazione di alcune formole per la rettificazione dei confini tortuosi dei campi », id., 1869; « Bibliografia Galileiana », 1872; « Nota ed illustrazione di una pianta di Modena degli ultimi anni del secolo XVII », id., 1873; « Intorno ad alcune rare edizioni delle opere astronomiche di Francesco Capuano », id., id.; « Di alcune recenti memorie sul processo e sulla condanna del Galilei », id., id.; « Apparecchio per la determinazione della linea percorsa da un mobile », id., 1874; « Esercitazione geometrica », id., 1875; « Teoremi e formole per la misura delle linee, delle superficie e dei solidi », id., id.; « Esercitazione geometrica, II », id., 1876; « Alcune lettere inedite di Alessandro Volta », id., id.; « Il metro », Rome, id., et Modène, 1877; « Avvicendamenti e rotazione agraria », Modène, 1876; « Carte e memorie geografiche e topografiche del modenese », id., 1877; « Intorno ad un opuscolo di Francesco dal Sole », Rome, id.; « Sulle opere di Alessandro Volta, note bibliografiche », Modène, id.; « Indice delle materie esposte nel compendio di Geodesia applicata », id., id.; « Memorie edilizie modenesi », fasc. I et II, id. 1877-78; « Cenni e documenti su la vita e le opere di Geminiano Rondelli », id., 1879; « Nuovi materiali per la storia della facoltà matematica nell'antica Università di Bologna », Rome, id.; « Cenni sulla storia della Geodesia in Italia », par. I, Bologne, id.; « Notizie della vita e delle opere del conte Pietro Abbati-Marescotti », Modène, id.; « Marcellia (Marzaglia), nota storica », id., 1880 ; « Biblioteca matematica italiana dalla origine della stampa ai primi anni del secolo XIX », trois vol. et appendix, id., *Società Tipografica*, 1870-80 ; « Nota statistica di storia matematica », id. ; « Catalogo descrittivo degli istrumenti del Gabinetto di geometria pratica » (en collaboration avec M. le prof. Cavani), Bologne, 1881 ; « Elenco di alcune carte geografiche esistenti nella Provincia di Modena », Modène, id.; « Commemorazione di Michele Chasles », Bologne, id. (*Rendiconti della R. Accademia delle Scienze dell'Istituto di Bologna*, an. 1881) ; « Giacomo Manzoni. Studii di bibliografia analitica ecc. », Rome, 1882 (*Bullettino del Boncompagni*, t. XV) ; « Cenni sulla storia della Geodesia in Italia », par. II, capo I (*Memorie dell'Accademia delle Scienze dell'Istituto di Bologna*, t. IV), 1883 ; « Quote altimetriche di alcuni punti della Provincia di Bologna » (*Atti del Collegio degli Ingegneri*), Bologne, 1883 ; « Articoli bibliografici sulle opere di G. B. Bellaso e di Lorenzo de Juvenii » (insérés au *Bibliofilo*), id., id.; « Antonio Bergolla libraio e tipografo modenese del secolo XVI (id.), 1884 ; « Di alcuni esemplari di calligrafia sconosciuti o rarissimi » (id.) ; « Cenni sulla storia della Geodesia in Italia », Bologne, 1884 (*Memorie dell'Accademia delle Scienze*, ser. IV, t. V) ; « Sunto dei cenni » (*Rendiconti dell'Accademia stessa*) 1879, 1883, 1884 ; « Due saggi scolastici dei primi anni del secolo », Bologne, 1885 (*Bibliofilo*) ; « Almanacchi astrologici del secolo XVII », id., 1885 (id.) ; « Per una completa collezione delle opere matematiche di Lorenzo Mascheroni » (*Bullettino di bibliografia del Boncompagni*, t. XIX), Roma, 1886 ; « Costruzione di basi geodetiche stabili » (*Memoria della R. Accademia delle Scienze di Bologna*, t. VI), id. ; « Note di bibliografia matematica, I e II (id.), id.; « Prospetto comparativo dei prodotti agrarii » (*Il Campagnolo*), id. ; « Réponses aux questions (*Bibliotheca mathematica, herausgegeben von G. Eneström*), Stockholm, 1886 ; « Nota relativa ad una edizione del *Nuncius siderus* del Galilei » (id.), 1887 ; « Note di bibliografia matematica, III e IV » (*Bibliofilo*), id.; « Sopra un antico metodo per determinare il semidiametro della terra » (*Memorie della R. Accademia delle Scienze dell'Ist. di Bologna*, ser. IV, t. VIII), id.; « Bibliografia Euclidea », Bologne, par. I e II, 1 vol., id.

Ricci (Conrad), homme de lettres italien, né, à Ravenne, le 18 avril 1858, étudia à l'Université de Bologne, où il fut diplômé docteur en droit en 1882. Il fut employé la même année aux bibliothèques. Il est maintenant sous-bibliothécaire. Nous avons de lui le poème : « Giobbe », en collaboration avec M. Olindo Guerrini. Les deux écrivains signèrent le pseudonyme collectif *Marco Balossardi*. L'œuvre de M. R. est très vaste. Nous donnons les titres des ouvrages principaux : « Guida artistica di Ravenna », 1878 ; « Guida di Bologna », 1882-86 ; « Le cronache ravennate del secolo XVI », Bologne, 1882 ; « La vita della madre Felicia Rasponi », id., 1883 ; « Le cronache bolognesi di Pier di Mattiolo », id., 1884 ; « Le cronache bolognesi di Gaspare Nadi », 1886 ; « Le clare donne di Sabatino degli Arienti », 1887 ; « Il libro dei colori », 1888 ; « Le polemiche dantesche », 1881 ; ces quatre derniers ouvrages en collaboration avec MM. O. Guerrini et A. Bacchi della Lega ; « L'arte dei bambini », 1887 ; « I primordi dello studio bolognese », 1887-88 ; « Storia dei teatri di Bologna nei secoli XVII e XVIII », 1888 ; il écrivit en outre plusieurs opuscules d'art, et inséra des articles aux *Atti della R. Deputazione di Storia patria*, à l'*Archivio storico dell'arte*, au *Fanfulla della Domenica*, à l'*Illustrazione Italiana*, etc., etc. M. R. est même l'auteur de plusieurs romances en musique éditées chez Cocchi e Ricordi.

Ricci (le marquis Mathieu), homme de lettres italien, académicien de la *Crusca*, président du Cercle philologique de Florence, est né, à Macerata (Marches), le 6 décembre 1826. Il fit ses études à l'Université de Turin. Il épousa Alexandrine, fille unique de Maxime D'Azeglio. Depuis 1859, il réside à Florence, où il a publié la traduction des « Histoires » d'Hérodote ; du « Traité de la politique » d'Aristote. Il a surveillé et annoté les éditions des ouvrages « Ricordi » ; « Lettere scritte » et « Scritti postumi de M. D'Azeglio ». Enfin, nous avons de lui : « Saggi sugli ordini politici dell'antica Roma, paragonati alle libere istituzioni moderne » ; « Sul diritto pubblico e privato dell'antica Roma » ; « Sul diritto nazionale », discours, et un volume intitulé : « Ritratti e profili politici letterari », 1re éd., 1880, 2me éd., 1888, qui contient les biographies des illustres amis du Marquis R., à savoir Carlo Domenico Promis, Gino Capponi, Carlo Baudi di Vesme, Federigo Sclopis, Cesare Campori, Massimo D'Azeglio, Camillo di Cavour, Ercole Ricotti, Giovanni Prati, Caterina Franceschi-Ferrucci. M. R. est un des collaborateurs de la *Rassegna Nazionale* de Florence.

Ricci (le très rév. père Maure), écrivain italien, général de l'ordre des *Scolopii* depuis 1886, né, à Florence, le 14 juin 1826. Il entra à l'ordre des *Scolopii* lorsqu'il n'avait que 17 ans, et après avoir fait des études profondes de mathématiques, de philosophie, de théologie et d'hébreu, fut nommé professeur de philosophie à Urbino. D'Urbino il passa à Cortone, puis à Florence, tour-à-tour enseignant la rhétorique, les humanités et l'éloquence. Nous avons de lui les ouvrages suivants: « L'allegra filologia di frate Possidonio da Peretola »; « Il Guadagnoli, ovvero de' volgari epitaffi »; « Dante Alighieri, cattolico, apostolico, romano »; « La nuova educazione »; « Prose sacre morali e filosofiche »; « Vita della Serva di Dio Anna Fiorelli nei Lapini »; « Vita della Santa Madre Teresa di Gesù, riformatrice dell'Ordine del Carmelo »; « Vite di cari defunti »; « Varia Latinitas »; les comédies pour jeunes filles: « Siamo in certi tempi! »; « Le eroine del libero pensiero »; « Lo faranno cavaliere? »; « L'emancipazione della donna »; « Sette scalini in un fiato »; « Lilli »; « San Sebastiano », oratoire, mis en musique par G. Romani; « Saggio di novelle »; « Le tre lire », comédie de Plaute traduite; « Un Rabagas in erba » et « Ci si sente », comédies pour les enfants; « In Collegio no », id.; « La giovinetta contessa Lavinia Rossi »; « Antonio Finetti-Danti »; « Di un omicidio politico, scritti di Niccolò Tommasèo »; « Dell'Oratore » de Cicéron, avec notes; « Fedro, le favole con quelle scelte dal Codice Perottino »; « Lettere tomistiche »; « I riposi di Compiobbi »; « Iscrizioni italiane »; « Epigrafia Leoniana »; « Scritti comici, satirici e burleschi »; « Tommaso Pendola »; « Il cav. Giuseppe Palagi »; « L'ho avuta la patente » et « Quattrini a figliuol morto », comédies; « L'Iliade d'Omero travestita alla fiorentina », dont on a publié les huit premiers livres.

Ricci (Victor), écrivain italien, né, en 1828 à Udine d'une famille de Trente; il dirige l'une des écoles techniques de Milan. Il a collaboré à un grand nombre de journaux, et publié séparément: « Quadri geografici », en collaboration avec G. Branca et Aristide Gabelli, Milan, 1864; la traduction italienne du « Cours de droit » de F. Macheldey, Milan, 1866; « Del Diritto degli scolari nell'ordinamento delle scuole », id., 1876; « Il Trentino », 1877; « Corso di diritto romano »; « Sul riordinamento delle scuole e degli istituti tecnici », Florence, 1883; « La terra e gli esseri terrestri », Milan, 1885.

Ricco (César), philosophe italien, né, à Trani (Pouille), le 17 avril 1859, docteur en droit à l'Université de Naples (1882). Il se consacra au barreau et à l'enseignement privé à Naples (1882-84). Rentré à Trani en 1884, il continua l'enseignement des sciences juridiques et philosophiques. Il a collaboré aux revues suivantes: *Rivista di giurisprudenza* (1883-87), *Preludio* (1884), *Rassegna pugliese* (1884-87), *Cronaca Partenopea* (1884), *Rivista italiana di filosofia* (1885-87). En librairie: « Sul nuovo sistema filosofico-giuridico, dettato nell'Università di Napoli dal prof. G. Bovio. Studio critico », Trani, 1879; « Il positivismo e la dottrina dell'evoluzione », id., 1883; « Le dottrine giuridiche e politiche di B. Spinoza e T. Hobbes », id., 1884; « Una questione giuridica ed una proposta sociologica », id., 1885; « Il Determinismo e la imputabilità morale », id., 1885; « Ancora una parola sulla vecchia questione del determinismo e della imputabilità morale », id., id.; « Pro libertate », id., id.; « Il Peccato », Rome, typ. des Lincei, 1887; « La folla delinquente », Trani, 1887.

Riccó (Hannibal), astronome italien, professeur à l'Université de Palerme, premier astronome à l'Observatoire de cette ville, né, à Modène, le 15 septembre 1844; il y fut diplômé docteur ès-sciences mathématiques; fut quelque temps architecte, puis professeur à l'Institut technique de Modène et ensuite à l'Observatoire de la même ville. Après un voyage à l'étranger, il commença une série de publications et d'insertions aux journaux et revues suivantes: *Memorie degli spettroscopisti*, *Annali di oftalmologia*, *Rivista scientifica-industriale*, *Scientific american*. Nous avons de lui en fait de physique: « Nuovo elettromagnete a rotolo » (*Mem. dell'Acc. di Modena*); « Geradsichtige Prismen » (*Zeitschr. fur Istrum. Kunde*); « Sur quelques phénomènes spectroscopiques singuliers » (*Compt.-Rendu*); « Riassunto delle osservazioni dei corpuscoli rosei » (*Rendiconti dei Lincei*); « Phénomènes Atmosphériques observés à Palerme pendant l'éruption de l'Etna (1886) » (*Comp.-Rend.*); « Studii sui corpuscoli rosei » (*Annali della meteorologia italiana*); « Osservazioni astrofisiche solari dal 1880 al 1887 » (*Mem. della Società degli spettroscopisti ital.*); « Bulletin détaillé des manifestations de l'activité solaire » (*L'Astronomie*); « Osservazioni astrofisiche della grande Cometa del 1881 » (*Giornale di Scienze Ec. e Not. di Palermo*); « Oss. astrofisiche della gr. Cometa del 1882 » (*Mem. della Soc. degli Spettr. It.*); « The Comet (1882) » (*Nature: a weekly* etc.); « Risultati delle oss. delle protuberanze solari 1885 e 1886 » (*Rendic. dei Lincei*); « Astrofisica », discours inaugural à l'Université, 1885-86. M. R. a été envoyé en mission, en 1887, dans la Russie Orientale pour y observer l'éclypse du soleil du 19 août. En cette circonstance il a visité les principaux observatoires de la Russie.

Richel (Charles), médecin et publiciste français, professeur à la Faculté de médecine de Paris, directeur de la *Revue scientifique*, né, à Paris, le 26 août 1850; il a publié: « La chaleur animale », 1 vol. de la *Bibl. scientifique internationale*, Paris, Alcan, 1889; « Essai de psychologie générale », 1 vol., Alcan, 1887; « L'homme et l'intelligence », fragments de physiologie et de psychologie », Alcan, 1884; 2º éd., 1887; « Physiologie des muscles et des nerfs », leçons professées à la Faculté de médecine en 1881, avec 100 fig., id., 1882; « Les Poisons de l'intelligence », Ollendorff, 1877; « Recherches expérimentales et cliniques sur la sensibilité », Masson, 1877; « Structure des circonvolutions cérébrales (anatomie et physiologie) », thèse d'agrégation, Baillière et fils, 1878; « Du suc gastrique chez l'homme et les animaux, ses propriétés chimiques et physiologiques », id., 1878; traduction de « La circulation du sang », de Harvey. Sous le pseudonyme de *Charles Epheyre*, il a publié: « Poésies », chez Derenne, 1875; « A la recherche du bonheur », Ollendorff, 1878; « Possession », id., 1887; « Une conscience d'homme », id., 1888.

Richemond (Louis-Marie-Meschinet DE), érudit français, fils d'un officier supérieur de la marine, né, à Rochefort, le 4 janvier 1839, se voua à des études d'histoire naturelle et d'archéologie, et fut nommé en 1867 archiviste du département de la Charente-Inférieure, en 1881 chargé du cours pour la paléographie à l'école normale de la Rochelle. La IVme Circonscription de l'Église réformée le choisit en 1872 pour l'un de ses représentants au Synode; plusieurs sociétés religieuses le comptent également au nombre de leurs membres. Parmi ses travaux, la plupart relatifs, surtout pendant les dernières années, à l'histoire locale, nous mentionnerons: « Aquarium », 1866; 2me éd. 1873; « Causeries sur l'histoire naturelle », 1868; « Origine et progrès de la réformation à la Rochelle précédés d'une notice sur Ph. Vincent », 1869; 2me éd. 1873; « Inventaire sommaire des archives départementales antérieures à 1790 », 1873, en collaboration avec J. Fauvelle; « Documents inédits sur l'Aunis et la Saintonge d'après les originaux appartenant au Duc de la Trémouille », 1874; « Biographie de la Charente-Inférieure », notices sur les marins Rochelais, Jean Guiton, etc., en collab. avec H. Feuilleret, 2 vol., 1877; « Inventaire sommaire des archives de la ville de Rochefort », 1877; « Découverte du Testament original d'Aufredi », 1877. M. de R. a collaboré à la *Revue Chrétienne*, au journal *Le Christianisme au XIXe siècle*, à l'*Encyclopédie de sciences religieuses*, à la 2me éd. de la *France protestante*.

Richepin (Jean), poète, romancier, auteur dramatique, né, à Médéah (Algérie), en 1849, fils d'un médecin militaire; il a passé deux ans à l'École Normale Supérieure. Il a publié : « Les Étapes d'un réfractaire », étude sur Jules Vallès, Lacroix, 1872; « L'Etoile », drame en vers en un acte, en collaboration avec Gill, Lemerre, 1873; « La Chanson des Gueux », G. Decaux, 1876; « Les Morts bizarres », Dreyfous, id.; « Madame André », id., 1877; « La Glu », roman, 1881; « Quatre petits romans », id., 1882; « Miaska, la fille de l'Ourse », id., 1883; « La Glu », drame en 5 actes, id., id.; « Les Blasphèmes », id., 1884; « Nana-Sahib », drame en vers, qu'il a joué lui-même avec Sarah Bernhardt,

1888; « Le Pavé », id.; « La Mer »; « Sophie Monnier, maîtresse de Mirabeau », Dreyfous, 1884; « Monsieur Scapin », 1886; « Braves gens », 1886; « Le Flibustier », 1888; « Césarine », id.

Richer (le docteur Paul), médecin français, chef du laboratoire de la clinique des maladies du système nerveux à la Salpêtrière, ancien interne des hôpitaux, né, à Chartres, en 1849, a publié : « Études cliniques sur l'hystéro-épilepsie ou grande hystérie », précédées d'une préface du professeur J.-M. Charcot, avec 105 fig. et 9 gravures à l'eau-forte, Delahaye, 1881; 2e éd. considérablement augmentée, 1885, ouvrage couronné par l'Institut de France; « Les démoniaques dans l'art », en collaboration avec M. le prof. Charcot, 1887, avec fig. dans le texte; « La nouvelle iconographie de la Salpêtrière », publication bi-mensuelle, 1888, en collaboration avec MM. Giller de la Tourette et Albert Londe, Delahaye et Lecrosmid; article « Hypnotisme », du *Dictionnaire encyclopédique de Médecine et de chirurgie* du Dr Pechambre, en collaboration avec le Dr Gilles de la Tourette.

Richter (Édouard), géographe et historien autrichien, né, en 1847, à Vienne, docteur en philosophie, professeur ordinaire de géographie à l'Université de Gratz depuis 1886. Il a publié: « Die historische Geographie als Unterrichtsgenstand », Vienne, 1877; « Die Erschliessung der Salzburger Alpen », Salzb., 1882; « Beiträge zur Geschichte und Geographie der Alpen » (*Zeitsch. d. D. und Œst. Alpenver.*), 1873-82; « 600 Höhen in Herzogthum Salzburg » (*Mitth. d. Gesel. f. Salzb. Landeskunde*), 1874; « Die Ausgrabungen am Dürenberg bei Hallein », (id.), 1880-81; « Verzeichniss der Fundstellen vorgeschichtlicher römischer Alterthümer im Herzogthume Saltzb. », (id.), 1881; « Die Salzburg'schen Traditions- Codices » (*Mult. der. Inst. f. öst. Geschichtsforfet.*), 1881; « Studien an den Gletschern der Ostalpen » (*Zeitschr. d. D. und Ost- alpenver.*), 1883-85; « Die ältesten Siegel des Erzstifts Salzburg » (*Multh. d. C. Com. f. Kunst und hist. Denkmäl*), 1884; « Neue Beobachtungen an den Gletschern der Ostalpen (*Verhand. d. deut. Geographentages*), 1884; « Zur Erinnerung an F. von Kleimayrn » (*Mitth. d. Gesells. für Salz. Landesk.*); « Das Land Berchtesgaden » (*Zeitschr. d. D. u. Ost- Alpenve.*), 1885; « Untersuchungen zur historischen Geographie des Erzstifts Salzburg » (*Mitth. d. Instit. f. Ost- Geschichtsf.*), 1885, et autres articles parus dans l'*Ausland und Allgemeine Zeitung*. Il fut aussi rédacteur des *Mittheilungen der Gesellschaft für Salzburger Landeskunde*, 1870-1882.

Riegel (François), médecin allemand, professeur de pathologie et de thérapie à l'Université de Giessen, né, en 1844, à Würzburg (Bavière); il a fait ses études aux universités de Würzburg et de Vienne, il a été assistant à la clinique du prof. H. Bamberger à Vienne, et ensuite médecin en chef de l'hôpital principal. Professeur universitaire et directeur de l'hôpital académique et de la clinique de médecine à Giessen depuis 1879. Il a publié: « Die Athembewegungen », Würzb., 1873; « Zur Pathologie und Diagnose der Mediastinaltumoren » (*Virchow's Arch.*), 1869 ; « Ueber die Veränderungen der Piagefässe in Folge von Reizung sensibler Nerven », en collab. avec M. Jolly (id.), 1870; « Ueber den Einfluss des Nervensystems auf den Kreislauf und die Körpertemperatur » (*Ifluger's Arch.*), 1871; « Krankeiten der Trachea und Bronchien », Leipzig, 1877; « Ueber den Einfluss des Centralnervensystems auf die thier. Wärme », (*Ifluger's Arch.*), 1872; « Zur Lehre von der Wärmeregulation » (*Virchow's Arch.*), 1873 ; « Ueber respiratorische Paralysen », (*Samml. Klin. Vortr.*), 1876; « Ueber die Bedeutung der Pulsuntersuchung » (id.), 1878; « Die Diagnose der Pericardialverwachsung » (id.), 1880; et plusieurs autres articles parus dans les *D. Arch. für Klin. Med., Berl. Klin. Wochenschr., Zeitschr. für Klin. Med.* M. R. est aussi collaborateur du *Hanbuch d. Spec. Pathol. u. Therap.*, et du *Handbuch d. Kinderkrankheiten*.

Rieger (Conrad), médecin allemand, professeur des maladies des nerfs à l'Université de Würzburg, né, en 1855, à Claw (Würtemberg), a étudié au Gymnase de Stuttgart et aux universités de Tubingue et Würzbourg; il fut nommé professeur libre en 1882 et cinq ans plus tard professeur de psychiatrie. Il a publié: « Ueber die Beziehung der Schädellehre zur Physiologie, Psychiatrie und Ethnologie », Würzburg, Stahel, 1882; « Der Hypnotismus », Iéna, Fischer, 1884 ; « Experimentelle Untersuchungen über die Willensthätigkeit », id., id., 1885 ; « Eine exacte Methode der Craniographie », id., id., id.; « Grundiss der medic. Elektricitätslehre », id., id., 1886, réimprimé en 1887 et traduit en russe en 1887; « Ueber Behandlung von Lähmungen und Contracturen » (*Sitzungsber. d. Würzb. phgs. med. Ges.*, 1886 ; « Zur Kenntniss der Formen des Hirnschädels », Nürnberg, 1887; « Ueber Intelligenzstörungen », Würzburg, Stahel, 1888.

Rieupeyroux (Mme Marie-Louise D'ALQ), officier d'Académie, membre de la Société des gens de lettres, est née, à Paris, en 1850. Elle avait fait des études sérieuses, connaissait les langues étrangères, cultivait pour son agrément la musique et la peinture; devenue veuve en 1874, elle a commencé à écrire. Son premier ouvrage intitulé: « Le nouveau savoir-vivre universel »; t. I, « Le savoir-vivre en toutes les circonstances de la vie »; t. II, « La science du Monde »; t. III, « Usages et coutumes pour toutes les professions », traduits dans toutes les langues, en est au 90e mille, 1874 ; « La science de la vie, conseils et réflexions à l'usage de tous » (a obtenu une médaille d'honneur de la Société d'encouragement au bien); « La vie intime »; « Notes d'une mère. Cours d'éducation maternelle »; « Le Maître et la Maîtresse de la Maison »; « Le Carnet du vieux docteur, cours de médecine en famille »; « L'horticulture au salon et au jardin »; « Les ouvrages de main en famille »; « Le trouble-ménage », nouvelle; « L'héritière de Santa-Fé », nouvelle américaine; « Fortune et Ruine », recueil de nouvelles; « La philosophie d'une femme », études de caractères; « A travers la vie », dans la collection des moralistes Ollendorff, sans compter d'autres ouvrages de morale pratique. Mme L. R. a fondé deux journaux de mères de famille: *Les Causeries familières* et *Paris-Charmant*. Elle a publié des articles de philosophie féminine dans le *Figaro*, etc.

Rigal (Hippolyte), médecin et homme politique français, né, à Gaillac (Tarn), le 9 avril, 1827. Son père et son grand-père, médecins comme lui, ont été tous les deux chirurgiens en chef de l'hôpital de Gaillac, direction dans laquelle M. Hippolyte R. remplaça son père en 1867. Conseiller général pour le canton de Gaillac en 1848, représentant du peuple en 1848, M. R. père fut de ceux qui, au moment du Coup-d'État, coururent à la mairie du Xe arrondissement; il prit part à toutes les tentatives de résistance. Comme on peut le voir dans l'« Histoire d'un crime », de Victor Hugo il eut l'honneur d'être interné au Mont-Valérien. Fidèle aux traditions de sa famille, M. R. fit à l'Empire la plus vive opposition. Après le 4 septembre 1870, il fit partie de la Commission départementale. Entré l'année suivante au Conseil général, il s'y livra particulièrement à l'étude et la défense des intérêts de l'instruction publique. Aussi fut-il fait officier d'Académie en 1879. En 1881, les électeurs sénatoriaux ayant démontré à M. R. que son nom seul pouvait l'emporter contre celui de M. Espinasse, il accepta la candidature qu'on lui offrait et fut élu sénateur. Au Sénat, il appartient au groupe de la gauche républicaine, dont il a été élu un des présidents. Initié aux questions agricoles, partisan de la reconstitution des vignes phylloxérées à l'aide des cépages américains, M. R. est partisan des syndicats agricoles, mais il est opposé aux mesures de protection légale en faveur de l'agriculture. Il fait partie de plusieurs Commissions importantes, notamment de celle qui doit organiser le service des aliénés, de celle qui est chargée d'étudier le projet d'assimilation des grades d'officiers auxiliaires de la marine aux grades des officiers en titres. Dans la question de l'expulsion des princes, M. R. a défendu l'amendement Marcel Barthe, qui donnait au Gouvernement le droit, en cas de complot, de citer les prétendants à la barre du Sénat constitué en Haute Cour de justice, pour s'y voir condamné à un emprisonnement de deux à cinq ans, suivi de l'expulsion hors du territoire. M. R. est un esprit modéré, convaincu que l'union et la discipline sont indispensables pour assurer le triomphe des idées républicaines.

Riggenbach (Bernard), écrivain allemand, docteur en philosophie, licencié en théologie, pasteur et professeur à l'Université de Bâle, né, le 25 octobre 1848, à Karlsruhe, grand-duché de Bade, a fait ses études dans les écoles et à l'Université de Bâle, lieu d'origine de ses parents, puis à Tubingue, il fut nommé pasteur à Arisdorf, Bâle-Campagne, en 1872, où il resta jusqu'en 1881. Depuis cette époque, il professe la théologie pratique et l'exégèse du Nouveau-Testament à l'Université de Bâle, et remplit en même temps les fonctions d'aumônier du pénitencier de la dite ville. Il est depuis 1876 rédacteur d'un almanach annuel pour le clergé réformé de la Suisse, collaborateur de l'*Encyclopédie théologique d'Erlangen*, de la *Biographie générale allemande* de Leipzig, etc., etc., et auteur de plusieurs ouvrages, dont voici les titres. M. R. a publié: « Johann Eberlin von Günzbarg u. sein Reformationsprogramm », Tubingue, Tues, 1874; « Das Chronikon des Konrad Pellikan », Bâle, Dekoff, 1877; « Das Armenwelsen der Reformation », id., Félix Schneider, 1882; « Frauengestalten aus der Geschichte des Reiches Gottes », id., Delkoff, 1883; 2e éd. 1884; « Dr I. T. Becz, ein Schriftgelehrten Zum Himmelreich gelehrt », id., id., 1887.

Righi (Auguste), physicien italien, professeur à l'Institut technique de Bologne, est né, dans cette ville, le 27 août 1850 ; il y a suivi les cours universitaires et en 1870 y a été nommé assistant à la chaire de physique de l'Université. En 1880, il a été nommé professeur ordinaire à l'Université de Palerme. Depuis 1877, il est membre correspondant de l'*Accademia dei Lincei*. Actuellement il est professeur à l'Université de Padoue. Son œuvre se compose d'une quantité de mémoires dont voici la liste complète: « Sull'elettrometro ad induzione », 1872; « Sulla composizione dei moti vibratori », 1873; « Ricerche d'elettrostatica », id.; « Sul principio di Volta », id.; « Sur le principe de Volta », extrait, id.; « Su alcuni punti controversi di elettrostatica », id.; « Ricerche sulle forze elettromotrici », 1874; « Pile — Pile termoelettriche », monographies, id.; « Sulla visione stereoscopica », 1875; « Nouveaux théorèmes de géometrie projective », id.; « Sulla penetrazione delle cariche elettriche nei coibenti fissi ed in movimento, con applicazione alla teoria dei condensatori, dell'elettroforo e delle macchine ad induzione », id.; « Sur la pénétration des charges etc. », extrait, id.; « Sull'azione dei coibenti nelle esperienze relative all'elettricità di contatto e nelle coppie voltaiche », id.; « Alcuni metodi fotografici », 1676; « Esperienze da lezione sui fenomeni di fosforescenza », id.; « Ricerche sperimentali sulle scariche elettriche », 1er mémoire, id.; « Esperienze col Radiometro di Crookes », id.; « Ricerche sperimentali sulle scariche elettriche », 2me mémoire, 1877; « Ricerche sperimentali sull'interferenza della luce », « Sulla velocità della luce nei corpi trasparenti magnetizzati », 1878; « Sulla concentrazione di una soluzione magnetica al polo di una calamita », id.; « Il telefono che si ascolta a distanza », id.; « Descrizione ed uso di una macchina d'Holtz di costruzione speciale », 1879; « Sulla dilatazione dei coibenti armati, per effetto della carica », id.; « Sui fenomeni elettrici delle bolle di Canton », id.; « Sopra un caso di polarità permanente dell'acciaio, inversa di quella dell'elica magnetizzante », id.; « Sur un cas de polarité, etc. », extrait, id.; « Sulle variazioni di lunghezza che accompagnano la magnetizzazione », id.; « Sulla dilatazione galvanica », id.; « Sulla formazione dell'albero di Marte », id.; « Sulla polarità permanente inversa dell'acciaio », 1880; « Alcune esperienze coi nuovi tubi di Crookes e con tubi di Geissler », id.; « Contribuzioni alla teoria della magnetizzazione dell'acciaio », id.; « Contributions à la théorie de l'aimantation de l'acier », extrait, id.; « Altre esperienze coi tubi di Crookes », id.; « Le ombre elettriche », 1er mémoire, 1881; « Ueber die electrischen Schatten », Ausz. id.; « Spostamenti e deformazioni delle scintille nell'aria, per azioni elettrostatiche », id.; « Di alcune curiose conformazioni delle scintille elettriche nell'aria », id.; « Sulle figure elettriche in forma di anelli », 1882; « Villari e Righi. Sulla carica dei coibenti », id.; « Le ombre elettriche », 2me mémoire, id.; « Sur les ombres électriques, et sur divers phénomènes connexes », extrait, id.; « Sui cambiamenti di lunghezza d'onda ottenuti colla rotazione di un polarizzatore, e sul fenomeno dei battimenti prodotti colle vibrazioni luminose », id.; « Righi e Tamburini. Richerche sull'azione della magnete e degli agenti termici nella ipnosi isterica », id.; « Sul fenomeno di Hall », id.; « Sur le phénomène de Hall », extrait, id.; « Sur les changements de longueur d'onde, etc. », extrait, id.; « Anelli di Newton in movimento », id.; « Ricerche sperimentali sul fenomeno di Hall, particolarmente nel bismuto », id.; « Influenza del calore e del magnetismo sulla resistenza elettrica del bismuto », 1884; « Intorno ad una nuova spiegazione del fenomeno di Hall », id.; « Influence de la chaleur et de l'animation sur la résistance du bismuth », extrait, id.; « Sulla velocità dei raggi polarizzati circolarmente, nell'interno di un corpo dotato di potere rotatorio », id.; « Ricerche sperimentali e teoriche intorno alla riflessione della luce polarizzata sul polo d'una calamita », id.; « Recherches expérimentales et théoriques etc. », traduction, id.; « Sulla fotografia delle scintille elettriche, ed in particolare di quelle prodotte nell'acqua », 1885; « Nuove ricerche sul fenomeno di Kerr. Note », id.; « Ricerche sperimentali e teoriche intorno alla riflessione della luce polarizzata sul polo d'una calamita », 2me mémoire, id.; « Recherches expérimentales et théoriques, etc. », 2me mémoire, traduction, 1886; « Sulla causa della polarizzazione rotatoria magnetica. Nota preventiva », id.; « Sulla calibrazione elettrica di un filo », id.; « Studi sulla polarizzazione rotatoria magnetica », id.; « Ricerche sperimentali intorno alla riflessione della luce polarizzata sulla superficie equatoriale di una calamita », id.; « Recherches expérimentales, etc. », traduction, id.; « Sui fenomeni che si producono colla sovrapposizione di due reticoli, e sopra alcune loro applicazioni », id.; « Sulla conducibilità termica del bismuto nel campo magnetico. Nota », id.; « Rotazione delle linee isotermiche nel bismuto, posto in un campo magnetico. Note », id.; « Sur la conductibilité calorifique du bismuth, etc. », traduction, id.; « Sulla conducibilità termica del bismuto nel campo magnetico », mémoire, 1888; « Sulla forza elettromotrice delle coppie a liquido poco conduttore », id.; « Di alcuni nuovi fenomeni elettrici, provocati dalle radiazioni. Nota », id.; « Sulla forza elettromotrice del selenio », id.

Rigopoulos (André), écrivain hellène, né, à Patras, en 1821, fit son droit à Athènes et à Pise. Nous avons de lui deux drames: « Milton », Patras, 1875, et « Héron à Corinthe », Athènes, 1879. M. R. a été membre du Parlement et a publié en volume ses discours politiques.

Rigutini (Joseph), lexicographe et homme de lettres italien, académicien de la *Crusca*, né, à Lucignano près d'Arezzo, en 1830, étudia d'abord au Séminaire d'Arezzo, puis à l'Université de Sienne qu'il quitta pour l'école normale de Pise. Il en sortit docteur ès-lettres et en philosophie, enseigna tour-à-tour la rhétorique au Collège *Forteguerri* de Pistoie, le grec et le latin aux lycées d'Arezzo et de Florence. En 1866, il fut nommé académicien de la *Crusca* et député à la compilation du « Dictionnaire ». Nous avons de lui: « Lettere scelte di Giuseppe Giusti, postillate pei non toscani », Florence, Le Monnier, 1864; « Il libro decimo delle Istituzioni oratorie di Giustiniano », id., 1868; « Alcune orazioni di Cicerone, tradotte e annotate », id., 1868-71; « Fiore di lettere e liriche di donne italiane », id., Paggi, 1872; « Le commedie di Accio Plauto volgarizzate », en collaboration avec Témistocle Gradi, id., Le Monnier, 1870; « Vocabolario della lingua parlata », en collaboration avec F. Fanfani, id., typ. Cenniniana, 1873; « Vocabolario della lingua italiana », id., Barbèra, 1876; « Dei doveri di M. T. Cicerone, tradotti », id., Sansoni, id.; « Elementi di retorica ad uso delle scuole italiane », id., Paggi, 1878; « Antologia per uso delle scuole e istituti tecnici », id., id., id.; « Crestomazia italiana della prosa moderna », id., id., 1879; « Crestomazia italiana della poesia moderna », id., id., 1880; « Elementi di retorica », id., id.; « Versione poetica delle Favole di Fedro », id., Sansoni; « Neologismi buoni e cattivi », Rome, Verdesi; « Vocabolario greco-italiano e italiano-greco », Florence, 1889; « Lettere di G. Giusti, G. Leopardi, U. Foscolo e P. Giordani, scelte e annotate », id., 1890. M. R. dirige avec MM. C. V. Giusti et G. Scartazzini la *Nuova Rivista internazionale di Scienze, Lettere ed Arti*.

Rimbaud (Arthur), poète *décadent* français, né, à Charleville (Ardennes), en 1855, fit ses études au collège de sa ville natale et vint jeune à Paris (octobre 1871), où il fit la connaissance de Verlaine, d'André Gill et du poète Cros. C'est de cette époque que datent ses poèmes étranges: « Les accroupissements »; « Les Effarés »; « Les chercheuses de poux »; « Voyelles »; « Oraison du soir » et « Bateau Ivre ». Les années suivantes, il voyagea à Bruxelles, où il connut Georges Cavalié, dit Pipe-en-Bois, à Londres où il fréquenta Eugène Vermesch, puis en Allemagne, en Italie, en Autriche. Il a publié: « Poésies »; « Illuminations », et, en 1873, à Bruxelles: « Une Saison en Enfer », qu'on dit être une autobiographie psychologique.

Rinaudo (Constant), historien italien, né, à Busca près de Coni, le 11 juillet 1847, fréquenta l'Université de Turin, où il fit des études serieuses avec beaucoup d'honneur. Après 4 ans d'enseignement privé, il fut nommé professeur d'histoire moderne au lycée *Gioberti* de Turin, en 1874, chaire qu'il garda jusqu'à 1884. Aux *Actes* du lycée nous trouvons de M. R. les ouvrages suivants: « Sulle leggi dei Visigoti », Turin, Botta, 1878; « Alcune fonti della Storia Longobarda di Paolo Diacono », id., id., 1882; « Fonti della Storia d'Italia dalla caduta dell'Impero Romano d'Occidente all'invasione dei Longobardi », id., id., 1883. Dès 1886 il avait publié un « Saggio storico sulle origini del governo rappresentativo nei regni di Castiglia, di Francia e d'Inghilterra », pour lequel il fut agrégé à la faculté universitaire d'histoire et de philosophie. Deux ans après, il fut nommé à Turin professeur universitaire d'histoire moderne et d'histoire des origines du moyen-âge italien. Il garda cette chaire jusqu'à 1884, et tandis qu'il publiait une quantité de précieux mémoires sur des sujets historiques, son nom paraissait souvent dans le sommaire des revues suivantes: *Rivista di filologia e d'istruzione classica*, Turin, Loescher, 1876-77; *L'Istitutore*, id., Paravia, 1875-77; *L'Educatore*, 1881-84; *Letture per le famiglie e le gioventute*, 1881-86. En 1884, MM. Bocca frères de Turin fondèrent avec le prof. R. la *Rivista Storico-Italiana*, revue très importante qui contient déjà à peu après 20,000 notices et articles sur des sujets d'histoire italienne. L'année précédente, M. R. avait fondé une association entre les professeurs de l'enseignement secondaire, et dirigé l'*Eco dell'Associazione degli insegnanti delle scuole secondarie*, qui en est l'organe. Enfin, M. R. a été (1879) professeur à l'école de guerre, et sans vouloir donner ici les titres de ses discours, conférences, opuscules, etc., nous ne pouvons passer sous silence son ouvrage intitulé : « Cronologia per il popolo della storia d'Italia dal 476 al 1870 », Florence, Barbèra.

Rindfleisch (Édouard), médecin allemand, professeur de pathologie générale, d'anatomie pathologique et d'histoire de la médecine à l'Université de Wurzbourg, né, à Köthen (Anhalt), le 15 décembre 1836, fit ses premières études au Gymnase de Wittenberg et aux Universités de Heidelberg, Halle et Berlin sous le célèbre prof. Virchow ; il fut nommé professeur libre à l'Université de Breslau en 1861, et enseigna successivement à Zurich (1865), à Bonn (1874) et à Wurzbourg (1879). En dehors de très nombreux articles parus dans le *Virchow's Archiv* et dans plusieurs autres revues allemandes, nous lui devons : « Lehrbuch der pathologischen Gewebelehre », Leipzig, Engelmann, 1867-69 ; La sixième édition de cet ouvrage qui vient d'être traduit en français, italien et russe, a été publiée par Engelmann à Leipzig en 1886 : « Elemente der Pathologie », Engelmann, Leipzig, 2me éd., qui eut aussi l'honneur des versions dans presque toutes les langues européennes ; « Aerztliche Philosophie » (conférence contre le matérialisme), Wurzbourg, chez Hertz.

Ring (Hermann-Anacréon), rédacteur en chef depuis 1887 de *Svenska Familj- journalen Svea* (journal hebdomadaire illustré), critique de théâtre et de littérature depuis 1885 au *Svenska Dagbladet* (La Gazette suédoise) à Stokholm. M. R. est né, le 14 septembre 1859, à Altuna, a fait ses études au nouveau lycée de Stokholm et à l'Université d'Upsala. Citons ses meilleures publications : « Sangervas bok », traduction de « Buch der Lieder », par Henri Heine, librairie Carl Suneson, Stokholm, 1886. L'ouvrage fut couronné d'un prix de S. M. le roi Oscar II ; « Låroboki deklamation (Cours élémentaire de l'art de la déclamation) », id., J. A. Seelig, id. ; « Teatern under shieda tider (Construction du théâtre ancien et moderne) », id., impr. J. W. Holm, 1887 ; « Spridda drag ur de hungliga teatrorum historia (Quelques traits sur l'histoire du théâtre en Suède) », id., J. Bagge, 1888 ; « Dikter », poésies, id., Sumson, id. ; « Harzesan », traduction de « Die Harzreise », par Henri Heine, id., Fahlerantz et Cie, 1889 ; « Meiningaruc. Derasgästspelerle dessasbüydelse für den seenistra transêcu (Les Meinings, leurs tournées et leur influence sur l'art scéni-

que) », id., J. Seligmann et Cie, id., traductions des ouvrages de *Jules Lermina* (1888) et de *Nikolaï Gogol* (1889). Il a publié dans plusieurs revues et journaux des traductions d'après Horace, Richepin, Musset, Goethe, Heine, Platen, Müller v. Königswinter, Carmen Sylva (la cantate « Das Sonnenkind », traduit du manuscrit de Sa Majesté, l'original est inédit), Moore et plusieurs autres, des essais sur le théâtre suédois, sur la tragédie en Grèce, sur les comédies de Ludvig Holberg, etc.

Ristelhuber (Paul), bibliographe et littérateur alsacien, né, à Strasbourg, le 11 août 1834. Il publia, à vingt-deux ans, un volume de vers ; bientôt l'érudition, la curiosité, le tentèrent et il fit paraître le « Liber vagatorum », ou « Livre des gueux », précédé d'une notice littéraire et biographique sur l'argot des bords du Rhin et terminé par un vocabulaire des mendiants (1862). Au Livre des gueux succéda : « Faust dans l'histoire et dans la légende, essai sur l'humanisme superstitieux du XVIe siècle et les récits du pacte diabolique », 1863 ; puis M. R. se tourna vers l'histoire locale et consacra deux ans à l'élaboration de l'« Alsace ancienne et moderne, dictionnaire topographique, historique et statistique du Haut et du Bas-Rhin », 1865. A la série de ses travaux alsatiques appartiennent encore : « L'Alsace », album photographique, faisant partie de la « Galerie universelle des peuples », publiée par Lallemant et Hart, 1865 ; « Lettres sur les archives de la ville de Strasbourg », 1866 ; « L'Alsace à Morat », 1876 ; « Contes, lettres et pensées de l'abbé Galiani », avec introduction et notes, 1866, charmant petit volume qui renferme la quintessence des œuvres et de l'esprit du petit abbé napolitain ; choix des « Contes du Pogge », 1867 ; « L'Apologie pour Hérodote » de Henri Estienne, réimpression de l'édition originale qui avait été mutilée par la censure en 1516 ; « Biographies alsaciennes », avec photographies : Maréchal Lefebre, Jean Schweighœuser, Ramond, Mme de Gérando, Westermann, Christophe et Jean Guérin, Martin Bucer, Gobbery, Roger de Belloguet, J.-J. Oberlin, Drolling, général Eblé, Armand-Gaston de Rohan, Jean-Louis Holtz, Saurène, P.-R. Schouenburg, Sébastien Erard, Humann, 1 vol., Colmar, Meyer, 1884 ; « L'Alsace à Sempach », Paris, Leroux, 1886, sans compter plusieurs brochures. « Voilà, dit un biographe (M. Mossmann), une vie entière consacrée aux lettres et les lettres portent leur récompense en elles-mêmes ».

Ristic (Jean), homme d'état serbe, né, à Cragujevaz, en 1831. Après avoir étudié les classiques et la philosophie dans son pays, il fréquenta l'Université d'Heidelberg, où il fut reçu docteur en 1852. De là, il se rendit à Paris et suivit les cours de la Sorbonne. De retour dans sa patrie (1854), il entra dans l'administration, d'abord dans les bureaux de l'instruction publique, puis dans ceux des affaires étrangères, et enfin comme chef de section au ministère de l'intérieur. Il avait débuté dans la littérature à Heidelberg en publiant en allemand: « Kurze Uebersicht des geistigen und sittlichen Zustanden in Serbien ». A Berlin en 1852 il avait publié: « Die neuere Literatur der Serben », opuscule de circonstance qui eut l'honneur de la traduction en français et en polonais et dont la critique allemande s'occupa. En même temps, il faisait paraître des ouvrages en langue serbe par les soins de la société littéraire de Belgrade. Les événements de 1858 et la chûte du prince Karageorgevich et l'avènement du vieux prince Milosch Obreverich conduisirent M. R. à s'occuper activement d'affaires politiques. Après avoir occupé en 1860-61 des places importantes, il fut envoyé en mission à Constantinople, où à force de prudence et d'habileté, il obtint du Sultan en 1867 l'évacuation des forteresses de la principauté par les garnisons turques. Au mois de novembre de la même année, le prince Michel lui confia le portefeuille des affaires étrangères. M. R. ne le garda pas longtemps, car il était trop libéral pour occuper une place dans un cabinet réactionnaire. Il se fit alors envoyer au Monténégro, à Saint-Pétersbourg et à Berlin avec des missions diplomatiques. Il était dans cette dernière ville lorsqu'il reçut les nouvelles de l'assassinat du prince Michel, et en même temps l'ordre du Gouvernement provisoire de ramener en Serbie le jeune prince Milan qui étudiait à Paris. Il rentra en juin 1868 à Belgrade avec ce dernier, et il devint membre du Conseil de Régence. En 1872, lorsque le prince Milan prit les rênes du gouvernement, M. R. fut ministre des affaires étrangères, et pour un temps chef du Cabinet. C'est lui qui stipula l'alliance entre la Serbie et le Monténégro, et déclara la guerre à la Porte. L'insuccès militaire trouva, grâce à M. R., une ample compensation dans le succès diplomatique. M. R. était encore au pouvoir lorsque la guerre Russo-turque éclata, et après le traité de *Santo Stefano* ce fut M. R. qui au Congrès de Berlin représenta la Serbie. Le nom de M. R. est donc étroitement lié à toutes les phases de l'histoire moderne dans la péninsule des Balkhans. Mais en 1880 il dut s'éloigner du pouvoir, ne pouvant souscrire aux conditions que l'Autriche-Hongrie mettait à son traité de commerce avec la Serbie. Ce fut alors que M. R. désormais libre put réunir et publier son grand ouvrage intitulé: « Relations extérieures de la Serbie de mon temps ». Cet ouvrage d'une haute importance contient des souvenirs personnels et des documents d'État, et révèle plusieurs côtés de l'histoire contemporaine. En 1885, invité à Saint-Pétersbourg pour les fêtes des Saints Cyrille et Méthode, il fut reçu par le Czar avec une haute distinction. Revenu dans sa patrie, il finit à la retraite. Modéré dans ses idées, circonspect et avisé dans ses moyens, M. R. est un homme d'état d'une souplesse remarquable qu'on peut comparer plutôt à M. Rattazzi qu'à M. le Comte de Cavour. La politique et la littérature n'ont pas encore dit le dernier mot sur ce qui regarde M. R.

Ristori (Adélaïde), illustre actrice italienne, née, à Cividale (Frioul), en 1821, mariée en 1846 au marquis Julien DEL GRILLO. Nous ne suivrons pas Mme le Marquise D. G. dans sa carrière triomphale sur les principales scènes des deux mondes; nous nous bornerons à citer son livre: « I miei ricordi », Rome, Bocca, 1888.

Ritschl (Othon), écrivain allemand, professeur libre d'histoire ecclésiastique et dogmatique à l'Université de Leipzig, né en 1860, a publié: « De Epistulis Cyprianicis », Halle, 1885.; « Cyprian von Carthago und die Verfassung der Kirche », Goettingue, 1885; « Zur Geschichte der Philologie », Leipzig, Teubner, 1879-81; « Alazon, Betrag zur ätiken Ethologie und zur Kenntniss der Grieschisch- röm. Komödie », id., id., 1882; « Kolax, othologische Studie », 1883 (*Abhandl. der philol. hist. t. der. K. Sächs. Ges. d. W. vol. X*); « Agroikos, ethologische Studie », 1885 (*id.*); « Geschichte der römischen Dichtung », Leipzig, Cotta, 1887; on lui doit aussi d'autres critiques publiées dans le *Rhein. Museum f. Philol.*, dans la *Harnack's theologischer Literaturzeitung* et dans plusieurs journaux spéciaux allemands.

Ritter (Charles), littérateur suisse, né, à Genève, le 28 juin 1838, fils du mathématicien Élie R., fit de brillantes études théologiques à l'Académie de sa ville d'origine, fut amené par de consciencieuses recherches à partager les vues philosophiques du Dr Strauss et renonça au Saint-Ministère pour embrasser la carrière du professorat. Un séjour de deux années à Stuttgart lui permit de faire la connaissance personnelle de son illustre maître ainsi que de Th. Vischer, de Bredermann, d'Ed. Zeller. De fortes relations se formèrent également entre lui et Georges Eliot à Londres, Sainte-Beuve, Renan, Ed. Scherer à Paris. M. C. R., après avoir professé pendant une dizaine d'années la littérature latine au collège de Morges, vit aujourd'hui à Genève, où il poursuit ses recherches philosophiques. Nous sommes redevables à ce trop modeste, mais excellent écrivain, des ouvrages suivants, la plupart traduits du Dr Strauss: « Deux discours », 1868; « Monologues », id.; « Essais d'Histoire religieuse », 1872; « Christian Baur et l'École de Tubingue par E. Zeller », 1883.

Ritter (Eugène), professeur à l'Université de Genève, né, à Genève, le 9 novembre 1836. Il s'est fait connaître surtout par ses travaux sur l'histoire littéraire de Genève, de la Suisse romande et de la Savoie; et notamment par ses recherches sur la vie et les écrits de Jean-

Jacques Rousseau. Il a publié : « Les noms de famille », 1875; « Poésies du XIV° et XV° siècles, etc. », 1880. Il a collaboré à la *Bibliothèque universelle*, à la *Revue contemporaine*, à la *Revue politique et littéraire*, à la *Zeitschrift für neufranzösische Sprache und Literatur*, etc.

Riuréanu (M. Jon), écrivain roumain, né, en 1832, à Craiova, fit dans sa ville natale ses premières études, qu'il compléta à Bucarest. Il termina, avec un grand succès, les cours d'ingénieur civil et, en 1854, s'associa avec son frère aîné Georges R. à la direction d'un institut privé, qu'il régit depuis 1858. Il fut nommé ensuite inspecteur général des écoles, et en 1860 directeur de l'internat attaché au lycée *Mateiu-Basarab* de Bucarest. Il s'y fit distinguer, pendant 24 ans, par son caractère et par ses aptitudes pédagogiques. A part un traité de « Géometrie », en collaboration avec le professeur Élie Angélesco, il dota la Roumanie d'une bibliothèque de lecture pour la jeunesse des deux sexes, composée de 36 brochures en plusieurs éditions, remarquables par le style et par la moralité qui s'en détache. Il fit don au lycée *Mateiu-Basarab* d'une bibliothèque de 130 volumes et, avec MM. Georges Missail et N. B. Locusteanu, publia les lettres inédites du grand littérateur Jon Eliade Radulesco, son maître et ami. Depuis l'année dernière, M. R. J. s'est établi à Paris pour continuer ses travaux.

Rivalta (Valentin), avocat et homme de lettres italien, né, à Ravenne, en 1854. Nous avons de lui : « Degli arbitrati giuridici »; « Diritto e giurisprudenza teatrale »; « La giurisprudenza nella filosofia di S. Tommaso ».

Riva-Sauseverino (le comte Eugène), homme de lettres italien, né, en 1829, à Reggio Emilia, docteur en droit; nous avons de lui plusieurs articles insérés à la *Rassegna Nazionale* de Florence très intéressants pour leur valeur historique, dont voici les titres : « Il centenario di S. Benedetto »; « Napoleone III nel 1886 »; « Le politiche alleanze »; « La indipendenza del Comune di Firenze »; « Filiberto di Carignano e Caterina d'Este, memorie storiche »; « Il concetto politico del Conte Verde ».

Rivera (le chev. Joseph), cadet de la famille ducale Rivera, généalogiste italien, né, à Aquila, le 13 mai 1846, étudia aux écoles publiques du Séminaire de sa ville natale, et après avoir fait son droit, s'occupa entièrement de recherches historiques. Nous lui devons les opuscules suivants : « Genealogia della famiglia Ardinghelli di Firenze e di Aquila », inséré au *Giornale araldico genealogico italiano*, Fermo, 1874; « Genealogia della famiglia Rustici di Aquila », id., id., id., « Sulla vera e falsa origine della famiglia Rivera di Aquila », Pise, tip. du *Giornale Araldico*, 1877; « Il suggello del Patriziato Aquilano », id., id., 1878; « Degli uomini notabili della famiglia Rivera, profili biografici », id., id.,; « Il Patriziato di Sulmona e la Famiglia Corvo », id., id., 1880; « Delle nobiltà cittadine dell'antico Regno di Napoli, ed in particolare di quelle di Aquila », id., id., 1882; « Cenni biografici degli Arcivescovi e Vescovi che sortirono nascimento in Aquila e suo antico Contado », insérés à la *Palestra Aternina* d'Aquila, 1883, 1885, 1886 et suiv.; « La biografia contemporanea ed il sistema alfabetico che vi si adotta », Naples, Detken, 1886; « L'Architettura nei sacri edifizi della città di Aquila », article inséré dans la *Palestra Aternina* d'Aquila, 1887.

Rivet (Gustave), homme politique et littérateur français, député de l'Isère, est né, à Domène, près Grenoble, le 25 février 1848. Il commença ses études au Lycée de Grenoble et les acheva à *Sainte-Barbe* et à *Louis-le-grand*. Dès le collège, il collabora à la *Jeunesse*, au *Mouvement*, au *Travail* et autres petits journaux du quartier latin. Licencié ès-lettres, il professa la rhétorique à Dieppe, à Nancy, et fut chargé du cours au Lycée *Charlemagne*. Patriote et républicain, il publia, en 1877, chez Lemerre, un volume de vers : « Les Voix perdues », qui le fit revoquer par M. de Fortou. Victor Hugo lui écrivit : « Hélas ! vaillant poète, que vous « dire ? — Cette heure a deux profils, le pro- « fil traître et le profil lâche. Vous étiez mal « vu des deux, *vous le talent loyal et le cœur* « *intrépide*. — Courage, je vous serre la main. « — VICTOR HUGO — ». M. G. R., révoqué, vint à Paris, donna des leçons pour vivre, puis fut rappelé à l'Université par le ministre suivant, qui l'envoya professer la rhétorique à Meaux. Peu après, M. G. R. quitta la carrière universitaire pour entrer dans le journalisme et y combattre plus librement. Il écrivit à l'*Homme libre*, que dirigeaient Louis Blanc et Ernest Hamel, au *National*, aux *Droits de l'Homme*, au *Rappel*. Puis il entra à *La Vie Littéraire*, où il collabora d'abord sous plusieurs pseudonymes : *Hector L'Estraz*, *Enjolras*, etc. Il y publia, sous son nom, des portraits politiques remarqués et, pendant plusieurs mois, des Némésis, d'un souffle ardent. En 1878, M. G. R. devint secrétaire de la direction de la presse au ministère de l'intérieur, et en février 1879, il fut nommé chef du cabinet de M. Turquet, sous-secrétaire d'État des Beaux-Arts. Élu député de l'Isère, M. G. R. fit partie de la gauche radicale et continua une active collaboration aux journaux. M. G. R. a publié : en 1878, « Victor Hugo chez lui », Maurice Dreyfous éd.; « Les Dragonnades », Lechevalier éd.; « Les Patriotiques, Mosaïque » (poésies). Lors des élections du 5 janvier 1879, il fit paraître une « Lettre d'un patriote aux électeurs sénatoriaux », brochure de propagande tirée à grand nombre. Il a donné, en mars 1879, au théâtre Cluny un drame en quatre actes : « Le Châtiment ». Au même théâtre, « Le Cimetière Saint-Joseph », où Tartufe est virilement bafoué; à l'Odéon, un drame en vers: « Marie Touchet ». Il a publié, dans la *Nouvelle Revue*: « L'Alsacien », poème, qui a obtenu un grand succès.

Rivier (Alphonse-Pierre-Octave), né, à Lausanne (Suisse), le 9 novembre 1835; licencié en droit de l'Académie de Lausanne, docteur en droit de l'Université de Berlin (1858), *privat-Docent* à ladite Université (1862), professeur à l'Université libre de Bruxelles depuis 1867, consul-général de Suisse en Belgique depuis 1886. Ouvrages principaux: « De discrimine quod inter regulam Catonianam et eam quæ lege 29 *de R. J.* continetur juris antiqui regulam interest », Berlin, 1858; « Untersuchungen über die cautio prædibus prædiisque », Berlin, 1863; « Introduction historique au droit romain », Manuel-programme pour servir aux cours universitaires et à l'étude privée, comprenant une chrestomatie élémentare et quelques linéaments d'histoire littéraire et biographique, Bruxelles, 1871-72, nouv. éd., 1881; « Berichte burgundischer Agenten in der Schweiz, 1619-1629 », Zurich, 1875; « Traité élémentaire des successions à cause de mort, en droit romain », Bruxelles, 1878; « Éléments de droit international privé, ou du conflit des lois. Droit civil, procédure, droit commercial », par T. M. C. Asser, ouvrage traduit, complété et annoté, Paris, 1884; « Literarhistorische Uebersicht der Systeme und Theorien des Völkerrechts seit Grotius », Berlin, 1885, partie du 1er volume du « Handbuch des Volkerrechts », publié par le baron de Holtzendorff, traduit en français, 1888; « Discours d'ouverture prononcé en séance publique, le 12 octobre 1874, en qualité de recteur de l'Université de Bruxelles », Bruxelles, 1874; « Discours de prorectorat, prononcé le 11 octobre 1875 », id., 1875; « Notice sur Jean-Gaspard Bluntschli », id., 1882; « Notice sur William Beach Lawrence », id., 1883; « Claude Chansonnette, jurisconsulte messin, et ses lettres inédites », 1875; « Le Compendium institutionum de Nicolas de Bruxelles », 1874; « Étienne Vander Straten, professeur à Dôle et conseiller de Brabant »; « Jean de Drosay, l'un des réformateurs de la science du droit au XVIe siècle », 1875; « Notice sur M. Hornung », Bruxelles, 1886; « Notice sur M. Aratz », id., 1887; « Note sur la littérature du droit des gens avant la publication du *Jus Belli ac Pacis* de Grotius (1625) », 1883; « Les dix premières années de l'*Institut de droit international* (1873-83) », Bruxelles, 1884; « Introduction au droit des gens; recherches philosophiques, historiques et bibliographiques », id., 1888; « Programme d'un cours de droit des gens », id., 1889. De 1878 à 1885, six volumes de l'*Annuaire de l'Institut de droit international*. Durant la même période de sept années, M. R. a été rédacteur en chef de la *Revue de droit international*. Collaboration à de nombreuses publications collectives ou périodiques, telles que: *Staatslexicon* de Wagener (1862-63); *Rechtsencyclopädie* et *Rechtslexicon* de Holtzendorff (1869-74); *Bibliothèque universelle* de Genève et de Lausanne (depuis 1861); *Revue historique du droit français et étranger* (depuis 1862); *Berliner Revue* (1863); *Indicateur d'histoire suisse* (depuis 1866); *Internationale Revue de Vienne* (1867); *Revue de droit international et de législation comparée* (depuis 1869) et *Annuaire* de l'Institut (depuis 1877); *Zeitschrift für Rechtsgeschichte* (depuis 1870); *Revue de législation ancienne et moderne* de Paris (id.); *Bijdragen voor Regtsgeleerdheid* d'Amsterdam (depuis 1872); *Revue critique d'histoire et de littérature* de Paris (id.); *Revue historique* de MM. Monod et Fagniez (1883); *Revue internationale de l'enseignement* (depuis 1882), etc.

Rivière (Hippolyte-Ferréol), magistrat et jurisconsulte français, est né, à Aix-en-Othe (Aube), le 26 novembre 1816. Après de brillantes études à la Faculté de Dijon, il fut reçu docteur en droit en 1840 et obtint le premier prix de doctorat à cette Faculté. Successivement juge à Moire (1863), président du tribunal de Mauriac (1865), conseiller à la Cour de Rion (1868), il fut longtemps et injustement oublié dans ce poste par le gouvernement de cette époque. M. R. a été enfin nommé avocat général de la Cour de cassation le 13 janvier 1880, et conseiller à cette cour le 22 avril 1882. Avant son entrée dans la magistrature, M. R. avait publié: « Esquisse historique de la législation criminelle des Romains », 1844; « Répétitions écrites sur le Code de commerce », 1853, ouvrage devenu classique; « Examen du régime de la propriété mobilière en France », 1854, couronné par l'Académie de législation, dont M. R. est membre correspondant; « Questions sur la transcription en matière hypothécaire », 1856, en collaboration avec M. Huguet; « Précis historique et critique de la législation française sur le commerce des céréales », 1859; qui eut un grand succès et le fit appeler par le gouvernement à l'enquête sur cette matière devant le Conseil d'État; « Revue doctrinale des variations et des progrès de la jurisprudence de la Cour de cassation en matière civile », 1862; « Du commis voyageur et de son préposant », 1863, ouvrage couronné par l'Académie de législation. Depuis son entrée dans la magistrature, M. R a publié: « Commentaire de la loi du 24 juillet 1867 sur les sociétés », 1868; « Histoire des institutions de l'Auvergne », 1874, 2 vol. in-8°. Cet important ouvrage, couronné en 1874 par l'Académie des inscriptions et belles-lettres, est l'utile fruit des loisirs de M. R., pendant le trop long séjour qu'on lui a fait faire dans cette région; « Codes français et lois usuelles », 1876, en collaboration avec Hélie et Paul Pont (17ᵐᵉ éd., de 1876 à 1888; « Pandectes françaises », nouveau répertoire de doctrine, de législation et de jurisprudence, rédigé sous la direction de M. R., par les magistrats les plus éminents, 40 vol. in-4°, 4 vol., ont paru, plus: divers brochures juridiques et de nombreuses dissertations dans les Revues de droit et de jurisprudence.

Rivien (Amédée), est né, à Douai (Nord), le 20 mai 1860. Après avoir suivi les cours de la Faculté de droit, il fit du journalisme dans les journaux républicains du Nord, puis il collabora à diverses revues littéraires et artistiques: l'*Union Tunisienne*, la *Revue française*, l'*Union littéraire et artistique de Nice*, etc. En 1883, M. R. a publié une « Étude sur la République de Saint-Marin », Douai, Duramon. En 1887, un ouvrage sur « La Tunisie », Challemel aîné. Cet ouvrage a été honoré de la souscription du Ministre de la marine et des colonies (France) et de la souscription de la direction de l'enseignement public en Tunisie. Le gouvernement tunisien a, pour cet ouvrage, décerné à M. R. la croix d'officier de l'ordre de Nicham.

Robert (Eugène-Firmin-C.-A.), avocat et publiciste belge, né, à Gand, en 1839. Orateur et écrivain plein d'esprit, jurisconsulte distingué, M. R. est une des figures les plus sympathiques de la démocratie libérale belge, qui l'a envoyé durant quelques années à la Chambre des représentants. On a de lui un remarquable discours sur « Le rôle public de l'avocat », prononcé à la séance de rentrée de la Conférence du jeune barreau de Bruxelles le 11 novembre 1865; des articles dans la *Liberté*, le *Journal des tribunaux*, l'*Art moderne*, la *Réforme*, la *Revue moderne*, etc., et de spirituelles conférences données dans les sociétés de libre-penseurs et dans les associations politiques.

Robert (Ferdinand DES), né, à Montigny-les-Metz (Moselle), le 4 septembre 1836. Élevé au Collège *Saint-Augustin* de Metz (Pères Jésuites). Principales publications: « Campagnes de Charles IV, duc de Lorraine et de Bar », 2 vol., Paris, Champion.

Robert (François-Marie-Edmond), publiciste, administrateur, homme politique français, ancien député de l'Oise, actuellement préfet de la Vendée, né, à Metz, le 13 janvier 1849. Lieutenant au 33ᵉ régiment de mobiles, il fit avec distinction la campagne de 1870-71. Il entra dans l'administration comme sous-préfet de Nogent-sur-Seine et fut révoqué au 16 mai 1877 par le Ministère de Broglie. Nommé à la sous-préfecture de Compiègne, il devint préfet de l'Ardèche en décembre 1879. Il donna sa démission de préfet pour se présenter, comme candidat républicain, aux élections du 21 août 1881 dans l'arrondissement de Compiègne; et fut élu par 12,892 voix contre 7,444 données au candidat bonapartiste. A la Chambre, il fut inscrit à l'Union Républicaine. De 1881 à 1885, il a prononcé un assez grand nombre de discours, notamment en faveur du maintien des Facultés universitaires de Théologie catholique (1882), de la suppression des Inspecteurs généraux du Ministère de l'Intérieur (1883). Il a été l'auteur de divers projets de loi, notamment sur les sucres, sa proposition d'une surtaxe de 7 francs sur les sucres étrangers est devenue la loi de 1884; sur l'assistance dans les campagnes, sur la création d'une école de sucrerie au Palais de Compiègne. Ayant échoué au scrutin de liste (octobre 1885), il est rentré dans l'administration et a été nommé préfet de la Vendée par decret du 2 février 1887, sous le Ministère présidé par M. Goblet. A le dernière session du conseil général, il a été l'objet de violentes attaques de la part de la majorité royaliste à l'occasion de l'éloge funèbre du Maire de Saint-Vincent, Sterlanges, éloge dans lequel il avait dit qu'il était « rentré dans l'hospitalité de la nature », et aussi à cause de la laïcisation de l'école des filles de la Gaubretière; laïcisation qui avait amené une sorte d'émeute de femmes. Toute cette petite ville s'était pavoisée de drapeaux noirs, empruntés, dit M. R. au Conseil général: « par l'anarchie blanche à l'anarchie rouge ». Il est officier de l'Instruction publique. Il a publié: « La Commune et ses idées à travers l'histoire », Paris, Germer Baillière, 1872; « Les domestiques; études de mœurs et d'histoire », id., id., 1875. M. R. a collaboré à l'*Union des jeunes*, journal littéraire dont il fut l'un des fondateurs, et à *La Bazoche* (1869).

Robertson (Archambault), théologien anglais et *tutor* à l'Université de Durham depuis 1883, est né à Sywell dans la Comté de Northampton, le 20 juin 1853; il a fait ses études au *Trinity College* d'Oxford et a été sacré ministre de l'église anglicane en 1882. Nous avons de lui l'édition de l'ouvrage de St.-Athanase: « De Incarnatione verbi », avec introduction et notes, Londres, D. Nutt, 1882; traduction anglaise du même ouvrage, Londres, D. Nutt, 1885.

Robertson (Georges CROOM), philosophe anglais, professeur de logique à l'*University College* de Londres, né, le 10 mars 1842, à Aberdeen (Écosse). Après avoir pris son doctorat en 1861 à l'Université d'Aberdeen, il continua ses études à Londres, Berlin, Goettingue, Paris (1861-63). En 1866, il fut nommé professeur à l'*University College* et en 1876 nous le trouvons directeur du *Mind*, journal de philosophie. En dehors d'une collaboration suivie à ce journal et à la neuvième édition de l'*Encyclopædia Britannica*, où il a mis les articles: « Analysis »; « Association »; « Axiom »; « Hobbes », il est l'auteur de « Thomas Hobbes », 1886. Avec le prof. A. Bain il a publié en 1872: « Grotes posthumous work on Aristotle ».

Robidou (Bertrand), publiciste et littérateur

français, né, à Plèrgues (Ille-et-Vilaine), le 16 novembre 1820. Après avoir fait ses études à Ploërmel, dans l'Institut dirigé par le frère de Lamennais, il devint instituteur de Saint-Benoît-des-Ondes, près Cancale, et y attira, par l'intelligente nouveauté de son enseignement, de nombreux élèves. Mais, en 1849 sous le Ministère Falloux, il fut dénoncé et persécuté par les cléricaux ; et ayant répondu à leurs attaques par une brochure assez mordante, il fut poursuivi le 8 décembre 1849, devant le jury et acquitté par lui. Mais il fut néanmoins suspendu de ses fonctions qu'il dut quitter pour l'enseignement libre. Les habitants de Saint-Benoît-des-Ondes, qui l'aimaient, lui élevèrent une maison d'école à leurs frais ; il s'y établit comme instituteur et cette nouvelle école prit rapidement un développement énorme. Aussi, en 1851, les mêmes adversaires la firent fermer par le Conseil académique, à l'aide de cette même loi Falloux, qui supprimait la défense, les témoins et toutes les formes juridiques. M. R., qui avait toujours aimé et cultivé les lettres, se fit alors littérateur et renonça définitivement à l'enseignement. M. R. a publié : « Histoire d'un beau pays », 2 vol. : « La République de Platon comparée aux idées et aux états modernes » ; « Elohim et Javeh » ; « La Dame de Coetquen », roman historique ; « La Rouërie », roman ; « Les Mériahs », scènes de la vie des peuples primitifs contemporains, 1888. M. R. publie en ce moment l'« Histoire du Clergé pendant la Révolution ». Comme publiciste, M. R. a fondé et dirige encore deux journaux en province : *L'union des deux villes* (St.-Malo-St.-Servan), et *L'Avenir de Rennes*, dont l'importance politique est incontestable. M. R. est membre de la Société des gens de lettres.

Robin (Élie), économiste et pasteur français, né, le 15 octobre 1825, à Marennes dans la Charente-Inférieure, fit ses études de théologie à la Faculté de Montauban, les termina par la soutenance d'une thèse sur « Le caractère et l'autorité de l'enseignement apostolique », 1853, et joignit, à ses fonctions de pasteur à Montflanquin dans le Lot-et-Garonne, celles d'aumônier de la maison centrale d'Eysses. Ses entretiens confidentiels et réitérés avec les détenus le convainquirent que leurs rechutes répétées provenaient du manque de protection et de travail dont ils souffraient après l'expiration de leur peine. Le mal fut exposé par M. R. dans ses « Expériences d'un pasteur aumônier d'une maison centrale », 1867 : le remède fut cherché la même année dans la création d'une Société de patronage. Le Consistoire de Paris appela en 1868 à la direction d'une de ses paroisses vacantes le courageux philanthrope qui préluda à la constitution d'une nouvelle Société de patronage de libérés protestants par la publication d'un nouvel ouvrage : « Les Prisons de France et le patronage des prisonniers libérés », 1869. Le Ministère de l'Intérieur fut si frappé de la promptitude et de l'excellence des résultats amenés par cette association philanthropique qu'il provoqua à son tour la fondation d'une Société générale de patronage pour les détenus catholiques. Une nouvelle tâche s'imposait à M. R. par le succès même qu'avaient obtenu ses précédents efforts. Il fallait prévenir la chute plus encore que travailler au relèvement des coupables. De nombreux documents qui lui avaient été fournis en majeure partie par le Congrès tenu en 1872 à Londres lui permirent d'écrire en 1878 le livre intitulé : « La question pénitentiaire », qui ouvrit au public français des horizons tout nouveaux et amena la création à Paris, soit de la Société générale des Prisons, soit de la Société d'éducation et de patronage des enfants protestants insoumis. Nous sommes encore redevables à M. R. de deux autres ouvrages : « Des écoles industrielles et de la protection des enfants insoumis ou abandonnés », 1878 ; « Hospitalité et travail, ou des moyens préventifs de combattre la mendicité et le vagabondage », 1887.

Robinet (Jean-François-Eugène), médecin, publiciste, homme politique français, né, à Vic-sur-Seille (Meurthe), en avril 1825. Il a fait ses études classiques au Collège de Vic et au Lycée de Nancy, ses études médicales à Strasbourg et à Paris. Il a été reçu docteur à Paris en 1854. Républicain de la veille, le Dr R. a été blessé aux journées de février 1848. Disciple d'Auguste Comte depuis 1850, il a été un de ses exécuteurs testamentaires et son médecin. Le Dr R. a exercé le médecine de 1854 à 1860 à La Ferté-Sous-Jouarre, et de 1860 à 1888 à Paris. Sous l'Empire, il a été ainsi que son fils M. G. Robinet, l'objet de mesures de rigueur, pour son opposition énergique et constante. Pendant le siège de Paris, il a été, du 4 septembre au 31 octobre, Maire du VIe arrondissement, puis garde national pendant le reste du siège. Nommé membre de la Commune, il n'accepta pas son mandat. Le Dr R. est membre de la Commission municipale des Recherches sur l'histoire de Paris pendant la Révolution. Malgré une pratique médicale très-active, il a écrit d'importants ouvrages philosophiques, politiques et d'économie ; il s'est beaucoup occupé de l'histoire de la Révolution et de celle de Danton en particulier. Il a publié : « Notice sur l'œuvre et sur la vie d'Auguste Comte », 1 vol., 1860 ; 2e éd., 1864 ; « La philosophie positive. Auguste Comte et M. Pierre Laffitte », 1 vol., Germer-Baillière (*Bibliothèque utile*), 1881 ; « Danton. Mémoires sur sa vie privée », 1 vol., 1865 ; 3e éd., 1884 ; « Le Procès des Dantonistes d'après les documents », précédé d'une introduction historique ; recherches pour servir à l'histoire de la Révolution française, Leroux,

1879; « La Révolution française (1789-1815) », en collaboration avec M. Laffitte, 1881; « Danton émigré », recherches sur la diplomatie de la République, an 1er, 1 vol., 1885; « La nouvelle politique de la France », relations intérieures, 1 vol., 1875; « Finissons Paris », étude sur l'édilité de la capitale, 1879; « La question des loyers », étude sur l'édilité de la capitale, 1882, etc., etc., sans compter un grand nombre d'articles publiés dans les journaux et les revues.

Roblou (Félix), avocat et historien français, professeur d'histoire à la Faculté des lettres de Rennes, ancien directeur-adjoint à l'école des Hautes-études, est né, à Rennes, en 1818. Après avoir terminé ses études classiques, puis étudié quelque temps les sciences dans la pensée d'entrer à l'École Polytechnique, M. R. choisit l'École Normale où il entra 9e en 1840. Il en sortit en 1843. Agrégé avec le n. 2 en 1847, docteur de la Faculté de Paris en 1852, M. R. professa l'histoire dans divers lycées, notamment à Pontivy (Morbihan), jusqu'en 1864. En mars 1870, M. R., qui avait obtenu précédemment deux mentions et deux prix de l'Académie des Inscriptions et Belles-Lettres, fut nommé professeur suppléant d'histoire à la Faculté de Strasbourg. Après la guerre, il fut nommé directeur-adjoint et professeur du cours d'antiquités grecques à l'École des Hautes-études, fonctions qu'il remplit de 1871 à 1874. Au mois d'avril 1874, il fut nommé professeur suppléant d'histoire à la Faculté de Nancy. En août 1875, il fut, sur sa demande, envoyé à Rennes, sa ville natale, avec le titre de chargé de cours; professeur titulaire en 1877. En 1881, il échangea l'enseignement de l'histoire pour celui de la littérature et des institutions grecques. Membre de la Société de linguistique depuis sa fondation, M. R. a été nommé en 1872 membre de l'Association pour l'encouragement des études grecques en France. Correspondant de la Société des antiquaires de France, correspondant de l'Académie des inscriptions (1882), M. R. sera prochainement, sur la demande de ses collègues de la Faculté de Rennes, nommé professeur honoraire. Nous avons de lui : « Cinq articles sur les systèmes d'Épicure et de Zénon » (*Annales de philosophie chrétienne*), 1851; « Thèses pour le doctorat : De l'influence du stoïcisme sous les Flaviens et les Antonins — Ægypti regimen quo animo susceperint et qua ratione tractaverint Ptolemæi », 1852; « Essai sur l'histoire de la littérature et des mœurs en France, depuis la paix de Vervins jusqu'à l'avènement de Richelieu », 1858; « La XIVe dynastie de Manéthon » (*Annales de philosophie chrétienne*), 1859; « La question des sources du Nil dans l'antiquité », extrait d'un mémoire sur la « Géographie ancienne de la partie de l'Afrique comprise entre les Tropiques », qui avait obtenu l'année précédente une mention honorable à l'Académie des Inscriptions (*Nouvelles Annales des voyages*), 1861; « Périples de l'Afrique dans l'antiquité », extrait du même mémoire (*Revue archéologique*); « Histoire ancienne des peuples de l'Orient, à l'usage des établissements d'instruction secondaire », 1862; « Appendice à l'histoire ancienne, etc. », 1863; « Histoire des Gaulois d'Orient », mémoire couronné en 1863 par l'Académie des Inscriptions, 1866; « Recherches sur l'origine des Lectisternes », extrait d'un mémoire sur le culte public et national des Romains, couronné en 1866 par l'Académie des Inscriptions et qui n'a pas été publié intégralement (*Revue archéologique*), 1867; « Les origines étrangères dans la religion des Romains », extrait du même mémoire (*Annales de philosophie chrétienne*), 1884; « Croyances de l'Égypte à l'époque des pyramides » (id.), 1869; « Les pasteurs en Égypte et le ministère de Joseph » (*Revue des questions historiques*); « Les études historiques sur l'Orient, renouvelées par les progrès de l'archéologie et de la science des langues », sept articles, 1870-74; « Recrutement de l'état-major et des équipages des flottes romaines » (*Revue archéologique*), 1872; « Itinéraire des dix-mille » (*Bibliothèque des Hautes-études*), 1873; « Les classes populaires en France pendant le moyen-âge » (*Le Correspondant*), 1874-75; « Le pays de Çaparda » (*Mélanges d'archéologie égyptienne et assyrienne*), 1874; « Leçons de M. de Rougé, professées au Collège de France en 1869, publiées avec l'autorisation de son fils et annotées » (id.), 1877; « Deux questions de chronologie et d'histoire, éclaircies à l'aide des Annales d'Assurbanipal » (*Revue archéologique*), lues à l'Académie des Inscriptions; « Les populations rurales de la France, de la fin des croisades à l'avènement des Valois » (*Revue des questions historiques*), 1875; « Économie politique, administration et législation de l'Égypte sous les Lagides », mention honorable du mémoire manuscrit en 1869, décernée par l'Académie des Inscriptions. Le mémoire sur les chiffres, poids et mesures de l'ancienne Égypte, qui avait obtenu de la même Académie une récompense semblable, n'a pas été publié; « Mémoire sur le calendrier macédonien d'Égypte et la chronologie des Lagides », mémoires présentés par divers savants à l'Académie des Inscriptions. Note confirmative lue en 1885 à l'Académie des inscriptions et publiée dans son *Bulletin*; « Questions homériques » (*Bibliothèque de l'École des Hautes-études*); « Examen du système chronologique de M. Chevalier » (*Annales de philosophie chrétienne*); « La politique de Henri IV en Italie » (*Revue des questions historiques*), 1877; « Géographie comparée du Delta occidental » (*Mélanges d'archéologie égyptienne et assyrienne*); « Les doctrines religieuses de l'ancienne Égypte » (*Revue des questions histori-*

ques), 1878; « Observations critiques sur l'archéologie dite préhistorique, spécialement en ce qui concerne la race celtique », extrait des *Mémoires* de la Société archéologique d'Ille-et-Vilaine, 1879; « Questions de droit attique », 1880; « L'Avesta et son origine » (*Revue des questions historiques*); « Apollon dans la doctrine du mystère », lu à l'Académie des inscriptions (*Gazette archéologique*); deux appendix dans le VII° vol. de ce recueil; « Max Müller, leçons de Westminster-Abbey » (*Annales de philosophie chrétienne*); « Les peuples de la mer confédérés contre l'Égypte (*Recueil de travaux relatifs à la philologie et à l'archéologie assyrienne*); voyez aussi le VII° volume de la *Gazette archéologique ;* « Observations sur une date astronomique de l'ancien Empire égyptien », lu à l'Académie des Inscriptions (même recueil, appendix en 1883), 1881; « Une étude de mythologie gauloise » (*Annales de philosophie chrétienne*); « Les Congrès français d'orientalistes », 1882; « Série d'articles sur les progrès de l'égyptologie » (*Muséon du Louvain*), se continue, 1882-87; « Deux cités françaises au moyen-âge », compte-rendu de deux fascicules de la Bibliothèque des Hautes-études, 1882 ; « Les institutions de la Grèce antique », épuisé, une seconde éd. plus étendue doit être sous presse à cette heure; « Attribution d'un sceau à Guillaume IV de Toulouse » (*Mémoires* de la Société archéologique d'Ille-et-Vilaine), 1883 ; « Les institutions de l'ancienne Rome », 3 vol., publiés avec M. Delaunay. Les parties dont M* R. est l'auteur sont: l'armée, la religion, l'architecture et l'empire, 1884-87; « Un problème sur les préludes du syncrétisme gréco-égyptien », lu à la Société des antiquaires et publié dans ses mémoires, 1885; « L'enseignement de Pythagore contenait-il des éléments égyptiens? » (*Mélanges Renier*), 1887; « La religion de l'ancienne Égypte et les influences étrangères », mémoire présenté au Congrès scientifique international des catholiques et publié par ses ordres. Au mois d'avril 1888, M. R. a lu à l'Académie des Inscriptions, un mémoire d'égyptologie sur la Question des Héroushas, que M. Maspéro a publié dans son *Recueil*, en 1889. Enfin l'article intitulé: « Chronologie égyptienne », dans le *Dictionnaire d'apologétique*, et un mémoire sur les « Monuments mégalythiques », sont de M. R.

Robustelli (Jean), romancier italien, rédacteur à l'*Opinione* et à la *Gazzetta Ufficiale*, né, en 1844, à Grossotto en Valteline. Il avait commencé à Come ses études de lycée lorsqu'il s'embarqua sous les ordres du général Cosenz pour la Sicile (1860). Nous avons de lui les nouvelles suivantes publiées en feuilleton: « La tavolozza di Alberto » (*Gazzetta d'Italia*) ; « Annalena » (*Piccolo*); « Idilli di Giulia » (*Fanfulla*); « Festa in casa di Mecenate » (*Gazzetta Ufficiale*); « L'America in Europa » (*Illustrazione Italiana*); « La figlioccia del dottor Tommaso »; « Il matrimonio di Roberto »; « Il Conte Lecchi » (*Opinione*), et les opuscules: « Memoria sul caseificio di Valtellina », Milan, Brigola; « Rizzi e Cavallotti », id., id.; « Una visita ai trappisti delle Tre Fontane »; « Francesco Puccinotti, dal suo epistolario scientifico e familiare »; « L'arte a Parigi e i Sermoni di Tullo Massarani »; « La donna e le donne », Milan, 1882; « Il credito agrario », 1884; « L'esposizione industriale del 1884 a Torino », 1885; « Il Castello di Grozio », 1887; « Il Conte Diavolo », scènes de la révolution valtellinoise (1795-97), 1885, etc.

Roccella (Alceste), écrivain italien, né, à Piazza Armerina (Sicile), le 26 juillet 1827; il a publié les ouvrages suivants: « I Templari e gli Spedalieri in Piazza Armerina », 1878; « Illustrazione degli scavi fatti nelle terre vicine a Piazza Armerina », 1882; « Il gran priorato di Sant'Andrea dell'Ordine del Santo Sepolcro e dei Canonici di Sant'Agostino, oggi di Regia Collazione, ed i monasteri dei Benedettini esistenti fin da remoto tempo nell'Agro di Piazza Armerina », 1883. M. R. travaille à des biographies des personnages marquants de sa ville natale.

Roccella (Rémy), notaire et homme de lettres italien, né, à Piazza Armerina (Sicile), le 7 mai 1829, étudia d'abord la musique et puis le droit. En 1861, il entra au notariat et couvrit depuis plusieurs charges locales administratives. Nous avons de lui: « Vocabolario della lingua parlata in Piazza Armerina », Caltagirone, Mantelli, 1875; « Li esempii e i suoi effetti », id., Giustiniani, id.; « Poesie e prose nella lingua parlata piazzese », id., Mantelli, 1877.

Rochas d'Aiglun (Auguste-Albert DE), né, le 20 mai 1837, à Saint-Firmin (Hautes-Alpes), famille d'origine provençale, établie depuis longtemps en Dauphiné. Il obtint le prix d'honneur de mathématiques spéciales au Lycée de Grenoble; puis sortit le 3° de l'École Polytechnique, choisit le Génie, fit la Campagne de Metz à l'état-major du Commandant supérieur de la place, remplit les fonctions de directeur des études à l'École Polytechnique, organisa le camp retranché de Grenoble. Actuellement il est commandant et chef du Génie à Grenoble. Les travaux de M. R. se rattachent presque tous aux ordres d'idées suivants: 1° L'histoire et la topographie militaire des Alpes ayant eu pour conséquence l'étude des patois de cette région pour la détermination de l'étymologie et de l'orthographe des noms de lieu; 2° La restitution des sciences antiques. M. de R. a traduit pour la première fois du grec en français tous les traités techniques laissés par les ingénieurs de la première école d'Alexandrie. Il a complété cette étude par l'examen des faits prodigieux relatés par les historiens et il a cherché à expliquer comment ils avaient pu être produits: de là des expériences couronnées de succès sur le transport des grandes masses et la découverte d'un certain nombre de lois physiologiques à l'aide desquelles on explique et on reproduit la plupart des prestiges et des prodiges attribués aux pythies, aux sibylles, aux mages, aux devins et aux sorciers. Nous avons de lui en librairie: « D'Arçon, ingénieur militaire; sa vie, et ses écrits » (prix d'éloquence au concours ouvert par l'Académie de Besançon), Paris, Dumaine, 1867; « De l'organisation des armes spéciales chez les Romains », extrait du *Bulletin de la Société d'émulation du Doubs,* Besançon, 1868; « Poliorcétique des Grecs », qui obtint la médaille d'or de la Société pour l'encouragement des études grecques, Paris, 1872; « Traité de fortification de Philon de Byzance », texte grec et traduction française avec notes philologiques et techniques; cet ouvrage, fait en collaboration de Ch. Graux, a paru en 1871 dans la *Revue de philologie;* « Coup d'œil sur la balistique et la fortification dans l'antiquité », lecture faite en séance de la Société des études grecques en 1877, devant S. M. l'Empereur du Brésil; « Traité des Machines d'Athénée », traduit pour la première fois du grec en français; cet ouvrage fait partie des *Mélanges dédiés à la Mémoire de Ch. Graux,* Paris, Thorin, 1884; « Principes de la fortification antique », précis des connaissances techniques nécessaires aux archéologues pour explorer les ruines des anciennes forteresses (grande médaille de vermeil de la Société française d'archéologie, en 1881), Paris, Ducher, 1881; « L'artillerie chez les anciens », extrait du *Bulletin monumental,* 1882; « Note sur les remparts romains de Vienne », communication faite au Congrès archéologique Vienne en 1877, avec plan.; « De l'utilité d'un de glossaire topographique », Grenoble, Drevet, 1874; « De l'orthographe des noms de lieu », communication faite au Congrès international des sciences géographiques à Paris, en 1875; « Premier essai d'un glossaire topographique des Alpes », extrait de la *Revue de géographie,* 1878; « Patois des Alpes Cottiennes » (*Briançonnais et vallées vaudoises et en particulier du Queyras*), Paris, Champion, 1877; cet ouvrage, fait en collaboration avec le Dr Chabrand, a été couronné par la Société des langues romanes; « Les noms des lieux dits de l'arrondissement de Vienne », communication faite au Congrès archéologique de Vienne en 1879, Tours, Bousrez; « Histoire militaire d'Embrun », Grenoble, Drevet, 1871; « Notice sur les fortifications de Grenoble », discours de réception à l'Académie delphinale, en 1873; « La Campagne de 1692 dans le Haut-Dauphiné », Grenoble, Maisonville, 1874; « Topographie militaire des Alpes », par M. de Montanel, ingénieur du roi, publiée pour la première fois et précédée d'une notice historique sur les travaux de topographie relatifs aux Alpes franco-italiennes », Grenoble, Allier, 1875; « Les Vallées vaudoises, étude d'histoire et de topographie militaire, avec une carte en cinq couleurs et un glossaire topographique », Paris, Tanera, 1880; la carte qui accompagne cet ouvrage a obtenu la 1re médaille d'or au Congrès national des sociétés de géographie tenu à Lyon, en 1882; « Topographie des vallées vaudoises », extrait de l'ouvrage précédent avec quelques modifications et adjonctions, inséré dans l'*Annuaire* de la Société des touristes du Dauphiné, en 1880; « Note sur quelques documents inédits, relatifs à la révocation de l'Édit de Nantes dans les Alpes », extrait des mémoires de l'Académie Delphinale, en 1880; « Pensées et mémoires politiques inédits de Vauban », précédés d'une notice sur les écrits de Vauban relatifs à l'économie politique, extrait du *Journal des économistes,* Paris, Guillaumin, 1882; « Vauban géographe », extrait de la *Revue de géographie,* 1884; « Les écrits inédits de Vauban », extraits du *Spectateur militaire,* 1884; « Traité de Pneumatiques de Philon de Byzance », traduction française du fragment de cet ouvrage, qui a été récemment retrouvé, extrait de la *Revue archéologique,* 1881; « La science des philosophes et l'art des thaumaturges dans l'antiquité », Paris, Masson, 1882; cet ouvrage contient la 1re traduction française du traité des Pneumatiques de Héron d'Alexandrie; « Note sur les leçons adoptées dans la traduction du traité des Pneumatiques de Héron d'Alexandrie et sur les termes techniques grecs employés dans ce traité », extrait des mémoires de la Société pour l'encouragement des études grecques, 1883; « Les épreuves par le feu » (*Revue scientifique*), 1882; « Les origines de la science et ses premières applications », Paris, Masson, 1883; cet ouvrage fait partie de la *Bibliothèque de la nature,* publiée sous la direction de M. Gaston Tissandier; « La science et l'industrie dans la Grèce antique », extrait du *Bulletin* de la Société des sciences et lettres de Loir-et-Cher, 1884; « Le transport des grandes masses » (*La Nature*), 1883; « La télégraphie optique et les buttes à signaux dans l'antiquité », lecture faite au Congrès de Blois, en 1884 (Association française pour l'avancement des sciences); « Le livre de demain », Blois, Raoul Marchand, 1884; « La suspension de la Vie » (*La Nature*), 1885; « L'audition colorée » (id.), 1886; « Le Rayon vert et l'Éguerre chromatique » (id.), 1885; « La lévitation » (*Revue scientifique*), 1885; « Les forces non définies », recherches historiques et expérimentales, Paris, Masson, 1887; « Les doctrines chimiques au XVIIe siècle » (*Le Cosmos*), 1888. « Mémoire de la guerre sur les frontières du Dauphiné et de Savoie de 1742 à 1747 par Brunet de l'Argentière », avec une préface et des notes, Paris, à la direction du *Spectateur militaire*, 1887; « Les Compagnies alpines », Grenoble, Breynat, 1887; « Les Compagnies alpines en 1747, d'après Brunet de l'Argentière » (*Spectateur militaire*), 1887. Un certain nombre d'articles parus ou sous presse dans les *Annales de mathématiques*, de Terquem et Gérono; la *Revue générale de l'architecture et des travaux publics*, de César Daly; l'*Encyclopédie d'architecture et de construction*, de Planat; le *Spectateur militaire*; le *Dictionnaire des antiquités grecques et romaines*, de Saglio; les études sur *L'Exposition de 1878*, de E. Lacroix, etc.

Rod (Édouard), littérateur et romancier français, professeur de littérature comparée à la faculté de Genève, né, à Nyon (Suisse), en 1857. Il a étudié la philologie à Lausanne, à Bonn et à Berlin. Licencié en 1879, il a vécu depuis lors à Paris, collaboré au *Parlement*, au *Temps*, à la *Liberté*, au *Journal des Débats*, à la *Revue des Deux-Mondes*, etc.; fondé et dirigé, pendant une année la *Revue contemporaine*. Nommé professeur à Genève en 1885, en remplacement de Marc Monnier. Nous donnons ses principales publications: « A propos de l'Assommoir », Marpon et Flammarion, 1879; « Les Allemands à Paris », Dervaux, 1880; « Palmyre Veulard », Dentu, 1881; « Les Protestants. — Côte à côte », Ollendorff; 1882; « La Chûte de Miss Topsy », Bruxelles, Kistemaeckers, id.; « La Femme d'Henri Vanneau », Plon, 1884; « L'Autopsie du docteur Z », Frinzine, id.; « La Course à la mort », id., 1885; « De l'Enseignement de la littérature comparée », discours d'ouverture à la Faculté de Genève, 1886; « Tatiana Leïlof »; « Le Pardon », nouvelles; « Essai sur le XIXe siècle ».

Rodd (Rennell), diplomate et homme de lettres anglais, secrétaire au service diplomatique de Sa Majesté Britannique, né, en novembre 1858, à Londres, bachelier de l'Université d'Oxford, où il gagna le prix annuel pour le poème anglais sur le sujet: « Sir Walter Raleigh ». Il entra en 1883 dans la carrière diplomatique, fut nommé à Berlin et ensuite à Athènes. Nous avons de lui en poésie: « Poems in Many Lands »; « Féda and other Poems »; « The Unknown Madonna and other Poems ». En prose: « Frederick, Crown Prince and Emperor, a biographical sketch ».

Rodenbach (Georges), poète et journaliste belge, né, à Tournai, en 1855. Déjà en faisant son droit, il donnait des articles et des poésies à plusieurs journaux et revues, et il a publié en librairie, outre un poème historique: « La Belgique », Gand, 1880, les recueils de vers suivants: « Le foyer et les champs », Bruxelles, 1877; « Les tristesses », id., 1879; 2e éd., Paris, 1880; « La mer élégante », Paris, 1881; « L'hiver mondain », Bruxelles, 1884; « La jeunesse blanche », Paris, 1886; « Du silence », id., 1888; « L'art en exil », id., 1889. Il a été l'un des directeurs de l'« Anthologie des prosateurs belges », publié à Bruxelles sous le patronage du Gouvernement, et il est aujourd'hui attaché à la rédaction du *Figaro*, à Paris.

Rodenberg (Jules), écrivain et poète allemand, né, le 26 juin 1831, à Rodenberg (Kurhessen); fit ses études au Gymnase de Rinteln aux Universités de Heidelberg, Goettingue, Berlin et ensuite à Marburg, où il prit ses grades; il séjourna à Paris et assez longtemps en Angleterre et voyagea en Danemark, en Italie et en Hollande. Rentré (1862) dans sa patrie, il alla s'établir à Berlin, où il devint rédacteur du *Deutsches Magasin*, du *Bazar* et du *Salon für Literatur, Kunst und Gesellschaft*. En 1874, il fonda la *Deutsche Rundschau* qui est, sans contredit, la meilleure des Revues allemandes. La richesse des connaissances acquises dans ses longs voyages et ses mérites d'écrivain distingué, de versificateur élégant et d'observateur profond se révèlent dans ses ouvrages en prose et en poésie, dont nous citerons les plus importants: « Schleswig-Holstein », recueil de sonnets, Hamburg, 1850; « Dornröschen », Brême, 1851; « König Heralds Totenfeier », Marburg, 1852, 3me éd., 1855; « Lieder », 1853, 5me éd., 1881; « Pariser Bilderbuch », Brunswick, 1856; « Dramatische Idyllen », 1856; « Ein Herbst in Wales », Hannover, 1857; « Wanderchronik », 1858; « Alltagsleben in London », Berlin, 1859; « Die Insel der Heiligen », id., 1860, 2me éd., 1863; « Das Mädchen von Korinth », 1862; « Die Harfe von Erin », Leipzig, 1862, 2me éd., 1863; « Verschollene Inseln », Berlin, 1861, 3me éd., 1876; « Die Strassensängerin von London », id., 1862; « Tag und Nacht in England », 1864-76; « Diesseits und jenseits der Alpen », id., 1865; « Die neue Sündflut », 4 vol., id., « Ein dänisches Seebad », 1867; « Von Gottes Gnaden », Berlin, 1870; « Aus aller Herren Ländern », id.; « Krieg- und Friedenslieder », 1871; « Wiener Sommertage », 1875; « Die Grandidiers », Stuttgart, 1878, 2me éd., 1882 (traduits en langue italienne, et parus à Milan en 1888); « Berliner Bilder », 1886 (dont on a publié déjà la 5me éd.); « Heimatherinnerungen », 1882.

Rodrigues (Hippolyte), fils d'Isaac R., *Henriques*, chef de la grande maison de banque de Bordeaux — les fils de A. Rodrigues. — Membre de la Société des gens de lettres et de la Société des compositeurs de musique, né à Bordeaux, élevé à Paris, il témoigna de bonne heure d'un goût très vif pour la littérature. A l'âge de dix-huit ans, il avait déjà composé le roman de « Christiern », dont le sujet traversait toute l'histoire de la Révolution française, et dont le héros représentait la beauté morale réunie à la laideur physique. M. R., obligé par des convonances de famille d'entrer dans les affaires, arrêta la publication de ce roman. Il devint, en 1840, agent de change près la Bourse de Paris ; il se retira en 1855, après une brillante carrière, et fut nommé agent de change honoraire. Il reprit alors ses fortes études, et publia : en 1864, le 1er volume des « Trois Filles de la Bible » ; en 1865, le 2e vol. ; en 1866, le 3e vol. ; en 1867, les « Origines du sermon de la montagne » ; en 1868, la « Justice de Dieu » ; en 1869, le « Roi des Juifs » ; en 1871, « Saint-Pierre » ; en 1873, « David Rizzio », paroles et musique, grand opéra en 4 actes, gravé chez Baudon (inédit), 2me éd., 1877 ; en 1875, « Saint-Paul » ; en 1879, « Midraschim », 1re éd. ; en 1881, « Théâtre de Campeador » ; en 1883, « Apologues du Talmud », mises en vers français ; en 1885, « Contes parisiens et philosophiques » ; en 1885, « Historiette », paroles et musique ; en 1886, « Apologues », paroles et musique ; en 1887, « Marie Touchet » ; en 1888, « Charles IX ».

Rodriguez-Correa (Ramon), né à Cuba, écrivain et homme polityque, actuellement directeur au Ministère de l'intérieur. Il a été président de la section de littérature de l'Athénée de Madrid. Son œuvre la plus remarquable est un roman intitulé : « Rosas y perros ».

Rodriguez de Freitas (Joseph-Joachim), écrivain portugais, né, le 20 janvier 1840, à Porto, député aux *Cortès* depuis 1870, professeur à l'Académie polytechnique de Porto depuis 1864. Nous avons de lui des brochures : « Cavour et le Portugal », 1861 ; « Notices sur le Portugal », 1867 ; « La révolution sociale », 1872 ; « La crise commerciale politique », 1876 ; « O Portugal contemporaneo do senhor Oliveira Martins », Porto, 1881 ; « Elementos de escripturaçao mercantil », id., 1880-82 ; « Bimetallismo », dans la *Revista Scientifica* », 1881-82 ; « O Cambio do Brazil », id., 1886 ; « A Licencia das finanças o a theoria do estado », id., 1885 ; « Principios de Economia politica », id., 1883, dans l'ouvrage : « The woman question in Europe, a series of original essays, edited by Thoedore Stanton », 1884 ; « Frederico Froebel », 1882.

Rodt Mulinen (DE), archéologue suisse, né, à Berne, le 22 juillet 1849, étudia l'architecture au *Politechnicum* de Stuttgart et se livra avec ardeur à des recherches historiques sur les beaux-arts pendant un séjour prolongé en Italie. La ville de Berne le nomma en 1880 directeur du Musée historique. Nous sommes redevables à M. de R. de magnifiques publications ornées de nombreuses gravures, tels que l'« Ancien Berne », 2 vol., avec 50 planches, 1880-86 ; « Le Musée historique de Berne », 1884 ; « Les Monuments historiques de la Suisse », 4 séries avec planches, 1883-86. On attend de M. de R. un nouvel ouvrage sur le « Butin fait par les Suisses pendant la guerre de Bourgogne ».

Roehholz (Ernest-Guillaume), philologue et littérateur germano-suisse, né, le 3 mars 1809, à Ansbach dans la Franconie bavaroise, fils d'un employé mort des suites de la campagne de France, fut élevé aux frais de l'État à l'institut de Neubourg sur le Danube ; il étudia la jurisprudence à l'Université de Munich et fut injustement impliqué par la police, au moment où il se préparait à la carrière universitaire, dans un complot contre le roi Louis. D'abord interné dans sa ville d'origine, il réussit, au prix des plus grands dangers, à se refugier en Suisse, s'y établit définitivement, et professa, pendant 32 années, la langue et la littérature allemandes à l'institut de Hofwyl (1834), au gymnase de Bienne (1835), à l'école cantonale d'Aarau (1856). Son activité scientifique s'est exercée de la manière la plus fructueuse dans le domaine des chants nationaux et des légendes populaires. M. R. s'est demis en 1866 de ses fonctions professorales, mais a conservé celles de directeur du Musée archéologique d'Aarau ; en 1860 avait été fondée par lui la revue historique *Argovia* (18 vol. parus, 1860-88). Voici, d'après l'ordre chronologique, la liste complète de ses écrits : « Cycle de sonnets et couronne de lieder », 1829 ; « Les Lusiades de Camoens, traduites en vers d'après le mètre de l'original », 1835 ; « La chronique des confédérés », recueil de chants de guerre, de parti et d'alliance, 1835 ; « Le nouveau et libre remerciement », histoire de la littérature allemande, 1838 ; « Tragemunt », nouvelles poésies enfantines, vol., 1852 ; « Légendes suisses d'Argovie », 2 vol., 1856 ; « Jeux et chants enfantins allémaniques », 1857 ; « La création d'une université fédérale », 1860 ; « Le couvent bénédictin de Muzé », Argovia, 1861 ; « Les Mythes de la nature », nouvelles légendes suisses, 1862 ; « Projets de travaux en Allemagne », 2 vol., 1863 ; « Lettres adressées à une dame allemande sur l'orthographe germanique », 1864 ; « La composition en Allemagne », 1866 ; « Les croyances et les usages germaniques contemplés à travers le miroir du passé païen », 2 vol., 1867 ; « Trois déesses de la campagne, Walburge, Vérène et Gertrude, transformées en saintes ecclésiastiques », tableaux de la vie féminine en Allemagne, 1870 ; « A, B, C poétique gradué d'après le développement de l'enfance », 3me éd., 1872 ; « La légende suisse de frère Nicolas de Flue envisagée dans ses sources historiques et ses conséquences politiques », id. ; « Les livres du peuple et des héros en Allemagne », narration nouvelle avec illustrations, 1875 ; « Proverbes de la sagesse argovienne, expliqués d'après les districts », 1876 ; « Tell et Gessler dans l'histoire et dans la légende d'après les sources originales », 1877 ; « Le Gessler argovien d'après les documents 1250-1513 », 1877 ; « Catalogue des antiquités argoviennes », 1879 ; « Les comtes de Hombourg dans le Sissgau et le Frickgau », 1886 ; « Légendes de voyageurs relatives à la peste de 1348 », 1887.

Roersch (Louis), philologue belge, né, à Maestricht, le 30 mai 1831. Successivement professeur à l'Athénée royal de Bruges, maître de conférences à l'École des Humanités de Liège, il est aujourd'hui professeur à l'Université de cette dernière ville, membre de l'Académie royale des sciences, des lettres et des beaux-arts de Belgique, et membre de l'Académie royale flamande. Outre de nombreuses études, en français et en flamand, dans les publications de ces deux académies, la *Revue de l'instruction publique en Belgique*, la *Revue pédagogique*, le *Bulletin du Bibliophile belge*, *De Toekomst*, *Noord en Zuid*, et une excellente « Histoire de la philologie en Belgique », donnée par lui au grand ouvrage collectif « Patria Belgica », il a publié des textes revus et annotés des ouvrages suivants : « Cornelii Nepotis de viris illustribus quæ supersunt », Liège, 1861 ; « C. J. Cæsaris de bello Gallico », id., 1864 ; « Ciceronis orationes pro Archia et pro rege Deiotaro », id., 1867 ; des « Éléments de grammaire grecque », Gand, 1885, en collaboration avec P. Thomas ; enfin, des « Éléments de grammaire française », Liège, 1885, en collaboration avec J. Delbœuf : ce dernier volume a obtenu un grand prix institué par le Gouvernement belge. Son œuvre la plus récente est un « Woordenboek op *Alexanders geesten* van Jacob van Maerlant », Gand, 1888-1889, édité sous les auspices de l'Académie royale flamande.

Rohlfs (Gérard), voyageur allemand, né, à Vegesack près de Brême, le 14 avril 1834, fit ses études gymnasiales dans sa patrie et suivit les cours de médecine aux universités de Heidelberg, Wurtzbourg et Goettingue. Après avoir voyagé en Autriche, en Italie, en Suisse et en Algérie, il passa en 1861 dans le Maroc sous un déguisement musulman et parvint à gagner comme médecin la faveur du grand Shérif d'Husan. En 1865, M. R. passa de Tripoli à Gadamès, d'où il fut forcé par les guerres intestines des Touaregs de se tourner vers le Soudan et se rendit dans le royaume de Bornou par des routes complètement inconnues ; et après avoir tenté de pénétrer dans la contrée de Vadaï, il se dirigea vers le Niger et les côtes de l'Atlantique, puis en 1867 s'embarqua pour Liverpool. En 1868 il visita Tripoli, en 1875-76 passa dans l'Amérique du Nord, et en 1878 il entreprit une nouvelle expédition dans l'intérieur de l'Afrique. M. R. a publié des cartes géographiques et des relations insérées dans les *Mémoires* de Petermann, parmi lesquelles nous citerons : « Voyage au Maroc », 1869 ; « Pays et peuples de l'Afrique », 1870 ; « De Tripoli à Alexandrie », 1871 ; « A travers l'Afrique », 1874-75, etc.

Rohlfs (Henri), écrivain et médecin allemand, frère du célèbre voyageur, né, le 17 juin 1828, à Vegesack, étudia à Goettingue, Wurzbourg, Berlin, Munich, Prague et Paris ; prit part, comme médecin, à la campagne du Schleswig-Holstein ; exerça la médecine à Brême et depuis 1881 vit à Wiesbaden. Nous lui devons plusieurs ouvrages de médecine, parmi lesquels il nous faut citer : « Quem fructum medicinæ historiæ studium medico afferat ? », Brême, 1857 ; « Geschichte der deutschen Medecin », 1er vol., Stuttgart, Ferd. Euxe, 1875, 2me vol., id., id., 1880 ; 3me vol., Leipzig, C. L., Hirschfeld, 1883 ; 4me vol., id., 1885 ; « Gemeinfassliche Heilkunde und Gesundheitslehre für Schiffsofficiere », 3me éd., Halle, 1874, réimprimée en 1885 par Hermann Sfenius, Halle, précédée des instructions sur l'usage des pharmacies domestiques et de la marine. Une foule de ses travaux ont paru périodiquement, de 1878 à 1885, dans le *Deutsches Archiv für Geschichte der Medecin und medecinische Geographie*, édité par C. L. Hirschfeld, à Leipzig.

Röhmann (François), physiologue allemand, né, le 24 mars 1856, à Berlin, professeur libre et assistant à l'institut physiologique de Breslau, collaborateur de la *Deutsche Encyclopädie*, a publié : « Zur Lehre von Diureticis », Berlin, 1880 ; « Ueber die Ausscheidung der Chloride im Fieber » (*Zeit. f. Klin. Med.*), 1879 ; « Ueber Säure Harngährung » (*Zeitsch. f. Phys. Chem.*), 1881 ; « Ueber die Ausscheidung von Salpetersäure und Salpetriger Säure » (id.), 1881 ; « Beobachtungen an Hunden mit Gallenfistel » (*Pflüger's Arch.*), 1882 ; « Beiträge zur Physiologie des Glycogens » (id.), 1886.

Rohrer (Frédéric), littérateur et médecin suisse, professeur d'otiatrie à l'Université de Zurich, est né, le 30 avril 1848, à Buchs, Canton de Saint-Gall (Suisse), fit ses études au gymnase de sa ville natale et aux Universités de Zurich, Wurzbourg et Vienne, prit ses grades en 1870 à l'Université de Zurich et son habilitation à l'enseignement de l'otiatrie en 1885. Nous lui devons : « Das primäre Nierencarcinom », Zurich, 1874 ; « Der Rinne'sche Versuch », id., 1885 ; « Die Stellung der Ohrenheilkunde in der modernen medicinischen Wissenschaft », id., 1886 ; « Die Hydrotherapie bei entzündlichen Gehirnaffectionen » (*Deuts. Arch. f. Klin. Med*) ; « Ein Fall von Zwerghaftigkeit » (*Vichow's Arch.*) ; « Ueber Otitis media sicca » (*Correspondenzblatt für Schweizerärtze*) », 1873 ; « Traumen in der Ohrgegend in forensischer Beziehung » (id.), 1875 ; « Plötzliche Taubheit nach Masern » (id.), 1884 ; « Ueber Bildungsanormalien der Ohrmuschel » (*Tagblatt d. deutsch. Naturf. Versamml.*), Strasbourg, 1885 et Berlin, 1886 ; « Statistische Beobachtungen über den Rinne'schen Versuch » (id.), Berlin, 1886 ; « Die Bakterien bei eitrigen Affectionen des

Ohres und der Nase », Wiesbaden, 1887 ; « Zur Morphologie der Bakterien des Ohres und des Nasen- Rachenraumes », Zurich, 1889 ; « Ueber die Pathogenitaet der Bakterien des Ohres und der Nase » (*Deutsch. med. Wochenschr.*), 1888 ; « Die Bedeutung des Rinne'schen Versuches für die Diagnose der Labyrinthaffectionen » (*Arch. für Ohrenheilkunde*), XXVII vol. Le monde littéraire lui doit aussi plusieurs compositions poétiques, parmi lesquelles nous citons : « Feierabend », poésie lyrique, Zurich, 1883 ; « Bunte Blätter, Kinderlieder », id., 1884 ; « Clematis », poésie lyrique, id., 1885 ; « Saxifraga », poésie épique et lyrique, id., 1886 ; « Klänge vom Lindenhof », id., 1887.

Roig y Ballesta (Jean), homme de lettres espagnol qui a écrit en catalan et en castillan, est né, le 26 mai 1846, à San Feliu de Guixols (province de Gerona). Après une jeunesse difficile, il entra dans l'enseignement qu'il quitta plus tard. Nous avons de lui en catalan : « Lo Llibre de la Infantesa », Valls, Eusèbe Oller, 1883 ; « Cantars, ó follias catalanas », id., id., id. ; « Llibre de Faulas y poesias », id., Sellisser, 1884 ; en castillan : « Cantares y Poesias », Barcelone, Bonet, 1885 ; « Horas Dolsas y Amargas », id., id., 1887 ; en préparation : « Arpegios », poésies ; et « Venus », poème catalan.

Roiti (Antoine), physicien italien, né à Argenta (province de Ferrare), en 1843, fit ses études universitaires à Pise ; maintenant, il est professeur de physique à l'*Istituto di Studii Superiori* de Florence. Nous avons de lui : « Sopra un'azione ponderomotrice interna della corrente elettrica », dans le journal *Nuovo Cimento*, Pise, 1879 ; « Nuova forma dell'azione cataforica della corrente », id., id. ; « Di alcune nuove apparenze elettrochimiche », id., id. ; « Della Conferenza internazionale per la determinazione delle unità elettriche », id., 1884 ; « Metodo per determinare la capacità di un condensatore a misura assoluta », id., id. ; « L'elettrocalorimetro confrontato col termometro di Riess », id., 1885 ; dans les *Actes* de la *Regia Accademia di scienze* de Turin : « Metodo per determinare l'Ohm » ; « Determinazione della resistenza elettrica di un filo » ; « Di un elettrocalorimetro » ; « Misure assolute di alcuni condensatori » ; plusieurs mémoires dans les publications du *R. Istituto di Studii Superiori* et de l'*Accademia dei Lincei*, et enfin en librairie : « Elementi di fisica », Florence, Le Monnier, 1880-88-84, et 2me éd., 1886-87.

Roland (Henri-François-René), né à Pontarlier (Doubs), le 26 octobre 1855. Avocat à la Cour d'appel de Dijon de 1877 à 1882 ; docteur en droit en 1880 ; professeur à la Faculté libre de droit de Lille de 1882 à 1885 ; avoué près le tribunal civil de Gray en 1886 ; membre correspondant de l'Académie de législation de Toulouse ; lauréat de cette même Académie, médaillé d'or, en 1880 ; lauréat de la Faculté de droit et de lettres de Dijon, en 1876 et 1877. Principaux ouvrages publiés : « Charles Févret, avocat au Parlement de Bourgogne. Sa vie et ses œuvres », Dijon, E. Jobard, 1880 ; « De l'Esprit du droit criminel aux différentes époques, dans l'antiquité, dans les temps modernes et d'après les nouveaux principes de la science pénitentiaire », Paris, A. Rousseau, id. ; « Le travail, son rôle au point de vue pénitentiaire, discours prononcé à la colonie pénitentiaire de Citeaux », Citeaux, 1882 ; « Les médecins et la loi du 19 ventôse, an XI », étude historique et juridique sur l'organisation de la profession médicale et sur ses conditions d'exercice, Paris, A. Rousseau, 1883.

Rolando (Antoine), historien italien, professeur d'histoire moderne à l'*Accademia scientifico-letteraria* de Milan, né, à Bra (province de Coni), en 1844, étudia à l'Université de Turin, voyagea en Allemagne et en Angleterre (1874-76), et après avoir inséré plusieurs articles aux journaux et revues, publia : « Discorso sulla storia moderna », 1868 ; « La Questione ecclesiastica », 1871 ; « Della dignità imperiale di Carlo Magno », 1873 ; « Escursione storico-etnografica nei paesi slavi della provincia di Campobasso », 1875 ; « L'educazione in Italia in ordine alla vita pubblica », 1878 ; « Geografia politica e corografia dell'Italia imperiale nei secoli IX e X », Florence, 1880 ; « Delle ère principali come fondamento della cronologia storica », Milan, 1884.

Rolin-Jaequemyns (Gustave), célèbre juriste et homme politique belge, né, à Gand, le 31 janvier 1835. Docteur en droit et en sciences politiques et administratives, il publia des études d'un esprit très élevé, fonda l'Institut de droit international, et devint membre de l'Académie royale des sciences, des lettres et des beaux-arts de Belgique. En 1878, l'arrondissement de Gand l'envoya à la Chambre des représentants ; il fut quelques jours après nommé par le Roi ministre de l'intérieur et il conserva son portefeuille jusqu'en 1884, date de la chûte du gouvernement libéral en Belgique. Ses principaux ouvrages sont : « Des partis et de leur situation actuelle en Belgique », Bruxelles, 1864 ; « De la réforme électorale ; examen des moyens à employer dans les gouvernements représentatifs pour assurer la liberté des élections et la sincérité des votes » ; et des causeries flamandes sur la Constitution belge : « Voordrachten over de grondwet », Gand, 1867 ; 2^u éd., id., 1871-1872. Mais c'est dans la *Revue de droit international* qu'il faut surtout chercher les beaux travaux qui ont fait sa réputation, depuis son article : « De l'étude de la législation comparée et du droit international », 1869, jusqu'à son article sur « La conférence internationale de Berlin pour la réglementation du travail », 1890.

Rolland (Eugène), *folk-loriste* et homme de lettres français, né, à Metz, le 21 mars 1846, s'est fait connaître par une série de publications sur la littérature populaire qui lui assignent un rang distingué parmi les *folk-loristes* français. Il a fondé, avec M. Gaidoz, professeur de langue et de littérature celtiques, à l'École des Hautes-Études, la revue intitulé : *Mélusine*. Depuis le 1er janvier 1888, M. R. a quitté la direction de *Mélusine*, dont M. Gaidoz est, depuis cette époque, le seul directeur. On doit à M. R.: « Vocabulaire du patois du pays messin, tel qu'il est actuellement parlé à Rémilly, canton de Punge » (tirage à part de *Romania*, 2 brochures) ; « Devinettes, ou énigmes populaires de la France », suivies de la réimpression d'un recueil de 77 *indovinelli*, publié à Trévise, en 1628, avec une préface de M. Gaston Paris, de l'Institut, Vieweg, 1877; « Faune populaire de la France ; noms vulgaires, dictons, proverbes, contes et superstitions », Paris, Maisonneuve, 1877-83, 6 vol. (chaque volume a été tiré à 600 exemplaires) ; « Rimes et jeux de l'enfance », id., id., 1883 ; « Recueil de chansons populaires avec deux-cent mélodies notées », id., id., t. I, 1883 ; t. II, 1886 ; « Almanach des traditions populaires », 3 vol., 1882-83-84, tiré à 300 exemplaires sur beau papier. M. R. a collaboré à la *Revue critique d'histoire et de littérature*, à la *Revue celtique*, à *Romania*, etc. Depuis juillet 1888, il dirige un curieux catalogue de librairie intitulé : *Variétes bibliographiques*.

Rolland (Jules), avocat, journaliste, *mainteneur* de l'Académie des Jeux floraux depuis 1884, est né, à Albi (Tarn), en 1853. Il termina ses études au Collège des Jésuites de Saint-Affrique, et débuta en 1872 à Toulouse comme journaliste dans la *Gazette du Languedoc*, se fit inscrire au barreau de Paris, fut un des secrétaires de maître Nicolet, bâtonnier, et collabora, pendant trois ans, à la *Gazette de France*. Rentré à Albi en 1880, il fonda, avec M. Escande, le *Nouvelliste du Tarn*, dont il est resté le directeur politique. A part des articles politiques et de critique littéraire, M. R. a publié divers ouvrages, entr'autres : « Albi pendant la guerre de cent ans », 1786 ; « Histoire littéraire de la ville d'Albi », 1879 (couronné par l'Académie française) ; « La statue de Saint-Jacques », roman, 1881. Le recueil de l'Académie des jeux floraux contient, du même auteur, de nombreux discours, rapports et nouvelles. M. de Pontmartin lui a consacré une étude dans ses *Nouveaux Samedis*, 18e série, 1880.

Roller (Théophile), archéologue et pasteur français, né, en 1830, à Aubusson dans le département de la Creuse, fit ses études classiques dans un lycée de Paris, ses études théologiques à la Faculté de Montauban, à laquelle il présenta en 1853 une thèse sur la « Gnose dans les Épîtres Pastorales ». L'année suivante, l'Église de Bolbec, dans le département de la Seine-Inférieure, le choisit pour conducteur spirituel. La faiblesse de sa poitrine l'ayant obligé au bout de quelque temps à donner sa démission pour passer les hivers sous un ciel plus doux, la communauté évangélique de Naples bénéficia, pendant dix ans, de son ministère. M. R. s'occupa en outre activement, surtout depuis le régime italien, de l'érection d'écoles primaires et de toutes les œuvres propres à relever le niveau moral des classes inférieures. Après même qu'il se fut démis de toute fonction officielle, M. R. ne cessa de travailler à la propagation de l'Évangile, surtout à Rome, où l'attiraient ses recherches scientifiques. Ses impressions de touriste, soit sur l'Italie, soit sur l'Algérie, sur l'Égypte, la Palestine, ont été consignées par lui à diverses reprises dans la *Revue Chrétienne*. Son principal titre à la notoriété repose sur les « Catacombes de Rome. Histoire de l'art et des croyances religieuses pendant les premiers siècles du christianisme », 2 vol. in-fol., avec 104 héliogravures, 1881. On peut considérer comme une préparation à cette œuvre monumentale : « Saint-Clément de Rome, description de la basilique souterraine récemment découverte », 1873. Nous possédons encore de M. R. divers écrits de circonstance : « Le dogme dans les catacombes de Rome », 1864 ; « Un tremblement de terre à Naples et la charité du Gouvernement napolitain », 1860. Dans les voyages que chaque hiver M. R. fait en différents pays méridionaux, il prend des notes qu'il rédige pour la *Revue des Deux-Mondes*, le *Journal des économistes*, la *Revue Chrétienne* sur la colonisation en *Algérie*, l'*Art et les mœurs en Espagne*, etc.

Rollet (Hermann), poète autrichien, né, le 20 août 1819, à Baden près de Vienne, étudia à l'Université de cette ville, où, jeune encore, il publia ses « Liederkranze », 1842, et ensuite « Früklingsboten aus Oesterreich », 2me éd., 1849, après lesquels il fut forcé de s'exiler en Allemagne. A Iena il fut arrêté, et en 1851, ayant été mis en liberté, il passa en Suisse, où il demeura jusqu'à 1854, époque à laquelle, profitant d'une amnistie, il rentra dans sa patrie. On doit à son génie : « Wanderbuch eines Wiener Poeten », Francfort, 1846 ; « Frische Lieder », Ulm, 2me éd., 1850 ; « Kampflieder », Leipzig, 1848 ; « Ein Waldmärchen aus unserer Zeit », id., 1851, et une série de poésies dramatiques publiées en 1851, parmi lesquelles nous citons : « Die Ralunken » ; « Thomas Münzer » ; « Flamingo ». En 1853, il publia sa charmante « Jucunde », et en 1854, les « Heldenbilder und Sagen » et la « Kermesse », en 12 chants, avec musique de l'abbé Schlendinger. Parmi les plus récents travaux de ce poète et prosateur élégant, nous aurions à citer : « Beiträge zur Chronik der Stadt Baden bei Wien », Baden et Vienne, 1880; « Die Goethe- Bildnisse » Vienne, 1881-83; « Friederiken- Lied », Baden et Vienne, 1882 ; « Jucunde », nouvelle édition de ce poème en prose et en vers, avec une biographie de l'auteur (*Deutsch- öster- National-Bibliothek*), Gratz, 1884; « Badener Neujahrsblätter » (faisant suite aux *Beiträge zur Chronik der Stadt Baden bei Wien*), Baden et Vienne, 1885 ; « Poems from the German of Hermann Rollet », version anglaise par Henry Phillips Jr., Philadelphie, 1887.

Rollier (Frédéric-Auguste), pasteur et publiciste suisse, né, à Nods (Berne), le 28 mai 1836, fut successivement diacre à La Chaux-de-Fonds (1863), pasteur à Courtelary (canton de Berne) et à Saint-Aubin (Neuchâtel), 1873. Professeur d'exégèse du Nouveau Testament à la Faculté de théologie de l'Académie de Neuchâtel, de 1874 à 1883, M. R. a publié : « La vie, son triomphe et son but », 1872 ; « La Mission intérieure en Allemagne », 1875 ; « La Consécration laïque et ecclésiastique », 1876 ; « L'importance religieuse du corps d'après l'Évangile », dissertation exégétique publiée dans le programme de l'Académie de Neuchâtel, semestre d'hiver, 1882-83; « Samuel Gobas, missionnaire en Abyssinie et évêque à Jérusalem. Sa vie et son œuvre », traduit librement de l'allemand (1885) ; « Pourquoi fraterniser avec l'armée du salut ? », 1888.

Rollinat (Maurice), poète français, fils de François R., avocat, représentant du peuple en 1848, est né, à Châteauroux (Indre). En 1871, il entra à la Préfecture de la Seine, où il est resté jusqu'en 1878. M. R. a publié : « Dans les Brandes », Paris, Sandoz et Fischbacher, 1887; « Les Névroses », id., Charpentier, 1883; « L'Abîme », id., 1886 ; trois recueils de musique, en 1880, chez Harthmann; un recueil de « Rondels et Rondeaux », chez Henri Lemoine, 1883 ; et « Dix Mélodies », Mackar, 1877. En préparation: un volume de poésies intitulé : « La nature ».

Rollot (Alexandre-Hippolyte), poète français, né, à Arles, le 1er décembre 1856, vint terminer ses études à Lyon, en 1874. Son père était employé au chemin de fer Paris–Lyon–Méditerranée, où lui-même fut placé d'abord. M. R. a publié à Lyon en 1887 un premier recueil de vers intitulé : « Les Chants de la Vie », dont une seconde édition a paru, a Paris, chez Paul Ollendorff, 1888. Il a publié, chez le même éditeur, « Les Chants d'un homme », id. Ces poésies sincères sont le résultat des instincts littéraires d'un jeune homme luttant contre un milieu défavorable. D'un tempérament à la fois énergique et timide, hardi et tendre, son amour des aventures lointaines et sa constitution maladive qui le retenait sédentaire; sa passion du grand air, de la lumière méridionale, sa nostalgie de la Provence natale et son existence terne sous le ciel lyonnais, brumeux et gris ; tout cela a contribué à l'éclosion de ses vers. La lecture d'Herbert Spencer et de Hœckel lui donna le goût des grandes synthèses philosophiques, il changea peu-à-peu son amour de la nature en une sorte de culte. « En ce siècle encore bouleversé par Hœckel, Darwin et Spencer, dit M. Hippolyte Rollot, dans la préface des « Chants de la vie », beaucoup d'âmes ont pressenti la venue d'une poésie, vaste comme un abîme, qui prendrait dans ses bras l'homme, enfant de la bête, et après l'avoir ramené jusqu'à la poussière d'où il est sorti, dévoilerait à ses yeux éblouis la grandiose bonté, l'immuable justice, les vastes harmonies de la nature », Lyon, 1er décembre 1886. De même que sa vie solitaire lui avait fait chanter l'amour, le sentiment de sa santé faible et de la fragilité de sa vie lui fit chanter la force et l'éternité de l'Univers. Il a donc écrit, dans ses premières poésies, tout ce qui lui manquait, tout ce qu'il aurait voulu aimer. Avec le temps et la santé, ces sentiments ont fait place à d'autres plus calmes. Sur l'admiration instinctive de l'univers s'est greffé un amour plus raisonné pour ce splendide mécanisme. La contemplation encore un peu triste fait l'objet de son second volume intitulé : « Les chants d'un homme ». Enfin, la contemplation sereine et confiante fait l'objet d'un troisième volume en préparation.

Romano (Clément), médecin napolitain, né, le 4 mars 1847, à Bénevent, où il fit ses études de gymnase et de lycée. Reçu docteur en médecine et chirurgie, en 1870 il s'embarqua sur le brick *Daino*, vaisseau-école de la marine marchande. L'année suivante, il fut envoyé par l'État se perfectionner à Paris, à Londres et en Allemagne. Nous avons de lui les ouvrages suivants : « Del fungo benigno e degli altri neoplasmi del testicolo che assumono la forma d'escrescenze fungoide », 1873 ; « Dello ascesso retro-faringeo cronico a proposito di un caso di doppio ascesso freddo retro-faringeo felicemente condotto a guarigione », 1874 ; « Annotazioni scientifiche ed osservazioni pratiche di chirurgia raccolte presso l'Università e cliniche estere », 1875 ; « La Coxalgia », 1877 ; « Su di una rara forma di angina del cuoio capelluto », 1879 ; « La Ortopedia moderna e le malattie chirurgiche dei bambini » ; « Intorno al piede torto varo-equino congenito ed alla sua più opportuna terapia » ; « Il raddrizzamento brusco e la osteologia rispetto agli arti mezzi di cura del ginocchio valgo : con relativa statistica personale e presentazione di un nuovo Goniometro » ; « La clinica ortopedica dell'Ospedale di Loreto » ; « Laringostenosi per sifilide terziaria : tracheotomia d'urgenza » ; « La sospensione ed il corsetto gessato nella cifosi di Lott » ; « Ortopedia » — article inséré dans la *Enciclopedia medica italiana*; « Caso non comune di Emafometra per atresia congenita della vagina »; « Relazione succinta di osservazioni notevoli di clinica chirurgica »; « Resezione del capo e del 3° superiore dell'omero per carie »; « Note ed appendici di medicina operatoria, aggiunte all'opera del Malgaique »; « Latologia e clinica del ginocchio valgo »; « Enteretomia ed enterografia nelle ernie gangrenite », etc., etc. M. le docteur R. fut chargé des secours aux blessés lors du tremblement de terre de Casamicciola (île d'Ischia) dans les hôpitaux de Naples. Il prêta ses soins gratuitement et avec dévouement aux maladies de la ville pendant l'effroyable épidémie du choléra de 1884. Il est chirurgien ordinaire du grand hôpital des incurables; directeur du service orthopédique de l'hôpital de S. M. de Loreto; chirurgien extraordinaire de l'hôpital de la *Pace*; jadis aide de clinique chirurgicale de l'Université; professeur de clinique chirurgicale et de médecine opératoire; médecin en chef de 2° classe (Major) de la réserve navale; membre du Conseil directif du Comité de la Croix rouge; membre de l'Académie Royale de médecine, etc.

Rommelaere (Guillaume-A.-V.), savant médecin belge, né, à Gand, le 3 octobre 1836. Membre de l'Académie de médecine de Belgique et d'autres sociétés savantes, professeur à l'Université libre de Bruxelles, M. R. a donné d'importantes contributions aux recueils scientifiques; parmi ses publications, il convient de citer surtout: « Des institutions médicales et hospitalières en Angleterre », Bruxelles, 1866; « De la pathogénie des symptômes urémiques », id., 1867; « Études sur Jean-Baptiste Van Helmont », id., 1868; « De l'empoisonnement par le phosphore », id., 1871 (première étude sur une question qui n'a jamais cessé de préoccuper l'auteur); « De l'organisation de l'enseignement supérieur », id., 1877 (même observation); « Recherches sur l'origine de l'urée », 1880; « Cours d'histologie », id., 1881; « De la mensuration de la nutrition organique », id., 1882-1884.

Romussi (Charles), homme de lettres italien, collaborateur du *Secolo* de Milan, né, dans cette ville, le 10 décembre 1847. Nous avons de lui en librairie: « Gina e Bianca », roman historique, Pavie, 1870; Milan, 1872; « Petrarca a Milano », monographie historique, id., id.; « Milano nei suoi monumenti », id., id.; « Storia degli Stati-Uniti d'America », id., 1877; « Le Case operaie di Milano » relation, 1881; « Del trionfo della libertà », d'A. Manzoni, avec préface et notes, Milan, 1882; « Pasquinate del Conclave », Rome, 1884; « Milano che sfugge », Milan, 1889; enfin: « Storia d'Italia »; « Storia di Francia »; « Manuale del cittadino », volumes insérés à la *Biblioteca del Popolo* d'Edouard Sonzogno.

Roncali (Ange), économiste italien, professeur à l'École supérieure du commerce à Gênes, né, à Bergame, en 1845; il y fit ses études qu'il acheva par la suite en Allemagne, reçut son doctorat à Padoue, servit sous Garibaldi et enseigna aux Instituts techniques du Royaume et à l'Université de Parme. Nous avons de lui plusieurs articles de finance et d'économie politique aux revues spéciales et les deux volumes suivants: « Corso elementare di scienza delle finanze », Parme, Battei, 1887; « La morale nei sistemi tributarii », Bologne, Zanichelli, 1887.

Rondani (Albert), poète et critique d'art italien, né, à Parme, en 1846. Nous avons de lui: « Versi », 1871; « Affetti e meditazioni », 1875; « Voce dell'anima », 1880; ces trois volumes sont en vers; « Scritti d'arte », 1874; « Saggi di critica d'arte », 1880; « I tre regni danteschi nell'arte »; « Francesco Petrarca; sua casa in Selvapiana e accusa fattagli di magia »; « Il conte Jacopo Sanvitale »; « Letteratura contemporanea »; « La filosofia positiva e la critica d'arte », Parme, 1888; « Il mito italico nella filosofia positiva del secolo XI », Rome, 1889; « Il marito di Francesca da Rimini nel canto V dell'Inferno » pour le centenaire de Béatrix, Parme, 1890, etc. M. R. a collaboré avec succès à l'*Art* de Paris, à la *Nuova Antologia*, à la *Rivista internazionale*, aux *Letture di famiglia*, aux *Serate italiane* et à une quantité de journaux et revues littéraires; c'est un talent d'élite et un délicat.

Rondeleux (Paul-Grégoire), homme politique français, né, à Paris, le 20 novembre 1832. Après avoir été attaché à un grand établissement industriel de Paris et à une de ses succursales à Londres, M. R. devint, en 1862, directeur gérant des mines et usines de la Condemine à Bussières-les-mines (Allier). Ces usines destinées à l'exploitation de la houille, schistes, carrières, produits céramiques, ont pris, sous sa direction, un grand développement, malgré la concurrence américaine pour les huiles minérales. L'un des fondateurs, en septembre 1870, du journal *Le Républicain de l'Allier* de la nuance de l'union républicaine, M. R. appuya constamment de son influence les candidatures républicaines, et, en 1877, fut élu à une grande majorité conseiller d'arrondissement pour le canton de Bourbon-l'Archambault, contre le conseiller réactionnaire sortant. Au scrutin du 4-8 octobre 1885, il a été désigné dans les réunions électorales pour être porté sur la liste républicaine de l'Allier, et il a été élu au premier tour par 49,616 voix sur 94,228 votants. Inscrit à l'union des gauches, il est questeur de ce groupe depuis la mort du député Lionville; diverses propositions dues à son initiative ont été adoptées par la Chambre, notamment un amendement au règlement visant le *quorum* dans les élections ou assemblée générale (séance du 4 juin 1887). Lors de l'interpellation de de Mun sur les événements de Châteauvillain (Isère), sur onze ordres du jour qui furent présentés, celui qu'il proposa fut voté à une grande majorité (séance du 13 avril 1886). Rapporteur de plusieurs projets de loi adoptés par la Chambre (séances du 15 nov. 1886, 24 nov. 1887), il prit en outre la parole lors de l'interpellation relative aux tarifs des chemins de fer (séance du 15 mars 1886) et prit part à la discussion du budget de 1887 (séances des 8 et 11 février 1887) et de 1888 (séance du 2 mars 1888), du projet de loi concernant les caisses de retraite des ouvriers mineurs (séance du 22 mars 1888), de celui relatif au travail des femmes et des enfants dans les manufactures (séance du 16 juin 1888). Partisan d'une politique d'union républicaine, il fut un des premiers promoteurs de la candidature Carnot à la présidence de la République en 1887. Le 12 mars 1888, le journal la *Cocarde*, se disant l'organe du général Boulanger, commandant alors à Clermont-Ferrand, ayant publié dans son premier numéro un article réclamant la substitution au régime parlementaire du pouvoir confié à un seul homme, M. R. prévint dès le lendemain le ministère qu'il comptait lui poser une question au sujet des articles de journaux dans lesquels se trouvait compromis le nom d'un des commandants de corps d'armée. Cette question, ayant été ajournée d'un commun accord, à la séance suivante, fut ensuite abandonnée, le gouvernement ayant, dans l'intervalle (voir l'*Officiel* du 15 mars 1888), relevé de son commandement le général Boulanger, ce qui valut au député les attaques les plus vives de la presse boulangiste. En avril 1888, nommé rapporteur de la proposition de loi tendant à autoriser la Compagnie du Canal de Panama à émettre des valeurs à lots avec mission de conclure au rejet, M. R. résigna ensuite ces fonctions par suite du déplacement de la majorité à la commission et combattit vivement l'autorisation dans un important discours prononcé le 26 avril 1888.

Ronzon (Antoine), homme de lettres italien, né, à Vigo (Cadore), le 23 mars 1848, étudia les classiques au gymnase-lycée épiscopal de Bellune, et en 1866 entra au Séminaire; en 1870, il abandonna l'idée du Saint-Ministère et accepta une place fort secondaire au Collège *Marco Foscarini* de Venise qu'il échangea en 1878 contre la chaire de professeur aux lycées du Royaume. Nous avons de lui: « Viaggio nell'Alta Italia », 1872; « Da Pelmo a Peralba, almanacco cadorino », 1873-76; « La famiglia Mainardi », 1875; « I pievani di Vigo », id.; « Natale Salaminio », 1877; « Il Cadore », id.; « Da Venezia a Cadore », 1879; « Convitti nazionali », 1880; « Della fama di Tiziano », id.; « Agli ossari di S. Martino e di Solferino », 1882; « La Regina Margherita in Cadore »; « Una gita nella piccola Svizzera »; « Le scuole antiche e moderne di Lodi »; « I vicari del Cadore »; « Sul prato », et des contes et nouvelles dans les *Conversazioni della domenica* de Milan.

Rooses (Maximilien), érudit belge, né, à Anvers, le 10 février 1839. Docteur en philosophie et lettres, ancien professeur de langue et de littérature néerlandaises aux athénées royaux de Namur et de Gand, M. R. est aujourd'hui conservateur du musée *Plantin-Moretus* à Anvers, et membre de l'Académie royale de Belgique. On lui doit: « Plantijn en de Platijnsche drukkerij », Bruxelles, 1878, notice couronnée par l'Académie; « Christophe Plantin, imprimeur anversois », id., 1883; « Correspondance de Plantin », id., 1883 et années suivantes, remarquable série de publications sur le grand imprimeur du XVIe siècle; puis: « Een drietaal verhandelingen over de geschiedenis der letterkunde », Anvers, 1865; « Brieven uit Zuid-Nederland », id., 1871; « Levenschets, Keus uit de werken, brieven van J. F. Willems », Gand, 1874; « Schetsenboek », id., 1877; « Bock gehouden door Jan Moretus II als deken der Sint-Lucas-Gilde », Anvers, 1878; « Geschiedenis der Antwerpsche schilderschool », Gand, 1879 (excellent histoire de l'école anversoise de peinture); « Over de Alpen », Amsterdam, 1880; « Kilianus'latijnsche gedicten », Anvers, id.; « Nieuw Schetsenboek », Gand, 1882; « P.-P. Rubens en Balthazar Moretus », id., 1884; « Rubens en de Antwerfsche schilderschool », id., id.; « Derde Schetsenbock », id., 1885; « Jacques Jordaens », Anvers, 1885; « L'œuvre de P.-P. Rubens; histoire et description de ses tableaux et dessins », id., 1886 et années suivantes; « Op reis naar heinde en ver », Gand, 1889. M. R. est un des auteurs qui ont concouru à la publication du bel ouvrage collectif: « Pierre-Paul Rubens, sa vie et ses œuvres », édité à Paris, en 1888, par la librairie de l'Art et il fournit d'innombrables études aux *Annales de l'Académie d'archéologie d'Anvers*, au *Bulletijn* de la Société des bibliophiles anversois, au *Jaarbock* du Willemsfonds, au *Bulletin-Rubens*, à la *Revue artistique*, à la *Chronique des beaux-arts*, à *Noord en Zuid*, au *Toekomst*, au *Nederduitsch Tijdschrift*, au *Nederlandsche Dichten Kunsthalle*, au *Nederland*, au *Nederlandsch Tooneel*, au *Gids*, à la *Kunstkronijk* de La Haye, aux *Graphischen Künste* de Vienne, à l'*Art* de Paris, etc., etc. Il a dressé aussi le catalogue du musée *Plantin-Moretus* confié à sa garde: la 3me éd. de ce catalogue a paru à Anvers en 1887.

Roque (Jean-Théoxène DE FILLOL), homme politique français, né, à Fillol (Gironde), le 11 avril 1824. Mêlé très jeune aux agitations poliques, M. R. de F. prit une certaine part à la résistance contre le coup d'État de 1851. Il fit ensuite un long voyage d'affaires dans l'Amérique centrale et méridionale; de retour à Paris, il continua à se signaler parmi les adversaires déclarés de l'Empire, notamment aux élections de 1863 et de 1869. En 1863, il fit, d'accord en cela avec le parti républicain, une campagne énergique en faveur de la candidature de M. Thiers à qui le gouvernement impérial opposait M. Dewink. En 1869, la liste républicaine toute entière n'eut pas de champion plus actif et plus dévoué. Établi à Puteaux, il devint maire de cette commune au moment de l'investissement de Paris. Lors de la lutte contre le gouvernement de Versailles et la Commune de Paris, il fut accusé d'intelligences avec les insurgés, et condamné par le 4e conseil de guerre. Transporté à la Nouvelle-Calédonie en exécution de ce jugement, il bénéficia de l'amnistie de 1879, il rentra à Puteaux, où ses anciens administrés accueillirent avec joie son retour. Nommé député de Saint-Denis en remplacement de M. Émile Deschanel, nommé professeur au Collège de France, M. R. de F. siégea à l'extrême gauche; il fut réélu aux élections du 21 août suivant. Membre de plusieurs commissions fort importantes, il fit partie, en 1884, de la délégation de l'extrême gauche de la chambre qui alla visiter les départements du Midi désolés par le choléra. Réélu aux élections générales d'octobre 1885, M. R. de F. s'est signalé par le dépôt de plusieurs propositions de loi d'un grand intérêt, notamment sur les « Incompatibilités parlementaires »; le « Mode de votation du budget »; la « Diffamation par cartes postales » et la « Réforme de la législation sur les Monts de Piété ».

Roquette (Othon), insigne littérateur allemand, né, le 19 avril 1824, à Posen, d'une famille d'origine française; il fit ses études aux universités de Heidelberg et de Halle; voyagea très longtemps dans l'Allemagne méridionale, en Suisse et en Italie; s'établit ensuite à Berlin, enseigna la langue et la littérature allemande à l'Institut Blochmann à Dresde, et, rentré de nouveau à Berlin, il fut nommé (1862) professeur d'histoire universelle à l'Académie militaire. Depuis 1869, il est professeur de littérature allemande et d'histoire à l'École Polytechnique de Darmstadt. Nous lui devons: « Joh. Christian Günther's Leben und Dichten », Stuttgart, 1860; « Dante's Leben und Dichten », id., 1882; « Friedrich Preller », Francfort, 1883; « Geschichte der deutschen Dichtung », id., 3me éd., 1883; « Grosse und Kleine Leute in Alt-Weimar », Breslau, 1887. On lui doit aussi les compositions poétiques suivantes: « Waldmeister's Brautfahrt », Stuttgart, 1886; « Hans Haidekukuk », Berlin, 1857. Ainsi que le roman « Heinrich Falk », Breslau, 1858, et les « Erzählungen », Francfort, 1859; « Neue Erzählungen », Stuttgart, 1862, suivis de « Luginsland », id., 1867; « Dramatische Dichtungen », id., 1867-1876; « Novellen », Berlin, 1880; « Welt und Haus », Brunswick, 1875;

« Gevatter Tod », Stuttgart, 1873; « Im Hause der Väter », Berlin, 1878; « Das Buchstabirbuch der Leidenschaft », id., 1878; « Die Prophetenschule », id., 1879; « Der Tag von St. Jacob », Stuttgart, 1879; « Gedichte », id., 1880; « Idyllen », id., 1882; « Neues Novellenbuch », Breslau, 1884; « Rebenkranz », Stuttgart, 1885; « Ueber den Wolken », Dresde, 1887. M. R. a publié aussi une excellente « Histoire de la littérature allemande » pour les Écoles Supérieures. Ses « Dramatische Dichtungen », que nous venons de citer, comprennent « Die Protestanten in Salzburg »; « Sebastian »; « Reineke Fuchs », 1867, et « Der Feind im Hause »; « Der Rosengarten »; « Die Schlange », 1876. Son *libretto* « St. Elisabeth », drame très réussi, fut mis en musique par Liszt.

Rosa (César), homme de lettres italien, professeur au Gymnase d'Ancone, né, à Florence, en janvier 1846, entra dans l'enseignement primaire et n'obtint qu'en 1875 une chaire d'enseignement secondaire; nous avons de lui: « I discorsi di un maestro di villaggio col popolo », Milan, 1870; « L'arte di far fortuna »; des essais critiques sur « Giacomo Leopardi », 1872 et 1880; « Giovanni Berchet », 1872; « Ugo Foscolo », 1873, et « Claudio Claudiano », id.; « Scienza dell'educazione », 1874; « Famiglia e virtù », Milan, 1876; « La famiglia educatrice », 1880; « Della vita e delle opere di G. Leopardi », id.; « Lettere di E. Camerini », 1882. M. R. collabore à plusieurs journaux et revues pédagogiques.

Rosa (Hugues), archéologue italien, né, à Suse (Piémont), le 24 mai 1856; il étudia à Turin, fut diplomé professeur et inséra des articles à la *Rivista Subalpina* de Coni, au *Grillo del focolare* de Lendinara, aux *Actes* de la Société d'archéologie de Turin, à la *Rivista Storica* du professeur Rinando, etc. En 1880, il fonda à Turin le *Movimento letterario italiano*, revue de quinzaine qui dura deux ans; en 1881, la *Gazzetta di Susa* qu'il dirigea pendant trois ans. M. R. est bibliothécaire à Suse et conservateur du Musée local par lui fondé en 1884. Nous avons en librairie: « Etimologie asinine, saggio di studi sulle lingue romanze », Turin, Loescher, 1879; « L'elemento tedesco nel dialetto piemontese. Postille etimologiche », id., V. Bona, 1883; « Osservazioni intorno ad un'opinione di Jacopo Durandi sui Belaci e sui Savincazii menzionati sull'Arco di Susa » (*Atti della R. Accademia di Scienze di Torino*), 1884; « Di un'anfora inedita scoperta in Susa nel 1822 e la conca battesimale della chiesa di S. Giusto » (*Atti della R. Società di archeologia e belle arti per la prov. di Torino*), 1885; « Da Orazio. Traduzioni metriche col testo a fronte », Turin, 1885; « Prime iscrizioni romane pervenute al Museo civico di Susa », id., Bona, 1885; « Del luogo di Urbiano presso Susa », Suse, Gatti, 1887;

« Il carme in morte di Carlo Embonatti di A. Manzoni, con note e raffronti », Turin, id.; « Lapidi, terrecotte e monete romane recentemente trovate in Susa », (*Atti della Società d'archeologia e belle lettere per la prov. di Torino*), id., 1888; « Etimologie storiche del dialetto piemontese », id., id.

Rosanes (Jacob), mathématicien autrichien, professeur ordinaire de mathématiques à l'Université de Breslau, né, à Brodij (Autriche), en 1842, étudia à Breslau et à Berlin; en 1873, il devint prof. extraordinaire et depuis 1876 il est prof. ordinaire à l'Université de Breslau. Nous lui devons les deux monographies suivantes : « De polarium reciprocarum theoria observationes », Breslau, 1865 ; « Ueber die neuesten Untersuchungen in Betreff nuerer Auschauung vom Raume », id., 1871. On lui doit aussi un grand nombre d'articles parus dans le *Crelle's Journal f. Mathemat.*, dans les *Mathemat. Annalen* et dans les *Zeitschr für Math. und Physik.*

Rosca (Jules-F.), poète roumain, né, le 10 octobre 1858, à Bucharest. Après une enfance malheureuse, il débuta en 1875 par des pièces de vers et en mai 1877 il composa un poème « Romania libera », dédié à la vaillante armée roumaine. L'année d'après, il entra à la rédaction du journal *Dorubansul* et rédigea pendant quelque temps la feuille humoristique : *L'épine* (*Guimpele*). Suivirent : « Fleurs de printemps » (Flori de prima-vera), poème ; « Dora sifiorin », id.; « La fée des fleurs » (Dina floritör), et l' « Aquilon » (Crivetul), ces quatres ouvrages sont de 1879. L'année suivante, il publia successivement un volume de poésies lyriques : « Sourires et Larmes » (Zûnbiri i Lacrime), et « Sacrifice pour sacrifice » (Sacrificiu pentru sacrificiu), petit roman. En 1882 : « Fata de la Cozia », drame en vers, couronné, qui fut jugé un produit poétique original par la critique allemande. En 1883, quand on organisa sous le patronage de M. le Comte Tornielli, Ministre d'Italie à Bucharest, une représentation pour les victimes d'Ischia, M. R. y lut sa traduction de l'admirable poème de Lamartine, et enfin, en 1886, il fit imprimer la « Fille de Cozia », déjà nommée, et la tragédie « L'apusneano ». M. R. a été rédacteur en chef de la *Doïna*, revue artistique et littéraire, collaborateur à l'*Union*, journal politique de Bucharest, et à la *Familia*, revue littéraire de la Transylvanie.

Roscher (Guillaume), illustre économiste allemand, docteur en droit, en philosophie et en économie politique, professeur à l'Université de Leipzig, conseiller intime de S. M. le Roi de Saxe, né, à Hanovre, le 21 octobre 1817, fit ses études aux universités de Goettingue et de Berlin, devint docteur en philosophie en 1838, professeur libre à l'Université de Goettingue en 1840, professeur extraordinaire en 1843, professeur ordinaire en 1844 et professeur à l'Université de Leipzig depuis 1848. On lui doit : « De historicæ doctrinæ apud sophistas majores vestigiis », Goettingue, 1838; « Leben, Werke und Zeitalter des Thukydides », id., 1842; « Grundriss zu Vorlesungen über die Staatswirthschaft nach geschichtlicher Methode », id., 1843; « Ueber Kornhandel und Theuerungspolitik », Stuttgart, 1847; 3me éd., 1852; « Colonien, Colonialpolitik und Auswanderung », Leipzig, 1848; 3me éd., 1884; « Geschichte der älteren englischen Volkwirthschaftslehre », id., 1851; « System der Volkwirthschaft », Stuttgart, vol. 1er des *Grundlagen der Nationalökonomik;* « System der Finanzwissenschaft », 1er et 2me éd., 1886; « Ansichten der Volkwirthschaft aus dem geschichtlichen Standpunkte », Leipzig, 1861; 3me éd., 1878; « Deutsche Nationalökonomik an der Grenzscheide der 16 und 17 Jahrhunderts », id., 1865; « De Doctrinæ œconomico-politicæ apud Græcos primordiis », id., 1866; « Geschichte der Nationalökonomik in Deutschland », Munich, 1874; « Versuch einer Theorie der Finanz-regalien », Leipzig, 1884; « Umrisse zur Naturlehre des Cäsarismus », 1888. Outre cela, on lui doit un très grand nombre d'articles parus dans: *Ad. Schmidt's Zeitschr. f. allg. Gesch.*, *Rau-Haussen's Arch. d. polit. ökon.*, *Cotta'schen Viertelzahrschr.*, *Preuss. Jahrb.* *Tübinger Zeitschr. f. Staatswiss. Jahrb. f. Nationalök. und Statistik*, *Schriften d. K. Sächs. Ges. der Wiss.*, *Gott. Gel. Auz.* et dans le *Leipz. litterar. Centralbl.*

Rosen (le Baron Victor), orientaliste russe, né, le 21 février 1849, à Revel (Gouvernement d'Esthonie), fit ses études au Lycée de la noblesse esthonienne à Revel (1859-1866), à la Faculté de langues orientales de l'Université de St.-Pétersbourg (1866-70), et à Leipzig (1870-71); il fut nommé professeur agrégé de langue arabe à l'Université de St.-Pétersbourg (1872), professeur extraordinaire en 1883, enfin il est professeur ordinaire depuis 1885. Membre de l'Académie Impériale des Sciences de St.-Pétersbourg (1879-82), président de la Section orientale de la Société Impériale russe d'archéologie (1885). En dehors d'une « Crestomatie arabe », en collaboration avec M. Guirgass (1875-76) et de sa collaboration à l'édition du texte arabe du « Tabari », M. le Baron R. a publié en russe : « De l'ancienne poésie arabe », 1872; « Notices d'Al-Be-Kri et d'autres auteurs arabes sur les russes et les slaves », St.-Pétersbourg, 1878; « L'empereur Basile II Bulgaroctone », id., 1883; « Notice sur la chronique arabe d'Agapius de Mambid », 1884; et différents articles, études et critiques dans les *Zapiski* de la Société Impériale russe d'archéologie qui paraissent sous sa direction depuis 1886. En français: « Les manuscrits arabes de l'Institut des langues orientales du Ministère des affaires étrangères », 1877 ; « Les manuscrits persans de l'Institut des langues orientales, etc. », 1886 ; « Notices sommaires des manuscrits arabes du Musée asiatique », 1881 ; « Remarques sur les manuscrits orientaux de la Collection Marsigli à Bologne suivis de la liste complète des MM. SS. de la même collection », Rome, publication de l'Académie des *Lincei*, 1885. En allemand : « Deux notices sur 2 manuscrits arabes » (Ibu Hagar et Ibu Kuterbe), dans les *Mélanges asiatiques.*

Rosenthal (Maurice), célèbre médecin hongrois, professeur de pathologie et thérapeutique des maladies du Système nerveux à l'Université de Vienne, membre correspondant de l'Académie de médecine de Bruxelles, de la *Nevrological Society* de New-York et de plusieurs autres associations savantes allemandes et étrangères, est né, à Grand-Wardein (Hongrie), le 19 août 1835. Ses publications médicales surpassent le nombre de cent. Nous nous bornerons à citer ici ses plus importants travaux : « Handbuch der Elektrotherapie », Erlangen, 1865, Stuttgart, 1873 ; « Handbuch der Nervenkrankheiten », id., 1870 ; « Klinik der Nervenkrankheiten », Stuttgart, 1875, avec une préface du célèbre prof. Charcot ; cet ouvrage a été traduit en français, en italien, en anglais et en russe ; « Pathologie und Theraphie der Rückenmarkskrankheiten », Vienne, 1884 ; « Magenneurosen und Magencatarrh so wiederen Behandlung », id., 1886 ; « Untersuchungen und Beobachtungen über Absterben der Muskeln und den Scheintod », 1874 ; « Experimentelle und Klinische Untersuchungen über cervicale Paraplegie » (*Med. Jahrb.*), 1876 ; « Zur Kenntniss der mot. Rindencentren » (*Med. Presse*), 1878 ; « Untersuchungen und Beobachtungen über Hysterie » (*Med. Blätt.*), 1879 ; « Zur Kenntniss der motorischen Hirnfunctionen » (*Wien. Mid. Jahrb.*), 1882 ; « Untersuchungen und Beobachtungen über neure Nervenmittel », 1884. M. R. est un des collaborateurs de la *Eulenburg's Reael Encyklopädie der Medecin.*

Rosenthal-Bonin (Hugues), journaliste, voyageur et romancier allemand, rédacteur du journal *Ueber Land und Meer*, né, à Berlin, en 1840 ; après des voyages en Amérique et au Japon il retourna en Europe (1870) et se fixa à Stuttgard. Nous avons de lui en librairie : « Der Heirathesdamm », nouvelles ; « Unterirdisch Feuer », id. ; « Der Berurseinsucher », roman ; « Der Diamenschleifer », id. ; « Schwarze Schaften », id. ; « Das Gold des Orion », id. ; « Das Haus mit den zwei Eingängen », id. ; « Stromschnellen », nouvelles ; « Die Tochter der Kapitains », roman ; « Die Tierbandigerin », id.

Roser (Guillaume), médecin allemand, depuis 1850 professeur de chirurgie à l'Université de Marburg, né, à Stuttgard, en 1817, étudia à Tubingue (1834-38), et y enseigna de 1841 à 1846 ; de 1846 à 1850, il fut médecin à l'hôpital de Reutlingen. En société avec Wunderlich il fonda en 1842 l'*Archiv für Physiologische Heilkunde*; en 1844, il publia : « Die Anatomische Chirurgie », qui a eu l'honneur de la 8ᵐᵉ étition, et d'une version en langue italienne ; en 1847, il fit paraître son « Vademecum » d'anatomie et chirurgie dont on a publié en 1886 la 7ᵐᵉ édition. En dehors de nombreux articles parus dans le *Centralblatt für Chirurgie*, et des ouvrages mentionnés, on lui doit : « Allgemeine Chirurgie », 1873 ; « Lehrbuch für Anatomische Chirurgie » ; « Ueber Diabetes », inséré dans la *Deutsch. Klin. Wochenschr.*; « Ueber Angina Ludovisi » (id.) ; « Offener Pneumothorax » (id.).

Rosières (Philippe-Raoul), homme de lettres français, né, à Paris, le 25 octobre 1851, a publié : « Recherches critiques sur l'histoire religieuse de la France », 1 vol., Paris, 1879 ; « Histoire de la société française au Moyen-âge », 2 vol., Paris, 1880, nouvelles éd. en 1881 et 1884 ; « Ponce-Pilate », poème philosophique, 1 vol., Paris, 1883 ; « La Révolution dans une petite ville », id., id., 1888, et de nombreux articles de revues et de journaux.

Rosny (Léon DE), ethnographe et orientaliste français, né, à Loos (Nord), le 5 avril 1837. Au début de sa carrière, il s'est occupé tout particulièrement de botanique sous la direction d'Adrien de Jussieu et a été attaché par Webb à l'herbier des Canaries. Quelques années après, il a suivi le cours de Stanislas Julien au Collège de France, où il a acquis la connaissance de la langue chinoise ancienne. Sur le conseil de ce savant orientaliste, il a entrepris seul l'étude de la langue japonaise dont il a publié une « Grammaire », en 1856. Lors de l'arrivée en France de la première ambassade du Shogoun du Japon (1862), le Ministre des affaires étrangères le chargea d'accompagner cette mission dans sa tournée en Europe ; et au moment de son départ, il lui offrit le poste de premier interprète de la Légation de France à Yédo. Des raisons de famille empêchèrent M. de R. d'accepter cette nomination, et l'année suivante (1863), il fut chargé d'un cours libre de langue japonaise à l'école spéciale de langues orientales ; ce cours fut définitivement créé en 1868, et M. de R. en fut nommé titulaire. Comme sinologue et comme japoniste, M. de R. a publié de nombreux travaux dont nous ne pouvons citer ici que quelques uns des plus importants : « Peuples orientaux connus des anciens chinois », couronné par l'Institut ; « Textes chinois anciens et modernes », 1886 ; « Hiao-King », le livre sacré de la Piété filiale, avec le texte original et de grands commentaires traduits pour la première fois ; « Chan-haï-king », antique géographie chinoise, traduite pour la première fois et accompagnée d'un commentaire perpétuel. En 1886, il fut nommé directeur-adjoint à l'École des Hautes-Études (Sorbonne) et chargé d'un cours sur le bouddhisme et les autres religions de l'Extrême-Orient. En 1888, le Ministre de l'Instruction publique chargea M. de R. d'exposer en outre l'histoire des religions de l'Amérique anté-colombienne. Cette chaire, la première d'américanisme fondée en Europe, a été confiée à M. de R. afin de lui donner l'occasion de faire des élèves à l'étude des caractères Katouniques sur lesquels il avait publié plusieurs grands ouvrages, parmi lesquels nous citerons : « Essai sur le déchiffrement de l'écriture hiératique de l'Amérique centrale », 1876, traduit en Espagnol par don Juan de Dios de la Rada; « Codex Cordecianus », manuscrit hiératique de Madrid, suivi d'un premier « Vocabulaire de l'Écriture Katounique », 1883; « Codex Peresianus », manuscrit hiératique de Paris, 1887, etc. Comme ethnographe, M. de R. après avoir fondé en 1859 la *Société d'Ethnographie* de Paris, aujourd'hui reconnue comme établissement d'utilité publique, s'est attaché à établir les principes de cette science qui a pour but l'étude de la civilisation ou des sociétés civilisées au point de vue moral et intellectuel. Il a engagé à cette occasion de nombreuses polémiques, les unes dans le recueil de la société ; les autres dans des ouvrages spéciaux, les uns rédigés sous une forme absolument scientifique comme la « Population danubienne », 1 vol., avec atlas, 1884; les autres sous une forme destinée au plus grand nombre des lecteurs, comme le « Voyage au pays des dix-mille Lacs ou Finlande », trois éd., 1886, et les « Taureaux et Mantilles », souvenirs d'un voyage en Espagne et en Portugal, 1882, deux éditions écrites en partie en vieux français et dans un style rempli de curieuses bizarreries. Les études que M. de R. avaient faites dans l'histoire naturelle pendant sa jeunesse l'avaient sans cesse préoccupé, et en plusieurs circonstances il avait énoncé des doctrines philosophiques sous le nom de *positivisme spiritualiste*. En 1887, il a fait paraître le résumé de ses doctrines dans un volume intitulé : « La Méthode Commentielle », qui a été accueilli dans la presse tantôt par des articles d'une hostilité ardente, tantôt par des articles de complète approbation. Les théories qu'il a énoncées dans ce livre lui ont valu des adhérents dévoués qui ont formé école autour de lui. Parmi les nombreuses publications linguistiques de M. de R., nous citerons seulement son « Histoire de la langue chinoise », encore inédite, et dont un fragment a reçu le prix Volney à l'Institut de France en 1861, et ses « Archives paléographiques de l'Orient et de l'Amérique », 1872. M. de R. a fondé à Paris en 1873 le Congrès international des Orientalistes ; il est officier de l'Instruction publique ; il a reçu également un grand nombre de décorations étrangères.

Rossel (Virgile), né, le 19 mars 1858, à Tramelan, dans le Jura Bernois, reçut son éducation classique au Gymnase de Porrentruy et fréquenta de 1876 à 1881 pour ses études juridiques les universités de Leipzig, de Berne et de Strasbourg, et la Faculté de droit de Paris. D'élève, il ne tarda pas à devenir professeur. Après un stage de deux ans en qualité d'avocat au bourg de Courtelary, le Gouvernement bernois l'appela en 1883 à la chaire de droit français ; la même année ses concitoyens l'envoyaient à l'Assemblée constituante où il remplissait les fonctions de secrétaire et prenait part à plusieurs débats politiques et juridiques. M. R. a publié en 1879 une thèse pour le doctorat: les « Traités d'extradition de la Suisse » ; en 1886, un « Manuel de droit civil de la Suisse romande ». A côté du jurisconsulte est le littérateur. La pratique du droit et l'enseignement académique lui ont laissé des loisirs suffisants pour composer toute une série de charmants volumes, également remarquables par l'élévation et la fermeté de la pensée que par l'aisance et la souplesse du style : « Chants perdus », 1882; « Nature », 1886. La « Seconde jeunesse », 1888. M. R., a édité en 1882 les « Poésies » de son compatriote Paul Gautier.

Rossetti (Christine-Georgine), sœur de Dante-Gabriel R., née, à Londres, en décembre 1830. Nous avons de cette dame-auteur les poésies et les ouvrages en proses suivants: « Goblin Markett and other Poems », 1862; « The Prince's progress and other Poems », 1866; « Commonplace and other Short Stories », 1870; « Sing Song, a Nursery Rhymebook », 1872; « Speaking Likenesses », 1874; « Annus Domini », 1874; « Seek and Find »; « A Pageant », 1881; « Called to be Saint »; « Letter and Spirit »; « Time Flies ».

Rossetti (François), physicien italien, professeur à l'Université de Padoue, né, à Trente, le 11 septembre 1833; il fut reçu docteur à Padoue en 1860. On a de lui : « Sulla visione binoculare », Venise, 1861; « Intorno a due nuove teorie degli stromenti ottici del prof. Mossotti e Potyval », id., 1862; « Sulla Pila Daniel modificata da G. Minoto », id., 1863; « Relazioni sugli studii scientifici dell'Ateneo Veneto nel biennio 1862-64 », id., 1864; « Sul maximum di densità dell'acqua distillata e sulla dilatazione di questo liquido », id., 1866; « Sull'uso delle coppie termo-elettriche nella misura dello temperature », Padoue, 1867 ; « Sul maximum di densità dell'acqua dell'Adriatico e di alcune soluzioni saline », Venise, 1868; « Sul disparire del gas tonante svolto nell'elettrolisi dell'acqua », Catane, 1869, Padoue, 1875; « Sul massimo di densità e sulla temperatura di congelamento delle mescolanze alcooliche », Venise, 1870; « Sul magnetismo », Padoue, 1871; « Sull'uso della macchina di Holtz in alcune ricerche elettrometriche sui condensatori », id., 1872; « Di una curiosa ed elegante esperienza elettrica », id., 1872; « Aggiunta », id., 1873; « In morte di Fr. Zantedeschi », id., 1873; « Sul potere specifico induttivo dei coibenti », Venise, 1873; « Sulla inversione delle correnti negli elettrometri di Holz e nel doppio di Poggerdorff », id., 1873; « Sulla quantità di lavoro utilizzato nell'elettromotore di Holz », Padoue, 1874; « Nuovi studi sulle correnti di macchine elettriche », mémoire couronné par la Société des IL, Venise, 1874; « Confronto fra le macchine elettriche », id., 1875; « Il Radiometro di Crokes », Padoue, 1876; « Ulteriori esperienze sul R. di Cr. », Venise, 1876; « Pila Castelli », id., 1876; « Sulla temperatura delle fiamme », id., 1877; « Di alcuni recenti progressi nelle scienze fisiche e di alcune indagini intorno alla temperatura del Sole », Padoue, 1878; « Pendolo a compensazione di Zorzi », Venise, 1877; « Sul telefono di Graham Bell », id., 1878; « Su alcune esperienze telefoniche », id., id.; « Telefoni senza lamina », id., id.; « Indagini sperimentali sulla temperatura del Sole », Rome, id.; « Sulla temperatura delle fiamme », second mémoire, Venise, id.; « Sull'interruttore Richter », id., 1879; « Sulla temperatura della luce elettrica », id., id.; « Sul potere emissivo e sul potere assorbente delle fiamme e sulla temperatura dell'arco voltaico », Rome, id.; « Comparaison entre les indications données par les thermomètres à mercure et à boule noircie placés dans différentes enceintes, et celles données par mon thermo-multiplicateur », en français, 1880; « Sur les pouvoirs absorbant et émissif thermiques des flammes et sur la température de l'arc voltaïque », en français, id.; « Sullo stato presente della telegrafia e della telefonia », Padoue, 1881, etc.

Rossi (Alexandre), homme politique, économiste, industriel italien, sénateur du royaume, né, à Schio, en 1819, où son père possédait une manufacture de draps. Le jeune A. R., après avoir étudié les classiques et composé une pièce de vers intitulée: « Schio artiera », entreprit de longs voyages à l'étranger pour se perfectionner dans l'industrie du tissage des draps. Il devint bientôt le plus grand industriel de la Vénétie. Député de Schio au parlement italien (1866), sénateur du royaume (1870), il est un collaborateur assidu de la *Nuova Antologia*, de la *Rassegna Nazionale* et d'un journal commercial *Il Sole*. Il appartient au parti conservateur, et en matière de finance il est un apôtre convaincu de la doctrine protectioniste. Nous avons de lui plusieurs opuscules: « Quistione operaia o quistione sociale? »; « Del credito popolare nelle odierne amministrazioni cooperative », Florence, 1870; « Il trattato di commercio franco-italiano », trois conférences; « Credito popolare e risparmio popolare »; « Il prezzo del pane »; « Macine e forni »; « Cereali e pane »; « La bilancia del commercio e il senatore Cambray-Digny »; « Uso ed abuso del capitale »; et enfin un ouvrage très important: « Sulla concorrenza americana ».

Rossi (Ernest), éminent acteur tragique italien dont la renommée est universelle, né, à Livourne, en 1829, commença son droit à Pise, l'interrompit pour embrasser la carrière théâtrale. Nous avons de lui des comédies qui ne sont plus au répertoire: « Adele »; « Le jene »; « La preghiera del soldato »; « Il consorzio parentale », quelques bonnes traductions de Shakespeare, et en librairie: « Studi drammatici », Florence, Le Monnier, 1884; « Quarant'anni di vita artistica », id., Niccolai, 3 vol., 1887-90; « Adolfo Held », biographie, à la *Rassegna Nazionale*, 1881. Les trois volumes de ses mémoires personnels (Quarant'anni di vita artistica, etc. etc.), sont un ouvrage du plus haut intérêt. Ils donnent un aperçu remarquable de l'histoire de l'art dramatique contemporain.

Rossi (Gérôme), historien italien, né, à Ventimille (Ligurie), le 4 novembre 1831; il étudia à l'Université de Turin la littérature, l'histoire, la chimie et les sciences naturelles. Nous avons de lui des ouvrages remarquables sur les fouilles par lui dirigées à Ventimille et sur l'histoire de cette ville: « Storia della città di Ventimiglia », 1859; 2me éd., revue et corrigée, 1888, avec quatre planches; « Il Principato di Monaco, studi storici », 1860, deux éd., Oneille, 1864; « Storia del Marchesato di Dolceacqua », id., 1862; « Vita di Girolamo Morone », id., 1865; 2me partie, 1885; « Monete dei Grimaldi, principi di Monaco », id., 1864; « Storia della città e diocesi di Albenga », Albenga, 1870; « Notizie storiche e geologiche sulla famiglia Galleani », Lodi, 1865; « Gli Statuti della Liguria » 1re partie, bibliographie, 1878; « Statuti del Comune di Castelloro dell'anno 1274 », Oneglia, 1883; « Il diritto di porto della città di Monaco e Nicolò Machiavelli », Florence, 1889; « Amedeo di Savoia duca d'Aosta », 1890. Dans l'*Archivio storico italiano*: « Bordighera », 1884; « Varazze residenza di vescovi di Betlemme (1136-1414) », 1885; « Edoardo Desor », 1882. Enfin: « Il rito ambrosiano nelle chiese suffraganee della Liguria », inséré aux *Atti* de la *Società ligure di storia patria*, 1889.

Rostand (Alexis), musicien, publiciste et critique de musique français, est né, à Marseille, le 23 décembre 1844. Il a publié: « L'Art en province », essai de critique et de littérature musicales, 1 vol., Sandoz et Fischbacher; « La Crise et les Sociétés de crédit », brochure, Marseille, 1871. M. R. a donné, en outre, de nombreux articles d'histoire et de critique musicales aux journaux spéciaux, notamment au *Journal musical* de Marseille et au *Ménestrel* dont il est un des collaborateurs assidus. Il a donné au *Supplément de la Biographie universelle des Musiciens* de Fétis (Firmin-Didot) une centaine de notices. Voici le titre des principales compositions de M. R. auxquelles est due sa notoriété : « Ruth », *oratorio* en trois parties ; « Gloria Victis », opéra-ballade en un acte ; « Dix-huit Préludes », pour le piano ; « Dix nouvelles pièces » ; « Vingt Mélodies », et beaucoup de morceaux détachés. M. R. orchestre en ce moment le dernier acte d'un grand drame lyrique en quatre actes et six tableaux, intitulé : « Rosa Nera ». « M. R., dit *Arthur Pougin*, est un des rares artistes de province qui aient su se faire un nom, s'imposer au public, et dont les œuvres aient eu l'honneur de l'exécution à l'étrager. Il mérite de fixer les regards des véritables artistes, et il est de ceux qui sont appelés à faire parler d'eux, car il représente la jeune école française dans ce qu'elle a de plus ferme, de plus personnel, de plus élevé ». M. R. est officier d'académie.

Rostand (Eugène), poète et publiciste français, frère du précédent, né, à Marseille, le 23 juin 1843. Comme poète, il s'est fait connaître par plusieurs volumes de vers : « Ébauches » ; « La seconde Page » ; « Poésies simples » ; « Sentiers Unis », et une traduction en vers des « Poésies de Catulle », où a été tentée pour la première fois, malgré la différence du génie des langues française et latine, une traduction vers-à-vers et mètre-à-mètre. L'Académie française a décerné à ce travail, en 1880, le prix Ganin. Il a écrit pour son frère M. Alexis R., qui en a composé la musique, les poèmes de « Ruth », *oratorio* ; « Gloria Victis », ballade ; « Rosa Nera », grand opéra en 4 actes et 6 tableaux. Il a publié aussi des études littéraires dans le *Figaro*, des poésies dans la *Revue britannique ;* comme président de l'Académie de Marseille un discours en réponse au poète Mistral, etc. Comme publiciste, il a donné de nombreuses études d'économie sociale au *Journal de Marseille*, dont il est le directeur politique, à la *Réforme sociale*, au *Bulletin des réunions des Sociétés savantes*, etc. Il est officier de l'instruction publique.

Roszkowski (Gustave DE), homme de lettres autrichien, professeur de l'Université de Lemberg, né, à Varsovie, le 7 avril 1849. Il a fait ses études au Lycée et à l'Université de Varsovie, et les a terminées en 1868 avec le grade de licencié en droit. En 1869 et 1870, il a continué l'étude du droit à Berlin, Leipzig, Iena, Heidelberg et Paris. En 1870, après avoir fait son doctorat, il a été avocat à la Cour de Varsovie jusqu'en 1878, où on lui a offert la chaire de droit international à l'Université de Lemberg. Il a publié : « Ueber das Wesen des Eigenthums », Fribourg, 1870 ; « Sur l'importance de la philosophie du droit », Cracovie, 1871 ; « De l'école de Savigny », Varsovie, id. ; « Savigny et la philosophie du droit », Cracovie, id. ; « Sur la méthode de la philosophie du droit », id., id. ; « Système de philosophie du droit », Varsovie, 1873 ; « Programme du cours de philosophie du droit », Cracovie, 1871 ; « Du communisme et du socialisme », id., 1872 ; « Des ambassades et des consulats », Varsovie, id. ; « La vie de Savigny », id., id. ; « Coup d'œil sur les systèmes de la philosophie du droit », id., id. ; « Notion de la philosophie du droit », Léopol, 1879 ; « De l'organisation de l'Union internationale des États », id., 1880 ; « Sur les idées de Moltke touchant le droit de la guerre », id., 1881 ; « Les moyens primitifs internationaux contre les nihilistes », id., id. ; « Sur l'affaire de Midhat-Pacha », id., id. ; « Sur le projet d'Oxford du droit de la guerre sur terre », Cracovie, id. ; « Le système et le problème de l'encyclopédie du droit », Lemberg, id. ; « Sur l'asile et l'extradition », Varsovie, 1882 ; « Sur les dernières conventions d'extradition de l'Autriche-Hongrie avec la Hollande et la Belgique, de 1880 et 1881 », Lemberg, 1882 ; « Traduction du droit des gens de Neumann », id., 1885 ; « Sur la Convention de Genève », id., 1887. Toutes ces publications, sauf la première, sont en polonais.

Roth (Guillaume), médecin hongrois, né, le 10 octobre 1848, à Klukno (Hongrie), fit ses premières études au Gymnase d'Epéries, et les acheva à l'Université de Vienne, où il prit son doctorat, et où, depuis 1885, il est professeur libre de laryngologie et de rhinologie. En dehors d'un grand nombre d'articles parus dans les revues et dans les journaux spéciaux, on lui doit : « Die chronische Rachenentzündung », étude d'anatomie clinique, Vienne, 1883 ; « Der Kehldeckel und die Stimmritze im Embryo, nebst einigen Bemerkungen über die Entwicklung der Schleimdrusen » (*Mitthl. a. d. embryol. Institut, in Wien*), 1880 ; « Ein neuer Nasenspiegel » (*Allgem. Wiener. Med. Zeit*), 1875 ; « Eine neue Tropfspritze für den Kehlkopf » (*Wiener Med. Zeit.*), 1876 ; « Zur Casuistik des motilitätsstörungen des Kehlkopfes » (*Wiener med. Press.*), 1881 ; « Beiträg zur Lehre der acuten Larynxstenosen bei Kindern » (*Arch. f. Kinderheilk.*), 1882 ; « Ueber die Bedeutung und Behandlung der Nasenkrankheiten » (*Anzeiger der K. K. Ges. d. Aerzte*), 1883 ; « Ueber die Behandlung der Ozaena » (*Heitle's Centralbl. f. d. ges. Therapie*), 1884 ; « Ueber die mit Nasenkrankheiten zusammenhängenden Reflexneurosen » (*Wien. méd. Wochenschr.*), 1885 ; « Die Erkränkungen der Nasenschleimhaut, ihre Beziehungen zum übrigen Organismus und Behandlung derselben » (*Centralbl. f. d. ges. Therapie*), 1987 ; « Ueber haarförmige Bildungen an der Zunge » (*Wien. Med. Presse*), id. ; « Die Anwendung des elektrischen Lichtes in der Laryngoscopie und Rhinoscopie » (id.), 1889.

Rothenbach (Émile), né, le 1er juillet 1833, à Schüpfen dans le Canton de Berne, fils d'un instituteur connu par ses recherches botaniques et ses travaux sur les papillons, embrassa la carrière paternelle, et suivit, de 1849 à 1850, les cours du séminaire de Münchenbüchsee, après s'être familiarisé pendant un séjour à Vevey avec la langue française. D'abord régent à l'école secondaire nouvellement créée de son village d'origine (1851), maître et organiste à Thun (1852), il fut appelé en 1855 par la confiance de son ami le Dr Schenk, alors conseiller d'État pour l'instruction publique à la direction du bureau des pauvres pour le canton de Berne. Les avantages de tout genre que procurait à M. R. ce poste influent ne purent étouffer en lui l'amour de sa première vocation; en 1859 il rentra dans l'enseignement secondaire des jeunes filles, et professa, tour-à-tour à Berthour, Bâle, Uster, Berne. Depuis 1876, il donne l'enseignement musical au séminaire de Kussnacht. Nous sommes redevables à ce modeste et laborieux instituteur, qui compléta dans son âge mûr aux Universités de Zurich et de Bâle les connaissances acquises pendant sa jeunesse au foyer paternel, les ouvrages suivants: « Henri Grunholzer », notice biographique, 1873; « Trente jours sur la Wengernalp », 1874; « Coutumes populaires du Canton de Berne », 1876; et enfin un volume de vers: « Chants et accords », 1881.

Rothpletz (Émile), né, le 21 février 1824, à Aarau, colonel divisionnaire dans l'armée suisse, s'est fait connaître dans les cercles militaires par plusieurs ouvrages excellents, tels que: « La tactique de l'artillerie et le service de campagne », 1866; « L'armée en campagne », 1865; « Le commandement d'une division », 1871; « Instructions pour le service de sûreté », 1878; « Système de fortifications territoriales », 1881; « Le feu de l'infanterie », 1882; « La connaissance du terrain », 1885; enfin son travail le plus considérable: « La méthode de combattre pour les trois espèces d'armes », 4 vol., 1886-87. M. le colonel R., qui habite aujourd'hui Fluntern près Zurich, professe les sciences militaires au *Polytechnicum*.

Rott (Édouard), écrivain suisse, secrétaire de la légation suisse à Paris, né, à Neuchâtel, en 1854, a publié: « Quelques pages de l'histoire diplomatique des Ligues suisses et grises au commencement du XVII siècle », Bâle, Schneider, 1881; « Henri IV, les Suisses et la Haute-Italie »; « La lutte pour les Alpes (1598-1610) », Paris, Plon, 1882; « Inventaire sommaire des documents relatifs à l'histoire de la Suisse, conservés dans les archives de France », publié par ordre du Haut-Conseil fédéral suisse, 3 vol., Berne, Collin, 1883-85 et 1888. M. R. est membre du Bureau de la Société d'histoire diplomatique.

Roulikovski (Édouard), membre de la Société Archéologique de Russie, membre de l'Académie des Sciences de Cracovie, naquit le 15 novembre 1825, au Château de Motovidlovka, gouvernement de Kieff, fils de Joseph R., homme distingué qui a laissé des mémoires intéressants, et de Sophie Borejko, fille de Venceslas Borejko, ami et coopérateur de l'illustre Thadée Czacki. M. R., dès sa première jeunesse, stimulé par les grands archives de son château natal, s'occupa avec ardeur et succès de l'histoire de sa province, l'Ukraine. Le plus grand éloge qu'on puisse faire à son érudition c'est son amour pour sa localité. En toutes choses c'est aux archives et aux documents inédits qu'il demande ses renseignements et c'est grâce à ce travail immense qu'il est parvenu à une précision rigoureuse des faits et de détail qui en font une autorité de premier ordre pour tout ce qui se rapporte aux provinces. Ses nombreuses monographies sont malheureusement dispersées dans les journaux et les revues; nous en citons les principales: « Mazeppa Hetman de l'Ukraine »; « Le général Stachurski commandant de la forteresse de Bialacerkico »; « Le Dniéper »; « Anciennes routes commerciales et militaires de l'Ukraine »; « La Braclavie »; « La description historique, géologique et ethnologique du district de Vasilkov », publié en 1853, traduite en russe par le ministre des finances Bunge. Depuis plusieurs années, il publie dans le *Dictionnaire géographique de la Pologne et des pays slaves*, de nombreuses monographies des villes, bourgs et villages de l'Ukraine qui, réunies ensemble, en formeraient l'histoire la plus détaillée. En fait d'archéologie, il a publié: « Un Kurgan préhistorique de Helenovka »; « Un mot sur les perles de grès »; « Notices ethnografiques de l'Ukraine », publiées par l'Académie des Sciences de Cracovie.

Roulleaux (Eugène), homme de lettres français, ancien inspecteur des douanes, directeur honoraire de l'Institut des provinces de France, président honoraire de la Société littéraire et archéologique de l'Oise, officier d'Académie, né, à Paimpol (côtes du Nord), le 20 juillet 1829, fit ses études au lycée de Rennes et son droit à Paris. Il entra dans l'administration des douanes en 1853; officier supérieur en 1871. Rédacteur en chef du *Moniteur de l'Oise* (1876-77), fondateur, directeur et rédacteur en chef du journal *La Vendée* (1881-87). Nous avons de lui: « Le Paon de Bréhat », roman; « Un roman à la Grande Chartreuse »; « Une photographie »; « Nouvelle Douanière »; « Essai sur la critique littéraire du XIX siècle »; « Les Armoricaines », poésies; « Le concordat de 1801 »; « Étude sur les classes ouvrières »; « Marguerite Michel », drame en vers, et un essai sur « La liberté ». Nombreux articles de revue et de journaux sur des questions de politique, de littérature, de philosophie et de sciences.

Roumanie (S. M. la reine Elisabeth-Ottilie-Louise, née princesse DE WIED), voyez CARMEN SYLVA.

Roussado (le baron DE), écrivain portugais, né, à Lisbonne, en 1833. Il y fit ses études de mathématiques et sciences naturelles, et entré en 1852 au secrétariat de la Couronne, il en sortit en 1869 pour aller à Cadix comme consul de Portugal ; par la suite, il fut consul à Bordeaux, New-Castle et Liverpool. M. de R. révéla de très bonne heure sa vocation pour la poésie satyrique, et dès 1855 débuta par une « Revue de l'année », pièce dont les traits d'esprit et la hardiesse provoquèrent pas mal des protestations. Plus tard, M. de R. devint collaborateur du *Diario popular*, et il y créa le type de *Possidonio*, type de député grincheux et avare. Il a été administrateur de l'orphelinat de la guerre franco-prussienne, près de Bordeaux. On a publié de lui : « Fossilismo e Progresso », revue en 3 actes et 9 tableaux, Lisbonne, Borges, 1856 ; « Cosas alegres », id., 1865 ; « Roberto », poème, id., id. ; 2ᵐᵉ éd., 1867 ; « Noites de Lisboa », id., 1866 ; « Entre estrangeiros », id., 1873 ; plusieurs comédies, publiées en petit format, dont voici les titres : « Lucrecia », Lisbonne, 1868 ; « Rede para noivos », id., id. ; « Ditoso fado », id., id. ; « Dois Tyrannos », id., 1867 ; « As sobrinhas do Señhor Raymundo », id., id. Dernièrement deux volumes de M. de R. ont été publiés par la maison Afra de Lisbonne, en y recueillant ses meilleurs ouvrages. M. de R. a été créé baron par le Roi Don Louis en 1871.

Rousse (Aimé-Joseph-Edmond), avocat français, membre de l'Académie française, né, à Paris, le 17 mars 1817. Il a été secrétaire de la conférence des avocats et secrétaire du célèbre avocat Chaix d'Est-Ange. Membre du conseil de l'ordre, il fut élu bâtonnier en 1879 et réélu en 1871. A cette époque, on a remarqué son courage à défendre les ôtages de la Commune. Mᵉ R. n'a pas alors — comme on l'a dit en imprimé — « défendu les accusés de la Commune », parce qu'il n'y a jamais eu d'accusés, mais des ôtages ; et parce que, malgré sa demande, il n'y a jamais eu de juridiction instituée pour les juger. Il visita dans les prisons de Paris Gustave Chaudey, l'archevêque de Paris, Mgr Darbois, l'abbé Deguerry, le Père Coubert et d'autres ; il se disposait à les défendre devant les tribunaux qu'il réclamait, lorsqu'ils furent non pas condamnés, mais massacrés, au mois de mai 1871, dans la prison de la Santé et à la Roquette. En 1880, Mᵉ R. rédigea une consultation en faveur des congrégations religieuses frappées par les décrets du 29 mars. Le 13 mars 1880, il fut élu membre de l'Académie française en remplacement de Jules Favre. En 1862, M. R. avait publié les « Discours et playdoyers de Mᵉ Chaix d'Est-Ange », avec une préface, Firmin Didot éditeur. En 1884, M. F. Worms, avocat, a publié, chez Laroze et Forcel, les « Œuvres de M. Rousse », contenant « Discours, plaidoyers et études diverses », 2 vol.

Rousseau (Jean), publiciste belge, né à Marche, le 5 août 1829. Après avoir, à partir de 1853, écrit dans l'*Étoile belge* et dans d'autres journaux de son pays, il se rendit à Paris, où il collabora au *Figaro*, à la *Revue française*, à la *Revue de Paris*, à la *Gazette des beaux-arts*, à l'*Art*, etc. Plus tard, il rentra en Belgique, y coopéra à diverses publications, et il est aujourd'hui directeur général de l'administration des sciences, des lettres et des arts au Ministère de l'intérieur et de l'instruction publique à Bruxelles. M. R. a fait paraître en librairie de nombreux ouvrages ; nous citerons : « Le diable à Bruxelles », 1855, en collaboration avec L. Hymans ; « Paris dansant », 1861 ; « Coups d'épée dans l'eau », 1863 ; « Les maîtres italiens », 1877 ; « Les maîtres flamands en Espagne », 1878 ; « L'Espagne monumentale », id. ; « La statuaire flamande et wallonne du IXᵉ au XIXᵉ siècle », 1879 ; « Types grecs et types romains comparés, pour servir à l'étude de l'antique », 1880 ; « Les expositions des beaux-arts depuis 1830 », id. ; « Camille Corot », 1883 ; « Hans Holbein », 1885.

Roussel (Théophile-Victor-Jean-Baptiste), médecin et homme politique français, membre de l'Académie de médecine, sénateur, ancien député, est né, à Saint-Chély-d'Apcher (Lozère), le 28 juillet 1816. Il fit ses études médicales à Paris, fut reçu interne des hôpitaux en 1841, docteur en 1845 et agrégé de la Faculté en 1847. Chargé en 1847, par le ministre de l'agriculture, d'étudier la pellagre qui sévissait dans le sud-ouest de la France, il rédigea un rapport sur cette maladie qui a été de sa part l'objet de nombreux travaux, dont le plus important, le « Traité de la Pellagre et des pseudo-pellagres », a obtenu, en 1866, le prix de 5000 francs de l'Académie des sciences. Élu représentant de la Lozère à l'Assemblée législative, il y siégea parmi les républicains modérés, et s'occupa principalement des questions d'hygiène. Rendu à la vie privé par le coup d'État de décembre 1851, il se retira dans son département, s'occupa de travaux historiques et scientifiques, devint membre de la Société d'agriculture de la Lozère et conseiller général. Aux élections du 8 février 1871, M. le docteur R. fut élu représentant de la Lozère à l'assemblée nationale ; il se fit inscrire aux réunions du centre gauche. Il est l'auteur de la proposition de loi pour la protection des enfants du premier âge, qui est devenue la loi du 23 décembre 1874, connue sous le nom de *Loi Roussel*, de diverses propositions de loi, notamment de celle relative à l'assistance dans les campagnes, et, au Sénat, de la proposition de loi sur la protection des enfants abandonnés, délaissés ou maltraités. Réélu membre du conseil général de la Lozère en 1871, il est depuis 1884 président de cette assemblée. Réélu député de Florac le 14 octobre 1877, il s'est présenté avec succès aux élections lors du renouvellement triennal du Sénat. M. le Dr R. a collaboré à la *Revue médicale*, au *Technologiste*, à l'*Encyclographie*, etc. Il a publié: « De l'éducation correctionnelle et de l'éducation préventive. Étude sur les modifications à apporter à notre législation, concernant les jeunes détenus et les mineurs abandonnés ou maltraités », Bonhoure, 1879; « Recherches sur la vie et le pontifical d'Urbain V », ouvrage couronné par l'Académie des inscriptions et belles-lettres; « De la pellagre, de son origine, de son progrès, de son existence en France » (ouvrage couronné par l'Académie des sciences). M. R. est membre de l'Académie de médecine pour la section d'Hygiène.

Rousselet (Louis), géographe français, rédacteur en chef du *Journal de la jeunesse*, directeur du *Nouveau Dictionnaire de Géographie Universelle* (Hachette), officier d'académie, membre de la Société d'anthropologie, de la Société de géographie, de la Société pour l'avancement des sciences, etc., né, à Perpignan (Pyrénées-Orientales), le 15 mai 1845, a fait ses études à Paris, puis à Heidelberg; en 1863, il entreprit un voyage scientifique dans l'intérieur de l'Inde, dont il revint à la fin de 1868 rapportant une des plus complètes descriptions de ce pays faite jusqu'à ce jour. Il prit en 1873 la direction du *Journal de la jeunesse*; à sa fondation, et simultanément, la direction du *Grand Dictionnaire de Géographie* entrepris par Vivien de Saint-Martin, dont il devint après le premier volume l'associé, puis le continuateur. Il a été nommé secrétaire de la Section des sciences anthropologiques à l'Exposition de 1878. Il a publié en outre les ouvrages suivants: « L'Inde des Rajahs »; « India and its native Princes » (sous le patronage du Prince de Galles); « Les royaumes de l'Inde »; « Tableau des races de l'Inde »; « Les deux *mousses* »; « Le Charmeur de serpents »; « Le tambour du Royal Auvergne »; « Le Fils du Connétable »; « La peau du tigre »; « Nos grandes écoles militaires et civiles ». Nous avons aussi de lui de nombreuses contributions à la *Revue d'anthropologie*, à la *Nature*, au *Tour du Monde*, au *Journal de la jeunesse*, etc.

Rousselot (Paul), homme de lettres français, agrégé des classes supérieures, membre de plusieurs académies savantes, né, à Sarreguemines (Moselle), le 3 octobre 1833, fit ses études au Collège de Troyes, entra dans l'Université en 1853, fut nommé répétiteur aux Lycée de Nantes et de Brest, professeur de philosophie aux Lycées de Troyes, Vésoul, Dijon, inspecteur d'Académie à Lons-le-Saunier, Besançon, Nancy, Amiens, Clermont-Ferrand; retraité en 1883. Il a publié plusieurs travaux philosophiques et littéraires dans la *Revue de l'instruction publique* (1863-70), *Revue contemporaine* (1864-70), *Revue pédagogique, Revue de l'enseignement secondaire des jeunes filles*. Principaux ouvrages: « Les mystiques espagnols », 1868; « Traité de pédagogie », 1880; « Pédagogie féminine », 1881; « Histoire de l'éducation des femmes en France », 2 vol., 1883, couronnée par l'Académie française, prix Botta.

Rousselot (Xavier), père du précédent, professeur de philosophie au Lycée de Troyes, né, à Metz (Moselle), le 23 janvier 1805. Il fit ses études à l'Athénée de Luxembourg et au Collège de Metz. Entré dans l'Université en 1830. Professeur à Saint-Michel, Sarreguemines, Troyes. Retraité depuis 1861. Nous avons de lui en librairie: « Études sur la philosophie au moyen âge », 3 vol., 1840-42, la première histoire de la scolastique qui ait paru en France; « Études d'histoire religieuse, Joachim de Flore et l'Évangile éternel », 1861; les « Œuvres de Vanini », trad. pour la première fois en français, 1842; traduction du « De re rustica », de Varron, dans la *Bibliothèque Panckoucke*; « Le petit livre de l'homme et du citoyen », 1873.

Routier (Gaston), littérateur et publiciste français, membre-correspondant des Sociétés de géographie de Toulouse et de Lille. Il est collaborateur des journaux suivants: *Le Matin, La France, Le National, L'Action, La République, Paris-Madrid* de Paris, *Le Petit Économiste, Le Commerçant* de Marseille, *Le Courrier de Londres et de l'Europe* de Londres, *La Nouvelle Revue, La Revue Française de l'Étranger, L'Importation française*. Il a publié: « Le rôle futur de la Chine en Asie » (*Bulletin de la Société de Géographie* de Marseille); « L'Histoire et le Calendrier Siamois » (*Bulletin de la Société de Géographie* de Lille); « La Siamoise chez elle » (*Nouvelle Revue*); « Les Chinois à Siam » (*Revue Française*), etc., etc. M. R. est directeur de la *Vie Mondaine* et de la *Revue Mondaine de France et d'Angleterre*.

Routier-Beaulieu (Clément), membre de la Société Académique indo-chinoise, membre de la Société de géographie commerciale, de l'Académie nationale A., M. et C. de Paris, membre fondateur de la Société de géographie et de l'École supérieure de commerce de Marseille. Économiste français, ancien vice-consul de Siam à Marseille, officier de la couronne de Siam et de Nicham de Tunis, il a collaboré aux journaux suivants: *La Ville de Paris, La Réforme, La Revue-Gazette* de Paris. Il est directeur et rédacteur en chef de la *Provence industrielle* et du *Petit économiste* de Marseille; nous avons de lui: « Libre-échange et protection », brochure, Paris, chez Challamel aîné éd.; « Renseignements commerciaux et ventes publiques », 1 vol., Paris, impr. Chaix (extr. du *Bulletin de la Société académique impériale chinoise*).

Rouvière (François), publiciste et littérateur français, né, à Nîmes (Gard), le 15 mai 1850; il appartient à la presse républicaine locale ou régionale depuis 1870; il est actuellement rédacteur au *Petit Méridional*. Conseiller municipal de Nîmes de 1880-88; secrétaire du conseil pendant ces huit années; collaborateur et membre du Comité de rédaction de la *Révolution française*, revue historique, collaborateur de *Nemausa*, revue historique locale. M. R. a publié : « L'abjuration de 1686 à Nîmes », Nîmes, Catélan, 1883; « Meyère (de Loudun), juge au tribunal révolutionnaire de Paris », Paris, Lavaray, 1884; « Le général Villaret », Nîmes, Catélan, id.; « Le Mouvement électoral dans le Gard en 1792 », 1 vol., id., id., 1885; « Rabaut-Saint-Étienne » (quatre lettres inédites de Nîmes), id., id.; « Quatrefages de Laroquète, constituant du Gard », Paris, Laravay, 1886; « Les Viganais à la bagarre de Nîmes », Nîmes, Catélan, 1887; « Dimanches révolutionnaires, études sur l'histoire de la Révolution dans le Gard », 1 vol. de 450 pages, id., id., 1888; « Histoire de la Révolution française dans le département du Gard », 4 vol. 1887-89. Sous presse (imprimé aux frais de la *Société d'histoire du protestantisme français*): « Les Religionnaires des diocèses de Nîmes »; « Alais et Uzès et la Révolution française ».

Roux (Amédée), homme de lettre français, critique, poète, grand ami de la cause italienne, né, le 9 mai 1828, dans le département du Puy-de-Dôme. Après de bonnes études lycéales à Clermont-Ferrand et à Chambéry, il fit son droit à Paris et s'inscrivit au barreau d'Issoire. Il collabora très efficacement à la *Correspondance littéraire*, à la *Revue historique de droit français et étranger*, à la *Rivista Europea* du comte de Gubernatis. Il est un des principaux collaborateurs de la *Revue du Monde latin* de Paris et de la *Revue internationale* de Rome. En librairie: « Les œuvres de Voiture », 1856; « Lettres du comte d'Avaux à Voiture », 1859; une traduction des « Novelle piemontesi » de Bersezio, Paris, Hachette, 1859; « Montausier, sa vie et son temps », 1860; « Histoire de la littérature contemporaine en Italie sous le régime unitaire », Paris, Charpentier, 1874; « Trois littératures à vol d'oiseau », 1872; « L'année littéraire », 1874-75; « La vie de Thorwaldsen », 1876; « L'Italie à l'Exposition de Paris », 1878.

Roux (Guillaume), médecin allemand, professeur ordinaire d'anatomie et directeur de l'Institut anatomique d'Innsbruck, né, le 9 juin 1850, à Iéna en Thuringe, il fit ses études à l'École Supérieure royale de Meiningen, aux Universités de Iéna, Berlin et Strasbourg; il a été, de 1878 à 1879, assistant à l'Institut d'hygiène à Leipzig et, de 1879 à 1888, assistant à l'Institut anatomique de Breslau. En 1880, il fut nommé professeur libre d'anatomie à Breslau, en 1886 professeur extraordinaire, et en 1888 directeur de l'Institut anatomique de cette ville, professeur ordinaire à Innsbruck depuis 1889. On lui doit: « Der Kampf der Theile im Organismus », Engelmann, Leipzig, 1881; « Ueber die Zeit der Bestimmung der Hauptrichtungen des Froschembryo », id., 1883; « Ueber die Bedeutung der Kerntheilungsfiguren », id., id., 1883; « Ueber die Verzweigungen der Blutgefässe » (*Jenaische Zeitschr.*), 1878; « Ueber die Bedeutung der Ablenkung des Arterienstammes bei der Astabgabe » (id.), 1879; « Structur eines hoch differenzirten bindegewebingen Organes (der Schwanzflosse des Delphin) » (*Arch. e. anal. u. Physiol.*), 1883; « Ueber die Selbstregulation der morphologischen Länge der Sceletmuskeln » (*Jenaische Zeitschr. f. Naturwiss.*), 1883; « Ueber die Entwicklung der Froscheier bei Aufhebung der richtenden Wirkung der Schwere » (*Breslauer ärztl. Zeitschr.*), 1884; « Beiträge zur Morphologie der functionellen Anpassung » (*Arch. f. Anal. und Phys.*), 1885; « Zur Orientirung über einige Probleme der embryonalen Entwicklung » (*Zeitschr. f. Biol.*), 1885; « Ueber die Bestimmung der Hausstrichtungen der Froschembryo und über die erste Theilung der Froscheier » (*Bresl. ärztl. Zeitschr.*), 1885; « Die Bestimmung der Medianebene des Froschembryo durch die Copulationsrichtung des Eikernes und des Spermakernes (*Arch. f. Mikrosk. Anat.*), 1887; « Ueber die künstliche Hervorbringung halber Embryonen durch Zerstörung eines der beiden ersten Furchungs- Kugeln, so wie über die Nachentwickelung (Postgeneration) der fehlenden Körperhälfte » (*Wirchow's Arch. f. Anat. und Physiol.*), 1888; « Neue Methode zur mechanischen Erzeugung der Trasectorien »; « Ueber die Entwicklung des Extraovates der Froscheier » (*Jahrb. der Schläsischen Gesell. f. Vaterland. Cultur*), 1889.

Roux (l'abbé Joseph), écrivain français, né, à Tulle (Corrèze), en 1834, fit ses études à Servière, à Tulle et à Brives. Après quatre ans passés au grand Séminaire de Tulle, il professa les humanités au petit Séminaire de Brives (1858-60), vicaire de Varetz (1860-64), puis curé de Saint-Hilaire du Peyrou (1876-85), il fut nommé, le 1er janvier 1886, chanoine à la cathédrale de Tulle. L'abbé R. est *félibre majoral*. Il trouva à Montpellier (1878), lors des *Fêtes latines*, l'accueil le plus sympathique. Son sermon à la messe de *félibres*, son brinde au banquet de la *Sainte-Étoile* obtinrent des applaudissements. Les ouvrages de M. R. sont (1885): « Pensées » (premières pensées), publiées à Lyon et à Paris avec un grand et légitime succès. On remarqua surtout la vérité sévère, le réalisme cruel des pensées sur les paysans. Couronnées par l'Académie française, les « Pensées » eurent de nombreuses éditions et furent traduites en plusieurs langues. Une édition nouvelle est en préparation (1886) : « Nouvelles Pensées », 4me éd. Il paraît qu'en Amérique, ces « Nouvelles pensées » parurent supérieures aux premières ; tel ne fut pas l'avis des critiques français ; de bons juges tels que Fr. Sarcey, Jules Lemaître, Armand de Pontmartin leur furent sévères ; « L'Épopée Limousine » (La Chanson lemouzina), 24 poèmes, texte limousin, traduction française, notes, Picard, 1888. En préparation : « Grand dictionnaire de la langue limousine ». Avant les deux volumes de « Pensées » qui l'ont fait connaître, l'abbé R. avait publié : « Hymnes et Poésies » en honneur de la Vierge Marie, 1 vol., Limoges, 1864 ; « Souvenirs de Lourdes », poésies, 1 vol., Tulle, 1873 ; « L'Inscription mystérieuse de Gymel », étude épigraphique, Tulle ; « L'Inscription du Château de Montal », réponse à M. Léon Palustre, Tulle ; « Énigmes limousines », texte et traduction, brochure, Montpellier ; « Proverbes bas-limousins », texte, traduction et commentaires, publiés aux frais d'une Société d'Allemagne, Halle-sur-Saale, 1883.

Roux (Louis), éditeur et homme politique italien, copropriétaire de la *Gazzetta Piemontese* et chef de la maison de librairie Roux et Favale, né, à Turin, vers 1845. Il est député au Parlement depuis 1878, très réputé en matière de finances et souvent rapporteur pour tout ce qui concerne le crédit foncier.

Rovetta (Gérôme), auteur dramatique et romancier italien, né, à Brescia, en 1850. Il débuta par un pamphlet de critique intitulé : « Gli Zulù nella letteratura ». Suivirent les comédies suivantes : « Un volo dal nido » ; « La moglie di Don Giovanni » ; « In sogno » ; « Collera cieca » ; « Gli uomini pratici » ; « Scellerata », comédie très applaudie qui fut aussi traduite en allemand et représentée au théâtre impérial de la Burg à Vienne ; « La Contessa Maria », drame en 4 actes ; « Ninnoli », contes, 4 éd., et trad. en allemand dans l'*Illustrirte Zeitung* ; « Mater Dolorosa », roman, 8me éd. ital., trad. en espagnol et en allemand, Leipzig, Philippe Reclam ; « Montegù », roman, 2me éd. 1884 ; « Sott'acqua », roman, Milan, id., id. ; « I Barbarò », comédie, Milan, 1890 ; « Tiranni minimi », nouvelles, 3me éd. ; « Le lacrime del prossimo », roman en 2 vol. M. R. a aussi collaboré à la *Nuova Antologia*.

Rovinski (Démétrius), archéologue russe, sénateur de l'Empire, né, à Saint-Pétersbourg, en 1820. Il est l'auteur de l'« Histoire de la peinture russe jusqu'au XVIIIe Siècle » ; du « Dictionnaire des graveurs russes » et des ouvrages suivants : « Estampes populaires russes », texte, 5 vol., atlas, 4 vol., gr. fol., avec plus de 1000 planch. (color. à la main), 1881 ; « Portraits authentiques des Tsars Russes. Jean III et IV et Basile I », avec 48 pl., portraits et costumes, 1882 ; « Nicolas Orictkine », 1884 ; « Atlas » pour cet ouvrage, grand-aigle, 33 planches gravées, id. ; « Vues du monastère Solovetskoy », 51 planches gr. fol., id. ; « Matériaux pour l'iconographie russe », portraits, pièces historiques, costumes et caricatures, 6 vol., gr. fol., 1884-87. Sous presse : les volumes 7 à 12 (complet) ; « Grand catalogue raisonné de portraits russes », 4 vol. lexic. 8°, avec 700 portraits phototypés, 1888 ; « Martow, sculpteur russe et son œuvre », fol., avec 50 pl., id.

Royer (Gabriel-Antoine), officier supérieur et homme politique français, est né le 1er octobre 1825, à Sey, commune dont son père a été maire sous la Restauration. Il fit ses études au lycée de Metz, entra à l'École militaire de Saint-Cyr, en 1845, et fut nommé sous-lieutenant au 8e régiment de ligne, en 1847. Lieutenant en 1850, capitaine en 1854, il passa, en 1867, avec le grade de chef de bataillon, au 34e régiment d'infanterie. Il prit sa retraite en 1875. M. R. débuta en Afrique, où il demeura de 1848 à 1853 et de 1867 à 1869. Il se distingua au siège de Zaatcha (1849), et fut cité à l'ordre du jour ; deux ans plus tard, il fut blessé en Kabylie. Il fit encore preuve de la plus éclatante bravoure pendant la campagne d'Italie. A la bataille de Solférino, il reçut une grave blessure. En quittant la carrière militaire, M. R. se retira à Spincourt (Meuse). Il devint maire de Spincourt et conseiller général du Canton qu'il représenta jusqu'en 1880. Après la mort de M. Billy, il se porta candidat dans l'arrondissement de Montmédy, fut élu, le 2 février 1879, par 10,363 voix et prit place à gauche. M. R. fut réélu le 24 août 1881 dans l'arrondissement de Montmédy par 7253 voix, contre 6247 partagées entre deux autres candidats, l'un républicain et l'autre monarchiste. Il se fit inscrire à l'Union républicaine, il vota avec le groupe. Aux élections du 4 octobre 1885, M. R., porté par la réunion plénière des délégués républicains sur la liste de l'Union républicaine, fut réélu au second tour par 38,246 voix sur 70,000 votants.

Ruberto (Louis), écrivain italien, né, à Frosolone (Molise), le 11 juillet 1858, docteur ès-lettres en 1881, professeur au Gymnase *Victor Emmanuel* à Naples, a publié les ouvrages suivants : « Niccolò III », essai critique, Salerne, 1876 ; « Sordello », id., Bologne, 1877 ; « Teodolinda Franceschi-Pignocchi », Naples, 1878 ; « Le Egloghe del Petrarca », Bologne, id. ; « Il Caracciolo e la farse Cavajole », Naples, 1879 ; « Amore e Poesia », Bologne, 1879 ; « Un saggio dello Zumbini sul Leopardi », Campobasso, id. ; « Pensieri volanti », Naples, id. ; « Un libro di filosofia sul Cartesio », id., id. ; « Alcuni studi di Attilio Ortis sul Petrarca e sul Boccaccio », Naples, 1880; « Studi sugli epigrammi e sulle egloghe di Bernardino Baldi », Bologne, Fava et Garagnani; « Sul Poliziano filologo », Turin, Loescher; « Un poeta realista della Rinascenza », Ancone. M. R. collabora avec des articles intéressants à la *Rassegna Critica*, à la *Domenica Letteraria*, au *Preludio*, etc. En préparation: « Scritti inediti del Gravina ».

Rubi (Thomas-Rodriguez), académicien, auteur dramatique très célèbre espagnol; entre 1836 et 1860, il donna plus de cent pièces au théâtre et toujours avec succès. Il est le seul des auteurs espagnols qui n'ait jamais fait de *four*. S'étant mêlé de politique, il fut député, sénateur et ministre des colonies en 1867 pendant le ministère de Gonzalez Bravo dont il est l'intime ami. A la suite de la révolution, il émigra en France et il vécut deux ans à Biarritz. Revenu à Madrid, il recommença à faire des comédies. Actuellement l'Académie l'occupe seule. Ses pièces les plus connues sont: « Los dos validos » (Les deux valides); « La Rueda de la Fortuna » (La roue de la fortune); « Isabel la Católica »; « De potencia a potencia » (De puissance à puissance); « El arte de hacer fortuna » (L'art de faire fortune); « Una lagrima y un beso » (Une larme et un baiser), etc., etc.

Rude (Maxime), poète, publiciste et romancier français. Adolphe PERREAU, plus connu sous le nom de *Maxime Rude*, est né, à La-Chataigneraye (Vendée), le 21 octobre 1839. Il est le petit-fils de M. Perreau du Magné, ancien député avec Manuel en 1818, après la Chambre introuvable, pour aller protester, au nom des libéraux, contre la curée de la Restauration. M. Adolphe Perreau fit ses études au Lycée de Napoléon (Vendée), où il eut comme professeur de rhétorique Adolphe Aderer, frais sorti de l'École Normale. Il commença ses études de droit à Poitiers, les continua à Paris où il débuta dans la littérature par un petit volume de vers: « Les amours de vingt ans », 1860. L'année suivante, nouvelles poésies, d'une note plus personelle: « Les Anges noirs », 1861. En 1862, M. Adolphe Perreau publie chez Poulet-Malassis une étude sur « Alfred de Musset, le poète, l'homme ». De 1861 à 1869, il collabore au *Figaro*, au *Nain-Jaune*, au *Charivari*, au *Journal Amusant*. Il avait écrit dès 1871 le *Roman d'une Dame d'honneur*, pour lequel il ne trouva ni journal, ni éditeur. En 1872, il donna à la *République Française* des « Caractères et Portraits ». A la fin de novembre 1875, il publia les « Confidences d'un Journaliste », sous le pseudonyme de *Maxime Rude*, qu'il n'a plus quitté. En 1876, M. R. fait à l'*Opinion Nationale* les portraits des nouveaux Sénateurs, inamovibles et autres; il écrit ensuite: « Tout Paris au Café », 1 vol. Collaborateur de la *Vie Littéraire* de 1875 à 1879, M. R. fait dans la *Lune Rousse*, avec André Gill, la campagne du 16 mai et du *Bulletin de Vote*. A la fin de 1877, il entra à la *Lanterne* et y publie des chroniques, séries d'*Études sur Paris*. En 1879, paraissent à quelques mois de distance, le « Roman d'une Dame d'honneur », puis « Ces Dames », et « Ces Messieurs », Dreyfous éditeur. En 1881, chez Dentu, « Ida Lenfant ». M. R. a publié, dans la même période, plusieurs portraits politiques au *Voltaire*, sans signature, étant alors à la direction de la presse, d'où il sortit en 1884. En cette année 1884, il a publié un volume de vers: « Gouttes de sang ». Accaparé depuis par la politique en province, il est revenu à Paris et à la littérature. Voici la devise, qui se trouve sur le volume des « Confidences d'un journaliste »; « Haineux ne puis, — Flatteur ne daigne, — Rude je suis ».

Rueda (Salvador), journaliste et poète espagnol. Il cultive spécialement la poésie populaire et ses tableaux de mœurs andalouses ont un grand cachet de couleur locale. Ses livres les plus connus sont: « Poema Nacional »; « La guitarra », etc.

Ruegg (Jean-Rodolphe), né, le 12 février 1824, à Tubenthal (Canton de Zurich), fut envoyé au Séminaire de Kussnacht où il bénéficia de l'enseignement du célèbre pédagogue Thomas Scherz, il resta comme maître dans l'établissement dont il avait été l'élève et put y poursuivre ses études philosophiques et littéraires grâce au voisinage de l'Université. En 1856, il fut appelé à la direction du Séminaire nouvellement créé de Saint-Gall; en 1860, le Gouvernement bernois le désigna pour remplir les mêmes fonctions au Séminaire de Münchenbüchsee, où il ne demeura pas moins de vingt années (1860-1880). D'abord professeur extraordinaire pour la pédagogie à l'Université de Berne, il a été promu en 1880 au rang de professeur ordinaire. Le Conseil municipal de la ville de Berne, dont il est membre, l'a chargé de l'inspection de ses écoles. Les écrits de M. R. se rapportent tous à la pédagogie. Nous mentionnerons entre autres: « Les exercices de style dans l'école primaire », Berne, 1873; « Le calcul dans l'école primaire », id., 1876; « La théorie de l'espace dans l'école primaire », id., 1877; « La méthode normale pour le vocabulaire », Zurich, 1884; « Exposé sommaire de la pédagogie », Berne, 1885, 6 éd.; « Manuel de psychologie », id., 1885, 4 éd.; « L'enseignement des langues dans l'école primaire », id., 1885, 3 éd.; « Matériaux pédagogiques », id., 1886. La fidèle collaboration de M. R. est depuis longtemps assurée à la *Revue des Institeurs suisses*.

Rüegg (Reinhold), publiciste suisse, né, à Zurich, en 1842, rédacteur du journal radical: la *Zürcher Post*, a composé, outre plusieurs opuscules de circonstance, tels que: « Souvenirs de la Fête fédérale des Chanteurs », 1880, et « Prologue pour le 50ᵐᵉ jubilé du Théâtre de Zurich », 1885, un ouvrage plus considérable: « Matériaux Pédagogiques », 1886.

Ruelens (Charles), érudit belge, né, à Bruxelles, en 1820. Conservateur de la section des manuscrits à la Bibliothèque royale de Belgique, membre de l'Académie d'archéologie, de la Société protectrice des animaux, etc., M. R. a fourni de nombreuses contributions, toujours extrêmement intéressantes, aux publications des sociétés savantes dont il fait partie, à celles de la Commission royale d'histoire, au *Bibliophile belge*, à la *Revue de Belgique* et à bien d'autres périodiques; il a donné des conférences charmantes; et il a fait paraître des ouvrages d'une importance considérable: « Annales plantiniennes », Bruxelles, 1865 (en collaboration avec A. de Backer); « Pierre-Paul Rubens: documents et lettres », id., 1877; « Refereinen en andere gedichten uit de XVIᵉ eeuw », Anvers, 1879-1882 (publié pour la Société des bibliophiles anversois); la première édition de la « Table de Peutinger », Bruxelles, 1884; « Le Siège et les fêtes de Binche en 1543-1549 », Mons, id. (publié pour la Société des bibliophiles belges); « La première relation de Christophe Colomb (1493); lettres sur une édition de l'*Epistola Christofori Colom*, appartenant à la Bibliothèque royale de Bruxelles », Bruxelles, 1885; « Correspondance de Rubens et documents épistolaires concernant sa vie et ses œuvres », Anvers, 1887 et années suivantes. M. R. a, en outre, collaboré ou collabore encore à de grands travaux collectifs: il a écrit une excellente « Histoire de l'imprimerie et des livres en Belgique », pour la « Patria Belgica », une étude sur les manuscrits pour « L'art ancien à l'Exposition nationale belge de 1880 »; il coopère à la publication des « Documents iconographiques et typographiques de la Bibliothèque royale de Belgique », des « Monuments de la géographie des bibliothèques de la Belgique », de l'*Atlas de Jacques de Deventer*. — Citons encore de lui deux actes en vers: « Dans un tombeau » et « La gorgone », Bruxelles, 1836. Ces œuvres purement littéraires ramènent à l'esprit le souvenir de sa femme, Estelle Crèvecœur (1821-1876), qu'il avait épousée en 1848 et qui, sous le pseudonyme de *Caroline Gravière*, publia des romans et des nouvelles qui la placèrent au premier rang des écrivains belges.

Ruetschi (Albert-Rodolphe), théologien suisse, né, à Berne, le 3 décembre 1820, étudia la théologie à l'Université de cette ville sous les professeurs Lutz, Schneckenburger, Hundeshagen et fut, aussitôt après ses examens finaux, nommé suffragant dans la paroisse rurale de Graffenried. Des congés successifs lui permirent de compléter ses études aux universités de Berlin et de Tubingue, d'entreprendre des voyages scientifiques et littéraires à Paris, en Belgique et en Allemagne. Après son retour en Suisse, en 1845, il se fixa à Berne, où il remplit les fonctions de *privat-Docent* et de suffragant dans la paroisse de la cathédrale. La carrière ecclésiastique de M. R. a été des plus honorablement remplies: successivement pasteur à Trub (1848) et à Kilchberg (1853), doyen de la classe de Berthoud (1867), il est également depuis 1867 l'un des pasteurs de la cathédrale de Berne et a présidé de 1864 à 1872 le synode cantonal, de 1878 à 1882 la commission synodale. L'Université de Berne l'a en 1878 nommé professeur honoraire pour l'exégèse de l'Ancien-Testament et de l'archéologie biblique, celle de Zurich, à l'occasion du jubilé de Calvin en 1864 l'a nommé docteur en théologie *honoris causa*. Si M. R. n'a jusqu'à présent produit aucun ouvrage original, il a édité en 1844 la *Dogmatique biblique* de son maître le prof. Lutz, et publié en 1863 dans les *Studien und Kritiken* plusieurs lettres inédites de Zwingli, Viret, Farel. L'*encyclopédie théologique* de Herzog et la traduction anglo-américaine qu'en a donnée le prof. Schaff l'ont compté au nombre de leurs plus zélés collaborateurs (200 articles pour la plupart relatifs à l'archéologie). De nombreux essais et compte-rendus ont été également insérés par lui dans les *Studien und Kritiken*, le *Nouveau Répertoire théologique* de Bruns, l'*Annuaire théologique* de Hauff, les *Feuilles ecclésiastiques pour la Suisse réformée* de Hagenbach.

Ruffet (Louis), historien suisse, né, à Nyon dans le Canton de Vaud, le 15 avril 1836, fit ses études classiques dans divers gymnases d'Allemagne et se prépara au Ministère évangélique, la vocation choisie par lui dès son enfance, en suivant à Genève les cours de l'école de théologie libre. L'église évangélique de Royan lui adressa une vocation dès sa sortie de l'auditoire en 1859; l'œuvre des Protestants disséminés bénéficia de ses services pour les stations du Creuzot et d'Aix-les-Bains jusqu'en 1861, année où l'église évangélique de Genève le choisit pour un de ses pasteurs. Une grave maladie du larynx le contraignit en 1869 de renoncer à la prédication et au ministère actif pour diriger le Séminaire espagnol de Lausanne (1870-1872) et remplir pendant quelques mois les fonctions de secrétaire de la Société évangélique de Genève. En 1873, la chaire d'histoire ecclésiastique devenue vacante par la mort de M. Merle d'Aubigné, lui fut conférée dans l'école de théologie libre de la même ville. En 1877, M. R., qui dans l'intervalle avait reçu de l'Université de New-Jersey le diplôme de docteur en théologie (1874), a repris un office de catéchiste dans une école du dimanche et prononcé en diverses occasions, tout récemment encore lors de la fondation de la Société Anti-Esclavagiste, des conférences fort applaudies par de nombreux auditoires. Nous possédons de lui les ouvrages suivants: « L'authenticité des épîtres pastorales et la double captivité de Saint-Paul à Rome », 1859 (thèse de baccalauréat); « Récits d'histoire des missions », 1854; 2e éd. 1864; « Vie de R. de Rod », 1856; « J.-G. de la Flechère, esquisse biographique », 1860; « Francesco Sprera », 1864; « Ninive et Genève, ou exemple et devoir », 1865; « Thascius Cyprien, évêque de Carthage et les persécutions de son temps », 1872; « Lambert d'Avignon, le Réformateur de la Hesse », 1873; « Pietro Carnesecchi, un martyr de la Réforme en Italie », 1874; « Vie de César Pronier », 1875 : « Jean-Louis Micheli », 1875; « Récits d'histoire de l'Église », 1re série 1879; « Le Comte Agénor de Gasparin », 1884; « Georges Fox et les origines du Quakerisme », 1886. M. R. a collaboré à la *Revue Chrétienne*, au *Chrétien évangelique*, pour lequel il a rédigé pendant plusieurs années une chronique de Genève aussi bien renseignée qu'impartiale, à l'*Encyclopédie des sciences religieuses*.

Ruggi (Joseph), chirurgien primaire au grand Hôpital de Bologne, né, dans cette ville, le 11 juin 1844. Diplômé à l'Université en 1868, il se consacra entièrement à l'exercice de la médecine et de la chirurgie et publia les ouvrages suivants: « Contributo alla cicatrizzazione delle ferite (*Bullettino delle scienze mediche di Bologna*); « Annotazioni clinico-chirurgiche intorno a due corpi estratti l'uno dall'utero e l'altro dalla vescica orinaria » (id.), 1870; « Considerazioni fisio-anatomiche-cliniche sulla genesi degli spostamenti che più di frequente tengono dietro alle infiammazioni del ginocchio » (id), id.; « Di un grosso calcolo vescicale avente per nucleo una forcella » (id.), id., « Dei punti dolorosi nelle malattie croniche del ginocchio » (id.), id.; « Di una resezione del ginocchio e di una nell'anca » (*Rivista clinica di Bologna*), 1871; « Nuova cannula per la trasfusione del sangue e per lo svuotamento sotto-cutaneo degli ascessi e delle raccolte di liquido intra-articolari » (id.), id.; « Nota e storia relativa alla trasfusione del sangue » (id.), id.; « Uova d'ascaridi lombricoidi trovate accidentalmente in liquido rigettato per vomito » (id.), id.; « Cancroide della guancia destra, complicato ad ingorgo delle glandule linfatiche esistenti alla regione sopra-ioidea corrispondente. Genioplastica ed ablazioni delle glandule infiltrate » (id.), id.; « Infiammazione cronica delle epifisi del ginocchio e consecutivi mutamenti che si possono riscontrare nell'arto malato o nel tronco » (id.), id.; « Cisti ovarica moltiloculare sinistra estirpata con successo » (*Bullettino di scienze mediche*), 1872; « Di una bambina affetta da estrofia vescicale curata con diversi processi d'autoplastica » (id.), id.; « Nuovo trequarti per l'ovariotomia » (id.), id.; « Secondo caso d'estrofia della vescica, curato con processi d'autoplastica » (*Rivista clinica*), 1873; « Modo facile di mettere gli apparecchi inamovibili nelle malattie dell'anca » (id.), id.; « Due casi di clinica chirurgica » (*Bullettino di scienze mediche*); « Nuovo iste-rotomo » (*Rivista clinica*), 1875; « Della resezione del corpo della mandibola e della resezione del mascellare superiore destro in unione al malare corrispondente ed all'apofisi orbitale esterna del frontale » (*Bullettino delle scienze*); « Storia relativa ad un terzo caso di estrofia della vescica curata colla formazione della mancante parete anteriore » (*Rivista clinica*), 1876; « Armamentario tascabile per la cura delle malattie uterine » (id.), 1876; « Storia relativa ad alcune operazioni di galvano-caustica » (*Bullettino di scienze mediche*); « La sinovite fungosa può avere origine e svolgersi a preferenza nell'articolazione femoro-rotalea » (id.); « Del valore che ha la legatura della carotide nelle lesioni traumatiche ed anatomo-patologiche della carotide esterna », (id.); « Modificazioni all'uretrotomo del Corradi ed al comune catetere per irrigazioni vescicali » (*Rivista clinica*), 1877; « Sulla critica del dott. Pellizzari al mio uretrotomo e sopra un nuovo divulsore uretrale » (*Rivista clinica*), 1878; « Alcuni esperimenti sulla medicatura Lister » (*Commentario clinico di Pisa*), 1878; « Ulteriori studi teorico-pratici sul ginocchio » (*Bullettino delle scienze mediche*); « Due ovariotomie guarite. Storia e considerazioni » (id.); « Sulla Patogenesi del piede varo acquisito » (id.); « Dell'incisione trasversale dell'uretra » (id.); « Dell'arte del medicare secondo il metodo Lister », Bologne, Zanichelli, 1879; « Intorno ad un caso di estirpazione totale della tiroide » (*Bullettino delle scienze mediche*), 1880; « Dell'ago di De Roubaix modificato. Suo uso nelle legature del peduncolo ovarico » (*Raccoglitore medico*), 1880; « Se i tumori ovarici possono guadagnare di spostabilità dietro speciali manovre eseguite dal chirurgo » (id.), id.; « Dell'uso di uno speculum addominale dopo eseguita la ovariotomia », (id.), id.; « Ancora della medicatura antisettica del Lister in rapporto specialmente alle resezioni del ginocchio » (*Bullettino delle scienze mediche*), 1881; « Di un nuovo processo per l'estirpazione totale dell'utero dalla sua sede naturale » (id.), id.; « Malattie infiammatorie dell'articolazione del ginocchio », Naples, 1882; « Intorno ad un caso di estirpazione totale della laringe » (*Archivi italiani di Laringologia*), id.; « La sospensione per i piedi e l'applicazione degli apparecchi inamovibili gessati nelle affezioni dell'anca e della colonna vertebrale » (*Atti della Società italiana di chirurgia*), 1883; « Prolusione al corso libero di Ginecologia » (*Raccoglitore medico*), 1884; « Forbici emostatiche Ruggi 1884 » (*Rivista clinica di Bologna*), 1884; « La tecnica della pneumectomia dell'uomo. Conferenze teorico-pratiche di chirurgia », Bologne, Zanichelli, 1885; « La cossalgia deve distinguersi in estra ed intra-cotiloidea. Conferenze, ecc. », id., id., id.; « Fatti e cose d'interesse ginecologico » (*Rivista clinica di Bologna*), 1886; « Contributo alla tecnica di alcune operazioni cavitarie » (*Archivio ed atti della Società italiana di chirurgia*), id.; « Relazione intorno a varii operati per tumori alla testa ed al collo e più specialmente intorno ad alcuni casi di nevroma cirsoideo » (*Archivio ed atti della Società italiana di chirurgia*), 1886; « La spasmodica contrazione periarticolare che mente un anchilosi da cossalgia al 2º stadio », (id.), id.; « La cura dei restringimenti uretrali. Conferenze, ecc. », Bologne, Zanichelli, 1887; « Della cistotomia ipogastrica e perineale », conférences, id., id., id.; « Della medicatura col sublimato nelle laparotomie », id., id., 1888.

Rühl (François), historien allemand, docteur en philosophie, Conseiller d'État, professeur d'histoire ancienne à l'Université de Königsberg, né, en 1845, à Harau-sur-le-Mein; il a fait ses études aux universités de Iena, Berlin et Marbourg; il voyagea beaucoup dans le midi de l'Europe et après avoir pris son habilitation à l'enseignement à Leipzig, il devint professeur à l'Université de Dorpat (Russie), d'où en 1876 il fit passage à celle de Kœnigsberg. La plupart de ses écrits consistent en articles et essais sur l'histoire et la philologie anciennes parus dans divers journaux littéraires. On lui doit aussi: « Die Quellen Plutarch's im Leben des Kimon », Marbourg, 1887; Leipzig, Teubner; « Die Verbreitung des Justinus im Mittelalter », Leipzig, Teubner, 1871; « Die Textesquellen des Justinus », id., id., id.; « Ueber die Quellen des Plutarchischen Perikles » (*Jahrb. f. Class. philol.*), 1868; « Kritische Miscellen » (id.), 1870; « Pætus Thrasea in Marburg » (id.), 1875; « Zur Handschriftenkunde von Cicero's Briefen », Rhein. Mus., 1875; « Zu Xenophon's Πόροι » (*Jahrb. f. Class. Phis.*), 1877; « Ciceroniana » (*Wiss. Monatsch.*), 1878; « M. Juniani Justini Epitoma historiarum Pompei Trogi ex recensione F. R. », Leipzig, Teubner, 1886; « Eutropi breviarium ab urbecondita recognovit F. R. », id., id., 1887.

Rummo (Gaétan), médecin italien, directeur de la clinique médicale propédeutique de Sienne, membre de la Société anatomique de Paris, est né, à Bénévent, en 1853. Aussitôt ses études achevées à l'Université de Naples, il fut nommé assistant à la clinique du célèbre Tommasi et choisi plus tard pour une bourse de perfectionnement à l'étranger. M. R. a reçu du gouvernement la mission d'aller étudier en Espagne la méthode anticolérique Ferrau. Il a fondé et il dirige la *Riforma medica*, journal quotidien de Naples. Nous avons de lui: « Il morbo di Addison »; « La circolazione cerebrale dell'uomo allo stato normale e sotto l'influenza dei farmaci ipnogeni »; « Sui farmaci cardiaci, esperienze farmacologiche e cliniche »; « La pleurite pulsante »; « Patogenesi delle Aritonie »; « Un nuovo segno nella diagnosi degli aneurismi intracavitarii ».

Rupin (Ernest-Jean-Baptiste), botaniste et archéologue français, né, à Brive (Corrèze), le 6 mai 1845. Receveur de l'Enregistrement et des domaines en 1867, démissionnaire en 1874, il s'est occupé depuis cette époque de botanique et d'archéologie. Il a été nommé président de la Société archéologique de la Corrèze et correspondant du Ministre de l'Instruction publique en 1880; associé correspondant des antiquaires de France en 1882; officier d'Académie en 1885. Il a publié: Botanique: « Catalogue des plantes vasculaires du département de la Corrèze », Roche, imp. à Brive, 1884. Les botanistes Spegazzini et Roumeguère ont décrit sous le nom de *Rouimnia pyrenaica* une plante récoltée dans les Pyrénées et ne se rattachant à aucun genre connu (*Revue mycologique*), 1879. Archéologie: « Monographie des grottes creusées de main d'homme aux environs de Brive », en collaboration avec M. Lalande (*Bulletin monumentale*), 1879; « Lutrin de l'église St.-Martin à Brive », eau-forte, Brive, Roche imp.; « Pied de croix en cuivre doré et émaillé à Obasine », eau-forte, Roche imp., 1879; « Croix reliquaire à Obasine », eau-forte, Brive, Roche imp., 1879; « Mosaïque romaine de Cubjac », gravure, id., id., id.; « Pièces historiques au Roc-amadour », id., id., id.; « Armorial des évêques de Tulle », gravure, id., id., id.; « Étienne Baluze », gravure, id., id.; « Statue de la Vierge à Beaulieu », gravure, id., id.; « Reliquaire à Obasine », eau-forte, id., id., 1880; « Croix émaillée du XIIIe siècle », eau-forte; « Bras reliquaire à Beaulieu »; « Crosse eucharistique à Beaulieu », gravure, Brive, Roche imp., 1881; « Notice sur Marmontel », eau-forte, id., id., 1882; « Notice sur quelques objets d'émaillerie limousine », gravures, Paris, Imprimerie nationale, 1881; « Reliquaire en cuivre ciselé et doré (XIIIe siècle) à l'église St.-Martin à Brive », gravures, id.; « Devant d'autel en cuivre doré et gaufré, à Neuville », chromolithographie, Brive, Roche imp., 1882; « Chef de St.-Martin à Sondeilles », eau-forte et chromolithographie, Paris, Plon imp., 1882; « Tympan de l'église de Martel », eau-forte, Paris, Imprimerie nationale, 1883; « La châsse de Moissat-bas », 4 héliogravures, id., id., id.; « Quelques droits féodaux dans le Limousin », gravures, Brive, Roche imp., 1884; « La Sigillographie du Bas-Limousin », en collab. avec M. Ph. de Bosredon, id., id., 1886; « L'œuvre de Limoges », avec 400 gravures environ. Toutes ces brochures sont illustrées des eaux-fortes ou des dessins de l'auteur.

Ruskin (Jean), critique anglais, né, à Londres, en février 1819, fit ses études à l'Université d'Oxford jusqu'à 1839. Il s'est fait une réputation brillante comme esthéticien, car il étudia la peinture, et avec succès, sous la direction de Copley-Fielding et de J.-D. Harding. Nous avons de lui : « Les peintres modernes », 1843-60 ; « Les sept flambeaux de l'Architecture », 1849 ; « Les Pierres de Venise », 1853 ; « L'art au moyen-âge », 1853 ; « L'ornement et la décoration », 1854 ; « Cours d'architecture et de peinture », id.; « Revue de l'Exposition de 1855 » ; « Ethics of the dust », 1856 ; « Sesame and lilies », id.; « Lectures on art delivered at Oxford », 1870 ; « Aratra Pentelici », 1872 ; « Ariadna Florentina », 1874 ; « Val d'Arno », 1875 ; et divers articles insérés à la *Quarterly Review*, au *Cornhill Magazine*, etc.

Russel (Guillaume-Howard), journaliste irlandais, né, à Lilywater, près de Dublin, le 28 mars 1821, fit ses études au *Trinity College* de la même ville, et vint à Londres pour suivre la carrière du barreau, mais il entra bientôt comme *reporter* au *Times*, ensuite au *Morning-Cronicle* qu'il quitta pour revenir au *Times*. Correspondant en Crimée au début de la guerre d'Orient, il passa en 1861 aux États-Unis pour donner au *Times* une relation de la guerre civile. En 1866, il suivit l'armée autrichienne jusqu'à Sadowa, et pendant la guerre franco-prussienne il assista aux batailles de Woerth et de Sédan et au siège de Paris. M. R. accompagna le Prince de Galles dans son voyage aux Indes. En dehors des articles littéraires aux *Household Words*, au *Bentley's Magazine*, etc., nous avons de lui : « Extraordinary men », 1853 ; « The Crimean war », 1856 ; « My Diary North and South » ; « Canada » ; « My Diary in the East » ; « The Great Eastern and the Atlantic cable » ; « The Prince of Wales' tour in India ». M. R. fonda à Dublin le *Daily Express*, journal conservateur.

Rutherford (Guillaume-Gunion), homme de lettres anglais, né, en 1853, à Newlands en Écosse ; élevé à l'Université de St.-Andrews et au *Balliol College* d'Oxford, il enseigna d'abord à l'école de *St.-Paul* à Londres de 1876 à 1883. A cette dernière date, il entra au Saint-Ministère et fut nommé *Headmaster* de Westminster et professeur à l'*University College* d'Oxford. Nous avons de lui d'abord: « A First Greek Grammar », Londres, Macmillan et Cie., 1878. Cet ouvrage est deja à la 7me éd. Ensuite : « The New Phrynichus, a Revised Text of the Ecloga of the Grammarian Phrynichus with Introduction and a Commentary », Londres Macmillan et Cie, 1881 ; « The Tables of Babrius with Introductions Dissertations, Commentary, and Lexicon », id., id., 1883. L'introduction au « New Phrynichus », a été traduite en allemand sur les instances de Curtius par le docteur A. Funk.

Rutley (François), minéralogiste anglais, membre de la Société française de minéralogie, maître des conférences pour la minéralogie à l'École Normale des Sciences de Londres et à la *Royal School of mines*, né, à Douvres, le 14 mai 1842. Il a étudié à la *R. School of mines* de 1863 à 1866. De 1867 à 1882, il a pris part comme assistant géologiste aux sondages de la *Geological Survey* en Angleterre et dans le pays de Galles. En dehors d'articles aux revues scientifiques, il a publié : « Text book of Mineralogy », 1874 ; 3e éd., Londres, T. Murby, 1887 ; « The Eruptive Rocks of Breut Por », mémoires du *Geol. Survey*, 1878 ; « The Study of Rocks », 2e éd., Londres, Longmans et Cie, 1881 ; « The Felsitic Lavas of England and Wales », mémoires du *Geol. Survey*, 1885 ; « Rock-forming Minerals », Londres, Murby, 1888.

Rydberg (Abraham-Victor), littérateur suédois, né, à Jonkœping, le 18 décembre 1829 ; il étudia à l'Université de Lund. D'abord instituteur privé, il devint en 1855 collaborateur du *Godeborgs Handels och Sjofarts Tidning*, député à l'assemblée de l'Église (1868) et au *Riksdag* (1870-72) ; il fut chargé en 1876 de faire des conférences de philosophie et d'histoire par l'administration de Gothembourg. En 1877, élu un des 18 membres de l'Académie suédoise, l'Université d'Upsala lui décerna le diplôme de docteur. Nous avons de lui : « Singvalla », nouvelle: « Le Pirate de la Baltique », roman ; « Le Dernier des Athéniens » ; « La Doctrine du Christ selon la Bible » ; « La magie au moyen-âge » ; « Légendes roumaines des apôtres Pierre et Paul » ; « Clef de la table généalogique des premiers patriarches » ; « La Vénus de Milo » ; « Journées romaines » ; « Le Vaisseau fantôme » ; « Le Vieux Moine », poème ; la traduction du « Faust » de Goethe ; « Les livres Sibyllins et Vôluspá », 1880 ; « L'astrologie et Merlin », recherches sur les sources litt. de l'Histoire de Galfrid of Monmouth, 1880 ; « Christologie », 4me éd. augmentée, 1880 ; « Eschatologie », 1880 ; « Poésies », 1882 ; « Marcus Aurelius », 1885 ; « L'épée de la victoire », traité mythologique, 1885 ; « Recherches sur la Mythologie germanique », tom. I, 1886 ; « La Mythologie indo-européenne », tom. II, 1889 ; « L'Épopée mythologique de nos ancêtres », 1887. Essais et poèmes divers.

Ryssel (Charles-Victor), philologue et théologien allemand, docteur en philosophie, maître au *Nicolai-Gymnasium* et professeur extraordinaire de critique et d'exégèse du Vieux-Testament à l'Université de Leipzig, né, le 18 décembre 1849, à Rheinsberg (Saxe), fit ses études au Gymnase de Freiberg et à l'Université de Leipzig, en 1872 il commença ses leçons au *Nicolai-Gymnasium* et depuis 1885 à l'Université de Leipzig. Nous lui devons: « Die Synonyma des Wahren und Guten in den Semitischen

Sprachen », Leipzig, 1872 ; « De Elohistæ pentateuchici Sermone », id., 1878 ; « Gregorius Thaumaturgus, Sein Leben und Seine Schriften », avec version du Syrien de deux écrits de Gregorius T., inconnus jusqu'à présent, id., 1880 ; « Ueber den textkritischen Werth der Syrischen Uebersetzungen griechischer Classiker », 2 parties, id., 1880-81 ; « Ein Brief Georg's Bischofs der Araber, an den Presbyter Jesus, aus dem Syrischen übersetzt und erläutert », précédée d'une introduction sur sa vie et ses écrits, Gotha, 1883 ; « Untersuchungen über die Textgestalt und die Echtheit des Buches Micha », Leipzig, 1883 ; « Die Arabische Uebersetzung des Micha in der Pariser und Londener Polyglotte » (*Zeitschr. f. d. alttestam. Wiss.*), 1885 ; « Notiz über die Anfänge des Mönchsthums in Syrien » (*Theol. Literaturbl.*), 1885 ; « Tuch's Einfluss auf die alttestamentalische Wissenschaft » (*Zeitschr. f. Kirch. Wiss. und Kirchl. Leben.*), 1886 ; « Die Anfänge der jüdischen Schriftgelehrsamkeit » (*Stud. und Krit.*) 1887. Il est aussi auteur de plusieurs articles parus dans le *Liter. Centralbl.*, dans le *Theol. Literbl.*, dans la *Theol. Literaturzeit*, dans le *Götting. Gelehrt Anzeig.* et dans la *Zeitschs d. deutsch. Palästina-Vereines*, et a publié la troisième édition revue et corrigée du « Fürst, Hebräisches und chaldäisches Handwörterbuch über das Alte Testament », Leipzig, 1876, et l'« Englisches Handbuch zum Alten Testament ». Ainsi que la 2e éd. de « Esra Nehemia und Ester », Leipzig, 1887.

S

Sabatier (Louis-Auguste), exégète et publiciste français, né, à Vallon, dans le département de l'Ardèche, le 22 octobre 1839, fit ses études classiques dans l'institution huguenote *Olivier* à Ganges dans le Hérault, ses études théologiques à la Faculté de Montauban (1858-63). Ses connaissances scientifiques se complétèrent de la manière la plus heureuse pendant un voyage universitaire de dix-huit mois (1863-1864) à Bâle, Strasbourg, Tubingue, Erlangen, Bonn, Heidelberg, etc. A son retour de l'Allemagne en 1864, M. S. entra dans le ministère actif et remplit les fonctions pastorales dans son pays d'origine, à la petite ville d'Aubenas. La majorité des consistoires réformés le désigna en 1868 au ministre de l'instruction publique pour occuper à la Faculté de Strasbourg la chaire de dogme réformé que laissait vacante la mort de M. Ricard. D'abord chargé du cours, M. S. fut nommé professeur titulaire en 1880, après avoir pris son doctorat en théologie. La même chaire lui fut confiée en 1877 lors du transfert à Paris de l'antique Faculté alsacienne. Outre sa carrière professorale, M. S. en remplit dans le journalisme une autre tout aussi laborieuse et aussi utile. Depuis 1875, il envoie chaque semaine au *Journal de Genève* une causerie des plus goûtées sur un sujet littéraire ou philosophique ; depuis 1880, il est attaché à la rédaction du *Temps*, où il traite de préférence les questions de politique intérieure. Sa collaboration n'a pas été moins appréciée à la *Revue critique*, à la *Revue chrétienne*, à l'*Encyclopédie des Sciences religieuses*, pour laquelle il a rédigé la plupart des articles relatifs à la vie de Jésus-Christ et aux livres du Nouveau Testament. M. S. a publié : « Le témoignage de Jésus-Christ sur sa personne », 1863 ; « Essai sur les sources de la vie de Jésus », 1866 ; « Jésus de Nazaret ; le drame de sa vie, la grandeur de sa personne », deux conférences, 1867 ; « L'apôtre Paul, esquisse d'une histoire de sa pensée », 1870, 2me éd., 1881 ; « De l'influence des femmes sur la littérature française », 1873 ; « Guillaume le Taciturne », 1872 ; « La notion hébraïque de l'Esprit », 1879 ; « Le Canon du Nouveau Testament », 1877, extrait de l'*Encyclopédie des Sciences religieuses* ; « L'origine du péché, dans le système théologique de l'apôtre Paul », brochure, 1887 ; « Les origines littéraires et la composition de l'Apocalypse de Saint-Jean », brochure, 1888.

Sabatier-Plantier (Antoine-Henri DE), ancien pasteur et publiciste français, né en 1848 à Nîmes (Gard), élève des Facultés de Genève et de Montauban ; il fut pasteur dans la Lozère et dans le Gard. Il a publié : « Jacques Lefèvre d'Étaples, d'après des documents nouveaux », 1870 ; « L'instruction primaire obligatoire et laïque », 1880. Il a dirigé, de juillet 1881 à décembre 1883, la *Revue des fêtes d'enfants et de l'éducation civique*, publication destinée à répandre en France la pratique des *Fêtes enfantines et scolaires*, organisées dans un esprit républicain, libéral et patriotique. Ce recueil donne le programme complet de l'organisation des fêtes, avec de nombreux comptes-rendus qui ont trait aux questions relatives à l'éducation morale, civique et militaire, un vol., Paris, Delagrave.

Sacandri (Gaston), romancier et homme de lettres français, né, à Paris, en 1856. Les romans de M. S. ont été publiés à la librairie Ollendorff ; nous avons de lui : « Le roman d'un imbécile » ; « Bernard Palissy », un acte en vers, en collaboration avec M. Eugène Brieux, qui a été représenté, en matinée, sur le théâtre de Cluny ; « La Prose », de M. S. seul, a été jouée par la troupe du *Théâtre libre*. « La prose » et « Bernard Palissy », sont signés de son nom; « Les inconscients » ont été publiés sous le pseudonyme de Saint-Landri.

Saccardo (Pierre-André), naturaliste italien, né, à Trévise, le 23 avril 1845. Dès sa plus tendre jeunesse, il préféra les études botaniques, et il publia à 18 ans aux *Atti dell'Istituto Veneto di Scienze e Lettere* le « Prospetto della flora trivigiana coi nomi vernacoli delle piante », qui a été le premier essai publié sur la flore de la région. Assistant à la chaire de botanique de l'Université de Padoue (1866-72), professeur d'histoire naturelle à l'Institut technique de la même ville (1869-79), il est maintenant professeur ordinaire de botanique à l'Université. Voici la liste des ouvrages de M. S. : « Catalogo delle piante vascolari del Veneto », Venise, 1869, en collaboration avec le prof. De Visiani ; « Della storia e letteratura della Flora Veneta », Milan, id. ; « Corso di botanica », Padoue, Troy éd., 1871-74-81 ; « Sui corpuscoli (Somazii) esistenti nella fovilla pollinica », id., 1872 ; « Musei Tarvisini enumerati », id., id. ; « Mycologiæ Venetæ Specimen », id., 1873 ; Mycotheca Veneta », id., 1874-78 ; « Michelia, Commentarium mycologicum », id., 2 vol., 1877-79 et 1880-82 ; « Filugi italici autographice delineati », id., 1877-86 ; « Sylloge fungorum omnium hucusque cognitorum », id., 1882-90. C'est l'ouvrage capital de M. le prof. S., en 8 volumes, contenant la description de 32,000 espèces de champignons de tout l'univers, couronné de plusieurs médailles d'or, et loué par les Académies des *Lincei* et de Turin. M. le prof. S. a inséré plusieurs articles aux revues cryptogamiques de Londres, Toulouse, Dresde, Paris, Bruxelles, sur les champignons de l'Australie, États-Unis, Brésil, Algérie, etc.

Sacchetti (le chev. Joseph), un des chefs de la presse catholique en Italie, né, à Padoue, en 1845, où il fut élevé par les RR. PP. Jésuites. Il fonda d'abord les *Letture Cattoliche*, le premier journal catholique fondé dans la Vénétie au temps de la domination autrichienne. Ses polémiques avec l'état lui valurent la prison. Tour-à-tour fondateur du journal humoristique *Il Codino*, du journal politique *Il Veneto Cattolico* de Venise, du *Corriere di Verona* et de la *Lega Lombarda* de Milan, M. S. trouva aussi moyen de servir sa cause les armes à la main en 1867. Polémiste habile et ardent, il combattit ouvertement avec la plume les théories positivistes de MM. Gaetano Trezza et Ardigò, et en reçut les compliments de l'historien César Cantù, des Cardinaux Capecelatro e Schiaffino et de S. S. Léon XIII. Beaucoup de ses ouvrages ont paru sous le voile de l'anonyme. Nous donnons la liste de ceux édités et signés par lui: « Del movimento cattolico in Italia », Venise, Sacchetti, 1875 ; « Pio IX e i trionfi dell'immortale Pontefice », id., typ. Emiliana, 1863 ;

« Dell'azione civile del laicato cattolico in Italia », Milan, Cagliati, 1885 ; « Discorso letto all'adunanza del Circolo della Gioventù Cattolica di Vicenza », Vicenza, Staider, 1881 ; « La Suora di Carità. Carme », Padoue, Prosperini, 1885 ; « L'insegnamento officiale », Venise, 1876 ; « I Cattolici e le elezioni politiche », Venise, Sacchetti, 1879 ; « Della filosofia positiva, ossia della negazione d'ogni filosofia », id., typ. dell'Immacolata ; « Commemorazione dell'ingegnere *senior* Sacchetti », id., Sacchetti, 1879 ; « Sugli interessi cattolici del giorno », id., id., 1877 ; « La Religione e la Scienza », Vérone, Merlo, 1884, sous le pseudonyme de *Beppe Coda*; « Il Divorzio, racconto del 1901 », Milan, Cagliati, 1887.

Sacchi-Cattaneo (Marie), femme-auteur italienne, dont les ouvrages scientifiques ont été fort remarqués. Elle est née, le 3 avril 1863, à S. Pier d'Arena près de Gênes, où elle demeurait avec son père le docteur Achille S. que les rigueurs de l'Autriche avaient forcé de quitter Mantoue, sa patrie. Mlle S. rentra avec sa famille à Mantoue en 1867, et étudia au lycée de la ville sous le prof. Ardigò. En 1881, elle s'inscrivit à l'Université de Pavie, où en juillet 1885 elle fut diplômée en sciences naturelles. Elle obtint ensuite par concours des bourses de perfectionnement en histologie et en embriologie comparée. Nous avons d'elle : « Contribuzione all'istologia ed embriologia dell'apparecchio digerente dei batraci e dei rettili, con due tavole », (*Atti della Società italiana di Scienze naturali*), Milan, 1886 ; « Sulla morfologia delle glandule intestinali dei vertebrati » (*Bollettino scientifico*), id., id. ; « Contribuzione all'istologia dell'ovidotto dei Sanropsidi » (*Atti della Società italiana di Scienze naturali*), id., 1887 ; « Sulla struttura del tegumento negli embrioni ed avannotti » (*Rendiconti dell'Istituto Lombardo*), id., id.

Sacerdote (Salvator), homme de lettres italien, né, à Fossano, en 1857, docteur en droit de l'Université de Turin en 1880. Nous avons de lui : « La Signora Alice », traduction de l'Anglais d'Emma Marshall ; des « Études critiques » sur Neri Tanfucio, sur Bernardino Zendrini et sur Joseph Mazzini, insérées à la *Rivista Europea* (1882) et à la *Gazzetta d'Italia della domenica*; un opuscule sur Mazzini, Bologne, Zanichelli, 1885 ; la traduction des « Lois anglaises sur la lettre de change et sur la faillite », insérée à la *Rassegna di diritto commerciale* de Turin, ainsi que des essais et des traductions au *Diritto commerciale* de l'avocat David Supino, et à l'*Archivio giuridico* du prof. Serafini ; les romans « Entusiasmi », Milan, 1883, et « Tenda e Castello », id., 1884.

Sacher-Masoch (le chev. Léopold DE), seigneur du Royaume de Galicie, docteur en philosophie, né, en 1836, à Léopol (Lemberg), reçut une excellente éducation dans la maison de son père, parla, tout enfant encore, le russe, le polonais, l'allemand et le français, fréquenta ensuite les lycées à Léopol et à Prague et suivit les cours de différentes universités. Il écrivit une œuvre historique qui lui rapporta une place comme professeur d'histoire à l'Université de Gratz. En 1859, il entra comme volontaire à l'armée autrichienne, combattit à Magenta, et fut blessé à Solférino. Le succès extraordinaire de son petit roman : « Don Juan de Koloméa », paru en allemand dans la *Revue de Westermann*, en français dans la *Revue des Deux Mondes*, le décida à quitter sa place de professeur et à se consacrer entièrement à la littérature. Il écrivit beaucoup pour les journaux, tels que la *Revue des Deux Mondes*, le *Journal des Débats*, la *Revue bleue*, le *Figaro*, le *Gaulois*, *Westermanns Monatshefte*, *Ueber Land und Meer*, *Neue freie Presse*, *Gartenlaube*. Ses œuvres ont paru chez Hachette, Calmann-Lévy et Dentu. En 1881, M. S.-M. fonda à Leipzig une revue internationale *Auf der Höhe*, à laquelle concouraient tous les plus illustres écrivains et savants de l'Europe. La mort de son fils Alexandre qui fut pour M. S.-M. une grande et douloureuse perte lui causa en même temps une maladie d'yeux. Par conséquent, il se vit forcé de suspendre la publication de *Auf der Höhe* et de se retirer à la campagne à Lindheim en Hesse-Darmstadt, où il possède un petit château. Il a été en 1887 à Paris, où toute la société lui a fait un brillant accueil. M. S.-M., dont la langue maternelle est le petit-russien, écrit l'allemand et le français également bien. Aujourd'hui, il est le seul auteur vraiment international, car on ne lit pas seulement ses œuvres partout, on les a traduites dans toutes les langues européennes. Quelques-unes de ses nouvelles ont été même traduites en arménien, roman (langue des *sette communi*) et hébreu. En 1883, il célébra l'anniversaire de 25 ans de sa carrière d'auteur. A cette occasion, il lui fut remis un album d'autographes, où étaient représentées toutes les célébrités européennes. M. S.-M. a publié : « Le comte Donski », 1858 ; « L'Émissaire », 1863 ; « Kaunitz », 1865 ; « Le dernier Roi des Magyares », 1867 ; « La femme séparée », Dentu, 1869 ; « Le legs de Caïn », Hachette, 1870 ; « L'amour », 2 vol. ; « La propriété », 2 vol., Calmann-Lévy ; « Les Prussiens d'aujourd'hui (*Die Ideale unserer Zeit*) », Calmann-Lévy, 1875 ; « L'Ennemi des femmes (*Die Republik der Weiberfeinde*) », id. 1876 ; « Le nouveau Job », Hachette, 1878 ; « A Koloméa », id., 1879 ; « Entre deux fenêtres », id., 1880 ; « Sascha et Saschka », id., 1885 ; « La Pêcheuse d'Ames (*Die Seelenfängerin*), id., 1888 ; « Contes juifs », Paris, Quantin.

Sachero (Célestin), écrivain militaire italien, général à l'armée, ancien professeur de fortification à l'Académie militaire de Turin, né, à Canale (Piémont), le 5 avril 1821 ; en 1840, il fut diplômé ingénieur à l'Université de Turin et prit du service l'année suivante au corps du génie. De 1854 à 1865, il enseigna l'art militaire aux jeunes princes Humbert et Amédée. Nous avons de lui : « Corso di fortificazione permanente d'attacco e difesa delle piazze forti », Turin, 1861, avec atlas ; « Studii sulla stabilità dell'armatura dei tetti », id., 1864 ; « La guerra degli assedii » de Maurice Brunner, traduction de l'allemand, id., 1873, avec atlas ; « Intorno al perforamento delle piastre e corazze » (traduction de l'allemand), inséré en 1885 à la *Rivista d'artiglieria e genio*. Le général S. a commandé pendant 18 ans les écoles d'artillerie et du génie et pendant deux ans l'Académie militaire.

Sadik (Mohammed pacha), né, au Caire, en 1828 ; élève de la Mission Égyptienne instituée à Paris par Mohammed-Ali, où il se trouva avoir pour camarades l'ex-Khédivé Ismaïl, Nubar, Cherif, Mahmoud le célèbre astronome et tous les personnages qui ont joué depuis un rôle important dans l'Égypte moderne. Rentré au Caire, il suivit la carrière militaire, devenant en 1874 colonel de l'État-major général, dirigé alors par le général américain C.-P. Stone. Dans cette qualité, il fut chargé d'accompagner le Tapis Sacré à la Mecque et les pèlerins à Medine, comme porteur du trésor sacré (tribut payé par l'Égypte aux villes saintes). Étant bon photographe, il eut le courage d'affronter les préjugés et de prendre, non sans quelque danger, des vues et des détails, avec lesquels il forma un *Album* qui obtint la grande médaille d'or à l'Exposition géographique de Venise en 1881. Sadik-Pacha publia, en outre, deux ouvrages sur les pèlerinages qui sont d'un intérêt capital sortant de la plume d'un musulman : « Machâl-et-Mahmal (le flambeau du tapis sacré) », dans lequel il décrit l'itinéraire par terre de Suez à la Mecque et à Médine et les grandes cérémonies du pèlerinage, Caire, 1881 ; « Kawkab-el-Hadji (astre du pèlerin), id., 1885, qui est un guide pour les pèlerins, leur route et leurs devoirs religieux.

Sahli (Hermann), médecin suisse, directeur de la clinique médicale et professeur de médecine interne à l'Université de Berne, fit ses études à Berne, Leipzig, Paris, Londres et Vienne ; il est habilité à l'enseignement depuis 1884 comme professeur libre, et depuis 1888 il a été nommé professeur ordinaire. Nous lui devons : « Die topographische Percussion im Kindesalter », Berne, 1882 (traduite en russe) ; « Die Percussion des kindlichen Herzens », 1881 ; « Zur Lehre von den Spinalen Localisationen » (*Deutschen Arch. Klin. Med.*), 1883 ; « Beiträge zur Klinischen Geschichte der Anämie der Gotthardtunnelarbeiter » (id.), id. ; « Zur Pathologie und Therapie des Lungenödems » (*Arch. f* *exp. Path. und Pharmcol.*), id.; « Ueber das Vorkornmen und die diagnostische Bedeutung einer Zone ektasirter feinster Hautgefässe in der Nähe der unteren Lungengrenze » (*Correspondenzbl. f. Schweiz. Aerze*), 1885; « Ueber ein automatisches Regulator für Brutöfen mit Petroleumheizung » (*Illust. Monatsch. d. Arztl. Flytechnik*), 1886, et une foule d'autres articles publiés dans les revues médicales allemandes et dans les autres journaux spéciaux.

Saint-Arroman (Raoul-Blaise DE), nouvelliste français, né, à Bordeaux, le 8 octobre 1849, a fait ses études à Saint-Médard (Gironde) sous son père, homme de beaucoup de talent. A 18 ans, le jeune M. de S. fit de la critique dramatique au *Journal de Bordeaux*, et donna en même temps au théâtre une pièce qui fut sifflée. Après avoir fait la campagne d'abord à l'armée de la Loire, puis à l'armée de l'Est, il fonda en 1871 un petit journal le *Bordeaux-Gazette*. De Bordeaux, il passa à la fin de 1873 au Ministère de l'Instruction publique. Nous avons de lui, en dehors d'études et variétés aux journaux, les nouvelles suivantes: « Histoire d'une femme de lettres »; « Jean »; « Le petit pied »; « Le bonheur ».

Sainte-Agathe (Jean-Marie-Joseph DE), paléographe et archiviste français, ancien avocat à la Cour d'appel de Paris, issu d'une famille originaire de Messine (Sicile), est né, à Besançon, le 18 mai 1854. En dehors de sa thèse présentée à la sortie de l'École des Chartes: « Les origines du *jus* en Franche-Comté et son organisation au XIIIe siècle ». M. S.-A. a publié: « Les fêtes publiques en Franche-Comté avant la révolution », discours de réception à l'Académie des Sciences, Belles-Lettres et Arts de Besançon, 1888; « L'Académie de Besançon et le Comité des travaux historiques », 1887; « Un officier de fortune comtois à la fin du XVIIIe siècle », 1888; deux mémoires couronnés par l'Académie de Besançon: « La famille des Cheflet en Franche-Comté » et « Les associations syndicales entre patrons et ouvriers », 1880.

Saint-Ferréol (Pierre-Ignace-Amédée MARTINON DE), publiciste et homme politique français, député de la Haute-Loire, est né, à Brioude, le 29 juillet 1810. Il appartient à une ancienne famille de cette ville. Propriétaire et l'un des chefs du parti républicain dans la Haute-Loire, sous la monarchie de juillet, il fut élu, le deuxième sur six, représentant du peuple à l'Assemblée législative de 1849, et siégea sur les bancs de la Montagne. Il prit part aux résistances contre le coup d'État du 2 décembre 1851, signa la proclamation de Victor Hugo, réussit à échapper au mandat d'arrestation lancé contre lui, et se réfugia à Bruxelles, où il vécut dans la retraite jusqu'à la chûte de l'Empire. Rentré en France après la révolution du 4 septembre, il fut élu, en 1871, conseiller général de la Haute-Loire pour le Canton de Brioude, et devint maire de cette ville en 1879. Porté sur la liste de l'Alliance républicaine aux élections du 4 octobre 1885, il fut élu au scrutin de ballotage, le troisième sur cinq par 35,443 voix sur 70,599 votants. Il siège à l'extrême gauche. M. de S.-F. a publié: « Les Proscrits français en Belgique, ou la Belgique contemporaine vue à travers l'exil », 2 vol., Bruxelles, 1870; « Notice sur la ville de Brioude »; « Histoire de l'ancien régime, féodalité et monarchie », Chouvet, Brioude, 1879; « Impressions d'exil à Genève », id., 1878; « Notices historiques sur la ville de Brioude », 2 vol., id., 1880-81; « Mémoires », 3 vol.

Saint-Signy (pseudonyme de M. MARCEL GALLET), homme de lettres français, né, à Châtellerault, le 7 mai 1855, fit ses études dans la maison de son père, puis licencié ès-lettres et en droit à l'École des Hautes-Études de Paris. Nous avons de lui en librairie: « De legatis et fideicommissis »; « Des legs particuliers et de l'exécution testamentaire »; « De la complicité au point de vue du droit pénal »; « Don Diego de Saavedra Fajardo et sa *Republica literaria* », étude et traduction nouvelle; « Études Sabéennes »; « Les Idylles de Moschus », traductions nouvelles en vers; « Le dernier chant de Leopardi », poème, 1881; « Le Songe de Marat »; « Ludibria venti »; « Chant nuptial »; « La fiancée de l'ouragan », poème, 1882; « Sonnets », un vol., 1888; « La revanche de Gilberte », comédie en 1 acte en vers, 1888; « La Vie », poésies, un fort vol., 1888.

Saint-Yves (marquis d'Atocydre DE), publiciste, philosophe-religieux, sociologue-illuminé français, est né en 1839. D'abord rédacteur dans le bureau de la presse étrangère, puis départementale, puis parisienne, au ministère de l'intérieur, M. de S.-Y. a quitté l'administration pour consacrer tous ses loisirs à l'étude. Bénédictin infatigable, il s'est retiré dans son hôtel, à Paris, et de là il consacre au travail tout son temps. Il a publié: « La mission des souverains, ou la Synarchie européenne », Calmann-Lévy, 1882; « La mission des ouvriers, ou la Synarchie économique », id., 1883; « La mission des juifs, ou la Synarchie de l'humanité », id., 1884; « La mission des français, ou la Synarchie française », id., 1887; « La France vraie », id.; 1887. Dans la « Mission des juifs », l'auteur s'efforce de faire revivre sous nos yeux l'Inde antique, l'Iran, le Touran, l'Assyrie, l'Égypte, l'ancienne Palestine, l'Italie étrurienne; dans la « France vraie », prenant pour champ d'expérience notre histoire depuis le XIVe siècle, M. de S.-Y. cherche à établir que les états-généraux préparés par les Templiers, et démocratiquement restaurés selon les principes de 1789 constitueraient l'organisation électorale typique du suffrage universel, la base positive et inébranlable de tout gouvernement national.

Sakellarios (Athanase), homme de lettres grec, né, en 1826, à Cynourie, où il fit ses premières études qu'il compléta à Athènes. Nous avons de lui: « L'île de Chypre, son histoire, sa langue et sa géographie »; « Dictionnaire de la langue grecque ». En 1880, il fut nommé docteur ès-lettres *honoris causa* de l'Université de Leipzig.

Salburg-Falkenstein (Edith comtesse DE), femme-auteur autrichienne, fille aîné du comte Othon S. von F., née, au Château de Leonstein (Autriche), le 14 octobre 1868, fut élevée dans sa maison paternelle, où elle étudia profondément l'histoire, la littérature, les langues étrangères et la langue latine, montra bientôt un talent extraordinaire pour la poésie, et, encore jeune, écrivit des vers admirables qui parurent dans les journaux littéraires de l'Autriche et de l'Allemagne. Mme S., qui paraît exceller dans la poésie dramatique, a publié: « Julian », 1884; « Der Hochmeister von Marienburg », 1885; « Der Kronanwalt »; « Orgetorix », 1885; « Francis Bacon », 1886-87; « Scheinehre », 1888; « Die Angestossenen », id.

Salcedo y Torrecilla (Thomas DE Jésus), avocat, professeur espagnol et journaliste, est né, en 1839, à Holmedo, province de Valladolid, et fit ses études universitaires dans cette dernière ville. Il a enseigné la philosophie et les belles-lettres au Collège Municipal de Medina del Campo et publié les ouvrages suivants: « La Sampara de Sant'Jago », nouvelle historique; « Versos a Calderon », Valladolid, 1879; et enfin un opuscule sur « L'origine et l'histoire de la littérature espagnole et de la langue castillane ».

Sales (Pierre), homme de lettres français, né, à Brie (Hautes-Pyrénées), le 2 décembre 1856. Ses études faites, il entra d'abord dans une maison de banque qu'il quitta pour tenter, malgré l'opposition de sa famille, la carrière des lettres. Il débuta en 1885 par « Le Puits Mitoyen », roman d'aventures; un « Petit Journal » et « Louise Mornans », roman de mœurs à la librairie Calmann-Lévy. Depuis il a publié: « Papistes et Parpaillots », étude historique sur la première guerre de religion; « La Pia dei Tolomei », étude historique sur l'Italie au Moyen-âge; « Jeanne de Mercœur »; « Le Haut du Pavé »; « Les Filles Repenties », romans de mœurs; « Mariage manqué », recueil de nouvelles; « La Femme endormie »; « La mèche d'or »; « Incendiaire! »; « Vipère! »; « Le diamant noir »; « La Faillite Marsébert », romans d'aventure qui l'ont rendu rapidement populaire dans ce public spécial qui lit les feuilletons avec avidité. La plupart de ces ouvrages ont été traduits en espagnol, en allemand, en anglais et surtout en italien. Le jeune auteur est, en effet, presque aussi populaire en Italie qu'en France.

Salhias de Tournemire (le Comte Eugène-Andréevitch), romancier russe, fils de la Comtesse Elisabeth Salhias de Tournemire (pseudonyme *Eugène Tour*), né en 1841. En 1863, il publia ses premières nouvelles: « Monjoujou »; « Les Ténèbres »; « La juive », et une masse d'autres productions littéraires qui vers 1880 ont paru dans les meilleurs journaux russes; surtout des nouvelles et romans historiques, comme: « Les temps de Pougaschef »; « Les frères Orlof »; « La princesse de Wolodimire », et autres. En 1885-1887 des nouvelles charmantes comme: « Un million »; « Yâouñe-Koundze » (la nièce de l'Impératrice Catherine I); « Le sorcier ». Dès l'année 1881, le Comte S. est rédacteur d'un nouveau journal littéraire *L'étoile polaire*. C'est là qu'on peut lire un roman historique plein d'intérêt et de talent: « Les esprits forts », continuation du roman: « Les temps de Pougaschof ». A présent on attend de lui un nouveau roman: « La petite-fille du brigadier ». Le public russe connaît depuis longtemps son talent puissant. Il est un des meilleurs et des plus populaires écrivains russes contemporains.

Salis (Rodolphe), peintre, écrivain, journaliste français, directeur du journal *Le Chat noir*, fondé en 1881, et du théâtre et du cabaret du *Chat noir*, né, à Châtellerault, le 29 mai 1854, fit ses études au Collège de Châtellerault, au Collège de France et à l'École des Beaux-Arts. M. S. est un joyeux improvisateur dont l'éloquence a fait rire tout Paris. Nous avons de lui « Histoire tintamarresque des Jésuites »; « L'élection de M. Beau-Cœur »; « Les caprices de tante Agathe »; « Les alcôves célèbres »; « Les contes du Chat noir ».

Salis (Rodolphe-Louis DE), écrivain suisse, né, le 28 mai 1863, à Bâle, d'une illustre famille de patriciens grisons, étudia de 1881 à 1886 la jurisprudence aux universités de Heidelberg, de Strasbourg, de Leipzig et de Berlin, ainsi qu'à la Faculté de Paris, prit en 1884 son doctorat et enseigne à l'Université de Bâle l'histoire du droit, le droit fédéral suisse, le droit ecclésiastique, depuis 1886 comme *privat-Docent*, à partir de 1888 en qualité de professeur extraordinaire. Nous sommes redevables à M. S. des publications suivantes: « Matériaux pour l'histoire du droit matrimonial concernant les personnes dans le Canton des Grisons », 1886; « Les actions en divorce et en nullité des étrangers domiciliés en Suisse », mémoire couronné par la Société des juristes suisses, 1887; « Les sources juridiques pour le Canton des Grisons », 1887; « La jurisprudence en matière matrimoniale du Concile de Trente », 1888; un mémoire sur la « Lex Romana curiensis », inséré en 1885 dans le VIe vol. de la *Revue de la Fondation Savigny*.

Salkowski (Ernest), chimiste allemand, professeur de chimie à l'Université de Berlin, chef du laboratoire chimique de l'Institut pathologique de Berlin, né, en 1844, à Kœnigsberg (Prusse), étudia la chimie et la médecine aux Universités de Kœnigsberg, Vienne et Tubingue, a été assistant à la clinique médicale de Kœnigsberg de 1869 à 1872 et assistant à l'Institut physiologique de Heidelberg en 1872. Depuis cette année il réside à Berlin, où en 1873 il a pris son habilitation pour l'enseignement libre et un an après a été nommé professeur extraordinaire. Avec M. Leube, il a publié: « Die Lehre vom Harn », Berlin, 1882, et une grande quantité d'articles dispersés dans *Virchow's Arch., Pflüg. Arch. Zeitschrf. f. Physiol. Chemie, Journal für prak. Chem., Zeitschrf. f. Analyt. Chem.*, et dans les autres journaux scientifiques allemands. Nous citons quelques uns de ses travaux: « Beiträge zur Chemie des Harns » (*Pflüg. Arch.*), 1864; « Wirkung und chem. Verhaltens des Phenols im thierischen Organismus » (id.), 1872; « Quantitative Bestimmung der Harnsäure » (id.), id.; « Ueber das Verhalten des sogenannten Saccharin im Organismus » (*Virchow's Arch.*), etc., etc. Il collabore au *Ladenburgs Handwörterbuch der Chemie*.

Salkowski (Henri), célèbre chimiste allemand, docteur en philosophie et professeur de chimie à l'Académie royale de Münster (Westphalie), né, en 1846, à Kœnigsberg (Prusse), étudia dans son pays natal, prit ses grades en 1868 et l'habilitation à l'enseignement comme professeur libre en 1873. En 1878, il fut nommé professeur extraordinaire à Münster et un an plus tard professeur ordinaire de l'Académie royale qui de 1888 à 1889 l'eut pour son *Rector*. Il a publié plusieurs articles scientifiques dans les *Annales de chimie* et dans plusieurs autres revues allemandes, a été de 1873 à 1886 collaborateur des *Jahresberichte über die Fortschritte der Chemie*. Parmi ses travaux, nous aimons à citer: « Ueber einige arsensaure Salze » (*Journal f. prakt. Chem.*), 1868; « Ueber das Triamidbenzol » (*Bericht. d. d. Chem. Ges.*), 1872; « Ueber Nitrobenzoësäure » (id.), 1875; « Ueber doppelsalze zweier organ. Säuren » (id.), 1877; « Ueber die Paraoxyphenylessigsäure » (id.), 1879; « Ueber den Schmelzpunktk und die Trennung von Gemischen von Phenylessigsäure und Hydrozimmtsäure » (id.), 1885, etc., etc.

Salmin (Louis), directeur de la maison de librairie Salmin frères de Padoue, né le 23 juin 1838; en dehors de beaucoup d'ouvrages très importants publiés par les frères S., il nous faut parler du célèbre « Dantino », c'est à dire de l'édition diamant de la « Divina Commedia »; ce bijou typographique a reçu le diplôme d'honneur à l'Exposition de Paris et la médaille d'or à celle d'Anvers.

Salmon (Charles-Auguste), publiciste et magistrat française, conseiller honoraire à la Cour de cassation, ancien représentant à l'Assemblée constituante de 1848 et à l'Assemblée législative de 1849, et ancien Sénateur (1876), né, à Riche (Meurthe), en 1805. Président de la Chambre à la Cour d'appel de Metz; premier président de la Cour d'appel de Douai, il a appartenu pendant 49 ans à la magistrature. Il est membre du Conseil général de la Meuse et l'a longtemps présidé; il a été membre titulaire et ensuite honoraire de l'Académie de Metz et correspondant de l'Institut. Principales publications: « Conférences sur les devoirs des Instituteurs primaires », Hachette, 1842; 7e éd. 1880; « Conférences sur les devoirs des hommes », Hachette, 2e éd. 1880; les unes et les autres ont été couronnées par l'Académie française; « Questions de morale pratique », Hachette, 1842; « De la construction des maisons d'école », id., 1860; « Des Livrets d'ouvriers », id., 1851; « Étude sur le Comte de Serre et sur le Gouvernement de la Restauration ».

Salomon (Louis), écrivain allemand, docteur en philosophie, né, le 25 novembre 1844, à Gorden, près Asterwerda (Prusse), étudia au Gymnase de Torgau et ensuite à l'Université de Halle, se dédiant à la philosophie et à l'histoire; il cultiva la littérature et publia: « Unter dem Halbmond », 1870; « Verwehte Spuren », 1873; « Helldunkel », 1876; « Geschichte einer Geige », 1877; « Geschichte der deutschen National-literatur des 19 Jahrhunderts ». Il a reçu pour cet ouvrage les plus grands éloges et la presse allemande en général a eu pour lui des expressions très flatteuses. M. S. quittant Halle, entreprit de longs voyages en France, en Suisse et en Italie, vécut quelques temps à Brunswick et Stuttgard et à présent il demeure à Elberfeld, où il est rédacteur de publications littéraires.

Salomone-Marino (Salvator), *folk-loriste* italien, professeur de médecine à l'Université de Palerme, né, le 8 février 1847, à Borghetto (prov. de Palerme), collègue et collaborateur de M. Pitré. Il publia avec lui le grand ouvrage sur les traditions populaires siciliennes. Nous avons de lui: « Canti popolari siciliani », Palerme, 1867; « La storia nei canti popolari siciliani », id., 1870; « La Baronessa di Carini », id., 1873; « Storie popolari in poesia siciliana riprodotte sulle stampe de'secoli XVI, XVII e XVIII », Bologne, 1875; « Tradizione e Storia », Palerme, 1876; « Leggende popolari siciliane in poesia, raccolte ed annotate », id., 1880; « Dei famosi uomini d'arme siciliani fioriti nel secolo XVI », Palerme, 1881; « Archivio per lo studio delle tradizioni popolari », id., 1882; « La biblioteca delle rassegne popolari siciliane », id., id.; « L'autore della statua di bronzo a Carlo V in Palermo », 1886; « Spigolature storiche siciliane dal sec. XIV al sec. XIX », 1887; « Studi di clinica medica », 1887 ; « Guerra alla malaria », id., etc.

Salomoni (Annibal), médecin italien, professeur de chirurgie à l'Université de Camerino, est né, à Derovere (prov. de Crémone), en 1854. Nous avons de lui les ouvrages suivants : « L'Anchylostoma e l'Anemia » (prix *Speranza*), Crémone, 1882 ; « Nefreetomia », Milan, 1885 ; « Laparotomia per la variotomia doppia », id., id. ; « Gozzo », Naples, 1886 ; « Otto anni di clinica operativa », id., 1886 ; « Disarticolazione della mandibola », Naples, id. ; « Resoconto della Clinica chirurgica di Camerino », Camerino, 1887.

Salvany (Jean-Thomas), poète espagnol, né, le 26 juillet 1844, à Valls (prov. de Tarragone). Il compléta ses études, qu'il avait commencées dans sa ville natale, à Madrid et à Barcelone. Il obtint pour une ode intitulée : « Al pensamiento », le prix des Jeux Floraux de Tarragone au mois d'avril 1879, et « Antonia », petit poème, fut couronné au Concours de la Société *Centro de lectura* de Reuss au mois de novembre 1884. Voilà la liste des ouvrages de ce poète : « Las campanas del Monasterio », légende originale en vers, Barcelone, Campins, 1868 ; « Mis querellas », poésies amoureuses, id., id. ; « Armas, letras y faldas », petite pièce en un acte en vers, applaudie à la scène, Barcelone, Mauero, 1872 ; « Poésias », id., Gonsales et Cie, 1877 ; « Concepcion », nouvelle, Madrid, Hierro, 1882 ; « De tarde en tarde », contes et nouvelles, id., Franciscos y Ravedra, 1884 ; « Un drama al vapor », nouvelle, id., Gutierres et Cie, 1888 ; « Emociones », poésies, id., id., 1889. M. S. a traduit plusieurs romans de Balzac, de Walter Scott, etc., et mis des articles, des vers et des contes dans les recueils principaux de l'Espagne. Plusieurs de ses ouvrages poétiques ont été traduits en portugais et en allemand et la Couronne portugaise lui a donné les enseignes de l'Ordre de Saint-Jacques pour le mérite scientifique, littéraire et artistique (1882).

Salvoni (le Comte Victor), avocat et homme de lettres italien, né, à Jesi, le 21 décembre 1857. Il étudia le droit à l'Université de Rome, où il fonda le Cercle universitaire *Savoia*, et la Caisse des subventions pour les étudiants pauvres. M. le Comte S. a disséminé beaucoup de ses écrits dans les journaux politiques. Nous avons de lui en librairie les ouvrages suivants : I. Pièces en vers : « Battiti », Naples, 1882 ; « Il primo dì dell'anno » ; « Il giorno dei morti », Rimini, Malvolti, 1881 ; II. Pièces de théâtre : « Effetti d'una colpa » ; « L'ultimo veglione » ; « Due missioni » ; « I filodrammatici in teatro » ; « Dagli effetti si conoscono gli affetti » ; « Idillio » ; « I Valvassura » ; III. Ouvrages de critique : « Giacomo Leopardi » ; « Ulisse e Diomede, Niso ed Eurialo, Cloridano e Medoro », essais ; « Pietro Cossa e i suoi drammi », id., 1880.

Salzmann (Rodolphe), homme de lettres suisse, né, à Berne, le 23 novembre 1841, dut, aussitôt après sa sortie de l'École primaire, entrer, en qualité d'apprenti, dans l'atelier d'un menuisier. Une grave blessure qu'il reçut à Berthoud lors d'un incendie, et qui le laissa infirme, l'obligea en 1866 à renoncer à sa profession pour entrer en qualité d'expéditionnaire à l'imprimerie Allemann à Berne ; mais ses remarquables aptitudes intellectuelles le tirèrent peu-à-peu de cette humble position et lui ouvrirent, en dépit de son manque d'éducation première, la carrière du journalisme. M. S. est aujourd'hui correspondant de plusieurs feuilles suisses et agent d'une des grandes maisons d'émigration du Havre. Ses trop rares loisirs ont été consacrés soit à l'élaboration de drames populaires : « Le Grütlianer », 1867 ; « Amour fidèle, ou les corps-francs à Lucerne », 1868 ; « Le mort réconcilié », 1870 ; soit à la publication avec Arnold Lang du « Théâtre suisse » (à partir de 1878). Nous sommes également redevables à M. S. dans la sphère économique d'une brochure protectionniste : « Le Relèvement de l'industrie intérieure », 1869.

Samarelli (Pascal), poète et romancier italien, né, à Molfetta, en 1836, fut élève de l'abbé Fornari et étudia le droit sous M. Capuana. Il entra dans l'enseignement privé qu'il quitta ensuite. Nous avons de lui : « Il diavolo bianco » ; « Il duca di Durazzo » ; « Nina, o i Tedeschi a Venezia » ; « I ricordi del babbo » ; « Storia del cavalier Giacinto » ; « Pitture a guazzo » ; « Stella d'amore » ; « I caduti di Sahati » ; « Tra veglia e sonno », contes, Bologne, Zanichelli.

Samosch (Siegfried), homme de lettres allemand, rédacteur de la *National Zeitung* de Berlin depuis 1873, né, à Breslau, le 1er mars 1846, a fait son droit aux Universités de Breslau et de Berlin ; après avoir séjourné en France et en Italie, il est devenu magistrat. En même temps, il collabore à la *Deutsche Rundschau*, à la *Gazette Universelle* de Munich et aux autres revues littéraires allemandes. Nous avons de lui en librairie : « Italienische und französische Satiriker » ; « Pietro Aretino und Italienische Charakter-Köpfe » ; « Machiavelli als Komoediendichter und Italienische Profile ».

Sampolo (Louis), jurisconsulte italien, professeur de droit civil à l'université de Palerme, directeur du *Circolo giuridico*, né à Palerme, le 3 décembre 1825, entra de bonne heure au Séminaire et en sortit pour faire son droit. En 1848, il s'enrôla volontaire sous les ordres de Joseph La Masa, et pendant la réaction (1849-60) il exerça au barreau de Palerme. Nous avons de lui plusieurs insertions dans les journaux et revues de jurisprudence, plusieurs articles nécrologiques, et enfin : « I primi 25 anni della Regia Università degli Studii di Palermo ».

Samuel (Simon), médecin allemand, professeur de pathologie et de thérapie générale et expérimentale et d'histoire de la médecine à l'Université de Kœnigsberg (Prusse), né, en 1833, à Glogau (Silésie), fit ses études au gymnase de Glogau, et aux universités de Berlin et Vienne sous les célèbres professeurs Müller, Schönlein, Nemak et Traube ; il est professeur à Kœnigsberg depuis 1873. Il a publié : « Die trophischen Nerven », O. Wigaud, Leipzig, 1860 ; « Der Entzündungsprocess », P. C. W. Vogel, id., 1873 ; « Die Entstehung der Eigenwärme und des Fiebers », id., id., 1876 ; « Handbuch der allgemeinen Pathologie als pathologische Physiologie », Stuttgart, 1871-79 ; « Compendium der allgemeinen Pathologie », id., 1880 ; « Die Subcutane Infusion als Behandlungsmethode des Cholera », id., 1883 (traduit en espagnol par R. A. Garcia, Valladolid, 1886). Il est aussi collaborateur de la *Eulenburg'schen Encyclopädie*, et l'on trouve de lui plusieurs articles de médecine dans les *Virchow's Arch.*

Sanday (le rév. Guillaume), docteur honoraire en théologie de l'Université d'Édimbourg (1877), de Durham (1882), de Dublin (1887), professeur d'exégèse des Saintes-Écritures à l'Université d'Oxford, est né, le 1er août 1843, à Holme Pierrepont et y a été élevé aux Collèges Oxoniens de *Balliol* et de *Corpus Christi*. Après avoir couvert des charges ecclésiastiques importantes, il a été nommé en 1882 à la chaire d'exégèse à Oxford. Nous avons de lui : « Authorship and Historical character of the Fourth Gospel », 1873 ; « Commentaries on Romans and Galatians », 1878 ; « The Gospels in the Second Century », 1876 ; il a contribué aux « Studia biblica », Oxford, 1885 ; à l'édition de la deuxième partie des « Old latin Texts », id., 1886, et a inséré des articles à l'*Expositor*, à la *Classical Review*, etc. Il a épousé en 1887 la dernière descendante du fameux Warren Hastings, gouverneur-général des Indes de 1773-85.

Sandri (Louis), professeur italien de mathématiques et d'histoire naturelle à l'École normale des jeunes filles à Parme, est né, à Brescia, en 1848 ; en librairie : « Metodologia sull'insegnamento dell'aritmetica nelle scuole elementari », Parme, Battei, 1887.

Sanesi (Thomas), homme de lettres italien, ancien professeur de latin et de grec aux lycées du Royaume, est né, à Castel Fiorentino, le 27 décembre 1830, et a fait ses études classiques sous les Pères *Scolopi*. Il est actuellement directeur du Lycée *Forteguerri* de Pistoie. Nous avons de lui : « Compendio di grammatica greca » ; « Commento alla Ciropedia di Senofonte » ; « Storia dell'antica Grecia », Florence, Le Monnier ; « Vocabolario italiano-greco » ; « Compendio di Storia orientale e greca » ; « L'idea politica nella mente di Vittorio Alfieri » ; « Commento ai libri XIII, XIV, XV dell'Iliade d'Omero », Prato, Alberghetti ; « Vocabolario greco-italiano », Pistoie, Bracali ; « Compendio di storia romana », 2me éd., id., id. ; « Compendio di storia contemporanea », Firenze, Paggi.

Sänger (Max), médecin allemand, né, à Bayreuth (Bavière), en 1853, fit ses études aux Universités de Wurzbourg et de Leipzig et fut licencié en 1876. Assistant à l'Institut pathologique (1876-78), assistant à la clinique obstétricale et gynécologique de Leipzig (1878-81), agrégé à la faculté de médecine (1881), opérateur de la clinique obstétricale (1883-76), il fonda en 1883 une clinique et une policlinique gynécologique privée. M. S. est membre de plusieurs sociétés savantes, et il a publié : « Der Kaiserschnitt bei Uterusfibromen », Leipzig, 1882 ; « Studien und Erfahrungen über Pilocarpin in der Geburtshilfe » (*Arch. f. Gynäk.*), 1879 ; « Zur Frage von der Nabelschmirstrangulation unter der Geburt » (id.), id. ; « Zum Anatom. Beweise für die Erhaltung der Cervix in der Schwangerschaft » (id.), id. ; « Todt in der Schwangerschaft unter Erscheinungen stattgefundener Verblutung » (id.), id. ; « Ueber die Gefahr unzeitiger Anwendung des Pilocarpin bei der Eclampsie » (id.), id. ; « Sarcom der Scheide bei einem dreijährigen Kinde » (id.), 1880. Il a fourni en outre un très grand nombre d'articles à l'*Arch. f. Psych.*, à l'*Arch. f. Gynäk.*, à l'*Arch. der Heilk.*, au *Centralbl. f. Gynäk.* e à la *Deutsch. med. Wochenschr.* ; il a traduit l'ouvrage très important de Daae : « Die Farbenblindheit und diren Erkennung », Berlin, 1878 ; et son ouvrage : « Der Kaiserschnitt », que nous venons de mentionner, a provoqué une ère nouvelle pour l'opération césarienne qui d'après la nouvelle méthode est connue dans le monde scientifique sous le nom d'*Opération de Sänger*.

Sangiorgio (Gaëtan), professeur italien aux Instituts techniques, est né, à Milan, le 15 septembre 1843. Il prit part aux campagnes garibaldiennes de 1860 et de 1866, et après avoir été reçu docteur en droit à l'Université de Pavie, il passa une année à Vienne ; de 1868-70, il enseigna l'histoire commerciale à l'Institut technique de Terni, d'où il passa à l'Institut technique de Milan. M. le prof. S. a collaboré à la *Rivista Europea* du comte Angelo de Gubernatis, à la *Rivista Contemporanea* et à l'*Archivio Storico lombardo*. Il a donné des conférences publiques d'histoire nationale à Milan en 1877, d'histoire commerciale en 1878, d'histoire contemporaine en 1884, et un cours d'histoire des colonies en 1888-89. Nous avons de lui : « Primi scritti », Milan, Menozzi, 1879 ; « Vita di Gaetano Branca geografo », id., 1880 ; « Le colonie italiane in Africa nel passato e nel presente », id., 1881 ; « Necrologia di Carlo Belgiojoso », id. id. ; « I Lombardi viaggiatori fuor d'Europa », id., 1882 ; « I Latini in Europa », id., 1883 ; « Sulla denominazione degli Istituti tecnici », Florence, typ. éditrice, 1873 ; « Le Cronache italiane nel Medio Evo », Milan, Bortolotti, 1884 ; « Giulio Porro Lambertenghi, storico », Turin, Bocca, 1885 ; « Carlo Tenca », Milan-Pérouse, 1886 ; « L'Italia Marittima », Bocca, 1887 ; « Sui doveri della nuova Italia commerciale » ; « Ferdinando dal Verme, viaggiatore » ; « Gaetano Casati in Africa » ; « La Società d'esplorazione in Africa » ; « La Geografia », exquisses ; « Il Congresso degli Economisti » ; « Pietro Custodi economista » ; « Di Suez, Indie e Panama », étude de l'ouvrage de M. G. Coen, Turin, Bocca, 1888.

San Quirico (Charles), professeur de Sciences médicales à l'Université de Sienne, né, à Tortone, en 1848, d'une famille de médecins célèbres. Contre les désirs de sa famille qui voulait en faire un avocat, il fréquenta la faculté de l'Université de Turin, et après avoir travaillé au laboratoire du prof. Bizzozzero pendant cinq ans, il obtint par concours la chaire de pathologie expérimentale. Nous avons de M. S. une quantité de mémoires publiés à l'*Archivio per le scienze mediche* ; aux *Atti dell'Accademia delle Scienze* de Turin, etc., et dont voici les titres : « Sulla digestione peptica nelle rane » ; « Sulla influenza del salasso sulla nutrizione dei tessuti » ; « Sulla composizione del siero del sangue dopo il salasso » ; « Sul destino dei globuli rossi nella trasfusione » ; « Sulla trasfusione del sangue nel peritoneo », 1882 ; « Sull'analisi bacteriologica dell'acqua di Siena » ; « Sull'uso del cloralio idrato nella vivisezione » ; « Un caso raro di alterazione renale » ; « Sul cosidetto bacillo del cancro » ; « Lavaggio dell'organismo negli avvelenamenti acuti » ; « Modificazione al processo delle lavature ».

Santa Ana, directeur de la *Correspondencia de España*, journal d'informations très répandu en Espagne ; successivement député et sénateur, M. S. A. qui est arrivé il y a une trentaine d'années à Madrid avec deux pièces de cent sous dans sa poche est aujourd'hui millionnaire.

Santa Anna Nery (Frédéric-José), docteur en droit de l'Université de Rome, chargé de mission pour le gouvernement impérial du Brésil en Europe, agent du gouvernement de l'Amazone (Brésil) en Europe, rédacteur en chef et co-propriétaire de la *Revue du Monde latin* de Paris, représentant à Paris du *Jornal do Commercio* de Rio-de-Janeiro, le *Times* brésilien, né, à Parà (Brésil), le 28 mai 1849. Il a fait ses premières études à Manáos (Brésil). En 1862, il est venu en Europe les perfectionner et a été reçu bachelier ès-lettres et ès-sciences en France ; puis docteur en droit à Rome. Dès 1870, il a embrassé la carrière des lettres, et en 1871 est devenu correspondant du premier journal de son pays, où il a créé une chronique de quinzaine qui a eu un succès retentissant, et s'est attaché à faire connaître le Brésil à la presse européenne par de nombreuses publications de tout genre. En 1878, il a pris part au Congrès littéraire international de Paris, présidé par Victor Hugo, et a été nommé membre honoraire de la Société des gens de lettres de France. En 1879, vice-président de l'Association littéraire internationale. En 1880, il a fait à Paris une série de conférences sur la littérature portugaise et sur Camoëns. En 1881, il a attaché son nom à la fondation d'un organe brésilien à Paris, dont il est le premier rédacteur en chef. En 1882, le gouvernement du Brésil lui a confié une mission confidentielle en Europe. En 1883, il est nommé agent du gouvernement de la province de l'Amazone en Europe. Nommé en 1884 membre-correspondant de l'Institut du Brésil, dont toutes les séances sont présidées par l'empereur Don Pedro II, il fut en 1885 l'un des organisateurs de l'Exposition du Brésil à Anvers, où il exposa lui-même une collection de produits de l'Amazonie qui obtint de hautes récompenses. En 1886, il fonda à Paris la Société Internationale d'Études brésiliennes, dont il fut un des présidents. En 1887, il parcourut une grande partie du Brésil, l'étudiant en détail et donnant des conférences dans plusieurs villes. En 1888, il fut nommé directeur du comité franco-brésilien pour l'Exposition Universelle de Paris. Nous avons de lui des œuvres nombreuses en plusieurs langues et sur un grand nombre de sujets. Citons les principales : « Les finances pontificales », Florence, impr. royale, 1871 ; « La logique du cœur, étude de philosophie morale », Rome, Salviucci, id. ; « Le prisonnier du Vatican », id., impr. Bartoli, id. ; « Lettres sur le Brésil », Paris, Hennuyer, 1880 ; « Le pays du café », id., impr. nouvelle, 1882 ; « La question du café », id., Guillaumin, 1883 ; « La bataille de Riachelo », id., chez l'auteur, id. ; « L'Italia al Brasile », id., Balitout, 1884 ; « Le Pays des Amazones », grand in-8º de 400 pages, avec plus de cent illustrations et deux cartes, id., chez Frinzine, 1885 ; « La civilisation dans l'Amazonie », id., id., id. ; « Um Homm de lettras », id., id., id. ; « La Place de Parà », id., Balitout, 1887 ; « L'Emigrazione italiana », id., id., 1888 ; « Folk-Lore Brésilien », id., Perrin, id. ; et un très grand nombre d'articles et d'études dans la *Revue du Monde Latin*, l'*Économiste français*, la *Revue pédagogique*, la *France commerciale*, le *Temps*, le *Secolo*, l'*Emporio pittoresco* de Milan, etc. En ce moment, M. de S.-A.-N. écrit l'« Histoire du peuple brésilien pendant le règne de Don Petro II ». L'ex-souverain lui a fait adresser une lettre pour lui dire « qu'il applaudit à son idée avec enthousiasme ».

Sant'Angelo-Spoto (Hippolyte), professeur italien d'économie statistique et de sciences de finances à l'Université de Palerme, né, à Vallelunga (Province de Caltanisetta), le 17 janvier 1858, étudia au Séminaire épiscopal de Gozo (Malte), au Lycée de Palerme et à l'Université. Il exerce au barreau de sa ville natale. Nous avons de lui les ouvrages suivants: « La Simonia ed il Papato nella *Divina Commedia* », Palerme, 1881; « L'architettura nel regno animale », id., 1883; « La questione del pane », Florence, Cellini, 1885; « Le cucine economiche popolari a base cooperativa », Palerme, 1885; « Sicilia », Union typ. édit. turin., 1886; « Importanza delle monografie di famiglia negli studii sociali », Florence, Galli; « La tendenza delle classi sociali inferiori nella 2ª metà del secolo XIV », Palerme, Pedone; « La famiglia in rapporto alla quistione sociale », Turin, Loescher, 1886; « La question agraire en Sicile », Paris, au bureau de la Réforme sociale, 1887; « Trapani », Union typ. édit.; « Le assicurazioni sulla vita ed il loro movimento in Italia », Palerme, Pedone; « La monografia d'officina », Bologne, Fava et Garagnani.

Santero (Xavier), médecin et auteur dramatique à la fois, est le fils du célèbre médecin de la Faculté Royale Don Thomas S. Il est né, à Madrid, en 1848. Après une brillante campagne à l'Athénée et dans les sociétés scientifiques, il donna au théâtre son premier drame: « Angel! », qui obtint un grand succès. Il est professeur à l'École de médecine.

Sapeto (Joseph), orientaliste italien, ancien missionnaire, professeur d'arabe à l'École de commerce de Gênes, il entreprit, soit pour son compte, soit aux frais de l'État, plusieurs voyages sur la côte occidentale de la Mer Rouge. Nous avons de lui: « Viaggio e missione cattolica fra i Mensa, i Bogos e gli Hababi », Rome, 1857; « Grammatica araba volgare ad uso delle scuole tecniche », Florence, 1867; « Assab e i suoi critici », Gênes, Pellas, 1879; « Prodromo allo studio della Cussitide abissina », Florence, Le Monnier; « Grammatica italiana-araba volgare », id., Pellas, 1885; « Dialoghi o conversazioni scientifiche nelle due lingue italiana e araba », id., id., 1886; enfin: « Gli ultimi cent'anni della monarchia abissina »; et « Statistica descrittiva del Tigré »; « L'ambasciata francese a Negussié ».

Sarcey (Francisque), critique et romancier français, né, à Suttières, en 1827. Il fit ses études au Lycée *Charlemagne*, partageant les prix et les couronnes avec Edmond About, qui, plus tard, lui servit d'introducteur dans le monde littéraire. Tous deux entrèrent à l'École Normale en 1848, en même temps que MM. Taine, H. d'Audigier et Assolant. A la sortie de l'école, les deux amis se séparèrent; M. About partit pour l'école d'Athènes, d'où il rapporta son premier ouvrage, « La Grèce contemporaine ». M. S., plus modestement traité par le sort, fut envoyé à Chaumont comme professeur de troisième. L'espèce de soumission exigée des universitaires, qu'on traite trop souvent comme une brigade enrégimentée, a plus d'une fois enrichi le journalisme au détriment de l'enseignement public. Des esprits libres et indépendants, comme MM. Dechanel et Despois, avaient déjà montré le chemin. M. S. ne devait pas tarder à marcher sur leurs traces. Rien de plus curieux que de suivre la marche de M. S. sur Paris, dans des « Mémoires sur la jeunesse », qu'il a publiés tout récemment dans la *Revue politique et littéraire*. — Son premier acte d'hostilité contre l'administration, un manifeste charivarique adressé au recteur à l'occasion de la circulaire qui enjoignait aux professeurs de couper leurs moustaches, lui valut une disgrâce. Il fut envoyé à Lesneven (Finistère), puis à Rodez et à Grenoble, où il professa la philosophie. Menacé souvent de destitution, il demanda un congé en 1859, et courut à Paris essayer du journalisme. Présenté par M. E. About, il entra au *Figaro*, puis successivement à la *Revue Européenne*, au *Nain Jaune*, à l'*Illustration* et à l'*Opinion Nationale*. Dans cette dernière feuille, il fut chargé de la critique dramatique et il occupa cette position jusqu'en 1867. A cette époque il entra comme critique dramatique au *Temps*. Maintenant pour n'avoir pas à recourir aux « Souvenirs personnels » de M. S. (ce qui serait peut-être le meilleur moyen de dire toute la vérité, car M. S. est d'une sincérité parfaite, toujours et partout), nous allons rechercher l'homme et le critique dramatique dans son œuvre même et dans ses biographies les plus autorisées, parmi lesquelles il faut surtout citer celle de M. Jules Lemaître. — « Un gros homme gris, rond, bon, toujours « allègre et de bonne humeur ». — C'est par ces mots de Beaumarchais que l'on se représente M. S., et tel il est en effet. Journaliste, il a une figure à part et une manière qui est bien à lui. Il est toujours naturel et il a toujours l'air de s'amuser de ce qu'il dit, même quand ce n'est guère amusant. C'est probablement là ce qui fait qu'il a conquis, subjugué absolument, une masse énorme de lecteurs qui ont une foi aveugle dans son jugement et qui ne sauraient avoir une opinion autre que la sienne sur une pièce, et même sur une question quelconque. Et il faut ajouter que ses lecteurs n'ont vraiment pas tort. Sa qualité maîtresse, c'est le bon sens, qui, à ce degré, ne va pas sans un grain de défiance à l'endroit de la sensibilité et de l'imagination. Là, où le bon sens suffit, M. S. triomphe; là, où le bon sens ne suffit peut-être pas, dans certaines questions délicates qu'il est porté à simplifier un peu trop, M. S. fait encore bonne contenance et mérite d'être écouté. « Du bon sens il en a tant montré, si souvent, si régulièrement et si longtemps, qu'il s'en est fait comme une spécialité, que beaucoup lui en reconnaissent le monopole, qu'il a fini par inspirer une confiance sans bornes à quantité de bonnes gens et un mépris sans limites aux détraqués de la jeune littérature » (J. L.). Nous disons que M. S. est toujours et partout d'une sincérité parfaite; ajoutons qu'il est facile de voir qu'il n'a pas le moindre fiel et ce n'est certes pas lui qu'on pourra accuser de parler avec colère, avec rage, avec mépris des écrivains, dont il a à juger les œuvres. Tout au contraire, on peut juger qu'il aime tous ceux dont il parle et pas un mot désagréable ne lui échappe jamais, surtout sans nécessité. En ce sens c'est le critique idéal de notre temps, c'est un maître que les jeunes critiques devraient consulter et imiter. Dieu sait qu'il ne se gêne guère pour dire sa pensée sur une œuvre médiocre ou mauvaise: il a la phrase dure ou tranchante, on entend cingler son fouet, mais c'est toujours à l'œuvre qu'il en a, et jamais à l'auteur. Il n'est guère possible à un honnête homme de lui en vouloir; lui n'en veut jamais aux gens, « pas même à ceux qu'il a *tombés* », car c'est là le point scabreux et drôle de la critique moderne : *le critique qui a dit du mal d'un auteur, prend cet auteur en grippe, parfois en haine, et il n'en démord plus.* — Les injures qu'on ne lui épargne guère du reste, glissent comme de l'eau sur cette peau d'hippopotame de M. S., selon l'expression dont on a voulu se servir un jour; une peau qui n'est au fond que la peau d'un brave homme. — Vous pouvez, dit M. Lemaître, le traiter de cuistre et de pion, tant qu'il vous plaira et on ne s'en est pas fait faute : Il vous répondra; « Hé! Oui, mon ami, je suis comme cela. Et après? Mais vous, vous n'êtes guère poli et je crois d'ailleurs que vous exagérez ». — On raconte que M. S. disait un jour: « Depuis que « je suis au monde j'entends un tas de gens « dire qu'ils sont agacés; moi, je ne sais pas « ce que c'est: je n'ai jamais été agacé de ma « vie ». Voilà qui donne une idée complète de cet homme et de cet esprit parfaitement équilibrés, qualité de premier ordre pour tout critique. — Écrivain, il a au plus haut point le naturel et la clarté, car il ne parle jamais que des choses qu'il « conçoit » parfaitement. Et c'est un mérite qui est devenu rare en ce temps de pédants qui ont l'air d'en dire plus qu'ils n'en savent et de nerveux qui affectent au contraire d'avoir plus de « sensations » qu'ils n'en peuvent traduire (J. L.). — L'opinion de M. S. ne s'exerce pas seulement sur les pièces des auteurs dramatiques, elle s'impose au public dans maintes occasions et il ne se gêne pas pour dire leur fait carrément aux critiques rageurs. Un exemple : Il s'agit un jour des plagiats dont on accuse M. Sardou, et bien d'autres : écoutez Francisque Sarcey; — « Sardou est un emprun« teur, soit. Mais il faut croire qu'il n'est pas « si facile d'emprunter, puisque ni vous, ni moi « ne le faisons. Comment (il y avait là une « pièce à faire avec les débris de *Miss Multon* « et de la *Fiammina*, une pièce qui pouvait « avoir cent représentations et rapporter cin« quante mille francs) vous le saviez et vous « ne l'avez pas faite? Vous êtes des idiots, « mes amis ! ». — Voilà les critiques méticuleux servis par une plaisanterie, un peu gauloise, mais c'est bien là le tour d'esprit de M. S. — Pour tout dire d'un mot, son œuvre, c'est cinq ou six heures par jour de conversation écrite tous les jours depuis trente ans. — Comme romancier, M. S. n'a pas pris rang parmi les raffinés, les exquis, les célèbres; mais de l'avis de M. Jules Lemaître, bon juge, il y a bien de l'émotion et de la vérité dans « Étienne Noreb » et bien de l'esprit dans les « Tribulations d'un fonctionnaire en Chine ». — Mais, évidemment, la partie la plus considérable de son œuvre, c'est la critique dramatique, et il y a pris le premier rang et il l'a pris ce premier rang par droit de conquête presque de haute lutte. A coup sûr, la critique dramatique existait avant lui, mais c'était souvent du reportage, ou bien elle était dogmatique et grammaticale - ennuyeuse presque toujours. M. S. fut le premier qui se mit à raconter, tranquillement, de son mieux, les pièces qu'il avait entendues, à les juger le plus sérieusement du monde, et à motiver avec soin ses jugements. Il dit ce qu'il pense - et, ajoute M. Lemaître, - il le dit simplement sans fioritures, sans paradoxes, sans feux d'artifice. — La méthode de M. S., c'est tout bonnement l'observation, l'expérience. Plusieurs sont tentés de prendre M. S. pour un critique doctrinaire qui croit à la valeur absolue de certaines règles, sans en avoir éprouvé les fondements; mais, de sa vie, il n'a fait autre chose que les éprouver. Ses théories ne sont que des constatations prudemment généralisées, jamais il ne devance les impressions et le jugement du public; il se contente de les expliquer. — M. S. part de deux principes incontestables: 1.º Le théâtre est un genre particulier, soumis à certaines règles nécessaires qui dérivent de sa nature même; 2.º Les pièces de théâtre sont faites pour être jouées et non pas devant une poignée de délicats, mais devant de nombreuses assemblées d'hommes et de femmes. — Et voilà tout: aussi faut-il entendre M. S. répondre aux esprits tourmentés par les petits côtés des choses, à ceux qui vont toujours chercher midi à quatorze heures. C'est même ce qu'il y a de mieux à faire pour donner une idée exacte du critique dramatique que de citer quelques lignes prises par çi, par là, dans son œuvre énorme et qu'on peut évaluer à 35 ou 36 volumes de cinq-cents pages. — Ecoutez-le expliquer pourquoi le public doit toujours accepter le point de départ du poète dramatique les yeux fermés : — « Mais comment expliquez-vous qu'Œdipe et Jocaste, qui sont mariés depuis douze ans et plus n'aient pas échangé vingt fois les confidences ? — Moi, mon ami, je ne l'explique pas, et cela n'est parfaitement égal, parce qu'au théâtre je ne songe pas à l'objection. Tout ce que je puis dire, ô critique pointu, c'est que, s'ils s'étaient expliqués auparavant, ce serait dommage parce qu'il n'y aurait pas de pièce et que la pièce est admirable. — Cela s'appelle une convention. — Cette convention, c'est qu'un fait auquel le public ne fait pas attention n'existe pas pour lui; que tous les faits qu'il a bien voulu admettre comme réels, le sont par cela seul qu'il les a admis, fut-ce sans y prendre garde. — Qu'importe à un public qu'une aventure soit invraisemblable, s'il est assez ému pour n'en pas voir l'invraisemblance ? Un lecteur raisonne, la foule sent. Elle ne se demande pas si la scène qu'on lui montre est possible, mais si elle est intéressante; ou plutôt elle ne se demande rien, elle est toute à son plaisir et à son émotion ». — Voilà qui est simple et concluant et, de fait, il n'y a pas à sortir de là. — Deux pages encore à citer: celle où il parle des origines de l'opérette, et celle où il définit la blague. — L'opérette, il en voit les origines dans l'Opéra-Comique et dans le vaudeville à couplets; le vrai créateur de l'opérette fut M. Hervé, les maîtres Offenbach et Meilhac et Halévy. Une comparaison entre la *Dame Blanche* et *Orphée aux enfers* est faite d'un tour très-vif, et M. S. écrit une page étincelante sur les sentiments que la musique d'Orphée éveille. — « Comparez, pour voir, toute cette partition de Boïeldieu à ce fameux quadrille d'*Orphée aux enfers* qui a emporté dans son tourbillon frénétique toute une génération. Vous l'entendez chanter à votre oreille, n'est-ce pas ? Est-ce qu'aux premiers sons de cet orchestre, il ne vous semble pas voir toute une société se levant d'un bond et se ruant à la danse ? Elle réveillerait des morts, cette musique. Comme ces rythmes tantôt sautillants, tantôt furieux, avaient l'air d'être faits pour communiquer une trépidation morale aussi bien que physique à tout le public de désaccordés, pour qui la vie n'était qu'une manière de danse macabre ! Au premier coup d'archet qui, sur la scène, mettait en branle les dieux de l'Olympe et des Enfers, il semblait que la foule fût secouée d'un grand choc et que le siècle tout entier, gouvernement, institutions, mœurs et lois, tournât dans une prodigieuse et universelle sarabande ». — On ne saurait mieux dire, et des pages de cette vivacité ne sont pas rares dans l'œuvre de M. S. La définition de la *blague* est charmante aussi et juste; elle est l'expression de sa pensée de moraliste : la voici:

— « La blague est un certain goût, qui est spécial aux Parisiens et plus encore aux Parisiens de notre génération, de dénigrer, de railler, de tourner en ridicule tout ce que les hommes et surtout les prudhommes, ont l'habitude de respecter et d'aimer; mais cette raillerie a ceci de particulier, que celui qui s'y livre le fait plutôt par jeu, par amour du paradoxe que par conviction : il se moque lui-même de sa propre raillerie. Il blague. — Il blague la patrie, et au besoin, il mourrait pour elle; il blague l'amour filial et pleure quand on lui parle de sa vieille mère. Il blague les beautés de l'Italie, et se mettrait à genoux devant un Raphaël. Il y a dans la blague un certain mépris, très légitim ed'ailleurs, pour les admirations convenues, pour les phrases toutes faites, et à ce mépris se joint le plaisir de crever les ballons gonflés de vent, de se sentir supérieur en se prouvant qu'on n'est pas dupe. C'est le bon côté de la blague. — Mais elle en a de fâcheux: la blague donne à l'esprit l'habitude de ne plus compter avec le vrai, ni avec le faux, de chercher partout matière à raillerie. Il arrive fort souvent que le blagueur de profession, pris à son propre piège, ne distingue plus lui-même ce qui est bien de ce qui est mal, ce qui est juste de ce qui est inique; il se grise de sa propre parole, il se fausse l'esprit et se dessèche le cœur ». — Nous avons voulu donner par ces quelques extraits une idée de la manière du maître, de son esprit, de son bon sens, mais pour en comprendre et en saisir toute la valeur, pour retrouver M. S. tout entier, gai, bon enfant, sincère et amusant, il faut recourir à ce livre exquis qu'il a appelé « Souvenirs personnels », et où il raconte ses années de jeunesse et de souffrance. Son œuvre est considérable, mais ces « *souvenirs personnels* », sont peut-être ce qu'il a écrit de plus exquis et de plus complet.

Sardagna (Jean-Baptiste DE), historien italien, né, à Trente, en 1828; il fit, comme sous-lieutenant des *Bersaglieri* italiens les deux campagnes 1848-49; il rentra à Venise après la bataille de Novare et il y demeure. On a de lui : « Dissertazione documentata sulla storia di Karistos nell'Isola di Negroponte (1205-1470) », de Charles Kopf, traduit de l'allemand, Venise, 1856; « Cenni sull'importanza degli studii intorno alla milizia veneziana nel Medio Evo », Trente, id.; « Dissertazione documentata sulla storia dell'Isola di Andros e dei suoi Signori, dall'anno 1207 al 1566 », par le docteur Charles Kopf, traduite de l'allemand, Venise, 1859; « Cenni sui militari trentini che furono anche scrittori, e sopra altri Trentini che di cose militari hanno scritto », Milan, 1866; « Carlo Wulten da Venezia, commemorazione », id., 1867; « Illustrazione di alcuni documenti militari veneziani riguardanti Trieste e l'Istria » (dans l'*Archeografo Triestino*), 1871 ; « Illustrazione di una lettera militare inedita di Marco Foscarini », dans l'*Archivio Veneto*, 1875 ; « La coscrizione dei cavalli nel secolo XVII » (id.), id.; « Il conte Armanno Wartstein al soldo di Venezia (1358) » (id.), ; « I signori di Reifenberg nei secoli XIII e XIV » (id.), id. ; « Nota sul signor Colenzio di Leymbach che fu stipendiato dei Veneziani (1357) » (id.), 1876 ; « Memorie di soldati istriani e di altri italiani e forestieri che militarono nell'Istria allo stipendio di Venezia nei secoli XIII, XIV e XV » (*Archeografo Triestino*), 1880 ; « Lettere del Doge Andrea Contarini e del capitano generale Domenico Michel (1368-69) » (id.), 1882 ; « Storia dell'assedio di Trieste (1368-69) ».

Sardagna (Victor DE), écrivain italien, fils du précédent, né, en 1854, à Venise ; il reçut son doctorat en philologie dans l'Université de Padoue, où il apprit aussi le sanscrit ; il est actuellement professeur dans le Lycée de Voghera. On a de lui : « Storia della Grecia antica dalle origini alla colonizzazione dell'Asia Minore », Vérone, 1882 ; « Una congiura », document historique inédit de l'année 1545, tiré des Archives de Venise, et publié à l'occasion des noces Sicher-Scarpa.

Sardinoux (Pierre-Auguste), théologien français, né, le 22 janvier 1809, à Anduze, dans le département du Gard, fréquenta successivement pour ses études Montauban, Strasbourg, Heidelberg, remplit pendant douze ans (1832-1844), les fonctions d'aumônier et de professeur de langue allemande au Collège Royal de Tournon, exerça, pendant trois autres années, le ministère évangélique dans la paroisse de Faugères (Hérault), et fut enfin appelé en 1847 à la Faculté évangélique de Montauban comme professeur de critique sacrée et d'exégèse du Nouveau Testament. L'Institut des sourds-muets à Saint-Hippolyte dans le Gard et l'Œuvre des orphelins protestants à Montauban le comptèrent parmi leurs premiers fondateurs. M. S. qui à ses fonctions professorales avait joint de 1848 à 1865 celles de directeur du séminaire, de 1869 à 1875 celles de doyen de la Faculté, a pris en 1875 sa retraite de l'enseignement. Nous lui sommes redevables des ouvrages suivants : « Commentaire sur l'Épître aux Galates », 1837 ; « Le Christ et l'Église », recueil d'études théologiques et pratiques, 2 vol. 1854-55 » ; Mémoire sur la Faculté de théologie protestante et le Séminaire de Montauban », 1887 ; et de plusieurs traductions de l'allemand : « Le pasteur d'Anduze », nouvelle historique du temps des Dragonnades », 1847 ; « Heures de recueillement Chrétien », par Tholuck ; « De l'essence du Christianisme », par Ullmann, 1850 ; « De la date de nos Évangiles », par Tischendorf, 1866 ; « La personne de Jésus-Christ, le miracle de l'histoire », par Schaff, 1866 ; « L'État présent de l'église », par Luthardt », 1870 ; « L'Évangile selon Saint-Jean », par Oosterzee, 1876.

Sardou (Victorien), auteur dramatique, né, à Paris, en 1831. Il étudia d'abord la médecine, puis fut forcé par la gêne où vivait sa famille d'abandonner les cours et de donner des leçons d'histoire, de philosophie et de mathématiques. Il essaya aussi de la littérature en publiant quelques articles dans des revues, des dictionnaires, entr'autres le *Dictionnaire de la Conversation*, et fit jouer à l'Odéon sa première comédie : « La Taverne des étudiants » (1er avril 1854), qui fit un four complet. En 1857, il était dans une détresse affreuse. Son énergie luttait virilement, mais il fut terrassé par la souffrance et il tomba gravement malade : il fut atteint d'une fièvre typhoïde. Il fut soigné par une de ses voisines, Mlle de Brécourt, qui lui sauva la vie en le veillant nuit et jour. M. S. l'épousa l'année suivante (1858), et ce fut là le point de départ de sa carrière, car sa femme le mit en relation avec Mlle Déjazet qui, en ce moment, dirigeait un théâtre, et qui l'engagea à reprendre la carrière dramatique, où il devait bientôt arriver à la première place. Neuf ans plus tard, il était déjà en pleine possession de la fortune et de la renommée, quand sa femme mourut (1867). M. S. a donné successivement au théâtre Déjazet : « Candide » ; « Les premières armes de Figaro » ; « M.r Garat », et « Les près Saint-Gervais », au Palais-Royal (24 avril 1862) ; puis « Les gens nerveux » ; « Les pattes de mouche » ; « Piccolino » ; « La perle noire » ; « Les Ganaches » ; « Les femmes fortes » ; « L'Écureuil » (sous le pseudonyme de *Carle*) (9 janvier 1865) ; « Nos intimes », un de ses plus bruyants succès, puis « La Papillonne », qu'il voulut porter au Théâtre-Français où elle n'eut pas un bon accueil (11 avril 1862). D'une fécondité infatigable, il continua à donner presque tous les ans une ou plusieurs pièces sur différents théâtres : « Bataille d'amour », opéra-comique en trois actes, 1863 ; « Les Diables noirs », drame en 4 actes ; « Le Dégel », 1864 ; « Les Pommes du voisin » ; « Les Vieux Garçons » ; « La famille Bénoîton » ; « Nos bons villageois » ; « Maison neuve » ; « Séraphine ou la Dévote » ; « Patrie », 1869 ; « Fernande », 1870 ; « Le roi Carotte », 1872. Le 1er février 1872, M. S. fit représenter au Vaudeville une comédie politique en 5 actes : « Rabagas », mise en scène aristophanesque de personnages et d'évènements contemporains qui souleva à Paris et en province de véritables tempêtes. Une autre comédie en 4 actes : « L'Oncle Sam », d'abord interdite par la censure française par crainte de complications diplomatiques avec les États-Unis, fut jouée à New-York avant de l'être à Paris (1873). Il donna ensuite avec peu de succès : « La Haine », drame en 5 actes ;

« Ferréol », 1875; « Dora », 1877; Les Bourgeois de Pont-Arcy », 1878; « Daniel Rochat », 1880, qui fait le pendant à « Rabagas », car il y expose toutes les théories à l'ordre du jour sur le mariage religieux, le pour et le contre. M. S. a épousé en secondes noces, vers cette époque, Mlle Anne Soulié. Le 7 juin 1877, il fut élu membre de l'Académie française. Ce qui explique la fécondité rare de M. S. de l'avis de ses confrères, de ses critiques et d'un grand nombre de ses contemporains, c'est que M. S. n'est le plus souvent qu'un habile arrangeur. Il aime, dit-on, à emprunter ses sujets à droite et à gauche, sans trop se soucier de la propriété littéraire et quelques unes de ses pièces ont même donné lieu à des accusations de plagiat : « Les pattes de mouche », sont tirées d'un conte d'Edgard Poë (*La lettre volée*); « Nos intimes », est pris dans un vieux vaudeville (*Le discours de rentrée*); « Les Pommes du voisin », sont tirées d'une nouvelle de Charles de Bernard (*Une aventure de magistrat*); « L'Oncle Sam », est tout entier dans un roman d'Alfred Assollant. (*les Butterfly*); « Fernande », « Ferréol », sont tirées de romans ou de pièces connues. M. S a cru devoir répondre à ces accusations, et maintes fois il s'est défendu contre cette accusation de plagiat, comme nous allons le voir tout à l'heure. Dans une lettre à M. Vitu, après le four de « La Haine », M. S. explique pourquoi il n'écrit pas de préfaces à ses pièces : « Aussi bien le plus sage, est-il de
« laisser ma pièce se défendre toute seule; car
« ou des objections ont leur force et tous mes
« raisonnements n'y feront rien.... ou elles sont
« sans valeur, et dès lors elles tomberont d'el-
« les-mêmes ». Cette lettre de M. S. est très intéressante, car on y rencontre les renseignements les plus curieux; et les déclarations chevaleresques de l'écrivain au sujet de la femme jettent sur un des points les plus intéressants de son théâtre une clarté nouvelle. Cette lettre du reste prouve la nécessité ou tout au moins l'utilité des préfaces que M. A. Dumas fils a mis à la mode et qui servent à merveille à éclairer les intentions de l'auteur; elles auraient arrêté net très probablement les accusations de plagiat qu'on n'a cessé de faire pleuvoir sur M. S., comme on ne manque jamais de le faire avec tous les auteurs dramatiques qui savent se faire applaudir. On en veut trop souvent aux riches, et l'on cherche, avec le secret plaisir de les diffamer, les sources diverses de leur fortune, l'on cherche même avec acharnement. Les envieux ne se lassent jamais. Étrange travail, en vérité, et bien misérable ! car enfin si M. S. n'a pas créé de toutes pièces cet édifice immense que nous venons de détailler, s'il a **pris** les matériaux à droite et à gauche, il en **est** bien l'architecte après tout; et c'est un maître ouvrier, que l'auteur de ces plans hardis et complexes, tracés d'une main si vigoureuse et si fantasquement habile. Les matériaux d'une œuvre d'art sont à la disposition de tout le monde; et cependant ils sont rares ceux qui ont reçu le don d'en tirer parti. Voici du reste à ce sujet une page décisive de M. S. lui-même sur cette fameuse accusation tant de fois renouvelée. — Il écrivait en 1864 à M. Jouvin :
« Il ne me serait pas difficile d'établir après
« vous, que le droit de l'auteur dramatique à
« s'inspirer des sujets traités, avant lui, sous
« une autre forme littéraire, est consacré par
« l'usage de tous les temps; que le seul fait
« de transformer un récit en action théâtrale
« constitue, par la mise en œuvre tout autre
« qu'il exige, un art bien différent du premier,
« et par suite une création, une paternité toute
« nouvelle. J'établirais, par de très bonnes preu-
« ves, que l'art dramatique consiste moins dans
« le choix du sujet nécessairement restreint
« aux sept ou huit situations primitives qui se
« répètent toujours depuis Adam, que dans le
« développement original par lequel on le rajeu-
« nit, et que depuis Hamlet qui est Oreste,
« jusqu'au Père Goriot, qui est le Roi Lear, il
« n'est pas deux œuvres dont on puisse dire
« qu'elles soient sorties tout armées du cerveau
« de leur auteur sans rien devoir à personne ».
(Cette lettre de M. S. se trouve en tête de la comédie intitulée « Les Pommes du voisin »). — Ces observations sont parfaitement justes. On ne crée pas; on ne fait que recréer. Le génie, ou même le talent, n'a qu'un procédé qui est de frapper à son image ce que ses devanciers et l'observation personnelle lui fournissent. Dans une médaille, il y a deux choses: le métal et l'empreinte qu'il a reçue; la forme et la matière, comme disait Aristote et comme répétait, en d'autres formes, Caldéron. — Tout cela n'empêchera pas les esprits chagrins, les envieux et les médiocres, de renouveler leurs attaques à la première occasion, surtout au premier succès. — Dans l'œuvre de M. S. c'est la société contemporaine qui tient la plus grande place. Mais quand il a fouetté jusqu'au sang ce monde étrange et monstrueux de commerçants tarés, de viveurs décrépits, de parvenus égoïstes, de caissiers en fuite, de fausses dévotes, et de danseuses cyniquement illustres, voilà que, soudain, le Français le plus moderne qu'on connaisse secoue la poussière et la boue des vices contemporains, s'envole, et vogue librement dans l'espace et dans le temps. « Tantôt légère et sou-
« riante — dit M. Léopold Lacour — son imagi-
« nation effleure la terre, chante la jeunesse et
« l'amour avec le prince de Conti, va, vient,
« court d'aventure en aventure avec Figaro,
« applaudit aux exploits des toréadors espa-
« gnols et rosse les archers au bon temps de
« Sancho Pança, s'éprend des brunes et des
« blondes avec Don Fernand et se joue folle-

« ment dans l'épopée bouffonne de Cervantes ;
« tantôt puissante et passionnée, elle s'élève à
« des hauteurs inattendues et jette sur la scène
« l'exil et la mort, les Guelfes et les Gibelins,
« la guerre civile et la guerre étrangère, la peste
« et l'inquisition, la foi profonde des républi-
« ques italiennes et le sombre héroïsme des
« Flamands révoltés contre la tyrannie san-
« glante de Philippe II. Souplesse et fécondité
« sans exemple depuis bien longtemps, M. S.
« a l'abondance, les ressources infinies, la fan-
« taisie sonore, la violence caricaturale et la
« puissance romantique ». — M. S. a une palette
d'une richesse inouïe et il serait bon d'en donner, d'en apporter ici la preuve, mais il est malaisé de choisir dans cette œuvre immense. Es-
sayons toutefois : prenons un exemple. Il y a
dans ce vaste répertoire (selon M. Lacour, son
biographe le plus autorisé, et celui qui le tient
en très grande estime) une œuvre étrange, riche à l'excès. C'est « Maison neuve ». (Et cette
pièce a, elle aussi, fourni bien des récriminations
et n'a pas échappé à l'accusation de plagiat).
Mais cette comédie, ce drame pour mieux dire,
est de ceux où la puissance de l'auteur, son
audace, s'attestent de la façon la plus saisis-
sante. La partie mélodramatique n'est pas ce
qu'elle a de mieux, tant s'en faut : la vue prolongée d'un cadavre sur la scène cause toujours
une impression pénible ; mais avant d'arriver
à cette débauche de réalisme, où la brutalité
de la situation nous prend à la gorge et vous
secoue sans pitié, il se rencontre dans « Maison neuve », des situations très hardies et
très heureusement traitées. C'est durant le bal
magnifique qui va s'éteindre tout-à-l'heure au
bruit de la ruine, la scène où Claire, lasse des
fêtes continuelles où elle cherche en vain le bonheur, et secrètement émue par je ne sais quel
vague désir de joies inconnues, se laisse aller
au compromis de conscience le plus délicieuse-
ment perfide, et ferme les yeux, pour écouter à
la faveur de ce demi-sommeil et comme dans
un rêve les déclarations brûlantes de M. de Marsille. Certes la pente est facile ; Claire est sur
le bord de l'abîme ; un instant de vertige et c'en
est fait de son honneur. Avec quel art enfin
M. S. anime et prolonge notre anxiété, en pro-
longeant le plaisir déjà coupable où se plaît
son héroïne ! Avec quelle délicatesse il marque
les nuances imperceptibles de cette volupté raffinée, bien féminine ! Avec quel élan naturel, au
moment où M. de Marsille gâte ce rêve exquis
par une proposition trop franche, il réveille
Claire, la redresse et la sauve ! « Je dormais,
« s'écrie-t-elle, mais, à présent, c'est une fem-
« me bien éveillée qui vous parle et qui vous
« dit : Restons-en là de cet enfantillage ! » (acte
« III, scène VIII). — Tout autre, mais aussi
remarquable au même point de vue est la scène XII du II acte. La ruine retentit en coups
de marteau sur les murs, éteint les lustres de
la fête et fait le vide dans les salons, il n'y a
qu'un instant encore, éblouissants de fleurs, de
lumières et de danses ; Claire, épouvantée, ap-
prend coup sur coup, la fuite du caissier et la
trahison de son mari ; pour humiliation suprême,
la main qui la blesse au cœur est celle d'un
domestique ; afin d'avoir le droit de chasser
ces laquais, elle détache bracelets et boucles
d'oreilles, les leur jette à la face ; mais soudain
elle est frappée dans sa fureur par cette ironie
cynique de sa femme de chambre : « Ça ! Ma-
« dame sait bien que c'est faux ». Voilà certes
de la hardiesse. Mais comme tout est amené,
préparé ! Comme l'auteur dispose insensiblement
le public à l'entendre jusqu'au bout. — Cette
belle pièce a eu, en Italie, des interprètes dignes de sa valeur, et entr'autres Mme Giacinta
Pezzana qui donnait au rôle de Claire un relief
extraordinaire et subjuguait le public qui n'a
pas toujours fait bon accueil à certaines scènes
de la pièce. — En tout cas la pièce est audacieuse et cette audace est avec la fécondité et
la dextérité le trait saillant de ce talent multi-
ple. — M. S. a été critiqué fort souvent et par
des hommes d'une compétence, d'une autorité
hors ligne. M. Francisque Sarcey, entr'autres, a
cru pouvoir dire de M. S. à propos de « Nos
bons villageois » (feuilleton du 1er mars 1878) :
« Le défaut caractéristique de cette pièce........
« est celui de la plupart des pièces de M. S.
« C'est que le drame qu'il imagine ne fait pas
« corps avec l'idée première de la comédie, c'est
« qu'il n'en est pas la conséquence forcée, et,
« si j'ose m'exprimer ainsi, l'illustration néces-
« saire. La critique que l'on peut presque tou-
« jours adresser à M. S. quand il compose une
« comédie de caractère, c'est qu'entre la don-
« née primordiale et l'action qu'il imagine il
« n'y a nulle relation nécessaire ». — Mais le
critique le plus acerbe, le plus violent de M. S.
c'est M. Émile Zola, qui a écrit cette grosse
phrase à propos de notre étincelant auteur
dramatique : « M. V. S. n'a pas notre estime
« littéraire ». — Les raisons que M. Zola donne à l'appui de son opinion pour justifier son
dédain sont peut-être dans ces mots qu'on lit
dans la préface de « Thérèse Raquin » : « En
« dehors de certaines nécessités scéniques, ce
« que l'on nomme aujourd'hui la science du
« théâtre *n'est que l'amas des petites habiletés
« des faiseurs*, une sorte de tradition étroite
« qui rapetisse la scène, un code de langage
« convenu et de situations notées à l'avance
« que tout esprit original se refusera éner-
« giquement d'appliquer ». — Assurément il
faut fuir la banalité dans l'invention et dans
le style ; mais ici M. Zola confond deux choses très distinctes : le métier et l'originalité
de l'écrivain dramatique. On peut être très
original sans connaître l'A B C du métier

(dit M. Lacour), comme on peut écrire d'une façon personelle sans bien savoir la grammaire: mais enfin la grammaire n'a jamais entravé la liberté de l'esprit; et la connaissance des conditions inévitables où doit se jouer la pensée du poète sur la scène, ne gêne en rien la vérité de l'observation et l'indépendance de l'invention. — Mais les critiques que l'on peut adresser à M. S. et à son œuvre de quelque hauteur qu'elles viennent ne sauraient amoindrir désormais cet écrivain tour-à-tour satirique et romantique, cet artiste d'une extraordinaire habileté, ce juge pénétrant des vices contemporains. — Depuis quelques années, M. S. semble toutefois avoir beaucoup perdu de sa force, de son omnipotence sur le public. Les pièces se succèdent encore sans interruption, mais elles n'ont plus le succès foudroyant de leurs devancières. Le « Crocodile », non seulement ne vaut pas « Divorçons », « Les Pommes du voisin », et même la « Papillonne », et « Les merveilleuses » (ces deux dernières sont déjà bien inférieures), mais il a paru tout-à-fait indigne de l'auteur des « Pattes de mouches ». « Georgette », venant après « Odette », et après « Fedora », a fait long feu et n'a pas été du goût du public. « Théodora » et « Tosca », sont deux drames bien noirs, mais dans lesquels l'auteur s'appuie à l'éclat des décorations et de la mise en scène bien plus qu'au drame voulu par l'auteur, mais qui n'est pas logiquement nécessaire. — Dans ces deux pièces M. S. a voulu revenir vers « Patrie » et vers « La Haine », ces deux grands drames où il s'était puissamment affirmé capable des plus grandes choses, mais il n'a pas réussi comme on était en droit de l'espérer. Et pourtant ce n'est pas l'artiste qui lui a manqué pour ces deux pièces, comme pour « La Haine », à laquelle un Salvini et un Rossi se levant demain donnerait le relief qui lui a fait défaut. — Qui peut dire ce que l'avenir réserve encore à M. S. et ce qu'il nous prépare? Il a 60 ans, mais il est encore en pleine possession de toutes ses facultés, c'est un travailleur infatigable et il pourrait encore nous donner des œuvres magnifiques, ce que nous lui souhaitons de tout cœur pour clore dignement sa carrière.

Saredo (Joseph), jurisconsulte italien, né à Savone, en 1832; il débuta dans le journalisme et en 1859 entra à l'enseignement secondaire qu'il quitta bientôt pour l'enseignement du droit aux Universités de Sassari (1860), de Parme (1861-65), de Sienne (1866-70), de Rome (1870-79). Conseiller d'État depuis 1879, il a publié les ouvrages suivants: « Principii di diritto costituzionale », 1863; « Trattato di diritto civile italiano »; « Istituzioni di procedura civile »; « Il passaggio della Corona nel diritto pubblico italiano »; « Fondazione testamentaria dei corpi morali »; « Dizionario generale della legislazione e della giurisprudenza amministrativa del Regno »; « Il governo del Re e gli acquisti dei corpi morali »; « Codice costituzionale e amministrativo del regno d'Italia », Turin, 1885; « Istituzioni di procedura civile », Florence, 1888; « Camera di consiglio e volontaria giurisdizione », Turin, 1886.

Saredo (Louise), femme du précédent, plus connue sous le pseudonyme de *Ludovico de Rosa*, dame italienne, née EMANUEL, publia au rez-de-chaussée du *Corriere italiano* de Florence un roman très apprécié: « L'affare Zappoli ». Ella publia ensuite: « Ventinove anni »; « La madre di Maurizio »; « Chi rompe paga »; « Il segreto di Claudio Adriani »; « Gli Augelli di rapina »; « L'erede del sig. Acerbi »; « Il marito di Livia »; « Cesarina »; « Nome di Famiglia »; « I giorni torbidi »; « La Principessa Carlotta d'Inghilterra » (*Nuova Antologia*) « Il matrimonio di Vittorio Amedeo II » (id.) « Flaminia », roman; « La Regina Anna di Savoia », étude historique, Turin, 1887.

Sarrazin (Albert-Augustin), érudit et avocat français, né, à Chauny (Aisne), le 28 août 1851, a publié successivement: en 1870, dans la *Revue de Normandie* plusieurs dessins lithographiés représentant notamment: vue de l'Église du Mont aux malades; vue des ruines du fort Sainte-Catherine, vue de Saint-Vivien et de l'Eau-de-Robée; porte du couvent des Clarisses. En 1872: « Abrégé d'un journal historique de Rouen », publié avec une introduction par M. A. S., Rouen, Lautin éd. (publication d'un manuscrit attribué à M. S. L. Josse clerc de N.-D. de la Ronde de 1626 à 1628), 80 pag. En 1874: « Églises supprimées de Rouen », St.-Pierre du Châtel, St.-Vigor, St.-Croix des Pelletiers, St.-Denis, huit vues lithographiées par l'auteur, Rouen, Méterie éd. En 1876: « Un avocat rouennais au XVIIe siècle ». M. A. S. a commencé en 1872 une petite revue archéologique (autographiée), avec notices et dessins de l'auteur, intitulée: « *L'autographe normand* », excursions à Rouen et dans la Normandie, qui n'a eu que quatre numéros imprimés sur papier de diverses couleurs et un cinquième tiré à fort peu d'exemplaires, Cagarard impr.-éd., Rouen. M. A. S. a écrit un grand nombre d'articles pour des journaux de la localité.

Sarrazin (Jehan), fils du poète lyonnais Jehan Sarrazin, comme lui poète. M. J. S. fils est né le 7 février 1863. Ses études faites, il commença son droit, puis s'engagea dans la cavalerie. Après quelques années joyeusement passées sous les drapeaux, Jehan Sarrazin s'embarqua pour la Guyane, où il dissipa la majeure partie d'un récent héritage. De retour en France, il fonda, à Lyon, l'*Union littéraire* et plusieurs autres journaux qui vécurent peu de temps; puis il vint à Paris où il publia: « Les Feuilles détachées », poésie; « Tendres désirs », id.;

« Renouveau », id.; « A Aubanel », id.; « Polissonnerie », nouvelle; « La Chanson de l'hiver », id.; « Rêveries », poésie; « Mélanges », id.; « Les Malheureuses », poème dramatique; « La Petite Mendiante », monologue dit par Coquelin aîné.

Sarrazin (Gabriel), né, à Laval, en 1853. Après de brillantes études qui lui valurent en rhétorique un premier prix d'histoire au Concours général des départements (1869), et un *accessit* d'histoire au concours général de Paris (1870), M. G. S. revint à Caen, où son père exerçait les fonctions d'économe du Lycée de cette ville. Il fit son droit jusqu'en 1875 et fut reçu licencié en droit en 1877. Il passa en Angleterre les années 1878-1879 et s'y éprit de la poésie anglaise ce qui eut une grande influence sur sa carrière littéraire. Après une année passée en Allemagne, il rentra en France où il publia: « Poètes modernes de l'Angleterre », Ollendorf, 1885, contenant six essais: « Landor »; « Les Cenci de Shelley »; « Keats »; « Elisabeth Browning »; « Rossetti » et « Swinburne ». Le second volume des « Poètes modernes de l'Angleterre », paraîtra en 1890 et contiendra encore six essais: « Shelley »; « Wordsworth »; « Coleridge »; « Tennyson »; « Robert Browning » et « Walt Whitman. M. G. S. a collaboré à la *Revue contemporaine*, à la *Revue indépendante*, à la *Jeune France*, au *Monde poétique* et à la *Nouvelle Revue*. En Angleterre il a collaboré à l'*Athenæum*.

Sarrien (Jean-Marie-Ferdinand), homme politique français, député, ancien ministre des Postes, de la Justice et de l'Intérieur, né, à Bourbon-Larrey, le 15 octobre 1840; il a fait ses études au Lycée de Moulins, a fait campagne avec les mobilisés en 1870, a été deux fois appelé au Ministère de l'Intérieur de janvier à décembre 1886 et de décembre 1887 à avril 1888. M. S. assista à la bataille de Dijon et fut décoré de la Légion d'honneur après la guerre.

Sars (Georges-Ossian), naturaliste norvégien, professeur de zoologie à l'Université de Christiania, né, dans les environs de Bergen, le 20 avril 1837. Après de très fortes études universitaires, il entra dans l'enseignement et depuis 1874 il occupe la chaire de zoologie. Trois ans après, l'Université d'Upsala lui conféra le grade de docteur en philosophie *honoris causa*. Cet insigne savant a publié en différentes langeus les ouvrages remarquables dont nous donnons la liste: « Histoire naturelle des crustacées d'eau douce de Norvège », 1867; « Mollusca regionis articæ Norvegiæ », 1878; « Crustacea et Pycnogonida nova in itinere 2° et 3° Expeditionis Norvegicæ anno 1877-78 collecta (Prodromus descriptionis) » (*Archiv. for Mathemat. og Naturvideusrab*), 1880; « Forlsatte Bidrag til Kundsraben om vore Bardehvaler (Balenoptera de Megaptera) », avec 3 pl. autographiées, Christiania, Videnskabs Selskabs Forhandlinger, 1881; « Revision af Gruppen — Isopoda chelifera — med Characteristik af nye herhen hörende Plogter og Arter » (*Archiv. f. Mathem. et Naturvid.*), 1881; « Oversigt af Norges Crustaceer, med forelöbige Bemorkninger over nye eller mindre bekjendte Arter I. Podophthalmata, Cumacea, Isopoda, Amphipoda », avec 6 pl. autogr., Cristiania, Vid. Selsk. Forh., 1882; « Preliminary Notices on the Schixopoda of H. M. S. Challenger Expedition », id., id., id., id., 1883; « Bidrag til Kundskaben om Decapodernes Forvandlinger I. Nephrops, Calocaris, Kebia », avec 7 pl. autogr. (*Archiv. f. Mathem. et Naturvid.*), 1884; « On some Australian Cladocera, raised from dried mud; with 8 autographic plates, coloured from living specimens », Christiania, Vid. Selsk. Forhandl., 1885; « Deu Norke Nordhaos-Expedition 1876-1878. XIV. Zoologie. Crüstacea I », avec 21 pl. gravées et une carte, id.; « Description d'une espèce nouvelle de Mysis, M. Kervillei G. O. Sars », avec une pl. gravée, extrait du *Bulletin de la Société des amis des Sciences naturelles de Rouen*, id.; « The Zoology of the voyage of H. M. S. Challenger, Part XXXVII. Report on the Schizododa », avec 38 pl. gravées, id.; « Nye Bidrag til Kündskaben om Middelhavets Invertebrat-Faüna III. Middelhavets Saxisopéder (Isopoda chelifera) », avec 15 pl. autogr. (*Archiv. f. Mathem. Natürvid.*), 1886; « Den Norske Nordhavs-Expedition 1876-1878. XV. Zoolog. Crustacea II », avec une carte, id.; « The Zoology of the voyage of H. M. S. Challenger, Part LV. Report on the Cümacea », avec 11 pl. gravées, 1887; « On Cyclestheria hislopi (Baid), a new generic type of bivalve Phyllopoda, raised from dried Australian mud », avec 8 pl. gravées, Christiania, Vid. Selsk. Forhandl., 1887; « The Zoology of the voyage of H. M. S. Challenger, Part LVI. Report on the Phyllocarida », avec 3 pl., id.; « Nye-Bidrag til Kündkaben om Middelhavets Invertebrat-Faüna IV. Ostracoda mediterranea », avec 20 pl. autogr. (*Archiv. f. Mathem. et Natrvid.*), id.; « Pycnogonidea borealia und arctica (Prodromüs descriptionis) » (*Archiv. f. Mathem. und Naturvid.*); « Additional Notes on Australien Cladocera, raised from Dried Mud », avec 6 pl., Christiania, Vid. Selsk. Forhandl., 1888. Enfin, en cours de publication: « Bidrag til Kündskaben om Decapodernes Forvaudlinger II. Anomüra », avec pl. autograph. (*Archiv. f. Mathem. und Natürvideuskab*); « Oversigt af Norges Crüstaceer, med forelebige Bemorkninger over de nye eller mindre bekjiendte Arter. II. Branchiopoda, Ostracoda, Cerripedia », Christiania, Vid. Selsk. Forhandl.; « Den Norske Nordhavs Expedition 1876-1878. Pycnogonidea », avec 18 pl. gravées et une carte; « On some Australian Ostracoda and Copepoda, raised from dried mud » avec planches coloriées, Christiania, Vid. Selsk. Forhandl.

Sartini (Vincent), philosophe italien, professeur ordinaire de philosophie et de pédagogie à l'Institut Supérieur des jeunes filles de Florence, est né, à Fucecchio, le 7 novembre 1843; il étudia au Séminaire de Pescia, à l'Université de Pise, et entra dans l'enseignement lycéal. Nous avons de lui : « Dissertazioni sul Leibnitz e sulla dottrina di lui intorno allo spazio e al tempo », Florence, 1868; « Filosofia elementare », en collab. avec M. A. Conti, id., 1869; « Note alle disquisizioni storico-psicologiche sull'anima umana del dott. Ennemose, tradotte da Pietro Mugna », id., 1875; « Storia dello scetticismo moderno », id., 1876; « Sulla libertà nella filosofia e nella scienza »; « Sullo studio della scienza sociale dello Spencer », et autres écrits dans la *Gioventù*, la *Scuola*, la *Rivista universale*, l'*Ateneo*, le *Liceo*, et enfin la *Rassegna nazionale* de Florence. Citons encore : « Introduzione e note alla filosofia morale peripatetica compendiata da F. M. Zanotti », Florence, Barbèra.

Saussure (Théodore DE), écrivain suisse, né, à Genève, le 3 juillet 1829, arrière petit-fils de l'illustre naturaliste Horace-Bénédict de Saussure, fit dans sa ville d'origine de brillantes études juridiques, artistiques et littéraires complétées par de nombreux séjours à Paris et en Italie et fut sous le régime de James Fazy l'un des plus éloquents et des plus énergiques, et pendant plusieurs années au sein du Grand Conseil le seul représentant du parti conservateur. L'armée suisse le compte parmi ses officiers d'artillerie les plus capables, la Société des arts et le Musée de peinture de Genève possèdent en lui un président des plus actifs et des mieux renseignés. M. de S. fait également partie du Comité pour la protection des monuments historiques dont l'initiative a été prise par le prof. Rodolphe Rahn. Nous indiquerons, parmi ses productions littéraires, en passant sous silence quelques brochures politiques provoquées par des débats locaux : « Jenatsch ou les Grisons pendant la guerre de Trente ans », drame historique en 5 actes et en vers, Genève, 1868 (remanié et traduit en allemand sous la forme d'un poème moitié épique, moitié dramatique, Coire, 1888); « Le Siège de Musso », drame historique en 5 actes et en vers, 1872; « Les Beaux-arts et l'Exposition de Vienne », rapport au Conseil fédéral, 1874; « J.-J. Rousseau à Venise », notes et documents recueillis par Victor Cerésole consul de la Confédération suisse à Venise, publiés par M. Th. de S., 1885; « Étude sur la langue française, de l'orthographe des noms propres et des mots étrangers introduits dans la langue », 1885; « Treize mois dans l'armée des rébelles », par W. G. Stevenson, trad. de l'anglais, 1863.

Sauveur (Jules), fonctionnaire et jurisconsulte belge, actuellement secrétaire général du Ministère de l'Intérieur et de l'Instruction publique et secrétaire de la Commission centrale de statistique à Bruxelles. Sa première œuvre fut un savant mémoire, couronné par le Gouvernement, sur « La révision de la législation des cours d'eau non navigables ni flottables », Bruxelles, 1853; vinrent ensuite : « Législation belge des établissements industriels dangereux, insalubres ou incommodes », id., 1857; « Histoire de la législation médicale belge », id., 1866; « Législation et jurisprudence vicinales », id., 1868 (ces deux derniers ouvrages forment un traité juridique complet des chemins vicinaux en Belgique). M. S. a en outre collaboré d'une façon très active à la *Revue de l'administration et du droit administratif de la Belgique*.

Savarese (Jean), professeur italien, docteur en zooïatrie, assistant de pathologie générale et d'anatomie pathologique à l'École Supérieure de médecine vétérinaire de Milan, est né, à Castrogiovanni (Sicile), et après avoir fait ses études à l'Institut technique de Catane, a étudié à l'École Vétérinaire de Milan, où a été diplômé en 1888. Nous avons de lui des insertions au journal milanais *La Clinica Veterinaria* de 1888-89-90 sur des sujets d'histologie pathologique et de pathologie vétérinaire, ainsi que des traductions et des articles aux revues spéciales.

Savi-Lopez (Marie), femme-auteur italienne, née, vers 1850, à Naples. Son père M. L. fut exilé par la police soupçonneuse des Bourbons, et lui fit donner en Piémont une éducation très soignée. Elle épousa à Turin, en 1875, le docteur Savi, qu'elle perdit en 1882. Restée presque sans fortune, elle se consacra à la littérature et à l'enseignement. Elle occupe maintenant à Naples la chaire de littérature italienne au *Primo reale Educatorio*, à l'Institut Froëbélien *Vittorio Emanuele II* et à l'Institution *Bech*, très fréquentée par la colonie étrangère résidente à Naples. Mme S.-L. est en même temps une romancière distinguée et un auteur très apprécié d'essais historiques, comme la liste complète de ses ouvrages en fait foi. Nous avons d'elle en librairie : « Sirene », conte, 1885; « Casa Leardi », id., 1886; « Le Valli di Lanzo », 1886; « Versi », 1887; « Battaglie nell'ombra », conte, id.; « Fra la neve ed i fiori », 1888; « Le leggende delle Alpi », 1889; « Il Medio-evo in relazione coi maggiori poemi italiani », conférences, 1890, 1re partie; « Influenza del Medio-evo sull'animo di Dante »; « La donna nella *Divina Commedia* »; « Le credenze popolari del Medio-evo nella *Divina Commedia* », 2me partie; « L'epoca medioevale in Europa »; « Il Ciclo di Carlomagno »; « Il Ciclo di Artù »; « Gli Italiani raccolgono una splendida eredità »; « Salvatela », roman, 1890; « La donna italiana nel trecento », id.;

en préparation : « Nei paesi del Nord » ; « Emanuelle Filiberto e Margherita di Francia ».

Savine (Albert), homme de lettres et libraire-éditeur français, né, à Aigues-Mortes (Gard), le 20 avril 1859. Il débuta dans les lettres en 1878 ; dirigea le *Midi littéraire* de 1881 à 1882. Il est éditeur depuis octobre 1886. Il a collaboré au *Foyer*, à la *Mosaïque*, au *Monde* (supplément littéraire), au *Feu-Follet*, à la *Minerve*, à la *Revue du Monde latin*, à la *Revue moderne*, à la *Revue contemporaine*, à la *Revue félibréenne*, à l'*Indépendant littéraire*. Ses principales publications sont : « Les Étapes d'un naturaliste », impressions et critiques, Giraud, 1884 ; « Le naturalisme en Espagne », id., 1885 ; « Le Commandeur Mendoza », traduit du castillan de Juan Valera, Ghio 1881, Giraud, 1885 ; « Une réception académique en Espagne », Tulle, Mazeyrie, 1881 ; « Antibes et ses souvenirs historiques », Cerf, 1884 ; « L'Atlantide », poème traduit du catalan de Jacinto Verdaguer, augmenté d'une introduction et d'appendices, Cerf, 1884 ; Carré Cerf 1884 et Savine 1887 ; « Le Papillon », roman traduit du catalan de Narcis Oller, Carré, 1885. M. S. est membre correspondant de l'Académie espagnole de Madrid et de l'Académie des belles lettres de Barcelone.

Savorini (Victor), professeur italien d'histoire et géographie aux Instituts techniques du Royaume, actuellement à Teramo, directeur de la *Rivista Abruzzese di scienze e lettere* par lui fondée en 1886, né, à Bagnacavallo, en 1851, étudia à Bologne où il fut licencié en droit en décembre 1875. On a de lui en librairie : « Un capitolo d'amore del Libro d'Amore di messer Andrea, cappellano d'Innocenzo IV », Bologne, 1876 ; « Il Papato, l'Impero ed i Comuni alla battaglia di Legnano », Milan ; « Le riforme di Turgot e la Rivoluzione », Rome ; « Adamo Smith ed i suoi tempi », id. ; « Le condizioni economiche e morali dei minatori nelle miniere di zolfo nella Provincia di Girgenti », 1881 ; « Le attinenze della storia : I. Ordinamento degli studi storici », Livourne, 1882 ; « II. La storia e la statistica », id., id. ; « III. La storia e la geografia », Teramo, 1883 ; « Enrico Pestalozzi, le sue opere ed i suoi tempi. Saggio », Turin, Paravia, 1885 ; « Dell'insegnamento della storia nelle scuole elementari », id., id., id. ; « Il prof. Pasquale Villari contro Enrico Tommaso Buckle », Terame, 1887.

Sax (Hans-Emanuel), économiste et statisticien autrichien, professeur libre d'économie nationale et de statistique à l'École Supérieure d'agriculture à Vienne, directeur du bureau de statistique de la Chambre de Commerce de l'Autriche Inférieure, né, en 1857, à Mikultschitz (Moravie), fit ses études à l'Université de Vienne, où en 1880 il devint docteur en droit ; séjourna à Halle, Iéna et Berlin, enseignant les sciences d'État, fut employé comme volontaire dans le bureau de statistique de Prusse sous le Dr Engel et publia : « Die Hausindustrie in Thüringen. Wirthschaftgeschichtliche Studien », en 3 parties ; 1re partie : « Das Meininger Oberland », Iéna, 1882, 2e éd. 1885 ; 2me partie : « Ruhla und das Eisenacher Oberland », Iéna, 1884 ; 3me partie : « Die Korbflechtwaaren-Industrie in Oberfranken und Coburg. Hausindustrie in Neustadt und Bürgel », 1888 ; « Statistischer Bericht über Industrie und Gewerbe von Nieder-österreich im Jahre 1880 », Vienne, Braumüller, 1883 ; « Statischer Bericht über Industrie und Gewerbe von Nieder-österreich im Jahre 1885 », id., id., 1889.

Say (Léon), éminent économiste et homme politique français, ancien Ministre des finances et ancien ambassadeur, né, à Paris, le 6 juin 1826. M. S. a publié : « Théorie des changes étrangers », traduction de l'anglais de M. Goschen, avec une introduction ; « Histoire de la Caisse d'escompte », 1848 ; « La ville de Paris et le crédit foncier » ; « Lettres à MM. les membres de la Commission du Corps législatif » ; « Observations sur le système financier de M. le préfet de la Seine », 1865 ; « Les obligations populaires », avec M. L. Walras ; « Examen critique de la situation financière de la ville de Paris », 1866 ; « Rapport sur le paiement de l'indemnité de guerre », 1875 ; « Le Dictionnaire des Finances » a été publié sous sa direction. M. S. a été élu membre de l'Académie des sciences morales et politiques, en remplacement de Dubois (décembre 1874), et membre de l'Académie Française, en remplacement d'Edmond About, le 10 février 1886. Il a publié, outre les précédents ouvrages : « Discours prononcés au Sénat et à la Chambre des députés, sessions de 1876 » ; « Questions monétaires – budget de 1877 », 1 vol., 1877 ; « Les Finances de la France », 1 vol., 1883 ; « Le Socialisme d'État », 1 vol., 1884 ; « Les impôts démocratiques », 2 vol., 1884 ; « Turgot », 1 vol., 1887, à la librairie Hachette dans la collection des *Grands écrivains français*.

Sayous (Édouard), historien français, né, à Genève, le 10 juin 1842, d'une famille originaire du Béarn et émigrée pour cause de religion, fils d'André Sayous ancien directeur à Paris de la section protestante au Ministère des cultes, auteur d'un excellent ouvrage sur la « Littérature française à l'étranger pendant les XVIe, XVIIe et XVIIIe siècles », se prépara par de brillantes études à la carrière du professorat, fut admis en 1860 à l'école normale, prit en 1863 l'agrégation d'histoire, en 1866 le doctorat ès-lettres et fut chargé d'un enseignement historique, d'abord au Lycée de Versailles (1863-1865), puis à Paris au Lycée *Charlemagne* jusqu'en 1876. En 1872, les électeurs protestants de la Lozère le choisirent pour un de leurs représentants au Synode. M. S. siégea dans cette assemblée au centre gauche et ne tarda pas à adhérer aux décisions de la majorité par une brochure qui ne laissa pas de produire une vive sensation chez ses anciens amis : « Le Régime Synodal et la Conscience protestante », 1875. L'ardent intérêt qu'il portait aux questions religieuses l'engagea, malgré son âge et la position qu'il occupait dans l'Université, à entreprendre en 1875 des études théologiques et à suivre les cours de la Faculté de Montauban. Admis en 1876 dans le corps pastoral, il remplit pendant deux années (1877-1879) les fonctions d'aumônier à la maison centrale de Poissy et donna de 1879 à 1885 un cours libre d'histoire et de littérature aux étudiants en théologie de Montauban. Depuis 1879, l'Université de France a compté de nouveau M. S. au nombre de ses membres en qualité, d'abord, d'examinateur auprès de la Faculté des lettres de Toulouse, puis, à partir de 1885, de professeur d'histoire à la Faculté des lettres de Besançon. Les recherches scientifiques de M. S. se sont portées de préférence sur les *Annales* de la Hongrie dont il possède à fond la langue, qu'il a visitée à plusieurs reprises et où il fut chargé en 1875 par le Gouvernement français d'une mission spéciale. L'Académie française honora en 1877 du prix Thiers son « Histoire générale des Hongrois », 2 vol., 1876, pour laquelle il fut également nommé membre associé de l'Académie de Pesth. Parmi les autres ouvrages dus à la plume active et érudite de M. S. nous mentionnerons : « La France de Saint-Louis d'après la poésie nationale » ; « De Epistolis Sancti Bonifacii », deux thèses pour le doctorat ès-lettres, 1866 ; « Le Christianisme de Bacon, ses apologistes et ses adversaires », 1877 ; « Jésus-Christ d'après Mahomet ou les notions et les doctrines musulmans sur le Christianisme », 1880 ; « De Tauroboliis apud gentes tempore Crescentis Ecclesiæ », 1880 ; « Les Déistes anglais et le Christianisme principalement depuis Toland jusqu'à Chubb 1696-1738 », 1882, quatre thèses pour le baccalauréat, la licence et le doctorat en théologie ; « Le général G.-H. Dufour » (dont il était parent), notice biographique, 1881. La collaboration de M. S. est acquise à la *Revue des Deux Mondes*, à la *Bibliothèque universelle*, à la *Revue historique*, à la *Revue critique*, au *Journal de Genève*, à la *Revue Chrétienne*, à l'*Encyclopédie des sciences religieuses*, au *Bulletin de la Société d'histoire du Protestantisme français*, à la *Revue pour l'histoire des religions*, etc.

Sbarbaro (Pierre), publiciste, philosophe, économiste, jurisconsulte, agitateur, homme politique, tribun italien, est né, à Savone, en 1838, et fit son droit à Pise, où il reçut son doctorat en 1863. Dès l'âge de 15 ans il avait débuté à la *Rivista enciclopedica* de La Farina, au *Goffredo Mameli* de Thomas Villa et à l'*Italia e popolo* qui se publiait à Gênes. Avant même de fréquenter l'Université, il avait dirigé à Savone le *Saggiatore*. Doué d'une intelligence vive et précoce, ayant une aptitude extraordinaire aux études, M. S. donnait les plus grandes espérances. En 1859, il s'enrôla simple soldat à l'armée piémontaise ; en 1860, il publia une brochure intitulée : « Sulle Società di Mutuo Soccorso », et en 1861 une autre brochure qui eut du retentissement parce qu'il y exprimait l'opinion contre MM. Guerrazzi et Montanelli que les sociétés ouvrières ne doivent pas se mêler de politique. Le titre de ce brillant ouvrage était : « Le Società operaie e la polilica ». Deux ans après (1863), il donnait des leçons libres d'économie politique à l'Université de Pise. De là, il passa à Ancône pour y diriger le *Corriere delle Marche* et pour enseigner le droit commercial aux frais de la Chambre de commerce. En 1864, nous le trouvons professeur extraordinaire d'économie politique et de philosophie du droit à l'Université de Modène. Dans l'entretemps, M. S., dont l'activité littéraire tient du phénomène, écrivait des articles aux journaux et aux revues, se mêlait de politique, d'administration et prêtait le concours de sa plume inépuisable à toutes les questions du jour. En 1870, il va présider à Loreto le Congrès des libres-penseurs des Marches. M. César Correnti, qui était alors ministre de l'instruction publique, le mit en disponibilité pendant un an. Réintégré dans sa chaire, M. S. attaqua avec une vivacité extrême la loi sur la mouture, et présida à Empoli un congrès, où plutôt un *meeting*, où il demanda la mise en accusation du ministre des finances qui avait, selon lui, violé la constitution. M. S. perdit alors sa place de professeur. En attendant, il avait entretenu des relations suivies avec une foule de personnages illustres d'Italie et de l'étranger, et principalement avec les hommes politiques qui croient à l'arbitrage et à la paix internationale. Le ministre Mancini en 1874 le rappela à une chaire universitaire. Le voilà donc à Macerata, professeur de philosophie du droit et de droit administratif. Il organise alors une agitation universitaire pour élever un monument à Albéric Gentile, le précurseur de Grotius. Mais bientôt Macerata est une trop petite ville pour lui, il va à Naples et donne des leçons magnifiques à l'Université et agite la question du désarmement. Le gouvernement le transfère à Parme, mais bientôt il insurge contre un decret du ministre Baccelli qui avait puni des étudiants de Sassari. Après des scènes violentes avec ses collègues d'université qui à ses yeux étaient trop liges au Ministère, il est destitué. Soit désir de se venger, soit inspiré par le désir immodéré de faire parler de soi, M. S. se rend à Rome et y publie des pamphlets qui peuvent soutenir la comparaison avec ceux de P.-L. Courier: « Re Travicello »; « Regina o Repubblica ? », cachant sous forme de nouvelle une satire mordante contre les hommes du gouvernement. Bientôt M. Sommaruga, éditeur, ouvre à l'activité de M. S. un champ très vaste en fondant un journal à deux sous Le forche Caudine. Dans cette feuille, écrite entièrement par M. S., tirée après peu de numéros à 140,000 exemplaires, M. S., attaqua tout le monde avec une verve, une éloquence et un savoir énorme. Ses ennemis ont beau jeu et l'accusent comme calomniateur. Traîné devant les Tribunaux, il est condamné à 3 ans de prison. Il recourt en Appel et les magistrats lui infligent une nouvelle sentence, celle-ci de 7 ans. Pendant qu'il se pourvoyait en Cassation, le collège électoral de Pavie le nomme député. La prison lui est ouverte et il va siéger à la Chambre, où ses ennemis sont nombreux. A la clôture de la session, M. S. juge prudent de s'en aller en Suisse parce que dans l'entretemps la Cour de Cassation a confirmé la sentence. De Lugano, où il demeure, il lance de nouveaux traits à ses ennemis dans la Penna d'oro, journal qu'il fonde tout exprès. Il cherche chicane aux autorités du Canton Ticin, et une belle nuit, tandis qu'il accompagne une dame à la frontière italienne, les chevaux de sa voiture prennent le mors aux dents et de ce côté-ci de la frontière les gendarmes italiens se jettent sur M. S. qui est envoyé à Sassari y faire ses 7 ans de prison. Les collèges électoraux d'Italie croient que M. S. est la victime d'un guet-apens et le renvoient au Parlement. Les instances à la Couronne pour la grâce du prof. S. ont été nombreuses. Mme S., femme de basse extraction mais de grand cœur et qui a pour son mari une admiration sans bornes, a demandé en vain la libération du professeur. Il est difficile de prononcer un jugement sur M. S. qui est à coup sûr une des intelligences les plus remarquables de son pays, mais qui en même temps a démontré à maintes reprises de manquer absolument de tact et d'esprit de suite. Les ouvrages de M. S. resteront à la littérature italienne et aux sciences morales, mais ses ennemis, qui sont très nombreux et très puissants, auront beau jeau contre lui. Il a publié : « Le ragioni della pubblica economia » ; « Della libertà » ; « Sulle opinioni di Vincenzo Gioberti intorno alla economia politica e alla questione sociale » ; « La nozione giuridica dello Stato » ; « Sul diritto di coalizione e sugli scioperi » ; « Channing e la quistione religiosa nel secolo XIX » ; « L'economia politica e la libertà » ; « Sulla filosofia del diritto » ; « Sul partito conservatore » ; « Sulle condizioni dell'umano progresso » ; « Re Travicello » ; « Regina o Repubblica ? » ; « L'ideale della democrazia » ; « Da Socino a Mazzini » ; « La mente di Terenzio Mamiani » ; « Laboulaye: un fonditore di caratteri » ; « Parlamento o disciplina militare ».

Sbigoli (Ferdinand), homme de lettres italien, né, à Florence, le 12 août 1842. Après avoir été employé aux chemins de fer de la Toscane, il concourut pour la chaire de rhétorique au Lycée Forteguerri de Pistoja. Il est maintenant professeur au Gymnase Dante de Florence. En librairie : « Le illustrazioni ai fatti di Enea di Fra Guido di Pisa », Milan, 1869, 2me éd., 1878 ; « Tommasi-Crudeli e i primi frammassoni in Firenze », essai historique avec documents inédits, Milan, Battezzati, 1884 ; « Un poeta toscano a tempo di Gian Gastone » (Nuova Antologia) 1881.

Scaduto (François), professeur de droit ecclésiastique à l'Université de Naples, né, à Bagheria (prov. de Palerme), le 30 juillet 1858 ; après avoir commencé ses études universitaires à Palerme, il les compléta à l'Istituto di Studi Superiori de Florence en 1881, et fréquenta depuis les universités de Leipzig et de Berlin jusqu'en octobre 1883. Ayant reçu l'habilitation pour l'enseignement du droit ecclésiastique à l'Université de Rome, il obtint de poursuivre ses études à Paris et à Londres pendant les années 1883-84 ; revenu dans sa patrie, il professa d'abord à Palerme, puis à Naples, le droit ecclésiastique. On a de lui : « Stato e Chiesa negli scritti politici dalla fine della lotta per le investiture sino alla morte di Ludovico il Bavaro (1122 a 1347) », Florence, Le Monnier, 1882; « Il divorzio e il Cristianesimo. Studio storico », id., Pellas (Biblioteca delle scienze legali), 1882; « Guarentigie pontificie e relazioni fra Stato e Chiesa (legge 13 maggio 1871). Storia, esposizione, critica, documenti », Turin, Loescher, 1884 ; « Il consenso delle nozze, nella professione e nell'ordinazione, secondo il Diritto romano, Germano, Canonico », Naples, Jovene, 1885 ; « Il concetto moderno del Diritto ecclesiastico », Palerme, Pedone-Lauriel, id.; « Stato e Chiesa, secondo fra Paolo Sarpi e la coscienza pubblica durante l'interdetto di Venezia del 1607-1607 », avec biographie, Florence, Ademollo, id.; « Stato e Chiesa sotto Leopoldo I Granduca di Toscana (1765-90) » ; « L'abolizione delle Facoltà di teologia in Italia (1873) », étude historique-critique, Turin, Loescher, 1886 ; « Le Confraternite secondo il Diritto canonico e la giurisprudenza italiana », id., Unione tipografica-editrice, 1886, dans le Digesto italiano au mot Confraternite; « Stato e Chiesa delle Due Sicilie dai Normanni ai giorni nostri, secoli XI-XIX », Palerme, Amenta, 1887 ; « Il sacerdote nel Diritto italiano », Turin, Unione tipografico-editrice, 1887, dans le Digesto italiano, au mot Sacerdote.

Scala (Rudolphe von), historien autrichien, docteur en philosophie, professeur libre d'histoire ancienne à l'Université d'Innsbruck, né, le 11 juillet 1860, étudia la philosophie, la philologie et l'histoire à l'Université de Vienne, enseigna comme apprenti au Gymnase François-Joseph à Vienne et ensuite à l'École magistrale de Salzburg; séjourna à Tubingue et Bonn, et en 1885 prit son habilitation à l'enseignement et devint professeur d'histoire ancienne à l'Université d'Innsbruck. On lui doit: « Der pyrrysche Krieg », Berlin, 1884; « Emanuel Geibel », Linz, id.; « Geschichte und Dichtung », id., 1885; « Ueber die wichtigsten Beziehungen des Orients zum Occident in Alterthum », Vienne, 1886; « Die Studien des Polybios. Ein Beitrag zur Geschichte der Historiographie und allgemeinen Bildung des 2 Jahrh. v. Chr. », Stuttgart, 1882; « Die Iberische Frage » Ausland, 1884; « Ueber die wichtigsten Beziehungen zwischen Orient und Occident im Mittelalter und in der Neuzeit », Vienne, 1887. Il a fourni aussi bon nombre d'articles aux *Jahrb. f. d. Philol.*, aux *Monatschr. f. d. Orient*, au *Litterar- Centralbl.*, à la *Zeitochr. f. ört. Gymnas.* et collabore à la *Sammlung d. Handbücher der alten Geschichte*.

Scartazzini (Jean-André), écrivain suisse et théologien protestant, né, à Bondo (Grisons), le 30 décembre 1837. Après avoir étudié aux Universités de Bâle et de Berne, il se consacra au Saint-Ministère, et en 1871 il fut nommé professeur de langue et de littérature italienne à l'École cantonale de Coire. M. le docteur S. est un des plus forts dantophiles de notre époque, et ses ouvrages sur Dante jouissent d'une autorité incontestée. En dehors de plusieurs opuscules et d'une collaboration suivie aux principales revues et encyclopédies allemandes, nous avons de lui: « Giordano Bruno ein Blutzeuge des Wissens », Biel, 1867; « Dante Alighieri, seine Zeit, sein Leben und seine Werke », id., 1869, 2me éd., Francfort s. M., 1879; « La Gerusalemme liberata di Torquato Tasso », Leipzig, 1871, 2me éd., 1883; « La Divina Commedia di Dante Alighieri, riveduta nel testo e commentata », 3 vol., id., 1874-82; « Studien über Dante », id., 1877; « Abhandlungen über Dante », Francfort s. M., 1880; « Der Stabio- Prozess », Zürich, id.; « Dante in Germania », 2 vol., Milan, 1881-83; « Il Canzoniere di Francesco Petrarca, riveduto nel testo e commentato », Leipzig, 1883; « Dante. Vita ed opere » (Manuali Hoepli), 2 vol., Milan, id.; « Briefe über die soziale Frage », Aarau, 1884 (épuisé).

Schaarschmidt (Charles-Guillaume-Maximilien), écrivain allemand, docteur en philosophie, conservateur en chef de la bibliothèque universitaire et professeur extraordinaire de philosophie à l'Université de Bonn, né, à Berlin, le 3 novembre 1822, fit ses études aux Universités de Halle et de Berlin, devint docteur en 1846 et professeur libre à Bonn en 1849; il a été membre du Séminaire pédagogique de Berlin, et a publié: « Descartes und Spinoza », Bonn, 1850; « Der Entwicklungsgang der neueren Speculation », id., 1857; « Johannes Saresberiensis nach Leben und Studien, Schriften und Philosophie », Leipzig, 1862; « Die Angebliche Schriftstellerei des Philolaus », id., id.; « Die Sammlung der Platon. Schriften zur Scheidung der echten von den unechten unters », Bonn, 1867; « Einleitung zu Leibnitz'Neue Abhandlung über den menschlichen Verstand » (*Philos. Biblioth.*), 1876; « Ueber den Werth des Lebens » (*Sämml. v. Vortr.*), 1879); « Der Atheismus », id., id.; « Ueber den Unsterblicheitsglauben » (id.), 1883. De 1877 à 1886, M. S. a été rédacteur des *Philosophische Monathschr.* et maintenant il s'occupe de philosophie religieuse, sujet d'une publication très importante qu'il va faire paraître.

Schack (comte Adolphe-Frédéric DE), poète et orientaliste allemand, né, à Brusenwitz près de Schwerin, le 2 août 1815, fit ses études de droit à Francfort (où son père était député à la Diète), à Bonn, à Heidelberg et à Berlin; voyagea en Italie, en Égypte, en Grèce, en Syrie, en Turquie et en Espagne. De retour à Schwerin, il entra au service du Grand-duc de Mecklembourg avec qui il voyagea en qualité de chambellan et de secrétaire de légation en Italie et à Constantinople. En 1849, il visita de nouveau l'Égypte et la Palestine, où il acquit une profonde connaissance des langues orientales qu'il continua à cultiver à Berlin lorsqu'il y fut envoyé comme *chargé d'affaires*. Après la mort de son père, en 1852, il abandonna la carrière diplomatique avec le titre de conseiller privé de légation. Il se rendit bientôt en Espagne, où il continua ses études sur la civilisation mauresque, et où il fut élu membre des académies de Madrid, de Grenade et de plusieurs autres Sociétés savantes. A présent, il demeure à Munich (Bavière) et il passe l'hiver en Italie. Non seulement M. S. est un poète renommé et un orientaliste des plus érudits, mais il est aussi un excellent musicien et un pianiste parfait. En dehors d'une histoire de la littérature et de l'art en Espagne, des versions allemandes de la partie la plus poétique et la plus légendaire du livre des Rois de Firdusi, et des légendes indiennes publiées sous le titre: « Voix du Gange », nous lui devons: « Théâtre Espagnol », 1845; « Nächte des Orients », 2me éd., Stuttgart, Cotta, 1878; « Heliodor », drame, id., id.; « Weihgesänge », id., id., 1879; « Timandra », tragédie, id., id.; « Atlantis », id., id., id.; « Die Pleyaden », poème en dix chants, id., id., id., 1882; « Meine Gemäldesammlung », 3me éd., id., id., 1884; « Lotosblätter », poésies, id., id., 1883; « Gaston », tragédie, id., id., id.; « Kaiser Baldwin », id., id., id.; « Tag- und Nachtstücke », poésies épiques, id., id., 1884; « Memnon », id., id., 1885; « Ein halbes Jahrhundert », trois vol., Stuttgart, 1887, deutsche Verlaganst.; « Aus

zwei Welten », conte, id., Cotta, 1887 ; « Walpurga » et « Der Johanniter », deux tragédies, id., id., id.

Schaefter (Louis), théologien allemand, né, à Dingelstaedt (Eichsfeld), le 2 mai 1853, fit ses études à Prague et à Wurzbourg. M. S. fut nommé chapelain de l'église de la Cour à Dresde, professeur de théologie à Dollingen (1881-85)' et depuis 1885 il est professeur O. P. d'exégèse du Nouveau Testament à Meinster. Nous avons de lui en librairie : « Die biblische Chronologie vom Auszuge aus Ægypten bis zum Babyl. Exil mit Berücksichtigung des Resultats der Ægyptologie u. Assyriologie » (ouvrage couronné) Münster, 1879 (Russel's Verlag) ; « Essais über Joh. II, 1-12 und über die Begegnung Jesu mits. Mutter u. Brüdern in der prakt. theol. Linzer Quartalschrift. », 1885, 1886, 1887 ; « Die Gottes Mutter in der hl. Schrift (Festschrift der theol. Fac. d. k. Akademie zur Münster z. 50 jator. Prieslex-jubilaeum Leo XIII) », Münster, 1887 (Aschendorff's Verlag).

Schäfer (Dietrich), historien allemand, professeur d'histoire à l'Université de Tubingue, né, à Brême, le 16 mai 1845, étudia aux Universités de Iéna, Heidelberg et Gœttingue, où, en 1871, il prit ses grades; en 1877, il fut nommé professeur à Iéna et en 1885 à Breslau ; professeur à Tubingue depuis 1888. Il a publié : « Dänische Annalen und Chroniken von der Mitte des 13 Jahrhunderts bis zum Ende des Mittelalters », Hannovre, 1872 ; « Die Recesse der Hansetage von 1477-1530 », vol. I-IV, Leipzig, 1881 ; « Die Hansestädte und König Waldemar Atterdag von Danemark », Iéna, 1879 ; « Deutscher Nationalgefühl im Licht der Geschichte », id., 1884 ; « Die Hanse und ihre Handelspolitik », id., 1885 ; « Das Buch des Lübeckischen Vogts auf Schonen », Halle, 1887 ; « Das neue Deutschland und seine Kaiser », Breslau, 1888 ; « Das eigentliche Arbeitsgebiet der Geschichte », Iéna, id. M. S. est aussi collaborateur de la *Herbst's Encyclopädie der neueren Geschichte*.

Schandorph (Sofus), docteur ès-lettres allemand, né à Ringsted. Après avoir étudié la théologie et les langues et littératures romanes, il fut licencié en théologie en 1862 et docteur ès-lettres en 1873. De 1863 à 1878 et puis en 1886, il voyagea en France, en Suisse, en Italie, en Suède et en Norvège. M. S. a publié : « Poésies lyriques », 1863 ; « Au bois », scènes dramatiques, 1867 ; « Nouvelles poésies », 1868 ; « Goldoni et Gozzi », épisode de l'histoire du théâtre italien au 18e siècle (thèse pour le doctorat), 1873 ; « Quelques poèmes », 1874 ; « La province », nouvelles et esquisses, 1876 ; « Hors du centre », roman, 1878 ; « Les jeunes jours », poème épique, 1879 ; « Cinq contes », id. ; « Les petites gens », roman, 1880 ; « L'histoire de Thomas Fris », roman, 1881 ; « Cinq nouvelles », 1882 ; « Petites nouvelles », 1883 ; « Recueil de poésies », id. ; « Une année en fonction », roman, id. ; « Les enfants de la forêt », roman, 1884 ; « A l'étranger et chez soi », nouvelles, 1885 ; « La vieille pharmacie », roman, 1886 ; « De l'Isle de France et du département de Soro », quatre nouvelles, 1888. Comédies : « Dans l'auberge », 1884 ; « Deux candidats », 1886 ; « Au château », 1887, pièces de théâtre.

Schanz (George), économiste allemand, conseiller de la Cour, professeur d'économie nationale et de statistique à l'Université de Wurzbourg, né, à Grossberdorf, en 1853, est auteur d'un grand nombre d'ouvrages très importants, parmi lesquels nous citons : « Zur Geschichte der Gesellnverbäude im Mittelalter », Leipzig, 1877 ; « Englische Handelspolitik gegen Ende des Mittelalters mit besonderer Berücksichtigung des Zeitalters der beiden ersten Tudors Heinrich VII und VIII », 2 vol., Leipzig, 1881 (ouvrage couronné du 1er prix) ; « Zur Geschichte der Colonisation und Industrie in Franken », Erlangen, 1884 ; « Zur Geschichte der Gesellenwanderungen im Mittelalter » (*Hildebrand's Jahrb.*), 1887 ; « Zur Frage der Ueberwälzung indirecter Verbrauchssteuern auf Grund des Bayer. Malzaufschlages » (*Schmoller'Jahrb. f. Gesetzb.*) 1882 ; « Die directen Steuern Hessens und deren neueste Reform » (*Finanzarch*), 1885 ; « Die Reform der Einkommensteuer in Sachsen-Weimar » (id.), id. ; « Die Besteuerung der Genossenschaften in den deutschen Staaten und in Œsterreich » (id.), 1886 ; « Der Preussische Staatshaushalt in den letzten Jahren und seine Sanirung » (id.), 1887. M. S. est le fondateur du *Finanzarchiv für das gesammte Finanzwesen*, Stuttgart, 1884 ; et des *Bayer. Wirtschafts- und Werwaltungs Studien*, Erlangen, 1884.

Scharizer (Rodolphe), savant autrichien, professeur libre de minéralogie chimique à l'Université et à l'École supérieure d'agriculture à Vienne, né, le 1er avril 1859, à Freistatt (Autriche), étudia à l'Université de Vienne, et publia : « Ueber österreichische Mineralvorkommnisse » ; « Mineralogische Beobachtungen » ; « Der Basalt von Ottendorf in österreichisch Schlesien » ; « Die Hornblende von Jan Mayen nebst Berrierkungen über die chemische Constitution thonerdehaltiger Amphibole » ; « Die Mineralien in Gesteine von Jan Mayen » ; « Die Zwillingsbildung des Lepidolithes von Sehüttenhofen etc. » ; « Der Monazit von Schüttenhofen » ; « Der Xenolim von Schüttenhofen » ; « Ueber die chemische Constitution der Verschiedenfarbigen Glimmer von Schüttenhofen » ; « Der Bertrandit von Pisck » ; « Ueber die Chemische Constitution und die Farbe der Turmaline von Schuttenhofen ».

Schauensee (Mme Louise MEYER DE), née, à Lucerne, le 8 septembre 1829, a publié quel-

ques agréables nouvelles locales : « Un orage sur le Lac des Quatre Cantons », 1859 ; « Le jeune montagnard » ; « Le vieux soldat », 1868.

Schauenstein (Adolphe), médecin autrichien, professeur de médecine légale et deux fois *Rector magnificus* de l'Université de Gratz, conseiller d'État, président du Conseil Sanitaire de la -Styrie, médaillé d'or pour les arts et les sciences, né, en 1827, à Vienne, a fait ses études à l'Université de Vienne et pris ses grades en 1851 ; il a été assistant à la chaire de médecine légale à Vienne, chimiste judiciaire à la faculté viennoise de médecine, professeur libre de toxicologie criminelle, professeur ordinaire à Gratz depuis 1863. En dehors de beaucoup d'articles publiés dans les *Zeitschr. der Gesell. d. Ærzte Wien*, qu'il a rédigés, comme secrétaire de la Société, pendant plusieurs années, on lui doit : « Lehrbuch des gerichtlichen Medicin », Vienne, Braumüller, 1862, 2me éd., 1875 ; « Handbuch der öffentlichen Gesundheitspflege in Œsterreich », id., id., 1863 ; « Die Abfuhr der Auswurfstoffe und die Gesundheitsverhältnisse in Gratz » (*Deutsch. Vierteljährschr. f. öffent. Gesundheitspfl.*), 1876 ; « Die ersten 3 Jahrhunderte 1er Karl- Franzens- Universität in Gratz », Gratz, Leuschner et Lubensky, 1886.

Schauta (Frédéric), éminent médecin, professeur de gynécologie et de l'art des accouchements à l'Université de Prague, né, en 1849, à Vienne, étudia aux Universités de Vienne, Innsbruck et Wurzbourg ; de 1876 à 1881 il a été assistant à la clinique de gynécologie du professeur Speith à Vienne, en 1881 professeur libre, en 1883 il fit passage à l'Université d'Innsbruck et puis à celle de Prague, où il se trouve depuis le 1er avril 1887. On lui doit : « Grundriss der operativen Geburtshilfe », Vienne, 1885 (ouvrage traduit en langue russe par Fischer, et publié contemporainement à Saint-Pétersbourg) ; « Zerstörung des Nervus facialis und deren Folgen » (*Sitzungsber. d. Wien. Ak.*), 1872 ; « Ueber die Operation von Mastdarmscheiden Fisteln », 1886 ; « Der Blutverlust bei der Geburt » (*Wien med. Blätter*), id. ; « Gynäcologische Beiträge » (id.), id. ; « Die Radicalbehandlung der carcinoma uteri » (*Zeitschs. f. Heilkunde*), vol. 8 : « Ueber gynälogische Massage » (*Prager und Wochenschr.*), 1881 ; « Ueber die Diagnose der frühstadien Chronischer Salpiegitis » (*Arch. f. Gynäc.*), vol. 33 ; « Ueber die Behandlung der Retroversio, flexio uteri » (*Prager med. Wochen schr.*), 1888 ; « Fälle von conservativen Kaiserschnitt » (*Wien. Med. Wochensch.*), 1886, et (*Prager med. Wochensch.*), 1888 ; « Ein gynäcologischen Beinhalter » (*Prager med. Wochensch.*), 1889 ; « Die Berkenanomalien in Müller's Handbuch der Geburtshülfe », id. ; et un grand nombre de notes, essais et de mémoires dans les revues spéciales.

Schefer (Charles), orientaliste français, né, à Paris, le 16 novembre 1820, fit ses études au Collège *Louis-le-Grand*, à l'École des langues orientales et à celle des jeunes. Maître répétiteur à l'École des jeunes (1843), drogman à Beyrouth (id.), drogman-chancelier à Jérusalem (1844), il occupa le même poste à Smyrne, à Alexandrie et en 1849 à Constantinople. En 1857, M. S. devint premier secrétaire interprète pour les langues orientales au ministère des affaires étrangères. Il fut chargé de plusieurs missions en Orient. Nous avons de lui : « Histoire de l'Asie Centrale », traduction du persan d'Abdul-Kerim, 1876 ; « Relation de l'ambassade au Kharczm par Riza Qouly Khan », traduction française du texte persan, Paris, Leroux, 1879 ; « Sefer Namêh. Relation du voyage en Perse, en Syrie, etc., par Nassiri Khosrau (1043-1049) », texte persan publié traduit et annoté, id., id., 1881 ; « Chrestomathie persane, composée de morceaux inédits, avec introduction et notes », publiée par M. S., 2 vol. id., id., 1883-85 ; « Le Voyage de la Sainte-Cyté de Hierusalem, fait l'an 1480 », id., id., 1882 ; « Le discours de la navigation de Jean et Raoul Parmentier de Dieppe. Voyage à Sumatra en 1529 », id., id., 1885 ; « Étude sur la Devise des Chemins de Babiloine », dans les *Archives de l'Orient latin*, id., id. 1882 ; « Description des lieux-saints de la Galilée, par Aboul Hassan Aly et Herewy », traduit du persan, extrait des *Archives de l'Orient latin*, id., id., 1881 ; « Journal d'Antoine Gallard, pendant son séjour à Constantinople (1672-73) », id., id., id. ; « Le Voyage d'outre-mer (Égypte, Mont Sinaï, Palestine) de Jean Thenaud », id., id., 1884 ; « Le voyage de M. d'Aramon ambassadeur pour le roi en Levant, par Jean Chesneau », id., id., 1887 : « Le Viateur. Voyages de Lodovico de Varthema », traduction française, id., id., 1888.

Scheiner (Léopold), écrivain autrichien, docteur en philosophie, né, le 7 février 1847, à Léopol, vint à l'âge de neuf ans avec ses parents à Vienne, et fit ses études aux Universités de Vienne et de Gratz. Il fut reçu, en 1871, docteur en philosophie à Gratz. Son activité littéraire date de cette époque ; nous avons à signaler de cet auteur des poésies épiques et lyriques, sous le titre : « Spätherbst », Vienne, 1884 ; « Allein », Stuttgart, 1886. Elles sont signées par son pseudonyme habituel *Charles Poll*.

Scheler (Jean-Auguste-Huldreich), illustre érudit suisse, né, le 6 avril 1819, à Ebnat, dans le Canton de Saint-Gall, mais naturalisé belge depuis quelques années : la grande naturalisation a été conférée à M. S. pour les services éminents rendus au pays. Son père était attaché en qualité de chapelain à la maison du roi des Belges Léopold 1er ; après avoir terminé ses études et conquis le diplôme de docteur en philosophie et lettres à l'Université d'Erlangen, il fut, en 1839, appelé également à la cour de Belgique comme bibliothécaire, emploi qu'il couvre encore aujourd'hui. Il s'occupa de l'éducation des enfants de Léopold Ier, de 1846 à 1853, et, à partir de 1875, de celle du prince Baudouin, neveu de Léopold II. Professeur à l'Université libre de Bruxelles et membre de l'Académie royale de Belgique, il a donné des notices au *Bulletin* de cette Académie et fourni à ses *Mémoires* d'importants travaux : « Mémoire sur la conjugaison française considérée sous le rapport étymologique », 1847; « La Geste de Liège par Jean des Preis, dit d'Outremeuse », glossaire philologique, 1882; « Étude lexicologique sur les poésies de Gilles li Muisis », avec glossaire et correction, 1884; « Le Catholicon de Lille », glossaire latin-français, 1885. Pour la Commission académique chargée de la publication des œuvres des grands écrivains du pays, il a fait paraître : « Dits et contes de Baudouin de Condé et de son fils Jean de Condé », Bruxelles, 1866-67 ; « Dits de Watriquet de Couvin », id., 1868 ; « Les poésies de Froissard », id., 1870-72 ; « Adenès li Rois : les enfances Ogier ; Berte aus grans piés ; Bueves de Commarchis », id., 1874 ; « Glossaires des chroniques de Froissart », id., id.; « Trouvères belges du XIIe au XIVe siècles », 1re série, id., 1876, 2e série, id., 1879 ; « Li bastars de Bullion », id., 1877 ; « Jean de la Mote : Li regret Guillaume, comte de Hainaut », id., 1882. Parmi les autres ouvrages de M. S., trop nombreux pour que nous puissions en donner ici une liste complète (nous devons notamment laisser de côté l'indication de beaucoup de textes du moyen âge : poèmes, fragments, etc., publiés par notre auteur), il convient de mentionner surtout : « Commentaire sur l'*Oedipe-roi* de Sophocle », Bruxelles, 1843 ; « Essai linguistique sur les éléments germaniques du dictionnaire français », id., 1844 ; « Histoire de la maison de Saxe-Coburg-Gotha », id., 1846 ; « Grammaire théorique de la langue allemande », id., 1854 ; « Annuaire statistique et historique belge », id., 1854 à 1867 ; « Dictionnaire d'étymologie française d'après les résultats de la science moderne », id., 1862 (un chef-d'œuvre dont il a paru une 2e éd. en 1873 et une 3e en 1888) ; « Lexicographie latine du XIIe et du XIIIe siècles », trois traités de Jean de Garlande, Alexandre Neckam et Adam du Petit-Pont, avec les gloses françaises, Leipzig, 1867 ; « Exposé des lois qui régissent la transformation française des mots latins », Bruxelles, 1875 ; « Olla Patella », vocabulaire latin, versifié avec gloses françaises, publié d'après un manuscrit de Lille, Gand, 1879 ; « Olla Patella », vocabulaire latin, versifié avec gloses latines et flamandes, publié d'après un manuscrit de Bruges, id., 1884. M. S. a en outre dirigé, de 1855 à 1865, le *Bulletin du Bibliophile belge*; il a collaboré à une foule de revues et de journaux belges et étrangers; il a traduit en allemand quelques œuvres du romancier flamand Henri Conscience; il a mis à jour les importants dictionnaires de Grandgagnage, Diez, etc.; il a rédigé la plupart des notices relatives à la Belgique de l'« Universal Lexicon » de Pierer, des diverses éditions du « Conversations Lexicon » de Brockhaus, et donné à la « Patria Belgica » une très intéressante histoire des langues en Belgique, etc., etc. En 1890, le grand prix de philologie institué par le gouvernement belge lui a été décerné pour l'ensemble de ses travaux linguistiques.

Schemann (Louis), érudit allemand, docteur en philosophie et en philologie, bibliothécaire de l'Université royale de Gœttingue, né, le 16 octobre 1852, à Cologne sur le Rhin, fit ses études aux Universités de Heidelberg et Berlin, et publia : « Richard Wagner in seiner kunstlerischen Bestrebungen und seiner Bedeutung für eine nationale Kultur », 1878 ; « Worte der Erinnerung an Richard Wagner », Cassel, C. Richartz, 1883 ; « Schopenhauer's zerstreuter Briefwechsel ».

Schenk (Samuel-Léopold), médecin hongrois, professeur de chirurgie, de l'art des accouchements et d'embryologie à la faculté de médecine de l'Université de Vienne, chevalier de l'ordre russe de St.-Anne et de l'ordre Brésilien de la Rose, membre de la Société des médecins et du collège des docteurs à Vienne, membre correspondant de la *Royal medical Society* d'Édinbourg et du *Circolo medico Argentino* de Buenos-Ayres, membre de l'*Académie scientifique impériale Léopoldine*, de la *Regia Accademia di Scienze, Lettere ed Arti* de Padoue, membre de la Société anatomique allemande, membre honoraire de la Société médicale scientifique d'Athènes et d'autres académies savantes étrangères, né, à Urmeny (Hongrie), le 23 août 1840, fit ses études au Gymnase de Neutra et de Pesth et à l'Université de Vienne, devint docteur en 1865, assistant de physiologie à Brücke (Vienne) en 1866, et enseigna en même temps comme professeur libre, la physiologie et l'embryologie. En 1873, il fut nommé professeur d'embryologie et président de l'Institut embryologique à Vienne. En dehors d'une foule d'articles, notes, essais et mémoires publiés dans les revues allemandes, hongroises et autrichiennes et dans plusieurs journaux spéciaux, on lui doit : « Lehrbuch der vergleichenden Embryologie der Wirbelthiere », Vienne, 1874 ; « Mittheilungen aus dem embryol. Institute », id., 1877 jusqu'à 1885; « Grundriss der Histologie des Menschen », 1885.

Schenzl (Guy), physicien et mathématicien autrichien, directeur de l'Institut central royal hongrois pour la météorologie et le magnétisme terrestre, chanoine au chapitre de l'abbaye d'Admont, membre ordinaire de l'Académie hongroise des Sciences, de la Société Impériale des naturalistes de Moscou, du Conseil royal hongrois de statistique, membre correspondant de l'association des Sciences naturelles de Gratz, de la Société hongroise de géographie et de plusieurs autres académies savantes étrangères, né, à Haus (Styrie Supérieure), en 1823 ; professeur au Gymnase de Marbourg en Styrie (1850-51) et au Gymnase universitaire de Bude (1852-55) ; directeur de l'École royale hongroise à Bude (1855-70) et depuis 1871 directeur de l'Institut central de météorologie. De 1861 à 1870, il fut directeur de l'Observatoire Magneto-météorologique de l'Académie hongroise des Sciences. De 1864 à 1881, il parcourut, en partie seul, en partie accompagné d'un collaborateur, les pays de la Couronne hongroise pour trouver et fixer les rapports du magnétisme terrestre. Les résultats de ses observations comprennent 117 nations et se trouvent dans l'*Adalékok*, dans les *Kozlekényck* de l'Académie hongroise, dans le *Repertorium der Physik* du Dr Carl et dans les *Annales de l'Institut central autrichien* qui contiennent ses autres recherches sur le même sujet. En 1867, après le rétablissement de la constitution hongroise, on proposa la fondation d'un Institut central indépendant de météorologie et de magnétisme, et l'organisation de cet Institut fut confiée, sur proposition de l'Académie hongroise de Sciences, à M. S. En 1871, trente-six stations météorologiques fonctionnaient déjà régulièrement sur une surface de 5893 milles carrés. La mort du ministre baron Eötvös fit retarder la construction de l'observatoire central, et l'activité de M. S. dut se concentrer presque exclusivement à compléter le réseau météorologique. Cette tâche ne fut pas sans difficultés, attendu que la participation aux observations était tout-à-fait volontaire et gratuite, et pour cette raison sujette à des changements très fréquents dans le personnel des observateurs et même dans les stations. Malgré cela le réseau fut complété en 1884, et à présent l'Institut central est en relation avec 230 stations dépendantes. En 1876, l'Académie hongroise décerna à M. S. le grand prix. La plupart de ses ouvrages ont paru en hongrois et en allemand. Citons: « Meteorologische und phaenologische Beobachtungen zu Admont in Steiernark », 1842-46 ; « Meteorologische und Erdmagnetische Beobachtungen zu Ofen », 1861-70 ; « Jahrbücher der E. und Central Anstalt für Meteorologie und Erdmagnetismus », vol. I-XIV, 1871-84 ; « Chemische Analysen verschiedener Hüttenprodukte und Beschreibung einiger Nickel-Salze » ; « Ueber die Verdunstung in freier Luft zu Ofen » ; « Ueber den Ozongehalt der Luft in Ofen » ; « A Krakatóa Vulkan Eitöréscкаek befolyása a Budapesti légnyo-

máska i Kártyával » ; « Az irogonor vendhagyó menete magyarorskáj erdélyi rékeiben », 1875, etc., etc.

Schepss (Georges), écrivain allemand, docteur en philosophie, professeur à l'ancien Gymnase de Wurzbourg, né, à Schweinfurt (Bavière), en 1852 ; il étudia au Gymnase de cette ville et aux Universités d'Erlangen, Strasbourg et München, enseigna en 1875 à Ausbach, en 1876 à Dickelsbuhl, et depuis 1880 au Gymnase de Wurzbourg ; on lui doit: « De Solecismo », Strasbourg, 1875 ; « Colloquia Magistri Poponis de Scholis Herbipolensibus », 1882 ; « Priscillian » (ancien auteur latin), 1886 ; « Die ältesten Evangelienhandschriften der Wuzburger Universitätbibliothek », 1887 ; « Priscillani quæ supersunt », 1889 ; « Conradi Hirsaugiensis, super auctores », 1889. Il a publié aussi plusieurs articles dans les *Bayer. Gymnasialblätter*, dans les *Neue Arch. f. ältere deutsche Gesch.*, dans les *Zeitschriften f. deutsche Philologie*, et bientôt paraîtra une nouvelle édition de *Boethius* qu'il publie sous les auspices de la *Wiener Corpus Script. eccles.*

Scherer (Edmond-Henri-Adolphe), théologien protestant et critique français, sénateur, né, le 8 avril 1815, à Paris, fit ses études au Collège *Bourbon* en Angleterre, et alla enfin étudier la théologie à Strasbourg. En 1845, il fut appelé à une chaire d'exégèse à l'École évangélique de Genève, mais en 1850 donna sa démission. Dans l'entretemps, il dirigeait le journal *La Réformation au XIXe siècle*. En 1871, il fut élu représentant de Seine-et-Oise et en 1875 sénateur. M. S. a été collaborateur du *Temps*, du *National*, de la *Revue de théologie et de Philosophie chrétienne*, de la *Bibliothèque universelle*, et a publié en librairie : « Mélanges de critique religieuse », 1860 ; « De l'état actuel de l'Église réformée en France », 1844 ; « Esquisse d'une théorie de l'Église chrétienne », 1845 ; « La critique et la foi », 1850 ; « Alexandre Vinet », 1853 ; « Lettre à mon curé », 1859 ; « Études critiques sur la littérature contemporaine », 1863-68 ; « Mélanges d'histoire religieuse », 1874 ; « Études sur la littérature contemporaine », t. VII, 1882 ; t. VIII, 1885 ; « Diderot », étude, 1880 ; « Melchior Grimm », 1887 ; « La révision de la Constitution », brochure, 1882 ; « La Démocratie et la France », études, 1884.

Scherer (le chev. Rodolphe), théologien autrichien, docteur en droit et en théologie, professeur de droit canonique à l'Université de Gratz, conseiller du Concistoire épiscopal, né, en 1845, le 11 du mois d'août à Gratz (Styrie), étudia la loi à l'Université de cette ville, où, en 1867, il fut promu docteur. Il étudia ensuite la théologie aux Universités de Munich (Bavière), Tubingue et Gratz, et en 1869 il prit les ordres sacrés. Il continua toutefois ses études théologiques à l'Université de Vienne, et y devint docteur en théologie. Après avoir été, de 1874 à 1876, professeur suppléant pour l'enseignement de l'Histoire de l'Église à l'Université de Gratz, il y fut nommé professeur ordinaire de droit canonique. On lui doit : « Ueber das Eherecht bei Benedict Levita und Pseudo-Isidor », Gratz, 1879; « Von der Processfähigkeit der Kirchlichen Institute », Mayence, 1882; « Handbuch des Kirchenrechts », Gratz, 1886. Il a fourni plusieurs études et essais au *Wetzer und Welte's Kirchenlexikon*, à l'*Arch. f. Kathol. Kirchenrecht*, aux *Jahrb. der Görres-Gesellschaft* et à la *Litterarische Rundschau*. Nous lui devons, en outre, la publication du *Buss' Winfried-Bonifacius*, avec notes explicatives, paru à Gratz en 1880.

Scherzer (Charles DE), voyageur et diplomate autrichien, conseiller du Ministère, consul général d'Autriche-Hongrie à Leipzig, membre de l'Institut international de statistique de Rome ainsi que de la Commission centrale de statistique de Vienne, de l'Académie royale des Sciences de Munich, membre honoraire de la *Royal Geographical Society*, de l'*Antropological Society* de Londres et de la *Royal Asiatic Society* de Bombay, est né, le 1er mai 1821, à Vienne, où il a commencé ses études qu'il a perfectionnées ensuite à Vienne, Leipzig, Giessen, Londres et Paris. Nous avons de lui plusieurs ouvrages de géographie et de voyages : « Reisen in Nordamerika », Leipzig, 1854; « La république de Costarica », id., 1854, en collaboration avec M. Wagner; « Wanderungen durch die mittelancerik Freistaaten Nicaragua, Honduras und San Salvador », Brunswich, 1857; « Reise der œsterr. Fregatte *Novara* um die Erde », Vienne, 1861-62; « Statistik-Commerzielle Ergebnisse einer Reise », Leipzig, 1867; « Fachmaennischen Berichte ueber die œsterr.-ung. Expedition nach Siam », Stuttgart, 1872; « Smyrne », 1873; « La vie économique des peuples », Leipzig, 1885.

Scheurer-Kestner (Auguste), chimiste industriel et homme politique français, sénateur inamovible, est né, le 11 février 1833, à Mulhouse. Son père était fabricant d'impressions sur tissus; en 1855, il épousa l'une des filles d'un important fabricant de produits chimiques, M. Charles Kestner, qui lui confia la direction de sa fabrique et dont il devint plus tard l'un des successeurs. M. S.-K. a contribué à créer des caisses de secours et des caisses de retraite pour les ouvriers de sa fabrique; en 1866, il a fondé une société coopérative de consommation, où ses ouvriers font eux-mêmes sur leurs consommations, les bénéfices que feraient les négociants dont ils se passent. Sous l'Empire, M. S.-L. a écrit au *Temps* et au *Réveil;* il y a publié une série de révélations sur la manière dont était sauvegardé le secret des lettres sous l'Empire. Il a démontré l'existence d'un cabinet noir qu'il nomma le *Bureau de retard*. Élu le 8 février 1871 à l'Assemblée nationale, il siégea à l'extrême gauche et signa la protestation; le 2 juillet de la même année, il fut élu représentant de la Seine, et le 16 décembre 1875, il fut nommé, par l'Assemblée, sénateur inamovible. Au Sénat, M. S.-K. s'est fait inscrire dans le groupe de l'Union républicaine. De 1879 à 1882, il a été directeur politique du journal *La République française*. Il est membre du Conseil supérieur du commerce et de l'industrie, du Conseil supérieur des prisons; il a été vice-président de la Société chimique de Paris, dont il est resté membre. Il a publié un certain nombre de mémoires dans les *Annales de chimie*, les *Comptes-rendus de l'Académie des Sciences*, les *Bulletins de la Société chimique*, les *Bulletins de la Société industrielle de Mulhouse*. Il a collaboré au *Dictionnaire de chimie* de M. Würtz.

Schiaparelli (Célestin), orientaliste italien, professeur d'arabe à l'Université de Rome, a publié : « Il vocabulista in arabico », Florence; et le texte ainsi que la traduction de la « Géographie d'Edrisi » en tout ce qui concerne l'Italie, 1878. M. S. est le frère de Jean-Virginius nommé dans ce *Dictionnaire*.

Schiaparelli (Ernest), cousin du précédent, égyptologue italien, né, à Turin, en 1856, où il étudia à l'Université. Ayant découvert à Turin le « Livre des funérailles », des égyptiens, il en emporta la transcription à Paris, où il allait achever ses études sous la direction de l'illustre Maspéro. Plus tard, il publia cet ouvrage dans son texte et dans sa traduction ainsi qu'avec des commentaires. Cela lui valut le grand prix royal de l'Académie des *Lincei* de Rome (2000 fr.). Nous avons encore de lui : « Sul significato simbolico della tirannide egiziana », 1884; « Sul sentimento religioso degli antichi egiziani », 1866; « Sulla necropoli di Achmin »; « Dell'importanza delle missioni italiane in ordine alla lingua e alla nazionalità »; et enfin : « Relazione della missione in Egitto ». M. S. dirige à Florence le Musée d'Antiquités égyptiennes.

Schiaparelli (Jean-Virginius), de la même famille que les précédents, astronome italien, né à Savignano (Piémont), le 5 mars 1835, fit ses études dans sa ville natale et à l'Université de Turin. Il se perfectionna dans l'astronomie pratique dans les Observatoires de Berlin et de Pulkowa (1856-60); en 1862, il fut nommé directeur de l'Observatoire de Milan. On lui doit la découverte de la 69me planète *Hesperia*. On a de lui en librairie : « Relazione fra le comete e le stelle cadenti », 1866; « Note e riflessioni sulla teoria astronomica delle stelle cadenti », 1871; « Le sfere omocentriche d'Eudossia, di Calliope e d'Aristotile », 1875; « Osservazioni sul movimento di rotazione e la topografia del pianeta Marte », 1878-81-86; « I precursori di Copernico nell'antichità », 1878; « Osservazioni sulle stelle doppie comprendenti le misure di 465 sistemi eseguiti col refrattore di Merz negli anni 1875-86 », Milan, 1888.

Schiaparelli (Louis), père de l'égyptologue nommé plus haut, historien et géographe italien, professeur d'histoire ancienne à l'Université de Turin, est né, en 1816, à Occhieppo Inferiore (Piémont). Après de brillantes études universitaires, il enseigna successivement à Saluces, à Asti et à Ivrée la littérature italienne. Son activité littéraire a commencé en 1841 par « Fatti principali della Storia Universale », traduction de l'ouvrage de Bredow, Turin, Pomba; cet ouvrage eut une réédition à Naples et fut considéré pour son temps un livre de premier ordre. Suivirent les ouvrages historiques, dont nous donnons la liste et qui ont tous eu plusieurs éditions. M. le prof. S. a eu le mérite insigne de populariser en Italie les études d'histoire et de géographie : « Manuale completo di geografia e statistica », 14me éd.; « Corso completo di storia per le scuole »; « Breve storia d'Italia dalle origini storiche fino al 1870 ». Dans les comptes-rendus de la *R. Accademia di Scienze* de Turin, il a publié : « Etnografia dell'Italia antica », 1878; « I Pelasghi nell'Italia antica », 1879; « La Circoumnavigazione dell'Africa dei Fenici », 1880; « Tre letture sul grado di credibilità della storia di Roma », 1881; « Sulla geografia preistorica dell'Italia », 1884; « Sulla grande confederazione dei Cheta », 1885; « Etnografia della Persia antica », 1888, etc.

Schiff (Hugues), professeur de chimie et directeur du laboratoire à l'*Istituto di Studi Superiori* de Florence, est né, en avril 1834, à Frankfort S.-M. Il fit ses études universitaires à Goettingue et obtint son doctorat sur une thèse à propos des « Composés phœniliques et naphtiliques », 1856. Peu après, il fut nommé professeur agrégé de Chimie à l'Université de Berne d'où il passa en 1863 en Italie. Après avoir ressuscité à Florence les études de chimie presque abandonnées, il devint en 1876 professeur à l'Université de Turin. Trois ans après, il fut rappelé à Florence. Soit seul, soit en collaboration avec ses élèves, il insèra des articles importants dans les revues suivantes : *Annali di Chimica* de Liebig (dès 1856), *Comptes-rendus* de l'Académie des sciences (1860-63), *Zeitschrifts für Chemie* (1868-71), *Nuovo cimento* (1863-69), *Gazzetta Chimica italiana* (depuis 1871), *Atti della Società chimica tedesca* (depuis 1870), dans le journal *L'Orosi* de Florence (depuis 1880), et collabora à l'*Enciclopedia chimica di Torino* (1867-1883). En librairie : « Recherches sur les combinaisons anilo-métalliques », Berlin, 1863; « Introduzione allo studio della chimica secondo le lezioni dettate a Firenze », Turin, Loescher, 1876, trad. allemande, 1877; « Empirismo e metodo nell'applicazione della chimica alle scienze naturali e biologiche (prolusione) », Turin, 1876; « L'Università degli studi di Firenze dal 1321 », Bologne, 1887, trad. dans la *Revue internat. de l'enseignement supérieur*, an. VII, pag. 313; « Lauree dottorali e tesi di laurea », Bologne, 1887; « Sull'insegnamento pratico delle scienze naturali nello Istituto di Studi Superiori in Firenze », 1886.

Schiff (Joseph), écrivain hongrois, professeur de sténographie à l'Institut impérial et royal d'agriculture à Vienne, né, à Rayandorf (Hongrie), le 25 février 1848, fit ses études au Gymnase catholique de Presbourg et au Gymnase académique de Vienne. Obligé de renoncer à ses études de jurisprudence, il se dédia presque entièrement à la sténographie et après avoir enseigné longtemps cette science, il fut (1874) nommé professeur de sténographie à l'Institut Supérieur d'agriculture à Vienne. De 1872 à 1883, M. S. fonctionna comme bibliothécaire de la *Wiener Gabelsberger Stenograph. Central-Vereins*, et en 1880 le jury de l'Exposition industrielle autrichienne lui décerna la médaille de 3me classe. Il a publié : « Theoretisch- praktischer Lehrgang der Stenograph- Correspondenzschrift nach Gabelsbergers System », Vienne, Bermann et Altmann, 1877; 4me éd., id., id., 1889-90; « Theoretisch- prakt. Lehrgang der Satzkürzung », id., id., dont on a publié déjà 5 éditions; « Satzkürzung » et « Correspondenzschrift », 1re et 2e partie du « Stenograph- Uebungsbuch », id., id.; « Stenograph. Lese- Cabinet »; 4 vol., id., id.; « Handbuch der Geschäfts- Stenograph. Praxis » id., Alfred v. Holder; « Stenograph. Wörterbuch. mit Wiener und Dresdner Schreibsreihen », id., W. Braumüller und Sohn; « Sigel und Vereinfachungen der Stenograph. Correspondenkschrift », id., id.; « Kammersigel », id., Bermann et Altmann; « Eine neue System gerechte Combinanten Verschmelzung. Ueber die Stellung der Anlaut- Kürzungen in Gabelsbergerschen Satzkürzungssystem », Leipzig-Vienne, J. Klinkhardt et Cie; « Bibliotheks- Katalog des Gabelsb. Stenog. Centralvereins in Wien », Braumüller und Sohn.

Schiffmann (François-Joseph), historien et bibliophile suisse, né, en 1831, à Lucerne, embrassa la profession de libraire, se transporta en Allemagne où il fut employé dans de grandes maisons de Vienne et de Berlin, revint en 1857 en Suisse et fut nommé en 1858 bibliothécaire de sa ville d'origine. Nous possédons de lui un « Catalogue de la Bibliothèque municipale de Lucerne », ouvrage très étendu et détaillé (1866), et trois mémoires insérés dans le *Geschichtsfreund* (XXIII-XXV-XVII); une réédition annotée du « Vie du bienheureux frère Klaus par Jean Salat greffier de Lucerne », 1868; « Histoire de l'impression du Mamotrectus de Beromunster », 1870; « Thomas Murner et sa fuite de Lucerne », avec un écrit de lui jusqu'alors inédit, 1872.

Schik (Ignace), publiciste de la Bohème, né, le 17 avril 1841, à Neu-Bydrów (Bohème), fit ses premières études au Gymnase, fréquenta les cours de philosophie et de physiologie, a été assistant du prof. Dr Ritter von Purkgné, célèbre physiologiste, et publia pendant ce temps un ouvrage d'histoire naturelle. Il abandonna bientôt les études scientifiques pour s'adonner entièrement à la carrière de publiciste. Entré à la rédaction du journal *Politik* de Prague, il en est devenu depuis 1880 le rédacteur en chef.

Schikler (Fernand Baron DE), historien français, né, à Paris, le 24 août 1835, fils d'un ancien consul général de Prusse, entreprit, après de brillantes études juridiques et littéraires, un voyage au Maroc, dont il consigna plus tard, dans le *Tour du Monde* (1er sept. 1868), les résultats au point de vue géographique. Un deuxième voyage qui embrassa l'Égypte et la Palestine a été raconté par lui dans des pages pleines de sagacité et de charme, sous le titre: « En Orient », 1862. Les luttes aussi prolongées que cruelles, qui déchirèrent l'Eglise réformée de Paris par suite de l'intolérance du Consistoire et de la non-réélection, en qualité de suffragant de M. Martin-Paschoud, de M. Ath. Coquerel fils amenèrent M. de S. à jouer un rôle toujours plus actif et à affirmer toujours plus nettement le bon droit des protestants libéraux, qui, en récompense de ses précieux services et de son infatigable dévouement, le nommèrent en 1877 président de leur délégation. Le Gouvernement républicain, lorsqu'il procéda en 1879 à la réorganisation de l'Église réformée, l'appela à siéger au Conseil central; en 1882, les électeurs de l'importante paroisse de l'Oratoire le choisirent pour un de leurs représentants. Depuis plusieurs années déjà (1878), M. S. préside la *Société biblique protestante de Paris* que s'est donné pour mission de répandre parmi les communautés réformées les meilleures versions des Livres-Saints, impartialement et sans aucune prévention dogmatique. Le zèle, le tact, l'aménité dans les rapports personnels qui depuis 1865 il déploie à la présidence de la *Société d'histoire du Protestantisme français*, ont contribué dans une large mesure à la prospérité de cette association, l'une des plus utiles et des plus intéressantes parmi celles qui se rattachent à l'Église des anciens Huguenots. Il serait indiscret de parler ici du magnifique usage que fait M. de S. de sa grande fortune et de l'exquise discrétion apportée par lui dans l'exercice de ses bienfaits: il nous suffira de mentionner les écoles et les maisons pour les ouvriers créées par lui au faubourg Saint-Marcel, l'hôtel aménagé et donné par lui à la Bibliothèque du Protestantisme français le jour anniversaire du quatrième centenaire de la Révocation de l'Édit de Nantes. Comme l'a dit excellemment un de ses amis, M. de S. s'est consacré à la reconstitution de l'histoire du protestantisme français dans le passé et à la défense de ses intérêts dans le présent. Parmi les trop rares ouvrages sortis de la plume de cet érudit aussi compétent que modeste, nous indiquerons: « L'Histoire de France dans les archives privées de la Grande-Bretagne », 1879; « Notice sur la Société de l'histoire du protestantisme français ». Il a collaboré au *Bulletin* de cette Société: « Étude sur Hotman de Villiers et son temps », etc.; au *Bulletin* de la *Huguenot Society* de Londres, ainsi qu'à l'*Encyclopédie des sciences religieuses*: « Géographie historique du protestantisme français et du Refuge ». Il a été le principal fondateur de la *Bibliothèque du Protestantisme* ouverte au public en octobre 1885, rue des Saints-Pères à Paris. En préparation: « Histoire des églises du Refuge de langue française ». Le premier volume consacré aux églises d'Angleterre avant la Révolution a paru en 1888.

Schild (François-Joseph), poète et romancier suisse, né, le 14 août, au village de Grenchen (Granges) dans le Canton de Soleure, fils d'un vétérinaire, fréquenta l'école secondaire de son bourg d'origine, où il eut en 1838 pour maître le proscrit allemand Charles Mathy, plus tard premier Ministre du Grand-duc de Baden, suivit les cours du Gymnase de Soleure, embrassa la carrière médicale et fréquenta dans ce but les universités de Munich (1844-1847), Vienne (1848) et Zurich (1849-1852). La littérature remplissait déjà les heures de loisir que lui laissaient ses études professionnelles: ses opinions libérales avancées se trahissaient par son intimité avec les deux poètes révolutionnaires allemands J.-J. Rerthart et Georges Herwegh. En 1853, M. S. s'établit comme médecin dans son bourg natal de Grenchen, tout en poursuivant avec succès des recherches philologiques étendues sur les chants populaires, les proverbes et le vocabulaire usité dans son Canton; depuis 1876 il habite Soleure et a renoncé à la pratique de sa profession pour se consacrer tout entier à la littérature. Nous citerons parmi ses productions les plus connues: « Échos du Jura », poésies en dialecte soleurois, 1853; « Poèmes et légendes », 2 vol., 1860-1866; « Le Grand-père du Leberberg » (un pseudonyme pris volontiers par M. S.; le Leberberg est un district qui s'étend entre Bienne et Soleure et qui a gardé jusqu'à nos jours sa physionomie originale), 2 vol. de récits, 1864-1875; « Du peuple et par le peuple », recueil de nouvelles, 1876; « Quelque chose de la table à écrire du Grand-père » (Appis at em Schrybtisch vom Grossätti), 1879; « Dr Vennerjöggeli », 1881. Les œuvres complètes de M. S. ont été éditées en 4 vol., Burgdorf, 1881; « Les pérégrinations des bergers », peinture dramatique de la vie alpestre, ont été mises en musique par le compositeur Schneeberger de Bienne et représentées avec succès dans diverses localités. Sous presse un roman: « Dr Tschamperisepp », et un nouveau recueil de poésies.

Schiller (Hermann), érudit écrivain allemand, membre du Conseil supérieur scolastique, directeur du Gymnase et du Séminaire pédagogique, professeur ordinaire de pédagogie à l'Université de Giessen, né, à Wertheim (Grand-duché de Baden), le 7 novembre 1839, fréquenta le Gymnase de son pays natal, étudia la philologie et l'histoire aux universités de Heidelberg et Erlangen, enseigna aux gymnases de Wertheim et de Karlsruhe (Baden); il a été (1872) directeur du Gymnase de Constance et membre de la division ministérielle pour les affaires scolastiques à Darmstadt, directeur du Gymnase et prof. à l'Université de Giessen, depuis 1876. Nous lui devons: « Lyrische Versmasse des Horaz », Leipzig, 1868; 2me éd. 1878, traduite deux fois en italien et une fois en français; « Geschichte des röm Kaiserreichs unter der Regierung des Nero », Berlin, 1872; « Gesechichte der römischen Kaiserzeit bis auf Theodosius d. Gr. Tod. », 2 vol., 1883-1887, Gotha, Perthes; « Handbuch des prakt. Pedagogik », Leipzig, Reisland, 1887. On lui doit aussi un grand nombre d'articles d'histoire et de pédagogie publiés dans les *Zeitschrf. f. d. Gymnasialwes.* dans les *Jenaer Litt. Zeutschr., Berl. Philol. Wochensch.*, et dans plusieurs autres journaux spéciaux allemands. M. S. est aussi collaborateur du *Iw. Müller's Handbch der class. Alterthumswiss*, et des *Perthes' Handbüchern d. Alten Geschichte.*

Schilling (Jean), né, le 7 janvier 1834, à Neustadt dans le Palatinat Bavarois, professeur de langue espagnole à l'école commerciale de Zurich, a publié une grammaire espagnole, 1882, 3me éd. 1886; une clef pour la dite grammaire, 1883, 3me éd. 1887; une introduction pratique pour les rapports oraux et écrits en espagnol, 1885; un recueil de « Nouvelles Espagnoles », 1888.

Schimmel (Henri-Jean), écrivain hollandais, né, le 30 juin 1823, à S.t-Graveland, où son père exerçait le notariat; passionné pour la poésie, mais combattu dans cette vocation par son père, il ne publia ses premiers vers qu'après la mort de celui-ci et après avoir fixé sa demeure à Amsterdam. De 1863 à 1879, il a été directeur de la Banque de Crédit d'Amsterdam, cultivant à la fois les études littéraires et particulièrement la littérature théâtrale hollandaise. Depuis 1879, il s'est retiré dans un petit village près d'Amsterdam, d'où il nous envoie de temps en temps ses vers et ses romans qu'on lit toujours avec un vif plaisir et qui confirment qu'il ne s'est plus écarté du chemin de la simplicité et du naturel, sur lequel il marchait tout droit depuis son premier drame « Le fils de l'État ». Parmi ses beaux romans historiques, nous citerons: « Buonaparte et son temps », 1853; « Le jour d'une vie nouvelle », 1855; « Une Demoiselle de l'Asie, essais historique du XVIIe siècle », 1856; « Mary Hollis », 1860; « Mylady Carlisle », 1864; « Monsieur Semeyind », 1875; « Contes et fables », 1855; « La famille de von Ommeren », 1870; « Verzvend », 1879; « Le capitaine de la garde du corps », 1889. Nous donnons ici les titres de quelques uns de ses drames: « Deux Tudors », 1877; « Joan Wontersz », 1847, 5me éd. 1870; « Giovanni da Procida », 1849; « Napoléon Bonaparte premier Consul », 1851; « Struensée », 1868; « La chatte du Tower », 1880. Ses œuvres dramatiques complètes ont paru récemment en trois volumes avec notes biographiques et littéraires.

Schipa (Michelange), professeur d'histoire à l'Institut technique de Naples, est né, à Lecce, le 5 octobre 1855. Docteur ès-lettres de l'Université de Naples en 1877, il fut nommé professeur d'abord au Lycée de Palerme, puis à celui de Maddaloni. En dehors d'articles insérés à l'*Archivio Storico* de Naples, et à la *Rivista Storica* de Turin, il a publié: « Alfano I Arcivescovo di Salerno », 1880; « Il principato longobardo di Salerno », Naples, 1887; « Carlo Martello », id., 1889.

Schlagintweit (Émile), frère d'Hermann et d'Adolphe S. célèbres explorateurs et voyageurs, est né, à Munich, le 7 juillet 1835. Nous avons de lui: « Buddhuïsm in Tibet », Lyon, 1881; « Indien in Wort und Bild », Leipzig, 1880-81.

Schlatter (Adolphe), exégète suisse, né, le 16 août 1852, à Saint-Gall, étudia de 1871 à 1875 la théologie aux universités de Bâle et de Tubingue; ses examens achevés, il entra dans le ministère actif et remplit les fonctions de diacre à Neumunster (banlieue de Zurich), puis de pasteur à Kesswyl (Thurgovie). L'Union évangélique bernoise, désireuse d'opposer un contrepoids à l'enseignement suivant elle négatif des professeurs officiels de l'Université, l'appela pour donner en qualité de *privat-Docent* des cours aux étudiants. Le Gouvernement bernois a nommé en 1880 M. S. professeur extraordinaire pour la théologie exégétique et systématique; l'Université de Greifswald se l'est en 1888 attaché pour les mêmes branches en qualité de professeur ordinaire. Parmi les ouvrages dûs à la plume de M. S., nous mentionnerons comme les plus importants: « La foi au Nouveau-Testament », mémoire sur la théologie du Nouveau-Testament, couronné par la Société de la Haye, Leyden, 1886; « Deux discours sur la prière », Stuttgard, 1887: « L'épître aux Romains — un auxiliaire pour les lectures de la Bible », id., 1887; « L'épître aux Hébreux — expliquée aux lecteurs de la Bible », id., 1888.

Schliemann (Henri), archéologue allemand, né, le 6 janvier 1822, à Neu-Boukon, fit, sous la direction de son père, quelques études classiques, puis se vit obligé, pour gagner sa vie, d'entrer comme apprenti chez un épicier. A la suite d'un accident qui le força de rester quelque temps à l'hôpital de Hambourg, il s'embarqua sur un navire qui fit naufrage et fut emmené à Amsterdam, où il trouva un modeste emploi. Il apprit alors sans maître la plupart des langues d'Europe. En 1856, il fonda une maison de commerce à St.-Pétersbourg, en 1858 il voyagea en Allemagne, en Italie, en Égypte, en Suède et au Dannemark et en 1863, après avoir fait le tour du monde, se fixa à Paris pour y étudier l'archéologie. Retourné en Grèce, il y dirigea des fouilles très importantes en Phrygie et en Argotide. M. S. a publié : « Trojanische Alterthümer, Bericht über die Ausgrabungen in Troja », Leipzig, 1864 ; « La Chine et le Japon au temps présent », 1867 ; « Ithaque, le Péloponnèse, Troie », 1869 ; « Mycènes », récit de ses recherches, avec une préface de M. Gladstone, Londres, 1878 ; « Ilios », trois vol., Londres, Leipzig, New-York, 1880-81 ; « Orchomenos », Leipzig et Londres, 1881 ; « Reise en der Troas », id. id. ; « Catalogue des trésors de Mycènes au musée d'Athènes », Leipzig, 1882 ; « Troya », Leipzig, Londres, New-York, 1884 ; « Ilios », Paris, 1885 ; « Tiryns », Leipzig, Paris, Londres, New-York, 1886.

Schliemann (Sophie, née CASTROMENOS), femme-auteur grecque, né, à Athènes, en 1854, où elle fit ses études. Mariée à l'archéologue S., elle le suivit à Troie et l'aida dans les fouilles qu'il avait entreprises. Mme S. fit en Angleterre et en Allemagne des « Conférences archéologiques ». Nous avons d'elle des « Monographies », sur les découvertes de Mycènes et de Troie.

Schloss (Gustave-Guillaume-Ernest), érudit courlandais, né en 1836, professeur d'histoire et géographie à l'École Supérieure de *Saint-Pierre* de Saint-Pétersbourg. Il a publié : « Zur Frage über die römischen Curiatcomitien », 1882.

Schlossar (Dr Antoine), conservateur (*Custos*) de la bibliothèque de l'Université à Gratz, écrivain autrichien (allemand) et bibliographe, est né, le 27 juin 1849, à Troppan (Silésie) ; il fit ses premières études à Kronstadt (Transylvanie). En 1867-1871, il étudia le droit et les sciences historiques et littéraires à l'Université de Gratz (Styrie). Reçu docteur en droit à la même Université en 1871, il entra au bureau de la justice et alla bientôt à la bibliothèque (en 1875), où en 1885 fut nommé conservateur. En 1880, M. S. reçut la distinction autrichienne de la médaille d'or pour l'art et les sciences. Il est collaborateur littéraire de la *Neue freie Presse* (Vienne), de l'*Allgemeine Zeitung* (Munich) et de plusieurs grands journaux d'Allemagne. M. S. est aussi collaborateur de l'*Allgemeine deutsche Biographie* et du grand ouvrage « Die österreichische-ungarische Monarchie in Wort und Bild », fondée par le spirituel et malheureux prince héritier Rodolphe d'Autriche. On a de lui en librairie : « Innerösterreichisches Stadtleben von hundert Jahren », Vienne, 1877 ; « Speise und Trank vergangener Zeiten in Deutschland », id., id. ; « Erzherzog Johann von Œsterreich u. sein Einfluss auf das Culturleben der Steiermark. Originalbriefe », id., 1878 ; « Deutsche Volkslieder aus Steiermark. Mit Einl. Anmerk. und ausgew. Melodien hgg. », Innsbruck, 1881 ; « Œsterreichische Cultur- und Literaturbilder mit bes. Berücksichtigung der Steiermark », Vienne, 1879 ; « Steiermärkische Bäder und Luftcur- orte », id., 1883 ; « Erzherzog Johann-Baptist von Œsterreich », id., 1880 ; « Cultur- und Sittenbilder aus Steiermark », Gratz, 1885 ; « Steiermark im deutschen Liede. Antologie. 2 Bde », id., 1880 ; « Bibliographia historico- geographica Stiriaca. Die Literatur der Steiermark in histor. geograph. u. ethnograph. Beziehung. », id., 1886 ; « Cornelia, eine Herzensgeschiche in Versen », Zurich, 1889 ; « Ausgabe von Ioh. Ritter von Kalchbergs Gesammelten Schriften », 4 vol. Vienne, 1878-1880, etc.

Schlumberger (Gustave-Léon), numismate français, né, le 17 octobre 1844, à Guebwiller (Haut-Rhin). Ses études faites au Collège de Pau, il vint, en 1863, suivre à Paris les cours de la Faculté de médecine, en 1869 il fut reçu interne des hôpitaux. Pendant la guerre, il fit partie des ambulances internationales ; il fut ensuite reçu docteur avec une thèse sur « L'érysipèle du pharynx ». Mais, au lieu de poursuivre la carrière médicale, il s'adonna, après un séjour à Rome pendant l'hiver de 1872-73, à la numismatique. En 1874 il publia les « Bractéates d'Allemagne » ; en 1877 les « Principautés franques du Levant d'après les plus récentes découvertes de la numismatique » ; en 1878, il prépara avec M. de Longpériers au Trocadéro l'exposition retrospective des monuments monétaires français. La même année, il publia sa « Numismatique de l'Orient latin ». Cet ouvrage fut couronné par l'Institut et l'auteur reçut la croix de la légion d'honneur. En 1882, Adrien de Longpérier étant mort, M. Schlumberger voulut honorer sa mémoire en publiant ses œuvres complètes en sept volumes qui parurent de 1883 à 1887. En 1884, M. S. publia une « Sigillographie de l'empire byzantin », qu'il songe aujourd'hui à compléter par un « Corpus des sceaux et bulles de l'Orient latin ». M. S. fait partie de la Société nationale des antiquaires de France et, depuis le 12 décembre 1884, de l'Académie des Inscriptions et Belles-Lettres.

Schmid (Aloys), théologien allemand, professeur de théologie dogmatique et apologétique à l'Université de Munich (Bavière), né, le 22 décembre 1825, à Immenstadt (Bavière), a été prof. de philosophie au Gymnase de Deuxponts et prof. de théologie au Lycée de Dillingen. Il a publié : « Die Bisthumssynode », 2 vol. Regensburg, 1850; « Entwicklungsgeschichte der Hegel'schen Logik », id., 1858; « Thomistische und Scotistische Gewissheitslehre », Dillingen, 1859; « Wissenschaftliche Richtungen auf dem Gebiete des Katholicismus in neuester und gegenwärtiger Zeit », Munich, 1862; « Wissenschaft und Autorität », id., 1868; « Untersuchungen über den letzten Grund des Offenbarungsglaubens », id., 1879; ainsi que plusieurs dissertations dans diverses revues philosophiques et théologiques allemandes.

Schmid (André), homme de lettres bavarois, directeur du grand Séminaire de Munich après en avoir été sous-directeur de 1865 à 76. Il a publié : « Christliche Altar »; « Regensburg »; « Pustet ».

Schmid (Jean-Georges), né, à Flawyl dans le Toggenbourg, le 16 mai 1848, professeur à l'École cantonale de Saint-Gall, a publié un certain nombre de brochures philologiques, pédagogues, botaniques, etc. : « Moyens auxiliaires pour l'enseignement des langues », 1876; « Quelle est la meilleure organisation de l'école primaire ? », 1878; « L'organisation économique de la Suisse », 1881; « L'importance économique de l'eucalyptus », 1886; « Variétés sur le volapük », 1888.

Schmidt (Charles-Ernest-Henri), chimiste russe, conseiller d'État, professeur de chimie à l'Université impériale de Dorpat (Russie), né, à Mittau (Courlande), le 13 juin 1822, fit ses études à Berlin, Giessen et Gœttingue; devint docteur en philosophie à Giessen en 1844 et docteur en médecine à Gœttingue en 1845. Il réside à Dorpat depuis 1846, et comme professeur agrégé à l'Université de cette ville, il fut chargé des cours de chimie physiologique et pathologique jusqu'à 1850, époque à laquelle il y fut nommé professeur extraordinaire de chimie. On lui doit : « Charakteristik der epidemischen Cholera », Mitau, 1850; « Die Verdauungssäfte und der Stoffwechsel » (en collaboration avec Bidder), Mitau, 1852; « Die Wassersorgung Dorpats », Dorpat, 1863-73; « Ueber Lymphe und Chylus » (*Bull. de l'Acc. de Sciences de St.-Pétersbourg*), 1861; « Hydrologische Untersuchungen » (id.), 1870-71; « Zur vergleichenden Physiologie der Wirbellosen Thiere », Brunswick, 1845; « De microcrystallometria ejusque in chemia physiologica et pathologica momento », Dorpat, 1846; « Die Diagnostik verdächtiger Fleche in Criminalfällen », Leipzig, 1848; « Entwurf einer allgemeinen Untersuchungmethode der Stoffe und Excrete des thierischen Organismus », Mitau et Leipzig, 1846. Nous lui devons aussi un grand nombre d'articles, parus dans le *Bulletin* et *Mémoires de l'Académie des Sciences de Saint-Pétersbourg*, dans les *Liebig's Annalen, Arch. f. Naturk., Liv. Esth. und Curlands*, etc. etc.

Schmidt (Charles-Guillaume-Adolphe), professeur et historien français, né, à Strasbourg, le 20 juin 1812, fut reçu, après de brillantes études au Gymnase et à la Faculté de théologie, tour-à-tour bachelier, licencié et docteur après la présentation des thèses suivantes: « Études sur Farel », 1834; « Vie de Pierre Martyr Vermigli », 1835; « Essai sur les Mystiques allemands du XIVe siècle », 1836. Les solides connaissances dont il témoigna pendant ces diverses épreuves attirèrent sur lui l'attention des directeurs du séminaire luthérien qui le chargèrent en 1837 de l'enseignement de la théologie pratique: la même chaire lui fut confiée en 1839 à la Faculté de théologie. En 1864, lors de la mort de M. Yung, M. S. l'échangea contre celle d'histoire ecclésiastique qui correspondait mieux à ses goûts et à ses travaux. En 1872, lors de la transformation de l'ancienne Académie des bords de l'Ill en université, le gouvernement allemand lui demanda de conserver les fonctions qu'il remplissait avec une compétence reconnue de tous, mais l'ancien professeur ne se fit plus entendre qu'à de rares intervalles, prit définitivement sa retraite en 1887 et se fixa à Paris qu'il avait habité de préférence depuis la guerre de 1870. La réputation scientifique de M. S. repose en première ligne sur ses recherches relatives aux Mystiques pendant le moyen-âge dont les connaisseurs admirent la sagacité, la précision, la méthode sure et pénétrante. Voici d'après l'ordre chronologique, la liste complète de ses écrits. En français: « Essai sur Jean Gerson », 1839; « De l'objet de la théologie pratique », 1844; « Gérard Roussel », 1845; « Du mysticisme au XIVe siècle », id.; « Histoire et doctrine de la secte des Chatares ou Albigeois », 2 vol., 1849 (couronnés par l'Académie des Inscriptions); « Essai historique sur la société civile dans le monde romain et sur sa transformation par le christianisme », 1853 (couronné par l'Académie française); « La Vie et les travaux de Jean Sturm », 1855; « La France et la Saint-Barthélemy » (traduction de l'allemand de Soldan), 1855; « Histoire du chapitre de Saint-Thomas de Strasbourg pendant le moyen-âge », 1860; « Traités mystiques écrits de 1547 à 1549 », 1876; « Histoire littéraire de l'Alsace à la fin du quinzième et au commencement du XVIe siècles », 1877; « Poésies huguenotes du XVIe siècle », 1882. En allemand: « Maître Eckart », 1839; « Les sectes à Strasbourg pendant le moyen-âge », 1840; « Jean Taulez de Strasbourg », 1841; « Claude de Turm », 1843; « Le mystique Henri Suso », id.; « La Vie et les écrits de Pierre Martyr Vermigli », 1858; « Le livre des Neuf Rochers par Rulmann Merswin », 1859; « La Vie de

Melanchton », 1861 ; « La Vie et les écrits de Nicolas de Bâle », 1866 ; « Histoire des plus anciennes bibliothèques de Strasbourg », 1882. M. S. a été un collaborateur assidu de l'*Encyclopédie* de Herzog, de l'*Encyclopédie des Sciences religieuses* et de plusieurs revues théologiques françaises et allemandes.

Schmidt (Eric), docteur en philologie, fils du célèbre zoologiste Édouard Oskar S., professeur de langue et littérature allemande à l'Université de Berlin, né à Iéna, le 20 juin 1853, étudia à la Musterschule de Schulpforta et aux Universités de Gratz, Iéna et Strasbourg. Promu docteur en 1874, il prit son habilitation à l'enseignement en 1875, et devint professeur libre à l'Université de Wurzburg. En 1887, il fut nommé professeur extraordinaire à Strasbourg, et en 1880 professeur ordinaire à l'Université de Vienne. En 1885, il fut appelé à Weimar comme directeur des Archives *Goethe*, et deux ans plus tard on le nomma professeur à l'Université de Berlin. Parmi ses meilleurs ouvrages, nous citerons : « Reinmar von Hagenau und Heinrich von Rugge », Strasbourg, 1875 ; « Richardson, Rousseau und Goethe », Iéna, id. ; « Heinrich Leopold Wagner », id., id., 2me éd., 1879 ; « Lenz und Klinger », Berlin, 1878 ; « Comödien vom Studentenleben aus dem 16 u. 17 Jahrh. », Leipzig, 1880 ; « Beiträge zur Kenntniss der Klopstock'schen Jugendlyrik » (*Quell. u. Forsch.*), 1880 ; « Lessing. Geschichte, seines Lebens », 1884-86 ; « Charakteristiken, Vorträge und Skizzen », Berlin, 1886 ; « Goethes Briefe und Tagebücher aus Italien », id. ; « Goethes Faust », 1887 ; « Goethes Faust in ursprunglicher Gestalt », id. ; 2me éd., 1888. En collaboration avec Martin, il publia : « Die Elsässische Litteratur Denkmäler », avec Brink et Martin ; « Quellen und Forschungen », et avec Schiherl et Stephan la « Vierteljahrschrift für Litteraturgeschichte ».

Schmidt (Jean), philologue allemand, membre de l'Académie royale prussienne, né, le 29 juillet 1843, à Prenzlau, étudia à Bonn, Iéna et Berlin, prit ses grades en 1868 à l'Université de Bonn et y devint (1873) professeur de philologie comparée. Il fut ensuite professeur ordinaire à l'Université de Gratz, et en automne 1876, après la mort du prof. Eber, il fut appelé à Berlin pour occuper la chaire de Bopp dans l'Université de cette métropole. En dehors de nombreux articles insérés dans les *Kuhn und Schleicher's Beiträge z. vergleich. Sprachforschung* et dans les *Zeitschriften f. vergleich. Sprachforsch.*, dont il est co-rédacteur depuis 1875, nous lui devons : « Zur Geschichte des indogermanischen Vocalismus », 2 vol., Weimar, 1871-75 ; « Die Verwandtschaftsverhältnisse der indogermanischen Sprachen », Weimar, 1871 ; « Die Pluralbildung der Neutra im indogermanischen Sprachen », 1888.

Schmidt (Léopold-Valentin), insigne philologue allemand, professeur ordinaire de philologie classique et directeur du Séminaire philologique à l'Université de Marbourg, né, le 29 mai 1824, à Berlin, fit ses études dans cette métropole, à Leipzig et à Bonn, où il devint docteur en philologie ; prit son habilitation à l'enseignement en 1847 à l'Université de Bonn ; entreprit quelque temps après un voyage scientifique en Italie, et en 1857 fut nommé professeur extraordinaire à l'Université de Bonn ; il est professeur à Marbourg depuis 1863. Nous lui devons : « Quæstiones Epicharmeæ », Bonn, 1846 ; « De parodia in tragœdia græca », id., 1855 ; « Ueber die vier bedeutendesten Dramatiker der Spanier », id., 1858 ; « Pindar's Leben und Dichtung », id., 1862 ; « De tractandæ Syntaxis græcæ ratione », Marbourg, 1871 ; « Die Ethik der alten Griechen », 2 vol., Berlin ; « Das akademische Studium des künftigen Gymnasiallehrers », Marbourg, 1882 ; on lui doit aussi une foule d'articles philologiques, parus dans les revues littéraires allemandes et dans les journaux spéciaux, parmi lesquels nous citons : *Jahrb. f. class. Philos.*, *Gerhard's Archäol. Zeit.*, *Annali dell'Instit.*, etc., etc. M. S. collabore à la *Pauly's Real Encyklop.*

Schmidt (Paul-Guillaume), exégète allemand-suisse, né, le 25 décembre 1845, à Berlin, étudia la théologie à l'Université de cette ville, y obtint en 1868 le grade de licencié, et ouvrit en 1869 comme *privat-Docent* un cours d'histoire ecclésiastique. Le parti libéral qui avait salué en lui un de ses plus capables et de ses plus actifs campions, lui confia la rédaction de son organe hebdomadaire : *La Gazette Protestante*, tâche dont il s'acquitta avec talent de 1870 à 1876. Le Conseil d'État bâlois, qui désirait fortifier dans la Faculté de théologie l'élément radical, l'appela en 1876 à la chaire de dogmatique et d'exégèse du Nouveau Testament ; M. S. a été en 1880 élu membre du *Kirchenrath*, où il siège à l'extrême gauche. Nous possédons de ce savant distingué, outre plusieurs brochures apologétiques et polémiques, un mémoire sur « Schleiermacher et Spinosa », Berlin, 1868 ; « L'hypercritique appliquée au Nouveau Testament, ou examen des nouvelles attaques dirigées contre l'authenticité de l'Épître aux Philippiens », id., 1880 ; « Commentaire sur la première Épître aux Thessaloniciens », id., 1885. M. S. avait pris en 1871 une part considérable à la rédaction d'une introduction populaire aux livres du Nouveau Testament entreprise sous les auspices de l'Union libérale, publiée sous le titre de « Bible protestante du Nouveau Testament », et à laquelle collaborent MM. Bruch, Holtzmann, Lipsius, Pflerderer, etc.

Schmidt (Rodolphe), poète et littérateur danois, docteur en philosophie, né, à Copenhague, le 25 juillet 1836, fit ses études à l'Université de sa ville natale, où il devint bachelier ès-lettres ; dirigea, avec le philosophe Rasmus Nielsen et le poète norvégien Björnstjerne Björnden, la revue *For Idé og Vickelighed;* il fit aux frais du legs *d'Ancker* pour les poètes et les artistes, un voyage en France, en Allemagne et en Autriche, et ce fut pendant son séjour à Saint-Märgen (Forêt-noire), qu'il commença à écrire ses nouvelles. Il a publié : « Den forvandlede Konge », 1876 ; « En opvokkelse », 1877 ; « Solopgang », 1884 ; « Aeldre og nyere Digle », 1874 ; « Fem Tidsdigte », 1875 ; « Haandtegninger », 1881 ; « Der Himmel hängt voller Geigen », 1882 ; « Forestillet og oplevet », 1883 ; « Skaebner og Skikkilser », 1884 ; « Fochen Hinrichs », 1885 ; « Murmesterns Dotre », id. ; « Fortaellinger paa Vers », 1886 ; « Buster og Masker », 1882 ; « Grundtvig og den tyke Orthodoxi », 1883 ; « Adegne Veje », 1884 ; « Sex Foredrag », 1878 ; « Scandinavische Litteraturbriefe », parues en allemand dans le *Magazin für die Litt. des In- und Auslandes.*

Schmidt-Cabanis (Otto-Richard), homme de lettres, journaliste allemand, né, à Berlin, le 22 juin 1838, fils du conseiller au Ministère des finances Charles S. ; sa mère descend de la famille émigrée Cabanis (connue par le roman de Willibald Alexis), et R. S. ajouta ce nom au sien pour l'individualiser un peu. M. S.-C. fréquenta dans sa ville paternelle l'École technique et le Gymnase *Frédéric-Guillaume*, ensuite pour quelque temps le Gymnase de Dessau. Il se voua d'abord à la librairie, mais après un an d'étude, en 1860, il devint acteur et remplit à Cologne, à Torn et Rostock les rôles chargés. En 1865, il fut frappé d'un rhumatisme articulaire et dut garder le lit pendant six mois ; c'est alors qu'il commença — souvent tourmenté par des douleurs atroces et avec la main gauche, parce que la main droite était paralysée — son activité comme humoriste, débutant aux *Fliegende Blätter* de Munich. Guéri, il fit un cours de littérature, retourna en 1866 au théâtre de Rostock, et joua aussi quelque temps au théâtre du prince de Meiningen, mais après une nouvelle maladie, il renonça définitivement à la carrière d'artiste dramatique et se consacra à la littérature. Il rédigea jusqu'à l'an 1869 la partie littéraire du journal des Dames, *Victoria*, et entra plus tard à la rédaction du journal *Berliner Montags Zeitung*, dont il devint rédacteur en chef en 1876. La tendance progressive du journal et l'esprit éclairé et libéral de M. S. lui causèrent des désagréments avec l'État et quelques condamnations ; sa santé chancelante s'en ressentit et il dut quitter le travail ; il ne le reprit que fort tard. Nous avons de lui : « Was die Spottdrossel pfiff. Zeitgemässer und Unzeitgemässer in lustigen Reimen. Mit einem kernliederlichen Anhang », 3ᵉ édition, Berlin, Otto Janke ; « Allerlei Humore, Römische Novellen u. Humoresken », 4 vol., 2ᵉ édition, id., id. ; « Wenn Frauen lächeln, Humoristische Novelletten u. Skizzen für und über die schönere Hälfte des Menschengeschlechts », avec illustrations, 2ᵉ éd., Hamburg, B. S. Berendsohn ; « Veilchen und Aleerrettig, Ein Strauss neuer Humore », 3ᵉ éd., id., id. ; « Buntes Nichts, Heitere Skizzen und Lebenserinnerungen », id., id. ; « Der grosse Struwwelpeter, für Kinder von 17-77 Jahren., avec illustr. d. Jul. Ehrentraut. », 3ᵉ éd., Berlin, O. Janke ; « Spatzen, Liebe und Leben, Lustige Bilder aus dem Sperlings Leben mit zehn Federzeichnungen v. P. Heidel. Dichtungen v. R. Schmidt-Cabanis », id., Sophus Williams ; « Ein lustiger Potentanz Ein Bildercyklus v. D. Coppiters, Dichtungen v. R. S.-C. », Leipzig, Ad. Titze ; « Wechselnde Lichter, Gesahmmelte unpolitische Gedict », Berlin, Aloeser's Hofbuchhandlung ; « Adolf Glassbrenner, Eine litterarhistorisch-biographische Skizze », id., A. Hofmann et Cⁱᵉ ; « Pythia Kalender, Politisch- social- artistische Wetterprophezeiungen », id., Freund et Zechel ; « Irren ist menschlich », comédie en 1 acte, id., Th. Blochs Theaterbuchhandlung ; « Die Jungfernrede. Eine tragische Reihstagswahlgeschichte, mit Illustration v. H. Scherenberg », 4ᵉ édition, id., Eckstein's Verlag ; « Re Umberto », hymne de M. Richard. et Cⁱᵉ, traduction de M. Léopold Bizio, Venise ; traduction de M. le prof. G. E. Rossi, Berlin ; « Auf der Bacillenschau. Zeitgeistliche Forschungen durch's satirische Mikroskop », Dresde, F. W. Steffens ; « Brummstimmen der Zeit. Lustiges und Unlustiges aus Papa Krowes Liederfibel », Berlin, Eckstein's Verlag ; « Zoolyrische Ergüsse. Album zwei- vier- und mehrfüssiger Dichtungen. mit Illustr. von Gustav Hutzel. », Munich, Braun et Schneider ; « Südwest- afrikanische Reisebriefe des Lohgerbermeisters August Kulicke (in Berlinischer Mundart) mit Illustrationen v. A. Oberländer », Dresde, Heinhold et Jöhne ; « Pessimistbeet- Blüten jüngstdeutscher Lyrik », Berlin, Fr. Pfeilstücher. Livres pour enfants : « Allerlei nette Pflanzen Illustr. von L. Heggendorfer », Munich, Braun et Schneider ; « Kind und Hand. Ein Bilderbuch. v. Hofmaler C. Arnold. Dichtungen v. R. S.-C. », Berlin.

Schmidt-Rimpler (Hermann), célèbre oculiste allemand, docteur en médecine, professeur ordinaire d'ophtalmologie à l'Université de Marbourg et directeur de la clinique ophtalmique, né, le 30 décembre 1838, à Berlin ; il a été médecin dans l'armée prussienne jusqu'à 1871, et pendant ce temps, il fut plusieurs années assistant à la clinique du célèbre oculiste Albert de Graefe. En 1871, il fut appelé à Marbourg pour y occuper la place de professeur d'ophtalmologie. On lui doit : « Glaucom », Leipzig,

1875 ; « Der Ausdruck im Auge und Blick », Berlin, 1876 ; « Ueber Blindsein », Deutsche Bücherei-Breslau, 1882 ; « Lehrbuch der Augenheilkunde und Ophthalmoscopie », Brunswick, id. ; 4me éd., 1889 ; version italienne publiée par Vallardi, Milan ; « Universität und Specialistenthum », Marbourg, 1881. Nous lui devons aussi un très grand nombre d'articles parus dans *Graefe's Arch.*, *Virchow's Arch. Berl. Klin. Wochenschr.* et *Zehender's Monatsbl. f. Augenheilkunde*. Il est un des collaborateurs de la *Eulenburg's Real Encyklopädie* et d'autres importantes publications scientifiques allemandes.

Schmidt-Weissenfels (Édouard), fécond écrivain allemand, né, le 1er septembre 1833, à Berlin, commença ses études littéraires au Gymnase *Frédéric-Guillaume*, et il allait fréquenter les cours de philosophie lorsque les mouvements révolutionnaires de 1848, changeant ses projets, le firent engager encore très jeune dans l'armée allemande et ne lui permirent de revenir à ses études qu'après la campagne contre le Schleswig-Holstein. Rentré en 1852 à Heidelberg, après avoir séjourné à Paris et à Londres comme publiciste, il y acheva ses études qu'il avait interrompues et devint docteur en philosophie. Il a vécu quelque temps à Leipzig, Prague et Gotha, où il devint l'ami intime du Duc Ernest II, et publia : « Der Herzog von Gotha und sein Volk », Leipzig, 1861. En 1861, il revint à Berlin pour quitter de nouveau cette ville en 1872 lorsqu'il fixa sa demeure à Kannstadt dirigeant d'abord le *Stuttgarter Museum*, et plus tard, jusqu'à 1876, l'*Illustrirte Volkszeitung*. Il a publié une assez longue série d'ouvrages historiques, biographiques et littéraires, parmi lesquels nous nous bornerons à citer les plus importants : « Paris in Skizzen aus dem Volksleben », Berlin, 1854 ; « Frankreichs moderne Literatur seit der Restauration », id., 1856 ; « Ueber Heinrich Heine », Leipzig, 1857 ; « Rachel und ihre Zeit », id., 1857 ; « Charaktere der deutschen Literatur », id., 1859 ; « Geschichte der französischen Revolution-literatur », id., id.; « Fürst Metternich », Prague, 1862 ; « Skizzen und Charakter-Novellen », id., id. ; « Frankreich und die Franzosen », 2me éd., id., 1869 ; « Brumaire », id., id. ; « Wogen des Lebens », 1870 ; « Die Söhne Barneveldts », id., 1881 ; « Der Aufstand in Algier », id., 1872 ; « Um die Ehre ». id., id. ; « Adelsstolz », id., 1873 ; « Prinz Erdmann », id., id. ; « Sturmleben », id., 1878 ; « König Null », id., id. ; « Französische Portraits », id., 1881 ; « Deutsche Handwerkersbibliothek », id. 1878-84 ; « Charakerbild aus Spanien », Stuttgart, 1885 ; « Der Kampf einer Frau », Karlsruhe, 1887 ; « Krupp et son œuvre », biographie, Berlin, 1888 ; « Friedrich, Deuscher Kaiser », biographie, Stuttgart, id. ; « Engel und Teufel », drame, Oldenburg, 1885 ; « Die Meineidigen », Berlin, 1886.

M. S.-W. a été en 1848 secrétaire de l'Assemblée nationale prussienne et successivement de la 1re chambre.

Schmitt (Richard), historien allemand, docteur en philosophie et professeur libre d'histoire moderne à l'Université de Greifswald, né, le 15 février 1858, à Neusalz-sur-l'Oder, fit ses études à Glogau et ensuite à Berlin et Greifswald, où il prit ses grades, et, en 1887, devint professeur libre d'histoire moderne. Il a publié : « Le Prince Henri de Prusse comme général dans la guerre de sept ans », 1re partie, 1885, Greifswald, Abel (sous presse la 2me partie) ; « Les batailles de Trautenau en 1866 ».

Schmitt-Michel, homme de lettres français, directeur de la *Revue diplomatique et consulaire*, né, à Candé (Maine-et-Loire), le 26 juillet 1851. Ancien clerc de notaire au Hâvre, nous avons de lui : « Formulaire des testaments et donations », publié chez l'auteur (seul ouvrage spécial très complet).

Schnedermann (Georges-Hermann), exégète allemand-suisse, né, le 3 juillet 1852, à Chemnitz en Saxe, fils d'un professeur de chimie et directeur de l'Institut technique, fréquenta, de 1872 à 1875, pour la théologie, les Universités de Leipzig et d'Erlangen, remplit pendant deux années des fonctions professorales sur les bords du lac de Genève et dans une famille princière de Westphalie, compléta, de 1877 à 1879, ses études au Séminaire des candidats de Leipzig, se décida pour la carrière universitaire, et enseigna, comme *privat-Docent*, la dogmatique et l'exégèse du Nouveau Testament soit à Leipzig (1877-81), soit à Bâle, où il réside aujourd'hui. Ses écrits les plus importants sont d'après l'ordre des dates: « La controverse de Louis Cappel avec les Buxtorf sur l'âge de la ponctuation hébraïque », Leipzig, 1879 ; « De fidei notione ethnica Paulina » (pour la licence en théologie), id., 1880 ; « Les relations du Christianisme avec le Judaïsme pharisaïque », id., 1881 ; « La foi et la Sainte-Écriture », Bâle, 1884 ; « Le judaïsme et le message du Christ dans les Évangiles », id., 1884 ; « Les Épîtres de Paul aux Corinthiens, aux Éphésiens, aux Philippiens, aux Colossiens, à Philémon, » commentaire de Strack et Jöckler, 2 vol., Nordlingen, 1888 ; « De notre état de communion avec Dieu par le Christ », nouvel essai d'une brève exposition de la dogmatique évangélique », Leipzig, 1888. M. S. a réédité, de concert avec M. F. Delitzsch, l'ouvrage de Ferdinand Weber: « Système théologique des anciennes synagogues palestiniennes d'après le Torgum, le Midrasch, le Talmud », connu aussi sous le titre: « Les Doctrines du Talmud », Leipzig, 1880 ; et collaboré à la *Revue de Luthardt pour la Science et la Vie ecclésiastiques*, au *Kirchenfreund* de Bâle.

Schneegans (Charles-Auguste), publiciste et

écrivain allemand, consul général d'Allemagne à Gênes, chevalier de l'ordre de l'aigle rouge de Prusse, commandeur de l'ordre de la couronne d'Italie, ancien député au *Reichstag* allemand et ancien conseiller ministériel d'Alsace et Lorraine, né, le 8 mars 1835, à Strasbourg, fit ses études littéraires à l'Académie de sa ville natale et devint bachelier ès-lettres en 1857. Il fut nommé en 1857 secrétaire de la Commission européenne du Danube, à Galatz, où il resta jusqu'à 1858; retourné, par Constantinople, Asie-mineure, Grèce et Italie, à Paris, il y demeura jusqu'à 1863 comme rédacteur de divers journaux, notamment du *Temps*. En 1863, il fut appelé au *Courrier du Bas-Rhin*, journal libéral de Strasbourg, et y resta jusqu'à 1870 (le *Courrier du Rhin* fut le seul journal de province qui se déclara contre la guerre, son programme ayant toujours été la fraternité des peuples et la paix). Pendant le siège de Strasbourg, il fut nommé conseiller municipal et adjoint au maire, et ensuite les électeurs du département du Bas-Rhin le choisirent pour leur représentant à l'Assemblée nationale de Bordeaux. En 1870, il publia à Berne le journal l'*Helvétie*, et après la guerre franco-prussienne il fut appelé à Lyon pour diriger le journal de Lyon, périodique libéral. La réaction cléricale étant venue le chasser de cette position, il rentra aussitôt en Alsace et reprit la direction du *Courrier du Bas-Rhin* (journal d'Alsace) avec le programme de l'autonomie de l'Alsace et de la Lorraine. Il fut élu député au *Reichstag* pour l'arrondissement de Saverne, et devint à la fois le chef de la députation autonomiste au *Reichstag*. En 1878, il proposa la nouvelle constitution pour l'Alsace et la Lorraine et la fit passer. En qualité de conseiller ministériel, il entra dans le gouvernement de ces deux provinces, mais il quitta bientôt ces fonctions à la suite des modifications apportées à la politique alsacienne. En 1880, il fut nommé consul allemand à Messine et en 1887 consul général à Gênes. Ce fut à la suite des services rendus à l'occasion de l'épidémie cholérique de 1880 à Messine que S. M. le Roi d'Italie le nomma commandeur de la Couronne d'Italie. En dehors de diverses brochures sur l'instruction publique en Alsace et de nombreux articles parus dans le *Temps*, de 1866 à 1870, et dans les autres journaux qu'il dirigea, on lui doit plusieurs publications en langue française et en langue allemande. Citons: « Contes »; « Une saison en Allemagne »; « Le Siège de Strasbourg »; « Aus dem Elsass », Leipzig, 1876; « Die Elsässer Liga », Berlin; « Das höhere Unterrichtswesen in Elsass », Strasbourg; « Aus fernem Lande », nouvelles siciliennes, Breslau, 1887; « Sicilien », Leipzig, id.

Schneider (Albert), né, le 17 décembre 1836, au Faubourg de Riesbach près Zurich, étudia la jurisprudence à l'Université de sa ville d'origine et à Berlin sous la direction de Dernbourg et de F. L. Keller, suivit en 1859 à Paris le cours de l'École de droit, de la Sorbonne, du Collège de France, et consacra un semestre en Angleterre à l'étude pratique des tribunaux de Lincoln's inn, du Banc de la Reine des Plaids communs. Lors de son retour à Zurich en 1860, la carrière politique et la carrière universitaire souvrirent concurremment devant lui. Avocat des plus experts et bientôt l'un des chefs les plus estimés du parti libéral, M. S. a fait partie depuis 1862, sans interruption, du Grand-Conseil, dont il présida en 1882, les délibérations, siégea, de 1867 à 1878, à la Cour d'appel, fut nommé en 1879 membre de la Cour de cassation, et en 1886 grand juge de la 5ᵐᵉ division de l'armée fédérale. Ces hautes fonctions attirèrent sur lui l'attention du Conseil fédéral qui le chargea de rédiger les dispositions transitoires (881-904) du nouveau Code d'obligation; le Grand Conseil de Zurich lui confia également en 1886-87 l'élaboration du nouveau Code civil cantonal. Une vie publique aussi active n'a nullement entravé l'enseignement académique de M. S. *Privat-Docent* dès 1860, il a été appelé en 1878 comme professeur ordinaire à la chaire de droit romain. Nous indiquerons parmi ses ouvrages: « Die privatrechtlichen Bestimmungen des Zürcherischen Baurechtes in Vergleich mit dem gemeinen Rechte », Zurich, 1865; « Beträge zur Kenntniss der Römischen Personennamen », id., 1874; « Die 3 Scaevola Cicero's », Munich, 1879; « Commentar zum Schweiz. Obligationenrecht » (avec M. Flick), Zurich, 1883 (version française par Stöcklin), Fribourg, 1883; « Die Lex Junia Norbana » (*Zeitschr. der Savigny Stiftung*), 1884. On lui doit aussi plusieurs articles parus dans la *Münchner Kritisches Viertelsahilichssch*. notamment sur la littérature italienne; et le « Privatrechtliches Gesetzbuch für den Canton Zürich », 1888.

Schneller (Christian), archéologue et poète tyrolien, né, le 5 novembre 1831, à Holzgau. Après avoir étudié aux Universités d'Innspruck et de Vienne, il entra dans l'enseignement. Il débuta dans les lettres par des pièces de vers. Nous donnons en français les titres de ses ouvrages: « De la Montagne », Nuremberg, 1857; « Au delà du Brenner », Innspruck, 1864; « Eldorado », Gera, 1871; mais ses deux œuvres magistrales sont les suivantes: « Statuen einer Geiszelez-Bruderschaft in Trient aus dem XIV J. » et « Tirolische Namenforschungen ».

Schuering (Charles-Léopold), ancien professeur d'allemand à l'École supérieure de *Saint-Pierre* à Saint-Pétersbourg, en retraite depuis 1884, est né à Reval. Dans les *programmes* de l'École, il a publié: « Ueber Adalbert Chamisso und Peter Schlemils wundersame Geschichte », 1871-72;

Schœffer (Adolphe), pasteur et publiciste alsacien, né, à Reitviller (Alsace), le 7 décembre 1826, est docteur en théologie de la Faculté de Strasbourg. Après avoir passé une année à Genève et une autre en Allemagne pour y compléter ses études, il enseigna, pendant quelques mois, l'histoire dans les classes supérieures du Gymnase de Strasbourg et séjourna pendant deux ans à Paris, où Verny et Athanase Coquerel fils l'honorèrent de leur amitié. Nommé pasteur à Haguenau (Alsace) en 1855, il passa, deux ans plus tard, à Colmar en la même qualité. Il y préside actuellement le consistoire de cette ville. M. S. a publié: « Duplessis-Mornay, considéré comme apologiste », 1849; « De l'influence de Luther sur l'éducation du peuple », 1853; « Mme Duplessis-Mornay, née Charlotte Arbaleste », 1854; « Les larmes de Pélon de Chambrun », id.; « La morale chrétienne de Schleiermacher », id.; « Tristan et Joyeux », 1856; « Essai sur l'avenir de la tolérance », 1859 (a été traduit en hollandais); « Un Prédicateur catholique au XVe siècle: Jules de Rysersberg », 1862; « Un moine protestant avant la réforme », Pauli, 1863; « Histoire d'un homme heureux », 1865; « Desiderata », 1867; « De la Bonté morale, ou Esquisse d'une apologie du christianisme », 1868; « Non possumus », 1869; « Non sint, ou Sus à l'ennemi », 1872; « Mélanges d'histoire et de littérature », 1873; « Le curé et le pasteur », sous le pseudonyme de *Irma S.*, 1879 (cet ouvrage a été traduit en anglais et en allemand); « De la certitude de la vie future », id.; « Au déclin de la vie, ou de la vie présente et de celle qui est à venir », histoire précédée d'une lettre de M. G. Ad. Hirn, membre correspondant de l'Institut de France, 1883 (cet ouvrage a été traduit en anglais et en allemand); « Petit livre pour tous, ou l'art de bien vivre et de bien mourir », 1885; « Théâtre de Société: Poisson d'avril. Advienne que pourra », id.; « Deux arbres de Noël », 1886 (traduit en allemand); « Le Bonheur, ou Esquisse d'une apologie rationnelle du christianisme », 2me éd. remaniée; « De la Bonté morale », augmentée de lettres inédites de V. Hugo, St.-Beuve, Montalembert, Lacordaire, George Sand, Edmond About, etc., 1887. M. S., qui est doué, comme on peut le voir par l'énumération de ses ouvrages, d'une rare capacité de travail, est considéré comme un des représentants les plus éminents du libéralisme chrétien et d'une sage tolérance en matière religieuse. Il a collaboré à l'*Encyclopédie des sciences religieuses*, à la *Revue chrétienne*, à la *Revue suisse*, à la *Revue d'Alsace*, au *Courrier du Bas-Rhin*, à l'*Express* de Mulhouse, à la *Famille* de Lausanne, au *Magasin pittoresque*, au *Lien*, au *Progrès religieux*, au *Journal du protestantisme français*, où quelques uns de ses articles sont signés: *Irma S.* Il a reproduit de nombreux comptes-rendus consacrés à ses écrits dans ses « Roses et épines », volume tiré à cent exemplaires et distribué à ses amis, 1878.

Schœne (Richard), archéologue allemand, directeur général des Musées royaux, conseiller au Ministère de l'Instruction publique, né, le 5 février 1840, à Dresde: après des études sérieuses de philologie à Leipzig, il s'établit pour quatre ans en Italie et pour un an en Grèce. En 1869 il fut nommé professeur d'archéologie à Halle. Nous avons de lui : « Le Protagoras de Platon », Leipzig, 1863; « Sur les passages de l'Odyssée de F. Preller », id., id.; « Les sculptures antiques au Musée du Latéran », id., 1867; « Die Gründung und Organisation der K. Museen », Berlin, 1880.

Schœnflies (Arthur), mathématicien allemand, docteur en philosophie, professeur libre à l'Université de Gœttingue, né le 17 avril 1853, étudia à Berlin, et publia: « Synthet- geometrische Untersuchungen über Flächen 2 Grades », Berlin, 1877; « Geometrie der Bewegung », Leipzig, 1886; « Ueber das gleichseitige Paraboloid » (*Zeitsch. 6 math.*), 1878; « Sur la courbure des lignes décrites par les points d'un solide invariable » (*Mein. de la Soc. de Liège*), 1884, et plusieurs autres travaux de mathématique parus dans les *Mathem. Annalen*, dans les *Göttinger Nachrichten*, dans les *Comptes-rendus de l'Académie de Paris*, etc., etc.

Scholz (Antoine), théologien bavarois, professeur d'exégèse du Vieux-Testament et des langues orientales bibliques à l'Université royale de Wurzburg, né, le 25 février 1829, à Schmachtenberg (Bavière), a fait ses études à Aschaffenbarg, où il prit ses grades en 1856; il a voyagé dans la Syrie et en Palestine et depuis 1872 il occupe la place de prof. d'exégèse à l'Université de Wurzburg. Il a publié: « Der masorethische Text und die LXX Uebersetzung des B. Jeremias », Rejensburg, 1875; « Commentar zu Jeremias », id., 1880; « Commentar zu Hoseas », id., 1882; « Commentar zu Joel », id., 1885; « Commentar zum Buche Judith », id., 1887; « Die Alexandrinische Uebersetzung des Buches Iesaias », Wurzburg, 1880; « Commentar zum Buche Tobias », id., 1889.

Schönbach (Antoine-E.), littérateur autrichien, conseiller d'État, professeur ordinaire de langue et de littérature allemande à l'Université de Gratz, né, le 29 mai 1848, à Rumburg en Bohême, il étudia au Gymnase de Vienne et aux Universités de Vienne et de Berlin; devint docteur en philosophie en 1871 et professeur libre à l'Université de Vienne en 1872. En 1873, il fut nommé prof. extraordinaire à l'Université de Gratz et en 1876 il y fut nommé professeur ordinaire. En dehors de nombreux articles publiés dans les *Sitzungsberichte der K.-K. Akademie der Wissenschaften in Wien*, dans les *Zeitschr f. deutsches Alterthum*, dans les *Zeit-*

schr. f. deutsche Philologie, Deutsche Rundschau Englische Studien, etc., etc., on lui doit: « Ueber die humoristische Prosa des 19 Jahr. », Gratz, 1876; « Ueber die Marienklagen », id., 1875; « Vorauer Bruckücke des Wigalois », id., 1877; « Ueber Nathaniel Hawthorne », Heisbronn, 1885; « Altdeutsche Predigten », Gratz, 1886-1888; « Ueber Lesen und Bildung », id., 1888; 2ᵐᵉ éd., 1889.

Schönenberger (Édouard), né, le 17 avril 1843, à Herriberg dans le Canton de Zurich, a publié dans les rares loisirs que lui laissait sa carrière d'instituteur, une biographie d'« Ignace Heim », 1881, et dirigé de 1880 à 1885 une *Revue illustrée pour la jeunesse*.

Schorlemmer (Charles), écrivain anglo-allemand, professeur de chimie organique au Collège *Owen* de l'Université *Victoria* de Manchester, né, à Darmstadt, le 30 septembre 1834, et après avoir étudié à l'Ecole Polytechnique de sa ville natale et à l'Université de Giessen, il vint à Manchester en 1859 comme adjoint du célèbre Roscoe: depuis 1874 il est professeur; il a publié: « Lehrbuch der Kohlenstoffverbindungen »; « A Manual of the Carbon compounds »; « Kurzes Lehrbuch der Chemie von Roscoe und Schorlemmer »; « Ausführliches Lehrbuch der Chemie von Roscoe und Schorlemmer »; « A Treatise on Chemistry by Roscoe und Schorlemmer »; « The rise and development of Organic Chemistry »; « Origine et développement de la chimie organique, traduit par Claparède »; « Der Ursprung und die Eutwicklung der organischen Chemie ».

Schrader (Hébérard), doct. phil., doct. théol., professeur à l'Université de Berlin, membre de l'Académie Royale de Prusse, né, le 5 janvier 1836, à Brunswick. Après avoir fini les cours au Gymnase Supérieur de Brunswick et après avoir suivi le cours oriental du *Collegium Carolinum*, de le même ville, il étudia la théologie protestante et les langues orientales sous la direction de Henri Ewald et gagna le prix académique (1858). Créé docteur en philosophie (1860), il suivit sa vocation en professant à Zurich (1862). En 1869, il alla à Giessen (la Hesse), en 1872 à Iéna, en 1876 à Berlin, où il fut élu membre de l'Académie Royale de la Prusse. M. S. est le fondateur de l'Assyriologie allemande. Nous avons de lui : « Études sur la critique et l'explication de l'histoire biblique primitive », Zurich, 1863 ; « Nouvelle introduction à l'Ancien Testament de De Wetter », Berlin, 1869 ; « Le voyage aux Enfers d'Instar », Giessen, 1872 ; « Keilnischriften und Geschichtsforschung », id., 1878 ; « Die Keilinschriften und das Alt. Test », id., 1872 ; 2ᵉ éd., 1883. De nombreuses publications scientifiques dans les mémoires et comptes-rendus des académies et sociétés de Berlin et de Leipzig, ainsi que dans les journaux d'Assyriologie rédigés par Hommel et Bezold (1884-85-86-87)

Schrauf (Albert), professeur ordinaire de minéralogie à l'Université de Vienne (Autriche), né, le 14 décembre 1837, conservateur du Cabinet Impérial aulique de minéralogie à Vienne (1861), *Docent* de minéralogie à l'Université de Vienne (1863), et depuis 1874 professeur ordinaire et directeur du Cabinet minéralogique de l'Université viennoise. Nous lui devons: « Lehrbuch der physikalischen Mineralogie », 2 vol. (*Mineralmorphologie*) et (*Kristallphysik*), chez Braumüller, Vienne, 1866-1868; « Atlas der Krystallformen des Mineralreiches », Braumüller, Vienne, 1877; « Katalog der Bibliothek des K. K. Hof-Mineralien-Cabinetes », Gerold, Vienne, 1864; « Physikalische Studien über die gesetzmässigen Beziehungen von Materie und Licht », id., id., 1867; « Handbuch der Edelsteinkunde », id., id., 1869. On lui doit aussi les articles suivants publiés dans les *Sitzungsberichte der K. K. Academie der Wissenschaften in Wien*: « Ueber die Formen des Kieselzinkerzes », 1859; « Untersuchungen über die Identität der Wolnyn mit Schwerspath », 1860; « Revision vorhandener Beobachtungen an Krystallisirten Körpern », 1860; « Bestimmung optisches Constanten Krystallisirter Körper », deux séries, 1860; « Monographie der Mineralspezies Columbit », 1861; « Charakteristik der Mineralspecies Anhydrit », 1862; « Beitrag zu den Berechnungsmethoden des hexagonalen Krystallsystems », 1863; « Ueber die Volumen und Oberfläche der Krystalle », 1864; « Berechnung der Zwillingskrystalle », 1865; « Refractionsäquivalente und optische Atomzahlen der Grundstoffe », 1865; « Die optischen Werte der Mineralvarietäten », 1866; « Analogien des Refractionsäquivalents und des specifischen Volumens », 1866; « Gewichtsbestimmung des grossen Diamants im K. öst. Kronschatze, genannt *Florentiner* », 1866; « Studien an der Mineralspecies Labradorit », 1869; « Mineralogische Beobactungen », six séries de 1870 à 1876, vol. 62-63-64, 65, 67-74; « Notiz über thermo-electrische Eigenschaften von Mineralvarietäten », en collaboration avec M. Dana, 1874. Dignes d'être mentionnés sont aussi les articles suivants : « On the determination of the optical constants of cristallized substances », et « On the molybdates and vanadates of Lead and on a new mineral from Leadhills », parus dans les *Proceedings of the Roy. Society of London*, 1861, vol. XI et 1871 vol. IX, Londres ; « On the thermo-electrical properties of some minerals and their varieties », en collaboration avec M. E. Dana, inséré dans l'*American Journal of Science and Arts*, New-Haven, Nord-America, 1874; « On certain objections of the theory of the equivalent of refraction », dans le *London Edinburgh and Dublin Philosophical Magazin and Journal of Science*, 1868; « Sur la forme Cristalline de Lanarkite d'Écosse » (*Comp-*

tes-rendus de l'Acad. de Sciences de Paris, Paris, 1873; « Ueber die Kupferlasur von Nertschinsk »; « Notizen über Apatis, Cuprit »; « Ueber gediegen Kupfer von Wallaroo »; « Notizen über Boracit, Anatas »; « Chaleolith und Zeunerit, nebst Bemerkungen über Walpurgin und Trägerit »; « Ueber Weissbleierz »; « Ueber Klinochlor, Klinoquadratisches und Klinohexagonales System », publiés dans les *Mineralogische Mittheilungen*, de H. Pr. Pschermak, Vienne; « Note über die Bestimmung optischer Constanten Crystallisirter Körper »; « Einfluss der chemischen Zusammensetzung auf die Fortpflanzung des Lichtes », et tant d'autres dans les *Annalen der Physik und Chemie*, de H. P. Wiedmann, Leipzig; « Ueber die Analogien des rohmboedrischen und prismatischen Krystallsystems »; « Eosit, ein neues Mineral »; « Neue Mineralvorkommniss im Graphit von Mugrau (Böhmen) », etc., etc., dans le *Jahrbuch f. Mineral. Geol. Paläont.*, de Leonhard, Stuttgart; « Die Krystallographischen Constanten des Lanarkit »; « Ueber Gismondin »; « Ueber Eggonit »; « Analyse des Danburit von Scopi », etc., etc., dans la *Zeitschr. f. Krystallogr. und Mineralogie*, de P. Groth.

Schreiber (Théodore), archéologue allemand, docteur en philosophie, professeur d'archéologie allemande à l'Université de Leipzig, directeur du Musée communal de cette ville, né, le 13 mai 1848, à Strehla (Saxe), a voyagé aux frais de l'Institut archéologique allemand en Italie et en Grèce de 1874 à 1878, et publié les ouvrages suivants: « Die antiken Bildwerke der Villa Ludovisi », Leipzig, 1880; « Die wiener Brunnenreliefs aus Palazzo Grimani », id., 1888; « Die hellenitichen Reliefbilden », id., 1889-90.

Schröder (Léopold von), écrivain allemand, professeur de sanscrit à l'Université de Dorpat, né, le 12 décembre 1851, à Dorpat (Livonie), fit ses études à Dorpat, Iéna et Tubingue, prit son habilitation à l'enseignement à l'Université de Dorpat et depuis 1882, y occupe la chaire de sanscrit. Deux fois (1879 et 1888), proposé par le professeur Otto Böhtlingk comme membre de l'Académie des sciences de St.-Pétersbourg, il a été deux fois refusé à cause de sa nationalité allemande. En dehors de nombreux articles, dissertations, mémoires, etc., dans les journaux spéciaux allemands, on lui doit: « Ueber die formelle Unterscheidung der Redetheile im Griechischen und Lateinischen, mit besonderer Berücksichtigung der Nominalcomposita », Leipzig, 1874; « Livonienlieder », Dorpat, 1877; « Mâitrâjanî Samhitâ », 4 vol., id., 1881-86; « Ueber die Poesie des ind. Mittelalters », Dorpat, 1882; « Pythagoras und die Inder », Leipzig, 1884; « Griechische Götter und Heroen », Berlin, 1887; Indiens Literatur und Cultur », Leipzig, id.; « Die Hochzeitsgebräuche der Esten und einigen anderen finnisch-russichen Völker, in Vergleichung denen der indogerman. Völker », Berlin, 1888; « König Sundara », tragédie en 5 actes, Dorpat, 1887-88; « Gedichte », Berlin, 1889.

Schröder (Édouard), écrivain, littérateur allemand, docteur en philosophie, professeur ordinaire de langue et de littérature allemande à l'Université de Marbourg, né, en 1858, à Wilzenhausen (Hessen), étudia au Gymnase de Cassel et aux universités de Berlin et Strasbourg, devint docteur en philosophie en 1880 à Strasbourg et professeur libre à Gœttingue en 1887; il a été professeur extraordinaire à l'Université de Berlin et depuis 1889 il est prof. ordinaire à Marbourg. On lui doit: « Das Anegenge », Strasbourg, 1881; « Das Goldene Spiel von Meister Ingold », id., 1882; « Das Deutsche Kaiserchronick des 12 Jahrhunderts », Hannover, 1889.

Schröder (Richard), jurisconsulte allemand, professeur de droit civil et commercial à l'Université de Heidelberg, né, le 19 juin 1838, à Treptow (Poméranie), fit ses études aux universités de Berlin et de Gœttingue; il a été professeur libre, prof. extraordinaire et prof. ordinaire de droit allemand à Bonn; il enseigna ensuite aux universités de Wurzbourg, Strasbourg et Gœttingue et enfin à Heidelberg, où il se trouve depuis 1888. Nous lui devons: « Geschichte des ehelichen Güterrechts in Deutschland », Stettin, Léon Saunier; « Corpus Juris Civilis für das deutsche Reich und Œsterreich », Bonn, 1876-1877; « Die Franken und ihr Recht », Weimar, Böhlau, 1881; « Lehrbuch der deutschen Rechtes Geschichte », Leipzig, 1889. M. S. est rédacteur de la *Zeitschrift der Savignystiftung für Rechtsgeschichte*, et auteur d'un grand nombre d'articles publiés dans les journaux spéciaux allemands.

Schröer (Arnold-Michel-Martin), philologue autrichien, docteur en philosophie, professeur extraordinaire de philologie anglaise à l'Université de Fribourg, né, le 10 novembre 1857, à Presbourg (Autriche), étudia aux universités de Vienne, Berlin et Strasbourg; il devint professeur libre à l'Université de Vienne en 1883, professeur à l'Académie commerciale Viennoise en 1884 et professeur à Fribourg depuis 1886. En dehors d'un grand nombre d'articles publiés dans les revues philologiques allemandes, on lui doit: « Johan Bale's Comedy concerynge thre lawes », Halle, 1882; « Ueber den Unterricht in der Aussprache des Englischen », Berlin, 1884; « Die Angelsächsischen Prosaversionen der Benedictinerregel », Cassel, 1885-88; « Supplement zur englischen Schulgrammatik », Vienne, 1885; « Wissenschaft und Schule in ihrem Verhältnisse zur praktischen Spracherlernung », Leipzig, 1887; « Die Winteney-Version der Regula S. Benedicti », éd. anglaise et latine, Halle, 1888; « Percy's relics of ancient English Poetry », Heilbronn, 1889.

Schrör (Charles-Jules), écrivain austro-hongrois, docteur en philosophie, professeur de littérature allemande au Polytechnique de Vienne, vice-président et bibliothécaire du *Goetheverein* de Vienne, né, à Presbourg, en 1825, fit ses études dans son pays natal et aux universités de Leipzig, Halle et Berlin. En langue allemande, il a publié plusieurs ouvrages parmi lesquels nous citons : « Deutsche Litteraturgeschichte », Pest, 1853 ; « Deutsche Weihnachtenspiele », Vienne, 1858 ; « Deutsch- lateinisches und latein- deutsches Wörterbuch, des 1420 », Presbourg, 1859 ; « Gedichte », id., 1862 ; « Die Wiener Weltaustellung », id., 1873 ; « Der Weinschwelg », Iéna, 1876 ; « Gœthes Aussere Erscheinung », 1879 ; « Unterrichtungsfragen », Vienne, 1873 ; « Heinrich von Mügeln », id., 1887 ; « Die Deutschen in Oesterreich- Ungarn und ihre Bedeutung für die Monarchie », id., 1879 ; « Faust von Goethe mit Einleitung und fortlaufenden Erklärung », Heilbronn, 1881 ; 2e éd. 1888 ; « Goethes Dramen », Berlin et Stuttgard, 1883 ; « Die Aufführung des Ganzen Faust auf dem Wiener Hofburgtheater », Heilbronn, 1883 ; « Goethe und die Liebe », id., 1884 ; *Chronik des Wiener Goethesvereins*, paraissant le 15 de chaque mois à Vienne, depuis 1885.

Schroeter (Édouard-Heinrich), mathématicien allemand, docteur en philosophie, professeur de mathématiques à l'Université de Breslau, conseiller d'état, né, le 8 janvier 1829, à Königsberg (Prusse), étudia aux Universités de Königsberg et de Berlin, prit son habilitation à l'enseignement à l'Université de Breslau, où il enseigne toujours les mathématiques. En dehors d'une foule de travaux parus dans les journaux spéciaux allemands, on lui doit : « Die Theorie der Kegelschnitte, gestützt auf projectivische Eigenschaften », Leipzig, Teubner, 1867, 2me éd., 1876 ; « Theorie der Oberflachen zweiter Ordnung und der Raumkurven dritten Ordnung », id., id., 1880 ; « Die Theorie der ebenen Kurven dritter Ordnung », id., id., 1888 ; « Ueber die Entwickelung der Potenzen der elliptischen Transcendenten », Breslau, 1885 ; « De æquationibus modularibus » (Dissertation inaugurale), Regiomonts, 1854.

Schrörs (Jean-Henri), professeur d'histoire ecclésiastique à l'Université de Bonn, né, le 26 novembre 1852, à Crefeld (Prusse rhénane) ; il fréquenta les universités de Bonn, Wurzbourg, Innsbruck et Munich, et fut nommé *privat-Docent* de droit canonique à l'Université de Fribourg en Brisgau, pendant qu'il était professeur à l'Université de Bonn. Nous avons de lui : « Der Streit über die Prædestination im IX Jahrhundert », thèse, Fribourg, 1884 ; « Hinkmar, Erzbischof von Reims ; sein Leben und seine Schriften », id., id.

Schrutka, v. **Rechtenssumm** (Émile), jurisconsulte autrichien, professeur de droit civil à l'Université de Vienne, né, à Brunn (Moravie), en 1852, étudia aux Universités de Vienne, Gratz et Strasbourg, a été professeur à Czernowitz, et depuis 1885 appartient à l'Université de Vienne. Il a publié : « Zeugnisspflicht und Zeugnisszwang », Vienne, 1879 ; « Die Compensation im Concurse », Berlin, 1881 ; « Praktische Fragen des österr. civilgerichtlichen Verfahrens », Leipzig, 1884 ; « Ueber den Schlussatz in cap. 21 legis Rubriæ de Gallia Cisalpina », Vienne, id. ; « Ueber accessorische Intervention » (*Gerichtshalle*), 1879 ; « Die Vowechtsordnung im concurse » (id.), id. ; « Ueber die Person des Protestanten im Concursfalle » (*Burch'Archiv*), 1880 ; « Zur Dogmengeschichte und Dogmatik der Freigebung fremder Sachen im Zwangsvollstreckungsverfahren », Berlin, 1889, et plusieurs autres articles parus dans la *Grünhut's Zeitschr.* et dans la *Zeitschr. für deutsche Civilprocess.*

Schuchardt (Hugo-Ernest-Mario), philologue allemand, professeur ordinaire de philosophie néo-latine à l'Université de Gratz, membre correspondant de l'Académie impériale de Vienne, membre honoraire de l'Académie de Bucharest, docteur honoraire de l'université de Bologne, né, le 4 février 1842, à Gotha (duché de Saxe-Cobourg-Gotha), fit ses études au célèbre Gymnase de Gotha et aux Universités de Iéna et Bonn (1864), voyagea en Suisse et en Italie séjournant particulièrement à Rome ; il prit son habilitation pour l'enseignement de la philologie néo-latine à l'Université de Leipzig (1870), et de 1873 à 1875 fut professeur ordinaire à Halle et à Gratz ; séjourna dans la principauté de Galles (1875) pour se perfectionner dans la langue Cymrique, et plus tard (1879) en Andalousie et dans la France méridionale (1887) pour étudier la langue des Basques. En dehors de beaucoup de dissertations et d'articles dans *Huhn's Zeitschrf.*, *Romania*, *Zeitschr. f. Romanische philol.*, *Litter. Centralbl.*, *Litt. Blatt. f. Rom. und germ. Philol.*, *Magyar Nyeloör*, etc., parmi lesquels il y en a de très étendus, comme « Albanisches und Romanisches » phonétique comparée ; « Die Cantes flamencos Basco-romanisches », etc., il a publié : « De sermonis romani plebei vocalibus », 1864 (thèse de doctorat) ; « Der Vokalismus des Vulgärlateins », 3 vol., Leipzig, 1866-68 ; « Ueber einige Fälle bedingten Cautwandels im Churwälschen », Gotha, 1870 (thèse d'habilitation) ; « Ritornell und Terzine », Halle, 1875 ; « Ueber Hasden's Alt-rumänische Texte und Glossen (*Hasden's Cuvent den bäträni*) », Bukarest. 1880 ; « Slawo- deutsches und Slawo- italianisches », Gratz, 1884 ; « Ueber die Lautgesetze », Berlin, 1885 ; « Romanisches und Keltisches », id., 1887 ; « Auf Anlass des Volapüks », id., 1888 ; « Kreolische Studien » (*Comptes-rendus de l'Académie impériale de Vienne*), 1881-88.

Schuermans (Henri), éminent jurisconsulte et archéologue belge, actuellement premier président de la cour d'appel de Liège, membre de la Société royale belge de numismatique, de la Commission royale des monuments, etc. Il s'est servi autrefois du pseudonyme *Henri Boscaven*, notamment pour un très remarquable « Manuel de versification », donné par lui à une collection encyclopédique publiée à Bruxelles par l'éditeur Jamar. Dans la même collection, il a signé de son nom un « Précis de droit criminel » ; mais son œuvre juridique capitale est un magnifique « Code de la presse », Bruxelles, 1861, 2ᵐᵉ éd., 1881-82. On lui doit, d'autre part : « Histoire de la lutte entre les patriciens et la plèbe à Rome, depuis l'abolition de la royauté jusqu'à la loi Licinia », Bruxelles, 1845 ; « Sigles figulins (époque romaine) », id., 1867; une foule de communications dans les publications des sociétés savantes, les revues et les journaux, etc., etc.

Schuermans (Louis-Guillaume), publiciste belge, de langue néerlandaise, né, à Campenhout, le 27 janvier 1821. M. S., entré de bonne heure dans les ordres, est aujourd'hui curé à Wilsele, près de Louvain ; il a beaucoup écrit et ses travaux l'ont fait élire récemment membre de l'Académie royale flamande. Il faut surtout citer de lui : « Veldtocht der Franschen onder Hollanders in Belgie ten jare 1635 », Louvain, 1859 ; « Eenparigheid in de spelling onzer Nederduitsche taal », id., 1862 ; « De Fraticellen en Beggaarden », id., 1863 ; « Vlaamsche schrijvers der oude Hoogeschool van Leuven », 1865 ; et enfin son « Algemeen Vlaamsch Idioticon », publié sous le patronnage de la société *Tijd en Vlijt*, Louvain, 1865-70, et qui a été suivi d'un supplément : « Bijvoegsel aan het algemeen Vlaamsch Idioticon », id., 1883.

Schulin (Jean-Frédéric-Paul), né, le 2 août 1843, à Francfort sur Mein, fils d'un sénateur, embrassa la carrière juridique et débuta dans l'enseignement en 1869 comme *privat-Docent* à l'Université de Marbourg, en 1874 il y fut nommé professeur ordinaire, mais la même année il fut appelé par l'Université de Bâle à la chaire de droit romain qu'il occupe encore aujourd'hui. Ses principaux ouvrages sont d'après l'ordre des dates : « De rebus sub resolutiva in diem addictionis vel commissoria lege venditis », Marbourg, 1869 ; « Quelques cas pour l'application de la Publiciana in rem actio », Marbourg, 1873 ; « Les conditions résolutives et les termes finaux », id., 1875 ; « Ad Pandectarum titulum de origine juris commentatio », Bâle, 1876 ; « Le lieu de l'accomplissement et le siège juridique des obligations d'après le droit romain », id., 1879 ; « Le testament grec comparé au testament romain », id., 1882 ; « Histoire du droit romain » (sous presse). Nombreux articles dans la *Revue critique trimestrielle* et la *Revue de droit suisse*.

Schuller (Maximilien-Charles-Henri), célèbre chirurgien allemand, professeur libre de chirurgie à l'Université royale *Friedrich-Wilhelm* à Berlin, né, en 1843, à Molsdorf (Grand-duché de Gotha), a fait ses études aux Universités de Iéna et Leipsig ; il a été d'abord assistant du professeur Czermae à l'Institut physiologique de Iéna, et ensuite assistant de la section chirurgicale à l'hôpital municipal de Hanovre. De 1870 à 1871, il fut médecin en chef des Lazarets de réserve et des ambulances, et après cette campagne, en récompense de ses services, il reçut l'ordre de la Couronne de 3ᵐᵉ classe. Il visita Vienne et Wurzbourg, exerça la médecine jusqu'à 1875 et vers la fin de cette année il fut appelé à l'Université de Greifswald en qualité de professeur et comme assistant à la clinique de chirurgie sous le professeur Dʳ Charles Huet. Après avoir séjourné quelque temps en Angleterre (1877) et avoir été deux fois (1881-82) en Amérique, il revint à Berlin comme professeur à l'Université *Friedrich-Wilhelm*, et comme directeur d'un ambulatoire polyclinique particulier. On lui doit : « Kriegschirurgische Skizzen aus dem französisch-deutschen Feldzuge 1870-71 », Hanovre ; « Ueber die Localbehandlung des chronischen Blasenkatarrhs », Berlin, 1877 ; « Die Tracheotomie, Laryngotomie und Extirpation des Kehlkopfes », Stuttgart, 1880 ; « Experimentelle und histologische Untersuchungen über die Entstehung und Ursachen der Scrophulöden und tuberculösen Gelenkleiden », id., id. ; « Die chirurgische Klinik zu Greifswald im Jahre 1876 », 1878 ; « Chirurgische Anatomie in ihrer Beziehung zur chirurgischen Diagnostik, Pathologie und Therapie », Berlin, 1885. Une foule de ses articles, dissertations et mémoires ont paru dans les *Zeitschr. f. Chirurgie*, *Centralbl. f. Chir.*, *Virchow's Arch.*, etc. M. S. collabore à la *Deutsche Chirurgie von Billroth und Lücke*, à la *Real-Encyclopädie von Eulenburg* et à la *Deutsche Encyclopädie*; il est inventeur de plusieurs instruments chirurgicaux, et on lui doit une nouvelle méthode de respiration artificielle.

Schulte (Jean-Frédéric von), un des chefs du parti des Vieux Catholiques, né, le 23 avril 1827, à Wittemberg (Westphalie), étudia la philologie et la jurisprudence à l'Université de Berlin ; fut nommé professeur de droit à Prague en 1854 et à Bonn, où il fut nommé conseiller de Justice en 1872. De 1874 à 1879, il fut membre libéral du *Reichstag* allemand. Il a été président des congrès des Vieux Catholiques à Munich (Bavière), 1871 ; Cologne, 1872 ; Constance, 1873 ; Fribourg, 1874 ; Breslau, 1876 ; et comme écrivain, il s'est distingué pour les œuvres sur le droit de l'église. Nous citons ici les plus remarquables : « Die Stellung der Konzilien, Päpste und Bischöfe », 1871 ; « Die Macht der Römischen Päpste », id. ; « Lehrbuch der deutschen Reichs- und Rechtsgeschichte », 4me éd., 1876; « Der Kölibatszwang », id.; « Lehrbuch des Kath. u. evang. Kirchenrechts », Giessen, 1886, 4me éd.; « Lehrbuch des deutschen Reichs- und Rechtsgeschichte », Stuttgart, 1881, 5me éd.; « Der Altkatholicismus, Geschichte seiner inneren Gestaltung und rechtlichen Stellung in Deutschland », Giessen, 1887; « Gedanken über die Aufgabe und Reform des juristischen Studiums », Bonn, 1881; « Die Geschichte der Quellen und Literatur des canonischen Rechts von Gratian bis auf die Gegenwart », Stuttgart, 1877. Nous lui devons aussi beaucoup de dissertations, essais et articles de droit ecclésiastique parus dans le *F. Conrad. Jahrb. f. Nationalökn. und Statistik.*, dans le *Deutscher Merkur, Centralbl. f. Rechtzwiss.*, dans la *Kölnische Zeitung*, etc., etc.

Schulthess-Rechberg (Gustave DE), théologien suisse, né, le 27 avril 1852, à Zurich, issu d'une vieille famille patricienne, fils d'un banquier connu par son zèle pour les œuvres philanthropiques, et en particulier pour la mission intérieure, fut destiné de bonne heure à la carrière ecclésiastique, s'y prépara par de solides études aux Universités de Bâle (1870), Leipzig (1872), Zurich (1873), Tubingue (1874), et subit plus que toute autre l'influence de Ritschl. Un voyage d'une année (1876-77) à Paris, Bordeaux et le Midi de la France, Londres, Édimbourg, compléta heureusement pour lui les connaissances acquises à l'école. En 1875 eut lieu la consécration de M. de S.-R. au Saint-Ministère; en 1878 la paroisse de Wätzikon sur le Zuricherberg le choisit pour son conducteur spirituel. M. de S.-R. exerce depuis 1883 les fonctions pastorales à Kussnacht, et professe depuis 1885 la théologie systématique en qualité de *privat-Docent* à l'Université de Zurich. Jusqu'à présent il ne s'est fait connaître comme écrivain que par quelques dissertations et mémoires : « Histoire de l'enseignement religieux et de la catéchétique dans l'église de Zurich », 1882; « Les pensées fondamentales du système philosophique de Hermann Lotze », 1884; « Examen critique des plus récents ouvrages sur la dogmatique et la philosophie de la religion », 1888, la plupart insérés dans la *Revue théologique* de Meoli.

Schultz (Alwin), écrivain allemand, docteur en philosophie, professeur ordinaire d'histoire de l'art à l'Université impériale et royale de Prague; né le 6 août 1833, il prit son habilitation à l'enseignement en 1866 à l'Université de Breslau, où il fut reçu en 1872 comme professeur extraordinaire et y enseigna jusqu'à 1882, époque à laquelle il fut appelé à Prague. Ses œuvres les plus remarquables sont les suivantes: « Ueber Bau und Einrichtung der Hofburgen der 12 und 13 Jahrh. », Berlin, 1862; « Urkundliche Geschichte der Breslauer Maler- Innung in den Jahren 1345-1523 », Breslau, 1866; « Beschreibung der Breslauer Bilderhandschrift des Froissart », id., 1869; « Schlesiens Kunstleben im 13 und 14 Jahrh. », id., 1871; « Die Schlesischen Siegel bis 1520 », id., id.; « Schlesiens Kunstleben im 15 bis 18 Jahrh. », id., 1872; « Das höfische Leben zur Zeit der Minnesinger », 2 vol., Leipzig, 1879-80; « Gerhard Heinrich von Amsterdam, Bildhauer in Breslau », Breslau, 1880; « Untersuchungen zur Geschichte der Schlesischen Maler (1500-1800) », id., 1882; « Kunst und Geschichte », Prague, 1883; « Die Legende vom Leben der Jungfrau Maria und ihre Darstellung in der bildenden Kunst des Mittelalters », Leipzig, 1880; « Einführung in das Studium der neueren Kunstgeschichte », Prague, 1886-87; « Ausgabe des *Weisskunig* », Vienne, 1888; « Deutsches Leben im 14 und 15 Jahrhundert », Prague et Leipzig, 1889. M. S. est un des collaborateurs du *Dohme's Kunst und Künstler der Mittelalt. und d. Neuzeit*

Schultze (Bernard-Sigismond), médecin allemand, conseiller intime de la Cour, professeur de l'art des accouchements et de gynécologie, directeur de la clinique des femmes et de l'école des sages-femmes à l'Université de Iéna, né, le 29 octobre 1827, à Fribourg (Baden), fit ses études de médecine aux Universités de Greifswald et de Berlin; fut promu docteur à Greifswald, le 27 août 1851, habilité à l'enseignement de l'anatomie en 1853 et à l'enseignement de l'art des accouchements et de la gynécologie en 1856; a été (1854-58) assistant à la clinique de l'Université de Berlin sous le prof. Busch; succéda, en 1858, au prof. L. Martins, à Iéna, en qualité de professeur et de directeur de la clinique des femmes, etc., place et charges qu'il conserve toujours. Il a publié : « Lehrbuch der Hebammenkunst », Leipzig, 1860, 8me éd., 1887, traduit en italien, Coira, 1885; « Das Nabelbläschen, ein constantes Gebilde in der Nachgeburt des ausgetragenen Kindes », Leipzig, 1861; « Wandtafeln zur Schwangerschafts- und Geburtskunde », Iéna, 1865, 2me éd., 1888-89; « Der Scheintod der Neugebornen », Iéna, 1871; « Die Pathologie und Therapie der Lageveränderungen des Uterus », Berlin, 1881 (version française, Paris, 1884; version anglaise, Londres, 1888). M. S. a publié aussi de nombreux articles dans les *Virchow's Arch.*, dans plusieurs journaux spéciaux allemands et collabora au *Gerhardt's Lehrbuch der Kinderkrankheiten.*

Schultze (Frédéric), médecin allemand, directeur de la clinique médicale et professeur de pathologie spéciale à l'Université de Bonn, conseiller d'état russe, né, le 17 août 1848, à Ratenow (Brandeburg), fit ses études à Berlin et Bonn, prit ses grades à l'Université de Heidelberg (1871), où il fut médecin assistant jusqu'à

1879; prit ensuite son habilitation à l'enseignement (1876), et en 1880 on le nomma professeur extraordinaire à l'Université de Heidelberg. Six ans plus tard il fut appelé à Dorpat pour y enseigner la pathologie spéciale et diriger la clinique médicale, et en octobre 1888 il fit passage à l'Université de Bonn dans la même qualité. On lui doit : « Ueber die Resultate der Kaltwasserbehandlung des Typhus abdominalis im ak. Krankenhause zu Heidelberg », Heidelberg, 1875 ; « Ueber den mit Hypertrophie verbundenen progressiven Muskelschwund und ähnliche Krankheitsformen », Wiesbaden, 1886. Ainsi que beaucoup d'articles de pathologie, publiés dans les *Pflüger's Arch.*, *Virchow's Arch.*, et dans plusieurs autres revues médicales allemandes.

Schultze (Gauthier), docteur en philosophie, allemand, assistant à la Bibliothèque de l'Université de Halle, né, le 9 mai 1862, à Colberg (Poméranie) ; il a publié : « Forschungen sur Geschichte der Klosterreform im 10 Jahrhundert », 1883 ; « Ueber die Biographien des Majolus », *Forschungen zur deutschen Geschichte XXIV*, 1884 ; « War Johannes von Gorse historischer Schriftsteller ? » *Neuer Archiv für ältere deutsche Geschichtskunde IX*, 1884 ; « Die Aufgaben der historischen Forschung », *Allgemeine Oesterreichische Literaturzeitung*, 1886 ; « Gerhard von Brogne und die Klosterreform in Niederlothringen und Flandern », *Forschungen sur deutschen Geschichte XXV*, 1885 ; « Geschichte der Preussischen Regieverwaltung, I », Leipzig, Dunckes et Humblos, 1888 ; « Noch ein Wort su den Biographien des Majolus », *Neues Archiv für ältere deutsche Geschichtskunde XIV*, 1889 ; « Die Bedeutung des iroschottischen Mönche für die Erhaltung und Fortpflanzung der mittelalterlichen Wissenschaft », *Centralblatt. für Bibliothekswesen VI*, 1889.

Schultze (Maximilien-Victor), érudit théologien allemand, professeur ordinaire d'histoire de l'église et d'archéologie chrétienne à l'Université de Greifswald (Prusse), né, à Fürstenberg (Principauté de Waldeck), en 1851 ; il étudia la théologie et l'histoire de l'église et pendant son long séjour en Italie, se dédia aux recherches dans les catacombes et les résultats qu'il obtint furent bien différents de ceux auxquels étaient parvenus les investigateurs qui l'ont précédé ; résultats qui s'opposaient aussi à l'exégèse tendancieuse des savants catholiques. En 1879, il fut nommé professeur libre à l'Université de Leipzig, et depuis 1884 professeur ordinaire à Greifswald. Il a publié : « Die Katakomben von S. Gennaro dei Poveri in Napoli », Iéna, 1877 ; « Archäologische Studien über altchristliche Monumente », Vienne, 1880 ; « Die Katakomben. Ihre Geschichte und ihre Monumente », Leipzig, 1882 « Geschichte des Untergangs des Griechisch-römischen Heidenthums », Iéna, 1887 ; « Evangelische Polemik gegen die römische Kirche », Nördlingen, 1889. Plusieurs articles, études et dissertations sur l'histoire de l'église et de l'art chrétien ont paru dans les *Zeitschr. f. Kirchengesch.*, *Zeitschr. f. Kirchliche Wissensch.*, *Christliches Kunstblatt.*, etc., etc.

Schulze (Louis-Théodore), théologien allemand, professeur ordinaire de théologie à l'Université de Rostock, docteur en philosophie et théologie, conseiller du concistoire et membre de la Cour supérieure ecclésiastique, né, le 27 février 1823, à Berlin, fit ses études à l'Université de cette ville, y prit ses grades en 1858, et y devint professeur libre. En 1863, il fut nommé professeur de théologie à l'Université de Königsberg et membre de la Commission des examens de Science pour les concurrents aux places de maître supérieur ; en 1866, il fut appelé à Marbourg comme professeur de théologie et inspecteur ecclésiastique du Séminaire. Professeur à Rostock depuis 1874. Il a publié : « De fontibus ex quibus historia Hycsosorum haurienda sit », Berlin, 1858 ; « Ueber die Wunder Jesu Christi mit Beziehung auf das Leben Jesu von Renan », Königsberg, 1864 ; « Martha und Maria », Gotha, 1866 ; « Passions- und Osterfeier- Predigten », id., id. ; « Vom Menschensohn und vom Logos », id., 1867 ; « Philipp Wackernagel », Leipzig, 1879 ; « Friedrich Adolf Philippi », Nördling, 1883. On lui doit, en outre, une très grande quantité d'articles et essais publiés dans l'*Evangel. Kirchen- Zeitung*, dans l'*Allg. Luth. K. Z.*, dans les *Zeitschr. f. Hymnologie*, etc., etc., et la publication du *Vuttke's Handbuch der Christl. Sittenlehre*, Leipzig, 1874, 1875 et 1886.

Schumann (Albert), littérateur et bibliophile germano-suisse, né, à Gotha, le 9 février 1835, étudia l'histoire et la philologie aux Universités de Iéna, de Bonn et de Gœttingue, fut choisi en 1860 comme secrétaire particulier par l'archiviste hambourgeois Lappenberg, et travailla sous sa direction à la publication des sources latines pour les *Annales* de la Basse-Allemagne. En 1861, s'ouvrit pour lui la carrière de l'enseignement secondaire : nommé à cette époque par la municipalité de Jofingue maître d'histoire et de littérature, il échangea en 1882 ces fonctions contre celles de professeur d'histoire et de géographie à l'école cantonale d'Aarau, tout en restant bibliothécaire de la première de ces villes, poste auquel il avait été appelé en 1869. Nous sommes jusqu'à présent redevables à M. S. des ouvrages suivants : « Feuilles du Wiggeithal pour l'instruction et l'amusement », 1863-64 ; « Catalogue de la Bibliothèque municipale de Jofingue », suivi d'un appendix, 1874-86 ; « Les écrivains argoviens », 1er liv., Aarau, 1887. M. S. a de plus édité en 1877 les « Poésies » de Franz Busch et fourni une collaboration assidue à la *Nouvelle Encyclopédie* de Petzold, à l'*Argovia*, revue publiée par la Société historique d'Aarau, etc.

Schupfer (François), jurisconsulte austro-italien, né, à Chioggia, le 6 janvier 1833, fit ses études de Gymnase à Venise, du Lycée à Vérone et celles de droit aux Universités de Innsbruck, Vienne et Heidelberg. Il entra de bonne heure dans l'enseignement (1864-65, à l'Université d'Innsbruck). Le ministre italien Broglio l'appela en 1868 à la chaire de pandectes à l'Université de Bologne, et en 1872 le ministre Scialoja l'appela à l'Université de Rome. En 1874, il fut nommé professeur à l'*Istituto di Studi Superiori* de Florence. Collaborateur (1883-85) de la *Rivista critica delle scienze giuridiche e sociali*, de la *Nuova Antologia* depuis 1881, M. S. est académicien des *Lincei*, membre de l'Académie des Sciences de Turin et du Conseil Supérieur de l'Instruction publique. Voici la liste des ouvrages de cette illustration du professorat italien : « Degli ordini sociali e del possesso fondiario presso i Longobardi », Vienne, 1861 ; « Delle istituzioni politiche longobardiche », liv. 2, Florence, 1867 ; « La famiglia presso i Longobardi », Bologne, 1868 ; « Trattato delle obbligazioni secondo i principii del diritto romano », Padoue, id. ; « Degli ordinamenti economici in Austria sotto Maria Teresa », Bologne, id. ; « La Tavola Clesiana. Ricerche archeologiche », id., 1869 ; « La Società Milanese al tempo del risorgimento del comune », id., 1870 ; « Le donazioni tra vivi nella storia del diritto italiano », Florence, 1871 ; « Le fonti delle consuetudini milanesi dell'anno 1216 », Milan, 1868 ; « La famiglia secondo il diritto romano », Padoue, 1876 ; « La legge romana udinese », mémoire 1er, Rome, 1881 ; mémoire 2me, id., 1882 ; mémoire 3me, Rome, 1888 ; « La prescrizione immemorabile », Turin, 1881 ; « L'acceptilatio », Naples, id. ; « La questione sociale e la cassa di pensioni per la vecchiaia », Rome, 1882 ; « La responsabilità dei padroni per gl'infortuni del lavoro », id., 1883 ; « L'allodio. Studii sulla proprietà barbarica », 1885 ; « Aldi, liti e romani. Studii sulla società barbarica », Milan, 1886 ; « Il diritto romano nell'Italia meridionale durante i secoli di mezzo », Rome, id.; « Apricena. Studii negli usi civici », id., 1887 ; « L'Editto di Teodorico. Studii sull'anno della sua pubblicazione », id., 1888.

Schur (Adolphe-Christian-Guillaume), astronome allemand, professeur d'astronomie et directeur de l'Observatoire astronomique à Gœttingue, né, le 15 avril 1846, à Altona (Schleswig-Holstein), fit ses études aux Universités de Kiel et de Gœttingue, a été assistant à l'Institut Géodétique de Berlin (1868-73) et assistant observateur et vice-directeur de l'Observatoire astronomique de Strasbourg (1873-86), professeur à Gœttingue depuis 1886. En 1874, il prit part à l'expédition scientifique à Auckland, Nouvelle-Zélande, pour observer et étudier le passage de Vénus. Il a publié : « Bahnbestimmung des Doppelstern 70 Ophinchi », Altona, 1867 ; « Bestimmung der Masse des Planeten Jupiter », Halle, 1882 ; ainsi qu'une foule d'articles parus dans les *Astronomische Nachrichten*, dans les *Zeitschr. f. Erdkunde* et dans plusieurs autres journaux scientifiques allemands.

Schuré (Édouard), poète et critique français, né, à Strasbourg, le 21 janvier 1841. Son père était médecin, son grand-père maternel doyen de la Faculté de droit. Il fit ses premières études au Gymnase protestant, puis à l'École de droit de Strasbourg ; mais il s'arrêta à la licence, pour se vouer complètement à la littérature. Une passion simultanée pour la poésie et pour la musique l'avait entraîné vers l'étude de la littérature et des chants populaires. Poursuivant ce projet, il fit un séjour de deux ans en Allemagne (1863-65), s'arrêtant surtout à Bonn, à Berlin et à Munich. Dans cette dernière ville, il fit la connaissance personnelle de Richard Wagner et assista à la première représentation d'un de ses opéras : *Tristan et Yseult*. L'impression profonde qu'il en reçut fut l'origine du livre qu'il devait écrire plus tard sur ce maître et sur l'histoire du drame musical. Fixé à Paris dès 1866, il publia en 1858 son premier livre : « L'Histoire du Lied ou de la chanson populaire en Allemagne », 2me éd., Fischbacher, 1875. Ce livre bien accueilli par la critique était le premier en France qui développait historiquement et philosophiquement l'importance de la poésie populaire et spontanée. En avril 1869, M. S. entra à la *Revue des Deux-Mondes* sur la recommandation de Sainte-Beuve, avec un article sur « L'œuvre de Richard Wagner » qui mettait en pleine lumière le génie du poète-compositeur et la portée de sa réforme théâtrale. L'article fit quelque bruit et provoqua de vives protestations dans la critique musicale, d'autant plus qu'il contrastait avec les opinions reçues en France et la tradition de la *Revue*. Mais on peut dire que ce travail rompit la glace en faveur de Richard Wagner et qu'à partir de ce moment son œuvre excita sérieusement l'attention des gens de lettres et des penseurs français. Pendant la guerre franco-allemande, M. S. publia à Genève une brochure intitulée : « L'Alsace et les prétentions prussiennes », qui répondait aux théories germaniques relativement au droit historique de l'Allemagne sur l'Alsace et affirmait les sentiments français de cette province et les raisons morales qui l'unissaient indissolublement à la France. De 1871 à 1873, M. S séjourna en Italie et surtout à Florence, y poursuivant ses études sur l'histoire de la poésie et de la musique. Revenu à Paris en 1874, il publia en 1875 un ouvrage en deux volumes sur « Le Drame musical », tom. I ;

« Histoire de la poésie et de la musique dans leur développement historique », tom. II; « Richard Wagner, son œuvre et son idée », 2me éd., Perrin, librairie académique, 1886. Depuis 1876, M. S. a publié un certain nombre de travaux littéraires dans la *Revue des Deux-Mondes* et dans la *Nouvelle Revue*, notamment : « La Vie et l'œuvre de Shelley » (*Revue des Deux-Mondes*, 1er et 15 février 1877) ; « Les Légendes de l'Alsace » (1er mars 1884) ; « La Légende de Bouddha » (1er juillet 1885). Voici la liste de ses autres publications : « Les chants de la montagne », poésies, Fischbacher, 1876 ; « Melidona », roman, Calmann-Lévy, 1879 ; « Les Légendes de l'Alsace », poèmes, Charpentier, 1884 ; « Vercingétorix », drame en cinq actes, en vers, Lemerre, 1887.

Schuster (Auguste-Aimé), né, à Metz, le 13 janvier 1835, a fait ses études au Lycée de Metz, au Lycée *Saint-Louis* et à l'École des Mines de Paris. Entré dans l'Université, en 1860, il a professé la physique et la chimie dans divers établissements d'instruction, notamment au Lycée de Lorient et à l'École industrielle de Metz ; il a quitté l'enseignement, en 1886, et a été admis à la retraite après avoir rempli les fonctions de conservateur de la Bibliothèque de Metz, de 1874 à 1887. Il a publié : « Résumé d'une conférence sur la dialyse et l'occlusion des gaz », Metz, Réau, 1869 ; « Recherches sur les conditions d'éclat des flammes », id., Verronais, 1872 ; « Conséquence des hypothèses de Bernouilli et d'Ampère sur la constitution des gaz », Nancy, Réau, 1875 (extrait des *Mémoires de l'Académie de Metz*) ; « Considérations relatives à l'influence du temps sur l'action des forces », id., id., (id., année 1873-1874) ; « Observations météorologiques faites à Metz de 1872 à 1884 », id., id., et Metz, Thomas, puis Delhalt, 1873-1888, 13 broch. (id.) ; « Comptes-rendus des travaux de l'Académie de Metz, en 1874, 1875, 1877 » id., id., (id.) ; « Étude sur le climat de Metz, fondée sur vingt années d'observations », id., Sordoillet, 1879, (id.) ; « Catalogue des ouvrages imprimés de la bibliothèque municipale de Metz » (Histoire locale), Metz, Verronais, puis Even, 1878-1887, 9 fascicules ; « Notice sur M. Ernest Hussenot, professeur de dessin aux Écoles régimentaires du génie » (*Moniteur de la Moselle*, 1883) ; « Notice sur M. Auguste Hussenot, artiste-peintre, conservateur du Musée de Metz » (id., 1885) ; « Rapport sur le concours des sciences appliquées, ouvert par l'Acudémie de Metz, en 1884 » (inséré dans les *Mémoires* de cette société, année 1883-1884).

Schuyler (Eugène), écrivain américain, né, le 27 février 1840, à Ithaca, New-York, d'une ancienne famille originaire de la Hollande, passée aux États-Unis depuis l'année 1648. Il fit son éducation littéraire au *Yale College*, où il reçut le tout premier, en 1861, le doctorat en philosophie, et où, en 1885, lui fut décerné, *honoris causa*, le doctorat en jurisprudence. Il exerça sa profession d'avocat à New-York, jusqu'en 1867 ; en cette année il fut nommé consul à Revel en Finlande, puis fut nommé (1870-1876), secrétaire de la légation des États-Unis, à Saint-Pétersbourg, et pendant ces années resta, plusieurs fois, chargé d'affaires. Ses relations pendant la guerre franco-allemande de l'année 1870, firent sensation et méritèrent l'honneur d'être citées par M. Klczko dans son livre sur les « Deux Chanceliers ». Nommé consul-général à Constantinople, il se distingua par ses relations officielles sur les massacres en Bulgarie, et travailla pour le projet de constitution bulgare qui fut présenté en 1876. Il fut depuis consul-général à Rome (1879-80), chargé d'affaires à Bucharest (1881), ministre à Athènes, Belgrade et Bucharest (1882-84). Il passa deux années (1884-86) aux États-Unis, où il donna dans la *John Hopkins University* et dans la *Cornell University* des conférences sur la diplomatie et sur l'histoire du droit international. Depuis 1886, il demeure à Alassio sur la rivière de Gênes. M. S. est membre correspondant de l'Académie de Bucharest, membre de la Société royale géographique, et membre honoraire de la Société royale Asiatique de Londres. Il a été, pendant plusieurs années, collaborateur littéraire et politique des principaux journaux anglais et américains, et publia séparément une traduction du « Kalevala », New-York, 1867 ; une traduction anglaise de « Pères et fils », de Tourghieneff, id., id. ; « Turkestan », Londres et New-York, 1876, relation d'un voyage de huit mois dans l'Asie centrale russe, à Khokand et à Bokhara, entrepris en 1873 ; une traduction anglaise des « Cosaques », du comte Léon Tolstoï, id., 1878 ; « Un historien turc d'une guerre avec la Russie, Rasmi Ahmed Effendi », Londres, 1880 ; « Pierre-le-Grand », biographie historique que M. Taine appelle : « un des livres marquants de ce siècle », Londres et New-York, 1884 ; « La diplomatie américaine et l'avancement du commerce » résumé de lectures faites dans les Universités américaines.

Schwab (Moïse), sous-bibliothécaire à la Bibliothèque nationale, né, à Paris, en 1839. Nous avons de lui : « Talmud de Jérusalem », traduit pour la première fois ; tome I : « Traité des Berakhôth », Paris, imprimerie nationale, décembre 1871, épuisé ; tome II : « Traités Péa, Demaï, Kilaïm Schebiith », id., 1878 ; tome III : « Traités Troumoth, Maasseroth, Maasser Schéni, Halla, 'Orla, Biccourim », id., 1879 ; tome IV : « Traités Schebbath, 'Eroubin », id., 1881 ; tome V : « Traités Pesahim, Yôma, Scheqalim », id., 1882 ; tome VI : « Traités Rosch haschana, Soucca, Beça, Ta'anith, Meghilla, Haghiga, Moëd qaton », id., 1883 ; tome VII-X, 1884-87 ; tome IX : dernier, en préparation ; « Histoire des Israélites jusqu'à nos jours », id., 1866; « Ethnographie de la Tunisie », mémoire couronné par la Société d'ethnographie, id., 1868; « Bibliographie de la Perse », ouvrage honoré par l'Institut de la première médaille du prix Brunet », id., 1876; « Littérature rabbinique: Élie del Medigo et Pic de la Mirandole », id., 1878; « Des points-voyelles dans les langues sémitiques » (Actes de la Société de philologie), id., 1879; « Élie de Pesaro. Voyage ethnographique de Venise à Chypre »; « Al. Harizi et ses pérégrinations en Orient », id., 1881; « Les Incunables orientaux », rapport au Ministre de l'instruction publique sur une mission littéraire, id., 1883; en préparation: « Bibliographie aristotélique », mémoire couronné par l'Institut de France (Académie des Inscriptions et Belles-Lettres), prix Bordin.

Schwabe (Louis), philologue et archéologue allemand, docteur en philosophie, professeur ordinaire de philologie classique et d'archéologie à l'Université de Tubingue (Württemberg), né, le 24 juin 1835, à Giessen (Hesse), étudia aux Universités de Giessen et Gœttingue, a été professeur libre (1859) et professeur extraordinaire (1863) de philologie classique à l'Université de Giessen, professeur de philologie classique et d'archéologie (1864) à l'Université de Dorpat (Russie), et en même temps directeur des collections archéologiques de cette Université, professeur à Tubingue, depuis 1872. En dehors de plusieurs articles dans les annales d'archéologie et de philologie allemande, on lui doit: « De deminutivis græcis et latinis », Giessen, 1859; « Quæstiones catullianæ », id., 1862; « Catulli Veronensis liber, recognovit L. Schwabe », id., 1866; « L. Schwabii de Musæo Nonni imitatore liber », Tubingue, 1876; « Catulli liber, recognovit L. Schwabe », Berlin, 1886. Nous lui devons en outre la publication de la 4me édition de la S. W. Teuffls Geschichte der röm. Literatur, Leipsig, 1882.

Schwalbe (Gustave), médecin allemand, professeur ordinaire d'anatomie et directeur de l'Institut anatomique à Strasbourg, né, le 1er août 1844, à Quedlinbourg, étudia aux Universités de Bonn et Berlin, a été professeur extraordinaire à Leipsig (1871), professeur ordinaire à Iéna (1873) et à Königsberg (1881), professeur à Strasbourg, depuis 1883. En dehors de plusieurs articles parus dans les journaux spéciaux allemands, il a publié: « Ueber die Kaliberverhältnisse der Nervenfasern », Leipsig, 1882; « Ueber das Gesetz des Muskelnerveneintritts », Arch. f. Anat. und Phys., 1879; « Lehrbuch der Neurologie », 1881; « Anatomie der Sinnorgane », 1886.

Schwartz (Mme Espérance DE), voyez ELPIS MÉLÉNA.

Schwartz (Guillaume), érudit allemand, docteur en philosophie, directeur du Luisengymnasium à Berlin, membre de la commission des experts de la section préhistorique du Musée anthropologique de cette métropole, inspecteur du comité de l'association berlinoise d'anthropologie, ethnologie, etc., membre honoraire de la Société archéologique de Moscou, membre correspondant de la Société anthropologique de Vienne, membre honoraire de l'association de l'histoire berlinoise, de la Société historique du comté de Ruppin et de Bromberg, de la Société scientifique de Posen et d'autres académies savantes, né, le 4 septembre 1821, à Berlin, étudia à Berlin et Leipsig. Avec A. Kullin, son beau-frère, il recueillit pendant ses longues et nombreuses excursions (1837–49), les légendes des peuples de la Marche de Brandebourg et particulièrement de l'Allemagne septentrionale; il a été directeur du Gymnase et du Musée préhistorique et ethnographique de Neu-Ruppin et l'on doit à son activité les recherches et les études préhistoriques entreprises dans ce comté; études et recherches qu'il continua dans les années suivantes (1875–82), lorsqu'il fut nommé directeur du Gymnase de Posen. On lui doit plusieurs ouvrages d'un grand mérite, et nous nous bornerons à citer les plus remarquables: « Märkische Sagen », 1843; « Norddeutsche Sagen », 1849; « Der Leutige Volksglaube und das alte Heidenthum », 2me éd., 1862; « Ueber die griechischen Schlangengottheit », 1858; « Der Ursprung der Mythologie », 1860; « Die poetischen Naturauschaungen der Griechen. Römer und Deutschen in ihrer Beziehung zur Mythologie », 1864 et 1879; « Ueber die Bocofia d. Homer und Bericht über eine Ausgrabung in N. Rippen », 1871; « Sagen und alte Geschichten der Mark Brandenburg », 1871, 2me éd., 1886; « Materialen zur Præhistorie Posens », 1895–82; « Bilder aus der Brandenb.-preussis. Geschichte », 1875; « Der Organismus der Gymnasien in seiner praktischen Gestaltung », 1876; « Stamm und Gründungssage Roms », 1878; « Prähistorisch-anthropologische Studien », 1884; « Grundriss der brandenburgisch-preussischen Geschichte », 1884, 3e éd.; « Indogermanischer Volksglaube », 1885; « Prähistorische Mythologie, Phänomenologie und Ethik », 1886; « Leitfaden für den deutschen Unterricht », 1387, 13e éd.

Schweizer-Sidler (Henri), philologue suisse, docteur en philologie, professeur ordinaire de sanscrit et de philologie classique à l'Université de Zurich, né, le 12 septembre 1815, à Elgg (canton de Zurich), fit ses études aux universités de Zurich et Berlin, a été maître aux Gymnases d'Aarau et de Zurich, professeur à l'Université de Zurich depuis 1841. On lui doit: « Die Zwei Hauptclassen der unregelmässigen Verba in Deutschen », Zurich, 1841; « Blick in die Götterwelt der Veda-Inder », id., 1857; « Ein Wort über die Anwendung der Sprachvergleichung beim lateinisch. Elementarunterricht »; id., 1859; « Bemerkungen zu Tacitus Germania », id., 1860-62; « Elementar- und Formenlehre der lateinischen Sprache », Halle, 1869, 2ᵐᵉ éd., 1888; « Tacitus Germania », Halle, 1871, 4ᵐᵉ édit., 1884; « Drei Vorträge über historische Sprachforschung », 1880; on a de lui de nombreux articles dans les *Zeitschr. f. Wiss. d. Sprache*, dans les *Jahrb. f. Class. Phil.*, dans le *Kuhn's Zeitsch. vergl. Sprachforsch.* et dans plusieurs autres journaux allemands de philologie.

Schwidop (L.), docteur en philologie, maître au Gymnase de Königsberg (Prusse), né, en 1839 à Königsberg, étudia la philologie à l'Université de cette ville, prit ses grades en 1862, et publia : « De versibus, quos Aristarchus in Homeri Iliade de obelo signavit », Regimont Pr. 1862.

Schwuchow (Georges), né, à Berlin, le 22 juillet 1852, et fixé aujourd'hui à Saint-Gall; après plusieurs voyages dans le Nord, il a publié deux séries de nouvelles inspirées ou traduites du norvégien, 1880-83.

Scialoja (Vittorio), avocat, professeur ordinaire de droit romain à l'Université de Rome, né, à Turin, le 24 avril 1856, lorsque son père Antonio Scialoja était exilé du royaume de Naples. Il fit ses premières études à Turin, Naples et Florence, au lycée et à l'université de Rome. Volontaire d'un an et sous-lieutenant de complément en 1873-75. Docteur de la Faculté de jurisprudence de Rome, le 28 juin 1877. *Vice-pretore* appliqué à la Présidence de la Cour de Cassation de Rome; professeur de droit romain et de droit civil à l'Université de Camerino le 17 mai 1879. Chargé du cours de droit romain à l'Université de Sienne, depuis le 10 novembre 1880, jusqu'au 1ᵉʳ janvier 1881; ensuite professeur extraordinaire de droit romain jusqu'au 1ᵉʳ décembre 1883; professeur ordinaire de droit romain à la même Université depuis le 1ᵉʳ décembre 1883, jusqu'au 1ᵉʳ août 1884; professeur ordinaire de droit romain à l'Université de Rome depuis le 1ᵉʳ août. Fondateur et secrétaire de l'Institut de droit romain à Rome, juillet 1887. Nous avons de lui: « Sopra il precarium nel diritto romano », Rome, 1878; « Degli atti di emulazione », id., id.; « Del diritto positivo e della equità », Camerino, 1880; « Le azioni popolari di C. G. Bruno », trad. et annot., Bologne, 1883; « Aemulatio » (*Enc. giur. ital.*, vol. 1); « Novæ digestorum editionis specimen », Sienne, id.; « Sulla locazione dell'esercizio di un fondaco e la proprietà delle merci », Fano, 1883; « Responsabilità e volontà nei negozi giuridici », Rome, 1885; « Mandato a donare », Naples, 1887, 2ᵐᵉ éd., Fano, id., 3ᵐᵉ éd., Naples, id.; « G. C. di Savigny, sistema del diritto romano attuale, trad. con prefaz. e note », Turin, 1884 (*Bullettino dell'Istituto di diritto romano*, I, 1888). M. S. a collaboré à l'*Archivio giuridico*, *Fôro italiano*, *Studii Senesi*, *Rivista italiana per le scienze giuridiche*, *Bullettino dell'Istituto di diritto romano*, *Fôro Abruzzese*, *Atti della R. Accademia di Padova*, *Cultura*, *Rivista critica delle scienze giuridiche e sociali*, *Rassegna settimanale*, etc.

Scolari (Xavier), jurisconsulte italien, professeur de droit constitutionnel à l'Université de Rome, ancien député, ancien volontaire pendant la guerre 1848-49, est né, à Bellune, en 1831, et a étudié à l'Université de Padoue, d'où il sortit docteur en 1856. Après avoir collaboré à plusieurs revues italiennes, il publia les ouvrages suivants: « La Batracomiomachia tradotta in versi sciolti », 1853; « Sulla scuola storica dei giuristi e sulla filosofia storica del diritto », mémoire lu à l'Ateneo Veneto, 1857; « Il diritto e la storia », 1860; « Prolusione al corso di diritto costituzionale », 1861; « Il diritto amministrativo », 2ᵉ éd., 1866; « Sulle commissioni straordinarie giudiciali », 1865; « Istituzioni di scienza politica », 1871; « Guida allo studio delle scienze giuridiche e politiche », 1872; « Il principato in Italia e i suoi doveri », 1873; « Della unità della scienza e de'suoi metodi e principii universalmente applicabili », 1875; « Vittorio Emanele e il suo regno », 1878; « Discorso per le funebri onoranze a Giuseppe Garibaldi in Pisa il 15 giugno 1882 »; « Rudimenti di storia del diritto », en cours de publication; « Per l'applicazione della legge sui lavori pubblici alle opere d'Arno dentro Pisa, voto », 1881; « Statuto dell'Uffizio dei fiumi e fossi della pianura Pisana, progetto e relazione », 1883; « Rapporto sull'amministrazione dell'Uffizio suddetto », 1888; « Del regno costituzionale e della sociocrazia », id.; « Introduzione alla scienza del diritto ecclesiastico, conferenze », id.

Scorticati (Henri), professeur de belles-lettres aux écoles techniques italiennes, né, à Gattatico (prov. de Reggio-Emilia), en 1812. Nous avons de lui des romans: « Un brano di storia del secolo XIV »; « Un brano di storia del secolo XVI »; « Infelice amore »; « Una pagina di amore »; « Brano di storia contemporanea »; « Un amico troppo intimo »; « Elementi di belle lettere per le scuole secondarie ».

Scotidis (Nicolas-D.), écrivain hellène, né, au Pirée, en 1851; il fit d'abord ses études au gymnase du Pirée et d'Athènes et son droit à l'Université de la capitale. D'abord avocat, puis employé à la chancellerie de la Légation hellénique à Constantinople, il eut, en 1877, une mission consulaire en Macédoine et, en 1878, uno mission diplomatique en Égypte. A cette époque il avait déjà débuté dans la littérature en insérant des articles au journal l'*Esperos*, qui se publiait à Leipzig. Il publia: « L'Égypte contemporain et Araby pacha », 1884; « Les anciens sophistes grecs », 1887; « De Corfou en Albanie », 1888. Il est maintenant Consul de première classe à la Chancellerie de la Légation hellénique à Costantinople.

Sébillot (Paul), éminent *folk-loriste* français, membre de la commission des monuments mégalithiques, secrétaire général de la Société des traditions populaires, membre de plusieurs autres sociétés savantes de France et de l'étranger, né, à Matignon (Côte-du-Nord), le 6 février 1843, fit ses premières études au collège de Dinan et son droit à Rennes et à Paris. En 1866, M. S. entra à l'atelier de peinture de Feyen Perrin, et débuta au *Salon* de 1870 par un tableau intitulé *Rochers à marée basse;* depuis cette époque, jusqu'à 1883, il a pris part à presque tous les *Salons* annuels. Collaborateur des revues et journaux *Bien public, Réforme politique et littéraire, Art français, Revue d'ethnographie, Revue de linguistique, Histoire des Religions, Revue celtique, Archivio per lo studio delle tradizioni popolari, Bretagne artistique*. Directeur et fondateur de la *Revue des traditions populaires*, il a publié : « La République est la tranquillité », 1875 ; « Nouveau Manuel des électeurs », 1876 ; « La réorganisation des Salons », 1878 ; « Le salon de 1879 », 1879 ; « Sur les limites du breton et du français », 1878 ; « La langue bretonne, limites et statistique », 1885 ; « Traditions, superstitions et légendes de la Haute-Bretagne », 1880 ; « Essai de questionnaire pour recueillir les traditions, les superstitions et les légendes », id. ; « Contes populaires de la Haute-Bretagne », Paris, Charpentier, 1re série 1880, 2me 1881, 3me 1882 ; « Littérature orale de la Haute-Bretagne », 1881 ; « Traditions et superstitions de la Haute-Bretagne », 1882 ; « Contes de terre et de mer », Paris, Charpentier, 1883 ; « Gargantua dans les traditions populaires », 1883 ; « Blason populaire de la France », 1884 ; « Contes des provinces de France », id. ; « Costumes populaires de la Haute-Bretagne », 1886 ; « Légendes, croyances et superstitions de la mer », 1886-87 ; « Questionnaire pour recueillir les traditions populaires », 1887 ; et plusieurs : « Bibliographies », en collaboration avec M. H. Gaidoz, insérées dans les revues.

Séché (Léon), homme de lettres français, directeur du journal *La Réforme catholique*, est né, à Ancenis (Loire-Inférieure), en 1848. Voici par ordre chronologique la liste de ses ouvrages : « Les griffes du lion », poésies, Lachaud, 1871 ; « Le Dies iræ du Mexique », poème, cabinet de Juvénal, 1873 ; « Amour et Patrie », poèmes, Lemerre, 1876 ; « Ave Maria », poésies, 1879 ; « La chanson de la vie », poésies complètes, un vol. avec portrait, Émile Chevalier, 1888 ; en prose : « La question cléricale », Saguier, 1878 ; « Le Petit Lyré de Joachim du Bellay », 1 vol., avec deux eaux-fortes, Librairie académique, Didier, 1879 ; « Contes et figures de mon pays », Dentu ; « Jules Vallès, sa vie et son œuvre », documents inédits à la *Revue de Bretagne et d'Anjou*, 1888 : « Jules Simon, sa vie et son œuvre », Dupret, 1887.

Secondi (Jean), oculiste italien, né, près de Milan, en 1860, docteur en médecine et chirurgie en 1883, adjoint à la clinique ophtalmologique de l'Université de Turin en 1886. Nous avons de lui : « Di alcuni difetti di refrazione », dans les *Resoconti dell'Accademia medica* de Gênes ; « Fibromixoma della Congiuntiva », id., de Turin ; « Trapianti di pelle di rana » ; « Osservazione sulla tuberculosi oculare », etc.

Secondigné (Achille), journaliste et homme de lettres français, né, à Melle (Deux-Sèvres), le 20 février 1846. Après avoir collaboré au *Soleil*, au *Corsaire* de 1868, au *Courrier français*, il fonda en 1869 le *Pavé*, journal antibonapartiste qui subit de fortes condamnations, et fut suivi des *Tablettes de Paris*, de la *Petite Lanterne*, du *Citoyen*. Pendant la guerre, il fut capitaine du 187e bataillon de la garde nationale. Après la Commune, il fut arrêté et condamné à cinq années d'emprisonnement. Il a publié : « Mémoire d'un évadé » ; « Les Kerney-Severol », histoire d'une famille française au XIXe siècle ; « L'Assommé », Lagnier éd., 1877.

Secrétan (Charles), philosophe suisse, né, le 19 janvier 1815, à Lausanne, d'une famille qui a fourni au Canton de Vaud plusieurs générations d'hommes éminents, le deuxième fils de Samuel S., docteur en droit, et le frère cadet d'Édouard S., historien et jurisconsulte, commença à l'Académie de sa ville d'origine des études littéraires et philosophiques poursuivies en 1836 à Munich sous la direction de Schelling et de Baader. Entre temps, il avait été, de 1884 à 1885, appelé par le *Pedagogium* de Bâle à la suppléance de Vinet. Après son retour en Suisse, M. S., qui se destinait à la carrière universitaire, prit en 1837 sa licence en droit, et fut attaché à l'Académie de Lausanne en qualité de professeur, d'abord extraordinaire (1838), puis ordinaire (1841) pour la philosophie. La révolution de 1846 l'arracha brutalement à sa chaire et le força de revenir à l'enseignement privé. Le *Courrier Suisse*, journal d'opposition conservatrice, le compta, pendant cette période, au nombre de ses plus actifs rédacteurs. Le Conseil d'État neuchâtelois le chargea en 1850 d'enseigner l'histoire et la philosophie aux élèves du gymnase. Le gouvernement vaudois s'honora en 1866 en rappelant à son ancienne chaire, devenue vacante par la démission de son successeur de 1846, M. Édouard Raoux, l'homme illustre qui n'aurait jamais dû en être écarté. Les amis et disciples de M. S. ont célébré avec éclat à Lausanne en 1888 le cinquantenaire de son enseignement ; l'Institut de France l'a élu membre associé en 1887. Le principal titre scientifique de M. S. repose sur sa « Philosophie de la Liberté », 2 vol., 1849 ; 3me éd., 1879, un des ouvrages les plus forts qui aient été écrits en faveur du spiritualisme et qui jouit d'un légitime ascendant dans les pays de langue française. Nous indiquerons parmi ses autres publications : « Leçons sur la philosophie de Leibnitz », 1849 ; « Recherches sur la Méthode », 1857 ; « La Raison et le Christianisme », 1863 ; « Précis de philosophie », 1868 ; « Discours laïques », 1877 ; « Théologie et Religion », 1883 ; « Le principe de la morale », 1884 ; « La Question sociale », 1886 ; « Le Droit de la femme », 1887 ; « La Civilisation et la Croyance », œuvre capitale d'apologétique, aussi remarquable par l'impartialité de l'exposition que par la hardiesse du raisonnement ; « Questions sociales », 1889. M. S. a été collaborateur à l'*Évangile et Liberté*, à la *Critique philosophique*, à la *Revue philosophique de la France et de l'étranger*, à la *Revue d'économie politique*.

Secrétan (Eugène), historien et publiciste suisse, né, le 24 janvier 1839, au village de Chailly près de Lausanne, commença ses études littéraires à Bâle, où son père remplissait les fonctions de pasteur de l'Église française, pour les terminer dans sa ville d'origine. Une faiblesse persistante du larynx l'empêcha, comme il l'aurait désiré, de se vouer au Saint-Ministère. Six ou sept années de sa jeunesse se passèrent à l'étranger : à Paris, à Bonn, en Silésie, en qualité tantôt d'étudiant, tantôt de précepteur. Après son retour dans le Canton de Vaud, M. S. poursuivit sa carrière pédagogique, et enseigna, de 1869 à 1874, la rhétorique au collège Gaillard à Lausanne, de 1874 à 1878, le latin, l'allemand, le français tantôt au gymnase cantonal, tantôt à la Faculté de lettres. Le comité directeur du journal religieux le *Chrétien évangélique* réclama en 1880 ses services et le choisit en 1882 pour principal rédacteur. Un concours des plus actifs a été accordé par lui en 1887 aux nouvelles fouilles entreprises sur l'emplacement d'Aventicum. Le principal titre littéraire de M. S. repose sur la « Galerie suisse », série de biographies nationales pour lesquelles il a obtenu la collaboration de plusieurs écrivains distingués et dont il a rédigé lui-même une quarantaine (tom. I, 1873 ; tom. II, 1876 ; tom. III, 1880). Parmi ses travaux de moindre haleine, nous indiquerons : « Du sentiment de la nature dans l'antiquité romaine », 1866 ; « La langue allemande comparée à la langue française », 1874 ; « Sempach et Winkelried », 1886 ; « La chapelle des Terraux à Lausanne », notice historique », 1889.

Sede (le baron Paul DE), homme de lettres, publiciste et naturaliste français, né, le 26 juillet 1853, à Marillac (Aveyron), licencié ès-sciences naturelles, membre de la Société zoologique de France, directeur-propriétaire du *Courrier du Pas-de-Calais*, journal politique, qu'il a hérité de son père, journaliste distingué, ancien président du syndicat de la presse départementale. Il s'est principalement consacré aux sciences. Il a publié : « Conférences sur l'histoire naturelle », Paris, Masson, 1887 ; « Recherches sur la ligne latérale des poissons osseux » ; « La faune arctique » ; « Souvenirs d'un naturaliste en Islande ». Il est directeur de la *Revue scientifique et Agricole du Pas-de-Calais et du Nord de la France*.

Sée (Germain), médecin français, né, le 6 mars 1818, à Ribeauvillé (Haut-Rhin) (Alsace), d'une famille israélite, fit ses études à Metz ; puis il étudia la médecine à Paris : interne des hôpitaux, 1842 ; docteur en médecine, 1846 ; médecin des hôpitaux, 1852 ; professeur à la Faculté, 1866 ; membre de l'Académie de médecine, 1869. Avant d'être chargé du cours officiel (thérapeutique, puis clinique médicale), il a fait un cours libre de médecine expérimentale de 1858 à 1864. Ses travaux ont eu pour objet principal la thérapeutique ; il a fait connaître un certain nombre de médicaments pour les maladies du cœur et des poumons (salicylate de soude, terpine, pyridine, antipyrine). Leur étude a été le sujet de communications à l'Académie de médecine et à l'Académie des sciences. Les principaux ouvrages sont : « Les propriétés physiologiques et thérapeutiques du seigle ergoté », thèse de doctorat, Paris, 1846 ; l'article : « Asthme », dans le *Dictionnaire de médecine et de chirurgie pratiques*, 1865 ; « Diagnostic et traitement des maladies du cœur », leçons faites à la clinique de la Charité de 1874 à 1876, 1878, 2ᵉ éd., 1883 ; « Dyspepsies gastro-intestinales », 1880 ; « Leçons de pathologie expérimentale sur le sang et les anémies » ; « De la phthisie bacillaire des poumons », 1884 ; « Des maladies spécifiques (non tuberculeuses) des poumons », 1885 ; « Des maladies simples du poumon », 1886 ; diverses leçons publiées dans le *Bulletin thérapeutique*, le *Courrier médical*, la *France médicale*, la *Semaine médicale*, etc. M. S. dirige la publication d'un « Traité clinique de pathologie interne ».

Sée (le docteur Marc), médecin français, professeur agrégé à la Faculté de médecine de Paris, né, à Ribeauvillé (Haut-Rhin), cousin-germain (et non pas neveu) du docteur Germain S. Reçu docteur en 1856, agrégé en 1860, chirurgien du bureau central, puis des hôpitaux de Bicêtre, du Midi, de Sainte-Eugène et de la Maison municipale de Santé, il fut nommé membre de l'Académie de médecine en 1878 et président de la Société de chirurgie en 1883. Outre sa thèse de doctorat : « De l'accommodation de l'œil et du muscle ciliaire », 1856, et sa thèse d'aggrégation : « Anatomie et physiologie du tissu élastique », 1860, ses principaux ouvrages sont : « Recherches sur l'anatomie et la physiologie du cœur », G. Masson, 1884. Diverses communications à l'Académie de médecine et à la Société de chirurgie publiées dans les bulletins de ces Sociétés; de nombreux articles sur des sujets d'anatomie dans le *Dictionnaire encyclopédique des sciences médicales*. M. le docteur S. a traduit de l'allemand, en collaboration avec M. Béclard, les « Éléments d'histologie humaine » de Kœllicher, 1856, et publié avec MM. Tarnier et Lénoir un « Atlas de l'art des accouchements », avec texte, gr. in-8°, 110 pl., 1871. Enfin, il a remis au courant de la science, le célèbre « Traité d'anatomie descriptive » de J. Cruveilhier, 4me éd. et suiv.

Seeberg (Rénaud), théologien livonien, professeur ordinaire à l'Université d'Erlangen, né en 1859, fréquenta le gymnase de Rével, étudia la théologie à l'Université de Dorpat et à celle d'Erlangen, prit son habilitation à l'enseignement en 1884, et en 1889 il fut appelé à l'Université de Dorpat comme professeur de théologie. Nous lui devons: « Zur Geschichte des Begriffes der Kirche, geschichtlich- dogmatische Studien », Dorpat, 1884; « Der Begriff der christlichen Kirche », Erlangen, 1885; « Geschichte des Begriffes der Kirche », id., id.; « Vom Lebensideal », Dorpat, 1886; « Reich Gottes und Kirche », paru dans le *Mitth. und Nach. f. die evang. Kirche in Russland*, 1883. Ainsi que d'autres études de théologie publiées dans ce journal.

Seeck (Otto), écrivain russe, docteur en philosophie, professeur d'histoire ancienne à l'Université de Greifswald, né, à Riga en Russie, le 2 février 1850; il commença à étudier la chimie à Dorpat (1867), mais bientôt il changea d'étude et se rendit à Berlin pour apprendre, sous la direction de Mommsen, l'histoire ancienne. Après avoir pris ses grades par la thèse: « Quæstiones de Notitia Dignitatum » à l'Université de Berlin (1872), il fit des voyages scientifiques en France, Italie et Grèce, et prit enfin sa licence comme *privat-Docent* de la même Université (1877). En 1881, il fut nommé professeur de l'Université de Greifswal. Il a publié: « Quæstiones de notitia Dignitatum », Berlin, Weidemann, 1872; « Notitia Dignitatum », id., id., 1876; « Q. Aurelii Symmachi quæ supersunt », id., id., 1883; « Die Kalendertafel der Pontifices », id., id., 1885; « Die Quellen der Odyssee », id., Liemenroth, 1887.

Seeger (Hermann), jurisconsulte allemand, docteur en droit, professeur ordinaire à l'Université de Tubingue, né, à Stuttgart, en 1829, fit ses études à Tubingue et y fut successivement professeur libre (1854), professeur extraordinaire (1858) et professeur ordinaire (1868). En dehors de plusieurs travaux publiés dans les journaux spéciaux allemands, on lui doit: « Derepetitione ob turpem rem datorum cessante propter dantis turpitudinem », dissertation, Stuttgart, 1854; « Abhandlungen aus dem Strafrechte », 2 vol., Tubingue, 1858–62; « Kurze Aufsätze aus dem Strafrechte », id., 1858; « Ueber die rückwirkende Kraft neuer Strafgesetze »,

id., 1860; « Ueber die Ausbildung der Lehre von Versuch der Verbrechen in der Wissensch. des Mittelalt. », id., 1869; « Ueber das Verhältniss der Strafrechtspflege zum Gesetze im Zeitalter Ciceros », id., id.; « Ueber den Versuch der Verbrechen nach röm. Recht », id., 1879, etc., etc. La plupart de ses travaux ont paru dans les *Arch. für Strafrecht*, dans les *Arch. f. preus. Strafrecht*, etc., etc.

Seelmann (Guillaume-Émile), homme de lettres allemand, docteur en philosophie, *custos* de la Bibliothèque de l'Université de Berlin, né, à Oschersleben (Prusse), le 20 janvier 1849, fit ses études au lycée de Quedlinbourg et à l'Université de Berlin. Depuis 1884, il est rédacteur du *Jahrbuch des Vereins für niederdeutsche Sprachforschung*. Il a publié, en outre: « De propagatione scholiorum Æschyleorum », Berlin, 1875; « Gerhard von Minden », Bremen, 1878; « Valentin und Namelos », Norden, 1884; « Mittelniederdeutsche Fastnachtspiele », id., 1885; « Niederdeutsches Reimbüchlein », id., id.; « Zur Geschichte der deutschen Volksstämme Norddeutschlands und Dänemarks », id., 1887.

Seemuller (Joseph), homme de lettres autrichien, docteur en philosophie, *privat-Docent* à l'Université de Vienne, est né, à Währing près de Vienne, le 15 octobre 1855, a fait ses études à Vienne et à Strasbourg, disciple des professeurs R. Heinzel, W. Scherer et W. de Nartel; depuis 1879 *privat-Docent* à l'Université de Vienne; depuis 1881 professeur de gymnase; nous avons de lui différentes publications relatives à l'instruction moyenne, dont la principale est: « Die Sprachvorstellungen als Gegenstand des deutschen Unterrichts », Vienne, Hölder, 1885. Ses publications scientifiques sont: « Die Handschriften? Quellen von Williram's deutschen Parafrase des hohen Lieds », Strasbourg, Trübner, 1877; « Willirams deutschen Paraphrase des hohen Lieds », id., id., 1878; « Studien f. Kleiner Lusidarius », Vienne, 1885; « Seifried Stelbling » Halle, Waisenhaus, 1886. En préparation: « Steirische Reimchronick » (édition pour les *Monumenta Germaniæ historica*).

Ségalas (Mme Anaïs MÉNARD), femme de lettres française, poète, romancère, auteur dramatique, s'adonna de bonne heure à la littérature, et publia, à dix-sept ans, son premier volume de vers. Elle épousa, à l'âge de quinze ans, M. S., avocat. Les ouvrages de Mme S. se partagent en poésies, romans et théâtre. Poésies: « Les oiseaux de passage »; « Enfantines »; « La femme »; « Nos bons parisiens »; « Poésies pour tous ». Romans: « Les Mystères de la maison »; « Les Magiciennes d'aujourd'hui »; « La Vie de feu »; « Les Mariages dangereux »; « La Semaine de la Marquise »; « Les Rieurs de Paris »; « Les Romans du wagon »; « Les deux fils »; « Le compagnon invisible »; « Le livre des vacances »; « Les jeunes gens à marier ». Théâtre : « La loge de l'opéra », drame en trois actes (Odéon) ; « Le Trembleur », comédie en deux actes (Odéon) ; « Les absents ont raison », comédie en deux actes (Odéon) ; « Les deux amoureux de la grand'mère », vaudeville en un acte (Porte Saint-Martin) ; « Les inconvénients de la sympathie », vaudeville en un acte (théâtre de la Gaîté).

Segre (Conrad), docteur en mathématiques italien, professeur de géometrie supérieure à l'Université Supérieure, depuis novembre 1888, membre de l'Académie des Sciences de Turin, né, à Saluce, le 20 août 1863, fit toutes ses études à Turin et il y reçut le doctorat en 1883. Il resta dans l'Université de Turin successivement comme répétiteur, libre docent, chargé de l'enseignement de la géometrie projective de 1885 à 1888, et enfin professeur dans la chaire qu'il occupe maintenant. M. le prof. S. a publié plusieurs travaux de mathématiques supérieures, surtout de géometrie (et particulièrement de géométrie à *n* dimensions), publiés dans les *Atti dell'Accademia di Scienze* de Turin, de la *R. Accademia dei Lincei*, dans le *Mathematische annalen*, dans le *Journal für Mathematik*, etc. depuis 1883. La liste complète des travaux de M. S. se trouve dans la *Gazzetta Ufficiale* du 11 janvier 1889.

Seguenza (Joseph), géologien et minéralogiste italien, professeur ordinaire de minéralogie et de géologie à l'Université de Messine, ville où il est né en 1833. Nous avons de lui une quantité énorme de mémoires insérés aux journaux scientifiques de l'Italie et au *Journal de Conchiléologie* de Paris. Son œuvre est consignée dans l'*Eco Peloritano*, aux *Atti dell'Accademia delle Scienze* de Naples, de l'*Accademia Pontaniana*, au *Bollettino del Comitato geologico italiano*, au *Bollettino Malacologico italiano*, à la *Scienza Contemporanea* depuis 1856 jusqu'à nos jours. Nous donnons les titres de ses mémoires depuis 1876 : « Cenni intorno alle Verticordie fossili del pliocene italiano » (*Rendiconto della R. Accademia delle Scienze fisico-matematiche* de Naples), 1876 ; « Di certe rocce vulcaniche interstratificate fra rocce di sedimento » (id.), id., id. ; « Intorno al gabinetto geologico della Provincia di Messina », relation, id. ; « Le Ringicole italiane, ovvero ricerche speciologiche e stratigrafiche intorno alle Ringicole raccolte negli strati terziarii d'Italia » (*Memorie della R. Accademia dei Lincei*), 1881 ; « Brevissimi cenni intorno le formazioni terziarie della Provincia di Reggio (Calabria) », 1877 ; « La relazione del Gabinetto geologico provinciale col Gabinetto mineralogico comunale », relation, id. ; « Nuculidi terziarie rinvenute nelle provincie meridionali d'Italia », in-4° de 38 pag., avec 5 tables (*Memorie della R. Accademia dei Lincei*), id. ; « Le formazioni terziarie nella provincia di Reggio di Calabria » (id.), 1880 ; « Della comprensione e dei rapporti della geologia », discours, 1881 ; « Collezioni litologiche e mineralogiche della Provincia di Messina al concorso agrario regionale del 1882 », 1882 ; « Studii geologici e paleontologici sul cretaceo medio dell'Italia meridionale » (*Memorie della R. Accademia dei Lincei*), id. ; « Il quaternario di Rizzolo. I. *L'Elephas Africanus* Blumb. » (*Naturalista siciliano*), 1883 ; « Rocce serpentinose nella Calabria meridionale » (*Atti della R. Accademia Peloritana*), id. ; « Parole in onore di Francesco Fergola » (*Annuario della R. Università* de Messine), id. ; « Gli Ostracodi dei periodi terziarii e quaternarii viventi nel mare di Messina (*Bollettino della Società geologica italiana*), id.; « Il Quaternario di Rizzolo. II. Gli Ostracodi » (*Naturalista siciliano* de Palerme), 1883-86 ; « I minerali della Provincia di Messina », id. ; « Intorno ai giacimenti dei combustibili minerali nella Provincia di Messina », 1884 ; « Le Spiriferina del Lias messinese : monografia » (*Atti della Società geologica italiana*), 1885 ; « Il Lias superiore ed il Dogger presso Taormina » (*Naturalista siciliano*), 1885-86 ; « Il Lias superiore nel territorio di Taormina » (*Atti del R. Istituto veneto di scienze*), id. ; « Qualche considerazione sulla nota del prof. G. G. Gemellaro, dal titolo : Sugli strati con *Leptaena* nel Lias superiore di Siciliaco » (id.), id. ; « Esame di una sezione naturale nel giurassico di Taormina », id. ; « Gli strati con *Rhynchionella Bercht* Oppel. presso Taormina. Piano Batoniano (parte) D'Omalius ; Vesulliano Mayer » (*Resoconti dell'Accademia dei Lincei*), 1887 ; « Gli strati con *Posidonomya alpina Gras.* nella serie giurassica del Taorminese » (*Bollettino della Società geologica italiana*), id. ; « I calcari con *Stefanoceras* (*Sphæroceras*) *Brougniartii* scoperti presso Taormina » id. ; « Studio della fauna toarsiana che distingue la zona di marne rosso-variegate nel lias superiore di Taormina. — Generalità » (*Bollettino della Società geologica italiana*), id. ; « Intorno al giurassico medio (Dogger) presso Taormina » (*Resoconti della R. Accademia dei Lincei*), id. ; « Brevissimi cenni intorno la geologia del Capo S. Andrea presso Taormina » (*Rendiconti della R. Accademia delle Scienze* de Naples).

Seifert (Othon), médecin allemand, professeur libre à l'Université de Wurzbourg, né, le 9 décembre 1853, à Bembach (Bavière), fit ses études aux Universités d'Erlangen et Wurzbourg, a été, de 1880 à 1883, assistant du professeur Gerhardt à l'Université de Wurzbourg, et depuis 1883 il est devenu professeur de médecine interne dans l'Université de cette ville. On a de lui : « Ueber die Wirkungsweise einiger neuer Arzneimittel », Wurzbourg, 1883 ; « Taschenbuch der Medicinisch- Klinischen Diagnostik », avec Müller, 5me éd., 1888. Ainsi que plusieurs travaux dans divers journaux médicaux allemands. L'Académie de Paris lui assigna le prix de 500 francs pour avoir introduit, l'usage du *Chinolin* dans le traitement de la Diphtérite.

Seitz (François), médecin allemand, né, le 15 décembre 1811, à Lichtenau, fit ses études à l'Université de Munich (1830-34); nommé médecin militaire (1835) après des voyages en France, en Italie et en Angleterre, il commença comme *privat-Docent* des leçons de pathologie générale à l'Université de Munich. Professeur extraordinaire (1850), professeur ordinaire (1852) de Polyclinique et de matière médicale, M. S. a assisté au premier Congrés médical de Paris (1861) et à celui de Florence (1869); il est, depuis 1874, membre du Conseil de santé de la ville de Munich. Nous avons de lui: « Der Friesel (fièvre miliaire) eine historische pathologische Untersuchung », Erlangen, 1845; « Der Thyphus vorzüglich nach seinem Vorkommen in Bayern geschildert », id., 1847; « Catarrh und Influenza. Eine medic. Studie », Munich, 1865; « Beobachtungen über die Cholera während der Jahre 1873 und 1874 in München », id., 1875; « Diphtherie und Croup, geschichtlich und Klinisch dargestellt », Berlin, 1877; « Der Abdominal-typhus nach langjähriger Beobachtung », Stuttgart, 1888; « Berichte über die in München herrschenden Krankheiten von Jahre 1865-1886 in Benekes Archiv », dans le *Bayerischen aerztl. Intelligenzblatt.* »; nombreux articles dans « Biographisches Lexicon der hervorragenden Aerzte aller Zeiten u. Völker », vol. 6, Vienne et Leipzig, 1884-88, et dans divers journaux.

Seitz (Jean), médecin suisse, professeur libre de pathologie générale et de thérapie à l'Université de Zurich, né, en 1845, à Saint-Gall (Suisse), fit ses études au gymnase de sa ville natale et à l'Université de Zurich, a été assistant à la clinique de cette Université; il a voyagé en Autriche, en Allemagne et en Angleterre. En dehors des articles publiés dans les *Virchow's Arch. d. Arch. f. Klin. med.*, et *Arch. f. Klin. Chir.*, nous lui devons : « Hydrocephalur acutus », Zurich, 1872; « Meningitis tuberculosa », Berlin, 1874; « Die Ueberanstrengung des Herzens », id., 1875.

Selles (Eugène), auteur dramatique, né, à Valladolid, en 1846. De grands succès au théâtre dans ces derniers temps lui ont fait une place très marquante dans la littérature espagnole. Son drame : « El nudo gordiano (le nœud gordien) » fut un événement. Voué en même temps à la politique, M. S. qui compte dans les rangs du parti gouvernemental, est actuellement gouverneur de Séville.

Selling (Édouard), écrivain allemand, professeur à l'Université de Wurzbourg, né, en 1834, à Ansbach (Allemagne), a inventé la machine à calculer portant son nom et donnant les résultats des calculs numériques avec des copies automatiques en moins de temps qu'on n'aurait besoin pour écrire les nombres donnés. Nous avons de lui en librairie: « Les nombres premiers et la composition des nombres, etc. », Ansbach, Brügel, 1859; « Les facteurs premiers idéaux des nombres complexes, etc. », dans la *Zeitschrift für Mathem. u. Physik*, tom. X, Leipzig; « Des formes quadratiques binaires et ternaires », dans le *Journal für die reine u. angew. Mathematik*, tom. 77, Berlin; le même traité en français, revu et augmenté par l'auteur dans le *Journ. de Math.* de Lionville-Réval, 3ᵉ série, tome III, Paris; beaucoup de rapports concernant les assurances des invalides et de survis, donnant les principes et tables, p. ex. : « Pour les survivants des fonctionnaires publics du royaume de Bavière », Wurzbourg, Stuber, 1880; « Pour les fonctionnaires des chemins de fer de Bavière », dans les *Comptes-rendus officiels de la Chambre des Députés pour 1885-86*; « Une nouvelle machine à calculer », Berlin, J. Springer, 1887; la même thèse dans « *Vom Fels zum Meer* », 1888; « Centralzeitung für Optik und Mechanik », 1888, etc.

Sellon (Mlle la comtesse Valentine DE), femme-auteur suisse, née, à Genève, d'une famille patricienne qui compte parmi ses aïeux les Burlamacchi de Lucques et les Calandrini. Son père, le Comte de S., fonda en 1830 la première Société internationale pour la paix. Mlle de S., suivant les traces paternelles, a écrit une étude remarquable intitulée: « La peine de mort au XXᵉ siècle », ainsi que les ouvrages suivants : « Feuilles éparses »; « Chants nationaux italiens »; « Le Condamné à vie ». La Comtesse de S. était parente du Comte C. de Cavour.

Sémevsky (Michel-Ivanovitch), homme de lettres russe, conseiller privé, ancien sous-secrétaire d'État. Actuellement il est rédacteur-éditeur du journal historique: « La Russie ancienne » depuis l'année 1870; il est aussi auteur de plusieurs recherches historiques, biographies de personnages historiques russes, etc. Né dans sa terre au district de Weliki-Louki (gouvernement de Pskoff), le 4/16 janvier 1837.

Semmola (Eugène), physicien italien, né, à Naples, en 1836. A l'âge de vingt ans il fut nommé, par concours, assistant à la chaire de physique à l'Université de Naples; deux ans après, il était professeur au Collège de médecine dans la même ville. Aujourd'hui il est professeur titulaire de l'Institut technique et sous-directeur de l'Observatoire de l'Université. On doit à M. S. la découverte de plusieurs phénomènes physiques, comme il resulte par ses ouvrages, dont voici la liste : « Nuovo scandaglio elettro-magnetico », couronné à l'Exposition géographique de Venise en 1881; « Di un nuovo metodo per determinare la posizione dei ventri e dei nodi nelle canne sonore » (*R. Accademia delle scienze*), 1877; « Calore e luce », conférence, Naples, 1879;

« Luce senza calore » id., id., 1880 ; « Intorno ai suoni eccitati in una lamina o in una corda dalle scariche elettriche » (*R. Accademia dei Lincei*), 1883 ; « Di una nuova esperienza sull'elettrolisi » (*Atti del R. Istituto d'Incoraggiamento de Naples*); « Nuove esperienze sull'elettrolisi o elettrolisi secondaria » (id.); « Sulla teoria del sifone » (id.); « Sullo spegnimento della luce elettrica ad arco mercè un soffio di aria o di altro gas » (id.); « Intorno a due colpi di fulmine », (id.); « Sulle variazioni di temperatura delle acque del Golfo di Napoli » (id.); « Sulla pioggia caduta in Napoli nel decennio 1869-78 » (id.); « Sulla variazione diurna di temperatura delle acque del Golfo di Napoli » (id.); « Sul riscaldamento delle punte metalliche nell'atto di scaricare l'elettricità » (*R. Academia delle scienze fisiche*) 1887 ; « Intorno ad alcune esperienze sulla produzione dell'elettricità che accompagna la condensazione del vapore acqueo » (*Atti dell'Accademia Pontaniana*) id.; « Le altezze barometriche a Napoli ed all'Osservatorio vesuviano » (*R. Accademia delle scienze*), 1890. En cours de publication : « I fuochi di Sant'Elmo e le correnti termoelettriche »; « L'azione della luce solare su i microfoni ».

Semmola (Mariano), frère du précédent, célèbre médecin italien, dont le nom est non moins apprécié à l'étranger qu'en Italie, est né, à Naples, en 1831, d'une ancienne famille de savants. Après avoir fait des études brillantes dans sa ville natale, en remportant par ses recherches et par ses mémoires de chimie et de biologie différents prix académiques (citons, entr'autres, trois grands mémoires originaux présentés, à l'âge de dix-neuf ans, à l'Académie Royale de médecine à Naples, sur la maladie de Bright, qui lui valurent une éloge des plus flatteurs de la part de l'illustre physiologue Tommasi) se rendit ensuite à Paris pour se perfectionner, suivant les cours de Claude Bernard, dans ses études médicales et biologiques, et il présenta à l'Institut de France un ouvrage savant sur l'« Ephydrose glucosique et sur la Glucogénie pathologique », qui le fit compter depuis lors au nombre des savants européens. Les conclusions nouvelles de ses études expérimentales et chimiques sur la maladie de Bright, communiquées à l'Académie de Médecine de Paris en 1861, 1867, 1874, 1883 et 1886, ont fait époque dans l'histoire médicale, et lui ont valu la décoration de la légion d'honneur. En Italie, il a vivement et vaillamment lutté contre les abus de la soi-disante méthode expérimentale appliquée à la pathologie et à la clinique. Pour s'en rendre compte, il suffit de lire son livre : « Médecine vieille et médecine nouvelle », Naples, 1876, ouvrage admirable de critique scientifique qui a été traduit en plusieurs langues européennes. Cet ouvrage avait été précédé par un autre livre paru en 1869 à Bologne, sous le titre: « Terapia empirica e terapia scientifica »; suivirent, les « Prolégomènes de pharmacologie et thérapeutique clinique », ouvrage recemment traduit en allemand par le docteur Del Torre, avec une préface du célèbre savant et médecin allemand le professeur Nothnagel et consideré comme œuvre de génie. Le professeur Hammond de New-York, après les études de M. S. sur l'« Ataxie paralytique » a donné à cette maladie le nom de « Semmola's Disease ». Envoyé comme représentant de l'Italie à différents Congrès médicaux depuis 1875, il y brilla par son savoir et par son éloquence, et il y remporta des succès éclatants. Illustre écrivain et professeur, il est reconnu comme l'un des praticiens les plus habiles de notre époque ; il a eu dernièrement la gloire de rendre la santé à S. M. l'Empereur du Brésil à Milan, où Don Pedro était tombé dangereusement malade ; dans toutes les épidémies de choléra qui ont sévi à Naples, il s'est signalé par son zèle et son abnégation, et il a mérité la medaille d'or décernée par le Roi aux plus dévoués au salut public. Ancien député au Parlement, il a été dans ces dernières années nommé Sénateur du Royaume d'Italie, légitime hommage à son travail et a sa valeur scientifique. M. Semmola est membre de nombreuses académies scientifiques et décoré de plusieurs ordres chevaleresques italiens et étrangers.

Senator (Hermman), médecin allemand, professeur, conseiller intime et directeur de la clinique de médecine et du policlinique de l'Université de Berlin, né, le 6 décembre 1834, à Gnesen (Posen), a publié : « Untersuchungen über den fieberhaften Process », Berlin, 1873 ; « Die Albuminurie im gesunden und kranken Zustande », Berlin, 1882 ; et un très grand nombre d'articles médicaux parus dans le *Virchow's Arch.*, dans les *Arch. für Anat. und Phys.*, et dans plusieurs autres journaux spéciaux allemands. M. S. est un des collaborateurs du *Ziemssen's Handb. der Spec. Path. und Therapie* et de l'*Eulemburg's Real-Enyclopädie* et corrédacteur du *Centralbl. f. d. Med. Wiss.*

Serafini (Philippe), jurisconsulte italien, professeur ordinaire de Pandectes à l'Université de Pise, directeur de l'*Archivio giuridico*, depuis 1868, est né, le 10 avril 1831, à Preore, village du Trentin. Après avoir fait ses études de gymnase et de lycée à Innsbruck et à Rovereto, il fit son droit aux Universités d'Innsbruck, Berlin, Vienne et Heidelberg. En 1857, il fut nommé professeur de droit romain à l'Université de Pavie, d'où il passa, en 1868, à Bologne et de Bologne, en 1871, à Rome, pour y occuper la chaire de Pandectes. En 1873, nous trouvons M. Serafini à Pise. Voilà la liste des ouvrages de cet auteur : « Aggiunte alle lezioni di diritto romano », 1857 ; « Elementi di diritto romano », 1858-59 ; « Programma ragionato delle lezioni di Pandette », 1858 ; « Trattato delle obbligazioni secondo i principii del diritto romano, della giurisprudenza e delle moderne legislazioni », 1860; « Sullo stato attuale della giurisprudenza in Germania », Naples, 1861-62; « Del contratto fra assenti », 1862; « Il telegrafo in relazione alla giurisprudenza civile e commerciale », 1863, traduit en français en 1863, en allemand en 1865; « Scritti germanici di diritto civile comune », 1862-63; « Del risarcimento dei danni nei contratti nulli e imperfetti », 1864; « Conciliazione della legge 36, D., de acquirendo rerum dominio, colla legge 18, D., de rebus creditis, », 1868; « Movimento giuridico nella Svizzera », 1869; « Nuove osservazioni sulle tavole di Salpeusa e di Malaga », id; « Rivista del movimento giuridico in Germania », 1868-69; « Delle disposizioni d'ultima volontà rimesse ad arbitrio di terza persona secondo il diritto romano », 1869; « Sulla tavola di bronzo trovata recentemente nelle vicinanze di Cleo », id.; « Nuovi studii sulle disposizioni d'ultima volontà rimesse all'arbitrio di una terza persona, secondo il diritto civile comune e il codice civile italiano », id.; « Sull'ottavo congresso dei giureconsulti tedeschi », 1870; « Nuova interpretazione della legge 75, § 1, D., de legatis II », id.; « Dell'appellazione in materia civile e commerciale », id; « Nuova interpretazione della legge 17, D., de duobus reis, e conciliazione di questa colla legge 54, § 3, de legatis I », 1871; « La riforma del giurì secondo i recenti progetti di legge », 1872; « Versione delle Pandette di Lodovico Arndts », 1872-74; « Rivista generale della scienza pratica, civile e commerciale del regno », Bologne, 1870-75; « Istituzioni del diritto romano comparato al diritto civile patrio », Florence, 1872-73, 3e éd., 1880; « I lavori del ministro Vigliani », 1873; « Studio comparato delle legislazioni civili della Svizzera », 1874; « Diritto di accrescimento fra collegatarii », 1875; « Nuova interpretazione della legge 10, D., de pecunia constituta », 1876; « Del legato di cosa appartenente al legatario, ecc. », 1876; « Delle servitù irregolari », id.; « Della concorrenza dell'azione della legge Aquilia colle azioni contrattuali », id.; « I lavori del ministero di grazia e giustizia in Italia negli anni 1873-76 », id.; « La relazione del ministro Mancini sul progetto di codice penale », id.; « Nuova interpretazione del celebre frammento di Ulpiano, legge 25, § 17, D., de haereditatis petitione », 1878; « Trattato delle Pandette », traduction et commentaire du prof. Arndts, 1878-80; « I lavori legislativi del ministero di grazia e giustizia in Italia dal 1877 al 1879 », 1880; « Legge svizzera sulle obbligazioni e sul diritto commerciale », id.; « Temi di diritto romano », Pise, 1881. M. S. dirige avec M. D. Supino la revue périodique de jurisprudence Diritto commerciale, depuis 1883; « Codice federale delle obbligazioni », Rome, 1881; « Trattato delle Pandette di Arndts », vol. 1er, 4e éd., Bologne, 1881; « La legittimità di F. C. G. Trafford », Pise, 1882; « I lavori legislativi del Ministero di grazia e giustizia in Italia dal 1880 al 1882 », Bologne, id.; « Sopra una questione di irretroattività delle leggi », Pise, id.; « Osservazioni negli articoli 94 e 105 del codice di procedura civile », id., 1883; La Legge, recueil de jurisprudence dirigé par M. S. et G. Saredo, depuis 1883; « Della prova di filiazione legittima », Pise, 1885; « Della validità delle ipoteche giudiziali iscritte dopo la cessazione dei pagamenti, ma prima della sentenza dichiarativa di fallimento », id., id.; « Della restituzione anticipata dei fidecommessi progressivi », id., 1886; « Istituzioni di diritto romano », vol. 1er, 4e éd., 1886; « Pareri diversi », Pise, 1887; « Pareri giuridici », 1888.

Serao (Mathilde, mariée à M. Édouard SCARFOGLIO), romancière, journaliste, conférencière italienne, née, à Patras (Grèce), le 7 mars 1856. Son père François Serao, exilé pour affaires politiques, épousa en Grèce Mlle Bonnelly, jeune femme d'une instruction variée et d'un goût remarquable. Mlle Serao apprit de sa mère les éléments de la littérature italienne et des littératures étrangères. Elle débuta, en 1878, dans les journaux Fanfulla, Piccolo, Illustrazione Italiana, Risorgimento, Gazzetta Piemontese, etc., par des esquisses, des nouvelles et des articles de variété qui attirèrent sur elle l'attention. Elle entra successivement au Capitan Fracassa, à la Tribuna et à plusieurs autres journaux. Elle fonda ensuite à ses frais le Corriere di Roma, qui ne dura que deux ans, elle accepta, en 1887, les conditions que lui fit M. Schilizzi de Naples, pour diriger avec son mari le Corriere di Napoli, le journal le plus répandu de l'Italie méridionale. En dehors d'une masse énorme d'articles originaux marqués au coin du talent, Mme Serao a publié les romans suivants qui sont certainement les meilleurs que l'Italie contemporaine ait produit. L'auteur appartient à l'école du pessimisme ainsi qu'à l'école réaliste. Son style très coloré montre une nature ardente et primesautière. On considère en Italie Mme Serao comme le talent féminin le plus remarquable du pays. Nous avons d'elle: « Cuore infermo »; « Leggende napoletane »; « Piccole anime »; « Pagina azzurra »; « Fantasia »; « La virtù di Checchina »; « Il ventre di Napoli », 1884; « La conquista di Roma », 1885; « Il romanzo della fanciulla », id.; « Racconti napoletani », 1889; « Fior di passione », 1888; « Vita e avventure di Riccardo Joanna », 1887; « Addio amore », Naples, 1890.

Serena (Octave), député et écrivain italien, né, à Altamura (prov. de Bari), le 18 août 1837, fit ses études classiques au lycée de Bari et obtint son doctorat en philosophie et belles-lettres à Naples, en 1852. Après avoir occupé plusieurs places importantes au Ministère de l'Instruction publique, il entra comme député de sa ville natale en 1874. Nous avons de lui : « Su una monografia della città di Altamura », Naples, De Angelis, 1879; « Versi » id., Nobile, 1864; « Alcuni fatti della rivoluzione del 1799 », id., imprimerie du *Giornale di Napoli*, 1867; « Della città di Amantea », id., imp. de l'Université, id. ; « Della consuetudine dotale della città di Altamura », Trani, Vecchi, 1880; « Sulla riforma della legge elettorale politica », Rome, Botta, 1881; « Ordinamento degli archivi nazionali », id., id., 1882; « Una lapide del 1316 », Trani, Vecchi, 1887; « Di un'antica università degli studi nelle Puglie », Altamura, Leggieri, id.

Sergi (Joseph), illustre savant italien, né, à Messine (Sicile), le 21 mars 1841, étudia la philosophie, les lettres classiques, latines et grecques, les langues orientales et particulièrement le sanscrit; il cultiva la linguistique comparée, la philologie, les langues étrangères modernes, les mathématiques, la physique, l'anatomie et la physiologie humaine et comparée, il étudia aussi les sciences naturelles et spécialement l'ethnologie et l'anthropologie. Il a été professeur de philosophie et de langue grecque aux Lycées de Messine et de Milan, et ensuite professeur d'anthropologie à l'Université de Bologne. Il est à présent professeur ordinaire d'anthropologie à l'Université de Rome, où il a fondé un institut anthropologique avec laboratoire et musées annexes, et dernièrement (déc. 1889), le premier laboratoire de psychologie expérimentale en Italie. Nous avons de lui : « Usiologia, ovvero scienza dell'essenza delle cose », Noto, 1868; « Il sistema astronomico dei Pitagorici », *Rivista sicula*, Palerme, id; « Vico e la scienza della storia », id., id., 1872; « Hecaton, çatam, centum. Quale elemento predomini nella formazione dei numeri nelle lingue indo-europee », id., id., id. ; « Il tema pronominale di prima persona nelle lingue indo-europee », *Scienza contemporanea*, Messine, 1873; « Sul dramma tragico », *Istitutore Peloritano*, id., 1874; « Principi di psicologia sulla base delle scienze sperimentali », id., 1873-74; « Se i fenomeni psichici si possono ridurre a movimenti », id., 1877; « Elementi di psicologia », id., 1879; « Sulla natura dei fenomeni psichici », étude de psychologie générale, Florence, 1880, *Archivio per l'antropologia*; « La morale in relazione con la vita », Bologne, 1880; « Teoria fisiologica della percezione », introduction à l'étude de la psychologie, Milan, 1881; « Le basi della morale », traduction de H. Spencer, id., id., 2e éd., 1887; « Fisiologia e psicologia del colore », conférence, id., id. ; « La sociologia e l'organismo delle società umane », préface à l'ouvrage de H. Spencer : « Introduzione alla sociologia », id., id. ; « Le scuole classiche in Italia », Naples, id. ; « Die Bildung des individuellen Charakters », Leipzig, 1882, *Auf der Höhe;* « La stratificazione del carattere e la delinquenza », *Rivista di filosofia scientifica*, Milan, 1883; « Un nuovo goniometro faciale », *Archivio per l'antropologia*, Florence, 1882; « La stirpe ligure nel Bolognese », *Atti e memorie di storia patria*, Bologne, 1883; « Un cranio nella necropoli di Villanuova presso Bologna », Florence, id.; « Liguri e Celti nella valle del Po », id., id. ; « Crani italici del Piceno », *Atti dell'Accademia dei Lincei*, Rome, id. ; « Polimorfismo e anomalie nei femori e nelle tibie degli scheletri etruschi di Bologna », *Atti dell'Accademia delle scienze* de Turin, id. ; « Fra gl'Indiani d'America », *Nuova Antologia*, Rome, id.; « Antropologia biologica », Milan, 1884; « Antropologia moderna », id., 1882; « Antropologia storica del Bolognese », Bologne, 1884; « Ursprung und Bedeutung der psychischen Erscheinungen », Leipsig, 1884, *Auf der Höhe*; « L'origine dei fenomeni psichici e loro significazione biologica », Milan, 1885; « L'uomo terziario in Lombardia », Florence, id.; « Di un gabinetto antropologico per le applicazioni pedagogiche », Turin, 1886, *Rivista pedagogica italiana*; « Ancora dell'uomo terziario in Lombardia », *Archivio per l'Antropologia*, Florence ; « Interparietali e preinterparietali del cranio umano », *Académie de médecine*, Rome, id.; « Prebasiocipitale o basiotico (Albercht) », id., 1886; « Sul terzo condilo occipitale e sulle apofisi paroccipitali », id., id.; « La filosofia nelle università italiane », Turin, id., et Bologne, 1887; « Per la scuola liceale », Turin, 1887 ; « Relazione fra la delinquenza e le malattie mentali », Rome, 1886, *Rivista di discipline carcerarie*; « Antropologia fisica della Fuegia », Rome, 1887, *Accademia di medicina*; « Indice ilio-pelvico, o sessuale, del bacino nelle razze umane », id., 1877; « Crani di Omaguaca », id., id., id. ; « Crani peruviani antichi », en collaboration avec le prof. Moschen, Florence, id.; « Ricerche di psicologia sperimentale », *Rivista sperimentale di freniatria*, Reggio Emilia, id.; « Prelezione e programma di un corso di psicologia comparata e sperimentale, nella regia Università di Roma », Naples, id.; « Psychologie physiologique », traduction en français des « Elementi di psicologia », Paris, 1888; « Antropologia fisica della Fuegia. Nuove osservazioni », Rome, id., 1887; « Le degenerazioni umane », id., 1887; « Evoluzione umana. Lezione di apertura del corso di antropologia nell'anno scolastico 1887-88 », Milan, 1888, *Rivista di filosofia scientifica;* « La degenerazione del carattere », Rome, *Rivista di discipline carcerarie;* « Antropologia e scienze antropologiche », Messine, id.; « Crani della Paupasia », en collaboration avec le prof. Moschen, Florence, id.; « Le degenerazioni umane », Milan, *Bibl. scient. int.*, 1889; « La coltura nella vita odierna », *Rivista di filosofia scientifica*, Milan, id.; « L'anthropologie criminelle et ses critiques », Rome, id., *Revue, internationale;* « Sopra un cranio deformato, rinvenuto in Italia », Rome, 1890, *Accademia di medicina;* « Crani siamesi », Rome, id.; « Ricerche su alcuni organi di senso nelle antenne delle formiche », Milan, 1890, *Rivista di filosofia scientifica;* « Manuale di psicologia per le scuole », id., id.

Sermon (Henri), écrivain belge, né, à Leeuw-Saint-Pierre, le 17 février 1834. Professeur estimé, il est un des défenseurs du « mouvement flamand » en Belgique; c'est en langue néerlandaise qu'il a presque constamment écrit, et il est membre de l'Académie royale flamande. Outre des articles dans la revue *Noord en Zuid* et d'autres périodiques, il a publié, soit sous son nom véritable, soit sous les pseudonymes HEODRIE VAN WALRAVE et REDE : « De Vlaming en de staet in Belgie », Anvers, 1857; « Geschiedenis van Peter Contherele, meier van Leuven, een volksvriend uit de XVIe eeuw », id., 1860; « Historische kritische schetsen », id., 1875. M. Sermon a édité en outre, dans une librairie fondée par lui à Anvers, des nouvelles qu'il a traduites de l'allemand et de l'anglais.

Serpa-Pimentel (A. DE), homme d'État portugais, né vers 1830, débuta comme poète lyrique; mais il quitta bientôt la poésie et publia un volume très apprécié sous le titre de: « Questioês de politica positiva da nacionalidade e do governo rappresentativo », Lisbonne, 1872. M. de S. P. a été président du Conseil des Ministres à Lisbonne.

Serrure (Constant-Antoine), érudit belge, né, à Gand, le 10 juin 1835. Fils d'un célèbre professeur de l'Université de Gand, Constant-Philippe Serrure (1805-1872), M. S. a appartenu au barreau de sa ville natale; il habite aujourd'hui Saint-Gilles, près de Bruxelles, fait partie d'une foule de sociétés savantes et se consacre tout entier à ses beaux travaux littéraires et scientifiques. On lui doit: « Geschiedenis der Nederlandsche en Franske letterkunde in het Graefschap Vlaenderen, van de vroegste lyden tot aen het einde der regeering van het huis van Burgondie », Gand, 1855, ouvrage remarquable couronné par la Société des beaux-arts de Gand; « Jacob van Maerlant », id., 1861, mémoire couronné par le gouvernement belge; « Jacob van Maerlant en zijne werken », id., 1867; « Letterkundige Geschiedenis van Vlaanderen », id., 1872; « Histoire de la souveraineté de l'Heerenberg et description des monnaies des comtes souverains de cette maison », id., 1860; « Monnaies et monnayage: la numismatique flamande à l'Exposition rétrospective », Bruxelles, 1880 (anonyme); « Le gaulois expliqué au moyen de l'archéologie, de la numismatique, de l'histoire et de la philologie comparée », Bruxelles, 1883; « Études sur la numismatique gauloise des Commentaires de César », Louvain, 1886; « Essai de grammaire gauloise, d'après les monuments épigraphiques », id., 1888-89. De plus, M. Serrure a commencé, en 1880, la réimpression, restée malheureusement inachevée, de la belle: « Notice sur le cabinet monétaire de S. A. le prince de Ligne », publiée par son père, en 1847; il a donné de nombreux articles à la *Revue belge de numismatique*, au *Messager des sciences historiques*, au *Vaderlandsch Museum*, au *Muséon*, etc.; et il a fondé le *Bulletin mensuel de numismatique et d'archéologie*.

Serrure (Raymond), numismate belge, fils du précédent, né, à Gand, le 25 décembre 1862. Tout jeune encore, il débuta dans le journalisme et la politique, en prenant part aux agitations démocratiques de son pays; mais la science le reconquit bien vite, et aujourd'hui, fixé à Paris, il met au service des recherches archéologiques une infatigable ardeur. Nous citerons surtout de lui: « Éléments de l'histoire monétaire de la Flandre », Gand, 1879; « Éléments de l'histoire monétaire de la principauté épiscopale de Liège », id., 1880; « Deux études de numismatique nationale », id., id.; « Dictionnaire géographique de l'histoire monétaire belge », Bruxelles, id.; « La monnaie en Belgique », Verviers, 1884; « Catalogue des collections de poids et mesures du musée royal d'antiquités et mesures du musée royal d'antiquités et d'armures de Bruxelles », Bruxelles, id.; enfin, un excellent: « Répertoire des sources imprimées de la numismatique française », Paris, 1888-89, en collaboration avec M. Arthur Engel et couronné, en 1870, par l'Institut de France (Académie des inscriptions et belles-lettres). M. Raymond Serrure, qui a encore en portefeuille un « Dictionnaire géographique de l'histoire monétaire de la Hollande », et un: « Dictionnaire géographique de l'histoire monétaire de la France », a fourni en outre de précieuses communications numismatiques au *Réveil de Huy* (sous le pseudonyme R. DE GRIMONT) à la *Revue belge de numismatique*, aux *Blätter für Münzfreunde*, au *Bulletin mensuel de numismatique et d'archéologie*, dont il fut dès l'origine la cheville ouvrière, etc. etc; et il est, croyons-nous, l'auteur d'une étude sur le monnayage en Belgique, signée LOUIS LAVOLLÉ et insérée en 1881 dans un ouvrage resté inachevé « La Belgique industrielle ». Un grand nombre de sociétés savantes se sont plues à l'associer à leurs travaux.

Servais (Jean), né, à Joinville (France), domicilié à Turin depuis longtemps. Il est littérateur et auteur dramatique. Il a publié: « Éléonore de Guyenne »; « Constance de Bretagne »; « L'Inquisiteur »; « Frédégonde », tragédies toutes en 5 actes et en vers dont les rimes sont d'une richesse incomparable. Cette dernière tragédie, sortie de l'imprimerie royale de J.-B. Paravia

(Turin, 1889), est précédée de : « La Neustrie sous les Mérovingiens », qui à notre jugement est une œuvre remarquable de critique historique, réduisant à leur juste valeur de grossières calomnies que des historiens peu véridiques ont accumulées, comme à plaisir sur quelques personnages d'une époque mal étudiée et mal connue. « Frédégonde » est écrite en vers à rimes croisées. C'est assurément une nouveauté, puisque l'éditeur de « Frédégonde » dit à ce sujet dans une note: « Nous ne connaissons aucune tragédie française en rimes croisées. *Tancrède* de Voltaire ne peut faire exception, car elle est en rimes mêlées et non en rimes qui se croisent avec une inflexible et constante symétrie ».

Severni (Fernand), jeune poète belge. Il collabore à la *Jeune Belgique*, à la *Pléïade*, à la *Wallonie*. Il est l'auteur d'un volume de vers très apprécié des lettrés : « Le Lip ».

Seydel (Maximilien), connu dans le monde littéraire sous le pseudonyme de MAX SCLIERBACH, littérateur, jurisconsulte et statisticien allemand, professeur du droit allemand à l'Université de Munich (Bavière), né, en 1846, à Germersheim (Palatinat rhénan), fit ses études aux Universités de Munich et de Wurzbourg, fut employé dans l'administration d'État bavaroise en qualité de directeur du bureau de statistique et comme référendaire au Ministère de l'Intérieur, d'où, en 1881, il fit passage à l'Université pour y enseigner le droit. On lui doit: « Commentar zur Verfassungs-Urkunde für das deutsche Reich », Wurzbourg, 1873 ; « Grundzüge einer Allgemeinen Staatslehre », id., id. ; « Das Gewerbeordnung », Munich, 1881. Ainsi que de nombreux articles parus dans les *Tüb. Zeitschr. f. d. ges. Staatswissensch.* dans les *Jarb. f. Gesetzgeh, Verwall, Volkwirt. im deutschen Reich* et dans les publications officielles du bureau bavarois de statistique. Il est aussi collaborateur des *Annalen des deutschen Reiches* et de la *Kritische Vierteljahrschr. für Gesetzgebung und Rechtswissensch.* etc. etc. Sous le pseudonyme, M. Schlierbach, il publia ses: « Gedichte », et « Neue Gedichte », Berlin, 1872-80, et la version allemande de « Lucretius », Munich, Leipzig, Oldenbourg, 1881.

Seydel (Rodolphe), théologien et philosophe allemand, professeur extraordinaire de philosophie à l'Université de Leipzig, membre de l'association protestante allemande, né, à Dresde, en 1835 ; il fit ses études à l'*Annenschule*, au gymnase, à la *Kreuzschule* et à l'Université de Leipzig se dédiant entièrement à la philologie et à la théologie, prit ses grades en 1856, et fut habilité à l'enseignement de la philosophie en 1860. En dehors de plusieurs écrits philosophiques et religieux, il a publié : « Schopenhauers philosophisches System », Leipzig, 1857 ; « Reden über Freimaurerei an denkende Nichtmaurer », id., 1860 ; « Die Fortschritt der Metaphysik unter den ältesten ionischen Philosophen », id., 1861 ; « Katholicismus und Freimaurerei », id., 1865 ; « Logik oder Wissenschaft vom Wissen », id., 1866 ; « Christian Hermann Weisse », id., id. ; « Der deutsche Protestantenverein », id., 1867 ; « Die Religion und die Religionen », id., 1872 ; « Widerlegung des Materialismus und der mechanischen Weltansicht », Berlin, 1873 ; « Ueber Glaube und Unglaube », Dresde, 1874 ; « Ethik oder Wissenschaft vom Seinsollenden », Leipzig, id. ; « Das Evangelium von Jesu in seinen Verältnissen zu Buddha-Sage und Buddhalehre », id., 1884 ; « Die Buddhalegende und das Leben Jesu nach den Evangelien », id., id. ; « Buddha und Christus », Breslau, id. ; « Religion und Wissenschaft », id., 1887 ; « Der Schlüssel zum objectiven Erkenn », Halle, 1889 ; « Vom Christenthum Christi », Berlin, id. Nous lui devons la publication des œuvres inédites de M. Ch. H. Weisse, éminent philosophe allemand, mort en 1866.

Seyerlen (Rodolphe), théologien allemand, docteur en philosphie et théologie, professeur de théologie pratique et systématique à l'Université de Iéna, né, le 18 novembre 1831, à Stuttgart, fit ses études au gymnase de sa ville natale et à l'Université de Tubingue, entreprit un voyage à Paris, pour étudier dans les bibliothèques de cette métropole la philosophie et la théologie du moyen-âge. Après avoir été diacre à Crailsheim et Kœnigsgratz et archidiacre à Tubingue, il devint (1875) professeur ordinaire de théologie à l'Université de Iéna. Il publia : « Entstehung und erste Schicksale der Christengemeinde in Rom », Tubingue, 1874 ; « Ueber Bedeutung und Aufgabe der Prediger der Gegenwart », id., 1876 ; « Fr. Rohmer's Wissenschaft vom Menschen », Nordl., 1885. Un grand nombre d'articles en matière théologique ont paru dans le *Baur und Zeller's Theol. Jahrb.* dans la *Protest. Kinchen Zeit.*, dans la *Zeitsch. f. prak. Theol.*, et dans divers journaux spéciaux allemands. On lui doit la publication de « J. C. C. Bluntschl. Denkwürdiges aus meinem Leben », Nordl., 1884 ; il est collaborateur du *Lipsius Theol. Jahresbericht*.

Sforza (Jean), historien italien, né, à Montignoso de Lunigiana, le 3 juillet 1846. Après de bonnes études classiques, il entra aux archives d'État de Pise et de Lucques et fonda les nouvelles archives de l'ancien Duché de Massa Carrara. Il a collaboré à la *Domenica del Fracassa*, au *Giornale storico della letteratura italiana*, au *Fanfulla della Domenica*, au *Giornale ligustico*, à la *Gazzetta letteraria* de Turin, à l'*Archivio storico italiano*, à la *Rivista numismatica italiana*, aux *Atti dell'Accademia Lucchese*, à la *Rivista storica italiana*. Il a publié l' « Epistolaire », d'Alexandre Manzoni, ainsi que les mémoires suivants : « La congiura di

Pietro Fatinelli contro la Signoria Lucchese », 1865; « Memorie storiche di Montignoso di Lunigiana », 1867; « Della Signoria di Castruccio e de'Pisani sul borgo e forte di Sarzanello », 1870; « Memorie storiche di Pisa dal 1838 al 1871 », 1871; « Dante ed i Pisani, studi storici », 1873, 2ᵉ éd., augmentée; « Bibliografia storica della Lunigiana », 1874; « Di Francesco Maria Fiorentini e dei suoi contemporanei Lucchesi », essai d'histoire littéraire du XVIIᵐᵉ siècle, 1879; « Ricordi della famiglia Sforza », 1881; « La patria, la famiglia e la giovinezza di Papa Niccolo V », 1884, ouvrage traduit en allemand par le professeur Horak; « Memorie e documenti per servire alla storia di Pontremoli », 1887; « Sulle zecche di Tresana e di Fosdinovo », 1889; « Un episodio poco noto della vita d'Aonio Paleario », id.; « Castruccio Castracani degli Antelminelli in Lunigiana », 1890; « Castruccio Castracani degli Antelminelli e gli altri lucchesi di parte Bianca in esilio (1300-1314) », id.; « Rime di Franco Sacchetti contro Papa Gregorio XI », 1869; « Le nozze di Jacopo Salviati con Veronica Cybo », 1871; « Ambasceria della Repubblica di Lucca per le nozze di Vittorio Amedeo di Savoia e Cristina di Francia », 1867; « Un Lucchese in Africa », 1878; « Gli amori di Maria Maddalena Trenta con Federico IV di Danimarca », 1879; « Le nozze di Costanza da Fogliano con Francesco Malaspina », id.; « Sull'occupazione di Massa di Lunigiana fatta dai Francesi nel 1797, lettere d'un giacobino », id.; « Cronache inedite di Massa di Lunigiana », 1882; « Statuti inediti del contado lucchese dei secoli XIII e XIV », 1886; « Statuti inediti di Massa di Lunigiana raccolti e illustrati »; « Garibaldi in Toscana nel 1848. Ricordi », Florence, 1890.

Sgobba (Joseph), journaliste et médecin italien, né, à Noci, en 1826, prit part au mouvement politique de l'Italie méridionale et fonda, après 1860, le journal *L'Operaio barese*, et en 1880, la *Gazzetta di Bari*.

Sherman (William-Tecumseh), général américain, né, à Lancastre (Ohio), le 8 février 1820, fut élève de l'École militaire de West-Point, où il fit partie de la promotion de 1836 et entra dans le génie. Il prit part à l'expédition du Mexique et à l'occupation de la Californie et, au retour, il entra aux chemins de fer et au barreau. La révolte des États du Sud le ramena à la carrière militaire. Il se fit remarquer dès le début de la guerre civile; il commandait à Bull's Run un régiment qui fit bravement son devoir et, devenu brigadier-général des volontaires, il fut chargé en décembre 1861, de l'expédition contre Beaufort, qu'il mena à bonne fin. Peu après il fut envoyé dans le sud-est sous les ordres de Hunter et prit part à la bataille de Pittsburg-Landing, il y fut blessé et eut deux chevaux tués sous lui. On lui confia ensuite l'attaque de Wicksburg, mais il fit de vains efforts pour s'emparer du cours du Mississipi et fut remplacé par Mac-Clellan. Il fut plus heureux dans le Tennessee, où il obtint des succès marqués sur Braxton Bragg et fit contre Mobile une pointe qui ne réussit pas comme on l'espérait, mais qui témoignait d'une grande audace. Dans la campagne de 1864, le général S. fut nommé commandant des armées du Tennessee, de l'Ohio et de l'Arkansas. Il seconda activement les vues de Grant, en luttant contre Hood qui, après une résistance désespérée, fut forcé de lui livrer l'importante position d'Atlanta, où il établit aussitôt une base solide d'opérations. On a surtout remarqué les marches hardies et rapides qu'il exécuta dans les dernières semaines de l'année 1864 au milieu du territoire de confédérés. Traversant la Georgie, il gagna le port de Savannah après avoir pris et brûlé plusieurs villes, tourné celles qui étaient trop fortifiées pour être enlevées d'assaut et accomplit ainsi un trait de 300 milles en 27 jours. Maître de Savannah et combinant ses mouvements avec ceux de la flotte fédérale, il força les armées confédérées d'évacuer devant lui les villes qu'elles occupaient, notamment Charleston, dont il s'empara malgré une garnison de 14,000 hommes et qu'il livra en partie aux flammes (février 1867). Ses succès contribuèrent beaucoup à la capitulation de Richmond (avril 1865). Après cette dernière année, il a contribué puissamment à l'histoire militaire de son pays par deux volumes intitulés: « Memoirs of general W. Sherman », New-York, Appleton and C., 1875, et par beaucoup d'articles insérés aux revues anglaises et américaines, concernant les faits de guerre auxquels il avait pris part.

Siacci (François), géomètre italien est né, à Rome, le 20 avril 1839, fils de Mathieu, corse, ancien soldat de Napoléon, et de Béatrix Badaloni, anconitaine. Il doit presque toute son éducation à l'âme virile de sa mère, ayant perdu son père dans le premier âge. En 1860, il gagna le *doctorat d'honneur* en mathématiques, distinction rare et difficile de l'Université romaine de ce temps. En 1861, pour raisons politiques, il émigra à Turin, prit du service dans l'artillerie italienne, où il est maintenant lieutenant-colonel. Après la campagne de 1866, il fut appelé à Turin comme professeur à l'école d'application de l'artillerie et du génie. En 1871, il fut nommé professeur ordinaire de mécanique supérieure à l'Université. Il est aussi un des XL de la Société italienne des sciences, associé national de l'Académie des *Lincei*, de l'Académie des sciences de Turin, et correspondant de plusieurs autres. Il a publié un « Traité de balistique », en trois volumes, Turin, 1870-85, qui a eu une seconde édition entièrement refondue en 1888. Cet ouvrage vient d'être traduit en français, Paris, Berger-Le vrault, 1890. Il a publié un grand nombre de mémoires sur plusieurs branches des mathématiques pures et appliquées, répandus dans les comptes-rendus des Académies et dans les journaux scientifiques. Nous citerons : « Sur un problème de mécanique céleste », 1873 ; « Sur le problème des trois corps », 1874 (*Comptes-rendus de l'Académie des sciences de Paris*) ; « Intorno ad una trasformazione delle forme quadratiche », 1872 ; « Del moto per una linea piana e per una linea gobba », 1879 ; « Un nuovo metodo per determinare la resistenza dell'aria sui projetti », 1877 ; « Sul pendolo di Leone Foucault », 1878 (*Atti e Memorie della R. Accademia delle Scienze di Torino*) ; « Sulla rotazione de'corpi », 1877 ; « Sulle quaterne statiche », 1882 (*Memorie della Società Italiana delle scienze*) ; « Un teorema sulla rotazione de'corpi », 1879 ; « Teorema fondamentale sulle equazioni canoniche del moto », 1881 ; « Sugli angoli di massima gittata », 1887 ; « Sulle forze atte a produrre eguali spostamenti », 1889, *Atti della R. Accademia de'Lincei*. On pourrait citer au point de vue littéraire : « Commemorazione del general Cavalli » ; « Commemorazione di Angelo Genocchi » ; « Commemorazione del conte Paul de Saint-Robert ». Les deux premières dans les *Mémoires de Turin*, la dernière dans les *Atti dell'Accademia dei Lincei*. La première de ces commémorations eut l'honneur d'être louée par M. Edmond de Amicis. Dans la *Rivista Militare* et dans la *Rivista d'artiglieria e genio*, M. S. a aussi publié un grand nombre de mémoires militaires, dont plusieurs ont été reproduits dans les journaux militaires étrangers, et l'un d'eux : « Nuovo metodo per risolvere i problemi del tiro », 1880, traduit dans toutes les langues d'Europe, devint bientôt la base de tous les nouveaux cours de balistique, et il a été adopté par sa simplicité et son exactitude par toutes les artilleries d'Europe et d'Amérique. En 1866, M. S. fut envoyé au Parlement par le I collège de Rome, où il fut réélu deux autres fois. Il a aussi plusieurs relations de lois, plusieurs discours sur la guerre et l'instruction publique.

Sichler (Léon), artiste peintre, écrivain et traducteur français, né, en 1858, à Saint-Pétersbourg, où il commença ses études classiques qu'il acheva en France. Membre de la Société des artistes français, de la Société des amis des monuments parisiens, etc., exposant au *Salon* annuel de peinture (1885-89), M. S. se consacre à la Russie qu'il aime passionnément et dont il connaît parfaitement la langue. Il s'adonne particulièrement à l'étude des traditions populaires de ce pays. Au début de sa carrière littéraire, il publia dans la *Mosaïque*, en 1881, une traduction littérale et élégante de « La nuit de mai », de Gogol ; en 1882, une notice et des « Poésies », choisies et traduites par lui de Hoelty, poète allemand, et trois « Contes populaires russes », qu'on retrouve dans un volume que M. S. fit paraître en 1886, E. Leroux édit., intitulé « Contes russes », traduits et illustrés. La presse accueillit très favorablement cette œuvre littéraire et artistique qui rangea M. S. parmi les *folk-loristes* et les illustrateurs les plus distingués. Ce travail lui valut, entr'autres, un compte-rendu dans « Mélusine », tome III, n. 3, par M. Dragomanoff, et décida l'auteur à continuer ses recherches sur les traditions populaires russes. En 1886, M. S. fut un des premiers fondateurs en France de la Société des traditions populaires, et publia une « Histoire de la littérature russe », A. Dupret, 2ᵉ éd., épuisé, simple manuel de vulgarisation. L'auteur le remaniera entièrement s'il en fait une nouvelle édition. M. S. collabore à la *Revue des traditions populaires*, depuis sa fondation, et à la *Tradition*, où il a donné des contes, proverbes, images populaires russes, avec notices et dessins. En 1886, il a publié à la *Revue de l'histoire des religions* plusieurs versions russes de « La Fille aux bras coupés ». En 1888, il fut appelé à collaborer à une petite feuille éphémère : *La Vie Franco-russe*, où, sous le titre général « Le peuple russe », il fit, avec des croquis en couleur, des articles sur « Les veillées et les jeux ; le carnaval ; les divinations ; les conjurations ; l'hospitalité ; la femme ; l'homme du peuple ; le moujik et la terre ; le soldat ; Saint-Nicolas ». Ce sont les jalons et les titres d'une prochaine publication de M. S. Il va faire paraître une traduction complète d'une rareté bibliographique, les « Légendes russes » d'Aphanassief. Il prépare les ouvrages suivants : « L'imagerie populaire russe », avec fac-similés ; « La poésie russe », poésie orale, notices biographiques, fragments traduits, vignettes ; « Récits russes », d'auteurs contemporaines traduits et illustrés ; « Les Beaux-arts en Russie », avec dessins, etc.

Siciliano (Jean), écrivain politique et critique d'art italien très distingué, naquit à Palerme le 15 octobre 1843. On le destina au barreau. Il entra à l'Université et y acheva ses études, mais son inclination l'éloigna des tribunaux. Il n'était pas ambitieux, et il serait peut-être resté toute sa vie dans l'obscurité, sans une occasion qui le fit connaître. Ayant publié dans une journal une satire contre un médecin, un vrai charlatan, qui, chargé par un gouvernement insouciant d'enseigner la médecine à l'Université de Palerme, ne débitait, de sa chaire, que des sottises, il fut tellement vexé par un fils du charlatan, qu'il quitta Palerme et se fixa à Florence, où il collabora à la *Nazione*, organe du parti de la droite. Après la mort de M. Celestino Bianchi, qui avait une grande estime de ses talents, il serait resté à la direction de la *Nazione* s'il n'avait quelques jours avant quitté Florence pour passer à la direction du *Statuto*, organe de l'Association constitutionelle de Palerme, présidée par M. le marquis de Torrearsa, membre du Sénat et ancien président de la Chambre des députés. Après le *Statuto*, il dirigea l'*Ordre* de Plaisance. Il est un écrivain élégant et caustique. Il excelle dans la critique d'art. Sous le pseudonyme de G. T. CALINIOS, il publia des écrits qui eurent un grand retentissement. Son étude sur le *Paolo*, drame de M. Galati, insérée dans la *Rivista Europea*, est un chef-d'œuvre de finesse, d'observation et de talent, qui se termine ainsi : « Le drame de M. Galati a une valeur indépendante de l'espace, du lieu et du temps où il a placé ses personnages. Dumas fils, dans sa « Femme de Claude », a étudié les instincts méchants de la femme perverse, et n'a trouvé qu'une seule conclusion : *tuez la bête*. Dans notre siècle amolli par la civilisation, c'est une conclusion morale qui rappelle l'époque de la pierre. M. Galati ne s'embarasse pas de nous faire savoir son opinion. Il expose les faits. Le faible cèdera toujours au plus fort. Il laisse disputer entre eux Dumas qui veut tuer et M. de Girardin qui préfère le pardon. Il pourrait y avoir un dénoûment possible : le mépris ». On a de M. Siciliano une foule de brochures et même une comédie, où il fait une satire mordante de la magistrature.

Sicotière (Léon DE LA), historien et homme politique français, né, à Valframbert (Orne), le 3 février 1812, fit ses études au Collège d'Alençon, et fut reçu avocat à l'École de Caen. Il se fit inscrire au barreau d'Alençon et fut plusieurs fois bâtonnier de l'Ordre. En 1871, M. de la S. fut élu à l'Assemblée nationale, où il fut chargé de beaucoup de commissions importantes et rédigea notamment au nom de la commission d'enquête du 4 septembre, deux rapports : « L'affaire de Dreux », et « L'Algérie sous le gouvernement du 4 septembre ». Il rédigea en outre des rapports sur « La repression de l'ivresse publique » et la « Représentation des minorités ». En 1876, il fut élu sénateur et rédigea d'autres rapports très appréciés. Comme littérateur, il s'est occupé de l'histoire de la Révolution française et du Protestantisme. Nous avons de lui : « Mémoire sur le roman historique », 1839 ; « Béranger », id. ; « Excursions dans le Maine », 1840 ; « Rapport sur les monuments historiques du département de l'Orne », 1841 ; « Rapport sur l'abbaye de Lonlay », id. ; « Histoire du collège d'Alençon » ; « La Cour de la reine de Navarre à Alençon », discours prononcé comme président à une séance solennelle de la Société des antiquaires de Normanndie ; « Notices sur la cathédrale de Séez », 1844 ; « Le château de Carrouges », id. ; « Notices sur Piel, architecte et dominicain », id. ; « Observations sur le symbolisme religieux », id. ; « Notices sur Dufriche-Valazé et sur le baron de Genettes », 1845 ; « Le département de l'Orne archéologique et pittoresque », 1845-1851, avec de nombreuses planches ; « Julien Riqueur, poète français du XVIe siècle », 1845 ; « Notes statistiques sur le département de l'Orne », 1851 ; « Bio-bibliographie de la reine Marie-Antoinette », 1862 ; « Monanteuil, dessinateur et peintre », 1863 ; « L'assistance et l'extinction de la mendicité », rapport au Conseil général de l'Orne, 1864 ; « A propos d'autographes : Marie Antoinette, Madame Roland, Charlotte Corday », id. ; « La vie de Sainte-Opportune, abbesse d'Almenêches », poème légendaire du moyen-âge, 1866 ; « Documents pour servir à l'histoire des élections aux États généraux de 1789, dans la généralité d'Alençon », id. ; « Charlotte Corday et Fualdès », 1867 ; « Notes pour servir à l'histoire des jardins et de l'arboriculture dans le département de l'Orne », id. ; « Notices sur Georges Macel », id. ; « Henri IV, le bourgeois et la Dinde en pal », id. ; « Coup d'œil sur les historiens du Perche », discours de présidence lu à la séance générale de la Société de l'histoire de Normandie, 1877 ; « La mort de Jean Chouan », 1877 ; « Le curé Cantiteau, notes sur les Cathelineau », 1877-78 ; « Un complice de Carrier ; le patriote d'Héron », 1879 ; « René Chouan et sa prétendue postérité », 1880 ; « Le curé Pons, correspondance inédite d'un membre de l'Assemblée constituante, de 1789 à 1791 », 1880 ; « Les articles secrets, pacification de la Vendée », 1881 ; « La légende de Marie Anson », 1882 ; « L'association des étudiants en droit de Rennes, avant 1790 », 1883 ; « La conversion de Rancé », 1884 ; « La mosaïque de Villiers (Orne) », 1886 ; « L'émigration percheronne au Canada, au XVIIe siècle », 1887 ; « Corday d'Armont, petit-fils de Corneille et père de Charlotte Corday », 1888 ; « La va-nu-pieds de Mantilly, 1639-1644 » 1889 ; « Louis de Frotté et l'insurrection Normande, 1793-1832 », 3 vol., ouvrage couronné par l'Académie française, concours Marcelin Guérin, 1890.

Siebeck (Gustave-Hermann), philosophe allemand, professeur de philosophie à l'Université de Giessen, né, le 18 septembre 1842, à Eisleben, étudia la philologie et la philosophie aux Universités de Leipzig et de Berlin, prit son habilitation à l'enseignement de la philosophie, en 1872, à l'Université de Halle, et, trois ans plus tard, appelé à Bâle comme professeur ordinaire, il y resta jusqu'à 1883, époque à laquelle il accepta la place de professeur à Giessen. On a de lui : « Untersuchungen zur Philos. d. Griechen », Halle, 1873 ; « Das Wesen der ästetischen Anschauung », Berlin, 1875 ; « Das Traumleben der Seele », id., 1877 ; « Ueber das Bewusstein als Schranke der Naturerkenntniss », Gotha, 1879 ; « Ueber Wesen und Zweck des wissenschaftlichen Studiums », Berlin, 1883; « Geschichte der Psychologie », Gotha, 1880-84. Plusieurs articles de cet éminent philosophe ont paru dans les journaux allemands de philologie, parmi lesquels nous citerons : *Comad's Jahrb. f. Nationalök., Zetschr. f. Völker-Phsychol., Jahrb. f. blass Philol.* etc.

Siebez (Louis), philologue et bibliophile, né, le 17 mai 1833, à Aarau, entreprit, de 1851 à 1855, des études sur la littérature germanique classique aux Universités de Bâle, Goettingue et Berlin sous la direction de Gerlach, W. Vischer et W. Wackernagel, Fr. Hermann, Boeckh, Ernest Curtius et Maurice Haupt. Après son retour en Suisse, et pendant les seize années qui suivirent (1855-1871), il exerça au gymnase supérieur de Bâle la carrière de l'enseignement; le 1er mars 1871, l'Université l'appela à la direction supérieure de sa bibliothèque; le 6 décembre de la même année elle lui conféra pour ses beaux travaux philologiques le grade de docteur en phil. *honoris causa.* Parmi les meilleurs produits sortis de sa plume nous indiquerons: « Ch. Fred. Zetler et le chant masculin en Allemagne », 1872 ; « Le jeu de cartes juridique par Thomas Murner », 1873 ; « Le tremblement de terre à Bâle », deux mémoires, 1874-1882; « Collection de rapports sur la bibliothèque », 1878-1888. L'un des collaborateurs les plus assidus et les plus méritants de K. Bartsch pour la *Germania*, M. S. a profité des abondantes ressources de l'institution à laquelle il préside pour éditer diverses raretés bibliophiliques, entr'outres une: « Lettre écrite, en 1722, par Jean Bernouilli à Jean-Jacques de Mairan », 1874 ; « L'élégie composée en 1553 sur Guillaume Tell par Jean Fabricius Montanus », 1886 ; « Une lettre écrite en 1471 par Guillaume Fichet sur Jean Gutemberg », 1887 ; « L'Informatorium Bibliothecarii Carthusiensis ex autographo fratris Georgii Carpentarii », 1888. La famille de W. Wackernagel le chargea de publier différents travaux de son maître défunt: « Les Petits Écrits », 1875-1876 ; « Les cours universitaires sur la poétique, la rhétorique et la statistique », 1887. Quelques récits composés par M. S. en dialecte bâlois et primitivement destinés au cercle étroit de la famille ont paru dans la collection littéraire éditée par O. Sutermeister.

Siebs (Théodore), homme de lettres allemand, docteur en philosophie, professeur de langues allemandes de l'Université de Breslau, depuis 1888, né, à Brême, le 26 août 1862. Il fit ses études à Tubingue, Rome, Breslau et Leipzig, où il fut licencié en 1885. Nous avons de lui en librairie: « Der Vocalismus der Stammsilben in der altfriesischen Sprache », dissertation, Halle, Niemeyer, 1885 ; « Die Assibilirung der friesischen Palatalen », Tubingue, Fues, 1887; » Die Assibilirung des (k und g.) Ein Beitrag zur geschichte des Palatalismus der indogermanischen Sprachen », id., 1886 ; « Zur Geschichte der englisch-friesischen Sprache. I. band. », Halle, Niemeyer, 1889 ; « Geschichte der friesischen Sprache und Literatur, in Paul, Grundriss der germanischen Philologie », Strassburg, Trübner, 1890.

Siegfried (Jules), homme politique français, né, à Mulhouse (Alsace), le 12 février 1837. Entré très-jeune dans les affaires, il établit avec son frère une maison de commerce au Havre, en 1862 ; puis il alla fonder à Bombay la première maison française pour l'achat des cotons; il établit successivement des comptoirs à Liverpool, à la Nouvelle-Orléans, à Savannah. La guerre de 1870 l'ayant définitivement fixé au Havre, M. S. entra peu après dans la vie publique comme adjoint au maire et membre de la chambre de commerce. Conseiller-général pour le canton de Bolbec, il occupa les fonctions de maire du Havre, depuis 1878, jusqu'en 1885, époque où il fut nommé député de la Seine-Inférieure. On doit en partie à M. S. l'organisation de l'instruction publique au Havre et la création des écoles primaires, professionnelles et d'apprentissage, ainsi que la fondation du Lycée des jeunes filles. Il s'est beaucoup occupé aussi des questions d'assistance publique, et a largement contribué à la création du nouvel hôpital du Havre, des Dispensaires, et du Bureau d'Hygiène. Aussi a-t-il été nommé membre du conseil supérieur de protection des Enfants du premier âge et membre du conseil supérieur de l'assistance publique. Grand partisan de l'initiative individuelle, qu'il a toujours préconisée, M. S. a largement contribué à la fondation des Écoles supérieures du commerce de Mulhouse et du Havre, à celle du cercle mulhousien d'ouvriers et du Cercle *Franklin* du Havre (œuvre philantropique et sociale), à la création du groupe havrais de le Ligue de l'Enseignement, des cités ouvrières du Havre, de Bolbec, des bains et lavoirs publics, etc. etc. Il est l'auteur d'un ouvrage sur: « La misère, son histoire, ses causes, ses remèdes », chez Alcan, Paris, récompensé par l'Académie des sciences morales et politiques. M. S. est officier d'Académie.

Sigwart (Christophe), philosophe allemand, professeur de philosophie à l'Université de Tubingue, né, dans cette ville, en 1830, où il étudia la philosophie et la théologie. Après avoir été répétiteur aux Séminaires évangéliques théologiques de Tubingue et Blaubeuren, il devint (1863) professeur de philosophie à l'Université de sa ville natale. Nous lui devons : « Schleiermacher in seinen Beziehungen zu dem Athenäum der beiden Schlegel », Blaubeuren, 1861; « Spinoza's neuentdeckter Tractat von Gott, dem Menschen und dessen Glückseligkeit », Gotha, 1856 ; « Beiträge zur Lehre von hypothetischen Urtheile », Tubingue, 1871 ; « Logik », 2 vol., id., 1873-78 ; « Der Begriff des Wollens und sein Verhältniss zum Begriff der Ursache », id., 1879 ; « Die Lebensgeschichte Giordano Bruno's », id., 1880 ; « Kleine Schriften », 2 vol., Fribourg, 1881 ; « Vorfragen der Etik », id., 1886 ; « Die Impersonalien, eine logische Untersuchung », id., 1888.

Silingardi (Joseph), professeur d'histoire au Lycée *Muratori* de Modène, né, le 18 septembre 1827, à la Mirandole (province de Modène), fit son droit à Modène. Nous avons de lui plusieurs ouvrages historiques intéressants et une collaboration suivie à la *Rivista Europea*, à l'*Archivio Storico*, à la *Rassegna Nazionale* de Florence, au *Preludio* d'Ancone, etc. Nous devons à cet auteur : « Storia politica d'Italia dal 1789 al 1814 », Milan, Vallardi, 1879 ; « Lodovico A. Muratori ed i re sabaudi Vittorio Amedeo II e Carlo Emanuele III », Modène, Vimenzi, 1872 ; « La mostra italiana di arti belle in Parma », id., Typ. Sociale, 1870 ; « La Prussia », id., id., 1871 ; « La vita, i tempi e le opere di Traiano Boccalini », id., Toschi, 1883 ; « Ciro Menotti e la rivoluzione dell'anno 1831 in Modena », Florence, impr. de la *Gazzetta d'Italia*, 1881 ; « Caterina Pico », Modène, Moneti, 1876 ; « La Caduta della Cisalpina », Livourne, Typ. Aldina, 1883 ; « Ricordi della vita e delle opere di Atto Vannucci », Florence, id.; « Ricordi della Giovinezza di Pietro Giannone », id., 1880 ; « Le guerre memorabili nella valle del Po », id., 1879 ; « Lodovico Castelvetro e i suoi tempi », Modène, 1873 ; « Carlotta Corday », id., 1870 ; « Luigi Carlo Farini a Modena », id., Moneti e Namias, 1881 ; « Maria e Margherita di Savoia-Gonzaga », id., Imp. Legale, 1885 ; « Isabella di Bozzolo » ; « Margherita di Savoia-Gonzaga » ; « Il Proclama degli Italiani agli Ungheresi nell'anno 1821 », Turin, Bocca, 1884 ; « Carlo Pepoli », Florence, Bernini, 1882 ; « Le memorie di Domenico Gazzadi-Moneta », Moneti, 1888 ; « I tre reietti », Modène, Namias, 1889 ; « Giuseppe Mazzini ed i moti delle Romagne nel 1843 », id., Société typographique, 1889.

Silvestre (Paul-Armand), poète et conteur français, né, à Paris, en 1837. Après avoir passé par l'École polytechnique, il a publié plusieurs volumes de vers : « Les Ailes d'or », Charpentier, 1880 ; « Les Amours » ; « La Vie » ; « La Chanson des heures » ; « Le Pays des Roses » ; « Le Chemin des étoiles ». Il a collaboré à un grand nombre de journaux et a donné au théâtre : « Ange Bosane » ; « Aline » ; « Dimitri », opéra, musique de M. Joncières ; « Henri VIII », opéra, musique de M. Saint-Saëns. M. S. a été employé au ministère des finances ; en 1880, il est devenu rédacteur du *Gil-Blas* et, dans ce journal, il a mis à la mode les histoires grasses et les récits gaulois. Il a publié : « Les Malheurs du commandant Laripète » ; « Le Filleul du docteur Trousse-Cadet », suivi des « Nouveaux malheurs du commandant Laripète »; « Les Farces de mon ami Jacques » ; « Les Joyeusetés de l'amour » ; « Contes pantagruéliques et galants » ; « Contes grassouillets », etc., etc.

Silvestri (Joseph), archiviste italien, né, à Palerme, le 13 mars 1825. Il étudia d'abord sous les Pères Jésuites et puis à l'Université. En 1848, il débuta dans le journalisme politique avec MM. Perez, Isidore La Lumia et François Crispi. Employé aux Archives Siciliennes en 1860, il a publié les ouvrages suivants : « Tommaso Gargallo »; « L'istruzione dei Sordo-Muti »; « I Capibravi di Giovan Luca Barberi »; « Tabulario di San Filippo di Fragalà e Santa Maria di Maniaci », etc.

Simiani (Charles), homme de lettres italien, professeur aux Instituts techniques du Royaume, né, à Palerme, en 1841, tour-à-tour journaliste et rédacteur littéraire de la *Frusta* et politique à la *Gazzetta di Palermo*. M. S. a publié à la *Rivista Sicula* les nouvelles suivantes : « Maria » ; « Povero fiore » ; « L'orfana di Val d'Elsa ». Puis : « Alina », Palerme, 1863 ; « Ersilia », Florence, 1874 ; « Fior di mestizia », Raguse, 1875 ; « Emma », id., id., 1877 ; « Bozzetti critici », Milan, 1880 ; « Novelle », id., 1882 ; « Niccolò Franco », Bologne, 1887.

Simon (Édouard), publiciste français, actuellement directeur du *Mémorial diplomatique*, né, à Berlin (Prusse), le 7 avril 1824, a fait ses études à Berlin, est venu en France en 1846, y a pris son domicile et est devenu français par lettres de grande naturalisation. A partir de 1848, il a collaboré au *National*, au *Journal des Débats*, au *Constitutionnel*, où il a fait, pendant 25 ans, le bulletin politique et les articles sur la politique intérieure. En dehors de ces collaborations, M. S. s'est surtout occupé de travaux statistiques et historiques. Il a publié des études politiques, économiques et historiques dans la *Revue des Deux-Mondes*, la *Revue Contemporaine* et le *Journal des Économistes*. Il a aussi collaboré au *Dictionnaire d'histoire et de géographie* de Dézobry, au *Dictionnaire du commerce* de Guillaumin, au *Dictionnaire de géographie* de Bescherelle. En 1871, il a fondé le *Mémorial diplomatique*, dont il est directeur, et où il rédige la plupart des *premier-Paris*. Il a publié : « L'Empereur Guillaume et son règne », 4me éd., Paris, 1887 ; « Histoire du Prince de Bismarck », 3me éd., 1888 ; « L'Empereur Frédéric », 7me éd., Paris, id. M. S. est officier d'académie (1876).

Simon (Jules-François-SUISSE dit JULES), éminent écrivain et homme politique français, sénateur, membre de l'Institut, ancien ministre, journaliste, penseur, né, le 27 décembre 1814, à Laurient (Bretagne). Il porta, dès son enfance, comme nom de famille le prénom sous lequel son père était désigné. Il fit ses études au Collège de sa ville natale et à celui de Vannes; débuta dans l'enseignement comme maître suppléant au Collège de Rennes. Il entra ensuite (1833) à l'école normale. Il fut, en 1836, chargé de l'enseignement de la philosophie au lycée de Caen, qu'il quitta bientôt pour l'école normale et pour la Sorbonne. En 1863, il remplaça M. du Noyer à l'Académie des sciences morales et politiques. Nous ne suivrons pas M. Simon dans sa carrière politique; qu'il nous suffise de dire qu'il prit une part très active à la révolution du 4 septembre et que le parti libéral européen le compte parmi ses membres les plus éclairés et les plus influents. Pendant l'insurrection de la Commune, M. S., alors ministre de l'instruction publique, adressa aux recteurs une circulaire imposant aux professeurs d'Université une extrême réserve politique. Plus tard, il proposa et fit voter la loi ordonnant la reconstruction de la colomne Vendôme et la réparation de la Chapelle expiatoire. En janvier 1872, il présenta la loi sur l'instruction primaire obligatoire. Comme ministre des Beaux-Arts, il réforma l'École française de Rome et supprimant au Louvre le Musée des souverains il ouvrit un musée de copies destiné à initier le public français à la connaissance des chefs d'œuvres des musées étrangers. Dans le sein de l'assemblée nationale et au dehors, M. S. fut un des hommes qui contribuèrent le plus à faire avorter les tentatives des restaurations monarchiques, pendant l'automne de 1873. Le 13 décembre 1876, il prit avec la présidence du conseil le portefeuille de l'interieur. Au dénoument de la crise de 16 mai et pendant la durée du ministère de M. Dufaure, M. S. se tint à l'écart et s'occupa surtout à écrire l' « Histoire du Gouvernement de M. Thiers ». En dehors d'une collaboration constante et suivie à une foule de journaux et de revues, nous avons de M. Simon en librairie: « Du commentaire de Proclus sur le Timée de Platon », 1839; « Étude sur la théodicée de Platon et d'Aristote », 1840; « Histoire de l'école d'Alexandrie », 1844-45; « Le devoir », 1854, 12e éd., 1878; « La religion naturelle », 1856; « La liberté de conscience », 1859; « La liberté de penser », 1871; « La liberté de penser », 1872; « L'ouvrière », 1883; « L'école », 1864; « Le travail », 1866; « L'ouvrier de huit ans », 1867; « La politique radicale », 1868; « La peine de mort », 1869; « Le libre échange », 1870; « L'instruction gratuite et obligatoire », 1873; « La réforme de l'enseignement secondaire », 1874; « Souvenirs de 4 septembre », id.; « Le gouvernement de M. Thiers », 1878; « Le livre du petit citoyen », 1880. Enfin : « Thiers, Guizot, Rémusat », 1 vol.; « Dieu, patrie, liberté », id.; « Victor Cousin », id.; « Nos hommes d'État », id. M. S. est collaborateur du *Matin* et des *Débats*.

Simoni (Joseph), médecin et historiographe italien, né, à Medicina, le 16 février 1816, fit ses premières études dans sa ville natale, et prit son doctorat à l'Université de Bologne. Après avoir exercé la médecine dans les Romagnes et les Marches (1842-47), il fut nommé médecin primaire dans son pays, et en 1874, s'étant retiré à la vie privée, s'adonna aux études historiques. En dehors de plusieurs pamphlets de caractère administratif et des ouvrages encore inédits, tels que: « Memorie dei Castelli antichi delle Valli del Sillaro »; « Gli uomini illustri della terra di Medicina »; « Memorie storiche sulla Partecipanza di Medicina », nous avons de lui en librairie: « Sunto storico del Consorzio dei Partecipanti di Medicina e Ganzanigo »; « Cronistoria del Comune di Medicina »; « Patrimonio dei poveri della Terra di Medicina »; « Cenni biografici d'illustri medicinesi »; « Monumenti cristiani della Terra di Medicina »; « Proposta d'affrancazione della Partecipanza di Medicina ».

Simonnet (François-Ursin-Marcellin), homme politique français, né, à Hérisson (Allier), le 20 avril 1824. Après avoir fait ses études médicales à Paris, il retourna dans son pays natal. En 1868, il fonda l'*Impartial du Centre*, journal d'opposition démocratique. Devenu maire de Hérisson et conseiller général de l'Allier, M. S. fut élu député dans la 2me circonscription de Montluçon le 21 août 1881. Il est inscrit à la gauche radicale, dont il fait encore partie. Réélu le 18 octobre 1883, il a voté l'expulsion des princes. M. S. appartient à la Société des droits de l'homme. Il a beaucoup travaillé à grouper les forces républicaines dans l'Allier. Dans la Chambre actuelle, il est président de la Commission chargée d'étudier un projet de loi sur l'exercice de la pharmacie.

Simonoff (le docteur Léonidas), savant écrivain russe, né, en 1838, dans un village du gouvernement de Chernikoff. Ayant perdu son père à l'âge de quatorze ans, il resta sans ressources et c'est à force de sacrifices et de privations qu'il put fréquenter l'Université de Charkoff, où il fut reçu docteur en 1861. Docteur en médecine près de l'Académie de Saint-Pétersbourg en 1864, éditeur en 1865 d'un *Meditzieski Nowosti*, professeur de médecine aux l'Universités de Charkoff et de Kasan, il fonda en 1869 un établissement pneumatique qui a été imité à l'étranger. M. S. a habité Paris de 1868 à 1874. C'est là qu'il inventa son photomètre optique et c'est là qu'il commença son grand « Dictionnaire illustré des connaissances pratiques », édité en russe et unique en son genre, dont la publication n'est pas encore terminée.

Sinodino (Panagiotti), poète grec, né, le 16 mars 1836, à Patras. D'une fécondité remarquable, il a publié douze volumes de « Poésies », et en a toujours un grand nombre d'inédites.

Amoureux de sa patrie, M. S. la chante en tous ses vers qui sont très populaires en Grèce.

Sinues de Marco (Pilar), femme-auteur espagnole qui a produit plus de deux cents volumes. Ses romans, très moraux, sont destinés aux familles. Les œuvres sont surtout très répandues dans l'Amérique du Sud, où elle est populaire. Ses ouvrages lui ont fait une jolie fortune. Mme S. est née à Saragosse; elle est d'une bonne famille bourgeoise.

Siraud (Pierre-Marie), chef de division à la Préfecture de Saône-et-Loire, à Mâcon, né, à Saint-Point (Saône-et-Loire), le 19 novembre 1843. Élève de l'École normale de Mâcon, de 1861 à 1864, il en est sorti avec le brevet supérieur; instituteur, de 1865 à 1869; employé, puis chef de bureau de la Préfecture, de 1870 à 1877; nommé le 1er janvier 1878 chef de la division du secrétariat, de l'administration générale et des affaires militaires, poste qu'il occupe depuis lors. On a de lui : « Les administrateurs et les Préfets de Saône-et-Loire », Mâcon, 1886 ; « Le Conseil général et les Conseillers généraux de Saône-et-Loire », en collaboration avec M. Lex, id., 1888 ; « Annuaire historique, administratif et commercial du département de Saône-et-Loire », éditions de 1878, 1879, 1882, 1884, 1886 et 1888.

Siraud (Marius), fils du précédent, médecin français, né, à Bourguilain (Saône-et-Loire), le 11 juillet 1865. Pendant qu'il était externe à l'hôpital de Lyon, il a publié : « L'anatomie des centres nerveux », traduit de l'allemand de Louis Edinger, Paris, 1889.

Sirven (Alfred), romancier français, né, à Toulouse, le 28 mai 1838. Il est un descendant de la famille défendue par Voltaire ; il a été, après le 4 septembre, nommé sous-préfet de Dreux, fonctions qu'il remplit jusqu'au 30 octobre de la même année. Il a beaucoup écrit, en collaboration avec M. Verdies; nous citerons : « Le Démon de la Chair » ; « Le Jésuite rouge » ; « Madame La Vertu » ; « La Fille de Nana », roman de mœurs parisiennes, précédé d'une lettre-préface à Émile Zola ; « Un drame au couvent » ; « Une dette de sang ». Il a donné seul : « Histoire des prisons politiques » ; « Sainte-Pélagie, la Conciergerie et Mazas », etc. A plusieurs reprises, ses écrits lui ont valu des condamnations à l'amende et à la prison.

Sittl (Charles), homme de lettres bavarois, né, le 13 février 1862, à Passau, fit ses études à Munich et fut licencié docteur en philosophie en 1882. Il est depuis 1884 *privat-Docent* de philologie classique à l'Université de Munich. Nous avons de lui : « Die Wiederholungen in der Odyssee », Munich, 1882 ; « Die lokalen Verschiedenheiten der lateinischen Sprache », Erlangen, 1883 ; « Geschichte der griechischen Literatur bis auf Alexander den Grossen », 3 vol., Munich, 1883-87 ; « Der Adler und die Weltkugel als Attribute des Zeus », Leipzig, 1884 ; « Ἡσιόδου τὰ ἅπαντα », Athènes, 1889 ; des études dans les *Actes de l'Académie bavaroise* et dans l'*Archiv für lateinische Lexicographie*.

Skeat (le rév. Walter W.), professeur d'anglo-saxon à l'Université de Cambridge, né, à Londres, en 1835. Après des honneurs scolaires remarquables, il fut ordonné prêtre en 1861 et nommé professeur à Cambridge en 1868. Nous avons de lui beaucoup d'ouvrages très importants, dont nous donnons la liste complète : « The songs and ballads of Uhland », Londres, Williams et Norgate, 1864 ; « Lancelot of the laik : a Scottish Metrical Romance. Re-edited, with an Introduction, Notes, and Glossary », id., Trübner et Cie, 1865 ; « Parallel Extracts from 29 MSS, of Piers the Plowman », id., id., 1866 ; « The Romance of Paternay, or, The Tale of Melusine; from a MS. in the library of Trin. Coll., Cambridge », (E. E. T. S.) id., id., id.; « A Tale of Ludlow Castle », id. Bell et Daldy, id.; « The Vision of William concerning Piers the Plowman, by Wn. Langland (E. E. T. S.) id., Trübner, 1867 ; « Pierce the Plowman's Crede ; with God Spede the plough » (E. E. T. S.), id., id., id.; « The Romance of William of Palerne, or William and the Werwolf; with a fragment of an Alliterative Romance of Alisaunder » (E. E. T. S.) id., id., id.; « The Lay of Havelok the Dane » (E. E. T. S.), id., id., 1868 ; « A Mœso-Gothic Glossary ; with Grammar », etc. » (*Philological Society*), id., Asher et Cie, id.; « The Vision of William concerning Piers the Plowman » (*Clarendon Press*), 1869 ; 2me éd., 1874 ; 3me éd., 1879 ; II partie, 1869 ; III partie, 1873 ; « The Bruce; by John Barbour », partie I (E. E. T. S.), Trübner, 1870 ; partie II, 1874 ; partie III, 1877 ; « Joseph of Arimathie, or, the Holy Grail with an Appendix, containing The Life of Joseph Arimathea, etc. » (E. E. T. S.), id., id., 1871 ; « The Poems of Thomas Chatterton; with an Essay on the Rowley Poems by the Editor, and a Memoir by E. Bell », Bell et Daldy, id.; « Specimens of English, from Robert of Gloucester to Gower; A. D. 1298-1393; part. II, By Dr Morris and the Rev. W. W. Skeat » (*Clarendon Press*), Oxford, 1872 et 1873 ; « Chaucer's Treatise on the Astrolabe » (E. E. T. S., Extra Series, No. XVI; and Chaucer Society), Londres, Trübner, 1872 ; « Questions for Examination in English Literature, with an Introduction on the Study of English », Bell et Daldy, 1873 ; « Seven Reprinted Glossaries » (*English Dialect Society*), Trübner, id.; « The Gospel According to St. Luke » (*Pitt Press*), Cambridge, 1874 ; « Chaucer : The Prioresses Tale, Sir Thopas, The Monkes Tale, The Clerkes Tale, The Squieres Tale, etc. », (*Clarendon Press*), Oxford, 1874, 2me éd., 1877 ; « Seven

Reprinted Glossaries », Londres, Trübner, 1874; « Ray's Collection of English Words not generally used. Reprinted (with re-arrangement and additions) from the edition of 1691 », id., id., id.; « The Two Noble Kinsmen; by Shakespeare and Fletcher » (*Pitt Press*), Cambridge, 1875; « Shakespeare's Plutarch; being a Selection from the Lives in North's Plutarch which illustrate Shakespeare's Plays » (*Macmillan*), Londres, id.; « Five Original Provincial Glossaries », id., Trübner, 1876; « A List of English Words, the etymology of which is illustrated by a comparison with Icelandic; being an Appendix to Cleasby and Vigfusson's Icelandic Dictionary » (*Clarendon Press*), Oxford, id.; « Chaucer; The Tale of the Man of Lawe; The Pardoneres Tale; The Second Nonnes Tale; The Chanouns Yemannes Tale » (id.), id., 1877: 2me éd., 1879; « Bibliographical List of the Works illustrative of the various Dialects of English. By the Rev. W. W. Skeat and J. H. Nodal » (*English Dialect Society*), par. I, 1873; par. II, 1875; par. III, 1877, Londres, Trübner; « Notes on Piers the Plowman », par. IV, id., id., 1877; « The Gospel According to St. John » (*Pitt Press*), Cambridge, 1878; « Alexander and Dindimus; being a second fragment of the alliterative Romance of Alexander » (E. E. T. S., Extra Series, No. XXXI), Londres, Trübner, 1878; « Five Reprinted Glossaries » (E. D. S., No. 23), id., id., 1870; « An Etymological Dictionary of the english Language, par. I, A–Dor.; par. II, Dor.–Lit.; par. III, Lit.–Red.; par. IV (fin de l'ouvrage) » (*Clarendon Press*), Oxford, 1879, 1880, 1882; « Ælfric's lives of Saints. Par. I (E. E. T. S., No. 76) », Londres, Trübner, 1881; « A Concise Etymological Dictionary of the English Language » (*Clarendon Press*), Oxford, 1882; « The Gospel of Saint Mark in Mœso–Gothic » (id.), id.; « Fitzherbert's Book of Husbandry », A. D., 1534 » (E. D. S. No. 37), Londres, Trübner, 1883; « The Tale of Gamelyn », Oxford, 1884; « The Kingis Quair; by James I. of Scotland » (*Scottish text. Soc. not.*), Édimbourg, id.; « Ælfric's Lives of Saints », par. II (E. E. T. S.) Londres, Trübner, 1885; « Piers the Plowman and Richard the Redeless », Oxford, 1886; « The Gospel according to St. Matthew; in Anglo–Saxon and Northumbrian Versions », Cambridge, 1887; « Principles of English Etymology », Oxford, id.; « A Concise Middle–English Dictionary; by A. L. Mayhew and W. W. Skeat », id., 1888; « Chaucer's Minor Poems », id., id.

Skutsch (Félix), médecin allemand, professeur de l'art des accouchements et de gynécologie à l'Université de Iéna, né, le 14 janvier 1861, à Konigshütte (Haute-Silésie), étudia aux Universités de Breslau, Leipzig et Fribourg, et publia plusieurs articles dans les journaux spéciaux allemands. Parmi ces articles, nous aimons à citer: « Die Lacerationen des Cervix uteri, ihre Bedeutung und operative Behandlung ». (*Berl. Klin. Wochenschr.*), 1885; « Zur Frage über den Effect der Schultze'schen Schwingungen für die Wiederbelebung scheintodter Neugeborner » (*Deutsch. Med. Zeit.*), 1886; « Kaiserschnitt mit Uterusnaht » (*Arrh. f. Gyneck*, XXVIII); « Bericht über die Thätigkeit in der gynäkolog. Klinik zu Jena, 1885 » (*Corresp. Bl. d. Allg. änztl. Ver. v. Thüringen*), 1886; « Die Beckenmessung an der lebenden Frau », Iéna, 1887; « Weiterer Beitrag zur Lehre vom Kaiserschnitt nach conservirender Methode » (*Arch. f. Gynäk.*, XXXIX), etc., etc.

Skylitzès (Jean), poète héllène, né, à Smyrne, en 1819. Il a traduit du français les « Janissaires », d'Alphonse Royer; « Leone Leoni », de George Sand; les « Mystères de Paris »; « Joseph Balsamo »; « Ange Pitou »; « Don Quichotte »; « Les Misérables »; « Le Misanthrope » et « L'Avare ». En 1850, il fonda le *Journal de Smyrne* (en langue grecque), et il s'occupe d'un ouvrage de longue haleine, intitulé: « La passion et la résurrection de la langue héllénique ». Nous avons aussi de lui un recueil de vers intitulé: ἡμέρα » (Les moments), ainsi que des « Chants Érotiques ».

Sladek (Joseph V.), éditeur du journal *Lumir*, poète de la Bohême, né, en 1845, à Szbirof, étudia à l'Université de Prague, traduisit le chant de « Hiawatha » de Longfellow; plusieurs « Nouvelles » de Bret-Harte; des « Drames » d'Ibsen, quelques poésies de Tennyson et de Longfellow, et contribua à la littérature de son pays par les ouvrages suivants: « Par la voie lumineuse »; « De la vie »; « Au seuil du Paradis »; « Le doré mois de Mai »; « Soleil et Ombre »; « Le Chant de l'Alouette ».

Sleeckx (Jean-Lambert-Damien), fécond publiciste belge de langue néerlandaise, né, à Anvers, le 2 février 1818. D'abord clerc de notaire, puis instituteur, M. S. a parcouru toute la carrière de l'enseignement public; il a été attaché à la rédaction de nombreux journaux libéraux, a fourni des articles à plusieurs revues, et a donné des conférences, dont la plupart ont paru en brochures. Depuis ses « Kronyken der straten van Antwerpen », Anvers, 1843, il a fait paraître des romans et des nouvelles dont nous ne pouvons songer à donner ici une liste même abrégée; des pièces de théâtre dont l'une, un drame en quatre époques: « Grétry », Gand, 1862, a obtenu le prix biennal de littérature dramatique flamande institué par le gouvernement belge; des livres classiques, parmi lesquels il faut citer ses dictionnaires destinés à l'étude de la langue néerlandaise; des ouvrages populaires comme ceux qu'il a consacrés à l'histoire de son pays durant la fin du XVIIIe siècle, et qui ont été publiés sous le patronage du *Willemsfonds*, la grande société flamande;

des opuscules sur les questions à l'ordre du jour, etc., etc. La librairie Ad. Hoste a donné récemment à Gand une édition de ses œuvres complètes, qui comprend un grand nombre de volumes. — Plusieurs des productions de M. S. ont été traduites en français ou en allemand.

Sloot (Nicoline-Marie-Christine), connue sous le pseudonyme de *Melati van Java*, femme-auteur javanaise, né, le 13 janvier 1853, à Samarang (Indes-Orientales Néerlandaises, île de Java). Mme S. passa en Europe, et réside à Amsterdam. Voici les titres de ses principaux romans : « De Jonkoromo van Groessorodo » 1873 (traduction en allemand et danois); « De familie van den resident Dorenzathe » (traduction en allemand); « Nathalie » (trad. en anglais); « Fernand » (trad. en allemand); « La Renzoni » (trad. en allemand); « De gesluierde schildery » (trad. en allemand); « Euphrosyne » (trad. en allemand et en anglais); « Hermelyn ».

Sluys (Alexis), pédagogiste belge, né, à Saint-Gilles, près de Bruxelles, en 1849. Depuis longtemps membre du conseil général de la Ligue de l'enseignement et aujourd'hui directeur de l'École normale de la ville de Bruxelles, il a publié : « La gymnastique pédagogique », Bruxelles, 1873; « Exercices préparatoires de géographie intuitive », id., 1877; « Traité élémentaire de cosmographie », Namur, 1882; « Les deux langues nationales, méthode pour enseigner le néerlandais aux Wallons et le français aux Flamands », Gand, 1881, en collaboration avec M. Kesler; cette méthode a paru simultanément en langue française et en langue néerlandaise; « Méthode analytique-synthétique de lecture », Namur, 1886; « Lectures belges choisies et annotées », id., 1887; et un excellent livre que nous avons réservé pour la fin « L'enseignement des travaux manuels dans les écoles primaires de garçons », Verviers, 1885; on trouvera en outre de nombreux articles de M. S. dans le *Bulletin de la Ligue de l'enseignement*, l'*Avenir*, la *Revue pédagogique belge*, etc.

Smal-Stocki (Stéphan), littérateur, philologue et écrivain gallicien, né, le 21 janvier 1859, étudia aux Universités de Czernowiz et Vienne, a été, de 1884 à 1885, professeur de philologie slave à l'Université de cette ville et, depuis 1885, il est professeur de langue et littérature ruthène à l'Université de Czernowitz. On lui doit : « Ueber die Wirkungen der Analogie in der Declination des Kleinrussischen » (*Arch. für slav. Phil.*), Berlin, 1885-86; « Ueber den Inhalt des Codex Hankensteinianus », *Sitzungsb. d. Ak. d. Wiss.*, Vienne, 1886; « Minoritätsvotum in der vom K. K. Bukowmer Landesschulrathe behufs Regelung in der ruthenischen Schulorthographie eingesetzen Commission », 1887, en collaboration avec le docteur Théodore Gartner. Ainsi que plusieurs articles littéraires dans des revues ruthènes. M. S. est rédacteur de la revue de pédagogie scientifique qui paraît en langue ruthène sous le titre *Ruska Szkota*.

Smend (Hermann-Rodolphe), exégète allemand-suisse, né, le 8 novembre 1851, à Lengerich (Westphalie), étudia, de 1870 à 1874, aux Universités de Goettingue, de Berlin et de Bonn les langues sémitiques et la philologie orientale, prit, en 1874, à Bonn, son grade de docteur en philologie, en 1875, à Halle, sa licence en théologie et débuta la même année, dans la dernière de ces villes, comme *privat-Docent* pour l'exégèse de l'Ancien Testament. Appelé, en 1880, par l'Université de Bâle, comme professeur extraordinaire et nommé, en 1881, professeur ordinaire, M. S. vient d'être choisi, en 1888, par l'Université de Goettingue pour le successeur de Bertheau. L'Université de Giessen l'avait, en 1885, nommé docteur en théologie *honoris causa*. M. S. a pris une part active à la rédaction de l'excellent commentaire publié par la librairie Werdemann de Leipzig sous le titre de : « Kurzgefasstes ezetisches Handbuch zum alten Testament », et s'y est occupé du prophète Ezéchiel (tome VIII, 2e éd., 1880). Nous possédons encore de lui une brochure de polémique ecclésiastique : « Un exemple de zélotisme dans les affaires de l'union protestante », Munster, 1873, différents mémoires : « De Dsur Rymma poeta arabico et carmine ejus comm. », Bonn, 1874; « Les listes généalogiques des livres d'Esdras et de Nehemie », Bâle, 1881; « L'inscription du roi Mesa de Moab », en collaboration avec le professeur Albert Socin de Tubingue, Fribourg en Brisgau, 1886. De nombreux articles dans les *Studien und Kritiken* et la *Revue de Strade pour la connaissance de l'ancien testament*.

Smilari (Alexandre), né, à San Paolo Albanes (Basilicata), en 1832. En 1860, il était magistrat et prit part à la révolution. Nous avons de lui : « Rapsodie Albanesi », 1857; « Costumi Albanesi », Potenza, 1858; « Pensieri sul corso e ricorso », id.; « Pensieri sulle scienze del diritto civile in Italia », Cosenza, 1870; « Trattato sul domicilio civile », Trani, 1887.

Smiles (Samuel), publiciste écossais, né, à Haddington, en 1816, fit ses études médicales et s'établit à Leeds, mais il abandonna bientôt la pratique de la médecine pour entrer dans les bureaux de divers chemins de fer, et devint secrétaire du *South-Eastern-Railway*. Il prit sa retraite en 1864. Directeur du *Leeds Times*, et collaborateur du *Quarterly Review*, M. S. s'est livré avec succès aux travaux les plus divers qui lui valurent, en 1878, le titre de docteur *honoris causa*, de l'Université d'Édimbourg. Nous avons de lui : « Physic Education », 1837; « Histoire de l'Irlande », 1845; « Railway property, its conditions and prospects », 1849; « Life of G. Stephenson », 1858, traduit en français en 1868; « Self-Help », 1860; « Lives of Engineers », 1862; « Biographie industrielle », 1863; « Histoire de quatre ouvriers anglais », 1868; « Les Huguenots, leurs colonies, églises et industries en Angleterre et en Irlande », 1869 ; « Les Huguenots de France après la révocation de l'édit de Nantes », 1874; « Voyage d'un jeune garçon autour du monde », 1875; « George Moore marchand et philantrophe », 1878; « Vie de Robert Dick », id.; « Duty, with illustrations of courage, patience and endurance », 1880; « Autobiography of James Nasmyth, Engineer », 1883 ; « Men of inventions and Industries », 1884; « Life and Labour », 1887.

Smirnow (Wassily-Dmitriewitch), docteur en philologie orientale et professeur de langue et de littérature turque-osmanly à l'Université de Saint-Pétersbourg. Né à Astrackan, en 1846, il étudia les langues orientales à l'Université de cette ville. Ayant achevé ses études préparatoires et obtenu le grade de maître ès-sciences, il fit deux voyages à Constantinople pour faire des recherches scientifiques en littérature et se perfectionner dans la langue vivante des turcs-osmanlys. Occupant une chaire de professeur, il a publié, en langue russe, quelques ouvrages spéciaux, parmi lesquels on peut faire mention d'un article étendu sur les mœurs des turcs contemporains, intitulé : « Civilisation turque, ses écoles, softas, etc. » ; puis un ouvrage portant pour titre: « Kotschou bey de Geumurdjine et d'autres écrivains turcs du XVIIme siècle sur la décadence de l'empire ottoman », et nouvellement publié sous le titre: « Le Khanat de la Crimée sous la souveraineté de la Porte ottomane jusqu'au commencement du XVIIme siècle ».

Smith (Robert-Henri), ingénieur anglais, ancien professeur à l'Université impériale japonaise de Tokio et ensuite au *Mason College* de Birmingam, est né, à Édimbourg, en 1851 ; il y suivit les cours universitaires et après avoir travaillé comme ingénieur en Écosse, Angleterre, Allemagne et Italie, il fut appelé au Japon pour y enseigner son art. De là, il passa au *Mason College*. Nous avons de lui : « Cutting Tools worked by hand and machine », Cassell Petter Galpin and C., Londres, Paris et New-York, 1re éd. 1882, 2e éd. 1884; « Graphics, or the Art of Calculation by Drawing lines applied especially to mechanical Engineering with a separate Atlas of diagrams », Longmans, Green, Londres et New-York, part. I, 1889. M. Smith a publié plusieurs mémoires dans les *Annales de la Société Royale d'Édimbourg*, à la revue *The Engineer*, à l'*Art*, à la *Nature*. Les articles « Lifts » et « Lubrificants », de l'*Encyclopedia Britannica* sont de lui.

Snieders (Auguste), écrivain hollandais, né, à Bladel, le 8 mai 1825, mais dont toute la vie littéraire s'est passée en Belgique; dès 1845, en effet, M. S. entrait à la rédaction du *Handelsblad*, un journal d'Anvers dont il est maintenant le rédacteur en chef. Il débuta en librairie par un volume de poésie : « Myne eerste Zangen », Anvers, 1848, puis il publia, toujours en langue néerlandaise (et sans parler d'œuvres de circonstance), un nombre extrêmement considérable de romans, de nouvelles, de récits historiques, où l'on trouve de l'intérêt et du sentiment. Ces romans, ces nouvelles, ces récits ont été réunis récemment en une série de vingt volumes, et une seconde série est déjà commencée. D'excellentes pages de M. S. ont été traduites en français ; nous recommandons à ceux qui voudront avoir une idée du talent de l'auteur les traductions suivantes, dues à G. Lebrocquy « Dans la Campine », Tournai, 1865 ; « Les sans-culottes en Belgique », Bruxelles, 1872; « La petite sœur des pauvres », id., 1873; « Au bagne », id., 1877. M. S. fait partie de l'Académie royale des sciences, des lettres et des beaux-arts de Belgique et de l'Académie royale flamande. Il ne faut pas le confondre avec son frère, le docteur RENIER SNIEDERS (1812-1888), lui aussi romancier hollandais qui a également vécu en Belgique, mais dont les productions ont un caractère plus ultramontain.

Snoilsky (comte Charles-Jean-Gustave), poète suédois, ancien chef de division au Département de division des Affaires Étrangères, membre de l'Académie suédoise des XVIII, né, en 1841, le 8 septembre. Il étudia à l'Université d'Upsal, entra dans la diplomatie suédoise en 1865, quitta le service en 1879, pour se vouer entièrement à la littérature. Nous avons de lui: « Dikter », poésies, 1re éd. 1869, et plusieurs autres depuis ; « Nya Dikter », nouvelles poésies, 1881; « Dikter III », poésies, troisième vol., 1883; « Dikter IV », id., quatrième vol., 1887. En outre: « Sonnets », 1871; « Ballades de Goethe », traduction, 1876; « Svenska bilder », (récits poétiques tirés de l'histoire de Suède), 1886.

Sobotka (Primus), écrivain tchèque, directeur du journal illustré *Svetozor*, polyglotte éminent, né, en 1831, étudia la philosophie à l'Université de Prague, a été précepteur des fils du baron Dobrensky et du chevalier Neuberg; il traduisit de l'anglais le « Tom Jones » de Fielding; l' « Enoch Arden » de Tennyson, l'« Evangeline » de Longfellow; les « Fables » de Bulwer; « L'intelligence des animaux » de George Romanes ; il publia : « Vyklady prostonárodni », 1882 ; « Kratochvilná historie mest a mest », recueil d'anectodes amusantes concernant les villes et villages de la Bohême, Moravie et Silésie, 1884 ; et un ouvrage intitulé: « Les plantes et leur signification dans les chants, dans les contes et dans les mythes des peuples slaves ». M. S. travaille à une « Mythologie zoologique », et à une « Mythologie du monde inanimé ».

Socin (Adolphe), philologue suisse, né, le 27 janvier 1859, à Wohlenschwyl en Argovie, appartient à une branche cadette de la célèbre famille d'origine italienne, qu'illustrent encore aujourd'hui l'orientaliste Albert et le chirurgien Auguste Socin. Ses études, de préférence tournées vers la philologie germanique, se firent de 1877 à 1881, à l'Académie de Neuchâtel, aux Universités de Strasbourg et de Bâle, sous la direction d'Em. Martin et de Maurice Heyne. Le grade de docteur en philologie lui fut conféré, en 1882, par l'Université de Bâle, à laquelle il est attaché, depuis 1887, en qualité de *privat-Docent*. Nous possédons de lui: « La langue tudesque en Alsace au VIIIme et IXme siècle »; Bâle, 1882; « Le dialecte allémanique », id., id.; « La langue écrite et les patois en Allemagne », Heilbronn, 1888. M. Socin, en dehors de ses travaux universitaires, s'est beaucoup occupé de sténographie, la professa avec succès soit dans sa ville d'origine, soit à l'étranger, et a pendant 9 années fait part de ses expériences dans un journal spécial.

Socin (Albert), érudit suisse, professeur des langues sémitiques à l'Université de Tubingue (Wurtemberg), né, en 1844, à Bâle (Suisse), fit ses études aux universités de Gœttingue, Berlin et Leipzig; en 1869-70 et en 1873, il entreprit des voyages en Orient, et après son retour (1876), il fut nommé professeur à Tubingue. Nous lui devons : « Die Gedichte des Alkama Alfahl », Leipzig, 1867; « Bücher Verzeichniss von Carl J. Trübner in Strassburg XI arab. pers. und türk. Drucke », Strasbourg, 1874; « Die Echtheit der moabitischen Alterthümer geprüft », en collaboration avec Kautzsch, id., 1876; « Arabische Sprichwörter und Redensarten », Tubingue, 1878; « Der neu-aramäische Dialect des Tûr'Abdîn », 2 parties (avec Prym), Gœttingue, 1881; « Die neu-aramäische Dialecte von Urmia bis Mosul », texte et version, Tubingue, 1882; « Arabic Grammar », 2me éd., Karlsruhe, 1889, édition anglaise et allemande; « Die Inschrift des Königs Mesa v. Moab. » (avec Smend), Fribourg, 1886; « Bädeker, Palestina und Syrien », Leipzig, 1875, éd. anglaise, 1876; française, 1881; « Wissenschaftliche Jahresber. über die Morgenländ. Studien », 1876, 1877 », en collab. avec Kuhn, Leipzig, 1879; « Die Genesis mit äusserer Unterscheidung der Quellenschriften übersetzl. », en collab. avec Kautzsch, Fribourg, 1888; « Kurdische Sammlungen », I partie, Pétersbourg, dans l'*Akademie d. W.*, 1888, en collab. avec Prym.

Socin (Auguste), médecin suisse, professeur de clinique chirurgicale à l'Université de Bâle (Suisse), chirurgien en chef à l'hôpital de cette ville, né, le 21 février 1837, à Vévey (Canton de Vaud, Suisse), a fait ses études à Bâle, Prague, Wurzbourg, Vienne, Paris et Londres, prit ses grades en 1857, et fut élu professeur en 1862. En dehors d'un grand nombre d'articles dispersés dans le *Correspondenzblatt für Schweizerärz.* dans la *Deutsche Zeitschr. f. Chirurg.*, dans la *Revue de Chirurgie*, dans le *Langenbech's Arch.*, concernant surtout la chirurgie antiseptique, la cure radicale des hernies, etc., il a publié: « Kriegschirurg. Erfahrungen », Leipzig, 1872; « Die Krankheiten der Prostata », Stuttgart, 1874; « Beitrag zur Lehre von den Sehstörungen bei Meningitis » (*D. Arch. f. Klin. med.*), 1871. Depuis 1870, il publie toutes les années un volume de Statistique chirugicale sous le titre: « Jahresbericht der chirurgischen Abtheilung des Spitals in Basel ».

Socin (Constantin-Salvator), homme de lettres et professeur tyrolien, professeur au lycée I. et R. de Roveredo (Trentin), né, à Sarmonico, le 27 février 1837. Il fit son gymnase à Meran, son lycée à Trente, passa en 1859 à l'Université de Vienne et après avoir parfait des cours de théologie au Séminaire épiscopal de Trento, il acheva ses études à l'Université d'Innsbruch et fut nommé professeur de langues classiques, de mathématiques et de philosophie au lycée de Roveredo. Nous avons de lui: « Vita, carattere, opere e filosofia di Orazio Flacco », Roveredo, 1867; « De forma et præstantia Ciceronis pro Milone orationis », id., 1870; « Il XXV canto dell'Odissea, volgarizzato in versi dal tedesco ed illustrato », id., 1878; « Il cimitero », versi, id. 1880; « I sepolcri di U. Foscolo », commentaire », id., 1881; « Mimismo nel regno animale », id., 1887; et plusieurs articles et poésies d'occasion dans les journaux.

Söderwal (Knut-Frédéric), homme de lettres suédois, né, le 1er janvier 1849, dans la province d'Aland (Suède); fit ses études à l'Université de Lund, et y fut reçu docteur en philosophie, en 1865; professeur agrégé des langues scandinaves à l'Université de Lund la même année; professeur adjoint en 1872, professeur extraordinaire en 1886. On a de lui: « Om verbets relection i fornsvenskan » (Sur le régime du verbe dans l'ancien suédois), 1865; « Nagra anmörknigar öfver de svenska kasusformerna under medeltiden » (Quelques remarques sur les désinences casuelles dans la langue suédoise au moyen-âge), 1866. « Om främmande ords beandling i fornsvenskau » (Sur les changements que subissent les mots étrangers dans l'ancien suédois), 1867; « Hufondepokerna af svenska sprakets ut bildning » (Les principales époques du développement de la langue suédoise), 1870; « Studier öfver Konungastyrelsen » (Études sur l'ancien livre suédois intitulé: Um stirilise kununga ok köofdhinga), 1880; « Ordhok öfver svenska medeltidspraket » (Dictionnaire de la langue suédoise au moyen-âge), 1884-87; cet ouvrage n'est pas encore achevé. Quelques articles dans les journaux littéraires. Il a préparé pour l'impression et publié l'ouvrage posthume de Rydqvist « Svenska sprakets lagur », (Grammaire historique et glossaire de langue suédoise), 1883.

Sofflantiui (Joseph), médecin italien, né, à Mortara, le 20 septembre 1856, d'une famille pauvre ruinée par les guerres de l'indépendance. Il étudia au gymnase de son pays natal, au lycée de Novare et fit aux frais de la fondation *Vandone* de Vigevano les cours universitaires à Pavie où il obtint son doctorat en juillet 1882. Il fut bientôt après nommé adjoint au Cabinet d'anatomie pathologique, plus tard assistant à la chaire de clynique dermosyphilopathique et à celle de matière médicale et de farmacologie expérimentale : actuellement il est secteur en chef de l'Institut anatomique. Il dirige, depuis 1884, l'établissement thermal d'Acquarossa au canton Tessin (Suisse). M. S. est membre d'une quantité de sociétés scientifiques italiennes, helvétiques et françaises. Voilà la liste complète des œuvres de ce jeune savant : « Le acque minerali di Acquarossa nel Cantone Ticino », *Giornale italiano delle malattie veneree e della pelle*, 1884 ; « Ulcero fagedenico con emorragia grave ; uretrite ; iscuria ; prostatite suppurata ; puntura capillare della vescica ; fungo benigno del testicolo sinistro ; guarigione », id., 1884 ; « La cura della sifilide costituzionale secondo il processo di Smirnoff », *Atti dell'XI congresso della Società medica italiana*, 1885 ; « Ancora sul processo di Sminorff nella cura della sifilide costituzionale », id., id. ; « Ranula bilaterale curata e guarita mediante le iniezioni sottocutanee di cloridrato di pilocarpina », *Annali universali di medicina*, id. ; « Intorno alla efficacia delle acque termali di Acquarossa », *Giornale italiano delle malattie veneree e della pelle*, 1886 ; « Di alcune modificazioni all'operazione del fimosi », id., 1886 ; « Développement de la méthode de Scarenzio », *Annali universali di medicina*, id. ; « Ancora sulla efficacia delle acque termali, acidule, saline, ferruginose, arsenicali con litina di Acquarossa », id., 1887, et *L'idrologia e la climatologia medica, gazzetta delle stazioni idrologiche e climatologiche specialmente italiane*, 1884-87 ; « Sulla forma e natura delle dermatosi », *Bollettino medico della Svizzera italiana*, 1887 ; « Des injections hypodermiques de calomel et d'oxide jaune dans le traitement de la syphilis », expérimentées à l'hôpital de Brest, Paris, 1887, *Giornale italiano per le malattie veneree e della pelle*, 1888 ; « Resoconto sanitario dell'Ospitale civile di Trieste per l'anno 1887 », id., id. ; « A propos des injections de calomel », *Bulletin médical de Paris*, id. ; « Il calomelano per iniezioni ipodermiche ed intramuscolari a scopo diagnostico », *Giornale italiano per le malattie veneree e della pelle*, id. ; « Contribution à l'étude du traitement de la syphilis par la méthode de Scarenzio, expérimen- tée à l'hôpital de Lourcine pendant les années 1886-87-88 », id., 1889 ; « Il secondo biennio di cura alle fonti termali, acidule, saline, ferruginose, arsenicali, con litina, di Acquarossa in Cantone Ticino », *Gazzetta medica italiana*, id. « Sezione mediana verticale antero-posteriore, mediante congelamento di cadavere al sesto mese di gestazione », *Atti del Congresso di Padova*, septembre, 1889, Padoue, Prosperini, et dans les *Archives italiennes de biologie*; « Programm für den X Internationalen Medicinischen Congress zur Berlin », août, 1890 ; et *Annali di Ostetricia, Ginecologia e Pediatria* (en cours de publication), éditeur U. Hoepli, en italien et en latin, avec planches en chromolitographie; « Le acque termali acidule, saline, ferruginose, arsenicali, con litina, di Acquarossa al II Congresso internazionale di idrologia e di climatologia di Parigi », 1889 ; « Resoconto del II Congresso internazionale di idrologia e di climatologia tenuto a Parigi dal 3 al 10 ottobre 1889 », *Gazzetta medica italiana lombarda*, 1890 ; « Se l'idrocele della vaginale del testicolo possa radicalmente guarire mediante le injezioni di soluzioni di cloralio idrato », *Bollettino medico della Svizzera italiana*, Bellinzona-Locarno, 1889 ; « Osservazioni sulla topografia della ghiandola sotto mascellare », *Bollettino scientifico*, Pavie ; « La settima divisione sifilitico-chirurgica dello Spedale civico di Trieste », *Giornale italiano delle malattie veneree e della pelle*, 1890 ; « L'arthritis maladie constitutionnelle, sa pathogénie et sa thérapeutique au point de vue des théories pastoriennes », Paris, 1890, et *Gazzetta medica italiana*, id. ; « De quelle manière doit être faite et combien de temps doit durer la cure dans les établissements thermaux en général, et particulièrement dans celui d'Acquarossa » ; « Organisation d'un Comité pour étendre aux indigents les moyens de jouir de la cure d'Acquarossa », conference tenue dans la réunion solennelle de la Société médicale de la Suisse Italienne à Acquarossa le 24 août 1890, dans la *Gazzetta Medica Lombarda*, 1890 ; « L'Idrologia e la Climatologia italiana », Turin, 1890 ; et *Journal d'Hygiène de Paris*. M. S. inséra en outre plusieurs articles dans les *Atti dell'XI Congresso della associazione medica italiana in Perugia*, 1885 ; *Actes du premier Congrès International d'anthropologie criminelle ; Biologie et Sociologie*, Rome, 1885 ; et *Atti del XII Congresso della Associazione medica Italiana in Pavia*, 1887.

Soland (Théobald DE), magistrat et homme politique français, conseiller honoraire à la cour d'Angers, né, dans cette ville, le 1er décembre 1851. Élu, en 1876, député de Maine-et-Loire, réélu le 4 octobre 1885, il a parlé trois fois contre la loi dite de « réorganisation judiciaire », et a pris la parole dans la discussion du budget des cultes, de la justice, sur l'amnistie et sur la loi relative aux récidivistes, etc.

Solas Moral (Pierre-Jésus), homme de lettres espagnol, né, à Madrid, en 1852, suivit les cours de la faculté de philosophie et belles-lettres à l'Université et ceux de médecine au Collège *San Carlos*. Après avoir obtenu la victoire dans plusieurs concours littéraires, il dirigea les journaux madrilènes *El Adalid* et *El espejo* et le journal *El Indipendiente* de Zamora, tout en appartenant à la rédaction de la *Constitucion*, d'*El Debate*, de la *Illustracion de España* etc. de Madrid. Nous avons de cet écrivain très fécond les ouvrages suivants, dont plusieurs ont été publiés au rez-de-chaussée des journaux madrilènes : « Compendio de literatura clasica griega y latina », Madrid, 1870, traduit de l'italien ; « Lucrezia Borgia », Madrid, 1876, pour *La Correspondencia de España* ; « La muerte moral », nouvelle, id., id. ; « La vendicta publica », id., pour *El Indipendiente*, Zamora, 1883 ; « El sacerdote de Thienciz », à *El Imparcial*, Madrid, 1884 ; « El suplicio de un alma », id., Murcia, Madrid, 1885 ; « En poz de la fortuna », id., *La Epoca*, De Carloz, id., id. ; « El juez de su causa », id., *El Liberal*, id., id. ; « Estepona y Compañia », id., id., id. ; « La dama de los misterios », id., Murcia, id., 1887 ; « El crimen de Talabarte », id., à *La Epoca*, Roblez y Compañia, id., id. ; « La funambola », id., Gutierrez y Compañia, id., 1888 ; « El ruizeñor », id., à *El Indipendiente*, Zamora, id. ; « La sobrina del parroco », id., Nakenz, Madrid, id. ; « Un marido escamado », id., Murcia, id., 1889 ; « La esposicion de Paris de 1889 », Sobrino, id., id. ; « Dos abismos », id., *El Indipendiente*, Zamora, id. ; « La garganta del diablo », id., Gutierrez y Compania, Madrid, id. ; « El estudiante brujo », id., Sobrino, id., id. ; « Tibolin », id., Guijarro, id., 1890 ; « El doctor Daniel », id., à *La Epoca*, id., 1886, etc.

Soldan (Charles-Henri-Alexandre), jurisconsulte suisse, né, à Lausanne, le 20 mars 1855, fils d'un professeur au Collège cantonal, étudia le droit à l'Académie de sa ville d'origine, ainsi qu'à l'Université de Leipzig, prit, en 1877, son grade de licencié en droit, pratiqua pendant deux ans (1879-1881), au barreau de Lausanne et fut nommé, en 1881 membre, en 1884 président du tribunal cantonal. La conférence internationale pour la protection des œuvres littéraires et artistiques, qui, de 1884 à 1886, se réunit à Berne, le choisit pendant ces trois années pour secrétaire ; M. Soldan a également siégé dans les commissions fédérales chargées de la préparation de la loi sur la poursuite pour dettes et de la révision de l'organisation judiciaire fédérale. Le Grand Conseil vaudois l'appela, en 1888, à faire partie du Conseil d'État et à prendre la direction du Département de justice et police. Les principales publications de M. S. sont, d'après l'ordre chronologique, les suivantes : « Étude critique du tableau économique du Quesnay », 1876 ; « De l'influence de la loi d'origine et de la loi du domicile sur l'état et la capacité des personnes en droit international privé », 1877 ; « De l'utilité des conventions internationales en matière de droit international privé » ; « De la nationalité et du domicile comme bases de ces conventions », inséré dans la *Revue générale du droit*, 1881 ; « L'extradition des criminels politiques », id., 1882 ; « Du déni de justice », études de jurisprudence fédérale, 1884 ; « La loi fédérale sur les rapports de droit civil des Suisses établis ou en séjour », 1884 ; « Des procureurs jurés dans l'ancien droit vaudois », 1885 ; « Du recours de droit public au tribunal fédéral », id. ; « Le Code fédéral des obligations et la loi fédérale sur la capacité civile », édition annotée, 1881 ; « L'union internationale pour la protection des œuvres littéraires et artistiques, commentaire de la convention de Berne du 9 septembre 1886 », 1888. M. S. collabore depuis plusieurs années au *Journal des tribunaux*, publication paraissant à Lausanne.

Soldan (Gustave), philologue suisse, né, le 21 août 1848, à Lausanne, d'une famille d'origine allemande, y suivit les cours de la Faculté des lettres, se rendit, en 1866, à l'Université de Giessen pour y étudier la philologie classique et moderne, prit, en 1871, son grade de docteur en philosophie et fut nommé en 1874 professeur de langue et de littérature allemandes à l'Académie de sa ville natale. L'Université de Bâle lui a confié, en 1877, la chaire de langue et de littérature romanes. Les publications, jusqu'ici, peu nombreuses de M. Soldan, se rapportent toutes à la philologie et sont d'après l'ordre des dates : une dissertation universitaire sur la « Déclinaison des substantifs allemands », Lausanne, 1873 ; une notice biographique sur « Guillaume Wackernagel », pour la *Galerie suisse*, dirigée par Eugène Secrétan, Lausanne, 1880. La découverte au British Museum d'un manuscrit de Raymond Lulle : « Libre des Meravelles » (Addit. Mss. 16428), lui a fourni l'occasion d'intéressants essais sur ce philosophe ; « Le texte de l'épopée catalane des animaux », 1874 ; « Le livre des Merveilles », 1883, dans la *Revue de philologie germanique et romane*, fondée par Neumann et Behaguel, et dans la *Revue pour la psychologie des nationalités*.

Soler (Frédéric), poète catalan, né, le 9 octobre 1839, à Barcelone. Il débuta comme horloger. Il avait pensé faire des vers qui ne seraient point lus, mais qui eurent une remarquable popularité lors de la renaissance littéraire catalane. Encouragé par le succès, M. S., sous le pseudonyme de Seraphin Pitarra, donna au théâtre plusieurs petites pièces très comiques. En 1867, trois recueils de poésies lyriques: « Gra y Palla »; « Cuentos de la Bova del foch », et « Cuentos de l'Avi », virent la lumière. En 1876, il publia des poésies catalanes, un poème en castillan: « La batalla de la Vida ». Il est maintenant *impresario* du théâtre catalan et il vient de gagner aux jeux floraux de son pays le diplôme de *Maestro en gai Saber*.

Solerti (Ange), homme de lettres italien, né, à Savone, le 20 septembre 1865, fit ses premières études à Savone, Vicence, Padoue et Rieti; ensuite, après avoir fréquenté l'Institut des *Studi Superiori* de Florence, il alla à l'Université de Turin, où, en 1888, il fut licencié docteur ès-lettres. La même année il fut nommé professeur des lettres italiennes au R. Lycée de Carmagnola, près de Turin. En dehors d'une collaboration suivie aux journaux et revues importantes de l'Italie, tels que *Giornale Storico della letteratura italiana, Propugnatore, Rassegna Emiliana, Gazzetta letteraria* de Turin, dans laquelle il faut remarquer des articles sur les divertissements de société, sur la danse et la cuisine du XVI siècle, nous avons en librairie: « Alba », poésies, Foligno, Campitelli, 1885; « Manuale di metrica classica italiana », Turin, Loescher, 1886; « Le odi di Giovanni Fantoni fra gli Arcadi Labindo », avec préface et notes, id., id., 1887; « Le tragedie metriche di Alessandro Pazzi de'Medici nella scelta di curiosità inedite o rare, disp. 224 », Bologne, Romagnoli–Dell'Acqua, id.; « Luigi, Lucrezia e Leonora d'Este », essais avec M. G. Campori, Turin, Loescher, 1888; « Il viaggio di Enrico III in Italia e le feste a Venezia, Ferrara, Mantova e Torino », Turin, Roux, 1890, en collaboration avec M. le docteur Pierre De Nolhac. Mais ses études pendant plusieurs années ont été dirigées à étudier la « Vie du Tasse », laquelle avec un grand nombre de lettres et documents inédits paraîtra prochainement en deux volumes chez M. Loescher. Son édition critique des « Opere minori in versi » du Tasse, avec plusieurs pièces inédites, 7 volumes, vient de paraître à Bologne chez Zanichelli.

Solger (Bernard-Frédéric), médecin bavarois, professeur d'anatomie à l'Université de Greifswald, né, en 1849, à Unter-Merzbach (Bavière), fit ses études médicales aux Universités de Wurbourg, Tubingue et Munich, enseigna l'anatomie à Breslau et Halle; à Greifswald, depuis 1886. On lui doit: « Neue Untersuchungen zur Anatomie der Seitenorgane der Fische », *Arch. f. Mikrosk. Anat.*, 1879-80; « Beitrage zur Kenntniss der Niere und besonders der Nierenpigmente niederer Wirbelthiere », Halle, 1882; « Ueber die Alkoholreaction normalen Gelenkknorpels », *Arch. f. Anat. u. Phys.*, 1886. M. Solger est un des collaborateurs du *Jahresb. über die Fortschritte d. Anat. und Physiol.*, publié par Hofmann und Schwalbe.

Solin (Joseph), savant tchèque, professeur de stratigraphie et de mécanique appliquée aux constructions à l'école polytechnique tchèque de Prague, membre de l'Association scientifique de Bohême, né, en 1841, fréquenta le cours des ingénieurs à l'école polytechnique et le cours spécial de mathématiques à l'Université de Prague; fut nommé, en 1865, aide-professeur de géométrie descriptive à l'école polytechnique de Prague, en 1867 professeur suppléant de mathématiques à l'école royale tchèque de Prague, en 1870 professeur agrégé, et, en 1873, professeur à l'école polytechnique tchèque de Prague. En 1874 et en 1875, il rédigea les *Comptes-rendus* de la Société des architectes et des ingénieurs de Bohême et publia ensuite: « Ueber die Normalenfläche zum dreiaxigen Ellipsoide längs einer Ellipse eines Hauptsystemes », 1868; « Ueber graphische Integration », 1872; « Geometricka teorie tràmu spojitych » (théorie géométrique des poutres continues), 1871; « Pocátkove aritmografie » (élément de calcul graphique), 1875; « Prispevek ku theorii Zevnitrnich sil tràmu primych » (solution d'un problème relatif à la théorie des poutres droites), 1877; « Ueber Curven dritter Ordnung welche eine unendlich ferne Rückkehrtangente haben, und ihre Anwendung in der geometrischen Statik. », 1877; « Theorie Zewnitrnich sil tràmu primych » (théorie des poutres droites, 1re partie), 1878; « Ueber einige Eigenschaften der Clapeyron'schen Zahlen », id.; « Beitrag zur graphischen Integration », 1879; « Ueber die Construction der Osculationshyperboloide zu windschiefen Flächen », 1883; « Ueber die Construction der Axen einer Kegelfläche zweiten Grades » (théorie des poutres droites, 2e et 3e partie), 1885; « Beitrag zur Theorie des continuirlichen Trägers veränderlichen Quärstchnittes », 1885; « Kterak Strojiti normaly Kellipse bodem mimo Kriokn » (construction des normales abaissées sur l'ellipse d'un point donné), 1886; « Zur graphischen Auflösung numerischer Gleichungen dritten Grades », id.; « Bemerkungen zur Theorie des Erddruckes », 1887.

Solms (Mme Marie-Letizia-Bonaparte-Wyse de Solms, mariée en secondes noces au ministre d'État italien Urbano Rattazzi, en troisièmes noces à M. de Rute, journaliste espagnol), femme auteur et femme politique française, petite-fille de Lucien Bonaparte, fille de la princesse Letizia Bonaparte et de sir Thomas Wyse, ambassadeur d'Angleterre à Athènes, est née, à Waterford (Irlande), en 1830. Attirée de bonne heure vers les lettres, elle vit se réunir et se grouper autour d'elle toutes les illustrations littéraires et politiques de l'époque. Son salon fut, pour ainsi dire, le rendez-vous européen de toutes les célébrités contemporaines. Contraste inexpliqué, elle excelle à la fois dans la satire et le style tendre, celui qui jaillit d'une âme féminine. L'un de ses premiers livres « Cara patria », renferme des vers couronnés par l'Académie, à côté de vers flagellant cruellement les vices et les abus du siècle. Étant encore très-jeune, Mme de Solms, se fit exiler par son impérial cousin Napoléon III, et se retira à Aix, où la suivit un entourage d'amis fidèles, dont Sainte-Beuve, qui n'avait jamais quitté Paris, Lasteyrie, Ponsard, Pontmartin, Émile de Girardin, etc., etc., firent partie. C'est à elle que la petite ville savoisienne doit son élan et sa réputation. Elle y a fait beaucoup de bien et en demeure la souveraine incontestée, comme jadis Mme de Staël à Coppet. Outre plusieurs pièces de théâtre, Marie-Letizia-Bonaparte-Wyse, publia, après son mariage avec Urbano Rattazzi, président du Conseil des ministres du roi d'Italie, un roman : « Si j'étais reine », qui fut traduit en plusieurs langues ; « Bicheville », qui fait partie du « Piège aux maris », en 4 séries, édité par Cadot, satire spirituelle et cinglante qui souleva bien des colères et des rancunes, et qui est demeuré un livre unique en son genre, tout comme les « Jeudis de Me Charbonneau », d'Armand de Pontmartin. Durant son veuvage, elle réunit tous les documents que lui avait laissé son illustre mari et fit paraître « Rattazzi et son temps », historique impartial de la vie du grand homme dont elle eut l'honneur de porter le nom, et de l'une des périodes les plus importantes dans l'histoire de l'Italie, puisque c'est durant son cours que fut proclamée l'unité du royaume, grande œuvre à laquelle demeura attaché le nom de Rattazzi à côté de celui de Cavour. Remariée à don Louis de Rute, l'un des hommes politiques les plus distingués de l'Espagne, elle écrivit « l'Espagne contemporaine », puis « Le Portugal à vol d'oiseau ». Ce dernier ouvrage, qui souleva les plus vives polémiques en Portugal, vient d'être adopté par le Conseil général de l'instruction publique et fait partie de la fameuse bibliothèque de vulgarisation, la *Nouvelle revue internationale*, revue importante qui fait pendant aux *Matinées d'Aix-les-Bains* et aux *Matinées italiennes*, et à laquelle collaborent les hommes politiques et les hommes d'état contemporains, sans distinction de parti. Nous avons encore : « Mademoiselle Million » ; « Les débuts de la Forgeronne » ; « La Mexicaine » ; « Les soirées d'Aix-les-Bains » ; « Les mariages de la créole », Florence ; « Nice la Belle » ; « Monaco » ; « Cara patria » ; « L'ombre de la mort » ; et les essais dramatiques : « Corinne » ; « L'épreuve » ; « Les suites d'un ménage de garçon » ; « Une livre de chair » ; « Amour et cymbales », etc.

Solovioff (Vsévolod-Suërgueïevitsch), romancier russe, fils de l'historien Serge Michaïlovitsch Solovioff, gentilhomme de la Chambre de l'Empereur, né, à Moscou, le 13 janvier 1849, fit ses études dans sa patrie, où il fut reçu bachelier en 1870 ; après des voyages en France et en Suisse, il retourna, en 1886, à Saint-Pétersbourg. Dès l'année 1870 il collabora dans plusieurs journaux et revues russes, tels que : *Roussky Viestnik, Vienstnik Evropi, Istoritschesky Viestnik, Niva, Roussky Mir, S.t Pieterbourgskia Viedomosti*, etc. Après une série d'articles et d'études sur la littérature russe contemporaine, il publia, en 1876, son premier roman historique : « La princesse Ostrogska », XVIe siècle ; en 1877 : « Le petit Tzar », XVIIIe siècle ; en 1878 : « Tzar-Dievitza », XVIIe siècle ; « Le capitaine des grenadiers », XVIIIe siècle ; en 1879 : « La fiancée de Kasimow », XVIIe siècle ; « L'obsession », roman contemporain. De 1881 à 1886, 5 romans (chronique de quatre générations) ; « Serge Gorbatoff » ; « Le voltairien » ; « La vieille maison » ; « L'exilé » ; et « Les derniers Gorbatoff ». Outre cela, plusieurs nouvelles, récits, etc. On connaît quelques traductions de ses ouvrages en allemand et en français. En 1885-1886, il collabora à Paris à la *Nouvelle revue*. Après leur publication dans les revues, ses romans subirent plusieurs éditions. Maintenant une édition complète de ses œuvres en sept grands volumes vient de paraître. Son dernier roman de mœurs de la fin du XVIII siècle sous le titre « Volvchvi » (Les mages), se publie dans le *Sièvere (Le Nord)*, revue littéraire et artistique, fondée par M. S. à Saint-Pétersbourg avec la collaboration des meilleurs écrivains et peintres russes.

Sommaruga (Ange), homme de lettres et éditeur italien, né, à Milan, en 1857 ; il débuta à 18 ans dans le journalisme, en fondant *La Farfalla*, petite feuille littéraire, où le mouvement révolutionnaire de la littérature italienne moderne fut initié. M. S. vendit *La Farfalla* à M. Bignami et alla fonder à Rome la *Cronaca Bizantina*, revue hebdomadaire qui enrôla bientôt sous son drapeau les écrivains les plus populaires de la Péninsule. La *Cronaca Bizantina* obtint un tel succès que M. S. pensa devenir le principal éditeur de l'Italie. Il commença par publier : « Confessioni e battaglie », de Josué Carducci, livre de combat qui eut un énorme retentissement ; plusieurs autres ouvrages des auteurs les plus en vogue suivirent ce remarquable succès de librairie. Jusqu'alors, 1884, M. S. ne s'était pas occupé de politique ; mais voilà qu'à cette époque il fonde les *Forche Caudine*, en confie la direction à M. le prof. P. Sbarbaro, talent d'élite, mais caractère déplorable que M. Bonghi a défini : *un bon livre auquel manquent plusieurs feuillets*. Le journal toucha un tirage exceptionnel en Italie (140,000 exemplaires). Le célèbre professeur ayant été arrêté, M. S. ne tarda pas à le suivre en prison et il eut à subir un procès qui dura 20 jours. Le tribunal condamna le jeune éditeur à 6 ans de prison. M. S. se pourvut en appel ; et la police, qui ne demandait pas mieux, lui laissa profiter de la liberté provisoire pour qu'il pût émigrer en Amérique. En attendant, M. S. lançait la flèche du Parthe en publiant un livre intitulé: « Giudicatemi », où la justice italienne était traitée avec un spirituel sans-façon. M. S. demeure maintenant à Buenos-Ayres, où il a établi une grande maison de librairie et une vente de tableaux italiens. Les éditions de M. S. étaient renommées pour leur élégance et pour leur correction, et la condamnation de ce remarquable éditeur a arrêté l'essor de la littérature italienne. M. S. est propriétaire du journal *La Patria Italiana* de Buenos-Ayres.

Sommer (Henri-Oscar), docteur en philosophie allemand, professeur des langue et littérature anglaises, né, à Berlin, le 23 février 1861. Après avoir fait ses études dans sa ville natale, il passa en Angleterre pour se perfectionner. Nous avons de lui: « The life of the famous grammarian Dr Thomas Robertson », 1885, (*Dictionary of National Biography;* « The Life and Death of Mary Magdalene », légende poétique (1621) selon les seuls manuscrits connus du British Museum et de la Bodleian Library d'Oxford, avec une introduction, Marburg, 1887, *Elwert's Universitätsbushhandlung;* « Erster Versuch über die Englische Hirtendichtung », Marburg, Ehrhardt'sche Universitätsbuchhandlung, 1888; « Le morte Darthur by Syr Thomas Malory. The original edition of William Caxton now reprinted and edited with an introduction and glossary. With an essay on Malory prose style by A. Lang », 2 vol., London, 1889, David Nutt; « Spenser's Shepheardes Calender, the original edition of 1579 in photographic facsimile with a critical introduction », London, 1889, John C. Nimmo. Nous avons de lui plusieurs contributions aux journaux de littérature et de philologie. En préparation: « Das Englische Hirtendrama », Marburg, Ehrhardt'sche Universitätsbuchhandlung; « Die Beziehungen der Faerie Queene von Spenser zu ihren englischen und italienischen Quellen ».

Sommerbrodt (Jules), médecin allemand, docteur en chirurgie, professeur de médecine interne à l'Université de Breslau, né, en 1839, à Schweidnitz (Silésie prusienne), fit ses études aux universités de Breslau, Wurzbourg et Berlin, a été (1862-1865) assistant à la clinique médicale du prof. Lebert à Breslau (1866-67), assistant à la clinique de chirurgie du prof. Middelldorpf, à l'Université de cette ville; il a pris, en 1870, son habilitation à l'enseignement de la médecine interne, et, en 1878, a été nommé professeur à l'Université de Breslau. Il a pris part, comme médecin, aux campagnes de 1866 et 1870. Outre plusieurs articles de médecine publiés dans les *Virchow's Arch.*, dans les *Arch. f. exper. Pathol.*, dans les *Arch. f. Klin. Med.*, et *Berlin Klin. Wochensch.*; on lui doit:

« Die ulcerösen Processe der Kehlkopfschleimhaut in Folge von Syphilis », Breslau, 1870; « Ein neurer Sphygmograph », id., 1876; « Die reflectorischen Beziehungen zwischen Lunge, Herz und Gefässen », Berlin, 1881; « Ueber eine bisher nicht gekannte Einrichtung des menschlichen Organismus », Tubingue, 1882.

Sounier (Édouard-Charles-Antoine DE), avocat et homme politique français, député de Loir-et-Cher, né, à Blois, le 19 avril 1828. Avocat au barreau de Paris, il a toute sa vie combattu l'Empire et publié divers écrits politiques dans ce but; il appartient depuis sa jeunesse au parti républicain. Conseiller général de Loir-et-Cher, pour le canton de Marchenoir, depuis 1871, il fut élu, le 20 février 1876, député de Vendôme et prit place à la gauche républicaine. Réélu, en 1877 et en 1881, il se fit inscrire au groupe de l'Union Républicaine et vota ordinairement avec lui. M. de S. a fait partie du Conseil départemental de l'instruction publique; il a été réélu aux élections du 4 octobre 1885.

Solvay (Lucien), publiciste belge, né à Bruxelles, en 1851. Il a donné des articles à la *Revue de Belgique* et à un grand nombre de journaux, et il est aujourd'hui rédacteur en chef du journal bruxellois *Le Soir*; c'est un des bons critiques d'art de notre époque. Nous avons de lui: « La fanfare du cœur, poésies », Paris, 1876; « La Bernoise », opéra-comique en 1 acte, Bruxelles, 1880; « L'art et la liberté », id., 1881; « Au pays des orangers », id., 1882; « Belle Maman! », id., 1884; « Petite histoire des grands peintres: antiquité et école italienne », id., id.; « L'art espagnol », Paris, 1886, luxueuse publication de la librairie de l'Art. M. S. habite Saint-Josse-ten-Noode, près de Bruxelles, et il fait partie du conseil communal de cette localité.

Sonnenschein (Édouard-Adolphe), littérateur anglais, professeur de grec et de latin au *Mason College* de Birmingham, né, le 20 novembre 1851; il fut élevé aux *University College* de Londres et d'Oxford, et après avoir été nommé assistant à la chaire d'humanité à l'université de Glasgow en 1877, il reçut en 1882 sa place actuelle. Nous avons de lui: « Plautus Captivi », avec émendations, 1879-80; « Goethe's Select poems », 1882; « Beukujs Plautine emendations from his copy of Gronovius », *Anedocta Oxoniensia*, 1883; « Mostellaria » de Plaute, 1884; « Parallel grammar series, including latin Grammar », 1887-89.

Sonnenschein (Guillaume-Swaen), bibliographe anglais, né le 5 mai 1855. Il fut élevé à l'*University College* de Londres, et il est maintenant chef de la maison de librairie Swaen-Sonnenschein. Il a publié: « The Best Books », qui est une bibliographie de 25,000 ouvrages; la 1re édition parut en 1887; la 2e, qui contient

40,000 articles, en 1889. La même maison a publié beaucoup d'ouvrages scientifiques traduits de l'allemand et une bibliothèque complète pour les enfants.

Sonnino-Sidney, sociologue, député au Parlement, journaliste, économiste italien, né, à Alexandrie d'Égypte, en 1849. Nous avons de lui: « I Contadini in Sicilia », en collaboration avec M. L. Franchetti; « La Mezzadria in Toscana », et des traductions de l'anglais. M. S. fonda en 1877, avec M. Franchetti, nommé plus haut, la *Rassegna Settimanale*, qui ne dura que 4 ans et qui fut, sans contredit, le journal le plus sérieux que l'Italie ait jamais possédé.

Sonzogno (Édouard), chef de la maison de librairie qui porte son nom, est né, à Milan, en 1836. Après avoir fait de bonnes études dans sa ville natale, il écrivit d'abord plusieurs petites pièces maintenant oubliées, et depuis se consacra entièrement aux soins de son grand établissement d'imprimerie. Il publie en même temps le *Secolo*, le journal le plus répandu de la Péninsule et les journaux suivants: *La Capitale, Emporio Pittoresco, Spirito Folletto, Novità, Tesoro delle Famiglie, Piccolo Artista, Scienza per tutti, Arte per tutti, Giornale dei viaggi, Romanziere del Popolo*; les collections: *Biblioteca classica economica, Biblioteca romantica economica*, diverses illustrations des Expositions, et les éditions de luxe de la « Divina Commedia »; « Don Chisciotte », « Paradiso perduto »; « Storia delle Crociate », toutes illustrées par Doré, etc., etc.

Sorel (Albert), historiographe et sociologue français, né, à Honfleur (Calvados), le 13 août 1842, secrétaire général de la Presidence du Sénat, professeur à l'École des Sciences politiques, ancien secrétaire d'ambassade, a publié: « Histoire diplomatique de la guerre franco-allemande », 2 vol., Plon, 1875; « Précis du droit des gens », en collaboration avec M. F. Brentano, id., 1876, 2me éd., 1887; « La question d'Orient au XVIIIe siècle », id., 1878; « Essais d'histoire et de critique », id., 1883; « Montesquieu », Hachette, 1887; « Recueil des instructions données aux ambassadeurs et ministres de France en Autriche », Alcan, 1884; « Le traité de Paris du 20 novembre 1815 », Germer-Baillière, 1872; « L'Europe et la révolution française », tom. I; « Les mœurs politiques et les institutions », tom. II; « La chûte de la Royauté », 2 vol., Plon, 1885 et 1887; ouvrage couronné par l'Académie française, grand prix Gobert, 1887 et 1888.

Soret (Charles), physicien suisse, professeur de physique expérimentale et de minéralogie à l'Université de Genève, né, dans la même ville, en 1854. Nous avons de lui: « Influence de la température sur la distribution des sels dans leurs solutions » (*Archives des Sciences physiques et naturelles*, 1879, II, 48; 1880, IV, 209; 1884, XII, 615; *Ann. de Chim.*, 1881; *Comptes-Rendus* à Paris, 1880); avec A. Favre: « Reproduction artificielle de Gaylussite » (*Archives*, 1881, V, 513; *Soc. Minéral.* en France, 1881); « Tremblement de terre du 22 juillet 1881 » (*Annuaire de l'Observatoire* de Berne, 1882); « Réfractomètre destiné à la mesure des indices de réfraction et de la dispersion des corps solides » (*Archives*, 1883, IX, 5; *Groth. Zeitschr.*, 1883; *Comptes-Rendus* à Paris, 1882); « Réfraction et dispersion dans les aluns cristallisés » (*Archives*, 1883, X, 300; 1884, XII, 553; 1885, XIII, 5; XIV, 96; *Comptes-Rendus*, Paris, 1884, 1885); « Notices cristallographiques » (*Archives*, 1884, XI, 51; 1886, XVI, 460); « Sur la théorie de la polarisation rotatoire naturelle » (*Archives*, 1884, XI, 412); « Tables générales des Archives des Sciences physiques et naturelles en 1846-78 », 1 vol., Genève, 1886; « Deux petits appareils au laboratoire » (id., 1885, XIII, 69; *Praktische Physik*, 1887); « Elie Wartmann », notice nécrologique (id., 1886, XVI, 188); « Sur un petit réfractomètre à liquides » (id., 1888, XIX, 264).

Soro Delitala (Carmel), juriste italien, pro-professeur de philosophie du droit à l'Université de Sassari, né, le 26 décembre 1853, à Lanusei (prov. de Cagliari); docteur *in utroque* de l'Université de Sassari en 1875; inscrit au barreau en 1878, il préféra la Carrière académique à celle d'avocat, et en 1882 devint professeur de philosophie du droit à l'Université de Sassari. Nous avons de lui: « La cremazione dei cadaveri, studi sociali », 1874; « Il Credito, studio economico », 1875; « Profili di una Storia della legislazione in Sardegna », 1876; « Le Opere pie », id.; « Concetto e attinenze della ragione pubblica amministrativa », 1878; « Intorno ai limiti costituzionali della legge e del regolamento », 1878; « Il sistema tributario dei Comuni e delle Provincie », 1879; « Il problema amministrativo e il problema politico in Italia », id.; « Moralità e diritto; prelezione al corso di filosofia del diritto », 1882; « Ufficio, limiti, attinenze della politica », 1884; « La responsabilità dei pubblici amministratori », id.; « L'amministrazione e la giustizia nelle industrie », vol. I, 1886.

Soubeyran (baron Jean-Marie-Georges DE), administrateur et homme politique français, né, à Paris, le 3 novembre 1828, fit ses études au Collège *Rollin*, puis suivit les cours de la Faculté de droit. Attaché au ministère des finances dès 1851, sous l'administration de M. Fould, il suivit ce dernier au ministère d'État en 1852 et y devint d'abord chef de cabinet, puis directeur du personnel du ministère. M. de S. fut nommé en 1860 sous-gouverneur du Crédit foncier de France; la même année il fut élu, à une majorité énorme, député de la Vienne; il était déjà maire de Mortemer et membre du Conseil général de la Vienne. En 1870, il vota contre la guerre. Élu représentant de la Vienne à l'Assemblée nationale, il fit partie de toutes les commissions du budget, et prit une large part aux discussions financières. Il a été réélu en 1877, en 1881 et 1885 député de la Vienne. M. de S. a été membre de la Commission supérieure des Expositions internationales et de la Commission des Monuments historiques de France; il a fait partie du jury international de l'Exposition de Vienne en 1873.

Soucaze (Pierre-Antoine-Alphonse), homme politique français, député des Hautes-Pyrénées, ancien notaire à Campan, où il est né en 1819. Il appartient à une honorable famille vouée au notariat de père en fils depuis plus de cent ans. Il a dû sa nomination à différents travaux et rapports au Conseil général, qui ont fait connaître sa compétence économique et législative; il a publié des études sur un chemin de fer de Paris à Madrid par le centre des Pyrénées. Il a publié d'importants travaux sur la propriété et l'hérédité, sur le métropolitain etc. dans l'*Ère nouvelle*, le *Courrier des Hautes-Pyrénées*, la *France nouvelle*, journaux catholiques et conservateurs. Il a aussi publié dans la presse locale (dans le *Courrier des Hauts-Pyrénées*) et dans la presse parisienne d'importants travaux sur les sujet de législation et de travaux publics. Il appartient à la droite catholique et conservatrice de la Cambre.

Souhomlinoff; depuis 1879 il a publié huit tomes de son « Histoire de l'Académie russe », et une étude sur Radistcheff, auteur d'un voyage de Saint-Pétersbourg à Moscou, fait au siècle passé. Radistcheff a propagé dans son ouvrage les idées des encyclopédistes, prêchant dès lors l'émancipation des serfs.

Soulary (Joséphin), poète français, né, à Lyon, le 23 février 1815. Il entra à seize ans comme enfant de troupe dans un régiment de ligne, où il resta jusqu'en 1836. Il devint ensuite chef de division à la préfecture du Rhône jusqu'en 1867, et, l'année suivante, fut nommé bibliothécaire du Palais des Arts de Lyon. M. S. a fait paraître: « A travers champs »; « Les cinq cordes du luth », 1838; « Les Éphémères », 1846-57; « Sonnets humoristiques », 1858; « Les Figulines », 1862; « Les Diables bleus », 1870; « Pendant l'invasion », 1871; « Œuvres poétiques », 1872; « La chasse aux mouches d'or », 1876. Il a fait jouer au théâtre de Lyon: « Un grand homme qu'on attend », comédie en vers, 1879; « La Lune rousse », comédie en deux actes, en prose, Lemerre, id.; « Les rimes ironiques », poésies nouvelles, avec dessins d'Eugène Froment, Lyon, Meton, 1877; « Œuvres poétiques », 3ᵐᵉ partie, 1872-82; « Les jeux divins »; « La Chasse aux mouches d'or »; « Les Rimes ironiques »; « Un grand homme qu'on attend », Lemerre, 1883; les 2 premiers volumes ont été publiés en 1872.

Soundoukiantz (Gabriel), auteur dramatique arménien très connu. Né, en 1825, à Tiflis, il reçut son éducation primaire dans la maison de l'orientaliste arménien Chahan Cirbied (Djerpétian), puis termina ses études au Gymnase de Tiflis et à l'Université de Saint-Pétersbourg. Il entra au service du Gouvernement civil du Caucase, au département des voies et communications, où il occupe aujourd'hui une place importante. Ses pièces les plus populaires sur la scène arménienne sont: « Pépo »; « Khatabala »; « Encore une victime » et le « Foyer détruit ». Sa plume est brillante, mais peu féconde. M. S. appartient complètement à l'école réaliste. Toutes ses pièces sont traduites en géorgien, et l'une d'elle, la première, en russe.

Souriau (Maurice), homme de lettres français, professeur-adjoint de littérature française à la Faculté des lettres de Caen, né, le 12 septembre 1856, à Châteauroux (Indre). Élève du Lycée de Douai et du Lycée Louis-le-Grand; élève de l'École normale en 1875; docteur ès-lettres en 1886. Nous avons de lui: « De la convention dans la tragédie classique et le drame romantique », Hachette, 1886; « V. Hugo, rédacteur du *Conservateur littéraire* », id.; « La Versification de Molière », Hachette, 1888.

Sourigues (Benoît-Martin), homme politique français, député des Landes, né, à Bayonne, le 11 février 1829; banquier à Paris, candidat républicain dans les Landes, dès 1849. Il échoua avec plus de 16,000 voix, quoique élu en rang utile dans les trois cantons comprenant le chef-lieu d'arrondissement et celui de Mont-de-Marson, chef-lieu du département. En 1878, l'élection de son concurrent, candidat officiel, ayant été invalidée, il fut élu le 27 janvier. Il s'inscrivit au groupe de l'Union républicaine, et fut réélu à une grande majorité le 21 août 1881. M. S. a pris, à la Chambre des députés, une grande part à la discussion de toutes les questions financières. Il n'a point fait imprimer ses discours qui se trouvent au *Journal officiel*. Aux élections d'octobre 1885, il figurait sur la liste républicaine des Landes, qui échoua tout entière dans le département: l'élection ayant été annulée par la Chambre, il triompha avec toute la liste républicaine, le 14 février 1886. M. S. a voté la demande de mise en accusation des Ministres et autres complices du 16 mai, et l'expulsion totale des princes, qu'il avait demandée dans un contre-projet comme amendement à la proposition de loi présentée à la Chambre.

Souriudro (Sir Mohun Tagor), écrivain et musicien hindou d'une famille princière, né, à Calcutta, en 1840, s'est occupé beaucoup de musique, et a écrit des livres et des poèmes en bengali, en anglais, en sanscrit et en hindou, dont nous donnons les titres. Sir T. S. M. est l'homme le plus décoré du globe. Nous avons de lui: en bengali : « Bhugola-o-Itihása-Ghatita Brittánta »; « Muktávalí-Nátiká »; « Málavikágnimitra Nátaka »; « Játíya-Sangíta-Bishayaka-Prastáva »; « Yantra-Kshetra-Dípiká »; « Mridanga Manjarí »; « Hármonium-Sútra »; « Yantra-Kosha »; « Victoria-Gíti-Málá »; « Bháratiya-Nátya-Rahasya »; « Rasáviskára-Vrindaka »; « Gíta-Pravesa »; « Sangíta-Sástra-Pravesiká »; en anglais : « Hindu Music from Various Authors in two Parts »; « Six Principal Rajas of the Hindus »; « Eight Principal Rajas of the Hindus »; « Ten Principal Avatáras of the Hindus »; « The Binding of the Braid »; « Hindu Music »; « English Verses set to Hindu Music »; « Short Notices of Hindu Musical Instruments »; « Fifty Tunes »; « Specimens of Indian Songs »; « Hindu Drama »; « A Brief History of Hindu Music »; « Ækatána or the Indian Concert »; « A few Lyrics of Owen Meredith, set to Hindu Misic »; « Eight Tunes »; « Tárávatí »; « Flights of Fancy in Prose and Verse »; « Dramatic Sentiment of the Aryas »; « The Orders of Knight-hood »; « Hindu Loyalty »; « The Musical Scales of the Hindus »; « The Caste System of the Hindus »; « The Twenty-two Musical Srutis of the Hindus »; « The Six Rajas and Thirty Six Ranees of the Hindus »; « Nrityánkura »; en sanscrit : « Sangíta-Sára-Sangraha »; « Mánasa Pûjánam »; « Kavi-rahasyam »; « Haratattva Didihiti »; « Purascharana Bodhini », par. I; « Sangíta-Darpana », par. I; « The Five Principal Musicians of the Hindus »; « The Twenty Principal Kávyakáras of the Hindus »; traduction en sanscrit de l'anglais : « Victoria-Gítiká »; « Prince-Panchásat »; « Victoria-Sámrájyan »; « Rome-Kávya »; « Germany-Kávya »; « Yati-Kávya »; en hindou : « Gitávalí »; « Manimálá », traductions; enfin : « The National Anthem ».

Souris (Georges), poète satirique grec, rédacteur du journal humoristique *Le Grec*, né, à Athènes, en 1852. Aimé par le peuple pour sa verve satirique inépuisable, M. S. a publié, en quatre volumes, un recueil de vers très estimé. Son ouvrage essentiel « Don Juan », dans lequel il décrit avec beaucoup d'esprit la société humaine, a été apprécié par tous les critiques de la Grèce.

Soury (Jules), philosophe français, traducteur des œuvres de Hæckel et collaborateur de la *Revue des Deux-Mondes*, du *Temps*, de la *République française*, de la *Revue philosophique* et de la *Revue scientifique*, né, à Paris, le 28 mai 1842, étudia l'hébreu avec Renan. En dehors de ses traductions, nous avons de lui : « Des études hébraïques au moyen-âge chez les chrétiens d'Occident », 1867; « La Bible et l'archéologie », 1872; « Portraits de femmes », 1874; « Études historiques de l'Asie Occidentale », 1877; « Essais de critique religieuse », 1878; « Portraits du XVIIIe siècle », 1879; « Bréviaire du matérialisme », 1880. Après avoir soutenu, en 1881, sa thèse de doctorat à la Sorbonne sur l'« Hylozoïsme » et sur les « Théories naturalistes du monde et de la vie dans l'antiquité », M. S., nommé par Paul Bert maître de conférences à l'École pratique des Hautes-Études près la Sorbonne, inaugura dans l'enseignement supérieur, sous la rubrique de « Histoire des doctrines psychologiques contemporaines », l'étude de la psychologie physiologique ou expérimentale. Depuis, il s'est consacré à cette branche de la science, et a publié ses leçons à diverses reprises dans des journaux, tels que l'*Encéphale*. Voici la liste des ouvrages de M. S., parus depuis 1880 : « Théories naturalistes du monde et de la vie dans l'antiquité », 1 vol., Charpentier, 1881; « Philosophie naturelle », 1 vol., id., 1882; « Les doctrines psychologiques contemporaines », broch. J.-B. Baillière et fils, 1883; « Histoire des doctrines psychologiques contemporaines. I. Les fonctions du cerveau », doctrines de F. Goltz, leçons professéss à l'École pratique des Hautes-Etudes, J.-B. Baillière et fils.

Soustre (Marius-Lazare), homme politique français, sénateur et président du Conseil général des Basses-Alpes, maire de Digne, né le 1er décembre 1828. Compromis dans l'affaire du complot de Lyon et dans la résistance au coup d'État du 2 décembre 1851, il a pris part à la rédaction et à la direction des journaux de sa région; il fut élu député de l'arrondissement de Digne aux élections du 21 août 1881, et au renouvellement de la représentation sénatoriale du département, le 25 janvier 1885, il a été élu sénateur, le premier.

Sozanski (Antoine), homme de lettres galicien, né, à Léopol (Lemberg), le 31 mai 1823. Ses premières études furent faites à la maison, ainsi que celles de gymnase, de musique et de langues modernes. En 1846-47, il a visité l'Italie, la France et l'Angleterre. Retourné en 1847 à la maison, il s'occupa de l'administration de sa fortune et d'histoire; voilà la liste de ses ouvrages : « Curiosités littéraires et bibliographiques », Vienne, 1858; 2e éd. fort augmentée, Cracovie, 1885; « Régistre raisonné pour l'œuvre de Sottykenicz : L'Histoire de l'Académie cracovienne », Przemyzl, 1859; « Vinczborzki et Skarga, deux grands stylistes polonais du XVIe siècle », Vienne, 1859; « Le testament de la poésie polonaise », id., id.; « Livre de prières pour les protestants », Bzeszów, id.; « La bienfaisance du Christ par Palearío, traduit en polonais », Feschen, 1860; « Quelques œuvres », 2 vol., I. Leipzig, 1861; II. Cracovie, 1871; « Catalogues de 6800 personnes ecclésiastiques, civiles et militaires dans les premières sept années du gouvernement du roi Poniatowski », Cracovie, 1866; « Le prince et les discours sur T. Live de Machiavelli », traduits en polonais pour la première fois, id., 1868; Sambor, 1874-77-79; « Discours avec un diplomate sur la Pologne », Sanok, 1870; « Régistre pour les volumina legum, collection des lois polonaises », Danzig, Cracovie et Léopol, 1876; « Sans la politique nous n'aurons pas de nouvelle Pologne », Sambor, 1880; « Manuel pour les hommes d'État en Pologne », id., 1883; « Discours entre les rois polonais morts », Cracovie, 1886.

Spasowicks (Wladimir), littérateur russe, né, le 28 janvier 1845, à Rzeczyca (gouvernement de Minsk en Lithuanie), a fait ses études (1845-1849) à l'Université de Saint-Pétersbourg. Il a débuté en 1856 dans la littérature polonaise par une traduction du latin avec notes et commentaires d'un écrivain inédit du XVIe siècle, Orzelski: « Huit livres sur les interrègnes », 1872-1876. Nommé professeur du droit pénal à Saint-Pétersbourg, il occupa cette chaire à l'Université de la capitale de 1858 à 1861, et ensuite à l'école de droit. En 1861, il publia ses conférences sur la « Théorie des preuves en droit criminel ». Son « Manuel du droit pénal », partie générale, lui valut les honneurs du doctorat (1863), mais en même temps il a été la cause de sa destitution comme professeur avec défense d'enseigner à cause d'opinions trop avancées. Après cet évènement, M. S. se voua à des études de littérature comparée et s'unit avec le savant russe A. Pypine pour publier collectivement un « Aperçu historique des littératures slaves », Saint-Pétersbourg, entièrement refondu et augmenté, 2 vol. Cet ouvrage a paru en 1879-1881 sous le titre « Histoire des littératures slaves ». Plus d'un quart de cet ouvrage, consacré à la littérature polonaise, appartient à M. S. L'ouvrage entier a été traduit en tchèque par Kotin (Prague, 1880-1881), et en allemand par Pech (Leipzig, 1881-1884). La partie polonaise a été traduite en polonais. En 1866, lors de l'inauguration des nouvelles institutions judiciaires en Russie, M. S. embrassa la profession d'avocat qu'il continue d'exercer au barreau de Saint-Pétersbourg. Quelques uns de ses plaidoyers ont trouvé place dans le recueil de ses essais et articles en langue russe : « Après beaucoup d'années », Saint-Pétersbourg, 1872. Depuis 1876, M. S. a renouvellé ses rapports avec le public polonais par une série de « Conférences » publiques à Varsovie, 1878, sur le poète W. Pol; en 1881 sur Hamlet; en 1887 sur lord Byron, et à Cracovie, en 1887, sur Mickiewicz et Pouschkine. Prenant pour point de départ la poésie byronienne, M. S. a publié en 1888 ses études sur « Pouschkine et Lermontoff comme byronistes ». Partisan convaincu de l'idée de la conciliation des deux nationalités polonaise et russe, M. S. a retracé en partie d'après ses souvenirs personnels le rôle de l'homme d'état polonais qui a tenté en vain d'arrêter le mouvement révolutionnaire en Pologne aboutissant à la funeste insurrection de 1863. Cet ouvrage en russe porte le titre: « La vie et la politique du marquis A. Wielopolski », Pétersbourg, 1885.

Spathakis (Constantin-Aristide), pédagogiste et philosophe grec, né, à Zagora, en 1837. Son premier ouvrage classique fut la traduction en grec de la « Nymphe de Messine », de Schiller. Envoyé en Allemagne en 1863, il y acheva ses études, et s'adonna à la pédagogie pour la répandre en Grèce. En 1867, de retour à Athènes, il publia des articles dans le *Hérault Évangélique* et autres revues importantes, qui excitèrent le désir de perfectionner en Grèce l'éducation publique. M. S. est professeur à l'École supérieure des jeunes filles et au Séminaire de Bizarion. Nous avons de lui: « Manuel de pédagogie », 1875; « Le pédagogue », 2 volumes, 1882.

Spehl (Sylvain-Émile), médecin belge, né, à Bruxelles, en 1854. Dès 1881, il publiait dans les *Archives de biologie*, en collaboration avec M. le professeur Héger, des: « Recherches sur la fistule péricardique chez le lapin ». Trois ans plus tard paraissait sa thèse d'agrégation présentée à la Faculté de médecine de Bruxelles: « De la répartition du sang circulant dans l'économie », Bruxelles et Paris, 1884, étude remarquable fondée sur des expériences faites aux laboratoires de physiologie de l'Université de Bruxelles. Il donna alors des leçons fort suivies, qu'il a résumées dans un magnifique: « *Précis du cours d'exploration clinique et de diagnostic médical professé à l'Université libre de Bruxelles* », Bruxelles, 1887-1888, ouvrage devenu immédiatement classique.

Speiser (Paul), homme d'État et publiciste suisse, né, à Bâle, le 16 octobre 1846, fit de brillantes études juridiques, embrassa la carrière universitaire et fut successivement *privat-Docent* (1873) et professeur extraordinaire (1876) pour le droit commercial à l'Université de sa ville d'origine. Le parti conservateur-libéral honore en lui un de ses chefs les plus actifs et les plus capables. Après avoir dirigé avec distinction (1878-1884) le département de l'instruction publique dans un Conseil d'État en majorité composé de ses amis, il a été chargé, depuis 1886, par un grand Conseil radical, du portefeuille des finances. Les travaux scientifiques de M. S., jusqu'ici peu nombreux, se composent d'essais d'abord insérés dans la *Revue de jurisprudence suisse*, dont il est un des rédacteurs ordinaires : « La faculté universelle du change », 1880 ; « La doctrine du droit civil en matière de change », 1882; « Explication du titre 29 du droit suisse des obligations », 1885 ; « L'interdiction de la double imposition », 1887.

Spencer (Herbert), éminent philosophe anglais, né, le 27 avril 1820, à Derby, fut élevé par son père, professeur dans cette ville, et par son oncle, pasteur de l'Église anglicane. De 17 à 25 ans, il fut ingénieur et collabora au *Civil Engineer's and Architect's journal*. En dehors de cette spécialité, il publia dans le *Nonconformist* une série de lettres sur la « Sphère propre au Gouvernement » (1842). Ayant abandonné sa profession, il collabora de 1848 à 1852 à l'*Economist* et fit paraître son premier ouvrage « Social Statics », 1851. Depuis cette époque, M. S. a publié un grand nombre d'ouvrages philosophiques qui l'ont placé en premier rang des penseurs contemporains. Parmi ses livres connus et discutés avant d'avoir été traduits dans les diverses langues européennes, nous citerons : « Principles of psychology », 1855, 2e éd. 1870; « Essays scientific, political, etc. », deux séries, 1858-63, 1868-74; « Education moral, intellectual and physical », 1861; « First principles », 1862; « The classification of the Sciences », 1874, 3e éd., 1871; « Principles of Biology », 1864; « The Study of Sociology », 1872; « Descriptive sociology », id.; « Essays moral, scientific, and esthetic », 1877-79; « Ceremonial Institutions », 1880; « Political Institutions », 1882; « The Data of Ethics », id.; « Education », 1880; « Essays », id. ; « The Man versus the State », 1884.

Spera (l'abbé Joseph), poète et homme de lettres italien, professeur de littérature italienne au lycée du Mont-Cassin, est né, à Tito (prov. de Basilicate), le 12 août 1835. Après avoir fréquenté le Séminaire et avoir reçu les ordres, il se consacra à l'enseignement. Nous avons de lui les ouvrages suivants : « L'Italia antica e moderna », poème; « Ziluade o l'esule Lucano », et « La contessa Alice di Grosswick », nouvelles; « Il faro della speranza ; Dio e patria ; Eroide; Fede e scienza ; Il verbo di Dio », poésies ; « Del verismo nell'arte », discours ; « Il Conte Verde di Savoia », poème dédié à S. M. le Roi d'Italie; « Saggio di letteratura comparativa », 1886; « La mente di Gregorio VII », 1885; « Gratulatio », poésies religieuses pour le jubilé de sa Sainteté Léon XIII, 1889. En préparation, la seconde partie du : « Saggio di letteratura comparativa ».

Sperani (Bruno), nom de plume de Mlle Béatrix Speratz, femme-auteur italienne, née, en Dalmatie, vers 1840, qui a inséré des chroniques pleines de verve à la *Nazione* de Florence, à la *Gazzetta piemontese* de Turin, au *Caffaro* de Gênes, au *Bersagliere* de Rome, au *Livre* de Paris et des nouvelles à la *Perseveranza* de Milan et à l'*Antologia* de Turin. Nous avons d'elle « Cesare »; « Stella cadente »; « Sotto l'incubo », nouvelles, Milan, Galli, 1881; « Sempre amore », id., Brigola, 1882; « Veronica Grandi », 1883; « Nell'ingranaggio », 1884; « Numeri e sogni », 1886; « L'avvocato Malpieri »; « Nella nebbia »; « Il romanzo della morte », 1890, romans.

Spica (Pierre), chimiste italien, professeur ordinaire de chimie pharmacologique et toxicologique à l'Université de Padoue, né, le 21 juin 1854, à Caccamo (prov. de Palerme), étudia à l'Université Palermitaine et obtint son doctorat en 1875. De 1874 à 1879, il fut assistant à la chaire de chimie générale près de l'Université de Palerme; il passa, en 1879, professeur extraordinaire à Padoue, où il est depuis décembre 1873 professeur ordinaire. Nous avons de lui plusieurs recherches originales insérées à la *Gazzetta chimica italiana*, aux *Atti del Regio istituto Veneto* un « Cours ortographié de leçons de chimie générale », et un volume intitulé « Chimica medico farmaceutica e tossicologica ».

Spiegel (Frédéric), orientaliste allemand, professeur des langues orientales à l'Université d'Erlangen, né, le 11 juillet 1820, à Kitzingen, près Wurzbourg, étudia aux Universités d'Erlangen, Leipzig et Bonn, visita les bibliothèques de Copenhague et de Londres pour compléter ses travaux scientifiques et, en 1849, fut nommé professeur à l'Université d'Erlangen. On lui doit: « Kammavâkya, liber de officiis sacerdotum buddhicorum », Bonne, 1841; « Anecdota Pâlica », Leipzig, 1845; « Chrestomathia persica », id., 1846; « Die Alexandersage bei den Orientalen », id., 1851; « Grammatik der Pârsisprache », id., 1851; « Avesta, die heiligen Schriften der Parsen », 2 vol., id., 1852-1852, version, 3 vol., 1852-1863, commentaire 2 vol., 1864-1869; « Zur Interpretation des Vendidad », id., 1853; « Einleitung in die traditionellen Schriften der Parsen », 2 vol., id., 1856-1860; « Eran, das Land zwischen Indus und Tigris », Berlin, 1863; « Grammatik der altbaktr. Sprache », Leipzig, 1867; « Eranische Alterthumskunde », 3 vol., id., 1871-1878; « Arische Studien », id, 1874; « Vergleichende Grammatik der alteranischen Sprachen », id., 1882; « Ueber einige eingeschobene Stellen in Vendidad », Munich, 1850; « Die Altpersische, Keilinschriften im Grundtexte mit Uebersetzung, Grammatik und Glossar », Leipzig, 1862, 2e éd., id., 1881; « Die Arische Periode und ihre Zustände », id., 1887.

Spinelli (Alexandre-Joseph), érudit, bibliophile distingué, est né à Modène, en 1843. Son père, le docteur Nicolas S., époux de la marquise Héloïse Bellincini-Bagnesi, fut, en 1848, l'un des organisateurs de la Garde civique et de la Députation modenaise qui alla à Turin pour solliciter l'entrée des troupes sardes dans les États de la maison d'Este. M. S. fit ses premières études au Collège des Barnabites à Bologne; ensuite, il suivit dans différentes universités les cours de droit et de mathématiques. Durant un séjour à Modène il contribua à l'amélioration

du catalogue des écrits de L. A. Muratori restés en possession de l'un de ses oncles, et facilita ainsi la publication, faite en 1872, par l'abbé Vischi, des Archives de Muratori. En 1866, il entra au corps des volontaires italiens ; et plus tard, ayant passé dans l'armée régulière, il fit partie de la division qui occupa Rome, en 1870. Ayant quitté l'armée en 1875, il alla occuper la place de secrétaire-archiviste dans la famille patricienne milanaise Sola-Busca, qui possède une excellente bibliothèque d'environ 20 mille volumes et de précieuses et d'intéressantes archives. Il mit en ordre les livres et la plus grande partie des documents manuscrits, travail qui fut d'un grand secours pour divers lettrés. Pendant sa demeure à Milan, il fut appelé à faire partie de la Société historique de Lombardie, de l'Académie de statistique physique et médicale, ainsi que de la Députation d'histoire nationale des provinces de Modène et de Romagne. Une belle collection des éditions de Bodoni, qu'il avait sauvée de la dispersion et ensuite augmentée, fut donnée par lui à la bibliothèque Braida de Milan. D'autre part, il fit présent à la Marucelliana de Florence de toute la correspondance entre Vallisnieri et Cestoni. En 1866, il sortit de l'administration de la famille Sola-Busca. Peu de temps après, l'honorable E. Coppino le chargea de mettre en ordre la bibliothèque du ministère de l'Instruction publique. Cet emploi ayant été supprimé par mesure économique au commencement de 1890, M. S. fut envoyé à Modène comme conservateur des manuscrits de la bibliothèque d'Este, et chargé de recueillir les lettres de Muratori pour hâter la publication prochaine de l'Épistolaire du grand historien. Outre de nombreux articles d'histoire et de littérature parus dans divers journaux, M. S. a publié les ouvrages suivants: « Lettere di Vincenzo da Filicaja a L. A. Muratori », Milan, Lombardi, 1875 ; « Lettere di Andrea Buonaparte a L. A. Muratori », id., id., 1876 ; « Ricerche spettanti a Sesto Calende », id., Civelli, 1880 ; « Lettere di Carlo Talenti a L. A. Muratori », id., id., 1882 ; « Lettere di Carlo Goldoni e di Girolamo Medebach al conte Giuseppe Antonio Arconati-Visconti », id., id., id.; « Notizie intorno a Bernabò de Sanctis di Urbino (. . . . 1478) », id., id., 1883 ; « Alcuni fogli sparsi dell'abate Parini », id., id., 1884; « Di Gio. Filippo Binaschi e di Ottavia Bajarda Beccaria », id., Bernardoni, id. ; « Bibliografia Goldoniana », id., Dumolard, id ; « Francisci Simonetæ carmen heroicum », Archivio storico Lombardo, an. XII, Milan, Bortolotti, 1885 ; « Fogli sparsi del Goldoni », id., id., Dumolard, id. ; « Lettere di Maria e Margherita di Savoia a Margherita Langosco-Busca », id., Lombardi, id.; « La Danae, commedia di Baldassarre Tacconi (1496) », Bologne, Azzoguidi, 1888 ; « Lettere a stampa di Lodovico Antonio Muratori », cette publication constitue le Bullettino V del-l'Istituto storico Italiano, Rome, Forzani, id. ; « Poesie inedite di Galeotto del Carretto », dans le 1er vol. des Atti e memorie della Società storica savonese, Savone, Bertolotto, id. ; « Le cronache dei Licei in Italia. Bibliografia », Rome, imp. Elzeviriana, 1889.

Spitta (Philippe), érudit allemand, critique musical, docteur en philosophie, professeur de science musicale à l'Université royale de Berlin, secrétaire de l'Académie des arts, directeur administratif de l'école royale supérieure de musique à Berlin; né, le 27 décembre 1841, à Wechold, près Hoya sur le Weser, Hanovre, étudia la philologie et l'histoire à l'Université de Gœttingue, enseigna les langues anciennes à la *Ritterschule* de Réval, a été professeur au gymnase de Sondershausen et plus tard au *Nicolai-Gymnasium* de Leipzig; professeur à Berlin depuis 1875. Nous lui devons : « De Taciti in componentis enuntiatis ratione », Gœttingue, 1866; « Quæstiones Virgilianæ », id., 1867; « Johann Sebastian Bach », biographie, 2 vol., Leipzig, 1873 et 1880, version anglaise, 3 vol., Londres 1884-1885 ; « Ueber Johann Sebastian Bach », Leipzig, 1879 ; « Ein Lebensbild Rob. Schumann's », id., 1881. Nous lui devons aussi la publication des « Dietrich Buxtehude's Orgelcompositionen », 2 volumes, id., 1875-1876 ; « Sömmtliche Werke von Heinrich Schütz », 1re édition critique dont on a publié déjà 8 vol., à Leipzig, depuis 1885 ; des « Cantates, sonates pour orgue et messes », dans les œuvres complètes de W. A. Mozart, publiées à Leipzig par Breitkopf et Härtel. Dans l'*Allg. Deutsch. Biographie*, il publia des articles sur J. F. Alberts, G. Böhm, A. Drese, Froberger, Heinichen, Homilius, Kaufmann, Kirchhoff, Kirnberger, Kittel, Knupfer, Krebs, Joh. Krieger, Joh. Ph. Krieger, Kuhnan, et dans le *Grove's Dictionary of Music and Musicians* sur Rudorff, Spontini, Schumann et Weber. Avec M. Chrysander et Guido Adler, il fonda la *Vierteljahrschr. f. Musikwissenschaft* paraissant à Leipzig. La *Deutsche Rundschau*, l'*Allg. Musik. Zeitung*, contiennent aussi une foule de ses articles très importants pour l'histoire de l'art musical.

Spitteler (Charles), né, à Liestal (canton de Bâle-campagne), le 21 avril 1845 ; professeur au Gymnase de Bâle, il a publié, sous le pseudonyme de FELIX TANDEM, les deux poèmes de « Prométhée et Epiméthée », 1882, et « Extramundana », 1883.

Spitzer (Hugo), médecin autrichien, docteur en philosophie, professeur agrégé de philosophie à l'Université de Gratz, né, le 7 avril 1854, à Einöde (Styrie), fit ses études au Gymnase de Klagenfurth et à l'Université de Gratz, prit son habilitation à la Faculté des sciences dans cette Université, en 1882, et publia ; « Nominalismus

und Realismus in der neuesten deutschen Philosophie, mit Berücksichtigung ihres Verhältnisses zur modernen Naturwissenschaft dargestellt », Leipzig, 1876; « Ueber Ursprung und Bedeutung des Hylozoismus », Gratz, 1881; « Ueber das Verhältniss der Philosophie zu den organischen Naturwissenschaften », Leipzig, 1883; « Beiträge zur Descendenztheorie und zur Methodologie der Naturwissenschaft », id., 1885.

Spoll (Édouard-Accoyer), né, à Paris, le 16 novembre 1833, originaire de Metz, par son aïeul paternel et petit-fils du général Lajard, ministre de la guerre en 1792. Il voyagea en Orient (1858-1859); publia à son retour à Paris des impressions de voyages dans le *Tour du monde*, l'*Illustration*, et le *Monde illustré*. En 1861, il publia chez Hetzel « L'Esprit », de Mme de Girardin. A partir de 1863, il collabora d'une manière importante au *Grand Dictionnaire* de Pierre Larousse; cette collaboration dura plusieurs années. Il publia en 1844 la tranduction annotée de la « Terre et l'homme », d'Arnold Guyot. L'année suivante les « Contes étranges », traduction des principaux contes de Nathaniel Hawthorne qui a eu plusieurs éditions. Il collabora successivement à la *Presse* et à la *Liberté* de E. Girardin, à la *Revue de Paris*, à la *Revue française*, à la *Revue britannique*, à la *Revue libérale*. Il fonda, en 1867, le *Corsaire* avec Jules Lermina. Il collabora au *Courrier français* de Vermorel et à la *Situation*, journal antiprussien. A la suite de plusieurs condamnations prononcées contre lui par le fameux Delesvaux, pour de prétendus délits de presse, il fit trois mois de prison à Sainte-Pélagie. Il publia, en 1868, « Proudhon », étude biographique. En 1869, la *Lanterne électorale* avec Gilbert Martin. Il fit une campagne active dans les réunions publiques en 1869, et une campagne anti-plébiscitaire en 1870. Il fonda, en 1869, le *Journal de lecture* qui eut un grand succès littéraire, et l'*Histoire*, grand journal politique interrompu par la guerre. Il partit pour Metz le 15 juillet 1870, comme correspondant militaire, et, resté dans la ville pendant l'investissement, il assista à toutes les affaires de cette malheureuse campagne. Après la reddition, il se réfugia à Bruxelles et publia le *Courrier français* et plusieurs brochures sur la chute de Metz, entr'autres: « La campagne de la Moselle ». Pendant la Commune, rentré à Paris, il soutint la politique de conciliation de la ligue des droits de Paris. En 1872, il voyagea en France pour le *Petit Journal*; en 1873, il collabora au *Soir* d'Hector Pessard, puis il voyagea en Autriche, en Pologne, en Hongrie et en Roumanie. Il a publié chez A. Lemerre: « Metz », 1870. De 1874 à 1876, il collabora à la *France*, au *Bien public* et à la *Réforme économique*. Il collabora au *Voltaire* en 1878. En 1880, il fonda l'*Express* qui soutint la politique de l'union républicaine et cessa de paraître en 1883. En 1881, il fut un des promoteurs et membres du comité de la fête de V. Hugo. Il a publié des romans et des nouvelles dans le *Temps*, la *Revue bleue*, le *Voltaire*, le *Paris*. « Le château tragique », chez Calmann-Lévy; « Madame Carvalho »; « Conseils à une amie », et les « Matinées du roi de Prusse », à la librairie des bibliophiles.

Springer (Antoine), homme de lettres autrichien, professeur d'histoire des arts aux Universités d'Allemagne, maintenant à Leipzig, né, le 13 juillet 1825, à Prague en Bohême. Il débuta comme rédacteur d'un journal politique (1848-1850); il émigra en Allemagne, vers 1852, et fut professeur aux Universités de Bonne et de Strasbourg. Publications principales: « Histoire d'Autriche depuis 1809 », 1869; « F. J. Dahlmann », biographie, id.; « Raphaël et Michelangelo », 1883; « Essais sur l'histoire des arts », 1867; « Manuel d'histoire des arts », 1888.

Spuller (Eugène), publiciste et homme politique français, né à Seurre (Côte-d'Or), le 8 décembre 1835, fit ses études au Collège de Dijon, y suivit les cours de la faculté de droit et s'inscrivit au barreau de Paris, où il se lia avec M. Gambetta. Entré dans le journalisme, depuis 1863, il collabora à l'*Europe* de Francfort, et au *Nain Jaune*, au *Journal de Paris*, à la *Revue politique* de Paris, et, en 1871, il prit part à la création de la *République française*. Nous ne suivrons pas M. S. dans sa vie politique, où il entra depuis 1876, date de sa première élection. En dehors de la collaboration aux journaux, il a publié en librairie: « L'Allemagne, du grand interrègne à la bataille de Sadowa (1272-1866) », extrait de l'*Encyclopédie générale*; « Petite histoire du second Empire utile à lire avant le plébiscite », 1870; « Ignace de Loyola et la Compagnie de Jésus », 1876; « Michelet, sa vie et ses œuvres », id.; « Conférences », 1879, etc.

Spyri (Jeanne), romancier suisse, née, le 12 juin 1827, dans le petit village de Hetzel, près de Zurich, fut élevée par une mère pieuse et remarquablement douée sous le rapport littéraire, poète même à ses heures, Meta Heusser, et reçut par les soins de son père, medécin des plus actifs et des plus énergiques, le Dr Heusser, une forte éducation scientifique. Sa jeunesse tout entière se passa à la campagne, elle établit sa résidence dans la cité de la Limmat, en 1852, lors de son mariage avec l'avocat et secrétaire d'État Spyri. Sa vocation d'écrivain ne se révéla qu'assez tard, pendant la guerre franco-allemande et en faveur d'une œuvre charitable. L'accueil sympathique fait à ce premier essai encouragea dans sa production Mme S., regardée aujourd'hui et à juste titre l'un des meilleurs auteurs pour la jeunesse que possède l'Allemagne. Ses récits simples et grâcieux, puisés dans la vie quotidienne mais ennoblis par une douce et généreuse philosophie, aussi remarquables par la fraîcheur des descriptions que par la finesse de l'analyse psychologique, ne captivent pas seulement les enfants, mais charment les lecteurs d'âge mûr. En voici la série chronologique: « Une feuille sur la tombe de Vrony », 1871; « Sans patrie »; « De près et de loin »; « Heidi »; « Les années d'instruction et de voyage », son œuvre, selon nous, la plus parfaite; « Hors de notre pays »; « Comment Heidi peut employer ce qu'elle a appris »; « La maison de campagne de l'oncle Titus »; « Courtes histoires »; « Où sont allés les enfants de Gritli? »; « Les enfants de Gritli sont plus loin encore », 9 vol., parus de 1879 à 1884, et réunis sous le titre commun: « Histoires pour les enfants et ceux qui les aiment »; « Dans la vallée du Rhône », 1880; « Arthur et Squirel », 1881; « Un dimanche », id. ; « Disparu mais non perdu », 1882; « Qu'adviendra-t-il de lui? », 1883. Deux récits populaires, 1884. Plusieurs des nouvelles de Me S., entr'autres: « Les enfants de Gritli »; « Sina »; « Heidi », ont été fort bien traduites en français par Mlle C. Vidart.

Sraffa (Ange), jurisconsulte italien, né, à Pise, en 1865, fit ses études lycéales et universitaires dans sa ville natale, et y fut licencié en droit. Rédacteur de la revue *Il Diritto commerciale*, il a inséré plusieurs articles et mémoires à l'*Archivio giuridico* du prof. Serafini. Voici les titres des écrits de ce jeune savant: « Gli alimenti alla vedova indotata durante l'anno del lutto », dans la *Rivista Universale di Giurisprudenza*, de Rome; « La vendita di cose altrui nel diritto commerciale italiano », dans l'*Archivio giuridico*; « La liquidazione delle società commerciali », id. ; « Se i creditori di una Società in nome collettivo debban' escutere la società prima di far valere le proprie ragioni contro i soci », dans le *Diritto commerciale*; « Le Società irregolari e il diritto accordato ai soci dall'articolo 99 del Codice di commercio », id.; « La prescrizione quinquennale e le società irregolari », id.; « Se nelle assicurazioni contro i danni della vita si applichi la prescrizione annuale all'azione dell'assicuratore pel pagamento del premio », dans l'*Annuario critico* du professeur Cogliolo; « Quali spese la Società assicuratrice deve rimborsare all'armatore che tentò salvare la nave assicurata », id.; « Surrogazione nell'indennità per la nave assicurata e perduta », id.; « Se i liquidatori di società commerciali possano concedere ipoteche », id., etc.

Sreckovich (Pantaléon), historien serbe, né en 1834, étudia à l'Université de Kiew, et revenu dans sa patrie, il obtint tout-de-suite une chaire d'histoire générale au lycée de la capitale. En 1864, sur son instance, le ministre lui fonda une chaire séparée d'histoire nationale, dont il fut le titulaire. M. S. a écrit en russe et en serbe plusieurs dissertations sur « Les Slaves de Salonique »; sur « La discipline scolastique »; sur « Uros V dernier Empereur de la Dynastie des Némanites ». Ses deux ouvrages essentiels sont le premier volume de l'« Histoire de Serbie », paru en 1884 et qui embrasse l'époque des *Zuppans*, et l'autre volume paru en 1887 et qui porte pour titre: « Époque des Rois et Empereurs serbes ».

Stade (Bernard), savant allemand, docteur en théologie et professeur de théologie à l'Université de Giessen, est né, le 11 mai 1848, à Arnstadt, a étudié à Leipzig et à Berlin. Dès 1871, nous le trouvons sous-bibliothécaire à l'Université de Leipzig; en 1873, *privat-Docent* de théologie, et enfin, en 1875, professeur ordinaire à Giessen. En librairie: « Ueber den Ursprung der mehrlautigen Thatwörter der Gecezsprache » Leipzig, 1871; « De Isaiae vaticiniis aetiopicis », id., 1873; « Lehrbuch der hebräischen Grammatik », 1e partie, id., 1879; « Geschichte des Volkes Israels », Berlin, 1887-1888. On lui doit aussi la publication de la *Zeitschrift für die deutsche theologische Wissenschaft*.

Stadler (Auguste), philosophe suisse, né à Zurich, le 24 août 1850, commença en 1868 à suivre au *Polytechnicum* des cours d'architecture qu'il interrompit, en 1870, pour entreprendre à l'Université des études historiques et littéraires, poursuivies soit à Berlin (1872-1875), soit en Angleterre (1875-1877), où il se familiarisa avec la nouvelle école psychologique et sociologique. Après son retour en Suisse, en 1877, le *Polytechnicum* le compta pendant trois ans au nombre de ses maîtres pour l'enseignement de la philosophie. A partir de 1880, M. S. a renoncé à toute fonction publique pour se livrer sur Kant à des recherches approfondies dont il a déjà communiqué au public de curieux fragments: « La téléologie chez Kant et son rôle dans la théorie de la connaissance pure », Berlin, 1874; « Les principes sur lesquels dans la philosophie de Kant repose la théorie de la connaissance pure », Leipzig, 1876; « Les théories de Kant sur la matière », id., 1883; « La mission de l'école moyenne », Munich, 1887.

Stæhelin (Rodolphe), historien suisse, né, le 22 septembre 1841, à Bâle d'une famille patricienne, à laquelle appartinrent aussi l'exégète pour l'Ancien Testament J.-J. S. et le pasteur historien Ernest S., auteur d'une monographie sur l'apostasie de Henri IV, étudia, de 1859 à 1864, la théologie aux Universités de Bâle, de Berlin, de Tubingue, exerça le ministère actif de 1867 à 1872 dans une paroisse de Bâle-Campagne, à partir de 1873 dans sa ville d'origine, et fut nommé en 1874 professeur extraordinaire, en 1876 professeur ordinaire pour l'histoire ecclésiastique. Nous possédons de lui: « La position prise par Érasme vis-à-vis de la Réformation », Bâle, 1873; « W. M. L. de Welte, son activité et son rôle théologique », 1880; « Les premiers martyrs de la foi évangélique en Suisse », 1883; « Ulrich Zwingli et son œuvre réformatrice », id.; « Zwingli étudié comme prédicateur », 1887. M. S. est un collaborateur assidu de la *Revue théologique suisse*.

Stahl (Ernest), botaniste allemand, professeur ordinaire de botanique à l'Université de Iéna, né, en 1848, à Schiltigheim (Alsace), fit ses études universitaires à la Faculté des Sciences de Strasbourg et aux Universités de Halle, Strasbourg et Wurzbourg. Il fut promu docteur en philosophie à Strasbourg en 1873, a été professeur libre de botanique à Wurzbourg de 1877 à 1880 : de 1880 à 1881 professeur extraordinaire à Strasbourg, et professeur ordinaire à l'Université depuis 1881. On lui doit: « Beiträge zur Entwicklungsgeschichte der Flechten », Leipzig, 1877; « Entwicklungsgeschichte und Anatomie der Lenticellen » (*Bot. Zeit.*), 1873; « Beiträge zur Entwicklungsgeschichte der Flechten », (id.), 1874; « Ueber künstlich hervorgerufene Protonemabildung an dem Sporogonium der Laubmoose », (id.), 1876; « Ueber die Ruhezustände der Vaucheria geminata », (id.), 1879; « Ueber den Einfluss der Lichtintensität auf Structur und Anordnung des Assimiliationsparenchyms », (id)., 1880; « Ueber den Einfluss von Richtung und Stärke der Beleuchtung auf einige Bewegungserscheinungen im Pflanzenreiche », (id.), 1880; « Ueber sog. Compasspflanzen » (*Senaische Zeitschr. f. Naturwiss*), Iéna, 1883; « Ueber den Einfluss des sonnigen oder schattigen Standortes auf die Ausbildung der Laubblätter », (id.), 1883; « Pflanzen und Schnecken », (id.), 1888; « Zur Biologie der Myxomyceten » (*Bot. Zeit.*); « Einfluss des Lichtes auf den Geotropismus einiger Pflanzenorgane » (*Bericht. d. Deutsch. Bot. Gesell.*), Berlin, 1884; « Einfluss der Beleuchtungsrichtung auf die Theilung der Equisctunsporen » (id.), 1885.

Stahl (Hermann), mathématicien allemand, professeur ordinaire de mathématiques à l'Université de Tubingue, né, le 15 mai 1843, étudia à Heidelberg, Gœttingue et Giessen, a été maître de Gymnase à Berlin, professeur de mathématiques à Aix-la-Chapelle et depuis 1885 il enseigne cette science à l'Université de Tubingue. On a de lui: « Zur Lösung des Jacobischen Umkehrproblems »; « Das Additionstheorem der Destinctionen mit P. Argumenten »; « Beweis eines Satzes von Riemann über d. Characteristiken », publiés dans le *Crelle's Journal* en 1880.

Stallaert (Charles-François), érudit belge, né, à Merchtem, le 23 septembre 1820. Ancien professeur de flamand à l'École militaire et à l'Athénée de Bruxelles, il a publié à Gand, en 1854-55, deux livres classiques qui ont eu de très nombreuses éditions: « Cours de langue flamande », et « Leesoefeningen voor de jeugd ». On lui doit aussi des traductions néerlandaises de pièces de théâtre et de nouvelles allemandes, des opuscules divers, des articles de journaux et de revues, etc. Mais ses œuvres principales sont : « Verhandeling over de toestand der kunsten en wetenschappen in België onder de bestiering van Philips den Goede, hertog van Burgundië (1449-1467) », Bruges, 1852, étude couronnée par la Société brugeoise *Ijver en Broedermin*; « L'instruction publique en Belgique au moyen-âge », mémoire couronné par l'Académie royale des sciences, des lettres et de beaux-arts de Belgique et dont la meilleure édition est celle de Bruxelles, 1854; « Keurdichten uit de XVIe eeuw: Jonker Jan van der Noot, met een bericht over zyn leven en zyne werken », Gand, 1857; « Geschiedenis van hertog Jan den Eerste van Braband », id., 1859; « Jan-Baptista Houwaert, beschouwd als dichter en als staatsburger », id., 1885; « Glossarium van verouderde rechtstermen, kunstwoorden en andere uitdrnkkingen, uit Vlaamsche, Brabantsche en Limburgsche oorkonden », Leyde, 1886 et années suivantes; « Het keurboek des stad Diest » (deux éditions: la première a paru à Gand en 1885 sous le patronage de la Société des bibliophiles flamands, dont M. S. fait partie; la seconde a été imprimée à Diest en 1886); il faut rapprocher de cette dernière publication l'« Inventaire analytique des chartes concernant les seigneurs et la ville de Diest », donné autrefois par notre auteur au *Bulletin de la Commission royale d'histoire*, et l'« Histoire politique et communale de la ville et seigneurie de Diest », qu'il a fait paraître tout entière dans la *Revue trimestrielle* de Bruxelles. Élu membre de l'Académie royale flamande, M. S. a donné des communications aux *Verslagen* de la Compagnie, et il a publié sous ses auspices un mystère du XVe siècle : « De sevenste bliscap van Maria », Gand, 1888, et un autre du XIVe : « Van dem VII vroeden van binnen Rome », id., 1889.

Stamatides (Epaminondas), historien et homme de lettres hellène, né, à Samos, le 17 décembre 1835. Nous avons de lui en librairie: « Histoire de Samos », Athènes, 1862; « Les grands Dragomans grecs à la Cour Ottomane », id., 1865; « Le Temple de Sainte-Sophie », id., id., « La prise de Constantinople », id., 1866; « Les Catalans en Orient », id., 1869; « Histoire de la Révolution française », id., 1869; « Précis sur les rélations commerciales de l'île de Samos avec l'Italie », en français, Samos, 1879. M. S. publie depuis quelques années des « Almanachs » de Samos. Nous avons encore de lui des traductions de romans français, un poème et une comédie.

Stanley (John ROWLAND, connu sous le nom de Henry-Moreton), voyageur américain d'origine anglaise, né, à Denbigh, en 1840. A 15 ans il s'embarqua pour les États-Unis comme garçon de cabine, et arrivé à la Nouvelle-Orléans, trouva un emploi chez un négociant nommé Stanley qui l'adopta, mais qui, étant mort, le laissa encore une fois sans ressources. Il s'engagea alors dans l'armée confédérée, fut fait prisonnier par les fédéraux ; il s'engagea cette fois-ci sous les drapeaux de ses anciens ennemis et fut employé sur un navire de guerre comme sous-officier. Après la paix, attaché au journal le *New-York Herald*, il fut chargé de suivre l'expédition anglaise en Abyssinie, et resta ensuite correspondant du même journal pour la France et l'Espagne. En 1869, chargé par M. Gordon Bennett, propriétaire du journal, il partit à la recherche de Livingstone qu'il rencontra en 1871 à Ujiji, et à son retour publia son livre : « How I found Livingstone », 1873, qui fut immédiatement traduit en français et en italien. En 1874, aux frais du *New-York Herald* et du *Daily News*, il entreprit un autre voyage dans l'intérieur de l'Afrique, visitant les réservoirs du Nil, le cours des fleuves de l'Afrique équatoriale, principalement le Congo et ses affluents, et à son retour en Europe fut reçu en 1878 solennellement par la Société de Géographie de Paris. En 1886, une association anglaise ayant réuni l'argent nécessaire pour délivrer Emin Pacha, bloqué par les forces Madhistes dans l'Afrique équatoriale, M. S., qui donnait en Amérique une série de lectures, accepta la mission d'aller délivrer le fonctionnaire égyptien. Parti d'Alexandrie (Égypte) le 27 janvier 1887, M. S. était le 21 février à Zanzibar pour y organiser son expédition, et en mars il était à l'embouchure du Congo. Nous ne suivrons pas M. S. dans son magnifique voyage. Nous dirons simplement que rentré à Zanzibar en décembre 1889 avec Emin Pacha, l'intrépide voyageur anglo-américain, se rendit au Caire, où un éditeur anglais lui offrit un million comptant pour une relation circonstanciée. Cet ouvrage, sorti en même temps à Londres, New-York, Paris, Milan, Vienne et Berlin, dans les différentes langues et dont le titre en anglais est « In the darkést Africa » a été le succès de librairie de l'année 1890. Nous avons encore de lui : « La terre de servitude », 1874 ; « La vie et les voyages de Livingstone », 1876 ; « Lettres », 1878 ; « Through the Dark continent », 1879.

Stanton (Mme Elisabeth CADY), femme-auteur américaine, née, près de New-York, le 12 novembre 1815. Elle a été la première personne en Amérique qui ait demandé publiquement le droit de suffrage pour les femmes ; elle a écrit et donné des conférences sur ce sujet pendant 40 ans. En dehors d'une foule d'articles aux journaux et aux revues, Mme S. est l'auteur de « History of Woman Suffrage », 3 vol., New-York, 1881-87. Sa fille Mme Henriette St.-Blotch, a donné aussi des conférences et écrit aux journaux. Son fils, M. Théodore S., a publié plusieurs ouvrages aux revues et aux journaux d'Europe et d'Amérique. Il représente à Paris la *European Correspondance Company*.

Stapfer (Edmond-Louis), exégète et historien français, petit-fils de Philippe-Albert S., le représentant de la Confédération helvétique à Paris sous le premier empire, frère cadet du critique Paul S., né, à Paris, le 7 septembre 1844, fit ses études classiques au Lycée *Bonaparte*, et se rendit en 1864 à Montauban pour y suivre les cours de la Faculté de théologie. Un séjour d'une année en Allemagne (1868-69), pendant lequel il visita tour-à-tour les Universités de Tubingue, Berlin, Goettingue, Heidelberg, Halle, et entra dans d'intimes rapports avec Beck et Tholuck, exerça une influence marquée sur son développement religieux. Après retour en France, M. S. entra dans le ministère actif et devint successivement pasteur suffragant (1870), puis titulaire (1872) à Tours dans le département d'Indre-et-Loire, suffragant de M. Bergier à la chapelle de l'Étoile (1878), pasteur à Passy dans la banlieue de Paris (1887). La Faculté de théologie de Paris, lors de sa réorganisation en 1877, l'appela aux fonctions de maître de conférences et le chargea de l'enseignement philologique du Nouveau Testament. Le premier travail scientifique de M. S. fut sa thèse de bachelier : « La pensée de Jésus sur ses miracles », soutenue en 1868 à Montauban. Ont paru dans la suite: « Jésus de Nazareth et le développement de sa pensée sur lui-même »; « De extrema parte Evangelii Marci », thèse de licence, 1872 ; « Les idées religieuses de la Palestine à l'époque de Jésus-Christ », thèse de doctorat, 1876, 2me éd. remaniée, 1878 ; « La Palestine au temps de Jésus-Christ d'après le Nouveau Testament, l'historien Flavius Josephe et le Talmud », avec plans et cartes, 1884 ; « Le château de Taley, une épisode de l'histoire de la réforme en France », 1888 ; « Le Nouveau Testament traduit sur le texte comparé des meilleures éditions critiques », 1889. M. S. a fourni une collaboration assidue à la *Revue Chrétienne*, à la *Revue Théologique* de Montauban, à l'*Encyclopédie des sciences religieuse*.

Stapfer (Paul), écrivain français, professeur de littérature étrangère, puis de littérature française à la Faculté des lettres de Grenoble, professeur de littérature française à la Faculté des lettres de Bordeaux, né, à Paris, le 14 mai 1840 ; après ses études faites au Lycée *Bonaparte*, il devint précepteur des petits-enfants de M. Guizot, professeur de français au Collège *Elisabeth* à Guernsey, où il a fréquenté Victor Hugo (voyez les *Causeries guernesiaises* et les *Causeries parisiennes*, 1867 à 1869) ; docteur ès-lettres en 1870, nous avons de lui : « Préfaces pour des éditions de *Faust* et de *Werther*, publiées par Jouaust »; « Petite comédie de la critique littéraire », 1866; « Causeries guernesiaises », 1868; « Laurence Sterne, sa personne et ses ouvrages », 1870; « Causeries parisiennes », 1872; « Shakespeare et l'Antiquité » (couronné par l'Académie française), 1880; « Molière et Shakespeare »; « Goethe et ses deux chefs-d'œuvre classiques »; « Études sur la littérature française moderne et contemporaine »; « Variétés morales et littéraires »; « Racine et Victor Hugo », 1887; « Rabelais, sa personne, son génie, son œuvre », 1889.

Stapleaux (Léopold), romancier et écrivain dramatique belge, né, à Bruxelles, en 1831 et habitant Paris depuis de longues années. Il a donné au public: « Le château de Roquemure », drame en 3 actes, Bruxelles, 1848 (anonyme); « La chasse aux blancs », Paris, 1861; « Le piège au mari », comédie-vaudeville en 1 acte, id., 1862; « Les cent francs du dompteur », id., 1863; « Le château de la rage », id., 1865; « Le roman d'un fils », id., 1866; « Paris ventre à terre », comédie en 3 actes (comme collaborateur de Th. Barrière), id., 1868; « Les loups et les agneaux », comédie en 5 actes (comme collaborateur de H. Crisafulli), id., id.; « L'armée et Napoléon III : protestations des officiers français contre la restauration bonapartiste » (préface anonyme pour ce recueil), Bruxelles, 1871; « Les courtisanes du second Empire » (anonyme), id., id.; « Le ménage impérial » (anonyme), id., id.; « Mémoires secrets du second Empire » (anonyme), id., id.; « Les compagnons du glaive », Paris, 1873; « La diva Tirelire », id., 1874; « Le roman d'un père », pièce en 3 actes, id., 1875; « L'idole », drame en 4 actes (comme collaborateur de H. Crisafulli), id., id.; « Un scandale parisien », id., 1877; « Le roman d'un père », roman, id., 1878; « Les cocottes du grand monde », id., 1879; « Les belles millionnaires », id., 1880; « Les viveuses de Paris », id., id.; « Le pendu de la Forêt-Noire », id., id.; « Boulevardiers et belles-petites », id., 1881; « La séduction de Savine », id., id.; « L'affaire du château de Clamelle », id., 1882; « La langue de Mme Z*** », id., 1883; « La nuit du mardi-gras », id., 1884; « Les amoureux de Lazarine », id., 1885; « Les amours d'une horizontale », id., id.; « La chute d'une étoile », id., id.; « La reine de la gomme », id., id.; « Une victime du krach », id., 1886; « Le capitaine rouge », id., id.; « La femme du député », id., id.; « Le coucou », id., 1886-87 (M. S. a publié sous le même titre un drame et un roman qui, tous deux, ont obtenu un très grand succès); « Mam'zelle Tout-le-Monde », id., 1887; « Pour avoir une femme », id., 1888; « Où mène l'amour », id., id.; « Maîtresse et mère », id., id.; « L'honneur perdu », id., 1889; « Les vicieuses », id., id.; « L'ivresse de Jean Renaud », id., 1890.

Stas (Jean-Servais), illustre chimiste belge, né, à Louvain, le 21 août 1813. Docteur en médecine, ancien professeur à l'École militaire de Bruxelles, ancien commissaire des monnaies, conseiller technique de la Banque Nationale, membre de l'Académie royale des sciences, des lettres et des beaux arts et de l'Académie de médecine de Belgique, correspondant de l'Académie de sciences de Paris, M. S. a donné de nombreuses études aux *Mémoires*, au *Bulletin* et à l'*Annuaire de l'Académie des Sciences* de Belgique, au *Bulletin de l'Académie de médecine*, aux *Annales de chimie et de physique*, etc. ; il a signé une foule de rapports industriels et de rapports d'Expositions ; il a participé aux travaux du Comité international des poids et mesures. La Société royale de Londres lui a décerné la médaille *Davy*, et ses « Recherches sur les rapports réciproques des poids atomiques », lui ont valu le prix quinquennal des sciences physiques et mathématiques institué par le gouvernement belge (période 1859-63).

Stassoff (Wladimir), conservateur de la section des estampes à la bibliothèque impériale de Saint-Pétersbourg, s'est rendu célèbre d'abord comme écrivain sur la musique par une excellente biographie de Glinka; il est devenu peu-à-peu l'apôtre de la jeune école russe en musique (Balakiref, Rimsky, Korssakoff, Moussorgsky, Borodine, Kuï, A. Liodoff, etc.), puis par sa tendance ultra-radicale. Comme critique d'art, il s'est fait une notoriété par ses opinions ultra-réalistes, ainsi que par sa théorie de la poésie populaire, très discutée. C'est un écrivain véhément et habile, qui dans toutes les branches a soulevé l'opinion pour et contre lui. Il est né en 1823.

Stazzone De Gregorio (Mme la marquise Cécile), femme-auteur italienne, née à Palerme. Nous avons d'elle: « Ricordi di un viaggio in Arabia », et les romans : « Carlina »; « Fra Scilla e Cariddi »; « Pietro Squarcialupi »; « Un barone del medio-evo », drame, 1879; « Il talismano », id.; « Un legame riannodato », id.; « Il candidato », comédies, id.; id.; « Lettere di lady Montagu », traduction de l'anglais avec préface de Paul Lioy, 1880; « L'Olmo », nouvelle, 1881; 2e éd., 1888; « L'Indeciso », comédie en 4 actes, 1883; « Scritti varii: Rimembranze d'un viaggetto in Italia », 1884; « Lettere di Carlo a Margherita », id.; « In una foresta », id.; « Frenesia d'un misantropo », 1885; « Giuliano », nouvelles, id.; « La Trovatella », 1888; « La figlia di Pietro », id.; « Colomba e avvoltoi », id.

Stecher (Auguste-Jean), célèbre érudit belge, né, à Gand, le 11 octobre 1820. Successivement professeur aux Universités de Gand et de Liège, il est membre de l'Académie royale des sciences, des lettres et des beaux-arts de Belgique. On a de lui de savantes contributions au *Bul-*

letin, à l'*Annuaire* et à la *Biographie Nationale* que publie cette compagnie, et il a édité pour elle les « Œuvres de Jean Le Maire de Belges », Bruxelles, 1882-85. Sous le pseudonyme de *Lieven Everyn*, il a fait paraître en langue néerlandaise : « Levensschets van J. Van Artevelde », Gand, 1846 ; « Onpartijdige volkshistorie der belgische Grondwet », id., 1851 ; et des articles de journaux et de revues. Il a écrit en français et signé de son nom un grand nombre d'autres articles fournis aux périodiques belges et étrangers, des préfaces, une traduction de « La guerre des paysans », du romancier flamand Henri Conscience », Liège, 1853 ; une « Histoire de la littérature flamande ancienne » ; et une « Histoire de la littérature flamande contemporaine », données en 1875 au grand ouvrage collectif : « Patria Belgica » ; enfin, une excellente : « Histoire de la littérature néerlandaise en Belgique », Bruxelles, 1887 ; à laquelle l'Académie royale de Belgique a décerné un des prix de la fondation De Keyn.

Steck (Jean-Rodolphe-Jules), exégète et publiciste suisse, né, à Berne, le 18 janvier 1842, étudia, de 1861 à 1866, la théologie à l'Université de cette ville ainsi qu'à celles de Iéna et de Heidelberg, et fut, en 1867, après une courte suffragance dans le village de Seitze sur les bords du lac de Bienne, nommé pasteur de l'Église réformée de Dresde, poste qu'il remplit jusqu'en 1881. L'Université de sa ville natale le rappela à cette époque pour occuper la chaire d'exégèse du Nouveau Testament. M. S., qui a combattu au premier rang des champions de la théologie progressiste, qui rédigea pendant son séjour en Saxe, en 1867, le journal théologique populaire paraissant à Chemnitz, la *Lanterne*, et qui collabora à la *Réforme* de Berne, à la *Gazette protestante* de Berlin, aux *Annales pour la théologie protestante* de Iéna, aux *Feuilles protestantes* de Heidelberg, s'est fait connaître du grand public par un nombre considérable de mémoires et brochures, entr'autres : « Darwinisme et Christianisme », Berlin, 1875 ; « Jésus le Messie », id., 1877 ; « Le développement religieux de Goethe », id., 1880 ; « La Providence divine », Bâle, 1881 ; « L'Évangile Johannique » (à l'occasion de jubilé du prof. A. Schweitzer de Zurich), Berne, 1884 ; « Goethe et Lavater », Bâle, 1884 ; « Le Coran », id., 1887. On attend sous peu de M. S. une œuvre exégétique plus considérable : « Recherches sur l'authenticité de l'Épître aux Galates », qui doit paraître dans le courant de l'année 1890.

Stedman (Edmond-Clarence), poète américain, né, à Hatford (État de Connecticut), le 8 octobre 1833, a été élevé à l'Université de Yale, et après avoir, pendant quelques années, travaillé comme rédacteur au *New-York Tribune* et au *New-York Herald*, s'est consacré entièrement à la littérature. Nous avons de lui les ouvrages suivants : « Poems, Lyric and Idyllic », 1860 ; « Alice of Monmouth and other Poems », 1864 ; « Poetical Works », 1873 ; « Victorian Poets », New-York, 1875, et Londres, 1887 ; « Hawthorne and other Poems », 1877 ; « Poets of America », 1885 ; « Complete poetical Works », 1885.

Steeg (Jules), théologien, publiciste et homme politique français, né, en 1836, à Versailles dans une famille ouvrière d'origine allemande, reçut son instruction primaire par les soins du pasteur Meyer, fit de brillantes études classiques, prit en 1857 sa licence ès-lettres et choisit pour carrière le pastorat. Tour-à-tour étudiant en théologie à Bâle (1856), Strasbourg (1857) et Montauban (1858), il obtint en 1859 le diplôme de bachelier après la présentation de la thèse : « Exposé de la doctrine de Justin Martyr sur la personne et l'œuvre de Jésus-Christ ». La même année la paroisse de Libourne le choisit pour conducteur spirituel. De fortes convictions libérales, soutenues par un remarquable talent de plume et de parole, devaient attirer M. S. vers la politique ; l'opposition constitutionnelle contre le deuxième empire le compta, en 1869-70, parmi ses conférenciers les plus goûtés dans le département de la Gironde, et lui confia la rédaction d'une feuille locale qui ne tarda pas à devenir l'une des plus influentes de la province : *Le Progrès des Communes*. La guerre franco-allemande, la révolution du 4 septembre, la proclamation de la République, accrurent dans de notables proportions le crédit de M. S. dans la région du Sud-Ouest : la démocratie girondine, dont il avait nécessairement plaidé la cause dans la presse et les séances publiques, le choisit aux élections de février 1871 pour un de ses candidats, mais ne réussit pas à lui ouvrir l'accès de la Chambre. Pendant toute la période du 16 mai, le journal le *Progrès des Communes* fut exposé aux plus violentes attaques de la fraction rétrograde et continuellement frappé de lourdes amendes : un procès qui lui fut intenté à l'occasion d'un article sur les origines historiques de la Fête-Dieu, tourna à la confusion de ses accusateurs ; M. S., qui avait présenté lui même sa défense avec une spirituelle vivacité devant la cour de Bordeaux, fut acquitté par elle le 11 septembre 1872. Cette même année, il plaida avec une éloquente énergie, au sein du Synode protestant, où l'avaient envoyé les églises de la Lozère, les droits de la tolérance et du libre examen. Pendant toute cette période, il déploya une activité infatigable, soit comme journaliste, soit comme conférencier politique et religieux, et poursuivit son œuvre de propagande libérale non seulement en France, mais en Suisse et en Alsace. En 1869 sa retraite du pastorat lui permit de se consacrer entièrement à la défense des idées républicaines ; une imprimerie, fondée par lui à Libourne, ne laissa pas de prospérer sous sa direction. Tant de courage et d'esprit, de bon sens et de loyauté reçurent enfin leur récompense. M. S., élu le 21 août 1881 député de Bordeaux, n'a pas cessé à partir de cette époque de représenter à la Chambre le département de la Gironde et de siéger sur les bancs de la gauche modérée. Son autorité dans l'enceinte législative et sur le pays s'est accrue avec les services rendus. L'*Union des Gauches* l'a plusieurs fois choisi pour président. Le projet de séparation des Églises avec l'État, la loi qui a consacré l'obligation, la gratuité et la laïcité de l'instruction primaire l'ont eu pour rapporteur fréquemment applaudi pour sa parole nette et franche, toujours exactement renseigné. M. S., qui avait activement collaboré pendant sa jeunesse aux principaux organes du protestantisme libéral : *Disciples de Jésus-Christ*, *Revue de Strasbourg*, *Lien*, *Progrès religieux*, s'est fait avantageusement connaître par les ouvrages suivants : « Études sur le développement de l'idée messianique chez les prophètes », 1867 (thèse pour la licence en théologie) ; « La Fête de la Réformation », sermon, id. ; « Programme du Concile œcuménique de 1869, ou Lettre de Sa Sainteté Pie IX à tous les Pères du Concile, destinée à servir de document pour la direction des débats », 1870 ; « Lectures Bibliques tirées du Nouveau Testament », id., 2e éd., 1882; « Le dogme de l'Eucaristie », 1872 ; « Une franche parole sur Jésus-Christ », id. ; « Les deux cités », 1873 ; « Faleyrac, histoire d'une commune rurale », 1875 ; « La Crise du Protestantisme », 1877 ; « Les miracles », id. ; « Le mystère de la vie à venir », id. ; « L'Édit de Nantes et sa révocation », 1880 ; « Émile, ou de l'éducation », extraits comprenant les principaux éléments pédagogiques des trois premiers livres avec une introduction et des notes, id. ; « Instruction morale et civique ; l'homme et le citoyen à l'usage de l'enseignement primaire », ouvrage rédigé conformément au programme officiel avec des lexiques, des exercices et des questionnaires, 1882 (le même ouvrage approprié à l'enseignement de la Belgique), 1883 ; « Cours de morale à l'usage des instituteurs des classes des écoles normales primaires et des écoles normales supérieures », première et deuxième années 1884-85.

Steenackers (François-Frédéric), publiciste et homme politique français, né, à Lisbonne, de parents belges, le 10 mars 1830, obtint des lettres de grande naturalisation en 1866. Il habitait Paris avec sa famille depuis 1838. Après de brillantes études au Lycée *Louis-le-Grand*, il étudia la sculpture et la musique, fréquentant l'atelier de M. Bartholdi et recevant les conseils de Rossini et de Meyerbeer ; il pratiqua, pendant trois ans, la sculpture en Italie, puis son goût l'emporta vers la littérature et enfin vers la politique. Conseiller général de la Haute-Marne en 1868, il vint l'année suivante siéger au Corps législatif, sur les bancs de la gauche, après avoir battu, dans la 2e circonscription de la Haute-Marne, le candidat officiel. Il proposa l'abrogation de la loi de sûreté générale. Nommé, au 4 septembre, directeur des télégraphes, M. S. se rendit à Tours en ballon, et prit la réunion des postes et télégraphes. Il organisa le service des communications par les pigeons et la reproduction photographique des dépêches microscopiques, créa des brigades de télégraphie militaire et de nouvelles lignes télégraphiques en prévision des besoins qu'allaient faire naître le progrès de l'invasion. Il se démit de ses fonctions le 20 février 1871 et rentra dans la vie privée. Il fut, en 1884, nommé commissaire général du gouvernement auprès des compagnies de chemins de fer. Aux élections d'octobre 1885, M. S. fut élu, sur la liste républicaine de la Haute-Marne. Il s'est abstenu dans le vote relatif à l'expulsion des princes. M. S. a publié : « Histoire des ordres de chevalerie et des distinctions honorifiques en France », 1867 ; « Agnès Sorel et Charles VII », essai sur l'état politique et moral de la France au XVe siècle, 1868 ; « L'Invasion de 1814 dans la Haute-Marne », id. ; « La télégraphie et les postes pendant la guerre de 1870-71 », 1873 ; « Histoire du gouvernement de la défense nationale en province (4 septembre 1870-8 février 1871) », 3 vol., Charpentier, 1884-85.

Stefanelli (le rév. Joseph), écrivain italien, né, à Torbole (Trentin), en 1812. Nous avons de cet auteur : « Cenni intorno a Vezzano e al suo patrono, prete martire San Valentino », Trente, 1882.

Stefani (A.), physiologiste italien, né, en 1846, près de Vicence, étudia à Vicence et à Mantoue, fréquenta la Faculté de médecine et de chirurgie à l'Université de Padoue, tout en étant assistant à la chaire de physiologie. Depuis 1872, il est professeur de physiologie à l'Université de Ferrare. Nous avons de ce savant beaucoup de mémoires insérés à la *Rassegna semestrale di scienze fisiche e naturali* de Florence, au *Sperimentale* et à la *Rivista Clinica*. Nous donnons les titres de quelques uns de ses opuscules : « Contribuzione alla fisiologia degli emisferi cerebrali » ; « Ipertrofia del cervelletto in colombo scervellato » ; « Fatti sperimentali in contribuzione alla fisiologia dell'encefalo » ; « Del modo con cui il vago agisce sul cuore » ; « Capitale fisiologico e capitale economico » ; « Fisiologia generale del sistema nervoso », Milan, Vallardi, 1883, « L'incrociamento dei nervi utilizzati per lo studio delle funzioni nervose », Ferrara, 1885-86, traduit en allemand en 1886 ; « Della influenza del sistema nervoso nella formazione del circolo collaterale », id., 1887 ; « Fisiologia dell'encefalo », Milan, 1886 ;

« Manuale di fisiologia », avec M. Albertoni, id., 1887; « Contribuzione all'istogenesi del cervelletto », Ferrare, 1886; « Quale azione spieghi l'anemia sulle fibre nervose », Venise, 1888.

Stefanoni (Louis), publiciste italien, apôtre populaire de la libre pensée, employé au ministère des finances, collaborateur à une foule de journaux (*Corriere della Sera*, *Fanfulla*, *Capitan Fracassa*, etc.), né, à Milan, en 1842; en 1859 il publia son premier roman : « Gli Spagnuoli in Italia », que le gouvernement autrichien fit mettre au pilon; l'auteur alla s'enrôler sous Garibaldi. Élève de Mazzini et d'Ausonio Franchi en tout ce qui regarde la philosophie, M. S. dut bientôt quitter ces deux maîtres, et il fonda le journal le *Libero Pensiero*, où, de 1866 à 1867, il publia son « Istoria critica della superstizione ». L'œuvre de M. S. se partage en deux catégories: ouvrages originaux et traductions. Appartiennent à la première: « La scienza della ragione »; « Giuseppe Mazzini »; « Francesco Nullo »; « Le due Repubbliche e il 2 dicembre »; « L'Inferno »; « Il Purgatorio »; « Il Paradiso », trois romans rationalistes; « I Rossi e i Neri di Roma », roman politique; « Cuor libero », roman réaliste; « Almanacchi del libero pensiero »; de 1869-78; « Annuario filosofico del libero pensiero »; « Dizionario filosofico »; « Storia d'Italia narrata al popolo », Rome, Perino, 1885. Traductions: « Force et matière »; « Science et nature »; « L'homme selon les résultats de la science », toutes trois d'après Buchner; « Jésus réduit à sa juste valeur », d'après Miron ; « Les études critiques du christianisme », par La Mettrie ; « L'homme machine », de Letourneau ; « La physiologie des passions », de Feuerbach. M. S., dont l'activité est infatigable, s'occupe maintenant de mettre en garde le public contre le charlatanisme moderne et les spécifiques de la page d'annonces des journaux ; il est l'ennemi juré du *Fer Bravais*, des *Capsules Guyot*, etc.

Stein (Louis), né, le 12 novembre 1819, à Erdö-Bénye, près de Tokay en Hongrie, entreprit, au sortir du gymnase, des études de philosophie orientale aux Universités d'Amsterdam et de Berlin, et prit en 1880 son grade de docteur en philosophie à l'Université de Halle. Après avoir exercé, de 1881 à 1884, le ministère évangélique dans la capitale de la Prusse, il revint à la carrière académique et il professe depuis 1886 la philosophie en qualité de *privat-Docent* soit à l'Université, soit au *Polytechnicum* de Zurich. Les principaux ouvrages de M. S. sont : « Die Falaschas », Amsterdam, 1879; « Die Willensfreiheit », Berlin, 1881 ; « Berthold Auerbach », id., 1883; « Eduard Lasker », id; « Die Ewigkeit der Süd Religion », id., 1884; « Berliner Theaterkritiker », 1885; « Die Psychologie der Stoa », id., 1886; « Die in Halle gefundenen Leibnitz- Briefe », id., 1887; « Die Erkenntnisstheorie der Stoa », id., 1888; « Leibnitz und Spinoza », id., id. ; « Vorläufer des Occasionalismus », id., 1889; « Handschriftenfunde in Italien », id., 1888; « Der Humanist Theodor Gaza als Phéloraph », 1889. Depuis 1887, M. S. est le rédacteur en chef de l'*Archiv für Geschichte der Philosophie* de Berlin.

Steiner (Henri), orientaliste et professeur suisse, né, le 10 janvier 1841, à Zurich, étudia, de 1859 à 1863, la théologie à l'Université de cette ville, se tourna vers la philologie orientale et fut à Heidelberg, où il prit en 1865 son doctorat en philosophie, le disciple de Weil et de Hitzig, à Leipzig, et en 1864, celui de Fleischer. Ce fut également à Heidelberg qu'il débuta dans la carrière académique, en qualité d'abord de *privat-Docent* (1865), puis de professeur ordinaire (1869). L'Université de Zurich le nomma en 1870 professeur ordinaire pour l'Ancien Testament après le départ pour Giessen de Schrader; celle de Berne lui décerna en 1866 celle de docteur en théologie *honoris causa;* son rectorat coïncida avec le jubilé cinquantenaire de 1883. Nous ne possédons jusqu'à présent de M. S. sur sa science favorite que de courts mémoires : « Les Motazilites, ou la libre pensée au sein de l'Islam », Leipzig, 1865; « L'extrait arabe du prophète Esdras », 1868; « L'Islam », 1865; « Ferdinand Hitzig », notice biographique, Zurich, 1882; « Discours d'ouverture pour le jubilé de l'Université de Zurich », 1883 ; « La mythologie chez les Hébreux », 1884 ; « Le séjour à Heidelberg du professeur zuricois Jean-Henri Hottinguer (1655-1661) », Zurich, 1886 ; « L'état actuel de nos connaissances sur l'Ancien Testament », 1887. M. S., qui a été chargé en 1881 de réviser la 4me édition du « Commentaire » de Hitzig sur les « Petits Prophètes », a fourni de nombreux articles au « Dictionnaire biblique de Schenkel », à la *Revue de Hilzenfeld*, à la *Revue Théologique suisse*.

Steiner (F.), physiologiste allemand, né, à Pless (Silésie), le 2 mars 1849, étudia aux Universités de Breslau et de Berlin, fut nommé assistant du laboratoire de physiologie à Halle en en 1874, *privat-Docent* à Erlangen de 1877 à 1886, professeur extraordinaire de physiologie à Heidelberg de 1886 à 1888. Voici les publications de cet auteur : « Sur le Curare », Veit et Cie. Leipzig, 1877; « Précis de la physiologie humaine », id., id., 1878; 4me éd., 1888; 5me éd., 1890; « Les fonctions du système nerveux et leur phylogénèse », Vicence et fils, Brunswick, Ier Cahier, 1885; IIe Cahier, 1888. Divers articles dans les *Archives de l'anatomie et physiologie*, rédigés par Dr B. Reymond de Berlin.

Steinmann (Mme Marie), née, le 1er septembre 1854, à Sondershausen, est entrée dans la carrière de l'enseignement; elle habite aujourd'hui Zurich, et a publié en 1886 des « Tableaux de l'Histoire allemande » destinés à la jeunesse.

Steinmeyer (Émile-Elias), docteur en philosophie allemand, professeur ordinaire de l'Université d'Erlangen, membre correspondant de l'Académie royale de Bavière à Munich, né, le 8 février 1848, à Nowawess (auprès de Potsdam), étudia (1865-69) à l'Université de Berlin, fut (1870-71) assistant aux archives du royaume de Prusse, (1873) professeur extraordinaire à l'Université de Strasbourg, (1877) professeur ordinaire à l'Université d'Erlangen. Il a publié en librairie : « De glossis quibusdam Virgilianis », Berlin, 1869, dissertation ; « Alldeutsche Studien », avec Jänicke et Ideidmann Berlin, Ideidmann, 1871 ; « Die althochdeutschen Glossen », avec E. Sievers, id., d., I, 1879 ; II, 1882 ; ainsi que beaucoup d'études et de critiques dans la *Zeitschrift für deutsches Alterthum und deutsche Litteratur*, dont il est le rédacteur depuis l'année 1873.

Steinthal (Hajim), célèbre philologue allemand, né, le 16 mai 1823, à Gröbzig (Anhalt), docteur en philologie générale à l'Université de Berlin, membre correspondant de la Société royale des Sciences d'Upsal, étudia à l'Université de Berlin la philosophie et la philologie, et à Paris la langue et la littérature chinoise sous le célèbre prof. Stanislas Julien. Parmi ses ouvrages, nous citons ici les plus importants : « Die Entwicklung der Schrift », Berlin, 1852 ; « Der Ursprung der Sprache », id., 3me éd., 1888 ; « Grammatik, Logik, und Psychologie, ihr Verhältniss zu einander », id., 1854 ; « Charakteristik der hauptsächlichsten Typen des Sprachbaues », id., 1860 ; « Die Mande- Neger-Sprachen », id., 1867 ; « Abriss der Sprachwissenschaft », publié aussi sous ce titre : « Einleitung in die Psychologie und Sprachwissenschaft », 2me éd,, id., 1881 ; « Geschichte der Sprachwissenschaft bei den Griechen », id. 1862. Avec Lazary, il a publié la *Zeitschrift für Völkerpsychologie und Sprachwissenschaft*, où sont publiés presque tous ses articles, dissertations, mémoires, etc.

Stellwag de Carion (Charles), éminent médecin oculiste autrichien, né, le 28 janvier 1813, à Langendorf (Moravie), conseiller de la cour, professeur à l'Université de Vienne, membre de l'Académie *Léopold-Caroline* des Sciences et de l'Académie impériale du Brésil ; étudia la philosophie à Olmütz et Prague et la médecine à Prague et Vienne ; prit ses grades le 9 mars 1847 à l'Université de Vienne, et en 1857 devint professeur oculiste à l'Université de cette métropole. En dehors d'une foule de mémoires, études, dissertations dispersées dans beaucoup de journaux spéciaux allemands, parmi lesquels nous signalons la *Zeitschr. d. kk. Ges. d. Aerzte*, les *Denkschr. d. Wien. Ak.*, les *Sitzungsber. d. Wien. Ak.*, on lui doit aussi les ouvrages suivants : « Die Körperverletzungen als Gegenstand der gerichtsärztl. Begutachtung », Vienne, 1847 ; « Die Ophtalmologie von naturwissenschaftlichem Standpunkte », 2 vol., Fribourg, 1853-58 ; « Lehrbuch der practischen Augenheilkunde », id., 1862 ; 3me éd., 1867 ; 4me éd., 1870, ouvrage traduit en anglais, 1868 ; en italien, 1864 ; en hongrois, 1868 ; « Der intraocular Druck und die Innervationsverhältnisse der Iris », id., 1868 ; « Abhandlungen aus dem Gebiete d. practischen Augenheilkunde », id., 1882 ; « Neue Abhandlungen aus dem Gebiete der practischen Augenheilkunde », id., 1886.

Stengel (Charles baron DE), jurisconsulte bavarois, professeur du droit public à l'Université de Breslau, né, à Peulendorf (Bavière), le 26 juillet 1840, fit ses études à l'Université de Munich (Bavière), fut nommé, en 1871, conseiller du tribunal de première instance à Mulhouse (Alsace-Lorraine), et en 1879 il fut transféré à Strasbourg ; il est professeur à l'Université de Breslau depuis 1881. Il a publié : « Die Organisation der preussischen Verwaltung nach den neuen Reformengesetzen », Leipzig, 1884 ; « Die Zustandigheit der Verwaltungsbehörden und Verwalt. Gericht, nach dem Zuständ. Ges. v. August, 1883 », id., 1884 ; « Lehrbuch des deutschen Verwaltungsrechts », Stuttgart, 1886 ; « Die deutschen Schutzgebiete », Munich-Leipzig, 1889. En collaboration avec plusieurs collègues, il publia le « Wörterbuch des Deutschen Verwaltungsrecht », Fribourg, 1889. Une foule de ses dissertations sont insérées dans les *Hirth's Ann. d. deutsch. Reichs*, dans les *Schmolter's Jahrb. f. Gesetzgeb.*, dans le *Zeitschr. f. die gesamt. Staatswissenschaften*, ainsi que dans plusieurs autres journaux spéciaux allemands.

Stenger (Gilbert), publiciste et romancier français, est né, à Gannat (Allier), en 1840 ; à 23 ans, de 1863 à 1876, il a collaboré à plusieurs journaux politiques. Sous le pseudonyme de *Leo Constant*, il a dirigé à Bordeaux *Le Petit Girondin*. Il a fait paraître dans la *France* un roman : « La Petite Beaujard », édité par Calmann-Lévy, 1883 ; dans la *Justice* : « Sous-Préfet de Châteauneuf », édité par le même éditeur ; et « Maître Duchesnois », même éd. ; Dans l'*Évènement* : « Une fille de Paris », édité par Dentu ; dans le *Voltaire* : « Le père Harcoët », Calmann-Lévy éd. ; dans le *Paris* : « L'Amant légitime », Ollendorff, éd. ; dans l'*Évènement* : « Mademoiselle Grandvaure » ; en préparation : « L'Orphelin (les misères du divorce) ».

Stephané (Khorène), érudit arménien, archimandrite, hautement apprécié par ses compatriotes comme publiciste, comme écrivain et comme prédicateur, est né vers 1820. Après avoir fait ses études, d'abord à l'Institut des langues orientales de Moscou, ensuite à l'Université, il revint à Tiflis, sa ville natale, en 1864, et il commença à rédiger une revue mensuelle en langue arménienne, appelée : *Haïkakan Aschkkar* (*Le Monde Arménien*) consacrée à la régénération morale de ses compatriotes ; quatre ans après, il fonda la première école nationale de jeunes filles, qui sous le titre de *Marie Amian*, prospère encore. Il fonda par la suite plusieurs autres écoles au Caucase. Il quitta en 1871 le *Haïkakan*, se fit consacrer moine, se conformant à la volonté du feu patriarche et *Katolikos* des arméniens Guevork IV. En 1878, le *Katolikos* lui confia la rédaction de la revue arménienne *Ararat*, et en 1880 une mission dans l'Europe occidentale pour y étudier la pédagogie. Revenu, après 18 mois, de sa tournée en Allemagne, en Autriche, en France, en Suisse et en Belgique, notre auteur fonda la revue pédagogique *Mankavarsanotz (Pedagogium)* qui se publie maintenant à Saint-Pétersbourg. Actuellement, M. S. s'occupe de l'édition de l'histoire d'Arménie de Moïse de Khorène en langue arménienne moderne, enrichie de notes et de commentaires. Cette histoire, traduite dans tous les idiomes de l'Europe, manquait, chose vraiment étonnante, d'une traduction en arménien moderne.

Stepanoff (Jacques-Spiridonowitsch), homme de lettres russe, conseiller d'état actuel, professeur émérite de droit administratif de l'Université de Kazan en Russie, né, en 1831, à Jaramsk, où il a fait ses études de 1840 à 1855. Après avoir fréquenté l'Université de Kazan et voyagé en Autriche, en Allemagne, en France et en Italie (1871-73), il a été nommé professeur ordinaire. Ses ouvrages sont tous en langue russe, et ont été publiés dans les mémoires de la Société économique de Kazan. Nous en donnons les titres en français : « Les droits d'entrée sur les matières premières en Angleterre, en France et en Russie », 1859 ; « Du droit administratif en France », 1867 ; « Du droit administratif en Angleterre », 1868 ; « Les deux premières périodes de l'existence de la science de la police en Allemagne », 1869 ; « A propos de la révision du statut des Universités russes », 1878 ; « Notre législation sanitaire », 1879.

Stern (Adolphe), poète, historien et littérateur allemand, docteur en philosophie, professeur ordinaire de littérature à l'École royale polytechnique de Dresde, marié depuis 1881 à la célèbre pianiste Marguerite Herr de Dresde. Il a publié un très grand nombre d'ouvrages, parmi lesquels nous citerons : « Gedichte », Leipzig, 1855 ; 3me éd., 1882 ; « Jérusalem », poésie épique, id., 1858 ; « Am Königssee », nouvelles, id., 1863 ; « Fünfzig Jahre deutscher Dichtung », id., 1870 ; 2me éd., 1877 ; « Johannes Gutenberg », poésie épique, id., 1873 ; « Aus dem achtzehnten Jahrhundert », études littéraires, id., 1874 ; « Katechismus der allgemeinen Litteraturgeschichte », id., id., 3me éd., 1887 ; « Neue Novellen », id., 1875 ; « Der Untergang des Altenglischen Theaters » ; « Historiches Taschenbuch », id., 1876 ; « Der Musenhof der Königin Christine zu Rom », id., 1878 ; « Aus dunklen Tagen », nouvelles, id., 1879 ; « Zur Litteratur der Gegenwart », études littéraires, id., 1880 ; « Die letzten Humanisten », roman, id., 1881 ; « Geschiche der neueren Litteratur von Dante bis zur Gegenwart », id., 1882-87 ; « Ohne Ideale », roman, id., 1881 ; « Hermann Hettner », biographie, id., 1885 ; « Drei Venezianische Novellen », id., 1886 ; « Die deutsche Nationallitteratur vom Tode Goethes bis zur Gegenwart », Marbourg, 1886 ; « Camoëns », roman, Leipzig, 1837 ; « Geschichte der Weltlitteratur », Stuttgart, 1888. M. S. est un des collaborateurs du *Meyer's Conversations-Lexikon*.

Stern (Alfred), historien germano-suisse, né, à Gœttingue, le 22 novembre 1846, commença en 1865, à l'Université de cette ville, des études d'histoire, de droit et d'économie politique poursuivies jusqu'en 1869 à celles de Heidelberg et à Berlin. De 1869 à 1872, après qu'il eut obtenu son grade de docteur en philosophie, les Archives d'État badoises à Carlsruhe le comptèrent au nombre de leurs employés ; en 1872, il se décida à embrasser la carrière académique, fut attaché pendant une année à l'Université de Gœttingue en qualité de *privat-Docent*, se rendit en 1873 à Berne pour y enseigner avec le titre de professeur ordinaire l'histoire moderne, et accepta en 1887 au *Polytechnicum* de Zurich, la chaire laissée vacante par la mort de J. Scherz. M. S. s'est fait avantageusement connaître du public lettré par un ouvrage aussi agréable qu'érudit sur « Milton et son époque », 2 vol., 1877-79. Voici du reste la liste complète de ses écrits : « Les douze articles des paysans ainsi que quelques autres pièces relatives au mouvement de 1525 », Leipzig, 1868 ; « Les chroniques de Bâle » (T. I, en collaboration avec W. Vischer), 1872 ; « Lettres des fugitifs anglais datées de Suisse », 1874 ; « Histoire de la Révolution anglaise », 1881 (fait partie de l'« Histoire universelle », publiée sous la direction d'Onken) ; « Mémoires et documents pour servir à l'histoire de la réforme politique et administrative de la Prusse, 1807-1815 », 1885 ; M. S. est un collaborateur des plus estimés des *Göttingen Gelehrte Anzeigen*, des *Recherches pour l'histoire germanique*, des *Archives et de l'Annuaire pour l'histoire suisse*, de la *Revue historique* de Paris, de la *Revue historique* de Sybel.

Stickel (Jean-Gustave), écrivain et orientaliste allemand, professeur ordinaire des langues orientales à l'Université de Iéna, directeur du Cabinet numismatique granducal, membre de plusieurs Académies et Société savantes, membre honoraire de la Société numismatique Viennoise, décoré de plusieurs ordres chevaleresques, docteur en théologie et philosophie, né, le 18 juillet 1805, à Eisenach, fit ses études au Gymnase de Weimar et aux Universités de Iéna et de Paris. Nous possédons de lui : « De morali primævorum christianorum conditione secundum

Nov. Test. libros » In: Biga Commentation. ed. Röhr. Neostad., 1826; « Prolusio ad interpretationem tert. cap. Habacuci », par. I, Neost., 1827; « Commentat. phil.-hist.-crit. in Jobi, cap. XIX, 25-27, de Goële », Iéna, 1832; « Sententiæ ali b. Abi-Taleb, arab. et persice ed. », id., 1834; « Das Buch Hiob rhythmisch geglied. und übers. », Leipzig, 1842; « Handbuch zur morgenländ. Münzkunde », 2 vol., id., 1845-70; « De gemma Abraxea nondum ed. Commentat. », Iéna, 1848; « Die Dianæ Persicæ monumento », Gracch., 1856; « Das Etruskische durch Erklärung von Inschriften und Namen als Semitische Sprache erwiesen », Leipzig, 1858; « De litteris Ephesiis linguæ Semitarum Vindicandis », Iéna, 1860; « Das Hohelied in seiner Einheit und dramat. Gliederung », avec version, Leipzig, 1887. Un grand nombre d'articles de cet éminent orientaliste ont été publiés dans la *Zeitschr. d. d. morgenländ. Ges.*, dans la *Nuova Antologia*, dans les *Goethe-Jahrb.*, et particulièrement dans la *Xöhr's Krit. Prediger-Bibl.* et *Jenaische Lit. Zeit.*, dont il est un des plus savants collaborateurs.

Stieda (Guillaume), écrivain russo-allemand, philosophe, économiste, professeur d'économie politique et de statistique à l'Université de Rostock, ancien membre du bureau de statistique à Berlin, est né, à Riga (Livonie russe), le 1er avril 1854, et a fait ses études universitaires à Dorpat, Berlin et Strasbourg. Nous le trouvons tour-à-tour *privat-Docent* à Strasbourg en 1886, professeur extraordinaire à Dorpat en 1878, ordinaire en 1879, enfin, en octobre 1884, à Rostock. Il a publié en librairie : « Zur Entstehung des Zunftwesens in Deutschland », Iéna, 1876; « Die Eheschliessungen in Elsass-Lothringen », 1872-76; « Ein Beitrag zur vergleichenden Statistik der Eheschliessungen in Europa », Strasbourg, 1879; « Die gewerbliche Thätigkeit der Stadt Dorpat », Dorpat, 1879; « Das Sexualverhältniss der Gebornen », Strasbourg, 1885; « Zollbücher und Zollquittungen des 14 Jahrhunderts », Halle, 1887; « Die Deutsche Haus-Industrie », Leipzig, 1889. Outre cela, il est auteur d'une foule d'articles parus dans les journaux spéciaux suivants : *Archiv. für Gesch. des deutsch. Buchhandels, Preuss. Jahrb., Conrad's Jahrb. für Nationalök., Hirth's Ann. d. d. Reichs, Annales de Demographie Internat., Schmoller's Jahrb.*, etc., etc.

Stieda (Louis), écrivain et médecin russo-allemand, professeur d'anatomie, directeur de l'Institut anatomique à l'Université de Königsberg, conseiller d'État actuel de l'empire de Russie, membre honoraire et correspondant de plusieurs sociétés savantes, né, le 19 novembre 1837, à Riga, en Livonie. Il continua à Giessen, Erlangen et Vienne ses études de médecine, commencées à Dorpat, et en 1885 nous le trouvons professeur d'anatomie à l'Université de cette ville. Voici la liste de ses ouvrages : « Ueber das Rückenmark und einzelne Theile des Gehirns von Esox Lucius L. », Dorpat, 1861; « Studien über das centrale Nervensystem der Knochenfische », Leipzig, 1868; « Studien über das Centrale Nervensystem der Vögel und Säugethiere », id., id.; « Die Bildung des Knochengewebes », id., 1872; « Carl E. v. Baer », Brunswick, 1878; 2me éd., 1886; « Untersuchung über die Entwicklung der Glandula thymus, Glandula thyreoidea, und Glandula carotica », Leipzig, 1881; « Ein Beitrag zur Anatomie des Botriocephalus latus » (*Archiv. f. Ann.*), 1864; « Zur vergleichenden Anatomie und Histologie des Cerebellums » (id.), 1867, et bien d'autres articles parus dans la *Zeitscrift f. wissenschaftl. Zoologie*, dans les *Mémoires de l'Académie de Saint-Pétersbourg*, dans la *Dorpat med. Zeitschr.* dans l'*Archiv. f. mikrosk. Anat.* et dans l'*Archiv. f. Anthropologie*.

Stiefel (Jules), né, le 30 mai 1847, à Zurich, y fit toutes ses études depuis l'école primaire jusqu'à l'Université (1853-1870); obtint en 1870 le doctorat en philosophie avec une dissertation « Sur la lyrique allemande jusqu'à Goethe », et se mit à enseigner la littérature et l'esthétique en qualité de *privat-Docent*. Un voyage scientifique d'une année (1874-1875) en Allemagne, en Autriche et en Italie lui permit d'en visiter les principales galeries de tableaux et de suivre pendant un semestre les cours de l'Université de Berlin. A son retour en Suisse, M. S. obtint une place de maître pour la langue et la littérature allemandes à l'école industrielle de Zurich; en 1875, il fut nommé professeur de littérature allemande au *Polytechnicum*, en 1887, professeur extraordinaire pour l'esthétique à l'Université. Nous possédons de lui : « La lyrique allemande au XVIIIe siècle », 1871; « Jeremias Gotthels et ses descriptions de la Suisse », 1887.

Stimming (Albert), docteur en philosophie allemand; professeur d'Université, né, le 17 décembre 1846, à Prenzlaw (province de Brandebourg, Prusse), a étudié à Berlin, Bonn et Liège; depuis 1876, il est professeur à l'Université de Kiel. Voici les titres de ses ouvrages: « François Villon », Berlin, 1869; « Der Troubadour Jaufre Rudel, sein Leben und seine Werke », Kiel, 1873, Berlin, 1887; « Bertran de Born, sein Leben und seine Werke », Halle, 1879; « Ueber den provenzalischen Girart von Rossillon, ein Beitrag zur Entwikelungsgeschichte der Volksepen. », Halle, 1888; « Die Syntax des Comminens », *Zeitschrift für romanische Philologie*; « Verwendung des Gerundiums und des Participiums Präsentis im Altfranzösischen », id.; « Ueber den Verfasser des Roman de Jaufre », id.

Stützing (Roderich), médecin allemand, professeur libre de médecine interne à l'Université de Munich (Bavière), né, à Heidelberg, en 1854, a étudié aux Universités de Bonne, Leipzig et Tubingue, fut promu docteur en médecine, en 1878, et un an plus tard nommé assistant à l'institut physiologique de Bonn; il prit son habilitation à l'enseignement en 1883, et de 1880 à 1888 a été assistant à la clinique médicale de l'Université de Munich. En dehors de plusieurs articles parus dans les *Pflüger's Arch f. die gesammte Physiologie*, dans les *Deutsche Arch f. Klin.*, et dans quelques autres journaux spéciaux allemands, il a publié: « Ueber Nervendehnung », Leipzig, 1883 ; « Die Elektromedicin auf der internationalen Elektricitätaustellung in München », Munich, id. ; « Beitrag zur Anwendung des Arseniks bei chron. Lungenleiden insbesondere bei der Lungentuberculose », id., id. ; « Klinische Beobachtungen », id., 1884.

Stocker (François-Auguste), journaliste, historien et littérateur suisse, né, le 21 mars 1835, à Frick dans le canton d'Argovie, où son père exerçait la double profession de maître de poste et d'aubergiste, ne fréquenta que pendant un laps de temps assez bref l'école cantonale d'Aarau et fut prématurément obligé de revenir dans son village d'origine pour aider son père, et, en 1861, lui succéda dans ses fonctions bureaucratiques. Des occupations remplies et des souvenirs amassés par lui dans sa jeunesse provinrent dans la suite deux importantes publications: la *Revue postale suisse* (1855-1857), qui tout en défendant les intérêts des commettants, soumit la matière à une enquête approfondie; « L'histoire de l'Hôtel en Suisse depuis les temps les plus reculés jusqu'à nos jours », développée dans une série de monographies distinctes et très-précieuses pour l'histoire des mœurs sur quelques uns parmi les plus anciens de ces établissements, « Le Sauvage », « La Cicogne » et « Les Trois Rois de Bâle ». Toutes les forces vives de M. S. furent absorbées dans sa jeunesse par la politique locale, et élu en 1860 membre du grand conseil argovien, il perdit, deux années après, son siège pour le courageux libéralisme dont il fit preuve dans la question de l'émancipation des Israélites: mais il n'en fut éloigné que pendant une législature et y rentra en 1864, pour y demeurer jusqu'en 1870. Pendant cette même période de onze années, plusieurs journaux furent créés et dirigés par M. S.; en 1855 la *Revue postale*: en 1859 la *Nouvelle Gazette du Fricktal* qui prit une année après le nom de *Gazette d'Argovie ;* en 1861 *Rouracia*, feuille hebdomadaire pour la connaissance de la topographie et des coutumes du Frickthal; en 1867 le *Messager suisse d'Aarau*, fondé, en 1803, sous l'illustre patronage de Henri Zschokke. En 1870, M. S. transporta son domicile à Bâle et entra dans la rédaction de l'influent organe radical les *Basler Nachrichten*, dont il est encore aujourd'hui l'un des propriétaires; depuis 1883, il publie en outre un périodique illustré *Du Jura à la Forêt Noire*. Membre, depuis 1873, de la majorité progressiste du grand conseil Bâlois, il a pris une part des plus actives au mouvement politico-religieux dit des *Vieux Catholiques* et n'a pas cessé de présider leur communauté. Le très-vif intérêt porté par lui à la littérature dramatique populaire et nationale l'amena dès 1859 à fonder avec la collaboration de plusieurs écrivains distingués, entr'autres Arnold Lang, une bibliothèque théâtrale patriotique qui s'élève aujourd'hui à une trentaine de volumes et dont plusieurs pièces ont eu les honneurs d'une représentation publique. Parmi celles dues à l'inspiration personnelle de M. S., nous mentionnerons: « La bataille de Sempach »; « L'Escarboucle », imité de l'italien; « Le vagabond »; « Rodolphe de Habsbourg et l'Élection impériale »; « Le Major Davel »; « Catholique et Protestant »; « Deux Réformateurs ». Parmi les autres produits très abondants sortis de sa plume, il convient d'indiquer: « Nouvelles et récits », 1861; « Le nouveau théâtre municipal de Bâle », 1875, plusieurs pièces de vers disséminées dans différents périodiques, des essais historiques: « Huningue il y a deux siècles »; « Les soulèvements du Jura Bernois contre l'évêque de Bâle »; « Les origines des bancs de Bubendorf »; « L'absinthe »; « Le Trompette de Sackingen, son poète et ses compositeurs »; « Les auberges du moyen-âge »; « L'île de Saint-Pierre dans le lac de Bienne »; « Le village et le château d'Arlesheim ». Des biographies : « Aug. Quiquerez, le chercheur jurassien; K. Schrötter, un ecclésiastique du Frickthal; K. Fred. Ladolt d'Aarau »; « Les maximes d'un philosophe moderne », trad. de Petit-Senn, 1883. Dans ces deux dernières années, M. S. a publié: « Basler Stadtbilder, alte Häuser und Geschlechter », volume de 300 pages, Bâle, Georg; « Das Volkstheater in der Schweiz », Zurich, I. Herzog; « Zwei Reformatoren », drame en cinq actes, Aarau, Sauerlaender. *La Revue historique* que M. S. publie est maintenant à sa septième année. M. S. s'est souvent servi du pseudonyme de JORS VON END.

Stockmeyer, exégète, prédicateur et professeur suisse, né, le 28 juillet 1814, à Bâle, perdit fort jeune encore (1821) son père, un des pasteurs les plus distingués, et fut élevé de 1821 à 1834 dans la maison du géologue Charles de Raumer, d'abord à Nuremberg, puis à Erlangen, où il commença de 1832 à 1834 des études de théologie achevées à Berlin (1834-1836). L'offre qui lui fut faite en 1837 de donner l'enseignement religieux aux élèves du gymnase l'engagea à revenir dans sa patrie. En 1841, il fut nommé pasteur du village d'Oltingen dans le canton de Bâle-campagne; depuis 1846, il remplit les mêmes fonctions dans sa ville natale d'abord, et pendant de longues années

(1846-1871) dans la paroisse de Saint-Martin; à partir de 1871 dans celle de la cathédrale en qualité d'antistes. A ces occupations pratiques, M. S. a joint dans son âge mûr l'enseignement académique; licencié (1850), et docteur en théologie (1860), il a été nommé, en 1876, professeur d'homilétique et d'exégèse du Nouveau-Testament. Parmi les productions les plus importantes sorties de sa plume, nous mentionnerons: « Matériaux pour l'histoire de l'imprimerie à Bâle », en collaboration avec Reber, Bâle, 1850; « Quand et à quelle occasion a été rédigé le Symbole des Apôtres »; Zurich, 1846; « Brève notice sur les Orwingiens », Bâle, 1850; « L'Évangile selon Saint-Luc expliqué dans 24 discours », id., 1860; « Jésus-Christ le même hier, aujourd'hui et dans l'éternité », recueil de sermons, id., id.; « Les voix des cloches », id., id., 1873; « La structure de la première Épître de Jean, conférence, id., id.; « L'Épître de Jacques expliquée dans quarante discours », id., 1874. Sans parler de plusieurs sermons détachés pour des fêtes et solennités universitaires, M. S. est un collaborateur assidu du *Kirchenfreund*, un des organes les plus estimés du parti évangélique dans la Suisse allemande.

Stoerck (Félix), jurisconsulte allemand, professeur de droit public à l'Université de Greifswald (Prusse), membre de la Société législative comparée de Paris, membre associé de l'Institut de droit international, né, à Bade, en 1851, fit ses études aux Universités de Vienne, Berlin et Paris; il a été (1881) professeur libre à l'Université de Vienne et fut nommé professeur à Greifswald l'année successive. On lui doit: « Option und Plebiscit », Leipzig, 1879; « Das verfassungsmässige Verhältniss des Abgeordneten zur Wählerschaft », Vienne, 1881; « Handbuch der deutschen Verfassung », Leipzig, 1884; « Zu Methodik des öffentlichen Rechts », Vienne, 1885; « Die sociologische Rechtslehre », publié dans l'*Arch. f. öffent. Recht.*, 1886, dont il est éditeur et rédacteur à la fois.

Stoffella d'Alta Rupe (Émile chevalier DE), médecin autrichien et chirurgien renommé, professeur de pathologie et de thérapie spéciale des maladies internes à l'Université de Vienne, chef d'une des Sections pour les maladies internes à l'*Allgemeine Poliklinik* de cette métropole, né, en 1835, à Vösendorff, près de Vienne, y a fait ses études et a publié plusieurs travaux scientifiques, dont nous allons citer les plus remarquables : « Oppolzer's Vorlesungen über specielle Pathologie und Therapie », Erlangen, 1866-1872, ouvrage traduit en russe, en italien et partiellement en anglais pour les journaux américains de médecine ; « Ueber die Convulsio », *Zeitschr. d. Ges. d. Aerzte.*, Vienne, 1861 ; « Casuistik der Embolien », *Wiener Med.*, Halle, 1862 ; « Luft in Blute », *Wochenbl.*

d. Zeitschr d. k. k. Ges. d. Aerzte, id.; « Muskelhypertrophie », *Jahrb. d. k. k. Ges. d. Aerzte*, 1864; « Schwellung der Supraclavicular Gegend bei Neuralgia cervico-brachialis », *Wiener Med. Wochenschr.*, 1878; « Harnabsonderung in der Nicre », *Wien. med. Presse*, 1879; « Differential-diagnose zwischen Epilepsie und Hysteroepilepsie », *Wien. med. Wochensch.*, 1880; « Feltherz, seine Entstehung und Behandlung », id., 1881; « Ueber Spygmographie », *Wien. med. Presse*, 1882; « Morbus Basedowii », *Wien. med. Wochensch.*, 1883; « Dentineubildung in Folge von Trigeminal-Neuralgie », *Wien. med. Presse*, 1884; « Ursache der habituellen Stuhlverstopfung bei weiblichen Geschlechte und Therapie derselben », *Wien. med. Wochenschr.*, 1885. La dernière publication de ce médecin et chirurgien très distingué parut en 1889, dans le n. 5 de la *Internationale Klinike Rundschau*, sous le titre : « Eine bisher noch nicht beschriebenes Symptom bei Pericarditis ».

Stohmann (Frédéric), chimiste allemand, professeur ordinaire honoraire de technologie chimique et directeur de l'Institut chimique d'agriculture à l'Université de Leipzig, docteur en médecine *honoris causa*, membre honoraire de plusieurs académies et sociétés savantes, né, le 25 avril 1832, à Brême, fit ses études à l'Université de Gœttingue et au *Royal College of Chemistry* à Londres ; a été (1853-56) assistant du professeur Th. Graham à l'*University College* à Londres ; (1857-62) assistant à la Station expérimentale d'agriculture de Weends-Göttingue ; (1862-1865) directeur de la Station expérimentale de chimie agricole à Brunswick ; (1865-71) professeur de chimie agricole à Halle et directeur de la Station expérimentale de cette ville, en 1871 ; professeur de chimie agricole, de technologie chimique et directeur de l'Institut physiologique d'agriculture à Leipzig, en 1887. En collaboration avec M. Kerl, il a publié : « Encyklopädisches Handbuch der technischen Chemie », Brunswick, 1853, 4e édition 1886, et avec M. W. Henneberg: « Beiträge zur Begründung einer rationellen Fütterung der Wiederkäuer », 2 vol., id., 1886, et avec M. C. Engler: « Handbuch der techn. Chemie », 2 vol., Stuttgart, 1872-74; « Biologische Studien », Brunswick, 1873; « Die Starkefabrication », Berlin, 1878; « Handbuch der Zuckerfabrication », id., 1873, 2e éd., 1885. Une foule d'écrits de M. S. sont épars dans les *Annalen der Chemie*, *Zeitschr. f. prakt. Chemie*, *Zeitschr. des Vereins f. Rübenzuckerindustrie* et dans plusieurs autres journaux spéciaux allemands.

Stokes (Georges-Joseph), philosophe anglais, professeur de sciences sociales à Cork, est né, en 1859, à Sligo (Irlande), a étudié au *Trinity College* de Dublin, s'est perfectionné aux Universités d'Édimbourg et de Berlin, et en 1884 a été nommé professeur au Collège de la Reine à Cork. Nous avons de lui : « Going back to Kant », insertion au *Mind*, 1884 ; « The objectivity of Truth », Londres, Williams et Norgate, 1884.

Stokes (Georges-Thomas), cousin du précédent, docteur en théologie anglais, professeur d'histoire ecclésiastique à l'Université de Dublin, bibliothécaire du Saint-Sépulchre, à Dublin, né, en 1843, à Athlone (Irlande) ; après avoir étudié les éléments à Galway, il acheva ses cours au *Trinity College* de Dublin. Nous avons de lui une série d'articles à la *Contemporary Review* sur des sujets d'archéologie et d'histoire ecclésiastique, ainsi qu'une collaboration remarquable au *Dictionary of Christian biography*. Enfin les trois volumes suivants : « A Sketch of Mediæval history », Londres, Deacon et C., 1887 ; « Ireland and the Celtic Church », id. ; « Hodder and Stoughton », 1888 ; « Ireland and the Anglo-Norman Church », id., id., 1889.

Stoll (Othon), ethnographe suisse, né, le 29 décembre 1849, à Frauenfeld, étudia la médecine aux Universités de Zurich, Leipzig, Prague, Vienne, la pratiqua à partir de 1874 successivement dans le village de Mettmenstetten (canton de Zurich), à Zurich même, aux bains de Klosters dans les Grisons, partit, en 1878, pour le Guatemala, où il se livra à l'exercice de sa profession et y vécut jusqu'en 1883. Les connaissances géographiques et ethnologiques qu'il avait pu acquérir dans les livres, s'accrurent par l'observation directe à la suite de voyages aux Antilles, à l'isthme de Panama, aux États-Unis. Après son retour en Europe (1884), M. S. a renoncé à la carrière médicale pour se vouer tout entier aux recherches scientifiques et professer la géographie, en qualité de *privat-Docent* : depuis 1884, à l'Université de Zurich, depuis 1886, au *Polytechnicum*. Parmi ses ouvrages, tous consacrés à l'étude de l'Amérique centrale, nous citerons : « L'Ethnographie de la République du Guatemala », Zurich, 1884 ; « Remarques supplémentaires sur la grammaire de la langue Cabichiquel éditée par D. G. Brenton », Philadelphie, 1885 ; « Le Guatemala. Descriptions et récits de voyages pendant les années 1878-1883 », Leipzig, 1886 ; « La langue des Indiens Ixil, matériaux pour l'ethnographie et la linguistique des peuples du groupe Maya », Leipzig, 1887 ; « Le groupe Pohom des langues Maya », tome I ; « La langue des Indiens Pohonehi », Vienne 1888 ; « La classe Arachnida; Ordre Acaridea », publié en 1886 dans la *Biologie de l'Amérique centrale* par Godman et Salvin. Un autre ouvrage de M. S.: « Particularités ethnologiques sur le Guatemala », paraît en ce moment dans les *Archives internationales pour l'Ethnographie*.

Stolz (Frédéric), éminent philologue autrichien, docteur en philosophie, professeur extraordinaire de philologie comparée à l'Université d'Innsbruck, né, le 29 juillet 1850, fit ses études aux Universités d'Innsbruck et de Leipzig, enseigna aux gymnases de Gratz (1872-73) ; de Klagenfurt (1873-76) et d'Innsbruck (1887). Professeur à l'Université d'Innsbruck depuis le commencement de 1879. On a de lui : « Die zusammengesetzten Nomina in den homerischen und hesiodischen Gedichten », Klagenfurt, 1874 ; « Die lateinische Nominalcomposition in formaler Hinsicht », Innsbruck, 1877 ; « Beiträge zur Declination der griechischen Nomina », id., 1880 ; « Studien zur lateinischen Verbalflexion », id., 1882 ; « Die Urbevölkerung Tirols », id., 1886 ; « Epigraphische Miscelle », dans les *Wiener Studien;* « Lateinische Laut und Formenlehre », dans le *Müller Handbuch der klassischen Altwissensch.* », 1885 et 1889; et plusieurs articles épars dans les : *Arch f. latein. Lexikographie, Zeitschr. f. öster. Gymnas., Philolog. Rundschau, Bote f. Tirol*, et dans plusieurs autres journaux spéciaux allemands.

Stolz (Otto), docteur en philosophie allemand, professeur de mathématiques à l'Université d'Innsbruck (Autriche), né, en 1842, à Halle, en Tyrol. Il fit ses études aux Universités d'Innsbruck (1860-1863), Vienne (1863-1566), Berlin (1869-1871), Goettingue (1871), fut *privat-Docent* à l'Université de Vienne (1867), professeur à l'Université d'Innsbruck (1872). Nous avons de lui divers articles dans les journaux : *Mathematische Annalen, Zeitschrift für Mathematik und Physik, Sitzungsberichte der R. Academie zu Wien, Berichte des naturwissenschaftlich-medicinischen Vereins zu Innsbruck*, dont voici les titres : « Ueber eine analytische Entwickelung der Grundformeln des sphärischen Trigonometers » ; « Die geometrische Bedeutung der complexen Elemente in der analytischen Geometrie » ; « Ueber die singularen Punkte der algebrischen Funtionen und Curven » ; « Allgemeine Theorie der hymptotenden algebraischen Curven » ; « Die Multiplicität der Schnittpunkte zweier algebraischen Curven » ; « Zur Geometrie der Alten, insbesondere über ein Axiom des Archimedes » ; « Ueber unendliche Doppelreihen » ; « Ueber die Lambertsche Reihe » ; et l'ouvrage : « Vorlesungen über allgemeine Arithmetik. Nach den neueren Ansichten bearbeitet. 2 Bände », Leipzig, Teubner, 1885-86.

Stooss (Charles), jurisconsulte suisse, né, à Berne, le 13 octobre 1849. Il commença à l'Université de cette ville des études de droit poursuivies à Leipzig et à Heidelberg, entreprit dans son canton une double carrière, théorique et pratique, et sans cesser de demeurer un avocat des plus actifs, enseigna depuis 1879 le droit pénal et le droit fédéral, d'abord, en qualité de *privat-Docent*, puis de professeur ordinaire (1881). Sa nomination, en 1885, de juge au tribunal supérieur l'obligea à se démettre de ses fonctions académiques pour ne rester que professeur honoraire. Parmi les travaux juridiques de M. S., nous mentionnerons: « Nature des peines pécuniaires », 1878; « Remarques sur un projet de code militaire suisse », 1885. M. S. a été chargé, en 1885, de rééditer, en l'accompagnant d'un commentaire, « Le code pénal bernois » du 30 janvier 1866; collaborateur assidu de la *Revue des juristes suisses*, il a pris, en 1888, l'initiative d'une publication nouvelle: la *Revue pénale suisse*.

Stoppani (l'abbé Antoine), éminent naturaliste italien. Chevalier du mérit civil, membre de l'*Istituto Lombardo*, de l'Académie des *Lincei*, de la Société italienne des *XV*, professeur de géologie et de géographie physique à Milan, il est né, à Lecco, le 15 août 1824. Après avoir étudié dans son pays natal et aux séminaires de Monza et de Milan, il entra dans les ordres en 1848. Ses idées libérales et les sentiments patriotiques dont il ne faisait pas mystère fournirent au gouvernement autrichien l'occasion de persécuter l'abbé S. Il dut quitter l'enseignement des belles-lettres au séminaire de *San Pietro Martire* et chercher des ressources dans l'enseignement privé. Mais, en 1861, il fut nommé professeur de géologie à l'Université de Pavie, d'où il passa, en 1863, à l'Institut technique supérieur de Milan, d'où enfin, en 1867, il vint à Florence à l'*Istituto di studii superiori*. Écrivain du première force autant que savant, M. S. jouit d'une réputation européenne. Nous avons de lui: « Paléontologie lombarde », ou description des fossiles de Lombardie publiée avec le concours de plusieurs savants avec les figures des espèces d'après nature: « Corso di fisiologia », Milan, 1872-73; « La purezza del mare e l'atmosfera », id., 1875; « Il bel paese », ouvrage couronné; « I primi anni d'Alessandro Manzoni », id., 1883; « L'era neozoica », id., 1881; « La Santità del linguaggio », 1884; « Il dogma e le scienze positive », id., 1886; « Gl'intransigenti alla stregua dei fatti vecchi, nuovi e nuovissimi », id., id.; « Che cosa è un vulcano », Florence, id.; « L'Iliade Brembana », Milan, 1883; « Sulla cosmogonia mosaica », id., 1887.

Storck (Guillaume), écrivain et littérateur allemand, docteur en philosophie, professeur ordinaire de langue et littérature allemande à l'Académie royale de Münster, conseiller intime d'État, chevalier de la couronne de 3me classe, et de l'aigle de Prusse de 4me classe, chevalier des ordres portugais de Santiago et du Christ, naquit, à Letmathe (arrondissement de Iserlohn en Westphalie), le 5 juillet 1829, fit ses études au Gymnase d'Arnsberg et aux Universités de Munich (Bavière), Münster et Bonn, cultivant particulièrement la philologie. En 1859, après un long séjour à Berlin, pendant lequel il acheva ses études philologiques, il fut promu docteur en philosophie. Vers la fin de cette année, il fut appelé comme professeur extraordinaire de langue et littérature allemande à l'Académie royale de Münster et, en 1868, il y fut nommé professeur ordinaire. Nous lui devons: « Obras poéticas proprias de Fray Luis Ponce de Leon », (les poésies de Louis Ponce de Leon, publiées et traduites en collaboration avec M. C. B. Schlüter), Münster, 1853; « Todas las poésias de San Juan de la Cruz y de Santa Teresa de Jesus », version allemande, id., 1854; « De declinatione nominum substantivorum et addiectivorum in lingua Palica », Berlin, 1858; « Casuum in lingua Palica formatio comparata cum sanscritæ linguæ ratione », Münster, 1862; « Jacopone da Todi », poésies choisies, traduction allemande par Schlüter et Storck; « Lose Ranken. Ein Büchlein Catullistischer Lieder », id., 1867; « Dei von Sahsendorf. Carmina quot supersunt rec. », id., 1868; « Luis de Camoens. Sämmtliche Idyllen », version allemande avec M. Schlüter, id., 1869; « Buch der Lieder aus der Minnezeit », id., 1872; « Louis de Camoens. Sämmtliche Canzonen », version allemande, Paderborn, 1874; « Louis de Camoens. Sonette », id., Münster, 1877; « Louis de Camoens. Poésies complètes », id., 6 vol., Paderborn, 1880-1885; « Hundert altportugiesische Lieder », id., id., 1885; « Anthero de Quental. Ausgewählte Sonette », id., id., 1887; « Zum Andenken an weiland Seine Majestät Friedrich Deutschen Kaiser und König von Preussen », oraison funèbre, id. 1888.

Stoullig (Edmond), écrivain français, né, à Paris, le 5 décembre 1845. Après avoir fait de bonnes études au Lycée *Louis-le-Grand*, il étudia le droit, et entra à la Préfecture de la Seine, qu'il quitta en 1870 pour être nommé par Ernest Picard secrétaire particulier du directeur général des postes, M. Rampont. Il remplit ces fonctions avec beaucoup de tact et d'intelligence pendant les moments difficiles du siège de Paris et de la Commune. M. A. Cochery, ministre des postes et télégraphes, le chargea spécialement des relations du ministère avec la presse. M. Maurice Rouvier, président du Conseil, ministre des finances, l'attacha à son cabinet. Il est aujourd'hui chef de section à la recette principale des postes de la Seine. Mais sa situation administrative ne l'a jamais empêché de s'adonner à son goût très vif et très délicat des choses du théâtre et de prendre part avec autorité et distinction à la rédaction dramatique et musicale de l'*Électeur libre*, de l'*Évènement*, du *Gil-Blas*, de la *Tribune*, de l'*Homme libre*, de la *Revue de la musique*, du *Courrier d'État*, de l'*Art et la mode*, etc. En 1878, il est entré au *National*, dont il est, depuis dix ans, le critique dramatique autorisé. En 1885, M. S. a fondé la *Revue d'art dramatique*, qu'il a fort habilement dirigée pendant deux ans; en 1875, il a commencé, en Société avec son ami Édouard

Noël, l'importante publication historique des *Annales du théâtre et de la musique*, qui paraissent chaque année sous la forme d'un volume in–12° (chez Charpentier) et qui sont un résumé très exact et très sûr du mouvement théâtral et musical de la France et même de l'étranger. Approuvée par le Ministère de l'instruction publique, cette utile publication a été couronnée par l'Académie française. Les *Annales du théâtre et de la musique* comprennent à l'heure présente quinze volumes (1875-1889) avec préface de MM. Francisque Sarcey, Victorien Sardou (de l'Académie française), Edmond Got (de la Comédie française), Émile Zola, Henri de Lapommeroye, Victorien Joncière, Henry Fouquier, Émile Perrin, l'ex–administrateur général du Théâtre français, Charles Garnier (de l'Institut), Jules Claretie (de l'Académie française). M. S. est membre de la *Société des gens de lettres* et de l'*Association littéraire internationale*, archiviste perpétuel du *Cercle de la critique dramatique et musicale*, officier de l'instruction publique, etc.

Stourm (René), économiste français, ancien inspecteur des finances, ancien administrateur des contributions indirectes, professeur de finances à l'École des Sciences politiques à Paris, né en 1837, à Paris, fils de M. S., député, sénateur et directeur général des postes sous l'empire. Entré dans l'inspection générale des finances par voie de concours, il a été nommé chef du Cabinet du ministre des finances, puis administrateur des contributions indirectes. Epuré en 1880, quand M. Wilson était sous–secrétaire d'État, il s'est consacré depuis lors aux travaux économiques et littéraires. Il collabore à l'*Économiste français;* il a publié un ouvrage en deux volumes : « Les finances de l'ancien régime de la Révolution », que l'Académie française a couronné en 1886, et a fait paraître depuis un livre intitulé : « L'Impôt sur l'alcool dans les principaux pays », 1887. En préparation : « Cours de finances » ; « Le Budget », deux vol.

Strack (Hermann), éminent philologue et théologien allemand, docteur en philosophie et théologie, professeur extraordinaire d'exégèse du Vieux Testament à l'Université de Berlin, né, le 6 mai 1848, dans cette ville, étudia aux Universités de Berlin et Leipzig, et de 1873 à 1876 il séjourna à Saint–Pétersbourg, chargé par le gouvernement prussien de quelques études philosophiques et de recherches dans les manuscrits bibliques hébreux conservés dans les bibliothèques publiques de l'empire russe. Il fonda le *Nathanael. Zeitschrift für die Arbeit der evangelischen Kirche an Israel*, et publia : « Prolegomena critica in Vetus Testamentum Hebraicum », Leipzig, 1873 ; « Catalog der Hebräischen Bibelhandschriften in St. Petersburg », avec M. Harkany, Saint–Pétersbourg, 1875 ; « Prophetarum posteriorum Codex Babylonicus Petropolitanus », id., 1876 ; « A. Firkowitsch und seine Entdekungen. Ein Grabstein den hebräischen Grabschriften der Krim », Leipzig, 1876 ; « Die Dikduke ha–te amim des Ahron ben Moscheh ben Ascher und andere alte gramatisch- massorethische Lehrstücke », avec M. Bär, id., 1879 ; « Vollständiges Wörterbuch zu Xenophons Anabasis », id., id., 5me éd., 1889 ; « Vollständiges Wörterbuch zu Xenophons Kyropädie », id., 1881 ; « Die Sprüche der Väter. Ein ethischer Mischna- Traktat », Carlsr., 1882 ; 2me éd., Berlin, 1888 ; « Lehrbuch der neuhebräischen Sprache und Litteratur », avec Siegfried, id., 1884 ; « Jornâ. Der Mischnatraktat Versöhnungstag », Berlin, 1884 ; « Alodâ Zarâ. Der Mischnatraktat Goetzendienst », id., 1888 ; « Einleitung in den Thalmud », Leipzig, 1887 ; « Hebräische Grammatik mit Uebungsstücken, Litteratur und Vocabular », Carlsr., 1885, cette grammaire a été publiée en français, danois et anglais ; « Hebräisches Vokabolarium für Anfänger », Berlin, 1889 ; « Die Sprüche Salomonis erklärt », Nördlingen, 1888. Depuis 1884, en collaboration avec une élite de savants, il continue la publication du *Porta linguarum orientalium*, commencée par J. A. Petermann, mort en 1876 ; et depuis 1885, avec M. Zoecker, professeur à l'Université de Greifswald, il publie le *Kurzgefasster Kommentar zu den heiligen Schrifter Alten und Neuen Testamentes sowie zu den Apokryphen*, paraissant à Nördlingen. Il rédige les *Altestamentalische Abtheilungen*, dont on a publié déjà plusieurs livraisons, parmi lesquelles ses « Proverbien ». Plusieurs autres ouvrages de M. S. ont paru dans la *Zeitschr. f. luther. Theologie und Kirche*, dans la *Schmid's Encyklopädie d. ges. Erziehungs- und Unterrichtswesens* et dans diverses autres revues théologiques.

Strafforello (Gustave), polygraphe italien, né, en 1820, à Porto Maurizio, étudia au Collège des Barnabites d'Oneille, et s'occupa du commerce de l'huile jusqu'à 1848, tout en envoyant des articles, des vers et des causeries aux *Letture popolari* de Valerio et au *Subalpino* de Montezemolo. Nous le trouvons aussi à la *Concordia* et au *Diritto ;* collaborateur pendant dix ans à l'*Enciclopedia* de Pomba, aux *Conversation's Lexicon* de Brockhaus, il traduisit en italien le « Self-Help » de Smiles, le « Lamplighter » de Mlle Cumming, le « Giordano Bruno » de Schoeffer, le « Galileo Galilei » de Raben, l'« Alfieri » de Bolty, etc., etc. Nous avons de lui les ouvrages originaux suivants: « Scienza della vita sociale », Savone, 1851 ; « Il nuovo Montecristo », Florence, 1856 ; « Francesco Carrara », Turin, 1857 ; « La Sapienza del popolo », Milan, 1868 ; « La Scienza per tutti », Turin, 1869 ; « Nuovi principii di Geologia e Paleontologia », id., 1872 ; « Elementi di geografia », id., 1876 ; « Gli Umoristi », Milan, 1866 ; « Il primo amore di Leonardo da Vinci colla figlia del Verrocchio », id., 1871 ; « Shakespeare », Turin, 1874 ; « Storia della guerra del 1866 » ; « Il nuovo Chi s'aiuta Dio l'aiuta » ; « I fenomeni della vita industriale » ; « Storia popolare del progresso materiale » ; « La morale e i moralisti antichi e moderni » ; « Gli eroi del lavoro » ; « La questione sociale » ; « La terra e l'uomo » ; « La sapienza del mondo, ovvero Dizionario universale dei proverbi di tutti i popoli », qui est son œuvre principale ; le « Dizionario universale di geografia, storia e biografia », qui tient lieu en Italie du *Dictionnaire* de Bouillet, et qui fut édité par la maison Treves de Milan. Enfin, « Curiosità letterarie », Florence L. Niccolai, 1890.

Strambio (Gaëtan), médecin et écrivain italien, issu d'une famille où l'on est médecin de père en fils depuis quatre générations, président de la Commission ministérielle pour le concours aux emplois sanitaires, secrétaire de l'Institut royal lombard, est né, le 3 novembre 1820, à Milan, a été nommé en 1860 professeur d'anatomie artistique près de l'Académie des Beaux-Arts de Milan. Nous avons de lui : « La Riforma delle quarantene », 1844 ; « La riforma delle leggi sanitarie contro l'importazione della peste », 1845 ; « Studio storico-analitico sulla riforma delle leggi sanitarie » ; « Relazione di indagini sperimentali applicate alla tossicologia, alla terapeutica e alla chirurgia » ; « Studii storico-critici » ; « Sperimenti sulla galvano-puntura dei vasi sanguigni » ; « Trattato elementare di anatomia descrittiva » ; « Cronaca del Cholera in Italia dal 1849 al 1873 » ; « Alcuni cenni sulla pellagra » ; « Studio sperimentale sull'Ozono atmosferico in relazione alle epidemie cholerose » ; « La storia, epidermologia e profilassi del cholera indiano » ; « Il China e le acque di S. Maurizio nell'Alta Engadina » ; « La Storia del cholera in Italia dal 1849 al 1886 » ; « Da Legnano a Mogliano Veneto ». Et plusieurs articles à la *Gazzetta medica lombarda*, au *Politecnico*, etc.

Strasburger (Édouard), docteur allemand en philosophie et médecine, professeur ordinaire à l'Université de Bonn, directeur du Jardin botanique de la même ville, né, à Varsovie, le 1er février 1844 ; il étudia à Bonn et à Iéna. En 1869, il fut nommé professeur extraordinaire à l'Université de Iéna ; trois ans plus tard professeur ordinaire. En 1880, M. S. obtint la place de professeur ordinaire à Bonn. Nous avons de lui : « Zellbildung und Zelltheilung », 3º éd., 1880 ; « Ueber den Bau und das Wachsthum der Zellhäute », 1882 ; « Ueber den Theilungsvorgang der Zellkerne und das Verhältniss der Kerntheilung zur Zelltheilung » (*Arch. f. mikr. Anat. Bol.*, XXI), 1882 ; « Die Controversen der indirecten Kerntheilung » (id., XXIII), 1884 ; « Das botanische Practicum », 1re éd., 1884 ; 2de éd., 1887 ; « Das kleine botanische Practicum », 1884. Ce livre a été traduit en français, anglais, russe et polonais ; « Ueber Kern- und Zelltheilung im Pflanzenreiche, nebst einem Anhang über Befruchtung », 1888.

Strauch (Philippe), écrivain allemand, docteur en philosophie, professeur extraordinaire de langue et de littérature allemande à l'Université de Tubingue, naquit, à Hambourg, le 23 septembre 1852, fit ses études au gymnase de sa ville natale et aux Universités de Heidelberg, Berlin et Strasbourg, étudiant d'abord la jurisprudence et ensuite la philologie allemande ; il prit ses grades à l'Université de Strasbourg en 1876, et en 1878 fut nommé professeur libre de langue et de littérature allemande à l'Université de Tubingue, où, en 1883, il devint professeur extraordinaire. Nous lui devons : « Der Marner », Strasbourg, 1876 ; « Glossar zu den Deutschen Chroniken II », Hanovre, 1877 ; « Die Offenbarungen der Adelheid Langmann », Strasbourg, 1878 ; « Margaretha Ebner und Heinrich von Nordlingen », Fribourg, 1882 ; « Pfalzgräfin Mechthild in ihren litterarischen Beziehungen », Tubingue, 1883. Il a publié aussi plusieurs mémoires, études et dissertations dans les journaux spéciaux allemands, parmi lesquels nous citons les *Zeitschrift. f. deutsch. Alterth.*, *Vierteljahr. f. Litteratgesch. Zeitschr. f. allgem. Gesch.*, etc., et collabore à l'*Allg. Deutschen Biographie* et aux *Monumenta Germaniae*.

Streintz (Henri), physicien autrichien, né, le 7 mai 1848, à Vienne. Après avoir suivi les cours universitaires, il fut nommé *privat-Docent* à l'Université de Vienne, et depuis 1874, il occupe à Gratz la chaire de physique. Nous avons de ce savant plusieurs publications aux *Annales de physique*, aux *Actes de l'Académie de Vienne*, etc., et un volume intitulé : « Die physikalischen Grundlagen der Mechanik », Leipzig, Trübner, 1883. Il collabore à la *Deutsche Litteraturzeitung* de Berlin.

Streng (Auguste), naturaliste allemand, professeur de chimie et de minéralogie à l'Université de Giessen, conseiller intime de la Cour, né, à Francfort sur le Mein, le 4 février 1830. Il a étudié au Gymnase de Francfort, au *Politechnicum* de Carlsruhe, aux Universités de Marbourg, Breslau et Heidelberg ; assistant du célèbre Bunsen (1851-53), tout en suivant ses cours à Berlin, nous le trouvons *privat-Docent* à Heidelberg en 1853, professeur de chimie à l'Académie des Mines à Clausthal, enfin professeur de minéralogie à Giessen depuis 1867. On lui doit : « Ueber die Melaphyre des Südlichen Harzrandes » (*Zeitsch. f. d. Geolog. Ges.*), 1858-59-61 ; « Ueber die Porphyre des Harzes » (*N. Jahrb. f. Mineral.*), 1860 ; « Ueber den Gabbro und den sogenannten Schillerfels des Harzes », id., 1862 ; « Ueber die Zusammensetzung einiger Silicate mit besonderer Berücksichtigung der polymeren Isomorphie », id., 1865; « Ueber die Diorite und Granite des Kyffhäuser Gebirges », id., 1867; « Prehnit v. Harzburg », id., 1870; « Feldspathstudien », id., 1871; « Krystallin. Gesteine des Saar-Nahe-Gebietes », id., id.; « Ueber den basalt. Vulkan Aspenkuppel bei Giessen » (*14 Jahresb. d. Oberhess. Ges.*), 1873; « Ueber verschiedene Isolithe » (*N. Jahrb. f. Mineral.*), 1874-75; « Ueber den Chalasit » (*Ber. d. oberhess. Gess.*), 1875; « Porphyrite v. Ilfeld » (*N. Jahrb. f. Mineral.*), 1875; « Krystall. Gesteine von Minnesota », avec Kloos (id.), 1877; « Silberbier v. Andreasberg » (id.), 1878; « Erze v. Chañarcillo » (id.), 1878-79; « Phosphate von Waldgirmes », id., 1881; « Diabase v. Gräveneck » (*Ber. d. oberhess. Ges.*), 1881; « Magnetkies », (id.), 1882; « Neue mikroskopisch-chemische Reactionen » (*N. Jahrb. f. Mineral.*), 1885-86 ; « Theorie der vulkanisch. Gesteinsbildung », Breslau, 1852; « Theorie der vulk. und. pluton. Gesteinsbildung » (*Annalen*), Poggendorff, 1853; « Ueber eine allgemein anwendbare Bestimmungsmethode auf maassanalytischen Wege » (id.), 1854; « Ueber Fluorchromsaures Kali » (*Lieb. ann.*).

Strickler (Jean), historien suisse, né, le 1er janvier 1835, à Hirzel dans le Canton de Zurich, choisit la carrière pédagogique et s'y prépara par un séjour de trois années (1853-56) au Séminaire de Kussnacht. Après avoir enseigné pendant quelques années dans diverses écoles rurales primaires et secondaires, il revint en 1861 comme professeur d'histoire à l'établissement, dont il avait été naguères l'élève, y resta jusqu'en 1865; et fut chargé en 1870 par le gouvernement zuricois de la direction des archives. L'Université de Zurich, pour reconnaître ses éminents services, lui octroya, en 1881, le diplôme de docteur en philosophie *honoris causa*. La même année, M. S. se démit de toute fonction officielle afin de pouvoir se livrer plus commodément à ses investigations scientifiques; depuis 1883, il s'est transporté à Berne, où il explore les Archives fédérales. Parmi les publications les plus importantes sorties de sa plume, nous relèverons : « Précis d'histoire suisse d'après les travaux les plus récents », 2 parties, 1866-68; 2me éd. complètement remanié en 1873 sous le titre de « Manuel »; « Petite histoire suisse à l'usage des écoles secondaires », 1875; « Tableau chronologique de l'histoire suisse », 1887; « Histoire de la Commune de Horgen », 1882; « Études sur la Révolution Helvétique », 1886-87. M. S. a été attaché, depuis 1870, à la Commission chargée de publier les recès fédéraux et a pris pour domaine la période de la Réformation (1521-33) (2 vol., 1873-76); il a en outre mis au jour sur la même époque 5 volumes de documents, 1878-84. Sa collaboration est depuis longtemps assurée aux *Archives* et à l'*Indicateur pour l'histoire suisse*, à la *Revue suisse de statistique*, etc.

Strobel (Guillaume), né, le 13 septembre 1841, à Mittelthal dans la Forêt-Noire, fils d'un instituteur wurtembergeois, reçut sa première éducation dans un gymnase de Stuttgard, mais fut forcé par les nécessités pécuniares d'entrer avant l'achèvement de ses études dans la carrière de l'enseignement; il put néanmoins la reprendre après un intervalle de quelques années et suivre des cours de philosophie et de théologie à l'Université de Tubingue. De nouvelles années de pénible labeur s'imposèrent à lui après sa consécration au ministère évangélique lorsqu'il dut remplir les fonctions de vicaire dans plusieurs paroisses de campagne. En 1871, M. S. se décida à émigrer aux États-Unis et enseigna la philosophie dans un collège de New-York, puis rentra au service de l'Église, et fut successivement choisi comme conducteur spirituel par la paroisse de la Trinité à Baltimore (1876), par une grande paroisse de New-York, par la Communauté évangélique allemande de Sion à Harrisbourg en Pennsylvanie (1879-81). Parallèlement à cette activité dans le domaine religieux, il s'en ouvrit pour M. S. une autre soit dans la sphère du journalisme comme rédacteur de la *New-Yorker Zeitung* et de la *Pennsylvanische Staatszeitung*, soit dans celle de l'érudition comme professeur de sanscrit à l'Université nouvellement fondée de Baltimore. En 1883, l'énergique pionnier revint en Europe et accepta en 1884 les fonctions pastorales dans le village glaronnais d'Elm. Si remplie qu'eût été sa carrière américaine, il avait néanmoins trouvé le loisir de publier, pendant son séjour au delà de l'Océan un recueil de poésies : « Échos patriotiques », qui fut de plus favorablement accueilli dans les familles, les écoles, les églises de l'émigration germanique, dont plusieurs morceaux, mis en musique, furent même traduits en anglais. On possède encore de M. S. les brochures : les « Études classiques »; le « Japon, le pays et les habitants ».

Strobel (Pellegrino), naturaliste italien, professeur de l'Université de Parme, né, à Milan, en 1821, débuta comme sous-bibliothécaire à Pavie, puis il fut nommé professeur d'histoire naturelle à Plaisance. Il passa en 1859 à l'Université de Parme, et en 1865 à celle de Buenos-Ayres. En 1867, il retourna à Parme, et en 1874, avec le prof. Pigorini, il fonda le *Bullettino di Paleontologia italiana*, où il inséra ses premiers mémoires scientifiques. On a de lui: « Delle conchiglie terrestri dei dintorni d'Innsbruck », Milan, 1844; « Note malacologiche d'una gita in Valbrembana nel Bergamasco », id., 1847; « Studii di malacologia ungherese », Pavie, 1850; « Notizie malacostatiche del Trentino », id., 1851; *Giornale di malacologia*, id., 1853-54; « Delle lumache ed ostriche dell'Agro

Pavese », id., 1855; « Essai d'une distribution orographico-géographique des mollusques terrestres dans la Lombardie », Turin, 1857; « Le terremare dell'Emilia », Parme, 1862; « I Paraderos preistorici », Milan, 1867; « Alcune note di Malacologia argentina », id., 1868; « Symbolæ ad historiam coleopterorum Argentinæ meridionalis », Milan, 1869-70, rédigés par M. Ed. Steirheit, sur les matériaux recueillis par M. S. dans l'Amérique méridionale.

Stroehlin (Ernest), historien suisse, né à Genève, le 19 novembre 1844, fils d'un médecin illustre, gendre de l'historien Henri Bordier, fit à l'Académie de sa ville d'origine de solides études théologiques et littéraires poursuivies aux Universités de Strasbourg, Heidelberg, Tubingue, Berlin, Iéna, complétées par de longs et fréquents séjours à Paris, en Italie, en Hollande. En 1867, l'Académie de Genève lui conféra le grade de licencié en théologie après la soutenance d'une thèse sur « Channing », en 1870 celle de Strasbourg le diplôme de docteur sur la présentation d'un mémoire consacré à de sérieuses et originales recherches sur le « Montanisme ». Pendant la guerre de 1870-71, M. S., que d'étroits liens d'amitié unissaient à MM. Lepsius, Lazarus, de Bunsen, de Holtzendorff, publia, sous le pseudonyme d'*Historicus*, une brochure sur les « Conditions de la Paix et les droits de l'Allemagne », 1871, qui produisit quelque sensation. En 1875, parut de lui un volume substantiel : « L'Église Catholique et l'État moderne en Allemagne pendant la période des concordats ». Les électeurs protestants envoyèrent M. S. siéger au Consistoire de 1875 à 1879; de 1876 à 1880, il fit partie du Grand Conseil, où il traita de préférence les questions scolaires et ecclésiastiques. Le projet de M. Henri Fazy rencontra en lui un adversaire énergique et lui inspira une brochure très favorablement accueillie du public : « Dialogue sur la séparation de l'Église et de l'État », 1879. Le Conseil d'État chargea en 1877 M. S. d'enseigner l'histoire contemporaine et les littératures étrangères à l'École supérieure des jeunes filles, tâche dont celui-ci s'acquitta avec un succès marqué jusqu'en 1888; en 1880 la chaire d'histoire des religions à l'Université lui fut confiée. Nous sommes encore redevables à cet écrivain distingué d'un travail sur « Athanase Coquerel fils », rédigé d'après des papiers de famille, publié en 1886 et qui contient sous forme biographique une histoire complète du protestantisme français contemporain. M. S., qui a collaboré au *Journal de Genève*, à la *Revue de Strasbourg*, au *Disciple de Jésus-Christ*, etc., a rédigé pour l'*Encyclopédie des Sciences religieuses* un très grand nombre d'articles historiques, dont quelques uns d'une étendue et d'une importance considérables, et a été chargé par la *Nouvelle Encyclopédie*, entreprise par la maison Lamirault, de la plupart des articles biographiques qui concernent la Suisse.

Strossmayer (Joseph-Georges), prélat croate, archevêque de Diakovar (Croatie), né, à Essek, le 4 février 1815, étudia à l'Université de Pesth, y fut reçu docteur en philosophie et en théologie et fut ordonné prêtre en 1838. On lui doit l'ouverture de nombreuses écoles primaires, d'un Séminaire pour les Bosniaques, la restauration de l'ancien chapitre illyrien de *San Girolamo* à Rome, etc. En 1870, il se signala au Concile du Vatican par la franchise de son opposition contre la direction partiale et intolérante des débats. Mgr. S. a publié de nombreux ouvrages, des recueils de chansons, des éditions populaires, mais son œuvre capitale est : « Monumenta Slavorum meridionalium, historiam illustrantia », Rome, 1863.

Strübing (Paul), médecin allemand, professeur de médecine interne à l'Université de Greifswald, né, à Pyrits, le 2 novembre 1852, étudia aux Universités de Berlin, Halle et Greifswald, a été (1877-78) assistant à la clinique ophtalmique, (1878-82) assistant à la clinique médicale : il prit son habilitation à l'enseignement au mois de janvier 1882, et fut nommé professeur à Greifswald en 1889. En dehors de nombreux articles publiés dans la *D. Zeitschr. f. prakt. Med.*, et dans l'*Arch. f. cap. Path. und. Pharm.*, nous lui devons: « Die Laryngitis hæmorragica », Wiesb., 1886; « Acute tödtliche Spinallähmung », *Virchow's Arch.*, 1879; « Zur Lehre vom Husten », *Wien. med. Presse*, 1883; « Ueber angioneurotisches Larynxœdem », *Monatschr. f. Ohrenheilk.*, 1886; « Julius Mene und seine Beziehungen zur Laryngologie », id., 1887; « Die Behandlung der Chlorotis mit Schwefel », *Deutsch. med. Wochenschr.*, id., 1886.

Strümpell (Louis-Adolphe), philosophe allemand, conseiller d'État de l'empire russe, professeur émérite de l'Université de Dorpat, professeur ordinaire honoraire de philosophie et de pédagogie à l'Université de Leipzig, né, le 28 juin 1812, dans le Grand-duché de Brunswick. En dehors de nombreux articles, il a publié: « Erläuterung zu Herbart's Philosophie », Gœttingue, 1834; « Die Hauptpunkte der Herbart'schen Metaphysik kritisch beleuchtet », Brunswick, 1840; « Die Vorschule der Ethik », Mitau, 1845; « Geschichte der griechischen Philosophie », 2 vol., Leipzig, 1854-61; « Die Geisteskräfte verglichen mit denen der Thiere », id., 1878; « Grundriss der Logik », id., 1881; « Psychologische Pädagogik », id., 1880; « Grundriss der Psychologie », id., 1884; « Die Einleitung in die Philosophie vom Standpunkte der Geschichte der Philosophie », id., 1886; « Gedanken über Religion und religiöse Probleme », id., 1888.

Studnicka (François-Joseph), docteur en phi-

losophie, professeur de mathématiques à l'Université de Prague, membre de la Société royale des sciences à Prague et à Liège et de l'Académie des sciences d'Agram, examinateur des candidats aux concours des maîtres pour les Gymnases, membre de l'union des mathématiciens de Bohême, directeur du *Journal bohême pour la physique et les mathématiques*, commandeur de l'ordre de Saint-Stanislas, né, le 27 juin 1836, à Tanor, près Sobeslau, en Bohême, a fait ses études au Gymnase de Neuhaus et à l'Université de Vienne, où il prit (1861) son habilitation à l'enseignement de la physique et des mathématiques. On lui doit deux essais de physique pour l'Académie et plusieurs articles scientifiques parus dans beaucoup de journaux bohêmes et les ouvrages suivants : « Strucny Svetopis », 2me éd., 1863 ; « Meteorologie », 1864; « Základové sfériczè trigonometrie », 1865; « Vyssi matematika v. úlohách », 1866, 2me éd., 1874; « Základové vyssi matematiky » ; « O Soustavé Sluvecni », 1869; « Logarithmicze tabulky », 1870, 5me éd., 1889 ; « O determinantech », 1870 ; « Uvod do fysikalní theorie hudby », id. ; « Einleitung in die Theorie determinanten », id. ; « O poctu variacnim », 1872; « O povetrnosti », id. ; « Mirulas Koprniz », 1873; « Z prirody », 1873 ; « Analyt. Geometrie v. prostorn », 1874 ; « Základové nauka o cislech », 1875 ; « Augustin Cauchy als formaler Begründer der Determinantentheorie », 1876 ; « Algebra », en bohême et allemand, 1878 ; « Rarel Bedric Gaurs », 1877 ; « Zabary hrèzdarské », 1878 ; « Lehrbuch der Algebra », id., 2me éd., 1879; « O puvodu a rozvoji poctu differencialniho a integralniho », 1879 ; « Zábavné rozhledy hvezdarske », id. ; « Algebraicke tvaroslovi vscobeinè », 1880 ; « Vsesbecny Zemmepis », 1881-1883; « Bericht über die Mathem. und Naturwiss. », 1885 ; « Grundzüge einer Hyètographie des Königreiches Böhmen », 1887 ; « Zàkladovè destopisu Kralovstoi Ceszcho », id. ; « Zakladové juridicko-politicke aritmetiky », 1888 ; « Resultäte der ombrometrischen Beobachtungen in Böhmen », 1875-1887.

Stumpf (Charles), philosophe allemand, professeur ordinaire de philosophie à l'Université de Halle, né, le 21 avril 1848, à Wiesentheid (Bavière), étudia au Gymnase d'Aschaffenbourg, fréquenta les cours de jurisprudence, de philosophie, de théologie et de sciences naturelles aux Universités de Wurzbourg et de Gœttingue; prit son habilitation à l'enseignement de la philosophie à Gœttingue (1871), et, en 1873, devint professeur ordinaire de philosophie à Wurzbourg. En 1874, il fit passage à l'Université de Prague, où il enseigna la philosophie, jusqu'à 1883. A cette époque, il quitta Prague et alla s'établir à Halle sur Saale pour y occuper la chaire de philosophie à l'Université de cette ville. Parmi ses ouvrages nous citerons : « Verhältniss des platonischen Gottes zur Idee des Guten », Halle, 1869 ; « Ueber den psychologischen Ursprung der Raumvorstellung », Leipzig, 1873 ; « Tonpsychologie », 1er vol., id., 1883; « Die empirische Psychologie der Gegenwart. Im neuen Reich », 1874 ; « Aus der vierten Dimension », *Philosoph. Monatsch.* 1878 ; « Musikpsychologie in England », *Vierterljahrsch. f. Musikwiss.*, 1885 ; « Lieder der Bellakula-Indianer », id., 1886.

Stumpf (Maximilien), médecin bavarois, né, à Munich (Bavière), en 1852, étudia aux Universités de Munich et de Vienne, fut promu docteur en 1876, nommé *privat-Docent* à l'Université de Munich en 1882, et depuis 1886 est professeur de gynécologie et de l'art des accouchements à l'école spéciale de cette Université. Il a publié : « Wirkung des Jaborandi », 1876 ; « Wirkung der Sclerotinsäure bei Blutungen », 1879 ; « Einfluss von Medicamenten auf die Milchsecretion », 1881 ; « Ueber den Soorpilz », 1884 ; « Ueber die Pathogenese der puerperalen Eclampsie », 1886 ; « Ueber Symptome und Behandlung der puerp. Esclampsie », 1887 ; « Ueber hämorrhagische Erkrankungen in Schwangerschaft und Wochenbett », 1889 ; et collabore au: *Bericht über die Fortschritte der Gynäkologie*, ouvrage publié par le professeur Frommel.

Stupuy (Jean-Léon-Hippolyte), littérateur, publiciste, homme politique français, né, à Paris, le 18 juin 1830. Après de fortes études littéraires et scientifiques, il débuta dans le journalisme et collabora à l'*Artiste* de Lille (1849), et au *Républicain* de Dunkerque (1850). En 1859, il fit représenter à Bruxelles « Rubens, ou la jeunesse de Van Dyck », comédie en trois actes et en vers, qui reprise à Paris en 1865, sous le titre de la « Jeunesse de Van Dyck », obtint un très grand succès. M. S. se fit remarquer, en 1861, par l' « Anarchie morale », satires philosophiques, littéraires et politiques, ouvrage qui eut un grand retentissement et qui, interdit dès l'apparition de la 6me livraison, fut continué à Bruxelles. Ses « Hôtes de la France », à-propos allégorique en vers, joué pendant l'Exposition universelle de 1867, obtint un grand succès. Lorsque M. Littré fonda la *Philosophie positive*, M. S. en devint un des collaborateurs et y publia de remarquables articles: « M. Cousin et l'éclectisme » ; « Les Bourgeois fainéants » ; « La notion de patrie » ; « Les Inconséquents » ; « Les hommes d'État », etc.; ainsi que des poésies : « Le dialogue des loups » ; « La vraie colonne » ; « Le Cantique de l'émancipé », etc. Pendant le siège de Paris, M. S. fut secrétaire de la commission d'armement du IXme arrondissement et contribua à la création des bataillons de marche de la garde nationale. « Ceux qui marchent », poème patriotique, fut à ce moment un succès pour M. Maubant de la Comédie française. Membre de la Ligue républicaine des droits de Paris en avril 1871, il fut chargé de diverses négociations auprès de M. Thiers et désigné comme un des parlementaires pour la suspension d'armes de Neuilly. Candidat de la liste radicale aux élections complémentaires du 8 juillet 1871, il obtint près de 50,000 voix. A cette époque, il fit une conférence à la mairie du 3me arrondissement pour demander l'érection de la statue de Diderot dans le square des Arts et Métiers. Collaborateur au *Peuple souverain* (1872), il donna en janvier 1873 et en septembre 1875, dans la *Philosophie positive*, deux comédies en vers: « L'Orpheline », qui ne fut pas autorisée au théâtre par la commission de censure; et « Chez Diderot », avec une préface de M. Littré, qui avait été reçue en 1868. Sur cette dernière pièce que M. S. a retirée de l'Odéon pour des motifs que M. Littré a expliqués dans la *Philosophie positive* (octobre 1875), M. Eugène Noël a fait à la Ligue de l'enseignement de Rouen, une conférence publique qui a été très-applaudie: « Chez Diderot ». Elle a été traduite en russe par Pierre Weimberg. Lors du pétitionnement pour l'amnistie (1876), M. S. fut secrétaire de la commission nommée à cet effet. On a encore de lui « L'ordre moral », brochure, 1874, ainsi que de nombreux articles (polémique, théâtre, sciences), dans le journal la *Politique ;* et des travaux spéciaux dans le *Moniteur scientifique*, notamment une étude approfondie sur l'assainissement de la Seine. Pendant la crise du 16 mai, M. S. a été le secrétaire du comité républicain du IXme arrondissement qui avait pour présidents Victor Hugo et Gambetta et soutenait la candidature législative de M. Grévy en remplacement de M. Thiers qui venait de mourir. En 1879, il entra comme collaborateur politique au journal *Le Siècle*, où, jusqu'à ces derniers temps, il traita les questions politiques et les questions d'enseignement. Élu conseiller municipal de Paris et du conseil général de la Seine, pour la première fois en 1884, et réélu au mois de mai 1887, il a fait partie de commissions importantes: celle des écoles supérieures municipales, celle du métropolitain, celle de l'Histoire de la révolution de Paris entre autres. Il est encore aujourd'hui membre du Conseil d'administration du Collège Rollin, et vient d'être désigné par le ministre de l'Instruction publique pour présider, cette année, la distribution des prix de cet établissement.

Sturm (Rodolphe-Frédéric-Othon), mathématicien allemand, né, en 1841, à Breslau, a fait ses études préparatoires et universitaires dans sa ville natale et reçut son doctorat en 1863. Depuis ce temps presqu'à 1872, il enseigna au Gymnase de Bromberg (Duché de Posen), d'où il fit passage à l'École polytechnique de Darmstadt en qualité de professeur ordinaire de géométrie descriptive et projective et de statique graphique. Depuis 1878, il se trouve à Münster (Westphalie) comme professeur ordinaire de mathématiques à la Faculté de philosophie de l'Académie de la ville. Nous avons de lui: « Synthetische Untersuchungen über Oberflächen dritter Ordnung », Leipzig, 1867 (ouvrage couronné de la moitié du prix Steiner, par l'Académie des Sciences de Berlin); « Elemente der darstellenden Geometrie », id., 1874 (traduction en langue italienne, Milan, 1878); « Untersuchungen über das Flächennetz zweiter Ordnung » (*Crelle's Journal*), 1869 ; « Das Problem der Projectivität und seine Anwendung auf die Flächen 2 Grades » (*Math. Ann.*), id. ; « Ueber Singularitäten der Allgem. Fläche 2-ter Ordnung » (*Crelle's Journ.*), 1870 ; « Ueber die römische Fläche von Steiner » (*Mathem. Ann.*), 1871 ; « Ueber die Flächen mit einer endlichen Zahl von (einfachen) Geraden, vorzugsweise die der 4 und 5 Ordnung » (id.), 1871 ; « Erzeugnisse, Elementarsysteme und Charakteristiken von cubischen Raumcurven » (*Crelle's Journ.*), 1875 ; « Ueber die von Standt'schen Würfe » (*Math. Ann.*), 1876 ; « Zur Theorie der algebraischen Flächen » (id.), id. ; « Ueber correlative und reciproke Bündel » (id.), 1877 ; « Vereinfachung des Problems der räumlichen Projectivität » (id.), 1879 ; « Darstellung binärer Formen auf der cubitschen Raumcurve » (*Crelle's Journ.*), id. ; « Zur Theorie der Flächen 3 Ordnung » (id.), 1881 ; « Ueber die ebenen Curven 3 Ordnung » (id.), 1881 ; « Ueber das Geschlecht von Curven auf Kegeln » (*Math. Ann.*), 1882 ; « Ein Analogon zu Gauss'satz von der Krümmung der Flächen » (id.), 1883 ; « Ueber den integrirenden Factor der elliptischen Differentialgleichungen » (id.), 1883 ; « Ueber die Curven auf der Allgem. Fläche 3 Ord. » (id.), 1883 ; « Ueber Collineation und Correlation » (id.), id. ; « Bemerkungen und Zusätze zu Steiner's Aufsätzen über Maximum und Minimum » (*Crelle's Journ.*), 1884 ; « Ueber das Minimum der Inhaltes eines Viereckes bei gegebenen Seiten » (avec M. Lampe) (id.), id. ; « Vürfel und reguläres Tetraeder als Max. und Min. » (id.), id. ; « Ueber den Punkt kleinster Entfernungssumme von gegebenen Punkten » (id.), id. ; « Ueber den 8 Schnittpunkt dreier Flächen 2 Ordn. » (id.), 1886 ; « Beispiele zu den Cremona'schen ebener Transformationen » (*Math. Ann.*), id. Outre cela, il a publié plusieurs mémoires dans les *Annali di Matematica*, dans les *Proceedings of the London Math. Society* et dans les *Nachrichten von der Königl. Gesellschaft der Wissenschaften zu Göttingen*.

Suchier (Hermann), écrivain allemand, professeur titulaire à la Faculté des Lettres de l'Université de Halle-sur-Saale, né, à Karlshafen, le 11 décembre 1848, fit ses études au gymnase de Rinteln et aux Universités de Marbourg et de Leipzig, a été soldat dans le 32me régiment et a pris part à la campagne de 1870-71. En 1873 il fut nommé professeur libre à Marbourg, en 1874 à Zurich, en 1875 à Münster, en Westphalie, et à Halle en 1876. Nous avons de lui : « Ueber die Quelle Ulrichs von dem Türlin und die älteste Gestalt des Prise d'Orenge », 1873 ; « Ueber die Matthäus Paris zugeschriebene Vie de Saint-Auban », Halle, 1876 ; « Mariengebete », en français, portugais et provençal, id., 1877 ; « Aucassin und Nicolete mit Paradigmen und Glossar », Paderb., 1881 ; « Bibliotheca Normannica. Denkmäler Normannischer Litteratur und Sprache », Halle, 1878 ; « Denkmäler provençalischer Litt. und Sprache », id., 1883 ; « Œuvres poétiques de Philippe de Remi Sire de Beaumanoir », Paris, 1884-85 ; « Das Niederreinische Bruchstück der Schlacht von Aleschaus », *Bartsch's Germanist Stud.*, 1872 ; « Der Troubadour Marcabru », *Lemcke's Jahrb f. rom. und engl. Litt.*, 1875 ; « Die Quellen der Mágussaga », *Germania*, id. ; « Ueber die Sage von Offa », *Paul und Braune's Beiträge z. Gesch. der deutsch. Sprache*, 1877 ; « Die Mundart des Leodegarliedes », *Gröber's Zeitschr. f. rom. Philol.*, 1878 ; « Zu den Altfranzös. Bibelübersetzungen », id., 1884 ; « Ueber rom. Sprachen und d. Mundarten Frankreichs », *Gröber's Grundr. d. rom. Philologie*, Strassbourg, 1886.

Sulzberger (Max), publiciste d'origine allemande, né, à Goch (Prusse), en 1830, mais fixé depuis longtemps en Belgique, où il est le rédacteur politique et le critique d'art du journal bruxellois *L'Étoile belge*. Nous connaissons de lui : « Le Salon de Bruxelles en 1860 », Bruxelles, 1861 ; « Dalilah, tableau biblique », id., 1862 ; « Le réalisme en France et en Belgique : Courbet et de Groux », id., 1874 ; « Un seul livre, une seule idée », id., ; « Les beaux-arts à l'Exposition internationale de 1878 à Paris », id., 1878 ; « Pierre-Paul Rubens : un essai à l'occasion du 300me anniversaire de sa naissance », id., 1877. Il a écrit en outre bon nombre d'articles dans la *Revue de Belgique* ; et avec un Hongrois, Kerbenyi, il a fait paraître une brochure, signée XX-XX, dont voici le titre : « Dix martyrs de la justice autrichienne en Hongrie ; procès Almasy et consorts », Bruxelles, 1865.

Sulzberger (Robert-Léon), botaniste belge, fils du précédent, né, à Saint-Josse-ten-Noode, en 1866. Il a donné en Belgique plusieurs conférences sur : « Les Orchidées » ; « Les fleurs aimées », etc., lesquelles ont été publiées en brochures, et il a fait paraître un beau volume intitulé : « La rose ; histoire, botanique, culture », Namur, 1878.

Sulzberger (Ulrich-Gustave), historien suisse, né, le 3 janvier 1819, au village de Gachnang, près de Frauenfeld dans le canton de Thurgovie, où son père exerçait le ministère évangélique, se prépara lui aussi à embrasser la même carrière par de solides études exégétiques et philologiques aux Universités de Zurich et de Bonn, sous la direction des professeurs Hitzig, Bleek, Schweitzer, Brandis, Nitzsch, Herzel, Ozelli. En 1843, la carrière pratique commença pour lui par l'occupation pendant deux ans du poste de suffragant à Frauenfeld ; de 1845 à 1888 il occupa successivement les fonctions de pasteur titulaire dans les villages du Sitterdof, près de Bischofszell (1845), de Sewelen, dans le Rheinthal Saint-Gallois (1866), de Felben, près de Frauenfeld (1882). Les ouvrages de M. S. tous relatifs à l'histoire ecclésiastique de la Suisse orientale sont les suivants : « Histoire de la paroisse de Frauenfeld », 1850 ; « Catalogue biographique des pasteurs de toutes les paroisses évangéliques du canton de Thurgovie depuis l'origine jusqu'à nos jours », 1863 ; « Matériaux pour l'histoire de l'Église évangélique dans le Toggenbourg », 1866, d'abord publié dans les *Mémoires de la Société historique de Saint-Gall*, et suivi d'une série de travaux sous les différentes paroisses catholiques ou évangéliques de la même vallée ; « Histoire du chapitre de Saint-Gall depuis ses origines jusqu'en 1589 », 1865 ; « Le premier et le second essai de réformation dans l'ancienne seigneurie de Hohensax-Forsteck 1525-1565 », 1867 ; « Recherches sur les paroisses évangéliques et historiques de la Thurgovie », 1865 ; « Recueil des inscriptions gravées sur les cloches dans les églises de Thurgovie », 1872 ; « Histoire de la Réformation en Suisse étudiée successivement dans les divers cantons évangéliques », 1872-1884 ; « Histoire de la contre-réformation en Thurgovie », 1874-1876 ; « Histoire de l'école en Thurgovie depuis ses origines jusqu'en 1798 », (existe manuscrite jusqu'en 1830) ; « Sur le doyen Morkofer », 1877 ; « Histoire des chapitres évangéliques et catholiques de la Thurgovie » ; « Histoire des paroisses du Rheinthal et du Werdenberg d'après les archives de Saint-Gall ».

Sundby (Thor), écrivain danois, professeur de langue et littérature romane à l'Université de Copenhague, est né, en cette ville, le 26 mai 1830 : après avoir étudié le droit et les littératures romanes, le français et le sanscrit, il publia en 1869 un ouvrage en danois sur « La vie et les écrits de Brunetto Latini ». Nous avons encore de lui le : « Liber consolationis et consilii » d'Albertano da Brescia. Il a publié avec M. W. de Coninck, en 1883, une traduction des « Pensées de Pascal », 3me éd. ; en 1883-1884 : « Dictionnaire Dano-Norvégien-Français », deux vol., Copenhague ; en 1888 : « Letture italiane, I. Prosatori del secolo XIX ; II. Poeti antichi e moderni ». En 1884 a paru la traduction de son ouvrage sur Brunetto Latini « Della vita e delle opere di Brunetto Latini », traduit par le professeur Rodolfo Renier, Florence. En 1885 a paru la traduction allemande de son traité sur Pascal « Blaise Pascal, sein Kampf gegen die Jesuiten und seine Verteidigung des Christenhams », faite par le Dr. Heinr. P. Junkar Oppeln, 1885.

Supino (Camille), économiste italien, professeur d'économie politique aux Instituts techniques du royaume, né, à Pise, le 24 septembre 1850. Il quitta bientôt les affaires qu'il avait entreprises après son *curriculum* scolaire pour la science et publia les ouvrages suivants: « La Teorica del valore », Milan, Hœpli, 1880 ; « La definizione dell'Economia politica », id., id., 1883 ; « Il capitale nell'organismo economico e nell'economia politica », id., id., 1886 ; « La scienza economica in Italia dalla seconda metà del secolo XVI alla prima del XVII », publié dans les *Memorie della regia Accademia di Torino* (1888) ; et plusieurs articles publiés dans les revues scientifiques.

Supino (David), avocat et professeur italien, né, à Pise, en 1850, docteur *in utroque* en 1872, avocat en 1874, professeur de droit commercial à Pise en 1875. Nous avons de lui plusieurs ouvrages insérés à l'*Archivio giuridico*, à la *Legge* et au *Casaregis*. La Confédération helvétique s'est servie des ouvrages de M. S. pour la compilation de son code commercial de 1881. Il fonda en 1883, à Pise, une revue intitulée *Il diritto commerciale*. Nous avons de lui en librairie: « La rivendicazione nel fallimento », Florence, Pellas, 1881 ; « La cambiale e l'assegno cambiario », Verone-Padoue, Drucker e Tedeschi, 1887.

Suppan (Guillaume), pédagogiste et écrivain hongrois, professeur de sciences naturelles et de mathématiques à l'école normale supérieure d'État à Budapest, né, à Budapest, en 1856, membre du Comité permanent du Musée pédagogique national, prodirecteur de l'orphelinat des orphelins d'instituteurs, membre très actif de plusieurs académies et sociétés savantes. Ses ouvrages sont un modèle d'exactitude, et comme il a une profonde connaissance de la langue allemande et de la langue hongroise, il jouit du grand avantage de faire valoir toujours en doubles formes les fruits de son vif talent et de son infatigable activité. On lui doit: « Abrázoló geometria » (traité de géométrie descriptive à l'usage des écoles royales supérieures), 3 vol., 1876-78 ; « Rúp-és hengerfelületek önálló ferde Vetítésben » (projections des surfaces du cône et du cylindre, etc.), paru dans les *Actes de l'académie hongroise des sciences*, 1880 ; « Számtan », (traité d'arithmétique à l'usage des gymnases), 1883 ; « Vezérkönyo a mértan és mértani vajz oklatásához » (éléments de géometrie et de dessin géométrique compilés par ordre du ministère de l'agriculture, industrie et commerce, trois vol. et 24 planches), 1883-85 ; « Mértan ipariskolàk stámáva » (géométrie à l'usage des écoles industrielles), 1883 ; « Rajzoló Geometria » (traité de géométrie à l'usage des écoles royales et municipales), 1885. Il est collaborateur du: *Néptanitók lapja* et de plusieurs journaux littéraires et scientifiques hongrois, *Magyar tanügy, Középiskolai tandregyesületi közlöny, felsö néplci polgàrisckolai közlöny*, ainsi que du: *Centralblatt für den gewerblichen Unterricht* qui paraît à Vienne. Comme secrétaire de la commission spéciale didactique, il coopéra très efficacement à l'exposition nationale hongroise qui eut lieu en 1885.

Susemihl (Frédéric-François-Charles-Ernest), éminent philologue et écrivain allemand, professeur ordinaire de philologie classique à l'université de Greifswald, né, à Laage (Grandduché de Mecklenbourg-Schwerin), fit ses études à Güstrow, Leipzig et Berlin, a été maître au gymnase de Güstrow jusqu'à 1851, professeur libre de philologie à Greifswald en 1852, professeur extraordinaire en 1863 ; et de 1875 à 1876 recteur de l'Université de cette ville. Ses ouvrages sont nombreux. Nous citons ici les plus importants: « Prodromus platonischer Forschungen », Gœttingue, 1852 ; « Kritische Skizzen zur Vorgeschichte des zweiten punischen Krieges », Greifsw., 1852 ; « Die Genetische Entwicklung der platonischen Philosophie », 2 vol., Leipzig, 1855-1860 ; « Aristoteles über die Dichtkunst. Griech. und Deutsch. », id., 1865, 2me éd., 1874 ; « Aristotelis Politicorum libri octo cum vetusta translatione Guilelmi de Mœrbeka », id., 1872 ; « Aristoteles'Politik. Griech. und deutsch. », 2 vol., id., 1879 ; « Aristotelis Ethica Nicomachea », id., 1880 ; « Aristotelis Politica », id., 1882 ; « Aristotelis quæ feruntur Magna Moralis », id., 1889 ; « Aristotelis Ethica Eudemia. Eudemi Rhodii Ethica », id., 1884 ; « De Politicis Aristotelis quæstiones criticæ », id., 1886 ; « Aristotelis quæ feruntur Oeconomica », id., 1887.

Sutermeister (Othon), littérateur et philologue suisse, fils d'un pasteur, né, le 27 septembre 1832, dans le village argovien de Surbthal, près de Zofingen, reçut son éducation classique au gymnase d'Aarau, se rendit à l'Université de Zurich pour y étudier la philologie germanique et, aussitôt après avoir obtenu son diplôme, il passa quelques années, en qualité d'instituteur, soit à Paris, soit dans la Suisse romande. La carrière de l'enseignement public s'ouvrit pour lui, en 1856, par sa nomination à la chaire de français et de littérature allemande à l'école cantonale de Frauenfeld. L'année suivante il fut appelé, pour remplir les mêmes fonctions, au séminaire pédagogique de Kussnacht et y demeura jusqu'en 1866. A ce moment-là il revint dans son canton d'origine et professa la langue et la littérature allemandes à l'école d'Aarau, en 1873, il fut appelé à la direction de l'école des jeunes filles; en 1876, à celle du séminaire de Mariaberg, près de Rorschach. A partir de 1880, où sa résidence fut fixée à Berne, succéda au zèle déployé par M. S. dans le domaine pédagogique, une activité littéraire non moins fructueuse. Nous citerons parmi ses ouvrages les plus estimés: « La langue maternelle regardée comme la parole vivante », Frauenfeld, 1857; « Trois langues allemandes », Zurich, 1859; « Une collection de proverbes domestiques suisses », id., 1860; « Frisch und fromm », choix de récits, fables, poésies, Aarau, 1863; « Maximes destinées aux parents, aux maîtres et aux instituteurs », Leipzig, 1863; « Portraits littéraires du XVIIIe siècle », Zurich, 1864; « Distiques pédagogiques », id., 1866, 2me éd.; 1888; « Contes pour les enfants et le foyer domestique », Milan, 1868, 2me éd. 1872; « Recueil de proverbes suisses actuels », Aarau, 1869; « La poésie de l'école », anthologie, id., 1870; « Mémoires adressés aux parents sur les ouvrages destinés à la jeunesse », 5 op., id., id.; « Les bluets », nouveau recueil de fables, Wesel, id., 2me éd. 1884; « Toujours vert (Immergrün) », légendes et paraboles, id., id.; « Le maître d'école selon la maxime germanique », id., 1878; « Petit dictionnaire », Zurich, 1881; « L'esprit et l'univers, poésies philosophiques », 1881; « Les présents d'un hôte », 1883; « Mémorial », 1886. M. S. édite en outre, depuis 1873, les *Feuilles suisses illustrées pour la jeunesse* et depuis 1881, *Schwytzerdutsch*, revue destinée à l'étude des dialectes suisses.

Swientochowski (Alexandre), docteur en philosophie, publiciste, conteur et écrivain dramatique polonais, dont le pseudonyme est OKONSKI, né, le 18 janvier 1849, à Stocrek (gouvernement de Lublin). Il fit ses études classiques au gymnase de Lublin, ses études philosophiques à l'Université de Varsovie et se rendit ensuite les achever en Allemagne. Après avoir subi ses examens et défendu la thèse: « Ein Versuch die Entstehung der Moralgesetze zu erklären », il obtint ses degrés à Leipzig. Il s'adonna depuis longtemps à l'étude de l'éthique évolutive et s'occupa même à un travail éminent dans le domaine nommé. Ses œuvres littéraires comprennent trois genres. Drames: « Niewinni » (Les Innocents); « Piekna » (La belle); « Aspazya » (Aspasie); la trilogie: « Niesmiertelne » (Les âmes immortelles); « Ojciec Makary »; « Aureli Viszar »; « Regina ». Nous citerons encore les petits tableaux dramatiques: « Antea; Poddanka; Blazen; Zamaska; Pauzaniasz », etc. Des nouvelles: « K. Krug »; « Charva Rubin »; « Damian Sapenko »; « Dwa progrzeby »; « Ona »; « On i ona »; « Klemens Boruta ». Contes: « Dwugtos mitosci »; « Testament Alego »; « Asbe »; « Strachy Gentelikonu »; « Chór niemych »; « Wesele Satyra ». Il publiera bientôt un grand poème en prose, dans le genre appelé par les allemands du nom de « Weltpoem ». Comme journaliste, il collabora depuis 1871 à la revue hebdomadaire *Przeglad tygodniowy*, partagea ensuite la direction de ce journal, rédigea en 1879-80 la feuille *Nów*, et fonda en 1881 le journal *Prawda* (Vérité), qui, comme organe de son illustre rédacteur est la plus brillante expression des tendances libérales du parti progressiste et même radical de la société. Ses feuilletons, sous le titre collectif de *Liberum Veto*, sont signés des simples mots: *Posel Prawdy* (Messager de la Vérité) qui cadrent parfaitement avec le contenu de ces brillantes compositions.

Swinburne (Algernon-Charles), éminent poète et auteur dramatique anglais, né, à Londres, le 5 avril 1837, fit ses études à l'Université de Oxford et visita l'Italie. Nous avons de lui: « The queen mother »; « Rosamonde »; « Atalante and Calydon »; « Chastelard »; « Poèmes et ballades »; « Songs of Italy »; « Songs before sunrise », 1871; « Bothwel », tragédie, 1874; « William Blake, a critical Essay », 1867; « Essays and Studies », 1875; « A note on Charlotte Brontë », 1877, etc.

Sybel (Henri DE), père du suivant illustre historien allemand, né, le 2 décembre 1817, à Dusseldorf, étudia l'histoire à l'Université de Berlin, a été professeur à l'Université de Bonn et de Marbourg, et, en 1858, devint secrétaire de la commission historique. De 1862 à 1864, il appartient à la Diète prussienne où il combattit principalement la politique polonaise du prince, alors comte de Bismark, et, élu membre de la chambre des députés, il fut un des plus vigureux adversaires du parti ultramontain. En 1875 il fut nommé directeur des archives de l'État et trois ans plus tard, conseiller intime. Parmi ses ouvrages nous citerons ici les plus importants: « Geschichte der ersten Kreuzzugs », Dusseldorf, 1841, 2e éd., 1881; « Entstehung des deutschen Königsthum », Francfort, 1843, id., id. Dignes d'être mentionnées sont aussi ses histoires sur le temps de la révolution et celle sur la nation allemande et l'empire. En 1856, M. S. fonda la *Historische Zeitschrift* qu'il dirige toujours.

Sybel (Louis DE), savant allemand, docteur en philosophie, professeur ordinaire d'archéologie à l'Université de Marbourg, né, le 1er juillet 1846, fit ses études à Munich, Bonn, et Gœttingue, voyagea en Italie et en Grèce, et publia: « Ueber Schliemann's Troja », Marbourg, 1875; « Mythologie der Ilias », id., 1877; « Katalog der Sculpturen zu Athen », id., 1881; « Kritik der ägyptischen Ornaments », id., 1883; « Athena und Marsyas », id., 1879; « Weltgeschichte der Kunst bis zur Erbauung der Sophienkirche », id., 1888; « Platons Symposion », id., id. ; « Platons Technik an Symposion und Eulhyden nachgewiesen », id., id. Il collabore au *Rhoscher's Mytholog. Lexikon*, et nous lui devons aussi plusieurs autres monographies parues dans *Hermes*, *Athenische Mittheilungen*, et dans les *Annales de l'Institut archéologique allemand*.

Syrkou (Polychrone), littérateur russe, professeur à l'Université de Saint-Pétersbourg, né, en 1855, dans le village de Straseni en Bessarabie, près de Kichinew; il fit ses études à l'école paroissiale du couvent de Capriana, au Séminaire ecclésiastique de Kichinew, et à l'Université de Saint-Pétersbourg où il fréquenta la Faculté de philologie et d'histoire. En 1883, il fut nommé *Docent* de langue roumaine à l'Université de Saint-Pétersbourg et ensuite professeur de langues et littératures néoslaves. Nous avons de cet écrivain plusieurs articles, concernant les littératures slaves et roumaines et la langue bulgare. Citons : « Zur mittelalterischen Erzählungslitteratur aus dem bulgarischen », *Archiv f. Slav. Philol.*; « 1er fasc. de l'histoire des narrations, contes et fables dans l'ancienne littérature bulgare (Légende byzantine sur l'assassinat de l'empereur Nicefor Zokas) », publié en langue russe, Saint-Pétersbourg, 1883 ; « Étude sur le métropolite Gr. Camblak », *Journal du ministère de l'instruction publique*, id., 1885 ; « Étude sur Euthymie, le dernier patriarche bulgare », *Album jubilaire du prof. Lamanskij*, 1883 ; « Étude sur le culte de Cyrille et Méthode en Bulgarie », *Russkoji Filologices Ann.*

Szajnocha (Ladislas), savant galicien, docteur en philosophie, professeur de géologie et de paléontologie à l'Université de Cracovie et directeur du Musée géologique, membre de la Société des naturalistes polonais de Lemberg, membre de la Commission physiographique de l'Académie des sciences de Cracovie, membre de la Société géologique allemande de Berlin, de la Société des naturalistes de Saint-Pétersbourg et de la Société géographique de Vienne, né, le 21 juin 1857, à Lemberg (Galicie), fit ses études à Lemberg et à Vienne, se dédiant particulièrement à la géologie et à la paléontologie sous les célèbres professeurs E. Süss et M. Neumayr; il visita en 1878 la Suisse et l'Italie, en 1879 Munich en Bavière, pour y étudier les musées de paléontologie; en 1880 il voyagea en Silésie et en Moravie et de nouveau en Italie; en 1882 en Roumanie, et en 1885 en Allemagne, pour se rendre à Berlin et prendre part aux travaux du III congrès géologique international. Après avoir fait d'autres voyages en Istrie, en Croatie et en Hongrie, en 1888 il se rendit à Londres pour prendre part également au IV congrès géologique international. On lui doit: « Die Brachiopoden Fauna der Oolithe von Balin bei Krakau », 1879; « Das Petroleum-Vorkommen von Stobode Rungiaska », 1881 ; « Ein Beitrag zur Kenntniss der jurassischen Brachiopoden aus den Karpathischen Klippen », 1881 ; « Zur Kenntniss der Cephalopoden Fauna der Inseln Elobi an der West-Küste Afrika's », 1884 ; « Sur quelques espèces de poissons fossiles de Monte Bolce près de Vérone » (en polonais), 1886; « Ueber die von Dr Zuber in Süd Argentine und Patagonien gesammelten Fossilien », 1888 ; « Ueber fossile Pflanzenreste aus Cachcuta in der Argentinischen Republik », id. ; « De la Stratigraphie des couches Siluriennes de la Podolie autrichienne » (en polonais), 1889. Outre les ouvrages mentionnés, la plupart desquels ont paru dans les publications des Académies des Sciences de Vienne et de Cracovie, il a publié, en polonais, d'autres travaux géologiques et sur les mines.

Szana (Thomas DE), écrivain hongrois, secrétaire de la société littéraire *Petöfi*, né, à Tisza-Füred, le 1er janvier 1844, fit ses études au Collège de Debreczin, fut reçu avocat à Budapest en 1867; il quitta bientôt le barreau pour s'occuper exclusivement de littérature. Ses premiers essais parurent dans le journal *Hölgyfutár* (Courrier des dames). Depuis lors, ses œuvres diverses ont été tour-à-tour publiées dans les journaux et les revues de Hongrie. Voici chronologiquement le titre de ses publications : « Szüunòràkra » (Heures de loisir); « Csokonai èletc » (Vie de Czokonaï, poète hongrois de XVIIIme siècle), 1868 ; « Nagyszellemek » (Les génies), 1870 ; « Vàzlatok » (Esquisses littéraires), 1875 ; « A kèt Kisfaludy » (Les deux Kisfaludy), 1876 ; « A müvészet philosophiàja » (Philosophie de l'art), 1878 ; « Molière élete ès müvei » (Vie de Molière), id. ; « Magyarköltök szerelmei » (Amours des poètes hongrois), 1887 ; « A könyo règen ès most » (Le livre, étude bibliographique), 1888 ; « Ujabb elbeszélök » (Les nouvellistes modernes en Hongrie), 1889 ; « Magyar müvészek » (L'art en Hongrie), 2 vol., in-4, avec héliogravures, 1886-1889 ; « Petöfine » (La femme de Petöfi), 1890. Il a traduit « L'art d'aimer », d'Ovide; le « Voyage autour de ma chambre », de Xavier de Maistre, et la « Vita di Benvenuto Cellini », qu'il a publiée avec une longue préface et des commentaires. M. S. a fondé le journal de critique littéraire et artistique *Figyelo* (L'Observateur), la revue littéraire *Koszoru* (La Couronne), et a écrit plusieurs articles sur la littérature hongroise pour diverses publications périodiques étrangères, telles que *Auf der Höhe* (Leipzig), et *La Revue internationale* (Florence). Il est collaborateur de la *Revue artistique allemande* et de la *Kunst für alle* (L'art pour tous) de Munich.

Szaraniewicz (Isidore), historien ruthène, membre de l'Académie des sciences de Cracovie, membre correspondant de la Commission centrale des monuments et de l'art, directeur du Club national ruthène et des deux associations ruthènes intitulées *La Mère* et *La Civilisation* à Lemberg, docteur en histoire *honoris causa*, (titre conféré par l'Université russe de Kjew), est né, le 17 février 1829 à Kozary (Gallicie), étudia la philosophie à Lemberg et ensuite la théologie à l'Université de cette ville et à Vienne. Après avoir terminé ses études théologiques, il se dédia à l'histoire et prit part aux importants travaux historiques et philologiques du Séminaire de Lemberg; il prit ses grades en philosophie à l'Université de Lemberg, où, depuis 1873, il enseigne l'histoire de l'empire autrichien. Outre plusieurs monographies parues dans divers périodiques, il publia: « Die Geschichte von Haliez und Wladimir von den ältesten Zeiten bis zum Jahre 1453 », 1863; « Forschungen auf dem Gebiete der vaterländischen Geographie », 1869; « Ein Abriss der innern Verhältnisse von Ostgalizien in der zweiten Hälfte des 15 Jahrhundert, auf Grund der gleichzeitigen Quellen », 1870; « Kritische Blicke in die Geschichte der Karpatenvölker im Alterthum und im Mittelalter », 1881; « Die Hypatios-Chronik als Quellenbeitrag für österreichische Geschichte », 1872; « Kalszka, Fürsten von Ostrog », narration historique, 1880; « Kurzgefasste Geographische Beschreibung der œsterr. ungarischen Monarchie », 2ine éd. 1878; « Drei historische Beschreibungen dei altruthenischen Stadt Haliez », 1883; « Ueber die Resultate der archäologischen Forschungen in der Umgegend von Haliez », 1886; « Die Denkmale des ruthenisch Galizischen Alterthums in chromolitographischen Abbildungen », 1866; « Die Franziskaner Kirche in Italien », 1888.

Szilagyi (Alexandre), directeur de la bibliothèque de l'Université royale hongroise de Budapest, né, à Clausembourg en Transylvanie, le 31 juillet 1827, a fait ses études à Kolswarz et à Marosbasarheli. Journaliste en 1848, officier à l'armée des Honveds en 1849, il débuta dans les lettres en 1850. Voici les titres de ses ouvrages: « Die ungarischen Revolutionsmänner », 1850; « Erdély irodalomtörténete » (*Bud. Szemte*); « Banffy Denes Kora és megöletése » (*Ak. Zekfoglaló*), 1859; « Torok magyarkori allamokmánytár » (id.), 2 vol., 1863; 7 vol., 1868-73; « Erdélyország története », 2 vol., 1866; « Magyarosszägis erdélyi vértanéck »; « Báthory Gábor fejedelem története », 1867; « Zringi Peter és táorai ligaja », Leipzig, 1867; « Rozsnyai David, az utolsó torok deák történeti maradványai », id.; « A Rákócxyak Kora Erdélyben », 1868; « Rákócxy és Pátmany », 1870; « Levelek és allamokmanybka vörösvári leveltárbó »; « Actes et documents pour servir à l'histoire de l'alliance de George Rákocxy I prince de Transylvanie avec les Français et les Suédois, dans la guerre de Trente ans », 1873; « Rajzok és tonulmányok », id.; « Monumenta diactalia Transylvanica », I-IX vol., 1876-84; « Carrillo Alfonz diplomacziai unikódéte », 1877; « A Két Rákócxy György családi levelezése »; « Szamoskozy Istvan fennmaradt történeti murkai », 4 vol., 1877; « Gabriel Bethlen und die schwedische Diplomatie », 1882; « Georg Rákócxy im 30 jahrigen Kriege, 1630-40 », 1883; « Levelek és okiratok I Rákocxy Gyorgy ossxekötteté eihez », id.; « I Rákocxy Gyorgy elsö osoxekötttetesei a Svidekkel », id.

T

Tabarrini (Marc), illustre écrivain et homme politique italien, vice-président du Sénat, conseiller d'État, né, à Pomarance en Toscane, le 14 septembre 1818; docteur en droit en 1832, avocat en 1846, il accourut sous les drapeaux en 1848 et fit la campagne contre les Autrichiens comme capitaine d'infanterie. Député à l'Assemblée toscane, il collabora avec Lambruschini à la *Guida dell'Educatore*; il est un des plus anciens collaborateurs de l'*Archivio Storico Italiano*. M. T. est académicien de la *Crusca* et on le considère à bon droit comme un des écrivains les plus purs et élégants en même temps. Il a couvert avec beaucoup d'honneur plusieurs places politiques; il est sénateur depuis 1871. Nous avons de lui: « Gino Capponi, i suoi tempi, i suoi studii, i suoi amici », Florence, Barbèra, 1859; « Versi di Giusti, raccolti e ordinati secondo l'intenzione del poeta, con prefazione e dichiarazioni filologiche », id., Le Monnier; « Scritti di Vincenzo Antinori », id., Barbèra, 1868; « Scritti letterarii di Massimo d'Azeglio », id., id., 1870; « Scritti editi ed inediti di Gino Capponi », 2 vol., 1877; « Vite e ricordi di italiani illustri del secolo XIX », Firenze, Barbèra, 1884; « Pensieri di un solitario, opera postuma di R. Lambruschini », id., id., id.; « Epistolario di Bettino Ricasoli », en collaboration avec le prof. A. Gotti, dont trois volumes ont déjà paru, id., id., 1886-89.

Taco, pseudonyme de H. DE BEER, littérateur et écrivain hollandais, ancien professeur à l'École de l'art dramatique, est né, à Maarssen, le 10 novembre 1848; il a été professeur de langues française, anglaise et allemande à l'École communale de Ryssen: plus tard, il enseigna la langue et la littérature allemandes à Breda, l'allemand et l'anglais à Goes jusqu'à ce que le 8 janvier 1877, il fut nommé professeur à l'École moyenne supérieure d'Amsterdam. Sous le pseudonyme de *Taco*, il a publié dans diverses revues littéraires, plusieurs nouvelles, essais, poésies et une comédie intitulée: « De Gelukzoeker ». Nous lui devons aussi bon nombre de traductions du français, de l'anglais, de l'allemand, parmi lesquelles nous signalerons: « L'avare »; « Le malade imaginaire »; « Taher Mariken » de Joachim Mähe, et « Trouring » de H. de Veer. Il est auteur du « Literary Reader » (histoire de la littérature anglaise, en 2 vol., parus en 1874, et dont on a publié en 1887 la 3me éd.), et des « Musterlese aus der poetischen Literatur der Deutschen ». En 1875, il fonda la *Bibliotheck voor Buitenlandsche Scheyrers* et en 1876 la *Noord en Zuid*, revue de langue et de littérature néerlandaise; plus tard il fonda la *Onzi Volkstaal*, revue de dialectes néerlandais, et, en 1878, après avoir rédigé (1877-78) l'*Almanach du théâtre*, il fonda aussi la *Taalstudie*, revue pour l'étude des langues modernes, dont il fut le rédacteur pendant la première année. Il est le rédacteur en chef de la revue littéraire et artistique hebdomadaire illustrée *Le Portefeuille* et avec M. E. Rittner Bos, il rédige le *Quatuor*, revue internationale française, anglaise, italienne et espagnole.

Taddei (Nicholas), écrivain et jurisconsulte italien, né, à Ala, en 1835. En dehors de plusieurs articles insérés aux journaux et revues spéciales, nous avons de lui : « Conclusioni dei nobili Gardenigo e Litisconsorti sopra la fabbriceria della parrocchia degli Eremitani in punto di proprietà e possesso della cappella di Giotto in Padova, detta Arena », Venise, 1878.

Tagancef (Nicolas), sénateur de l'empire russe, membre honoraire des Universités de Saint-Pétersbourg et de Kiew, ancien professeur de Sciences pénales à l'Université de la capitale de l'empire, né, à Penza, en 1843, étudia en Russie, à Berlin, à Leipzig ed à Heidelberg ; en 1869 il fut nommé professeur, et après une collaboration au *Journal du Ministère de la justice*, collaboration qui dura 4 ans, il fut (1873-79) directeur du *Journal des lois civiles et pénales*. Nous avons de lui à cette époque : « De la récidive dans le droit français, le russe et l'allemand », 1867 ; « Les crimes contre la vie dans la loi russe », 1872 ; « Cours de Code pénal russe », 1874. Nommé en 1881 membre de la Commission législative pour élaborer le projet du Code pénal, M. S. en a déja publié une partie (Partie générale : Crimes contre la personne et la propriété). En 1887, M. T. a été nommé conseiller à la Cour de Cassation. Les dernières publications du sénateur T. sont les suivantes: « Cours de droit pénal russe », 3me livraison, 1879 ; « Les Codes pénals russes annotés », 5me éd., 1886-87 ; « Leçons de droit pénal russe », 2 vol., 1887-88.

Tahon (Victor), ingénieur, écrivain et archéologue belge, membre de plusieurs compagnies savantes, secrétaire général de la Société paléontologique et archéologique de Charleroi, est né, à Bruxelles, le 3 avril 1845. M. T. a peu publié jusqu'ici. Nous connaissons cependant de lui : « Fabrication du fer par le pudlage mécanique » ; « Notice sur un nouveau four à pudler à gaz » ; « Les origines de la métallurgie au pays d'Entre-Sambre-et-Meuse » ; « Les Armes franques et leur fabrication en Belgique ».

Taine (Hippolyte-Adolphe), littérateur français, membre de l'Institut, né, le 21 avril 1828, à Vouziers (Ardennes), fit de brillantes études au Collège *Bourbon*, remporta le prix d'honneur au concours général de 1847, et fut admis, l'année suivante, le premier à l'École normale. Après avoir obtenu en 1853 le diplôme de docteur ès-lettres avec ces deux thèses: « De personis platonicis » et « Essai sur les fables de la Fontaine », il renonça à la carrière de l'enseignement universitaire et fit paraître plusieurs ouvrages. Deux, entr'autres, sous une forme brillante, contenaient les appréciations le plus contraires aux doctrines traditionnelles de l'Université et causèrent une grande sensation : c'étaient un « Essai sur Tite-Live », 1854, et « Les Philosophes français du XIXe siècle », 1856; 2e éd., 1860. En 1863, M. T. fut appelé aux fonctions d'examinateur pour les lettres à l'École de Saint-Cyr, et en octobre 1864, nommé professeur d'histoire de l'art et d'esthétique à l'École des Beaux-Arts. M. T. a publié encore un certain nombre d'ouvrages, la plupart sous l'inspiration des doctrines fatalistes et dans un esprit d'opposition ouverte au spiritualisme: « Voyage aux eaux des Pyrénées », 1855 ; « Essai de critique et d'histoire », 1857 ; « La Fontaine et ses Fables », 1860 ; « Histoire de la littérature anglaise », 1864 ; « Idéalisme anglais », étude sur Carlyle, id. ; « Le positivisme anglais », étude sur Stuart-Mill, id. ; « Les écrivains anglais contemporains », 1865 ; « Philosophie de l'art », id. ; « Philosophie de l'art en Italie », 1866 ; « Voyage en Italie », id. ; « Notes sur Paris », 1867 ; « L'idéal dans l'art », leçons, id. ; « Philosophie de l'art dans les Pays-Bas », 1868 ; « De l'intelligence », 1870 ; « Du suffrage universel et de la manière de voter ». 1871 ; « Un séjour en France de 1792 à 1795 », lettres d'un témoin de la Révolution française, traduites de l'anglais, 1872 ; « Notes sur l'Angleterre », id. ; 5e éd., 1880. L'œuvre capitale de M. T. est une grande étude historique et politique ayant pour titre général : « Origines de la France contemporaine », et comprenant : « L'ancien régime », 1876 ; « La Révolution », 1878 ; « La conquête Jacobine », 1881 ; « Le Gouvernement révolutionnaire », 1884. Elle souleva de vives polémiques, et, très favorablement accueillie par les partis hostiles à la démocratie, elle permit à l'auteur de renouveler avec succès sa candidature à l'Académie française repoussée en 1874 lorsqu'il disputait à M. Caro le fauteuil de M. Vitet. M. T. fut élu en remplacement de M. de Loménie le 14 novembre 1872. A la suite de conférences faites à Oxford, en 1871, sur les personnages tragiques de Corneille et de Racine, il avait reçu le diplôme de docteur en droit civil de l'Université de cette ville.

Taizon (Édouard), écrivain et homme politique français, est né, le 18 décembre 1841, à Logeville-les-Saint-Avold. Après avoir fait ses études au Lycée de Metz, il entra en 1860 à l'École de Saint-Cyr avec le n. 30 sur 250. Promu lieutenant au 37e de ligne, le 1er octobre 1862 il partit avec ce régiment pour l'Algérie, en 1864 fut attaché aux bureaux arabes, apprit très rapidement la langue du pays et devint chef de bureau de 1re classe. En 1870, il était capitaine et fit la guerre contre l'Allemagne comme chef d'état-major du 26e corps à l'armée de la Loire. Il regagna ensuite l'Algérie, se distingua en Kabilie sous les ordres du général Lallemand, et mérita cette mention recueillie dans ses notes : « A fait preuve dans les deux campagnes d'une bravoure rare, poussée parfois jusqu'à la témérité ». En 1873, il rentra en France après 10 ans de séjour en Algérie, par permutation au 86e de ligne, et prit une part active à la réorganisation de l'armée, comme attaché à l'état-major général du 13e corps. Il est auteur d'un projet de « Règlement tactique », qui a devancé celui de 1875 et a été appliqué au camp de Pont-du-Château (Puy-de-Dôme). Porté au choix pour le grade de chef de bataillon en 1875, il offrit en 1876 à la suite d'un grave démêlé avec un de ses chefs, sa démission au général Berthaut, ministre de la guerre qui la refusa en termes flatteurs. Durant les évènements politiques de 1877, M. T. rappela, par son attitude, qu'il était le fils d'un des chefs du parti républicain de la Moselle. N'ayant pas été promu officier supérieur, quoique toujours proposé au choix, il donna sa démission en 1880. M. T. s'était assuré, avant de quitter l'armée, d'une belle position dans l'industrie. Mais M. Gambetta le pria d'y renoncer et lui demanda avec instance ses services comme rédacteur en chef de l'*Armée française*. C'est ainsi que commença la carrière politique de M. T. Après la mort de M. Gambetta, il quitta le journal, emportant l'estime et l'affection des plus hautes personnalités de l'armée, avec lesquelles il était en constantes relations. Travailleur infatigable, M. T. a traité, avec succès, dans des mémoires, brochures et articles de journaux la question de l'« Enseignement technique agricole ». Une partie de ses propositions a été mise en pratique par divers ministres. Collaborateur de la *France agricole* et rédacteur du *Bulletin agricole* de la Société d'agriculture de Fontainebleau, il a abordé, avec succès, la question économique, et fut candidat agricole du département de Seine-et-Marne aux élections de 1885. Il ne fut pas élu, mais recueillit 18,000 suffrages. Il est l'auteur en Algérie, en 1867, d'un mémoire sur les « Silos de prévoyance », institution économique qui est son œuvre et dure encore en dépit de l'abandon de l'administration, soutenue, il est vrai, par la presse algérienne. Ce mémoire a été traduit en arabe et dédié au Bey de Tunis qui a remercié l'auteur par voie officielle, mais ne semble pas avoir profité de la leçon d'économie politique contenue dans ce travail. M. T. est auteur également d'un « Projet d'organisation démocratique de syndicat agricole ». Il est à désirer que le gouvernement favorise la voie ouverte par l'auteur.

Tallarigo (Charles-Marie), écrivain italien, professeur au Lycée *Antonio Genovesi* de Naples et à l'Université de la même ville, membre de l'Académie *Pontaniana*, né, le 2 juillet 1830, à Motta Santa Lucia (Calabre) ; après avoir étudié au Séminaire épiscopal de Nicastro, il enseigna, pendant 4 ans, les belles-lettres et l'esthétique. En 1860, il quitta l'enseignement pour s'enrôler dans les troupes garibaldiennes qu'il quitta comme officier pour reprendre l'enseignement d'abord au Gymnase, puis au Lycée de Spolète (1861). En 1864, il fut transféré à Naples dans la position qu'il occupe actuellement. Nous avons de lui : « Discorso politico pel plebiscito di Napoli », Naples, A. Morano, 1860 ; « L'Arcivescovo di Spoleto ed i professori calabresi », Spolète, typ. Bassane, 1861 ; « Discorsi accademici in occasione dell'apertura degli studii o per premiazione », id., 1865 ; « Antologia greca con traduzione letterale a fronte e note storiche, filologiche e grammaticali », Foligno, Scariglia, 1866 ; « Parole dette ai giovani coscritti del 16o reggimento fanteria », Sanseverino (Marche), 1870 ; « Giovanni Pontano e i suoi tempi », vol. 2, 2e éd., Naples, Morano, 1874 ; « Compendio della storia della letteratura italiana ad uso dei licei », 2 vol., id., id., id. ; « Berardino Rota, cavaliere e poeta napoletano. Studio », dans la *Cronaca del R. Liceo Genovesi*, typ. Bracci, 1883 ; « Nuova Crestomazia italiana per le scuole secondarie, con proemi storici a ciascun secolo e le notizie degli autori e copiose note », Naples, Morano, 1886-87 ; « Giano Anisio », essai, 2e éd., id., Giannini, 1887 ; « Leopoldo Rodinò. Commemorazione », id., Carluccio, 1882 ; « Gli studii classici », discours, 1883 ; « Storia della letteratura italiana ad uso delle scuole, in questa nuova edizione riformata ed in buona parte rifatta dall'autore », vol. 3, id., Morano, 1887-88. M. T. a collaboré aux journaux *Le Marche* et *L'Umbria* et au *Giornale napoletano di filosofia e lettere*.

Tallon (Eugène), magistrat et homme politique français, né, à Riom (Puy-de-Dôme), le

21 mars 1836. Avant les évènements de 1870, M. T. était avocat au barreau de sa ville natale. Élu représentant du Puy-de-Dôme à l'Assemblée nationale, en février 1871, il prit place au centre droit libéral (réunions Feray et de Lavergne), fut nommé secrétaire de la réunion Lavergne, et prononça dans plusieurs circonstances importantes des discours remarqués. Il fut rapporteur des lois sur le travail des enfants dans les manufactures et sur la protection des jeunes abandonnés; rapporteur, en outre, des enquêtes sur l'assistance publique et sur la condition des classes ouvrières en France. En 1875, M. T. adopta les lois constitutionnelles. Ayant échoué aux élections de 1876, il fut appelé, le 18 novembre 1877, aux fonctions d'avocat général à la Cour d'appel de Lyon. On doit à M. T. les ouvrages suivants: « La vie morale et intellectuelle des ouvriers »; « L'Histoire des corporations ouvrières lyonnaises avant 1789 »; « La législation sur le travail des enfants dans l'industrie », commentaire de la loi du 19 mai 1874 sur le travail dans les ateliers et manufactures.

Tamassia (Henri), professeur de médecine légale à l'Université de Padoue, est né, en janvier 1849, à Poggio près de Mantoue, a fait ses études lycéales à Milan et universitaires à Pavie. Le ministère l'envoya se perfectionner à Berlin et à Vienne. Il en revint *privat-Docent*, et après concours, il occupa une chaire universitaire d'abord à Pavie, puis à Padoue. M. le Dr T. a, à son budget, beaucoup de mémoires de médecine légale épars dans les journaux et revues spéciales, ainsi que quelques traductions de l'anglais et de l'allemand. Nous citons spécialement la traduction en italien du « Traité des maladies mentales » de Maudslay.

Tamayo y Baus (Manuel), le plus en renom et le plus respecté de tous les auteurs dramatiques espagnols contemporains. Ses pièces de théâtre ont toujours un grand retentissement. Il est l'auteur de « El drama nuevo »; « Locura de amor »; « Lo positivo »; « La bola de nieve »; « Mas vale maña que fuerza », etc. Il est secrétaire perpétuel de l'Académie espagnole et directeur de la Bibliothèque nationale.

Tamburini (Auguste), éminent professeur de clinique psychiatrique, directeur de l'Hôpital des aliénés de Reggio, né, à Ancone, en 1848; après de bonnes études de gymnase et de lycée dans sa ville natale, il suivit les cours d'Université à Bologne, et débuta en 1871 comme médecin assistant à l'hôpital d'Ancone, où il resta jusqu'à 1873. En 1875 il fonda, avec M. Morselli et le regretté M. Livi, la *Rivista sperimentale di freniatria e Medicina legale, in rapporto con l'antropologia e le scienze giuridiche e sociali*. M. le prof. T. est le digne successeur de Charles Livi. L'Hôpital des Aliénés de Reggio, dont il est directeur, est un centre scientifique de premier ordre et sans aucun doute le premier établissement du genre qu'ait l'Italie. L'œuvre de M. T. est à nos yeux tellement importante que nous donnons la liste complète de tous les opuscules sortie de sa plume: « L'apparecchio inamovibile nell'artrite acuta », 1872; « Del rapporto tra la preminenza funzionale dell'emisfero sinistro e la frequenza dell'afasia nell'emiplegia », id.; « I Manicomii criminali », 1873; « Biografia di Ignazio Zani, direttore del Manicomio di S. Lazzaro », id.; « La trasfusione del sangue nella pellagra », 1874; « Contribuzione allo studio delle generazioni fisiche e morali dell'uomo idiota » (en collaboration avec M. le Dr Morselli), 1875-79; « Sulla genesi del ptialismo in alcune forme d'alienazione mentale », 1875; « Sullo stato di mente di Z. P. imputato di furto con sospetto di simulazione di pazzia », id.; « In causa di falsificazione di documenti imputata a G. G. » (en collaboration avec M. le prof. Livi), id.; « In causa di parricida condannato alla pena di morte » (id.), id.; « Influenze meteoriche sugli epilettici e maniaci », 1875-78; « Una nuova fase nella fisiopatologia del sistema nervoso centrale » (en collaboration avec M. le Dr Trebbi), 1875; « I centri motori della sostanza corticale del cervello », id.; « Gli studii recenti sulla localizzazione delle funzioni cerebrali », 1876; « La topografia cranio-cerebrale », id.; « Parricidio. Mania religiosa allucinatoria », id.; « Lipemania con tendenze suicide in seguito ad oltraggio al pudore. Valutazione della responsabilità dell'offensore », id.; « Dei Manicomii criminali e di una lacuna nell'odierna legislazione », id.; « In causa di pellagroso cleptomaniaco imputato di furto », id.; « Rottura traumatica di cuore adiposo; valutazione della responsabilità di chi arrecò il trauma », id.; « In causa di uxoricidio imputato a S. M. » (en collaboration avec M. le prof. G. Livi), id.; « Malattie mentali » (*Enciclop. med. ital.*), id.; « Lipemania » (id.), id.; « Di alcuni casi di aracnoite spinale ossificante nella paralisi progressiva », id.; « Contribuzione alla fisiologia e patologia del linguaggio », id.; « Monomania impulsiva da epilessia larvata d'origine periferica », 1877; « Nuove osservazioni di osseomi dell'arcnoide spinale nella paralisi progressiva », id.; « Sul concetto odierno della fisiologia e patologia della mente », id.; « Il nuovo Manicomio della provincia di Pavia in Voghera », id.; « Periencefalite fronto-parietale cronica », id.; « Commemorazione del prof. Carlo Livi », id.; « Il primo semestre di vita nel Manicomio provinciale di Pavia in Voghera », id.; « Il Manicomio di Aversa », id.; « La sfigmografia negli alienati », id.; « Sulla necessità di garantire la società dagli alienati pericolosi dichiarati non imputabili », 1878; « Il metodo clinico in psichiatria », id.; « Ricerche sperimentali sulle funzioni del cervello. 1ª Comunicazione. Centro psico-motori corticali » (en collaboration avec M. le prof. Luciani), 1879; « L'amnesia non è carattere costante dell'epilessia larvata », id.; « Ricerche sperimentali sulle funzioni del cervello. 2ª Comunicazione. Centri psico-sensorii corticali » (id.), id.; « Il Manicomio di Genova », id.; « Perizia sullo stato di mente di G. Passanante, imputato di tentato regicidio », id.; « Considerazioni sul processo Passanante e sulle pubblicazioni relative », id.; « Contributo clinico e anatomo-patologico alle localizzazioni cerebrali », id.; « In causa di stupro su una giovane già stata due volte alienata. Determinazione della sua attendibilità e capacità morale », id.; « La mente di Carlo Livi » (en collaboration avec M. le Dʳ Morselli), 1880; « Il Frenocomio di Reggio, cenni storici statistici », id.; « Sulla genesi delle allucinazioni », id.; « Sulla legislazione per gli alienati ed i Manicomii », id.; « Osservazioni sul cranio e cervello di un idrocefalo di 19 anni », id.; « Sullo stato di mente di R. C., imputato di furto con destrezza e ribellione alla pubblica forza, recidivo per la 21ª volta nel delitto ecc. », 1880; « Un caso di microcefalia », id.; « Les localisations cérébrales et les hallucinations » (Communic. al Congresso medico di Londra), 1881; « Ricerche sui fenomeni di senso, di moto, del respiro e del circolo nell'ipnotismo e sulle loro modificazioni per gli agenti estesiogeni termici », avec trois tables (en collab. avec M. le Dʳ Seppilli), id.; « Ricerche sui fenomeni di moto, di senso, del respiro e del circolo nelle così dette fasi letargica, catalettica e sonnambolica della ipnosi isterica », avec une table (id.), 1882; « Studio di psicopatologia criminale sopra un caso di imbecillità morale con idee fisse impulsive » (id.), id.; « La pellagra », id.; « Il Manicomio d'Imola », id.; « Contributo alla casuistica della morfiomania », id.; « I progetti di legge sugli alienati in Italia ed in Francia », 1883; « Sulla pazzia del dubbio con timore del contatto e sulle idee fisse ed impulsive »; « Contributo allo studio delle localizzazioni e dei gliomi cerebrali » (en collab. avec M. le Dʳ Marchi), id.; « Ricerche sull'azione del magnete e degli agenti termici nella ipnosi isterica » (en collab. avec le prof. Righi), id.; « Ricerche nell'anatomia patologica della paralisi progressiva a contributo delle localizzazioni cerebrali » (en collab. avec le Dʳ Riva), id.; « Sulla mania transitoria », id.; « Sopra alcuni nuovi narcotici (acetale, paraldeide, napelina) », id.; « L'istituzione dei Manicomii criminali secondo i progetti di legge sugli alienati in Italia ed in Francia », 1884; « Contributo allo studio medico-legale della dipsomania e dell'alcoolismo », 1885; « L'antropologia nelle carceri » (en collab. avec G. Benelli), id.; « Des établissements pour les aliénés en Italie » (Istitutions sanitaires), id.; « Alla memoria di Gabriele Buccola », 1886; « Contributo alla psicologia criminale. Imbecillità morale e delinquenza congenita », id.; « Sulla catatonia », id.; « Assassinio di tre figlie, commesso da donna lipemaniaca », 1887; « L'allucinata di Castelnovomonti », id.; « Contributo allo studio clinico dell'ipnotismo e dello sdoppiamento della coscienza », id.; « Relazione sulla proposta di statistica internazionale degli alienati », id.; « Ulteriori studii su un caso d'imbecillità morale » (en collab. avec M. le Dʳ Guicciardi), 1888.

Tamizey de Larroque (Jacques-Philippe), homme de lettres français, ancien maire de Gontaud, né, dans cette ville, le 30 décembre 1828; fit ses études au Collège de Marmande, puis au Lycée de Cahors. Sa vie, qui se passa dans la tranquillité, a été toute vouée au travail et le nombre considérable de ses ouvrages, dont voici la liste complète, en fait foi: « Preuves que Thomas A. Kempis n'a pas composé l'Imitation de N. S. J.-C. », Paris, 1862 (extrait des *Annales de philosophie chrétienne*); « Mémoire sur le Sac de Béziers dans la guerre des Albigeois, et sur le mot: Tuez-les-tous! attribué au légat du pape Innocent III », Paris, 1862; « Notice sur le général Jacques-Philippe Delmas de Grammont » (oncle et parrain de l'auteur), id., id.; « De la question de l'emplacement d'Uxellodunum », id., 1865; « Collection méridionale », en sept vol., Bordeaux, 1869 et années suivantes; « Plaquettes gontaudaises », en dix vol., petit in-8º, Bordeaux, 1878 et années suivantes; « Lettres inédites de J.-C. Guez de Balzac », Paris, imp. Nationale, 1873; « Lettres inédites de Jean Chapelain », 2 vol., id., id., 1880-83; « Lettres inédites de Peiresc aux frères Dupuy », id., id., tom. I, 1888; « Les Correspondants de Peiresc », 27ᵉ fasc., 1879-87. Voir la liste de diverses autres publications de M. T. de L. dans la *Bibliographie générale de l'Agenais*, par M. Jules Andrieu, Paris et Agen, 1887, tom. II, pag. 315-330.

Tammann (Gustave), physicien russe, professeur à l'Université de Dorpat, né, à Jambourg (Russie), en 1861, a publié plusieurs travaux scientifiques. Citons: « Zur Bestimmung der Fluors », *Analyt. Zeitsch.*, 1885; « Ueber Dampftensionen der Salzlösungen », *Wiedmann's Annalen*, id.; « Die Dampftensionen der Losungen », *Mémoires de l'Académie de Saint-Pétersbourg*, 1887; « Ueber Osmose », *Wiedm. Ann.*, 1888; « Ueber die Wirkung der Ferments », *Zeitschr. f. physikal. Chem.*, 1889; « Zur Constitution der Legirungen », id.

Tanneguy de Wogan, économiste, voyageur et écrivain français, né, à Paris, le 23 novembre 1840, inventeur du canot en papier. En 1886, il fut envoyé par la Société de géographie pour reconnaître la source exacte du Danube. M. T.

de W. est président fondateur de la société végétarienne de Paris et de la Société nationale d'encouragement à la prévoyance. Nous avons de lui en librairie: « Le moyen de vivre bien pour dix sous par jour », traductions italienne, espagnole et roumaine, Dentu éd., édition italienne, Palerme, journal *L'Indispensabile*, 1884; « Le nourrir avec économie », Rody, 1885, traduit à Palerme, même journal; « Les Budjets de 800 francs et l'Épargne », id., id.; « Des moyens à employer pour encourager la prévoyance », Guillaume et C.; « Le bien-être et le pauvre, réformes politiques, sociales et alimentaires », Roy, id.; « Comment un sou devint vingt mille francs », Plon, 1886; « La vie à bon marché », id., 1887; « Conseils aux parents et aux instituteurs sur la manière d'instruire les enfants », mémoire couronné par la Société libre pour le développement de l'instruction et de l'éducation populaire, 1er prix au concours; « Voyages du Canot en papier le *Qui-Vive* et aventures de son capitaine », Hachette, id. En langue anglaise: « Success in life »; « French, how to teach it, how to learn it, hints to master and pupil ». M. T. de W. a donné aussi au théâtre « Eva », drame en cinq actes.

Tarantelli (Raphaël), agronome italien, membre de plusieurs Sociétés et Académies italiennes et étrangères, est né, à Chieti, le 15 juin 1848. Après avoir étudié dans sa ville natale, il voyagea en France, en Belgique et en Suisse, prit part à plusieurs Congrès d'ingénieurs agronomes et dirigea pour quelques temps la *Gazzettina di Chieti*, le *Messaggero abruzzese* et la feuille agricole *Il Durini*. Nous avons de lui plusieurs ouvrages dont nous donnons les principaux: « Proposte all'agricoltura abruzzese »; « Dell'igroscopicità e freschezza delle terre »; « I vini antichi di Grecia e di Roma e i vini moderni », Milan, Treves, 1878; « Malattie dei vini e rimedi »; « Sugli aratri antichi e moderni »; « Relazione del Congresso degli Ingegneri agronomi a Parigi »; « Parlamioci chiaramente »; « Il ricco, il lavoro, il povero »; « Il mondo non è angusto »; « Fenomeni della memoria »; « Mondo e patriottismo »; « Origine della pittura »; « La guerra e il commercio »; « I fanciulli e la loro prematura occupazione allo studio »; « Cultura e Civiltà »; « La scienza e l'operaio »; « Di Enrico Nicolini »; « L'ingiustizia e la questione sociale ». Conférences, etc.

Taranto (Joseph), jurisconsulte italien, avocat près de la Cour de cassation, professeur ordinaire de droit pénal à l'Université de Palerme, né, le 14 octobre 1846, à Trapani, où il fit ses premières études qu'il continua à Palerme. En 1871, sa thèse d'examen: « Sur les rapports de l'extradition avec la force extensive du *jus punitif* », fut imprimée aux frais du gouvernement. Nous avons de lui les ouvrages suivants: « Del tentativo punibile e sue relazioni colla complicità nei reati », Palermo, Pietro Montaina, 1876; « Scritti criminali », vol. Ier, id., Lao, 1878; il contient: « Idea del delitto e suoi elementi; Impeto delle passioni; Teorica della verità del convivio; Dei danni dell'ingiurie e basi relative di stima; Due problemi di diritto penale internazionale »; « Analisi degli indizi e della qualità dei testimoni in materia criminale », id., id., 1880; « Del grado del delitto nella sua forza morale », id., id., 1882; « Delle persone necessarie nel giudizio penale », id., id., id.

Target (Paul-Louis), homme politique français, né, à Lisieux, en 1821. Auditeur au Conseil d'État en 1844. Élu conseiller général du Calvados en 1848, il abandonna cette fonction et ce mandat, en refusant le serment exigé après le coup d'État. En 1863, il publia une brochure sur les droits et devoirs des électeurs, intitulée: « Législation électorale ». Dans les années suivantes, il collabora au *Courrier du Dimanche*, et au *Journal de Paris*. En 1870, il a pris part aux travaux de la Commission extra-parlementaire de décentralisation présidé par Odilon-Barrot. Élu, le 8 février 1871, représentant du Calvados, M. S. a été vice-président de la réunion Saint-Marc Girardin; au 24 mai, il était chef d'un petit groupe qu'on appelait le *groupe Target*, qui vota l'ordre du jour Ernoul, lequel détermina la retraite de M. Thiers. Le 24 juin suivant, M. T. fut nommé ministre plénipotentiaire à La-Haye. Il quitta ce poste le 1er février 1878 et rentra dans la vie privée. Toutefois il ne reste pas étranger à la politique: depuis quatre ans il a publié plusieurs brochures chez Dentu, et à la librairie nationale; la dernière: « 1789: monarchie ou anarchie », a été tirée à plus de huit mille exemplaires.

Targioni-Tozzetti (Jean), poète et prosateur italien, professeur de littérature et d'histoire à la royale Académie navale de Livourne, est né à Livourne le 17 mars 1863: il y a fait ses études lycéales et à Pise celles universitaires qu'il a achevées en 1886. Après un stage très court au lycée de Ceccano, près de Rome, il fut, en 1887, nommé à la chaire qu'il occupe maintenant. M. T.-T. a publié des mémoires *folk-loristes* à l'*Archivio delle tradizioni popolari* de l'illustre Pitré, et des vers et des articles de critique dans le *Preludio* d'Ancone, la *Spigolatrice*, la *Cronaca minima*, *Lettere e arti*, etc. etc. Nous avons de lui: « A Galatea: Ode di Q. Orazio Flacco », Livourne, P. Vannini, 1880; « Il convegno di F. Coppée », id., R. Giusti, 1886; « Sul Rinaldo Ardito di Lodovico Ariosto », id., id., 1887, étude critique définitive dans laquelle l'auteur démontre à l'appui de preuves éclatantes que ce poème est dû entièrement à la plume de l'Arioste; « Lettere confidenziali sulla popolare insurrezione seguita in Livorno il 31 maggio dell'anno 1790, scritte da G. B. Fantoni », id., id.; « Fantasie liriche », id., id., id., élégant recueil de sonnets et d'odes, dont Josué Carducci accepta la dédicace et qui fut favorablement accueilli par la critique littéraire; « Europa. Esametri », Ferrare, 1888; « La leggenda di Santa Giulia », Bologne, Azzoguidi, 1889; « Canti di popolo », traduction des chants populaires des slaves de Bohême, Palerme, Baravecchia, 1890; « Le donne del 5 e 6 ottobre 1789 », sonnets, Livourne, Giusti, 1888.

Tarnowski (le comte Stanislas), historien littéraire polonais, né, en 1837, à Dzikow en Gallice, a étudié à Cracovie et à Vienne. Ayant pris part à l'insurrection de 1863, il fut gardé en prison pendant deux ans; de 1867 à 1870, il fut député au Reichsrath et enfin en novembre 1869, il fut nommé professeur à l'Université de Cracovie. Nous avons de lui: « Histoire du monde avant le Christianisme »; « Le roman polonais au commencement du XIXe siècle »; « La décadence de la littérature polonaise au XVIIIe siècle »; « Le Coriolan de Shakespeare », étude, 1869; « Causeries florentines », traduction de Klaczko; « Le secret de l'année 1688 », essai historique publié dans l'*Annuaire de l'Académie des sciences*, 1883; « Lettres du Roi à la Reine pendant l'exposition », id.; « Le roi Jean Sobiesky », id; « Les drames de Schiller », 1884; « Szuisky au Collège », 1886; « Les écrivains politiques de la Pologne », deux vol., id.; « Léon XIII »; « Mes vacances »; « Jean Rechousky, sa vie et ses œuvres », 1888 etc.

Tartara (Alexandre), professeur ordinaire de littérature latine à l'Université de Pise, né, à Cornale, près de Voghera, en Piémont, fut licencié en belles-lettres en 1872. Après avoir été trois ans professeur de Gymnase à Chieri, il fut envoyé par l'État à Berlin pour s'y perfectionner. L'illustre Mommsen dirigea ses études. Revenu en Italie, il publia aux *Actes de l'Académie des Lincei*, et à la *Rivista di filologia e d'istruzione classica* plusieurs mémoires dont nous donnons les titres: « Osservazioni di storia romana nell'anno 537-217 sulle legioni, sugli imperi e sull'istituzione delle provincie consolari », 1880; « Tentativo di critica sui luoghi Liviani contenenti le disposizioni relative alle provincie e agli eserciti della Repubblica Romana », 1881; « Dalla battaglia della Trebbia a quella del Trasimeno », 1881-82; « Animadversiones in locos nonnullos Valeri Catulli et Titi Livii », Rome, 1888, 2me éd. 1882; « De Plautis Bacchidibus commentatio », Pise, 1885; « I precursori di Cicerone », 1888. Depuis 1883, M. T. est professeur de langue latine à l'Université de Pise.

Tassini (Joseph), docteur en droit, historien italien, né, à Venise, en 1827; il s'occupa de bonne heure de l'histoire de sa ville natale. Nous avons de lui les ouvrages suivants: « Curiosità Veneziane, ovvero origini delle denominazioni stradali di Venezia », Venise, Cecchini, 1863; id., Grimaldo, 1872; id., Fontana, 1881; id., Merlo, 1887; « Alcune delle più clamorose condanne capitali eseguite in Venezia sotto la Repubblica », id., Cecchini, 1866; « Alcuni palazzi ed antichi edifici di Venezia illustrati », id., Fontana, 1879; « Edifici di Venezia, distrutti o vôlti ad uso diverso da quello a cui furono destinati », id., Cecchini, 1885; « Veronica Franco celebre poetessa e cortigiana del secolo XVI », id., Grimaldo, 1874; « Feste, spettacoli, divertimenti e piaceri degli antichi Veneziani », id., 1890.

Tauchnitz (le baron Chrétien-Bernard DE), chef de la maison de librairie qui porte son nom et qui est établie à Leipzig, est né le 25 août 1816. C'est cette maison qui édita la collection d'ouvrages anglais (*Collection of British Authors*) très répandue en Allemagne et à l'étranger. Le chef de cette librairie reçut du duc de Saxe-Cobourg le titre de baron qui lui a été aussi reconnu par le roi de Saxe et fut nommé membre à vie de la première Chambre Saxonne.

Taunay (Alfred D'ESCRAGNOLLE), écrivain sud-américain, Sénateur de l'Empire du Brésil, est né, à Rio-de-Janeiro, le 22 février 1843, d'une famille de la noblesse française émigrée de France à l'occasion de la Révolution et établie d'abord en Portugal et ensuite au Brésil, depuis 1808 et 1816. Bachelier ès-lettres en 1858 et ès-sciences mathématiques en 1863, il suivit la carrière militaire, dans laquelle il fit les deux campagnes de Matto Grosso et de la Cordillera (au Paraguay) de 1865 à 1870. Sous-lieutenant, lieutenant et capitaine d'artillerie, il passa commandant à l'état-major et donna en 1885 sa démission, après avoir rempli pendant longtemps la place de professeur du cours supérieur de l'École Militaire de Rio-de-Janeiro. La première des deux campagnes, celle de Matto Grosso, une des plus terribles de toute la longue guerre du Paraguay, lui donna l'occasion d'écrire un récit, qui eut un grand retentissement au Brésil « La retraite de Laguna », et lui valut un certain renom en Europe. C'est une narration très dramatique et mouvementée des évènements de la retraite qu'un corps d'armée brésilien fut obligé de faire, après avoir envahi imprudemment le nord de la République du Paraguay. Les souffrances endurées, l'héroïque résistance offerte aux ennemis et la dévastation du choléra sont racontées avec beaucoup de simplicité et de grandeur, ce qui valut à l'auteur, de la part de certains critiques européens, le surnom flatteur de *Xénophon moderne* (Ernest Aimé, Pinheiro Chagas, Revue Britannique et autres). De cet ouvrage, il existe deux éditions françaises, la première de 1871 à Rio-de-Janeiro, imprimée par ordre du Gouvernement brésilien; la seconde de 1879, chez Plon, à Paris. Ecrit en français, il a été traduit en portugais, en allemand, en suédois, etc. Dans la campagne de la Cordillera de 1869 à 1870, dirigée par Son Altesse le Comte d'Eu, époux de la Princesse Impériale du Brésil, M. T. occupa un poste de confiance près le Commandant en chef et, après son retour à Rio-de-Janeiro, publia le « Diario de Campanha », qui a le caractère de publication officielle, 1 vol. de 500 pages, 1870. Comme homme politique, il a été élu député aux Chambres par la Province de Goïaz en 1872 et a représenté cette région jusqu'en 1875. Réélu en 1877, il fut nommé président de la province de Sainte-Catherine, où il acquit de telles sympathies, qu'à l'occasion de la réforme de l'élection directe (1881) il y sut se faire élire député en 1882. Présenté sur une liste sénatoriale en 1886, il a été nommé, par l'Empereur, Sénateur inamovible. M. T. s'est toujours distingué au Parlement brésilien par ses idées avancées. Il est considéré comme le *pionnier* du parti conservateur et comme l'apôtre de l'immigration européenne. Il n'a jamais cessé de prôner les grandes mesures si nécessaires au développement des pays nouveaux, la grande naturalisation, le mariage civil, la sécularisation des cimetières, la séparation de l'Église et de l'État, la liberté de conscience, etc. Il s'est toujours prononcé avec la plus grande énergie en faveur de l'abolition immédiate de l'esclavage. M. T. a rencontré de grands obstacles dans son pays; cependant la propagande dont il s'est fait le chef gagne du terrain tous les jours. Son activité comme homme de lettres est très grande. Polémiste ardent et très apprécié, il a touché à tous les genres de la littérature. Comme romancier il a publié un grand nombre de volumes estimés par le public brésilien: « Mocidade de Trajano », 1872; « Le manuscrit d'une femme (larmes du cœur) », 1873; « Innocence », considéré son chef d'œuvre, 1873, peinture très vraie et très délicate des mœurs et coutumes de l'intérieur du Brésil, 2ᵐᵉ éd. en 1884, publiée en français comme feuilleton dans un journal de Paris; « Ouro sobre azul », 2 vol., 1875; « Histoires brésiliennes », 1876; « Narrativas militares », 1878, et d'autres ouvrages de description de la nature comme « Céos e Terras do Brazil », 1882, ou de critique, 2 vol., 1883-1884, et des rapports officiels, des biographies, des « Scènes de voyage », et des œuvres de propagande, comme « Mariage civil », 1886; « Grande naturalisation », 1887, etc. M. T. soutient avec le plus grand éclat la *Société centrale d'immigration*, dont il est l'ami et qui a concouru depuis 1883 à modifier d'une manière très sensible l'opinion de tout le Brésil à l'égard des idées de progrès et de civilisation. Comme orateur parlementaire, M. T. a toujours occupé une place très marquée. Sa parole fait poids dans les grandes occasions; bien que ses opinions soutenues toujours avec la plus grande ténacité lui fassent un certain tort près des membres influents de son parti politique. Comme auteur dramatique, M. T. a composé deux comédies et en 1887 un grand drame en quatre actes: « Amelia Smith ». En littérature, il a presque toujours employé le pseudonyme, aujourd'hui bien connu au Brésil et en Portugal, de *Sylvio Dinarte*. Dans ses compositions musicales, car il est aussi musicien très apprécié, il a pris le pseudonyme de *Flavio Elysio*, sous lequel il a publié des valses dans le style de celles de Chopin, des études de concert, des fantaisies, etc.

Taylor (Arthur-Williamson), né, à Paris, de parents anglais, le 2 mai 1851, ancien chancelier du Consulat Général de Siam à Paris, archiviste-bibliothécaire de la Société académique Indo-Chinoise de France depuis 1880, membre honoraire de la *Sociedad Colombina Onubense* d'Huelva, chevalier de Charles III d'Espagne, et de 2ᵉ classe du mérite naval d'Espagne. Il a publié dans le *Bulletin de la Société Indo-Chinoise de France* les travaux suivants, réunis ensuite en brochures: « La province de Zambales, de l'île de Luçon », par M. F. Cañamaque (traduction), Leroux, 1881; « Mémoire sur l'Archipel de Joló », par le lieut. de vaisseau D. Arturo Garin y Sociats (traduction en collaboration avec le Comte A. Dilban), Leroux, 1881; « Découverte et description des îles Garbanzos (Carolines) d'après un manuscrit de l'Archive, à Séville, du P. I. Antonio Cantora » (traduction en collaboration avec M. Eug. Gibert), Leroux, 1881; « La conquête des îles Philippines », par l'amiral D. Claudio Montero y Gay (traduction), Leroux, 1884; « L'île de la Paragua (Philippines) », par le capitaine de frégate D. Jacobo Alemán y Gonzales (traduction), Leroux, 1884; « Le devoir complet du laïque bouddhiste », par le prof. Robert C. Childers (traduction), Leroux, 1884; « La question des Carolines », par le colonel F. Coello y Quesada (traduction), Leroux, 1887.

Tcheng-Ki-Tong, général et diplomate chinois, écrivain français, premier secrétaire de la légation de Chine à Paris. Son grand-père était général, son père sous-préfet, ainsi que son frère aîné. A dix-sept ans, il termina ses études classiques et fut reçu bachelier. En 1869, il entra à l'arsenal de Fou-Tchéou, avec le titre correspondant à celui d'élève-ingénieur des constructions navales. Le grand arsenal chinois était alors placé sous la direction de M. Prosper Giquel, lieutenant de vaisseau dans la marine française. C'est à Fou-Tchou que le général T.-K.-T. commença l'étude de la langue française, où il est passé maître aujourd'hui. Il sortit au bout de cinq ans de l'arsenal de Fou-Tchéou avec le grade de sous-lieutenant, attaché en outre à la Commission militaire chargée de mettre en état de défense l'île de Formose (1873). Le grade de lieutenant et, peu après, le titre de secrétaire de l'arsenal furent sa récompense. Au commencement de 1875 le Gouvernement chinois envoya en France M. Prosper Giquel pour y traiter de l'achat du matériel de sa flotte, et lui adjoignit, comme secrétaire, le lieutenant T.-K.-T. Cette mission lui valut, au retour, les grades successifs de capitaine et de commandant. En 1877, à son second voyage en France, le commandant T.-K.-T. suivit à Paris les cours de l'École libre des sciences politiques. La légation de Chine à Paris étant fondée (avril 1878), il en devint secrétaire. En novembre de la même année il fut envoyé à Berlin en qualité d'attaché militaire. En 1880, il est lieutenant-colonel, successivement à Vienne, à La-Haye, à Rome; il est de toutes les créations d'ambassades chinoises en Europe. Il parle allemand à Berlin et à Vienne, anglais à Londres, français à Paris. En 1881, il est nommé colonel et reçoit en même temps l'ordre de la *Plume de Paon*, décoration militaire qui se porte à l'arrière du chapeau. L'année suivante, il rentre en Chine en vertu d'un congé. En 1883, le célèbre Li-Hung-Chang le charge d'amener en France une Compagnie de contre-maîtres pour y faire leur éducation industrielle. Le 1er mai 1884, le général Tcheng-Ki-Tong a été nommé secrétaire de la Légation de Chine à Paris. Il a publié: « Les Chinois peints par eux-mêmes », 1883; « Le Théâtre des Chinois », 1884. On annonce comme devant paraître prochainement: « Mes conférences sur la Chine » et « Contes Chinois ».

Tchihatchef (Pierre DE), géologue et naturaliste russe, né, en 1812, à Gatchina, près de St.-Pétersbourg, d'une famille noble de la Bohême, qui émigra au XIVe siècle en Pologne, et destiné à la carrière diplomatique, éprouva, de bonne heure, la passion des voyages d'exploration et des découvertes. Entré fort jeune au Ministère des affaires étrangères, il fut attaché à l'ambassade de Russie à Constantinople, où il demeura trois ans (1841-44), et songea dès lors à faire de l'Orient le théâtre de ses futures explorations scientifiques. En 1844, il quitta la diplomatie pour se livrer à l'étude des sciences naturelles, et, après deux années passées à l'Académie des mines de Freiberg, il retourna à St.-Pétersbourg où il fut chargé d'une mission scientifique dans l'Altaï. Il en a publié la relation sous ce titre: « Voyage scientifique dans l'Altaï et dans les contrées adjacentes », avec atlas, Paris, 1846. A son retour, M. de T. s'occupa de réaliser le projet d'explorer en grand l'Asie-Mineure, et pour être plus libre il renonça à toute position officielle, se démit de sa charge de gentilhomme ordinaire de la chambre de l'Empereur et rendit toutes les propriétés dont il avait hérité du chef maternel. Il partit seulement accompagné d'un domestique français qui succomba pendant le voyage, et d'un Tartare. Il parcourut toute cette contrée qui n'était connue que sous le rapport archéologique, et, après six années de labeurs et de dangers, il put entreprendre d'en publier le tableau physique le plus complet. Son bel ouvrage intitulé: « L'Asie-Mineure, description physique, statistique et archéologique de cette contrée », se divise en 4 parties: la géographie physique, la climatologie et la botanique, la géologie, la statistique et l'archéologie. Lorsque les deux premières parurent (Paris, 1853-56), elles suffirent pour faire apprécier l'immensité des matériaux recueillis par l'auteur, ainsi que l'habileté avec laquelle ils étaient mis en œuvre. Il a paru deux autres tomes en 1860 et 1862. Il convient encore de citer à part: « Le Bosphore et Constantinople », 1864. En 1879, M. T. s'est rendu en Tunisie. A son retour, il publia un gros volume (695 pag. avec cartes) intitulé: « Espagne, Algérie et Tunisie », Paris, 1880, qui fut traduit en allemand et publié en 1882 chez Trübner à Leipzig, sous le titre: « Spanien, Algerien und Tunis; deutsche verbesserte und stark vermehrte Aufgabe ». Cet infatigable écrivain vient de publier à Florence, chez Louis Niccolai: « Études de géographie et d'histoire naturelle », 1890.

Tebaldi (Auguste), professeur italien de psychiatrie à l'Université de Padoue, né, en 1833, à Vérone, où il fit ses premières études, suivit les cours universitaires à Padoue, émigra en 1859, s'enrôla médecin volontaire dans l'armée sarde, quitta le service en 1860, et en 1867 fut nommé *libre-Docent* de psychiatrie. Nous avons de lui: « Pensiero sull'amicizia », Vienne, 1856; « Del sogno », étude médico-psychologique, Milan, 1861; « Alienati ed alienisti », Turin, 1864; « Impressioni di un viaggio in Oriente »; « Esperimenti di terapia sulla pellagra », dans la *Gazzetta medica italiana delle provincie lombarde*, 1881-83; « Ragione e pazzia », Milan, Hœpli, 1884; « Fisonomie ed espressioni studiate nelle loro deviazioni », avec atlas de 38 héliotypies, Padoue, Drucker et Tedeschi, 1884; « Due osservazioni di pazzia comunicata », dans le journal *Il Manicomio*, 1886.

Techmer (Frédéric), philologue allemand, né, en 1843, à Pollnow (Poméranie), professeur de philologie générale à l'Université de Leipzig, fondateur et directeur de l'*Internationale Zeitschrift für allgemeine Sprachwissenschaft;* il a publié: « De Scientiæ naturalis unitate et articulatione », Gryhbiswaldiæ, 1867; « Einleitung in die Sprachwissenschaft », Leipzig, 1880; « Zur Veranschaulichung der Lautbildung », id., 1885; « Naturwissenschaftliche Analyse nach Synthese der hörbaren Sprache », id., 1884; « Transcription mittels der lat. Cursivschrift », id., id.; « Sprachwissenschaftliche Bibliographie des Jahres 1883 », id., id.; « Sprachentwicklung, Spracherlernung, Sprachbildung », id., 1885; « Beiträge zur Geschichte der Französischen und englischen Phonetik und Phonographie », Heilbronn, 1889.

Tedeschi (Félix), jurisconsulte italien, né, le 4 janvier 1852, à Asti. Il étudia à Trieste, à Padoue et à Turin, où nous le trouvons en 1877 *libre-Docent* de droit civil. Nous avons de lui : « L'arte della stenografia, sua origine, storia ed utilità », Turin, 1873, 2ᵉ éd. 1874; « Il testamento congiuntivo reciproco e in diritto transitorio », Gênes, 1875; « Dei corpi morali secondo i principii della legge civile italiana », Turin, 1877; « Del metodo nello studio del diritto civile », id., id.; « Dell'uso del diritto romano nello studio del diritto civile moderno », id., 1878; « Uno sguardo alle riforme della legislazione civile in Italia dopo la promulgazione del codice », id., 1879, Naples, Vallardi, 1880. Nous avons de ce savant jurisconsulte plusieurs discours et commémorations : « Un'Araba Fenice », Turin, imp. De Rossi, 1881; « Discorso letto alla solenne inaugurazione del monumento di Matteo Pescatore nella R. Università degli studi di Torino, a dì 17 decembre 1882 », Turin, Imp. Royale, 1883; « La stenografia in Italia ed all'Esposizione », conférence, id., Candeletti, 1885; « Il presente e l'avvenire nell'opera legislativa della codificazione d'Italia », Turin, 1888.

Tedeschi (Paul), homme de lettres italien, professeur de littérature à Lodi, né, à Trieste, en 1826. Après avoir fait ses études de gymnase et de lycée au Séminaire de Portogruaro et ses études de théologie à Goertz, il fut nommé professeur de lycée à Capodistria, d'où il écrivit aux journaux des correspondances signées *Prete Pero*. Un procès politique lui valut la prison d'abord, l'exil plus tard (1866) et voilà M. T. qui devient correspondant de journaux et de revues italiennes. Nous avons de lui : « Commenti all'ode *Il 5 maggio* », Trieste, Coen, 1861; « Due mesi in gattabuia »; « Fra filo e filo »; « La rondinella del portichetto »; « Storia delle arti raccontata ai giovanetti », ouvrage couronné par le Congrès de pédagogie de Venise; « La Contessa Matilde », id. id. de Bologne; « Cento anni dopo, viaggio fantastico in Oga Magoga »; « Macchiette dell'emigrazione veneta dal 1859 al 1866 », Lodi, Dell'Avo, 1880; « Il volubile », Milan, 1884; « Roba rubata non fa buon prò », id., 1883; « Nuovo epistolario progressivo educativo », id., 1884; « Manuale di pedagogia pratica », Lodi, 1889. M. T. a écrit des « Essais littéraires », sur Machiavel, Dino Compagni et Leopardi, qui ont été publiés par la *Nuova Antologia* et par la *Rivista Europea* du Comte Ange De Gubernatis.

Téglás (Gabriel), écrivain hongrois, né, en 1848, à Brasso, suivit les cours universitaires à Budapest. Attaché actuellement à l'école technique de *Deva* en qualité de directeur, directeur de la Société historique et archéologique du comitat de Hunyad à Deva, il fit des études spéciales sur les cavernes préhistoriques et les anciennes mines. Nous avons de lui : « Les mines de marbre des Romains en Dacie »; « Trouvailles préhistoriques du bassin de Transsylvanie »; « L'ancienne industrie minière de l'or en Dacie »; « Cavernes du sud des montagnes de Transsylvanie »; plusieurs articles ayant rapport à l'archéologie parus dans les *Annales de la Société histor. et archéologique du Comitat de Hunzad*, dans la *Revue du Musée de Kolozsvár (Klausenburg)*, et dans les éditions *Archaeologiai Extento*, *Archæologiai Korlemenyeh* de l'Académie hongroise.

Teichmann (Albert), né, le 13 octobre 1844, à Breslau, étudia la jurisprudence aux universités de Leipzig, de Heidelberg et de Berlin (cette dernière lui conféra en 1867 le grade de docteur en droit), subit en 1872 après le stage exigé dans la magistrature judiciaire l'examen d'assesseur et fut nommé la même année professeur extraordinaire à l'Université de Bâle, qui se l'attacha en 1877 comme professeur ordinaire. Parmi les publications très nombreuses de M. T. nous indiquerons : « De litis contestationis juris canonici indole ac natura », Berlin, 1867; « Étude sur l'affaire de Bauffremont envisagée au point de vue des législations française et allemande », Bâle-Paris, 1876; « La variabilité ou l'invariabilité du droit matrimonial pour les biens en cas de changement de domicile », Bâle, 1879; « Les délits politiques, les régicides et l'extradition », 1880; « L'Université de Bâle pendant les cinquante années qui se sont écoulées depuis 1835, époque de sa réorganisation », Bâle, 1885; « Bonifacii Basiliique Amerbachiorum epistolæ mutuæ 1555-1556 de studiis Basilii Bononiæ factis editæ. Universitati Bononiensi solemnia sæculari celebranti dedicatæ », Bâle, 1888. M. T. favorise en outre de sa collaboration assidue les revues de droit international, de droit pénal dirigées par Holtzendorff, de droit suisse, de droit pénal suisse, le *Dictionnaire pour la conversation de Brokhaus*, la *Biographie universelle allemande*, le *Dictionnaire juridique* et le *Manuel pour le droit pénal* de Holtzendorff, *l'Encyclopédie germanique*.

Teisserenc de Bort (Pierre-Edmond), ingénieur, administrateur, ambassadeur, homme politique et publiciste français, ancien ministre, vice-président du Sénat, sénateur, est né, à Châteauroux, le 17 septembre 1814. Élève de l'École Polytechnique, il en sortit en 1835 dans l'administration des tabacs; mais bientôt il fut appelé à prendre part aux travaux d'organisation des chemins de fer, fut secrétaire de la Commission de surveillance en 1842 et remplit en Allemagne, en Angleterre et en Belgique diverses missions officielles. Quelques années après, il fut nommé Commissaire général du Gouvernement auprès des Compagnies autorisées, et enfin spécialement attaché comme administrateur au chemin de fer de Lyon à la Méditerranée (1852). En 1846, M. T. de B. avait été élu député du département de l'Hérault: aux élections du 8 février 1871 il fut élu représentant de l'Assemblée nationale. Partageant les idées économiques de M. Thiers, il fut appelé en avril 1872 au Ministère de l'Agriculture et du Commerce en remplacement de M. de Goulard, qui passait aux finances. Il quitta le pouvoir le 24 mai 1873, à la chûte de M. Thiers, se fit inscrire au centre gauche, vota tous les projets de loi et mesures favorables à l'affermissement du régime républicain. Élu sénateur en 1876, il reprit le portefeuille de l'Agriculture dans le premier cabinet constitutionnel Dufaure-Ricard (9 mars 1876). C'est lui qui eut l'initiative du décret, en date du 4 avril 1876, décidant l'ouverture à Paris d'une Exposition universelle des produits de l'agriculture et de l'industrie, décret complété par celui du 13 avril ajoutant une Exposition des beaux-arts: les crédits demandés par le Gouvernement furent votés et la direction générale des travaux fut confiée à M. Krantz. Démissionnaire le 30 janvier 1879, M. T. de B. était nommé ambassadeur à Vienne le 18 février; il conserva ses fonctions jusqu'au 17 avril 1880 et fut élu sénateur le 8 janvier 1882. Ce fut lui que le gouvernement français envoya à Rome (1887) pour la discussion du traité de commerce avec l'Italie: les pourparlers furent tronqués par la visite de M. Crispi à Fredericksruhe. M. T. de B. a collaboré à la *Presse* en 1840. On a de lui: « Les travaux publics en Belgique et les chemins de fer en France », 1839; « Lettre adressée au Ministre des travaux publics sur sa mission en Angleterre », 1839; « De la politique des chemins de fer et de ses applications diverses », 1842; « Étude d'un chemin de fer de Paris à Toulouse et à Bordeaux », 1842; « Des principes économiques qui doivent présider au choix des tracés de chemins de fer », 1843; « Statistique des voies de communication en France », 1845; « Étude sur les voies de communication perfectionnées et sur les lois économiques de la production du transport », 2 vol., 1847; « De la perception des tarifs sur les chemins de fer », 1851. M. T. de B. est vice-président du Sénat.

Teixeira-Bastos (François-Joseph), poète et philosophe portugais, né, à Lisbonne, le 25 mai 1856, y a frequenté le cours supérieur des lettres jusqu'à 1876. Élevé par sa mère dans la religion catholique, il devint de bonne heure libre-penseur et, dès 1875, il publia sous un pseudonyme « Os padres », un volume de vers où perçait l'évolution de sa conscience religieuse. Suivirent: « Rumores vulcanicos », 1877; « Lyra Camoneana », 1880; « Vibraçoes do Seculo », 1881. Il collabora dans l'entretemps à plusieurs journaux du parti républicain avec lesquels il cessa d'être d'accord en 1881. Nous avons de lui encore les volumes suivants: « Comte e o positivismo », 1881; « Ensaios sobre a evoluçao da humanidade », 1881; « Principios de philosophia positiva », 2 vol., 1883; « A familia », 1885. M. T.-B. dirige actuellement le « Diccionario universal da vida pratica », et donne la dernière main à un ouvrage intitulé : « A propriedade ».

Telfy (Jean-Baptiste), éminent helléniste hongrois, professeur, actuellement retraité, de philosophie classique à l'Université de Budapest, né, le 18 juin 1816, à Tirnaw (Hongrie), où il fit ses premières études. Bachelier en théologie en 1836, il n'entra pas dans les ordres et en 1841 nous le trouvons avocat; député à la Diète hongroise (1843-44), professeur suppléant à l'Université de Budapest en 1846, il fut de 1870 à 1875 président et doyen de la Faculté philosophique. Nous avons de lui la longue liste des ouvrages suivants: « Ruth », drame biblique en langue hongroise, Pest, 1841; « Mélodies », Presbourg, 1843; « Passé, présent et désirable avenir des villes libres en Hongrie », id., 1844; « Statistique de l'économie rurale », id., 1845; « Legum articuli Comitorum anni 1844 », 1844; « Grammaire de la langue hellénique ancienne et moderne », 1848; « Études sur le grec ancien et moderne », Leipzig, 1853; « L'Anabasis de Xénophon », 3me éd. 1881 (traduction en hongrois, Pest, 1856); « L'Apologie et le Criton de Platon », id., id., 1858, 4me éd. 1887; « Agricola et Germania de Tacite », id., 1861; « Olimpiaques et Philippiques de Démosthènes », id., 1862; « 1er et 2me livre de la Cyropédie », id., id., 3me éd. 1886; « Les lieux des écrivains grecs sur l'histoire des Scytes », 1863; « Les premiers quatre chants de l'Odyssée », 1864 (toute l'œuvre, 1887-88); « Encyclopédie de philologie classique », 1864; « Étique », id.; « Sententiæ scriptorum Græcorum », id.; « Corpus juris Attici », 1868; « De la loi tributaire de Solon », 1868; « Les trente tyrans d'Athènes », roman, 1871, traduit en grec en 1872; « Les poésies de Denis Solomos et la langue grecque vulgaire des sept îles », 1871; « Eschile », monographie, 1876; « Eratos », 1877; « Opuscules grecs », 1880; « Littérature des sciences politiques chez les grecs modernes », 1880; « Produits de la littérature néo-hellénique », 1887; « Littérature des sciences politiques chez les grecs modernes », en hongrois (*Revue de Budapest — Budapest Szmle*), 47 et 48 livraison, 1880; « Traduction d'Hérodote en hongrois », livre I-II, chap. 25, deux livraisons, 1881-83; « Produit de la littérature néo-hellénique » (*Édition de l'Académie hongroise*), 1883; « Romans grecs en vers du moyen-âge (id., id., id.), « Chants populaires néo-helléniques en hongrois », 1884; « Théodora, poème dramatique en grec moderne », article dans la *Revue Internationale;* « Monuments linguistiques chez les Grecs modernes », 1885 ; différents comptes-rendus sur différents ouvrages grecs ; « Héraclius, drame de Cléon traduit en français avec des remarques linguistiques », Budapest, 1886 ; « Voyage à Rome », écrit en grec, 1888. M. T. écrit la langue grecque avec une grande aisance.

Tempels (Pierre), publiciste belge, né, à Bruxelles, en 1826. M. T., qui occupe actuellement les hautes fonctions d'auditeur général près la Cour militaire de son pays, fait partie de la ligue de l'enseignement, de la Société royale belge de géographie, etc. ; c'est un esprit très large et très distingué. On lui doit : « La loi nationale, son enseignement et sa révision », Bruxelles, 1861 ; « L'instruction du peuple », id., 1865 ; « La poste aux lettres », id., 1866 ; « Premières leçons de géométrie et de cosmographie à l'usage des écoles », id., 1882 ; le chapitre « Droit constitutionnel » du grand ouvrage collectif : « Patria Belgica » ; des articles dans la Revue trimestrielle, la Revue de Belgique, etc.

Tenchini (Laurent), écrivain médical italien, professeur ordinaire d'anatomie normale et topographique à l'Université de Parme, né, à Brescia, le 21 janvier 1852. Docteur en médecine et chirurgie en juillet 1876 à l'Université de Pavie, adjoint à la chaire d'anatomie humaine à la même Université, il enseigna, pendant trois ans, l'anatomie topographique comme libre-Docent. Il est professeur ordinaire depuis 1881. Nous avons de lui : « Contributo alla storia dei progressi dell'anatomia e della fisiologia del cervello nel secolo corrente » ; « Contributo all'anatomia del cervello » ; « Encefalo umano » ; « Il cervello dei Bresciani » ; « Il cervello dei delinquenti » ; « Anomalie varie rinvenute ed illustrate in cervelli umani » ; « Una rara anomalia delle arterie e delle vene » ; « Divisione precoce dell'arteria omerale nel braccio umano » ; « Di un nuovo muscolo soprannumerario, costo-omerale » ; « Di un nuovo liquido conservatore dei preparati anatomici » ; « Mancanza della dodicesima vertebra dorsale e delle ultime due coste in un delinquente » ; « I moderni studii sul cervello nelle scienze sociali ». Tous ces ouvrages ont été publiés de 1879 à 1887.

Tennyson (Lord Alfred), éminent poète anglais, né, en 1809, à Somerby, comté de Lincoln, où son père était pasteur, fit d'excellentes études à l'Université de Cambridge, et y remporta un des prix de poésie. De bonne heure indépendant par la fortune, il put se livrer à loisir aux travaux d'esprit et ne donner au public que des œuvres consciencieuses et longuement méditées. Après s'être marié, il vécut presque constamment loin du monde, dans une maison de campagne aux environs de Londres ou dans l'île de Wight. M. T. débuta en publiant, avec son frère Charles, un recueil de pièces fugitives, puis il donna seul deux volumes de poésies lyriques, intitulés :
« Poems, chiefly lyrical », 1830-32 ; « Poems », 1832 ; « Poems », 2 vol., 1842 ; « The Princess », 1847 ; « In Memoriam », 1850 ; « Ode on the Death of the Duke of Wellington », 1852 ; « Maud and other Poems », 1855 ; « Idylls of the King », 1859 ; « A Welcome to the Princess Alexandra », 1863 ; « Enoch Arden », 1864 ; « The Holy Grail », 1869 ; « The Window, or the Songs of the Wrens », 1870 ; « Gareth and Lynette », 1872 ; « Queen Mary », 1875 ; « Harold », 1876 ; « Lovers'Tale », 1879 ; « The Cup and The Falcon », 1884 ; « Tiresia », 1885 ; « Lockeley Hall » ; « Sixty Years after », 1886. M. T. excelle dans la peinture des sentiments tendres et délicats ; sa sensibilité se traduit en beaux vers élégiaques, pleins, harmonieux ; le caractère religieux et moral de sa poésie a beaucoup contribué à sa popularité. Avec plus d'imagination et de souci de la forme, il a continué modestement l'école méditative des lakistes. On l'a surnommé « le plus classique des romantiques anglais ». S. M. la Reine d'Angleterre l'a nommé Poète lauréat en 1875 et Lord en 1885. Plusieurs de ses poèmes ont été traduits en français, notamment « Elaine » ; « Geneviève » ; « Viviane » ; « Enide », par M. F. Michel (1866-69) et illustrés par M. G. Doré.

Tenore (Gaétan), ingénieur italien, professeur de minéralogie et de géologie à l'École des ingénieurs de Naples, membre de plusieurs académies nationales et étrangères, est né, le 18 novembre 1826, à Naples, où il fut nommé ingénieur-architecte en 1847 ; il suivit alors les cours de l'école des Ponts-et-Chaussées, et en 1861 il fut nommé professeur au Lycée d'Aquila (Abruzzes). Nous ne suivrons pas M. T. dans sa carrière d'ingénieur au service de l'État ; nous donnons les titres des principaux mémoires insérés par lui aux revues scientifiques napolitaines ou publiés en volume : « Lezioni di mineralogia », Naples, 1851 ; « Sulle miniere di ferro nel distretto di Sora e sui lavori della commissione destinata a ricercarle nel 1853-54-55 », deux éd., id., 1853 ; « Sulle azioni chimiche e meccaniche dell'acqua », id., 1871 ; « Saggio sull'industria mineraria e costituzione geologica della Terra di Lavoro » (avec cartes géologiques), id., 1872 ; « L'industria del ferro e dell'acciaio in Italia dopo il 1860 », 1876 ; « La calcarea idraulica e la calcarea decorativa delle province napoletane », 1879 ; « Sulla pretesa scoperta della miniera di Mongiana in Calabria », id., 1883 ; « Sulle pietre naturali da costruzione e da decorazione », id., 1888 ; « L'industria dei colori minerali da fondarsi nel circondario di Sora », id., id., etc.

Ténot (Pierre-Paul-Eugène), publiciste et homme politique français, sénateur, né, à Larreule (Hautes-Pyrénées), le 2 mai 1839. Après avoir fait ses études au Lycée de Pau, il professa dans divers collèges jusqu'en 1864, époque à laquelle il vint à Paris et quitta l'enseignement pour le journalisme. En 1865, il fut attaché à la rédaction du *Siècle*, dont il devint rapidement un des principaux collaborateurs. Nommé préfet des Hautes-Pyrénées après le 4 septembre, il quitta l'administration le 8 mars 1871 et alla prendre, à Bordeaux, la direction politique du journal *La Gironde*. Élu le 21 août 1881 député de Tarbes, il prit place au groupe de l'Union Républicaine. Il a échoué, avec toute la liste républicaine des Hautes-Pyrénées, aux élections d'octobre 1885. M. T. a publié: « Le Suffrage universel et les paysans », brochure; « La Province en décembre 1851, étude historique sur le coup d'État », 1866; « Paris en décembre 1851 », 1868. Cette étude historique, qui répondait à un mouvement d'opinion et d'opposition à l'Empire, eut une grande influence et un énorme succès. M. T a donné ensuite: « Les suspects de 1858 », en collaboration avec M. Antonin Dubost, 1869 »; « Campagnes des armées du second Empire », 1872. Depuis 1872, il a publié une étude sur le « Camp retranché de Paris », 1880, et un grand volume, « La Frontière », consacré à la description des nouvelles défenses élevées depuis 1875, sous la direction du général Seré de Rivière. Il a publié, depuis 1887, dans le journal *La République Française*, une série d'articles sur des questions militaires qui ont été souvent discutés. Quelques uns ont été réunis en brochure, sous le titre: « Boulanger militaire ». Il a démontré, de la façon la plus évidente, le néant de l'œuvre militaire du trop fameux général.

Téodoresco (G. Dem.), écrivain roumain, ancien membre du Conseil général de l'instruction publique et directeur du Lycée *Matei-Basarab* de Bucarest, né, en 1849, dans la même ville. Après le baccalauréat et pendant ses études universitaires, il rédigea (avec les écrivains Hasdeu, Missail, Tocilesco, etc.) la revue littéraire *Foia societatii Romanismul*. Sous le pseudonyme de *Ghedem* (G. Dem), il collabora au journal illustré *Ghimpele* (l'Épine) et en rédigea les calendriers. Pendant sept ans (1868-74), il fut rédacteur du *Romanul*, le seul journal important de l'époque. Dans la revue *Transactiuni litterare si scientifice*, il publia une étude sur l'« Origine et le progrès du luxe chez les Romains » et « La vie et les œuvres d'André Chenier », avec plusieurs de ses poésies traduites en roumain. Envoyé à Paris pour le gouvernement, il suivit les conférences de Sainte-Barbe et obtint le diplôme de licencié ès-lettres par devant la Sorbonne, ayant comme maîtres MM. Egger, Girard, Leniens, Perrot, Benoist, Martha, Fustel de Coulanges, etc. De retour dans son pays, il obtint par concours la chaire de latin au Lycée *Saint-Sava* de Bucarest et accompagna à Constantinople le diplomate bien connu Démétrius Bratiano, chargé de négocier le rachat des prisonniers turcs qui se trouvaient entre les mains de l'armée roumaine. Depuis 1879, il fut le rédacteur en chef du journal quotidien *Binele public*, organe des libéraux sincères, dont le *leader* était M. G. Vernesco. En 1881, il réussit au concours pour une seconde chaire (de littérature roumaine) au lycée *Matei-Basarab*, où il professe encore le latin et le roumain dans le cours supérieur. Pour sa méthode et ses travaux, il a été honoré de la médaille *Benemerenti* de 1re classe et jouit d'une influence bien reconnue dans le parti politique des libéraux-conservateurs. A part les articles publiés dans plusieurs revues (comme *Familia*, *Columna*, *Convorbiri litterare*, etc.), les œuvres de M. T. sont: « Essais critiques sur quelques croyances, coutumes et mœurs du peuple roumain », 1874; « Recherches sur les proverbes roumains », 1866; « Étude critique et littéraire sur le discours de Cicéron *Pro Marcello* », avec texte latin, 1878; « Notions sur les *colinde* roumaines » (chanson de Noël), 1879; « Prosodie latine », traité de versification, 1re partie, id.; « Métrique latine », id., 2me partie, 1880; « La vie et les œuvres d'Euphrosin Poteca », 1883; « Petrea Crezul Solcan, le trouvère de Braila », 1884; la grande collection de « Poésies populaires roumaines », recueillies pendant 20 ans, 1885; « Sur l'organisation de l'instruction publique », 1886; « Mythes lunaires », étude d'ethnologie et de mythologie comparées, 1888. En manuscrit: « Vie d'Anton Pann », cours de rhétorique, de poétique, d'histoire de la littérature roumaine, etc.

Ternisien (Henry), homme politique français, ancien député de la Cochinchine, ancien magistrat colonial, conférencier, orateur très distingué, officier d'Académie, etc., vice-président de la Société académique indo-chinoise de France, a fait un grand nombre de conférences et a publié de nombreux travaux dans la presse, dans le *Bulletin de la Société académique indo-chinoise* et le journal *Marine et colonies*, dont il est le directeur politique.

Terrenzi (Joseph), pharmacien italien, né, le 26 novembre 1855, à Narni: il montra de bonne heure beaucoup d'aptitude aux études des sciences naturelles. Nous avons de lui: « Ammoniti nelle vicinanze di Narni »; « Fossili pliocenici delle sabbie gialle nelle vicinanze delle vigne Schifanoja e Montoro »; « Il lias superiore nel versante orientale della catena montuosa narnese »; « Sui dintorni di Grottammare »; « Carlo Darwin »; « Il passaggio di Venere sul disco solare »; « Luce crepuscolare »; « Nota preventiva sui fossili del lias medio »; « I molluschi, gli echinodermi, i coralli considerati quali fattori geologici del nostro pianeta »; « L'inventore del sismografo a pendolo »; « Un lembo del lias superiore nella montagna di Santa Croce di Narni »; « Il *Castor liber Linnei* trovato fossile al Colle dell'Oro presso Terni »; « Sopra una fauna elefantina scoperta nelle sabbie gialle plioceniche di Camartone », dans la *Rivista industriale scientifica* de Florence, 1889; « Fossili pliocenici di Grottammare », id., id.; « Sui fori lasciati dai Litodomi nel calcare liasico di Borgaria », id., id.; « Il fenomeno del Carso osservato nei monti di Narni », dans la *Rivista italiana di scienze naturali*, Sienne, id.; « Il Pliocene nella conca di Terni », dans la *Rivista scientifica*, id.; « Molluschi terrestri e d'acqua dolce trovati nelle vicinanze di Narni », id., id.

Terves (Léonce comte DE), homme politique français, né, à Angers, le 1er août 1840. Il a fait la campagne de 1870-71 avec les mobiles de Maine-et-Loire, à l'armée de la Loire d'abord, puis à l'armée de l'Est. En 1873, il fut nommé conseiller général de Maine-et-Loire, pour le Canton du Léon d'Angers; il a fait, pendant sept ans, partie de la Commission de permanence et est encore secrétaire de l'assemblée départementale. Monarchiste et siégeant à droite, il a pris part aux discussions parlementaires sur les affaires de Tunisie et du Sénégal. Au congrès de Versailles, il demanda la suppression de l'indemnité des députés, proposition qui fut mal accueillie par un grand nombre de ses collègues.

Tessari (Dominique), professeur au Musée Royal de l'industrie à Turin, né, en 1837, à Trieste, où il a fait ses premières études. Il fréquenta d'abord le *Polytechnicum* de Vienne, puis l'Université de Padoue, d'où il sortit docteur ès-sciences mathématiques. Nous avons de lui en librairie : « Sopra la costruzione degli ingranaggi ad assi non concorrenti », Turin, Favale, 1871 (épuisé); « La teoria delle ombre e del chiaroscuro », id., Bertolero, 1880; « Trattato teorico-pratico delle proiezioni assonometriche », id., Paravia, 1882.

Testelin (Armand-Achille), médecin et homme politique français, sénateur, né, à Lille, le 6 janvier 1814. Il vint faire à Paris ses études médicales, prit le grade de docteur et alla s'établir dans sa ville natale, où il se lia avec les principaux membres du parti démocratique. En 1848, il fut élu conseiller général, et, en 1849, député à l'Assemblée législative, siégea à gauche, et fut, après le coup d'État, expulsé de France. Il exerça la médecine à Bruxelles jusqu'à l'amnistie de 1859, dont il profita. Après le 4 septembre 1870, il fut nommé commissaire général de la défense dans les quatre départements du Nord. En cette qualité, il concourut à l'organisation de l'armée du Nord, placé sous le commandement du général Faidherbe. Pendant la Commune, M. T., d'accord en cela avec M. Thiers, tenta auprès de Delescluze, son ami de vieille date, une démarche qui échoua. M. T. fut élu député aux élections complémentaires du 2 juillet 1871. Il siégea à l'extrême gauche et prit la parole dans plusieurs discussions. Le 15 décembre 1876, il a été élu sénateur inamovible. Il a pris place dans les rangs de l'Union républicaine. Il est président du Conseil général du Nord. M. T. a beaucoup écrit sur la médecine dans divers recueils et surtout dans les *Annales d'oculistique*. Il a publié, en 3 volumes in-8°, en collaboration avec M. le Dr Warlomont, une traduction annotée du grand ouvrage du célèbre Mackenzie sur « Les Maladies de l'œil ».

Teuleré (Charles-Théodore), architecte français, né, à Bordeaux (Gironde), en 1834, fit ses études à l'Académie de dessin et d'architecture d'Orléans et à l'École des Beaux-Arts de Paris. Il obtint le grand prix d'architecture à Orléans et fut lauréat au Salon de Paris en 1884. M. T. est architecte départemental de Lot-et-Garonne, inspecteur des travaux de conservation et de restauration des monuments historiques et président du syndicat des bâtiments civils de Lot-et-Garonne. Nous avons de lui : « Monographie du Phare de Cordouan à l'entrée de la Gironde », Bordeaux, Féret et fils, 1884.

Teutsch (Daniel-George), théologien autrichien, docteur en philosophie, en théologie et en droit, surintendant des Églises évangéliques provinciales augsbourgeoises de Siebenbürgen, membre de l'Académie royale des sciences à Munich (Bavière), membre du comité des savants du Musée national teutonique à Nüremberg, membre de la Société du droit ecclésiastique de Gœttingue, membre honoraire de plusieurs autres associations savantes, président de l'association géographique de Siebenbürgen, etc., né, à Schatzburg (Siebenbürgen), le 12 décembre 1817, étudia la théologie et la philosophie aux Universités de Vienne et Berlin; il a été, de 1842 à 1850, professeur au Gymnase de Schatzbourg ; de 1850 à 1863 recteur de ce Gymnase ; de 1863 à 1867, pasteur à Agnotheln, et depuis cette année, il est surintendant des églises évangéliques et réside à Hermannstadt. En dehors de nombreux articles sur l'histoire de Siebenbürgen, parus dans l'*Archiv des Vereins für Siebenbürgische Landeskunde*, il a publié : « Abriss der Geschichte Siebenbürgens », Kronstadt, 1844 ; 2e éd., 1865 ; « Beiträge zur Geschichte Siebenbürgens unter König Ludwig I », Vienne, 1880 ; « Geschichte des Schatzbürgen Gymnasiums », Kronstadt, 1852-53 ; « Geschichte der Siebenbürgen Sachten », 4e éd., Leipzig, 1874 ; « Urkundenbuch zur Geschichte Siebenbürgens », ouvrage publié par l'Académie impériale viennoise des sciences, Vienne, 1857 ; « Urkundenbuch der evangelischen Landeskirche A. C. in Siebenburgen », Hermannstadt, 1862 et 1863 ; « Die Bischöfe der evangelischen Landeskirche A. C. in Siebenbürgen », Hermannstadt, id.

Textor de Ravisi (le baron Anatole-Arthur), orientaliste français, né, le 15 juin 1822, à Bourges, sorti sous-lieutenant de l'École spéciale militaire en 1840. Nous le trouvons en 1844 à la prise de l'île de Mogador. De 1847 à 1852, il contribua à la colonisation des Plaines des Palmistes et des Cafres, et en commerce maritime de Karikal (Inde française), en 1853-63. Chef de bataillon d'état-major d'infanterie de marine en 1861, il donna sa démission en 1864 pour entrer dans les finances. Il comptait alors 23 ans de service, dont 17 à la mer ou aux colonies, et avait pris une part très active à des explorations des terres peu connues. Son expérience des hommes et des choses de l'Inde lui a servi pour s'occuper d'études très importantes sur les Indes comme démontre la liste des ouvrages de cet écrivain très actif : « Néopantomètre, stadia et stadia-alidades », instruments de géodésie et de topographie inventés par M. le baron T. et M. G. F. Secrétan, 1845 ; « Études sur les Plaines des Palmistes et des Cafres » ; « Études sur les îles françaises Saint-Paul et Amsterdam » ; « Raisons et déraisons sur la question d'Orient », 1852 ; « Houille et vapeur » ; « Découvertes d'antiques idoles bouddhistes à Negapatam » ; « Découvertes de l'idole de la Vierge du temple de Shoë-Dagon-Prah à Rangoon » ; « Aperçu sur le culte de Krishna » ; « Architecture hindoue ou Méthode de classement du monument hindou », avec 52 gravures, 1870-71 ; « Instruments de musique de l'âge de la pierre » ; « Inscriptions murales de la pagode d'Oodeypore sur la Nerbouddha » ; « Aperçu sur la première session du Congrès international des Orientalistes », Paris, 1873 ; « Aperçu sur la 2me session du Congrès international des Orientalistes », Londres, 1874 ; « Comptes-rendus de la 1re session du Congrès provincial des Orientalistes tenu à Saint-Étienne en 1875 », 2 vol., avec planches ; « Invasion de la France en 1707, ou Chronique de la campagne de Provence et du siège de Toulon » ; « Bluettes graphologiques » ; « Ame et Corps d'après la théogonie égyptienne » ; « Superstitions égyptiennes et orientales perpétuées en Occident » ; « Étude sur les chars de guerre égyptiens » ; « Recherches et conjectures sur la poésie pharaonique », etc., etc. M. le baron T. est membre de plusieurs académies et sociétés asiatiques.

Teza (Émile), orientaliste italien, étudia à Vienne, en 1860, fut nommé professeur de langues comparées à l'Université de Bologne, d'où il passa à Pise ; il connaît une trentaine de langues et son érudition est de premier ordre. Ses ouvrages sont dispersés dans les revues spéciales et dans les *Actes* des Académies d'Italie et de l'étranger. Nous donnons les titres de quelques uns de ses ouvrages : « La tradizione de'sette savi nelle novelline magiare », Bologne, 1864 ; « I tre capelli d'oro del nonno Satutto », nouvelles bohêmes, id. ; « Carta di promissione del doge Oria Mastropiero » ; « Rainardo e Isengrino », Pise, 1869 ; « Sentenze buddiche dell'Okamiti », 1880, « Frammenti inediti delle elegie romane di Goethe », Florence, 1888 ; « La Gerusalemme liberata in lingua boema », Padoue, 1890, etc.

Thackeray (Anne-Isabelle), femme-auteur anglaise, fille du célèbre romancier Guillaume Makepeace-T., née à Londres. Malgré son mariage avec M. RITCHIE, elle signe ses ouvrages de son nom de demoiselle. Nous avons d'elle les romans suivants : « The Story of Elizabeth », 1863 ; « To Esther and other Sketches », 1869 ; « Old Kensington » ; « Blue Beard's Keys, and other Stories » ; « Toilers and Spinsters » ; « Miss Angel » ; « Anne Evans » ; « Madame de Sévigné » ; « A Book of Sybils », 1883.

Thalasso (Adolphe-Marie-Antoine), compatriote d'André Chénier et poète français, né, à Constantinople, le 27 janvier 1858. Il fit ses études au Collège *Sainte-Pulchérie*, dirigé par les Jésuites. Français de cœur et d'esprit, M. T. fonda en 1885, à Paris, la *Revue Orientale*, pour répandre la littérature française en Orient. En 1882, il avait débuté par deux volumes de vers : « Les Épaves » et les « Insomnies », Ghio éditeur. En 1884, après un premier voyage en France, il quitta la Banque Impériale Ottomane, où il se trouvait employé depuis 1877, pour se consacrer exclusivement aux lettres. La *Revue Orientale*, qu'il dirige encore, est le premier journal littéraire ayant paru à Constantinople ; aucun sacrifice n'a été épargné par son directeur pour en assurer le succès. En 1886, M. T. a publié chez Alponse Lemerre deux nouveaux volumes de vers : « Nuits Blanches » et « Jours de Soleil ». En 1887, il vint s'établir définitivement à Paris, où il a écrit un roman : « Les luttes stériles », qui va paraître très prochainement.

Thaler (Charles von), poète et critique autrichien, rédacteur de la *Neue Freie Presse*, né à Vienne, le 30 septembre 1836, fit ses études au gymnase d'Innsbruck et aux universités d'Innsbruck, Heidelberg et Bonn. De retour à Vienne, il s'adonna au journalisme et collabora successivement au *Botschafer*, à la *Deutsche Zeitung* et à la *Neue Freie Presse*. On a de lui en librairie les volumes de poésies suivants : « Oiseaux de tempête », sonnets, 1860 ; « Michel », id. ; « Les vieux temps », poésies, 1870. Le recueil complet de ses poésies a paru en volume en 1888.

Theuriet (André), littérateur français, né, à Marly-le-Roi, en 1833, fit ses études à Bar-le-Duc, berceau de sa famille, et vint faire son droit à Paris. Après avoir pris le grade de licencié en 1857, il entra au ministère des finances. Mais il s'occupait dès lors de littérature, de poésie principalement, car la *Revue des Deux*

Mondes publiait de lui, cette même année 1857, un poème intitulé : « In memoriam ». Il a collaboré depuis à l'*Illustration*, au *Moniteur universel*, etc. et a publié à part: « Le chemin de bois », poésies couronnées par l'Académie française, 1867 ; « Nouvelles intimes », 1870 ; « Les paysans de l'Argonne, 1792 », poème, 1871 ; « Le bleu et le noir », poème de la vie réelle, 1873 ; « Mlle Guignon », 1874 ; « Le Mariage de Gérard » suivi « D'une ondine », 1875 ; « La fortune d'Angèle », 1876 ; « Raymonde », 1877 ; « Nos enfants », 1878 ; « Le filleul d'un maréchal », id. ; « Sous bois », impressions d'un forestier, id. ; « Le fils Maugars », 1879 ; « La Maison des deux Barbeaux », id. ; « Le sang des Finoël », roman, id. ; « Les nids », poésies, id. ; « Les mauvais ménages », nouvelles, 1882 ; « Péché mortel », roman ; « Nos enfants : Hélène », 1886. M. T. a donné à l'Odéon : « Jean Marie », un acte en vers, 1871 ; « La Maison des deux Barbeaux », 3 actes, avec M. Lyon, 1885 ; « Raymonde », id., avec E. Morand, au Théâtre-Français, 1887, « Claude Blouet » ; « L'abbé Daniel » ; « Lucile Desenclos », « Le secret de Gertrude », Dentu ; « Le Don Juan de Vireloup », Charpentier ; « Toute seule », id. ; « Le filleule d'un marquis », id. ; « Madame Véronique », Dentu ; « Sauvageonne », roman, Ollendorff ; « Les Enchantements de la Forêt », Hachette, *Bibliothèque des écoles et des familles* ; « Madame Heurteloup », Paris, Charpentier ; « Le journal de Tristan », id., id. ; « Tante Aurélie », id., id. ; « Souffrances de Claude Blouet » ; « La Saint-Nicolas », Lemerre ; « Eusèbe Lombard », Ollendorff ; « Jules Bastien Lepage, étude sur l'homme et l'artiste », Charpentier ; « Le Pommier » ; « La Truite » ; « La Peur » ; « Lolotte et Mititi » ; « La Pipe » (supplément du *Figaro*, novembre et décembre, 1885 ; janvier, février et mars 1886) ; « L'Affaire Froideville, mœurs d'employés », id. ; « Contes pour les jeunes et les vieux », Lemerre ; « Nos Oiseaux », Launette ; « Au paradis des enfants », Ollendorff ; « Bigarreau et autres nouvelles », Lemerre ; « Les œillets de Kerlaz » ; « La Vie rustique », Launette ; « Amour d'Automne », Lemerre ; « Gertrude et Véronique », Charpentier ; « Contes de la vie intime », Martinat ; « Poésies complètes », petite bibliothèque de Lemerre.

Thewrek de Ponor (Émile), philologue hongrois, professeur de philologie classique à l'Université de Pest, membre ordinaire de l'Académie hongroise des sciences et d'autres associations savantes, né, le 10 février 1838, à Presbourg, fit ses premières études aux Universités de Pest, Gratz et Vienne ; il fonda en 1874 la Société philologique hongroise dont il fut le président, et en 1877 il dirigea avec M. G. Heinrich la *Revue de philologie* ; il a été plusieurs fois membre du Conseil de l'instruction publique et a publié : « Les principes de la langue hongroise correcte », ouvrage qui lui valut le prix de l'Académie hongroise, Pest, 1873 : « Le son comme élément artistique », id., 1876 ; « Le système de la rhythmique hongroise », id., 1872 ; « Le langage des enfants », id., 1861. Outre plusieurs dissertations pédagogiques, nous lui devons la publication du texte commenté du 1er et 2e livre de l'*Iliade*, du 2e livre de l'*Énéide*, de la *Germania* de Tacitus, ainsi que les magnifiques versions en langue hongroise d'Anacréon, Homère, Bion et Martial, et des études sur Festus et Anacréon. Son « Anacréon », est un livre exemplaire sous tous les rapports et on le considère non seulement comme une traduction fidèle, mais comme un des plus importants auxiliaires pour la critique et pour l'interprétation du poète grec. Cet ouvrage révèle une connaissance merveilleuse de la littérature grecque, et, comme tous ses autres travaux, il montre la précision et l'originalité du jugement de l'auteur.

Thewrewk Arpád de Ponor (Török), homme de lettres hongrois, professeur à Budapest, membre de plusieurs sociétés, rédacteur de la feuille scientifique et littéraire : *Flaza és Külföld* (Patrie et étranger). Né, le 29 décembre 1839, à Pozsony (Presbourg, Hongrie), fils de l'écrivain hongrois Joseph Thewrewk de Ponor, issu d'une famille ancienne, dont le berceau est à Ponor (village dans la Transsylvanie, où une branche de la même famille fleurit encore). Après avoir achevé ses études au collège, il fit son cours en philologie classique et moderne. Pendant ce temps M. T. A. de P. s'occupa aussi d'autres langues modernes, de la française, italienne, espagnole, etc. Durant ses études d'Université, il a traduit en vers hongrois la première et la dixième églogue de Virgile et il a commencé aussi à traduire le poème épique d'Hésiode intitulé : « Ἔργα καὶ ἡμέραι » (Travaux et jours). Un échantillon en fut imprimé en 1861 (v. Ifjuságe évkönyv, 1861). Il a fait aussi une étude détaillée sur le théâtre antique. M. T. A. de P. est entre les savants hongrois le premier, et jusqu'à nos jours, le seul qui ait traité ce sujet. L'œuvre qui embrasse tout ce qu'on a écrit de remarquable à l'étranger sur cette matière, n'a pas encore paru en entier, mais une grande partie en est déjà imprimée : « A theatron 1871 » ; « A Σκηνή », 1876 ; « A görög szinpad gépei », c'est-à-dire : Les machines théâtrales chez les anciens. Aussi l'étranger a-t-il fait bon accueil à cette œuvre (v. Biographisches Lexikon, Wurzbach, 1882, 44 partie, p. 214). M. T. A. de P. alla à l'étranger à diverses reprises fréquentant les musées et les bibliothèques et faisant en même temps des leçons publiques, à Prague et Leipzig, sur les chansons hongroises et à Berlin sur le plus ancien portrait du roi Louis II, découvert par M. T. A. de P: « Das älteste Bildniss Stephan Báthory's und des ungarischen Königs Ludwig des Zweiten. Nach seiner im Berlin-Ung. Verein gehaltenen Vorlesung von Arpád von Török », avec un portrait, 1884. A Vérone, il étudia l'architecture de l'amphithéâtre. Lorsqu'il était à Innsbruck (Tyrol), il a découvert un ancien buste du roi Saint-Étienne I, et faisait des études sur le chef-d'œuvre appelé: « Maximilian-Denkmal » (Monument de Maximilien I, empereur allemand). Un récit en parut aussi en allemand dans la *Wiener neue illustrirte Zeitung*. Dans le même temps, il a disserté sur la *Pucelle* de Voltaire, dont il a traduit et publié une partie intéressante. Dans le *Philologiai Közlöny*, feuille périodique hongroise, M. T. A. de P. disserta sur un savant hongrois, le professeur Étienne Tamaskó, qui s'occupa le premier entre les hongrois du Danscite. Cette dissertation fit connaître le comte Kün dans la *Rivista Europea*. Parmi ses ouvrages nombreux, citons les suivants: « Pandora », 1872, traité esthétique sur un poème du célèbre poète hongrois Arany; « Nyilt szó », id., supplément appartenant à Pandora; « Német tan-és olvasókönyv », 1870-73, dédié au Dr Guillaume Gärtner. Cet ouvrage qui consiste de deux volumes, éclaircit des poèmes allemands; « Salamon, König von Ungarn », poème de Julius von der Fraun, Vienne, 1873, une dissertation sur ce poème allemand, a paru dans le *Fygelo*, 1874; « Krutka párbeszédelben », id., critique en dialogues, fustige le charlatanisme; « Eine neuer Lehrplan, eine Curiosität kritisch beleuchtet von prof. Arpád Török », id., un nouveau plan d'enseignement, curiosité; « Théognis », 1875, gnomes grecs traduits en vers hongrois; « Mire való a görög nyelo ? », id. (A quoi la langue grecque est-elle bonne ? apologie); « Sinngedichte », 1876 (Épigrammes accueillies favorablement aussi à l'étranger); « Faludi » (dissertation sur l'idylle ancienne et moderne); « XXXV. Handschriften Budapest u. Berlin », 1878 (Manuscrits, débris de la bibliothèque de Mathias Corvinus, publié en hongrois par Csontosi); « Irodalmi bajok », 1879-80 (Une victorieuse campagne littéraire); « Egy magyar és görög versiró », 1877, sur un poète hongrois et grec qui s'appelle Louis de Tóth. Ses épigrammes furent publiées par une feuille périodique intitulée: 'Ερμῆς ὁ λόγιος », Vienne, 1878; « Petöfi e vagy Arany », 1881 (parallèle entre les célèbres poètes hongrois Petöfi et Arany); « Magyar nyelobuvárlatok », id. (Étymologies hongroises en trois livraisons); « Agnes asszony », 1882. Cette dissertation esthétique et en même temps réfutation de Greguss, qui a écrit sur la même matière, parut aussi en allemand sous ce titre: « Frau Agnes. Ballade von Johann Arany. Abhandlung von prof. Arpád Török von Ponor. Aus dem Ungarischen übersetzt von Carl Göndör », 1883.

« A Petöfi-szobor laleplezésének emblékére », 1882 (A la mémoire du dévoilement de la statue de Petöfi); « Magyar nyomtatott munkék e XV és XVII századbóh », id., livres hongrois imprimés au XVIme et XVIIme siècle, dédié à Joseph Thewrewk de Ponor; « Magyar nyelvészeti adalékok », 1883, pièces fournies pour servir à l'étymologie hongroise; « Simonyi nselotana », id. Cette étude philologique parut précédemment en allemand sous ce titre: « Simonyi's ungarische Grammatik », id.; « A legrégiba magyar abc », id. (Le plus ancien alphabet hongrois); « A Flarpyia sintorony », 1885, écrit émanant de la dissertation spirituelle d'Émile Braun, imprimée dans les *Annali dell'Istituto di Corrispondenza archeologica*, 1845, sous ce titre: « Sepolcro di Xanthos detto dalle Arpie ».

Thiaudière (Edmond), publiciste français, avocat et littérateur, né, à Gençay (Vienne), en 1847. Outre sa collaboration à plusieurs journaux politiques et littéraires, il a créé et dirigé pendant trois ans (1876-77-78) la *Revue des Idées nouvelles*, bulletin du progrès dans la philosophie, les sciences, les lettres, les arts, le commerce, l'industrie et l'agriculture; en 1878, il a fondé avec MM. Xavier de Ricard et Auguste Fourès et dirige depuis lors la Société d'alliance latine *L'Alouette*, dont les dîners mensuels ont été présidés par des hommes tels que Viollet-Le-Duc, Frédéric Mistral, Emilio Castelar, G. Turr, Ruiz Zorilla, Frédéric Passy, etc.; depuis nombre d'années il est membre du conseil d'administration de la *Société française des amis de la Paix*, laquelle travaille à amener la substitution de l'arbitrage international à la guerre; il est aussi membre du comité de la *Société des gens de lettres*. Il a publié en fait de poésies: « Sauvagerie », petits poèmes et sonnets, 1866; « Les désaveux du Christ », poème, 1869; « Légendes bouddiques », 1875; « Le dindon blanc », conte en vers, 1877. Romans: « Apprentissage de la vie », avec une dédicace à la mort, 1861; « Un prêtre en famille », 1864; « La petite-fille du curé », 1880; « Le roman d'un bossu ». 1881; « La maison fatale », 1883; « Trois amours singulières », 1886. Politique: « La Confédération française », forme nouvelle de gouvernement, 1872; « La dernière bataille », épopée prophétique de l'année 1909, 1873; « Les voyages de lord Humour en Bubaterbro ou pays des jolis bœufs », 1874; « Les voyages de lord Humour en Servatabus ou pays des rétrogrades », 1876; « Une nouvelle fonction de la magistrature », 1882. Philosophie: « La Proie du Néant », notes d'un pessimiste, 1886; « La complainte de l'Être, avec préface d'Auguste Dietrich », 1889. Théâtre: « Monsieur Martin légitimiste », comédie en prose, 1879. En résumé, romancier ingénieux, poète ému et sincère, publiciste à idées originales, satirique acéré à la façon de Swift ou de Voltaire, auquel il a l'honneur d'être allié par sa famille, M. T. a creusé en plus d'un sens son sillon littéraire. Dans son dernier ouvrage « La complainte de l'Être », 1889, il gémit, non sans une pointe de gaieté moqueuse, sur le train des choses de ce monde. On sent dans cette *complainte* une âme originale, à la fois dolente et railleuse, sceptique et mystique tout à la fois, et que définit fort bien, dans une remarquable préface, M. Auguste Dietrich.

Thiers (Édouard), officier et homme politique français, député du Rhône, est né, à Saulze (Nièvre), le 15 mai 1843. Élève de l'École polytechnique et de l'École d'application de Metz, il participa en 1870 aux travaux de défense de la place de Belfort. Il construisit et commanda, avec une garnison composée de mobiles du Rhône, le fort avancé de Bellevue qui résista à un bombardement de 73 jours. A la suite de la défense de Belfort, le capitaine T. fut décoré et chargé d'écrire la relation de la brillante résistance de cette place. Après la guerre, en qualité de capitaine attaché à l'État-major du génie, il a dirigé, en Savoie, la construction des forts et des routes stratégiques. Puis il a fait construire les forts et les routes du massif du Mont-Dore et du plateau des Dombes. Conseiller général du Rhône, il fut élu député sur la liste du Comité radical, aux élections d'octobre 1885. M. T. a publié : « La puissance de l'armée par la réduction du service », in-8 Germer Baillière, 1882. En collaboration avec M. de Laurencie, capitaine d'artillerie et sous le contrôle du colonel Denfert Rochereau gouverneur de Belfort pendant le siège : « La défense de Belfort », 4 éd., Le Chevallier, 1871, 1874 ; « Du rôle des places de l'Est dans la dernière invasion », Tanera, 1873 ; « De l'Influence exercée par l'artillerie rayée sur l'attaque et la défense des places », id., 1874.

Thil-Lorrain (Michel LORRAIN, dit), publiciste belge, né, à Virton, en 1826. Après avoir parcouru toute la carrière de l'enseignement public, il devint, en 1881, préfet des études à l'Athénée royal de Verviers et directeur de l'école moyenne des garçons, fondée par l'État dans cette dernière ville ; il a pris sa retraite en 1889. On lui doit, outre une foule d'articles aux journaux et aux revues, un grand nombre d'ouvrages de genre très divers et de valeur assez inégale ; romans, nouvelles, légendes, drames, études philosophiques et historiques, manuels classiques de littérature, d'histoire, de géographie, de cosmographie, etc. Nous signalerons spécialement ici : « Françoise de Foix, comtesse de Chateaubriand », drame, Virton, 1852 ; « Essai d'un nouveau système philosophique sur la certitude », Tournai, 1854 ; « Schæffer, ou le véritable inventeur de l'imprimerie », Arlon, 1856 ; « La danse des nonnes, légende des bords du Rhin », id., id. ; « Cours d'histoire universelle », id., id., 2me éd., Tournai, 1861 ; « Au foyer de la famille, récits et nouvelles », Tournai, 1860 ; « Études historiques sur les légendes scandinaves du Luxembourg belge », Arlon, 1861 ; « Précis de géographie historique », Tournai, id. ; « Précis de l'histoire de Belgique », id., 1862 ; « Traité élémentaire des institutions constitutionnelles en vigueur en Belgique », id., 1864 ; « Nelida, ou les guerres canadiennes », id., 1865 ; « Le docteur-martyr : Chapuis », Verviers, 1876, 2me éd., id., 1877 ; « Baudouin de Constantinople, fondateur de l'empire latin d'Orient », Bruxelles, 1882 ; « Quentin Metsys et les frères Van Eyck », id., 1884 ; « Ortelius et Mercator, ou les créateurs de la science géographique », id., 1887.

Thirion (Maurice), écrivain français, agrégé d'histoire et de géographie, docteur ès-lettres, officier d'Académie, professeur d'histoire au lycée de Nancy, né, à Metz, le 7 juillet 1848. Il commença ses études au lycée de Metz, et les acheva au lycée *Charlemagne*. Nous avons de lui : « Histoire du protestantisme à Metz et dans le pays Messin », Nancy, 1884 ; « De civitatibus quæ a Græcis in Chersoneso Taurica conditæ fuerunt », thèse pour le doctorat ès-lettres, id., id. ; en préparation : « Metz sous la domination française (1552-1871) ».

Thitoyan (le rév. père Athanase), écrivain arménien, directeur de l'imprimerie arménienne des Mékitaristes à Venise, né, à Erzeroum, en 1857. Nous avons de lui une traduction en langue arménienne classique de l' « Histoire de la Georgie », 1886. Le père T. est rédacteur du journal scientifique et littéraire le *Polyhistor*.

Thoinnet de la Turmelière (Charles-Joseph), né, à Ancenis, le 26 octobre 1823. Homme politique français. Il appartient à une très ancienne famille de Bretagne. Son grand-père fut une des victimes de la Terreur. Il a épousé la fille du célèbre D. Velpeau ; conseiller de préfecture à Nantes, puis chambellan de l'Empereur, il a été élu membre du corps législatif de 1857 à 1870. Élu député de l'arrondissement d'Ancenis le 20 février 1876, il a été réélu le 14 décembre 1877, le 21 août 1881 et nommé député de la Loire-Inférieure le 4 décembre 1885. Il est représentant du canton d'Ancenis au Conseil général, et a été administrateur de la Compagnie d'Orléans.

Thoma (Richard), savant allemand, docteur en médecine, professeur ordinaire de pathologie générale et d'anatomie pathologique à l'Université de Dorpat (Russie), conseiller d'État, né, en 1847, à Bonndorf (Forêt-Noire), Allemagne, a fait ses études aux universités de Heidelberg et Berlin ; il prit ses grades en 1872 et jusqu'à 1884 fut professeur extraordinaire à Heidelberg, d'où il fit passage à Dorpat dans sa position actuelle. Il prit part à la Campagne de 1870-71 en France, et publia : « Die Verwanderung farbloser Blutkörper aus dem Blute in das

Lymphgefässsystem », Heidelberg, 1873; « Untersuchungen über die Grösse und das Gewicht der anatomischen Bestandtheile des menschlichen Körpers, in gesunden und im kranken Zustande », Leipzig, 1882; « Ueber einige senile Veränderungen des menschlichen Körpers und ihre Beziehungen zur Schrumpfniere und Herzhypertrophie », id., 1884. Le *Virchow's Archiv* contient aussi une foule de ses articles concernant la lèpre, le lupus, l'arteriosklérose, les aneurismes et les troubles locaux de la circulation et la description d'un nouveau microtome (Schlittenmikrotome) de son invention. Plusieurs dissertations et mémoires médicaux de M. T. ont paru aussi dans les divers journaux spéciaux allemands.

Thomas (Bertha), romancière anglaise, née, vers la moitié du siècle, dans une famille du haut clergé anglican, a écrit les romans suivants, dont plusieurs ont eu les honneurs de la traduction: « Proud Maisie », 1877; « Cressida », 1878; « The Violin Player », 1880; « In a Cathedral City », 1882; « Ichabod », 1884.

Thomas (Charles-Marie-Gabriel), homme de lettres et écrivain français, conseiller de la Cour d'appel de Nancy, docteur ès-lettres, né, le 25 janvier 1848, à Nancy, fit ses études au Lycée de Nancy, et aux Facultés de lettres et de droit de Nancy et de Paris. Nous avons de cet auteur: « De la servitude réelle usagère dans les forêts », Nancy, N. Collin; « Les origines politiques de la juridiction souveraine des Gradués en Lorraine », id., Vagner; « Les procès de sorcellerie et la suggestion hypnotique », id., id.; « Les révolutions politiques de Florence (1477-1520) »; « Du Danube à la Baltique »; « Allemagne »; « Autriche-Hongrie, Danemark. Descriptions et souvenirs », Paris, Berger Levrault.

Thomas (Philippe-Louis), théologien suisse, né, à Genève, le 22 mai 1826. Après avoir fait ses études dans cette ville, y avoir été consacré ministre en 1849 et avoir passé dix-huit mois en Allemagne, il a obtenu à Genève en 1853 le grade de docteur en théologie. Il a été pasteur à Cologny (Canton de Genève), près de vingt ans, puis professeur de théologie systématique à l'école de théologie de la Société évangélique de Genève de 1874 à 1886. En fait de brochures et d'ouvrages, M. T. a publié: « Etude dogmatique sur la première épître de St.-Jean », Genève, 1849; « Einige Bemerkungen über den Aufsatz Genfs kirchliche und christliche Zustände » (anonyme, mais de Rilliet de Candolle), article inséré dans la *Deutsche Zeitschrift für christl. Wissensch. und christl. Leben*, Berlin, 1851; « La confession helvétique. Études dogmatico-historiques sur le seizième siècle », Genève, 1853; l'article « Turrettini », dans la *Real Encyclopädie für prot. Theologie und Kirche*, 1re éd., Gotha, 1862; « M. Pélissier et l'Église nationale protestante de Genève, ou quelques mots en Suisse d'une manifestation de cette Église », Genève, 1865; « Programme d'enseignement pour une chaire de dogmatique et de morale, et esquisse d'une Encyclopédie des sciences théologiques », extrait du *Bulletin théologique*, Paris, 1865; « Après le Concile, ou Hyacinthe et Doellinger », Lyon, 1872 (sans nom d'auteur; mis à l'index); « La Résurrection de Jésus-Christ, étude biblique », Genève, 1870; dans l'intention de l'auteur, le 1er volume d'un ouvrage plus considérable d'apologétique sur la résurrection de Jésus-Christ, ouvrage dont la publication a été interrompue par la nomination de M. T. comme professeur; « Gloire à Dieu au sujet de Luther », discours à l'occasion du quatrième centenaire de la naissance du Réformateur, Genève, 1883. M. T. a commencé dans la *Revue de théologie et de philosophie* (Lausanne) une série d'articles sur « Le Jour du Seigneur, études de dogmatique chrétienne et d'histoire », dont quatre ont paru en 1877. Les deux derniers renferment une sérieuse étude des récentes découvertes assyriologiques sur le sabbat et la semaine chez les Chaldéens.

Thompson (Sylvain-P.), savant anglais, professeur de physique expérimentale à l'*University College* de Bristol, membre du Conseil de la Société de physique de Londres ainsi que de celle de Paris, né, à York, en 1851, a été élevé à l'école des Mines à Londres et à l'Université de cette dernière ville, où nous le trouvons bachelier ès-arts en 1869, bachelier ès-sciences en 1875 et docteur ès-sciences en 1878. M. T. est l'auteur d'une quantité de monographies à propos d'électricité, de magnétisme, d'acoustique et d'optique qui sont éparses dans les revues spéciales. Mais son ouvrage principal est: « Elementary lessons in electricity and magnetism », dont la première éd. date de 1881 et la 43e est de 1889 (cet ouvrage est traduit en allemand, en français et en polonais); « Dynamo-electric machinery », 1886, 3e éd. 1888, traduit en français par M. Boistel en 1888 et en allemand en 1889; « Philip Reis, inventor of the telephon », 1883.

Thompson (D'Arcy Wentworth), professeur de grec au Collège de la Reine à Galway, né, en 1829, dans l'île de Tasmania sur les bords de la Derwent, a été élevé à *Christ's Hospital* de Londres et à l'Université de Cambridge. Nous avons de lui: « Day-dreams of a Schoolmaster », Douglas, Édimbourg, 1864; « Sales Attici; or Wit and Wisdom of Athenian Drama », id., id., 1867.

Thomson (Sir Charles-Wyville), naturaliste anglais, né, à Bonsyde, le 5 mars 1830, fit ses études à l'Université d'Édimbourg et professa dès 1850 les sciences naturelles au Collège d'Aberdeen, à celui de Cork et à Belfast. En 1868 les vaisseaux *Lightning* et *Porcupine* furent mis à sa disposition pour opérer des dragages et étudier la faune des profondeurs de l'Océan Atlantique. En 1872, il fut mis à la tête d'une expédition scientifique à bord du vaisseau *Le Challenger*, et il revint en Angleterre en 1876. La première partie de ses explorations de 1868-70 parut en 1872 sous le titre: « Depths of the Sea », et fut traduit en français par M. Loret (Paris, 1874), la seconde a été publiée à Londres en 1877.

Thomson (Gaston-Arnold-Marie), publiciste et homme politique français, ancien secrétaire de Gambetta, actuellement député de Constantine. Il fut élu en 1877 comme candidat républicain et réélu en 1881 et en 1885, avec un programme conforme à celui du groupe de l'Union républicaine. Il a été l'un des principaux rédacteurs de la *République Française*, il collabore au *National*. Il a publié en 1876 une brochure sur l'« Herzégovine et la Bosnie ». Il est le frère de M. Charles T., gouverneur de la Cochinchine.

Thomson (Sir William), physicien anglais, né, à Belfast, en juin 1824, commença ses études sous la direction de son père et les termina en 1845 à l'Université de Cambridge. Nommé professeur de physique à Glasgow en 1846, il se livra à d'heureuses et importantes recherches sur l'électricité et la chaleur. Après le succès de l'immersion du câble transatlantique auquel il avait beaucoup contribué, il fut créé chevalier en 1866, et obtint les plus hautes distinctions scientifiques dans la Grande-Bretagne et à l'étranger. Il a été élu membre étranger de l'Institut de France en 1877. Directeur du *Cambridge and Dublin mathematical Journal* de 1845 à 1853, il y inséra ses premiers travaux. Nous avons de lui: « Sur les propriétés électrodynamiques des métaux », 1855; « Théorie mathématique de l'élasticité »; « Densité de la terre »; « Sur l'électricité statique et le magnétisme à bord causé par la vibration »; « Effets thermaux des fluides en mouvement »; enfin: « Traité de physique », 1866. On lui doit l'invention de divers instruments, tels que l'électromètre en quart de cercle, l'électromètre portatif, le galvanomètre miroir, le siphon enregistreur, etc.

Thonissen (Jean-Joseph), illustre publiciste et homme d'État belge, né, à Hasselt, le 21 janvier 1817. Après avoir conquis le diplôme de docteur en droit, M. T. fut d'abord substitut du procureur du Roi, puis commissaire d'arrondissement; il abandonna ces fonctions judiciaires et administratives pour entrer dans la carrière de l'enseignement et devint professeur à l'Université catholique de Louvain: il figure aujourd'hui parmi les professeurs émérites de cet établissement. Nous n'avons pas à étudier ici la vie politique de notre auteur, un des hommes les plus respectés du parti conservateur; bornons-nous à dire qu'il est membre de la Chambre des représentants de son pays depuis 1863, qu'il a été durant trois années (octobre 1884-octobre 1887) ministre de l'Intérieur et de l'Instruction publique après l'avènement des catholiques au pouvoir en juin 1884, et qu'il a maintenant encore le titre de Ministre d'État sans portefeuille. Outre des études philosophiques, historiques, économiques, juridiques — très nombreuses et toujours fort intéressantes — dans diverses revues et dans les publications de l'Académie Royale de Belgique; outre des travaux parlementaires parmi lesquels il faut signaler surtout les rapports sur la révision du Code de procédure pénale présentés à la Chambre des représentants, M. T. a fait paraître: « La Constitution belge annotée », Hasselt, 1844, 2e éd. 1865, 3e éd. 1879; « Complément du Code pénal, ou recueil complet des lois, décrets et arrêtés généraux qui se rapportent à la législation pénale et peuvent être invoqués en Belgique », id., 1846-1850; « Le socialisme et ses promesses », Bruxelles, 1850 (plusieurs éd. en Belgique et en France); « Le socialisme dans le passé », id., 1851; « Le socialisme depuis l'antiquité jusqu'à la Constitution française de 1852 », Louvain et Paris, 1852; « La Belgique sous le règne de Léopold I », Liège, 1855-56, 2e éd., Louvain, 1861; « Vie du Comte Félix de Mérode », Louvain, 1861; « De la prétendue nécessité de la peine de mort », id., 1864 (plusieurs éditions); « La théorie du progrès indéfini, dans ses rapports avec l'histoire de la civilisation et les dogmes du christianisme », Paris, 1867; « Études sur l'histoire du droit criminel des peuples anciens (Inde brahmanique, Égypte, Judée) », Bruxelles et Paris, 1869; « Mélanges d'histoire, de droit et d'économie politique », Louvain et Paris, 1873; « L'organisation judiciaire, le droit pénal et la procédure pénale de la loi salique », Bruxelles, 1882 (édition définitive d'un mémoire académique magistral). M. T. est membre de l'Académie Royale de Belgique, de l'Institut de France (Académie des sciences morales et politiques), de l'Académie de Toulouse, de l'Académie de Madrid, etc.; parmi ses nombreuses décorations figure la croix de commandeur de l'ordre de la Couronne d'Italie. Ses beaux travaux lui ont valu, à trente ans d'intervalle, une part du prix quinquennal belge des sciences morales et politiques (période 1851-1855) et le prix quinquennal des sciences sociales (période 1882-1886).

Thorbecke (Auguste), écrivain allemand, docteur en philosophie, professeur d'histoire à l'Université de Heidelberg, directeur de l'École Supérieure pour les demoiselles, est né, en 1839, a fait ses études aux universités d'Erlangen, Gœttingue et Heidelberg, a pris ses grades en 1864 et a publié: « Ueber gesta Theodorici », id., 1875; « Geschichte der Universität Heidelberg », id., 1886. Il collabore au *Bluntschli*

Staatswörterbuch et à l'*Allgemeine deutschen Biographie*.

Thoumas (le Général Charles-Antoine), écrivain militaire français, né, à Laurière (Haute-Vienne), le 19 juillet 1820. Élève à l'École Polytecnique (1839), sous-lieutenant d'artillerie (1843), capitaine (1847), colonel (1870), général de division et membre du Comité d'artillerie (1878), retraité le 19 juillet 1885. Le général T., capitaine d'artillerie à cheval en Crimée, a eu sa batterie citée pour la bataille d'Inkermann, où il a eu un cheval tué sous lui. Il a été, pendant la guerre de 1870, directeur de l'artillerie à la délégation de Tours et Bordeaux sous Gambetta. En cinq mois il a mis sur pied plus de 200 batteries de campagne, tandis qu'il n'en existait que 164 avant la guerre. Le général T. a publié: « Les capitulations », étude sur la responsabilité du commandement, 1 vol., Paris, Berger-Levrault, 1887; « Les transformations de l'armée française », 2 vol., id., id., id., 1887; « Le journal de Curely. Histoire d'un cavalier léger de la Grande Armée », 1 vol., id., id., id.; « Les cadres de l'armée devant le Parlement », par un officier en retraite, 1 vol., Bourges, Soumard, 1887; dans la *Revue du Cavalerie* (1886-1887-1888): « Notices sur Lasalle, Kellermann, Montbrun, les trois Colbert »; dans le *Spectateur militaire* (1887): « Notice sur le Général Friant ». Le général T. est actuellement collaborateur militaire du journal *Le Temps*.

Thumin (Auguste), homme de lettres français, membre de plusieurs académies savantes, un des *félibres* de la Provence, né, à Marseille, en 1835. Après avoir poussé ses études jusqu'aux baccalauréats ès-lettres et ès-sciences, il se consacra au négoce, dans lequel il demeura jusqu'en 1870. A dater de cette époque, il s'adonna à la littérature et à la musique et accumula de nombreux manuscrits, dont 51 récits de voyage à travers l'Europe, qui n'ont jamais été publiés, sauf une composition musicale: « Toros de muerte », qui édité, ne fut pas mise en vente; en 1887, pris d'enthousiasme pour sa langue maternelle qu'il n'avait jamais pratiquée antérieurement, il se jeta dans le félibrige, fut lauréat du Concours de Paris en 1888, et produisit, en 9 mois, un volume provençal de plus de 100 pièces, qui sous le titre de « Bouiabaisso », obtint beaucoup de succès, impr. Remondet Aubin, Aix en Provence. Enfin depuis 1888 il travaille à un volume français: » Salade russe », qui contient diverses études sociales et philosophiques et doit paraître prochainement en librairie. Il se propose également de livrer à la publicité un 2e volume provençal: « Paëlla », qui doit faire suite à son premier ouvrage en cette langue: « Cacalas, recueil de Galejado provençala ». En préparation: « La Pesto de Marsiho, pouemo en 12 cant e un proulogue »;

« Poésies françaises », 1 vol.; « Album de Musique pour piano ».

Thunn (le Comte Mathias), écrivain italien, né, à Trente, le 28 novembre 1812. Nous avons de lui en librairie: « Il Ducato di Trento nei secoli XI e XII », Trente, 1868; « Considerazioni economiche e commerciali intorno al quesito: Se possa promuovere la prosperità del Tirolo italiano per la Lega doganale germanica o l'italiana », Francfort, 1848; « Lettera al Comm. Carlo Rusconi sul dogma delle nazionalità e degli eserciti italiani », Trente, 1870; « Sui bacini interni dei fiumi alpini », Venise, 1871; « I Santi Martiri apostoli dell'Anaunia ed auspici della battaglia di Legnano », Padoue, 1876; « Memoria sulla legge 9 febbraio 1882 relativa all'imposta sui fabbricati », Rovereto, 1882, etc.

Thureau-Dangin (Paul), historien français, ancien auditeur au Conseil d'État et collaborateur du journal *Le Français*, né, à Paris, le 14 décembre 1837. M. T. a publié: « Royalistes et républicains », Plon, 1874, 2e éd. 1888; « Le parti libéral sous la Restauration », id., 1876, 2e éd. 1888; « Pie IX », avec François Beslay, Santon, 1878; « L'Église et l'État sous la monarchie de juillet », Plon, 1880; « Histoire de la monarchie de juillet »; 4 vol., ont paru en 1884-1888, 2e éd. des 3 premiers vol. en 1888. Ouvrage couronné deux fois par l'Académie française; grand prix Gobert.

Thürlings (Adolphe), écrivain et professeur allemand-suisse, né, le 17 juillet 1844, à Kalden Kirchen dans la Prusse Rhénane, entreprit de 1861 à 1864 des études théologiques, philosophiques et philologiques à l'Université de Bonn, fut ordonné prêtre en 1867, s'associa en 1870, aussitôt après la promulgation des décrets du Vatican, au mouvement d'opposition suscité par Döllinger et remplit de 1872 à 1887 les fonctions pastorales dans la communauté vieille-catholique de Kempten. Le Gouvernement bernois l'appela en 1887 à remplir dans la Faculté vieille-catholique la chaire de dogmatique et de morale. Nous signalerons comme ses principales publications: « Les deux genres de tons et la théorie musicale moderne », Berlin, 1877; « Le Cantique des Cantiques par G. P. de Palestrina », édité avec le texte allemand, Leipzig, 1880; « Livre de prières liturgique », Mannheim.

Tiberghien (Guillaume), philosophe belge, né, à Bruxelles, le 9 août 1819. En 1840 il débuta dans l'*Annuaire* de la Société des étudiants de l'Université libre de Bruxelles, par un article intitulé: « Christianisme et philosophie », lequel fit quelque tapage. Bientôt après, il obtint le prix de philosophie au concours universitaire, pour un « Essai théorique et historique sur la génération des connaissances humaines dans ses rapports avec la morale, la politique et la religion », Bruxelles, 1844 (véritable et volumineuse histoire de la philosophie). Reçu docteur en philosophie et lettres, il couronna ses études par la soutenance d'un thèse: « Théorie de l'infini », id., 1846; et en 1853 il fut appelé à prendre lui-même possession de la chaire de philosophie à l'Université où il avait été élève. Depuis lors, il a publié: « Esquisse de philosophie morale », Bruxelles, 1854; « Études sur la religion », id., 1857; « Psychologie: la science de l'âme dans les limites de l'observation », id., 1862, 2ᵉ éd. 1868, 3ᵉ éd. 1879; « Logique: la science de la connaissance », id., 1865; « Introduction à la philosophie et préparation à la métaphysique: étude analytique sur les objets fondamentaux de la science », id., 1868, 2ᵉ éd. 1880; « Les commandements de l'humanité, ou la vie morale sous forme de catéchisme populaire d'après Krause », id., 1872; « Mélanges philosophiques et études sur l'instruction primaire obligatoire », id., 1873; « Éléments de morale universelle à l'usage des écoles laïques », id., 1879; « Krause et Spencer, critique philosophique », id., 1882. La philosophie de Krause, sorte de rationalisme humanitaire et religieux, qui fut introduite à l'Université de Bruxelles par deux Hanovriens, Ahrens et Schliephacke, et qu'enseigne après eux M. T., est de moins en moins appréciée en Belgique, mais elle a conquis quelque faveur dans le midi de l'Europe et surtout en Espagne: aussi existe-t-il des traductions espagnoles de la plupart des ouvrages que nous venons de citer, des traductions portugaises de la « Philosophie morale », de la « Psychologie » et de la « Logique », et une traduction italienne des « Éléments de morale universelle ». Outre ces ouvrages, on a de M. T. des discours universitaires, des articles dans la *Revue trimestrielle*, la *Revue de Belgique*, etc., une dissertation philosophique sur « Le temps », donnée en 1883 aux *Mémoires* de l'Académie Royale des sciences, des lettres et des beaux-arts de Belgique, dont notre auteur est membre depuis 1882. — M. T. a fait partie du Conseil communal de Saint-Josse-ten-Noode (lez-Bruxelles), où il habite, du Conseil provincial et de la députation permanente du Conseil provincial du Brabant, et il s'y est toujours beaucoup occupé des questions d'enseignement.

Tiberi (Léopold), poète italien, né, à Sienne, en 1846, étudia au Collège de la *Sapienza* à Pérouse et au Collège *Tolomei* de Sienne. Docteur en mathématiques de l'Université de Pérouse et ingénieur à 21 ans, il prit part à la Campagne de Mentana où il fut fait prisonnier. Nous le trouvons directeur de la *Favilla*, feuille littéraire de Pérouse en 1879; deux ans après professeur d'histoire au Lycée. On a de lui en librairie: « Battaglie d'un'anima », chants lyriques, Sienne, 1871; « Zulica », petit poème fantastique, Assisi, 1871; « Versioni », id., 1874; « Il Palazzo del Popolo di Perugia », id., 1878; « Nuove versioni », id., 1879; « Alba Nigra », Bologne, Zanichelli, 1881.

Tieftrunc (Charles), historien tchèque, membre de la Société Royale des Sciences de Bohême, né, à Bela, en 1829. Ses études achevées en 1860, il écrivit dans les revues de son pays des articles d'histoire et d'archéologie. Entre 1865-70, il publia l'« Histoire de Bohême », de Paul Inála, gros ouvrage en 5 vol. En 1872, il écrivit: « L'opposition des États de Bohême en 1847 ». En 1876, il composa un « Résumé de l'Histoire de la littérature en Bohême », qui eut une seconde édition revue et augmentée en 1880 et une troisième en 1885. Nous avons aussi de lui une « Histoire de l'Institut, fondé en 1830 pour cultiver la littérature tchèque », 1881. Cet ouvrage parut par les soins de M. T. l'année jubilaire de la fondation de l'Institut.

Tiele (Pierre-Antoine), écrivain hollandais, directeur de la Bibliothèque de l'Université d'Utrecht, né, à Leyde, en 1834. Nous avons de lui: « Mémoire bibliographique et historique sur les journaux du voyage des navigateurs Néerlandais », Amsterdam, 1867; « Études sur l'histoire des Européens dans l'archipel Malais », 1ʳᵉ-9ᵉ partie (en hollandais), dans le *Journal de l'Institut R. pour la connaissance de l'Inde Néerlandaise*. Plusieurs études historiques et bibliographiques dans différents journaux; « Catalogus codicum manuscriptorum Bibliothecæ Universitatis Rheno-Trajectinæ », Hagæ Com., 1887.

Tiemann (Ferdinand), chimiste allemand, docteur en philosophie, professeur de chimie à l'Université de Berlin, rédacteur des *Actes de l'association chimique allemande*, né, le 10 juin 1848, à Rubeland au Harz près de Blankenbourg, a publié plusieurs travaux sur la coniférine et sur sa transformation en vanilline, sur la formation des acides organiques et amidés et les deux monographies suivantes: « Anleitung zur Untersuchung vom Wasser welches zu gewerblichen Zwecken oder als Trinkwasser benutzt werden soll », Brunswick, 1874; « Die chemische und mikroskopisch-bakteriologische Untersuchung des Wassers », id., 1889.

Tiercelin (Louis), poète et auteur dramatique français, est né, à Rennes, le 18 septembre 1849. Ses études faites au Collège Saint-Vincent, et licencié en droit, il débuta au théâtre en 1867 par un proverbe en vers: « L'occasion fait le larron »; fonda et dirigea à Rennes le journal littéraire *La Jeunesse Bretonne*. M. T. a publié: « Les Asphodèles », poésies, 1873; « Marguerite d'Écosse », poème dramatique, 1880; « Primevère », poème, 1881; « L'oasis », poésies, 1883; « Les anniversaires », poèmes, 1887. M. T. a aussi donné un volume de nouvelles: « Amourettes », 1886, et un roman: « La Comtesse Gendelettre », 1887. Au théâtre: à l'Odéon, « Le Voyage de Noces », drame en quatre actes qui fut l'éclatant début de Mᵐᵉ Tessandier sur cette scène; puis « Corneille et Rotrou », pour le deuxième centenaire de Corneille, et le « Rire de Molière », puis encore quelques petites pièces : « L'heure du Chocolat »; « Les Noces du Croquemort », etc.

Tiersot (Julien), homme de lettres et musicien français, sous-bibliothécaire au Conservatoire de musique de Paris, né, à Bourg, le 5 juillet 1857, fit ses premières études au Lycée *Louis-le-Grand*, d'où il passa au Conservatoire de Paris (classes d'harmonie et de composition musicale). Nous avons de lui: « Histoire de la chanson populaire en France », ouvrage couronné par l'Institut (prix Bordin de l'Académie des Beaux-Arts en 1885), Paris, 1888; « Mélodies populaires des provinces de France harmonisées », 1 vol. Plusieurs études sur la chanson populaire dans la *Revue des traditions populaires*. Plusieurs études sur l'histoire de la musique (notamment sur la musique à l'époque de la Révolution française) dans la *Nouvelle Revue*, le *Ménestrel*, l'*Art*, etc. Plusieurs œuvres de composition musicale, notamment une « Rapsodie pour orchestre sur des mélodies populaires de la Bresse », exécutée à la Société Nationale de musique, et de la musique de chant (mélodies, compositions chorales) et d'orchestre.

Tillmanns (Hermann), médecin allemand, professeur de médecine et chirurgie à l'Université de Leipzig, né, le 3 octobre 1844, à Elberfeld (Prusse), a fait ses études aux Universités de Bonn, Wurzbourg, Prague, Halle et Leipzig, et publié sur différents sujets de la pathologie générale et de chirurgie, plusieurs travaux parus dans l'*Arch. f. mikrosk. Anat.*, dans l'*Arch. f. Heilkunde*, dans le *Virchow's Arch.*, dans le *Langenbeck's Arch.* et dans le *Zeitschr. f. Chirurgie*. M. T. est un des fondateurs du *Centralblatt. f. Chir.* et auteur du « Lehrbuch der Allgemeinen und speciellen Chirurgie », 2 vol., Leipzig, 1888-89.

Tilsèr (François), mathématicien tchèque, professeur de géométrie descriptive et de prospective à l'École polytechnique de Prague, membre de la Société royale des Sciences de Bohême, commandeur de l'ordre russe de Saint-Stanislas, décoré de la grande médaille d'or pour les Arts et les Sciences, est né, le 12 juin 1825, à Budelsko, au district d'Olomouc en Moravie; il entra à l'âge de quatorze ans au Gymnase d'Olomouc, et étudia en même temps à l'Académie la langue et la littérature bohêmes, l'italien et le français. En 1844, il entra à la faculté de philosophie et y étudia aussi l'esthétique, la pédagogie et la méthodique. De 1846 à 1849, il suivit les cours à la faculté de droit, mais comme il avait toujours une prédilection pour les études de mathématiques et de mécanique, il entra à l'École des Mines, d'où il passa à l'Académie des Ingénieurs à Vienne, où il suivit aussi le cours supérieur. En 1852, il fut nommé officier au génie; en 1854, il fut envoyé en garnison à Milan, où il étudia dans les bibliothèques, et prépara ses dissertations de professeur, qui lui valurent en effet plus tard une chaire à l'Académie de génie à Klosterbouck. En 1864, il fut nommé professeur de géométrie descriptive et stéréotomie à l'École polytechnique à Prague, dont il fut élu recteur en 1871. En 1879, quand le peuple tchèque quitta la résistance passive envers le Parlement de Vienne, M. T. fut élu député et fit partie de la fraction libérale de la délégation jusqu'en 1885. En 1883, à l'occasion des débats sur un projet réactionnaire de loi scolaire, M. T. combattit pour les principes libéraux, et vota contre la loi, ce qui le mit en opposition avec tous les autres députés, qui — menés par l'aristocratie féodale — avaient accepté la loi. Aux nouvelles élections au Parlement de Vienne, le parti conservateur de la Bohême empêcha la réélection de M. T. qui resta seulement en possession de son mandat à la Diète royale de Bohême. A cette occasion, il publia une brochure, intitulée: « Aux gages de la noblesse », qui parut en 1885. Voilà la liste des écrits de M. T.: « Les éléments de géométrie descriptive à l'usage de l'Académie de génie », 1862; « Die Lehre der geometrischen Beleuchtungs- Constructionen », id.; « System der technisch- malerischen Perspective », 1867. En 1870, il publia : « Soustava deskriptioni geometrie »; en 1878, la Société bohême de Sciences publia la première partie des bases de l'Icoguognosie ; en 1884, parurent les « Kritické úvahy kúvo », « Du do základů československé geometrie ». Une grande publication sur l'« Iconognosie » est encore en préparation.

Tinchant (Albert-Éloi), musicien et littérateur français, né, à Paris, le 13 avril 1860; il a fait ses études au Lycée *Fontanes;* il est secrétaire de la rédaction du *Chat Noir* et chef d'orchestre du théâtre d'ombres chinoises du *Chat Noir*. Il a publié: « Les Sérénités », poésies, 1 vol.; « Les Fautes », prose; « Les Lendemains », poésies; « Du Chant dans le drame lyrique », critique musicale. Œuvres musicales: « Les partitions de l'Epopée de Caran d'Ache »; « L'Éléphant »; « La Tentation de Saint-Antoine »; « La Rue à Paris », etc.

Tinseau (Léon DE), administrateur et littérateur français, ancien sous-préfet, est né, à Autun (Saône-et-Loire), le 30 avril 1844. Il a fait ses premières études au Collège de Dôle (Jura), tenu par les Jésuites. Il a collaboré à la *Nouvelle Revue*, au *Correspondant*, à la *Revue Bleue*, à l'*Illustration*, etc., etc. Il a publié: « Alain de Kérisel », Ollendorff, 1883; « L'attelage de la marquise », Calmann-Lévy, 1885; « La meilleure part », ouvrage couronné par l'Académie française, id., id.; « Ma cousine Pot-au-Feu », roman, id., 1888.

Tirard (Pierre-Emmanuel), homme politique

français, ancien député, ancien ministre, sénateur, est né, à Genève, de parents français, le 27 septembre 1827. Il fit ses études à l'Université de Genève, puis vint à Paris à 18 ans; il fut admis dans une administration publique qu'il quitta en 1851 pour entrer dans le commerce. Il fonda une maison de commission de bijouterie et d'orfèvrerie. Ayant fait à l'Empire une opposition libérale et combattu la candidature louche de M. Émile Ollivier, il fut nommé, après le 4 septembre, maire provisoire du IIe arrondissement, et confirmé dans ces fonctions par le scrutin du 5 novembre suivant. Élu représentant de la Seine le 8 février 1871, il fut aussi nommé membre de la Commune, après le 18 mars, mais il donna immédiatement sa démission et se retira à Versailles, où il reprit son siège à l'extrême gauche de l'Assemblée. Il fit partie de plusieurs commissions importantes et prit la parole dans les questions économiques. En juillet 1872, il eut un duel avec un rédacteur du *Gaulois*, M. Francis Aubert. Aux élections générales de 1876, il fut élu par 8000 voix contre M. le marquis de Plauc, sous-gouverneur de la Banque de France. Il fut un des 363 députés qui votèrent un ordre du jour de blâme contre le ministère de Broglie-Fourtou, après le 16 mai 1877. Il fut réélu le 14 octobre suivant, à une énorme majorité. Il fit partie de la Commission du tarif des douanes, dont il venait d'être élu président lorsqu'il fut appelé à remplacer M. Lepère au ministère de l'agriculture et de commerce, dans le cabinet Waddington. Il conserva le même portefeuille dans le cabinet suivant, présidé par M. Jules Ferry, avec lequel il se retira le 10 novembre suivant. Rentré aux affaires avec le portefeuille du commerce dans le cabinet Freycinet (30 janvier 1882), il prit le portefeuille des finances dans le cabinet Duclerc qui lui succéda (7 août) et le conserva dans le cabinet Fallière (29 janvier) et dans le cabinet Jules Ferry (21 février 1883). Il s'y maintint jusqu'au 29 mars 1886. M. T. a été élu sénateur inamovible, en remplacement d'Édouard Laboulaye, le 15 juin 1883. C'est M. T. qui, en qualité de ministre du commerce, à soutenu devant la Chambre la longue discussion du tarif général des douanes et du traité de commerce. Ministre des finances, il a fait la conversion de la rente 5 % en 4 $\frac{1}{2}$ %, et, plus tard, la transformation de la caisse des retraites pour la vieillesse. Chargé par M. Carnot, au lendemain de son élection à la présidence de la République, de former un nouveau cabinet, M. T. reprit le portefeuille des finances avec la Présidence du Conseil. Ce cabinet fut renversé le 30 mars 1888 sur la question d'urgence de la révision de la Constitution. Un des derniers actes du ministère Tirard a été la mise à la retraite d'office du général Boulanger après jugements d'un conseil d'enquête. C'est à titre d'orateur politique et non à titre d'écrivain qu'il figure dans ce Dictionnaire. Ses discours sont à l'*Officiel* et n'ont point, jusqu'ici, été recueillis à part.

Tissandier (Gaston), aéronaute et chimiste français, né, à Paris, le 21 novembre 1843. Il étudia au Lycée *Bonaparte*, se consacra à la chimie et il fut admis dans un des laboratoires du Conservatoire des Arts et Métiers. En 1864, il devint directeur du laboratoire d'essais et analyses de l'Union nationale et fut chargé d'expertises par la Chambre syndicale des produits chimiques. M. T. fit de nombreuses ascensions qui ne sont pas restées sans résultat pour la science, et il a adressé d'intéressantes notices insérées dans les *Comptes-Rendus de l'Académie des Sciences*. Nous avons de lui : « Éléments de chimie », 1867-70 ; « L'Eau », 1867 ; « La Houille », 1868 ; « Les merveilles de la photographie », 1873 ; « Les fossiles », 1874 ; « En ballon », 1871 ; « Les ballons dirigeables », 1872 ; « Histoire de la gravure typographique », id. ; « Les poussières de l'air », 1877 ; « Histoire de mes ascensions », 1868-77 ; « Les Martyrs de la science », 1879 ; « Récréations scientifiques », 1882, etc. Depuis 1873, M. T. dirige la revue scientifique *La Nature*.

Tisserand (François-Félix), astronome français, membre de l'Institut, né, à Paris, le 13 janvier 1845. Élève de l'École normale supérieure, il se fit recevoir agrégé en 1866 et docteur ès-sciences, puis entra à l'Observatoire de Paris comme astronome adjoint. Nommé en 1873 directeur de l'Observatoire et professeur d'astronomie à la faculté de Toulouse, il fut attaché, l'année suivante, comme astronome en second, à la mission dirigée par M. Janssen pour l'observation du passage de Vénus sur le soleil, au Japon (9 décembre 1874). M. T. avait été élu, en février précédent, correspondant de l'Académie des Sciences ; il fut élu membre titulaire de ce corps savant le 18 mars 1878, en remplacement de Leverrier, au premier tour, par 32 voix sur 55 votants, quoique présenté seulement le second par la section d'astronomie, et nommé, la même année, membre du bureau des longitudes, dont il est devenu secrétaire-trésorier. Il a été élu correspondant de l'Académie des Sciences de Saint-Pétersbourg en janvier 1884. M. T. a publié dans les *Comptes-rendus de l'Académie des Sciences* un grand nombre de mémoires sur des sujets d'astronomie et de mécanique céleste ; il est professeur de mécanique céleste à la Sorbonne, où il a remplacé M. Puiseux. M. T. a dirigé à la Martinique une des expéditions françaises pour le passage de Vénus de 1882. Il a publié : « Recueil complémentaire d'exercices sur le calcul infinitésimal », Gauthier-Villars, 1876 ; « Traité de mécanique céleste », tom. Ier, id., 1889.

Tissot (David), écrivain suisse, né, à Genève,

le 16 mars 1824, fit ses études à l'Académie de cette ville. Il fut consacré au saint-ministère en 1859, après avoir soutenu devant la Faculté de théologie une thèse sur « Les Antinomies dans le christianisme ». Il passa ensuite plus d'une année à Weinheim (Grand-duché de Bade), comme maître de français, un semestre à l'Université de Berlin et séjourna dans plusieurs autres universités d'Allemagne. De retour à Genève, la Société des protestants disséminés le chargea de son œuvre en Savoie, et il fonda en particulier, en octobre 1852, l'église réformée d'Annecy, aujourd'hui officiellement constituée en paroisse. Après quelques mois passés à Gênes en qualité de pasteur de la communauté évangélique de langue française, M. T. fut nommé (octobre 1853), professeur de philosophie à l'École préparatoire de l'École de théologie à Genève. En 1856 et 1857, il joignit à ces fonctions celles de suffragant du pasteur de Carouge et d'agent du comité d'évangélisation, spécialement chargé des cultes de Landecy et de Saint-Gervais près Chamounix. En 1861, nommé secrétaire général de la conférence universelle de l'alliance évangélique, qui devait tenir ses assises à Genève, il contribua au succès de ces réunions œcuméniques. En 1862, il fut appelé comme professeur de théologie à la Faculté indépendante de l'État et il a présidée de 1880 à 1884. Les étudiants ont fêté en 1887 la 25me année de son enseignement. M. T. a, en outre, été le fondateur des Salles du Dimanche et du Musée des Missions. Après quelques publications relatives à l'alliance évangélique: « Qui sommes-nous ? », 1861 ; « Les Conférences de Genève », 2 vol., 1861-62, M. T. a écrit surtout sur Schleiermacher : « Fragments d'études sur Schleiermacher » ; « Analyse de l'introduction à sa dogmatique », dans le *Bulletin théologique de Paris* ; et sur Calvin : « Calvin d'après Calvin », 1 vol. ; « Pensée de Calvin » ; « Epinicion », à l'occasion de l'anniversaire de la mort du réformateur, 1864. Comme professeur, il a adressé plusieurs discours à la jeunesse théologique sur des questions générales : « La théologie est-elle une science ? », 1863 ; « La Crise », 1868 ; « La Méthode de la théologie », 1877 ; « La Réformation du XVIe siècle, ou le principe du protestantisme », 1885, traduit en italien et quelques prédications. Divers recueils de la Suisse et de la France ont inséré des articles de critique et des poésies de cet auteur.

Tissot (Robert), pasteur et publiciste suisse, est né, à Chaux de Fonds, le 22 juillet 1832. Depuis 1854 jusqu'à 1868, M. T. a été suffragant, puis pasteur de la paroisse de Saint-Blaise près Neuchâtel (Suisse). Depuis 1868, il est pasteur à Neuchâtel. Il est, depuis sa fondation, le rédacteur en chef du *Journal religieux*, publication hebdomadaire arrivée à sa XXXIe année d'existence. Il n'a publié d'ailleurs qu'un très petit nombre de sermons et de brochures de circonstance : « J'étais aveugle et maintenant je vois » ; « La responsabilité du pasteur » ; « Aux armes, citoyens ! », etc.

Tissot (Victor), littérateur suisse, né, à Fribourg, en 1848, fit ses études aux Universités de Tubingue et de Vienne, et vint à Paris en 1867. D'abord employé de librairie, il collabora bientôt au *Courrier français* de Vermorel et à la *Revue populaire*, puis il devint professeur à Genève et rédacteur en chef de la *Gazette de Lausanne*. Il collaborait en même temps à divers recueils parisiens, notamment à la *Revue contemporaine*, à la *Revue de France*, au *Correspondant*. S'étant ainsi préparé les voies, il revint à Paris, où il se fixa en 1874. On doit à M. T. : « Les Beaux-Arts en Suisse », 1869 ; « A la recherche du bonheur », contes et nouvelles traduits de l'allemand, 1871 ; « Le Congrès de la paix et de la liberté », 5me représentation donnée à Lausanne en septembre 1871 ; « Voyage au pays des milliards », 1875, qui eut un immense succès ; « Les Prussiens en Allemagne et voyage aux pays annexés », 1878 ; « La Société et les mœurs allemandes », traduits de l'allemand, 1877 ; « Vienne et la vie viennoise », 1878 ; « La Comtesse de Montretout et les Mystères de Berlin » ; deux parties formant les « Aventures de Gaspard von der Gomm », avec M. Constant Améro, 1879 ; « Voyage au pays des Tziganes », 1880 ; « Russes et Allemands ; la Russie Rouge », avec M. C. Améro, 1881 ; « Aventures de trois fugitifs en Sibérie », avec le même collaborateur ; « La Russie et les Russes, indiscrétions de voyage », 1882 ; « La Hongrie, de l'Adriatique au Danube » ; « Les Contrées mystérieuses et les peuples inconnus », avec M. Constant Améro ; « L'Allemagne amoureuse », 1884 ; « La police secrète prussienne », 1885 ; « Les Curiosités de l'Allemagne du Nord » et « Les Curiosités de l'Allemagne du Sud », 2 vol., Ch. Delagrave ; « La Chine », bibliothèque Jouvet ; « Chef d'œuvre des prosateurs français au XIXe siècle », avec M. Collas, chez Delagrave ; « Aventures de corps de garde, d'après Hacklaender », 1887 ; « Meyer et Isaac », mœurs juives (illustré), 1888 ; « Un hiver à Vienne », édition illustrée de « Vienne » et « La Vie viennoise » ; « La Suisse inconnue », 1888. La plupart des ouvrages de M. T. sont traduits dans les différentes langues étrangères.

Tivaroni (Charles), avocat, patriote, historien, député au Parlement italien, né, à Zara, en 1843. Volontaire à l'armée de Garibaldi en 1860, nous le rencontrons au Cadore en 1866 comme organisateur de quelques bataillons de volontaires, et en 1°67 dans le camp de Garibaldi à Mentana. M. T. a été député pour le Collège électoral de Bellune pendant la XVe législature.

Ses ouvrages d'histoire contemporaine sont très importants : « Relazione sulle bande armate del Cadore », Milan, 1866 ; « Sui moti del Veneto del 1864 », brochure, Gênes, Sambolino, 1887 ; « Storia critica della Rivoluzione francese », 2e éd., Milan, Rechiedei, 1881 ; « Storia critica del risorgimento italiano », Turin, Roux et Cie, 1888.

Tobler (Adolphe), insigne philologue suisse, professeur ordinaire de philologie à l'Université royale de Berlin, né, à Zurich (Suisse), en 1835 ; il fit ses études au Gymnase et à l'Université de sa ville natale et à l'Université de Bonn, sous les célèbres Frédéric Diez, F. Ritschl, Othen Jahn et Nicolas Délius. En 1857, il prit ses grades à l'Université de Zurich et voyagea en Italie, séjournant une année entière à Rome. Rentré en Suisse, il enseigna d'abord à l'Institut de Hofwyl près de Berne et recommençant ses voyages à l'étranger il séjourna à Paris et en Toscane. De 1861 à 1866, il enseigna à l'École cantonale de Berne. En 1867, il fut appelé comme professeur extraordinaire à l'Université royale de Berlin et en 1870 il y fut nommé professeur ordinaire. Il a publié plusieurs ouvrages de grand mérite. Nous citons ici les plus importants : « Darstellung der lateinischen Conjugation und ihrer romanischen Gestaltung », Zurich, 1857 ; « Gedichte des Johan de Condet », Stuttgart, 1860 ; « Bruchstücke aus dem Chevalier au Lyon », Soletta, 1862 ; « Italienisches Lesebuch », id., 1866, 2me édit., 1868 ; « Mitheilungen aus altfranzösischen Handschriften », Leipzig, 1870 ; « Li dis dou vrai aniel, Die Parabel von dem ächten Ringe », id., id., 2me éd., 1884 ; « Französische Volklieder zusammengestellt von Moriz Haupt », id., 1877 ; « Vom französischen Versbau alter und neuer Zeit », id., 1880, id., 1883 ; « Die altevenezianische Uebersetzung der Sprüche des Dionysius Cato », Berlin, 1882 ; « Das Buch des Uguçon da Laodho », id., 1884 ; « Vermischte Beiträge zur französischen Grammatik », Leipzig, 1886 ; « Das Spruchgedicht des Girard Pateg », id. Plusieurs articles de grammaire ou d'histoire littéraire ont paru dans les revues suivantes: *Neues Schweizerisches Museum, Jahrbuch für romanische und englische Litteratur, Zeitschrift für Völkerpsychologie und Sprachwissenschaft, Romania, Zeitschrift für romanische Philologie, Göttinger gelehrte Anzeigen, Sitzungsberichte der Königl Akademie der Wissenschaften zu Berlin.* Les articles insérés dans ces revues contiennent entr'autres une étude sur « Castiglione » (*N. Schweiz. Mus.*), les « Lettres inédites de Ugo Foscolo », et les « Ungedrückte Briefe Grafen Giacomo Leopardi » (*Jahrb. für rom. Litt.*). Depuis 1881 M. T. a été nommé membre de l'Académie royale des sciences de Berlin.

Tobler (Gustave), né, le 2 janvier 1885, à Flanz dans le canton des Grisons, d'une famille originaire de Lutzembourg dans l'Appenzell, reçut son éducation classique au Gymnase de Saint-Gall, choisit pour thème de ses études ultérieures l'histoire et la philologie germanique et visita successivement les Universités de Tubingue, de Strasbourg et de Zurich. Cette dernière lui décerna, en 1879, le doctorat en philosophie. A partir de 1880, M. T. est entré dans la carrière de l'enseignement, d'abord comme professeur pour l'histoire et la littérature allemande au gymnase, puis, en 1887, comme *privat-Docent* pour l'histoire suisse à l'Université de Berne. Son principal ouvrage qui parut en 1880, a pour titre: « Relations de la Confédération suisse avec les villes impériales allemandes à l'époque de l'alliance des villes en 1885-1389 ». M. T. fournit une active collaboration à l'*Indicateur pour l'histoire suisse*, dont il y a pris la rédaction depuis 1887, aux *Archives de la Société historique du canton de Berne* (vol. XI), au *Recueil des biographies bernoises*.

Tobler (Jean-Louis), philologue suisse, né, le 1er juin 1827, à Hirzel, dans le canton de Zurich, fils du pasteur et poète épique Salomon T., frère aîné du romaniste et professeur à Berlin, Adolphe T., étudia à l'Université de Zurich la théologie, à celles de Berlin et de Leipzig la philologie et la philosophie. La dernière d'entre elles lui conféra en 1851 le grade de docteur en philosophie. Revenu en Suisse, M. T. entra dans l'enseignement secondaire et fut nommé professeur, en 1852 à l'école d'arrondissement d'Aarau, en 1860 au gymnase de Berne. A cette première période d'activité en succéda, à partir de 1864, une autre plus spécialement consacrée aux études supérieures. *Privat-Docent* en 1864, et professeur extraordinaire en 1866 pour la philologie germanique à l'Université de Berne, M. T. occupe, depuis 1873, la même chaire à l'Université de sa ville natale. Sa réputation scientifique en dehors de ces cours, repose sur d'importantes publications : « La composition des mots », Berlin, 1868 ; « Les mots étrangers dans la langue allemande », 1873 ; « Salomon Tobler », esquisse biographique, 1878 (*Almanach Zuricois*) ; « Chants populaires suisses », 1882-84, 2 vol., Frauenfeld ; « Idiotikon suisse », entrepris en 1881, en collaboration avec le docteur Fred. Staub ; le 1er vol. a paru en 1885, le 2e est activement préparé. Outre ces ouvrages de longue haleine, M. T. a inséré de très nombreux articles dans la *Germania*, le *Nouveau Musée suisse*, la *Revue pour la psychologie des Nationalités*, la *Philologie Germanique*, la *Philologie comparée*, les *Dialectes allemands*, la *Revue théologique suisse*, la *Revue trimestrielle de Philosophie scientifique*, la *Feuille littéraire pour la philologie romane et germanique*, l'*Almanach Zuricois*, les *Annales pour l'histoire suisse*, les *Zeitstimmen im Neuen Reiche*, les *Feuilles pour le dimanche du Bund*. La Société philologique réunie, en 1887, a eu les prémices de son travail sur les « Différences Léxicologiques des Dialectes allemands ».

Tocco (Félix), anthropologiste et philosophe italien, professeur à l'*Istituto di studii superiori* de Florence, né, à Catanzaro (Calabre), le 12 septembre 1845. Après avoir suivi les cours universitaires de Naples et de Bologne, il fut nommé professeur aux lycées du royaume d'où il passa aux Universités de Rome et de Pise. En dehors d'une quantité d'articles de critique aux revues spéciales, nous avons de lui : « Lezioni di filosofia pei licei », Bologne, 1869, la 2me éd. est épuisée; « Ricerche platoniche », Catanzaro, 1877; « Il concetto del caso in Aristotile », Naples, 1377; « Studii kantiani », Rome, 1880-81 ; « Quistioni platoniche », 1885; « Giordano Bruno », Florence, Le Monnier, 1886; « L'eresia nel medio-evo », id., Sansoni, 1884; « La cronaca delle tribolazioni », 1886; « L'evangelo eterno », id. ; « Processo contro Giovanni di Durazzo », 1887 ; « Un codice sulla questione della povertà », Venise, id.; « Due opuscoli inediti di Arnaldo da Villanova », *Archivio storico*, 1886; « Una visione di Arnaldo da Villanova », *Giornale storico della letteratura italiana*.

Toci (Hector), homme de lettres italien, professeur à l'Institut technique de Livourne, ville où il est né en 1843. Il étudia à l'Université de Pise et se consacra de bonne heure aux langues étrangères. Nous avons de lui la traduction du : « Gœtz de Berlichingen », de Gœthe et de quelques pièces de H. Heine, Livourne, 1876; une traduction des « Colloquia », d'Érasmo, l'édition très soignée de la « Pucelle d'Orléans », traduite par V. Monti, Livourne, Vigo, 1880 ; « Rime burlesche edite ed inedite di G. B. Ricciardi », id., id., 1881 ; « Lusitania », chants populaires portugais traduits, id., Giusti, 1888 ; « Fra il Danubio e i Carpazi », traduction en collaboration avec le professeur S. Friedmann, Ancone, Morelli, 1889.

Todaro della Galla (le baron Antoine), jurisconsulte italien, né, le 12 août 1852, à Palerme, où il fit ses études universitaires. Nous avons de lui les ouvrages suivants: « La successione legittima dei fratelli unilaterali », Palerme, 1878; « La donna », id., id.; « Una quistione di perenzione », Naples, Vallardi, 1881; « Una quistione di competenza sulle sentenze che giudicano convenzioni tra persone lontane », id., id., id.; « I diritti del coniuge superstite attraverso i secoli », Palerme, Virzi, 1884; « I figli naturali in diritto costituito ed in diritto costituendo »; « La permuta in diritto romano ed in diritto italiano »; « Studii sugli articoli 753 e 509 del codice civile italiano »; « Étude sur le projet de réforme du Code civil italien », en français, Paris, Pichon, 1887; « La raccolta degli statuti municipali italiani, en cours de publication depuis 1888, Palerme, Pedone-Lauriel; en préparation : « Storia delle magistrature italiane »; « Vico La Mantia e le sue opere »; « La reale Accademia delle scienze di Palermo ed i suoi soci ».

Todros (Ernest), publiciste italien, né, à Turin, le 14 août 1856. Il avait embrassé la carrière militaire et était déjà officier de cavalerie quand, en 1876, désireux de se lancer dans la vie industrielle, il quitta l'armée pour prendre son diplôme d'ingénieur; et il s'occupa bientôt activement, dans diverses contrées, de recherches géologiques et de travaux de mines. Il fut l'un des premiers à comprendre l'importance des gisements de phosphates du Cambrésis, dans le nord de la France; en Espagne et en Portugal, d'autres gisements de phosphates furent également l'objet de ses savants rapports, et dans ce dernier pays il étudia en outre des mines de galène et de plomb argentifère; enfin, il a signé récemment avec MM. Léopold Orgels et Jules Jassin un « Rapport sur les gisements pétrolifères de San Giovanni Incarico (Terra di Lavoro, Italie) », Bruxelles, 1890. Actuellement, M. E. T. habite en effet Bruxelles, et il y achève, à ce que l'on annonce, un livre sur la Belgique, qui paraîtra probablement à Bruxelles et à Rome simultanément, là en français, ici en italien. Depuis 1882, notre auteur est membre de l'Association de la presse périodique italienne; en Italie, il avait donné des articles de critique d'art au journal *Lo Spillo*, de Rome, disparu depuis longtemps, des articles militaires à l'*Italia militare*, etc.: son pseudonyme *Il Lanciere* n'est certes pas absolument oublié dans la péninsule.

Tollens (B.), chimiste allemand, docteur en philosophie, né, le 30 juillet, à Hambourg, fit ses études à Gœttingue de 1862 à 1864 et fut nommé *privat-Docent* en 1870 à Gœttingue, enfin (1873) professeur à l'Université de la même ville. Nous avons de lui: « Einfache Versuche für den Unterricht in der Chimie », 1875; « Kurzes Handbuch der Kohlenhydrate », Breslau, 1888; et de nombreux mémoires aux revues scientifiques de l'Allemagne.

Tolomei (Antoine), homme de lettres italien, docteur en droit, philosophie et belles-lettres, ancien maire de Padoue, ancien député au Parlement italien, né, à Padoue, le 23 août 1839. Nous avons de lui les ouvrages suivants qui démontrent un goût délicat et une intelligence très cultivée; « La scuola elementare in Padova », id., id.; « Inaugurazione del museo civico di Padova », id., id.; « Anime care », vers, Vérone, id.; « Le favole antiche », id., 1882; « L'origine degli Dei », id.; « Ai miei figli dopo gli esami », id.; « La cappella degli Scrovegni e l'Arena di Padova », Padoue, Salmin, 1881; « Francesco Piccoli », id., id., 1883;

« Anceps », vers, id., 1886; « Da T. Lucrezio Caro », 1887.

Tolomei (Jean-Paul), juriste italien, professeur de droit et de procédure pénale à l'Université de Padoue, né, à Loreggia (province de Padoue), le 10 décembre 1814. Il entra au barreau en 1839 et fut bientôt nommé suppléant aux chaires de droit de l'Université. Il fut deux fois *rettor magnifico* de l'Université, c'est-à-dire de 1869-70 et de 1873-79. Nous avons de lui une quantité d'ouvrages dont nous donnons la liste: « Dissertazione sulla servitù del pascolo invernale delle pecore detta del Pensionatico, avuto particolare riguardo alle provincie venete », 1839, 2me éd., 1842; « Corso elementare di diritto naturale o razionale », 1842; « Elementi e studii proposti agli scolari sui punti fondamentali della scienza e della legislazione penale, avuto specialmente riguardo al codice penale austriaco », 1863; « Diritto penale filosofico e positivo austriaco avuto speciale riguardo alle provincie Lombardo-Venete », 1866; « Il diritto e la procedura penale esposti analiticamente agli scolari », 1874; « Sui reati detti di religione » (*Annali della giurisprudenza italiana*), 1866-67; « Lettere a Francesco Carrara » (*Archivio giuridico*), 1869; « Due relazioni sui progetti del 1868 e del 1876 » (*Atti dell'Istituto Veneto*), 1868-70; « Studii intorno al progetto di codice penale italiano » (*Rivista penale*), 1877; « Sul dirittto di querela nei reati di diffamazione, di libello e d'ingiurie » (id.), 1878; « Sull'art. 1º dello Statuto del Regno d'Italia » (*Atti dell'Accademia di Padova*), 1883; « Continuazione del lavoro sulla costituzione criminale di Carlo V, detta volgarmente la Carolina »; « Sull'odierno sistema penale nel Regno d'Italia », Padoue; « Sulla Memoria — Il Nihilismo del diritto penale del prof. Buccellati » (*Rivista critica* du prof. Schupfer); « Sul lavoro del Lucchini — Discorsi di apertura, ecc. » (id.); « Sui delitti — abusi dei ministri dei culti nell'esercizio delle loro funzioni a forma del nuovo progetto del Codice penale Savelli del 25 novembre 1885 » (*Atti dell'Istituto Veneto*); « Sul nuovo sistema penale del progetto suddetto » (*Rivista penale di dottrina, legislazione e giurisprudenza*), Florence, Le Monnier, 1884; « Commemorazione del defunto prof. ab. Giovanni Pertile, letta nell'Aula Magna della Università di Padova il dì 11 maggio 1884 », Padoue, Randi, id.; « Sul lavoro di Emilio Borso di Carminati — La pena di morte di fronte alla necessità, alla giustizia ed alla morale » (*Rivista critica*); « Sul lavoro di F. Puglia — Istituzioni di diritto e procedura penale » (id.); « Sul lavoro di A. Buccellati — Istituzioni di diritto e procedura penale secondo la ragione e il diritto romano » (id.); « La diplomazia europea e la questione: se la guerra dia al vincitore il diritto di spogliare il vinto delle opere della scienza, dell'arte e dei monumenti storici », Padoue, Randi, 1886; « Commemorazione del prof. Luigi Bellavite, letta nell'Aula Magna il dì 8 ottobre 1885 », id., id.; « Sui delitti e sulle contravvenzioni » (*Rivista penale Lucchini*), Bologna; « Sul saggio critico del prof. Lucchini: I semplicisti del diritto penale », articles de critique dans l'*Opinione;* « I vecchi e nuovi orizzonti del diritto penale. Lezioni 2 », Drucker, 1887; « Sui progetti di un nuovo Codice comune a tutto il regno d'Italia, da quello senatorio del 1875 all'ultimo del ministro Zanardelli del 1888 » (*Atti dell'Istituto Veneto di scienze, lettere e arti*); « Sull'odierna questione: Degli abusi dei ministri del culto nell'esercizio del loro ministero » (*Atti dell'Accademia di Padova*), 1888.

Tolstoï (le comte Léon), le plus célèbre. romancier russe contemporain, né, le 28 août 1828, dans une propriété de sa famille, située dans le gouvernement de Toula. Il étudia à l'Université de Kazan, prit du service à l'armée du Caucase et en fut détaché pour aller défendre Sébastopol. De 1852 à 1861, il publia ses premiers ouvrages intitulés: « L'enfance »; « L'adolescence »; « La Jeunesse »; « Les Cosaques ». Suivirent plus tard: « Le roman d'un propriétaire russe »; « Contes du Caucase »; « Sébastopol au mois de décembre »; « Sébastopol au mois de mai »; « Le bonheur de famille »; « Ploïkouchka ». Ces ouvrages remarquables ne donnaient que la mesure du talent de l'auteur qui aborda le roman en composant après 1864: « Anna Karenine » et la « Guerre et la paix », qui firent connaître à l'Europe occidentale cet écrivain de haute envergure. Maintenant l'œuvre du comte T. est traduite en toutes les langues. L'auteur travaille à un grand roman historique: « La révolution des Décabristes russes de 1825 ». Il réside dans ses terres du gouvernement de Toula et s'occupe activement d'éducation populaire. Récemment il a publié « La sonate de Kreutzer », roman.

Tomassetti (Joseph), professeur italien aux lycées du royaume, *libre-Docent* universitaire d'histoire du moyen-âge et d'épigraphie romaine à l'Université de Rome, est né, dans cette ville, en 1848 et après avoir étudié à l'Université romaine a publié les ouvrages suivants : « Iscrizione sacra alla Ninfa Giuturna »; « La influenza degli italiani sui conquistatori »; « Epigrafe inedita della via Ardeatina »; « Antichità sulla via Laurentina »; « Antichità Sabine »; « Una lettera di Clemente XII al duca di Parma e Piacenza »; « Biografia di Fr. Cancellieri »; « L'arte della seta in Roma »; « Monumenti di Lanuvio »; « Sul progresso delle colonie europee »; « La campagna romana nel medio-evo »; « Di un musaico marmoreo del principe Colonna »; « Iscrizione greca della via Portuense »; « La colonna di Enrico IV in Roma ».

Tommasi-Crudeli (Conrad), patriote, homme politique, médecin italien, né, le 31 janvier 1834, à Pieve Santo Stefano. Ayant achevé en 1857 ses études de médecine à Florence, il alla les perfectionner à Paris, d'où il revint en 1859 pour s'enrôler aux chasseurs des Alpes. La campagne terminée, il fut nommé à la chaire d'anatomie pathologique à l'*Istituto di studii superiori* de Florence. Mais bientôt il quitta ses élèves pour suivre Garibaldi dans la campagne militaire de l'Italie méridionale. Professeur universitaire à Palerme de 1865 à 1870, à Rome après cette époque, député au Parlement depuis 1874, il est un des hommes politiques les plus écoutés de la Peninsule. Nous avons de lui : « Il colera di Palermo del 1866 » ; « Infezione di natura parasitaria » ; « Sulla distribuzione delle acque nel sottosuolo romano » ; « Sulla natura della malaria » ; « La Sicilia nel 1871 » ; « Il *bacillus malariæ* nelle terre di Selinunte e di Campobasso » ; « L'antica fognatura delle colline romane » ; « La malaria de Rome et l'ancien drainage des collines romaines », en français, Paris, 1881, traduit en allemand par le Dr Schuster, Munich, 1882 ; « Istituzioni di anatomia patologica », deux vol., Turin, Loescher, 1882-84, traduits en espagnol, Barcelone, 1885 ; « Preservazione dell'uomo nei paesi di malaria colla cura arsenicale preventiva », Rome, 1880-83-84-86-87, notes et relations ; « Il clima di Roma », id., Loescher, 1886 ; « Sul *plasmodium malariæ* di Marchiafava, Gelli e Golgi », id., id. ; « Il bacillo della malaria », id., 1888.

Topinard (le docteur Paul), médecin et anthropologiste français, professeur à l'École d'anthropologie de Paris, secrétaire général de la Société d'anthropologie de Paris (1880-86). Directeur de la *Revue d'anthropologie*, directeur-adjoint du laboratoire d'anthropologie de l'École des Hautes-Études, est né, le 4 novembre 1830, à l'Isle-Adam (Seine-et-Oise), (France). Ses principales publications, au nombre de plus d'une centaine, sont les suivantes. En médecine : « Aperçu sur la chirurgie anglaise », 1860 ; « De l'ataxie locomotrice », récompensée par une médaille d'or de la Faculté de médecine. En anthropologie : « L'anthropologie », 4 éd. françaises, la 1re en 1876, et 4 traductions en anglais, allemand, russe et hongrois, ouvrage qui valut à l'auteur un prix de l'Académie de médecine et de l'Institut de France ; « Éléments d'anthropologie générale », 1 vol. gr. in-8, de 1157 pages, avec 5 planches et 229 figures, qui obtint un prix de l'Institut ; « Instructions sur les races indigènes de l'Australie », 1872 ; « Instructions sur l'anthropologie de l'Algérie », en collaboration avec le général Faidherbe, 1873 ; « Instructions anthropométriques aux voyageurs », 1885. Les monographies de M. T. portent sur toutes les branches de l'anthropologie ; mais en particulier sur l'anthropologie anatomique.

Torelli (Achille), illustre auteur dramatique italien, né, à Naples, le 5 mai 1844, étudia dans sa ville natale et à l'âge de 17 ans, écrivit une comédie en vers alexandrins intitulée : « Dopo morto ». Vinrent ensuite : « Il tempo di Gingillino » ; « Prima di nascere » ; « Il precettore del re » ; « La missione della donna » ; « La verità » ; « Gli onesti » ; « La più semplice donna vale due uomini » ; « Chi solo può giungere a tanto » ; « I mariti » ; « Frugalità » ; « Le mogli » ; « Nonna scellerata » ; « Triste realtà » ; « Triste vero » ; « I derisi » ; « Il colore del tempo » ; « Consalvo » ; « La fanciulla » ; « La contessa di Berga » ; « Chiodo scaccia chiodo » ; « Mercede » ; « Scrollina ». Enfin : « Schegge », poésies.

Torelli (Gabriel), docteur en sciences mathématiques, né, à Naples, le 27 mars 1849, il a enseigné au Collège militaire, aux écoles techniques de Naples et a été chargé de cours à l'Université. En 1886, il a remporté un prix de l'*Accademia dei Lincei*. Nous avons de lui : « Di alcuni integrali formati dagli integrali ellittici », 1873 ; « Alcune formole relative agli integrali ellittici », 1887 ; « Sopra alcune proprietà numeriche », 1878 ; « Teoremi sulle forme binarie cubiche e loro applicazioni geometriche », 1885 ; « Contribuzione alla teoria delle equazioni algebrico-differenziali », id. ; « Un problema sulle espressioni differenziali », id. ; « Sul sistema di più forme binarie cubiche », id. ; « Alcune relazioni fra le forme invariantive di un sistema di binarie », 1885.

Torelli-Viollier (Eugène), publiciste italien, né, à Naples, en 1843. Il quitta les bancs de l'école en 1860 pour s'enrôler volontaire de Garibaldi et entra dans le journalisme sous les auspices d'Alexandre Dumas père, à l'*Indipendente* de Naples. Il suivit le grand romancier à Paris, d'où il revint se fixer à Milan, en 1865. De cette époque, jusqu'à 1870, il publia des contes : « Ettore Carafa » (traduit en français par E. W. Foulques, Naples, 1877) ; « Le rovine di Palmira » ; « Le rose di maggio » ; et des chroniques aux journaux. En 1876, il fonda le *Corriere della sera*, qui avec la *Tribuna* est le seul qui puisse en Italie rivaliser comme tirage avec le journal radical le *Secolo* de M. Sonzogno. M. T. appartient au parti modéré.

Torelli-Viollier (Marie), femme du précédent, Voir COLOMBI (Marchesa), page 667.

Tornow (Paul-Othon-Charles), écrivain et architecte allemand, chargé depuis 1874 de restaurer la Cathédrale de Metz, né, en 1848, à Dzieleuzig (prov. de Brandebourg), a étudié de 1865 à 1868 à l'Académie de Berlin ; il a voyagé pendant 2 années en Allemagne, France, Italie, Belgique et Angleterre ; de 1870-71 il a construit le nouveau Palais de Justice à Londres et en 1874 a été nommé architecte en chef pour les travaux de la Cathédrale de Metz. Il a publié les ouvrages suivants: « Der Dom zu Minden », 1872; « Das Liebfrauen-Portal des Metzer Domes », 1885; « Das neue Dach des Metzer Domes », 1883; « Metzer Dombaublatt » (*Bulletin de l'Œuvre de la Cath. de Metz*), I-IV, 1886-89; « Der Metzer Dom; seine Geschichte und seine gegenwärtige Restaurirung », 1889.

Torraca (François), homme de lettres italien, docteur ès-lettres, professeur aux Instituts techniques, né, le 18 février 1853, à Pietra Pertosa (prov. de Basilicate). Après des études sérieuses, il entra à l'enseignement tout en collaborant aux journaux littéraires. Nous avons de lui: « L'educazione moderna e le scuole tecniche », 1875; « L'art d'être grand-père », de V. Hugo, étude critique, 1877; « Notizie sulla vita e gli scritti di L. Settembrini »; « Jacopo Sannazaro »; « Studii di Storia letteraria napoletana »; « Saggi e rassegne »; « Gli imitatori stranieri del Sannazaro »; « La materia dell'Arcadia del Sannazaro »; « Il teatro italiano nei secoli XIII, XIV, XV »; « Discussioni e ricerche letterarie »; « Manuale della letteratura italiana ». M. T. a inséré plusieurs articles dans les journaux: *Diritto, Fanfulla della Domenica, Rassegna settimanale, Rivista critica della letteratura italiana, Giornale storico della letteratura*, etc.

Torrezão (Gujomar), femme-auteur portugaise, née, en 1846, à Lisbonne, a traduit et fait jouer avec succès la « Denise » et la « Francillon », de Dumas, la « Martyre », de d'Ennery, la « Clara Soleil », de Gondinet, et publie depuis 19 ans l'« Almanac das Senhoras », sous le patronage de S. M. la Reine du Portugal. Elle a adapté pour la scène portugaise un drame tiré de la « Comtesse Sarah », roman de Ohnet. Enfin nous avons d'elle un roman, publié lorsque l'auteur avait 17 ans et intitulé: « Alma de Mulher ». Ensuite les contes suivants: « Rosa pallida »; « No theatro e na Sala »; « Meteoros »; « Comedia do amor »; « Idyllio a Ingleza »; enfin: « Paris, impreste de Viagem ». M. T. a été la dernière personne reçue par le grand poète Victor Hugo à son lit de mort.

Tortoli (Jean), homme de lettres italien, académicien de la *Crusca* depuis 1868, un des rédacteurs du Dictionnaire de l'Académie, né, à Florence, en 1832. Nous lui devons les éditions soignées de quelques « Commedie inedite » de Cecchi, des « Commedie e satire » de l'Arioste, et de la « Storia del Concilio Tridentino » du célèbre Fra' Paolo Sarpi. En 1878, il publia une brochure remarquable à propos de l'Académie de la *Crusca* et de son Vocabulaire.

Tosti (l'abbé Comte Louis), éminent historien italien, appartenant à l'ordre de Saint-Benoît, bibliothécaire à la *Vaticana*, né, à Naples, en 1811. Nous avons de lui les ouvrages suivantes qui se distinguent par une largeur de vue et une beauté de style remarquables: « Storia della Badia di Montecassino », 3 vol.; « Storia di Bonifazio VIII e dei suoi tempi », 2 vol.; « Storia della Lega Lombarda »; « Storia di Abelardo e dei suoi tempi »; « Storia del Concilio di Costanza »; « Storia dello scisma greco »; « Storia della Contessa Matilde »; « La Contessa Matilde e i romani pontefici »; « Prolegomeni alla storia della Chiesa »; « Prolegomeni alla *Bibliotheca Cassinensis* »; « Volgarizzamento di Sallustio ». A côté de tous ces ouvrages de premier ordre, réédités récemment à Rome par M. Loreto Pasqualucci, il faut mettre aussi les « Scritti varii » de l'illustre Abbé, qui contiennent « Il salterio del Pellegrino »; « Il salterio di Maria »; « Il veggente del secolo XIX et « Il libro del povero ». Citons aussi un opuscule de circonstance, écrit en 1887, sous le titre: « La Conciliazione », pour conseiller S. S. à se mettre d'accord avec le gouvernement italien et qui eut quelque retentissement; il provoqua des mesures disciplinaires et l'Abbé dut faire amende honorable.

Toti (Joseph), professeur de littérature italienne et directeur d'école normale supérieure, né, à Lucignano près d'Arezzo, le 29 décembre 1846. Ayant fini ses études universitaires à Bologne en 1866, il prit part à la campagne contre l'Autriche et entra dans l'enseignement l'année suivante. Il s'est occupé surtout de pédagogie et a publié les livres suivants: « Studio critico sulle opere educative del Tommaseo », Arezzo, Raguzzi, 1875; « Storia contemporanea », Brescia, Apolloni, 1885; « La famiglia dell'artigiano », 1882; « Emma e Giulio », id.; « Educazione morale e civile », 1881; « L'operaio, i suoi diritti e i suoi doveri », 1882; « Il giovinetto italiano alla scuola complementare », 1888; « Il primo viaggio ufficiale dei Sovrani in Italia », lettres, Milan, Brigola, 1879; « La difesa della dottrina di H. Spencer », Palerme, Sandron, 1888. M. T. dirige les journaux: *Vedetta scolastica, La cronaca dell'istruzione pubblica e privata, L'avvenire educativo.*

Tournier (Jacques-Louis), pasteur et poète suisse, est né, à Genève, le 8 mai 1828, au sein d'une famille originaire du Dauphiné, et chassée de ce pays par la révocation de l'édit de Nantes. Il suivit toute la série des études du Collège et de l'Académie de sa ville natale. Consacré au saint ministère en 1851, à la suite d'une thèse intitulée: « Des miracles dans le Nouveau Testament », il fut appelé, dès janvier 1852, à remplacer successivement deux ecclésiastiques en congé et il fut élu, au mois de novembre de la même année, l'un des pasteurs de l'église nationale de Genève. M. T., qui s'est surtout voué, ces dernières années, à l'instruction religieuse de l'enfance et de la jeunesse, a été longtemps un des prédicateurs les plus goûtés de sa ville natale. Membre du consistoire pendant quatorze ans (1860-74), il y a défendu les vues du parti évangélique et s'en est retiré, en décembre 1874, à la suite des votes qui ont accordé au nouveau libéralisme droit de cité dans l'église nationale. M. T. a fait paraître à Genève les ouvrages suivants : « Le Baptême », sermon, 1856, 2e éd., sous forme de traité, 1864; « La piété filiale », sermon, 1857, 2e éd. 1858; « L'éducation chrétienne », id., 1867; « Le mariage chrétien », deux sermons, 1862; « Maîtres et serviteurs », sermon, 1865; « Surmonte le mal par le bien », id., 1865; « Questions actuelles », trois discours, 1870; « La Bible », conférence, dans les *Conférences sur la foi réformée*, 1853; « Calvin », discours, dans le volume *Calvin*, cinq discours, 1864; « Conférences sur la divinité du christianisme », avec M. Munier, 1855; « Formulaire d'instruction chrétienne », avec MM. Viguet et Coulin, 1856, sept éditions. Outre ces ouvrages homilétiques et catéchétiques, M. T. a publié à Genève un grand nombre de productions poétiques, dont voici les titres : « Ruth », scènes bibliques, 1849; « Les Enfantines », 1853, huit éditions; « Les chants de la jeunesse », 1865, deux éditions; « Les voix de la cathédrale », 1867; « Les premiers chants », 1868, deux éditions; « La colombe », 1870; « Belle-Neige », 1873; « In memoriam », 1873; « Les chants de la jeunesse », nouvelle édition augmentée de pièces inédites, 1888.

Traeger (Albert), poète allemand, avoué et notaire à Nordhausen, député au Reichstag allemand et à la Chambre prussienne, est né, le 12 juin 1830, à Augsbourg, fit ses études de droit et des sciences de l'État à l'Université de Halle et de Leipzig. Revenu notaire à Cölleda (Thuringe), il se rendit en 1875 à Nordhausen, où il exerce sa profession comme membre du Reichstag. Il appartient au parti progressiste, et comme poète ce fut dans ses vers lyriques qu'il montra tout son génie. Il a publié : « Gedichte », 16me éd., Leipzig; « Uebergänge », nouvelles, id., 1860; « Tannenreiser », id., 1863; « Kindersommer », poésies; « Die letze Puppe », pièce dramatique; « Eine Stunde vor der Hochzeit », comédie; et le vaudeville : « Morgenstündchen einer Soubrette », en collaboration avec Émile Bohl. Il rédigea le *Leipziger Samstagsblatt*, la *Deutsche Kunst in Bild und Lied* et écrivit plusieurs articles littéraires, critiques et politiques pour les gazettes allemandes.

Trachsel (Samuel-Théophile), né, à Thun, le 30 juillet 1829, étudia de 1849 à 1855 la théologie et la philosophie à l'Université de Berne, débuta dans la carrière pédagogique comme précepteur dans une famille de Berthoud, tout en donnant des leçons au progymnase et prit en 1856 son doctorat en philosophie. Depuis 1857, l'Université de Berne n'a cessé de le compter au nombre de ses membres, d'abord comme *privat-Docent*, en 1871 comme professeur extraordinaire, en 1878 comme professeur ordinaire pour l'esthétique, l'histoire de la philosophie, la psychologie et la philosophie de la religion. La carrière administrative de M. T. a été plus active encore. De 1867 à 1888, il remplit simultanément ou tour-à-tour les fonctions de secrétaire d'État du canton de Berne (1867-1878), de membre et de président de la Commission de l'école cantonale dont il réorganisa la section technique, puis du gymnase, de membre du Comité académique que depuis 1878 il préside sans interruption. Le nouveau Musée des Beaux-Arts l'a compté parmi ses plus zélés fondateurs. Des voyages réitérés en Italie (son premier voyage à Rome fut pédestre et remonte à ses années d'études), en France, en Belgique, en Hollande, en Angleterre et en Allemagne, lui ont permis de se rendre compte *de visu* de la situation des différentes écoles et ont singulièrement élargi le cercle de ses connaissances esthétiques. M. T. s'est montré un écrivain des plus féconds : sans parler de rapports et de conférences, il a publié les ouvrages suivants : « L'essence et les livres de l'histoire », 1856; « Le catholicisme depuis la Réformation », 1875; « Communications artistiques des comptes d'État bernois dès 1505 à 1540 », 1877; « L'art et l'industrie à Berne à la fin du XVIe siècle »; « Nicolas Manuel, J.-J. Diez l'ancien, peintre sur verre et graveur », trois mémoires publiés lors de l'inauguration du Musée, 1879; « L'importance de l'art pour la vie nationale », 1879; « Un ancien plan pour couronner la flèche du dôme de Strasbourg », 1883. M. T. travaille depuis plusieurs années à un ouvrage considérable sur la « Philosophie de la Religion ».

Trarieux (G.-L.), avocat et homme politique français, sénateur, ancien député de la Gironde, né, le 30 novembre 1840, à Aubeterre (Charente). Il a représenté à la Chambre le département de la Gironde depuis avril 1879 (élection partielle), jusqu'aux élections générales de 1881. Aux élections du 21 août son échec eut pour cause la vive opposition qu'il avait faite à la politique de l'art. 7, des décrets et de l'amnistie. Son successeur fut nommé sur un programme radical. Membre du Conseil général de la Charente depuis 1883, il a été élu sénateur de le Gironde aux élections de janvier 1888. Ancien bâtonnier du barreau de Bordeaux, il est inscrit depuis 1882 au barreau de Paris.

Treichler (Jean-Jacques), jurisconsulte et homme politique suisse, né, le 27 novembre 1822, à Richterswell (canton de Zurich), entra fort jeune au Grand Conseil, où il devint l'un des représentants les plus autorisés du parti conservateur libéral, siégea en 1859 au Conseil d'État comme chef du département de justice et police et comme successeur du Dr Dubs, passa en

1869 à la Cour d'appel et professe le droit fédéral des obligations depuis 1872 à l'Université, depuis 1876 au Polytechnicum. Nous lui sommes redevables entr'autres travaux d'un « Manuel de procédure civile zuricoise », Zurich, 1856; d'un « Catalogue des lois et ordonnances du canton de Zurich qui demeurent aujourd'hui totalement ou partiellement en vigueur et sont insérées dans les recueils officiels », id., 1868; d'un « Rapport au Conseil d'État sur la statistique juridique », 1869; de deux essais, l'un sur « L'expropriation et la cession forcée d'autres droits » (Revue pour la jurisprudence allemande), 1849, l'autre sur les « Évolutions politiques de la ville de Zurich », 1886. M. T. a rédigé en 1866 pour le canton de Zurich un Code de procédure civile avec motifs à l'appui.

Treitel (Théodore), célèbre médecin allemand, professeur d'ophtalmologie à l'Université de Kœnigsberg, né, le 2 janvier 1852, à Stargard (Poméranie), fit ses études au Gymnase de sa ville natale et aux universités allemandes, a été de 1877 à 1882 assistent à la clinique ophtalmologique de l'Université de Kœnigsberg, et a publié: « Beiträge zur pathologischen Anatomie des Auges »; « Ueber den Werth der Gesichtsfeldmessung mit Pigmenten », parus dans le Gräfe's Arch., en 1876 et 1879; « Ein Fall von Gumma Iris »; « Ein Fall von geheilten Iristuberculose », publiés dans la Berlin. Klin. Wochensch, en 1881 et 1885; « Casuistiche Mittheilungen » (Arch. für Augenheilk.), 1881; « Eine neue Methode per numerischen Bestimmung des Lichtsinnes » (Centralbl. für Augenheizk), 1885, et tant d'autres mémoires, études, essais, dissertations, etc., publiés dans le Virchow's Arch., dans les Terapeutische Monatshefte, dans le Knapp's Arch. für Augenheilk. et dans la Berliner Klinik Wochenschr.

Treitschke (Henri-Gotthard DE), publiciste allemand, né, à Dresde, le 15 septembre 1834, suivit les cours des sciences politiques dans plusieurs universités allemandes et obtint son doctorat à Leipzig en 1858. Professeur en 1863 à l'Université de Fribourg-en-Brisgau, pendant la guerre de 1866 il alla à Berlin diriger les Annuaires prussiens. Après avoir professé à Heidelberg, il fut appelé en 1874 à l'Université de Berlin. Nous avons de lui: « Poésies patriotiques », 1865; « Études », 1857; « Mémoires historiques et politiques », Berlin, 1871; « Le Socialisme et ses Protecteurs », id., 1875; « Dix ans de luttes allemandes », 1865-74; « Le comte de Cavour », 1887. M. T. travaille depuis 1879 à son grand ouvrage: « L'histoire des Allemands du XIXe siècle ».

Treverret (Armand-Germain DE), écrivain français, professeur de langues étrangères à la Faculté de lettres de Bordeaux, né, à Paris, le 2 décembre 1836, élève de l'école Stanislas, puis de l'École Normale Supérieure (1855), professeur de rhétorique à Agen (1858-69), puis professeur de littérature à Bordeaux. Nous avons de lui les ouvrages suivants: « L'Italie au XVIe siècle », 1877-79, 2 vol., chez Hachette, mentionnés par l'Académie. Deux articles dans le Correspondant (1885-87), sur la littérature espagnole contemporaine (Echegaray, Canovas del Castillo, Pereda, Peres, Galdos, Castelar). Il y étudie surtout le mouvement réaliste. Pour compléter la liste des publications de M. de T. il faudrait ajouter une édition scolaire de « Childe-Harold » de Byron, chez Paul Dupont, 1884; des notices littéraires sur Machiavel, Manzoni et le Tasse, dans des éditions publiées chez Hachette en 1875; une traduction d'un roman espagnol de Pereda, insérée durant les six premiers mois de 1887 dans la Revue britannique. Connaissant, outre le français, le latin, le grec et l'hébreu, six langues vivantes, c'est-à-dire l'italien, l'anglais, l'allemand, l'espagnol, le portugais et le russe, M. de T. se consacre plus particulièrement à l'anglais, à l'espagnol et à l'italien. Il a visité l'Italie en 1877, l'Angleterre en 1883, l'Espagne en 1869 et 1882.

Treves (Émile et Joseph frères), chefs de la maison de librairie italienne de ce nom. Cette maison, sans aucun doute la plus importante de la péninsule, a remporté les hautes récompenses aux expositions nationales et internationales. M. T., l'aîné des deux frères, est aussi un littérateur distingué. Né, à Trieste, d'une famille piémontaise, en 1835, il quitta de bonne heure son pays natal et débuta à 13 ans par un drame intitulé: « Ricchezze e miserie », que suivit « Il Duca d'Enghien », ouvrage du même acabit. Émigré tour-à-tour à Paris et en Piémont, journaliste, volontaire à l'armée, M. T. finit par se fixer à Milan en 1860. C'est là qu'il débuta comme éditeur par le modeste journal intitulé: Il Museo di famiglia. Après le Museo di famiglia vinrent la Biblioteca utile, l'Annuario scientifico, la Biblioteca amena, l'Illustrazione italiana, la Margherita, la Moda, etc., toutes publications périodiques. Malgré ces succès M. T. était resté quelque peu bohême dans le meilleur sens de l'expression. Il fallait un étai à sa fortune, son frère J. vint le rejoindre à Milan et apporta à l'entreprise une connaissance parfaite des affaires. C'est donc à M. J. T. que la maison de librairie doit son côté solide comme elle doit à M. E. T. son côté artistique et brillant.

Treves (Jacques), polygraphe et journaliste italien, né, à Milan, le 18 août 1843; il fut reçu docteur en droit à l'Université de Gênes. On a de lui: « Lezioni elementari di diritto civile ad uso del popolo », Milan, Brigola, 1866; « Una Madonna di Raffaello », Pérouse, Boncompagni, 1870; « Note ed appunti sul processo Sonzogno », Venise, 1875, sous le pseudonyme-anagramme de Mario Vestigio; « Pro Judæis, riflessioni e documenti », publié sous le pseudonyme de *Corrado Guidetti*, Turin, Roux et Favale, 1884; deux romans: « Un assassinio misterioso » et « Il Misfatto di Letino », publiés en feuilleton dans la *Sentinella Bresciana*, l'*Euganeo* de Padoue, le *Cittadino* de Trieste, sous le pseudonyme de *G. Vestre;* sous le même pseudonyme dans le *Cittadino* de Trieste une nouvelle: « Un matrimonio disuguale ». M. T., qui a été collaborateur et rédacteur de plusieurs journaux italiens et étrangers, a fondé et dirigé pendant quatre ans, de 1881 à 1885, le *Giornale degli eruditi e curiosi* qui se publiait à Padoue et qui a été le premier journal italien fait à l'instar du *Notes and Queries* de Londres, du *Novorscher* d'Amsterdam, et de l'*Intermédiaire des Chercheurs et des Curieux* de Paris. M. T. a publié dans ce journal une foule d'articles sous différents pseudonymes; parmi ceux les plus souvent employés citons: *Il curioso napoletano, Asellus, G. Piazza, G. Rossi, P. Gissi, L. Clary*. Sous ce dernier pseudonyme, il avait donné aussi quelques articles à la *Domenica Letteraria* de Rome. M. T. a fait la campagne de 1866 dans l'armée garibaldienne et y a gagné la médaille de bronze à la valeur militaire. M. T. sous le pseudonyme de *G. Vestre* à publié: « Gesualda », roman, Florence, Niccolai, 1888, et a été rédacteur en chef du *Dictionnaire international des écrivains du jour* jusqu'à la huitième livraison.

Treves (Virginie, née TEDESCHI), femme de M. Joseph T. nommé plus haut, connue dans le monde littéraire sous le nom de *Cordelia*. Elle dirige les journaux de mode et de lectures de famille de la maison sociale et y écrit des nouvelles et des vers d'une grâce exquise. Citons: « Il regno della donna »; « Prime battaglie »; « Vita intima », Milan, 1881; « Dopo le nozze », id., 1882; « Mentre nevica », id., id.; « Casa altrui », id., 1883; « Il Castello di Barbanera », id., id.; « Nel regno delle fate », id., 1884; « I nipoti di Barbanera », id., 1884; « Racconti di Natale », id., id.; « Per la gloria », roman, id., 1886; « Forza irresistibile », 1889; « Alla ventura », id., 1889; « Il mio delitto », roman, id., 1890; « Gringoire », opéra en un acte, musique du M. Scontrino, id., 1890.

Trevisani (Romulus), homme de lettres italien, professeur aux Écoles techniques et aux Écoles des Arts et Métiers de Rimini, né, à Savignano di Romagna, en 1848. Nous avons de lui: « Corso di disegno geometrico ad uso delle scuole d'arti e mestieri », Vallardi, Milan, 1888; « Corso di disegno geometrico a mano libera, ad uso delle scuole tecniche », Turin, typ. Salussoglia, 1887; « Corso progressivo di disegno a mano libera a contorno », Gênes, imp. Sordomuti, Ferrari, id. ; « Corso di projezioni ortogonali », Milan, Vallardi, 1888; « Corso elementare di prospettiva lineare ad uso delle scuole normali », id., id., 1887; « Nuovo corso d'ornato tratto dal vero a contorno ed a chiaro-scuro », id., id., id.; « Raccolta di ornati classici, divisa in due parti », id., id., 1888.

Trevisini (Henri), chef de la maison de librairie scolastique milanaise qui porte son nom, né, à Udine, en 1806. Son fils, M. Louis T., en dirige la maison qui se recommande surtout pour les ouvrages destinés aux écoles primaires et secondaires.

Trezza (Gaétan), critique italien, professeur de littérature latine à l'Institut des *Studi Superiori* de Florence, né, à Vérone, en 1828. Il entra dans les ordres qu'il quitta en 1860 après quelques mois de détention à Venise pour causes politiques. Refugié en Italie, il entra dans l'enseignement lycéal, d'où il passa à l'Institut florentin. Nous avons de lui un « Commentaire aux Odes d'Horace », et les trois volumes suivants: « Lucrezio »; « Epicuro »; « La Critica moderna »; ensuite: « Confessioni d'uno scettico », « Nuovi studi critici », Vérone, 1880; « La religione e le religioni », id., 1884; « Dante, Shakespeare, Goethe nella rinascenza europea », id., 1888; « Giordano Bruno », discours, Rome, 1889; « San Paolo », id., 1882; « Epicuro e l'Epicureismo », Milan, 1882; « Giuseppe Garibaldi », discours, id., id.; « Le Cosmogonie Aryane » (*Diritto*), 1884; « Scienza e Scuola », Vérone, 1887.

Triantafillis (Constantin), littérateur héllène établi à Venise, où il est professeur de grec moderne à l'école supérieure de commerce, né, en 1833, à Livadia, fit ses études aux Universités d'Athènes et de Padoue. Nous devons à sa plume les ouvrages suivants: « Niccolò Machiavelli e gli scrittori greci », Venise, 1875; « Nuovi studii su N. Machiavelli e sul Principe », id., 1878; « L'Assedio di Missolungi », id., 1885; « Marco Caleno e l'iscrizione greca che si trova in Rovigno d'Istria », id., 1883; « Della filosofia stoica e del vantaggio da essa recato all'umanità », id., 1886.

Tribert (Louis-Pierre), homme politique français, sénateur inamovible, né, à Paris, le 29 juin 1819, fils aîné de M. T. qui fut député des Deux-Sèvres, de 1829 à 1848. Élève du Collège royal de Bourbon, lauréat du concours général, étudiant à l'Université de Berlin (1837-38), M. T. visita l'Europe, l'Égypte, une partie de l'Asie-Mineure, le Canada, les États-Unis et la Havane. Candidat indépendant aux élections de 1863, il échoua contre M. Lasnonier, candidat officiel, et fut élu, en 1868, conseiller général contre M. de Piolant, candidat officiel. Pendant la guerre, M. T. s'engagea au 95e de ligne le 15 août 1870; il fit partie du 12e de marche, devenu le 112e de ligne, du 13e corps, sous les ordres du général Vinoy. Il était avec son régiment à Chevilly le 30 septembre, à l'Hay le 29 novembre. Fait prisonnier à Ville-Évrard le 21 décembre, il fut envoyé à Neisse (Silésie); c'est là qu'il apprit son élection à l'Assemblée nationale par le département des Deux-Sèvres. A l'Assemblée, M. T. fit partie de plusieurs commissions nommées à Bordeaux pour rendre compte de l'état des forces militaires et de plusieurs commissions d'initiative. En 1873, M. T. se battit en duel avec le rédacteur d'un journal bonapartiste à propos d'un article relatif à son aïeul maternel, M. Le Cointe-Puyraveau, membre de la Convention nationale. M. T. n'a fait partie d'aucune réunion, mais il a presque toujours voté avec le centre gauche et pour M. Thiers le 24 mai. Il a été élu par l'Assemblée sénateur inamovible, le quarante-et-unième, au quatrième tour de scrutin, par 346 voix. M. T., membre du Conseil général des Deux-Sèvres, depuis 1868, a été réélu sans opposition en 1871.

Tribolati (Félix), littérateur italien, avocat, bibliothécaire à l'Université de Pise, est né, en cette ville, en 1834, et avec Josué Carducci, Joseph Chiarini et Buonamici, fit part du Cénacle qu'on appelait *degli amici pedanti*. Il débuta par des articles aux journaux littéraires en 1859, et inséra plusieurs monographies intéressantes à la *Nuova Antologia*, au *Giornale araldico*, au *Fanfulla della Domenica*, etc. En librairie, nous avons de lui les ouvrages suivants: « Grammatica araldica ad uso degli Italiani », Milan, Hoepli, 1887; « Prefazione alle prose di Antonio Guzzalli », Milan, 1876; « Studio critico sulle poesie del Guadagnoli », Florence, Barbèra, 1883.

Trochon (Albert-Louis), né, à Caen (Calvados), le 24 septembre 1842, avocat à Tours (Indre-et-Loire); lauréat à deux reprises diverses de la faculté de droit de Caen; docteur en droit; ancien procureur de la République. Auteur des publications suivantes: « Traité du régime légal de communauté religieuses en France », Paris, Caen et Toulouse, 1886; « Les étrangers devant la justice française et les juridictions nationales des peuples anciens et modernes », Caen et Paris, 1867, etc., et de nombreux articles dans le *Bulletin de la Société des antiquaires de Normandie* de Caen; les *Matériaux pour servir à l'histoire de l'homme* de Toulouse; l'*Explorateur* de Paris; l'*Annuaire de l'association normande*, de Caen; le *Bulletin de la Société de législation comparée* de Paris; la *Revue de la Société de Géographie* de Tours; les *Archives de l'anthropologie criminelle et de sciences sociales* de Lyon; la *Revue diplomatique* de Paris; le *Messager d'Athènes*, à Athènes (Grèce), et divers journaux. Secrétaire général honoraire de la Société de géographie de Tours, délégué dans le département d'Indre-et-Loire de la Société académique indo-chinoise de France, membre des Sociétés de géographie commerciale de Paris, de Géographie et Musée commercial de Saint-Nazaire, de Géographie de l'Est à Nancy, de Législation comparée de Paris, de l'Académie de législation de Toulouse, de l'Académie nationale des sciences, arts et belles-lettres de Caen, de l'Association normande, de la Société des Sciences et Arts de l'île de la Réunion, de la Société de médecine légale de France, de la Société académique de Cotentin, du Comité départemental d'Indre-et-Loire pour l'Exposition universelle de 1889 à Paris et secrétaire du Sous-Comité de l'arrondissement de Tours, président de la IVe Sous-Commission de la Commission d'économie sociale d'Indre-et-Loire pour la même Exposition, etc., etc.

Trojan (Jean), publiciste allemand, né, le 14 août 1837, à Dantzick, fit ses études au Gymnase de sa ville natale et aux Universités de Gœttingue, Bonn et Berlin, fréquentant les cours de médecine et de philosophie allemande. Il se dédia bientôt à la littérature et devint publiciste. Il appartient à la rédaction du *Kladderadatsch* depuis 1862, et depuis 1886 il en est le rédacteur en chef. La *National Zeitung* et plusieurs autres journaux politiques ou littéraires contiennent de nombreux articles de ce fécond écrivain à qui nous devons aussi les ouvrages suivants: « Bechauliches in Wort und Bild », Berlin, 1870; « Gedichte », Leipzig, 1883; « Scherzgedichte », id., 1883; « Kleine Bilder », Munich, 1886; « Von Strand und Heide », id., 1887; « Von Drinnen und Draussen », poésies, id., id.

Trollier (Emile), poète et professeur français, né, à Saint-Victor de Morestel (Isère), le 10 juillet 1856; il a terminé au Lycée Charlemagne à Paris ses études commencées au Lycée de Grenoble. Agrégé de lettres, professeur au Lycée de Nîmes, il a prononcé le 31 juillet 1888 à la distribution des prix de ce lycée, un remarquable *discours en vers* sur « La langue française », Nîmes, librairie Patron. Auparavant, M. T. avait publié: « Les Tendresses et les cultes », Paris, Ghio. En 1886, il a partagé avec M. de Lescure le prix d'éloquence donné par l'Académie Française; le sujet était: « *Beaumarchais* ». Membre d'honneur du *Parnasse*, M. T. ne compte plus les prix obtenus dans les concours de poésie. M. Francisque Sarcey lui a récemment fait décerner le prix de concours de poésie institué par les *Annales politiques et littéraires*, et dont le sujet était l'« Éloge d'Alfred de Musset ».

Trollope (Mme Éléonore-Françoise), romancière anglaise, veuve du célèbre écrivain Thomas-Adolphe T., a publié plusieurs romans qui ont eu les honneurs de la traduction en français et en allemand, et dont nous donnons les titres: « Like Ships upon the Sea », Londres, Chatto and Windus; « Mabel's Progress », id.; « Anne Furness », id.; « Aunt Margaret's Troubles »; « Veronica »; « A charming Fellow »; « Black Spirits and white »; « That importunate Marriage ».

Troubat (Jules), dernier secrétaire de Sainte-Beuve, l'un de ses exécuteurs testamentaires et son légataire universel, né, à Montpellier, le 19 septembre 1836. Il était en rhétorique au lycée de cette ville, quand son père, commis marchand drapier, fut englobé dans le coup de réseau tendu par le général Rostolan, qui arrêtait et emprisonnait 300 républicains coupables de s'être réunis pour protester contre le 2 décembre. La captivité du père de M. T. dura 38 jours. Il fut lui-même arrêté, quelques années après, le 20 janvier 1868, dans sa ville natale, à la suite de l'attentat d'Orsini, par ordre du préfet de l'Hérault, M. Gavini, et condamné à 3 mois de prison pour apologie de fait qualifié crime (délit qui a disparu depuis des codes français) et détention illégale de caractères d'imprimerie. M. T. s'occupait beaucoup de politique et de littérature dans sa jeunesse à Montpellier avec son ami J.-B. Soulas, qui, après avoir publié un volume de « Physionomies littéraires » très remarqué dans *Le Furet*, journal littéraire et théâtral, vint à Paris, où il collabora au *Figaro*, et mourut en 1859, à l'âge de 29 ans. Ce journal *Le Furet*, fondé en 1854 par M. Achille Kuhnholtz, membre de la Société des gens de lettres, décida aussi de la destinée du plus brillant de ses collaborateurs, Edmond Gondinet, mort le 22 novembre 1888, avec qui M. T. était resté étroitement lié depuis ses années de jeunesse et de province. M. Gondinet avait fait jouer sa première pièce sur le théâtre de Montpellier au mois de septembre 1855. En 1857, M. T. fit la connaissance à Montpellier de M. Champfleury, qui était venu en excursion botanique avec le peintre Courbet et Schanne (le fameux Schaunard de « La Vie de Bohême », de Mürger). Un conseil de M. Champfleury à M. T. donné sous les ormes du Peyron, « Ve- « nez à Paris, un jeune homme laborieux y fait « toujours son chemin », lui montra la voie à suivre; mais il ne partit que l'année suivante, après sa sortie de prison. M. Champfleury le prit en amitié et lui fit faire divers travaux. Il le présenta notamment à M. Arsène Houssaye; qui chargea immédiatement M. T. du compte-rendu, pour le journal *L'Artiste*, des ventes de tableaux et curiosités à l'hôtel Drouot. En 1861, Sainte-Beuve, qui allait reprendre au *Constitutionnel* la série des « Lundis », faisant suite aux « Causeries », et connus sous le nom de « Nouveaux Lundis », avait besoin d'un secrétaire pour remplacer M. Pons sur le point de le quitter. Il chargea son ami le docteur Veyne de lui en trouver un. Le docteur Veyne, également ami de M. Champfleury, chez qui il avait vu M. T., pensa que « le jeune homme » pourrait faire l'affaire, et c'est ainsi que M. T. devint secrétaire de Sainte-Beuve, auprès de qui il demeura jusqu'à la mort du grand critique (1869). Au mois d'avril 1871, pendant la Commune, M. T. entrait à la librairie Michel Lévy pour y suppléer M. Noël Parfait, qui venait d'être nommé député. Il y occupa les fonctions de correcteur, collaborant en même temps à l'*Union illustrée* et à l'*Entr'acte*, journaux de la maison Michel Lévy, mettant au net la correspondance, remplissant en un mot les fonctions de secrétaire jusqu'au mois de mai 1875. Il publiait en même temps, avec notes, préface et commentaires, les œuvres posthumes de Sainte-Beuve (tom. XII et XIII des « Nouveaux Lundis »; « Lettres à la Princesse »; « P.-J. Proudhon »; « Premiers Lundis », 3 vol.; « La Correspondance », 3 vol.; « Chroniques parisiennes »). M. T. revendique comme sien le volume intitulé : « Souvenirs et indiscrétions », qui figure au nombre des œuvres de Sainte-Beuve. Sainte-Beuve n'aurait pas pu publier le récit de sa mort et de ses funérailles. Une dernière édition en a paru avec une préface de Charles Monselet. Chez Alphonse Lemerre, L. T. a publié une édition du « Tableau de la poésie » et du « Théâtre français au XVIe siècle », dans lequel il a intercalé de nombreuses notes et additions posthumes de Sainte-Beuve. Cette édition en 2 vol. est précédée d'une « Vie de Sainte-Beuve », par M. T., qui a paru d'abord en feuilleton du journal qui rendit tant de services aux lettres, *La Vie Parisienne*, fondée par M. Albert Collignon. M. T. a donné en outre à la librairie Lemerre : « Les Cahiers de Sainte-Beuve ». En 1877, il entra comme secrétaire à la librairie Dentu. Il y resta deux ans. En 1879, M. Bardoux, ministre de l'Instruction publique, le nomma bibliothécaire du Palais de Compiègne. Cette fonction ayant été supprimée en 1887, M. T. a été nommé bibliothécaire à la Bibliothèque nationale. Outre les « Souvenirs et Indiscrétions », M. T. a publié, sous son nom, « Histoire de Jean-l'ont-pris », conte Languedocien du XVIIIe siècle par l'abbé Fabre, traduit et précédé d'une notice, 1877; « Plume et Pinceau », études de littérature et d'art, 1878; « Le Blason de la Révolution », 1883; un recueil de sonnets et autres poésies, « Petits étés de la cinquantaine », 1886; « Notes et pensées », 1888; « Œuvres choisies de Piron », avec une analyse de son théâtre et des notes; « Un type méridional »; « Le Gabach », extrait de la *Revue des Provinces*, 1866; « Le mont Gandor », Compiègne, 1885. Il a collaboré à un grand nombre de journaux et revues, la *Revue politique et littéraire* et la *Nouvelle Revue*, entr'autres. Il a publié, pendant l'année 1889, un volume de Mémoires, sous ce titre : « Souvenirs du dernier secrétaire de Sainte-Beuve ».

Trübner (Nicolas), titulaire de la maison de librairie anglaise T., né, à Heidelberg, le 12 juin 1817. En 1852, il fonda la maison éditoriale qui prit une rapide extension. En 1859, il publia : « Bibliographical Guide to American literature »; en 1885, il fonda le recueil mensuel: « Trübner's american and oriental literary record ». On doit à M. T. l'édition en russe des « Œuvres » d'Alexandre Herzen.

Trueba (Antoine), poète et écrivain espagnol que ses légendes et ses chansons populaires ont rendu célèbre. Ce fut en 1854 qu'il vint chercher fortune à Madrid, où il débuta comme journaliste à *La Correspondencia*. Sa première œuvre fut: « Il libro de los cantares », dans laquelle il réunit les chansons du peuple. Cette œuvre obtint un grand succès. Il a fait depuis beaucoup de romans et de poésies: « El libro de las montañas »; « Mari-Santa »; « Buentos de color de rosa »; « Buentos de color de cielo », etc. Dans presque tous ses ouvrages, il célèbre son pays natal et les enchantements de la vie montagnarde ainsi que les mœurs basques. Nommé chroniqueur de Biscaye, il s'est retiré à Bilbao depuis douze ou quatorze ans et il y mène une vie très calme.

Truelle (Charles), élu député d'Eure-et-Loire pour l'arrondissement de Nogent-le-Rotrou, le 20 février 1876, par 6974 voix, est né à Paris, le 20 février 1816. C'est un ancien négociant, ancien membre de la Chambre de commerce de Paris; il est membre du Conseil général pour le Canton de Thiron-Gardais, président de la Commission départementale et maire de Coudreceau. M. T., bonapartiste sous l'empire, s'est rallié depuis 1870 à la République. Il fait partie de la gauche du Conseil. En 1874, le 14 juin, il disait au comice agricole de Thiron-Gardais: « Nous ferons la République grande, heureuse et prospère ». Le 12 octobre 1874, il écrivait dans les deux journaux de Chartres: « Je suis devenu républicain sans cesser d'être conservateur. Depuis 1870, le régime républicain me paraît la seule forme de gouvernement possible pour la France. Je repousse absolument la souveraineté héréditaire. Je veux le gouvernement du pays par le pays. Depuis cinq ans, j'ai soutenu publiquement, avec énergie, par ma parole et par mes actes, le gouvernement de la République. Je suis devenu républicain, comme la France est devenue républicaine. Les Thiers, les Dufaure, les Casimir-Périer ont donné l'exemple, et l'opinion publique les en a justement et vivement félicités ».

Tubino (Francisque-Maria), publiciste espagnol, né à Séville, est auteur de plusieurs œuvres de critique artistique. Il a représenté l'Espagne dans plusieurs congrès tenus à l'étranger. Il est membre de l'Académie des Beaux-Arts de Madrid et de l'Académie des Belles-Lettres de Séville. Il a collaboré à presque tous les journaux littéraires et scientifiques d'Espagne.

Tully-Shoy (Georges baron DE), administrateur et publiciste français, est à Paris, le 16 octobre 1854. Après avoir appartenu à l'administration des finances comme rédacteur, et avoir été attaché au cabinet de M. Léon Say, il est parti en 1878, par permutation, pour l'Algérie, où il a occupé différents postes de la province de Constantine, dans la Trésorerie d'Afrique. Rentré en France en mars 1881, M. de T. est immédiatement entré dans la presse parisienne, comme rédacteur politique. Il était, en même temps, correspondant de plusieurs journaux de province. Rédacteur en chef du *Pilote de la Somme* à Abbeville, il a dû quitter cette rédaction en juin 1888, à la suite d'une campagne antiboulangiste jugée trop vive et d'un changement dans la direction du journal. Il est alors entré au *Mot d'ordre*, avec M. Arthur Ranc; il y est actuellement secrétaire de la rédaction. M. de T. fait partie du syndicat de la presse républicaine départementale depuis le mois de mai 1886.

Tumlirz (Ottokar), docteur en philosophie, professeur de physique à l'Université allemande de Prague depuis 1882, est né le 17 janvier 1856 et fut promu docteur en 1859. En dehors de plusieurs articles parus dans les *Comptes-rendus de l'Académie viennoise*, dans les *Annales* de Wiedmann, dans le *Pflügers Archiv* et dans divers journaux spéciaux allemands, il est auteur des ouvrages suivants: « Die elektromagnetische Theorie des Lichtes », Leipzig, 1883; « Das Potential », Vienne, 1884; « Das Verhalten des Bergkrystalls im magnet. Felde », id., 1886.

Tuque (Louis DUTIN DE LA), publiciste, économiste français, agronome, ancien capitaine de cavalerie, secrétaire de la Société académique Indo-chinoise de France, ancien rédacteur au *Journal officiel de la République française*, rédacteur en chef de *Marine et Colonies*, directeur du *Moniteur de la Ramie*, officier d'académie, conférencier, il a fait une série de conférences très applaudies dans diverses sociétés savantes de Paris, à la Sorbonne. Outre un grand nombre de travaux dans la presse, M. de la D. a publié en 1888 une brochure très remarquable, sur « Les véritables causes de la crise agricole en France ».

Turiello (Pascal), littérateur italien, professeur d'histoire et de géographie aux lycées du Royaume, né à Naples, le 8 janvier 1836. A servi sous Garibaldi dans les campagnes de 1860-66-67, a dirigé, de 1867-76, les journaux napolitains *Patria*, *Giornale di Napoli* et *Unità Nazionale*, et a publié les ouvrages suivants: « Il fatto di Vigliena », recherches historiques, 2e éd., Naples, Morano, 1881; « Governo e Governati in Italia », 2 vol., Bologne, Zanichelli, 1re éd. 1882; 2e éd. 1889; « Ricordi e moniti », Rome, Verdesi.

Turinaz (Charles-François), prélat français, né à Chambéry, le 2 février 1838, exerça d'abord les fonctions de professeur au séminaire de Chambéry; en 1873, il fut **nommé** évêque de

Tarentaise (Savoie). Prélat assistant au trône pontifical, il a été nommé prélat de la maison du pape Pie IX. Il a publié : « De l'étude de l'archéologie » ; « Lettre à son Em. le Cardinal archevêque de Paris sur la fondation des universités catholiques en France » ; « Le Sacré-Cœur et la France » ; « L'Émigration rurale », Gaume, 1878 ; « Le Grand péril de notre temps, ou la Franc-maçonnerie », 2e éd., 1884 ; « Léon XIII et sa mission providentielle », 1880 ; « Les Mauvaises lectures : la presse et la littérature corruptrice » (librairie de la Société bibliographique), 1881 ; « Œuvres pastorales. Œuvres oratoires », tom. I, Bray et Retaux, id. ; « L'âme », id., 1887 ; « Les Concordats et l'obligation réciproque qu'ils imposent à l'Église et à l'État », 2e éd., augmentée, id., 1888. Lettres pastorales : « La loi du 28 mars 1882 » ; « L'enseignement primaire et l'avenir de la France » ; « Le Patriotisme » ; « La Croix » ; « La vigilance des parents », Nancy, Pierron ; « La Patrie et la famille de Pierre de Tarentaise », id., Le Chevallier ; « Défense des droits et des libertés catholiques », 1re et 2e lettre à M. Goblet, Bray et Retaux, 1888.

Turnbull (Guillaume-Peveril), mathématicien anglais, inspecteur royal des écoles, né, à Hackness (comté de York), en 1841. Il a étudié au *Trinity College* de Cambridge, où il a été aussi *assistant-tutor* et a publié l'ouvrage suivant : « Analytical Plane Geometry », Cambridge, Deighton, Bell et C.

Turpin de Sansay (Louis-Adolphe), romancier et auteur dramatique français, est né, à Selongey (Côte-d'Or), le 27 avril 1832. Il est le dernier descendant mâle de l'ancienne maison de Turpin de Crissé de Sansay « connue du temps de Charlemagne » et « mentionnée dans le cartulaire de Vendôme ». Sa généalogie figure dans le « Dictionnaire de la Noblesse », de La Chesnay-Desbois. Si ses ancêtres figurent d'une façon honorable dans les anciennes guerres, M. T. S. n'eut jamais de goût que pour la littérature. Très-laborieux, il a commencé jeune et a beaucoup écrit. Nous citerons : « Voltaire, sa vie et ses œuvres » ; « Mémoires sur Garibaldi » ; « Les Hypocrites » ; « Les Sauveteurs célèbres », chez l'éditeur Dentu. Romans historiques : « La peste noire » ; « Les Échafauds de Paris » ; « Les amours du roi François » ; « Ministre et Favori » ; « Anne Boleyn » ; « La vieillesse de la reine Margot » ; « La douairière de Brionne » ; « La Sorcière de Paris ». Romans sociaux : « Les Chiffoniers de Paris » ; « Les souterrains de l'Hôtel-Dieu » ; « La canaille de Paris » ; « Le Testament d'un bandit » ; « Le veilleur des morts » ; « La Fille de l'Océan » ; « Le roman des Saltimbanques » ; « La Fausse coupable » ; « L'affaire de la rue de Vaugirard » ; « Le maire de campagne », etc. etc. Nouvelles : « L'Horloge de Strasbourg » ; « Le médecin d'amour » ; « Histoire d'une rose » ; « La ferme de Seiche-Boulette » ; « Le masque de Cire » ; « La Toilette de mariage » ; « Le rosier de Rosine » ; « L'auberge de la belle fille » ; « Laurence » ; « Le Sabot de Vénus » ; « Le Mannequin de la Régente » ; « La Fontaine de Vaucluse » ; « La noble policière », etc. etc. Pièces jouées : « Cinq Mars », drame en 5 actes et en vers ; « La barbe de Bétasson » ; « Les deux Apothicaires » ; « Un coup de Piston », « La Niaise de Pontoise » ; « Les crêpes de la Marquise » ; « Gérôme Pointu » ; « La fleur du Val Suzon » ; « Fais la cour à ma femme » ; « Mam'zelle j'ordonne » ; « Une paille dans l'œil » ; « Le Bailli de Croque-Tendron » ; « Le Flageolet d'Arlequin » ; « La question de la Porte » ; « Un chapitre du mariage » ; « La question du Po », etc. etc. M. T. S. a fondé : *Les Illustrations du courage et du dévouement de la philanthropie, de la science et du travail*. Le journal *Le Sauveteur* en 1864, *L'Éventail* et l'*Écho des concerts ;* « L'ordre humanitaire du mérite civil », en 1887. En outre des œuvres qu'il a signées, M. T. S. a publié beaucoup de petits volumes sous le nom de « Philippe de Robville ».

Turquet (Edmond-Henri), ancien magistrat et homme politique français, né, à Senlis, le 31 mai 1836, fit son droit à Paris, et entra dans la magistrature. Successivement substitut à Clermont, à Saint-Quentin, à Beauvais, il était procureur impérial à Vervins, lorsque, à la suite de discussions assez vives avec le préfet de l'Aisne, relativement à la fondation d'une école dans la prison de la ville, il donna sa démission le 16 décembre 1868. Cet acte d'indépendance et de dignité valut au jeune magistrat l'approbation de tous les esprits libéraux. Aux élection suivantes, il se présenta contre le candidat officiel dans la 3me circonscription de l'Aisne ; mais il échoua avec 12,000 voix, étant combattu à outrance par l'administration. Pendant le siège de Paris, M. T. fit partie de l'armée comme sergent-major des tirailleurs de la Seine, prit part à plusieurs combats, reçut trois blessures, fut cité à l'ordre du jour et enfin décoré après l'affaire de la Malmaison. Élu représentant de l'Aisne à l'Assemblée nationale, le sixième sur onze, il prit place à gauche et se fit inscrire aux réunions de la gauche et de l'Union républicaines. Arrêté à Paris le 18 mars avec le général Chanzy par les bataillons qui obéissaient aux ordres du Comité central, il fut mis en liberté grâce à l'intervention d'un membre de la Commune, M. L. Meillet, auquel, à son tour, il sauva la vie, en facilitant sa fuite après l'entrée des troupes à Paris. M. T. a été élu député de la 2me circonscription de Vervins, le 20 février 1876, par 8115 voix contre 2277 obtenues par son concurrent réactionnaire ; le 14 octobre 1877 il obtenait 1000 voix de plus que le candidat de l'administration et était réélu le 21 août 1881 sans concurrent. Enfin il a été élu député de l'Aisne le 4 octobre 1885 le deuxième sur huit et a voté l'expulsion des princes. M. T., qui a fait à plusieurs reprises partie de la commission du budget, avait été nommé membre de la commission supérieure des beaux-arts, lorsqu'il fut appelé au Ministère de l'Instruction publique comme sous-secrétaire d'État spécialement chargé de la direction des beaux-arts par M. Jules Ferry en février 1879; dépossédé de ses fonctions pendant le passage aux affaires du cabinet Gambetta, il les reprit avec M. René Goblet dans le cabinet Henri Brisson et dans le cabinet de Freycinet. M. T. a représenté le canton de Seims au conseil général de l'Aisne dont il a été plusieurs années vice-président. Nommé président des sauveteurs de la Seine en décembre 1878, il en est aujourd'hui président honoraire. Il a fondé la Société française de sauvetage qui a été reconnue d'utilité publique. M. T. appartient à une vieille famille parlementaire de l'Aisne. Son aïeul, M. Le Carlier a été nommé membre des États-Généraux, a fait partie de toutes les assemblées de la Révolution et a été ministre de la police en 1776. Son oncle, M. Le Carlier, fils du conventionnel a été député de l'Aisne de 1816 à 1844. M. T. est officier d'Académie.

Turrettini (François), orientaliste suisse, né, à Genève, le 19 août 1845, fils de William T. jurisconsulte et l'un des membres les plus distingués de l'aristocratie libérale, issu d'une famille patricienne originaire de Lucques, exilée au XVIe siècle pour avoir embrassé la Réforme et qui donna à sa patrie adoptive plusieurs générations d'ecclésiastiques, de professeurs et de magistrats, commença à l'Académie de Genève des études philologiques poursuivies en Italie (1865-1866) et à Paris, sous la direction de Stanislas Julien et à l'École des Langues orientales. Ses efforts se portèrent principalement sur le chinois, le mandchou, le mongol, le japonais. Après son retour à Genève, M. T. fonda pour la publication de mémoires, textes originaux et traductions une imprimerie spéciale qui obtint en 1878 une médaille d'argent à l'exposition universelle de Paris et fit paraître simultanément deux revues : l'*Atsume Gusa* (8 vol. déjà édités) et le *Ban-zaï-sau* (5 vol.). Parmi les productions dont nous sommes redevables à l'infatigable activité de M. T., nous citerons en première ligne : « Heike Monagatazi », récits de l'histoire du Japon au XIIme siècle, avec planches ; « Tassino-Nigivaï », contes moraux traduits du japonais avec gravures ; « Histoire du Taïza », tirée du « Niptou-gwaisi », et traduite du japonais ; « Romato et Sakitoï », texte et traduction d'un roman japonais ; « Sau-ze-king », ou les phrases de trois caractères, en chinois, japonais et mandchou avec explications philologiques; « Rau-ing, prei ou le livre des récompense et des peines », avec commentaire et légendes, ouvrage taoïste en chinois. Ces recherches assidues dans le domaine de l'Extrême-Orient n'ont point entièrement détourné M. T. des études d'histoire nationale, comme l'attestent sa notice biographique sur son aïeul « Benedict Turrettini », 1871, et ses « Archives de Genève », inventaire et extrait des registres du Conseil (1er vol., période de 1535-1540), 1878.

Turri (Victor), professeur italien au gymnases du Royaume, actuellement à Rome, est né à Adria, en 1860, a fait ses études lycéales à Venise, universitaires à Rome, et a publié: « Luigi Groto », monographie; « Il Laocoonte », de Lessing, traduction; « Un poemettto allegorico del secolo XIV inedito », avec introduction.

Turrini (Joseph), homme de lettres italien, professeur de sanscrit à l'Université de Bologne, né, à Avio, le 5 avril 1826, fit ses études dans le gymnase de Trente et au lycée de Vérone. Docteur en médecine de l'Université de Pise, il s'adonna principalement à la littérature, et publia: « Della imitazione di Cristo, di Giovanni Gersenio », traduction, Bologne, 1871 ; « Saggi di pochi fiori indiani volgarizzati », 1878 ; « Saggio di un nuovo volgarizzamento della Bibbia in lingua del buon secolo », Bologne, 1878; « La nube messaggiera », petit poème indien attribué à Kalidása, id., 1880 ; « Il Samaveda volgarizzato », essai inséré dans le *Nuovo istitutore*, Salerne, 1881.

Tyndall (Jean), célèbre physicien anglais, né, au village de Leighlin-bridge (Irlande), le 21 août 1820, de parents pauvres, acquit quelques connaissances de mathématiques et fut employé au Comité d'artillerie. Instituteur au Collège de *Queenwood*, il se rendit en 1848 en Allemagne, et étudia à Marbourg sous M. Bunsen et à Berlin sous Magnus. Ses recherches sur le diamagnétisme, la polarisation, les propriétés magnéto-optiques des cristaux et les rapports du magnétisme avec l'affinité moléculaire le firent nommer dès son retour à Londres, en 1853, membre de la Société royale et professeur de physique à l'Institution royale de la Grande-Bretagne, où il succéda en 1867 à l'illustre Faraday comme surintendant. En 1856, il explora les glaciers de la Suisse avec M. Huxley, continua seul pendant les trois années suivantes ses études sur la *mer de glace* et passa une partie de l'hiver de 1859 à Chamounix. Il entreprit plus tard des recherches sur la chaleur rayonnante, dont les résultats si précieux pour la science, furent publiés dans les *Philosophical Transactions*. En 1872, il se rendit aux États-Unis, où ses conférences obtinrent un immense succès et dont le bénéfice fut offert par le savant à un Comité pour aider les travailleurs dans leurs recherches scientifiques. M. T., membre de nombreuses sociétés savantes, a obtenu de plusieurs universités de la Grande-Bretagne le titre honorifique de docteur. Nous lui devons les ouvrages suivants : « The Glaciers of the Alps », 1860 ; « Mountaineering », 1861 ; « A vacation tour », 1862 ; « La chaleur considérée comme un mode de mouvement », 1864 ; « Le Rayonnement », 1865 ; « Faraday inventeur », 1868 ; « Le Son », 1868 ; « Les glaciers et les fermentations de l'eau » ; « Floating Matter of the air in relation to putrefaction », 1881 ; « Lectures on Light, 1872-73 », 1882-86 ; « Sound », 4me éd., 1883 ; « Faraday as a Discoverer », id., 1884 ; « Heat a Mode of Motion », 7me éd., 1887 ; « Researches on Diamagnetism and Magne-Crystallic Action ». Enfin les mémoires suivants : « Action of Intermittent Beam of radiant Heat upon gazeous Matter », id., 1881 ; « Action of Free Molecules on Radiant Heat and its Conversion thereby into Sound », *Philosophical Trans.*, 1882 ; « Note on Terrestrial radiation », *Royal Society Proc.*, 1883 ; « On a hitherto unobserved Resemblance between Carbonic acid and Bisulphide of Carbon », id., id.

Tzerteleff (le prince Démétrius), homme de lettre russe, né, en 1852, au gouvernement de Pesiza dans une terre appartenant à sa famille ; il y passa sa première enfance et en 1861 il alla avec ses parents en Suisse, où il fit un séjour de quelques années. De retour en Russie, il entra au gymnase et plus tard à l'Université de Moscou à la Faculté de droit. En 1877, il fut élu *glassnéi* (député du Zemstvo), et président de l'assemblée des juges de paix dans le district de Spasik au gouvernement de Tambov, et depuis lors il n'a pas cessé de prendre part aux assemblées du Zemstvo. Bientôt après la fin de ses études, il passa quelque mois à Paris avec le comte Alexis Tolstoy. Pendant ce voyage, il eut l'occasion de faire la connaissance de E. de Hartmann, de Helmhotte, de Tourguénieff et de plusieurs autres littérateurs et savants. L'année suivante, les médecins lui ayant recommandé le midi, il passa l'hiver en Grèce, en Égypte et en Italie. Depuis il n'a fait que des voyages de courte durée. En 1878, M. le prince T. présenta à l'Université de Leipzig une thèse sur « La théorie de la connaissance de Schopenhauer », et il fut promu docteur en philosophie après la mort de Katkoff ; il dirige provisoirement le *Messager Russe*. C'est dans cette revue qu'ont parus ses premières publications depuis l'année 1874. Nous avons de lui : « Schopenhauer's Erkenntniss-Theorie », Leipzig, G. Reusche, 1879 ; « Les limites de la religion, de la philosophie et de sciences naturelles », trois conférences publiques, Moscou, 1879 ; « La philosophie de Schopenhauer », St.-Pétersbourg, 1880 ; « Le Pessimisme contemporain en Allemagne », Moscou, 1885 ; « Le spiritisme au point de vue philosophique », St.-Pétersbourg, id., ; « Poésies », id., 1883. Une traduction de la « Trilogie de Henri IV », est sous presse ; elle doit paraître dans la nouvelle édition russe des œuvres de Shakespeare de Sterbel, et un nouveau recueil de poésies doit paraître dans le courant de l'hiver.

Tzivanopoulos (Socrate), historien grec, né, à Sparte, en 1836, ancien professeur d'histoire universelle à l'Université d'Athènes. Nous avons de lui en librairie : « Réflexions sur la Grèce moderne », en grec et en anglais » ; « Histoire grecque depuis les temps les plus anciens jusqu'à nos jours » ; « Philosophie politique de Browhaus » ; « Histoire Universelle », édition populaire.

U

Ubbelohde (Auguste), jurisconsulte allemand, né, le 18 novembre 1833, à Hanovre, a fait ses études aux universités de Gœttingue et Berlin, fut nommé, en 1865, professeur ordinaire de droit romain à l'Université de Marbourg qu'il représente, depuis 1871, à la Chambre prussienne des Seigneurs. En dehors de nombreux articles publiés dans plusieurs journaux : *Haimerl's österr. Vierteljahrschr., Zeitschr. f. Civilr. und Process., Journal f. Landwirtschaft,* dont il est un des rédacteurs, *Magazin f. Hanov. Recht., Archiv. f. d. Civil Prax., Ihervig's Jahrb., Grünhut's Zeitschr., Preuss. Jahrb., Archiv. f. prakt. Rechtwissensch., Goldschmidt's Zeitschr. f. Handelsrecht, Zeitschr. f. Rechtgesch.* etc., etc., il est auteur de plusieurs ouvrages parmi lesquels nous citerons : « Ueber den Satz : ipso jure compensatur », Gœttingue, 1852, « Ueber das im Königr. Hannover geltende Rechte der Entwässerung und der Bewässerung », Hannov., 1862 ; « Die Lehre von den untheilbaren Obligationen », id., id. ; « Ueber die rechtlichen Grundsätze des Viehhandels nach dem in Konigr. Hannover geltenden Grundsätzen », Gœtt., 1865 ; « Zur Geschichte der benauten Realcontracte aus Rückgabe derselben Species », Marb., 1870 ; « Ueber den beabsichtigten Erlass einer neuen Gemeindeordnung für Kurhessen », id., 1874 ; « Erbrechtliche Competenzfragen », id., 1868 ; « Ueber die usucapio pro mancipato », id., 1873. Il est aussi le continuateur de la publication initiée par le docteur Hartmann intitulée : « Ueber die röm. Gerichtsverfassung ».

Uda (Félix), homme de lettres italien, né, à Cagliari (Sardaigne), le 25 février 1832. Il débuta en 1852 par un volume de vers intitulé :

« Voti e speranze »; suivirent: « Memorie ed affetti », 1861. Dans l'entre-temps, il envoyait des chroniques, des critiques, des nouvelles et des contes à l'*Ateneo*, à la *Letteratura civile*, à l'*Italia letteraria*, à la *Civiltà italiana*, à la *Rivista contemporanea*, périodiques qui vécurent entre 1863-70. Collaborateur aux journaux politiques de l'Italie et de la Sardaigne, nous avons de lui une quantité d'articles dans presque toute la presse italienne.

Ueberhorst (Charles), philosophe et écrivain allemand, professeur extraordinaire de philosophie à l'Université d'Innsbruck, né, en 1847, à Tecklenburg en Westphalie, fit ses études aux universités de Halle S.-S., Heidelberg et Berlin, prit ses grades en philosophie à l'Université de Gœttingue (1873) et de 1875 à 1881 y enseigna la philosophie comme professeur libre de cette faculté; de 1881 à 1885, il a été professeur extraordinaire de philosophie à l'Université de Czernowitz et depuis cette époque il enseigne cette science à l'Université d'Innsbruck. On lui doit: « Der Inhalt von Geisteswissenschaft und Philosophie und die Nothwendigkeit der Trennung beider Wissenschaften », Gœttingue, 1873; « Die Entstehung der Gesichtswahrnehmung; Versuch der Auflösung eines Problems der physiologischen Psychologie », id., 1876; « Kant's Lehre von dem Verhältniss der Kategorien zu der Erfahrung », id., 1878. Plusieurs de ses écrits ont paru dans le *Götting. Gel. Anz.*, dans le *Litteraris. Central. blatt.*, dans la *Deutsche Litteraturz.*, dans les *Philosoph. Monatshefte*, etc., etc.

Ugolini (Ugolino), naturaliste italien, professeur d'histoire naturelle à l'Institut Technique de Padoue, né, à Macerata, en 1856. Nous avons de lui plusieurs mémoires aux journaux scientifiques et de nombreux articles de vulgarisation à l'*Illustrazione italiana*, à la *Natura*, al *Corriere della sera*, à l'*Euganeo*, etc. Citons: « Appunti per lo studio delle foglie secche », Padoue, Prosperini, 1881; « La costruzione e lo studio dei poligoni cranici », id., id., id.; « Nota di anomalie nel cranio dei mammiferi », id., id., id.; « La cassa ossea del cervello studiata analiticamente in alcuni crani di scimmie », id., id., 1882-83. M. U. a collaboré au grand ouvrage: « La Terra », du prof. Marinelli en y insérant « La vegetazione del Globo », enfin il a réduit l'ouvrage de Wan Bruyssel: « Le monde des insectes », en italien sous le titre de: « I clienti di un vecchio pero », Milan, Treves, 1883, et a traduit de l'anglais de Livingston Stone: « La trota domestica », Milan, Dumolard, 1884. Il collabore enfin à la traduction en italien de la « Nouvelle géographie universelle », d'Élysée Reclus.

Uhlirz (Charles), érudit autrichien, docteur en philosophie, archiviste de la ville de Vienne, professeur libre à l'Université impériale et royale viennoise, est né, à Vienne, le 13 juin 1854, et a fait ses études à Metz et à Vienne. Cet ancien élève de l'Institut pour les études historiques de l'Autriche a été de 1878 à 1882 collaborateur des *Monumenta Germaniœ*, et de 1882 à 1889 conservateur des archives et des bibliothèques de la ville de Vienne. Il est archiviste de cette métropole depuis le 25 juin 1889. En dehors des recensions parues dans les *Mittheil. des Instit. f. österr. Geschichtfor.*, on lui doit: « Zur Biographie des Wiener Bürgermeisters Liebenberg », Vienne, 1889; « Geschichte des Erzbistums Magdeburg unter Kaiser aus Sächsischem Hause », Magd., 1887.

Ujejski (Cornelius), illustre poète polonais, membre du Parlement autrichien, né, en 1823, à Beremyany, en Gallicie. Il fit ses études à Lemberg et à Paris, où en 1848, pendant la révolution, il devint l'ami de ses célèbres compatriotes Mickiewicz et Slovacki. Il rentra en Gallicie en 1858, et il fixa sa demeure à Lemberg. Parmi ses recueils de vers, on cite: « Chants de Salomon »; « Fleurs sans parfum »; « Feuilles fanées »; « Pour les Moscovites »; « Poésie », dans la collection de Brockhaus à Leipzig; « Les Lamentations de Gérémie »; « Mélodies bibliques ». L'un de ses chants patriotiques, intitulé: « Choral », est devenu très populaire en Pologne. On a aussi publié un recueil de ses « Discours », et un sien volume intitulé: « Lettres des environs de Léopol ». Il a plusieurs fois visité l'Italie, dont il est l'admirateur sincère.

Ujfalvy de Mezö Rövesd (Charles-Eugène DE), homme de lettres hongrois, officier de l'Instruction publique, commandeur et chevalier de plusieurs ordres étrangers, membre de l'Académie Royale des sciences de Hongrie, membre des sociétés de géographie de Paris, Amsterdam, Munich, Rome, Vienne, St.-Pétersbourg, Budapest, et des sociétés d'anthropologie de Paris, Berlin, Moscou, Vienne, Budapest, Munich, etc., ex-chargé de missions scientifiques par le Gouvernement de la République française en Russie, en Sibérie, en Asie-Centrale, etc., né, le 16 mai 1842, à Vienne (Autriche). Il a fait ses études à l'École Militaire de Wiener-Neustadt, près de Vienne: a été nommé sous-lieutenant en septembre 1861 au régiment de dragons Prince Eugène de Savoie. Il quitta le service militaire en 1865, fit ses études à l'Université de Bonn de 1865 à 1867, fut nommé professeur de langue et littérature allemande au Lycée impérial de Versailles en 1868. Docteur en philosophie en 1870; agrégé de l'Université de France en 1871; professeur au Lycée Henri IV en 1871; chargé du cours de géographie et d'histoire de l'Asie-Centrale et Orientale à l'école des Langues Orientales vivantes; chargé d'une mission en Russie, en Sibérie et en Asie-Centrale en 1876 jusqu'en 1878; chargé d'une nouvelle mission dans les mêmes pays en 1880. Il parcourut les Indes, le Cachemire et le Petit-Tibet de 1881 à 1882. Nous avons de lui: « Alfred de Musset. Eine Studie », Leipzig, Brockaus, 1870; « La langue magyare, son origine et ses affinités », Versailles, 1871; « La Hongrie, son histoire, sa langue et sa littérature », Paris, Pagnerre, 1872; « Recherches sur le tableau ethnographique de la Bible », id., Maisonneuve, 1873; « La migration des peuples et particulièrement celle des Touraniens », avec cartes et planche, Paris, Maisonneuve, 1873; « Alexandre Petöfi », traduction, en collaboration avec Mme Desbordes-Valmore, Paris, 1872; « Poésies magyares », choix de traductions, en collaboration avec Mme Desbordes-Valmore, id., 1873; « Mélanges altaïques », Paris, 1874; « Principes de phonétique dans la langue finnoise », 1875; « Éléments de grammaire magyare », 1875; « Essai de grammaire vêpse ou tchoude », 1885, d'après Ahlquist et Lœunrot; « Études comparées des langues ougro-finnoises », 1875, 1er partie: « Grammaire finnoise », 1876; le compte-rendu de l'expédition scientifique française, en 3 volumes: « Le Kohistan, le Ferganah et Kouldja », avec cartes et pl., 1878; « Le Syr-Daria, le Zerâfchân et le pays des Sept-Rivières de la Sibérie », avec cartes et tableaux, 1879; « Les Bachkirs, les Vêpses », 1880, et « Atlas anthropologique des peuples du Ferghanah », 1879. M. de U. dirigea, de 1874 à 1878, la *Revue de philologie et d'ethnographie* parue à Paris, chez Leroux; « Les œuvres anciens du Cachemire », avec 67 dessins, Paris, 1883; « Aus dem westlichen Himalaya. Erlebnisse und Forschungen », avec 181 illustrations et 5 cartes, Leipzig, Brockhaus, 1884. Sous le nom de *Carlo Maria*: « Un Royal Aventurier dans l'Asie-Centrale », Paris, 1886; « Parsis et Brahmines », id., 1887; « Une Idylle au Cachemire », id., 1888. Sous presse: « Description ethnologique de l'Asie-Centrale: 1re partie: Les Aryens au nord et au sud de l'Hindou-Kouch ».

Ujfalvy-Bourdon (Mme Marie), femme du précédent, née, à Chartres, le 12 janvier 1846. Elle accompagna son mari dans ses voyages en Russie et dans l'Asie-Centrale, au Cachemire et au Petit-Tibet, et publia les ouvrages suivants: « De Paris à Samarkand », avec 18 illustrations et plusieurs cartes, Hachette, 1881; « Voyage d'une Parisienne dans l'Himalaya occidental », avec 64 illustrations, Paris, Hachette. En collaboration avec son mari, sous le nom de *Carlo Maria*: « Un royal aventurier dans l'Asie-Centrale », Paris, 1887; « Une Idylle au Cachemire », id., 1888.

Ulloa (Jérôme), général et homme politique italien, né, à Naples, en 1810, étudia au Collège militaire de la *Nunziatella*, d'où il sortit le premier de la promotion dans l'artillerie. Arrêté en 1833 pour n'avoir pas révélé ce qu'il savait en conspiration, il fut détenu préventivement. Lieutenant en 1837, capitaine en 1845, il partit en 1848 comme aide-de-camp du général Guillaume Pepe, pour les rives du Pô. Le corps d'armée napolitain ayant été rappelé par le roi Ferdinand II, M. U. n'en marcha pas moins avec son général en chef et une partie de ses soldats au secours de Venise, où il entra le 13 juin. Nommé successivement lieutenant-colonel et général de brigade, il dut à une action d'éclat chacun de ses grades. En qualité de commandant du fort de Malghera, il tint un mois avec une faible garnison contre 18,000 autrichiens. Rentré à Venise après avoir évacué la forteresse démantelée le 28 mai 1849, il devint l'âme de la défense de la ville assiégée. De 1849 à 1859, M. le général U. vécut à Paris et lorsque le Gouvernement provisoire de la Toscane en 1859 organisa une armée, elle en confia le commandement au général U. Quelques désaccords entre le pouvoir civil et le pouvoir militaire forcèrent le général à se démettre. La paix de Villafranca mit fin au rôle militaire de M. U. qui ne cessa pas pour cela de servir de son mieux la cause de l'unité italienne. Après un long séjour à Paris (1860-80), le général U. réside à Florence. Il compte parmi les plus sérieux écrivains militaires de l'époque. On cite de lui, outre une série d'écrits publiés dès 1832-48 dans l'*Antologia Militare* de Naples, les ouvrages suivants, dont nous donnons les titres en français et dont les principaux sont traduits en cette langue: « Tactique des trois armes », Naples, 1838; « Naples considérée politiquement et militairement », id., 1848; « Sur l'organisation de l'armée napolitaine », id., id., « Instruction pour le tir pour le sous-officiers d'artillerie », id., 1847; « De l'art de la guerre », Turin, 1851; « Guerre de l'Indépendance italienne en 1848-49 », Paris, 1859; « Du caractère belliqueux des Français et des causes de leurs derniers désastres », 1872; « Des temps contraires à la venue des grands capitaines », Naples, 1874.

Ulrich (Jacob), philologue suisse, professeur de philologie romane à l'Université de Zurich, né, en 1856, à Waltalingen (canton de Zurich) Suisse; il fit ses études à Zurich et à Paris, fut nommé professeur agrégé en 1880 et prof. de philosophie romane à Zurich en 1814. Il a publié: « Die formelle Entwickelung der Part-Præt. in den romanischen Sprachen », Halle, 1879; « Rhätoromanische Chrestomathie », 2 vol., Halle, 1882-83; « Rhätoromanische Texte », 2 vol., id., 1883-84; « I due primi libri dell' istoria di Merlino », Bologne, 1884; « Altitalienisches Lesebuch », Halle, 1886; « Merlin », Paris, 1886; « Susanna », drame de l'Engadine Supérieure, Frarenfuld, 1888; « Italienische Bibliothek », Leipzig, 1889; « Miracles en Provençal » (*Romania*), 1879; « Le Sacrifice d'Abraham » (id.), 1879; « Le Catéchisme de Boniface » (id.), 1880; « Recueil d'Exemples en ancien Italien » (id.), 1884; « Canzoni latine » (*Archivio Glottologico Italiano*), et d'autres articles parus dans la *Gröber's Zeitschrift*.

Unger (Joseph), jurisconsulte et homme politique autrichien, né, à Vienne, le 2 juillet 1828, étudia le droit dans sa ville natale, fut attaché à la Bibliothèque impériale et se fit recevoir *privat–Docent*. En 1853 professeur de droit privé à Prague; en 1857 à Vienne; en 1860 élu à la Diète de la Basse–Autriche; en 1869 il était membre de la Chambre des Seigneurs, où il soutint les idées libérales. Après la chute de M. Hohenwart, il entra comme Ministre sans portefeuille dans le cabinet Auersperg, et soutint devant les Chambres les principales discussions au nom du Gouvernement. Il quitta le Ministère en 1879. Nous avons de lui: « System des œsterr. Allgemeinen Privatrechts », Leipzig, 1856-59; « Die rechtliche Natur der Inhaberpapiere », id., 1857; « Zur Loesung der ungarischen Frage », Vienne, 1861; « Projet de révision d'un code municipal pour le royaume de Saxe », id., 1861; « Das œsterr. Erbrecht », id., 1864; « Die Wertrage zu Gunsten Dritter », 1869; « Sammlung von civilrechtlichen Entscheidungen », 1856-78. Depuis 1879, il a écrit dans des revues scientifiques de l'Autriche des mémoires importants.

Unione Tipografico–Editrice torinese, maison de librairie avec un capital de 600,000 francs, fondée en 1854. Nous devons à cette importante maison de librairie des ouvrages de haute envergure, telles que le « Dizionario » de Tommasèo; l'« Enciclopedia Italiana »; « La Biblioteca dell'Economista »; « Il Digesto Italiano »; « La Storia Universale » de Cantù; « La vita degli animali » de Brehm; « Le grandi scoperte e le loro applicazioni » de Reuleaux, etc.

Untersteiner (Hercule), jurisconsulte italien, conseiller à la Cour d'appel à Innsbruck, né, en 1823, à Rovereto, fit ses études à Padoue et à Vienne. Nous avons de lui en librairie: « Legge generale di cambio », 1877; « Il sistema d'archiviazione nelle province del Tirolo ».

Urbanski (Albert), savant mathématicien et physicien polonais, né, en 1820, en Gallicie (Autriche), a fait ses études physico–mathématiques, philosophiques et astronomiques à l'Université de Lemberg et de Vienne, ses examens doctoraux (1846-47) à l'Université de Vienne. Il obtint l'emploi de professeur de philosophie (1847) et de physique (1848) au Lycée de Przemysl (Gallicie), en 1850 celui de physique mathématique à l'Université de Lemberg et en même temps une place de fonctionnaire à la Bibliothèque de l'Université; en 1857, nous le trouvons professeur de physique expérimentale, et en 1859 bibliothécaire et directeur de la même bibliothèque. M. U. a écrit un grand nombre de monographies scientifiques et d'articles à l'ouvrage: *Encyclopœdie polon.*, 28 vol., Orgelbrand, Varsovie, 1859-68, dont il était collaborateur. Ses publications les plus importantes sont: (en allem.) « Un problème de l'électrostatique », 1850; « Leçons de physique math. supérieure », 1857; « Les observations magnétiques calculées », 1858; « La théorie du Potential relative à l'électricité », Berlin, 1864; (en polon.) « La physique pour les gymnases », 1851, 2ᵉ éd. Varsovie, 1868; « La physique scientifique », 2 vol., Varsovie, 1866-67; « Recueil de dissertations savantes », Lemberg, 1869; « Sur les comètes, météorites et la lumière zodiacale », I, II, III, 1858; « Abrégé de l'histoire de la terre », Lemberg, 1877; (trad. d. allem.) « Vues de la nature », St.–Pétersbourg, 2 vol., 1860; « Distribution d'électricité en équilibre sur la surface ellypsoïdale et à deux corps sphériques électrisés par influence », Paris, 1880, I, II; « Les microbes à l'égard de l'hygiène », Lemberg, 1880; « Influence de l'air atmosphérique sur la santé humaine », I, II, 1883-84; « Sur la maladie épidémique, dite *choléra asiatique* et les comma–bacilles », Lemberg, 1885; « Influence de l'humidité de l'air atmosphérique sur notre santé », Varsovie, 1887 (*Atheneum*, mars).

Urbanski (Aurèle), poète lyrique et dramatique, fils du précédent, né, en 1844, à Lemberg, fit ses études au Gymnase et à l'Université de Lemberg et des examens pour obtenir le baccalauréat en philosophie. Dans ce but, il écrivit la dissertation: « L'âme humaine et l'âme des animaux », Lemberg, 1866. En 1869, il fut investi d'une fonction publique au bureau du contrôle de l'Administration autonomique du pays (Gallicie); en 1886, il obtint la charge de vice-directeur. Du grand nombre des poésies lyriques, nouvelles et librettos, qu'il a publiés pendant les 20 dernières années, et des diverses œuvres dramatiques, qui sont représentées avec grand succès sur les théâtres polonais, nous citons ici, recueils de poésies, intitulé: « L'oiseau au plumage grisâtre », 1871; « Les poésies », 1878; « Œuvres poétiques », Leipzig, Brockhaus, 1884; les comédies: « Podlotek (la jeune fille) », en 4 actes, en vers, 1868; « La guerre avec le cousin », en vers, 1868; mélodrames: « La sérénade aux flambeaux », 1868; « Après l'Exposition industrielle à Paris », 1869; drames imités: « Bem en Transylvanie », en 5 actes; « Insurrection dans l'Herzégovine », id., id.; drames tragiques: « L'actrice », id., id., en vers, 1872; « Au pied de la colonne de Sigismond à Varsovie », id., id., en vers, 1880; « Drame d'une nuit », en vers, 1881; « Au Galetas », drame en 1 acte, 1881; « Watazka », drame en 3 actes, 1888; « Szumi Marica », drame en 1 acte; « Xenia », drame en 1 acte, 1888. Il a aussi traduit de l'allemand, du français et de l'anglais plusieurs drames: « Aria et Messalina »;

« Les femmes de Windsor »; « La noce sanglante », en vers; « Poésies, d'après Heine »; « Mémoires divers », et « Oeuvres historiques ». Il est collaborateur de la traduction de l'« Histoire » de Schloper.

Urechia (Basile-Alexandre), publiciste roumain de la Moldavie, ancien directeur général de l'instruction publique, professeur d'histoire, député, fondateur de l'Athénée Roumain, né, le 27 février 1834, à Petra, a fait ses études à Yassy et à Paris. Les services qu'il a rendus à la cause de l'instruction publique dans son pays lui ont valu la grande médaille nationale du mérite. En dehors des Annuaires de l'instruction publique et du Clergé et du *Bulletin* de l'instruction publique, on lui doit quatre volumes de drames, un volume de discours, un cours d'histoire roumaine, en deux volumes, un roman: « Zriubrul si Vulturul », et, en outre, en collaboration avec Kogalniceanu, Codrescu et Molinescu, « Stela Dunarei ».

Urlichs (Charles-Louis), philologue classique allemand, conseiller intime de la Couronne de Prusse, né, à Osnabrück, en 1813, a étudié à Bonn et à Rome et a passé comme professeur depuis 1844 aux universités de Greifswald et Wurzbourg. Nous avons de lui: « Description de Rome », Stuttgard, 1845; « Topographie romaine de Leipzig », id., id.; « L'abside des anciennes basiliques », Greifswald, 1847; « Crestomathia pliniana », Berlin, 1874; « Vie et œuvres de Skopas », Leipzig, 1863; « Vindiciæ Plinianæ », Erlangen, 1866; « La glyptothèque de Louis I roi de Bavière », Munich, 1867; « Codex Urbis Romæ topographicus », Wurtzbourg, 1874; « De vita et honoribus Taciti », id., 1879; « Griechische Statuen in republicanischen Rom », id., 1880; « Das holzerne Pferd », id., 1881; « Bomischer Bilderhaskel », id., 1883; « Archæologische Araleklen », id., 1884; « Arkesilaos », id., 1887, etc.

Urtoller (Jean), jurisconsulte italien, né, à Cesena, issu d'une noble famille du Tyrol, le 11 juin 1845, fit son droit à Bologne et à Pise et entra bientôt dans l'enseignement universitaire, comme professeur de droit constitutionnel à Parme. Il publia dans les revues spéciales plusieurs mémoires réunis maintenant en volume (1878) sous le titre: « La donna ed i nuovi tempi ». En 1881, chez Gherardo Gargano à Cesena, il publia le 1er volume du « Commentario sullo Statuto fondamentale d'Italia », ouvrage essentiel dont le deuxième vol. a été publié en 1888, à Florence, chez Le Monnier; 4 autres volumes sont en préparation. M. U. a été nommé en 1882 professeur à l'école des *Scienze sociali* à Florence pour la chaire de science et de littérature politique, et a été un des fondateurs de la *Rivista di scienze sociali*. M. U. a quitté l'enseignement en 1888.

Usener (Hermann), érudit et philologue allemand, né, le 24 octobre 1834, à Weilbourg (ancien duché de Nassau), étudia au gymnase de son pays natal et aux Universités de Heidelberg, Munich, Gœttingue et Bonn. Après avoir enseigné de 1858 à 1861 au gymnase de Berlin, il devint professeur extraordinaire à l'Université de Berne, et en 1863 professeur ordinaire à l'Université de Greifswald. Depuis 1866 il enseigne la philologie classique à l'Université de Bonn. En dehors de nombreux essais dans le *Rheinische Museum*, dans la *Zeitschrift f. protestant. Theologie* etc., il a publié: « Quæstiones anaximeneæ », Gœttingue, 1856; « Analecta theophrastea », Leipzig, 1858; « Scholia in Lucani bellum civile commenta Bermensia », id., 1869; « Anecdoton Holderi », id., 1877; « Legenden der heil. Pelagia », Bonn, 1879; « Acta S. Marinæ et S. Christophori », Bonn, 1886; « Altgriech. Versbau », id., 1887; « Euripidea, ed. », Leipzig, id.; « De Stephano Alexandrino », Bonn, 1880; « Philologie und Geschichtswissenschaft », id., 1882; « Religionsgeschichtliche Untersuchungen », id., 1889; « Dionysii Italic. librorum demonstratione reliquiæ », id., id.

Uspenski, famille de lettrés russes, dans laquelle on signale les noms de NICOLAS, ancien collaborateur de la célèbre revue *Sovremenik* (*Le Contemporain*), auteur de nouvelles, récits, esquisses, tableaux de la vie russe, esquisses de la vie du peuple, qui ont été réunis en trois volumes; GLEB, auteur des « Jours de fête et des jours de travail », ainsi que des « Esquisses et Récits », 1871; SERGE, lettré, historien, esthéticien, critique, ancien professeur à l'Université d'Odessa, actuellement à la tête du Musée de l'Ermitage à Saint-Pétersbourg.

Usteri (Jean-Martin), exégète et professeur suisse, fils d'un conseiller d'État, né, le 13 juin 1848, à Zurich, étudia la théologie à l'Université de cette ville, à celles de Bâle et de Tubingue, devint l'un des plus fidèles disciples de Beck et fut après son retour en Suisse nommé successivement pasteur des paroisses d'Ostweil (1871), de Hinweil (1876), d'Affoltern (1885). Le parti évangélique l'engagea en 1885 à donner, en qualité de *privat-Docent*, des cours sur l'exégèse du Nouveau-Testament à l'Université de Zurich, qui lui témoigna sa gratitude en lui conférant en 1887 pour ses beaux travaux sur Zwingli le diplôme de docteur en théologie *honoris causa*. Nous indiquerons comme les plus importantes publications de M. U.: « Soixante questions et réponses sur la foi et la vie du Chrétien », un manuel destiné à l'enseignement des cathécumènes, Zurich, 1882, 6me éd. 1886, trad. en romanche par Coraï; « Ulrich Zwingli, un témoin de la foi évangélique égal à Luther », brochure pour le jubilé, Zurich, 1883; « La parole de Dieu demeure éternellement », 8 discours, 1883; « Le règne et la force du Christ », discours pour l'ouverture du Synode, Zurich, 1884; « Zwingli et Érasme », étude sur l'histoire de la réformation, Zurich, 1885; « Le Fils de l'homme, une désignation que Jésus s'applique à lui-même », id., 1886; « Commentaire historique et pratique sur la première Épître de Pierre », id., 1887. M. U. a inséré dans les « Studien und Kritiken », 1882-1884, une suite d'articles sur « La doctrine du baptême et des sacrements d'après Zwingli, Calvin, Bullinger, Oecolampade, Léon Juda, les théologiens de Strasbourg », une autre, 1885-1886, sur les « Initia Zwingli », ou le développement spirituel du réformateur avant les débuts de son activité publique. En 1886 a paru dans la *Revue théologique suisse* un travail exégétiques sur les « Paraboles de Jésus ».

Usuelli-Ruzza (Henriette), femme-poète italienne, né, à Monza, en mai 1836; elle dirige maintenant l'École Supérieure des jeunes filles à Padoue. Nous avons d'elle un volume de poésies lyriques publiées à Trevise en 1871, ainsi qu'une collaboration suivie aux journaux de la péninsule.

Uzanne (Louis-Octave), éminent lettré, érudit et bibliophile français, directeur de la revue bibliographique et de curiosité qui se publie depuis 1880, de mois en mois, à Paris, intitulée: *Le Livre*, est né, à Auxerre, le 14 septembre 1851. Essayiste spirituel, M. U. a écrit des préfaces charmantes à une longue série de livres rares d'érudition. Il a surtout illustré en maître les livres galants français du XVIIIe siècle; il a aussi illustré en quatre volumes, les « Poètes de ruelles au XVIIe siècle ». Parmi ses livres détachés, les suivants lui ont créé une réputation d'écrivain délicat : « Caprice d'un bibliophile », nouvelle, 1878; « Le Bric à brac de l'amour », roman; « Le Calendrier de Vénus »; parmi ses éditions, en dehors des livres galants, on doit citer surtout les « Lettres » de Voltaire, en deux vol., avec une préface et des notes. Toutes ses éditions sont très soignées.

Uzielli (Gustave), polygraphe italien, né, à Livourne (Toscane), le 29 mai 1839. Il fit ses premières études à Marseille, où il fut nommé bachelier ès-sciences, le 25 octobre 1857, et il les continua à l'Université de Pise, où il fut nommé docteur en mathématiques le 1er juillet 1861. Dans l'entretemps, il prit part aux guerres de l'indépendance italienne en 1859 en Lombardie comme soldat d'artillerie, et en 1860 dans la campagne de Garibaldi comme officier. A la bataille du 1er octobre sur le Volturno, sa compagnie fut la première à ouvrir le feu et pour la défense de Porta Capua il eut alors une médaille à la valeur militaire. En 1863, 1864 et 1865 il demeura à Paris, où il suivit les cours de l'Université: il fut admis dans le laboratoire de M. Frémy et s'occupa particulièrement de minéralogie et de cristallographie. En 1866, il prit part à la guerre dans le Tyrol avec le corps de Garibaldi. En 1868-69, il fonda avec l'astronome Donati l'*Officina Galileo*, avec le but de construire des instruments de précision et il en eut la direction. Il chercha d'un côté à suivre les grands exemples de d'Amici et de Porro, de l'autre a faire harmoniser les intérêts et le succès de l'établissement avec le bien-être des ouvriers. L'*Officina Galileo* arriva bientôt à la tête des établissements analogues de l'Italie et elle eut la seule médaille d'or accordée à la mécanique de précision à l'Exposition de Milan de l'année 1871, où il présenta divers instruments dont il est l'inventeur (voir le *Politecnico*, 1871), et une médaille d'or à l'Exposition de Vienne en 1873. Des idées différentes de celles des actionnaires de l'*Officina* sur la direction essentiellement scientifique à donner à cet établissement le décidèrent à s'en retirer quelque temps avant 1873, et il se consacra depuis lors à ses études. Il s'occupa presque exclusivement de 1869 à 1875 de cristallographie et d'études sur l'Histoire scientifique de la Renaissance et surtout à contribuer au développement du mouvement géographique et maritime en Italie. En 1873, il fut nommé membre du Conseil de la Société italienne de géographie. En 1874-75, il proposa et eut la direction et il fut l'auteur d'une partie de l'ouvrage: « Studii bibliografici e biografici per servire alla Storia della geografia in Italia », qui reçut une des premières récompenses (lettre de distinction) à l'Exposition internationale géographique de Paris en 1875. Il fut avec M. Malvano et Maraini, en 1875, membre de la Commission pour l'expédition Antinori en Afrique. Tout en restant dans le Conseil de la Société, il sortit bientôt de la Commission, étant contraire au but complexe de l'expédition excessivement vaste, et inexécutable, convaincu qu'une Société géographique ne doit pas avoir des buts *immédiats* politiques et commerciaux; persuadé d'autre part que la conquête de l'Afrique peut se faire seulement avec le fer et l'argent; que les religions de la Bible et de l'Évangile ne peuvent pas s'adapter à l'état intellectuel des Africains et que seule la religion mahométane peut actuellement faire survivre la race africaine dans sa lutte contre la civilisation Européenne. Son opposition énergique dans le Conseil et dans la presse eut cette singulière conséquence, que M. Maraini relateur de la Commission publia son travail (*Bull. de la Soc. Geogr.*, 1875), au nom de trois membres de la Commission, mais sans le communiquer à Uzielli qui releva l'omission dans une lettre publiée dans l'*Opinione* de Rome (1876), lorsqu'il dut rejeter toute responsabilité pour les échecs éprouvés par l'expédition Antinori; la polémique qui eut lieu alors et son opposition inébranlable et dont il fit tous les frais, à toute déviation de la Société vers la politique et l'industrie, provoqua une transformation radicale dans la Société même, qui reprit depuis lors sa marche naturelle et normale, mais lui procura naturellement des ennemis acharnés. Il eut dans l'intervalle du Ministère de la Marine la direction de l'*Italie Maritime*, publication périodique dont le but excellent était de tenir les officiers de la marine au courant des progrès de la science théorique et pratique. Mais un changement de ministère eut pour conséquence la fin de cette publication. En 1874, il entra dans l'enseignement. Il fut nommé professeur de minéralogie et de géologie à l'Université de Modène en 1877, et en 1880 à la même chaire à l'École d'Application pour les ingénieurs à Turin, où, depuis lors, il s'est occupé dans plusieurs publications et conférences publiques, et il s'occupe encore de l'avenir de la Vénétie plate, c'est-à-dire de la région comprise entre le cours inférieur de l'Adige et du Po, et entre ce fleuve et le Reno, région destinée, suivant l'opinion d'éminents ingénieurs français et italiens, à être complètement ruinée et détruite, si le gouvernement italien ne réussit pas à vaincre les intérêts particuliers et à appliquer une systématisation hydraulique générale à cette région, systématisation reconnue indispensable et pour laquelle on peut consulter les *Atti* des congrès des ingénieurs tenus en Italie dans les années 1872 (Milan), 1875 (Florence), 1879 (Naples), 1883 (Rome) et 1884 (Turin). Ses principales publications se rapportent aux matières suivantes: Minéralogie et géologie: « Risoluzione analitica di problemi della cristallografia », dans les *Atti dell'Accademia delle scienze di Torino*, 1867; « Sopra lo Zircone della costa Tirrena », dans les *Atti della R. Accademia dei Lincei* de Rome, Salviucci, 1876; « Nota sopra la baritina e il ferro oligisto di Calafuria. Sulla pirotina della miniera del Bottino », id., id., id.; « Nota sopra la mancinite », id., id., 1877; « Sopra la titanite e l'apatite della Lama dello Spedalaccio », id., id., id.; « Nota sulle strie di dissoluzione dell'allume potassico di cromo », id., id., id.; « Studii di cristallografia teorica », id., id., id.; « Sopra la lettera del signor Carlo De Stefani intitolata: l'Oligisto e gli altri minerali che si trovano al capo di Calafuria », dans le *Bollettino del R. Comitato Geologico*, Rome, Barbèra, id.; « Osservazioni sulla memoria del sig. Ing. G. Grattarola, intitolata: Dell'unità cristallonomica in mineralogia », dans le *Nuovo Cimento*, 1878; « La mineralogia in Italia », dans la *Rassegna Settimanale*, id.; « L'industria del ferro in Italia », Rome, imp. de l'*Opinione*, 1883; « Appunti per servire alla storia ed al riordinamento delle collezioni di mineralogia, geologia e paleontologia della R. Università di Modena », Modène, G. T. Vincenzi e Nipoti, 1880; « I Musei di Modena », dans le *Cittadino*, id., id.; « Conclusioni di una memoria sulle argille scagliose dell'Apennino », dans le *Bollettino del R. Comitato geologico*, Rome, Barbèra, 1879; « Argille scagliose », dans l'*Annuario della Società dei naturalisti in Modena*, 1880; « Nota sulle argille scagliose e galestri », dans le *Bollettino del R. Comitato geologico*, id.; « Nota sopra le pietre verdi di Renno », dans l'*Annuario della Società dei naturalisti di Modena*, id.; « Oscillazioni del suolo d'Italia », dans le *Bollettino della Società Geografica Italiana*, Rome, 1881; « Sulle argille scagliose », dans le *Bollettino della Società Geologica Italiana* 1883; « Nota sulle ondulazioni terrestri in relazione colla orografia degli Apennini e delle Alpi », id., id., id.; « Osservazioni sulla legge di ortogonalità delle forze in geologia », id., id., id.; « Sopra un cranio di coccodrillo trovato nel Modenese », id., id., id.; « Le commozioni telluriche e il terremoto del 23 febbraio 1887 », Turin, Roux e C., id; « (Cesare Jonchi) Gita geologica nella Liguria orientale », id., id., 1888. Idraulique et géographie physique et géographie: « Le acque e la loro azione nella vallata del Po », dans le *Bollettino della Società Geografica Italiana*, Rome, G. Civelli, 1882; « Una questione di giustizia a proposito delle inondazioni del Veneto », Rome, Forzani e C., id.; « Alcune osservazioni orografiche e idrografiche », dans le *Bollettino della Società Geologica Italiana*, id., G. Civelli, 1883; « Studii di geologia idraulica, osservazioni sopra alcuni principii dell'idraulica teorico-pratica in relazione alle condizioni dei fiumi dell'Alta Italia », dans les *Atti del Bollettino degli architetti ed ingegneri in Firenze*, Florence, Carnesecchi, 1886; « Il coloramento del mare », dans la *Rivista Marittima*, Rome, 1873; « Relazione da presentarsi al III Congresso geografico internazionale », *Bollettino della Società Geografica Italiana*, id., Salviucci, 1881; « Sui movimenti del suolo », dans les *Atti della Società Metereologica Italiana*, Turin, S. Giuseppe, 1881; « Istruzioni di geografia e topografia per i viaggiatori », dans la *Rivista Marittima*, Rome, Barbèra, 1876; « Istruzioni per fare le osservazioni geografiche e topografiche », id., Eredi Botta, 1880; « Sui progressi della idrografia, topografia e geografia d'Italia », dans l'*Italia Economica*, 1873; « Cenni sulle regioni polari », dans le *Bollettino della Società Geografica Italiana*, 1869; « Il polo artico », dans la *Gazzetta d'Italia*, 1872; « Recenti esplorazioni nella Papuasia e isole circonvicine », dans le *Bollettino della Società Geografica Italiana*, Rome, 1873; « Spedizione geografica Africana », dans l'*Opinione*, 1876; « Spedizione al fiume Ogouè », id., id., id.; « Le Società Geografiche », dans l'*Opinione*, 1877. Physique: « Nota sopra un nuovo goniometro », dans le *Nuovo Cimento*, 1872; « Baromètre hypsométrique à soupape », Florence, Pellas, 1872; « Nuovo orizzonte artificiale », dans la *Rivista Marittima*, 1873; « Bibliografia. Gli strumenti a riflessione per misurare angoli, di G. B. Magnaghi », dans l'*Opinione*, 1875; « Il Telemetro », id., id.; « Notizie intorno ad alcuni strumenti presentati al Congresso degli scienziati tenuto in Roma nell'autunno del 1873 », dans les *Atti del XI Congresso degli scienziati*, Rome, G. B. Paravia, 1875. Histoire: « Sopra alcune osservazioni botaniche di Leonardo da Vinci », dans le *Nuovo Giornale botanico Italiano*, Florence, 1869; « Ricerche intorno a Leonardo da Vinci », Pellas, 1872; « Ricerche intorno a Leonardo da Vinci », Rome, Salviucci, 1884; « Per la pubblicazione dei manoscritti e dei disegni di Leonardo da Vinci », Turin, Speirani, 1884; « Ricerche intorno a Paolo Dal Pozzo-Toscanelli », dans le *Bollettino della Società Geografica Italiana*, 1873; « Della grandezza della terra secondo Paolo Dal Pozzo-Toscanelli », dans le *Bollettino di bibliografia e di storia delle scienze matematiche e fisiche*, Rome, 1884; « Ricerche intorno a Paolo Dal Pozzo-Toscanelli », dans le *Bollettino della Società Geografica Italiana*, id., Soc. Geogr. It., id.; « La lettera dell'isole che ha trovato nuovamente il Re di Spagna », Bologne, G. Romagnoli, 1873; « Il libro di Ferdinando Colombo », dans le journal *Il Buonarroti*, Rome, 1874; « Mappamondi, carte nautiche e portolani del mevio-evo e dei secoli delle grandi scoperte marittime », dans les *Studii bibliografici e biografici della storia della geografia in Italia*, id., imp. Elzeviriana, 1875; « L'ebraismo nella storia », dans le journal *Il Diritto*, id., Civelli, 1873; « Bibliografia. Archivio della Società romana di Storia patria », dans l'*Opinione*, 1877; « G. B. Donati », dans le *Bollettino della Società Geografica Italiana*, 1873; « Alcune parole su Quintino Sella », Turin, Speirani, 1884; « A Quintino Sella », dans un *Numero unico del Supplemento della Letteratura*, 1888, Torino-Biella, id.; « Roma o Firenze », Florence, Bocca, 1870. Divers: « Curiosità bibliografiche n. 5. Said Ebn-Aman, novella Abissina », id., Dotti, 1872; « Appunti sopra alcuni progetti di riordinamento ed ingrandimento del palazzo universitario della R. Università di Modena », Modène, 1879; « La succursale dei Giovi », dans le *Risorgimento* de Turin, 1881; « Indice bibliografico delle opere pubblicate in Roma ecc. dal 1879 a tutto il 1877 », dans la *Monografia della città di Roma e della campagna romana*, Rome, imp. Elzeviriana, id.; « Amicus Plato, sed magis amica veritas », p. 1-20, extrait de *La Letteratura*, Turin, 1889; « Studii di geologia topografica e idraulica », p. 1-41, extrait du *Bollettino della Società Geografica Italiana*, id.; « L'Epistolario Colombo-Toscanelliano e i Danti », p. 1-34, id. id.; « Leonardo da Vinci e tre gentildonne milanesi del secolo XV », extrait de *La Letteratura*, 1890; « Viaggi di Leonardo da Vinci nelle Alpi del Piemonte e della Lombardia », extrait du *Bollettino del Club Alpino Italiano*, id.; « Sopra i ritratti di Paolo Dal Pozzo-Toscanelli fatti da Alessio Baldovinetti e da Vittor Pisani », extrait du *Bullettino della Società Geografica Italiana*, id.; « Ricerche intorno a Leonardo da Vinci », Turin E. Loescher (sous presse). Les écrits de M. U. sur Leonardo da Vinci avaient pour but de montrer l'importance d'imprimer les œuvres manuscrites de Léonard qui existent en Italie et dont la principale est le *Codice Atlantico* de l'Ambrosienne et la nécessité de faire cette publication, non en la résumant comme le proposait le professeur G. Govi, mais intégralement, projet admirablement mis en exécution pour ce qui regarde les manuscrits qui sont à la Bibliothèque de l'Institut à Paris par le gouvernement français avec la publication si parfaitement faite par M. Charles Ravaisson Mollien. Le projet de M. U., présenté par le Marquis Malaspina et par lui au Congrès des Ingénieurs tenu à Turin, en 1884, fut approuvé à l'unanimité et accueilli par le Ministre des travaux publics, présent à la séance, et ensuite par le gouvernement italien, qui destina cent-mille francs pour cette publication. Comme membre de la Commission royale pour le centenaire de Christophe Colomb, qui aura lieu à Gênes en 1892, M. U. a été chargé d'un travail sur Paolo Toscanelli, l'inspirateur principal de Christophe Colomb, le grand astronome et le grand géographe qui est certainement à la tête du mouvement scientifique qui commença en Italie avec le XVme siècle et qui eut son éclosion avec Leonardo da Vinci.

V

Vaccaro (M. Ange), sociologue italien, bibliothécaire au ministère de la justice, né à Casteltermini (Sicile), le 11 janvier 1854. Après des études commencées à Palerme et achevées à Naples, il entra comme employé au ministère de la justice, où il se fit bientôt apprécier et où il fut choisi pour mettre en ordre et cataloguer la bibliothèque du Ministère. Nous avons de lui: « Versi postumi di Lorenzo Paradisi », 1879; « Il Principe Siddartha e la sua riforma », 1880; « La lotta per l'esistenza e i suoi effetti nell'umanità », 1886; « Sulla vita dei popoli in relazione alla lotta per l'esistenza », id.; « Progresso e regresso »; « Genesi del delitto e della delinquenza », 1888 ; « Genesi e funzione delle leggi penali » ; enfin : « La lotta per la donna » et « La vita dei popoli ».

Vaccaro (Vito), latiniste italien, professeur de gymnase à Palerme, né, à Camporeale près Palerme, le 31 janvier 1843. En 1877, il remporta le prix au concours hollandais pour la poésie latine par le carmen : « Thomas Aquinus ». En dehors du recueil de ses vers latins, il a publié : « La Croce del Vespro », élégie, Palerme, 1881 ; « Élégie latine », avec traduction italienne, française, allemande et anglaise, id., 1882 ; « Catullo e la poesia latina », étude critique et philologique, id., 1884.

Vaccheri (Joseph-Jules), lettré italien, ancien major dans l'armée piémontaise, né, à Chiavari, en 1815, a perdu une jambe à la bataille de Novare en 1849. En dehors de quelques écrits sur des questions militaires, il a publié, en collaboration avec son neveu Cosimo Bertacchi : « Sul Gran Veglio del Monte Ida tradotto nel senso morale della Divina Commedia », Turin, 1877 ; « Cosmografia della Divina Commedia : La visione di Dante Alighieri considerata nello spazio e nel tempo », id., 1881.

Vacher (Léon-Cléry), publiciste et homme politique français, docteur en médecine à la faculté de Paris, est né, à Treignac (Corrèze), le 28 mars 1832. Établi comme médecin à Paris, M. V. s'est beaucoup occupé d'économie politique ; il a collaboré au journal de la Société de statistique de Paris, au *Contribuable*, à la *Réforme économique*, etc. Député de Tulle en 1876, réélu en 1887 et 1881, il a siégé à gauche. En dehors de ses travaux parlementaires, M. V. a publié des travaux sur l'hygiène publique et des études économiques et statistiques : « Étude comparative des chemins de fer français et allemands » ; « La Fortune de la France », travail développé devant le Congrès international de statistique à Paris en 1878 ; « L'accroissement de la durée de la vie moyenne depuis un siècle », rapport fait à l'Institut international de statistique dans la session de Rome (avril 1887). Il avait déjà publié : « Étude médicale et statistique sur la mortalité à Paris, à Londres, à Vienne et à New-York en 1865 », 1866 ; « Des maladies populaires et la mortalité à Paris, à Londres et à Vienne en 1866 », 1867, etc.

Vacquerie (Auguste), poète, auteur dramatique et journaliste français, a débuté, comme poète, en 1840, par l'« Enfer et l'Esprit ». Il a débuté comme journaliste en 1848, en fondant, avec les deux fils de Victor Hugo, l'*Évènement*; il a fondé le *Rappel*, en mai 1869, avec P. Maurice, Rochefort et les deux fils de Victor Hugo. Ses volumes de prose : « Profils et Grimaces » ; « Miettes de l'histoire » ; « Aujourd'hui et Demain » ; « Mes premières années de Paris » ; et « Futura » sont d'une verve critique et d'une saveur littéraire qui seraient des titres à l'Académie, s'il n'était aussi résolu à ne pas faire de visites pour devenir académicien qu'il est décidé à n'affronter aucune réunion électorale pour devenir député. Au théâtre, M. V. a donné « Tragaldabas » ; « Souvent homme varie » ; « Les Funérailles de l'Honneur » ; « Jean Baudry le fils » ; « Formosa ». En collaboration avec M. Paul Maurice, il a fait une imitation critique d'« Antigone ». Enfin : « Futura », 1890.

Vahlen (Jean), philologue et critique allemand, né, le 28 septembre 1830, à Bonn, où il étudia la philologie sous le célèbre Ritsch. Après avoir été professeur à Breslau, Fribourg et Vienne, il fut appelé en 1874 à occuper la chaire de Haupt à Berlin. Nous avons de lui les ouvrages suivants : « Ennianæ poesiæ reliquiæ », Leipzig, 1854 ; « Nævi reliquiæ », id., 1854 ; « Analecta Noniana », id., 1859 ; « Aristotelis Poetica », Berlin, 1874 ; « De legibus Ciceronis », 1871 ; « Fragmenta Ulpiani », Bonn, 1856 ; « Laurentii Vallæ opuscula », Vienne, 1869 ; « Lucilii saturarum reliquiæ », 1876 ; « Catulli Tibulli Propertii Carmina. A. M. Haupti recognita, editio quarta ab Ioh. Vahlero curata », Leipzig, 1879 ; 5e éd., 1885 ; « Horatii opera A. M. Haupti recognita ab Ioh. Vahlero curata », id., 1881 ; « Plauti Menaechmi », 1er éd., Berlin, 1883 ; « Ciceronis de legibus », 2e éd., id., 1883 ; « Aristotelis de arte poetica », 3e éd., Leipzig, 1885 ; « Ueber die Anfänge der Heroiden des Ovid », extrait des mémoires de l'Académie des Sciences à Berlin, Berlin, 1881 ; « Ueber die Annalen des Ennius », extrait, etc., id., 1886. Beaucoup d'essais dans les *Comptes-rendus de l'Académie des Sciences* ; et dans les préfaces des « Indices Lectionum Universitatis Berolinensis ». M. V. est membre de l'Académie des Sciences de Vienne depuis 1862 et de celle de Berlin depuis 1874.

Vaihinger (Hans), littérateur et philosophe allemand, docteur en philosophie et professeur de cette faculté à l'Université de Halle sur Saale, né, le 25 septembre 1852, dans les alentours de Tubingue (Wurtemberg), a été en 1883 professeur à l'Université de Strasbourg (Alsace), et depuis 1884 il est professeur à Halle. On lui doit : « Goethe als Ideal universeller Bildung », Stuttgart, 1875 ; « Hartmann, Dühring und Lange. Zur Geschichte der deutschen Philosophie im XIX Jahrhundert », Iserlohn, 1876 ; « Commentar zur Kant's Kritik der reinen Vernunft », Stuttgart, 1881 ; « Naturforschung und Schule », Coln., 1889. Il collabore aux *Abhandl. zur Philosophie*, publiées en 1884 à Fribourg, et a fourni plusieurs essais et mémoires aux *Philos. Monatsheft*, à la *Viertel. für wiss. Philos.*, et à d'autres journaux spéciaux allemands.

Valabrègue (Antony), poète et littérateur français, est né, à Aix-en-Provence, le 9 septembre

1844. Il a débuté par des vers publiés dans l'*Artiste* et dans le *Parnasse Contemporain* de 1867. Il a donné des articles de *Variétés* artistiques et littéraires à divers journaux quotidiens: *L'Opinion Nationale*, *Le Bien public*, etc. De 1875 à 1879, il a collaboré à *La Vie littéraire*. En 1880, il a publié, chez Lemerre, un volume de vers intitulé: « Petits poèmes Parisiens ». Ce recueil remarqué très favorablement par la critique a fait classer l'auteur parmi les poètes soucieux de décrire la vie moderne et les sentiments qui s'y rapportent. M. V. est un poète parisien, très épris des paysages de la banlieue; sa poésie est sincère et juste. Peu de temps après ce volume, M. S. a publié des vers et des récits de voyage dans *La Vie moderne*. Il a collaboré à un volume, œuvre collective des habitués d'un dîner d'artistes: « Les Têtes de Bois » (Charpentier). Il avait collaboré précédemment à un livre du même genre publié pour le dîner de « La Cigale », Sandoz et Fischbacher. Sous le titre: « Un maître fantaisiste du XVIIIe siècle, Claude Gillet » (librairie de l'Artiste), M. V. a fait paraître, en 1883, une étude d'art sur cet artiste qui fut le maître de Watteau. Diverses études de critique ont suivi dans le *Courrier de l'Art*, la revue *Les Lettres et les Arts*, etc.

Valaray (Edmond-Henri), né, à Paris, le 24 juin 1840, a fait ses études au Lycée *Saint-Louis*, d'où il sortit en 1860; il voyagea ensuite pendant 14 mois dans le centre de l'Europe. Revenu en France, il aborda infructueusement la littérature et le théâtre. Il se tourna alors vers l'histoire et les questions sociales. Il fit de l'opposition à l'Empire, en contribuant à fonder des petits journaux (*Esprit français*, *Ère nouvelle*, *Avant-garde*), mais ne prit aucune part au 4 septembre, s'étant engagé soldat quelques jours après l'invasion du territoire. A la fin de la guerre, il reprit ses occupations historiques. Il publia en 1874 un travail des plus considérables: « Études sur les mouvements populaires » et dont la conclusion théorique est que tout régime républicain, pour mériter réellement ce nom, doit présenter le caractère fédératif. A cause de cette opinion, il fit une opposition très vive à M. Gambetta, centralisateur à outrance. Il ne partageait non plus ses idées anti-cléricales. Après la mort de Gambetta, il se désintéressa de plus en plus de la politique intérieure, par s'adonner aux questions extérieures et sociales. Il collabora entre temps aux revues de notre époque (*Politique de France*, *Journal des Économistes*), et fonda en novembre 1886 une correspondance étrangère: la *Correspondance moscovite*. Cette publication, entreprise sur le désir de quelques hauts personages de l'Empire russe, a contribué au bon accord survenu entre les deux pays. Nous avons de lui: « La France et les interventions », 1867; « Des institutions de prévoyance », 1868; « Lettres d'un électeur des villes à un électeur des campagnes », 1869; « De la situation présente », 1877; « La situation républicaine en 1879 »; 1879; « La question sociale et les gouvernants », 1881; « La France et ses intérêts », 1re partie, 1883. Pour paraître prochainement: « Résultats de l'économie sociale ».

Valdarnini (Ange), philosophe et pédagogiste italien, professeur de pédagogie à l'Université de Bologne, né, en 1847, à Castiglione Fiorentino. Après avoir suivi tour-à-tour le gymnase dans son pays d'origine, les lycées à Florence et à Arezzo, les cours de droit et de philologie à Pise, et les cours de philosophie à l'Institut des études supérieures à Florence, il entra en 1870 dans l'enseignement, où sa carrière a été des plus brillantes. Nous avons de lui les ouvrages suivants: « Elementi scientifici di psicologia e di logica »; « Elementi scientifici di etica e di diritto »; « Scritti filosofici e pedagogici »; « Filosofia morale e sociale »; « Principio, intendimento e storia della classificazione delle umane conoscenze secondo Francesco Bacone »; « Dottrina dell'evoluzione e sue conseguenze teoriche e pratiche », discours académique; « Traduzione italiana della *Teodicea* di A. De Margerie », avec préface de A. Conti, 2 vol.; « Corso di pedagogia teoretica e pratica di G. Compayré », traduction, 2e éd.; « La pedagogia di Emanuele Kant »; « La scienza moderna e la filosofia teoretica »; « Storia della pedagogia di G. Compayré », traduction et notes; « Elogio funebre del Re Vittorio Emanuele II », prononcé à Castiglione Fiorentino en février 1878; « Nozioni di Psicologia e Logica a uso degli Istituti tecnici »; « Esposizione critica del sistema filosofico di Marco Wahltuch », Florence, 1881; « Filosofia morale e sociale, studii critici », id., 1882; « Andrea Cesalpino filosofo », id., id.; « Elementi scientifici di etica e di diritto », 2e ed., Rome, 1884; « La scienza moderna e la filosofia teoretica », Bologne, 1888; « Elementi scientifici di pedagogia », Turin, 1888; « Manuale di logica », id., 1889; « Di alcune riforme necessarie sull'istruzione secondaria e superiore », Bologne, 1889, et plusieurs articles et essais insérés dans les revues: *Filosofia delle scuole italiane*, *Rassegna Nazionale*, *Nuova Antologia*, *Rivista italiana di filosofia*, etc.

Valdrighi (le comte François), écrivain italien, né, à Modène, le 31 août 1827. Il débuta dans l'*Educatore Storico* de Sabbatine en 1848, par des articles « Sull'Opere pie modenesi », et comme chroniqueur des théâtres à un recueil: *La Ghirlandina* (1851). Après l'année 1859, il fut, tour-à-tour, secrétaire et directeur de la *Gazzetta di Modena*, secrétaire de la Bibliothèque *Estense*, directeur du journal *Il Muratori*, professeur d'histoire à l'Orphelinat des Saints-Philippe et Bernardino. On lui doit, entr'autres: « Il carteggio sui comizii di Lione »,

1872; des traductions de Persius, Horace, Némésien; « Tre strumenti intagliati », 1879; « La liuteria modenese », 1879; « Musurgiana »; « Dizionario storico-etimologico delle contrade e spazii pubblici di Modena »; « I Bonomini da Modena musicisti nei secoli XVII e XVIII », Modène, 1882; « Strumenti ad arco rinforzati », id., 1881; « Ricordi e documenti sulle scuole di musica progettate per Modena dal fu maestro Angelo Catelani », id., 1882; « Elenco dei fabbricatori di strumenti armonici », id., 1884; « Documenti intorno ad Alessandro Gandini », id., 1885; « Alcune ristrette biografie di musicisti modenesi dell'antico dominio estense »; plusieurs articles et essais dans différents recueils.

Valenti (Jules), écrivain médical italien, docteur en médecine et chirurgie, professeur adjoint à la chaire de chirurgie de l'Université de Pise, né, à Sienne, en 1860. Après avoir achevé ses études universitaires, il a visité les institutions scientifiques ayant rapport aux sciences médicales en Suisse, Autriche, Allemagne. Nous avons de lui: « Varietà dell'organo di Rosenmiller e rudimento del canale di Gärthner nella donna », Sienne, Bargellini, 1883; « Alcune generalità sopra gli organi rudimentali del corpo umano », id., 1885; « Nota sopra una duplice varietà anatomica », Pise, Nistri, 1887; « Sopra le fossette laterali al frenulo del prepuzio », id., id., id.; « Sullo sviluppo delle capsule seminali del pollo ed in alcuni mammiferi », id., id., 1889, etc.

Valentin (Emile) poète belge, né, à Namur, en 1849, et actuellement préfet des études à l'Athénée royal de Chimay. Il fait partie de la Société des arts et des lettres du Hainaut, et a donné des contributions aux publications de cette société, à des revues, à des journaux. En librairie, on doit surtout citer de lui: « Eaux-fortes et pastels », Namur, 1876; « Les nationales », id., 1878, 2me éd. 1880; « Un médecin, s'il vous plaît, mœurs ardennaises », id., 1881; « La genèse d'un crime », Mons, 1885, id., Namur, 1889.

Valenziani (Charles), éminent orientaliste et avocat italien, membre de l'Académie des *Lincei*, professeur de chinois et de japonais à l'Université de Rome, conseiller légal des chemins de fer; on lui doit l'édition du *Tai-hei-ki*, inséré dans le recueil de M. Turrettini de Genève: *Atsume-gusa*, et l'édition et traduction italienne du texte japonais intitulé: « La via della pietà figliale », Florence, 1873.

Valera (Jean), célèbre écrivain espagnol, littérateur, critique, nouvelliste, romancier de premier ordre et diplomate distingué, membre de l'Académie Royale, Ministre d'Espagne à Lisbonne, né, en 1827, à Cabra, dans la province de Cordoue; esprit fin et élégant, érudit et brillant, qui a toutes les distinctions et toutes les finesses de l'artiste et du gentilhomme. Sa plume a été très féconde et, dans tous les gendres, elle a brillé. Ses essais critiques remplissent plusieurs volumes. Il a traduit en espagnol, l'« Histoire de la poésie et de l'art chez les Arabes d'Espagne et de Sicile », du baron Von Schack. Ses romans, sans avoir des prétentions d'une grande portée philosophique, sont d'une philosophie douce et spirituelle, et ont par le style, un attrait incomparable; l'*humour* et la verve n'y manquent jamais. Mais c'est surtout dans la nouvelle que M. V. excelle; entr'autres: « Pepita Ximes »; « Les illusions du docteur Faustin » et « Le Commandeur Mendoza », sont des modèles du genre et ne laissent rien à désirer. Plusieurs de ces nouvelles ont été traduites en français et en italien. Son père était contre-amiral, sa mère était née marquise Paniega. La scène de *Pèpita* est son pays natal; certains détails du *Docteur Faustin* rappellent la jeunesse de l'auteur. Il fit ses études dans un monastère de Malague et dans un Institut religieux de la Montagne Sacrée de Grenade. Son père cependant le destina à la jurisprudence d'abord, ensuite à la diplomatie; il débuta dans sa carrière diplomatique à Naples auprès du Duc de Rivas, poète; de Naples, il passa à Lisbonne, à Rio Janeiro, à Dresde, à Saint-Pétersbourg, comme secrétaire d'ambassade. Retourné à Madrid, il entra au Ministère des affaires étrangères, qu'il quitta bientôt après, pour entrer, comme homme politique, dans le parti de l'opposition; nommé député en 1859, il collabora au *Contemporaneo* fondé par Don José-Louis Albareda, un élegant devenu littérateur et homme politique, le même qui fonda ensuite la *Revista de España*, où M. V. a beaucoup écrit. L'influence du *Contemporaneo*, où tous les collaborateurs étaient des écrivains de talent, parvint à renverser le gouvernement d'O'Donnel. Nommé Ministre du commerce et de l'agriculture, il quitta après quelque temps le portefeuille, ne pouvant s'accorder avec les principes de son chef Narvaez, et il rentra dans l'opposition. M. O'Donnel, revenu au pouvoir avec un programme libéral, M. V. fut envoyé ministre plénipotentiaire à Francfort, où il resta jusqu'en 1866. Ayant pris une part active à la révolution de 1868, il fut appelé ensuite à la tête de l'instruction publique, à la chaire des littératures étrangères, au Sénat, au Conseil d'État, enfin à l'Ambassade de Lisbonne. Il était avec son ami Albareda, l'un des huit éminents espagnols venus à Florence pour offrir la couronne d'Espagne au feu Prince Amédée Duc d'Aoste. Parmi ses admirateurs les plus sincères, M. V. avait en France le critique et le nouvelliste le plus exquis, qu'il rappelle dans ses nouvelles, à plusieurs égards, Prosper Mérimée.

Valerani (Flavius), médecin italien, né, en 1840, à Giarolo (Monferrat), fut reçu docteur à Turin en 1863; il poursuivit ses études à

Paris (1864) et à Berlin (1865-66); en 1868 il fut nommé premier chirurgien à l'hôpital de Casal Monferrat. En dehors de nombreux articles, il publia: « Il cholera in Pomaro Monferrato », Alexandrie, 1867 ; « Dante e le scienze mediche », Turin, 1872; « Il Croup e la Tracheotomia », id.; « Osservazioni chirurgiche », 1873; « Storia di un'ovariotomia », id.; « L'amputazione del collo dell'utero coll'ansa galvano-termica », 1874; « Di alcune operazioni praticate colla galvano-caustica », Turin, 1875; « Sopra un caso di macroglossia congenita felicemente operato », 1876; « Uterus deficiens », Milan, 1882; « Un caso di spina bifida, guarita coll'allacciatura elastica », id., 1884; « Note di deratologia », id., 1887.

Valerga (Pierre), du feu Joseph, frère Léonard de Saint-Joseph dans l'ordre des Carmes deschaux, orientaliste italien, est né, en 1821, à Loano, et après avoir enseigné la philosophie aux novices de son ordre et la théologie au Séminaire latin de Jérusalem, est passé aux bibliothèques *Laurenziana*, de Turin, de Pavie et de Rome. Enfin, il a été nommé professeur de langue arabe à l'École supérieure de commerce de Gênes. Nous avons de ce religieux les ouvrages suivants: « Del tradizionalismo e del semi-razionalismo », Gênes, 1861; « Dello spazio », id., 1877; « I possibili conseguenti al reale », id., 1889; « La infallibilità del Papa secondo S. Tommaso d'Aquino », 1879; « Vera S. Thomæ Aquinatis sententia de infallibilitate R. P. refutatio eorum quæ contra libellum V. P. » ; « Divano di Omar al-Fáred », traduction, Florence, 1873; « Il Divano di Omar ben-al-Fáred, tradotto dall'arabo e paragonato col canzoniere del Petrarca », id., 1874; « La filosofia di Platone e di Aristotile », Turin, 1881; « Una tesi filosofica di San Bonaventura, invocata dai Rosminiani », id., 1882; et des articles et mémoires aux journaux spéciaux.

Valeri (le père Joachim), savant bénédictin italien de l'ordre de Saint-Sylvestre, né, à Serrasanquirico (province d'Ancône). Il publia en 1884: « La signoria di Francesco Sforza nella Marca, secondo le memorie e i documenti dell'Archivio di Serrasanquirico ». C'est une très intéressante monographie, et qui éclaircit sur beaucoup de points l'histoire du moyen-âge de l'Italie et particulièrement la domination de F. Sforza dans les Marches.

Valeriani (Valérien), mathématicien italien, professeur au Lycée de Padoue depuis 1877, né, dans cette ville, le 24 avril 1841. Après avoir combattu avec Garibaldi, il poursuivit ses études et commença sa carrière à Ferrare. Il enseigna ensuite à Comacchio, à Macerata et à Sassari. On lui doit: « Sull'importanza dell'algebra », Macerata, 1865; plusieurs essais dans le *Giornale del Battaglini*, dans la *Rivista Europea*, dans l'*Economista delle Marche*, dans le *Periodico di scienze matematiche e naturali*; « Stu-dii e proposte sull'insegnamento delle matematiche nei Licei », Turin, 1876; « Maurizio Bufalini e il metodo sperimentale », Sassari, 1877; « L'infinito nelle scienze matematiche e naturali », Padoue, 1881; « La gara dei licenziati d'onore e l'insegnamento dell'italiano nei Licei », Vicence, 1883; « Del Darwinismo in pedagogia e letteratura », Padoue, 1888.

Valérius (Hubert), savant belge, né, à Diekirch, dans le Grand-duché de Luxembourg, le 29 août 1820. Docteur en sciences et en médecine, professeur de physique à l'Université de Gand, membre de l'Académie royale des sciences, des lettres et des beaux-arts de Belgique et d'autres sociétés savantes, M. V. a donné des mémoires et des notices aux publications de ces compagnies académiques; il a publié des traductions estimées, etc. Deux livres surtout doivent être cités à son actif: « Les phénomènes de la nature », Bruxelles, 1858, et « Les applications de la chaleur », un excellent ouvrage dont la 3me édition a paru à Paris en 1875.

Valérie (voir GUSTAVE HALLER).

Vallardi (Antoine), maison de librairie italienne établie à Milan depuis un siècle: elle est maintenant gérée par les frères Pierre et Joseph fils d'Antoine. Appartient à la même famille le docteur Leonardo V. chef de la maison qui porte son nom et aussi une troisième maison, celle du docteur François V.; cette dernière est gérée par son fils Cécilius; on doit à cette dernière la grande « Histoire d'Italie », à laquelle ont travaillé MM. Villari, Bartoli, Lanzani, Bertolini, Franchetti et autres écrivains en renom; et d'autres grands ouvrages de vulgarisation scientifique.

Vallauri (Thomas), le plus éminent latiniste de l'Italie, membre de l'Académie des Sciences de Turin, Sénateur du Royaume depuis 1882, membre du Conseil supérieur de l'instruction publique depuis 1885, né, à Chiusa di Cuneo (Piémont), le 23 janvier 1805, fit ses premières études à Mondovi et fréquenta ensuite l'Université de Turin. Nommé très jeune encore professeur de rhétorique, il fut agrégé au Collège des sciences et lettres en 1833. Cinq ans plus tard, il devint professeur suppléant d'éloquence grecque et latine à l'Université de Turin et professeur titulaire en 1843. On lui doit une série de publications qui ont rapport pour la plupart à la littérature nationale ou à la littérature latine : « Storia della poesia in Piemonte », Turin, 1841; « Della Società letteraria in Piemonte », id., 1844; « Storia delle Università del Piemonte », id., 1846; « Historia critica litterarum latinarum », id., 1849; 7e éd., 1868; « Dizionario latino-italiano e italiano-latino », id., 1854; « De differentiis verborum », 1854; « L'Aulularia ed il Miles gloriosus di Plauto », 1853-54 ; « Discorsi »; « Fasti rerum gestarum a rege

Carolo Alberto », 1848; « Fasti della Casa reale e della Monarchia di Savoia », 1845-46; « Il Cavalier Marino in Piemonte », 1847; « Novelle », 1868; « Collezione a buon mercato degli storici classici latini », vol. I-XXVIII, 1850-54; « De elenchis rerum in Scholis tradendarum Acroasis », 1867; « De disciplina litterarum latinarum ad Germanorum rationem exacta Acroasis », 1868; « De precipuo scriptorum nostri temporis officio Acroasis », 1870; « De optimis editionibus scriptorum latinorum Acroasis facta », 1871; « De utilitate ex latinis scriptoribus petenda Acroasis », 1873; « De italorum doctrina a calumniis Theodori Momnsenii vindicata Acroasis », 1873; « De optima ratione instaurandæ latinitatis Acroasis », 1875; « De Satyra romana Acroasis », 1876; « De lexicis latinis Acroasis », 1877; « Acroases IV factæ studiis auspicandis litterarum latinarum in Athen. Taurin. ab anno 1865 ad ann. 1868 », 1868; « Animadversiones in dissertationem Frederici Ritschelii de Plauti poetæ nominibus », id.; « Il Piemonte e la poesia drammatica », 1867; « M. Accii Plauti locum in Mostellaria a Friderico Ritschelio perperam invectis in Stichum M. A. Plauti », 1876; « Osservazioni critiche sul volgarizzamento di C. Crispo Sallustio fatto da Vittorio Alfieri », 1869; « De voce *Divus* in Christianis Inscriptionibus perperam usurpata », 1871; « De inscriptione Mediolani effossa anno 1867 », 1868; « De Infesta Romanorum in Græcos æmulatione », 1873; « De recentiorum inventis latine significandis, etc. », 1874; « Thomæ Vallaurii opuscula varia », 1876; « Vita di Tommaso Vallauri scritta da esso », 1878; 2e éd., 1886; « Lettere di illustri scrittori a Tommaso Vallauri », 1880; « Thomæ Vallaurii Inscriptiones », id.; « Thomas Vallaurii Acroases », 1886; « Thomas Vallaurii Scriptiones criticæ », 1889.

Vallada (Dominique), éminent vétérinaire italien, ancien professeur à Turin, né, le 7 mars 1822, à Dogliani; en dehors de nombreux articles insérés aux journaux, aux dictionnaires et aux revues, il a publié: « Dei tartufi delle Langhe d'Italia »; « Dell'alimentazione del domestico bestiame »; « Sui codici sanitari »; « Sull'empirismo »; « Sulle carni immature »; « Sulla rendita netta del bestiame da macello »; « Sul trasporto per le vie ferrate degli animali di beccheria »; « Trattato completo di giurisprudenza medico-veterinaria », en 4 volumes; « Sulla vaccinazione o vainolizzazione degli ovini »; « Sulle razze dei bovini »; « La scuola veterinaria piemontese »; « Le razze degli equini »; « Storia della sperimentazione dell'innesto carbonchioso in Torino e dintorni », Turin, 1882; « Cenno storico ed analitico delle varie inoculazioni proposte per preservare il domestico bestiame dagli attacchi dei morbi epizootici e contagiosi », id.

Valle (Pierre), écrivain militaire et publiciste italien, colonel de l'armée en retraite, actuellement secrétaire de l'Institut Géographique militaire de Florence, issu d'une noble famille de la Vénétie, est né, le 8 janvier 1829, à Vicence. Il a pris part aux batailles de l'indépendance italienne depuis 1848, et à la bataille de Vicence, quoique blessé lui aussi il contribua à sauver Maxime d'Azeglio blessé, qui allait tomber prisonnier aux mains des autrichiens. Décoré de plusieurs médailles, il passait pour l'un de nos officiers supérieurs les plus instruits, lorsque des intrigues politiques l'ont sacrifié. Ses écrits sont nombreux et fort estimés, citons: « La difesa d'Italia », 1866; « Geografia militare »; « Ore d'ozio d'un soldato », 1870; « Manuale di tattica e di fortificazione », 1875 (traduit en français par le général de Corlay); « Ricordi pel sott'ufficiale di fanteria », 1878; « Una campagna ideale », id.; « La tattica studiata cogli esempii », 1880; « Discorsi di un capitano ai suoi soldati », Florence, 1881; « La tattica studiata cogli esempii », id., id.; « Raccolta di cognizioni utili e formulario di rapporti e lettere ad uso del soldato dell'esercito italiano », id., 1882; « Arte militare; trattato di organica strategia, logistica e tattica », id., 1883; « Breve trattato di fortificazione ad uso dei signori ufficiali delle armi di linea », id., id.; « Geografia elementare ad uso delle classi elementari superiori », id., id.; « La guerra in Africa; ordinamento, igiene, tattica per guerreggiare e combattere in quelle regioni », id., 1885; « Geografia dell'Abissinia », id., 1887; « I tre regni della natura », Milan, 1888; « Nozioni elementari di cosmografia e di geografia », id., id.; « Raccolta di relazioni e rapporti che hanno per oggetto lo svolgimento concreto di temi tattici, di operazioni più frequenti in guerra », Florence, 1886; « Guida per gli esami di idoneità a sottotenente di complemento del volontario di un anno di fanteria e cavalleria », id., 1890.

Vallery-Radot (René), né, à Paris, en 1853. Après avoir suivi les cours de l'École de droit, il fut le secrétaire particulier de M. Buloz, directeur de la *Revue des Deux Mondes*, et ensuite de M. Freycinet, ministre des Travaux publics, qu'il suivit au ministère des Affaires étrangères de 1879 à 1880. Il a publié: « Journal d'un volontaire d'un an », 1874; « L'étudiant d'aujourd'hui », 1879; « M. Pasteur: Histoire d'un savant par un ignorant », 1884; « Le voyage de Mlle Rosalie », 1887; « Mme de Sévigné », 1888. Petit-neveu d'Eugène Sue et de M. Ernest Legouvé, M. V-R. a épousé en 1879 la fille de M. Pasteur. Il a publié en 1877 un volume de « Souvenirs littéraires », de son père Vincent-Félix, qui fut pendant vingt ans bibliothécaire à la bibliothèque du Louvre.

Vallet (l'abbé P.), prêtre et professeur français, né, à la Gachetière, commune de Saint-

Julien-en-Garrez (Loire), le 27 avril 1845, a fait la plus grande partie de ses études classiques au Séminaire de Verrières (Loire), la philosophie au Séminaire d'Alix (Rhône), et sa théologie au grand Séminaire de Lyon et au Séminaire de Saint-Sulpice à Paris. Prêtre de Saint-Sulpice, M. l'abbé V. a enseigné quinze ans la philosophie au grand Séminaire d'Issy, près Paris ; il enseigne depuis un an l'Écriture-sainte dans la même maison (1888). Il a publié les ouvrages suivants : « Prælectiones philosophicæ ad mentem Sancti Tomæ » ; « Histoire de la philosophie » ; « L'Idée du Beau dans la philosophie de Saint-Thomas d'Aquin » ; « La tête et le cœur : étude physiologique, psychologique et morale » ; « Le Kantisme et le Positivisme ; études sur les fondements de la connaissance humaine ».

Vallotton (Jean-Paul-Adolphe), né, le 15 novembre 1841, d'une famille originaire de Vallorbes, dans la cure de Ressudens près de Payerne, fit dès 1852 ses études classiques en France, où son père avait été appelé à desservir les églises réformées de Valincourt dans le département du Nord et de Monneaux dans celui de l'Aisne. Les Collèges de Saint-Quentin et de Meaux, le lycée Bonaparte à Paris le comptèrent successivement au nombre de leurs élèves ; la Faculté de Strasbourg lui accorda en 1862 le diplôme de licencié ès-lettres. Désireux de suivre la carrière paternelle, M. V. poursuivit les cours de ses études théologiques et philosophiques à Strasbourg, à Montauban, à la Faculté libre de Lausanne et les couronna en 1865 par la soutenance d'une thèse sur la « Résurrection de Jésus considérée comme fait historique », qui lui valut le diplôme de licencié en théologie. Les souvenirs de famille et les tendances ecclésiastiques du jeune candidat l'appelaient en France, où il desservit tour-à-tour les églises de Saint-Laurent du Cros dans les Hautes-Alpes (1865-1872), d'Annonay dans l'Ardèche (1872-1873), de Treminis dans l'Isère (1873-1874), de Chambon de Tence dans la Haute-Loire (1874-1876). Entre temps, sa position au point de vue de la loi française avait été régularisée par la soutenance à Montauban d'une thèse pour le baccalauréat en théologie, ayant pour titre : « Étude comparative des principes de la morale philosophique et de la morale chrétienne », 1872. En 1876, M. V. revint se fixer dans son pays d'origine, d'abord comme pasteur du village de Gryon dans les Alpes Vaudoises (1876-1883), puis comme professeur pour la théologie pratique à l'Académie de Lausanne en remplacement de M. Samson Villeumier. Ouvrages : « Le vrai Saint-Paul », 1870, 2ᵐᵉ éd., sous le titre de « Tableau de la vie de Saint-Paul », ouvrage spécialement destiné à l'instruction religieuse de la jeunesse ; « Les mauvaises lectures », 1877 ; « Les compassions de Jésus-Christ pour les multitudes », sermon de consécration, 1881 ; « La Bible, son autorité, son contenu e sa valeur », 1883 ; « Manuel d'instruction religieuse à l'usage des églises évangéliques reformées », 1887 ; « Catéchisme ou manuel abrégé d'instruction religieuse à l'usage des catéchumènes », id. M. V. rédige depuis le 12 janvier 1883 le *Semeur Vaudois*, organe hebdomadaire de l'église nationale.

Vallotton (Mᵐᵉ Julie), femme du précédent née, à Frassinières (Alpes), le 29 septembre 1846. Nous nous bornerons de citer de cet auteur : « Simon l'Auvergnat », nouvelle ; « Robert Salane, ou un employé comme il y en a tant », roman couronné ; « Sara l'italienne », id. (épuisé).

Valroger (Lucien DE), jurisconsulte français, fils de Lucien de V., ancien professeur d'histoire du droit romain et du droit français à la Faculté de droit de Paris, mort en 1881. M. de V. est né à Saint-Servan (Ille-et-Vilaine), le 24 novembre 1834. Docteur en droit de la Faculté de Paris, il est actuellement avocat au Conseil d'État et à la Cour de cassation et président de l'ordre. Il a collaboré à la *Revue critique de législation*, à la *Revue internationale de droit maritime*, à l'*Annuaire de la Société de Législation comparée*. Il a publié : « Étude sur l'impôt de succession chez les Romains », Durand, 1865 ; « Droit maritime » ; « Commentaire théorique et pratique du livre 2 du code de commerce », 5 vol., 1883-1886, Larose et Forcel éditeurs.

Valussi (Pacifique), illustre publiciste, doyen des journalistes italiens, le premier directeur de la *Perseveranza*, fondateur et directeur du *Giornale di Udine*, né, en 1813, à Tolmassons (Frioul) ; il fit ses études à Udine et à Padoue, où il reçut son diplôme d'ingénieur. Pour son doctorat, il développait cette thèse : « Le moderne scoperte ed i progressi delle scienze fisiche applicate alla vita sociale », il y soutenait que ces découvertes ainsi appliquées développent tous les progrès chez les nations civilisées et unifient les institutions. A Venise, il connut le poète François Dall'Ongaro, qui devait, plus tard, devenir son beau-frère, et qui l'engagea à le suivre à Trieste, où ils fondèrent le journal *La Favilla*. Sa plume devint, depuis lors, l'interprète éloquente des plus hautes pensées nationales et civiles, des plus beaux sentiments. Rien de plus pur, de plus beau et de plus sage que ce que M. V. a écrit, pendant un demi siècle d'une collaboration intelligente aux journaux. Pendant son séjour à Trieste, il fut aussi chargé de la compilation de l'*Osservatore Triestino*, où il sut adroitement, par une revue des journaux étrangers, faire passer toutes les notices qui pouvaient intéresser l'Italie. Lorsque la révolution de la Vénétie éclata en 1848, il se transféra à Venise, où Tommaséo lui confia la direction de la

Gazzetta. Le jour de la chute de Vicence, il fonda avec Dall'Ongaro et le célèbre acteur Modena, avec M. Joseph Vollo et Samuel Olper, un journal populaire intitulé *Fatti e parole*, qui eut le plus grand retentissement ; pendant le siège de Venise, il rédigeait à lui seul le journal *Il Precursore*. Après la chute de Venise, il se retira à Udine, où il sut tenir en éveil les plus nobles sentiments par deux journaux remarquables : *Il Friuli* et l'*Annotatore Friulano*. On le pria d'accepter la direction de la *Gazzetta di Milano*, journal officiel du gouvernement autrichien ; il donne à son refus un prétexte spirituel : il ne sait point écrire sous dictée. Après la libération de la Lombardie, on l'engage formellement comme directeur et rédacteur en chef de la *Perseveranza*, qui n'est jamais devenu populaire, mais qui resta, sous sa direction, un vrai modèle de journal hautement inspiré. M. V. est un véritable sage, et si l'on pouvait réunir tous ses articles, on comprendrait mieux combien sa sagesse a contribué à celle de son pays, qu'aucun autre publiciste n'a si bien servi. Il passa à la fin de l'année 1864 à Florence, où se trouvait déjà son illustre beau-frère Dall'Ongaro et où il tenait à ranimer le feu patriotique, qui devait amener la guerre contre l'Autriche pour la libération de la Vénétie. Pendant son séjour à Florence, il dirigea la *Gazzetta del Popolo*. Rentré, en 1866, à Udine, il fut nommé député au Parlement, où il siégea pendant trois législations, tout en rédigeant le *Giornale di Udine*, qu'il venait de fonder et en écrivant pour la *Nuova Antologia*, l'*Italia Nuova* et autres journaux. Parmi ses ouvrages séparés, citons : « L'Impero francese, l'Italia e la libertà in Europa », « Caratteri della civiltà novella in Italia », Udine, 1868 (un chef d'œuvre d'éloquence civile et patriotique) ; « Commemorazione del senatore Prospero Antonini », id., 1885 ; « Dei circoli agricoli nei piccoli comuni di campagna », id., 1888.

Vambéry (Arminius), voyageur hongrois, né, en 1832, à Duna-Szerdahely, dans l'une des plus grandes îles du Danube, était étudiant à Pesth lorsque éclata la révolution de 1848. Il se jeta dans le mouvement national hongrois et prit part au siège de Comorn, où il eut une jambe cassée ; il en devait rester boiteux. Lors du triomphe de l'Autriche, il ne dut la vie au milieu de la répression qui suivit qu'à sa jeunesse et à sa blessure. Il émigra et passa en Turquie. Pendant plusieurs années, il se livra à Costantinople à l'étude des langues orientales, puis s'imagina d'aller chercher dans l'Asie Centrale le berceau de la nation magyare. Il fut le premier européen qui parcourut au delà de la Perse les provinces turques, où tout étranger était assassiné ou vendu comme esclave. Il échappa à tous les dangers, en se déguisant en derviche et en se mêlant à une troupe de pèlerins du pays. Après s'être préparé pendant près de deux ans à son rôle à l'ambassade ottomane de Téhéran, il en partit en 1863, traversa le désert des Turkomans, visita Khiva, sur l'Oxus, puis la ville principale Bokhara, où il fut reçu par l'émir sans être reconnu et revint par le sud du désert. M. V. a écrit des relations de ses voyages, dont nous donnons les titres en français : « Relation de voyage dans l'Asie centrale, pendant les années 1862-1864 par un faux derviche », Paris, 1865 ; « Mes courses et mes aventures en Perse », Leipzig, 1867 ; « Études philologiques sur le Çagatai », id., id. ; « Puissance russe en Asie », id., 1871 ; « Histoire de la Bouhkarie et de la Transoxiane », Stuttgard, 1872 ; « L'Asie centrale et la question de la frontière russo-anglaise », Leipzig, 1873 ; « L'Islamisme au XIXme siècle », id., 1875 ; « Tableaux de mœurs des pays d'Orient », Berlin, 1876 ; « Dictionnaire étymologique des langues turco-tartares », Leipzig, 1878 ; « La civilisation primitive des peuples turco-tartares », id., 1879. Une quantité d'articles de cet auteur remarquable sont insérés aux revues anglaises. Il est actuellement professeur universitaire à Oxford. Personne ne connaît mieux que lui l'Asie Centrale et ses écrits politiques à l'égard de cette contrée ont une portée spéciale.

Van Bastelaer (Désiré-Alexandre), archéologue et savant belge, né, à Namur, le 30 avril 1823. Il débuta comme pharmacien à Charleroi, profession obscure et tranquille d'où il sut s'élever peu à peu, grâce à son travail et à son esprit remuant. Il est maintenant président de la Société archéologique de Charleroi, vice-président de celle de Bruxelles, membre de la Commission royale des monuments, membre de l'Académie royale de médecine, etc. Ses principaux travaux ont paru dans les *Annales de la Société archéologique de Charleroi*. Nous nous bornerons à rappeler sa laborieuse « Collection des actes de franchises, privilèges, octrois, ordonnances, etc., donnés à la ville de Charleroi » ; ses belles études sur les grès de Bouffioulx, dont M. Van B., peut-on dire, a été le véritable révélateur ; enfin et surtout ses remarquables recherches sur la question franque, qui l'ont placé au premier rang parmi les savants de son pays, côte à côte avec M. A. Bequet, de Namur, auquel le *Dictionnaire* a aussi consacré une notice. Dans un autre ordre d'idées, on doit à M. Van B. des brochures fort intéressantes sur la pharmacopée, l'hygiène, etc.

Van Bruyssel (Ernest), publiciste belge, né à Bruxelles et actuellement consul-général de Belgique dans les républiques Argentine, de l'Uruguay et du Paraguay. La librairie Hetzel de Paris a édité de lui deux livres de science populaire : « Histoire d'un aquarium et de ses habitants », 1865, et « Les clients d'un vieux poirier », 1878 ; il a fait paraître une : « Histoire du commerce et de la marine en Belgique », Bruxelles, 1861-1865, une « Histoire politique de l'Escaut », id., 1864, etc. Plus récemment, il a donné au public: « Les États-Unis mexicains », id., 1879, 2ᵉ éd. 1880; « La République Argentine, ses ressources naturelles, ses colonies agricoles, son importance comme centre d'émigration », id., 1888, et « La République orientale de l'Uruguay », id., 1889. On lira aussi avec intérêt les rapports qu'il a publiés dans le *Recueil consulaire belge*.

Van den Branden (François-Joseph-Pierre), écrivain belge, de langue néerlandaise, né, à Anvers, le 14 juin 1837, et attaché actuellement au dépôt des archives de sa ville natale. On lui doit des nouvelles, des drames, des comédies, des vaudevilles, dont plusieurs ont été couronnés, des études d'art, etc. Mais des œuvres plus importantes ont donné à M. Van den B. la réputation, pleinement justifiée d'ailleurs, d'un érudit au sens critique très fin, au jugement toujours sûr : nous voulons parler de son histoire de l'Académie d'Anvers, « Geschiedenis der Academie van Antwerpen », Anvers, 1864, et surtout de son admirable histoire de l'école anversoise de peinture : « Geschiedenis der Antwerpsche schilderschool », id., 1878-83. M. Van der B. a dirigé avec MM. Huberts et Elberts la publication du beau dictionnaire des écrivains de langue néerlandaise des Pays-Bas et de la Belgique : « Biographisch Woordenboek der Noord- en Zuid Nederlandsche letterkunde », Deventer, 1878, dont une nouvelle édition paraît en ce moment à Roulers.

Van den Corput (Bernard-Édouard-Henri-Joseph), médecin belge, né, à Bruxelles, le 20 avril 1821. Docteur en pharmacie, en sciences et en médecine, professeur à l'Université libre de Bruxelles, M. Van den C. a fait plusieurs voyages scientifiques ; il a été élu membre des Académies de médecine de Bruxelles, de Madrid et de Turin, de la Société phrénopatique italienne, de l'Athénée de Venise, du Circolo promotore partenopeo de Naples et d'une foule d'autres Sociétés savantes ; et de nombreuses décorations sont venues également le récompenser de ses beaux travaux. La plupart de ceux-ci sont malheureusement épars dans les publications académiques, dans les revues, et surtout dans le *Journal de médecine, de chirurgie et de pharmacologie* de Bruxelles. Nous citerons toutefois de notre auteur, en librairie : « Des eaux minérales et de leur analyse », Bruxelles, 1846, mémoire couronné par la Société des sciences médicales de Bruxelles ; « Histoire naturelle et médicale de la trichine », id., 1866 ; « Les pestes, leur histoire et leur prophylaxie », id., 1876 ; « La crémation », id., 1885 ; « Les lazarets volants et les lazarets fixes », id., id., sans parler d'un recueil de poésies : « Lapsa folia, rêves d'autrefois », id., 1880.

Vanderkindere (Léon-Albert-Victor-Joseph), érudit et homme politique belge, né, à Molenbeek-Saint-Jean, près de Bruxelles, le 22 février 1842. M. V. se lança de bonne heure dans la politique et défendit le libéralisme démocratique dans la *Liberté*, de 1865 à 1868, et dans la *Discussion* de 1871 à 1873; depuis lors, tout en restant l'un des plus fermes adversaires du parti catholique, il s'est éloigné des démocrates pour se rapprocher des doctrinaires. Il a été membre du Conseil provincial du Brabant de 1870 à 1880, membre de la chambre des représentants de 1880 à 1884, et il est échevin de la Commune d'Uccle où il a son domicile. Mais c'est surtout le savant qui doit nous occuper ici. Docteur en philosophie et lettres et docteur en droit, M. V. est professeur à l'Université de Bruxelles, membre de l'Académie royale de Belgique, de la Commission royale d'histoire, de la Ligue de l'enseignement, président de la Société d'anthropologie de Bruxelles, membre correspondant de la Société d'anthropologie de Paris, etc. Il a donné de nombreuses études aux publications des corps savants, dont il fait partie, à la « Patria Belgica », à l'*Athenæum belge*, à la *Revue de Belgique*, à la *Revue historique* de Paris et à d'autres périodiques ; il a prononcé comme recteur de l'Université de remarquables discours sur « Le rôle de la tradition dans l'histoire de Belgique », 1880, et sur « La méthode historique », 1881 ; enfin, il a publié, outre quelques brochures politiques : « De la race et de sa part d'influence dans les diverses manifestations de l'activité des peuples », Bruxelles, 1868 ; « Recherches sur l'ethnologie de la Belgique », id., 1872 ; « Nouvelles recherches sur l'ethnologie de la Belgique », id., 1879 ; « Le siècle des Artevelde », id., id.; « Manuel d'histoire de l'antiquité », id., 1883, plusieurs éditions ; « Manuel de l'histoire contemporaine », id., id., plusieurs éditions également ; « L'Université de Bruxelles de 1834 à 1884 », id., 1884.

Van der Mensbrugghe (Gustave-Léonard), savant belge, né, à Gand, le 13 février 1835. M. V. de M. est professeur à l'Université de sa ville natale, et membre de l'Académie royale des sciences, des lettres et des beaux-arts de Belgique. Ses travaux, où il s'est tout spécialement occupé de physique et de mathématiques, sont épars dans les publications des sociétés savantes et les revues scientifiques. On trouvera ses notes les plus importantes dans le *Bulletin* et les *Mémoires* de l'Académie royale de Belgique.

Van der Rest (Eugène), érudit belge, né, à Bruxelles, le 29 novembre 1848. Il fit ses études aux Universités de Bruxelles et de Berlin, et conquit les diplômes de docteur en droit et de docteur en sciences politiques et administratives ; il est aujourd'hui professeur à l'Université de sa ville natale. Outre des articles dans l'*Athenæum belge*, la *Revue de droit international* etc., on doit à M. Van der R. un livre remarquable : « Platon et Aristote, essai sur les commencements de la science politique », Bruxelles, 1875.

Van der Straeten (Edmond), érudit et musicologue belge, né, à Audenarde, le 3 décembre 1826. Il contribua d'abord dans son pays au classement des collections du Conservatoire de Bruxelles, de la Bibliothèque royale et des archives du royaume, puis il fut chargé d'importantes missions scientifiques à l'étranger. On lui doit des feuilletons de critique musicale dans le *Nord*, l'*Écho du Parlement*, etc.; de nombreuses notices, en français et en flamand, sur des sujets très variés; des études relatives à l'histoire de sa ville natale, parmi lesquelles il faut citer surtout ses « Recherches sur les communautés religieuses et les institutions de bienfaisance d'Audenarde », Audenarde, 1857-61; et les ouvrages suivants, d'un intérêt plus général: « La musique aux Pays-Bas avant le XIXe siècle », Bruxelles, 1867 et années suivantes (recueil considérable, et non terminé encore, de documents extrêmement curieux); « Le théâtre villageois en Flandre », id., 1874-81; « Voltaire musicien », Paris, 1878; « *Lohengrin*, instrumentation et philosophie », id., 1879. Une partie du grand ouvrage de M. Van der S. sur la musique aux Pays-Bas a été publiée avec ce titre spécial : « Les musiciens néerlandais en Italie du XIVe au XIXe siècle », Bruxelles, 1882.

Van de Wiele (Marguerite), écrivain belge, d'un talent très distingué et bien féminin, au moins dans ses nouvelles. Née, à Bruxelles, le 1er décembre 1859, Mlle Van de W. a écrit à la *Revue de Belgique*, au *Soir*, etc., et elle donne maintenant encore, chaque semaine, un article à *L'Office de Publicité*. En librairie, elle a fait paraître: « Lady Fauvette », Paris, 1879 (plusieurs éditions); « Le roman d'un chat », Verviers, 1880, 2me éd. 1882; « Les frasques de Majesté », Bruxelles, 1881; « Maison flamande », Paris, 1883; « Filleul de roi, mœurs bruxelloises », Bruxelles, 1884. Ce dernier ouvrage a été couronné par l'Académie royale de Belgique. En ce moment, Mlle Van de W. prépare un nouveau roman: « Myrrha Naphtali ».

Van Driessche (Emmanuel), écrivain belge, de langue néerlandaise, né, à Zele, le 24 juin 1824. M. Van D., qui a été longtemps professeur de flamand dans les athénées royaux, a publié un cours de langue flamande à l'usage des Wallons, un cours de langue française à l'usage des Flamands, un cours de littérature néerlandaise, et d'autres ouvrages classiques. On lui doit des poésies pleines de force: « Vaderlandsche Zangen »; « Baudenwyn met den ijzeren arm », poème en six chants; « Belgenland », poème national, etc. Il a écrit pour le théâtre beaucoup de pièces, dont les meilleures sont : « De zoon des beuls », drame historique en 6 tableaux, qui a été traduit en français (« Le fils du bourreau ») et en allemand; « Het verloren schaap », comédie en 3 actes; « De oude vrijster », id. en 2 actes; « Willem van Oranje », drame historique en 5 actes; « De ruwaard van Vlaanderen », id. id. en 7 tableaux; « Belgiës onafhankelijkheid », id. id. en 3 actes; « Geen werk, geen brood », drame social en 3 actes. Enfin, il a fait paraître des nouvelles, parmi lesquelles nous nous bornerons à citer: « Wat een meisjes vermag » et « Vijf per cent », deux charmantes œuvrettes traduites en français sous les titres respectifs de : « Ce que peut une jeune fille », Verviers, 1879, et de « Monsieur Cinq-pour-Cent », id., 1881.

Van Droogenbroeck (J.-A.), érudit et poète belge, de langue néerlandaise, né, à Saint-Amand dans la province d'Anvers, le 18 janvier 1835. Outre des articles dans *Noord en Zuid*, de *Toekomst, het Nederlandsch Tijdschrift*, de *Kunstbode, het Nederlandsch Museum*, de *Dicht-en Kunsthalle*, de *Vlaamsche School*, etc., des brochures sur divers sujets, des dictionnaires français-néerlandais et néerlandais-français souvent réimprimés, on a de lui deux remarquables recueils de poésies: « Makaman en ghazelen », signé du pseudonyme *Jan Ferguut*, Gand, 1866, et « Dit zijn zonnestralen », Bruxelles, 1873 : tous deux ont eu plusieurs éditions. Il est encore l'auteur d'un excellent « Algemeen Nederlandsch rijmwoordenboek », Malines, 1883, et d'un mémoire, couronné par l'Académie royale des sciences, des lettres et des beaux-arts de Belgique, sur l'application de la métrique gréco-latine à la poésie néerlandaise : « Verhandeling over de toepassing van het Grieksch en Latijnsch metrum op de Nederlandsche poëzis », Bruxelles, 1886. M. V. D. est aujourd'hui chef de bureau au Ministère de l'intérieur et de l'instruction publique de Belgique et membre de l'Académie royale flamande.

Van Elewyck (Jean-François-Ernest), économiste belge, né, à Bruxelles, en 1851. On a de lui de nombreux articles dans la *Chronique*, la *Revue de Belgique*, le *Bulletin de l'Union syndicale belge* etc., et aussi quelques brochures, notamment sur la question de Bruxelles port de mer. Dans la *Belgique illustrée*, le grand ouvrage collectif, il a écrit deux chapitres : « Malines, Lierre, le petit Brabant » et « La Dendre de Grammont à Termonde ».

Van Even (Gérard-Édouard), érudit belge, né, à Louvain, le 6 décembre 1821. Attaché d'abord à la Bibliothèque de l'Université, puis au dépôt des archives de sa ville natale, il est maintenant archiviste de Louvain. M. Van E. a écrit en français et en néerlandais (ses travaux en cette dernière langue l'ont fait élire membre de l'Académie royale flamande) une foule de livres, de brochures, de notices, d'articles de revues et de journaux, où il a parfois sacrifié simplement aux lettres, et notamment à la littérature dramatique, mais qui ont surtout éclairé d'un grand jour les différentes époques de l'histoire de Louvain. Il a fait paraître les inventaires analytiques des archives confiées à sa garde; il a publié en 1856 une édition annotée des « Annales de Louvain », de Divaeus, traduction néerlandaise, et en 1880 une « Geschiedenis van Leuven », écrite à la fin du XVIe siècle par Guillaume Boonen; il a donné à la 2e édition de « La Belgique illustrée », actuellement en cours de publication, le chapitre consacré à Louvain, et à la « Biographie nationale », publiée par l'Académie royale des sciences, des lettres et des beaux-arts de Belgique, un grand nombre de notices; il a collaboré encore aux *Annales* de l'Académie d'archéologie de Belgique, au *Bulletin* des Commissions royales d'art et d'archéologie, à la *Revue belge de numismatique*, etc., etc. Parmi les publications de notre auteur, nous citerons encore les suivantes, d'un intérêt vraiment général: « Les artistes de l'hôtel de ville de Louvain », Louvain, 1852; « Louvain monumental », id., 1860; « L'ancienne école de peinture de Louvain », Gand, 1870; « Lodovico Guicciardini, l'auteur de la — Descrittione di tutti i Paesi Bassi », Anvers, 1877.

Van Goethem (Émile), auteur dramatique belge, né, à Gand, le 1er août 1847. Il a écrit en langue néerlandaise des comédies et des drames où se révèle un réel talent: nous citerons spécialement sa pièce sur la « Pacification de Gand ».

Van Heurck (Henri), naturaliste belge, né, à Anvers, en 1838. Membre de nombreuses sociétés savantes, professeur de botanique dans sa ville natale, M. Van H. a fait paraître en librairie: « Prodromes de la flore du Brabant », Louvain, 1861, en collaboration avec M. Mesmael; « Herbier des plantes rares de Belgique », Anvers, 1862 et années suivantes; « Flore médicale belge », Bruxelles, 1864, en collaboration avec M. V. Guibert; « Le microscope, sa construction, son maniement et son application aux études d'anatomie végétale », id., 1865 (plusieurs éditions); « Notions succintes sur l'origine et l'emploi des drogues simples de toutes les régions du globe », Paris, 1877; « Sommaire des cours de botanique donnés au Jardin botanique d'Anvers », Anvers, 1881; « Synopsis des diatomées de Belgique », Paris, 1883-85. Ce dernier ouvrage a été couronné par l'Institut de France.

Van Muyder (Berthold), juriste et historien suisse, né, le 15 juin 1852, au château de Bonmont, près de Nyon, et issu d'une famille d'origine hollandaise, fit de brillantes études de droit à Lausanne, où il s'établit en qualité d'avocat à partir de 1879. Nous mentionnerons parmi les travaux sortis de sa plume: « De la Société par action d'après le projet de loi fédéral », 1876; « Exposé critique de la jurisprudence fédérale en matière de double imposition », 1882; « Des projets de réforme de la constitution vaudoise en matière d'impôts directs », 1884; « De la responsabilité civile prévue aux articles 50 et suivants du code fédéral des obligations dans ses rapports avec le droit pénal des Cantons », 1886; « La Suisse sous le pacte de 1815 », 1890. La Société d'Histoire de la Suisse Romande a choisi en 1890 M. Van M. pour son président.

Vanni (Icilius), philosophe italien, docteur en droit, professeur à la Faculté de droit de l'Université de Pérouse, né, à Città della Pieve (Ombrie), en 1855. Tout en suivant la théorie de l'évolution critique de H. Spencer, il s'en éloigne en ce qui regarde la sociologie. Voilà la liste des ouvrages de ce jeune écrivain: « Della consuetudine coi suoi rapporti col diritto e colla legislazione », Pérouse, 1877; « Progressi della legislazione civile in Italia dopo la rivoluzione »; « Lo studio comparativo delle razze inferiori nella sociologia contemporanea », id., 1884; « I giuristi della scuola storica di Germania nella storia della sociologia e della filosofia positiva », Milan, 1885; « Saggi critici sulla teoria sociologica della popolazione », Città di Castello, 1886.

Van Raemdonck (J.), médecin et archéologue belge. On lui doit un nombre considérable de publications sur l'histoire du pays de Waes, une région de la Flandre, et surtout des recherches admirables sur Mercator, l'illustre géographe du XVIe siècle. Le livre capital qu'il a consacré au restaurateur des études géographiques en Europe est intitulé: « Gérard Mercator, sa vie et ses œuvres », Saint-Nicolas, 1869.

Van Tricht (Victor), savant jésuite belge, né, à Audenarde, en 1841, et actuellement professeur à l'Institut Saint-Ignace d'Anvers. On lui doit: « La Bibliothèque des écrivains de la Compagnie de Jésus et le Père Augustin De Backer », Louvain, 1875; « Les enregistreurs en météorologie: description d'un nouveau météographe électrique », Bruxelles, 1882; « Glaciers et neiges », id., 1884; « La croix et le Calvaire », Namur, 1886; « Feuilles détachées », Bruxelles, 1888; « Leçons élémentaires de physique », id., 1890; puis toute une série de conférences du plus vif intérêt (1881-1890), dont plusieurs ont eu les honneurs de la réimpression et de la traduction: « La lutte pour l'existence »; « Nos insectes »; « Les premiers habitants des vallées de la Meuse »; « Nos oiseaux »; « L'enfant du pauvre »; « Les familiers de l'écurie: le cheval et l'âne »; « L'illusion »; « Les familiers de l'étable: le bœuf, la chèvre et le mouton »; « La misère »; « L'enfant des rues »; « Liberté »; « La foi »; « La vie chrétienne »; « Nos cousins »; « Les familiers de la basse-cour »; « Prêtre et religieuse »; « Le courage »; « Le devoir »; « Ozanam »; « Rayons de soleil »; « A l'usine »; « La Saint-Nicolas », etc. Parmi les publications périodiques auxquelles collabore M. Van T., nous citerons les *Annales* de la Société scientifique de Bruxelles, la *Revue des questions scientifiques*, les *Précis historiques*, le *Magasin littéraire et scientifique*.

Vârgoliei (Étienne-G.), homme de lettres roumain, licencié ès-lettres, ancien élève de l'école normale supérieure de Paris, professeur des littératures néo-latines, et spécialement de la littérature française à l'Université de Jassy (Roumanie), membre correspondant de l'Académie roumaine de Bucharest. Né, le 13-25 octobre 1843, dans un hameau (Borlesti) du district de Niamtzo (Moldavie). Il fit ses premières classes à Piatra, chef-lieu du district, et ses humanités à Jassy, alors capitale de la Moldavie. A la suite d'un concours, il fut envoyé en 1864, par le gouvernement roumain, d'abord à Madrid, puis, l'année suivante, à Paris, où il resta jusqu'en 1870. Il passa ensuite à Berlin, où il se perfectionna dans la langue allemande et apprit l'anglais. Rentré dans son pays, en 1871, il s'engagea comme professeur de grec et de latin dans un lycée privé de Jassy, et l'année suivante il obtint par concours la chaire de langue française à l'École militaire de la même ville. Nommé en 1875 professeur suppléant de langue et de littérature française à l'Université, il fut, l'année d'après, confirmé comme titulaire de cette même chaire qu'il occupe actuellement, et qui a été depuis transformée en chaire des littératures néo-latines. Membre de la Société littéraire de Jassy *Junimea*, avant même son retour de l'étranger il a publié dans la revue *Convorbiri literare*, plusieurs études sur la littérature espagnole, et particulièrement sur le théâtre espagnol, sur la littérature grecque et autres différentes critiques, favorablement accueillies par le public. Il y a publié aussi des poésies, mais surtout des traductions en vers des plus grands poètes, anciens et modernes: « Le prisonnier de Chillon »; « Parisina »; « Le Siège de Corinthe » de Byron; etc., « L'hymne de la cloche » de Schiller; « La promenade », etc., de Lamartine, André Chenier, Alfred de Musset, François Coppée, etc. Il a traduit aussi en vers presque toutes les odes qui nous sont parvenues sous le nom d'Anacréon, des élégies d'Ovide, et dans les derniers temps un grand nombre de poésies populaires espagnoles. En ce moment, il poursuit activement la traduction du « Don Quichotte », de Cervantes, en cours de publication dans les *Convorbiri*. En dehors de ces travaux, il a fait imprimer, en deux parties, une « Grammaire latine », la première écrite en langue roumaine, faite d'après la nouvelle méthode comparative, inaugurée par Curtius en Allemagne.

Varrentrapp (Conrad), historien allemand, né, en 1844, à Brunswick, fit ses études aux Universités de Gœttingue, Bonn et Berlin, devint docteur en philosophie en 1865, professeur libre à Bonn en 1868, et professeur extraordinaire à l'Université de cette ville en 1873. Depuis 1874, il est professeur ordinaire d'histoire à l'Université de Marbourg, et a publié : « Christian I von Mainz », Berlin, 1867; « Beiträge zur Geschichte der Kurkölnischen Universität Bonn », Bonn, 1868; « Hermann von Wied und seine Reformationsversuch in Köln », Leipzig, 1878; « Joh. Schulz und das höhere Unterrichtswesen Preussens in seiner Zeit », 1889. Il a fourni plusieurs mémoires aux *Forschungen zur deutschen Geschichte*, aux *Preuss. Jahrbücher* et particulièrement à la *Sybel's Hist. Zeitschr*. On lui doit en outre la publication des *Dahlman's kleine Schriften und Reden*, Tubingue, 1886.

Varnhagen (Hermann), philologue allemand, professeur ordinaire de langues modernes à l'Université d'Erlangen, né, en 1850, à Arols (principauté de Waldeck). Il fit ses premières études au gymnase de Korbach (principauté de Waldeck), qu'il quitta en 1870, pour entrer dans l'armée. La guerre contre la France finie, il étudia la philologie anglaise et la philologie romane aux Universités de Tubingue, Genève, Berlin et Gœttingue. En 1878, il s'habilita à l'Université de Greifswald, où il fut nommé plus tard professeur extraordinaire de philologie anglaise, et, en 1881, il fut appelé comme professeur ordinaire de langues modernes à l'Université d'Erlangen. On a de lui : « An Inquiry into the origin and different meaning of the English Particle *but* », Gœttingue, Peppmüller, 1876; « Systematisches Verzeichniss der auf die neueren Sprachen bezüglichen Programmabhandlungen, Dissertationem und Habilitationschriften », Leipzig, Koch, 1877; « Eine italienische Prosaversion der sieben Weisen nach einer Londoner Handschrift zum ersten Male herausgegeben », Berlin, Weidmann, 1881; « Ein indisches Märchen auf seiner Wanderung durch die asiatischen und europäischen Litteraturen », Berlin, Weidmann, 1882; « Longfellows Tales of a Wayoide Inn und ihre Quellen », id., id., 1884; « Longfellows Tales of a Wayoide Inn, mit erklärenden Anmerkungen », Leipzig, Tauchnitz, 1888; « Der verwandelte König, ein Schauspiel von Rudolf Schmidt. Aus dem Dänischen übersetzt », Erlangen u. Leipzig, Deichert, 1889. Des articles dans des revues scientifiques. Il est le directeur des *Erlanger Beiträge zur englischen Philologie*, Erlangen und Leipzig, que Deichert publie depuis 1889.

Vasconcellos (Caroline-Wilhelmine-Michælis DE), femme-auteur germano-portugais, née, à Berlin, le 15 mars 1851, autodidacte pour les langues classiques, romanes, sémitiques et slaves. Avant son mariage, elle occupa la charge d'interprète officiel de langue espagnole près du Ministère prussien des affaires étrangères: en 1876, ayant épousé l'archéologue Joachim de V., elle réside en Portugal. Nous avons d'elle : « Erläuterungen zu Herders Cid », Leipzig, 1868; « Tres Flores del Teatro antiguo español », 1870; « Romancero del Cid », 1871; « Fiori della poesia italiana », id. ; « Antologia española », 1876; « Studien zur romanischen Wortforschung », id.; « Ein portugiesisches Weihnachtsauto », 1881 ; « Versuch über den Ritterroman Palmerim de Inglaterra », 1883; « Poesias de Sâ de Miranda », 1885 ; « Studien zur hispanischen Wortdeutung », id. Et une longue série d'études sur les langues et les littératures de la péninsule ibérique publiées dans l'*Archiv de Herrig*, le *Magazin für die Litteratur des In und Auslandes*, le *Jahrbuch*, la *Romania*, la *Zeitschrift der Groeber*, la *Revista da Sociedade de Insbrucçâo*, la *Revista Lusitana*, le *Shakespeare Jahrbuch*, etc., etc.

Vasconcellos-Abreu (G.), indianiste portugais, professeur de sanscrit à Lisbonne, a étudié à Paris et à Munich et a donné à la publicité les ouvrages suivants : « Questions Védiques », Paris, 1877 ; « Sobre a séde originaria da gente Arica », Coimbra, 1878 ; « Investigaçao sobre o caracter da Civilisiçao Arya-hindu », Lisbonne, id.; « Importancia capital do sâoskrito como base da Glottologia árica e da Glottologia árica no ensino superior das lettras e da historia », id., id.; « Contribuiçoes mythologicas », Porto; « O reconhecimento de Chakuntalá (testo devanágrico e traduçao portuguesa do Acto I do celebre drama de Xacuntalá do poeta Calidaça, segundo a recensâo Bengali) », Lisbonne, 1878; « Grammatica da lingua sâoskrita: Phonologia », id., 1879 ; « Fragmentos de uma tentativa de Estudo Scoliastico da Epopea Portugueza », 1880-84; « Manual para o Estudo do Sâoskrito classico. Tomo I, Resumo Grammatical », id., 1881-82; « De l'origine probable des Touhkâres et leurs migrations à travers l'Asie », Louvain-Lisbonne (Mémoire sur les origines des Teucros, présenté au Congrès anthropologique de Lisbonne en 1880) ; « A literatura e a relijiâo dos Arias na India. Primeira parte », Paris, 1885; « O critério nomolójico », Lisbonne, 1887; « Bases da Ortografia Portuguesa », en collaboration avec M. R. Gonçalves Vianna, Lisbonne, 1885; « Programa para o estudo do sámscrito », id., 1887. Il a pris part au Congrès des Orientalistes de Stockholm, en 1889, comme délégué du gouvernement portugais.

Vasi (le rév. Louis), savant italien, né, à San Fratello, le 6 juillet 1829, entra dans les ordres en 1852, enseigna la philosophie et l'esthétique dans le Séminaire de Patti jusqu'à 1862; professeur de sciences aux Gymnases de Sant'Angelo di Brolo (1863-66) et de San Fratello (1866-81), enfin dès 1881 vice-directeur au Collège Royal de Musique de Palerme. Comme prédicateur, le rév. V. s'est fait connaître par des sermons inspirés au patriotisme, notamment celui pour le roi Victor-Emmanuel. Pour son patriotisme, le rév. V. eut à souffrir des châtiments de la part des autorités ecclésiastiques et la suspension *a divinis*. Nous avons de cet auteur: « Panegirico di S. Agata V. e M. », Catane, 1859 ; « Panegirico di S. Benedetto abate », id., 1860 ; « Biografia di Antonio abate, con Memoriale al Governo italiano », Palerme, 1865; « Discorso intorno all'utilità morale e civile del Teatro », id., 1869; « Elogio funebre di Salvatore Ferrara », id., 1871; « Discorso sul dialetto sanfratellano », id., 1875; « Lettera al dottore Giuseppe Ricca-Salerno intorno al dialetto Sanfratellano » (*Rivista Europea*), Florence, 1876 ; « Delle origini e vicende di San Fratello » (*Archivio Storico Siciliano*), Palerme, 1882; « Osservazioni critiche alla Monografia Critica delle Colonie Lombardo-Sicule di Lionardo Vigo » (id. id.), 1884; « Notizie storiche e geografiche della città e Valle di Demona » (id. id.), 1885; « Cenno Bibliografico di tre opuscoli sulla fonetica di San Fratello, pel dottore G. De Gregorio e il prof. G. Morosi » (id. id.), 1887.

Vassallo (Charles), historien et pédagogiste italien, chanoine de la Cathédrale d'Asti et vicaire général du diocèse, en même temps président du Lycée *Alfieri*, est né, à Genola près de Saluces en Piémont, en 1828; il étudia au célèbre Collège *Delle Province* (1845-50), et en 1854 il s'agrégea à la Faculté de théologie de l'Université turinoise. Professeur d'italien au Lycée *Alfieri* pendant 24 années et de philosophie pendant 11 années, il occupa aussi la chaire de morale à l'Institut Supérieur des jeunes filles. Nous avons de lui des contributions à la *Rivista Europea* de Florence et à l'*Archivio Storico* de la même ville, au *Propugnatore* de Bologne et plusieurs discours d'inauguration, oraisons funèbres, etc. Mais ses ouvrages les plus importants sont: « Mityca atque symbolica sacri Codicis interpretatione » ; « De laudibus Caroli Aloisii Savii » ; « Une biographie de Pierre des Comtes de Savoie surnommé le petit Charlemagne » ; « Della Vita e delle Opere di Carlo Witte » ; « Dante e le Belle Arti » ; des « Poésies » ; « Carme sulla quercie di Sant'Anna » ; une « Ode » sur le Codex Astensis; les traductions de Klopstock et de Pope; « Commemorazione di G. B. Giuliani », Turin, 1884 (il prononça un nouveau discours sur le professeur Giuliani le 19 octobre 1890 à l'occasion de l'inauguration du buste qui lui a été érigé par la ville de Cannelli) ; « La diplomazia di una gentildonna piemontese », id., 1885;

« Discorso per un monumento al cardinal Guglielmo Massaia in Piovà », Asti, id. ; « Le mura della città d'Asti », Turin, 1889 ; « Matteo Randone difensore d'Asti nel 1526 contro Fabrizio Maramaldo », id., id. ; « Fabrizio Maramaldo e gli Agostiniani in Asti », id., id. ; « Il B. Enrico Alfieri », Asti, 1890.

Vassallo (Louis-Arnaud), voir aux *Additions*, GANDOLIN.

Vattier (Victor), historien et philosophe français, né, à Lisieux (Calvados), le 19 août 1852, a publié : « Précis de philosophie et histoire de la philosophie », Paris, 1882 ; « John Wiclef, sa vie, ses œuvres, sa doctrine », id., 1886, honoré d'une souscription du Ministère de l'Instruction publique ; « Quæ fuerit philosophia mystica apud auctorem illius operis quod inscribitur de Imitatione Christi », 1886 ; « Éléments de psychologie scientifique », 1890. On annonce comme devant paraître bientôt : « La réforme anglaise en Allemagne, Wiclef, Jean Huss, Luther ».

Vaucher (Édouard), théologien français, né, le 17 juillet 1847, à Mulhouse, dans une famille de riches manufacturiers d'origine neuchâteloise, fit ses études à Strasbourg et fut nommé à la Faculté de Paris successivement maître de conférences (1877) et professeur suppléant pour la théologie pratique (1879) ; il est également vicaire dans l'église luthérienne et attaché à la rédaction du *Témoignage*. Nous possédons de lui : « Étude sur les missions évangéliques », 1872 ; « De decretis Synodii Nicænæ », 1878 ; « Essai de méthodologie des sciences théologiques », 1878. M. V. s'était chargé pour l'« Encyclopédie des sciences religieuses » de tous les articles de statistique.

Vauthier (Louis-Léger), ingénieur et homme politique français, né, à Bergerac, en 1815. Entré en 1834 à l'École Polytechnique, il en sortit un des premiers (le 4e) dans les Ponts-et-Chaussées, corps auquel son père appartenait déjà. En 1840, M. V. fut chargé par le Gouvernement du Brésil de la direction d'importants travaux de viabilité dans la province de Pernambuco, qui le retinrent jusqu'en 1846. De retour en France à cette époque, il était ingénieur dans le département du Cher, lorsqu'éclata la révolution de février qu'il accueillit avec joie. Élu représentant du Cher à l'Assemblée législative en 1849, il fut de ceux qui suivirent Ledru-Rollin au Conservatoire des arts et métiers le 13 juin, mais non de ceux qui s'échappèrent. Arrêté, il fut traduit devant la Haute Cour de Versailles, qui le condamna à la déportation. Tour-à-tour détenu à Doullens et à Belle-Ile-en-Mer, il fut transféré à Sainte-Pélagie en 1852 et remis en liberté en 1855 à la condition de quitter immédiatement le territoire français. M. V. passa en Espagne, où il trouva aisément à exercer sa profession, puis en Suisse, où il dirigea en chef les travaux de la ligne et les études du percement du Simplon. Il revint à Paris après l'amnistie de 1859, mais sans vouloir consentir à reprendre les fonctions de son grade et à servir l'Empire. Après la révolution du 4 septembre, il fut élu chef du 125me bataillon de la Garde Nationale, et donna sa démission après le 18 mars. Élu membre du Conseil municipal de Paris, le 30 juillet 1871, au second tour de scrutin, pour le quartier de la Goutte-d'or (XVIII arrondissement) il fut réélu le 29 novembre 1874, cette fois au premier tour et par 3769 voix sur 4901 votants et a été constamment réélu depuis. Pendant sa détention, M. V. a collaboré au *Magasin pittoresque*, à la *Revue générale d'architecture et des travaux publics* et à diverses publications spéciales, et publié à part : « De l'impôt progressif », 1851 ; « Manuel des aspirants aux fonctions de conducteur et d'agent voyer », 1854. Depuis lors, on a de lui de nombreuses publications, parmi lesquelles nous citerons : « Le percement du Simplon et l'intérêt commercial de la France », 1874 ; « Le percement du Simplon et les intérêts de l'Europe occidentale », 1875 ; « Le percement du Simplon devant les Chambres françaises », 1881 ; « Lettre au Ministre des Travaux publics sur la réorganisation des chemins de fer français », 1878 ; « Le programme de M. de Freycinet », 1879 ; « Projet de loi pour la réorganisation des chemins de fer français, avec exposé des motifs », 1879 ; « Lettres sur le même sujet au Président de la commission parlementaire du régime des chemins de fer », 1880 ; « Mémoire sur les améliorations de la Seine maritime et de son estuaire », 1881 ; « Déposition devant la commission parlementaire sur les mouvements des fonds et l'endiguement de l'estuaire de la Seine », 1885 ; « Dire à l'enquête ouverte sur les travaux d'amélioration de la Basse-Seine », 1886 ; « Déposition devant la commission parlementaire des ports et voies navigables sur les projets d'amélioration du Hâvre et de la Basse-Seine », 1888 ; « Étude sur les ports intérieurs français : Bordeaux, Nantes, Rouen », 1882 ; « De l'entraînement et du transport par l'eau des vases, sables et graviers », 1884 ; « De la propagation et l'amplitude des marées dans la Manche, la mer d'Irlande et la mer du Nord », 1886 ; « Des cartes statistiques à relief », 1878 ; « De la modification à introduire dans la nomenclature du système métrique », 1879, etc.

Vautier (Georges-Charles-J.), romancier belge, né, à Bruxelles, en 1842. Accueilli d'emblée à la *Revue des Deux Mondes*, c'est surtout pour le public parisien qu'il a écrit, et ses livres ont eu de nombreuses éditions. Nous citerons de lui : « La grève des femmes » ; « La revanche du mari » ; « Le crime du substitut » ; « La marraine » ; « Le Salon des refusées » ;

« Le remords du docteur ». Une mention spéciale est due au : « Train de cinq heures », dont un critique regretté, Eugène Van Bemmel, a fait l'éloge comme comédie de mœurs et analyse de sentiments.

Vayra (Pierre), paléographe, archiviste et historien italien, chef de bureau aux Archives de Turin, né, en 1838, à Bosconero (Piémont) ; parmi ses nombreux ouvrages historiques, citons : « Il museo storico di Casa Savoia », Turin, 1880 ; « Autografi dei principi di Casa Savoia », 1881 ; « Cavalieri lombardi in Piemonte nelle guerre del 1229-30 », 1883 ; « Le lettere e le arti alla Corte di Savoia nel secolo XV. Inventarii dei castelli di Chambéry, di Torino e di Conte d'Ain 1497-98 », 1884 ; « Dell'artefice della lapide astese relativa al duca Carlo d'Orleans e di altre notizie artistiche astigiane », 1883 ; « Esposizione generale italiana in Torino 1884. Catalogo ufficiale della sezione Storia dell'Arte. Guida illustrata al castello feudale del secolo XV fatta da P. Vayra e Giuseppe Giacosa », Turin, 1883 ; « Cavour e Garibaldi », 1886 ; « Del grado di credibilità delle cronache di Savoia con un documento inedito sulla guerra del 1387 », 1887.

Vecchi (Stanislas), savant italien, professeur de mathématiques à l'Université de Parme, où il est né le 10 juillet 1843. Docteur en mathématiques en 1864, il fut envoyé se perfectionner à Paris (1864-68), et de retour en Italie il enseigna la géométrie descriptive et la perspective à l'Académie de Beaux-Arts de Parme ainsi qu'à l'Université où nous le trouvons plus tard (1873-75) professeur de mécanique rationnelle et (1875-80) professeur de géometrie prospective. Nous avons de ce savant beaucoup de mémoires insérés aux revues scientifiques italiennes dont quelques uns ont été traduits en allemand. Le principal est le « Saggio d'una prospettiva axonometrica ». Suivent les ouvrages suivants : « Paratoie di sicurezza nella presa dell'acque » ; « Applicazioni e progetti di ventole automobili » ; « Una nuova camera chiara » ; « Barometro campione moltiplicatore » ; « Sulla risoluzione numerica delle equazioni » ; « Sopra alcuni fenomeni osservati da Van Beek nella rotazione dei liquidi » ; « L'impossibilità del moto perpetuo dimostrato in modo elementare » ; « Quale debba essere la forza motrice nell'industria italiana » ; « Corso di meccanica pratica sulle locomobili e sulle trebbiatrici » ; « Sopra un nuovo istrumento geodetico cui potrebbesi dare il nome di Icnortometro » ; « Lezioni di meccanica razionale », Parme, 1874 ; « Gli icnortometri, ossia nuovi istrumenti geodetici che rilevano automaticamente il profilo longitudinale e la planimetria del cammino percorso da un carro », id., 1880 ; « Notizie relative agli istrumenti geodetici automatici », ecc. (*Riv. Scient. Ind. di Firenze*), 1880 ; « Gli omolografi » (*Politecnico*), Milan, vol. XXIX ; « Generalizzazione del Teorema di Pohlke » (id.), vol. XXXI ; « La teoria geometrica attuale delle restituzioni prospettive riveduta e corretta », Parme, 1885 ; « Delle armonie fra le scienze fisico-matematiche e le belle arti », discours, id., 1885 ; « L'omologia nello spazio e la costruzione delle immagini negli strumenti o sistemi ottici in generale », id., 1886 ; « A proposito di una discussione sollevata da una osservazione del Padre Secchi relativa alle immagini nei cannocchiali », id., 1886 ; « Sulla capacità della Botte alle Trezze in provincia di Venezia », 1887 ; « Sul risanamento della Città di Parma », études, Parme, 1888 ; « L'essenza reale delle quantità ora dette immaginarie, la rappresentazione diretta delle qualità complesse e la legge di continuità in geometria », id., 1890.

Vecchj (Auguste-Victor), littérateur italien, plus connu sous son pseudonyme de *Jack la Bolina*, né, à Marseille, de parents italiens, le 22 décembre 1843. Son père, le colonel Candide-Auguste Vecchj, écrivain fort connu, a été un des amis les plus intimes et des officiers les plus brillants de Garibaldi. C'est de sa villa de Quarto, près de Gênes, qu'est partie la légendaire expédition des *Mille*. Le jeune M. V. fut élevé à l'École Royale de Marine de Gênes, et, en 1831, il en sortit aspirant. De 1861 à 1872, il servit dans la Marine Royale, prit part à la malheureuse bataille de Lissa à bord du *Principe Umberto*, commandé par M. Guillaume Acton, et à la répression de l'insurrection qui éclata à Palerme, tout de suite après la guerre ; dans cette occasion il fut décoré de la médaille en bronze à la valeur militaire. En 1872 il quitta le service pour entrer dans les affaires, mais les résultats qu'il y obtint ne l'engagèrent pas à persévérer dans cette voie. Il débuta alors dans les lettres par un volume de « Saggi storico-marinareschi », Gênes, imp. des *Sordomuti*, 1877, qui était le premier essai de littérature maritime en Italie, depuis cinq siècles, c'est-à-dire, depuis Francesco da Barberino ; ce volume contient un article sur la stratégie maritime qui est le point de départ des fortifications des Bouches de Bonifacio. Suivirent : « I Bozzetti di mare », id., id., 1877 ; « Le leggende di mare », Bologne, Zanichelli, 1879 ; « Primo libro di lettura del marinaro italiano », épuisé ; « Le nuove leggende », id., id., 1880 ; « La vita e le gesta del generale G. Garibaldi », id., id., 1882. En même temps M. V. se signalait par sa brillante collaboration au *Fanfulla*, où ses articles sur les questions maritimes étaient fort remarqués, ainsi que ceux qu'il donnait à plusieurs autres journaux et revues, tels que la *Nuova Antologia*, *Rivista Marittima*, la *Rivista Internazionale*, le *Journal d'Italie*, journal politique quotidien en langue française, fondé à Milan dans le but de dissiper les malentendus que la question tunisienne avait fait surgir entre l'Italie et la France, la *Rassegna Settimanale*, la *Minerva*, revue en anglais publiée à Rome etc., etc. En 1880, il était nommé professeur d'histoire et de géographie à l'Institut technique de Pavie, d'où en 1882 il passa, en la même qualité, à Livourne. Il était alors (1883) dans la plénitude de sa fortune, quand un malheur inouï vint le frapper. M. V., dont toute la vie avait été dépensée au profit de son pays, dont le père avait été un des patriotes les plus actifs et les plus sincères, se trouva, grâce à la légèreté d'un de ses proches, et grâce aussi peut-être à un nombre énorme d'ennemis que l'indépendance de sa plume lui avait fait, enveloppé dans un procès de haute-trahison. Le procès dura un an, pendant lequel M. V., endura les souffrances de la prison préventive; après douze longs mois, les débats s'ouvraient devant la Cour d'Assises de Rome. A la lumière du débat public, l'échafaudage élevé avec tant de peine par l'accusation croulait comme un château de cartes. Le ministère public non seulement retirait l'accusation contre M. V., mais aussi contre son frère Lionello et le Comte Des Dorides, dont on avait voulu le faire complice. Blessé dans sa fierté de gentilhomme et de patriote, M. V. donnait alors sa démission de professeur et se retirait à vivre particulièrement à Florence s'adonnant entièrement aux lettres. Depuis lors, il a publié: « Racconti di mare e di guerra », Florence, Paggi, 1887; « Racconti, fiabe e fantasie », id., id., 1888; « Elementi di fisica e storia naturale », 2 vol., id., id.; « La riforma dell'armata », Florence, Bocca, 1888; « Le fortune dell'Indipendenza italica dal 1815 al giorno d'oggi », id., Paravia, 1888, ouvrage d'une haute portée éducative; « Ironie blande », Gênes, *Sordomuti*, 1889. M. V. a été le fondateur et le premier président du *Royal Yacht Club Italien*. Un sien ouvrage intitulé: « Storia generale della marina », a été récemment (août 1890), couronné au Concours du Ministère de la Marine. L'auteur en prépare l'impression avec cartes, pl. et gravures. Sous presse, chez L. Niccolai éditeur, Florence: « Mare ». Enfin M. V. a été le rédacteur en chef du *Dictionnaire international des écrivains du jour*, depuis la douzième livraison jusqu'à l'achèvement de l'ouvrage. Il est un des collaborateurs de la *Rassegna Nazionale*. Nous tenons à ajouter que malgré l'énorme injustice dont il a été victime, M. V. n'a point varié ses convictions de conservateur libéral.

Veckenstedt (Johannes-Albert-Edmond), érudit allemand, docteur en philosophie, né, le 7 janvier 1840, à Whlitz près de Magdebourg, fit ses études au Gymnase de cette ville et aux universités de Halle et Berlin, cultiva la philologie, l'archéologie, l'art et la mythologie; il a été maître au Gymnase Supérieur de Cottbus et maître supérieur des langues anciennes à Libau (Russie). Il vit à présent à Halle. En dehors des nombreux articles publiés dans la *Berliner Zeitschrift für Anthropologie, Ethnologie und Urgeschichte*, dans le *Herrig Archiv. f. das Studium der neueren Sprachen*, dans la *Zeitschrift für Völkerpsychologie und Sprachwissenschaft*, dans la *Zeitschrift der Pariser anthropologischen Gesellschaft* et dans plusieurs autres journaux scientifiques, nous lui devons: « Regia potestas quæ fuerit secundum Homerum », Halle, 1867; « Der Apollo von Belvedere », Cottbus, 1870; « Die Naturnachahmung in der Kunst », id., 1875; « Die Geschichte der Gil Blas Frage », Berlin, 1879; « Wendische Sagen, Märchen und aberglaubische Gebrauche », Gratz, 1880; « Die Mythen, Sagen und Legenden », 2 vol., Heidelberg, 1883 (ces deux ouvrages ont été recommandés aux bibliothèques de l'Empire russe par le Ministère de l'Instruction); « Ganimedes », Libau, 1882; « Sztukoris der Till Eulenspiegel », Leipzig, 1882; « Schut Tomka, sein russisches Ebenbild », id., 1884; « 25 Jahre zu Sei », id., id.; « Pumphut, ein Culturdämon der Deutschen und Wenden », id., 1885; « Geschichte der Griechischen Farbenlehre », Paderborn, 1888; citons en outre: « Sagen aus der Provinz Sachsen »; « Aberglaube aus der Provinz Sachsen »; « Wieland der Schmied und die Feuersagen der Arier »; « Die Kosmogonien der Arier »; « La musique et la danse dans les traditions des Lithuaniens, Allemands et Grecs »; « Le tambour du roi des Wendes »; « Die mythischen Könige der Arischen Volksheldensage und Dichtung »; sous presse: « Græcorum Cosmogoniæ quæ fuerint ». Il est le fondateur de la *Deutsche Volkskunde in Sage, Sitte und Brauch, mit Berücksichtigung der Volksüberlieferungen des Auslandes*, revue mensuelle paraissant à Leipzig depuis le 1er octobre 1888, et qui est devenue, depuis le mois d'octobre 1890, l'organe de la *Deutsche Gesellschaft für Volkskunde*, dont il est le président.

Vécsey (Thomas DE), jurisconsulte et homme politique hongrois, avocat, ancien recteur du Collège d'Eperjes, professeur de droit romain à l'Université de Pest, depuis l'année 1874, député au Parlement hongrois depuis 1870, né, le 23 février 1839, à Sziksző, est l'auteur de plusieurs ouvrages en hongrois sur le droit romain, fort estimés en Hongrie.

Vega (Richard DE LA), auteur très populaire de saynètes et d'études de mœurs madrilènes. Il peint le peuple comme personne, et ses pièces n'ont jamais plus de un ou deux actes, mais elles arrivent parfois à cinq-cents représentations comme « La Cancion de la Lola ». Il est fils du célèbre Ventura de la Vega qui fut le premier des auteurs dramatiques de son temps. M. de la V. occupe depuis longtemps un emploi au Ministère de *Fomento*, emploi que tous les ministres lui ont conservé. Ses œuvres les plus populaires sont: « La cancion de la Lola »; « Los baños del Manzanares »; « La funcion de mi pueblo »; « Providencias judiciales »; « Novillos en Polvoranca », etc., etc.

Vejdovsky (Fr.), naturaliste tchèque, professeur de zoologie et d'anatomie comparée à l'Université tchèque de Prague, né, le 24 octobre 1849, à Kowim (Bohême), fit ses études au Gymnase académique et à l'Université de Prague: il a été agrégé de zoologie à l'Ecole Politechnique de Prague et assistant naturaliste au Musée de cette ville. A la charge de professeur, il réunit celle de directeur des *Archives historiques* de Prague et est collaborateur de la *Zeitschrift für Wissenschaftliche Zoologie*, et des journaux suivants: *Vesnur, Osveta, Lumir, Osopis Ceskeho, Musea*. Quelques uns de ses essais zoologiques et plusieurs de ses mémoires ont paru dans les journaux scientifiques allemands, tchèques et anglais. Parmi ses ouvrages nous citons : « Zivocisné organismus Studnicnych vord o Praze », Prague, 1882, traduit en allemand; « System und Morphologie der Oligochästen », Prague, 1884; « Zráni oplozeni a ryhováni vajicka », id., 1887 (ouvrage couronné par la Société Royale des sciences à Prague); « Entwicklungsgeschtliche Untersuchungen », id., 1888; « Die Süsswasserschwämme Böhmens », id., 1883.

Velarde (José), poète lyrique de grande valeur, né, à Séville, en 1847; il se fit brillamment connaître à Madrid par ses lectures à l'Athénée et par ses volumes de poésie descriptive et tendre. Il est employé au Ministère du *Fomento*.

Velardita (Antoine), homme de lettres italien, né, à Piazza Armerina (Sicile), le 19 mars 1824, étudia dans sa ville d'origine et écrivit les ouvrages suivants: « Galeazzo Sforza Duca di Milano », 1861; « Giovanna Prima di Napoli e Andrea », 1864; « Dieci anni di mia vita », élégie; « Per le nozze di Luigia Carmela Velardita », poésies; « La Provvidenza », id.; « La Tragedia », discours; « Il sistema della Natura », Naples, 1869; « La Civiltà », 1880; « Il verismo in filosofia, letteratura e politica », 1883.

Velasquez (Alonzo-Antoine), naturaliste espagnol, professeur d'histoire naturelle, de physique et de chimie à Valladolid, né en 1835. Nous avons de lui un « Mémoire sur l'agriculture », couronné par la junte de Pampelune (Navarre), et une correspondance suivie aux journaux espagnols sur des sujets scientifiques.

Vengherof (Simon-Athanasievitch), littérateur russe, né, à Lubna (Gouvernement de Poltava), le 5 avril 1855. Il suivit toutes les facultés de l'Université de Saint-Pétersbourg et en 1875 il débuta par un livre de critique sur Turguénieff qui attira l'attention générale sur le jeune écrivain. En 1876, il commença à publier au *Novoje Vremja* les articles littéraires qu'il continua en 1878-79. Il collabora en même temps au *Russki Myr* et au *Slovo*. Depuis lors, M. V. a continué à publier des articles de critique, d'histoire et de littérature dans presque tous les journaux et les revues du grand Empire Oriental. A la fin de 1886, M. V. a initié la publication du « Dictionnaire critico-biographique des hommes de lettres et de science de la Russie », œuvre colossale qui méritera les honneurs de la traduction.

Venosta (Félix), écrivain et journaliste italien, né, le 20 mai 1828, à Naples, de parents lombards, étudia à Rome, prit part à la révolution milanaise de mars 1848, servit à l'armée au 22me régiment d'infanterie (1848-49), et écrivit les ouvrages suivants : « Corrado »; « Giovanni Maria Visconti »; « Raffaello e la Fornarina »; « Marin Faliero »; « Biografia di Alessandro Manzoni »; « Guida storica di Milano e dei laghi lombardi »; « Milano Diamante »; « Vita aneddotica di Vittorio Emanuele »; « Re Umberto I »; « Giuseppe Garibaldi »; « Pio IX »; « I nichilisti e Alessandro II »; « Francesca da Rimini »; « Vittoria Farnese »; « Otello »; « Amore e morte »; « Operaio e Principe »; « Giovanni l'operaio »; « Il Masnadiero Antonio Gasparoni », Milan, 1880; « Felice Orsini », id., 1881; « Aida, la schiava etiope », id., id.; « I Francesi a Tunisi », id., id.; « Salvator Rosa, racconto storico del secolo XVII », id., id.; « Anna de'Ricci », id., 1882; « Attraverso l'Egitto », id., id.; « Pietro Baiard », id., 1883; « Impressioni del castello medioevale », id., id.; « Pietro Micca », id., 1884; « L'abbadessa di Castro », id., 1886; « Vittoria Orsini o Fatalità », 1889.

Venturi (Adolphe), mathématicien italien, docteur en mathématiques, professeur de géodésie et de mécanique céleste à l'Université de Palerme, né, à Florence, en 1852, a fait ses études classiques et de mathématiques à l'Université de Pise et à l'École normale supérieure de la même ville. Après avoir été professeur au Lycée de Côme, il passa à l'enseignement universitaire en 1877. Dans l'entretemps, il avait remporté le grand prix royal pour l'astronomie par une série d'ouvrages sur les perturbations des petites planètes. Nous avons encore de lui les ouvrages suivants: « Teoria del moto della terra attorno al suo centro di gravità », 1879; « Sul moto perturbato delle comete », 1880; « Metodo di Hausen per le perturbazioni dei piccoli pianeti, rifatto integralmente », 1884; « Calcolo delle perturbazioni di Feronia (72), prodotte dall'attrazione di Giove », 1886; « Di una notevole semplificazione del calcolo di certi asteroidi », id.; « Sulla formazione delle immagini di oggetti celesti e terrestri sulle grandi superficie liquide della terra », 1889; « Influenza della rifrazione sulla formazione dell'immagine del sole riflesso sul mare », id.

Venturi (Louis), architecte italien, né, à Pievepelago (province de Modène), le 13 avril 1834, fit ses premières études à Castelnuovo di Garfagnana, et fut licencié architecte à l'Université de Modène en 1855. Nommé en 1857 professeur d'architecture pratique à l'Université de Modène, il fut promu à Bologne en 1865. Nous avons de lui : « Ragione e brevi cenni dichiarativi di modelli per strutture murarie », Modène, Foschi, 1881; « Di alcuni accorgimenti per la salubrità delle case », Bologne, Società tipografica già Compositori, 1883; « Nuovo sistema di costruzione delle camere salubri », Bologne, Zanichelli, 1885; « Due appendici al detto sistema », id., Monti, 1886; « Alcuni precetti per ottenere sane le cantine », id., id., id.; « Arte di fabbricare le abitazioni con materiale laterizio, in riguardo specialmente all'igiene », Modène, Tonietto, id.; « Per le case degli operai », Bologne, Monti, 1884; « La igiene nelle abitazioni. Cenni sinottici », id., Fava-Garagnani, id.

Verardini-Prendiparte (Ferdinand), médecin et littérateur italien, né, à Bologne, le 11 novembre 1818; il entreprit à la fois les études de belles-lettres, de philosophie, de médecine et de chirurgie et obtint son doctorat en 1842. L'œuvre de ce savant est tellement diffuse que nous nous contentons de donner les titres des mémoires principaux par lui publiés : « Storia d'estasi catalettica incompleta », 1850; « Alcune osservazioni risguardanti la contemporanea esistenza del vaiuolo e del vaccino », 1855; « Cenno intorno l'invasione del cholera-morbus nella città e provincia di Bologna nell'anno 1855 », 1856; « Rapporto sanitario sugli asili infantili di Bologna, anno 1856, e proposta per la ginnastica », id.; « Dell'occlusione intestinale e della cura col ghiaccio », 1857; « Neuralgia intercostale seguita da bulimia e storia d'un sudore nero », id.; « Caso di nigrizie o melasma (morbo d'Addison) con alterazione grave delle capsule surrenali », 1858; « Illustrazione di due pezzi patologici e studii intorno la superfetazione », 1858; « Intorno ad un nuovo metodo per estrarre dall'utero il feto delle morte incinte », 1859; « Esame critico sull'origine anatomica ed etiologica del tubercolo », id.; « Elogio del prof. cav. Antonio Santagata », id.; « Esame critico del Commentario sull'asma », 1860; « Risposta alle osservazioni del professor cav. Scipione Giordano intorno al nuovo metodo per estrarre dall'utero il feto, ecc. », id.; « Illustrazione d'un caso speciale d'aneurisma dell'arco aortico »; « Esame critico intorno Puccinotti, ecc. », 1861; « Del parto forzato nelle morte incinte in sostituzione del taglio cesareo », 1861; « Intorno al processo radicale per la guarigione dell'ernia strangolata », 1862; « Storia di un tumore aneurismatico dell'arteria celiaca », 1862; « Intorno l'ulcero semplice rotondo o perforante dello stomaco », 1862; « Lettera al professor cav. Scipione Giordano, clinico ostetrico in Torino, sulla convenienza di sostituire il parto forzato al taglio cesareo », 1863; « Etiologia della pellagra e suoi rapporti coll'alienazione mentale », 1864; « Storia d'echinococco e d'atrofia giallo-acula del fegato »; « Relazione intorno l'invio dei nostri poveri scrofolosi al mare », 1864; « Storia di pericardite tubercolare primitiva con emorragia », 1865; « Cenno necrologico su Luigi Carlo Farini », 1866; « Nota critica sul morbo d'Addison », id.; « Storia d'ernia diaframmatica e studii relativi », id.; « Storia di tetano reumatico »; « Rapporto delle due seguite spedizioni dei nostri scrofolosi ai bagni marini in Riccione », 1867; « Storia di un flemmone retro-peritoneale della regione lombare sinistra con peri-splenite », id.; « Vaiuolo, tubercolosi, albuminuria », id.; « Rapporto generale del Comitato bolognese per l'Associazione italiana di soccorso ai militari malati o feriti in tempo di guerra (1866) », 1868; « Nota intorno l'ernia diaframmatica », id.; « Studii monografo-clinici sulle malattie del pancreas », 1869; « Della Salicina contro le tifoidee nell'uomo e studii esperimentali intorno questa malattia », 1870; « Studii monografo-clinici intorno l'ematocele peri o retrouterino », id.; « Comunicazione intorno alcuni casi rari in pratica »; « Studii monografo-clinici intorno l'ernia diaframmatica », id.; « Storia di una dilatazione aneurismatica con trombo nell'arteria polmonare per endo-arterite deformante », 1871; « Cenni storici e studii intorno l'ascoltazione intra-vaginale, massime nella gravidanza, ecc. », id.; « Studii intorno la macrofalla da idrocefalo e suoi rapporti coll'alienazione mentale », 1872; « Di una nuova lancetta coperta per l'innesto vaccinico animale e per gli studii sperimentali sopra animali viventi », id.; « Sopra un nuovo porta-mano contro il crampo degli scrittori e per far scrivere i monchi », id.; « Rettificazioni storico-critiche sul parto forzato nelle morte incinte o presunte tali, e suoi rapporti colla medicina legale », id.; « Alcune annotazioni sulle ferite e sugli aneurismi dell'arteria vertebrale », id.; « Sull'ernia diaframmatica », id.; « Intorno l'ascoltazione intra-vaginale a diagnosticare la gravidanza nei suoi primi periodi e praticata con un particolare stetoscopio, ossia vagino-utero-scopio dell'autore », 1873; « Essiccazione e polverizzazione delle pustole vacciniche per innesti », id.; « Ulteriori studii intorno al morbo bronzino o morbo d'Addison », id.; « Studii sul migliore ordinamento degli Ospedali », id.; « Intorno al parto forzato nelle morte incinte », id.; « Di una nuova leva ostetrica articolata e decollatrice », 1874; « Sopra alcuni casi di Meningite encefalo-spinale », id.; « Di un idrotorace e di un ascesso polmonare guariti collo svotamento », 1875; « D'un ascesso epatite suppurativa apertosi nel polmone, e sussectiva guarigione », id.; « Intorno al metodo di rinoplastica malare », id.; « Di un nuovo uncino articolato, porta-lacci e decollatore », id.; « Storia di una donna che tenne 7 anni e 2 mesi il feto morto nel ventre », id.; « Vita del prof. cav. Marco Paolini, fisiologo », 1876; « Di altri casi di pronta guarigione di idro-toraci colla toracentesi capillare, e di un nuovo compressore toracico dell'autore da applicarsi dal lato sano, dopo però praticata la toracentesi capillare per rendere il metodo razionale », id.; « Di un vasto aneurisma dell'arco dell'aorta fattosi esterno, e guarito coll'ago elettro puntura », id.; « Ulteriori studii intorno l'uso della salicina nelle tifoidee dell'uomo e raffermazioni di primato », id.; « Nota sui risultati dell'elettrolisi in casi di aneurismi dell'aorta », 1878; « Ricerche intorno la causalità del soffio utero-placentare, e nuove osservazioni confermative l'utile dell'ascoltazione intravaginale per diagnosticare i primi periodi della gravidanza », id.; « Lettera al dott. Rey di Parigi sulla causalità del soffio utero-placentare », 1879; « Del parto provocato e del parto forzato nelle agonizzanti e nelle incinte affette da organiche cardiopatie », 1878; « Di un rumore musicale al cuore », 1879; « Di un nuovo uncino ostetrico articolato e decollatore », 1880; « Trattato sulle malattie del pancreas », 1882; « Nota sull'azione deprimente vasale della Ipecacuana somministrata ad alta dose nelle pneumoniti franche », 1880; « Guarigione stabile e perfetta di un vasto ascesso del polmone, fattosi esterno, ed ottenuta collo svotamento, susseguito dal drenaggio e dall'interna causticazione », 1881; « Intorno la meccanica compressione del torace dal lato sano ne' copiosi essudati siero-fibrinosi delle pleure », 1881; « Nota sul risultato finale dell'elettrolisi in un caso speciale e rarissimo di vasto aneurisma dell'arco aortico », id.; « Ulteriori studii clinico-sperimentali sull'azione deprimente vasale dell'Ipecacuana somministrata ad alta dose nelle pneumoniti franche », id.; « Nuovo contributo di studio su la malattia di Addison », 1883; « Di un caso raro di enfisema generale », id.; « Rapporto generale intorno le vaccinazioni e rivaccinazioni eseguite nell'anno 1881 nelle Provincie dell'Emilia ed Umbria », id.; « Rapporto idem pel 1882 », id.; « Nota su la patogenia dell'ulcero semplice e rotondo dello stomaco », id.; « Rapporto generale su le vaccinazioni e rivaccinazioni del 1883, diretto al Ministero dell' interno », 1884; « Nuovo contributo di studii clinico-sperimentali a viepiù comprovare l'azione deprimente vasale dell'Ipecacuana, somministrata ad alte dosi nelle pneumoniti franche », 1885; « Quarto rapporto generale sulle vaccinazioni e rivaccinazioni pel 1884, diretto al Ministero dell'interno », id.; « Brevi ulteriori considerazioni intorno la superfetazione e storia di un parto gemello », 1886; « Quinto rapporto generale sulle vaccinazioni e rivaccinazioni eseguite nelle provincie dell'Emilia, Marche ed Umbria nell'anno 1885, diretto a S. E. il Ministro dell'interno », id.; « Studii clinico-sperimentali sull'azione della radice di Ipecacuana, dell'Ementina, dell'Acido ipecacuanico, non che della cosiddetta Ementina della radice del mellone comune », 1887; « Sesto rapporto generale delle vaccinazioni e rivaccinazioni eseguite nelle provincie dell'Emilia, Marche ed Umbria nel 1886 », 1888; « Nota sulla cura chirurgica nelle malattie del Pancreas », id.; « Settimo rapporto generale delle vaccinazioni e rivaccinazioni eseguite, ecc., nel 1887 », id.; « Nota sulla macrocefalia da idrocefalo acuto », 1889; « Ottavo rapporto generale a S. E. il Ministro dell'interno delle vaccinazioni e rivaccinazioni e dei casi di vaiuolo occorsi nell'anno 1888 nelle Provincie dell'Emilia, Marche e Umbria », 1889; « Nono rapporto generale a S. E. il Ministro dell'interno intorno le vaccinazioni e rivaccinazioni ed i casi di vaiuolo occorsi nelle Provincie dell' Emilia, Marche ed Umbria nell'anno 1889 », 1890; « Considerazioni storico-critiche sul vaiuolo e sul vaccino », id.

Vercamer (Charles), publiciste belge, né, à Bruges, en 1823. Toute sa vie a été consacrée à l'enseignement public; dans ces derniers temps, il était inspecteur des écoles primaires, il est aujourd'hui retraité. Outre des articles de journaux et quelques brochures pédagogiques, philosophiques, historiques et politiques, on a de lui un « Catéchisme de morale universelle », couronné à Paris en 1867; une « Histoire du peuple belge et de ses institutions depuis les temps les plus reculés jusqu'en 1880 », Bruxelles, 1880; et un abrégé de ce dernier ouvrage intitulé: « Histoire populaire des Belges et de leurs institutions », id., 1882.

Verdaguer (Dom Hyacinthe), poète catalan justement considéré comme un des grands poètes de l'Europe, né, le 17 mai 1845, au village de Folgarolas. Il étudia au Séminaire et célébra sa première messe le 2 octobre 1870. Son ouvrage essentiel est le poème: « L'Atlantida », dont la première édition est de 1877, et qui a été traduit par M. Melchior de Palau en castillan (1878); par M. Albert Savine en prose française (1883); par M. Louis Suñer en prose italienne (1885). M. Jean Monné, directeur de la Revue Lou Félibrige, a traduit le poème en langue provençale. Dom J. V. appartient avec F. Mistral et avec les Félibres de Provence au grand mouvement qui tend à faire ressusciter dans la forme littéraire les vieilles langues parlées de France et d'Espagne. Nous avons encore de ce poète catalan: « Idilis y Cants mistichs », 1879; « Cansons de Monserrat », 1880; « Legenda de Monserrat », id.; « Caritat », 1885; « Nerto », traduction de Mistral 1886; « Canigo », id., « Escursions y Viatjes », 1887;

« Lo Somni de Sant Joan », id.; « Legenda del Sagrat Cor de Jesus », id.; « Patria », 1888; « Vietari d'un pelegri á Terra Santa », id.; « Cántichs », id.

Verdam (Jacob), homme de lettres hollandais, professeur de langues néerlandaise et thioise à l'Université d'Amsterdam, naquit, le 23 janvier 1845, à Amsterdam, apprit le latin et le grec au célèbre institut du docteur P. Epkema à Amsterdam; étudia les lettres à l'Université de Leyde (1865-68), fut nommé professeur des langues classiques au Gymnase de Leyde en 1869, et en 1870 professeur à l'Université d'Amsterdam. En 1883, il fut nommé membre de l'Académie royale des Sciences à Amsterdam, et en 1888 membre honoraire de l'Académie royale flamande à Gand. Nous avons de lui : « Tekstcritick van Middelaederlandsche Schrijvers », dissertation académique écrite pour obtenir le titre de docteur, 1872; une édition d'« Episodes nit Maerlant's Historie van Troyen », 1873; « Seghelynoa Jherusalem », édition du poème du 14e siècle, 1878; « De beoefening der Nederlandsche to al in verband met het nieuene doctorat », discours d'entrée à l'Université d'Amsterdam, id.; « Middelnederlandsch wooidenboek », commencé avec M. le Dr E. Verwijs, décédé; « Theophilus (édition du) », poème du XIVe siècle. En outre, plusieurs éditions de poètes néerlandais du XVIIe siècle, et de nombreux articles dans les principales revues de langue et littérature néerlandaises.

Verdinois (Frédéric), journaliste, critique, homme de lettres italien, plus connu sous le pseudonyme de *Picche*, dont il signe ses articles pleins de verve au *Fanfulla*, né, à Caserte, en 1844. Il entra dans l'administration des douanes, et débuta dans la littérature par une pièce de théâtre: « Marito e Moglie ». Suivit un conte « Amore sbendato ». Ce succès de plume le conseilla à quitter les douanes et le voilà chroniqueur brillant au *Piccolo* et au *Corriere del Mattino* de Naples, correspondant au *Fanfulla*, à l'*Illustrazione italiana* de Milan, etc. Nous avons encore de lui: « Novelle di Picche », Milan, Brigola, traduites plus tard en allemand; « Nuové Novelle », Florence, Paggi; « Principia », contes, Naples, Tocco; « Racconti inverosimili », id., Pezzoli; « La visione », id., Tocco, traduit plus tard en allemand; « Colpo maestro », nouvelle, id.; « Profili letterarii napoletani »; 1881; « Nuove novelle di Picche », 1882; « Quel che accadde a Nannina », 1887; « L'onestà », Milan, Galli. Il a aussi traduit les romans de Dickens : « Pickwick Club »; « Little Dorrit »; « Christmas Carol », et la « Guida del maestro », de R. Robinson.

Verga (Jean), romancier et auteur dramatique italien qui a été le premier dans son pays à accepter le mouvement naturaliste du roman contemporain et à rompre dans ses écrits avec la tradition romantique imprimée par Manzoni à la littérature italienne. M. V. est né, à Catane, en 1840, mais comme homme de lettres il est plutôt milanais, car c'est à Milan que cet écrivain de haute envergure a composé ses ouvrages. Citons: « Storia d'una Capinera »; « Eva »; « Nedda »; « Eros »; « Tigre reale »; « Primavera »; ensuite le grand et beau roman « I Malavoglia »; « Il marito d'Elena »; « Per le Vie », Milan, 1883; « Vagabondaggio », 1887; « Drammi intimi »; « Novelle rusticane »; « Mastro Don Gesualdo », son dernier ouvrage, 1889. Au théâtre, il a donné une seule pièce : « Cavalleria rusticana », vrai modèle du genre, qui a fourni le sujet du petit opéra en un acte de M. Mascagni, dont le succès a été si retentissant.

Vergotis (Panagiotis), écrivain hellène, professeur à Lixuri, dans l'île de Céphalonie, né en 1842. Il a traduit en grec les premiers cinq chants de l'Enfer de Dante, avec une préface et des notes; « Il piccolo cittadino », 1870, ouvrage d'éducation fort estimé; « L'amore dell'idea », 1877; « Il mondo della lingua greca », 1878; « Filosofia della lingua greca », etc.

Verhaeren (Émile), poète, romancier et littérateur belge, né, à Saint-Amand, dans la province d'Anvers en 1855. Il a publié plusieurs volumes de vers: « Les Flamandes », Bruxelles, 1883; « Les Moines », Paris, 1886; « Les soirs », Bruxelles, 1888; « Les débâcles », id., id.; et un recueil de prose : « Les contes de minuit », Bruxelles, 1884. M. V. est actuellement rédacteur à l'*Art Moderne*, revue critique des arts et de la littérature, et il collabore à la *Jeune Belgique*, la *Wallonie*, à la *Revue indépendante*, aux *Écrits pour l'art* de Paris. Il fait partie du groupe des *Symboliques instrumentistes*, sans tomber toutefois dans les exagérations ridicules de plusieurs membres de ce groupe.

Verlaine (Paul), poète français, né, à Metz, en 1844. Mêlé au mouvement parnassien, il publie en 1866 son premier recueil « Poèmes Saturniens »; puis viennent: en 1869, « Fêtes galantes »; en 1870, « La Bonne Chanson »; en 1874, « Romances sans paroles » en 1881, « Sagesse », livre de repentirs et d'effusions catholiques. Puis « Jadis et Naguère », 1884; « Amour », Vanier, 1888. M. Paul Bourget a dit de M. V. : « Cet écrivain étrange, et dont le grand public ignore jusqu'au nom, a essayé de reproduire avec des vers les nuances qui sont le domaine propre de la musique, tout l'indéterminé de la sensation et du sentiment ». M. Jules Lemaître ajoute : « M. V. passe auprès de quelques jeunes gens pour un abstracteur de quintessence, pour l'artiste le plus délicat et le plus savant d'une fin de littérature.... Cet enfant malade a une musique dans l'âme, et, à certains jours, il entend des voix que nul avant lui n'avait entendues ».

Verly (Hippolyte), littérateur et journaliste français, né, à Lille (Nord), d'une famille de la vieille bourgeoisie flamande, en 1838. Il débuta en volontaire dans le journalisme; fonda diverses petites feuilles littéraires; entra en 1867 en qualité de rédacteur politique dans les bureaux du principal journal de la région du Nord, l'*Écho du Nord*, publié à Lille, auquel il donna un développement considérable, et dont il devint rédacteur en chef en 1870 et directeur politique en 1873. M. V. prit une part active aux agitations de l'opposition libérale dans les dernières années de l'Empire, et fut, après le 4 septembre, du nombre des écrivains qui contribuèrent par leur modération et leur esprit conciliant à acclimater la République en France. En dehors de ses travaux de journaliste, M. V. a publié un certain nombre d'ouvrages littéraires : « Le Souvenirs d'un Canonnier lillois », 1 vol., Paris, Schulz et Thuillé, 1867; « Biographie lilloise », 1 vol., Lille, Leleux, 1869; « Les Tablettes d'un bourgeois de Lille », 1 vol., Paris, A. Lacroix, 1874; « De Flandre en Navarre », 1 vol., Lille, Leleux, 1875; « Zig-Zags en France », 1 vol., id., id., 1876; « Spada-la-Rapière », 1 vol., Paris, Sandoz, 1878; « Histoires du Pays flamand », 1 vol. Paris, Plon, 1879; « Les Contes flamands, relatant les haults faicts de guerre, d'amour, de beuverie et aultres, advenus ès pays des Flandres depuis le bon roy Dagobert », 1 vol., in-8°, illustré de 170 dessins de Just, id., id., 1885; « Les gens de la vieille roche », 1 vol., id., Calmann-Lévy, 1887.

Verne (Jules), l'un des plus populaires entre tous les écrivains contemporains, celui qui a su accoupler à une vive imagination la connaissance des sciences exactes et abstruses en créant le roman scientifique qui intéresse également les esprits sérieux et les adolescents. M. V. a composé des ouvrages nombreux qui sont tous traduits en toutes les langues, et son travail incessant a trouvé sa récompense dans une célébrité méritée et dans une fortune fort belle. Il est né, le 8 février 1828, à Nantes. Il fit ses études à Nantes et son droit à Paris. Il débuta en 1850 dans la littérature dramatique par une comédie en vers, « Les Pailles rompues », jouée au Gymnase. Puis il donna « Onze jours de siège », comédie en 3 actes au Vaudeville, et composa plusieurs opéras-comiques. En 1863 il apporta à M. J. Hetzel son premier livre : « Cinq Semaines en ballon ». Voilà la liste de ses autres ouvrages en ordre de date, tous édités par Hetzel et Cie de Paris : « Cinq semaines en ballon », 1 vol., 1863; « Voyage au centre de la terre », 1 vol, 1864; « De la terre à la lune », 1 vol., 1865; « Les anglais au pôle Nord », 1 vol., 1866; « Le désert de glace », 1 vol., id.; « Les enfants du Capitaine Grant », 3 vol., 1867-68; « Vingt mille lieues sous les mers », 2 vol., 1869-70; « Autour de la lune », 1 vol., 1870; « Découverte de la terre », 1 vol., 3e éd., id.; « Une ville flottante », 1 vol., 1871; « Aventures de 3 russes et de 3 anglais », 1 vol., 1872; « Le tour du monde en 80 jours », 1 vol., 1873; « Un neveu d'Amérique », pièce, id.; « Le Pays des fourrures », 2 vol., id.; « Le docteur Ox », 1 vol., 1874; « L'île mystérieuse », 3 vol., 1874-75; « Le Chancellor », 1 vol., 1874; « Michel Strogoff », 2 vol., 1876; « Les Indes noires », 1 vol., 1877; « Hector Servadac », 2 vol., id.; « Un capitaine de 15 ans », 2 vol.; « Histoire des grands voyageurs », 6 vol., 1878-80; « Un hivernage dans les glaces », 1878; « Tribulations d'un chinois », 1879; « Les 500 millions de la Begum », id.; « La maison à vapeur », 1880; « La Jangada », 1881; « Les voyages au théâtre », 1881; « Le Rayon-vert »; 1882; « L'école des Robinsons » id.; « Kéraban le Têtu », 2 vol., 1883; « L'Archipel en feu », 1 vol., 1884; « L'Étoile du Sud », 1 vol., id.; « Mathias Sandorf », 3 vol., 1885; « Billet de Loterie », 1886; « Robur le Conquérant », 1 vol., id.; « Nord contre Sud », 1 vol., 1887; « Le Chemin de France », 1 vol., id. En collaboration avec M. Th. Lavallée, M. V. a publié : « Géographie de la France », 1867-68; en collaboration avec M. André Laurie : « L'Épave du Cynthia », 1885.

Vernes (Charles), pasteur français de l'Église réformée, fils aîné de M. Philippe-Louis V. M. V. est né en 1844. Il a présenté pour le baccalauréat, à Strasbourg, une thèse intitulée : « Une créature peut-elle être sainte ? », 1867. Il a publié, en 1876, un écrit de controverse religieuse : « Protestantisme et catholicisme ».

Vernes (Maurice-Louis), théologien et publiciste français, né, le 25 septembre 1845, à Nauroy dans le département de l'Aisne d'une famille genévoise enrichie à Paris dans la banque sous la restauration. Fils de M. Louis V. pasteur-président du Consistoire de Paris, il fit de brillantes études aux Facultés de Montauban et de Strasbourg (1865-1868), fut amené, sous l'influence des professeurs Reuss et Colani, de l'ortodoxie piétiste dans laquelle il avait été élevé au libéralisme de l'école moderne et partit en 1869 pour Beyrouth. Les recherches critiques relatives à l'Ancien-Testament, dont il avait de bonne heure compris l'importance, le conduisirent à prendre part aux fouilles entreprises en Palestine sous la direction de M. Clermont-Ganneau. La guerre de 1870 le força à quitter l'Orient plus tôt qu'il ne l'aurait désiré pour revenir à Paris pendant le siège, où il combattit comme mobile. L'Académie de Neuchâtel l'appela en qualité de suppléant pour la philosophie et la littérature française en 1871, lors du départ de M. Ferdinand Buisson. En 1873 M. V. dirigea la revue protestante libérale : *Le Disciple de Jésus-Christ* de concert avec son vénérable et toujours actif fondateur M. Martin

Paschoud. Les libéraux français rendirent hommage à ses capacités scientifiques en le choisissant pour candidat en 1873, lors de la vacance à la Faculté de Montauban de la chaire d'hébreu, tentative frappée d'insuccès, puisque la majorité des consistoires se prononça en faveur de M. Bruston. M. V. réussit tout aussi peu en 1874 dans son projet de créer à Paris une école libre de théologie protestante libérale, il fut plus heureux en 1877, lors du transfert à Paris de la Faculté de théologie protestante de Strasbourg dont il s'était montré un des plus ardents promoteurs et dans laquelle il fut chargé de l'enseignement de l'histoire de la philosophie en qualité de maître de conférences. Une leçon de rentrée sur le « Protestantisme et la philosophie expérimentale », prononcée le 6 novembre et dans laquelle était proclamée l'incompatibilité absolue de la science critique avec le sentiment religieux, le contraignit à donner sa démission. Déjà en 1875 M. V. s'était aliéné plusieurs de ses anciens amis par une intervention maladroite dans les débats intérieurs de l'Église réformée et une reconnaissance plus ou moins déguisée des prétentions synodales. Son intelligence vive, ouverte, lucide, compréhensive s'est tour-à-tour portée sur divers problèmes à l'ordre du jour, dont elle a loyalement recherché la solution dans la représentation proportionnelle, la séparation de l'Église d'avec l'État, l'organisation d'un enseignement supérieur pour les jeunes filles, la réforme de l'enseignement classique et en général de tout l'enseignement secondaire. M. V. a demandé dans la presse à diverses reprises d'introduire dans les programmes de l'enseignement public l'histoire des religions conçue en dehors de toute attache dogmatique: aussi est-il tout naturel qu'en 1880 M. Guimet lui ait offert la direction d'une revue pour l'histoire des religions purement scientifique, la première de ce genre en Europe et à laquelle promirent leur concours MM. Bouché-Leclercq, Barth, Decharme, Guyard, Maspéro. En 1884 M. V. a cru devoir se retirer de cette publication et en laisser la responsabilité à M. Jean Réville. L'union conservatrice libérale l'inscrivit en 1885 sur la liste de ses candidats pour le département de Seine-et-Oise; depuis 1887, il professa l'Histoire d'Israël à l'École des Hautes-Études. M. V. qui a pris en 1871 sa licence en théologie à Strasbourg et en 1874 son doctorat à Montauban, s'est fait connaître par les ouvrages suivants : « La Rédemption d'après Jésus-Christ », 1868; « De natura fidei apud Paulinum apostolum », 1871; « Le peuple d'Israël et ses espérances relatives à l'avenir jusqu'à l'époque persane », 1872; « Histoire des idées messianiques depuis Alexandre jusqu'à l'empereur Hadrien », 1874; « Quelques réflexions sur la crise de l'Église réformée de France », 1875; « Un revirement de l'opinion libérale en France, réaction contre la séparation de l'Église et de l'État », 1876 ; « La réforme de l'enseignement supérieur aux Pays-Bas », 1879; « Mélanges de critique religieuse », 1880; « Manuel de l'histoire des religions », esquisses d'une histoire de la religion jusqu'au triomphe des religions universalistes, traduction du hollandais de C. P. Tiele, id. ; « Quelques observations sur la place qu'il convient de faire à l'histoire des religions aux différents degrés de l'enseignement public », 1881; « Religion nationale et religion universaliste », traduction du hollandais de A. Kuenen, 1884; « L'histoire des religions, son esprit, sa méthode, ses divisions, son enseignement en France et à l'étranger », 1886; « Précis d'histoire juive depuis les origines jusqu'à l'époque persane », 1889. La collaboration de M. V. est acquise à la *Bibliothèque universelle*, à la *Revue critique d'Histoire et de Littérature*, à la *Revue politique et littéraire*, à la *Revue philosophique*, etc.

Vernes (Philippe-Louis), pasteur réformé français, né, à Paris, le 25 février 1815, appartient à une vieille famille de bourgeoisie protestante originaire du Vivarais (Ardèche), refugiée en Suisse et rentrée en France à la fin du siècle dernier. Après avoir été élevé à l'École polytechnique, il fit sa théologie à Lausanne, où il eut pour maître Vinet. Bachelier en théologie à Strasbourg, il y soutint une thèse sur « Le caractère de N. S. Jésus-Christ considéré dans son humanité ». Pasteur à Paris depuis 1861, le Consistoire de Paris l'appela en 1872 à sa présidence. En 1873, après la mort de M. Martin Paschoud, il devint également président du Conseil presbytéral. Il a été le principal fondateur (1846) de la Société centrale protestante d'évangélisation. Vice-modérateur du synode officiel de 1872, président de la Commission de défense des droits et des libertés des Églises réformées synodales, il a défendu auprès du pouvoirs publics les mesures tendant à assurer aux églises réformées de France le régime synodal et la profession publique d'un minimum dogmatique. M. V. n'a publié que de courts écrits de circonstance.

Verneuil (le docteur Aristide), médecin et professeur français, professeur de clinique chirurgicale à la Faculté de médecine de Paris, chirurgien des hôpitaux, membre de l'Académie de médecine et de l'Académie des sciences, né, à Paris, en 1823. Il a publié: « Mémoires de chirurgie », tomes I à V, 5 vol., in-8, G. Masson, et de très nombreux travaux épars dans les recueils scientifiques, les bulletins des sociétés savantes, ou les actes des congrès médicaux. M. le docteur V. dirige les publications scientifiques de l'*Œuvre de la Tuberculose*.

Vernier (Valéry), poète et romancier français, né, à Lille, en 1828. Il a fait au sortir du collège son droit à Paris, et son stage d'avocat à Douai

A vingt-huit ans, en 1856, il débuta à la *Revue des Deux Mondes* par un poème en vers « Aline », qui fut accueilli par tous ceux qui aiment les vers avec la plus vive sympathie. Ce poème est un roman comme « Jocelyn » de Lamartine, comme « Hermann et Dorothée ». Il parut en volume pour la première fois en 1857, chez Dentu. La donnée d'« Aline » a été reprise avec succès par M. Coppée dans son poème d'« Olivier » qui a plus d'un point de ressemblance avec celui d'« Aline ». La dernière édition d'*Aline* a paru en 1877, augmentée des « Filles de Minuit », poésies, Charpentier éditeur. La 1re édition des « Filles de minuit » est de 1865. Dentu a publié: « L'Étrange voyage », vers 1866. Ce nouveau poème qu'on pourrait appeler la « Céleste Comédie », dans un récit aussi agréable qu'étrange, nous fait voyager dans les astres. Audacieuses hypothèses et piquantes satires, l'imagination du poète s'y joue avec une verve tour-à-tour malicieuse et sentimentale sur de très amusantes inventions. M. V. n'est pas seulement un poète, il sait aussi comprendre les poètes étrangers et les faire admirer aux autres. Nous lui devons une traduction des poésies de Leopardi très-fidèle et très appréciée des lettrés. Romancier, M. V. a publié des œuvres pleines de sentiment et de fantaisie. « Philofils », qui avait paru dans *La Vie Littéraire*, a été publié chez Calmann-Lévy sous le titre de « La passion d'André », 1880. Chez le même éditeur « Les séductions de miss Fanny », 1882. Citons encore: « Un Viveur », 1884; « Les Liaisons dangereuses d'aujourd'hui », id. ; « Un Sphinx du demi-monde », 1885, chez Dentu. Ces romans ont été publiés d'abord dans la *République Française*, où M. V. fait la critique sous le pseudonyme de *Fabrice W*.

Verninac (Henri-François-Charles DE), homme politique français, sénateur du Lot, est né, à Rochechouart (Haute-Vienne), le 18 mars 1841. Il est le neveu de l'ancien ministre de la marine en 1848. Docteur en droit, M. de V. a écrit dans les journaux spéciaux de nombreux articles sur des questions de droit ou de jurisprudence. En 1865, il se préparait à l'agrégation des Facultés de Droit quand des raisons de famille l'appelèrent à vivre à la campagne. Il se livra alors à l'agriculture et a fait paraître de nombreux articles dans les journaux agricoles. En 1880, il a publié dans la *Nouvelle Revue*, une série d'articles sur les droits que l'on voulait, dès cette époque, imposer à l'entrée des blés. Au Sénat, où il a été élu le 4 février 1883, en remplacement de M. Roques décédé, M. de V. a fait et défendu à la tribune le rapport sur la loi des récidivistes (1884-85); il a prit part aux discussions du Tarif-général des douanes (céréales-bestiaux).

Vernon-Harcourt (Leveson-François), professeur de l'art de l'ingénieur à l'*University College* de Londres, né, le 25 janvier 1839, à Londres, a étudié (1838-62) à Oxford et à l'école du génie civil (1862-65) et après avoir été chargé d'une quantité de constructions de ports et de docks en Angleterre et en Hollande, a été nommé en 1882 à la chaire qu'il occupe maintenant. Nous avons de cet auteur, un assez grand nombre de mémoires publiés aux *Proceedings of the Institution of civil engineers* de Londres, l'article: « Canal » à la *Chalmer's Encyclopedia*, enfin les livres suivants: « Rivers and Canals », 2 vol., Oxford, 1882; « Harbours and docks », id., 1885.

Véron (Eugène), journaliste et littérateur français, né, à Paris, le 20 mai 1825; après de brillantes études, il entra à l'école normale supérieure en 1846. Reçu agrégé des lettres en 1850, il professa quelque temps en province, puis revint à Paris, où il se livra à l'enseignement libre et collabora à divers journaux, notamment à la *Revue de l'instruction publique*, au *Journal des Économistes*, à la *Revue nationale*, au *Courrier du Dimanche*, à la *Revue politique* de Gambetta, au *Courrier français*, à la *Gazette des Beaux-Arts*. En 1869, il fonda à Montpellier la *Liberté de l'Hérault*. En 1869, il devint rédacteur en chef du *Progrès de Lyon*, qu'il quitta en 1872 pour fonder à Lyon la *France républicaine*. Après la suppression de son journal par la réaction du 24 mai 1873, M. V. revint à Paris et fonda l'*Art* avec MM. Balluc et Jantet. En 1876, il tenta également avec M. Balluc la ressurection de *L'Avant-Garde*, journal politique quotidien qui disparut au bout de quelques mois. M. V. a publié: « Du progrès intellectuel dans l'humanité », 1862; « Des Associations ouvrières de consommation, de crédit et de production », 1865; « Les institutions ouvrières de Mulhouse »; « Histoire de la Prusse depuis Frédéric II jusqu'à Sadowa », 1867; « Histoire de l'Allemagne depuis Sadowa », 1876; « La troisième invasion », 1876-77; « L'esthétique, l'origine des arts, le goût et le génie »; « La morale »; « L'histoire naturelle des religions ».

Véron (Pierre), éminent journaliste français, né, à Paris, en 1833. Il débuta à Paris, en 1854, par un volume de vers: « Les réalistes humains », et comme collaborateur de la *Revue de Paris* (1854-58); en 1859, il passa au *Charivari*, dont il demeura l'un des collaborateurs les plus assidus et les plus spirituels. Il fournit en outre des chroniques au *Courrier de Paris*, au *Monde illustré*, à l'*Illustration*, au *Petit Journal*, au *Journal amusant*, à l'*Avenir national*, à l'*Opinion nationale*, au *Nain Jaune* et à une foule d'autres journaux. Parmi ses volumes séparés, citons: « Paris s'amuse », 1861; « Les Marionnettes », 1862; « Le Roman de la femme à barbe »; « Maison Amour et Cie », 1864; « La Famille Hasard », 1865; « La Foire aux grotesques », 1865; « Le Pavé de

Paris », id. ; « La comédie en plein vent », 1866 ; « Par devant M. le Maire » ; « Monsieur et Madame Tout-le-Monde » ; « La mythologie parisienne » ; « L'âge de fer blanc » ; « Les pautins du boulevard » ; « Les phénomènes vivants », etc. etc. Au théâtre, il a donné une pièce intitulée : « Sauvé, mon Dieu! ».

Versigny (Claude-Marie-Agapite), administrateur, publiciste, homme politique français, député de la Haute-Saône, est né, à Gray, le 18 août 1818 ; il est le frère de M. Victor V. représentant du peuple en 1849 et proscrit du 2 décembre. Avocat au barreau de Gray et ancien bâtonnier, M. V. fut nommé sous-préfet de Gray par le gouvernement de la défense nationale ; il fut révoqué sous le régime de « l'ordre moral ». Pendant qu'il était sous-préfet, il fut emmené comme ôtage par les Prussiens, interné à Brême, où il est resté quatre mois. Nommé député de l'arrondissement de Gray en 1875, il a conservé son siège depuis cette époque, et a toujours appartenu au groupe de l'Union républicaine, dont il a été le vice-président. Il a pris plusieurs fois la parole sur des questions d'affaires ; il n'a point fait imprimer ses discours ; il a présenté divers projets de lois sur l'organisation judiciaire, sur le jury, sur les lois de finance etc.

Versnayen (Charles), écrivain belge de langue néerlandaise, né, à Gand, le 25 mars 1836. On lui doit des poésies, des nouvelles, des pièces de théâtre et une bonne étude sur Maerlant: « Jacob van Maerlant en zyne werken », Gand, 1861. En 1883, la maison Lebègue et Cie de Bruxelles a publié, sous le titre : « École et cabaret », la traduction d'une de ses œuvrettes.

Vértesi (Arnold), romancier et nouvelliste hongrois, né, à Erlau, le 16 août 1836. Âgé de 13 ans, il s'enrôlait dans les Honveds; ensuite, il étudiait la loi et la médecine à Pest, mais pour s'adonner après entièrement à la littérature. Il débuta à 20 ans comme écrivain par la nouvelle: « Le Roi des Maures ». En 1859 il publia deux volumes de nouvelles historiques ; en 1861 il entrait dans le journalisme ; en 1867 on lui confiait la direction du *Pesti Hislap* ; il fit un premier séjour de deux ans en Italie dans les années 1869-71 et un second séjour en 1874. Il est établi depuis plusieurs années à Debreczin, où il dirige le *Debreczeni Ellenőr*.

Vertua-Gentile (Anne), femme de lettres italienne dont les écrits pour la jeunesse sont très appréciés, née à Dongo (lac de Côme) en 1850 ; elle fut élevée à Côme et à Milan. Des revers de fortune la poussèrent à se procurer par la plume une existence plus aisée. Elle épousa le professeur Iginius Gentile de l'Université de Pavie; elle collabore à plusieurs journaux d'éducation et elle a écrit les ouvrages suivants: « Il primo libro dei fanciulli » ; « Letizia e Sandro » ; « Roba alla buona » ; « Il quaderno di Ghita e Giorgio », édités par Carrara de Milan. « Storia d'una bambola » ; « La buona sorella » ; « Cuor forte e gentile » ; « Silvana », Milan, Hoepli. En 1887 « Nora », roman publié au rez-de-chaussée du journal *Corriere della Sera* et ensuite en volume (Milan, Brigola).

Vespasiani (Titus), pédagogiste italien, professeur à l'école normale de Nuoro en Sardaigne, né, en 1853, à Rocca di Mezzo. Nous avons de lui une collaboration suivie aux journaux de pédagogie italiens.

Vessiot (Alexandre), professeur et écrivain pédagogique français, né à Langres (Haute-Marne). Entré à l'École Normale Supérieure en 1848, il fit partie de la célèbre promotion: Taine, About, Sarcey, Paul Albert, etc. Agrégé des lettres au sortir de l'École, M. V. professa à Nîmes, puis à Lyon et se fixa en 1856 à à Marseille, où il enseigna pendant vingt-six ans et professa pendant dix-sept ans la rhétorique. L'enseignement ayant altéré sa santé, il fut nommé inspecteur d'Académie à Marseille d'abord, puis à Paris. M. V. est actuellement inspecteur général de l'Instruction publique pour l'enseignement primaire depuis 1886. Il a publié: « De l'Éducation à l'École », 1885 ; « De l'Enseignement à l'École », 1886 ; « La question du Latin de M. Frary et les professions libérales », id. ; « Pour nos enfants », dialogues, récits, prose et vers, 1887. Ces ouvrages ont paru à la librairie Lecène et Oudin de Paris. M. V. a fondé en 1886 une revue d'éducation et d'enseignement, *L'Instituteur*. C'est pour faire prendre à l'éducation sa place – qui est la première – et pour propager les méthodes exposées dans ses ouvrages pédagogiques que M. V. a fondé *L'Instituteur*.

Veth (Pierre-Jean), éminent géographe et orientaliste hollandais, professeur, depuis 1877, à l'Université de Leyde. Il est l'un des fondateurs de la Société de Géographie d'Amsterdam, et il a grandement contribué à étendre les connaissances sur les Indes Néerlandaises. On lui doit entr'autres des monographies savantes sur Java et sur Bornéo, et un « Dictionnaire géographique et statistique des Indes Néerlandaises ».

Vetter (Ferdinand), philologue suisse, né, le 3 février 1847, à Osterfingen dans le canton de Schaffhouse, fils d'un pasteur, reçut sa première éducation sous le toit paternel, fréquenta de 1859 à 1866 pour l'enseignement secondaire les gymnases de Zurich et de Schaffhouse (1863), se rendit en 1866 à Bâle pour y entendre Jacob Burckhardt et Wackernagel et passa de 1868 à 1873 plusieurs semestres aux universités de Berlin, de Goettingue et de Leipzig. La carrière pédagogique s'ouvrit pour lui en 1870 avec une place de maître au gymnase de Coire qu'il échangea en 1874 contre une toute semblable à l'école cantonale d'Aarau. L'Université de Berne se l'est attachée à partir de 1876 en qualité de professeur pour la philologie germanique. Ses connaissances théoriques sur la mythologie scandinave se sont en 1887 complétées de la manière la plus heureuse par un voyage en Norvège et en Islande. Les principaux écrits de M. V. sont d'après l'ordre des dates : « Mussili et la poésie de l'allitération en Germanie », Vienne, 1872 ; « Nouveaux renseignements sur le Schachzabelbuch par Conrad d'Ammenhausen », 1 vol., Frauenfeld, 1877, 2º éd. 1886 ; « Les légendes relatives à l'origine suédoise et grisonne des gens de Schwytz et de l'Oberhasli », 1877 ; « Un couple de mystiques au XIVº siècle », 1883 ; « Benedict Fontana », 1883 ; « Le couvent de St.-Georges à Stein-sur-le-Rhin », 1884 ; « Les combats de la Réformation dans la ville de Stein », 1886 ; « La forme primitive donnée par Gotthefs à Ulrich le Valet », Leipzig, 1887 ; « Saint-Georges par Reinbot de Durne », id., 1887 ; « La littérature didactique au XIVº et XVº siècles », Stuttgard, 1887 ; « Les anciennes divinités germaniques Freyr et Baldz » (Germania), 1874 ; « Schiller et les Grisons » (Archives de Schnow pour l'histoire de la littérature allemande), 1883. Le professeur Bacchtold de Zurich s'était assuré le concours de son collègue de Berne lors de la publication de sa « Bibliothèque d'anciens ouvrages composés dans la Suisse allemande », Frauenfeld, 1877. M. V. a trouvé dans la poésie un agréable délassement à ses recherches érudites et a publié sous le pseudonime de Frédéric Volker un recueil de poésies lyriques : « Sang und Drang », 1876 ; « Cinq beaux et anciens chants sur le combat de Morat », 1876 ; « Néron », texte pour un opéra de Frank.

Vetter (Théodore), littérateur suisse, frère du précédent, né, le 28 juin 1853, au village de Dägerlen dans le canton de Zurich, fréquenta au sortir du gymnase de Schaffhouse les Universités de Bâle, de Leipzig, de Berlin, et se voua de préférence à des études de philologie comparée et de philologie germanique sous la direction des professeurs Maurice Heine, Georges Curtius, J. Schmidt, With, Scherer, Zarneke. Un séjour de trois années et demie en Russie, où il fut attaché, en qualité de maître, au gymnase du Grand-duc héritier à Moscou placé sous la direction de l'illustre panslaviste Katkof, lui permit d'acquérir une connaissance approfondie des idiomes slaves et de choisir en 1883 pour sujet de dissertation doctorale : « L'Histoire de la déclinaison des noms en russe ». Le goût des voyages et des explorations scientifiques que possède à un haut degré M. V. l'engagea à se transporter tour-à-tour à Paris, à Londres, à Boston ; pendant une année et demie il remplit les fonctions de bibliothécaire à l'Université de Cambridge et put s'y livrer à d'intéressantes recherches sur la littérature anglaise. En 1884, il revint se fixer en Suisse, et enseigna pendant quatre années (1884-88) les littératures modernes à l'École cantonale ; à partir de 1887 il s'est établi en qualité de privat-Docent pour la langue et la littérature anglaises à l'Université de Zurich et au Polytechnicum. Les deux publications les plus importantes de M. V. sont jusqu'à présent : « Le Spectateur envisagé comme le source des Discours des Peintres », Frauenfeld, 1887 ; « La chronique de la Société des Peintres 1721-22 d'après le manuscrit conservé à la bibliothèque de Zurich », id, id.

Viali (Léopold), professeur de tenue de livres aux instituts techniques du Royaume, actuellement à Gênes, né, à Terni, le 20 novembre 1853 ; après avoir été 10 ans employé au Ministère de l'Agriculture et du Commerce il est passé à l'enseignement et a livré à la publicité les deux ouvrages suivants : « Catechismo di ragioneria », Narni, 1880 ; « Compendio di ragioneria per uso degli istituti tecnici », Rome, Botta, 1887.

Viani-Visconti (Marie), femme de lettres italienne, née, à Milan, en 1840. En dehors de quelques articles publiés dans les Prime letture de M. Sailer, nous avons d'elle les volumes suivants : « Le sorelle » ; « Il segreto per esser felici » ; « Cari fanciulli » ; « Mamma Ghita o la Casa operaia » ; « Veglie casalinghe » ; « Libro di lettura pei bambini degli asili infantili », Padoue, 1881 ; « Piccolo catechismo di morale », Milan, id. ; « Il buon popolano », id., id. ; « Passeggiate », id., id. ; « Enrichetta e Lina », id., 1882 ; « Sulle rive del mare », id., 1883 ; « In montagna », id., id. ; « Racconti in famiglia », Turin, 1884 ; « Sotto le armi », nouvelle, Milan, 1886 ; « Le valanghe », id., 1885.

Viansson-Ponté (Louis-Edmond), publiciste français, né, à Metz, le 6 septembre 1836, ancien maire de Plappeville, membre du Conseil d'arrondissement de Metz avant 1870 ; membre de l'Académie de Metz (1871), de Nancy (1872), de l'Institut franco-canadien d'Ottawa (1884), des Sociétés d'agriculture de Metz et Nancy, etc., percepteur. Nous citerons de lui : « Notices sur Plappeville, sur Borny et Neuvron », dans les Mémoires de la Société d'Archéologie de Metz, 1866 ; « Notice sur Mathieu Lambert-Polain », dans les Mémoires de l'Académie de Metz ; « Histoire du premier collège de Metz », tirage à part, Nancy, Réau, 1874 ; « Notes sur le phylloxéra », id. ; « Des sociétés de secours mutuels rurales », Metz, 1864 ; « Les Octrois », id., 1870 ; « Conférences aux instituteurs sur l'enseignement agricole », id., 1870 ; « Du crédit agricole », id., 1869, publié dans le Bulletin du Comice agricole ; « Étude sur les baux à ferme », Nancy, 1880 ; « Enquête sur le tarif général des douanes », id., 1878; « Étude sur l'application des tarifs de chemin de fer au transport des produits agricoles », id., 1879; « Notice nécrologique sur Henri Magnin », id., 1874; « Enquête sur les boissons », id., 1880; « Notes pour servir à l'histoire du canal de l'Est », id., 1881; « Exposé du projet de M. Frécot, d'un port à établir au Sablon, au point de vue de l'assainissement de la Seille et de la canalisation de la Nied », 1873-74. Sans compter de nombreux articles de journaux dans le *Moniteur de la Moselle* et dans les revues agricoles. Dans les *Mémoires de l'Académie de Stanislas de Nancy*, nous citerons : « Le Dictionnaire de l'Académie française et l'agriculture », 1879; « Le siège de Metz en 1870 », discours de réception, 1880; « Le néologisme et le Dictionnaire de l'Académie française », 1880; « Étude sur l'agriculture lorraine », 1882; « Discours du Président en réponse aux récipiendaires », 1885; « Histoire du canal de l'Est », Nancy, Berger-Levrault, 1 vol., avec carte, 1882. Publiciste de talent, M. V.-P. est aussi un patriote dont le dévouement contribue à éveiller le souvenir du pays messin si cruellement arraché à la mère patrie.

Viard (Ducis), homme de lettres haïtien, chef de division au Ministère de l'Instruction publique à Port-au-Prince (Haïti), directeur de la revue *Haïti illustrée*, né, à Port-au-Prince, le 17 août 1853, étudia au Lycée de sa ville natale et après de brillants examens il obtint un certificat d'étude en 1872 équivalent à la fois au diplôme de bachelier ès-lettres et à celui de bachelier ès-sciences. En 1874 M. V. était à la secrétairie d'État de l'Intérieur en qualité d'employé; il ne tarda guère à devenir chef de bureau. Poète à ses heures et publiciste d'une valeur incontestée, nous avons de M. V. des « Essais poétiques » et des articles au *Messager industriel*, revue scientifique, économique et politique.

Vicaire (Gabriel), homme de lettres français, né, à Belfort (Haut-Rhin), le 24 janvier 1848, a fait ses études aux lycées de Bourg et de Lyon, son droit à Paris et s'est fait recevoir avocat. Il n'a pas abusé du plaidoyer et est actuellement homme de lettres à Paris. Ses œuvres principales sont : « Étude sur la poésie populaire en Bresse et en Bugey, préface aux Chants populaires de l'Ain de Ch. Guillon », Monnier, 1883; « Émaux Bressans », poésies, Charpentier, 1884; « Les déliquescences d'Adoré Floupette poète décadent », en collaboration avec M. Henri Beauclair, Vanier, 1885; « Le miracle de Saint-Nicolas », Lemerre, 1888; « Quatre-vingt-neuf », chant séculaire pour la cérimonie des récompenses de l'Exposition de 1889, Lemerre, 1888. Pour paraître très prochainement : « Marie-Madeleine », poème; « Au bois joli », poésies; « Études sur la poésie populaire française ».

Victoria I (Sa Majesté la Reine d'Angleterre), née, à Londres, le 24 mai 1819, fille unique d'Édouard duc de Kent et de Louise-Victoria, princesse de Saxe-Cobourg et veuve en premières noces du prince héritier de Leiningen. Devenue, par la mort de son père, héritière de ses droits à la Couronne, elle fut élevée avec le plus grand soin sous la direction de la duchesse de Northumberland et acquit des notions solides en histoire, en musique et dans les sciences naturelles. Plus tard et sur la volonté expresse du roi son oncle, Lord Melbourne familiarisa son esprit avec la connaissance des principes politiques, et le mécanisme du gouvernemeut constitutionnel. Aussi lorsque le 20 janvier 1837 elle succéda à Guillaume IV, elle conserva à ce ministre, au grand désappointement des *tories*, la direction des affaires. Son couronnement eut lieu le 20 juin 1838 et donna lieu à de magnifiques fêtes; deux ans après elle épousait le prince Albert de Saxe-Cobourg-Gotha. Grâce à la constitution anglaise et au sentiment de réserve qui a présidé à la conduite de la Reine Victoria, il est inutile d'analyser les évènements d'un règne qui se sont en quelque sorte accomplis en dehors de son influence personnelle. En 1861 elle devenait veuve du Prince Albert et en 1876 fut proclamée Impératrice des Indes. Nous avons de S. M. la Reine Victoria le volume suivant : « Leaves from the journal of our Life in the Highlands ». S. M. la Reine d'Angleterre a surveillé l'édition des discours parlementaires du feu Prince son mari.

Vidal (Jules), romancier français, né, le 27 février 1857, à Nîmes. Nous avons de lui : « Un cœur fêlé », roman de mœurs méridionales; « La Briscambille », Paris, Edinger; « Le Jupon », roman parisien; « Sœur Philomène », pièce en deux actes, tirée du roman des frères De Goncourt; « Fils d'actrice », Paris, Dentu.

Vidal (Pierre), né, à Saint-Paul-de-Fenouillet (dép. des Pyrénées-Orientales), le 21 mars 1848. Fils de pauvres cultivateurs, il fréquenta l'école primaire de son village, où il apprit avec assez de difficulté à lire et à écrire. Resté orphelin de père et de mère à l'âge de 12 ans, il allait prendre la bêche et conduire la charrue, lorsqu'un de ses oncles, qui connaissait le prix de l'instruction, l'envoya faire, à ses frais, ses études au Lycée de Carcassonne. Dans les dernières années, il eut pour professeur d'histoire M. Pierre Foncin, si connu aujourd'hui par ses livres et atlas de géographie. Une fois bachelier, M. V. se fit maître répétiteur et passa quelque temps à l'Université. Il suivit ensuite les cours de la Sorbonne, de l'École des Hautes-Études et du Collège de France. Rentré à Perpignan quelques années après, il s'adonna tout entier à l'étude de l'histoire et de la géographie du Roussillon et de la Catalogne, sur les conseils d'Alart, l'éminent archiviste des Pyrénées-Orientales, mort depuis. Il entra alors au service de la ville de Perpignan en qualité de sous-bibliothécaire. Il débuta en 1879 par un « Guide historique et pittoresque dans le département des Pyrénées-Orientales », 1 vol., impr. de l'*Indépendant*, qui était un résumé de tout ce qui avait été écrit jusque-là sur l'histoire, l'archéologie, l'histoire naturelle et la géographie du département. En 1881, l'auteur développa la partie qui traitait du Canigou dans un petit livre intitulé: « Guide du touriste à Vernet et dans les Vallées du Canigou », 1 vol., Perpignan, impr. Ch. Latrobe. Ces livres sont écrits simplement et sont très intéressants. Ils sont vécus, l'auteur ayant vu à peu près, dans ses excursions répétées, tout ce dont il parle. En 1885 parut le premier volume d'une « Histoire de la révolution française dans les Pyrénées-Orientales d'après les documents inédits des archives départementales, communales et privées », 4 vol., Perpignan, impr. de l'*Indépendant*, 1885-1889. Devenu bibliothécaire de la ville de Perpignan et correspondant du Ministère de l'instruction publique, M. V. a envoyé au Comité des travaux historiques des études, dont quelques unes ont paru dans le *Bulletin historique et philologique* du Comité, notamment le « Procès entre le valencien Aznar Pardo de la Costa et le chevalier Pierre de la Bochère en 1419 », n. 3-4 du *Bulletin*, 1887, et une « Note sur le mot *Quer* employé comme terme de la langue vulgaire du Roussillon au moyen-âge », n. 1 du *Bulletin*, 1888. En même temps M. V. donnait à la *Revue des langues romanes*, années 1885-1889, passim, une série de « Documents sur la langue catalane des anciens Comtés de Roussillon et de Cerdagne », puis des « Mélanges d'histoire, de littérature et de philologie catalane », poésies inédites des XIIIe et XIVe siècles et un fragment de mystère de la fin du XIVe siècle; à la *Revue des études juives* (1887-1888) un important travail sur « Les Juifs des anciens Comtés de Roussillon et de Cerdagne », d'après des documents inédits, tirage à part, Paris, Durlacher, 1888; à la *Révolution française* de M. Aulard, deux articles: « Épisode de la guerre avec l'Espagne, la bataille du Trouillas; les mémoires inédits du Conventionnel Cassanyes », années 1887 et 1888 de la *Revue*. A la même époque paraissait à Perpignan: « Elne historique et archéologique », impr. de l'*Indépendant*, 1 vol., avec figures, qui contient une description minutieuse du cloître, l'un des plus beaux monuments de la sculpture et de l'architecture romane (XIIe siècle) du midi de la France. Il est écrit d'un style clair, net, précis, sans prétention. Citons encore une « Étude historique sur le prieuré de Marcevol de l'ordre des chanoines du Saint-Sépulcre », Perpignan, impr. de Charles Latrobe, 1888, et une étude sur l'Andorre, en catalan, imprimée sous le titre de « Recorts de un túrista », dans l'*Anuari de l'Associació d'excursions catalana*, Barcelone, impr. de l'*Associació*, 1888. Il n'est pas à confondre avec le félibre M. Vidal, le chef des Tambourins et de l'Académie des Tambourins d'Aix, qui a pris part aux fêtes béatriciennes de Florence.

Vidari (Hercule), jurisconsulte italien, membre de l'*Istituto lombardo*, membre correspondant de la Société de législation comparée de Paris, professeur de droit commercial à l'Université de Pavie, né, le 22 décembre 1836, dans cette dernière ville, où il suivit les cours universitaires. En 1859 nous le rencontrons simple soldat volontaire au 9me régiment d'infanterie de l'armée régulière et en 1866 au 4me régiment des volontaires garibaldiens. Chargé d'enseignement à l'Université de Pavie en 1863, professeur extraordinaire en 1865, ordinaire en 1870, il a publié les ouvrages suivants: « Del rispetto della proprietà privata in tempo di guerra », 1867; « La cambiale, studio critico di legislazione comparata », 1869; « Studii pel progetto di Codice di commercio », 1874; « Principali provvedimenti legislativi chiesti dal commercio italiano », 1873; « I magazzini generali », 1875; « Corso di diritto commerciale in 9 volumi », 1877-1887; « La legislazione sociale in Italia », 1887; « Le società e le associazioni commerciali », Milan, 1888; « Il contratto di trasporto terrestre », id., 1890.

Vidart (Louis), écrivain militaire espagnol; colonel d'artillerie; publiciste très remarquable; auteur de plusieurs œuvres militaires, littéraires et poétiques.

Vielé-Griffin (Francis), poète *décadent-symboliste* français, né, à l'Ile-de-France, en 1864. Venu jeune à Paris, il débuta dans le journal *Lutèce*, en compagnie de MM. Verlaine, Jean Moreas, Jules Laforgue, Laurent Tailhade, Fernand Jeres, Henri de Régnier, Jean Ajalbert, Rollinat, Jules Vidal, etc. — En société avec MM. Paul Adam et Gustave Kalm, il a traduit « Le Roi Lear ». Il a publié: « Cueille d'Avril », poésie, Vanier, 1885; « Les Cygnes », id., 1887; « An cœus ». Est annoncée comme devant paraître une trilogie intitulée : « Yeldis ».

Vierordt (Hermann), médecin allemand, professeur de médecine interne à l'Université de Tubingue, né, en 1853, à Tubingue (Wurtemberg), a fait ses études dans sa ville natale et aux Universités de Berlin, Vienne et Leipzig, prit ses grades en 1870 et fut nommé professeur à Tubingue en 1884. En dehors de plusieurs articles parus dans l'*Archiv für Heilkunde*, nous lui devons: « Das Gehen des Menschen in gesunden und kranken Zustanden », avec dix planches, Tubingue, 1881; « Die einfache chronische Exsudativ- Peritonitis », id., 1884; « Die Messung der Intensität der Herztöne », id., 1885; « Kurzer Abriss der Percussion und Auskultation », 2ᵉ éd., id., 1886; « Ueber den multiloculären Echinococcus », Fribourg, 1886; « Anatomische, physiologische und physikalische Daten und Tabellen zum Gebrauche für Mediciner », Iéna, 1888. On lui doit aussi la publication de l'ouvrage de K. von Vierordt, intitulé : « Die Schall und Tonstärke und das Schalleitungsvermögen der Körsper ».

Vierordt (Oswald), médecin allemand, professeur de médecine interne à l'Université de Iéna et directeur du Polyclinique, né, en 1856, à Carlsruhe (Baden), a fait ses études à Heidelberg, Leipzig et Paris, a été professeur de médecine interne à l'Université de Leipzig, et a publié : « Ueber atrophische Lähmung der oberen Extremität », Leipzig, 1881; « Diagnostik der inneren Krankheiten », id., 1888. Un assez bon nombre d'articles médicaux ont paru dans le *Neurolog. Centralblatt*, dans l'*Arch. f. Psych.*, dans la *Berl. Klin. Wochenschr.*, et dans divers autres journaux spéciaux allemands.

Vietor (K.-A.-T.-Guillaume), philologue allemand, docteur en philosophie, professeur extraordinaire de philologie anglaise à l'Université de Marbourg, directeur du Séminaire royal anglo-roman, membre extraordinaire de la Commission scientifique royale pour les examens, né, le 25 décembre 1850, à Cleeberg (Nassau), étudia la théologie et la philologie à Leipzig, Berlin et Marbourg. Après avoir séjourné un an en Angleterre, il revint en 1873 à Marbourg, où il continua ses études linguistiques. En 1875, après avoir pris ses grades, il fut habilité à l'enseignement de la philosophie. De 1875 à 1876, il séjourna de nouveau en Angleterre, de 1876 à 1878 il enseigna à Düsseldorf, et de 1878 à 1881 à Wierbaden. En 1882, il fut nommé directeur de l'Institut *Garnier* à Friedrichsdorf, d'où il fit passage à l'*University College* de Liverpool en qualité de *Lecturer on Teutonic Languages*. En 1884 il fit retour en Allemagne pour aller occuper la chaire de philologie anglaise à l'Université de Marbourg. On lui doit : « Die rheinfränkische Umgangssprache in und um Nassau », Wiesbaden, 1875; « Die Handschriften der Geste des Loherains », Halle, 1876; « Englische Formenlehre », Leipzig, 1879; « Der Sprachunterricht muss umkehren ! », 2ᵉ éd., Heilbronn, 1886 (ouvrage paru sous le pseudonyme *Quousque tandem*); « Elemente der Phonetik und Orthoepie des Deutschen, Englischen und Französischen », 2ᵉ éd., id., 1887 ; « German Pronunciation: Pratice and Theory », id., 1885; « Die Aussprache der in dem Wörterverzeichnis für die deutsche Rechtschreibung, etc., enthaltenen Wörter », id., id. ; « Die Aussprache des Englischen nach den Deutsch-englischen Gramatiken vor 1750 », Marbourg, 1886; « Englisches Lesebuch. Unterstufe » (avec M. F. Dörr), Leipzig, 1887 ; « Phonetische Studien », Marbourg, id. ; « Einführung in das Studium der englischen Philologie », id., 1888; « Le Bone Florence of Rome », id., 1889. Il a fourni plusieurs articles très importants à la *Zeitschr. fü wiss. umd prakt. Phonetik*, à la *Zeitschr. für roman. Philol.*, à la *Zeitschr. für Neufranz. Sprach. und Litt.*, ainsi que à la *Zeitschr. für Ortograph. Orthöpie und Sprachphysiologie*.

Viganò (Pierre), publiciste italien, ancien collaborateur du *Panorama illustrato* et de la *Gente Latina*, rédacteur de la *Perseveranza*, né, à Besana-Brianza, le 20 décembre 1830; il est un des journalistes les plus consciencieux et les plus estimés. Il a été l'un des éditeurs, amis et disciples de Manzoni.

Viganò (François), économiste et romancier italien, apôtre des banques populaires, né, le 5 avril 1807, à Cicognola (province de Côme). Exilé en 1828, il visita l'Angleterre, la France, la Suisse, l'Allemagne ; rentré en 1831, il se fixa à Milan comme professeur de la science du commerce ; pendant ses années d'enseignement il fit plusieurs voyages à l'étranger, où il se lia avec Schultze-Delisch, Garnier-Pagès, Chevalier, Crémieux, Edmond Adam, Jules Simon, Jules Favre. Depuis 1843, il encouragea en Italie la fondation des banques populaires, et il fit de nombreuses conférences sur ce sujet en France et en Angleterre. Il compte parmi les collaborateurs de la *Nouvelle Revue* de Mᵐᵉ Adam. Parmi ses nombreuses publications, signalons : « Viaggio nell'universo, visioni del tempo e dello spazio », Milan, 1837, 3 vol.; « Battello sottomarino », 1839; « Studii teorico-storici sulle principali pubbliche banche », 1840; « La vera carità per il popolo », 1841; « L'operaio agricoltore, manifatturiere e merciaiuolo », traduit en arménien en 1874 ; « Nuovo manuale di monete, pesi e misure », 1851; « Il brigante di Marengo, ossia Mayno della Spinetta », 1857; « Masaccio il dissipatore », 1852; « Val d'Intelvi e Valvassina », roman historique, id. ; « Emilio e Giulietta », 1855 ; « Due milioni distrutti », id. ; « Trattato volgare di Economia politica », 1858 ; « Il contrabbandiere d'Olginate », roman historique, 1862 ; « Le banche popolari in generale », 1863, traduit en français en deux vol., Paris, 1865, nouvelle éd. en 1875; « La vraie mine d'or ou la coopération », 1855 ; « Organizzazione delle banche italiane », 1865; « Scrittura doppia, semplice e mista », 1869 ; « Vade-Mecum des promoteurs des Banques populaires », Saint-Germain-en-Laye, 1878; « Biographies de Garnier-Pagès et de Charles Sarchi », Paris, 1879 ; « Società di credito popolare germaniche e Banche popolari italiane », 1872; « La fratellanza umana », 1873 ; « Movimento cooperativo tedesco », id.; « 160 Banche popolari italiane », 1878; « L'ouvrier coopérateur », Milan, 1881 ; « Il credito agricolo e le banche in circolazione, ordinarie, popolari e agricole dell'Italia », id., 1882; « Commemorazione di Schultze-Delitsch », 1883; « Casse di risparmio », id., id.; « Il miglior sistema delle banche di emissione », id., 1884; « Progetto di risanamento dell'Agro romano con l'esercito », id., 1885; « Viaggio nell'Universo », id., id.; « Confederazione della Società della pace e dell'arbitrato »; « Battello sottomarino e regno di Giordano Bruno », id., 1883.

Vigarosy (Jean-Baptiste-Claude-Charles-Joseph), homme politique français, sénateur, né, à Mirepoix (Ariège), le 23 juin 1822. Issu d'une très ancienne famille du Comté de Foix, il fut, bien jeune encore, conduit à Paris pour y faire ses études, par son père Antoine-Benoit V., tout à la fois poète et administrateur distingué; c'est à Paris qu'il prit le grade de docteur en droit (en 1851), les évènements politiques l'ayant empêché de le prendre plus tôt. Depuis 1848 il était déjà membre du Conseil général de l'Ariège, succédant à son père qui en avait été le président. Il donna sa démission après le coup d'État du 2 décembre, se refusant à prêter le serment qu'on exigeait de lui. Pendant toute la durée de l'Empire, il seconda de toutes ses forces les efforts des comités d'opposition. En 1871, il fut envoyé de nouveau au Conseil général par le canton de Mirepoix. Choisi comme candidat aux élections sénatoriales du 20 janvier 1876, M. V. fut élu et prit place au Sénat dans le groupe de la gauche républicaine. Il a protesté à la tribune (voir les séances des 25 et 26 juillet 1862) contre un décret qui transférait du département de l'Ariège au département des Pyrénés-Orientales certaines prérogatives se rattachant aux relations de la France avec la République d'Andorre. Il a été réélu au renouvellement de la représentation sénatoriale de l'Ariège le 25 janvier 1885, et a voté l'expulsion des Princes. En 1886, quand le Conseil général, dont il était devenu vice-président, fut renouvelé par moitié, M. V. s'est volontairement retiré, assuré qu'il était d'avoir un successeur offrant, tant au point de vue des intérêts du canton qu'il avait si longtemps représenté, qu'au point de vue politique, toutes les garanties.

Viger (Marie-Albert), médecin, publiciste, homme politique français, conseiller général et député du Loiret, maire de Châteauneuf-sur-Loire, est né, à Châteauneuf-sur-Loire (Loiret), en 1844. Il a fait ses études médicales à Paris, et, reçu docteur en 1867, il alla s'établir dans sa ville natale, dont il est maire. Collaborateur de plusieurs revues et des feuilles républicaines du Loiret, notamment l'*Avenir*, le *Républicain de Gien* et le *Républicain Orléanais*, M. le docteur V. a fondé une Société d'instruction laïque, il s'est fait connaître par de nombreuses conférences sur les questions d'instruction populaire et d'agriculture. Il a publié, dans la *Collection Franklin*, plusieurs brochures destinées aux bibliothèques populaires sur l'hygiène, sur les questions agricoles et économiques. Il est officier d'académie. A la chambre, il s'est fait remarquer, dans la discussion des questions économiques et agricoles comme rapporteur de la Commission des douanes; il a pris la parole dans toutes les discussions sur les lois de douane relatives aux céréales et aux alcools et dans les lois sur l'instruction primaire.

Vigliardi (Innocent), ci-devant chef de la Maison de librairie italienne G. B. PARAVIA et Cie de Turin qui a des Maisons filiales à Milan, à Florence, à Rome et à Naples et qui s'occupe principalement d'ouvrages pour les écoles ainsi que des cartes, mappe-mondes et cartes en reliefs. Cette maison (Imprimerie Royale) a été fondée en 1740. L'Italie doit beaucoup à cette maison de librairie; elle a aussi deux journaux, l'*Institutore* qui se publie à Turin et le *Nuovo educatore* qui se publie à Rome. Tous deux ont pour but l'éducation nationale. Dès 1858 à 1888, la maison Paravia a remporté 24 médailles aux expositions nationales et internationales. M. Innocent Vigliardi dès 1888 a fait cession de sa maison de librairie et typographie à ses six fils lesquels ont nommé leur aîné, M. le chev. Charles, directeur général des cinq Maisons. Il a donné un meilleur développement à la production du matériel pour les écoles, soit scientifique, géographique et fröbelien, etc.

Vigna (le père Amédée), religieux dominicain de nation italienne, né, à Turin, le 30 août 1825. Nous le trouvons en 1851 curé de l'église de Saint-Pierre de Galata à Constantinople. En 1859, revenu en Italie, il livra à la publicité l'« Antica collegiata di Santa Maria di Castello », suivi par la « Illustrazione storica artistica ed epigrafica » de la même église. Citons encore : « Le iscrizioni genovesi di Galata »; « Codice diplomatico delle colonie tauro-liguri », 1862; « I Domenicani illustri del Convento di S. Maria di Castello in Genova », 1886; « I Vescovi domenicani liguri o in Liguria », 1887.

Vignati (César), historien italien, né, à Lodi, le 14 septembre 1814, entra dans les ordres, dirigea pendant 20 ans la *Gazzetta provinciale* de Lodi, et publia (1847) son œuvre essentielle intitulée: « Storie Lodigiane ». Ayant pris part à la révolution contre l'Autriche en 1848, il fut éloigné de l'enseignement des belles-lettres, dont il avait été professeur en 1847. En 1859, il fut nommé par l'État italien, président aux lycées du Royaume. Retraité depuis 1888, il continue ses ouvrages d'histoire locale. Nous donnons la liste de ses nombreux ouvrages tirés à part: « Memorie importanti alla storia della pittura e alla storia civile di Lodi »; « Il Canale irrigatorio Muzza e l'irrigazione nel territorio lodigiano »; « Di alcune divulgatissime mummificazioni e del nuovo trovato del professor Paolo Gorini »; « Elogio di Maffeo Vegio di Lodi »; « Francesco De-Lemene e la sua inedita versione in dialetto lodigiano dell'episodio di Sofronia ed Olindo del Tasso »; « Biografia di Antonio Pezzoni da Lodi vescovo di Esbonen »; « Sant'Alberto Quadrelli vescovo di Lodi e le sue relique »; « Corso elementare di Storia sacra »; « Lezioni di letteratura italiana »; « Istruzione e educazione »; « L'istruzione classica secondaria nella città di Pavia »; « Manfredo della Croce e il castello di Rosate »; « Storie lodigiane dagli antichissimi tempi sino alla distruzione del romano impero »; « Lodi e il suo territorio »; « Storia diplomatica della Lega Lombarda »; « Dell'importanza della battaglia di Legnano »; « Codice diplomatico Laudense »; « Guida storico-artistica di Lodi »; « Delle pretese della città di Crema per ottenere un'autonomia provinciale »; « Educandato femminile delle Dame Inglesi di Lodi »; « Statuti vecchi di Lodi »; « Commemorazione di Francesco Robolotti », 1887.

Vignier (Charles), poète français, né, à Genève, le 8 mai 1863. Il a écrit des poèmes en prose, des vers, des nouvelles d'art dans la *Revue Indépendante*, la *Revue Contemporaine*, la *Revue de Genève*, le *Symboliste*, *La Vogue*, et donné des articles à *La Vie moderne*, au *XIXe Siècle* et au *Temps*. Il a publié : « Centon », vol. de luxe, tiré à petit nombre d'exemplaires, Vanier, 1885. Sont annoncés comme devant paraître prochainement : « Éléments de Psycho-Physique ».

Vignoli (Titus), illustre penseur et polygraphe italien, de famille toscane, qui a élu son domicile à Milan depuis plusieurs années. Il a suivi les cours universitaires à Pise, a de bonne heure collaboré aux journaux politiques et littéraires, s'est occupé et s'occupe toujours de bienfaisance et d'instruction publique; il est actuellement inspecteur des écoles municipales milanaises. Voici la liste de ses ouvrages principaux marqués d'un esprit puissant et original: « Saggio di una dottrina razionale del progresso », 1863 ; « Delle condizioni morali e civili d'Italia »; « Delle condizioni intellettuali d'Italia », 1877 ; « Della legge fondamentale dell'intelligenza nel regno animale », id.; « Mito e scienza », 1879; « Era nuova del pensiero », 1885 ; « Sull'origine del linguaggio articolato » ; et enfin des conférences, des études et des articles insérés à la *Rivista di filosofia scientifica*, dont quelques uns ont été traduits en anglais et en allemand, ainsi que quelques uns des livres déjà nommés. M. V. est membre de l'*Istituto lombardo di scienze e lettere*.

Vignon (Louis), consul de France en service spécial, ancien chef de Cabinet du Président du Conseil, Ministre des finances, a publié chez Guillaumin: « Les Colonies françaises » et « La France dans l'Afrique du Nord ».

Vigo (Pierre), homme de lettres italien, professeur d'histoire à l'Académie royale de marine à Livourne, né, dans cette ville, en 1856; il étudia à Pise à l'Université et à l'École normale supérieure, et fut nommé professeur d'histoire et de géographie à l'Institut technique de sa ville natale, d'où en 1882 il passa à l'Académie de marine. Publications: « Le danze Macabre in Italia », Livourne, Vigo, 1878; « Uguccione della Faggiola podestà di Pisa e di Lucca », id., id., 1879; « Delle rime di Fra' Guittone d'Arezzo », id., id., id.; « I Giudizii di Dio nell'antichità », id., Meucci, 1880; « La Festa dell'Assunta in Pisa nel secolo XIV », Rome, 1881; « Francesco Riccardi da Pistoia », Bologne, 1882; « Carlo V in Siena », id., 1884; « Statuto inedito dell'arte degli speziali in Pisa del 1496 », id., 1885 ; « Una Confraternita di giovinetti pistoiesi nel secolo XVI », id., 1887; « Disegno della storia del Medio-Evo », Livourne, Vigo, 1886; « Manuale di cronologia teorica », id., id., id.; « Genealogia storica », id., id., 1888; « L'Architetto Giovanni di Lapo Ghini e il Duomo di Firenze », id., id., 1887.

Vigouroux (l'abbé F.), écrivain religieux et professeur français, actuellement directeur au Séminaire Saint-Sulpice à Paris, né, à Nant (Aveyron), le 13 février 1837. Élève et successeur de M. l'abbé Le Hir au Séminaire de Saint-Sulpice à Paris ; professeur de philosophie au grand Séminaire d'Autun (1862-64) et au Séminaire d'Issy (Seine) (1864-68); professeur de langues orientales et directeur au Séminaire de Saint-Sulpice à Paris, depuis 1868. M. l'abbé V. a publié : « La Bible et les découvertes modernes en Palestine, en Égypte, et en Assyrie », Berche et Tralin, 1re éd., 1877; 5me éd., 1888; « Manuel biblique, ou Cours d'Écriture Sainte à l'usage des Séminaires. Ancien Testament », Paris, Roger et Chesnois, 1re éd., 1880 ; 6me éd., 1888; « Mélanges bibliques. La Cosmogonie mosaïque d'après les Pères de l'Église, suivie d'études diverses relatives à l'Ancien et au Nouveau Testament », Berche et Tralin, 1882; « La Bible et la critique », réponse aux « Souvenirs d'enfance et de jeunesse » de M. Renan, Paris, Berche et Tralin, 1883; « Les Livres Saints et la critique rationaliste. Histoire et réfutation des objections des incrédules contre la Bible », 3 vol., id., Roger et Chesnois, 1885-87.

Vigulé (Jean-Ariste), publiciste et pasteur français, né, le 29 janvier 1827, à Nègrepelisse (Tarn-et-Garonne), fit ses études à Montauban, Berlin, Bonn et Strasbourg ; licencié en 1850 avec une thèse : « De la nature de l'autorité du Nouveau Testament »; docteur (1858) avec une thèse sur l'« Histoire de l'apologétique réformée », 1858. Depuis lors, M. V. a publié : « Sermons », 2 vol., 1864-74. Comme membre et président de l'Académie de Nîmes, comme prédicateur, comme conférencier à Genève,

Paris et Strasbourg, comme professeur de faculté, M. V. a publié: « Du principe chrétien de la réforme », quatre conférences, 1856 ; « Du problème de la misère dans la législation d'Israël », 1864 ; « Le Symbole des apôtres », id. ; « Dédicace du temple de l'oratoire à Nîmes », 1866 ; « Le Positivisme matérialiste », 1867 ; « Alexandrie », étude géographique et philosophique, 1868 ; « Constantin et Constantinople », id. ; « Les origines de la réformation à Nîmes », 1869 ; « Noël, étude sur les origines de cette fête chrétienne » ; « Les fêtes de l'Église », étude d'archéologie chrétienne, 1870 ; « La crise actuelle de l'Église réformée », 1873 ; « Les théories politiques libérales au XVIe siècle », étude sur la « Franco-Gallia » d'Hotman, 1879 ; « De l'éloquence des réformateurs », leçon d'ouverture à la Faculté de théologie de Paris, id. ; « Calvin à Strasbourg », conférence donnée à Strasbourg, 1880. Le 30 juin 1882, M. V. fut nommé pasteur de la paroisse de l'Oratoire à Paris. En 1885, il publia un troisième volume de « Sermons ». A cette époque, il collabora à la *Revue politique et littéraire* (*Revue Bleue*) par d'importants articles, tels que: « La Palestine au temps de Jésus-Christ » ; « Le Bi-Centenaire de la révocation de l'Édit de Nantes » ; « L'Édit de tolérance de 1787 ». En 1887, il publia un « Discours », prononcé à Fontmorte, dans les Hautes-Cévennes, devant des milliers d'auditeurs, venus pour l'inauguration du monument élevé à la mémoire des martyrs et à la paix religieuse.

Vilar (Édouard-Paul-Yves-Gauderique), homme politique français, né, à Prades, le 26 juillet 1847. Avocat au barreau de Prades, ancien bâtonnier de l'ordre et ancien maire de Prades, il fut nommé en 1877 conseiller général ; pendant cinq ans, il en a été le secrétaire, il en est aujourd'hui le président depuis 1887. Il est membre et secrétaire de la commission départementale depuis 1878. Au mois de juin de l'année 1884, il a été nommé maire de Prades. M. V., qui a pris part aux luttes politiques dans la presse locale, a été porté au scrutin du 4 octobre 1885, par le Congrès de Prades, Ceret et Perpignan sur la liste radicale ; il a été élu au second tour par 27,158 voix sur 39,931 votants. Il a pris place à l'extrême gauche. Il n'a qu'une parenté éloignée avec M. A. Vilar-Lejeune, auteur d'une notice biographique publiée en 1879 chez Daiveaux, sur « Le Prince Jérôme-Napoléon ».

Villa (Charles), écrivain italien, professeur de lycée, né, à Pecetto (province d'Alexandrie), reçu docteur à l'Université de Turin, a publié: « Mario Pagano », Potenza, 1866 ; « Tommaso Valperga di Caluso », Ivrée, 1868 ; « Carlo Denina e la sua Storia delle Rivoluzioni italiane », id., 1874 ; « Flora delle Alpi », Milan, 1884 ; « Sul romanzo », discours, Rimini, id.

Villa-Pernice (Ange), économiste et homme politique italien, ancien élève de l'Université de Pavie, ancien capitaine volontaire en 1848, ancien député de 1867 à 1875, président pendant longtemps de la Chambre de commerce de Milan, commissaire spécial du gouvernement italien à plusieurs expositions, a publié les ouvrages suivants : « L'industria del rame », Turin, 1864 ; « I lavori per il taglio dell'istmo di Suez », Milan, 1865 ; « Studii di diritto pubblico e di economia politica », 1866 ; « Passaggio di una ferrovia per le Alpi », 1861 ; « Esame di alcuni appunti al progetto di legge sull'esazione delle imposte dirette », 1869 ; « La riforma elettorale », 1877 ; « I bilanci e lo stato finanziario del regno », 1878 ; « I magazzini generali », 1879 ; « Sul progetto Magliani per l'abolizione del corso forzoso », Milan, 1880 ; « Milano commerciale nella guida Vallardi *Mediolanum* », 1881 ; « Il riordinamento delle casse di risparmio (progetto Berti) », 1882 ; « Monometallismo e bimetallismo », 1883 ; « Relazione sul concorso al premio Ravizza per il 1884 », 1885 ; « L'individuo e l'associazione, memoria di economia sociale », 1886 ; « Congresso delle casse di risparmio in Firenze », id. ; « Conferenza sulla pubblica opinione », 1887 ; « Conferenza e relazione sulle cucine economiche », 1887 ; « Le casse di risparmio (progetto Grimaldi) », 1888 ; « Stato e Chiesa », dans la *Rassegna nazionale*, id. ; « Norme per l'ordinamento delle biblioteche e catalogo della libreria Villa-Pernice », Milan, 1890 ; « Il progetto di legge sulle istituzioni di beneficenza davanti al Senato », id., id. ; « Il progetto di legge sulle opere pie davanti al Senato », id., id. ; « Gli articoli 78 e 87 del progetto di legge sulle istituzioni pubbliche di beneficenza approvati dal Senato », 1890 (*Rassegna Nazionale*).

Villari (Antoine), jeune lettré napolitain. Nous avons de lui les ouvrages suivants : « Jacopo Rossini », légende, Cosenza, Bianchi, 1886 ; « Don Antonio Villari (dalla storia del 1799) », Parme, Battei, id. ; « Micros », scènes, Vérone, Munster, id. ; « Giulio Carcano », Florence, Collini, id. ; « Del governo civile di Roma, libro rarissimo di G. V. Gravina con prefazione », id., id. ; « Scritti inediti e rari di Felice Bisazza con prefazione », Naples, Valle, 1887 ; « Viaggio di due asini », Florence, Collini, 1888. En préparation : « Elda ».

Villari (Émile), physicien et chimiste italien, professeur de chimie à l'Université de Bologne, né, à Naples, le 25 septembre 1836 ; il fit ses études à Pise et à Berlin. Il a publié, entr'autres : « Ueber die Aenderungen welche in magnetischen Stäben das Ziehen hervorbringt so wie das Hindurchleiten eines galvanischen Stromes », dans les *Annales de Poggendorf*, 1865 ; « Intorno ad alcuni fatti di elettro-magnetismo ed all'ipotesi di Weber sull'elettro-calamite »,

Pise, 1866 ; « Ricerche sperimentali intorno ad alcune proprietà fisiche del legno tagliato parallelamente e perpendicolarmente alle sue fibre », Naples, 1867 ; « Intorno al magnetismo trasversale del ferro e dell'acciaio », Pise, 1868 ; « Influenza della magnetizzazione sulla conducibilità elettrica del ferro e dell'acciaio », Milan, id. ; « Intorno ad un libro del professor Schiaparelli sul clima di Vigevano », id. ; « Nuove ricerche sulle correnti indotte fra il ferro ed altri metalli », id., 1869 ; « Studii acustici sulle fiamme », id. ; « Sulla elasticità del caoutchouc », id. ; « Ricerche sul limite della percezione dei suoni in riguardo alla loro durata », Pise, id. ; « Sulla forza elettro-motrice del Palladio nelle pile a gas », Milan, id. ; « Sul tempo che impiega il Flint a magnetizzarsi, smagnetizzarsi e far ruotare il piano di polarizzazione », 1870 ; « Notizie sulla resistenza elettrica dei gassi compressi e sulle modificazioni spettroscopiche che soffre la scintilla che li attraversa », id., id. ; « Studii di alcuni fenomeni di induzione elettro-dinamica », id. ; « Sui fenomeni che si manifestano quando la corrente elettrica si stabilisce nel ferro ed in altri metalli », 1871 ; « Sulla composizione ottica dei movimenti vibratori di due o più coristi concilianti, in piani paralleli ed ortogonali », Bologne, 1872 ; « Sull'influsso del mercurio per tubi di vetro di piccolo diametro », 1876 ; « Studii sul calorico svolto dalla scintilla elettrica esplodente in varii gas », 1879 ; le même sujet a été développé par l'auteur en plusieurs autres mémoires : « Osservazioni sulla variazione della temperatura sul corpo umano prodotta dal movimento », 1880 ; « Sui fenomeni termici e luminosi che si manifestano nelle bottiglie di Leida al momento della loro scarica », Milan, id. ; « Ricerche sulle scariche interne dei conduttori elettrici », Bologne, 1881 ; « Intorno ad un singolare effetto meccanico della scarica elettrica », id., 1883 ; « Ricerche sulle scariche interne ed esterne dei condensatori », 1884 ; « Sul potere emissivo delle scintille elettriche e sul vario aspetto che esse presentano in alcuni gas », id., 1886 ; « Intorno alla maniera migliore di eleggere i rettori delle università », 1887 ; « Sul mal governo delle università e sul modo di apporvi rimedio », id., id. ; « Studii e variazioni intorno alle macchine elettriche », id ; « Considerazioni contro il nuovo regolamento delle biblioteche », id. ; « Sulla diversa resistenza elettrica opposta da alcuni circuiti metallici alla scarica dei condensatori ed alla corrente della pila », Naples, 1888.

Villari (Pascal), illustre historien italien, frère du précédent, ancien député, sénateur du Royaume depuis 1884, chevalier de l'ordre du mérite civil, académicien des *Lincei*, membre du Conseil supérieur de l'instruction publique, professeur d'histoire moderne à l'*Istituto di studi superiori* de Florence, né, à Naples, en octobre 1827. Il a fait ses études dans sa ville natale; ayant pris une part très active à la révolution de 1848 il fut forcé de quitter son pays et vint s'établir à Florence, où pendant de longues années il rechercha activement dans les bibliothèques et dans les archives privées les documents nécessaires à la composition de deux œuvres magistrales. L'une, « La storia di Girolamo Savonarola e dei suoi tempi », dont le premier volume parut en 1859 et le second en 1861 (a paru dernièrement (1888) en une nouvelle édition augmentée, revue et corrigée). La maison Fischer et Unwin de Londres vient de publier la troisième édition du « Savonarola ». L'autre ouvrage essentiel de cet illustre historien est « Nicolò Machiavelli » en trois volumes, Florence, Le Monnier, 1879-81-82. Cette monographie absolument splendide remporta le prix *Bresca* de l'Académie de Turin (12,000 frs.), fut traduite en allemand et en anglais, et a deux éditions anglaises, l'une par les soins de Kegan Paul, l'autre de Fischer et Unwin. En dehors de ces ouvrages, le sénateur V. publia en 1878 ses fameuses « Lettere meridionali », qui eurent un retentissement puissant en Italie, et qui forcèrent le gouvernement à étudier avec attention les maux dont les provinces du midi étaient affligées. Ce livre a une remarquable portée sociale et en 1885 la maison Bocca en a fait paraître la seconde édition revue et corrigée. Enfin cet éminent écrivain a un quatrième volume intitulé: « Arte, storia e filosofia ; saggi critici », Florence, Sansoni, 1889, qui démontre que dans M. V. l'artiste est aussi fort que l'érudit et le philosophe, aussi remarquable que l'historien. M. le sénateur V. est docteur *honoris causa* de l'Université d'Édimbourg. En 1884 il fut délégué par l'État pour acheter à Londres les fameux manuscrits d'Ashburnham, qui sont venus enrichir de nouveaux trésors la collection de manuscrits de la Bibliothèque Laurentienne de Florence.

Villari (Linda), femme du précédent, fille du député au Parlement anglais *White*, mariée en premières noces avec M. Mazini, a traduit le « Machiavelli » et le « Savonarola », de son mari, ainsi que quelques articles de lui insérés à l'*Enciclopedia britannica*. Elle a mis à l'*Academy* et à l'*Atheneum* plusieurs de ses écrits à elle sur la littérature moderne, et enfin a publié les romans suivants : « Courtship and a Campaign » ; « In change un changed » ; « A Double Bond » ; « A Mountain romance », 1890 ; « The Golden Shell », et « When I was a Child », ainsi que les impressions de voyage « Tuscan hills », et « Venetian Waters ».

Ville de Mirmout (Henri-Pierre-Maurice DE LA), professeur et littérateur français, petit-fils de A. J. J. de la V. de M., auteur dramatique et arrière-petit-neveu de l'abbé Ignace de la V. de M. de l'Académie française, né, à Caudéran (Gironde) le 14 juin 1858, fit ses études au lycée de Bordeaux et au lycée Louis-le-Grand à Paris et entra en 1877 à l'École Normale Supérieure. Il fut agrégé des lettres en 1880; professeur de rhétorique aux lycées de Bayonne et de Pau (octobre 1880-novembre 1883); maître de conférences de littérature latine à la Faculté des lettres de Bordeaux; il est officier d'Académie. M. de la V. de M. a été un des principaux rédacteurs de la *Revue bordelaise*; il a collaboré à la *Revue littéraire et artistique*, à la *Revue littéraire et artistique* de Charles Fuster, à la *Revue d'art dramatique*, au *Semeur*, à l'*Indépendant littéraire*, au *Supplément littéraire de la Gironde*, aux *Annales de la Faculté des Lettres de Bordeaux*, où il a inséré en particulier une traduction des « Argonautiques », d'Apollonios de Rhodes. Il a été un des fondateurs de l'*Instruction des Jeunes Filles*. Il a publié à part: « Les personnages de jeunes filles dans le théâtre de Molière »; « Étude sur le poète Louis Bouilhet », Savine éditeur, 1888; « Éléments de mythologie », Hachette; « Récits mythologiques », id.; « La Moselle d'Ausone », texte critique, revu d'après les travaux récents et traduction nouvelle avec un choix de variantes de manuscrits et de correction des éditeurs précédé d'une histoire du texte et suivie d'un commentaire explicatif. M. de la V. de M. a collaboré pour les biographies d'auteurs latins (en particulier l'article *Ausone*); à la *Grande Encyclopédie* (lettres A et B). Il a été un des principaux collaborateurs de la refonte du *Dictionnaire historique* de Bouillet.

Villefranche (Jacques-Melchior), publiciste et littérateur français, né à Couzon, près Lyon, en 1829. Directeur du *Télégraphe* pendant 22 ans, puis directeur du *Journal de l'Ain*; plusieurs fois lauréat des Jeux Floraux de Toulouse, etc., membre de la Société des Gens de lettres; il a publié : « Histoire de Pie IX », 17ᵐᵉ éd. à 1500 exemplaires chacune; « Vie de Dom Bosco », 3ᵐᵉ éd.; « Le Fabuliste chrétien », 9ᵐᵉ éd.; « Contes et Ballades », 4ᵐᵉ éd.; « Histoire de la télégraphie française »; « Cinéas ou Rome sous Néron »; « Deux Orphelines »; « L'ange de la tour, ou l'Angleterre sous la reine Elisabeth », etc. Presque tous ces ouvrages ont été traduits en italien, espagnol, anglais, allemand et flamand.

Villemin (J.-A.), médecin français, ancien médecin inspecteur de l'armée, ancien professeur à l'École de médecine militaire du Val de Grâce, né, à Prey (Vosges) en 1827, docteur en médecine de la Faculté de Strasbourg en 1852, membre de l'Académie de médecine depuis 1874. Ses principaux travaux ont eu pour objet l'étude de la tuberculose; il en a démontré, le premier, par des expériences célèbres (1865) l'inoculabilité. M. le docteur V. a publié : « Du tubercule au point de vue de son siège, de son évolution et de sa nature », Paris, 1861; « Causes et nature de la tuberculose », 1ᵉʳ mémoire (*Gazette hebdomadaire de médecine et de chirurgie*) 1865; id., 2ᵉ mémoire (id.) 1866; « De la phthisie et des maladies qui la simulent dans la série zoologique », (id.), id.; « Études sur la tuberculose; preuves rationnelles et expérimentales de sa spécificité ot et de son inoculabilité », couronné par l'Institut (prix Monthyon, 1868) par la Faculté de médecine (prix Lacaze, 1877); « De la propagation de la phtisie » (*Gazette hebdomadaire*), 1869; « Scrofulisme et tuberculose » (*Bulletin de la Société médicale des hôpitaux*), 1881; « Causes et nature du Scorbut », Paris, 1874. En collaboration avec M. Morel, le docteur V. a publié un « Précis d'histologie humaine », Paris, 1860; et un « Traité élémentaire d'histologie humaine, normale et pathologique », Paris, 1864.

Villeneuve (Louis), écrivain médical français né, à Marseille, le 3 juillet 1839, fils d'Étienne V., professeur d'accouchement et chirurgien en chef de la Maternité de Marseille pendant 42 ans consécutifs, mort à 82 ans en 1882, petit-fils d'André V. chirurgien-barbier à Marseille. Il fut reçu docteur en médecine à Paris, le 13 août 1867. Nommé au concours chirurgien-adjoint des hôpitaux le 18 juin 1868, chirurgien en chef des hôpitaux le 1ᵉʳ janvier 1870, poste qu'il a occupé jusqu'à la fin de 1864; nommé au concours professeur suppléant de chirurgie à l'École de médecine de Marseille le 5 septembre 1876. Professeur titulaire de pathologie externe le 3 mars 1887, professeur de clinique chirurgicale le 14 juillet 1888, il a fait toute la campagne de 1870-71, du mois d'août au mois de mars suivants, en qualité de chirurgien d'abord, ensuite de chef de l'ambulance de la Presse. Ancien président de la Société médico-chirurgicale des hôpitaux de Marseille. Membre correspondant de la Société de Paris (janvier 1885). Principales publications: « Traitement chirurgical de la stérilité de la femme », 1867; « Observations d'Ovariotomies et d'Hystereotomies abdominales », *Marseille médical*, 1876, et *Société de chirurgie*, 1883-84; « Éléphantiasis de la grande lèvre », 1877 (*Marseille médical*); « Vaginolite néo-membraneuse hémorragique », Congrès de l'Ass. Fr. sur l'avancement des sciences, Montpellier, 1879; « Sur la ligature élastique », 1882, *Mars. Méd.*; « Fungus bénin du texticule », *Gaz. Hebd.*, 1883; « Taille suspubienne sur une jeune fille vierge, pour un double calcul formé autour d'une épingle à cheveux », *Ann. des mal. des org. G. U.*, id.; « Dilatation de l'urèthre, préalablement à l'opération de la fistule verico-vaginale », *Soc. de chir.*, id.; « De la substitution de la taille hypogastrique aux différentes méthodes de tailles périnéales, comme méthode générale de cystotomie », *Revue de chirurgie*, id.. Il a été le premier à avancer ce principe, maintenant adopté par la majorité des chirurgiens, non sans de vives résistances. « Taille Hypogastrique », *Soc. de chir.*, id.; « Traumatisme et Hystéro-épilepsie », id. id.; « Amputation ortéoplastique du pied », id., 1884; « Traitement du testicule tubercule », 1888, *Marseille Médical*.

Villergas (Jean-Martinez), le plus célèbre des écrivains satiriques d'Espagne de 1836 à 1848. Ses poésies sont très populaires. Il est né à Zamora. Exilé par le gouvernement de Narvaez en 1848, il se réfugia à l'île de Cuba, où il fonda le *Charauga* (la Fanfare), journal comique qui lui rapporta une fortune. Il voyagea ensuite dans plusieurs républiques hispano-américaines, et ne revint en Espagne qu'en 1869, ainsi que tous les autres républicains absents. Il apportait beaucoup d'argent, mais il tombait au milieu d'une nouvelle génération habituée à un autre genre de littérature. Se trouvant démodé, il revint dans l'Amérique du Sud où il perdit toute sa fortune et où il dut, pour vivre, se faire maître d'école dans un village. Il revint en Espagne à la suite d'une souscription qui produisit plus de cinquante mille francs. M. V. se retira alors dans la province de Zamora, où il vit éloigné des lettres et de la politique.

Villiers (Louis-Amable BOUÉ DE), poète, journaliste, romancier français, membre de l'Académie des poètes, de l'Académie des *Muses Santones*, de la Société biographique de France etc., né, à Villiers-le-Bel (Seine-et-Oise), le 28 novembre 1835; il s'adonna tout jeune encore à la poésie et à la littérature et il vint à Paris, car sa famille voulait qu'il fût notaire, et se fit imprimeur. Dès 1852 à 1858 il écrivit dans les journaux et revues du quartier latin. Encouragé par Georges Sand, Victor Hugo, Legouvé, Lamartine, Jules Simon et autres hommes de lettres, il se lia avec eux d'une vive amitié. Obligé d'être soldat, il cultiva néanmoins les muses, et son service terminé, il devint en 1858 prote à Évreux, puis rédacteur du journal *Le Progrès de l'Eure* (1868). Dès 1872 à 1881, il rédigea l'*Univers républicain* : à cette époque il quitta le journalisme pour voyager, tout en publiant divers ouvrages philosophiques et enfin se retira à Châteauroux (1885), d'où il collabora à diverses revues et journaux, tout en rédigeant le *Progrès de l'Indre*. Nous avons de cet auteur, en librairie: « Études historiques et archéologiques sur Villiers-le-Bel et autres communes de l'Ile-de-France », 1853; « Lettres politiques », 1854-55; « Les anges de la Terre »; « L'Agriculture », poèmes, 1857-58; « Les Échos littéraires contemporains » (*Revue poétique*) 1860-65; « Martyres d'amour », roman; « Vierge et Prêtre », roman philosophique; « Armand Lebailly », étude biographique; « La bible des pompiers », pamphlet humoristique (saisi et condamné pour outrage à la morale publique et religieuse); « La Normandie superstitieuse et les saints grotesques », 1868; « Les prussiens à Évreux », 1871; « La Muse républicaine », 1875-82; « Le centenaire de Voltaire », brochure maçonnique, 1880; « Chansons patriotiques », 1872; « Le petit bonhomme d'Évreux », recueil satirique, 1866; « Les pompiers peints par eux-mêmes », 1868; et une collaboration suivie au *Figaro*, à l'*Évènement*, au *Courrier français*, au *Progrès de l'Indre*, etc. etc.

Vimercati (Le comte Guy), écrivain technologiste italien, professeur de mathématiques à l'école *Leone Battista Alberti* de Florence et de technologie à l'école commerciale de la même ville, né, à Venise, le 18 octobre 1847. Sa famille émigra en Piémont en 1849, et le jeune M. V. fit ses études à l'école d'application des Ingénieurs de Turin. En 1869, il commença la publication de la *Rivista scientifica industriale*, qui subsiste encore et à laquelle collaborent les meilleurs spécialistes de la Péninsule. Parmi ses monographies, signalons : « L'équivalente meccanico del calore con un saggio di storia della termo-dinamica »; « Intorno alla prima idea delle caldaie tubolari »; « Sulla posizione del centro di gravità negli insetti e sul modo di determinarlo »; « Il materiale scientifico e da insegnamento alla Esposizione universali di Parigi nel 1878 »; « Intorno al cronotachigrafo Ferrero »; « Il congresso internazionale del commercio e della industria tenuto à Bruxelles nel 1880 », Florence, 1881.

Vinaza (Conde DE LA), originaire de l'Aragon, sénateur du royaume, littérateur, auteur d'un remarquable ouvrage d'érudition intitulé : « Goya », où l'on trouve une foule de détails sur la vie et les œuvres du célèbre artiste espagnol.

Vingtrinier (Aimé), littérateur français, ancien imprimeur, officier d'Académie, bibliothécaire en chef à Lyon, né, à Poncin (Ain), en 1813. Pendant 20 ans a été directeur de la *Revue du Lyonnais*, qu'il éditait dans son imprimerie. Depuis 1880, bibliothécaire en chef de la ville de Lyon. Nous avons de lui : « Les vieux papiers d'un imprimeur », poésies; « Les vieux châteaux du Bugey », histoire; « Le colonel Seyve », id. Plume facile et élégante, il a inséré des articles nombreux et très appréciés dans la *Revue du Lyonnais*. Tout chez lui respire l'honnêteté.

Vinot (François-Pierre-Gustave), poète et romancier français, est né, à Nersac, près d'Angoulême, le 29 avril 1845, d'une famille originaire de Montpellier. Son père était médecin. Après avoir fait ses études au Lycée d'Angoulême, M. V. vint à Paris pour y suivre les cours de l'École de Droit. Étant encore étudiant, il collabora au *Dictionnaire général des Artistes français*, entrepris par le marquis de Laborde, directeur des Archives. En 1868, il entra comme surnuméraire à le Bibliothèque Nationale. Son premier volume de vers: « Poèmes et fantaisies », date de 1873. En 1874 M. V. publia « Les neveux du Pape », drame en vers; « Joanni », et « La mort du Zouave », poèmes (Jouaust); « Dona Juana », poème dramatique, id. ; « A Lamartine », à propos de la réception à l'Académie française de M. Émile Ollivier. En 1878 « Poésies nouvelles », Dentu. En 1885, « La Marquise de Rozel », roman, Calmann-Lévy. M. V. a publié des nouvelles dans *Le Siècle, Le XIXme siècle*, la *Jeune France*, la *Revue des Conférences*, la *Revue libérale, La Vie littéraire*, le *Parlement*, la *Revue Moderne;* des vers dans le *Réveil litteraire*, dans la *Vie littéraire, La République des lettres, La Jeune France, Le Globe*, la *Revue moderne, Le Passant*. Il a donné aux matinées internationales de Bertrand et Marie Dumas, à la Gaîté, en 1877, « Octavie », trois actes en vers; en 1878 « Rosemonde », cinq actes en prose, traduits d'Alfieri. Cette dernière pièce fut reprise au *Théâtre des nations*.

Vinot (Joseph), mathématicien et astronome français, officier d'académie (1874), officier de l'instruction publique (1880), né, à Épinal (Vosges), en 1829. Il s'appliqua de bonne heure à l'étude des sciences mathématiques, puis il vint à Paris, s'adonna à l'enseignement libre et fonda en 1864 le *Journal du Ciel*, revue d'astronomie; depuis 1852 il fait dans les rangs de l'Association politechnique des cours gratuits aux ouvriers. C'est sous son nom et sous sa direction que se sont ouverts, en 1865, les cours gratuits pour les jeunes filles dits *Cours normaux* de la *Société pour l'instruction élémentaire*, si brillants aujourd'hui et où il n'a pas cessé de professer. En 1872 M. V. établissait en France un cours public d'astronomie populaire qui a eu un très grand succès. On lui doit les ouvrages suivants: « Récréations mathématiques », 1860; « Calcul à l'usage des industriels », 1861; « Erreurs relatives correspondantes des données et du résultat des opérations d'arithmétique », id.; « Petite table de logarithmes », 1862; « Solutions raisonnées de problèmes », 1863; « Le petit astronome », 1871; « Almanach astronomique du *Journal du Ciel* », 1873; « Cours d'astronomie populaire », id.; enfin le « Planisphère mobile », le « Système planétaire », et la « Carte équatoriale », travaux pour le *Journal du Ciel*. M. V. est l'inventeur du *Sidéroscope Vinot*, instrument permettant de trouver dans le Ciel l'étoile que l'on veut, du *Pied équatorial* pour lunettes astronomiques et d'un nouvel *oculaire* pour les commençants, ne renversant pas les objets et susceptible d'une grande puissance.

Vintler (Hans DE), homme de lettres tyrolien, professeur chargé de l'enseignement des langues italienne et française à l'école technique d'Innsbruck, est né, à Schlauvers (Tyrol), le 16 août 1837. Il a traduit en allemand « Eros » de Verga, Trieste, 1876; « Obladis », de l'anglais de Walter White, et enfin les « Maximes », de Duc de La Rochefoucauld, Halle sur S., Heuvel, 1890.

Violeau (François-Hippolyte), écrivain français, d'abord employé au bureau des Hypothèques à Brest, puis bibliothécaire-archiviste de la ville, fonctions dont il se démit bientôt pour aller se fixer à Morlaix avec sa famille et se livrer entièrement à la littérature. Après 27 ans d'absence, il revint à Brest en 1872, où il vit encore, mais où il n'écrit plus depuis longtemps. Il est né, à Brest, le 13 juin 1818. Couronné aux Jeux Floraux de Toulouse en 1842, 1844 et 1845; nommé maître des Jeux Floraux en 1861; couronné aux Concours Monthyon (ouvrages les plus utiles aux mœurs), en 1848 et 1851. Nous avons de lui: « Loisirs poétiques », 2 vol.; « Livre des mères chrétiennes », poésies, couronnées par l'Académie française, 1848; « Paraboles et légendes », poésies, 1 vol.; « La Maison du Cap », id.; « Amice du Guermeur », id.; « Soirées de l'ouvrier », couronné par l'Académie française, 1851; « Veillées Bretonnes », 2 vol.; « Souvenirs et nouvelles », id.; « Récits du Foyer », id.; « Pèlerinages de Bretagne », 1 vol.; « Une homme de bien », id.; « Histoires de chez nous », id.; « Les surprises de la vie », id. Dans une notice biographique qu'il lui a consacré, Louis Veuillot raconte ainsi les débuts du jeune poète: « A l'âge de dix-huit « ans, Hippolyte fit une pièce de vers et l'en« voya secrètement à un journal de Brest. Le « rédacteur reconnut dans ces vers un germe « de talent. Il invita l'auteur à le venir voir « et s'efforça de l'encourager.... Les *Loisirs*, pu« bliés en 1841, réussirent parfaitement. En« couragé par ce premier succès, Hippolyte V. « concourut aux Jeux Floraux de 1842, et ob« tint un prix. A cette occasion la ville de « Brest lui fit présent d'une boite contenant « mille francs en or, et de quelques livres. Il « répondit à la bienveillance de sa ville natale, « en lui dédiant un second recueil qui parut la « même année. Voilà toute son histoire ». Le rédacteur en chef du journal de Brest et Louis Veuillot ne furent pas les seuls à encourager les débuts du jeune poète. Chateaubriand et Charles Nodier, puis Lamartine, Ancelot, Sainte-Beuve, Montalembert, De Falloux, Ozanam et Béranger l'aidèrent à se faire un nom. En 1866 un religieux Barnabite, le Père Maresca de Parme, publia une traduction italienne de ses deux romans: « La Maison du Cap » et « Amice du Guermeur ». L'abbé Dubelmann fit paraître une traduction allemande de ses « Soirées de l'Ouvrier », qui eurent aussi deux traductions anglaises. Un choix des « Loisirs » a paru en hollandais.

Virgili (Antoine), historien italien, professeur de littérature à l'institution florentine de la *Santissima Annunziata*, né, à Florence, le 17 janvier 1842, a fait son droit à Pise. Il a publié: « Ginnastica », chanson; « Un avvocato di Roma antica », inséré à la *Rivista Europea*; « Dell'abuso dei giuochi ginnastici », au *Parini*; « Otto giorni innanzi alla battaglia di Pavia », à l'*Archivio storico italiano*. En volume: « Francesco Berni », Florence, Le Monnier, 1881; « Rime, poesie latine e lettere edite ed inedite di Francesco Berni », id., id., 1885.

Virgili (Philippe), publiciste italien, né, à Monfertino (province de Modène), en 1865; en 1889, après une enfance et une jeunesse laborieuse, il fut reçu docteur ès-sciences mathématiques à l'Université de Padoue. En 1886 il fonda le journal: *La Nuova Ginnastica*. En dehors d'une foule d'articles insérés aux revues: *Ateneo Italiano, Letteratura, Rivista Contemporanea, Ateneo Veneto, Giornale degli Economisti, Rassegna Nazionale, Riforma Universitaria*, on lui doit: « Introduzione a una nuova teorica degli errori d'osservazione », Venise, 1889; « La statistica storica e matematica », Bologne, 1889; « L'applicazione della matematica all'Economia politica », Florence, 1890; « L'istruzione popolare nel Veneto », Venise, id.; « L'avvenire della statistica », Florence, id.; « Guglielmo II », Gênes, id.; « La densità della popolazione in Europa », Rome, id.; « La statistica degli infortuni sul lavoro », Florence, id.; « L'insegnamento della statistica nelle Università italiane », Bologne, id.

Virgilio (Jacopo), économiste italien, né, à Chiavari, le 18 août 1834, docteur en droit de l'Université de Gênes en 1856, magistrat en 1860; il quitta bientôt sa place pour l'enseignement de l'économie politique. Aussi le trouvons-nous en 1861 professeur à l'Institut technique de sa ville natale et 10 ans après professeur de droit maritime à l'Ecole Supérieure Navale. M. V. a fondé plusieurs journaux et la *Società di conversazioni scientifiche* qu'il a dirigée pendant plusieurs années. Homme d'une activité sans pareille, ses rapports figurent dans beaucoup d'enquêtes et de publications de l'Etat. Actuellement il est (depuis 1877) directeur de l'École Supérieure de Commerce. Ajoutons aussi qu'il s'est fort occupé de questions qui regardent le développement de la marine marchande, de l'émigration et en somme de tout ce qui intéresse le présent et l'avenir de sa ville natale. Quelques uns de ses ouvrages, dont nous donnons la liste, ont paru sous le pseudonyme d'*Alberto Libri*: « Delle supreme necessità della Sardegna », 1857; « Elementi di diritto commerciale », 1860; « Principii di economia politica », 1867; « Delle emigrazioni transatlantiche degli italiani », 1868; « Il commercio indo-europeo e la marina mercantile », 1869; « La morale economica »; « Dei Tribunali di commercio in Italia », 1868; « Lo Stato e le Ferrovie »; « Credito navale »; « Le tasse marittime »; plusieurs pamphlets et opuscules, et enfin: « La Nurra, ricordi sardi », 1877; « Lettere Egiziane », 1870; « Bozzetti liguri », 1877; « L'evoluzione nel campo economico », 1882; « Concetti fondamentali della scienza economica », id.; « Il telefono e il Governo », Gênes, 1882; « Le scuole superiori di commercio », 1887, dans la revue *L'Università*; « Sulla eleggibilità a consigliere comunale dei professori della scuola superiore d'applicazione per gli studii commerciali », Gênes, 1889.

Visconti-Venosta (le marquis Émile), homme de lettres et homme d'État italien, ancien Ministre des affaires étrangères, né, le 22 janvier 1829, à Milan, d'une illustre et vieille famille valtéline. La jeunesse de M. V.-V. fut celle des hommes de son temps qui aspiraient à chasser de l'Italie la domination étrangère. Collaborateur de César Correnti à la *Rivista Europea* et au *Vestaverde*, insurgé aux barricades en mars 1848, admirateur passionné de Joseph Mazzini, M. V.-V. reprit la plume après 1849 et le voilà un des collaborateurs de Carlo Tenca au *Crepuscolo*. Bientôt il dut quitter les vagues théories de Mazzini pour celles plus solides du parti groupé autour du Comte de Cavour. et en effet en 1859 M. V.-V. fut nommé par le Comte de Cavour Commissaire Royal près de Garibaldi; il signa de Varese la première proclamation au nom de Victor-Emmanuel. Adjoint ensuite à Farini à Parme et à Modène, il prépara activement avec lui l'annexion de l'Italie centrale. En janvier 1860, il fut adjoint au marquis Pepoli, envoyé en mission extraordinaire près des cabinets de Paris et de Londres. De retour, il fut élu député au Parlement et à la fin de l'année il accompagna à Naples Farini, nommé lieutenant du Roi et dirigea toutes les affaires extérieures sans titre officiel. De 1863 à 1864, M. V.-V. a été Ministre des affaires étrangères. Nommé ensuite ambassadeur à Constantinople, il fut appelé par M. Ricasoli au Ministère des affaires étrangères en 1866, et en 1869 il prit la présidence du Conseil. Dans les évènements de 1870, il déclara, à propos du Concile, laisser aux évêques toute leur liberté, les lois existantes suffisant pour protéger les institutions nationales et se prononça en principe pour la séparation de l'Église et de l'État. Dans le conflit franco-allemand, il soutint la nécessité d'une politique d'observation et de neutralité; en ce qui concerne Rome, l'exécution de la convention de septembre; mais lorsque l'occupation de cette ville devint un fait accompli, il envoya une circulaire aux cabinets étrangers, expliquant, d'un côté la nécessité de pourvoir à la sécurité du Saint-Siège, et d'un autre l'accomplissement des aspirations nationales. M. V.-V. garda son portefeuille jusqu'à 1876; rappelons parmi les faits de son ministère l'inauguration du tunnel de Mont-Cénis, les circulaires de la liberté du Conclave et enfin le rapprochement de l'Italie avec l'Autriche. Il serait à souhaiter que les discours parlementaires du Marquis V.-V. fussent réunis en volume. Dernièrement il a publié à la *Nuova Antologia* deux articles intitulés: « Una nuova critica dell'antica pittura italiana », 1884. Il est président de l'Académie des Beaux-Arts de Milan.

Visconti-Venosta (Jean), frère du précédent, né en 1832, publia des « Novelle » et des vers satiriques. Ces derniers jouissent d'une grande popularité parmi ses compatriotes. Il n'y a pas de lombard qui ne connaisse par cœur « Il ritorno del Crociato », pièce humoristique de première force. M. V.-V. a couvert plusieurs places dans l'administration de sa ville natale, et s'occupe de bienfaisance et d'instruction publique; il est président depuis 1870 de l'Association générale des ouvriers; il est aussi président de la Société italienne des écrivains, enfin récemment il a publié un roman: « Il Curato d'Orobio », Milan, 1886; « Niccolò e la questione d'Oriente, tragedia in parodia per marionette », Milan, 1886.

Vismara (Antoine), bibliographe italien, ex-représentant de la maison de librairie Paravia à Milan, où il est né en 1839, actuellement propriétaire de la typographie et librairie *Carlo Franchi* de Come. On lui doit: « Bibliografia Manzoniana », Milan, 1875; « Bibliografia di Ignazio Cantù », 1877; « Bibliografia di Massimo d'Azeglio », 1878; « Saggio di una Bibliografia su Vittorio Emanuele II », 1879; « Bibliografia di F. D. Guerrazzi », 1880; « Bibliografia di Cesare Balbo », 1882; « Bibliografia Verriana », 1884; « Bibliografia di Achille Mauri », 1885; « Bibliografia di Tommaso Grossi », Come, 1886; « Pantheon di glorie bergamasche », Bergame, 1886; « Pietro Ruggeri poeta, profili biografico-critici », id.

Vismara (Antoine), jurisconsulte et publiciste italien, résidant à Alexandrie, né, à Milan, le 2 février 1831. Il débuta aux journaux de Milan: *Il Montanaro, Il Milanese* et *Il Lucifero* (1851-52). Depuis lors, ses publications ont été nombreuses. Citons: « Del diritto di punire secondo le esigenze della moderna civiltà », 1855; « Le avventure di una sartina milanese », 1857; « Storia del Vespro Siciliano »; « Giona e Cipriano La Gala, ovvero i Misteri del Brigantaggio », 1865; « L'assassino di Lincoln »; « Le Memorie di un suicida »; « La coscrizione è un male »; « Commentario al Codice di procedura penale »; « La liberazione di Roma »; « La repubblica di Parigi »; « Monti e Tognetti », roman; « Della recidiva nei reati », 1871; « Commentario al Codice penale militare », Milan, 1872; « L'Italia studiata in ferrovia », id.; « Storia della Dinastia di Savoia, narrata al popolo ed all'esercito italiano », 1873; « Storia delle cinque gloriose giornate di Milano »; « Un banchetto di carne umana »; « Gennariello brigante », roman; « I Piombi di Venezia e il Consiglio dei Dieci », id., en deux vol.; « Vita di Alessandro Manzoni »; « Storia dei dogi della repubblica veneta »; « Giuseppe Rovani e le sue opere », 1874; « L'uomo in natura, in famiglia e in società »; « Commentario allo statuto patrio », 1875; « I miracoli dello studio, ovvero uomini poveri divenuti celebri », 1876; « L'avvocato del soldato di terra e di mare »; « Glorie militari, ossia uomini poveri illustratisi nelle armi »; « Dell'adozione e delle indagini sulla paternità », Crémone, 1881; « Dell'arresto preventivo », Udine, 1884; « L'importanza dell'etica nelle questioni sociali », Alexandrie, 1889; « Il carattere, ovvero buon cittadino e forte nazione », id., 1889; « Il divorzio giudicato dalla storia, dalla morale e dal diritto », Milan, 1886; « Legislazione sulla caccia e questioni riferentisi », Alexandrie, 1889; « I miracoli dell'osservazione, ossia invenzioni e scoperte », id., id.; « L'avvocato del commerciante », id., 1890.

Vissaguet (Marie-Xavier-Ernest), homme politique français, né, à Puy-en-Velay, le 4 novembre 1834. Inscrit au barreau de sa ville natale, il participa à la rédaction du journal démocratique *L'avenir de la Haute-Loire* (1869). Après la révolution du 4 septembre, il fut nommé procureur de la République au Puy; le 8 octobre 1871 il fut élu membre du Conseil général pour le canton de Solignac; réélu le 4 octobre 1874, il a été secrétaire, puis vice-président de cette assemblée. Nommé député aux élections de février 1876, il fit partie des 363 qui condamnèrent la politique du 16 mai. Au renouvellement de la représentation sénatoriale de la Haute-Loire, il a été élu sénateur en 1879. Il a été réélu en 1888. Outre un grand nombre d'articles politiques dans les journaux de son département, M. V. a publié plusieurs études d'histoire locale, dont la plus importante est un « Essai sur l'histoire municipale du Puy »; il a aussi édité le « Journal d'un bourgeois du Puy (1724-1740) au XVIIIe siècle ».

Vitelli (Jérôme), éminent philologue italien, né, à Santa Croce del Sannio (prov. de Bénévent), le 27 juillet 1849. Nous avons de lui des notes critiques et des récensions aux revues suivantes: *Rivista di filologia, Philologus, Philologischer Anzeiger, Revue de philologie, Mélanges Graux, Propugnatore, Pubblicazioni del R. Istituto di Studi Superiori in Firenze*, etc. Nous dononns d'abord les titres des ouvrages de M. V. insérés aux revues: « Delle carte di Arboréa e delle poesie italiane in esse contenute », 1870; « In Hegesippi oratione de Halonneso codicum florentinorum scripturæ discrepantia »; « Miscellanea critica »; « Osservazioni sull'Ifigenia in Aulide di Euripide »; « Spicilegio fiorentino ». En volume: « L'Ifigenia in Aulide », Florence, Le Monnier, 1878; « Appunti critici sull'Elettra di Euripide », Turin, Loescher, 1880; « Æschyli Fabulæ », Berlin, Calvary, 1885; « Joannis Philoponi in Aristotelis Physicorum libros », id., Reimer, 1887-88; « Demosthenis Orationes I-IV », Florence, Sansoni, 1888; « Collezione fiorentina di facsimili paleografici greci e latini », en collaboration avec le prof. C. Paoli, Florence, Le Monnier, 1884.

Viti (Dominique), jurisconsulte italien, professeur ordinaire de procédure civile à l'Université de Naples, né le 12 février 1837. On a de lui: « Commento sistematico sul Codice di procedura civile del Regno d'Italia »; « Le istituzioni di diritto giudiziario civile »; la monographie : « Della proibizione delle indagini sulla paternità »; « Dell'impedimento nati et ordinis »; « Dell'accesso giudiziale ».

Vitringa (Anne-Jean), littérateur hollandais, né, le 29 septembre, à Harderwyk, prit ses grades à Groningue, est directeur du Gymnase de Deventer et en même temps professeur à l'Athénée de cette ville. On possède de lui plusieurs articles sur l'instruction universitaire et bon nombre de dissertations philosophiques. Sous le pseudonyme de *Ian Hollande*, il a publié: « Esquisses et observations d'un philosophe platonicien du XIXe siècle »; « Les Matérialistes »; « Conversations pendant les Soirées d'été »; « Histoire du développement de *Keesje Putbus* »; « Un moyen pratique contre la population excessive »; « L'art de devenir riche en deux ans sans capital »; « Darwinia, roman d'un nouveau monde »; « Personnes décentes »; « Le rêve d'un Roi »; « La famille Willems »; « Le livre des Singes »; « Lettres à mon cousin Gérard »; « Le fracas que nous donnent nos fils »; « Nos Sorcières contemporaines »; « Doris et Dorine »; « Monsieur de Woort et son Cercle »; « Vieilles Idées en costume moderne »; « Non! La vie de nos petites villes »; « Les chiens de Koekenheim ».

Vitrioli (Diègue), latiniste italien, né, le 20 mai 1819, à Reggio-Calabre. Nous avons de lui un poème très-élégant en examètres intitulé: « Xiphias », où la pêche de l'espadon est admirablement décrite. Ce petit poème latin a été traduit la première fois en vers blancs par M. Coppino ancien Ministre de l'Instruction publique. M. V. n'appartient pas aux temps modernes, c'est un classique du siècle d'Auguste. En dehors du poème déjà nommé, cet insigne homme de lettres a des épîtres en latin à plusieurs personnages haut placés dans le monde des lettres et de la politique. M. Vallauri en fait un grand éloge dans son *Histoira critica literarum latinarum*.

Vitta (Édouard), écrivain militaire et technologiste italien, né, à Florence, vers 1840, servit à l'armée pendant les campagnes de 1859 à 1860 dans le corps du génie. Ayant quitté le service, il continua néanmoins à s'occuper des chemins de fer appliqués à la guerre, en collaborant aux journaux *La Nazione* de Florence, au *Corriere Italiano*, à l'*Economista*, etc. Mais son œuvre principale a été une série non interrompue d'articles et de mémoires sur une ligne directe entre Bologne et Florence. Nous donnons les titres des mémoires principaux publiés à ce sujet, laissant de côté les articles des journaux: « Sunto della relazione degli ingegneri Minarelli e Dalloli a corredo dello studio sul tracciato Protche per la ferrovia direttissima Bologna-Firenze-Roma », 1887; « Della viabilità ferroviaria dall'Appennino al mare in rapporto agli interessi di Siena e ad una ferrovia direttissima Bologna-Firenze-Roma », Sienne, Nava, 1888; « La direttissima Bologna-Firenze-Roma », id., id.; « Relazione della Commissione del Collegio degli ingegneri e architetti di Firenze incaricata di riferire sulla proposta di una stazione ferroviaria militare di Firenze », Florence, Carnesecchi, 1879; « Sul progetto di collegamento fra le varie associazioni di architetti e ingegneri », 1882; « Sul sistema di ventilazione e di riscaldamento applicato al grande stabilimento di cura della Maloia », 1887, etc. Sous presse: « Relazione della R. Camera di commercio ed arti sulla nuova stazione di Firenze », 1890.

Vitu (Auguste-Charles-Joseph), publiciste français, né, le 7 octobre 1823, à Meudon près Paris, débuta en 1841 dans la *Biographie Michaud* et fut un des principaux collaborateurs du *Corsaire* et du *Portefeuille*. De 1844 à 1848, il écrivit plusieurs volumes de littérature légère, à savoir: « Paris l'été », 1847; « Les bals d'hiver », 1848, des pièces de théâtre en collaboration avec Faulquemont, et rédigea, sous le pseudonyme de *Vidocq*, le roman des « Chauffeurs du Nord », 1845-46. En 1848, il fut successivement rédacteur des journaux *Liberté*, *Pamphlet*, *Journal des Chemins de fer*, en 1849 directeur du *Bon sens d'Auvergne* à Clermont-Ferrand et de l'*Ami de l'Ordre* à Grenoble. De retour à Paris, il travailla au *Dix-Décembre*, au *Pouvoir*, au *Pays*, au *Journal de l'empire*, au *Constitutionnel*, et en 1867 nous le trouvons rédacteur en chef à l'*Étendard*. Enfin, en 1870, il entra au *Figaro*, où il est critique théâtral. Nous avons encore de M. V.: « Révision de la Constitution », 1851; « L'Empereur à Grenoble », 1852; « Histoire de Napoléon III »; « Études littéraires sur la révolution française »; « Guide dans le Dauphiné et l'Isère »; « Contes à dormir debout »; « Ombres et vieux murs »; « Opinion sur la question des banques »; « Histoire civile de l'armée »; « La Chronique de Louis XI »; « Notice sur François Villon » et des brochures d'occasion.

Vitzou (Alexandre-Nicolas), savant roumain,

né, le 21 novembre 1852, à Sevinesti, près de Piatra (Roumanie), docteur ès-sciences naturelles de la Faculté des sciences de Paris. Professeur de zoologie, anatomie, physiologie comparée à la Faculté des sciences de Bucarest; directeur de l'Institut de physiologie expérimentale de la Faculté des sciences; membre du Conseil permanent au Ministère des cultes et de l'instruction publique. Il a publié de nombreux mémoires; voici les titres des principaux: « Structure des téguments chez les crustacés décapodes »; « La mue des crustacés »; « Permanence de la fonction glycogénique chez les crustacés décapodes », thèse inaugurale avec planches (*Archives de zoologie expérim.* t. X), 1882, chez Reinwald, Paris; « Contribution à l'étude du centre cérébro-sensitif visuel chez le chien » (*Comptes-Rendus de l'Académie des Sciences de Paris*), le 23 juillet 1888; « Contribution chez le singe citée par H. Munk » (*Académie des sciences de Berlin*), 1889, *Association française pour l'avancement des sciences;* « L'entrecroisement incomplet des fibres nerveuses dans le chiasma optique chez le chien » (*Comptes-Rendus de l'Académie des Sciences de Paris*), le 17 septembre 1888. En librairie: « Étude sur l'enseignement secondaire en Roumanie », en roumain, chez Göbe fils éd., 1888.

Vivanet (Philippe), écrivain italien, né, à Cagliari, le 9 avril 1836. En dehors de sa collaboration à plusieurs journaux, on lui doit: « Armonie », 1857; « Gustavo Jourdan e la Sardegna »; « Elogio di Alberto La Marmora »; « Pietro Martini, la sua vita e le sue opere »; « Il barone Giuseppe Manno »; « Vittorio Emmanuele »; « Sulla storia e sul carattere della geometria descrittiva »; « Sui più notabili progressi della geometria nel secolo decimono »; « Sulle attribuzioni speciali dell'architetto e dell'ingegnere nell'esercizio della loro professione »; « Sui metodi in geometria »; « Sulla storia e sul carattere della geometria descrittiva »; « Relazione sopra il viaggio in Egitto »; « Sulla linea da preferire nel tracciamento di una ferrovia nell'isola di Sardegna », 1861; « La Patria », Cagliari, 1866; « Le Scienze e le Lettere in Sardegna nel 1566 », id., 1867; « Discorso per inaugurare le conferenze didattiche », id., 1874; « La scultura in Italia », 1875; « Biografia del Senatore Spano », Bosa, 1878; « La Sardegna nella Divina Commedia e nei suoi commentatori », 1879; « La storia e la tecnica dell'agricoltura in Sardegna », 1880; « La storia antica della Sardegna », Cagliari, 1881.

Vivante (Annie), femme-poète anglo-italienne, née à Londres. Des revers de fortune poussèrent Mlle V. à étudier le chant et les belles-lettres. Sous les auspices du poète Carducci, la maison Treves de Milan a publié de cet auteur un volume de vers intitulé: « Liriche », 1890, et dont le succès a été très grand.

Vivante (César), jurisconsulte italien, professeur de droit commercial à l'Université de Bologne, né, à Venise, en 1855, obtint son doctorat à l'Université de Padoue; et après avoir exercé au barreau de Venise et inséré des mémoires dans les revues spéciales, il est entré dans l'enseignement. Il a publié les ouvrages suivants: « La polizza di carico », Hoepli, Milan, 1881; « Gli usi mercantili », Bologne, Fava et Garagnani, 1883; « Il deposito nei magazzini generali », Rome, Loescher, 1887; « Il contratto di assicurazione », vol. I, « Delle assicurazioni terrestri », vol. II, « Delle assicurazioni marittime », vol. III, « Delle assicurazioni sulla vita », 1887, traduit en allemand, Vienne, Ehrenzweig éditeur.

Vivien de Saint-Martin (Louis), géographe et historien français, né, à Saint-Martin de Fontenay (Calvados), le 17 mai 1802. Venu à Paris, M. V. de St.-M. débuta de très bonne heure dans la littérature géographique qu'il abandonna un moment pour d'autres travaux, mais à laquelle il revint bientôt pour de longues années, concurremment avec divers travaux historiques. A 25 ans, déjà membre de la Société de Géographie de Paris, dont il fut un des fondateurs, il avait publié un atlas, diverses cartes, une « Géographie de la France », et d'autres essais. On a de lui, dans cette première période, une traduction du « Voyage de Ball en Circassie », avec une introduction, 2 vol., 1840, et en littérature, une traduction complète de Walter-Scott, 25 vol., publiés chez Pourrat (1836 et années suivantes); et, chez le même éditeur, l'« Histoire de la Révolution française, 4 vol., et l'« Histoire de Napoléon », 2 vol., 1840-43. De 1845 à 1847, M. V. de St.-M. publia, sous le titre d'« Histoire géographique de l'Asie-Mineure », 2 fort volumes in-8°, avec cartes, le commencement d'une « Histoire universelle des découvertes géographiques », que les évènements de 1848 interrompirent et qui n'a pas été reprise. M. V. de St.-M. avait pris aussi la direction et la rédaction principale des *Annales des voyages* fondées en 1869 par le célèbre Malte-Brun; il continua cette direction pendant dix ans, jusqu'en 1854. Plusieurs des mémoires qu'il y inséra ont été réunis en deux volumes, sous le titre d'« Études de Géographie ancienne », et d'« Ethnographie asiatique », 1850-1854. Un volume de « Recherches sur les populations primitives du Caucase », a aussi été publié en 1847. En 1852, M. V. de St.-M. fonda de concert avec M. de Saulcy, de l'Institut, un journal hebdomadaire de littérature et de science, sur le plan de l'*Athenœum* de Londres et auquel il donna le titre d'*Athenœum Français;* il se retira du journal (qui ne vécut que trois ans après sa retraite), pour se livrer exclusivement à des travaux d'un ordre plus spécial relatifs à l'Inde ancienne; à cette série appartiennent les « Etudes sur la géographie grecque et latine de l'Inde dans ses rapports avec la géographie sanscrite », trois mémoires avec cartes 1858-60, couronnés par l'Académie des Inscriptions et insérés aux *Mémoires* de l'Académie des savants étrangers: « Étude sur la géographie et les populations primitives du Nord-Ouest de l'Inde, d'après les hymnes Védiques », couronné, comme le précédent, par l'Académie des Inscriptions; « Mémoire analytique sur la Carte de l'Asie-Centrale et de l'Inde au XIIe siècle de notre ère », imprimé en tête des « Voyages de Niouan-thsang dans l'Inde, de l'an 629 à 645 », traduits du chinois par M. Stanislas Julien, de l'Institut. Viennent ensuite: « Le Nord de l'Afrique dans l'antiquité grecque et romaine, étude historique et géographique », Paris, Imprimerie Impériale, 3 vol., avec cartes, 1863, couronné par l'Académie des Inscriptions; « Histoire de la géographie et des découvertes géographiques », Paris, 1873, avec atlas; sous presse: « Esquisse d'une Histoire de l'Humanité », 6 vol. M. V. de St.-M. a publié de 1863 à 1875 un volume annuel sous le titre d'« Année géographique », 14 vol., fort appréciés des travailleurs et des savants. Enfin, on lui doit le grand « Dictionnaire de géographie universelle », chez Hachette, 5 vol., 1877 et années suivantes jusqu'en 1888. M. V. de St.-M. avait aussi conçu, parallèlement au Dictionnaire le plan d'un atlas universel, ancien, moyen-âge et moderne; mais les lenteurs d'une pareille œuvre et l'affaiblissement d'une vue depuis si longtemps fatiguée ne lui ont pas permis de suivre la publication, bien que les éditeurs l'aient poursuivie sous son nom; il n'y a de lui et il n'en reconnaît que la préface, écrite en 1876. Il serait superflu, après cette énumération, de mentionner la collaboration de M. V. de St.-M. à divers journaux et revues littéraires et politiques. Nous pouvons ajouter qu'un quatrième mémoire, complétant les études sur la géographie ancienne de l'Inde, est terminé, quoique encore inédit, ainsi qu'une partie considérable d'un « Dictionnaire de géographie historique grecque et latine », travail qui ne remplira pas moins de quatre forts volumes in-4°.

Vlachos (Ange), poète héllène, ministre plénipotentiaire de Grèce à Berlin, est né, à Athènes, le 16 avril 1838; il fit son droit à l'Université de sa ville natale, et débuta à 18 ans par un volume de vers intitulé: « Aurora ». En 1879, il traduisit en grec le drame de Lessing: « Nathan le sage », et en 1887, les meilleurs Lieder de Henri Heine. Il a aussi traduit d'après le mètre de l'original l'« Œdype Roi », de Sophocles qui a été donné à l'occasion du jubilé cinquantenaire de l'Université d'Athènes.

Vlacovich (Giampaolo), anatomiste de la Dalmatie, professeur d'anatomie à l'Université de Padoue, né, à Lissa, en 1825. On lui doit: « Dell'apparecchio sessuale dei monotumi », Vienne, 1852; « Relazione sopra alcuni studii anatomici », Padoue, 1861; « Osservazioni miologiche », Venise, 1865-75; « Annotazioni intorno alcune proprietà dei corpuscoli oscillanti del bombice del gelso », id., 1864-66; « Osservazioni anatomiche sulle vie lagrimali », Padoue, 1871; « Sul muscolo sterno-cleido-mastoideo », Venise, 1876; « Sul fascio sternale del muscolo sterno-cleido-mastoideo », id., 1878; « Intorno agli ultimi due libri del trattato: *De re anatomica*, di Realdo Colombo », id., 1882; « Il giudizio di G. B. Morgagni sul merito di Michele Servet nella scoperta della piccola circolazione », 1883; « Rassegna d'anatomia descrittiva per l'anno 1882 », Padoue, 1882; « Commemorazione del prof. Francesco Cortese », id., 1884; « Di alcuni sussidii craniometrici », 1885; « Intorno alcune proprietà dei corpuscoli del Bombice del gelso », id., 1886; « Sulla ruggine dei bozzoli », 1887.

Vlcek (Venceslas), écrivain tchèque, directeur de la revue *Osveta*, né, à Strechow, le 1er septembre 1839. Il débuta dans l'enseignement qu'il quitta bientôt pour la littérature. Sa plume est très féconde. Nous donnons la liste des meilleurs ouvrages de cet auteur. Les romans suivants: « Ctibor Hlava »; « Jan Svehla Dominika »; « Dalibor »; « Golgota e Tabor »; « Pani Lichnicka »; « Pasek z Vratu »; « Po pulnoe ». En 1880, il composa une tragédie historique « Lipany », avec laquelle furent inaugurées (1881) les représentations dramatiques sur le nouveau théâtre national tchèque, dont la construction fut achevée alors; il s'en fit deux éditions en un an. En 1882, il donna une nouvelle édition remaniée de son roman « Zlato vohni (L'or dans le feu) », en cinq livres, dont le sujet appartient aux évènements de la guerre austro-prussienne en 1866. Ces romans, comme le « Vénec vavrinovy (La couronne de laurier) » du même auteur, sont répandus par le moyen d'éditions populaires parmi toute la population des villes et villages tchèques et sont devenus ainsi une vraie lecture nationale. En 1884-86, il publiait dans la revue *Osveta*, dont lui est éditeur et rédacteur, le roman social: « Samohrady », en cinq livres, qui de même a été suivi par le public avec le plus grand intérêt; lui aussi va paraître à présent dans une réimpression à prix modéré pour le peuple. Des éditions semblables se font en 12,000 exemplaires et pour les romans de M. V., comme pour ses tragédies « Eliska Premyslovna »; « Milada », il faut les répéter à des époques assez courtes. En 1888, a paru de lui le roman volumineux: « Dalibor ».

Vöegelin (Frédéric-Salomon), critique d'art et professeur suisse, fils d'un pasteur et professeur de théologie, né, à Zurich, le 26 juillet 1837, fut élevé par sa famille selon les principes d'une stricte orthodoxie, destiné au Saint-Ministère, et envoyé pour ses études à l'Université de Bâle. Deux séjours successifs, à Heidelberg et à Berlin, changèrent complètement ses vues et le transformèrent en un fougueux adepte de l'école progressiste. Nommé en 1872 pasteur de la grande et industrielle paroisse d'Uster, il scandalisa par la hardiesse de ses vues son auditoire et encourut le reproche, tout au moins de manque de tact et d'imprudence, de la part des chefs les plus autorisés de la gauche, entr'autres de Henri Lang. De cette époque datent ses premières publications : un recueil de discours prononcés en chaire : « La communauté ecclésiastique et la base sur laquelle elle repose », Zurich, 1865 ; des essais historiques sur la Paroisse d'Uster et le cloître de Ruti, etc. Le conseiller d'état Sieber mit fin à une situation des plus pénibles en utilisant l'activité de M. V. dans le domaine pédagogique et en le nommant en 1870 professeur extraordinaire, et en 1876 professeur ordinaire pour l'histoire de l'art à l'Université de Zurich. Un séjour de quelques mois en Italie (1860), un séjour de plus longue durée à Rome et dans l'Italie centrale (1862, voir en 1863 le compte-rendu du *Nouveau Musée Suisse*) l'avaient préparé à ses nouvelles fonctions ; un travail assidu, des voyages à Vienne (1873) et à Berlin (1887) lui assurèrent dans le domaine esthétique une autorité toujours plus incontestée. L'Université de Bâle lui conféra en 1885 le grade de docteur en philosophie *honoris causa*. Nous mentionnerons parmi les publications les plus intéressantes de M. V. : « Les monuments de l'histoire universelle », 2 vol. avec illustrations, Bâle, 1869-74 ; « La Madonne de Loreto », Zurich, 1870 ; « Le portrait de Conrad Pellican », id., 1872 ; « Manuel d'Histoire générale et d'histoire suisse », en collaboration avec le Dr J. Müller, 1876 ; « La table de Holbein conservée à la bibliothèque municipale de Zurich », 1878 ; « L'ancien Zurich », 1879 ; 2me éd., 1882 ; « Le peintre Louis Vogel de Zurich », deux fascicules avec 3 planches, 1881 ; « Les Keller de Steinbock », à l'occasion du jubilé du M. le Dr Ferdinand Keller, 1884 ; « Les études épigraphiques d'Egidius Tschudi en Italie et dans le Sud de la France ; un chapitre de l'histoire de l'humanisme allemand », 1887. M. V. a prononcé, en outre, sur sa science de prédilection, plusieurs conférences populaires, dont quelques unes ont été imprimées (« L'art et les premiers chrétiens » ; « L'art et la vie nationale »), et collaboré au *Répertoire Artistique* de Woltmann, à l'*Indicateur pour l'Archéologie suisse*, aux *Archives et à l'Annuaire pour l'Histoire suisse*, aux *Feuilles pour la nouvelle année de la Bibliothèque* de Zurich (voir, entr'autres, les biographies de son père et de son aïeul, le professeur de théologie Salomon et le conseiller ecclésiastique

M. Salomon V.). Parallèlement à cette activité littéraire et professorale s'en déploya une autre consacrée à la politique militante. L'un des docteurs les plus éloquents et les plus convaincus de l'école socialiste de Winterthur, M. V. siégea en 1867 à l'assemblée constituante de son Canton, et a fait partie depuis 1869 du Grand Conseil, depuis 1872 du Conseil d'éducation, depuis 1875 du Conseil national suisse. L'indépendance dont il fit preuve dans ces différents corps, en particulier à propos de la représentation des minorités et lors des débats sur le Kulturkampf, froissa les chefs de la majorité radicale sans lui reconquérir les sympathies de ses adversaires ; la création d'une école d'art et d'un musée national suisse lui inspira quelques uns de ses meilleurs discours. Parmi les diverses brochures polémiques sorties de sa plume, nous indiquerons : « La démocratie socialiste, son caractère et son but », Berne, 1881 ; « Ulrich Zwingli », Zurich, 1884 (pamphlet contre le rôle politique et religieux du réformateur) ; « La loi internationale sur les fabriques », Coire, 1886.

Vogel (Alfred), médecin allemand, conseiller d'État, né le 31 mars 1829, étudia aux Universités de Munich, Berlin et Wurzbourg ; il a été, de 1856 à 1866, professeur libre et professeur extraordinaire à Munich, de 1866 à 1886 professeur de clinique médicale à l'Université de Dorpat (Russie), et depuis cette époque professeur honoraire de pédiatrie à Munich (Bavière). Il est chevalier de plusieurs ordres, et a publié : « Lehrbuch der Kinderkrankheiten », 1re éd., 1860 ; 2me éd., 1887.

Vogel (Christian), philosophe et pédagogiste allemand, né, à Rehna (Meklembourg), le 6 juillet 1836, fit ses études universitaire à Iéna et à Paris, professeur à l'École supérieure de commerce à Genève et professeur extraordinaire de pédagogie à l'Université de la même ville. Nous avons de lui en librairie : « Enseñanza práctica para aprender pronta y fácilmente la Lengua alemana », tom. Ier, 4me éd., Halle, Gesenius, 1888 ; id., tom. 2e, 3me éd., id., 1885 ; « Vollständiger Memoir- und Repetitionsstoff aus der englischen Grammatik. Formenlehre, Orthographie und Syntax, 2te Bearbeitung », Dresde, Meinhold et Jöne, 1862 ; « Manual of Mercantile Correspondance in two languages. English and German », 12e éd., Leipzig, Glouzner, 1888 ; « Taschenbuch der Handelskorrespondenz in deutscher und englischer Sprache », 2e par., 12e éd., id., id., id. ; « Englisches Vokabular nach den Grundsätzen des Anschauungsunterrichts geordnet. Erste Abteilung », Vieweg et John, Braunschweig, 1862 ; « Memoir- und Repetitionsstoff aus der französischen Grammatik », 1ere éd., Gratz, Bredt, 1864 ; « German made easy. A practical German Grammar for English students », Halle, Gesenius, 1875 ; « Key to German made easy », id., id., 1877 ; « Die

Wichtigkeit des Studiums der neueren Sprachen, und Winke zur bessern Erlernung derselben, unter Rücksicht merkantiler Zwecke », 2do éd., Leipzig, Glouzner, 1889; « Lehrbuch der deutschen Handelskorrespondenz », id., id., 1882; « Manuel de Correspondance commerciale en langues française et allemande », 1er vol., 15e éd., id., id., 1889; « Taschenbuch der Handelskorrespondenz in deutscher und französischer Sprache », 2e par., 15e éd., id., id., id.; « Manuel de conjugaison des verbes irréguliers français », Schönberg et Meckl., Bicker, 1883; « Gesenius. Grammaire élémentaire anglaise, adaptée à l'usage des Français », Halle, Gesenius, 1886; « Manual of Mercantile Correspondence in two languages English and French », Leipzig, Glouzner, id.; « Manuel de Correspondance commerciale en langues française et anglaise », vol. 2e, id., id., id.; « Schiling. Grammaire espagnole à l'usage des Français », id., Leipzig et Paris, 1888; « Clef des exercices de la grammaire espagnole Schilling », id., id., id.; « Taschenbuch der « Handelskorrespondenz in deutscher und spanischer Sprache », 2e par., 2e éd., Leipzig, 1889; « Manuel de répétition de l'étymologie allemande », Genève, Stapelmohr, id.

Vogel (Jacques), poète suisse, plus connu sous le nom de Vogel de Glaris, né, dans ce bourg, le 11 décembre 1816, d'une famille d'ouvriers. Il aurait voulu suivre la carrière pédagogique, mais il fut contraint, dès l'âge de dix ans et après quelques années seulement passées à l'école primaire, d'entrer comme apprenti dans une fabrique d'indiennes. Son ardeur infatigable pour apprendre et sa vive intelligence suppléèrent aux lacunes de son instruction première; tous ses gains étaient consacrés à l'achat de livres, surtout des œuvres des grands poètes germaniques si bien qu'à l'âge de vingt ans, à force de labeurs et de privations, il était parvenu à acquérir une bibliothèque de 600 volumes. La nécessité de gagner son pain l'obligea à de longs voyages à pied à travers la Suisse. Il était assez généralement estimé et disposait d'une somme suffisante pour fonder quelques années plus tard (1843) une imprimerie à laquelle s'adjoignit bientôt une librairie. L'amitié de M. le docteur Henne de Saint-Gall l'encouragea à poursuivre ses travaux littéraires. La maison de M. V. à Glaris est un lieu de rendez-vous des plus appréciés par les écrivains de la Suisse allemande; le maître s'honore par la généreuse hospitalité qu'il exerce comme par l'appui désintéressé qu'il accorde à tous les débutants de quelque avenir. La connaissance approfondie qu'il possède des œuvres de ses compatriotes éclate à chaque page de sa chrestomatie: « La littérature nationale dans la Suisse allemande d'Albert de Haller jusqu'à l'époque actuelle » (les trois premiers volumes avec la collaboration de Robert Weber; le quatrième avec celle de Honegger). Les productions lyriques de M. V. charment le lecteur par leur patriotisme élevé et la personnalité sympathique qui s'en dégage, par l'élégance de la forme comme par la sincérité des sentiments. Voici l'indication des principales d'entr'elles: « Souvenirs d'Émile », 1860; « Poésies », 1861; « Poésies lyriques », 1868; « Les beautés et les terreurs des Alpes suisses » (poésie et prose en collaboration avec J.-B. Baudlin), id.; « Tarentelles », épigrammes, id.; « Le Klonthal », poésies lyriques, 1870; 7me éd., 1883; « Feux d'artifice, châtaignes sauvages, branches de bouleau », poésies épigrammatiques, 1871; « Le Glärnisch contemplé à la lumière de la poésie », 1873; « Tableaux des Alpes », 1874; « Du temps de ma jeunesse », poésies lyriques, 1875; « Les Épines », recueil d'épigrammes, id.; « Chants paisibles », id.; « Choix de poésies », avec une introduction de J.-J. Honegger, 1877; « Les Guêpes », petits poèmes épigrammatiques, 1881; 12me éd., 1887; « Souvenirs du Klönthal », 1878; 4me éd., 1881; « En présence d'un monument », poésies, 1884.

Vogt (Adolphe), écrivain médical allemand, né, à Giessen, le 27 octobre 1823, étudia à Berne, à Zurich et à Paris; pratiqua la médecine (1849-56) à Laupen (Canton de Berne) et (1856-77) dans la ville même de Berne, où il fut nommé en 1877 professeur d'hygiène et de statistique sanitaire à l'Université. Nous avons de lui en librairie: « Trinkwasser oder Bodengase. Beleuchtung der Frage über die Ursache des Typhus abdomin. », Bâle, 1874; « Ueber Städtereinigung d. ein neues system ventilirter Latrinenfässer », Berne, 1873; « Die Pochen- und Impffrage im Krampfe mit der Statistik », id., 1877; « Vier populäre Vorträge über Menschenseuchen », id., 1880; « Für und wider die Kuhpochinimpfung u. den Impfzwung », id., 1879; « Der alte und der neue Impfglaube », id., 1881; « Die Pockeusenche und Impfverhältnisse in der Schweiz », id., 1882; « Ueber die gesundheitliche Stellung des Buchdruker- Geverbes in Schweiz », Bâle, 1884.

Vogt (Charles), célèbre naturaliste, anthropologue et anatomiste allemand, professeur d'anatomie comparée, de géologie et de paléontologie à l'Université de Genève, président de l'Institut National de Genève, député au grand Conseil fédéral, né, à Giessen, le 5 juillet 1817; son père était naturaliste. Il fit ses premières études dans sa ville natale; en 1833, il passa à Berne, où il fut reçu docteur en médecine; en 1839, il passa à Neufchâtel, où il devint le collaborateur du célèbre Agassig, avec lequel il publia l'« Histoire naturelle des poissons d'eau douce ». Il a été tour-à-tour professeur à Giessen, à Berne et à Genève; au nombre de ses grandes publications, nous signalons: « Montagnes et Glaciers »; « Traité de géologie »; « Lettres physiologiques »; « Science et superstition »; « Leçons sur l'homme », son chef-d'œuvre; « Embryogénie du Saumon »; « Histoire du développement de la Tortue accoucheuse »; « Histoire naturelle des animaux »; « Voyage au Nord »; « Océan et Méditerranée »; « Le vieux et le nouveau dans la vie des bêtes et des hommes »; « Recherches sur les animaux inférieurs de la Méditerranée »; « Mon procès contre l'*Allgemeine Zeitung* »; « Leçons sur les animaux utiles et inutiles, inconnus et calomniés ».

Vogt (Gustave), jurisconsulte allemand-suisse, frère du précédent, né, le 14 juin 1829, à Giessen, fut appelé en 1862 à professer le droit public à l'Université de Berne, et occupe depuis 1870 la même chaire à celle de Zurich. Rédacteur en chef de la *Nouvelle Gazette de Zurich*, il n'a publié dans le domaine scientifique qu'un petit nombre de travaux: « Manuel de droit public suisse », 1re livraison, Soleure, 1860; « La révision de la théorie des concordats suisses », 1865; « Matériaux pour l'histoire et la critique de la justice administrative dans le Canton de Berne », id., 1869; « La caractéristique de l'Acte de Médiation du 15 février 1803 », Zurich, 1884; en outre divers articles dans la *Revue trimestrielle allemande*, la *Revue suisse d'utilité publique*, la *Revue pour les sciences politiques*, éditée à Tubingue.

Vogt (Théodore), écrivain allemand, docteur en philosophie, professeur de pédagogie à l'Université de Vienne, né, le 25 décembre 1835, à Schirgiswalde (Saxe), fit ses premières études dans sa ville natale, et les continua ensuite à Dresde, Prague et Vienne, cultivant particulièrement la philologie et la philosophie; il fut promu docteur en philosophie en 1862, prit, en 1865, son habilitation à l'enseignement de la pédagogie, et trois ans plus tard il fut habilité aussi à l'enseignement de la philosophie. En 1871, il fut nommé professeur de pédagogie à Vienne, et après la mort de Zillers (1882), il fut élu président de la *Verein für Wissenschaftliche Pedagogik*. On lui doit: « Form und Gehalt in der Æsthetik », Vienne, 1865; « Die österr. Realgymnasien », Leipzig, 1873; « Franz Carl Lott », Vienne, 1874; « Der Encyklopädismus und die Lesebücher », id., 1878; « J. J. Rousseau's Leben », id., 1870. Ainsi que plusieurs autres articles publiés dans les *Comptes-rendus de l'Académie* de Vienne, dans le *Jahrbuch des Vereins für Wittensch. Pedag.* et dans la *Zeitschr. für exacte Philosophie*.

Vogüé (Charles-Jean-Melchior, marquis DE), archéologue français, membre de l'Institut, né, à Paris, en 1829. Il s'adonna de bonne heure aux études de l'histoire religieuse et des arts de l'Orient, et voyagea (1853-54) en Syrie et en Palestine. Nommé en 1871 ambassadeur à Constantinople, il profita de son séjour en Turquie pour faire recherche, dans les archives de l'Ambassade et du Consulat de Smyrne, des documents sur l'état de la Vénus de Milo, lors de sa découverte en 1820; il retrouva une lettre constatant que les bras de la Vénus étaient cassés. En 1875 M. V. passa à l'ambassade de Vienne, et en 1879 il donna sa démission. Nous sommes redevables à cet auteur des ouvrages suivants: « Les Églises de la Terre-Sainte »; « Les évènements de Syrie », 1860; « Le Temple de Jérusalem », 1864-65; « L'Architecture civile et religieuse du Ier au VIIe siècle dans la Syrie Centrale », 1865-77; « Inscriptions Sémitiques », 1869-77; « Mélanges d'archéologie orientale »; « Stèle de Jehawnelleh, roi de Gébal ». Citons encore: « Voyage d'exploration à la mer morte », ouvrage posthume du Duc de Luynes publié par M. de V. (1871-74). Signalons, en outre, ici le nom du Vicomte Melchior de Vogüé parmi les critiques contemporaines les plus en vogue; ses admirables essais sur le roman russe contemporain ont fait le charme de tous les nombreux lecteurs de la *Revue des Deux Mondes* et grandement contribué à faire connaître en Europe la littérature russe contemporaine.

Voit (Charles), physiologue bavarois, professeur de physiologie à l'Université de Munich, né, le 31 octobre 1831, à Hambourg (Bavière), étudia la médecine aux Universités de Munich et Wurzbourg, travailla dans les laboratoires des professeurs Pettenkofer, Wächter et Bischoff, et en 1863 devint professeur de médecine à l'Université de Munich et conservateur de la collection physiologique. Ses ouvrages traitent particulièrement de la transformation de la substance dans les corps et de l'alimentation. En dehors d'un très grand nombre d'articles insérés dans les divers journaux spéciaux allemands et particulièrement dans la *Zeitschrift für Biologie* qu'il publie depuis 1865 avec MM. Buhl et Pettenkofer, nous lui devons: « Ueber die Wirkung des Kochsalzes, des Kaffei's und der Bewegung auf den Stoffwechsel », Munich, 1860; « Anhaltspunkte zur Beurtheilung des sogenannten eisernen Bestandes für Soldaten », id., 1876; « Ueber den Kreislauf des Stidtstoff im thierischen Organismus », id., 1883; « Ueber die Kost in öffent. Anstalten », id., 1876. Il est un des collaborateurs du *Handbuch. d. Physiologie* et des *Beiträge zur Biologie*.

Volhard (Jacob), chimiste allemand, né, le 4 juin 1834, à Darmstadt, fit ses études à Heidelberg et Giessen, où il fut promu en 1855, après avoir été, de 1850 à 1859, assistant du professeur Liebig à Munich. Il continua ses études à Londres, de 1860 à 1861, et à Marbourg, de 1861 à 1862. De 1863 à 1867, on le trouve *privat-Docent* à l'Université de Munich, de 1869 à 1887 professeur extraordinaire à l'Université de cette ville, adjoint à l'Institut botanique et directeur de la Station expérimentale agraire. En 1878, il fut nommé professeur et directeur de l'Institut chimique de l'Université d'Erlangen, d'où, en 1882, il fit passage dans la même qualité à l'Université de Halle-sur-Saale, où il se trouve toujours. En dehors de plusieurs articles dans les *Actes de l'Académie royale des Sciences* de Munich et dans la *Zeitschrift. f. Analit. Chemie*, il a publié : « Ueber mehratomige Harnstohe » (*Liebig's Ann.*), 1861 ; « Ueber Sarcosin » (id.), 1862 ; « Die Begründung der Chemie durch Lavoisier » (*Journ. f. prakt. Chem.*), 1870 ; « Ueber die Zersetzung von Cyan durch Alkohol. Salzsäure » (*Liebig's Ann.*), 1871 ; « Ueber Glycolylsulfoharnstoff » (id.), 1872 ; « Ueber Methylaldehyd und Ameisensäursmethylester », (id.), 1875 ; « Verbesserter Erdmann'scher Schwimmer » (id.), id. ; « Apparat zur Absorption des Ammoniaks » (id.), id. ; « Verbessertes Chlorcalciumrohr » (id.), id. ; « Die Anwendung des Schwefelcyanammoniums in der Massanbyse » (id.), 1877 ; « Die Silbertitrirung mit Schwefelcyanammonium und deren Anwendung zur Bestimmung des Kupfers, Quecksilbers und der Halogene » (id.), 1878 ; « Zur Scheidung und Bestimmung der Mangaus » (id.), 1879 ; « Synthetische Darstellung von Thiophen », en collaboration avec Erdmann (*Bericht. d. d. Chem. Gesell.*), 1885. En collaboration avec Wöhler, Kopp, Hofmann, Kekulé et Erlenmeyer, il rédige les anciens *Annalen der Chem. und Pharm.*, paraissant sous le titre de : *J. Liebig's Ann. d. Chemie*.

Volkelt (Jean), né le 21 juillet 1848, professeur ordinaire de philosophie depuis 1884 à l'Université de Bâle, est l'auteur des ouvrages suivants : « Le panthéisme et l'individualisme dans le système de Spinoza », Leipzig, 1872 ; « Le pessimisme et la théorie de l'inconscient », Berlin, 1873 ; « La fantaisie dans le rêve », Stuttgart, 1875 ; « L'impératif catégorique de Kant et le temps présent », Vienne, id. ; « L'idée du symbole dans l'esthétique moderne », Iéna, 1876 ; « La théorie de la connaissance dans le système de Kant, analysée d'après ses principes constitutifs », Hambourg, 1879 ; « Sur la possibilité de la métaphysique », id., 1884 ; « L'expérimentation et la pensée », id., 1886.

Volkmann (Paul), physicien et mathématicien allemand, né, en 1856, à Bladiau (Prusse orientale), a fait ses études au Collège royal Frédéric à Königsberg et à l'Université de cette ville, fut promu docteur en philosophie en 1880, et deux ans plus tard prit son habilitation à l'enseignement. Depuis 1886 il est professeur extraordinaire de physique mathématique et directeur du laboratoire de cette faculté à l'Université de Königsberg. Il a fourni aux *Annales* de Wiedmann plusieurs articles, parmi lesquels nous citerons : « Ueber den Einfluss der Krümmung der Wand auf die Constanten der Capillarität bei brechenden Hüstigkeiten », 1880 ; « Ueber die Cohäsion von Salzlösungen », 1882 ; « Ueber Mac Callagh's Theorie der Totalreflession für isotrope und anisotrope Medien », 1886.

Volkmar (Gustave), théologien allemand-suisse, né, le 11 janvier 1809, à Hersfeld dans la Hesse-Électorale, fit ses études à l'Université de Marbourg, se voua à la carrière de l'enseignement et professa, de 1833 à 1852, la philologie classique dans les Gymnases de Rinteln, de Cassel, de Fulda. Une brochure qu'il écrivit en 1850 en l'honneur de la constitution hessoise lui valut, avec quelques mois d'emprisonnement, d'être destitué de ses fonctions scolaires. Désireux de se soustraire à la surveillance de la police hessoise, M. V. s'est depuis 1853 fixé en Suisse, et a été nommé en 1858 professeur extraordinaire à l'Université de Zurich après y avoir été attaché pendant cinq ans comme *privat-Docent*; il occupe depuis 1863, en qualité de professeur ordinaire, la chaire d'exégèse pour le Nouveau Testament. L'École de Tubingue possède en M. V. un de ses ingénieux et de ses plus doctes, mais aussi de ses plus téméraires représentants. Son système critique repose sur l'hypothèse d'un Évangile primitif de Marc qui serait irrémédiablement perdu et dont nos Évangiles canoniques actuels ne seraient que des reproductions arbitraires, altérées dans l'intérêt soit des idées pauliniennes, soit de la tendance judéo-chrétienne. Des documents authentiques du christianisme primitif il ne nous resterait que l'Apocalypse, et le quatrième Évangile ne remonterait pas au delà du IIe siècle et offrirait de nombreuses analogies avec les écrits de Justin, martyr. M. V. pour appuyer cette reconstruction de l'âge apostolique, s'est livré à des recherches approfondies, soit sur la littérature patristique, soit sur les Apocryphes de l'Ancien et du Nouveau Testament. Ses jugements absolus, les hardiesses de sa méthode scientifique, son caractère passionné et irascible l'ont entraîné dans d'âpres et incessantes polémiques avec tous les théologiens un peu marquants de notre époque: Baur et Hilgenfeld, Dillmann et Ritschl, Ewald et Tischendorf. Son activité dans le domaine littéraire n'a pas été moins considérable que celle par lui déployée dans les sphères académiques. Voici, d'après l'ordre chronologique, la liste de ses plus importantes publications : « De vocabulorum agios et agnos, sacer et sanctus origine commentatio », Hersfeld, 1837 ; « De verbi legendi natura atque progenie præcipua verborum relegendi et religendi ratione habita comment. », id., 1838 ; « Anthologie des poètes romains destinée aux gymnases avec des notes philologiques et mythologiques », id., 1841 ; « Pour la défense de Sylvestre Jordan » (le rédacteur de la constitution hessoise emprisonné dans la forteresse de Marbourg), Siegen, 1844; « Le principe suprême du christianisme, de la réformation et du libre catholicisme actuel », id., 1846; « De consilio quo Sophocles Antigonen suam composuit », Fulda, 1846; « La loi martiale en Hesse, ou la victoire d'un peuple libre sur un gouvernement arbitraire par la grâce de Dieu », brochure dirigée contre la violation de la Constitution par Hassenpflug, id., 1830 et confisquée par un conseil de guerre; « L'Évangile de Marcion », Leipzig, 1852; « Justin Martyr et ses rapports avec nos Évangiles canoniques », Zurich, 1853; « Hippolyte et ses contemporains de Rome »; « Les Philosouphemena expliquées d'après leurs origines, leurs sources et le mode de leur composition », 1er volume d'un ouvrage sur les « Sources de l'Histoire des Hérésies jusqu'au Concile de Nicée » Zurich, 1855; « La religion de Jésus et ses premiers développements », Leipzig, 1857; « Introduction aux Apocryphes de l'Ancien Testament » (1re partie « Judith », Tubingue, 1858; 2e partie « Le quatrième livre d'Esdras », id., 1860); « L'Histoire du Canon du Nouveau Testament par Credner » (rééditée et complétée d'après les papiers manuscrits de l'auteur), Berlin, 1860; traduction hollandaise, Utrecht, 1866); « Une prétendue découverte relative au Nouveau Testament et sa réfutation: la Vision du livre d'Henoch », Zurich, 1862; « Commentaire sur l'Apocalypse », id., id.; « L'origine de nos Évangiles », id., 1866; « La prophétie et l'ascension de Moïse » (pour la première fois traduite en allemand), Leipzig, 1867; « Les Évangiles », id., 1868; 2me éd., Zurich, 1877; « Le vrai culte d'après l'Apocalypse », id., 1879; « Les Évangiles Synoptiques canoniques et l'historicité de la vie de Jésus », id., 1877; « Zwingli, sa vie et son œuvre », id., 1870; « Le mythe romain des papes », id., 1873; « L'origine de Jésus-Christ d'après la Bible elle-même », id., 1874 « Les Epîtres du Nouveau Testament interprétées d'après leur organisme historique », 1er vol.; « L'Épître aux Romains », Zurich, 1875; « Jésus de Nazareth et le premier âge Chrétien », id., 1881; « La Didaché apostolique », id., 1885; 2me éd., 1887; « L'Épître de Polycarpe », id., 1885; « Paul depuis Damas jusqu'à l'Épître aux Galates », id., 1887. En dehors des ouvrages ci-dessus énumérés, M. V. a fourni de nombreux articles aux *Annales théologiques* de Baur, à la *Revue théologique suisse*, à la *Revue pour l'Histoire d'Orient*, au *Musée Rénan*, au *Philologus*, à la *Feuille pour la littérature théologique*, etc.

Vollmöller (Charles), philologue allemand, professeur ordinaire de philologie romane à l'Université de Gœttingue, né, le 16 octobre 1848, à Stsfeld (Wurtemberg), fit ses études aux Écoles Supérieures de Lauffen et de Heilbronn. Ses parents l'avaient destiné au commerce, mais, suivant bientôt son penchant naturel et son amour pour les sciences, il renonça à la carrière commerciale et continua ses études à Stuttgart, Bonn, Munich et Tubingue. En 1872 il écrivit son premier ouvrage sur les « Niebelungen » qui lui valut le premier prix de l'Académie et le titre de docteur en philologie. En 1874, le gouvernement Wurtembergeois lui assigna un appointement afin qu'il pût continuer ses études philosophiques, et à cet effet il se rendit à Paris, d'où, après un séjour d'un an environ, il passa en Espagne. Rentré en Allemagne, il prit son habilitation à l'enseignement (août 1875) de la philologie romane à l'Université de Strasbourg. En 1877, il fut appelé comme professeur extraordinaire de philologie romane et anglaise à l'Université d'Erlangen et dans l'été de cette année il entreprit un voyage en Angleterre. Depuis 1881, il est professeur à Gœttingue, et parmi ses voyages à l'étranger, il nous faut ajouter celui en Italie comme un des plus importants au point de vue scientifique. Nous lui devons: « Kürenberg und die Niebelungen », Stuttgart, 1874, ouvrage couronné par un prix de l'Académie; « Der Münchner Brut », avec Conrad Hofmann, Halle, 1877; « Poema del Cid », id., 1879; « Ein Spanisches Steinbuch », Heilbronn, 1880; « Armand de Bourbon, Prince de Conti », traité de la Comédie et des Spectacles, id., 1881; « Octavian, Altfranz. Roman », id., 1882; « Jean de Mairet, Sofonisbe », id., 1887; « Laberinto Amoroso », Erlangen et Leipzig, 1889. Il fonda en 1883 les *Romanische Forschungen*, publia la *Sammlung französicher Neudrucke*, Heilbronn, 1881, et les *Englische Sprach- und Litteraturdenkmale des 16, 17 et 18 Jahrhunderts*, id., 1884 et fournit un assez bon nombre d'articles à la *Gröber's Zeitschr. f. rom. Philol.*, aux *Böhmer's Roman. Stud.*, à la *Deutsch. Litteraturzeit*, à la *Gegenwart*. *Nationalzeit*, à la *Münch. allg. Zeit.*, et à beaucoup d'autres journaux et revues de philologie.

Vollo (Joseph), écrivain italien, ancien professeur et président de lycée, auteur dramatique, romancier, journaliste, né, en 1820, à Venise (le vrai nom de sa famille est Volo). Il fit ses études à Padoue. Il se distingua comme volontaire pendant les guerres de l'indépendance italienne en 1848 et 1849. En 1849, il émigra à Turin, où il se fit un grand nom comme auteur dramatique et comme journaliste. Son drame « I Giornali » fut couronné en 1855. Citons, en outre, de lui, les drames: « Caïn », 1843; « I due Foscari », Venise, 1844; « Un'ora trista », 1846; « Tutto è un sogno »; « Il carcere preventivo »; « L'ingegno venduto »; « Il mutuo soccorso »; « La Birraia »; « Maometto II »; les romans: « Venezia nelle Isole », Milan, 1858; « Il Gobbo di Rialto », Turin, 1861; « Gli Ospiti », id., 1862; « Papa liberale », id., id.; « Samuello », 1842; « L'Antipapa », légende historique, Turin, 1881 ; des poésies, des articles, des biographies, des apologues, etc. Il avait remplacé, en 1846, Louis Carrer à la direction du *Gondoliere*; et en 1848, collaboré au journal de Dall'Ongaro et Valussi : *Fatti e parole*.

Volpicella (Louis), écrivain et éminent jurisconsulte italien, ancien premier président de la Cour d'appel de Naples, né, dans cette ville, le 21 juin 1816. On lui doit : « Della patria e della famiglia di Tommaso Aniello d'Amalfi » ; « Del diritto di albinaggio » ; « Le consuetudini della città d'Amalfi ridotte a miglior lezione ed annotate », 1849 ; « Degli antichi ordinamenti marittimi della città di Trani » ; « Dello studio, delle consuetudini e degli statuti della città di Bari » ; « Di uno statuto aquilano del 1333 » ; « Le consuetudini della città di Sorrento ora per la prima volta messe a stampa », 1869 ; « Della vita e delle opere di Andrea Bonello da Barletta, giureconsulto del decimoterzo secolo », 1872 ; « Degli scrittori della storia di Giovenazzo », 1874 ; « Fra' Francesco da Guevara, ovvero un duello nel decimosesto secolo », 1875 ; « Gli statuti dei secoli XV e XVI intorno al governo municipale della città di Molfetta », id. ; « Sopra la recente pubblicazione d'un antico codice delle consuetudini d'Amalfi », 1876 ; « Bibliografia storica della provincia di Terra di Bari », Naples, 1884-87.

Vrehlicky (Jaroslav), poète tchèque, né, à Lonug, le 18 février 1853. Il fit ses études à l'Université de Prague (1872-75) et vecut en Italie plusieurs années. Nous avons de lui une foule d'ouvrages, dont voici la liste complète en français ; poésies : « Voyage vers l'Eldorado », 1882 ; « Les dons de la vie », 1883 ; « Pantheon », id.; « Sphynx », id. ; « Sonnets d'un solitaire », 1885 ; « Comment vont les nuages », id. ; « La musique dans l'âme », 1886 ; « Les papillons multicolores », 1887 ; « L'héritage de Tantale », id. ; « La poudre d'or », id. ; « Le jardin du plaisir », 1888 ; « Hylarion », 1882 ; « Vieilles fables », 1883 ; « Les Perspectives », 1884 ; « Twardoswky », 1885 ; « Fragments épiques », 1887 ; « Ballades des villageois », 1885 ; au théâtre : « Drahomira », 1880 ; « La mort d'Orphée », 1883 ; « Julien l'Apostat », 1885 ; tragédies : « Dans le tonneau de Diogènes », 1883 ; « La sagesse du Talmud », 1886 ; « La Cour d'amour », id. ; « La Vengeance de Catulle », 1887 ; comédies et drames : « A la Vie », 1886 ; « Les Exilés », 1887 ; « Sur l'abîme », id. Ses travaux en prose sont : « Contes ironiques et sentimentals », 1886 ; « Débris », 1887 ; « Profils des poètes français modernes », id. ; « Jacques Leopardi », 1880 ; « Victor Hugo », 1886 ; enfin les traductions : « Antologia della poesia italiana moderna » ; « Poesie scelte » de Cannizzaro ; « Poesie scelte » de Lecomte de Lisle ; « La Gerusalemme liberata », du Tasse ; « Orlando furioso » de l'Ariosto ; « L'Inferno » et « La Vita nuova » du Dante, et de poésies de Leopardi, Carducci, Praga, Aleardi, etc.

Vukotinovic' (Louis T. DE), éminent naturaliste croate, issu d'une ancienne famille patricienne d'Agram, est né, dans cette ville, en 1813 et il y réside. Il fit ses études dans sa ville natale, en Hongrie et en Autriche, en cultivant d'abord la jurisprudence, mais pour se vouer ensuite presqu'entièrement aux sciences naturelles. Il était commissaire pour la Croatie à l'Exposition Universelle de Vienne. On lui doit, entr'autres : « Esquisse géognostique de Varasdin-Toeplitz en Croatie », Vienne, 1852 ; « Les Montagnes de Moslavina », id. ; « Les montagnes de Kalnik », 1853 ; « Liknes Krbava », 1857 ; « Les Lacs de Pliiça en Croatie » ; « Les Diocrites des montagnes d'Agram », 1859 ; « Le granit de Moslavina », 1868 ; « Le carbon fossile », 1868 ; « Le terrain tertiaire aux environs d'Agram », 1873 ; « Valenciennesia annullata », 1874 ; « Hieracium dubiosum » ; « Recherches botaniques et géologiques au Nord de la Croatie », 1854 ; « Les sciences naturelles », 1859 ; « Les formes des feuilles », 1855 ; « L'histoire naturelle appliquée à la botanique », 1853 ; « Monographie du *Hieracium* », 1864 ; « Hieracia Croatica in seriem naturalem disposita », 1858 ; « Classification des plantes », 1876 ; « La Théorie des philosophes de la Watare et le Darwinisme », 1877 ; « Flora Croatica », 1869, avec des additions, 1872-76-77 ; « Quercus Croatica », 1873-78 ; « Anthillis tricolor Vuk », Vienne, 1878 ; « Flora escursoria », 1876 ; « Rosæ in vicinia Zagrabiensi proveniente », 1880 ; « Formæ quercuum Croaticarum ».

Vuilleumier (Henri), théologien suisse, fils de l'ancien pasteur et professeur Samson V., né, le 2 janvier 1841, à Bâle, où son père présidait les services de l'Église française, compléta par un séjour de plusieurs semestres aux Universités de Berlin et de Goettingue ses études théologiques commencées à l'Académie de Lausanne. Le Conseil d'État vaudois l'appela, après une année d'activité pratique (1867-1868) dans la paroisse alpestre de l'Etivaz, d'abord à suppléer son père dans l'enseignement de l'exégèse (1868), puis une année après à occuper la chaire nouvellement créé d'exégèse de l'ancien testament et de langue hébraïque. M. V. fait partie depuis 1881 de la Commission synodale de l'Église vaudoise et a présidé pendant plusieurs années la Société des Protestants disséminés. Nous possédons de lui les ouvrages suivants : « Étude sur le monothéisme des Hébreux, son caractère, ses origines », 1864 ; « La Rédemption dans l'ancien testament », 1869 ; « Notice historique sur l'Académie de Lausanne », 1878 ; « Le catéchisme de Heidelberg et ses destinées dans le pays de Vaud », 1889. M. V. a inséré en outre de nombreux articles dans la *Revue de théologie et de philosophie* de Lausanne, dont il est depuis 1879 un des directeurs et fourni d'abondants matériaux historiques pour la deuxième édition de la *France littéraire*.

Vuletic (Vukasovie), écrivain dalmate, né, à Brsecine, le 16 décembre 1853; nous avons de lui une collaboration suivie aux journaux *Narodni*, *Slovinac*, *Broljan*, *Viestnik*, *Statinar* et au *Bulletin d'archéologie et d'histoire comparée* de Belgrade.

Vulliet (Adam), historien et publiciste suisse, né, le 11 juin 1814, à Coppet dans le canton de Vaud, choisit, après de solides études faites à l'Académie de Lausanne, la carrière de l'enseignement et fut nommé, en 1838, professeur de littérature française au collège de Morges, en 1844 directeur de l'école normale fondée à Paris par la Société évangélique. Les remarquables aptitudes pédagogiques dont il fit preuve dans ces dernières et délicates fonctions, attirèrent sur lui l'attention du Conseil d'État vaudois qui réussit à s'assurer ses services en l'appelant à tête d'un grand établissement d'instruction. M. V. revint en 1858, après une absence de quatorze années, se fixer à Lausanne et n'a cessé, depuis lors, de présider aux destinées de l'école secondaire et supérieure des jeunes filles. Ses vues éducatives ont été exposées dans plusieurs ouvrages de vulgarisation estimés. Pour la géographie, M. V. se rattache à l'école de Karl Ritter, comme l'attestent son « Esquisse d'une nouvelle géographie physique destinée à intéresser la jeunesse à l'étude de cette science, à l'aide de l'histoire nouvelle, de la description d'animaux, de minéraux, de plantes utiles et d'un grand nombre de gravures intercalées dans le texte », 3 vol., 1853, 4me éd., 1869; « Esquisse d'une nouvelle géographie de la France », première partie: « Géographie physique », deuxième partie: « Géographie historique, politique, industrielle », 1856; « Quelques merveilles de la nature et de l'art, lectures instructives pour les familles et les écoles », id., 2me éd. considérablement augmentée 1858; « Scènes et aventures de voyages — Histoires inédites et récits destinés à intéresser à l'étude de la géographie (I. Scènes américaines; II. Récits sur l'Europe; III. Scènes asiatiques; IV. Récits sur l'Afrique; V. Scènes océaniennes) », 1857-1858, 6 vol., 3me édit. 1859-1865; « Abrégé de géographie physique et politique destiné aux écoles primaires et aux familles », 1857, 4me éd. 1871; « A travers les continents — Aventures de divers pays », 1868; « Nouvelles scènes et aventures de voyage », 1885. Après l'univers, l'homme. Les périodes successives de l'histoire ont été exposées par cet expert pédagogiste dans une série de volumes concis et substantiels, appréciées selon l'esprit de l'Évangile, sans que la fermeté des croyances ait jamais nui à l'exactitude des informations et à l'impartialité des jugements: « Esquisse d'une Histoire universelle au point de vue chrétien », 6 vol. en 3 tomes; « Histoire ancienne, grecque et romaine », 1852, 7me éd., 1862; « Histoire du moyen-âge », 1853, 4me éd. 1859; « Histoire moderne », 1854, 2me éd. 1856; « Histoire de l'Église Chrétienne », 1862, id. 1865; « Récits d'Histoire ancienne présentés aux enfants », 1862; « Scènes mémorables de l'histoire moderne », deux séries, 1881-1885; « Scènes de la Révocation de l'Édit de Nantes », 1885; « Scènes de la Réformation au pays de Vaud 1526-1538 », 1886. Nous sommes encore redevables à M. V. d'un essai de critique littéraire: « Les poètes vaudois contemporains », 1869; et de quelques agréables récits destinés à la jeunesse: « Sarah ou les parfums d'une piété enfantine », 1856; « Michel le Mineur, narration hongroise », id.; « Albert, ou Entretiens d'une mère avec son enfant sur l'âme et sa destinée », traduit librement de l'anglais, id. Plusieurs des ouvrages de M. V., avant d'être réunis en volumes, avaient paru dans la *Famille*, revue bimensuelle, fondée par lui en 1860, sous les auspices du grand éditeur lausannois Georges Bridel.

Vuy (Jules), avocat, docteur en philosophie, chevalier de la couronne d'Italie, citoyen genevois, né, à Malbuisson (Haute-Savoie), le 21 septembre 1815. Il a fait ses études à Genève et en Allemagne, a été successivement député, président du Grand Conseil, président de la Cour de Cassation du Canton de Genève, député de ce canton au Conseil national, et au Conseil des États de la Confédération suisse. Vice-président de l'Institut national genevois, tour-à-tour président de la section de littérature et de la section des sciences morales et politiques, d'archéologie et d'histoire du même Institut; membre des Académies de Besançon et de Savoie, de la Royale Députation d'Italie pour les études historiques et de plusieurs autres corps savants de Rome, de Palerme, etc. M. V. a publié un grand nombre d'écrits littéraires, historiques et économiques, notamment deux volumes de poésies « Échos des bords de l'Arve », 1873, 3me éd.; « Madame de Charmoisy »; « La Philotée de Saint-François de Sales », 2 vol. Plusieurs mémoires sur « L'Origine des idées politiques de Rousseau », dans lesquels il a donné la clef du Contrat social; une dissertation sur la « Taxe des gardes », impôt sur la fortune mobilière à Genève; un travail en faveur du libre-échange à la *Revue de législation et d'économie politique*, Paris, mars 1843, etc. Voir en particulier: *Mémoires de l'Institut national genevois*, *Bulletin* du même Institut, *Revue suisse*, *Revue savoisienne*, *Revue de Genève*, 1886.

Vuy (Alphonse-Jules-Aimé), fils du précédent, docteur en droit, a fait ses études dans sa ville natale, puis à Heidelberg, Gœttingue, Berlin et Paris. Il est député et secrétaire du Grand Conseil de Genève ; il a publié de nombreux articles littéraires dans divers journaux et revues. Il est l'auteur de deux volumes de droit, notamment d'une étude sur le rôle de l'amende en matière pénale. Appartenant au parti radical suisse, il fut l'un des députés qui réclamèrent le plus énergiquement la séparation de l'Église et de l'État.

Vuylsteke (Jules-Pierre), poète et publiciste belge, né, à Gand, le 10 novembre 1836. Il acheva à l'Université de sa ville natale, où ses chansons d'étudiant ne sont pas encore oubliées, des études brillamment commencées ; mais après avoir tâté du barreau et de l'administration, il crut que le commerce lui créerait une position plus sûre et il se fit libraire : la librairie Wuylsteke de Gand compte aujourd'hui parmi les meilleures de la Belgique. M. W., qui de 1869 à 1875 a été membre du Conseil communal de Gand, est un des orateurs et des écrivains les plus sympathiques de la démocratie libérale flamande. Outre sa collaboration à l'*Almanach des étudiants gaulois*, aux publications du Willemsfonds, la grande société d'enseignement populaire, et à divers périodiques, il faut citer de lui : « Zwijgende liefde, een liederkrans », Gand, 1860 (vers signés *Julius*) ; « La question flamande et le libéralisme », id., 1861 ; « Korte statistieke beschrijving van België », id., 1865-1868 ; « Uit het studentenleven en andere gedichten », Anvers, 1868 ; « Verzamelde gedichten », Gand, 1881, 2ᵐᵉ éd. 1887 ; « De oude Vlamingen : Jacob van Artevelde, Philips van Artevelde en Frans Ackerman », id., 1888. Il a aidé M. Napoléon de Pauw à publier les comptes des villes de Gand, Bruges et Ypres relatifs au temps des Artevelde, et il a traduit du hollandais le « Cours de Pandectes » de M. G. E. Goudsmit.

W

Wabnitz (Auguste), exégète français, né, le 26 mai 1837, à Riquewitz en Alsace (ancien département du Haut-Rhin), reçut son instruction classique au gymnase protestant de Strasbourg, se destina au Saint-Ministère et suivit dans ce but les cours des Facultés de théologie de Strasbourg et de Montauban. Un séjour de quelque durée en Allemagne lui permit de se livrer à des études approfondies de philosophie et d'exégèse. Après son retour en France, l'Église de la Roque d'Antheron dans le département des Bouches-du-Rhône, le choisit pour pasteur (1865-1874). En 1870, il accompagna comme aumônier l'armée de la Loire. La Faculté de théologie de Montauban, lors de la retraite de M. Sardinoux, le désigna pour occuper la chaire d'exégèse et de critique du Nouveau-Testament en qualité, d'abord de professeur suppléant (1874), puis de professeur titulaire (1879). En dehors de la traduction d'un ouvrage de Luthardt sur « Les Vérités fondamentales du christianisme », 1865, nous ne possédons de M. W. que ses thèses de baccalauréat « Étude historique sur la dignité messianique de Jésus d'après l'Évangile selon St-Jean », 1866, et de licence « Le Messie dans les similitudes de Henoch — la Notion du royaume des cieux dans la pensée de Jésus », 1878 ; et quelques mémoires insérés dans la *Revue de Montauban*, la *Revue chrétienne*, l'*Encyclopédie des Sciences religieuses*.

Wachnianin (Anatole), historien gallicien, professeur d'histoire et de géographie au gymnase supérieur ruthène de Lemberg, est né, en 1841, à Sieniawa (Gallicie, Autriche) a fait ses premières études au Gymnase de Przemysl, a étudié la théologie à l'Université de Lemberg et fréquenté les cours universitaires à Vienne. De 1868 è 1870, il rédigea la *Prawda*, revue hebdomadaire de littérature ruthène et fournit aux journaux littéraires ruthènes *Weczernyci*, *Meta*, *Dito*, *Zorja*, *Zerkato* et à d'autres une foule d'articles très-intéressants parmi lesquels nous signalons : « Beziehungen der Kosaken zu Persien in den ersten Jahren des XVII Jahrhunderts » ; « Ueber Jahrmärkte » ; « Franciscus Skoryna als ruthenischer Bibelübersetzer des XVI Jahrhunderts » ; « Ueber die Salzablagerungen Galizien's » ; « Das obere San-Thal » ; « Ein Weib », (*Zenszczyna*) ; « Peter Alexander » ; « Tri nedole ». On lui doit aussi quelques ouvrages poétiques publiés sous les titres « Ruthenische Schullieder », et « Kobzar », ou « Ruthenisches Liederbuch », ainsi que la « Cantate zu Ehren des Kaisers Franz Josef der I » ; la « Cantate zu Ehren des Kronprinzen Rudolf », avec musique pour orchestre ; et enfin les « Chöre und Sololieder », avec accompagnement pour piano.

Wachter (Hermann), né, à Riesbach, en 1860, *privat-Docent* depuis 1875 à l'Université de Zurich pour le droit romain, a publié à cette occasion « Le privilège du locataire d'après le droit romain et d'après le droit moderne », Zurich, 1885.

Wackernagel (Jacques), écrivain suisse, né, à Bâle, le 11 décembre 1854, fils de l'illustre germaniste Guillaume W. a été appelé en 1879, après de brillantes études à Gœttingue et à Leipzig, à la chaire de philologie grecque devenue vacante dans sa ville d'origine, quoique ses précédentes recherches, entreprises sous la direction du sanscritiste Thodore Benfey se rapportassent de préférence à la grammaire comparée des langues indo-européennes. Sa faculté productive ne s'est pas montrée jusqu'à présent égale à son talent. Nous ne possédons de lui qu'une conférence « Sur l'origine du Brahmanisme », 1877, et un petit nombre de dissertations insérées dans la *Revue de Kuhne* pour la philologie comparée, une entr'autres sur le « Duel dans Homère », 1877.

Wackernagel (Rodolphe-Frédéric), historien suisse, né, à Bâle, le 7 juin 1855, fils de l'illustre germaniste, frère cadet de l'helléniste Wilhelm W. Il commença dans sa ville d'origine des études juridiques achevées à l'Université de Leipzig, prit en 1877 son grade de docteur en droit, fut nommé la même année archiviste de Bâle-ville; en 1882 secrétaire du Conseil d'État, poste qu'il occupe encore aujourd'hui. Ses fonctions aux archives l'amenèrent tout naturellement à éditer en 1881 « Le livre des comptes des libraires et imprimeurs bâlois Frobenius et Episcopius » (1557-1564). Nous possédons également de lui un petit volume sur « Les années de jeunesse de Wilhelm Wackernagel 1805-1833 », Bâle, 1885.

Waddington (Charles), écrivain et philosophe français, né, le 19 juin 1819, d'une famille protestante d'origine anglaise, fit ses études au lycée de Versailles et fut admis à l'École normale supérieure en 1838. Reçu le premier à l'agrégation de philosophie (1843), il enseigna successivement la philosophie à Moulins, à Bourges et à Paris, aux lycées Monge, Saint-Louis, Napoléon, Henri IV, Louis-le-Grand et à l'École Normale supérieure, où il suppléa M. Jules Simon (1848-1849). Il fut reçu docteur ès-lettres, en 1848, avec deux thèses intitulées: « De Petri Rami vita, scriptis, philosophia », et « De la psychologie d'Aristote ». Ce dernier ouvrage fut couronné en 1850 par l'Académie française. Le 1er décembre 1848, à la suite d'un brillant concours, M. W. fut nommé au concours agrégé de la Faculté des lettres de Paris. Il professa la philosophie en cette qualité à la Sorbonne de 1850 à 1856. Ayant pris un congé indéfini à cause du mauvais vouloir auquel l'exposait sa qualité de dissident, il accepta la succession de M. Christian Bartholmès comme professeur de philosophie au séminaire protestant de Strasbourg (ancienne Académie protestante) dont il fut vice-directeur en 1863 et 1864. Invité à rentrer dans l'Université en octobre 1868, sous le ministère de M. Duruy, il revint à Paris comme professeur de philosophie au lycée Saint-Louis, reprit en 1871 ses leçons à la Faculté des lettres, d'abord comme agrégé, puis comme titulaire de la chaire illustrée par Victor Cousin, supprimée après le coup d'État de 1851, et rétablie sur la proposition de M. Jules Ferry en septembre 1879. M. W. a publié, outre ses thèses: « De l'utilité des études logiques », 1851; « De la méthode déductive », 1852; « Ramus, sa vie, ses écrits et ses opinions », 1855; « Essai de logique », 1857, couronné par l'Académie française (prix Montyon); « De l'idée de Dieu et de l'athéisme contemporain », 1858; « De l'âme humaine », ouvrage qui lui valut l'année suivante, sur le rapport de M. Cousin, le titre de correspondant de l'Académie des sciences morales et politiques (section de philosophie); « Dieu et la conscience », 1870; « De la philosophie de la Renaissance », 1872; et de nombreux mémoires lus à l'Académie des sciences morales et politiques. Le 11 février 1888, M. W. a été élu membre de cette académie (section de morale) en remplacement de M. Caro.

Wagener (Auguste), érudit belge, né, à Ruremonde (Pays-Bas), le 2 juin 1829. Docteur en philosophie et lettres, professeur émérite à l'Université de Gand et administrateur-inspecteur de cet établissement, membre de l'Académie royale de Belgique, M. V. a été échevin de la ville de Gand, et, de 1882 à 1886, membre de la Chambre des représentants. Nous citerons de lui une dissertation inaugurale: « M. Porcii Catonis originum fragmenta emendata, disposita, illustrata », Bonn, 1849; un bel « Essai sur les rapports qui existent entre les apologues de l'Inde et les apologues de la Grèce », inséré en 1853 dans les *Mémoires* de l'Académie de Belgique; des éditions de classiques, notamment une édition du premier livre des *Annales* de Tacite, Paris 1878; des rapports de Congrès; des contributions à la *Revue de l'instruction publique en Belgique*, au *Jaarboek* du Willems-Fonds, la grande société flamande d'éducation populaire, au *Bulletin* de l'Académie royale de Belgique, etc. Dans le *Bulletin* de l'Académie, on lira surtout avec intérêt deux remarquables études de de M. W.: l'une sur « Les opinions politiques de Plutarque, comparées à celles de Tacite », 1876; l'autre sur « La liberté de conscience à Athènes », 1884. — Le chapitre consacré à Gand dans « La Belgique illustrée », œuvre collective publiée naguère sous la direction du regretté Eugène Van Bemmel, est dû à MM. Wagener et Paul Fredericq.

Wagner (Ladislas DE), chevalier de *Zolyom*, technologiste hongrois, né, à Budapest, le 28 mars 1841. Il fit ses études au *Polytechnicum* et à l'Académie agraire de sa ville d'origine, visita les Universités de premier ordre et les instituts agraires de l'étranger et en 1868 obtint la chaire d'agriculture à l'institut technique de Buda. Nous avons de lui: « Manuel de la fabrication du tabac »; « Manuel de la fabrication de l'amidon »; « Monographie de l'amidon, du dextrine et du glucose », Braunschweig, Vieweg et Sons, 1886; « L'alcool », Weimar, Voigt, 1888; « Le tabac »; id., id., id.

M. le professeur W. a été anobli en 1882 par S. M. l'Empereur d'Autriche.

Wagner (Hermann), géographe et statisticien allemand, né, le 23 juin 1840, à Erlangen, étudia les mathématiques et les sciences naturelles aux Universités d'Erlangen et de Goettingen, enseigna au gymnase de Gotha et devint ensuite compilateur de la partie statistique de l'*Almanach de Gotha* à l'Institut géographique de Justus Perthes; il fonda avec Behm une des plus utiles compilations statistiques : « Die Bevölkerung der Erde », dont il a publié déjà 7 années comme suppléments aux *Mittheilungen* de Petermann. En 1874, il refit la grande « Carte murale de l'Allemagne » (22me éd., Gotha, 1879), en 1879 il remania le *Guthe's Lehrbuch der Geographie* (5me éd., 1885, Gotha) et se chargea de la direction du précieux *Geographisches Jahrbuch*. En 1876, il accepta la chaire de géographie à l'Université de Königsberg et plus tard celle d'économie nationale; mais après la mort du célèbre Wappac il fit passage à l'Université de Goettingue pour y enseigner la géographie et la statistique. Outre les ouvrages mentionnés, il est auteur de: « Ueber Gründung deutscher Colonien », 1881; « Ueber die Entwicklung der Methodik der Geographie ».

Wagnon (Adrien), homme de lettres suisse, docteur en philosophie, né, à Genève, le 15 mars 1854. Nous avons de lui: « Le pronom d'identité et la formule du réfléchi dans Homère, dans les poètes tragiques et chez les Doriens », Genève, Jules Carey, 1880; « Le Laocoon et le groupe d'Athêna à la frise de Pergame », Paris, Didier et Cie, 1882; « La sculpture antique: traité d'archéologie comparée », id., Rothschild, 1885. M. W. a collaboré en outre à plusieurs revues françaises : *Revue Internationale*, *Indépendant littéraire*, où il a publié des articles de critique très remarqués, des nouvelles et des romans, parmi lesquels: « L'Amour sonnambule », 1887; « L'Amour vierge » (dans l'*Indépendant littéraire*).

Wahl (Maurice), professeur et publiciste français, né à Paris, le 19 septembre 1853; il est entré à l'École normale supérieure en 1873; agrégé de l'Université en 1876; professeur d'histoire au lycée d'Alger de 1881 à 1883; depuis, professeur aux lycées de Lyon, de Versailles, et au lycée Lakanal, où il est actuellement. M. W. a publié : « Géographie élémentaire de l'Algérie, et atlas », en collaboration avec Moliner-Violle, Alger, Jourdan, 1877, 2e éd. en 1883; « L'Algérie », Paris, Germer-Baillière, 1882, la 2me édit. a paru en 1888; « Cours d'histoire pour l'enseignement secondaire spécial », 1re, 2me et 3me année en collaboration avec Donteuville, 3 vol., id., Delagrave, 1re éd. 1885, 2me éd. 1887; « Cours d'histoire pour l'enseignement des écoles normales primaires », id., id., id., 1886; « Alger », broch. illustrée, aux bureaux de la *Revue de l'Afrique française*, id., 1887. M. W. a collaboré à plusieurs journaux et revues ; il a publié des articles dans l'*Akbar* et la *Vigie Algérienne* d'Alger, dans le *Temps*, la *République française*, la *Revue historique*, la *Revue de l'Afrique française*, la *Revue pédagogique*, la *Revue politique et littéraire*, la *Revue scientifique*, l'*Instruction*. Plusieurs conférences de M. W. ont été publiées en brochures et dans le *Bulletin du cercle Saint-Simon*.

Wahle (Richard), philosophe et écrivain autrichien, professeur libre de philosophie à l'Université de Vienne, né, le 14 février 1857, a publié: « Gehirn und Bewusstsein », Vienne, 1884; « Ueber Ideenassociationen », 1885; « Eine Vertheidigung der Willensfreiheit », Halle, 1887; « Ueber die geometrische Methode des Spinoza », Vienne, 1888; « Ueber das Verhältniss zwischen Substanz d. Attributen bei Spinoza », id., 1889; « Die Glückseligkeitslehre in der Ethik der Spinoza », id., id.

Wahltuch (Marc), psychographe russe, né, à Odessa, en 1830; il écrit en italien et demeure depuis longtemps à Livourne. Nous avons de lui: « Assalonne », 1857; « Sansone », 1859; « Jefte », 1862; « Giobbe », 1872, tragédies ; « Psicografia », Naples, 1870; « L'anima umana nel suo stato oriundo, terrestre e futuro », Milan, 1875; « Antropobotica generale », Florence, 1879. Il travaille à un ouvrage intitulé: « Natura dell'Amore, sua genesi, sua essenza, sue varietà ».

Wahnschaffe (Félix), savant allemand, docteur en philosophie, professeur de géologie à l'Université de Berlin et à l'Académie des mines, membre de la Société géologique, de la Société des naturalistes, de la Société géographique de Berlin, de l'Association d'économie physique de Königsberg, de l'Académie impériale allemande Léopold-Caroline, des naturalistes à Halle-sur-Saale et de la Société géologique de Stockholm ; il est né, le 27 janvier 1851, à Kaltendorf, près d'Obisfelde (Prusse), a fait ses études à Magdebourg, à Leipzig et Iéna, prit se grades à Iéna en 1875, eut l'habilitation à l'enseignement de la géologie générale à Berlin en 1886, et fut nommé géologue en chef à l'Académie berlinoise des mines dans la même année. Parmi ses publications, nous citons : « Untersuchungen des Bodens der Umgegend von Berlin », Berlin, 1881, avec M. Laufer ; « Die Quartärbildungen der Umgegend von Magdeburg mit besonderer Berücksichtigung der Börde », id., 1885 ; « Die geologischen Verhältnisse der Umgegend von Rathenow », Rathenow, 1886. Bon nombre de ses mémoires, dissertations, études et essais sont épars dans la *Zeitschrf. d. deutsch. Geolog.*, dans les *Jahrb. der Königl. preuss. geol. Landesanstalt*, et dans les *Jahrb. f. Mineral. Geol. und Paläontol*. Nous lui devons la version des ouvrages « De Geer: Ueber die Skandinavischen Zandeises », et « De Geer: Ueber ein Conglomerat im Urgebirge bei Vestana in Schonen », et les cartes de « Mitenwalde, Rudersdorf, Coepenick, Alt-Landsberg, Werneuchen, Rathenow, Haage, Ribbeik, etc., etc. », contenues dans l'atlas géologique et agronomique de la Prusse et des États Thuringiens.

Walcker (Charles), érudit livonien, docteur en droit, né, le 13 avril 1839, à Pernau (Livonie), étudia la médecine et l'économie nationale aux Universités de Dorpat et de Berlin, a enseigné aux Universités de Dorpat et de Charkow et depuis 1877 est professeur de science d'État à l'Université de Leipzig. En dehors d'un très grand nombre d'articles insérés particulièrement dans la *Vierteljahrsch. für Volkswirtsch* et dans la *Gegenwart* de Berlin, il a publié une foule d'ouvrages, parmi lesquels nous nous bornerons à citer les plus importants : « Kritik der Parteien in Deutschland », Berlin, 1865, 2me éd. 1887; « Zur Lehre von den Schutzzöllen », Dorpat, 1867; « Die Selbstverwaltung des Steuerwesens », Berlin, 1869; « Die Sociale Frage », id., 1873; « Lehrbuch der Nationalökonomie », id., 1875; « Schutzzölle, laissez faire und Freihandel », Leipzig, 1880; « Die Strikes », id., 1886; « Handbuch der Nationalökonomie », 2me éd., 5 vol., id., 1888; « Die Arbeiterfrage », Eisenach, 1881; « R. v. Gneist », biographie, 2me éd., 1888; « Theorie der Pressfreiheit und der Beleidigungen », Karlsruhe, 1889; « Grundriss der Statistik », Berlin, id.

Waldeck (Frédéric MEYER DE), philologue et écrivain allemand, professeur de philologie allemande à l'Université de Heidelberg, né, le 15 mai 1824, à Arolsen (principauté de Waldeck), fit ses premières études aux écoles de sa ville natale et au gymnase de Wetzlar. Voulant d'abord se dédier à la science des mines, il fréquenta l'école polytechnique de Cassel et ensuite l'École des mines (actuellement Académie des mines) de Clausthal (Harz), mais en 1842 il se rendit à Berlin, où il s'adonna entièrement aux études de philologie allemande. Promu docteur en philologie en 1845, il accepta la charge d'instituteur dans une noble famille en Russie, et en 1852 il devint rédacteur en chef de la *St-Petersburger deutschen Zeitung*. En 1853, il fut nommé professeur de langue et littérature allemande à l'Université de Saint-Pétersbourg et conseiller de collège. En 1874, il rentra en Allemagne et, après avoir séjourné quelque temps à Bonn, il fixa sa demeure à Heidelberg, où il prit son habilitation à l'enseignement de la philologie; en 1885, il fut nommé professeur de cette Faculté. On lui doit : « Der Paria », Berlin, 1843, narration poétique; « Bilder aus dem Bergmannsleben », id., 1844; « Studien über deutsche Geschichte, Art. und Kunst », Mita, 1851; « Die Statistik des ethischen Volkzustandes », id., id.; « Poetische Schriften », 1re part., id., 1854; « Ganz was Aparts », ouvrage dramatique, St.-Pétersbourg, 1856; « Hero und Leander », id., 1858; « Der Lehrstuhl für allgemeine Litteraturgeschichte an den russischen Universitäten », id., 1862; « Formenlehre der deutschen Dichtung », id., 1868; « Russische Erzählungen », Leipzig, 1878; « Goethe's Märchendichtungen », Heidelberg, 1879; « Russland. Einrichtungen, Sitten und Gebräuche », vol. I, II, Leipzig, 1884-86; « Der Tod des Kaisers Nikolai », Gartenlaube, 1876; « Russische Censur. Nord und Süd », 1877; « Das Hass gegen die Deutschen in Russland », id., id.; « Im neuen Reich », id.; « Die russischen Nihilisten », *Unsere Zeit.*, 1879; « Petersburger Reflexe des deutsch-französischen Krieges », id., 1880; « Das geistige Leben der Petersburger Deutschen », id., 1881; « Faust-Aufführungen », 1883, *Mag. für d. Lit. des. In- und Ausl.*; « Faust-Studien », *Arch. f. Lit. Gesch.*, 1884; « Faust und Satyros », *Goethe-Jahrb.*, 1886; « Die Erbin von Glengary », drame, Leipzig, 1866; « Der Pathe des Cardinals », comédie, id., 1872; « Childerich », drame, id., id. Il fonda et rédigea: *Mag. f. d. Kunde d. geist. und Sittl. Leb. in Russland*, St.-Pétersbourg, 1853-55; *Bellettrist. Blätter aus Russland*, id., id.; *Schneeflocken, poetisches Jahrbuch aus Russland*, Leipzig, 1857, et Berlin, 1858; et publia aussi; « Poetische Schriften von Fried Hinze », avec préface biographique, 3 vol., Berlin, 1859, 1860 et 1864.

Waldeyer (Henri-Guillaume), médecin allemand, professeur d'anatomie à l'Université de Berlin, directeur de l'Institut d'anatomie et membre de l'Académie royale des sciences de Prusse, né, à Hehlen (duché de Brunswick), en 1836, a fait ses études au gymnase de Paderborn et aux universités de Goettingue, Greifswald et Berlin; il devint docteur en médecine en 1861. Il a été de 1862 à 1864 assistant au laboratoire de physiologie sous le professeur Wittich à l'Université de Königsberg; de 1864 à 1865, assistant au laboratoire physiologique sous le professeur R. Heidenhain de l'Université de Breslau, où il enseigna (1864) comme professeur libre et ensuite (1865-1867) comme professeur extraordinaire jusqu'à ce que (1867) il y fut nommé professeur ordinaire et directeur de l'Institut d'anatomie pathologique. En 1872, il fit passage à Strasbourg en qualité de professeur d'anatomie et de directeur de l'Institut d'anatomie normale. Professeur à Berlin depuis 1883, il a publié : « De claviculæ articulis et functione », Berlin, 1861; « De dentium evolutione commentatio », id., 1864; « Hernia retroperitonealis nebst Bermerkungen zur Anatomie des Peritoneums », Breslau, 1868; « Eierstock und Ei », Leipzig, 1870; « Atlas der menschlichen und thierischen Haare sowie der ähnlichen Fasergebilde », avec M. Grimm,

Lahr., 1884; « Wie soll man Anatomie lehren und lernen », Berlin, id.; « Medianschnitt einer Hochschwangeren bei Steisslage des Fötus », Bonn, 1886. Il a fourni aussi un nombre extraordinaire de mémoires au *Virchow's Archiv*, à l'*Arch. f. Gynäkologie*, à la *Zeitschr. f. rat. Med.*, au *Centralbl. f. d. med. Wissensch.*, au *Königsberg. med. Jahrb.*, à l'*Arch. f. mikr. Anat.*, à la *Berliner klin. Wochenschr.*, à l'*Archiv f. klin. Chir.*, au *Correspondenzbl. d. deutsch. anthrop. Gesell.*, à l'*Arch. f. Antropologie*, aux *Göt Nachrichten*, à la *Deutsche med. Wochenschr.*, à l'*Anat. Anzeiger* et à l'*Arch. f. Anat. und Physiol.*; et a collaboré au *Handbuch der Augenheilkunde von Graefe und Saemischr.*, au *Strickers Handbuch der Gewebelehre*, à l'*Jahresber. f. die Leistung und Fortschritte d. ges. Med.*, et au *Biographisches Lexikon der hervorragenden Aerzte aller Zeiten und Völker*, publié par A. Hirsch de Gurth à Vienne chez Urban et Schwarzenberg.

Waldmüller (Robert-Charles-Édouard-Duboc), poète et romancier allemand, est né, à Hambourg, le 17 septembre 1822 de père français et de mère allemande. Il est membre honoraire de la *Carlyle Society* et président de la *Réunion littéraire* de Dresde. Voici la liste de ses ouvrages: « La fille du président », drame en 5 actes, 1870; « La fiancée », 1879; « Walpra », poème, id.; « Petites histoires de la France », poésies, 1881; « La Jomosierra », roman, id.; « Extrait des mémoires de feu la princesse Amélie de Saxe », 1882; « Don Adone », 1883; « Maddalena », id.; « Nouvelles », 1884; « Daria », id.; « Une perle », 1885; « Le secret », 1887.

Waldow (Ernest von), nom de plume de la baronne *Lodojska de Bloum*, romancière allemande, née, dans la Silésie prussienne, en 1844; elle étudia à Breslau et après avoir fait partie de la rédaction d'un grand journal berlinois, elle se retira à Venise, où elle compose des romans à tendances socialistes et où le réalisme de l'école moderne perce sans tomber dans la description de détails écœurants. Voilà la liste de ses ouvrages: « Catterina la bruna », roman; « Il castello del diavolo », id.; « La Faute héréditaire », id.; « Ildegarda », nouvelle; « Raccolta di novelle »; « La strega di Wrostava », id.; « Il secreto della Torre rossa », roman; « Un demonio », nouvelle; « Senza macchia », roman; « La eredità dello zio », conte; « Racconti sulla vita dei poveri »; « La bella Melusina », roman; « La principessa Turandot », nouvelle; « L'orfana muta », roman; « Barba bleu », id.; « Delitti impuniti », nouvelle; « I figli della notte », roman; « La maga di San Pietro di Castello », id.; « Per la vita e per l'onore », id.; « Sotto la maschera », id.; « La dogaressa », nouvelle; « Il legato di una vendetta », roman; « Nella cerchia del delitto », id.; « Il riccio rosso », id.; « La figliastra », nouvelle; « L'erede di Castruccio », roman; « La tentazione », nouvelle; « La pantofola di vetro », id.; « L'albero colle foglie rosse », roman; « Una rassomiglianza fatale », id.; « Senza nome », id.; « Maria di Ungheria », tragédie en 5 actes; « Maddalena », drame en deux actes; « Il rapimento », comédie en un acte; « La vita di Cesare », id., id.

Walker (François-Amasa), économiste américain, né, à Boston, le 2 juillet 1840. Il entra au collège *Amherst* en 1855, en sortit bachelier en 1860. Il avait commencé ses études de droit lorsque la guerre de Sécession éclata. M. W. prit du service comme volontaire en 1861 et parcourut les différents grades, depuis celui de capitaine, jusqu'à celui de brigadier-général des volontaires (1865). Nous le trouvons en 1868 directeur du journal *The Springfield republican*; l'année d'après chef du bureau de statistique à Washington; en 1870-72 surintendant du recensement, dont il publia les résultats en 4 vol. En 1871-72, il fut nommé commissaire pour les affaires indiennes et dès 1873-81 il occupa la chaire d'économie politique et d'histoire à l'école scientifique du *Yale College* (New Haven, Connecticut). En 1874, il publia: « The Indian question », 1 vol., et: « The statistical Atlas of the U. S », in-fol.; vinrent ensuite: « The Wages questions », 1876; « Money », 1878; « Money, Trade and Industry », 1878; « Political Economy », 1883; « Land and Rent », id., id.; « The History of the second army corps », 1886. M. W. a occupé l'importante position de chef de bureau des récompenses à l'Exposition universelle de Philadelphie.

Wallaschek (Richard), philosophe autrichien, docteur en droit et en philosophie, professeur libre de philosophie à l'Université de Fribourg (Brisgau), né, le 16 novembre 1860, à Brünn (Moravie), fit ses études au Gymnase de sa ville natale et aux universités de Vienne, Heidelberg et Tubingue. En dehors de quelques articles publiés dans les revues allemandes et autrichiennes, il publia: « Æsthetik der Tonkunst », Stuttgard, 1886; « Ideen zur praktischen Philosophie », Leipzig, 1886; « Studien zur Rechtsphilosophie », id., 1889.

Wallon (Henri-Alexandre), historien et homme d'État français, ancien ministre, sénateur, né, à Valenciennes, le 23 décembre 1812. Admis à l'École Normale Supérieure en 1831, il fut reçu agrégé d'histoire en 1834 et professa cette classe à Paris. En 1838, il rentra à l'école normale comme maître de conférences. Agrégé des Facultés en 1840, il devint en 1846 suppléant de Guizot à la chaire d'histoire et de géographie modernes à la Sorbonne et titulaire de cette chaire en 1850, membre de l'Assemblée Nationale en 1849 pour le département du Nord; démissionnaire en 1850, il fut élu de nouveau en

1871 et fut l'auteur de l'amendement qui devint la constitution de 1875. Nommé alors Ministre de l'Instruction publique, il fut élu sénateur inamovible par l'Assemblée. M. W. a publié : « Géographie politique des temps modernes », 1839 ; « Histoire de l'esclavage dans l'antiquité », 3 vol., 1847 ; « La Sainte Bible résumée dans son histoire et dans ses enseignements », 2 vol., 1854 ; « De la croyance due à l'Évangile » ; « Jeanne d'Arc », 2 vol., 1860, 2e éd., chrom. et grav., 1876, ouvrage qui obtint en 1860 le grand prix Gobert de l'Académie française et dont a paru une édition abrégée en un volume ; « Épîtres et évangiles des dimanches », 1862, et les « Saints Évangiles », 1863, tirés de Bossuet ; « La Vie de Jésus et son nouvel historien », 1864 ; « Richard II, épisode de la rivalité de la France et de l'Angleterre », 2 vol., 1864 ; « Vie de Notre-Seigneur Jésus-Christ selon la concordance des quatre évangélistes », 1865 ; « La Terreur, études critiques sur la Révolution française », 1872 ; « Saint-Louis et son temps », 1875 ; « Histoire du Tribunal révolutionnaire de Paris », 6 vol., 1883 ; « La Révolution du 31 mai et le fédéralisme en 1793 », 2 vol., 1885 ; « Les représentants du peuple en mission et la justice révolutionnaire dans les départements en l'an II », 4 vol., 1889. De ce dernier ouvrage, le 1er volume est imprimé ; les autres s'impriment et la publication en sera complète en 1890. Il a reçu en 1878 une médaille d'or pour acte de sauvetage accompli aux bains de mer des Petites-Dalles (Seine-Inférieure), avec l'aide de son fils, qui reçut pour le même fait une médaille d'argent.

Walzas (Marc-Esprit-Léon), économiste franco-suisse, né, le 16 décembre 1834, à Evreux, entra en 1854 en qualité d'élève externe à l'École des Mines, se mit plus tard dans le journalisme et fit partie en 1859 de la rédaction du *Journal des économistes*, en 1860 de celle de la *Presse*. La Compagnie du chemin de fer du Nord l'admit en 1862 dans son secrétariat ; en 1865, la Caisse d'escompte des Associations populaires le choisit pour un de ses administrateurs délégués. M. W. enseigne depuis 1870 l'économie politique à l'Académie de Lausanne et a été élu en 1887 membre titulaire de l'Institut international de statistique. Parmi ses nombreux ouvrages, tous consacrés à des questions de finances et de crédit, nous indiquerons : « L'économie politique et la justice, examen critique et résultation des doctrines économiques de P. J. Proudhon, précédés d'une introduction à l'étude de la science sociale », 1860 ; « Théorie critique de l'impôt précédée de Souvenirs du Congrès de Lausanne », 1861 ; « De l'impôt dans le canton de Vaud », 1861 ; « Les associations populaires de consommation, de production et de crédit, leçons publiques faites à Paris », 1856 ; « Les obligations populaires », id., en collaboration avec M. Léon Say, 1866 ; « Recherches de l'idéal social. Théorie générale de la société », id., 1867-68 ; « Éléments d'économie politique pure ou Théorie de la richesse sociale », 1874-1877 ; « Théorie mathématique de la richesse sociale », 1883 ; « Théorie de la monnaie », 1886. M. W. a dirigé de 1866 à 1868 le *Travail*, organe international des intérêts de la classe laborieuse et revue du mouvement coopératif.

Warlomont (Évariste), éminent médecin belge, né, à Aubel, en 1820. Ancien directeur de l'Institut ophtalmique de la province de Brabant et ancien directeur de l'Institut vaccinal de l'État, membre de l'Académie de médecine de Belgique et oculiste de S. M. le Roi des Belges, M. W. jouit comme spécialiste pour les maladies des yeux d'une réputation universelle, suffisamment attestée par les décorations qui lui ont été conférées. Il a donné aux *Annales d'oculistique* une importance considérable ; il a publié les comptes-rendus officiels de nombre de Congrès d'ophtalmologie ; il a traduit de l'anglais, avec M. le docteur Testeler, le « Traité des maladies de l'œil » de W. Mackenzie. Nous citerons encore de lui : « Louise Lateau », Bruxelles, 1875 ; 2e éd., fort augmentée, id., 1876 ; « Traité de la vaccine et de la vaccination humaine et animale », Paris, 1883 ; « Où faut-il passer ses hivers ? », Bruxelles, 1884 ; « L'arbitraire administratif et ses abus », id., 1885. M. V. a en outre fait paraître dans le *Bulletin de l'Académie de médecine* de Belgique des communications du plus haut intérêt, et il a signé avec M. le docteur Swéron un excellent petit livre qui a eu plusieurs éditions : « La santé par tout le monde ». — L'un de ses fils, le lieutenant M. Charles W., est mort récemment au Congo, et sa « Correspondance d'Afrique » a été publiée par les soins pieux de son père et de son frère, M. Maurice W. Celui-ci, connu dans les lettres sous le pseudonyme de *Max Waller*, est mort à son tour, laissant le renom d'un des meilleurs écrivains de la jeune école littéraire belge.

Warner (Charles-Dudley), essayiste et humoriste américain, né, le 12 septembre 1829, à Plainfield (Massachussets). Après avoir obtenu son baccalauréat au Collège *Hamilton* de New-York en 1851, il passa deux ans en qualité de membre d'une commission de topographie ; ensuite il suivit les cours de droit à l'Université de Pennsylvanie et entra au barreau à Chicago. Il quitta (1860) la profession pour le journalisme et nous le retrouvons directeur de l'*Evening Press* de Hartford qui existe encore sous le nom de *Courant*. Après deux voyages en Europe et un tour complet des États-Unis, M. W. a publié les ouvrages suivants : « My Summer in a Garden », 1870 ; « Saunterings », 1871 ; « Black Log Studies », 1872 ; « Baddeck and that sort of thing », 1874; « My Winter on the Nile », 1876; « In the Levant », 1877; « Being a Boy », id.; « Life of Capt. John Smith », 1880; « Life of Washington Irving », 1881; « A Roundabout journey », 1883; « Their Pilgrimage » (roman), 1886. M. W. est collaborateur fréquent aux meilleurs *Magazines* des États-Unis, c'est-à-dire au *Knickerbocker*, *Putnam's Magazine*, *Atlantic*, *Century Magazine*, *Harper's Monthly*, *North American Review*, *New Princeton Review*. Il a dirigé aussi la publication de l'« American men of Letters », Boston, Honghton, Mufflin and Co. Ajoutons encore que l'esprit et la verve de M. W. sont de bon aloi et ne dégénèrent jamais en grossièretés, reproche qu'on fait quelquefois aux humoristes de son pays.

Warnéry (Henri), théologien suisse, né, à Lausanne, en 1859, a fait des études de théologie à l'Académie de cette ville, puis il a passé une année comme professeur de langue et littérature française au Collège américain de Constantinople; il en revint pour prendre sa licence et rompit, dans sa thèse sur la « Philosophie de l'Histoire de St.-Paul », avec les idées traditionnelles. Après un séjour de deux ans à Paris, puis dans ses environs, en qualité de professeur dans une école normale protestante, il obtint une place de professeur au progymnase de Lausanne, place qu'il occupe encore actuellement. En 1887, M. W. a publié un volume de « Poésies », Lausanne, Payot, dont le contenu a révélé d'emblée son talent supérieur. La première partie de ce volume est occupée par de courtes poésies, dont quelques-unes charmantes par la simplicité et la fraîcheur du sentiment et de l'image comme celle intitulée « Espoirs sans cause »; d'autres par la vigueur et le fini de la description, comme: « Le dompteur ». Mais le chef-d'œuvre du jeune artiste est un poème assez long, intitulé: « Les origines »; c'est un essai de poésie scientifique, où la profondeur de la pensée rivalise avec la beauté de la forme, et qui donne de son auteur les plus grandes espérances; il y peint à grands traits l'évolution du monde solaire, du globe terrestre et des êtres vivants, puis l'apparition de l'homme, ses premiers pas et ses progrès. M. W. est un des collaborateurs de la *Bibliothèque universelle et Revue suisse* (voyez Ch. Secrétan), où il a fait paraître récemment une étude assez étendue sur l'écrivain national vaudois, Eugène Rambert, mort en 1886.

Wartmann (Jacques-Hermann), historien suisse, né, le 9 décembre 1835, à Saint-Gall, fréquenta successivement les universités de Zurich, de Bonn et de Gœttingue, compta parmi les élèves les plus capables de Waitz et obtint en 1859 le doctorat en présentant une dissertation sur les « Lettres d'émancipation royales des pays d'Uri, Schwytz et Unterwalden 1231-1316 ». La même année parut de lui un mémoire couronné par l'Université de Zurich sur « La vie de Caton d'Utique ». Fixé depuis 1860 dans sa ville d'origine, M. W. y a rempli diverses fonctions administratives, telles que celles de greffier de la municipalité (1860), et de secrétaire du directoire commercial (1863): il a également fait partie du Conseil des États suisse, du grand Conseil Saint-Gallois, du Tribunal cantonal, du Conseil d'instruction publique, du Synode évangélique, mais il s'est successivement démis de ses diverses charges pour se consacrer tout entier aux recherches scientifiques. Ses principaux travaux, tous relatifs à l'histoire locale, sont les suivants: « Cartulaire de l'abbaye de Saint-Gall », 3 vol., avec préface et notes, 1863-1866-1882, comprenant les années 700-1250; « Les sceaux de la ville de Saint-Gall ainsi que des autres villes et districts du Canton » (*Mémoire de la Société d'Archéologie de Zurich*), XIII; « Le développement historique de la ville de Saint-Gall jusqu'à la conclusion de l'alliance avec la Confédération suisse », 1868, d'abord publié dans les *Archives pour l'histoire suisse*, t. XVI; « Notices biographiques sur les professeurs Charles Deicke et Othmar Rietmann », 1871; « Les Archives de la Commune de Saint-Gall », 2 vol., 1878-1887; « L'industrie et le commerce dans le Canton de Saint-Gall », 2 mémoires, le premier comprenant la période qui s'étend jusqu'à la fin de 1866, le second celle qui va de 1867 à 1880; « Atlas pour le développement du commerce et de l'industrie suisse », 1770-1870 », 1873.

Warzée (André-J.), bibliophile belge et ancien fonctionnaire de l'administration centrale du royaume de Belgique. M. W. a publié deux ouvrages fort souvent cités et qui l'ont fait élire membre de la Société des sciences, des arts et des lettres du Hainaut: « Essai historique et critique sur les journaux belges », Gand, 1844-45; « Recherches bibliographiques sur les almanachs belges », Bruxelles, 1852.

Wattenbach (Guillaume), historien allemand, membre de l'Académie des sciences de Berlin, né, le 22 septembre 1819, à Rantzau (Holstein), étudia la philologie aux universités de Bonn, Gœttingue et Berlin, devint en 1843 collaborateur des *Monumenta Germaniæ historica*, et ensuite professeur d'histoire à l'Université de Heidelberg, où il resta jusqu'à 1872, époque à laquelle il fit passage à l'Université de Berlin dans la même qualité. On lui doit: « De Quadringentorum Athenis factione », Berlin, 1842; « Beiträge zur Geschichte der christlichen Kirche in Mähren und Böhmen », Vienne, 1849; « Urkunden der Klöster Raudeu und Himmelwitz der Dominikaner und Dominikanerinnen in der Stadt Ratibor », 2 vol., Breslau, 1859; « Monumenta Lubensia », Breslau, 1861; « Deutschland's Geschichtsquellen in Mittelalter bis zur Mitte der 13 Jahrh. », Berlin, 4me éd., 1885-86, 2 vol., ouvrage couronné d'un prix de l'Académie; « Anleitung zur griech. Paläographie », Leipzig, 2e éd., 1877; « Ninive und Babylon », Heidelberg, 1868; « Anleitung zur lat. Paläographie », 4me éd., Leipzig, 1886; « Eine Ferienreise nach Spanien und Portugal », Berlin, 1860; « Das Schriftwesen im Mittelalter », 2me éd., Leipzig, 1875; « Metropolitanæ Colonensis cod. manus. », avec Joffé, Berlin, 1874; « Stockolm », Berlin, 1875; « Geschichte des röm. Papsthums », id., 1876; « Schrifttafeln zur Geschichte der Griech. Schrift », id., 1876. La deuxième édition de cet ouvrage a été publiée à Berlin en 1883 sous le titre: « Scriptura græcæ specimina in us. schol. coll. » ; « Exempla Codicum latinorum literis majusculis script. », avec Zangemeister, Heidelberg, 1876; « Exempla codicum græcorum literis minusculis script. », avec Velsen, Heidelberg, 1878 ; « Der allgemeine deutsche Schulverein zum Schutze bedrängter Deutschen im Ausland », Berlin, 1884; « Geschichtschreiber der deutschen Vorzeit », id., 1886. Un très grand nombre de dissertations et d'études historiques de cet éminent auteur se trouvent dans beaucoup de journaux spéciaux allemands, parmi lesquels nous citerons: *Artch. f. Kunde öst. Gesch- Quell., Zeitschrift. für d. Gesch. d. Oberrh. Neues Arch. der Gesellsch f. ältere deutsche Geschichtskunde*, ainsi qu'aux actes des académies scientifiques de Vienne, de Berlin et de la Société historique et philologique de Breslau.

Wauters (Alphonse), éminent historien belge, né, à Bruxelles, le 13 avril 1817. Archiviste de sa ville natale, professeur d'histoire nationale aux cours publics institués par l'administration communale de la ville, membre de l'Académie royale des sciences, des lettres et des beaux-arts de Belgique, secrétaire-trésorier de la Commission royale d'histoire, etc., M. W. est sans contredit l'homme qui a le plus profondément étudié les annales de sa patrie et le seul qui serait aujourd'hui en mesure de donner à son pays une histoire complète du peuple belge et de ses institutions, histoire dont il n'existe jusqu'à présent que des ébauches absolument insuffisantes. Dans la masse énorme de ses publications, dont la seule énumération prendrait plusieurs colonnes de ce *Dictionnaire*, quelques livres apparaissent comme de véritables chefs-d'œuvre: « Histoire civile, politique et monumentale de la ville de Bruxelles », Bruxelles, 1843-1845 (écrite en collaboration avec M. Alex. Henne et couronnée par la Commission d'histoire); « Histoire des environs de Bruxelles », id., 1850-1857, l'un des ouvrages entre lesquels a été partagé en 1856 le prix quinquennal d'histoire; « La Belgique ancienne et moderne: Géographie et histoire des communes belges », id., 1859 et années suivantes (un véritable monument que M. W. a commencé avec le regretté Tarlier qu'il continue seul, et auquel le Congrès géographique de Paris a décerné en 1875 une médaille de première classe) ; « Le duc Jean Ier et le Brabant sous le règne de ce prince », id., 1862, couronné par l'Académie royale de Belgique; « Les libertés communales, essai sur leur origine et leurs premiers développements en Belgique », id., 1869-1878, a obtenu le prix annuel de 25,000 francs fondé par S. M. le Roi des Belges; « Table chronologique des chartes et diplômes imprimés concernant l'histoire de la Belgique », id., en cours de publication (un travail de bénédictin dont M. W. s'est chargé pour la Commission d'histoire et qui comprend déjà de nombreux volumes, précédés chacun d'une savante introduction). Nous citerons encore de notre auteur ses belles études sur la géographie ancienne de la Belgique, sur les origines de la population flamande, sur les légendaires forestiers de Flandre, sur le duc de Brabant Henri III, sur les commencements de l'école flamande de peinture et sur bon nombre d'artistes de cette école, sur les anciens architectes brabançons, sur les tapisseries bruxelloises, etc.; son édition annotée des « Mémoires », de Viglius et d'Hopperus, faite pour la Société de l'histoire de Belgique ; ses recueils des documents rassemblés à la demande de l'administration communale de Bruxelles, etc. Il a collaboré à une foule de grands ouvrages collectifs, de publications de sociétés savantes, de revues, de journaux; et il n'est, pour ainsi dire, pas un personnage, pas un fait, pas un détail de l'histoire de la Belgique sur lequel ses admirables recherches n'aient jeté quelque lumière.

Wauters (Alphonse-Jules), publiciste belge, neveu du précédent, né, à Bruxelles, en 1845. On a de lui des travaux scientifiques sur la géographie et sur l'histoire de l'art, et des livres populaires spécialement destinés à la jeunesse; nous citerons un peu pêle-mêle, en suivant simplement l'ordre chronologique : « L'Afrique centrale en 1522 », Bruxelles, 1879; « Le Zambèse, son histoire, son cours, son bassin, son avenir », id., id.; « Niger et Benoué; un voyageur belge dans l'Afrique centrale », id., 1880; « Karéma, première station de l'Association internationale africaine », id., id.; « Le capitaine Cambier et la première expédition de l'Association internationale africaine », id., 1881, 2 éd.; « Sur les bords du Tanganika », id., id.; « Le royaume des éléphants, voyage au pays de l'ivoire », id., id. ; « La découverte de l'Amérique racontée par Pierre Devos, compagnon de Christophe Colomb », id., id.; « Le doudou, souvenirs d'un fifre montois », id., id.; « Voyages et métamorphoses d'une goutte d'eau », id., id. ; « Les pierres précieuses », id., 1882; « La peinture flamande », Paris, 1883, important ouvrage dont il a paru des traductions en langues étrangères ; « De Bruxelles à Milan par le Saint-Gothard », Bruxelles, id. ; « Le Congo et les Portugais », id., id. ; « Les Belges au Congo », id., 1884; « De Bruxelles à Karéma », id., id. ; « Anvers ou Bruxelles ? étude sur l'origine des écoles d'art en Belgique », id., id. ; « Stanley au secours d'Emin-Pacha », id., 1889. M. W. est le rédacteur en chef du mouvement géographique de Bruxelles, et il a donné des articles à plusieurs autres journaux et revues.

Wauwermans (Henri), savant officier belge, né, à Bruxelles, en 1825. Ancien professeur à l'École de Guerre de Belgique, puis général-major placé à la tête de la première direction des fortifications du royaume, M. W. est le président de la Société de géographie d'Anvers. Voici les titres de ses ouvrages les plus importants: « Les mines militaires », Bruxelles, 1868 ; « Applications nouvelles de la science et de l'industrie à l'art de la guerre : télégraphie militaire, aérostation, éclairage de guerre, inflammation des mines », id., 1869 ; « Fortifications et travaux du génie aux armées », id., 1875 ; « Les machines infernales dans la guerre de campagne », id., 1876 ; « La fortification de Nicolò Tartaglia », id., 1877 ; « Les citadelles du Nord et du Sud d'Anvers », id., 1880 ; « Application des règles de la mobilisation aux places fortes », id., 1884 ; « Libéria, histoire de la fondation d'un État nègre libre », Anvers, id. ; 2e éd., définitive, Bruxelles, 1885 ; « Napoléon et Carnot », épisode de l'histoire militaire d'Anvers, Gand, 1888. M. W. a collaboré à un grand nombre de publications de sociétés savantes et de revues.

Weber (Adolphe), écrivain et littérateur autrichien très éminent, est né, le 11 mai 1825, à Bakar (Croatie), a fait ses études dans sa ville natale au Gymnase de Ricka et au Séminaire d'Agram, où il acheva le cours de philosophie. Passé ensuite au Séminaire central de Pest (Hongrie), il s'y perfectionna dans la théologie et étudia l'allemand, le hongrois, le français, l'espagnol, le tchèque et le polonais. Il a été chevalier épiscopal à Agram, chapelain à Karlovac et en 1849 il fut appelé de nouveau à Agram et nommé maître gymnasial suppléant. Après avoir été à l'Université de Vienne et y avoir pris son habilitation à l'enseignement, il fut nommé (1852) professeur de littérature croate et latine au Gymnase d'Agram. Il se dédia particulièrement à l'étude de la langue croate, qui n'avait pas atteint jusqu'alors une forme bien définie comme langue écrite. Pour donner à cette langue la forme sûre qui lui manquait, il commença par admettre le langage populaire comme point de départ, ayant soin de le débarrasser de toute forme qui n'entrait point dans le pur langage commun. Sur ce principe, qu'il a appliqué merveilleusement, il dicta en 1859 les premières règles de la syntaxe de la langue croate, donnant origine à l'école ainsi dite d'Agram qui compte désormais parmi ses disciples les meilleurs écrivains. Il publia en même temps une grammaire à l'usage du Gymnase; grammaire qui lui valut la renommée de philologue distingué. Il poussa ensuite ses études littéraires jusqu'à la poésie croate dont les vers qui suivaient alors une métrique arbitraire et inconstante manquaient des appas de l'harmonie. Suivant les maximes, qu'il exposa dans sa « Junakinja Misa », 1862, et qu'il fixa comme règles fondamentales de la métrique croate, il fonda, soit pour la métrique nationale, soit pour l'imitation de l'ancienne métrique classique, une nouvelle école connue sous l'appellatif d'*École de Weber*, qui compte aussi parmi ses disciples la plupart des meilleurs poètes. En 1860 le Ministre de l'instruction publique autrichien le nomma directeur provisoire et en 1864 directeur effectif du Gymnase d'Agram ; il resta dans cette charge presqu'à 1867, époque à laquelle il devint secrétaire de l'État. Il a été deux fois (1861 et 1865) député au Landtag Croate, où il protégea toujours très vaillamment les intérêts nationaux. Les services rendus à sa patrie et notamment à l'instruction publique lui valurent la nomination (1870) à chanoine du chapître d'Agram. Contemporanément, il fut nommé Recteur du Séminaire d'Agram et ensuite Régent du pensionnat des nobles de cette ville. En 1866 il fut aussi nommé membre effectif de l'Académie slave des arts et des sciences. Parmi ses très nombreuses publications, nous nous bornerons à citer : « U Spomenicu djevojci », 1847-1883; « Himna u Slavu Feliksa Höpergera », 1883 ; « Nagrobnica Sinu », 1885; «Sluka njena », 1872; « Kratak opis duga puta », 1847; « Listovi o Italiji », 1861 ; « Put na Plitvice », 1860 ; « Put u Carigrad », 1886 ; « Varazdinske toplice », 1873 ; « Posveta djakovacke cokre », 1883 ; « Patdesetgodisnjica Matije Bana », 1884 ; « Bakar », 1875 ; « Pet novelah », 1855 ; « Samobor », 1884 ; « Ob ustroju jerika ilirskoga », 1856 ; « O Slovnici Antuna Mazuranica », 1859 ; « O Slovnici Vjekoslava Babukica », id. ; « O metrici Mareticevoj », 1882 ; « Tko je otcem metrike horatske ? », 1887 ; « Slovnica horatska za 4 razred puckih Skolah », 1860 ; « Slovnica latinska Za gimnazije », 3me éd., 1877 ; « O Kazalistu », 1848 ; « O Koristi i nacinu predavanja latinskih klasikah », 1852 ; « Citanka za dolonje gimnazije », id. ; « Saborski govor o Savezu s Ungarskom », 1861 ; « Poviest nagsabe », 1866 ; « Nasa borba », 1850 ; « Istina na vidjelu », 1852. On lui doit aussi plusieurs traductions de l'allemand, du polonais, de l'italien, de l'espagnol, etc., parmi lesquelles nous citerons: « Alamontade », nouvelle de Tschokke, allemand ; « Pau Podstoli », id. de Krasicki, polonais ;

« Spanjolska » (Spagna) de Ed. De Amicis, italien; « Tsarigrad » (Costantinopoli) id. id.; « Slike vojniche » (La vita militare) id., id.; « Razsipnica », roman espagnol de Pedro Alarcon. Il a fourni aux journaux une trentaine de nouvelles traduites des divers idiomes et a publié aussi les versions de quelques ouvrages de Salluste et de Cicéron à l'usage des écoles.

Weber (Albrecht), illustre orientaliste allemand, le grand maître des indianistes contemporains, professeur de sanscrit à l'Université de Berlin, où il remplaça son maître le célèbre Franz Bopp, membre de l'Académie des sciences de Berlin, commandeur de l'ordre de la couronne d'Italie et de l'ordre de Saint-Olaf de Norvège, etc., né, à Breslau, le 17 février 1825; son père Frédéric, professeur à l'Université de Breslau, était un éminent économiste; son fils Henri est un historien distingué. M. W. a d'abord abordé l'étude de l'hébreu et de l'arabe, mais pour se livrer ensuite avec enthousiasme aux études indiennes sous la discipline de Stenzler à Breslau, de 1842 à 1844, de Lassen à Bonn, tout en suivant les cours de Freytag, de Gildemeister et de Ritschl, et enfin de Bopp à Berlin, tout en fréquentant les cours de Petermann pour l'arabe, de Schott pour le finnois et le tartare, de Schwartz pour le cophte. Après son doctorat, qu'il avait obtenu sur la présentation d'un spécimen du Yadjourveda blanc, il fut envoyé à Berlin aux frais de la couronne prusienne, pour y poursuivre sur les grandes collections indiennes de Londres et d'Oxford, aidé dans ses recherches par Wilson et par Mill, ses études sur le Véda dont il donna la première édition (de 1849 à 1850), en trois grands volumes in-4. En 1847 il se rendit à Paris, où il se lia avec Burnouf, avec Reynaud et avec Mohl. Devenu d'abord *privat-Docent*, puis professeur extraordinaire, et puis ordinaire à l'Université, M. W. enseigne le sanscrit depuis 42 ans. Son école a donné des immenses résultats et créé toute une légion de puissants indianistes, parmi lesquels, nous qui avons eu le bonheur de compter parmi ses disciples, signalerons les noms de Withney, de Pertsch, de Kern, de Ludwig, de Stork, de Lexer, de Bréal, de Bugge, de Kielhorn, de Delbrück, de Minayeff, d'Ernest Kuhn, de Goldschmidt, d'Eggeling, de Schmidt, de Thibaut, de Pischel, de Zimmer, d'Hillebrand et de tant d'autres, qui sont devenus eux-mêmes des maîtres illustres. Les travaux scientifiques de M. W. touchent à différents points de l'indianisme avec des vues originales, et avec une érudition profonde et une modestie qui forme l'étonnement de tous ses disciples. En dehors de son édition du « Yadjourvéda blanc », de son recueil intitulé: « Indischen Studien », de sa collaboration essentielle pour la partie védique du *Dictionnaire sanscrit de Saint-Pétersbourg*, on lui doit: « Variæ loctiones ad Bohlenii editionem Bhartriharis sententiarum pertinentes », en collaboration avec Schiefner, Berlin, 1850; « Akademische Vorlesungen über indische Literaturgeschichte », id., 1852, nouvelle édition avec additions en 1878, traduction anglaise et traduction française; « Indische Skizzen », 1857; « Indische Streifen », 1868-79; « Ueber das Saptaçatakam des Hâla », 1879; « Das Saptaçatakam des Hâla », 1881; « Die neuesten Forschungen auf dem Gebiete des Buddhismus », 1853; « Die neueren Forschungen über das alte Indien », 1854; « Ueber den Zusammenhang indischer Fabeln mit griechischen », 1855; « Zwei wedische Texte über Omina und Portenta », 1859; « Die Vajrasûci des Açvaghosha », 1860; « Die vedischen Nachrichten über Naxatra », 1860-62; « Ueber den Vedakalender », 1862; « Ueber die Metrik der Inder », 1863; « Die Râma-Tâpaniya-Upanishad », 1864; « Ueber ein Fragment der Bhagavatî », 1866-67; « Ueber die Krishnajanmâshtami », 1869; « Ueber das Râmâyana », 1870; « Ueber ein zum weissen Yajus gehöriges phonetisches Compendium, das Pratijnâsûtra », 1872; « Pañcadan dachattraprabandha, ein Märchen », 1879; « Verzeichniss der Sanskrit und Prakrithandschriften », 1886; « Die Griechen in India », 1890.

Weber (Alfred-Émile), philosophe français, né, en 1835, à Strasbourg, exerça les fonctions de pasteur administrateur à Belfort-Giromagny (1857), devint licencié et docteur en théologie (1860 et 1863), maître de conférences, puis professeur agrégé au Séminaire protestant de Strasbourg (1860-1864), membre du Séminaire et professeur de philosophie à l'Université de Strasbourg (1872). Il est membre honoraire de la Société italienne d'histoire et d'archéologie. M. W. a publié: « Essai sur Marheincke », 1857; « De Servatoris apud Joannem notione », 1860; « Examen critique de la philosophie religieuse de Schelling », 1860; « De l'économie du salut; étude sur le dogme dans ses rapports avec la morale », 1863; « Introduction historique à la philosophie hégélienne », 1866; « Histoire de la philosophie européenne », 1872, 4me éd. 1886; « Wille zum Leben oder Wille zum Guten? », 1882; « Die Religion als Wille zum ewigen Leben », 1888; des articles divers dans la *Revue de théologie* de Strasbourg, la *Revue philosophique*, etc.

Weber (George), célèbre historien allemand, docteur en théologie et en philosophie, conseiller intime, né, le 10 février 1808, à Bergzabern dans le Palatinat, étudia la théologie à l'Université d'Erlangen, et ensuite la philologie, l'histoire et la littérature ancienne à l'Université de Heidelberg; de 1833 à 1835, il a voyagé en Suisse, en Italie et en France comme instituteur d'une famille anglaise. Rentré en Allemagne, il devint directeur de l'école latine de sa ville natale et en 1839 professeur de l'école supérieure de Heidelberg, dont il fut nommé directeur en 1848. En 1872, il renonça volontairement à cette charge pour se dédier entièrement à ses études historiques qui lui ont assuré une renommée européenne. Parmi ses ouvrages nous signalons : « Allgemeine Weltgeschichte », Leipzig, 1882–88; « Geschichtliche Darstellung des Kalvinismus im Verhältniss zum Staat », 1836; « Geschichte der akatholischen Kirchen und Sekten in Grossbritannien », 1845-1853; « Lehrbuch der Weltgeschichte », 20me éd., 1888, Leipzig; « Weltgeschichte in übersichtlicher Darstellung », 19me éd., 1885, id.; « Geschichte der deutschen Literatur », 11me éd., 1880; « Lesebuch zur Geschichte der deutschen Literatur », 4me éd., 1878; « Literar-historisches Lesebuch », 1851-52; « Geschichte des Volkes Israel », 1867; « Heidelberger Erinnerungen », 1886; « Geschichtsbilder aus verschiedenen Ländern und Zeitaltern », Leipzig, 1886; « Jugendeindenke und Erlebnisse », id., 1887.

Weber (Henri), poète suisse, né, le 6 juin 1821, à Zurich, fit à l'Université de cette ville des études philologiques et théologiques, fut consacré en 1845 au Saint-Ministère, passa plusieurs sémestres en Allemagne et obtint en 1861, après avoir rempli les fonctions de suffragant dans plusieurs paroisses, le poste important de Höngg dans l'Albis où il réside encore maintenant. La poésie et la musique, auxquelles, sous la direction éclairée de sa mère, il avait été initié dès sa tendre enfance, occupèrent les loisirs que lui laissaient ses fonctions officielles. Les beautés de la contrée au service de laquelle il était appelé à vivre lui inspirèrent en 1861 le poème didactique de l'« Alpis », imprimé à son insu par un de ses admirateurs. La même année parurent les « Chants d'un Chercheur », poésies empreintes d'un caractère religieux et psychologique. Les spectacles patriotiques qu'organisa à l'occasion des fêtes et solennités la jeunesse dans la Suisse allemande, amenèrent M. W. à écrire un certain nombre de drames: « La bataille de Laussen », 1853; « Les femmes de Zurich pendant l'été de 1292 », 1875; « Ulrich Zwingli », 1883; « Jérémie », 1886. M. W. s'est aussi beaucoup occupé d'hymnologie comme l'attestent les ouvrages suivants: « Le chant d'église à Zurich », 1866; « Le livre des cantiques zuricois, textes et mélodies », 1872; « Histoire du chant ecclésiastique dans la Suisse allemande réformée à partir du XVIe siècle », 1876; « Le livre des cantiques suisses », 1883. En 1886 fut couronnée une cantate composée par lui pour l'anniversaire de la bataille de Sempach: « Le triomphe de la liberté ».

Weber (Henri), mathématicien allemand, professeur de mathématiques à l'Université de Marbourg, est né, le 5 mars 1842, à Heidelberg; il a fait ses études aux universités de Heidelberg, Leipzig et Königsberg; a été professeur à l'Université de sa ville natale (1866), au Polytechnique de Zürich (1870), à l'Université de Königsberg (1875) et à l'École Technique Supérieure de Berlin (1883). Il prit son habilitation à l'enseignement des mathématiques à l'Université de Heidelberg en 1866, et depuis 1884 il occupe cette chaire à l'Université de Marbourg. Nous lui devons: « Theorie der Abel'schen Functionen vom Geschlecht 3 », Berlin, 1876; « Ueber Casualität in den Naturwissenschaften », Leipzig, 1881; « Ueber Singuläre Auflösungen partseller Differentialgleichung erster Order » (*Crell's Journal*), 1866; « Ueber eine Transformation der hydrodynamischen Gleichung » (id.), 1867; « Ueber einige bestimmte Integrale » (id.), 1868; « Ueber die Integration der partiellen Differentialgleichung

$$\frac{d^2 u}{dx^2} + \frac{d^2 u}{dy^2} + k^2 u = 0 \text{ »}$$

(*Math. Ann.*), 1869; « Neuer Beweis des Abel'schen Theorems » (id.), 1875; « Ueber die Theorie der ellipt. Functionen und die Theorie der Abel'schen Zahlkörper » (*Acta mathematica*), 1886, et une foule d'autres articles épars dans les trois publications que nous venons de citer.

Weber (Léonard-J.), éminent physicien allemand, docteur en philosophie, professeur extraordinaire de physique à l'Université de Breslau, est né, le 30 avril 1848, à Rostock (Mecklembourg), fut habilité à l'enseignement de la physique en 1878, prit part à la Campagne contre la France en 1870-71 et y fut dangereusement blessé. Outre un très grand nombre d'articles de photométrie, électricité atmosphérique, électrotechnique, mécanique, acoustique, optique et électricité, parus dans les *Wied. Annalen*, dans le *Carl's Rep. für Exp. Physik.*, dans les *Astron. Nachr.*, *Fortschritte der Phys.*, *Centr. Zef. Opt. und Mech.*, *Zeitschr f. Instrumentenkunde*, *Annalen d. Hydrographie und Maritimer Meteorol.*, *Naturwissensch. Rundschau*, etc., etc. il est l'auteur de « Berichte über Blitzschläge in der Provinz Schleswig-Holstein », Kiel, 1885; « Curven zur Berechnung der von künstlichen Lichtquellen indicirten Helligkeit », Berlin, 1885; « Untersuchungen über die Temperatur der Maximaldichtigkeit für destillirtes Wasser und Meerwasser ». M. W. est l'inventeur de plusieurs instruments de physique et a fait de très importantes observations et découvertes météorologiques à l'aide du téléphone.

Weber (Robert), poète et littérateur suisse, né, le 5 avril 1824, à Rapperwyl dans le canton de Saint-Gall, se rendit en 1843 à l'Université de Zurich pour suivre des cours d'histoire, de philologie, de philosophie et plus tard de théologie. En 1847 Ferdinand Christian Bauz le compta parmi ses auditeurs, quoique le jeune candidat, pendant son séjour à Tubingue, se sentît surtout attiré par l'enseignement esthétique de Vischez. Immédiatement après son retour en Suisse, en 1848, eut lieu sa consécration au Saint-Ministère; pendant douze années, de 1848 à 1860, lui furent successivement confiées la cure de Rifferswyl et une paroisse suburbane de Zurich. A cette époque M. W. quitta volontairement le pastorat pour entrer dans le journalisme et prendre pendant quatre années (1860-1864) la direction de la *Berner Zeitung*. Les deux années suivantes, pendant lesquelles il renonça à toute fonction officielle, furent consacrées par lui à la rédaction d'un ouvrage considérable: « La littérature nationale poétique de la Suisse d'Albert de Haller jusqu'à l'époque actuelle », en collaboration avec Vogel de Glaris, pour lequel il s'était chargé de toutes les introductions critiques et biographiques. En 1867 M. W. rentra dans la vie publique en qualité, soit de recteur du Gymnase de Séon, poste qu'il occupa jusqu'en 1873, soit de collaborateur littéraire du *Bund* (*Feuille du Dimanche*), et directeur de la *Gazette d'Argovie*. Depuis 1873, il s'est établi à Bâle où il a fondé et continue à diriger avec succès une importante revue littéraire et artistique: *L'Elvetia*. Voici d'après l'ordre chronologique la liste de ses publications: « Poésies », 1848, 5ᵐᵉ éd., 1882; « Nouvelles poésies », 1860; « Nouvelles et récits », 2 vol., 1864, 2ᵐᵉ éd., 1882; « Nuages », un dernier recueil de chants, 1871; « Jeanne d'Arc », drame imité du français, 1871; « La Suisse contemplée à travers le miroir de la poésie », 1882. Les œuvres complètes de M. W. ont paru en 12 vol. dans la *Bibliothèque nationale*. Nous sommes encore redevables à ce critique distingué d'une anthologie faite avec beaucoup de goût et de soin « Poètes et orateurs suisses au XVIIIᵉ et au XIXᵉ siècles ».

Webster (le rév. Wentworth), homme de lettres anglais, *Master of Arts* de l'Université d'Oxford, né, à Uxbridge, le 16 juin 1828, chapelain de l'église anglicane à St.-Jean de Luz (Basses-Pyrénées) (1868-78). Nous avons de lui: « Basque Legends », Griffith et C., Londres, 1879; « Spain », Sampson Low et C., id., 1882. Plusieurs mémoires, études et articles en anglais, français et espagnol, dans des journaux, revues, périodiques scientifiques, etc.

Wehl (Théodore), proprement F. VON WEHLEN, écrivain allemand, docteur en philosophie, né, le 19 février 1821, à Waldenbourg (Silésie), étudia la philosophie à Berlin et Iéna, a été longtemps feuilletoniste à Berlin, Hambourg et Dresde, et de 1874 à 1884 intendant général du Théâtre royal à Stuttgard. Après cette année, il entra dans la rédaction de l'*Hamburger Reform*, et a publié une série de comédies, plusieurs nouvelles et contes, ainsi qu'un recueil de charmantes poésies qui révèlent tout le mérite de ce brillant écrivain. Parmi ses ouvrages dramatiques parus dans le *Theater* (Hambourg, 1851), et dans le recueil de ses comédies et drames (Leipzig, 1864-1869), nous citerons: « Alter Schützt vor Thorheit wicht »; « Ein Bräutigam der seine Braut verheiratet »; « Die Tante aus Schwaben »; « Ein modernes Verhängniss »; « Eine Frau welche die Zeitung liest »; « Das Haus Haase »; « Wer zuletzt lacht, lacht am besten »; « Die drei Langhölse »; « Eine glühende Kohle »; « Wie man zu einer Erklärung kommt »; « Sie weiss sich zu helfen »; « Alles für andere »; « Demokrit und Heraklit »; « Ueber all Politik »; « Ein Bubenstreich »; « Hölderlins Liebe »; « Ein Pionier der Liebe »; « Siebeneichen »; « Ehen und Liebe »; « Der Schatz »; « Wie man sich irren kann »; et parmi ses romans et nouvelles nous signalons: « Herzensgeschichten »; « Neue Herzensgeschichten », Gœttingue, 1857; « Allerweltsgeschichten », Breslau, 1861; « Unheimliche Geschichten »; « Der Mann der Toten »; « Plauschgeschichten »; « Herzensmysterien », Leipzig, 1870. Parmi ses compositions poétiques qui méritent une mention spéciale, nous nous bornerons à citer: « Von Herzen zu Herzen », et « Zum Vorträge », Leipzig, 1867; on lui doit aussi: « Hamburgs Literaturleben in 18 Jahrh. », id., 1856; « 15 Jahre Stuttgarter Theaterleitung », id., 1866; « Briefe des jungen Deutschland »; « In Mussestunden »; « Am Sausenden Webstuhl der Zeit », Leipzig, 1869.

Weil (Adolphe-Louis), odontalogiste bavarois, docteur en médecine, professeur libre à l'Université de Munich, dentiste de S. A. R. le Prince Ludovic de Bavière, né, le 12 août 1849, à Munich (Bavière), décoré de la médaille de la campagne 1870-71 (décernée à ceux qui ne prirent pas part aux combats) a publié: « Der Stenson'sche Versuch », Strasbourg, 1876; « Hypodermic Injections », Philadelphie, 1876; « Die Pilze der Zahnkrankheiten », Munich, 1884; « Der Werth der Zahne für Volksgesundheitspflege » (*Deutsche Zeitschr.*), 1887; « Zur Histologie der Zahnpulpa » (*Deutsche Monatschr. für Zahnheilk.*), 1887; « Zur Entwicklung der Zähne » (id.), 1887.

Weil (George-Denis), écrivain français, juge suppléant au Tribunal de la Seine. Nous avons de lui: « Assurances maritimes et avaries »; « Exercice illégal de la médecine et de la pharmacie »; « Relations diplomatiques de l'Angleterre et de la Papauté »; « Rapports de l'Angleterre et de la France après l'attentat d'Orsini »; « Mœurs parlementaires anglaises. Du jugement des élections contestées »; « Assurances sur frêt en Angleterre ».

Weilbach (Philippe), écrivain danois, né, près de Copenhague, le 5 août 1834, s'appliqua aux études de philologie et belles-lettres, fit un voyage en Italie (1860-62), pour se perfectionner dans l'étude des beaux-arts, et retourné dans sa patrie il fut employé aux galeries jusqu'à 1870. Nous avons de lui la traduction de la « Storia universale », de César Cantù, en collaboration avec M. E. Holm, et de la « Vita di Garibaldi », de M. Guerzoni. En 1855: « Anacreontea »; suivirent: « Koust og Æsthetik », 1872; « C. V. Eckersberg Levued », 1878; « Daagk Koustner Lexicon », 1878. Enfin: « Essai sur les formes des nuages à l'usage des paysagistes et des météorologistes ».

Wellen (Alexandre, chevalier DE), philosophe autrichien, docteur en philosophie, professeur libre à l'Université de Vienne et Amanuensis de la Bibliothèque Impériale de cette métropole; est né, le 4 janvier 1863, à Vienne, a fait ses études à l'Université de sa ville natale et à celle de Berlin. En dehors des articles qu'il a publiés dans la Zeischrift für Allg. Geschichte, dans la Zeitschr. f. deutsch. Alterthum, dans la Vierteljahrschr. für Litteraturgesch., dans la Neue Freie Presse et dans divers autres journaux spéciaux, nous lui devons: « Shakespeares Vorspiel zu der Wiederspänstigon Zähmung, Betrag zur vergleichenden Litteraturgesch. », Frankfurt sur M., 1884; « Der ægyptische Joseph im Drama de XVI Jahrhunderts », Vienne, 1887. On lui doit aussi la publication de « Gerstenberg's Briefe über die Merkwürdigkeiten der Litteratur », Heilbronn, 1888-89.

Wellen (Joseph DE), auteur dramatique allemand, né, à Tétin (Bohême), le 28 décembre 1828, fit ses études au Lycée de Prague et interrompit son droit à Vienne en 1848 pour se faire soldat. Professeur d'histoire et de géographie dans divers établissements depuis 1852, et principalement à l'Académie du génie militaire et professeur de langue et littérature allemandes à l'école d'état-major, conservateur de la Cour (1861-76). Nous avons de lui les drames suivants: « Tristan »; « Heinrich von der Aue »; « Edda »; « Drahomira »; « Rosamunde »; « Le Comte Horn »; « Le Nouveau Achille »; « Dolorès »; « Sur la frontière »; le roman: « L'Irréparable » et l'« Am Tage von Oudenaarde », poésies, 1869. Enfin: « Roi Erick », 1881 et « Daniela », 1884.

Weinberg (Pierre), poëte russe contemporain, traducteur de Shakespeare, Heine, Lenau et autres, né, à Nicolaëf (près d'Odessa), en 1830.

Weiss (André), écrivain et avocat français, né, à Mulhouse (Alsace), le 30 septembre 1858, a fait ses études classiques aux Collèges de Wissembourg et de Saint-Mihiel, aux Lycées de Colmar et de Nancy; a étudié le droit à la Faculté de Paris, où il a remporté, en 1878, le premier prix de droit romain et une mention honorable de droit civil au concours général de toutes les Facultés; a été reçu docteur en droit le 20 juillet 1880 avec éloge. Inscrit au barreau de Paris en 1878, il a pris part, avec une dispense d'âge de trente et un mois, au concours d'agrégation ouvert à Paris, au printemps de 1881, et a été reçu, à la suite de ce concours, agrégé des Facultés de droit, avec le quatrième rang. Attaché en cette qualité à la Faculté de Dijon, il a été chargé d'organiser le double enseignement du droit international privé et du droit constitutionnel, qu'il professe encore aujourd'hui. Lauréat de l'Institut (Académie des Sciences morales et politiques) en 1888. Élu en 1887 membre associé de l'Institut de droit international, dans sa session de Heidelberg. On a de lui: « Étude sur les conditions de l'extradition », 1 vol., 1880; « Le Droit fétial et les fétiaux », étude de droit international, 1883; « Le droit constitutionnel », leçon d'ouverture, 1834; « Traité élémentaire de droit international privé », 1 fort vol. de XXXVIII-996 pages, 1885-86 (récompensé par l'Institut); « La proposition de loi sur la nationalité au Sénat », 1 fort liv., 1886, « Philippe Pot, Grand-Sénéchal de Bourgogne, devant la Cour de Dijon », 1887; « Quelques mots sur la faillite des commerçants sous le droit international privé », 1888. Collaboration au Journal du droit international privé, à la Revue de droit international de Gand, à la Revue critique de législation et de jurisprudence, à la Revue générale du droit, à la Nouvelle Revue historique du droit, à la France judiciaire, aux Lois nouvelles, au Répertoire alphabétique de Sirey, à l'Archiv f. öffentliches Recht de Fribourg en Brisgau. En collaboration avec M. Paul-Louis Lucas: « Le droit d'extradition appliqué aux délits politiques, d'après le docteur Lammasch », 1 vol., 1885; « L'organisation administrative de L'Empire romain », par J. Marquardt, traduit de l'allemand, tom. Ier, 1888; divers articles dans le Dictionnaire des antiquités grecques et romains de Daremberg et Saglio, dans le Recueil mensuel et dans le Répertoire alphabétique des Pandectes françaises.

Weiss (Nathanaël), historien français, né, le 27 mai 1845, à la Croix-aux-Mines près de Saint-Dié dans le département des Vosges, reçut sa première éducation par les soins de son père, un ecclésiastique distingué, successivement pasteur au Hohwald et à Altweiler dans le Haut-Rhin, fit ses études classiques au Gymnase, ses études théologiques à la Faculté protestante de Strasbourg, et obtint en 1867 le diplôme de bachelier sur la présentation de la thèse: « Duplessis Mornay envisagé comme théologien et comme caractère politique ». Le prix Schmutz lui fut décerné en 1868 pour un nouveau mémoire: « Exposition, comparaison et critique du système ecclésiastique de Schleiermacher et de celui de Vinet ». Après avoir rempli, pendant deux années (1867-69), les fonctions de précepteur dans la famille de Maupeou,

M. W. fut nommé en 1869 par le Consistoire réformé de Paris pasteur auxiliaire pour la paroisse de la Glacière. La guerre de 1870 mit provisoirement fin à son activité puisque des ressortissants, la plupart d'origine germanique, avaient dû obéir au décret d'expulsion. La Société pour les Écoles du dimanche utilisa ses services de 1871 à 1875 et le choisit en 1874 pour son délégué aux conférences tenues par l'*Alliance Évangélique* à New-York. Témoin oculaire du désastre de la « Ville du Hâvre », M. W. a consigné ses impressions dans un récit dramatique par sa simplicité même : « Le naufrage de la Ville du Hâvre et du Loch-Earn », 1874. Depuis 1875 le Consistoire de Paris l'a appelé à exercer les fonctions pastorales à Boulogne-sur-Seine ; en 1885 la Société pour l'Histoire du Protestantisme français l'a choisi comme bibliothécaire. Les amis de l'histoire de la réforme sont redevables à M. R. de plusieurs articles intéressants et originaux parus, soit dans l'*Encyclopédie des Sciences religieuses*, soit dans le *Bulletin pour l'Histoire du Protestantisme français*. L'un d'eux, tout au moins, a été tiré à part : « La sortie de France pour cause de religion de Daniel Brousson et de sa famille (1685-1693) », publié pour la première fois, avec une introduction et des notes, 1885.

Weltbrecht (Charles), écrivain et publiciste allemand, né, le 8 décembre 1847, à Neuhengstett dans le Wurtemberg, village situé près de Calw, dont son père était le pasteur, étudia, lui aussi, la théologie à l'Université de Tubingue, embrassa le Saint-Ministère, et fut appelé en 1874 comme diacre à Schwaiger près de Heilbronn, après avoir rempli les fonctions de vicaire dans plusieurs paroisses de campagne. Le gouvernement zuricois l'a appelé en 1886 à la direction de l'École supérieure des jeunes filles et du Séminaire pédagogique de Hottingen. M. W., qui pendant son séjour à Schwaigen avait fondé la revue mensuelle : *La nouvelle feuille allemande des familles*, s'est fait connaître comme poëte et philologue, soit par des pièces originales, remarquables par leur élévation et leur simplicité : « Chants d'un impuissant (Lieder von einem der nicht mitdarf) », 1870 ; « Ce qu'éclaire la lune », poésies, 1873 ; « Liederbuch », 1873 ; 3me éd. sous le titre de « Poésies », 1880 ; en dialecte souabe nous avons de lui : « Gschichta'n aus Schwobaland », 1877 (2me éd., 1883, en collaboration avec son frère M. Richard W., pasteur à Mähringen près d'Ulm, et auteur de travaux sur Fischart, Klopstock) ; l'épopée de « Gudrun-Nohmof Schwobaschichta » (en collaboration avec le même), 1882 ; « Livre des poëtes souabes » (en collaboration avec E. Paulus), 1884 ; « Les gens égarés », 1882 ; « Livre d'histoire », 1884 ; « Le combat du calendrier à Sendringen », 1885 ; « Le Retour », nouvelles, 1886 ; « Sigrun », drame, 1887.

Weizsäcker (Charles-Henri), écrivain allemand, professeur de l'histoire ecclésiastique à la Faculté théologique évangélique de l'Université de Tubingue, né, le 11 décembre 1822, à Œhringen (Würtemberg). On lui doit : « Untersuchungen über die evangelische Geschichte, ihre Quellen und den Gang ihrer Entwicklung », Gotha, 1864 ; « Zur Kritik des Barnabas-Brief », Tubingue, 1863 ; « Das Neue Testament », version, id., 1875 ; 4me éd., 1888 ; « Lehre und Unterricht aus der evangelisch-theologischen Facultät der Univ. Tübingen von der Reformation bis zur Gegenwart », id., 1877 ; « Das apostolische Zeitalter der christlichen Kirche », Fribourg, 1886. Outre cela, nous lui devons plusieurs essais parus dans les *Jahrb. f. d. Theol.*, dans la *Theol. Realencyclopädie* de Herzog et dans divers autres journaux savants allemands.

Welbore (Saint-Clair BADDELEY), poète anglais, né, le 30 septembre 1856, à Saint-Léonards, fit ses études au *Wellington College*, et voyagea dans l'Amérique du Sud, dans l'Algérie, en Bulgarie, en Russie et en Italie. Il a publié : « Bedouen Legends », 1883 ; « Narrative of Dramatic Poems », 1886 ; « Tchay of Chianti », prose, 1887 ; « Lotus-Leaves (Indian Poems) », 1888 ; « Travel-tide », 1889.

Wellhausen (Jules), homme de lettres allemand, né, à Hameln-sur-le-Weser, le 17 mai 1844, fit ses études sous H. Ewald à l'Université de Gœttingue (1862-65), et après qu'il eut exercé les fonctions de *privat-Docent* depuis 1870, il fut nommé en 1872 professeur ordinaire de théologie à Greifswald, en 1882 professeur extraordinaire à la Faculté philosophique à Halle, et en 1885 professeur ordinaire des langues sémitiques et de l'histoire orientale à Marbourg. Il est docteur en théologie et en philosophie. Nous avons de lui : « De gentibus et familiis judaeis », Gœttingue, 1870 ; « Le texte des livres de Samuel », id., 1871 ; « Pharisiens et Saducéens », 1874 ; « Les recherches sur le Pentateuque et le livre de Josué » se trouvent dans les *Jahrbücher für deutsche Theologie*, XXI, XXII, et dans l'« Introduction dans l'Ancien Testament de Bleek », 5me éd., Berlin, 1878 ; « Prolégomènes à l'histoire d'Israël », 1878 ; 3me éd., 1886 ; « Muhammed à Médina d'après le Kitâb al-Maghâzi de Vakidi », Berlin, 1882 ; « Esquisses et études préliminaires », fasc. Ier, abrégé de l'histoire d'Israël et de Judée (Abriss der Geschichte Israels und Judas) ; « Les chansons des Hudhailites » ; « Les scholies arabes du Divan des Hudhailites » sont publiées dans le *Journal de la Société orient. allemande*, fasc. IIe ; « La composition de l'Hexateuque », fasc. IIIe ; « Restes du paganisme arabe », Berlin, 1884-87.

Wells (David-Ames), économiste américain, membre correspondant de l'Institut de France, correspondant de l'Académie des *Lincei* de Rome, membre honoraire de la Société royale de

Statistique d'Angleterre, président de la Société américaine de Sciences sociales, président depuis 1880 de la Ligue libre-échangiste américaine, professeur à l'Université de Harvard, etc., etc., né, à Springfield (Massachussets), le 17 juin 1828, a étudié au Collège *Williams*, dont il est sorti en 1847, et en 1851 il avait fini ses études à l'École scientifique de l'Université d'Harvard. Nous avons de lui: « Annual of Scientific discovery », 16 vol., 1850-65; « Our Burden and Strength », pamphlet qui eut une influence énorme pour renforcer le crédit des États-Unis au commencement de la guerre et qui fut tiré à 200,000 exemplaires; « The revenue system of the U. S. », 1865; « Reports as commissioner of Revenue of the U. S. », 1866-67-68-69; « Reports on local Taxation in the State of New-York », 1871-72; « Robinson Crusoe's Money », 1875; « The American merchant marine », 1882; « Practical Economies », 1885; « A Study of Mexico », id.; « The Economy Disturbances since 1873 », 1887.

Wendt (Hans), théologien allemand, docteur en philosophie et en théologie, né, à Hambourg, en 1853, est professeur de théologie à l'Université de Heidelberg; il a publié: « Notiones Carnis et Spiritus quomodo in Vetere Testamento adhibentur exponuntur », Gœttingue, 1877; « Die Begriffe Fleisch und Geist im biblischen Sprachgebrauch », Gotha, 1878; « Die christliche Lehre von der menschlichen Vollkommenheit », Gœttingue, 1880; « Die Lehre Jesu », 1re partie, id., 1886; « Kritisch exegetisches Handbuch über die Apostelgeschichte » (dans le *Meyer's Commentar*), 7me éd., id., 1888.

Wendt (Othon), jurisconsulte allemand, docteur en droit, professeur à l'Université de Iéna, né, à Rostock, le 27 mars 1846, étudia le droit et devint avocat en 1869. En 1872 il fut nommé sénateur à Rostock, et un an plus tard professeur de droit à l'Université de Giessen; il prit part comme lieutenant de l'armée à la campagne contre la France (1870-71), et fut décoré de la croix de fer. Il est professeur à Iéna depuis 1876. En dehors de plusieurs articles parus dans l'*Arch. f. d. civil Prax.*, dans les *Blätt. f. Rechtspflege in Thüringen*, dans les *Jahrb. f. Dogmatik*, il a publié: « Die Lehre von bedingten Rechtsgeschäfte », Erlangen, 1872; « Das bedingte Forderungsrecht », Rostock, 1873; « Steuerrecht und Gebundenheit bei Rechtsgeschäften », 2 vol., Erlangen, 1878-79; « Das Faustrecht oder Besitzvertheidigung und Besitzverfolgung », Iéna, 1883. Il collabore aussi au *Handbuch des deutschen Handels- See- Wechselrechts*, où il a publié: « Die Hilfspersonen » et « Die Commanditgesellschaft ».

Werner (Charles), écrivain autrichien, ancien inspecteur des écoles du gouvernement à Salzbourg, né, le 5 mai 1828, à Vienne, a été professeur au Gymnase d'Iglau (1853), et dans la même qualité à Brunn (1868), après directeur du Gymnase de Znaim; en 1869, il fut nommé inspecteur des Écoles à Prague. En 1872, il fit passage à Salzbourg, où, depuis 1889, il vit en retraite. On lui doit: « Geschichte der Iglauer Tuchmacherzunft » (ouvrage couronné par un prix de la Société Jablonowsky de Leipzig), 1861; « Kaiser Franz zum Frieden von Luneville », Vienne, 1866. Plusieurs articles littéraires de M. W. ont paru dans le supplément scientifique de la *Wiener Zeitung*, et entr'autres nous signalons: « Ueber Zschokke »; « Ueber Hebbel »; « Ueber Rubin », etc., etc. On lui doit aussi: « Monumenta Germaniæ pædagogica » et une étude très importante sur « Herodes und Mariamne » du célèbre poète Frédéric Hebbel.

Werner (Richard-Marie), philologue autrichien, professeur de philologie allemande à l'Université de Lemberg (Autriche), né, le 14 août 1854, à Iglau (Moravie), nommé docteur en philosophie à Vienne en 1876, devint professeur de langue et littérature allemande à l'Université de Gratz en 1878, et depuis 1883 il enseigne à l'Université de Lemberg. Nous lui devons: « Ludwig Philipp Hahn », Strasbourg, 1877; « Der Berliner Werther Mittheilungen über Goethe aus ungedrückten Briefen Nicolai's und seiner Freunde », Salzbourg, 1878; « Die Basler Bearbeitung von Lambrechts Alexander », Tubingue, 1881; « Lessing's Emilia Galotti, Nebst einem Anhang: die drei Actige Bearbeitung », Berlin, 1882; « Des Wiener Hanswurst, Stranitzky's und seiner Nachfolger ausgewählte Schriften », Vienne, 1883 et 1885; « Goethe und Gräfin O'Donnell. Ungdruckte Briefe nebst dichterische Beilagen », Berlin, 1884; « G. A. Bürger's ausgewählte Werke », Stuttgart, 1886; « Goethes Willkommen und Abschied », Lemberg, 1887; « Kleine Goetheana », Leipzig, id.; « Aus dem Josephinischen Woen », Berlin, 1888; « Julius von Tarent und die dramatischen Fragmente von Joh. Ant. Leisewitz », Heilbronn, 1889. On lui doit aussi une foule d'articles parus dans les journaux littéraires allemands, entr'autres dans la *Deutsch. allg. lut. Zeit.*, *Meyer's Conversationslexikon*, *Arch. für Litteraturges*, etc., etc.

Werth (Richard), médecin allemand, professeur ordinaire de gynécologie, docteur de la clinique et polyclinique gynécologique à l'Université de Kiel, membre du Collège médical du Schleswig-Holstein, etc., etc., né, à Magdebourg, en 1850, étudia aux Universités de Greifswald, Leipzig et Kiel, devint professeur libre en 1876, professeur extraordinaire en 1884; il est professeur ordinaire à Kiel depuis 1885. La plupart de ses mémoires, dissertations, essais et études se trouvent dans le *Centralblatt. für Gynäkologie*, dans le *Müller's Handbuch der Geburtshülfe*, dans l'*Archiv für Gynäkologie* et dans divers autres revues spéciales allemandes. On lui doit aussi : « Beiträge zur Anatomie und Therapie des Extrauterinschwangerschaft », Stuttgart, 1887.

Werunsky (Émile), philosophe tchèque, docteur en philosophie, professeur à l'Université allemande de Prague, né, le 6 avril 1850, à Mies (Bohême), a fait ses études d'histoire, de philologie et de philosophie aux Universités de Prague, Gœttingue, Munich (Bavière) et Vienne; il prit son habilitation à l'enseignement, et fut nommé professeur d'histoire à Prague le 17 août 1882. On lui doit : « Italienische Politik Papst Innocenz VI und König Karl IV », Innsbruck, 1878 ; « Der erste Römerzug Kaiser Karl IV », id., id. ; « Geschichte Kaiser Karl IV und seiner Zeit », vol. 1-3, Innsbruck, 1880-82-86 ; « Excepta ex registris Clementis VI et Innocentii VI Summorum Pontificum historiam S. Romani imperii sub regimine Karoli IV illustrantia », Œnip., 1885 ; « De Maiestas Karolina », parus dans le 10me vol. de la *Zeitschrft. dir Savignystiftung für Rechtsgesch.;* « Der Ordo indicii terre Bohemie », id.

Wettenstein (Richard RITTER VON WESTERHEIM), botaniste autrichien, professeur libre de botanique à l'Université de Vienne, adjoint au jardin botanique de l'Université, rédacteur de la *Œsterreichische botanische Zeitschrift*, secrétaire de la Société impériale et royale de zoologie et botanique à Vienne, né, en 1862, dans cette métropole, y fit ses études et devint docteur en philosophie (1882), professeur de botanique (1885), et ensuite (1888) adjoint au jardin botanique de l'Université. Dans les *Sitzungsber. d. W. Ak.*, il a publié: « Untersuchungen über die Wachsthumgesetze der Pflanzenorgane », 1883-84 ; « Untersuchungen über einen neuen pflanzlichen Parasiten des menschlichen Körpers », 1885 ; « Fungi novi Austriaci », 1886 ; « Morphologie und Biologie der Cystider », 1887 ; « Erkennung hybrider Pflanzen durch anatomische Merkmale », 1887 ; « Rhododendron Porticum fossil in den Nordalpen », 1888 ; « Ueber die Nectarien der Compositen », id. ; « Monographie der Gattung Edrajanthus », 1886 ; et aux *Verhandlungen der zoolog. botan. Gesellschaft in Wien*, il a fourni: « Pilzflora v. Steiermark », 1885-88 ; « Ueber wenig bekannte Ascomyceten », 1886, etc., etc. Plusieurs mémoires de ce botaniste distingué sont épars dans les divers journaux spéciaux allemands et particulièrement dans le *Botanisches Centralblatt* et dans l'*Oësterr. bot. Zeitschr.*

Wettstein (Henri), géographe suisse, docteur en philosophie, né, le 26 mars 1831, à Fällanden près Uster, se rendit à l'Université de Zurich dans l'intention d'y commencer la théologie, mais se voua bientôt après irrévocablement aux sciences naturelles. À partir de 1854, sauf un semestre passé en Italie (1856), le temps et les forces de M. W. furent tout entiers consacrés à l'enseignement secondaire: en 1873, il fut nommé inspecteur des écoles ; en 1874, professeur au Séminaire de Kussnacht, dont il devint une année après le directeur. En 1870, le gouvernement zuricois l'avait chargé de pourvoir les écoles primaires d'un matériel suffisant pour l'enseignement des sciences physiques et naturelles. Les ouvrages de M. W., tous inspirés par une pensée pédagogique, sont les suivants : « Guide pour l'enseignement dans les écoles secondaires », 18 ; 5me éd., 1888 ; « Livre de lecture pour l'école primaire destiné aux élèves de 13 à 15 ans, et consacré de préférence à la géographie et aux sciences naturelles », 18 ; 3me éd., 1887 ; « Atlas scolaire en 32 feuilles », 18 ; 3mo éd., 1886 ; « Collection de 106 planches pour l'enseignement des sciences naturelles », 18 ; 2me éd., 1875 ; « Introduction à l'enseignement du dessin dans l'école primaire », avec deux collections de planches et dessins pour les élèves primaires et secondaires, 1884 ; « L'enseignement primaire à l'Exposition universelle de Paris en 1878 et à l'Exposition nationale suisse en 1883 », rapports.

Weyr (Émile), mathématicien tchèque, professeur de mathématiques à l'Université de Vienne, est né, le 31 août 1848, à Prague, a fait ses études dans sa ville natale, et fut nommé en 1868 assistant de l'École polytechnique à Milan, et en 1870 agrégé à l'Université de Prague, en 1871 professeur de mathématiques à l'Université de Vienne. Il a publié environ 90 dissertations en tchèque, allemand et français, que l'on trouve épars dans la *Zeitschrift für Math. und Physik*, dans le *Crelle's Journal* et dans les *Actes des Académies* de Prague, Vienne, Milan et Bordeaux, et en lui doit aussi : « Theorie der mehrdeutigen geometrischen Elementargebilde und der Algebraischen Curven und Flächen als deren Erzeugnisse », Leipzig, 1869 ; « Geometrie der räumlichen Erzeugnisse ein zweideutiger Gebilde », Leipzig, 1870 ; « Beiträge zur Curvenlehre », Vienne, 1880 ; « Elemente der projectivischen Geometrie », id., 1re et 2e an., 1883-87 ; « Ueber die Geometrie der alten Egypter », id., 1884.

Whitaker (Guillaume), géologue anglais, né, à Londres, en 1857, fut nommé membre de la Commission géologique d'Angleterre. Nous avons de lui plusieurs insertions (1861-1889) au *Quarterly journal of the geological Society* et plusieurs mémoires sur des sujets géologiques dans l'intervalle 1861-89.

White (André-Dickson), diplomate, écrivain, économiste américain, né, le 7 novembre 1832, à Homer, près d'Ithaca (État de New-York). Il étudia au *Hobbart college*, entra en 1850 au *Yale college* et en sortit en 1853 diplômé. Après trois ans de séjour en Europe, il fut nommé attaché à l'Ambassade de St.-Pétersbourg. Mais en

1857 il retourna dans son pays pour occuper la chaire d'histoire et de littérature anglaise à l'Université de Michigan. En 1863, après la mort de son père, il visita une seconde fois l'Europe et publia son premier ouvrage : « A Word from the Northwest », réplique très vive à l' « American Diary », du fameux correspondant du *Times*, M. W. H. Russell. Peu après il fut nommé sénateur. Nous le trouvons plus tard, en 1872, délégué de l'État de New-York pour la réélection présidentielle du général Grant. En 1876, président du jury de l'Instruction publique à l'Exposition de Philadelphie : en 1878, commissaire des États-Unis à l'Exposition de Paris. Enfin en 1879 ministre des États-Unis à Berlin. En 1881, il reprit une chaire à l'Université *Cornell*, mais bientôt l'État précaire de sa santé le força de quitter en 1875 sa chaire ainsi que la présidence de l'Université. Ses publications les plus importantes sont les éditions nombreuses (1860-83) de son ouvrage essentiel intitulé : « Outlines of lectures on history ». Citons encore : « The Warfare of Science », 1876 ; « Paper Money Inflation in France », id. Le passage au sénat de cet auteur mérite d'être signalé, parce que M. W. a laissé son nom à la proposition de plusieurs mesures importantes pour pousser la république des États-Unis vers la fondation d'une Université grandiose et digne de la nation. M. W. a contribué aussi largement aux revues et aux journaux de son pays. Il a contribué aussi de son argent à la fondation d'une grande école à Ithaca et d'une bibliothèque remarquable.

White-Mario (Jessie-Meriton), femme de lettres anglo-italienne, veuve d'Albert Mario, homme politique italien à tendances républicaines, est née le 9 mai 1832 à Gosport (Angleterre), fut élevée à Birmingham et débuta dans les lettres en insérant des articles à l'*Eliza Cook journal*. Pendant un voyage en Italie, elle connut Garibaldi, Mazzini, Orsini, et autres chefs du parti radical. Dès lors, elle consacra son intelligence et sa plume à la cause de l'émancipation de l'Italie. En effet nous la voyons d'abord se faire l'éditeur des « Mémoires d'Orsini » ; puis elle donne des conférences en Angleterre, elle met des articles au *Daily news*. En 1857, elle prend à la tentative de Pisacane une part tellement active que le gouvernement Sarde la fait arrêter et le procureur du Roi la renvoie en Cour d'Assise. Elle est absoute. Alors elle travaille aux journaux anglais et américains et en 1859 revient en Italie offrir ses services aux ambulances garibaldiennes. En 1860, elle suit le général Garibaldi en Sicile et sur le continent. Nous la rencontrons à la suite des troupes garibaldiennes à Aspromonte, en Tyrol, à Mentana et dans les Vosges. Mais l'œuvre de cette vaillante dame ne se borne pas au journalisme militant. Nous avons d'elle des ouvrages très remarquables qui ont un grand intérêt social et historique : « La miseria in Napoli », Florence, Le Monnier, 1877 ; « La vita di Giuseppe Garibaldi », Milan, Treves, 1882, traduite en anglais dans une édition revue, corrigée et augmentée ; « Agostino Bertani e i suoi tempi », 2 vol., Florence, Barbèra, 1878 ; enfin : « Giuseppe Mazzini e i suoi tempi ». La fierté de caractère de M. W.-M. ne s'est jamais démentie. Elle est restée républicaine comme feu son mari. Elle vit maintenant fort retirée à Lendinara (Polesine), où elle est adorée à cause de ses bienfaisances et de l'intérêt qu'elle prend à tout ce qui est progrès moral et materiel des classes déshéritées.

Whitney (Guillaume-Dwight), célèbre indianiste américain, professeur de sanscrit et de philologie comparée au *Yale College* (New Haven, Connecticut) depuis 1854, bibliothécaire de la Société orientale américaine (1855-73), secrétaire correspondant de la même société entre 1857 et 1884. Il a aussi été président de l'Association philologique américaine en 1869-70. Ce savant est né, en février 1828, à Northampton (Massachusetts) ; a étudié au collège *Williams* et plus tard au *Yale College*. Dès 1850-53, il a fréquenté les Universités de Tubingue et de Berlin sous les célèbres Roth, Lepsing et Weber. Nous avons de lui : « Text of the Atharva-Veda », 1855-56 ; « Index Verborum to the Atharva-Veda », 1881 ; « Translation, with notes, of the Surya-Siddhanba, a text-book of Hindu astronomy », 1860 ; « Text, Translation, Notes, etc. of Atharva-Veda-Pratiçakhya », 1862 ; « Text, Translation, Notes, of the Taithriya-Pratiçaklya and its commentary » ; « Sanskrit Grammar, Vedic and classical », 1879, 2me éd. 1888 (ce livre a produit une espèce de révolution dans l'enseignement de la Grammaire sancrite) ; « Roots, Verb-forms, and Primary Derivatives of Sanskrit », 1885 ; « Language and the Study of language », 1867 ; « The life and growth of Language », *International Scientific Series*, 1875 ; « Oriental and linguistic studies », 2 vol., 1873-74 ; « Essentials of English Grammar », 1877 ; « German Grammar, Reader Dictionary », 1869 ; « French Grammar », 1886.

Wichert (Ernest), écrivain dramatique et romancier allemand, né, le 11 mars 1831, à Insterburg, étudia la jurisprudence à l'Université de Königsberg et devint (1858) juge à Prökuls, près de Memel, aux confins russes. De 1873 à 1887, il demeura à Kœnigsberg, en qualité de conseiller judiciaire et depuis 1887 il réside à Berlin, où il a fixé sa demeure ayant été nommé conseiller judiciaire dans cette métropole. On lui doit plusieurs ouvrages dramatiques, parmi lesquels nous citons : « Unser General York », Berlin, 1858 ; « Licht nnd Schatten », id., 1861 ; « Der Withing von Samland », id., 1860 ; « Der

Freund des Fürsten », id., 1879; « Der Geheime Secretär », 3me éd. 1880; « Peter Munk », 5mo éd. 1882; « Dido », 1884; « Geschieden », 1888, 4me éd.; « Die talentvolle Tochter », id., id.; « Post festum », 1888. Parmi les comédies, il nous faut signaler : « In Feindes Land »; « Der Narr des Glücks »; « Biegen oder Brechen »; « Das eiserne Kreux »; « Ein Schritt vom Wege »; « Die Realisten », etc. Ses plus beaux romans sont: « Ein hässlicher Mensch », Berlin, 1868; « Die Arbeiter », Bielefeld, 1873; « Hinter den Coulisen », Berlin, 1872; « Das grüne Thor », Iéna, 1875; « Heinrich von Plauen », 1881, 3 vol.; « Eine vornehme Schwester », 1883; « Höhe Gönner », 1883; « Die Braut in Trauer », 1884; « Der Sohn seines Vaters », 1885; « Der Grosse Kurfürst in Preussen », 5 vol., 1886. En dehors de beaucoup de contes et récits parus dans les journaux littéraires allemands, il a publié des recueils de nouvelles charmantes sous les titres: « Kleine Romane », 1881; « Littanische Geschichten », id.; « Mutter und Tochter », 1886; « Aus dem Leben », 2 vol., 1882; « Sommergäste », 1883; « Unter einer Decke », 1883; et « Von der deutschen Nordostmark », 1885.

Wickersheimer (Charles-Émile), homme politique français, ingénieur des Mines, né, à Strasbourg, le 22 février 1849. Élève de l'École polytechnique et de l'École des Mines, M. W. servit comme volontaire pendant la durée de la guerre contre l'Allemagne. Il alla ensuite à Carcassonne, comme ingénieur, et y devint membre du Conseil municipal. Aux élections d'octobre 1885, M. W. fut élu député de l'Aude au scrutin du 18, sur la liste radicale. Il a pris place à l'extrême gauche. M. W. est membre de la Société de géographie de Toulouse. On lui doit les ouvrages suivants: « La législation des Mines de fer », 1877; « La législation des mines », 1879; « Le Gisement de phosphate de chaux près de Cette », id.; « L'Étude du baromètre », id.; « Le terrain glacier des Pyrénées-Orientales », 1885; « Le Canal maritime de l'Océan à la Méditerranée »; « Nouveaux procédés de formation de hambres de mines », 1884; « Voyage en Alsace-Lorraine », paru dans la *Justice*, id.; « Le canal des deux mers », dans la *Nouvelle Revue*, 1886; « La politique coloniale », id., 1887; ces deux derniers travaux ont paru en brochures.

Wickham (Édouard-Charles), homme de lettres anglais, né, le 7 décembre 1834, à Hammersmith, a été élevé au *Winchester College* et au *New College* d'Oxford. Dès 1857 à 1873, nous le trouvons *tutor* au *New College* et depuis lors *Master* et *Headmaster* au *Wellington College*. Nous avons de lui: « Horace », vol. I, Clarendon press, Oxford, éd. 1874-77-87. M. W. a épousé une des filles de l'ancien ministre W. H. Gladstone.

Widmann (Joseph-Victor), poète et romancier allemand-suisse, né le 20 février 1842 de parents originaires de l'archiduché d'Autriche, à Nennowitz en Moravie, fils d'un ex-moine de l'ordre de Citeaux, qui après s'être enfui du couvent de Heiligenkreuz, près de Vienne, parvint à se réfugier en Suisse, passa sa jeunesse à Liestal dans le canton de Bâle-campagne, où son père, après s'être converti au protestantisme, exerçait les fonctions pastorales; il reçut de lui sa première éducation classique. Le *pedagogium* de Bâle où professait à cette époque un ami de sa famille, W. Wackernagel, le compta plus tard au nombre de ses plus brillants élèves; les Universités de Heidelberg et de Iéna l'inscrivirent tour-à-tour sur leurs régistres, mais il s'y occupa moins de théologie pour laquelle il était censé officiellement se préparer que de philologie, d'histoire, de littérature. La nécessité de s'assurer un gagne-pain obligea cependant le jeune candidat de passer en 1865 l'examen d'État; en 1866, après un voyage en Italie, il fut nommé organiste et directeur de musique à Liestal, en 1866 suffragant à Frauenfeld en Thurgovie. Un an après, M. W. renonçait au Saint-Ministère pour entrer dans la carrière pédagogique et enseigner à Berne dans un institut de jeunes filles. La réforme scolaire de 1880 mit un terme à son activité, mais la même année le *Bund* recherchait sa collaboration et le compte aujourd'hui encore au nombre de ses principaux rédacteurs. M. W. s'est essayé tour-à-tour avec succès dans le drame, le roman, la poésie épique et lyrique. Voici d'après l'ordre chronologique la liste de ses ouvrages : « Érasme de Rotterdam », fantaisie drôlatique, 1865; « Le voile enlevé », conte dramatique imité de Museus, 1865; « Iphigénie à Delphes », 1865; « Arnauld da Brescia », 1866; « Orgétorix », 1866, drames; « Bouddha », 1868; « Kolospontho chromochrème ou la fontaine merveilleuse d'Is », 1873, épopées dramatiques (cette dernière publiée sous le pseudonyme de *Messer Lodovico Ariosto Helvetico*); « Le poème pour une fête », 1873, comédie; « Moïse et Zippora », 1884, poème idyllique; « La Mégère domptée », libretto d'opéra d'après Shakespeare, musique de H. Golz, 1875; « Bon plaisir avec l'humanité », 1876, poème idyllique; « La reine d'Orient »; « Oenone », 1880, drames; « Le voyage en Italie du recteur Muslin », 1881; « Du tonneau des Danaïdes », choix de 12 nouvelles, 1884; « Le rédacteur »; « Comme jeune fille », deux nouvelles imitées de l'espagnol, id.; « Promenades à travers les Alpes », 1885; « Esquisses italiennes », 1887; « La patricienne », roman, 1888.

Wiede (le docteur F.) de Christiania, né en 1857, *privat-Docent* à la Faculté de droit et à la Faculté des lettres de l'Université de Genève. Ancien directeur de la *Neue Gesellschaft*

Zeitschrift für Socialwissenschaft (Zurich) et de *l'Ordre Social (Revue des Sciences sociales)*, Paris, A. Ghio. Il fit ses études de droit et de sciences sociales et politiques aux Universités de Strasbourg, de Tubingue et de Zurich, et il écrivit, déjà comme étudiant, quelques opuscules scientifiques. A l'Université de Tubingue, il reçut le grade de docteur à la suite des examens exigés d'un ouvrage scientifique intitulé : « Les associations de construction anglaises et irlandaises et la législation qui s'y rapporte ». M. W. fit plusieurs voyages destinés à poursuivre et à élargir ses études, et il passa grand nombre d'années en Allemagne, en Angleterre, en France, en Suisse, en Espagne (d'où il entreprit aussi un court voyage en Afrique), en Suède, en Norvège, en Autriche. Parmi les ouvrages qu'il publia en allemand, en français et en italien citons : « Der Militarismus », recherches philosophiques et sociales, Zurich, Verlags-Magazin, 1877; « Ueberproduction », étude d'économie politique, parue dans la *Neue Gesellschaft*, Zurich, 1877; « De la Surproduction », étude d'économie sociale (*Ordre Social*), Paris, 1880; « Della Sopraproduzione », Milan, Bignami e Cie, id.; « Kritische Darstellung der socialwissenschaftlichen Theorieen Emil Acolla's » (*Neue Gesellschaft*), Zurich, 1878; « Exposition critique des théories sociologiques d'Emile Accolas » (*Ordre Social*), Paris, A. Ghio, 1880; « Ueber das Recht auf Arbeit », un mot d'avertissement sur la paix intérieure, Berlin, R. Pohl, 1885. M. W. désire au point de vue moral et matériel un développement paisible et progressif de l'État et de la Société. Bien qu'il ait nourri pendant ses années de jeunesse des théories plutôt radicales (toutefois en aucune façon révolutionnaires), il se place depuis une longue série d'années pour autant qu'il s'agit d'États monarchiques, et spécialement de l'Allemagne, de l'Autriche et de l'Italie, à un point de vue chrétien et monarchiste. En revanche, il n'est pas antisémite, comme bien d'autres partisans de sa manière de voir. En ce qui concerne la Fédération Suisse, M. W. se place au point de vue républicain, bien que souhaitant sous plus d'un rapport des réformes sociales étendues. Sa manière d'écrire, spécialement dans ces écrits récents, se présente comme sensiblement objective, scientifique et modérée.

Wiedemann (Charles-Alfred), célèbre orientaliste allemand, docteur en philosophie, professeur d'histoire ancienne et d'égyptologie à l'Université de Bonn, est né, le 18 juillet 1856, à Berlin, a fait ses études aux Gymnases de Karlsruhe et de Leipzig et ensuite aux Universités de cette ville et à Tubingue, où il se dédia aux études orientales et particulièrement à l'égyptologie et à l'histoire ancienne; il voyagea dans toutes les contrées de l'Europe centrale et séjourna quelque temps en Égypte et en Italie pour y étudier leurs monuments et leurs antiquités. Rentré en Allemagne, il alla s'établir à Bonn comme professeur d'histoire ancienne et d'égyptologie à l'Université de cette ville. Nous lui devons : « Hieratische Teste aus den Museen zu Berlin und Paris », Leipzig, 1879; « Geschichte Aegyptens von Psammetich I bis auf Alexander den Grossen », id., 1880; « Ueber babylonische Talismane », en collaboration avec Fischer, Stuttgart, 1881; « Die ältesten Beziehungen zwischen Aegypten und Griechenland », Leipzig, 1883; « Sammlung altägyptischer Wörter welche von classischen Autoren umschrieben oder übersetz worden sind », Leipzig, 1883; « Handbuch der alten Geschichte von Pertes », Gotha, 1884, supplément 1888. Une foule d'études égyptologiques et d'histoire ancienne ont été publiées dans les principales revues spéciales allemandes, françaises et anglaises parmi lesquelles nous signalons : *Zeitschr. für Egypt. Sprache, Wiedmann's Annalen, Rhein. Mus., Revue égyptologique, Le Mucéon, Proc. of the Soc. of. Bibl. Arch.*

Wiedemann (Ernest-Eilhard), physicien allemand, docteur en philosophie, professeur de physique à l'Université d'Erlangen, rédacteur des *Beiblätter zu den Annalen d. Physik und Chemie*, collaborateur du *Ladenburg's Handwörterbuch d. Chemie*, né, le 1er août 1852, à Berlin, prit ses grades en 1872, et fut habilité à l'enseignement de la physique en 1875. Il a été jusqu'à 1886 professeur extraordinaire à l'Université de Leipzig, et de cette année jusqu'à 1887, professeur à l'école technique supérieure de Darmstadt. Il est professeur à Erlangen depuis l'automne de 1887. Ses nombreux essais et études de physique et chimie ont été publiés dans plusieurs journaux spéciaux allemands, anglais, italiens et français, parmi lesquels nous citerons : *Journal f. prakt. Chem., Poggendorf's Ann., Wiedemann's Ann., Phil. Magazine, Nuova Antologia, L'astronomie, Deutsche Revue, Bericht. der k. Sachs. Ges. d. Win.* etc., etc.

Wiedemann (Gustave-Henri), physicien allemand, docteur en philosophie et en médecine, conseiller intime de la cour, professeur ordinaire de physique à l'Université de Leipzig, né, le 2 octobre 1826, à Berlin, a fait ses études à Cologne et Berlin. En 1851, il devint *privat-Docent* à l'Université de Berlin, et en 1854 professeur ordinaire de physique à l'Université de Bâle. En 1863, il fut nommé professeur de la même Faculté au Polytechnique de Brunswick et en 1866 il fit passage à celui de Karlsruhe, où il enseigna jusqu'à 1871, lorsqu'il fut appelé à l'Université de Leipzig, où il se trouve toujours. On lui doit : « Die Lehre vom Galvanismus und Elektromagnetismus », 2 vol., Brunswick, 1861-63, 3me éd. parue sous le titre : « Die Lehre von Elektricität », 2 vol., 1882-85; « Neues Zersetzungsproduct des Harnstoffs »,

Poggendoff's Ann., 1849; « Elektrisches Verhalten kristallisirter Körper », id., id.; « Drehung der Polarisationsebene des Lichtes durch den galvanischen Strom », id., 1851; « Bewegung von Flüssiken in Kreisee der geschlossenen galv. Säule », id., 1855-56; « Fortpflanzung der Wärme in den Metallen », id., 1855; « Ueber den Magnetismus der Stahlstäbe », id., 1857; « Beziehungen zwischen Magnetismus, Wärme und Torsion », id., 1859; « Ueber die Biegung », id., id.; « Leitungsfähigkeit einiger Legierungen für Wärme und Elektricität », id., id.; « Magnet- Untersuchungen », id., 1862-86; « Ueber die von Dub aufgestellten Gesetze der Elektromagnete », id., 1862; « Einfluss der Temperaturveränderungen auf den Magnetismus des Eisens und Stahls », id., 1864; « Magnetismus der Salze der magnetischen Metalle », id., 1865; « Inductionströme bei Tordiren von Eisendrähten, durch welche ein galv. Strom geleitet wird », id., 1866; « Magnetismus der chem. Verbindungen », id., 1868; « Bemerkungen zu einigen Abhandlungen aus dem Gebiete des Magnetismus und Galvanismus », id., 1876; « Ueber die Gesetze des Durchganges der Elektricität durch Gase », id., 1876; « Ueber die Dissociation der gelösten Eisenoxydsalze », id., 1878; « Ueber die Elekrolyse der essigsauren Kupferocides und des sog. allotrop. Kupfers », id., 1879; « Ueber die Torsion », 2 dissert., id., id.; « Ueber die Bestimmung des Ohm », dissert. à l'Académie de Berlin, 1885. Depuis 1877, il continue la publication des *Annales de physique et chimie de Poggendorff*.

Wiedersheim (Robert-Ernest-Édouard), écrivain et médecin allemand, professeur d'anatomie et d'anatomie comparée à l'Université de Fribourg (Brisgau), est né, le 27 avril 1848, à Mürtnigen (Würtemberg), a fait ses études dans le gymnase de sa ville natale et aux Universités de Tubingue, Wurzbourg et Fribourg (Brisgau), se dédiant particulièrement à la médecine et aux sciences naturelles; il a été *Prorector* à l'Institut anatomique de Wurzbourg de 1873 à 1876, ensuite professeur extraordinaire à Fribourg où, en 1883, il devint professeur ordinaire. En dehors d'environ quarante articles en matière médicale, anatomique et histologique, épars dans l'*Arch. f. Anthrop.*, dans la *Zeitschr. f. wiss. Zool.*, dans l'*Arch. f. mikr. Anat.*, dans l'*Anat. Anzeiger* et dans plusieurs revues allemandes, il a publié: « Salamandrina perspicillata und Geotriton fuscus; Versuch einer vergl. Anatomie der Salamandrinen », Genua, 1875; « Das Kopfskelet der Urodelen », Leipzig, 1877; « Die Anatomie der Gymnophronen », Iéna, 1879; « Marphologische Studien », id., 1880; « Lehrbuch der vergleichenden Anatomie der Wirbelthiere », id., 1882, 2me édit. 1886, ouvrage traduit en langue française; « Grundriss der vergleichenden Anatomie der Wirbelthiere », id., 1884, id. 1888, ouvrage traduit en russe en 1885 et en anglais en 1886; « Der Bau des Menschen, als Zeugniss für seine Vergangenheit », Fribourg, 1887.

Wieseler (Frédéric), archéologue allemand, docteur en philosophie, professeur ordinaire de philologie et d'archéologie classique à l'Université George-Auguste, directeur du Séminaire archéologique et des collections numismatiques, membre ordinaire de la Société royale des sciences à Gœttingue, est né, le 19 octobre 1811, à Altenzell (Hannovre) et a publié de nombreux travaux, parmi lesquels nous nous bornons à citer: « Tonjectanea in Aeschyli Eumenides », Gœttingue, 1839; « Adversaria in Aesch. Prometheum vinctum et in Aristophanis Aves », id., 1843; « Die Ara Casali », id., 1844; « Die Delphische Athena », id., 1845; « Ueber die Thymele des Griech. Theaters », id., 1846; « Das Satyrspiel nach Massgabe eines Vasenbildes », id., 1848; « Das Theater des Throponios », id., id.; « Theatergebäude und Denkmäler des Bühnenwesens », id., 1851; « Die Nymphe Echo », id., 2me éd. 1854; « Narkissos », id., 1854; « Phaeton », id., 1857; « Göttingsche Antiken », id., 1858; « Die Sammlungen des archäologisch-numismatischen Institut der Georg-August Universität », id., id., 1859; « Der Apollo Stroganoff und der Apollo vom Belvedere », Leipzig, 1861; « Ueber das Diptychen Quirinianum bei Brescia », Gœttingue, 1868; « Der Hildesheimer Silberfund », Bonn, id.; « Ueber den Delphischen Dreifuss », id., 1871; « Archäolog. Bericht über eine Reise nach Griechenland », 1874; « Ueber ein Votivrelief aus den Megara », id., 1875; « Scenische und kritische Bemerkungen zur Euripides Kykloés », id., 1881; « Ueber einige beachtenswerthe geschnittene Steine des vierten Jahrhundert nach. Chr. », id., 1883-1885; Il a fourni en outre plusieurs articles de la plus haute importance à la *Zeitschr. f. Alterthumwiss.* au *Philologus*, aux *Jahrb. f. class. Philol.*, aux *Annali di ist. di corrisp. arch.*, et à tant d'autres revues et journaux spéciaux. Il a collaboré au *Dressel's Clementinorum Epitorn. duae* (Leipzig, 1859), à la *Ersch und Gruber's Allgemein* et à la *Pauly's Real-Encyklopädie*.

Wieser (Fançois), économiste autrichien, professeur d'économie politique à l'Université de Prague, est né, à Vienne, le 10 juillet 1851, a fait ses études dans sa ville natale et a publié: « Ueber den Ursprung und die Haupgesetze des wirthschaftlichen Werthes », Vienne, 1884; « Der natürliche Werth », id. 1889.

Wilbrandt (Adolphe), poète et écrivain allemand, né, le 25 août 1837, à Rostock (Mecklenbourg), fit ses premières études au gymnase de sa ville natale, étudia la philosophie et l'histoire aux Universités de Rostock, Berlin et Munich (Bavière). Après avoir terminé les cours universitaires, il se dédia complètement à la littérature et devint d'abord rédacteur de la *Süddeutsche Zeitung*. Ayant abandonné bientôt cette place, il entreprit de longs voyages en France, en Italie, et en Autriche, séjournant à Paris, Rome, Berlin, Vienne et Munich. Ce fut dans cette ville qu'il commença sa carrière littéraire et d'où en 1871 il se rendit à Vienne pour y épouser plus tard (1873) la célèbre artiste Augusta Baudius. De 1881 à 1887, il a été directeur du *Hofburgtheater* à Vienne, et depuis 1888 il vit à Rostock cultivant toujours les études littéraires et plus particulièrement le drame. Nous lui devons : « Heinrich von Kleist », Nordlingen, 1863; « Geister und Menschen », id., 1865; « Unerreichbar », comédie, 1870; « Der Graf von Hammerstein », drame, id.; « Die Vermählten », comédie, 1872; « Jugendliebe », id., id.; « Arria und Messalina », tragédie, 1873; « Gracchus », tragédie qui lui valut le prix Grillparzer; « Der Kampf ums Dasein », comédie, 1874; « Robert Kerr », tragédie, 1880; « Assunta Leoni », comédie, 1883; « Die Tochter des Herrn Fabricius », id., 1884; « Gedichte », 1874; « Novellen »; « Neue Novellen »; « Ein neues Novellenbuch »; « Meister Amor », roman; « Novellen aus der Heimat »; « Der Verwalter »; « Die Verschollenen »; « Der Wille zum Leben », etc. Son drame « Natalie » eut à Berlin un bon succès et en novembre 1878 il reçut de l'Empereur Guillaume le prix Schiller de 3000 marcs.

Wilder (Victor), auteur dramatique et musicologue belge, né, à Gand, en 1835, mais fixé depuis longtemps à Paris, où il a conquis une situation des plus en vue. M. W. a écrit ou *arrangé* de nombreux livrets; « L'oie du Caire », opéra-bouffe en 2 actes, 1867; « Le barbier de Séville », opéra-comique en 4 actes, 1868; « La croisade des dames », id., en un acte, id.; « Une folie à Rome », opéra-bouffe en 3 actes, 1869; « La fête de Piedigrotta », opéra-comique, id., 1870; « Sylvana », drame lyrique en 4 actes (avec M. Eug. Mestepès), 1872; « Judas Machabée », oratorio en 3 actes, 1874; « Le paradis et la péri », poème en 3 parties, id.; « La tzigane », opéra-comique en 3 actes (avec M. Delacour), 1877; « Fatinitza », id., id., (id.), 1879. Mais il doit davantage sa haute réputation à deux livres remarquables: « Mozart, l'homme et l'artiste », Paris, 1880, 2ᵐᵉ éd. 1881; « Beethoven, sa vie et son œuvre », id., 1883; et surtout aux très artistiques traductions qu'il a données de « Tristan et Yseult », de « Lohengrin », des « Maîtres chanteurs », de « La Valkyrie », de « Siegfried », de « L'or du Rhin », du « Crépuscule des dieux », et qui ont permis la représentation de ces chefs-d'œuvre de Wagner sur les scènes belges et françaises. M. W. est le critique musical du *Gil-Blas*, et le gouvernement français l'a nommé chevalier de la Légion d'honneur.

Wilhelm (Charles-Adolphe), botaniste morave, docteur en philosophie, professeur de botanique générale et de sylviculture à l'école supérieure d'agriculture à Vienne, né, en 1848, à Brumm (Moravie); fit ses études aux Académies d'Altembourg (Hongrie) et Hohenheim (Wurtemberg), et en 1870 il devint assistant à la chaire d'agriculture, à l'école supérieure d'agriculture à Vienne. En 1874, il fit passage à l'Université de Strasbourg (Alsace), pour y continuer ses études scientifiques et en 1876 il fut nommé assistant de l'Institut de sylviculture à Munich et en 1881 ayant fait retour à Vienne, il y prit son habilitation à l'enseignement. Nous lui devons : « Beiträge zur Kenntniss der Pilzgattung aspergillus », Berlin, 1877; « Beiträge zur Kenntniss des Siebröhrenapparates dicotyler Pflanzen », Leipzig, 1880; « Die Verdoppelung des Jahressings », Vienne, 1883, *Osterr. Forstzeit;* « Zur Kenntniss einiger beachtenswerther nordamerikanischer Holzarten », id., id.; « Ueber eine Eigenthümlichkeit der Spaltöffnungen bei coniferen », Berlin, 1883, *Berich. d. d. bot. Ger.;* « Die Bäume und Sträucher des Waldes », en collaboration avec Gustav Hempel professeur de Sylviculture à Vienne, ouvrage qui paraît à Vienne depuis le mois de mai 1889 et qui se compose de 20 livraisons avec 60 planches coloriées. Plusieurs articles de M. W. ont paru dans la *Bot. Zeitung*, dans le *Biol. Centralbl.*, dans le *Centralbl. f. d. ges. Forstwes.* et plus particulièrement dans la *Oztern Forst. Zeit.*

Wilke (Hermann von), homme de lettres allemand, né, à Berlin, en 1827, ancien conseiller de législation au Ministère des affaires étrangères de Berlin et à l'Ambassade de Londres, retraité depuis 1880, collaborateur de différentes revues et gazettes, a publié une série de contes sous le pseudonyme de *E. Chabot*.

Will (Louis), zoologiste allemand, docteur en philosophie, professeur libre de zoologie à l'Université de Rostock, est né, à Wismar (Mecklenbourg), le 17 janvier 1861, a étudié les sciences naturelles aux universités de Leipzig et Wurzbourg, a été assistant à l'Institut Zoologique de Rostock, a pris son habilitation à l'enseignement en 1888 et depuis cette année il enseigne la zoologie à l'Université de Rostock. Parmi ses ouvrages, nous citerons : « Zur Bildung des Eies und des Blastoderms bei den Viviparen Aphiden » (*Arb. Zool. Zoot. Instit. Würzb.*), 1888; « Ueber die Entstehung des Dotters und der Epithelzellen bei den Amphibien und Insecten », (*Zool. Anz.*), 1884; « Bildungsgeschichte und morphologischer Werth des Eies von Nepa cinerea und Notonecta glauca » (*Zeit. f. wiss. Zool.*), 1885; « Entwicklungsgeschichte der Viviparen Aphiden » (*Zool. Jahrb.*), 1888, etc. etc.

Wille (Jacob), philosophe bavarois, docteur en philosophie, né, le 6 mai 1853, à Frankenthal, dans le Palatinat bavarois, étudia la philologie classique, le droit et l'histoire aux universités de Heidelberg, Bonn, Leipzig et Munich (Bavière), fut employé en 1871 à la bibliothèque de l'Université de Heidelberg; passa deux ans plus tard aux Archives de Karlsruhe, comme apprenti, et depuis 1882 il est bibliothécaire à la Bibliothèque universitaire de Heidelberg. En dehors de plusieurs études historiques parues dans la *Zeitschr. für die Geschichte der Oberrheins*, dans les *Würtemb. Vierteljahrsch.*, dans les *Forsch. zur Deutsch. Geschichte*, dans la *Zeitschr. für Kischengesch.* et dans l'*Allgem. deutsche Biographie*, il a publié: « Stadt und Festung Frankenthal während des dreissigjährigen Kriegs », Heidelberg, 1877; « Philipp der Grossmüthige von Hessen und die Restitution Ulrichs von Wirtemberg », Tubingue, 1882; « Regesten der Pfalzgrafen bei Rhein », Innsbruck, 1887-90.

Willems (Alphonse), érudit belge, né, à Saint-Josse-ten-Noode, le 21 février 1839. Docteur en philosophie et lettres, professeur à l'Université de Bruxelles, M. W. a écrit une « Étude sur le poème *Van den vos Reinaerde* », Gand, 1857; il a donné une édition nouvelle du célèbre pamphlet de Marnix de Sainte-Aldegonde: « De Byenkorf der Heilige Roomsche Kerke », Bruxelles, 1858; il a traduit du hollandais le « Rembrandt » de P. Scheltema et le « Frans Hals » de C. Vossmaer; il a fait paraître un important ouvrage intitulé: « Les Elzévier, histoire et annales typographiques », Bruxelles, 1880; il a publié des « Notes et corrections sur l'*Hippolyte* d'Euripide », id., 1883. Citons encore de lui des articles dans le *Messager des sciences historiques*, la *Revue trimestrielle*, l'*Indépendance belge*, etc.

Willems (François), poète et publiciste belge, de langue néerlandaise, né, à Oolen, le 20 mars 1839; il est actuellement inspecteur de l'enseignement primaire pour le canton de Malines et membre de l'Académie royale flamande. On lui doit: « Hermann et Dorothée », traduction néerlandaise du poème de Goethe, Anvers, 1864, 2e éd. 1868; d'autres traductions encore; des poésies destinées à la jeunesse des écoles; des manuels classiques; un poème sur le Christ: « De Heiland », id., 1870; une cantate couronnée en 1871: « Zegetocht der dood op het slagveld », etc. M. W. a collaboré à une foule de revues et de journaux flamands.

Willems (Pierre-Gaspard-Hubert), éminent érudit belge, né, à Maestricht, le 6 janvier 1840. M. W. est professeur à l'Université de Louvain, membre de l'Académie royale des sciences, des lettres et des beaux-arts de Belgique, de l'Académie flamande, et d'un grand nombre d'autres sociétés savantes, belges et étrangères. Nous avons de lui: « Les antiquités romaines envisagées au point de vue des institutions politiques », Louvain, 1870; « Le droit public romain depuis la fondation de Rome jusqu'à Justinien », id., id., 6e éd. 1889; « Le Sénat de la République romaine », id., 1878-84, ouvrage capital qui a valu à l'auteur le prix quinquennal des sciences historiques institué par le gouvernement belge. Il faut citer encore à son actif des brochures et des préfaces (en français et en flamand), et une collaboration très étendue aux publications des corps savants dont il a fait partie, au *Toekomst*, à la *Revue catholique*, au *Muséon*, à la *Revue de l'instruction publique en Belgique*, à la *Revue belge et étrangère*, à la *Revue des lettres chrétiennes*, au *Berliner philologische Wochenschrift*, etc.

Wilson (James-Grant), général et écrivain américain, né, à Édimbourg, le 28 avril 1832, étudia au *College Hill* près de Poughkeepsie (État de New-York), entra aux affaires qu'il quitta bientôt pour fonder à Chicago en 1855 le premier journal littéraire issu dans le N.-O. américain. En 1862 il s'enrôla dans la cavalerie, prit part aux campagnes contre les *Séparatistes* et, aussitôt la paix conclue, se démit de son grade de brigadier général pour reprendre la plume. Nous avons de lui: « Biographical Sketches of Illinois Officers », 1862; « Love in Letters », New-York, 1867; « Life of Gen. U. S. Grant », 1868; « Life and Letters of Fitz-Greene Halleck », 1869; « Sketches of Illustrious Soldiers », 1874; « Poets and Poetry of Scotland », 1876; « Centennial history of the Diocese of New-York 1785-1885 », New-York, 1886; « Bryant and his Friends », 1886; « Appletons'Cyclopædia of American Biography », 1886-89, avec M. John Fiske; « Commodore Isaac Hull and the fregate *Constitution* », 1889.

Wimmer (Louis-François-Adalbert), philologue danois, professeur des langues scandinaves à l'Université de Copenhague, membre de l'Académie danoise des sciences, naquit, le 7 février 1839, à Ringkjöbing (Jutland), se dédia à l'étude des langues en cultivant le sanscrit, puis les langues scandinaves et teutoniques. Il entreprit de longs voyages, entre autres en 1871, en Allemagne, en Autriche et en Suisse. Ce fut lui qui convoqua le premier Congrès philologique scandinave, assemblé, en 1876, à Copenhague. M. W. prit ses grades en 1868, fut nommé professeur d'Université en 1876 et a publiée une foule d'ouvrages très estimables, parmi lesquels nous nous bornerons à citer les plus importants: « Études relatives à l'histoire de la langue danoise », Copenhague, 1865; « L'origine et le développement de l'écriture runique », id., 1874; « Grammaire de l'ancien Norrain », id., 1870, 3me éd. 1882; cette grammaire a été publié en allemand, Halle, 1871; en suédois

Lund, 1874; et en islandais, 1885; « Chrestomathie de l'ancien Norrain avec notes et vocabulaire norrain-danois », id., 1870, 3me éd., 1882; « Die Runschrift », Berlin, 1887. On lui doit aussi un très grand nombre de dissertations, études, essais et mémoires, épars dans les principales revues philologiques.

Windisch (Ernest), éminent philologue allemand, né, le 4 septembre 1844, à Dresde, étudia la philologie classique, le sanscrit, et la philologie comparée à l'Université de Leipzig et collabora, avec Delbruck, au premier volume des « Syntaktische Forschungen », jusqu'à ce qu'il fut appelé à Londres pour collaborer au Catalogue des manuscrits sanscrits de l'*India office Library*. Retourné à Leipzig en 1878, il fut nommé professeur extraordinaire de sanscrit à l'Université de cette ville, puis après (1872) professeur ordinaire de cette langue et de philologie comparée à l'Université de Heidelberg, d'où il fit passage à l'Université de Strasbourg comme professeur ordinaire de philosophie. Depuis 1877, il se trouve de nouveau à l'Université de Leipzig comme professeur ordinaire de sanscrit, et depuis 1880 il rédigea aussi la *Zeitschrift der deutschen Morgenländischen Gesellschaft*. On lui doit: « De hymnis homericis maioribus », Leipzig, 1867; « Der Heliand und seine Quellen », id., 1868; « Der Gebrauch des Conjunctivs und Optativs im Sanskrit und Griechischen », Halle, 1871; « Kurzgefasste irische Grammatik », Leipzig, 1879 (version anglaise de Norman Moore, Cambridge, 1882); « Irische Texts mit Wörterbuch », id., 1880, en collaboration avec M. Stoker; « Zwölf Hymnen des Rigveda », id., 1883; « Georg Curtius, eine Charakteristik », Berlin, 1887; « Der griechische Einfluss im indischen Drama », Berlin, 1882; « Ueber das Nyayabhashya », Leipzig, 1888; « The Itivuttakam », London, 1890 (*Pâli Text Society*). Il a fourni aussi un très grand nombre d'essais et d'articles à la *Kuhn's Zeitschrift*, à la *Revue celtique*, aux *Kuhn's Beiträge*, aux *Paul und Braune's Beiträge*, aux *Betzenberger's Beiträge*, etc., et collabora à l'*Ersch und Gruber's Encyklopädie*, et au *Centralblatt für Litteratur*, publié par Zarncke.

Winkelmann (Édouard), historien allemand, professeur ordinaire d'Université à Heidelberg, né, à Dantzig, le 25 juin 1838, étudia à Berlin et Gœttingue. *Privat-Docent* à Dorpat en 1865, nous le trouvons en 1869 professeur de l'Université de Berne et depuis 1873 de celle de Heidelberg. Nous avons de lui: « De regni Siculi administratione regnante Friderico II imperatore », Berlin, 1859; « Geschichte Kaiser Friedrichs II und seiner Reiche », Berlin, 1863-65; « Fratris Arnoldi de correctione ecclesiæ epistola et Anonymi de Innocentio IV. Antichristo libellus », id., 1865; « Bibliotheca Livoniae historica », 1er éd., Petropoli, 1870; 2e éd., Berlin, 1878; « Philipp von Schwaben und Otto IV von Braunschweig », Leipzig, 1872-1878; « Mag. Petri de Ebulo liber ad honorem Augusti », Leipzig, 1874; « Acta imperii inedita sec. XIII et XIV », Innsbruck, 1880-85; « Ueber die ersten Staatsuniversitäten », Heidelberg, 1880; « Geschichte der Angelsachsen bis auf König Ælfred », Berlin, 1884; « Urkundenbuch der Universität Heidelberg », Heidelberg, 1886; « Kaiser Friedrich II, t. I, 1218-1228 », Leipzig, 1889.

Winsor (Justin), bibliothécaire américain, né, le 2 janvier 1831, à Boston, a fait ses études au *Harvard College* (Cambridge, Massachussettes), Paris et Heidelberg, a été bibliothécaire de la ville de Boston de 1868-77 et de l'Université de Harvard depuis 1877. Président (1877-86) de l'Association américaine de librairie, président (1886-87) de l'Association historique américaine, secrétaire correspondant de la Société historique de Massachussettes (1884), enfin directeur américain de l'*English historical review*, nous avons de lui les ouvrages principaux suivants: « Bibliography of the Quarto and folio editions of Shakespeare », 1877; « Reader's Handbook of the American revolution », 1879; « Memorial history of Boston », 4 vol., 1880-82.

Winteler (Jost), philologue suisse, né, le 21 novembre 1846, au village de Filzbach dans le canton de Glaris, commença aux universités de Zurich et de Bâle des études exégétiques, historiques et philosophiques qui, pendant un séjour de plusieurs années à Iéna (1870-1874), revêtirent un caractère philologique toujours plus prononcé et aboutirent au champ de la linguistique comme champ favori d'investigations. L'Université de Leipzig lui conféra en 1876 le doctorat sur la présentation d'une thèse: « Le dialecte parlé dans la vallée glaronnaise de Kreuz ». La même année l'école d'agriculture Charles-Frédéric près de Iéna l'appelait au nombre de ses professeurs. La langue et la littérature allemandes furent enseignées successivement par lui à l'Institut Zollikofer à Romanshorn, au Gymnase de Burgdorf dans l'Emmenthal (1876-1880), aux écoles de Morat dont la direction lui fut confiée de 1880 à 1884. Depuis cette dernière date, il occupe les chaires d'histoire et de langues anciennes à l'école cantonale d'Aarau. Les recherches philologiques de M. W. ont été exposées soit dans une brochure parue en 1878: « Les bases sur lesquelles repose l'enseignement de la langue allemande », soit dans une série d'articles qu'ont publiés la *Revue des instituteurs suisses*, la *Feuille scolaire bernoise*, la *Revue littéraire de Iéna*.

Winterer (l'abbé L.), publiciste catholique et homme politique alsacien, né, en 1832, à Soppele-Haut, près Massevant (Haute-Alsace). L'abbé W. fit ses humanités au petit Séminaire de Lachapelle; il étudia la théologie au Grand Séminaire de Strasbourg. Ordonné prêtre en 1856, il devint curé de Saint-Étienne à Mulhouse en 1871, et la même année chanoine honoraire de Strasbourg. Depuis 1874, il représente la ville d'Altkirch au Reichstag et Mulhouse-Campagne à la Délégation d'Alsace-Lorraine. Il a publié: « L'abbaye de Murbach », en français et en allemand, 1868; « L'histoire de Sainte-Odile ou l'Alsace chrétienne au septième et au huitième siècle », en français et en allemand, 1869; « Le Jésuitisme du clergé d'Alsace et la Saint-Barthélemy, réponse à M. le pasteur Schœffer », 1872; « Les Saints d'Alsace. Pélerinage de Bâle à Marmoutier », 1874; « Les martyrs d'Alsace pendant la grande Révolution de 1789 à 1801 », 1876; « La presse alsacienne et le cléricalisme », 1877; « Le socialisme contemporain », 1878; « Trois années de l'histoire du socialisme contemporain », 1882; « Le danger social en Europe et en Amérique », traduit en allemand et en anglais, 1885. Plusieurs discours prononcés au Reichstag: « Saint-Léon », 1886; « Saint-Morand », 1887; « Un discours prononcé sur la question sociale au Congrès des œuvres sociales de Liège », 1887, et une longue série de brochures populaires sur l'hagiographie de l'Alsace, sur des questions contemporaines, etc.

Wipfli (Joseph), né, le 14 novembre 1844, à Wasen dans le canton d'Uri, fut destiné par ses parents au sacerdoce et reçut son éducation théologique au Gymnase d'Altorf, aux Séminaires de Milan, de Mayence et de Coire dans les Grisons. Depuis sa consécration à la prêtrise en 1870, la cure d'âmes a été exercée par lui à Erstfeld dans son canton d'origine et à Davos, où il réside encore aujourd'hui. Le goût pour la poésie se développa chez M. W. pendant son séjour en Italie, à la suite d'un commerce intime avec Pétrarque et le Tasse. Nous possédons de lui: « Poésies des montagnes uranaises » (sans date); « L'ami poétique des enfants », 1880; « Couronne d'immortelles », 1885; « Vie de Sainte-Catherine d'Alexandrie », 1886.

Wirsen (Charles-Daniel DE), savant suédois, secrétaire perpétuel de l'Académie suédoise, né le 9 décembre 1842, a fait ses études à l'Université d'Upsal, où il a été créé docteur en philosophie (1866). Il a publié 4 vol. de poésies lyriques. Parmi ses œuvres figurent un grand poème nommé « Raphaël », et un poème nommé « A Capri », et traitant un sujet de la vie de Tibère; la plupart de ses autres poèmes ont pour sujets la religion, la vie domestique et l'amour de la patrie. Idéaliste par conviction et soutenant la foi en Dieu, il a pourtant dans sa poésie choisi ses images et ses sujets dans la vie réelle, parmi les choses les plus ordinaires et les idées familières à chaque individu. Comme critique, il a combattu dans les premiers rangs contre le naturalisme exagéré et pour une saine conception des lois esthétiques. Il a été nommé membre de l'Académie suédoise, qui ne compte que dix-huit membres, en 1879, et secrétaire de l'Académie en 1883. Il a écrit plusieurs biographies, entr'autres, sur le poète Oxenstierna, et il est maintenant occupé d'une longue biographie sur Franzen, un des grands poètes de la Suède.

Wirth (François), économiste allemand, né, le 6 juillet 1826, à Bayreuth, fit ses études à Wissembourg et Strasbourg, puis au Lycée de Constance de 1845-48, à l'Université d'Heidelberg, et enfin aux écoles polytechniques de Hanovre et de Munich. Après avoir été ingénieur aux chemins de fer, il se fit, avec son frère, éditeur du journal *Der Arbeitgeber*. Nous avons de lui: « Die Patent-Reform », 1875; « Schutz der Erfindungen », 1877; « Die Reform der Patent », 1883.

Wirth (Max), statisticien et homme de lettres allemand, frère du précédent, né, à Breslau, le 27 janvier 1822, directeur du Bureau fédéral de statistique suisse (1864-73), membre du Comité central du *National Verein* en Allemagne et de plusieurs sociétés scientifiques de l'Allemagne et de l'étranger. Nous avons en librairie: « Système d'économie politique »; « Histoire des crises commerciales »; « Histoire de la fondation des États germaniques »; « Crise agricole »; « Histoire de la monnaie »; « La Hongrie et les richesses de son sol »; « Les sources de la richesse ».

Wirth (Ludovic-G.), avocat, auteur comique, romancier maltais, Vice-Consul du Royaume d'Araucanie-Patagonie à Alexandrie, est né, à Malte (Vallette), le 4 décembre 1851, et y a fait ses études. Pendant les massacres d'Alexandrie, le 11 juin 1882, le chev. W. s'est mis à la tête d'hommes de courage qui habitaient le quartier connu sous le nom de Place de la Paille, et a réussi à éviter toutes sortes de démonstrations, à éloigner les meurtriers du quartier et à sauver les européens en péril, et cela en s'exposant à une mort cruelle. Après le bombardement qui eut lieu le mois de juillet suivant, le chev. W. fit partie, en qualité d'interprète, de la Commission parlementaire et de la Commission provisoire pour la surveillance de la sépulture des victimes. Il fut également de grande utilité aux habitants qui restèrent à Alexandrie après le bombardement, et il sauva dans cette circonstance des maisons de l'incendie et du pillage, même après l'entrée des Anglais. Pendant le choléra de l'année suivante, il fit partie du Comité et des ambulances. Voici la liste de ses œuvres: « Un cassiere infedele, ovvero un'avventuriera », comédie en 1 acte; « La spergiura », id. en 2 actes; « La matrigna, ovvero gl'amori d'un sensale di Borsa », id., id.; « Sofia Gritti, ovvero una vendetta di sangue », drame en 5 actes et 2 tableaux; « Memorie d'un amante », roman, 1 vol.; « I misteri d'una famiglia, ovvero la figlia del conte », id., 4 vol.; « Un amore clandestino », id., id.; « Maria O'Connar », id., id.; « La vendetta della colpa colla colpa », id., id.; « La potenza dell'amore », roman epistolaire, 1 vol.

Wirz (Jean-Gaspard), philologue suisse, né à Zurich, le 5 avril 1842, fréquenta les établissements d'instruction de sa ville d'origine, depuis l'école primaire jusqu'à l'Université, ne tarda pas à échanger l'étude de la théologie contre celle de la philologie et de l'histoire, et obtint en 1864 le doctorat par la soutenance de la thèse: « La lutte de Catilina et de Cicéron pour le consulat l'an 63 avant notre ère ». Deux séjours successifs à l'étranger, l'un à Bonn (1864-1865), l'autre à Paris (1865-1866), lui permirent de continuer sous la direction de Ritschl de Jahn et de Léon Rénier ses recherches favorites. Depuis son retour en Suisse, M. W. est entré dans la carrière pédagogique et a rempli tour-à-tour les fonctions professorales au gymnase d'Aarau (1866), à l'*École réale* (1874) et au gymnase (1879) de Zurich. Parmi les nombreux et solides mémoires sortis de sa plume nous indiquerons: « De fide atque auctoritate Codicis Sallustiani qui Parisiis in bibliotheca imperiali n. 1576 asservatur commentatio », 1866; « Examen critique de la cinquième satire de Juvénal », 1868; « Nouvelle édition annotée d'après Osenbruggen du discours de Cicéron pro Milone », 1872; « Remarques philologiques sur la Conjuration de Catiline et la guerre contre Jugurtha », 1878-1882; « Helvetica », 1866-1867, etc., insérés dans l'*Hermes*, la *Revue philologique hebdomadaire de Berlin*, le *Philologue de Goettingue*, les *Nouvelles Annales philosophiques de Leipzig*, la *Revue critique d'histoire et de littérature de Paris*, l'*Annuaire pour l'Histoire suisse*. M. W. a dirigé de 1872 à 1878 la *Feuille périodique de l'Association des gymnases suisses*.

Wissendorf (Henri), écrivain letton, *folk-loriste* distingué, né, à Riga, en 1861; il a écrit en letton sous le pseudonyme de *Zinciêm*; ses écrits en français sont signés du double nom de *Zinciêm-Wissendorf*.

Wissowa (George), philologue allemand, docteur en philosophie, professeur extraordinaire de philologie classique à l'Université de Marbourg, né, le 17 juin 1859, à Breslau, fit ses études dans sa ville natale et à l'Université de Munich (Bavière), prit son habilitation à l'enseignement en 1882, voyagea en Italie pour continuer ses études philosophiques, et en 1886 fut nommé professeur à Marbourg. Nous lui devons: « De Macrobii Saturnaliorum fontibus Capita tria », Vratisl., 1880; « De Veneris Simulacris Romanis », id., 1882; « Analecta Macrobiana », Hermes, 1881; « Sopra una statua del Museo Torlonia », avec M. E. Fabricius (*Bull. dell'Istit. arch. germ.*), 1883; « Monumenta ad religionem Romanam spectantia tria » (id. id.); « Ueber die Proklosexcerpte im cod. Venetus A der Ilias », Hermes, 1884; « Silvano e Compagni, rilievo in Firenze » (*Mitth. d. deutsch. Arch. Inst.*), 1886; « Ueberlieferung über die römischen Penaten », Hermes, 1887; « De Athenæi epitome observationes », 1884; et plusieurs autres articles parus dans la *Deutsche Litteral Zeitung* et dans les *Gött. Gelehrten-Anzeigen*.

Witt (Conrad DE), homme politique français, gendre de Guizot. Il habite le château du Val-Richer, la résidence préférée de son beau-père; il est propriétaire de la ferme modèle de Saint-Ouen, et maire de cette commune. Il est né en 1824. Ancien président de la Société d'agriculture de Pont-l'Évêque, membre du Conseil général du Calvados; pour le Canton de Cambremer, M. de W. a été élu député du Calvados le 4 octobre 1885. Il a pris place à l'union des droites. M. de W. n'a pas cessé de s'occuper avec dévouement des intérêts du Calvados. Il a défendu avec succès, à la tribune de la Chambre, les intérêts des *bouilleurs de cru*.

Witt (Mme Conrad DE), femme du précédent, née Henriette Guizot, fille de l'illustre homme d'État, femme de lettres française, née à Paris, le 6 avril 1829, fut élevée après la mort précoce de sa mère par son aïeule, reçut une forte éducation scientifique, témoigna de bonne heure un goût des plus vifs pour les recherches documentaires et se montra pour son père une collaboratrice aussi intelligente que dévouée. En 1850 fut célébré son mariage avec M. Conrad de Witt, dont le frère M. Cornelis de W. avait déjà épousé auparavant sa sœur aînée Pauline. Animée d'un haut idéal moral et de fortes convictions religieuses, en possession d'un remarquable talent de narratrice et de connaissances aussi variées qu'étendues, Mme de W. s'est essayée tour-à-tour avec succès dans des divers genres et a composé un très grand nombre de volumes qui ont reçu du public le plus favorable accueil. Nous les classerons sous les chefs suivants. Ouvrages de piété: « Petites méditations chrétiennes à l'usage du culte domestique », deux séries, 1862-64, 2ᵉ éd. 1874; « L'histoire sainte racontée aux enfants », 1865; « Méditations sur l'oraison dominicale », 1867; « Histoire du peuple juif depuis son retour de la captivité de Babylone jusqu'à la ruine de Jérusalem », 1868; « Méditations sur notre Seigneur Jésus-Christ », 1871; « Les leçons de la vie dans l'Écriture Sainte, petites méditations chrétiennes », 1877; « Les leçons de la Bible pour les petits — lectures des mères — L'Ancien Testament jusqu'au retour de la captivité », 1879; « Une belle vie : Madame Jules Mallet, née Oberkampf, 1794-1896 »; souvenirs et fragments recueillis par Mme de W., 1881; « Perles éparses, choix de passages de l'Écriture Sainte et de pensées diverses pour tous les jours de l'année », 1883; « Le consolateur – petites méditations chrétiennes pour les affligés », 1884. Nouvelles et récits pour la jeunesse : « Contes d'une mère à ses petits enfants », 1861; « Une famille à la campagne », id.; « Une famille à Paris », 1863; « Les promenades d'une mère », id.; « Enfants et parents, tableaux de la vie de famille », 1868; « Citadins et campagnards », 1870; « Riches et pauvres, récits pour les enfants », 1871; « A l'école de la vie, récits pour les enfants », 1872; « Contes et récits », 1873; « Recueil de poésies pour les jeunes filles », id.; « La petite fille aux quatre grand'mères », 1874; « Une sœur », 1876; « Par ci, par là », 1877; « Histoires pour les enfants », id.; « Seuls, ou la volonté du cœur », 1878; « En quarantaine – jeux et récits », id.; « Un nid », 1879; « Histoire de deux petits frères », 1880; « Sur la plage », 1882; « Tout simplement, ou sur les hauteurs par la vallée », id.; « Vieux amis », 1883; « En pleins champs », 1884; « Reine et maîtresse », suivi de : « Une femme »; « A la porte d'une église »; « Attendre sans voir venir »; « La maison de la Forêt », nouvelles, 1884; « Petite », 1885; « Un héritage », id.; « Un jardin suspendu », suivi de : « Un village primitif »; « Le tapis des quatre Facardins », etc., 1885; « A la montagne », 1886; « A la campagne », id.; « Sur la pente », 1887; « Deux tout petits », id.; « Ceux qui nous aiment et ceux que nous aimons », id.; « Sous tous les cieux », 1888; « Au dessus du lac », id. Ouvrages historiques : « Édouard III et les bourgeois de Calais ou les Anglais en France », 1854; « Scènes d'histoire et de famille aux diverses époques de la civilisation du XIe au XVIIIe siècle », 1867; « Scènes d'histoire et de famille au XVIe, XVIIe et XVIIIe siècles », 1868; « Charlotte de la Trémoille comtesse de Derby », 1869; « Scènes historiques », première série : « Odette la suivante »; « L'Enfance de Pascal »; « Vaux et Pignerol »; « Derrière les haies, épisode de la guerre de Vendée », 1871; deuxième séries : « Saint et roi »; « Père et fille »; « Nolite confidere principibus »; « Une porte fermée »; « De Charybde en Scylla »; « La femme forte », 1877; troisième série : « Lutin et démon »; « A la rescousse »; « De glaçon en glaçon », 1881; quatrième série : « Normands et Normandes », 1883; cinquième série : « Notre-Dame du Gueslin »; « La Jacquerie »; « De Dehli à Cawnpore », 1885; sixième série : « Un patriote au XIVme siècle »; « Les héros de Haarlem », etc., 1887. « Scènes historiques du protestantisme français »; « L'aurore d'une noble vie »; « La vieille fille dans la montagne »; « La grande Marie »; « Mères et femmes », 1879; « M. Guizot dans sa famille et avec ses amis, 1787-1874 », 1880; « Les chroniques de Froissart », édition abrégée avec texte français moderne, gravures et planches chromolithographiques, 1880; « Les chroniqueurs de l'histoire de France depuis les origines jusqu'au XVIme siècle »; première série : « De Grégoire de Tours à Guillaume de Tyr », vieilles histoires de la patrie, 1887; deuxième série : « De Suger à Froissart »; troisième série : « De Froissart à Monstrelet »; quatrième série : « De Monstrelet à Commines », 1882-1885; « Les héros modestes », 1888; « Les femmes dans l'histoire », id. La Société pour l'histoire de France chargea en 1870 Mme de W. de publier les « Mémoires de madame de Mornay », édition revue sur les manuscrits, publiée avec les variantes et accompagnée de lettres inédites de M. et Mme du Plessis-Mornay et de leurs enfants 2 vol., 1870-1873. M. Guizot lui confia la rédaction de deux des ouvrages les plus importants qu'il composa dans sa verte vieillesse : « Histoire d'Angleterre depuis les temps les plus reculés jusqu'à l'avènement de la reine Victoria, racontée à mes petits-enfants », 2 vol. in-8 avec gravures, 1879-80; « L'histoire de France depuis 1879, jusqu'à 1848 », id., id., id. C'est également à Me de W. que nous sommes redevables d'avoir pu pénétrer dans une partie de la correspondance de l'illustre homme d'État : « Lettres de M. Guizot à sa famille et ses amis, recueillies par Me de W. », 1882. Nous rangerons dans un genre mixte appartenant moitié à l'imagination, moitié à la réalité un volume paru en 1876 sous le titre : « Légendes et récits pour la jeunesse ». Traduction de l'anglais : « Ruth », par Mistress Gaskell, 1856; « Mémoires du comte d'Elgin pendant les années 1857-1859 », par Laurence Oliphant, 2 vol. in-8, 1860; « Hélène et ses amies, histoire pour les jeunes filles », 1861; « Le bon vieux temps, ou les premiers protestants en Auvergne », par mistress Boll, 1862; « William Pitt et son temps », par le comte de Stanhope, 4 vol., 1862-1863, avec une préface de M. Guizot; « Le prince Albert, son caractère, ses discours », 1863, avec une préface de M. Guizot; « Le livre d'Or, belles actions des temps modernes », par miss Yonge, 1866; « Le collier de perles », par la même, 2 vol., 1868-69; « Scènes du ministère de l'enfance » par mistress Charles Worth, 2 vol., 1868; « La jeunesse de S. A. R. le prince Albert » par le colonel Grey (sous la direction de la reine Victoria) id.; « Trois petites filles et trois jardins », par miss Wetherell, 1870; « Histoire du petit Louis », 1871; « Contes anglais par miss Yonge et miss Sarah Wood », 1872, 2e éd. 1883; « Un enfant sans mère », par miss Florence Montgomery, id.; « Le chef de famille », par miss Muloch, 2 vol., id.; « Les premiers pas dans la vie chrétienne, conseils de piété », par Vilkinson, id.; « Annales d'un vieux manoir », par Georges Sargent, 1874 ; « La porte sans marteau », par mistress Rosser, 1877 ; « Frères et sœurs ou les colonnes de la maison », par miss Yonge, 2 vol., 1879 ; « Une famille chrétienne à Carthage au IIIe siècle », par mistress Charles, 1880 ; « Amour et vie, une fable antique au XVIII siècle », par miss Yonge, 1881 ; « La Fronde. Mémoires de Marguerite de Ribeaumont vicomtesse de Bellaise », par la même, 1884 ; « Les femmes de la chrétienté », par mistress Charles, id. ; « Inconnue dans l'histoire. Les prisons de Marie Stuart », par miss Yonge, 1885 ; « Carola », par Hesba Stretton, id.; « Une histoire écossaise », par mistress Oliphant, id.; « Du visible à l'invisible, rêveries consolantes », par la même et miss Phelps, 1888.

Wittstock (Albert), pédagogiste allemand, directeur d'école, docteur ès-lettres, né, en Prusse, le 20 août 1837. Il a fait ses études à Berlin. On lui doit plusieurs ouvrages bien connus, citons parmi eux: « Geschichte der deutschen Pädagogik », deux éd., 1885 ; « Lessing's Pädagogik », 1886 ; « Die Erziehung im Sprichwort », 1887. Il est aussi connu comme poète.

Wlassak (Maurice), jurisconsulte morave, professeur ordinaire du droit romain à l'Université de Breslau, est né, à Brunn (Moravie), le 20 août 1854, étudia la loi à l'Université de Vienne, et y prit ses grades en 1877. Après avoir été auditeur judiciaire à Brunn et successivement employé au contentieux financier à Vienne, il devint professeur libre de droit à l'Université de cette ville, fut de 1879 à 1882 professeur du droit romain à l'Université de Czernowitz, de 1882 à 1884 professeur à Gratz, et c'est depuis cette année qu'il enseigne le droit à l'Université de Breslau. On lui doit: « Zur Geschichte der negotiorum gestio », Iéna, 1879 ; « Edict und Klageform », 1882 ; « Kritische Studien zur Theorie des Rechtsquellen im Zeitalter der klassischen Juristen », Gratz, 1889 ; « Römische Processgesetze », 1re partie, Leipzig, 1888 ; « Die Litiscontestation im Formularprocess », Leipzig, 1889 ; ainsi que plusieurs mémoires, études et dissertations dans la *Grunhut's Zeitsch.* et dans la *Zeitschr. für Rechtsgeschichte*.

Woeïkoff (Alexandre), illustre savant et voyageur russe, professeur de géographie physique à l'Université de Saint-Pétersbourg, membre de plusieurs sociétés géographiques, président de la Commission de météorologie, né, à Moscou, en 1842. Il a fait ses études à Saint-Pétersbourg, à Heidelberg, Berlin, Goettingue ; voyagé au Caucase, aux États-Unis, au Mexique, dans l'Amérique centrale et dans l'Amérique méridionale, dans l'Inde, à Java, au Japon, etc. Il a surtout étudié dans ses intéressants voyages les questions météorologiques. Parmi ses nombreuses publications, en dehors de ses larges contributions à une foule de journaux scientifiques, on lui doit: « Influence des bois sur le climat », 1870 ; « Distribution de la végétation en Russie et des orages », 1874 ; « Analyse des vents », en anglais, Washington, 1875 ; « Die Klimate der Erde », 2 vol., 1887 (en russe et en allemand), son ouvrage capital. Dans le second volume des *Actes du troisième Congrès Géographique* (Rome, 1884), on lit son mémoire : « De l'influence des forêts sur la température et l'humidité de l'air », Rome, 1884 ; et dans le *Cosmos* de Guido Cora: « L'ecclisse totale del sole del 19 agosto 1887 ».

Woeste (Charles), avocat, publiciste et homme d'État belge, né, à Bruxelles, en 1837. Il a mis au service du parti catholique un talent hors ligne, fait depuis longtemps partie de la Chambre des représentants, et a été un instant ministre de la justice après l'avènement des catholiques belges au pouvoir en 1884. Nous nous bornerons à citer de lui un vaste recueil où sont d'ailleurs rassemblées presque toutes ses publications antérieures: « Vingt ans de polémique », Bruxelles, 1885 ; et une « Histoire du Culturkampf en Suisse (1871-1886) », id., 1887.

Wohl (Janka), femme-auteur hongroise, née le 1er septembre 1846. Poète et écrivain. Fondatrice avec sa sœur regrettée Stephania du premier grand journal à l'usage des femmes en Hongrie, *Salon littéraire et artistique*. Collaboratrice de plusieurs journaux et revues hongroises, françaises et allemandes. Œuvres principales: « Poésies », en hongrois ; « Nouvelles », en hongrois ; « La Renaissance en Italie », de Symonds, traduit de l'anglais pour l'Académie hongroise ; « François Liszt », souvenirs d'une compatriote (français) ; cet ouvrage eut un succès hors ligne de par le monde et fut traduit en anglais par B. Peyton Ward (Londres, Ward and Downey). Nous en avons une édition allemande, revue et amplifiée par l'auteur (Iéna, H. Costenoble).

Wohlenberg (Gustave-Frédéric-Guillaume), écrivain allemand, docteur en théologie, pasteur de la *Vieille Église* de Pellworm (Ile de Sleswig), né, le 1er octobre 1871, à Ahrensburg (Holstein), étudia la théologie et en devint maître à Breclum (Sleswig), et répétiteur à l'Université d'Erlangen. En 1888 il fut nommé professeur libre d'exégèse du Nouveau Testament à l'Université de Kiel et vers la fin de cette année il fut nommé pasteur de l'*Alte Kirche* de Pellworm. Il a publié: « Lehre der zwölf Apostel », Erlangen, 1888, et « Die Bedeutung der Thekla-Acten für die neutestamentliche Forschung », parue dans la *Zeitschr. f. Kirch. Wissensch. und Kirch. Leben*, id.

Wojciechowski (Thadée), historien polonais,

né, à Cracovie, en 1838. Il y commença ses études qu'il acheva à Vienne. Depuis 1867 il est bibliothécaire à Lemberg. En dehors de plusieurs articles insérés aux revues de langue polonaise, il a écrit « Crobatia, examen des antiquités slaves », Cracovie, 1873; « Les chroniques annalistiques de la Pologne du Xe au XVe siècle », 1880; « Casimir Le Moine, roi de Pologne », 1881; « Qu'est-ce-que l'Histoire? », trois leçons, 1883; « La seconde élection du roi Stanislas I (Leszczynski) en 1733 », 1888. M. W. a été nommé en 1883 professeur d'histoire de Pologne à l'Université de Léopol (Galicie-Autriche) : il est membre actuel de l'Académie des sciences de Cracovie.

Woker (Philippe), né, le 21 avril 1848, à Brilon en Westphalie, étudia de 1867 à 1872 l'histoire à l'Université de Bonn sous la direction des professeurs Sybel, Schefer, Kampschulte. Un voyage en Italie (1873) élargit le cercle de ses connaissances. A son retour en Allemagne, le chanoine Döllinger se l'attacha comme secrétaire et l'associa à ses recherches scientifiques (1873-1875); en 1875 le gouvernement bernois l'appela dans la faculté vieille-catholique à la chaire d'histoire ecclésiastique devenue vacante par le départ de M. Friedrich. M. W. s'est jusqu'à présent fait connaître par deux mémoires intéressants : « De Erasmi Rotterdami studiis irenicis », 1872; « Le système ecclésiastique et financier des papes », 1878; il a de plus traduit de l'anglais le volume du Dr Littledale: « Nos motifs pour ne pas nous réunir à l'Église de Rome », 1881, et collaboré activement à deux ouvrages de Döllinger « Journaux pour l'histoire du Concile de Trente », tome I; « Matériaux pour l'histoire politique, ecclésiastique et scientifique des cinq derniers siècles », tome III.

Wolf (Jules), économiste autrichien-suisse, né, le 20 avril 1862, à Brunn en Moravie, entra, ses études terminées, dans l'administration et fut employé pendant quelques années à la banque anglo-autrichienne à Vienne. Le succès d'une brochure sur « L'impôt sucrier en Autriche », 1882, lui ouvrit l'entrée de la *Revue pour les sciences politiques*, où il inséra plusieurs articles, un entr'autres sur la « Théorie des valeurs », 1886; un nouvel ouvrage couronné par la Société hongroise d'agriculture sur « L'impôt de l'eau-de-vie et son histoire dans tous les pays civilisés », Tubingue, 1884, l'encouragea à embrasser la carrière universitaire et à enseigner l'économie politique à Zurich, depuis 1885 comme *privat-Docent*, depuis 1888 comme professeur extraordinaire. Le Conseil fédéral lui a demandé en 1886 un préavis pour la nouvelle législation sur l'alcool et l'a nommé membre de plusieurs autres commissions importantes. Parmi les ouvrages sortis de la plume de M. W. nous indiquerons encore : « La crise agricole et la nécessité de son développement » Vienne, 1885; « Faits et doctrines à propos de la concurrence des Indes-Orientales dans le commerce des blés », Tubingue, 1886 (traduit en français par Louis Grandeau, Paris, 1887); « Le socialisme, le libéralisme et leurs relations historiques », Vienne, 1887; « La reforme des billets de banque en Suisse », Zurich, 1888. Collaborateur assidu des *Archives financières*, M. W. y a inséré entr'autres articles: « L'impôt sur le sucre dans les divers pays de l'Europe et dans l'Union américaine », 1882-1885; « Les impôts indirects en Russie », 1885; « L'impôt sur l'eau-de-vie dans les divers pays de l'Europe et dans les États-Unis de l'Amérique du Nord », 1884-86; « Les efforts tentés en Allemagne pour sa transformation », 1887.

Wolff (Maurice), fils du rabbin L. W., éminent philologue et écrivain allemand, docteur en philosophie, né, à Meseritz (Prusse), en 1824, étudia à Berlin et Leipzig, a été de 1849 à 1857 rabbin à Culm (Prusse), et depuis cette année il réside à Gothembourg (Suède), dans la même qualité de rabbin. On lui doit: « El Senusis Begriffsentwickelung des muhammedanischen Glaubensbekenntnisses » (arabe et allemand), Leipzig, 1848; « Philonische Philosophie », id., 1849, 2me éd. Gothembourg, 1858; « Mose ben Maimaus Acht Capitel » (id.), id., 1863; « Muhammedanische Eschatologie » (id.), id., 1872; « Bemerkungen zu dem Wortlaute der Emanot we-Deot », 1878, 2me éd. 1880; « Filos Etik », Gothembourg, 1879; « Zur Charakteristik der Bibelexegete Saadia Alfajjumis », 1884-85; « Beiträge zur filosof. Historia », Stockholm, 1882.

Wölfler (Antoine), médecin et chirurgien tchèque, professeur de chirurgie à l'Université de Prague, né, le 12 janvier 1850, à Kopetzen, près de Pilsen en Bohême, a été de 1874 à 1884 assistant à la clinique de chirurgie pratique du professeur Billroth à l'Université de Vienne, et de 1884 à 1886 professeur extraordinaire à l'Université de cette métropole, d'où en 1886 il fit passage à Prague. En dehors d'une foule d'articles parus dans la *Wiener med. Wochenschr.*, dans le *Langenbeck's Arch.*, dans la *Zeitschr. f. Heilk.*, dans le *Centralbl. f. Chir.*, etc. il a publié : « Ueber die Entwicklung und den Bau der Schilddrüse », Berlin, 1880; « Die Resectionen des carcinomatösen Pylorus », Vienne, 1881, ouvrage traduit en langue italienne, russe et anglaise; « Die Amputationen in prof. Billroth's Klinik, 1877-1880 », Vienne, 1882; « Ueber die Entwicklung und den Bau des Kropfes », Berlin, 1883; « Die Chirurgie in Ihrer Vergangenheit und Zukunft », Gratz, 1866; « Die chirurgische Behandlung des Kropfes », Berlin, 1887. M. W. collabore à la *Deutsche Chirurgie* publiée par Billroth et Lücke, est un des rédacteurs de la *Zeitschrift für Heilkunde*, inventa plusieurs instruments de chirurgie et a fait des découvertes de la plus haute importance pour la science médicale.

Wollemborg (le docteur Léon), l'illustre fondateur des Caisses rurales italiennes, est né, à Padoue, en 1859 d'une famille israélite, originaire de Francfort-sur-Mein; après avoir étudié les éléments et fait son cours de lycée, il passa à l'Université de sa ville natale. Diplomé en 1878, il se consacra entièrement à l'économie publique et aux questions sociales. C'est en 1883 qu'il fonda la première Caisse coopérative entre les paysans et petits propriétaires de la Haute-Italie. Le docteur W. imita donc les Caisses créées par M. Raffeisen dans les provinces Rhénanes. Il peut se vanter d'un brillant succès, car au mois d'avril 1888 les Caisses rurales du Dr W. agissaient en 12 provinces et étaient au nombre de 36. Les études publiées par cet économiste sont les suivantes: « Il costo di produzione come norma per la determinazione del valore »; « La prima cassa cooperativa di prestiti in Italia », 1883; « Le casse cooperative di prestiti »; « L'ordinamento delle casse di prestiti », 1884; « Sull'ordinamento economico-giuridico delle latterie cooperative », Bologne, 1887; « Sul dazio compensatore pei cereali », 1887; « Sull'istituzione d'un consorzio fra gli agricoltori del Friuli per l'acquisto in comune dei prodotti utili all'industria terriera », Udine, 1887.

Wolseley (Lord GARNET Joseph vicomte), général anglais, commandant en second l'armée anglaise, est né, à Dublin, le 4 juin 1833, entra dans l'armée en 1852 et prit part aux campagnes de Birmanie et de Crimée, des Indes et de Chine. Nous ne suivrons pas la carrière militaire de cet officier général qui a lié son nom à la campagne du Read River (Canada), à celle de Coomassie, à la capture du roi Cettiwayo et enfin à l'occupation de l'Égypte, dans laquelle il livra la bataille de Tel-el-Kebir. Moins heureux contre les Madhistes, il ne réussit pas à délivrer son compatriote Gordon Pacha enfermé dans Kartoum. Nous donnerons plutôt la liste des ouvrages de l'écrivain. La voici, en dehors de ses nombreux articles d'histoire et de critique militaire insérés aux principales revues anglaises et américaines: « Narrative of the war with China », 1862; « The Soldier pocket-book for field service », 1869, 2e éd. 1871; « The system of field manœuvres », 1872; « Marley Castle », roman, 1877.

Wolters (Guillaume-Pierre), homme de lettres hollandais, né, à Leyde (Hollande), le 25 août 1827; il étudia la théologie à l'Université de sa ville natale, fut pasteur évangélique dans quelques endroits de la Hollande et de la Frise et retourna à Leyde en 1867 pour se livrer à la littérature et à l'instruction publique. Ses voyages en Allemagne, en France, en Suisse et en Italie, lui donnèrent les idées de ses nouvelles et romans; il transporte ses lecteurs hors de sa patrie surtout en Italie, comme dans « Béatrice », dans « Transalpina » et dans « Lucrezia d'Este », son dernier ouvrage. Citons entre autres: « Beatrice »; « Le dernier jugement de Luc de Leyde »; « Parmi les marins de la Frise »; « Le fils du premier mariage »; « Anna de Ronde », 2 vol.; « Transalpina »; « Un trio artistique »; « Lucrezia d'Este », 2 vol. Dans *Le Gids*, *Eigen Haard* et d'autres périodiques: « Deux pères »; « Saskia, la femme de Rembrandt »; « La femme aux huîtres »; « La famille Tambonnet »; « Aleida Seijs »; « L'honneur sauvé »; « Carrara et Pessagna »; « Au clair de la lune »; « Peinture sur Verre », etc., etc.

Woolson (Constante-Fenimore), femme-auteur américaine, née à Claremont (New-Hampshire), fut élevée à New-York, et a écrit les ouvrages suivants: « Castle Nowhere », 1875; « Rodman the Keeper », 1880; « Anne », 1883; « For the Major », 1884; « East Angels », 1886. Elle réside à Florence.

Worms (Émile), économiste français, né, à Frisange, en 1838, commença ses études à Heidelberg, alla les terminer à Paris, et obtint le grade de docteur. Reçu agrégé en 1866, il fut nommé professeur de droit commercial à la Faculté de Rennes et échangea sa chaire en 1876 contre celle, nouvellement créée, d'économie politique. En 1877, il a été élu correspondant de l'Académie des sciences morales. Nous avons de lui: « Exposé élémentaire de l'économie politique à l'usage des écoles », ouvrage adopté par le Ministère de l'instruction publique et par la ville de Paris; « Rudiments de l'économie politique à l'usage de l'enseignement secondaire », conformément aux programmes officiels; « Nouveau cathéchisme d'économie politique », à destination des écoles primaires; « Histoire commerciale de la Ligue Hanséatique », ouvrage couronné par l'Institut; « L'Allemagne économique, ou histoire du Zollverein allemand »; « Théorie et pratique de la circulation monétaire et fiduciaire », ouvrage récompensé par l'Institut; « Sociétés humaines et privées »; « De l'enseignement politique et administratif »; « Sociétés par actions et opérations de Bourse », ouvrage couronné par l'Institut; « Rapports du droit pénal avec l'économie politique »; « L'économie politique devant les Congrès de la Paix »; « Conférence sur le mariage à l'asile de Vincennes »; « Des loyers pendant la guerre »; « Leçon d'ouverture d'un cours d'économie politique »; « Du droit au regard de l'économie politique »; « Du cumul des fonctions »; « Rapports de missions à Florence, La-Haye, St.-Pétersbourg, Buda-Pesth »; « Les écarts législatifs ». Sous presse: « La liberté d'association au point de vue du droit public à travers les âges ».

Worth (Richard-Nicholls), journaliste et polygraphe anglais, né, à Devonport, le 19 juillet 1837, a été directeur dès 1857-77 du *Western Morning News* et du *Western Daily Express*. Il s'est surtout occupé d'histoire locale. Nous avons de lui: « History of Devon »; « History of Plymouth »; « History of Devonport »; « West County Garland »; plusieurs « Guides de villes anglaises (Devon, Gloucester, Worcester, Falmouth, etc.) ». Il s'est fait éditeur d'éditions populaires des poètes anglais, notamment d'un « Shakespeare » de poche.

Wright (Édouard-Perceval), botaniste anglais, professeur de botanique à l'Université de Dublin, est né, dans cette ville, le 27 décembre 1834, a étudié au *Trinity College* de Dublin, a été nommé *lecturer* de zoologie à cette institution en 1858; après avoir couvert cet emploi jusqu'à 1869, il a été nommé professeur de botanique. Il fonda en 1854 la *Natural History review*, trimestrielle, dont une nouvelle série fut imprimée en 1871 et continuée jusqu'à 1875. Ce savant a collaboré au *Gunther's Zoological Record* en y mettant les articles suivants: « Vermes, Echinodermata, Cœlenterata and Protozoa »; aux *Transactions of the Linnean Society*, Londres, vol. 24 et 25, il a mis l'« History of the Teredidæ ». Enfin il a contribué à d'autres revues spéciales et aux actes de la *Royal Irish Academy* par des monographies sur les algues marines. En 1886, il a visité les îles Seychelles et a publié plusieurs mémoires sur leur faune et sur leur flore. Citons encore des contributions aux *Transactions of the Royal Irish Academy*, vol. 24 et 26.

Wrubel (Frédéric-Remy-Ernest), né, le 4 septembre 1855, à Gleswitz en Silésie. Fils d'un forestier, il se sentit d'abord attiré par la vocation de son père, étudia les sciences naturelles à Breslau, séjourna pendant une année dans les districts houilliers et ferrugineux de la Haute-Silésie et prit son diplôme à l'Académie minière de Clausthal. Le Gouvernement prussien venait de lui confier un poste d'inspecteur en Westphalie lorsqu'il s'accomplit en lui une profonde évolution religieuse et il renonça à sa carrière pour se rendre à Bonn et entrer dans les rangs du clergé vieux-catholique (1879). La paroisse de Rheinfelden en Argovie l'a choisi en 1883 pour son conducteur spirituel. La pensée de M. W., très active, s'est portée sur divers points du monde intellectuel comme l'attestent les ouvrages suivants: « Recueil de légendes montagnardes », 1883; « Un bouquet de fleurs », poésies, 1885; « La sténographie », 1886; « Les Congrès sténographiques généraux tenus en Suisse », 1884-1886; « Livre de dictées instructives », 1887; « Les mouvements réformateurs au sein de l'église catholique à partir du moyen-âge », 1887.

Wrzesniowski (Auguste), professeur polonais de sciences naturelles à l'Université de Varsovie, né, à Radon, en 1837, étudia à Varsovie et à Saint-Pétersbourg et fut nommé professeur en 1862. Dès 1867 il publia à Cracovie une « Histoire naturelle des mollusques ». Suivirent: « Les organes du système nerveux », Varsovie, 1871; « Sur les causes de l'hérédité et de la variation des plantes et des animaux » (*Ateneum*), revue mensuelle, Varsovie, 1887, vol. III, pag. 387-413, en polonais; « Le prince Ladislas Lubomirski. Nécrologie et histoire de ses travaux » (*Le Monde*), journal hebdomadaire, Varsovie, 1882, vol. I, n. 1, en polonais; « Charles Darwin. Histoire de ses travaux » (id.), n. 5-8, en polonais; « Francis Maitland Balfour. Histoire de ses travaux » (id.), 1883, vol. II, n. 1-2, en polonais; « Ladislas Iaczanowski. Histoire de ses travaux » (id.), n. 22-23 (*Journal hebdomadaire illustré*), Varsovie, 1883, 4º série, vol. I, n. 23, en polonais; « Le professeur Henri Hoyer. Histoire de ses travaux » (*Le Monde*), journal hebdomadaire, Varsovie, 1881, vol. III, n. 51, en polonais; « Théodore de Siebold. Histoire de ses travaux » (id), 1885, n. 47, en polonais; « Léon Cienkowski. Biographie et histoire de ses travaux », Varsovie, 1888, 8º, pag. 1-52, en polonais; « Éléments de zoologie », Varsovie 1888, 8º pag. I-IX, 1-475, avec 499 figures dans le texte et 1 planche chromolithographiée, en polonais; « Les entozoaires » (*Encyclopédie agricole*), Varsovie, 1879, vol. V, pag. 682-718, avec figures dans le texte, en polonais; « Vorläufige Mittheilungen über einige Amphipoden » (*Zoologischer Anzeiger*), 1879, pag. 175, 199, 299, 322, 348, 447, 465, 487, 511 et 564; « Goplana polonica, nouveau genre et espèce de crustacé des environs de Varsovie », mémoires physiographiques, Varsovie, 1881, vol. I, pag. 321-347, avec 2 pl. lithogr., en polonais; « Le gibier » (*Encyclopédie agricole*), Varsovie, 1879, vol. V, avec 19 figures dans le texte, en polonais; « Les mammifères » (id.), avec 25 figures dans le texte, en polonais; « Remarques sur la manière de dresser les chiens d'arrêt » (*Gazette agricole*), Varsovie, 1879, en polonais; « La ponte des œufs par les mammifères » (*Ateneum*), revue mensuelle, Varsovie, 1885, vol. II, pag. 159-173, en polonais; « Les montagnes Tatras et les podhalains (Les montagnards polonais de cette chaîne) » (id.), revue mensuelle, Varsovie, 1881, vol. III, pag. 139-186 (*Mémoires de la Société polonaise des Tatras*), Cracovie, 1882, vol. VII, pag. 1-53, en polonais; « Sur les fouilles de Mników » (*Ateneum*), revue mensuelle, 1886, vol. I, pag. 466-483, en polonais; « Liste des mots propres au langage des podhalains (des montagnards polonais habitant les versans nords des montagnes Tatras) » (*Comptes-rendus de la Commission linguistique de l'Académie des sciences à Cracovie*), 1884, vol. III, pag. 361-375 (*Mémoire de la Société polonaise de Tatras*), Cracovie, 1885, vol. X, pag. 1-26, en polonais; « Rapports sur les mémoires zoologiques publiés en polonais » (*Zoologischer Jahresbericht*), 1886, en allemand; « Berichte aus der polnischen Litteratur über Anthropologie, Archäologie und Ethnographie 1880, 1881 und 1882 » (*Archiv für Anthropologie XV Band*); « Bibliographie polonaise et russe de l'anatomie et d'archéologie préhistorique pour 1885 et 1886 » (id., XVII Band); « Bibliographie polonaise d'anthropologie, d'anatomie et de zoologie 1861-1880 pour l'ouvrage publié par le Dr O. Taschenberg » (*Biblioteca zoologica*), II, Leipzig. Traductions polonaises: « G.-J. Allman. La matière animée, ses propriétés et ses phénomènes » (*La nature et l'industrie*), revue hebdomadaire, Varsovie, 1879-80, vol. VIII, pag. 29-36; « I.-H. Huxley. Sur l'étude de biologie » (id.), Varsovie, 1879-80, vol. VIII, n. 25-58; « A.-R. Wallace. Le monde tropical sous le rapport de son climat, sa flore et sa faune » (id.), 1879-80, vol. VIII, n. 49-50; 1880-81, vol. IX, n. 1-18; « A.-R. Wallace. Sur la distribution géographique des animaux et sa relation avec les révolutions du globe » (id.), 1880-81, vol. IX, n. 28-35; « I.-H. Huxley. Manuel de biologie pratique », Varsovie, 1883; « Les expéditions scientifiques des vaisseaux français *Travailleur* et *Talisman* en 1880-1883. D'après M. E. Perrier et M. E. Rivière » (*Le Monde*), revue hebdomadaire, Varsovie, 1884, vol. III, n. 11-14; « H.-N. Moseley. La vie dans les précipices des océans » (id.), 1885, vol. IV, n. 1-2; « Sir John Lubbock. Essai sur l'archéologie préhistorique » (*La Nature et l'industrie*), revue hebdomadaire, Varsovie, 1880-81, vol. IX, n. 19-25. En voie de publication: « De tribus crustaceis Amphipodis subterraneis » (*Mémoires physiographiques*), Varsovie, 1888, vol. VIII, 3me partie, avec 11 pl. lithographiées, texte polonais. Diagnoses des genres et des espèces en latin.

Wuarin (Louis-Théodore), économiste suisse, né, en 1846, au village de Cartigny, près Genève, fit des études théologiques à l'Académie de cette ville, prit à Paris sa licence ès-lettres et passa aux États-Unis deux années qui exercèrent une influence décisive sur son développement intellectuel. L'ouvrage le plus important de M. W., paru en 1889, est intitulé : « Le contribuable, ou comment défendre sa bourse? ». Nous lui sommes en outre redevables de nombreux articles de revue (nous mentionnerons en première ligne celui sur Henry George paru le 1er avril 1886 dans la *Revue des Deux Mondes*) et différents articles, un entre autres sur l'«Assurance obligatoire en Allemagne ». L'Université de Genève, qui depuis plusieurs semestres avait pu apprécier le talent de M. W. comme *privat-Docent*, le compte depuis 1890 au nombre de ses professeurs ordinaires (chaire de sociologie).

Wundt (Guillaume), savant et écrivain allemand, docteur en philosophie, en droit et en médecine, prof. de philosophie à l'Université de Leipzig, est né, en 1832, à Neckarau (Baden), a fait ses études à Tubingue, Heidelberg et Berlin, enseigna la physiologie à l'Université de Heidelberg, et successivement la philosophie à Zurich. En 1875, il fut appelé comme professeur de philosophie à Leipzig, et publia: « Die Lehre von der Muskelbewegung », Branschweig, 1858; « Beiträge zur Theorie der Sinneswahrnehmung », Leipzig, 1862; « Vorlesungen über die Menschen- und Thierseele », 2 vol., id., 1863; « Lehrbuch d. Physiologie des Menschen », 4me éd., Stuttgard; « Die Physikal. Axiome und ihre Beziehung zum Causalprincip », Erlangen, 1866; « Handbuch d. med. Physik », id., 1867; « Untersuchungen zur Mechanik der Nerven und Nervencentren », Stuttgard, 1871-1876; « Grundzüge der physiolog. Psychologie », 2 vol., 2me éd. Leipzig, 1880; « Der Spiritismus. Eine sog. wissenschaftl. Frage », Leipzig, 1879; « Logik », 2 vol., Stuttgard, 1880-83; « Essays », Leipzig, 1885; « Ethik », id., 1886; « Zur Moral der litterar. Kritik », Leipzig, 1887; « System der Philosophie », id., 1889; « Neue Leistungen auf d. Gebiete d. physiol. Psychologie », parues dans la *Vierteljahrschr. für Psychiatrie*, 1867, et une foule d'études publiées dans les *Philosophicale Studien*.

Wüst (Albert), économiste allemand, docteur en philosophie, professeur à l'Université de Halle depuis 1873, est né, en 1840, à Mergensheim dans le Württemberg et a publié : « Theorie der Centrifugal-Regulatoren », Stuttgart, 1871; « Die Mähemaschinen der Neuzeit », Leipzig, 1875; « Die Leistungen der Mähemaschinen », Berlin, 1878; « Die Leistunder Kartoffel-Erutemaschinen », id., id.; « Auleitung zum Gebrauch des Taschen Rechenschiebers », Halle, 1880; « Landwirthschaftliche Maschinenkunde », Berlin, 1882, 2e éd. 1889; « Leichtfassliche Anleitung zum Feldmessen und Nivellizen », id., id., id. 1886; « Bericht über die Dampfpflug-Concurrenz zu Banteln vom 2 bis 8 sept. 1881 » (avec M. Boyen), id., id.; « Prüfung von Reinigungs- und Sortirmaschinen für Rübensamen und Gerste zu Magdembourg », 1884; « Die Concurrenz von Locomobilen, Getreidesortirmaschinen und Tiefpflugen bei der Lagdeburger Ausstellung im Jahre 1880 », *Landwirtsch Jahrb.*, 1881, etc., etc. Depuis 1875, il publie les *Jahresber. über d. Fortschr. im landwirtsch. Maschinenwesen*, où il a inséré plusieurs articles très intéressants sur les machines agraires.

Wylie (Jacques-Hamilton), homme de lettres anglais, inspecteur des écoles à Rochdale (comté de Lancastre), est né, à Londres, le 8 juin 1844, a étudié au *Christ's Hospital* de Londres (1852-63), au *Pembroke College* d'Oxford (1863-

67), a été professeur assistant à Glenalmond en Écosse (1868-70); il est inspecteur d'écoles depuis 1871. Nous avons de lui: « History of England under Henry the IV », 2 vol., Londres, Longmans, 1884.

Wyse-Bonaparte (William), *félibre* provençal, irlandais de nation, né à Waterford. Nous avons de lui: « Li Parpajoum Blou », 1868; « Le Piado di la Princesso ». Il collabore activement à la *Revue félibréenne* dirigée par M. Paul Mariéton. Il est *majoral* d'Irlande.

Wyss (Bernard), romancier suisse, né, le 14 décembre 1833, au village de Cappel dans le canton de Soleure, fils d'un pauvre cultivateur, eut une enfance des plus pénibles, entra en 1852 au Séminaire pédagogique d'Oberndorf où il reçut les leçons de l'excellent directeur Jacques Roth, fut placé, immédiatement après avoir subi ses derniers examens, dans l'enseignement primaire et remplit successivement les fonctions d'instituteur dans les villages de Busserach, Hochwald et Zuchwyl. Depuis 1858, le Gouvernement l'a appelé dans la ville même de Soleure. M. W. exerce depuis plusieurs années sur ses concitoyens l'influence la plus heureuse par ses simples et gracieux récits. Nous citerons, entr'autres, de lui: « Schwitzerdutsch », recueil de nouvelles en dialecte soleurois, 1863; « L'école de la vie », deuxième série de nouvelles, 1865; « Nourriture légère », troisième série des esquisses et récits, 1875. M. W. a en outre collaboré à diverses publications pédagogiques, celles par exemple destinées aux écoles de perfectionnement, à l'*Idiotikon*, dictionnaire philologique suisse; il a composé un manuel sur la « Géographie du canton de Soleure », 1863.

Wyss (Jean-Georges DE), historien suisse, né, à Zurich, le 31 mars 1816, fils du bourgmestre David de W., fréquenta pour ses études l'ancienne Académie de Genève, les Universités de Goettingue et de Berlin, fut destiné par sa famille, comme la plupart des jeunes patriciens de cette époque, à une carrière politique et remplit de 1843 à 1847 les fonctions de greffier de la ville. Les évènements de 1848 l'engagèrent à se tourner vers les recherches scientifiques: après avoir à diverses reprises enseigné à l'Université en qualité, soit de *privat-Docent*, soit de professeur extraordinaire, il a été définitivement attaché à ce corps en 1872 comme professeur ordinaire pour l'histoire suisse. Les études de cet ordre avaient déjà reçu (depuis qu'en 1854 il avait été appelé à la présidence de la Société d'Histoire suisse) la plus heureuse et la plus féconde impulsion. La Commission pour l'histoire d'Allemagne qui siège à Munich a reconnu ses éminents services en l'élisant en 1882 au nombre de ses membres. L'écrivain chez M. de W. est à la hauteur de l'érudit. Nous citerons parmi les travaux les plus importants sortis de sa plume: « Les sources pour l'histoire primitive de la Suisse », Zurich, 1853; « La chronique du Livre Blanc et les Archives de l'Obwald », id., 1856; « Histoire des trois pays de Schwytz, d'Uri et d'Unterwalden 1212-1315 », id., 1858; « Discours prononcé à l'occasion du Jubilé du prof. Dr J.-J. Hottinguer », id., id.; « La statue de Charlemagne au Münster de Zurich », id., 1861; « La bataille de Sempach d'après une chronique zuricoise du XVe siècle », id., 1862; « Conférences prononcées dans le local de la Société des Boucs », 3 séries, id., 1868-1873; « Le Duc Henri de Rohan, 1579-1638 », id., 1869; « Zurich à la fin du XIIIe siècle », id., 1870; « Histoire de l'Université de Zurich », id., 1883. M. de W. a inséré de nombreux articles et mémoires dans les *Archives d'Histoire suisse* (*L'Helvétie romaine*, 1851); « Johannis Viturodani Chronica », éditée d'après l'original et pourvue d'une introduction, 1856, tom. IX; « Le terrier des Comtes de Kybourg depuis le milieu du XIIIe siècle », 1858, tom. XII; « Les Mémoires de la Société d'Archéologie (Histoire de l'abbaye du Fraumünster de Zurich, 853-1524) », tom. VIII, 1851-1858; « Sceaux historiques du canton de Neuchâtel », id., 1859; « Werner comte de Homberg et bailli des Waldstetten », tom. XIII, 1860; « Les Feuilles de la Bibliothèque de Zurich pour la nouvelle année » (Documents pour l'histoire de la famille Manesse, 1842-1850; « Les présents du pape Jules III aux Confédérés », 1859; « Un souvenir relatif à Henri IV », 1866; « La Nouvelle Gazette de Zurich (Nécrologes de Jean-Conrad de Muralt, Jean-Henri-Emmanuel Mousson, Fred-Salomon Ott « Les Annales pour l'Histoire suisse (Antiquitates Mon. Einsidlensis et Liber Heremi par Egide Tschudi) », 1885. Il a collaboré à l'*Indicateur pour l'Histoire suisse*, à la *Nouvelle Biographie allemande*, à la *Feuille centrale pour la littérature*, à la *Revue Historique* de Sybel.

X

Ximenes (Henri-Émile), homme de lettres italien, né, à Palerme, le 14 mai 1857, fit ses études à l'Institut *Stesicoreo* et à l'Université, fréquentant les cours de belles-lettres de B. Zendrini et de philosophie de S. Corleo. En dehors d'une collaboration suivie aux *Pagine sparse*, au *Prometeus* et autres revues littéraires, il fonda en 1882 le journal quotidien *Il Vespro* et ensuite *La Democrazia* à Palerme; en 1884, il publia: « Ninna-Nanna », vers, Palerme, Giannone Lamantia; suivirent: « Studio critico sulla letteratura garibaldina », id., Gaudiano, 1885 ; « Epistolario di Giuseppe Garibaldi », 2 vol., Milan, Brigola, 1886 ; « Siracusa nel passato e nel presente », id., Sonzogno, 1887 ; « Anna Bonanno », roman du XVIII siècle, Palerme, Lamantia, id. ; « I Vespri Siciliani », avec illustrations de Q. Cenni, Milan, Bussone, 1882 ; « Urbino e la scuola di Raffaello », id., Sonzogno, 1889. En préparation : « Due anni di storia ».

Y

Yakhontoff (Alexandre-Nicolayéwitch), né, dans le district de Pskof, le 28 juin 1820. Il a terminé ses études dans le lycée de Czarskoé-Sselo en 1838 (avec le titre de conseiller titulaire). Il fut dix ans directeur du gymnase classique de Pskof, maréchal de la noblesse du district de Pskof et président du Zemstov de la même ville de 1844 à 1883. A l'heure qu'il est, M. Y., conseiller d'état actuel est maréchal de la noblesse de Pskof. Une masse de poèmes lyriques et satiriques ont été publiés par M. Y. dans les meilleurs journaux russes, de 1843-89. Un « Recueil de ses poésies », a été publié en 1884 à Saint-Pétersbourg ; nous avons aussi de lui plusieurs ouvrages et traductions historiques et scientifiques publiés pour le peuple ; des traductions de Goethe et Lessing, qui ont été insérés dans plusieurs journaux et recueils russes de 1843 jusqu'à nos jours.

Yates (Edmond-Hogdson), romancier anglais, né, à Londres, en juillet 1821, fils d'un acteur. Il entra dans l'administration des postes, y fut chef de bureau et donna sa démission en 1872 pour se consacrer à la littérature. Il alla aux Etats-Unis et y fit des conférences sur la littérature anglaise, et de retour à Londres, fonda le journal hebdomadaire *The World*, qui ne tarda pas à se faire une place dans la presse anglaise. Parmi ses romans et nouvelles d'une remarquable originalité, il faut mentionner : « My haunts and their frequenters », 1854 ; « After office hours », 1861 ; « Broken to harness », 1865 ; « Kissing the rod », 1866 ; « The Rock ahead », 1868 ; « Wrecked in port », 1869 ; « A Righted wrong », 1870 ; « Les malades du docteur Wainwrights », 1871 ; « La fortune de Nobody », 1871 ; « The Yellow flag », 1873 ; « The impending sword », 1874, etc. Il a collaboré au *All the Year Round* de Dickens, au *Daily News*, au *Temple Bar Magazine*, au *New-York Herald*. Comme critique théâtral, M. Y. a édité la « Vie et la Correspondance de C. Matthews l'aîné », célèbre acteur anglais.

Yonge (Charlotte-Marie), femme de lettres anglaise, née en 1823. Elle s'est fait connaître par un grand nombre de publications, romans ou ouvrages religieux et historiques, dont le succès est attesté par de nombreuses éditions et traductions en langues étrangères. Elle contribua, en outre, à favoriser et à soutenir de ses deniers diverses œuvres apostoliques, comme la construction d'un Collège de Missionaires à Auckland (Australie). Nous avons d'elle : « The Daisy Chain », roman qui lui fut payé 50,000 francs et que suivirent les ouvrages suivants : « Abbey church », 1844 ; « Scenes and Characters », 1847 ; « Langley School » ; « Henrietta's Wish » ; « Kenneth », 1850 ; « Kings of England » ; « The two Guardians » ; « Landmarks of history », 1852 ; « The heir of Redcliffe », 1853 ; « Heart's-ease » ; « The Castle Builders » ; « The little Duke », 1854 ; « The Lances of Lynwood » ; « The history of Sir T. Thumb », 1855 ; « Leonard the Lion-Heart » ; « Ben Sylvester's Word », 1856 ; « The instructive picture Book » ; « Dynevor Terrace », 1857 ; « M. T. de Lamourous » ; « The Christmas Mummer », 1858 ; « The Chosen People » ; « Conversations on the Catechism », 1859 ; « The Strayed Falcon » ; « The Mice at Play » ; « Hopes and Fears » ; « The Pigeon Pie », 1860 ; « The Stokesley Secret » ; « The Young Stepmother », 1861 ; « Countess Kate », 1862 ; « History of Christian Names », 1863 ; « The trial », « The Wars of Wapsbourg » ; « A Book of Golden Deeds » ; « The Apple of Discord », 1864 ; « The Clever Woman of Family », 1865 ; « The Dove in the Eagle's Nest » ; « The Prince and the Page », 1866 ; « A Shilling Book of Golden Deeds » ; « The Danvers Papers » ; « The Six Cushions », 1867 ; « Cameos from English history » ; « The Chaplet of Pearls » ; « New Ground », 1868 ; « Keynotes of the First Lessons for Every Day in the Year » ; « The Seal » ; « Grace of Confirmation » ; « Book of Worthies », 1869 ; « The Caged Lion », 1870 ; « A Storehouse of Stories », 1870-72 ; « Musings over the Christian Year and Lyra Innocentium » ; « Pioneers and Founders » ; « A Parallel History of France and England » ; « Scripture Readings for Schools », 1871 ; « Bishop Patteson » ; « Little Lucy's Wonderful Globe » ; « Questions on the Prayer Book » ; « P's and Q's », 1872 ; « Aunt Charlotte's Stories of English History for the Littles Ones » ; « The Pillars of the house » ; « Life of J. C. Patteson » ; « Lady Hester » ; « Questions on the Collects » ; « Questions on the Epistles » ; « Questions on the Gospels », 1874 ; « Aunt Charlotte's Stories of Bible History for the Little Ones » ; « My Young Alcides » ; « Memoir of G. C. Harris », 1875 ; « Eighteen Centuries of Beginnings of Church history » ; « Aunt Charlotte's Stories of Greek History for the little Ones »; « The Three Brides »; « Womankind », 1876; « Aunt Charlotte's Stories of Roman History for the little Ones », 1877; « Aunt Charlotte's Stories of German history, etc. »; « The Story of the Christians and Moors of Spain »; « The Disturbing Elements »; « Magnum Bonum »; « Novels and Tales »; « Burnt Out », 1879; « Verses on the Gospels for Sundays and Holy Days »; « Bye-Words »; « Love and Life », 1880; « Aunt Charlotte's Evenings at Home with the Poets »; « English History Reading Book »; « Cheap Jack »; « Verses on the Gospels »; « How to teach the New Testament »; « Lads and Lasses of Langley »; « Wolf »; « Frank's Debt »; « Questions on the Psalms », 1881; « Unknown to history »; « Talks about the Laws we live under »; « Given to Hospitality »; « Langley Little Ones »; « Pickle and his Page Boy »; « Sowing and Sewing »; « Historical Ballads »; « Landmarks of History », 1882; « English Church History »; « Stray Pearls »; « Aunt Charlotte's Stories of American History », 1883; « Langley Adventures », 1884; « Historical Selections of Readings on English and European History », en collaboration avec Mlle Sewell, 1868; elle a surveillé la publication de plusieurs ouvrages pour la jeunesse.

Yriarte (Charles-Émile), littérateur français, né, à Paris, le 5 décembre 1832, d'une famille originaire d'Espagne; il suivit à la fois la carrière des arts et celle de l'administration. Attaché au Ministère d'État, il fut nommé inspecteur des asiles impériaux et ensuite inspecteur de l'Opéra. Il collaborait en même temps à divers journaux illustrés français et étrangers. Lors de l'expédition de l'Espagne contre le Maroc à la fin de 1859, il fut chargé de suivre l'armé espagnole, et envoya au *Monde illustré* une suite de dessins et d'articles sur cette campagne. Il renonça alors à la position officielle pour se livrer au journalisme. L'année suivante, il fit avec les italiens les campagnes de Sicile, des Marches et de l'Ombrie; revenu en France après de longues excursions, il devint directeur de la partie artistique et rédacteur en chef du *Monde illustré* qu'il abandonna en 1870. M. Y., à part sa collaboration au *Monde*, a écrit sous son nom ou sous les pseudonymes de *Junior*, de *Marquis de Villemer*, etc., au *Figaro*, au *Grand Journal*, à la *Vie Parisienne*, etc. Il a publié en volumes : « La société espagnole », 1861; « Sous la tente, souvenirs du Maroc », 1862; « Les Cercles de Paris (1828-64) », 1864; « Paris grotesque, les célébrités de la rue (1815-63) », id; « Portraits parisiens », 1865; « Goya, sa vie et ses œuvres », 1867; « Nouveaux portraits parisiens », 1869; « Les portraits cosmopolites », 1870; « Tableaux de la guerre », id.; « La retraite de Mezières », id.; « Les Prussiens à Paris et le 18 mars », 1871; « Le Puritain », 1873; « Bosnie et Herzégovine », 1877. En 1880, M. Y. fut nommé inspecteur des beaux-arts, et publia successivement : « Les bords de l'Adriatique et le Monténégro », Venise; « Florence »; « La vie d'un patricien de Venise au XIVe siècle », ouvrage couronné par l'Académie française »; « Un Condottière au XVe siècle »; « Françoise de Rimini »; « Matteo Civitali »; « Autour du Concile »; « César Borgia, sa vie, sa captivité, sa mort ». M. Y. collabore aussi à la *Revue des Deux-Mondes*, aux *Arts et lettres*, à la *Gazette des Beaux-Arts*, à l'*Art* et est commandeur de plusieurs ordres étrangers.

Yung (Émile-Jean-Jacques), littérateur suisse, professeur extraordinaire à l'Université de Genève, né, en cette ville, le 6 juin 1854. Il s'est voué très jeune à l'enseignement. Il a soutenu ses thèses de doctorat ès-sciences devant la Faculté de Genève, où, depuis lors, il enseigne la zoologie générale et l'anthropologie. Il a fait plusieurs séjours aux Universités allemandes de Strasbourg et Iéna. Ses excursions sur la mer, en Bretagne et à Naples, ont été décrites par lui dans un style pittoresque et imagé dans la *Bibliothèque Universelle* et la *Revue de Genève*, mais ses principales publications consistent en Mémoires scientifiques publiés dans les *C.-R. de l'Académie des Sciences* de Paris, les *Archives de zoologie expérimentale*, les *Archives des Sciences physiques et naturelles*, les *Mittheilungen aus der zoologischen Station zu Neapel*, etc. Les principaux travaux de M. Y. ont porté : sur la physiologie des animaux inférieurs; l'action des poisons, l'action des radiations colorées sur le développement, sur l'influence des milieux étudiée expérimentalement; sur la connaissance des poussières cosmiques; sur les erreurs de nos sensations à l'état de veille et de sommeil. En volumes : « Tableaux synoptiques de la classification des animaux », Genève, Georg, 1882; « Cours d'anthropologie zoologique », id., id., 1883 : « Le sommeil normal et le sommeil pathologique », Paris, O. Doin, id.; « Traité d'anatomie comparée pratique », en collaboration avec M. Carl Vogt, id., Reinwald, 1887 (le 1er volume a seul paru).

Z

Zabéline (Ivan), célèbre archéologue russe, auteur de « La vie domestique des Czars et des Czarines au temps du XVIe et XVIIe siècle ». Il est né dans une famille d'un pauvre employé à Twer le 17/29 septembre 1820.

Zaccaria (Antoine), pédagogiste italien, inspecteur scolastique à Ravenne, né, à Granarolo en Romagne, le 10 janvier 1842. Après des études commencées à Forlì et achevées à Florence, il entra dans l'enseignement, et après 14 ans de chaire fut nommé inspecteur. On a de lui : « Osservazioni intorno al riordinamento delle scuole del Municipio di Tredozio », Faïence, 1865 ; « Sui primi doveri dei genitori nella educazione dei figliuoli », id., 1866 ; « Dei tempi, della vita e delle opere di Lodovico Ariosto », id., 1867 ; « Sulla educazione del popolo (lettera all'Eccellenza del signor Ministro della Pubblica Istruzione) », Turin, 1869 ; « Osservazioni sulla versione dei Buccolici Greci di D. Sante Rentini », Sanseverino (Marche), id. ; « Dei romanzi, dei romanzieri e del signor Pietro Fanfani », Florence, id. ; « Saggio di morale offerto al popolo italiano », id., 1870 ; « Parole dette all'Impruneta per la solenne distribuzione dei premi dell'anno scolastico 1869-70 », id., id. ; « Discorso pronunciato nella solenne apertura della Biblioteca circolante dell'Impruneta », id., 1871 ; « Degli incoraggiamenti che si danno in Italia ai giovani che studiano », Vercelli, id. ; « Elegie scelte di P. Ovidio Nasone e di A. Tibullo, annotate ad uso della 3ª Classe ginnasiale », Faïence, id. ; « Elegie scelte di P. Ovidio Nasone e di A. Tibullo, tradotte in prosa italiana », id., id. ; « Discorso intorno allo studio della Storia Patria », Bobbio, id. ; « Statuto per la Società italiana contro le letture oscene », Vercelli, 1872 ; « Parole dette il dì 12 dicembre 1875 per la solenne distribuzione dei premi agli allievi delle Scuole Comunali di Pedaso », Fermo, 1876 ; « Trattato del rispetto ai genitori, di Filone Ebreo », traduction du grec, Lucques, id. ; « Un episodio della guerra italiana del 1866 », Florence, 1878 ; « Il giorno 20 settembre 1870 », id., id. ; « Proposta di legge per migliorare la condizione degl'insegnanti elementari », id., 1879 ; « Mesto tributo di affetto sulla tomba del Senatore Mauro Macchi », Fermo, 1881 ; « La Biblioteca popolare circolante di Longastrino (Alfonsine-Argenta) », id., id. ; « Sulla scuola laica », Pallanza, id. ; « Parole di un romagnolo agli elettori politici », Ferrare, 1882 ; « Riforme urgenti », Rome, id. ; « Intorno al riordinamento dell'amministrazione scolastica », Faïence, 1883 ; « I principali doveri di civiltà e buona creanza di F. Soave, ridotti a miglior lezione e ripubblicati ad uso delle scuole e delle famiglie », id., 1884 ; « Alfredo Baccarini », biographie, Faïence, 1885 ; « La scuola e la vita », id., 1886 ; « Marco Minghetti, in memoriam », id., 1887.

Zacchetti (Louis), pédagogiste italien, directeur de l'École normale supérieure de Camerino, est né, en 1845, à Orio Litta (Province de Milan), a été officier à l'armée, ensuite, pendant 13 ans, docteur d'écoles communales ; il a reçu pour ses mérites plusieurs récompenses, et a publié les ouvrages suivants : « Corso di psicologia in servizio della pedagogia », Turin, Paravia ; « Studio critico sul Collegio d'Assisi » ; « La Scuola e la questione sociale » ; « Istruzioni didattico-educative » ; « Didattica per le scuole elementari laiche » ; « La prima educazione » ; « Contro al vizio o l'ignoranza », dialogues ; « La Scuola moralizzatrice » ; « Regole per l'analisi logica », etc., etc.

Zaccone (Pierre), romancier populaire français, né, à Douai, le 2 avril 1818. Fils d'un officier, il fut d'abord enfant de troupe et fit une partie de ses études à Brest ; mais l'âge venu, il n'éprouva pas le désir de contracter un engagement militaire, et il obtint un emploi dans l'administration des postes. M. Z. débuta dans la carrière littéraire à vingt ans par des nouvelles, des fantaisies et des vers insérés dans les journaux du Finistère et du Morbihan ; il fit représenter vers le même temps un vaudeville au théâtre de Brest. Venu à Paris, il publia bientôt une quantité de compilations historico-dramatiques et de romans, d'abord pour la plupart en collaboration. Il a depuis fourni de nombreux feuilletons aux journaux politiques et aux feuilles populaires illustrées. Nous citerons : « Époques historiques de la Bretagne », 1845 ; « Histoire des sociétés secrètes politiques et religieuses », 1847 ; « Les ouvriers de Paris et de Londres », avec Paul Féval, 1850 ; « Les mémoires d'un roi », avec le marquis de Foudras, 1851 ; « Marguerite et Béatrice », avec Paul Féval ; « Le dernier rendez-vous », 1852 ; « Le roi de la Bazoche », 1853 ; « Eric le mendiant » ; « Les mystères du vieux Paris », 1857 ; « Le nouveau langage des fleurs » ; « Les plaisirs du roi », 1855 ; « Le nouveau Paris », 1856 ; « Les deux Robinsons », 1863 ; « Les drames des catacombes » ; « Les mystères de Bicêtre », 1864 ; « Le condamné à mort », 1866 ; « Le fils du forçat » ; « La poste anecdotique et pittoresque », 1868 ; « Histoire des bagnes », 1869 ; « La cellule 407 », 1870 ; « Les drames de l'Internationale » ; « Les mémoires d'un commissaire de police », 1872-73 ; « Un drame sous les pontons » ; 1873 ; « Les misérables de Londres », 1874 ; « Les nuits du boulevard », 1876 ; « L'homme des foules », 1877 ; « La vie à outrance », 1878 ; « Le fer rouge », 1880 ; « Les ouvriers de l'avenir », 1852 ; « Les mystères de la Chine », 1860 ; « Une banqueroute frauduleuse » ; « Ethel Van Dick », 1861 ; « La Bohémienne », id. ; « Le gamin de Paris », id. ; « La lanterne rouge » ; « Les mansardes de Paris » ; « Les mémoires de Biribi » ; « Jean longues-jambes » ; « L'assassinat de la rue Mambuée » ; « La fille de Caboche » ; « Les femmes de Paris », avec Eugène Moret ; « L'escalier d'un doge », avec M. Charles Valois » ; « L'Inconnu de Belleville » ; « Les drames de la Bourse » ; « La petite bourgeoise » ; « L'homme aux neuf milions » ;

« L'honneur de Diane » ; « Blanchette » ; « La maison du damné » ; « Les aventuriers de Paris » ; « La vertu de Charbonnette » ; « Une haine au bagne » ; « Maman Rocambole » ; « Le courrier de Lyon » ; « L'enfant du pavé » ; « La fille des camelots » ; « La Chambre rouge » ; « La belle Diane » ; « La Dame d'Auteuil ». M. Z. a fait, en collaboration, plusieurs vaudevilles et livrets d'opéras-comiques.

Zacharias (Édouard), botaniste allemand, docteur en philosophie, professeur extraordinaire de botanique à l'Université de Strasbourg (Alsace), est né, en 1852, à Berlin, a fait ses études à Hambourg, Tubingue et Strasbourg, et a publié : « Ueber die Anatomie des Stammes der Gattung Nepenthes », Strasbourg, 1877 ; « Ueber Secretbehälter mit verkorkten Membranen » (*Bot. Zeit.*), 1879 ; « Ueber die chemische Beschaffenheit des Zellkerns » (id.), 1881 ; « Ueber die Spermatozoiden » (id.), id. ; « Ueber den Zellkern » (id.), 1882 ; « Ueber Eiweiss, Nuclein und Plastin » (id.), 1883 ; « Ueber den Inhalt der Siebröhren von Cucurbita Pepo » (id.), 1884 ; « Ueber den Nucleolus » (id.), 1885 ; « Ueber Eier und Samenfäden » (*Ber. d. d. Bot. Ges.*), id. ; « Beiträge zur Kenntniss des Zellkerns und der Sexualzellen » (*Bot. Zeit.*), 1887, etc., etc. Il a fourni aussi plusieurs articles à d'autres journaux spéciaux allemands, ainsi qu'aux *Pringsheim's Jahrbücher*.

Zachariasiewicz (Jean), romancier polonais, né, à Radymno en Galicie, en 1825, fit ses études lycéales à Premiszl ; après une détention de deux années (1840-42), il s'adonna au journalisme et collabora à plusieurs journaux polonais. Nous avons de lui les romans suivants : « Aux frontières » ; « Santo Juro » ; « En veille » ; « Cartes couvertes » ; « L'Enfant de Dieu » ; « Les voisins » ; « Marcien Kurdysz » ; « Jarema » ; « Marc Goraj » ; « Victoria Reine » ; « Histoire de l'idéal » ; « Espoirs de famille » ; « Fortune de femme » ; « Aux frais de la femme » ; « Les secrets de Stéphanie ». En 1880, il fut atteint à Venise par une maladie sérieuse aux yeux, qui ralentit son activité littéraire. Depuis ce temps, nous lui devons cependant encore seize publications, parmi lesquelles on signale : « Flaminia » ; « Kometa » ; « Kiewna novella » ; « Oboje » ; « Fundacya wajej bubdi » ; « Niebcczka » ; « Z kurnawala », etc.

Zahn (Théodore), écrivain allemand, docteur en théologie, professeur de cette faculté à l'Université de Leipzig, né, le 10 octobre 1838, à Moers (Prusse rhénane), fit ses premières études dans sa ville natale, près d'un institut privé, dirigé par son père ; il fréquenta les Universités de Bâle, Erlangen et Berlin se dédiant presqu'entièrement à la théologie. En 1861, il devint maître au Gymnase de Neustrelitz, en 1865 répétiteur et professeur libre à l'Université de Gœttingue, où, en 1871, il fut nommé professeur extraordinaire et docteur *honoris causa* par la Faculté théologique ; il a été, de 1877 à 1878, professeur ordinaire à Kiel ; de 1878 à 1888, professeur d'exégèse du Nouveau Testament à Erlangen, et depuis 1888 à Leipzig dans la même qualité. On lui doit plusieurs ouvrages, parmi lesquels nous citons : « Marcellus von Ancyra », Gotha, 1867 ; « Der Hirt des Hermas », id., 1868 ; « Ignatius von Antiochien », id., 1873 ; « Ignatii et Polycarpi epistolæ martyria fragmenta », Leipzig, 1876 ; « Acta Joannis unter Benutzung von C. v. Tischendorfs Nachlass bearb. », Erlangen, 1880 ; « Forschungen zur Geschichte des neutestamentalichen Kanons und der altkirchlichen Litteratur », 3me partie, Erlangen, 1881-83-84 ; « Cyprian von Antiochien », id., 1882 (une récension de cet ouvrage a été publiée par R. Bonghi dans *La Cultura*, Rome, 1882, et dans le n. 80 du *Fanfulla della Domenica*, id., id.) ; « Geschichte des neutestamentalichen Kanons », 3 vol., id., 1888-89. Outre cela, il a publié une foule d'études sur l'histoire de l'ancienne église, parues dans divers journaux spéciaux allemands.

Zakontsebrowsky (W.-D), romancière russe, très connue sous le nom de *W. Krestowski*, née Wostchinska, en 1825, à Riazan, où son père était employé. Elle débuta à 22 ans dans l'*Illustration* russe par des poésies intitulées : « Crépuscules » et « Les Oiseaux ». En 1850, elle inséra aux *Annales de la patrie* sa première nouvelle : « Anna Michaïlowna », sous le pseudonyme de *W. Krestowski*. Suivirent : « Le Maître du village » ; « La première lutte » ; « Le baryton » ; « La Grande Ourse » ; « Album » ; « Ridneva », nouvelle traduite en italien par Mme la comtesse Sophie De Gubernatis et publiée en 1876 à Florence dans la *Rivista Europea*. Sa sœur écrivait sous le pseudonyme de *Veseniva* ; tombée malade, elle fut soignée par le docteur Zakontsebrowsky, avec lequel elle se maria, et dont elle est restée veuve en 1874. Son dernier ouvrage de l'année 1888 est intitulé : « Les devoirs ».

Zakrzewski (Vincent), historien polonais, né en 1844. Il étudia à Saint-Pétersbourg, à Heidelberg, Iéna et Berlin. Depuis 1872, il est professeur universitaire d'histoire générale à Cracovie ; depuis 1881, il est membre de l'Académie des lettres et des sciences de la même ville, et depuis 1887 membre de l'Académie hongroise de Budapest. En librairie : « Le développement du protestantisme en Pologne », Leipzig, 1870 ; « Les relations du Saint-Siège avec Ivan le Terrible », Cracovie, 1875 ; « Après la fuite de Henri, histoire de l'interrègne de Pologne 1574-1575 », Cracovie, 1878 ; « La famille Laski (ou Lasco) au XVIe siècle », Varsovie, *Atheneum*, 1882-83 ; « Étienne Báthory, revue d'histoire de son règne et programme des études ultérieures », Cracovie, 1887 ; « Stanislai Hosii cardinalis episcopi Varmiensis (1507-1579) Epistolæ », 2 vol. publiés en collaboration avec M. F. Hipler, id., 1879-88.

Zalla (Ange), historien italien, né, le 21 février 1844, à San Donà di Piave, licencié de l'Ecole normale supérieure de Pise en 1871; après avoir été professeur d'histoire aux lycées de Monteleone (Calabre) et de Sondrio, il est actuellement professeur ordinaire dans le R. Institut Supérieur de Magistère des jeunes filles à Florence. Nous avons de lui : « Il Medio Evo in Italia », Milan, Brigola, 1877; « Studii storici », Florence, imp. coopérative, 1890; « Cesare Parrini e i suoi scritti », id., Bencini, 1885; « Storia di Roma antica », en collaboration avec le prof. Parrini, id., Paggi, 1884; « Storia del Medio Evo », id., id., id.; « Storia moderna », id., id., 1886; « Quadri storici, cronologici », id., id., 1884; « Compendio di storia romana e greca », id., R. Bemporad e f., 1890.

Zambaldi (Émile), avocat et publiciste italien, né, à Venise, le 22 novembre 1838. Pendant qu'il étudiait à l'Université de Padoue (1859), il émigra pour s'enrôler. Après la guerre, il acheva son droit à Pavie et s'inscrivit au barreau de Milan. Depuis 1871, il collabora à la *Perseveranza* par des articles de matière légale très appréciés, notamment ceux sur le jury, sur la réforme judiciaire, sur le Code pénal, sur les avocats députés, etc. Il insère au même journal des critiques d'art dramatique.

Zamboni (Philippe), poète et patriote italien, professeur à l'Académie de commerce à Vienne, né, vers l'année 1830, à Trieste, où son père Antoine était consul du Saint-Siège. Il faisait son droit à Rome, lorsque la révolution de 1848 éclata. Il prit part aux campagnes de la Vénétie, se distinguant parmi les légionnaires romains, et au siège de Rome en 1849, comme capitaine dans le bataillon des étudiants; il sauva des mains des Français le drapeau national qu'il emporta avec lui dans l'exil et qu'il rendit solennellement à la ville de Rome en 1871. Après la chute de Rome, il visita les côtes de l'Afrique septentrionale et de l'Asie-Mineure, en continuant par sa parole et par ses écrits son œuvre patriotique. Vienne enfin l'accueillit. Son œuvre littéraire est considérable; l'érudition historique y est pénétrée d'un souffle poétique et patriotique. Parmi ses poèmes, on doit signaler : « La lega Lombarda »; « Roma nel mille » et « I. Flavii », loués par Hammerling et écrits dans un style grandiose; un livre de haute érudition historique : « Gli Ezzellini, Dante e gli Schiavi », riche en détails nouveaux; des écrits sur l'art, des discours, des poésies éparses. Dans ces dernières années, M. Z. a eu la chance de faire une curieuse découverte, qui lui a créé une grande popularité, en Allemagne surtout. Le premier, au moyen d'un binocle, il a vu dans les taches de la lune, la tête de deux amoureux qui s'embrassent; la photographie, la gravure, la poésie se sont emparée de cette découverte. M. Flammarion en a fait mention, avec finesse, dans son *Dictionnaire astronomique* de l'année 1888; M. De Gubernatis lui a adressé l'ode intitulée : « Il bacio nella luna ».

Zamfiresco (Duilius), écrivain roumain, attaché au Ministère des affaires étrangères de Roumanie, né, le 30 octobre 1858, à Plaginesti, district de Rômnic Sarat. Il a fait ses premières études dans son pays, à Focshani, district de Putna (Roumanie). M. Z. possède des études universitaires littéraires et juridiques. Nous avons de lui : « Farà Titlu (sans titre) », recueil de poèmes et nouvelles, dans lequel se trouve la poésie « Levante et Kalayoyta », traduite en français et en grec; « In Fata Victu (En face de la vie) », roman, et « Novele ». Collaborateur de l'importante revue *Convorbiri literare*, il y a publié une série de nouvelles roumaines, qui l'ont, surtout, fait apprécier par le public roumain, et dont plusieurs ont été traduites en français.

Zamislowsky (George), historien russe, professeur d'histoire russe à l'Université de St.-Pétersbourg et à l'Institut historique et philologique, membre de plusieurs sociétés archéographiques. Cet historien, est né, à Grodno, en 1841. Il reçut son éducation élémentaire à St.-Pétersbourg dans le 2me gymnase. En 1861, il acheva ses études à l'Université de St.-Pétersbourg comme *candidat* des sciences historiques et philologiques. En 1871, il fut nommé *magistre* et en 1884 docteur de l'histoire russe. Ses principales œuvres sont: « Le règne du tzar Théodore Alexéevitsch »; « Guerberstein et ses renseignements historiques et géographiques sur la Russie »; « Un Atlas » (élémentaire), sur la géographie historique de la Russie suivi d'un texte explicatif. La troisième édition de cet ouvrage a eu lieu en 1887. Chargé par la Société archéographique, il a publié trois volumes des « Chroniques » de cette société (le V, VI et le VII); ainsi que les récits de Massa et de Guerkmann sur l'époque des émeutes en Russie. En outre, il a publié dans le *Journal de l'instruction publique* des articles et des recherches historiques.

Zamora Albadalejo (Édouard DE), poète espagnol, membre de plusieurs académies littéraires espagnoles et étrangères, né, à Madrid, le 3 novembre 1865. Il a étudié à l'Académie militaire, mais il quitta bientôt le service pour se consacrer au journalisme et a dirigé ou rédigé une quantité de petits journaux castillans. Nous avons de lui: « La armonia », poème, Madrid, 1884; « Maldicion », légende tragique en vers, id., 1886; « Myrtos », volume de vers, id., 1888; « Las minas del diablo », 1889; sous presse: « Mis primeros versos »;

« Lagrimas »; « La Cadena de plata », poème; « Retazos », collection d'articles; en préparation: « El romancero de Madrid »; « La muerta », nouvelle; « Culpable y martire », drame.

Zampini (Fanny, née SALAZARO), fille de l'écrivain italien et critique d'art Démétrius S., mort en 1883, est née, à Bruxelles, le 11 mai 1853. Très versée dans la langue anglaise, qui était d'ailleurs sa langue maternelle, elle a traduit quelques romans anglais et puisé dans la littérature anglaise un goût prononcé pour les études qui regardent les intérêts et les droits des femmes. Son premier ouvrage: « Povera Lina », fut une nouvelle fantastique publiée au *Corriere del Mattino* en 1878. Suivirent: « Ombre e luce »; « Illusione e realtà »; la comédie « Cuor di donna », et enfin les ouvrages qui suivent mis en ordre de date: « Fra l'ideale e il reale », nouvelle, G. Rondinella, Naples, 1879; « Costumi popolari napoletani » (*Guida Bronner*), 1880-82; « Economia domestica », traduit de l'anglais, Naples, 1880; « Gli Ogilvie », roman, trad. de l'anglais, id., Morano, 1881; « Briciole del 1881 », Naples; « Giulietta e Romeo, pensieri ed osservazioni di Sidney Philips », id., Morano, 1882; « Consigli per l'educazione de'bambini », de l'anglais, Salerne, 1885; « Dell'insegnamento, dei suoi fini e dei suoi mezzi, del prof. Enrico Calderwood », dans le *Bollettino del Ministero della pubblica istruzione;* sous presse: « Guida d'igiene fisica e morale per le fanciulle italiane », Milan, Trevisini. Mme Z. a fondé la *Rassegna degli interessi femminili*, qui a remporté le diplôme de Médaille d'or à l'Exposition Béatrice. Depuis bientôt deux ans, M. Zampini-Salazaro vit dans la retraite à Naples.

Zanardelli (Titus), publiciste et philologue italien, fixé depuis plusieurs années à Bruxelles. Il a pris autrefois une part considérable au mouvement socialiste, et nous connaissons de lui une brochure, publiée à Paris dans la langue maternelle de l'auteur, sur la situation des ouvriers ses compatriotes. A Bruxelles, M. Z., après avoir travaillé comme simple typographe ou plutôt comme apprenti-typographe dans les ateliers de MM. Lebègue et Cie, est devenu professeur d'italien aux cours institués par l'administration communale de la capitale; et il a déjà amplement payé à la Belgique, par de savants travaux, l'hospitalité qu'il y reçoit. Nous citerons de lui: « Recueil de thèmes italiens », Bruxelles, 1886; « Traité comparé de prononciation italienne », id., 1887; « Echi di lontane armonie liriche italiane », id., id.; « Une préface sur l'importance de l'étude des patois », écrite en 1888 pour la « Monographie des patois du Luxembourg méridional », de M. P.-L.-V. Dubois; une très curieuse et très importante étude sur « L'étrusque, l'ombrien et l'osque dans quelques-uns de leurs rapports intimes avec l'italien », donnée en 1890 à une des Sociétés savantes de Bruxelles, et publiée bientôt après en brochure, etc. Actuellement M. Z. travaille à un grand ouvrage sur la langue wallonne et ses dialectes, conçu d'après les indications les plus récentes de la science moderne.

Zander (Richard), médecin allemand, professeur libre d'anatomie comparée et d'embryologie à l'Université de Königsberg, né, en 1855, à Königsberg, étudia la médecine dans sa ville natale et devint assistant d'anatomie pathologique à Halle; il a été ensuite assistant d'anatomie à Königsberg, où depuis 1884 il enseigne aussi l'anatomie à l'école des Artistes. Il a publié plusieurs dissertations, mémoires et études, parmi lesquelles nous citerons: « Die Folgen der Vagusdurchschweidung bei Vögeln » (*Pfluger's Arch.*), 1879; « Fibrom des Herzens » (*Virchow's Arch.*), 1880; « Morbus Brightii und Herzhypertrophie » (*Zeitsch. f. Klin. Med.*), 1882; « Die Frühesten Stadien der Nagelentwicklung » (*Arch. f. Anat. u. Phys.*), 1884; « Untersuchungen über den Verhornungsprocess » (id.), 1886; « Die Knochenmaceration mittelst Kabilauge » (*Anat. Anzeig.*), 1886; « Ueber das Gefieder des afrikanischen Strausses » (*Schrif. d. phys. ökonom. Ges. zu Königsb.*), 1888, etc., etc.

Zaniboni (Pierre), homme de lettres italien, directeur de l'Ecole Normale Supérieure de Padoue, est né, à Foscolano (prov. de Brescia), en 1837; il entra très-jeune dans l'enseignement et publia les ouvrages suivants: « Scapolo », roman; « Nicola Sole », monographie; « Miracoli d'amore », nouvelles; « Lezioni di storia letteraria ad uso delle scuole ». Nous avons encore de lui des articles de critique littéraire sur les écrivains italiens Guerzoni, Fanfani, Fogazzaro, etc.

Zannoni (Jean), homme de lettres italien, né, à Brindes, le 11 mars 1866, professeur de lettres au gymnase supérieur *E. Q. Visconti* de Rome depuis 1887, fit ses études de gymnase et de lycée à Florence et à Livourne et les universitaires à Rome où il fut licencié ès-lettres pour sa thèse: « I precursori di Merlin Coccai », Città di Castello, Lapi, 1888. Tout jeune encore, M. Z. avait composé un roman: « Il Re dei libertini », qu'il commença à publier au rez-de-chaussée d'un journal florentin, et écrivit des *Odes barbares*, dont quelques unes ont été publiées dans l'*Ondina* de Livourne, mais il en inséra d'autres dans le *Pungolo della Domenica*, ensuite il publia des contes et nouvelles dans ce même journal, et à l'*Opinione letteraria* et au *Preludio*. Il s'adonna bientôt à la critique littéraire, en insérant des essais aux journaux cités et surtout à la *Domenica letteraria* et dans le *Fracassa*, dont il a été successivement correspondant et rédacteur. Ses études achevées, M. le prof. Z. a publié et publie d'intéressants mémoires au *Giornale storico della letteratura*, au

Propugnatore et aux *Atti della R. Accademia dei Lincei*, et collabore avec assiduité à la *Cultura* de M. R. Bonghi. Nommé à la chaire qu'il occupe maintenant à Rome, après avoir refusé une chaire de lycée en province, gagnée par concours, M. le prof. Z. a publié, en collaboration avec M. le prof. C. Antona-Traversi, cité dans ce « Dictionnaire », un commentaire au « Canzoniere » de Pétrarque, Milan, Carrara édit., avec illustrations.

Zanolli (le rév. Dominique), écrivain italien, né, en 1810, dans le Trentin, auteur de plusieurs essais en prose et en vers dans le dialecte de la contrée. Citons : « L'Offizi de Donna Checca serva del dom Bastiani et el romit de San Martin », Padoue, 1856; « El legat dei bisi », nouvelle; « La donna lora », id., id.; son œuvre capitale est: « I sette peccati capitali e la gabbia dei matti », poème en 1200 octaves.

Zanon (Jean-Antoine), ingénieur naval et professeur d'architecture navale et de machines à vapeur à l'Institut Technique de Vérone, né, à Venise, le 25 mars 1845, a étudié à l'école navale de la ville et a publié plusieurs mémoires très intéressants à la *Rivista Marittima*, à la *Scienza Italiana* et aux Actes de l'*Accademia Romana di S. Tommaso d'Aquino*. Nous donnons les titres des mémoires en question : « Sulle linee d'acqua a forma d'onda », 1871; « Accordo del centro velare coll'impoppamento della nave », 1873; « Critica delle linee di corrente; resistenza dell'acqua alle carene (Appendice alla teoria delle linee d'acqua russelliane) », 1874; « Modo di descrivere una linea d'acqua di data equazione in una carena di data capacità », 1878; « L'Arsenale e il Porto di Venezia », 1875; « Questioni idrauliche e storiche sul Porto e sull'Estuario di Venezia », 1877; « Sulle ipotesi moderne della fisica e sulla vera natura dei corpi », 1879; « La Spettroscopia e le sue conseguenze », 1880; « Elettricità e moti interni dei corpi », 1881; « Principii di fisica secondo la dottrina dell'ilemorfismo moderno », 1885-1887; « La moderna teorica dei gas e le classiche nozioni che la precedettero », 1885; « La cinetica combattuta e vinta da G. A. Hirn », 1887; « L'industria navale », en collab. avec le prof. Albert Errera, Venise, Naratovich, 1871, Milan, Brigola; « Le ipotesi fisiche analizzate », Venise, Fondelli, 1885; « Governo delle caldaie e delle macchine a vapore », id., id., 2e éd.

Zar (Marc), homme de lettres italien et slave, né, à Castelnuovo di Cattaro (Dalmatie), au mois d'août de 1859. Très jeune (1877), il publia dans le *Slovinaz* de Raguse des articles qui faisaient connaître les hommes de lettres italiens à ses lecteurs serbes. C'est aussi dans ce journal qu'il publia en serbe une traduction de la « Dame aux Camélias ». Il a traduit aussi: « I Sepolcri » de Foscolo; les « Pagine sparse » de De Amicis »; « L'Ode alla Regina », et celle « A Giuseppe Garibaldi » de Carducci. En même temps, il insérait à l'*Annuario Dalmatico* et aux *Scintille* de Zara, ainsi qu'au *Corriere di Roma* et au *Fanfulla della Domenica*, des articles concernant la littérature slave. Il est collaborateur du journal politique jugo-slave *Srpski List* et de plusieurs autres journaux en langue serbe. Enfin, en librairie, nous avons : « Pour les jours de pluie (La Kisljive Dneve) », poésies, 1883.

Zarbarini (Grégoire), écrivain dalmate, professeur de littérature italienne et serbo-croate à l'École Royale Supérieure de Spalato (Dalmatie), né, le 9 mai 1842, à Cattaro, étudia aux Gymnases de Raguse et de Spalato, suivit la faculté théologique à Zara (1863-66), et aussitôt ordonné prêtre, eut charge d'âmes à Porto Rose (1866-67), et fut nommé vicaire à San Triphon de Cattaro (1868-72). En même temps, l'abbé Z. enseignait l'italien, la géographie, la comptabilité, la physique, etc. En 1872-73, il fréquenta l'Université de Vienne et en 1874 il fut nommé à la chaire qu'il occupe maintenant à Spalato. Nous avons de lui : « L'Esposizione universale 1873 pel XX aprile », Spalato, A. Zannoni, 1875; « Salona », id., id., 1885; « Salona e l'Esposizione 1873 », 2e éd., id., id., 1885; « Versi Dalmatici (e Salona III edizione) », id., id., id., 1886; « Ricordi Guerini », id., id., id., 1887; « Il II Centenario di Trani », id., id., id., id.; « Il Centenario di Castelnovo », Zara, Artale, 1887; « La Diocleide di G. Ciobaraich, poemetto polimetro dal latino », id., id., id., 1887; « Officium propr. S. Triphonis M. gregorianis modis aptatum », Spalato, A. Zannoni, 1887; « Paralipomeni del Centenario di Castelnuovo », Zara, id., id., 1887.

Zardo (Antoine), poète élégant italien, professeur de belles-lettres à l'Institut Royal Supérieur de Magistère pour les jeunes femmes de Florence, né, en 1850, à Padoue, où il fit ses études et son droit. De 1874 à 1885, il parcourut la carrière de l'enseignement aux instituts techniques et aux écoles normales. Il avait débuté en 1868 par des poésies d'occasion insérées à l'*Universo illustrato*, à l'*Illustrazione popolare* de Milan et aux principales revues italiennes, entr'autres, à la *Rivista Contemporanea* et à la *Rassegna Nazionale* de Florence. En librairie, nous avons de cet auteur: « Versi », Venise, Segré, 1879 ; « Liriche tedesche recate in versi italiani », Padoue, Draghi, 1880; « G.-B. Niccolini e Federico Schiller », id., id., 1883; « Albertino Mussato », id., id., 1884; « Goethe, canti d'amore e poesie », traduction, Milan, Hoepli, 1886; « Il Petrarca e i Carraresi », id., id., 1887; « Fiori tedeschi », traductions, id., id., 1888; enfin: « Ballate tedesche », 1890.

Zarucke (Édouard), écrivain et philologue al-

lemand, docteur en philosophie, professeur extraordinaire de philologie classique à l'Université de Leipzig, né, le 7 août 1857, à Leipzig, fit ses études à Heidelberg, Strasbourg et Leipzig; il voyagea en Italie, en France et en Angleterre, et publia: « De vocabulis græcanicis quæ traduntur in inscriptionibus carminum Horatianorum », Argentorati, 1880; « Symbolæ ad Julii Pollucis tractatum de partibus corporis humani », Leipzig, 1885; « Weiteres über die sogenannten Vocabula græcania in den Ueberschriften der Horazischen Gedichte » (Jahrb. f. class. philos.), 1881; « Parallelen zur Entführungsgechichte im Miles gloriosus » (Rhein. Mus.), 1884; « Der Einfluss der griechischen Literatur auf die Entwicklung der römischen Prosa », Leipzig, 1888; « Aus Murbach's Klosterbibliothek 1464 », Argentorati, 1889. Il a fourni aussi bon nombre d'articles au Lit. Centralbl. für Deutschland, et à la Wochenschrift für Classische Philologie.

Zeerleder (Albert), magistrat et professeur suisse, né, le 6 juin 1838, à Berne, d'une famille patricienne, à laquelle appartinrent également dans notre siècle Charles Z. l'historien de la ville de Berne depuis ses origines jusqu'au XIIIe siècle et Bernard Z. le biographe de Charles-Louis de Haller, Franz Wyss, etc.; il étudia la jurisprudence aux universités de Berlin et de Heidelberg, et obtint de cette dernière en 1859 un diplôme de docteur en droit. La carrière judiciaire s'ouvrit immédiatement devant lui: membre, dès 1860, du Tribunal de Berne, il fut de 1870 à 1874 appelé à sa présidence et occupa, pendant les six années suivantes, un fauteuil à la Cour suprême qu'il échangea en 1880 contre la chaire de droit germanique, ecclésiastique et commercial à l'Université. Nous possédons de M. Z. un mémoire sur « La réunion de l'évêché de Bâle au canton de Berne », inséré dans les Annales de la Société d'histoire; un « Rapport sur les formes et la preuve du contrat dans le droit fédéral et cantonal », lu en 1883 à la Société des juristes suisses, un ouvrage sur « La législation suisse en matière d'arrêt », Berne, 1888. M. Z. dirige depuis 1880 la Revue des juristes bernois.

Zeissl (Maximilien DE), médecin autrichien, professeur libre de syphilographie et des maladies de la peau à l'Université de Vienne, né, en 1853, à Vienne, où il fit ses études, a été démonstrateur à la faculté d'anatomie, assistant à la clinique de chirurgie, et médecin secondaire de la Section des syphilitiques à l'hôpital général de Vienne, sous le prof. S.-H. Zeissl. En 1887, il entreprit un voyage dans la Bosnie, l'Herzégovine et la Dalmatie, pour y étudier la syphilis endémique. En dehors d'un très grand nombre d'études, mémoires et dissertations insérés dans les actes de l'Académie Viennoise, dans l'All. Wien. med. Zeit., dans le Wien. med. Blatt.,
Wien. med. Wochen., Wien. med. Presse, Med. Jahrb., Wien. Klin. Vierteljahrsschr. f. Dermat. und Syph., Intern. Klin. Rundschau, Klin. Zeit-und Streitfragen, etc., etc., il a publié: « Ueber die Steine in der Harnröhre des Mannes », Stuttgard, 1883; « Lehrbuch der Syphilis », avec M. Hermann, id., 5e éd., 1888; « Grundriss der Syphilis », id., 1884, ouvrage traduit en anglais et en français. Il a collaboré au Virchow-Hirsch's Jahresbericht, et a découvert une nouvelle méthode de résection du nerf ethmoïdal et d'opération en cas de paraphymose.

Zelinka (Charles), médecin allemand, docteur en philosophie, professeur libre de zoologie et d'anatomie comparée à l'Université de Gratz, professeur au Lycée municipal de cette ville, est né en 1858, et a publié: « Ueber die Nerven in der Cornea der Knochenfische » (Zool. Anzeig.), 1881; « Die Nerven der Cornea der Knochfische und ihre Endigung im Epithel » (Arch. f. Mikr. Anat.), 1882; « Studien über Räderthiere » (Zeitschr. f. Wiss. Zool.), 1886; « Ueber eine in der Harnblase von Salamandra maculata gefundene Larve derselben Species » (Zool. Anz.), 1887.

Zeller (Édouard), écrivain et philosophe allemand, conseiller intime d'État, membre de l'Académie impériale des sciences à Berlin et d'autres sociétés savantes, docteur en théologie et philosophie, professeur de philosophie à l'Université de Berlin, né, le 22 janvier 1814, à Kleinbottwar, village dans le Würtemberg; il étudia la philosophie et la théologie aux universités de Tubingue et Berlin; il a été en 1840 professeur libre de théologie à Tubingue, en 1847 professeur ordinaire de théologie à Bern, en 1849 professeur ordinaire de philosophie à Marbourg (Hessen), en 1862 à Heidelberg et en 1872 à Berlin, où il enseigne toujours la philosophie à l'Université de cette métropole. En dehors de nombreux articles parus dans les Abhandl. d. Berl. Ak. et dans les Theol. Jahrb. dont il fut un des fondateurs, on lui doit: « Platonische Studien », Tubingue, 1839; « Die Apostelgeschichte, nach ihrem Inhalt und Ursprung krit. unters. », Stuttgard, 1854; « De Hermodoro Ephesio et Hermodoro Platonico », Marbourg, 1860; « Ueber Bedeutung und Aufgabe der Erkenntnisstheorie », Heidelberg, 1862; « Die Entwicklung des Monotheismus bei den Griechen », Stuttgard, 1862; « Vorträge und Abhandlungen », 3 vol., 1865-1884; « Die Philosophie der Griechen », 4me éd., Tubingue, 1876-1888; « Geschichte der Christl. Kirche », 1847; « Das theolog. System Zwingli's », 1873; « Plat's Gastmahl », 1857; « Geschichte der deutschen Philosophie seit Leibniz », 1875; « Staat und Kirche », Leipzig, 1873; « D. F. Strauss », 1874; « Grundriss der Geschichte der Griech. Philosophie », 3me éd., Leipzig, 1889; « Friedrich der Grosse als Philosoph », Berlin, 1886,

etc., etc. Depuis 1887, M. Z. appartient à la rédaction de l'*Archiv. für Geschichte der Philosophie.*

Zeller (Jules-Sylvain), historien français, né, à Paris, le 23 avril 1820, fit ses études au Lycée Charlemagne, aborda le droit, l'abandonna bientôt et fréquenta pendant plusieurs années les universités allemandes. De retour à Paris, il se prépara à l'enseignement, fut reçu agrégé d'histoire dans divers lycées de province, puis à la Faculté d'Aix (1854-1858). A cette époque, il fut rappelé à Paris et nommé maître de conférences à l'École Normale. M. Z. était en même temps chargé d'un cours complémentaire d'histoire moderne à la Sorbonne et de la suppléance de M. Roseemo de Saint-Hilaire à la chaire d'histoire ancienne. Il a remplacé M. Duruy comme professeur d'histoire à l'École Polytechnique en 1869. M. Z. a été nommé inspecteur général de l'instruction publique le 2 novembre 1876. Il a été élu membre de l'Académie des Sciences morales et politiques, en remplacement de Michelet, le 30 mai 1874. M. Z. a publié : « Ulrich de Hutten, sa vie, ses œuvres, son époque » ; « Histoire du temps de la Réforme », et « Sur le *De consideratione* de Saint-Bernard », thèses de doctorat, 1849 ; « Histoire de l'Italie depuis l'invasion des barbares jusqu'à nos jours », 1852 ; « Épisodes dramatiques de l'histoire d'Italie », 1855 ; « L'année historique », publication annuelle interrompue, 1860-63 ; « Les Empereurs romains, caractères et portraits historiques », 4 vol., 1869 ; « Entretiens sur l'histoire : Antiquité et moyen-âge », 1 vol., 1865 ; « Entretiens sur l'histoire : Moyen-âge », 2 vol., 1867 et 1887 ; « Rapports sur les études historiques », à propos de l'Exposition universelle de 1867, avec MM. Geoffroy et P. Clément, 1868 ; « Italie et Renaissance, entretiens sur l'histoire », 2 vol., 1869 ; « Histoire d'Allemagne », 5 vol., 1872-1888. Divers travaux sur l'Allemagne : « Les Tribuns et les Révolutions d'Italie », 1874 ; « Pie IX et Victor-Emmanuel », 1879 ; « Frédéric II », 1885, etc.

Zenatti (Albin), écrivain italien, né, à Trieste, en 1859, reçut son doctorat en philologie à l'Université de Rome. Nous avons de lui : « Canti popolari trentini », et une collaboration suivie à l'*Archivio Storico per Trieste*, à l'*Istria ed il Trentino* et au *Giornale Storico della letteratura italiana.*

Zénon-Flère (Émile-Casimir), avocat, poète et critique français, né, en 1849, à Valence (Drôme), où il fit ses premières études ; licencié en droit à la Faculté de Paris en 1880. Il s'associa, dans les conférences et dans la presse, à la campagne entreprise par les sénateurs Schœlcher et Bérenger en vue du rétablissement des *tours* et de la *Recherche de la paternité*. De là, le volume intitulé : « Les enfants naturels », où MM. Rivet et Bérenger ont puisé leurs principaux arguments contre l'art. 340 du Code civil. Depuis, M. Z. F. a quitté le barreau pour la littérature. De 1880 à 1888, il a collaboré aux diverses revues des jeunes, notamment à la *Libre Revue*, à la *Revue Indépendante*, au *Monde Poétique*. Le public a surtout remarqué dans cette dernière revue une série d'articles sur les diverses manifestations de la poésie française contemporaine. Son œuvre la plus artistique est « Le livre des âmes », recueil de poésies, qui sans négliger la forme vise surtout à l'émotion par le sentiment. Le critique de Florence, Victor Pica, a consacré à ce poète une étude spéciale dans son récent volume sur les « Écrivains français contemporains ». Voici la liste des ouvrages de M. Z. : « Les enfants naturels devant la loi », un vol., Paris, Dorenne, 1881 ; « Le Myosotis », nouvelle, un vol., id., Dentu, 1880 ; « Werchessesburg », légende macabre, poème, id., Bayle et Cie, 1883 ; « Le Livre des âmes », poésies, id., A. Lemerre, 1886 ; « Eustache Le Sueur et Saint-Bruno », étude de critique d'art, Lyon, Cote, 1888 ; « Les poètes vivants », études littéraires, Paris, id.

Zenuti (Ernest), journaliste italien, né, à Vérone, le 1er janvier 1858, rédacteur du *Fieramosca*, journal politique-quotidien de Florence, depuis sa fondation (1880) et collaborateur d'autres journaux. En 1887, il publia : « La facciata di Santa Maria del Fiore », avec préface du comm. Ernesto Rossi, et une biographie sur « Donatello ». En 1890 : « L'histoire des princes Barberini de Rome et recherches sur leur collection de tapisseries », publiée en anglais et en français, à Washington. Sous presse : « Americanismo fiorentino », déjà traduit en anglais et qui sortira en même temps à New-York, et « Sul Palcoscenico », comprenant ses pièces de théâtre représentées avec succès.

Zernitz (Antoine), écrivain et philologue austro-italien, né, à Trieste, en 1849, étudia à l'Université de Gratz, à la Faculté des belles-lettres. De 1874 à 1875, il enseigna au gymnase communal de Trieste, d'où il passa au gymnase I. et R. de Capodistria. En librairie : « I Menemmi di Plauto e le imitazioni che ne fecero il Trissino ed il Firenzuola », Capodistria, 1881 ; « Gli anelli nella storia, nella poesia e nelle superstizioni », Trieste, 1884 ; « Le Rimatrici e le letterate italiane del cinquecento », Capodistria, 1886 ; « Saggio di una biografia di Ugo Foscolo tratta dalla sua corrispondenza epistolare », id., 1888 ; « La luna nelle credenze popolari e nella poesia », Trieste, 1889. Dans le grand ouvrage : « Die Oesterreichische Monarchie in Wort und Bild », M. Z. est chargé de la partie concernant le « Dèveloppement de la littérature italienne dans le littoral autrichien » ; il collabore à plusieurs journaux littéraires, notamment à la *Penna di Rovigno.*

Zeuthen (H. G.), mathématicien danois, professeur universitaire à Copenhague, né en 1839; il étudia d'abord à l'Université de sa ville natale, puis à Paris. Ses mémoires nombreux se trouvent insérés aux revues de mathématiques allemandes et françaises. Nous donnons la liste des principaux: « Om flader af fjerde Orden med. Dobbeltbeglesnit », mémoire publié pour le 400me anniversaire de l'Université de Copenhague, 1879; une traduction en italien par M. Loria en a paru en 1886 dans les *Annali di Matematica*, série 2e, tom. XVIe, fasc. 1er; « Théorie des figures projectives sur une surface de second ordre » (*Mathematische Annalen*, tom. XVIII et XXVI); « Grundriss einer elementar geometrischen Kegelschnittslehre », Leipzig, Teubner, 1882; « Keglesnitslceren i Oldtiden », mémoire de l'Académie danoise des sciences, 6me série, tom. IIIe, fasc. 1er, Kjöbenhaver, 1885; « Die Lehre von den Kegelschnitten im Alterthum. Deutsche Ausgabe durch Dr. R. v. Fischer-Benzou », Copenhague, Höst et Sohn, 1886. Ce dernier livre est une traduction en allemand du précédent. « Sur la détermination d'une courbe algébrique par des points donnés » (*Mathematische Annalen*, tom. XXXIe), 1888.

Zevort (Edgar), historien français, recteur de l'Académie de Caen, rédacteur en chef de la *Revue de l'enseignement supérieur et de l'enseignement secondaire*, né, à Rennes, en 1842, fit ses premières études aux Lycées de Marseille et *Henri IV*. Elève de l'École normale supérieure, puis professeur aux Lycées de Montpellier, de Brest, de Bordeaux, d'Angers et de l'École de Cluny, nous avons de lui les ouvrages suivants: « De Galliænis imperatoribus », thèse latine; « La Marquise d'Argenson »; « La Suisse à l'Exposition de 1878 »; « Montesquieu »; « Histoire des temps modernes » et de nombreux ouvrages d'enseignement. M. Z. a été rédacteur du *Journal des Débats* de 1880 à 1884.

Zichy (le comte Auguste), docteur en droit et membre correspondant de l'Académie hongroise, gouverneur de Fiume, fils du comte Z., ancien ambassadeur à Constantinople, est né en 1852; il termina ses études aux Universités de Vienne et de Budapest, où il obtint son diplôme de doctorat. Pendant les années 1876-77, il fit de grands voyages dont le fruit fut une série de brochures qu'il publia: « Voyage dans la Mongolie »; « Impressions de voyage au Japon, en Chine »; « Étude sur les colonies des Pays-Bas »; « Dominion of Canada », etc. En même temps, il se fit remarquer par des discours tenus aux séances de la Société géographique de Budapest, qui contribuèrent beaucoup à populariser cet institut. Il donna ensuite un travail plus grand sur l'art japonais qui lui ouvrit les portes de l'Académie hongroise et dont la continuation est son étude sur le Borobudur dans l'île de Java. En 1878, il fut élu député au parlement hongrois, dont il resta pendant 5 années un des membres les plus actifs, notamment comme membre de la Commission financière qui prépare les travaux pour les séances publiques de la Chambre des députés. Il sut acquérir l'estime générale de ses collègues et il fut élu aux délégations, corporation parlementaire qui traite les affaires communes aux deux parties de la monarchie austro-hongroise. En 1883, il fut nommé gouverneur de Fiume et du littoral hongrois-croate, une des positions les plus importantes du royaume, Fiume étant le port de la Hongrie.

Zichy (le comte Eugène), économiste, industriel, homme politique, écrivain hongrois, est né en 1837. Il a fait ses études classiques à Stuhl-Weissembourg et à fréquenté les Universités d'Allemagne. Revenu dans sa patrie, il fut nommé *judex nobilium* du Comitat du *Fehérmegye*, mais bientôt il quitta cette charge pour le Parlement, où, pendant les trois périodes parlementaires 1865-68-71, il appartint au parti *Deak*, dont il se déclara indépendant ensuite et se garda tel dans la période 1880-84. M. le comte Z. préparait dans l'entretemps l'exposition de Stuhl-Weissembourg qui fut un succès et qui lui fournit une belle position morale dans le monde industriel hongrois. En effet, en 1881, nous trouvons M. le comte Z. président de l'Assemblée industrielle hongroise et organisateur d'une exposition d'ouvrages féminins. C'est à lui que la Hongrie doit l'introduction de beaucoup de métiers pour tissage, la fondation d'écoles, etc. M. le comte Z. a été nommé par S. M. l'Empereur et Roi conseiller intime. Voilà la liste de ses ouvrages: « Sur le réseau des canaux en Hongrie »; « Mémoire dans l'intérêt du développement de l'industrie hongroise »; « Sur l'Exposition de Bruxelles », 1881; « Le budget de la Hongrie »; « Pensées sur l'économie et la sociologie », 1882; « La question des ouvriers », 1883; « Sur la réforme de la Chambre-Haute », 1885, etc.

Ziegenspeck (Robert), médecin allemand, professeur libre de gynécologie et de l'art des accouchements à l'Université *Louis-Maximilien* de Munich (Bavière), né, le 15 janvier 1856, à Caulsdorf en Thuringe (Saxe), étudia les langues classiques et la pharmacie, et de 1874 à 1878 il a été assistent pharmacien. De 1878 à 1884, il fréquenta les cours universitaires à Iéna, Leipzig et Berlin et devint assistant à la clinique pour les maladies des yeux, et successivement assistant à la clinique gynécologique de l'Université de Iéna. Rentré à Munich (1887), il fut nommé assistant à la clinique gynécologique, et ensuite professeur libre à l'Université de cette ville, ayant pris son habilitation à l'enseignement le 23 juillet de cette année. Il a publié: « Ueber den Blutkreislauf des Säugethier und Menschensfoetus », Leipzig, 1885: « Beitrag zur Behandlung der Gesichtslagen »

(*Volkmann's Klin. Vorträge*), et plusieurs autres articles en matière médicale, parus dans le *Centralblatt f. Gynäkologie*, dans l'*Arch. f. Gynäk.* et dans la *Münch. Klin. Wochenschr.* Sa dissertation : « Welche Veränderungen erfährt die foetale Herzthätigkeit regelmässig durch die Geburt? » fut couronnée par un prix de l'Académie des Sciences à Iéna.

Ziegler (Ernest), médecin suisse, professeur d'anatomie pathologique et d'anatomie générale à l'Université de Fribourg (Baden), né, en 1849, à Messen dans le Canton de Soleure (Suisse), étudia la médecine à Berne, a été, de 1872 à 1878, assistant à l'institut pathologique de Wurzbourg, et en 1875 il devint *privat-Docent* d'anatomie pathologique à l'Université de cette ville. En 1878, il fut nommé professeur extraordinaire à l'Université de Fribourg (Baden) et assistant à l'Institut pathologique de cette ville. En 1881, il devint professeur ordinaire d'anatomie pathologique et de pathologie générale à Zurich ; en 1882, il fut appelé a Tubingue et en 1889 à Fribourg toujours dans la même qualité. En dehors d'une foule d'articles insérés dans le *Virchow's Arch.*, dans les *Beitr. z. pathol. Anat. und Physiol.*, et dans divers autres journaux spéciaux allemands, il a publié : « Experimentelle Untersuchungen über die Herkunft der Tuberkelelemente », Wurzbourg, 1875 ; « Untersuchungen über pathol. Bindegewebs- und Gefässneubildung », id., 1876 ; « Lehrbuch der allgemeinen und speciellen pathologischen Anatomie », 2 vol., 6ᵉ éd., Iéna, 1890 ; « Ueber Tubercolose und Schwindsucht », Leipzig, 1879 ; « Die neuesten Arbeiten über Vererbung und Abstammungslehre und ihre Bedeutung für die Pathologie », Iéna, 1889. Il est le fondateur et le rédacteur des *Beiträge zur Path. Anat. und Physiologie*, qui paraissent à Iéna depuis 1886. En outre, dès le janvier 1890, il publie le *Centralblatt für allgemeine Pathologie und pathologische Anatomie*, rédigé par M. le docteur von Kahlden.

Zieleniewsky (Michel), médecin autrichien, membre de l'Académie des sciences à Cracovie et de plusieurs autres sociétés savantes, né, à Cracovie, le 21 septembre 1821, fit ses études au Collège de *Sainte-Anne* et à l'Université de sa ville natale. Docteur en médecine et chirurgie en 1845, il fut nommé en 1857 directeur à l'Établissement R. et I. des eaux minérales de Krinyca, charge qu'il occupa jusqu'à 1887. On lui doit une centaine de mémoires scientifiques, parmi lesquels, signalons : « O przesadoch lekarskich ludu naszelzo », Cracovie, 1852 ; « De Chlorosi », id., id. ; « Wody lekarskie Szczawnickie », id., id. (le même ouvrage sur les eaux de Szczawnica, a été publié en allemand en 1853 à Vienne) ; « Quelques mots sur les eaux de Wysow », en polonais et en allemand, Teschen et Cracovie, 1859 ; « Notatki do history Akuszeryi w Polsce », Varsovie, 1862 ; « Rys Balneologii powszechnej », id., 1873 ; « Tresc zasod Hydroterapii », id., 1884 ; « Dʳ Zieleniewski M. Rys Balneoterapii », Cracovie, 1886 ; « Krynica w Korpatach », id., 1857 ; en allemand : « Erster Badesaisonbericht über Krynica im J. 1857 », Cracovie, 1858 ; second compte-rendu en 1859 ; troisième en 1860 ; quatrième en 1861 ; nouvelle édition des quatre comptes-rendus en 1865, à Cracovie ; une série nombreuse de petits mémoires se rapportant aux eaux de Krynica ; « Bemerkungen über die Entwickelung der polnischen Brunnenanstalten in den letzt verflossenen Jahren », Vienne, 1871 ; « Materialy do Historyi c. k. Zakladu zdrojovego w Kryniky », Cracovie, 1876 ; « Zur Statistik des k. k. Kurortes Krynica », Vienne, 1878 ; « Sources minérales et Etablissement impérial et royal des bains de Krynica », Cracovie, 1878 ; « Ueber die Krynicner Pastillen », Vienne, 1874, 2ᵉ éd., 1881 ; « Statist. medic. Darstellung des K. K. Kurortes in Krynica », Cracovie, 1881, etc.

Zielinsky (Thadée), écrivain russe, conseiller d'État, professeur de philologie classique à l'Université de Saint-Pétersbourg, né, en 1859, à Kiew, élève du gymnase de Sainte-Anne à Saint-Pétersbourg, étudiant de philologie classique aux Universités de Leipzig, Munich et Vienne. Dès 1883 docent, dès 1887 professeur à l'Université de Saint-Pétersbourg. Ses publications principales sont : « Die letzten Jahre des zweiten punischen Krieges », Leipzig, Teubner, 1880 ; « Les syntagmata » de l'ancienne comédie grecque (en russe), Saint-Pétersbourg, chez Souworin, 1883 ; « Le style dorique et ïonique dans l'ancienne comédie attique (russe) », id., Kranz, 1885 ; « Die Gliederung des alt. attischen Komoedie », Leipzig, Teubner, id. ; « Die Märchen-komoedie in Athen », Saint-Pétersbourg, Kranz, id. ; « Quæstiones comicæ », Leipzig, Jock, 1887 ; « Tite-Live », troisième décade (édition avec commentaire russe), Tzarskoïe-Sélo, Mannstein et Géorgiewski, 1889 ; plus une série d'articles dans les journaux suivants : *Journal du Ministère de l'Instruction publique* (russe), *Philologus*, *Rheinisches Museum*, *Bollettino dell'Istituto di corrispondenza archeologica*.

Zielinski (Vladislav-Cornele DE), écrivain polonais, né, à Lemberg (Galicie), le 24 juin 1836. Entré dans l'armée autrichienne, il prit part à la guerre d'Italie en 1859 et aux chaudes journées de Palestro et de Magenta, avec le grade de premier lieutenant. Il quitta le service en 1862. Ayant épousé en 1863 Mᵐᵉ Joséphine Piaseska propriétaire à Lublin en Pologne, il transféra son domicile dans la Pologne russe ; depuis 1879 il habite Varsovie. On lui doit, entr'autres, plusieurs ouvrages en polonais : « Description de la ville de Lublin », 1876 ; « Monographie sur Lublin », 1878; « Souvenirs d'un soldat », 1880; « Anna Orzelska », roman historique, 1881; « De la vie d'un poète », 1882; « Auguste II et Aurore de Koenigsmark », roman historique, id.; « Au pays d'Arpad », id.; « L'Apostolat des Saints Cyrille et Méthode », id.; « Au Sud », 1884; « Le dernier de la famille », id.; « Idylle, scène dramatique », 1887; « La Silésie autrichienne », 1888. Il a traduit: « Eva », de Verga; les « Novelle », de Castelnuovo; « Serapis », d'Ebers, et « L'Ile de Saint-Lazare », de Langlois.

Ziesing (Théodore), littérateur suisse, né à Zurich, le 18 ottobre 1856, fit ses premières études soit au gymnase de cette ville, soit à celui de Neuchâtel et dans divers établissements de la Suisse romande, commença des études de droit civil, les abandonna bientôt pour se vouer à la carrière des lettres, et fréquenta l'Université de Heidelberg, où il prit en 1877 son doctorat, celle de Genève, où il passa un semestre pour entendre le cours de Marc Monnier, celle de Berlin, et enfin les écoles de Paris. La carrière universitaire s'ouvrit pour lui en 1880; *privat-Docent* à Zurich pour la littérature française; il remplit en outre les fonctions de bibliothécaire de la ville depuis 1887. Nous possédons de lui: « Charles Baudelaire », Zurich, 1879; « Le *Globe* de 1824 à 1830, considéré dans ses rapports avec l'école romantique », id., 1881; « L'hygiène dans l'école primaire », Giessen, 1884.

Zimmermann (Albert), botaniste allemand, *privat-Docent* de botanique et assistant à l'Institut botanique de l'Université de Tubingue, né, le 5 avril 1860, à Brunswick. Il a publié: « Zur Kritik der Böhm-Hartig'schen Theorie der Wasserbewegung in der Pflanze » (*Ber. d. d. bot. Ges.*), 1883; « Ueber die Jamin'sche Kette » (id.), id.; « Molecularphysikalische Untersuchungen » (id.), 1883-84; « Ueber mechanische Entwicklungen zur Verbreitung der Samen und Pfrüchte » (*Pringsheim's Jahrb.*); « Zur Godlenski'schen Theorie der Wasserbewegung in der Pflanze » (*Ber. d. d. bot. Ges.*), 1885; « Die Morphologie und Pflanzenzelle », Breslau, 1887.

Zimmermann (Georges-Adolphe), prédicateur et théologien suisse, né, à Zurich, le 5 juin 1825, fit ses études à l'Université de sa ville d'origine, fut consacré en 1848 au Saint-Ministère, fut chargé, de 1849 à 1852, de suffragances soit au village de Lötschenthal dans le Valais, soit à Zurich avec interruption pour un voyage scientifique en Allemagne, obtint en 1853 une place de pasteur titulaire et fut élevé en 1866 aux honneurs du décanat. De 1852 à 1888, ont été publiés par lui cinq recueils de « Sermons », sans parler des discours de circonstance et des conférences sur Crysostome Lavater, la vie future et la foi en l'immortalité; en 1858 un essai de théologie pastorale: « La dignité et le fardeau du Ministère »; en 1868, des « Réflexions sur l'Évangile selon Saint-Mathieu »; en 1877-78, une « Histoire de l'Église de Zurich depuis l'adoption de la Réforme jusqu'à son troisième jubilé ».

Zimmermann (Robert), philosophe autrichien, né, à Prague, le 2 novembre 1824, professeur de philosophie à l'Université de Vienne depuis 1886, fit ses études à Prague et Vienne, et fut agrégé à l'observatoire astronomique de Vienne en 1847, et à la faculté en 1849, ensuite professeur à Prague (1852) et à Vienne (1861), membre de l'académie (1869). Nous avons de lui: « Poésies lyriques », 1845; « Le roi Venceslas et Lusanne », 1849; « La Monadologie de Leibnitz et Uerbart », 1849; « Le principe de droit chez Leibnitz », 1852; « Propédeutique de la philosophie », 1852, traduite en hollandais, italien, hongrois, polonais et tchèque; « Æsthétique », 1850-65; « Leçons sur le tragique et la tragédie », 1856; « Études et critiques philosophiques et æsthétiques », 2 vol., 1870; « Lettres inédites de Herbert », 1876; « Anthroposophie », 1882, etc., etc.

Zimmern (Hélène), femme-auteur, publiciste anglo-allemande, est née à Hambourg, le 25 mars 1843, mais elle a les lettres de grande naturalisation anglaise; elle a vécu en Angleterre de 1850 à 1884; depuis cette époque, elle partage son temps entre l'Italie et l'Angleterre. En dehors d'une quantité énorme de contributions aux journaux et revues d'Angleterre, des États-Unis, d'Allemagne et d'Italie, elle a publié en volume les ouvrages suivants: « Stories in Precious Stones », 1873; « Schopenhauer, his Life and Philosophy », 1876; « Gotthold Ephraim Lessing, his Life, his Works », 1878; « Half hours with Foreign Novelists », 1880; « Tales from the Edda », illustré par Kate Greenaway, 1882; une paraphrase du poème de Firdusi, sous le titre: « The Epic of Kings », illustré par Alma Tadema R. A. 1882; « Life of Maria Edgeworth », 1883; « History of the Hansa Towns », 1888.

Zingerle (Antoine), professeur de philologie classique à l'Université d'Innsbruck, né, le 1er février 1842, à Meran (Tyrol), fit ses études au Gymnase de sa ville natale et ensuite à l'Université d'Innsbruck; il a été, de 1864 à 1866, maître au Gymnase de Vérone, et pendant ce temps, il visita presque toutes les villes principales de l'Italie septentrionale; devenu en 1869 docteur en philosophie à l'Université de Tubingue et après avoir été professeur au Gymnase impérial à Innsbruck, il fut nommé docent, ensuite professeur extraordinaire, et enfin professeur ordinaire de philosophie classique à l'Université de cette ville. Depuis 1887, il appartient à la direction du Séminaire philologique de l'Université d'Innsbruck. En dehors de plusieurs articles publiés dans les journaux spéciaux allemands, on lui doit: « De Halieuticon fragmento Ovidio non abjudicando », Vérone, 1865 ; « De Germanico Cæsare, Drusii filio », Trente, 1867 ; « Ovidius und sein Verhältniss zu den Vorgängern und gleichzeitigen Dichtern », 3 parties, Innsbruck, 1869-71 ; « Philologische Abhandlungen », 4 parties, id., 1871-87 ; « De Scriptorum latinorum locis qui ad pœnarum apud inferos descriptionem spectant », Königsberg, 1877 ; « Zu späteren lateinischen Dichtern », 2 parties, Innsbruck, 1873-74 ; « Martials Ovidstudien », id., 1877 ; « Beiträge zur Geschichte der Philologie », id., 1880 ; « Zu den Persius- Scholien », Vienne, 1881 ; « Zur Kritik der 3ten Dekade des Livius », id., 1883 ; « Titi Livii ab urbe condita libri », vol. 1 à 5, Leipzig, 1883-89 ; « Zu Hildebert und Alanus », Munich, 1881 ; « P. Ovidii Nasonis Metamorphoseon, libri XV », Leipzig, 1884 ; « Studien zu Hilarius von Pothiers », Vienne, 1885 ; « S. Hilarii Pict. opera », vol. 1er, Vienne, 1890.

Zingerle (Ignace-Vincent), écrivain allemand, né, le 6 juin 1825, à Meran (Tyrol), étudia la philosophie à Trente ; entra ensuite dans le Couvent des Bénédictins à Marienbourg, mais il en sortit bientôt, et en 1859 il fut nommé professeur de langue et littérature allemande à l'Université d'Innsbruck. Il s'occupe particulièrement de tout ce qui se rapporte au Tyrol, et a publié, entr'autres : « König Laurin », Innsbruck, 1850 ; « Sagen aus Tirol », id., id. ; « Tirol. Natur. Geschichte, Sage im Spigel deutscher Dichtung », id., 1852 ; « Kinder- und Hausmärchen aus Tirol », 1er vol., id., 1852 ; 2e éd., Gera, 1870 ; 2e vol., Begensb., 1854 ; « Gedichte », Innsb., 1853 ; « Die Müllerin- Dorfgeschichte », id., 1853 ; « Die Oswaldlegende und ihre Beziehung zur deutschen Mythologie », Stuttgard, 1856 ; « Sitten, Bräuche, und Meinungen des Tiroler Volkes », Innsbruck, 1857 ; 2e éd., 1871 ; « Barbara Pachlerin, die Sarnthaler Hexe und Mathias Perger, der Lauterfrester », id., 1858 ; « Sagen, Märchen und Gebräuche aus Tirol », id., 1863 ; « Die Sagen von Margaretha, der Maultasche », id., 1863 ; « Die deutschen Sprichwörter im Mittelalter », Vienne, 1868 ; « Das deutsche Kinderspil im Mittelalter », 2e éd., Innsbruck, 1873 ; « Luternisches Wörterbuch », id., 1869 ; « Der Bauer von Longrall », Francfort, 1874 ; « Schildereien aus Tirol », Innsbruck, 1875 ; « Erzählungen aus dem Burggrafenamt », id., 1884 ; « Diu Zîtelôse », id., id. ; « Liederspende », id., 1888 ; « Bilder aus dem Leben Walthers von der Vogelweide », Leipzig, 1888. Plusieurs articles très importants sur le Tyrol ont été publiés dans les *Actes de l'Académie viennoise*. On lui doit aussi : « Die tirolischen Weisthümer », 4 vol., Vienne, 1875-87, et la publication du journal littéraire *Phönix*.

Zini (Louis), historien, homme politique italien, conseiller d'État, sénateur du royaume, né, à Modène, en 1821. En 1830, ses parents furent forcés d'émigrer, et M. Z. resta dans sa ville d'origine pour y faire son droit. En 1848, nous le trouvons secrétaire-général du gouvernement provisoire ; en 1850, banni par le duc de Modène ; accueilli en Piémont, il reçut de l'État les lettres de naturalisation, et il fut nommé l'année suivante professeur d'histoire et de géographie au lycée d'Asti. Il prit une part très active aux évènements politiques de la période 1859-77 comme député, comme préfet et comme journaliste. Nous avons de lui un excellent : « Sommario della Storia d'Italia », Turin, 1853 ; « La Storia d'Italia dal 1850 al 1866 » ; « Dei criterii e dei modi di governo nel regno d'Italia ». Cet ouvrage, où l'auteur s'insurgeait contre les erreurs commises par son parti, eut un grand retentissement. Il fut publié à Bologne chez Zanichelli en 1880. Nous avons encore de lui les ouvrages suivants ; « Scritti letterarii editi ed inediti, con alcune lettere di F. D. Guerrazzi all'autore », Modène, Toschi, 1882 ; « La famiglia Moscardini », roman historique sous le pseudonyme de *Zolandino Adelardi*, Turin, Celanza, 1885 ; « Regna il re e non governa ? », opuscule, Turin, Bocca, 1888 ; un autre roman historique sur les Carbonari, 1889, et plusieurs essais critiques au *Diritto*, à l'*Archivio Storico Italiano*, etc.

Zinnis (A.), médecin grec, né, à Jannina, vers 1830, fit ses études à Athènes et à Paris. Depuis 1859, il est directeur de l'Hospice des enfants-trouvés d'Athènes et dès 1879 professeur de clinique à l'Université d'Athènes. Voici la liste de ses œuvres principales : « De la mortalité chez les enfants à la mamelle à Athènes », 1877 (médaille de bronze de l'Académie de médecine de Paris) ; « De la prophylaxie des maladies contagieuses, variole, scarlatine, etc. », 1878 ; « Étude sur les principales causes léthifères chez les enfants au-dessous de cinq ans et plus spécialement chez ceux de 0-1 an à Athènes », 1880 (médaille d'argent de l'Académie de médecine de Paris) ; « Principales causes de l'excessive mortalité chez les enfants-trouvés et des moyens d'y remédier », 1881 ; « Du rôle de la dentition dans la pathologie enfantine », 1882 ; « Des moyens les plus propres à prévenir les maladies aiguës des voies respiratoires chez les enfants », 1883 ; « Du traitement de la diarrhée chronique chez les enfants », 1885 (rappel à la médaille d'argent de l'Académie de médecine de Paris).

Zinno (Sylvestre), chimiste italien, professeur de chimie générale à l'Université de Naples, directeur du journal de chimie *Il Piria*, qui se publie à Naples depuis 1873, est né, à Trapani, le 4 août 1834. Il fit ses études à Naples, où il fut reçu docteur en 1854. On lui doit, entr'autres : « Sullo specifismo medicamentoso », Naples, 1858 ; « Sull'etere chimico », 1860 ; « Influenza della chimica sull'origine e progresso della civiltà dei popoli », 1859, réimprimé en 1869 ; « Nuova teorica della scomposizione del clorato potassico accelerata dal biossido di manganese e dagli altri pretesi corpi catalitici », 1866 ; « Nuovi processi facili ed utili per la preparazione dell'ossigeno a freddo ed a caldo e nuova sintesi artificiale dei corpi organici », 1869 ; « Scoperta dello stagno in alcuni prodotti della eruzione del Vesuvio del 1869 » ; « Nuovi processi per la preparazione degli acidi bromidrico e iodidrico », 1870 ; « Dell'acido jodosolforico e dei jodosolfati », id.; « Sulle possibili industrie chimiche in Italia », 1871 ; « Sulla inumazione, imbalsamazione e cremazione dei cadaveri », 1873 ; « Sull'ozono », 1874 ; « Azione degli ipocloriti sui cianuri solubili e teoriche corrispondenti », 1875 ; « Sulle funzioni del carbonio nei composti organici », 1877 ; « Altri nuovi processi per ottenere ossigeno a caldo ed a freddo e nuove teoriche corrispondenti », id. ; « Elementi di chimica generale », 2 vol., Naples, 1877 ; « Disinfezioni e disinfettanti », id., 1884 ; « Azione dell'ipermanganato di potassio sulla paraffina », id., 1885 ; « Le acque di Serino pei tubi di piombo », id., 1886 ; « Azione dell'ipermanganato di potassio sul cloruro ammonico e teoriche relative », id., id.; « Gli atomi e l'Universo », id., 1888 ; « Degli jodosolfati, jodoarseniati, jodofosfati e jodoantimonati, nuove sintesi », id., id. M. Z. a été poète à ses heures.

Zittel (Charles-Alfred), paléontologue allemand, professeur à l'Université de Munich (Bavière), né, à Bahlingen (Baden), le 25 septembre 1839 ; fit ses études à Heidelberg, Paris et Vienne, où il prit ses grades et son habilitation à l'enseignement ; a enseigné la minéralogie et la géologie au Politechnique de Carlsruhe, et depuis 1866 il enseigne la paléontologie à l'Université de Munich. Outre ses voyages scientifiques en Europe, il prit part à l'expédition Rohlf au désert de la Lybie, et publia : « Paläontologische Mittheilungen aus dem Museum des K. bayer. Staates », avec atlas, Cassel, 1868-73 ; « Geologische Beobachtungen aus d. Central- Apeninen », Munich, 1869 ; Aus der Urzeit », 2e éd., id., 1875 ; « Briefe aus der Liebischen Wüste », id., 1875 ; « Handbuch der Paläontologie », id., 1876 ; quatre dissertations sur les éponges fossiles, ainsi que plusieurs études et mémoires insérés dans la *Deutsche Revue, Allg. Zeit., Zeitschr. d. deutsch. geolog. Ges., N. Jahrb. f. Mineralog.*, etc., etc.

Zocchi (le rév. père Gaétan), de la Société de Jésus, écrivain italien, ancien rédacteur de la *Civiltà Cattolica*, prédicateur en renom, né, à Cardano al Campo, le 17 juillet 1846. Nous avons de lui : « Della libertà d'insegnamento in Italia », opuscule, Milan, Majocchi, 1876 ; « Le grandezze di Pio IX », discours, id., 1877 ; « Il moderno dissidio tra i buoni cattolici ed il sacerdote C. M. Curci », ouvrage de polémique très recherché, Modène, 1878 ; « Alle urne politiche si va o non si va ? », opuscule ; « Dalle elezioni amministrative alle politiche », lettre au Duc Salviati, Bologne, impr. *Felsinea*, 1879 ; cet ouvrage est publié sous le pseudonyme de Dr *G. C. Rossi*. Citons encore : « Laboremus », Rome, Befani, 1882 ; Come, 1883 ; « Le due Rome dopo la breccia », parue en trois éd. à Bologne, à Modène et à Prato, 1879-82. En dehors de ses ouvrages de polémique, le père Z. a publié les ouvrages de littérature qui suivent : « Verismo e verità », deux éd., Prato, 1880-81 ; « L'ideale nell'arte », 2e éd., id., 1882-86 ; « Il teatro italiano ai tempi nostri », id., 1885 ; enfin un gros volume de polémique intitulé : « Papa e Re ». En politique, le père Z. est un intransigeant.

Zoeckler (Otto), théologien et philosophe allemand, né, à Gruenberg, le 27 mai 1833, étudia au gymnase de Marbourg et aux universités de Giessen, Erlangen et Berlin, et fut nommé en 1854 docteur en philosophie. En 1857, nous le trouvons *privat-Docent* de théologie protestante à Giessen ; en 1862, professeur extraordinaire à la même faculté et en 1866 professeur ordinaire à Greifswald. M. Z. est le fondateur de la *Revue apologétique, Der Beweis des Glaubens, Monatschrift*, etc., Guetersloh, 1865 (25 vol. depuis sa fondation) : collaborateurs de la rédaction *D. Grau*, professeur de théologie à Koenigsberg ; *Andreae*, pasteur à Wilmersdorf ; *Brachmann*, pasteur à Cologne (1887). Rédacteur de la *Gazette ecclésiastique, Evangelische Kirchenzeitung* (fondée par Hengstenberg, continuée par Tauscher), depuis 1882. Citons de lui en librairie : « De vi ac notione vocabuli ἐλπίς in Novo Testamento », discours inaugural, Giessen, 1856 ; « Theologia naturalis ; Entwurf einer systemat. Naturthéologie etc. », Francfort-s.-M. (Zimmer), 1859 ; « Kritische Geschichte der Ascese », id. (id.), 1863 ; « Hieronymus. Sein Leben u. Wirken, etc. », Gotha, F. A. Perthes, 1855 ; « Das Kreuz Christi. Religionhistorische und Kirchlich-archaelogische Untersuchungen », Guetersloh, C. Bertelsmann, 1875, traduction anglaise, London, Hodder et Stoughton, 1877 ; « Geschichte der Beziehungen zwischen Theologie und Naturwissenschaften », 2 vol., Guetersloh, Bertelsmann, 1877-79 ; « Die Lehre vom Urstand der Menschen, geschichtlich und dogm. apolologetisch untersucht », id., id., 1879 ; « Gottes Zeugen im Reich der Natur. Biographien und Bekenntnisse grosser Naturforscher », 2 vol., id., id., 1881, traduction norvégienne, Christiania, Steen, 1882 ; « Handbuch der theologischen Wissenschaften in encyclopaedischer Darstellung, in Verbindung mit DD. Cremea, Grau, Th. Harnack, Kübel, Luthardt, v. Zezvitz etc. herausgegeben », 3 vol., Noerdlingen, Beck, 1883-84, deuxième éd. revue et augmentée, id. 1885, troisième éd., id., 1889; « Geschichte der theologischen Litteratur (Patristik) », Noerdlingen, Beck, id.

Zoja (Jean), écrivain médical italien, professeur d'anatomie à l'Université de Pavie, né, à Castelbelforte, près de Mantoue, en 1832; il étudia la médecine à Pavie, et en 1859 émigra en Piémont pour s'y enrôler volontaire. Après la guerre, il démissionna et sur la proposition du célèbre anatomiste Barthélemy Panizza, il fut nommé en 1859 adjoint à la chaire d'anatomie humaine. Depuis lors, il fit toute sa carrière à l'Université de Pavie. Nous avons de lui : « Ricerche e considerazioni sull'apofisi mastoidea e sue cellule », Milan, 1864 (*Annali universali di medicina*); « Sulle borse sierose e propriamente delle vescicolari degli arti umani », id., 1865 ; « Sull'apofisi mastoidea e sue cellule », id., id.; « Sull'articolazione peroneo-tibiale », id., 1867; « Esperienze sulla possibilità di deglutire ed evacuare aghi e spilli » (*Gazzetta medica Italiana Lombarda*) ; « Sulla monografia dell'arteria vertebrale del dott. Agostino Barbieri », (*Rivista critica*); « Sopra la febbre del fieno e l'azione del solfato neutro di chinina su alcuni infusori », en collaboration avec le professeur De-Giovanni, id., 1869, (*Gazzetta medica Italiana Lombarda*); « Contribuzione all'anatomia del meato medio delle fosse nasali », id., 1870; « Una varietà del muscolo anormale dello sterno », Pavie, id.; « Sulla coincidenza di una anomalia arteriosa con una nervosa », Milan, id.; « Descrizione di un teschio boliviano microcefalo », id., 1874; « Gabinetto di anatomia umana normale e topografica », 1873 ; « Cenno sulla vita di Gaspare Aselli », Pavie, 1875; « Risultati di esperienze sullo sviluppo e sulla resistenza dei bacteri e vibrioni in presenza di alcune sostanze medicinali », en collaboration avec le professeur Achille De Giovanni, Milan, 1875; « La testa di Scarpa », Florence, 1878; « Cenni sulla testa di Bartolomeo Panizza », Milan, 1879; « Ricerche anatomiche sulla appendice della glandola tiroidea », id. ; « L'appendice della glandola tiroidea », 1880; « L'appendice della glandola tiroidea nel synocephalus babouin », id.; « Sul rapporto tra l'atlante e il cranio nell'uomo ed in alcuni animali », id.; « Proposta di una classificazione delle stature del corpo umano », 1881 ; « Sulle attuali condizioni dell'istituto di anatomia umana nella R. Università di Pavia », Pavie, id. ; « Studii sulle varietà dell'atlante », id., id. ; « Intorno all'atlante, studii antropo-zootomici », Milan, id.; « Alcune varietà dei denti umani », id.; « Sulla permanenza della glandola timo nei fanciulli e negli adolescenti », 1882 ; « Del teschio di Pasquale Massacra », Milan, 1882 ; « Rare varietà dei condotti pancreatici », 1883 ; « Sul teschio di Antonio Bordoni matematico pavese », 1883; « Di una cisti spermatica simulante un testicolo sopranumerario », 1884; « Sopra un solco men noto dell'osso frontale *solco soprafrontale* », id.; « Sulla permanenza della glandola timo nei fanciulli e negli adolescenti », 1885; « Di un'apertura insolita del setto nasale cartilagineo », id. ; « Sopra il foro ottico doppio », id.; « Un centenario memorabile per la scuola anatomica di Pavia » ; « Altri casi di foro ottico doppio » ; « Un caso di dolicotrichia straordinaria » ; « Note antropometriche », 1886 ; « Sulle misure della forza muscolare dell'uomo », 1887; « Sopra un solco temporo-parietale esterno » id. ; « Su di una varietà della natura temporo-parietale », id. ; « Il gabinetto di anatomia normale della R. Università di Pavia : osteologia, angiologia, nevrologia, splacnologia, estesiologia e anatomia generale, anatomia topografica ». En dehors de ces mémoires insérés aux journaux et revues savantes M. Z. a collaboré au *Dizionario delle scienze mediche*, etc.

Zola (Émile), né, à Paris, en 1840. Il avait sept ans quand il perdit son père, ingénieur italien de beaucoup de mérite qui construisit le Canal d'Aix en Provence, canal auquel on a donné son nom. — M. Z. fit ses études à Paris, au Lycée *Saint-Louis*, et obtint un emploi chez un libraire aussitôt ses études finies. Il résolut de suivre la carrière des lettres. Il débuta à 24 ans par un volume de nouvelles, intitulé : « Contes à Ninon », 1864, et écrivit l'année suivante : « La Confession de Claude », qui attira l'attention sur lui. Il prit une part active au journalisme, et collabora notamment au *Figaro*, à l'*Évènement*, à la *Vie Parisienne*, au *Petit Journal*, à la *Tribune*, au *Salut public* et au *Corsaire*, qu'un de ses articles fit supprimer en 1872, article qui avait pour titre : « Le lendemain de la crise ». Mais le journalisme n'a jamais été pour lui qu'une espèce de délassement et surtout une façon d'exprimer clairement et nettement ses idées sur les hommes de lettres de son temps et sur le théâtre contemporain. Ses articles dans le *Voltaire*, sur Victor Hugo qu'il malmena et sur Victorien Sardou qu'il attaqua avec violence comme dramaturge, sont bien connus. Une phrase sur M. Sardou est surtout restée typique : « *Monsieur Sardou n'a pas notre estime littéraire* ». Les idées sur le théâtre de M. Z. provoquèrent chez des maîtres comme Sardou, Augier et Alexandre Dumas fils surtout, des réponses fort intéressantes et qui éclairent d'un jour nouveau le théâtre, art et métier. M. Z. est sorti un peu bien meurtri par les répliques de ces grands maîtres du théâtre, mais il l'a été bien plus encore par l'insuffisance manifeste de ses tentatives scéniques : « Thérèse Raquin »; les « Héritiers Rabourdin » ; « Bouton de Rose » qui ne sont pas des chef-d'œuvres, tant s'en faut. — Mais ce n'est pas comme auteur dramatique qu'il faut voir M. Z., et il in

téresse bien d'avantage par ses études et ses romans qui l'ont mis au rang des écrivains les plus en vue de la génération nouvelle. Appartenant à l'école des écrivains réalistes, mais en même temps doué d'une imagination très vive, il se distingue par un talent de description, dit M. Sarcey, qui est vraiment prodigieux; il met les choses sous nos yeux avec un rendu étonnant; relief, couleur et jusqu'au plus petit détail, tout y est peint de façon à saisir l'imagination. Il possède une aptitude singulière à observer les menues circonstances de la vie bourgeoise et à montrer comment les caractères s'y marquent. Il se plaît dans les peintures excessives d'un réalisme brutal et grossier. Les types qu'il représente sont le plus souvent des grotesques ou des monstres dont l'aspect est trivial et répulsif. Il s'attache avec une ténacité singulière au détail cru et avilissant. Aussi la lecture de ses ouvrages laisse-t-elle presque toujours une impression pénible. — M. Jules Lemaître, qu'il faut toujours citer lorsqu'il s'agit des hommes de lettres contemporains, s'est exprimé sur son compte avec pleine liberté et en a porté un jugement dont on ne saurait guère s'éloigner. Il a dit de M. Z. « qu'il n'est pas un esprit critique, quoiqu'il ait écrit le « Roman expérimental »; qu'il n'est pas un romancier véridique, quoique ce soit sa grande prétention. — En effet, il est impossible d'imaginer une équivoque plus surprenante et plus longuement soutenue et développée que celle qui fait le fond de son volume sur le « Roman expérimental ». Mais on s'est assez moqué de cette assimilation d'un roman avec une expérience de chimie pour qu'il soit inutile d'y revenir. Il reste que pour M. Z. le roman doit serrer la réalité de plus près qu'il se peut. Si c'est un dogme, on s'insurge et on réclame la liberté de l'art. Si M. Z. croit prêcher d'exemple il se trompe ». — On est tout prêt à reconnaître avec M. Z. que bien des choses dans le romantisme ont vieilli et paraissent ridicules; que les œuvres qui nous intéressent le plus aujourd'hui sont celles qui partent de l'observation des hommes tels qu'ils sont traînant un corps, suivant dans des conditions et dans un « milieu » dont ils subissent l'influence. Mais aussi M. Z. sait bien que l'artiste pour transporter ses modèles dans le roman ou sur la scène, est *forcé* de choisir, de ne retenir de la réalité que les traits expressifs et les ordonner de manière à faire ressortir le caractère dominant soit d'un milieu, soit d'un personnage. Et puis ce n'est pas tout, quels modèles doit-on prendre? Dans quelle mesure peut-on choisir? et par suite, élaguer? C'est affaire de goût et de tempérament. Il n'y a pas de lois pour ça; celui qui en édicte est un faux prophète. L'art, même naturaliste, est nécessairement une transformation du réel, et on n'a aucun droit de fixer la limite qu'il ne doit point dépasser. — M. Z., trop exclusif, trouva dans cette tendance de son esprit les raisons de ses insuccès au théâtre et de la facilité avec laquelle bien de bons et beaux esprits se révoltent contre ses théories toutes d'une pièce. — Toutefois M. Z. a, malgré ses partis pris, un grand talent, et son style, parfois maniéré, est pourtant plein de relief. — Deux écrivains italiens se sont beaucoup occupés de M. Z., à des points de vue différents, mais avec une simpathie éclairée; se sont M. Cameroni de Milan, le critique si autorisé du journal *Il Sole* et M. Edmond de Amicis. — M. Cameroni est, depuis nombre d'années, un des plus ardents admirateurs des œuvres de M. Z. Il a eu, dans les commencements surtout à donner bataille tous les jours, car il était presque seul de son opinion. Ce qu'il a écrit d'articles, soutenu de polémiques et gagné de batailles depuis vingt ans ne saurait se raconter. M. Z. a eu un vulgarisateur bien aimable et bien vaillant aussi dans cet écrivain si populaire en Italie qu'on nomme M. Edmond De Amicis. — M. De Amicis a connu personnellement à Paris le grand romancier réaliste; il l'a vu dans l'intimité de son foyer, à Médan et à Paris, dans sa maison de la rue de Boulogne, au troisième, et il a écrit des pages qui seraient toutes à citer sur cet éminent écrivain. — « Quel travailleur, dit-il, « que cet Émile Zola! Et on l'admire d'au-
« tant plus qu'on se prend à considérer de
« près le genre de travail auquel il s'est donné
« tout entier. On y voit alors non seulement
« la force, mais l'effort, l'obstination superbe
« d'une volonté qui ne cède à rien, ne se plie
« devant quelque difficulté qu'elle rencontre.
« C'est un travail minutieux d'analyse et de des-
« cription, de style et de forme, précédé natu-
« rellement par une longue série d'observations
« prises sur le vif. Où prend-il l'impulsion né-
« cessaire à un travail aussi fatigant et aussi
« suivi? C'est une étrange nature, en vérité. Il
« paraît dévoré par une soif de gloire et on
« dirait en même temps que la gloire qu'il a
« dû acquérir lui est indifférente. Il vit à part,
« dans sa maison silencieuse, sans souci du
« monde, comme un chartreux de l'art au cen-
« tre même de ce grand Paris qui parle de lui
« comme d'un personnage héroïque, quasi fabu-
« leux. Il n'interrompt son travail solitaire d'ar-
« tiste que pour attaquer ou pour se défendre
« fièrement comme un homme inconnu et mé-
« content, sans jamais prononcer une phrase,
« un mot qui révèlent le plaisir intime qu'il
« doit éprouver de sa haute renommée, du bon-
« heur qu'il éprouve, des magnifiques résultats
« qu'il a obtenus. Il a passé de la pauvreté, de
« la vie d'humiliations et de lutte, à la gloire
« et à la richesse; mais son cœur n'a pas
« changé, il ne s'est pas réconcilié avec le mon-
« de, et l'on dirait que la société telle qu'elle

« est l'accœure ou l'exaspère. Sans doute, il
« doit avoir beaucoup souffert; il le disait lui-
« même à un ami qui lui reprochait la violence
« de ses coups de boutoir : « Ah ! vous ne sa-
« vez pas, lui répondit-il, ce qu'ils m'ont fait
« souffrir ! ». — Et peut-être, qui sait ? est-il
« encore créancier de quelque chose et tient-il
« à rendre, comme on dit vulgairement la mon-
« naie de la pièce ! ». — Et voilà bien la raison très probable de son humeur noire, de sa
défiance continuelle qu'on peut voir dès qu'on
s'approche de lui. Il est sans doute aimable
avec ceux qui vont le voir, mais on dirait pourtant que son regard cherche à voir dans l'âme
de celui qui lui parle, qui lui rend hommage,
quelque perfidie cachée, quelque peu d'hypocri-
sie, et on s'attend, d'un moment à l'autre, à le
voir se lever et dire : « Allons donc, finissez !
Vous êtes des imposteurs, qui aussitôt que vous
m'aurez quitté, irez ailleurs me démolir, me vi-
lipender ». — Du reste, M. Z. est non seulement un écrivain de premier ordre, un penseur
et un poète épique, mais c'est un travailleur
toujours mécontent de ce qu'il fait. Il l'a dit
lui-même : — « Jamais je ne trouve bien ni
le plan, ni le développement, ni le style, ni les
mots. Est-ce que si je n'avais pas ce ver rongeur qui me dévore, ce doute qui me tourmente
et me désole, je serais dans l'état de santé où
vous me voyez réduit ? Regardez mes mains, on
dirait, que j'ai le *delirium tremens*, et je ne bois
que de l'eau. Je me tue à travailler, mais je
ne réussis jamais à faire ce que je veux ; je
suis toujours mécontent. Voilà la vérité ! » —
L'homme est ainsi présenté bien nettement aux
lecteurs. Il serait bien autrement malaisé de
vouloir donner une analyse de ses œuvres qui
ont donné lieu à des discussions passionnées,
à des débats violents, à des attaques et des
ripostes d'une raideur inouïe. Il faut se conten-
ter de citer les uns après les autres ses principaux ouvrages. — Outre les publications déjà
citées, on lui doit : « Le vœu d'une morte »,
1866; « Mes haines », causeries littéraires et
artistiques, id. ; « Les mystères de Marseille »,
1867; « Manet », étude biographique, id. ; « Thérèse Raquin », roman qui a fait beaucoup de
bruit, id. ; « Madeleine Férat ». Sous le titre :
« Les Rougon-Macquart, histoire naturelle et
sociale d'une famille sous le second empire »,
M. Z. a publié un série de romans dans lesquels
il fait reparaître les mêmes personnages ou du
moins leurs héritiers et où l'on trouve une peinture satirique des mœurs sous l'empire. Cette
série, fort remarquable, dans laquelle on trouve
les défauts et les qualités de l'auteur, comprend
déjà un grand nombre de volumes et n'est pas
finie, s'en faut. Ont paru : « La fortune des
Rougons », 1871; « La Curée », 1874; « La
conquête de Plassans », id. ; « Le Ventre de
Paris », 1875; « La faute de l'abbé Mouret »,
id. ; « Son Excellence Eugène Rougon », 1876;
« L'assommoir », 1878; « Une page d'amour »,
id. ; « Au bonheur des Dames », 1883; « Potbouille », 1882; « Germinal », 1885; « La
terre », 1889; « La joie de vivre », 1884;
« Nana », 1880. — Le fil qui relie les uns aux
autres ces romans, dans la pensée de l'auteur,
aurait dû être la chose la plus importante, mais
toutefois il est malaisé de le retrouver, et ils
n'ont bien souvent rien de commun. — « Je
« veux expliquer, a-t-il dit lui-même dans la pré-
« face de « La fortune de Rougons », comment
« une famille, un petit groupe se comporte dans
« une société en s'épanouissant pour donner
« naissance à dix, à vingt individus qui parais-
« sent au premier coup d'œil assez dissembla-
« bles, mais que l'analyse montre intimement
« liés les uns aux autres. L'hérédité a ses lois
« comme la pesanteur. Je tâcherai de trouver et
« de suivre en résolvant la double question des
« tempéraments et des milieux le fil qui con-
« duit méthodiquement d'un homme à un autre
« homme. Et quand je tiendrai tous les fils,
« quand je tiendrai entre les mains toute un
« groupe social, je ferai voir ce groupe à l'œu-
« vre comme acteur d'une époque historique,
« je le créerai agissant dans la complexité de
« ses efforts ; j'analyserai à la fois la volonté
« de chacun de ses membres et la poussée géné-
« rale de l'ensemble. Les « Rougon-Macquart »,
« le groupe, la famille que je me propose d'é-
« tudier, ont pour caractéristiques le déborde-
« ment des appétits, le large soulèvement de
« notre âge qui se voue aux jouissances. Physio-
« logiquement, ils sont la lente succession des
« accidents nerveux et sanguins qui se décla-
« rent dans une race à la suite d'une première
« lésion organique et qui déterminent, selon les
« milieux, chez chacun des individus de cette
« race, les sentiments, les désirs, les passions,
« toutes les manifestations humaines, naturel-
« les et instinctives, dont les produits prennent
« les noms convenus de vertus et de vices. His-
« toriquement, ils partent du peuple ; ils s'irra-
« dient dans toute la Société contemporaine,
« ils montent à toutes les situations, par cette
« impulsion, essentiellement moderne que re-
« çoivent les basses classes en marche à tra-
« vers le corps social, et ils racontent ainsi le
« second empire à l'aide de leurs drames indi-
« viduels, du guet-apens du coup d'état à la tra-
« hison de Sédan ». — Certes, ce plan ne manque pas de grandeur, mais heureusement pour
ses lecteurs ce plan a été fortement modifié,
car il aurait couru le risque d'être fort ennu-
yeux: M. Z. s'est mis à peindre toutes les passions les unes après les autres, le plan organique originaire lui ayant laissé toute liberté
de choisir, sans avoir l'air de sortir du cadre
qu'il s'était tracé. — « Tout voir, tout savoir,
« tout dire, prendre la terre, la posséder dans

« une étreinte, c'est l'âpre désir », disait M. Z. dans la préface des « Contes à Ninon », et il nous donnait là toute sa pensée, à laquelle il a depuis essayé et même en partie réussi à donner tout son développement. — « Je vou-« drais coucher l'humanité dans une page blan-« che, tous les êtres, toutes les choses, une œu-« vre qui serait un arche immense ». — C'était beaucoup dire. — M. Z. a beaucoup tenu de ce qu'il avait promis, et s'il n'a pas tout tenu, c'est que son programme était au dessus des forces d'un seul homme. — La généalogie des Rougon alliées aux Macquart, se déroule laborieusement dans le premier volume. Petite famille qui a flairé le vent au bon moment et qui d'abord républicaine, se tourne vers l'astre levant, parvient à jouer un petit rôle à Plassans, et arrive aux honneurs par toute sorte de bassesses et d'intrigues. Une idylle d'une grande fraîcheur donne du relief au livre et l'éclaire : les amours de Miette et de Sylvère. — « La Curée » nous amène à Paris, où un Rougon famélique, et qui veut arriver à tous prix, épouse une fille-mère pour sa dot considérable, et se fait une grande fortune dans les expropriations de Paris. Il y a dans ce volume des tableaux très réussis du Bois de Boulogne, du tour de lac, des boulevards à minuit, un souper dans un grand restaurant à la mode, un bal de parvenus. — Dans le « Ventre de Paris », un Rougon est venu s'établir charcutier aux Halles. C'est toute une symphonie bizarre : symphonie de victuailles étalées chez le charcutier et aux éventaires, symphonie du poisson, symphonie des légumes, jusqu'à la fameuse symphonie des fromages dont les odeurs forment des chœurs, des solos et des duos, dans la *boutique* d'un Rougon deshérité de la fortune. — « La Conquête de Plassans », est tout autre chose ; on dirait du Balzac. Le héros en est un terrible prêtre, l'abbé Fougas, qui aidé par une femme bien désagréable, s'installe chez les Mouret, des Rougon dégénérés, les domine et veut devenir le maître de la petite ville, où il était arrivé en haillons. Ce qui est absolument remarquable dans ce roman ce sont les caractères qui sont merveilleusement tracés ; chaque figure est réelle et vivante. — « La faute de l'abbé Mouret », n'est plus, après le livre précédent, qu'une débauche d'imagination. Le fils du Mouret que nous venons de voir, un être faible, s'est fait prêtre et est tenté par une pauvre fille qui habite un parc abandonné, et où personne ne va depuis des siècles (!). Il y a des descriptions de plantes, d'arbustes, de fouillis inextricables, d'animaux qui *parlent*, chantent à donner des étourdissements. Mais ce n'était pas la peine de faire un aussi violent effort d'érudition et d'imagination pour arriver à un résultat si probable de naturel. — Dans le sixième volume, « Son Excellence Eugène Rougon », nous revenons à Paris.

C'est un roman politique dont les principaux personnages sont Rougon et le Duc de Marsey, conseillers de l'empereur Napoléon III, et en lutte d'influence continuelle entre eux. Une aventurière italienne qui sans cesse fait et défait les cabinets est le type le plus réussi de l'ouvrage. — « L'Assommoir » est l'œuvre qui a donné à M. Z. ce qu'il cherchait depuis longtemps, la grande place parmi les écrivains du jour, ou du moins une notoriété tellement grande, si bruyante qu'elle a suffi à le rendre célèbre. Et, chose étrange, c'est par les côtés moins bons, moins heureux de l'ouvrage que la grande réputation du romancier a été acquise. Les personnages de Coupeau et de Gervaise sont toutefois extrêmement bien présentés et vivent d'une vie ardente. Le titre du roman est pris dans le langage des ouvriers qui appellent un « Assommoir » un débit de liqueurs peut-être parce que l'eau de vie qu'ils y boivent les étourdit, les abrutit, les assomme. L'histoire de Gervaise, la blanchisseuse, de son premier amant Lantier et de son mari Coupeau est le roman tout entier, mais il n'est pas très intéressant. Ce sont les mœurs des ouvriers que l'auteur a voulu reproduire, mais il est douteux que les ouvriers lisent un pareil livre, où ils sont trop chez eux, ce qui ne les incite guère à voir. Quant aux classes éclairées, elles trouvent une crudité de langage qui fait souvent jeter le livre avec dégoût. Et pourtant c'est cette crudité de langage qui a fait naître le très grand bruit au tour de ce roman, au sujet duquel il s'est produit une fois encore une grave accusation de plagiat. — On a soutenu que M. Z. avait emprunté en grande partie son sujet à un livre intitulé : « Le Sublime » de M. Denis Poulet, publié en 1870 ; qu'il avait pris dans ce livre les principales scènes de son roman, le nom même des personnages et le langage grossier qu'il leur prête. Il est bien possible qu'il y ait quelque rapport entre les deux œuvres, mais il est parfaitement sûr que M. Z. en a fait une œuvre tout nouvelle et plus vivante, et cette vie intense du livre est bien l'œuvre personnelle de M. Z. — Immédiatement ce terrible « Assommoir », M. Z. a donné « Une page d'amour », idylle qui fait un contraste profond avec l'« Assommoir ». L'auteur a-t-il voulu nous prouver qu'il s'entend aussi bien aux descriptions délicates, aux finesses du cœur, aux sentiments exquis que quiconque. C'est bien possible, mais en tous cas, ce livre est une lecture saine et agréable qui repose l'esprit. — Une seconde série de romans suivit bientôt cette première série que nous venons d'analyser rapidement, ou plutôt c'est toujours le plan conçu dès le premier jour qui continue sa marche ascendante, sans se corriger de ses défauts, mais mettant chaque jour plus en vue ses qualités descriptives, son habileté de conteur, sa sévérité de naturaliste. Rien ne l'arrête, et il ne s'arrête devant quoique ce soit, ayant la conviction que la bienséance qui cacherait la vérité ne mérite aucun égard. — « Nana », publiée en 1880, fut un de ses plus bruyants succès, mais le tapage produit par ce roman, paru d'abord en feuilleton, tenait plus au scandale produit par certaines pages qu'à son mérite littéraire. « Potbouille », en 1882, est un roman de mœurs bourgeoises plus fantaisistes que réelles, en tous cas, il n'a qu'une valeur fort restreinte. « La bonheur des Dames », 1883 ; « La joie de vivre », 1884, suivirent, sans rien ajouter aux mérites de l'auteur, mais « Germinal », en 1885, vint bien à propos pour que justice fut rendue à la valeur de l'homme de lettres ; c'est un roman d'une puissance rare, d'un intérêt poignant, un des mieux observés que l'auteur ait écrits. « L'œuvre », en 1886, est loin d'avoir autant d'intérêt. « La terre », en 1888, est très inférieure à « Germinal », et par certains côtés elle excite une invincible répugnance. Quoiqu'en disent les naturalistes, il est des limites à leurs descriptions, et « La terre » a passé ses bornes. « Le Rêve », 1888, est une gracieuse idylle qui fait un violent contraste contre les œuvres précédentes et qui paraît avoir été écrite pour calmer les susceptibilités et le dégoût que « La terre » avait produit chez bien des gens qui ne passent pas pour collets-montés. — « La bête humaine », 1890, est le dernier livre de M. Z. ; c'est une singulière étude de détraqués, une analyse psychologique de maniaques homicides mêlée à une peinture de chemin de fer. Comme toujours, il y a dans ce roman des pages d'une réelle valeur littéraire et l'observation y est rendue magistralement. — En dehors de cette série des « Rougon-Macquart », M. Z. a encore fait paraître dans le roman : « Les Soirées de Médan », 1880, volume ayant surtout pour objet de présenter au public quelques uns de ses disciples ; « Le Capitaine Burle », 1884 ; « Naïs Nicoulin », 1883, deux recueils de nouvelles. Dans la littérature critique : « Les romanciers naturalistes », recueil d'appréciation sur Stendhal, Balzac, Flaubert, De Goncourt, Alphonse Daudet, originairement publié en russe dans le *Messager d'Europe* ; « Nos auteurs dramatiques », 1881 ; « Le naturalisme au théâtre », 1881 ; « Documents littéraires, études et portraits », volume consacré à Châteaubriand, Victor Hugo, Afred de Musset, Th. Gautier, Georges Sand, Alex. Dumas, Sainte-Beuve, et dans lequel l'auteur se montre la plupart du temps d'une sévérité à outrance ou d'un dédain mal justifié. — Beaucoup de pièces de théâtre ont été tirées des romans de M. Z., mais aucune n'y a obtenu un vrai succès. M. Busnach qui a été le collaborateur de M. Z. n'a su faire tenir debout sur les planches les scènes les plus belles que M. Z. ait écrites. — C'est que le public ne goûte pas le naturalisme au théâtre, et il y a bien des raisons de croire qu'on n'arrivera jamais à faire de bonnes pièces avec des sujets comme ceux que les naturalistes aiment à traiter. Il est hors de doute que la grave erreur que commettent tous les romanciers consiste à croire que le théâtre est un art secondaire et que le livre seul a une haute valeur. Tous s'essayent à faire la pièce, après avoir fait le roman et presque tous tombent. Ceux qui voient couronner leurs efforts par le succès, sont ceux qui, quoique ayant écrit un roman, sont cependant des auteurs dramatiques nés. — Au reste, la place de M. Z. est assez grande et belle dans le roman sans qu'il ait à tenter le théâtre qui n'est pas du tout son affaire.

Zoller (Edmond DE), publiciste et bibliographe allemand, né, à Stuttgard, le 20 mai 1822, étudia à l'Université de Tubingue la philosophie et la philologie et s'établit, après de grands voyages, dans sa ville natale, où il débuta comme publiciste politique et traducteur. Alors il se dédia à la critique du théâtre et rédigea le *Centralorgan der deutschen Bühnen*, fonda en 1853 la *Illustrirte Zeit.*, en 1858, avec M. Hackömar *Ueber Land und Meer*, en 1863 la *Romanbibliotek zu Hause*, et les *Illustrirte Romane aller Nationen*. M. Z. était directeur de tous ces journaux jusqu'à 1885, où le roi de Würtemberg, qui l'avait nommé Conseiller de Cour, l'appelait à la tête de la Bibliothèque royale. Son livre : « Die Bibliothekwissenschaft in Umrisse », Stuttgard, 1846, avait fondé le traitement scientifique de cette doctrine. En outre, il publia une « Biographie de Léopold Robert », Hannovre, 1861, des monographies sur « Die Orden von Innis », Vienne, 1870 ; « Orden vom goldenen thes », Altenburg, 1871 ; « Orden Carl III », Francfort, 1888, et les « Orden Deutschlands mit Œsterreich », id., 1881. Ses traductions des poëtes français, anglais, espagnols, danois, suédois, norvégiens, hollandais et flamands sont censés classiques.

Zotof (Wladimir), écrivain, journaliste, poète et romancier russe, fils du romancier et poète dramatique Raphaël Z., est né, à St.-Pétersbourg, le 22 juin 1821. Auteur d'un roman historique : « La vieille maison », vers 1850 ; d'une « Histoire de la littérature universelle », 1878, et d'une masse de recherches historiques, critiques et biographiques, d'importance pour la littérature russe. Il fut secrétaire de la rédaction du *Golos* (la Voix), vers la fin de l'existence de cette gazette si célèbre.

Zschokke (Émile), poète et historien suisse, deuxième fils de Henri Z., né, le 5 juin 1808, à Aarau, étudia la théologie à l'Université de Berlin sous la direction de Neander et Schleiermacher, et remplit les fonctions pastorales d'abord à Liestal (1833), puis à partir de 1845 à Aarau, où il demeure encore aujourd'hui. Les questions pédagogiques ont toujours été traitées par lui avec une intelligente sollicitude et les commissions scolaires des deux cantons où il a été successivement appelé à résider lui doivent l'initiative d'heureuses réformes. Parmi ses meilleures productions poétiques, nous indiquerons: « Le Saint-Graal », épopée romantique en 14 chants, 1872; « Cantate », composée à l'occasion de la fête des artistes célébrée en 1879 à Aarau; « Les orphelins de Stanz », drame patriotique, 1884; plusieurs productions d'un caractère religieux mises en appendice aux « Heures d'Édification », par Henri Zschokke, édition de 1843. Comme historien, M. Z. s'est fait connaître par plusieurs travaux estimés: « Souvenirs sur le Dr Henri Hux de Zurih, mort le 3 août 1833 lors de la guerre civile entre Bâle-Ville et Bâle-Campagne », 1834; « Histoire de la bataille de Saint-Jacques », Liestal, 1844; « Continuation de l'histoire suisse de Henri Zschokke pour la période qui s'étend de 1834 à 1848 », Aarau, 1849; « Histoire de la formation du canton d'Argovie », 1861; « Henri Zschokke », esquisses biographique, 1866, 2me éd., 1875; « Le père Jean-Rodolphe Meyer à Aarau », 1874.

Zschech (Franz-Émile-Bruno), littérateur allemand, docteur en philosophie et professeur de la littérature et de la langue allemande au *Real-Gymnasium du Johanneum* à Hambourg, né, le 11 février 1822, au village de Kienitz sur l'Oder en Prusse, fit ses études au Gymnase de Luckan et à l'Université de Berlin pendant les années 1861-1865, et entendit principalement les leçons des professeurs Dsoysen, Mommsen, Müllenhoff, v. Raumer, v. Ranke, Trendelenburg, etc. Après avoir obtenu le doctorat à cause de sa dissertation « De Cicerone et Livio Valerii Maximi fontibus », il exerça les fonctions de précepteur aux gymnases de Fürstenwalde, de Marienwerder et de Magdebourg. Depuis l'année 1874, appelé aux services de l'État de Hambourg, il enseigne surtout l'allemand, l'histoire et le latin à l'Institut ci-dessus mentionné. Il a voyagé deux fois en Italie, en 1871 et en 1877. En 1865, il fit imprimer sa dissertation latine: « De Cicerone et Livio », et publia plusieurs traductions d'œuvres italiennes: « Ugo Foscolo, letzte Briefe des Jacopo Ortis », Leipzig, Dyk, 1871; « Goldoni, Neugierige Frauen », id., Phil. Reclam jun., 1873; « Silvio Pellico, Meine Geföngnisse », id., id., id., id., 1875; « Tommaso Grossi, Marco Visconti », id., id., id., 1881. De plus, il écrivit deux traités sur « Ugo Foscolo und sein Roman die letzten Briefe des Jacopo Ortis », publiés dans le journal *Preussische Jahrbücher*, I, vol. XLIV, 1879, II, vol. XLVI, 1880. Ces traités se trouvent mentionnés par G. Martinetti et Camille Antona-Traversi « Ultime lettere, edizione critica », Saluce, 1887; on peut ajouter l'étude littér.-historique: « Vincenzo Monti und sein Gedicht auf den Tod Ugo Bassville's », Hambourg, 1884; « Giacomo Leopardi », discours, Berlin, Habel, 1885. Autres publications: « Luther, als Schöpfer der neuhoch-deutschen Schriftsprache », Hambourg, Seelig et Ohmann, 1883; « Die Brüder Jakob und Wilhelm Grimm », id., Léopold Voss, 1885; un discours fait pour l'anniversaire de l'Empereur Guillaume, publié sous le titre: « 1786 et 1886 », id., Iohannes Kriebel, 1886. Dans le journal *Preussische Jahrbücher* sortirent les traités suivants: « Die neueste Forschung über Maria Stuart », vol. LVI, 1885; « Der Friedrich-Wilhelms-Canal einst und jetzt », vol. LVIII, 1886; en outre des traités et expositions dans le feuilleton du *Hamburgischen Correspondenten*, des notices littéraires dans les *Mittheilungen aus der historischen Litteratur*, Berlin, Gaertuer'sche Buchhandlung, et dans la *Deutsche Litteraturzeitung*, Berlin, Weidmann, etc., etc.

Zsogod (Benjamin), jurisconsulte hongrois, né, à Sziget, en 1851, fit ses premières études qu'il acheva à N. Varas et aux Universités de Vienne et de Budapest, où il fut licencié en 1878. Après avoir été employé d'administration, M. Z. fut nommé en 1882 professeur de droit au lycée de Nagzvarad et en 1884 à l'Université de Kolosvar. Nous avons de lui: « De la légitime », couronné, 1873; « Sur quelques expansions du pouvoir d'exécutions judiciaires », 1879; « Propriété héréditaire et acquise »; « Le droit de successsion d'après des testateurs mineurs », Budapest, 1879; « Sur la loi des faillites », notes, 1881; « Le droit de succession légitime », projet de loi.

Zuccarelli (Ange), écrivain médical italien, né, le 24 février 1854, à Sangiuliano del Sannio dans la prov. de Molise, étudia à Campobasso et à Naples, commença de bonne heure à écrire aux journaux et aux revues. Après avoir surmonté beaucoup d'obstacles, il fonda en 1881 la *Gazzetta Napolitana di psichiatria, medicina legale e malattie nervose*. En 1884, nous le trouvons médecin primaire de l'hôpital des aliénés à Nocera et professeur de clinique psychiatrique à l'Université de Naples. Voici la liste des principaux mémoires de cet auteur: « La Paranoia studiata specialmente dal lato clinico e medico-legale », Naples, 1885; « Le asimmetrie toraciche in mezzo ad altre anomalie rinvenute in epilettici alienati », Turin, 1886; « Paranoia primitiva di grandezza e persecuzione, con azione criminosa », id., id.; « D'una particolare produzione pelosa in un maniaco », id., 1885; « Contributo alla cura delle malattie mentali mercè le injezioni ipodermiche d'idroclorato di morfina a dosi elevate: allo studio delle malattie accidentali dei pazzi: ai quadri statistici del 1o semestre: allo studio medico-legale della paranoia », Nocera Inferiore, 1885-86; « L'uso interno del zolfo nella profilassi del colera per gli alienati » (*Il Morgagni*), Milan, 1886; « Le malattie mentali in ordine alla medicina legale », Naples, 1883; « I delinquenti a cospetto della scienza politica d'osservazione », id., 1886; « Genesi della delinquenza da perversione — A — Passioni morbose » (*Napoli Letteraria*), 1887; « Stravaganza geniale, delinquenza e pazzia da prozio a nipote », 1887; « Prevedere e provvedere — La Pazza di S. Giovanni a Teduccio », 1887; « Actes du premier Congrès d'Anthropologie criminelle (Rome, novembre 1885) », Turin-Rome-Florence, 1886-87; « Discussioni e comunicazioni »; « A proposito di Misdea: due lettere ed un articolo »; « Sur les Médecins-experts: discours prononcé devant le premier Congrès d'Anthropologie Criminelle », Rome, 1887; « Studio sui debilitamenti permanenti consecutivi a lesioni traumatiche dei nervi », 1883; « La medicina legale in larghi sunti e tavole sinottiche — Generalità », 1883; « Lesioni violente — Saggio di medicina legale in tavole sinottiche », 1884; « La struttura, le funzioni e le malattie del corpo umano. Nozioni elementari per i Legali », 1885; « Le dosi dei sali di chinina nell'infezione palustre epidemica — Ricordi clinico-terapici d'un'escursione nella provincia di Molise, 1879 », 1887; « La cura sintomatica efficace del colera, messa nelle mani anche degl'infermieri, dei filantropi e degl'intelligenti di famiglia », Nocera Inferiore, 1884; « Cronaca dell'Ospedale Clinico (Gesummaria) » (*Morgagni*), 1886; « Ipnotismo e suggestione ipnotica », 1886; « Degenerazione e delinquenza »; « Terapia della delinquenza »; « Contributo allo studio craniologico degli alienati in comparazione coi sani d'intelligenza comune e d'ingegno preclaro ». Autres publications: « Sulla vivisezione »; « La legge di compenso e di equilibrio », 1884; « Una coscienziosa parola su qualche prodotto di farmacia »; « Per l'arrivo delle acque del Serino in Napoli: voto di un medico », 1885; « L'Evoluzione odierna della medicina legale e l'antropologia criminale », 1887; « Relazione medica sulle condizioni fisiopsicosomatiche del giudicabile Gioia », 1887.

Zupitza (Jules), éminent philologue allemand, professeur ordinaire de la langue et littérature anglaise à l'Université *Frédéric-Guillaume* à Berlin, et directeur de la section anglaise au Séminaire anglo-roman dans cette ville, né, le 4 janvier 1844, à Kerpen (Prusse), fit ses études à Oppeln, Breslau et Berlin, où en 1865 il devint docteur en philologie. Habilité à l'enseignement, il fut appelé au Gymnase d'Oppeln et ensuite à celui de Breslau; il a été plus tard professeur libre de philologie allemande à l'Université de Breslau et professeur des langues germaniques du nord à l'Université de Vienne; professeur à Berlin depuis 1876. On lui doit: « Prolegomena ad Alberti de Kemenaten Eckium », Berlin, 1866; « Ueber Franz Pfeiffer's Versuch, den Kürenberger als den Dichter der Niebelungen zu erweisen », Oppeln, 1867; « Rubin's Gedichte », id., id.; « Einführung in das Studium des Mittelhochdeutschen », id., 3me éd., 1884; « Verbesserungen zu den Drachenkämpfen », id., 1869; « Dietrich's Abenteuer von Albrecht von Kemenaten », Berlin, 1870; « Ælfric's Gramatik und Glossen », id., 1880; « Alt- und mittelenglisches Uebungsbuch », Vienne, 3me éd., 1884; « The Romance of Guy of Warwick. 15 century Version », Londres, 1887; « Cynewalfs Elene », Berlin, 1888; « Beowulf: Autotypes with a transliteration and notes », Londres, 1882; « Chaucer. The Book of the Tales of Cauterbury. Prolog », Berlin, 1882.

Zurcher (Frédéric), officier de marine français, ancien élève de l'École Polytechnique, né, à Mulhouse, en 1816. M. Z. quitta le service de l'État avec le grade de lieutenant de vaisseau pour se livrer à la science tout en remplissant les fonctions de capitaine du port de commerce de Toulon. On lui doit une traduction de la « Géographie physique », de Maury; « Les Phénomènes de l'atmosphère », 1862; « Les Météores », 1864; « Les Tempêtes », 1865; « Les Glaciers »; « Histoire de la Navigation », 1867; « Le Monde sous-marin », 1868; « Les étoiles filantes », 1870; « Cartes du temps et avertissements des tempêtes », traduits de l'anglais de M. Robert Scott, 1879; « Les ascensions célèbres aux plus hautes montagnes du globe », 1874; « Trombes et cyclones », Hachette, 1876; « Le monde sidéral; description des phénomènes célestes d'après les récentes découvertes de l'astronomie », 1878; « Les Phénomènes célestes », 1880; « L'énergie morale; beaux exemples », Hachette, 1882. La plupart de ces ouvrages ont été écrits en collaboration avec M. Élie Margollé, ancien officier de marine.

Zwiedineck-Sedenhorst (Jean DE), historien autrichien, docteur en philosophie, professeur d'histoire universelle à l'Université de Gratz, directeur de la bibliothèque nationale de la Styrie, est né, le 14 avril 1845, à Francfort S.-M., où son père, le colonel d'artillerie autrichienne M. de Z., était membre de la Commission militaire de la Confédération germanique; il a fait ses études classiques et historiques au Gymnase et à l'Université de Gratz, et a publié: « Fürst Christian der Andere von Anhalt und seine Beziehungen zu Innerösterreich », Gratz, 1874; « Das Leben im achtzehnten Iahrhundert », Vienne, 1877; « Hans Ulrich Fürst von Eggenberg », id., 1880; « Venetianische Gesandtschaftsberichte über die böhmische Rebellion (1618–1620) », Gratz, 1880; « Die Politik der Republik Venedig während des dreissigjährigen Krieges », 2 vol., Stuttgard, 1882-85; « Kriegsbilder aus der Zeit der Lands-Knechte », id., 1883; « Deutsche Geschichte im Zeitraume der Gründung des preussischen Königsthum (1648-1740) » (Bibl. deutsch. Gesch.), id., 1887; « Die öffentliche Meinung in Deutschland im Zeitalter Ludwigs XIV », id., 1888. Il a aussi publié une foule d'études historiques éparses dans les *Mittheil. d. hist. Ver. f. Steierm*, dans les *Arch. f. öst. Gesch.*, dans l'*Allgem. Zeit.*, dans la *Zeitschrift f. Allgem. Gesch.* et dans divers autres journaux spéciaux autrichiens. Il collabore à l'*Oncken's Allg. Geschichte in Einzeldarstellungen*, où il a déjà fait paraître, avec Adam Wolf: « Œsterreich unter Maria Theresia, Iosef II und Leopold II ».

Zygouras (Xénophon), écrivain grec, né, en 1829, à Céphalonie, d'une famille épyrote. Après avoir étudié le droit, il s'adonna au commerce; en 1848, ayant embrassé le parti des radicaux qui avait pour chef Joseph Monferrato, il écrivit plusieurs articles contre le protectorat anglais dans les îles Ioniennes; il traduisit même une nouvelle patriotique intitulée : « Le tombeau de Marco Botzaris », suivi du « Tombeau de la Révolution grecque ». En 1863, il publia la « Vie de Polybe de Mégalopolis en Roumanie ». En 1867, « La correspondance commerciale », premier ouvrage de ce genre publié en grec qui rend de grands services aux commerçants grecs. En 1870, M. Z., ayant quitté le commerce, fut nommé professeur des études commerciales à l'École de commerce de Constantinople; il publia cette même année: « La vie pratique du Commerçant », cet ouvrage fit connaître M. Z., et le plaça au premier rang des économistes. Il s'occupa beaucoup depuis de l'étude exclusive du commerce et de l'économie politique. Ses ouvrages sur le commerce sont: « L'histoire du commerce », 1874; « L'économie domestique », 1875; « L'art de s'enrichir », 1876; « Le secrétaire général », id.; « Manuel de l'économie domestique », ouvrage approuvé par le Ministre de l'instruction publique, 1878. Il fut nommé, depuis la publication de cet ouvrage, professeur à l'école supérieure des jeunes filles à Athènes. Il a traduit quelques nouvelles de Christophe Smith, et une nouvelle de l'anglais intitulé: « Frank », enrichie de poésies dues à son épouse. La « Comptabilité commerciale », ouvrage écrit pour servir à l'enseignement des sous-officiers; « Manuel pratique de la mère de famille »; « Manuel de l'agricolture ». Présentement, il publie une série d'ouvrages sous le titre de *Bibliothèque du peuple;* elle se compose de: « De l'éducation et de l'instruction du peuple »; « Le livre de l'homme »; « Comment on gagne de l'argent »; « L'hygiène du corps et de l'âme »; « Le livre de la femme ». Cet infatigable écrivain ne cesse de travailler pour propager les idées économiques en Grèce.

SUPPLÉMENT

NOTICES ARRIVÉES EN RETARD PENDANT LA PUBLICATION

DU

DICTIONNAIRE

A

Abbeloos (Jean-Baptiste), historien ecclésiastique belge, né, à Goyek (arrondissement de Bruxelles), le 15 janvier 1836, docteur en théologie, promu à l'Université de Louvain en 1867; recteur magnifique de l'Université de Louvain depuis février 1887, il a publié, en syriaque et en latin: « De vita et scriptis S. Jacobi Sarugensis, cum anecdotis syriacis, versione et commentariis », Louvain, chez Van Linthout, 1867; « Barhebraei chronicon ecclesiasticum, syriace et latine » (en collaboration avec M. Lamy), 3 vol., Louvain, chez Peters, 1872-74-77; « Acta Sancti Maris syriace et latine », Bruxelles, Société belge de librairie, et Leipzig, chez Brockhaus, 1885; « Acta Mar Kardaghi, syriace et latine », Bruxelles, Société belge de librairie, Leipzig, Brockhaus, 1890. En français des articles spécialement de bibliographie orientale dans la *Revue Catholique* de Louvain depuis 1864 jusqu'en 1875; quelques articles furent édités séparément, notamment: « La crise du Protestantisme en Angleterre », Louvain, Peters, 1870; des discours de réouverture, des cours à l'Université de Louvain, et autres allocutions en circonstances diverses, insérés dans les *Annuaires de l'Université catholique de Louvain*, années 1888-89-90, Louvain, chez Van Linthout.

Abbott (Thomas Kingsmill), bibliothécaire et professeur de langue hébraïque à l'Université de Dublin, où il est né en 1829 et où il a étudié. Professeur de philosophie morale (1867-72), de langue hébraïque (1879), bibliothécaire en chef (1887). Nous avons de lui: « Sight and Touch and attempt to disprove the Berkeleian theory of Vision », Londres, Longman, 1864; « The English Bible, a Plea for revision », Dublin, 1871; « Collation of Four M. S. S. of the Gospels », Londres, Macmillan, 1877; « Codex rescriptus Dublinensis », id., Longman, 1880; « Elements of Logic », id., id., 1883; 2ᵐᵉ éd., 1885; « Kant's Theory of ethics », id., id., 1873; 4ᵐᵉ éd., 1889; « Evangeliorum Versio Antehieronimiana ex codice vetusto dublinensi », id., id., 1884; « Elementary Theory of the Tides », id., id., 1888, et enfin plusieurs articles dans les revues littéraires anglaises.

Aboul-Houda (Mohammed, El-Seyâdi, El-Khizami, El-Rifaï), célèbre *ulema* arabe, docteur en droit musulman et en théologie, *caziasker* ou grand juge de Roumélie, et l'un des conseillers les plus fidèles et les plus aimés du Sultan Abdul-Hamid Khan El-Ghazi. M. A.-H. est né, l'an 1262 de l'hégire (1845 de l'ère chrétienne), dans le bourg de Cheïkhoun, district de Hama, province d'Alep. Il est fils du *cheïkh* Hassan, grand prieur de l'ordre des Rifaï, si célèbre dans tout le monde musulman, et petit-fils du *cheïkh* Khizam, très vénéré du peuple et dont le tombeau se trouve à Mossoul. Du côté paternel, Aboul-Houda descend de l'illustre famille du grand-juge Seïd Ahmed Seyad (dont le tombeau se trouve aux environs du dit bourg de Cheïkhoun), petit-fils de Seïd Ahmed Rifaï, petit-neveu du Prophète de l'Islam et du côté maternel il descend de l'illustre général Khaled-ben-Valid, commandant en chef des armées du Prophète et conquérant de la Syrie. Le tombeau du Rifaï, fondateur de l'Ordre du même nom, se trouve à Oum Obeïda entre Bagdad et Bassorah et est un lieu de pélerinage où par centaines de mille les musulmans d'Europe, d'Asie et d'Afrique vont tous les ans faire leurs dévotions. M. A.-H. est un des poètes et écrivains les plus estimés du monde musulman. Son style clair, élégant et surtout très harmonieux est cité comme modèle. Son œuvre poétique se divise en deux parties: la partie religieuse ou sacrée dont le style est très entraînant, et la partie mondaine qui rivalise de grâce et d'élégance avec les œuvres des poètes les plus en vue du monde arabe moderne. Il est aussi un orateur très renommé, et ses discours sur l'Islamisme sont des chefs-d'œuvre de dialectique. Par des entretiens avec des voyageurs et des représentants de la presse européenne, il s'est acquis une grande notoriété en Europe. En politique, il est libéral, tolérant et essentiellement ottoman. Voici d'ailleurs les principaux ouvrages de cet illustre *uléma*, qui à peine âgé de 42 ans, a déjà publié environ 50 volumes: « Daou'l Thems » (Traité sur les cinq principes fondamentaux de l'Islamisme); « Roh il Hikmé » (Traité de philosophie); « Siahat-ul-Kalam » (Considérations politiques); « El Hakikat-ul-Mohammedie » (Histoire abrégée du Prophète); « El Médéniet-ul-Islamié » (De la civilisation islamique); « Farikh-ul-Khuléfa » (Histoire des Califes); « Ihsan-ul-Rahman » (Histoire succincte des Sultans Ottomans); « Ghoumet-ul-Sadikin » (Des ordres religieux musulmans); « Ghanimet-ul-Falibin » (Histoire des ordres religieux et de leurs fondateurs); « El-Siratou'l Mostakim » (Commentaires sur la profession de foi musulmane); « Calaïd-el-Zeberdzed » (Considération sur la philosophie de Rifaï); « El Fedjrou'-l-Mounir » (Maximes et pensées de Rifaï); « Calaïd-ul-Djevahir » (Histoire complète de Rifaï et de ses principaux successeurs); « El Sabah-el-Mounir » (De la prière des Rifaïtes); « El Inaïéton-'l-Rabbanié » (Des principes du Rifaïsme); « El Ouaëz-el-Mourib » (De la différence entre le musulman et le fanatique); « Silsilet-ul-Isaad » (Histoire de Seïd Ahmed el Seyadi et de ses descendants); « Daï-'l-Reschad » (De la soumission aux Khalifes); « Ettevatour » (Considération sur les *hadiss* ou paroles du Prophète); « Hidayet-ul-Saï » (Du Rifaïsme depuis sa fondation jusqu'à nos jours); « El Meded el-Nebevi » (Considérations sur le firman du Khalife Ali nommant Malik-ibn-ul-Eschter gouverneur d'Égypte); « Fatbikou emri Farikati ala-'l Thénat » (Les ordres religieux et la loi musulmane); « El Sehm el-Saïb » (De la conversion à l'islamisme de Abou-Falebouele du Prophète); « El Montahab » (De l'origine des tribus arabes); « Fabakatou méchahir-el-Eschraf » (Histoire des plus célèbres *chérifs* ou descendants du Prophète); « Hadret-ul-Itlak » (Traité de morale); « Faruk ul-Saouab » (De la vénération de Prophète); « Sir-ul-Keïkel-ul-Insani » (De l'homme au physique et au moral); « El Feraïd » (Des coutumes islamiques); « Hhulassat-ul-Hiham » (Abrégé de philosophie); « El Ilham » (Les lois naturelles dans l'islamisme); « Keschf-ul-Sir-il Moughlak » (De la vérité et de ses détracteurs); « Ferhat-ul-Ahbab » (Histoire des fondateurs des quatre ordres religieux: Rifaï, Bedevi, Dusouki et Caderi); « Hadikat-ul-Eeth » (Des mortifications et de leurs conséquences); « Boughiet-ul-Ibad » (Histoire du célèbre docteur musulman Ahmed-el-Seyadi); « Oucoud-ul-Léyal » (Biographie des descendents les plus célèbres de Rifaï); « Mansour-el-Dourar » (Biographie des grands prieurs du Rifaïsme); « Eschref-ul-Messeï » (Histoire du *Seïd* Siradjeddin le Rifaïte); « El Kevkeb ul Zahir » (Histoire du *cheïkh* Abdel-Kader de Bagdad); « El Oucoud el Djevhérie » (Œuvres poétiques); « Kourrat ul Aïn » (id. id.); « El Feïd-ul-Mohammedi (id. id.); « Esrar-il-Beyan » (*Divan*, Poésies diverses adressées au Sultan Abdul-Hamud Khan-el-Ghazi); « El Nefhet ul-Ahmedie » (*Divan*, Poésies diverses); « El Medjaliss » (Dissertations philosophiques); « El Muntehabat » (Correspondances); « Boughiet-ul-Raghib » (L'homme et les religions).

Achard (Édouard), publiciste et littérateur français, né, à Paris, le 8 septembre 1825; correspondant politique du journal *Le Patriote du Centre*, il a débuté dans le journalisme en 1869 dans le journal *La Jeunesse*. Le public parisien connaît surtout de lui une étude sur le statuaire Jean Baffier (qui frappa M. Germain Casse d'un coup de canne à épée, au Palais Bourbon, le 9 décembre 1886). M. A. a publié: « L'amoureuse aux muguets »; « Le crime de la rue des Plantes », « Une agonie », nouvelles; « Mancini-Nivernois », étude historique; « La conquête d'une source », roman, Edinger éd.; « La comédie constitutionnelle », histoire de la constitution de 1875, étude politique; « Jean Baffier, étude artistique », publié par l'auteur, 1887. Sans compter une comédie en trois actes: « Mariette la Bourbonnaise », qui n'a pas été représentée, et « Amour »; enfin « Une agonie », un acte en lecture au *Théâtre-Libre*.

Ajasson de Grandsagne (le Comte Paul-Émile DE), publiciste français appartenant à une des plus anciennes familles du Berry remontant au XIII⁰ siècle, est le fils d'un membre de l'Institut, collaborateur de Cuvier, de Thénard, d'Arago, d'Élie de Beaumont, de Gay-Lussac, de Ballanche, d'Orfila, etc. M. A. de G. fut pendant la guerre prussienne et le siège de Paris le fondateur et le directeur du *Moniteur de la Guerre* et de l'*Avangarde*. Il dirige depuis 15 ans le *Moniteur général*, organe officiel des services de la ville de Paris. Il est membre du Conseil de la Société académique Indo-chinoise de France.

Alexéyeff (Pierre), savant russe, professeur de chimie à l'Université de Kiew depuis 1865, né, en 1840, aux environs de Saint-Pétersbourg. Il a fait ses études à l'Université de Saint-Pétersbourg et puis à l'étranger, principalement au laboratoire de MM. Stecker à Tubingue, Wöhler à Gœttingue et Wurtz à Paris. Principales publications : « Chimie organique », 3me édit., 1884 ; « Analyse des gaz », 1887 ; « Méthodes de transformation des combinaisons organiques », 1889, etc. Depuis 1876, M. A. a inséré au *Journal de la Société chimique russe* des extraits des travaux publiés dans la *Gazzetta chimica italiana*.

Alimpic (Wasiliévitc), homme d'État serbe, né, en 1832, dans le district de Waljevo, où il fit ses classes primaires. En 1845, il se rendit à Belgrade, y resta jusqu'à 1851 pour y suivre les écoles supérieures ; et enfin il fut envoyé comme boursier en Russie pour y achever son éducation scientifique. Après avoir passé six ans à Kiew en étudiant la théologie et la philosophie, il obtint son diplôme, après quoi il voyagea en Allemagne et en France. Rentré dans sa patrie, il fut nommé professeur d'abord au Séminaire, ensuite au Gymnase. Nous le trouvons en 1868 professeur de philosophie à Belgrade ; il quitta sa chaire en 1875 pour le portefeuille de l'instruction publique. Pendant la guerre serbo-turque, il faisait partie du Cabinet, et après la campagne, il fut délégué du gouvernement dans les provinces conquises. Ministre deux fois encore (1880-87), il siège maintenant au Conseil d'État. C'est un critique distingué dont nous avons les ouvrages suivants : « Maître du russe », 1862-70 ; « La psychologie comme science » ; « La logique », 1871 ; « Essai d'introduction à l'histoire de la civilisation serbe ».

Allman (George-Johnston), mathématicien anglais, né, à Dublin, le 28 septembre 1824. Il reçut son éducation au *Trinity College* de sa ville natale et en 1853 il fut nommé professeur de mathématiques au *Queen's College* de Galway. Il a été nommé en 1877 membre du Sénat de la *Queen's University* en Irlande et en 1880 Sénateur de l'Université Royale irlandaise. En 1888, les universités d'Irlande l'envoyèrent à Bologne en qualité de leur représentant lors de la célébration du 8e centenaire de l'Athénée bolonais. Dès 1853, M. le prof. A. avait communiqué à la *Royal Irish Academy*: « An Account of the late Professor Mac Callagh's Lectures on the Attraction of Elipsoids » ; citons encore : « Some Properties of the Paraboloids », inséré au *Quaterly journal of Mathematics*, 1874 ; « Greek Geometry from Thales to Euclid » (*Hermatena*), 1876-87, ouvrage publié en volume avec le même titre, 1889 ; à l'*Enciclopedia Britannica*, il a mis l'article : « Claudius Ptolemaeus ».

Allou (Roger), né, à Paris, le 16 mai 1855, a fait ses études au Lycée *Condorcet*. Ses cours de droit terminés, il devint le collaborateur de son père, avocat célèbre, et prêta le serment d'avocat (1877). Il fit son stage à Paris et ne tarda pas à être nommé secrétaire de l'Association des avocats (1881-1882). M. A. a toujours eu une prédilection marquée pour les choses littéraires. Dès 1871, il faisait paraître un intéressant volume contenant la traduction des articles du *Times* sur la guerre franco-allemande, articles très remarqués à cette époque, dus à la plume brillante de l'un des plus éminents rédacteurs de la célèbre feuille britannique. M. A. s'est occupé également à plusieurs reprises de la littérature italienne contemporaine. En 1882, il faisait paraître chez Jouaust une monographie très complète sur « Giosuè Carducci ». Son travail élégant et consciencieux lui a valu plusieurs lettres flatteuses de notabilités littéraires, mais le témoignage auquel il tient le plus est celui que le poète lui-même lui a spontanément adressé dans un charmant billet qu'il conserve précieusement. M. A. a fait paraître, également à cette époque, une intéressante étude sur « Le barreau italien et M. Mancini », qui devint un peu plus tard Président du Conseil des Ministres. Il a fait insérer dans le *Figaro* (supplément littéraire, juin 1888), un article très remarqué sur le « Journal inédit du Comte de Cavour, et son séjour à Paris de 1845 à 1848 ». En 1880, il a publié : « Les Discours et Plaidoyers de Me Allou avec une préface ». M. A. prépare une étude sur le théâtre de « Pietro-Cossa », et un autre sur celui de « Paolo Ferrari », deux formes bien distinctes et bien caractéristiques de l'art dramatique moderne dans la péninsule.

Almenara-Alto (S. Exc. D. Gabino de Martorell y Fivaller, Marquis de Monesterio, Marquis de Villel, Marquis d'Albranca, Duc d'), poète et diplomate espagnol, né, à Ciudadela, île Minorque, Baléares, le 25 novembre 1846, Grand d'Espagne de 1re classe, gentilhomme de la Chambre de la Maison Royale en exercice, l'un des 91 chevaliers de l'ordre militaire de Santiago, l'un des 84 chevaliers de la royale maîtrise de cavalerie de Valence ; successivement 3e secrétaire d'ambassade à Bruxelles, 2e secrétaire à Rio-de-Janeiro, à Berne et au Ministère des affaires étrangères à Madrid, actuellement 1er secrétaire de l'ambassade d'Espagne à Paris ; ancien secrétaire de la *Juventud Católica*; membre du Conseil de la Société Académique Indo-Chinoise de France. Sous le nom de marquis de Villel, il a fait paraître des contes en vers dans le journal *La Risa*, des poésies dans la *Illustración Española y Americana* et dans différents périodiques ; il a édité les œuvres de son frère aîné, sous le titre: « Poesias del Duque de Almenara-Alto », avec une introduction de Juan Valera, 1 vol., Madrid, Tello,

1887; il a publié un volume de poésies qui a eu un grand succès: « Un libro para los Amigos », 1 vol., Madrid, Agundo, 1878, 2ᵉ éd. 1882; il a fait des conférences et des lectures, notamment à l'*Ateneo Barcelonés*. En 1888 l'*Epoca* a fait paraître le discours qu'il a prononcé, lorsqu'il s'est couvert pour la première fois, comme grand d'Espagne, devant S. M. la Reine-Régente d'Espagne.

Amira (Charles von), jurisconsulte allemand, professeur de droit allemand, de droit ecclésiastique et de l'encyclopédie du droit à l'Université de Fribourg, né, en 1848, à Aschaffenbourg, a fait ses études à Munich: il est membre de la Société royale des sciences d'Upsala. On lui doit une série d'ouvrages intéressants; en dehors de plusieurs essais et articles parus dans les revues, citons : « Das altnorwegische Vall streckungs-Verfahren », Munich, 1874; « Erbenfolge und Verwandtschafts-Gliederung nach den alt-niederdeutschen Rechten », 1874; « Ueber Zweck und Mittel der germanischen Rechtsgeschichte », 1876; « Nordgermanisches Obligationenrecht », 1ᵉʳ vol., Leipzig, 1882; « Das Endinger Judenspiel », 1ʳᵉ édit., Halle, 1883; l'article « Recht » (Monuments et antiquités), dans le recueil *Grundriss der Germanischen Philologie*, publié à Strasbourg, chez Trübner.

Annandale (Thomas), chirurgien écossais, professeur de clinique chirurgicale à l'Université d'Édimbourg, né, à Newcastle-on-Tyne, en 1838, a publié: « Malformations, Diseases, and Injuries of the Fingers and Toes, and their Surgical Treatment », essai couronné, 1864; « Surgical Appliances and Minor Operative Surgery »; « Diseases of the Breast », pour l'*International Encyclopaedia of Surgery*.

Anspach (Jacob) théologien et érudit hollandais, ministre évangélique à Ek-en-Wiel (Gueldre), membre de l'Institut de littérature néerlandaise à Leide, et de l'Institut historique d'Utrecht, ancien collaborateur du *Giornale degli eruditi e dei curiosi*, publié jadis à Padoue par le docteur Treves, rédacteur de l'*Investigateur* (Navorscher) depuis 1880, est né, à Zahle, en Hollande, le 16 novembre 1830; il a étudié à Deventer et à Leide, où il a été reçu docteur. En dehors de ses nombreux articles dans les journaux, dans les almanacs et dans les revues, signalons : « Specimen e Literis orientalibus », 1853; des critiques, des dissertations, des traductions, des sermons, des préfaces; « Stichting door Orgelstichting », 1872; « Leerplichtigheid », id.; « Liturgische Opmerkingen », 1874; « De Velnersche Familie Fülleben, eine genealogisch-historische Proeve », 1881 ; « Register op Fülleben », 1882; « Plaatsnavren in Gelderland », dont la publication a commencé en 1887, etc.

Arène (Emmanuel), publiciste et homme politique français, né, à Ajaccio, le 1ᵉʳ janvier 1856. Il fit ses études à Marseille, puis à Aix et son droit à Paris. Secrétaire de M. Ed. About, il collabora au *XIXᵉ Siècle*, puis au journal *Paris* et au *Matin*. Candidat à l'élection partielle du 4 octobre 1881, dans l'arrondissement de Corte (Corse), il fut élu par 6672 voix contre 2711 données à M. Paschal Grousset, ancien membre de la Commune. Il fit partie de l'Union républicaine et se signala comme l'un des plus ardents défenseurs du Cabinet Jules Ferry. Aux élections du 4 octobre 1885, il fut élu le 14 février 1886, le premier sur quatre, par 25,696 voix su 47,503 votants. M. A. a publié en 1888 un volume de « Nouvelles Corses ».

Argirlades (Panagiotis), avocat héllène, écrivain socialiste résidant à Marseille, est né, à Castoria (Macédoine), en 1852. Après avoir résidé quelques temps en Roumanie, il vint s'établir en France, où il fit son droit. Après avoir été délégué pour la Grèce au Congrès des Orientalistes qui se tint à Londres en 1874, il se consacra à l'étude des problèmes sociaux. Il a surtout attaché son nom à la création d'une revue intitulée: *La question sociale*, revue des idées socialistes et du mouvement révolutionnaire des deux-mondes. Voilà la liste des ouvrages de cette auteur: « La peine de Mort », Paris, 1875; « La Dîme en Grèce »; « Les Klephtes »; « Les chants populaires de la Grèce moderne »; « Le poète socialiste Eugène Pothier », Paris, 1888; « Le socialisme moderne », dans le journal *Le travailleur* de Marseille.

Armand d'Artois de Bournonville (Jules-François), auteur dramatique, poète et romancier français, né, à Paris, le 31 janvier 1845. Petits-fils d'Armand d'A., auteur dramatique mort en 1867, collaborateur de Théaulon, Dumersan, Brazier, Saintine, Dupin, etc., M. A. d'A. entra de bonne heure au Ministère de l'instruction publique, où il était chef de bureau, quand en 1883 il fut nommé conservateur à la Bibliothèque *Mazarine*, poste qu'il occupe actuellement. Il a publié, dans un grand nombre de recueils et de journaux, des poésies non réunies en volume, des articles de critique dramatique et littéraire. Il est l'auteur d'un roman d'aventures: « Le Capitaine Ripaille », et des pièces de théâtre dont les titres suivent: « Octogène », vaudeville-féerie, en 5 actes, 1872; « Le Petit Marquis », drame en 4 actes, en prose, en collaboration avec François Coppée (Odéon, 1873); « La Guerre de Cent ans », drame en 5 actes, en vers, avec prologue et épilogue, en collaboration avec François Coppée (non représenté), 1877; « Le Nid des autres », comédie en 3 actes, en prose, en collaboration avec Aurélien Scholl (Odéon, 1878); « La Chanson du printemps », comédie en un acte, en vers (Vaudeville, 1879); « Le Patriote », drame en 5 actes et 7 tableaux, en collaboration avec Maurice Gérard (Gaîté, 1881); « Les Bourgeois de Lille », drame en 5 actes et 8 tableaux (Gaîté, 1883); « La Princesse Falconi », drame ed un acte, en vers (Vaudeville, 1885); « L'Affaire Clémenceau », pièce en 5 actes et 6 tableaux, tirée du roman d'Alexandre Dumas fils (Vaudeville, 1887).; (Octogène, Le Petit Marquis et l'Affaire Clémenceau ne sont pas imprimés); « Le Capitaine Ripaille », 5 actes et 7 tableaux, joué à Beaumarchais en 1869 fut son début au théâtre. M. A. d'A. vient d'achever une comédie en 3 actes: « Meta Holdenis », en collaboration avec Victor Cherbuliez et tirée de son roman; un drame rustique en 5 actes et 7 tableaux: « La Fermière », reçu au théâtre de l'Ambigu, et « Pauline Berthier », comédie en 4 actes, en prose, reçue au théâtre de l'Odéon, qui passa au répertoire en 1889. M. A. d'A. prépare un roman de mœurs théâtrales : « Marie Rambert », à peu près terminé, mais dont la publication fut retardée jusqu'à 1890. M. A. d'A. est officier de l'instruction publique.

Arren (Louis-Victor), homme de lettres français, professeur de philosophie et doyen de la Faculté des lettres de Poitiers, officier de l'instruction publique, né, à Solgne (Moselle), le 26 mars 1835, a été professeur de philosophie dans les lycées de Mâcon, Grenoble, Nîmes et Metz; nommé professeur à la Faculté des Lettres de Clermont-Ferrand, en 1871, et à la Faculté des lettres de Poitiers en 1875, nous avons de lui une thèse française intitulée : « Essai d'une rhétorique sacrée d'après Bossuet »; une « Thèse latine sur la morale stoïcienne »; de nombreux articles dans les revues et surtout dans le Bulletin mensuel de la Faculté des Lettres de Poitiers, dont il est le fondateur. En librairie: « Problèmes de la morale contemporaine », 1889.

Arzruni (Grégoire), publiciste arménien, né en 1845. Ayant terminé ses études au gymnase de Tiflis (Transcaucasie), il se rendit à l'Université de Moscou, qu'il quitta bientôt pour visiter les universités de St.-Pétersbourg, Zurich, Genève, Vienne, Paris et Heidelberg. C'est dans cette dernière Université, après avoir longtemps suivi les cours des professeurs Rau, Knies, Bluntschli, Treitschke et Helmholz, qu'il passa en 1869 son examen de docteur en sciences politiques, et économiques. Pendant son séjour à l'étranger, il fit ses études de langue classique arménienne chez les pères Mekhitharistes à Venise. De retour à Tiflis, il y fonda en 1872 une feuille politique et littéraire en langue arménienne moderne, sous le titre de Mschak (Le Travailleur), qui dès la première année de son existence eut un succès assez marquant. Le Mschak est surtout répandu en Transcaucasie et dans l'Arménie russe. Avant de rédiger le Mschak, M. A. écrivait depuis 1865 dans les journaux arméniens de Tiflis: « L'Abeille de l'Arménie » et « Le Monde Arménien ».

Assaky (Georges), écrivain médical franco-roumain, professeur agrégé des facultés de médecine de France, professeur de clinique chirurgicale et directeur d'un institut de chirurgie à Boukarest, lauréat de l'Académie et de l'Université de France, né, à Jassy (Roumanie), le 1er janvier 1855, a publié les ouvrages suivants: « Greffe tendineuse et ténorraphie » (Bulletins de la Société de Biologie de Paris), 1885; « Suture des nerfs à distance », Paris, 1886; « Anatomie et physiologie de la cavité glenoïde de l'omoplate » (Société de Biologie), 1885; « Fractures expérimentales de la cavité glenoïde » (Société de Chirurgie), 1885; « Développement du cœur » (Académie des Sciences), 1883, etc. M. A. est redacteur en chef des Archives Roumaines de médecine et chirurgie.

Astruc (Louis), poète provençal, né, à Marseille, le 7 janvier 1857. Ses débuts littéraires datent de 1875, par des critiques et des études dans divers journaux de Marseille et de la province. Il a collaboré à toutes les publications provençales, telles que Lou Provençau, la Cigalo d'or, Lou Brusc, l'Armana provençau, la Calanco, la Revue félibréenne, la Farandole, etc. Ses divers travaux lui valurent d'être nommé membre de la Société des langues romanes (1875), membre correspondant de l'Athénée de Forcalquier (1877). Il est un des fondateurs de la Société des félibres de la Mer, dont il est depuis 1885 vice-président. Lauréat des premiers jeux-floraux de Paris (1879), de la Société archéologique et littéraire de Béziers (1876 et 77), des jeux-floraux de Forcalquier (1875). Ses ouvrages: « Moun Album », portraits littéraires, 1881; « Li Medaioun », id., id., id.; « Papié Pinta », id., id., 1882; « La Marsilheso », drame en 4 actes, 1882; « Li Cacio », recueil de poésies, 1884; « 1884 », sonnets sur le choléra, 1884; nouvelle édition des « Portraits littéraires », 1885; « La Marsilheso », 2e éd. Ce drame a été traduit en vers français par M. Constant Hennion, de Tours, traducteur de « Mireille ». En mai 1886, il fonda le journal Zóu! qui existe encore. Enfin en 1887 il remplaça M. Théodore Aubanel à l'Académie provençale. Il assistait, comme délégué de la Provence, aux fêtes florentines en l'honneur de Béatrix, et il a composé pour l'occasion des vers charmants.

Astruc (Zacharie), littérateur, peintre et sculpteur français, né, à Angers, en 1835. Ce fut comme romancier et comme critique d'art qu'il commença à se faire connaître à Paris en 1859, dans un petit recueil littéraire, publié de concert avec M. Valéry Vernier, intitulé: Le quart d'heure, gazette des gens demi-sérieux; il y publia l'« Histoire funèbre de Faubert »; les « Onze lamentations d'Eliacin »; le « Récit douloureux » et « Les quatorze stations du Salon de 1859 », articles de critique qui furent réunis en un volume, avec une préface de George Sand. Après la disparition du *Quart d'heure*, M. A. fut attaché comme critique d'art au *Pays*, à l'*Étendard*, à l'*Écho des Beaux-Arts*, au *Peuple Souverain ;* il publiait en même temps une nouvelle « Buk-Mug », dans l'*Opinion nationale ;* un roman « Sœur Marie-Jésus », dans la *Revue Germanique ;* une comédie « L'arme des femmes », dans la *Revue internationale.* En 1863, il créa un journal d'art *Le Salon*, qui paraissait chaque jour pendant l'Exposition annuelle. En 1872, il fonda à Madrid un journal *L'Espagne nouvelle*. Il a de plus publié un recueil de vers : « Poèmes d'Espagne » ; « Romancero de l'Escurial », 1884, sans parler de ses œuvres de sculpture, ni de ses peintures et aquarelles.

Ayot (Emmanuel-Laurent DE), écrivain et poète espagnol, né, à Manille, capitale des Iles Philippines, le 3 avril 1866, d'une famille noble, étudia sous un précepteur. Nous avons de lui les drames suivants : « El poder de una pasion », Manille, 1883 ; « La Condesa Leonor », Madrid, 1888 ; les poèmes en prose suivants : « Danoscar », id., 1886 ; « Pilar », id., 1885 ; « Whora Dallskings », id., 1887 ; « Tallwor », Portalegre, 1888 ; « Debrasko », id., 1887 ; « El Beso », Madrid, 1887 ; des discours sur Shakespeare, Byron et Chateaubriand et sur le Comte d'Ayot son ancêtre.

B

Baïhaut (Charles), écrivain français, ancien élève de l'École polytechnique, ingénieur, publiciste et homme politique français, député de la Haute-Saône, membre du Conseil supérieur de l'agriculture, ancien ministre des travaux publics dans le cabinet Freycinet (janvier 1886), est né, à Paris, le 2 avril 1843. Élu député le 14 octobre 1877 par 8394 voix contre 6927 obtenus par le candidat monarchiste, puis réélu le 21 août 1881 par 9207 voix contre 5953, il fut nommé sous-secrétaire d'État au ministère des travaux publics, le 10 août 1882, et garda ce poste jusqu'au 31 mars 1885. Porté sur la liste républicaine du département de la Haute-Saône, aux élections du 4 octobre 1885, il fut élu le premier, et dès le premier tour de scrutin par 36516 voix sur 71217 votants. Il a été nommé ministre des travaux publics dans le cabinet Freycinet le 7 janvier 1886, et a donné sa démission le 30 octobre suivant. M. B. a publié : « La République c'est la paix », 1875, Belfort Spetzmüller ; « Les élections des sénateurs », id., id. ; « La République c'est la lumière », 1877, id. ; « La France veut la République », id., id. ; « La République vivra », 1879, id. ; « L'ancien régime », 1880, id. ; « La question des chemins de fer », 1882, imprimerie Marat.

Baillarger (Jules-Gabriel-François), médecin aliéniste français, né, à Montbazon, le 26 mars 1809, vint faire ses études médicales à Paris et fut admis comme interne à l'hospice de Charenton. Docteur en 1837, il se consacra à l'étude des maladies mentales et suivit les leçons du célèbre Esquirol. Nommé médecin de la Salpêtrière en 1840, il devint en 1843 l'un des directeurs de la maison de santé d'Ivry, fondée par Esquirol. Avec les docteurs Cerise et Longet, il fonda les *Annales médico-psychologiques*, où il inséra de nombreux articles. En 1842, le docteur B. avait remporté le prix offert par l'Académie de médecine pour un mémoire sur le sujet : « Des hallucinations, des causes qui les produisent et les maladies qu'elles caractérisent », mémoire qui a été publié à part en 1846. M. le docteur B., qui, pendant plus de vingt ans, a fait à la Salpêtrière des cours très suivis sur les maladies mentales, a été élu membre de l'Académie de médecine en 1847. Il est l'un des fondateurs de la Société médico-psychologique. On doit au docteur B., outre son important ouvrage sur les hallucinations : « Du siège de quelques hémorragies méningées » ; « Recherches sur la structure de la couche corticale des circonvolutions du cerveau », 1840 ; « Enquête sur le goître et le crétinisme », etc., ainsi qu'un très grand nombre de mémoires épars dans les *Annales médico-psychologiques* et autres recueils scientifiques. Le docteur A. a également collaboré au *Dictionnaire encyclopédique des sciences médicales*.

Ball (Valentin), géologiste et minéralogiste anglais, né, à Dublin, le 14 juillet 1843, a été élevé au *Trinity College* de Dublin et à l'Université, où il a été diplômé en 1872 : il en est docteur *honoris causa* depuis 1889. Après avoir été employé dans l'administration du génie civil aux Indes, de 1874 à 1881, et professeur de géologie et minéralogie à l'Université dublinoise (1881-83), il fut nommé à cette dernière époque directeur du Musée de la ville. En dehors de plusieurs contributions aux *Actes des Sociétés scientifiques anglaises*, M. le prof. B. a édité plusieurs mémoires qui ont trait à certaines parties de l'Inde anglaise qu'il a explorées. Citons, entr'autres, celui sur les plantes, les animaux et les minéraux de l'Inde connus par les Grecs. Enfin, nous avons de lui en librairie les volumes suivants : « Jungle Life in India or the Journeys and Journals of an Indian Geologist », 1880 ; « The Diamonds, Coal and Gold of India », 1881 ; « The Economic Geology of India », id. ; « An English Translation of Ta-

Ballesteros (Joseph-Perez), littérateur et professeur espagnol, né, à Santiago de Compostelle, en 1833. Les études brillantes qu'il fit à l'Université de sa ville natale le portèrent tout naturellement à la chaire de littérature latine et de droit à l'Université de Santiago. Nous avons de lui les ouvrages suivants: « Inicio critico acerca del Concilio de Trento y estado de la disciplina eclesiastica antes y despues de su publicacion »; un volume de vers en dialecte de Gallice; trois volumes intitulés: « El Cancionero popular gallego »; « Foguetes », poésies épigrammatiques; « El refranero gallego ». M. le prof. B. collabore au grand ouvrage intitulé: « Las tradiciones populares españolas ».

Ballière (Édouard-Achille), architecte français, conseiller municipal, né, à Sannerville (département du Calvados), le 17 octobre 1840, fit ses études au collège de Pont-l'Évêque, dont son oncle Prosper Ballière était le principal, à Caen et ensuite à l'école d'architecture à Paris. Il contribua à la restauration du Dôme des Invalides, sous la direction de M. Crépinet, architecte du gouvernement. A la fin de l'Empire, il fut secrétaire de plusieurs comités démocratiques. Après s'être fait exonérer du service militaire sous l'Empire, il s'engagea pour la durée de la guerre et fut nommé officier après Champigny, dans les derniers jours du gouvernement de la défense nationale. Officier d'État-major sous la Commune, il fut déféré aux Conseils de guerre et condamné par le 10me Conseil de guerre séant à Sèvres, à la déportation perpétuelle. Le 19 mars, il s'évada en compagnie de Henri Rochefort, Paschal Grousset, Jourde et Olivier Pain. Il exposa en Australie un projet de théâtre pour la ville de Sidney. De Strasbourg, il envoya un projet de théâtre pour la ville de Rouen, et prit part au concours pour l'Exposition universelle de 1878. Rentré en France après l'amnistie de 1879, il prit part au concours pour la statue de la République. La plupart de ses projets ont été admis à l'exposition universelle de 1889. Pendant l'exil, il a exercé sa profession d'architecte en Australie (Sidney et Melbourne), à Londres, à Bruxelles, d'où il fut expulsé par décret royal vers la fin de 1871. Il se rendit à Strasbourg où il vécut de sa profession et comme professeur d'architecture jusqu'à l'époque de l'amnistie en 1879. Depuis sa rentrée en France, il a rebâti presque en entier la station balnéaire de Royat (Puy-de-Dôme). Nous avons de lui: « La Compagnie de Jésus », en 1869, édité à Caen (Calvados); « Un voyage de circumnavigation ». Il est rédacteur et correspondant de *La Presse, La ligue, Le petit lyonnais*, membre du cercle de la presse à Paris.

Balzer (Oswald), jurisconsulte polonais, né, le 24 janvier 1858, à Chodorow (Galicie, Autriche), fit ses études à Lemberg, Cracovie, Berlin; en 1883, docteur en droit; en 1885, agrégé; en 1887, professeur de droit polonais à l'Université de Lemberg. Ouvrages en librairie « Origines des tribunaux des *Captours* », Varsovie, 1885; « Origines du tribunal suprême de la Couronne », id., 1886; « État actuel de la science du droit privé polonais », Lemberg, id.; traductions polonaises des « Statuts du moyen-âge », id., 1888; « Considérations sur le droit coutumier et statutaire en Pologne », id., id.; « Laudum Cracoviense », id., id., etc.

Baranieckl (Marius), mathématicien polonais, né, en 1848, à Varsovie. Il fit ses études à l'École centrale à Varsovie, les acheva à Leipzig, où il obtint ses grades. Depuis 1876-1885, *docent* à la faculté de mathématiques à Varsovie, il accepta ensuite (1885) la chaire de professeur à Cracovie. Depuis 1882-85, il fut rédacteur de la *Bibliothèque de physique*. On a de lui: « Ueber gegeneinander perumtable substitutionen », Leipzig, 1871; « Arithmétique »; « Cours d'algèbre », et beaucoup d'études spéciales publiées dans les journaux scientifiques de Varsovie.

Barbanti-Brodano (Joseph), publiciste italien du parti socialiste, né, à Vignola près de Modène, le 10 janvier 1853, entra de bonne heure au barreau et défendit par devant la Cour d'assises son ami André Costa, qui est un des chefs du parti socialiste en Italie. Le recueil de ses harangues forme un des documents les plus importants du socialisme italien. Volontaire en 1876 en Serbie, il publia l'année d'après « Serbia », Bologne, Azzoguidi, 1877. Cet ouvrage parut sous un nouveau titre « Su la Drina », Milan, Bignami, 1878. En 1879, il fut appelé en Cour d'assises pour discours séditieux et absous par le jury. Plus tard, avec Saffi, Carducci et autres, il eut à subir un procès politique qui fut étouffé dans son germe. Fondateur du *Preludio* (1878) et du *Don Chisciotte* de Bologne (1851), il a publié récemment: « Il materialismo e la pena di morte », Florence, Pellas, 1874; « Una causa per lesa Divinità », Livourne, Bartolini, 1878; « Le feste di Bologna », Bologne, Zanichelli, 1889. Plusieurs monographies, critiques littéraires et historiques. Il signe quelquefois du nom de plume *Enzo*.

Barbat de Bignicourt (Arthur), publiciste français, né, à Reims, en 1825. Il a beaucoup écrit dans les journaux légitimistes. Il s'occupait aussi de littérature et il a publié: « Les Mardis de Madame », comédie en un acte, Tresse éditeur, Paris et Reims à l'Imprimerie coopérative; « La mort d'un gendarme », id., id.; « Les vieux souvenirs », id., id.; « Les massacres à Reims en 1792 »; « Un salon à Reims en 1832 »; « Le fond des choses »; « Cliquot Ponsardin »; « Les hommes politiques de la

Marne » (anonyme); « La royauté imminente », in-8, Reims, 1877. Il a publié aussi le : « Roman des deux héritiers », en collaboration avec la comtesse de Mirabeau, Michel Lévy, 1864. Dans *La Mode*, dont il a été le directeur de 1845 à 1864, il a fait paraître une revue politique sous le pseudonyme de *Vicomte E. de Grenville*. Officier d'Académie, membre de la Société des Gens de lettres, M. B. de B. est président de la Société des Sciences et arts de Vitry-le-François.

Barbe (Paul), publiciste et homme politique français, ancien ministre de l'agriculture, est né le 14 février 1836. Il entra à l'École polytechnique en 1855, passa à l'École d'application et en sortit dans l'artillerie. Il donna sa démission de lieutenant en 1861, pour se livrer à l'industrie, devint fabricant de dynamite à Liverdun, dans le département de Meurthe-et-Moselle, et président de la Société Italienne de dynamite. Propriétaire du journal *Le Républicain de Seine-et-Oise*, il fut porté sur la liste républicaine radicale aux élections du 4 octobre 1885, obtint au premier tour de scrutin, 39,095 voix sur 114,345 votants et fut élu au scrutin de ballottage, le premier sur neuf, par 58,419 voix sur 119,995 votants. M. B. fut le seul député de Seine-et-Oise, qui, se séparant de la coalition de la droite et de l'extrême-gauche, vota les crédits demandés par le gouvernement pour le Tonkin, le 24 décembre 1885. Le 30 mai 1887, il fit partie du ministère Rouvier, en qualité de ministre de l'agriculture. Pendant la guerre de 1870-71, M. B. a été décoré de la Légion d'honneur. Il a publié plusieurs ouvrages de vulgarisation populaire : « Études pratiques sur la dynamite et ses applications à l'art militaire »; « Le manuel du mineur »; « La perforation mécanique »; « Emploi de l'électricité dans les mines »; « La question du Grisou »; « Les Engrais chimiques », etc.

Barone (Joseph), professeur de littérature grecque aux lycées du Royaume, actuellement à Naples, membre de plusieurs sociétés étrangères, est né, à Naples, le 4 mai 1861, et a fait ses études dans sa ville d'origine, à l'Université et au *Regio Collegio asiatico*, où il étudia les langues orientales. Employé aux Bibliothèques de sa ville natale, il quitta bientôt cette carrière pour l'enseignement : « Epimenide di Creta e le credenze religiose dei suoi tempi. Studio storico-critico-filologico », Naples, De Angelis, 1880; « Z'ieu z wen, seu de mille verborum libro a Cheu Him-s elucubrato dissertatiuncula », Rome, ex-impr. polyglotte, 1882; « Ja-z pam, le bâton du muet », nouvelle traduite du chinois avec préface et remarques (extrait du *Museon*), Louvain, Peeters, 1882; « Conte traduit du chinois », Paris, Maisonneuve, 1883; « Jasogami et Camicoto », légende japonaise, Louvain, Peeters, 1883; « Καταστροφή τῆς Casamicciola τετράστιχον. — Ἐν Νεαπόλει », Morano, 1883; « Cebete. La Tavola con prefazione e note e con un saggio bibliografico », 2me éd., Naples, 1887; « Il Canzoniere di Pietro Jacopo de Jennaro. Codice cartaceo del XV secolo, pubblicato per la prima volta con prefazione e note », id., id., 1883; « Xenophontis, historiæ græcæ, liber I, II, cura et studio Caroli Lanza et Josephi Barone », id., id., 1888; « Primi esercizi di lettura greca, con trascrizione fonetica », id., id., 1884; « I Druidi, casta religiosa dei Galati », id., id., 1863; « Une épouse mourante à son époux, sonnet de Tebaldeo, poète italien, traduit en persan moderne », Paris, Maisonneuve, 1885; « La fondation de Rome et le cycle légendaire de Romulus et Rémus », *Revue générale*, Bruxelles 1886 ; Turin, Vincent Bona, 1886; « Quadri sinottici di letteratura greca, compilati secondo i programmi governativi », Naples, Morano, id.; « Quintiliano. Le Instituzioni oratorie. Libro X, con annotazioni ad uso delle scuole », id., id., 1887, « Manzoni reazionario ed una lettera inedita di L. Settembrini », id., id., id.; « La Vita, i precursori e le opere del P. Paolino da S. Bartolommeo. Contributo alla storia degli studii orientali in Europa ».

Barranco (Manuel), auteur comique valencien. Ses œuvres se jouent avec succès sur les principales scènes de Madrid. Une des plus remarquables est intitulée : « Los martes de las de Gomez (Les mardis des dames Gomez ». Il faut citer ensuite: « Quiere vos comer con nosotros? (Voulez-vous dîner avec nous ? ».

Barrego (André), doyen des journalistes espagnols, quoiqu'il ne travaille plus à cause de son âge : il a quatre-vingts ans. Il fonda *El Conservador*, le premier journal politique espagnol de quelque importance. Il a fait aussi du journalisme à Paris pendant de longues années. On lui a confié plusieurs missions officieuses et secrètes à Paris, Londres, Rome et d'autres capitales. Il est enfin revenu à Madrid, où il dirige actuellement la publication d'une *Histoire des Cortès Espagnoles*.

Bas y Cortès (Vincent), homme de lettres espagnol, est né, à Morata de Jalon (province de Saragosse), le 4 mars 1850; il étudia d'abord à l'Université de Saragosse, puis à celle de Madrid, et reçut son doctorat en droit civil, canonique et administratif. Journaliste dès ses débuts, il fonda les journaux *La Juventud*, *La Correspondencia de Saragossa* et, passant les mers, il fonda et dirigea à la Havane *El Horizonte* et *La Bandera Española*. M. B. a été aussi dans l'administration comme magistrat adjoint à la chaire d'économie politique à Saragosse, et enfin gouverneur de Badajoz. Voilà la liste des ouvrages de cet auteur: « El ordenamiento de Alcalà. Su examen y juicio critico »; « Derecho ultramarino vigente »; « Historia general del comercio »; « Cartas al Rey, acerca de la Isla de Cuba », 2me éd.; « Procedimientos criminales adaptados à la legislacion de Cuba »; « Ley de enjuiciamiento criminal, con commentarios, formularios, un cuadro sinóptico y un repertorio para su mejor inteligencia », 4me éd.; « La Ganaderia y el Arancel »; « El derecho diferencial de bandera »; « Restableciento de los tribunales de comercio »; « Glorias de Aragon »; « El Casamiento. Estudio acerco del modo de verificarlo con acierto », 3e éd.; « La Agricultura á fines del siglo XIX »; en prose en préparation: « Tras un ideal ».

Baumgartner (Alexandre), fils de l'historien et homme d'état Jacob-Gallus B., né, le 27 juin 1841, à Saint-Gall, entra en 1860 dans l'ordre des jésuites, poursuivit avec succès aux collèges de Munster, de Maria Laach, de Ditton les études philologiques, philosophiques et théologiques commencées par lui avant son noviciat dans les séminaires d'Einsiedeln et de Feldkirch, tourna son activité vers les littératures étrangères, celles entr'autres de la Scandinavie et des Pays-Bas et ne craignit pas, pour en acquérir une connaissance plus étendue, de faire de fréquents séjours à Copenhague, Stockholm, Amsterdam. Sa compagnie, désireuse d'utiliser ses talents littéraires et pédagogiques, le nomma d'abord professeur aux collèges de Feldkirch et de Stonyhurst, puis lui confia en en 1874 la rédaction de la revue: *La Voix de Maria Laach*, entreprise qui depuis la loi promulguée par le *Reichstag* le 15 juin 1872 fut continuée tantôt en Belgique, tantôt en Hollande. Le père B., qui est aujourd'hui fixé à Roermond dans le Brabant hollandais, s'est plu à juger et à condamner du haut de son orthodoxie quelques uns des poètes et des penseurs les plus illustres. Ouvrages: « Le développement religieux de Lessing », 1877; « Les poèmes de Longfellow », 1878; « La jeunesse de Goethe », 1879; « Les auto-dafés de Calderon », traduits de l'espagnol, 1881; « La vie et les œuvres de Joost van Vondel », 1882; « Goethe-Lehrlings und Wanderjahre », par comparaison avec Wilhelm Meister, id.; « La librairie laurétane », sonnets, 1883; « Mgr. Greith, évêque de Saint-Gall », souvenirs, 1884; « Lilja », poème traduit de l'islandais, id.; « L'Écosse », tableaux de voyage, id.; « La vie et les œuvres de Goethe », 3 vol., 1885-86; « Goethe et Schiller », 1886; « Les anciens de Weimar », id.

Baux (Jules), archiviste français, ancien archiviste du département de l'Ain, officier de l'ordre de Saint-Maurice et Lazare, né, à Lyon (Rhône), le 22 mars 1806. Principales publications: « Histoire de l'Église de Notre-Dame de Bourg »; « Histoire et monographie de l'Église de Brou »; « Histoire de la réunion à la France des provinces de Bresse, Bugey et pays de Gex »; « Nobiliaire de l'Ain »; « Mémoires historiques de la ville de Bourg », 3 vol., ouvrage publié sous les auspices du Conseil général de l'Ain.

Bazin (René), professeur et littérateur français, né, à Angers, le 26 décembre 1853; il a fait ses études de droit à Paris. Reçu docteur en 1877 il a été nommé successivement professeur suppléant, puis professeur titulaire à l'Université catholique d'Angers. Il a publié: « Préface et notes aux réflexions sur la Révolution française de Burke », 1882; « Préface aux Considérations sur la France de Joseph de Maistre », 1880; « Les jugements du comte Joseph de Maistre sur la littérature et sur l'art » (avec deux lettres inédites), *Revue de l'Anjou*, id.; « La Fille du jardinier », nouvelle en vers, dans le *Correspondant* du 10 août 1880, sous le pseudonyme de *Jean Stret*; « Stéphanette », roman publié dans l'*Union*, puis édité à la librairie Bray et Retaux (sous le pseudonyme de *Bernard Seigny*); « Un souvenir d'artiste », nouvelle dans *Le Monde*, 1885; « Kerlahu », id., dans la revue *L'Anjou*, 1884; « La légende de Sainte-Béga », légende en vers, dans *Le Correspondant* (10 octobre 1884); « Ma tante Giron », roman, id., Bray et Retaux; « Rose Marelli », épisode de la révolution italienne, nouvelle, dans le journal *L'Ouvrier*, du 12 février au 5 mars 1887; « Le contrebandier du Paradis », nouvelle en vers dans la *Semaine des Familles* du 19 mars 1887; « Le portrait inachevé », légende en vers dans *Le Correspondant* (10 septembre 1887; « Les trois peines d'un rossignol », nouvelle dans *Le Canada français* (juillet 1888); « Une tache d'encre », roman paru dans le *Journal des Débats*, Paris, Calmann-Lévy, 1888.

Belcher (le docteur Thomas), docteur à la fois en théologie et en médecine, est né, à Bandon en Irlande, le 25 septembre 1831. Il a pris ses grades à l'Université de Dublin et à celles de Paris et de Vienne. Il a maintenant charge d'âmes à Frampton-Cotterel près de Bristol, après avoir été curé d'une paroisse de Londres. Nous devons à cet écrivain une série d'ouvrages de médecine et une série d'ouvrages religieux, dont nous donnons la liste, en dehors de laquelle il faut mettre: « La Missa anglicana », composition musicale très appréciée; « Hygienic aspects of Pogonotrophy », 1864; « Notes on Mediæval Leper hospitals in Ireland », 1868; « Notes on our Lord's Miracles of Healing »; « Ancient and Modern leprosies compared »; « Reformations for Drunkards ». Livres religieux: « Christ and Cæsar », 1871; « Relief of Sick and Needy », 1874; « How to observe Lent », 1875; « Restoration of the Jews Balm of Gilead », 1876; « Christian priesthood », id.; « The Pope and the King », id.; « The Crescent and the Cross », id.; « How to serve

God behind the Counter », 1877 ; « The inner life of le Ritualist », id. ; « The Christian past and future of Cyprus », 1878 ; « The Rechabites vow », id. ; « Christ's Epiphany to Paul », id. ; « The Church of England and the Salvation Army », 1882 ; « The Future of Egypt », id. ; « Church Singing », 1888. Essais : « Medical Diaconate », 1875 ; « Work of the Priesthood and Laity », 1876 ; « M. Gladstone and the Bishop of Winchester on the constitutional Right of the Church », 1877 ; « The Church of England spiritual Judges », 1878 ; « Reservation of the Sacrament for the Sick », 1885 ; « Preachers in S. Faiths Church », 1868-86.

Bell (François-Jeffery), naturaliste anglais, professeur d'anatomie comparée et de zoologie au *Queen's College* de Londres depuis 1879, assistant au *British Museum* pour la zoologie depuis 1882. Il est né, à Calcutta, en 1855, a fait ses études à l'Université d'Oxford et après avoir occupé plusieurs charges auprès de diverses sociétés scientifiques, a publié chez Cassel de Londres : « Manual of comparative anatomy and physiology », 1885, ainsi qu'une traduction de l' « Anatomie comparée », de Gegenbauers, id., Macmillan, 1878. Il a inséré une quantité d'articles aux revues d'histoire naturelle et a été pendant dix ans rédacteur au *Zoological Record*, qu'il a dirigé pendant deux ans.

Bellanger (Justin), écrivain français, membre de la Société des gens de lettres, ancien président de la Société Philotechnique, officier d'Académie, né, à Provins, le 28 juin 1833, fit ses études aux lycées *Sainte-Barbe* et *Louis-le-Grand*. Il fut ensuite élève du conservatoire national de déclamation et de musique ; joua les premiers rôles dans la comédie et dans le drame sur les principales scènes de la province et de l'étranger ; a ensuite quitté le théâtre pour se consacrer à la littérature. En dehors de nombreux articles dans les journaux, nous avons de lui en librairie : « Notes et paradoxes », à propos de théâtre, 1872 ; « Entre deux spectacles », 1 vol., Dentu, 1879 ; « Damnations », poésies, id., Fishbacher, 1882 ; « Trilles et vocalises », id., id., A. Lemerre, 1885 ; « Nouvelles », dans le *Bulletin de la Société des Gens de lettres* ; des travaux divers dans les *Annuaires de la Société Philotechnique* ; « Les Impériaux en Hongrie », étude historique, dans la *Revue de France*, 1881 ; « L'âme », dans l'*Annuaire du Congrès scientifique de Pau*, 1874 ; « Le corps », dans l'*Annuaire du Congrès scientifique de Périgueux*, 1877.

Bennassit (Ernest), littérateur français, né, à Londres, en 1849, a débuté dans le journalisme en 1871, en fondant à Bordeaux le *Spectateur*. En 1876, il a fondé le *Sphynx*. En 1874, il avait fait jouer le « Bigame », comédie ; nous le trouvons rédacteur au *Petit Moniteur de Bordeaux*, puis au *Journal de Bordeaux* (1878-83), et enfin (1884) il fonde le *Polichinelle*, dont il est à la fois le rédacteur en chef et le dessinateur. Il est à Bordeaux le correspondant du *Figaro* depuis 1880. Ajoutons encore qu'il publie aussi le *Tout Bordeaux* et *Arcachon Saison*.

Bérard-Varagnac (Arsène-Émile), né, à Paris, le 7 avril 1849. Sous la direction d'une mère distinguée, qui a exercé sur son esprit et sur ses travaux une profonde influence, M. B.-V. fit de fortes études classiques au lycée *Bonaparte*, obtint de nombreux succès aux concours généraux de la Sorbonne et fut reçu premier au concours de la licence ès-lettres à la Faculté de Paris (session d'octobre 1869). A cette époque, il avait commencé d'écrire dans une revue de l'Université, l'ancienne *Revue de l'instruction publique* : le recueil ayant cessé de paraître en 1871, il entra, dans la même année, au *Journal des Débats*, dont il ne cessa depuis lors d'être un des principaux rédacteurs. Au cours de cette longue collaboration, M. B.-V. a traité des sujets très-divers : récits de voyages, études économiques, administratives, de politique étrangère, mais surtout de politique intérieure et de critique des livres nouveaux de la France et de l'étranger. De 1876 à 1879, en remplacement de MM. Francis Charmes et Henry Aron, il fut chargé, dans le même journal, du compte-rendu presque quotidien des débats parlementaires. M. B.-V. y a donné, d'autre part, un grand nombre de *Variétés*. Il en a recueilli quelques unes, relatives à des écrivains français du XIXe siècle, et, les remaniant, les a réunies dans une première série sous le titre de « Portraits littéraires », en un volume auquel l'Académie française a décerné un prix (fondation Bordin, novembre 1887), Calmann-Lévy éditeur, mis en vente le 1er juin 1887. Dans ce livre, où il étudie George Sand, Balzac, Victor Hugo, Stendhal, Daniel Stern, et des auteurs plus contemporains tels que Pierre Loti, M. Mézières, M. Scherer, M. Marc-Monnier, M. de Laprade, M. D. Nisard etc., M. B.-V. se montre un critique libre de parti pris, admirateur de tout talent supérieur et vraiment littéraire, de quelque côté qu'il vienne ; avec cela très classique d'éducation et de goûts, et hostile aux tendances anti-littéraires et anti-françaises de certaines écoles nouvelles. En outre de ses travaux dans les *Débats*, M. B.-V. a collaboré à la *Revue des Deux Mondes*, à la *Revue bleue*, à l'*Économiste français*, au *Journal des Économistes*, à la *Revue générale d'administration*, etc. En 1872-73, sous la présidence de M. Thiers, il avait été le secrétaire particulier de M. de Goulard aux ministères du commerce, des finances, puis de l'intérieur. Nommé, en octobre 1879, maître des requêtes au Conseil d'État, il a été attaché à la section des travaux publics, de l'agriculture et du commerce. M. B.-V. a été élu en 1884, membre de

la Société d'économie politique de Paris, que préside M. Léon Say.

Beraza (Manuel-Maria-Alonzo DE), écrivain radical espagnol; il s'occupe exclusivement des questions financières. Il est rédacteur au *Libéral* et secrétaire de la Compagnie Transatlantique.

Berg (Théodore), poète et traducteur en russe des poètes français et allemands (Barbier, Heine, Hartmann et autres), né en 1837. En 1862 il a publié, avec son confrère V. Kasstomaroff, un recueil de poèmes étrangers, Moscou, 1862.

Bertelli (Louis), publiciste et humoriste italien, dont le nom de plume est *Vamba*, né, à Monticelli près Florence, en 1860, étudia à l'Institut technique de Florence, et fut employé à l'administration des chemins de fer. Mis en demeure de choisir entre son emploi et le journalisme indépendant qui est toujours quelque peu agressif, il n'hésita point et choisit la presse. Il a été rédacteur du *Capitan Fracassa* pendant que ce journal était d'opposition (1880-87), puis au *Don Chisciotte* dès 1887 jusqu'aujourd'hui, au *Corriere Italiano* de Florence, où il a fondé en novembre 1890 le journal *L'O di Giotto*, qu'il dirige. En dehors de ses articles humoristiques, nous avons de lui des Almanachs du *Capitan Fracassa* et du *Don Chisciotte*, et « Barbabianca », recueil de *pupazzetti* (caricatures dans le goût de celles de *Caran d'Ache*), concernant le feu Ministre Depretis.

Bertolotto (Jérôme), homme de lettres italien, employé à la bibliothèque *Beriana* de Gênes, né, à Savone, en 1861. Il étudia au Lycée de sa ville d'origine; gagna par concours une bourse au *Regio Istituto di Studi Superiori* de Florence, où il fut diplômé le 27 juillet 1884. En 1885, il y continua ses études sous les prof. Vitelli, Comparetti et Trezza pour les littératures classiques et sous le prof. Ernest Schiaparelli pour l'Égyptologie. Nous avons de lui les ouvrages suivants: « Appunti Lucianei »; « Sulla cronologia e autenticità dei *Macrobi* », Turin, Loescher; « De scholiis Lucianeis iterum edendis. Accedunt scholia nonnulla, et Codd. Laurentianis, Riccardianis, Estensibus, etc., nunc primum excripta »; « Le tre orazioni contro Filippo, di Demostene, commentate » (*Collezione dei classici greci e latini*), Turin, Loescher; « De Luciani Samosatensis anno natali »; « Il codice modenese di Luciano » (*Rivista di filologia ed istruzione classica*); « Quindici anacreontee scelte (con prefazione, commento e lessico) »; « Sull'Orazione Demostenica per i morti a Cheronea »; « Della varia fortuna di Luciano presso i contemporanei nel Medio Evo e dopo il Rinascimento », dissertation; « Un Codice sconosciuto di Catullo, alla *Beriana* di Genova ».

Betegon (Xavier), journaliste conservateur espagnol très distingué; directeur du journal *La Monarquia*, organe de la politique de M. Canovas.

Biano (Jean), homme de lettres roumain, né, en 1856, en Transylvanie, professeur de littérature roumaine au Lycée *Saint Sabas* de Boukarest, membre de l'Académie roumaine, fit ses études aux Universités de Boukarest et de Paris et à l'*Accademia scientifico-letteraria* de Milan sous le professeur Ascoli. Il fit en 1885 et 1886 d'importantes recherches en Galicie et en Russie dont les résultats ont été publiés par l'Académie roumaine. En outre, M. B a donné quelques excellentes éditions critiques d'anciens textes roumains.

Biegeleisen (Henri), écrivain autrichien, docteur en philosophie, né, dans la Galicie autrichienne, en 1855. Il fit ses études aux Universités de Lemberg, Leipzig et Munich; depuis 1877 il a écrit des articles du domaine de l'histoire, de la littérature et des sciences sociales, en collaborant surtout aux journaux libéraux de Varsovie. M. B. est directeur d'une école pour le peuple à Lemberg. Outre une foule d'articles épars, on a de lui: « La vie de Fr. Bohomolec » et un excellent livre sur le poème de Mickiewicz: « Monsieur Thadée ».

Biermer (Antoine), illustre médecin allemand, professeur de médecine interne et directeur de la clinique médicale à l'Université de Breslau, est né, le 18 octobre 1827, à Bamberg (Bavière), a fait ses études dans sa ville natale et ensuite aux Universités de Wurzbourg, Munich et Berlin. Étudiant encore, en 1850, il gagna le prix de la Faculté de médecine de Wurzbourg et en 1851, après avoir été promu docteur en médecine, il devint assistant à la clinique médicale de l'Université de cette ville. En 1854 il se rendit à Paris, où il séjourna jusqu'à 1855, pour continuer ses études médicales. Retourné à Wurzbourg, il y prit son habilitation à l'enseignement et devint *privat-Docent* de médecine interne. En 1861, il fut appelé à Berne, comme professeur de pathologie spéciale et directeur de la clinique médicale à l'Université de cette ville. Pendant son séjour à Berne, il fonda la *Schweizerische Zeitschrift für Heilkunde* que l'on peut considérer comme un intéressant recueil de ses études en matière médicale. En 1863, il fut élu recteur à l'Université de Berne et lorsque l'Université de Zurich eut à donner un successeur au célèbre Griesinger, il y fut appelé pour occuper la chaire d'où l'illustre Schönlein avait dicté ses merveilleuses leçons. En témoignage de sa gratitude et de sa reconnaissance pour les services humanitaires rendus en 1867, lorsque l'épidémie cholérique ravageait la population de Zurich, cette ville le nomma son citoyen *honoris causa*. Après avoir refusé la place de directeur de la clinique médicale de Königsberg, qu'on lui offrit en 1873, il quitta Zurich l'année suivante pour succéder au professeur Leberts à l'Université de Breslau, où, depuis 1882, il est devenu *Rector Magnificus*. On

lui doit: « Die Lehre vom Auswurf », Wurzbourg, 1855; « Ueber die Ursachen der Volkskrankheiten, ins besondere der Cholera », Zurich, 1867; « Ueber Bronchialasthma », *Volkmann's Samml. Klin. Vorträg.*, n. 12, 1870; « Ueber Entstehung und Verbreitung des Abdominaltyphus », id., 1873; « Ueber die Krankheiten und ihre Ursachen », *Deutsche Revue*, 1881.

Bilinski (le chevalier Léon DE), économiste polonais, docteur en droit, professeur d'économie politique à l'Université de Lemberg en Autriche; né, le 15 juin 1846, à Zaleszczyki en Galicie. Après avoir fréquenté les gymnases de Buczacz, Stanislawow et Tarnopol en Galicie, et l'Université de Lemberg, il a été nommé en 1867 docteur en droit; de 1867 à 1871, adjoint au gouvernement de Galicie; en 1871 professeur; en 1878 membre de l'Académie des sciences à Cracovie; en 1878, recteur de l'Université; en 1883, membre du parlement autrichien. Il a publié en polonais : « Études sur l'impôt sur le revenu », 1840-71; « Le revenu du capital »; « Système d'économie sociale », 1873, 2me éd. 1880-82, 2 vol.; « Système de la science des finances », 1876; « Le travail des femmes », 1879; « Les tendances du socialisme », 1883; en allemand : « L'impôt sur le luxe », 1875; « Les tarifs de chemins de fer », id.; « Les impôts communaux », 1879.

Bistagne (Charles), poète bilingue, né, à Marseille, le 4 novembre 1829, membre de l'Institut de Genève et de l'Académie archéologique de Béziers, etc., etc. Ses poésies, toutes d'une extrême délicatesse, ont obtenu de nombreux succès dans les concours, entr'autres un poème sur Lamartine qui, en 1880, a remporté le premier prix au concours de l'Académie littéraire et archéologique de Béziers. Un autre poème, « Le Pilori (Lou Pilòri) », a également obtenu, au concours de la même Académie, le rameau d'olivier en argent, premier prix de poésie provençale. M. B. a publié quatre volumes de poésies françaises : « Aux bords du Lac », 1852; « Roses des Alpes », 1870; « Les deux touristes », 1865 (sans nom d'auteur); « Chanson de ma vie », 1887. Il a publié encore plusieurs brochures, dont une renfermant trois poèmes couronnés. Les œuvres provençales de M. B. ont paru en partie dans la *Revue pour les langues romanes* de Montpellier, l'*Almanach provençal* et la *Calanco*, publication périodique des félibres marseillais. Plusieurs de ses poésies ont été traduites par F. Delille, dans les *Chants des félibres*, et par M. Constant Hennion, dans les *Fleurs félibresques*. Trois nouveaux livres de M. B. sont en préparation : « La Fée de Léman », prose et vers français; « La cansoun de moun païs », recueil de poésies provençales; « Aux bords du Gave », poésies françaises et lyriques.

Björkman (Gôvan), homme de lettres suédois, né en 1860, a publié les traductions poétiques suivantes : « Les chansons de Mirza-Schaffy de Friedrich Bodenstedt », Stochkolm, 1884; « Contes orientaux », en vers, de François Coppée, Upsala, 1884, livre remarquable par la nouvelle méthode de reproduire plus fidèlement le rhytme du vers alexandrin français; « 40 Poésies de Sully Prudhomme », Stockholm, 1889; et dans des revues et des journaux suédois et finlandais plusieurs poésies traduites de Leconte de Lisle, d'Edmond de Amicis, d'Antonio Fogazzaro, de Ramon de Campoamor et d'autres poètes contemporains. On a aussi de lui un livre original, en prose : « Idylles », Upsala, 1887.

Bleicher (Marie-Gustave), médecin-naturaliste français, né, à Colmar, le 16 décembre 1838. Il a fait ses études médicales comme élève militaire, à la Faculté de Strasbourg, où il fut reçu docteur en décembre 1862. Après un stage d'une année au Val-de-Grâce, il fut envoyé à Rome en qualité d'aide-major aux hôpitaux du corps expéditionnaire. De 1866 à 1869, il fut attaché au 5me bataillon de chasseurs à Toulouse, où il se fit recevoir licencié ès-sciences. Nommé au concours (mars 1869), répétiteur d'histoire naturelle à l'École de santé à Strasbourg, il y passa le siège comme médecin des ambulances de l'hôpital militaire. Vers la fin de 1870, il reprit ses fonctions de répétiteur à l'École de santé transférée à Montpellier et soutint en cette ville, sa thèse de docteur ès-sciences. En octobre 1872, il fut envoyé en Algérie, où il occupa divers postes jusqu'en février 1876. En 1875, M. B. fut désigné pour accompagner à titre de médecin-naturaliste, l'ambassade française envoyée auprès de l'empereur du Maroc. L'année suivante, il obtint la chaire d'histoire naturelle à l'École supérieure de pharmacie de Nancy. La plupart des travaux de M. B. ont paru dans les *Comptes-rendus de l'Académie des sciences*, dans le *Bulletin de la Société géologique de France*, *Bulletin de la Société d'histoire naturelle de Colmar*, *Bulletin de la Société des sciences de Nancy*, *Revue des sciences naturelles de Montpellier*, *Recueil de médecine militaire*, *Annales des Mines*, *Annales des sciences géologiques*, *Bulletin de la Société de climatologie d'Alger*, etc. Partout où il a passé, M. B. s'est appliqué à étudier la contrée sous divers points de vue : médecine, hygiène, anthropologie, archéologie préhistorique, botanique, minéralogie et surtout paléontologie et géologie stratigraphique. Il a publié : « Théorie des rapports botanico-chimiques », Strasbourg, 1862, thèse de docteur en médecine; « Monographie géol. du Mont-Sacré. Ancienneté de l'homme dans la vallée de l'Anio Pl. », 1864; « Lettre à M. de Verneuil sur le diluvium des environs de Rome. — Sur une dent d'*Elephas antiquus* de ce diluvium », 1865; « Sur le terrain quaternaire des environs de Rome », 1866; « Étude sur l'ancienneté de l'homme dans le Latium ; terrain quaternaire marin des côtes du Latium ; faune et flore quaternaire du Tibre et de l'Arno », id. ; « Excursion archéol. aux environs de Rome », id. ; « La géographie botanique du camp de Châlons », 1867 ; « Géologie des environs de Rome », dans la *Revue britannique*, id. ; « Découverte de plantes dans le tuf volcanique du Limburg au Kayserstuhl », 1869 ; « De la reproduction chez les êtres organisés inférieurs », Strasbourg, id. ; « Influence du sol sur l'hygiène du soldat au camp de Launemezan », id. ; « Essai de géologie comparée des Pyrénées, du plateau central et des Vosges. Thèse de doctorat ès-siences naturelles », 1870 ; « Études de géologie pratique des environs de Montpellier : jurassique, crétacé et tertiaire », 1871 ; « Des différents modes d'observations en géologie stratigraphique. Conférence », id. ; « Sur la faune et la flore de l'horizon lacustre bathonien du revers S. et S.-O. du plateau central », id. ; « Sur un gisement de Diatomées quaternaires aux environs de Rome », en collaboration avec M. Guénau, 1872 ; « Bassins secondaires et tertiaires de la région sous-cévennique. Conférence », id. ; « Horizon lacustre et fluviatile de l'oolithe inf. du midi de la France », id. ; « Passage du jurassique au crétacé dans le département de l'Hérault » (Soc. géol., réunion extraord. à Digne), id. ; « Présence de la *Posidonia minuta* dans le trias de l'Aveyron et des *Walchia* dans le permien », id. ; « Paléontologie de l'oolithe inf. des bords S. et S.-O. du plateau central », id. ; « Matériaux pour servir à l'histoire du crétacé inf. de l'Hérault », 1874 ; « Terrains tertiaires lacustres de l'Hérault », id. ; « Sur la géologie du Maroc », id. ; « Lettre sur le Maroc », id. ; « Une mission au Maroc : ethnographie, histoire naturelle, géologie, etc. Conférence », id. ; « Note sur la géologie des environs d'Oran », 1875 ; « Gisements de polypiers du terrain miocène de la province d'Oran », id. ; « Origine des éléments lithologiques des terrains tert. et quart. des environs d'Oran », id. ; « Le terrain tertiaire sup. des environs d'Oran », id. ; « Recherches d'archéologie préhistorique dans la province d'Oran et au Maroc », id. ; « Découverte de stations préhistoriques aux environs de Tlemcen et de la Djiddionia », id. ; « Tlemcen et ses environs », 4 livr., sous le pseudonyme de *E. de Lorral*, dans le *Tour du Monde* ; « Les fécules », thèse, Nancy, Berger-Levrault, 1878 ; « Essai sur les temps préhistoriques en Alsace », id. ; « Enceinte avec blocs vitrifiés au Hartmanswillerkopf. Mémoire lu à la réunion des Sociétés savantes à la Sorbonne », 1879 ; « Résumé des communications faites sur l'ethnographie et l'histoire nat. de l'Algérie et du Maroc. — Découverte d'un silex taillé dans les alluvions quat. des environs de Nancy », 1877-79 ; « Découverte d'un horizon fossilifère de poissons, insectes et plantes dans le tongrien de la Haute-Alsace », 1880 ; « Études de géol. comparée sur le quaternaire d'Italie, d'Algérie et du Maroc, de l'Est de la France et de l'Alsace », (Congrès de Reims), 1880 ; « Nouvelle application du microscope à l'archéologie préhistorique », id. (id.) ; « Terrains antérieurs au jurassique dans la province d'Oran, avec coupes microscopiques de roches », 1881 ; « Recherches stratigr. et paléont. sur le lias sup. et l'oolithe inf. de la province d'Oran » (Congrès d'Alger), id. ; « Saïda et le sud de la province d'Oran », (Soc. géog. de l'Est), id. ; « Sur l'étage bathonien des environs de Nancy », id. ; « Découverte du carbonifère marin en Haute-Alsace », 1882 ; « Sur le carbonifère marin de la Haute-Alsace ; ses relations avec le Culm », en collaboration avec M. M. Mieg, id. ; « Minérai de fer de l'oolyte inf. et de la grande oolithe du dép. de Meurthe et Moselle », id. ; « Étude sur la flore de l'oolithe inf. des env. de Nancy », avec planches, en collaboration avec M. le prof. Fliche, id. ; « Résumé des communications relatives au minerai de fer des environs de Nancy », id. ; « Études microscopiques de la roche de Thélod et du basalte d'Essey », avec pl., 1883 ; « Nancy avant l'histoire. Discours de réception à l'Académie Stanislas » (*Rev. scient.* du 27 octobre), id. ; « Excursions géol. et bot. faites avec ses élèves », autogr. avec plans, 1877-83 ; « Matériaux pour une étude préhistorique de l'Alsace : I. Instruments en pierre — II. Monuments mégalithiques — Supplément aux deux premières parties et Conclusions », av. pl., en collaboration avec M. le Dr Faudel.

Boase (Georges-Clément), littérateur anglais, né, le 20 octobre 1829, à Penzance (Cornouailles), a résidé en Australie, de 1854 à 1864, en qualité de correspondant de journaux. Revenu en Angleterre, il devint gérant de la maison commerciale H. M. Whitehead and C. (1865-74). Retiré des affaires en 1875, il publia la « Bibliotheca Cornubiensis », en collaboration avec M. H. P. Courtney, 3 vol., 1873-82. Cet ouvrage est fort remarquable ; « Collectanea Cornubiensia », 1889-90. Il collabore au « Dictionary of National Biography », dont M. Leslie Stephen est le directeur.

Bogdanoff (Anatole), naturaliste russe, professeur émérite de zoologie de l'Université de Moscou, directeur du Musée zoologique, président de la Société des Amis des sciences naturelles, né, le 1er octobre 1834, dans le gouvernement de Woronège, où il fit ses études de gymnase (1847-51), qu'il acheva à l'Université de Moscou (1851-55), où il fut nommé professeur agrégé en 1858, ordinaire en 1867 et émérite en 1883. Il organisa l'exposition ethnographique de 1867, celle polytechnique de 1872 et celle anthropologique de 1879 à Moscou.

Nous avons de lui: « Études sur la coloration des oiseaux », Moscou, 1858, extrait dans les *Comptes-rendus de l'Académie de Paris* et de la *Société de biologie de Paris*; Zoologie : « Zoologie médicale », 1883; « Charles Rouillier et ses devanciers à la chaire de zoologie à l'Université de Moscou », 1885 ; « Histoire des travaux zoologiques de la Société des Amis des sciences naturelles de Moscou », 1re livr., 1888; « Travaux du laboratoire zoologique de l'Université de Moscou », 3 vol.; « L'album et les biographies des zoologues russes depuis 1850 », 1re livr., 1888; « Traduction des ouvrages de Brown, Saint-Hilaire, etc. ». Anthropologie : « Études sur le peuple des Kourganes de Moscou », 1857; « Programme de l'exposition ethnographique de 1867 »; « Exposition ethnographique », 1877-1885; « Etudes anthropométriques sur les peuples du Turkestan », 1887 ; « Études craniologiques sur les peuples antihistoriques de la Russie », 17 mémoires sur les habitants des Kourganes de Kiew, Nowgorod, Twer, Caucase, Don, Crimée etc.; « Études craniologiques sur quelques peuples de la Sibérie », 1887.

Boinvillers (Édouard), publiciste français, né, à Paris, en 1826. Maître des requêtes au Conseil d'État, il donna sa démission après la révolution du 4 septembre. Il a publié : « Causeries politiques », 1872 ; « Manuel de l'électeur indépendant », 1875 ; « Études politiques et économiques », tome 4e, Hachette, 1877 ; les 3 premiers volumes avaient paru en 1863 et 1865 ; « Les chemins de fer désastreux », Dubuisson, 1879 ; « Memento à l'usage des députés légiférant sur les questions des chemins de fer », id., 1883 ; « A quoi servent les parlements ? (1815-30-48-70) », Calmann-Lévy, 1883 ; « La Chûte de l'empire », 1887. L'idée qui domine dans ces deux derniers ouvrages, c'est que le parlementarisme a toujours été fatal à la France ; pour le prouver, l'auteur commente l'histoire de 1815, 1830, 1848 et 1878. D'après lui, la chûte du second empire ne date pas en réalité du 4 septembre 1870, mais bien du 2 janvier, jour néfaste aux yeux de l'auteur, qui vit rétablir en France le régime parlementaire.

Boisbaudran (Paul-Émile, dit *François Lecoq* DE), chimiste français, né, à Cognac, en 1838, d'une ancienne famille noble protestante du Poitou, dont une partie émigra après la révocation de l'Édit de Nantes, fit toutes ses études dans la maison de son père, enrichi par le commerce des eaux-de-vie. Attiré vers la chimie par un goût particulier, il se livra de lui-même à des expériences et surtout à des calculs théoriques qui le conduisirent à d'intéressantes découvertes, spécialement à celle d'un nouveau métal qui venait combler une lacune dans la série des corps simples et que, par patriotisme, il appela le *gallium* (1870). Cette découverte très appréciée des savants, valut à son auteur un prix Bordin à l'Académie des sciences (1872), la décoration de la Légion d'honneur (1876), les palmes d'officier d'académie, le titre de correspondant de l'Institut (10 juin 1878), un grand prix à l'Exposition universelle de 1878, la grande médaille Davy de la Société royale de Londres (1879), enfin le prix Lacaze de 10,000 francs décerné par l'Académie des Sciences (1880). Poursuivant le cours de ses découvertes et fixé à Paris, M. L. de B. a inséré, depuis 1866, dans les *Comptes-rendus de l'Académie des Sciences* et dans les *Bulletins* d'autres sociétés savantes, un grand nombre de notes et mémoires sur la physique moléculaire, la spectroscopie, l'électricité chimique, etc.; il a publié à part : « Spectres lumineux, spectres prismatiques, destinés aux recherches de chimie minérale », 1874, etc.

Boislisle (Arthur-Michel DE), archiviste et historien français, né, à Beauvais, le 24 mai 1835. Ancien sous-chef aux archives du Ministère des finances, M. de B. a publié : « Généalogie de la maison de Talquet », 1869 ; « Histoire de la maison de Nicolaï », 2 vol. 1875, complétée en 1884 par un volume de pièces justificatives (titres, correspondances et pièces diverses); « Correspondance des contrôleurs généraux des finances avec les intendants des provinces, publiée par ordre du ministre des finances, d'après les documents conservés aux Archives nationales » (le tome Ier est de 1874; le tome IIe (1699 à 1708) a été publié en 1883); « Mémoires de Saint-Simon, édition de la collection des grands écrivains de la France », avec notes et appendices, 5 vol.. 1879 à 1886 ; « Notice biographique ed historique sur Étienne de Vert, Sénéchal de Beaucaire, pour servir à l'histoire de la guerre de Naples », 1884; « Les conseils du roi Louis XIV », id. M. de B. a, en outre, fourni un grand nombre de mémoires et de notices à *l'Annuaire (Bulletin de la Société de l'histoire de France)*, au *Bulletin* et aux *Mémoires de la Société de l'histoire de Paris et de l'Ile-de-France*, au *Cabinet historique* et aux publications de la *Société nationale des antiquaires* de France. Un de ses ouvrages, non encore publié : « Boisguilbert et sa correspondance inédite avec les controleurs généraux des finances » a obtenu le prix Léon Faucher à l'Académie des sciences morales et politiques. M. de B. a été en 1884 élu membre libre de l'Académie des Inscriptions et belles-lettres, il est également membre du Comité des travaux historiques, de la Société des antiquaires de France, et secrétaire de la Société d'histoire de France.

Boissière (Gustave), professeur universitaire français, ancien recteur de l'Académie d'Alger, actuellement professeur de littérature grecque à la Faculté des lettres d'Aix, né, à Paris, le 17 mars 1837, a publié : « Esquisse d'une histoire de la conquête et de l'administration romaines dans le nord de l'Afrique, et particulièrement dans la province de Numidie », Hachette, 1878; « L'Algérie romaine », 2me éd., id., 1885, ouvrage couronné par l'Académie française.

Boissin (Firmin), journaliste français, membre de la Société de gens de lettres, mainteneur de l'Académie des jeux floraux de Toulouse, rédacteur en chef du *Messager de Toulouse*, est né, le 17 décembre 1835, à Vernon-lès-Joyeuse (Ardèche). Il fit ses études au collège d'Aubenas et se destina d'abord à l'enseignement. Reçu bachelier, puis licencié ès-lettres de la Faculté de Montpellier, il professa les humanités à Cavaillon, Avignon et Paris. Attaché pendant un an à la Bibliothèque de l'Arsenal sous l'administration de M. Laurent de l'Ardèche, secrétaire de M. Henri Didier (député au Corps législatif), M. B. est entré définitivement en 1863 dans le journalisme qu'il n'a plus quitté. Il a collaboré à une foule de feuilles périodiques, notamment: l'*Amateur d'autographes*, le *Mémorial chrétien*, la *Revue du Monde catholique*, etc., etc. Depuis 1870, il est rédacteur en chef du *Messager de Toulouse* et collabore assidûment (critique littéraire de romans) au *Polybiblion*. Il a aussi publié divers articles dans le *Figaro*, sous le pseudonyme de *Simon Brugal*. Ses ouvrages principaux sont: « Études artistiques sur le salon de 1868 »; « Visionnaires et illuminés », nouvelle; « Restif de la Bretonne », étude critique; « L'œuvre d'une libre croyante », analyse des œuvres de madame la marquise de Blocqueville »; « Frédéric Mistral et les félibres »; « La Révolution d'après M. Taine »; « Le Vivarais et le Dauphiné aux jeux floraux de Toulouse »; « Le roman contemporain », deux rapports présentés aux congrès bibliographiques de 1878 et 1888; « Le midi contemporain », discours de réception à l'Académie des jeux floraux; « Le paysan dans la littérature contemporaine »; « Les camps de Jalès », étude historique sur la contre-révolution dans le Vivarais; et un roman « Jean de la lune », qui a obtenu les plus grands éloges de la critique parisienne.

Boistel (Alphonse), jurisconsulte et professeur français, né, à Paris, le 24 décembre 1836; docteur en droit, 23 décembre 1863; agrégé près la Faculté de droit de Grenoble et chargé d'un cours de Code civil, 19 mai 1866; autorisé à professer un cours de droit naturel à la Faculté de Grenoble, 1866-67; agrégé à la Faculté de droit de Paris, le 14 mai 1870; chargé d'un cours de droit commercial à la même Faculté, 1871-79; professeur de Code civil, depuis le 27 février 1880. Principales collaborations: à la *Jurisprudence générale* de M. Dalloz, et à la *Revue générale du Nord*. Principales publications: « Le droit dans la famille », 1 vol., Durand, 1864; « Cours élémentaire de droit naturel », 1 vol., Thorin, 1870; « Précis de droit commercial, cours professé à la Faculté de droit de Paris », 3me éd., corrigée et augmentée, id., 1883; « Théorie juridique du compte-courant », id., id.; « Du *dies incertus* et de ses effets dans les dispositions testamentaires en droit romain », id., 1885; « Manuel de droit commercial », id., 1887.

Bonfiglioli (Casimir), écrivain italien, né, à Medicina, le 24 septembre 1820; resté orphelin, il fut forcé, à l'âge de 17 ans, d'interrompre ses études. Pourtant même en voyageant il les continuait comme autodidacte, mais en 1851 nommé secrétaire communal de San Lazzaro (prov. de Bologne), il put achever ses œuvres principales dont voici la liste: « Affetto e fede », recueil de poésies au profit des orphelins du choléra »; « Fides », 1880; « Lo spiritismo nella umanità », 1888, ouvrage loué par la critique italienne et étrangère.

Bonnafont (Jean-Pierre), écrivain médical, ancien médecin principal à l'armée, membre de plusieurs académies de médecine françaises et étrangères et de plusieurs sociétés scientifiques, est né, à Plaisance (Gers), le 22 janvier 1805. Après avoir étudié à la Faculté de Paris, il entra dans la médecine militaire en 1830 pour l'expédition d'Alger. M. le docteur B. resta 12 ans en Algérie et prit part aux expéditions du maréchal Bugeaud et de Monseigneur le duc d'Orléans, assistant aux célèbres et émouvants combats de la Tafna, du Col de la Mouzaïa, etc. Rentré en France, il fut nommé médecin principal. Nous avons de lui: « Douze ans en Algérie (1830-42) », Dentu, 1880; « Le choléra devant l'Académie de médecine. La contagiosité et les quarantaines », Baillière et fils, 1885; « Modifications à introduire dans les salles de spectacle », 1861; « La Femme arabe », 1866; « Lettres sur la Suisse », 1878; « Voyage dans le Nord de l'Europe », 1874; « Pêche du corail à la Calle », 1837; « Établissements scientifiques de Moscou », 1874; « Sur les conférences à l'Athénée », 1867; « Excursion aux marais de Poitou », 1868; « Fonctionnement des ambulances », 1870; « Hôpitaux étrangers »; « Trois chefs Touarecks », 1863; « Souvenirs de l'Écosse », 1870; « Trombes de mer », 1874; « Sourds-muets et aveugles », 1874; « Congrès sociétaire international », 1866; « Responsabilité légale des sourds-muets », 1877; « Une bonne fortune en Algérie », 1883; « Géographie médicale de l'Algérie », 1834, imprimé à Alger à l'impr. du Gouvernement; « Traité théorique et pratique des maladies des oreilles », 1862, ouvrage traduit en espagnol; « L'Europe en train rapide », 2 vol., Dentu, 1886. Dans le premier volume l'auteur parle de l'Espagne et de l'Italie; dans le second il parle en courant et brièvement du Nord de l'Europe.

Bonnefon (Jean-Joseph DE PIVERDIER), publiciste français, né, le 22 mai 1865, à Aurillac (Cantal), appartient à une vieille famille d'Auvergne, qui a fourni onze lieutenants-généraux de province. Il a débuté à 18 ans par la publication des « Pensées » du vicomte de Bonald, son parent, publication précédée d'une remarquable préface qui a soulevé une violente polémique dans la presse catholique. Entré au *Gaulois* en 1886, il y est chargé de la politique étrangère; il a publié des articles dans la *Nouvelle Revue* à Paris, dans les revues anglaises, sous les signatures de *Jean Le Viel, J.-B. de Montfoucon, X. Y. Z.* Pendant les fêtes romaines de décembre 1887, il a eu de bruyants démêlés avec le premier ministre italien Crispi, s'est signalé pendant l'hiver 1887-88 par des articles très renseignés sur la Cour d'Allemagne; a été expulsé de Berlin le 20 juin 1888, pour avoir publié un parallèle entre Guillaume II et l'archiduc Rodolphe d'Autriche; a publié en juillet 1888 un volume de révélations historiques sur la maison de Hohenzollern: « Drame impérial : ce qu'on ne peut pas dire à Berlin ». Ce volume a eu 20 éditions en 20 jours. L'auteur compte publier une série d'études diplomatiques. Il va faire paraître un volume intitulé : « Le successeur de Léon XIII », avec cette épigraphe : « Pour l'Église; contre les histrions et les marchands du Temple ».

Bonola Bey (Frédéric), né, à Milan, en 1839, a étudié le droit à l'Université de Pavie et a fait, sous les ordres du général Garibaldi, en simple soldat toujours, les campagnes de 1859, 1860, 1866. Dans la dernière, il a gagné la mention honorable (médaille de bronze) à la valeur militaire. M. B. a fait aussi la campagne contre le brigandage dans l'armée régulière au Ier Rég. Inf. Après avoir rempli ainsi son devoir envers la patrie, M. B. a pensé de pouvoir lui être encore utile par la plume, qu'il manie avec facilité et a publié : « I patrioti italiani », Milan, 1866-70, quatre vol. d'histoire et des biographies; « I Cisalpini », Milan, 1869, notice historique sur les vicissitudes de la Lombardie, pendant l'occupation française et l'incursion austro-russe : « Saggio di statistica apistica italiana », Milan, 1873, qui gagna la médaille d'argent de la *Società d'incoraggiamento* de Milan et un diplôme d'honneur au Congrès international des agriculteurs de Breslau en 1876. Il publia aussi: « La donna altrui », id., 1872, roman à thèse qui eut quelque succès. Parti pour l'Égypte en 1873, il s'y fixa et eut la place de secrétaire général de la *Société Khédiviale de géographie*, place qui lui a été conférée par nomination directe de S. A. le Khédive. Dans cette qualité, M. B. dirige et publie les *Bulletins* de cette importante institution et fut envoyé comme délégué de l'Égypte aux Congrès internationaux de géographie de Venise (1881) et de Paris (1889). M. B. publia en outre une « Notice historique sur la Société Khédiviale de géographie », Le Caire, 1882; « Le questionnaire du III congrès international de géographie », id., id.; et tout récemment : « L'Égypte et la géographie, sommaire historique des travaux géographiques, exécutés en Égypte sous la dynastie de Mohammed Aly », rapport qu'il a présenté au Congrès de Paris, où il avait été envoyé en qualité de délégué pour l'Égypte et dont la recherche du matériel lui a coûté bien des difficultés et des peines. M. B. a publié « I viaggiatori italiani in Africa »; deux conférences par lui tenues au Caire, dans le *Cosmos* de G. Cora, et une longue étude (9 lettres) sur la « Municipalité en Égypte », dans le journal *Le Phare* d'Alexandrie. S. A. le Khédive lui a conféré le titre de Bey, en récompense des services rendus. M. B. est membre de l'Institut égyptien et membre correspondant de la Société de Géographie commerciale de Paris, de la Société d'etnographie de Paris. M. B. est, en dehors du monde scientifique, très connu dans le monde du journalisme sous le nom de *Febo* pour ses correspondances à Milan et du Caire au *Fanfulla* et dans lesquelles il a su intéresser l'opinion publique aux choses africaines et donner des détails exacts et des conseils précieux. Il a envoyé encore plusieurs lettres sur des sujets géographiques à l'*Illustrazione italiana* de Milan, qui a publié aussi plusieurs de ses dessins.

Bonola (Charles), frère du précédent, né, à Milan, en 1854, auteur de plusieurs poésies en dialecte milanais et de l'« Ammonition »; « In su la scala »; « El sur Gabola », pièces en milanais, jouées avec succès et qui révèlent dans son auteur des qualités peu communes.

Bonora (Antoine), homme de lettres, paléographe, archéologue, latiniste, historien et érudit italien, né, vers 1820, à Plaisance; il est président de la députation historique de sa province et a écrit plusieurs monographies, dont nous donnons la liste : « Il palazzo municipale di Piacenza », Plaisance, Solari, 1856; « Necrologia del cittadino Moy », id.; « Belle arti e commercio », id., 1863; « Pubblicazione della Cronaca latina dell'Agazzari con note », Parme, Fioccadori, 1864; « Nuove memorie intorno al Palazzo del Comune di Piacenza », Plaisance, 1867; « Cose d'arte nella chiesa di S. Savino di Piacenza », 1868; « Ricordi di letteratura italiana », 1870; « Consuetudini del XIV secolo », 1875; « Studio storico-biografico in occasione della morte del conte Bernardo Pollastrelli », 1877; « Escursione in Val di Nure », id., Marchesotti, 1881; « Adversaria », id., id.; « Exuviae, scritti di storia ed arte in Piacenza con note e documenti inediti », id., Bertola, 1889; en préparation : « Novæ Exuviæ », Parme, Battei. Enfin M. B. a inséré des mémoires sur sa ville d'origine dans plusieurs journaux et revues de la Péninsule.

Borlinetto (Louis), écrivain technique italien, né, en 1827, à Padoue, s'occupa de bonne heure de photographie ; dès 1855, il publia un article au *Raccoglitore* de Padoue sur la photographie, devint ensuite collaborateur du *Moniteur de la photographie*, journal parisien. En 1868, il publia : « Trattato generale di fotografia », Padoue, F. Sacchetto éd. Suivirent : « La fotografia alle polveri indelebili », id., id., 1869 ; « I moderni processi di stampa fotografica », Milan, Pettazzi, 1878. Il dirige depuis 1883 le journal *La Camera oscura*. Nous avons de lui des mémoires scientifiques publiés par l'Académie royale des sciences, lettres et arts de Padoue, dont il est membre depuis 1868.

Bouchardat (Apolinaire), médecin français, né, à l'Isle-sur-le-Serein (Yonne), en 1806 ; reçu docteur et agrégé de la Faculté de médecine en 1832, membre de l'Académie de médecine en 1850, président de cette Académie en 1866, professeur d'hygiène à la Faculté de Paris, il a publié un « Annuaire de thérapeutique », comptant 50 vol. ; « Traité d'hygiène publique et privée », 1883 ; « Le diabète sucré et son traitement hygiénique » ; « Formulaire magistral », 25 éd.

Boulay de la Meurthe (le comte Alfred), ancien auditeur au Conseil d'État, né, à Paris, le 3 novembre 1843. Président de la Société d'histoire de Paris (1888), président de la Société archéologique de Touraine (1875). Nous avons de lui en librairie : « Le directoire et l'expédition d'Égypte », Paris, Hachette, 1885 ; « Les dernières années du duc d'Enghien », id., id., 1886. Trois articles dans le *Correspondant* 1881-1882), sur « La Négociation du concordat de 1801 », fragment d'un ouvrage qui paraîtra prochainement.

Boutelleau (Georges), poète français, né, à Barbezieux (Charente). Il a publié deux recueils de vers : « Poèmes en miniature », 1881 et « Le Vitrail ». Les « Poèmes en miniature », dit François Coppée « sont l'œuvre d'un poète ému et d'un artiste raffiné. Le volume justifie son titre ; les plus longues pièces n'ont pas plus de six ou huit strophes de quatre vers. Ces fleurettes au parfum exquis, des petits bijoux, finement ciselés, font songer à l'*Intermezzo* et aux *Émaux* et *Camées*. Henri Heine et Théophile Gauthier auraient souri en écoutant la jolie musique de cette volière d'oiseaux-mouches ». Un troisième recueil « Les Cimes », va prochainement paraître chez A. Lemerre.

Brandt (Alexandre-Théodore), naturaliste russe, né, en 1844, à Saint-Pétersbourg, où il fit ses études ; en 1862, il entreprit, au frais du gouvernement, son premier voyage à l'étranger. Depuis 1880, il est professeur ordinaire de zoologie à l'Université de Charkov. Membre de nombreuses sociétés scientifiques étrangères, on lui doit une masse de publications en allemand et en russe, publiées depuis 1865 dans les *Bulletins* et dans les *Mémoires* de l'Académie des sciences de Saint-Pétersbourg, dans les *Bulletins* de la Société des Naturalistes de Moscou, dans le *Journal du Ministère de l'Instruction publique de Russie*, où il inséra en 1877, en latin, une « Brevis enumeratio operum ad faunam mammalium et avium Imperii rossici pertinentium », dans la *Zeitschrift für Wiss. Zool.*, dans le *Zool. Anzeiger*, dans l'*Archiv für Mikr. Anat.*, dans l'*Archiv für pathol. Anat.*, dans la *Revue für Thierheilk. u. Thierz.* dans différents journaux et revues des sciences naturelles tels que le *Naturalist* russe, *Die Natur*, etc., dans les *Actes* du Congrès, dans les *Encyclopédies* scientifiques. Parmi ses ouvrages séparés, citons son : « Guide au Musée zoologique de l'Académie Impériale des sciences de Saint-Pétersbourg », dont la première édition en russe a paru en 1864, la cinquième en 1880, la traduction allemande en 1876 ; le « Guide au Musée anatomique de la même Académie », dont trois éditions en russe ont paru ; dans le *Zool. Anzeiger* de l'année 1885 : « Die Ernährung und die Wachstum d. Dotters im Insectenei » ; « Ueber das Schicksal d. Eies v. Struthiolithus Chersonensis », et dans l'*Archiv f. pathol. Anatomie* de l'année 1886 : « Ein extremer Fall rachitischer Virchow's Verkruppelung ». Parmi ses écrits en allemand citons encore : « Neue Methode der Untersuchung des Centralnerversystem der Menschen », dans l'*Archiv von Max Schultze*, 1870 ; « Ueber die Lage der grauen Substanz des menschlichen Gehirns », 1872, *Zeitschrift des Aerztlichen Verein zu Wien;* « Catalog der Gehirnpreparaten ausgestellt vom professor Betz aus Kiew », Vienne, 1873; « Anatomischer Nachweiss zweier Hirncentra », dans le *Medinisches Centralblatt*, 1874 ; « Ueber der feinere Structur der Gehirnrinde des Menschen », id., 1881 ; « Die Fasergerüste der Gehirnoberfläche », id., 1883 ; dans la *Revue d'Anthropologie* de l'année 1882, il publia en français : « De la scissure calcarine et fissure occipitale ». De ses nombreuses publications en russe, dont un grand nombre a paru dans les journaux et revues et annuaires de Kiew, nous citerons seulement son dernier ouvrage publié en 1887, à Kiev, sous le titre : « Morphologia osteogenesica (Morphologie de la génèse des os) ».

Brémond (Ernest), avocat français, ancien sous-préfet à Aix (1848), conseiller de préfecture à Marseille, né, à Aix, en 1817, a été élevé d'abord à Aix, puis à Paris au Collège Louis-le-Grand, sous le patronage de M. Thiers. Reçu avocat à Paris, il retourna dans sa ville d'origine, où il fut successivement avocat, avoué, secrétaire en chef de la sous-préfecture, puis sous-préfet. Proscrit au coup d'État, nous le trouvons conseiller municipal à Aix en 1870, de

1872 à 1880, quatre fois conseiller municipal à Marseille, enfin conseiller général en 1880. M. B. a été pendant 15 ans membre du Grand Orient maçonique de France. Il est l'auteur de plusieurs brochures de franc-maçonnerie, notamment d'une « Histoire des hauts grades », insérée dans le *Bulletin officiel du Grand Orient de France*. L'édition de cet ouvrage est épuisée. Il a ensuite publié les brochures politiques suivantes: « De l'administration municipale en France », 1876 ; « Socialisme et liberté », 1881 ; « Revision de la constitution, parlementarisme et république », 1883. Sous presse un grand ouvrage sur la « Constitution de 1793 ».

Brero, maison de librairie turinoise qui a succédé à l'ancienne maison Pietro Marietti, fondée en 1820. M. Dominique B. en est le directeur. La Maison B. est tout particulièrement connue pour l'ouvrage splendide : « I fiori dei giardini », 2 vol. avec 80 chromolithographies.

Brie (le docteur Siegfried), littérateur allemand, professeur de droit public à l'Université de Breslau, né, à Hambourg, en 1838, a fait ses études aux Universités de Heidelberg, Leipzig et Berlin. Docteur en droit en 1861 ; *privat-Docent* à l'Université de Heidelberg en 1866 ; professeur extraordinaire en 1869. Professeur ordinaire de droit politique et de droit ecclésiastique à l'Université de Rostock en 1874, successeur de Hermann Schulze à la chaire de droit public à Breslau en 1878. En librairie: « Die Legitimation einer usurpirten Staatsgewalt », Heidelberg, Emmerling, 1866 ; « Der Bundesstaat. Erste Abtheilung, Geschichte der Lehre vom Bundesstaate », Leipzig, Engelmann, 1874 ; « Ueber Nationalität », Rostock, Stiller, 1876 ; « Zur Lehre von den Staatenverbindungen », dans le *Gruenhut's Zeitschrift*, vol. XI, 1884 ; « Theorie der Staatenverbindungen », Stuttgart, Enke, 1886 ; « Zur Theorie der constitutionellen Staatsrechts », dans le *Laband's und Stoerk's, Archiv f. oeffentliches Recht*, vol. IV, 1888 ; « Die gegenwärtige Verfassung Frankreichs », Breslau, Schletter, id.

Brooks (Walter-Tyrrell), écrivain médical anglais, professeur à Oxford, né, à Londres, en 1859, a publié plusieurs mémoires dans les journaux et revues d'anatomie et de physiologie et au journal *Lancet*.

Broome (sir Frédéric NAPIER), administrateur et écrivain anglais, né, au Canada, en 1842, d'où il passa en 1857 à Canterbury dans la Nouvelle-Zélande. Pendant un voyage en Angleterre, en 1864, il épousa Lady Marie-Anne BARKER (*Voyez ce nom*), la célèbre romancière, et s'en retourna avec elle dans la Nouvelle-Zélande, d'où il revint en Angleterre en 1869. A son arrivée, il entra au *Times*, où il resta comme correspondant spécial jusqu'en 1876. Il publia aussi des articles et des poèmes dans le *Cornhill Magazine*, dans le *Macmillan Magazine* et dans plusieurs autres revues du même genre. En 1875, il entra au service colonial, et il est, depuis 1883, gouverneur de l'Australie occidentale. Il a publié : « Poems from the New-Zeland », 1868 ; « The Stranger of Seriphos », 1869.

Brosbøll (J.-Carl-Christian), romancier danois et nouvelliste très-fertile, né le 7 août 1820. Ses livres, très populaires et très lus, proviennent d'une fantaisie inépuisable et se distinguent par leur style. Les plus connus de ses romans sont: « Le chef des Gjouges » ; « Viben Peter », et « Salomon le maître d'équipage ». *Carit Etair* est un de ses noms de plume.

Brouard (Pierre-Étienne-Eugène), écrivain pédagogique français, né, à Saint-Lyé (Loiret), le 20 février 1824, fut successivement inspecteur primaire à Sancerre, Loches, Gien, Blois et Paris ; en 1877, il fut promu inspecteur général de l'enseignement primaire. Nous citerons de lui : « Manuel de l'instituteur primaire », Orléans, Pesty, 1855 ; « Le livre des classes laborieuses », Paris, 1856 ; « Agriculture théorique et pratique à l'usage des écoles », id., Ducrocq, 1860 ; « Inspection des écoles primaires », avec M. Charles Defodon, id., Hachette, 1875 ; 4me éd., 1881 ; « Manuel du certificat d'aptitude pédagogique », avec le même, id., id., 1885 ; et plusieurs livres de calcul, de géographie, de grammaire et d'histoire à l'usage des écoles.

Brückner (Alexandre), homme de lettres russe, conseiller d'état actuel, professeur d'histoire russe à l'Université de Dorpat, né, à Saint-Pétersbourg, le 5 août 1834, a fait ses études en Allemagne, à Heidelberg, Iéna et Berlin (1857-60) ; a été professeur à l'École du droit à Saint-Pétersbourg (1861-67), à l'Université d'Odessa (1867-72), à Dorpat depuis 1872. Nous avons de lui : « Finanzgeschichtliche Studien, Kupfergelde- Krisen », Saint-Pétersbourg, 1867 ; « Die Familie Braunschweig in Russland », Saint-Pétersbourg, 1874 ; « Die Russen im Auslande u. die Ausländer im Russland im 17 Jahrh. Culturhistor. Studien », Riga, 1876 ; « Jwan Possoschbaw. Ideen und Zustande in Russland im Zeitalter Peters d. Grossen », Leipzig, 1878 ; « Der Zarewitsch Aleclei. », Heidelberg, 1880 ; « Peter der Grosse », Berlin, 1879 ; « Katharina II », Berlin, 1883 ; « Beiträge zur Culturgeschichte Russland im 17 Jahrhundert », Leipzig, 1887 (plusieurs de ces ouvrages et une grande quantité d'études, essais, etc. ont paru en langue russe) ; « Ueber Thatsachenreihen in der Geschichte », Dorpat, 1887.

Brû d'Esquille (Joseph-Hippolyte), poète, romancier, publiciste et administrateur français, né, à Paris, d'une famille méridionale, le 19 novembre 1846. Il a fait ses études de lettres et de sciences au lycée de Montpellier et son droit à Paris. En 1879, il embrassa la carrière administrative et occupa successivement les sous-préfectures de Nyons et de Pont-Audemer, et les secrétariats généraux de Périgueux et de Nice, où il réside actuellement. Publiciste, il débuta dans le journalisme en 1869 au *Nain Jaune* par une série de chroniques sous le titre de : « Lettres à ma cousine », et à *La Tribune*, dirigée par le député Eugène Pelletan; il y collabora sous le nom de *Louis Burdès*. M. B.-d'E. a fait la campagne de 1870 comme garde mobile de la Seine. En 1872, il inaugura au *Charivari* la chronique rimée sous le pseudonyme d'*Asmodée*, qui devint collectif; il a collaboré successivement à l'*Évènement*, à *La Vie Littéraire*, à la *Roumanie contemporaine*, à l'*État*, etc. De mai 1877 à mai 1878, il a été rédacteur en chef du *Républicain de l'Allier*. Dans l'entre-temps, il avait publié trois volumes de vers : « Les Revanches », 1872; « Les Apostrophes », 1874; « Larmes et baisers », 1876; actuellement il prépare « Les Poèmes positivistes », et « La Nouvelle Sapho », roman. M. B.-d'E., actuellement secrétaire général de la préfecture des Alpes-maritimes, est depuis 1875 membre de la Société des Gens de lettres ; il est membre de la Société *La Cigale*, et fait partie de l'Association syndicale des journalistes républicains.

Brunot (Ferdinand), né, à Saint-Dié des Vosges, le 6 novembre 1860; élève de l'École normale supérieure de 1879 à 1882, agrégé de grammaire (1882), professeur de seconde au lycée de Bar-le-Duc (1882-1883), maître de conférences à la Faculté des lettres de Lyon (1883-1887), chargé d'un cours complémentaire de langue et littérature française à la même Faculté (1887). Il a fait toutes les études secondaires au collège de Saint-Dié, puis à Dresde et à Berlin (1876-77), et au lycée *Louis-le-Grand* (1877-1879). Publications : « Un fragment des histoires de Tacite », étude sur le *De Moribus Germanorum*, Paris, Picard, 1883; étude sur une pièce inédite de La Fontaine: « Le Valet de deux maîtres », dans la *Bibliothèque de la Faculté des Lettres de Lyon*, 1884; « Précis de Grammaire historique de la langue française », Paris, Masson, 1887, une deuxième édition va être mise en vente; « Éléments de grammaire historique », en cours de publication dans le journal l'*Instruction illustrée*; officier d'Académie (1887); lauréat de l'Académie française (prix Archon Despérouse, 1887) pour sa grammaire historique.

Bué (Alphonse), publiciste français, membre de la Presse scientifique de Paris et de l'Association des journalistes parisiens, né, à Paris, le 22 mai 1829. Il a fait ses études au Prytanée militaire de La Flèche. Entré à l'École de Saint-Cyr en 1848, sous-lieutenant de cavalerie en 1850, il a successivement servi comme lieutenant et capitaine au 5ᵐᵉ hussards, au régiment des lanciers de la garde, au 3ᵐᵉ cuirassiers, au 3ᵐᵉ spahis, au régiment des carabiniers de la garde, et en cette qualité a pris part aux campagnes d'Italie, d'Afrique et de 1870. Entraîné par son goût pour la science, il quitta l'armée à la fin de l'année 1873, afin de s'adonner exclusivement aux études physiologiques et médicales. Par ses expériences et ses travaux, il a donné un grand essor au magnétisme dont il fait ressortir chaque jour l'utilité pratique au point de vue curatif par les nombreuses cures qu'il obtient dans les maladies réputées incurables. Voici les titres de ses ouvrages militaires : « Instruction pratique pour chaque arme de la cavalerie »; « Livret de l'adjutant-major »; « Études sur les cavaleries étrangères »; « A propos de la cavalerie », Dumaine, Paris. Études physiologiques : « La main »; « Le nez »; « La vie et la santé », Ghio, Paris. Il a collaboré aux journaux suivants : *Journal d'Angers, Nouvelliste, Journal de l'ouest, Revue d'Aquitaine, La Revue domestique, Petit journal de la santé, Gaulois-Sport, Journal du magnétisme* et en dernier lieu *Homéopathie populaire*, où il publie une série d'articles sur le « Dynamisme vital », étude physiologique basée sur l'unité des forces physiques.

Burmeister-Radoshkovski (Octave-Ivanovic), naturaliste, général d'artillerie, ancien président de la Société russe entomologique (1867 à 1880), est né, en 1820, en Pologne ; il a fait ses études à Varsovie. Les insectes, et surtout la *mutilla*, sont sa spécialité pour laquelle il fit des recherches patientes dans le *British Museum* de Londres, dans le Jardin des Plantes de Paris et dans les collections Séchelles et Menville, dans la collection Saussure de Genève, dans les Musées de Berlin et de Vienne et d'ailleurs. Il débuta comme savant dans le *Bulletin* de Moscou (1859-62), par un mémoire en français : « Sur quelques Hyménoptères nouveaux ou peu connus de la collection du Musée de l'Académie des Sciences de Saint-Pétersbourg (*Bombus* et *Anthidium*) », et dans les *Horæ Soc. Ent. Ross.* de l'année 1861; par un autre mémoire sur les espèces *Pseudomeria Swanetiæ, Vespa Schrenkii, Mutilla Mongolica, Mutilla californica*, suivi en 1865, dans le *Bulletin de Moscou* par un troisième mémoire sur « Les mutilles russes », avec un supplément, dans l'année 1866, et par un quatrième dans les *Horae* de 1869, sous le titre de : « Essai d'une monographie des *Mutilles* de l'ancien continent ». Citons encore dans le même recueil, entr'autres : « Hyménoptères de l'Asie, description et énumération de quelques espèces reçues de Samarkand, Astrabad, Himalaya et Ning », 1871; « Matériaux pour servir à une faune hyménoptérologique de Russie », 1846; « Les Chrysides et Sphégides du Caucase », 1879; « Études hyménoptérologiques », tom. XVIII; « Faune Hyménoptérologique transcaspienne », tom. XX, dans le *Bulletin de Moscou* de l'année 1886 : « Revision des armures capulatrices des mâles de la tribu philéremus », et dans le N.º 31 du *Journal Sc. Math. Phys. et Nat. Lisboa*, une note sur « Les Hyménoptères d'Angola ».

Butcher (Samuel-Henry), philologue irlandais, professeur du grec à l'Université d'Édimbourg, né, le 16 avril 1850, à Dublin ; on lui doit une nouvelle traduction en prose de l'Odyssée, et un excellent livre sur « Demosthènes », 1881.

Buti-Pecci de Colognola et de Carbonara (le marquis David), neveu de S. S. le Pape, écrivain italien, fit partie de la Société nationale dirigée par Joseph La Farina, qui aida si puissamment la cause de l'Indépendance italienne. Il est né, à Ostra Vetere, dans les Marches, en 1829, a été recteur de plusieurs gymnases et lycées du Royaume. Archéologue de mérite, nous avons de lui : « Notizie del cardinale G. Pecci », 1861 ; « Educazione ed Istruzione », Verceil, 1875 ; « Ostra », mémoires, Ancone, Civelli, 1881.

C

Callewaert (Constant), libraire et publiciste belge, né, à Deerlyk, le 13 juillet 1827. M. C., qui dirige avec son frère cadet Pierre (connu par un « Cours d'écriture » estimé) une maison d'édition de Bruxelles, a composé toute une série d'atlas géographiques, de tous les formats et de tous les prix ; il a rédigé une « Nouvelle géographie générale », et une « Nouvelle géographie complète de la Belgique » ; enfin il est l'auteur d'un « Dictionnaire français-flamand et flamand-français », et d'un abrégé de ce dictionnaire. Livres et atlas ont été adoptés pour l'enseignement dans les écoles, et l'on n'en compte plus les réimpressions.

Cambier (Charles), publiciste belge, né, à Strypen, le 26 juillet 1828, aujourd'hui directeur au gouvernement provincial de la Flandre orientale. Nous connaissons de lui : « Réflexions sur la situation de la classe ouvrière », Gand, 1880 ; « Le livre des bons ouvriers », id., 1886, ouvrage traduit en flamand l'année suivante et auquel l'Académie royale de Belgique a décerné le prix Adelson Castiau ; « Entretien (en français et en flamand) sur l'utilité des associations de secours mutuels », id., 1887.

Canella y Secades (Firmin), homme de lettres espagnol, professeur universitaire, né à Oviedo. Nous avons de lui les ouvrages suivants : « Historia de la Universidad de Oviedo y noticias de los Establecimientos de Enseñanza del distrito », Oviedo, 1873 ; « Sátira á la predileccion del Derecho romano en aulas y tribunales, por Echevarria, con introduccion y notas », Madrid, 1879 ; « El Derecho español en 1711 por Medina, con introduccion y notas », id., 1878 ; « Historia de la Enseñanza del Derecho civil español, su estado actual y necesidad de reformas, con numerosas notas histórico-bibliográficas del derecho español », Oviedo, 1877 ; « La Iconoteca asturiana universitaria », id., 1886 ; « Noticias históricas de la Sociedad Económica de amigos del pais de Asturias », id., 1886 ; « Estudios asturianos ó Cartafueyos d'Astúrias. Maria de Naranco. Viaje por Asturias. El Carbayón » ; « Astúrias en las Cortes de Castilla. Ascendencia asturiana de Calderon. Folk-lore Asturiano. Emigracion Asturiana. Feijóo en Oviedo. El Principado de Astúrias » ; « El pintor Carreño. Grammática del dialecto asturiano », Oviedo, 1886 ; « Elogio de D. José Caveda », id., 1882 ; « Des estudios sobre de la vida de Jovellanos », Gijon, 1886 ; « Noticias biográficas de D. Juan Consul », Oviedo, 1886 ; « La Biblioteca Asturiana », Vitoria, 1887 ; « Articulos, discursos, viages y recuerdos obras de Joaquin Garcia Caveda, precedidos de la biografia del autor por F. C. S. », Oviedo, 1886 ; « Poesias selectas en dialecto asturiano », id., 1887. Enfin : « El libro de Oviedo », 1889.

Carpenter (Philippe-Herbert), savant anglais, né, à Londres, en 1852, élevé à l'*University College* de Londres et aux universités de Cambridge et de Wurtzburg, a fait partie de l'état-major scientifique des navires de S. M. Britannique *Lightning* (1868), *Porcupine* (1869-70), et *Valorous* (1875), et a publié les ouvrages suivants : « On the genus *Actinometra* », Müll., Traus. Linn. Soc. London, 1877 ; « Notes on Echinoderm Morphology » (*Quart. Journ. Mier. Sce.*), 1878-87 ; « Report upon the Crinoidea dredged by H. M. S. Challenger. Part I. The Stalked Crinoids », Londres, 1885 ; « Part II. The Comatulæ », id., 1888 ; « Report upon the Comatulæ dredged by the U. S. Coast Survey in the Caribbean Sea. Cambridge. U. S. », 1890. En collaboration avec M. R. Etheridge, il a publié : « Catalogue of the Blastoidea in the Geological Department of the British Museum », Londres, 1886.

Carrara (Jules), d'origine italienne, est né, le 14 décembre 1859, à Genève, où il a fait toutes ses études à l'Université. En 1882, l'Académie des Muses Santones lui décernait une médaille d'argent, en 1883 une médaille de vermeil, cette dernière pour « L'Art d'avoir vingt ans », volume encore en portefeuille. En 1887 parut « La Lyre », œuvre originale et puissante, qui a révélé chez M. C. un remarquable talent de poète. Cette œuvre est essentiellement épique, fait rare dans la Suisse romande. C'est une sorte de synthèse de la poésie ; le poète aperçoit une lyre immense, posée sur l'Hélicon. A l'appel de Zeus les Inspirés s'avancent tour-à-tour pour faire résonner la lyre et nous voyons défiler ainsi Homère, Eschyle, Virgile, Dante, Shakespeare, Victor Hugo, chacun d'eux caractérisé d'une façon inoubliable, en vers amples, imagés et sonores. L'auteur a déployé dans ce volume les plus rares qualités, le souffle, l'éloquence, une belle érudition, un amour passionné de l'art, le culte du génie. Ce n'est point l'œuvre ordinaire de début, hésitante et maladroite, mais celle d'un talent déjà en possession de lui-même ; et l'idée toujours haute, y revêt une forme achevée. Actuellement M. C. est professeur supérieur de langues et littératures anciennes au Collège de Morges (Vaud). Depuis 1885, il a donné chaque année dans les principales villes de la Suisse romande des conférences littéraires très applaudies, et collabore aux journaux locaux comme critique littéraire. Il a en portefeuille des œuvres nombreuses de poésie et de critique qui verront le jour successivement.

Casati (Curtius), homme de lettres italien, avocat, né, à Pergola, le 5 juillet 1856. Il étudia à Forlì, fit son droit à Rome, fut diplômé docteur en 1879, collabora aux journaux suivants : *Rassegna, Diritto, Corriere della Sera, Gazzetta dell'Emilia*, fut secrétaire du Comité exécutif pour le monument de Giordano Bruno, fut un des fondateurs du *Spartaco*, journal littéraire romain, et publia les volumes suivants : « Scene della vita romana », Ivrea, 1878 ; « La successione al trono, secondo il diritto pubblico italiano », Rome, Sinimberghi, id. ; « La dote nel diritto romano », Forlì, Croppi, 1883 ; « Carmela », nouvelle, id., id., 1884.

Cartailhac (Émile), historien et paléographe français, né à Marseille (B.-du-R.), en 1844 ; reçu avocat à Toulouse en 1867, un des fondateurs du Musée et de la Société d'histoire naturelle de Toulouse ; secrétaire du premier Congrès international d'anthropologie et d'archéologie préhistoriques (Paris, 1867) ; délégué du Ministère de l'Instruction publique à la session de Lisbonne du même Congrès (1881) ; président de la section d'anthropologie de l'Association française pour l'avancement des sciences (Reims, 1880) ; président honoraire de la dite section (Toulouse, 1887) ; membre honoraire ou correspondant des sociétés d'anthropologie de Lyon, Bordeaux, Londres, Bruxelles, Berlin, Vienne, Florence, Moscou, Washington, etc. ; membre de la Commission des monuments mégalithiques au Ministère de l'instruction publique et des beaux-arts ; membre des comités des expositions universelles de Paris, 1878 et 1889 ; officier de l'instruction publique, offic. de l'ordre de St.-Jacques de Portugal, etc. ; premier conseiller municipal de Toulouse (1884-1888) ; secrétaire général et directeur de l'Exposition internationale de Toulouse (1887) ; professeur d'anthropologie (cours libre, 1883-1888) à la Faculté des sciences de Toulouse ; chargé de missions scientifiques à l'étranger par le Ministre de l'instruction publique (1880, 1881, 1882, 1888). Il est le directeur-propriétaire des *Matériaux pour l'histoire primitive et naturelle de l'homme*, revue mensuelle illustrée, Paris, Reinwald, 22 vol. 1885-1889. Nous avons de lui : « L'âge de la pierre dans les souvenirs et les superstitions populaires », id., id., 1878 ; « L'âge de la pierre en Asie », Lyon et Paris, 1870 ; « Les âges préhistoriques de l'Espagne et du Portugal », avec fig. et pl., préface de M. A. de Quatrefages de l'Institut, Paris, Reinwald, 1888 ; « La France préhistorique et gauloise », Paris, Alcan (*Bibliothèque scientifique internationale*), 1889 ; en outre de nombreux mémoires dans les revues et annales de sociétés, dans les comptes-rendus des congrès, etc.

Cère (Émile), journaliste et littérateur français, a débuté, au sortir du lycée, dans le journalisme quotidien par une collaboration littéraire à l'*Opinion publique* (1879), et au *Grand Journal* (1880). Entré au journal *La France* en 1880, sous la direction d'Émile de Girardin, il y rédigea d'abord les *Éphémérides historiques et littéraires*, puis la *Chronique de l'enseignement*. Il a depuis la mort d'Émile de Girardin continué à traiter les questions d'enseignement et d'histoire dans *La France*, dont il est actuellement secrétaire de la rédaction. M. C. a présidé le *Cercle Diderot*, réunion d'études scientifiques et littéraires. Il a fondé l'Association des maîtres répétiteurs des lycées et collèges de Paris et des départements. Il a rédigé en chef le *Progrès universitaire*. M. C. a publié : « L'École des Chartes » ; « Les petits patriotes » ; « Les Femmes-soldats » ; « Les Huissiers, les abus qu'ils commettent, les pratiques qu'ils emploient, les règlements qu'ils violent, avec le texte précis des lois en vigueur », 1882, aux bureaux du journal *La France*. M. C. a collaboré à la *Revue internationale* de Rome, à la *Nouvelle Revue* de Paris, etc.

Cerrato (Joseph), frère de Louis C. (voyez page 571), littérateur italien, né, à Casale, le 10 octobre 1843, autodidacte. Nous avons de lui : « Per nozze Cassone-Ferrando, versione di due luoghi delle *Reveries of a bachelor* di Marvel », Casal, Typ. Sociale del Monferrato, 1875 ; « Dei vocaboli di parentela e di affinità. Saggio linguistico », Casale, Cassone, 1882 ; « Casale non si chiamò mai Sedula », id., Typ. Soc. del Monferrato, 1881 ; « Il bel cavaliere di Rambaldo di Vaqueiras », Turin, Loescher, extrait du *Giornale storico della letteratura italiana* : « La famiglia di Guglielmo il Vecchio marchese di Monferrato nel XII secolo », extrait de la *Ri-*

vista storica italiana, Turin, Bocca, 1884; « La Battaglia di Gamenario, 1345. Testo antico francese, da un Codice manuscr. della Cronica del Monferrato di Benvenuto S. Giorgio nell'Archivio generale di Stato in Torino, con illustrazioni e schiarimenti », extrait des *Atti della Società ligure di storia patria*, Gênes, Sordo-Muti, 1886.

Ceruti (l'abbé Antoine), né, à Milan, le 11 avril 1830, bibliothécaire à l'*Ambrosiana* de Milan en 1863, membre de l'*Istituto Lombardo*, a publié les ouvrages suivants: « La Regola pastorale di S. Gregorio Magno, versione italiana, testo di lingua inedito », Milan, 1857; « Tre volumi di lettere di L. A. Muratori inedite », Turin, 1869-1878, Modène, 1884; « Chronicon extravagans et Chronicon majus Gualvanei de la Flamma », Turin, 1869; « Statuta Societatis S. Joannis Baptistæ Augustæ Taurinorum sæc. XIV », id., 1870; « Cronaca milanese dall'anno 1476 al 1515, inedita, di Ambrogio da Paullo », 1871; « Il viaggio di Carlo Magno in Ispagna », roman inédit, 2 vol., Bologne, 1872; « La seconda Spagna e l'acquisto di Ponente », id., Bologne, 1871; « Rime inedite di poeti italiani del secolo XVI », id., 1873; « La Scala del Paradiso di S. Giovanni Chinaco », id., 1873; « Le Guerre Puniche », id., 1876; « Liber statutorum Consulum Cumanorum justitiæ et negotiatiorum sæc. XIII », Turin, 1876, avec notes et documents; « Statuta Communitatis Novariæ sæc. XIII », id., 1876, id., id.; « Statuta jurisdictionum Mediolani sæc. XIV », id., id.; « Scipionis Vegii Historia Rerum in Insubribus gestarum sub Gallorum Dominio; Ephemeridum libri duo », Milan, 1874; « Gaudentii Merulæ suæ ætatis rerum gestarum libri IV », id., id.; « Joannis B. Speciani, ducis Mediolani consilari, de Bello gallico Commentarii », id., id.; « Appunti di bibliografia di storia veneta desunti dai manoscritti dell'Ambrosiana », Venise, 1877; « Compendio di Storia romana di Lucio Aunes Floro, volgarizzamento inedito », Bologne, 1878; « Compendio storico della guerra di Parma e del Piemonte dal 1548 al 1553, di Giuliano Gosellini, con note e documenti », Turin, 1878; « Cronica degli imperatori romani », Bologne, 1878; « I principii del Duomo di Milano sino alla morte del duca Gian Galeazzo Visconti », monographie historique, Milan, 1879; « La vita solitaria di Francesco Petrarca, volgarizzamento inedito di Tito degli Strozzi del secolo XV », 2 vol., Bologne, 1872: « La biblioteca Ambrosiana. Monografia storica », Milan, 1880, dans les *Istituti scientifici di Milano*; « Gabriele Salvago, patrizio genovese. Sue lettere, notizie, documenti e poesie », Gênes, 1880; « Lettere inedite di Aldo e Paolo Manuzio », Venise, 1881; « Diarj Udinesi di Leonardo e Gregorio Amaseo e Giovanni Antonio Ario, con note, documenti e prolegomeni », id., 1884;

« Viaggio di Francesco Grassetto da Lonigo nel 1511 e seguenti sulle coste di Dalmazia, Grecia, ecc. », 1884; « L'*Ogdoas* di Alberto Alfieri, episodj di storia genovese nei primordj del secolo XV », Gênes, 1886; « Il rito Ambrosiano nella festa della SS. Annunciata in quaresima. Ricerche storiche e considerazioni », Milan, 1887; « La Nunziatura di Mons. Agostino Cusani a Venezia negli anni 1704-1706 », id., 1876. Il collabora encore au *Codex diplomaticus Longobardiæ*, édité par la *R. Deputazione di Storia patria di Torino*, en 1873, et aux *Annali del Duomo di Milano*.

Chiari (Hanns), médecin autrichien, professeur d'anatomie pathologique à l'Université allemande de Prague depuis 1882, né, à Vienne, en 1851, a publié: « Ueber die topographischen Verhältnisse des Genitales einer interpartum verstorbenen Primiparae », Vienne, 1885 et une série d'essais et mémoires d'anatomie pathologique dans les *Wiener medicinische Jahrbücher*, dans le *Vierteljahrschrift für Dermatologie und Syphilis*, dans la *Prager medicinische Wochenschrift*, dans la *Prager Zeitschrift für Heilkunde* et dans les *Beiträge zur path. Anatomie*.

Chiene (John), chirurgien écossais, professeur de chirurgie à l'Université d'Édimbourg, où il est né le 25 février 1843. On lui doit: « Lectures on Surgical Anatomy », 1878; « Lectures on the Elements of Surgery », 1879-80.

Chmielowski (Pierre), illustre critique polonais, né en 1848. Il a publié une foule de critiques littéraires dans les journaux: *Niwa*, *Nowiny* et dans la revue *Athænum*, dont il est rédacteur. En outre, on a de lui: « La génèse de la fantaisie », esquisse psychologique; « Les femmes de Mickiewicz, Stowacki et Krasinski », étude littéraire; « Adam Mickiewicz », étude littéraire, 2 volumes; « Les femmes-auteurs polonaises », etc.

Chotkowski (Ladislas), théologien et historien polonais, docteur en théologie, professeur d'histoire ecclésiastique à l'Université de Cracovie, député à la diète d'Autriche à Vienne, membre du Conseil municipal de Cracovie, censeur pour les livres religieux, né, à Millzyn (Posnanie), en 1843, a fait ses *humanités* au gymnase de *Sainte-Marie Madeleine* à Posen, d'où en 1867 il a passé à Münster (Westphalie) pour suivre le cours de théologie (1867-69). Professeur d'abord à l'école secondaire de Bromberg, puis à celle de Posen, il occupe la chaire actuelle à l'Université de Cracovie depuis 1882. L'œuvre de cet écrivain se partage en: Publications historiques: « Olga Gr.-Duchesse de Ruthénie », Posen, 1871; « Welamin Rutski, métropolit. Ruth. », id., 1874; « Propagation du protestantisme dans les terres polonaises, sous le gouvernement prussien », id., 1881; « Martin Luther au 400ᵐᵉ anniversaire de sa naissance », Cracovie, 1882; « Causes et commencements de la réformation en Pologne », id., 1883; « La doctrine des 12 apôtres », id., 1885; « Mémoires du Joseph Siemaszko », id., id.; « Historici diarii Domus Professæ Cracoviensis, Joannis Wielewicki », tom. II, id., 1886; « Mémoires de Grégoire Micewicz », id., 1887; « Historici diarii D. Professae I. G. Cracov. », tom. III, id., 1889. Publications littéraires (en polonais): « Myszeida, poème de l'évêque Krasicki », Posen, 1874; « Venceslas de Polok Potocki », id., 1876; « Idéal politique de Sigismond Krasinski », id., 1881. Sermons, oraisons et discours: « Oraisons funèbres », 1873-1888 à Posen et Cracovie; « Sermons sur la question sociale », Posen, 1880; « Sermons sur l'éducation des enfants », id., 1881, 2e éd. 1888; « Discours et comptes-rendues de la Diète à Vienne », éd. Faraon, 1886, Cracovie, 1887-1888. Publications populaires: « Nouvelles pour le peuple », 4 éd., à Posen 1869, 2e éd. 1882, 1875, 2e éd. 1880, 1876-1877; « Vie des St.-Cyrille et Méthode », Cracovie, 1885. Articles historiques (en polonais) au *Courrier de Posen*, *Revue catholique*, *Revue ecclésiastique*, *Revue Polonaise*, *Revue universelle*; (en allemand): *Literarischer Handweiser* de Vienne, *Katholische Warte* de Strasbourg, *Historisch-politische Blätter* de Munich.

Christomano (Anastase), chimiste grec, né, à Vienne, en 1841, issu d'une famille de la Macédoine, étudia à Vienne, puis à Berlin, où il prit son diplôme en 1862, et devint professeur de chimie à Athènes. Nous avons de lui: « Éléments de chimie », et « Cours de chimie ».

Chrystal (George), mathématicien écossais, professeur à l'Université d'Édimbourg, né, à Bourtie, le 8 mars 1851; parmi ses mémoires les plus importants, citons: « Electrometers », dans l'*Encyclopædia Britannica*; « Non-Euclidian Geometry »; « On Minding's Theorem »; « On the Differential Telephone »; « On a class of Sturmians »; « Investigations on the Wire Telephone ».

Claisen Rainer (Louis), chimiste allemand, docteur en philosophie, membre extraordinaire de l'Académie Royale des sciences de Munich (Bavière), membre de l'Académie impériale *Léopoldine-Caroline* des naturalistes, professeur de chimie à l'Université de Munich, né, le 14 janvier 1851, à Cologne, fit ses études aux universités de Bonn et de Gœttingue. Après avoir été promu docteur en philosophie le 6 février 1875 à l'Université de Bonn, il y fut nommé premier assistant au laboratoire de chimie et en 1878 il y prit son habilitation à l'enseignement de cette science. De 1882 à 1885, il séjourna en Angleterre et travailla assidûment dans le laboratoire chimique de la *Victoria University* à Manchester. Rentré en Allemagne en 1886, il fixa sa demeure à Munich (Bavière), et devint *privat Docent* de chimie à l'Université de cette ville. Il a publié: « Untersuchungen über organische Säurecyanide » (*Bericht d. d. chem. Ges.*), 1877; « Ueberführung des Acetylamids in Pyrotraubensäure », avec Shadwell (id.), 1878; « Einwirkung von Haloidsäuren auf Blausäure » (id.), 1882; « Ueber die Verbindungen von Blausäure mit Chlor- und Bromwasserstoff », avec Matthews (id.), 1883; « Ueber die Einwirkung von Aldehyden auf Ketone, Malonsäure und Acetessigäther » (*Liebig's Ann.*), 1883; « Ueber Einwirkung von Benzaldehyden auf Malonsäure und Malonsaureäther », avec Crismer (id.), 1883; « Condensation der Acetessigäther mit Aldehyden », avec Mathews (id. et *Bericht. d. d. chem. Ges.*), 1883; « Ueber Condensationen des Acetons mit aromat. Aldehyden und mit Furfuröl », avec Ponder (id.), 1884; « Ueber die Einwirkung von Aldehyden auf Phende » (*Bericht. d. d. chem. Ges.*), 1886; « Synthese von Diketonen und Ketoaldeyden » (id.), 1888.

Clouston (Thomas-Smith), médecin écossais, professeur pour les maladies mentales à l'Université d'Édimbourg, né en 1840, a publié un livre fort apprécié: « Clinical Lectures on Mental Diseases » et des comptes-rendus de son *Asylum*, considérés comme des modèles du genre.

Concha (Victor), jurisconsulte hongrois, né, à Marezalli, le 10 février 1846, *privat-Docent* de droit constitutionnel et de science politique administrative à l'Université de Budapest en 1872. Nous avons de lui: « La judicature administrative en rapport à la Constitutionalité », 1876; « Constitutions modernes », et nombre d'essais dans la revue *Budapesti Szemle*. Depuis 1886, M. C. est membre correspondant de l'Académie hongroise.

Cordella (André), minéralogiste héllène, directeur du *Laurium*, fit ses études à Smyrne, en Allemagne et Belgique, et son diplôme obtenu, fit des voyages en Italie et en Autriche. De retour en Grèce (1860), il fut chargé par le Gouvernement d'en étudier les mines, et en 1870 il découvrit celles de Ballia et de Caraidenie. En dehors de plusieurs mémoires en langue grecque, nous avons de lui: « Laurium »; « Les Volcans de la Méditerranée et la destruction de Pompéi »; « Cromatologie »; « Cours de minéralogie et géologie », etc.

Courty (Paul), poète et littérateur français, né, à Perpignan (Pyrénées-Orientales), le 4 août 1840, a fait ses études classiques au Collège de Perpignan. En 1866, il vint à Paris et, dès lors, il n'a pas cessé de donner des articles, des feuilletons, des nouvelles à la main, dès pensées détachées et des vers à la plupart des grands journaux parisiens: *Le Figaro*, *La Vie Parisienne*, *L'Artiste*, *L'Avenir national*, *L'Opinion nationale*, *La Renaissance*, *La Vie Littéraire*, *L'Évènement*, *Le Voltaire*, *Le Télégraphe*, etc. Mais c'est surtout dans les deux journaux de Pierre Véron, le *Charivari* et le *Journal Amu-*

sant, qu'il a écrit, par centaines, des articles et des feuilletons, où l'observation se mêle heureusement à la fantaisie. Les « Pensées » qu'il publie dans le *Charivari* sous le titre de « Page d'Album », empreintes d'un certain pessimisme, ont été fort remarquées. En 1869, M. C. a publié un volume de vers : « Les Heures Sombres », dont les critiques autorisés — Émile Zola entre autres — louèrent la vigueur et la sincérité. « Les Heures Sombres » annonçaient un vrai poète que le journalisme incessant a détourné de sa voie. M. C. est membre de la Société des gens de lettres depuis 1873.

Cousot (Frédéric), écrivain et journaliste belge, né, à Dinant, en 1857, fils du docteur C. qui fut président de l'Académie de médecine. M. C. habite aujourd'hui Paris. Outre de nombreux articles dans divers revues et journaux, on lui doit : « Chemin des Bois » ; « Lettres du fond des Bois », 1886 ; « La Tour aux rats », 1887.

Crobor (Albert), archéologue hongrois, né, le 9 mai 1855, à Albe Royale. Consacré prêtre en 1875, il fut nommé en 1876 officier au Musée national. Après des voyages en Allemagne, France et Belgique, il fut nommé en 1886 directeur et professeur du Séminaire de N. Várad. M. C. est rédacteur en chef des *Feuilles d'art ecclésiastique*, et a publié : « Les bourgs du moyenâge de la Hongrie », Budapest, 1876 ; « Les arts ecclésiastiques dans notre patrie », id., 1879 ; « Encyclopédie d'archéologie chrétienne », 1880.

Croizier (le Marquis DE), homme de lettres français, né, à Paris, en 1846, président de la Société académique Indo-Chinoise de France. On lui doit le mouvement qui a fait entrer l'Inde transgangétique dans les études orientales. Par la fondation de la Société Indo-Chinoise de France (1877), et la publication d'ouvrages tels que le « Journal d'expédition », de J. Dupuis, il a contribué à l'occupation du Tonkin, et au développement de l'esprit colonial en France. En dehors d'un grand nombre d'articles consacrés à la littérature et aux beaux-arts dans les principales revues, nous avons en librairie : « Le Sultan Abdul-Azis », 1867 ; « La légende de Nakilon-Thom », 1875 ; « Légendes cambodgiennes relatives aux monuments de pierre », id. ; « Les statues dans l'art kamer », 1876 ; « Les explorateurs du Cambodge », 1878 ; « Les monuments de l'ancien Cambodge », 1879 ; « Le Tcheng-La au Cambodge », 1879 ; « Bornéo », 1882 ; « Notice des manuscrits Siamois de la Bibliothèque Nationale », 1887 ; « Bibliographie indo-chinoise », 1889.

D

Dalmont (Isidore), romancier français, né, à Paris, le 14 mars 1851. Pendant la guerre, engagé dans une compagnie de marche, il fut fait prisonnier sur le plateau de Châtillon, le 4 avril, après l'adoption des préliminaires de paix (mars 1871). Interné dans le fort de Quélen, il y connut Elisée Reclus. Il a écrit des articles dans l'*Étoile française*, le *Beaumarchais*, le *Petit Parisien* et l'*Opinion*; des nouvelles dans la *Vie populaire*, et des feuilletons dans le *Gil Blas*. Il a publié en librairie : « Vingt-huit jours sous l'habit militaire », 1879 ; et sous le nom d'*Alexandre Boutigue* (qui est le sien) : « Xavier Tesletin », roman, 1883 ; « Mal mariée », 1884 ; « Les amants adultères », 1885 ; « Une faute de jeunesse », 1886 ; « En secondes noces », 1887.

Damsch (Othon), médecin allemand, professeur extraordinaire de médecine interne à l'Université de Gœttingue, né, à Berlin, en 1835, fit ses études à l'Université de son pays natal et à Gœttingue. Promu docteur en médecine en 1880 à Berlin, et habilité à l'enseignement de médecine interne en 1882 à l'Université de Gœttingue, il y fut nommé, deux ans plus tard, professeur extraordinaire de cette Faculté. Nous avons de lui plusieurs publications médicales, parmi lesquelles nous citerons : « Ueber die pathologisch-anatomischen Processe in den Lungen bei Tütterungstuberculose », Berlin, 1880 ; « Die Impfbarkeit der Tuberculose als diagnostisches Hülfsmittel bei Urogenitalerkrankungen », *Deutsch. Arch. f. Klin. Med.* v. 31, 1881 ; « Ueber die Zuverlässigkeit von Impfungen in die vordere Augenkammer mit tuberculösen Substanzen », *Deutsch. med. Wochenschr.*, 1881 ; « Uebertragungsversuche von *Lepra* auf Thiere », *Virchow's Arch. f. path. Anat.*, v. 92, 1883 ; « Ueber den Werth der künstlichen Auftreibung des Darms durch Gase », *Berlin Klin. Wochenschr.*, 1889.

Dargun (Lothaire), né, à Opava (Silésie autrichienne), fit ses études classiques à Cracovie et visita ensuite les universités de Vienne, de Cracovie et de Berlin. Il est depuis 1888 professeur de droit à l'Université de Cracovie. Parmi ses monographies, nous citerons : « König Heinrich VII » (*Beiträge und Ergänzungen*) ; « De l'application de l'ethnographie à l'histoire du droit » ; « Mutterrecht und Raubehe, Ursprung und Entwickelungsgeschichte », etc.

Dawson (Sir Jean-Guillaume), illustre géologue et naturaliste anglo-américain, né, à Picton dans la Nouvelle-Écosse, en 1820. Ayant achevé ses études à l'Université d'Édimbourg, il revint dans son pays natal, dans le désir d'y poursuivre ses études sur la Nouvelle-Écosse et sur le Nouveau-Brunswick. Les résultats de ses premières recherches se trouvent dans son « Acadian Geology », dont, en 1880, a paru la troisième édition. Dans les années 1842 et 1852, il accompagna Sir Charles Lyell dans ses expéditions scientifiques à la Nouvelle-Écosse. Depuis 1843, il a collaboré activement aux *Actes de la Société Géologique de Londres* et à d'autres recueils scientifiques. Mais on doit surtout signaler ses grands ouvrages : « Devonian and Carboniferous Flora of Eastern North America »; « Archaia, or Studies on the Cosmogony and Natural History of the Hebrew Scriptures », 1858; « The Story of the Earth and Man », 1872, où il combat les théories darwiniennes sur l'origine des espèces; « The Dawn of Life », 1875; « The Origin of the World », 1877; « Fossil Men and their Modern Representatives », 1878; « The Change of Life in Geological Times », 1880; « Egypt and Syria, their Geology and Physical Geography in relation to Bible History », etc. Nommé en 1855 recteur de la *Mac Gill University* de Montreal, il en est maintenant le vice-chancelier. Il fut ennobli en 1884 par la Reine d'Angleterre, et en 1885, nommé président de la *British Association* au Congrès qui eut lieu à Birmingham en 1886, il y prononça un discours remarquable sur la géographie historique de l'Océan Atlantique.

Dayre (C.-P.), publiciste et commissaire de police français; on lui doit une série de livres de son ressort, qui méritent être signalés à ses confrères : « Manuel de police à l'usage des inspecteurs et agents de police », Aix, 1877; « Grand manuel de police administrative et judiciaire à l'usage des commissaires de police », id., 1878; « Traité de procédure des tribunaux de simple police », Paris, Rolland, 1882; « Code formulaire de police judiciaire », id., en deux vol.; « Code formulaire de police administrative », 1883; « Code formulaire des agents de la force publique », id.; « Code de l'organisation municipale », 1884; « Code de police judiciaire », 1885.

De Amicis (Thomas), écrivain médical italien, professeur ordinaire et directeur de la clinique dermosyphilopathique à l'Université royale de Naples, directeur à l'hôpital des *Incurabili* de Naples pour la section des maladies cutanées et syphilitiques, ancien médecin de l'hôpital central des prisons, membre ordinaire de l'Académie royale de médecine et de chirurgie à Naples, né, le 18 octobre 1838, à Alfedena (prov. d'Aquila), commença ses études classiques à Solmona, les acheva au Lycée de Chieti, suivit à Naples les études de la Faculté de médecine et fut diplômé en 1863. Depuis cette époque jusqu'à 1882, M. le docteur De A. a toujours obtenu par concours les belles places qu'il a occupées. En dehors de plusieurs ouvrages de clinique médicale générale, il est l'auteur de plusieurs opuscules qui se rapportent à la dermosyphilographie. Nous donnons la liste des principaux : « Dei condilomi acuminati in rapporto alla sifilide, etc. »; « Su di un caso di trapiantazione cutanea »; « Rara forma di neo-pigmentario diffuso, su tutta la superficie cutanea »; « Sulla non trasmissibilità della sifilide per mezzo del latte »; « Su di un caso di sifiloderma condilomatoso framboesiaco del cuoio capelluto »; « L'ascesso della glandula vaginale e la fistola vulvo rettale »; « Sulla sifilide ossea e muscolare. Causistica e considerazioni »; « Caso rarissimo di Zoster bi-laterale generale »; « Sull'uso dello stirace liquido nella cura dell'eczema »; « Caso singolarissimo di dermatite esfoliativa generale »; « Contribuzione clinica ed anatomo-patologica allo studio della micosi fungoide di Alibert »; « Studio clinico ed anatomo-patologico su dodici osservazioni di sarcoma multiplo pigmentato della cute »; « La cellula gigante ed i prodotti sifilitici »; « Sulla etiologia e patogenesi delle malattie cutanee »; « L'elefantiasi del pene ed i restringimenti uretrali »; « Di un singolarissimo caso d'istricismo con seborre universale, osservato nella clinica dermo-filopatica di Napoli »; « Del modo di comportarsi nell'osservazione delle parti genitali muliebri »; « Relazioni e statistiche degli infermi curati nella clinica », etc.

Debierne-Rey (Mme veuve REY, née ELISABETH DEBIERNE, mieux connue sous le nom de Mme LISBETH), directrice d'une institution à Auteuil, près Paris, est née, à Paris, en 1818. On lui doit : « Cendrillon », opéra-bouffe sur les premiers airs de l'enfance, à l'usage des communautés, des pensions, des familles, des écoles, 1873; « Fleurs et serpents », opéra-bouffe, id., 1873; « Dictées de l'enfance », 1875; « L'éducation des bébés », en français et en anglais, id; « Jeanne d'Arc », dialogue en trois actes, à l'usage des communautés; « Le nouveau seigneur du village », opéra-bouffe, 1877; « Dictées morales, grammaticales et géographiques », 1881; « La pie voleuse », opéra-comique, 1882; « Ruth », opéra-sacré, id.; « Les Savoyards », opéra-bouffe, id.

De Boor (Charles-Gothard), *custos* à la bibliothèque universitaire de Bonn, est né, à Hambourg, le 4 mars 1848. Il fit ses études aux universités de Bonn et de Berlin (1868-72), interrompues par la guerre franco-allemande au cours de laquelle il fut décoré de la Croix de fer. Après des voyages en Angleterre, aux Pays-Bas, en France et en Grèce, il entra aux bibliothèques de l'Empire Allemand. Il obtint deux prix de l'Académie de Munich en 1881 et 1883. Nous avons de lui en librairie : « Fasti censorii », Berlin, chez Weidmannos, 1873; « Nicephori opuscula historica », Leipzig, B.-G. Teubner, 1880; « Theopanis Chronographia », vol. I, II, id., id., 1883-85; « Thophylacti Simocatlæ historiæ », id., id., 1887; « Vita Euthymii »; « Ein Beitrag zur Geschichte Leos des Weisen », Berlin, G. Reimer, 1888.

De Feis (le rev. père Léopold), barnabite italien, archéologue distingué, né, le 21 janvier 1844, à Anzi (Basilicate), entra dans les ordres en 1860 et après avoir quitté l'enseignement d'histoire ecclésiastique en 1886, se consacra entièrement aux études archéologiques. Nous avons de lui: « Di alcune epigrafi etrusche e di un calice greco. Relazione al cav. Vittorio Poggi », dans le *Giornale Ligustico*, 1881; « Di un *Æs signatum* scoperto ad Orvieto », id., 1881; « Pallade Coronefora », id., 1882; « I dadi scritti di Toscanella ed i numeri etruschi », id., 1883; « La *Bocca della verità* in Roma e gli antichi Donari » (*Cronichetta mensuale*), Rome, 1885; « Scoperte archeologiche sulla via Portuense », 1885; « I frammenti di Gemma Gnostica » (*Bull. dell'Ist. German.*), 1885; « Di alcune Epigrafi scoperte in Roma sulla via Portuense e di una tazza laziale con doppia iscrizione » (*Notizie degli scavi*), Rome, 1887; « De Titulo Flaviæ Domitillæ a Grapta C. I. posita », Florence, Ricci, 1888; « D'una Epigrafe rituale sacra a Giove Beheleparo » (*Giornale Ligure*), Gênes, 1888; « La *Bocca della Verità* in Roma ed il Tritone di Properzio » (id. id.), id., id.; « Epigrafi di vasi inedite del Collegio fiorentino alla Querce » (id., id.), id., id.

Del Corno (Victor-Dominique-Joseph), généalogiste italien, né le 3 décembre 1840, docteur en droit à l'Université de Turin en 1861, journaliste dans la presse libérale piémontaise dès 1862-64, en dehors de quelques intéressants opuscules d'archéologie et d'histoire, nous avons de lui une excellente monographie historique de 200 pages, intitulée: « La nobile famiglia Marenco di Fossano » et un volume de 500 pages: « I Marchesi Ferreri d'Alassio ed i Conti De Gubernatis », 1890. Il est avocat à Crescentino.

Delle Grazie (Marie-Eugénie), femme-poète hongroise, née, le 15 août 1864, à Weisskirchen en Hongrie. En 1874, trois ans après la mort de son père Cesare D. G., d'origine italienne, directeur des mines, elle alla s'établir à Vienne, où elle devint une des meilleures élèves de l'école magistrale. Elle vit toujours dans cette métropole et a publié: « *Gedichte* », Vienne, 1882; « Hermann », id., 1883, 2me éd., 1884; « Saul », tragédie, id., 1884; « Die Zigeunerin », roman, id., id.

Delphin (Gaëtan), homme de lettres français, professeur d'arabe à la chaire publique d'Oran (enseignement supérieur), membre de la Commission centrale pour l'établissement de l'état civil des Musulmans, officier d'Académie, est né, à Lyon (Rhône), le 27 mai 1857. Arrivé jeune en Algérie, il apprit la pratique de la langue arabe en vivant au milieu des indigènes. D'abord interprète judiciaire, il demanda bientôt à entrer dans l'enseignement. Nommé d'abord professeur d'arabe aux écoles primaires de la ville d'Alger, il fut appelé à occuper la chaire d'Arabe au Collège de Blida où il resta deux ans et demi. M. Machal, professeur à la chaire publique d'Oran, ayant été nommé directeur de l'enseignement public en Tunisie, M. D. le remplaça en avril 1888. Les cours publics de la chaire d'Oran sont suivis par quatre-vingt étudiants de tout âge et de toutes nationalités. Nous avons de lui en librairie: « Cheickh Djebriel, commentaire sur la Djarroumiya », avec une glose marginale, 2e éd., ouvrage porté au programme du diplôme de langue arabe, Paris, 1886, chez E. Leroux; « Notes sur la poésie et la musique arabes dans le Maghreb Algérien », en collaboration avec M. Guin interprète principal de l'armée d'Afrique, ouvrage couronné au concours de l'Association Universelle, id., id,, id.; « Récit des aventures de deux étudiants arabes au village nègre d'Oran », texte arabe et traduction avec notes, Paris et Oran, 1887; « Les Aissaoua », notice dans le 1er vol. du Congrès de l'Association scientifique à Oran en 1888; « Fas, son Université et l'enseignement supérieur musulman », avec une carte de couleurs, Paris, 1889, E. Leroux; « Textes pour l'étude de l'arabe parlé », Alger, Jourdan, id.

Del Torto (Olynthe), écrivain médical italien, né, à Cascina (prov. de Pise), le 1er novembre 1858. Après avoir fait ses études au gymnase et au lycée de Pise, il commença celles universitaires à Pise, interrompues par le service militaire, et achevées à Sienne et Florence (*Istituto di studii superiori*), où il fut licencié en 1888. Spécialiste pour les maladies nerveuses, il ne fut pas exempt des tracasseries que lui procura la vieille école médicale. En 1889, il fonda la revue mensuelle *Magnetismo ed ipnotismo*, qu'il dirige et dans laquelle, en dehors de la collaboration de plusieurs savants de la Péninsule, il publie les leçons que M. le professeur Charcot fait à l'Hôpital de la *Salpêtrière* à Paris.

De Paepe (Polydore), éminent jurisconsulte belge, né, à Gand, le 12 avril 1824. Ancien procureur général près la Cour d'appel de sa ville natale, M. De P. est depuis le 30 septembre 1880 conseiller à la Cour de cassation, dont le siège est établi à Bruxelles. Ses discours et ses réquisitoires sont épars dans les journaux de droit et les recueils de jurisprudence; quelques discours pourtant ont paru en brochure. Il collabore à *La Belgique judiciaire* et il enrichit fréquemment, dans la *Pasinomie Belge*, le texte des lois nouvelles d'annotations tirées des travaux parlementaires: nous nous bornerons à citer deux de ces commentaires, d'une haute valeur, et qui ont été tirés à part: « La Loi belge sur les droits d'auteur », Bruxelles, 1886, et « Le Code rural belge », id., id. En mai 1889, M. De P., qui est membre de la Commission chargée de préparer la revision du Code de procédure civile, a fait paraître à Bruxelles le premier fascicule d'importantes « Études sur la compétence civile »; et un arrêt royal inséré au *Moniteur belge* du 28 mai l'a promu à la dignité de commandeur de l'ordre de Léopold.

Des Mesnards (Jules-Étienne-Paul-Guesnon), né, à Saintes, en 1839, docteur en médecine de la Faculté de Paris, membre du Conseil départemental d'hygiène et de salubrité publique, ancien médecin major des mobilisés en 1870, médaillé des hôpitaux de Paris, président-fondateur de la Société de gymnastique et d'exercices militaires de Saintes, etc., etc., a publié : « Considérations sur le rachitisme, diagnostic, étiologie, traitement ».

Desombiaur (Maurice), écrivain et polémiste belge, né, à Beauraing, en 1868. Comme polémiste, M. D. est comparable à Blois et Barbey d'Aurevilly, maîtres du genre. Il collabore activement et brillamment à la *Jeune Belgique*. On lui doit trois beaux livres: « Chants des jours lointains », 1888; « Grisailles », et « Le Triomphe du Verbe » 1890. M. D. descend par sa mère du fameux comte d'Egmont, l'une des plus grandes et des plus pures figures de l'histoire des Pays-Bas.

Destrée (Jules), écrivain critique et avocat belge, né, à Marcinelle (Hainaut), en 1863. M. D. collabore au *Journal des Tribunaux* de Bruxelles, à la *Revue pratique des Sociétés commerciales et civiles*, à la *Jeune Belgique*, etc., etc. M. D. a publié en librairie: « Lettres à Jeanne », 1886 ; « Imagerie Japonaise », 1888; « Les chimères », 1889, trois œuvres qui l'ont placé, tout jeune, au premier rang des écrivains de son pays et ont attiré sur lui l'universelle attention des lettrés délicats et raffinés.

De Toni (Jean-Baptiste), naturaliste italien, né, à Venise, le 2 janvier 1864. Après avoir fait dans sa ville natale les études de gymnase et de lycée, il obtint en 1884-85 les diplômes en sciences naturelles et en chimie à l'Université de Padoue. Nous le trouvons en 1889 adjoint à la chaire de botanique. M. D.-T. appartient à plusieurs sociétés d'histoire naturelle de sa patrie et de l'étranger. Sa spécialité ont été les algues; en dehors d'une très longue série d'articles insérés depuis 1885, dans les *Atti del Regio Istituto Veneto*, dans le *Bullettino della Società Veneto-Trentina*, dans le *Nuovo Giornale Botanico italiano*, dans la *Saccardo Fungorum Sylloge*, dans la *Notarisia, Commentarium Phycologicum*, dans les *Malpigha*, dans les comptes-rendus de l'*Académie des Lincei*, de Padoue, et autres recueils spéciaux italiens et étrangers, signalons ses publications détachées: « Sylloge Algarum omnium hucusque cognitarum, vol. I:

Chlorophyceæ », Padoue, 1989; « Osservazioni sulla Tassonomia delle Bacillarie », 1890; « Revisione di alcuni generi di cloroficee epifite », avec 3 pl. col. Sous presse: « Sylloge Algarum, vol. II: Bacillariae ».

Dilhan (le Comte Adolphe-Louis-Marie-Alphonse), ancien capitaine de cavalerie, ancien secrétaire d'ambassade, ancien receveur des Finances, membre du Conseil de la Société académique Indo-Chinoise de France, membre de la Société des gens de lettres, décoré de plusieurs ordres étrangers, a collaboré au *Bulletin* de la Société académique Indo-Chinoise de France, au *Bulletin* de la Société d'ethnographie et aux *Annales de l'Extrême Orient*. Citons ses ouvrages principaux: « Histoire de la régence de Tunis », 1866; « Ethnographie de la Tunisie », 1867, ouvrage couronné par la Société d'ethnographie; « L'âge de pierre », 1868; « Page d'histoire de la guerre avec la Prusse 1870-71 », 1872; « La Birmanie anglaise », inséré dans le *Bulletin de la Société académique Indo-Chinoise*, 1880; « L'administration des Postes au Japon », id., id., 1881; « La Poste en Chine », id., id., id.; « L'Archipel de Jolô », id., id., 1882.

Dodel (Arnold), botaniste suisse, docteur en philosophie, professeur ordinaire de botanique à l'Université de Zurich, né, le 16 octobre 1843, à Affeltrangen, canton suisse de la Thurgovie, étudia de 1860 à 1863 au Séminaire de Krauzlingen, près de Constance; de 1863 à 1864 à Genève, de 1865 à 1867 à Zurich et de 1868 à 1869 à l'Université de Munich (Bavière); il a été de 1870 à 1880 *privat-Docent* à l'Université de Zurich, de 1880 à 1882 professeur extraordinaire et en 1883 il y reçut la nomination de professeur ordinaire. Il a publié: « Die neuere Schöpfungsgeschichte nach dem gegenwärtigen Stande der Naturwissenschaften », Leipzig, 1875 ; « Die Kraushaar-Alge (Ulothrix Zonata) », id., 1876; « Wesen und Begründung der Abstammungs- und Zuchtwahltheorie, in zwei gemeinverständlichen Vorträgen », Zurich, 1877 ; « Anatomisch-physiologischer Atlas der Botanik für Hochschulen und Mittelschulen », 7 livraisons, Esslingen, 1878-1883 (ouvrage traduit en anglais et en russe et qui sera continué) ; « Illustrirtes Pflanzenleben », Zurich, 1878-1883 ; « Biologische Fragmente; Beiträge zur Entwicklungsgeschichte der Pflanzen », deux parties, Cassel, 1885 ; « Komad Deubler, Tagebücher, Biographie und Briefwechsel des oberösterreichischen Bauernphilosophen », 2 parties, Leipzig, 1886 ; « Moses oder Darwin? Eine Schulfrage », 1re et 2me éd., Zurich, 1889. On lui doit aussi plusieurs dissertations et contributions parues dans les *Jahrb. f. Bot.*, dans la *Bot. Zeit.*, dans le *Kosmos* et dans la *Neue Zeit*.

Doebner (Oscar), chimiste allemand, professeur de chimie et de pharmacologie à l'Université de Halle depuis 1884, est né, en 1850, à Meiningen, a fait ses études à Leipzig, à Tubingue et à Berlin, où il a été l'aide du professeur Hoffmann de 1876 à 78. On lui doit: « Cyan- und Carboxyl-derivate Diphenyls », 1874; « Ueber Benzo-Verbindungen », 1876-81; « Ueber Verbindungen des Benzotrichlorids mit Phenolen und Phenylaminen », 1878-84; « Ueber Chinaldinbasen », 1882-86; « Ueber Alkylcinehoninsöuren und Alkylchinoline », 1887-89.

Dognée (Eugène-Marie-Octave), érudit belge, né, à Liège, le 19 juillet 1834. On a de lui: « Histoire du pont des Arches de Liège », Liège, 1860; « Les arts industriels à l'Exposition universelle de Paris de 1867 », Paris, 1869; « Liège: origines, histoire, monuments, promenades », Bruxelles, 1888; et une infinité de mémoires, d'études, de notices (touchant l'archéologie surtout), insérés dans les grandes publications collectives, les revues et les journaux belges et étrangers.

Doncic (Nicéphore), archimandrite serbe, né, en Herzégovine, membre de plusieurs sociétés savantes, étudia la théologie à Belgrade et en Russie. Pendant la révolution de l'Herzégovine de 1862, il prit une part active aux affaires, et la révolution une fois étouffée il se rendit au Montenegro, où il fut très bien vu à la cour du prince Nikita, qui le chargea même de plusieurs missions importantes. Nous ne le suivrons pas dans sa vie politique, mais comme littérateur en dirons qu'il a écrit l' « Histoire de la guerre entre la Serbie et le Monténégro ». En 1880, M. D. fut nommé bibliothécaire à la Bibliothèque nationale de Belgrade et publia ensuite: « Montnegro »; « Les antiquités du monastère Hislendare »; « Les évêchés de Debar et Zeta ». M. D. a contribué beaucoup au développement de l'historiographie serbe par ses monographies et études historiques publiées dans le *Bulletin* de la Société scientifique de Belgrade.

Droixhe (Nestor-Emmanuel), médecin belge, né, à Burdinne, le 26 février 1841. Parmi ses publications, il importe de citer surtout: « Essai sur la scrofule chez les enfants et sur ses diverses manifestations », Anvers, 1871; « Guide dans l'art d'élever et de soigner les petits enfants », Namur, 1881; « Conférences universitaires sur la médecine pratique de l'enfance », Liège, 1883-1884; « Les tares héréditaires de l'enfance, ou hygiène préventive et corrective des maladies de famille », Huy, 1886; « Les poisons du corps humain », id., 1888; « Médecine de l'enfance: revue clinique », Liège, id.; « Nos ennemis les microbes », Huy, 1889. M. D. a collaboré à nombre de journaux médicaux et pédagogiques. Il fait partie de plusieurs sociétés savantes, et il est, notamment, membre correspondant de l'Académie de Rio-de-Janeiro.

Dubois (Albert), avocat et publiciste belge, né, à Mons, en 1845. M. D., longtemps vice-consul du Brésil et de l'Espagne à Mons, a cessé de représenter le premier de ces pays lors du renversement du trône de dom Pedro d'Alcantara; il habite maintenant Schaerbeek, près de Bruxelles. Grand voyageur devant l'Éternel, membre du Club Alpin belge et du Club Alpin français, dont les *Bulletins* renferment de lui des pages intéressantes, collaborateur assidu de *L'Excursion* et de journaux politiques auxquels il donne des correspondances, des causeries, des nouvelles, des feuilletons, rédacteur en chef de *L'Office de Publicité* de Bruxelles, il a fait paraître en librairie: « L'Espagne, Gibraltar et la côte marocaine », Mons, 1881; « L'Autriche-Hongrie à vol d'oiseau », Bruxelles, id.; « A travers l'Italie », Verviers, id.; « Autrefois et aujourd'hui », Bruxelles, 1884; « Au pays alpin, notes et souvenirs », Mons, id.; « Croquis alpins », id., id. (avec une notice sur la flore alpestre par M. Fr. Crépin); « Le pays des dolomites », id., id.; « La Belgique et l'émigration: le Brésil », id., id.; « A travers Londres », id., id.; « Côtes normandes et bretonnes », Bruxelles, 1887; « Types et costumes », id., 1888; « Mons et le Borinage; Beloeil; l'abbaye de Cambron », id., 1889; et enfin, avec la collaboration de M. Louis Navez: « Guide pratique du promeneur aux environs de Bruxelles », id., id.

Dubois (Alphonse-Joseph-Charles), savant belge, par naturalisation, né, à Aix-la-Chapelle, le 18 octobre 1839, et actuellement conservateur au Musée royal d'histoire naturelle de Bruxelles. Avec son père, Charles-Frédéric D. (1804-1867), il a publié: « Les oiseaux de l'Europe et leurs œufs », Bruxelles, 1857-1872, et après la mort de celui-ci il a continué une autre œuvre commencée par Charles-Frédéric: « Les lépidoptères de la Belgique, leurs chenilles et leurs chrysalides, décrits et figurés d'après nature », id., 1860-1884. Ses travaux absolument personnels sont: « Entomologie orticole, agricole et forestière, exposé méthodique des insectes nuisibles ou utiles », Gand, 1865; « Archives cosmologiques, revue des sciences naturelles », Bruxelles, 1868; « Conspectus systematicus et geographicus avium europæarum », id., 1871; « Histoire populaire des animaux utiles de la Belgique », id., 1878 (traduit en flamand, puis réimprimé en 1889 sous les auspices du gouvernement belge); « Faune illustrée des vertébrés de la Belgique », id., 1876 et années suivantes (magnifique ouvrage en cours de publication); « Aperçu du règne animal ou premières notions de zoologie », id., 1882; « Manuel de zoologie conforme aux progrès de la science », id., id. M. D. a en outre donné des communications au *Bulletin* de l'Académie Royale de Belgique, aux revues et aux journaux belges et étrangers. Sous le pseudonyme de *Gipsy Silvæ*, sa femme a fait paraître tout récemment un roman assez faible: « Marcelle Raymond », Bruxelles, 1890.

Du Bosch (Georges-Alexandre-Jean-Gustave), auteur dramatique et publiciste belge, né, à Gand, le 5 avril 1843. L'un des rédacteurs des comptes-rendus officiels des séances du Sénat et de la Chambre des représentants de Belgique, M. Du B. a collaboré à l'*Étoile belge*, à la *Chronique* et à la *Revue de Belgique* de Bruxelles, au *Temps* et à l'*Illustration universelle* de Paris; il a publié une brochure anonyme: « Belgique et Italie; la neuvième croisade », Bruxelles, 1877, et un livre charmant: « La vie pour rire », Paris, 1888. Parmi ses pièces de théâtre, nous nous bornerons à citer les meilleures: « Chien et chat », comédie-proverbe en 1 acte, Ixelles, 1867; « La chasse au poulet », comédie en 1 acte, Bruxelles, 1871; « Par-devant notaire », comédie en 1 acte, id., 1874; « Denise », drame en 4 actes, avec une préface de M. Henri de Lapommeraye, Paris, 1877; « Le gendre aux médailles », comédie en 1 acte, Bruxelles, id. M. Du B. est officier d'Académie de France, chevalier de la Rose du Brésil, etc.

Duburcq (Félix), écrivain français, né, à Lille, en 16 août 1828, fit ses études au lycée de la même ville. Ses études terminées, il entre dans le commerce des fils à tisser, ce qui ne l'empêcha pas de se livrer de temps à autre à ses goûts littéraires. Retiré des affaires vers 1868, il s'est depuis lors adonné tantôt à la chanson, tantôt à la poésie proprement dite. Il a rempli de 1870 à 1872 bon nombre de fonctions gratuites, a fait partie du comité des Orphelins de la guerre; fut, pendant la guerre franco-allemande, administrateur de la société de secours aux mobiles et mobilisés du Nord, ce qui lui valut plus tard l'ordre de la croix rouge; commanda pendant la durée de la guerre le 3me bataillon de la Garde nationale de Lille. A partir de 1879, il a publié notamment en patois, c'est-à-dire à peu près dans la langue française des XIII et XIV siècles, des chansons qui ont souvent été comparées à celle de Desrousseaux, dont il est l'émule et l'ami; en français moderne d'autres chansons d'une facture franche et originale. Ses principales poésies sont intitulées: « Hiver »; « Printemps »; « La Mer »; « Amitié »; « Poëmes ». Il a collaboré sous son nom ou sous divers pseudonymes à plusieurs journaux du département du Nord et est un des rédacteurs attachés au journal lillois l'*Épargne du travail* dont la rédaction en chef est confiée au chansonnier Desrousseaux. Comme membre d'honneur du *Caveau Stéphanois*, dont le siège est à Saint-Étienne, M. D. a un certain nombre de chansons et poésies insérées dans le recueil de cette société. Enfin, cet auteur se dispose à faire éditer prochainement ses œuvres complètes.

Du Chastel (Comte Amédée-Maurice-Frédéric-Henri), écrivain belge, né, à Hollain, dans le Hainaut, le 2 janvier 1834. Nous connaissons de lui: « Miscellanées, poésies par Amédée Maurice », Paris, 1873; « Théâtre de Maurice, Comte xxx », Bruxelles, 1877; « Feux follets; nuits », id., 1878; « Le goîtreux, conte pour les chasseurs », id., 1879; « Il ne faut pas courir deux lièvres à la fois », proverbe en 4 tableaux », id., 1880; « Manoirs et monastères, quelques légendes du temps des croisades », id., 1882.

Du Fief (Jean-Baptiste-Antoine-Joseph), géographe belge, né, à Chercq, près de Tournai, le 7 juin 1829. Ancien professeur d'histoire et de géographie dans les athénées royaux de Hassel (1854), d'Anvers (1855), de Bruxelles (1865), il prit sa retraite à la fin de l'année 1884, et est actuellement secrétaire général de la Société royale belge de géographie, dont il est la véritable cheville ouvrière et qu'il a representée dans maints congrès. M. Du F. a collaboré à la *Revue de l'instruction publique en Belgique;* il a fait paraître avec M. E. Hubert un « Abrégé d'histoire universelle », qui a été plusieurs fois réimprimé; il prend une part considérable à la rédaction du *Bulletin* de la Société de géographie; et il met de temps en temps en librairie des opuscules du plus vif intérêt. Nous citerons au hasard: « La question du Congo depuis son origine jusqu'aujourd'hui », Bruxelles, 1885; « La densité de la population en Belgique et dans les autres pays du monde », id., 1887; « Le partage de l'Afrique », etc. Mais notre auteur peut s'honorer surtout d'avoir en quelque sorte créé l'enseignement sérieux et fécond de la géographie dans son pays par la publication d'excellents manuels et atlas géographiques pour les écoles de tous les degrés; manuels et atlas sans cesse perfectionnés et tenus à jour par lui depuis un quart de siècle, dont les éditions ne se comptent plus, et auxquels les plus hautes récompenses ont été décernées dans les expositions.

Dufour (Georges), littérateur français, avocat à la Cour d'appel de Paris, ancien membre du Conseil de l'ordre du barreau de Pontoise, membre de la Société des gens de lettres, est né, dans le Périgord, le 30 mai 1849. Après avoir été avocat-conseil du gouvernement de Costa-Rica, directeur du *Moniteur de la papeterie française*, secrétaire de M. Pierre Magne, ministre des finances sous l'Empire, M. D. s'est adonné à la littérature et il a publié les ouvrages suivants: « Des beaux-arts dans la politique », 1 vol., Dentu, avec une préface d'Arsène Houssaye (cette publication a été honorée d'une souscription du Ministère de l'instruction publique); « Le grand art et le petit art », 1 vol., Dentu; « L'art contemporain », id., id.; « Le premier président de Roger », notice biographique, Jouaust; « L'administration français en 1888 », extrait de la *Nouvelle revue*, 1 vol., Chevalier-Marescq éd.; « Les esquisses musicales », 1 vol., Dentu; « Traité de l'impôt foncier », dans la *Collection* des petits traités populaires de finance, 1 vol., Chevalier-Marescq éd.; « Sully, soldat, ministre, écrivain », id., Dentu; « Silhouettes contemporaines: Hommes et singes », id.; « Entre deux stations », contes, fantaisies, nouvelles, 1 vol. M. D. a collaboré aux journaux suivants: *Paris Journal, Moniteur universel, Ordre et Peuple Français, Petit Caporal, Pays et Souveraineté nationale, Alliance des arts, L'artiste, Nouvelle Revue, Journal des économistes;* il est, en outre, professeur de littérature à l'Association polytechnique; membre du Comité central impérialiste, secrétaire général du Comité d'action impérialiste de l'*Appel au Peuple*, en Dordogne et à Paris, secrétaire général de la Société des études historiques; président de la Société philotechnique; de la Société d'économie sociale; des agriculteurs de France; de la Société historique et archéologique du Périgord, etc., etc. M. D. est officier d'Académie depuis 1875.

Duka (Théodore DE DUKAFALVA ET ZUCSIN), écrivain hongrois, né, le 25 juin 1825, à Dukafalva. Licencié en droit en 1846, secrétaire au Ministère des finances (1848-49) et prisonnier des Russes, il alla ensuite à Londres, où il étudia la médecine, et en 1853 fut envoyé par le gouvernement anglais au Bengale. Nous avons de cet auteur : « Life and Works of Alexandre Csoma de Korvo », Londres, Trübner, 1885; « On the Brahni Grammar », 1887.

Dupont (Antoine), chanoine honoraire de la cathédrale de Liège, né, à Ruremonde (Limbourg hollandais), le 6 mars 1836, docteur en philosophie et théologie du Collège Romain (1863), professeur à l'Université de Louvain en 1866; chargé du cours de dogmatique et de métaphysique en 1872. Ouvrages: « L'Ontologie », thèses de métaphysique générale, Louvain, Fonteyn, 1875; « Dissertations philosophiques », id.; « La Théodicée », thèses de métaphysique chrétienne, 2ᵉ éd. Fonteyn, 1885; « La philosophie de Saint-Augustin », Louvain, Peters, 1881; « L'Église et l'État », id., id., 1884; « Les peines éternelles de l'enfer », id., id., id.; « Dante aux Pays-Bas », compte-rendu de la traduction hollandaise de la *Divina Commedia* par M. le docteur Joan Bohl.

E

Endrodi (Alexandre), écrivain hongrois, né, en 1850, à Veszprem, fit ses études à Pest et Kolosvar, les acheva à Berlin et à Leipzig, et fut nommé professeur à l'École industrielle de N. Varad. Nous avons de lui: « Rêves de village »; « Chants de grillon »; « Poésies »; « Nouvelles poésies »; « Floraison tardive »; « André Dugonics », étude d'histoire littéraire, et plusieurs traductions de H. Heine.

Enschedé (Adrien-Justin), docteur en droit, archiviste-bibliothécaire de Haarlem, né, à Haarlem, le 20 juin 1829. Citons parmi ses nombreuses publications: « De proculo jurisconsulto, dissertatio juridica inauguralis », 1852; « Histoire de l'hôpital de Sainte-Elisabeth, de 1347 jusqu'à nos jours », 1860; « Rapport sur les titres de propriété de la ville sur l'hôpital de Sainte-Elisabeth », id.; « Histoire des différentes institutions charitables à Haarlem », 1861; « Histoire du bureau des droits d'entrée et de sortie que les comtes de Hollande avaient érigé à Sparendam près de Haarlem », 1874; « Histoire de la rivière la Sparewes, des différents endiguements, écluses et desséchements, de 1245 jusqu'à nos jours », 1874; « Régistre de tous les édits publiés par le magistrat de Haarlem, de 1490-1754, avec annotations », 1875; « Inventaire des archives de Haarlem », 1866-67; « Histoire de l'écluse bâtie pour empêcher les eaux des blanchisseries de pénétrer dans la ville. Fêtes et cérémonies qui eurent lieu, lors du mariage de Charles le Téméraire duc de Bourgogne et de Marguerite d'York en 1468 », 1866 (le bon vieux temps); « La vie de M. Jean Enschedé » (style de littérature néerlandaise), 1867; « Catalogue des monnaies et médailles de l'Académie royale des Sciences à Amsterdam », 1863; « Histoire de l'Église wallonne à Haarlem », 1878; « Histoire de la Société des dames françaises, fondée à Haarlem en 1686 », 1878; « Des Villates en France et aux Pays-Bas », 1881; « Généalogie Rigail »; « Épreuve des anciens caractères qui sont la propriété de la maison Jean Enschedé et fils »; « Us et coutumes de Haarlem en 1440 »; en collaboration avec MM. J. A. Alberdingh Ehyn et H. Gerlings: « Description des armoiries qui ornent le chœur de la Cathédrale à Haarlem », 3ᵐᵉ éd., 1873; « Généalogies des familles Enschedé, Dalen, Durselen, Swaring, Koenen, Momma, Bachman, von Hymmen, etc. »; « Histoire de la procédure criminelle à Haarlem au 16ᵐᵉ siècle », 1870; « Extraits de la *Gazette* de Haarlem sur la persécution de Flandre (1679-85) »; articles dans le *Bulletin de l'histoire du protestantisme français*, dans la *France protestante*, dans la *Commission de l'histoire de l'Église Wallerius*, etc. De son mariage avec Francona-Antoinette Convaderia Kienen, le 9 juillet 1857, M. E. a eu quatre enfants, parmi lesquels Kendrik-Jacob-Dionysius-Durselen Enschedé aussi docteur en droit, a fait plusieurs publications estimées. M. E. a été nommé officier de l'Ordre royal et il a reçu du Gouvernement français les palmes d'Officier d'académie.

Eppinger (Hans), écrivain tchèque, docteur en médecine et chirurgie, professeur d'anatomie pathologique à l'Université de Gratz, membre de l'Académie Carolo-Léopoldine et de l'Association médicale viennoise, etc., est né, en 1846, à Karolinenthal près de Prague (Bohême) et a fait ses études dans sa ville natale. En 1869, ayant été promu docteur à l'Université de Prague, il y fut bientôt nommé assistant d'anatomie pathologique et en 1875 professeur extraordinaire de cette faculté. En 1882, il fut appelé à l'Université de Gratz, où il enseigne toujours l'anatomie pathologique. Nous lui devons: « Pathologische Anatomie des Larynx und des Trachea », Berlin, 1880; « Pathogenesie der Aneurysmen, einschlisslich des Aneurysma equi verminosum », Berlin, 1887; « Hernia retroperitonealis », *Prag. Vierteljahrschr. f. prak. Heilk.*, 1870; « Stenoris aortae congenita seu isthmus persistens », id., 1871; « Sectionsergebnisse aus dem Prag. k. k. path.-anat. Instit. », id., 1872-1873; « Pseudohermaphrodismus masculinus internus », id., 1875; « Mittheilungen aus den path.-anat. Institut. in Prag. », id., id.; « Das Emphysem der Lungen », id., 1876; « Beiträge zur path. Anatomie der menschlichen Vagina », id., 1880-82. Il a fourni aussi plusieurs études très importantes à la *Med. Chir. Rundschau.*

Estelrich y Perellò (Jean-Louis), écrivain espagnol, né, le 12 février 1856, à Artà de Mayorque (Iles Baléares), a fait son droit à Barcelone, à Valence et à Madrid, où il passa en 1880 à l'école diplomatique. Il débuta en 1883 par un recueil de vers: « Primicias »; suivirent: « Saludos », 1887; « Antologia de poetas liricos italianos traducidos en verso castillano ». Il habite à Mayorque.

F

Falder (Charles-Jean-Baptiste-Florian), illustre magistrat et jurisconsulte belge, né, à Trieste, le 6 septembre 1811. Après avoir terminé ses études de droit, il entra, en 1835, au Ministère de l'intérieur, mais deux ans plus tard à peine nous le trouvons substitut du procureur du roi à Louvain, puis à Anvers. En 1842, il est procureur du roi dans cette dernière ville; en 1844, avocat général près la Cour d'appel de Bruxelles; en 1851, avocat général près la Cour de cassation; de 1852 à 1855, ministre de la justice; en 1871, enfin, procureur général près la Cour de cassation, éminentes fonctions dont il a conservé le titre honorifique lorsque, il y a quelques années, l'âge l'a forcé à prendre sa retraite. M. F. appartient depuis plus de quarante ans à l'Académie royale de Belgique; il est président d'honneur de la Commission centrale de statistique de la Belgique et président de la Commission pour la publication des anciennes lois de ce pays. Nous avons de lui: « Paroles d'un voyant à M. de la Mennais », Bruxelles, 1834; « Coup d'œil historique sur les institutions provinciales et communales en Belgique », id., id.; « Études sur les constitutions nationales (Pays-Bas autrichiens et principauté de Liège) », id., 1842; « Essai sur la statistique de la Belgique », id., 1865; toute une série de remarquables discours prononcés aux audiences solennelles de la Cour de cassation et publiés ensuite en brochures, et quelques opuscules moins importants. M. F. a édité, avec l'aide de M. Jules de la Court, pour la Commission des anciennes lois, les « Coutumes du pays et comté de Hainaut », Bruxelles, 1871 et années suivantes; il a écrit l'« Histoire des institutions politiques de la Belgique », pour la *Patria Belgica;* il a collaboré enfin à la *Revue Belge*, au *Trésor national*, à la *Revue des revues de droit*, à la *Belgique judiciaire*, au *Moniteur belge*, au *Bulletin de la Commission centrale de statistique*, au *Moniteur du notariat et de l'enregistrement*, aux *Archives de droit et de législation*, à la *Pasicrisie belge*, à l'*École des communes*, etc. Citons hors de pair les longues études qu'il a consacrées à deux célèbres jurisconsultes belges, Defacqz et Tielemans, dans l'*Annuaire de l'Académie de Belgique* (1873 et 1889), et les communications: « Léopold Ier et la royauté belge », (1866); surtout qu'il a données au *Bulletin* de la savante compagnie.

Fano (Jules), écrivain médical italien, professeur ordinaire de physiologie à l'Université de Gênes, président de l'Académie de médecine de la même ville, est né, à Mantoue, en 1856. Élève de Bizzozzero, de Carl Ludwig, de Moleschott, de Mosso et de Luciani, il obtint sa chaire de physiologie en 1884. Voici les titres de ses publications: « Das Verhalten des Peptons und Tryptons gegen Blut und Lymphe »; « Contributo allo studio della coagulazione del sangue »; « Della sostanza che impedisce la coagulazione del sangue e della linfa peptonizzati »; « Di una nuova funzione dei corpuscoli rossi del sangue »; « Sulla respirazione periodica e sulle cause del ritmo respiratorio »; « Fisiologia del cuore »; « Gli albuminoidi del sangue e della linfa nel lavoro muscolare »; « Sul meccanismo dei movimenti volontari nell'Emys europea »; « Ancora sulla respirazione periodica e sulle cause del ritmo respiratorio »;

« Sui movimenti respiratorii dell'Alligatore » ; « La Fisiologia quale scienza autonoma » ; « Sullo sviluppo della funzione cardiaca nell'embrione » ; « Sui movimenti riflessi dei vasi sanguigni nell'uomo » ; « Di una speciale associazione di movimenti nell'Alligatore » ; « Sul nodo deambulatorio bulbare » ; « Di un nodo trofico bulbare » ; « Sulla natura funzionale del centro respiratorio e sulla respirazione periodica » ; « Sulla psico-fisiologia dei lobi ottici » ; « Ueber die Tonusschwankungen der Atrien der Herzens von Emys europea » ; « De l'action de quelques poisons sur les oscillations de la tonicité auriculaire du cœur » ; « De quelques rapports entre les propriétés contractiles et les propriétés électriques des oreillettes du cœur » ; « Di alcuni metodi di indagini in fisiologia » ; « D'un appareil qui enregistre graphiquement les quantités d'acide carbonique éliminé » ; « Per Gaetano Salvioli ».

Fayer (Ladislas), jurisconsulte hongrois, ancien rédacteur du *Journal de jurisprudence* et secrétaire de la Société des jurisconsultes hongrois ; on cite de lui : « Des Cours d'assises » ; « Du droit correctionnel » ; « Sur l'assistance du crime » ; « La réforme de la procédure criminelle » ; « La procédure criminelle hongroise en vigueur ».

Feistmantel (Ottokar), docteur en médecine et professeur de minéralogie et géologie à l'École polytechnique tchèque à Prague. Né, le 20 novembre 1848, à Atthülten, près de Beraun, en Bohême, il fut employé huit ans comme paléontologue à l'Institut géologique (Geological Survey of India) à Calcutta. Il a aussi entrepris plusieurs voyages dans plusieurs provinces des Indes-orientales. Il a publié, entr'autres : « Die Steinkohlenflora von Kralup in Böhmen », 4e éd., 1871 ; « Ueber Fruchtstadien fossiler Pflanzen, etc. », 6e éd., 1872 ; « Ueber Baumfarrenste der böhm. Stemkohlen- Perm- und Kreideformation », 2e éd., 1873 ; « Steinkohlen und Perm- Ablagerung in N. W. von Prag », 2e éd., id. ; « Studien im Gebiete des Kohlengebirges von Böhmen », 3e éd., 1874 ; et plusieurs autres mémoires dans les *Sitzungsberichte d. Kön. Böhm. Gesellsch. d. Wissensch. in Prag* : « Beitrag zur Kenntniss der Ausdehnung des sog. Nyrraner Gasschiefers, etc. », 1872 ; « Ueber das Verhältniss der böhm. Steinkohlen- zur Permformation », 1873 ; et plusieurs mémoires dans les *Verhandlungen d. k. k. geolog. Reichsanstalt, Wien,* : « Das Kohlenkalkvorkommen bei Rothwaltersdorf in der Grafschaft Glatz, etc. », 4e éd., 1873 ; « Ueber das Vorkommen von Noeggerathia foliosa Stbg. in d. Steinkohlenf. von Ober Schlesien », 1er éd, 1875 ; « Versteinerungen d. böhm. Steinkohlenablagerungen », 63e éd., Cassel, 1874-76 ; « Palaeontologische Beiträge », I-II, 9e éd., Cassel, 1876-77 ; « Palaeozoische und Mesozoische Flora d. oestl. Australiens », 30e éd., 1878-79 ; « Bohemian Coal Fauna and Passagebeds », 1876 ; « The Fossil Flora of the Gondwána System of India », t. I-IV, 224-d., 1876-86 ; ainsi que plusieurs mémoires dans les *Records of the geological Survey of India* : « Popular Guide to the Palaeontological Collections of the Indian Museum », Calcutta, 1881 ; « Ranigary fossils », 6e éd., 1876 ; « Sketch of the history of the fossils of the Indian Gondvána System », 1881 ; « Osm let ve Vychodni Indii (Huit ans dans les Indes-orientales) », 1884 ; « Ueber die Pflanzen- und Kohlenführenden Schichten in Indien, etc. », 1887 ; plusieurs mémoires géographiques dans le *Zemĕpisny Sbornik*, 1886-88 (revue géographique bohémienne) ; dans le *Globus*, 1889 et *Ausland*, id. : « Uebersichtliche Darstellung der geologischen und palaeontologischen Verhältnisse Süd- Afrikas », 5e éd., 1889.

Finélius (Charles-Frédéric), homme de lettres finlandais, professeur au Lycée classique d'Abo, né, le 11 août 1844, à Brahestade. En dehors de sa collaboration (1877-79) au journal *Wiborgs Fidning*, à l'*Helsingfors Dangblad* et à l'*Abo Posten* (1883-84) comme critique d'art, nous avons de M. F. la traduction en langue suédoise des « Odes » d'Horace et de plusieurs nouvelles allemandes. Ses critiques, réunies en volume, paraîtront prochainement.

Fodor (Joseph), hygiéniste hongrois, né, à Kalocsa, en 1843. Après avoir obtenu son diplôme, il entreprit un voyage en Europe, et en 1874 fut nommé professeur ordinaire d'hygiène et directeur de l'Institut hygiénique. Après une collaboration suivie au *Journal des sciences physiques*, il dirige la *Salubrité publique* et *La Santé*, et a publié : « L'hygiène publique en Angleterre » et « Recherches sur l'air, le sol et l'eau ».

Foldès (Albert), économiste hongrois, né, le 25 septembre 1848, à Lugos, professeur d'économie politique à l'Université de Budapest depuis 1882, a publié : « La direction récente du mouvement industriel », 1873 ; « Le progrès récent de l'économie politique et des finances », 1881-85 ; « Études de statistique sur les prix des grains », 1882 ; « La valeur en papier et l'agiotage », couronné, id. ; « Almanach d'économie politique et de statistique », 1883-86 ; « Nos villes », 1883 ; « Statistique de la Hongrie », 1885.

Foulché-Delbosc, écrivain français, professeur à l'Ecole des Hautes-Études Commerciales à Paris, membre correspondant de l'Académie royale de Séville. Il suivit les cours de l'École des Langues orientales vivantes de Paris, où il obtint trois diplômes, voyagea en Turquie, en Angleterre et en Espagne. Il a publié : « Grammaire espagnole », Paris, 1888 ; « Contes Espagnols », id., 1889 ; « Légendes Basques », id., id. ; « Echo der französischen Umgangssprache », Leipzig, 1890, ouvrage qui a été traduit en danois et en suédois ; « Le licencié Vidriera », de Cervantes, traduction française, Paris, 1891.

Fröhlich (Isidore), homme de lettres hongrois, né, le 23 décembre 1852, à Budapest. Après y avoir fait ses études, il passa deux années aux frais de l'État à l'étranger, surtout en Allemagne pour les y achever. Rentré dans sa patrie, il subit l'examen de baccalauréat ès-arts et sciences en 1875 ; et fut nommé (1876) agrégé de science physique ; en 1885 professeur. En 1880, il fut élu membre de l'Académie. Depuis 1884, il publie la feuille périodique : *Relations des mathématiques et de la physique de la Hongrie* (en allemand). Son activité littéraire est extrême. Citons entre autres ses deux ouvrages qui ont eu le prix de l'Académie : « L'Examen de l'intensité de la lumière réfractée », 1883 ; et la « Théorie universelle de l'électro-dynamomètre », 1887.

G

Gabanyi (Arpad), écrivain hongrois, né, le 19 août 1855, à Eperjes, après avoir achevé ses études, devint comédien (1881), et en 1883 entra au théâtre national de Budapest, dont il est un des acteurs les plus appréciés. Nous citons de lui : « Phaeton » ; « Corneille », drames ; « Les ingénus », comédie ; « Biographie de Michel » ; « Mémoires d'un kreuzer » ; « Cœur de dame » ; « Julie », romans.

Galgoczy (Charles, DE Sajò-Galgòcz), agronome hongrois, né, le 27 janvier 1823, à Lápafô, département de Tolna. Immédiatement après l'achèvement de ses études en 1843, il se voua entièrement à l'agronomie pratique. En 1848-49, il prit part à la révolution et, après cette époque, à la réalisation de presque toutes les grandes entreprises d'agriculture : il fut tour-à-tour professeur d'agronomie, rédacteur de journaux, secrétaire de plusieurs sociétés d'agriculture et directeur de quelques exploitations agricoles de grande étendue. En 1853, il fut élu membre correspondant de l'Académie. Citons de lui : « Agriculture économique populaire » ; « La question de colonisation dans la Hongrie » ; « L'importance de l'industrie pour la Hongrie », œuvres couronnées.

Gandolfi (le général Antoine), écrivain militaire italien, général à l'armée, député au Parlement, actuellement gouverneur de la colonie érythréenne (Massaouha), né, à Carpi, le 21 février 1835 ; en dehors d'excellents essais sur la défense de l'Italie, nous avons en librairie un ouvrage remarquable, intitulé : « La tattica e la strategia sotto Federigo II e Napoleone I », Florence, 1870.

Gandolin, nom de plume de M. VASSALLO (Louis-Arnald), écrivain humoristique italien, né près de San Remo (Ligurie occidentale). Il débuta très jeune dans la presse républicaine à Gênes ; entra comme rédacteur au *Caffaro*, journal génois dirigé par M. A.-J. Barrili. Doué d'un vrai talent de caricaturiste, M. V. quitta Gênes pour Rome en 1879, collabora au *Fanfulla* comme *reporter*, fonda ensuite le *Capitan Fracassa*, qu'il quitta en 1887 pour fonder et diriger le *Don Chisciotte*, feuille d'opposition, où il met depuis trois années des articles pleins de verve et des *pupazzetti*, fort appréciés par le public. Travailleur infatigable, M. V. a à son budget des romans, parmi lesquels est notable : « Regina Margherita ». Les monologues suivants : « La mano dell'uomo » ; « La macchina per volare » ; une série de brochures illustrées d'un humorisme intarissable : « Il Pupazzetto », 1887-88 ; « Il Pupazzetto spagnuolo » ; « Il Pupazzetto gravido » ; « Il Pupazzetto francese » ; « Il Pupazzetto tedesco » ; « Casa De Tappetti » ; « Il Pupazzetto parlamentare », 1890 ; et les comédies : « L'onorevole Morisola », 1888 ; « Il professor Papotti », 1889.

Gawalewicz (Marie), poète et journaliste polonais, né, en 1852, à Varsovie, fit ses études à Lemberg et à Cracovie. Il est l'auteur d'un grand nombre de comédies, de monologues, de romans et de nouvelles.

Gay (Hilaire), écrivain suisse, a fait paraître des : « Nouvelles vallaisannes », 1875 ; « La garde européenne en Égypte », 1884 ; « L'Histoire du Vallais depuis les temps les plus anciens jusqu'à nos jours », 1888-1889, 2 vol. ; et des « Récits historiques », 1889. Son ouvrage le plus importante est « L'Histoire du Vallais », qui, selon la presse suisse, a très heureusement comblé une lacune.

Gayangos (Pascal DE), illustre orientaliste et historien espagnol, membre de l'Académie espagnole, professeur de l'université de Madrid, élève de Sylvestre de Sacy, arabiste de premier ordre, né en 1809. En 1828, il visita l'Afrique pour la première fois et il fut nommé interprète au service du ministère des affaires étrangères ; en 1843, il passa à l'Université. Savant aimable, il a rendu des services éminents à un grand nombre de ses collègues arabistes, qui ont souvent profité de ses manuscrits et de ses notes. Son chef-d'œuvre est l' « Histoire des Dynasties Mahométanes en Espagne d'après Al-Makkari », qui a été traduite en anglais ; et il a traduit lui même de l'anglais en espagnol, en collaboration avec M. Vedia, l' « Histoire de la littérature espagnole », de G. Ticknor. En 1870, il publia la « Correspondance et les Relations de Fernand Cortes avec Charles V ».

Ghisleri (Archange), journaliste italien du parti radical, est né, en 1855, à Persico, près de Crémone. Il a étudié à l'Institut technique de cette dernière ville et a débuté de bonne heure dans les feuilles éphémères du parti socialiste italien. En 1884, il a été nommé professeur d'histoire et de géographie aux lycées du royaume. Nous avons de lui : « L'agricoltura nella storia », Naples, 1883 ; « Dell'insegnamento della storia secondo le esigenze scientifiche », 1884 ; « L'asino e il porco nella storia dell'umanità », Vérone, id. ; « Piccolo manuale di geografia storica », 1889 ; « Testo-atlante di geografia storica », 1890.

Gilkni (Ivan), célèbre poète belge, quoique ayant publié assez peu de vers. Ses visions aiguës et douloureuses le rapprochent comme écrivain de Charles Baudelaire et du poète anglais Swinburne. Il est l'auteur de « La damnation de l'artiste », 1889.

Giraud (Albert), un des meilleurs poètes belges. Fondateur de la *Jeune Belgique* et de plusieurs revues aujourd'hui mortes. Auteur du « Scribe » ; « Pierrot lunaire » ; « Pierrot Narcisse » ; « Hors du siècle ». Comme poète M. G. s'apparente de Banville, J. U. Hérédia et Léon Diercx. Il a le vers sonore et magnifique.

Goldzieher (Ignace), orientaliste hongrois, né, en 1850, à Albe Royale ; après avoir achevé ses études à l'Université de Budapest, il fut envoyé aux frais de l'État en Allemagne pour se perfectionner, et à son retour il obtint la chaire de langues sémitiques. En 1874, il voyagea en Syrie, Terre-Sainte et Égypte. A son retour, M. G. commença ses leçons à l'Université de Budapest et en 1876 il fut nommé membre de l'Académie hongroise des sciences. Nous donnons la liste de ses œuvres principales : « Étude sur le Tanchum Jeruschalim », Leipzig, 1870 ; « La question nationale chez les Arabes », Budapest, 1873, publié par l'Académie ; « Pièces pour servir à l'histoire littéraire des Schica et de la polémique sémite », Vienne, 1874, Acad. imp. des sciences ; « La fable chez les Hébreux et son développement historique », Leipzig, Brokhaus, 1876 (en allemand, mais aussi traduit en anglais) ; « La position des Maures espagnols dans l'histoire du développement de l'Islam », Budapest, 1876, par l'Académie ; « L'Islamisme. Études sur l'histoire de la religion mahométane », id., id., id, ; « Les Zahiristes », en allemand, Leipzig, 1884 ; « L'origine de la jurisprudence mahométane », Budapest, id., par l'Académie ; « Le culte des ancêtres et le culte des morts chez les Arabes », Paris, 1885 ; « Progrès des notions sur la Palestine pendant les trois dernières dizaines d'années », Budapest, 1886, par l'Académie. Outre cela beaucoup d'essais plus ou moins volumineux dans les feuilles périodiques. Il a reçu une grande médaille d'or du Sultan pour ses travaux sur les Musulmans, et la décoration de Saint-Olaf de Norvège, à l'occasion du Congrès des Orientalistes de Stockholm.

Goron (Jean-Baptiste-Paul), écrivain français, né, à Champeaux (Manche), le 20 septembre 1855. Élève du petit séminaire de Mortain, du grand séminaire de Coutances, prêtre en 1879. Successivement professeur au collège libre de *Saint-James*. Vicaire à Montaneu, à Avranches, à Coutances, à Sainte-Trinité de Cherbourg, actuellement curé de Vernix. Nous avons de lui : « Notices sur la Paroisse de Montaneu », Avranches, 1884 ; « L'Église et l'Instruction », id., 1885 ; « Cherbourg. Église Sainte-Trinité, notions historiques », 1886. Dans la *Revue catholique de Coutances* : « Histoire du Collège de Saint-James », 1879 ; dans les *Mémoires de la Société d'Avranches* : « Notices historiques sur la Paroisse et le Doyenné de la Croix-Avranchin », 1879 ; dans *La Manche illustrée* : « Le Mont Saint-Michel, sa légende, son histoire, ses monuments », 1886 ; « Cherbourg, Église Sainte-Trinité, étude descriptive », id. ; dans le *Journal Avranchin* : « La crypte de l'Aquilon à l'Abbaye du Mont Saint-Michel », 1876 ; « Le général Lamoricière, étude généalogique », id. ; dans la *Voix de la patrie* : « Le chant du roi Gélimer », ode, 1880 ; « Ce que me dit le nouvel an », ode, 1882, couronnée par l'Académie de France ; dans la *Revue catholique du diocèse de Coutances* : « Collège ecclésiastique de Saint-James », 1879.

Grandi (Louis), mathématicien italien, né, à Bologne, le 22 mars 1839 ; il fit dans sa patrie les études jusqu'au second cours universitaire de mathématiques et fut nommé professeur de mathématiques et sciences naturelles (1864-74), à Lovere (Bergame), puis aux écoles techniques de Gubbio dont il est depuis 1876 directeur. Nous avons de lui en librairie : « Osservazioni sull' insegnamento dell' aritmetica », Bologne, Fava et Garagnani, 1866 ; « Definizioni e regole d'aritmetica », Bergame, Bolis, 1866 ; « Il primo libro d'Euclide, o introduzione alla geometria », id., id., 1871 ; « L'utile nelle scienze », id., id., 1873 ; « Logaritmi naturali e loro applicazioni alle regole d'interesse », Turin, Paravia, 1889.

Grant (Baronet Alexandre), philosophe et publiciste anglo-américain, vice-chancelier de l'Université d'Édimbourg, ancien directeur de l'Instruction publique à Madras et à Bombay, né, à New-York, le 13 septembre 1826. On lui doit : « The Ethics of Aristotle, illustrated with Essays and Notes », en deux vol., Londres, 1857, 4 éd.; « Rome, England and India », conférence, 1863,

« Degree Standard, and other Topics », Édimbourg, 1869; « The Endowed Hospitals of Scotland », id., 1870; « Xenophon »; « Aristotle », dans la série des « Ancient Classics for English Readers », id., 1871-77, réédités; « The Story of the University of Edimbourg », en deux vol., Londres, 1884.

Gremaud (l'abbé Jean), professeur à l'Université catholique de Fribourg, critique et historien suisse, a fait paraître de nombreuses études historiques. Il a recueilli les « Documents relatifs à l'histoire du Vallais », qui comprennent cinq forts vol. in-8, et qui ont été publiés dans les *Mémoires de la Société d'histoire de la Suisse romande* (1875-1884).

Grodet (Louis-Albert), administrateur et jurisconsulte français, né, à Saint-Fargeau, le 4 mai 1853, sous-directeur honoraire de l'administration des Colonies, ancien gouverneur de la Martinique, membre de plusieurs sociétés savantes, a collaboré dès 1878 à 1883 à la *République française* et a publié en volume : « Notices coloniales », impr. Nationale, 1885.

Grote (Jacques), écrivain russe, membre de l'Académie Impériale des sciences, philologue, traducteur excellent de « Frithiof », et autres ; historien de la littérature russe, né, à Saint-Pétersbourg, le 15 décembre 1812.

Gubernatis (Voir De Gubernatis).

Guillemard (Francis-Henri-Hill), célèbre voyageur et savant anglais, ancien professeur de géographie à l'Université de Cambridge, né, en 1852, à Eltham (Kent, Angleterre) d'une famille huguenote refugiée en Angleterre vers la fin du 17me siècle; il a fait ses études au Caïns College à Cambridge, où, en 1873, il reçut son diplôme en sciences naturelles et celui de bachelier ès-lettres. En 1881 il devint docteur en médecine, et en 1888 il fut élu professeur de géologie à l'Université de Cambridge, où il enseigna jusqu'à 1889, lorsqu'il donna sa démission. Parmi ses longs voyages, il nous faut mentionner celui de 1873 en Lapponie et ses explorations entre le Limpopo et le Zambèse. En 1880, il se rendit au Cap comme interprète dans la guerre entre les Boers et les Anglais. L'année suivante on le trouva embarqué sur le Yacht *Marchesa* et dans son voyage, il visita les îles de Liu-Kin, Formosa et la presque-île du Kamschatka en naturaliste. En 1882, il poussa ses explorations jusqu'au groupe des îles Sulu et plus tard, après avoir visité plusieurs îles des Moluques, peu connues, il se rendit dans les régions septentrionales de la Nouvelle-Guinée. En 1887 et en 1888, il fit des excursions dans l'île de Chypre pour y accomplir des recherches zoologiques et archéologiques. En dehors d'un grand nombre de contributions aux revues périodiques, scientifiques, littéraires et médicales, cartes marines, etc., nous lui devons: « Endemic Haematuria », Londres, 1881 ; « The Cruise of the *Marchesa* », id., 1886; 2me éd., id., 1887 ; « Life of Magellan », id., 1889.

H

Hachez (Félix), érudit belge, né, à Mons, le 6 août 1817. Docteur en droit et directeur général honoraire au ministère de la justice, il a publié des articles juridiques dans le *Journal de procédure*, le *Courrier des tribunaux*, la *Revue de l'enregistrement et du notariat*, etc. On a aussi de lui quelques brochures, des contributions au *Bulletin* de la Société historique et littéraire de Tournai, au *Journal de l'instruction primaire*, etc. ; mais les travaux qu'il a consacrés à sa ville natale lui ont surtout valu une haute réputation. Depuis ses curieuses « Recherches historiques sur la kermesse de Mons », Bruxelles, 1848 (nouvelle édition en 1872 avec la précieuse collaboration de M. Léopold Devillers), jusqu'à la traduction qu'il a donnée en 1888 de la « Description et histoire de Mons », publiée à Édimbourg en 1709 par J. Mac-Gregory, il a fourni une foule de très intéressantes notices sur cette ville aux *Mémoires et publications* de la Société des sciences, des arts et des lettres du Hainaut, au *Bulletin* et aux *Annales* du Cercle archéologique de Mons, deux importantes sociétés savantes dont il fait partie, à la *Belgique communale*, au *Messager des sciences historiques*, à la *Belgique industrielle*, à l'*Écho de Mons*, à l'*Iconographie montoise*, etc.

Haeberlin (Charles), philologue allemand, né, à Hanovre, le 11 février 1865, a fait ses études dans sa ville natale, à Gœttingue et à Berlin; il est actuellement attaché à la Bibliothèque de l'Université de Halle. En dehors de sa collaboration au *Philologue*, au *Philolog. Anzeiger*, aux *Jahrbücher für class. Philologie und Paedagogik*, au *Rhein. Museum*, à la *Wochenschrift für class. Philologie*, au *Literarisches Centralblatt*, à la *Deutsche Literatur. Zeitung*, au *Centralblatt für das Bibliothekenwesen*, on lui doit: « De figuratis carminibus Græcis », Gœttingue, 1884; « Carmina figurata Græca », Hanovre, deux éd., 1886, 1887 ; « Studien zur Aphrodite von Melos », Gœttingue, 1889 ; « Læviana » ; « Quæstiones criticæ in Senecæ De beneficiis libros » ; « Beitrag zur Kenntniss des antiken Bibliotheks und Buchwesens ».

Haeberlin (Charles-François-Wolff-Jérôme), jurisconsulte allemand, professeur de droit pénal et criminel à l'Université de Greifswald, né en 1813. On lui doit, entr'autres : « Jus criminale speculorum Saxonici et Suevici », Halle,

1887; « Systematische Bearbeitung der in Meichelbeck's Historia Frisingensis enthaltenen Urkundensammlung », Berlin, 1842 ; « Grundsätze des Criminalrechts nach der neuen deutschen Strafgesetzbüchern », quatre vol., Leipzig, 1845-49 ; « Sammlung der neuen deutschen Strafprocessordnungen », Greifswald, 1852 ; « Lehrbuch des Landwirthschaftsrechts », Leipzig, 1859 ; « Kritische Bemerkungen zu dem Entwurf eines Strafgesetzbuches für den Norddeutschen Bund », Erlangen, 1869.

Hagemans (Gustave), archéologue belge, né, à Bruxelles, le 27 mai 1830. Ancien membre de la Chambre des représentants, il vit aujourd'hui dans une studieuse retraite. On a de lui : « Un cabinet d'amateur », Liège, 1863 ; « Histoire du pays de Chimay », Bruxelles, 1866 ; « Vie domestique d'un seigneur châtelain du moyen-âge », Anvers, 1887, 2ᵉ éd., Verviers, 1888 ; ainsi que de nombreuses études publiées au *Bulletin* de l'Institut archéologique liégeois, dans les *Annales* et le *Bulletin* de l'Académie d'archéologie de Belgique, dans les *Publications* de la Société d'archéologie du duché de Limbourg, dans les *Comptes-rendus* des congrès internationaux d'anthropologie et d'archéologie préhistoriques, dans *La Meuse* de Liège, l'*Art de Paris*, etc.

Haine (Antoine-Joseph-Jacques-François), théologien belge, né, à Anvers, le 26 septembre 1825. Il est professeur à l'Université catholique de Louvain, et il a publié des travaux fort estimés, parmi lesquels nous nous bornerons à citer: « De la cour romaine sous le pontificat de N. S. P. le pape Pie IX », Louvain, 1859-1861 ; « De hyperdulia ejusque fundamento », id., 1864 ; « Principia dogmatico-moralia universæ theologiæ sacramentalis », id., 1875 ; « Principia et errores », id., 1877 ; « Theologiæ moralis elementa », id., 1881-1884.

Hajota (Hélène ROGOZINSKA née BOGUCKA, écrivant sous le pseudonyme DE), femme-auteur polonaise, née, à Sandomir, le 16 mai 1862, élevée à Varsovie, et mariée à l'explorateur africain bien connu M. Rogozinski, qui vient de la conduire au Congo. Mᵐᵉ H. occupe incontestablement une place distinguée dans le nouvel essaim de femmes-auteurs et poètes, qui, depuis dix ans, est apparu dans la littérature polonaise en nombre bien plus considérable que dans les dernières générations. Elle a publié un beau volume de poésies et de charmantes nouvelles, telles que: « Dla slawy » (Pour la gloire) ; « Pieciolistny ber » (Le lilas à cinq feuilles) ; « Jesieniæ i wiosnæ » (En automne et au printemps) ; « Nemezys serca » (La Némésis du cœur) ; « Dva pogrzeby » (Deux enterrements) ; « Czemu ciebie tu niema? » (Pourquoi n'es-tu pas ici ?) ; « Kwiat paproci » (La fleur de la fougère), etc.

Hallaux (Victor-Ernest-J.), journaliste belge, né à Marche-les-Dames près de Namur, en 1833. Condamné à la demande du gouvernement français pour un article dirigé contre Napoléon III après le Coup d'État, cette condamnation lui valut une popularité qui a grandi sans cesse. Aujourd'hui M. H. est directeur du journal bruxellois *La Chronique*, où il signe *Victor de la Hesbaye*, et président de la section bruxelloise de l'Association de la presse belge. Le gouvernement français, qui lui avait envoyé déjà les palmes d'officier d'académie, l'a nommé, en novembre 1889, chevalier de la Legion d'honneur.

Hannon (Théodore), écrivain belge, né, à Bruxelles, en 1851. Fils d'un professeur de l'Université de Bruxelles, M. H. s'est distingué tout à la fois comme artiste peintre, critique d'art, poète, journaliste et auteur dramatique. Il a collaboré à une foule de journaux, donné au théâtre plusieurs revues et un ballet-pantomime: « Pierrot Macabre », joués avec succès, et fait paraître trois recueils de poésies : « Les vingt-quatre coups de sonnet », Bruxelles, 1876 ; « Rimes de joie », id., 1881, édition définitive en 1884; « Au pays de Mannekenpis », id., 1883.

Hannot (Alfred), savant belge, né à Romerée, le 30 août 1828. Lieutenant-colonel pensionné, ancien chef du service de la photographie au dépôt de la guerre, il a écrit, en collaboration avec M. Maes, un « Traité de topographie et de reproduction des cartes au moyen de la photolithographie », et il a publié seul, outre d'assez nombreuses brochures et des études insérées dans le *Bulletin* du Musée royal de l'industrie, et dans le *Bulletin* de la Société belge de photographie: « Éléments de photographie », Paris, 1874 ; « La photographie dans les armées », Bruxelles, 1876 ; « De la lecture des cartes en général et en particulier de celles de la Belgique », id., 1882 ; « Des levés à vue », id., 1884 ; « Promenade dans la lune », id., 1885 ; « La photographie », Verviers, 1886.

Hansen (Constant-Jacques), littérateur et critique belge, né, à Flessingue (Pays-Bas), le 4 octobre 1833. Bibliothécaire de la ville d'Anvers et membre de l'Académie royale flamande, M. H. a collaboré à un nombre très considérable de journaux rédigés en langue néerlandaise, et il a publié, entre autres: « Lofspraek of Antoon Van Dyck », Gand, 1856, éloge couronné du célèbre peintre ; « Reisbrieven uit Dietschland en Denemark », id., 1860 ; « Noordsche letteren », id., id., complément de l'ouvrage précédent ; « Over Reinard den Vos en het Nederduitsch », Bruxelles, 1864 ; « De Koedgieter Meester Lamp en zijne dochter », Amsterdam et Anvers, 1868, traduit de Klaus Groth — voir ce nom, p. 1108 — avec une préface du traducteur ; « Ons Dietsch, of het Nederduitsch in Duitschland », Gand, 1876 ; « Platduitsch en Nederlandsch, of de Nederduitsch en de dietsche beweging », Anvers, 1878; « Vondel », id., 1879; « Transvaal, of Zuid-Afrika en de dietsche stam », id., 1884. M. H., dit *M. J. Stecher*, l'historien de la littérature néerlandaise en Belgique, a signalé, l'un des premiers, le mouvement *plat-deutsch* (Klaus Grot, Fritz Reuter, etc.), qui, dès 1850, avait été provoqué par l'exemple des flamingants; à son tour, il a préconisé la fusion entre le hollandais, le flamand et le bas-allemand pour former l'unité thioise (*dietsch*).

Harry (Gérard), publiciste belge, né, à Paris, le 3 mars 1856. Il a publié: « Le prêtre ennemi de Dieu! », Bruxelles, 1877; « Guide national de la Belgique », id., 1880, et une excellente traduction du célèbre ouvrage de Stanley; « Cinq années au Congo », Bruxelles, 1885. M. H. est aujourd'hui attaché à la rédaction du journal bruxellois *L'Indépendance belge*.

Helbig (Henri-Antoine), érudit belge, né, à Mayence (Allemagne), le 4 juillet 1818. Il a fait paraître d'intéressantes études sur les origines de l'imprimerie et sur différents points d'histoire, notamment dans le *Messager des sciences historiques*, le *Bulletin du bibliophile belge*, le *Bibliophile belge*, l'*Annuaire* de la Société d'émulation de Liège, le *Bulletin* de l'Institut archéologique liégeois, etc. Il a donné des notices à la *Biographie nationale*, publiée par l'Académie royale de Belgique, et dressé le catalogue des collections léguées à la ville de Liège par Ulysse Capitaine. Pour la Société des bibliophiles liégeois, il a publié: « Le martyre de Saint-Eustache, tragédie de Pierre Bello », Liège, 1864; « Les hommes illustres de la nation liégeoise, par Louis Abry », id., 1867, en collaboration avec St.-Bormans; « Mahomet II, tragédie de B.-H. de Walef », id., 1870; « L'anarchie à Liège, poème satirique de B.-H. de Walef », id., 1871. Nous devons encore citer de lui: « Fleurs des vieux poètes liégeois (1550-1650) », Liège, 1859, en collaboration avec N. Peetermans; « Œuvres choisies d'Alexandre Sylvain de Flandre, poète à la Cour de Charles IX et de Henri III », id., 1861; « Mémoire concernant les négociations de la France relatives à la neutralité de Liège en 1630, publié pour la première fois », id., 1875.

Hellebaut (le chev. Émile-Joseph-Adolphe), fonctionnaire et publiciste belge, né, à Bruxelles, le 6 décembre 1832. Autrefois secrétaire communal à Laeken, il occupe aujourd'hui les mêmes fonctions à Anderlecht. On lui doit: « Explication doctrinale et pratique du domicile de secours », Bruxelles, 1883; « Dictionnaire des bourgmestres et échevins, des conseillers, receveurs et secrétaires communaux, etc. », id., 1886; « Pensions des secrétaires communaux », id., 1887; « Commentaire législatif, jurisprudentiel et doctrinal de la loi communale du 30 mars 1836 et des lois modificatives coordonnées », id., 1889, œuvre admirable, comprenant plus de 1000 pages. En outre, il a écrit en collaboration: 1° avec M. L. Van den Kerkhove: « Tableau synoptique des dispositions de la loi du 14 mars 1876 sur le domicile de secours », Bruxelles, 1877; 2° avec M. Ch. De Gronckel: « Commentaire de la loi du 14 mars 1876 sur le domicile de secours », id., 1879, 2e éd., id., 1881; 3° avec M. Ch. Allard: « De la police des établissements dangereux, insalubres ou incommodes », id., 1885. Fondateur, avec MM. Eug. Somerhausen et L. Van den Kerkhove, d'un recueil hautement estimé, *La Revue communale de la Belgique*, il a pris aussi une part considérable à la rédaction du *Bulletin des secrétaires communaux* et du *Journal de l'officier de l'état civil*, et il dirige le *Journal des administrations communales*, qui tient constamment à jour son « Dictionnaire des bourgmestres et échevins ».

Henaux (Georges-Victor), avocat et littérateur belge, né à Liège, le 23 mars 1822. Frère de l'éminent historien du pays de Liège, Étienne-Ferdinand Henaux (1815-1880), il publia dès l'âge de quinze ans des « Essais poétiques », et plus tard un fort remarquable recueil de vers « Souvenirs d'un étudiant », Liège, 1884, recueil signé *Paulus Studens*, élève en droit à l'Université de Liège. Il a fait paraître encore: « De l'amour des femmes pour les sots », Bruxelles, 1857, charmante bluette qui eut quatre éditions, mais dont on ne peut lui attribuer l'entière paternité, et des poésies anonymes, des opuscules juridiques, des rapports administratifs, etc. M. H. a collaboré à la *Revue belge*, à la *Revue de Liège*, à *La Tribune*, au *Journal de Liège*, au *Libéral liégeois*, à *La Belgique judiciaire*.

Henne (Alexandre), éminent historien belge, né, à Hesse-Cassel (Allemagne), le 8 janvier 1812. Il avait vingt-six ans lorsque le prince de Ligne mit à la disposition de la Commission royale d'histoire une somme destinée à récompenser les recherches les plus savantes sur le passé de la vieille capitale de la Belgique: l'admirable « Histoire de Bruxelles », de MM. Alex. Henne et Alph. Wauters, Bruxelles, 1845, fut le résultat de la fusion d'un manuscrit de M. H., qui obtint le prix, avec un manuscrit de M. Wauters, qui n'avait pu prendre part au concours en temps utile. A cette œuvre, solide fondement de la réputation de M. H., vint s'ajouter une œuvre exclusivement personnelle: une plus considérable encore « Histoire du règne de Charles-Quint en Belgique », en 10 forts volumes, Bruxelles, 1858-1860. M. H. a fait paraître encore deux abrégés: « Notice historique, statistique et descriptive de la ville de Bruxelles », Bruxelles, 1846, et « Histoire de la Belgique sous le règne de Charles-Quint », id., 1861; il a annoté et publié, pour la Société de l'histoire de Belgique, les « Mémoires de

Pontus Payen », id., 1860-61, et des « Mémoires anonymes », id., 1864-66, sur les troubles du XVIe siècle; il a écrit, avec M. le colonel Dupont, une intéressante étude « Sur les arbalètes autrefois en usage dans les armées », étude qui a paru en 1864 dans les *Mémoires* de l'Académie royale des sciences morales et politiques de Lisbonne; enfin, il a fourni des communications et des articles au *Bulletin* de l'Académie d'archéologie de Belgique, à la *Revue de Liège*, au *Trésor national*, à la *Revue de Belgique*, à la *Revue trimestrelle*, à la *Revue universelle des arts*, à la *Revue britannique*, à la *Revue belge*, au *Journal des arts*, au *Messager des sciences historiques*, etc. Ancien sous-directeur au Ministère de la guerre, M. H. est le secrétaire-administrateur de l'Académie des Beaux-Arts de Bruxelles et le président de la Société de l'histoire de Belgique; il est membre titulaire de la classe des lettres de l'Académie royale de Belgique, et le 8 mai 1889, en séance publique de la classe, il a fait sur « La prière », une lecture reproduite dans le *Bulletin* de la Compagnie. A la fin de l'année 1889, M. H. a donné sa démission de secrétaire-administrateur de l'Académie royale de Bruxelles, et une imposante manifestation a été organisée en son honneur par ses élèves et les anciens élèves de cet établissement.

Henrard (Paul-Jean-Joseph), historien belge, né, à Liège, le 27 septembre 1830. Actuellement général d'artillerie, M. H. a publié sous le patronage de l'Académie d'archéologie de Belgique: « Histoire de l'artillerie en Belgique depuis ses origines jusqu'au règne d'Albert et d'Isabelle », Bruxelles, 1865; « Les campagnes de Charles le Téméraire contre les Liégeois », id., 1867; « Marie de Médicis dans les Pays-Bas », id., 1876; et sous le patronage de la Société de l'histoire de Belgique; « Relation des campagnes de 1644 et 1646 par Vincart », id., 1869; « Henri IV et la princesse de Condé », id., 1870, 2e éd., id. 1885. Il a dirigé l'*Annuaire d'art, de sciences et de technologie militaires* et la *Revue militaire belge*, donné des études au *Bulletin* et aux *Mémoires* de l'Académie royale de Belgique, au *Bulletin* et aux *Annales* de l'Académie d'archéologie, au *Bulletin* de la Société de géographie d'Anvers, à *L'Athénéum belge*, à la *Revue de Belgique*, etc.; il s'est essayé même au théâtre — au théâtre de Salon, du moins — avec « En Wagon de Schaerbeek à Anvers »; « L'idéal »; « Jalouse ». M. H., qui fait partie de l'Académie royale de Belgique, a en outre collaboré à la *Biographie nationale* publiée par la savante Compagnie, et au moment où nous écrivons il vient de terminer la rédaction d'une longue notice sur le regretté historien Théodore Juste, notice qui paraîtra dans l'*Annuaire* académique de 1890.

Henry (Louis), chimiste belge, professeur à l'Université de Louvain et membre de l'Académie royale de Belgique, né, à Marche, le 26 décembre 1834. Ses travaux scientifiques sont épars dans les *Mémoires* et le *Bulletin* de l'Académie de Belgique, dans les *Comptes-rendus* de l'Académie des sciences de Paris et dans ceux de l'Association française pour l'avancement des sciences, dans les *Annales* de la Société scientifique de Bruxelles, dans le *Bulletin* de la Société chimique de Paris et dans les *Berichte* de la Société chimique allemande de Berlin, dans la *Revue catholique* de Louvain, la *Revue belge et étrangère*, les *Annales de physique et de chimie* de Paris, le *Journal für praktische Chemie* de Leipzig, le *Philosophical Magazine*. Mais il a publié en outre des manuels d'enseignement qui ont eu plusieurs éditions; citons les « Leçons de chimie générale, inorganique et organique », autographiées, et le « Précis de chimie générale élémentaire », Louvain, 1867-1870.

Hérédia (José-Maria), poète français, d'origine Cubaine, né le 22 novembre 1842. Il a été élève au collège religieux de Saint-Vincent, à Senlis, et, après un court séjour à l'Université de la Havane, il revint à Paris. Les cours de l'École des chartes développèrent en lui le goût de l'exactitude et de la méthode qu'il sait concilier heureusement avec le sentiment de la poésie et de l'art. M. H. a traduit de l'espagnol la « Véridique histoire de la conquête de la Nouvelle Espagne », du capitaine Bernal, Alphonse Lemerre; son œuvre poétique se compose d'un certain nombre de morceaux épiques tels que « Les Conquérants de l'or », de tierces rimes et de sonnets d'une originalité puissante, qui résument beaucoup de pensées dans une forme éclatante et sonore; d'une grande perfection plastique. « Le sonnet, a dit A. France, avant M. H., n'approchait pas de la richesse et de la grandeur que cet ouvrier poète lui a données ».

Hermant (Émile), médecin militaire belge, né, à Bruxelles, le 20 juin 1835. Outre des études publiées soit dans la *Revue belge d'art, de sciences et de technologie militaires* et dans les *Archives médicales belges*, soit en brochures, on a de lui un « Essai sur l'organisation des ambulances volantes sur le champ de bataille », Bruxelles, 1872, et un « Aide-mémoire du médecin militaire », ouvrage des plus recommandables et arrivé à sa 2e édition.

Herpain (Sébastien-François), médecin belge, né, à Genappe, le 29 août 1829. Médecin de la maison des jeunes délinquants à Saint-Hubert depuis 1859 et membre correspondant de l'Académie de Belgique depuis 1870, M. H. a donné de nombreuses et savantes contributions au *Bulletin* de cette compagnie et à celui de la Société royale belge de médecine publique, au *Journal* de la Société des sciences médicales et naturelles de Bruxelles, aux *Archives médi*-

cales belges, au Journal de médecine, de chirurgie et de pharmacologie, aux Archives de médecine militaire, au Mouvement hygiénique, au Journal de médecine et de chirurgie pratiques de Paris, etc.

Hertz (Charles), mathématicien et naturaliste polonais, né, en 1854, à Varsovie, maître de mathématiques et des sciences physiques à l'École centrale à Varsovie, reçut ses grades de docteur en philosophie à l'Université de Hall. Outre une multitude d'articles épars, on a de lui une « Cosmographie » ; une traduction de la « Philosophie monitique », etc.

Heuse (Paul), avocat et publiciste belge, né, à Liège, le 18 août 1851. Fils d'un médecin qui fut professeur de l'Université de cette ville, M. H. a publié : « Du recrutement de la magistrature par le concours, discours prononcé à la séance solennelle de rentrée de la Conférence du jeune barreau de Liège, le 26 octobre 1878 », Liège, 1878; « Recueil des usages locaux en vigueur dans le ressort de la cour d'appel de Liège », id., 1884. C'est un écrivain et un orateur d'un réel talent, qui a étudié en ces derniers temps dans les journaux et dans les réunions publiques, la question d'une réorganisation démocratique des institutions militaires de la Belgique, la révolution liégeoise de 1789, etc.

Heuzy (Paul), pseudonyme sous lequel est généralement connu un écrivain belge, M. Alfred Guinotte, né, à Verviers, en 1834. Après avoir collaboré à la Revue trimestrielle de Bruxelles et écrit une histoire populaire de la première révolution française, M. G. partit pour Paris où il a fait du journalisme et publié sous son pseudonyme : « Un coin de la vie de misère », Paris, 1878, autres éd., id., 1883, Bruxelles, 1886, livre dont la préface est dédiée à Léon Cladel et les quatre nouvelles à G. Flaubert, Alph. Daudet, Ed. de Goncourt, Ém. Zola. « Ce sont de fortes pages, déclare l'éminent historien des lettres en Belgique, M. Charles Polvin, écrites en vive lumière, comme l'auteur le dit de ses maîtres et saisies sur la vérité des mœurs ouvrières, chez les houilleurs de Liège, près d'un berger de l'Hérault, ou à Paris chez les petits et les souffrants ».

Hilmy (Ibrahim pacha), frère de S. A. le Khédive d'Égypte. Il a publié à Londres (Trubner et C., 1887-1888), deux volumes de bibliographie intitulés : « The Literatur of Egypt and the Soudan from the earlist Times to the year 1885 inclusive », travail sur lequel les personnes compétentes ont porté un jugement très favorable.

Hippert (Théodore), magistrat et érudit belge, né, à Schaerbeek, près de Bruxelles, le 30 mars 1839. Juge au Tribunal de 1re instance de Bruxelles, M. H. a collaboré à la Revue de droit international et de législation comparée, à la Revue de Belgique, à la Revue moderne, au Bibliophile belge, etc.; il a traduit d'importants ouvrages, comme : « La constitution communale de l'Angleterre », de Rodolphe Gneist, Bruxelles, 1868-1870 ; « Le système du gouvernement américain », de Ezra C. Seaman, id., 1872; « Le droit des obligations », de F.-C. de Savigny, id., 1873; et avec J. Linnig il a publié, en deux magnifiques volumes : « Le peintre-graveur hollandais et belge du XIXe siècle », id., 1874-1879.

Hock (Auguste), écrivain belge, né, à Liège, le 19 octobre 1815. Ses poésies et ses chansons wallonnes, ses nouvelles et ses récits, ont obtenu un très grand succès ; il s'est beaucoup occupé aussi du folk-lore de sa ville natale et des environs, et ses « Croyances et remèdes populaires au pays de Liège », 1872, couronnés par la Société liégeoise de littérature wallonne, étaient arrivés en 1888 à leur 3e éd. Les « Œuvres complètes » de M. H. ont été réunies à Liège en 1872-1874; il faut y ajouter une série d'études sur « Liège au XIXe siècle », publiées plus tard par notre auteur.

Hockin (Frédéric), théologien anglais ; (Rector) curé de Phillak et Gwithian en Cournouaille (Angleterre); Dean-Rural de Pewith, 1861-1882; Proctor du diocèse d'Extin, 1874 ; chanoine de Trouro ; né, à Phillack, en 1818; fit ses études à S. Polius College de Cambridge, et publia : « Marriage with deceased wife'sister forbidden » ; « John Wesley and modern Methodism », 4 éd. ; « Notes on remarriage after divorce ».

Hollán (Ernest), écrivain hongrois, né, à Szombalhely, le 13 janvier 1824. Après avoir achevé ses études de gymnase, il entra en 1839 à l'Académie du génie militaire et fut nommé lieutenant en 1845 et premier lieutenant en 1847. A la révolution de 1848, à laquelle il prit une partie considérable, il fut nommé colonel de l'état-major pour sa défense de Pétervarad. Dès 1850 à 1855, il fut employé en qualité d'ingénieur aux chemins de fer et ensuite il eut plusieurs charges honorifiques, soit dans le gouvernement, soit dans l'administration. Il est membre de l'Académie des sciences. Nous avons de lui en librairie : « Canevas des chemins de fer de la Hongrie », Vienne, 1856 ; « Les exigences de communication de la Hongrie et le développement des chemins de fer », Pest, 1864. Depuis 1886, M. H. est membre de la Chambre des Pairs.

Hoste (Jules-Constantin), journaliste et auteur dramatique belge, né, à Thielt, le 20 janvier 1848. Rédacteur en chef du journal libéral flaman De Zweep, de Bruxelles, où il écrit depuis 1868, M. H. a composé en langue néerlandaise des drames historiques qui ont été fort goûtés à la scène : « De brusselsche straatzanger », Bruxelles, 1883; « Breidel en De Coninc », Gand, 1889; « De kleine patriot », id., id.; « Waterloo », id., id. Citons encore de lui une pièce d'allures moins sévères : « De plezante reis », Gand, 1889.

Houzeau de Lehaie (Charles-Auguste-Benjamin-Hippolyte), savant et homme politique belge, né, à Mons, le 28 juillet 1832, et frère du célèbre et regretté Jean-Charles Houzeau (1820-1888). M. H. est professeur à l'école des mines de Mons, secrétaire général de la Société des sciences, des arts et des lettres du Hainaut, membre de plusieurs autres sociétés savantes et commissions scientifiques officielles, et enfin membre de la Chambre des représentants, où il défend les intérêts du libéralisme démocratique avec une ardeur et un talent qui lui ont valu une énorme popularité en Belgique ; il sera très probablement le Ministre de l'instruction publique du futur cabinet libéral lorsque le parti catholique devra abandonner le pouvoir. Nous avons de lui un rapport, rédigé en collaboration avec M. Briart, sur les découvertes géologiques et archéologiques faites à Spiennes; des études insérées dans les publications de la Société des sciences, des arts et des lettres du Hainaut, de la Société géologique et de la Société malacologique de Belgique, de la Société géologique de France, dans la *Revue trimestrielle*, la *Revue de Belgique*, etc.; un « Guide au mont Panisel », Mons, 1874; et une excellente traduction d'un « Manuel élémentaire de géographie physique », publié en original par la *Scottish schoolbook Association*, Mons, 1874, 2e éd., id., 1884.

Hubert (Eugène), historien belge, né, à Saint-Josse-ten-Noode, près de Bruxelles, le 8 mai 1853, et actuellement professeur à l'Université de Liège. M. H. a écrit avec M. J. Du Fief un « Abrégé d'histoire universelle », qui a été plusieurs fois réimprimé ; il a préparé des éditions nouvelles des manuels d'histoire de Belgique, un peu surannés, de Moke ; il a fait paraître divers opuscules et il collabore à diverses publications, parmi lesquelles il faut citer la *Revue historique* et la *Grande Encyclopédie* de Paris. Mais son œuvre maîtresse est celle qui a paru sous le titre: « De Charles-Quint à Joseph II : études sur la condition des protestants en Belgique », Bruxelles, 1882.

Hübschmann (Henri), philologue allemand, professeur ordinaire de linguistique à l'Université de Strasbourg, né, en 1848, à Erfurth (Prusse), a fait ses études, de 1868 à 1872, aux Universités de Iéna, Tubingue, Leipzig et Munich; a été *privat-Docent* et professeur extraordinaire à Leipzig, de 1875 à 1877, d'où vers la fin de cette année il fut appelé à Strasbourg comme professeur ordinaire de philologie à l'Université. En dehors de nombreuses publications parues dans les *Actes de l'Académie des Sciences bavaroise*, dans la *Zeitschr. d. deutsch. Morgenländ. Gesell.* et dans divers autres journaux spéciaux allemands, nous lui devons : « Ein Zoroastrisches Lied (Kap. 30 der Tarna) mit Rücksicht auf die Tradition erklärt », Munich, 1872 ; « Zur Casuslehre », id., 1875 ; « Zur Geschichte Armeniens und der ersten Kriege der Araber » (tiré au Sebêos), Leipzig, 1875 ; « Armenische Studien Grundzüge der Armenischen Etymologie », id., 1883 ; « Die Umschreibung der iranischen Sprachen und der Armenischen », id., 1882; « Das indogermanische Vocalsystem », Strasbourg, 1885; « Etymologie und Lautlehre der ossetischen Sprache », id., 1887.

I

Ibsen (Henri) illustre poète et dramaturge norvégien, né, le 20 mars 1828, à Skien. Ancien rédacteur du journal littéraire hebdomadaire *Andrimer*, ancien directeur des théâtres de Bergen, de Christiania. Ayant obtenu en 1866 une pension nationale du parlement norvégien, il en profita pour voyager. Nous le trouvons de 1864 à 1868 à Rome, de 1868 à 1875 à Dresde, ensuite à Munich. Ses pièces sont devenues populaires à Bergen, Christiania, Copenhague, Stockholm et en Allemagne même. Plusieurs ont été traduites en allemand, en anglais, en français. Dans ses drames historiques et intimes, on remarque une grande force, et une étude profonde du cœur humain. Ses poésies lyriques ont aussi obtenu un grand succès. Le « Théâtre » de cet illustre dramaturge norvégien a été traduit en français par M. Prezor. Il contient : « Les Revenants », et « La maison de Pompée », la deuxième édition a paru en 1889 à Paris, chez Savine, avec une longue préface biographique d'Édouard Rod, des notices étendues sur les deux drames et un portrait de l'auteur.

J

Jablonowski (Alexandre), historien polonais, fit ses études aux Universités de Kiew et de Dorpat. Il parcourut ensuite les pays slaves méridionaux et se voua entièrement aux études historiques, en s'adonnant surtout à des recherches sur l'histoire de l'ancienne Russie. Ses études parurent séparément dans les : « Ressources historiques (Zródta dzejowe) », Varsovie, 1876 ; « Grzymultowski », 1er vol.; « Sur les relations économiques administratives au

XVII⁰ siècle en Volhynie, Podolie et Ukraine », 5⁰ vol.; « Sur les questions moraves sous le règne de la dynastie Jagellon », 11⁰ vol. Il publia en outre ses souvenirs de voyage dans la *Gazette polonaise* et des ouvrages historiques dans la revue *Athenæum*.

James (Arthur), écrivain et avocat belge, né, à Bruxelles, en 1861, fils d'un professeur de l'Université de Bruxelles et gendre de Victor Arnauld. M. J. est l'un des directeurs de *La Société Nouvelle*, revue bruxelloise à laquelle il collabore activement. On lui doit: « Toques et Robes », 1885, suite de croquis judiciaires personnellement et pittoresquement notés, et « Honnête plus qu'honnête », 1889.

Jassin (Jules), ingénieur et publiciste belge, né, à Saint-Josse-ten-Noode, près de Bruxelles, le 8 décembre 1864. M. J. est un des chefs de la maison Orgels et Jassin, fondée à Bruxelles pour l'exploitation des applications industrielles de la chimie et de l'électricité: dès 1885, il adressait à la classe des sciences de l'Académie des sciences, des lettres et des beaux-arts de Belgique la description du nouvel accumulateur qu'il construit maintenant et qui porte son nom; l'année suivante, il devenait l'un des fournisseurs de l'État belge; et en 1890 le roi Léopold II, qui se l'était fait présenter, lui adressait publiquement ses félicitations. Appartenant à une famille où les sciences et les lettres ont toujours été en honneur, fils d'une femme-écrivain, Mme Rosalie J., dont les nouvelles et les poésies ont été fort goûtées autrefois et qui dirigea sa première éducation, M. J. a écrit, seul ou en collaboration, de nombreux articles dans *L'Éducateur populaire* de Charleroi, *Le Commerce et l'Industrie* de Gand, *Le Propagateur* de Liège, *La Revue littéraire et scientifique* d'Anderlues, *L'Union libérale* de Verviers, *Le Médecin du foyer* de Bruxelles, *L'Économiste* de la même ville (où on peut lui reprocher un enthousiasme un peu exagéré pour la politique économique du gouvernement français), etc., etc. Il a prêté un concours anonyme, mais déclaré plus tard précieux par l'auteur, à la publication du bel ouvrage consacré par M. Robert Harthang à « Paris », Bruxelles et Paris, 1888; il a signé avec M. A. Boghaert: « Le Combat contre la phtisie », Valence, 1888, et avec MM. L. Orgels et E. Todros un « Rapport sur les gisements pétrolifères de San Giovanni Incarico (Terra di Lavoro - Italia) », Bruxelles, 1890, rapport rédigé à la suite d'un voyage dans notre péninsule, en vue duquel S. Exc. M. Bourée, ministre plénipotentiaire et envoyé extraordinaire de la République française près S. M. le Roi des Belges, avait remis à M. Jassin des lettres de recommandation qui lui ouvrirent toutes les portes et lui valurent la demande d'un projet pour l'éclairage de la ville de Pistoia. M. J. est membre de la Société royale belge de médecine publique, de la Société d'archéologie de Bruxelles, etc.

Jenkin (Fleeming), physicien et mécanicien anglais, professeur de la science des ingénieurs à l'Université d'Édimbourg, né, à Stowting Court, en 1833. On lui doit: « The Trasmission of Signals through Submarine Cables », 1862; « Magnetism and Electricity », id. (traduit en allemand, en italien, en français); « The Jurors, Report on Electrical Instruments for the Exhibition of 1862 »; « Reports of the Committee on Electrical Standards »; des essais différents: « Reciprocal Figures »; « Efficiecy of Machinery », couronné; « The Harmonic Analysis of Vowel Sounds », en collaboration avec le prof. Ewing; « Gas and Caloric Engines »; « Healthy Houses », réimprimé en Amérique; « Submarine Telegraphs »; « Origin of Species »; « Fecondity, Fertility, and Sterility »; « Munro's Lucretius »; « Trade Union ».

Jorissenne (Gustave), médecin, naturaliste et littérateur belge, né, à Ixelles-lez-Bruxelles, le 29 décembre 1846, habite Liège depuis 1861 et y pratique l'art médical depuis 1870. Il a publié, étant encore étudiant, des études, des notices biographiques et des traductions dans la *Belgique horticole*, et décrit ensuite quelques espèces nouvelles de *Marantacées* (*Calathea crocata*, Ed. Morr. et G. Joriss.; *Calathea taeniosa*, G. Joriss.; *C. medio-picta*, Ed Morr. etc.). Plus tard, il fit paraître une petite suite d'« Observations sur la floraison et la fructification du lierre, du magnolia, etc. en Belgique ». Ses travaux médicaux ont pour titres: « Observations de zona ophtalmique et d'herpès, avec considérations sur leur étiologie », 1875, Liège, Vaillant-Carmanne; « Répression de l'empirisme », id., 1877; « Nouvel instrument pour réduire la procidence du cordon ombilical », avec pl., id., 1876; « Pronostic de l'hémorrhagie cérébrale », 1880; « Note sur les corps étrangers dans les fosses nasales et leur expulsion par l'irrigation de Weber », dans le *Bullet. gén. de thérapeutique*, Paris, 1880, 15 oct.; « Les amyotrophies spéciales protopathiques », Liège, 1881; « Du mécanisme de la respiration et de l'irrigation pharyngienne », id., 1881; « Le mouvement de l'iris chez l'homme à l'état physiologique », mém. ayant obtenu le prix de biologie décerné par la Soc. de Méd. de Gand, Paris, Delahaye et Lecrosnier, 1881; « Histoire étymologique de quelques mots médicaux de la langue wallonne », mémoire couronné en 1878, Liège, Vaillant-Carmanne, id.; « Nouveau signe de la grossesse », Paris, Reinwald, 1882; « Note sur le traitement du rhumatisme », Gand, 1884; « Guérison des paralysies par la dynamogénie cérébrale », Liège, 1886; « Réflexions sur un cas de zona ophtalmique et sur son traitement », id., id.; « Traitement abortif de la furonculose », id., 1887; « L'Érysipèle et les femmes en couches », Paris, Delahaye et Lecrosnier, 1888; « Du traitement des hémophtysies par l'iodoforme », en collaboration avec G. Chauvin, id., id.; « Iodoforme et phthisie pulmonaire », en collaboration avec G. Chauvin, Paris, Masson, 1889; « Programme d'une étude sur la dégénération des races modernes », Bruxelles, id.; « Contribution au traitement des angines inflammatoires », Liège, id. On lui doit une « Note sur un rognon calcaire volumineux et des rognons divers dans les Schistes houillers supérieurs », id., 1881; une biographie: « Edouard Morren, sa vie et ses œuvres », Gand, 1886, avec portrait. Il a inséré des notes, des notices bibliographiques et critiques, des poésies, etc., en diverses publications périodiques, notamment dans la *Belgique horticole*, *Ann. de la Société géologique de Belgique*, *Ann. médico-chirurgiens de Liège*, *Progrès médical*, *Revue scientifique du Nord de la France*, *Comptes-rendus de la Soc. de biologie*, *Gaz. méd. de Liège*, *Mémoires de la Soc. royale de méd. publique du roy. de Belgique*, *Revue philosophique de Ribot*, *Journal de Liège*, *Franklin*, *Perron*, *Petit Journal de Liège*, *l'Éducation populaire*, *La Basoche*, *La Wallonie*, *Revue des sciences et des arts*, et dans les *Annales* de différents congrès, notamment ceux d'hygiène en 1878 et en 1884, de botanique en 1878, celui pour l'étude de la tuberculose en 1888, celui de thérapeutique en 1888, etc. Il a collaboré à la *Flore complète de la Belgique*, d'André Devos (pour la partie médicale) en 1885; et fourni des rapports nombreux au Conseil de salubrité de la province dont il est le secrétaire général depuis 1879.

Jungfleisch (Émile-Clément), pharmacologue français, professeur à l'École supérieure de pharmacie de Paris, membre de l'Académie nationale de médecine, né, à Paris, le 21 décembre 1839. Nous avons de lui: « Recherches sur les dérivés chlorés de la benzine », thèse pour le doctorat ès-sciences, Gauthier-Villars; « Recherches sur les anilines chlorées », thèse de l'École de pharmacie, Cusset et Cie; « Des alcools monoatomiques et polyatomiques », thèse pour le concours d'agrégation à l'École de pharmacie, id.; « Sur les poudres nouvelles », conférences faites en 1870 (*Journal de pharmacie et de chimie*); « Produits scientifiques et alcaloïdes », rapport partiel de l'Exposition universelle de 1878, Classe XLVII, Produits chimiques, impr. Nationale, 1881; « Traité élémentaire de chimie organique », en commun avec M. Berthelot, 2me éd., 2 vol., Dunod, 1881; « Sur la reproduction artificielle des matières organiques d'origine végétale et d'origine animale », conférence faite devant la Société d'encouragement pour l'industrie nationale le 25 janvier 1883; « Traité élémentaire de chimie organique », en commun avec M. Berthelot, 3me éd., 2 vol., Dunod, 1886; « Manipulations de chimie. Guide pour les travaux pratiques de chimie », 1 vol. in-8°, 1240 pages et 372 figures, J.-B. Baillière et fils, 1886. Cet ouvrage a été traduit en espagnol, en 1888, par M. Francisco Angulo y Suero. Depuis 1869, M. J. rédige la *Revue des travaux de chimie publiés à l'étranger* dans le *Journal de pharmacie et de chimie*. Depuis cette époque, ce journal contient ainsi, d'une manière régulière, des articles de l'auteur sur des sujets divers. Cette revue est faite à un point de vue spécial: on s'efforce beaucoup moins d'y rendre compte, aussitôt après leur apparition, des travaux publiés à l'étranger, que de grouper ces travaux, de rapprocher les opinions contradictoires qui ont été émises et de les discuter.

K

Kalina (Antoine), écrivain polonais, professeur de la philologie slave à l'Université de Lemberg, né, le 23 mai 1846, dans la Principauté de Posen. Après avoir fait ses études au gymnase de Sremo il se rendit à l'Université de Breslau, où il fréquenta pendant trois semestres les leçons d'histoire, de philologie classique et de grammaire et littérature polonaises. Il obtint son diplôme de docteur en 1872 et finit ses études à Berlin en 1873, en faisant son examen d'histoire *pro facultate docendi*. Ensuite il continua ses études à Prague, parcourut la Bohême, la Moravie et la Haute-Hongrie, s'occupant toujours à examiner les différents dialectes bohémiens et esclavoniens. En 1875, il assista aux leçons du célèbre Daniczic à Biatoyrod et entreprit l'été de la même année des voyages à travers la Serbie, la Bosnie, l'Herzégovine, pour s'approprier la connaissance des dialectes slaves méridionaux. Après avoir travaillé quelque temps aux Archives de St.-Pétersbourg, M. K. vint se fixer comme professeur de grammaire comparée des langues slaves à Lemberg. Suivant toujours des buts scientifiques, il parcourut encore en 1883 la Bulgarie, la Roumélie et la Turquie. En 1888, il fut nommé professeur de philologie slave à l'Université de Lemberg. Ses articles épars, en nombre de 30, furent publiés dans tous les journaux et toutes les revues scientifiques de Varsovie, de Posen, de Cracovie et de Berlin. Parmi ses ouvrages, nous citons les principaux: « Les articles de la loi de Magdebourg d'après un manuscrit vers l'année 1500 »; « La langue des tsiganes slovaques », (en français); « Histoire de la langue polonaise », etc.

Kasprowicz (Jean), jeune poète polonais, plein de talent et d'inspiration, né le 12 décembre 1860, fit ses études aux Universités de Leipzig et de Breslau. Il est connu comme excellent traducteur de Shelley.

Kaszewski (Casimir), critique polonais, né, à Varsovie, en 1825. Après avoir fréquenté plusieurs Universités de l'étranger, il revint se fixer à Varsovie, où il fonctionna comme secrétaire auprès de l'École Centrale. Voilà les titres de ses monographies principales: « Sénèque »; « Salomon »; « Majmon »; « Abélard et Héloïse »; « Voltaire »; « Rousseau »; « Caldéron »; « Spinoza ». En outre il publia une multitude de récensions de théâtre et beaucoup de critiques littéraires. Traductions: « Sophocle; sept tragédies avec introductions et nombreuses annotations »; « Eschyle; deux tragédies »; « Jordan, La veuve d'Agis », etc.

Kechaya (A. Calliope), femme-auteur hellène, née, à Brousse en Bythynie, en 1845, fit ses premières études à Athènes, les poursuivit à Londres, et en 1861 revint à Athènes pour y passer de brillants examens et obtenir un brevet supérieur délivré par le ministre de l'instruction publique. Fondatrice de la Société littéraire des dames grecques et de l'atelier des femmes pauvres, membre de plusieurs sociétés savantes, actuellement elle est directrice de l'École normale de Constantinople, organisée par ses soins. Nous avons parmi ses ouvrages: « Méditations philosophiques sur l'instruction et l'éducation »; « Études pédagogiques sur le Prométhée d'Eschyle », 1875; « Essais sur l'hellénisme dans la pédagogie »; « Étude sur le rôle de la femme dans le drame de la vie », 1878; « Discours sur le développement et le progrès des nations dans le programme de l'instruction », 1879; « Discours sur la pédagogie d'après l'Évangile et d'après Platon », 1880; « Manuel pédagogique, ou conseils à mes élèves »; « Réfutations sur la philosophie de Lefèvre, concernant Socrate et Platon », 1887; « Position de la femme dans le monde social »; « Étude sur l'instruction en général chez les peuples anciens et modernes »; « Conférence — Le Songe — ou analyse du mythe de Cérès au point de vue de l'art et de la philosophie », 1887; « Analyse philosophique de l'Antigone de Sophocle », 1883.

Khodine (André), écrivain médical et oculiste russe, né, en 1847, à Novotcherkask, où il fit ses études gymnasiales. Il suivit les cours universitaires à Charkov et Saint-Pétersbourg, où en 1873 il fut licencié docteur en médecine, et en 1878 nommé professeur libre d'ophtalmologie à l'Académie de Saint-Pétersbourg, et en 1881 professeur à l'Université de Kiew. M. K. fonda en 1884 le *Messager d'Ophtalmologie* de Kiew, et collabora à la *Revue générale d'Ophtalmologie* de Paris. Nous avons de lui: « Contribution à l'étude du centre de mouvement dans les yeux de différente réfraction », thèse de doctorat (en russe), Saint-Pétersbourg, 1873; « Quelques expériences sur la perte du corps vitré » (*Journal médico-militaire*), id., 1875 (La communication préalable était publiée en allemand dans *Centralbl. f. die medic. Wissenschafter*, 1875); « Sur la perception des couleurs sur la périphérie de la rétine (*Messager Médical*, 1875, n. 10-13, en russe); « Sur l'influence de l'intensité de la lumière sur la perception des couleurs et remarques sur la position des couleurs spectrales » (*Journal méd.-militaire*, 1877, en russe); « A la question du mélange binoculaire des couleurs » (id., 1877, id.); ces deux derniers ouvrages furent publiés en allemand dans la *Sammlung phisiologisches Abteilungen* du prof. Preyer, sous le titre de « Ueber die Abhängigkeit der Farbenempfindungen von der Lichtstärke », 1877; « La loi de Weber-Fech est-elle applicable au coup d'œil? », en allemand (*Arch. f. Ophtalmologie*, XXIII, 1877, 1, 92); en russe, dans le *Journal médico-militaire*, 1877; « Sur l'introduction de la méthode métrique », dans l'*Ophtalmologie* (en russe); dans le *Messager Médical*, 1877, n. 7-10; « De l'influence de l'augmentation de la pression intraoculaire sur la perception des couleurs », en russe dans le *Journal Médico-militaire*, 1877; en français, dans les *Annales d'oculistique*, juillet-août, 1877; « La sensibilité de la périphérie de la rétine envers les couleurs », en russe, dans le *Journ. Méd.-milit.*, 1877; en allemand dans l'*Arch. f. Ophtalmol.*, 3, 177; « Sur les sarcomes de la choroïde », en russe, dans le *Journ. Méd.-milit.*, 1877; en allemand, dans l'*Arch. f. Augen-u. Ohrenheilk.* 3, VI, 1.

Kleczynski (Jean), publiciste et critique d'art polonais, né, à Varsovie, en 1840. Il est rédacteur du journal l'*Écho de musique* et auteur de l'ouvrage « Chopin et ses œuvres ».

Koassay (Eugène), agronome hongrois, né, le 6 juillet 1850, à Bude, d'une famille de noblesse. Après avoir achevé ses études, il voyagea par commission du gouvernement en Allemagne, France, Italie et Suisse afin d'explorer les méthodes d'amélioration du sol, d'arrosement et de canalisation de ces pays. En 1879, un bureau d'encouragement de l'amélioration du sol fut établi et il en fut nommé chef; en 1886, il fut nommé chef du bureau d'agriculture. Nous avons de lui: « La culture des prairies »; « Hydrotechnique »; « Le règlement des fleuves »; ces trois ouvrages ont été couronnés.

Korzon (Thadée), illustre historien polonais, né, à Minsk, en 1839, fit ses études à l'Université de Moscou. On a de lui: « Historiens positivistes: Buckle, Draper, Colb », 1870; « Cours d'histoire du moyen-âge », 1872; « Histoire ancienne. Cours élémentaire », 1876, 2ᵉ éd., 1886; « Histoire intérieure de la Pologne sous le règne de Stanislas-Auguste Poniatowski », 5 vol., 1882-86. En outre une foule de critiques littéraires et scientifiques.

Kosinski (Julien), docteur de médecine, célèbre chirurgien et professeur polonais, né, à Iwaniszki (gouver. de Kowno), en 1834. Nous avons de lui de nombreuses publications spéciales en polonais, en français et en allemand. M. K. est très estimé comme opérateur.

Kotarbinski (Joseph), artiste dramatique et littérateur polonais, né, à Czemierniki (gouv. de Lublin), en 1849. Il fit ses études à l'École centrale à Varsovie et se voua entièrement à la littérature et à la scène. Auteur de nombreuses critiques de théâtre et de littérature, comme: « Caractéristique de Wilkouski »; « Correspondence de Mickiewicz »; « Études sur le *Macbeth* de Shakespeare », etc. Il collabora successivement aux journaux : *Gazeta warszawska*, *Newiny*, *Prawda*, *Kraj*, *Sygodnik illustrowany*, *Kurjer Warszawski*, *Echo muzyczne*. En collaboration avec M. Wolowski, il écrivit une comédie: « Il ne convient pas (Me wypada) », mise en scène en 1888. M. K. commença sa carrière d'artiste en 1877 et s'adonna principalement aux rôles héroïques et dramatiques. Il se distingue comme Roméo, Faust, Bernard (drame *Mauprat*), Charles (*Les Brigands*), Hippolyte (*Phèdre*), Uriel Acosta (drame du même nom) etc.

Kozdowski (Ladislas), illustre philosophe polonais (école anglaise), né à Berdyczew (gouv. de Kiew), en 1832. Il publia ses ouvrages dans les journaux *Prawda* et *Klosy* et dans la revue *Athenœum*. Parmi ses écrits nous distinguerons : « Spencer »; « Sociologie de Spencer et de Comte »; « Psychologie de Sully »; « Le Néo-Kantisme »; « Plusieurs remarques sur l'hypnotisme »; « Du suicide chez les animaux »; « De l'obstination »; « Les écoles philosophiques contemporaines », etc.

Krall (Jacques), égyptologue autrichien, professeur à l'Université de Vienne, membre correspondant de l'Académie impériale viennoise, est né, en 1857, à Voloska, et a fait ses études au Gymnase de Trieste et à l'Université de Vienne. Promu docteur en philosophie en 1879, il fut nommé deux ans plus tard privat-Docent à l'Université de Vienne et ensuite (1890) professeur ordinaire. Chargé par le gouvernement autrichien, il entreprit en 1884 un voyage en Égypte, et plus tard on lui confia l'édition des papyrus hiératiques et coptes de la collection de l'archiduc Rénier. Parmi ses ouvrages, il nous faut signaler: « Studien zur Geschichte des alten Ægyptens », I-IV, Vienne, 1881-90; « Die Composition und die Schicksale des manethonischen Geschichtswerkes », Vienne, 1879.

Kramsrtyk (Stanislas), physicien polonais, né, en 1841, à Varsovie. Il a donné de nombreuses publications populaires du domaine de la physique ; ainsi: « Bibliothèque des sciences naturelles », 3 vol., 1870 ; « Résumé de physique », 1871; « La physique au Panthéon de la science humaine », 1877, etc. M. K. partage la direction du journal *Wsrechswiat* (L'Univers), où il a publié une multitude de ses ouvrages.

Kraushar (Alexandre), historien, littérateur et poète polonais, né, à Varsovie, en 1843. Il fit ses études à Varsovie et les acheva à Paris. Parmi ses ouvrages, nous citerons: « Feuilles », 1863; « Histoire des Juifs en Pologne », 1865; « Alcar Tytan », 1866; « Remarques sur l'histoire de la loi », 1868; « Olbracht Zaski ». M. K. a traduit le « Livre des chants » de Heine et les « Mémoires du chevalier de Beaujeu ». Auteur de nombreuses monographies historiques et scientifiques, et depuis 1863 collaborateur aux principaux journaux polonais.

Krynski (Adam-Antoine), illustre philologue polonais, né, à Luków (gouvernement de Siedlce), en 1844. Après avoir fini ses études à l'École Centrale à Varsovie (1869), il entra dans l'enseignement comme professeur des langues anciennes à un des gymnases de Varsovie. En 1884, il fut nommé conseiller d'État. On lui doit: « Des sons nasals dans les langues slaves », 1870; « De la langue de Wojciech Oczka d'après ses œuvres »; « Le psaumier de Jean Kochanowski »; « De la déclinaison polonaise », etc. Depuis 1884, il dirige la revue *Travaux philologiques*, en collaboration avec MM. Karlowicz, Malinowski et Baudouin de Courtenay. Il y publie des travaux du domaine de la linguistique polonaise et des critiques et récensions d'ouvrages philologiques.

Krzymuski (Edmond), homme de lettres polonais, professeur à l'Université de Cracovie, né, à Krusryno, en 1851. Il fit ses études classiques et son droit à Varsovie (1875). Nommé en 1880 docteur ès-lois à l'Université de Cracovie, il a été ensuite professeur-adjoint de la philosophie du droit, et fut nommé en 1888 professeur à l'Université de Cracovie. Parmi ses ouvrages, nous citerons: « La théorie d'Arens »; « Théorie criminelle de Kant », 1882; « Cours de droit criminel », vol. 1er, 1885; vol. 2e, 1887.

Kuborn (J.-P.-Hyacinthe), célèbre médecin belge, né, à Seraing, le 2 septembre 1829. Président de la Société royale belge de médecine publique, membre de l'Académie de médecine et d'autres sociétés savantes, professeur à l'École industrielle de Seraing, M. K. a publié non seulement d'importants travaux relatifs aux sciences médicales, mais encore des travaux littéraires fort appréciés. Nous devons nous borner ici à mentionner ces livres qui lui ont valu, tout valu, dans l'Europe entière, sa haute réputation de savant et d'homme de cœur : « Étude sur les maladies des ouvriers employés dans les exploitations des mines », Bruxelles et Paris, 1864 ; « Du travail des femmes et des enfants dans les mines de houille », Bruxelles, 1870.

Kyriakos (Diomède), écrivain hellène, né, à Athènes, en 1843 ; il descend d'une famille de Spetzia, qui a rendu de grands services à la cause nationale lors de la guerre de l'indépendance en 1821 ; son père avait été professeur de droit à l'Université d'Athènes ; c'était un avocat distingué et tour-à-tour député, ministre et président de l'Assemblée nationale. M. K. fit ses premières études au séminaire de Rizarion, et en 1861 il fut inscrit à l'Université d'Athènes, puis il alla terminer ses études théologiques à Erlangen, à Leipzig et à Vienne. A son retour en Grèce en 1866, il fut nommé agrégé de théologie, et deux années après professeur d'histoire ecclésiastique et de dogmatique. Il a fondé deux revues théologiques : la *Revue Orthodoxe* et la *Voix de la religion*. Il a traduit les *Méditations sur le Christianisme* de Guizot. Ses œuvres originales sont : « Histoire ecclésiastique », en deux vol. ; « Essai d'histoire ecclésiastique », 1 vol. ; « Mes Méditations », et plusieurs autres opuscules sur la science théologique. Vient de paraître : « Méditations, comprenant : Julien l'apostat, Augustin, Synesius, Photius » ; « De la Conversion des Slaves et des Russes au Christianisme » ; « Socrate par Gustave Eichthal », etc., etc. Ce livre est dédié à Charles Haxe, théologien allemand. Dans tous ses écrits, il se montre très libéral et cherche à reconcilier la religion avec la science, le christianisme avec la civilisation. Il a été membre actif de plusieurs sociétés politiques, dont le but était l'annexion à la Grèce de la Thessalie et de l'Épire.

L

Lach-Szyrma (le Rév. N.-S.), *folk-loriste* et antiquaire anglais, né, à Devonport, le 25 décembre 1841. Il entra au Saint-Ministère en 1865, et a couvert la place de chapelain anglais dans plusieurs villes du continent. Nous avons de lui des articles dans les journaux suivants : *Notes and queries, Antiquary, Western Antiquary, Church Review, Church Times* et *Church in the West*.

Laguerre (Georges), publiciste et homme politique français, actuellement rédacteur en chef de *La Presse*, journal politique quotidien, et député de Vaucluse, est né, à Paris, le 24 juin 1858. Reçu licencié en droit, il fut secrétaire de la Conférence des avocats et collabora au journal *La Justice*. Mais c'est surtout comme avocat à la Cour d'appel, qu'il appela l'attention sur lui et s'est fait une situation très en relief dans le parti radical. Après avoir plaidé pour les manifestants sur la tombe de Blanqui, pour Louise Michel, pour les principaux accusés de la grève de Decazeville et de Montceau-les-Mines, il a défendu en cour d'assises le mystérieux Campi, Euphrasie Mercier, Pel et d'autres criminels dans des procès retentissants. Peu après le procès des grévistes de Montceau-les-Mines, une vacance s'étant produite dans le département de Vaucluse, la candidature y fut offerte à M. L. qui l'accepta et fut élu. Il prit place à l'extrême gauche. Porté au scrutin du 4 octobre 1885 sur la liste intransigeante, il a été élu, au second tour, par 33,202 voix sur 62,052 votants. Il a repris sa place à l'extrême gauche. Récemment (juillet 1888), M. L. a fondé un organe politique quotidien *La Presse*, avec MM. Naquet sénateur, Le Hérissé, Saint-Martin, Laporte et Laur, députés : ce journal a défendu la politique du général Boulanger, pour lequel M. L. est monté deux fois à la tribune de la Chambre et dont il est resté l'ami dévoué dans la bonne comme dans la mauvaise fortune.

Lambert (Eutrope), poète français, né, à Jarnac (Charente), le 1er juillet 1842, a publié ses premiers vers, en 1862, dans la *Tribune Lyrique* de Mâcon ; depuis, il a semé dans d'innombrables journaux des vers et des articles bibliographiques. Bien que comptable dans une maison de commerce, M. L. est rédacteur en chef de l'*Écho de Jarnac*. Il a publié : « Feuilles de rose », poésies, 1864 ; « Marie de Valsayre », étude biographique, 1865 (Madame Astre de Valsayre, qui écrit dans le journal *L'Hygiène*, est cette dame qui insistait auprès de M. Pasteur pour qu'il lui inoculât la rage. Madame de Valsayre s'est maintes fois battue en duel) ; « Les Étapes du cœur », poésies, avec une préface de Laurent-Pichat, 1866 ; « Les Enfantines », poésies, 1876 ; « Dernière jonchée », poésies, 1880 ; « Douze sonnets », avec lettres-préfaces de François Coppée et de Sully Prudhomme, 1885 ; « Maria Mia », poésie sur la mort de la fille de l'auteur, 1887. M. L. fait partie de la Société des auteurs et compositeurs de musique.

Lamp (E.), astronome allemand, docteur en philosophie, *privat-Docent* à l'Université de Kiel et employé à l'observatoire astronomique de cette ville, est né, le 4 avril 1850, à Kopperpahl près de Kiel, a fait ses études aux Universités de Kiel et de Berlin ; a été, de 1874 à 1877, assistant à l'Institut géodétique de Berlin ; de 1877 à 1888, second observateur à l'observatoire astronomique de Kiel, où en 1883 il reçut la nomination de premier observateur. Comme *privat-Docent*, il enseigne depuis 1881 à l'Université de Kiel, et ses ouvrages principaux sont les suivants : « Der scheinbare Ort des Polarsterns », Kiel, 1874 ; « Die geodätischen Hauptpunkte und ihre Coordinaten » (version du danois « De geodaetiske Hovedpunktes og deres Koordinater », publication de G. Zachariae), Berlin, 1879 ; « Das æquinoctium für 1860 ö », Kiel, 1882.

Lancaster (Albert-Benoît-Marie), savant belge, né, à Mons, le 24 mai 1849. Attaché en qualité de météorologiste à l'Observatoire royal de Bruxelles, il fut l'un des plus précieux collaborateurs de l'ancien directeur de cet établissement, J.-C. Houzeau, dont il a écrit la biographie ; et il continue seul aujourd'hui une œuvre gigantesque entreprise en commun, la « Bibliographie générale de l'astronomie, ou catalogue méthodique des ouvrages, des mémoires et des observations astronomiques publiées depuis l'origine de l'imprimerie jusqu'en 1880 ». Sans entrer dans le détail des publications scientifiques de M. L., pour la plupart assez spéciales et éparses dans le *Bulletin de l'Académie royale de Belgique*, dans l'*Annuaire de l'Observatoire*, dans *Ciel et Terre*, etc., nous citerons encore de lui un livre fort intéressant : « Quatre mois au Texas ; de la Nouvelle-Orléans à la Havane », Bruxelles, 1886 et Mons, 1887.

Láng (Louis), économiste hongrois, né, le 19 octobre 1844, à Budapest. Pour compléter ses études préliminaires, il séjourna plusieurs années à Paris et à Berlin, où il traduisit l'œuvre de Büchner : « Kraft und Stoff », en hongrois, et écrivit plusieurs essais littéraires. Après avoir achevé ses études, il fut nommé agrégé d'économie politique à l'Université de Budapest, et en même temps rédacteur de la partie financière du journal *Ellenör*. En 1878, il fut élu député, puis, en 1880, rédacteur en chef de ladite gazette. En attendant, il fit paraître plusieurs essais sur les questions agricoles agitées alors (déficit de la Société, Minimum, Homestead). En 1882, parut la 1re partie de son « Économie politique », et à la fin de la même année, il fut nommé rédacteur en chef de la gazette *Nemzet*, organe du parti libéral, formé par la fusion des deux journaux *Hon* et *Ellenör*, mais il n'y resta pas longtemps, car il fut nommé professeur de statistique à l'Université.

Lange (Ernest-Philippe-Charles), écrivain allemand, docteur en médecine, né, le 21 décembre 1813, à Potsdam, a fait ses études au gymnase de sa ville natale et à l'Université de Berlin. Pour obéir à la volonté de son père, un des plus distingués médecins allemands, il se dédia à la médecine, sans renoncer pourtant aux études philosophiques et littéraires qu'il cultiva contemporainement avec le plus grand amour. Promu docteur en 1839, il devint peu de temps après chirurgien à la *Charité* de Berlin et ensuite chirurgien dans l'armée. En 1845, il fut nommé premier médecin au Collège des Cadets à Potsdam, et en 1847, médecin de bataillon à Bielefeld. En 1857, il fut transféré à Potsdam en qualité de médecin de l'état-major, et en 1878, après avoir été promu premier médecin de l'état-major, il fut pensionné. Sous le pseudonyme de *Philipp Galen*, il a publié une longue série de romans qui prouvent la vastité des connaissances psychologiques et le sens éminemment artistique de l'auteur. Voici la liste presque complète de ses travaux : « Der Inselkönig » ; « Der Irre von St.-James » ; « Fritz Stilling » ; « Walther Lund » ; « Andreas Burns und seine Familie » ; « Baron Brandau und seine Junker » ; « Emery Glandon » ; « Der Strandvogt von Jasmund » ; « Der Sohn des Gärtners » ; « Die Insulaner » ; « Der Leuchtthurm von Cap Wrath » ; « Der Grüne Pelz » ; « Nach 20 Jahren » ; « Die Tochter des Diplomaten » ; « Der Erbe von Betty's Kuk » ; « Jane die Jüdin » ; « Das Irrlicht von Argentières » ; « Walram Forst, der Demagoge » ; « Der Löwe von Luzern » ; « Der Friedensengel » ; « Der Alte vom Berge » ; « Irene die Träumerin » ; « Der Rastelbinder » ; « Der Einsidler von Abendberg » ; « Frei vom Joch » ; « Die Perle von der Oie » ; « Der Pechvogel » ; « Die Fürstendiener » ; « Humoristische Erzählungen » ; « Zweimal auf der Polizei », etc.

Lange (Jean), célèbre botaniste danois, professeur de botanique à l'Académie vétérinaire et agricole de Copenhague, né, à Ostedgaard, en 1818 ; il a fait de 1851 à 1853 des voyages botaniques en France et en Espagne, a été de 1856 à 1876 directeur du jardin botanique de l'Université de Copenhague. En 1865, il fut reçu à l'Académie royale des sciences à Copenhague, et en 1879 il fut nommé docteur honoraire en philosophie à l'Université d'Upsala. On lui doit : « Conspectus floræ Gronlandicæ », I, 1880, II, 1887 ; « Flora Danica », paraissant par livraisons depuis 1857 ; « Diagnosis plantarum peninsulæ Ibericæ novarum, a variis collectoribus reiculiosi tempore lectarum », I, 1878, II, 1881 ; « Remarques sur le différent degré de variabilité chez des espèces du genre Primula », *Journal de botanique*, 1884 ; « Haandbog i den danske Flora », 4me éd., 1886-87 ; « Nomenclator Floræ Danicæ sive index system. et alphabeticus operis: « Icones Floræ Danicæ », inscripti cum enumeratione tabularum ord. chron. adjectis notis criticis », 1887 ; « Icones plantarum officinalium Scandinaviæ, c. tab. 365 » ; « Icones Floræ Gronlandicæ, c. tab. 336 » ; « Arboretum Scandinavicum, c. tab. 174 » ; « Cyperaceæ et Typhaceæ Scandinaviæ, c. tab. 170 ». On lui doit plusieurs contributions publiées dans les revues de botanique danoises.

Lapi (Scipion), imprimeur et éditeur italien, dont le domicile est à Città di Castello (Ombrie), est né, le 24 mai 1857, à Apecchio (prov. de Pesaro), d'une famille originaire de Pérouse.

Il fit ses études au gymnase et au lycée de Pérouse, suivit la faculté de mathématiques à l'Université de la même ville et les acheva à l'École des Ingénieurs à Pise (1871): nous le trouvons professeur de mathématiques à l'École *Reale* fondée vers cette époque à Città di Castello et supprimée depuis. Il est maintenant professeur de mathématiques à l'école technique de la ville. Mais ce ne sont ni ses ouvrages comme ingénieur ni ses leçons de chaire que nous devons considérer ici. Disons plutôt que M. L., ayant débuté en 1872 comme imprimeur par une petite presse lithographique, possède aujourd'hui un établissement complet qui contient l'imprimerie, la lithographie, la stéréotipie, enfin toutes les inventions et les améliorations les plus modernes. Ajoutons aussi que M. L. compte maintenant parmi ses ouvriers une notable majorité de femmes, auxquelles il a confié la composition. Nous ne pouvons pas donner ici la liste complète des livres sortis de ses ateliers, mais nous ne pouvons taire non plus les noms des auteurs principaux dont il a été l'éditeur: Ce sont MM. Louis Morandi, Jacques Zanella, Camille Antona-Traversi, A. Ademollo, Olindo Guerrini, D'Ovidio, R. Bonghi, C. Lombroso, E. Monaci, A. Franchetti, etc.

Laurie (Simon SOMERVILLE), pédagogiste écossais, professeur d'histoire, théorie et pratique de l'éducation à l'Université d'Édimbourg, né, dans cette ville, le 13 novembre 1829. Parmi ses ouvrages, citons la traduction de l'allemand des contes flamands d'Henri Conscience; « The Fundamental Doctrine of Latin Syntax », 1860; « Essay on the Philosophy of Ethics », 1866; « Notes on British Theories of Morals », 1868; « The Training of the Teacher, and other Educational Papers », 1882; « Handbook to Lectures on Education », 1883.

Lebou (Désiré-Ernest), né, à Audigny, Aisne, le 25 août 1846; professeur agrégé au Lycée *Charlemagne* à Paris, ancien professeur remplaçant au Conservatoire des arts et métiers, rédacteur du *Bulletin scientifique*. Nous avons de lui les publications suivantes: « Traité de géométrie descriptive », en 2 vol. et un atlas, avec figures dans le texte, chez Delalain, à Paris; « Géométrie appliquée et perspective », id. Mémoires sur l' « Épaisseur des berceaux »; « Théorie et applications des sections romothétiques de deux quadriques »; « Théorie et constructions de l'appareil hélicoïdal des arches biaises »; « Arrêté de rembroussement d'une développable »; « Intersection d'une droite et d'une quadrique »; « Les lits de la vis Saint-Gilles »; « Intégrations des équations différentielles de la forme $F(p, px - y) = o$ », etc. « Sur les démonstrations de quelques propriétés métriques du triangle », 1889; enfin, en italien: « Sulla determinazione degli ombelichi delle superfici tetraedriche », id.

Lecoy de la Marche (Albert), historien français, archiviste aux Archives nationales depuis 1864; ancien archiviste du département de la Haute-Savoie; professeur honoraire d'histoire à l'Institut catholique de Paris; membre de la Société de l'École des Chartes, de la Société des Antiquaires de France, etc.; lauréat de l'Institut. Il est né, à Nemours (Seine-et-Marne), le 21 novembre 1840. Élève de l'École des Chartes en 1858, pensionné les années suivantes. Archiviste à Annecy (Haute-Savoie) de 1861 à 1864. Nommé à Paris, à cette date, à la section administrative des Archives nationales, puis à la section historique. Il a obtenu en 1867 le prix de l'Institut à l'Académie des inscriptions et belles-lettres; en 1875, le grand prix Gobert à la même Académie; a été présenté de nouveau pour le même prix par la commission de l'Académie en 1881. Il a fondé en 1884 des conférences pour l'enseignement supérieur des jeunes filles à la salle *Albert-le-Grand*, puis à l'Hôtel de la Société de géographie, et a fait lui-même de nombreuses conférences historiques et littéraires, là et ailleurs. Il a collaboré à divers journaux et revues, entr'autres, la *Défense*, le *Français*, le *Correspondant*, la *Gazette des Beaux-Arts*, la *Bibliothèque de l'École des Chartes*, les *Mémoires des Antiquaires de France*, la *Revue des questions historiques*, etc. M. L. de la M. a rempli deux missions scientifiques en Italie et en Espagne, a enseigné l'histoire de France à l'Université catholique de Paris de 1877 à 1880 et a été élu membre de la Société des Antiquaires en 1885. Voici les titres de ses publications principales : « La Chaire française au moyen-âge », Paris, 1868 et 1886 (couronné par l'Institut); « Œuvres complètes de Suger », Paris, 1867; « Comptes et mémoriaux du roi René », id., 1873; « Le roi René, sa vie, son administration, ses travaux artistiques et littéraires », 2 vol., id., 1875 (grand-prix Gobert); « L'Académie de France à Rome », id., 1874; « Anecdotes historiques d'Étienne de Bourbon », id., 1877; « Saint-Martin », histoire et archéologie, Tours-Paris, 1881, grand in-8°, illustré; « Les manuscrits et la miniature » (collection de l'Enseignement des Beaux-Arts), Paris, 1885-86, illustré; « Saint-Louis, son gouvernement et sa politique », Tours-Paris, 1887, illustré; « Le treizième siècle littéraire et scientifique », Lille-Tournai, id.; « L'Art d'enluminer », Paris, id.; « La Société au treizième siècle », id., 1880; « Inventaire des titres de la maison de Bourbon » (pour les Archives Nationales), id., 2 vol., 1874; « Vie de Jésus-Christ du XVe siècle », avec miniature, id., 1870, etc., etc.

Lefèvre (Charles), publiciste et paléographe français, né, à Gand (Belgique), le 16 décembre 1814, de parents français et sur un territoire français, la Belgique, en 1814, faisant partie de l'empire français. Reçu licencié en droit, à la Faculté de Paris, le 31 juillet 1838, M. L. collabora d'abord à l'*Encyclopédie du droit* de MM. Sebire et Carteret (1841-42). Le 14 avril 1842, il fut attaché à la Commission royale d'histoire de la Belgique et chargé de concourir à la rédaction de la *table analytique des chartes et diplômes*. Employé, de 1845 à 1849, aux archives du royaume, à Bruxelles, il collabora au recueil des actes des États généraux de 1600, déchiffra, transcrivit la plupart des pièces, et rédigea la *table analytique* qui forme plus de cent pages. Dans la préface de ce recueil de documents publiés sous les auspices de la Chambre des représentants, M. Gachard, archiviste-général, rend témoignage des aptitudes paléographiques de M. L. qui avait été pour lui un auxiliaire laborieux et dévoué. En 1851, M. L. entra à la rédaction de la *Patrie*, qu'il quitta en 1866, avec M. Cucheval-Clarigny, pour accepter les fonctions de secrétaire de rédaction à la *Presse*. Dans la dernière période de la Commune, après le départ de M. J. J. Weiss, il resta, sous la direction de M. Heilbronn, seul chargé de la composition du journal. Un article sur la fameuse déclaration de Jules Favre : « pas un pouce de notre territoire, pas un mur de nos forteresses », lui valut d'être violemment pris à partie et brutalisé par un fédéré. C'est peu de temps après que la *Presse*, dont le directeur M. Jules Mirès était à Marseille, fut supprimée. En 1871, Henri Vrignault appela M. L. au *Bien Public*, où il remplit, pendant trois ans, les fonctions de secrétaire de rédaction. Il suivit M. Vrignault dans sa retraite, et entra, peu après, comme secrétaire de rédaction, au *Constitutionnel*. A la mort de son directeur, M. Gibiat, il passa au *Pays*, où il ne resta qu'un an, pour rentrer, une dernière fois, au *Constitutionnel* dont la propriété venait d'être cédée à M. Henri de Houx. M. L. est officier d'Académie, commandeur de l'ordre d'*Isabelle la Catholique*, chevalier de Saint-Stanislas, officier du Medjidié, etc.

Leffler (Anne-Charlotte), connue aussi sous le pseudonyme de *Edgren*, femme-auteur suédoise, née, le 1er octobre 1849, à Stokholm. Nous avons de cet auteur en librairie : « Ur Lifvet Ier », 1882 ; « Ur Lifvet IIe », 1883 ; « Sanna Kvinnor », comédie, id. ; « Ur Lifvet IIIe », id., 2me éd., 1889 ; « Hur man gör godt », comédie ; 1885 ; « Ur Lifvet IVe » ; « Sommars-aga », roman, 1886 ; « Kampen för Lyckan », drame, 1887.

Léontias (Sapho), femme-auteur hellène, née, à Smyrne, en 1833, où actuellement elle dirige un pensionnat. Mme L. est la seule femme en Grèce qui connaisse à fond le grec antique. Nous avons d'elle : « La femme dans l'ancienne tragédie » ; « Histoire de l'empereur Constantin le grand » ; « L'Économie domestique » ; et une collaboration suivie au *Journal des Dames* d'Athènes.

Lepage (Auguste), journaliste et romancier français, né, à Mauvages, dans le département de la Meuse. Fils de cultivateurs, il fréquenta l'École communale, reçut du curé du village des leçons de latin. Il vint à Paris pour compléter ses études. Il fut d'abord secrétaire d'un ingénieur des chemins de fer avec lequel il voyagea dans tout le centre de la France, puis employé chez un marchand de fer à Paris. Le soir, il suivait les cours du conservatoire des arts et métiers et de l'association phylotechnique. Il fonda, en 1861, un journal industriel le *Moniteur du Bâtiment*, où écrivirent MM. Henri de Lapommeraye, alors petit employé à l'*Hôtel de Ville ;* Édouard Drumont qui devait plus tard se faire une célébrité avec la *France juve ;* Louis Lacour qui a publié des éditions du XVIIe siècle et qui sous le nom de *La Pijardière* devint archiviste de l'Hérault. M. L. a débuté dans le roman par une nouvelle qui parut à l'*Illustration des Dames*, il a écrit à la *Lecture*, à la *Revue bibliographique*. En 1866, il prit la gérance du *Courrier français*, dont M. Vermorel était le directeur politique. En 1868, il quitta le journalisme et ne s'occupa plus que de littérature. M. L. a publié des ouvrages historiques. Citons : « Histoire de la Commune de 1871 » ; « Récits sur l'Histoire de Lorraine » ; « Récits sur l'Histoire d'Alsace » ; « Nos frontières perdues » ; « Les Sièges Héroïques » ; « Voyage de Laponie » de Regnard, avec notes et préface ; « Mémoire de l'élection de l'empereur Charles VII en 1741 », avec préface et notes ; « Les Boutiques d'esprit, grands journaux et librairies » ; « Les Dîners artistiques et littéraires » ; A ces volumes, il faut ajouter des romans et des nouvelles parus dans le *Constitutionnel*, le *Pays*, la *Patrie*, la *Loi*, la *Liberté*, l'*Illustration*, le *Monde illustré*, la *Revue de la Mode*, la *Chasse illustrée*, la *Revue de France*, le *Journal illustré*, le *XIXe Siècle*, le *Foyer*, la *Revue du Monde catholique*, le *Gaulois*, le *Bulletin de la Société des gens de lettres*, etc., etc. Il avait publié aussi un roman : « Le Roman d'un Parvenu », qui reparut sous le titre de « Mario » ; puis vinrent : les « Cafés artistiques et littéraires » ; « Mademoiselle de Merville » ; « Voyage aux pays révolutionnaires » ; « La Sirène de l'Argonne » ; « Le roman d'un gentilhomme » ; « Une vie d'artiste » ; « L'Odyssée d'une comédienne » ; « Caprice de marquise », traduit en russe et en hongrois ; « Une Déclassée » ; « La Dame de l'île », etc., etc.

Lesser (Adolphe), toxicologiste allemand, docteur en médecine, professeur de toxicologie à l'université de Breslau, né, le 22 mai 1851, à Stargard, en Poméranie, fit ses études au gymnase de son pays natal et à l'Université de Berlin ; a été, de 1876 à 1886, assistant à l'institut de médecine légale de cette capitale, et de 1879 à 1886, médecin à l'hôpital *Klemmann* de

Berlin; il a pris, en 1881, son habilitation à l'enseignement de la médecine légale à l'Université de Berlin, et en 1887 a été nommé professeur à l'Université de Breslau. En dehors de plusieurs articles de médecine et de toxicologie publiés dans les journaux spéciaux allemands, il est auteur de nombreux ouvrages médicaux, parmi lesquels nous citons : « Atlas der Gerichtlichen Medicin », Berlin, 1883-84 ; « Experimentelle Untersuchungen über den Einfluss einiger Arsen- Verbindungen auf den thierischen Organismus » (*Virchow'Arch*.), 1878 ; « Zur Würdigung der Ohrenprobe » (*Eulenberg Vierteljahrschr. f. ger. Med. und off. Ges.*), 1879 ; « Ueber die localen Befunde beim Selbstmord durch Erhängen » (id.), 1881 ; « Ueber die Anatomischen Veränderungen des Verdauungscanals durch Aetzgift » (*Virchow's Arch.*), 1871 ; « Ueber die wichtigsten Sectionsbefunde beim Tode durch Ertrinken » (*Eulembergs Vierteljahrschr.*), 1883 ; « Ueber Verletzungen der Geschlechtstheile durch instrumentell provocirten Abort » (id.), 1886.

Lewin (George-Richard), médecin allemand, professeur à l'Université de Berlin, directeur de la clinique syphilitique à l'hôpital de la *Charité royale* de Berlin, né le 19 avril 1820, a fait ses études à Leipzig, Halle, Heidelberg, Prague, Berlin, Vienne et Paris. Nous lui devons : « Klinik der Krankheiten des Kehlkopfs und der angienzenden Organe », Berlin, 1863, 2me éd., 1865 ; « Die Inalationstherapie in Krankheiten der Respirationsorgane », id., 1868 ; « Die Behandlung der Syphilis mit Subcutaner Sublimat-Iniection », id., 1869 ; « Studien über Phosphorvergiftung », *Virchow's Arch.*, 1861 ; « Ueber Krankheiten einzelner Theile des Larynx », id., 1862 ; « Studien und Experimente über die Function des Hypoglossus im Auschluss auf mehrere Fälle von syphilitischer Glossoplegie », *Charité-Annal.*, 1883 ; et tant d'autres dissertations et études parues dans les revues médicales allemandes.

Loeb (Isidore), écrivain israélite français, est né, à Soultzmatt (Alsace), le 1er juillet 1839. Élève des Séminaires israélites, dont il sortit en 1862 avec le diplôme de grand rabbin, rabbin à Saint-Étienne de 1865 à 1868 ; secrétaire de l'*Alliance israélite* depuis 1869 ; professeur d'histoire juive au Séminaire israélite (il n'y a en France qu'un Séminaire israélite pour la formation des rabbins, c'est le Séminaire de Paris depuis 1878). Président du Comité des publications de la *Société des études juives* depuis la fondation de cette Société (en octobre 1880), il a fait un cours de judaïsme rabbinique à l'*École des Hautes-études*, depuis cette année scolaire ; il a dirigé et rédigé pendant trois ans la *Revue israélite*, journal hebdomadaire fondé à Paris en 1870. Nous avons de lui : *Le Bulletin semestral de l'alliance israélite*, depuis 1869 ; l'histoire de cette Société, publiée sous le titre : « De l'alliance israélite universelle », Paris, 1887 ; « La situation des Israélites en Serbie et en Roumanie » (anonyme), id., 1877 ; « La situation des Israélites en Turquie, en Serbie et en Roumanie » (avec de nombreux documents diplomatiques), id., id. ; « Les Doggotoun, tribu d'origine juive demeurant dans le désert du Sahara », traduit de l'hébreu de Mardochée Abi-Serour et annoté, Paris, 1881 ; « Biographie d'Albert Cohn », Paris, 1878 ; « La controverse sur le Talmud sous Saint-Louis », id., 1881 ; « Statuts des Juifs d'Avignon (1779) », id., id. ; « Ibiatzil Léoi, mort martyr à Colmar en 1754 », Versailles, id. ; « Borach Lévi », id., 1884 ; « Le Saint-Enfant de la Guardia », id., 1888 ; « La correspondance des Juifs d'Espagne avec ceux de Constantinople », id., id. ; « Tables du calendrier juif depuis l'ère chrétienne jusqu'au XXXe siècle, avec la concordance des dates juives et des dates chrétiennes et une méthode nouvelle pour calculer ces tables », id., 1886 ; « L'article *Juifs* du dictionnaire de géographie de Vivien de Saint-Martin » (non signé, tiré à part), id., 1884 ; « Un procès sous la famille des Tibbon », id., 1886 ; « Les articles sur le Judaïsme dans la *Grande Encyclopédie* » ; « Les expulsions des Juifs de France au XIVe siècle », Paris, 1887. En outre, des articles dans presque chaque numéro de la *Revue des Études Juives*, et principalement dans le *Journal des Revues biographiques*, qui paraissent intéresser le public.

Luze (Édouard-Georges DE), né, le 21 septembre 1849, à Paris, sous-préfet de Saintes le 20 juin 1888, officier d'académie le 16 février 1883, officier de l'instruction publique en 1889, a publié : « Organisation administrative de la France, de 1789 à nos jours » ; « Réforme municipale » ; « Pêches maritimes de Terre-Neuve et d'Islande » ; « Prononciation et transcription des noms géographiques » ; « Terminologie géographique » ; « Collation du Musée de Sémur ». M. de L. appartient à une ancienne famille noble protestante de Chalais, dont une branche s'est expatriée à Neuchâtel, après la révocation de l'Édit de Nantes, y a importé l'industrie des toiles peintes, et s'est alliée aux plus grandes familles du pays, telles les de Pourtalès, les d'Ostervald, de Chambrier, etc.

M

Mac-All (Robert WHITAKER), philanthrope, pasteur congrégationaliste anglais, fondateur et directeur de l'Œuvre des réunions populaires de Paris et de la France, né, à Macdesfield, comté de Chester, le 17 décembre 1821, d'une famille d'origine écossaise, qui a fourni à l'Église des pasteurs nombreux et distingués. Sarah Whitaker, descendait par sa mère d'un frère de Robert Bruce, roi d'Écosse. Après avoir étudié l'architecture, il y renonça pour se vouer au Saint-Ministère, et après de brillantes études au Collège de Lancashire, il fut diplômé en 1847 par l'Université de Londres et consacré l'année suivante. Il fut successivement pasteur à Sunderland, à Leicester, à Hadleigh, quand il vint à Paris en 1871, et visitant le quartier de Belleville tout fumant des dernières convulsions de l'insurrection, il eut l'occasion de s'entretenir avec des ouvriers qui lui parurent disposés à écouter l'Évangile simplement prêché. Quelques mois après, il ouvrait une réunion morale, bientôt suivie de la fondation de salles nombreuses tant à Paris que dans les départements. Les ouvriers français apprécièrent l'ardeur de son zèle, la largeur de son cœur, la cordialité de ses manières, qui lui assurèrent une popularité de bon aloi dans les quartiers excentriques qui avaient été la forteresse de la Commune. Les séances se composent de cantiques populaires aux mélodies vives et entraînantes accompagnées sur l'*harmonium* de la lecture de l'Évangile, de simples allocutions religieuses faites par deux ou trois orateurs, et comme conclusion, d'une courte prière. Les orateurs français ont pour unique consigne d'être brefs et de ne parler ni de politique, ni de controverse. Aux salles des conférences sont annexés des ouvroirs pour procurer du travail aux femmes pauvres, des dispensaires pour les malades, des écoles pour les enfants, des bibliothèques populaires, des visites à domicile, des réunions de chant, des études bibliques, etc. Des conférences sur des sujets religieux, dans de grandes salles publiques par des orateurs bien choisis, ont donné à l'œuvre une grande et nouvelle extension. Si M. M. a l'esprit d'entreprise qui caractérise sa race, il est français, il sait se rendre compte des besoins spéciaux et du génie propre de la France. Il est franchement évangélique, sans étroitesse sectaire et sans excentricité. La Société d'encouragement au bien et la Société libre d'instruction lui ont décerné des médailles d'honneur. M. d'Haussonville et M. Maxime du Camp, de l'Académie française, en ont parlé avec éloges dans la *Revue des Deux-Mondes*. En 1877, il a été nommé membre de la Société linnéenne. Il a publié des rapports annuels très complets sur son œuvre, avec des introductions par M. Rousseau-Saint-Hilaire, membre de l'Institut, des recueils de cantiques populaires et des instructions pour ses collaborateurs. Cette entreprise de moralisation des masses laborieuses est assurément la plus vaste et la plus heureuse qui ait été tentée de nos jours en France.

Mackinnon (Donald), philologue écossais, professeur de littérature celtique à l'Université d'Édimbourg, né, à Colonsay, le 18 avril 1839 ; on lui doit une longue série d'articles sur les proverbes Gaëliques et la littérature Gaëlique insérés à la revue *The Gael*.

Maclagan (Douglas), médecin écossais, professeur de jurisprudence médicale à l'Université d'Édimbourg, né, le 17 avril 1812, à Ayr; en dehors de nombreux articles et essais, il a publié en 1850 : « Nugæ Canoræ Medicæ » ; « Lays, The Poet-Laureate of the New Town Dispensary ».

Mailand (Oscar), écrivain hongrois, né, en 1858, à Algyógy, comitat de Hunyad. Après avoir achevé ses études universitaires de philosophie et de littérature moderne, il apporta tous ses soins aux études ethnographiques. Dans ce but il visita les musées de Paris et ceux d'Allemagne. Actuellement il est attaché à l'école royale de Déva. On lui doit : « Études ethnologiques par rapport au peuple roumain », publiées à l'*Ausland* (*Mittheilungen der Anthropologischen Gesellschaft in Wien*) ; « Culte du soleil et de la lune chez les Romains » (*Revue philologique hongroise*). Diverses études ethnographiques roumaines dans les journaux : *Nemnzet*, *Pövinosi lapok*, *Arad ès Vidécke*, *Kolozsvár*. En ce moment il recueille des dates devant servir à la publication prochaine d'une mythologie roumaine. Membre de la Société historique et archéologique du comitat de Gungad, aux assemblées de laquelle il lit de temps à autre ses articles.

Majláth (Albert DE Székhely), d'une famille d'ancienne noblesse hongroise, né, le 18 juin 1831, à Andrásfalva, département de Liplό, prit du service dans l'armée hongroise en 1848-49, où il resta en qualité d'officier de la garde nationale jusqu'à la fin de la guerre, présent à dix-sept combats, prisonnier de guerre, 1849-1850; il devint géomètre, puis s'appliqua à la littérature et à des études d'histoire et de physique. Après le rétablissement de la constitution hongroise en 1867, il fut élu premier notaire, puis sous-palatin (préfet) du département de Liplό. En 1879, il devint garde-en-chef de la bibliothèque Széchény au Musée national, où il est encore en activité. M. M. est d'une universalité et fertilité extrême. En dehors de plusieurs volumes de poésies et de nouvelles, nous avons de lui quatre essais sur l'histoire littéraire, sept sur l'économie politique, quatre de science physique, quatorze d'archéologie, dix-sept d'histoire, huit de héraldique et dix-huit d'autres matières scientifiques. En outre, dix-neuf ouvrages plus étendus ont paru de lui séparément.

Marcelin (Frédéric), homme de lettres haïtien, secrétaire de légation à Washington, député de Port-au-Prince en 1882, aujourd'hui président du tribunal de commerce de la même ville, né, à Port-au-Prince, République d'Haïti, fit toutes ses études au Lycée National de cette ville. M. M. a fondé plusieurs journaux, entr'autres : le *Réveil* en 1867, journal qui entreprit la tâche ingrate d'éclairer le pouvoir tout en calmant les impatiences de l'opposition libérale. Il a collaboré à l'*Opinion Nationale*, et de 1880 à 1883, a été un des principaux rédacteurs de l'*Œil*. Il a publié en 1878, chez A. Lemâle aîné, Hâvre, sur Ducas Hippolyte, poète et publiciste haïtien, une étude complète qui donne un tableau saisissant de l'état social de la République noire de 1858 à 1868. L'auteur passe en revue, à grands traits, les périodes de Soulouque, de Geffrard et de Salnave. Il fait une vive peinture de l'horrible guerre civile qui désola le pays pendant deux ans. Il a publié, chez Joseph Kugelmann à Paris, en 1887, un volume intitulé : « La politique », où il a tracé en quelque sorte l'histoire du parti national, un des deux partis qui se partagent Haïti, et les principes sur lesquels il s'appuie et devrait s'appuyer. Il a réuni aussi en volume les principaux discours prononcés par lui à la Chambre en 1882. On y remarque surtout son célèbre plaidoyer en faveur des indemnités haïtiennes.

Margisay (Didier), romancier hongrois, né, à Ujfeherto, en 1841, fit son droit et s'adonna à la littérature. Parmi ses meilleurs ouvrages, citons : « Les âmes tuées » ; « Le héros Paul » ; « Le bon Dieu », romans ; « La note de 1000 florins », vaudeville.

Maurage (Maurice-Augustin), romancier et journaliste belge, né, à Hautes-Wihéries, en 1828. Il a publié : « Geneviève de Sickingen », Bruxelles, 1854 ; « Diane de Poitiers », id., 1855 ; « La duchesse d'Estampes », id., id. ; « Le capitaine des gueux », id., 1858 ; « Le Sanglier des Ardennes », id., id. ; « Les jeux du hasard », id., 1853 ; « Le ruward », id., id. ; « Le froc et l'épée », id., 1859 ; « Madame de Châteaubriand et François Ier », id., id. ; « Les deux confrères, ou la revanche de Pavie », id., id. Son dernier roman, « L'Esprit de parti », parut en 1859 dans *L'Étoile belge*, et depuis lors l'auteur s'est donné tout entier au journalisme.

Mayo (Guy), écrivain militaire italien, né, à Turin, le 28 juin 1865. Nommé sous-lieutenant au 26me régiment d'infanterie en 1884, lieutenant en 1887, transféré au Collège militaire de Florence en 1890. Suivant avec intérêt le mouvement scientifique de l'époque en rapport à la constitution des armées modernes et à leurs services logistiques, il publia : « La campagna degli Inglesi al Sudan contro il Mahdi », 1887 ; « Le rivalità coloniali dell'Inghilterra e della Russia », 1888. En préparation pour paraître prochainement : « Storia militare dell'Italia » ; « Come si condurrà la guerra moderna » ; « La guerra del Montenegro contro i Turchi ».

Mismer (François-Charles), homme de lettres français, est né, à Strasbourg, le 7 octobre 1836. S'étant engagé à 17 ans, il servit 10 ans à l'armée et a fait la Campagne de Crimée ainsi que celle du Mexique. De retour en Europe, il a rédigé à Constantinople le journal *La Turquie* jusqu'au moment où le grand Vizir Aali-Pacha le prit pour secrétaire particulier. C'est en cette qualité que M. M. accompagna le célèbre homme d'État dans l'île de Crète pendant l'insurrection de 1867. M. M. a aussi dirigé pendant longtemps la mission scolaire égyptienne en France. Les services rendus à la Turquie, à l'Égypte et à la Perse, lui ont valu de hautes distinctions honorifique de ce pays. Nous avons de cet auteur en librairie : « Soirées de Constantinople » ; « Principes sociologiques » ; « L'art de battre les Prussiens » ; « Mémoire sur la réforme des méthodes et des programmes d'enseignement » ; « Souvenirs d'un Dragon de Crimée » ; « Dix ans soldat » ; « Souvenirs de la Martinique et du Mexique ». Il a collaboré, pendant 5 ans, à la *Revue de la Philosophie positive*, avec M. Littré.

Molitor (Charles), écrivain allemand, docteur en philosophie, né, le 5 avril 1848, à Langenbrücken (Baden). Depuis 1875, il est employé aux bibliothèques de l'État et actuellement il occupe la place de bibliothécaire à l'Université royale de Gœttingue. On lui doit : « Der Verrath von Breisach, 1639 », Iéna, 1875, et plusieurs nouvelles publiées après 1876, parmi lesquelles nous citerons : « Gundomar », et « In Feindesland », qu'on lit toujours avec un vif plaisir.

Monnier (Marcel), voyageur et écrivain français, né, à Paris, le 8 février 1853, a fait représenter avec succès en 1878 une charmante comédie en vers, au 3me Théâtre Français : « L'Auberge du Soleil d'or ». Après avoir voyagé successivement dans la Péninsule Scandinave jusqu'à l'Océan glacial, les îles Britanniques, l'Espagne, la Côte d'Illyrie, la Dalmatie, le Montenegro, il a parcouru l'Amérique du Nord, les Antilles, l'Australie et la Birmanie. Il a même été un des derniers voyageurs européens visitant la Birmanie avant la conquête de ce pays par les anglais. En 1886, il s'est rendu du Pacifique à l'embouchure du fleuve des Amazones, à travers les Cordillères Péruviennes et Équatoriennes. Ce long et périlleux trajet qu'il est parvenu à faire, accompagné seulement de quelques Indiens, lui a permis de relever le cours inférieur du Rio Pastaza et de ses lacs et canaux latéraux. M. M. a publié les relations de plusieurs de ses voyages. On a de lui : « Iles Havaï. Un printemps sur le Pacifique », Paris, Plon, 2me éd., 1888, couronné par l'Académie Française ; « Des Andes au Para », un fort vol. in 8°, Plon, 1889. Le style de l'écrivain, ferme et coloré, donne un singulier attrait à la lecture de ces pages. Certains chapitres sont de véritables chefs-d'œuvre. Tel « L'île de Misère », dans les îles Havaï. M. M. a en outre collaboré aux *Bulletin de la Société de géographie* de Paris et du *Club Alpin français*. Il a publié, entr'autres, « L'ascension au grand volcan mexicain, le Popocatepetl ».

Monod (Gabriel-Jacques-Jean), éminent publiciste et historien français, né, au Hâvre, le 7 mars 1844, a fait ses études au Collège du Hâvre; il est entré à l'École normale supérieure en 1862, en est sorti en 1882; a voyagé en Italie et en Allemagne en 1866-67-68. Professeur d'histoire à l'École des Hautes-Études depuis 1868; maître de conférences d'histoire à l'École normale supérieure depuis 1880, il a fait la campagne sous Metz, à Sédan et sur la Loire comme ambulancier. Il est officier de l'instruction publique; membre du comité des travaux historiques; membre de la commission des archives diplomatiques; membre étranger de la Société générale d'histoire suisse; membre étranger de la Société d'histoire de la Suisse romande; membre correspondant de l'Académie des sciences de Munich. Nous avons de lui: « Allemands et Français, souvenirs de campagne », Paris, Fischbacher, 1871; 2me éd., 1872; « Études critiques sur les sources de l'histoire Mérovingienne. 1re partie: Grégoire de Tours et Marius d'Avenche », id., Vieweg, 1872; 2e partie: « Texte de la compilation dite de Frédégaire », id., id., 1885; « Jules Michelet », id., Fischbacher, id.; « Bibliographie de l'histoire de France », id., Hachette, 1888; « Petite histoire universelle, récits et biographies historiques », en collaboration avec M. G. Dhombre, id., Alcan, 1883; « Histoire de France jusqu'à l'avènement de Louis XI » (en collaboration avec P. Bondois), id., Alcan, 1884; « De la possibilité d'une réforme de l'enseignement supérieur », id., Leroux, 1876; « Les origines de l'historiographie à Paris », dans les *Mémoires de la Société de l'histoire de Paris*, id., 1877; « Du lieu d'origine de la chronique dite de Frédégaire » (dans les *Mémoires de la Société générale d'histoire suisse*), 1880; « Sur un texte de la compilation dite de Frédégaire relatif à l'établissement des Burgondes en Gaule », dans les *Mélanges des Hautes études*, 1873; « Le Paraenesis ad judices de Théodulf », dans les *Mélanges Review*, 1887; « Les Réformes de l'enseignement secondaire et l'École alsacienne », Paris, Cerf, 1886. Il a traduit de l'allemand: l'« Histoire critique des règnes de Childerich et de Chlodowech par W. Junghaus », avec introduction et notes, Paris, Vieweg, 1879; il a traduit de l'anglais, en collaboration avec M. Auguste M., son frère, l'« Histoire du peuple anglais de J. R. Green », Paris, Plon, Nourrit et Cie, 1888; il a fondé en 1876 la *Revue historique* qui paraît tous les deux mois, chez Alcan, et lui a fourni de nombreux articles; il a été, de 1873 à 1888, un des directeurs de la *Revue critique*, à laquelle il collabore depuis 1868; il a été en 1874 un des fondateurs de l'École alsacienne; il a fondé en 1882 la Société historique (Cercle Saint-Simon) qu'il a présidé de 1882 à 1888; il a été, pendant 4 ans (1874-78), le correspondant littéraire de l'*Academy* de Londres; il est, depuis 1878, le correspondant politique et littéraire de la *Contemporary Review* de Londres; il a fourni en 1871 au *Journal du Hâvre* une longue série d'articles sur la *Réforme de l'enseignement primaire*; il a collaboré à la *Nouvelle Revue*, au *Courrier littéraire*, à la *Revue Bleue*, à la *Revue Chrétienne*, à l'*Illustration Universelle* de Lausanne, au *Mac-Millan Magazine* de Londres, à l'*Avenir National*, à l'*Opinion Nationale*, au *Moniteur Universel*, au *Journal Officiel*, au *Temps*, au *Journal des Débats*, à la *Presse* de Vienne; il a fourni des articles au *Dictionnaire de Pédagogie* de Buisson et à l'*Encyclopédie des Sciences religieuses* de Lichtenberger.

Morpurgo (Charles-A.), né, au Caire (Égypte), le 20 juin 1848, homme de lettres et poète italien. En dehors de ses nombreux essais poétiques « Mosaico poetico », il a publié plusieurs ouvrages dramatiques, entr'autres: « Cajo Marzio Coriolano », que l'auteur intitule « Scènes Romaines », en 5 actes et en vers, et dans lesquelles le style est à la hauteur du sujet; d'après le jugement de plusieurs critiques, du regretté Filippo Filippi entr'autres, cet ouvrage est un petit chef-d'œuvre. Plusieurs romans d'actualité, tel que: « Ananké »; « Un Incontro Fatale », publiés à Ravenne chez E. Lavagna. De nombreux essais littéraires de tout genre sont à ajouter l'actif de cet écrivain.

Morsier (Édouard DE), jeune critique de talent, français, fils d'une dame que les pauvres de Paris ont souvent bénie. Après plusieurs voyages d'étude et un long séjour en Allemagne, il vient de publier à la Librairie Académique de Paris un excellent livre de critique intitulé: « Romanciers allemands contemporains ».

Muirhead (James), jurisconsulte écossais, professeur de droit civil à l'Université d'Édimbourg, né vers l'année 1830. En dehors des articles insérés aux revues, il a publié: « Notes on the Marriage Laws of England, Scotland and Ireland, with Suggestions for their Amendment and Assimilation », Édimbourg, 1862; « Institutes of Gaius and Rules of Ulpian, with Translations, Notes, etc. », 1880.

Müllner (Laurent), philosophe autrichien, professeur de philosophie chrétienne à l'Université de Vienne, est né, le 29 juillet 1848, à Grossgrillewitz en Moravie, fit ses premières études à Znaim et à Nikolsburg, étudia la théologie et la philosophie à l'Université de Vienne, où en 1876 il fut promu docteur en philosophie. Nommé en 1880 Docent et en 1883 professeur extraordinaire à l'Université de Vienne, il n'y devint professeur ordinaire qu'en 1887. On lui doit: « Wilhelm Rosenkrantz's Philosophie », Vienne, 1887; « Literatur-Kunste-Kritische Essays », id., id.

N

Néményi (Ambroise), écrivain hongrois, né, en 1852, à Péczel. Après l'achèvement de ses études secondaires, il devint journaliste. En 1873, il voyagea à l'étranger; à son retour, il eût le diplôme de docteur ès-lettres, et entra à la rédaction du *Pester Lloyd*, où il manifesta en qualité de rédacteur une vive activité en écrivant grand nombre de feuilletons et de travaux politiques; pendant plusieurs années il fut correspondant de la *République Française* et de la *Nouvelle Revue*, dans laquelle parut de lui un profond essai sur le Parlement hongrois. Ses œuvres qui ont paru séparément sont : « Rabelais et son temps »; « La discipline et l'autorité du Parlement »; « Esquisses d'histoire contemporaine »: « Les Journalistes et le journalisme de la Révolution française »; « Hungaricæ res » (brochure contre le Schulverein allemand) voilà ses titres en librairie. Enfin, il rédigea l'œuvre: « La Hongrie moderne ».

Neruda (Jean), illustre écrivain tchèque, né, à Prague, le 10 juillet 1838, étudia à l'Université de sa ville d'origine et débuta dans les lettres en 1857. Il dirigea tour-à-tour les journaux *Orazy zivota*, *Rodina Uronilla*, *Kvety* et *Lumir*. Nous avons de lui en librairie: « Les fleurs du cimetière »; « Arabesques »; « Fiancé par faute de pain »; comédie: « L'amour vendu », id.; « Illustrations de Paris », contes de voyage; « Poèmes poétiques »; « Étude sur les Hébreux »; « L'étranger »; « Nouvelles de Prague »; « Chansons cosmiques », etc.

Nerva (Emile), philosophe italien, né, vers 1820, à Turin, étudia à l'Université de sa ville natale (1833-35) et à celle de Rome (1835-38). En 1859, il fut nommé professeur aux Universités de France, et en 1854 il fonda la *Revue du XIX Siècle*. En 1861, le ministre italien De Sanctis lui offrit une chaire de littérature française à l'Université de Naples et le Ministre Coppino le nomma en 1867 professeur de philosophie à Naples; deux charges que M. N. refusa. Il fut ensuite nommé président du lycée de Ferrare. Nous avons de lui: « De l'instruction publique en France », 1852; « Respectueuses remonstrances »; « Le spiritualisme »; « Programme de la Revue »; « La littérature française »; « La Genèse des corps célestes ». En 1880, il publia à Paris, chez Reinwald, un grand volume in-8°, intitulé: « Philosophie positive de l'Histoire ».

Nicholson (Joseph SHIELD), économiste anglais, professeur d'économie politique à l'Université d'Édimbourg depuis 1880, né, à Wrawby (Lincolnshire), le 9 novembre 1851, a fait ses études à Londres, à Édimbourg et à Cambridge. On lui doit: « The Effects of Machinery on Wages », ouvrage couronné en 1877, par le *Cobden Club* de Cambridge; l'Introduction et des notes au *Wealth of Nations* d'Adam Smith, 1884; « Tenant's Gain, not Landlord's Loss »; et une série de lettres au *Scotsman*.

Nicolay (John-George), écrivain américain de famille allemande est né, à Essingen (Bavière), le 26 février 1832. Ses parents émigrèrent en Amérique dans l'État d'Illinois, lorsqu'il n'avait que 5 ans. Les écoles étant rares à cette époque dans l'Illinois, il fit des études fort sommaires. Abraham Lincoln le prit pour secrétaire particulier en 1860, et le garda auprès de lui jusqu'à sa mort. Consul des États-Unis à Paris jusqu'en 1870, il est depuis 1872 maréchal de la Cour Suprême des États-Unis qui siège à Washington. En dehors de plusieurs contributions aux journaux, nous avons de lui: « The Outbreak of the Rebellion ». Il a écrit l'article: « Abraham Lincoln », dans l'*Encyclopaedia britannica*; et en collaboration avec le colonel John Hay, il a composé: « Abraham Lincoln, a History », 8 vol. en 8°.

Nitti (Cataldo), écrivain italien, sénateur du royaume, né, à Tarente, en 1808, d'une ancienne famille. Dans sa jeunesse, il publia des poésies. Plus tard, il fit plusieurs publications sur des questions politiques et économiques. On a de lui: « Della povertà di Taranto e dei mezzi per mitigarla », Naples, 1857; « Della importanza militare e commerciale del porto di Taranto », Bari, 1861; « Considerazioni economiche e politiche per le quali l'Italia deve accrescere le sue forze marittime », Taranto, 1865; « Degli asili d'infanzia e della necessità di provvedere alla educazione delle classi meno agiate », id., 1872; « Elogio funebre di Re Vittorio Emanuele », id., 1878.

Nitti (François), jeune historien italien, fils du précédent, né, à Tarente, en 1852, résidant à Rome. Après avoir pris avec de très brillants examens son doctorat en droit à l'Université de Naples, il voyagea. A Florence, de 1873 à 1874, il s'occupa de recherches et d'études sur Machiavel, dont il donna un essai dans son « Machiavelli nella vita e nelle dottrine, studiato con l'aiuto di documenti e carteggi inediti », vol. 1er, Naples, 1876; ouvrage qui fut fort remarqué par la critique savante pour la nouveauté des recherches et des vues et la souplesse de la narration. Malheureusement l'ouvrage est resté jusqu'ici inachevé. Mais une étude intéressante sur « La política di Leone X », que M. N. a fait paraître dernièrement dans la *Nuova Antologia*, nous fait espérer qu'il va reprendre son sujet. M. N. a été appelé à faire part de la Commission pour la grande édition nationale des œuvres de Machiavel. M. N. a aussi essayé de la politique. En 1883, il donna une conférence à Naples sur ce sujet: « Dell'azione del potere centrale in Italia », critique faite au point de vue libéral modéré. Candidat aux élections politiques générales de 1886, avec un programme répondant à cet ordre d'idées, il échoua. Il ne faut pas le confondre avec un autre écrivain du même nom, M. François S. Nitti, qui a publié un livre sur « L'Emigrazione », Naples, 1888.

Norton (Charles-Elliot), homme de lettres américain, né, le 16 novembre 1827, à Cambridge (Massachusetts), a étudié au Collège Harvard de sa ville d'origine. Nous avons de lui: « Recent Social Theories », 1853; « Travel and Study in Italy », 1860; « The new Life of Dante »; « Church-Building in the Middle Ages – Venice, Siena, Florence »; « Correspondence of Thomas Carlyle and Ralph Waldo Emerson », 2 vol., 1883; « Early letters of Thomas Carlyle », 1886; « Correspondence between Goethe and Carlyle », 1887; « Reminiscences by Th. Carlyle », 1887. De 1864 à 1868, M. N. a dirigé la *North-American Review*; depuis 1874 il est professeur à l'Université Harvard pour l'histoire de l'art, et depuis 1879 il est président de l'*Archaeological Institute of America*.

Novakovitch (Stojan), illustre écrivain serbe, professeur d'histoire de la littérature des Slaves méridionaux à l'École Supérieure de Belgrade, ancien professeur de gymnase, ancien directeur de la Bibliothèque et du Musée National serbe de Belgrade, ancien Ministre (1873 et 1875) de l'instruction publique et des cultes, né, en novembre 1842, à Sabac, étudia aux écoles de sa ville d'origine et à Belgrade. Directeur (1865-68) de la revue hebdomadaire *Vila* (La fée), il y insèra plusieurs essais critiques de beaucoup de mérite. On a de lui en librairie: « Bibliographie pour la nouvelle littérature serbe », 1869; « Histoire de la littérature serbe », 1871; éd. augmentée et corrigée de l'ouvrage du même titre publié en 1877: « Chrestomatie de la littérature serbe au moyen-âge », 1877; « Énigmes serbes », id.; citons encore: « Syntaxe Serbe »; « Physiologie de la langue serbe ». M. N. a inséré plusieurs mémoires aux *Actes de l'Académie des Slaves méridionaux* d'Agram, et au *Journal de la Société des Sciences* de Belgrade.

O

Obedesco (Alexandre), archéologue roumain, professeur d'archéologie à Bukarest, né, dans cette ville, en 1834, poursuivit à Paris les études commencées dans sa ville natale, et à son retour en Roumanie publia: « Michea-Voda », 1858 et « Domna Chiaina », 1859, nouvelles. Suivirent: « Études sur les droits et les obligations des monastères roumains, dédiés aux Saints-Lieux »; « Notice sur la Roumanie », 1867; « Pseudo-Kynégeticon », 1874; « Histoire de l'archéologie »; « Les antiquités de Roumanati »; « Histoire de la Révolution des montagnards Roumains de la Transilvanie en 1784 », etc. M. O. a été en 1863 Ministre de l'Instruction publique, est Conseiller d'État dès 1865, a été Commissaire pour la Roumanie à l'Exposition Universelle de Paris en 1867.

Oncken (Guillaume), écrivain allemand, docteur en philosophie, professeur ordinaire d'histoire à l'Université de Giessen, né, le 19 décembre 1838, à Heidelberg; il a fait ses études à Heidelberg, Gœttingue et Berlin; il prit ses grades en 1860 à l'Université de Heidelberg et en 1862 il y devint *privat-Docent* de philologie et d'histoire. En 1866, il fut nommé professeur extraordinaire, et en 1870 il fut appelé comme professeur ordinaire à Giessen; il a été de 1873 à 1876 membre de la chambre hessoise et de 1874 à 1877 membre du *Reichstag* allemand. On lui doit: « Emendationum in Aristotelis ethica Nicomachea et politica Spec. », Heidelberg, 1861; « Isokrates und Athen », id., 1862; « Athen und Hellas », 2 part., Leipzig, 1865-66; « Vorlesungen über die französische Revolution und das Zeitalter der Reformation », 2 vol. 1867-68; « Aristoteles und seine Lehre vom Staat », *Samml. gem.-wiss. Vortr.*, 1870; « Die Staatslehre des Aristoteles in histor.-polit. Umrissen », Leipzig, 1870-75; « Stadt, Schloss und Hochschule Heidelberg », Heidelberg, 3me éd., 1885; « Unsere Lage bei Ausbruch des Krieges », Giessen, 1870; « Die Wiener Weltausstellung 1873 », id., 1873; « Oesterreich und Preussen in Befreiungskriege », 2 vol., Berlin, 1876-79; « Das Zeitalter Friedrichs des Grossen », *All. gesch. in Einzelndarst.*, 2 part., 1881-1882; « Martin Luther in Worms und sein Fortleben in der deutschen Nation », Giessen, 1884; « Das Zeitalter der Revolution des Kaissereichs und der Befreiungskriege », *Allg. gesch.*, 1885; « Das Zeitalter des Kaisers Wilhelm I », id., 1889; « Authentische Erzälung von der Zerstörung der Stadt Worms durch die Franzosen im Jahre 1689 », *Zeitschr. f. Gesch. d. Oberrheins*, 1871; « Aus den letzten Monaten des Jahres 1813 », *Histor. Taschenb.*, 1883; « Lord Castlereagh und die Ministerconferenz zu Langres am 29 Jan. 1814 », id., 1885.

P

Pailleron (Édouard), illustre poète et auteur dramatique français, né, à Paris, en 1834, a épousé en 1862 la fille de M. Buloz, directeur de la *Revue des Deux-Mondes*, ce qui lui a permis d'écrire des articles assez suivis et des vers dans la revue dirigée par son beau-père. Mais ce n'est pas la poésie qui devait le faire connaître. M. Francisque Sarcey a dit en parlant de lui : « M. P. a l'air de croire que le vers est d'au-« tant meilleur qu'il se rapproche davantage de « la prose. Ainsi il introduit sans cesse dans « ses vers les interjections, les explétifs et tous « les petits mots parasites qui se glissent à « l'ordinaire dans le courant de la conversation « quotidienne et que la poésie élimine commu-« nément, comme : *Voyons! mais enfin! à la fin!* « *tenez! oui, vous verrez que!...oh mais!* Il y « gagne de paraître non pas plus naturel, mais « comme on dit aujourd'hui plus *nature*. Une « côtelette nature passe encore, mais un vers « nature n'est plus un vers. C'est détruire toute « poésie, car une bonne part de la poésie con-« siste dans le retranchement de ces mêmes « détails ». Le style de M. P. vif, mais géné-ralement peu élevé, malgré quelques traits pi-quants et une forme railleuse qui n'est pas exempte de brutalité, n'est pas toujours d'une grande correction. Toutefois les critiques ont été souvent beaucoup trop sévères pour M. P. qui a dans son œuvre des pages d'un charme qu'on ne peut contester. On lui a beaucoup re-proché ce vers, emprunté à la scène VI du pre-mier acte du « Dernier quartier » :

Ta cousine,
Je l'aime! Son *Château* de ta terre est voisine.

Le « Dernier quartier » est une comédie en deux actes et en vers, jouée au Théâtre-Français en 1863, et qui doit lui être comptée parmi ses plus agréables productions. Car c'est surtout du théâtre que M. P. s'est occupé et c'est le théâtre qui lui a le mieux réussi; non pas qu'il y compte beaucoup de succès, mais parcequ'il y a obtenu deux ou trois grands succès qui ont porté son nom très loin, si l'on ne veut ou ne peut dire très haut. — Il était clerc de no-taire lorsqu'il se mit à composer des poésies et une petite comédie en un acte : « Le Para-site »; c'était une bluette, en vers, assez gaie et qui eut quelque succès à l'Odéon en 1860. Un recueil de pièces intitulé : « Les Parasites », parut en 1861; la satire y domine mais sans grande originalité; « Le mur mitoyen », comé-die en deux actes et en vers, représentée à l'Odéon en 1862, appela pour la première fois l'attention sur lui. Le jeune auteur y montrait une assez grande aptitude à saisir les ridicu-les, de la vivacité, de la gaîté et le goût des plaisanteries amusantes, un peu grosses. — Son début au Théâtre-Français eut lieu avec le « Dernier quartier », dont nous parlions plus haut. C'est une ingénieuse et délicate mise en scène d'une fin de lune de miel. En 1865, il re-venait à l'Odéon avec une pièce en trois actes, en vers : « Le second mouvement », qui n'eut pas beaucoup de succès; « Le Monde où l'on s'amuse », en 1868, pièce en un acte, en prose, fut jouée au Gymnase, et contient une situation comique nouvelle. Mais l'année suivante, s'inspi-rant à une des œuvres les plus fortes et les plus heureuses de M. Alex. Dumas fils, « Les idées de Mme Aubray », et voulant contrecarrer la thèse de cet éminent écrivain, M. P. porta au Théâtre-Français : « Les faux ménages », drame en quatre actes, en vers, qui commença sa bonne et grande réputation. Cette pièce em-poignante et douloureuse fut jouée en Italie par Mlle Desclée d'une façon admirable, et elle eut la chance de trouver un traducteur à sa hauteur. Don Lorenzo Corsini, marquis de Tre-sana, fit représenter à Florence « Les faux mé-nages », en vers italiens, très remarquables, très élégants, et qui ne gâtaient nullement la pensée de M. P. « L'autre motif », comédie en un acte (1872), est un thème à plaisanterie sur le mariage, les maris et les amants; « Hélè-ne », pièce en trois actes, en vers, représentée au Théâtre-Français, en 1872, sans succès, pro-cède du « Supplice d'une femme »; « Petite pluie », comédie en un acte, fut représentée aussi au Théâtre-Français, mais l'auteur pa-raissait avoir perdu sa bonne veine, quand il se releva tout-à-coup en 1878, par une pièce charmante : « L'âge ingrat », au Gymnase. Cette pièce visait une personnalité très en vue, et était écrite à l'emporte-pièce. Elle perd beaucoup à la traduction, et a même vieilli rapidement. Mais en 1881, M. P. mit le sceau à sa réputation par une grande et belle pièce en trois actes, en prose : « Le monde où l'on s'ennuie », qui est considérée comme un petit chef-d'œuvre, et qui a eu l'honneur d'être traduite dans toutes les langues et jouée des milliers de fois; « La Souris », en 1887, est la dernière pièce du M. P., mais elle n'est pas la meilleure; elle a été jouée au Théâtre-Français sans succès, et elle n'a pas tenu debout dès qu'on a voulu la tra-duire. M. P. a été élu membre de l'Académie Française en remplacement de M. Ch. Blanc en 1881. Comme directeur de l'Académie, ce fut lui qui répondit au discours de réception de M. Ludovic Halévy en 1886, et il prononça à cette occasion un des meilleurs discours qui

aient jamais été entendus sous la fameuse Coupole. Il en avait prononcé un autre sur les prix de vertu en 1884. Ces divers morceaux ont été réunis par lui sous le titre de « Discours académiques », 1886. — M. F. Antony a dédié un article très sympathique à M. P. dans la *Revue Internationale*, et l'on trouvera là une quantité de détails intéressants sur la vie, la famille, les œuvres du charmant écrivain que M. Antony a connu personnellement et dont il parle avec enthousiasme, même comme poète, ce en quoi il n'est pas d'accord avec la grande critique française. Quoiqu'il en soit, M. P. a conquis une très belle place parmi les hommes de lettres de notre temps, et on a lieu d'espérer d'autres pièces de théâtre, car il est encore jeune.

Palgrave (François-Turner), professeur de poésie à l'Université d'Oxford, né, le 28 septembre 1825, à Great Yarmouth (Norfolk). Il a étudié à Balliol et à Exeter (1842-47), et après avoir été employé, de 1849 à 1884, au Bureau d'éducation et avoir été secrétaire particulier de Lord Granville, il a passé à l'enseignement universitaire. Nous avons de lui: « The Golden Treasury of English Lyrical Poetry », 1861; « Selections from the poetry of. W. Wordsworth, with essays », 1865; « Essays in Art », 1866; « Songs & Sonnets of Shakespeare, with notes », id.; « Original Hymns », 1867; « Wentworth Grange; Stories for Children », 1868; « Lyrical Poems », 1871; « Children's Treasury of English Lyrical Poems », 1875; « Selections from the poetry of Herrick, with notes », 1877; « The Visions of England: 70 lyrics on leading events & characters in English History », 1881; « The Poems of J. Keats, reprinted literally from the original editions with notes », 1884; « Selection from Lord Tennyson's Lyrics, with notes », 1885; « Oxford Jubilee Ode », 1887; « Poems by J. C. Shairp, with Preface & notes », 1888.

Pannella (Hyacinte), homme de lettres italien, professeur de droit aux écoles techniques de Teramo, puis de lettres italiennes à l'Institut technique de la même ville, où il est né en 1847, et où il fit ses études. M. P. a publié: « Saggio sulla scuola », Naples, De Angelis, 1877; « Juvenilia », chants en langue latine, Florence, Le Monnier, 1881; « L'arte e l'artista nell'istruzione tecnica », Teramo, 1884; « Vincenzo Comi e le sue opere », Naples, Morano, 1886; « L'abate Quartapelle e la coltura in Teramo », id., id., 1888; « Lettere inedite di Delfino, G. B. Mezucelli ed A. Tullj », 1887; « Guida di Teramo », 1888; « Melchiorre Delfico e i suoi tempi », Naples, 1889; et enfin, une foule de recensions et de monographies aux revues littéraires italiennes.

Paoli (César), écrivain médical italien, professeur de clinique oculistique à l'*Istituto di Studi Superiori* de Florence, issu d'une famille de médecins de père en fils, né, à Assisi, d'où, aux frais de son pays, il fut envoyé étudier la chirurgie à Florence. *Spedalino* dans l'Hôpital de *Santa Maria Nuova* de cette ville (1829-35), il obtint le diplôme de chirurgie, et deux ans après celui de médecine à Pise, où il étudia sous le célèbre prof. Bufalini. Pendant le choléra de 1835, M. le prof. P. se distingua beaucoup à l'Hôpital de *Santa Lucia* de Florence, transformé en Lazaret, et nommé ensuite suppléant à l'Hôpital de *Santa Maria Nuova*, il fut, dès 1840 à 1850, coadjuteur du prof. Andreini, à la clinique chirurgicale. Ayant refusé plusieurs fois une chaire à l'Université de Pise, ne voulant pas abandonner Florence, il fut nommé en 1849 professeur ordinaire de clinique oculistique à l'*Istituto di Studi Superiori*, où il est toujours. Conseiller communal en 1878, réélu en 1884 et nommé adjoint pour l'hygiène publique, on lui doit si le choléra, qui pendant cette année éclata en Italie, ne fit pas à Florence de nombreuses victimes. Depuis sa fondation, M. le prof. P. est président de la Société d'Hygiène, et actuellement il en dirige le *Bullettino;* il est membre correspondant et honoraire de plusieurs sociétés savantes italiennes et étrangères. Nous avons de lui en librairie, en dehors de plusieurs mémoires insérés aux revues médicales: « Le intime relazioni tra la patologia generale e le altre parti della scienza », Pesaro, Nobili, 1876; « Della dilatazione brusca e istantanea dei ristringimenti d'uretra in caso d'iscuria », Florence, Bencini, 1854; « La congiuntivite difterica », id., id., 1873; « Del delirio senile nostalgico, insorto in un operato di cateratta », id., id., 1877; « Igiene dell'occhio », Pesaro, Nobili, 1874; « Del metodo operatorio preferibile nei vari casi di cateratta », Florence, Marinoni, 1867; « Di alcune malattie dell'occhio prodotte dall'uso del lume a petrolio », id., Typ. Cennin., 1875; « Dell'importanza dell'organo visivo per lo sviluppo delle facoltà della mente », id., Meozzi, 1888, « Per l'influenza », id., Civelli, 1890.

Paschkoff (Lydie), femme-auteur russe, née, à Moscou, en 1845. Nous ne suivrons pas cette dame dans ses nombreux voyages et déplacements; nous ne parlerons ni de sa beauté, ni de ses aventures romanesques. Nous dirons simplement qu'elle a publié entr'autres: « Princesse Véra Glinsky », roman, Paris, Michel Lévy, « Orient, drames et paysages », livre d'impressions de voyage; « L'Israëlite », roman. Elle collabore au *Figaro* et a travaillé longtemps à l'*Estafette* et à la *Patrie*.

Pavesio (Paul), écrivain italien, ancien professeur aux lycées du Royaume, né, en 1842, à Rondizzone (province de Turin): licencié de l'Université de Turin (1862), il fut nommé de bonne heure professeur. Nous avons de lui: « Discorso sull'educazione », Savone, 1862; « Commemo-

razioni di Dante », id., 1868 ; « Commemorazione di Leopardi », Fermo, id. ; « Studio sulla vita e gli scritti di Ugo Foscolo », Turin, 1879-80; « Studio sulla vita e le opere di Massimo d'Azeglio », id., 1872 ; « Studio sulla vita e gli scritti di Carlo Botta », 1874 ; « Lettere inedite di Carlo Botta », Faenza, 1873; « Carlo Botta e le sue opere storiche », Florence, 1874; « Il Convitto Nazionale e il R. Liceo *Colletta* di Avellino », monographie, Avellino, Tulimiero, 1884; « Critici ed editori delle Opere di Ugo Foscolo », Rome, 1884; « I convitti nazionali », 1885 ; « Nella Messa funebre pei soldati italiani », Gênes, 1888. Actuellement M. P. est Président du Lycée *Cristoforo Colombo* de Gênes.

Pedroso-Consiglieri (Z.), écrivain portugais, né, à Lisbonne, en 1851, commença ses études dans le but d'embrasser la carrière militaire, mais les quitta de bonne heure pour celles des belles-lettres. Il est maintenant professeur d'histoire universelle à l'École Supérieure de Lisbonne. Nous avons de lui, entr'autres, un recueil de traditions populaires portugaises qu'il publie sous le titre : « Contributions à la mythologie populaire portugaise ».

Perez (Bernard), écrivain français, né, le 6 juin 1836, à Tarbes (Hauts-Pyrénées). Il a pris part comme volontaire à la guerre de 1870, pendant laquelle il a été grièvement blessé ; professeur libre de littérature et de philosophie, il a publié: « Les trois premières années de l'enfant », deux éd., 1878 et 1888, traduction anglaise, par Miss Christie, italienne, par G. Molena ; « L'éducation morale dès le berceau », 1880 ; 2me éd., 1888, traduction anglaise, par Miss Christie, italienne, par M. Rigutini ; « L'enfant de trois à sept ans », 1re éd., 1867 ; 2me éd., 1888, traduction italienne par C. Lombroso ; « L'art et la poésie chez l'enfant », 1888, traduit en italien par M. Mandelli ; « Th. Tiedermann et la science de l'enfant. Mes deux États, essai de psychologie comparée », 1882 ; « J. Jacotot et sa méthode », 1883 ; « Recueil de compositions françaises », 1884 ; « La comparation française », 1889.

Pergameni (Hermann), avocat et publiciste belge, né à Bruxelles, le 23 avril 1844. M. P., qui occupe une place très honorable au barreau, est en outre membre du Conseil général de la ligue belge de l'enseignement, professeur aux cours supérieurs pour dames organisés par la ville de Bruxelles, à l'école *Dachsbeek* et à l'Université de cette ville. Il débuta par des « Poésies », dont le premier recueil (Bruxelles, 1870) a été signé à la fois par lui et par M. Ad. Prins ; ce dernier fut également son collaborateur pour un mémoire sur la « Réforme de l'instruction préparatoire en matière criminelle », id., 1871. Puis vint toute une série de nouvelles et de romans, la plupart d'un charme exquis, publiés dans les journaux, dans les revues et en volumes : « Matra Georgyi », 1871; « Secondine », 1872 ; « La Closière », 1873; « Solor le Dompteur », id. ; « En hiver », id. ; « Jours d'épreuves », 1874; « Le vicaire de Noirval », id. ; « Hélène Raymond », id. ; « Andrée », 1875 ; « Dans les Highlands », 1876 ; « Le baron », 1878 ; « La fortune de Mina Tavernier », id. ; « Le secret de Germaine », 1879 ; « Le feu », 1882 ; « Claire Miramon », 1884 ; « Le mariage d'Ango », 1888. En d'autres genres, il faut citer de lui: « Dix ans d'histoire de Belgique », Verviers, 1880 ; « Les guerres des paysans », Bruxelles, id. ; « Du développement de la littérature française », id., id. ; « La satire au XVIe siècle et les Tragiques d'Agrippa d'Aubigné », id., 1881 ; « La liberté de l'enseignement », id., 1882 ; « La Révolution française », Verviers, 1889 ; et surtout une magistrale « Histoire de la littérature française », Bruxelles, id. Il a collaboré ou collabore encore à *La Presse belge*, à *La discussion* (dont il fut le directeur de 1871 à 1873), à la *Revue de Belgique* (où un de ses articles « Le principe de liberté en matière politique » fit grand tapage en 1875), à *La Réforme*, à la *Revue de l'instruction publique*, à *L'Abeille*, à *L'Avenir*, à *La Belgique judiciaire*, à *La Rivista penale*, etc.; et il a écrit le chapitre « Ciney et le Condroz », pour le grand ouvrage collectif *La Belgique illustrée*. Beaucoup des ouvrages de M. P. ont eu les honneurs de la réimpression.

Périn (Charles), célèbre économiste belge, né, à Mons, le 29 août 1815. Docteur en droit et, depuis 1844, professeur à l'Université catholique de Louvain, M. P. a publié : « Les économistes, les socialistes et le christianisme », Paris, 1861 ; « De la richesse dans les sociétés chrétiennes », id., id., réédité et traduit en allemand ; « Les lois de la société chrétienne », id., 1875, réédité et traduit en plusieurs langues: la traduction italienne a paru à Parme en 1876 ; « Les doctrines économiques depuis un siècle », id., 1880 ; « Mélanges de politique et d'économie », id., 1883 ; « Le patron, sa fonction, ses devoirs, sa responsabilité », Bruges, 1886 ; « L'ordre international », Paris, 1889 ; nous laissons de côté une foule de brochures et d'articles de revues. M. P. est correspondant de l'Institut de France et membre de nombreuses sociétés savantes.

Perrens (François), historien français, né, à Bordeaux, le 20 septembre 1822, fit ses études à Paris, fut professeur tour-à-tour aux lycées de Bourges, Lyon, Montpellier et Paris et examinateur à la Sorbonne. En dehors de ses contributions aux journaux et revues, nous avons de lui : « Jérôme Savonarola », couronné par l'Académie française ; « Deux ans de révolution en Italie » ; « Étienne Marcel » ; « Histoire de la littérature italienne » ; « Les mariages espagnols sous le règne de Henri IV et la régence de Marie de Médicis », couronné; « L'église et l'état en France sous le règne de Henri IV et la régence de Marie de Médicis », id.; « La démocratie en France au moyen-âge », id.; « Histoire de Florence », ouvrage monumental en plusieurs volumes; « La Comtesse Mathilde de Toscane et le Saint-Siège »; « Un procès criminel sous le règne d'Henri IV »; « Le Duc de Lerme »; « Mémoire critique sur l'auteur et la composition des économies royales », etc., etc.

Pertsch (Charles-Louis-Guillaume), éminent orientaliste allemand, bibliothécaire en chef à Gotha, né le 19 avril 1832. Il a fait ses études à Cobourg, Berlin et Tubingue, en apprenant à fond le sanscrit, l'arabe, le persan et le turc. On lui doit la chronique en sanscrit et en anglais de la famille du Râdjah Krishnatchandra de Nanâdvîpa au Bengale, 1852; « Upalekha, de Kramapatha libellus », Berlin, 1854; « L'Index des premiers vers des hymnes du Rigveda », 1858; une réimpression de la « Grammaire persane de Rückert »; l'important « Catalogue des manuscrits orientaux de la Bibliothèque de Gotha » en cinq volumes, Vienne, 1859-1890; « Deux monographies sur les Turcs et sur les Arabes », la seconde en deux vol., Gotha, 1878-80; la « Description des manuscrits persans et des manuscrits turcs de la Bibliothèque de Berlin ».

Peter (Johannes LÜSBERG), écrivain médical danois, né, à Aarhus (Danemark), le 5 juillet 1855. Interne des hôpitaux de Copenhague (1881-83). Nommé ensuite chef de clinique de l'Hôpital royal de Frédéric à Copenhague (1884-87), il publia en librairie : « Études sur les signes physiques des cavernes pulmonaires » (thèse de doctorat), 1883; « Sur l'obésité », traduction danoise de « Ueber Fettsucht », d'Ebstein; « Traité de percussion et auscultation », en danois, 1886. Enfin, quelques articles dans les gazettes médicales danoises.

Pfenninger (Henri), né, à Wald (Canton de Zurich), le 12 novembre 1846; il étudia la jurisprudence à Zurich, à Berlin et enseigne depuis 1877 le droit pénal en qualité de *privat-Docent* à la dernière de ces Universités. Nous possédons jusqu'à présent de lui deux mémoires : « La notion de la peine dans le système de Hugues Grotius », 1876; « La notion du crime politique » (rapport présenté à la Société des juristes suisses, Berne, XVIIIe session, 1880).

Pflugk-Hartung (Jules DE), historien et professeur allemand-suisse, né, le 8 novembre 1848, à Wurnekow, propriété de sa famille, près de Wittstock (province de Brandebourg), fut élevé dans un gymnase de Hambourg, entra dans une maison de commerce de cette ville, et passa l'année 1866 aux États-Unis. Après la guerre de 1870-71, à laquelle il prit part en qualité de volontaire, la vocation scientifique s'éveilla en lui; de 1871 à 1876 il fréquenta, en vue d'études historiques, les Universités de Bonn, Berlin, Goettingue, obtint en 1876 son grade de docteur en philosophie et débuta dans la carrière académique comme *privat-Docent*, puis bientôt après comme professeur extraordinaire pour l'histoire moderne et l'histoire du moyen-âge à l'Université de Tubingue. L'Université de Bâle l'a nommé en 1886 professeur pour l'histoire générale en remplacement de Jacob Burkhardt. Les ouvrages de M. de P.-H., qui par leur nombre et leur excellence attestent la solidité de son érudition et sa vigueur intellectuelle, ont d'abord paru sous le demi-pseudonyme de *Julius Hartung* : « Études pour l'histoire de Conrad II (dissertation pour le doctorat), Bonn, 1876; « Les débuts de Conrad II », Trèves, 1877; « La Norvège et les villes maritimes allemandes », Berlin, id.; « Recherches historico-diplomatiques », Gotha, 1879. A partir de cette époque, M. de P.-H. a fait paraître sous son nom complet une œuvre des plus considérables qui lui a valu le titre de membre correspondant de la *Regia Deputazione di Storia Patria*, et pour laquelle l'Académie des Sciences de Berlin lui a accordé un subside; « Acta pontificum romanorum inedita » (3 vol. parus, Stuttgart, 1879-87, comprendra lorsqu'elle sera achevée 5 vol.); « Les documents de la chancellerie romaine », Munich, 1882; « Iter italicum » (2 vol., Stuttgart, 1883-84); « Périclès considéré comme général », Stuttgart, 1884; « Specimina pontificum romanorum selecta » (3 vol., Stuttgart, 1885-86); « Théodore Sickel et les *Monumenta Germaniæ* », Stuttgart, 1885. En dehors de ces ouvrages de longue haleine, M. de P.-H. a publié de très nombreux articles la plupart relatifs à l'histoire des Papes et à l'histoire d'Allemagne au Moyen-âge dans la *Revue historique* de Sybel, la *Revue pour l'histoire générale*, les *Recherches pour l'Histoire de l'Allemagne*, la *Gazette Universelle* de Munich, le *Musée Rhénan*, l'*Encyclopédie Allemande*, les *Feuilles historiques de la Hanse*, etc.

Pichez (Louis-Marie-Ernest), né, à Rochefort-sur-mer, le 20 août 1843, médecin de la Marine en retraite, chirurgien en chef des hospices civils de la Rochelle, médecin inspecteur des enfants assistés et de la protection de l'enfance de la Rochelle, etc., médecin vaccinateur cantonal, médecin de l'entreprise du port de la Pallice, et de l'Union des femmes de France, etc. Membre de la Société de médecine et de chirurgie, il a publié sa « Thèse pour le doctorat en médecine », le 26 février 1870, sur les épidémies régnantes au Cambodge, qu'il a longtemps habité.

Pinto (Michel-Ange), écrivain et illustre patriote italien, consul général d'Italie à Hambourg, ancien Consul à Saint-Pétersbourg et à Alger, est né, à Rome, en 1818. Après avoir pris une part très active à la révolution romaine de 1848-49, et avoir dirigé l'*Italico*, l'*Epoca* et le brillant *Don Pirlone*, journaux romains (1847-48-49), il émigra à Turin et y résida jusqu'à 1859. A cette époque il se rendit à Saint-Pétersbourg, où il fut nommé professeur universitaire d'histoire de la littérature italienne. Il entra aux consulats en 1872. Nous avons de lui: « Memorie d'un italiano dal 1846 al 1850 », 3 vol., Turin, 1850-51. Il publia en langue russe: « Dante, son poème et son siècle », Saint-Pétersbourg, 1866; « Abrégé d'histoire politique de la papauté », id., id.; « Pie IX et la révolution », id., 1867; « Histoire de la littérature nationale en Italie, extraits de cours », id., 1869; « Michel-Ange Bonarroti lettré et poète », id., id.; « Nicolò de'Lapi », drame lyrique en cinq actes, etc.

Playfair (Sir Lyon), chimiste, publiciste, homme politique écossais, né, dans l'Inde, en 1819, est professeur de l'Université d'Édimbourg et député au Parlement. Parmi ses publications, citons: « Science in its Relations to Labour », 1853; « On the Food of Man in Relation to his Useful Work », 1865; « On Primary and Technical Education », 1870; « On Teaching Universities and Examining Boards », 1872; « Universities in their Relation to Professional Education », 1873; « The Progress of Sanitary Reform », 1874.

Plósz (Alexandre), écrivain hongrois, né, à Budapest, en 1846. Après avoir fini son droit aux Universités de Vienne et de Budapest, il fut nommé en 1872 juge à la cour de justice de Pest. Dans la même année, nous le trouvons professeur de droit judiciaire civil et de droit commercial à l'Université alors fondée à Kolosvár, d'où il passa en 1881 à l'Université de Budapest. L'Académie des sciences l'élut membre correspondant en 1884. On a de lui: « Du droit d'acquet », Budapest, 1876; « Manuel du droit de change hongrois », id., id.; « Précis pour servir à la théorie du droit d'action », en allemand, Leipzig, 1880; « Projet de procédure civile hongroise » (par commission du ministre de justice), 1885. En outre des essais parus dans les feuilles périodiques, dans les almanachs et les comptes-rendus de l'association des jurisconsultes.

Podmaniczky (le baron Frédéric), écrivain hongrois, né, à Aszod, en 1828, prit part à la révolution de 1848-49, servit dans l'armée autrichienne comme simple soldat, et, ayant commencé son activité littéraire depuis 1856, il publia: « Mon journal de voyage en Allemagne »; « Le domino noir »; « Le hameau de chasse »; « Achetez des œillets »; « Marguerite est un ange »; « La femme aux lunettes bleues »; « Une seule larme »; « Il ya longtemps que cela se passa »; « Mon envie »; « Rêve et réalité »; « Flux et reflux », romans. Depuis le rétablissement de la constitution de 1867 il prit une part très vive à la vie publique, fut élu député à la *Diète* et rédigea le journal *Patrie*. Actuellement M. le baron P. est vice-président du Conseil des travaux publics, et écrit son autobiographie dont 2 vol. ont déjà paru sous le titre: « Fragments de mes mémoires », 1887.

Pradel (Édouard DE), littérateur et poète français, né, près de Blois (Loir-et-Cher), le 7 février 1865. Après avoir terminé ses études, il a collaboré à plusieurs revues françaises qui lui doivent des articles sur l'esthétique et l'art en même temps qu'il écrivait son premier volume de vers; « Les Rayonnantes », et son poème « La cloche perdue ». Depuis un an, M. E. de P. semble avoir momentanément interrompu les nombreux travaux qu'il avait commencés, pour se consacrer tout entier avec ses amis Albance Lavallée et Saint-Signy (*voir ce nom*) à la création du *XXᵉ siècle littéraire*, organe international, qui publie en langue maternelle, et sans distinction de race, ni d'école, les écrits des meilleurs écrivains de l'étranger. M. de P. cependant se prépare à publier un roman dont le titre est: « Simplement », un recueil de « Lettres du beau pays de France », et un nouveau volume de vers.

Praga (Marc), littérateur et dramaturge italien, fils du célèbre poète Émile P., qui pour lui écrivit de touchantes poésies recueillies sous le titre: « Il Canzoniere del bimbo », est né, à Milan, vers 1863. Il débuta comme publiciste au journal littéraire *Penombre*, puis il s'adonna au théâtre pour lequel il écrivit: « Le due case », comédie qui n'eut pas de succès. L'autre comédie « Giuliana », dans laquelle, néanmoins, son talent de dramaturge se manifestait, eut le même sort. Sans se décourager, M. P. donna ensuite une comédie en un acte: « L'amico », et l'autre en quatre actes: « Mater dolorosa », laquelle n'est qu'une réduction pour la scène du roman de M. Rovetta, qui porte le même titre. Suivirent: « Le Vergini », qui enthousiasmèrent le public et soulevèrent de vives discussions parmi les critiques d'art; enfin (nov. 1890) sa dernière comédie: « La moglie ideale », qui ayant obtenu à Turin un vrai triomphe, nous ferait espérer que son auteur soit destiné à une brillante carrière.

Pucci (le chev. Ange), botaniste italien, né, à Florence, le 2 juin 1851. Élève des Pères *Scolopii*, il suivit plus tard avec passion les cours de botanique du célèbre professeur Parlatore. Son père, le chev. Attilio P., avait couvert la charge de jardinier-en-chef de la ville de Florence. M. A. P. le remplaça, à sa mort, dans la direction des jardins de la ville, et fut nommé à la chaire de botanique à l'École royale d'horticulture et de pomologie. Les soins intelligents de M. P. reconnus par tout le monde et particulièrement appréciés par LL. MM. le Roi et la

Reine d'Italie, avaient suscité beaucoup d'envie et en 1889 le parti radical ayant eu le dessus aux élections municipales, M. P. fut la victime désignée de persécutions violentes qui l'obligèrent de quitter ses charges et de rentrer dans la vie privée. Nous avons de cet homme modeste et laborieux les ouvrages suivants : « Relazione sull'esposizione internazionale d'orticultura d'Amsterdam », dans le *Bullettino della Società toscana di orticultura*, 1877, dont il est l'un des redacteurs ; « Relazione al Congresso d'orticoltura di Firenze, 1880. Sul tema : Nuove varietà di piante, di fiori e di frutta », dans les *Actes* du Congrès ; « Acclimazione di piante esotiche », *Actes* du Congrès Horticole de Turin, 1882 ; « Monografia del genere Cypripedium », *Bullettino della Società toscana d'orticultura*, et plusieurs articles insérés à l'*Agricoltore italiano*. En librairie: « Gli ortaggi coltivati », Florence, 1890. Sous presse: « Les Cypripedium et leurs affines », en français. M. P. est membre, depuis 12 ans, de Conseil de la *Società toscana d'orticultura*.

Pullè (le comte François-Laurent), orientaliste italien, ancien élève pour le sanscrit de MM. De Gubernatis à Florence et Weber à Berlin, ancien professeur de sanscrit à l'Université de Padoue, depuis un an professeur à l'Université de Pise, né en 1848; il est le neveu de *Castelvecchio*, le cousin de *Castelnuovo*, les deux auteurs dramatiques (comte Jules et comte Léopold Pullè). On lui doit un essai sur « L'hymne à Prithivî », de l'*Atharvaveda*, une « Crestomazia indiana », une nouvelle « Grammatica sanscrita », mais surtout des études importantes sur la littérature si riche et si originale des Djaïnas, qu'il a fait le premier connaître en Italie, par des éditions de textes, des traductions, des essais critiques du plus haut intérêt. Citons surtout: « Un progenitore indiano del Bortoldo », Venise, 1888.

Q

Quiros de los Rios (Jouan), né à Antequera; philosophe, humaniste, directeur de l'Institut de Marchena (Andalousie). Nous avons de lui plusieurs travaux sur les poètes latins, qui sont très goûtés, et des traductions très appréciées.

R

Ragusa-Moleti (Gérôme), poète, homme de lettres et publiciste italien, directeur des écoles techniques de Palerme, est né, le 14 janvier 1851, à Palerme, où en 1872 il fut licencié ès-lettres. Comme publiciste, il s'est fait connaître par de nombreux articles insérés dans les principales revues littéraires de l'Italie, et par des opuscules. En librairie, nous avons de lui : « Primi anni » ; « Eterno romanzo » ; « Fioritura nuova », volumes de vers; « Aloè », nouvelles; « Miniature e filigrane », proses; « Il signor di Maqueda », roman, et la traduction des « Petits poèmes en prose », de Beaudelaire. Enfin, de nombreuses contributions au *folk-lore*, notamment une étude sur « Giuseppe Pitré e le tradizioni popolari ». On cite encore de cet auteur : « Il libro delle memorie »; « Acque forti », proses; « Intermezzo lontano », poésies. Près de paraître : « Prolegomeni ad un corso di estetica », et « Storia della metrica barbara ».

Raineri (Salvator), capitaine au long cours, écrivain maritime italien, secrétaire de la Société des Paquebots-postes (N. G. I.), médaillé à l'exposition maritime de Liverpool (1886), né, à Palerme, en 1864, a étudié à l'Institut technique et au collège *Caracciolo* de Naples; il a servi 7 ans dans la marine marchande en qualité d'officier et a écrit depuis plusieurs monographies très-intéressantes, touchant des sujets maritimes duns les revues suivantes: *Bollettino della Società geografica*, *Rivista marittima*, *Ateneo Veneto*. Il a composé la partie maritime à l'« Enciclopedia dell'arte e dell'industria », Unione tipografica editrice, Turin, 1890 ; il a collaboré aussi aux journaux de la péninsule, toujours exclusivement sur des sujets maritimes sous le pseudonyme de *Blackrays*. Nous avons de lui deux excellents volumes: « Storia della navigazione elettrica », et « Storia tecnica della navigazione a vapore », Rome, Bontempelli, 1888. Enfin il est l'auteur du projet du câble sous-marin entre Naples et Palerme, qui fut approuvé par l'État en 1886 et mis en exécution depuis.

Rasi (Pierre), philologue italien, professeur de lettres grecques et latines au Lycée *Dante* de Florence, professeur libre de philologie latine à l'Université, né, le 13 juin 1857, à Padoue, où il a fait ses études et fut reçu docteur en droit et en philologie. Il poursuivit ses études philologiques à Vienne avec Schenkl et Hoffmann. Il écrit le latin avec aisance et avec une grande élégance. On lui doit: « Indicia quæ de satiræ latinæ origine et de Lucilio in satiris quarta et decima libri I Horatius protulit vera sunt an falsa », Padoue, 1886 ; « Satiræ lucilianæ ratio quæ sit », id., 1887 ; « Osservazioni sull'uso della Alliterazione nella lingua latina », id., 1889 ; « De carmine Romanorum elegiaco », id., 1890 ; « De Lucio Aruntio Stella », id., id.

Renan (Ernest), le plus aimable et spirituel des philosophes, le plus élégant et séduisant des écrivains français, l'un des orientalistes les plus savants, professeur d'hébreu et de langues sémitiques au Collège de France, dont il est le directeur et le patriarche vénéré, membre de l'Académie française, un breton doublé d'un hellène et, en même temps, un parisien, né, à Tréguier, en Bretagne, le 27 février 1823. Ses : « Souvenirs d'enfance et de jeunesse », d'un intérêt saisissant, publiés ne 1883, nous ont fourni des détails piquants sur les débuts de sa vie glorieuse. C'est au séminaire de *Saint-Sulpice* qu'il entreprit, entr'autres, l'étude des langues sémitiques ; mais à l'âge de 23 ans il se sentit suffoqué par l'air lourd et épais du séminaire ; il le quitta en 1845 ; il poursuivit tout seul ses études ; docteur agrégé en philosophie, il remportait le prix *Volney*, pour un mémoire sur les langues sémitiques, point de départ pour son beau livre intitulé : « Histoire des langues sémitiques », paru la première fois en 1855. L'Académie des Inscriptions et Belles-lettres lui confia une mission en Italie pour y rassembler de nouveaux matériaux sur Averroès et l'Averroïsme. Telle fut l'origine de ses brillants essais sur cette page d'histoire de la philosophie du moyen-âge ; mais il profita encore de son séjour en Italie pour y étudier la Renaissance italienne, dont il est un admirateur passionné. Il visita l'Italie plusieurs autres fois en y découvrant chaque fois quelque chose d'intéressant, et en y jetant des étincelles de son esprit fait de lumière et de hautes idéalités. Sa femme avec laquelle il voyage est la nièce du célèbre peintre flamand Ary Scheffer ; son fils Ary est déjà un peintre en renom. Après l'Italie, M. R. a visité la Grèce et l'Orient, la Syrie, la Phénicie surtout. Sa mission officielle était surtout scientifique ; mais un grand artiste accompagnait partout le savant érudit ; c'était Renan lui-même qui ouvrait des horizons lumineux au patient investigateur. A son retour de la Phénicie, en 1862, il fut nommé professeur d'hébreu au Collège de France ; mais l'apparition de la « Vie de Jésus », ce livre hardi qui a remué tant de consciences, fit l'année suivante interdire son cours. Par ce livre, M. R. parla au monde tout entier, et, depuis lors, son public n'est plus seulement en France, mais dans le monde entier. Aucun écrivain n'a le droit de parler si haut, et cependant il parle à tout le monde, de loin comme de près, avec la bonhomie d'un philosophe content qui cause à son foyer. Il a puisé l' « Histoire des origines du Christianisme », où il trace la marche de la nouvelle religion d'amour du Christ à Marc-Aurèle, et l' « Histoire du peuple d'Israël », dont le troisième volume vient de paraître, aux meilleures sources, ne négligeant point tout le travail d'exégèse de la critique allemande ; mais il raconte l'histoire à la manière de cet Augustin Thierry, qu'il avait eu l'honneur de remplacer en 1856 à l'Institut, en romancier brillant ; il trouve lui aussi que la vérité est si belle par elle-même qu'elle mérite d'être caressée par la main d'un grand artiste. En dehors des grands ouvrages déjà cités, et des articles et discours épars, on doit à M. Renan : « Le livre de Job », 1859 ; « Le cantique des cantiques », 1860 ; « Lettre à mes collègues », 1862 ; « Mission de Phénicie », 1864-71 ; « Trois inscriptions phéniciennes », 1864 ; « Nouvelles observations d'épigraphie hébraïque », 1867 ; « La Réforme intellectuelle et morale », 1871 ; « Études d'histoire religieuse » ; « Essais de morale et de critique » ; « Questions contemporaines » ; « Dialogues philosophiques » ; « Mélanges littéraires » ; « Caliban » ; « Conférences d'Angleterre », 1880 ; « L'eau de Jouvence : suite de Caliban », 1881 ; « Marc-Aurèle et la fin du monde antique », 1882 ; « L'Ecclésiaste », traduit de l'hébreu, id.. « Nouvelles études d'histoire religieuse », 1884 ; « Discours sur l'état des beaux-arts en France au quatorzième siècle », 1885 ; « Philippine De Porcelet », id.; « L'abbesse de Jouarre », pièce de théâtre, 1886 ; « Le prêtre de Némi », id. ; « Dialogue des morts », id. ; « Discours et conférences », id.; « Drames philosophiques », 1888 ; « Le livre des secrets aux philosophes », id.; « L'avenir de la science, pensées de 1848 », 1890.

Rochefort (Henri DE, marquis DE LUÇAY), pamphlétaire, journaliste, homme politique français, né, à Paris, en 1830. Il étudia au Lycée *Saint-Louis* et commença les cours de médecine à l'Université, cours qu'il quitta à cause de sa sensibilité nerveuse excessive. Il débuta dans les lettres au *Charivari*, entra au *Figaro* et le quitta après 4 ans pour fonder à ses frais le célèbre journal d'opposition *La Lanterne*, dont les premiers cinq numéros hebdomadaires surpassèrent le tirage de 1,500,000. Condamné à un an de prison et à 10,000 francs d'amende pour injures à la famille impériale, il se réfugia à Bruxelles, d'où il continua à publier la *Lanterne* dont la diffusion fut énorme jusqu'à 1869. Il rentra en France à cette époque comme un des députés de la ville de Paris et fonda alors la *Marseillaise*. Condamné une seconde fois et écroué à *Sainte-Pelagie*, il n'en sortit qu'en 1870. Membre du comité de défense pendant le premier siège, de celle des barricades pendant le second, sa conduite, comme journaliste, déplut à ses anciens amis devenus membres du Gouvernement de la Commune. Mais d'autre part il avait déplu aussi au Gouvernement de Versailles, et, pour le combattre, il avait fondé le *Mot d'Ordre*. Le 19 mai 1871, pendant qu'il tentait de s'esquiver de Paris, il fut arrêté, jugé par un Conseil de guerre et condamné à la déportation. Il réussit en 1874 à évader de Nouméa, s'établit d'abord à Londres, puis à Genève en qualité de directeur de la *Lanterne*, qui cette fois-ci n'obtint aucun succès. En 1880 l'amnistie générale lui ouvrit les portes de Paris, où il fonda l'*Intransigeant*, journal plein de verve implacable envers ses adversaires. C'est M. de R. qui a mené à bonne fin la campagne contre M. Wilson; mais il entra dans les vues du général Boulanger et du Comité boulangiste; et lors de la clôture de ce curieux incident politique qui s'appelle le *Boulangisme*, M. R. passa en Angleterre avec le général et ses amis; ils furent tous condamnés en contumace par la Cour appelée à les juger, et c'est de Londres que le célèbre pamphlétaire envoie chaque jour un article à l'*Intransigeant*. Talent brillant plus que profond, tempérament de tribun plus que d'écrivain, M. de R. laisse à coup sûr une trace dans la littérature politique contemporaine. Plusieurs de ses articles sont réellement des chefs-d'œuvre. M. de R. s'est essayé, en 1880, au roman, en publiant « Mlle Bismark ». M. de R., tout en étant démocrate de profession a des goûts très aristocratiques: il aime passionnément le sport et les courses de chevaux.

Rosner (Ervin), écrivain hongrois, docteur de droit ecclésiastique. Il fit ses études au collège de *Marie-Thérèse* à Vienne. En 1876, il fut nommé professeur de droit au lycée de Nagyvárad. En 1877, il fut nommé membre de la chambre des pairs, où il prit activement part aux débats du projet de loi relatif aux mariages mixtes chrétiens-juifs. Depuis 1887, il est membre du parlement. Ses œuvres importantes sont: « Les étoles (lecticialia) en Hongrie », 1855; « Le droit matrimonial ancien hongrois », Budapest, 1887.

Rossel (Virgile), né, à Tramelan (Jura bernois), en 1858, a étudié le droit aux universités de Berne, Leipzig, Strasbourg et Paris. Docteur en droit de la Faculté de Berne dès 1879, avocat dès 1881, il s'est livré pendant deux ans à la pratique du barreau. Nommé en 1883 professeur de droit français à l'Université de Berne, où il enseigne encore à cette heure, il a mené de front l'étude du droit et celle de la littérature. Les électeurs du district de Courtelary l'ont envoyé siéger à l'Assemblée constituante bernoise, en 1884; cette Assemblée l'a élu comme secrétaire français. Quoique membre du parti radical, il a voté, en se séparant ainsi de ses amis politiques, contre le projet de Constitution que le peuple rejeta à une forte majorité. M. R. a beaucoup écrit. Collaborateur de la *Nouvelle Revue* et de diverses publications juridiques et littéraires, il a publié les ouvrages suivants: trois recueils de poésies: « Chants perdus », 1881; « Nature », 1885; « Seconde jeunesse », 1888, ce dernier dédié à M. Sully-Prudhomme et fort remarqué; un « Manuel du droit civil de la Suisse romande », 1886, et enfin un livre important et très favorablement accueilli sur un sujet très neuf, l'« Histoire littéraire de la Suisse romande des origines à nos jours », 2 vol., 1889-1890.

Rostoptchine (Comtesse Lydie), romancière russe, membre de la Société des gens de lettres de Paris, est née, en 1838, dans la Grande-Russie, près de Woronège, chef-lieu du Gouvernement de ce nom. Par son talent d'écrivain, le charme de son esprit, l'aménité de son caractère, la comtesse R. se montre la digne héritière d'une famille illustre qui sut toujours allier la gloire des lettres à celle des armes. Son père le Comte André, né, à Moscou, en 1813, est auteur d'une « Histoire universelle », publié en 1843. Sa mère, la comtesse Eudoxie, née Souchkoff, peut être considérée comme l'un des meilleurs poètes lyriques de la Russie; une édition choisie de ses œuvres a été publiée récemment par les soins de ses deux filles, la comtesse Lydie et la comtesse Olga Tornielli, femme de l'ambassadeur d'Italie à Londres. Son grand-père le Comte Théodore-Vassilievitch R., le célèbre gouverneur général de Moscou en 1812, est bien connu en Russie comme historien et auteur dramatique. Sa grande mère, Catherine, née comtesse Protasoff, est auteur d'opuscules religieux, entre autres, de l'« Album allégorique », imprimé à Moscou en 1829. Enfin, sa tante Sophie, fille cadette du général Rostoptchine, devenue comtesse de Ségur en 1819 par son mariage avec le Comte Eugène de Ségur, a laissé un nom universellement connu dans le monde des lettres. La comtesse L. R., marchant sur les traces de tous les siens, a fait paraître, en 1880, dans la *Bibliothèque rose illustrée* de la maison Hachette, un ouvrage intitulé: « Belle, sage et bonne », 1885; « Yvonne », 1886; « L'étoile filante », 1888; « Une poignée de mariages », roman publié d'abord dans la *Nouvelle Revue*, puis réimprimé en 1889 à Nice.

Roumanille (Joseph), écrivain français provençal, actuellement *capoulié* du *félibrige* dont il a été avec Frédéric Mistral et Th. Aubanel l'un des fondateurs, est né, à Saint-Remy, le 8 août 1818, fit ses classes au Collège de Tarascon et vint en 1847 à Avignon, où il se livra dès lors à la poésie provençale, et où il s'établit libraire. On cite de lui les ouvrages suivants: « Li Margaritelo »; « Le Campano Muntado »; « Lis Oubreto »; « Lou Mège de Cocugnan »; « Lis entarrs chin galejado boulegarello » etc., qui lui ont fait un renom spécial. Il a organisé l'« Armana Provençau », premier annuaire de l'école de poésie dont il est un des chefs. Sa fille, qui est poète distinguée en provençal comme son père, a été nommée *Reine du félibrige*.

Royer (Mlle Clémence-Auguste), éminente conférencière, économiste et femme de lettres française, née, à Nantes, vers 1830; elle débuta par des vers, voyagea en Angleterre, apprit l'anglais, se livra à des études, et en 1859 fonda à Lausanne un cours de logique pour les femmes et ensuite tout un cours de philosophie fort suivi; en même temps elle collaborait activement au *Journal des économistes*, fondé en Suisse par son ami Pascal Duprat. En 1862, elle publiait en deux vol. sa « Théorie de l'impôt ou la dîme sociale », ouvrage couronné; suivit: « Ce que doit être une église nationale dans une république », 1862; la traduction française de l'« Origine des espèces », de Ch. Darwin; un roman philosophique « Les Jumeaux de Hellas », 1862; « Origine de l'homme et des sociétés », 1869; « Les Rites funéraires aux époques préhistoriques », 1876; différentes brochures et conférences, des articles aux journaux, surtout à la *Presse*, au *Temps*, au *Journal des économistes*, etc. Elle habite maintenant Paris.

Rutheford (William), naturaliste et médecin écossais, professeur d'Institutions médicales à l'Université d'Édimbourg, né, à Ancrum Craig (Roxburghshire), le 20 avril 1839; en dehors de plusieurs articles, il a publié: « Outlines of Practical Histology »; « Actions of Drugs on the Secretion of Bile »; « Text-Book on Physiology ».

S

Sa-Chaves (François-Joseph d'Oliveira), écrivain portugais, officier de cavalerie, est né, le 23 septembre 1859, à Evora, et a étudié au collège militaire. Ses débuts littéraires datent de 1880, époque à laquelle il mit des articles au journal *A Justiça*, à l'occasion de la commémoration de Calderon la Barca. Ensuite il collabora aux journaux suivants: *Comercio de Pedafiel*, *Enrico*, *Correio de Lisboa*, *Povo Portuguez*, *A Arte*, etc. En 1884 il accepta la direction du journal *O Serpense* et collabora à la *Revista dos Estudos livres*, où il mit de remarquables études militaires. En préparation: « Albertina », roman; « Ethographia », et « O maestre d'Escola ».

Salinas (Antonino), archéologue italien, né, à Palerme, en novembre 1841, volontaire en 1860, acheva ses études après la campagne de l'indépendance, en 1864 reçut du Ministère une bourse de perfectionnement à l'étranger et en 1867 fut nommé professeur d'archéologie à l'Université de Palerme; en 1873, il obtint aussi la direction du Musée. Nous avons de lui: « I monumenti sepolcrali scoperti nel 1863 in Atene »; « Le monete delle antiche città di Sicilia »; « Relazione del Museo Nazionale di Palermo »; « Di un documento inedito relativo ad una icona fatta dipingere in Catalogna da Pietro di Querault per la cattedrale di Monreale », en collab. avec M. Balaguer y Merino, Palerme, 1881; « Di alcune iscrizioni del secolo XIII nel soffitto del Duomo di Cefalù. Cenni » (*Archivio storico siciliano*), 1881; « Di un preteso fra Paolo abbate di S. Maria di Altofonte e Arcivescovo di Monreale nel secolo XIV », Palerme, 1881; « Due iscrizioni cefalubane del secolo XIII », id., id.; « Il castello di Vicari », extrait des *Ricordi e documenti del Vespro Siciliano*, Palerme, 1882; « La colonna del Vespro », id., id., id., id.; « Escursioni archeologiche in Sicilia » (*Archivio storico siciliano*), 1883; « Osservazioni intorno a due diplomi greci riguardanti la topografia di Palermo », Rocca S. Casciano, 1884; « Solunto: ricordi storici ed archeologici », Palerme, 1885; « Ricordi storici delle rivoluzioni siciliane del secolo XIX conservati nel Museo Nazionale di Palermo », id., id.; « Camarina: memoria del dott. Giulio Schubring, trad. dal tedesco » (*Archivio storico siciliano*), 1881; « Di una scultura di Bonaiuti pisano nel prospetto del palazzo Sclafani a Palermo » (id.), 1886; « Documenti siciliani nell'Archivio della casa Caetani di Roma », Palerme, 1881; « Di un diploma greco del monastero di S. Pancrazio di Scilla in Calabria », id., 1881; « Guida popolare del Museo Nazionale di Palermo », 1882; « Ricordi di Selinunte cristiana », id., id.; « Di una pretesa iscrizione in volgare del mille, esistente in Monte S. Giuliano », id., id.; « Le mura fenicie di Erice » (*Notizie degli Scavi*), Rome, 1883; « Dei sigilli di creta rinvenuti a Selinunte » (id.), id., id.; « Di un registro notarile di Giov. Majorana notaio di Monte S. Giuliano nel secolo XIII », Palerme, 1884; « Di un bozzetto del monumento messinese di Carlo II modellato da Gial. Serpotta », id., id.; « Solunto: ricordi storici ed archeologici », id., id.; « Oggetti antichi scavati a Gibil-Gabib presso Caltanisetta », Rome, 1884; » Sull'iscrizione greca del monastero dei Santi Pietro e Paolo di Forza d'Agrò », id., 1885; « Gli acquedotti di Selinunte », id., id.; « Il monastero di S. Filippo di Fragolà », Palerme, 1888; « Ripostiglio siciliano di monete antiche di argento », Rome, 1888; « Le collane bizantine del Museo Nazionale di Palermo rinvenute a Campobello di Mazzara », Palerme, 1888; « Le monete delle antiche città di Sicilia », id., id.

Saltini (Guillaume-Henri), homme de lettres italien, né, à Florence, le 23 avril 1830. Élève des Pères *Scolopi*, il est depuis 1859 employé aux archives d'État de Florence. C'est à M. S. que nous devons la destruction complète de la fameuse légende à propos de l'empoisonnement de François I Grand-duc de Florence. L'œuvre de M. S. est éparse dans l'*Archivio Storico italiano*, dans les *Actes de la Société filocritica* *fiorentina* et dans le *Giornale Storico degli Archivi toscani*. Nous donnons les titres de ses nombreux ouvrages : « I fatti principali della Storia di Firenze », Florence, 1850; « I fatti principali della Storia di Toscana », 2 vol., id., 1856; ces deux ouvrages furent composés en collaboration avec le rév. Père Arcangelo Piccioli. Suivirent comme œuvres personnelles : « Le belle arti in Toscana da mezzo il secolo XVIII fino ai dì nostri » ; « I disegni di Raffaello da Urbino che si conservano nelle Gallerie di Firenze »; « Il David e il Mosè »; « Michelangelo Buonarroti » ; « Rime e lettere di Vittoria Colonna Marchesa di Pescara », id., 1860; « Della Stamperia Orientale Medicea e di G. B. Raimondi », mémoire; « I Diplomi Arabi editi dall'Archivio fiorentino », 1861; « Lettere inedite di Monsignor Vincenzo Borghini », 1863; « Della morte di Francesco I de' Medici e di Bianca Cappello »; « Memorie di Dante in Firenze e della piazza di Santa Croce »; « Le nozze di Eleonora de' Medici con Vincenzo Gonzaga, descritte da Simone Fortuno »; « Documenti inediti risguardanti Dino Compagni », 1872; « Anton Giustinian e i suoi dispacci », 1880; « Di una visita che fece in Genova nel 1548 il fanciullo Don Cosimo I de' Medici al Principe Don Filippo di Spagna » ; « La fuga di Bianca Cappello da Venezia », 1883; « L'educazione di Francesco I de' Medici », id.; « Della Vita e delle Opere di Giuseppe Martelli, architetto e ingegnere fiorentino », Florence, 1888.

Salvadori-Adlard (le Comte Thomas), naturaliste italien, né, à Porto San Giorgio (prov. d'Ascoli), le 30 septembre 1835, étudia à Rome et Florence. Dans cette dernière ville, il fut l'élève du célèbre Paul Savi (1855-61), qui l'engagea à choisir l'hornitologie comme spécialité. M. le Comte S. A. suivit le conseil de son maître et nommé assistant au Musée d'histoire naturelle de Turin en 1865 et professeur au Lycée de la même ville, il publia: « Catalogo degli uccelli di Sardegna », Milan, 1864; « Fauna d'Italia », id., 1870-72; « Catalogo sistematico degli uccelli di Borneo », Gênes, 1874; « Ornitologia della Papuasia e delle Molucche » (*Memoria dell'Accademia delle Scienze di Torino*), 1881; « Descrizione di alcune nuove specie o poco conosciute di uccelli della Nuova Britannia, della Nuova Guinea e delle Isole del Duca di York » (id.), id.; « Della vita e delle opere dell'ornitologo inglese John Gould » (id.), id. ; « Intorno ad una specie poco nota del genere Cyclopsittacus » (*Atti dell'Accademia di Torino*), 1882; « Il primo anno d'insegnamento scientifico », trad. du français de M. P. Bert, Turin, 1884; « Qualche giudizio intorno ad alcuni scritti ornitologici », id., 1884; « Catalogo delle collezioni ornitologiche fatte presso Sumatra » (*Annali del Museo Civico di Storia Naturale di Genova*), 1887; « La Ægialitis asiatica, trovata per la prima volta in Italia: nota » (*Accademia delle Scienze di Torino*), 1888; « Intorno ad una specie di falco nuova per la fauna italiana » (*Atti dell'Accademia di Torino*), 1885; « Spedizione italiana nell'Africa equatoriale; risultati zoologici. Uccelli dello Scioa e della regione fra Zeila ed i confini dello Scioa » (*Memoria della Società geografica italiana*), id.; « Due nuove specie di uccelli della Cocincina », en collaboration avec M. T. Giglioli (*Atti dell'Accademia di Torino*), id.; « Uccelli raccolti durante il viaggio della corvetta *Vettor Pisani* » (id.), 1888; « Il Sirratte in Italia nella primavera del 1888 » (id.), id.; les traductions de la « Philosophie zoologique » de Van der Moeven, et de l'« Histoire illustrée des animaux » de Pokorny, et une foule de mémoires insérés aux revues savantes de la péninsule et de l'étranger.

Sampeur (Virginie), institutrice, directrice de l'École secondaire des demoiselles aux Gonaïves, épouse divorcée du poète Oswald Durand. Née en 1839, elle fit ses études à Port-au-Prince (Haïti), sa ville natale. Elle se distingua dans l'enseignement. Dès l'âge de 13 ans, elle exerça comme professeur dans l'établissement même où elle a été élevée. En 1858 elle établit aux Gonaïves une école de jeunes filles qui eut beaucoup de succès. Bon nombre de demoiselles du Port-au-Prince, du Cap-Haïtien et de beaucoup d'autres localités ont été élevées chez elle. Elle a écrit des pièces de vers dans le genre élégiaque. Plusieurs de ses poésies ont été publiées et lues dans les Conférences à Paris.

Samuel (Adolphe), compositeur et musicologue belge, né, à Liège, le 11 juillet 1824. Nous n'avons pas à nous occuper ici de l'œuvre musicale de M. S., œuvre considérable qui lui a valu la direction du Conservatoire de Gand, et l'a fait élire membre de la classe des beaux-arts de l'Académie royale de Belgique. Mais nous tenons à mentionner les beaux articles qu'il a publiés dans la *Civilisation* (où il a rendu compte, notamment, d'un « Voyage musical en Italie »), dans la *Revue trimestrielle*, l'*Écho de Bruxelles*, le *Télégraphe*, l'*Indépendance belge*, l'*Art Universel*, la *Flandre libérale*, etc. Il a donné à la « Patria belgica » un résumé de l'histoire de la musique en Belgique, et à un autre grand ouvrage collectif, « Cinquante ans de liberté », une étude sur la musique en Belgique et les musiciens belges depuis 1830. Enfin, il a en préparation une « Histoire générale et populaire de la musique ».

Saporta (Louis-Charles-Joseph, marquis DE) naturaliste français, né, le 28 juillet 1823, à Saint-Zacharie, fit ses études au collège de Fribourg et ensuite chez les Jésuites (1834-40). Naturaliste de haute envergure, M. le marquis de S. a publié les ouvrages suivants, tous très importants: « La végétation du globe avant l'apparition de l'homme »; « Une flore de Geliuden », dans les *Mémoires* de l'Académie de Belgique; « Origines paléontologiques des arbres »; « L'évolution du règne végétal »; « Phanérogamie », en collaboration avec le professeur Marion; « A propos des algues fossiles »; « Les organismes problématiques », etc.

Sayce (Archibald-Henri), illustre philologue anglais, né, à Shorehampton, le 25 mars 1845, fit ses études au Collège de Bath et entra à l'Université d'Oxford en 1865. Il fut ordonné prêtre en 1871 et obtint en 1876 la chaire de philologie comparée à la même Université. Membre de la Commission pour la révision de l'Ancien Testament, il a inséré dans le *Journal of philology*, dans les *Transactions of the Society for biblical archeology*, à la *Contemporary Review*, à la *Theological Rev.*, etc., un grand nombre de dissertations très remarquées. On cite de lui en librairie: « An Assyrian Grammar for Comparative Philology », 1872; « The Principles of Comparative Philology », 1874; « The Astronomy and Astrology of the Babylonians », 1874; « Elementary assyrian Grammar », 1876; « Babylonian literature », 1877; « Introduction to the Science of Language », 1880; « The Monuments of the Hittites », 1881; « The Vannic Inscriptions », 1882; « History of Babylonia », 1877; « Sennacherib », 1878; « Herodotus », etc.

Scavia (l'abbé Jean), pédagogiste italien, né, à Castellazzo, près d'Alexandrie, en 1821, fit ses études ecclésiastiques dans le chef-lieu de sa province et devint ensuite l'élève favori du célèbre abbé Ferrante Aporti. De 1850 à 1865, la prodigieuse activité de l'abbé S. exerça une influence très saine sur l'enseignement élémentaire. C'est par ses soins que l'instruction publique prit un vigoureux essor, d'abord dans l'ancien royaume de Sardaigne, ensuite dans les provinces qui lui furent annexées. Pendant cette période, l'abbé S. publia une quantité énorme de livres pour l'enfance et la première jeunesse, depuis les alphabets illustrés jusqu'aux manuels d'histoire, de géographie, etc., etc. Mais vers 1865, la nouvelle école pédagogique n'approuvant pas tout-à-fait les idées de l'abbé S., les livres de ce dernier eurent une diffusion moindre. L'Italie est redevable en grande partie à M. S. de ses progrès en fait d'instruction primaire. Nous citons de cet auteur son œuvre purement littéraire qui consiste en « Elogio funebre dell'abate Ferrante Aporti », Turin, 1859; « Istruzione professionale secondaria femminile in Francia, Germania, Svizzera e Italia », id., 1866; « Poesie per bambini e per fanciulli », 1877; « Gl'inni della Chiesa, volti in versi italiani di uguale metro », Turin, 1882; « Il Padre Cristoforo: storia milanese del secolo XVII, ossia i « Promessi Sposi » di Alessandro Manzoni, abbreviati ad uso delle scuole », id., 1883; « Inni all'Evangelista S. Giovanni Apostolo e al glorioso S. Francesco di Sales, editi in Parigi nel 1689 », de V. Santolio, traduction, id., 1885; « Società delle Scuole tecniche operaie di S. Carlo », discours (*Rendiconto 1883-1885*), Turin, 1885.

Scelsi (Hyacinthe), économiste, homme politique et écrivain italien, préfet de Bologne, Sénateur du Royaume, ancien journaliste et professeur, né, vers l'année 1830, en Sicile, où en 1848 il rédigeait un journal populaire; en 1860 il fut envoyé par Garibaldi en qualité de commissaire à Cefalù. Tour-à-tour, préfet de Syracuse, Foggia, Ascoli, Côme, Reggio-Emilia, Messine, Ferrare, Livourne, Modène et Bologne, il a rendu des services éminents à l'administration. Il a traduit du latin le « Traité du droit pénal » de Carmignani, en y ajoutant des notes et des comparaisons avec le Code des Deux Siciles, et on lui doit une « Storia della Riforma in Italia durante il XIV secolo », publiée à Turin, pendant son exil.

Scerbo (François), orientaliste italien, professeur libre d'hébreu, secrétaire-adjoint de la Société asiatique italienne, né, à Marcellinara en Calabre, en 1851, a fait ses études au séminaire de Nicastro, où il a reçu les ordres. Arrivé à Florence, il fréquenta les cours de sanscrit, d'hébreu et d'arabe à l'Institut des *Studii Superiori*. On lui doit une: « Crestomazia Ebraica », 1884; « Studii sul dialetto Calabro », 1886; « Grammatica Ebraica », 1888; « Grammatica della lingua latina », 1890.

Schmitt (Eugène), né, à Zombor, le 5 novembre 1851. En achevant ses études, il fut nommé greffier à la cour de justice de Zombor. Son ouvrage: « La dialectique de Hegel », fut reconnu le meilleur de tous les travaux écrits sur cette question, et comme tel couronné par la Société philosophique de Berlin. M. S. se démit alors de son modeste emploi, pour se préparer à l'examen de professeur en philosophie, grâce à l'assistance matérielle de la part du ministre Auguste Treffort. Il collabore à la *Revue hongroise de philosophie*.

Scholl (Aurélien), journaliste et littérateur français, né, à Bordeaux, le 14 juillet 1833. A peine ses études achevées dans sa ville natale, il vint à Paris, où il se jeta éperdûment dans le journalisme aggressif de l'époque. Il fit en 1850 ses premières armes au *Corsaire*, puis collabora au *Paris* (1852), au *Mousquetaire*, à l'*Illustration* et au *Figaro* hebdomadaire. En 1855, il fonda le *Satan* et la *Silhouette* et ayant abandonné le *Figaro* il créa le *Nain jaune* pour lui faire concurrence. Il fonda, en outre, tour-à-tour, le *Club*, le *Jockey* et le *Lorgnon* (1869) revue hebdomadaire dont un des premiers numéros lui attira, sur la plainte du Comte de Bisson, son beau-frère, des poursuites en diffamation. Depuis 1872, M. S. est collaborateur de l'*Évènement*. Ses ouvrages, dont plusieurs sont formés par ses articles, nouvelles et scènes insérés aux journaux, sont: « Lettres à mon domestique »; « Les esprits malades »; « Denise »; « La foire aux artistes »; « Claude le Borgne »; « Les mauvais instincts »; « Hélène Hermanne »; « Les amours de théâtre »; « Scènes et mensonges parisiens »; « Les gens tarés »; « Les cris de paon »; « L'Outrage »; « Les nouveaux mystères de Paris »; « Les petits secrets de la Comédie »; « Dictionnaire féodal »; « La danse des Palmiers »; « Les amours de cinq minutes »; « Le procès de Jésus-Christ »; « Le scandale du jour »; « Les Fables de la Fontaine filtrées », 1886; « Paris aux cent coups », Paris, librairie illustrée, 1888; « Le Roman de Follette », id., Havard, 1889; « L'esprit du Boulevard », id., id., id.; « Paris en Caleçon », id., librairie illustrée, 1887. Au théâtre: « Jaloux du passé », comédie; « Singuliers effets de la foudre », avec M. P. Bocage; « Les chaînes de fleurs », comédie; « L'Hôtel des illusions », vaudeville »; « Le repentir »; « On demande une femme honnête »; « Le nid des autres », comédies, etc.

Schwarcz (Jules), homme de lettres, économiste, homme politique hongrois, né, le 7 décembre 1838, à Stuhlweissembourg, où il fit ses premières études; il fréquenta ensuite les universités de Pest, Munich, Berlin et Iéna, et obtint son doctorat sur la thèse suivante: « La théorie pal éontologique d'Empédocles ». Député au Parlement national à quatre reprises, il s'occupa surtout de réformes scolaires. Voici la liste de ses principaux ouvrages dont nous donnons les titres en français: « La question des races », Pest, 1861; « Les connaissances géologiques des Grecs », 1860-63; « Anaxagore »; « Strabon de Lampsaque »; « La réforme de l'Instruction publique en Hongrie »; « Statistique de l'instruction primaire »; « Statistique des établissements pédagogiques hongrois »; « L'instruction publique en Hongrie »; « La Hongrie unie »; « Les institutions politiques hongroises »; en langue allemande: « La Démocratie »; en anglais: « The failure of Geological Attempts made by the Greeks prior to the times of Alexandre the Great », 1862-1868, etc.

Schweinfurth (Georges-Adolphe), célèbre voyageur et naturaliste allemand, né, à Riga, le 29 septembre 1836, où il fit ses premières études; celles universitaires à Heidelberg. Il s'adonna avec ardeur à l'étude de la botanique, explorant la Russie, la France et l'Italie. En 1863 il explora l'Afrique, d'où il revint en 1866 avec de riches collections d'histoire naturelle, et soumit à l'Académie des sciences de Berlin un projet d'exploration botanique des régions équatoriales du bassin du Nil qui fut approuvé. Il partit pour cette nouvelle expédition en 1869, et, à son retour en Allemagne en 1871, fut reçu avec enthousiasme. En 1873-74, M. S. explora le grand oasis El-Chargeh dans le désert de Lybie et fut nommé par le Kédivé directeur du Musée d'histoire naturelle du Caire: il y fonda une Société de géographie et continua l'exploration entre le Nil et la Mer-Rouge (1876-78). M. S. a donné le compte-rendu de son voyage dans un ouvrage d'un haut intérêt: « Im Herzen von Afrika », Leipzig, 1874-78, qui fut traduit dans presque toutes les langues de l'Europe. Nous citons encore parmi ses mémoires de botanique descriptive: « Plantæ quædam niloticæ »; « Beitrag zur Flora Ætiopica »; « Reliquiæ Kotschynæ »; « Artes Africanæ », etc.

Scudder (Horace-Élisée), nouvelliste et publiciste américain, né, à Boston, le 16 octobre 1836; il débuta brillamment par un recueil de contes, intitulé: « Seven Little People and their Friends »; suivirent: « Dream Children »; « Life and Letters of David Coit Scudder »; « Stories from my Attic », tirées du *Riverside Magazine for Young People* qu'il a dirigé pendant quatre ans; « Recollections of Samuel Breck »; « Men and Manners in America »; il a collaboré à différents ouvrages importants, et édité quelques ouvrages d'autres écrivains; il demeure à Cambridge (États-Unis).

Seignobos (Charles-André), né, à Empurany (Ardèche), le 25 août 1822, avocat et littérateur français, fait partie, depuis 1848, du Conseil général de l'Ardèche, dont il a été secrétaire et vice-président. Il a été membre de l'Assemblée nationale de 1871 à 1876, de la Chambre des Députés de 1876 à 1885. En cette qualité, il a rédigé de nombreux rapports, entr'autres, sur les lois organiques de la confession d'Augsbourg; il a fait partie de la grande commission de la presse et de la commission de la propriété artistique et littéraire. Membre des synodes généraux de l'Église réformée en 1848 et 1872. M. S. a appartenu de 1881 à 1886 à la rédaction du *Télégraphe*, dans lequel, pendant cette période, il a écrit des articles quotidiens non signés ou sous le pseudonyme d'*André Derras*. Depuis onze ans, il est le correspondant parisien du *Journal de Genève*. Il envoie aussi en Amérique une correspondance de quinzaine et parfois des articles détachés. La revue *Nord und Süd*, a publié des articles de lui traduits en allemand. Il rédige au *Journal Officiel* le Compte-rendu des Sciences morales et politiques.

Seignobos (Michel-Jean-Charles-Antoine), fils du précédent, né, à Lamestre (Ardèche), le 10 septembre 1854; ancien élève de l'École normale supérieure, docteur ès-lettres, il a passé deux ans en Allemagne, de 1877 à 1879, chargé d'une mission du Ministère de l'Instruction publique. Maître de conférences à Dijon, il fait depuis plusieurs années un cours libre à la Sorbonne. Il a publié un livre sur « La féodalité en Bourgogne »; une « Histoire de la civilisation », en 2 vol., et un recueil des morceaux choisis de Michelet. Il a écrit dans la *Revue des Deux Mondes* des articles sur les universités allemandes; d'autres articles dans la *Revue Philosophique*. Il rédige la chronique de la *Revue Internationale de l'enseignement supérieur*.

Sellar (William-Young), philologue écossais, professeur des belles-lettres à l'Université d'Edimbourg, né, à Norwich, en 1825. On lui doit, entr'autres, deux essais remarquables sur Lucrèce, dans les *Oxford Essays* de l'année 1855, et sur Virgile, en 1877.

Senn Barbieux (Walter), écrivain suisse, né, le 4 février 1844, à Buche dans le Rheinthal, directeur de la *Gazette industrielle et commerciale* de Saint-Gall, a publié: « Esquisses suisses, paysages et mœurs (Characterbilder schweizer. Landes und Lebens) », 2 vol., 1870, 2me éd., 1873, nouvelle série, 1884; « Le Prættigau », 1874; « Le général Dufour », 1878, 2me éd., 1886; « Garibaldi », 1883, 2 éd., 1888; « Galerie d'Honneur de la Suisse (Schweiz Ehrenthal) », 1884. Divers articles de lui ont paru dans la presse sous le pseudonyme de *Severus Alpinus*. M. S. a dirigé, de 1871 à 1873, la revue l'*Alpenpost*.

Sepulveda (Richard), écrivain de mœurs espagnol, satirique, auteur de plusieurs ouvrages humoristiques, est secrétaire général de la Compagnie des vapeurs de Lopez (Espagne à la Havane).

Sepulveda (Henri), frère du précédent, écrivain humoristique également.

Severini (Antelmo), illustre orientaliste italien, professeur des langues de l'Extrême Orient à l'Institut des Études Supérieures de Florence, né, en 1828, à Arcevia (Marches). Il étudia le chinois et le japonais à Paris avec M. Julien et avec M. De Rosny. Le brillant succès de ses études le fit appeler par le ministre Amari à l'Institut de Florence, où ses propres disciples Charles Puini, Ludovico Nocentini et Jean Hoffmann devaient lui faire le plus grand honneur. Au nombre de ses publications, en dehors de ses articles et essais dans la *Rivista Orientale*, le *Bullettino degli Studi orientali*, la *Rivista Europea*, la *Nuova Antologia*, l'*Annuario della Società per gli Studi orientali*, la *Gazzetta della Domenica*, la *Nazione*, etc., citons : « Dialoghi cinesi », Paris, 1863 ; « Dialoghi cinesi », traduction, Florence, id. ; « Un principe giapponese e la sua Corte nel XIV secolo », 1871 ; « Uomini e paraventi », nouvelle japonaise traduite; « Astrologia giapponese », Genève, 1875; « Repertorio Sinico-Giapponese », en collaboration avec Charles Puini, 1875; « Le curiosità di Jocohama », 1878 ; « Il Taketori Monogatari, ossia la fiaba del nonno Tagliabambù : tosto giapponese del IX secolo, tradotto da A. Severini », Florence, 1881; « De l'étude du chinois et du japonais dans l'Occident » (*Revue internationale*, 1re année), id., 1884; « Repertorio sinico-giapponese », id., 1881; « Saggio di critica della storia giapponese » (*Boll. ital. degli Studi orientali*), id., 1882; « Le curiosità di Hacohama. Trascrizione, traduzione e note », id., id. ; « Le sentiment du devoir chez les Japonais » (*Revue internationale*), 1885.

Serrano-Fatigati (Henri), homme de lettres espagnol, professeur d'économie d'État à l'Université de Madrid, conseiller du comité supérieur de l'agriculture, de l'industrie et du commerce, est né, à Madrid, le 28 novembre 1845. Il fut d'abord élève à l'École des Ponts et Chaussées madrilène, puis il suivit les cours universitaires. Il a représenté son pays à l'exposition d'Amsterdam, s'est beaucoup occupé de microscopie et a publié les ouvrages suivants: « Leciones de Meteorologia para uso de sus alumnos », Vitoria, 1870; « Estudio fisico del globulo sanguineo », Madrid, 1877, imprimerie de l'Instruction publique; « Estudios sobre la celula », id., 1878; « Los derivados del protoplasma », id., id.; « Elementos de Quimica », id., 1re éd. 1884, 2me 1885, 3me 1887.

Shyâmal Das, poète et savant indien; le poète généalogiste ou *Kavi râg'a* du roi d'Oudeypour dans le Meyvar, historien et noble de première classe de cet intéressant royaume, membre du Conseil d'État, résidant à Oudeypour, dans le Râg'putana, est né, le 7 juillet 1836, à Oudeypour, où il a fait ses études et sa brillante carrière. Il appartient à la caste des Tchârans, en faveur de laquelle il fonda à ses frais une école. Membre de la commission de l'instruction publique, il a fondé à Oudeypour une bibliothèque au profit des jeunes savants du pays. Après le roi et le premier ministre, le Kavi Râg'a M. S.-D. est le personnage le plus important du royaume d'Oudeypour; comme noble de première classe, il a de rares privilèges, que nous indiquons ici à titre de curiosité: « Lorsque le roi rencontre des nobles de pre« mière classe, il les embrasse; une massue « en argent est portée devant eux; le souve« rain, dans les lettres qu'il adresse aux no« bles de première classe, les salue par le mot « *Juhâr ;* ces nobles ont le privilège de por« ter aux pieds toute sorte d'ornements en « or; et ils ont le droit d'imprimer leur nom « sur le cachet des lettres qu'ils adressent ». Parmi ses publications, citons le « Vinod », riche histoire de Rag'putana, en langue hindoue, et dans le *Journal de la Société asiatique du Bengal*; « On the authenticity, antiquity and Genuineness of the Privti Roj Rosa », 1886 ; « Birth Day of the Emperor Akber », id.; « The Mina Tribe of Jaipore in Meywar », id.; « The antiquities at Nagari near Chitore », 1887, dans l'*Indian Antiquary* ; « The account of Assam at the time of its conquest by Mir Zumla in 1663 A. D. », id.; « A geneological Table of the Mughul Emperors of India with notes on their Birth, Accession to the throne and Death », dans le bulletin de la *Royal Historical Society* de Londres, 1888; et en outre un Dictionnaire sanscrit en 4 vol., très important, intitulé: « Shabdartha Chintamani », publié à Oudeypour; et « The Sujjun Shabda Ziwan Kosh ».

Simpson (Alexandre-Russel), médecin et chirurgien écossais, professeur de gynécologie à l'Université d'Édimbourg, né, en 1835, à Bathgate. En dehors de nombreux articles, et de l'édition des *Clinical Lectures on Diseases of Women* de son oncle, il a publié: « Contributions to Obstetrics and Gynecology »; « History of the Chair of Midwifery in the University of Edinburgh ».

Sommier (Étienne), botaniste et voyageur italien, né, à Florence, en 1848, d'une famille française, reçut sa première éducation à la maison, puis au lycée et à l'Institut technique de Florence. Une maladie d'yeux l'obligea à interrompre ses études. Il fréquenta ensuite les leçons et les laboratoires à l'*Istituto di studii superiori*, s'adonnant à la botanique. En 1872, il voyagea en Sardaigne et en 1875 il visita la Sicile, Lampedusa et Linosa au frais du Musée botanique de Florence. En 1874, il fut nommé secrétaire du Congrès botanique dont il rédigea les *Actes*. Il visita tour-à-tour la Norvège et la Laponie (1878-79), la Sibérie occidentale et surtout le cours inférieur de l'Obi jusqu'à l'Océan glacial (1885). En 1887, M. S. retournait dans les Ourals, en visitant le cours supérieur du Volga et la Mer Caspienne. Pendant ces dernières années, il a fait des études importantes d'anthropologie et d'ethnographie. En dehors de plusieurs mémoires remarquables au *Nuovo giornale botanico italiano*, au *Bullettino della società geografica*, à l'*Archivio per l'Antropologia e l'etnografia* et au *Bullettino del Club alpino italiano*, nous avons de cet auteur: « Un'estate in Siberia fra Ostiachi, Samojedi, Sirieni, Tatari, Kirghisi e Baskiri », 1885; « Prima ascensione invernale al Capo Nord e ritorno attraverso la Lapponia e la Finlandia », 1886; « Due comunicazioni fatte alla Società d'antropologia sui Lapponi e sui Finlandesi settentrionali », id.; « Un viaggio d'inverno in Lapponia », Florence, Barbèra; « Sirieni, Ostiachi e Samojedi dell'Obi », part. 1re, 1887; « Note di viaggio: I. Esposizione Uralo-Siberiana di Ekaterinburg. II. Mordvà. Popolazione di Astrakan. Kalmucchi », 1889.

Sormanni-Rasi (Thérèse), femme-auteur italienne, née à Milan, commença ses études en Suisse et les acheva à Milan. Elle s'adonna à l'enseignement primaire, qu'elle quitta pour épouser M. Louis Rasi, dont la notice est à la page 1658. Mme S. R. est l'auteur de plusieurs petits livres de lecture, notamment: « Cuore », Milan, Carrara; « Il Principe di Condè », id.; « L'albero di Natale », id., id.; « Emancipazione e famiglia ». Au théâtre Mme S.-R. a donné une comédie: « Donna o Angelo », Milan, Galli, 1881, couronnée au Concours du jury dramatique national et encore au répertoire de plusieurs troupes dramatiques italiennes. A l'Exposition *Beatrice* de Florence, Mme S.-R. obtint un diplôme de médaille d'or.

Stafford-Northcote (Sir Henry, Baronet), homme public et publiciste anglais, *lord rector* de l'Université d'Edimbourg, né, en 1818, à Londres; en dehors de quelques lectures et discours exquis, on lui doit un ouvrage remarquable intitulé: « Twenty Years of Financial Policy », 1862.

Stampini (Hector), philologue italien, né, à Fenestrelle, le 25 mai 1855, étudia à l'Université de Turin et entra dans l'enseignement lycéal; il est actuellement professeur à l'Université de Messine. Nous avons de lui: « Impressioni ed affetti », Biella, 1879; « La metrica latina e le odi barbare di Giosuè Carducci », Turin, id.; « La lirica scientifica di G. Regaldi », id., id.; « Commento metrico a 29 odi di Orazio », id., 1881; « Le odi barbare di G. Carducci e la metrica latina », étude, 2a éd., id., id.; « De D. Junii Juvenalis vita dissertatio », id., id.; « Proposte per un riordinamento della facoltà di lettere e filosofia nelle Università del Regno » (*Riv. di Filol. e d'istruz. class.*, 1882); « Trattato della ortografia latina, conforme in parte al manuale di W. Brambach », Turin, 1882; « *Virgilio* — Le Georgiche comm. da E. Stampini », id. 1884; « De Juvenalis vita controversia », id., 1883; « La poesia romana e la metrica », id., 1881; « Il *Trinummus* ossia *le tre monete* di M. Accio Plauto, testo e traduzione », id., 1887; « I captivi ossia i prigioni di Plauto, testo e traduzione », id., 1888; « Risposta alle amenità universitarie di Tommaso Vallauri » Pinerolo, 1889. Enfin une collaboration suivie à la *Rivista di Filologia*.

Stassoulevitch (Michel), publiciste russe, ancien professeur d'Université à Saint-Pétersbourg, fondateur de la revue le *Messager d'Europe* qu'il dirige depuis 1866, est né à Saint-Pétersbourg en 1826. Nous avons de lui les dissertations suivantes: « La vie de Lycurgue trésorier d'Athènes », 1852; « Le siège et la prise de Bysance », 1856; « Essai sur le développement de la philosophie de l'histoire », 1865; enfin un ouvrage en trois volumes intitulé: « Histoire du moyen-âge racontée par les contemporains ». Mais sa revue mensuelle, qui est devenue la première des revues russes, est son meilleur titre de gloire.

Stedman (Edmond *Clarence*), poète et critique américain, né, le 8 octobre 1833, à Hartford dans le Connecticut. Il débuta à Norwich, comme rédacteur d'un journal; en 1855, il passa à New-York, où il travailla pendant dix ans, comme journaliste. Il a été pendant la guerre le correspondant militaire du *New-York World*. Cette période de sa vie est rendu par son poème intitulé: « Bohemia ». Son volume de « Chants », est fort estimé; mais on remarque surtout ses essais critiques intitulés: « Victorian Poets », et « Poets of America ».

Steiner (baron DE PFUNGEN Robert), médecin autrichien, *privat-Docent* de pathologie des nerfs à l'Université de Vienne, est né, le 6 juin 1850, à Penzing, près de Vienne, et a fait ses études à l'université de cette métropole. Promu docteur le 1er août 1876, il fut nommé presque contemporanément *practicant* à l'hôpital impérial de Vienne, où, trois ans plus tard, il devint médecin secondaire. Il a été de 1882 à 1887 assistant à la clinique psychiatrique du célèbre professeur Théodore Meynert et depuis 1884 il enseigne la pathologie des nerfs à l'Université de Vienne. On lui doit: « Studien über Entzündung der Froschcornea », *Jahrb. der Gesellsch. d. Aerzte*, Vienne, 1873; « Ueber tonische Starre bei durchbrechenden Gehirnblutungen », *Wien. Med. Blätt.*, 1882; « Zur Casuistik der Gehirnabscesse bei Bronchiectasie mit purulenter Bronchitis », id., 1883; « Ueber topische Begründung der Bewegungsstörungen an den Augenmuskeln bei Meningitis », id., id.; « Analyse der psychischen Erkrankungen und der psychischen Herdsymptome nach Störung der Associationen », id., id.; « Ueber Störungen der Associationen », *Jahrb. f. Psychiat.*, 1884; « Ueber die pathologische Bedeutung der Störungen der Associationsbahnen », *Fortschritte der Med.*, id.; « Casuistik von Erkrankungen des Nervensystem », *Wien. Med. Blätt.*, 1885; « Versuche über die Bewegungen des Antrum pyloricum beim Menschen », *Centralbl. f. Physiologie v. Gad. und Exner*, 1887; « Ueber die Bewegungen des Antrum pylori bei Menschen », en collaboration avec Ullmann, id., id.; « Ueber atomie des Magens », *Klinische Zeit. und Streitfragen von prof. F. Schnitzler*, id.; « Beiträge zur Bestimmung der Salzsäure im Magensafte », *Wien. Klin. Wochenschrift*, 1889.

Stewart (Thomas-Grainger), médecin écossais, professeur à l'Université d'Édimbourg, où il est né en 1837; il est l'auteur d'un « Practical Treatise on Bright's Diseases of the Kidney », qui a eu deux éditions en Écosse, et une nouvelle édition en Amérique.

Stocchi (Joseph), homme de lettres et patriote italien, né, à Sinalunga, le 5 avril 1832. Il étudia d'abord aux séminaires de Pienza et de Cortone, passa de bonne heure à l'enseignement laïque et fut tour-à-tour professeur à différents gymnases du royaume; il enseigne à présent au Gymnase Galiléi de Florence. Nous avons de lui plusieurs articles à la *Gazzetta d'Italia*, à la *Rivista Europea* de Florence, à l'*Istitutore* de Sienne et les livres suivants: « Grammatica della lingua italiana come si potrebbe insegnare nei ginnasi », 1873; « Vita e carmi di Valerio Catullo », 1875; « Recensione delle opere di Benedetto Castiglia », 1877; « Osservazioni e proposte a proposito della Grammatica italiana del professore Zambaldi », 1878; « Leone XIII — Tre inni latini », traduction, Florence, 1881; « Due studi di storia romana », id., 1887; « La prima conquista della Britannia per opera dei romani », id., 1888; « La prima guerra dei romani nella Mesopotamia: studio storico-critico », id., 1887.

Stocchi (Louis), poète et littérateur italien, professeur de littérature italienne et de pédagogie, ancien directeur des Écoles Magistrales (1861-65) du Royaume, inspecteur scolastique à Castrovillari, actuellement à Naples, est né, à Cosenza, en 1835, où il fit ses premières études. Nous trouvons en 1851 M. S. candidat près l'Académie de Cosenza. Il a dirigé tour-à-tour dès 1861 les journaux: *Il Calabrese*, l'*Usignolo*, *Rossanese*, *Palestra Magistrale*, *Spigolatore Calabrese*, *Corriere delle Calabrie*, etc. En dehors d'une foule d'articles, poésies, biographies insérées dans les journaux, et réunies en volume, il faut mentionner en librairie: « Piaghe dell'istruzione primaria in Italia », Salerne, 1887.

Storm (Jean), illustre philologue norvégien, professeur de philologie romande et anglaise à l'Université de Christiania, est né, en 1836, à Lhom. Après avoir voyagé en France, Italie et Espagne (1869-70), il fut nommé prof. universitaire. Nous avons de lui entr'autres: « Grammaire Anglaise », 1862; « Les nations romandes et leurs idiomes », Christiania, 1871; « Sur l'accent musical des langues scandinaves », id., 1874; « Philologie Anglaise », et plusieurs mémoires aux revues et journaux: *Rivista Bolognese*, *Mémoires de la Société de Linguistique*, *Romania*, *Rivista Europea*, *Archivio glottologico*, *Nordisk Tidskrift*, etc. Il était membre du Comité organisateur du Congrès des Orientalistes à Christiania, en 1889.

Storm (Gustave), historien norvégien, frère du précédent, professeur d'histoire à l'Université de Christiania, né, à Reendalen, en 1845, fit ses études à Christiania et à Paris et voyagea en Islande (1874). Nous avons de lui: « L'ancienne littérature du Nord », 1869; « L'historiographie de Snorro Sturleson », couronné avec une médaille d'or par l'Académie des Sciences danoise; « Les cycles épiques de Charlemagne et de Théodoric de Bern d'après les peuples scandinaves », 1874; « Voyage en Islande », id. M. le prof. S. est correspondant de la *Revue historique* de Paris, et a soigné les éditions des ouvrages de P. A. Munch et Pierre Clausson.

Strauss (Louis), économiste et publiciste belge, né, à Bruxelles, le 26 novembre 1844.

Il obtint en 1862, à 17 ans, le diplôme de licencié en sciences commerciales, avec la plus grande distinction. Le Gouvernement le nomma élève-consul et l'envoya en Allemagne, en France et puis dans l'Amérique du Nord pour étudier la situation économique de ces pays. En 1863 et 1864, il adressa à Bruxelles plusieurs rapports qui furent publiés par le Ministère des affaires étrangères. Dès cette époque, il préconisa une meilleure organisation pour les relations commerciales entre la Belgique et l'Allemagne méridionale, question dont la solution est poursuivie aujourd'hui par la création du chemin de fer Bruxelles-Mayence. En 1865 et 1866, M. S. publia deux volumes, l'un concernant les États-Unis, l'autre le Canada. En 1866, il fut chargé de faire le rapport pour la Commission spéciale chargée de l'étude de la constitution des services transatlantiques. On avait fait pour lui une première exception d'âge en le nommant élève-consul à 18 ans, on en fit une seconde en le nommant Consul belge au Japon en 1868, à 24 ans. Outre les rapports économiques et commerciaux qu'il adressa au Gouvernement et que celui-ci a publiés, M. S. transmit de 1864 à 1865 et de 1869 à 1872 des correspondances à divers journaux européens et des récits de descriptions des pays qu'il visitait au *Précurseur* d'Anvers; plusieurs de ces notes de voyage furent publiées en feuilletons et dans les *Tablettes* du *Précurseur* et reproduites par des journaux français et belges. En 1872, M. S. rentra en Europe, après avoir fait le tour du monde. Il se maria, donna sa démission de la carrière consulaire et profita de ses relations pour créer les premières affaires commerciales directes entre la Belgique et le Japon. Depuis lors, il a collaboré régulièrement au *Précurseur* d'Anvers et a publié des articles sur les questions économiques dans l'*Indépendance belge*. Il organisa à la Chambre de commerce d'Anvers la section d'économie politique dont il fut nommé Président, et la section de géographie commerciale dont il est le vice-président. Avec quelques amis, il fonda le *Cercle des anciens étudiants de l'Institut supérieur de commerce* d'Anvers, en 1873; il en est le président et délégué comme tel à la fédération des chambres de commerce belges qui l'a choisi comme vice-président. En 1874, M. S. a publié un gros volume: « La Chine, son histoire, ses ressources ». Il a été délégué auprès des principaux Congrès de géographie et a été nommé membre correspondant des sociétés de géographie de l'Est (Nancy), de Berne, de St.-Gall, de la Société de géographie commerciale de Paris, de la Société d'archéologie d'Oran, de la Société académique franco-hispano-portugaise de Toulouse, etc. Au dernier Congrès international du commerce et de l'industrie de Paris (1889), pour lequel il avait préparé divers rapports, il fut nommé vice-président de la section de législation. Pour vulgariser la science économique, en Belgique, on créa un journal hebdomadaire, la *Revue économique* dont la rédaction en chef a été offerte et acceptée par M. S. qui compte parmi les collaborateurs à ce journal des économistes, classés parmi les meilleurs de Belgique et de France. M. S. a publié différentes brochures traitant des questions de finances et des questions économiques et politiques; il a fourni des articles au *Journal des économistes* de Paris, à la *Nouvelle Revue*, etc.

Strümpell (Ernest-Adolphe), médecin allemand, directeur de la clinique médicale à Erlangen et professeur de pathologie spéciale et de thérapie à l'Université de cette ville; il est né, en 1853, à Neu-Aetz, en Courlande, fréquenta de 1861 à 1869 le gymnase de Dorpat, étudia la médecine de 1870 à 1872 à l'Université de Dorpat et de 1872 à 1875 à celle de Leipzig, où il devint assistant de la clinique médicale en 1872 et professeur extraordinaire et directeur du policlinique en 1883. Il occupa cette place jusqu'à 1886, époque dans laquelle il fut appelé à Erlangen dans sa position actuelle. Nous lui devons une foule d'articles de médecine interne et de pathologie parus dans le *Deutsch. Arch. f. Klin. Med.*, dans l'*Arch. f. psych. und Nervenkrankh.*, et dans plusieurs autres journaux spéciaux. Il a publié aussi « Lehrbuch der speciellen Pathologie und Therapie der inneren Krankheiten », Leipzig, 5me éd., 1889, ouvrage traduit en français, anglais, russe, espagnol et italien, et est en outre un des plus actifs collaborateurs à la 3me édit. du *Ziemssen's Handbuch der speciellen Pathologie und Therapie*.

Styffe (C.-G.), historien archiviste suédois, bibliothécaire à Upsala, né le 28 mars 1817, s'est occupé surtout de l'histoire ancienne de la Scandinavie et des lois communes de la Suède et de la Finlande. En 1861 il publia les « Ouvrages du roi Gustave-Adolphe II »; en 1867 un « Essai de géographie historique sur les Scandinaves au temps de l'Union », dont la seconde édition revue et augmentée a paru en 1881. En 1884, a paru à Stuttgard le cinquième volume des « Contributions à l'histoire Scandinave puisée aux archives étrangères » ; en 1888, les deux premiers vol. des « Mémoires » et des « Lettres du grand chancelier Axel Oxenstjerne », qui occuperont une cinquantaine de volumes.

Summer (Mary), pseudonyme de Mme C. Foucaux, femme-auteur française, écrivain de talent. Cette dame est née à Paris en 1842. Mariée avec le professeur Foucaux, l'illustre indianiste, elle se consacra aux études indologiques et ses monographies ont une valeur réelle qui les fait beaucoup apprécier par les savants. Nous avons d'elle en librairie: « Les religieux bouddhistes depuis Sakya-Mouni jusqu'à nos jours », 1878; « Histoire de Bouddha Sakya-Mouni », 1874; « Contes et légendes de l'Inde ancienne », 1878; « Les héroïnes de Kalidasa et les héroïnes de Shakespeare », 1879 ; « Les dernières amours de Mirabeau », 1877; « Les belles amies de M. de Talleyrand », 1880; « Les amoureuses du colonel », 1882, etc.

Suuby (Thor), écrivain danois, professeur de langues et littératures romanes à l'Université de Copenhague, est né, dans cette ville, le 26 mai 1830. Après avoir étudié à fond le français et le sanscrit, il débuta par des articles aux revues, et en 1869 il publia en langue danoise un livre sur « La vie et les œuvres de Brunetto Latini ». Après trois ans de voyages d'instruction, il publia pour la *Chaucer Society* le traité d'Albertano da Brescia qui a pour titre: « Liber consolationis et consilii », 1873. Nous avons aussi de lui le : « Moralium dogma » de Gauthier de l'Ile, et l' « Ars loquendi et tacendi », d'Albertano da Brescia. En 1877 M. S. publia un ouvrage sur Pascal et rédigea un « Dictionnaire danois français ».

Szechen (Antoine), écrivain et homme politique hongrois, né, en 1819, à Temerin ; après avoir achevé ses études, il fit de longs voyages à l'étranger et resta surtout longtemps à Rome. De retour dans sa patrie, il prit part activement à la vie publique d'abord en qualité de *Vicaire* du gouvernement, puis comme chef du département de Posega, enfin comme membre du Parlement. Nommé en 1860 sénateur, il devint Ministre sans portefeuille, et fut délégué à la Conférence de Londres pour la question de la Mer-Noire. En 1885, M. S. fut nommé maréchal de la Cour. Ses œuvres littéraires sont: « Études littéraires et historiques »; « Un grand homme de nos jours »; « Études sociales »; « Le Comte Valentin Eszterhazy »; « La littérature de la société en France »; « Alexandre Kisfaludy ».

Szilády (Aaron DE), écrivain hongrois, né, dans le Comitat de Samogy, en 1837, fit ses études au Collège de Debreczen et à l'Université de Gœttingue et débuta par la publication d'une série de documents sur la domination des Turcs dans la Hongrie, éditée par l'Académie hongroise des sciences qui l'élut dès 1861 membre correspondant, et membre ordinaire en 1876. Après des voyages en Italie il publia: « Magyar Szofejtegetesek », Pest, 1872 ; il traduisit l' « Arboreto », et le « Jardin des fleurs », de Saadi; le « Jardin du printemps », de Giami; le « Schah Nameh », de Firdusi ; citons encore: « Temesvári Pelbárt élete ès Munkai », Budapest, 1880; « Sur la poésie hongroise pendant le règne du roi Mathias », conférence; « Corpus poetarum », avec commentaire ; il publia enfin les « Poésies » de V. Balassa et les « Poésies » de Tinodi.

T

Tait (Pierre GUTHRIE), physicien écossais, professeur de *natural philosophy* à l'Université d'Édimbourg, né, à Dakeith, le 28 avril 1831; en dehors de ses nombreuses contributions aux revues spéciales, on lui doit: « The Dynamics of a Particle », en collab. avec M. W. J. Steele; « Elementary Treatise on Quaternions »; « Treatise on Natural Philosophy », en collab. avec Thomson, ouvrage vraiment classique; « The Pressure Errors of the *Challenger* Thermometers »; « The Volumetric Relations of Ozone », en collaborat. avec le Dr Andrews; « Lectures on Some Recent Advances in Physical Science », 1876, trois éd.; « Heat »; « The Unseen Universe ».

Talloczy (Louis), historien hongrois, né, en 1856, à Budapest, sous-secrétaire de la Société d'histoire, membre des sociétés de héraldique et d'archéologie, rédacteur du *Journal de l'histoire*, directeur des archives des finances depuis 1886. M. T. est professeur de l'histoire de la Hongrie à l'Académie militaire *Marie-Thérèse* à Vienne. Nous avons en librairie: « Lucrum cameræ », 1880; « François Zay », biographie, 1885; « Voyage au Levant et histoire du commerce hongrois en Orient », 1883; « La Russie et notre patrie », 1884. Sous presse: « Histoire de la Bosnie ».

Thanhoffer (Louis), écrivain médical hongrois, né, en 1843, à Nyerbátor, département de Szaboles, nommé en 1881 professeur d'histologie à l'Université de Budapest, et en 1886 membre correspondant de l'Académie. Ses œuvres sont: « Les vaisseaux Malpighi ou les organes secrétoires du fiel, de l'urine des insectes », avec gravures; « Pièces pour servir à l'éclaircissement du procès de la résorption de la graisse », par l'Académie, 1873, et en allemand, Bonn, Pflueger et Archiv., 1874; « Pièces explicatives pour la physiologie et l'histologie », « Éléments de physiologie et d'histologie comparée », Budapest, 1883, Stuttgard, 1885; « Sur la paralysie générative », 1888; « Les organes mécaniques des animaux », 1888; et plusieurs mémoires dans les revues savantes hongroises et allemandes.

Tiele (Corneille-Pierre), illustre savant, homme de lettres et critique hollandais, docteur, *honoris causa*, de l'Université de Bologne, né, à Leyde, le 16 décembre 1830. Il étudia la théologie au séminaire et à l'Athénée d'Amsterdam et en 1872, après 16 années de Saint-Ministère passées à Rotterdam, fut nommé professeur, d'abord à Amsterdam, puis à Leyde. En 1877, il échangea la chaire d'éloquence contre celle de théologie et plus tard il fut nommé professeur d'histoire générale des religions. En même temps il publiait beaucoup d'articles de critique aux journaux et aux revues et fondait une revue hebdomadaire intitulée : *Les signes du temps*. Adversaire de Max Müller, il publia une réfutation des théories de ce dernier sous le titre de : « Max Müller und Fritz Schultze über ein Problem der Religionswissenschaft ». Suivirent : « La religion de Zarathustra depuis son origine jusqu'à la chute du vieux royaume Persan » ; « Histoire comparative des religions égyptienne et Mésopotamiques » ; « Histoire de la religion », qui fut traduite en anglais par le professeur Carpenter; ce livre de maître devenu classique, aura bientôt une nouvelle édition, avec des corrections et additions importantes. M. T. est un des directeurs de la *Revue théologique*.

Tikkanen (Jean-Jacques), historien d'art finlandais, docteur en philosophie, *docent* de l'Université de Helsingfors, né, à Helsingfors, le 7 décembre 1857, a publié, entr'autres : « Der maledische Plil Giottos », 1884; « Die Genesismosaicken von S. Marco in Venedig », 1879; « Eine illustrirte Klimax-Handschrift der vatikanischen Bibliothek », 1890.

Timon (Akós), historien hongrois, né, le 17 août 1850, à Eger. Après avoir achevé ses études de droit, il fut envoyé aux frais du gouvernement en France et en Allemagne, et de retour, il fut nommé professeur de droit au Lycée de Gzór. Ses œuvres principales sont : « La Constitution ancienne germanique », Budapest, 1881 ; « Les étoles (*lecticalia*) dans le droit ecclésiastique », id., 1882 ; « Le Concordat autrichien et le droit commun hongrois », id., 1883 ; « La visitation canonique dans le droit ecclésiastique hongrois », id., 1884 ; « Du droit de patronnage suprême », id., 1887.

Tormay (Albert), agronome hongrois, né, en 1839, à Sregszárd. Diplomé en 1857 en science vétérinaire, il séjourna deux années en Allemagne, faisant des études de physique, de médecine et d'agronomie. Rentré en 1861 dans sa patrie, il fut nommé assistant à l'école vétérinaire de Budapest, puis en 1865 professeur à l'école d'agronomie de Kesethely, en 1859 directeur de l'école supérieure d'agronomie à Debreczen, en 1873 professeur à l'école vétérinaire de Budapest, enfin en 1875 directeur de cet institut. En 1880, il fut distingué par le titre de conseiller royal, et ensuite conseiller au ministère d'agriculture et directeur général des instituts royaux d'agronomie. Par commission du gouvernement, il entreprit à plusieurs reprises des voyages à l'étranger, et prit part à la création des lois relatives à l'agriculture et à l'entretien du bétail de la Hongrie. Ses œuvres remarqubles sont : « Médecine vétérinaire » ; « Hippologie agricole » ; « La Hongrie agricole ».

Touroman (Jean), helléniste serbe, né, en 1840, dans les confins militaires de la Croatie. Il a fait ses études à Budapest et après avoir été professeur dans un gymnase de la Hongrie, il a accepté l'offre du gouvernement serbe pour une chaire de philologie classique à la Faculté de Belgrade. Nous avons de lui une très bonne traduction en serbe des « Philippiques », et des « Discours pour la couronne », avec introduction et notes. Il a publié aussi plusieurs livres à l'usage des écoles. Il est considéré à bon droit comme le champion de l'éducation classique en Serbie.

Trovanelli (Silvius), écrivain italien, avocat, professeur libre de droit à l'Université de Bologne ; en 1883, il remporta le prix au concours *Premio Vittorio Emanuele*, décerné par l'Université de Bologne, pour une étude qui portait ce titre : « La famiglia, studio critico e comparato di diritto romano e di legislazioni antiche dell'Oriente ». Suivit un excellent volume contenant des essais critiques sur la littérature indienne sous le titre : « Râmayana, poema di Valmiki, Raghu-Vança, poema di Kalidâsa » ; « Il diritto di natura nei primordii dell'umanità », et un ouvrage important : « La civiltà e le legislazioni dell'antico Oriente in rapporto all'Oriente », dont le premier volume vient de paraître à Bologne chez Zanichelli.

Turbiglio (Sébastien), philosophe italien, professeur d'histoire de la philosophie à l'Université de Rome, député au Parlement, né, le 16 juillet 1842, près de Coni (Piémont). Il entra en 1860 au *Collegio delle Provincie* de Turin et reçut son diplôme en philosophie et belles-lettres en 1864. Nous avons de lui les ouvrages suivants : « Storia della dottrina di Cartesio », 1866 ; « La filosofia sperimentale di Giovanni Locke ricostrutta *a priori* », 1867 ; « Trattato di filosofia elementare », 1868 ; « La mente dei filosofi eleatici ridotta alla sua logica espressione », 1869 ; « L'impero della logica », 1870 ; « Benedetto Spinoza e le trasformazioni del suo pensiero », Turin, 1875 ; « Le antitesi tra il medio evo e l'età moderna nella storia della filosofia in ispecie nella dottrina morale di Malebranche », Rome, 1878 ; « Analisi storico-critica della critica della ragion pura », Rome, 1881 ; « Il miglioramento delle condizioni dei maestri » (extrait de l'*Avvenire degli Educatori*, 1883) ; « Giovanni Scoto Erigena » (*Filosofia delle scuole ital.*, 1883).

Turner (William), illustre anatomiste anglais, professeur d'anatomie à l'Université d'Édimbourg, né, en 1832, à Lancaster, a publié en dehors de plusieurs essais et mémoires : « Atlas of Human Anatomy and Physiology » ; « Human Anatomy » ; il a fondé et il dirige le *Journal of Anatomy and Physiology*.

U

Uzanne (Louis-Octave), homme de lettres français, né, à Auxerre, le 14 septembre 1851. Il est le fondateur de l'importante revue bibliographique intitulée *Le Livre*. Passionné du XVIIIe siècle, il a publié le « Calendrier de Vénus » ; « Les caprices d'un bibliophile » ; « Les bric-à-brac de l'amour » ; « Les lettres de Voiture », plusieurs ouvrages des conteurs du siècle dernier, quatre volumes des poètes de ruelles du XVIIIe siècle et une foule de préfaces érudites et spirituelles à des ouvrages rares érotiques ; citons, entr'autres : « Correspondance de Madame Gourdan dite la Petite Comtesse », Bruxelles, Kistemaeckers, 1883.

V

Vadnay (Charles), écrivain hongrois, littérateur exquis, né, à Miskolcz, en 1834 ; il prit part à la révolution de 1848. En librairie : « La petite fée » ; « Esther la belle choriste » ; « Filles à marier » ; « La maison du voisin », et nombre de critiques d'art et d'essais dans les journaux de la Hongrie. M. V. est depuis 1872 membre de l'Académie *Kisfaludy* et dès 1884 député au parlement hongrois.

Vaglieri (Dante), archéologue italien, né, le 31 mai 1865, à Trieste, où il fit ses études gymnasiales en 1883 ; il s'inscrivit à la Faculté de philosophie de l'Université de Vienne, en commençant des études d'épigraphie latine et des antiquités romaines sous les prof. Hirschfeld et Bormann qu'il acheva à Rome sous le prof. De Ruggiero, en l'aidant même à la recherche des matériaux pour son « Dizionario epigrafico d'antichità romane ». Collaborateur de la revue *La Cultura* de Rome, dirigée par le prof. Bonghi depuis 1886, il a été nommé secrétaire de rédaction en 1888. Entré au Musée national en 1888, en 1889 il y fut nommé conservateur. Nous avons de lui, en dehors de plusieurs mémoires historiques aux revues spéciales de l'Italie et de sa patrie, « Due lezioni adiutrici », brochure, Rome, 1887.

Vapereau (Louis-Gustave), philosophe, homme politique et publiciste français, auteur du célèbre « Dictionnaire Universel des Contemporains », publié par la maison Hachette, dont la première éd. date de l'année 1858, la dernière de l'année 1880-81, du « Dictionnaire Universel des Littératures », et de l'« Année littéraire », publiée de 1859 à 1869, est né, à Orléans, le 4 avril 1819 ; il a été secrétaire de Cousin, professeur de philosophie et de langue allemande, avocat, préfet du Cantal et de Tarn-et-Garonne, inspecteur général de l'instruction publique ; il a collaboré à plusieurs journaux, revues et encyclopédies.

Varadi (Antoine), poète et auteur dramatique hongrois, professeur à l'École des acteurs, membre de la Société des belles-lettres *Petőfi*, est né, le 2 mai 1854, à Zavod. Nous avons de cet auteur : « Mes poésies » ; « Nouvelles poésies » ; « Monde » ; le drame « Iscarioth », et surtout la traduction poétique de « Faust » de Goethe.

Vicentini (Monseigneur A. A.), littérateur et orateur italien, né, le 15 décembre 1829, à Aquila, où il a étudié et, pendant 28 ans, enseigné au Séminaire. De 1859 jusqu'à l'année 1869, il fut archiprêtre de l'église de Saint-François de Paule. En 1865, il organisa une Académie littéraire à l'occasion du centenaire de Dante. Nommé curé de la cathédrale en 1870, il atteignait une grande renommée comme orateur sacré ; en 1879, le Saint-Père Léon XIII le consacrait évêque de Conversano. En 1880, il y fondait l'Académie de Saint-Thomas d'Aquin, et une école ecclésiastique ; en 1881, il obtenait sa promotion comme archevêque d'Aquila. Pendant son nouveau ministère, il fonda à l'archevêché un cabinet de lecture pour les prêtres, un nouveau journal *La Palestra Aeterna*, un observatoire géodinamique, la Société de Saint-Philippe Néri, un nouveau collège pour les séminaristes pauvres (*Alunnato dell'Immacolata*). Parmi les écrits de ce docte et actif prélat, signalons en dehors de ses vers et de ses discours sacrés : « Il lavoro e il cattolicismo », Naples, 1875 ; « Il pontificato romano al cospetto del secolo », Cosenza, 1878 ; « Il clero e la scienza », Bari, 1880 ; « La religione e la patria », Lecce, 1880 ; « Il Papato e l'ordine sociale », Aquila, 1881 ; « La religione e la fede », id., 1882 ; « La religione e la scuola », id., 1883 ; « Il matrimonio religioso », id., 1884 ; « L'educazione religiosa », id., 1885 ; « Leone XIII e la pace », id., 1887 ; « Pei caduti d'Africa », id., 1887 ; « L'allocuzione al congresso geodinamico », id., id. ; « L'osservanza della domenica », id., 1884.

Virchow (Rodolphe), célèbre anatomiste et anthropologue allemand, né, à Schivelbein, le 13 octobre 1821, fit ses études médicales à Berlin, et fut nommé *prosector* à l'hôpital de la *Charité*. Avec Reinhardt, il fonda ensuite l'*Archive pour l'anatomie pathologique et la physiologie et pour la médecine clinique*. En même temps, il faisait des conférences sur l'anatomie pathologique, et en 1848, le gouvernement l'envoyait dans la Haute-Silésie pour y étudier la typhoïde épidémique. En 1848-49, avec M. Leubuscher, il publiait un journal hebdomadaire, *La Réforme médicale*. En 1849, nous le trouvons professeur d'anatomie pathologique à Wurzbourg, et en 1856 à l'Université de Berlin, où il fonda un institut pathologique modèle. L'anatomie pathologique doit à M. V. tous ses progrès et tous les professeurs allemands ont été ses élèves. M. V. se distingua même comme homme politique à l'Assemblée nationale et à la Chambre des députés. Pendant la guerre de 1870-71, il dirigea la construction de plusieurs hôpitaux. Au Congrès des Naturalistes à Innsbruch (1869), il a été un des fondateurs de la Société anthropologique allemande qu'il présida en 1870; en 1869 il dirigea la Société anthropologique de Berlin. Depuis 1873, M. V. est membre de l'Académie des sciences, où en 1875, il lisait son travail: « Ueber einige Merkmale moderner Menschenrassen am Schädel », et en 1876: « Beiträge zur physischen Anthropologie der Deutschen, mit bes. Berücksichtigung der Friesen ». En dehors de la « Sammlung gem. wiss. Vorträge », qu'il publie depuis 1866 avec Holtzendorff, nous lui devons: « Die Einheitsbestrebungen in der wiss. Medicin », Berlin, 1849; « Untersuchungen über die Entwicklung des Schädelgrundes im gesunden und krankhaften Zustande », id., 1856; « Göthe als Naturforscher », id., 1861; « Gesammelte Abhandlungen zur wissenschaftlichen Medicin », Francfort, 1856, 2º éd., 1862; « Die Erziehung des Weibes », Berlin, 1865; « Untersuchungen über die Entwicklung des Schädelgrundes », id., 1857; « Die Cellularpathologie », id., 1858, 2º édit. 1859; « Vier Reden über Leben und Kranksein », id., 1862; « Vorlesungen über Pathologie », 4 vol., id., 1863-1867, vol. 1, 4º éd. 1871; « Darstellung der Lehre von den Trichinen », id., 1864, 3º éd. 1866; « Ueber Hünengräber und Pfahlbauten », *Samml. gem.-wiss. Vortr.* 1866; « Ueber Nahrungs- und Genussmittel », id., 1867; « Ueber Hospitäler und Lazarethe », id., 1868; « Ueber den Hungertyphus », id., id.; « Ueber die Canalisation von Berlin-Gutachten », id., id.; « Reinigung- und Entwasserung Berlins », 16 livraisons, id., 1870-79;

« Die Sectionstechnik im Leichenhause des Charité-Krankenhauses », id., 1876, 3º éd., 1883; « Gesammelte Abhandlungen aus dem Gebiete der öffentl. Medicin und der Seuchenlehre », 2 vol., id., 1879; « Der Spreewald und der Schlossberg von Burg », avec M. Schulenburg, 1880; « Das Gräberfeld von Koban im Lande der Osseten, Kaukasus », id., 1883; « Ueber alte Schädel von Assos und Cypern », id., 1884; « Die Austalten der Stadt Berlin für die öffentl. Gesundheitspflege und für den naturwiss. Unterricht », avec M. Guttstadt, id., 1886; « Die Freiheit der Wissenschaften im modernen Staat », id., 1887. On lui doit aussi une foule d'articles parus dans la *Zeitschrift für Ethnologie*, dans la *Berl. Klin. Wochenschr.*, dans les *Beiträge zur Gynäk. und Geburtsh.*, dans les *Actes de l'Académie Berlinoise*, ainsi que dans le *Virchow's Archiv*. M. V. est le fondateur de la *Pathologie Cellulaire*, et en collaboration avec d'autres savants il publia le *Handbuch d. spec. Pathologie und Therapie*, paru à Erlangen, 1854-62; *Jahresberichte über d. Leistungen und Fortschritte in der Anatomie*, paraissant depuis 1868, et *Ueber die Leistungen und Fortschritte in d. ges. Medicin*, depuis 1864.

Visme (Nathan DE), né, à Vraignes, en 1846, d'une ancienne famille noble, qui a fourni un grand nombre de pasteurs distingués. Aujourd'hui pasteur à La-Rochelle, il a publié: « Du sort des méchants dans l'éternité », Montauban, 1869.

Vogel (Hermann), écrivain technique allemand, né, le 16 mars 1834, à Dobrilguk, étudia la physique et la chimie à Berlin, en 1863, fonda la Société photographique berlinoise. Il suivit les missions scientifiques envoyées l'une en Sicile, l'autre aux îles Nicobar pour observer les éclipses solaires de 1870 et de 1875 et publia: « Manuel de la photographie », 1878; « Analyse spectrale pratique », Nordlingen, 1877; « L'action chimique de la lumière et la photographie », Leipzig, 1875; « De l'Océan indien au pays de l'Or », Berlin, 1878; « Le spiritisme en Allemagne », 1880, et plusieurs mémoires et articles insérés aux *Communications photographiques* de la Société photographique berlinoise.

W

Wahltuch (Adolphe), écrivain médical russe, né, à Odessa, en 1837, étudia la médecine à Prague, Kiew et Londres (1856-73). Résidant à Manchester depuis 1863, il y est président de la *Medico-Ethical Society*, et vice-président de la *Manchester Cremation Society*. Il est aussi professeur de physiologie et d'hygiène au collège des Institutrices des jardins d'enfance de Manchester (1876-1882). Nous avons de lui: « Laryngoscopie », 1864; « Tryckina morbus », id.; « Dictionnaire de matière médicale et thérapeutique », 1868; « Catalepsie », 1869; « Electrolyse », 1871; « L'asthme nerveuse », 1877; « Electrothérapie », 1883; « Le Massage », 1889; « Relations sur la matière médicale et thérapeutique », Londres, 1870-71; « Relations sur la médecine en France, Italie, Russie, Allemagne et Antriche », 1875-77 ; « La crémation », 1890 ; « Souvenirs de Russie », id. Enfin nombreuses conférences, discours, rapports, etc., aux sociétés médicales de Manchester. Les ouvrages de M. W. sont écrits en anglais.

Whitney (Adeline-Train), femme-auteur américaine, née, à Boston, le 15 septembre 1824, mariée, en 1843, avec M. Seth D. W. de Milton (Massachussetts). On lui doit : « Boys at Chequasset », 1861 ; « Faith Gartneys's Girlhood » ; « Tayworthys » ; « A Summer in Leslie Goldthwaite's Life » ; « Daffodils » ; « Pansies » ; « Holy-Tides » ; « Mother Goose for Grown Folks » ; « Hitherto : a Story of Yesterday » ; « Patience Strong's Outings » ; « We Girls » ; « Real Folks » ; « The Other Girls » ; « Sights and Insights » ; « Oddor Even ? » ; « Bonnyborough » ; « Home-Spun Yarns » ; « Just How », un guide pour les livres de cuisine.

Whittier (John-Greenleaf), célèbre écrivain américain, né, à Haverhill (Massachussetts), le 17 décembre 1807. En dehors de ses nombreuses contributions aux journaux et aux revues (c'est à l'*Haverhill Gazette* qu'il insérait en 1826 sa première poésie), on lui doit : « Leaves from Margaret Smith's Journal » ; « Legends of New England in Prose and Verse », 1831 ; « Poems », 1837 ; « Voices of Freedom », 1848 ; « Snow Bound », 1866 ; et plusieurs autres recueils de vers. En 1886, l'Harvard University le nommait docteur en droit *honoris causa*.

Z

Zichy (Antoine), homme politique et écrivain hongrois, né, à Zala, en 1823 ; élu député en 1848, il commença depuis lors son activité comme publiciste ; il fut élu successivement député en 1861, 1865, 1880, 1881, 1883, 1884 et 1887, et enfin membre de la Chambre des pairs. En dehors de nombreuses brochures et d'articles politiques, pédagogiques, d'esthétique, etc., nous avons : « L'histoire de l'Angleterre jusqu'à la Révolution » ; « Histoire de la Révolution anglaise » ; « Les Mémoires d'Étienne Szechenyi » ; « Marie Stuart » ; « Cromwell » ; « Nathan le sage », traduit de Lessing, et une traduction des « Odes » d'Horace.

Zittel (Carl-Alfred DE), illustre paléontologue allemand, professeur de paléontologie et de géologie à l'Université de Munich (Bavière) et conservateur des collections paléontologiques de l'État, est né, le 25 septembre 1839, à Bahlingen, dans le Grand-duché de Baden, et a fait ses études à l'Université de Heidelberg, à Paris et à Vienne ; il a été en 1883 *privat-Docent* à l'Université de Vienne et successivement professeur de minéralogie au polytechnique de Carlsruhe jusqu'à 1866, époque dans laquelle il fut appelé à l'Université de Munich dans sa qualité actuelle. En 1874-75, il prit part à l'expédition Rohlf en Égypte et dans les déserts de la Lybie, et en 1884 il se rendit dans l'Amérique du Nord pour assister à l'inauguration du *Northern-Pacific-Railway* de New-York à Portland dans le territoire de l'Orégon. En dehors d'un très-grand nombre d'articles parus dans le *N. Jahrb. f. Min. u. Geol.*, dans les *Poggendorff's Annalen*, dans le *Journal de Conchyliogie*, dans le *N. Jahrb.*, dans le *Jahrb. d. k. k. Geol. Reichsanstalt* de Vienne, dans l'*Ost. Revue*, dans le *Breneck's geognostlisch-paläont. Beiträge*, dans la *Paläontographica*, dans l'*Ausland*, dans l'*Allg. Zeit.*, dans la *Zeitschr. f. d. geol. Gesell.*, dans la *Natur*, dans la *Deutsche Revue*, etc. etc., il a publié : « Geologische Beschreibung des Sectionen Möhringen und Mösskirch », avec Vogelgesang, Carlsruhe, 1867 ; « Aus der Urzeit. Bilder aus der Schöpfungsgeschichte », Munich, 1872, 2ᵐᵉ éd., 1875 ; « Handbuch der Paläontologie », avec Schimper et Schenk, 3 vol., id., 1874-1884 ; « Beiträge zur Geologie und Paläontologie der lybischen Wüste und der angrenzenden Gebiete von Aegypten », avec Mehreren, Cassel, 1883.

Zucchinetti (Pierre-Virgile), ancien officier, avocat, médecin et voyageur italien, né, à Suna sur le Lac Majeur, en 1832. S'étant transféré en Égypte, de là il entreprit des voyages intéressants au Soudan, qu'il a décrit. En dehors d'un journal en trois langues (italien, français, anglais) qu'il a publié au printemps de cette année au Caire, sous le titre : *Le Cosmopolite*, on lui doit : « Diritto canonico », Turin, 1863 ; « Raccolta delle massime della Corte dei Conti del Regno d'Italia, in quanto concerne le pensioni civili e militari e le contingenze delle pubbliche amministrazioni », Rome, 1872 ; « Relazione sulla Epizoozia equina egiziana del 1876 », Alexandrie, 1877 ; « Relation de mes voyages au Bahr-el-Gebel, au Bahr-el-Gazal et à Nuba », Caire, 1881 ; « Lettre à S. A. le Khédive sur la Réforme Judiciaire, après treize années de fonctionnement », Le Caire, imprimerie de l'auteur, 1889 ; « Un'antipenultima parola contro la pena di morte », 1876 ; « Souvenirs de mon séjour chez Emin Pâcha au Soudan », Le Caire, imprimerie de l'auteur, 1890.

ADDENDA

Aleu y Riera (Doña Dolores), femme-médecin espagnole; elle a reçu son doctorat en médecine en 1883, à l'Université de Barcelonne. Elle a publié, en dehors de sa thèse de doctorat, un ouvrage intitulé: « Consejos à una madre sobre el régimen, limpieza, vestido, sueño, ejercicio y entretenimiento de los niños ».

Alvarez Mijares De Real (Doña Emilia), femme-auteur espagnole, née, en 1835, à Oviedo, où elle s'est mariée. On lui doit en dehors de plusieurs vers et articles insérés au *Correo de la Moda* et à *La Mujer cristiana*, un livre de: « Recuerdos y esperanzas ».

Aragón y Herreros (José DE), écrivain et pédagogiste espagnol, directeur d'une école privée à Bilbao, membre de plusieurs sociétés littéraires, né, à San Román de Cameros (Logroño), le 19 mars 1857. On lui doit: « Tabla ortografica », Bilbao, 1883; « La Escritura al Dictado », id., 1885; « La Llave de la lectura », id., 1888.

Armiño De Cuesta (Doña Robustiana), femme-auteur espagnole, née, à Gijon, en 1821; elle se maria avec le médecin Don Juan Cuesta. Depuis 1859, elle est établie à Madrid. On lui doit: « Colección de poesias »; « Colección de novelas morales »; « Flores del Paraiso », livre pour l'enfance; « Las Almas gemelas », nouvelle; « Historia de la pintura en la antiguedad »; « Historia de los pintores »; « La vida de los pueblos »; « Fotografias sociales »; « Un momento lúcido », nouvelle; « Marietta Tintorella », id.; « Una corona de encina », id.; « El autómata », id.; « El bañero », id.; « La envenenadora », id.; « Tres mujeres célebres »; « El Bautismo », traduction du poème de Delavigne; « El anima vola »; « Juan Espada », id.; « Los Condes de Gijón », drame; « Dos coronas », farce.

Ascoli (Prosper), jurisconsulte italien, né, en 1843, à Venise, où il fit ses études classiques. Émigré, il fut reçu avocat à l'Université de Gênes. Actuellement professeur du droit commercial à la *Scuola Superiore di Commercio* de Venise. On lui doit: « La giurisprudenza teatrale », Gênes, 1874; « Commento al Codice di commercio », Turin, 1889; « Il pegno marittimo », Venise, 1890.

Asensi (Doña Julia DE), femme-poète et nouvelliste espagnole, née à Madrid. En 1878, en collaboration avec Thomas Asensi, elle donna à la scène: « El amor y la sotana ». On lui doit en outre « Tres amigos », nouvelle, 1880; « Leyendas y tradiciones », 1883, etc.

Baurens de Molinier (Jean-Baptiste-François-Théophile), ecclésiastique français, né, à Toulouse, en 1835; missionnaire du Sacré-Cœur, il a exercé pendant 12 ans le ministère de la prédication dans les villes et les campagnes; bibliothécaire-adjoint de la bibliothèque des *Bons-Livres* (30,000 volumes) à Toulouse en 1878; postulateur de la cause de canonisation du Bienheureux Guillaume de Toulouse (1888). Il a publié: « Notice sur le célèbre pèlerinage de Saint-Germain à Pibrac », plusieurs fois rééditée, anonyme, Toulouse, 1865; « Histoire de Saint-Espérie vierge et martyre », id., Regnault et Avignon, 1871; « Le diable révolutionnaire », par le comte Reinilom de Snernab, id., Hébrail, 2me éd., Paris, Olmer, 1874; « Manuel du Grand-Jubilée », anonyme, id., id., 1875; « La libre-penseuse convertie », ouvrage approuvé par S. S. N. St.-Père le Pape Léon XIII, trois éd., id., id., 1888-89, 4me éd., Paris, Henri Gauthier, 1890; « Le Bienheureux Guillaume de Toulouse », id., 1891; sous presse: « Souvenirs religieux et artistiques d'un voyage en Italie ».

Bautista y Patier (Doña Eladia), femme-poète espagnole qui réside à Mula. On lui doit un volume de: « Poesias », 1870; aux Jeux Floreaux de Murcie elle a gagné des prix de poésies en 1878 et en 1879.

Beauchet-Filleau (Eugène-Henri-Edmond), né, à Poitiers, le 22 septembre 1818, officier de l'Instruction publique (27 avril 1867), correspondant de ce Ministère pour les travaux historiques (26 juillet 1847) et de la Société des antiquaires de France (14 janvier 1865), membre de plusieurs sociétés savantes, a publié, outre de nombreux travaux sur l'histoire et la géographie du Poitou, dans les Mémoires des Sociétés des antiquaires de l'ouest, de Statistique des Deux-Sèvres et aux Réunions de la Sorbonne: « Tableau des émigrés du Poitou »; nouvelle édition de la « Relation du Siège de Poitiers de Liberge »; « Petit glossaire du patois poitevin parlé dans le canton de chef Boutonne »; « Tiers État du Poitou en 1789 »; « Clergé au Poitou en 1789 »; « Dictionnaire historique, biographique et généalogique des familles de l'ancien Poitou », que lui avait légué son aïeul M. B.-F. et dont il publia la 1re édition de 1840 à 1854 avec le concours dévoué de M. Charles de Chergé.

Bell-Uoch (Doña Maria DE), femme-poète espagnole de la Catalogne; en dehors d'un volume de poésies: « Salabrugas », publié en 1874 elle remporta des prix pour ses : « Narraciones y Leyendas », et pour sa tradition populaire : « Monseny ».

Beltremieux (Charles-Édouard-Eugène), naturaliste français, né, le 13 mai 1825, à La Rochelle. Ancien agent de change, maire de la ville de La Rochelle de 1876 à 1879, vice-président (1880) du Conseil de préfecture de la Charente-Inférieure, dont il fait partie depuis le 12 avril 1879, membre de la Société géologique de France, conservateur du *Museum* d'histoire naturelle Fleurian, directeur du Jardin botanique de La Rochelle, directeur de l'Académie des belles-lettres, sciences et arts de La Rochelle, président de la Société des Sciences naturelles de la Charente-Inférieure, établissement reconnu d'utilité publique, président de l'Association amicale des anciens élèves du lycée de La Rochelle, président de la Société d'horticulture, vice-président de la Société d'agriculture, etc. etc., il a publié : « Description des falaises de l'Aunis » ; « Faune vivante de la Charente-Inférieure » ; « Faune fossile de la Charente-Inférieure », et un grand nombre de travaux dans les *Annales de la Société des sciences naturelles de la Charente-Inférieure*, publication qui a obtenu une mention très honorable à la grande exposition universelle de Paris en 1889.

Bergmans (Paul), bibliographe et historien belge, né à Gand. Docteur en philosophie et lettres de l'Université de sa ville natale. Il est, depuis 1889, secrétaire-adjoint de la Commission académique chargée de la publication de la *Biographie nationale* de Belgique. Outre de nombreux articles parus dans les *Bulletins* de l'Académie royale de Belgique et de la Commission royale d'histoire, la *Biographie nationale*, le *Messager des sciences historiques*, la *Revue de l'instruction publique*, le *Monde poétique*, le *Guide musical*, etc., il a publié les travaux suivants : « Pierre-Joseph Le Blan, carillonneur de la ville de Gand au XVIIIme siècle », 1884 ; « Notice biographique sur Henri Waelput », 1886 ; « Un philologue gantois inconnu du XVIIe siècle : Louis Lautius », 1889 ; « Un imprimeur belge du XVIe siècle : Antonius Mathias », id. ; « Martin Le Franc », id. ; « L'Autobiographie de Juste Lipse », id. ; « Essai bibliographique sur les journaux d'étudiants », 1890 ; « Variétés musicologiques », 1891.

Biedma (Doña Patrocinio), femme-auteur espagnole, née à Bejijar, province de Jaén, le 15 mars 1843 ; à quinze ans elle se maria avec José de Quadroy y Arellano, fils du marquis San Miguel de la Vega; restée veuve à 24 ans, elle s'adonna depuis lors à la littérature. En 1877, elle fonda le journal *Cadiz* ; en 1888, elle organisa à Cadiz un Congrès pour la protection des enfants. Dans la nombreuse série de ses publications, on doit citer: « El Héroe de Santa Engracia », poème, 1874 ; « Guirlanda de pensamientos », 1873 ; « Recuerdos de un angel », 1874 ; « Dramos intimos » ; « El mayor castigo » ; « Estudios filosóficos » ; « Problemas sociales » ; « Estudios artisticos » ; « La cathedral de Sevilla » ; « El Alcázar de Sevilla » ; « Estudios heráldicos » ; « La nobleza española » ; « Blanca », 1871 ; « Cadenas del Corazon », 1872 ; « El capricho de un lord » ; « Las Almas gemelas » ; « La Botella azul » ; « Sensitiva » ; « La Muerta y la viva » ; « El odio de una mujer », 1876 ; « La Flor del cementerio » ; « El secreto de un crimen » ; « Desde Cádiz à la Habana » ; « Dos minutos » ; « Fragmento de un álbum » ; « La sierra de Cordoba » ; « Tiempo perdido » 1881 ; « El testamento de un filosofo », 1880 ; « Una historia en el mar » ; « Fragmentos de un album » ; « La sombra de César », traduction du drame catalan de Balaguer, 1878 ; « Dramas intimos » ; « Dos Hermanos », 1884.

Bonvecchiato (Ernest), écrivain médical, physiologiste italien, né, en 1858, à Venise, où il fit ses études secondaires. Reçu docteur en médecine à l'Université de Padoue, il fut nommé médecin primaire à l'Hôpital de Venise, et au *Pellagrosario* de Mogliano. M. B., qui à la culture littéraire unit celle pour les études médico-anthropologiques, est adjoint pour l'hygiène publique à Venise, et membre de plusieurs sociétés savantes. Nous avons de lui en librairie : « Sulla terza edizione dell'uomo delinquente », 1884 ; « Giacomo Leopardi e la filosofia dell'amore », 1883 ; « In causa di mancato omicidio », 1886 ; « Sulle cure delle forme gravi di isterismo e di nevrostemia », 1887 ; « L'epilessia Jacksoniana », 1888 ; « Dalla galera al manicomio », id. ; « Pro e contro la semiresponsabilità. Perizie medico-legali », 1882.

Brabo y Macías (Doña Rafaela), femme-poète espagnole. Collaboratrice du *Correo de la Moda* et de la *Revista Compostelana*, elle fut couronnée en 1877 et en 1882 pour ses poèmes par l'*Accademia Bibliografica Mariana* de Lérida.

Brin (Bénoît), administrateur italien, ministre de la marine pour la seconde fois depuis 1883, sous la présidence de Depretis et de Crispi, ingénieur naval, né, à Turin, vers 1830. Il étudia à l'Université et ses études achevées, il fut envoyé à Lorient par M. le comte de Cavour pour se perfectionner dans la construction navale. Il rentra en 1857 en Italie et fut dès lors employé soit dans les arsenaux maritimes de l'État, soit au Ministère. En dehors de ses nombreux discours parlementaires tous empreints d'une remarquable clarté, M. B. est l'auteur d'un ouvrage intitulé : « La nostra marina militare », 2e éd., 1881, Rome, Bocca, dans lequel il établit les nouveaux principes de la construction et de l'armement des flottes modernes, principes qu'il a suivis pour doter l'Italie d'un matériel de premier ordre. Le 9 février 1891 M. B. a quitté le portefeuille de la Marine.

Butler y Mendicta (Doña Rosa), femme-poète espagnole, née, à Jaén, le 18 juillet 1821. Elle se fit connaître par son poème : « La Noche y la Religion », et par son essai : « La creacion del mundo ».

Cabrera y Heredia (Doña Dolores), femme-poète espagnole, née, à Tamarite de Litera, le 15 septembre 1829. On lui doit, entr'autres, un recueil intitulé : « Las Violetas » ; « Una perla y una lagrima » ; « Quien bien ama nunca olvida », nouvelle, et un drame historique.

Calderon (Doña Camila), femme-auteur espagnole. En dehors de la nouvelle : « El Corazón de un hombre », elle donna au théâtre : « Marido y mujer », 1878 ; « La viuda y la niña », 1879 ; « A media noche », 1880 ; « El peor consejero », 1882 ; « Me voy al cuartel », id.

Castillo de Gonzalez (Doña Aurelia), femme-poète espagnole, qui réside à la Havane, a publié, en 1880, un recueil de « Fabulas », et, en 1883, elle a gagné un prix à un concours littéraire de la Havane pour un monologue en vers intitulé : « Despedida de Victor Hugo à la Francia de 1852 ».

Cerda (Doña Clotilde), femme-auteur et musicienne espagnole. Quoique connue surtout dans le monde des artistes sous son pseudonyme d'*Esmeralda Cervantes*, nous devons la signaler ici pour son ouvrage publié en 1887, et intitulé : « Historia del arpa ».

Cheix y Martinez (Doña Isabel), femme-auteur espagnole, née à Malaga, élevée à Almeria et à Séville. Elle a pris part à de nombreux concours littéraires à Lerida, à Murcie, à Séville et à Malaga, en y remportant des prix ; on lui doit, en outre : « Estrella del Mar » ; « Historia de la Virgen Maria », 1873 ; « Clemencia », nouvelle ; « El Amatistero », etc.

Cocilla de Llansó (Doña Camila), femme-poète espagnole, couronnée, en 1883, pour son poème : « La tradición de San Fermin » ; en 1887 à l'*Association Literaria* de Gerona ; en 1883 elle avait aussi remporté un prix au concours poétique de l'*Ateneo Igualadino*.

Codorniu (Doña Julia), femme-auteur espagnole, née à Manille. Elle a dirigé les journaux *La Semana Literaria* et la *Cronica de la Moda ;* elle a traduit plusieurs nouvelles pour la *Correspondencia de España* et publié : « El crimen de Belchite », nouvelle, 1883 ; « Los pecados capitales », 1886.

Colucci (Eugène), jurisconsulte italien, né, en 1835, à Venise, où il fit ses études secondaires. Licencié avocat de l'Université de Padoue, il entra au barreau et depuis 1888 il est professeur de droit civil à l'Institut technique. M. C. appartient à l'école positiviste pénale de MM. Ferri et Lombroso. Ancien président du Conseils des Procureurs, il est adjoint pour l'Instruction publique, et membre de l'*Ateneo* de Venise. Nous avons de lui en librairie: « La soppressione della commenda di S. Giovanni del Tempio in Treviso », 1886 ; « L'omicidio-suicidio. Cenni storici », Turin, 1884 ; « Sulla capacità a succedere per testamento degli enti non ancora costituiti alla morte del testatore », 1880 ; « Del pegno convenzionale e giudiziale », id. ; « Il secondo Congresso giuridico internazionale », Venise, 1880 ; « Commento al Codice di commercio », 1889.

Danieli (Gauthier), jurisconsulte, économiste et homme politique italien, né, en 1843, à Polesella de Rovigo, fit ses études au Collège de Vérone et son droit à Bologne. Appelé par le ministre Mancini à faire partie de la section législative du Ministère de Grâce et Justice, il collabora au Code de commerce. Chargé par le Ministère de commerce de coordonner le projet des bourses de commerce, il fut ensuite nommé professeur de droit commercial à l'Université de Modène. M. D. est membre de la Chambre des députés du II collège de Vérone. Nous avons de lui : « Le Società commerciali esistenti e il nuovo Codice di commercio », Rome, 1887 ; « Sulla ingerenza del socio accomandante negli affari sociali », id., 1886 ; « Sugli articoli 147-150 del Codice di commercio », id., 1888 ; « Delle sanzioni contro i mediatori secondo la nuova legislazione commerciale », id., id.

Dell'Armi (Joseph), écrivain et poète italien, né, à Florence, en 1862, fit ses études aux écoles techniques et à l'Institut technique de la même ville. Les vers de ce jeune poète, publiés dans les journaux *Domenica Fiorentina*, *Arte*, *Staffile*, *Vita Nuova*, etc., ou mis en musique par les maîtres Graziani-Walter, Matini, Becucci et Bacchini, ont ensuite été réunis dans les trois volumes : « Voci del sentimento », Florence, 1884 ; « Accordi minori », id., 1886 ; « Poesie nuove », id., 1890.

Estopa (Eugénie), femme-poète espagnole, membre de plusieurs académies littéraires, née, à Gibraltar, le 19 décembre 1862 ; en 1887, à un concours de Malaga, elle remporta un prix pour un poème intitulé : « Luz » ; en 1889, elle fut couronnée au concours international de Toulouse pour une légende en prose. On lui doit, en outre : « Una corona poetica à la memoria de mi sobrinita Araceli en el año de 1887 ».

Fiammazzo (Antoine), littérateur italien, né, à Fonzaso (province de Bellune), le 4 août 1851, actuellement président du lycée de Sinigallia. En dehors d'une collaboration suivie aux journaux du Friules, notamment au *Studente Magliese*, à l'*Alighieri*, à l'*In alto* de la *Società alpina friulana*, dans lesquels il a publié de nombreux articles de critique, de didactique, des nouvelles, etc., il a collaboré avec M. le professeur E. Levapeur de l'Institut de France à l'ouvrage : « Les grandes ascensions des Alpes », Paris, 1889. Citons encore : « Commemorazione di Vittorio Emanuele », Cividale, 1878. Mais l'ouvrage du professeur F. sur Dante Alighieri est surtout notable. Il étudie la « Divina Commedia », sur les codes qui se trouvent à Venise, et a publié : « I codici friulani della Divina Commedia », id., 1887 ; « Appendice », Udine, 1888, essai critique très loué et qui a révélé la fraude de l'abbé Viviani sur le Code *bartoliniano*. Actuellement M. le prof. F. a découvert dans le Code de Sandaniele les notes latines de Graziolo de' Bambaglioli, qui vont être publiées. Enfin nous devons citer : « Di una terzina Dantesca », id., 1885, et les : « Lettere Dantesche inedite », id., 1891, qu'il avait déjà publiées dans les *Pagine friulane*, avec commentaire.

Finazzi (Jean-Baptiste), jurisconsulte et publiciste italien, ancien surintendant de l'Institut *Bellini* de Novare, où il est né, et où il demeure entouré du respect de tous ses compatriotes. En dehors d'une : « Commemorazione della contessa Giuseppa Bellini-Tornielli », la fondatrice de la grande institution, on lui doit deux publications intéressantes pour la bibliographie et pour la biographie italienne : « Catalogo delle opere di autori novaresi o di argomento novarese compilato sulla collezione esistente nella Biblioteca Civica di Novara », Novare, 1886 ; « Notizie biografiche ad illustrazione della Bibliografia novarese », id., 1890.

Fortunat (Dantès), écrivain haïtien, membre de la Société de géographie de Paris, de la Société de géographie de Hambourg, de la Société de géographie commerciale de Bordeaux ; né, à Port-au-Prince, capitale d'Haïti, le 6 août 1851, il a fait ses premières études au Lycée National de Port-au-Prince, établissement qu'il quitta en 1873. En 1875, le gouvernement du général Domingue, ayant mis au concours, pour la somme de 2,500 francs, la rédaction d'une géographie d'Haïti, M. F. présenta un manuscrit qui, remanié ensuite, fut adopté, en 1877, dans toutes les écoles d'Haïti ; et les Chambres législatives, reconnaissantes envers le jeune Haïtien qui venait de doter son pays d'un ouvrage si utile, lui votèrent des subsides importants, à titre d'encouragement. A peine ce succès scientifique obtenu, M. F. se jeta, sans transition, dans la politique. Sur ce terrain, il contribua puissamment à la formation du *parti national*, pour faire échec aux visées oligarchiques du parti dit libéral, qui, en majorité dans les deux Chambres législatives, faisait au gouvernement d'alors une opposition systématique, laquelle dégénéra bientôt en révolte armée. Dans les rangs du parti national, M. D. combattait pour le partage des terres entre les paysans ; le développement de l'agriculture par la fondation d'une banque agricole et foncière ; la création de primes d'encouragement destinées aux agriculteurs ; l'amélioration des routes publiques ; l'établissement de ponts sur les rivières ; la création de chemins de fer, d'usines à café, à mettre gratuitement au service des cultivateurs ; la création de nouveaux débouchés pour l'exportation des fruits et de toutes les autres productions du pays ; la gratuité de l'enseignement à tous les degrés. Emporté dans le tourbillon de la politique, M. F. soutint de sa plume et dans des conférences privées, la candidature à la présidence de la République du général Salomon en qui s'incarnait le parti national ; prit une part active à la révolution de palais qui renversa, dans la nuit du 2 au 3 octobre 1879, le gouvernement provisoire des Lamothe-Hérissé, mouvement qui amena le général Salomon au pouvoir. Ce dernier, à peine élu, fit choix de M. F. pour faire partie d'une commission administrative, chargée de réformer, sous la présidence du Chef de l'État, le personnel des bureaux publics à Port-au-Prince. Après ce début dans la vie politique, il revint à ses études géographiques. C'est ainsi qu'il alla, en 1881, explorer les îles du Vent ainsi que la Jamaïque, Cuba et Puerto-Rico ; de ce voyage, où il fut l'objet du plus bienveillant accueil de la part des magistrats de ces îles, il rapporta des notes qui font, de son ouvrage, le travail le plus net, le plus intéressant et le guide le plus sûr. Rentré en Haïti en 1883, il entreprit, l'année suivante, l'exploration de ce pays avec le concours militaire du Ministère de la Guerre, dirigé par le général Brenor Prophète. Dans cette excursion prolongée, M. F. fit sur les lieux des études et des recherches sérieuses dont il tira le meilleur profit dans ses ouvrages, lesquels ont été publiés à Paris au mois de mars 1888. Nous avons de lui les ouvrages suivants : « Nouvelle géographie de l'île d'Haïti, contenant des notions historiques et topographiques sur les autres Antilles », Paris, Henri Noirot, 1888 ; « Abrégé de la géographie de l'île d'Haïti, contenant des notions topographiques sur les autres Antilles, avec une carte générale des Antilles », id., id., id. ; « Carte générale de l'île d'Haïti », dressée d'après un grand nombre de matériaux inédits, et, notamment, d'après des reconnaissances faites sur les lieux par l'auteur ; gravée et tirée en huit couleurs, par les soins de l'Établissement géographique d'Erhard frères.

Fradeletto (Antoine), homme de lettres italien, conférencier, né, en 1858, à Venise, où il est actuellement professeur de littérature, et suppléant pour l'histoire à la *R. Scuola Superiore di Commercio ;* il fit ses études à Venise et à Padoue. Orateur distingué, M. F. donna des conférences fort appréciées à Milan et à Venise sur la littérature italienne des premiers siècles, sur le roman et sur le poète Jean Prati. Nous avons de lui une collaboration suivie à plusieurs journaux littéraires, notamment à l'*Ateneo Veneto*, des études critiques sur l'Aretino (1886), et sur Giovanni Prati (1887). En préparation: « Lezioni di storia letteraria ».

Gantelmi d'Ille (Charles), écrivain français, *félibre* provençal, issu d'une très ancienne et très noble famille florentine; il demeure à Aix en Provence, où il débuta en 1867 par un journal intitulé *Le Boa* qui a vécu trois ans. Suivirent: « La trèz véridicque et trèz playsante chronicque de ce que il advint en la cité d'Aix l'an 1869 », Aix, 1869; « Notes historiques sur le 1er bataillon de la mobile des Bouches-du-Rhône et sur l'insurrection en 1871 »; « Félibrée de Saint-Clément », Forcalquier, 1889; « Jeux Floraux de Provence. Fêtes latines internationales de Forcalquier et de Gap », Gap, 1883; « Les méridionaux et leurs œuvres, depuis les fêtes latines de 1882 », Forcalquier, 1885; « Brinde d'Encarle de Ganteúme d'Ille à Mont-Péliè », 1883; « Toast de M. de Gantelmi d'Ille à Mistral », Aix, 1887; « Discours prononcé à Ganagobie », Lyon, 1886; « Discours prononcé à la distribution des prix aux élèves des frères des Écoles chrétiennes de Manosque », Marseille, 1880; « L'abbaye de Vaix et la chapelle romane de Notre-Dame de Beaulis », discours prononcé en Sorbonne, Digne, 1883; « Géologie de la commune de Voix », Aix, 1887; « Blanc de Voix », éloge, id., 1882; « Damase Arbaud, sa vie et ses œuvres »; « De Berluc Pérussis », notice bio-bibliographique, Gap, 1882; « William Charles Bonaparte-Wyse », Aix, 1887; « M. Montagne », notice biographique », id., 1883; « Éloge de Joseph Vial, Frère Samuel », Aix, 1888; « Célestin Roche », notice biographique, Grenoble, 1889; « A MM. les Sénateurs et Députés », pétition en faveur de la protection de l'agriculture, Aix, 1879; « Rapport sur le concours d'agriculture entre les instituteurs de l'arrondissement de Forcalquier », Forcalquier, 1883; « Les Provençaux à Florence au sixième centenaire de Béatrix en 1890 », id., 1891.

Garnault (Émile), archiviste français, né à La Rochelle, en mars 1831, d'une ancienne famille protestante qui avait fourni un maire à Angoulême, secrétaire archiviste de la Chambre de commerce de La Rochelle. Il a publié: « Le commerce rochelais au XVIIIe siècle, d'après les documents composant les anciennes archives de la Chambre de commerce de La Rochelle »; « La représentation commerciale de La Rochelle », 1 vol. in-8, illustré de deux héliogravures, imprim. Martin, La Rochelle, 1888; « Établissements maritimes de La Rochelle », 1887. En préparation: « Constructions et armements maritimes »; « Canal de Niort à La Rochelle »; « Maîtres Dessort »; « Courtiers interprètes, etc. »; « École d'hydrographie »;

« Hôtel de la Bourse »; « Traité des noirs », etc. Il a publié des notices sur le port et eaux profondes de la Pallice, avec carte, des annuaires, etc., etc.

Gilman (Nicholas-Paine), économiste américain, directeur du *Literary World* de Boston (Massachusetts). Il débuta en librairie par un volume qui eut un retentissement mérité et qui fut couronné (avec médaille d'or) à l'Exposition universelle de Paris en 1889. Il a pour titre « Profit Sharing belween employer and employee », Boston, Honghton, Mifflin and C°, 1889. En preparation: « Socialism and the American Spirit ». La presse américaine ainsi que l'anglaise ont donné des éloges flatteurs à ce publiciste promettant.

Jacobsen (Émile), écrivain danois et allemand, auteur dramatique et critique de la philosophie et des beaux-arts, né à Copenhague, le 24 janvier 1849. En 1870 sa comédie satirique « La comédie du génie », fut jouée au Théâtre Royal de Copenhague. La satire acerbe du jeune auteur contre les coteries littéraires et journalistiques de cette époque à Copenhague souleva une opposition assez vive dans la presse. Dans ses études philosophiques il s'arrêta surtout aux systèmes de Kant et de Schopenhauer. De ses « Aphorismes pessimistes », un choix se trouve dans le journal international *Auf der Höhe* (Leipzig 1882). Pendant ses longs séjours à l'étranger, il a visité l'Allemagne, l'Autriche, la France, l'Italie et voyagé beaucoup en Suisse, Suède et Norvège. Il a étudié l'art ancien dans les galeries. Il est collaborateur du *Repertorium für Kunstwissenschaft* comme correspondant pour la France et l'Italie. Citons dans ce journal ses comptes-rendus critiques des collections du Duc de Bourbon, d'Odiot, du Baron de Seillière, etc. (Paris, 1889-1890).

Jacobsen (Rosalie, née ROSENFELD), femme-auteur danoise-allemande, romancière, auteur dramatique et critique, née à Copenhague, le 2 juillet 1857. Elle débuta en 1872 avec un drame historique en 5 actes: « La jeunesse de l'Empereur Joseph II », Copenhague. Influencée par les drames de Björnson et d'Ibsen, elle publia en 1878 un roman « L'un ou l'autre », id., qui par son analyse réalistique souleva une sensation vive et une opposition assez forte dans la presse. En 1887 et dans les années suivantes, elle fut attachée à la rédaction du journal international *Auf der Höhe* (Leipzig). Elle dirigea la section scandinave étant correspondante pour les pays du Nord et publia dans ce journal une série d'esquisses: « Portraits de femmes du Nord ». En même temps, elle était engagée à Copenhague à la direction du *Journal hebdomadaire des théâtres et de la musique*, où elle publiait une série de critiques des acteurs distingués allemands et danois. Depuis lors, elle a pris une vive part comme nouvelliste et critique aux différents grands journaux allemands et danois. Signalons : *Nutiden* (Copenhague), *Gesellschaft* (Leipzig), *Magazin für Literatur* (Berlin), *Feuilleton-Zeitung* (Berlin), *Frauenfreund Wien Dagens Kronike* (Copenhague), etc. En 1890, elle publia un drame « Das böse Locken » (Leipzig). Depuis 1887, elle se trouve en voyage dans les différentes capitales d'Europe pour étudier l'art dramatique des différentes scènes. Elle a visité l'Allemagne, l'Autriche, la Hongrie, la Suisse, la France et l'Italie. Une série de « Types nouveaux dans la littérature française moderne », a commencé à paraître dans le *Magazin für Literatur*, en 1891.

Jacometti-Ciofi (Mme Sophie), femme auteur italienne, née, à Sienne, vers 1865, issue d'une famille d'ancienne noblesse, propriétaire de la ville etrusque de *Roselle ;* fit ses études à l'*Istituto Materno* et à l'École Supérieure des jeunes filles de Florence, sous les professeurs Alfani, Dazzi, Artimini, Conti, et prit à 17 ans le diplôme supérieur. Elle étudia ensuite le français, le latin, l'anglais et l'allemand. Nous avons d'elle des charmantes poésies insérées aux journaux littéraires de Florence et de la Péninsule, tels que *Cordelia, Staffile, Arte, Scena Illustrata*, etc. des contes et nouvelles, et en librairie : « Maestra e Madre », conférence pédagogique, Florence, Fioretti, 1881 ; « Castelli in aria », comédie en vers, id., Cellini, 1889 ; « Ausus », poésies, id., Landi, 1890, enfin vont paraître prochainement : « Cuore » ; « Un tête à tête à quatre » ; « Bonne mine à mauvais jeu », comédies.

Johanson (Charles-Ferdinand), linguiste suédois, professeur agrégé de la linguistique indo-européenne à l'Université d'Upsala, où il a été reçu docteur, sur la présentation de cette thèse : « De derivatis verbis contractis linguæ grecæ quæstiones », 1886. Il a voyagé en Norvège et en Allemagne ; il était secrétaire avec le professeur Lanman, de la section arienne, au Congrès des Orientalistes de Stockholm (1889). Il a publié, depuis 1886, plusieurs dissertations en suédois sur des questions linguistiques qui se rapportent à la grammaire grecque, latine et gothique.

Kiriaki (Albert-Stelio DE), économiste et publiciste italien, issu d'une famille noble de Corfou qui prit part à la révolution hellénique de 1821 et au gouvernement de l'État sous l'administration du comte Capodistria. M. de K. est né, à Venise, en 1845, fit son droit à Padoue, fonda et dirigea la *Rivista Veneta*, collabora à l'*Archivio giuridico* de M. Serafini, à la *Rivista di beneficenza* de M. Scotti, au *Giornale degli economisti* de M. L. Luzzatti, à la *Rivista marittima*, à l'*Archivio amministrativo*, à l'*Archivio di statistica* de M. Bodio, à la *Rivista Europea*, et à l'*Illustrazione Italiana*. Fondateur et directeur du *Veneto agricolo*, il dirige en même temps l'*Ateneo Veneto*. Dès 1865, il fut appelé à la chaire de droit à l'Institut technique de Padoue et fut autorisé à ouvrir un cours universitaire d'économie industrielle. Il est aussi professeur de droit administratif à l'École supérieure de commerce à Venise. Nous avons de lui : « La navigazione ed il commercio di Venezia », 1869 ; « Le Compagnie di navigazione e la Peninsulare », 1871 ; « I magazzini generali », 1872 ; « I tributi in Italia », id. ; « I ricoveri di mendicità », id. ; « Le opere pie di Venezia e il loro ordinamento, in continuazione degli studii del Bembo » ; « Sull'indirizzo delle opere pie e sul loro reggimento economico-amministrativo. Memorie per il Congresso internazionale di beneficenza », 1874 ; « Il primo Congresso degli Economisti italiani in Milano » ; 1875 ; « L'agricoltura e il credito fondiario », 1883 ; « Delle inondazioni nella provincia di Venezia e dei provvedimenti economici e legislativi per provvedervi », 1883 ; « I Congressi agrarii della provincia di Venezia », 1883-1889-1890 ; « L'emigrazione », 1888 ; « Relazioni sulla agricoltura e sulla economia agricola nella provincia e regione Veneta », 1874-1890 ; « Le rappresentanze agrarie e l'ordinamento loro in Italia », 1889 ; « Di una nuova costituzione amministrativa », Florence, 1872 ; « Del carattere nazionale negli ordinamenti amministrativi dello Stato. », 1875 ; « L'abolizione della pena di morte. Parere pel Ministro di Grazia, Giustizia e Culti », 1873 ; « La riforma elettorale », « Trattato di legislazione comparata » ; « La proprietà letteraria ed artistica », 1889 ; « Studii storici sul teatro italiano » ; « Elogi di Nicolò Tommaseo, di G. B. Varè, di Carlo Combi, di Giacomo Favretto, di Stefano Fenoglio, ecc. » ; « Saggi di critica letteraria », 2 vol. ; « Ricordi biografici ».

Kürschner (Joseph), éminent lexicographe, littérateur et publiciste allemand, né, à Gotha, le 20 septembre 1853, fit ses études littéraires à l'Université de Leipzig, où il suivit spécialement les cours de l'illustre professeur docteur Zarncke, et débuta dans les lettres comme rédacteur des périodiques *Kunstkorrespondenz, Litterar. Verkehr, Neue Zeit.* (journal officiel de la Société des auteurs dramatiques), *Bühnengenossenschaft*, et *Litterar. Korrespondenz* à Berlin. En 1881, choisi par M. Spemann comme directeur de sa célèbre librairie et rédacteur de *Vom Fels zum Meer*, il garda cette place jusqu'à 1889, lorsqu'il fut appelé à la direction du grand établissement *Deutsche Verlagsanstalt*, qu'il dirige toujours avec une dextérité parfaite. Au commencement de sa carrière littéraire, il ne s'occupa que de la littérature théâtrale et publia : « Konrad Ekhofs Leben und Werken », Vienne, 1872 ; « Chronologie für das deutsche Theater », et « Nekrologie für das deutsche Theater », Berlin, 1877-78 ; « Jahrbuch für das deutsche Theater »,

2 Jahrgänge, Leipzig, 1879-80; « Operntextbibliothek », Oberhausen, 1879. En 1879, ayant entrepris des ouvrages lexicographiques plus étendus, il continua le « Litteraturkalender », Stuttgart, 1883, et il s'y prit d'une manière si habile qu'il en fit un des plus utiles et indispensables almanacs littéraires par l'authenticité et l'abondance des notices à l'égard des écrivains contemporains. Il publia ensuite le petit: « Taschen-Konversations-Lexicon », dont on a publié à Stuttgart en 1879 la 7º éd.; le « Staats-Hof- und Kommunal-Handbuch des Reichs und der Einzelstaaten », Stuttgart, 1888; « Quartlexicon », id., 1888; et enfin la plus grande de ses entreprises lexicographiques, c'est-à-dire la septième édition du « Pierer's-Konversations-Lexikon », Berlin et Stuttgart, 1888, 12 vol., organiquement conjointe à un Dictionnaire en douze langues, où se trouvaient réunis pour la première fois tous les matériaux lexicographiques, ceux des sciences et ceux des langues. Mais tous ces ouvrages, quoique d'une haute importance littéraire pour la patrie allemande, furent surpassés par la fondation de la « Deutsche Nationallitteratur », Stuttgart, 1882, publication historico-critique qui va être prochainement finie et qui est sans contredit la plus grande des encyclopédies littéraires allemandes qui existent jusqu'à présent. A son rare talent musical et à sa prédilection pour Richard Wagner, on doit le très intéressant: « Richard Wagner-Jahrbuch », Stuttgart, 1886; dont les Wagneriens attendent avec impatience la continuation. Doué d'une activité prodigieuse, il a pu faire paraître les ouvrages mentionnés sans jamais cesser de rédiger un grand nombre de périodiques, parmi lesquels nous citerons la *Deutsche Schriftsteller-Zeitung*, *Der Sammler*, *Der Zeitgenosse* et *Vom Fels zum Meer*. A présent il dirige aussi l'*Ueber Land und Meer*, la *Deutsche Romanbibliothek* et l'*Illustrirte Welt*. Les mérites littéraires de cet illustre écrivain ne passèrent point sans éclat, ni sans hommages. Il est conseiller intime de S. A. le Duc Ernest II de Sachsen-Cobourg-Gotha et chevalier de l'ordre du Faucon d'or de Weimar.

Menut (Jean-Alphonse), homme de lettres français, né, à La Rochelle, le 10 novembre 1817, contrôleur des douanes en retraite, président de la Société littéraire de La Rochelle; il a publié et fait tirer à part d'importants mémoires d'art et d'archéologie dans les *Annales de l'Académie* de La Rochelle, et dans les Actes de la *Société des amis des arts* de La Rochelle et de la commission des arts et monuments historiques de Saintes, etc.

Merzbach (Henry), poète polonais, né, le 29 décembre 1837, à Varsovie. A fait ses études à Varsovie, Breslau, Bruxelles et Paris. Depuis 1855 il publia de nombreuses poésies lyriques dans les journaux et revues sous le pseudonyme de *Salvator Henricolo*. En 1858 parut son premier drame lyrique « Antoni Malczewski », tiré de la vie même de ce grand poète; un volume de poésies intitulé: « Lutnia », à Posen, chez Zupanski; et différents vers dans un recueil publié à Lemberg (Kallenbach) intitulé: « Tecza » (Arc-en-ciel). Pendant son séjour à Paris il s'occupa du journalisme et publia un petit poème: « Trzy struny » (Trois cordes), et d'autres vers dans le *Roziarnie* (1863) et un livre dédié à Woycicki (1861). A côté de ses travaux littéraires il contribua comme éditeur, sous la firme de son père M. S. H. M. à Varsovie, et plus tard sous la raison sociale Merzbach et Polak au développement de la littérature nationale (1858 à 1863). Pendant son voyage en Italie au début de 1861, il publia un petit volume de vers patriotiques, intitulé: « Glos tulacza » (Voix d'un exilé), Naples, dédié à Garibaldi. Après les évènements insurrectionnels de Pologne (1861-1863), auxquels il prit part, il dût quitter sa patrie. Il fonda à Leipzig en 1864 avec Agathon Giller, Kraczewski, Ed. Siwinski et J. B. Wagner le journal *Ojczyzna* (Patrie). A la fin de 1864 il s'établit à Bruxelles et reprit la Librairie Européenne C. Muquardt, qu'il dirigea jusqu'en 1887. Pendant son séjour à Bruxelles, il obtint la grande naturalisation, épousa Mlle Le Hardy de Beaulieu, nièce du président de la Chambre des Représentants, et édita les principaux ouvrages des écrivains belges. Il publia à Leipzig (Brockhaus, 1864) un recueil de ses poésies polonaises, intitulé: « Z wiosny » (du Printemps), dont deux éditions ont paru depuis; « Strzaskana Lutnia » (Lyre brisée), sur les souvenirs de l'insurrection polonaise, Posen, 1871; « Z Jesieni » (de l'automne), Bruxelles, 1882; « Listy z Bolgji Paterkula i Agrikoli » (Lettres de Belgique en vers), publiées primitivement dans le *Courrier* de Varsovie. Pendant de nombreuses années il écrivit à la revue pétersbourgeoise *Kraj*, sous le pseudonyme *Agricola*, des articles de critique littéraire. En 1889 il publia (Posen, 1889) la biographie du célèbre historien polonais « Joachim Lelewel w Brukseli », avec grav. et autogr. Pendant trente ans il collabora aux nombreux journaux polonais et français.

Multedo (Marquis Joseph DE), éminent poète italien, issu d'une noble famille de la Corse, originaire de Savone, résidant à Marsan en France (Landes), a publié deux volumes de poésies lyriques, exquises par la noblesse des sentiments et par l'élégance classique de la forme. Le premier volume: « Alcune Liriche », avait remporté les louanges les plus flatteuses de la part de Tommaseo; le second vol. intitulé: « Tramonti » fait partie de l'élégante collection de poètes modernes de Zanichelli de Bologne, le Lemerre de l'Italie. Son fils, le comte de M., qui habite Paris, est un romancier distingué. En sa qualité de noble corse, le marquis de M. est très affectionné à la famille impériale, et a chanté ses gloires et ses malheurs avec une sincérité d'inspiration, qui lui a gagné les sympathies de tous les hommes de cœur et de goût. M. le Marquis de M. est né dans la première dixaine de ce siècle.

Naguès y Gastaldi (Joseph-Marie), auteur dramatique espagnol, ex-bibliothécaire en chef de la bibliothèque du Monastère Royal de l'Escurial, bibliothécaire de la Maison Royale, né, à Séville, en 1842, fit ses premières études et celles universitaires dans sa ville d'origine et s'adonna à la littérature dramatique. Nous avons de lui: « Genaro el gondolero », drame en trois actes, Madrid, Rodriguez, 1861 ; « Estafeta de amor », zarzuela, id., id., 1862 ; « Ona madre », drame en 5 actes, id., id., 1863 ; « A año de estar casado », comédie, id., id., 1864 ; « Dos iniciales », id., en vers, id., id., id.; « On Tenorio moderno », zarzuela, id., id., id.; « Vervisiones », comédie, id., 1867 ; « La herencia del pecado », drame en trois actes, id., id., 1869 ; « Oro astucia y amor », zarzuela en 3 actes, id., id., 1867 ; « Blancos y azuler », id., id., Conde, 1878 ; « Maria », comédie, id., id., 1876 ; « La Perla de Triana », zarzuela, id., 1883 ; Con « quien caso a mi mujer », id., 1876 ; « La fuente Milagrosa » ; « Pedro Ponce y Juan Carranza », id., 1878 ; « Consultor jurisperito », 1889. M. N. y G. a obtenu 3 prix dans des concours de poésie et la *Real Academia Gaditana de Ciencias y teatros* de Cadice lui décerna le premier prix pour son « Oda a Calderon », et plusieurs autres prix pour concours et poésies.

Nestarez-Mendoza (José), publiciste espagnol, résidant à Grenade, où il est né le 14 février 1830 ; en dehors de sa collaboration à la *Revista de Granada*, la *Escena contemporanea*, *El Capricho*, la *Cronica*, la *Esperanza del pueblo*, la *Independencia*, la *Opinion*, *El Quevedo*, *Independiente*, *El Heraldo*, on lui doit une « Corona poetica », dédiée à la mémoire de son fils, mort en 1873.

Nicolaïdis Bourbakakis (Georges), écrivain hellène, né dans l'île de Crète ; de 1814 à 1849, il a étudié le droit à l'Université de Pise, où il fut reçu docteur. Il se maria à Pise avec une dame anglaise, Mme Helène Peterson, veuve Eaton, avec laquelle il s'est établi à Athènes. On lui doit, entr'autres : « Topographie et plan stratégique de l'Iliade, avec une carte topographique », Paris, Hachette, 1867 ; une seconde édition, avec des additions importantes, a paru en grec, à Athènes, en 1883.

Oca y Merino (Étienne), écrivain et pédagogiste espagnol, directeur de l'École pour l'enfance à Soto de Cameros (province de Logroño) et de la *Revista Escolar*, l'un des collaborateurs du *Dictionnaire* de l'Académie Espagnole, né, à Morales, le 26 décembre 1851. On lui doit, en dehors de traités d'arithmétique et de géométrie, des « Lecciones de la Historia patria », Logroño, 1887 ; « Vocabolario infantil », Bilbao, 1888 ; « Catálogo de Barbarismos y solecismos », id., 1889.

Orlando (Philippe), écrivain italien, né, à Adernò (province de Catane), en 1850, fit ses études dans sa ville d'origine, à Naples et à l'*Istituto di Studii Superiori* de Florence, où il les acheva. Très ami de Pietro Fanfani, il compila et ordonna les « Letture di Famiglia », de Thouar (1875-85), où il écrivit sous divers pseudonymes des contes, des critiques et des articles de philologie, etc. En collaboration avec H. Montazio, M. O. inaugura une « Bibliotechina grassoccia », qui se publie, à présent, avec la coopération de M. G. Baccini, chez les éditeurs Bocca de Turin. Il fonda en 1886 le *Giornale d'erudizione*. En dehors de plusieurs articles dans les journaux : *Rivista europea*, *Gazzetta d'Italia*, *Diritto*, *Giannetto*, etc., nous citons de lui : « Il Cherico del Piovano Arlotto », Florence, imp. de la *Gazzetta d'Italia*, 4 vol., en collaboration avec Fanfani ; « Valentuomini italiani contemporanei », id.; « Scuola modello » ; « Scritti per le classi elementari », Florence, Bencini.

Perez de Villa-amil y Roig (Joseph), publiciste espagnol, né, à la Coruña, capitale de la Gallicie, ancien professeur de philosophie et de littérature ; il compte parmi les poètes distingués de sa province natale.

Pichez (Louis-Marie-Ernest), écrivain français, né, à Rochefort-sur-Mer, le 20 août 1843, fils de Jean-Baptiste P., capitaine de frégate (1798-1854), et petit-fils de Jean P. tué dans un combat contre les anglais, le 6 juin 1812 sur la *Dorade* qu'il commandait. Médecin de deuxième classe de la marine (1866), docteur en médecine (27 février 1870), chirurgien en chef des hospices civils de La Rochelle, médecin vaccinateur, inspecteur cantonal des enfants assistés et de la protection de l'enfance, médecin du service sanitaire, de l'union des femmes de France, etc., du port de la Pallice, etc., le docteur P. a publié : « De la dyssenterie endémique en Cochinchine », Montpellier, 1870, observations recueillies au lit des malades, dans les différents postes qu'il a occupés pendant un séjour de deux années en Cochinchine (1867-1868).

Pichler (Adolphe), poète et naturaliste autrichien, professeur de minéralogie et de géognosie à l'Université d'Innsbruck, né, à Erl (Tyrol), le 4 septembre 1819. Il fit ses études à Vienne ; en 1848, on le trouve à la tête d'un bataillon de volontaires tyroliens ; ensuite professeur. Poète et savant distingué, alpiniste intrépide, voyageur passionné, il connaît parfaitement l'Italie et sa littérature. Parmi ses nombreux écrits, citons : « Frühlieder aus Tirol », Vienne, 1846 ; « Ueber das Drama des Mittelalters », Innsbruck, 1850 ; « Gedichte »; « Hymnen »; « Die Tarquinien », tragédie ; « Rodrigo », id.; « Aus den Tirolerbergen »; « Allerleigeschichten aus Tirol »; « In Lieb und Hass, Epigramme und Elegie aus den Alpen »; « Zu Literatur und Kunst, Epigramme »; « Marksteine »; « Fra' Serafico », poème dont l'action se passe en Toscane; souvenirs d'Italie, différents recueils lyriques, articles insérés au *Kunstblatt* de Leipzig et à la *Wiener Zeitung*.

Pilatte (Léon--Remi), prédicateur et publiciste réformé français, né, à Vendôme (Loiret-Cher), le 2 septembre 1822, dans une famille catholique. Devenu protestant évangélique à dix-sept ans, il entra comme étudiant à la maison des Missions de Paris avec le désir de se consacrer à l'œuvre du Lessouto. Forcé par une santé précaire de renoncer à ce projet, il accepta de l'Union des églises libres une mission d'évangélisation dans le Sud-Ouest. De 1848 à 1850, il travailla à l'évangélisation des populations ouvrières de Paris dans le faubourg Saint-Marceau. Les réunions qu'il présidait furent supprimées par le Préfet de police. Il passa alors deux ans aux États-Unis avec une mission de la Société évangélique, revint à Paris en 1853, puis se fixa à Menton en 1854 comme pasteur de l'église vaudoise et en 1855 devint pasteur de l'église évangélique de Nice. Il donna sa démission en 1875. Il a fait construire à Nice un temple, une maison d'école et un asile pour les malades et fondé en 1874 une école d'évangélisation, dont il fut directeur et l'un des professeurs. Comme écrivain, M. P. a été le collaborateur de E. de Girardin à la *Presse*. Il a fondé à Nice le *Phare du littoral*, à Paris le *Réformateur anticlérical et républicain*, dont l'existence fut éphémère. Il a combattu les jeux publics de Monaco dans l'*Indépendant des Alpes Maritimes*, fondé par lui en 1881. Il publie depuis 1869 l'*Église libre*, journal religieux et politique, dont il n'a cessé d'être le rédacteur en chef. Il a souvent eu des allures très agressives qui rappellent Louis Veuillot. Il a surveillé la réimpression des œuvres de Calvin publiées de 1855 à 1860. Cette réimpression de Calvin est l'un de ses travaux les plus considérables.

Rava (Louis), jurisconsulte italien, professeur de la philosophie du droit à l'Université de Parme, est né en 1860; il a fait ses études à Ravenne, à Bologne, et à Rome. On lui doit: « Dottrine politiche degli scrittori italiani: Celso Mancini »; « Filosofia del diritto nel pensiero italiano »; « La filosofia civile e giuridica in Italia prima della rivoluzione francese »; « Saper leggere nei bilanci », discours d'introduction à un cours de comptabilité qu'il a fait à l'Université de Pavie en 1889; « Sindacato parlamentare sulla amministrazione e il bilancio », etc.

Ribeiro (Thomas) Nous regrettons d'avoir omis le nom de cet éminent poète portugais, dont l'épopée populaire: « Don Jaime », a eu huit éditions.

Ricci (Louis), écrivain italien, résidant à Londres, où il enseigne la littérature italienne au *Queen's College*, au *City of London College*, à la *School of Arts*. On lui doit: « Italian principia », Londres, Murray, trois éditions; « First Italian Reading Book », id.; il est collaborateur du « Dictionary of Music and Musicians », publié par l'éd. Macmillan, et de l'*Encyclopédie Britannique* d'Édimbourg.

Richter (Jean-Paul), éminent critique et historien de l'art allemand, fils du regretté Charles Edmond R., ancien surintendant à Leipzig, né, le 7 janvier 1847, à Dresde, a fait ses études à Grimma, à Leipzig et à Dresde. Depuis 1871 à 1873, il a été le précepteur du prince de Hesse Alexandre-Frédéric. Depuis 1874 à 1876, il visita l'Italie pour y étudier l'art des premiers siècles de l'église et de la Renaissance; après avoir passé encore une année en Allemagne, il se rendit en 1878 à Londres, où il demeura jusqu'en 1884; depuis cette année, il habite Florence, où il poursuit ses recherches sur l'art et d'où il fait des excursions dans les différentes villes artistiques de l'Italie. Au nombre de ses publications, qui lui ont fait une grande réputation, et mérité le titre d'officier de l'ordre St.-Michel et de l'ordre de Frédéric du Wurtemberg et de membre honoraire de l'Académie des Beaux-Arts de Milan, et du *Burlington Fine Arts Club* à Londres, on doit citer: « Die Mosaiken von Ravenna », Vienne, 1878; « Der Ursprung der abendländischen Kirchengebäude », id., id.; « Catalogue of the pictures in the Dulwich College Gallery, with biographical notices of the painters », Londres, 1880; « Leonardo da Vinci », id., id.; « Hertford Sammlung, Hertford House und Schloss Bagatelle », ouvrage en trois volumes, imprimé en 1882 par ordre et à l'usage exclusif du défunt roi Louis de Bavière; « Catalogue of the collection of Painting lent for exhibition by the Marquis of Bute », Londres, 1883, trois éditions, Londres 1883, Glasgow 1884, Manchester 1885; « The literary Works of Leonard da Vinci, compiled und edited from the original manuscripts », id., id., 2 vol.; « Italian art in the National Gallery », id., id.; « Notes on Vasari's Lives », id., 1885; « Descriptive catalogue of the collection of pictures belonging to the Earl of Northbrook: The Italian and Spanish Schools », id., 1889. Il a collaboré à la *Zeitschrift für Bildende Kunst*, à l'*Academy*, au *Nineteenth Century* et à d'autres revues.

Richter (Louise), femme-auteur internationale, née, en 1850, à Broussa (Asie-Mineure), où son père M. Henri Schwaab était consul d'Autriche. Agée de 18 ans, elle passa en Angleterre, où en 1878 elle se maria avec le docteur Jean-Paul Richter. Depuis 1884, elle habite Florence avec son mari. On lui doit, en dehors de quelques articles, la traduction de l'ouvrage du sénateur

Morelli « Italian Masters in German Galleries », Londres, 1883, et une nouvelle fort goûtée: « Melita, a turkish Love story », qui a paru à Londres, en 1886.

Ridolfi (Henri), ancien peintre et écrivain d'art, né, le 18 août 1829, à Lucques. Il est à la direction des Galeries et des Musées de Florence, depuis 1885, et les réformes introduites sous sa direction, et les acquisitions faites par son initiative signalent un véritable progrès. Mais nous devons nous restreindre ici à citer, en dehors de sa dernière intéressante brochure qui résume l'histoire des Galeries de Florence dans ces dernières années, ses principales publications: « Una canzone di Antonio Pucci ai Lucchesi », Lucques, 1868; « Sei lettere inedite di Giorgio Vasari », id.; « Diporti artistici », 1868-1873; « Ordinamento di studii nel Regio Istituto di Belle Arti in Lucca », 1869; « Ricordo di Michele Pierantoni », 1870; « Della patria e delle opere di Zacchia il vecchio », 1871; « Dieci ballate del tempo di Poliziano », 1875; « Relazione storica del Regio Istituto di Belle Arti », Lucques, id.; « Relazione sulla Galleria del Regio Istituto », id.; « Ricordo di messer Vincenzo Civitali », 1873; « Sulla statua del conte Rosselmini-Gualandi », 1875; « Esame critico della vita e delle opere di Alfonso Cittadella, detto Alfonso Ferrarese, o Lombardi », 1874; « Gli scultori in legno in Firenze e il professore Bianchi di Lucca », Florence, id.; « Guida di Lucca », Lucques, 1877; « Notizie sopra varie opere di Fra' Bartolomeo San Marco », Gênes, 1878; « Scritti d'arte e d'antichità », Florence, 1879; « La Cattedrale di Lucca », 1880; « L'arte in Lucca studiata nella sua Cattedrale, con appendice intorno alla vita e alle opere di Matteo Civitali », Lucques, 1882; « La fabbrica del Monte di Pietà già Case dell' Opera della Cattedrale di Lucca », 1883; « Dell'Architettura del Medio-Evo in Italia », à propos du livre de M. Boito, dans l'*Archivio storico*, 1883; « Commemorazione di Adolfo Pieroni incisore », Lucques, 1884; « Cenni intorno alla vita e alle opere di Vincenzo Consani », id., 1888.

Roth (Rodolphe), illustre orientaliste allemand, né à Stuttgart, le 3 avril 1821, suivit les cours universitaires à Tubingue, Berlin, Paris et Londres et prit ses grades à Tubingue, où il devint, en 1856, professeur de langues orientales et bibliothécaire en chef de l'Université. L'un des grands maîtres dans la littérature et la langue de l'Inde ancienne, il a donné des éditions du: « Nirukta », de Jâska, Gœttingue, 1852, et de l' « Atharva-Veda », Berlin, 1856, avec un important mémoire sur ce dernier ouvrage: « Abhandlung über den Atharva-Veda », Tubingue, 1856; par ces trois publications, il est vénéré comme l'un des précurseurs des études védiques en Europe. Mais son meilleur titre de gloire est le « Sanskrit-Wörterbuch », publié en collaboration avec M. Böhtlingk par les soins de l'Académie de Saint-Pétersbourg, 1853-1875, en 7 vol. C'est à la suite de cette œuvre monumentale que l'Italie lui conférait le titre de commandeur de la Couronne d'Italie. En 1878, il présida la section indienne au Congrès des orientalistes à Florence. En dehors des ouvrages que nous venons de citer et de plusieurs mémoires aux journaux et revues savantes, entre autres *Zeitschr. d. Deutsch. morgenländ. Gesellsch.*, *Indische Studien*, *Journal asiatique*, *Journal of the American Society*, etc., et des discours et mémoires d'occasion, nous lui devons aussi: « Zur Litteratur und Geschicht des Veda », Stuttgart, 1846, écrit fondamental pour les études védiques; « Ueber den Mythus von den fünf Menschengeschlechtern », Tubingue, 1860; « Hauptcatalog der Königl. Universitätsbibliothek in Tübingen », vol. I, id., 1865; « Indische Handschriften », id.; « Ueber die Vorstellung vom Schicksal in der ind. Spruchweisheit », id., 1866; « Der Atharva-Veda in Kaschmir », id., 1875; « Ueber Yaçna 31 », id., 1876.

Salvioli (Joseph), jurisconsulte italien, ancien professeur à l'Université de Camerino, depuis 1884 professeur de l'histoire du droit à l'Université de Palerme, est né, le 13 septembre 1857, à Modène, où il fit des études brillantes, qu'il poursuivit à l'Université de Berlin. On lui doit une série de publications importantes: « Filosofia della letteratura francese nel medio evo », Modène, 1878; « L'istruzione pubblica in Italia nei secoli VIII, IX e X », Florence, 1879; « La politica dell'esercito imperiale in Italia nel 1526 e il sacco di Roma », Venise, 1878; « La scuola nonantolana di diritto », Modène, 1881; « Confortes e Colliberti nel diritto longobardo-franco », id., 1883; « Nuovi studii sulle professioni di legge nei documenti italiani », id., 1884; « Statuti inediti di Rimini », Ancone, 1880; « Statistica del suicidio », Rome, 1882; « I titoli al portatore nel diritto longobardo », id.; « Die Vaticanische Glosse zum Brachylogus (I titoli al portatore nella storia del diritto italiano) », Bologne, 1883; « L'assicurazione e il cambio marittimo nella storia del diritto italiano », id., 1884; « Le giurisdizioni speciali nella storia del diritto italiano », 1884; « La giurisdizione della chiesa in Italia prima del mille », id.; « Storia dell'immunità, delle signorie e giustizie delle chiese in Italia », 1888; « Il diritto di guerra secondo gli antichi giuristi italiani », Camerino, 1884; « Il metodo storico nello studio del diritto civile italiano », id.; « La responsabilità della famiglia e dell'erede pel delitto del defunto », 1886; « L'epigrafia giuridica latina », id.; « La dottrina degli atti facoltativi », 1887; « Jusiurandum de calumnia nel suo svolgimento storico dall'antichità al secolo XVI », Palerme, 1888; « Diritto monetario italiano dalla caduta dell'impero romano ai giorni nostri » dans l'*Enciclopedia giuridica*, Milan, 1890; « Manuale di storia del diritto italiano dalle invasioni germaniche ai giorni nostri », Turin, id.; « Decime nel Digesto italiano »; « I difetti sociali del Codice civile in relazione alle classi non abbienti ed operaie », id.

Santiago Herrero Dueñas, écrivain et prêtre espagnol, aide du curé de Villavieja, né, en 1863, à Valladolid, reçu docteur en théologie à Tolède; en dehors de plusieurs publications ecclésiastiques, on lui doit un ouvrage couronné en 1884, à Valladolid, et intitulé: « Estudio bio-bibliografico de Escritores Valliesletanos de los siglos XV y XVI ».

Schandorph (Sophus), écrivain danois, traducteur de la *Divina Commedia* et des poésies de Leopardi et de Manzoni en danois, auteur d'un essai sur « Goldoni et Gozzi », auteur de poésies et nouvelles écrites dans l'esprit moderne du naturalisme, a beaucoup voyagé en Italie. Il est né le 8 mai 1836 à Ringstad; il a d'abord étudié la théologie; ensuite il s'adonna à l'étude des langues et des littératures romanes.

Schulenburg (VON Wilibald), anthropologiste allemand, né, à Charlottenburg (près de Berlin), le 6 avril 1847, fit ses premières études au Gymnase *Frédéric Werder* à Berlin, se consacra à la carrière d'officier, reçut deux graves blessures à la bataille de St.-Privat, le 18 août 1870, en conséquence desquelles il prit son congé. Il voyagea en Norvège, vécut trois ans parmi les Wendes du Spreewald et obtint une connaissance approfondie de la nationalité wende de notre époque. Il s'occupa ensuite de recherches ethnologiques et recueillit des matériaux de tout genre; devint membre honoraire de la Société anthropologique de la Basse-Lusace et membre correspondant de la Société anthropologique de Vienne. Plus tard il fut occupé au Musée ethnologique de Berlin à mettre en ordre la collection préhistorique, et fit des conférences publiques sur la nationalité wende et la croyance du peuple allemand. Enfin, les derniers temps il se voua entièrement à la peinture de paysage. Ses aspirations principales sont: La purification de l'esprit germanique des influences étrangères; La lutte contre la domination du classicisme grec-romain dans les gymnases allemands; Le rétablissement d'un état populaire au sein de l'État et du peuple. Nous avons de lui en librairie: « Wendische Volkssagen », Leipzig, Brockhaus, 1880; « Wendisches Volksthum », Berlin, Nicolai, 1882; « Der Spreewald und der Schlossberg zu Burg. Prehistorische Skizzen. R. Virchow und W. v. Schulenburg »; « Un recueil des rapports sur les découvertes préhistoriques pour l'inventaire des arts de la province de Brandebourg (Kunstinventar der Provinz Brandenburg) », du professeur Bergau, par ordre de la province de Brandebourg, imprimé seulement en partie; différents rapports dans le *Journal ethnologique*, Berlin, 1879-1887, dans les publications de la Société anthropologique de la Lusace, etc., etc.

Schwartz (Maria-Sofia, née BIRATH), illustre femme-poète et romancier suédoise, née en 1819. Veuve du prof. G.-M. Schwartz, n'a débuté qu'en 1851 par la nouvelle: « Förtalet ». Suivirent plusieurs nouvelles et plusieurs romans qui lui ont fait une grande réputation. Son dernier recueil date de l'année 1879 et porte le titre: « Blad for vinden ». Son fils Eugène, né en 1847, professeur des langues du nord à Upsala, est l'auteur d'une nouvelle « Grammaire Suédoise ».

Todaro-Malato (Salvator), écrivain italien, professeur de littérature italienne aux Instituts techniques du royaume, né, le 12 août 1827, à Trapani, fit son droit à Palerme, et, en 1860, entra dans l'enseignement. Nous avons de lui plusieurs ouvrages en vers et en prose de diverse nature et dont nous donnons les titres: « La sposa fedele », conte; « La lingua italiana insegnata col nuovo metodo »; « Il quinto Evangelista »; « Racconti popolari »; « Lo scroccone »; « Flora »; « Vert-vert »; « Amore e patria », contes; « Dell'insegnamento delle lettere italiane negli istituti tecnici »; « Moralità ed arte »; « Zelinda »; « De'costumi ne'Promessi Sposi »; « Livia », conte, etc. etc.

Trevisan (François), homme de lettres italien, professeur de littérature et ensuite président aux lycées du royaume, né, le 22 septembre 1836, à Villaverna (Vicence); après des études de théologie à l'Université de Padoue, il entra à l'enseignement en 1860. Nous avons de lui: « Della tragedia degli antichi e in particolare dell'italiana »; « Publio Virgilio Marone »; « Cenni intorno agli studii filologici »; « Ugo Foscolo e la sua professione politica »; « Alessandro Manzoni »; « Ferdinando Arrivabene »; « Avviamento allo studio delle lettere italiane per i Licei », Vérone, 1882. Il a encore publié: « Ugo Foscolo: I sepolcri », avec notes et commentaire, id., 1881; « V. Alfieri: Don Garzia », tragédie avec notes, id., 1890, et plusieurs articles dans les journaux littéraires de la Péninsule.

Turbiglio (Sébastien), philosophe italien distingué, professeur de philosophie à l'Université de Rome, député au parlement italien, collaborateur de l'*Opinione* et de la *Filosofia delle Scuole Italiane*, né, le 7 juillet 1842, à Chiusa (province de Coni en Piémont). Il était l'un des candidats pour le sous-secrétariat d'état au Ministère de l'Instruction publique au moment de la dernière crise. On lui doit entr'autres: « Storia della dottrina di Cartesio »; « La filosofia sperimentale di Giovanni Locke ricostrutta a priori »; « Della libera necessità dei fatti umani »; « Trattato di filosofia elementare »; « La mente dei filosofi eleatici ridotta alla sua logica espressione »; « L'impero della logica »; « Benedetto Spinoza e le trasformazioni del suo pensiero », ouvrage fort remarqué; « Le antitesi tra il Medio Evo e l'Età Moderna nella storia della filosofia », etc.

Valcarenghi (Hugues), homme de lettres et publiciste italien, né, à Crema, en 1862; il fit ses études techniques à Milan, où il demeure depuis l'âge de six ans. Ses études achevées, il occupa pendant six ans une place de comptable dans un bureau de banque. Dans l'entretemps il étudiait la littérature et après avoir fait ses premières armes à la *Farfalla* de Milan, il devint collaborateur artistique du *Capitan Fracassa* de Rome, de la *Gazzetta letteraria* de Turin. Nous avons de lui une série de romans sous le titre général « I Retori », d'une importance considérable. Les romans compris dans cette série ont pour titre: « Le Confessioni d'Andrea », Milan, 1888; « Fumo e cenere », id., 1889; « Coscienze oneste », id., 1890. En dehors de plusieurs articles, nouvelles et d'une comédie en 2 actes « Primo amore », jouée à Milan, en décembre 1890, nous avons de lui: « Perchè Rita....? », nouvelles, Milan, 1884; « Baci perduti », scènes de la vie bourgeoise, id., 1885; « Sotto la croce », roman, id., 1886; « Spergiuro », contes, id., 1888; « Maria », roman, id., 1890. M. V., actuellement, dirige à Milan la revue *Cronaca d'arte*, fondée par lui-même.

Vaucher (Pierre), homme de lettres suisse, né, à Genève, le 2 décembre 1833, licencié en théologie, professeur d'histoire à l'Université de Genève, collaborateur de la *Revue historique* de Paris et de l'*Anzeiger für Schweizerische Geschichte*. Il a publié les « Esquisses d'histoire suisse », 1882; les « Traditions nationales de la Suisse », 1885; « Professeurs, historiens et magistrats suisses », 1886; « Mélanges d'histoire nationale », 1889.

Visel (Lelio), pédagogiste et écrivain italien, né, à Ortona a Mare, le 25 avril 1845; il habite Naples, où il enseigne et travaille pour l'instruction et l'éducation du peuple depuis sa jeunesse. En dehors des traités pour le dessein on lui doit: « Trattatello di lettere famigliari »; « Catechismo di doveri e d'economia domestica per le donne »: « Catechismo per le arti »; des discours, des projets, des brochures d'occasion.

Weddigen (Frédéric-Henri-Othon), docteur en philosophie, écrivain et poète allemand, né, le 9 février 1851, à Minden (Westphalie), descend d'une des plus anciennes familles westphaliennes. Ancien volontaire, pendant la guerre de 1870-71, ancien professeur à l'école supérieure technique de Hanovre, il est, depuis 1888, professeur au gymnase de Wiesbaden. Plusieurs de ses poésies ont été mises en musique et sont devenues populaires. On lui doit: « Schwertlieder eines Freiwilligen aus dem Feldzuge von 1870-71 », Essen-Leipzig; « Gesammelte Dichtungen », Minden, 1884; « Neue Märchen und Fabeln » (illustrées par Charles Gehrts), Munich, 3e éd., 1888; « Neue Gedichte », id., 2e éd., 1885; « Gedichte aus der Heimat und aus Italien », Leipzig, 1866; « Von der roten Erde », Erfurt, 1887; « Ideal und Dämon », Rome, 1888; « Helgamor und Godalind », Wiesbaden, id.; « Lessings Theorie der Tragödie », Berlin, 1877; « P. F. Weddigens Geistliche Oden und Lieder », Leipzig, 4e éd., 1879; « Die patriotische Dichtung von 1870-71 »; « Unter Berücksichtigung der gleichzeitigen polit. Lyrik des Auslandes », Essen, 1880; « Geschichte der Einwirkung der deutschen Literatur auf die Literaturen der übrigen europaischen Kulturvölker der Neuzeit », Leipzig, 1882; « Studien und Erinnerungen », id., 1881; « Aus der literarischen Welt und für dieselbe, Zeitgemässte Erörterungen », Hannover, 1883; « Die Hohenzollern und die deutsche Literatur », Düsseldorf, id.; « Das Buch vom Sachsenherzog Wittekind, Sage und Dichtung, nebst histor. Einleitung » (illustré), Minden, id.; « Der Sagenschatz Westphalens », id., 1884; « Lord Byrons Einfluss auf die europaischen Literaturen der Neuzeit », Hannover, id.; « Geschichte der deutschen Volkspoesie seit dem Ausgange des Mittelalters bis auf die Gegenwart », Munich, id.; « Auswahl englischer Gedichte nebst biogr. der Verfasser », 1877; « Auswahl französischer Gedichte nebst biogr. notizen der Verfasser », 1879; « Die nationale Reform unserer höheren Lehranstalten », Leipzig, 1880; « Ueber die Notwendigkeit einer Professur für neuere Literatur an den deutschen Hochschulen », id., id.

Zapatero y Gonzalez (Louis), écrivain et avocat espagnol, membre de plusieurs Académies littéraires, né, en 1865, à Valladolid, a fait son droit à Madrid. Il a fondé *El Fototipo* et *El Velay* et rédigé les journaux: *La Academia, La Igualdad, El Forvenir Escolar, El 11 de febrero, La Revancha*, etc. et collaboré à un grand nombre de journaux espagnols et étrangers; couronné à plusieurs concours, on lui doit le *libretto* de deux « Zarzuelas », un volume de chants patriotiques, et un recueil d'essais littéraires, sous le titre: « Letra menuda ».

Zglinski (*Daniel*, nom de choix échangé contre son nom d'enfance Frendenson), écrivain polonais, né, vers la fin de 1847, à Varsovie. Pendant quelques mois, il fut acteur au théâtre de Cracovie, puis il fréquenta les universités de l'Allemagne. Il débuta en littérature par une traduction de la tragédie de Körner: « Die Sühne », et par des poésies insérées à la *Revue hebdomadaire* et à l'*Illustration hebdoma-*

daire. Suivirent deux tragédies : « Riccardo », sujet espagnol ; « Tommaso Valle », sujet italien ; des feuilletons littéraires, un essai sur l'humorisme dans l'epos populaire polonais *Thadeus* ; « La poésie et la vérité », dans l'*Echo musical*. M. Z. dirigeait la *Bibliothèque de romans et de nouvelles*.

Zorilla (Joseph), célèbre poète espagnol, né, le 21 février 1817, à Valladolid. Il a fait ses études littéraires, à Madrid et beaucoup voyagé à l'étranger. Pour complaire son père il avait étudié la loi à Tolède et exercé, pendant quelque temps, la profession de juge dans sa ville natale. Mais il quitta bien vite la magistrature pour se consacrer à la poésie. On remarqua d'abord son élégie pour la mort du poéte Larra; en 1840, il publiait ses : « Cantos del trovadór », devenus bientôt célèbres. Suivirent des comedies applaudies ; « Le savetier et le roi » ; « A hon juge, meilleur témoin » ; « Don Giovanni Tenorio » ; un nouveau recueil lyrique : « Flores perdidas » ; le poème : « Granata ». En 1847 on entreprenait à Paris, où en ce temps il habitait, la publication de ses œuvres complètes, avec une introduction d'Ildéphons Oveias. Il passa ensuite en Belgique et en Amérique. Dans ses poésies on retrouve souvent un cachet et une couleur qui rappelle la poésie arabe. Sa forme est exquise et à l'heure qu'il est son œuvre lyrique et dramatique très abondante.

ADDITIONS ET CORRECTIONS ESSENTIELLES

Aars (Jonathan) — Page 9 — Nous avons de lui: « Règles de l'orthographe norvégienne à l'usage des écoles », Christiania, 1866, et plusieurs éditions suivantes; ces règles forment encore la base de l'orthographe officielle et scolaire de Norvège. Il a écrit plusieurs dissertations sur la langue et la prononciation norvégienne, où il défend la forme qui s'approche le plus de la langue parlée qui tend à se différencier de plus en plus de la langue danoise; en d'autres mots, il adopte une forme modifiée et plus modérée du système de K. Knudsen (voyez ci-dessous l'article « Knudsen »). Il a fait, en outre, plusieurs études sur la philologie grecque, dont la plus importante est « Socrate peint d'après des traductions de Platon », Christiania, 1882, analyse très-fine du caractère et de l'influence du grand philosophe. Directeur et propriétaire, avec M. P. Vors, de la plus grande école esupérieure de Norvège, il a écrit, en outre, plusieurs ouvrages pédagogiques.

Acuña de la Iglesias (Doña Rosario) — Page 16 — Complétez ainsi sa notice: Femme poète espagnole, très jeune encore, elle a débuté par le poème: « A orillas del mar »; suivirent: « Rienzi el Tribuno », drame; « Ecos del alma », recueil lyrique; « Amor a la patria », et « Tribunales de Venganza », drames; « Morirse a tiempo », et « Sentir y pensar », poèmes; « Tiempo perdido », et « La siesta », recueils d'articles; « Lecturas instructivas »; « Paginas de la naturaleza », et « Certamen de insectos », livre pour la jeunesse.

Agnelli (Laurent) — Page 24 — Ajoutez encore les œuvres suivantes: « La quistione della Sila »; « Escursione nella Sila »; « La famiglia e la scuola »; « I libri »; « L'educazione in ordine al carattere »; « I doveri e i diritti », Milan; « La famiglia del Sindaco, ovvero diritti e doveri, libro di lettura per le scuole e per le famiglie », Naples, Anfossi, 1887.

Alberti (Edmond-Christian) — Page 31 — lisez: Alberti (Édouard-Christian).

Albini-Crosta (Madeleine) — Page 33 — Son livre: « L'Angelo in famiglia », vient d'être traduit en allemand, et publié à Innsbruck. La biographie complète de cette vaillante femme-auteur se trouve dans l'*Ateneo* de Turin (20 juillet 1890).

Albites (Éd.) — Page 34 — Le journal la *Bussola* a été fondé en 1855 et non pas en 1885.

Alcau — Page 35 — M. Félis Alcan, éditeur à Paris, nous écrit: « La librairie J. B. Bail-
« lière existe toujours à Paris, et l'historique
« que vous en donnez est exacte. Quant à la
« mienne, elle fut fondée en 1828 par M. Ger-
« mer Baillière, frère de J. B. Baillière, qui,
« comme lui, publia des livres de médecine. Son
« fils Gustave Germer Baillière lui succéda en
« 1862 et les renseignements que vous fournis-
« sez sur la librairie, à partir de cette époque,
« sont parfaitement exacts ».

Alcantara (Don Pedro DE) — Page 36 — Dans cette notice, par méprise, on a imprimé que le petit fils de Don Pedro est le fils de la princesse Léopoldine, né du premier mariage de l'Empereur avec une archiduchesse d'Autriche. La princesse Isabelle-Christine-Léopoldine, princesse impériale mariée au prince Louis d'Orléans, comte d'Eu, est la fille unique de Sa Majesté l'Impératrice du Brésil, Thérèse-Christine de Bourbon, fille du Roi François I des Deux Siciles; l'Empereur a été marié une seule fois. Depuis la Révolution du Brésil Sa Majesté vit en exil et passe ses hivers à Cannes. C'est de Cannes que Don Pedro envoya des sonnets portugais en l'honneur de Dante et de Béatrix, à la *Tribuna Beatrice*, à l'occasion de l'Exposition des ouvrages des femmes en 1890 à Florence. Ces sonnets, qui ont été remarqués, se trouvent à présent à la Bibliothèque Nationale de Florence.

Alexis (Jules) — Page 38 — Lizes : **Alexis** (Paul).

Allary (Camille) — Page 42 — Nous préférons donner une nouvelle notice de M. A. parce que celle insérée jadis est inexacte. Littérateur français, né, à Roquefavour près d'Aix (Bouches-du-Rhône), le 5 février 1853. Il fit son droit et débuta fort jeune dans la presse départementale où il collabora tour-à-tour à l'*Égalité*, au *Petit Marseillais*, à la *République*, au *Furet*, à la *Tribune républicaine*, et au théâtre, par les « Baisers du Roi », comédie en un acte, en prose, représentée á Marseille, sur la scène du *Gymnase*, avec un succès qui valut à cette piècette, restée au répertoire, les honneurs de la traduction italienne. Il se fit surtout remarquer par sa collaboration au *Figaro du dimanche*, où ses nouvelles, écrites en une langue sobre, vivante et colorée, font du jeune conteur le descendant direct d'Alphonse Daudet et de Nodier, car ainsi que l'a écrit un critique: « il y a un « peu de chacun de ces talents, avec moins de « veine comique peut être, mais avec autant de « sensibilité, dans sa manière personnelle », furent très lues et lui firent prédire un brillant avenir littéraire. Les plus connues de ces fantaisies, celles qui ont été le plus souvent reproduites: « Le Tambourinaire de Cassis »; « L'âme envolée »; « Boniface »; « La Légende des trois larmes »; « La première capture »; « Le péché du père Blaise », parurent plus tard en volume « Au pays des Cigales », précédées d'une maîtresse préface d'Émile Zola qui est à elle seule un éblouissant bijou. Il a depuis signé des contes ou des pages de critique dans *La Renaissance* d'Émile Blémont, *La république des lettres* de Catulle Mendès, *Le petit parisien*, *L'Avant-garde*, *La Revue littéraire*, *Le National*, etc. Citons encore de lui: « Laurence Clarys », roman, préface d'Éd. de Goncourt; « Les amours buissonnières », autre recueil de nouvelles, et quelques petits ouvrages d'éducation morale et civique. En préparation, du même auteur: « Nouvelles choisies », actuellement sous presse, Lemerre éd.; « L'aurore rouge », drame historique en 5 actes et une étude de mœurs provinciales dont le titre n'est pas encore définitivement arrêté.

Antoniades (Antoine) — Page 60 — Actuellement il dirige à Athènes l'école dramatique nationale.

Aphentoulis (Théodore) — Page 70 — Est né à Zagora en Thessalie en 1823. Il est en même temps recteur de l'Université d'Athènes et directeur de l'Hôpital civil du Pirée.

Arabia (François-Xavier) — Page 72 — Nous avons omis de citer un de ses ouvrages plus remarquables : « Tommaso Campanella. Scene ».

Arbois de Jubainville (Marie-Henri) — Page 76 — On a oublié de dire que cet éminent professeur, ancien correspondant de l'Institut, est devenu membre de l'Académie des Inscriptions en 1884.

Arenal (Doña Concepcion) — Page 78 — Sa notice doit être ainsi corrigée: Illustre femme-auteur espagnole. Au nombre de ses publications signalons: « Manual del visitador del pobre »; « Cuestiones penitenciarias »; « A todos »; « Fabulas en verso », 1849; « Apelacion al public de un fallo de la Real Academia Española », 1861 ; « Estudios penitenciarios »; « La mujer del porvenir »; « A los vencedores y a los vencidos »; « La beneficencia, la filantropia y la caridad », mémoire couronné en 1864 par l'Académie; « Las colonias penales de la Australia y la pena de la deportacion », ouvrage couronné en 1875 ; « Ensayo sobre el derecho de gentes », 1879; « La instrucion del pueblo », ouvrage couronné; « La cuestion social », 1880; « Cuadros de la guerra », 1880; « La mujer de su casa », 1883.

Arminjon (Victor) — Page 82 — Ajoutez à la liste de ses ouvrages : « Corazzate e torpediniere, esame d'un veterano sul criterio degli autori antichi », Gênes, Sordo-muti, 1889.

Arnold (Arthur) — Page 85 — Né le 28 mai 1833, non 1833.

Arnoul (Honoré) — Page 87 — Sa notice doit être ainsi corrigée: Rédacteur des *Annales de la Haute-Vienne*, fondateur et rédacteur en chef de la *Revue du Limousin*. Pendant trois ans (1838-39-40), rédacteur et secrétaire de la rédaction de la *Presse*. M. A. a ensuite travaillé successivement au *Globe*, au *Journal de Paris*, au *Moniteur Parisien*. Il a fondé le *Mercure*, le *Bon Génie*, l'*Echo du Peuple*, la *Famille*, la *Revue Encyclopédique*, etc., etc. Rédacteur en chef de la *Revue biographique*, collaborateur du *Vert-Vert*; correspondant du *Journal de San-Francisco* et de plusieurs journaux de province: Limoges, Tulle, Nancy, Ussel, Lille, Clermont, etc. M. A. a publié: « Limousin historique », 2 vol.; « Statistique », 3 vol.; « Monsieur Marcel ou l'ami de la jeunesse », cet ouvrage, tiré à plus de cent-mille exemplaires, en est à sa 48e éd. ;« Le petit vieux », 3 vol.; « Lettres sur l'économie politique », 3 brochures; « Bibliothèque de la Conversation », 2 vol.; « Histoire de la guerre de Crimée », 3 vol.; « Moyen d'être heureux », 1 vol.; « Brins d'Herbe », poésies, 1 vol.; « Lettres sur la religion », 1 vol.; « Sièges mémorables des Français », 1 vol.; « Au Peuple, paroles de vérité », 1 brochure; « La vérité sur la Russie », 2 brochures; « A Venise », 1 vol. ; « Notice sur les Tombeaux gallo-romains », 1 brochure »; « Conseils à la jeunesse », 1 vol.; « Entretiens du Père Pascal », almanachs; « Nécessité de régénérer la France par l'instruction », 1 brochure; « Dictionnaire de la langue française » avec un « Abrégé de Grammaire », 1 vol.; « De l'influence des récompenses honorifiques sur les mœurs », 1 brochure; « Amour, travail et liberté », id., id.; « Petites histoires populaires: de France, de Belgique, de Pays-Bas, de Portugal, d'Espagne et d'Italie »; « Don Sébastien de Portugal », 1 vol.; « Discours », 3 vol. Sous presse: « Le Curé de Punazol »; « Dictionnaire de l'humanité »; « Nouvelle morale en action ». Officier de l'Instruction publique et officier d'Académie, chevalier, officier et commandeur de plusieurs ordres étrangers, M. A. est le fondateur de l'Académie de la jeunesse, de l'Union des familles, président d'honneur de onze sociétés de secours mutuels, vice-président de la Société de patronage des condamnés libérés, fondateur en 1862 de la Société nationale d'encouragement au bien, de la Société d'instruction et d'éducation populaire, et de l'Union centrale des sauveteurs, etc.

Arrighi (Cletto) — Page 89 — Ce brillant écrivain italien vient d'entreprendre à Milan une nouvelle série piquante et courageuse d'esquisses biographiques, sous le titre: « Da Caino.... a Ferravilla »; 15 livraisons en ont paru.

Asselino (Alfred) — Page 93 — Lisez: Asseline.

Aubert (Louis-Maribo-Benjamin) — Page 98 — à la 7me ligne — *botaniste* lisez *latiniste*.

Aubertin (Charles) — Page 98 — Né à Saint-Dizier, non à Saint-Diez. Toutes les publications relatives à Beaune, qui sont citées à la fin de cet article, devraient, d'après ce qu'on nous écrit, s'attribuer à un homonyme, né, à Beaune (Côte-d'Or), vers 1835, ancien conservateur du musée et de la bibliothèque de cette ville et qui fut pendant quelque temps juge de paix.

Aubineau (Léon) — Page 98 — Ajoutez à la liste de ses ouvrages: « Le Saint-Homme de Tours », Paris, Palmé; « La révocation de l'Édit de Nantes », id., id.; « Paray-le-Monial et son monastère de la visitation », id., Gervais; « La révérende mère Javouchey, fondatrice de la Congrégation de St.-Joseph de Cluny », id., Palmé.

Audebrand (Philibert) — Page 99 — Ajoutez: Il s'est surtout occupé d'histoire contemporaine. Citons: « Souvenirs de la tribune des journalistes »; « Histoire de la Révolution du 18 mars »; « Nos révolutionnaires »; « Alexandre Dumas à la Maison d'Or », monographie. M. A. prépare: « Les petits mémoires du XIXe siècle », 20 vol. Récemment il a été nommé vice-président de la Société des gens de lettres.

Avenarius (R.) — Page 108 — Ajoutez sa dernière importante publication: « Kritik der reinen Erfahrung », dont le premier volume a paru à Leipzig en 1888, et le deuxième va paraître prochainement.

Bacci (Victor) — Page 116 — Il vient de publier: « Ricordo del risorgimento italiano dal 1848 ».

Baccini (Ida) — Page 117 — A la longue liste des ouvrages de cette illustre femme-auteur italienne, il faut ajouter: « Dal salotto alla chiesa », contes, Milan, Chiesa et Guindani, 1889; « Cinque anni di scuola »; « Storia d'una donna », roman pour les jeunes filles, Florence, R. Bemporad, 1889; « Quinte letture », contes pour les enfants, id., id., 1890. En janvier 1891 la maison Bemporad de Florence a publié la 6me éd. de la « Storia d'un pulcino », et le nouveau volume: « Realtà e Fantasia », contes par les jeunes filles. Ajoutez encore que Mme B., à l'Exposition *Beatrice* de Florence obtint le premier prix (médaille d'or du ministère de l'instruction publique) pour la conférence « Le Maestre educatrici ». Enfin au mois de novembre 1890, Mme B. a été nommée, par decret ministeriel, professeur ès-lettres.

Balfour (Isaac Bailey) — Page 134 — Lisez: Balfour (Isaac Bayley). Il est maintenant professeur de botanique et directeur du Jardin botanique royal d'Edimbourg.

Ball (John) — Page 135 — Nommé sous-secrétaire d'État pour les colonies en 1855 et non en 1865.

Bambecke (Charles-Eugène-Marie VAN) — Page 139 — Lire: Bambeke.

Bang (Hermann) — Page 145 — Corrigez 1858 au lieu de 1828 — Année de sa naissance.

Banning (Émile) — Page 146 — Ajoutez: « L'association internationale africaine et le Comité d'études du Haut-Congo », Bruxelles, 1882; « Mémoire sur les droits et les prétentions du Portugal à la souveraineté de certains territoires de la Côte occidentale d'Afrique », Paris, 1883; sous presse: « Le partage politique de l'Afrique d'après les transactions internationales les plus récentes ».

Baron (Julius) — Page 183 — Né le 1er janvier 1834.

Barrili (A.-G.) — Page 176 — Ajoutez à ses ouvrages: « Il giudizio di Dio », roman, Milan, Treves, 1889; « Il Dantino », id., id., id., 1890; « La signora Autari », id., id., id.; en préparation les romans : « La bella Graziana », et « Rosa di Gerico », id., id., 1891.

Barsan (Jean-Baptiste) — Page 177 — Il a été quelque temps secrétaire à la Municipalité de Pola, fournit des matériaux à l'ouvrage de Mommsen: « Corpus Inscriptionum Latinarum », pour les inscriptions de Pola, et publia: « Notizie storiche sui dodici mesi ». En préparation: « Vocabolario del dialetto rovignese ».

Barthélemy-Saint-Hilaire — Page 182 — Cet illustre philosophe et homme d'état français a publié, en 1890, chez Alcan, une importante « Etude sur François Bacon ».

Barthety (Ilarion) — Page 183 — Il a publié le: « Calvinisme de Béarn », en 1880, non en 1820.

Bartol (Cyrus-Augustus) — Page 184 — Né

à Freeport (Maine E. U.), non à Freepo (Marne).

Bascle de Lagrèze (Gaston) — Page 190 — « Quand le Roi reviendra », a été publié en 1885, non en 1855.

Bascom (John) — Page 190 — Né à Genova (New-York E. U.), non à Genua.

Basile (Michel) — Page 191 — Ajoutez: En préparation: « Le illecite pretensioni nei tracciamenti delle ferrovie d'Italia ».

Baurens de Molinier (Jean-Baptiste-François-Théophile) — Page 207 — Sa notice a été insérée fort incomplète. Corrigez: ecclésiastique français, né, à Toulouse, en 1835, entra de bonne heure, à 17 ans, dans la cléricature; à 23 ans il était directeur de la maîtrise de la métropole de sa ville natale. Ordonné prêtre à 25 ans et bientôt missionnaire de la Congrégation des Prêtres du Sacré-Cœur, il se livra avec succès pendant 12 ans au ministère de la prédication dans les villes et les campagnes. Bibliothécaire adjoint de la Bibliothèque des Bons-Livres (30,000 volumes) à Toulouse depuis 1879, il est devenu en même temps postulateur de la cause de canonisation du B. Guillaume de Toulouse. Il a publié: « Notice sur le pèlerinage de Sainte-Germaine de Pibrac », 1865, plusieurs fois rééditée; « Histoire de Saint-Espérie, vierge et Martyre », Toulouse, Avignon et Regnault, 1871; « Le Diable révolutionnaire par le comte Reinilom de Snernab », id., Hébrail, 1873; 2ᵐᵉ éd., Paris, Olmer, 1874; « Manuel pour le Grand Jubilé », 1875, anonyme, Toulouse, Hébrail, 1875; « La Libre-Penseuse convertie », id., id., 1889; 3ᵐᵉ et 4ᵐᵉ éd. approuvée par N. S. Père le Pape Léon XIII, Paris, Henri Gautier, 1890. En préparation: « Voyage en Italie » et « Vie et ouvrages de Saint-Guillaume de Toulouse ».

Beaune (Henri) — Page 217 — Il a publié encore: « La condition des biens, dans le droit coutumier français », 1 vol., 1886; « Les avocats d'autrefois », 1 vol., Dijon, 1885; « Vaise après le Siège de Lyon », 1 brochure, Lyon, 1886; « La décentralisation au moyen-âge », Grenoble, 1887; « La démocratie et le suffrage universel », 1 brochure, 1887; « Pierre Palliot », id., Dijon, 1888; « Les caractères de Pierre Le Gouz », 1 vol., id., id.; plus: « Les mémoires d'Olivier de la Marche », 4 vol., publiés pour la Société de l'histoire de France, avec M. d'Arbaumont, 1883-1888. M. B. a collaboré à la *Jurisprudence générale* de M. M. Dalloz, au *Moniteur universel*, au *Correspondant*, à la *Revue des Institutions et du droit*, à la *Réforme sociale*, à la *Biographie universelle*, 2ᵉ éd., à la *Gazette des tribunaux*, à la *Revue des sociétés savantes*, etc. Il a pris plusieurs pseudonymes, notamment celui de *William Caze*. L'Université de Louvain lui a décerné le diplôme de docteur en philosophie *ad honorem*. Il est lauréat de l'Institut de France et membre des académies d'Aix, de Besançon, de Caen, de Dijon, de Lyon, etc.

Beaupré (C.-J.) — Page 219 — Il a en préparation une: « Histoire de l'organisation judiciaire de l'Anjou et du Maine depuis le XIᵉ siècle jusqu'au XVIᵉ ».

Beauvoir (Henri ROGER DE) — Page 220 — On lui attribue l'ouvrage intitulé: « Le prince Lucien Bonaparte et sa famille », publié par la librairie Plon en octobre 1888. C'est une œuvre documentaire du plus haut intérêt. On lui doit encore le « Grand Almanach illustré de l'armée française », dont le tirage a atteint une chiffre considérable.

Beauvois (Eugène) — Page 220 — Né en 1835, non en 1865.

Béchard (Frédéric) — Page 222 — Né le 28 novembre 1824, non en 1854.

Becker (Bernard-Henri) — Page 224 — Né en 1833, non en 1332.

Becker (Charles) — Page 224 — Né le 2 octobre 1823, non 1526.

Belgrano (Louis-Thomas) — Page 233 — Il a aussi publié: « Manuale di storia delle colonie a uso degli Istituti tecnici », Florence, Barbèra, 1887.

Bellecombe (André-Ursule CASSE DE) — Page 236 — Né en 1822, non en 1838.

Bencivenni (Hildebrand) — Page 244 — Ajoutez: « Sunti di pedagogia teoretica applicata e storica », Turin, Tarizzo, 1889.

Benloew (Louis) — Page 248 — Ne figure pas comme membre de l'Académie des Inscriptions et Belles Lettres dans l'*Annuaire de l'Institut de France*.

Berry (Georges) — Page 273 — Ajoutez à sa notice et corrigez ainsi: M. B. a fondé en 1876 le *Parnasse*, revue poétique, avec François Coppée, Henri de Bornier et Sully-Prud'homme. Il a publié en 1877, un volume de vers intitulé: « Mes premiers vers », et qui eut un grand succès. Il a fondé en 1878 *Le Molière*, journal littéraire, avec Emile Zola, Paul Burani, Arsène Houssaye et Jules Claretie. Cette feuille eut un grand retentissement; car c'était le beau temps de l'école naturaliste dont elle passa un moment pour l'organe, ce qui n'était pas. M. B. a fait jouer en 1880, à l'*Hôtel Continental*, avec des artistes de la Comédie française, un à propos en vers à l'occasion de l'anniversaire de la mort de Molière, intitulé: « Louis XIV et Molière ». Cette pièce très applaudie est souvent jouée encore dans les salons. C'est alors qu'il changea complètement le cours de ses travaux, et qu'il publia en 1881 un ouvrage contre le divorce qui fut longuement discuté à la Chambre, au moment du vote de la loi. M. B. publia en outre en 1881 une brochure sur « La nécessité de la peine de mort », une autre en 1883 sur « Les Grèves ». En 1884 il fit paraître un volume sur « Les questions ouvrières à l'ordre du jour ». Enfin en 1887 une brochure de lui intitulée l' « Anarchie et l'athéisme dans la question sociale », a atteint sa 21ᵐᵉ édition. M. B. prépare en ce moment un ouvrage sur le « Droit social ».

Bertoldi (Alphonse) — Page 284 — Reçu docteur ès-lettres en 1885, non 1865.

Bertrand (Louis-Philippe) — Page 287 — Ajoutez: Tout recemment, il a donné au public un ouvrage plus considérable sur une des questions les plus douloureuses de notre époque: « Le Logement de l'ouvrier et du pauvre en Belgique », Bruxelles, 1888.

Besant (Walter) — Page 287 — Né en 1838, non en 1868.

Björulin (Gustave) — Page 318 — Le nom de cet écrivain est Björlin (Johan-Gustaf) — Voici la liste complète de ses ouvrages qu'on n'a pas donnée dans sa notice : « Carl Svenske. En berättelse fran fribetsliden », Stockholm, 1876; « En framtidssaga », id., id.; « Elsa. En berättelse fran hexprocessemos tid. », id., 1879; « Herligen-Historisk interior », id., id.; « Prokuratorn, Historisk-romantiska Hisdingar zu Erik XIV », id., 1886; « Bilder en Sveriges Krigs historia », id., 1876; « Finska kriget 1808 an 1809 », id., 1882, 2ᵉ éd., revue et augmentée, id., 1883; « Suomen Sota 1808 ja 1809. Neloingissä », 1885 ; « Gustaf II Adolf », id., 1882, 2ᵉ éd., id., id.; « Sveriges krig i Tyskland ann 1805-1807 », id., id.; « Krigat mot Danmark 1675-1679 », id., 1885; « Carl XII », id., 1888; Redogerelse fu ty sha rihets armëorganisation », id., 1871.

Blackwell (Elisabeth) — Page 321 — Lisez: *Mademoiselle* au lieu de *Madame*.

Bloesch (Emile) — Page 333 — Il a été nommé professeur à Berne, en 1885 et non 1855.

Bobba (Marie), voyez Bobba Romuald — Page 336 — nous ajoutons que Mˡˡᵉ B. a composé depuis plusieurs écrits d'éducation insérés aux journaux de l'enseignement et plusieurs articles critiques et littéraires à la *Scena Illustrata* de Florence. Elle a remporté deux médailles en argent à l'Exposition Béatrix, l'une pour sa conférence sur les études de la femme, l'autre pour ses différents ouvrages pédagogiques. Corrigez que Mˡˡᵉ B. n'est pas fille de M. R. B., mais de M. Charles B.

Body (Albin) — Page 341 — Ajoutez: 2ᵉ éd. de la « Notice sur le château de Franchimont », Verviers, 1883; 2ᵉ éd. de « Le théâtre et la musique à Spa », Bruxelles, 1885; « Étude sur les noms de famille du pays de Liège », Liège, 1881, mémoire couronné par la Société liégeoise de littérature wallonne; « Meyerbeer aux Eaux de Spa », Bruxelles, 1884; « Les d'Orléans à Spa », Liège, 1887.

Boëns (Hubert) — Page 341 — Substituez cette notice à celle déjà donnée, fort incomplète. — Médecin et publiciste belge, membre de l'Académie royale de médecine de Belgique, est né, à Charleroi, le 12 janvier 1825, d'une ancienne famille originaire d'Espagne. Après avoir suivi les cours de philosophie à l'Athénée de Tournay, il entra à l'Université de Louvain, d'où il sortit docteur ès-sciences naturelles et docteur en médecine. En 1848, il devint, à la suite d'un concours, chef de clinique médicale à l'Hôpital de Liège, et chef de clinique à l'Institut d'ophtalmologie du professeur Ansiaux. En 1853, il fonda, avec le professeur Lombart, la *Gazette Médicale* de Liège, et en 1854 l'*Almanach higiènique*. Son « Traité des maladies des houilleurs » lui valut le titre de membre correspondant de l'Académie de médecine de Bruxelles. M. le docteur B. publia ensuite sous ce titre : « Louise Lateau, ou les mystères du Bois d'Haine dévoilés », une étude où il exposait physiologiquement tous les phénomènes pathologiques dont la stigmatisée offrait un exemple si habilement exploité par les traficants du mysticisme. Puis, avec le concours de M. Michel Hubert, imprimeur libraire-éditeur à Charleroi il fonda l'*Ami du Peuple*, qui en est à sa huitième année. Il y enseigne que la science et la libre pensée seront les vrais sauveurs du monde. « L'homme ne peut progresser que par le libre examen et la science. Il a commencé humblement comme tous les êtres animés qui peuplent le couche terrestre. Nous vivons aujourd'hui dans un temps de transaction. Le monde ancien, c'est le monde de la barbarie, de l'ignorance, du despotisme monarchique, de la noblesse, de la foi, de la religion, du clergé, du mysticisme, de l'erreur et du mensonge; le monde nouveau est celui de la civilisation, de la science, de l'emancipation progressive, de la démocratie, du positivisme, du réalisme, de la vérité et de la solidarité humaines. Ce monde nouveau commencera, dès le XIXᵉ siècle, par se débarrasser des empereurs, des rois, des clergés et des nobles, en supprimant non les hommes, mais les titres et les fonctions, pour constituer les républiques démocratiques d'une manière rationnelle, c'est-à-dire à la façon des sociétés coopératives ou collectives, en commandite ». Ancien collaborateur de M. Littré, M. le docteur B. a également collaboré au *Grand dictionnaire universel du XIXᵉ siècle* di Pierre Larousse, où il a fait les articles: « Stigmates » ; « Louise Lateau » ; « Platanes » ; « Poussier » ; « Maladies des Houilleurs », etc. Il a publié en outre : « La Société moderne et la folie » ; « Traitement du choléra » ; « Le Mécanisme de la vision chez l'homme et les animaux » ; « Le Mécanisme des sensations » ; « Papes et rois » ; « La science et la philosophie » ; « La physiologie et la psychologie » ; « Origine du sentiment moral » ; « La criminalité au point de vue sociologique » ; « La vaccine » ; « La fièvre typhoïde » ;

« L'art de vivre » ; « La vie universelle » ; « La Gymnastique belge », etc. Membre de l'Académie de médecine de Belgique, de la Société d'hygiène française et de la Société des gens de lettres, M. B. a fondé dans l'arrondissement de Charleroi plusieurs sociétés de libre penseurs qui sont en pleine prospérité.

Bogoutchefski (Baron Nicolas DE) — Page 344 — Corrigez : Bogouchew-Bogouchewski (Baron Nicolas DE).

Boileau (Pierre-Prosper) — Page 346 — Voici les titres exacts des ouvrages de M. B.: « Introduction à l'étude de la mécanique pratique, à l'usage des écoles régimentaires et de l'enseignement industriel », Metz, 1838 ; « Instruction pratique sur les scieries, contenant l'étude et les valeurs de la résistance des matériaux à l'action de l'outil », id., 1855, 2e éd., 1861 ; « Jaugeage des cours d'eau à faible ou à moyenne section », Paris, 1850 ; « Traité de la nature des eaux courantes ou expériences, observations et méthodes concernant les lois des vitesses, la jeaugeage etc. », id., 1854, 7 pl. ; « Notions nouvelles d'hydraulique etc. », 2me éd., 1881. Enfin on doit encore à ce savant une nouvelle édition de l'ouvrage de Taäffe : « Applications de la mécanique aux machines », 1872.

Bois (George) — Page 346 — Ajoutez : « Cœur au vent », vers, Paris, Lemerre ; « Au temps de la ballade », pièce qui s'est donnée au *Théâtre-Libre* ; « Les damnées », contes grivois en vers qui ont paru chez Dentu.

Bonaparte (Prince Louis-Lucien) — Page 354 — Il faut ajouter à ses ouvrages l'un des plus importants, à savoir : « Carte des sept Provinces Basques », Londres, 1863.

Bordoni-Uffreduzzi (Giuseppe) — Page 370 — Lisez B.-U. (Guido). — Il est docent et non professeur de pathologie générale à l'Université de Turin.

Bormans (Stanislas) — Page 372 — M. B. a quitté les archives ; il est aujourd'hui administrateur-inspecteur de l'Université de l'État, à Liège.

Boselli (Paul) — Page 375 — Depuis la publication de la notice qui le concerne, ce savant économiste était devenu Ministre de l'Instruction publique, où il a remplacé le Ministre Coppino. A la suite de la crise politique qui a amené la chute du Cabinet Crispi, le 9 février 1891, M. B. a quitté son portefeuille, pour faire place à M. Villari.

Bourget (Paul) — Page 388 — Cet éminent critique a commencé dans la *Vie Parisienne* du 25 août 1888, sous le pseudonyme de *Claude Larcher*, une « Physiologie de l'amour moderne », qui a produit une grande sensation. Il est parmi les candidats de l'Académie Française.

Bourson (Pierre-Philippe) — Page 390 — Mort en 1888. On a publié de lui une œuvre posthume : « Que fut Jésus ? », Bruxelles, 1889.

Brants (Victor) — Page 402 — La Commission du travail a été instituée en 1886, et non en 1866. Ajoutez : « La circulation des hommes et des choses », Louvain, 1886.

Braun (Thomas) — Page 404 — M. B., ci-devant inspecteur des écoles normales de la Belgique, a pris sa retraite.

Brentari (Othon) — Page 406 — Il est né à Strigno et pas à Stagno ; la Valsugana n'est pas dans la province de Vicence, mais dans celle de Trente. Ajoutez à ses ouvrages : « Storia di Bassano e del suo territorio », Bassano, 1884 ; c'est son œuvre principale.

Brialmont (Henri-Alexis) — Page 408 — Ajoutez à la nomenclature de ses livres : « Influence du tir plongeant et des obus-torpilles sur la fortification », Bruxelles, 1888. Ce dernier ouvrage forme un gros volume de près de 500 pages, auquel est annexé un atlas in-folio de quinze planches.

Briard (Henri-Emmanuel) — Page 409 — Nous donnons de nouveau la notice de M. B. fort incomplète dans le *Dictionnaire*. — Poète et littérateur français, est né, à Metz (ancien département de la Moselle), le 9 décembre 1845. Il a fait ses études au Lycée de Nancy de 1855 à 1862 ; licencié ès-lettres de la Faculté de Nancy en juillet 1864 ; licencié en droit de la Faculté de Paris en juillet 1865 ; docteur en droit de la Faculté de Nancy en juin 1868. M. B. a publié : « Satires et Elégies », Lacroix et Verbachkoven, Paris, 1869 ; « A l'Étranger, réflexions d'un voyageur », chez Berger-Levrault, id. et Nancy, 1874 ; « Tortures », poèmes, chez Berger-Levrault, id., 1877. En 1868 et 1869 M. B. a collaboré à la *Pensée nouvelle* d'André Lefèvre, journal de philosophie matérialiste. Il a fait insérer des vers dans l'*Abeille Touloise* en 1882. Il a donné une collaboration active à *Nancy-Artiste*, sous son nom, ses initiales et divers pseudonymes de 1883 à 1888. Secrétaire-adjoint, puis secrétaire en titre de la *Société d'archéologie lorraine* de 1883 à 1888. M. B. a publié un grand nombre d'articles dans le journal et les mémoires de cette société.

Broglie (Cesar-Paul-Emmanuel Prince DE) — Page 419 — A ajouter à la liste de ses ouvrages : « Mabillon et la Société de l'Abbaye de Saint-Germain des Prés à la fin du XVIIme siècle (1664-1707), 2 vol., Paris, Plon, 1888.

Brouardel (P.-C.-H.), — Page 421 — En 1888 a publié : « Le moment de la mort ».

Buls (Charles-François) — Page 419 — Les élections législatives l'ont maintenu à la Chambre des représentants, seul de tous les candidats libéraux de l'arrondissement de Bruxelles.

Burggraeve (Adolphe) — Page 452 — Ajoutez : « Études médico-économiques », Bruxelles, 1885 ; « Le concours Guinard pour l'amélioration du sort des classes laborieuses », id., 1887. Et dire: qu'il dirige son important périodique, le *Répertoire universel de médecine dosimétrique*, qui est maintenant (1891), dans sa 19e année et dont M. le Dr B. a tiré la matière de plusieurs autres volumes sur la médecine dosimétrique humaine et vétérinaire.

Busnelli (Bernard) — Page 461 — Corrigez Busnelli (Bernard) et le titre de son volume: « Cesare Cantù giudicato da lui stesso », corrigez ainsi: « Cesare Cantù giudicato dall'età sua ». Ajoutez encore: « Cesare Cantù », et « Torquato Tasso, Michelangiolo. Buonarroti, Galileo Galilei », études.

Calonne (Albéric baron DE) — Page 478 — Ajoutez à ses œuvres: « Françoise Madeleine de Forceville, comtesse de Montyeu »; « François de Calonne d'Avesne bailli de l'ordre de Malte »; « De l'utilité de recourir aux sources de l'histoire »; « Souvenirs et légendes du pays de Montreuil ».

Cambourouglo (Démètre) — Page 482 — Il n'est pas le frère de Jean C., dont la biographie est insérée à la même page. M. C. publie maintenant en livraisons: « Histoire d'Athènes », avec illustrations.

Campaux (Antoine-François) — Page 486 — Il a en portefeuille prêts à être publiés: « La chanson du printemps », fantaisie bocagère en plusieurs tableaux; « Les Causeries », 1 vol. de poésies détachées; « Histoire de la critique du texte d'Horace ».

Campbell (le rév. Lewis) — Page 486 — A la dernière ligne de la deuxième colonne de cette page lisez: « The Sophistics and Politics of Plato » et non « Sophistri et Politris ».

Camus (Jules) — Page 488 — Il a publié encore: « Alcuni frammenti di antico dialetto piccardo dell'Etica di Aristotile compendiata da Brunetto Latini », 1889.

Canna (Jean) — Page 495 — Dans cette notice le nom du poète héllène Aristote Valaoritis a été imprimé par erreur: Valvasitis.

Canonico (Tancredi) — Page 498 — L'Académie Royale des Sciences, des Lettres et des Beaux-Arts de Belgique l'a élu Membre associé en 1888.

Capuana (Louis) — Page 509 — Ajoutez le titre de son dernier vol. « Fumando », recueil de nouvelles.

Carafa (Charles des ducs DE NOJA) — Page 511 — Ajoutez à ses ouvrages: « A mia madre per il suo onomastico », vers, Naples, Gargiulo, 1871; « A mia madre per il dì del suo nome », id., id., Fabbricatore, 1873; « Ristretto analitico del dizionario della Favola », en collaboration avec MM. C. Becucci, A. Gubitosi e G. Trucchi, Stabilimento tipografico Partenopeo, Naples, 1874; « Edelweiss », légende en vers, Florence, Stianti, 1888; « A l'Italia », vers, Naples, Rinaldi et Sellitto, id.; « Per le auguste nozze Savoia-Bonaparte », Florence, Coppini et Bocconi, id.; « Alla sacra memoria di mia madre. Versi e prose », id., De Angelis, id.; *Babilonia*, revue humoristique littéraire, id., Ariani, 1888-1891; « Strenna della *Babilonia* », id., Adriano Salani, 1889; « Pagina di jeri », conte, id., imprimerie de la *Verità*, id.; « Ischia », vers, avec sa traduction en français de M. T. Vibert, Naples, Rinaldi et Sellitto, 1888; « Il peccato della Baronessa », conte, traduit du français de P. Vibert, Florence, E. Bruscoli, 1889; « La prima colpa », traduction de P. Vibert, dans la *Babilonia*, id., id. Pour paraître: « Finché l'uomo ha un dente in bocca non sa mai quel che gli tocca », proverbe en vers; « Alla sacra memoria di mia madre », nouveaux vers; « Dizionario umoristico della lingua italiana »; « Nuovi racconti »; « Di ritorno dall'Africa », monologue en vers; « Un soffietto a Zanobi Ventinove », id.

Carmen Sylva — Page 519 — De cette Princesse on vient de représenter au théâtre de la Cour à Vienne « Maître Monolly », drame en 5 actes, et « Le jour d'échéance », pièce en un acte. Ajoutez: « Astra », roman publié en français en août 1890.

Carnoy (Jean-Baptiste) — Page 522 — Le « Cours de géometrie » qui se trouve indiqué dans cette notice, n'est pas de lui, mais de son frère.

Carocci (Guido) — Page 523 — Depuis 1882 il dirige l'importante revue hebdomadaire *Arte e Storia* qui se publie à Florence.

Carrera (Valentin) — Page 527 — Il prit la direction artistique de la *Compagnia delle rappresentazioni istoriche* dès l'octobre de 1886 et non de 1876. Il mit aussi en scène, à Turin, avec la troupe d'acteurs de M. Roncoroni, deux ans après, Sganarelle de Molière, traduit et précédé par M. C. d'un prologue qui servit beaucoup à faire apprécier du public italien le petit chef-d'œuvre français. Pour tout ce qui regarde la mise en scène, les costumes et la récitation il voulut et il obtint qu'on suivit les indications des plus illustres moliéristes français. Le quatrième volume de ses « Comédies », éditées à Turin par Roux, a été publié tout recemment: il contient cinq pièces dramatiques inédites, dont « Colpo di Stato », avec dix personnages tous du sexe feminin, qui avec « La mamma del Vescovo » a fait la tour des théâtres de l'Italie. Il contient aussi une curieuse conférence sur « Goldoni a Torino » et une fantaisie: « Ruit hora, », qui eut en peu de temps, quatre éditions. Au bagage de ce noble écrivain, toujours infatigable, il faut joindre deux monologues: « Il macchinista dei Giovi » et « La riforma dell'aritmetica ».

Castagnola (Paul-Emile) — Page 541 — Ajoutez: « Vita d'un giorno », nouvelle, 1891.

Castellani (Charles), — Page 545 — préfet de la Bibliothèque de Saint-Marc à Venise;

ajoutez aux publications de cet éminent érudit « L'abate Vincenzo Zanetti e l'arte vetraria in Murano », Bologne, 1884 ; « Le biblioteche dell'antichità », id. ; « Le rane di Aristofane », 2ᵐᵉ éd., Bologne, 1887 ; « D'una supposta edizione aldina 1554 », Venise, 1886 ; « Di una edizione delle poesie del Cariteo », Bologne, 1887 ; « Notizia d'un esemplare della rarissima edizione di Valerio Massimo », id. ; « Parole dette dal Prefetto della Biblioteca di San Marco quando s'inaugurava la sala Bessarione », Venise, 1888 ; « Di un graduale e di alcuni Antifonari », Florence, 1888 ; « Epitalamio di Teodoro Prodromo », Venise, 1888-1890 ; « I privilegi di stampa e la proprietà letteraria in Venezia », id. ; « Elenco dei manoscritti veneti della collezione Philips in Cheltenham », id., 1889 ; « Da chi e dove la stampa fu inventata »,' Florence, id. ; « La stampa in Venezia dalla sua origine alla morte di Aldo Manuzio Seniore », Venise, id. ; « L'origine tedesca e l'origine olandese dell'invenzione della stampa », id., id.

Casti (Henri) — Page 549 — Tout récemment il a publié : « Serafino dell'Aquila e Bernardo da Bibbiena », étude critique.

Catalan (Eugène-Charles) — Page 552 — Quoique né en Belgique et y résidant, M. C. est de nationalité française.

Catanzaro (Charles) — Page 552 — A la notice de cet auteur, il faut ajouter : ses « Vignette in penna », ont été traduites en français par le prof. E. W. Foulques dans la Collection de lectures pour tous, sous le titre : « Vignettes à la plume ». A Madrid son : « Valoroso principe » obtint trois éditions qui lui valurent la croix d'Isabelle la Catholique. Son étude : « Artista drammatico » a été couronné avec une médaille d'or par l'Institut Européen de sciences, lettres et arts de Smyrne. La revue italienne qu'il dirige depuis 19 ans a pour titre : Rivista italiana. M. C. a publié recemment : « Luigi Vivarelli Colonna », étude critique, Florence, Ciardelli, 1890 ; « Il marchese Ferdinando Bartolommei », conférences, id., id., id. ; « La Donna italiana », dictionnaire biografique des femmes-auteurs du jour. Enfin : « Un poeta anonimo genovese dei secoli XIII e XIV », 2 vol., avec préface.

Cattaneo (Jacques) — Page 553 — Il n'est pas médecin, mais naturaliste.

Cattier (Edmond) — Page 554 — Il est né en 1855. Sous le pseudonyme de Bouscarin, il fait chaque semaine la chronique théâtrale du journal L'Office de publicité. On vient de publier de lui un nouveau livre : « Idées d'un bourgeois sur l'architecture », Bruxelles, 1891.

Caussade (J. J. F. DE BÉCHON comte DE) — Page 555 — Dans cette notice on a imprimé : « Œuvres de Paul-Louis Couvrier » au lieu de « Œuvres de Paul-Louis Courrier ».

Celedon (Raphaël) — Page 565 — Il est colombien, et non espagnol, et nacquit à San Juan de Cesar, dans le département de Magdalena.

Cerrato (Louis) — Page 571 — « La tecnica del lirismo Pindarico » a été publiée à Gênes, Sordo-Muti, 1888.

Certeux (Alphonse) — Page 572 — Ajoutez : « Les proverbes arabes », 1887.

Cesana (Auguste) — Page 572 — Cet aimable humoriste et romancier, ce journaliste spirituel, dirige depuis quelques années à Rome, le journal L'Italie.

Cesareo (J.-A.) — Page 572 — Il faut ajouteur au bagage de cet écrivain la dissertation latine « De Petronii Sermone », publiée chez Bocca à Rome.

Chamard (le rév. P. D. François) — Page 582 — Il est né le 16 avril 1828. Actuellement il est Doyen, Sous-Prieur et Bibliothécaire de l'Abbaye de Saint-Martin de Ligugé. En dehors de ses ouvrages dont la liste a été déjà insérée, le rév. C. a publié plusieurs articles et mémoires en matière de religion dans les Mémoires de la Société des antiquaires de l'Ouest, dans la Revue des questions historiques, Revue trimestrielle, Revue du monde catholique, Lettres Chrétiennes, Revue de l'Art Chrétien, etc. En 1887 a paru en volume « Histoire de la Congrégation de la Pommeraye », Poitiers, Oudin.

Chaudordy (J.-B. Alexandre DEMAGE comte DE) — Page 601 — Il vient de publier, chez Plon, Nourrit e Cⁱᵉ à Paris, une nouvelle édition de ses écrits « La France à l'intérieur » et « La France à l'extérieur », avec de nombreuses additions, sous le titre : « La France en 1889 ».

Checchi (Eugène) — Page 605 — Ajoutez son dernier volume de nouvelles « Note e Motivi », Milan, Ricordi, 1891.

Chènot (Louis-Joseph) — Page 607 — Transféré dernièrement en qualité de sous-préfet à Sisteron (Basses-Alpes).

Christophe (Jules) — Page 627 — Ajoutez à ses écrits, en dehors d'un poème paru en 1878, chez Lemerre : « La Nuit d'Ermenonville », il collabore à des nombreuses revues littéraires, entr'autres : Diogène (1863), la Jeunesse, l'Esprit moderne, la Vie littéraire, la Revue des Conférences et des Arts, la Fédération artistique d'Anvers, la Jeune France, le Réveil, le Journal des Artistes, la Revue Indépendante, la Cravache, Art et critique.

Cladel (Léon-Alpinien) — Page 634 — Ajoutez (Sous presse) : « Léon Cladel et sa Kyrielle de chiens », 2ᵐᵉ série ; (à l'étude) : « Juive errante » ; « L'Ancien » ; « Yeux de Sphinx » ; « Paris en travail ».

Cochin (Henri) — Page 653 — En lieu de : En 1870 il fut condamné, il faut lire : En 1880 plus loin : En collaboration avec M. Duplan, il faut lire : Avec M. Duparc. Ajoutez à la liste de ses œuvres : « Stefano Colonna, prévot de Saint-Onur et Cardinal, correspondant de Pétrarque » (*Mémoire de la Société des Antiquaires de la Marinee* de Saint-Onur, 1886), 1886; « Boccace », études italiennes, 1 vol., Paris, Plon, 1890; « Pétrarque à Montpellier », publié par le journal l'*Eclair* de Montpellier à l'occasion du sixième centenaire de l'Université, id. ; « De la vérité et du mensonge dans l'histoire », discours prononcé au Congrès archéologique de Bruges, Dunkerque, impr. Bandelet, 1887; « L'abolition de l'esclavage africaine », 1888; « Deux discours prononcés aux Congrès Catholiques à Lille », Lille, impr. Lafort.

Colonna-Ceccaldi (Dominique-Albert-Édouard-Tiburce, comte), — Page 688 — Sa notice va ainsi corrigée : diplomate et publiciste français, né, à Blois, en 1833. Ses études de droit terminées (elles avaient été précédées d'une préparation à l'École militaire de Saint-Cyr), il entra, en 1854, au Ministère des affaires étrangères avec le titre d'attaché. Élève-Consul en 1859, il remplit successivement les fonctions consulaires à Alexandrie, à Barcelone, à Smyrne », à Beyrouth, à Djeddah, à Tauris et à Chypre. En 1869, il fut nommé secrétaire d'ambassade à Constantinople. Il prit part à la guerre de 1870 en qualité de lieutenant-colonel, sous-chef d'état-major-général des gardes nationales mobilisées de Paris. La campagne terminée, il reprit ses fonctions. Consul de première classe en 1871, il fut accrédité au Monténégro, où il resta jusqu'en 1878. Promu alors Consul-général, il présida trois années la Commission européenne de délimitation des frontières turco-monténégrines. En 1880, il fut nommé ministre plénipotentiaire, et quelques mois après, conseiller d'État. Depuis 1881, il fait partie de la Commission de la juridiction consulaire en Orient et est membre du Comité du contentieux au Ministère des affaires étrangères. Il a représenté, comme ministre plénipotentiaire de 1re classe, en 1887, la France à la Commission des Pyrénées. Pendant le siège de Paris, il avait publié dans le journal *Le Temps* des lettres militaires très remarquables. Il avait déjà écrit, en 1866, dans le *Spectateur Militaire* sous les initiales T. C. C. : « Campagne active d'Orient, avril-septembre 1854 ». Plus tard, il publia : « Lettres diplomatiques, coup d'œil sur l'Europe au lendemain de la guerre », Paris, Plon, 1871, et « Lettres militaires du Siège », réimpression des articles publiés par le *Temps*, id., id., 1871. Il a également donné, dans l'*Illustration*, « Une excursion dans l'île de Chypre »; sous le pseudonyme de *Louis du Verney* et dans la *Nouvelle Revuc*, « L'Istme de Suez en 1860 », 1885 ; et « En Corse, il y a trente ans », 1889. Son frère Georges C.-C., né, à Paris, en 1840, mort dans la même ville, en 1889, membre comme lui du corps consulaire français et archéologue distingué, a publié : « Monuments antiques de Chypre, de Syrie et d'Egypte », Paris, Didier, 1882.

Comparetti (Dominique) — Page 674 — Le pharmacien n'était pas son père, mais son oncle. Son père voulait faire de M. D. C. un officier de l'armée comme il l'était lui-même.

Conforti (Louis) — Page 678 — Nous avons oublié de noter son élégant ouvrage « Pompei », qui a été traduit en anglais et en allemand. « Esperia » (recueil de sonnets et de pièces de poésie lyrique) parut en 1889. Nommé professeur d'italien aux lycées du Royaume, il s'occupe actuellement d'une étude critico-littéraire : « Il settecento a Napoli ». En préparation : « Terra Promessa », poème social.

Cornelius (C.-A.) — Page 696 — Evêque à Linköping, ancien professeur à l'Université d'Upsala, pas à celle de Lund.

Coronado de Perry (Doña Carolina) — Page 700 — Complétez ainsi sa notice : Femme-poète espagnole, née, à Almendralejo, en province de Badajoz, le 23 décembre 1823. A treize ans sa beauté et son talent ont été salués par des vers d'Espronceda, restés célèbres. Passée à Madrid en 1843, elle y publiait son premier volume de « Poesias ». Suivirent: « Se va mi sombra, pero yo me quado », poème couronné ; « Cuadro de la Esperanza », œuvre dramatique ; des nouvelles: « Paquita »; « La Luz del Tajo »; « Jarilla »; « La Sigea »; « Adoracion »; les drames: « Alonzo IV y Petrarca »; « Un parallelo entre Saffo y Santa Teresa de Jésus »; « Un paseo desde el Tajo al Rhin ». Elle se maria avec M. Horace Perry, ancien secrétaire de légation et elle habite actuellement Lisbonne.

Coudreau (Henri-Anatole) — Page 714 — Ajoutez à la fin de sa notice: Au cours de cette seconde mission (1887-88-89), il découvrit et révéla dans ses traits principaux et avec une foule de détails, la chaîne des monts Tumne-Hamac, qui sépare les cours du Monodi de l'Oyapock et de l'Aragonary de celles du Bas Amazone, chaîne qui était complètement inconnue avant lui. Il y reconnut les sept grands chaînons principaux qui la constituent et y mesura plus de 160 sommets. Il fixa d'une façon définitive, au Mont Ouatagnampa, beaucoup plus au sud qu'on ne les avait supposées jusqu'à ce jour, les mystérieuses sources de l'Oyapock, vainement cherchées depuis plus de deux cents ans. Par ses deux cent jours de marche à pied à travers ces montagnes, où le sentier faisant defaut, il fallait le plus souvent s'ouvrir un passage à coups de sabre, par les fatigues et les privations qu'elle a comportées, cette mission de deux ans prend nombre parmi les plus rudes qu'ayent jamais accomplies dans l'Amérique symnoviale. À la fin du second voyage, l'explorateur fut attaqué par les Indiens Coussaris qui lui décochèrent, dans l'epaule droite, trois flèches empoisonnés dont il ne dut de guérir qu'à la connaissance qu'il avait des contrepoisons du curare. Sur la position du mont des Tumne-Hamac, et spécialement au sud-ouest, M. C. découvrit un important groupe indien européen; de 15 à 20,000 individus, pour lequel il a rapporté des renseignements monographiques, sociologiques, économiques et linguistiques aussi neufs que précieux. Comme homme de science, M. C. semble consacrer la meilleure partie de ses efforts à l'étude des « Origines Américaines ». A côté de cela, on le voit depuis huit ans se constituer « L'Apôtre des Indiens », qu'il présenté comme étant en Guyane le seul élément capable de rénouveler ce pays peu prospère. Comme publiciste, il a traité successivement dans les périodiques et les quotidiens les questions historiques, géographiques, sociologiques, économiques, linguistiques, littéraires, se rattachant à son sujet. M. C. repartit pour la Guyane Centrale (avril 1889).

Courtmans (Jeanne-Désirée BERCHMANS, veuve) — Page 720 — A la ligne 13 de cette notice, enlevez le (!) ; à la ligne 15, lisez *gautois* au lieu de *gantois* ; à la ligne 36, lisez *Furne* au lieu de *Uurnes*.

Crapols (Vincent) — Page 727 — De 1867 à 1874 a été médecin au Bagne de Gênes et non à Savone. Il est actuellement médecin directeur de l'Établissement Royal de la *Grotta Giusti* à Monsummano.

Creanga (Jean) — Page 728 — Il faut ajouter encore « Punguta cu doi bani » ; « Amintiri din Copilârie, I, II, III » ; « Popa Duhu » ; « Cinci Pâni » ; « Mos Jon Roatâ » ; « Mos Jon Roatâ si Cuza-Vodâ », etc., anécdote.

Crisafulli (Vincent) — Pag. 735 — L'auteur des « Studi sull'apostolica sicula Legazia » s'est soumis aux décisions de l'Index.

Crispi (François) — Page 736 — on vient de publier à Rome le recueil des « Scritti e discorsi politici di Francesco Crispi », qui vont de l'année 1849 à l'année 1890. — La *Revue Internationale* de Rome a publié dans une série d'articles curieux, un long mémoire apologétique sur la jeunesse de S. E. le Président du Conseil des Ministres en Italie. La crise du 9 février 1891 a renversé le Cabinet de M. Crispi, et son système de politique personnelle.

Cuervo (R.) — Page 743 — « La Grammaire latine » a été composée en collaboration avec M. Michel-Antoine Caro.

Cumont (Georges) — Page 744 — M. G. C. est un des directeurs de la *Revue Belge de Numismatique*.

Cusa-Amari (Salvatore) — Page 749 — En 1860 il avait les fonctions de Syndic de Palerme et non pas de *Pretore*.

Czerny (Vincent) — Page 752 — Depuis 1888 il dirige les *Beiträge für Klinische Chirurgie* de Tubingue.

Daguet (Alexandre) — Page 756 — Sa famille remonte au XVme siècle et non au Vme.

D'Annunzio (Gabriel) — Page 66 — Ajoutez: « L'invincibile », Milan, Treves, 1891 ; « Il Piacere », roman, id., id., 1890 ; « L'Isottéo e la chimera », poésies, id., id., id.

D'Aste (Ippolito-Tito) — Page 771 — Il faut ajouter deux pièces de cette année : « Erede », comédie en trois actes ; « Frida », comédie en trois actes.

Daudet (Alphonse) — Page 773 — Ajoutez: « Port Tarascon », Paris, 1890.

Dazzi (Pierre) — Par une inadvertence dans la correction et dans la mise en page, cet article se trouve, à la page 878, un peu effacé, sous le nom apparent de **Duzzi**. Les Écoles pour le peuple qu'il dirige ont remporté la médaille d'or du Ministère de l'instruction publique à l'Exposition *Beatrice* de Florence (1890).

De Amicis (Edmond) — Page 775 — Ajoutez : « Il Vino », conférence, Milan, Treves, 1890 ; « Il romanzo d'un maestro », id., id., id. « Primo maggio », 1891; une nouvelle édition illustrée de l' « Oceano », et de « Cuore ». Ce dernier livre compte déjà 115 éditions, de mille exemplaires ; c'est le plus grand succès de librairie dans ces dernières années en Italie.

De Cara (César). Cet érudit vient d'entreprendre dans la *Civiltà Cattolica* une série importante de « Ricerche di archeologia biblico-italica ».

De Cavelier De Cuverville — Page 751 — A la 3e ligne de la notice — lire: Allineuc — 4e et 5e lire: aux collègues — 23 et 24, lire: York-town — dernière ligne, lire : Biafra.

De Cesare (Raphaël) — Page 780 — Ajoutez le titre de sa dernière publication : « Una famiglia di patriotti, ricordi di due rivoluzioni in Calabria », Rome, 1889.

De Ceuleneer (Adolphe) — Page 780 — Cette notice fait double emploi avec la notice **Ceuleneer** (Adolphe DE) publiée à la page 574, et où les tirés à part de l'auteur ont été détaillés.

De Figueiredo (Antonio-Candido) — Page 783 — Ajoutez: « Nictaginias », recueil de vers, 1884; « Summario da Historia universal » et « Historia de Portugal », 4me éd. dans trois années ; « Manual de geografia moderna » ; « Noções de geografia antiga » ; « Rudimentos de litteratura » ; « Prolégomenos da Historia de Portugal ». Dès 1881 M. D. F. a fondé et rédige la *Capital* et il est rédacteur du *Portuguez*.

De Fuisseaux (Alfred) — Page 784 — Terminez ainsi: Au mois de mai 1889, il a été beaucoup de questions à la Cour d'assises du Hainaut et au Parlement belge de M. de F. impliqué, bien qu'il fût à l'étranger, dans une accusation de complot contre l'État et qu'un agent de la sûreté publique — lequel fut d'ailleurs cassé aux gages pour ce fait — avait essayé d'attirer dans un traquenard et de livrer à la justice de son pays.

De Faisseaux (Léon) — Page 784 — Terminez ainsi: Dans les premiers jours du mois de mai 1889, M. F. a fait paraître une brochure en réponse à l'acte d'accusation dressé par le parquet belge contre son frère Alfred, son neveu Georges et un grand nombre d'autres agitateurs inculpés de complot contre l'État. On sait quel retentissement a eu cette affaire, qui s'est terminé par un acquittement général.

De Geyler (Jules) — Page 785 — Lire De Geyter. Quelques fautes typographiques se sont glissées dans les titres des publications de cet écrivain. M. De Geyter est directeur du Mont-de-piété d'Anvers.

De Goeje — Page 786 — L'édition de « Tabari » est à sa 18e livraison; l'ouvrage complet en aura 24. M. de G. a été nommé membre correspondant des Académies de Gœttingue, Budapest, Saint-Pétersbourg et de l'Institut de France. Il est décoré de plusieurs ordres étrangers, entr'autres, de l'étoile polaire de Suède.

De Gubernatis (Angelo) — Page 787 — Ajoutons au nombre de ses publications : « L'*Inferno di Dante, dichiarato ai giovani italiani* », Florence, Niccolai, 1891; « La France, lectures, impressions et reflexions », id., Civelli, 1891; en préparation : « La Suède et la Norvège contemporaines ». Il vient d'éditer, chez Civelli, un magnifique volume, avec préface de M. Auguste Conti, intitulé : « La donna italiana descritta dalle donne italiane », série de conférences, organisées par lui en la grande Exposition Nationale des Ouvrages de la femme, qui a eu lieu à Florence au mois de mai 1890, sous les auspices de Béatrix, et dont il a été l'organisateur et le président, et le quatrième volume du *Giornale della Società Asiatica italiana*. Son essai sur « Dante e l'India » qui rend compte de sa découverte que Dante à placé son *Purgatoire* dans l'Ile de Ceylan, vient d'être traduite en allemand par la *Deutsche Revue*. A Vienne a paru une traduction élégante de sa *Savitri* par M. Siegfried Trebitsch. Parmi ses distinctions étrangères, le dernier calendrier officiel nous signale encore la croix de commandeur de l'Étoile Polaire de Suède, et le titre de membre honoraire de la Société Royale Asiatique de Londres en remplacement de M. Michele Amari. Il a visité la Suède en septembre 1889 comme délégué du Gouvernement italien au Congrès International des Orientalistes, avec MM. Guidi et Schiaparelli.

De Haulleville (Baron Prosper-Charles-Alexandre) — Page 790 — Dans ces derniers temps M. De H. a abandonné la direction de la *Revue générale*.

De Laet (Jean-Jacques) — Page 792 — M. D.-L. a été nommé membre de l'Académie royale flamande récemment instituée en Belgique. Les *Annuaires* de cette compagnie renferment la liste complète de ses publications.

Del Balzo (Charles) — Page 795 — Ajoutez à ses publications: « Le sorelle Damala », 1887, et « Eredità illegittime », Milan, Galli; de son magnifique recueil de poésies en l'honneur du Dante, deux volumes ont paru à Rome, le troisième est en préparation.

Delbœuf (Joseph) — Page 795 — A la 11e ligne de la notice lire: *de l'Académie royale* au lieu: *de la Société royale*; à la ligne 43 M. Yserentant, au lieu de M. Iresenthal; à la ligne 44, M. Roersch, au lieu de M. Roerseck.

De le Court (Jules-Victor), bibliophile et jurisconsulte belge. Des confusions de titres qui se sont produites à l'imprimerie ayant rendu absolument inexacte notre notice de la page 796, nous la rétablissons et complétons ici. — M. De le C. est né, à Mons, le 9 octobre 1835, d'une famille de robe qui a rendu de grands services aux lettres; il a été juge et juge d'instruction près les Tribunaux de première istance de Mons et de Bruxelles, et il est aujourd'hui conseiller à la Cour d'appel de cette dernière ville. Membre de plusieurs sociétés savantes, il a publié de nombreuses études, dont beaucoup ont été tirées à part, dans les *Annales* du Cercle archéologique de Mons, la *Revue d'histoire et d'archéologie*, le *Bulletin du bibliophile belge*, des notices fort érudites dans la « Biographie nationale », qui paraît sous les auspices de l'Académie Royale de Belgique, et un remarquable travail sur les institutions judiciaires dans la « Patria Belgica », autre grand ouvrage collectif. Avec M. Charles Faider, il a rassemblé pour la Commission des anciennes lois les « Coutumes du pays et comté de Hainaut », et devenu le secrétaire de cette Commission, il publie en ce moment pour elle les « Ordonnances des Pays-Bas autrichiens », et se préoccupe déjà des « Coutumes de Tournai ». Il a donné au public les « Codes belges et lois usuelles », Bruxelles, 1886, ouvrage arrivé déjà à sa 8e éd., et, en collab. avec M. Ferdinand Larcier, le « Code politique et administratif de la Belgique », id., 1890, qui complète excellement cet ouvrage. On a encore de lui la « Bibliographie de l'histoire du Hainaut », Mons, 1864, composé à la demande du Cercle archéologique de Mons, et l'« Essai d'un Dictionnaire des ouvrages anonymes et pseudonymes publiés en Belgique au XIXe siècle et principalement depuis 1830 », Bruxelles, 1863, œuvre d'une rare valeur bien qu'elle soit signée modestement: *Un membre de la Société des bibliophiles belges*. M. le C., qui a formé la plus belle collection existant en Belgique d'ouvrages anonymes ou pseudonymes dus à des écrivains nationaux et qui a pris une part très active aux travaux du Comité chargé naguère de dresser une « Bibliographie belge », allant de 1830 à 1880, s'est imposé en ces derniers temps la tâche, à laquelle il était admirablement préparé, de refondre son « Essai », dont une nouvelle édition est à la veille de paraître. En janvier 1889, le Roi a appelé M. De le C. à faire partie de la Commission chargée de préparer la revision du Code civil belge, et la même année il l'a promu à la dignité d'officier de l'ordre de Léopold.

De Limbourg-Styrum (Comte Thierry) — Page 800 — Lire: De Limbourg-Stirum. A la 5me ligne de la notice, il faut corriger: comtes et non comptes; à la 7me: Ghistelles et non Ghislelles; enfin le « Codex diplomaticus Flandriæ 1296-1325 », publié sous les auspices de la Société d'émulation de Bruges, paraît à Bruges et non Broger.

Demarteau (Joseph-Ernest) — Page 807 — Ajoutez à la notice qu'il vient de publier: « Aux Armes de Bavière », roman national avec anciens dessins, Liège, 1889; « La Violette », histoire de la Maison de la Cité à Liège, 1889.

Demarteau (J.-M.-F.) — Page 808 — Ajoutez: « Nouvelles du pays belge », Bruxelles, 1879, Liège, 1884-88.

Demeur (Adolphe-Louis-Joseph) — Page 809 — A la 13me ligne de la notice, lire: « Code politique de la Belgique », au lieu de: « Code politique de la religion ».

Denis (Hector) — Page 812 — Il faut citer encore de lui de remarquables études relatives à l'impôt sur le revenu, aux bourses du travail, etc.; un livre intitulé: « L'impôt », Bruxelles, 1889; et surtout un « Atlas économique de la Belgique », auquel il travaille depuis longtemps et dont on attend impatiemment la publication. M. D. a pris une part importante aux discussions des Congrès rationalistes et démocratiques, aux débats de la Commission belge du travail, et il fait partie du Conseil provincial du Brabant. Les trois dernières lignes de la notice sont peu précises; tout le monde sait, au surplus, que la question d'une législation internationale du travail, qui devait être discutée au sein d'une conférence convoquée par le gouvernement suisse, l'a été finalement au sein d'une conférence convoquée par l'empereur d'Allemagne et qui a siégé à Berlin en 1890.

De Potter (Agathon-Louis) — Page 816 — A la 5e ligne, au lieu de conclaves, lire: conciles.

De Pressensé (Mme E. DEHAULT) — Page 817 — Complétez ainsi la liste de ses ouvrages: « Deux années au Lycée », 1867; 6e éd. 1882, « Scènes d'enfance et de jeunesse », 1869, 4e éd. 1881; « Poésies », 1869, 6e éd. 1881; « Un petit monde d'enfants », 1873, 6e éd. 1881; « Boisgentil ». 1877, 5e éd. 1882; « Une joyeuse nichée », 1878, 4e éd. 1880; « Petite mère », 1879, 5e éd. 1881; « La Journée du petit Jean », avec illustrations de Paul Robert, 1880; « Ninette », id. id. id., 1881; « Seulette »; « Le Pré aux Saules »; « Pauvre petit »; « Les voisins de Mme Bertran »; « Sauvagette ».

De Puydt (Paul-Émile) — Page 817 — A l'avant-dernière ligne de la page, au lieu de: « Gelide ou l'amateur........ », lire: « Guide de l'amateur........ ».

De Roberto (F.) — Page 820 — Ajoutez ses derniers romans: « Documenti umani »; « Ermanno Reali », Milan, Galli, 1889; « L'albero della scienza », id., id., 1890; « Processi verbali », id., id., id.

De Selys-Longchamps (César-Michel-Edmond) — Page 824 — A la 3me ligne de la notice, lire: Waremme, au lieu de: Warenne; à la 6me ligne: « Toutes les œuvres scientifiques, au lieu de: Tous les livres scientifiques.

Desguin (Victor-François-Joseph) — Page 825 — Il faut lire: M. D., qui est le secrétaire de la Société de médecine d'Anvers, le vice-président de la Société royale belge de médecine publique, et qui fait partie.... et plus loin, à la 9me ligne de la notice: professeur C. Bock (et non Broch).

De Spoelberch de Lovenjoul (vicomte) — Page 828 — Lire: De Loovenjoul. Une 3me édition de l' « Histoire des œuvres de H. de Balzac », a paru à Paris en 1888. — La notice Lovenioul, insérée à la page 1302, fait double emploi avec celle-ci, qu'elle complète cependant en certains points.

Des Rousseaux (Alexandre) — Page 828 — Chevalier de la Légion d'honneur, à partir du 1er janvier 1890 a reçu les palmes d'officier d'Académie sous la qualification de Publiciste, après la publication de son important ouvrage sur le Folk-Lore: « Mœurs populaires de la Flandre française ».

Dessi-Magnetti (Vincent) — Page 289 — Ajoutez: « Après avoir obtenu le repos comme secrétaire en chef de l'Université de Pise, il a publié: « Ragioni principali della eccessiva gravezza delle imposte », Livourne, R. Giusti, 1889.

Destounis (Gabriel) — Page 830 — A la liste fort incomplète de ses ouvrages, qui a déjà paru, il faut ajouter: « Analyse des ouvrages de Sp. Lambros », 1885; « Analyse de la Bibliographie Hellénique d'E. Legrand », 1885; « Tradition sur le frère mort ou le fiancé mort », 1886; « Analyse du livre O'Aduz de M. I. Gédéon », id.; « Michel Koutorga. Souvenirs et Esquisses », id.; « Analyse des ouvrages de V. Vassiliesky », id.; « Sur la traduction russe des Hommes illustres de Plutarque faite par Spiridion Destounis en 1810 », 1886; « Le manuscrit russe nouvellement publié (par l'archimandrite Léonidas) contenant le récit de la prise de Constantinople (analyse) », 1887; « Analyse de l'ouvrage de Kondakof sur les églises et les monum. byzantins de Constantinople », id.; « Esquisse historico-topographipue des murailles terrestres de Constantinople », id. Toutes ces publications sont écrites en russe; les textes grecs avec la traduction russe. La plupart en a été insérée dans les publications scientifiques éditées à St.-Pétersbourg.

De Theux de Montjardin (chevalier Xavier) — Page 830 — Il est né, à Saint-Trond et non Saint-Broud.

De Villers (Léopold) — Page 832 — Lire: Devillers. Pour M. D., continue avec un infatigable ardeur la publication des inventaires des riches dépôts d'archives confiés à sa garde; on a omis de mentionner à son actif l' « Inventaire analytique des archives des États de Hainaut », dont le tome Ier a paru à Mons en 1884; il est président du Cercle archéologique de Mons, secrétaire de la Société des sciences, des arts et des lettres de Hainaut, correspondant de la Commission royale des monuments, membre de la Commission provinciale de statistique et de plusieurs autres corps savants.

Devillez (Barthélemy-Adolphe) — Page 832 — M. D. a, tout récemment, résigné ses fonctions de directeur de l'École des mines du Hainaut. Le 5 décembre 1890, la députation permanente du Conseil provincial lui a donné pour successeur M. Auguste Macquet.

De Wille (baron) — Page 833 — lire: De Witte.

Di Giovanni (Vincent) — Page 839 — On a inséré, par méprise, dans la bibliographie de la notice précédente, dès la ligne 14 à la 21, les ouvrages de M. D. G. Vincent; Le titre: « La fonte di Ninfa in Palermo nel secolo XVI », doit être corrigé: « La fonte della Ninfa in Palermo nel secolo XVI e il frammento della Tavola di Alesa scoverto nel 1883, con tavola eliotipica ». Ajoutez les publications suivantes: « Sullo stato attuale e sui bisogni degli studi filosofici in Sicilia », Palermo, 1854; « Elogi e scritti varii », id., 1856; « Cronache Siciliane de'secoli XIII, XIV, XV », Bologne, 1865; « Modi scelti della lingua italiana », 3e éd., Palerme, 1867; « Scuola, scienza e critica, nuovi scritti varii », id., 1871; « Grammatica italiana », 2e éd., id., 1871; « Sofismi e buon senso, Serate campestri », 2e éd., id., 1873; « Hartmann e Miceli », id., 1887; « Elogi funebri di Domenico Peranni, Salvatore Vigo, Giuseppe De Spuches, Pietro Trigona », id., 1875-1886; « Rosario Gregorio e le sue opere, con documenti inediti », id, 1871; « I fatti di Enea di Fra Guido da Pisa, secondo la lezione della Crusca, con annotazioni », id., 1869; « Il caso di Sciacca, Cronica siciliana del secolo XVI », id., 1874; « Vestigii antichi in Salaparuta e nel suo territorio, con carta corografica », id., 1875; « Notizie storiche della città d'Alcamo, seguite dai Capitoli, Gabelle e privilegi inediti di essa città », id., 1876; « L'Accademia palermitana del Buon Gusto nel secolo passato, notizie e documenti », id., 1884; « La prima Società di storia patria in Palermo (1777) », id., 1886; « Il VI Centenario del Vespro Siciliano », Florence, 1882; « I Documenti dell'Archivio di Barcellona e il Ribellamento di Sicilia contro re Carlo nel 1282 », Bologne, 1887; « Di un bassorilieve in terra cotta, e di due lucerne cristiane trovate in Salaparuta », Palerme, 1886; « Giordano Bruno e le fonti delle sue dottrine », id., 1888; « I Paruta in Palermo (sec. XIII), e nella signoria del castello di Sala (sec. XIV) », id., 1889; « Documenti dell'uso del volgare prima del 1000 cavati dai Diplomi di Monte Cassino, della Cava e di Amalfi, etc. », id., 1889; « Palermo sotterranea », id., 1890; « La topografia antica di Palermo dal secolo X al XV, etc. », 2 vol., avec 18 tables et cartes, id., 1889-1890. M. D. G. est membre de plusieurs Académies.

Dommartin (Léon-Jean-Antoine) — Page 847 — Dans cette notice, d'ailleurs bien sommaire, on a omis de citer le meilleur livre de l'auteur, les « Notes d'un vagabond », Bruxelles, 1887, où il a fait une large place à l'Italie et les excellents chapitres qu'il a donnés au grand ouvrage collectif « La Belgique illustrée ». En 1890, après la mort de Flor O'Squarr, M. D. lui a succédé comme correspondant belge du Figaro de Paris.

Drochster (Gustave) — Page 858 — Il est conseiller intime et député au Parlement, membre étranger de l'Académie d'agriculture suédoise et membre honoraire de plusieurs autres sociétés savantes.

Duc'ic', archiprêtre — Page 865 — Lire Doutchitch, archimandrite. Dans la révolution herzegovienne de 1861, M. D. commanda les volontaires et non pas un bataillon. Il est actuellement président de la Société littéraire de Belgrade, commandeur de l'ordre de Takovo, de l'ordre de l'Aigle Blanc et de St.-Sava de Serbie, de l'ordre Monténégrin de l'indépendance et de l'ordre Russe de Ste.-Anne.

Ebers (George) — Page 880 — Il vient de renoncer à son enseignement à l'Université de Leipzig; il passe les hivers à Munich, les étés dans une charmante villa qu'il possède à Tutzing sur le lac. Ajoutez qu'en 1889, il a publié à Leipzig: « Papyrus Ebers: Die Maasse und das Kapitel über die augenkrankheiten ».

Edgren (Anne-Charlotte) — Page 882 — Cette femme auteur suédoise, dont on a donné deux fois, par inadvertence, la notice, vient de se marier à Naples, avec M. le Duc de Caianello.

Eekhoud (Georges) — Page 884 — Il est né en 1854.

Ellero (Pierre) — Page 888 — Ajoutez: « I nervi del nostro secolo », conférence, 1890.

Engel (Ernest) — Page 892 — Depuis 1878 il est en retraite de son emploi.

Errera (Alberto) — Page 901 — Il faut ajouter que M. le prof. E. a été condamné à 10 ans de prison par le tribunal militaire de

Venise, comme un des chefs du Comité révolutionnaire de la Vénétie, et est resté emprisonné à Görz et à Gratz jusqu'au traité de paix entre le Royaume d'Italie et l'Empire d'Autriche (1866).

Fage (Émile) — Page 915 — La liste de ses ouvrages donnée très incomplète, doit être ainsi corrigée: « Lettre d'un Limousin à M. Eugène Rendu », Paris, Dentu, 1866; « Une page sur la Famille Fouquet, à propos de l'exil de Mme Fouquet à Limoges et de l'abbé Fouquet à Tulle », Tulle, Crauffon, 1879; « Pierre de Montmaur le parasite », id., id., 1881; « Charles Lachaud », id., Mazeyrie, 1883; « Victor Hugo », id., Crauffon, 1883; « Ma jeunesse, par Michelet », id., Mazeyrie, 1884; « La prise de Tulle et sa délivrance », Limoges, Barbou, 1885; « Discours sur Michelet, prononcé le 6 août 1885 », Tulle, Lacroix et Moles, 1885; « Voyage de Turenne à Uzerche », id., Mazeyrie, 1883; « Étude biographique sur Cabanis », id., Rastouil, 1886; « Les Baluze », id., Crauffon, 1887; « Causeries limousines », id., id., 1889; « L'abbé Pierre de Besse, prédicateur du roi Louis XIII », étude littéraire, id., id., 1885; « Eustorg de Beaulieu, poète et musicien du seizième siècle », id., id., 1880. M. F. fut le fondateur et le directeur de la *Revue du Bas-Limousin*, publiée à Tulle de 1860 à 1862.

Fage (René) — Page 915 — Voici la liste complète de ses ouvrages, donnée inexactement: « Excursions limousines, 1re série (Brive, Aubazine, Cornil, Tulle) », Tulle, Crauffon, 1871; « Excursions limousines, 2me série (de Tulle à Ussel et à Eygurande) », id., id., 1880; « Excursions limousines, 3me série (D'Eygurande à Largnac) », id., id., 1883; « Restauration du Cloître de Tulle », deux éd., id., id., 1873, et Brive, Roche, 1879; « Quelques procès limousins devant le Parlement de Bordeaux », id., id., 1877; « La Maison de Ségur, son origine, ses vicomtes », Limoges, Chapoulaud, 1878; « Note pour servir à l'histoire de l'imprimerie à Tulle », Tulle, Crauffon, 1879; « La Maison de l'Abbé à Tulle », id., Bossoutrot, 1879; « L'inondation de Saint-Roch, à Tulle (16 août 1756 », id., id., 1880; « La numismatique limousine à l'Exposition universelle de 1878 », Limoges, Chapoulaud, 1880; « Notice bibliographique sur Eustorg de Beaulieu », Tulle, Crauffon, 1880; « Une ancienne justice: La Cour d'appeaux de Ségur », Limoges, Chapoulaud, 1880; « Guillaume Sudre cardinal », Brive, Roche, 1880; « Les Epitaphes du cloître de Saint-Martin de Brive », Tulle, Crauffon, 1881; « Jean-Joseph Dumons, peintre d'histoire (1687-1779) », id., id., 1881; « Dissertation d'Etienne Baluze sur Saint-Clair, Saint-Laud, Saint-Ulfard et Saint-Baumade », id., id., 1881; « Les œuvres de Baluze, cataloguées et décrites », id., id., 1882; « Une épisode de la Fronde en province: Tentative de translation en province du Parlement de Bordeaux »; « Le point de Tulle », Tulle, Crauffon, 1882; « Liste des Châteaux du diocèse de Limoges avant 1789 », Brive, Roche, 1882; « Le Château de Puy-de-Val, description et histoire », Tulle, Crauffon, 1883; « Molière et les Limousins », deux éd., Limoges, Ducourtieux, 1883 et 1884; « Lettres inédites de Baluze à M. Melon du Verdier », Tulle, Crauffon, 1883; « Complément des œuvres de Baluze, cataloguées et décrites », id., id., 1884; « Les Anglais à Tulle; la Lunade », Limoges, Barbou, id.; « Les Bataillons de Volontaires du Limousin », id., id., id.; « Deux lettres de Mascaron à Mlle de Scudéry », Tulle, Mazeyrie, id.; « Notes sur un Pontifical de Clément VI et sur un Missel dit de Clément VI », id., Crauffon, id.; « Le tombeau du Cardinal de Tulle à Saint-Germain-les-Belles », Limoges, Ducourtieux, id.; « Les origines de Tulle », Tulle, Crauffon, id.; « Les fortifications de Tulle », deux éd., id., id., 1885 et 1886; « Notice bibliographique sur Pierre de Besse », id., id., 1886; « Quelques procès limousins aux Grands-Jours de Poitou (1567-1635) », Limoges, Ducourtieux, 1886; « Une boutique de marchand à Tulle au XVIIe siècle », Tulle, Crauffon, 1886; « Le Château ou Fort Saint-Pierre », id., id., id.; « La Tour Prisonnière dite Tour de Maysse », id., id., id.; « La Tour de la Motte », id., id., id.; « La Porte Chanac », id., id., id.; « La Place publique à Tulle », id., id., id.; « Un atelier de dentelles à Tulle au XVIIIe siècle », id., id., id.; « Notice sur les travaux de Édouard Lamy de La Chapelle », Limoges, Ducourtieux, 1887; « Une visite à Obazine en 1712 », Brive, Roche, 1886; « Le Collège de Tulle », Tulle, Crauffon, 1887; « La Grande Maison de Loyac », id., id., id.; « La Cathédrale et le cloître de Tulle », id., id., 1888; « Les Couvents d'hommes à Tulle », id., id., id.; « Les Couvents de Femmes à Tulle », id., id., id.; « Un jurisconsulte briviste: Antoine Mailher de Chassat », Brive, Roche, 1888; « Le Vieux Tulle », Tulle, Crauffon, 1888; « Auguste de Larouverade », Limoges, Ducourtieux, 1889.

Faldella (Jean) — Page 917 — Ajoutez: « La contessa de Ritz », roman, Milan, Treves, 1891 et « Verbanine », avec illustrations de J. Ricci, id., id., id.

Faulmann (Charles) — Page 926 — Cette notice qui a paru fort incomplète va ainsi substituée: écrivain allemand, professeur de sténographie, membre de la Commission I. R. des examens pour l'habilitation à l'enseignement de la sténographie, président du *Centralverein für Zulmann'sche Stenographie* de Vienne, etc., etc., né à Halle, le 24 juin 1835: il fit ses premières études dans son pays natal, et en 1848 devint compositeur. En 1855 il fut appelé à Vienne à l'Imprimerie Impériale pour y exécuter un projet qu'il avait étudié et présenté l'année précédente à Munich, concernant le rétablissement des types sténographiques. Ce fut pendant ce temps-là qu'il eut occasion de cultiver les langues, et particulièrement les langues orientales, et qu'il fut nommé maître de sténographie. En 1861, il reçut le titre de professeur, et sa connaissance profonde de cette science jointe à ses mérites littéraires lui valurent la plus grande considération dans le monde sténographique. Il a inventé un système simplifié de sténographie, qu'il fit connaître en 1875, et a publié plusieurs ouvrages qui témoignent de son activité littéraire. Chargé par l'Imprimérie I. et R. autrichienne, il compila et publia : « Das Buch des Schrift » qui contient la plus complète collection des écritures connues et qui lui valut une bonne renommée à l'étranger. Parmi ses ouvrages, nous citerons : « Gabelsberger's Stenographisches Lehrgebäude », 1859 ; 30me éd., 1887 ; « Stenographisches Lesebuch », 1860 ; « Stenographisches Fremdwörterbuch », 1868 ; « Oesterreichische Blätter für Stenographie », 1867-69 ; « Kammerstenograph », 1867-79 ; « Stenographische Unterrichtsbriefe ». 1878 ; « Entwicklungsgeschichte der G. Stenographie », 1868 ; « Anleitung zur phonetischen Stenographie », 1883 ; 4me éd., 1889 ; « Phonographische Unterrichtsbriefe ». 1885 ; « Stenographische Anthologie ». 6me éd., 1886 ; « Schule der Stenographischen Praxis », 3me éd., 1885 ; « Historische Grammatik der Stenographie », 1888 : « Kurzgefasste Geschichte der Buchstabenscrift und der Stenographie », 1873 ; « Neue Untersuchungen über die Entstehung der Buchstabenschrift », 1876 ; « Illustrirte Geschichte der Schrift », 1880 ; « Illustrirte Culturgeschichte », 1881 ; « Illustrirte Geschichte der Buchdruckerkunst », 1882 ; « Die Initiale », 1886 ; « Das Buch der Schrift », 1878 ; 2me éd., 1880. Ces derniers ouvrages, qui figuraient à l'Exposition viennoise, furent jugés dignes de la médaille du mérite.

Fava (Honoré) — Page 927 — En 1888 et 1889 il a vaincu deux concours pour la chaire de lettres dans les écoles secondaires. En 1889 a publié la seconde éd. de son ouvrage: « Vita nostra », et « Al paese delle stelle », Milan, Treves. Pour paraître : « La discesa d'Annibale », id., id.; « Contro i più », roman, id., id., et les traductions de ses œuvres: « Vita napoletana », en français, par S. Blandy, Paris, Hachette, et « Vita nostra », en hollandais, par le doct. Warren.

Favre (Alphonse) — Page 928 — Il n'est pas le président de la Confédération Suisse, mais de la Société des sciences naturelles Helvetia.

Fellberg (Henning-Frédéric) — Page 934 — Lisez: Feilberg.

Ferrara (Vincent-Aimé) — Page 938 — Il est actuellement proviseur des études à Reggio-Emilia.

Fiessinger (Charles-Albert) — Page 949 — Ajoutez: « Du rôle pathologique des ptomaïnes », couronné par l'Académie de Toulouse, 1888 ; « Les injections extra-utérines dans la septicémie puerpérale », id., 1889 ; « La grippe infécteuse », Paris, 1889.

Fiorini (Mathieu) — Page 956 — Ajoutez : « Curiosità cartografiche », 1889 ; « Le proiezioni cuneiformi nella cartografia », id.

Fischer von Rislerstamur (Édouard) — Page 959 — Corrigez: Fischer von Roslerstamm.

Fiske (John) — Page 959 — Ouvrages oubliés: « Tobacco and Alcohol », 1868 ; « Taine's Englische Literature, abridged and edited », 1872 ; « Myths and Myth-Makers », 1872 ; « Outlines of Cosmic Philosophy », 1874 ; « The Unseen World », 1876 ; « Darwinism, and other Essays », 1879 ; « Excursions of an Evolutionist », 1883.

Flückiger (Frédéric-Auguste) — Page 965 — Ajoutez: « Pharmaceutische Chemie », Berlin, Gärtner, 1878, traduction italienne par T. Gigli, Turin, Loescher, 1882 ; 2e éd., Berlin, 1888 ; « Grundlagen der pharmaceutischer Waarenkunde », Berlin, Springer, 1873, 2e éd. en collaboration avec M. Tschirch, Berlin, 1885 ; « Pharmacographia », en collaboration avec M. D. Hanbury, London, Macmillan et Cie, 1874, 2e éd. 1879, traduction française par M. Lanessan, Paris, 1878 ; « Grundriss der Pharmakognosie », Berlin, Gärtnar, 1884, traduction italienne par M. Giacosa, Turin, Loescher, 1886.

Fraccia (Jean) — Page 981 — M. F. a été membre correspondant, ensuite honoraire de la R. Accademia di Scienze, lettere e arti de Palerme. Au lieu de: « Iscrizione Erycina de Pagion », lisez: « Pasion ». Pour paraître son ouvrage: « Su due contromarche in antiche monete Romane ». Enfin ajoutez à la liste de ses ouvrages: « In occasione al Decreto 31 agosto 1861, relativo alle antichità siciliane, e ad una lettera del sig. Politi », 1861 ; « Antiche monete siciliane inedite o nuove del R. Museo di Palermo. Quarta Rassegna », 1866 ; « Alcuni chiarimenti », 1868 ; « A' direttori de' giornali di Palermo La Luce, Il Precursore e il Giornale di Sicilia », 1872 ; « Il Trittico Malvagna del Museo di Palermo. Cenno critico-apologetico », 1888 ; « Antiche monete siciliane pubblicate pel primo dal cav. G. Fraccia », 1889.

Fraknoi (Guillaume) — Page 981 — Chevalier de l'ordre De litteris et artibus depuis le 20 août 1887; il est devenu évêque. Ajoutez à la liste de ses œuvres: « Mémoires de la Diète de l'Empire hongrois », VI-IX volumes, Budapest, 1879-1885 ; « La vie de Jean Vitéz archevêque d'Esztergom », Budapest, 1879 ; « Histoire de l'abbaye de Szegszárd », id., id.; « Mémoire sur l'historien Michel Horváth », 1879 ; « La conspiration de Martinovich et ses complices », 1880; « La Hongrie avant la défaite à Mohács (1524-1526) », Budapest, 1884; « Le pape Innocent XI et la délibération de la Hongrie de la domination turque », id., 1886; « La vie de Pierre Pazmány », id., id.; « Les relations du nonce papal Buonvisi près de la Cour de Vienne en 1686 », id., id.; « La vie et les œuvres d'André Pannonius, auteur théologique au XV siècle », 1886; « Mémoires d'histoire littéraire : André Pannonius, Niclas de Mirabilibus », Budapest, 1886, en collaboration avec Eugène Abel.

Francolini (Ermenégilde) — Page 986, ligne 34 — Après les mots « Pietro Cipriani »; « Mariano Mucciarelli » ajoutez : Nécrologies.

Funk (François-Xavier) — Page 1006 — Son ouvrage : « Lehrbuch der Kirchengeschichte », a été traduit en français sous le titre : « Manuel de l'histoire ecclésiastique », 1889. Sous presse : « Didascalia et Constitutiones Apostolorum ».

Furtwängler (Adolphe) — Page 1007 — Substituez à la notice qui a déjà paru dans le *Dictionnaire*. — Archéologue allemand, professeur d'archéologie classique à l'Université de Berlin, né, en 1853, à Fribourg en Brisgau (grand-duché de Baden), étudia à Fribourg, Leipzig et Munich, fut nommé docteur en philosophie en 1874, appartint, de 1876 à 1878, à l'Institut impérial d'archéologie, de 1878 à 1879 il assista aux fouilles archéologiques d'Olympia, et de 1879 à 1880 il enseigna comme professeur libre à Bonn. Depuis cette année, il est professeur extraordinaire à l'Université de Berlin. On lui doit : « Eros in den Vasenmalerei », Munich, 1874; « Der Dornauszieher und der Knabe mit der Gans », Berlin, 1876; « Mykenische Thongefässe » (avec Löscheke), id., 1879; « Plinius und Seine quellen über die bildenden Künste », 1877; « Der Satyr von Pergamon », 1880; « Der Goldfand von Vettersfelde », 1883; « Die Bronzefunde aus Olympia und deren Kunstgeschichtliche Bedeutung », Berlin, 1879; « Beschreilung der Vasengammlung in Antiquarium zu Berlin », 1885; « Sammlung Sabouroff. Kunstdenkmäler aux Grieckenland », 2 vol., Berlin, 1883-87. Beaucoup d'articles parus dans les *Jahrb. des K. deut. archäol. Istituts*, dans les *Archäol. Zeitschr.*, dans les *Jahrb. für. Class. philol.*, etc., etc.

Gaedertz (Charles-Théodore) — Page 1011 — Corrigez et complétez ainsi sa biographie qui a paru fort incomplète : Homme de lettres allemand, docteur en philosophie, *custos* de la Bibliothèque royale de Berlin. Il commença à étudier le droit, mais bientôt il changea d'étude pour apprendre la philologie. Après avoir pris ses grades à l'Université de Halle, il devint bibliothécaire du ministère prussien de l'instruction publique, et en 1884-86 il fut envoyé par l'Empereur Guillaume I à Londres, Paris, Bruxelles, Leide, Stockholm, Copenhague etc., où il continua avec ardeur ses recherches érudites sur la bibliographie et la littérature allemande et internationale, et où il fut élu membre de plusieurs sociétés savantes. A présent, il demeure à Berlin. M. G. a publié son œuvre couronnée sous le titre : « Das niederdeutsche Schauspiel », deux vol., 1884. Il est auteur d'un grand nombre d'ouvrages très importants, parmi lesquels nous citons : « Fritz Reuter-Galerie », 1884; « Reuter-Studien », 1889; « Goethe's Minchen Herzlieb », 2e éd., 1889; « Goethe und Maler Kolbe », id.; « Briefwechsel von Jacob Grimm und Hoffmann-Fallersleben mit Hendrik van Wyn », 1887; « Archivalische Nachrichten über die Theaterzustände von Hildesheim, Lübeck, Lüneburg im 16 und 17 Jahrundert », id.; « Zur Kenntniss der altenglischen Bühne », id., étude critique fort intéressante sur le théâtre de Shakespeare à Londres avec une illustration inconnue de 1596. Ses articles et essais sur la littérature allemande dans les revues sont innombrables. Nous lui devons en outre la publication de la 5e édit. des « 300 Bildnisse und Lebensabrisse berühmter deutscher Männer », 1889; « Hans Memling und sein Altarbild in Dom zu Lubeck », 2e éd., id.; et une série de rapports sous le titre « Kunstreifzüge », id.

Gainet (Jean-Claude) — Page 1012 — Ajoutez « Etudes sur Guizot et réfutation de ses théories »; « La Bible sans la Bible », 2 vol.; « L'accord de la Bible avec la géologie »; « Le Déluge »; « La Chine ».

Galanti (Antoine) — Page 1013 — Il a été professeur à l'Université de Pérouse pendant dix ans, et il a contribué à l'amélioration des conditions agricoles de l'Ombrie tant aussi bien que des Marches.

Galdòs (Perez) La notice sur ce grand romancier espagnol a passé sous le nom de Perez-Gallos (Page 1591). Nous donnons ici une liste plus complète des ouvrages de ce maître : Romans : « Dona Perfecta »; « Glorial »; « Marianela »; « El amigo Manso »; « La famille de Léon Roch »; « La Desheredada »; « El doctor Centeno »; « Tormento »; « La De Bringas »; » Lo Prohibido », et deux séries de brillants récits historiques intitulés : « Épisodes nationaux ». Les quatre premiers romans ont été traduits en français par M. le chev. Julien Lugol.

Gallette (Marcel) — Page 1017 — Dans sa notice, au lieu de *Saint-Ligny*, lisez : *Saint-Signy*.

Gauthiez (Pierre) — Page 1032 — Ajoutez à ses ouvrages : « Themna », drame lyrique en vers en un acte; « Un bandit », drame en trois actes; « Femme et Maîtresse », drame en quatre actes en vers; « Les Grands maîtres du XVIe siècle en France, études littéraires »; « L'Arétin et les artistes au XVIe siècle ».

Geiger (Guillaume) — Page 1037 — Nous avons déjà donné sa notice fort incomplète. — Orientaliste allemand, docteur en philosophie, professeur à l'Université de Munich, membre de l'Académie royale bavaroise des sciences et de la Société allemande des orientalistes, né, à Nuremberg, le 21 juillet 1856, fit ses études dans son pays natal et aux universités de Bonn, Erlangen et Berlin. Outre plusieurs articles parus dans les *Actes* de l'Académie bavaroise des sciences dans la *Zeitschr. d. deutsch. morgenländ. Gesellesch.*, dans la *Deutsche Litteraturzeitung*, etc.; il a publié: « Aogemadaica, ein Parsentraktat in Pâzend Altbaktrisch und Sanskrit », version avec notes explicatives, Erlangen, 1878; « Handbuch der Awestasprache », grammaire, chrestomathie et glossaire, id., 1879; « Ostiranische Kultur im Alterthum », id., 1882; « Civilization of the Eastern Iranians in ancient Times, with an Introduction on the Avesta », version anglaise par Darab Dastur Peshotan, Sanjana, 2 vol., Londres, 1885-86; « Die Pamir-Gebiete », monographie géographique », Vienne, 1887; « Elementarbuch der Sanskritsprache », Munich, 1888.

Gentile (Iginio) — Page 1042 — Au lieu de: professeur à l'Université de Paris, lisez: professeur à l'Université de Pavie, et Gaston Boissier au lieu de Gaston Boissy.

Gerbel-Embach (Charles-Nicolas DE) — Page 1044 — Corrigez poète allemand — Toutes ses œuvres ont été écrites en langue allemande.

Giron (Jean-Antoine-Aimé) — Page 1062 — Ajoutez à la liste de ses ouvrages: « La maison qui pleure », 1878; « Ces pauvres petits », 1881; « Les cinq sous d'Isaac Laquedem », 1882; « La Béate », 1883; « Les Lurons de la Ganse », id.; « Un mariage difficile », 1884; « Chez l'oncle Aristide », 1885; « Histoire d'un petit mousse », 1886.

Goblet d'Alviella (Comte Eugène) — Page 1071 — M. G. d'A. est aussi l'auteur d'un roman de mœurs belges qui, publié d'abord dans la *Revue de Belgique*, produisit naguère une grande sensation, bien qu'il ne portât aucun nom d'auteur, et fut traduit en flamand : « Partie perdue », Paris, 1877.

Graff (Louis DE) — Page 1091 — Ajoutez: Né, à Pancsova (Hongrie), le 2 janvier 1851, étudia au Gymnase de Temesvár et aux Universités de Vienne, Gratz et Strasbourg, voyagea en Écosse et en Italie, prit son habilitation à la Faculté des sciences de l'Université de Munich en 1874; il a été professeur à l'Académie forestière d'Aschaffenbourg de 1877 à 1884 et depuis 1884 est professeur à Gratz. Ajoutez à la liste de ses ouvrages: « Zur Kenntniss d. Turbellarien », Leipsig, 1874; « Report on the Myzostomida », *Zool. Chall., Exp.*, London, 1884; ainsi qu'un très grand nombre d'articles scientifiques insérés dans beaucoup de journaux spéciaux, allemands, français et anglais déjà nommés.

Grasserie (Raoul DE LA) — Page 1094 — Ajoutez deux recueils de vers de cet écrivain: « Les Rythmes » et « Jeanne d'Arc ».

Gröber (Gustave) — Page 1105 — Ajoutez à ses ouvrages: « Handschriftliche Gestaltungen der chanson de geste Fierabras », Leipzig, 1869; « Destruction de Jérusalem », 1873; « Carmina clericorum », 1876; « Die Liedersammlungen der Troubadours », Strasbourg, 1878; « Sprachquellen und Wortquellen des lot. Wörterbuchs », 1884; « Vulgärlateinische Substrate romanischer Wörter », 1884.

Gumplowicz (Louis) — Page 1124 — Ajoutez à ses ouvrages: « Philosophisches Haabrecht », Vienne, Manz, 1877; « Rechtstaat in Socialismus », Innsbruck, Wagner, 1881; « Das Recht der Nationalitaten und Sprachen », id., id., 1879; « Verwaltungslehre », id., id., 1882; « Sociologie », Vienne, Maur, 1885; « System Socyologii », en polonais, 1887; « Einleitung in der oesterreichische Staatsrecht », Berlin, Heymann, 1889.

Haeghen (Ferdinand Van der) — Page 1132 — Il faut lire *Vander Haeghen*, et non *Van der;* et dans la liste des ouvrages, bibliothèque *plantinienne*, et non *plautinienne*. Supprimer dans cette liste: « Entrée de Charles II en Flandre », et finir ainsi la notice: M. V. H., dont nous pourrions mentionner encore quelques brochures, consacre en ce moment tous ses soins à l'activement de sa magnifique « Bibliotheca Belgica », pour laquelle il s'est assuré le concours de dévoués collaborateurs et dont il fait paraître maintenant par certaines parties principales; citons la « Bibliographie lipsienne », consacré à Juste Lepsius et qui a été publiée récemment à Gand.

Hallberg (Louis-Eugène) — Page 1137 — Sa notice fort incomplète va corrigée ainsi: Professeur et littérateur français, né, à Sichingen (Bade), le 27 mars 1839; naturaliste français, en même temps que son père, le Dr H., professeur aux Lycées de Chaumont, Nimes, Saint-Quentin et Agen. Après avoir terminé ses études au lycée *Charlemagne* et remporté des brillants succès à un concours général, il est entré à l'École normale supérieure (1858), d'où il sortit en 1861, agrégé des Lettres et professeur de rhétorique au lycée de Cahors, puis au lycée de Saint-Etienne; professeur de troisième, puis de seconde au lycée de Bordeaux; il a fait un cours complémentaire de littérature allemande à la Faculté de Bordeaux, en 1868-69; reçu docteur ès-lettres par la Faculté de Paris en 1869; professeur de littérature étrangère à la Faculté des Lettres de Dijon (1872-1879) et à celle de Toulouse depuis 1879. Est membre de l'Académie des Sciences, Inscriptions et Belles-Lettres de Toulouse, et *mainteneur* des Jeux

Floraux: Les principaux ouvrages sont: une « Étude sur Wieland », thèse de doctorat, 1869; traduction française des « Morceaux choisis de Platon », 1871; « Histoire des littératures étrangères, tomes I et II: Littératures du nord », 1879-1881; traduction nouvelle du « Laocoon, de Lessing », divers articles de critique, d'érudition et d'histoire littéraire publiés dans des revues, dans le *Dictionnaire de pédagogie*, en brochures, ou dans les *Mémoires* de l'Académie de Toulouse, et que M. H. se propose de réunir prochainement en volume avec d'autres travaux, sous le titre de: « Essais et Mélanges » enfin il a présidé à la publication, par la librairie Delalain, d'une collection de classiques allemands (16 vol. 1873 et années suivantes) dont il a rédigé les notices et les introductions, sans compter un certain nombre d'éditions classiques où de publications purement scolaires comme son « Choix de lettres tirées des auteurs allemands », et surtout son « La Fontaine des Enfants ».

Harlez (le Mgr Charles-Joseph DE). Nous donnons ici la liste complète de ses ouvrages parue fort incomplète à page 789. — Illustre orientaliste belge, né, à Liège, le 21 août 1832; docteur en droit (1855), supérieur du Collège d'humanités et d'études professionnelles, préfet des études à Huy (1861), premier directeur de l'école normale des humanités (1867), professeur ordinaire de langues orientales (Inde, Perse et Chine) à l'Université de Louvain (1874), élu correspondant de l'Académie le 7 mai 1883. Parmi ses publications académiques, citons: « Laotze, le premier philosophe chinois ou un prédécesseur de Schelling au VIe siècle avant notre ère », 1884; « Le livre du principe lumineux et du principe passif: Shang thsing tsing king », 1885; « Quelques traits de la vie du Céleste-Empire », 1883; « Trois littératures antiques, persane, indoue, chinoise », 1885; « Coup d'œil sur l'histoire et l'état actuel des études avestiques », 1886. Mais bien plus grande est la série de ses ouvrages non publiés par l'Académie. Nous signalons: « Avesta. Livre sacré des sectateurs de Zoroastre, traduction du texte zend. », Liège, 3 vol., 1875-1877; « Grammaire pratique de la lague sanscrite », Louvain, 1878; « Études avestiques: Sens des mots *zend-avesta*. Des controverses relatives à l'Avesta. Religion de la Perse ancienne », Paris, 1878; « Kena et Kaushitaki Upanishads, traités de philosophie traduits du sanscrit », Louvain, 1878; « La linguistique et l'unité originaire de l'humanité », id., 1878; « Des origines du Zoroastrisme »: Paris, 1879; « Manuel de la langue de l'Avesta. Grammaire, anthologie, lexique », Louvain, 1879; « Les Aryas et leur première patrie », Paris, Maisonneuve, 1880; « Manuel du Pehlvi des livres religieux et historiques de la Perse. Grammaire, anthologie, lexique, avec des notes, un fac-similé de manuscrit, les alphabets et un spécimen des légendes, des sceaux et monnaies », Paris, 1880; « Études éraniennes. I. De l'alphabet avestique et de sa transcription. Métrique du Gâthâ Vahistoistis et du Fargard », id., 1880; « La critique et la science de M. Bartholomæ », Louvain, 1880; « Études avestiques. Le calendrier avestique et le pays originaire de l'Avesta », Paris, 1881; « Avesta. Livre sacré du Zoroastrisme, traduit du texte zend, accompagné de notes interprétatives et explicatives », 2e éd. revue et complétée, Paris, 1881, avec cartes et planches; « Introduction à l'étude de l'Avesta et de la religion Mazdéenne », Paris, 1881; « Manuel de la langue de l'Avesta. Grammaire, anthologie, lexique, notes et introduction, avec un appendice contenant les versions pehlvies et sanscrites des chapitres XI et XXVIII du Yaçna, traduites et expliquées », 2e éd. revue et augmentée, Paris, 1882; « La Bible dans l'Inde », id., id.; « Un fragment de commentaire sur le Vendidad », Louvain, 1882; « Der Avestische Kalender und die Heimath der Avesta-Religion », Berlin, 1882; « K. Geldner's Studien zum Avesta », id., 1883; « Origine de l'Avesta et son interprétation. Système et critique de M. J. Luquiens », Louvain, 1883; « L'exégèse et la critique des textes zends », Leipzig, 1883; « Manuel de la langue mandchoue. Grammaire, anthologie, lexique », Paris, 1884; « Étude sur la langue Othomie », Bruxelles, 1879; « La religion primitive des Chinois », Lyon, 1884; « Le Manju gisun-i buleku bithe. Miroir de la langue mandchoue », 1884; « Le Dergi hese. Décrets de l'empereur Yongtcheng, 1723 à 1736 »; « Le Hamestakân des Parses », Gottingue, 1884; « L'Ahuna Vairyo, prière journalière des Zoroastriens », 1885; « The Age of the Avesta », id.; « Infanticide en Chine », Louvain, 1885 (d'après les documents chinois); « Les livres sacrés de la Chine », Londres, 1885; « De l'origine des Mythes », 1882-1885; « Les études éraniennes », Vienne, 1885; « Der Alter und die Heimath des Avesta », 1886; « L'*Ahunnaairyo* des Zoroastriens, traduit et expliqué », 1887; « La Siao Hio. Manuel général de la morale chinoise, avec le commentaire de Tchen Sinen, traduit pour la première fois », Lyon, 1887; « Grammaire pratique de la langue sanscrite », 2e éd., revue et augmentée, Louvain, 1885; « Histoire de l'Empire d'or (Aisin gusun i suduri bithe), traduit pour la première fois sur le manuscrit 1122 de Paris », 1886; « Le Tchou-tze-tsieh-yao traduit pour la première fois » (*Journal asiatique*), 1887. Parmi les dernières publications de M. de Harlez, citons: « Le livre des Conseils », traduit du pehlvi et annoté, Louvain, 1887; « La religion des Mandchous et des Mongols comparée à la religion chinoise, d'après les sources indigènes », avec le rituel mandchou de l'Empereur Kien-long, traduit par la première fois, Bruxelles, avec planches; « La Kâushiaki upanishad avec le commentaire de Sankara, et le chap. VIII du Sarvôpanishadarthânubhûti prakâças, traduit du sanscrit », Louvain, 1887; « Le texte originaire du Yih-King. La nature et son interprétation », 1887; « Décret de l'Empereur Yong-tcheng traduit pour la première fois », 1886.

Hennessy; voir KENNESSY.

Hervieux (Léopol) — Page 1175 — Ajoutez encore: « Chansons », publiées dans le vol. 45 à 54 du *Caveau*, Paris, Dentu, 1879-1888.

Heussler — Page 1179 — Professeur a Bâle, né, le 16, non pas le 10 septembre 1855.

Heuzey (Leon) — Page 1179 — Ajoutez: « Découvertes en Chaldée », avec M. de Sarzac, Paris, Leroux, 1888.

Hiel (Emmanuel) — Page 1182 — Il a commencé à faire paraître une édition complète de ses œuvres poétiques: « Volledige dichtwerken », Roulers, 1885 et années suivantes; le premier volume renferme les « Historische gezangen en Vaderlandsche liederen ». Dans ces derniers temps, il a été au nombre des littérateurs qui ont préparé une édition des « Magelaten gedichten », du poète Prudens Van-Duyse.

Hildebrand (Hugo) — Page 1185 — Son vrai nom est Hildebrandsson (Hugo-Hildebrand).

Hoff (Gustave-Adolphe) — Page 1196 — A la 15me ligne au lieu de *Combe* lisez *Comba*.

Holtzinger (Henri) — Page 1201 — Ajoutez qu'il séjourna de nouveau en 1887 et en 1888 à Carthage. Il a fourni plusieurs articles très intéressants à la *Zeitschr. f. bildende Kunst.*, à la *Kunstchronick*, au *Repertorium für Kunstwissenschaft*, à l'*Allgem. Bauzeitung* et à plusieurs autres journaux spéciaux allemands, et a publié: « Ueber den Ursprung und die Bedeutung der Doppelchöre », Leipzig, 1881; « Kunsthistorische Studien », Tubingue, 1886; « Filippo Brunellesco di Antonio di Tuccio Manetti », Stuttgart, 1887; « Die Altchristliche Architectur in Systematischer Darstellung », id., 1889.

Hunfalvy (Paul) — Page 1214 — Il fut nommé membre de la Chambre des Pairs. Ajoutez à ses ouvrages: « Les Sicules », Budapest, 1880; « Les Cumanes », 1881; « Est-ce-que la nation hongroise est d'origine Ugor ou Turc-tatare ? », id.; « Philosophie et enseignement des langues », 1884.

Hyacinthe (le Père, ou Charles LOYSON) — Page 1216 — Ajoutez à liste de ses ouvrages: « Une apologie de l'Inquisition, (le R. P. Monsabré). Réfutation faite au Cirque d'hiver le 23 avril 1882 », Paris, Fischbacher, 1882; « Psaume chanté dans le banquet des Dix Vierges », œuvre de Saint Methode évêque et martyr du IIIme siècle, reproduction, Paris Fischbacher, id.; « La croix du Panthéon », discours prononcé au *Cirque d'Hiver*, publié dans la *Revue Chrétienne*, 6 septembre 1885; « In Memoriam de Frédéric Hopkins », paroles prononcées par le père Hyacinthe aux funérailles, Neuilly, près de Paris, 5 mai 1886 « La crise de la République », conférence faite à l'Église catholique Gallicane de la rue d'Arras, le 28 novembre 1887, Paris, Heymann (1887).

Ida (Comtesse GRECCA Del Carretto-Fusco) — Page 1218 — GRECCA est son premier nom de baptême. Son premier mari était le comte de Thanemberg. Parmi les ouvrages de son second mari, l'illustre pédagogiste prof. Edouard Fusco, dont elle a soignée l'édition, il faut surtout signaler son chef d'œuvre : « La scienza educativa », en deux vol., Naples, 1887-89.

Janlet (Victor-Émile) — Page 1235 — Il est né en 1855 et reçut son diplôme de docteur en droit dans l'année académique 1877-1878.

Jeandet (Jean-Pierre-Abel) — Page 1238 — L'Académie des Sciences, Arts et Belles-Lettres, de Dijon vient de décerner un prix à cet écrivain pour l'ensemble de ses travaux historiques sur la Bourgogne.

Jebb (Richard-C.) — Page 1239 — En 1889 il a été nommé *Regius Professor* de langue grecque à Cambridge. Ajoutez à ses œuvres la traduction de l' « Antigone », de Sophocles.

Jokaï (Maurice) — Page 1245 — Voici la liste complète de ses romans les plus remarquables: « Un aventurier fameux du XVIIme siècle, 4 vol., 1879; « Feu d'artifice à la greque », contes, id.; « Liberté sous la neige ou le livre vert », id.; « Pàlffy le héros », scènes dramatiques en trois tableaux, id.; « Ceux qui meurent deux fois », roman, 4 vol., 1881 ; « Qui hante les femmes tente Dieu », roman, id.; « Père Pierre », roman, id.; « Aujourd'hui », id. en 3 vol., 1882; « Un joueur qui gagne », id., 2 vol., id.; « Aimant jusqu'à l'echafaud », id., 5 vol., id.; « Rameaux secs », id., id.; « Le roi Mathias et le pauvre cordonnier »; « Le chantre de Czinkota », deux contes en vers, id.; « Le chateau de Balványos », roman historique, 2 vol., 1883; « Les dominicains », histoire romanesque, id., id.; « Les maladies de l'argent », conte, id ; « L'écho de quarante années », 1884; « A travers tous les enfers », roman historique, 2 vol., id.; « Claire Puskás », tradition sicule, id.; « Fidelité de lion », conte poétique, id.; « Des régions du nord », esquisses russes, id.; « La femme blanche de Löcse », roman, 5 vol., 1885; « Roitelets », id., id., id.; « L'homme doré », drame en 5 actes, id.; « L'histoire de la Hongrie à l'usage des écoles primaires », 1884; « Le baron egyptien », roman, Bupapest, id.; « Encore un bouquet », contes, 1886; « Les diamants noirs », drame en 5 actes, id.; « La famille Maglay », roman. - deux contes Bp., 1887; « Cherchez le cœur! », drame en 4 actes, id.; « Histoire de ma vie », 3 vol., id.; « Biographie du comte Maurice Cenyovszky », id. M. J. a été aussi revêtu de la charge de rédacteur en chef de la partie hongroise de l'œuvre: « La monarchie autrichienne-hongroise en tableaux et en descriptions », qui fut initiée, se fait et parait sous le patronage du regretté prince royal Rodolphe. Enfin il a prononcé plusieurs discours en qualité de membre de l'Assemblée législative.

Jottrand (Gustave) — Page 1250 — On lui doit aussi des traductions, et notamment celle du grand ouvrage de l'Américain John Lathrop Motley sur « La Révolution des Pays-Bas au XVIe siècle », Bruxelles, 1859-1860, 2e éd., Paris, 1882.

Kennessy (Henry) — Page 1265 — Lisez: le professeur H. Hennessy, F. R. S., M. R. I. A. A la ligne 11 — Au lieu de: *Heat* lisez: *Sed*. M. H. en dehors de ses essais dans les *Actes de la Société Royale de Londres* et dans les *Comptes-rendus* de l'Académie des sciences, a publié: « Discourse on the Study of Science in its relations to Society », 2me éd.; et « Essay on Weights and Measures for all Nations ».

Krakowski (Nicodème), — Page 1285 — Il a encore publié les articles suivants : « La théorie et la pratique des comptes courants »; « L'organisation des comptes courants en Pologne, en Russie et à l'étranger »; « Les Sociétés coopératives de la Pologne »; « La réorganisation de la Caisse industrielle de Varsovie »; « Les derniers bilans des banques populaires »; « Le partie des sciences commerciales », dans l'*Enciclopédie commerciale*, ainsi que plusieurs brochures, dont les plus intéressantes sont « L'organisation des bureaux centrales pour les banques populaires »; « Les bourses et les grands faiseurs »; « L'organisation de l'*Anti cornbill* en Angleterre »; « L'organisation d'un departement économique près de la bourse de Varsovie »; « L'organisation des chambres de compensation en Russie »; « L'industrie de la Pologne »; « L'industrie textile de Lods ».

Krestowsky (Wsevolod) — Page 1289 — Par méprise on a donné deux fois une notice sur cet écrivain; pour la notice qui se rapporte au pseudonyme Krestowski (W.), de la dame Zakontzebrowsky-Hvostchinski voir *Zakontzebrowski*.

Laband (Paul) — Page 1294 — Complétez ainsi sa notice: En outre il a publié une explication plus courte de la même matière dans le « Manuel du droit publique », éditée par Marquardsen, t. II, 1883. Depuis 1885 il fait paraître l' « Archive pour le droit public », annuellement un volume en 3 ou 4 cahiers. Il a encore écrit un assez grand nombre de discours sur divers sujets de droit commercial. Ils sont pour la plupart publiés dans le *Journal universel pour la science du droit commercial*; les plus remarquables entre eux: « Sur la table d'Amalfi »; « Sur les nantissements et le droit de retention en droit connu »; « Sur la procuration et les substituts des marchands »; « Sur les usances commerciales »; « Sur le droit fluvial »; « Sur l'assurance sur la vie »; « Sur l'histoire et le droit des courtiers »; « Sur les sociétés commerciales ». En 1874 M. L. reçut une chaire comme professeur du droit germanique à l'Université de Tubingue, en 1879 il fut nommé membre de la Cour suprême de l'Empire allemand à Leipzig, dans la même année nommé conseiller intime du Ministère de la justice à Berlin, en 1887 nommé professeur à l'Université de Heidelberg. Mais il a refusé ces offres pour rester fidèle à l'Université de Strasbourg. Depuis 1880 il est membre du Conseil d'Etat d'Alsace-Lorraine.

Labus (Étienne) — Page 1298, ligne 26 — Au lieu de *1844* lisez *1873*.

Lampertico (Fedele) — Page 1310 — Cet illustre économiste n'a pas le titre de professeur émérite comme on avait écrit dans sa notice, car il a seulement tenu des cours libres d'économie politique à l'*Accademia Olimpica* de Vicence dès 1863 à 1866. Ajoutez à ses ouvrages : « Scritti storici e letterarii », 2 vol., Florence, Le Monnier, 1881-1882; « Statuti del Comune di Vicenza A. D. MCCLXIV », Venise, 1886; « Il credito », 1884; « Lo statuto e il Senato », Rome, tip. del Senato, id.; « La legge dell'affrancazione e abolizione delle decime », Padoue, Drucker et Senigaglia, 1888. En outre des remarquables relations et discours au Sénat, pendant ces dernières années.

Lamprecht (Charles-Gotthard) — Page 1310 — Corrigez ainsi sa notice: écrivain allemand, né, à Jessen, près de Wittemberg (Saxe), le 25 février 1856; il a étudié au gymnase de Schulpforte (Thuringie) et aux Universités de Gœttingue, Leipzig et Munich (Bavière); a été professeur agrégé au gymnase *Frédéric-Guillaume* à Cologne, et à présent il est professeur d'histoire à l'Université de Bonn. Ajoutez à ses ouvrages: « Skizzen zur Rheinischen Geschichte », 1887; « Études sur l'état économique de la France pendant la première partie du moyen-âge », 1889; « Die römische Frage von König Pippin bis auf Ludwig den Frommen », id. Il a fourni en outre plusieurs articles aux *Conrad's Jahrb. für Nat-ök*, à la *Herbst's Encyklop. der Neuren Geschichte*, à *Grunow's Deutsch. Encyklop.* et enfin à la *Westdeutsche Zeitschrift für Geschichte und Kunst.*, dont il est un des fondateurs.

Lanczy (Jules) — Page 1310 — Nous donnons ici sa notice complète. Écrivain hongrois, né, à Budapest, le 17 janvier 1850, attaché aux Ministères des finances et de l'intérieur depuis 1872, député au parlement depuis 1887, agrégé à la chaire de sciences politiques à l'Université de Budapest, professeur d'histoire universelle à l'Université de Kolosvár (1890). Nous avons de lui: « La réforme de l'enseignement supérieur et la culture moderne de la Hongrie », 1879; « Essais sur l'époque des réformes constitutionnelles en Hongrie » (en allemand); « L'origine des Communautés rurales », 1881; « Essais historiques sur la politique nationale de la Hongrie pendant les insurrections aux XVIIe et XVIIIe siècle », 1882; « Sur l'organisation de la justice administrative en Hongrie », id.; « La méthode de l'histoire », 1885.

Landois (Hermann) — Page 1312 — Ajoutez: Né le 19 avril 1835 à Münster.

Landtmansou (Charles-Jean-Gustave — Page 1313 — Au lieu de *frère du précédent* lisez: *frère du suivant*.

Lanza de Casalanza (François) — Page 1317 — Corrigez: Agronome italien au lieu d'astronome italien et ajoutez qu'il a été professeur d'économie rurale et de sciences naturelles et qu'il est membre de l'Académie des *Georgofili* de Florence depuis l'époque de sa fondation et qu'il a eu pour collègues MM. le marquis Ridolfi, Lambruschini et N. Tommaseo.

Laura (Secondo) — Page 1324 — Ajoutez: « Trattato di Farmacoterapia comparata ». Il fonda en 1883 le journal *Dosimetria* et le Petit hôpital pour les enfants pauvres à Turin, où en 1887 il fonda encore l'*Ospedale cooperativo operaio*.

Lazarus (Maurice) — Page 1330 — Ajoutez: « Treu and Frei », 1887; « Carnaval », et « Sontagsfeier », dans *Nord und Sud*, 1882-87.

Le Bourdellès (Raymond) — Page 1332 — M. L. B. vient de publier une brochure sur: « Machiavel, sa vie, ses œuvres et ses doctrines », Paris, Marchal et Billard.

Lechler (Gotthard-Victor) — Page 1333 — En 1887 il a été nommé membre correspondant de la R. Académie des Sciences de Munich.

Ledieu (Alcius) — Page 1337 — Ajoutez a sa notice les ouvrages suivants: « Boucher de Perthes, sa vie ses œuvres », 1 vol., 1886; « L'imprimerie et la librairie à Abbeville avant 1789 », 1887; « La vallée du Liger et ses environs », 1 vol., id. Plusieurs travaux de M. L. ont été couronnés par la Société des Antiquaires de Picardie, l'Académie d'Amiens, de la Société académique de Saint-Quentin et de l'Académie d'Arras; il est correspondant du Ministère de l'instruction publique et officier d'Académie.

Leger (Louis) — Page 1339 — Complétez ainsi la liste de ses remarquables ouvrages: Histoire de l'Autriche-Hongrie », 2me éd., 1888; « Grammaire russe », id., 1887; « Nouvelles études slaves », 2e séries, 1882-87; « La chronique dite de Nestor traduite du slavon-russe », 1884; « La Save, le Danube et le Balkan », id.; « Contes slaves », 1882; « La Bulgarie », 1886. Tous ces ouvrages ont été publiés à Paris. Ajoutez aux revues: *Revue internationale de l'enseignement supérieur*; il a en outre collaboré à la *Grande Encyclopédie* où il a donné d'importants articles sur l'Autriche et les Pays slaves.

Le Kay (Grégoire) — Page 1344 — Lire: Le Roy.

Lemaître (Jules) — Page 1345 — Au *Vaudeville* de Paris le 16 octobre 1890 a été représentée avec succès la nouvelle pièce de M. L. « Le Député Leveau ».

Linde (Antonius VAN DER) — Page 1373 — La dernière publication de ce savant historien hollandais est intitulée: « Calvin en Servet », Groningue, 1890.

Lioy (Paul) — Page 1375 — Ses derniers volumes « Alpinismo » et « Notte ed ombra » ont été publiés en 1890 par C. Chiesa et G. Guindani, et en 1891 chez Treves, à Milan.

Lovenjoul (Charles, vicomte DE SPOELBERCH DE) — Page 1392 — Cette notice s'applique au même écrivain que celle de la page 828: De Spoelberch de Lovengoul (vicomte Charles-Victor-Maximilien-Albert). Le nom réel est Lovenjoul.

Lubovitsch (Nicolas DE) — Page 1395 — Au lieu d'*historien russe polonais*, lisez: *historien russe*.

Lucchini (Louis) — Page 1396 — L'Académie Royale des sciences, des lettres et des beaux-arts de Belgique en 1888 l'a élu membre associé.

Ludovisi (Ercole) Page 1398 — Au lieu de « professeur de chimie à l'Université de Palerme » lisez: « professeur de chimie et de merceologie à l'Institut tecnique et professeur de chimie-pharmaceutique médicale et de tossicologie à l'Université de Ferrara ».

Lugol (Julien) — Page 1399 — Aux traductions de M. le chev. Julien L. en français, il faut ajouter de l'italien: « Nouvelles Odes Barbares »; « Troisièmes Odes Barbares »; « Piemonte », et « Sonnets » de Giosuè Carducci; de l'espagnol: « Riverita », roman de A. Palagio Valdès; « Gloria », de B. Perez Galdòs; « L'ennemi », de F. A. Picón; « Le Manoir d'Ullo », de Mme Emilia Pardo Bazàn; « Le souper de Sarah Wilun », de Louis Alfonso; et des nouvelles espagnoles de divers auteurs.

Lundstrom (Matilda) — Page 1401 — Femme, pas sœur du précédent (Lundstrom Georg).

Macrì-Correale (Dominique) — Page 1410 — Sous le titre « Crisantea », dans une édition de luxe, viennent d'être publiées des traductions en vingt langues différentes faites par des poètes en renom, des vers de M. M.-C. en l'honneur de sa mère, intitulés: « Tramonti ».

Maeterlevick (Maurice) — Page 1411 — Cette notice, où se sont accumulées les coquilles typographiques, doit être remplacée par la suivante: Maeterlinck (Maurice) — écrivain belge, demeurant à Gand. Il a collaboré à la *Pléiade* de Paris, à la *Jeune Belgique* et à la *Société nouvelle* de Bruxelles, et publié: « Serres chaudes », un volume d'étranges et souvent admirables poèmes, puis trois drames qui seront prochainement mis à la scène par M. Antoine, le directeur du *Théâtre-Libre* de Paris: « La princesse Maleine »; « L'intruse »; « Les Aveugles ». M. M. n'était connu que d'un petit nombre d'esprits délicats quand un article de M. Octave Mirbeau, paru au mois d'août 1890 dans le *Figaro* et suivi bientôt d'un autre de M. Gustave Frédérix dans l'*Indépendance belge*, d'un autre encore de M. Alfred Vallette dans le *Mercure de France*, vint brusquement le rendre célèbre.

« M. Maurice Maeterlinck nous a donné il y a
« six mois, disait M. Mirbeau avec un peu
« trop d'enthousiasme sans doute, l'œuvre la
« plus géniale de ce temps, et la plus extraor-
« dinaire, et la plus naïve aussi, comparable et
« — oserai-je le dire? — supérieure en beauté
« à ce qu'il y a de plus beau dans Shakespeare.
« Cette œuvre s'appelle « La Princesse Malei-
« ne ». Existe-t-il dans le monde vingt per-
« sonnes qui la connaissent? J'en doute.... Le
« sujet de la « Princesse Maleine » est pareil
« au sujet des contes que content, le soir, aux
« petits enfants, les nourrices. C'est l'histoire
« d'une petite princesse, fille de roi, fiancée à
« un prince, fils de roi, et qui, d'après une suite
« d'incroyables malheurs, meurt étranglée par
« une méchante Reine. Raconter ce drame dans
« ses détails, je ne le puis. Ce serait en gâter
« le charme immense, en atténuer l'immense
« terreur où il jette les âmes. Il faut le lire,
« et quand on l'a lu, le relire encore. Je crois
« que, pour ma part, je le relirai toujours. Ja-
« mais, dans aucun ouvrage tragique, le tragi-
« que n'atteignit cette hauteur vertigineuse de
« l'épouvante et de la pitié. Depuis la première
« scène jusqu'à la dernière, c'est un crescendo
« d'horreur qui ne se ralentit pas une seconde
« et se renouvelle sans cesse. Et le livre fer-
« mé, cela vous hante, vous laisse effaré et
« pantelant, et charmé aussi par la grâce infi-
« nie, par la suavité triste et jolie qui circule
« à travers cet effroi total, M. Maurice Maeter-
« linck n'emploie aucun des moyens en usage
« dans le théâtre. Ses personnages ne débitent
« aucune tirade. Ils ne sont compliqués en rien,
« ni dans le crime, ni dans le vice, ni dans
« l'amour. Ce sont, tous, de petites âmes em-
« bryonnaires qui vagissent de petites plaintes
« et poussent de petits cris. Et il se trouve
« que les petites plaintes et les petits cris de
« ces petites âmes sont ce que je connais de
« plus terrible, de plus profond et de plus dé-
« licieux, au delà de la vie et au delà du rêve.
« C'est en cela que je crois « La Princesse
« Maleine » supérieure à n'importe lequel des
« immortels ouvrages de Shakespeare. Plus tra-
« gique que « Macbeth », plus extraordinaire
« de pensée que « Hamlet », elle est d'une
« simplicité, d'une familiarité — si je puis dire

« — par où M. Maurice Maeterlinck se montre
« un artiste consommé, sous l'admirable instinc-
« tif qu'il est: et la poésie qui encadre cha-
« cune de ces scènes d'horreur en est tout à
« fait originale et nouvelle; plus que cela: vé-
« ritablement visionnaire ».

Mahutte (Franz) — Page 1416 — M. M, est né à Mons, et il a été reçu docteur en philosophie, avec la plus grande distinction, par l'Université de Bruxelles, au cours de l'année académique 1880-1881.

Maineri (B. E.) — Page 1419 — Ajoutez à ses ouvrages: « Lottare e vincere », contes, Turin, Roux édit., 1890.

Marescotti (Hercule-Arthur) — Page 1437 — Ajoutez aux ouvrages de M. M.: « Il Duca Riccardo », roman, Turin, Roux, 1890, et en préparation un autre roman: « Egle ». Nous avons encore de lui trois romances pour chant: « Sonno e morto »; « Medio-Evo »; « No, non chiamarmi ». M. M. a été un des fondateurs, puis le secrétaire du Comité génois de la Société *Dante Alighieri*, et à ce sujet il a publié un pamphlet sous le titre: « Morselleide », Gênes, Papini, 1891.

Mariotti (Philippe) — Page 1440 — Le 9 février il a quitté le Ministère de l'Instruction publique, où il était sous-secrétaire d'état.

Marradi (Jean) — Page 1442 — Ajoutez: « Nuovi canti », Milan, Treves, 1891.

Martinengo-Cesaresco (Evelyn) — Page 1449 — Recemment a publié: « Patriotti italiani, ritratti », Milan, Treves, 1890, traduction d'un livre remarquable publié en anglais, sous le même titre.

Martini (Ferdinand) — Page 1450, ligne 27 — Au lieu de: *verte* lisez: *verve*.

Marx (Roger) — Page 1451 — A la ligne 25, au lieu de 1889, lisez: 1883; à la ligne 31, au lieu de Sonnets, lisez: *Jouets*; aux lignes 47, 51 et 53 au lieu de: Castagnaux, lisez: *Castagnary*; à la ligne 52 au lieu de: coadjuteur, lisez: *codirecteur*; à la ligne 55 au lieu de: ses lisez: *les*.

Massarani (Tullo) — Page 1454 — Ajoutez: Il vient de publier un grand volume: « Cesare Correnti nella vita e nelle opere », Rome, Forzani, 1890. M. M. dont le culte fervent de l'art, de la patrie et de l'amitié ne s'est jamais démenti, a fait revivre par des monographies admirables plusieurs des grands patriotes qu'il a connu dans l'intimité. Son style est original et brillant; ciseleur exquis tout ce qui est sorti de sa plume a le cachet du talent. Esprit libéral il est un modèle de citoyen; sa littérature noble a été l'expression fidèle de la vie pure d'un artiste et d'un sage.

Mayr (George von) — Page 1462 — Ajoutez: « Das Deutsche Reich und das Tabakmonopol », Stuttgart, 1878. M. M. vient de fonder une nouvelle Revue statistique: *Allgemeines Sta-*

tistisches Archiv, dont le premier volume a paru en automne 1890; il faut encore ajouter qu'il a collaboré au *Wörterbuch des Deutschen Verwaltungsrechts*, de Stengel.

Mazzoni (Guy) — Page 1463 — A la notice biographique de ce brillant poète et érudit, corrigez et ajoutez: En 1887, il n'a pas quitté le ministère, à la suite de la crise ministérielle, mais parcequ'il avait obtenu, au concours, la chaire de Padoue. Après le mot « Meleagro » corrigez *Gadara*. Il a encore publié: « Laudi cortonesi del secolo XIII », Bologne, 1890; « Due epistole in versi sciolti del secolo XIV; questioni metriche », Padoue, 1888; enfin une nouvelle édition de ses « Poesie », Bologne, Zanichelli, 1891.

Meilhac (Henri) — Page 1465 — Le 27 octobre 1890 a obtenu aux *Variétés* un vrai triomphe « Ma cousine », nouvelle pièce de M. M. Il est devenu membre de l'Académie française. Il est aussi un des bibliophiles les plus distingués.

Menant (Joachim) — Page 1467 — Aujourd'hui M. M. est Conseiller honoraire et membre de l'Institut.

Mescherski (Wladimir, Prince) — Page 1472 — Lisez: Mestcherski, et corrigez *Grasdanine* au lieu de *Grashanine*.

Mesnil (le vicomte Clément-Edmond RÉVÉREND DU) — Page 1472 — Ajoutez à ses ouvrages: « La Bienheureuse Ph. de Chantemilan, sa famille, sa vie et ses miracles », Roanne, 1890; et « Essai de généalogie des premiers seigneurs de Bourbon-Lancy, d'après les Cartulaires du temps (X^e à XIIIe siècles) », importante révélation d'une famille inconnue; mémoire lu à la Sorbonne, au Congrès des Sociétés Savantes, le 28 mai 1890. — En outre, dans la notice de cet écrivain (page 1473), à la ligne 6, au lieu de *Fauze* lisez *Favre*; à la ligne 9, au lieu de *Lalbonne* lisez *Valbonne*; à la ligne 17, au lieu de *Zancy* lisez *Lancy*.

Meyer (Rodolphe-Delange-Henri) — Page 1477. Ajoutez: à ses publications « Le Christianisme du Christ », Paris, Fischbacher, 1883; « L'application de la loi du 28 mars et les minorités religieuses », id., id., 1884.

Mézières (Alfred) — Page 1479 — Cet illustre littérateur a été nommé membre de l'Académie italienne de la *Crusca*. Il a publié dans la *Revue internationale* de Florence des intéressants « Souvenir d'un voyage en Grèce ». Il est l'un des doyens de la presse française, collaborateur fort apprécié du *Temps*, et ami sincère de l'Italie. Son influence politique comme député au Parlement est entièrement bienfaisante.

Mistral (Frédéric) — Page 1490 — La dernière publication de ce grand maître est: « La reine Jeanne », Paris, Lemerre, 1890, tragédie en 5 actes et en vers avec la traduction française. L'apparition de « Miréio » avait été saluée par Lamartine dans les termes les plus enthousiastes; Gounod s'y est inspiré pour sa « Mireille ». Tous les Provençaux intelligents savent par cœur ce poème de la jeunesse de M. M. Mais si on veut mieux saisir le caractère de ce poète qui personnifie à lui seul tout ce qu'il y a de beau, de grand et de poétique en Provence il faut lire son recueil lyrique: « Les îles d'or ». Citons encore: « La Communion des Saints »; l'« Ode aux poètes catalans »; « La Coupe »; « La fin du moissonneur »; « Le Tambour d'Arcole »; « Le Lion d'Arles »; « L'Hymne à la race latine »; « La popularité de M. M. en Provence n'a rien qui l'égale; il porte en lui l'âme de la Provence et elle le vénère et l'écoute comme un oracle.

Modona (Lionel) — Page 1492 — Après: « L'uomo e la natura », chanson, ajoutez *Bologne*; « Il mito di Saffo e Faone », ajoutez *ivi*; « Da un codice della Biblioteca universale di Bologna », corrigez: *Da un codice della Biblioteca Universitaria di Bologna;* « Liddur Tefillôth ecc. », 1877, ajoutez: *Casale, tip. Pane, 1877;* après: dans la « Revue des études Juives », ajoutez: *t. XV, n. 39, Paris, 1887;* « Catalogo dei manoscritti ebraici che si conservano nella Biblioteca della R. Università » (Bollettino dell'Istruzione pubblica), 1886; *Catalogo dei manoscritti di Bologna* » (Extrait des *Cataloghi dei Codici orientali di alcune Biblioteche d'Italia stampati a spese del Ministero della Istruzione pubblica, fasc. IV*), Florence, tip. Le Monnier, 1888. Ajoutez enfin les titres de ses derniers ouvrages: « Norme per la catalogazione e schedatura di opere orientali in Biblioteche italiane » (*Rivista delle Biblioteche*, 1889), Florence, typ. Carnesecchi, 1890; « Degli incunaboli e di alcune edizioni ebraiche rare o pregevoli, nella Biblioteca della R. Università di Bologna », extrait du journal *Il Bibliofilo*, année XI, n. 7, 8-9, Casale, typ. F. Apollonio, 1890.

Monod (Mme William née VALLETTE) — Page 1497 — Née à Naples et non à Paris. A la page 1498, ligne 5e, au lieu de *Ouzomiah* lisez *Ormiah*. Le mari de Mme M. est à présent aumônier de la Maison des Diaconesses à Paris.

Montagne (Victor-Alexandre DE LA) — Page 1498 — Cette notice fait double emploi avec la notice De la Montagne (Victor-Alexis), insérée à la page 793. En réalité, les prénoms de cet écrivain sont Victor-Alexandre.

Morosi (Antoine) — Page 1505 — Ajoutez que deux nouvelles de cet auteur ont été traduites en français par M. E. Asse et insérées au *Patriote de Chateaudun* et au *Glaneur Savenaisien*. Il a suivi sa collaboration à la *Cultura* de Rome, et quatre des contes qui feront partie de son volume qui paraîtra prochainement: « Novelle ridanciane oneste e liete »

(*Ipnotismo, Notti Russe, E così fu* . . . . . et *Ever and for ever*), ont été insérées au *Fanfulla della Domenica* de Rome. En préparation: « Dizionario Mitologico », qui doit se publier à Rome en 1891. M. M. depuis juillet 1889 est secrétaire de M. A.-V. Vecchj (*Jack la Bolina*).

Müller (Frédéric-Auguste) — Page 1515 — A cause de l'identité d'un des prénoms et du nom de famille, on a amalgamé dans la notice de M. Frédéric Auguste *Müller*, professeur à l'Université de Königsberg, la notice qui concerne M. Frédéric *Müller*, professeur à l'Université de Vienne — et des deux notices on a fait une seule. En réparation à cette regrettable erreur, nous reproduisons les deux notices intégralement, en bon ordre.

Müller (Frédéric), célèbre philologue et ethnologue autrichien, né, le 5 mars 1834, à Jemnik en Bohême, étudia, de 1853 à 1857, la philologie classique et les langues orientales à l'Université de Vienne, et en 1858 il fut nommé bibliothécaire de l'Université de cette metropole. Quelque temps après, il fit passage à la bibliothèque impériale dans la même qualité, mais à cause d'un affaiblissement des organes de sa vue, il dut, en 1884, renoncer à cette charge. En 1860, il prit son habilitation à l'enseignement de la philosophie comparée et devint d'abord *privat-Docent* et successivement professeur extraordinaire (1866) et professeur ordinaire (1869) de cette faculté et de sanscrit à l'Université de Vienne. Depuis 1869, il est un des membres de l'Académie impériale des sciences, et est aussi un des huit membres étrangers de la Société asiatique italienne. A cet illustre représentant de l'ethnographie linguistique, on doit: « Allg. Ethnographie », Vienne, 1873; 2ᵉ éd., 1878-79; « Der linguistische und Ethnographische Theil der Reise der Oesterr. Fregatte « Novara » um die Erde », id., 1867-68; « Grundriss der Sprachwissenschaft », id., vol. 1-3, 1876-88. Ainsi que une foule d'articles qui constituent le precieux materiel d'une grammaire comparée des langues iraniques, et plusieurs autres écrits philologiques parus dans l'*Orient et Occident* de Benfers, dans le *Geogr. Jahrb.* de Behm, dans les *Mittheilungen der Wien. Anthropol. Ges.*, société à laquelle il appartient, comme membre, depuis longtemps, et dans la *Wiener Zeitschr. für die Kunde des Morgenlandes*.

Müller (Frédéric-Auguste), docteur en philosophie, professeur ordinaire des langues sémitiques à l'Université de Königsberg, né, le 3 décembre 1848, à Stettin; il fit ses premières études au gymnase de cette ville, et puis après à l'Université de Leipzig, où il étudia particulièrement la philologie et les langues orientales. En 1868, il fut nommé docteur en philosophie à l'Université de Halle, et jusqu'à 1869 il occupa la place de maître-adjoint au gymnase de Neu-Ruppis (Brandeburg). De 1869 à 1875, il enseigna la langue latine à l'École Supérieure de Halle et dans cette période (1870) il y fut reçu comme professeur agrégé. En 1874, il fut nommé professeur extraordinaire à l'Université et en 1882, il passa a Königsberg comme professeur ordinaire, où il se trouve toujours. Il est auteur des ouvrages suivants: « Imrunlkaisi Mu allaka, commentario critico illustrat. », Halle, 1868; « Hebräische Schulgramatih », id., 1878, traduite en anglais et publiée sous le titre: « Outlines of Hebrew Syntax », par J. Robertson, Glasgow, 1882, réimprimée, 1885: « Ibn Abi Useibia », 2 vol., Cairo, 1299, Königsberg, 1884; « Der Islam im Morgen- und Abendland », 2 vol., Berlin, 1885-87; « Arabische Quellen zur Geschichte der indischen Medecin (*Zeitschr. d. deutsch. Morgenl. Ges.*), 1880 ; « Ueber Text u. Serachgebrauch von Ibn Ubi Useibia's Geschichte der Aertze », voir: *Sitzungsber. d. Münchn. Ak.*, 1884; « Kilâb-al-Tihrist », avec notes, Leipzig, 1872; « Die griechischen philosophen in der arabischen Ueberlieferung », Halle, 1873 ; « Türkische grammatik, mit Chrestomathie und Glossar », Berlin, 1889; « Katalog der Bibliothek der Deutschen Morgenländischen Geselleschaft », 2 part., Leipzig, 1880-81. M. M. est aussi collaborateur au *Meyer's Conversations-Lexikon*, à l'*Encyklopädie* d'Ersch et Gruben. Il a travaillé à la « Caspari's Arb. Grammatik », Halle, 1876-1887; et les écrits philologiques se trouvent épars dans les publications spéciales allemandes, parmi lesquelles nous citerons: *Zeitschr. d. deutsch. morgenländ. Gesellesch.* M. le prof. M. a pris une part active au Congrès International des Orientalistes de Stockholm (1889) et il a reçu à cette occasion la décoration de l'ordre de Saint-Olaf de Norvège.

Mumm (Rodolphe) — Page 1518 — Dans cette notice au lieu de: Warthe, *Warte*; au lieu de Brunn Mayer, *Bruno Mayer*; et au lieu de: Reilsebirder, *Reisebilder*. — M. M. est né le 4 et non pas le 5 octobre. En outre il a publié: « Ueber Credit unde Genossenschaftwesen der Neuzeit mit Bezug auf das Handwerk », Strasbourg, 1889; dont la suite « Der Personal Credit und die creditversicherung », a paru dans le nouveau *Pitaval* de 1890.

Munir y Terrones — Page 1519 — Au lieu de : *Munir* lisez: *Muñiz*. M. M. ne fut pas ordonné Diacre, mais seulement il a été des *Ordres mineurs*.

Musset (Paul-Louis-Georges) — Page 1523 — M. M. est à présent président de la Commission des Arts et monuments historiques de la Charente-Inférieure et Société d'Archéologie de Saintes.

Nannarelli (Fabius) — Page 1525 — Ajoutez que la maison éditoriale U. Hoepli de Milan, en 1890, a publié sa traduction polimétrique du « Faust », de Lenau.

Negri (Gaétan) — Page 1531 — Ajoutez que la maison Treves de Milan publiera ses traductions de deux volumes de George Eliot.

Nepveu (Gustave) — Page 1532 — Ajoutez à ses ouvrages « Mémoires de chirurgie », 2 planches, gr. in-8°, Paris, 1880, chez Delahaye.

Nerucci (Gherardo) — Page 1533 — Dans la notice qui concerne ce brillant écrivain on a dit que M. N. a épousé la nièce de J. B. Niccolini; Elisabeth Niccolini était sa mère; sa femme est Fanny-Caroline Chambers de Londres. M. N. va bientôt imprimer un nouveau livre intéressant: « Histoire du bataillon universitaire toscan en 1848 ».

Nève (Félix-Jean-Baptiste-Joseph) — Page 1535 — M. N. vient de publier un livre intitulé: « La Renaissance des lettres et l'essor de l'erudition ancienne en Belgique », Louvain, 1890.

Nigra (Constantin) — Page 1538 — Corrigez: « I lavacri di Pallade », hymne de Callimaque. On lui doit aussi des poésies lyriques originales d'une façon exquise. Avant de passer à l'Ambassade de Vienne, M. le comte N. à été ambassadeur à Saint-Pétersbourg.

Nimal (Henry DE) — Page 1538 — Les « Légendes de la Meuse » annoncées dans cette notice ont paru à Bruxelles, chez MM. J. Lebègue et Cie, en 1889.

Nocentini (Ludovic) — Page 1541 — Il vient d'être nommé professeur ordinaire de chinois à l'Institut Oriental de Naples.

Nordhoff (Joseph-Bernhard) — Page 1545 — Ajoutez: Né le 22 décembre 1838, étudia au gymnase et à l'Université de Bonn, où en 1869 il prit ses grades. M. N. a publié encore une foule d'articles parus dans les *Annalen d. hist. Ver. für. d. Niederrh.*, dans les *Yeitschr. f. vaterl. Gesch. und Alterthumsk Westphal*, dans les *Borm theol. Litteraturblatt*, etc., etc.

Nurisio (Xavier) — Page 1547 — Le commandeur N. est le chef du secrétariat du Ministère de la Maison Royale d'Italie.

Nys (Ernest) — Page 1548 — Il est né à Courtrai en 1851. Après avoir traduit les: « Principes de droit international » de M. J. Lorimer, il a publié une traduction des « Principes de droit naturel » du même auteur, Bruxelles, 1890. Son œuvre originale la plus récente est une étude sur « Les initiateurs du droit public moderne », id., id., dans laquelle il a consacré toutes les ressources de son érudition à reconstituer les efforts des précurseurs théoriques de l'état laïque moderne, de ces grands penseurs de la première moitié du XIVe siècle: Ockam, Jean de Jandun, Ubertino de Casale, François d'Ascoli, Marsile de Padoue....

Orgels (Léopold-Marie-Émile-Léon-Louis) — Page 1558 — L'année de sa naissance est 1839 et non 1859, et celle de la publication de son « Rapport.... » 1880. M. O. est membre de la Société d'archéologie de Bruxelles et de la Société belge de géologie.

Ottino (Joseph) — Page 1562 — Actuellement l'un des bibliothécaires à l'Université de Turin.

Overbeck (François) — Page 1565 — M. O. est né en 1837, et non en 1887.

Osten-Sacken (le baron) — Page 1561 — Actuellement il est Ministre de Russie à Munich.

Palma De Cesnola (Alexandre) — Page 1571 — M. P. reçut trois médailles à la valeur militaire, obtint plusieurs titres honorifiques; il est membre honoraire et correspondant de plusieurs Académies scientifiques européennes. Dernièrement il a publié un ouvrage très important: « I manoscritti italiani nel Museo Britannico di Londra ». M. P. de C. est l'un des fondateurs de la *Società Dantesca* de Florence.

Pannella (Yacynthe) — Page 2022 — Ajoutez à ses ouvrages : « Della vita e delle poesie di Giannina Milli improvvisatrice », Teramo, Fabbri, 1891.

Pavia (Louis) — Page 1585 — Ajoutez à la liste de ses ouvrages : « Fonologia inglese », Heidelberg, Gros, 1891; « Esegesi della grammatica tedesca », Como, 1891; « Il Cid e i suoi tempi », Milan, Battezzati, 1891.

Pelosini (Narcisse-Félicien) — Page 1588 — Cet éminent écrivain, a été nommée en décembre de cette année sénateur du royaume.

Perez (Bernard) — Page 2023 — Nous savons à la dernière heure, que cet illustre psychologue (et non philologue, comme dans sa notice) a publié son dernier ouvrage sous le titre de : « Le caractère de l'enfant », 1891.

Perez-Gallos — Page 1591 — Corrigez PEREZ-GALDÒZ.

Perotti (Armand) — Page 1592 — En octobre 1890, il a pris l'habilitation pour l'enseignement secondaire. Maintenant il travaille à un autre volume de vers qui paraîtra en 1891.

Petitot (Émile-Fortuné) — Page 1596 — Ajoutez à la notice de cet illustre écrivain qu'il est membre de la Société de géographie de Paris et corrigez: Dindijé au lieu de: Dendijé ; « Monographie des Esquimaux Tchiglit » au lieu de: Elhiglit ; « Parallèle entre la famille caraïbo-esquimande alesanéiens phemeiens » en « Parallèle entre la famille caraïbo-esquimaude et les anciens pheniciens »; Leclerc au lieu de: Leclere; et ajoutez à la longue liste de ses ouvrages : « La Femme aux métaux », Meaux, Marguerith-Dupré, 1888; « Accord des mythologies dans la cosmogonie des Danites arctiques », Paris, Bouillon, 1890; « Origine asiatique des Esquimaux », Rouen, E. Cagniard, 1890.

Phelps Stuart (Miss Elisabeth) — Page 1599 — Ajoutez à sa notice: Elle débuta, comme nouvelliste, dans le *Youth's Companion*, il y a 33 ans; mais sa renommée a commencé par les deux nouvelles: « A sacrifice consumed », et

« The Tenth of January », insérées dans l'*Harper's Monthly* et dans l'*Atlantic Monthly*. A la liste de ses ouvrages ajoutez: « An Old Maid's Paradise and Burglars in Paradise ».

Philipson (Martin) — Page 1600 — Lire, ainsi que dans la notice précédente, **Philippson**. Il quitta l'Université de Bonn pour celle de Bruxelles, et fut en 1886 élu associé par l'Académie royale de Belgique. Outre des travaux moins considérables, il a publié en ces derniers temps deux importants ouvrages, l'un en allemand comme ceux indiqués dans la notice: « Geschichte des preussisches Staatswesen seit dem Tode Friedrich des Grossen », Leipzig, 1880-1882; l'autre en français: « La contre-révolution religieuse au XVIe siècle », Bruxelles, 1884. Un conflit très grave ayant éclaté tout récemment à l'Université de Bruxelles entre M. Philippson, devenu recteur, et les étudiants, le savant allemand s'est vu forcé, le 5 décembre 1890, d'offrir au Conseil académique sa démission de recteur et même de professeur.

Piccini (Jules) — Page 1603 — Il publie à la *Nazione* de Florence des courriers de la ville fort goûtés sous le pseudonyme de *Sigaretta*.

Pilo (Marius) — Page 1612 — Il a enseigné aux lycées de Chieri et de Tarante. Il n'a pas eu des duels, mais il a envoyé des cartels de défi. Au livre : « Quando s'era studenti » au lieu de Reggio-Emilia, Calderini, 1887, corrigez: id., id., id. Sous cette date ont paru ses vers : « Io amo, tu ami, colui ama ». A son ouvrage: « Motivi classici », ajoutez: vers, et à: « Cicero pro domo sua », polémiques. M. P. a collaboré à la *Rivista di filosofia scientifica*.

Pisani (le baron Charles) — Page 1651 — Cette notice fait double emploi avec la notice qui concerne **Dossi**. Ce fonctionnaire, secrétaire particulier de M. Crispi, avant la chute de son chef a été nommé conseiller de légation. On attribue à M. Pisani-Dossi la rédaction d'une partie des discours du premier ministre.

Pitteri (Richard) — Page 1616 — Ajoutez: « Campagna », vers, 1889; « Fiabe », vers, 1890. En outre: « Del riso »; « Del reggimento e costumi delle donne del Barberino »; « Amore e lirica nel medio-evo » ; « Lorenzo de'Medici ».

Polanski (Pierre) — Page 1622 — Voici les corrections essentielles à la notice de M. P. En 1889, il a fondé la gazette *Novyj-Halitschanin* qui devint bientôt l'organe du réalisme littéraire. Dans la même année il prit part au jubilée du théâtre national en écrivant une histoire de son développement. Dans la notice qui le regarde, on a oublié son ouvrage principal: « Mest Boksolany », roman; « Memory halickoho sviastchenika », id. ; « Newolnyk i tyran », id.; « Osrkow i prichod sro warwery wo Widny », monographie; « Jurij Venelin, Maloross, odrodytel Bolharyi », biographie. — Enfin, en 1890, il a publié: « Album de l'Exposition archéologique et bibliographique de l'Institut Stauropigijskoho », et dans son journal une série de feuilletons, sous le titre: « A mes amies », avec le pseudonyme de *Faustina Halitschauka*. Corrigez: « Der Greis vom Balkan », en: « Balkanskaja Krow » et otez les titres des deux comédies, parce qu'elles n'ont jamais été publiées. M. P. a traduit le « Corsaire » de Byron en introduisant ce poète dans la littérature nationale. Il a aussi traduit des poésies de T. Moore, Shakespeare, Burus, etc.

Porret (James-Alfred) — Page 1628 — Ajoutez: « Des éléments essentiels de la Religion », 1889; « Bernard Palissy, esquisse de sa vie (1510-1590), de son caractère et de ses œuvres », 1890. M. P. vient de donner dans cette année un cours comme *privat Docent* à l'Université de Genève sur la *Vie de Jésus*.

Posada-Arango (André) — Page 1629 — M. P.-A. a découvert un nouveau genre de plantes dans la famille des *Cucurbitacées*, auquel M. Cogniaux, monographiste, a donné le nom de *Posadea*, en honneur de M. P. A.

Potter (Agathon-Louis DE) — Page 1629 — Cette notice fait double emploi avec la notice **De Potter** (Agaton-Louis), insérée à la page 816, mais à la 5e ligne de laquelle il faut lire: *conciles* au lieu de: *conclaves*.

Pozzi (Ernest) — Page 1632 — Il a publié: « Un estate in S. Andrea ». Il faut ajouter que M. P. a pris part au combat de Mentana en 1867, et qu'il a servi sous le drapeau de Garibaldi en France en 1870.

Pratesi (Pline) — Page 1634 — En octobre 1888, M. P. a été nommé Proviseur aux études pour la Province de Cagliari, et en septembre 1890 pour l'Ombrie.

Prudenzano (François) — Page 1639 — Il vient de publier à Naples la quatrième édition de la nouvelle : « La Fidanzata di Chamounix » et la troisième édition de: « La Carità educatrice, racconti di affetti domestici e sociali ».

Puini (Charles) — Page 1641 — Dans la notice concernante ce savant orientaliste on a relevé un mot plaisant et spirituel d'une note autobiographique qui le caractérisait ainsi : « Anarchiste en politique, bouddhiste en religion ». M. P. est l'homme le plus paisible de ce monde; il ne s'est jamais mêlé de politique, et n'ayant jamais fait connaître ses principes, il a pu dire plaisamment qu'il n'en a pas, qu'il est « anarchiste »; en tout cas, ajoutons avec plaisir, qu'en 1859 il s'est enrôlé comme volontaire pour la campagne de l'indépendance nationale et qu'il s'est montré excellent patriote. Quant à son bouddhisme, il faut l'entendre ainsi : il connait son Bouddha mieux que personne en Italie, et il l'adore en secret; mais il n'est point un bouddhiste orthodoxe.

Pullè (comte Léopold). Le député P., l'un des secrétaires de la Chambre, vient d'être nommé sous-secrétaire d'État au Ministère de l'Instruction publique.

Putsage (J.) — Page 1643 — M. P. est membre de la Société des ciences, des arts et des lettres du Hainaut.

Rackl (Fraçois) — Page 1648 — À la fin de la 2ᵐᵉ col., ajoutez : « tie. Nous avons de lui les ouvrages suivants :

Ragendralala Mitra Rai Bahadur — Page 1650 — De cet illustre savant indien, qui préside la Société Asiatique de Calcutta et qui est l'un des membres honoraires de la Société asiatique italienne, on comptait en 1889 déjà 113 volumes publiés, dont 65 en anglais, 19 en sanscrit, 21 en bengali etc. ; en dehors des atlas, des articles etc. L'ensemble de ses publications occupe près de 35,000 pages d'imprimé. Parmi ses écrits en anglais nous devons encore signaler un ouvrage en deux volumes sur les « Indo-Arians », la traduction de la : « Chandogya Upanishad », du : « Yoya de Patanjali », et du : « Lalitavistaça ». Au lieu de : *Gopalha*, corrigez : *Gopatha* ; au lieu de : *Purano, Purana* ; au lieu de : *Kamandakia* ; « *Viti* », lisez *Kâmandaki-nîti* ; au lieu de : *Sangrah, Sangraha* ; au lieu de : *Sandawa, Sandarbha* ; au lieu de : *Bhagala, Bhugola* ; au lieu de : *Tilpika, Silpika* ; au lieu de : *Asancha, Asaucha* ; au lieu de : *Siraji, Sivagi*.

Ramorino (Felix) — Page 1654 — M. R. enseigne à l'Université de Pavie aujourd'hui, comme il enseigna à Palerme, la littérature latine et non pas la littérature grècque.

Raoux (Édouard) — Page 1657 — Ajoutez à sa bibliographie : « De la Zoothéraphie », 1886-87 ; « Les trois intempérances », 1839 ; « Le monde nouveau », 1884 ; « Les cerveaux noirs et l'orthographe », 1878 ; « La réligion de l'immortalité personelle d'après Victor Hugo », 1890 ; enfin M. R. a en préparation : « La Zoothéraphie » et le resumé de la « Réforme médicale » du docteur Combes de Paris.

Rapisardi (Marius) — Page 1657 — Pour paraître : « Empedocle », poème.

Rasi (Louis) — Page 1658 — Son livre : « Il libro degli aneddoti », a été publié en décembre 1890.

Rayna (Pie) — Page 1660 — Ajoutez que ce savant littérateur est professeur de littérature et de langues néo-latines à l'*Istituto di Studi Superiori* de Florence.

Remonchamps (Édouard) — Page 1669 — Lisez : Remoncamps. La comédie « Tâti l'Perriqui » a eu 3 éditions et plus de 200 représentations.

Ricci (Conrad) — Page 1676 — Ajoutez : « La storia di un'avventuriera », Milan, Treves, 1891.

Richald (Louis) — Page 1674 — Il est né à Namur en 1838.

Richemond (Louis-Marie-Meschinet DE) — Page 1678 — Il n'a jamais été professeur à l'École Normale de la Rochelle — Ajoutez qu'il a été nommé en 1875, correspondant du Ministère de l'Instruction publique pour les travaux historiques et les beaux-arts. Officier de l'Instruction publique (1876), titulaire d'une médaille d'honneur de la Société nationale d'encouragement autrichien (1878), officier de l'ordre du *Nicham* (1889), bibliothécaire du cercle rochelais de la ligue de l'enseignement (id.) ; et qu'en dehors des « Inventaires des Archives de la Charente-Inférieure », il a publié : « La Rochelle et ses environs » ; il collabora au *Dictionnaire des familles du Poitou*, par MM. Beauchet Filleau et fils, il traduisit avec M. A. E. Meyer ; l'« Histoire des réfugiés Huguénots en Amérique » du docteur C. W. Caird ; il a publié un certain nombre de biographies et donné des conférences historiques. Il est, depuis trente ans, membre du bureau et secrétaire de la Société des Sciences naturelles de la Charente Inférieure, établissement d'utilité publique. Completez ainsi la notice : Le Conseil général lui a fait bâtir un bâtiment isolé pour mettre les Archives départementales à l'abri de l'incendie, et lui a voté des félicitations en 1849 ; « Les Marins Rochelais » forment une publication entièrement distincte de la « Biographie de la Charente-Inférieure » ; « La Rochelle et ses environs », est précédée d'une notice historique par M. de Quatrefages, de l'Institut. M. de R. est secrétaire de la Société des Sciences naturelles de la Charente-Inférieure, établissement d'ntilité publique, et il publie un rapport annuel sur les travaux de cette Société. Comme archiviste, il publia également depuis 28 ans un rapport annuel sur les archives de la Charente-Inférieure dans le volume des délibérations du Conseil général. Son livre sur le « Siège de la Rochelle » et sa publication : « Documents historiques inédits sur la Charente-Inférieure », lui ont valu des lettres de M. Guizot, et son étude sur « La Rochelle d'outre Mer », une lettre de M. J. Dufaure.

Righi (Auguste) — Page 1680 — En 1889 il a été nommé professeur à l'Université de Bologne.

Ristelhuber (Paul) — Page 1682 — M. R. est officier d'académie et lauréat de l'Institut pour son édition des « Deux dialogues de langage italianisé », de Henri Estienne, 2 vol. in-8º, Paris, Lemerre.

Rivier (Alphonse-Pierre-Octave) — Page 1685 — M. R. a publié aussi, en 1889, un traité du droit des gens, en allemand : « Lehrbuch des Völkerrechts », chez Enke, à Stuttgart.

Ruelens (Charles) — Page 1711 — M. *Charles-Louis* Ruelens est né, à Bruxelles. en 1820. Parmi les ouvrages qu'il a préparés pour la Société des bibliophiles de Belgique, il importe de citer surtout un beau « Recueil de chansons, poèmes et pièces en vers français relatifs aux Pays-Bas », Bruxelles, 1870-71.

Saint-Signy (pseudonyme de M. *Marcel Gallet*) — Page 1718 — M. S.-S. a publié aussi les ouvrages suivants: « L'Apôtre », roman philosophique, en collaboration avec M. Chauvigné; « Le Renard pris au piège », comédie en un acte, en vers; « Italia », poème; « L'homme s'agite et la femme le mène », comédie en deux actes, en vers. Enfin, M. S.-S. a fondé avec M. Albance Lavallée, le 1er juillet 1890, une grande revue artistique et littéraire *Le XXe siècle littéraire*, revue internationale latine, avec le concours des principaux littérateurs de chachun des pays latins.

Scherzer (Charles DE) — Page 1741 — Consul d'Autriche-Hongrie à Gènes et commandeur italien. Pendant son voyage au Pérou, il rémarqua ainsi que le docteur Mantegazza à l'Argentine, les vertus médicales des feuilles sèches de Coca, lesquelles communiquées par lui au laboratoire du professeur Wochler à Goettingue, amenèrent à la découverte importante de la cocaïne, « *Ergebnisse einer Reise um die Erde* »; « Expedition nach *Siam, China* und *Japon* ».

Schiaparelli (Celestin), est né, à Savigliano, en Piémont, le 14 mai 1841. Il assistait comme délégué du gouvernement italien au Congrès International des orientalistes à Stockholm, où il présenta un mémoire sur: « L'arte poetica di Talab », publié en 1890, à Léide.

Schiaparelli (Ernest), corrigez le titre de l'un de ses ouvrages: « Sul significato simbolico delle piramidi egiziane ». Dans le quatrième volume du *Giornale della Società asiatica italiana* il vient d'insérer une profonde étude sur la géographie de l'ancienne Égypte.

Schiaparelli (Jean-Virginius) — Page 1741 — L'Académie des sciences en France vient de décerner le prix *Lalande* à cet illustre astronome italien pour ses découvertes scientifiques, et surtout pour ses travaux sur les planètes Mars, Vénus et Mercure. Corrigez qu'il est né à Savigliano et non pas à Savignano; au lieu d'*Eudossia, Eudossio;* et ajoutez au nombre de ses publications: « Il movimento dei poli di rotazione sulla superficie del globo », Turin, 1883; « De la rotation de la terre sous l'influence des actions géologiques », Saint-Pétersbourg, 1889; « Considerazioni sul moto rotatorio del pianeta Venere », Milan, 1889.

Schneegans (Charles-Auguste) — Page 1749 Ajoutez: « Romeo's Tochter ». Stuttgart. Les nouvelles siciliennes « Sicilien » ont été traduites en italien, sous le titre: « La Sicilia », chez Barbèra, Florence, par Bulle et Rigutini.

Schuré (Édouard) — Page 1758 — Il vient de publier un beau livre sur « Les Grands Initiés ».

Serao (Mathilde) — Page 1768 — Ajoutez: « Paese di cuccagna », roman, Milan, Treves, 1891 (actuellement sous presse).

Serrure (Raymond) — Page 1770 — Les lignes 17 et 18 de cette notice doivent être remplacées par: .... « de poids et mesures du musée royal d'antiquités et .... — Le « Répertoire » de MM. Engel et Serrure a été couronné par l'Institut de France en 1890, et non 1870.

Simon (Édouard) — Page 1776 — Ajoutez: « L'Empereur Guillaume II », 1889, 4me édition. Les quatre ouvrages de M. S. sont été traduits en allemand et en anglais. M. S., s'est rétiré du *Mémorial diplomatique* pour se consacrer à des travaux historiques. Au *Constitutionnel* il traite les questions de politique *extérieure* et non *intérieure*.

Simon (Jules). Cet illustre écrivain, homme d'état, économiste, penseur et grand ami de la race latine, vient de publier un petit volume délicieux intitulé: « Les mémoires des autres », ravissant d'un bout à l'autre.

Soulary (Joséphin) — Page 1789 — N'est pas seulement l'un des meilleur poètes français, mais comme auteur des sonnets, un véritable maître.

Strambio (Gaëtan) — Page 1810 — Dans ces jours il vient de publier: « La pellagra, i pellagrolosi e le amministrazioni pubbliche; saggi di storia e di critica sanitaria », 1 vol. in-8° — Cet important ouvrage se vend au bénéfice de l'*Opera Pia Commissione permanente per la Pellagra nella Provincia di Milano*, dont M- S. est le Président.

Taine (Hippolyte-Adolphe) — Page 1820 — Dans la notice qui a été rédigée sur cet illustre écrivain, chef de l'École de la philosophie positiviste appliquée à l'art, à l'histoire et à la psychologie, se sont glissée quelque faute et quelques appréciationes, que nous tenons à corriger. Ce n'est pas en 1872, mais en 1879 qu'il a remplacé M. de Loménie à l'Académie française. M. T. est un phsychologue achevé; le seul spiritualisme qu'il refuse est le trascendental; il tient compte des causes et des milieux dans l'exposition des faits; c'est dans cet esprit qu'il a écrit ses leçons sur l'art, son « Histoire de la littérature anglaise » et son « Histoire des origines de la France contemporaine », où tout ce qu'y est dit est bien vrai, quoiqu'une partie de la vérité qui pouvait être dite ait été négligée. M. T. est écrivain de grand talent; esprit solitaire et indépendant, depuis sa reception à l'Académie, il vit la plus grand partie de l'année dans une propriété près d'Annecy en Savoie. L'Italie n'a point oublié la grande sympathie avec la quelle cet artiste de la plume et ce penseur et voyageur original a parlé d'elle dans son « Voyage en Italie ».

Tamizey de Larroque (Jacques-Philippe) — Page 1823 — Depuis 1876 il est correspondant de l'Institut de France. Le second volume des « Lettres inédites des Peiresc aux frères Dupuy », a paru en 1890. Le 3e paraîtra en 1891.

Taunay (Alfred d'Escragnolle) — Page 1825 — Ajoutez à sa notice : Après son voyage en Europe (1878-1879) M. de T. professa à l'École militaire de Rio de Janeiro jusqu'en 1881, quand il se présenta et fut élu député pour la province de Sainte-Catherine. A la chambre des députés, bien qu'appartenant au parti conservateur, il se fit distinguer par la proposition des mesures les plus avancées (grande naturalisation et naturalisation tacite, mariage civil, sécularisation des cimetières, loi Torrens etc.) et par l'animation patriotique de ses discours. Président de la province de Paraná (1885 à 1886) il fut élu et nommé par l'Empereur, sénateur pour la province de Sainte-Catherine le 28 août 1886. Au sénat il continua sa campagne entre les préjugés et refusa de faire part aux ministères, qui exigeaient sa présence, sans tenir compte des idées qu'il prêchait avec toute l'energie de son caractère. A l'occasion de la révolution du 15 novembre 1889, qui renversa au Brésil la monarchie constitutionnelle, il se retira de la politique militante et se conserva fidèle à Don Pedro II, bien que la République eut immédiatement accepté toutes les idées libérales que M. de T. avait toujours soutenues. L'activité littéraire de cet homme politique ne s'est pas lassée. A differentes reprises il a publié : « Estudos criticos », 2 vol., 1880 ; « Céos e terras do Brazil », 1881 ; une drame avec de magnifiques scènes : « Amelia Smith », 1886 ; « Cartas politicas », 1889, combattant les efforts des républicains, qui ont abouti ; « Curiosidades naturaes do Paraná », 1890 et nombre de brochures et de travaux historiques dans la collection der revues de l'Institut historique. M. de T. qui a reçu en septembre 1889 de l'Empereur le titre de Vicomte de T., a demandé sa démission de l'armée en 1885. Il a en main des ouvrages de haute importance.

Tomasetti (Joseph) — Page 1846 — Il vient de publier dans le *Museo Italiano*, du professeur Comparetti : « Note sui prefetti di Roma ».

Tommasini (Oreste). On a oublié de citer ce nom dans le *Dictionnaire*. Il a compilé un premier volume sur « Machiavel », qui lui a valu un prix et l'honneur d'appartenir à l'Académie des Lincei et à l'Institut Historique italien. Il est conseiller municipal à Rome et riche propriétaire.

Valdarnini (Ange) — Page 1866 — Corrigez qu'il est professeur de philosophie théoretique à l'Université de Bologne. Ajoutez à ses ouvrages : « Saggi di filosofia sociale », Turin, Paravia, 1890.

Vallée (George-François-Edmond). Cette notice a été oubliée. M. V. écrivain français, conseiller de préfecture à Nancy, membre de plusieurs académies, est l'auteur des ouvrages dont suit le titre : « Notice biographique sur le général de division du génie Tripier » ; « Études sur les gloires militaires anciennes et modernes de Montreuil-sur-Mer et d'Hesdin » ; « Utilité des forêts », en collaboration avec M. Jules Bertin ; « Étude sur les Forestiers de Flandre », id. ; « Travaux pour l'histoire de l'abbaye de Chocques » ; « Série d'épitaphes et d'inscriptions artésiennes » ; « Notice sur les Saxons transelbains scandinaves en Flandre », en collaboration avec M. Bertin ; différents articles, notes, discours, etc.

Van de Wiele (Marguerite) — Page 1873 — Le roman annoncé à la fin de cette notice a paru chez Charpentier, à Paris, en novembre 1890, mais sous le titre : « Insurgée ». Mlle V. de W. publiera prochainement : « Tribun, mœurs bruxelloises » et « Les Misères ».

Verardini (Ferdinand) — Page 1881 — Ajoutez à la notice qui concerne cet éminent médecin, le titre de sa dernière publication : « Storia e considerazioni intorno a un caso singolarissimo di macrocefalia da idrocefalo acuto », Bologne, 1890.

Verga (Jean) — Page 1883 — Ajoutez : « Don Candeloro e compagni », roman, Milan, Treves, 1891 ; et : « I ricordi del capitano d'Arce ».

Villari (Antoine) — Page 1894 — Ajoutez à ses ouvrages : « Elda », Naples, Pierro, 1888 ; « A Recanati, giterella », Parme, Battei, 1889 ; « Il capitano Timtim », Milan, Verri, 1890 ; « Tebaldo Falcone », id., id., id. Pour paraître bientôt les « Écrits inédits », de son père Vincent V., Rome, Bocca éditeur.

Villari (Pasquale) — Page 1895 — Depuis le 9 février il est Ministre de l'Instruction publique en Italie et sa nomination a été l'objet de nombreuses démonstrations sympathiques.

Virgili (Antoine) — Page 1899 — En citant les livres de ce littérateur distingué, on a oublié de noter que sa monographie sur Berni a été considérée par les meilleurs lettrés de l'Italie comme un modèle du genre. M. V. est un écrivain exquis, dont les grands mérites n'ont certes pas été convenablement appréciés ; il serait digne par son goût et par ses connaissances d'occuper une chaire de littérature à l'Université, et il continue à enseigner très modestement dans un gymnase.

Vismara (Antoine) — Page 1900 — Corrigez que les deux derniers ouvrages dans la bibliographie de la notice précédente sont à lui et ajoutez que M. V. prit part très activement à la répression des brigands en Italie. Ajoutez à ses ouvrages : « Ombre storiche del passato », 1886 ; « Legislazione sulla caccia e questioni riferentisi », 1889 ; « Morale sociale », 1883 ; « Miracoli dell'osservazione », 1889 ; « Una ghirlanda di margherite », 1883 ; plusieurs commémorations et discours.

Vitta (Édouard) — Page 1901 — Né, à Vérone, et pas à Florence, en 1848; il a servi de 1859 à 1872, et prit part à la campagne de 1866 comme officier du génie dans la division commandée par le Prince Humbert de Savoye. Ajoutez à ses écrits: « Rendiconto dei lavori di costruzione del tempio israelitico di Firenze », Florence, 1882, et des écrits sur la question coopérative des chefs-ouvriers et des ouvriers en constructions. Sa brochure: « La nuova stazione di Firenze », a été publiée en décembre 1890 par la Chambre de commerce de Florence.

Vivante (Annie) — Page 1902 — La maison éditoriale Chiesa et Guindani de Milan a publié au mois de janvier 1891 son roman: « Marion, cantante di caffè-concerto ».

Vogüé (Melchior DE) — Page 1906 — L'éminent critique, membre de l'Académie Française vient de publier un volume de variétés sous le titre: « Spectacles contemporains ».

Warzée (André-J.) — Page 1917 — M. W. est né à Genval en 1816.

Zaccaria (Antoine) — Page 1944 — Il vient de publier à Faenza: « In memoria di S. A. R. il Principe Amedeo di Savoia Duca d'Aosta ».

Zanardelli (Tito) — Page — 1948 — Ajoutons aux publications citées dans cette notice un opuscule déjà un peu ancien: « L'origine du langage expliquée par une nouvelle théorie de l'interjection », et un autre tout récent: « Nouvelles stations préhistoriques des bords de la Meuse ».

Zannoni (Jean) — Page 1948 — Pour paraître prochainement dans la *Scelta di curiosità letterarie*, dirigée par G. Carducci (Bologne, Romagnoli-Dall'Acqua éditeur; « Cronaca bentivogliesca del secolo XV », avec préface et notes, très importante pour la littérature et l'histoire.

Zarbarini (Grégoire) — Page 1949 — Ajoutez à la notice de M. Z. qu'il collabore depuis 25 ans à plusieurs journaux de sa patrie, notamment au *Dalmata di Zara* où il a inséré des articles sur la Dalmatie patriotiques et politiques et aux revues pédagogiques et didactiques. Il a publié encore: « La festa di San Trifone », Spalato, Russo, 1888; « Dalmazia di Dalmatico », extrait du *Pro Patria* de Trieste, 1889-90; « Il palazzo di Diocleziano ed il II della Diocleide », Spalato, Russo, 1890. Les ouvrages inédites du prof. Z. sont; « Milienco e Dobrilla », drame en vers; le second volume des « Versi Dalmatici » et la « Dalmaziade », histoire de la Dalmatie depuis la constitution à nos jours (1860-90) et « Saggio di traduzioni dal serbo », Spalato, 1887.

ÉCRIVAINS DÉCÉDÉS PENDANT LA PUBLICATION
DU
DICTIONNAIRE

Adelmann von Adelmannsfelden (comte Alfred), — Page 20 — Mort, à Wiesbaden, le 19 avril 1887.

Agujar (A.-A.) — Page 25 — Mort en 1887.

Ahlgren (Ernest), femme de lettres suédoise, pas danoise — Page 25 — Morte par suicide en 1889.

Ahnfelt (A.) — Page 26 — Mort en 1890.

Alcott (Amos-Branson) — Page 37 — Mort, à Boston, le 4 mars 1888.

Alcott (Luisa-May) — Page 37 — Morte, à Boston, le 6 mars 1888.

Alencar (Joseph) — Page 38.

Allou (Édouard) — Page 44 — Mort le 13 juillet 1888.

Amari (Michel) — Page 50 — Mort à Florence, le 16 juillet 1889.

Amizar (M.) — Page 56 — Lisez: Ancizar — Mort à Bogotá, le 20 mars 1882.

Angelini (Achille) — Page 64 — Mort, à Florence, en 1889.

Anelli (l'abbé Louis) — Page 70 — Mort, à Milan, le 19 janvier 1890.

Anzegruber (Louis) — Page 70 — Mort, à Vienne.

Apor (baron Charles) — Page 70.

Araujo (Louis-Antoine père) — Page 73.

Arboleda (Jules) — Page 75 — Mort assassiné sur les montagnes des Berruccos, le 13 novembre 1862.

Arcais (marquis François d') — Page 75 — Mort à Castelgandolfo, le 14 août 1890.

Ardito (Pierre) — Page 77.

Arenz (Charles) — Page 79.

Arnold (Mathieu) — Page 86 — Mort, en avril 1888.

Arnulfi (Alberto) — Page 88 — Mort, à Rome, le 27 mars 1888.

Arrhenius (J.) — Page 88.

Aubanel (Théodore) — Page 95 — Mort le 1er novembre 1886.

Aube (Hyacinte-Théophile-Laurent) — Page 95 — Mort, à Toulon, le 1er janvier 1891.

Aubé (Benjamin) — Page 96.

Audouard (Olymphe) — Page 100 — Mort, à Nice, en janvier 1890.

Augelluzzi (Joseph) — Page 101.

Augier (Emile) — Page 101 — Mort, à Paris, le 25 octobre 1889.

Bacchetti (Onorato) — Page 116 — Mort, à Florence, le 13 août 1889.

Badger (Rev. Georges Percy et non Perry) — Page 120.

Baker (Valentin) — Page 130.

Ballande (Jean-Auguste-Hilarion) — Page 136 — Mort, le 27 janvier 1887.

Ballantine (William) — Page 136 — Mort, le 9 janvier 1887.

Baltzer (Guillaume-Édouard) — Page 138 — Mort, le 24 juin 1887, à Grötzinger, près Durlach.

Bamberger (Henri de) — Page 140 — Mort, en décembre 1888.

Bampi (Jean-Baptiste) — Page 141.

Bancroft (Georges) — Page 143 — Mort, à Washington, en janvier 1891.

Barbey d'Aurévilly — Page 154 — Mort, en en avril 1889.

Barelli (Vincent) — Page 164 — Mort, à Como, le 4 mai 1890.

Barozzi (Abbé Sébastien) — Page 174.

Bary (Henri-Antoine de) — Page 188 — Mort, le 27 janvier 1887.

Bastiné (Louis) — Page 195 — Mort, le 22 novembre 1888.

Banernfeld (Édouard de) — Page 203 — Mort, à Vienne, le 9 août 1890.

Bazaine (François-Achille) — Page 210 — Mort, à Madrid, le 23 septembre 1888.

Beaujean (Emile-Amnbroise-Amédée) — Page 216 — Mort, à Paris, le 7 juin 1888.

Becker (Moritz-Alois, chevalier VON) — Page 225 — Mort, le 22 août 1887, à Lienz.

Becker (Otto) — Page 224 — Mort, à Heidelberg, le 7 février 1890.

Beers (JAN VAN) — Page 229 — Mort, en novembre 1888.

Bellardi (Louis) — Page 235 — Mort, à Turin, le 17 septembre 1889.

Belot (Adolphe) — Page 238 — Mort, à Paris en décembre 1890.

Belza (Joseph) — Page 243 — Mort, à Varsovie, le 23 juillet 1888.

Bergaigne (Abel-Henry-Joseph) — Page 257 — Mort, près de Gap, l'11 août 1868, à la suite d'un accident de montagne.

Bergfalk (P.-E.) — Page 261.

Berndt (Gustave) — Page 270.

Bianchi (Joseph) — Page 298 — Mort, en 1888.

Biraghi (Joseph) — Page 312 — Mort, à Florence, le 19 avril 1889.

Blunt (le rév. John-Henri) — Page 336 — Mort, l'11 avril 1884.

Boelhouver (Adolphe) — Page 341 — Mort, à Livourne, en 1888.

Boisgobey (Fortuné DE) — Page 347 — Mort, à Paris, le 26 février 1891.

Bolognese (Dominique) — Page 349.

Bonitz (Hermann) — Page 363 — Mort, le 25 juillet 1888.

Borelli (Jean-Baptiste) — Page 371 — Mort, à Bores, en janvier 1891.

Boucicault (Dion) — Page 384 — Mort, à NewYork, en septembre 1890.

Bouros (Jean) — Page 389 — Mort, le 28 janvier 1885.

Bourson (Pierre-Philippe) — Page 390 — Mort, en 1888.

Bozzo (Stefano-Vincenzo) — Page 395.

Bralla-Armeni (Petros) — Page 399 — Mort, le 3 septembre 1884.

Brambilla (Joseph) — Page 400 — Mort, le 27 mars 1889.

Bright (John) — Page 409 — Mort, le 27 mars 1889.

Browning (Robert) — Page 422 — Mort, le 12 décembre 1889, à Venise, au moment où l'on publiait son dernier ouvrage « Asolando ».

Buccellati (l'abbé Antoine) — Page 435 — Mort, à Milan, le 7 février 1890.

Burbure de Wesembeek (Léon-Philippe-Marie, chevalier DE) — Page 450 — Mort, en 1889.

Burty (Philippe) — Page 456 — Mort, à Parays en juin 1890.

Cabanellas (Gustave-Eugène) — Page 463 — Mort, le 10 octobre 1888.

Cadiat (Oscar) — Page 466.

Canale (Michel-Joseph) — Page 489 — Mort, à Gênes, en juin 1890.

Canalejas (Francisco) — Page 489.

Capranica (Louis) — Page 508 — Mort, à Milan, le 10 janvier 1891. Ajoutez à ses ouvrages: « Le donne di Nerone », paru en 1890.

Carlevaris (Prosper) — Page 518 — Mort, à Vicoforte, en février 1890.

Carrano (François) — Page 530 — Mort, à San Fiorano, en octobre 1890.

Carteret (Antoine) — Page 530 — Mort, le 28 janvier 1889.

Castellazzo (Louis) — Page 545 — Mort, à Pistoia, en décembre 1890.

Castello-Branco (Camillo) — Page 547 — Mort, par suicide, en 1890.

Cavalieri (Joseph) — Page 557.

Celesia (Emmanuel) — Page 565 — Mort, à Gênes, le 29 novembre 1889.

Cerfberr de Medelsheim (Maximilien-Charles-Alphonse) — Page 569 — Mort, à Passy (Seine), le 16 décembre 1883.

Cerù (Domenico-Agostino) — Page 572.

Chalon (R-H.-Gh.) — Page 581 — Mort, le 23 février 1889. Sa magnifique bibliothèque s'est dispersée au vent des enchères en 1890.

Charton (Édouard) — Page 598 — Mort, à Paris, le 28 février 1890.

Chatrian (Alexandre) — Page 601, 896 — Mort, à Paris, en septembre 1890.

Chaudé (l'abbé Aquilas) — Page 601.

Chevreul (Michel-Eugène) — Page 614 — Mort, le 8 avril 1889.

Chiostri (Laurent) — Page 620 — Mort, en 1885.

Cipariu (Thimothée) — Page 631.

Clemmer (Mary) — Page 644 — Morte, à Washington le 18 août 1884.

Clesse (Antoine) — Page 646 — Mort, le 9 mars 1889. Le roi des belges l'avait nommé chevalier, puis officier (1888) de l'ordre de Léopold.

Collodi (LORENZINI C.) — Page 665 — Mort, à Florence, le 26 octobre 1890.

Colombo (Joseph) — Page 668.

Conta (Basile) — Page 681 — Mort, le 21 avril 1882, à Bucarest.

Contogoni (Constantin) — Page 685 — Mort, à Athènes.

Copello (Jean) — Page 688.

Cornet (Franc.-Léop.) — Page 696.

Corrodi (Guillaume-Auguste) — Page 703 — Mort, à Zurich.

Courtmans (Jeanne-Désirée BERCHMANS, veuve) — Page 720 — Morte, à Maldeghem, le 22 septembre 1890.

Cuciniello (Michel) — Page 742 — Mort, à Naples, au mois de septembre 1889.

Culoz (Ida) — Page 743 — Morte à Vénise.

Cunith (Auguste-Édouard) — Page 745 — Mort en 1887.

Czoernig (Baron Charles von) — Page 752 — Mort en 1889.
Daneo (Félix) — Page 766 — Mort, à Turin, en juin 1890.
De Bary (Henri-Antoine) — Page 776.
Decroos (Pierre) — Page 781.
De Decker (Pierre-Jacques-François) — Page 782 — Mort, à Schaerbeek, près de Bruxelles, le 4 janvier 1891.
De Ferraris (Charles) — Page 783.
De Haerne (Désiré-Pierre-Antoine) — Page 789 — Mort, à Buxelles, en mars 1890.
De Koninck (Laurent-Guillaume) — Page 791.
Delaborde (vicomte Henri) — Page 792 — Mort, à Paris, en mai 1890.
De Linge (Edouard-Guillaume) — Page 800 — Mort en 1888.
Delitzsch (François) — Page 801 — Mort, à Leipzig, en mars 1890.
De Longé (Guillaume-Philémon) — Page 805 — Mort, à Ostende, le 19 août 1890.
De Paepe (César) — Page 814 — Mort, à Cannes, en France, le 19 décembre 1890. On trouvera dans une des premières livraisons de la *Revue encyclopédique* de Paris une étude complète sur César De Paepe, due à M. A. Boghaert-Vaché.
Deros (Mme) — Page 820 — Mort en juin 1889.
De Wille (baron) — Page 833 — Lire: De Witte. Dépuis l'impression de sa notice, ce célèbre archéologue est mort à Paris.
De Witte pas De Wille (baron J.-J.-A.-M.) — Page 883 — Mort, à Paris, en juillet 1889.
Doellinger — Page 846 — Mort, à Munic, l'11 janvier 1890.
Dudik (Beda-Franz) — Page 866 — Mort, à Brunn, le 26 janvier 1890.
Duhring (Eugène-Charles) — Page 868.
Edersheim (Alfred) — Page 882.
Eichhorn (C.) — Page 886.
Elze (Frédéric-Charles) — Page 890.
Eminescu (Michel) — Page 891.
Endrulat (Ferdinand-Jules) — Page 892.
Escosura (Patricio De la) — Page 903.
Evola (Philippe) — Page 910.
Faidherbe (L.-L.-C.) — Page 916 — Mort, au mois de septembre 1889, à Paris.
Falcone (Tebaldo) — Page 917 — Mort, à Ancone.
Feuillet (Octave) — Page 946 — Mort, à Paris, le 29 décembre 1890. On vient de jouer au *Théâtre du parc* à Bruxelles sa dernière pièce: « Le divorce de Juliette ».
Fischer (Alexandre) — Page 957 — Mort, en 1889.
Flor (Charles dit Flor O'Squarr) — Page 964 — Mort en août 1890.
Focillon (Adolphe-Jean) — Page 966 — Mort en septembre 1890.
Fontana (Louis) — Page 969.
Fouché de Careil (le comte Louis Alexandre) — Page 970 — Mort, à Paris, en janvier 1891.
Fredin (N.-E.) — Page 992 — Mort en 1889, quelques mois après avoir obtenu le grand prix de l'Académie suédoise pour « Var Daniel », cycle de poèmes historiques.
Galesloot (Louis) — Page 1015 — Cet auteur, dont la liste des publications eût dû être d'ailleurs beaucoup plus longue, était mort depuis le 23 juillet 1884.
Garbasso (Georges) — Page 1023.
Gass (Guillaume) — Page 1028.
Gerold (Charles von) — Page 1047 — Mort le 14 janvier 1890.
Gerstenberg (Charles von) — Page 1047.
Giesebrecht (Fr. Guill. von) — Page 1053 — Mort, à Munich, en décembre 1889.
Gildemeister (Jean) — Page 1056 — Mort, à Bonn, en mars 1890.
Giordano (Vincent) — Page 1059.
Giorgini (Jean) — Page 1059 — Mort, à Padoue, le 21 avril 1888.
Glöcker (Jean-Philippe) — Page 1067.
Goedcke (Charles) — Page 1074.
Goldschmidt (Meir) — Page — 1076.
Grassi (Angela) — Page 1095.
Grün (Charles) — Page 1111 — Mort, en 1887, ainsi qu'il est dit d'ailleurs dans la notice consacrée immédiatement après à ses fils.
Hägeli (Albert) — Page 1133.
Hagen (F.-G.) — Page 1133.
Hammarstrand (G.-F.) — Page 1138.
Hausner (Othon) — Page 1152 — Mort, à Vienne, en février 1890.
Henszlmann (Eméric) — Page 1168.
Herman (Alfred) — Page 1171 — Mort, à Bruxelles, le 13 mars 1890.
Hock (Jacob) — Page 1193.
Hodéll (F.-O.-L.) — Page 1194.
Hofdyk (Guillaume-Jacques) — Page 1195.
Holmgren (A.-E.) — Page 1200.
Horavitz (Adalbert) — Page 1204.
Humbert (Édouard) — Page 1213 — Mort en décembre 1889.
Huyssen (Gotthelf) — Page 1216.
Hylten-Cavallius (G.-O.) — Page 1217.
Jacolliot (Louis) — Page 1228 — Mort le 4 novembre 1890.
Jarochowski (Casimir) — Page 1237.
Jolin (J.-C.) — Page 1247.
Kate (Jan-Jacob-Ludwik Ten) — Page 1260.
Keller (Gottfried-Godefroy) — Page 1265 — Mort, à Zurich, en juillet 1890.
Kerry (Benno) — Page 1268.
Kremer (baron Alfred) — Page 1288 — Mort à Vienne.
Laforgue (Jules) — Page 1301.
Landgren (L.) — Page 1312.
Landoy (Eugène) — Page 1312 — Mort, à Saint-Josse-ten-Noode, près de Bruxelles, le 9 mars 1890.

Langer (Charles von Edenberg) — Page 1315.
Lanier (Baron) — Page 1316.
Larsson (Lars-Magnus) — Page 1321.
Leistner (Charles von) — Page 1343.
Lepidi-Chioti (Jules) — Page 1352.
Liagre (Jean-Baptiste-Joseph) — Page 1364 — Mort, à Ixelles, près de Bruxelles, le 12 janvier 1891.
Loevenstein (Rodolphe) — Page 1382 —, Mort, à Berlin, en janvier 1891.
Löfsted (E.) — Page 1383.
Lombardos (Constantin) — Page 1386.
Lotheissen (Ferdinand) — Page 1390.
Lorimer (James) — Page 1389 — Mort, à Édimbourg, en février 1890.
Luebbert (Édouard) — Page 1399.
Lysander (A.-T.) — Page 1406.
Magliani (le baron Augustin) — Page 1413 — Mort, à Rome, le 20 février 1891.
Makowiczka (François) — Page 1420.
Mallander (G.-R.) — Page 1423.
Malmosi (Charles) — Page 1423.
Malmström (B.-E.) — Page 1423.
Martin (le rev. Jean-Pierre-Paulin) — Page 1448.
Mastriani (François) — Page 1455 — Mort, à Naples, le 6 janvier 1891.
Mayer (Adolphe) — Page 1461.
Mayolez (Augustin-Jean-Joseph) — Page 1462 — M. M. vient de mourir ; et son fils l'ayant précédé dans la tombe, on ne sait encore qui reprendra l'importante librairie qu'il dirigeait.
Medini (Louis) — Page 1464.
Morpurgo (Émile) — Page 1506.
Muller (Karl) — Page 1517.
Namur (Parfait-Joseph) — Page 1525 — Mort en juillet 1890.
Nisard (Marie-Léonard-Charles) — Page 1539.
Noirot (Alphonse-Xavier) — Page 1543.

Olivier (Urbain) — Page 1558.
Paneth (Joseph) — Page 1571.
Pavet de Courteille (Abel-J.-B.) — Page 1585.
Privitera (rév. Seraphin) — Page 1637.
Raimondi (Antoine) — Page 1652 — Mort, à Lima, le 1er novembre 1890.
Ram-Das-Sen — Page 1653 — Mort. Corrigez écrivain hindou au lieu d'hindoustani.
Raverat (le baron) — Page 1659.
Rigopoulos (André) — Page 1681.
Rosenthal (Maurice) — Page 1701.
Roser (Guillaume) — Page 1701.
Rossetti (François) — Page 1702.
Ruelens (Charles) — Page 1711 — Mort, le 9 décembre 1890, à Saint-Josse-ten-Noode, près de Bruxelles.
Salzmann (Rodolphe) — Page 1721.
Sardagna (Jean-Baptiste) — Page 1726.
Sardagna (Victor de) — Page 1727.
Scherer (Edmond) — Page 1740 — Mort le 6 mars 1889.
Schielmann (Henri) — Page 1745 — Mort, à Naples, le 27 décembre 1890.
Schild (François-Joseph) — Page 1743. Mort, à Naples, le 2 janvier 1891.
Shermann (W.-T.) — Page 1772 — Mort, à New-York, le 17 février 1891.
Stoppani (l'abbé Antoine) — Page 1808 —
Tchihatchef (Pierre de) — Page 1827 — Mort, à Florence, en octobre 1890.
Tiele (Pierre-Antoine) — Page 1840 — Mort, en 1889.
Tolomei (Antoine) — Page 1845.
Warlomont (Évariste) — Page 1916 — Mort, en janvier 1891.
Weber (Adolphe) — Page 1919 — Mort, à Agram.
Weber (George) — Page 1920 — Mort, à Bergzabern.
Wehlen (Théodore von) — Page 1922 — à Hambourg.

RÉSUMÉ GÉNÉRAL STATISTIQUE

Ainsi qu'il a été promis, nous tenons à donner la statistique générale des Écrivains, dont la notice a passé au *Dictionnaire*, classifiés au point de vue de la nationalité.

France	N.° 2434		N.° 9074
Italie	» 1930	Serbie	» 17
Allemagne et Autriche	» 1885	Arménie	» 9
Grande Bretagne	» 530	Slaves du Sud	» 8
Suisse	» 434	Indes	» 8
Belgique	» 380	Haïti	» 5
Russie	» 205	Lettons	» 5
Espagne	» 183	Antilles	» 4
Hongrie	» 164	Turquie	» 4
Pologne	» 157	Islande	» 3
Amérique du Nord	» 149	Égypte	» 3
Suède	» 138	Arabes	» 2
Grèce	» 96	Albanie	» 2
Amérique du Sud	» 65	Japon	» 2
Portugal	» 63	Lithuanie	» 1
Hollande	» 56	Livonie	» 1
Roumanie	» 49	Algérie Française	» 1
Bohème	» 47	Assyrie	» 1
Norvège	» 42	Ile de Java	» 1
Danemarck	» 42	Australie	» 1
Finlande	» 25		
à reporter N.° 9074		Total N.° 9152	

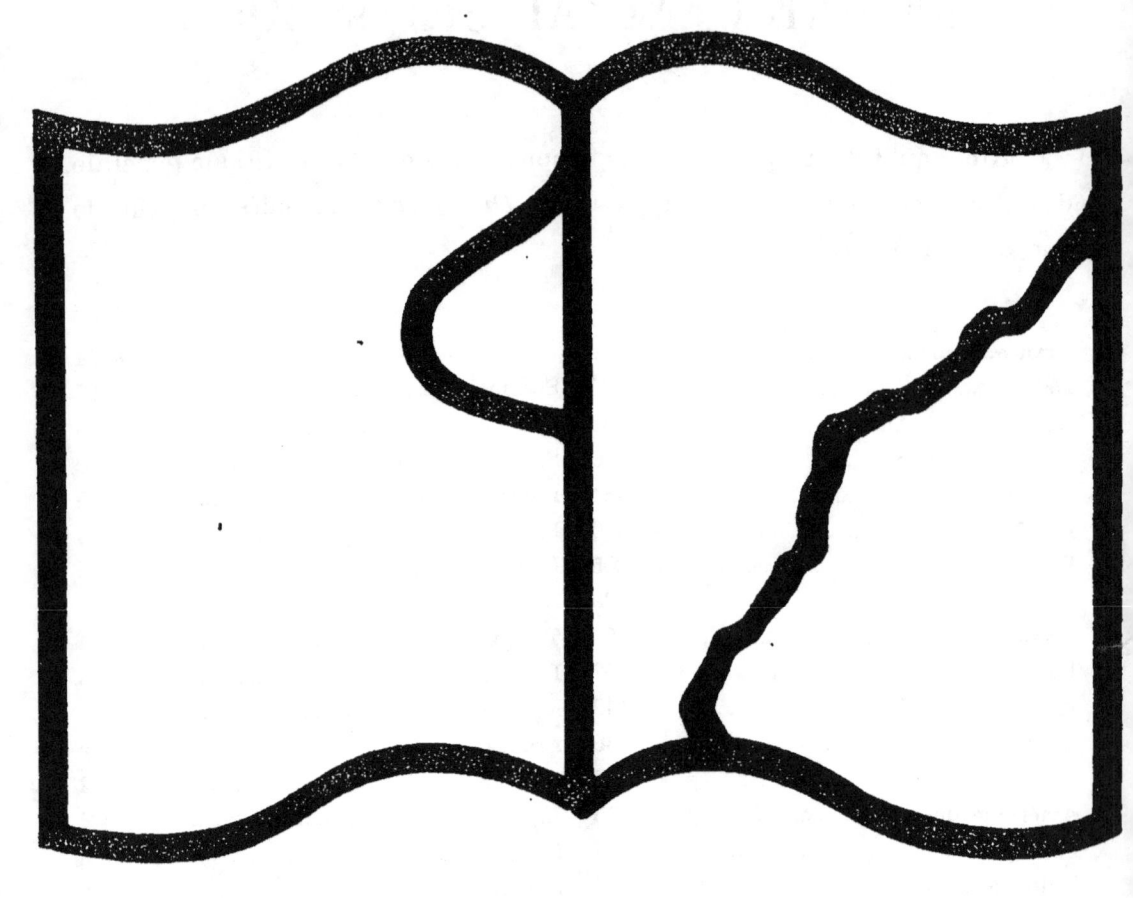

Texte détérioré — reliure défectueuse

NF Z 43-120-11

www.ingramcontent.com/pod-product-compliance
Lightning Source LLC
Chambersburg PA
CBHW071658300426
44115CB00010B/1251